plantage mos

:aam broccol gft bio-industrie

heggenschaar

crosscountry

ap

zonne-energie sla

hulk

euactiviste bio-ethanol

pesto gazon spruit

pistache-ijs kroos

erwt alg mintgroen

ikker telefooncel biobrandstof

biologisch conifeer bieslook

alien ecoduct hagedis

oerwoud

gras lariks wei emerald

olijfolie biogas

pol jade zomertijd

peterselie milieubewust

plankton wildkamperen weidevogel

chlorofyl menthol sperzieboon

untry kikvors fenegriek

wasabi

milieubescherming bos veggie

ooduitgang muntthee kaki

wiet taxus

erwtensoep zeekraal

rookie alpenweide

dennenboom peul avocado

groenekool

milieuvriendelijk arboretum grasveld

draak graszode

Het Groene Boekje

Woordenlijst Nederlandse Taal

Het Groene Boekje

Woordenlijst Nederlandse Taal

op basis van de Woordenlijst Nederlandse Taal online (woordenlijst.org), in opdracht van de Nederlandse Taalunie samengesteld door de Commissie Spelling in samenwerking met het Instituut voor Nederlandse Lexicologie

met een Leidraad door Ludo Permentier

Van Dale Uitgevers, Utrecht/Antwerpen

De Nederlandse Taalunie verklaart dat in dit product de regels en principes van de officiële spelling, zoals die door de Nederlandse Taalunie zijn vastgesteld, zijn toegepast en dat bij controle geen afwijkingen zijn gevonden. Voor meer informatie, zie: taalunieversum.org/keurmerk.

Bibliografische gegevens
Het Groene Boekje
Editie 2015
Tweede oplage, 2016
ISBN 978 94 6077 283 2
NUR 627

Omslagontwerp en vormgeving binnenwerk: Ontwerpstudio Spanjaard
Zetwerk Woordenlijst: Pre Press Media Groep

Dit is een uitgave van Van Dale Uitgevers. De merknaam *Van Dale* is voor alle publicaties van Van Dale Uitgevers als merknaam beschermd.

FSC www.fsc.org
MIX
Papier van verantwoorde herkomst
FSC® C083411

Woord vooraf

Dit Groene Boekje is de opvolger van de uitgave die in 2005 verscheen. Er is sindsdien niets veranderd aan de spellingregels. Toch is dit Groene Boekje in enkele opzichten anders dan zijn voorganger. Het is kleiner van omvang, maar daardoor niet minder informatief. Er zijn ongeveer 10.000 woorden voor het eerst in het Groene Boekje opgenomen. Dat zijn vooral woorden waarvan we weten dat ze onzekerheid over de juiste spelling oproepen en vanzelfsprekend zijn daar veel nieuwe woorden bij. Enkele voorbeelden: *jijen en jouen, ledlamp, pdf, quad, twitteren, uitprinten, wellness, zzp'er.*

De selectie is afgestemd op het belangrijkste doel van deze gids: tonen hoe Nederlandse woorden correct worden gespeld. In het hoofdstuk 'Inrichting van de Woordenlijst' vindt u een toelichting op de selectie. Er zijn, naast nieuwe trefwoorden, ook meer verbogen en vervoegde vormen bij de trefwoorden opgenomen, omdat juist die vaak vragen over de juiste spelling oproepen. Bij een werkwoord als *skypen* is twijfel mogelijk tussen 'ik skype' en 'ik skyp'. Bij een bijvoeglijk naamwoord als *obees* kan de spelling van de verbogen vorm *obese* een probleem zijn. Zulke afgeleide vormen zijn, net als de verkleinvorm van zelfstandige naamwoorden, toegevoegd, als ze tenminste binnen de daarvoor vastgestelde selectiecriteria vallen.

Hoewel dit Groene Boekje 50% minder trefwoorden bevat dan de vorige editie, is de kans groter geworden dat u het woord dat u opzoekt, inderdaad vindt. Woorden die niet vaak gebruikt worden én geen spellingprobleem opleveren, zijn niet opgenomen. Een paar voorbeelden van woorden die u niet meer op de eerste pagina zult aantreffen: *aalbessenjenever, aalkorf, aalfuik, aalpomp, aalspeer, aam, aanbenen.*

Het Groene Boekje is ook in vorm vernieuwd. Zo wordt het lidwoord vóór het zelfstandig naamwoord in de kantlijn weergegeven. Het valt daardoor beter op en deze weergave sluit aan bij de natuurlijke woordvolgorde. Er zijn bovendien duimblokjes toegevoegd om sneller te kunnen zoeken en er is een steunkleur toegepast voor betere leesbaarheid.

Dit Groene Boekje bevat een handzame selectie uit de geactualiseerde *Woordenlijst Nederlandse Taal,* die tot stand is gebracht in opdracht en onder verantwoordelijkheid van de Nederlandse Taalunie. De volledige *Woordenlijst Nederlandse Taal* is online te raadplegen op woordenlijst.org. De Taalunie heeft zich hiervoor laten adviseren door de Commissie Spelling, die bestaat uit dr. Tanneke Schoonheim, voorzitter, prof. dr. Dominiek Sandra, lic. Dirk Caluwé en drs. Wouter van Wingerden. De praktische uitvoering gebeurde bij het Instituut voor Nederlandse Lexicologie in Leiden.

Den Haag/Brussel, oktober 2015

Jet Bussemaker,
Nederlands minister
van Onderwijs, Cultuur
en Wetenschap
voorzitter van het
Comité van Ministers van
de Nederlandse Taalunie

Geert Joris,
algemeen secretaris van de
Nederlandse Taalunie

INHOUDSOPGAVE

LEIDRAAD

Inleiding

Spelling berust op afspraken die we volgen als we gesproken taal schriftelijk vastleggen. Die afspraken zijn bedoeld om het schrijven en lezen zo vlot en efficiënt mogelijk te maken. Daarbij proberen we een woord altijd op dezelfde manier te schrijven. In de loop van de voorbije eeuwen zijn daar regels voor geformuleerd.

Sinds 1804 wordt onze spelling vastgelegd door de overheid. Het gaat daarbij om basisbeginselen en om specifieke regels, zoals die voor het spellen van klinkers en medeklinkers, het gebruik van hoofdletters en tekens (accenten, koppelteken, trema en apostrof), voor de schrijfwijze van samenstellingen met een tussenklank (*pannenkoek, aktetas*) en voor de verdeling van woorden in lettergrepen. Daarbij publiceert de overheid een lijst van woorden die volgens de regels zijn gespeld en andere die moeilijk af te leiden zijn uit regels, bijvoorbeeld woorden die we overnemen uit andere talen.

Zowel in Vlaanderen als in Nederland schrijft de overheid het gebruik van de officiële spelling voor aan zichzelf en aan het onderwijs. De regels voor deze spelling worden vastgelegd door de Nederlandse Taalunie, een instelling waarin Nederland, Vlaanderen en Suriname samen zorg dragen voor de Nederlandse taal.

De meeste taalgebruikers volgen deze officiële spelling, ook al zijn ze daartoe niet verplicht en al worden overtredingen niet bestraft. Ze doen dat omdat spelfouten de aandacht van de lezer afleiden en omdat een correcte spelling in onze maatschappij door velen gezien wordt als een teken van zorgvuldigheid en kwaliteit. En ook omdat ze er zelf baat bij hebben dat in alle Nederlandse teksten dezelfde spelling wordt gevolgd. Alleen in die omstandigheden kunnen taalgebruikers het systeem optimaal leren en gebruiken.

Toch is spellen, zelfs met een stel duidelijke regels, niet eenvoudig. Het zal ook nooit eenvoudig worden, want het gaat erom een klanksysteem om te zetten in een schriftsysteem. Die twee zijn zo verschillend van aard dat het onmogelijk is om deze omzetting zonder inconsistenties tot stand te brengen. Dat probleem doet zich met name voor bij uitheemse woorden. Hun schrijfwijze roept het oorspronkelijke klanksysteem op en dat leidt vaak tot resultaten waar taalgebruikers moeite mee hebben. Squashen en skiën zijn redelijk bekende sporten, maar de schrijfwijze van *ik squashte* en *ik skiede* zal niet voor iedereen direct volgen uit de regels voor het Nederlands.

Omdat onze taal voortdurend in beweging is, publiceert de Nederlandse Taalunie sinds 1995 periodiek een geactualiseerde *Woordenlijst Nederlandse Taal*. Die wordt aangevuld met woorden die na de vorige editie in onze taal zijn verschenen, terwijl woorden waarvan de opname niet nuttig is gebleken, worden verwijderd.

De spellingregels zijn voor de uitgave van 2015 niet veranderd en de tekst van de Leidraad is – met uitzondering van deze inleiding – ongewijzigd overgenomen uit die editie.

De Woordenlijst is voor deze uitgave grondig herzien. De omvang is gehalveerd, maar de kans dat u het woord dat u opzoekt zal vinden, is groter geworden. De lijst bevat nu ruim 50.000 Nederlandse woorden, waaronder 10.000 die niet in de vorige editie stonden. De 5.000 meest gebruikte woorden (*en, van, hoe, ik, huis, tuin, keuken*) zijn aangevuld met woorden die een spellingprobleem kunnen opleveren. Dat zijn de woorden die sinds 2005 vaak zijn opgezocht op de website van het Groene Boekje, woordenlijst.org.
In enkele gevallen is een probleemcategorie aangevuld met soortgelijke gevallen. Zo zijn bijvoorbeeld samenstellingen en afleidingen van getallen ruimhartig opgenomen (*10e, 10de, 10-jarig, 10-tal, tien miljoen, tien en een half*) evenals woordgroepen met een oude naamvalsvorm, zoals *te allen tijde* en *in genen dele*.

De Woordenlijst spreekt zich alleen uit over de vorm van de woorden en, als het om zelfstandige naamwoorden gaat, over het woordgeslacht. De opname van een woord zegt niets over de bruikbaarheid ervan in bepaalde contexten en het ontbreken van een woord betekent geen afkeuring.

Redactionele opmerkingen

Voor een goed begrip van de spelling is het noodzakelijk een onderscheid te maken tussen klanken en letters. In deze Leidraad wordt een klank genoteerd tussen twee schuine strepen. Als er over letters wordt gesproken, dan worden die letters schuin gedrukt. Ook voorbeeldwoorden zijn schuin gedrukt.

Dus in *brood* en *cadeau* wordt de /oo/ respectievelijk als *oo* en *eau* geschreven.

De regels die hier worden beschreven, behoren tot de officiële spelling die is vastgelegd door de Nederlandse Taalunie.
De Woordenlijst, die volgt op de Leidraad, is samengesteld op basis van die regels. Wanneer er twijfel bestaat over de toepassing van een regel, biedt de Woordenlijst uitsluitsel.

* achter een woord betekent dat het woord in de verklarende lijst van vaktermen staat.

Het gewone teken om een woord af te breken op het eind van een tekstregel is het liggend streepje (-). Om verwarring te vermijden met het koppelteken in samengestelde woorden (auto-onderdelen), gebruiken we voor afbreking in deze Leidraad en in de Woordenlijst een bolletje, behalve op de plaats waar ook in de niet-afgebroken vorm een koppelteken staat: au·to-on·der·de·len.

Verwijzingen naar andere plaatsen in de tekst worden aangegeven met een pijltje →.

In de tekst worden voorbeelden gegeven bij elke regel of bij elke categorie van woorden. Deze lijsten zijn alleen volledig als dat uitdrukkelijk wordt vermeld.

Inrichting van de Woordenlijst

Selectie van de trefwoorden en woordvormen

De *Woordenlijst van de Nederlandse Taal* bevat eind 2015 ruim 180.000 trefwoorden. In vergelijking met de vorige versie van de Woordenlijst uit 2005 is dat een toename van zo'n 70.000 woorden. In de onlineversie van de Woordenlijst (woordenlijst.org) zijn deze woorden allemaal te vinden, ruimschoots voorzien van gegevens over afbreking, verbuiging en vervoeging.

Om de Woordenlijst in boekvorm hanteerbaar te houden is ervoor gekozen om niet alle woorden uit de onlineversie ook in de gedrukte versie op te nemen. Het lag voor de hand om daarbij te kiezen voor woorden die als problematisch ervaren worden. Daarom zijn de woorden opgenomen die de afgelopen jaren het meest in de onlineversie van de Woordenlijst werden opgezocht. In dit Groene Boekje staan de (ruim) 50.000 meest opgezochte woorden. Dit zijn woorden die al in de Woordenlijst voorkwamen (bijvoorbeeld *cadeau, kopie, updaten*), maar ook 10.000 woorden die nog niet opgenomen waren (bijvoorbeeld *leningenplafond, RSI, slagingsnorm*).

Verder is ervoor gezorgd dat de 5.000 meest frequente woorden uit de Nederlandse woordenschat vertegenwoordigd zijn, evenals de woorden die op basis van het advies van de commissie Surinaams-Nederlands en adviseurs van Aruba en Curaçao als specifiek voor die delen van het Nederlandse taalgebied geselecteerd zijn. Het betreft hier bijna 850 Surinaams-Nederlandse woorden (bijvoorbeeld *boomananas, fijnweger, slangenhout*) en ruim 400 Antilliaans-Nederlandse woorden (bijvoorbeeld *baaidag, leguanensoep, zeeappel*). Dit brengt het totaal van het aantal woorden in de papieren versie van de Woordenlijst, het Groene Boekje, op ca. 51.000 woorden. Met de verbuigingen en vervoegingen erbij opgeteld bevat het Groene Boekje nu ongeveer 134.000 woordvormen.

Variatie binnen het Nederlands

Zowel in Nederland en Vlaanderen als in Suriname en op de voormalige Nederlandse Antillen wordt het Nederlands in verschillende variëteiten gesproken en geschreven. Dat past bij een samenleving die niet alleen variatie in tijd, maar ook variatie in ruimte respecteert. Onze woordenschat bestaat uit een algemeen deel dat het grootste deel van de taalgebruikers kent of herkent en daarnaast uit een aantal deelverzamelingen die specifiek zijn voor bepaalde groepen taalgebruikers. Een woord als *chillen* zal vooral door jongeren gebruikt worden, terwijl veel ouderen nog een diploma van de al lang niet meer bestaande *hbs* in hun bezit hebben. Zo staan ook het Nederlandse *06-nummer*, het Vlaamse *kassierster*, de Surinaamse *porknokker* en het Antilliaanse *chippie* in de Woordenlijst broederlijk naast elkaar.

In de loop van de tijd heeft het Nederlands veel woorden aan andere talen ontleend en deze hebben zich voor een groot deel aangepast aan hun nieuwe omgeving. Van een aantal van die woorden weet lang niet iedereen meer dat ze oorspronkelijk niet in onze taal voorkwamen. Dat geldt voor oude leenwoorden als *arbeid, boter, muur* en *wijn*, maar ook voor jongere als *paraplu, recycleren* en *sauna*. Een aantal leenwoorden heeft echter kenmerken behouden die aan hun herkomst refereren. Dat geldt bijvoorbeeld voor het accent aigu, accent grave en accent circonflexe in woorden als *café, scène* en *enquête*, maar ook voor de cedille in *reçu* en de tilde in *mansaliñabos*. Naast leenwoorden uit het Engels, kent bijvoorbeeld het Antilliaans-Nederlands veel leenwoorden uit het Papiaments. Ook hierin zijn de oorspronkelijke accenten gehandhaafd gebleven, bijvoorbeeld in *biná, hòmber* en *mansaliña*. Het Nederlands in Suriname kent woorden die zijn gevormd op basis van Nederlandse elementen (bijvoorbeeld *muskietenkaars, schoolerf, vuilnisrek*), maar ook woorden die geheel of gedeeltelijk aan een van de Surinaamse talen (het Sranantongo, het Sarnami Hindostani en het Surinaams-Javaans) zijn ontleend, de zogenaamde apporten, en woorden die uit het Engels zijn overgenomen.

Apporten behouden in het Surinaams-Nederlands de spelling van hun brontaal. Deze spelling is gebaseerd op de officiële spellingregels voor die talen, die in Suriname zijn vastgelegd in enkele resoluties uit 1986. Dit heeft als gevolg dat de klank [oe] bij alle apporten wordt weergegeven door /u/ (bijvoorbeeld *kabula, tapu, warung*), dat de klank [j] bij woorden uit het Sranantongo wordt weergegeven door /y/ (bijvoorbeeld *bigiyari, anyumara*), dat de klank [dj] bij woorden uit het Sarnami en het Surinaams-Javaans wordt weergegeven door /j/ (bijvoorbeeld *jaran kepang*). Een aantal apporten kent vanuit de brontaal geen lidwoord of geslacht. In dat geval zijn deze categorieën ook in de Woordenlijst niet ingevuld (bijvoorbeeld *bigiyari, moksimeti, wisi*). Samenstellingen die bestaan uit een apport en een woord uit het algemeen Nederlands, worden gespeld volgens de voorschriften voor de talen van herkomst van de samenstellende delen van het woord (bijvoorbeeld *abrongakoekje, dyogofles, tayerblad*). Voor de spelling van leenwoorden uit het Engels gelden dezelfde spellingregels als voor de rest van het taalgebied (bijvoorbeeld *guesthouse, plane, softdrink*). De spelling van woorden die oorspronkelijk uit Suriname afkomstig zijn, maar inmiddels als min of meer ingeburgerd in het Nederlands kunnen worden beschouwd, is vaak vernederlandst (bijvoorbeeld *doekoe, mattie, tjappen*).

Geschreven taal

Spellingregels zijn per definitie van toepassing op geschreven taal. De laatste jaren zijn er nieuwe vormen van geschreven taal ontstaan die veel weg hebben van opgeschreven gesproken taal. Traditionele schrijfconventies, bijvoorbeeld voor het gebruik van hoofdletters en interpunctie, worden daarin meestal niet toegepast. Ook worden onorthodoxe schrijfwijzen gebruikt waarin bijvoorbeeld cijfers en symbolen de plaats van letters innemen. Zulke spelvormen zijn soms vindingrijk, maar ze vallen buiten het terrein van de officiële spelling. In de Woordenlijst zijn 'woorden' als *w8en, ff, ;-)* dan ook niet opgenomen. Wel zijn enkele ingeburgerde woorden met de uitgang *-ie* of *-ke* uit het informele taalgebruik opgenomen, zoals *jochie, sjekkie, moeke.*

Soorten trefwoorden

Een trefwoord in de Woordenlijst is doorgaans een enkel woord; in een beperkt aantal gevallen is er sprake van een trefwoord dat uit meer woorden bestaat. Sommige van deze combinatietypes geven relatief veel spellingproblemen en daarom zijn ze ruimhartig opgenomen. Het betreft combinaties uit de volgende categorieën:

Vreemdtalige woordgroepen
Soms zijn woordgroepen in hun geheel ontleend aan een andere taal. Dat kan onzekerheid opleveren over het al dan niet aaneenschrijven, of over het eventuele gebruik van een spatie. Enkele voorbeelden: *in spe, fait accompli, nasi goreng, an sich, basso continuo, chili con carne, slip of the tongue.*

Voornaamwoordelijke bijwoorden
De combinatie van een werkwoord met een bijwoord dat met *er-* begint, levert vaak een spellingprobleem op. Om die reden zijn veel van zulke combinaties in het Groene Boekje opgenomen. Enkele voorbeelden: *eraan toekomen, eraan toe zijn, erdoor drukken, erdoorheen jagen, ervantussen gaan, ervan uitgaan.*

Uitdrukkingen met woorden die buiten de uitdrukking niet voorkomen
Een beperkt aantal woorden komt in hedendaags Nederlands niet voor buiten een specifieke uitdrukking. In zulke gevallen is de hele uitdrukking opgenomen. Enkele voorbeelden zijn *bloc: en bloc, wijle: bij tijd en wijle, arren: in arren moede, nippertje: op het nippertje.*

Uitdrukkingen met oude naamvalsvormen
Sommige uitdrukkingen worden nog geschreven volgens verouderde grammaticaregels; de oude naamvalsvorm wordt in de hedendaagse spelling nog steeds gebruikt. Van zulke uitdrukkingen zijn er relatief veel in het Groene Boekje opgenomen. Enkele voorbeelden zijn *aan den lijve, te allen tijde, onzes inziens, op den duur.*

Namen

Persoonsnamen, namen van bedrijven en producten, aardrijkskundige namen en andere eigennamen worden met een beginhoofdletter geschreven, maar voor het overige zijn ze niet onderworpen aan de officiële spellingregels van het Nederlands. Ze zijn dan ook slechts met mate opgenomen. Een beperkt aantal is opgenomen om uitsluitsel te geven over de naamstatus en daardoor over de al dan niet verplichte hoofdletter. Dat geldt bijvoorbeeld voor namen van feestdagen, zoals *Kerstmis*, *Pasen*, *Divali*, *Moederdag*. Namen van historische perioden krijgen volgens de spellingregels geen hoofdletter en ook daarvan is een aantal voorbeelden opgenomen: *krijt*, *middeleeuwen*, *renaissance*. Van aardrijkskundige namen (geoniemen) zijn de gebruikelijke afleidingen (inwoner, bijvoeglijk naamwoord) opgenomen, maar niet de naam zelf. De spelling van deze namen is namelijk niet officieel vastgelegd in het Nederlands. De opgenomen afleidingen sluiten aan bij de in Nederland en Vlaanderen gangbare spelling(en) van de naam, zoals die door de Taalunie is/zijn vermeld in de lijst van buitenlandse aardrijkskundige namen (taaladvies.net/taal/aardrijkskundige namen). Een voorbeeld: *Saoedi-Arabisch*, *Saudi-Arabisch*.
Ten slotte zijn voor de duidelijkheid enkele eigennamen opgenomen als van die naam een zelfstandig naamwoord is afgeleid dat met een kleine letter wordt gespeld. Enkele voorbeelden: *kleinduimpje/Klein Duimpje*, *donjuan/Don Juan*.

Vervoegde en verbogen vormen

Bij werkwoorden en bij zelfstandige en bijvoeglijke naamwoorden zijn de belangrijkste vervoegde en verbogen vormen opgenomen als die gevonden zijn in het Corpus Hedendaags Nederlands van het Instituut voor Nederlandse Lexicologie. Door de omvang en de gevarieerdheid van die tekstverzameling zijn daarin soms ook onalledaagse woordvormen aangetroffen, zoals *reuzenradje*. Als een vorm ontbreekt, wil dat niet per se zeggen dat die geen bestaansrecht heeft of onjuist is. Door toepassing van de regels voor woordvorming kan de taalgebruiker de betreffende vorm zelf maken.

Bij werkwoorden zijn de onvoltooid tegenwoordige en onvoltooid verleden tijden en het voltooid deelwoord opgenomen. Bij bijvoeglijke naamwoorden wordt de buigingsvorm vermeld, die bestaat uit de grondvorm + *-e* (*groene, volle, dode*) en bij zelfstandige naamwoorden zijn in veel gevallen het meervoud en de verkleinvorm gegeven. Wanneer het trefwoord de vorm heeft van een meervoud of een verkleinvorm, komt de grondvorm niet voor. Voorbeelden zijn *contreien, X-benen, nieuwtje, ommetje*.

Woorden met en zonder tussen-s

Een aparte plaats nemen de woorden in die zowel met als zonder tussen-*s* voorkomen. Voorbeelden zijn *belasting(s)druk, rund(s)-vlees, schaap(s)herder*. Dit is eigenlijk geen spellingkwestie, maar een uitspraakkwestie. Wie een dergelijk woord dus met een tussen-*s* uitspreekt, mag deze ook schrijven. Dit *Groene Boekje* is een selectie uit de volledige *Woordenlijst Nederlandse Taal*. In die lijst zijn 180.000 woorden verzameld die voorkomen in gepubliceerde teksten. Van de woorden die daarin zowel met als zonder tussen-*s* voorkomen, zijn beide varianten opgenomen. Bij het selecteren voor het Groene Boekje is rekening gehouden met het aantal keren dat een woord is opgezocht in de online Woordenlijst. Als van een paar als *belastingtarief/belastingstarief* slechts één vorm opgenomen is, houdt dat in dat de opgenomen vorm gangbaarder is dan de andere. Het betekent niet dat de niet-opgenomen vorm niet kan bestaan of onjuist is.

Weergave van de trefwoorden en woordvormen

Trefwoorden en woordgroepen die als trefwoord zijn opgenomen, staan telkens op een nieuwe regel en worden vet gedrukt. De trefwoorden worden onderscheiden op grond van formele kenmerken:

- spelling: ook kleine verschillen, zoals hoofdletter of kleine letter, punt of geen punt, leiden tot afzonderlijke trefwoorden; voorbeelden: **zo, zo.; hivpositief, hiv-positief; Kreeft, kreeft**
- woordsoort: **zijn, vnw; zijn, ww**

– lidwoord: de **kapitaal** (hoofdletter); het **kapitaal** (som)
– woordgeslacht: de **hoop**, (verwachting); de **hoop**, (m) (stapel)
– vervoeging/verbuiging: **scheppen**, schiep; **scheppen**, schepte

Als er meer trefwoorden zijn met precies dezelfde vorm, zijn ze genummerd. bijv. **zijn[1], zijn[2]; scheppen[1], scheppen[2].**

In het trefwoord en in de verbogen en vervoegde vormen ervan, wordt met een puntje de plaats aangeduid waar het woord aan het eind van een regel kan worden afgebroken. Als de spelling door afbreken kan veranderen, is het woord met afbreekmarkeringen herhaald tussen blokhaken, bijvoorbeeld **creëren** [cre·e·ren], **cafeetje** [ca·fé·tje], **ministeriële** [mi·nis·te·ri·e·le], **fotootje** [fo·to·tje]. In deze voorbeelden kunnen de woorden op de volgende manieren worden afgebroken: **cre·eren, creë·ren; ca·feetje, café·tje; mi·nisteriële, minis·teriële, ministe·riële, ministeri·ele, ministerië·le; fo·tootje, foto·tje.**

Soms is (tussen haakjes) de betekenis kort aangeduid; dat is in elk geval altijd zo bij afkortingen en bij woorden die gemakkelijk met een ander woord verward kunnen worden. De overige informatie is afhankelijk van het type trefwoord.

Afkorting

Na een afkorting volgt de uitgeschreven vorm tussen haakjes, bijvoorbeeld **ADHD** (attention deficit hyperactivity disorder), **a.d.h.v.** (aan de hand van).

Zelfstandig naamwoord

Een zelfstandig naamwoord wordt in de kantlijn voorafgegaan door het bepaald lidwoord, of door de beide lidwoorden, als er meer mogelijk zijn (de/het **aanrecht, koliek, liniaal, matras**). Bij sommige Surinaams-Nederlandse zelfstandige naamwoorden die altijd zonder lidwoord voorkomen, is geen lidwoord afgedrukt.

Als een trefwoord de meervoudsvorm heeft, staat er (mv) achter, bijvoorbeeld **onderhoudswerkzaamheden** (mv). Na het trefwoord staat tussen haakjes het woordgeslacht of genus dat hoort bij het lidwoord 'de': (m) = mannelijk,

(v) = vrouwelijk. Als zo'n afkorting ontbreekt, zijn beide mogelijk: **waakvlam, tafel, zieke.** Het genus van *het*-woorden is altijd onzijdig, dit wordt niet apart aangegeven, tenzij het woorden betreft die ook mannelijk of vrouwelijk kunnen zijn. In die gevallen wordt het woordgeslacht vermeld als (m/o) of (v/o).

Daarna worden – indien opgenomen – het meervoud en de verkleinvormen weergegeven. Als er meer mogelijk zijn, staan die in alfabetische volgorde: **dosis,** *doses, dosissen;* **ziekte,** *ziekten, ziektes;* **bloem,** *bloemetje, bloempje.* De volgorde geeft dus geen voorkeur of gebruiksfrequentie weer.

Bijvoeglijk naamwoord
Bij bijvoeglijke naamwoorden wordt na de grondvorm de woordsoort aangeduid met 'bnw'. Daarna volgt de verbogen vorm – als die voldoet aan de selectiecriteria – behalve als die op dezelfde manier wordt gespeld.
Voorbeelden: **dom,** *domme;* **groot,** *grote;* **chic,** *chique.* De vergrotende en de overtreffende trap ontbreken; die kunnen eenvoudig worden gevormd met **-r** achter de verbogen vorm (*dommer*) en **-st** achter de grondvorm (*domst*).

Werkwoord
Bij werkwoorden wordt na de grondvorm de woordsoort aangeduid met 'ww'. Daarna volgen – als ze voldoen aan de selectiecriteria – de volgende vervoegde vormen: onvoltooid tegenwoordige tijd van de 1e persoon enkelvoud (ik), 2e en 3e persoon enkelvoud (jij/u/hij/zij/het), onvoltooid verleden tijd van de 1e, 2e en 3e persoon enkelvoud (ik/jij/u/hij/zij/het), 1e, 2e en 3e persoon meervoud (wij, jullie, zij) en het voltooid deelwoord. Enkele voorbeelden: **spellen,** *spel, spelt; spelde, spelden; gespeld;* **skypen,** *skype, skypet; skypete, skypeten; geskypet;* **schieten,** *schiet, schiet; schoot, schoten; geschoten.*
Van scheidbaar samengestelde werkwoorden worden alleen de los geschreven vormen gegeven: **opschrijven,** *schrijf op, schrijft op; schreef op, schreven op; opgeschreven,* dus niet de vormen die voorkomen als er sprake is van bijzinsvolgorde: *opschrijf, opschrijft, opschreef, opschreven.*

Woordgroep

Woordgroepen staan op hun alfabetische plaats, **te goeder trouw** staat bijvoorbeeld tussen **tegoedbon** en **tegoed hebben.** In veel gevallen is de woordgroep ook opgenomen op de alfabetische plaats van het tweede en/of het derde woord, op deze manier: **goeder: te goeder trouw** en **trouw: te goeder trouw.**

Overige woordsoorten

Bij een bijwoord (bijw), voorzetsel (voorz), lidwoord (lidw), telwoord (telw), voegwoord (voegw), voornaamwoord (vnw) en tussenwerpsel (tussenw) wordt alleen de woordsoort aangeduid. Bij symbolen, zoals *mg*, *km*, *Hz* is geen woordsoort gegeven.

Taaladviezen

Omdat de spellingregels niet in alle gevallen een sluitende oplossing bieden voor de problemen die een taalgebruiker tegenkomt, is achter de Woordenlijst een aantal pagina's met taaladviezen toegevoegd. Het betreft hier praktische handvatten bij onder meer voornaamwoordelijke bijwoorden, tussenklanken en het aaneenschrijven van combinaties met een eigennaam. De adviezen zijn gebaseerd op taaladviezen van de website Taaladvies.net.
Ze maken geen deel uit van de officiële spellingregels – die staan in de Leidraad – maar ze kunnen ertoe bijdragen dat een deel van de spellingproblemen van de gemiddelde taalgebruiker wordt opgelost. Waar de gedrukte versie van deze Woordenlijst niet volstaat, kan men zijn toevlucht ook zoeken in de onlineversie (www.woordenlijst.org), die meer trefwoorden, meer verbogen en vervoegde vormen en meer directe verwijzingen naar spellingregels en taaladviezen bevat en die bovendien veel zoekmogelijkheden biedt.

Verantwoording

De totstandkoming van de *Woordenlijst Nederlandse Taal* vond plaats onder verantwoordelijkheid van de Commissie Spelling van de Nederlandse Taalunie. Deze commissie bestond uit Tanneke Schoonheim (voorzitter), Dirk Caluwé, Dominiek

Sandra en Wouter van Wingerden. De praktische werkzaamheden zijn uitgevoerd door het Instituut voor Nederlandse Lexicologie (INL). Voor frequentiegegevens is vooral gebruikgemaakt van het Corpus Hedendaags Nederlands; ten behoeve van de samenstelling van de Woordenlijst zijn deelcorpora aangelegd van Surinaams-Nederlands en Caraïbisch-Nederlands.

Voor de selectie van het materiaal uit Suriname en van de Caraïbische eilanden werd de Commissie Spelling ondersteund en geadviseerd door plaatselijke deskundigen. In Suriname heeft het Ministerie van Onderwijs en Volksontwikkeling een werkgroep ingesteld die bestond uit Lila Gobardhan, Robby Parabirsingh, Nita Ramcharan, Anne-Marie Sanches en Marieke Visser. Renata de Bies gaf waardevolle adviezen met betrekking tot de spelling van dit gedeelte van de Nederlandse woordenschat.
Voor het Antilliaans-Nederlandse materiaal is samengewerkt met de FPI, Stichting voor Taalplanning. De selectie is gemaakt door Christa Weijer en kritisch beoordeeld door Sidney Joubert, Eric Mijts, Wim Rutgers en Giovanni Delany. Voor de uiteindelijke selectie en spelling van alle woorden in de Woordenlijst is de Commissie Spelling verantwoordelijk.

Dr. Tanneke Schoonheim
Voorzitter Commissie Spelling

1. Beginselen van de Nederlandse spelling

De spelling van het Nederlands is gebaseerd op het basisbeginsel van de standaarduitspraak. Dat wordt ingeperkt door twee nevenbeginselen: dat van de gelijkvormigheid* en dat van de etymologie*.

1.1 beginsel van de standaarduitspraak

We spellen een woord met de klanken die we horen in de standaarduitspraak van dat woord.

Met standaarduitspraak wordt bedoeld: een uitspraak die niet gekleurd is door de woonplaats, leeftijd of andere kenmerken van een bepaalde spreker. We spellen dus niet *srijfer* of *schraaiver,* maar *schrijver*. In gevallen waarin de standaarduitspraak varieert, bijvoorbeeld in Vlaanderen en Nederland, kiest de officiële spelling meestal een vorm die beide varianten dekt. We schrijven daarom niet *oto,* maar *auto.*

1.2 beginsel van de gelijkvormigheid

We spellen een woord of woorddeel zo veel mogelijk op dezelfde wijze.

We proberen een woord of een deel van een woord altijd op dezelfde manier te schrijven, ook al spreken we het soms anders uit. Zo schrijven we *bloed* altijd met *d*, ook al horen we alleen een /d/ in vormen als *bloeden* en *koelbloedig,* en horen we een /t/ in *bloed* en *bloedverwant.*

Dit beginsel wordt beperkt door specifieke regels. De belangrijkste zijn:

(a) **We schrijven geen v of z aan het eind van een lettergreep*.**
We vervangen ze door *f* of *s*. We schrijven dus niet *raav* (gelijkvormig met *raven*), maar *raaf* en niet *prijz* (gelijkvormig met *prijzen*), maar *prijs*. Uitzonderingen vinden we in uitheemse woorden als *pilav* en *fez*.

(b) **We schrijven geen dubbele medeklinker* aan het eind van een woord.**
Als we dus een *-t* toevoegen aan de stam van een werkwoord voor de derde persoon enkelvoud (*werken - werk - het werkt*), geldt dat niet als de stam eindigt op t (*zitten - zit* - niet: *het zitt*, maar *het zit*). Uitzonderingen vinden we in uitheemse woorden als *baseball* en *jazz*.

(c) **Als een woord eindigt op een sisklank*, vervalt de *s* van het volgende achtervoegsel*.**
Als het grondwoord* eindigt op *-s*, *-sch* of een andere sisklank, vervalt de *s* van het achtervoegsel *-s* of *-st*. We schrijven dus *ik was het nerveust* en niet *ik was het nerveusst*, wel *het friste water* en niet *het frisste water*, wel *iets Belgisch* en niet *iets Belgischs*.
De vrouwelijke vorm van *fietser* schrijven we als *fietsster*, want voor het achtervoegsel *-ster* geldt deze regel niet.

De regel van de gelijkvormigheid kan een hulp zijn voor de taalgebruiker die zoekt hoe een woord moet worden geschreven. Wie bijvoorbeeld het woord *geboortefeest* zou willen schrijven en twijfelt over de tussen-*n*, kan zich laten leiden door andere woorden die tot dezelfde categorie behoren, zoals *geboortedag*, *geboortekaartje*, *geboortepremie*.

1.3 beginsel van de etymologie

De spelling van een woord wordt soms bepaald door zijn herkomst.

De spelling van een woord kan sporen bevatten van zijn geschiedenis of etymologie*. De verschillende herkomst van de woorden is een verklaring voor de twee schrijfwijzen van de tweeklanken /ei/ en /au/. We schrijven *zij* anders dan *zei,* omdat die woorden in ouder Nederlands verschillend uitgesproken werden. Hetzelfde geldt voor bijvoorbeeld *gauw* en *gouw.*

Woorden die we uit andere talen overnemen, schrijven we aanvankelijk in de uitheemse spelling, maar naarmate een woord zich aanpast aan het Nederlandse taalsysteem, wordt ook de schrijfwijze vernederlandst. Het Franse woord *sérieux* bijvoorbeeld is het Nederlandse *serieus* geworden, behalve in de nog als Frans aangevoelde uitdrukking *iets au sérieux nemen.* De spelling van woorden uit het Engels wordt zelden aangepast aan het Nederlands, hoewel het vaak om courante woorden gaat, zoals *baby* en *computer.*

2. Klinkers

lange klinker	*staar, staren*	2.A
dubbele medeklinker	*net, netten*	2.B
ee op het eind	*zee*	2.C
ee op het eind van een Frans woord	*café*	2.D
oo voor *ch*	*goochelaar*	2.E
u voor *w*	*schaduw*	2.F
voor *-aard, -aardig, -achtig*	*wreedaard*	2.G
ei of *ij*	*meid, mijt*	
au of *ou*	*gauw, gouw*	

2.1 verenkeling van lange klinkers in een open lettergreep

regel 2.A

Een lange klinker wordt in een gesloten lettergreep* geschreven met twee tekens, in een open lettergreep met een enkel teken.

Het gaat om de lange klinkers* /aa/, /ee/, /oo/ en /uu/. We schrijven dus *oo* in de gesloten lettergreep *boom*, maar *o* in de open lettergreep *bo·men*. Op dezelfde manier:

- *staar - staren*
- *heel - helend*
- *koor - koren*
- *zuur - verzuren*

Deze regel geldt niet voor de /ie/, waarvoor we een ander stel regels hebben. Ook zijn er talloze uitzonderingen, onder meer voor uitheemse woorden*.
De klinkers *eu* en *oe* worden in inheemse woorden altijd op dezelfde manier geschreven.

2.2 verdubbeling van medeklinkers op het eind van een gesloten lettergreep

regel 2.B

Een medeklinker schrijven we dubbel na een korte klinker als er op die medeklinker nog een onbeklemtoonde lettergreep* volgt.

Het gaat om de medeklinkers *b, d, f, g, k, l, m, n, p, r, s, t, z* en *c* (uitgesproken als /k/) en om de korte klinkers* /a/, /e/, /i/, /o/, /u/.

- *netten*
- *biggen*
- *remmen*
- *aerobiccen*

Uitzonderingen op deze regel:

(a) **enkele medeklinker in verbogen en vervoegde vormen van woorden die eindigen op onbeklemtoond *-el, -es, -et, -ig, -ik, -il, -it, -em***

- *schakelen*
- *dreumesen*
- *lemmeten*
- *bezigen*
- *leeuweriken*
- *stencilen*
- *kieviten*
- *ademen*

(b) **enkele *m* in afleidingen* van plaatsnamen met twee lettergrepen die eindigen op *-um***

- *Bussumer*
- *Dokkumer*

Maar: *Blaricummer, Hilversummer*

2.3 /ee/ op het eind van een inheems woord

regel 2.C

De lange /ee/ wordt aan het einde van een inheems woord* met twee tekens geschreven. In een samenstelling* of een afleiding* behouden we deze dubbele klinker. Maar voor *-isch* schrijven we de *e* enkel.

- *zee - zeevis - overzeese*
- *twee - tweeling - tweetjes - tweeën*
- *Goeree - Goereese*

De regel geldt ook voor sommige uitheemse woorden.

- *trochee - trocheïsch*

Aandacht verdienen uitheemse* woorden die geen grondwoord* hebben dat eindigt op /ee/, maar wel afgeleide vormen die eindigen op *-eeën, -eeër, -eïsch, -ese, -eïsme, -eïstisch.*

- *farizeeën - farizeeër - farizees - farizese - farizeïsch - farizeïsme*
- *Pyreneeën - Pyrenees - Pyrenese*
- *Europeeër - Europees - Europese*

2.4 /ee/ op het eind van een Frans woord

In het Frans kan een woord eindigen op *-é* (*café*) of op *-ée* (*matinée*). In het Nederlands vervalt het accent aigu op de *ee*.

- *café*
- *comité*
- *matinee*
- *puree*
- *assemblee*

→ accenttekens, 4.1, 4.2

regel 2.D

Als de aanduiding van een persoon eindigt op /ee/, schrijven we *-é* voor de mannelijke of sekseneutrale vorm, *-ee* voor de vrouwelijke vorm.

- *een attaché* (m) - *een attachee* (v)
- *een employé* (m) - *een employee* (v)
- *een invité* (m) - *een invitee* (v)

Voor woorden die als zuiver uitheems worden aangevoeld, en die hun accenten niet verliezen, geldt deze regel niet. De vrouwelijke vorm behoudt de *-ée*.

- *een dégénéré* (m) - *een dégénérée* (v)
- *een délégué* (m) - *een déléguée* (v)

In verkleinwoorden wordt de slotklinker *-é* omgezet in *ee*.

- *café* - *cafeetje*
- *prostitué* of *prostituee* - *prostitueetje*

→ afbreking: 18

2.5 *ie* of *i*?

We schrijven de lange /ie/ meestal als *ie:*
a. in een gesloten lettergreep*: *fiets, niet, advies, plezier, lief, actief;*
b. aan het einde van een woord: *olie, hatsjie, kwestie, positie, die, neurie, industrie, bacterie;*
c. in een beklemtoonde open lettergreep die niet aan het eind van een woord komt: *gierig, gieten, spiegel.*

We schrijven de lange /ie/ meestal als *i:*
a. in een onbeklemtoonde open lettergreep die niet aan het eind van een woord komt: *figuur, gitaar, libel, miauw, riool;*
b. in het achtervoegsel* *-isch: Russisch, romantisch;*
c. in veel uitheemse woorden*: *taxi, piramide, broccoli, ski, souvenir, bikini, alibi.*

Er zijn veel uitzonderingen op deze vuistregels. Zo schrijven we *gieter,* maar ook *liter,* en *jullie* maar ook *juli.* De Woordenlijst geeft uitsluitsel.

→ trema bij *oliën* of *knieën*: 7.4

2.6 *oo* voor *ch*

regel 2.E

We schrijven de klank /oo/ met twee tekens voor de medeklinker *ch*, ook in een open lettergreep*.

- *goochelaar*
- *loochenen*

2.7 *u* voor *w*

regel 2.F

We schrijven de klank /uu/ met een enkel teken voor de medeklinker *w,* ook in een gesloten lettergreep*.

- *schaduw - schaduwen*
- *afschuw - afschuwelijk*

2.8 gesloten lettergreep voor *-aard, -aardig, -achtig*

regel 2.G

In de laatste lettergreep voor de achtervoegsels* *-aard, -aardig, -achtig* schrijven we de lange klinkers /aa/, /oo/, /ee/, /uu/ met twee tekens.

Als we woorden met deze achtervoegsels afbreken, is de lettergreep* gesloten.
- *wreedaard - wreed·aard*
- *boosaardig - boos·aardig*
- *geelachtig - geel·achtig*

Maar: *hovaardig* (gevormd met *-vaardig*).

2.9 *ei* of *ij?*

De spelling van woorden met *ei* ('korte ei') of *ij* ('lange ij') hangt af van de etymologie van het woord. Wat wij vandaag op verschillende wijze schrijven maar op dezelfde manier uitspreken (bijvoorbeeld *leiden* en *lijden*), werd vroeger ook op verschillende wijze uitgesproken (bijvoorbeeld in de middeleeuwen *le(i)den* en *liden*). In veel dialecten zijn deze uitspraakverschillen vandaag nog te horen. Bij twijfel over de juiste spelling biedt de Woordenlijst uitsluitsel.

2.10 *au* of *ou?*

Woorden die we vandaag met *ou* schrijven, hebben een andere geschiedenis dan vergelijkbare woorden die een *au* hebben. Er zijn geen vuistregels te geven die de taalgebruiker enig houvast bieden. De Woordenlijst geeft uitsluitsel.

3. Medeklinkers

Er zijn geen sluitende regels om te bepalen wanneer een woord uit een andere taal met de uitheemse medeklinkers *c* en *x*, of de combinaties *qu*, *th* of *rh* wordt geschreven. Doorgaans geldt wel de gelijkvormigheidsregel: als we een woorddeel met *c* schrijven, is dat in (bijna) alle combinaties met andere woorddelen het geval.

***k* of *c*?**	3.1
elementen achteraan	*bibliothecaresse*
vooraan *co-, col-, com-, ...*	*coalitie*
vooraan *cata-, cate-, crypt-, ...*	*catastrofe*
elek-	*elektriciteit*
***k* of *qu*?**	3.2
***t* of *th*?**	3.3
***s* of *z*?**	3.4
bijvoeglijke naamwoorden	*religieus - religieuze*
werkwoorden	*organiseren*
x of *ks*?	3.5

3.1 *k* of *c*?

De klank /k/ schrijven we met *k* in inheemse woorden* zoals *kan, bakken, kruipen.*
Naarmate een uitheems woord* zich aanpast aan het Nederlandse taalsysteem, wordt ook de schrijfwijze vernederlandst. Dat is gebeurd met van oorsprong Latijnse en Franse woorden als *komedie, karakter, akte, strikt,* maar niet met *contact, locomotief, product, college, actrice.* De Woordenlijst biedt hier uitsluitsel.
Soms schrijven we verwante woorden in de ene vorm met *k*, in een andere met *c*.

- *kritiek, kritisch - criticus, criticaster*
- *praktijk, praktisch - practicus, practicum*
- *klassiek - classicisme*
- *klasseren - declasseren*
- *vakantie - vacant*
- *akkoord - accorderen*

Enkele vuistregels geven de taalgebruiker een indicatie over de spelling met *k* of *c*.

(a) We schrijven *c* in de uitheemse elementen *-act, -actie, -actief, -ca, -caresse, -caris, -caster, -cateur, -catie, -cator, -catrice, -cus, -ect, -ectie, -ectief, -ica, -icus, -scoop, -uct* of *-uctie.*

- *bibliothecaresse*
- *bioscoop*
- *fysica*
- *insect*
- *locatie*
- *product*
- *productie*
- *reactie*

(b) We schrijven *c* in de uitheemse elementen *co-, col-, com-, con-, contra-, cor-* aan het begin van een woord

- *coalitie*
- *co-educatie*
- *college*
- *colonne*
- *combattief*
- *conclusie*
- *contact*
- *contrarevolutie*
- *correctie*

Niet elke klank /ko/ of /koo/ aan het begin van een woord valt onder deze regel.

- *koket*
- *kolonie*
- *komiek*
- *konvooi*
- *kosmos*

(c) **We schrijven doorgaans *c* in de uitheemse elementen *cata-*, *cate-*, *crypt-* of *crypto-*, *loco-*, *macro-* en *micro-*, *necro-*, *oct-* aan het begin van een woord.**

- *catastrofe*
- *categorisch*
- *cryptisch*
- *locomotief*
- *microfoon*
- *necrologie*
- *octopus*

Andere woorden worden gespeld met *k*, onder andere *katalysator, katafalk, katapult, oktober.*

(d) **Het woorddeel *elek-* in woorden die verwant zijn met *elektriciteit*, schrijven we met *k*.**

- *elektriciteit*
- *elektrisch*
- *elektrocutie*
- *elektronica*

3.2 *k* of *qu?*

De combinatie *qu* wordt soms uitgesproken als /k/, soms als /kw/. Naarmate een uitheems woord* zich aanpast aan het Nederlandse taalsysteem, wordt ook de schrijfwijze vernederlandst. We schrijven daarom soms *qu,* soms *k* of *kw.* De Woordenlijst biedt hier uitsluitsel.

met *qu*

- *aquarium*
- *quasi*
- *cheque*
- *enquête*
- *etiquette*
- *croquet* (spel)

met *kw* of *k*

- *kwadraat*
- *kwaliteit*
- *kwartier*
- *etiket*
- *kroket* (voedsel)

3.3 *t* of *th?*

In sommige uitheemse woorden* schrijven we /t/ als *th*, maar

- niet aan het eind van een woord;
- niet voor een medeklinker;
- niet na *f* of *ch*.

met *th*

- *ether*
- *katholiek*
- *methode*
- *-pathie* (zoals in *apathie, sympathie)*
- *-theek* (zoals in *bibliotheek, apotheek)*
- *-thecaris, -thecaresse* (zoals in *bibliothecaris)*
- *-theker* (zoals in *apotheker)*
- *theorie*

met *t*

- *allochtoon*
- *astma*
- *atleet*
- *difterie*
- *etnisch*
- *labyrint*

In Engelse woorden en sommige woorden uit het Hebreeuws komt toch een *th* aan het eind: *sudden death; Goliath.*
In inheemse woorden komt *th* voor in versteende samenstellingen* zoals *thuis* (uit *te* en *huis*) en *thans* (uit *te* en *hand*) (maar: *nochtans*) en in namen zoals *Drenthe* (maar: *Drents*).

3.4 s of *z?*

(a) **Een uitheems woord* dat eindigt op een lange klinker plus /s/, krijgt doorgaans een /z/, geschreven als *z*, als we er een uitgang aan toevoegen die begint met een toonloze /ə/.**

- *religieus - religieuze*
- *serieus - serieuze*

Uitzondering: *diffuus - diffuse.*

Vrouwelijke beroepsaanduidingen die eindigen op *-euse* en die varianten zijn van mannelijke vormen op *-eur,* spreken we uit met /z/, maar we schrijven *s.*

- *coiffeuse*
- *masseuse*

(b) **We schrijven een s in de elementen *-(i)seren, -(i)sering, -(i)satie* en *-siteit.***

- *organiseren, organisatie*
- *acclimatiseren, acclimatisering, acclimatisatie*
- *nervositeit*
- *virtuositeit*

3.5 *x* of *ks?*

Naarmate een uitheems woord* zich aanpast aan het Nederlandse taalsysteem, wordt ook de schrijfwijze vernederlandst. We schrijven daarom soms *x,* soms *ks.* De Woordenlijst biedt hier uitsluitsel.

met *x*

- *boxer* (hond, kledingstuk)
- *index*
- *maximum*
- *sextet*
- *taxeren*
- *taxi*
- *textiel*

met *ks*

- *bokser* (sportman)
- *seks, sekse* (en alle samenstellingen* en afleidingen*, zoals *seksclub* en *seksualiteit*, behalve in de Engelse woorden *sexappeal* en *sexy*)
- *taks*
- *tekst*

4. Accenttekens

In sommige Franse woorden schrijven we een accent* op een klinker. Het gaat om het accent aigu (´ zoals op de *é* in *logé*), het accent grave (` zoals op de *è* in *scène*) en het accent circonflexe of dakje (ˆ zoals op de *ê* in *crêpe*).
Op een hoofdletter schrijven we nooit een accent, behalve bij uitheemse woorden die met accent op een hoofdletter ontleend zijn, zoals *Dáil Éireann*.

vernederlandst	*controle, café*	4.A
niet aangepast	*tête-à-tête*	4.B

4.1 vernederlandste Franse woorden

regel 4.A

(1) Een Frans woord dat gangbaar is geworden in het Nederlands, verliest zijn accenttekens.
(2) Alleen de accenten op de *e* blijven behouden als dat nodig is om de uitspraak aan te geven.

(1) zonder accent

- *cheque*
- *condoleance*
- *controle*
- *diner*
- *ragout*

Een uitzondering op de regel is het woord *à* in bijvoorbeeld *tien à twaalf dagen*.

(2) nodig voor uitspraak

- *ampère*
- *café*
- *enquête*
- *première*
- *scène*

Als het accent niet nodig is voor de uitspraak, schrijven we het niet. Zo is er geen teken nodig op de eerste *e* van *procedé*, maar wel op de tweede.

- *dedain*
- *depot*
- *epoque*
- *reverence*

→ /ee/ op het eind van Franse woorden: 2.4

4.2 niet-aangepaste Franse woorden

regel 4.B

In een woord dat nog als echt Frans wordt aangevoeld, blijven alle accenttekens staan. Dat geldt vooral voor woordgroepen*.

- *tête-à-tête*
- *déjà vu*
- *maîtresse*
- *maître d'hôtel*
- *belle époque*
- *coûte que coûte*

Het is moeilijk te beslissen of een Frans woord onder regel 4.A of regel 4.B valt. De Woordenlijst geeft uitsluitsel. Als een woord daar niet in voorkomt, dan is het waarschijnlijk een gelegenheidsontlening. We behouden dan de accenten.

5. Klemtoonteken en uitspraaktekens

Een klemtoonteken kunnen we gebruiken om een sterke nadruk op een woord weer te geven.
Een uitspraakteken gebruiken we als een klinker in de gegeven context meer dan één uitspraak kan krijgen, met een verschillende betekenis. In de vorige zin heeft *één* uitspraaktekens gekregen omdat het mogelijk is het telwoord *één* in deze zin foutief te lezen als een onbepaald lidwoord *een* (met toonloze /ə/). Waar geen verwarring mogelijk is, bijvoorbeeld in *een van de woorden,* of in *eenmalig,* gebruiken we geen uitspraaktekens.
Op een hoofdletter schrijven we geen klemtoon- of uitspraaktekens.

klemtoonteken	*dé oplossing*	5.A
uitspraakteken	*één oplossing*	5.B

5.1 klemtoonteken

regel 5.A

Het klemtoonteken is ´. Als een klinker of tweeklank met twee of meer letters geschreven wordt, krijgen de eerste twee een klemtoonteken.

- *dat is dé oplossing*
- *het kán*
- *vóórkomen*
- *voorkómen*
- *je moet het vóór je verjaardag doen*
- *dóén*
- *níéuwe*

Door technische beperkingen vervalt meestal het nadrukteken op de *j* van een lange *ij*. Bijvoorbeeld: *blíjven kíjken!*

5.2 uitspraaktekens

regel 5.B

Op een *e* kunnen we de uitspraaktekens ´ en ` gebruiken. Het teken *é* geeft /ee/, *è* geeft /è/.

- *hé*
- *hè*
- *één dag*
- *blèren*

6. Los, aaneen of met een koppelteken?

vuistregel		6.A
woordgroep	*academisch ziekenhuis*	6.B
samenstelling en afleiding	*tuinstoel, onaf*	6.C
bijzondere samenstellingen		
gelijkwaardige elementen	*pianiste-componiste*	6.D
aardrijkskundige namen	*Aarle-Rixtel*	6.E
woorddeel met hoofdletter	*zwart-Amerikaans*	6.F
met cijfer, letter, symbool	*80-jarige*	6.G
met initiaalwoord	*tv-kijker, kleuren-tv*	6.H
met bijzondere voor- of na-bepaling	*niet-rookster*	6.I
afleiding van letter, cijfer, initiaalwoord	*sms'en*	6.J
samenkoppeling	*kruidje-roer-mij-niet*	6.K
samenkoppeling in samenstelling	*doe-het-zelfzaak*	6.L
woordgroep in samenstelling	*langeafstandsloper, a-capellakoor, Middellandse Zeegebied, Karel I-sigaar*	6.M
woordgroep of samenstelling?		
aaneenschrijven van telwoorden	*honderdenzes miljoen*	6.N

vuistregel 6.A

Een woordgroep* schrijven we los.
Een samenstelling* of afleiding* schrijven we aaneen.
In enkele bijzondere gevallen schrijven we een samenstelling of woordgroep met een koppelteken.

Voor het aaneenschrijven van een samenstelling of afleiding moeten we bijzondere regels in acht nemen in het geval van klinkerbotsing*. We gebruiken dan een koppelteken of een trema.

→ klinkerbotsing: 7.1 tot 7.5

6.1 woordgroep* los

regel 6.B

Een woordgroep schrijven we met spaties tussen de woorden.

Een woordgroep* is een serie woorden die bij elkaar worden gehouden door een grammaticaal verband, zoals in een zin. Dat verband hoeven we niet te tonen in de spelling. Daarom schrijven we de woorden in een woordgroep los van elkaar.

- *Ik zoek de weg naar het* ***academisch ziekenhuis****.*
- *Je zoekt het* ***veel te ver****.*
- *Er wordt* ***huis aan huis*** *gebeld.*
- ***Elizabeth I***
- *Ze is geboren op* ***9 januari 1950****.*
- *We zullen dit* ***ad hoc*** *oplossen.*
- *Het wordt* ***in der minne geschikt****.*

→ woordgroep of samenstelling: 6.8
→ woordgroep vast in samenstelling: 6.7

6.2 samenstelling* en afleiding* aaneen

regel 6.C

De delen van een samenstelling of een afleiding schrijven we aan elkaar vast.

Als we twee woorden bij elkaar brengen om er een nieuwe betekenis mee uit te drukken, dan tonen we het verband tussen de delen door ze aan elkaar vast te schrijven. Dat doen we met samenstellingen die uit twee of meer delen bestaan.

- *tuinstoel*
- *overnemen*
- *bedrijfsklaar*
- *paardenbloem*
- *langetermijnplanning*
- *linkerdijbeenbreuk*

Als we om een nieuwe betekenis uit te drukken een woord combineren met een voor- of achtervoegsel dat niet als een apart woord bestaat, dan noemen we het geheel een afleiding. Ook de delen van een afleiding schrijven we aan elkaar vast.

- *onaf*
- *oerstom*
- *antistoffen*
- *pseudoklassiek*
- *onnoemelijk*
- *schuldig*

Als een samenstelling moeilijk te lezen of te begrijpen is, kunnen we de structuur verduidelijken met een koppelteken. Zo schrijven we *tweedekansonderwijs* volgens de regel aaneen, maar we kunnen ook schrijven *tweedekans-onderwijs* als we verwachten dat de lezer de samenstelling niet meteen doorziet.
Dat kunnen we ook doen als een woord op twee manieren gelezen kan worden en als uit de context niet duidelijk is welke betekenis we bedoelen. Als we met *valkuil* niet een gecamoufleerde put of een hinderlaag bedoelen, maar een soort vogel, kunnen

we *valk-uil* schrijven. In de Woordenlijst wordt dit optionele koppelteken niet aangegeven.

Op dezelfde manier:
- *parallelelementen*, maar ook *parallel-elementen*
- *massagebed*, maar ook *massa-gebed* of *massage-bed*
- *identiteitschip*, maar ook *identiteits-chip*

→ facultatief koppelteken in afleiding: 7.2
→ facultatief koppelteken in Engelse samenstelling: 12.1
→ koppelteken bij klinkerbotsing: 7.2
→ koppelteken in Engelse samenstellingen: 12.1
→ koppelteken in samenkoppelingen uit andere talen: 6.5
→ koppelteken in aardrijkskundige namen en namen van talen:16.3

6.3 samenstelling – bijzondere gevallen met koppelteken

We gebruiken een koppelteken om de structuur te verduidelijken of om een ongewoon woordbeeld te vermijden in een samenstelling. Dat moeten we doen als de elementen gelijkwaardig zijn, bij samengestelde aardrijkskundige namen, als het tweede element een hoofdletter heeft, als een van de elementen een cijfer, letter, symbool* of initiaalwoord* is, of in een samenstelling met een bijzondere voor- of nabepaling.

(a) gelijkwaardige elementen

regel 6.D

Tussen gelijkwaardige elementen die naast elkaar worden geplaatst in een samenstelling, gebruiken we een koppelteken.

Het gaat om combinaties van twee of meer elementen die in de samenstelling in principe met elkaar verwisseld kunnen worden. Zo zouden we een *dichter-botanicus* ook een *botanicus-dichter* kunnen noemen.

- *een pianiste-componiste*
- *een hotel-restaurant*
- *zwart-wit*
- *cultureel-maatschappelijk*
- *politiek-ideologisch*

Als een samenstelling van twee adjectieven in principe niet omwisselbaar is, schrijven we de twee delen aan elkaar vast. Zo betekent *sociaalpsychologisch* niet: *sociaal* én *psychologisch,* maar: volgens de *sociale psychologie.* Andere voorbeelden:

- *privaatrechtelijk*
- *sociaalkritisch*
- *sociaalgeografisch*
- *populairwetenschappelijk*

Als een beroepsnaam vergezeld wordt van een bijvoeglijk naamwoord, schrijven we die twee elementen los: *sociaal psycholoog, sociaal geograaf, klinisch bioloog, civiel ingenieur, algemeen secretaris.*

Een samengesteld bijvoeglijk naamwoord gebruiken we ook om een religieuze, levensbeschouwelijke of maatschappelijke strekking aan te duiden die uit twee of meer componenten bestaat. Als de delen in principe verwisselbaar zijn, dan gebruiken we een koppelteken.

- *extremistisch-links* (of: *links-extremistisch)*
- *democratisch-liberaal-conservatief* (of: *democratisch-conservatief-liberaal)*

Als de delen van een dergelijke samenstelling niet verwisselbaar zijn, schrijven we ze aaneen.

- *christendemocratisch (democratischchristen* kan niet)
- *ultranationalistisch (nationalistischultra* kan niet)

We gebruiken ook een koppelteken als het eerste deel verwijst naar een plaats of een bevolkingsgroep.

- *Nederlands-hervormd*
- *rooms-katholiek*
- *Baskisch-nationalistisch*

Als we een zelfstandig naamwoord vormen op basis van dit soort samenstellingen, behouden we de schrijfwijze (aaneen of met koppelteken).

- *een liberaal-conservatief*
- *een links-extremist*
- *een christendemocraat*
- *een Vlaams-nationalist*

→ facultatief koppelteken in samenstelling: 6.2
→ Engelse samenstellingen en woordgroepen aaneen of los: 12.1

(b) samengestelde aardrijkskundige namen

regel 6.E

Een tweedelig samengestelde aardrijkskundige naam en zijn afleidingen schrijven we met een koppelteken.

- *Aarle-Rixtel*
- *Knokke-Heist*

Deze regel geldt ook voor aardrijkskundige namen met als linkerdeel* een woord als *Noord, Zuid, West, Oost, Centraal, Hoog, Laag, Boven, Beneden, Midden, Nieuw, Nederlands, Belgisch, Vlaams, Frans, Latijns, Afro, Indo.*

- *Zuid-Holland*
- *Midden-Amerika*
- *Nieuw-Zeeland*
- *Vlaams-Brabant*
- *Frans-Polynesië*

We behouden het koppelteken in de afleiding* van de samengestelde vorm.

- *Zuid-Hollands*
- *Nieuw-Zeelander*
- *Vlaams-Brabantse*

Uitheemse samengestelde aardrijkskundige namen die met een spatie geschreven worden, krijgen geen koppelteken, ook niet in de afgeleide vormen en in samenstellingen.

- *New York - New Yorker - New Yorkse - een New Yorkreis*
- *Sri Lanka - Sri Lankaan - Sri Lankaans - een Sri Lankareis*

→ hoofdletter voor plaatsnamen, namen van volkeren, namen van talen: 16.3

(c) tweede woorddeel met een hoofdletter

regel 6.F

We gebruiken een koppelteken in een samenstelling voor een woorddeel met een hoofdletter.

- *zwart-Amerikaans*
- *pro-Deoadvocaat*

Deze regel geldt ook voor afleidingen met een voorvoegsel dat voor een hoofdletter komt.

- *anti-Frans*
- *on-Engels*

→ namen van talen en dialecten: 16.3

(d) samenstelling met cijfer, letter of symbool*

regel 6.G

We gebruiken een koppelteken in een tweedelige samenstelling voor of achter een cijfer, een aparte letter of een symbool.

- *80-jarige*
- *65+-kaart*
- *y-as*
- *tussen-s*
- *A4-formaat*

Het koppelteken gebruiken we ook na een linkerdeel* dat eindigt op een apostrof met een *s*.

- *een mama's-kindje*
- *een McDonald's-maaltijd*

→ driedelige samenstellingen met een cijfer: 6.7

Als een woord wordt gevolgd door een letter of cijfer om een categorie aan te geven, beschouwen we het geheel als een woordgroep*. We schrijven de delen niet aan elkaar vast, maar gebruiken een spatie.

- *hepatitis B*
- *top 10*
- *vitamine B12*

Een samenstelling met een dergelijke woordgroep krijgt slechts één koppelteken.

- *een hepatitis B-besmetting*
- *een top 10-plaat*

→ woordgroep in samenstelling: 6.7
→ afleiding van initiaalwoord met apostrof: 6.4
→ apostrof voor verkleinwoorden: 15.5

(e) samenstelling met initiaalwoord* of met letterwoord of verkorting met hoofdletter

regel 6.H

We gebruiken een koppelteken in een samenstelling voor of achter een initiaalwoord.

- *tv-kijker*
- *kleuren-tv*
- *IQ-test*
- *bedrijfs-pc-netwerk*
- *CD&V-voorzitter*

Een letterwoord* schrijven we in een samenstelling vast, behalve als het met een of meer hoofdletters wordt geschreven.

- *pincode*
- *petfles*
- *aidsvirus*

We schrijven dus wel een koppelteken in bijvoorbeeld:

- *Riagg-centrum*
- *VUT-regeling*
- *AWACS-vliegtuig*

Ook als er klinkerbotsing* is, gebruiken we een koppelteken.

- *havo-opleiding*

Een samenstelling met een verkorting* wordt aaneengeschreven, behalve als de verkorting met een of meer hoofdletters wordt geschreven.

- *infostand*
- *hifiketen*

We schrijven dus wel een koppelteken in bijvoorbeeld:

- *Benelux-land*
- *Vinex-wijk*

→ verschil tussen initiaalwoorden en letterwoorden: 17.3
→ afleiding van initiaalwoord met apostrof: 6.4
→ apostrof voor verkleinwoorden: 15.4

(f) grondwoord met bijzondere voor- of nabepaling*

regel 6.I

We gebruiken een koppelteken in een samenstelling die bestaat uit een grondwoord met een bijzondere voor- of nabepaling.

---

(1) met de elementen *niet-, non-, bijna-, oud-, ex-, aspirant-, adjunct-, substituut-, chef-, kandidaat-, interim-, stagiair-, leerling-, assistent-, collega-* of *meester-*

- *niet-rookster*
- *oud-burgemeester*
- *ex-gedetineerde*
- *adjunct-commissaris*

Oud- schrijven we vast als het niet de betekenis 'voormalig' heeft: *oudkomer*, *oudpapierprijs*.

Meester-opzichter schrijven we met een koppelteken, maar niet *meestergast* of *meesterbrein*, waar de betekenis van het eerste deel is verzwakt.

(2) met elementen zoals *-generaal, -president, -testamentair, -verbaal* of *-militair*

- *directeur-generaal*
- *minister-president*
- *proces-verbaal*
- *auditeur-militair*

(3) groep of werkstuk, genoemd naar een auteur of inspirator

- *regering-Kennedy*
- *commissie-Pée-Wesselings*
- *zaak-Profumo*
- *rapport-Van Traa*

(4) met *Sint-* of *St.-*

- *Sint-Jozef*
- *St.-Anna*
- *sint-bernardshond*

(5) zelfnoemfunctie: een woord dat zichzelf representeert

- *ik-roman*
- *het-woord*
- *jij-vorm*

6.4 afleiding - bijzonder geval: afleiding van letter, cijfer, symbool of initiaalwoord

regel 6.J

Als het grondwoord een letter, cijfer, symbool* of initiaalwoord* is, gebruiken we een apostrof om een meervoud, een bezitsvorm*, een verkleinwoord* of een andere afleiding* te vormen.

- *NCRV's eerste uitzendingen*
- *sms'jes, sms'en, zij sms't, wij sms'ten, ze hebben ge-sms't*
- *gsm's, gsm'etje*
- *tv'loos*

Opmerkingen:

(a) De achtervoegsels* *-achtig, -dom, -heid en -schap* verbinden we met een streepje. Andere achtervoegsels met een apostrof.
  - *VTM-achtig*
  - *65+-dom*
  - *AOW'er*
  - *2'tjes*

(b) Een voorvoegsel wordt aan een letter, cijfer, symbool of initiaalwoord verbonden met een koppelteken: *al dat ge-sms tegenwoordig, ge-e-maild*

→ samenstelling met cijfer, letter of symbool: 6.3
→ aaneenschrijven van telwoorden: 6.9

6.5 samenkoppeling met koppelteken

regel 6.K

Een samenkoppeling schrijven we met koppeltekens.

Als een vaste woordgroep* één begrip vormt, kunnen we de eenheid aangeven door koppeltekens tussen de woorden te plaatsen. Een dergelijke woordgroep wordt een samenkoppeling* genoemd.

- *een kruidje-roer-mij-niet*
- *het staakt-het-vuren*
- *het vrouw-zijn*
- *een kant-en-klare maaltijd*
- *laag-bij-de-gronds*
- *een duivel-doet-al*
- *Onze-Lieve-Vrouw*

Samenkoppelingen die we uit andere talen overnemen, behouden de koppeltekens of de spaties die ze in de vreemde taal hebben.

- *a priori, het a priori* (maar in een afleiding*: *a-priorisch*)
- *haute couture*
- *deux-chevaux*
- *face-à-main*
- *rez-de-chaussee*
- *trompe-l'oeil*

→ samenkoppeling in samenstelling: 6.6
→ woordgroep of samenstelling: 6.8
→ Engelse samenstellingen en uitdrukkingen aaneen of los: 12.1

6.6 samenkoppeling in samenstelling

regel 6.L

Als we een samenstelling maken waar een samenkoppeling deel van uitmaakt, behouden we de koppeltekens tussen de woorden van de samenkoppeling. De samenkoppeling schrijven we vast aan het andere deel van de samenstelling.

- *doe-het-zelf - doe-het-zelfzaak*
- *nek-aan-nek - nek-aan-nekrace*
- *kat-en-muis - kat-en-muisspelletje*
- *heen-en-weer - heen-en-weerdienst*

Het koppelteken gebruiken we ook in samenstellingen waarin het rechterdeel verbonden wordt met twee of meer elementen die met elkaar gelijkwaardig zijn.
- *zwart-witfoto*
- *woon-werkverkeer*

Het koppelteken gebruiken we ook in afleidingen* van samenkoppelingen. Het achtervoegsel* schrijven we vast aan het laatste woorddeel van de groep.
- *doe-het-zelver*

6.7 woordgroep in samenstelling

regel 6.M

(1) Als we een samenstelling* maken waar een woordgroep* deel van uitmaakt, schrijven we alle delen aan elkaar vast.
(2) Tussen de delen van een woordgroep die uit uitheemse woorden* bestaat, schrijven we in dat geval een koppelteken.
(3) Een eigennaam* die uit meer dan één woord bestaat, en dus meer dan één hoofdletter heeft, krijgt geen koppelteken in een samenstelling of een afleiding.
(4) Als de woordgroep eindigt met een symbool*, cijfer of letter, schrijven we een koppelteken vóór het rechterdeel* van de nieuwe samenstelling.

(1) samenstelling met woordgroep

- *lange afstand - langeafstandsraket*
- *eerste minister - eersteministerportefeuille*
- *tweede kans - tweedekansonderwijs*
- *open haard - nepopenhaard*
- *sociale zekerheid - basissocialezekerheid*

We gebruiken een koppelteken in geval van klinkerbotsing*.

- *eerste minister: vice-eersteminister*

Als het eerste deel van de woordgroep een telwoord is, dan schrijven we het vast in de driedelige samenstelling. Maar als we het telwoord met een cijfer schrijven, gebruiken we een spatie.

- *elfjuliviering* of *11 juliviering*
- *vijftigeurobiljet* of *50 eurobiljet*

(2) samenstelling met uitheemse woordgroep

- *a capella - a-capellakoor*
- *haute couture - haute-couturewinkel*
- *ad hoc - ad-hocbeslissing*

Voor samenstellingen met Engelse woordcombinaties gelden speciale regels.

→ Engelse samenstellingen: 12.1

(3) samenstelling of afleiding met meerdelige eigennaam

- *Middellandse Zee - Middellandse Zeegebied*
- *Abu Dhabi - Abu Dhabireis*
- *Rode Kruis - Rode Kruispost*
- *Koningin Beatrix - Koningin Beatrixestafette*
- *Tweede Kamer - Tweede Kamerleden*
- *Ave Maria - Ave Mariaatje*

Als de eigennaam het rechterdeel vormt van een samenstelling, gebruiken we een koppelteken voor het eerste woord van de naam.

- *Rode Kruis - het mini-Rode Kruis*
- *New Yorker - ex-New Yorker*
- *New Yorks - zwart-New Yorks*

(4) **samenstelling met woordgroep die eindigt met symbool, letter of cijfer**

- *Karel I-sigaar*
- *Lodewijk XV-meubel*
- *vitamine B12-kuur*

6.8 woordgroep of samenstelling?

Er is geen scherpe grens te trekken tussen wat een woordgroep* is en wat een samenstelling* is. Zelfs met elkaar gerelateerde woordcombinaties, zoals *aaneenschrijven* en *kapotslaan* versus *van elkaar los schrijven* en *in stukken slaan*, behoren soms tot verschillende categorieën. Vaak zal de taalgebruiker moeten opzoeken of een bepaalde combinatie in een of in meer woorden geschreven wordt. Toch zijn er enkele vuistregels die meestal tot een juiste inschatting leiden.

(a) **één klemtoon: één woord**

Combinaties waarin we elk woord met een klemtoon* kunnen uitspreken, schrijven we meestal los. Als er een vaste klemtoon is op één lettergreep*, gaat het om een samenstelling.

Dat is duidelijk te horen in deze gevallen:

- *Er ligt een zwart boek tussen de gekleurde boeken.*
- *Er is een zwartboek verschenen over deze affaire.*

- *We moeten een strategie op lange termijn kiezen.*
- *Onze langetermijnstrategie moet herzien worden.*

- *veelgestelde vragen (vragen die veel worden gesteld)*
- *veel gestelde vragen (veel vragen die zijn gesteld)*

(b) woordgroep wordt verbogen in het meervoud

Als we een woordgroep in het meervoud zetten, verbuigen we doorgaans de bijvoeglijke naamwoorden. Een bijvoeglijk naamwoord dat deel uitmaakt van een samenstelling, blijft ongewijzigd.

- *een zwart boek - de zwarte boeken*
- *een zwartboek - de zwartboeken*

(c) woordgroep groeit aaneen door veelvuldig gebruik

Woordcombinaties die vaak voorkomen in ons taalgebruik, krijgen gemakkelijker de status van samenstelling dan zeldzame combinaties.

- *een portie rodekool*
- *een portie groene kool*

- *Zij leert pianospelen.*
- *Zij leert marimba spelen.*

(d) verzwakte betekenis: aaneengeschreven

Als de betekenis van een van de woorddelen is verzwakt of niet meer kan worden herkend in het geheel, dan wordt het woord vaak aaneengeschreven.

- *een hoog gebouw*
- *een hogeschool*

- *drank halen*
- *ademhalen*

(e) de opbouw geeft een aanwijzing

(1) driedelige combinaties waarvan het eerste deel wel bij het tweede hoort maar niet bij het derde, schrijven we aaneen.

- *een langebaanwedstrijd* (een wedstrijd op de lange baan)
- *een korte baanwedstrijd* (een korte wedstrijd op de baan)

(2) als de onbepaalde wijs* van een samengesteld werkwoord in één woord wordt geschreven, schrijven we ook de vervoegde vormen in één woord, tenzij er een ander woord tussen de delen

komt, of als de volgorde gewisseld is.

- *wegblijven*
- *dat zij wegblijft*
- *de weggebleven genodigden*
- *dat ik weg ben gebleven*
- *hij bleef weg*

(3) een voorzetselbijwoord* kan met een woord als *daar, er, waar, hier* een voornaamwoordelijk bijwoord* vormen. We schrijven dat aaneen. Ook een tweede voorzetselbijwoord* hecht zich daaraan vast.

- *daarboven - erboven - waarboven - hierboven*
- *daarbovenop - erbovenop - waarbovenop - hierbovenop*

(4) een bijwoord dat is samengesteld uit voorzetselbijwoorden, schrijven we in één woord. Maar een voorzetselbijwoord schrijven we niet vast aan een voorzetsel dat behoort bij een woordgroep rond een zelfstandig naamwoord.

- *Ze zit achterop.*
- *Ze zit achter op de fiets.*

- *Het staat vanboven.*
- *Zij komt van boven de Moerdijk.*

6.9 aaneenschrijven van telwoorden

regel 6.N

We schrijven een getal in één woord, tot en met het woord *duizend.* Na het woord *duizend* volgt een spatie. De woorden *miljoen, miljard, biljoen* enz. schrijven we los.

- *twee*
- *twintig*
- *tweeëntwintig*
- *tweehonderd*
- *tweehonderdtweeëntwintig*
- *tweeëntwintighonderd*
- *tweeduizend tweehonderdtwintig*
- *twee miljoen tweehonderdtwintigduizend tweehonderdtweeëntwintig*

Rangtelwoorden in woorden worden op dezelfde manier geschreven.

- *de tweede*
- *de twintigste*
- *de tweeëntwintigste*
- *de tweehonderdste*
- *de tweehonderdtweeëntwintigste*
- *de tweeduizend tweehonderdtwintigste*
- *de twee miljoenste*
- *de twee miljoen tweehonderdduizendste*
- *de twee miljoen tweehonderdduizend tweehonderdtweeëntwintigste*

Een rangtelwoord dat we met een cijfer schrijven, gevolgd door *e* of door *ste/de*, krijgt geen apostrof.

- *1e, 1ste*
- *3e, 3de*
- *105e, 105de*

De teller en de noemer van een breuk schrijven we los, behalve als die deel uitmaakt van een meerledige samenstelling.

- *twee derde van de bevolking*
- *twee zesden van deze taart* (twee stukken die ieder één zesde zijn)
- *een tweederdemeerderheid*
- *een driekwartsmaat*

6.10 andere betekenis - anders geschreven

- *Ik vind alles behalve mijn pen.*
- *Het is allesbehalve plezierig.*

- *Jij kunt het even goed als ik.*
- *Je kunt het evengoed laten.*

- *We hebben ten minste een kilometer gelopen.*
- *Kom maar op - tenminste, als je durft.*

- *Ten slotte viel het doek.*
- *We hadden het tenslotte zelf gekozen.*

- *Ze hebben te veel betaald.*
- *Het teveel wordt terugbetaald.*

- *Twee maal twee is vier.*
- *Ik heb het tweemaal betaald.*

7. Klinkerbotsing

hoofdregel	***gala-avond, onderzeeër***	7.A
Griekse of Latijnse voorvoegsels	*co-ouder*	7.B
-achtig	*lila-achtig*	7.C
voorvoegsel niet herkenbaar	*coördinatie*	7.D
drie of meer klinkers	***reëel, essentieel***	7.E
uitzonderingen		

Klinkerbotsing is de verwarring die ontstaat wanneer we twee letters die meestal één klinker of tweeklank voorstellen (bijvoorbeeld *aa* of *ui*), in een woord toch afzonderlijk moeten lezen (dus als *a-a* of *u-i*) omdat ze tot verschillende lettergrepen behoren. Dat gebeurt in samenstellingen*, in afleidingen* en in sommige ongelede woorden* die we uit andere talen hebben overgenomen.

7.1 welke klinkers botsen?

klinkerbotsing	geen klinkerbotsing
aa, ae, ai, au	*ao*
ee, ei, eu	*ea, eo*
ie	*ia, io, iu*
oe, oi, oo, ou	*oa*
ui, uu	*ua, ue, uo*
	aj, ej, oj, uj
	iji (ij+i)
	ay, ya, ey, ye, iy, yi, oy, yo, uy, yu

De combinaties *i+j*, *e+ij*, *e+ui* en *i+i* leveren een klinkerbotsing op in een samenstelling (*gummi-jas, vanille-ijs, college-uitstap, sproei-installatie*), maar niet in een ongeleed woord of afleiding (*bijectie, beijveren, geuit, kopiist*).

Een accent* op een letter neemt de klinkerbotsing niet weg. We schrijven dus *café-eigenaar.*

7.2 hoe klinkerbotsing te vermijden?

hoofdregel 7.A

We vermijden klinkerbotsing in een samenstelling door een koppelteken te gebruiken.
We vermijden klinkerbotsing in een ongeleed woord* of in een afleiding door een trema te gebruiken.

---

samenstelling

- *gala-avond*
- *garage-eigenares*
- *bureau-inhoud*
- *gummi-jas*

ongeleed woord

- *Kaïn*
- *poëzie*
- *ruïne*
- *patiënt*

afleiding

- *onderzeeër*
- *smeuïg*
- *beïnvloeden*
- *geërfd*

Als zich geen klinkerbotsing voordoet, schrijven we de samenstelling of afleiding aaneen.

- *cameraopstelling*
- *beantwoord*
- *koffieautomaat*
- *carrièreoverweging*
- *geleiachtig*
- *geolied*
- *cadeauabonnement*
- *babyeczeem*
- *polyinterpretabel*
- *juryuitspraak*

→ facultatief koppelteken in samenstelling: 6.2

bijzonder geval 7.B

Een afleiding* met een voorvoegsel* van Griekse of Latijnse oorsprong behandelen we als een samenstelling*. We schrijven het voorvoegsel aan het grondwoord* vast. Bij klinkerbotsing krijgt de afleiding een koppelteken.

Het gaat om voorvoegsels (of elementen die we als voorvoegsel gebruiken) zoals *aero-, anti-, audio-, auto-, bi-, bio-, co-, contra-, de-, di-, duo-, elektro-, extra-, giga-, intra-, loco-, macro-, micro-, mini-, mono-, multi-, neo-, para-, pre-, pro-, proto-, pseudo-, quasi-, re-, retro-, semi-, socio-, supra-, tri-, ultra-* en *vice-*.

- *co-ouder*
- *de-escaleren*
- *mini-essay*
- *pre-emeritaat*
- *pseudo-islamitisch*
- *quasi-intellectueel*

Als zich geen klinkerbotsing voordoet, schrijven we deze voorvoegsels vast aan het grondwoord.

- *coauteur*
- *deactualiseren*
- *pseudoklassiek*
- *regeneratie*

Om de leesbaarheid te bevorderen, kunnen we een facultatief koppelteken gebruiken na het voorvoegsel. We schrijven dus volgens de regels *quasionschuldig* en *miniuitrusting,* maar we kunnen ook schrijven *quasi-onschuldig* en *mini-uitrusting.* In de Woordenlijst is dat facultatieve koppelteken niet opgenomen.

→ facultatief koppelteken in samenstelling: 6.2
→ facultatief koppelteken in Engelse samenstelling: 12.1
→ samenstelling met bijzondere voor- of nabepaling: 6.3

bijzonder geval 7.C

Een afleiding met het achtervoegsel* *-achtig* behandelen we als een samenstelling. Ze krijgt een koppelteken bij klinkerbotsing.

- *lila-achtig*
- *opera-achtig*
- *maffia-achtig*

bijzonder geval 7.D

Een woord waarin we het uitheemse voorvoegsel niet los kunnen zien van het grondwoord, behandelen we als ongeleed*. Het krijgt bij klinkerbotsing een trema.

Sommige woorden zien er geleed uit, maar zijn niet terug te brengen tot de betekenis van de delen. We behandelen ze als ongelede woorden. Die krijgen een trema bij klinkerbotsing.

Zo is *co-ouderschap* wel te herleiden tot *co* = 'gezamenlijk' + *ouderschap*, maar *coördinatie* is niet *co* + *ordinatie*.

Op dezelfde manier:
- *coëfficiënt*
- *coïncidentie*
- *preëminent*
- *biënnale*
- *tetraëder*

We schrijven dus:
- *copiloot*: geen twee klinkers
- *coalitie, coauteur*: geen klinkerbotsing
- *co-ouderschap*: klinkerbotsing - het geheel wordt herkend als 'samen ouder zijn' en dus als afleiding met uitheems voorvoegsel
- *coördinatie*: klinkerbotsing - het geheel wordt niet herkend als 'samen ordineren' en wordt daarom beschouwd als een ongeleed woord

Op dezelfde wijze:
- *re-integreren:* geheel wordt herkend als 'opnieuw integreren' - afleiding met uitheems voorvoegsel
- *reünie:* geheel wordt niet herkend als 'opnieuw een unie' - beschouwd als ongeleed woord

→ samenstelling met bijzondere voor- of nabepaling: 6.3

7.3 schema

	zonder Latijns of Grieks voorvoegsel		
	ongeleed	afleiding	samenstelling
geen klinkerbotsing *ao, ea, eo, ia, oa, ua, ue, iji, ijij, ay, ya, ye, yi, yu*	*chaos* *ideaal* *sociaal* *actualiteit*	*continueren* *geleiachtig* *buiige* *essentieel*	*cameraopstelling* *autonomieakkoord* *carrièreoverweging* *radioantenne*
wel klinkerbotsing *aa, ae, ai, au, ee, ei, eu, ie, oe, oi, oo, ou, ui, uu* (en *i+j, e+ij, e+ui, i+i* in samenstellingen)	*creëren* *poëzie* *druïde* *patiënt*	*onderzeeër* *smeuïg* *beïnvloeden* *essentiële*	*gala-avond* *ski-instructeur* *bureau-inhoud* *gummi-jas*

7.4 drie of meer opeenvolgende klinkerletters in ongelede woorden en afleidingen

bijzonder geval 7.E

Als een van de botsende klinkers wordt weergegeven door twee tekens, kan alleen de eerste klinker van de tweede klank een trema krijgen.

- *re+eel: reëel*
- *ree+en: reeën*
- *fee+eriek: feeëriek*
- *ge+eigend: geëigend*
- *bedoe+ien: bedoeïen*
- *barbecue+en: barbecueën*

met Latijns of Grieks voorvoegsel	
ongeleed	geleed
coalitie	*coauteur*
realisatie	*regeneratie*
dieet	*miniuitrusting*
triangel	*quasionschuldig*
coördinatie	*co-existentie*
reünie	*re-integratie*
biënnale	*macro-economie*
preëminent	*de-escaleren*

Na een *i* schrijven we geen trema als er in totaal drie of meer klinkertekens staan.

- *essenti+eel: essentieel*
- *kei+en: keien*
- *uitzaai+en: uitzaaien*

De eerste letter van een *au, ij, oe, ou* of *ui* krijgt nooit een trema.

- *ge+automatiseerd: geautomatiseerd*
- *ge+ijkt: geijkt*
- *ge+oefend: geoefend*
- *ge+out: geout*
- *ge+uit: geuit*

De eerste letter van een *ie* en *ei* kan wel een trema krijgen.

- *Oekraïens*
- *jezuïet*
- *beëindigd*

Gaat het om de combinatie *ie+e,* dan hangt het van de klemtoon af of er een *e* wegvalt of niet. Wordt de /ie/ beklemtoond, dan schrijven we *ieë*; heeft de /ie/ geen klemtoon, dan schrijven we *ië.*

- ***knieën***
- *calo**rieën***
- *oliën*
- *chemicaliën*

7.5 uitzonderingen

(a) *zoiets* wordt aaneengeschreven zonder trema

- *Zo-even* heeft een koppelteken.

(b) getallen in letters krijgen bij klinkerbotsing een trema

- *tweeënveertig*
- *drieënhalf*

Maar we lossen de klinkerbotsing op met een koppelteken als een telwoord gecombineerd wordt met een ander woord: *twee-eiig, drie-eenheid.*

(c) geen trema in de Franse achtervoegsels* *-ien* en *-ienne*

- *opticien*
- *lesbienne*

(d) geen trema in zuiver uitheemse woorden*

De hoofdregel is niet van toepassing op woorden die nog als volledig uitheems worden beschouwd en hun oorspronkelijke spelling behouden.

- *paella*
- *perpetuum*
- *maestro*
- *baccalaureus*
- *museum*
- *extranei*

(e) geen trema boven een accent*

Een letter met een accent behoudt dat accent. Er komt geen trema bovenop.

- *carrière*
- *première*
- *variété*

(f) bij afbreking* van een woord vervalt het trema op de eerste letter van de volgende tekstregel

- *ru·ine*
- *ego·isme*
- *continu·iteit*
- *decafe·iné*

→ afbreking: 18

8. Samenstelling met tussenletters *-e-* of *-en-*

Een samenstelling* maken we doorgaans door twee of meer woorden aan elkaar vast te schrijven.
Een *deur* die naar een *kamer* leidt waar het *bad* staat, is een *badkamerdeur*.
Soms spreken we tussen twee delen een tussenklank* uit die klinkt als een toonloze /ə/, soms als /ən/.

hoofdregel	*rodekool, knarsetanden, gerstenat, aspergesoep, weidevogel, perensap, lerarenopleiding, linzensoep*	8.A

3 uitsluitingen

uitsluiting: linkerdeel op *-en*	*havengebied*	8.B
uitsluiting: versteende samenstelling	*apegapen*	8.C
uitsluiting: oude naamvalsvorm	*'s anderendaags*	8.D

3 uitzonderingen

linkerdeel is uniek	*Onze-Lieve-Vrouwekerk*	8.E
linkerdeel versterkt	*apetrots*	8.F
linkerdeel heeft vrouwelijke nevenvorm	*studentenkamer*	8.G

8.1 hoofdregel

Als het linkerdeel* van de samenstelling een zelfstandig naamwoord is dat niet eindigt op een toonloze /ə/, schrijven we de tussenklank /ə(n)/ doorgaans als *-en*.

- Het *hok* van een *hond* is een *hondenhok*.
- Het *sap* van een *peer* is *perensap*.

Wanneer het linkerdeel van een samenstelling een zelfstandig naamwoord is dat wel eindigt op een toonloze /ə/, schrijven we in sommige gevallen ook *-en*.

- Als een *zieke zorg* krijgt, is dat *ziekenzorg*.

Soms schrijven we niet *-en* maar *-e*, bijvoorbeeld in *ziektekiem, secondewijzer, zonneschijn*. Dat hangt af van de kenmerken van het linkerdeel van de samenstelling, in de voorbeelden dus de kenmerken van de woorden *ziekte, seconde* en *zon*.

hoofdregel 8.A

We schrijven de tussenklank als *-en* als het linkerdeel van de samenstelling een zelfstandig naamwoord is dat een meervoud heeft op *-en*, maar geen meervoud op *-es*. In andere gevallen schrijven we *-e*.

Hoe de regel toe te passen?

rode(n)kool, knarse(n)tanden, gerste(n)nat, asperge(n)soep, weide(n)vogel, pere(n)sap, lerare(n)opleiding, linze(n)soep

Is het linkerdeel een zelfstandig naamwoord?

- **Nee** – **schrijf -e-**: *rodekool, knarsetanden*
- **Ja** – **Heeft het linkerdeel een meervoud dat eindigt op -en?**
  - **Nee** – **schrijf -e-**: *gerstenat, aspergesoep*
  - **Ja** – **Heeft het linkerdeel een meervoud op -es?**
    - **Ja** – **schrijf -e-**: *weidevogel*
    - **Nee** – **schrijf -en-**: *perensap, lerarenopleiding, linzensoep*

Opmerking over de woordsoort van het linkerdeel

Volgens de hoofdregel schrijven we de tussenklank alleen als *-en-* als het linkerdeel een zelfstandig naamwoord is. Dus niet als het eerste deel de stam van een werkwoord is, ook al lijkt die op een zelfstandig naamwoord.

- *brekebeen* - linkerdeel is de stam van het werkwoord *breken*
- *wiegelied* - linkerdeel is de stam van het werkwoord *wiegen*
- *spinnewiel* - linkerdeel is de stam van het werkwoord *spinnen*

Wel *-en-* in:

- *wiegendood* - linkerdeel is het zelfstandig naamwoord *wieg*
- *spinnenweb* - linkerdeel is het zelfstandig naamwoord *spin*

Opmerking over het meervoud op *-es*

Bedoeld worden woorden die in het enkelvoud eindigen op een toonloze /ə/ en een meervoud hebben op *-s*.

8.2 drie gevallen waarin we de hoofdregel niet toepassen

uitsluiting 8.B

Als het linkerdeel van de samenstelling al eindigt op *-en*, is er geen echte tussenklank. We behouden de schrijfwijze van dat deel.

- *havengebied*
- *keukentafel*
- *molensteen*

uitsluiting 8.C

In sommige samenstellingen kunnen we de samenstellende delen nauwelijks of niet herkennen. We noemen ze versteende samenstellingen. Andere woorden zijn slechts in schijn samenstellingen. Op deze woorden passen we de regel niet toe.

Voorbeelden:

- *apegapen (op - liggen)*
- *apekool*
- *apelazarus (zich het - werken)*
- *apezuur (zich het - werken)*
- *bakkebaard*
- *bolleboos*
- *bruidegom*
- *bullebak*
- *duimelot*
- *deuvekaters*
- *elleboog*
- *hazewind*
- *kakebeen*
- *kattebelletje* (haastig geschreven briefje)
- *kinnebak*
- *klerezooi*
- *koekepeer*
- *kruizemunt*
- *ledemaat*
- *nachtegaal*
- *petekind*
- *pierement*
- *pierewaaien*
- *redekaveling*
- *rederijker*
- *ruggespraak*
- *scharretong*
- *schattebout*
- *sikkepit(je)*
- *stedehouder*
- *takkewijf*
- *wielewaal*
- *zinnebeeld*
- *zottebollen*

Bij twijfel geeft de Woordenlijst uitsluitsel.

uitsluiting 8.D

Sommige samenstellingen zijn ontstaan doordat een woordgroep* aan elkaar is gegroeid. Vaak hebben de zelfstandige naamwoorden een oude naamvalsvorm. Dat bepaalt de schrijfwijze.

- *'s anderendaags*
- *goedendag*
- *grotendeels*
- *inderminneregeling*
- *ingebrekestelling*
- *meestentijds*
- *merendeel*
- *ondercurateleplaatsing*

Bij twijfel geeft de Woordenlijst uitsluitsel.

8.3 drie uitzonderingen op de hoofdregel

uitzonderingsregel 8.E

Als het linkerdeel van een samenstelling verwijst naar een persoon of zaak die in de gegeven context uniek is, schrijven we -*e*-.

Het gaat uitsluitend om de samenstellingen met *Onze-Lieve-Vrouw* of *(onze)lievevrouw*, met *zon*, *maan* en *hel*.

- *Onze-Lieve-Vrouwekerk, onzelievevrouwebedstro, lievevrouwebeestje*
- *zonnestraal, zonnebank, zonnegod*
- *maneschijn*
- *hellevuur, helleveeg*

Ook de woorden *Koninginnedag, koninginnefeest* en *koninginnenacht* schrijven we zonder tussen-*n*.
Maar met tussen-*n*: *koninginnensoep, koninginnenhapje, koninginnenrit.*

uitzonderingsregel 8.F

Als het linkerdeel van een samenstelling een versterkende betekenis heeft en het geheel is een bijvoeglijk naamwoord, schrijven we *-e-*.

Het gaat om deze woorden en andere die op dezelfde wijze worden gevormd:

- *apetrots, apezat*
- *beregoed, beresterk, beretrots*
- *boordevol*
- *pikkedonker*
- *retegoed, reteslim*
- *reuzeleuk, reuzemooi, reuzegroot, reuzeklein*
- *stekeblind*

De hoofdregel geldt wel voor woorden als *huizenhoog, mijlenver, urenlang.* Het gaat hier om combinaties waarbij het linkerdeel een soort eenheid aangeeft: zoveel huizen hoog, zoveel mijlen ver.

Bijvoeglijke naamwoorden zoals *ravenzwart* en *flessengroen* vallen ook onder de hoofdregel, alsook samengestelde zelfstandige naamwoorden zoals *apenstreken, berenhol, leeuwenmoed, reuzenhuis.* We denken in deze gevallen aan een vergelijking: glanzend zwart zoals een raaf; streken als van een aap; zoveel moed als een leeuw; een huis zo groot als van een reus.

Een samenstelling waarin *reus* letterlijk genomen moet worden, schrijven we ook volgens de hoofdregel: een *reuzenstoet* (een stoet waarin reuzen worden meegedragen).

Samenstellingen zoals *klassespeler, klotefilm* en *reuzemop* schrijven we met *-e* omdat we het linkerdeel beschouwen als een bijvoeglijk naamwoord. Volgens de hoofdregel krijgt dat geen tussen-*n.*

uitzonderingsregel 8.G

Als een zelfstandig naamwoord dat een persoon aanduidt een vrouwelijke nevenvorm heeft die alleen verschilt van de mannelijke door een achtervoegsel* *-e*, dan gaan we voor de regels voor de tussenklank /ə(n)/ uit van de mannelijke vorm. We schrijven de tussenletters *-en-*.

Als we een woord als *studentenkamer* schrijven, gaan we dus niet uit van de meervoudsvorm *studentes,* die alleen geldt voor het enkelvoud *studente.* We nemen de mannelijke vorm, die als sekseneutraal wordt beschouwd, en schrijven *studentenkamer*, zelfs al wonen er alleen *studentes,* en *studentenzwangerschap,* ook al kan het alleen gaan om een *studente*. Hetzelfde geldt voor *agentenopleiding,* waar we de meervoudsvorm *agentes* buiten beschouwing laten.

9. Afleiding met tussenletters *-e-* of *-en-*

afleiding zonder extra *-n*	*aanbiddelijk*	9.A
afleiding met *-achtig, -dom* of *-schap*	*lenteachtig, sterrendom*	9.B

9.1 afleiding zonder tussen-*n*

regel 9.A

We schrijven nooit *-en* als tussenklank in een afleiding*, behalve in sommige gevallen voor de achtervoegsels* *-achtig, -schap* en *-dom*.

- *aanbiddelijk*
- *afhankelijk*
- *plaatselijk*
- *redelijk*
- *zedelijk*
- *besluiteloos*
- *grenzeloos*
- *ideeëloos*
- *klakkeloos*
- *liefdeloos*
- *stateloos*
- *zedeloos*

Als het grondwoord* eindigt op een *-n*, wordt die behouden in de afleiding.

- *openlijk*
- *wezenlijk*
- *gewetenloos*
- *meedogenloos*
- *gelegenheid*

9.2 afleiding met *-achtig, -dom* of *-schap*

regel 9.B

Voor een afleiding met het achtervoegsel* *-achtig*, *-schap* of *-dom* passen we de hoofdregel voor de tussenletter *-e(n)* in samenstellingen* toe.

→ samenstelling met tussenletters *-e-* of *-en-*: 8.1 tot 8.3

Het grondwoord* heeft geen meervoud dat eindigt op *-en*: schrijf *-e*.

- *lenteachtig*
- *zijdeachtig*

Het grondwoord heeft een meervoud dat eindigt op *-en*, maar ook op *-es*: schrijf *-e*.

- *heideachtig*
- *vedettedom*

Het grondwoord heeft alleen een meervoud op *-en*: schrijf *-en*.

- *sterrendom*
- *vorstendom*
- *deskundigenschap*

Als het grondwoord eindigt op een *-n*, schrijven we die ook in de afleiding.

- *eigendom*
- *wetenschap*

10. Samenstelling of afleiding met of zonder tussenletter -s-

Een samenstelling* maken we doorgaans door twee of meer woorden aan elkaar vast te schrijven.

De *deur* die naar een *kamer* leidt waar het *bad* staat, is een *badkamerdeur.*

Soms spreken we tussen twee delen een extra /s/ uit. Dat is een tussenklank*.

Die horen we soms ook in afleidingen*, bijvoorbeeld met *-matig, -waard, -waardig* en soms met *-achtig, -loos* en andere achtervoegsels*.

hoorbare tussenklank	*dorpskern*	10.A
twee sisklanken	*Stationsstraat*	10.B

10.1 hoorbare tussenklank

regel 10.A

Als we een extra /s/ horen tussen twee delen van een samenstelling* of voor een achtervoegsel*, dan schrijven we die ook.

- *dorpskern*
- *meningsverschil*
- *lezenswaard*
- *bezienswaardig*

Wel een tussen-*s* in:
- *jongensachtig, meisjesachtig*
- *inhoudsloos, uitdrukkingsloos*

Geen tussen-*s*, want we horen die niet in:
- *geelachtig, zenuwachtig*
- *liefdeloos, reukloos*

Variatie in het taalgebruik

Sommige woorden worden door de ene taalgebruiker met, en door de andere taalgebruiker zonder tussenklank /s/ uitgesproken.
De een zegt *druggebruik*, de ander *drugsgebruik*.
De een zegt *gewichtloos*, de ander *gewichtsloos*.
In zulke gevallen zijn beide spellingen correct.

Andere voorbeelden:
- *geslacht(s)loos*
- *minister(s)portefeuille*
- *spelling(s)probleem*
- *voorbehoed(s)middel*
- *gladheid(s)bestrijding*

Andere betekenis - anders geschreven

Soms is er een verschil in betekenis tussen een combinatie met, en een combinatie zonder tussen-*s*.

Voorbeelden:
- *schilderatelier*: ruimte, bijvoorbeeld in een school, waar wordt geschilderd
- *schildersatelier*: werkplaats van een schilder

- *waternood*: gebrek aan water
- *watersnood*: overstroming

- *zusterschool:* verwante school
- *zustersschool:* nonnenschool

10.2 twee sisklanken

regel 10.B

We schrijven een extra *s* in een samenstelling waarvan het rechterdeel met een sisklank begint, als de aanwezigheid van de tussenklank /s/ blijkt uit een vergelijkbaar geval waarbij het rechterdeel niet met een sisklank begint.

Of er een tussenklank /s/ is, is moeilijk te horen als het rechterdeel van een samenstelling met een sisklank* begint.

- *wandel + straat: wandelstraat*
- *station + straat: Stationsstraat*

We schrijven een extra *s* in *Stationsstraat*, omdat we die ook vinden in andere samenstellingen met *station-*: *stationshal, stationsklok, Stationsplein*.

Andere gevallen:

- *eenmanszaak* (want: *eenmansactie*)
- *bedrijfszeker* (want: *bedrijfsonzeker*)
- *handelszaak* (want: *handelsmissie*)
- *meisjesschool* (want: *meisjesnaam*)
- *damessjaal* (want: *dameshoed*)

Soms geeft de Woordenlijst bij een bepaald grondwoord* zowel samenstellingen met als zonder tussen-*s*. Zo staat er bijvoorbeeld *raadkamer* en *raadgever* zonder tussen-*s*, maar *raadsman* en *raadskelder* met tussen-*s*. Zowel de vormen *raadzaal* als *raadszaal* zijn hiermee te verdedigen. Aanbevolen wordt om in deze gevallen de taalpraktijk te volgen.

11. Werkwoorden

Bij de spelling van een werkwoord houden we niet alleen rekening met de klank, maar ook met de regels van de vervoeging. Die bepalen welke uitgang* we schrijven, ook al is die niet hoorbaar. De keuze tussen *word* en *wordt*, of tussen *vergrote* en *vergrootte*, hangt in de eerste plaats af van grammaticale regels. In dit hoofdstuk behandelen we de inheemse werkwoorden.

zoek de stam	11.A
voeg uitgang bij de stam	11.B
tegenwoordige tijd	
verleden tijd regelmatige werkwoorden	
voltooid deelwoord regelmatige werkwoorden	11.C
verleden tijd onregelmatige werkwoorden	
voltooid deelwoord onregelmatige werkwoorden	
gebiedende wijs	11.D

→ vervoeging van Engelse werkwoorden: 12.2

11.1 zoek de stam

regel 11.A

De basisvorm voor het spellen van werkwoordsvormen is de stam. Dat is de onbepaalde wijs* van het werkwoord zoals we die uitspreken, min de uitgang* *-en* (soms *-n*).

- *wandelen* - (stam) *wandel*
- *overwegen* - (stam) *overweeg*

De stam van werkwoorden als *doen, gaan, staan, slaan, zien* (en samengestelde of afgeleide werkwoorden als *uitdoen, begaan)* vinden we door alleen de *n* weg te laten.

- *gaan* - (stam) *ga*
- *zien* - (stam) *zie*

De stam van het werkwoord *komen* is *kom.*
De stam van het werkwoord *douchen* is *douch.* We schrijven daarom *ik douch, ik douchte, ik heb gedoucht.*

Als we de stam schrijven, passen we de regels toe voor klinkers in open en gesloten lettergrepen. We schrijven de eindmedeklinker altijd enkel, dus voor het werkwoord *bidden* niet *bidd* maar *bid.* Als de stam eindigt op *v* of *z,* schrijven we *f* of *s* (maar als we deze stam gebruiken in een werkwoordsvorm met *-en*, dan wordt de *f* weer een v en de *s* wordt weer een *z*). De letters *b, d* en *g* komen wel voor op het eind van de stam.

- *zakken* - (stam) *zak - jij zakt - wij zakten*
- *zetten* - (stam) *zet - jij zet - wij zetten*
- *leven* - (stam) *leef - jij leeft - wij leefden*
- *vrezen* - (stam) *vrees - jij vreest - wij vreesden*
- *schrobben* - (stam) *schrob - jij schrobt - wij schrobden*
- *doden* - (stam) *dood - jij doodt - wij doodden*
- *leggen* - (stam) *leg - jij legt - wij legden*

Sommige werkwoorden ondergaan een klinkerwisseling als we ze in de verleden tijd zetten. Om de verleden tijden van die werkwoorden te spellen, gaan we uit van een tweede stam: de vorm die we horen in de meervoudsvormen van de verleden tijd, min de uitgang* *-en*. Die noemen we de verledentijdsstam.

- *lopen - liepen* - (verledentijdsstam) *liep*
- *brengen - brachten* - (verledentijdsstam) *bracht*
- *vinden - vonden* - (verledentijdsstam) *vond*
- *hebben - hadden* - (verledentijdsstam) *had*

Bij werkwoorden met /i/ of /ee/ in de stam krijgen we in de verleden tijd een klinkerwisseling met een korte klinker in enkelvoudsvormen, een lange in meervoudsvormen.

- *bidden - ik bad - wij baden*
- *spreken - ik sprak - wij spraken*

regel 11.B

Voor de vervoeging van een werkwoord voegen we bij de stam de uitgang die we horen. Als de stam eindigt op *-d* of *-t*, schrijven we de uitgang naar analogie van andere werkwoorden.

11.2 tegenwoordige tijd

werken		*worden*
ik werk	stam	*ik word*
jij werkt, u werkt, werkt u	stam+t	*jij wordt, u wordt, wordt u*
werk jij	stam	*word jij*
hij, zij, het werkt	stam+t	*hij, zij, het wordt*
wij, jullie, zij werken	stam+en	*wij, jullie, zij worden*

Als de stam eindigt op een *t*, vervalt de uitgang *-t* voor de tweede en derde persoon. We schrijven immers geen dubbele medeklinker op het eind van een woord.

- *spellen* - (stam) *spel* - *jij spelt*
- *zetten* - (stam) *zet* - *jij zet* (niet: *zett*)

→ beginsel van de gelijkvormigheid: 1.2

Als de stam eindigt op een *d*, krijgen we wel een *-dt*.

- *worden* - (stam) *word* - *hij wordt*

De vorm met *u* of *gij* heeft altijd een *t*.

- *u werkt* - *werkt u*
- *u wordt* - *wordt u*
- *gij werkt* - *werkt gij*
- *gij wordt* - *wordt gij*

De vorm vóór het onderwerp *jij* of *je* heeft geen *t*.

- *jij werkt, je werkt* - *werk jij, werk je*
- *jij wordt, je wordt* - *word jij, word je*

11.3 verleden tijd van regelmatige werkwoorden

Sommige werkwoorden krijgen de uitgangen *-de* en *-den*, andere de uitgangen *-te* en *-ten*. Dat hangt af van de eindklank van de stam. Als dat een van de medeklinkers van *'t kofschip* of *'t fokschaap* is (/t/, /k/, /f/, /s/, /ch/, /p/), of de medeklinker /sj/ (bijvoorbeeld in *ramsjen*), dan krijgen de vervoegde vormen *-te(n)*. Als de stam eindigt op een klinker of een stemhebbende* medeklinker, krijgen de vervoegde vormen *-de(n)*.

delen		***werken***
deel	stam	*werk*
ik, jij, het deelde	stam+de/te	*ik, jij, het werkte*
wij, jullie, zij deelden	stam+den/ten	*wij, jullie, zij werkten*

Als de stam eindigt op *d* of *t,* wordt de verleden tijd met een dubbele medeklinker geschreven.

smeden		***vergroten***
smeed	stam	*vergroot*
ik, jij, het smeedde	stam+de/te	*ik, jij, het vergrootte*
wij, jullie, zij smeedden	stam+den/ten	*wij, jullie, zij vergrootten*

11.4 voltooid deelwoord van regelmatige werkwoorden

regel 11.C

Een voltooid deelwoord dat eindigt op de klank /t/, spellen we met de eindmedeklinker *-d* of *-t* die we horen in de verleden tijd.

delen *ik heb gedeeld*	(ge)stam(+d/t)	***missen*** *ik heb gemist*
smeden *ik heb gesmeed*	(ge)stam(+d/t)	***vergroten*** *ik heb vergroot*

Een bekend ezelsbruggetje om te achterhalen of een voltooid deelwoord met *d* dan wel met *t* wordt geschreven, is luisteren naar de verleden tijd. Eindigt die op *-de,* dan schrijven we het voltooid deelwoord met *-d.* Eindigt de verleden tijd op *-te,* dan schrijven we het voltooid deelwoord met *-t.*

- *ik smeedde - ik heb gesmeed*
- *ik miste - ik heb gemist*

Als we het voltooid deelwoord gebruiken als bepaling voor een zelfstandig naamwoord, dan moeten we het soms verbuigen. Daarbij passen we de regels voor de verenkeling van klinkers toe.

- *gedeeld - de gedeelde vreugde*
- *gemist - het gemiste doelpunt*
- *gesmeed - de gesmede ijzers*
- *vergroot - de vergrote foto*

In de verbogen vorm van het voltooid deelwoord is dezelfde *d* of *t* te horen als in de verleden tijd. Ook aan de hand hiervan kan dus vaak de juiste schrijfwijze van de onverbogen vorm bepaald worden.

→ verenkeling van lange klinkers in een open lettergreep: 2.1

11.5 verleden tijd van onregelmatige werkwoorden

lopen		*vinden*
ik, jij, het liep	verledentijdsstam	*ik, jij, het vond*
wij, jullie, zij liepen	verledentijdsstam+en	*wij, jullie, zij vonden*

Een verledentijdsstam met /aa/ heeft in het enkelvoud een /a/: *wij kwamen - ik kwam.*

De vorm met *u* is gelijk aan die met *jij.*

- *(jij liep) u liep - liep u*
- *(jij vond) u vond - vond u*

De vorm met *gij* krijgt altijd een uitgang *-t.*

- *gij liept - gij vondt*
- *liept gij - vondt gij*

11.6 voltooid deelwoord van onregelmatige werkwoorden

Het voltooid deelwoord begint, als er geen ander voorvoegsel* is, met *ge-* en eindigt op *-en,* soms op *-d* of *-t*. In sommige gevallen wordt de gewone stam gebruikt, in andere de verledentijdsstam.

- *lopen - gelopen*
- *vinden - gevonden*
- *begrijpen - begrepen*
- *vragen - gevraagd*
- *kopen - gekocht*

11.7 gebiedende wijs

regel 11.D

De gebiedende wijs wordt uitgedrukt door de stam van het werkwoord.

- *Kom hier.*
- *Ga weg.*
- *Wees niet bang.*
- *Word niet boos.*
- *Had dan gezwegen.*
- *Wend u tot de conciërge.*

De meervoudsvorm stam+*t* komt nog weinig voor. We vinden deze vorm:

- in formele en oudere vormen van het Nederlands: *Neemt en eet, dit is Mijn Lichaam; proletariërs aller landen, verenigt u;*
- in enkele vaste verbindingen: *bezint eer gij begint*.

Als we het onderwerp van de gebiedende wijs willen uitdrukken, gebruiken we de onvoltooid tegenwoordige tijd.

- *Word jij maar niet boos.*
- *Houdt u goed afstand.*
- *Wendt u zich tot de conciërge.*
- *Komen jullie maar even mee.*

→ vervoeging van Engelse werkwoorden: 12.2

12. Engelse woorden in het Nederlands

Woorden die we overnemen uit het Latijn, het Frans en de meeste andere talen, worden in de loop van de tijd aangepast aan het Nederlandse spellingsysteem. Engelse woorden behouden hun Engelse schrijfwijze. Toch maken we in het Nederlands ook met deze woorden nieuwe vormen, bijvoorbeeld verkleinwoorden *(baby'tje)* en werkwoorden *(computeren)*. Daar hebben we enkele specifieke regels voor nodig.

Engelse samenstellingen en woordgroepen aaneen of los		
samenstelling	*online*	12.A
samenkoppeling	*gin-tonic, up-to-date, non-profit, lay-out*	12.B
woordgroep	*collector's item, life sentence, chief executive officer*	12.C
Engelse werkwoorden		
stam	*fax, barbecue, save*	12.D
stam op dubbele medeklinker	*paintball*	12.E
stam met lange /oo/	*promoot*	12.F

12.1 Engelse samenstellingen en woordgroepen aaneen of los

regel 12.A

Een in het Nederlands gebruikelijke samenstelling* van Engelse woorden schrijven we in één woord.

- *online*
- *accountmanager*
- *businessclass*
- *download*
- *sciencefiction*
- *voicemail*
- *sixpack*

Dat geldt ook voor driedelige samenstellingen met twee of drie Engelse woorddelen.

- *publicrelationsbureau*
- *humanresourcesafdeling*
- *lowbudgetfilm*
- *latenightshow*

Bij klinkerbotsing* of als een van de delen een initiaalwoord*, losse letter, cijfer of symbool* is, gebruiken we een koppelteken.

- *demi-john*
- *e-mail*
- *pay-tv*

Om de leesbaarheid te bevorderen, kunnen we een facultatief koppelteken gebruiken tussen de samenstellende delen. Dit facultatieve teken wordt niet gebruikt in de Woordenlijst.

- *musichall,* maar ook *music-hall*
- *bodyart,* maar ook *body-art*
- *reallifesoap,* maar ook *real-lifesoap*
- *knowhowovereenkomst,* maar ook *knowhow-overeenkomst*

→ facultatief koppelteken in samenstelling: 6.2
→ facultatief koppelteken in afleiding: 7.2

uitzonderingsregel 12.B

Sommige combinaties behandelen we als een samenkoppeling*. Ze krijgen een koppelteken.

(a) als gelijkwaardige delen met elkaar worden gekoppeld

Het gaat om combinaties van twee of meer elementen die in de samenstelling* in principe met elkaar verwisseld zouden kunnen worden. Zo zouden we een *singer-songwriter* ook een *songwriter-singer* kunnen noemen. In enkele Engelse woorden worden deze delen verbonden met *and* of *'n*.

- *gin-tonic*
- *Dow-Jones*
- *cash-and-carry*
- *rock-'n-roll*

→ samenstelling - bijzondere gevallen met koppelteken: 6.3

Het koppelteken behouden we als we met dit geheel een samenstelling of afleiding* maken.

- *Dow-Jonesindex*
- *rock-'n-rollen*

Maar in het geval van (bijna-)reduplicatie* schrijven we het woord aaneen.

- *gogogirl*
- *byebye*
- *fiftyfifty*
- *walkietalkie*
- *boogiewoogie*

(b) als ze ook in het Engels vaak een koppelteken hebben

- *up-to-date*
- *catch-as-catch-can*

(c) als het linkerdeel* *no* of *non* is

- *non-profit*
- *no-nonsensepolitiek*
- *no-iron*

(d) als het rechterdeel* een Engels voorzetselbijwoord* is

- *lay-out*
- *plug-in*
- *stand-by*
- *back-upbestand*
- *all-inpakket*

Uitzondering: *pullover, countdown, breakdown, feedback, playback.*

uitzonderingsregel 12.C

Sommige combinaties behandelen we als een woordgroep*. We schrijven de delen los.

(a) de meeste combinaties van een bezitsvorm*, rangtelwoord of bijvoeglijk naamwoord met een zelfstandig naamwoord

- *collector's item*
- *writer's block*
- *first lady*
- *second opinion*
- *compact disc*
- *intensive care*
- *low budget*
- *big bang*

(b) **gelegenheidsontleningen, meer bepaald woordgroepen die in het Engels los worden geschreven en die men uitdrukkelijk citeert uit het Engels als vreemde taal**
Vaak wordt een dergelijke gelegenheidsontlening in een tekst cursief gedrukt.

- *designer baby*
- *five o'clock tea*

- *electronic data processing*
- *stiff upper lip*
- *world wide web*

(c) Engelse drie- of meerdelige functiebenamingen

- *chief executive officer*
- *technical sales assistant*
- *public relations officer*

12.2 vervoeging van Engelse werkwoorden

Werkwoorden van Engelse herkomst worden vervoegd zoals Nederlandse werkwoorden. De stam vormt ook hier de basisvorm voor de spelling, zij het dat die stam in sommige gevallen zoals in het Engels gespeld blijft en in andere gevallen aan de Nederlandse spelling wordt aangepast.

Aan de stemloze medeklinkers van *'t kofschip* moeten we voor Engelse werkwoorden de sisklanken /sj/ en /tsj/ toevoegen. Die horen we bijvoorbeeld aan het eind van de woorden *push* en *stretch*.

regel 12.D

De stam van een werkwoord van Engelse herkomst schrijven we op dezelfde manier als in het Engels. Die vorm gebruiken we zoals de stam van een inheems werkwoord.

Het ezelsbruggetje dat ons doet luisteren naar de verleden tijd om de laatste letter van het voltooid deelwoord te bepalen, werkt ook voor Engelse werkwoorden.

- *ik downloadde - ik heb gedownload*
- *ik faxte - ik heb gefaxt*

→ voltooid deelwoord van regelmatige werkwoorden: 11.4

Engelse vorm	Nederlandse vorm	stam	tegenwoordige tijd
to fax	*faxen*	*fax*	*ik fax* *jij faxt*
to snooker	*snookeren*	*snooker*	*ik snooker* *jij snookert*
to facelift	*faceliften*	*facelift*	*ik facelift* *jij facelift*
to download	*downloaden*	*download*	*ik download* *jij downloadt*
to barbecue	*barbecueën*	*barbecue*	*ik barbecue* *jij barbecuet*
to rugby	*rugbyen*	*rugby*	*ik rugby* *jij rugbyt*
to upgrade	*upgraden*	*upgrade*	*ik upgrade* *jij upgradet*
to save	*saven*	*save*	*ik save* *jij savet*
to skate	*skaten*	*skate*	*ik skate* *jij skatet*

Als de eindmedeklinker van de stam op twee manieren kan worden uitgesproken, bijvoorbeeld /f/ en /v/, /s/ en /z/, /dzj/ en /tsj/, zijn zowel de vormen met *t* als die met *d* correct.

- *to golf - golfen,* (stam) *golf - ik golf, ze golft, we golften/golfden, we hebben gegolft/gegolfd*
- *to brief - briefen,* (stam) *brief - ik brief, ze brieft, we brieften/briefden, we hebben gebrieft/gebriefd*

verleden tijd	voltooid deelwoord
ik faxte *jij faxte*	*gefaxt*
ik snookerde *jij snookerde*	*gesnookerd*
ik faceliftte *jij faceliftte*	*gefacelift*
ik downloadde *jij downloadde*	*gedownload*
ik barbecuede *jij barbecuede*	*gebarbecued*
ik rugbyde *jij rugbyde*	*gerugbyd*
ik upgradede *jij upgradede*	*geüpgraded*
ik savede *jij savede*	*gesaved*
ik skatete *jij skatete*	*geskatet*

- *to lease - leasen,* (stam) *lease - ik lease, ze leaset, we leaseten/leaseden, we hebben geleaset/geleased*
- *to bridge - bridgen,* (stam) *bridge - ik bridge, ze bridget, we bridgeten/ bridgeden, we hebben gebridget/gebridged.*

uitzonderingsregel 12.E

Als het woord in het Engels eindigt op een dubbele medeklinker, vernederlandsen we de stam en schrijven we een enkele medeklinker, tenzij dit een andere uitspraak oproept.

Engelse vorm	Nederlandse vorm	stam	tegenwoordige tijd
to cross	*crossen*	*cros*	*ik cros* *jij crost*
to volleyball	*volleyballen*	*volleybal*	*ik volleybal* *jij volleybalt*
to paintball	*paintballen*	*paintball*	*ik paintball* *jij paintballt*

uitzonderingsregel 12.F

Als het woord in het Engels in de laatste uitgesproken lettergreep* een lange /oo/ of een daaraan verwante klank heeft, vernederlandsen we de stam en schrijven we *oo* met dubbel klinkerteken.

Engelse vorm	Nederlandse vorm	stam	tegenwoordige tijd
to promote	*promoten*	*promoot*	*ik promoot* *jij promoot*
to score	*scoren*	*scoor*	*ik scoor* *jij scoort*

verleden tijd	voltooid deelwoord
ik croste *jij croste*	*gecrost*
ik volleybalde *jij volleybalde*	*gevolleybald*
ik paintballde *jij paintballde*	*gepaintballd*

De regels voor werkwoorden waarvan de Engelse stam eindigt op *-e*, gelden niet voor Franse werkwoorden. We schrijven *douchen - ik douch - zij doucht - ik douchte - hij heeft gedoucht.*

verleden tijd	voltooid deelwoord
ik promootte *jij promootte*	*gepromoot*
ik scoorde *jij scoorde*	*gescoord*

13. Speciale meervouden van zelfstandige naamwoorden

regelmatig meervoud	*handen, bomen, kannen*	13.A
woord eindigt op lange klinker	*oma's*	13.B

13.1 regelmatige meervoudsvormen

regel 13.A

We schrijven de regelmatige meervoudsvorm van een zelfstandig naamwoord zoals we hem uitspreken: met de uitgang* (doorgaans *-en*, *-n*, *-s*) aan het woord vast. Daarbij passen we de spellingregels voor open of gesloten lettergrepen toe.

- *hand - handen*
- *boom - bomen*
- *kan - kannen*
- *weide - weiden, weides*
- *appel - appelen, appels*
- *leraar - leraren, leraars*
- *kind - kinderen*
- *kleed - klederen, kleren*

13.2 woorden die eindigen op een lange klinker

regel 13.B

Als het grondwoord* eindigt op een lange klinker die we met één letterteken en zonder accent* schrijven, gebruiken we een apostrof voor de meervouds-s.

- *oma's*
- *alibi's*
- *risico's*
- *haiku's*
- *directory's*
- *alinea's*
- *duo's*
- *la's*

De *s* wordt aan het woord vast geschreven als het eindigt op een toonloze /ə/, op een klinker met een accentteken, of op een klinker die met twee letters of meer wordt geschreven.
- *lente - lentes*
- *café - cafés*
- *bureau - bureaus*
- *shampoo - shampoos*
- *spray - sprays*

Ook als we aan het eind van het woord een klinker horen, maar een medeklinker schrijven, hechten we de *s* vast aan het woord.
- *escargot - escargots*
- *sjah - sjahs*
- *ayatollah - ayatollahs*

14. Bezitsvorm van zelfstandige naamwoorden

Een bezitsvorm of genitief* maken we doorgaans door een *s* toe te voegen aan een zelfstandig naamwoord. Dat kunnen we doen bij bepaalde soortnamen die naar personen verwijzen (*mijn broers fiets*) en bij eigennamen (*Annie M.G. Schmidts verhalenbundel*).

regelmatige vorm	*moeders kennis*	14.A
woord eindigt op lange klinker	*oma's huis*	14.B
woord eindigt op sisklank	*Agnes' overtuiging*	14.C

regel 14.A

We schrijven de bezits-s vast aan het grondwoord*, tenzij dat eindigt op een lange klinker of een sisklank.

- *moeders kennis*
- *Boons cursiefjes*
- *tantes beroep*
- *Miekes speelgoed*
- *Sarahs paarden*

regel 14.B

Als het grondwoord eindigt op een lange klinker die we met één letterteken zonder accent* schrijven, gebruiken we een apostrof.

- *oma's huis*
- *Antigone's claim*
- *Rossini's huis*
- *Romeo's verdriet*

Dus geen apostrof in:

- *Aimés trots*
- *Manous verjaardagsfeest*
- *Guinees havensteden*
- *Stafleus catalogus*
- *Disneys film*

regel 14.C

Als het grondwoord eindigt op een sisklank, schrijven we alleen een apostrof.

- *Agnes' overtuiging*
- *Joyce' laatste roman*
- *Marx' theorie*
- *Márquez' autobiografie*

Ook als het grondwoord eindigt op een *s* die niet wordt uitgesproken, passen we de uitzonderingsregel toe. De /s/ is immers wel te horen in de bezitsvorm.

- *Alexandre Dumas' meesterwerk*
- *Carpentras' bevolking*

Maar als het grondwoord eindigt op een *z* of een *x* die niet wordt uitgesproken, dan hechten we de bezits-*s* vast aan het grondwoord.

- *Deprezs argumenten*
- *Debrouxs schuldenlast*
- *Bordeauxs omgeving*

15. Verkleinwoorden

hoofdregel	*mensje*	15.A
woord eindigt op lange klinker	*omaatje*	15.B
	tiramisu'tje	15.C
woord van Franse herkomst		
grondwoord eindigt op /ə/	*enveloppetje, envelopje*	15.D
eindmedeklinker niet uitgesproken	*colbertje, dinertje*	15.E
grondwoord is initiaalwoord, letter, cijfer of symbool	*cd'tje*	15.F

15.1 hoofdregel

regel 15.A

Van veel zelfstandige naamwoorden kunnen we een verkleinwoord* maken met een achtervoegsel* *-je, -tje, -etje* of *-pje*. Dat schrijven we vast aan het grondwoord*.

- *mens - mensje*
- *cognac - cognacje*
- *touw - touwtje*
- *zee - zeetje*
- *aardbei - aardbeitje*
- *souvenir - souvenirtje*
- *kan - kannetje*
- *koek - koekje*
- *probleem - probleempje*

Als het grondwoord eindigt op de klank /ng/, geschreven als *-ng*, eindigt het verkleinwoord op *-kje* of *-etje*.

- *camping - campinkje*
- *leerling - leerlingetje*

In de lettergreep* voor *-etje* passen we de regels voor de verdubbeling van medeklinkers* toe.

- *bal - balletje*
- *bon - bonnetje*
- *big - biggetje*

→ verdubbeling van medeklinkers: 2.2

Sommige woorden hebben twee verkleinvormen, soms met een betekenisverschil.

- *bloem - bloemetje, bloempje*
- *pop - poppetje, popje*

Soms heeft het grondwoord twee varianten, en daardoor twee verkleinvormen.

- *heg, hegge - hegje, heggetje*

Het verkleinwoord van *jongen* is *jongetje*.

Als het grondwoord eindigt op een lange klinker, of als het van vreemde oorsprong is, kunnen zich spellingproblemen voordoen. Daar zijn bijzondere regels voor.

15.2 grondwoord eindigt op lange klinker

regel 15.B

Als het grondwoord eindigt op een lange klinker die met één klinkerteken geschreven wordt, dan voegen we een klinkerteken toe in het verkleinwoord.

De lange /aa/, /ee/, /oo/ en /uu/ worden geschreven als *aa, ee, oo, uu.*
De lange /ee/, geschreven als *é,* verliest het accent en wordt *ee.*
De lange /ie/, geschreven als *i,* wordt *ie.*

- *oma - omaatje*
- *café - cafeetje*
- *taxi - taxietje*
- *auto - autootje*
- *paraplu - parapluutje*

regel 15.C

Als het grondwoord eindigt op een *u* (uitgesproken als /oe/) of een *y* (na een medeklinker en uitgesproken als /ie/ of /aai/), dan gebruiken we een apostrof in het verkleinwoord.

- *tiramisu - tiramisu'tje*
- *baby - baby'tje*

Maar geen apostrof in *jockey - jockeytje.*

15.3 grondwoord van Franse herkomst

(a) Frans grondwoord eindigt op een toonloze /ə/

regel 15.D

Als het grondwoord eindigt op *-ade, -ave, -ffe, -ine, -ppe, -tte, -ule, -ure, -ute,* dan hangt de spelling van het verkleinwoord af van de uitspraak. Als de eind-*e* van het grondwoord in het verkleinwoord niet te horen is, wordt de spelling van het verkleinwoord vernederlandst.

- *-ade: karbonade - karbonaadje*
- *-ave: enclave - enclaafje*
- *-ffe: giraffe - girafje*
- *-ppe: enveloppe - envelopje*
- *-tte: diskette - disketje*

- *-ule*: *molecule - molecuultje*
- *-ure*: *blessure - blessuurtje*
- *-ute*: *parachute - parachuutje*

Als de eind-*e* in het verkleinwoord wordt uitgesproken of als het grondwoord eindigt op een andere uitgang, passen we hoofdregel 15.A toe.

- *blessure - blessuretje*
- *douche - doucheje*
- *enclave - enclavetje*
- *enveloppe - enveloppetje*
- *giraffe - giraffetje*
- *molecule - moleculetje*

Opmerkingen:

(a) Als het grondwoord deel uitmaakt van een uitheemse woordgroep, wordt het verkleinwoord niet vernederlandst. We schrijven dus *eau de toiletteje*.

(b) Engelse woorden die eindigen op een toonloze /ə/, behouden omwille van de uitspraak ook de eind-*e*.

- *cake - cakeje*
- *milkshake - milkshakeje*

(b) Frans grondwoord eindigt op een medeklinker die niet wordt uitgesproken

regel 15.E

Als het Franse grondwoord eindigt op een medeklinker *t* of *d* die we niet uitspreken, voegen we *-je* toe. Het verkleinwoord wordt wel uitgesproken met /tjə/.

- *colbert - colbertje*
- *biscuit - biscuitje*
- *boulevard - boulevardje*

Opmerkingen:

(a) Sommige van deze woorden kunnen ook worden uitgesproken met *t* aan het eind, bijvoorbeeld *restaurant*. Dat heeft geen consequenties voor de spelling.

(b) Als we afbreken, gaat alleen *-je* naar de volgende regel.
- *colbert·je*
- *restaurant·je*

(c) Andere gevallen

In alle andere gevallen voegen we het achtervoegsel dat we horen, doorgaans *-tje,* toe volgens regels 15.A. en 15.B.

- *souvenir - souvenirtje*
- *diner - dinertje*
- *deux-chevaux - deux-chevauxtje*
- *tournedos - tournedostje*
- *mistral - mistralletje*
- *detail - detailtje*
- *reçu - reçuutje*

15.4 grondwoord is initiaalwoord, letter, cijfer of symbool

regel 15.F

Als het grondwoord een initiaalwoord*, een letter, een cijfer of een symbool* is, gebruiken we een apostrof in het verkleinwoord.

- *cd'tje*
- *A4'tje*
- *s'je*
- *m'etje*

Letterwoorden* en verkortingen* worden behandeld als gewone grondwoorden. We hechten het achtervoegsel vast aan het woord.

- *radar - radartje*
- *cd-rom - cd-rommetje*
- *prof - profje*
- *demo - demootje*

Een letterwoord met een hoofdletter krijgt een apostrof voor de uitgang van het verkleinwoord.

- *de FAQ'jes*
- *een Benelux'je*

→ samenstelling met koppelteken: 6.3
→ afleiding van initiaalwoord met apostrof: 6.4

16. Hoofdletters of kleine letters?

eigennamen	*Wim Smidt*	16.A
personen	*Femke* *freudiaans* *Shakespearedrama*	16.B 16.C 16.D
aardrijkskundige namen	*Amsterdam* *Leidseplein* *het noorden, het Noorden* *een fles bordeaux*	16.E 16.F 16.G 16.H
talen, dialecten, culturen	*het Nederlands*	16.I
volkeren	*de West-Vlamingen*	16.J
periodes	*de middeleeuwen, de lente*	16.K
feestdagen	*Pasen*	16.L
stromingen	*het protestantisme*	16.M
instellingen	*het Hof van Cassatie*	16.N
merken	*Dafalgan*	16.O
titels	*de Ilias*	16.P
hoofdletter uit respect	*Majesteit*	16.Q
functiebenaming	*professor Gobelijn*	16.R
heilige namen	*God*	16.S
Duitse woorden	*übermensch*	16.T
eerste woord van een zin	*Wanneer ga je op reis?*	16.U

16.1 hoofdletter voor een eigennaam

Als we een persoon, een plaats of een zaak willen aanduiden, kunnen we daarvoor een eigennaam* gebruiken (*hij heet Wim Smidt, hij werkt bij een organisatie die het Rode Kruis heet, hij woont in een stad die Amsterdam heet*) of een soortnaam* (*hij is een van de vele veertigers, woont op een van de vele pleinen, naast een van de vele postkantoren*).

De meeste spellingregels zijn niet van toepassing op eigennamen, die immers worden gekozen en doorgegeven mét een schrijfwijze. We respecteren deze soms afwijkende schrijfwijze van namen op grond van het donorprincipe*. Dat geldt ook voor plaats- en straatnamen en voor namen van instellingen en bedrijven. De officiële spelling betreft alleen het gebruik van hoofdletters.

hoofdregel 16.A

Een eigennaam krijgt een hoofdletter; een soortnaam schrijven we klein.

---

eigennaam persoon of dier
- *Wim Smidt*
- *Alice Nahon*
- *Snoopy*

soortnaam persoon of dier
- *een veertiger*
- *een secretaresse*
- *een beagle*

eigennaam plaats
- *Amsterdam*
- *de Schelde*

soortnaam plaats
- *een plein*
- *een provincie*

eigennaam zaak
- *het Rode Kruis*
- *Café De Posthoorn*

soortnaam zaak
- *een postkantoor*
- *een arrondissementsrechtbank*

16.2 persoonsnamen

regel 16.B

---

(1) De voornaam en de familienaam van een persoon schrijven we met een hoofdletter.

(2) Voorzetsels* en lidwoorden in sommige familienamen krijgen in Nederland een kleine letter als er een voornaam, initiaal of familienaam aan voorafgaat. Volgens de Belgische wetgeving worden deze elementen altijd geschreven zoals ze in het geboorteregister staan.

---

(1)
- *Femke*
- *Nasira*
- *Louis Paul Boon*
- *Renate Rubinstein*
- *J.C.T. Perk*

(2) **Nederland**
- *De Laat*
- *mevrouw De Laat*
- *mevrouw Van Dijk-de Laat*
- *Marjolien de Laat*
- *M. de Laat*
- *M. van Dijk-de Laat*

België
- *De Jonghe*
- *mevrouw De Jonghe*
- *mevrouw Van den Bossche-De Jonghe*
- *Rita De Jonghe*
- *R. De Jonghe*
- *R. Van den Bossche-De Jonghe*

Een aanspreekvorm of de titel die iemand draagt, schrijven we (voluit of afgekort) in lopende tekst met kleine letter.

- *mevr. Augusta de Wit*
- *mr. Eddy Van Vliet*
- *professor Gobelijn*
- *em. prof. dr. J.J. Aerts*
- *dominee François Haverschmidt*

regel 16.C

Een afleiding* van een persoonsnaam krijgt een kleine letter.

- *freudiaans*
- *marxisme*
- *maoïst*
- *victoriaans*
- *montignaccen*

Ook als de naam van een persoon ongewijzigd wordt gebruikt om een voorwerp te benoemen, vervalt de hoofdletter. Alleen als het voorwerp het product is van de arbeid of creativiteit van de genoemde persoon, behouden we de hoofdletter. Dat geldt bijvoorbeeld voor schilderijen, boeken, kledingstukken of voorwerpen die een persoonsnaam als merknaam hebben. Ook de persoonsnamen die zijn gegeven aan schepen of andere voertuigen, behouden de hoofdletter.

- *een colbert*
- *een bintje*
- *een diesel*
- *een Mondriaan*
- *een Armani*
- *de Mercator*
- *een Ford*

→ hoofdletter uit respect: 16.7

regel 16.D

Een samenstelling* met een persoonsnaam behoudt de hoofdletter. Alleen als de genoemde persoon niet betrokken is bij het nieuwe begrip, schrijven we het woord met kleine letter.

- *een Shakespearedrama*
- *een Dylanplaat*
- *een Picassofan*

De hoofdletter wordt ook behouden als een instelling of een merk genoemd wordt naar een persoon.

- *de Van Goghtentoonstelling*
- *de Erasmushogeschool*
- *een Philipslamp*

Als het verband met de persoon is verzwakt, verliest de samenstelling haar hoofdletter.

- *een Beatlesplaat:* een plaat gemaakt door The Beatles
- *beatlehaar:* haar zoals The Beatles, maar gedragen door iemand anders
- *Hitlerretoriek:* de manier waarop Adolf Hitler sprak
- *een molotovcocktail:* benzinebom, genoemd naar de Sovjetminister Molotov

Samenstellingen met de naam van een uitvinder of ontdekker krijgen een kleine letter.

- *berlitzmethode*
- *coopertest*
- *dieselmotor*
- *montessorionderwijs*
- *fröbelschool*

Als we de naam los gebruiken om expliciet naar de uitvinder of ontdekker te verwijzen, behouden we de hoofdletter.

- *het downsyndroom*
- *het syndroom van Down*
- *zij heeft alzheimer*
- *een alzheimerpatiënt*
- *de ziekte van Alzheimer*

16.3 benamingen van plaatsen, windstreken, talen, volkeren

(a) aardrijkskundige namen

regel 16.E

Een aardrijkskundige naam schrijven we met een hoofdletter.

Deze regel geldt voor plaatsen, streken, landen, maar ook bijvoorbeeld voor bergen, rivieren, woestijnen, hemellichamen.

- *Amsterdam*
- *Antarctica*
- *de Verenigde Staten*
- *het Andesgebergte*
- *de Schelde*
- *de Sahara*
- *de Poolster*

In niet-wetenschappelijke teksten schrijven we: *de aarde, de maan, de zon.*

regel 16.F

Samenstellingen* en afleidingen* op basis van een aardrijkskundige naam behouden de hoofdletter.

- *Leidseplein*
- *Nederlandkunde*
- *de Scheldeoevers*
- *Nederlands*
- *Belgisch*
- *een Gentenaar*
- *Zuid-Afrikaans*
- *een Zuid-Afrikaan*
- *een New Yorker*

→ verzwakte betekenis van aardrijkskundige naam: regel 16.H

regel 16.G

(1) De naam van een windstreek schrijven we met een kleine letter.
(2) Als we er een geografisch, economisch of politiek gebied mee bedoelen, krijgt het woord een hoofdletter, maar dat geldt niet voor de afgeleide vorm.
(3) Ook als de naam van een windstreek deel is van een aardrijkskundige naam, krijgt het woord een hoofdletter.

(1) windstreek

- *het noorden*
- *het zuiden van Frankrijk*

(2) gebied

- *het Zuiden vraagt meer ontwikkelingshulp van het Westen*
- *de oosterse filosofie*

(3) in aardrijkskundige naam

- *Zuid-Afrika*
- *Zuidwest-Vlaanderen* (het zuidwesten van Vlaanderen)
- *Zuid-West-Vlaanderen* (het zuiden van de provincie West-Vlaanderen)
- *Noordwest-Friesland* (het noordwesten van de provincie Friesland)
- *Noord-West-Friesland* (het noorden van de streek West-Friesland)

regel 16.H

Soms denken we bij de soortnaam van een zaak niet meer aan de plaats van herkomst, maar aan de kenmerken van de zaak. Dan vervalt de hoofdletter.

- *een fles bordeaux*
- *driehonderd gram parmaham*

We schrijven dus *een plakje edammer,* maar *een plakje Edammer kaas.* Alleen in het tweede geval wordt verwezen naar de plaats.

De regel geldt ook voor sommige andere samenstellingen en afleidingen.

- *een marsmannetje*
- *moezelwijn*
- *nijlkrokodil*
- *neerlandistiek*
- *balkaniseren*
- *een belgicisme*
- *bourgondisch leven*

(b) talen en dialecten en daarmee verbonden culturen

regel 16.I

---

(1) De naam van een taal of dialect wordt met een hoofdletter geschreven.
(2) Samenstellingen* en afleidingen* behouden de hoofdletter, maar werkwoorden en daarvan afgeleide zelfstandige naamwoorden schrijven we met een kleine letter.

---

(1) namen van talen en dialecten

- *het Nederlands*
- *het Fries*
- *het Noordwijkerhouts*
- *het Standaardnederlands*

We gebruiken de koppeltekens of spaties die ook voorkomen in de aardrijkskundige naam waarvan de taalnaam is afgeleid.

- *het West-Vlaams*
- *het New Yorks*

We gebruiken een koppelteken en twee of meer hoofdletters in de naam van een taal die is samengesteld met afgeleide aardrijkskundige namen.

- *het Belgisch-Nederlands*
- *het Indo-Europees*

Na een element als *Standaard-*, *Middel-*, *Oud-*, *Nieuw-*, *Hoog-* en *Plat-* vervalt de hoofdletter in de taalnaam. We gebruiken geen koppelteken, behalve als het element dat volgt ook al een koppelteken of een spatie heeft.

- *het Standaardnederlands*
- *het Middelnederlands*
- *het Nieuwgrieks*
- *het Hoogduits*
- *het Oud-West-Vlaams*
- *het Plat-New Yorks*

Een woord dat op een subjectieve manier een taal noemt, schrijven we met een kleine letter.

- *steenkolenengels*
- *schoolfrans*

→ samengestelde aardrijkskundige naam: 6.3

(2) **verbogen vormen, samenstellingen en afleidingen met namen van talen en culturen**

- *Duitse romans*
- *Middelnederlandse poëzie*
- *Nederlandstalige kranten*
- *Franssprekende toeristen*
- *on-Nederlands*
- *oer-Engels*

Werkwoorden gevormd met een taalnaam en zelfstandige naamwoorden die van zulke werkwoorden zijn afgeleid, schrijven we met een kleine letter:

- *vernederlandsen*
- *verfransing*

De spelling van de taalnaam *Oudfries* schrijven we volgens de regels aaneen, met één hoofdletter. Omdat die regel niet geldt als we de cultuur of geschiedenis bedoelen, schrijven we bijvoorbeeld over *een oud-Friese sport.*

(c) volkeren

regel 16.J

---

(1) De naam voor een bevolkingsgroep of een lid daarvan schrijven we met een hoofdletter als hij is afgeleid van een aardrijkskundige naam of als het om een specifiek volk gaat.
(2) Een overkoepelende term voor etnische groepen schrijven we met een kleine letter.
(3) Als de benaming gebaseerd is op een (geloofs)overtuiging, schrijven we geen hoofdletter.

---

(1) afgeleid van aardrijkskundige naam of specifiek volk
- *de West-Vlamingen*
- *een Groningse*
- *een Kortrijkzaan*
- *een Palestijn*
- *een Afro-Surinaamse*
- *een Hun*
- *de Kelten*
- *een Eskimo*

(2) overkoepelende term voor etnische groepen
- *een indiaanse*
- *een zigeuner*
- *een bedoeïen*
- *een mulattin*

(3) gebaseerd op een (geloofs)overtuiging
- *een protestant*
- *een islamiet*

Hetzelfde geldt voor andere afleidingen, bijvoorbeeld bijvoeglijke naamwoorden.

- *Koerdisch*
- *Nederlands*
- *indiaans*
- *islamitisch*

Opmerkingen:

(1) Ook als de benaming van een groep gebaseerd is op de naam van een godsdienst, kunnen we een hoofdletter gebruiken.
Die drukt uit dat we een etnische of politieke groep (al dan niet gelovige mensen) bedoelen. Zo schrijven we *de dialoog tussen christenen en joden*, maar *de gesprekken tussen Joden en Palestijnen*.

(2) Spotnamen voor leden van een bevolkingsgroep hebben geen hoofdletter.
  - *spanjool*
  - *mof*
  - *kaaskop*
  - *spaghettivreter*

In samenstellingen behouden we de hoofdletters of kleine letters.

- *een Vlamingenhater*
- *protestantentaal*

16.4 benamingen van historische en terugkerende periodes

(a) periodes

regel 16.K

Het woord waarmee we een historische periode benoemen of waarmee we de tijd indelen, krijgt een kleine letter.

---

(1) historisch

- *de middeleeuwen*
- *het mesolithicum*

Deze regel geldt voor courante teksten. In gespecialiseerde publicaties kan ervan worden afgeweken.

(2) indeling van de tijd

- *maandag*
- *januari*
- *lente*
- *de advent*
- *de ramadan*

(b) **feestdagen en historische gebeurtenissen**

regel 16.L

Het woord waarmee we een feestdag of een historische gebeurtenis benoemen, krijgt een hoofdletter.

---

(1) feestdagen

- *Pasen*
- *Loofhuttenfeest*
- *Suikerfeest*
- *Bevrijdingsdag*
- *Moederdag*
- *Chanoeka*

(2) historische gebeurtenissen

- *de Tweede Wereldoorlog*
- *de Anjerrevolutie*
- *de Endlösung*
- *de Golfoorlog*

Opmerking:
Namen van feestdagen schrijven we met een hoofdletter, maar samenstellingen* met deze namen niet.

- *Pasen - paasei, paasfeest, paaszondag*
- *Kerstmis - kerstdag, kerstboom, kerstwensen*
- *Nieuwjaar - nieuwjaarsdag, nieuwjaarsavond, nieuwjaarsreceptie*

16.5 benamingen van stromingen en overtuigingen

regel 16.M

(1) Het woord waarmee we een culturele, maatschappelijke, religieuze of artistieke stroming benoemen, krijgt een kleine letter.
(2) Ook een samenstelling* of afleiding* met die naam schrijven we met kleine letter.
(3) Soortnamen* voor beoefenaars van godsdiensten of andere overtuigingen en voor religieuze praktijken krijgen een kleine letter.

(1) stromingen

- *het protestantisme*
- *de islam*
- *het socialisme*
- *de renaissance*
- *jugendstil*
- *het dadaïsme*

(2) samengestelde of afgeleide woorden

- *een protestant*
- *protestants*
- *een islamiet*
- *een socialist*
- *een renaissancekasteel*
- *een dadaïst*

We behouden de hoofdletters voor de delen van samengestelde namen die duidelijk naar een plaatsnaam verwijzen. Dus: *Grieks-orthodox, Nederlands-hervormd,* maar *rooms-katholiek, oosters-orthodox.*

(3) beoefenaars van godsdiensten; godsdienstige praktijken

- *de paus*
- *een imam*
- *een rabbijn*
- *een jezuïet*
- *een prediking*
- *het vrijdaggebed*
- *een bidstond*
- *een eucharistieviering*
- *de biecht*

16.6 namen van instellingen, merken, titels

regel 16.N

---

(1) De eigennaam waarmee een instelling zichzelf benoemt, krijgt een hoofdletter. Ook samenstellingen* met die eigennaam als eerste deel schrijven we met hoofdletter.
(2) Als we verschillende instellingen kunnen noemen met hetzelfde woord, dan is dat een soortnaam. Die schrijven we met een kleine letter.

---

(1) eigennamen voor unieke instellingen

- *het Hof van Cassatie*
- *de Hoge Raad*
- *de Knesset*
- *de Wereldhandelsorganisatie*
- *het Vlaams Parlement*

Het gaat hier om de officiële benamingen van deze instellingen. We gebruiken geen hoofdletter voor het woord *parlement* dat we als soortnaam gebruiken als we bijvoorbeeld schrijven *het Italiaanse en het Duitse parlement.*

Samenstellingen behouden de hoofdletter.

- *een Europees Parlementslid*
- *een Tweede Kamerfractie*

Maar we schrijven bijvoorbeeld *een Italiaans parlementslid,* omdat we hier geen officiële benaming gebruiken.

(2) soortnamen

- *een politiebureau*
- *het stadhuis (van Amsterdam)*
- *het hof van assisen (van Antwerpen)*
- *het gerechtshof (in Den Haag)*

regel 16.0

Een merknaam schrijven we met een hoofdletter, tenzij het een soortnaam is geworden.

- *Dafalgan*
- *Coca-Cola*
- *Esso*

We behouden de hoofdletter in samenstellingen.

- *een Philipslamp*
- *een Boeing 737*
- *een Essotankstation*

Soortnamen:

- *een aspirientje*
- *een colaatje*
- *een airbus*

regel 16.P

(1) De titel van een boek, film, theaterproductie, artistieke onderscheiding of een evenement schrijven we met een hoofdletter.
(2) Voor een krant, een tijdschrift, een handelszaak of een organisatie gebruiken we de schrijfwijze die de auteur of oprichter heeft gekozen.
(3) Samenstellingen met een titel behouden de hoofdletter.

(1) titels
- *(de) Ilias*
- *Het verdriet van België*
- *De tuin der lusten*
- *Sneeuwwitje en de zeven dwergen*
- *(de) Nobelprijs*

(2) namen
- *De Standaard*
- *de Volkskrant*
- *Onze Taal*
- *Café De Posthoorn*
- *dEUS*

(3) samenstellingen
- *een Iliasbewerking*
- *een Nobelprijswinnares*
- *de Daviscupfinale*

De naam van een heilig boek schrijven we met een hoofdletter als we de tekst bedoelen, maar met een kleine letter als het om een exemplaar van het boek gaat.
- *de Bijbel*
- *de Koran*
- *een Bijbellezing*
- *een Koranvertaling*
- *een mooi uitgegeven bijbel*
- *een versierde koran*

16.7 hoofdletter uit respect

(a) aanhef, aanspreking en adres

regel 16.Q

---

(1) In een brief gebruiken we kleine letters als we iemand aanspreken, behalve aan het begin van een zin of een tekstregel. Ook de voornaamwoorden *u* en *uw* hebben een kleine letter.
(2) Om bijzonder respect uit te drukken, kan een hoofdletter worden gebruikt.

---

(1) gewone aanspreking
- *Geachte lezer,*
- *Zeer geachte mevrouw Schmidt,*
- *Mijnheer de voorzitter,*
- *De heer S. Streuvels, Lijsternest, Ingooigem*
- *Wilt u zo vriendelijk zijn hieronder uw handtekening te plaatsen?*

(2) met bijzonder respect
- *Heilige Vader* (aanspreking van de paus)
- *Majesteit* (aanspreking van een vorst)

(b) titels en functiebenamingen

regel 16.R

Een titel of functiebenaming, al dan niet gevolgd door een naam, schrijven we met een kleine letter.

- *De minister-president en de overige ministers worden bij Koninklijk Besluit benoemd en ontslagen.*
- *De minister van Binnenlandse Zaken heeft de brandweerlui gefeliciteerd.*

- *Wij wachten nog op minister Pelemans.*
- *prof. dr. J. Gobelijn*
- *ds. Gremdaat*
- *prinses Juliana*
- *paus Gregorius X*

(c) religieuze begrippen

regel 16.S

Een naam voor een heilig persoon of een heilig begrip schrijven we met een hoofdletter.

Deze regel heeft betrekking op namen voor God of een godheid, op voornaamwoorden die naar de godheid verwijzen, en op namen voor andere heilige begrippen waarvoor men respect of ontzag wil uitdrukken. Samenstellingen* met deze woorden behouden de hoofdletter, maar afleidingen* schrijven we met een kleine letter. Als een dergelijk woord niet (meer) naar een heilig persoon of begrip verwijst, verliest het de hoofdletter.

- *God*
- *Jahweh*
- *Allah*
- *de Heilige Maagd* (maar: *de heilige Thomas*)
- *Uw Koninkrijk*
- *een Venusbeeld*
- *goddelijk*
- *messiaans*

- *een christusdoorn*
- *een sint-bernardshond*

→ benamingen van stromingen en overtuigingen: 16.5
→ heilige boeken: 16.6

16.8 zelfstandige naamwoorden uit het Duits

regel 16.T

Zelfstandige naamwoorden die aan het Duits zijn ontleend, schrijven we in het Nederlands met een kleine letter.

- *übermensch*
- *schnaps*
- *umlaut*
- *edelweiss*
- *apfelstrudel*
- *aha-erlebnis*

Alleen als dergelijke zelfstandige naamwoorden de waarde van een eigennaam* hebben, krijgen ze een hoofdletter.
- *Endlösung*
- *Sturm und Drang*
- *Wehrmacht*

16.9 hoofdletter aan het begin van een zin

regel 16.U

Het eerste woord van een zin krijgt een hoofdletter.

- *Gaat Joachim mee op reis?*
- *M'n gsm is gestolen.*
- *Professor Gobelijn was tevreden.*

Als de zin met een apostrof begint, krijgt het daaropvolgende volledige woord de hoofdletter.
- *'k Heb er niets meer van gehoord.*
- *'s Morgens eet ik yoghurt.*

Als de zin met een cijfer of een symbool begint, wordt het eerstvolgende woord met kleine letter geschreven.
- *67 personen werden geëvacueerd.*
- *= is het is-teken.*

17. Afkortingen, symbolen, letterwoorden, initiaalwoorden, verkortingen

Er bestaan verschillende vormen om een woord of een woordgroep* korter te schrijven. We onderscheiden daarbij: afkortingen*, symbolen*, letterwoorden*, initiaalwoorden* en verkortingen*.

afkortingen	*p.*	17.A
symbolen	*km/h*	17.B
initiaalwoorden en letterwoorden	*pc, pin*	17.C
verkortingen	*horeca*	17.D

17.1 afkortingen

Een afkorting (in de specifieke betekenis van het woord) is de weergave van een woord of een woordgroep door een of meer (begin)letters, zonder dat de afkorting in de plaats komt van wat wordt afgekort: als we de afkorting voorlezen, spreken we niet de afkorting uit, wel het woord of de woorden waar ze voor staat.

regel 17.A

Een afkorting schrijven we met een of meer punten. We gebruiken een hoofdletter als die ook in het afgekorte woord voorkomt.

- *p. - pagina*
- *bv., bijv. - bijvoorbeeld*
- *blz. - bladzijde*
- *m.a.w. - met andere woorden*
- *mr. - meester*
- *H.K.H. - Hare Koninklijke Hoogheid*

17.2 symbolen

Een symbool is een notatie van een wetenschappelijk begrip, een eenheid of een valuta. De schrijfwijze is genormeerd, vaak internationaal. Ook als we een symbool lezen, spreken we het woord uit waar het voor staat.

regel 17.B

Een symbool schrijven we zonder punt. We gebruiken de hoofdletters of kleine letters die nationaal of internationaal zijn afgesproken.

- *km/h - kilometer per uur*
- *s - seconde*
- *g - gram*
- *EUR - euro*
- *V - volt*
- *kHz - kilohertz*
- *mHz - millihertz*
- *MHz - megahertz*
- *MB - megabyte*
- *Ca - calcium*

Van sommige eenheden waarvoor in technische en wetenschappelijke teksten een symbool wordt gebruikt, zoals gram, uur en seconde, gebruiken we in gewone teksten een afkorting.

- *30 sec. wachttijd*
- *500 gr. rundergehakt*

17.3 initiaalwoorden en letterwoorden

Een initiaalwoord of een letterwoord wordt gevormd door de eerste letters van een naam of een andere woordgroep en gedraagt zich in de zin als een woord. Als we het voorlezen, spreken we de korte vorm uit, niet de gehele naam of woordgroep waar het voor staat. Sommige van deze woorden lezen we als een stel letternamen (bijvoorbeeld *pc*: /peesee/ *personal computer*). Dan spreken we van een initiaalwoord. Als we het geheel als een woord lezen (bijvoorbeeld *havo*: /haavoo/ *hoger algemeen voortgezet onderwijs*), spreken we van een letterwoord.

regel 17.C

Een initiaalwoord of letterwoord schrijven we zonder punten. We nemen de hoofdletters van de afgekorte woorden over. Als een organisatie zelf een schrijfwijze hanteert die afwijkt van deze regel, dan volgen we het donorprincipe* en respecteren we die schrijfwijze.

initiaalwoorden

- *pc (personal computer)*
- *btw (belasting over de toegevoegde waarde)*
- *wc (watercloset)*
- *NMBS (Nationale Maatschappij der Belgische Spoorwegen)*
- *NS (Nederlandse Spoorwegen)*

letterwoorden

- *pin (persoonlijk identificatienummer)*
- *Riagg (Regionale Instelling voor Ambulante Geestelijke Gezondheidszorg)*
- *BuZa ((Ministerie van) Buitenlandse Zaken)*
- *SERV (Sociaal-Economische Raad van Vlaanderen)*

→ samenstelling met initiaalwoord of letterwoord: 6.3
→ afleiding van initiaalwoord met apostrof: 6.4
→ apostrof voor verkleinwoorden: 15.4

(a) opmerkingen in verband met het gebruik van punten

(1) In of achter initiaalwoorden die oorspronkelijk werden uitgesproken als de woorden waar ze voor staan (en dus afkortingen waren), maar waarbij een letter-voor-letteruitspraak gewoon is geworden, schrijven we nog wel de punten.

- *a.u.b. - /aa uu bee/ (alstublieft)*
- *c.q. - /see kuu/ (casu quo - in welk geval)*
- *a.m. - /aa em/ (ante meridiem - voor de middag)*

(2) In initiaalwoorden die ten onrechte als een bestaand woord kunnen worden gelezen, schrijven we punten, tenzij binnen de gegeven context geen twijfel bestaat over de betekenis.

- *a.s.o. (algemeen secundair onderwijs) - aso (asociaal)*
- *b.o.t. (beroeps onbepaalde tijd) - bot (stomp, dom)*
- *m.o.k. (moeilijk opvoedbare kinderen) - mok (drinkbeker)*

In contexten waarin de betekenis van het initiaalwoord bekend is, mogen de punten verdwijnen. Men schrijft dan *aso, bot, mok.*

(b) opmerkingen in verband met het gebruik van hoofdletters

(1) Een initiaalwoord of letterwoord dat we ontlenen aan een andere taal, behoudt zijn spelling zolang we het als vreemdtalig aanvoelen.

- *RAM (random access memory)*
- *ADSL (asymmetric digital subscriber line)*
- *GmbH (Gesellschaft mit beschränkter Haftung)*

(2) Naarmate een letterwoord of initiaalwoord ingeburgerd raakt, verdwijnen de hoofdletters. Een letterwoord wordt daarna zonder koppelteken of apostrof opgenomen in een samenstelling* of afleiding*. Een letterwoord met een of meer hoofdletters behoudt het koppelteken en de apostrof. Dat geldt ook voor initiaalwoorden.

- *aids (acquired immune deficiency syndrome) - aidsvirus - ontaidsen*
- *pin (persoonlijk identificatienummer) - pincode - pinnen*
- *vip (very important person) - vipruimte - vipjes*
- *pet (polyethyleentereftalaat) - petfles*
- *lat (living apart together) - latrelatie*
- *havo (hoger algemeen voortgezet onderwijs) - havoleerling - havoër*

- *AOW (Algemene Ouderdomswet) - AOW'er*
- *pc (personal computer) - pc-gebruiker*
- *tv (televisie) - tv-kijker - tv'tje*
- *SIS (Sociaal Informatiesysteem) - SIS-kaart*

(3) De afgekorte namen van wetten, besluiten of overheidsplannen schrijven we met hoofdletters, ook als de uitgeschreven vorm geen hoofdletters bevat.

- *KB (Koninklijk Besluit)*
- *WVO (Wet op het voortgezet onderwijs)*
- *VUT (vervroegde uittreding)*
- *MAP (Mestactieplan)*

Als een andere schrijfwijze ingeburgerd is, bijvoorbeeld onder ambtenaren, dan geldt het donorprincipe*.

- *AMvB (Algemene Maatregel van Bestuur)*
- *Wajong (Wet arbeidsongeschiktheidsvoorziening jonggehandicapten)*

(4) De afgekorte namen van ziekten schrijven we met hoofdletters. Alleen woorden die tot het dagelijkse taalgebruik zijn doorgedrongen, schrijven we met kleine letters.

- *BSE (boviene spongiforme encefalopathie)*
- *ME (myalgische encefalomyelitis)*
- *MKZ (mond-en-klauwzeer)*

Tot het gewone taalgebruik behoren onder meer:

- *aids (acquired immune deficiency syndrome)*
- *soa (seksueel overdraagbare aandoening)*

(5) Als het donorprincipe niet speelt, dan hangt het gebruik van hoofdletters bij letterwoorden die een eigennaam* aanduiden, af van de lengte.

– een letterwoord van drie letters of minder wordt volledig met hoofdletters geschreven
  - *WEU (West-Europese Unie)*
  - *ELF (Essences et Lubrifiants Français)*

- een letterwoord van vier letters wordt volledig met hoofdletters geschreven als het gaat om een (openbare) instelling, een vereniging, een politieke partij
  - *NAVO (Noord-Atlantische Verdragsorganisatie)*
  - *NIOD (Nederlands Instituut voor Oorlogsdocumentatie)*
- in alle andere gevallen gebruiken we alleen een hoofdletter aan het begin van het letterwoord
  - *Unicef (United Nations International Children's Emergency Fund)*

17.4 verkortingen

Een verkorting is opgebouwd uit een of meer (delen van) lettergrepen. Zo is *horeca* samengesteld uit de eerste letters van *hotel, restaurant* en *café.*

regel 17.D

Verkortingen gedragen zich als gewone woorden. Als het om een eigennaam* gaat, schrijven we een hoofdletter of respecteren we het donorprincipe*.

- *info (informatie)*
- *airco (airconditioning)*
- *camcorder (camera-recorder)*
- *hetero (heteroseksueel)*
- *hifi (high fidelity)*
- *StuBru (Studio Brussel)*
- *nettiquette (netetiquette)*
- *webzine (webmagazine)*

Samenstellingen* en afleidingen* maken we zoals met gewone grondwoorden*, tenzij we het grondwoord met een of meer hoofdletters schrijven.

- *infostand*
- *aircospecialist*
- *hifitoren*
- *infootje*
- *aircootje*

Een samenstelling met een verkorting die we met een hoofdletter schrijven, krijgt een koppelteken. Een afleiding krijgt een apostrof.

- *StuBru-medewerker*
- *Benelux-land*
- *Vinex'er*

18. Woorden afbreken

Wie gebruikmaakt van een Nederlandstalig tekstverwerkingsprogramma, hoeft zich weinig zorgen te maken over de afbreekregels. De computer breekt desgewenst woorden af en maakt weinig fouten. De Woordenlijst geeft van de opgenomen woorden aan waar ze volgens de regels kunnen worden afgebroken.

hoofdregel 18.A

Een woord wordt afgebroken op de grens tussen twee lettergrepen.

- *wa·fel*
- *las·ter*
- *sok·kel*
- *au·la*
- *eu·tha·na·sie*
- *ou·der*
- *Ne·der·land*
- *boom·stam*
- *be·vei·li·gen*
- *te·vre·den·heid*

Dat betekent dat we kunnen afbreken:

(a) tussen de delen van een samenstelling* *(hoofd·regel)*

(b) tussen een voorvoegsel* en een grondwoord* in een afleiding* *(ge·regeld)*

(c) tussen een grondwoord en een achtervoegsel*, als dat laatste met een medeklinker* begint, of als het grondwoord eindigt met een klinkerteken* *(werk·ster, slee·er)*

(d) op andere plaatsen als we zo veel mogelijk medeklinkertekens naar het tweede deel brengen *(pu·bliek)*

Tegelijk letten we erop dat:

(a) het tweede deel van het woord niet begint met een lettercombinatie die nooit aan het begin van een Nederlands woord voorkomt (dus *herf·stig,* maar niet *her·fstig)*

(b) geen los klinkerteken blijft staan aan het eind of het begin van een tekstregel (dus niet *e·zels* of *regi·o)*, ook niet in samenstellingen (dus niet *pake·zels)*

(c) geen verkeerde uitspraak opgeroepen wordt (dus niet *prog·ramma,* maar wel *pro·gramma)*

Soms zijn er kleine verschillen tussen de afgebroken en de niet-afgebroken vorm van een woord. Extra klinkertekens in woorden zoals *parapluutje* vervallen: *paraplu·tje.* Het trema dat we gebruiken bij klinkerbotsing*, vervalt als we een woord op die plaats afbreken: *beëindigen* wordt *be·eindigen*. Dat geldt ook voor de apostrof*: *sherry'tje* wordt *sherry·tje*

Dit zijn slechts enkele vingerwijzingen. De Woordenlijst geeft alle afbreekplaatsen van de opgenomen woorden weer.

WOORDENLIJST

*

het **+-te·ken**, +-te·kens
de **06-dea·ler** (m), 06-dea·lers
het **06-num·mer**, 06-num·mers
de **1 april·grap**, 1 april·grap·pen
de **1 april·mop**, 1 april·mop·pen
1e (telw)
1e-eeuws (bnw), 1e-eeuw·se
de **1 eu·ro·munt**, 1 eu·ro·mun·ten
het **1 eu·ro·stuk**, 1 eu·ro·stuk·ken
1-ja·rig (bnw), 1-ja·ri·ge
de **1-ja·ri·ge**, 1-ja·ri·gen
het **1 mei·feest**, 1 mei·fees·ten
de **1 mei·vie·ring** (v), 1 mei·vie·rin·gen
1-op-1 (bijw)
1ste (telw)
1ste-eeuws (bnw), 1ste-eeuw·se
10·de (telw)
10·de-eeuws (bnw), 10·de-eeuw·se
10e (telw)
10e-eeuws (bnw), 10e-eeuw·se
het **10 eu·ro·bil·jet**, 10 eu·ro·bil·jet·ten
10-ja·rig (bnw), 10-ja·ri·ge
de **10-ja·ri·ge**, 10-ja·ri·gen
de **10km-hard·lo·per** (m), 10km-hard·lo·pers
de **10km-lo·per** (m), 10km-lo·pers
de **10km-weg·wed·strijd** (m), 10km-weg·wed·strij·den
het **10 mi·nu·ten·ge·sprek**, 10 mi·nu·ten·ge·sprek·ken
het **10-tal**, 10-tal·len
10-10-10
11·de (telw)
de **11·de-eeu·wer** (m), 11·de-eeu·wers
11·de-eeuws (bnw), 11·de-eeuw·se
11e (telw)
11e-eeuws (bnw), 11e-eeuw·se
de **11-ja·ri·ge**, 11-ja·ri·gen
het **11 ju·li·feest**, 11 ju·li·fees·ten
de **11 ju·li·vie·ring** (v), 11 ju·li·vie·rin·gen
de **11 no·vem·ber·vie·ring** (v), 11 no·vem·ber·vie·rin·gen
de **11 sep·tem·ber·her·den·king** (v), 11 sep·tem·ber·her·den·kin·gen
12·de (telw)
de **12·de-eeu·wer** (m), 12·de-eeu·wers
12·de-eeuws (bnw), 12·de-eeuw·se
12-de·lig (bnw), 12-de·li·ge
12e (telw)
de **12e-eeu·wer** (m), 12e-eeu·wers
12e-eeuws (bnw), 12e-eeuw·se
de **12-ja·ri·ge**, 12-ja·ri·gen
het **12-tal**, 12-tal·len
13·de (telw)
de **13·de-eeu·wer** (m), 13·de-eeu·wers
13·de-eeuws (bnw), 13·de-eeuw·se
13e (telw)
de **13e-eeu·wer** (m), 13e-eeu·wers
13e-eeuws (bnw), 13e-eeuw·se
de **13-ja·ri·ge**, 13-ja·ri·gen
14·de (telw)
de **14·de-eeu·wer** (m), 14·de-eeu·wers
14·de-eeuws (bnw), 14·de-eeuw·se
14e (telw)
de **14e-eeu·wer** (m), 14e-eeu·wers
14e-eeuws (bnw), 14e-eeuw·se
de **14-ja·ri·ge**, 14-ja·ri·gen
15·de (telw)
de **15·de-eeu·wer** (m), 15·de-eeu·wers
15·de-eeuws (bnw), 15·de-eeuw·se
15e (telw)
de **15e-eeu·wer** (m), 15e-eeu·wers

15e-eeuws (bnw), 15e-eeuw·se
de **15-ja·ri·ge**, 15-ja·ri·gen
het **15-tal**, 15-tal·len
16·de (telw)
de **16·de-eeu·wer** (m), 16·de-eeu·wers
16·de-eeuws (bnw), 16·de-eeuw·se
16e (telw)
de **16e-eeu·wer** (m), 16e-eeu·wers
16e-eeuws (bnw), 16e-eeuw·se
de **16-ja·ri·ge**, 16-ja·ri·gen
17·de (telw)
de **17·de-eeu·wer** (m), 17·de-eeu·wers
17·de-eeuws (bnw), 17·de-eeuw·se
17e (telw)
de **17e-eeu·wer** (m), 17e-eeu·wers
17e-eeuws (bnw), 17e-eeuw·se
de **17-ja·ri·ge**, 17-ja·ri·gen
18·de (telw)
de **18·de-eeu·wer** (m), 18·de-eeu·wers
18·de-eeuws (bnw), 18·de-eeuw·se
18e (telw)
de **18e-eeu·wer** (m), 18e-eeu·wers
18e-eeuws (bnw), 18e-eeuw·se
18-ja·rig (bnw), 18-ja·ri·ge
de **18-ja·ri·ge**, 18-ja·ri·gen
19·de (telw)
de **19·de-eeu·wer** (m), 19·de-eeu·wers
19·de-eeuws (bnw), 19·de-eeuw·se
19e (telw)
de **19e-eeu·wer** (m), 19e-eeu·wers
19e-eeuws (bnw), 19e-eeuw·se
de **19-ja·ri·ge**, 19-ja·ri·gen
100 da·gen *(laatste honderd dagen van de middelbare school in Vlaanderen)*
100e (telw)
het **100 eu·ro·bil·jet**, 100 eu·ro·bil·jet·ten
100-ja·rig (bnw), 100-ja·ri·ge
de **100-ja·ri·ge**, 100-ja·ri·gen
100 me·ter
100·ste (telw)
het **100-tal**, 100-tal·len
101e (telw)
101·ste (telw)
102·de (telw)
102e (telw)
112 (telw)
1000-ja·rig (bnw), 1000-ja·ri·ge
de **1000-ja·ri·ge**, 1000-ja·ri·gen
het **1000-tal**, 1000-tal·len
de **2-daag·se** (m), 2-daag·sen
2de (telw)
2de-eeuws (bnw), 2de-eeuw·se
2de-hands (bnw), 2de-hand·se
2e (telw)
2e-eeuws (bnw), 2e-eeuw·se
2e-hands (bnw), 2e-hand·se
de **2 eu·ro·munt**, 2 eu·ro·mun·ten
het **2 eu·ro·stuk**, 2 eu·ro·stuk·ken
2-ja·rig (bnw), 2-ja·ri·ge
de **2-ja·ri·ge**, 2-ja·ri·gen
2pk *(2 paardenkracht (deux-chevaux))*, 2pk's
het **2pk'tje** [2pk·tje], 2pk'tjes [2pk·tjes]
het **2-tal**, 2-tal·len
20e (telw)
de **20e-eeu·wer** (m), 20e-eeu·wers
20e-eeuws (bnw), 20e-eeuw·se
de **20'er** [20·er] (m), 20'ers [20·ers]
de **20+'er** [20+·er] (m), 20+'ers [20+·ers]
het **20 eu·ro·bil·jet**, 20 eu·ro·bil·jet·ten
20-ja·rig (bnw), 20-ja·ri·ge
de **20-ja·ri·ge**, 20-ja·ri·gen
20·ste (telw)
de **20·ste-eeu·wer** (m), 20·ste-

eeu·wers
20·ste-eeuws (bnw), 20·ste-eeuw·se
het **20-tal**, 20-tal·len
21e (telw)
de **21e-eeu·wer** (m), 21e-eeu·wers
21e-eeuws (bnw), 21e-eeuw·se
21-ja·rig (bnw), 21-ja·ri·ge
de **21-ja·ri·ge**, 21-ja·ri·gen
de **21 ju·li·vie·ring** (v), 21 ju·li·vie·rin·gen
21·ste (telw)
de **21·ste-eeu·wer** (m), 21·ste-eeu·wers
21·ste-eeuws (bnw), 21·ste-eeuw·se
22e (telw)
22·ste (telw)
24-ja·rig (bnw), 24-ja·ri·ge
de **24 uren·sta·king** (v), 24 uren·sta·kin·gen
de **24 uurs·dienst** (m), 24 uurs·dien·sten
de **24 uurs·eco·no·mie** (v), 24 uurseconomieën [24 uurs·eco·no·mie·en]
de **24 uurs·ser·vice** (m), 24 uurs·ser·vi·ces
25-ja·rig (bnw), 25-ja·ri·ge
het **25 me·ter·bad**, 25 me·ter·ba·den
200e (telw)
200·ste (telw)
201e (telw)
201·ste (telw)
202·de (telw)
202e (telw)
de **250cc-klas·se** (v), 250cc-klas·sen
3D (bnw) *(driedimensionaal)*
de **3-daag·se** (m), 3-daag·sen
de **3D-bril** (m), 3D-bril·len; 3D-bril·le·tje
3de (telw)
3de-eeuws (bnw), 3de-eeuw·se
de **3D-film** (m), 3D-films; 3D-film·pje
de **3D-prin·ter** (m), 3D-prin·ters
de **3D-te·ke·ning** (v), 3D-te·ke·nin·gen
de **3D-vi·su·a·li·sa·tie** (v), 3D-vi·su·a·li·sa·ties
3e (telw)
3e-eeuws (bnw), 3e-eeuw·se
de **3e-jaars**, 3e-jaars
3G *(third generation)*
het **3 gan·gen·me·nu**, 3 gan·gen·me·nu's
3-ja·rig (bnw), 3-ja·ri·ge
de **3-ja·ri·ge**, 3-ja·ri·gen
het **3-tal**, 3-tal·len
30e (telw)
de **30'er** [30·er] (m), 30'ers [30·ers]
30-ja·rig (bnw), 30-ja·ri·ge
de **30-ja·ri·ge**, 30-ja·ri·gen
de **30 ki·lo·me·ter·zo·ne**, 30 ki·lo·me·ter·zo·nes
de **30km-zo·ne**, 30km-zo·nes
30·ste (telw)
het **30-tal**, 30-tal·len
33e (telw)
33·ste (telw)
300e (telw)
300·ste (telw)
301e (telw)
301·ste (telw)
302·de (telw)
302e (telw)
4de (telw)
4de-eeuws (bnw), 4de-eeuw·se
4e (telw)
4e-eeuws (bnw), 4e-eeuw·se
4G *(fourth generation)*
4-ja·rig (bnw), 4-ja·ri·ge
de **4-ja·ri·ge**, 4-ja·ri·gen
de **4 mei·her·den·king** (v), 4 mei·her·den·kin·gen
het **4 ster·ren·ho·tel**,

4 ster·ren·ho·tels
het **4-tal**, 4-tal·len
4x4 *(four-wheel drive),* 4x4's
het **4-4-2-sys·teem**, 4-4-2-sys·te·men
40e (telw)
de **40'er** [40·er] (m), 40'ers [40·ers]
40-ja·rig (bnw), 40-ja·ri·ge
de **40-ja·ri·ge**, 40-ja·ri·gen
40·ste (telw)
44e (telw)
44·ste (telw)
400e (telw)
400·ste (telw)
401e (telw)
401·ste (telw)
402·de (telw)
402e (telw)
5de (telw)
5de-eeuws (bnw), 5de-eeuw·se
5e (telw)
5e-eeuws (bnw), 5e-eeuw·se
het **5 eu·ro·bil·jet**, 5 eu·ro·bil·jet·ten
5-ja·rig (bnw), 5-ja·ri·ge
de **5-ja·ri·ge**, 5-ja·ri·gen
de **5 mei·vie·ring** (v), 5 mei·vie·rin·gen
het **5 ster·ren·ho·tel**, 5 ster·ren·ho·tels
het **5-tal**, 5-tal·len
50e (telw)
de **50'er** [50·er] (m), 50'ers [50·ers]
de **50+'er** [50+·er] (m), 50+'ers [50+·ers]
het **50 eu·ro·bil·jet**, 50 eu·ro·bil·jet·ten
50-ja·rig (bnw), 50-ja·ri·ge
de **50-ja·ri·ge**, 50-ja·ri·gen
het **50 me·ter·bad**, 50 me·ter·ba·den
de **50-plus·ser** (m), 50-plus·sers
de **50·Plus·ser** (m) *(lid van 50Plus),* 50·Plus·sers
50·ste (telw)
het **50-tal**, 50-tal·len
55e (telw)
de **55+'er** [55+·er] (m), 55+'ers [55+·ers]
de **55-plus·ser** (m), 55-plus·sers
55·ste (telw)
500e (telw)
het **500 eu·ro·bil·jet**, 500 eu·ro·bil·jet·ten
500·ste (telw)
501e (telw)
501·ste (telw)
502·de (telw)
502e (telw)
6de (telw)
6de-eeuws (bnw), 6de-eeuw·se
6e (telw)
6e-eeuws (bnw), 6e-eeuw·se
6-ja·rig (bnw), 6-ja·ri·ge
de **6-ja·ri·ge**, 6-ja·ri·gen
het **6-tal**, 6-tal·len
60e (telw)
de **60'er** [60·er] (m), 60'ers [60·ers]
de **60+'er** [60+·er] (m), 60+'ers [60+·ers]
60'er jaren [60·er ja·ren]
de **60-ja·ri·ge**, 60-ja·ri·gen
de **60-plus·ser** (m), 60-plus·sers
60·ste (telw)
de **65+'er** [65+·er] (m), 65+'ers [65+·ers]
de **65-ja·ri·ge**, 65-ja·ri·gen
de **65+-kaart**, 65+-kaar·ten
de **65-plus·ser** (m), 65-plus·sers
66e (telw)
66·ste (telw)
600e (telw)
600·ste (telw)
601e (telw)
601·ste (telw)
602·de (telw)
602e (telw)
7de (telw)
7de-eeuws (bnw), 7de-eeuw·se

7e (telw)
7e-eeuws (bnw), 7e-eeuw·se
7-ja·rig (bnw), 7-ja·ri·ge
de **7-ja·ri·ge**, 7-ja·ri·gen
het **7-tal**, 7-tal·len
70e (telw)
de **70'er** [70·er] (m), 70'ers [70·ers]
70'er jaren [70·er ja·ren]
de **70-ja·ri·ge**, 70-ja·ri·gen
de **70-plus·ser** (m), 70-plus·sers
70·ste (telw)
77e (telw)
77-ja·rig (bnw), 77-ja·ri·ge
77·ste (telw)
700e (telw)
700·ste (telw)
701e (telw)
701·ste (telw)
702·de (telw)
702e (telw)
8e (telw)
8e-eeuws (bnw), 8e-eeuw·se
8-ja·rig (bnw), 8-ja·ri·ge
de **8-ja·ri·ge**, 8-ja·ri·gen
8ste (telw)
8ste-eeuws (bnw), 8ste-eeuw·se
het **8-tal**, 8-tal·len
het **8 uur·jour·naal**, 8 uur·jour·naals, 8 uur·jour·na·len
80e (telw)
de **80'er** [80·er] (m), 80'ers [80·ers]
de **80-ja·ri·ge**, 80-ja·ri·gen
80·ste (telw)
de **80-20-pro·cent·re·ge·ling** (v), 80-20-pro·cent·re·ge·lin·gen
88e (telw)
88·ste (telw)
800e (telw)
800·ste (telw)
801e (telw)
801·ste (telw)
802·de (telw)
802e (telw)
9de (telw)
9de-eeuws (bnw), 9de-eeuw·se
9e (telw)
9e-eeuws (bnw), 9e-eeuw·se
9-ja·rig (bnw), 9-ja·ri·ge
de **9-ja·ri·ge**, 9-ja·ri·gen
het **9-tal**, 9-tal·len
de **9-tot-5-men·ta·li·teit** (v)
90e (telw)
de **90-ja·ri·ge**, 90-ja·ri·gen
90·ste (telw)
99e (telw)
99·ste (telw)
900e (telw)
900·ste (telw)
901e (telw)
901·ste (telw)
902·de (telw)
902e (telw)

A

de **a**, a's; a'tje
à (voorz)
Å *(ångström)*
de **A4** (m), A4'tje [A4·tje]
het **A4-blad**, A4-bla·den; A4-blaad·je
het **A4-for·maat**, A4-for·ma·ten
aag·je: nieuwsgierig aagje
de **aagt** (m), aag·ten
de **aai** (m), aai·en; aai·tje
aai·baar (bnw), aai·ba·re
de **aai·baar·heids·fac·tor** (m)
aai·en (ww), aai, aait; aai·de, aai·den; ge·aaid
de **aak** *(vaartuig),* aken; aak·je
de **aal** (m) *(paling),* alen; aal·tje
de **aal·bes**, aal·bes·sen; aal·bes·je
aal·glad (bnw), aal·glad·de
de **aal·moes**, aal·moe·zen; aal·moes·je
de **aal·moe·ze·nier** (m), aal·moe·ze·niers
de **aal·put** (m), aal·put·ten
de **aalt**, aal·ten
aal·vlug (bnw), aal·vlug·ge
het **aam·beeld**, aam·beel·den; aam·beeld·je
de **aam·bei**, aam·bei·en
aam·bor·stig (bnw), aam·bor·sti·ge
aan[1] (bnw)
aan[2] (voorz)
aan·aar·den (ww), aard aan, aardt aan; aard·de aan, aard·den aan; aan·ge·aard
aan·bak·ken (ww), bak aan, bakt aan; bak·te aan, bak·ten aan; aan·ge·bak·ken
de **aan·be·de·ne**, aan·be·de·nen
het **aan·beeld**, aan·beel·den
aan·be·lan·den (ww), be·land aan, be·landt aan; be·land·de aan, be·land·den aan; aan·be·land
aan·be·lan·gen (ww), be·langt aan; be·lang·de aan, be·lang·den aan; aan·be·langd
aan·bel·len (ww), bel aan, belt aan; bel·de aan, bel·den aan; aan·ge·beld
aan·be·ste·den (ww), be·steed aan, be·steedt aan; be·steed·de aan, be·steed·den aan; aan·be·steed
de **aan·be·ste·ding** (v), aan·be·ste·din·gen
het **aan·be·ste·dings·be·leid**
de **aan·be·ta·ling** (v), aan·be·ta·lin·gen
aan·be·ve·len (ww), be·veel aan, be·veelt aan; be·val aan, be·va·len aan; aan·be·vo·len
aan·be·ve·lens·waar·dig (bnw), aan·be·ve·lens·waar·di·ge
de **aan·be·ve·ling** (v), aan·be·ve·lin·gen
de **aan·be·ve·lings·brief** (m), aan·be·ve·lings·brie·ven; aan·be·ve·lings·brief·je
aan·bid·de·lijk (bnw), aan·bid·de·lij·ke
aan·bid·den (ww), bid aan, bidt aan; bad aan, ba·den aan; aan·be·den
de **aan·bid·der** (m), aan·bid·ders
de **aan·bid·ding** (v), aan·bid·din·gen
aan·bie·den (ww), bied aan, biedt aan; bood aan, bo·den aan; aan·ge·bo·den
de **aan·bie·der** (m), aan·bie·ders
de **aan·bie·ding** (v), aan·bie·din·gen; aan·bie·din·kje
aan·bij·ten (ww), bijt aan, bijt

aan; beet aan, be·ten aan; aan·ge·be·ten
aan·bin·den (ww), bind aan, bindt aan; bond aan, bon·den aan; aan·ge·bon·den
aan·blij·ven (ww), blijf aan, blijft aan; bleef aan, ble·ven aan; aan·ge·ble·ven
de **aan·blik** (m), aan·blik·ken
het **aan·bod**
de **aan·bouw** (m), aan·bou·wen; aan·bouw·tje
aan·bou·wen (ww), bouw aan, bouwt aan; bouw·de aan, bouw·den aan; aan·ge·bouwd
aan·bra·den (ww), braad aan, braadt aan; braad·de aan, braad·den aan; aan·ge·bra·den
aan·bran·den (ww), brand aan, brandt aan; brand·de aan, brand·den aan; aan·ge·brand
aan·brei·en (ww), brei aan, breit aan; brei·de aan, brei·den aan; aan·ge·breid
aan·bre·ken (ww), breek aan, breekt aan; brak aan, bra·ken aan; aan·ge·bro·ken
de **aan·breng** (m)
aan·bren·gen (ww), breng aan, brengt aan; bracht aan, brach·ten aan; aan·ge·bracht
de **aan·bren·ger** (m), aan·bren·gers; aan·bren·ger·tje
de **aan·dacht**
aan·dach·tig (bnw), aan·dach·ti·ge
het **aan·dacht·punt**, aan·dacht·pun·ten; aan·dacht·punt·je
het **aan·dachts·ge·bied**, aan·dachts·ge·bie·den
het **aan·dachts·punt**, aan·dachts·pun·ten; aan·dachts·punt·je
de **aan·dachts·span·ne**, aan·dachts·span·nen
de **aan·dachts·stoor·nis** (v), aan·dachts·stoor·nis·sen
de **aan·dachts·streep**, aan·dachts·stre·pen; aan·dachts·streep·je
het **aan·dachts·te·kort**, aan·dachts·te·kor·ten
de **aan·dacht·streep**, aan·dacht·stre·pen; aan·dacht·streep·je
de **aan·dachts·trek·ker** (m), aan·dachts·trek·kers; aan·dachts·trek·ker·tje
de **aan·dacht·trek·ker** (m), aan·dacht·trek·kers; aan·dacht·trek·ker·tje
aan·dam·men (ww), dam aan, damt aan; dam·de aan, dam·den aan; aan·ge·damd
het **aan·deel**, aan·de·len; aan·deel·tje
de **aan·deel·hou·der** (m), aan·deel·hou·ders
het **aan·deel·hou·der·schap**, aan·deel·hou·der·schap·pen
de **aan·deel·hou·ders·ver·ga·de·ring** (v), aan·deel·hou·ders·ver·ga·de·rin·gen
de **aan·de·len·beurs**, aan·de·len·beur·zen
het **aan·de·len·be·zit**
het **aan·den·ken**, aan·den·kens
aan den lij·ve
aan·die·nen (ww), dien aan, dient aan; dien·de aan, dien·den aan; aan·ge·diend
aan dig·ge·len
aan·dik·ken (ww), dik aan, dikt aan; dik·te aan, dik·ten aan; aan·ge·dikt

aan·doen (ww), doe aan, doet aan; deed aan, de·den aan; aan·ge·daan
de **aan·doe·ning** (v), aan·doe·nin·gen; aan·doe·nin·kje
aan·doen·lijk (bnw), aan·doen·lij·ke
aan·draai·en (ww), draai aan, draait aan; draai·de aan, draai·den aan; aan·ge·draaid
aan·dra·gen (ww), draag aan, draagt aan; droeg aan, droe·gen aan; aan·ge·dra·gen
de **aan·drang** (m)
aan·dra·ven (ww), draaf aan, draaft aan; draaf·de aan, draaf·den aan; aan·ge·draafd
aan·drij·ven (ww), drijf aan, drijft aan; dreef aan, dre·ven aan; aan·ge·dre·ven
de **aan·drij·ving** (v), aan·drij·vin·gen
aan·drin·gen (ww), dring aan, dringt aan; drong aan, dron·gen aan; aan·ge·dron·gen
aan·druk·ken (ww), druk aan, drukt aan; druk·te aan, druk·ten aan; aan·ge·drukt
aan·dui·den (ww), duid aan, duidt aan; duid·de aan, duid·den aan; aan·ge·duid
de **aan·dui·ding** (v), aan·dui·din·gen
aan·dur·ven (ww), durf aan, durft aan; durf·de aan, durf·den aan; aan·ge·durfd
aan·du·wen (ww), duw aan, duwt aan; duw·de aan, duw·den aan; aan·ge·duwd
aan·een (bijw)
aan·een·ge·slo·ten (bnw)
aan·een·han·gen (ww), hang aan·een, hangt aan·een; hing aan·een, hin·gen aan·een; aan·een·ge·han·gen
aan·een·rij·gen (ww), rijg aan·een, rijgt aan·een; reeg aan·een, re·gen aan·een; aan·een·ge·re·gen
de **aan·een·scha·ke·ling** (v), aan·een·scha·ke·lin·gen
aan·een·schrij·ven (ww), schrijf aan·een, schrijft aan·een; schreef aan·een, schre·ven aan·een; aan·een·ge·schre·ven
aan·een·slui·ten (ww), sluit aan·een, sluit aan·een; sloot aan·een, slo·ten aan·een; aan·een·ge·slo·ten
de **aan-en-uit·knop** (m), aan-en-uit·knop·pen; aan-en-uit·knop·je
aan·floe·pen (ww), floep aan, floept aan; floep·te aan, floep·ten aan; aan·ge·floept
aan·gaan (ww), ga aan, gaat aan; ging aan, gin·gen aan; aan·ge·gaan
aan·gaan·de (voorz)
aan·ge·bo·ren (bnw)
aan·ge·bracht (bnw), aan·ge·brach·te
aan·ge·daan (bnw), aan·ge·da·ne
aan·ge·duid (bnw), aan·ge·dui·de
aan·ge·gaan (bnw), aan·ge·ga·ne
aan·ge·kleed (bnw), aan·ge·kle·de
aan·ge·kon·digd (bnw), aan·ge·kon·dig·de
aan·ge·legd (bnw), aan·ge·leg·de
aan·ge·le·gen (bnw)
de **aan·ge·le·gen·heid** (v), aan·ge·le·gen·he·den
aan·ge·lo·pen: rood aangelopen
aan·ge·meld (bnw), aan·ge·mel·de
aan·ge·naam (bnw), aan·ge·na·me
aan ge·ne zij·de
aan·ge·no·men (bnw)

aan·ge·past (bnw), aan·ge·pas·te
aan·ge·richt (bnw), aan·ge·rich·te
aan·ge·schaft (bnw), aan·ge·schaf·te
aan·ge·sla·gen (bnw)
aan·ge·steld (bnw), aan·ge·stel·de
aan·ge·tast (bnw), aan·ge·tas·te
aan·ge·te·kend (bnw), aan·ge·te·ken·de
aan·ge·toond (bnw), aan·ge·toon·de
aan·ge·ven (ww), geef aan, geeft aan; gaf aan, ga·ven aan; aan·ge·ge·ven
aan·ge·wend (bnw), aan·ge·wen·de
aan·ge·we·zen (bnw)
het **aan·ge·zicht**, aan·ge·zich·ten; aan·ge·zicht·je
aan·ge·zien (voegw)
aan·gie·ten (ww), giet aan, giet aan; goot aan, go·ten aan; aan·ge·go·ten
de **aan·gif·te** (v), aan·gif·ten, aan·gif·tes
het **aan·gif·te·for·mu·lier**, aan·gif·te·for·mu·lie·ren
aan·gren·zend (bnw), aan·gren·zen·de
aan·grij·pen (ww), grijp aan, grijpt aan; greep aan, gre·pen aan; aan·ge·gre·pen
aan·grij·pend (bnw), aan·grij·pen·de
de **aan·groei** (m)
aan·groei·en (ww), groei aan, groeit aan; groei·de aan, groei·den aan; aan·ge·groeid
aan·ha·ken (ww), haak aan, haakt aan; haak·te aan, haak·ten aan; aan·ge·haakt
aan·ha·len (ww), haal aan, haalt aan; haal·de aan, haal·den aan; aan·ge·haald
de **aan·ha·ling** (v), aan·ha·lin·gen
het **aan·ha·lings·te·ken**, aan·ha·lings·te·kens; aan·ha·lings·te·ken·tje
de **aan·hang** (m)
aan·han·gen (ww), hang aan, hangt aan; hing aan, hin·gen aan; aan·ge·han·gen
de **aan·han·ger** (m), aan·han·gers; aan·han·ger·tje
aan·han·gig (bnw), aan·han·gi·ge
het **aan·hang·sel**, aan·hang·se·len, aan·hang·sels; aan·hang·sel·tje
de **aan·hang·wa·gen** (m), aan·hang·wa·gens; aan·hang·wa·gen·tje
aan·han·ke·lijk (bnw), aan·han·ke·lij·ke
aan·heb·ben (ww), heb aan, hebt aan, heeft aan; had aan, had·den aan; aan·ge·had
aan·hech·ten (ww), hecht aan, hecht aan; hecht·te aan, hecht·ten aan; aan·ge·hecht
de **aan·hef** (m), aan·hef·fen
aan·hef·fen (ww), hef aan, heft aan; hief aan, hie·ven aan; aan·ge·he·ven
aan·hol·len (ww), aan·ge·hold
aan·ho·ren (ww), hoor aan, hoort aan; hoor·de aan, hoor·den aan; aan·ge·hoord
aan·hou·den (ww), hou aan, houd aan, houdt aan; hield aan, hiel·den aan; aan·ge·hou·den
de **aan·hou·ding** (v), aan·hou·din·gen
het **aan·hou·dings·man·daat**, aan·hou·dings·man·da·ten
aan·ja·gen (ww), jaag aan, jaagt aan; jaag·de aan, joeg aan, jaag·den aan, joe·gen aan;

aan·ge·jaagd

aan·kaar·ten (ww), kaart aan, kaart aan; kaart·te aan, kaart·ten aan; aan·ge·kaart

aan·kij·ken (ww), kijk aan, kijkt aan; keek aan, ke·ken aan; aan·ge·ke·ken

de **aan·klacht**, aan·klach·ten; aan·klacht·je

aan·kla·gen (ww), klaag aan, klaagt aan; klaag·de aan, kloeg aan, klaag·den aan, kloe·gen aan; aan·ge·klaagd

de **aan·kla·ger** (m), aan·kla·gers

aan·klam·pen (ww), klamp aan, klampt aan; klamp·te aan, klamp·ten aan; aan·ge·klampt

aan·kle·den (ww), kleed aan, kleedt aan; kleed·de aan, kleed·den aan; aan·ge·kleed

aan·klik·ken (ww), klik aan, klikt aan; klik·te aan, klik·ten aan; aan·ge·klikt

aan·klop·pen (ww), klop aan, klopt aan; klop·te aan, klop·ten aan; aan·ge·klopt

aan·kno·pen (ww), knoop aan, knoopt aan; knoop·te aan, knoop·ten aan; aan·ge·knoopt

het **aan·kno·pings·punt**, aan·kno·pings·pun·ten; aan·kno·pings·punt·je

aan·ko·men (ww), kom aan, komt aan; kwam aan, kwa·men aan; aan·ge·ko·men

aan·ko·mend (bnw), aan·ko·men·de

de **aan·komst** (v), aan·kom·sten

de **aan·komst·tijd** (m), aan·komst·tij·den

aan·kon·di·gen (ww), kon·dig aan, kon·digt aan; kon·dig·de aan, kon·dig·den aan; aan·ge·kon·digd

de **aan·kon·di·ging** (v), aan·kon·di·gin·gen

de **aan·koop** (m), aan·ko·pen; aan·koop·je

de **aan·koop·bon** (m), aan·koop·bon·nen, aan·koop·bons; aan·koop·bon·ne·tje

de **aan·koop·prijs** (m), aan·koop·prij·zen

aan·ko·pen (ww), koop aan, koopt aan; kocht aan, koch·ten aan; aan·ge·kocht

het **aan·ko·per**, aan·ko·pers

aan·kop·pe·len (ww), kop·pel aan, kop·pelt aan; kop·pel·de aan, kop·pel·den aan; aan·ge·kop·peld

aan·krij·gen (ww), krijg aan, krijgt aan; kreeg aan, kre·gen aan; aan·ge·kre·gen

aan·krui·sen (ww), kruis aan, kruist aan; kruis·te aan, kruis·ten aan; aan·ge·kruist

aan·kun·nen (ww) *(tot een goed einde kunnen brengen),* kan aan, kan aan, kun aan, kunt aan; kon aan, kon·den aan; aan·ge·kund

aan·la·den (ww), laad aan, laadt aan; laad·de aan, laad·den aan; aan·ge·la·den

aan·lan·den (ww), land aan, landt aan; land·de aan, land·den aan; aan·ge·land

de **aan·leg** (m)

aan·leg·gen (ww), leg aan, legt aan; leg·de aan, leg·den aan; aan·ge·legd

de **aan·leg·stei·ger** (m), aan·leg·stei·gers; aan·leg·stei·ger·tje

de **aan·lei·ding** (v), aan·lei·din·gen; aan·lei·din·kje

aan·len·gen (ww), leng aan, lengt

aan; leng·de aan, leng·den aan; aan·ge·lengd
aan·le·ren (ww), leer aan, leert aan; leer·de aan, leer·den aan; aan·ge·leerd
aan·leu·nen (ww), leun aan, leunt aan; leun·de aan, leun·den aan; aan·ge·leund
aan·le·ve·ren (ww), le·ver aan, le·vert aan; le·ver·de aan, le·ver·den aan; aan·ge·le·verd
de **aan·le·ve·ring** (v), aan·le·ve·rin·gen
aan·lich·ten (ww), licht aan, licht aan; licht·te aan, licht·ten aan; aan·ge·licht
aan·lig·gen (ww), lig aan, ligt aan; lag aan, la·gen aan; aan·ge·le·gen
aan·log·gen (ww), log aan, logt aan; log·de aan, log·den aan; aan·ge·logd
aan·lok·ke·lijk (bnw), aan·lok·ke·lij·ke
aan·lok·ken (ww), lok aan, lokt aan; lok·te aan, lok·ten aan; aan·ge·lokt
de **aan·loop** (m), aan·lo·pen; aan·loop·je
aan·lo·pen (ww), loop aan, loopt aan; liep aan, lie·pen aan; aan·ge·lo·pen
de **aan·maak** (m)
aan·ma·ken (ww), maak aan, maakt aan; maak·te aan, maak·ten aan; aan·ge·maakt
aan·ma·nen (ww), maan aan, maant aan; maan·de aan, maan·den aan; aan·ge·maand
de **aan·ma·ning** (v), aan·ma·nin·gen; aan·ma·nin·kje
aan·ma·ti·gend (bnw), aan·ma·ti·gen·de
de **aan·meer·stei·ger** (m), aan·meer·stei·gers
aan·mel·den (ww), meld aan, meldt aan; meld·de aan, meld·den aan; aan·ge·meld
het **aan·meld·for·mu·lier**, aan·meld·for·mu·lie·ren
de **aan·mel·ding** (v), aan·mel·din·gen
het **aan·mel·dings·for·mu·lier**, aan·mel·dings·for·mu·lie·ren
aan·me·ren (ww), meer aan, meert aan; meer·de aan, meer·den aan; aan·ge·meerd
aan·mer·ke·lijk (bnw), aan·mer·ke·lij·ke
aan·mer·ken (ww), merk aan, merkt aan; merk·te aan, merk·ten aan; aan·ge·merkt
de **aan·mer·king** (v), aan·mer·kin·gen
aan·me·ten (ww), meet aan, meet aan; mat aan, ma·ten aan; aan·ge·me·ten
aan·mod·de·ren (ww), mod·der aan, mod·dert aan; mod·der·de aan, mod·der·den aan; aan·ge·mod·derd
aan·moe·di·gen (ww), moe·dig aan, moe·digt aan; moe·dig·de aan, moe·dig·den aan; aan·ge·moe·digd
de **aan·moe·di·ging** (v), aan·moe·di·gin·gen
aan·mon·ste·ren (ww), mon·ster aan, mon·stert aan; mon·ster·de aan, mon·ster·den aan; aan·ge·mon·sterd
de **aan·na·me**, aan·na·men, aan·na·mes
aan·ne·me·lijk (bnw), aan·ne·me·lij·ke
aan·ne·men (ww), neem aan,

neemt aan; nam aan, na·men aan; aan·ge·no·men
de **aan·ne·mer** (m), aan·ne·mers; aan·ne·mer·tje
de **aan·ne·me·rij** (v), aan·ne·me·rij·en
de **aan·ne·ming** (v), aan·ne·min·gen
het **aan·ne·mings·be·drijf**, aan·ne·mings·be·drij·ven
de **aan·pak** (m), aan·pak·ken; aan·pak·je
aan·pak·ken (ww), pak aan, pakt aan; pak·te aan, pak·ten aan; aan·ge·pakt
aan·pa·lend (bnw), aan·pa·len·de
aan·pap·pen (ww), pap aan, papt aan; pap·te aan, pap·ten aan; aan·ge·papt
aan·pas·baar (bnw), aan·pas·ba·re
aan·pas·sen (ww), pas aan, past aan; pas·te aan, pas·ten aan; aan·ge·past
de **aan·pas·sing** (v), aan·pas·sin·gen; aan·pas·sin·kje
het **aan·pas·sings·ver·mo·gen**, aan·pas·sings·ver·mo·gens
aan·plak·ken (ww), plak aan, plakt aan; plak·te aan, plak·ten aan; aan·ge·plakt
de **aan·plant** (m), aan·plan·ten
aan·plan·ten (ww), plant aan, plant aan; plant·te aan, plant·ten aan; aan·ge·plant
aan·por·ren (ww), por aan, port aan; por·de aan, por·den aan; aan·ge·pord
aan·po·ten (ww), poot aan, poot aan; poot·te aan, poot·ten aan; aan·ge·poot
aan·prij·zen (ww), prijs aan, prijst aan; prees aan, pre·zen aan; aan·ge·pre·zen
het **aan·raak·scherm**, aan·raak·scher·men; aan·raak·scherm·pje
aan·ra·den (ww), raad aan, raadt aan; raad·de aan, raad·den aan; aan·ge·ra·den
de **aan·ra·der** (m), aan·ra·ders; aan·ra·der·tje
aan·ra·ken (ww), raak aan, raakt aan; raak·te aan, raak·ten aan; aan·ge·raakt
de **aan·ra·king** (v), aan·ra·kin·gen; aan·ra·kin·kje
aan·ran·den (ww), rand aan, randt aan; rand·de aan, rand·den aan; aan·ge·rand
de/het **aan·recht** (m/o), aan·rech·ten; aan·recht·je
het **aan·recht·blad**, aan·recht·bla·den
aan·rei·ken (ww), reik aan, reikt aan; reik·te aan, reik·ten aan; aan·ge·reikt
de **aan·rei·king** (v), aan·rei·kin·gen
aan·re·ke·nen (ww), re·ken aan, re·kent aan; re·ken·de aan, re·ken·den aan; aan·ge·re·kend
de **aan·re·ke·ning** (v), aan·re·ke·nin·gen
aan·ren·nen (ww), aan·ge·rend
aan·rich·ten (ww), richt aan, richt aan; richt·te aan, richt·ten aan; aan·ge·richt
aan·rij·den (ww), rij aan, rijd aan, rijdt aan; reed aan, re·den aan; aan·ge·re·den
de **aan·rij·ding** (v), aan·rij·din·gen; aan·rij·din·kje
het **aan·rij·dings·for·mu·lier**, aan·rij·dings·for·mu·lie·ren
de **aan·rij·dings·scha·de**, aan·rij·dings·scha·den, aan·rij·dings·scha·des
de **aan·rij·dings·zaak**, aan·rij·dings·za·ken

de **aan·rij·rou·te**, aan·rij·rou·ten, aan·rij·rou·tes
de **aan·rij·tijd** (m), aan·rij·tij·den
aan·roe·pen (ww), roep aan, roept aan; riep aan, rie·pen aan; aan·ge·roe·pen
de **aan·schaf** (m), aan·schaf·fen
aan·schaf·fen (ww), schaf aan, schaft aan; schaf·te aan, schaf·ten aan; aan·ge·schaft
de **aan·schaf·fing** (v), aan·schaf·fin·gen
de **aan·schaf·prijs** (m), aan·schaf·prij·zen
aan·scha·ke·len (ww), scha·kel aan, scha·kelt aan; scha·kel·de aan, scha·kel·den aan; aan·ge·scha·keld
aan·scher·pen (ww), scherp aan, scherpt aan; scherp·te aan, scherp·ten aan; aan·ge·scherpt
het **aan·schijn**
aan·schijns: in het zweet des aanschijns
aan·schou·we·lijk (bnw), aan·schou·we·lij·ke
aan·schou·wen (ww), aan·schouw, aan·schouwt; aan·schouw·de, aan·schouw·den; aan·schouwd
aan·schrij·ven (ww), schrijf aan, schrijft aan; schreef aan, schre·ven aan; aan·ge·schre·ven
aan·schui·ven (ww), schuif aan, schuift aan; schoof aan, scho·ven aan; aan·ge·scho·ven
aan·schur·ken (ww), schurk aan, schurkt aan; schurk·te aan, schurk·ten aan; aan·ge·schurkt
aan·slaan (ww), sla aan, slaat aan; sloeg aan, sloe·gen aan; aan·ge·sla·gen
de **aan·slag** (m), aan·sla·gen; aan·slag·je
het **aan·slag·bil·jet**, aan·slag·bil·jet·ten
aan·sle·pen (ww), sleep aan, sleept aan; sleep·te aan, sleep·ten aan; aan·ge·sleept
aan·slib·ben (ww), slib aan, slibt aan; slib·de aan, slib·den aan; aan·ge·slibd
aan·slui·ten (ww), sluit aan, sluit aan; sloot aan, slo·ten aan; aan·ge·slo·ten
aan·slui·tend (bnw), aan·slui·ten·de
de **aan·slui·ting** (v), aan·slui·tin·gen
aan·snij·den (ww), snij aan, snijd aan, snijdt aan; sneed aan, sne·den aan; aan·ge·sne·den
aan·span·nen (ww), span aan, spant aan; span·de aan, span·den aan; aan·ge·span·nen
aan·spoe·len (ww), spoel aan, spoelt aan; spoel·de aan, spoel·den aan; aan·ge·spoeld
aan·spo·ren (ww), spoor aan, spoort aan; spoor·de aan, spoor·den aan; aan·ge·spoord
de **aan·spo·ring** (v), aan·spo·rin·gen
de **aan·spraak**, aan·spra·ken; aan·spraak·je
aan·spra·ke·lijk (bnw), aan·spra·ke·lij·ke
de **aan·spra·ke·lijk·heid** (v), aan·spra·ke·lijk·he·den
de **aan·spra·ke·lijk·heids·stel·ling** (v), aan·spra·ke·lijk·heids·stel·lin·gen
de **aan·spra·ke·lijk·heid·stel·ling** (v), aan·spra·ke·lijk·heid·stel·lin·gen
de **aan·spra·ke·lijk·heids·ver·ze·ke·ring** (v), aan·spra·ke·lijk·heids·ver·ze·ke·

rin·gen

de **aan·spra·ke·lijk·stel·ling** (v), aan·spra·ke·lijk·stel·lin·gen

het **aan·spreek·punt**, aan·spreek·pun·ten

de **aan·spreek·ti·tel** (m), aan·spreek·ti·tels

aan·spre·ken (ww), spreek aan, spreekt aan; sprak aan, spra·ken aan; aan·ge·spro·ken

aan·spre·kend (bnw), aan·spre·ken·de

de **aan·spre·king** (v), aan·spre·kin·gen

aan·staan (ww), sta aan, staat aan; stond aan, ston·den aan; aan·ge·staan

aan·staand (bnw), aan·staan·de

de **aan·staan·de**, aan·staan·den

aan·stal·ten ma·ken

aan·sta·ren (ww), staar aan, staart aan; staar·de aan, staar·den aan; aan·ge·staard

aan·ste·ke·lijk (bnw), aan·ste·ke·lij·ke

aan·ste·ken (ww), steek aan, steekt aan; stak aan, sta·ken aan; aan·ge·sto·ken

de **aan·ste·ker** (m), aan·ste·kers; aan·ste·ker·tje

aan·stel·len (ww), stel aan, stelt aan; stel·de aan, stel·den aan; aan·ge·steld

de **aan·stel·ling** (v), aan·stel·lin·gen

aan·stip·pen (ww), stip aan, stipt aan; stip·te aan, stip·ten aan; aan·ge·stipt

aan·stonds (bijw)

de **aan·stoot** (m)

aan·stoots: steen des aanstoots

aan·sto·ten (ww), stoot aan, stoot aan; stoot·te aan, stoot·ten aan; aan·ge·sto·ten

aan·stu·ren (ww), stuur aan, stuurt aan; stuur·de aan, stuur·den aan; aan·ge·stuurd

de **aan·stu·ring** (v), aan·stu·rin·gen

het **aan·tal**, aan·tal·len; aan·tal·le·tje

aan·tas·ten (ww), tast aan, tast aan; tast·te aan, tast·ten aan; aan·ge·tast

de **aan·tas·ting** (v), aan·tas·tin·gen

aan·te·ke·nen (ww), te·ken aan, te·kent aan; te·ken·de aan, te·ken·den aan; aan·ge·te·kend

de **aan·te·ke·ning** (v), aan·te·ke·nin·gen

aan·tij·gen (ww), tijg aan, tijgt aan; teeg aan, te·gen aan; aan·ge·te·gen

de **aan·tij·ging** (v), aan·tij·gin·gen

aan·tik·ken (ww), tik aan, tikt aan; tik·te aan, tik·ten aan; aan·ge·tikt

de **aan·tocht** (m)

aan·to·nen (ww), toon aan, toont aan; toon·de aan, toon·den aan; aan·ge·toond

de **aan·toon·baar·heid** (v)

aan·tre·den (ww), treed aan, treedt aan; trad aan, tra·den aan; aan·ge·tre·den

aan·tref·fen (ww), tref aan, treft aan; trof aan, trof·fen aan; aan·ge·trof·fen

aan·trek·ke·lijk (bnw), aan·trek·ke·lij·ke

de **aan·trek·ke·lijk·heid** (v), aan·trek·ke·lijk·he·den

aan·trek·ken (ww), trek aan, trekt aan; trok aan, trok·ken aan; aan·ge·trok·ken

de **aan·trek·kings·kracht**, aan·trek·kings·krach·ten

de **aan-uit·knop** (m), aan-uit·knop·pen; aan-uit·knop·je

aan·vaard (bnw), aan·vaar·de
aan·vaard·baar (bnw), aan·vaard·ba·re
aan·vaar·den (ww), aan·vaard, aan·vaardt; aan·vaard·de, aan·vaard·den; aan·vaard
de **aan·vaar·ding** (v), aan·vaar·din·gen
de **aan·vaart**, aan·vaar·ten
de **aan·val**[1] (m), aan·val·len; aan·val·le·tje
aan·val[2]: ten aanval
aan·val·len (ww), val aan, valt aan; viel aan, vie·len aan; aan·ge·val·len
de **aan·val·ler** (m), aan·val·lers; aan·val·ler·tje
de **aan·vang** (m)
aan·van·gen (ww), vang aan, vangt aan; ving aan, vin·gen aan; aan·ge·van·gen
de **aan·vangs·da·tum** (m), aan·vangs·da·ta, aan·vangs·da·tums
de **aan·vangs·tijd** (m), aan·vangs·tij·den
het **aan·vangs·uur**, aan·vangs·uren
aan·van·ke·lijk (bnw), aan·van·ke·lij·ke
aan·va·ren (ww), vaar aan, vaart aan; voer aan, voe·ren aan; aan·ge·va·ren
de **aan·va·ring** (v), aan·va·rin·gen; aan·va·rin·kje
aan·vat·ten (ww), vat aan, vat aan; vat·te aan, vat·ten aan; aan·ge·vat
aan·vech·ten (ww), vecht aan, vecht aan; vocht aan, voch·ten aan; aan·ge·voch·ten
de **aan·ver·want**[1] (m), aan·ver·wan·ten
aan·ver·want[2] (bnw), aan·ver·wan·te
de **aan·ver·wan·te** (v), aan·ver·wan·tes
aan·vet·ten (ww), vet aan, vet aan; vet·te aan, vet·ten aan; aan·ge·vet
aan·vin·ken (ww), vink aan, vinkt aan; vink·te aan, vink·ten aan; aan·ge·vinkt
aan·vlie·gen (ww), vlieg aan, vliegt aan; vloog aan, vlo·gen aan; aan·ge·vlo·gen
aan·vlij·en (ww), vlij aan, vlijt aan; vlij·de aan, vlij·den aan; aan·ge·vlijd
aan·voe·len (ww), voel aan, voelt aan; voel·de aan, voel·den aan; aan·ge·voeld
de **aan·voer** (m), aan·voe·ren
de **aan·voer·der** (m), aan·voer·ders; aan·voer·der·tje
aan·voe·ren (ww), voer aan, voert aan; voer·de aan, voer·den aan; aan·ge·voerd
de **aan·voer·ster** (v), aan·voer·sters
de **aan·vraag**, aan·vra·gen
het **aan·vraag·for·mu·lier**, aan·vraag·for·mu·lie·ren; aan·vraag·for·mu·lier·tje
de **aan·vra·ge**, aan·vra·gen
aan·vra·gen (ww), vraag aan, vraagt aan; vroeg aan, vroe·gen aan; aan·ge·vraagd
de **aan·vra·ger** (m), aan·vra·gers
aan·vre·ten (ww), vreet aan, vreet aan; vrat aan, vra·ten aan; aan·ge·vre·ten
aan·vrie·zen (ww), vries aan, vriest aan; vroor aan, vro·ren aan; aan·ge·vro·ren
aan·vul·len (ww), vul aan, vult aan; vul·de aan, vul·den aan; aan·ge·vuld

aan·vul·lend (bnw), aan·vul·len·de
de **aan·vul·ling** (v), aan·vul·lin·gen
aan·wak·ke·ren (ww), wak·ker aan, wak·kert aan; wak·ker·de aan, wak·ker·den aan; aan·ge·wak·kerd
de **aan·was** (m), aan·was·sen
aan weers·kan·ten
aan weers·zij·den
aan·wen·den (ww), wend aan, wendt aan; wend·de aan, wend·den aan; aan·ge·wend
aan·wen·nen (ww), wen aan, went aan; wen·de aan, wen·den aan; aan·ge·wend
het **aan·wen·sel**, aan·wen·sels
aan·wer·ken (ww), werk aan, werkt aan; werk·te aan, werk·ten aan; aan·ge·werkt
aan·wer·ven (ww), werf aan, werft aan; wierf aan, wier·ven aan; aan·ge·wor·ven
de **aan·wer·ving** (v), aan·wer·vin·gen
de **aan·wer·vings·stop** (m), aan·wer·vings·stops
aan·we·zig (bnw), aan·we·zi·ge
de **aan·we·zi·ge**, aan·we·zi·gen
de **aan·we·zig·heid** (v), aan·we·zig·he·den
de **aan·we·zig·heids·lijst**, aan·we·zig·heids·lijs·ten
aan·wij·zen (ww), wijs aan, wijst aan; wees aan, we·zen aan; aan·ge·we·zen
aan·wij·zend (bnw), aan·wij·zen·de
de **aan·wij·zing** (v), aan·wij·zin·gen; aan·wij·zin·kje
de **aan·winst** (v), aan·win·sten; aan·winst·je
de **aan·wo·nen·de**, aan·wo·nen·den
aan·zeg·gen (ww), zeg aan, zegt aan; zeg·de aan, zei aan, zeg·den aan, zei·den aan; aan·ge·zegd
de **aan·zet** (m), aan·zet·ten; aan·zet·je
aan·zet·ten (ww), zet aan, zet aan; zet·te aan, zet·ten aan; aan·ge·zet
het **aan·zicht**, aan·zich·ten
het **aan·zien**[1]
aan·zien[2] (ww), zie aan, ziet aan; zag aan, za·gen aan; aan·ge·zien
aan·zien[3]: ten aanzien van
aan·zien·lijk (bnw), aan·zien·lij·ke
aan·zit·ten (ww), zit aan, zit aan; zat aan, za·ten aan; aan·ge·ze·ten
het **aan·zoek**, aan·zoe·ken
aan·zoe·ken (ww), zoek aan, zoekt aan; zocht aan, zoch·ten aan; aan·ge·zocht
aan·zui·ve·ren (ww), zui·ver aan, zui·vert aan; zui·ver·de aan, zui·ver·den aan; aan·ge·zui·verd
aan·zwel·len (ww), zwel aan, zwelt aan; zwol aan, zwol·len aan; aan·ge·zwol·len
aan·zwen·ge·len (ww), zwen·gel aan, zwen·gelt aan; zwen·gel·de aan, zwen·gel·den aan; aan·ge·zwen·geld
de **aap** (m), apen; aap·je
aap·ach·tig (bnw), aap·ach·ti·ge
het **aap-noot-mies**
de **aard**[1] (m), aard·je
aard[2]: van dien aard
de **aard·ap·pel** (m), aard·ap·pe·len, aard·ap·pels; aard·ap·pel·tje
de **aard·ap·pel·gra·tin** (m), aard·ap·pel·gra·tins
de **aard·ap·pel·pu·ree** (v), aard·ap·pel·pu·rees
de **aard·ap·pel·sa·la·de**, aard·ap·pel·sa·la·des

het **aard·ap·pel·schil·mes,** aard·ap·pel·schil·mes·sen; aard·ap·pel·schil·mes·je
de **aard·as,** aard·as·sen
de **aard·bei,** aard·bei·en; aard·bei·tje
de **aard·bei·en·cou·lis** (m)
het **aard·bei·en·ijs,** aard·bei·en·ijs·je
de **aard·bei·en·jam,** aard·bei·en·jams
de **aard·bei·en·taart,** aard·bei·en·taar·ten; aard·bei·en·taart·je
de **aard·bei·plant,** aard·bei·plan·ten; aard·bei·plant·je
de **aard·be·ving** (v), aard·be·vin·gen; aard·be·vin·kje
de **aard·bol** (m), aard·bol·len; aard·bol·le·tje
de **aar·de,** aar·des
aar·de·don·ker (bnw), aar·de·don·ke·re
aar·den[1] (bnw)
aar·den[2] (ww), aard, aardt; aard·de, aard·den; ge·aard
de **aar·der,** aar·ders
de **aar·de·weg** (m), aar·de·we·gen
het **aar·de·werk**[1], aar·de·wer·ken
aar·de·werk[2] (bnw)
aar·de·wer·ken (bnw)
het **aard·gas,** aard·gas·sen
aar·dig (bnw), aar·di·ge
de **aar·dig·heid** (v), aar·dig·he·den; aar·dig·heid·je
de **aar·ding** (v), aar·din·gen
de **aard·olie,** aardoliën [aard·oli·en], aard·olies
de **aard·olie·sec·tor** (m), aard·olie·sec·to·ren, aard·olie·sec·tors
het **aard·op·per·vlak,** aard·op·per·vlak·ken
de **aard·rijks·kun·de** (v)
de **aard·rijks·kun·de·le·raar** (m), aard·rijks·kun·de·le·raars, aard·rijks·kun·de·le·ra·ren
de **aard·rijks·kun·di·ge,** aard·rijks·kun·di·gen
aards (bnw), aard·se
aards pa·ra·dijs
de **aard·vrucht,** aard·vruch·ten
de **aars** (m), aar·zen; aars·je
de **aarts·be·drie·ger** (m), aarts·be·drie·gers
het **aarts·bis·dom,** aarts·bis·dom·men
de **aarts·bis·schop** (m), aarts·bis·schop·pen
de **aarts·con·ser·va·tief** (m), aarts·con·ser·va·tie·ven
de **aarts·en·gel** (m), aarts·en·ge·len
aarts·le·lijk (bnw), aarts·le·lij·ke
de **aarts·leu·ge·naar** (m), aarts·leu·ge·naars
aarts·lui (bnw), aarts·luie
aarts·moei·lijk (bnw), aarts·moei·lij·ke
de **aarts·ri·vaal** (m), aarts·ri·va·len
de **aarts·va·der** (m), aarts·va·de·ren, aarts·va·ders
de **aarts·vij·and** (m), aarts·vij·an·den
aar·ze·len (ww), aar·zel, aar·zelt; aar·zel·de, aar·zel·den; ge·aar·zeld
de **aar·ze·ling** (v), aar·ze·lin·gen
de/het **aas**[1] (m/o) *(speelkaart),* azen; aas·je
het **aas**[2] *(lokspijs),* azen; aas·je
het **A-at·test,** A-at·tes·ten
het **aba·ca·da·bra**
de **abac·tis,** abac·tis·sen
de **aba·cus** (m), aba·ci
het **aban·don**
het **abat·toir,** abat·toirs
abb *(algemene bestedingsbelasting)*
de **ab·bé** (m), ab·bés
de **ab·bre·vi·a·tie** (v), ab·bre·vi·a·ties
het **abc,** abc's; abc'tje [abc·tje]
het **ABC-ei·land,** ABC-ei·lan·den

het **ab·ces**, ab·ces·sen; ab·ces·je
de **ab·di·ca·tie** (v), ab·di·ca·ties
ab·di·ce·ren (ww), ab·di·ceer, ab·di·ceert; ab·di·ceer·de, ab·di·ceer·den; ge·ab·di·ceerd
de **ab·dij** (v), ab·dij·en
ab·di·que·ren (ww), ab·di·queer, ab·di·queert; ab·di·queer·de, ab·di·queer·den; ge·ab·di·queerd
de **ab·dis** (v), ab·dis·sen
het **ab·do·men**, ab·do·mens
ab·do·mi·naal (bnw), ab·do·mi·na·le
de **abeel** (m), abe·len; abeel·tje
abel (bnw), abe·le
aber·rant (bnw), aber·ran·te
de **aber·ra·tie** (v), aber·ra·ties
abio·tisch (bnw), abio·ti·sche
de **abituriënt** [abi·tu·ri·ent] (m), abituriënten [abi·tu·ri·en·ten]
ab·ject (bnw), ab·jec·te
de **ab·la·tief** (m), ab·la·tie·ven
ab·nor·maal (bnw), ab·nor·ma·le
abo *(abonnement)*, abo's
de **A-bom**, A-bom·men
de **abo·ma**, abo·ma's
abo·mi·na·bel (bnw), abo·mi·na·be·le
het **abon·gra·koek·je**, abon·gra·koek·jes
het **abon·gra·zaad**, abon·gra·za·den
de **abon·nee**, abon·nees; abon·nee·tje
het **abon·nee·be·stand**, abon·nee·be·stan·den
het **abon·nee·num·mer**, abon·nee·num·mers
het **abon·ne·ment**, abon·ne·men·ten; abon·ne·ment·je
de **abon·ne·ment·hou·der** (m), abon·ne·ment·hou·ders
de **abon·ne·ments·kos·ten** (mv)
abon·ne·ren (ww), abon·neer, abon·neert; abon·neer·de, abon·neer·den; ge·abon·neerd
de **abon·ne·ring** (v), abon·ne·rin·gen
de **Abo·ri·gi·nal**, Abo·ri·gi·nals
abor·te·ren (ww), abor·teer, abor·teert; abor·teer·de, abor·teer·den; ge·abor·teerd
de **abor·tus** (m), abor·tus·sen
het **abra·ca·da·bra**
de **abra·ham** (m) *(pop)*, abra·hams
Abra·ham *(Bijbelse figuur)*
de **abra·sie** (v)
de **abri** (m), abri's
de **abri·koos**, abri·ko·zen; abri·koos·je
de **abri·ko·zen·ge·lei**, abri·ko·zen·ge·lei·en
de **abri·ko·zen·jam**, abri·ko·zen·jams
ab·rupt (bnw), ab·rup·te
ABS *(antilock braking system)*, ABS'en [ABS·en]
de **ab·scis**, ab·scis·sen
ab·sei·len (ww), seil ab, seilt ab; seil·de ab, seil·den ab; ab·ge·seild
de **ab·sen·ce**, ab·sen·ces
ab·sent (bnw), ab·sen·te
het **absenteïsme** [ab·sen·te·is·me]
de **ab·sen·tie** (v), ab·sen·ties
de/het **ab·sint** (m/o)
ab·so·luut (bnw), ab·so·lu·te
ab·sol·ve·ren (ww), ab·sol·veer, ab·sol·veert; ab·sol·veer·de, ab·sol·veer·den; ge·ab·sol·veerd
ab·sor·be·ren (ww), ab·sor·beer, ab·sor·beert; ab·sor·beer·de, ab·sor·beer·den; ge·ab·sor·beerd
de **ab·sorp·tie** (v)
het **ab·sorp·tie·ver·mo·gen**, ab·sorp·tie·ver·mo·gens
de **ab·sou·te**, ab·sou·ten, ab·sou·tes
de **ab·sti·nen·tie** (v), ab·sti·nen·ties
ab·stract (bnw), ab·strac·te

de **ab·strac·tie** (v), ab·strac·ties
ab·stra·he·ren (ww), ab·stra·heer, ab·stra·heert; ab·stra·heer·de, ab·stra·heer·den; ge·ab·stra·heerd
ab·surd (bnw), ab·sur·de
de **ab·sur·di·teit** (v), ab·sur·di·tei·ten
de **abt** (m), ab·ten
het **abuis**[1], abui·zen
abuis[2] (bnw)
abun·dant (bnw), abun·dan·te
abu·sief (bnw), abu·sie·ve
abu·sie·ve·lijk (bijw)
de **aca·cia** (m), aca·ci·a's; acaciaatje [aca·cia·tje]
acad. *(academie)*
de **aca·de·mi·ca** (v), aca·de·mi·cae, aca·de·mi·ca's
de **aca·de·mi·cus** (m), aca·de·mi·ci
de **aca·de·mie** (v), academiën [aca·de·mi·en], aca·de·mies
het **aca·de·mie·jaar**, aca·de·mie·ja·ren
aca·de·misch (bnw), aca·de·mi·sche
de **aca·de·mi·se·ring** (v), aca·de·mi·se·rin·gen
het **aca·jou**
a ca·pel·la (bijw)
het **a-ca·pel·la·koor**, a-ca·pel·la·ko·ren
acc. *(accusatief)*
ac·ca·pa·re·ren (ww), ac·ca·pa·reer, ac·ca·pa·reert; ac·ca·pa·reer·de, ac·ca·pa·reer·den; ge·ac·ca·pa·reerd
de **ac·ce·le·ra·tie** (v), ac·ce·le·ra·ties
de **ac·ce·le·ra·tor** (m), ac·ce·le·ra·to·ren, ac·ce·le·ra·tors
ac·ce·le·re·ren (ww), ac·ce·le·reer, ac·ce·le·reert; ac·ce·le·reer·de, ac·ce·le·reer·den; ge·ac·ce·le·reerd
het **ac·cent**, ac·cen·ten; ac·cent·je
het **ac·cent ai·gu**, ac·cent ai·gu's, ac·cents ai·gus
het **ac·cent cir·con·flexe**, ac·cents cir·con·flexes
het **ac·cent gra·ve**, ac·cents gra·ves
het **ac·cent·te·ken**, ac·cent·te·kens
ac·cen·tu·e·ren (ww), ac·cen·tu·eer, ac·cen·tu·eert; ac·cen·tu·eer·de, ac·cen·tu·eer·den; ge·ac·cen·tu·eerd
het **ac·cent·ver·schil**, ac·cent·ver·schil·len
het **ac·cept**, ac·cep·ten
ac·cep·ta·bel (bnw), ac·cep·ta·be·le
de **ac·cep·ta·tie** (v), ac·cep·ta·ties
ac·cep·te·ren (ww), ac·cep·teer, ac·cep·teert; ac·cep·teer·de, ac·cep·teer·den; ge·ac·cep·teerd
de **ac·cept·gi·ro** (m), ac·cept·gi·ro's
het **ac·ces**, ac·ces·sen
ac·ces·soir (bnw), ac·ces·soi·re
het **ac·ces·soi·re**, ac·ces·soi·res
het **ac·ci·dent**, ac·ci·den·ten; ac·ci·dent·je
ac·ci·den·teel (bnw), ac·ci·den·te·le
de **ac·cijns** (m), ac·cijn·zen; ac·cijns·je
de **ac·cla·ma·tie** (v), ac·cla·ma·ties
de **ac·cli·ma·ti·sa·tie** (v)
ac·cli·ma·ti·se·ren (ww), ac·cli·ma·ti·seer, ac·cli·ma·ti·seert; ac·cli·ma·ti·seer·de, ac·cli·ma·ti·seer·den; ge·ac·cli·ma·ti·seerd
de **ac·co·la·de** (v), ac·co·la·des
de **ac·com·mo·da·tie** (v), ac·com·mo·da·ties
ac·com·mo·de·ren (ww), ac·com·mo·deer, ac·com·mo·deert; ac·com·mo·deer·de, ac·com·mo·deer·den; ge·ac·com·mo·deerd
de/het **ac·cor·de·on** (m/o), ac·cor·de·ons

de **ac·cor·de·o·nist** (m), ac·cor·de·o·nis·ten; ac·cor·de·o·nist·je
ac·cor·de·ren (ww), ac·cor·deer, ac·cor·deert; ac·cor·deer·de, ac·cor·deer·den; ge·ac·cor·deerd
de **ac·cor·de·ring** (v), ac·cor·de·rin·gen
de/het **ac·count** (m/o), ac·counts; ac·count·je
de **ac·coun·tan·cy** (v)
de **ac·coun·tant** (m), ac·coun·tants
de **ac·coun·tant-ad·mi·nis·tra·tie·con·su·lent** (m), ac·coun·tant-ad·mi·nis·tra·tie·con·su·len·ten, ac·coun·tants-ad·mi·nis·tra·tie·con·su·len·ten
de **ac·coun·tants·con·tro·le**, ac·coun·tants·con·tro·les
het **ac·coun·tants·kan·toor**, ac·coun·tants·kan·to·ren
de **ac·count·di·rec·tor** (m), ac·count·di·rec·tors
de **ac·coun·ting** (v)
de **ac·count·ma·na·ger** (m), ac·count·ma·na·gers
de **ac·cre·di·ta·tie** (v), ac·cre·di·ta·ties
het **ac·cre·di·ta·tie·ka·der**, ac·cre·di·ta·tie·ka·ders
het **ac·cre·di·ta·tie·pro·ces**, ac·cre·di·ta·tie·pro·ces·sen
ac·cre·di·te·ren (ww), ac·cre·di·teer, ac·cre·di·teert; ac·cre·di·teer·de, ac·cre·di·teer·den; ge·ac·cre·di·teerd
de **ac·cre·di·te·ring** (v), ac·cre·di·te·rin·gen
het **ac·cres**, ac·cres·sen
de **ac·cu** (m), ac·cu's; accuutje [ac·cu·tje]
de **ac·cul·tu·ra·tie** (v), ac·cul·tu·ra·ties
de **ac·cu·mu·la·tie** (v), ac·cu·mu·la·ties
de **ac·cu·mu·la·tor** (m), ac·cu·mu·la·to·ren, ac·cu·mu·la·tors
ac·cu·mu·le·ren (ww), ac·cu·mu·leer, ac·cu·mu·leert; ac·cu·mu·leer·de, ac·cu·mu·leer·den; ge·ac·cu·mu·leerd
de **ac·cu·op·la·der** (m), ac·cu·op·la·ders
ac·cu·raat (bnw), ac·cu·ra·te
de **ac·cu·raat·heid** (v), ac·cu·raat·he·den
de **ac·cu·ra·tes·se** (v)
de **ac·cu·sa·tief** (m), ac·cu·sa·tie·ven
de **ace** (m), aces
het **ace·taat**, ace·ta·ten
de/het **ace·ton** (m/o), ace·tons
ach (tussenw)
ache·neb·bisj[1] (bnw), ache·neb·bi·sje
ache·neb·bisj[2] (tussenw)
de **achil·les·hiel** (m), achil·les·hie·len
de **achil·les·pees**, achil·les·pe·zen
achro·no·lo·gisch (bnw), achro·no·lo·gi·sche
de **acht**[1], ach·ten; acht·je
acht[2] (telw)
de **acht·baan**, acht·ba·nen; acht·baan·tje
acht bil·joen (telw)
acht bil·joen·ste (telw)
acht·de·lig (bnw), acht·de·li·ge
acht·dui·zend (telw)
acht·dui·zend·ste (telw)
ach·te·loos (bnw), ach·te·lo·ze
ach·ten (ww), acht, acht; acht·te, acht·ten; ge·acht
acht en een half (telw)
acht·en·half (telw)

acht·en·tach·tig (telw)
acht·en·tach·tig·ste (telw)
ach·ter[1] (bijw)
ach·ter[2] (voorz)
ach·ter·aan[1] (bijw)
ach·ter·aan[2] (voorz)
ach·ter·af (bijw)
de **ach·ter·ban** (m), ach·ter·ban·nen
de **ach·ter·bank**, ach·ter·ban·ken; ach·ter·bank·je
ach·ter·blij·ven (ww), blijf ach·ter, blijft ach·ter; bleef ach·ter, ble·ven ach·ter; ach·ter·ge·ble·ven
de **ach·ter·deel**[1] *(plank),* ach·ter·de·len
het **ach·ter·deel**[2] *(achterste gedeelte),* ach·ter·de·len
de **ach·ter·docht**
ach·ter·doch·tig (bnw), ach·ter·doch·ti·ge
ach·ter·een (bijw)
ach·ter·een·vol·gend (bnw), ach·ter·een·vol·gen·de
ach·ter·een·vol·gens (bijw)
ach·ter·el·kaar (bijw) *(onmiddel-lijk)*
ach·te·ren (bijw)
de **ach·ter·flap** (m), ach·ter·flap·pen
de **ach·ter·grond** (m), ach·ter·gron·den; ach·ter·grond·je
de **ach·ter·grond·in·for·ma·tie** (v)
ach·ter·ha·len (ww), ach·ter·haal, ach·ter·haalt; ach·ter·haal·de, ach·ter·haal·den; ach·ter·haald
ach·ter·heen (bijw)
de **ach·ter·hoek** (m), ach·ter·hoe·ken; ach·ter·hoek·je
het **ach·ter·hoofd**, ach·ter·hoof·den; ach·ter·hoofd·je
ach·ter·hou·den (ww), hou ach·ter, houd ach·ter, houdt ach·ter; hield ach·ter, hiel·den ach·ter; ach·ter·ge·hou·den
ach·ter·in (bijw)
ach·ter in *(achteraan in)*
de **ach·ter·in·gang** (m), ach·ter·in·gan·gen
de **ach·ter·kant** (m), ach·ter·kan·ten; ach·ter·kant·je
de **ach·ter·klap** (m), ach·ter·klap·je
ach·ter·langs (bijw)
ach·ter·la·ten (ww), laat ach·ter, laat ach·ter; liet ach·ter, lie·ten ach·ter; ach·ter·ge·la·ten
ach·ter·lig·gen (ww), lig ach·ter, ligt ach·ter; lag ach·ter, la·gen ach·ter; ach·ter·ge·le·gen
ach·ter·lig·gend (bnw), ach·ter·lig·gen·de
ach·ter·lijk (bnw), ach·ter·lij·ke
ach·ter·lo·pen (ww), loop ach·ter, loopt ach·ter; liep ach·ter, lie·pen ach·ter; ach·ter·ge·lo·pen
ach·ter·na (bijw)
de **ach·ter·naam** (m), ach·ter·na·men
ach·ter·na·gaan (ww), ga ach·ter·na, gaat ach·ter·na; ging ach·ter·na, gin·gen ach·ter·na; ach·ter·na·ge·gaan
ach·ter·na·lo·pen (ww), loop ach·ter·na, loopt ach·ter·na; liep ach·ter·na, lie·pen ach·ter·na; ach·ter·na·ge·lo·pen
ach·ter·na·zit·ten (ww), zit ach·ter·na, zit ach·ter·na; zat ach·ter·na, za·ten ach·ter·na; ach·ter·na·ge·ze·ten
het **ach·ter·om**[1], ach·ter·om·me·tje
ach·ter·om[2] (bijw)
ach·ter·om·kij·ken (ww), kijk ach·ter·om, kijkt ach·ter·om; keek ach·ter·om, ke·ken ach·ter·om; ach·ter·om·ge·ke·ken
ach·ter·op (bijw)
ach·ter op *(achteraan op)*

ach·ter·op·hin·ken (ww), hink ach·ter·op, hinkt ach·ter·op; hink·te ach·ter·op, hink·ten ach·ter·op; ach·ter·op·ge·hinkt

ach·ter·op·ra·ken (ww), raak ach·ter·op, raakt ach·ter·op; raak·te ach·ter·op, raak·ten ach·ter·op; ach·ter·op·ge·raakt

ach·ter·over (bijw)

ach·ter·over·druk·ken (ww), druk ach·ter·over, drukt ach·ter·over; druk·te ach·ter·over, druk·ten ach·ter·over; ach·ter·over·ge·drukt

ach·ter·over·leu·nen (ww), leun ach·ter·over, leunt ach·ter·over; leun·de ach·ter·over, leun·den ach·ter·over; ach·ter·over·ge·leund

ach·ter·over·slaan (ww), sla ach·ter·over, slaat ach·ter·over; sloeg ach·ter·over, sloe·gen ach·ter·over; ach·ter·over·ge·sla·gen

ach·ter·over·val·len (ww), val ach·ter·over, valt ach·ter·over; viel ach·ter·over, vie·len ach·ter·over; ach·ter·over·ge·val·len

het **ach·ter·plat**, ach·ter·plat·ten; ach·ter·plat·je

de **ach·ter·porch**, ach·ter·por·ches

de **ach·ter·ruit**, ach·ter·rui·ten; ach·ter·ruit·je

ach·ter·staan (ww), sta ach·ter, staat ach·ter; stond ach·ter, ston·den ach·ter; ach·ter·ge·staan

ach·ter·staand (bnw), ach·ter·staan·de

de **ach·ter·stal** (m), ach·ter·stal·len; ach·ter·stal·le·tje

ach·ter·stal·lig (bnw), ach·ter·stal·li·ge

de **ach·ter·stand** (m), ach·ter·stan·den; ach·ter·stand·je

de **ach·ter·stands·wijk**, ach·ter·stands·wij·ken; ach·ter·stands·wijk·je

het **ach·ter·ste**, ach·ter·sten

ach·ter·stel·len (ww), stel ach·ter, stelt ach·ter; stel·de ach·ter, stel·den ach·ter; ach·ter·ge·steld

de **ach·ter·ste·ven** (m), ach·ter·ste·vens

ach·ter·ste·vo·ren (bijw)

de **ach·ter·tuin** (m), ach·ter·tui·nen; ach·ter·tuin·tje

de **ach·ter·uit**[1] (m), ach·ter·uit·je

ach·ter·uit[2] (bijw)

ach·ter·uit·dein·zen (ww), deins ach·ter·uit, deinst ach·ter·uit; deins·de ach·ter·uit, deins·den ach·ter·uit; ach·ter·uit·ge·deinsd

ach·ter·uit·gaan (ww), ga ach·ter·uit, gaat ach·ter·uit; ging ach·ter·uit, gin·gen ach·ter·uit; ach·ter·uit·ge·gaan

de **ach·ter·uit·gang** (m), ach·ter·uit·gan·gen

de **ach·ter·uit·kijk·spie·gel** (m), ach·ter·uit·kijk·spie·gels; ach·ter·uit·kijk·spie·gel·tje

ach·ter·uit·lo·pen (ww), loop ach·ter·uit, loopt ach·ter·uit; liep ach·ter·uit, lie·pen ach·ter·uit; ach·ter·uit·ge·lo·pen

ach·ter·uit·rij·den (ww), rij ach·ter·uit, rijd ach·ter·uit, rijdt ach·ter·uit; reed ach·ter·uit, re·den ach·ter·uit; ach·ter·uit·ge·re·den

de **ach·ter·vang** (m), ach·ter·van·gen

de **ach·ter·van·ger** (m), ach·ter·van·gers

het **ach·ter·voeg·sel**, ach·ter·voeg·sels

ach·ter·vol·gen (ww), ach·ter·volg, ach·ter·volgt; ach·ter·volg·de, ach·ter·volg·den; ach·ter·volgd

de **ach·ter·vol·ging** (v), ach·ter·vol·gin·gen
ach·ter·waarts (bnw), ach·ter·waart·se
ach·ter·we·ge (bijw)
het **ach·ter·werk**, ach·ter·wer·ken; ach·ter·werk·je
de **ach·ter·zij**, ach·ter·zij·den, ach·ter·zij·des
de **ach·ter·zij·de**, ach·ter·zij·den, ach·ter·zij·des
acht·hon·derd (telw)
acht·hon·derd·een (telw)
acht·hon·derd·eers·te (telw)
acht·hon·derd·en·een (telw)
acht·hon·derd·en·eer·ste (telw)
acht·hon·derd·en·twee (telw)
acht·hon·derd·en·twee·de (telw)
acht·hon·derd·ste (telw)
acht·hon·derd·twee (telw)
acht·hon·derd·twee·de (telw)
de **ach·ting** (v)
acht·ja·rig (bnw), acht·ja·ri·ge
de **acht·ja·ri·ge**, acht·ja·ri·gen
acht·maal (bijw)
acht mil·jard (telw)
acht mil·jard·ste (telw)
acht mil·joen (telw)
acht mil·joen·ste (telw)
acht ne·gen·de (telw)
de **acht·ste**[1] *(achtste klas)*, acht·sten, acht·stes
het **acht·ste**[2] *(achtste deel)*, acht·sten
acht·ste[3] (telw)
acht·ste-eeuws (bnw), acht·ste-eeuw·se
de **acht·ste·groe·per** (m), acht·ste·groe·pers
het **acht·tal**, acht·tal·len
acht·tien (telw)
acht·tien·de (telw)
de **acht·tien·de-eeu·wer** (m), acht·tien·de-eeu·wers
acht·tien·de-eeuws (bnw), acht·tien·de-eeuw·se
de **acht·tien·ja·ri·ge**, acht·tien·ja·ri·gen
het **acht·uur·jour·naal**, acht·uur·jour·naals, acht·uur·jour·na·len
de **acid** (m)
de **aci·di·teit** (v), aci·di·tei·ten
het **ac·me**, ac·me's
de **ac·ne**
de **ac·ne·be·han·de·ling** (v), ac·ne·be·han·de·lin·gen
de **aco·liet** (m), aco·lie·ten
a con·tra·rio (bijw)
ac·qui·re·ren (ww), ac·qui·reer, ac·qui·reert; ac·qui·reer·de, ac·qui·reer·den; ge·ac·qui·reerd
de **ac·qui·si·teur** (m), ac·qui·si·teurs
de **ac·qui·si·tie** (v), ac·qui·si·ties
het **ac·quit**, ac·quits, ac·quit·ten
de **acre**, acres
de **acri·bie** (v)
de **acro·baat** (m), acro·ba·ten; acro·baat·je
de **acro·ba·te** (v), acro·ba·tes
de **acro·ba·tie** (v), acrobatieën [acro·ba·tie·en]; acro·ba·tie·tje
de **acro·ba·tiek** (v)
het **acro·niem**, acro·nie·men
het **acros·ti·chon**, acros·ti·chons
het **acryl**
de **act** (m), acts; act·je
de **ac·te de pré·sen·ce** (m), ac·tes de pré·sen·ce
ac·te·ren (ww), ac·teer, ac·teert; ac·teer·de, ac·teer·den; ge·ac·teerd
de **ac·teur** (m), ac·teurs; ac·teur·tje
de **ac·tie** (v), ac·ties; ac·tie·tje
de **ac·tie·co·me·dy**, ac·tie·co·me·dy's
het **ac·tie·co·mi·té**, ac·tie·co·mi·tés; actiecomiteetje [ac·tie·co·mi·té·tje]
het **ac·tief**[1]

ac·tief[2] (bnw), ac·tie·ve
de **ac·tie·film** (m), ac·tie·films; ac·tie·film·pje
de **ac·tie·fo·to**, ac·tie·fo·to's; actiefotootje [ac·tie·fo·to·tje]
de **ac·tie·groep**, ac·tie·groe·pen; ac·tie·groep·je
de **ac·tie·ko·me·die** (v), ac·tie·ko·me·dies
de **ac·tie·lijst**, ac·tie·lijs·ten; ac·tie·lijst·je
het **ac·tie·mo·del**, ac·tie·mo·del·len
het **ac·tie·on·der·zoek**, ac·tie·on·der·zoe·ken
het **ac·tie·plan**, ac·tie·plan·nen
de **ac·tie·prijs** (m), ac·tie·prij·zen
het **ac·tie·punt**, ac·tie·pun·ten; ac·tie·punt·je
de **ac·tie·pun·ten·lijst**, ac·tie·pun·ten·lijs·ten; ac·tie·pun·ten·lijst·je
de **ac·tie·ra·di·us** (m), ac·tie·ra·dii, ac·tie·ra·di·us·sen; ac·tie·ra·di·us·je
de **ac·tie·se·rie** (v), ac·tie·se·ries
de **ac·tie·thril·ler** (m), ac·tie·thril·lers
de **ac·tie·ven** (mv)
de **ac·tie·voer·der** (m), ac·tie·voer·ders
ac·tie·voe·ren (ww), voer ac·tie, voert ac·tie; voer·de ac·tie, voer·den ac·tie; ac·tie·ge·voerd
de **ac·ti·o·nist** (m), ac·ti·o·nis·ten
de **ac·ti·va** (mv)
de **ac·ti·va·tie** (v), ac·ti·va·ties
de **ac·ti·va·tor** (m), ac·ti·va·to·ren, ac·ti·va·tors
ac·ti·ve·ren (ww), ac·ti·veer, ac·ti·veert; ac·ti·veer·de, ac·ti·veer·den; ge·ac·ti·veerd
de **ac·ti·ve·ring** (v), ac·ti·ve·rin·gen
het **ac·ti·vis·me**
de **ac·ti·vist** (m), ac·ti·vis·ten; ac·ti·vist·je
de **ac·ti·vi·teit** (v), ac·ti·vi·tei·ten
de **ac·ti·vi·tei·ten·com·mis·sie** (v), ac·ti·vi·tei·ten·com·mis·sies
het **ac·ti·vum**, ac·ti·va
de **ac·tor** (m), ac·to·ren
de **ac·tri·ce** (v), ac·tri·ces; ac·tri·ce·tje
de **ac·tua** (mv)
de **ac·tu·a·li·sa·tie** (v), ac·tu·a·li·sa·ties
ac·tu·a·li·se·ren (ww), ac·tu·a·li·seer, ac·tu·a·li·seert; ac·tu·a·li·seer·de, ac·tu·a·li·seer·den; ge·ac·tu·a·li·seerd
de **ac·tu·a·li·se·ring** (v), ac·tu·a·li·se·rin·gen
de **ac·tu·a·li·teit** (v), ac·tu·a·li·tei·ten
het **ac·tu·a·li·tei·ten·pro·gram·ma**, ac·tu·a·li·tei·ten·pro·gram·ma's
ac·tu·a·ri·eel (bnw), actuariële [ac·tu·a·ri·e·le]
de **ac·tu·a·ris** (m), ac·tu·a·ris·sen
de **ac·tu·a·tor** (m), ac·tu·a·to·ren, ac·tu·a·tors
ac·tu·eel (bnw), ac·tu·e·le
de **acu·pres·suur** (v)
de **acu·punc·tu·rist** (m), acu·punc·tu·ris·ten
de **acu·punc·tuur** (v)
acuut (bnw), acu·te
de **ACW'er** [ACW·er] (m), ACW'ers [ACW·ers]
ad (voorz)
het **ada·gio**[1], ada·gi·o's
ada·gio[2] (bijw)
het **ada·gi·um**, ada·gia
de **adam** (m) *(stamvader)*, adams
Adam *(Bijbelse figuur)*
de **adams·ap·pel** (m), adams·ap·pels
het **adams·kos·tuum**, adams·kos·tuums

de **adap·ta·tie** (v), adap·ta·ties
de **adap·ter** (m), adap·ters; adap·ter·tje
adap·te·ren (ww), adap·teer, adap·teert; adap·teer·de, adap·teer·den; ge·adap·teerd
adap·tief (bnw), adap·tie·ve
de **adat** (m), adats
de **ad·dax** (m), ad·daxen
het **ad·den·dum**, ad·den·da
de **ad·der**, ad·ders; ad·der·tje
de **ad·dict** (m), ad·dicts
de **ad·di·tie** (v), ad·di·ties
het **ad·di·tief**, ad·di·tie·ven
ad·di·ti·o·neel (bnw), ad·di·ti·o·ne·le
de **add-on** (m), add-ons
de **adel** (m)
de **ade·laar** (m), ade·laars; ade·laar·tje
de **adel·borst** (m), adel·bor·sten
de **adel·dom** (m)
ade·len (ww), adel, adelt; adel·de, adel·den; ge·adeld
adel·lijk (bnw), adel·lij·ke
de **adem** (m), adem·pje
adem·be·ne·mend (bnw), adem·be·ne·men·de
ade·men (ww), adem, ademt; adem·de, adem·den; ge·ademd
ade·mend (bnw), ade·men·de
adem·ha·len (ww), haal adem, haalt adem; haal·de adem, haal·den adem; adem·ge·haald
de **adem·ha·ling** (v), adem·ha·lin·gen
de **adem·ha·lings·stoor·nis** (v), adem·ha·lings·stoor·nis·sen
de **adem·nood** (m)
de **adem·wor·tel** (m), adem·wor·tels
de **adept** (m), adep·ten
ade·quaat (bnw), ade·qua·te
de **ade·quaat·heid** (v), ade·quaat·he·den
de **ader**, ade·ren, aders; ader·tje
ade·ren (ww), ader, adert; ader·de, ader·den; ge·aderd
ader·la·ten (ww), ader·laat, ader·laat; ader·liet, ader·lie·ten; ader·ge·la·ten
de **ader·la·ting** (v), ader·la·tin·gen
de **ad fun·dum**[1] (m), ad fun·dums
ad fun·dum[2] (bijw)
ADHD *(attention deficit hyperactivity disorder)*
de **ADHD'er** [ADHD·er] (m), ADHD'ers [ADHD·ers]; ADHD'ertje [ADHD·er·tje]
het **ADHD-kind**, ADHD-kin·de·ren
ad·he·rent (bnw), ad·he·ren·te
de **ad·he·ren·tie** (v), ad·he·ren·ties
de **ad·he·sie** (v)
ad hoc (bnw)
de **ad-hoc·ba·sis** (v)
de **ad-hoc·be·slis·sing** (v), ad-hoc·be·slis·sin·gen
de **ad-hoc·be·sluit·vor·ming** (v), ad-hoc·be·sluit·vor·min·gen
de **ad-hoc·com·mis·sie** (v), ad-hoc·com·mis·sies
de **ad-hoc·op·los·sing** (v), ad-hoc·op·los·sin·gen
de **ad·ho·cra·tie** (v), adhocratieën [ad·ho·cra·tie·en]
ad ho·mi·nem
a.d.h.v. *(aan de hand van)*
adie (tussenw)
adiëren [adi·e·ren] (ww), adi·eer, adi·eert; adi·eer·de, adi·eer·den; ge·adi·eerd
het **adi·eu**[1], adi·eus
adi·eu[2] (tussenw)
ad in·te·rim (bnw)
adi·os (tussenw)
het **ad·jec·tief**, ad·jec·tie·ven; ad·jec·tief·je

de **ad·ju·dant** (m), ad·ju·dan·ten
de **ad·junct** (m), ad·junc·ten
de **ad·junct-chef** (m), ad·junct-chefs
de **ad·junct-com·mis·sa·ris** (m), ad·junct-com·mis·sa·ris·sen
de **ad·junct-di·rec·teur** (m), ad·junct-di·rec·teu·ren, ad·junct-di·rec·teurs
de **ad·junct-se·cre·ta·ris** (m), ad·junct-se·cre·ta·ris·sen
de **ad·ju·vant** (m), ad·ju·van·ten
de **ad·mi·nis·tra·teur** (m), ad·mi·nis·tra·teu·ren, ad·mi·nis·tra·teurs
de **ad·mi·nis·tra·teur-ge·ne·raal** (m), ad·mi·nis·tra·teurs-ge·ne·raal
de **ad·mi·nis·tra·tie** (v), ad·mi·nis·tra·ties; ad·mi·nis·tra·tie·tje
ad·mi·nis·tra·tief (bnw), ad·mi·nis·tra·tie·ve
ad·mi·nis·tra·tief me·de·wer·ker
het **ad·mi·nis·tra·tie·kan·toor**, ad·mi·nis·tra·tie·kan·to·ren; ad·mi·nis·tra·tie·kan·toor·tje
de **ad·mi·nis·tra·tie·kos·ten** (mv)
de **ad·mi·nis·tra·tor** (m), ad·mi·nis·tra·to·ren, ad·mi·nis·tra·tors
de **ad·mi·nis·tra·tri·ce** (v), ad·mi·nis·tra·tri·ces
ad·mi·nis·tre·ren (ww), ad·mi·nis·treer, ad·mi·nis·treert; ad·mi·nis·treer·de, ad·mi·nis·treer·den; ge·ad·mi·nis·treerd
de **ad·mi·raal** (m), ad·mi·raals, ad·mi·ra·len; ad·mi·raal·tje
de **ad·mi·raal·vlin·der** (m), ad·mi·raal·vlin·ders
de **ado·les·cent**[1] (m), ado·les·cen·ten
ado·les·cent[2] (bnw), ado·les·cen·te
de **ado·les·cen·tie** (v)
de **ado·nis** (m), ado·nis·sen
ado·ni·se·ren (ww), ado·ni·seer, ado·ni·seert; ado·ni·seer·de, ado·ni·seer·den; ge·ado·ni·seerd
adop·te·ren (ww), adop·teer, adop·teert; adop·teer·de, adop·teer·den; ge·adop·teerd
de **adop·tie** (v), adop·ties
het **adop·tief·kind**, adop·tief·kin·de·ren
de **adop·tief·ou·der** (m), adop·tief·ou·ders
het **adop·tie·ge·zin**, adop·tie·ge·zin·nen
de **adop·tie·ou·der** (m), adop·tie·ou·ders
ado·ra·bel (bnw), ado·ra·be·le
de **ado·ra·tie** (v), ado·ra·ties
ado·re·ren (ww), ado·reer, ado·reert; ado·reer·de, ado·reer·den; ge·ado·reerd
ad rem (bnw), ad rem·me
de **adre·na·li·ne**
het **adres**, adres·sen; adres·je
het **adres·be·stand**, adres·be·stan·den
het **adres·boek**, adres·boe·ken; adres·boek·je
de **adres·ge·ge·vens** (mv)
de **adres·lijst**, adres·lijs·ten; adres·lijst·je
de **adres·saat**, adres·sa·ten
de **adres·sant** (m), adres·san·ten
het **adres·sen·be·stand**, adres·sen·be·stan·den
het **adres·sen·boek**, adres·sen·boe·ken; adres·sen·boek·je
de **adres·sen·lijst**, adres·sen·lijs·ten; adres·sen·lijst·je
adres·se·ren (ww), adres·seer, adres·seert; adres·seer·de, adres·seer·den; ge·adres·seerd

de **adres·se·ring** (v), adres·se·rin·gen
de **adres·wij·zi·ging** (v), adres·wij·zi·gin·gen
ADSL *(asymmetric digital subscriber line)*
ad·sor·be·ren (ww), ad·sor·beer, ad·sor·beert; ad·sor·beer·de, ad·sor·beer·den; ge·ad·sor·beerd
de **ad·sorp·tie** (v)
de **ad·struc·tie** (v), ad·struc·ties
de **adult**[1], adul·ten
adult[2] (bnw), adul·te
ad val·vas (bijw)
de **ad·vent** (m)
de **ad·vent·ka·len·der** (m), ad·vent·ka·len·ders
de **ad·vents·kaars**, ad·vents·kaar·sen
de **ad·vents·ka·len·der** (m), ad·vents·ka·len·ders
de **ad·vents·krans** (m), ad·vents·kran·sen
de **ad·vents·tijd** (m), ad·vents·tij·den
de **ad·vents·zon·dag** (m), ad·vents·zon·da·gen
het **ad·ver·bi·um**, ad·ver·bia
de **ad·ver·teer·der** (m), ad·ver·teer·ders
de **ad·ver·ten·tie** (v), ad·ver·ten·ties; ad·ver·ten·tie·tje
het **ad·ver·ten·tie·aan·bod**
de **ad·ver·ten·tie·af·de·ling** (v), ad·ver·ten·tie·af·de·lin·gen
Ad·ver·ten·tie·blad *(publicatieblad v.d. Surinaamse overheid)*
de **ad·ver·ten·tie-in·kom·sten** (mv)
ad·ver·te·ren (ww), ad·ver·teer, ad·ver·teert; ad·ver·teer·de, ad·ver·teer·den; ge·ad·ver·teerd
de **ad·ver·to·ri·al** (m), ad·ver·to·ri·als
het **ad·vies**, ad·vie·zen; ad·vies·je
de **ad·vies·aan·vraag**, ad·vies·aan·vra·gen
het **ad·vies·bu·reau**, ad·vies·bu·reaus; ad·vies·bu·reau·tje
het **ad·vies·col·le·ge**, ad·vies·col·le·ges
de **ad·vies·com·mis·sie** (v), ad·vies·com·mis·sies
het **ad·vies·or·gaan**, ad·vies·or·ga·nen; ad·vies·or·gaan·tje
de **ad·vies·prijs** (m), ad·vies·prij·zen
de **ad·vies·raad** (m), ad·vies·ra·den
het **ad·vies·rap·port**, ad·vies·rap·por·ten
ad·vi·se·ren (ww), ad·vi·seer, ad·vi·seert; ad·vi·seer·de, ad·vi·seer·den; ge·ad·vi·seerd
ad·vi·se·rend (bnw), ad·vi·se·ren·de
de **ad·vi·se·ring** (v), ad·vi·se·rin·gen
de **ad·vi·seur** (m), ad·vi·seurs
de **ad·vi·seu·se** (v), ad·vi·seu·ses; ad·vi·seu·se·tje
de **ad·vo·caat** (m), ad·vo·ca·ten; ad·vo·caat·je
de **ad·vo·caat-ge·ne·raal** (m), ad·vo·ca·ten-ge·ne·raal
de **ad·vo·caat-sta·gi·ai·re** (v), ad·vo·caat-sta·gi·ai·res
de **ad·vo·ca·te** (v), ad·vo·ca·tes
het **ad·vo·ca·ten·kan·toor**, ad·vo·ca·ten·kan·to·ren; ad·vo·ca·ten·kan·toor·tje
de **ad·vo·ca·te·rij** (v), ad·vo·ca·te·rij·en
de **ad·vo·ca·tuur** (v), ad·vo·ca·tu·ren
de **aed** (m), aed's
ae·ro·bic·cen (ww), ae·ro·bic, ae·ro·bict; ae·ro·bic·te, ae·ro·bic·ten; ge·ae·ro·bict
de **ae·ro·bics** (mv)
de/het **ae·ro·droom** (m/o), ae·ro·dro·men, ae·ro·drooms
de **ae·ro·dy·na·mi·ca** (v)

ae·ro·dy·na·misch (bnw), ae·ro·dy·na·mi·sche
de **ae·ro·naut** (m), ae·ro·nau·ten
ae·roob (bnw), ae·ro·be
de/het **ae·ro·sol** (m/o), ae·ro·so·len, ae·ro·sols
af (bijw)
de **afa·sie** (v)
afb. *(afbeelding)*
af·ba·ke·nen (ww), ba·ken af, ba·kent af; ba·ken·de af, ba·ken·den af; af·ge·ba·kend
de **af·ba·ke·ning** (v), af·ba·ke·nin·gen
af·bak·ken (ww), bak af, bakt af; bak·te af, bak·ten af; af·ge·bak·ken
af·beel·den (ww), beeld af, beeldt af; beeld·de af, beeld·den af; af·ge·beeld
de **af·beel·ding** (v), af·beel·din·gen; af·beel·din·kje
af·bel·len (ww), bel af, belt af; bel·de af, bel·den af; af·ge·beld
het **af·be·richt**, af·be·rich·ten; af·be·richt·je
af·be·stel·len (ww), be·stel af, be·stelt af; be·stel·de af, be·stel·den af; af·be·steld
af·be·ta·len (ww), be·taal af, be·taalt af; be·taal·de af, be·taal·den af; af·be·taald
de **af·be·ta·ling** (v), af·be·ta·lin·gen
de **af·be·ta·lings·re·ge·ling** (v), af·be·ta·lings·re·ge·lin·gen
af·bid·den (ww), bid af, bidt af; bad af, ba·den af; af·ge·be·den
af·bie·den (ww), bied af, biedt af; bood af, bo·den af; af·ge·bo·den
af·bie·zen (ww), bies af, biest af; bies·de af, bies·den af; af·ge·biesd
af·bij·ten (ww), bijt af, bijt af; beet af, be·ten af; af·ge·be·ten
af·bin·den (ww), bind af, bindt af; bond af, bon·den af; af·ge·bon·den
af·blad·de·ren (ww), blad·der af, blad·dert af; blad·der·de af, blad·der·den af; af·ge·blad·derd
af·blaf·fen (ww), blaf af, blaft af; blaf·te af, blaf·ten af; af·ge·blaft
af·bla·zen (ww), blaas af, blaast af; blies af, blie·zen af; af·ge·bla·zen
af·blij·ven (ww), blijf af, blijft af; bleef af, ble·ven af; af·ge·ble·ven
af·blok·ken (ww), blok af, blokt af; blok·te af, blok·ten af; af·ge·blokt
af·boe·ken (ww), boek af, boekt af; boek·te af, boek·ten af; af·ge·boekt
de **af·boe·king** (v), af·boe·kin·gen
de **af·bouw** (m)
af·bou·wen (ww), bouw af, bouwt af; bouw·de af, bouw·den af; af·ge·bouwd
de **af·braak**
het **af·braak·pro·ces**, af·braak·pro·ces·sen
af·bran·den (ww), brand af, brandt af; brand·de af, brand·den af; af·ge·brand
af·bre·ken (ww), breek af, breekt af; brak af, bra·ken af; af·ge·bro·ken
de **af·bre·king** (v), af·bre·kin·gen
af·bren·gen (ww), breng af, brengt af; bracht af, brach·ten af; af·ge·bracht
de **af·breuk**, af·breu·ken
af·chec·ken (ww), check af, checkt af; check·te af, check·ten af; af·ge·checkt
afd. *(afdeling)*
het **af·dak**, af·da·ken; af·dak·je

af·da·len (ww), daal af, daalt af; daal·de af, daal·den af; af·ge·daald
de **af·da·ling** (v), af·da·lin·gen; af·da·lin·kje
af·dam·men (ww), dam af, damt af; dam·de af, dam·den af; af·ge·damd
af·dan·ken (ww), dank af, dankt af; dank·te af, dank·ten af; af·ge·dankt
het **af·dan·ker·tje**, af·dan·ker·tjes
af·dek·ken (ww), dek af, dekt af; dek·te af, dek·ten af; af·ge·dekt
de **af·dek·king** (v), af·dek·kin·gen
de **af·de·ling** (v), af·de·lin·gen; af·de·lin·kje
de **af·de·lings·chef** (m), af·de·lings·chefs
het **af·de·lings·hoofd**, af·de·lings·hoof·den
de **af·de·lings·se·cre·ta·res·se** (v), af·de·lings·se·cre·ta·res·ses
de **af·dich·ting** (v), af·dich·tin·gen
af·din·gen (ww), ding af, dingt af; dong af, don·gen af; af·ge·don·gen
af·doen (ww), doe af, doet af; deed af, de·den af; af·ge·daan
af·doend (bnw), af·doen·de
af·dop·pen (ww), dop af, dopt af; dop·te af, dop·ten af; af·ge·dopt
de **af·dracht**, af·drach·ten
af·dra·gen (ww), draag af, draagt af; droeg af, droe·gen af; af·ge·dra·gen
af·dra·ven (ww), draaf af, draaft af; draaf·de af, draaf·den af; af·ge·draafd
af·drei·gen (ww), dreig af, dreigt af; dreig·de af, dreig·den af; af·ge·dreigd
af·drij·ven (ww), drijf af, drijft af; dreef af, dre·ven af; af·ge·dre·ven
af·dro·gen (ww), droog af, droogt af; droog·de af, droog·den af; af·ge·droogd
de **af·droog·doek** (m), af·droog·doe·ken
af·drui·pen (ww), druip af, druipt af; droop af, dro·pen af; af·ge·dro·pen
de **af·druk** (m), af·druk·ken; af·druk·je
af·druk·ken (ww), druk af, drukt af; druk·te af, druk·ten af; af·ge·drukt
af·dwa·len (ww), dwaal af, dwaalt af; dwaal·de af, dwaal·den af; af·ge·dwaald
de **af·dwa·ling** (v), af·dwa·lin·gen
af·dwing·baar (bnw), af·dwing·ba·re
af·dwin·gen (ww), dwing af, dwingt af; dwong af, dwon·gen af; af·ge·dwon·gen
af·eten (ww), eet af, eet af; at af, aten af; af·ge·ge·ten
af fa·briek
de **af·fai·re**, af·fai·res; af·fai·re·tje
het **af·fect**, af·fec·ten
de **af·fec·ta·tie** (v), af·fec·ta·ties
af·fec·te·ren (ww), af·fec·teer, af·fec·teert; af·fec·teer·de, af·fec·teer·den; ge·af·fec·teerd
de **af·fec·tie** (v), af·fec·ties
af·fec·tief (bnw), af·fec·tie·ve
de **af·fec·ti·vi·teit** (v), af·fec·ti·vi·tei·ten
de **af·fi·cha·ge** (v)
de/het **af·fi·che**, af·fi·ches; af·fi·che·tje
af·fi·che·ren (ww), af·fi·cheer, af·fi·cheert; af·fi·cheer·de, af·fi·cheer·den; ge·af·fi·cheerd
de **af·fi·che·ring** (v), af·fi·che·rin·gen
de **af·fi·li·a·tie** (v), af·fi·li·a·ties
affiliëren [af·fi·li·e·ren] (ww),

af·fi·li·eer, af·fi·li·eert; af·fi·li·eer·de, af·fi·li·eer·den; ge·af·fi·li·eerd
de **af·fi·ni·teit** (v), af·fi·ni·tei·ten
af·fir·ma·tief (bnw), af·fir·ma·tie·ve
het **af·fix**, af·fixen
af·freus (bnw), af·freu·ze
het **af·front**, af·fron·ten
af·fron·te·lijk (bnw), af·fron·te·lij·ke
af·fron·te·ren (ww), af·fron·teer, af·fron·teert; af·fron·teer·de, af·fron·teer·den; ge·af·fron·teerd
de/het **af·fuit**, af·fui·ten
af·gaan (ww), ga af, gaat af; ging af, gin·gen af; af·ge·gaan
af·ge·ba·kend (bnw), af·ge·ba·ken·de
af·ge·beeld (bnw), af·ge·beel·de
af·ge·brand (bnw), af·ge·bran·de
af·ge·bro·ken (bnw)
af·ge·keurd (bnw), af·ge·keur·de
af·ge·las·ten (ww), ge·last af, ge·last af; ge·last·te af, ge·last·ten af; af·ge·last
de **af·ge·las·ting** (v), af·ge·las·tin·gen
af·ge·legd (bnw), af·ge·leg·de
af·ge·le·gen (bnw)
de **af·ge·lei·de**, af·ge·lei·den
af·ge·lo·pen (bnw)
af·ge·pei·gerd (bnw), af·ge·pei·ger·de
af·ge·rond (bnw), af·ge·ron·de
af·ge·slo·ten (bnw)
af·ge·stemd (bnw), af·ge·stem·de
de **af·ge·stu·deer·de**, af·ge·stu·deer·den
af·ge·trok·ken (bnw)
de **af·ge·vaar·dig·de**, af·ge·vaar·dig·den
af·ge·ven (ww), geef af, geeft af; gaf af, ga·ven af; af·ge·ge·ven
de **af·ge·zant** (m), af·ge·zan·ten
af·ge·zon·derd (bnw), af·ge·zon·der·de
de **af·ghaan**[1] (m) *(hond),* af·gha·nen
de **af·ghaan**[2] (m) *(hasj)*
de **Af·ghaan** (m) *(persoon),* Af·gha·nen
Af·ghaans (bnw), Af·ghaan·se
de **Af·ghaan·se** (v), Af·ghaan·sen
af·gie·ten (ww), giet af, giet af; goot af, go·ten af; af·ge·go·ten
de **af·gif·te** (v), af·gif·ten, af·gif·tes
af·glij·den (ww), glij af, glijd af, glijdt af; gleed af, gle·den af; af·ge·gle·den
af·gooi·en (ww), gooi af, gooit af; gooi·de af, gooi·den af; af·ge·gooid
af·gra·zen (ww), graas af, graast af; graas·de af, graas·den af; af·ge·graasd
af·grij·se·lijk (bnw), af·grij·se·lij·ke
het **af·grij·zen**
de **af·grond** (m), af·gron·den; af·grond·je
de **af·gunst** (v), af·gun·sten
afh. (bnw) *(afhankelijk)*
de **af·haal·chi·nees** (m), af·haal·chi·ne·zen
af·ha·ken (ww), haak af, haakt af; haak·te af, haak·ten af; af·ge·haakt
af·hak·ken (ww), hak af, hakt af; hak·te af, hak·ten af; af·ge·hakt
af·ha·len (ww), haal af, haalt af; haal·de af, haal·den af; af·ge·haald
de **af·ha·ling** (v), af·ha·lin·gen
af·han·de·len (ww), han·del af, han·delt af; han·del·de af, han·del·den af; af·ge·han·deld
de **af·han·de·ling** (v), af·han·de·lin·gen

de **af·han·de·lings·kos·ten** (mv)
de **af·han·de·lings·ter·mijn** (m), af·han·de·lings·ter·mij·nen
af·han·gen (ww), hang af, hangt af; hing af, hin·gen af; af·ge·han·gen
af·han·ke·lijk (bnw), af·han·ke·lij·ke
de **af·han·ke·lijk·heid** (v), af·han·ke·lijk·he·den
af·han·ke·lijk van
af·hel·pen (ww), help af, helpt af; hielp af, hiel·pen af; af·ge·hol·pen
af·hou·den (ww), hou af, houd af, houdt af; hield af, hiel·den af; af·ge·hou·den
af·hu·ren (ww), huur af, huurt af; huur·de af, huur·den af; af·ge·huurd
de **afi·ci·o·na·do** (m), afi·ci·o·na·do's
afijn (tussenw)
de **afin·gi·soep**
af·ja·gen (ww), jaag af, jaagt af; jaag·de af, joeg af, jaag·den af, joe·gen af; af·ge·jaagd
afk. *(afkorting)*
af·kaar·ten (ww), kaart af, kaart af; kaart·te af, kaart·ten af; af·ge·kaart
af·kal·ven (ww), kalf af, kalft af; kalf·de af, kalf·den af; af·ge·kalfd
het **af·kap·pings·te·ken**, af·kap·pings·te·kens
de **af·keer** (m)
af·ket·sen (ww), kets af, ketst af; kets·te af, kets·ten af; af·ge·ketst
af·keu·ren (ww), keur af, keurt af; keur·de af, keur·den af; af·ge·keurd
de **af·keu·ring** (v), af·keu·rin·gen
het **af·kick·cen·trum**, af·kick·cen·tra, af·kick·cen·trums
af·kic·ken (ww), kick af, kickt af; kick·te af, kick·ten af; af·ge·kickt
af·kij·ken (ww), kijk af, kijkt af; keek af, ke·ken af; af·ge·ke·ken
af·klui·ven (ww), kluif af, kluift af; kloof af, klo·ven af; af·ge·klo·ven
af·knip·pen (ww), knip af, knipt af; knip·te af, knip·ten af; af·ge·knipt
af·koe·len (ww), koel af, koelt af; koel·de af, koel·den af; af·ge·koeld
af·kol·ven (ww), kolf af, kolft af; kolf·de af, kolf·den af; af·ge·kolfd
af·ko·men (ww), kom af, komt af; kwam af, kwa·men af; af·ge·ko·men
de **af·komst** (v), af·kom·sten
af·kom·stig (bnw), af·kom·sti·ge
af·kon·di·gen (ww), kon·dig af, kon·digt af; kon·dig·de af, kon·dig·den af; af·ge·kon·digd
de **af·koop** (m), af·ko·pen
af·ko·pen (ww), koop af, koopt af; kocht af, koch·ten af; af·ge·kocht
af·kor·ten (ww), kort af, kort af; kort·te af, kort·ten af; af·ge·kort
de **af·kor·ting** (v), af·kor·tin·gen
het **af·kor·tings·te·ken**, af·kor·tings·te·kens
af·krab·ben (ww), krab af, krabt af; krab·de af, krab·den af; af·ge·krabd
af·krij·gen (ww), krijg af, krijgt af; kreeg af, kre·gen af; af·ge·kre·gen
af·krui·den (ww), kruid af, kruidt af; kruid·de af, kruid·den af; af·ge·kruid
af·krui·sen (ww), kruis af, kruist af; kruis·te af, kruis·ten af; af·ge·kruist
af·kui·sen (ww), kuis af, kuist af; kuis·te af, kuis·ten af; af·ge·kuist

af·kun·nen (ww) *(kunnen afmaken),* kan af, kan af, kun af, kunt af; kon af, kon·den af; af·ge·kund
af·la·chen (ww), lach af, lacht af; lach·te af, lach·ten af; af·ge·la·chen
af·la·den (ww), laad af, laadt af; laad·de af, laad·den af; af·ge·la·den
af·lak·ken (ww), lak af, lakt af; lak·te af, lak·ten af; af·ge·lakt
af·la·ten (ww), laat af, laat af; liet af, lie·ten af; af·ge·la·ten
af·lees·baar (bnw), af·lees·ba·re
af·leg·gen (ww), leg af, legt af; leg·de af, leg·den af; af·ge·legd
de **af·leg·gers·ver·eni·ging** (v), af·leg·gers·ver·eni·gin·gen
af·lei·den (ww), leid af, leidt af; leid·de af, leid·den af; af·ge·leid
de **af·lei·ding** (v), af·lei·din·gen; af·lei·din·kje
de/het **af·lei·dings·ma·noeu·vre**, af·lei·dings·ma·noeu·vres
af·le·ren (ww), leer af, leert af; leer·de af, leer·den af; af·ge·leerd
het **af·le·ver·adres**, af·le·ver·adres·sen
af·le·ve·ren (ww), le·ver af, le·vert af; le·ver·de af, le·ver·den af; af·ge·le·verd
de **af·le·ve·ring** (v), af·le·ve·rin·gen; af·le·ve·rin·ge·tje
af·le·zen (ww), lees af, leest af; las af, la·zen af; af·ge·le·zen
af·lig·gen (ww), lig af, ligt af; lag af, la·gen af; af·ge·le·gen
af·lij·nen (ww), lijn af, lijnt af; lijn·de af, lijn·den af; af·ge·lijnd
de **af·lij·ning** (v), af·lij·nin·gen
de **af·loop** (m), af·lo·pen
af·lo·pen (ww), loop af, loopt af; liep af, lie·pen af; af·ge·lo·pen
af·los·sen (ww), los af, lost af; los·te af, los·ten af; af·ge·lost
de **af·los·sing** (v), af·los·sin·gen
af·luis·te·ren (ww), luis·ter af, luis·tert af; luis·ter·de af, luis·ter·den af; af·ge·luis·terd
af·ma·ken (ww), maak af, maakt af; maak·te af, maak·ten af; af·ge·maakt
af·mat·ten (ww), mat af, mat af; mat·te af, mat·ten af; af·ge·mat
af·mel·den (ww), meld af, meldt af; meld·de af, meld·den af; af·ge·meld
de **af·mel·ding** (v), af·mel·din·gen
af·me·ren (ww), meer af, meert af; meer·de af, meer·den af; af·ge·meerd
af·me·ten (ww), meet af, meet af; mat af, ma·ten af; af·ge·me·ten
de **af·me·ting** (v), af·me·tin·gen
af·mon·te·ren (ww), mon·teer af, mon·teert af; mon·teer·de af, mon·teer·den af; af·ge·mon·teerd
de **af·na·me**, af·na·men, af·na·mes
af·ne·men (ww), neem af, neemt af; nam af, na·men af; af·ge·no·men
de **af·ne·mer** (m), af·ne·mers
het **afo·ris·me**, afo·ris·men
a for·ti·o·ri (bijw)
af·pak·ken (ww), pak af, pakt af; pak·te af, pak·ten af; af·ge·pakt
af·pei·ge·ren (ww), pei·ger af, pei·gert af; pei·ger·de af, pei·ger·den af; af·ge·pei·gerd
af·pel·len (ww), pel af, pelt af; pel·de af, pel·den af; af·ge·peld
af·per·sen (ww), pers af, perst af; pers·te af, pers·ten af; af·ge·perst
af·pit·sen (ww), pits af, pitst af; pits·te af, pits·ten af; af·ge·pitst
af·prij·zen (ww), prijs af, prijst af; prijs·de af, prijs·den af;

af·ge·prijsd
af·prin·ten (ww), print af, print af; print·te af, print·ten af; af·ge·print
af·pun·ten (ww), punt af, punt af; punt·te af, punt·ten af; af·ge·punt
af·ra·den (ww), raad af, raadt af; raad·de af, raad·den af; af·ge·ra·den
af·raf·fe·len (ww), raf·fel af, raf·felt af; raf·fel·de af, raf·fel·den af; af·ge·raf·feld
af·rag·gen (ww), rag af, ragt af; rag·de af, rag·den af; af·ge·ragd
af·ra·ken (ww), raak af, raakt af; raak·te af, raak·ten af; af·ge·raakt
de **af·ras·te·ring** (v), af·ras·te·rin·gen
af·re·a·ge·ren (ww), re·a·geer af, re·a·geert af; re·a·geer·de af, re·a·geer·den af; af·ge·re·a·geerd
af·re·ge·len (ww), re·gel af, re·gelt af; re·gel·de af, re·gel·den af; af·ge·re·geld
de **af·reis**, af·rei·zen
af·rei·zen (ww), reis af, reist af; reis·de af, reis·den af; af·ge·reisd
af·re·ke·nen (ww), re·ken af, re·kent af; re·ken·de af, re·ken·den af; af·ge·re·kend
de **af·re·ke·ning** (v), af·re·ke·nin·gen
af·rem·men (ww), rem af, remt af; rem·de af, rem·den af; af·ge·remd
af·rich·ten (ww), richt af, richt af; richt·te af, richt·ten af; af·ge·richt
af·rij·den (ww), rij af, rijd af, rijdt af; reed af, re·den af; af·ge·re·den
de **afri·kaan** (m) *(plant)*, afri·ka·nen; afri·kaan·tje
de **Afri·kaan** (m) *(persoon)*, Afri·ka·nen; Afri·kaan·tje
het **Afri·kaans**[1] *(taal)*
Afri·kaans[2] (bnw), Afri·kaan·se
de **af·rit** (m), af·rit·ten; af·rit·je
de **afro** (m), afro's
de **Afro-Ame·ri·kaan** (m), Afro-Ame·ri·ka·nen
Afro-Ame·ri·kaans (bnw), Afro-Ame·ri·kaan·se
het **afro·di·si·a·cum**, afro·di·si·a·ca
de **af·roep** (m), af·roe·pen
af·roe·pen (ww), roep af, roept af; riep af, rie·pen af; af·ge·roe·pen
het **afro·kap·sel**, afro·kap·sels
af·ro·men (ww), room af, roomt af; room·de af, room·den af; af·ge·roomd
af·ron·den (ww), rond af, rondt af; rond·de af, rond·den af; af·ge·rond
de **af·ron·ding** (v), af·ron·din·gen
Afro-Su·ri·naams (bnw), Afro-Su·ri·naam·se
de **Afro-Su·ri·na·mer** (m), Afro-Su·ri·na·mers
af·rui·men (ww), ruim af, ruimt af; ruim·de af, ruim·den af; af·ge·ruimd
af·schaf·fen (ww), schaf af, schaft af; schaf·te af, schaf·ten af; af·ge·schaft
de **af·schaf·fing** (v), af·schaf·fin·gen
af·scha·ke·len (ww), scha·kel af, scha·kelt af; scha·kel·de af, scha·kel·den af; af·ge·scha·keld
af·scha·ven (ww), schaaf af, schaaft af; schaaf·de af, schaaf·den af; af·ge·schaafd
het **af·scheid**, af·scheid·je
af·schei·den (ww), scheid af, scheidt af; scheid·de af, scheid·den af; af·ge·schei·den
de **af·schei·ding** (v), af·schei·din·gen; af·schei·din·kje
af·scheid·ne·mend (bnw),

af·scheid·ne·men·de

de **af·scheids·brief** (m), af·scheids·brie·ven; af·scheids·brief·je

het **af·scheids·ca·deau**, af·scheids·ca·deaus; af·scheids·ca·deau·tje

de **af·scheids·ce·re·mo·nie** (v), afscheidsceremonieën [af·scheids·ce·re·mo·nie·en], afscheidsceremoniën [af·scheids·ce·re·mo·ni·en], af·scheids·ce·re·mo·nies

de **af·scheids·re·cep·tie** (v), af·scheids·re·cep·ties

af·schen·ken (ww), schenk af, schenkt af; schonk af, schon·ken af; af·ge·schon·ken

af·sche·pen (ww), scheep af, scheept af; scheep·te af, scheep·ten af; af·ge·scheept

af·schep·pen (ww), schep af, schept af; schep·te af, schep·ten af; af·ge·schept

af·sche·ren (ww), scheer af, scheert af; schoor af, scho·ren af; af·ge·scho·ren

af·scher·men (ww), scherm af, schermt af; scherm·de af, scherm·den af; af·ge·schermd

af·schie·ten (ww), schiet af, schiet af; schoot af, scho·ten af; af·ge·scho·ten

de **af·schiet·pe·ri·o·de** (v), af·schiet·pe·ri·o·den, af·schiet·pe·ri·o·des

af·schil·fe·ren (ww), schil·fer af, schil·fert af; schil·fer·de af, schil·fer·den af; af·ge·schil·ferd

het **af·schot**, af·schot·ten

af·schra·pen (ww), schraap af, schraapt af; schraap·te af, schraap·ten af; af·ge·schraapt

af·schrap·pen (ww), schrap af, schrapt af; schrap·te af, schrap·ten af; af·ge·schrapt

het **af·schrift**, af·schrif·ten; af·schrift·je

af·schrij·ven (ww), schrijf af, schrijft af; schreef af, schre·ven af; af·ge·schre·ven

de **af·schrij·ving** (v), af·schrij·vin·gen

af·schrik·ken (ww), schrik af, schrikt af; schrik·te af, schrik·ten af; af·ge·schrikt

af·schrob·ben (ww), schrob af, schrobt af; schrob·de af, schrob·den af; af·ge·schrobd

af·schud·den (ww), schud af, schudt af; schud·de af, schud·den af; af·ge·schud

af·schui·men (ww), schuim af, schuimt af; schuim·de af, schuim·den af; af·ge·schuimd

af·schui·ven (ww), schuif af, schuift af; schoof af, scho·ven af; af·ge·scho·ven

af·schu·ren (ww), schuur af, schuurt af; schuur·de af, schuur·den af; af·ge·schuurd

af·schut·ten (ww), schut af, schut af; schut·te af, schut·ten af; af·ge·schut

de **af·schuw** (m)

af·schu·we·lijk (bnw), af·schu·we·lij·ke

af·ser·ve·ren (ww), ser·veer af, ser·veert af; ser·veer·de af, ser·veer·den af; af·ge·ser·veerd

af·slaan (ww), sla af, slaat af; sloeg af, sloe·gen af; af·ge·sla·gen

de **af·slag** (m), af·sla·gen

de **af·slag·kust**, af·slag·kus·ten

af·slan·ken (ww), slank af, slankt af; slank·te af, slank·ten af;

af·ge·slankt
de **af·slank·kof·fie** (m), af·slank·kof·fies
de **af·slank·thee** (m), afslanktheeën [af·slank·thee·en]
af·sluit·baar (bnw), af·sluit·ba·re
de **af·sluit·dijk** (m) *(dijk die iets afsluit),* af·sluit·dij·ken
Af·sluit·dijk *(dijk tussen Waddenzee en IJsselmeer)*
af·slui·ten (ww), sluit af, sluit af; sloot af, slo·ten af; af·ge·slo·ten
de **af·slui·ter** (m), af·slui·ters; af·slui·ter·tje
de **af·slui·ting** (v), af·slui·tin·gen; af·slui·tin·kje
af·snau·wen (ww), snauw af, snauwt af; snauw·de af, snauw·den af; af·ge·snauwd
af·snij·den (ww), snij af, snijd af, snijdt af; sneed af, sne·den af; af·ge·sne·den
af·spat·ten (ww), spat af, spat af; spat·te af, spat·ten af; af·ge·spat
af·spel·den (ww), speld af, speldt af; speld·de af, speld·den af; af·ge·speld
af·spe·len (ww), speel af, speelt af; speel·de af, speel·den af; af·ge·speeld
af·speu·ren (ww), speur af, speurt af; speur·de af, speur·den af; af·ge·speurd
de **af·spie·ge·ling** (v), af·spie·ge·lin·gen
af·spoe·len (ww), spoel af, spoelt af; spoel·de af, spoel·den af; af·ge·spoeld
af·spon·sen (ww), spons af, sponst af; spons·te af, spons·ten af; af·ge·sponst
de **af·spraak**, af·spra·ken; af·spraak·je
de **af·spraak·be·ves·ti·ging** (v), af·spraak·be·ves·ti·gin·gen
af·spre·ken (ww), spreek af, spreekt af; sprak af, spra·ken af; af·ge·spro·ken
af·staan (ww), sta af, staat af; stond af, ston·den af; af·ge·staan
af·staand (bnw), af·staan·de
af·stam·men (ww), stam af, stamt af; stam·de af, stam·den af; af·ge·stamd
de **af·stand** (m), af·stan·den; af·stand·je
de **af·stand·be·die·ning** (v), af·stand·be·die·nin·gen
af·stan·de·lijk (bnw), af·stan·de·lij·ke
de **af·stands·be·die·ning** (v), af·stands·be·die·nin·gen
het **af·stand·schot**, af·stand·scho·ten
het **af·stands·on·der·wijs**
het **af·stands·schot**, af·stands·scho·ten
af·stap·pen (ww), stap af, stapt af; stap·te af, stap·ten af; af·ge·stapt
af·ste·ken (ww), steek af, steekt af; stak af, sta·ken af; af·ge·sto·ken
het **af·stel**
af·stel·len (ww), stel af, stelt af; stel·de af, stel·den af; af·ge·steld
af·stem·men (ww), stem af, stemt af; stem·de af, stem·den af; af·ge·stemd
de **af·stem·ming** (v), af·stem·min·gen
af·stem·pe·len (ww), stem·pel af, stem·pelt af; stem·pel·de af, stem·pel·den af; af·ge·stem·peld
af·ste·ve·nen (ww), ste·ven af, ste·vent af; ste·ven·de af, ste·ven·den af; af·ge·ste·vend
af·stof·fen (ww), stof af, stoft af; stof·te af, stof·ten af; af·ge·stoft

af·stor·men (ww), storm af, stormt af; storm·de af, storm·den af; af·ge·stormd
af·sto·ten (ww), stoot af, stoot af; stoot·te af, stoot·ten af; af·ge·sto·ten
af·straf·fen (ww), straf af, straft af; straf·te af, straf·ten af; af·ge·straft
af·stra·len (ww), straal af, straalt af; straal·de af, straal·den af; af·ge·straald
af·strui·nen (ww), struin af, struint af; struin·de af, struin·den af; af·ge·struind
de **af·stu·deer·der** (m), af·stu·deer·ders
de **af·stu·deer·op·dracht**, af·stu·deer·op·drach·ten
de **af·stu·deer·pre·sen·ta·tie** (v), af·stu·deer·pre·sen·ta·ties
het **af·stu·deer·pro·ject**, af·stu·deer·pro·jec·ten
de **af·stu·deer·scrip·tie** (v), af·stu·deer·scrip·ties
de **af·stu·deer·the·sis** (v), af·stu·deer·the·ses, af·stu·deer·the·sis·sen
af·stu·de·ren (ww), stu·deer af, stu·deert af; stu·deer·de af, stu·deer·den af; af·ge·stu·deerd
af·stu·ren (ww), stuur af, stuurt af; stuur·de af, stuur·den af; af·ge·stuurd
de **aft**, af·ten; aft·je
af·taai·en (ww), taai af, taait af; taai·de af, taai·den af; af·ge·taaid
af·tands (bnw), af·tand·se
af·ta·pen (ww), tape af, tapet af; tape·te af, tape·ten af; af·ge·tapet
af·tap·pen (ww), tap af, tapt af; tap·te af, tap·ten af; af·ge·tapt
af·tas·ten (ww), tast af, tast af; tast·te af, tast·ten af; af·ge·tast
af·te·ke·nen (ww), te·ken af, te·kent af; te·ken·de af, te·ken·den af; af·ge·te·kend
af·tel·len (ww), tel af, telt af; tel·de af, tel·den af; af·ge·teld
de **af·tel·ling** (v), af·tel·lin·gen
de **af·ter·par·ty** (v), af·ter·par·ty's
de **af·ter·sales** (mv)
de **af·ter·shave** (m), af·ter·shaves
de **af·ter·sun** (m), af·ter·suns
af·tik·ken (ww), tik af, tikt af; tik·te af, tik·ten af; af·ge·tikt
de **af·ti·te·ling** (v), af·ti·te·lin·gen
af·tob·ben (ww), tob af, tobt af; tob·de af, tob·den af; af·ge·tobd
af·toet·sen (ww), toets af, toetst af; toets·te af, toets·ten af; af·ge·toetst
af·top·pen (ww), top af, topt af; top·te af, top·ten af; af·ge·topt
de **af·trap** (m), af·trap·pen; af·trap·je
af·tre·den (ww), treed af, treedt af; trad af, tra·den af; af·ge·tre·den
de **af·trek** (m), af·trek·ken
af·trek·ken (ww), trek af, trekt af; trok af, trok·ken af; af·ge·trok·ken
de **af·trek·ker** (m), af·trek·kers; af·trek·ker·tje
af·troe·ven (ww), troef af, troeft af; troef·de af, troef·den af; af·ge·troefd
de **af·trog·ge·laar**, af·trog·ge·laars
af·trog·ge·len (ww), trog·gel af, trog·gelt af; trog·gel·de af, trog·gel·den af; af·ge·trog·geld
af·tur·ven (ww), turf af, turft af; turf·de af, turf·den af; af·ge·turfd
afunc·ti·o·neel (bnw), afunc·ti·o·ne·le
af·vaar·di·gen (ww), vaar·dig af, vaar·digt af; vaar·dig·de af, vaar·dig·den af; af·ge·vaar·digd

de **af·vaar·di·ging** (v), af·vaar·di·gin·gen
de **af·vaart**, af·vaar·ten
de/het **af·val** (m/o) *(vuilnis)*
de **af·val·bak** (m), af·val·bak·ken; af·val·bak·je
af·val·len (ww), val af, valt af; viel af, vie·len af; af·ge·val·len
de **af·val·stof**, af·val·stof·fen
de **af·val·ton** (v), af·val·ton·nen
af·van·gen (ww), vang af, vangt af; ving af, vin·gen af; af·ge·van·gen
af·va·ren (ww), vaar af, vaart af; voer af, voe·ren af; af·ge·va·ren
af·ve·gen (ww), veeg af, veegt af; veeg·de af, veeg·den af; af·ge·veegd
af·vij·len (ww), vijl af, vijlt af; vijl·de af, vijl·den af; af·ge·vijld
af·vin·ken (ww), vink af, vinkt af; vink·te af, vink·ten af; af·ge·vinkt
af·vis·sen (ww), vis af, vist af; vis·te af, vis·ten af; af·ge·vist
af·vlak·ken (ww), vlak af, vlakt af; vlak·te af, vlak·ten af; af·ge·vlakt
af·vloei·en (ww), vloei af, vloeit af; vloei·de af, vloei·den af; af·ge·vloeid
de **af·vloei·ing** (v), af·vloei·in·gen
de **af·vloei·ings·re·ge·ling** (v), af·vloei·ings·re·ge·lin·gen
de **af·voer** (m), af·voe·ren
de **af·voer·buis**, af·voer·bui·zen; af·voer·buis·je
af·voe·ren (ww), voer af, voert af; voer·de af, voer·den af; af·ge·voerd
de **af·voer·trens** (m), af·voer·tren·zen
af·vra·gen (ww), vraag af, vraagt af; vraag·de af, vroeg af, vraag·den af, vroe·gen af; af·ge·vraagd
af·vul·len (ww), vul af, vult af; vul·de af, vul·den af; af·ge·vuld
af·vu·ren (ww), vuur af, vuurt af; vuur·de af, vuur·den af; af·ge·vuurd
af·wach·ten (ww), wacht af, wacht af; wacht·te af, wacht·ten af; af·ge·wacht
de **af·wach·ting** (v)
de **af·was** (m), af·was·sen; af·was·je
de **af·was·kwast** (m), af·was·kwas·ten
de **af·was·ma·chi·ne** (v), af·was·ma·chi·nes
het **af·was·mid·del**, af·was·mid·de·len
af·was·sen (ww), was af, wast af; was·te af, was·ten af; af·ge·was·sen
de **af·was·ser** (m), af·was·sers
de **af·weer** (m)
het **af·weer·sys·teem**, af·weer·sys·te·men; af·weer·sys·teem·pje
af·we·gen (ww), weeg af, weegt af; woog af, wo·gen af; af·ge·wo·gen
de **af·we·ging** (v), af·we·gin·gen
af·we·ken (ww), week af, weekt af; week·te af, week·ten af; af·ge·weekt
af·wen·den (ww), wend af, wendt af; wend·de af, wend·den af; af·ge·wend
af·wen·nen (ww), wen af, went af; wen·de af, wen·den af; af·ge·wend
af·wer·ken (ww), werk af, werkt af; werk·te af, werk·ten af; af·ge·werkt
de **af·wer·king** (v), af·wer·kin·gen
het **af·wer·kings·ni·veau**, af·wer·kings·ni·veaus
af·wer·pen (ww), werp af, werpt af; wierp af, wier·pen af; af·ge·wor·pen

af·we·ten (ww)
af·we·zig (bnw), af·we·zi·ge
de **af·we·zig·heid** (v), af·we·zig·he·den
het **af·we·zig·heids·at·test,** af·we·zig·heids·at·tes·ten
de **af·we·zig·heids·lijst,** af·we·zig·heids·lijs·ten
af·wij·ken (ww), wijk af, wijkt af; week af, we·ken af; af·ge·we·ken
af·wij·kend (bnw), af·wij·ken·de
de **af·wij·king** (v), af·wij·kin·gen; af·wij·kin·kje
af·wij·zen (ww), wijs af, wijst af; wees af, we·zen af; af·ge·we·zen
de **af·wij·zing** (v), af·wij·zin·gen
af·wik·ke·len (ww), wik·kel af, wik·kelt af; wik·kel·de af, wik·kel·den af; af·ge·wik·keld
de **af·wik·ke·ling** (v), af·wik·ke·lin·gen
af·wim·pe·len (ww), wim·pel af, wim·pelt af; wim·pel·de af, wim·pel·den af; af·ge·wim·peld
af·wis·se·len (ww), wis·sel af, wis·selt af; wis·sel·de af, wis·sel·den af; af·ge·wis·seld
af·wis·se·lend (bnw), af·wis·se·len·de
de **af·wis·se·ling** (v), af·wis·se·lin·gen
afz. *(afzender)*
af·za·gen (ww), zaag af, zaagt af; zaag·de af, zaag·den af; af·ge·zaagd
af·zak·ken (ww), zak af, zakt af; zak·te af, zak·ten af; af·ge·zakt
af·zeg·gen (ww), zeg af, zegt af; zeg·de af, zei af, zeg·den af, zei·den af; af·ge·zegd
de **af·zeg·ging** (v), af·zeg·gin·gen
af·zei·ken (ww), zeik af, zeikt af; zeek af, zeik·te af, zeik·ten af, ze·ken af; af·ge·zeikt, af·ge·ze·ken
af·zen·den (ww), zend af, zendt af; zond af, zon·den af; af·ge·zon·den
de **af·zen·der** (m), af·zen·ders
de **af·zend·ster** (v), af·zend·sters
de **af·zet** (m), af·zet·ten
de **af·zet·markt,** af·zet·mark·ten
af·zet·ten (ww), zet af, zet af; zet·te af, zet·ten af; af·ge·zet
de **af·zet·ter** (m), af·zet·ters; af·zet·ter·tje
de **af·zet·ting** (v), af·zet·tin·gen
af·zien (ww), zie af, ziet af; zag af, za·gen af; af·ge·zien
af·zoe·ken (ww), zoek af, zoekt af; zocht af, zoch·ten af; af·ge·zocht
af·zon·de·ren (ww), zon·der af, zon·dert af; zon·der·de af, zon·der·den af; af·ge·zon·derd
af·zon·der·lijk (bnw), af·zon·der·lij·ke
de **af·zuig·kap,** af·zuig·kap·pen
af·zwe·ren (ww) *(onder ede verwerpen),* zweer af, zweert af; zwoer af, zwoe·ren af; af·ge·zwo·ren
de **agaat**[1] (m) *(voorwerp),* aga·ten
het **agaat**[2] *(stofnaam)*
de **aga·me,** aga·men
de **aga·pe,** aga·pen
de **agar·agar**
de **aga·ve,** aga·ven, aga·ves
de **agen·ce** (v), agen·ces
de **agen·da,** agen·da's; agendaatje [agen·da·tje]
het **agen·da·be·heer**
het **agen·da·punt,** agen·da·pun·ten; agen·da·punt·je
de **agen·da·set·ting,** agen·da·set·tings
agen·de·ren (ww), agen·deer, agen·deert; agen·deer·de,

agen·deer·den; ge·agen·deerd
het **agens**, agen·tia
de **agent** (m), agen·ten; agent·je
de **agen·te** (v), agen·tes
het **agent·schap**, agent·schap·pen; agent·schap·je
de **agen·tuur** (v), agen·tu·ren; agen·tuur·tje
age·ren (ww), ageer, ageert; ageer·de, ageer·den; ge·ageerd
de **ag·glo·me·ra·tie** (v), ag·glo·me·ra·ties
de **ag·gra·va·tie** (v), ag·gra·va·ties
het **ag·gre·gaat**, ag·gre·ga·ten
de **ag·gre·ga·tie** (v), ag·gre·ga·ties
ag·gre·ge·ren (ww), ag·gre·geer, ag·gre·geert; ag·gre·geer·de, ag·gre·geer·den; ge·ag·gre·geerd
het **agio**, agi·o's
de **agi·ta·tie** (v), agi·ta·ties
agi·te·ren (ww), agi·teer, agi·teert; agi·teer·de, agi·teer·den; ge·agi·teerd
de **ag·nost** (m), ag·nos·ten
ag·nos·tisch (bnw), ag·nos·ti·sche
ago·gisch (bnw), ago·gi·sche
à go·go (bijw)
de **ago·nie** (v)
de **ago·ra**, ago·ra's
de **ago·ra·fo·bie** (v)
de **agra·fe**, agra·fen
de **agrariër** [agra·ri·er] (m), agrariërs [agra·ri·ers]
agra·risch (bnw), agra·ri·sche
de **agres·sie** (v), agres·sies
agres·sief (bnw), agres·sie·ve
de **agres·si·vi·teit** (v), agres·si·vi·tei·ten
de **agres·sor** (m), agres·sors
de **agri·cul·tuur** (v), agri·cul·tu·ren
de **agui·nal·do**, agui·nal·do's
de **agui·nal·do·groep**, agui·nal·do·groe·pen
a.g.v. *(als gevolg van)*
ah (tussenw)
aha (tussenw)
de/het **aha-er·leb·nis** (v/o), aha-er·leb·nis·sen
de **aha-er·va·ring** (v), aha-er·va·rin·gen
ahoi (tussenw)
de **ahorn** (m), ahor·nen, ahorns; ahorn·tje
ahum (tussenw)
a.h.v. *(ad hanc vocem; algemene handelsvoorwaarden)*
a.h.w. *(als het ware)*
de **ai**[1] (m), ais
ai[2] (tussenw)
aids *(acquired immune deficiency syndrome)*
de **aids·be·smet·ting** (v), aids·be·smet·tin·gen
de **aids·epi·de·mie** (v), aidsepidemieën [aids·epi·de·mie·en]
de **aidspatiënt** [aids·pa·ti·ent] (m), aidspatiënten [aids·pa·ti·en·ten]; aidspatiëntje [aids·pa·ti·ent·je]
de **aids·pre·ven·tie** (v), aids·pre·ven·ties
het **aids·vi·rus**, aids·vi·rus·sen
het **ai·ki·do**
ai·ma·bel (bnw), ai·ma·be·le
aio *(assistent in opleiding)*, ai·o's
de **aio·li**, aio·li's
het **air**, airs; air·tje
de **air·bag** (m), air·bags
de **air·brush** (m), air·bru·shes
air·bru·shen (ww), air·brush, air·brusht; air·brush·te, air·brush·ten; ge·air·brusht
de **air·bus** (m), air·bus·sen
de **air·co** (v), air·co's; aircootje [air·co·tje]
air·con·di·ti·oned (bnw)

de **air·con·di·ti·o·ner** (m), air·con·di·ti·o·ners
de **air·con·di·ti·o·ning**, air·con·di·ti·o·nings
de **air·co·ruim·te** (v), air·co·ruim·ten, air·co·ruim·tes
de **air·co·zaal**, air·co·za·len
de **air·hos·tess** (v), air·hos·tes·sen, air·hos·tes·ses
de **air·lift**, air·lifts
de **air·line**, air·lines
de **air·port** (m), air·ports
de **air·port·tax**
de **air·strip** (m), air·strips
de **aïs**, aïs·sen
de **Aja·cied** (m), Aja·cie·den
de **Ajax·sup·por·ter** (m), Ajax·sup·por·ters
ajb. (tussenw) *(alsjeblief, alsjeblieft)*
de **aji·no·mo·to**
ajour (bnw)
aju (tussenw)
de **ajuin** (m), ajui·nen; ajuin·tje
ajuus (tussenw)
aka (bijw) *(also known as)*
akan·swa·ri, akan·swa·ri's
de **akant** (m), akan·ten
de **A-kant** (m), A-kan·ten
de **ake·la** (v), ake·la's
de **ake·lei**, ake·lei·en
ake·lig (bnw), ake·li·ge
de **aker** (m), akers; aker·tje
aki *(overweg met een automatische knipperinstallatie),* aki's
het **ak·ke·fiet·je**, ak·ke·fiet·jes
de **ak·ker** (m), ak·kers; ak·ker·tje
het **ak·ke·viet·je**, ak·ke·viet·jes
het **ak·koord**, ak·koor·den; ak·koord·je
de **ak·koord·be·vin·ding** (v), ak·koord·be·vin·din·gen
de **ak·koord·ver·kla·ring** (v), ak·koord·ver·kla·rin·gen
de **akoes·tiek** (v)
akoes·tisch (bnw), akoes·ti·sche
de **aks**, ak·sen
de **ak·te**, ak·ten, ak·tes
de **ak·te·na·me**, ak·te·na·men, ak·te·na·mes
de **ak·te·tas**, ak·te·tas·sen; ak·te·tas·je
het **al**[1]
al[2] (onbep vnw)
al[3] (bijw)
al[4] (voegw)
à la (voegw)
alaaf (tussenw)
het **alaam**, ala·men
à la car·te (bijw)
het **à-la-car·te·res·tau·rant**, à-la-car·te·res·tau·rants
ala·kon·dre (bnw)
de **alam·biek** (m), alam·bie·ken
à la mi·nu·te (bijw)
het **alarm**, alar·men; alarm·pje
de **alarm·bel**, alarm·bel·len; alarm·bel·le·tje
alar·me·ren (ww), alar·meer, alar·meert; alar·meer·de, alar·meer·den; ge·alar·meerd
alar·me·rend (bnw), alar·me·ren·de
de **alarm·in·stal·la·tie** (v), alarm·in·stal·la·ties
de **alarm·lijn**, alarm·lij·nen
het **alarm·sys·teem**, alarm·sys·te·men; alarm·sys·teem·pje
ala·ta·pe·pre
de **ala·wiet** (m), ala·wie·ten
de **Al·ba·nees**[1] (m) *(persoon),* Al·ba·ne·zen
het **Al·ba·nees**[2] *(taal)*
Al·ba·nees[3] (bnw), Al·ba·ne·se
het **al·bast**
de **al·ba·tros** (m), al·ba·tros·sen;

al·ba·tros·je
de **al·be**, al·ben
al bij al
de **Al·bi·nees** (m), Al·bi·ne·zen
de **al·bi·no**, al·bi·no's
het **al·bum**, al·bums; al·bum·pje
de **al·bu·mi·ne**
de **al·che·mie** (v)
de **al·che·mist** (m), al·che·mis·ten
de **al·chi·mie** (v)
de **al·co·hol** (m)
de **al·co·hol·con·tro·le**, al·co·hol·con·tro·les
het **al·co·hol·ge·bruik**
al·co·hol·hou·dend (bnw), al·co·hol·hou·den·de
de **al·co·ho·li·cus** (m), al·co·ho·li·ci
de **al·co·ho·lie·ker** (m), al·co·ho·lie·kers
al·co·ho·lisch (bnw), al·co·ho·li·sche
het **al·co·ho·lis·me**
de **al·co·ho·list** (m), al·co·ho·lis·ten
de **al·co·hol·stift**, al·co·hol·stif·ten
al·co·hol·vrij (bnw), al·co·hol·vrije
de **al·co·la·de**
al·daar (bijw) *(daar)*
het **al·de·hy·de**, al·de·hy·den, al·de·hy·des
al den·te (bijw)
al·dus (bijw)
alert (bnw), aler·te
aler·te·ren (ww), aler·teer, aler·teert; aler·teer·de, aler·teer·den; ge·aler·teerd
de **alert·heid** (v), alert·he·den
de **ale·viet** (m), ale·vie·ten
de **alexan·drijn** (m), alexan·drij·nen
de **alf** (m), al·ven
de **al·fa**, al·fa's
het **al·fa·bet**, al·fa·bet·ten
al·fa·be·tisch (bnw), al·fa·be·ti·sche
al·fa·be·ti·se·ren (ww), al·fa·be·ti·seer, al·fa·be·ti·seert; al·fa·be·ti·seer·de, al·fa·be·ti·seer·den; ge·al·fa·be·ti·seerd
de **al·fa·hulp**, al·fa·hul·pen
de **al·fal·fa**
de **al·fa·man** (m), al·fa·man·nen; al·fa·man·ne·tje
al·fa·nu·me·riek (bnw), al·fa·nu·me·rie·ke
de **alg**, al·gen; alg·je
al·gauw (bijw) *(spoedig)*
de **al·ge**, al·gen
de **al·ge·bra**
algebraïsch [al·ge·bra·isch] (bnw), algebraïsche [al·ge·bra·i·sche]
al·ge·heel (bnw), al·ge·he·le
al·ge·lijk (voegw)
al·ge·meen (bnw), al·ge·me·ne
de **al·ge·meen·heid** (v), al·ge·meen·he·den
de **al·ge·meen se·cre·ta·ris** (m), al·ge·meen se·cre·ta·ris·sen
al·ge·meen se·cun·dair on·der·wijs
al·ge·me·ne le·den·ver·ga·de·ring
Al·ge·rijns (bnw), Al·ge·rijn·se
de/het **al·go·rit·me**, al·go·rit·men, al·go·rit·mes
al·hier (bijw) *(hier)*
al·hoe·wel (voegw)
de **ali·as**[1] (m), ali·as·sen
ali·as[2] (bijw)
het **ali·bi**, ali·bi's
de **ali·en** (m), ali·ens
de **aliënatie** [ali·e·na·tie] (v), aliënaties [ali·e·na·ties]
de **alig·na·tie** (v), alig·na·ties
het **alig·ne·ment**, alig·ne·men·ten

alig·ne·ren (ww), alig·neer, alig·neert; alig·neer·de, alig·neer·den; ge·alig·neerd
de **alig·ne·ring** (v), alig·ne·rin·gen
de **A-lijn**, A-lij·nen
de **ali·men·ta·tie** (v), ali·men·ta·ties; ali·men·ta·tie·tje
de **ali·men·ta·tie-uit·ke·ring** (v), ali·men·ta·tie-uit·ke·rin·gen
de **ali·nea** (v), ali·ne·a's; alineaatje [ali·nea·tje]
de **ali·nea-in·de·ling** (v), ali·nea-in·de·lin·gen
alive-and-kic·king (bnw)
de **alk**, al·ken
het **al·ka·li**, alkaliën [al·ka·li·en]
de **al·ka·li·ne** (v)
de **al·koof**, al·ko·ven; al·koof·je
al·la (tussenw)
al·lang (bijw) *(al)*
al·le (onbep vnw)
al·le·bei (telw)
al·le·bei·de (telw)
al·le·daags (bnw), al·le·daag·se
al·le·dag (bijw)
al·le drie
al·lee (tussenw)
al·leen (bnw)
de **al·leen·gaan·de**, al·leen·gaan·den
de **al·leen·heer·ser** (m), al·leen·heer·sers
al·leen·staand (bnw), al·leen·staan·de
de **al·leen·staan·de**, al·leen·staan·den
al·leen·wo·nend (bnw), al·leen·wo·nen·de
al·leen·za·lig·ma·kend (bnw), al·leen·za·lig·ma·ken·de
het **al·leen-zijn**
het **al·le·gaar·tje**, al·le·gaar·tjes
de **al·le·go·rie** (v), allegorieën [al·le·go·rie·en]
al·le·go·risch (bnw), al·le·go·ri·sche
al·le·gret·to (bijw)
al·le·gro (bijw)
al·le hens aan dek
het **al·lel**, al·le·len
het **al·le·lu·ja**, al·le·lu·ja's
al·le·maal[1] (onbep vnw)
al·le·maal[2] (bijw)
al·le·man[1] (onbep vnw)
al·le·man[2]: Jan en alleman
al·len (onbep vnw)
al·lengs (bijw)
al·le·nig (bnw)
al·ler (onbep vnw)
al·ler·aar·digst (bnw), al·ler·aar·dig·ste
al·ler·be·lang·rijkst (bnw), al·ler·be·lang·rijk·ste
al·ler·best (bnw), al·ler·bes·te
al·ler·eerst (bnw), al·ler·eer·ste
het **al·ler·geen**, al·ler·ge·nen
de **al·ler·gie** (v), allergieën [al·ler·gie·en]
al·ler·gisch (bnw), al·ler·gi·sche
de **al·ler·go·lo·gie** (v)
het **al·ler·han·de**[1]
al·ler·han·de[2] (onbep vnw)
Al·ler·hei·li·gen
de **al·ler·hei·li·gen·dag** (m), al·ler·hei·li·gen·da·gen
de **al·ler·hei·li·gen·va·kan·tie** (v), al·ler·hei·li·gen·va·kan·ties
al·ler·laatst (bnw), al·ler·laat·ste
het **al·ler·lei**[1]
al·ler·lei[2] (onbep vnw)
al·ler·lek·kerst (bnw), al·ler·lek·ker·ste
al·ler·leukst (bnw), al·ler·leuk·ste
al·ler·liefst (bnw), al·ler·lief·ste
al·ler·meest (onbep vnw)
al·ler·mees·te (onbep vnw)
al·ler·minst (onbep vnw)

al·ler·min·ste (onbep vnw)
al·ler·moei·lijkst (bnw), al·ler·moei·lijk·ste
al·ler·slechtst (bnw), al·ler·slecht·ste
al·ler·we·gen (bijw)
Al·ler·zie·len
al·les (onbep vnw)
al·les·be·hal·ve (bijw) *(geenszins)*
al·les·be·pa·lend (bnw), al·les·be·pa·len·de
de **al·les·kun·ner** (m), al·les·kun·ners
al·les·om·vat·tend (bnw), al·les·om·vat·ten·de
al·les·ver·te·rend (bnw), al·les·ver·te·ren·de
al·les·zins (bijw)
al·le twee
de/het **al·li·a·ge** (v/o), al·li·a·ges
de **al·li·an·tie** (v), al·li·an·ties; al·li·an·tie·tje
al·licht (bijw)
de **al·li·ga·tor** (m), al·li·ga·tors
all-in (bijw)
all-in·clu·sive (bnw)
de **all-in·for·mule**, all-in·for·mu·les
all-in-one (bnw)
de **all-in·prijs** (m), all-in·prij·zen
de **all-in·va·kan·tie** (v), all-in·va·kan·ties
de **al·li·te·ra·tie** (v), al·li·te·ra·ties
al·li·te·re·ren (ww), al·li·te·reer, al·li·te·reert; al·li·te·reer·de, al·li·te·reer·den; ge·al·li·te·reerd
de **al·lit·te·ra·tie** (v), al·lit·te·ra·ties
al·lit·te·re·ren (ww), al·lit·te·reer, al·lit·te·reert; al·lit·te·reer·de, al·lit·te·reer·den; ge·al·lit·te·reerd
al·lo (tussenw)
de **al·lo·ca·tie** (v), al·lo·ca·ties
al·lo·ce·ren (ww), al·lo·ceer, al·lo·ceert; al·lo·ceer·de, al·lo·ceer·den; ge·al·lo·ceerd
de **al·loch·toon**[1], al·loch·to·nen; al·loch·toon·tje
al·loch·toon[2] (bnw), al·loch·to·ne
de **al·lon·ge**, al·lon·ges
het **al·looi**, al·looi·en
de/het **all-over** (m/o), all-overs
all right (bijw)
all·risk (bijw)
de **all·risk·ver·ze·ke·ring** (v), all·risk·ver·ze·ke·rin·gen
all·round (bnw)
de **all·roun·der** (m), all·roun·ders
al·lu·de·ren (ww), al·lu·deer, al·lu·deert; al·lu·deer·de, al·lu·deer·den; ge·al·lu·deerd
de **al·lu·re**, al·lu·res
de **al·lu·sie** (v), al·lu·sies
de/het **alm** (m/o), al·men
de **al·ma** (v), al·ma's
al·maar (bijw) *(voortdurend)*
Al·mach·ti·ge *(God)*
de **al·ma ma·ter** (v), al·ma ma·ters
de **al·ma·nak** (m), al·ma·nak·ken; al·ma·nak·je
al met al
al naar·ge·lang
de **aloë**, aloë's [alo·e's]; aloëetje [aloë·tje]
al·om (bijw)
al·om be·kend
al·om ge·pre·zen
al·om·te·gen·woor·dig (bnw), al·om·te·gen·woor·di·ge
al·om·vat·tend (bnw), al·om·vat·ten·de
al·oud (bnw), al·ou·de
de **alp** (m), al·pen
de **al·pa·ca**[1] *(schaap)*, al·pa·ca's
het **al·pa·ca**[2] *(stofnaam)*
het **al·pen·ge·bied** *(hooggebergte)*, al·pen·ge·bie·den
het **Al·pen·land** *(land met Alpen)*,

Al·pen·lan·den; Al·pen·land·je
de **Al·pen·rit** (m) *(rit in de Alpen),* Al·pen·rit·ten
de **al·pen·top** (m) *(bergtop in een hooggebergte),* al·pen·top·pen
de **al·pen·wei·de** *(weide in het hooggebergte),* al·pen·wei·den, al·pen·wei·des
al·pien (bnw) *(m.b.t. de hooggebergten),* al·pie·ne
al·pijns (bnw) *(m.b.t. de hooggebergten),* al·pijn·se
Al·pijns (bnw) *(m.b.t. de Alpen),* Al·pijn·se
al·pi·ne (bnw)
alpineskiën [al·pi·ne·ski·en] (ww)
al·ras (bijw)
al·reeds (bijw)
als (voegw)
als de wie·de·weer·ga
de **al·sem** (m)
als ge·volg van
als·je·blief (tussenw)
als·je·blieft (tussenw)
als·maar (bijw) *(voortdurend)*
als·me·de (voegw)
als·nog (bijw)
als·of (voegw)
als·ook (voegw)
als·tu·blieft (tussenw)
als volgt
de **alt**[1] (v) *(stem; viool),* al·ten; alt·je
de **alt**[2] *(zangeres),* alt·je
de/het **al·taar** (m/o), al·taars, al·ta·ren; al·taar·tje
al·te·gaar (bijw)
de **al·te·ra·tie** (v), al·te·ra·ties
het **al·ter ego,** al·ter ego's
het **al·ter·na·tief**[1], al·ter·na·tie·ven; al·ter·na·tief·je
al·ter·na·tief[2] (bnw), al·ter·na·tie·ve
de **al·ter·na·tor** (m), al·ter·na·to·ren, al·ter·na·tors
al·ter·ne·ren (ww), al·ter·neer, al·ter·neert; al·ter·neer·de, al·ter·neer·den; ge·al·ter·neerd
al te veel
al·thans[1] (bijw)
al·thans[2] (voegw)
al·tijd (bijw)
de **al·to** (m), al·to's
het **altruïsme** [al·tru·is·me]
de **altruïst** [al·tru·ist] (m), altruïsten [al·tru·is·ten]
altruïstisch [al·tru·is·tisch] (bnw), altruïstische [al·tru·is·ti·sche]
de **alt·vi·ool,** alt·vi·o·len; alt·vi·ool·tje
de **aluin** (m), alui·nen
de **aluin·aar·de·fa·briek** (v), aluin·aar·de·fa·brie·ken
de **Alu·ku**[1] *(persoon),* Alu·ku's
het **Alu·ku**[2] *(taal)*
het **alu·mi·ni·um**[1]
alu·mi·ni·um[2] (bnw)
de **alu·mi·ni·um·boot,** alu·mi·ni·um·bo·ten
de/het **alu·mi·ni·um·fo·lie,** alu·mi·ni·um·fo·lies
de **alum·na** (v), alum·nae
de **alum·nus** (m), alum·ni
alv *(algemene ledenvergadering),* alv's
al·vast (bijw)
de **al·vlees·klier,** al·vlees·klie·ren
al·vo·rens (voegw)
al·waar (bijw)
al·weer (bijw)
de **alz·hei·mer** *(ziekte van Alzheimer),* alz·hei·mer·tje
de **alzheimerpatiënt** [alz·hei·mer·pa·ti·ent] (m), alzheimerpatiënten [alz·hei·mer·pa·ti·en·ten]
al·zo (bijw)

a.m. (bijw) *(ante meridiem)*
ama *(alleenstaande minderjarige asielzoeker)*, ama's
amai (tussenw)
het **amal·gaam**, amal·ga·men
de **aman·del**, aman·de·len, aman·dels; aman·del·tje
de **aman·del·es·sen·ce**, aman·del·es·sen·cen, aman·del·es·sen·ces
de **aman·del·geest**
de **aman·del·or·gea·de** (m)
de **aman·del·spijs**, aman·del·spij·zen
de **amant** (m), amants
de **ama·nu·en·sis**, ama·nu·en·ses, ama·nu·en·sis·sen
de **ama·rant**[1] *(plant)*, ama·ran·ten
het **ama·rant**[2] *(kleur)*
de **ama·ret·to** (m), ama·ret·to's
de **ama·ryl·lis**, ama·ryl·lis·sen
de **ama·teur** (m), ama·teurs; ama·teur·tje
de **ama·teur·ar·cheo·loog** (m), ama·teur·ar·cheo·lo·gen
de **ama·teur·at·leet** (m), ama·teur·at·le·ten
de **ama·teur·bok·ser** (m), ama·teur·bok·sers
de **ama·teur·film** (m), ama·teur·films; ama·teur·film·pje
de **ama·teur·fo·to·graaf** (m), ama·teur·fo·to·gra·fen
de **ama·teur·geo·loog** (m), ama·teur·geo·lo·gen
ama·teu·ris·tisch (bnw), ama·teu·ris·ti·sche
de **ama·teur·schil·der** (m), ama·teur·schil·ders
het **ama·teur·to·neel**, ama·teur·to·neel·tje
de **ama·teur·voet·bal·ler** (m), ama·teur·voet·bal·lers
de **ama·teur·wiel·ren·ner** (m), ama·teur·wiel·ren·ners
de **ama·zo·ne**[1] (v) *(paardrijdster)*, ama·zo·nen, ama·zo·nes
de **ama·zo·ne**[2] (m) *(papegaai)*, ama·zo·nen, ama·zo·nes
het **Ama·zo·ne·ge·bied**
de **Ama·zo·nen** (mv) *(mythisch volk)*
het **Ama·zo·ne·woud**, Ama·zo·ne·wou·den
de **ama·zo·ne·zit** (m)
het **am·bacht**, am·bach·ten; am·bacht·je
am·bach·te·lijk (bnw), am·bach·te·lij·ke
de **am·bachts·man** (m), am·bachts·lie·den, am·bachts·lui, am·bachts·man·nen
de **am·bachts·school**, am·bachts·scho·len; am·bachts·school·tje
de **am·bas·sa·de** (v), am·bas·sa·des; am·bas·sa·de·tje
de **am·bas·sa·de·post** (m), am·bas·sa·de·pos·ten
de **am·bas·sa·deur** (m), am·bas·sa·deu·ren, am·bas·sa·deurs; am·bas·sa·deur·tje
het **am·bas·sa·deur·schap**, am·bas·sa·deur·schap·pen
de **am·bas·sa·dri·ce** (v), am·bas·sa·dri·ces
de **am·ber** (m), am·bers
am·be·tant (bnw), am·be·tan·te
de **am·be·tan·te·rik** (m), am·be·tan·te·ri·ken
am·be·te·ren (ww), am·be·teer, am·be·teert; am·be·teer·de, am·be·teer·den; ge·am·be·teerd
de **am·bi·an·ce**, am·bi·an·ces
de **am·bi·dex·ter**[1] (m), am·bi·dex·ters

am·bi·dex·ter[2] (bnw), am·bi·dex·te·re
de **am·bi·ent** (m)
ambiëren [am·bi·e·ren] (ww), am·bi·eer, am·bi·eert; am·bi·eer·de, am·bi·eer·den; ge·am·bi·eerd
am·bi·gu (bnw), am·bi·gue
de **ambiguïteit** [am·bi·gu·i·teit] (v), ambiguïteiten [am·bi·gu·i·tei·ten]
de **am·bi·tie** (v), am·bi·ties; am·bi·tie·tje
am·bi·ti·eus (bnw), am·bi·ti·eu·ze
am·bi·va·lent (bnw), am·bi·va·len·te
de **am·bras** (m)
het **am·bro·zijn**
het **ambt**, amb·ten; ambt·je
amb·te·lijk (bnw), amb·te·lij·ke
de **amb·te·naar** (m), amb·te·naars, amb·te·na·ren; amb·te·naar·tje
de **amb·te·na·ren·op·lei·ding** (v), amb·te·na·ren·op·lei·din·gen
de **amb·te·na·res** (v), amb·te·na·res·sen; amb·te·na·res·je
de **amb·te·na·rij** (v), amb·te·na·rij·en
de **ambt·ge·noot** (m), ambt·ge·no·ten
de **ambts·eed** (m), ambts·eden
de **ambts·ge·noot** (m), ambts·ge·no·ten
ambts·hal·ve (bijw)
de **ambts·ke·ten**, ambts·ke·tens
de **ambts·ter·mijn** (m), ambts·ter·mij·nen
de **am·bu·lan·ce**, am·bu·lan·cen, am·bu·lan·ces; am·bu·lan·ce·je
de **am·bu·lan·cier** (m), am·bu·lan·ciers
am·bu·lant (bnw), am·bu·lan·te
amech·tig (bnw), amech·ti·ge
het **amen**[1], amens
amen[2] (tussenw)
het **amen·de·ment**, amen·de·men·ten; amen·de·ment·je
amen·de·ren (ww), amen·deer, amen·deert; amen·deer·de, amen·deer·den; ge·amen·deerd
de **ame·nor·roe** (v)
de **Ame·ri·can dream** (m)
het **Ame·ri·can foot·ball**
de **ame·ri·kaan** (m) *(auto)*, ame·ri·ka·nen; ame·ri·kaan·tje
de **Ame·ri·kaan** (m) *(persoon)*, Ame·ri·ka·nen; Ame·ri·kaan·tje
Ame·ri·kaans (bnw), Ame·ri·kaan·se
het **Ame·ri·kaans-En·gels** *(taal)*
de **ame·ri·ka·ni·se·ring** (v), ame·ri·ka·ni·se·rin·gen
het **A-merk**, A-mer·ken
de **ame·thist**[1] (m) *(voorwerp)*, ame·this·ten
het **ame·thist**[2] *(stofnaam)*
de **am·fe·ta·mi·ne**, am·fe·ta·mi·nen, am·fe·ta·mi·nes
de **am·fi·bie** (m), amfibieën [am·fi·bie·en]; am·fi·bie·tje
het **am·fi·the·a·ter**, am·fi·the·a·ters; am·fi·the·a·ter·tje
de **am·foor**, am·fo·ren
de **am·fo·ra**, am·fo·ra's; amforaatje [am·fo·ra·tje]
ami·caal (bnw), ami·ca·le
de **ami·ce** (m), ami·ces
de **ami·ne** (v), ami·nen, ami·nes
het **ami·no·zuur**, ami·no·zu·ren
de **amish** (mv)
am·me·hoe·la (tussenw)
de **am·mo·nia** (m)
de **am·mo·ni·ak** (m)
de **am·mu·ni·tie** (v), ammunitiën [am·mu·ni·ti·en]
de **am·ne·sie** (v)

de **am·nes·tie** (v), amnestieën [am·nes·tie·en]
de **am·nes·tie·ver·le·ning** (v), am·nes·tie·ver·le·nin·gen
de **amoe·be**, amoe·ben, amoe·bes
het **amok**
de **amor** (m), amors
amo·reel (bnw), amo·re·le
amorf (bnw), amor·fe
de **amor·ti·sa·tie** (v), amor·ti·sa·ties
amor·ti·se·ren (ww), amor·ti·seer, amor·ti·seert; amor·ti·seer·de, amor·ti·seer·den; ge·amor·ti·seerd
amou·reus (bnw), amou·reu·ze
amo·ve·ren (ww), amo·veer, amo·veert; amo·veer·de, amo·veer·den; ge·amo·veerd
am·pel (bnw), am·pe·le
am·per (bijw)
de **am·pè·ra·ge** (v), am·pè·ra·ges
de **am·pè·re** (m), am·pè·res
de **am·pè·re·me·ter** (m), am·pè·re·me·ters
de **am·per·sand** (m), am·per·sands
de **am·pli·tu·de** (v), am·pli·tu·des
de **am·pul**, am·pul·len; am·pul·le·tje
am·pu·te·ren (ww), am·pu·teer, am·pu·teert; am·pu·teer·de, am·pu·teer·den; ge·am·pu·teerd
de **am·soi**
de **Am·ster·dam·mer**[1] (m) *(persoon)*, Am·ster·dam·mers; Am·ster·dam·mer·tje
Am·ster·dam·mer[2] (bnw)
het **am·ster·dam·mer·tje** *(voorwerp)*, am·ster·dam·mer·tjes
het **Am·ster·dams**[1] *(dialect)*
Am·ster·dams[2] (bnw), Am·ster·dam·se
de **Am·ster·dam·se** (v), Am·ster·dam·sen
de **amu·let**, amu·let·ten; amu·let·je
amu·sant (bnw), amu·san·te
de **amu·se** (m), amu·ses
de **amu·se-gueu·le** (m), amu·se-gueu·les
het **amu·se·ment**
amu·se·ren (ww), amu·seer, amu·seert; amu·seer·de, amu·seer·den; ge·amu·seerd
amu·zi·kaal (bnw), amu·zi·ka·le
amv *(alleenstaande minderjarige vreemdeling)*, amv's
de **amyg·da·la**, amyg·da·lae
de **amy·la·se** (v), amy·la·sen
anaal (bnw), ana·le
het **ana·bap·tis·me**
de **ana·bo·le** (v), ana·bo·len
ana·bool (bnw), ana·bo·le
het **ana·chro·nis·me**, ana·chro·nis·men
de **ana·con·da**, ana·con·da's
an·ae·roob (bnw), an·ae·ro·be
de **ana·foor**, ana·fo·ren
het **ana·gram**, ana·gram·men
de **ana·ko·loet**, ana·ko·loe·ten
de **an·al·fa·beet** (m), an·al·fa·be·ten; an·al·fa·beet·je
de **an·al·fa·be·te** (v), an·al·fa·be·tes
het **an·al·fa·be·tis·me**
het **an·al·ge·ti·cum**, an·al·ge·ti·ca
de **ana·list** (m), ana·lis·ten; ana·list·je
de **ana·lis·te** (v), ana·lis·tes
de **ana·lo·gie** (v), analogieën [ana·lo·gie·en]
ana·loog (bnw), ana·lo·ge
de **ana·ly·sant** (m), ana·ly·san·ten
de **ana·ly·sa·tor** (m), ana·ly·sa·to·ren, ana·ly·sa·tors
de **ana·ly·se** (v), ana·ly·sen, ana·ly·ses; ana·ly·se·tje
ana·ly·se·ren (ww), ana·ly·seer, ana·ly·seert; ana·ly·seer·de, ana·ly·seer·den; ge·ana·ly·seerd
het **ana·ly·se·re·sul·taat**,

ana·ly·se·re·sul·ta·ten
de **ana·ly·ti·cus** (m), ana·ly·ti·ci
ana·ly·tisch (bnw), ana·ly·ti·sche
de **an·am·ne·se** (v), an·am·ne·ses
de **ana·nas**, ana·nas·sen; ana·nas·je
de **anan·si·to·ri** *(verzonnen verhaal)*, anan·si·to·ri's
de **Anan·si·to·ri** *(verhaal over Anansi)*, Anan·si·to·ri's
het **Anan·si·ver·haal**, Anan·si·ver·ha·len
de **ana·pest** (m), ana·pes·ten
de **an·ar·chie** (v), anarchieën [an·ar·chie·en]
het **an·ar·chis·me**
het **an·ar·cho·syn·di·ca·lis·me**
de **ana·to·mie** (v), anatomieën [ana·to·mie·en]
de **ana·toom** (m), ana·to·men
an·bi *(algemeen nut beogende instelling)*, an·bi's
de **an·chor**, an·chors
de **an·chor·man** (m), an·chor·lie·den, an·chor·lui, an·chor·man·nen, an·chor·men
de **an·cien** (m), an·ciens
de **anciënniteit** [an·ci·en·ni·teit] (v), anciënniteiten [an·ci·en·ni·tei·ten]
het **anciënniteitsverlof** [an·ci·en·ni·teits·ver·lof], anciënniteitsverloven [an·ci·en·ni·teits·ver·lo·ven]
het **an·cien ré·gi·me**, an·cien ré·gi·mes, an·ciens ré·gi·mes
het **An·da·loe·sisch**[1] *(dialect)*
An·da·loe·sisch[2] (bnw), An·da·loe·si·sche
het **An·da·lu·sisch**[1] *(dialect)*
An·da·lu·sisch[2] (bnw), An·da·lu·si·sche
an·dan·te (bijw)
an·der[1] (bnw), an·de·re
an·der[2] (onbep vnw)
an·der·daags (bnw), an·der·daag·se
an·de·re[1] (onbep vnw)
an·de·re[2]: onder andere
an·de·re[3]: ten andere
an·de·ren[1] (onbep vnw)
an·de·ren[2]: onder anderen
an·de·ren[3]: uit anderen hoofde
an·de·ren·daags: 's anderendaags
an·der·half (telw)
an·der·maal (bijw)
an·der·mans (bez vnw)
an·ders (bnw)
an·ders·den·kend (bnw), an·ders·den·ken·de
de **an·ders·ge·lo·vi·ge**, an·ders·ge·lo·vi·gen
an·ders·lui·dend (bnw), an·ders·lui·den·de
an·ders·om (bijw)
an·der·soor·tig (bnw), an·der·soor·ti·ge
an·ders·ta·lig (bnw), an·ders·ta·li·ge
de **an·ders·ta·li·ge**, an·ders·ta·li·gen
de **an·ders·va·li·de**, an·ders·va·li·den
het **an·ders-zijn**
an·ders·zins (bijw)
an·der·zijds (bijw)
de **an·dij·vie**
de **an·dij·vie·stamp·pot** (m), an·dij·vie·stamp·pot·ten; an·dij·vie·stamp·pot·je
het **an·dre·as·kruis**, an·dre·as·krui·sen, an·dre·as·krui·zen
an·dro·geen (bnw), an·dro·ge·ne
an·dro·gyn (bnw), an·dro·gy·ne
de **an·dro·gy·nie** (v)
het **androïde** [an·dro·i·de], androïden [an·dro·i·den]
An·dro·me·da·ne·vel
de **anek·do·te**, anek·do·ten,

anek·do·tes; anek·do·te·tje
de **anek·do·tiek** (v)
anek·do·tisch (bnw), anek·do·ti·sche
de **ane·mie** (v)
ane·miek (bnw)
de **ane·moon**, ane·mo·nen; ane·moon·tje
de **an·es·the·sie** (v)
de **an·es·the·sio·lo·gie** (v)
de **an·es·the·sio·loog** (m), an·es·the·sio·lo·gen
de **an·es·the·sist** (m), an·es·the·sis·ten
het **an·es·the·ti·cum**, an·es·the·ti·ca
het **aneu·rys·ma**, aneu·rys·ma's
de **an·ga·lam·pu**, an·ga·lam·pu's
de **an·gel** (m), an·gels; an·gel·tje
An·gel·sak·sisch (bnw), An·gel·sak·si·sche
de **an·gi·na**, an·gi·na's
de **an·gi·sa**, an·gi·sa's
de **an·gli·caan** (m), an·gli·ca·nen
an·gli·caans (bnw), an·gli·caan·se
het **an·gli·ca·nis·me**
het **an·gli·cis·me**, an·gli·cis·men
An·glo-Ame·ri·kaans (bnw), An·glo-Ame·ri·kaan·se
de **an·glo·fiel**[1] (m), an·glo·fie·len
an·glo·fiel[2] (bnw), an·glo·fie·le
de **An·go·lees**[1] (m), An·go·le·zen; An·go·lees·je
An·go·lees[2] (bnw), An·go·le·se
de **an·go·ra**[1] *(dier)*, an·go·ra's
het **an·go·ra**[2] *(stof)*
de **an·go·ra·wol**
de **angst** (m), ang·sten; angst·je
angst·aan·ja·gend (bnw), angst·aan·ja·gen·de
de **angst·geg·ner** (m), angst·geg·ners
ang·stig (bnw), ang·sti·ge
de **angst·psy·cho·se** (v), angst·psy·cho·sen, angst·psy·cho·ses
de **ång·ström** (v)
de **angst·schreeuw** (m), angst·schreeu·wen
de **anijs** (m)
het **anijs·blad**, anijs·bla·den
de **ani·li·ne**
ani·maal (bnw), ani·ma·le
de **ani·ma·tie** (v), ani·ma·ties
de **ani·ma·tor** (m), ani·ma·to·ren, ani·ma·tors
de **ani·ma·tri·ce** (v), ani·ma·tri·ces
de **ani·me** (m)
ani·me·ren (ww), ani·meer, ani·meert; ani·meer·de, ani·meer·den; ge·ani·meerd
de/het **ani·mo** (m/o)
de **ani·mo·si·teit** (v), ani·mo·si·tei·ten
de **ani·ta** (v) *(ordinair meisje)*, ani·ta's
de **ani·tri·be·ri**
de **an·jer**, an·jers; an·jer·tje
de **ank** (m), an·ken
het **an·ker**, an·kers; an·ker·tje
an·ke·ren (ww), an·ker, an·kert; an·ker·de, an·ker·den; ge·an·kerd
het **an·ker·punt**, an·ker·pun·ten; an·ker·punt·je
de **ankh** (m), ankhs
de **an·na·len** (mv)
an·nex (voegw)
de **an·nexa·tie** (v), an·nexa·ties
an·nexe·ren (ww), an·nexeer, an·nexeert; an·nexeer·de, an·nexeer·den; ge·an·nexeerd
an·no (bijw)
an·no Do·mi·ni (bijw)
de **an·non·ce**, an·non·ces
de **an·no·ta·tie** (v), an·no·ta·ties
de **an·no·ta·tor** (m), an·no·ta·to·ren, an·no·ta·tors
an·no·te·ren (ww), an·no·teer,

an·no·teert; an·no·teer·de, an·no·teer·den; ge·an·no·teerd
annuïtair [an·nu·i·tair] (bnw), annuïtaire [an·nu·i·tai·re]
de **annuïteit** [an·nu·i·teit] (v), annuïteiten [an·nu·i·tei·ten]
de **an·nu·la·tie** (v), an·nu·la·ties
an·nu·le·ren (ww), an·nu·leer, an·nu·leert; an·nu·leer·de, an·nu·leer·den; ge·an·nu·leerd
de **an·nu·le·ring** (v), an·nu·le·rin·gen
de **an·nu·le·rings·ver·ze·ke·ring** (v), an·nu·le·rings·ver·ze·ke·rin·gen
de **an·nun·ci·a·tie** (v), an·nun·ci·a·ties
de **ano·de** (v), ano·den, ano·des
ano·di·se·ren (ww), ano·di·seer, ano·di·seert; ano·di·seer·de, ano·di·seer·den; ge·ano·di·seerd
de **ano·ma·lie** (v), anomalieën [ano·ma·lie·en]; ano·ma·lie·tje
de **ano·mie** (v)
ano·niem (bnw), ano·nie·me
ano·ni·mi·se·ren (ww), ano·ni·mi·seer, ano·ni·mi·seert; ano·ni·mi·seer·de, ano·ni·mi·seer·den; ge·ano·ni·mi·seerd
de **ano·ni·mi·teit** (v), ano·ni·mi·tei·ten
de **ano·ny·mus** (m), ano·ny·mi
de **ano·rak**, ano·rak·ken, ano·raks; ano·rak·je
ano·rec·tisch (bnw), ano·rec·ti·sche
de **ano·rexia** (v), anorexiaatje [ano·rexia·tje]
de **ano·rexia ner·vo·sa** (v)
de **anorexia-nervosapatiënt** [ano·rexia-ner·vo·sa·pa·ti·ent] (m), anorexia-nervosapatiënten [ano·rexia-ner·vo·sa·pa·ti·en·ten]
de **anorexiapatiënt** [ano·rexia·pa·ti·ent] (m), anorexiapatiënten [ano·rexia·pa·ti·en·ten]
de **ano·rexie** (v)
an sich (bijw)
de **an·sicht** (m), an·sich·ten; an·sicht·je
de **an·sicht·kaart**, an·sicht·kaar·ten; an·sicht·kaart·je
de **an·sjo·vis** (m), an·sjo·vis·sen; an·sjo·vis·je
het **an·ta·go·nis·me**
de **an·ta·go·nist** (m), an·ta·go·nis·ten
an·tarc·tisch (bnw) *(zeer koud)*, an·tarc·ti·sche
An·tarc·tisch (bnw) *(m.b.t. Antarctica)*, An·tarc·ti·sche
de **an·te**, an·ten
het **an·te·ce·dent**, an·te·ce·den·ten
an·te·da·te·ren (ww), an·te·da·teer, an·te·da·teert; an·te·da·teer·de, an·te·da·teer·den; ge·an·te·da·teerd
de **an·ten·ne**, an·ten·nen, an·ten·nes; an·ten·ne·tje
de **an·ten·ne·mast** (m), an·ten·ne·mas·ten
an·te·ri·eur (bnw), an·te·ri·eu·re
het **an·them**, an·thems
de **an·tho·lo·gie** (v), anthologieën [an·tho·lo·gie·en]
an·ti (voorz)
de **an·ti·aan·bak·laag**, an·ti·aan·bak·la·gen
de **an·ti·aan·bak·pan**, an·ti·aan·bak·pan·nen
de **an·ti·al·co·hol·cam·pag·ne**, an·ti·al·co·hol·cam·pag·nes
an·ti·al·ler·gisch (bnw), an·ti·al·ler·gi·sche
an·ti-Ame·ri·kaans (bnw), an·ti-Ame·ri·kaan·se

A

het **an·ti·ame·ri·ka·nis·me**
de **an·ti·apart·heids·be·we·ging** (v), an·ti·apart·heids·be·we·gin·gen
an·ti·au·to·ri·tair (bnw), an·ti·au·to·ri·tai·re
an·ti·bac·te·ri·eel (bnw), antibacteriële [an·ti·bac·te·ri·e·le]
an·ti·bal·lis·tisch (bnw), an·ti·bal·lis·ti·sche
an·ti-Bel·gisch (bnw), an·ti-Bel·gi·sche
de **an·ti·bio·ti·ca·kuur**, an·ti·bio·ti·ca·ku·ren; an·ti·bio·ti·ca·kuur·tje
de **an·ti·bio·ti·ca·re·sis·ten·tie** (v), an·ti·bio·ti·ca·re·sis·ten·ties
het **an·ti·bio·ti·cum**, an·ti·bio·ti·ca
het **an·ti·braak·mid·del**, an·ti·braak·mid·de·len
de **an·ti·cham·bre**, an·ti·cham·bres
an·ti·cham·bre·ren (ww), an·ti·cham·breer, an·ti·cham·breert; an·ti·cham·breer·de, an·ti·cham·breer·den; ge·an·ti·cham·breerd
de **an·ti·christ** (m)
an·ti·chris·te·lijk (bnw), an·ti·chris·te·lij·ke
de **an·ti·ci·pa·tie** (v), an·ti·ci·pa·ties
an·ti·ci·pe·ren (ww), an·ti·ci·peer, an·ti·ci·peert; an·ti·ci·peer·de, an·ti·ci·peer·den; ge·an·ti·ci·peerd
de **an·ti·cli·max** (m), an·ti·cli·maxen
an·ti·com·mu·nis·tisch (bnw), an·ti·com·mu·nis·ti·sche
de **an·ti·con·cep·tie** (v)
het **an·ti·con·cep·tie·mid·del**, an·ti·con·cep·tie·mid·de·len
de **an·ti·con·cep·tie·pil**, an·ti·con·cep·tie·pil·len
an·ti·con·sti·tu·ti·o·neel (bnw), an·ti·con·sti·tu·ti·o·ne·le
de **an·ti·cor·rup·tie·wet**, an·ti·cor·rup·tie·wet·ten
an·ti·cy·clisch (bnw), an·ti·cy·cli·sche
an·ti·da·te·ren (ww), an·ti·da·teer, an·ti·da·teert; an·ti·da·teer·de, an·ti·da·teer·den; ge·an·ti·da·teerd
an·ti·de·mo·cra·tisch (bnw), an·ti·de·mo·cra·ti·sche
het **an·ti·de·pres·si·vum**, an·ti·de·pres·si·va
de **an·ti·dis·cri·mi·na·tie·wet**, an·ti·dis·cri·mi·na·tie·wet·ten
an·ti·do·ping (bnw)
de **an·ti·do·ping·pool** (m), an·ti·do·ping·pools
het **an·ti·do·tum**, an·ti·do·ta
an·ti·drugs (bnw)
an·ti-Duits (bnw), an·ti-Duit·se
het **an·tiek**[1]
an·tiek[2] (bnw), an·tie·ke
de **an·tiek·beurs**, an·tiek·beur·zen
de **an·tie·ken** (mv)
de **an·tiek·vei·ling** (v), an·tiek·vei·lin·gen
de **an·tiek·win·kel** (m), an·tiek·win·kels; an·tiek·win·kel·tje
an·ti·fas·cis·tisch (bnw), an·ti·fas·cis·ti·sche
de **an·ti·foon**, an·ti·fo·nen; an·ti·foon·tje
an·ti-Frans (bnw), an·ti-Fran·se
het **an·ti·geen**, an·ti·ge·nen
het **an·ti·ge·luid**, an·ti·ge·lui·den
het **an·ti·gen**, an·ti·ge·nen
het **an·ti·gif**, an·ti·gif·fen
het **an·ti·gif·cen·trum**, an·ti·gif·cen·tra, an·ti·gif·cen·trums
het **an·ti·glo·ba·lis·me**
de **an·ti·glo·ba·list** (m),

an·ti·glo·ba·lis·ten; an·ti·glo·ba·list·je
de **an·ti·held** (m), an·ti·hel·den
het **an·ti·his·ta·mi·ni·cum,** an·ti·his·ta·mi·ni·ca
an·ti-im·pe·ri·a·lis·tisch (bnw), an·ti-im·pe·ri·a·lis·ti·sche
het **an·ti-in·fla·tie·be·leid**
an·ti-in·tel·lec·tu·eel (bnw), an·ti-in·tel·lec·tu·e·le
an·ti-is·la·mi·tisch (bnw), an·ti-is·la·mi·ti·sche
an·ti-Joods (bnw), an·ti-Jood·se
de **an·ti·kle·ri·kaal**[1] (m), an·ti·kle·ri·ka·len
an·ti·kle·ri·kaal[2] (bnw), an·ti·kle·ri·ka·le
het **an·ti·kle·ri·ka·lis·me**
de **an·ti·kraak**[1] (m)
an·ti·kraak[2] (bijw)
an·ti·li·be·raal (bnw), an·ti·li·be·ra·le
het **an·ti·li·chaam**, an·ti·li·cha·men; an·ti·li·chaam·pje
de **An·til·len·rou·te**
de **An·til·li·aan** (m), An·til·li·a·nen; An·til·li·aan·tje
An·til·li·aans (bnw), An·til·li·aan·se
de **an·ti·loop**, an·ti·loop·je
de **an·ti·lo·pe**, an·ti·lo·pen, an·ti·lo·pes
de **an·ti·maf·fia·po·li·tie** (v)
de **an·ti·ma·kas·sar** (m), an·ti·ma·kas·sars
het **an·ti·mi·li·ta·ris·me**
de **an·ti·mi·li·ta·rist** (m), an·ti·mi·li·ta·ris·ten
an·ti·mi·li·ta·ris·tisch (bnw), an·ti·mi·li·ta·ris·ti·sche
de **an·ti·mis·bruik·be·pa·ling** (v), an·ti·mis·bruik·be·pa·lin·gen
de **an·ti·mug·gen·spray** (m), an·ti·mug·gen·sprays
de **an·ti·nar·co·ti·ca·bri·ga·de** (v), an·ti·nar·co·ti·ca·bri·ga·den, an·ti·nar·co·ti·ca·bri·ga·des
de **an·ti·no·mie** (v), antinomieën [an·ti·no·mie·en]
an·ti·oor·log (bnw)
de **an·ti·oxi·dans** (m), an·ti·oxi·dan·sen
de/het **an·ti·oxi·dant**[1] (m/o), an·ti·oxi·dan·ten
an·ti·oxi·dant[2] (bnw), an·ti·oxi·dan·te
de **an·ti·pa·thie** (v), antipathieën [an·ti·pa·thie·en]
an·ti·pa·thiek (bnw), an·ti·pa·thie·ke
de **an·ti·po·de**, an·ti·po·den
an·ti·po·li·tiek (bnw), an·ti·po·li·tie·ke
het **an·ti·pro·ton**, an·ti·pro·to·nen
de **an·ti·psy·chi·a·trie** (v)
de **an·ti·quaar** (m), an·ti·quaars, an·ti·qua·ren
de **an·ti·quair** (m), an·ti·quairs
het **an·ti·qua·ri·aat**, an·ti·qua·ri·a·ten; an·ti·qua·ri·aat·je
an·ti·qua·risch (bnw), an·ti·qua·ri·sche
de **an·ti·qui·teit** (v), an·ti·qui·tei·ten
de **an·ti·ra·cis·me·be·we·ging** (v), an·ti·ra·cis·me·be·we·gin·gen
de **an·ti·re·cla·me**, an·ti·re·cla·mes
de **an·ti·re·vo·lu·ti·o·nair**[1] (m), an·ti·re·vo·lu·ti·o·nai·ren
an·ti·re·vo·lu·ti·o·nair[2] (bnw), an·ti·re·vo·lu·ti·o·nai·re
de **an·ti·rim·pel·crè·me**, an·ti·rim·pel·crè·mes
het **an·ti·roest·mid·del**, an·ti·roest·mid·de·len
de **an·ti·ro·ker** (m), an·ti·ro·kers

de **an·ti·rook·cam·pag·ne**, an·ti·rook·cam·pag·nes
de **an·ti·roos·sham·poo** (m), an·ti·roos·sham·poos
de **an·ti·se·miet** (m), an·ti·se·mie·ten; an·ti·se·miet·je
an·ti·se·mi·tisch (bnw), an·ti·se·mi·ti·sche
het **an·ti·se·mi·tis·me**
an·ti·sep·tisch (bnw), an·ti·sep·ti·sche
de/het **an·ti·slip**
de **an·ti·slip·cur·sus** (m), an·ti·slip·cur·sus·sen
de **an·ti·slip·laag**, an·ti·slip·la·gen
an·ti·so·ci·aal (bnw), an·ti·so·ci·a·le
an·ti·so·ci·a·lis·tisch (bnw), an·ti·so·ci·a·lis·ti·sche
an·ti·sta·tisch (bnw), an·ti·sta·ti·sche
de **an·ti·stof**, an·ti·stof·fen
het **an·ti·stol·lings·mid·del**, an·ti·stol·lings·mid·de·len
het **an·ti·tank·wa·pen**, an·ti·tank·wa·pens
het **an·ti·ter·ro·ris·me**
de **an·ti·the·se** (v), an·ti·the·sen, an·ti·the·ses
het **an·ti·vi·rus·pro·gram·ma**, an·ti·vi·rus·pro·gram·ma's
de/het **an·ti·vries** (m/o)
het **an·ti·vries·mid·del**, an·ti·vries·mid·de·len
an·ti·wes·ters (bnw), an·ti·wes·ter·se
het **an·to·niem**, an·to·nie·men
de/het **an·tra·ciet**[1] (m/o) *(steenkool)*
het **an·tra·ciet**[2] *(kleur)*
an·tra·ciet[3] (bnw), an·tra·cie·te
de **an·trax** (m)
de **an·tro·po·bio·lo·gie** (v)
an·tro·po·cen·trisch (bnw), an·tro·po·cen·tri·sche
de **an·tro·po·lo·ge** (v), an·tro·po·lo·ges
de **an·tro·po·lo·gie** (v)
de **an·tro·po·loog** (m), an·tro·po·lo·gen
an·tro·po·morf (bnw), an·tro·po·mor·fe
de **an·tro·po·soof** (m), an·tro·po·so·fen
de **an·tru·wa** (v), an·tru·wa's
de **Ant·wer·pe·naar** (m), Ant·wer·pe·naars, Ant·wer·pe·na·ren; Ant·wer·pe·naar·tje
het **Ant·werps**[1] *(dialect)*
Ant·werps[2] (bnw), Ant·werp·se
de **Ant·werp·se** (v), Ant·werp·sen
het **ant·woord**[1], ant·woor·den; ant·woord·je
ant·woord[2]: ten antwoord
het **ant·woord·ap·pa·raat**, ant·woord·ap·pa·ra·ten; ant·woord·ap·pa·raat·je
ant·woor·den (ww), ant·woord, ant·woordt; ant·woord·de, ant·woord·den; ge·ant·woord
de **ant·woord·en·ve·lop**, ant·woord·en·ve·lop·pen
de **ant·woord·kaart**, ant·woord·kaar·ten; ant·woord·kaart·je
de **anus** (m), anus·sen
het **ANWB-kan·toor**, ANWB-kan·to·ren
an·yu·ma·ra, an·yu·ma·ra's
de **aor·ta**, aor·ta's
AOV *(Algemene Oudedagsvoorziening (Suriname); Algemene Ouderdomsverzekering (Antillen))*
de **AOV'er** [AOV·er] (m), AOV'ers [AOV·ers]
AOV-ge·rech·tigd (bnw), AOV-

ge·rech·tig·de
de **AOV-ge·rech·tig·de**, AOV-ge·rech·tig·den
de **AOV-leef·tijd** (m), AOV-leef·tij·den
de **AOV-pre·mie** (v), AOV-pre·mies
het **AOV-stel·sel**, AOV-stel·sels
de **AOV-uit·ke·ring** (v), AOV-uit·ke·rin·gen
de **AOV-wet**, AOV-wet·ten
AOW *(Algemene Ouderdomswet)*, AOW'tje [AOW·tje]
de **AOW'er** [AOW·er] (m), AOW'ers [AOW·ers]
de **AOW-leef·tijd** (m), AOW-leef·tij·den
de **AOW-uit·ke·ring** (v), AOW-uit·ke·rin·gen; AOW-uit·ke·rin·kje
de **apa·che** (m) *(Parijse crimineel)*, apa·chen, apa·ches
de **Apa·che** (m) *(indiaan)*, Apa·chen, Apa·ches
de **apa·che·dans** (m), apa·che·dan·sen
apart (bnw), apar·te
de **apart·heid** (v), apart·he·den
apart zet·ten
de **apa·thie** (v)
apa·thisch (bnw), apa·thi·sche
de **apa·tri·de**, apa·tri·den
ape·ga·pen: op apegapen liggen
de **ape·kool**
het **ape·la·za·rus**[1]
ape·la·za·rus[2]: zich het apelazarus werken
de **apen·brood·boom** (m), apen·brood·bo·men
het **apen·haar**
de **apen·ja·ren** (mv)
het **apen·jong**, apen·jon·gen
de **apen·kooi**, apen·kooi·en
apen·kooi·en (ww), apen·kooi, apen·kooit; apen·kooi·de, apen·kooi·den; ge·apen·kooid
de **apen·kop** (m), apen·kop·pen
de **apen·kuur**, apen·ku·ren
het **apen·pak**, apen·pak·ken; apen·pak·je
de **apen·pok·ken** (mv)
de **apen·rots**, apen·rot·sen; apen·rots·je
de **apen·streek**, apen·stre·ken
het **aper·çu**, aper·çu's; aperçuutje [aper·çu·tje]
de/het **ape·ri·tief** (m/o), ape·ri·tie·ven; ape·ri·tief·je
het **ape·ri·tief·con·cert**, ape·ri·tief·con·cer·ten
apert (bnw), aper·te
de **aper·tuur** (v), aper·tu·ren
ape·trots (bnw), ape·trot·se
de **apex** (m), apexen, api·ces
ape·zat (bnw), ape·zat·te
het **ape·zuur**[1]
ape·zuur[2]: zich het apezuur werken
de **ap·fel·stru·del** (m), ap·fel·stru·dels
de **apin** (v), apin·nen; apin·ne·tje
de **apin·ti**, apin·ti's
de **apin·ti·drum** (m), apin·ti·drums
de **apis** (m), apis·sen
apk *(algemene periodieke keuring)*, apk's
de **apk-keu·ring** (v), apk-keu·rin·gen
het **aplomb**
de **ap·neu** (m), ap·neus
apo *(algemeen periodiek onderzoek)*, apo's
de **apo·ca·lyps** (v) *(enorme ramp)*, apo·ca·lyp·sen
Apo·ca·lyps *(Bijbelboek)*
apo·ca·lyp·tisch (bnw) *(allesvernietigend)*, apo·ca·lyp·ti·sche
apo·crief (bnw), apo·crie·fe

à point (bijw)
apo·li·tiek (bnw), apo·li·tie·ke
apol·li·nisch (bnw), apol·li·ni·sche
de **apo·lo·gie** (v), apologieën [apo·lo·gie·en]
de **apo·rie** (v), aporieën [apo·rie·en]
de **apos·tel** (m), apos·te·len, apos·tels; apos·tel·tje
het **a pos·te·ri·o·ri**[1], a pos·te·ri·o·ri's
a pos·te·ri·o·ri[2] (bijw)
de **apos·til·le**, apos·til·len, apos·til·les
apos·to·lisch (bnw), apos·to·li·sche
de **apos·trof**, apos·trof·fen, apos·trofs
de **apo·theek**, apo·the·ken; apo·theek·je
de **apo·the·ker** (m), apo·the·kers; apo·the·ker·tje
de **apo·the·ke·res** (v), apo·the·ke·res·sen
de **apo·the·kers·as·sis·tent** (m), apo·the·kers·as·sis·ten·ten
de **apo·the·o·se** (v), apo·the·o·sen
app *(applicatie)*, apps; app·je
app. *(appartement; apparaat; appendix; appellant(e))*
het **ap·pa·raat**, ap·pa·ra·ten; ap·pa·raat·je
de **ap·pa·raats·kos·ten** (mv)
de **ap·pa·rat·sjik** (m), ap·pa·rat·sjiks
de **ap·pa·ra·tuur** (v)
het **ap·par·te·ment**, ap·par·te·men·ten; ap·par·te·ment·je
het **ap·par·te·men·ten·blok**, ap·par·te·men·ten·blok·ken; ap·par·te·men·ten·blok·je
het **ap·par·te·men·ten·com·plex**, ap·par·te·men·ten·com·plexen
het **ap·par·te·ments·blok**, ap·par·te·ments·blok·ken; ap·par·te·ments·blok·je
het **ap·par·te·ments·ge·bouw**, ap·par·te·ments·ge·bou·wen; ap·par·te·ments·ge·bouw·tje
het **ap·peal**, ap·peals
de **ap·pel**[1] (m) *(vrucht)*, ap·pe·len, ap·pels; ap·pel·tje
het **ap·pel**[2] *(hoger beroep, sein)*, ap·pels
de **ap·pe·laar** (m), ap·pe·laars, ap·pe·la·ren; ap·pe·laar·tje
de **ap·pel·ba·co·ve**, ap·pel·ba·co·ves
de **ap·pel·beig·net** (m), ap·pel·beig·nets
de **ap·pel·boom** (m), ap·pel·bo·men; ap·pel·boom·pje
de/het **ap·pel·car·ré** (m/o), ap·pel·car·rés
de **ap·pel·com·po·te**, ap·pel·com·po·tes
de **ap·pel·flap**, ap·pel·flap·pen; ap·pel·flap·je
ap·pel·la·bel (bnw), ap·pel·la·be·le
de **ap·pel·lant** (m), ap·pel·lan·ten
de **ap·pel·lan·te** (v), ap·pel·lan·tes
de **ap·pel·la·ti·on** (v), ap·pel·la·ti·ons
ap·pel·le·ren (ww), ap·pel·leer, ap·pel·leert; ap·pel·leer·de, ap·pel·leer·den; ge·ap·pel·leerd
de/het **ap·pel·moes**
de **ap·pel·plaats**, ap·pel·plaat·sen
de **ap·pel·rech·ter** (m), ap·pel·rech·ters
het **ap·pel·sap**, ap·pel·sap·pen; ap·pel·sap·je
de **ap·pel·sien**, ap·pel·sie·nen; ap·pel·sien·tje
het **ap·pel·sien·sap**, ap·pel·sien·sap·pen; ap·pel·sien·sap·je
de **ap·pel·sla**
de **ap·pel·stroop**, ap·pel·stro·pen
de **ap·pel·taart**, ap·pel·taar·ten;

ap·pel·taart·je
ap·pel·tje-ei·tje (bnw)
ap·pen (ww), app, appt; app·te, app·ten; ge·appt
de **ap·pen·da·ge**, ap·pen·da·ges
de **ap·pen·di·ci·tis** (v), ap·pen·di·ci·tis·sen
de/het **ap·pen·dix**, ap·pen·di·ces; ap·pen·dix·je
de **ap·pe·tijt** (m), ap·pe·tij·ten; ap·pe·tijt·je
ap·pe·tij·te·lijk (bnw), ap·pe·tij·te·lij·ke
ap·plau·dis·se·ren (ww), ap·plau·dis·seer, ap·plau·dis·seert; ap·plau·dis·seer·de, ap·plau·dis·seer·den; ge·ap·plau·dis·seerd
het **ap·plaus**, ap·plau·sen, ap·plau·zen; ap·plaus·je
het **ap·plet**, ap·plets
de **ap·pli·ca·tie** (v), ap·pli·ca·ties
de **ap·pli·ca·tor** (m), ap·pli·ca·to·ren, ap·pli·ca·tors
ap·pli·ce·ren (ww), ap·pli·ceer, ap·pli·ceert; ap·pli·ceer·de, ap·pli·ceer·den; ge·ap·pli·ceerd
de **ap·pli·que** *(versiersel)*, ap·pli·ques
het **ap·pli·qué** *(applicatiewerk)*
ap·pli·que·ren (ww), ap·pli·queer, ap·pli·queert; ap·pli·queer·de, ap·pli·queer·den; ge·ap·pli·queerd
ap·por·te·ren (ww), ap·por·teer, ap·por·teert; ap·por·teer·de, ap·por·teer·den; ge·ap·por·teerd
de **ap·pre·ci·a·tie** (v), ap·pre·ci·a·ties
appreciëren [ap·pre·ci·e·ren] (ww), ap·pre·ci·eer, ap·pre·ci·eert; ap·pre·ci·eer·de, ap·pre·ci·eer·den; ge·ap·pre·ci·eerd
de **ap·pro·ba·tie** (v), ap·pro·ba·ties
ap·proxi·ma·tief (bnw), ap·proxi·ma·tie·ve
apr *(april)*
apr. *(april)*
de/het **après-ski** (m/o)
après-skiën [après-ski·en] (ww), après-ski, après-skiet; après-skie·de, après-skie·den; ge·après-skied
de **april** (m), april·len
de **april·grap**, april·grap·pen
de **april·mop**, april·mop·pen
het **a pri·o·ri**[1], a pri·o·ri's
a pri·o·ri[2] (bijw)
de **a-pri·o·ri·keus**, a-pri·o·ri·keu·zen, a-pri·o·ri·keu·zes
a-pri·o·risch (bnw), a-pri·o·ri·sche
het **à pro·pos**[1], à pro·pos
à pro·pos[2] (tussenw)
de **ap·sis** (v), ap·sis·sen
APV *(algemene plaatselijke verordening)*, APV's
het **aqua**
de **aqua·cul·tuur** (v), aqua·cul·tu·ren
het **aqua·duct**, aqua·duc·ten; aqua·duct·je
de **aqua·gym** (v)
aqua·jog·gen (ww), aqua·jog, aqua·jogt; aqua·jog·de, aqua·jog·den; ge·aqua·jogd
de **aqua·ma·rijn**[1] (m) *(edelsteen)*, aqua·ma·rij·nen
het **aqua·ma·rijn**[2] *(edelgesteente)*
aqua·ma·rijn[3] (bnw) *(zeegroen)*, aqua·ma·rij·ne
de **aqua·naut** (m), aqua·nau·ten
aqua·pla·nen (ww), aqua·plane, aqua·planet; aqua·plane·de, aqua·plane·den; ge·aqua·planed
de **aqua·pla·ning** (v)
de **aqua·rel**, aqua·rel·len;

aqua·rel·le·tje
aqua·rel·le·ren (ww), aqua·rel·leer, aqua·rel·leert; aqua·rel·leer·de, aqua·rel·leer·den; ge·aqua·rel·leerd
het **aqua·ri·um**, aqua·ria, aqua·ri·ums; aqua·ri·um·pje
de **aqua·tint**, aqua·tin·ten
aqua·tisch (bnw), aqua·ti·sche
de/het **aqua·vit**, aqua·vits
de **aqui·fer** (m), aqui·fers
de **ar**, ar·ren; ar·re·tje
de **ara** (m), ara's
de **ara·besk**, ara·bes·ken
de **ara·bi·ca·kof·fie** (m), ara·bi·ca·kof·fies
de **ara·bier** (m) *(paard)*, ara·bie·ren; ara·bier·tje
de **Ara·bier** (m) *(persoon)*, Ara·bie·ren; Ara·bier·tje
het **Ara·bisch**[1] *(taal)*
Ara·bisch[2] (bnw), Ara·bi·sche
Ara·bisch·ta·lig (bnw), Ara·bisch·ta·li·ge
de **ara·bist** (m), ara·bis·ten
de **ara·chi·de·olie**, arachideoliën [ara·chi·de·oli·en], ara·chi·de·olies
de **arach·no·fo·bie** (v)
het **Ara·mees**[1] *(taal)*
Ara·mees[2] (bnw), Ara·me·se
de **ar·beid** (m)
ar·bei·den (ww), ar·beid, ar·beidt; ar·beid·de, ar·beid·den; ge·ar·beid
de **ar·bei·der** (m), ar·bei·ders; ar·bei·der·tje
het **ar·bei·ders·kind**, ar·bei·ders·kin·de·ren
de **ar·bei·ders·wijk**, ar·bei·ders·wij·ken; ar·bei·ders·wijk·je
de **ar·beids·ana·ly·se** (v), ar·beids·ana·ly·sen, ar·beids·ana·ly·ses
de **ar·beids·beurs**, ar·beids·beur·zen
het **ar·beids·bu·reau**, ar·beids·bu·reaus
het **ar·beids·con·tract**, ar·beids·con·trac·ten
de **ar·beids·duur** (m)
de **ar·beids·ethiek** (v)
het **ar·beids·ethos**
de **ar·beids·in·houd** (m)
de **ar·beids·in·ko·mens·quote**, ar·beids·in·ko·mens·quo·ten
de **ar·beids·in·spec·tie** (v), ar·beids·in·spec·ties
ar·beids·in·ten·sief (bnw), ar·beids·in·ten·sie·ve
de **ar·beids·kracht**, ar·beids·krach·ten; ar·beids·kracht·je
de **ar·beids·leer**
de **ar·beids·markt**, ar·beids·mark·ten; ar·beids·markt·je
de **ar·beids·om·stan·dig·he·den** (mv)
ar·beids·on·ge·schikt (bnw), ar·beids·on·ge·schik·te
de **ar·beids·on·ge·schikt·heid** (v), ar·beids·on·ge·schikt·he·den
de **ar·beids·on·ge·schikt·heids·wet**, ar·beids·on·ge·schikt·heids·wet·ten
het **ar·beids·on·ge·val**, ar·beids·on·ge·val·len
de **ar·beids·over·een·komst** (v), ar·beids·over·een·kom·sten
de **ar·beids·plaats**, ar·beids·plaat·sen
het **ar·beids·po·ten·ti·eel**, arbeidspotentiëlen [ar·beids·po·ten·ti·e·len]
het **ar·beids·recht**, ar·beids·rech·ten
de **ar·beids·recht·bank**, ar·beids·recht·ban·ken

het **ar·beids·re·gle·ment**, ar·beids·re·gle·men·ten
de **ar·beids·schaars·te** (v), ar·beids·schaars·ten, ar·beids·schaars·tes
de **ar·beid·ster** (v), ar·beid·sters; ar·beid·ster·tje
de **ar·beids·voor·waar·de** (v), ar·beids·voor·waar·den
ar·beid·zaam (bnw), ar·beid·za·me
de **ar·bi·ter** (m), ar·bi·ters
de **ar·bi·ters·cur·sus** (m), ar·bi·ters·cur·sus·sen
de **ar·bi·ters·op·lei·ding** (v), ar·bi·ters·op·lei·din·gen
de **ar·bi·tra·ge** (v), ar·bi·tra·ges
ar·bi·trair (bnw), ar·bi·trai·re
de **ar·bo·arts** (m), ar·bo·art·sen
het **ar·bo·be·leid**
de **ar·bo·com·mis·sie** (v), ar·bo·com·mis·sies
de **arbocoördinator** [ar·bo·co·or·di·na·tor] (m), arbocoördinatoren [ar·bo·co·or·di·na·to·ren], arbocoördinators [ar·bo·co·or·di·na·tors]
de **ar·bo·dienst** (m), ar·bo·dien·sten
Ar·bo·raad
het **ar·bo·re·tum**, ar·bo·re·ta, ar·bo·re·tums
ar·bo·tech·nisch (bnw), ar·bo·tech·ni·sche
de **ar·bo·wet·ge·ving** (v), ar·bo·wet·ge·vin·gen
de **ar·ca·de** (v), ar·ca·den, ar·ca·des
ar·ce·ren (ww), ar·ceer, ar·ceert; ar·ceer·de, ar·ceer·den; ge·ar·ceerd
archaïsch [ar·cha·isch] (bnw), archaïsche [ar·cha·i·sche]
het **archaïsme** [ar·cha·is·me], archaïsmen [ar·cha·is·men]
de **ar·cheo·lo·ge** (v), ar·cheo·lo·ges
de **ar·cheo·lo·gie** (v)
ar·cheo·lo·gisch (bnw), ar·cheo·lo·gi·sche
de **ar·cheo·loog** (m), ar·cheo·lo·gen
het **ar·che·ty·pe**, ar·che·ty·pen, ar·che·ty·pes
de **ar·chi·duc**
het **ar·chief**, ar·chie·ven; ar·chief·je
de **ar·chief·wet**, ar·chief·wet·ten
de **ar·chi·pel** (m), ar·chi·pels
de **ar·chi·tect** (m), ar·chi·tec·ten; ar·chi·tect·je
de **ar·chi·tec·te** (v), ar·chi·tec·tes
het **ar·chi·tec·ten·bu·reau**, ar·chi·tec·ten·bu·reaus; ar·chi·tec·ten·bu·reau·tje
ar·chi·tec·to·nisch (bnw), ar·chi·tec·to·ni·sche
ar·chi·tec·tu·raal (bnw), ar·chi·tec·tu·ra·le
de **ar·chi·tec·tuur** (v), ar·chi·tec·tu·ren
de **ar·chi·traaf**, ar·chi·tra·ven
ar·chi·va·lisch (bnw), ar·chi·va·li·sche
de **ar·chi·va·ris** (m), ar·chi·va·ris·sen
ar·chi·ve·ren (ww), ar·chi·veer, ar·chi·veert; ar·chi·veer·de, ar·chi·veer·den; ge·ar·chi·veerd
de **ar·chi·ve·ring** (v), ar·chi·ve·rin·gen
arc·tisch (bnw) *(zeer koud)*, arc·ti·sche
Arc·tisch (bnw) *(m.b.t. Arctica)*, Arc·ti·sche
Ar·deens (bnw), Ar·deen·se
Ar·den·ner ham
het **ar·duin**, ar·dui·nen
de **are**, aren
het **are·aal**, are·a·len
are·li·gi·eus (bnw), are·li·gi·eu·ze
de **are·na**, are·na's; arenaatje

[are·na·tje]
de **arend** (m), aren·den; arend·je
het **arends·oog**, arends·ogen
de **are·pa**, are·pa's
ar·ge·loos (bnw), ar·ge·lo·ze
Ar·gen·tijns (bnw), Ar·gen·tijn·se
het **ar·gon**
het **ar·gu·ment**, ar·gu·men·ten; ar·gu·ment·je
de **ar·gu·men·ta·tie** (v), ar·gu·men·ta·ties
ar·gu·men·te·ren (ww), ar·gu·men·teer, ar·gu·men·teert; ar·gu·men·teer·de, ar·gu·men·teer·den; ge·ar·gu·men·teerd
de **ar·gu·men·te·ring** (v), ar·gu·men·te·rin·gen
de **ar·gus·ogen** (mv)
de **arg·waan** (m)
arg·wa·nend (bnw), arg·wa·nen·de
de **aria**, ari·a's; ariaatje [aria·tje]
de **A-rich·ting** (v), A-rich·tin·gen
ari·de (bnw)
de **ariër** [ari·er] (m) *(blanke niet-Jood)*, ariërs [ari·ers]
de **Ariër** [Ari·er] (m) *(Indo-Germaan)*, Ariërs [Ari·ers]
Arisch (bnw) *(m.b.t. de Ariërs of de Arische talen)*, Ari·sche
de **aris·to·craat** (m), aris·to·cra·ten; aris·to·craat·je
de **aris·to·cra·tie** (v), aristocratieën [aris·to·cra·tie·en]
aris·to·te·lisch (bnw), aris·to·te·li·sche
de **arit·me·ti·ca** (v)
arit·me·tisch (bnw), arit·me·ti·sche
de **arit·mie** (v)
arit·misch (bnw), arit·mi·sche
de **ark**, ar·ken; ark·je
de **arm**[1] (m), ar·men; arm·pje
arm[2] (bnw), ar·me
arm[3]**:** zo arm als Job
de **ar·ma·da** *(grote vloot)*, ar·ma·da's
Ar·ma·da *(Spaanse oorlogsvloot van 1588)*
het **ar·ma·ged·don** *(wereldwijde catastrofe)*, ar·ma·ged·dons
Ar·ma·ged·don *(Bijbelse plaats)*
de **ar·mag·nac** (m), ar·mag·nacs; ar·mag·nac·je
het **Ar·ma·ni·pak**, Ar·ma·ni·pak·ken
de **ar·ma·tuur** (v), ar·ma·tu·ren; ar·ma·tuur·tje
de **arm·band** (m), arm·ban·den; arm·band·je
de **ar·me**, ar·men
de **ar·mee** (v), armeeën [ar·mee·en]
het **Ar·meens**[1] *(taal)*
Ar·meens[2] (bnw), Ar·meen·se
de **ar·me·lui** (mv)
het **ar·me·luis·le·ven**, ar·me·luis·le·vens
de **Armeniër** [Ar·me·ni·er] (m), Armeniërs [Ar·me·ni·ers]
ar·me·tie·rig (bnw), ar·me·tie·ri·ge
de **ar·moe**
de **ar·moe·de**, ar·moed·je
ar·moe·dig (bnw), ar·moe·di·ge
de **ar·moe·zaai·er** (m), ar·moe·zaai·ers
de **arm·ste**, arm·sten
arm·tie·rig (bnw), arm·tie·ri·ge
arm·za·lig (bnw), arm·za·li·ge
het **aro·ma**, aro·ma's
de **aro·ma·nis**
de **aro·ma·the·ra·pie** (v), aromatherapieën [aro·ma·the·ra·pie·en]
het **aroom**, aro·men
de **Aro·wak** (m), Aro·wak·ken
het **Aro·waks**[1] *(taal)*

Aro·waks[2] (bnw), Aro·wak·se
het **ar·ran·ge·ment**, ar·ran·ge·men·ten; ar·ran·ge·ment·je
ar·ran·ge·ren (ww), ar·ran·geer, ar·ran·geert; ar·ran·geer·de, ar·ran·geer·den; ge·ar·ran·geerd
ar·ren[1] (ww), ar, art; ar·de, ar·den; ge·ard
ar·ren[2]: in arren moede
de **ar·ren·sle·de**, ar·ren·sle·den, ar·ren·sle·des
de **ar·ren·slee**, arrensleeën [ar·ren·slee·en]
het **ar·rest**, ar·res·ten
de **ar·res·tant** (m), ar·res·tan·ten
de **ar·res·ta·tie** (v), ar·res·ta·ties
ar·res·te·ren (ww), ar·res·teer, ar·res·teert; ar·res·teer·de, ar·res·teer·den; ge·ar·res·teerd
ar·rê·te·ren (ww), ar·rê·teer, ar·rê·teert; ar·rê·teer·de, ar·rê·teer·den; ge·ar·rê·teerd
de **ar·ri·vé** (m), ar·ri·vés
ar·ri·ve·ren (ww), ar·ri·veer, ar·ri·veert; ar·ri·veer·de, ar·ri·veer·den; ge·ar·ri·veerd
ar·ro·gant (bnw), ar·ro·gan·te
de **ar·ro·gan·tie** (v)
het **ar·ron·dis·se·ment**, ar·ron·dis·se·men·ten
de **ar·ron·dis·se·ments·recht·bank**, ar·ron·dis·se·ments·recht·ban·ken
de **ars**, ar·tes
het **ar·seen**
het **ar·se·naal**, ar·se·na·len; ar·se·naal·tje
het **ar·se·ni·cum**
het **ar·se·niek**
de **art de·co** (m)
de **art-de·co·stijl** (m), art-de·co·stij·len
de **art·di·rec·ti·on** (v)
de **art·di·rec·tor** (m), art·di·rec·tors
het **ar·te·fact**, ar·te·fac·ten
de **ar·te·rie** (v), arteriën [ar·te·ri·en], ar·te·ries
het **art·house**, art·hou·ses
de **Ar·thur·ro·man** (m), Ar·thur·ro·mans
de **ar·ti·cu·la·tie** (v), ar·ti·cu·la·ties
ar·ti·cu·le·ren (ww), ar·ti·cu·leer, ar·ti·cu·leert; ar·ti·cu·leer·de, ar·ti·cu·leer·den; ge·ar·ti·cu·leerd
de **ar·tiest** (m), ar·ties·ten; ar·tiest·je
de **ar·ties·te** (v), ar·ties·tes
ar·ti·fi·ci·eel (bnw), artificiële [ar·ti·fi·ci·e·le]
het **ar·ti·kel**, ar·ti·ke·len, ar·ti·kels; ar·ti·kel·tje
ar·ti·kel·ge·wijs (bnw), ar·ti·kel·ge·wij·ze
het **ar·ti·kel·num·mer**, ar·ti·kel·num·mers
ar·ti·kels·ge·wijs (bnw), ar·ti·kels·ge·wij·ze
de **ar·til·le·rie** (v), artillerieën [ar·til·le·rie·en]
ar·ti·sa·naal (bnw), ar·ti·sa·na·le
het **ar·ti·sa·naat**
de **ar·ti·sjok**, ar·ti·sjok·ken; ar·ti·sjok·je
de **ar·tis·ti·ci·teit** (v), ar·tis·ti·ci·tei·ten
ar·tis·tiek (bnw), ar·tis·tie·ke
de **art nou·veau** (m)
de **art-nou·veau·stijl** (m), art-nou·veau·stij·len
de **ar·tri·tis** (v)
ar·tri·tisch (bnw), ar·tri·ti·sche
de **ar·tro·sco·pie** (v), artroscopieën [ar·tro·sco·pie·en]
de **ar·tro·se** (v), ar·tro·ses
de **arts** (m), art·sen; arts·je
de **arts-as·sis·tent** (m), arts-as·sis·ten·ten, art·sen-

as·sis·ten·ten
de **art·sen·be·zoe·ker** (m), art·sen·be·zoe·kers
de **arts-patiëntrelatie** [arts-pa·ti·ent·re·la·tie] (v), arts-patiëntrelaties [arts-pa·ti·ent·re·la·ties]
het **art·work**, art·works
ar·ty (bnw)
de **as**, as·sen; as·je
a.s. (bnw) *(aanstaande)*
asap (bijw) *(as soon as possible)*
de **as·bak** (m), as·bak·ken; as·bak·je
het **as·best**
as·blond (bnw), as·blon·de
de **as·ceet** (m), as·ce·ten
de **as·cen·dant** (m), as·cen·dan·ten
de **as·ce·se** (v)
as·ce·tisch (bnw), as·ce·ti·sche
asek·su·eel (bnw), asek·su·e·le
ase·lect (bnw), ase·lec·te
de **asem** (m), asem·pje
ase·men (ww), asem, asemt; asem·de, asem·den; ge·asemd
de **Asen** (mv) *(goden)*
de **asep·sis** (v)
het **as·falt**, as·fal·ten
as·fal·te·ren (ww), as·fal·teer, as·fal·teert; as·fal·teer·de, as·fal·teer·den; ge·as·fal·teerd
het **as·fal·te·rings·be·drijf**, as·fal·te·rings·be·drij·ven
het **as·fal·te·rings·pro·gram·ma**, as·fal·te·rings·pro·gram·ma's
het **as·fal·te·rings·pro·ject**, as·fal·te·rings·pro·jec·ten
de **as·fal·te·rings·werk·zaam·he·den** (mv)
het **asiel**[1] *(opvanghuis)*, asie·len, asiels
het **asiel**[2] *(bescherming)*
de **asiel·zoe·ker** (m), asiel·zoe·kers; asiel·zoe·ker·tje
het **asiel·zoe·kers·cen·trum**, asiel·zoe·kers·cen·tra, asiel·zoe·kers·cen·trums
as·je·me·nou (tussenw)
Asj·ke·na·zisch (bnw), Asj·ke·na·zi·sche
de **aso**[1] *(asociaal persoon)*, aso's
aso[2] *(algemeen secundair onderwijs)*
aso[3] (bnw) *(asociaal)*
de **aso·ci·aal**[1], aso·ci·a·len
aso·ci·aal[2] (bnw), aso·ci·a·le
de/het **as·par·taam** (m/o)
aspe·ci·fiek (bnw), aspe·ci·fie·ke
het **as·pect**, as·pec·ten; as·pect·je
de **as·per·ge**, as·per·ges; as·per·ge·tje
as·per·ge·ach·tig (bnw), as·per·ge·ach·ti·ge
de **as·per·ge·kwe·ker** (m), as·per·ge·kwe·kers
de **as·per·ger** *(syndroom van Asperger)*
de **as·per·ge·room·soep**, as·per·ge·room·soe·pen
het **as·per·ger·syn·droom**
de **as·per·ge·soep**, as·per·ge·soe·pen
de **as·per·ge·ste·ker** (m), as·per·ge·ste·kers
de **as·pi·dis·tra**, as·pi·dis·tra's
de **as·pi·rant** (m), as·pi·ran·ten; as·pi·rant·je
de **as·pi·rant-agent** (m), as·pi·rant-agen·ten
de **as·pi·rant-con·tro·leur** (m), as·pi·rant-con·tro·leurs
de **as·pi·ran·ten·klas·se** (v), as·pi·ran·ten·klas·sen
de **as·pi·rant-ko·per** (m), as·pi·rant-ko·pers
het **as·pi·rant-lid**, as·pi·rant-le·den
de **as·pi·ra·tie** (v), as·pi·ra·ties
as·pi·re·ren (ww), as·pi·reer, as·pi·reert; as·pi·reer·de, as·pi·reer·den; ge·as·pi·reerd
de **as·pi·ri·ne**, as·pi·ri·nes; as·pi·rien·tje

aspor·tief (bnw), aspor·tie·ve
de **As·sas·sijn** (m), As·sas·sij·nen
de **as·sem** (m), as·sems
de **as·sem·bla·ge** (v), as·sem·bla·ges
de **as·sem·blee**, as·sem·blees
As·sem·blee *(Nationale Assemblee)*
de **As·sem·blee·com·mis·sie** (v) *(m.b.t. De Nationale Assemblee),* As·sem·blee·com·mis·sies
het **As·sem·blee·lid** *(m.b.t. De Nationale Assemblee),* As·sem·blee·le·den
de **As·sem·blee·ver·ga·de·ring** (v) *(m.b.t. De Nationale Assemblee),* As·sem·blee·ver·ga·de·rin·gen
de **As·sem·blee·voor·zit·ter** (m) *(m.b.t. De Nationale Assemblee),* As·sem·blee·voor·zit·ters
as·sem·ble·ren (ww), as·sem·bleer, as·sem·bleert; as·sem·bleer·de, as·sem·bleer·den; ge·as·sem·bleerd
As·sens (bnw), As·sen·se
de **As·sen·se** (v), As·sen·sen
de **as·se·poes·ter** (v) *(slordige meid),* as·se·poes·ters; as·se·poes·ter·tje
As·se·poes·ter *(sprookjesfiguur),* As·se·poes·ter·tje
de **as·ser·tie** (v), as·ser·ties
as·ser·tief (bnw), as·ser·tie·ve
de **as·ser·ti·vi·teit** (v), as·ser·ti·vi·tei·ten
as·ses·sen (ww), as·ses, as·sest; as·ses·te, as·ses·ten; ge·as·sest
het **as·sess·ment**, as·sess·ments
het **as·sess·ment·cen·ter**, as·sess·ment·cen·ters
de **as·ses·sor** (m), as·ses·so·ren, as·ses·sors
het **as·set·ma·nage·ment**
de **as·si·mi·la·tie** (v), as·si·mi·la·ties
as·si·mi·le·ren (ww), as·si·mi·leer, as·si·mi·leert; as·si·mi·leer·de, as·si·mi·leer·den; ge·as·si·mi·leerd
de **as·si·sen** (mv)
het **as·si·sen·hof**, as·si·sen·ho·ven
de **as·sist** (m), as·sists
de **as·sis·tent** (m), as·sis·ten·ten; as·sis·tent·je
de **as·sis·tent-apo·the·ker** (m), as·sis·tent-apo·the·kers
de **as·sis·tent-arts** (m), as·sis·tent-art·sen
de **as·sis·tent-com·mis·sa·ris** (m), as·sis·tent-com·mis·sa·ris·sen
de **as·sis·ten·te** (v), as·sis·ten·tes
de **as·sis·ten·tie** (v)
de **as·sis·tent-ma·na·ger** (m), as·sis·tent-ma·na·gers
de **as·sis·tent-trai·ner** (m), as·sis·tent-trai·ners
as·sis·te·ren (ww), as·sis·teer, as·sis·teert; as·sis·teer·de, as·sis·teer·den; ge·as·sis·teerd
de **as·so·ci·a·tie** (v), as·so·ci·a·ties
as·so·ci·a·tief (bnw), as·so·ci·a·tie·ve
de **as·so·cié** (m), as·so·ci·és; associeetje [as·so·cié·tje]
associëren [as·so·ci·e·ren] (ww), as·so·ci·eer, as·so·ci·eert; as·so·ci·eer·de, as·so·ci·eer·den; ge·as·so·ci·eerd
de **as·so·nan·tie** (v), as·so·nan·ties
as·sor·te·ren (ww), as·sor·teer, as·sor·teert; as·sor·teer·de, as·sor·teer·den; ge·as·sor·teerd
as·sor·ti (bnw)
het **as·sor·ti·ment**, as·sor·ti·men·ten; as·sor·ti·ment·je
de **as·sump·tie** (v), as·sump·ties
de **as·su·ran·tie** (v), assurantiën [as·su·ran·ti·en], as·su·ran·ties
de **as·su·ran·tie·ad·vi·seur** (m), as·su·ran·tie·ad·vi·seurs
de **as·te·risk** (m), as·te·ris·ken; as·te·risk·je

de **asteroïde** [as·te·ro·i·de] (v), asteroïden [as·te·ro·i·den]
de/het **ast·ma**, ast·ma's
de **ast·ma-aan·val** (m), ast·ma-aan·val·len
as·trant (bnw), as·tran·te
de **as·tro·lo·gie** (v)
de **as·tro·naut** (m), as·tro·nau·ten; as·tro·naut·je
de **as·tro·no·mie** (v)
de **as·tro·noom** (m), as·tro·no·men
de **as·urn**, as·ur·nen
de **as·vaalt**, as·vaal·ten
de **as·ver·strooi·ing** (v), as·ver·strooi·in·gen
de **as·weg** (m), as·we·gen
As·woens·dag
de **asym·me·trie** (v), asymmetrieën [asym·me·trie·en]
asym·me·trisch (bnw), asym·me·tri·sche
asyn·chroon (bnw), asyn·chro·ne
ATB *(allterrainbike),* ATB's
atech·nisch (bnw), atech·ni·sche
het **ate·lier**, ate·liers; ate·lier·tje
à ter·me (bijw)
Atheens (bnw), Atheen·se
het **atheïsme** [athe·is·me]
de **atheïst** [athe·ist] (m), atheïsten [athe·is·ten]
het **athe·ne·um**, athe·nea, athe·ne·ums
de **athe·ro·scle·ro·se** (v)
At·jehs (bnw), At·jeh·se
At·lan·tisch (bnw), At·lan·ti·sche
de **at·las** (m) *(boek, wervel; vlinder),* at·las·sen; at·las·je
de **at·leet** (m), at·le·ten; at·leet·je
de **at·le·te** (v), at·le·tes
de **at·le·tiek** (v)
de **at·le·tiek·baan**, at·le·tiek·ba·nen; at·le·tiek·baan·tje
at·le·tisch (bnw), at·le·ti·sche
de **ATM-kaart**, ATM-kaar·ten
de **at·mo·sfeer**, at·mo·sfe·ren; at·mo·sfeer·tje
at·mo·sfe·risch (bnw), at·mo·sfe·ri·sche
de/het **atol**, atol·len; atol·le·tje
het **atoom**, ato·men; atoom·pje
de **atra·co**, atra·co's
het **atra·co·team**, atra·co·teams
de **atra·ko**, atra·ko's
het **atra·ko·team**, atra·ko·teams
het **atri·um**, atria, atri·ums
de **atro·fie** (v), atrofieën [atro·fie·en]
de **at·ta·ché** (m), at·ta·chés; attacheetje [at·ta·ché·tje]
de **at·ta·chee** (v), at·ta·chees; at·ta·chee·tje
de **at·ta·ché·kof·fer** (m), at·ta·ché·kof·fers; at·ta·ché·kof·fer·tje
de **at·tach·ment** (m), at·tach·ments
de **at·ta·que**, at·ta·ques
at·ta·que·ren (ww), at·ta·queer, at·ta·queert; at·ta·queer·de, at·ta·queer·den; ge·at·ta·queerd
at·ten (ww), at, at; at·te, at·ten; ge·at
at·ten·de·ren (ww), at·ten·deer, at·ten·deert; at·ten·deer·de, at·ten·deer·den; ge·at·ten·deerd
de **at·ten·de·ring** (v), at·ten·de·rin·gen
at·tent (bnw), at·ten·te
de **at·tent·heid** (v), at·tent·he·den
de **at·ten·tie**[1] (v), at·ten·ties
at·ten·tie[2]: ter attentie van
at·tent·vol (bnw), at·tent·vol·le
het **at·test**, at·tes·ten; at·test·je
de **at·tes·ta·tie** (v), at·tes·ta·ties
at·tes·te·ren (ww), at·tes·teer, at·tes·teert; at·tes·teer·de, at·tes·teer·den; ge·at·tes·teerd
de **at·tes·te·ring** (v), at·tes·te·rin·gen

de **at·ti·tu·de** (v), at·ti·tu·den, at·ti·tu·des
de **at·trac·tie** (v), at·trac·ties
at·trac·tief (bnw), at·trac·tie·ve
het **at·trac·tie·park**, at·trac·tie·par·ken
at·tri·bu·e·ren (ww), at·tri·bu·eer, at·tri·bu·eert; at·tri·bu·eer·de, at·tri·bu·eer·den; ge·at·tri·bu·eerd
de **at·tri·bu·tie** (v), at·tri·bu·ties
het **at·tri·buut**, at·tri·bu·ten; at·tri·buut·je
atv *(arbeidstijdverkorting)*
de **ATV-richt·lijn** *(aanmeldings-, transactie- en vervolgingsrichtlijn)*, ATV-richt·lij·nen
aty·pisch (bnw), aty·pi·sche
au (tussenw)
a.u.b. (tussenw) *(alstublieft)*
de **au·ba·de** (v), au·ba·den, au·ba·des
au bain-ma·rie (bijw)
de **au·ber·gi·ne** (v), au·ber·gi·nes
au·ber·gi·ne·ach·tig (bnw), au·ber·gi·ne·ach·ti·ge
het **Au·caans**[1] *(taal)*
Au·caans[2] (bnw), Au·caan·se
de **Au·ca·ner** (m), Au·ca·ners
auc·to·ri·aal (bnw), auc·to·ri·a·le
de **au·di·cien** (m), au·di·ciens
de **audiëntie** [au·di·en·tie] (v), audiënties [au·di·en·ties]
de **au·dio** (m), au·di·o's
de **au·dio·ap·pa·ra·tuur** (v)
de **au·dio-cd** (m), au·dio-cd's
de **au·dio·gids** (m), au·dio·gid·sen
de **au·dio-in·stal·la·tie** (v), au·dio-in·stal·la·ties
de **au·dio·ka·bel** (m), au·dio·ka·bels; au·dio·ka·bel·tje
de **au·dio·lo·gie** (v)
de **au·dio-op·na·me**, au·dio-op·na·men, au·dio-op·na·mes
de **au·dio·tour** (m), audiotouren [au·dio·tours]
au·dio·vi·su·eel (bnw), au·dio·vi·su·e·le
de **au·dit** (m), au·dits
de **au·di·tant** (m), au·di·tan·ten
het **au·dit·co·mi·té**, au·dit·co·mi·tés
de **au·dit·com·mis·sie** (v), au·dit·com·mis·sies
de **au·dit·dienst** (m), au·dit·dien·sten
au·di·ten (ww), au·dit, au·dit; au·dit·te, au·dit·ten; ge·au·dit
au·di·te·ren (ww), au·di·teer, au·di·teert; au·di·teer·de, au·di·teer·den; ge·au·di·teerd
de **au·di·teur** (m), au·di·teurs
de **au·di·tie** (v), au·di·ties
au·di·tief (bnw), au·di·tie·ve
de **au·di·tor** (m), au·di·to·ren, au·di·tors
het **au·di·to·raat**, au·di·to·ra·ten
het **au·di·to·ri·um**, au·di·to·ria, au·di·to·ri·ums
de **auf·klä·rung** (v)
au fond (bijw)
aug *(augustus)*
aug. *(augustus)*
de **au·gi·as·stal** (m), au·gi·as·stal·len
de **au·gurk**, au·gur·ken; au·gurk·je
au·gust: domme august
de **au·gus·tijn** (m), au·gus·tij·nen
au·gus·tij·ner (bnw)
de **au·gus·tus** (m), au·gus·tus·sen
de **au·gus·tus·dag** (m), au·gus·tus·da·gen
de **au·la**, au·la's; aulaatje [au·la·tje]
de **au pair**, au pairs
het **au-pair·bu·reau**, au-pair·bu·reaus
het **au-pair·meis·je**, au-pair·meis·jes
het **au-pair·werk**
de **au·ra** (v), au·ra's; auraatje [au·ra·tje]

de **au·re·ool**, au·re·o·len; au·re·ool·tje
de **au·ro·ra** (v), au·ro·ra's; auroraatje [au·ro·ra·tje]
de **aus·dau·er** (v)
au sé·ri·eux (bijw)
de **auspiciën** [aus·pi·ci·en] (mv)
de **aus·sie** (m), aus·sies
de **aus·te·ri·teit** (v)
de **Australiër** [Aus·tra·li·er] (m), Australiërs [Aus·tra·li·ers]
Aus·tra·lisch (bnw), Aus·tra·li·sche
het **Au·stra·lisch-En·gels** *(taal)*
de **aus·tra·lo·pi·the·cus** (m), aus·tra·lo·pi·the·ci
de **au·tar·chie** (v), autarchieën [au·tar·chie·en]
de **au·tar·kie** (v), autarkieën [au·tar·kie·en]
au·tar·kisch (bnw), au·tar·ki·sche
de **au·teur** (m), au·teurs
het **au·teur·schap**, au·teur·schap·pen
het **au·teurs·recht**, au·teurs·rech·ten
de **au·teurs·rech·ten·or·ga·ni·sa·tie** (v), au·teurs·rech·ten·or·ga·ni·sa·ties
de **au·then·ti·ca·tie** (v), au·then·ti·ca·ties
au·then·ti·ce·ren (ww), au·then·ti·ceer, au·then·ti·ceert; au·then·ti·ceer·de, au·then·ti·ceer·den; ge·au·then·ti·ceerd
de **au·then·ti·ci·teit** (v), au·then·ti·ci·tei·ten
au·then·tiek (bnw), au·then·tie·ke
de **au·then·ti·fi·ca·tie** (v), au·then·ti·fi·ca·ties
het **au·tis·me**
het **au·tis·me·spec·trum**, au·tis·me·spec·tra, au·tis·me·spec·trums
de **au·tis·me·spec·trum·stoor·nis** (v), au·tis·me·spec·trum·stoor·nis·sen
de **au·tist** (m), au·tis·ten; au·tist·je
au·tis·tisch (bnw), au·tis·ti·sche
de **au·to** (m), au·to's; autootje [au·to·tje]
het **au·to·alarm**, au·to·alar·men
de **au·to·an·ten·ne**, au·to·an·ten·nen, au·to·an·ten·nes
de **au·to·as·sem·bla·ge** (v), au·to·as·sem·bla·ges
de **au·to·baan**, au·to·ba·nen
de **au·to·bak** (m), au·to·bak·ken
de **au·to·band** (m), au·to·ban·den
de **au·to·be·las·ting** (v), au·to·be·las·tin·gen
de **au·to·be·stuur·der** (m), au·to·be·stuur·ders
de **au·to·bio·gra·fie** (v), autobiografieën [au·to·bio·gra·fie·en]; au·to·bio·gra·fie·tje
au·to·bio·gra·fisch (bnw), au·to·bio·gra·fi·sche
de **au·to·bom·aan·slag** (m), au·to·bom·aan·sla·gen
de **au·to·bran·che**, au·to·bran·ches
de **au·to·bus** (m), au·to·bus·sen; au·to·bus·je
de **au·to·car** (m), au·to·cars
de **au·to·car·ros·se·rie** (v), autocarrosserieën [au·to·car·ros·se·rie·en]
de **au·toch·toon**[1] (m), au·toch·to·nen; au·toch·toon·tje
au·toch·toon[2] (bnw), au·toch·to·ne
de **au·to·claaf**, au·to·cla·ven
de **au·to·con·struc·teur** (m), au·to·con·struc·teurs
de **au·to·cou·reur** (m),

au·to·cou·reurs
de **au·to·craat** (m), au·to·cra·ten
de **au·to·cue** (m), au·to·cues
het **au·to·da·fe**, au·to·da·fe's
de **au·to·dea·ler** (m), au·to·dea·lers
de **au·to·di·dact**[1] (m), au·to·di·dac·ten
au·to·di·dact[2] (bnw), au·to·di·dac·te
au·to·di·dac·tisch (bnw), au·to·di·dac·ti·sche
de **au·to-ex·pert** (m), au·to-ex·per·ten, au·to-ex·perts
de **au·to-ex·port** (m), au·to-ex·por·ten
de **au·to-ex·por·teur** (m), au·to-ex·por·teurs
de **au·to·fa·bri·kant** (m), au·to·fa·bri·kan·ten
de **au·to·fo·cus** (m)
de **au·to·goal** (m), au·to·goals
de **au·to·graaf** (m), au·to·gra·fen
de **au·to·gra·fie** (v), autografieën [au·to·gra·fie·en]
de **au·to·han·del** (m), au·to·han·dels
de **au·to·han·de·laar** (m), au·to·han·de·laars, au·to·han·de·la·ren
het **au·to-im·muun·sys·teem**, au·to-im·muun·sys·te·men
de **au·to-im·muun·ziek·te** (v), au·to-im·muun·ziek·ten, au·to-im·muun·ziek·tes
de **au·to-im·port** (m), au·to-im·por·ten
de **au·to-im·por·teur** (m), au·to-im·por·teurs
de **au·to-in·braak**, au·to-in·bra·ken
de **au·to-in·dus·trie** (v), auto-industrieën [au·to-in·dus·trie·en]
de **au·to-in·spec·tie** (v), au·to-in·spec·ties
de **au·to·kaart**, au·to·kaar·ten
het **au·to·keu·rings·be·drijf**, au·to·keu·rings·be·drij·ven
het **au·to·keu·rings·be·wijs**, au·to·keu·rings·be·wij·zen
de **au·to·kos·ten** (mv)
de **au·to·lob·by**, au·to·lob·by's
au·to·luw (bnw), au·to·lu·we
de **au·to·maat** (m), au·to·ma·ten; au·to·maat·je
het **au·to·ma·ga·zi·ne**, au·to·ma·ga·zi·nes
de **au·to·ma·tiek** (v), au·to·ma·tie·ken
de **au·to·ma·ti·sa·tie** (v), au·to·ma·ti·sa·ties
au·to·ma·tisch (bnw), au·to·ma·ti·sche
au·to·ma·ti·se·ren (ww), au·to·ma·ti·seer, au·to·ma·ti·seert; au·to·ma·ti·seer·de, au·to·ma·ti·seer·den; ge·au·to·ma·ti·seerd
de **au·to·ma·ti·se·ring** (v), au·to·ma·ti·se·rin·gen
het **au·to·ma·tis·me**, au·to·ma·tis·men
de **au·to·me·ca·ni·cien** (m), au·to·me·ca·ni·ciens
de **au·to·me·cha·ni·ca** (v)
de **au·to·me·cha·nie·ker** (m), au·to·me·cha·nie·kers
het **au·to·merk**, au·to·mer·ken
de **au·to·mo·biel** (m), au·to·mo·bie·len; au·to·mo·biel·tje
de **au·to·mo·biel·bran·che**, au·to·mo·biel·bran·ches
de **au·to·mo·biel·in·spec·tie** (v), au·to·mo·biel·in·spec·ties
de **au·to·mo·bi·list** (m), au·to·mo·bi·lis·ten; au·to·mo·bi·list·je
de **au·to·mo·bi·lis·te** (v),

au·to·mo·bi·lis·tes
de **au·to·mon·teur** (m), au·to·mon·teurs; au·to·mon·teur·tje
de **au·to·mo·tive**, au·to·mo·tives
de **au·to·mo·tor** (m), au·to·mo·to·ren, au·to·mo·tors
de **au·to·mu·ti·la·tie** (v), au·to·mu·ti·la·ties
au·to·mu·ti·le·ren (ww), au·to·mu·ti·leer, au·to·mu·ti·leert; au·to·mu·ti·leer·de, au·to·mu·ti·leer·den; ge·au·to·mu·ti·leerd
de **au·to·no·mie** (v), au·to·no·mie·tje
de **au·to·no·mi·teit** (v)
de **au·to·noom**[1] (m), au·to·no·men
au·to·noom[2] (bnw), au·to·no·me
het **au·to-on·der·deel**, au·to-on·der·de·len
het **au·to-on·der·houd**
het **au·to-on·ge·luk**, au·to-on·ge·luk·ken; au·to-on·ge·luk·je
het **au·to-on·ge·val**, au·to-on·ge·val·len
de **au·to-ont·wer·per** (m), au·to-ont·wer·pers
de **au·to·pech** (m)
de **au·to·ped** (m), au·to·peds; au·to·ped·je
het **au·to·por·tier**, au·to·por·tie·ren
de **au·top·sie** (v), au·top·sies; au·top·sie·tje
het **au·to·raam**, au·to·ra·men; au·to·raam·pje
de **au·to·race** (m), au·to·ra·ces
au·to·ra·cen (ww)
de **au·to·ra·dio** (m), au·to·ra·di·o's; autoradiootje [au·to·ra·dio·tje]
de **au·to·ral·ly** (m), au·to·ral·ly's
de **au·to·ral·ly·sport**
het **au·to·rij·be·wijs**, au·to·rij·be·wij·zen
au·to·rij·den (ww), rij au·to, rijd au·to, rijdt au·to; reed au·to, re·den au·to; au·to·ge·re·den
de **au·to·ri·sa·tie** (v), au·to·ri·sa·ties
au·to·ri·se·ren (ww), au·to·ri·seer, au·to·ri·seert; au·to·ri·seer·de, au·to·ri·seer·den; ge·au·to·ri·seerd
au·to·ri·tair (bnw), au·to·ri·tai·re
au·to·ri·ta·tief (bnw), au·to·ri·ta·tie·ve
de **au·to·ri·teit** (v), au·to·ri·tei·ten; au·to·ri·teit·je
de/het **au·to·sa·lon** (m/o), au·to·sa·lons
de **au·to·snel·weg** (m), au·to·snel·we·gen
de **au·to·staan·plaats**, au·to·staan·plaat·sen
de **au·to·stoel** (m), au·to·stoe·len; au·to·stoel·tje
de **au·to·stra·de** (v), au·to·stra·des
de **au·to·tech·niek** (v), au·to·tech·nie·ken
de **au·to-uit·laat** (m), au·to-uit·la·ten
de **au·to·ver·huur** (m)
de **au·to·weg** (m), au·to·we·gen; au·to·weg·ge·tje, au·to·weg·je
de **auxi·ne** (v)
het **aval**
de **avan·ce**, avan·ces
avan·ce·ren (ww), avan·ceer, avan·ceert; avan·ceer·de, avan·ceer·den; ge·avan·ceerd
de **avant-gar·de**
het **avant-gar·de·to·neel**
avant-gar·dis·tisch (bnw), avant-gar·dis·ti·sche
avant la let·tre (bijw)
de **avant-pre·mi·è·re**, avant-pre·mi·è·res
de **ava·tar** (m), ava·tars
AVBZ *(algemene verzekering bijzondere ziektekosten)*

de **AVBZ-zorg**
het **ave**, ave's; aveetje [ave·tje]
de **ave·gaar** (m), ave·gaars
het **ave ma·ria** *(gebed),* ave ma·ri·a's; ave mariaatje [ave ma·ria·tje]
Ave Ma·ria *(naam gebed),* Ave Mariaatje [Ave Ma·ria·tje]
de **ave·nue**, ave·nues
ave·recht (bnw), ave·rech·te
ave·rechts (bnw), ave·recht·se
de **ave·rij** (v), ave·rij·en
avers (bnw), aver·se
de **aver·sie** (v), aver·sies
avo *(algemeen voortgezet onderwijs)*
de **avo·ca·do**, avo·ca·do's; avocadootje [avo·ca·do·tje]
à vo·lon·té (bijw)
de **avond** (m), avon·den; avond·je
het **avond·eten**, avond·eten·tje
het **avond·feest**, avond·fees·ten; avond·feest·je
de **avond·les**, avond·les·sen
avond·lijk (bnw), avond·lij·ke
het **avond·maal**, avond·ma·len; avond·maal·tje
de **avond·mis**, avond·mis·sen
de **avond·op·lei·ding** (v), avond·op·lei·din·gen
het **avond·rood**
het **avond·toi·let**, avond·toi·let·ten
de **avond·twee·daag·se**, avond·twee·daag·sen
het **avond·uur**, avond·uren; avond·uur·tje
de **avond·vier·daag·se** (m), avond·vier·daag·sen
de **avond·wa·ke**, avond·wa·ken
de **avond·zon**, avond·zon·nen; avond·zon·ne·tje
avon·tu·ren (ww), avon·tuur, avon·tuurt; avon·tuur·de, avon·tuur·den; ge·avon·tuurd
het **avon·tu·ren·ver·haal**, avon·tu·ren·ver·ha·len; avon·tu·ren·ver·haal·tje
de **avon·tu·rier** (m), avon·tu·riers
het **avon·tuur**, avon·tu·ren; avon·tuur·tje
avon·tuur·lijk (bnw), avon·tuur·lij·ke
de **awa·ra**, awa·ra's
de **award** (m), awards
de **awa·ri**, awa·ri's
de **awa·sa** (m)
awel (tussenw)
awèl (tussenw) *(in Antilliaans-Nederlands)*
de **axel** (m), axels
axi·aal (bnw), axi·a·le
het **axi·o·ma**, axi·o·ma's
de **axo·lotl** (m), axo·lotls
het **axon**, axo·nen
de **aya** (m), aya's
de **aya·ca**, aya·ca's
de **aya·ka**, aya·ka's
de **aya·tol·lah** (m), aya·tol·lahs
ayó (tussenw)
ayt·kan·ti, ayt·kan·ti's
de **ayur·ve·da** (m)
ayur·ve·disch (bnw), ayur·ve·di·sche
de **aza·lea**, aza·le·a's; azaleaatje [aza·lea·tje]
azc *(asielzoekerscentrum),* azc's
azen (ww), aas, aast; aas·de, aas·den; ge·aasd
de **Azer·bei·dzjaan** (m), Azer·bei·dzja·nen
Azer·bei·dzjaans (bnw), Azer·bei·dzjaan·se
het **azer·ty·kla·vier**, azer·ty·kla·vie·ren
de **Azi·aat** (m), Azi·a·ten
Azi·a·tisch (bnw), Azi·a·ti·sche
de **azijn** (m), azij·nen
de **azijn·pis·ser** (m), azijn·pis·sers

het **azijn·stel**, azijn·stel·len
het **azi·mut**, azi·muts
AZN *(Algemeen Zuid-Nederlands)*
de **Az·teek** (m), Az·te·ken
Az·teeks (bnw), Az·teek·se
azu·ren (bnw)
het **azuur**
azuur·blauw (bnw), azuur·blau·we
de **azuur·steen**[1] (m) *(voorwerp),* azuur·ste·nen
de/het **azuur·steen**[2] (m/o) *(stofnaam)*

B

de **b** *(letter),* b's; b'tje
b2b *(business-to-business)*
de **B-52** (m), B-52's
de **B-52-bom·men·wer·per** (m), B-52-bom·men·wer·pers
ba (tussenw)
BA *(bachelor of arts),* BA's
het **baad·je**, baad·jes
de **baad·ster** (v), baad·sters
de **baai**[1] (m) *(tabak, wijn)*
de **baai**[2] *(zeearm),* baai·en; baai·tje
de/het **baai**[3] (m/o) *(weefsel),* baai·en
de **baai·dag** (m), baai·da·gen
baai·en (bnw)
de **baai·erd** (m), baai·erds
de **baak**, ba·ken
de **baal**, ba·len; baal·tje
de **baäl** [ba·al] (m) *(afgod),* baäls [ba·als]
Baäl [Ba·al] *(godheid)*
de **baan**, ba·nen; baan·tje
baan·bre·kend (bnw), baan·bre·ken·de
de **baan·bre·ker** (m), baan·bre·kers
de **baan·lo·ze**, baan·lo·zen
de **baan·vast·heid** (v)
het **baan·zand**
de **baar**[1] (v) *(draagstoel, draagbaar),* ba·ren; baar·tje
de **baar**[2] *(golf),* ba·ren; baar·tje
baar[3] (bnw), ba·re
de **baard** (m), baar·den; baard·je
baar·de·loos (bnw), baar·de·lo·ze
de **baard·wal·vis** (m), baard·wal·vis·sen
de **baar·moe·der**, baar·moe·ders
het **baar·moe·der·hals·on·der·zoek**, baar·moe·der·hals·on·der·zoe·ken
het **baar·moe·der·slijm·vlies**, baar·moe·der·slijm·vlie·zen
de **baars**[1] (m), baar·zen; baars·je
baars[2] (bnw), baar·se
de **baas** (m), ba·zen; baas·je
de **baat**, ba·ten
baat heb·ben bij
de **ba·ba** (m), ba·ba's
de **bab·bel**[1] (m) *(praatje),* bab·bels; bab·bel·tje
de **bab·bel**[2] *(persoon),* bab·bels; bab·bel·tje
de **bab·be·laar** (m), bab·be·laars; bab·be·laar·tje
de **bab·bel·box** (m), bab·bel·boxen
bab·be·len (ww), bab·bel, bab·belt; bab·bel·de, bab·bel·den; ge·bab·beld
de **bab·bel·kous**, bab·bel·kou·sen; bab·bel·kous·je
de **babe** (v), babes; babe·je
de **ba·bi** (m), ba·bi's; ba·bie·tje
de **ba·bi pan·gang** (m), ba·bi pan·gangs
de **ba·boe** (v), ba·boes; ba·boe·tje
de **ba·boesj·ka** (v), ba·boesj·ka's
de **ba·by** (m), ba·by's; baby'tje [ba·by·tje]
het **ba·by·ar·ti·kel**, ba·by·ar·ti·ke·len, ba·by·ar·ti·kels
het **ba·by·bad**, ba·by·ba·den; ba·by·bad·je
het **ba·by·bed**, ba·by·bed·den; ba·by·bed·je
de **ba·by·blues**
de **ba·by·boom** (m), ba·by·booms
de **ba·by·boo·mer** (m), ba·by·boo·mers; ba·by·boo·mer·tje
de **ba·by·boom·ge·ne·ra·tie** (v), ba·by·boom·ge·ne·ra·ties
de **ba·by·bor·rel** (m), ba·by·bor·rels
de **ba·by·doll** (m), ba·by·dolls
de **ba·by·druif**, ba·by·drui·ven

de/het **ba·by·face** (m/o), ba·by·fa·ces
de **ba·by·foon** (m), ba·by·foons; ba·by·foon·tje
de **ba·by·kle·ding** (v)
Ba·by·lo·nisch (bnw) *(m.b.t. Babel, Babylonië),* Ba·by·lo·ni·sche
de **ba·by·mais** (m)
de **babymaïs** [ba·by·ma·is] (m)
de **ba·by·olie**, babyoliën [ba·by·oli·en], ba·by·olies
de **ba·by·oli·fant** (m), ba·by·oli·fan·ten; ba·by·oli·fant·je
de **ba·by·sit**, ba·by·sits
ba·by·sit·ten (ww), ba·by·sit, ba·by·sit; ba·by·sit·te, ba·by·sit·ten; ge·ba·by·sit
de **ba·by·sit·ter** (m), ba·by·sit·ters
de **ba·by·uit·zet** (m), ba·by·uit·zet·ten
de **ba·by·voe·ding** (v)
het **bac·ca·lau·re·aat**, bac·ca·lau·re·a·ten
het **bac·cha·naal**, bac·cha·na·len
de **bac·chant** (m), bac·chan·ten
de **ba·che·lor** (m), ba·che·lors
het **ba·che·lor·di·plo·ma**, ba·che·lor·di·plo·ma's
de **ba·che·lor-mas·ter** (m), ba·che·lor-mas·ters
de **ba·che·lor·op·lei·ding** (v), ba·che·lor·op·lei·din·gen
de **ba·che·lor·proef**, ba·che·lor·proe·ven
de **ba·che·lor·scrip·tie** (v), ba·che·lor·scrip·ties
het **ba·che·lors·di·plo·ma**, ba·che·lors·di·plo·ma's
de **ba·che·lor·stu·dent** (m), ba·che·lor·stu·den·ten
de **ba·cil** (m), ba·cil·len; ba·cil·le·tje
de **ba·cil·len·dra·ger** (m), ba·cil·len·dra·gers
de **back** (m), backs
bac·ken (ww), back, backt; back·te, back·ten; ge·backt
de **bac·king**
de/het **back·of·fice** (m/o), back·of·fi·ces
back·pac·ken (ww), back·pack, back·packt; back·pack·te, back·pack·ten; ge·back·packt
de **back·pac·ker** (m), back·pac·kers
de **back·space** (m), back·spa·ces
back·stage (bnw)
de **back·track** (m)
de **back·track·rou·te**
de **back-up** (m), back-ups
het **back-up·be·stand**, back-up·be·stan·den
back-up·pen (ww), back-up, back-upt; back-up·te, back-up·ten; ge·back-upt
het **back-up·plan**, back-up·plan·nen
de **ba·co** (m) *(drank),* ba·co's; bacootje [ba·co·tje]
de/het **ba·con** (m/o)
de **ba·co·ve**, ba·co·ves
het **ba·co·ve·be·drijf**, ba·co·ve·be·drij·ven
de **ba·co·ve·win·kel** (m), ba·co·ve·win·kels
het **bac·te·ri·ci·de**, bac·te·ri·ci·den, bac·te·ri·ci·des
de **bac·te·rie** (v), bacteriën [bac·te·ri·en]; bac·te·rie·tje
bac·te·ri·eel (bnw), bacteriële [bac·te·ri·e·le]
de **bac·te·rie·ko·lo·nie** (v), bacteriekoloniën [bac·te·rie·ko·lo·ni·en], bac·te·rie·ko·lo·nies
de **bacteriëmie** [bac·te·ri·e·mie] (v)
de **bac·te·rio·faag** (m), bac·te·rio·fa·gen
het **bad**, ba·den; bad·je
bad·de·ren (ww), bad·der, bad·dert; bad·der·de, bad·der·den;

ge·bad·derd
de **bad·ding** (m), bad·dings
de **bad·doek** (m), bad·doe·ken
ba·den (ww), baad, baadt; baad·de, baad·den; ge·baad
ba·dend (bnw), ba·den·de
de **ba·der** (m), ba·ders
de **badge** (m), bad·ges
bad·gen (ww), badge, badget; badge·de, badge·den; ge·badged
de **bad·hand·doek** (m), bad·hand·doe·ken; bad·hand·doek·je
het **bad·hand·je**, bad·hand·jes
ba·di·ne·ren (ww), ba·di·neer, ba·di·neert; ba·di·neer·de, ba·di·neer·den; ge·ba·di·neerd
de **bad·jas**, bad·jas·sen; bad·jas·je
de **bad·ka·mer**, bad·ka·mers; bad·ka·mer·tje
de **bad·ka·mer·te·gel** (m), bad·ka·mer·te·gels; bad·ka·mer·te·gel·tje
de **bad·kuip**, bad·kui·pen; bad·kuip·je
het **bad·min·ton**
de **bad·min·ton·club**, bad·min·ton·clubs
bad·min·ton·nen (ww), bad·min·ton, bad·min·tont; bad·min·ton·de, bad·min·ton·den; ge·bad·min·tond
het **bad·min·ton·rac·ket**, bad·min·ton·rac·kets; bad·min·ton·rac·ket·je
de **bad·min·ton·se·lec·tie** (v), bad·min·ton·se·lec·ties
de **bad·min·ton·spe·ler** (m), bad·min·ton·spe·lers
de **bad·min·ton·we·reld**, bad·min·ton·we·reld·je
het **bad·pak**, bad·pak·ken; bad·pak·je
de **bad·plaats**, bad·plaat·sen; bad·plaats·je
het **bad·schuim**
de **bad·slip·per** (m), bad·slip·pers; bad·slip·per·tje
de **bad·stof**[1]
bad·stof[2] (bnw)
de **bad·zeep**, bad·ze·pen
baf (tussenw)
de **ba·ga·ge** (v)
de **ba·ga·ge·dra·ger** (m), ba·ga·ge·dra·gers; ba·ga·ge·dra·ger·tje
het **ba·ga·ge·rek**, ba·ga·ge·rek·ken; ba·ga·ge·rek·je
de/het **ba·ga·tel**, ba·ga·tel·len; ba·ga·tel·le·tje
de **ba·ga·tel·le**, ba·ga·tel·les; ba·ga·tel·le·tje
ba·ga·tel·li·se·ren (ww), ba·ga·tel·li·seer, ba·ga·tel·li·seert; ba·ga·tel·li·seer·de, ba·ga·tel·li·seer·den; ge·ba·ga·tel·li·seerd
de **ba·gel** (m), ba·gels
de **bag·ger**, bag·gers
de **bag·ge·raar** (m), bag·ge·raars
bag·ge·ren (ww), bag·ger, bag·gert; bag·ger·de, bag·ger·den; ge·bag·gerd
het **bag·ger·schip**, bag·ger·sche·pen
de **ba·guet·te**, ba·guet·tes
bah (tussenw)
het **ba·hai**
de **bah·co** (m) *(sleutel)*, bah·co's
de **bail-out** (m), bail-outs
de **bai·sait**, bai·saits
de **bais·se** (v), bais·ses
bai·thak
de **ba·jes**, ba·je·sen
de **ba·jo·net**, ba·jo·net·ten
de **bak** (m), bak·ken; bak·je
de **ba·ka·ba·na**, ba·ka·ba·na's
de **bak·ba·naan**, bak·ba·na·nen

B

het **bak·beest**, bak·bees·ten
het **bak·blik**, bak·blik·ken
het **bak·boord**, bak·boor·den
het **ba·ke·liet**
het **ba·ken**, ba·kens; ba·ken·tje
ba·ke·nen (ww), ba·ken, ba·kent; ba·ken·de, ba·ken·den; ge·ba·kend
de **ba·ker** (v), ba·kers
de **ba·ker·mat**, ba·ker·mat·ten
de **bak·fiets**, bak·fiet·sen; bak·fiets·je
het **bak·huis**, bak·hui·zen; bak·huis·je
de **bak·ke·baard** (m), bak·ke·baar·den; bak·ke·baard·je
bak·ke·lei·en (ww), bak·ke·lei, bak·ke·leit; bak·ke·lei·de, bak·ke·lei·den; ge·bak·ke·leid
bak·kel·jauw
bak·ken (ww) *(gaar maken; hard vriezen; zakken)*, bak, bakt; bak·te, bak·ten; ge·bak·ken
de **bak·ker** (m), bak·kers; bak·ker·tje
de **bak·ke·rij** (v), bak·ke·rij·en; bak·ke·rij·tje
het **bakkerijingrediënt** [bak·ke·rij·in·gre·di·ent], bakkerijingrediënten [bak·ke·rij·in·gre·di·en·ten]
de **bak·ke·rij-pa·tis·se·rie** (v), bakkerijen-patisserieën [bak·ke·rij·en-pa·tis·se·rie·en], bakkerij-patisserieën [bak·ke·rij-pa·tis·se·rie·en]
de **bak·ke·rin** (v), bak·ke·rin·nen
de **bak·kers·gist** (m)
de **bak·kers·tor**, bak·kers·tor·ren
de **bak·kers·vrouw** (v), bak·kers·vrou·wen
de **bak·kers·win·kel** (m), bak·kers·win·kels; bak·kers·win·kel·tje
de **bak·kers·zaak**, bak·kers·za·ken; bak·kers·zaak·je
het **bak·kes**, bak·ke·sen; bak·kes·je
het **bak·kie**, bak·kies
de **bak·la·va** (m), bak·la·va's
de **bak·oven** (m), bak·ovens; bak·oven·tje
de **bak·pan**, bak·pan·nen; bak·pan·ne·tje
de **bak·plaat**, bak·pla·ten; bak·plaat·je
de/het **bak·poe·der** (m/o), bak·poe·ders
de **ba·kra**, ba·kra's
de **ba·kru**, ba·kru's
het **bak·sel**, bak·sels; bak·sel·tje
bak·sis *(extraatje)*
de **bak·steen**[1] (m) *(voorwerp)*, bak·ste·nen; bak·steen·tje
de/het **bak·steen**[2] (m/o) *(stofnaam)*
de **bak·ster** (v), bak·sters
de **bak·te** (v), bak·ten
de **bak·vis**[1] (v) *(meisje)*, bak·vis·sen
de **bak·vis**[2] (m) *(vis)*, bak·vis·sen; bak·vis·je
de **bak·vorm** (m), bak·vor·men; bak·vorm·pje
bak·zeil ha·len
de **bal**[1] (m) *(voorwerp)*, bal·len; bal·le·tje
het **bal**[2] *(danspartij)*, bals; bal·le·tje
ba·lan·ce·ren (ww), ba·lan·ceer, ba·lan·ceert; ba·lan·ceer·de, ba·lan·ceer·den; ge·ba·lan·ceerd
de **ba·lan·ce·ring** (v), ba·lan·ce·rin·gen
de **ba·lans**, ba·lan·sen; ba·lans·je
ba·la·ta
de/het **ba·la·tum** (m/o)
de **ba·la·ya·ge** (m), ba·la·ya·ges
bal·da·dig (bnw), bal·da·di·ge
de/het **bal·da·kijn** (m/o), bal·da·kij·nen, bal·da·kijns; bal·da·kijn·tje
de **ba·lein**[1] *(voorwerp)*, ba·lei·nen; ba·lein·tje

het **ba·lein**[2] *(stofnaam)*
ba·lei·nen (bnw)
ba·len (ww), baal, baalt; baal·de, baal·den; ge·baald
de **balg** (m), bal·gen; balg·je
de **ba·lie** (v), ba·lies
de **Ba·li·nees**[1] (m), Ba·li·ne·zen
Ba·li·nees[2] (bnw), Ba·li·ne·se
de **bal·juw** (m), bal·juws
de **balk** (m), bal·ken; balk·je
het **balk·an·ker**
het **Bal·kan·land**, Bal·kan·lan·den; Bal·kan·land·je
Bal·kan·oor·log
de **bal·kan·ver·geet-mij-niet**, bal·kan·ver·geet-mij-nie·ten; bal·kan·ver·geet-mij-niet·je
bal·ken (ww), balk, balkt; balk·te, balk·ten; ge·balkt
de **bal·ken·brij** (m)
de **bal·ken·en·de·norm**
het **bal·kon**, bal·kons; bal·kon·ne·tje
de **bal·kon·scè·ne**, bal·kon·scè·nes
de **bal·lad** (m), bal·lads
de **bal·la·de** (v), bal·la·den, bal·la·des; bal·la·de·tje
de **bal·last** (m)
bal·len (ww), bal, balt; bal·de, bal·den; ge·bald
het **bal·len·bad**, bal·len·ba·den
de **bal·len·bak** (m), bal·len·bak·ken; bal·len·bak·je
de **bal·le·ri·na** (v), bal·le·ri·na's; ballerinaatje [bal·le·ri·na·tje]
het **bal·let**, bal·let·ten; bal·let·je
de **bal·let·school**, bal·let·scho·len; bal·let·school·tje
de **bal·ling·schap** (v), bal·ling·schap·pen
de **bal·lis·tiek** (v)
bal·lis·tisch (bnw), bal·lis·ti·sche
de **bal·lon** (m), bal·lon·nen, bal·lons; bal·lon·ne·tje
bal·lon·va·ren (ww)
de **bal·lo·ta·ge** (v), bal·lo·ta·ges
bal·lo·te·ren (ww), bal·lo·teer, bal·lo·teert; bal·lo·teer·de, bal·lo·teer·den; ge·bal·lo·teerd
de **ball·point** (m), ball·points; ball·point·je
het **bal mas·qué**, bal mas·qués, bals mas·qués
ba·lo·rig (bnw), ba·lo·ri·ge
de **bal·pen**, bal·pen·nen; bal·pen·ne·tje
het **bal·sa**
de **bal·sa·mi·co** (m), bal·sa·mi·co's
de **bal·sa·mi·co·azijn** (m), bal·sa·mi·co·azij·nen
de **bal·sem** (m), bal·sems; bal·sem·pje
het **bal·spel**, bal·spe·len, bal·spel·len
Bal·tisch (bnw), Bal·ti·sche
de **ba·lus·ter** (m), ba·lus·ters
de **ba·lus·tra·de** (v), ba·lus·tra·den, ba·lus·tra·des
bal·wer·pen (ww)
de **bal·zak** (m), bal·zak·ken; bal·zak·je
bam *(bewust alleenstaande moeder)*, bam·men
ba·ma *(bachelor-master)*, ba·ma's
de **ba·ma·struc·tuur** (v), ba·ma·struc·tu·ren
de **bam·bi** (m), bam·bi's; bambietje [bam·bi·tje]
de/het **bam·boe** (m/o) *(plantengeslacht; stofnaam)*
de **bam·boe·ko·ker** (m), bam·boe·ko·kers
de **ba·mi** (m)
de **ban** (m), ban·nen
ba·naal (bnw), ba·na·le
de **ba·naan**, ba·na·nen; ba·naan·tje
ba·na·li·se·ren (ww), ba·na·li·seer, ba·na·li·seert; ba·na·li·seer·de,

ba·na·li·seer·den; ge·ba·na·li·seerd
de **ba·na·li·se·ring** (v), ba·na·li·se·rin·gen
de **ba·na·na·split** (m)
de **ba·na·nen·ba·co·ve**, ba·na·nen·ba·co·ves
de **ba·na·nen·chips** (mv)
het **ba·na·nen·meel**
de **ba·na·nen·schil**, ba·na·nen·schil·len; ba·na·nen·schil·le·tje
de **ba·na·nen·sec·tor** (m), ba·na·nen·sec·to·ren, ba·na·nen·sec·tors
de **ba·na·nen·vlieg**, ba·na·nen·vlie·gen; ba·na·nen·vlieg·je
ban·cair (bnw), ban·cai·re
de **band**[1] (m) *(voorwerp)*, ban·den; band·je
de **band**[2] (m) *(orkest)*, bands; band·je
het **band**[3] *(stofnaam)*
de **ban·da·ge** (v), ban·da·ges
de **ban·da·gist** (m), ban·da·gis·ten
de **ban·da·na**, ban·da·na's
de **band·breed·te** (v), band·breed·ten, band·breed·tes
de **ban·deau** (m), ban·deaus
de **ban·den·pech** (m)
de **ban·den·plak**
de **ban·de·rol**, ban·de·rol·len
de **ban·diet** (m), ban·die·ten; ban·diet·je
het **ban·do·ne·on**, ban·do·ne·ons
het **band·werk**
ba·nen (ww), baan, baant; baan·de, baan·den; ge·baand
bang[1] (bnw), ban·ge
bang[2] (tussenw)
de **ban·ga·lijst**, ban·ga·lijs·ten; ban·ga·lijst·je
bang·bang
ban·ge·lijk (bnw), ban·ge·lij·ke
de **ban·gerd** (m), ban·gerds
de **ban·ge·rik** (m), ban·ge·ri·ken
het **bang·ki·rai**
bang ma·ken
de **ba·nier**, ba·nie·ren; ba·nier·tje
de **ban·jer** (m), ban·jers
de **ban·jo** (m), ban·jo's
de **bank**, ban·ken; bank·je
het **bank·af·schrift**, bank·af·schrif·ten
het **bank·bil·jet**, bank·bil·jet·ten; bank·bil·jet·je
bank·druk·ken (ww)
ban·ken (ww), bank, bankt; bank·te, bank·ten; ge·bankt
de **ban·ken·sec·tor** (m), ban·ken·sec·to·ren, ban·ken·sec·tors
het **ban·ket**, ban·ket·ten; ban·ket·je
de **ban·ket·bak·ker** (m), ban·ket·bak·kers
de **ban·ket·bak·ke·rij** (v), ban·ket·bak·ke·rij·en
de **bank·ga·ran·tie** (v), bank·ga·ran·ties
het **bank·geld**
de **ban·kier** (m), ban·kiers; ban·kier·tje
ban·kie·ren (ww), ban·kier, ban·kiert; ban·kier·de, ban·kier·den; ge·ban·kierd
de **bank·kaart**, bank·kaar·ten; bank·kaart·je
het **bank·num·mer**, bank·num·mers
de **bank·over·val** (m), bank·over·val·len
de **bank·pas** (m), bank·pas·sen; bank·pas·je
de **bank·re·ke·ning** (v), bank·re·ke·nin·gen
het **bank·re·ke·ning·num·mer**, bank·re·ke·ning·num·mers
het **bank·roet**[1], bank·roe·ten

B

bank·roet[2] (bnw), bank·roe·te
de **bank·run** (m), bank·runs
het **bank·sal·do**, bank·sal·di, bank·sal·do's
de **bank·schroef**, bank·schroe·ven; bank·schroef·je
de **bank·sec·tor** (m), bank·sec·to·ren, bank·sec·tors
het **bank·sta·tuut**, bank·sta·tu·ten
het **bank·stel**, bank·stel·len; bank·stel·le·tje
het **bank·uit·trek·sel**, bank·uit·trek·sels
de **bank-ver·ze·ke·raar** (m), ban·ken-ver·ze·ke·raars, bank-ver·ze·ke·raars
de **bank·wet**, bank·wet·ten
het **bank·we·zen**
de **ban·lieue** (m), ban·lieues
de **ban·ne·ling** (m), ban·ne·lin·gen
ban·nen (ww), ban, bant; ban·de, ban·den; ge·ban·nen
de **ban·ner** (m), ban·ners; ban·ner·tje
de **ba·o·bab** (m), ba·o·babs
de **ba·pao** (m), ba·pa·o's
de **bap·tist** (m), bap·tis·ten
de **bar**[1], bars; bar·re·tje
bar[2] (bnw), bar·re
de **ba·ra**, ba·ra's
de **ba·rak**, ba·rak·ken; ba·rak·je
de **bar·baar** (m), bar·ba·ren
Bar·ba·di·aans (bnw), Bar·ba·di·aan·se
bar·ba·kot·ten (ww), bar·ba·kot, bar·ba·kot; bar·ba·kot·te, bar·ba·kot·ten; ge·bar·ba·kot
de **bar·ba·rij** (v), bar·ba·rij·en
het **bar·ba·ris·me**, bar·ba·ris·men
de **bar·be·cue** (m), bar·be·cues; bar·be·cue·tje
barbecueën [bar·be·cue·en] (ww), bar·be·cue, bar·be·cuet; bar·be·cue·de, bar·be·cue·den; ge·bar·be·cued
de **bar·beel** (m), bar·be·len
de **bar·bie** (v), bar·bies
de **bar·bie·pop**, bar·bie·pop·pen; bar·bie·pop·je
de **bar·bier** (m), bar·biers; bar·bier·tje
de **bar·co·de** (m), bar·co·des
de **bard** (m), bar·den
de **bar-dan·cing** (m), bar-dan·cings
de **ba·reel** (m), ba·re·len; ba·reel·tje
het **ba·re·ma**, ba·re·ma's
ba·ren (ww), baar, baart; baar·de, baar·den; ge·baard
de **ba·ret**, ba·ret·ten; ba·ret·je
de **ba·ret·te**, ba·ret·tes; ba·ret·je, ba·ret·te·tje
de **barg** (m), bar·gen
het **Bar·goens**[1] *(taal)*
Bar·goens[2] (bnw), Bar·goen·se
de **ba·rio** (m), ba·ri·o's
de **ba·ris·ta** (m), ba·ris·ta's
de **ba·ri·ton** (m), ba·ri·tons
de **bark**, bar·ken; bark·je
de **bar·man** (m), bar·lie·den, bar·lui, bar·man·nen
barm·har·tig (bnw), barm·har·ti·ge
de **bar mits·wa** *((viering van) de meerderjarigheid van een joodse jongen)*, bar mits·wa's
de/het **barn·steen** (m/o), barn·steen·tje
de **ba·rok**[1]
ba·rok[2] (bnw), ba·rok·ke
de **ba·rok·stijl** (m), ba·rok·stij·len
de **ba·rok·tijd** (m)
de **ba·ro·me·ter** (m), ba·ro·me·ters
de **ba·ron** (m), ba·ron·nen, ba·rons; ba·ron·ne·tje
de **ba·ro·nes** (v), ba·ro·nes·sen; ba·ro·nes·je
de **ba·ro·nes·se** (v), ba·ro·nes·sen
de **ba·ro·nie** (v), baronieën

[ba·ro·nie·en]; ba·ro·nie·tje
de **bar·ra·ge** (v), bar·ra·ges
de **bar·re**, bar·res; bar·re·tje
de **bar·ré** (m), bar·rés
de **bar·rel** (m), bar·rels; bar·rel·tje
bar·re·ren (ww), bar·reer, bar·reert; bar·reer·de, bar·reer·den; ge·bar·reerd
bar·re·voets (bijw)
de **bar·ri·ca·de** (v), bar·ri·ca·den, bar·ri·ca·des
bar·ri·ca·de·ren (ww), bar·ri·ca·deer, bar·ri·ca·deert; bar·ri·ca·deer·de, bar·ri·ca·deer·den; ge·bar·ri·ca·deerd
de **bar·ri·er** (m), bar·ri·ers
de **bar·ri·è·re**, bar·ri·è·res; bar·ri·è·re·tje
bars (bnw), bar·se
de **barst**, bar·sten; barst·je
bar·sten (ww), barst, barst; barst·te, barst·ten; ge·bar·sten
bar·stens·vol (bnw), bar·stens·vol·le
Bart·jens: volgens Bartjens
de **bar·vrouw** (v), bar·vrou·wen
de **bas**[1] (m) *(zanger)*, bas·sen
de **bas**[2] *(instrument; stem)*, bas·sen; bas·je
ba·saal (bnw), ba·sa·le
het **ba·salt**
de **bas·aria**, bas·ari·a's
de **bas·cu·le**, bas·cu·les
de **ba·se** (v), ba·sen
de **base·ball**[1] (m) *(bal)*, base·balls
het **base·ball**[2] *(spel)*
het **base·ball·bat**, base·ball·bats
de **base·ball·coach** (m), base·ball·coa·ches
base·bal·len (ww), base·ball, base·ballt; base·ball·de, base·ball·den; ge·base·balld
base·jum·pen (ww)
de **base·line** (m), base·lines
ba·sen (ww), base, baset; base·de, base·den; ge·based
ba·se·ren (ww), ba·seer, ba·seert; ba·seer·de, ba·seer·den; ge·ba·seerd
de **bas·gi·taar**, bas·gi·ta·ren; bas·gi·taar·tje
ba·shen (ww), bash, basht; bash·te, bash·ten; ge·basht
ba·sic (bnw)
de **ba·si·li·ca** (v), ba·si·li·ca's
het **ba·si·li·cum**
de **ba·si·liek** (v), ba·si·lie·ken; ba·si·liek·je
de **ba·sis** (v), ba·ses, ba·sis·sen; ba·sis·je
de **ba·sis·be·hoef·te** (v), ba·sis·be·hoef·ten, ba·sis·be·hoef·tes
ba·sisch (bnw), ba·si·sche
de **ba·sis·cur·sus** (m), ba·sis·cur·sus·sen
de **ba·sis·ge·zond·heids·zorg**
de **ba·sis·goe·de·ren** (mv)
de/het **ba·sis·idee** (v/o), basisideeën [ba·sis·idee·en]
de **ba·sis·ken·nis** (v)
de **ba·sis·mand**, ba·sis·man·den
het **ba·sis·me·taal**, ba·sis·me·ta·len
het **ba·sis·ni·veau**, ba·sis·ni·veaus
het **ba·sis·on·der·wijs**
het **ba·sis·pak·ket**, ba·sis·pak·ket·ten
het **ba·sis·prin·ci·pe**, ba·sis·prin·ci·pes
de **ba·sis·ren·te**, ba·sis·ren·ten, ba·sis·ren·tes
de **ba·sis·school**, ba·sis·scho·len; ba·sis·school·tje
het **ba·sis·woor·den·boek**, ba·sis·woor·den·boe·ken
de **ba·sis·woor·den·lijst**,

ba·sis·woor·den·lijs·ten
de **bas·ket**, bas·kets
de **bas·ket·bal**[1] (m) *(bal)*, bas·ket·bal·len; bas·ket·bal·le·tje
het **bas·ket·bal**[2] *(spel)*
bas·ket·bal·len (ww), bas·ket·bal, bas·ket·balt; bas·ket·bal·de, bas·ket·bal·den; ge·bas·ket·bald
de **bas·ket·bal·le·rij** (v)
de **bas·ket·bal·se·lec·tie** (v), bas·ket·bal·se·lec·ties
bas·ket·ten (ww), bas·ket, bas·ket; bas·ket·te, bas·ket·ten; ge·bas·ket
de **bas·ket·ter** (m), bas·ket·ters
de **bas·kiet**, bas·kie·ten
de **bas·kuul**, bas·ku·len
de **bas·ma·ti** (m)
de **bas·ma·ti·rijst** (m)
bas·ra·lo·kus
het **bas-reliëf** [bas-re·li·ef], bas-reliëfs [bas-re·li·efs]
bas·sen (ww), bas, bast; bas·te, bas·ten; ge·bast
de **bas·set** (m), bas·sets
het **bas·sin**, bas·sins
de **bas·sist** (m), bas·sis·ten
de **bas·so con·ti·nuo** (m)
de **bast** (m), bas·ten; bast·je
de **bas·ta**[1] (m), bas·ta's
bas·ta[2] (tussenw)
de **bas·taard** (m), bas·taar·den, bas·taards; bas·taard·je
de **bas·taard·sui·ker** (m)
het **bas·taard·woord**, bas·taard·woor·den
de **bas·terd·sui·ker** (m)
het **bas·ti·on**, bas·ti·ons; bas·ti·on·ne·tje
de **ba·sya**, ba·sya's
het **bat**, bats; bat·je
het **ba·tal·jon**, ba·tal·jons
de **batch** (m), bat·ches

ba·te[1]: te eigen bate
ba·te[2]: ten bate van
de **ba·té·man** (m), ba·té·man·nen
ba·ten (ww), baat, baat; baat·te, baat·ten; ge·baat
ba·tig (bnw)
de **ba·tik** (m), ba·tiks
ba·tik·ken (ww), ba·tik, ba·tikt; ba·tik·te, ba·tik·ten; ge·ba·tikt
de **ba·ton** (m), ba·tons
bat·te·len (ww), bat·tel, bat·telt; bat·tel·de, bat·tel·den; ge·bat·teld
bat·ten (ww), bat, bat; bat·te, bat·ten; ge·bat
de **bat·ter** (m) *(slagman)*, bat·ters
de **bat·te·rij** (v), bat·te·rij·en; bat·te·rij·tje
het **bat·te·rij·zuur**, bat·te·rij·zu·ren
het **B-at·test**, B-at·tes·ten
de **bat·ting**, bat·tings
de **bat·tle** (m), bat·tles
de **baud** (m), bauds
bau·wen (ww), bauw, bauwt; bauw·de, bauw·den; ge·bauwd
het **bauxiet**
het **bauxiet·erts**, bauxiet·ert·sen
de **bauxiet·in·dus·trie** (v), bauxietindustrieën [bauxiet·in·dus·trie·en]
de **bauxiet·maat·schap·pij** (v), bauxiet·maat·schap·pij·en
de **bauxiet·mijn**, bauxiet·mij·nen
de **bauxiet·re·ser·ve**, bauxiet·re·ser·ves
de **bauxiet·sec·tor** (m), bauxiet·sec·to·ren, bauxiet·sec·tors
de **bauxiet·voor·ko·mens** (mv)
de **bauxiet·weg** (m), bauxiet·we·gen
de **ba·va·rois** (v), ba·va·rois; ba·va·rois·tje
de **ba·vet**, ba·vet·ten; ba·vet·je
de **ba·vi·aan** (m), ba·vi·a·nen;

B

ba·vi·aan·tje
de **bax·ter** (m), bax·ters
de **ba·zaar** (m), ba·zaars; ba·zaar·tje
ba·ze·len (ww), ba·zel, ba·zelt; ba·zel·de, ba·zel·den; ge·ba·zeld
ba·zen (ww), baas, baast; baas·de, baas·den; ge·baasd
de **ba·zin** (v), ba·zin·nen; ba·zin·ne·tje
de **ba·zoo·ka** (m), ba·zoo·ka's; bazookaatje [ba·zoo·ka·tje]
ba·zuin·koor
de **ba·zuin·koor·mu·ziek** (v)
B&B *(bed and breakfast)*, B&B's
bbo (mv) *(belasting op bedrijfsomzetten)*
bbp *(bruto binnenlands product)*, bbp's
BBQ *(barbecue)*, BBQ's; BBQ'tje [BBQ·tje]
BBQ'en [BBQ·en] (ww), BBQ, BBQ't; BBQ'de [BBQ·de], BBQ'den [BBQ·den]; ge-BBQ'd
bc. *(baccalaureus)*
b.d. *(buiten dienst)*
bdsm *(bondage dominantie sadisme masochisme)*
be·aat (bnw), be·a·te
het **beach·vol·ley·bal**
be·ach·vol·ley·bal·len (ww), beach·vol·ley·bal, beach·vol·ley·balt; beach·vol·ley·bal·de, beach·vol·ley·bal·den; ge·beach·vol·ley·bald
be·ade·men (ww), be·adem, be·ademt; be·adem·de, be·adem·den; be·ademd
de **be·ade·ming** (v), be·ade·min·gen
het **be·ade·mings·ap·pa·raat**, be·ade·mings·ap·pa·ra·ten
de **bea·gle** (m), bea·gles
de **be·amb·te**, be·amb·ten
be·amen (ww), be·aam, be·aamt; be·aam·de, be·aam·den; be·aamd
de **bea·mer** (m), bea·mers
be·ang·sti·gen (ww), be·ang·stig, be·ang·stigt; be·ang·stig·de, be·ang·stig·den; be·ang·stigd
be·ang·sti·gend (bnw), be·ang·sti·gen·de
be·ant·woor·den (ww), be·ant·woord, be·ant·woordt; be·ant·woord·de, be·ant·woord·den; be·ant·woord
de **be·ant·woor·ding** (v), be·ant·woor·din·gen
be·ar·gu·men·te·ren (ww), be·ar·gu·men·teer, be·ar·gu·men·teert; be·ar·gu·men·teer·de, be·ar·gu·men·teer·den; be·ar·gu·men·teerd
de **be·ar·nai·se** (v), be·ar·nai·ses
de **be·ar·nai·se·saus**, be·ar·nai·se·sau·sen, be·ar·nai·se·sau·zen
de **beat** (m), beats; beat·je
de **beat·box** (m), beat·boxen; beat·box·je
beat·boxen (ww), beat·box, beat·boxt; beat·box·te, beat·box·ten; ge·beat·boxt
het **bea·tle·haar**
de **Bea·tles·plaat**, Bea·tles·pla·ten
de **beau** (m), beaus
de **beau·fort** (m)
de **beau·fort·schaal**
de **beau·jo·lais** (m), beau·jo·lais
de **beau mon·de** (m)
de **beau·té** (v), beau·tés
de **beau·ty** (v), beau·ty's
de **beau·ty·case** (m), beau·ty·ca·ses
de **beau·ty·ver·wen·dag** (m), beau·ty·ver·wen·da·gen
be·baard (bnw), be·baar·de

be·bloed (bnw), be·bloe·de
be·boe·ten (ww), be·boet, be·boet; be·boet·te, be·boet·ten; be·boet
de **be·bop** (m)
de **be·bor·ding** (v), be·bor·din·gen
be·bos·sen (ww), be·bos, be·bost; be·bos·te, be·bos·ten; be·bost
be·bo·te·ren (ww), be·bo·ter, be·bo·tert; be·bo·ter·de, be·bo·ter·den; be·bo·terd
be·bouw·baar (bnw), be·bouw·ba·re
be·bou·wen (ww), be·bouw, be·bouwt; be·bouw·de, be·bouw·den; be·bouwd
de **be·bou·wing** (v), be·bou·win·gen
be·broe·den (ww), be·broed, be·broedt; be·broed·de, be·broed·den; be·broed
de **be·cha·mel·saus**, be·cha·mel·sau·sen, be·cha·mel·sau·zen
be·cij·fe·ren (ww), be·cij·fer, be·cij·fert; be·cij·fer·de, be·cij·fer·den; be·cij·ferd
becommentariëren [be·com·men·ta·ri·e·ren] (ww), be·com·men·ta·ri·eer, be·com·men·ta·ri·eert; be·com·men·ta·ri·eer·de, be·com·men·ta·ri·eer·den; be·com·men·ta·ri·eerd
be·con·cur·re·ren (ww), be·con·cur·reer, be·con·cur·reert; be·con·cur·reer·de, be·con·cur·reer·den; be·con·cur·reerd
de **bec·que·rel** (m), bec·que·rels
het **bed**, bed·den; bed·je
be·daagd (bnw), be·daag·de
be·daard (bnw), be·daar·de
be·dacht (bnw), be·dach·te
be·dacht·zaam (bnw), be·dacht·za·me
be·dam·pen (ww), be·damp, be·dampt; be·damp·te, be·damp·ten; be·dampt
de **bed and break·fast**, bed and break·fasts
de **be·dank·brief** (m), be·dank·brie·ven; be·dank·brief·je
be·dan·ken (ww), be·dank, be·dankt; be·dank·te, be·dank·ten; be·dankt
de **be·dan·king** (v), be·dan·kin·gen
het **be·dank·je**, be·dank·jes
be·da·ren (ww), be·daar, be·daart; be·daar·de, be·daar·den; be·daard
het **bed·den·goed**
het **bed·den·la·ken**, bed·den·la·kens
de **bed·den·sprei**, bed·den·sprei·en; bed·den·sprei·tje
de **bed·ding**, bed·din·gen; bed·din·kje
de **be·de**, be·den, be·des
be·deesd (bnw), be·dees·de
het **be·de·huis**, be·de·hui·zen; be·de·huis·je
be·dek·ken (ww), be·dek, be·dekt; be·dek·te, be·dek·ten; be·dekt
de **be·dek·king** (v), be·dek·kin·gen
de **be·de·laar** (m), be·de·laars; be·de·laar·tje
be·de·len[1] (ww) *(toebedelen)*, be·deel, be·deelt; be·deel·de, be·deel·den; be·deeld
be·de·len[2] (ww) *(aalmoezen vragen)*, be·del, be·delt; be·del·de, be·del·den; ge·be·deld
de **be·de·ling** (v), be·de·lin·gen
de **be·del·toer** (m), be·del·toe·ren
be·del·ven (ww), be·delf, be·delft; be·dolf, be·dol·ven; be·dol·ven
be·den·ke·lijk (bnw),

be·den·ke·lij·ke
be·den·ken (ww), be·denk, be·denkt; be·dacht, be·dach·ten; be·dacht
de **be·den·king** (v), be·den·kin·gen; be·den·kin·kje
de **be·denk·tijd** (m), be·denk·tij·den
het **be·derf**
be·der·fe·lijk (bnw), be·der·fe·lij·ke
be·der·ven (ww), be·derf, be·derft; be·dierf, be·dier·ven; be·dor·ven
de **be·de·vaart**, be·de·vaar·ten; be·de·vaart·je
de **be·de·vaart·plaats**, be·de·vaart·plaat·sen; be·de·vaart·plaats·je
het **be·de·vaarts·oord**, be·de·vaarts·oor·den
de **be·de·vaart·tocht** (m), be·de·vaart·toch·ten
de **be·die·naar** (m), be·die·naars, be·die·na·ren
be·diend (bnw), be·dien·de
de **be·dien·de**, be·dien·den, be·dien·des
het **be·dien·de·con·tract**, be·dien·de·con·trac·ten; be·dien·de·con·tract·je
de **be·dien·de·sta·king** (v), be·dien·de·sta·kin·gen
het **be·dien·de·sta·tuut**, be·dien·de·sta·tu·ten
de **be·dien·de·vak·bond** (m), be·dien·de·vak·bon·den
be·die·nen (ww), be·dien, be·dient; be·dien·de, be·dien·den; be·diend
de **be·die·ner** (m), be·die·ners
de **be·die·ning** (v), be·die·nin·gen
het **be·die·nings·pa·neel**, be·die·nings·pa·ne·len; be·die·nings·pa·neel·tje
het **be·ding**, be·din·gen
be·din·gen (ww), be·ding, be·dingt; be·dong, be·don·gen; be·don·gen
bediscussiëren [be·dis·cus·si·e·ren] (ww), be·dis·cus·si·eer, be·dis·cus·si·eert; be·dis·cus·si·eer·de, be·dis·cus·si·eer·den; be·dis·cus·si·eerd
be·dis·se·len (ww), be·dis·sel, be·dis·selt; be·dis·sel·de, be·dis·sel·den; be·dis·seld
bed·le·ge·rig (bnw), bed·le·ge·ri·ge
het **bed·lin·nen**
de **bedoeïen** [be·doe·ien] (m), bedoeïenen [be·doe·ie·nen]
de **bedoeïenentent** [be·doe·ie·nen·tent], bedoeïenententen [be·doe·ie·nen·ten·ten]; bedoeïenententje [be·doe·ie·nen·tent·je]
be·doe·len (ww), be·doel, be·doelt; be·doel·de, be·doel·den; be·doeld
de **be·doe·ling** (v), be·doe·lin·gen; be·doe·lin·kje
de **be·doe·ning** (v), be·doe·nin·gen; be·doe·nin·kje
be·don·de·ren (ww), be·don·der, be·don·dert; be·don·der·de, be·don·der·den; be·don·derd
be·dor·ven (bnw)
be·dot·ten (ww), be·dot, be·dot; be·dot·te, be·dot·ten; be·dot
be·dra·den (ww), be·draad, be·draadt; be·draad·de, be·draad·den; be·draad
de **be·dra·ding** (v), be·dra·din·gen
het **be·drag**, be·dra·gen; be·drag·je

be·dra·ge: ten bedrage van
be·dra·gen (ww), be·draag, be·draagt; be·droeg, be·droe·gen; be·dra·gen
be·drei·gen (ww), be·dreig, be·dreigt; be·dreig·de, be·dreig·den; be·dreigd
de **be·drei·ging** (v), be·drei·gin·gen; be·drei·gin·kje
be·drem·meld (bnw), be·drem·mel·de
be·dre·ven (bnw)
be·drie·gen (ww), be·drieg, be·driegt; be·droog, be·dro·gen; be·dro·gen
de **be·drie·ger** (m), be·drie·gers; be·drie·ger·tje
be·drieg·lijk (bnw), be·drieg·lij·ke
het **be·drijf**, be·drij·ven; be·drijf·je
de **be·drijfs·ad·mi·nis·tra·tie** (v), be·drijfs·ad·mi·nis·tra·ties
de **be·drijfs·arts** (m), be·drijfs·art·sen
de **be·drijfs·au·to** (m), be·drijfs·au·to's
het **be·drijfs·be·zoek**, be·drijfs·be·zoe·ken; be·drijfs·be·zoek·je
be·drijfs·breed (bnw), be·drijfs·bre·de
het **be·drijfs·bu·reau**, be·drijfs·bu·reaus
de **be·drijfs-cao** (v), be·drijfs-cao's
het **be·drijf·schap**, be·drijf·schap·pen
de **be·drijfs·chef** (m), be·drijfs·chefs
de **be·drijfs·cor·res·pon·den·tie** (v), be·drijfs·cor·res·pon·den·ties
de **be·drijfs·cul·tuur** (v), be·drijfs·cul·tu·ren
de **be·drijfs·fit·ness**
de **be·drijfs·hulp·ver·le·ner** (m), be·drijfs·hulp·ver·le·ners
de **be·drijfs·hulp·ver·le·ning** (v), be·drijfs·hulp·ver·le·nin·gen
be·drijfs·in·tern (bnw), be·drijfs·in·ter·ne
be·drijfs·klaar (bnw), be·drijfs·kla·re
be·drijfs·kri·tisch (bnw), be·drijfs·kri·ti·sche
de **be·drijfs·lei·der** (m), be·drijfs·lei·ders; be·drijfs·lei·der·tje
de **be·drijfs·leid·ster** (v), be·drijfs·leid·sters
het **be·drijfs·le·ven**, be·drijfs·le·ven·tje
de **be·drijfs·naam** (m), be·drijfs·na·men
het **be·drijfs·pand**, be·drijfs·pan·den
de **be·drijfs·po·li·tiek** (v)
het **be·drijfs·re·sul·taat**, be·drijfs·re·sul·ta·ten
de **be·drijfs·ruim·te** (v), be·drijfs·ruim·ten, be·drijfs·ruim·tes
de **be·drijfs·sec·tor** (m), be·drijfs·sec·to·ren, be·drijfs·sec·tors
de **be·drijfs·sta·ge**, be·drijfs·sta·ges
de **be·drijfs·stra·te·gie** (v), bedrijfsstrategieën [be·drijfs·stra·te·gie·en]
de **be·drijfs·struc·tuur** (v), be·drijfs·struc·tu·ren
de **be·drijfs·tak** (m), be·drijfs·tak·ken; be·drijfs·tak·je
be·drijfs·tak·ge·wijs (bnw), be·drijfs·tak·ge·wij·ze
het **be·drijfs·ter·rein**, be·drijfs·ter·rei·nen; be·drijfs·ter·rein·tje
de **be·drijfs·voer·der** (m), be·drijfs·voer·ders
de **be·drijfs·voe·ring** (v),

be·drijfs·voe·rin·gen
de **be·drijfs·wa·gen** (m), be·drijfs·wa·gens; be·drijfs·wa·gen·tje
de **be·drijfs·we·reld**, be·drijfs·we·rel·den
be·drijfs·ze·ker (bnw), be·drijfs·ze·ke·re
be·drij·ven (ww), be·drijf, be·drijft; be·dreef, be·dre·ven; be·dre·ven
de **be·drij·ven·klas·se** (v), be·drij·ven·klas·sen
de **be·drij·ven·or·ga·ni·sa·tie** (v), be·drij·ven·or·ga·ni·sa·ties
het **be·drij·ven·ter·rein**, be·drij·ven·ter·rei·nen; be·drij·ven·ter·rein·tje
be·drij·vig (bnw), be·drij·vi·ge
de **be·drij·vig·heid** (v), be·drij·vig·he·den; be·drij·vig·heid·je
be·droefd (bnw), be·droef·de
be·droe·ven (ww), be·droef, be·droeft; be·droef·de, be·droef·den; be·droefd
be·droe·vend (bnw), be·droe·ven·de
het **be·drog**
be·drui·pen (ww), be·druip, be·druipt; be·droop, be·dro·pen; be·dro·pen
be·druk·ken (ww), be·druk, be·drukt; be·druk·te, be·druk·ten; be·drukt
de **be·druk·king** (v), be·druk·kin·gen
de **bed·sprei**, bed·sprei·en
de **bed·ste·de**, bed·ste·den, bed·ste·des
de **bed·stee**, bed·stee·tje
de **bed·tijd** (m), bed·tij·den
be·ducht (bnw), be·duch·te
be·dui·den (ww), be·duid, be·duidt; be·duid·de, be·duid·den; be·duid
be·dui·dend (bnw), be·dui·den·de
be·duusd (bnw), be·duus·de
de **bed·wants**, bed·want·sen
be·dwel·men (ww), be·dwelm, be·dwelmt; be·dwelm·de, be·dwelm·den; be·dwelmd
be·dwin·gen (ww), be·dwing, be·dwingt; be·dwong, be·dwon·gen; be·dwon·gen
beëdigd [be·edigd] (bnw), beëdigde [be·edig·de]
beëdigen [be·edi·gen] (ww), beëdig [be·edig], beëdigt [be·edigt]; beëdigde [be·edig·de], beëdigden [be·edig·den]; beëdigd [be·edigd]
de **beëdiging** [be·edi·ging] (v), beëdigingen [be·edi·gin·gen]
de **beef** (m)
beëindigen [be·ein·di·gen] (ww), beëindig [be·ein·dig], beëindigt [be·ein·digt]; beëindigde [be·ein·dig·de], beëindigden [be·ein·dig·den]; beëindigd [be·ein·digd]
de **beëindiging** [be·ein·di·ging] (v), beëindigingen [be·ein·di·gin·gen]
de **beëindigingsdatum** [be·ein·di·gings·da·tum] (m), beëindigingsdata [be·ein·di·gings·da·ta], beëindigingsdatums [be·ein·di·gings·da·tums]
de **beëindigingsovereenkomst** [be·ein·di·gings·over·een·komst] (v), beëindigingsovereenkomsten [be·ein·di·gings·over·een·kom·sten]
de **beëindigingsvergoeding**

[be·ein·di·gings·ver·goe·ding] (v), beëindigingsvergoedingen [be·ein·di·gings·ver·goe·din·gen]
de **beek**, be·ken; beek·je
het **beeld**, beel·den; beeld·je
de **beeld·buis**, beeld·bui·zen; beeld·buis·je
beel·dend (bnw), beel·den·de
beel·den·de kunst
de **beel·den·storm** (m) *(bestrijding van tradities),* beel·den·stor·men; beel·den·storm·pje
Beel·den·storm *(gebeurtenis in 1566)*
beeld·hou·wen (ww), beeld·houw, beeld·houwt; beeld·houw·de, beeld·houw·den; ge·beeld·houwd
de **beeld·hou·wer** (m), beeld·hou·wers
de **beeld·houw·ster** (v), beeld·houw·sters
het **beeld·houw·werk**, beeld·houw·wer·ken; beeld·houw·werk·je
de **beeld·kwa·li·teit** (v), beeld·kwa·li·tei·ten
het **beeld·kwa·li·teit·plan**, beeld·kwa·li·teit·plan·nen
het **beeld·kwa·li·teits·plan**, beeld·kwa·li·teits·plan·nen
het **beeld·ma·te·ri·aal**, beeld·ma·te·ri·a·len
de **beeld·ro·man** (m), beeld·ro·mans; beeld·ro·man·ne·tje
het **beeld·scherm**, beeld·scher·men; beeld·scherm·pje
de **beeld·spraak**, beeld·spra·ken
de **beeld·taal**, beeld·ta·len
het **beeld·ver·slag**, beeld·ver·sla·gen
de **beeld·vor·ming** (v), beeld·vor·min·gen
de **beel·te·nis** (v), beel·te·nis·sen
de **beëlzebub** [be·el·ze·bub] (m) *(aap, angstaanjagend persoon),* beëlzebubs [be·el·ze·bubs]
Beëlzebub [Be·el·ze·bub] *(god)*
de **beemd** (m), beem·den
het **been**[1] *(lichaamsdeel),* be·nen; been·tje
het **been**[2] *(stofnaam)*
het **been**[3] *(bot),* been·de·ren, be·nen; been·tje
de **been·cel**, been·cel·len
been·droog (bnw), been·dro·ge
been·hard (bnw), been·har·de
de **been·hou·wer** (m), been·hou·wers
de **been·hou·we·rij** (v), been·hou·we·rij·en
het **been·merg**
de **been·slag** (m), been·sla·gen
bee·pen (ww), beep, beept; beep·te, beep·ten; ge·beept
de **bee·per** (m), bee·pers
de **beer** (m), be·ren; beer·tje
de **beer·put** (m), beer·put·ten; beer·put·je
de/het **beest** (v/o), bees·ten; beest·je
beest·ach·tig (bnw), beest·ach·ti·ge
bees·ten (ww), beest, beest; beest·te, beest·ten; ge·beest
de **bees·ten·boel** (m)
de **beet** (m) *(hap),* be·ten; beet·je
beet·heb·ben (ww), heb beet, hebt beet, heeft beet; had beet, had·den beet; beet·ge·had
beet·ne·men (ww), neem beet, neemt beet; nam beet, na·men beet; beet·ge·no·men
beet·pak·ken (ww), pak beet, pakt beet; pak·te beet, pak·ten beet; beet·ge·pakt
de **beet·wor·tel** (m), beet·wor·te·len,

beet·wor·tels
de **bef**, bef·fen; bef·je
be·faamd (bnw), be·faam·de
bef·fen (ww), bef, beft; bef·te, bef·ten; ge·beft
be·gaafd (bnw), be·gaaf·de
be·gaan[1] (bnw), be·ga·ne
be·gaan[2] (ww), be·ga, be·gaat; be·ging, be·gin·gen; be·gaan
be·ga·ne grond
de **be·ga·ne·grond·vloer** (m), be·ga·ne·grond·vloe·ren
de **be·ga·ne·grond·wo·ning** (v), be·ga·ne·grond·wo·nin·gen
de **be·gan·ke·nis** (v), be·gan·ke·nis·sen
de **be·geer·te** (v), be·geer·ten, be·geer·tes
be·gees·terd (bnw), be·gees·ter·de
be·gees·te·ren (ww), be·gees·ter, be·gees·tert; be·gees·ter·de, be·gees·ter·den; be·gees·terd
de **be·gees·te·ring** (v), be·gees·te·rin·gen
be·ge·leid (bnw), be·ge·lei·de
be·ge·lei·den (ww), be·ge·leid, be·ge·leidt; be·ge·leid·de, be·ge·leid·den; be·ge·leid
be·ge·lei·dend (bnw), be·ge·lei·den·de
de **be·ge·lei·der** (m), be·ge·lei·ders
de **be·ge·lei·ding** (v), be·ge·lei·din·gen; be·ge·lei·din·kje
de **be·ge·leid·ster** (v), be·ge·leid·sters
be·ge·ren (ww), be·geer, be·geert; be·geer·de, be·geer·den; be·geerd
be·ge·ven (ww), be·geef, be·geeft; be·gaf, be·ga·ven; be·ge·ven
be·gie·ten (ww), be·giet, be·giet; be·goot, be·go·ten; be·go·ten
de **be·gijn** (v), be·gij·nen; be·gijn·tje
het **be·gijn·hof**, be·gijn·ho·ven; be·gijn·hof·je
het **be·gin**, be·gin·ne·tje
de **be·gin·da·tum** (m), be·gin·da·ta, be·gin·da·tums
de **be·gin·fa·se** (v), be·gin·fa·sen, be·gin·fa·ses
be·gin·ne: in den beginne
de **be·gin·ne·ling** (m), be·gin·ne·lin·gen
de **be·gin·ne·lin·ge** (v), be·gin·ne·lin·ges
be·gin·nen (ww), be·gin, be·gint; be·gon, be·gon·nen; be·gon·nen
be·gin·nend (bnw), be·gin·nen·de
de **be·gin·ner** (m), be·gin·ners; be·gin·ner·tje
het **be·gin·ners·ge·luk**
de **be·gin·ners·klas·se** (v), be·gin·ners·klas·sen
het **be·gin·sel**, be·gin·se·len, be·gin·sels; be·gin·sel·tje
de **be·gin·si·tu·a·tie** (v), be·gin·si·tu·a·ties
de **be·gin·tijd** (m), be·gin·tij·den
het **be·gin·uur**, be·gin·uren
be·gla·zen (ww), be·glaas, be·glaast; be·glaas·de, be·glaas·den; be·glaasd
de **be·gla·zing** (v), be·gla·zin·gen
be·glu·ren (ww), be·gluur, be·gluurt; be·gluur·de, be·gluur·den; be·gluurd
be·goed (bnw), be·goe·de
de **be·go·nia**, be·go·ni·a's; begoniaatje [be·go·nia·tje]
de **be·graaf·plaats**, be·graaf·plaat·sen; be·graaf·plaats·je
de **be·gra·fe·nis** (v), be·gra·fe·nis·sen; be·gra·fe·nis·je
de **be·gra·fe·nis·stoet** (m), be·gra·fe·nis·stoe·ten
be·gra·ven (ww), be·graaf,

be·graaft; be·groef, be·groe·ven; be·gra·ven
de **be·gra·ving** (v), be·gra·vin·gen
be·gra·zen (ww), be·graas, be·graast; be·graas·de, be·graas·den; be·graasd
be·grensd (bnw), be·grens·de
be·gren·zen (ww), be·grens, be·grenst; be·grens·de, be·grens·den; be·grensd
de **be·gren·zing** (v), be·gren·zin·gen
be·grijp·baar (bnw), be·grijp·ba·re
de **be·grijp·baar·heid** (v), be·grijp·baar·he·den
be·grij·pe·lijk (bnw), be·grij·pe·lij·ke
be·grij·pe·lij·ker·wijs (bijw)
de **be·grij·pe·lijk·heid** (v), be·grij·pe·lijk·he·den
be·grij·pen (ww), be·grijp, be·grijpt; be·greep, be·gre·pen; be·gre·pen
het **be·grip**, be·grip·pen; be·grip·je
be·grip·vol (bnw), be·grip·vol·le
be·groeid (bnw), be·groei·de
be·groei·en (ww), be·groei, be·groeit; be·groei·de, be·groei·den; be·groeid
de **be·groei·ing** (v), be·groei·in·gen
be·groe·ten (ww), be·groet, be·groet; be·groet·te, be·groet·ten; be·groet
de **be·groe·ting** (v), be·groe·tin·gen
be·gro·ten (ww), be·groot, be·groot; be·groot·te, be·groot·ten; be·groot
de **be·gro·ting** (v), be·gro·tin·gen; be·gro·tin·kje
de **be·gro·tings·ka·mer**, be·gro·tings·ka·mers
het **be·gro·tings·te·kort**, be·gro·tings·te·kor·ten
de **be·gro·tings·wij·zi·ging** (v), be·gro·tings·wij·zi·gin·gen
de **be·gun·stig·de**, be·gun·stig·den
be·gun·sti·gen (ww), be·gun·stig, be·gun·stigt; be·gun·stig·de, be·gun·stig·den; be·gun·stigd
de **be·gun·sti·ger** (m), be·gun·sti·gers
de **be·ha** (m), be·ha's; behaatje [be·ha·tje]
be·haag·lijk (bnw), be·haag·lij·ke
be·haard (bnw), be·haar·de
be·ha·gen (ww), be·haag, be·haagt; be·haag·de, be·haag·den; be·haagd
be·ha·len (ww), be·haal, be·haalt; be·haal·de, be·haal·den; be·haald
be·hal·ve[1] (voorz)
be·hal·ve[2] (voegw)
de **be·han·de·laar** (m), be·han·de·laars
be·han·de·len (ww), be·han·del, be·han·delt; be·han·del·de, be·han·del·den; be·han·deld
be·han·de·lend (bnw), be·han·de·len·de
de **be·han·de·ling** (v), be·han·de·lin·gen
het **be·han·del·plan**, be·han·del·plan·nen
het **be·hang**, be·han·gen; be·han·ge·tje
be·han·gen (ww), be·hang, be·hangt; be·hing, be·hin·gen; be·han·gen
de **be·han·ger** (m), be·han·gers
het **be·hang·pa·pier**, be·hang·pa·pier·tje
be·hap·baar (bnw), be·hap·ba·re
be·hap·pen (ww), be·hap, be·hapt; be·hap·te, be·hap·ten; be·hapt
de **be·ha·ring** (v)

B

be·har·tens·waar·dig (bnw), be·har·tens·waar·di·ge
be·har·ti·gen (ww), be·har·tig, be·har·tigt; be·har·tig·de, be·har·tig·den; be·har·tigd
be·har·ti·gens·waar·dig (bnw), be·har·ti·gens·waar·di·ge
het **be·ha·vi·o·ris·me**
het **be·heer**
be·heer·baar (bnw), be·heer·ba·re
het **be·heer·co·mi·té**, be·heer·co·mi·tés
de **be·heer·com·mis·sie** (v), be·heer·com·mis·sies
de **be·heer·der** (m), be·heer·ders
de **be·heer·kos·ten** (mv)
de **be·heer·maat·re·gel** (m), be·heer·maat·re·ge·len, be·heer·maat·re·gels
de **be·heer·over·een·komst** (v), be·heer·over·een·kom·sten
het **be·heer·plan**, be·heer·plan·nen
de **be·heer·raad** (m), be·heer·ra·den
be·heers·baar (bnw), be·heers·ba·re
de **be·heers·baar·heid** (v)
het **be·heers·co·mi·té**, be·heers·co·mi·tés
de **be·heers·com·mis·sie** (v), be·heers·com·mis·sies
be·heer·sen (ww), be·heers, be·heerst; be·heers·te, be·heers·ten; be·heerst
de **be·heer·ser** (m), be·heer·sers
de **be·heer·sing** (v), be·heer·sin·gen
de **be·heers·kos·ten** (mv)
de **be·heers·over·een·komst** (v), be·heers·over·een·kom·sten
het **be·heers·plan**, be·heers·plan·nen
de **be·heers·raad** (m), be·heers·ra·den
de **be·heers·stich·ting** (v), be·heers·stich·tin·gen
de **be·heers·struc·tuur** (v), be·heers·struc·tu·ren
het **be·heers·sys·teem**, be·heers·sys·te·men
be·heerst (bnw), be·heers·te
de **be·heer·ster** (v), be·heer·sters
de **be·heer·struc·tuur** (v), be·heer·struc·tu·ren
de **be·heers·ver·goe·ding** (v), be·heers·ver·goe·din·gen
het **be·heer·sys·teem**, be·heer·sys·te·men
be·hel·pen (ww), be·help, be·helpt; be·hielp, be·hiel·pen; be·hol·pen
be·hel·zen (ww), be·hels, be·helst; be·hels·de, be·hels·den; be·helsd
be·hen·dig (bnw), be·hen·di·ge
be·hept (bnw), be·hep·te
be·he·ren (ww), be·heer, be·heert; be·heer·de, be·heer·den; be·heerd
be·hoe·den (ww), be·hoed, be·hoedt; be·hoed·de, be·hoed·den; be·hoed
be·hoed·zaam (bnw), be·hoed·za·me
de **be·hoef·te** (v), be·hoef·ten, be·hoef·tes
de **be·hoef·te·ana·ly·se** (v), be·hoef·te·ana·ly·sen, be·hoef·te·ana·ly·ses
de **be·hoef·te·be·vre·di·ging** (v), be·hoef·te·be·vre·di·gin·gen
het **be·hoef·te·on·der·zoek**, be·hoef·te·on·der·zoe·ken
de **be·hoef·te·pei·ling** (v), be·hoef·te·pei·lin·gen
be·hoef·tig (bnw), be·hoef·ti·ge
de **be·hoef·ti·ge**, be·hoef·ti·gen
be·hoe·ve: ten behoeve van
be·hoe·ven (ww), be·hoef, be·hoeft; be·hoef·de, be·hoef·den;

be·hoefd
be·hoor·lijk (bnw), be·hoor·lij·ke
be·ho·ren (ww), be·hoor, be·hoort; be·hoor·de, be·hoor·den; be·hoord
het **be·houd**
be·hou·den (ww), be·hou, be·houd, be·houdt; be·hield, be·hiel·den; be·hou·den
be·hou·dens (voorz)
be·houds·ge·zind (bnw), be·houds·ge·zin·de
be·huisd (bnw), be·huis·de
de **be·hui·zing** (v), be·hui·zin·gen; be·hui·zin·kje
het **be·hulp**
be·hulp·zaam (bnw), be·hulp·za·me
de **bei·aard** (m), bei·aar·den, bei·aards
de **bei·aar·dier** (m), bei·aar·diers
bei·de (telw)
bei·den (ww), beid, beidt; beid·de, beid·den; ge·beid
bei·der·zijds (bnw), bei·der·zijd·se
beid·jes (telw)
de **Bei·er** (m) *(persoon uit Beieren)*, Bei·e·ren
bei·e·ren (ww), bei·er, bei·ert; bei·er·de, bei·er·den; ge·bei·erd
bei·ge (bnw)
bei·ge·ach·tig (bnw), bei·ge·ach·ti·ge
de **beig·net** (m), beig·nets; beig·net·je
be·ij·ve·ren (ww), be·ij·ver, be·ij·vert; be·ij·ver·de, be·ij·ver·den; be·ij·verd
be·ij·zeld (bnw), be·ij·zel·de
beïnvloedbaar [be·in·vloed·baar] (bnw), beïnvloedbare [be·in·vloed·ba·re]
beïnvloeden [be·in·vloe·den] (ww), beïnvloed [be·in·vloed], beïnvloedt [be·in·vloedt]; beïnvloedde [be·in·vloed·de], beïnvloedden [be·in·vloed·den]; beïnvloed [be·in·vloed]
de **beïnvloeder** [be·in·vloe·der] (m), beïnvloeders [be·in·vloe·ders]
de **beïnvloeding** [be·in·vloe·ding] (v), beïnvloedingen [be·in·vloe·din·gen]
de **bei·tel** (m), bei·tels; bei·tel·tje
bei·te·len (ww), bei·tel, bei·telt; bei·tel·de, bei·tel·den; ge·bei·teld
de/het **beits** (m/o), beit·sen
beit·sen (ww), beits, beitst; beits·te, beits·ten; ge·beitst
be·jaard (bnw), be·jaar·de
de **be·jaar·de**, be·jaar·den
de **be·jaar·den·flat** (m), be·jaar·den·flats; be·jaar·den·flat·je
het **be·jaar·den·huis**, be·jaar·den·hui·zen; be·jaar·den·huis·je
de **be·jaar·den·hulp**, be·jaar·den·hul·pen
het **be·jaar·den·te·huis**, be·jaar·den·te·hui·zen
de **be·jaar·den·wo·ning** (v), be·jaar·den·wo·nin·gen; be·jaar·den·wo·nin·kje
be·ja·gen (ww), be·jaag, be·jaagt; be·jaag·de, be·joeg, be·jaag·den, be·joe·gen; be·jaagd
be·je·ge·nen (ww), be·je·gen, be·je·gent; be·je·gen·de, be·je·gen·den; be·je·gend
de **be·je·ge·ning** (v), be·je·ge·nin·gen
be·ju·be·len (ww), be·ju·bel, be·ju·belt; be·ju·bel·de, be·ju·bel·den; be·ju·beld
de **bek** (m), bek·ken; bek·je

be·kaaid[1] (bnw), be·kaai·de
be·kaaid[2]: er bekaaid van afkomen
be·ka·be·len (ww), be·ka·bel, be·ka·belt; be·ka·bel·de, be·ka·bel·den; be·ka·beld
de **be·ka·be·ling** (v), be·ka·be·lin·gen
bek·af (bnw)
be·kam·pen (ww), be·kamp, be·kampt; be·kamp·te, be·kamp·ten; be·kampt
be·kend (bnw), be·ken·de
de **be·ken·de**, be·ken·den
de **be·kend·heid** (v), be·kend·he·den
be·kend·ma·ken (ww), maak be·kend, maakt be·kend; maak·te be·kend, maak·ten be·kend; be·kend·ge·maakt
de **be·kend·ma·king** (v), be·kend·ma·kin·gen
be·kend·staan (ww), sta be·kend, staat be·kend; stond be·kend, ston·den be·kend; be·kend·ge·staan
be·ken·nen (ww), be·ken, be·kent; be·ken·de, be·ken·den; be·kend
de **be·ken·te·nis** (v), be·ken·te·nis·sen
de **be·ker** (m), be·kers; be·ker·tje
be·ke·ren[1] (ww) *(een overtuiging, geloof doen aannemen),* be·keer, be·keert; be·keer·de, be·keer·den; be·keerd
be·ke·ren[2] (ww) *(aan een bekerwed-strijd meedoen),* be·ker, be·kert; be·ker·de, be·ker·den; ge·be·kerd
het **be·ker·glas**, be·ker·gla·zen; be·ker·glaas·je
be·keu·ren (ww), be·keur, be·keurt; be·keur·de, be·keur·den; be·keurd
de **be·keu·ring** (v), be·keu·rin·gen; be·keu·rin·kje
be·kij·ken (ww), be·kijk, be·kijkt; be·keek, be·ke·ken; be·ke·ken
be·kij·ven (ww), be·kijf, be·kijft; be·keef, be·ke·ven; be·ke·ven
be·kis·ten (ww), be·kist, be·kist; be·kist·te, be·kist·ten; be·kist
de **be·kis·ting** (v), be·kis·tin·gen
het **bek·ken**[1], bek·kens; bek·ken·tje
bek·ken[2] (ww), bek, bekt; bek·te, bek·ten; ge·bekt
de **bek·ken·bo·dem** (m), bek·ken·bo·dems
de **be·klaag·de**, be·klaag·den
de **be·klaag·den·bank**, be·klaag·den·ban·ken; be·klaag·den·bank·je
be·klad·den (ww), be·klad, be·kladt; be·klad·de, be·klad·den; be·klad
het **be·klag**
be·kla·gen (ww), be·klaag, be·klaagt; be·klaag·de, be·kloeg, be·klaag·den, be·kloe·gen; be·klaagd
be·kle·den (ww), be·kleed, be·kleedt; be·kleed·de, be·kleed·den; be·kleed
de **be·kle·ding** (v), be·kle·din·gen
be·kleed (bnw), be·kle·de
be·klem·to·nen (ww), be·klem·toon, be·klem·toont; be·klem·toon·de, be·klem·toon·den; be·klem·toond
be·klij·ven (ww), be·klijf, be·klijft; be·klijf·de, be·klijf·den; be·klijfd
be·klim·men (ww), be·klim, be·klimt; be·klom, be·klom·men; be·klom·men
de **be·klim·ming** (v), be·klim·min·gen
be·knib·be·len (ww), be·knib·bel,

be·knib·belt; be·knib·bel·de, be·knib·bel·den; be·knib·beld
be·knopt (bnw), be·knop·te
be·knot·ten (ww), be·knot, be·knot; be·knot·te, be·knot·ten; be·knot
be·kok·sto·ven (ww), be·kok·stoof, be·kok·stooft; be·kok·stoof·de, be·kok·stoof·den; be·kok·stoofd
be·ko·men (ww), be·kom, be·komt; be·kwam, be·kwa·men; be·ko·men
be·kom·merd (bnw), be·kom·mer·de
be·kom·me·ren (ww), be·kom·mer, be·kom·mert; be·kom·mer·de, be·kom·mer·den; be·kom·merd
de **be·kom·mer·nis** (v), be·kom·mer·nis·sen
be·ko·ren (ww), be·koor, be·koort; be·koor·de, be·koor·den; be·koord
be·kor·ten (ww), be·kort, be·kort; be·kort·te, be·kort·ten; be·kort
be·kos·ti·gen (ww), be·kos·tig, be·kos·tigt; be·kos·tig·de, be·kos·tig·den; be·kos·tigd
be·krach·ti·gen (ww), be·krach·tig, be·krach·tigt; be·krach·tig·de, be·krach·tig·den; be·krach·tigd
de **be·krach·ti·ging** (v), be·krach·ti·gin·gen
be·kras·sen (ww), be·kras, be·krast; be·kras·te, be·kras·ten; be·krast
be·kri·ti·se·ren (ww), be·kri·ti·seer, be·kri·ti·seert; be·kri·ti·seer·de, be·kri·ti·seer·den; be·kri·ti·seerd
be·kro·nen (ww), be·kroon, be·kroont; be·kroon·de, be·kroon·den; be·kroond
de **be·kro·ning** (v), be·kro·nin·gen; be·kro·nin·kje
bek·vech·ten (ww), bek·vecht, bek·vecht; bek·vecht·te, bek·vecht·ten; ge·bek·vecht
be·kwaam (bnw), be·kwa·me
de **be·kwaam·heid** (v), be·kwaam·he·den
be·kwa·men (ww), be·kwaam, be·kwaamt; be·kwaam·de, be·kwaam·den; be·kwaamd
de **bel**, bel·len; bel·le·tje
be·lab·berd (bnw), be·lab·ber·de
be·la·che·lijk (bnw), be·la·che·lij·ke
be·la·den (ww), be·laad, be·laadt; be·laad·de, be·laad·den; be·la·den
de **be·la·ding** (v), be·la·din·gen
be·la·gen (ww), be·laag, be·laagt; be·laag·de, be·laag·den; be·laagd
be·lan·den (ww), be·land, be·landt; be·land·de, be·land·den; be·land
het **be·lang**, be·lan·gen; be·lan·ge·tje
be·lan·ge·loos (bnw), be·lan·ge·lo·ze
be·lan·gen (ww), be·lang, be·langt; be·lang·de, be·lang·den; be·langd
het **be·lan·gen·con·flict**, be·lan·gen·con·flic·ten
de **be·lan·gen·te·gen·stel·ling** (v), be·lan·gen·te·gen·stel·lin·gen
de **be·lan·gen·ver·stren·ge·ling** (v), be·lan·gen·ver·stren·ge·lin·gen
de **be·lang·heb·ben·de**, be·lang·heb·ben·den
be·lang·rijk (bnw), be·lang·rij·ke
de **be·lang·rijk·heid** (v), be·lang·rijk·he·den
de **be·lang·stel·len·de**,

be·lang·stel·len·den
de **be·lang·stel·ling** (v)
de **be·lang·stel·lings·sfeer**, be·lang·stel·lings·sfe·ren
be·la·se·ren (ww) *(met laser bewerken),* be·la·ser, be·la·sert; be·la·ser·de, be·la·ser·den; be·la·serd
be·last (bnw), be·las·te
be·las·ten (ww), be·last, be·last; be·last·te, be·last·ten; be·last
be·las·tend (bnw), be·las·ten·de
be·las·te·ren (ww), be·las·ter, be·las·tert; be·las·ter·de, be·las·ter·den; be·las·terd
de **be·las·te·ring** (v), be·las·te·rin·gen
de **be·las·ting** (v), be·las·tin·gen; be·las·tin·kje
de **be·las·ting·aan·gif·te** (v), be·las·ting·aan·gif·ten, be·las·ting·aan·gif·tes
de **be·las·ting·af·trek** (m), be·las·ting·af·trek·je
de **be·las·ting·be·ta·ler** (m), be·las·ting·be·ta·lers
het **be·las·ting·bil·jet**, be·las·ting·bil·jet·ten
de **be·las·ting·brief** (m), be·las·ting·brie·ven; be·las·ting·brief·je
de **be·las·ting·con·su·lent** (m), be·las·ting·con·su·len·ten
de **be·las·ting·con·tro·leur** (m), be·las·ting·con·tro·leurs
de **be·las·ting·dienst** (m), be·las·ting·dien·sten
de **be·las·ting·druk** (m)
het **be·las·ting·geld**, be·las·ting·gel·den
de **be·las·ting·in·spec·teur** (m), be·las·ting·in·spec·teurs
de **be·las·ting·in·spec·tie** (v), be·las·ting·in·spec·ties
het **be·las·ting·kan·toor**, be·las·ting·kan·to·ren; be·las·ting·kan·toor·tje
de **be·las·ting·ont·dui·king** (v), be·las·ting·ont·dui·kin·gen
be·las·ting·plich·tig (bnw), be·las·ting·plich·ti·ge
de **be·las·ting·plich·ti·ge**, be·las·ting·plich·ti·gen
de **be·las·ting·schaal**, be·las·ting·scha·len
de **be·las·ting·schijf**, be·las·ting·schij·ven
de **be·las·ting·schuld**, be·las·ting·schul·den
de **be·las·tings·druk** (m)
het **be·las·ting·stel·sel**, be·las·ting·stel·sels
de **be·las·ting·stic·ker** (m), be·las·ting·stic·kers
het **be·las·ting·sys·teem**, be·las·ting·sys·te·men
het **be·las·ting·ta·rief**, be·las·ting·ta·rie·ven
de **be·las·ting·ver·ho·ging** (v), be·las·ting·ver·ho·gin·gen
de **be·las·ting·ver·la·ging** (v), be·las·ting·ver·la·gin·gen
de **be·las·ting·ver·min·de·ring** (v), be·las·ting·ver·min·de·rin·gen
het **be·las·ting·voor·deel**, be·las·ting·voor·de·len; be·las·ting·voor·deel·tje
be·las·ting·vrij (bnw), be·las·ting·vrije
be·la·ze·ren (ww), be·la·zer, be·la·zert; be·la·zer·de, be·la·zer·den; be·la·zerd
het **bel·can·to**[1], bel·can·to's
bel·can·to[2] (bijw)
be·le·di·gen (ww), be·le·dig, be·le·digt; be·le·dig·de,

be·le·dig·den; be·le·digd
de **be·le·di·ging** (v), be·le·di·gin·gen; be·le·di·gin·ge·tje
be·leefd (bnw), be·leef·de
de **be·leefd·heid** (v), be·leefd·he·den; be·leefd·heid·je
de **be·leefd·heids·vorm** (m), be·leefd·heids·vor·men
het **be·leg**, be·leg·gen; be·leg·je
be·le·gen[1] (bnw)
be·le·gen[2]: jong belegen
be·leg·gen (ww), be·leg, be·legt; be·leg·de, be·leg·den; be·legd
de **be·leg·ger** (m), be·leg·gers; be·leg·ger·tje
de **be·leg·ging** (v), be·leg·gin·gen
het **be·leg·gings·fonds**, be·leg·gings·fond·sen
de **be·leg·gings·re·ke·ning** (v), be·leg·gings·re·ke·nin·gen
het **be·leid**, be·leid·je
de **be·leids·ad·vi·seur** (m), be·leids·ad·vi·seurs
het **be·leids·in·zicht**, be·leids·in·zich·ten
de **be·leids·kwes·tie** (v), be·leids·kwes·ties
de **be·leids·ma·ker** (m), be·leids·ma·kers
de **be·leids·me·de·wer·ker** (m), be·leids·me·de·wer·kers
de **be·leids·no·ta**, be·leids·no·ta's
be·leids·on·der·steu·nend (bnw), be·leids·on·der·steu·nen·de
het **be·leids·plan**, be·leids·plan·nen
het **be·leids·stuk**, be·leids·stuk·ken
de **be·leids·voe·ring** (v), be·leids·voe·rin·gen
be·lem·me·ren (ww), be·lem·mer, be·lem·mert; be·lem·mer·de, be·lem·mer·den; be·lem·merd
de **be·lem·me·ring** (v), be·lem·me·rin·gen
be·len·dend (bnw), be·len·den·de
be·le·nen (ww), be·leen, be·leent; be·leen·de, be·leen·den; be·leend
be·le·ren (ww), be·leer, be·leert; be·leer·de, be·leer·den; be·leerd
be·le·rend (bnw), be·le·ren·de
het **be·let**
de **bel-eta·ge** (v), bel-eta·ges
het **be·let·sel**, be·let·se·len, be·let·sels; be·let·sel·tje
het **be·let·sel·te·ken**, be·let·sel·te·kens
be·let·ten (ww), be·let, be·let; be·let·te, be·let·ten; be·let
be·let·te·ren (ww), be·let·ter, be·let·tert; be·let·ter·de, be·let·ter·den; be·let·terd
de **be·let·te·ring** (v), be·let·te·rin·gen
be·le·ven (ww), be·leef, be·leeft; be·leef·de, be·leef·den; be·leefd
de **be·le·ve·nis** (v), be·le·ve·nis·sen; be·le·ve·nis·je
be·le·ve·ren (ww), be·le·ver, be·le·vert; be·le·ver·de, be·le·ver·den; be·le·verd
de **be·le·ving** (v), be·le·vin·gen
het **bel·fort**, bel·for·ten; bel·fort·je
de **belg** (m) *(paard)*, bel·gen; belg·je
de **Belg** (m) *(persoon)*, Bel·gen; Belg·je
het **Bel·gen·land**, Bel·gen·land·je
de **Bel·gen·mop**, Bel·gen·mop·pen; Bel·gen·mop·je
het **bel·gi·cis·me**, bel·gi·cis·men
Bel·gisch (bnw), Bel·gi·sche
de **Bel·gi·sche** (v), Bel·gi·schen
het **Bel·gisch-Ne·der·lands** *(taal)*
de **bel·ha·mel** (m), bel·ha·mels
be·li·cha·men (ww), be·li·chaam, be·li·chaamt; be·li·chaam·de, be·li·chaam·den; be·li·chaamd
de **be·li·cha·ming** (v), be·li·cha·min·gen
be·lich·ten (ww), be·licht,

be·licht; be·licht·te, be·licht·ten; be·licht

de **be·lich·ting** (v), be·lich·tin·gen

be·lie·gen (ww), be·lieg, be·liegt; be·loog, be·lo·gen; be·lo·gen

het **be·lie·ven**[1]

be·lie·ven[2] (ww), be·lief, be·lieft; be·lief·de, be·lief·den; be·liefd

be·lij·den (ww), be·lijd, be·lijdt; be·leed, be·le·den; be·le·den

de **be·lij·de·nis** (v), be·lij·de·nis·sen

de **be·lij·ning** (v), be·lij·nin·gen

de **bel·kaart**, bel·kaar·ten

de **bel·le** (v), bel·les; bel·le·tje

de **bel·le épo·que** (v)

bel·len (ww), bel, belt; bel·de, bel·den; ge·beld

bel·len·bla·zen (ww), blaas bel·len, blaast bel·len; blies bel·len, blie·zen bel·len; bel·len·ge·bla·zen

de **bel·ler** (m), bel·lers

de **bel·le·tje·trek** (m)

de **bel·let·trie** (v)

de **bel·ly·dance** (m), bel·ly·dan·ces

de **be·lof·te** (v), be·lof·ten, be·lof·tes

be·lof·te·vol (bnw), be·lof·te·vol·le

be·lo·nen (ww), be·loon, be·loont; be·loon·de, be·loon·den; be·loond

de **be·lo·ning** (v), be·lo·nin·gen; be·lo·nin·kje

het **be·lo·nings·sys·teem**, be·lo·nings·sys·te·men

het **be·loop**, be·lo·pen

be·lo·pe: ten belope van

be·lo·pen (ww), be·loop, be·loopt; be·liep, be·lie·pen; be·lo·pen

be·lo·ven (ww), be·loof, be·looft; be·loof·de, be·loof·den; be·loofd

de **belt**, bel·ten; belt·je

het **bel·te·goed**, bel·te·goe·den

bel·ten (ww), belt, belt; belt·te, belt·ten; ge·belt

be·luis·te·ren (ww), be·luis·ter, be·luis·tert; be·luis·ter·de, be·luis·ter·den; be·luis·terd

de **bel·ve·dè·re** (m), bel·ve·dè·res

be·mach·ti·gen (ww), be·mach·tig, be·mach·tigt; be·mach·tig·de, be·mach·tig·den; be·mach·tigd

be·ma·len (ww), be·maal, be·maalt; be·maal·de, be·maal·den; be·ma·len

be·man·nen (ww), be·man, be·mant; be·man·de, be·man·den; be·mand

de **be·man·ning** (v), be·man·nin·gen

be·men·sen (ww), be·mens, be·menst; be·mens·te, be·mens·ten; be·menst

de **be·men·sing** (v)

be·mer·ken (ww), be·merk, be·merkt; be·merk·te, be·merk·ten; be·merkt

de **be·mer·king** (v), be·mer·kin·gen

be·mes·ten (ww), be·mest, be·mest; be·mest·te, be·mest·ten; be·mest

be·me·ten (bnw)

de **be·mid·de·laar** (m), be·mid·de·laars

be·mid·deld (bnw), be·mid·del·de

be·mid·de·len (ww), be·mid·del, be·mid·delt; be·mid·del·de, be·mid·del·den; be·mid·deld

de **be·mid·de·ling** (v), be·mid·de·lin·gen

Be·mid·de·lings·raad *(geschillencommissie in Suriname)*

be·mind (bnw), be·min·de

be·min·nen (ww), be·min, be·mint; be·min·de, be·min·den; be·mind

be·moe·di·gen (ww), be·moe·dig, be·moe·digt; be·moe·dig·de, be·moe·dig·den; be·moe·digd
de **be·moei·al** (m), be·moei·al·len, be·moei·als
be·moei·en (ww), be·moei, be·moeit; be·moei·de, be·moei·den; be·moeid
de **be·moei·e·nis** (v), be·moei·e·nis·sen
be·moei·lij·ken (ww), be·moei·lijk, be·moei·lijkt; be·moei·lijk·te, be·moei·lijk·ten; be·moei·lijkt
de **be·mon·ste·ring** (v), be·mon·ste·rin·gen
de **ben** *(mand)*, ben·nen; ben·ne·tje
be·naar·sti·gen (ww), be·naar·stig, be·naar·stigt; be·naar·stig·de, be·naar·stig·den; be·naar·stigd
de **be·na·deel·de**, be·na·deel·den
be·na·de·len (ww), be·na·deel, be·na·deelt; be·na·deel·de, be·na·deel·den; be·na·deeld
be·na·de·ren (ww), be·na·der, be·na·dert; be·na·der·de, be·na·der·den; be·na·derd
de **be·na·de·ring** (v), be·na·de·rin·gen
de **be·na·de·rings·wij·ze**, be·na·de·rings·wij·zen
be·na·druk·ken (ww), be·na·druk, be·na·drukt; be·na·druk·te, be·na·druk·ten; be·na·drukt
de **be·na·ming** (v), be·na·min·gen; be·na·min·kje
be·nard (bnw), be·nar·de
be·nauwd (bnw), be·nauw·de
be·nau·wen (ww), be·nauw, be·nauwt; be·nauw·de, be·nauw·den; be·nauwd
de **bench** (m), ben·chen, ben·ches
het **bench·mark**, bench·marks
bench·mar·ken (ww), bench·mark, bench·markt; bench·mark·te, bench·mark·ten; ge·bench·markt
de **bench·mar·king**
de **ben·de**, ben·den, ben·des; ben·de·tje
de **ben·de·lei·der** (m), ben·de·lei·ders; ben·de·lei·der·tje
be·ne·den (bijw)
be·ne·den·ge·mid·deld (bnw), be·ne·den·ge·mid·del·de
de **be·ne·den·ver·die·ping** (v), be·ne·den·ver·die·pin·gen; be·ne·den·ver·die·pin·kje
de **be·ne·dic·tijn** (m), be·ne·dic·tij·nen
de **be·ne·dic·tij·nen·ab·dij** (v), be·ne·dic·tij·nen·ab·dij·en
be·ne·dic·tij·ner (bnw)
be·ne·dic·tijns (bnw), be·ne·dic·tijn·se
be·ne·fi·ci·air (bnw), be·ne·fi·ci·ai·re
de **be·ne·fi·ci·ant** (m), be·ne·fi·ci·an·ten
de **beneficiënt** [be·ne·fi·ci·ent] (m), beneficiënten [be·ne·fi·ci·en·ten]
het **be·ne·fiet**, be·ne·fiets; be·ne·fiet·je
het **Be·ne·lux-land**, Be·ne·lux-lan·den
be·ne·men (ww), be·neem, be·neemt; be·nam, be·na·men; be·no·men
be·nen[1] (bnw)
be·nen[2] (ww), been, beent; been·de, been·den; ge·beend
de **be·nen·wa·gen** (m)
be·ne·ve·len (ww), be·ne·vel, be·ne·velt; be·ne·vel·de,

be·ne·vel·den; be·ne·veld
be·ne·vens (voorz)
beng (tussenw)
Ben·gaals (bnw), Ben·gaal·se
ben·ge·len (ww), ben·gel, ben·gelt; ben·gel·de, ben·gel·den; ge·ben·geld
be·nieuwd (bnw), be·nieuw·de
be·nieu·wen (ww), be·nieuw, be·nieuwt; be·nieuw·de, be·nieuw·den; be·nieuwd
be·nig (bnw), be·ni·ge
be·nij·den (ww), be·nijd, be·nijdt; be·nijd·de, be·nijd·den; be·nijd
de **ben·ja·min** *(jongste zoon)*, ben·ja·mins; ben·ja·min·ne·tje
Ben·ja·min *(Bijbelse figuur)*
be·no·digd (bnw), be·no·dig·de
de **be·no·digd·he·den** (mv)
be·noe·men (ww), be·noem, be·noemt; be·noem·de, be·noem·den; be·noemd
de **be·noe·ming** (v), be·noe·min·gen
de **be·noe·mings·stop** (m), be·noe·mings·stops
be·noor·den (voorz)
ben·sjen (ww), bensj, bensjt; bensj·te, bensj·ten; ge·bensjt
de **ben·ta**, ben·ta's
het **be·nul**
be·nut·ten (ww), be·nut, be·nut; be·nut·te, be·nut·ten; be·nut
be·nut·ti·gen (ww), be·nut·tig, be·nut·tigt; be·nut·tig·de, be·nut·tig·den; be·nut·tigd
de **be·nut·ting** (v), be·nut·tin·gen
B en W *(burgemeester en wethouders)*
het **ben·zeen**
de **ben·zi·ne**, ben·zi·nes
de **ben·zi·ne·au·to** (m), ben·zi·ne·au·to's
de **ben·zi·ne·geur** (m), ben·zi·ne·geu·ren
de **ben·zi·ne·lucht**, ben·zi·ne·lucht·je
de **ben·zi·ne·mo·tor** (m), ben·zi·ne·mo·to·ren, ben·zi·ne·mo·tors
het **ben·zi·ne·sta·ti·on**, ben·zi·ne·sta·ti·ons
de **ben·zi·ne·tank** (m), ben·zi·ne·tanks; ben·zi·ne·tank·je
de **beo** (m), be·o's
de **be·oe·fe·naar** (m), be·oe·fe·naars, be·oe·fe·na·ren
be·oe·fe·nen (ww), be·oe·fen, be·oe·fent; be·oe·fen·de, be·oe·fen·den; be·oe·fend
de **be·oe·fe·ning** (v)
be·ogen (ww), be·oog, be·oogt; be·oog·de, be·oog·den; be·oogd
de **be·oor·de·laar** (m), be·oor·de·laars, be·oor·de·la·ren
be·oor·de·len (ww), be·oor·deel, be·oor·deelt; be·oor·deel·de, be·oor·deel·den; be·oor·deeld
de **be·oor·de·ling** (v), be·oor·de·lin·gen
het **be·oor·de·lings·for·mu·lier**, be·oor·de·lings·for·mu·lie·ren
be·oos·ten (voorz)
bep. (bnw) *(bepaald)*
be·paald (bnw), be·paal·de
be·pa·len (ww), be·paal, be·paalt; be·paal·de, be·paal·den; be·paald
be·pa·lend (bnw), be·pa·len·de
de **be·pa·ling** (v), be·pa·lin·gen
be·per·ken (ww), be·perk, be·perkt; be·perk·te, be·perk·ten; be·perkt
de **be·per·king** (v), be·per·kin·gen
be·perkt (bnw), be·perk·te
de **be·perkt·heid** (v), be·perkt·he·den
be·plak·ken (ww), be·plak,

be·plakt; be·plak·te, be·plak·ten; be·plakt

be·plan·ten (ww), be·plant, be·plant; be·plant·te, be·plant·ten; be·plant

de **be·plan·ting** (v), be·plan·tin·gen

de **be·pla·ting** (v), be·pla·tin·gen

be·pleit (bnw), be·plei·te

be·plei·ten (ww), be·pleit, be·pleit; be·pleit·te, be·pleit·ten; be·pleit

be·po·te·len (ww), be·po·tel, be·po·telt; be·po·tel·de, be·po·tel·den; be·po·teld

bep·pen (ww), bep, bept; bep·te, bep·ten; ge·bept

be·pra·ten (ww), be·praat, be·praat; be·praat·te, be·praat·ten; be·praat

be·prij·zen (ww), be·prijs, be·prijst; be·prijs·de, be·prijs·den; be·prijsd

be·proefd (bnw), be·proef·de

be·proe·ven (ww), be·proef, be·proeft; be·proef·de, be·proef·den; be·proefd

de **be·proe·ving** (v), be·proe·vin·gen

het **be·raad**

be·raad·sla·gen (ww), be·raad·slaag, be·raad·slaagt; be·raad·slaag·de, be·raad·slaag·den; be·raad·slaagd

de **be·raad·sla·ging** (v), be·raad·sla·gin·gen

be·ra·den[1] (bnw)

be·ra·den[2] (ww), be·raad, be·raadt; be·raad·de, be·raad·den; be·ra·den

be·ra·men (ww), be·raam, be·raamt; be·raam·de, be·raam·den; be·raamd

de **ber·ber** (m) *(berbertapijt),* ber·bers; ber·ber·tje

de **Ber·ber** (m) *(lid v.h. Berbervolk),* Ber·bers; Ber·ber·tje

het **berd**, ber·den

ber·de: te berde brengen

be·re

be·rech·ten (ww), be·recht, be·recht; be·recht·te, be·recht·ten; be·recht

be·red·de·ren (ww), be·red·der, be·red·dert; be·red·der·de, be·red·der·den; be·red·derd

be·re·den (bnw)

be·re·de·neerd (bnw), be·re·de·neer·de

be·re·de·ne·ren (ww), be·re·de·neer, be·re·de·neert; be·re·de·neer·de, be·re·de·neer·den; be·re·de·neerd

be·re·druk (bnw), be·re·druk·ke

be·re·ge·zel·lig (bnw), be·re·ge·zel·li·ge

be·re·goed (bnw), be·re·goe·de

be·reid (bnw), be·rei·de

be·rei·den (ww), be·reid, be·reidt; be·reid·de, be·reid·den; be·reid

de **be·reid·heid** (v)

de **be·rei·ding** (v), be·rei·din·gen

de **be·rei·dings·wij·ze**, be·rei·dings·wij·zen

be·reid·wil·lig (bnw), be·reid·wil·li·ge

de **be·reid·wil·lig·heid** (v), be·reid·wil·lig·he·den

het **be·reik**

be·reik·baar (bnw), be·reik·ba·re

de **be·reik·baar·heid** (v), be·reik·baar·he·den

be·rei·ken (ww), be·reik, be·reikt; be·reik·te, be·reik·ten; be·reikt

be·re-in·te·res·sant (bnw), be·re-in·te·res·san·te

be·reisd (bnw), be·reis·de

be·rei·zen (ww), be·reis, be·reist;

be·reis·de, be·reis·den; be·reisd
be·re·kend (bnw), be·re·ken·de
be·re·ke·nen (ww), be·re·ken, be·re·kent; be·re·ken·de, be·re·ken·den; be·re·kend
be·re·ke·nend (bnw), be·re·ke·nen·de
de **be·re·ke·ning** (v), be·re·ke·nin·gen
be·re·koud (bnw), be·re·kou·de
be·re·lek·ker (bnw), be·re·lek·ke·re
be·re·leuk (bnw), be·re·leu·ke
be·ren (ww), beer, beert; beer·de, beer·den; ge·beerd
de **be·ren·burg** (m), be·ren·burg·je
de **be·ren·hap** (m), be·ren·hap·pen
de **be·ren·hon·ger** (m)
het **be·ren·jong**, be·ren·jon·gen
de **be·ren·klauw**, be·ren·klau·wen; be·ren·klauw·tje
de **be·ren·kooi**, be·ren·kooi·en
de **be·ren·kuil** (m), be·ren·kui·len
de **be·ren·muts**, be·ren·mut·sen
de **be·ren·pels** (m), be·ren·pel·sen, be·ren·pel·zen
de **be·ren·poot** (m), be·ren·po·ten; be·ren·poot·je
het **be·ren·vel**, be·ren·vel·len
be·re·sterk (bnw), be·re·ster·ke
be·re·trots (bnw), be·re·trot·se
de **berg** (m), ber·gen; berg·je
berg·ach·tig (bnw), berg·ach·ti·ge
berg·af (bijw)
berg·af·waarts (bnw), berg·af·waart·se
het **berg·be·klim·men**
het **berg·blauw**
ber·ge: te berge rijzen
ber·gen (ww), berg, bergt; borg, bor·gen; ge·bor·gen
de **ber·ge·rac** (m), ber·ge·racs
de **berg·geit**, berg·gei·ten; berg·geit·je
het **berg·hok**, berg·hok·ken; berg·hok·je
de **ber·ging** (v), ber·gin·gen
het **ber·gings·werk**, ber·gings·wer·ken
de **berg·ke·ten**, berg·ke·tens
berg·op (bijw)
berg·op·waarts (bnw), berg·op·waart·se
de **berg·pas** (m), berg·pas·sen; berg·pas·je
de **berg·ri·vier**, berg·ri·vie·ren; berg·ri·vier·tje
de **berg·ruim·te** (v), berg·ruim·ten, berg·ruim·tes
de **berg·stroom** (m), berg·stro·men; berg·stroom·pje
de **berg·top** (m), berg·top·pen; berg·top·je
het **be·richt**, be·rich·ten; be·richt·je
be·rich·ten (ww), be·richt, be·richt; be·richt·te, be·richt·ten; be·richt
de **be·richt·ge·ving** (v), be·richt·ge·vin·gen
be·rig (bnw), be·ri·ge
be·rijd·baar (bnw), be·rijd·ba·re
be·rij·den (ww), be·rij, be·rijd, be·rijdt; be·reed, be·re·den; be·re·den
de **be·rij·der** (m), be·rij·ders
de **be·ril**[1] (m) *(voorwerp)*, be·ril·len
het **be·ril**[2] *(stofnaam)*
de **be·rin** (v), be·rin·nen; be·rin·ne·tje
be·ris·pen (ww), be·risp, be·rispt; be·risp·te, be·risp·ten; be·rispt
de **be·ris·ping** (v), be·ris·pin·gen
de **berk** (m), ber·ken; berk·je
ber·ken (bnw)
de **ber·ken·boom** (m), ber·ken·bo·men;

ber·ken·boom·pje
Ber·lijns (bnw), Ber·lijn·se
Ber·lijns blauw
de **Ber·lijn·se** (v), Ber·lijn·sen
de **berm** (m), ber·men; berm·pje
de **ber·mu·da** (m) *(broek),* ber·mu·da's
be·roemd (bnw), be·roem·de
de **be·roemd·heid** (v), be·roemd·he·den
be·roe·men (ww), be·roem, be·roemt; be·roem·de, be·roem·den; be·roemd
het **be·roep**, be·roe·pen; be·roep·je
be·roe·pen (ww), be·roep, be·roept; be·riep, be·rie·pen; be·roe·pen
het **be·roe·pen·veld**, be·roe·pen·vel·den
be·roeps (bnw)
de **be·roeps·ac·teur** (m), be·roeps·ac·teurs
de **be·roeps·ar·beid** (m)
de **be·roeps·be·oe·fe·naar** (m), be·roeps·be·oe·fe·naars, be·roeps·be·oe·fe·na·ren
de **be·roeps·be·vol·king** (v), be·roeps·be·vol·kin·gen
het **be·roep·schrift**, be·roep·schrif·ten
de **be·roeps·eer**
het **be·roeps·ge·heim**, be·roeps·ge·hei·men; be·roeps·ge·heim·pje
de **be·roeps·groep**, be·roeps·groe·pen; be·roeps·groep·je
be·roeps·hal·ve (bijw)
de **be·roeps·keu·ze**, be·roeps·keu·zen, be·roeps·keu·zes
de **be·roeps·kle·ding** (v)
de **be·roeps·kos·ten·ver·goe·ding** (v), be·roeps·kos·ten·ver·goe·din·gen
de **be·roeps·mu·zi·kant** (m), be·roeps·mu·zi·kan·ten
het **be·roeps·on·der·wijs**
de **be·roeps·op·lei·ding** (v), be·roeps·op·lei·din·gen
de **be·roeps·pro·ce·du·re**, be·roeps·pro·ce·du·res
het **be·roeps·recht**, be·roeps·rech·ten
be·roeps·se·cun·dair (bnw), be·roeps·se·cun·dai·re
de **be·roeps·sol·daat** (m), be·roeps·sol·da·ten
be·roeps·spe·ci·fiek (bnw), be·roeps·spe·ci·fie·ke
het **be·roeps·veld**, be·roeps·vel·den
de **be·roeps·ver·eni·ging** (v), be·roeps·ver·eni·gin·gen
de **be·roeps·vor·ming** (v), be·roeps·vor·min·gen
de **be·roeps·zaak**, be·roeps·za·ken
de **be·roeps·zan·ger** (m), be·roeps·zan·gers
de **be·roeps·ziek·te** (v), be·roeps·ziek·ten, be·roeps·ziek·tes
be·roerd (bnw), be·roer·de
be·roe·ren (ww), be·roer, be·roert; be·roer·de, be·roer·den; be·roerd
de **be·roe·ring** (v), be·roe·rin·gen; be·roe·rin·kje
de **be·roer·te** (v), be·roer·ten, be·roer·tes
be·rok·ke·nen (ww), be·rok·ken, be·rok·kent; be·rok·ken·de, be·rok·ken·den; be·rok·kend
het **be·rouw**
be·rou·wen (ww), be·rouw, be·rouwt; be·rouw·de, be·rouw·den; be·rouwd
be·ro·ven (ww), be·roof, be·rooft; be·roof·de, be·roof·den; be·roofd

B

de **be·ro·ving** (v), be·ro·vin·gen; be·ro·vin·kje
de **ber·rie**, ber·ries
ber·si·ap (tussenw)
be·rucht (bnw), be·ruch·te
be·rus·ten (ww), be·rust, be·rust; be·rust·te, be·rust·ten; be·rust
de **bes**[1] (v) *(oude vrouw),* bes·sen; bes·je
de **bes**[2] *(muzieknoot, vrucht),* bes·sen; bes·je
BES *(Bonaire, Sint-Eustatius & Saba)*
de **BES-be·stuur·der** (m), BES-be·stuur·ders
de **BES-be·vol·king** (v), BES-be·vol·kin·gen
de **BES-be·wo·ner** (m), BES-be·wo·ners
de **BES-bur·ger** (m), BES-bur·gers
be·schaafd (bnw), be·schaaf·de
be·schaamd (bnw), be·schaam·de
be·scha·digd (bnw), be·scha·dig·de
be·scha·di·gen (ww), be·scha·dig, be·scha·digt; be·scha·dig·de, be·scha·dig·den; be·scha·digd
de **be·scha·di·ging** (v), be·scha·di·gin·gen
be·scha·men (ww), be·schaam, be·schaamt; be·schaam·de, be·schaam·den; be·schaamd
be·scha·mend (bnw), be·scha·men·de
be·scha·ven (ww), be·schaaf, be·schaaft; be·schaaf·de, be·schaaf·den; be·schaafd
de **be·scha·ving** (v), be·scha·vin·gen; be·scha·vin·kje
het **be·scheid**, be·schei·den
be·schei·den[1] (bnw)
be·schei·den[2] (ww), be·scheid, be·scheidt; be·scheid·de, be·scheid·den; be·schei·den
de **be·schei·den·heid** (v)
be·schel·pen (ww), be·schelp, be·schelpt; be·schelp·te, be·schelp·ten; be·schelpt
be·schermd (bnw), be·scherm·de
be·scher·men (ww), be·scherm, be·schermt; be·scherm·de, be·scherm·den; be·schermd
de **be·scher·mer** (m), be·scher·mers; be·scher·mer·tje
de **be·scher·ming** (v), be·scher·min·gen
de **be·scheur·ka·len·der** (m), be·scheur·ka·len·ders
be·schie·ten (ww), be·schiet, be·schiet; be·schoot, be·scho·ten; be·scho·ten
be·schij·ten (ww), be·schijt, be·schijt; be·scheet, be·sche·ten; be·sche·ten
be·schik·baar (bnw), be·schik·ba·re
de **be·schik·baar·heid** (v), be·schik·baar·he·den
be·schik·baar stel·len
de **be·schik·baar·stel·ling** (v), be·schik·baar·stel·lin·gen
be·schik·ken (ww), be·schik, be·schikt; be·schik·te, be·schik·ten; be·schikt
de **be·schik·king**[1] (v), be·schik·kin·gen
be·schik·king[2]: te mijner beschikking
be·schik·king[3]: ter beschikking stellen
be·schik·king[4]: te uwer beschikking
be·schil·de·ren (ww), be·schil·der, be·schil·dert; be·schil·der·de, be·schil·der·den; be·schil·derd
be·schim·pen (ww), be·schimp,

be·schimpt; be·schimp·te, be·schimp·ten; be·schimpt
be·schoei·en (ww), be·schoei, be·schoeit; be·schoei·de, be·schoei·den; be·schoeid
de **be·schoei·ing** (v), be·schoei·in·gen
be·scho·ren (bnw)
be·schou·wen (ww), be·schouw, be·schouwt; be·schouw·de, be·schouw·den; be·schouwd
de **be·schou·wing** (v), be·schou·win·gen; be·schou·win·kje
het **be·schrijf**
be·schrij·ven (ww), be·schrijf, be·schrijft; be·schreef, be·schre·ven; be·schre·ven
de **be·schrij·ving** (v), be·schrij·vin·gen
de **be·schuit**, be·schui·ten; be·schuit·je
het **be·schuit·gras**
de **be·schul·dig·de**, be·schul·dig·den
be·schul·di·gen (ww), be·schul·dig, be·schul·digt; be·schul·dig·de, be·schul·dig·den; be·schul·digd
de **be·schul·di·ging** (v), be·schul·di·gin·gen
be·schut·ten (ww), be·schut, be·schut; be·schut·te, be·schut·ten; be·schut
de **BES-dol·lar** (m), BES-dol·lars
het **be·sef**
be·sef·fen (ww), be·sef, be·seft; be·sef·te, be·sef·ten; be·seft
BES-ei·lan·den
be·slaan (ww), be·sla, be·slaat; be·sloeg, be·sloe·gen; be·sla·gen
het **be·slag**, be·slag·je
be·sla·gen (bnw)
de **be·slag·leg·ging** (v), be·slag·leg·gin·gen
de **be·slag·na·me**, be·slag·na·men, be·slag·na·mes
be·slech·ten (ww), be·slecht, be·slecht; be·slecht·te, be·slecht·ten; be·slecht
be·slis·sen (ww), be·slis, be·slist; be·slis·te, be·slis·ten; be·slist
de **be·slis·ser** (m), be·slis·sers
de **be·slis·sing** (v), be·slis·sin·gen; be·slis·sin·kje
de **be·slis·sing·ne·mer** (m), be·slis·sing·ne·mers
de **be·slis·sings·ne·mer** (m), be·slis·sings·ne·mers
be·slist (bnw), be·slis·te
de **be·slom·me·ring** (v), be·slom·me·rin·gen
be·slo·ten (bnw)
be·slui·pen (ww), be·sluip, be·sluipt; be·sloop, be·slo·pen; be·slo·pen
het **be·sluit**, be·slui·ten; be·sluit·je
be·slui·te·loos (bnw), be·slui·te·lo·ze
de **be·slui·te·loos·heid** (v)
be·slui·ten (ww), be·sluit, be·sluit; be·sloot, be·slo·ten; be·slo·ten
de **be·sluit·vor·ming** (v), be·sluit·vor·min·gen
be·sme·ren (ww), be·smeer, be·smeert; be·smeer·de, be·smeer·den; be·smeerd
be·smet (bnw), be·smet·te
be·smet·te·lijk (bnw), be·smet·te·lij·ke
be·smet·ten (ww), be·smet, be·smet; be·smet·te, be·smet·ten; be·smet
de **be·smet·ting** (v), be·smet·tin·gen
be·smeu·ren (ww), be·smeur,

be·smeurt; be·smeur·de, be·smeur·den; be·smeurd
be·smuikt (bnw), be·smuik·te
be·snij·den (ww), be·snij, be·snijd, be·snijdt; be·sneed, be·sne·den; be·sne·den
de **be·snij·de·nis** (v), be·snij·de·nis·sen
be·snoei·en (ww), be·snoei, be·snoeit; be·snoei·de, be·snoei·den; be·snoeid
de/het **be·sog·ne**, be·sog·nes; be·sog·ne·tje
be·spa·ren (ww), be·spaar, be·spaart; be·spaar·de, be·spaar·den; be·spaard
de **be·spa·ring** (v), be·spa·rin·gen; be·spa·rin·kje
be·spe·len (ww), be·speel, be·speelt; be·speel·de, be·speel·den; be·speeld
be·speu·ren (ww), be·speur, be·speurt; be·speur·de, be·speur·den; be·speurd
be·spie·den (ww), be·spied, be·spiedt; be·spied·de, be·spied·den; be·spied
be·spi·o·ne·ren (ww), be·spi·o·neer, be·spi·o·neert; be·spi·o·neer·de, be·spi·o·neer·den; be·spi·o·neerd
be·spoe·di·gen (ww), be·spoe·dig, be·spoe·digt; be·spoe·dig·de, be·spoe·dig·den; be·spoe·digd
be·spot·ten (ww), be·spot, be·spot; be·spot·te, be·spot·ten; be·spot
be·spre·ken (ww), be·spreek, be·spreekt; be·sprak, be·spra·ken; be·spro·ken
de **be·spre·king** (v), be·spre·kin·gen
be·sproei·en (ww), be·sproei, be·sproeit; be·sproei·de, be·sproei·den; be·sproeid
de **be·sproei·ing** (v), be·sproei·in·gen
be·spu·gen (ww), be·spuug, be·spuugt; be·spoog, be·spuug·de, be·spo·gen, be·spuug·den; be·spo·gen, be·spuugd
de **be·spui·tings·ac·tie** (v), be·spui·tings·ac·ties
de **bes·sen·jam**, bes·sen·jams
de **bes·sen·je·ne·ver** (m), bes·sen·je·ne·vers
het **bes·sen·sap**, bes·sen·sap·pen; bes·sen·sap·je
de **bes·sen·struik** (m), bes·sen·strui·ken; bes·sen·struik·je
best (bnw), bes·te
het **be·staan**[1], be·staan·tje
be·staan[2] (ww), be·sta, be·staat; be·stond, be·ston·den; be·staan
be·staand (bnw), be·staan·de
het **be·staans·mi·ni·mum**, be·staans·mi·ni·ma
het **be·staans·recht**, be·staans·rech·ten
be·staf·fen (ww), be·staf, be·staft; be·staf·te, be·staf·ten; be·staft
de **be·staf·fing** (v), be·staf·fin·gen
het **be·stand**[1], be·stan·den; be·stand·je
be·stand[2] (bnw)
het **be·stand·deel**, be·stand·de·len; be·stand·deel·tje
de **be·stand·heid** (v)
best·be·taald (bnw), best·be·taal·de
be·ste·den (ww), be·steed, be·steedt; be·steed·de, be·steed·den; be·steed
de **be·ste·ding** (v), be·ste·din·gen
be·steed (bnw), be·ste·de
het **be·stek**, be·stek·ken; be·stek·je

het **be·stel** *(drukte, regeling)*
be·stel·baar (bnw), be·stel·ba·re
de **be·stel·bon** (m), be·stel·bon·nen, be·stel·bons; be·stel·bon·ne·tje
be·ste·len (ww), be·steel, be·steelt; be·stal, be·sta·len; be·sto·len
het **be·stel·for·mu·lier**, be·stel·for·mu·lie·ren; be·stel·for·mu·lier·tje
be·stel·len (ww), be·stel, be·stelt; be·stel·de, be·stel·den; be·steld
de **be·stel·lijst**, be·stel·lijs·ten; be·stel·lijst·je
de **be·stel·ling** (v), be·stel·lin·gen; be·stel·lin·kje
het **be·stel·num·mer**, be·stel·num·mers
de **be·stel·wa·gen** (m), be·stel·wa·gens; be·stel·wa·gen·tje
be·stem·der: te bestemder plaatse
de **be·stem·me·ling** (m), be·stem·me·lin·gen
be·stem·men (ww), be·stem, be·stemt; be·stem·de, be·stem·den; be·stemd
de **be·stem·ming** (v), be·stem·min·gen
het **be·stem·mings·plan**, be·stem·mings·plan·nen; be·stem·mings·plan·ne·tje
be·stem·pe·len (ww), be·stem·pel, be·stem·pelt; be·stem·pel·de, be·stem·pel·den; be·stem·peld
be·sten·dig (bnw), be·sten·di·ge
be·sten·di·gen (ww), be·sten·dig, be·sten·digt; be·sten·dig·de, be·sten·dig·den; be·sten·digd
de **be·sten·dig·heid** (v)
de **be·sten·di·ging** (v), be·sten·di·gin·gen
be·ster·ven (ww), be·sterf, be·sterft; be·stierf, be·stier·ven; be·stor·ven
de **best·ge·slaag·de**, best·ge·slaag·den
be·stic·ke·ren (ww), be·stic·ker, be·stic·kert; be·stic·ker·de, be·stic·ker·den; be·stic·kerd
de **be·stic·ke·ring** (v), be·stic·ke·rin·gen
be·stie·ren (ww), be·stier, be·stiert; be·stier·de, be·stier·den; be·stierd
be·stij·gen (ww), be·stijg, be·stijgt; be·steeg, be·ste·gen; be·ste·gen
be·stoe·fen (ww), be·stoef, be·stoeft; be·stoef·te, be·stoef·ten; be·stoeft
be·sto·ken (ww), be·stook, be·stookt; be·stook·te, be·stook·ten; be·stookt
be·stor·men (ww), be·storm, be·stormt; be·storm·de, be·storm·den; be·stormd
de **best prac·tice**, best prac·ti·ces
be·straf·fen (ww), be·straf, be·straft; be·straf·te, be·straf·ten; be·straft
be·stra·ten (ww), be·straat, be·straat; be·straat·te, be·straat·ten; be·straat
de **be·stra·ting** (v), be·stra·tin·gen
be·strij·den (ww), be·strijd, be·strijdt; be·streed, be·stre·den; be·stre·den
de **be·strij·ding** (v), be·strij·din·gen
het **be·strij·dings·mid·del**, be·strij·dings·mid·de·len; be·strij·dings·mid·del·tje
be·strij·ken (ww), be·strijk, be·strijkt; be·streek, be·stre·ken; be·stre·ken

be·strooi·en (ww), be·strooi, be·strooit; be·strooi·de, be·strooi·den; be·strooid
de **best·sel·ler** (m), best·sel·lers; best·sel·ler·tje
de **best·sel·ler·au·teur** (m), best·sel·ler·au·teurs
be·stu·deerd (bnw), be·stu·deer·de
be·stu·de·ren (ww), be·stu·deer, be·stu·deert; be·stu·deer·de, be·stu·deer·den; be·stu·deerd
be·stui·ven (ww), be·stuif, be·stuift; be·stoof, be·sto·ven; be·sto·ven
be·stu·ren (ww), be·stuur, be·stuurt; be·stuur·de, be·stuur·den; be·stuurd
de **be·stu·ring** (v), be·stu·rin·gen
het **be·stu·rings·sys·teem**, be·stu·rings·sys·te·men; be·stu·rings·sys·teem·pje
het **be·stuur**, be·stu·ren; be·stuur·tje
de **be·stuur·der** (m), be·stuur·ders; be·stuur·der·tje
het **be·stuur·der·schap**, be·stuur·der·schap·pen
de **be·stuur·ders·par·tij** (v), be·stuur·ders·par·tij·en
de **be·stuur·ders·stoel** (m), be·stuur·ders·stoe·len
be·stuur·lijk (bnw), be·stuur·lij·ke
het **be·stuurs·ap·pa·raat**, be·stuurs·ap·pa·ra·ten
het **be·stuurs·co·mi·té**, be·stuurs·co·mi·tés
de **be·stuurs·ka·mer**, be·stuurs·ka·mers
het **be·stuurs·lid**, be·stuurs·le·den
het **be·stuurs·mo·del**, be·stuurs·mo·del·len
de **be·stuurs·op·zich·ter** (m), be·stuurs·op·zich·ters
het **be·stuurs·or·gaan**, be·stuurs·or·ga·nen
de **be·stuurs·raad** (m), be·stuurs·ra·den
het **be·stuurs·res·sort**, be·stuurs·res·sor·ten
de **be·stuurs·se·cre·ta·ris** (m), be·stuurs·se·cre·ta·ris·sen
de **be·stuur·ster** (v), be·stuur·sters
de **be·stuurs·ver·ga·de·ring** (v), be·stuurs·ver·ga·de·rin·gen
de **be·stuurs·voor·zit·ter** (m), be·stuurs·voor·zit·ters
best·ver·kocht (bnw), best·ver·koch·te
best·ver·ko·pend (bnw), best·ver·ko·pen·de
de **best·wil** (m)
de **bes·vrucht**, bes·vruch·ten
de **BES-wet·ge·ving** (v), BES-wet·ge·vin·gen
de **bè·ta**, bè·ta's
de **be·taal·au·to·maat** (m), be·taal·au·to·ma·ten; be·taal·au·to·maat·je
be·taal·baar (bnw), be·taal·ba·re
be·taal·baar stel·len
het **be·taal·be·wijs**, be·taal·be·wij·zen; be·taal·be·wijs·je
de **be·taal·me·tho·de** (v), be·taal·me·tho·den, be·taal·me·tho·des
het **be·taal·mid·del**, be·taal·mid·de·len
de **be·taal·pas** (m), be·taal·pas·sen; be·taal·pas·je
het **be·taal·stuk**, be·taal·stuk·ken
de **be·taal·ter·mijn** (m), be·taal·ter·mij·nen
de **be·taal·wij·ze**, be·taal·wij·zen
de **bè·ta·blok·ker** (m),

bè·ta·blok·kers
het **bè·ta·ca·ro·teen**
be·ta·len (ww), be·taal, be·taalt; be·taal·de, be·taal·den; be·taald
be·ta·lend (bnw), be·ta·len·de
de **be·ta·ler** (m), be·ta·lers
de **be·ta·ling** (v), be·ta·lin·gen
de **be·ta·lings·ba·lans**, be·ta·lings·ba·lan·sen
het **be·ta·lings·be·wijs**, be·ta·lings·be·wij·zen; be·ta·lings·be·wijs·je
de **be·ta·lings·her·in·ne·ring** (v), be·ta·lings·her·in·ne·rin·gen
het **be·ta·lings·ken·merk**, be·ta·lings·ken·mer·ken
de **be·ta·lings·op·dracht**, be·ta·lings·op·drach·ten
de **be·ta·lings·plicht**, be·ta·lings·plich·ten
de **be·ta·lings·re·ge·ling** (v), be·ta·lings·re·ge·lin·gen
het **be·ta·lings·sys·teem**, be·ta·lings·sys·te·men
de **be·ta·lings·ter·mijn** (m), be·ta·lings·ter·mij·nen
het **be·ta·lings·ver·keer**
de **be·ta·lings·voor·waar·de** (v), be·ta·lings·voor·waar·den
de **be·ta·lings·wij·ze**, be·ta·lings·wij·zen
be·ta·men (ww), be·taamt; be·taam·de, be·taam·den; be·taamd
be·tas·ten (ww), be·tast, be·tast; be·tast·te, be·tast·ten; be·tast
de **bè·ta·stu·die** (v), bè·ta·stu·dies
het **bè·ta·vak**, bè·ta·vak·ken
de **bè·ta·ver·sie** (v), bè·ta·ver·sies
de **be·te**, be·ten
bê·te (bnw)
be·te·ge·len (ww), be·te·gel, be·te·gelt; be·te·gel·de, be·te·gel·den; be·te·geld
de **be·te·ge·ling** (v), be·te·ge·lin·gen
be·te·ke·nen (ww), be·te·ken, be·te·kent; be·te·ken·de, be·te·ken·den; be·te·kend
de **be·te·ke·ning** (v), be·te·ke·nin·gen
de **be·te·ke·nis** (v), be·te·ke·nis·sen
de **be·tel**
be·ter[1] (bnw), be·te·re
be·ter[2]: des te beter
be·te·ren (ww) *(beter worden)*, be·ter, be·tert; be·ter·de, be·ter·den; ge·be·terd
de **be·ter·hand**
be·ter·koop (bnw)
be·ter mel·den
de **be·ter·mel·ding** (v), be·ter·mel·din·gen
de **be·ter·schap** (v)
de **be·ter·we·ter** (m), be·ter·we·ters
be·teu·terd (bnw), be·teu·ter·de
de **be·tich·te**, be·tich·ten
be·tich·ten (ww), be·ticht, be·ticht; be·ticht·te, be·ticht·ten; be·ticht
be·tij·en (ww)
de **bê·ti·se** (v), bê·ti·ses
be·ti·te·len (ww), be·ti·tel, be·ti·telt; be·ti·tel·de, be·ti·tel·den; be·ti·teld
de **be·toe·la·ging** (v), be·toe·la·gin·gen
be·to·gen[1] (bnw)
be·to·gen[2] (ww), be·toog, be·toogt; be·toog·de, be·toog·den; be·toogd
de **be·to·ger** (m), be·to·gers
de **be·to·ging** (v), be·to·gin·gen; be·to·gin·kje
het **be·ton**
het **be·ton·blok**, be·ton·blok·ken; be·ton·blok·je

B

be·to·nen (ww), be·toon, be·toont; be·toon·de, be·toon·den; be·toond
de **be·ton·muur** (m), be·ton·mu·ren; be·ton·muur·tje
be·ton·nen[1] (bnw)
be·ton·nen[2] (ww), be·ton, be·tont; be·ton·de, be·ton·den; be·tond
be·ton·ne·ren (ww), be·ton·neer, be·ton·neert; be·ton·neer·de, be·ton·neer·den; be·ton·neerd
de **be·ton·steen**[1] (m) *(voorwerp)*, be·ton·ste·nen; be·ton·steen·tje
de/het **be·ton·steen**[2] (m/o) *(stofnaam)*
het **be·toog**, be·to·gen; be·toog·je
het **be·toon**, be·to·nen
be·to·ve·ren (ww), be·to·ver, be·to·vert; be·to·ver·de, be·to·ver·den; be·to·verd
de **bet·over·groot·moe·der** (v), bet·over·groot·moe·ders
de **bet·over·groot·va·der** (m), bet·over·groot·va·ders
de **be·to·ve·ring** (v), be·to·ve·rin·gen
be·trach·ten (ww), be·tracht, be·tracht; be·tracht·te, be·tracht·ten; be·tracht
de **be·trach·ting** (v), be·trach·tin·gen
be·trap·pen (ww), be·trap, be·trapt; be·trap·te, be·trap·ten; be·trapt
be·tre·den (ww), be·treed, be·treedt; be·trad, be·tra·den; be·tre·den
be·tref·fen (ww), be·tref, be·treft; be·trof, be·trof·fen; be·trof·fen
be·tref·fen·de (voorz)
be·trek·ke·lijk (bnw), be·trek·ke·lij·ke
be·trek·ken (ww), be·trek, be·trekt; be·trok, be·trok·ken; be·trok·ken
de **be·trek·king** (v), be·trek·kin·gen; be·trek·kin·kje
be·treu·ren (ww), be·treur, be·treurt; be·treur·de, be·treur·den; be·treurd
be·treu·rens·waar·dig (bnw), be·treu·rens·waar·di·ge
be·trok·ken (bnw)
de **be·trok·ke·ne**, be·trok·ke·nen
de **be·trok·ken·heid** (v)
be·trouw·baar (bnw), be·trouw·ba·re
de **be·trouw·baar·heid** (v)
be·trou·wen (ww), be·trouw, be·trouwt; be·trouw·de, be·trouw·den; be·trouwd
bet·ten (ww), bet, bet; bet·te, bet·ten; ge·bet
be·tui·gen (ww), be·tuig, be·tuigt; be·tuig·de, be·tuig·den; be·tuigd
be·tut·te·len (ww), be·tut·tel, be·tut·telt; be·tut·tel·de, be·tut·tel·den; be·tut·teld
de **bet·we·ter** (m), bet·we·ters; bet·we·ter·tje
bet·we·te·rig (bnw), bet·we·te·ri·ge
be·twij·fe·len (ww), be·twij·fel, be·twij·felt; be·twij·fel·de, be·twij·fel·den; be·twij·feld
be·twist (bnw), be·twis·te
be·twis·ten (ww), be·twist, be·twist; be·twist·te, be·twist·ten; be·twist
de **be·twis·ting** (v), be·twis·tin·gen
beu (bnw)
de **beug**, beu·gen
de **beu·gel** (m), beu·gels; beu·gel·tje
de **beuk**[1] (m) *(boom)*, beu·ken; beuk·je
de **beuk**[2] *(in de bouwkunde)*, beu·ken; beuk·je

beu·ken[1] (bnw)
beu·ken[2] (ww), beuk, beukt; beuk·te, beuk·ten; ge·beukt
het **beu·ken·blad**, beu·ken·bla·den, beu·ken·bla·de·ren, beu·ken·bla·ren; beu·ken·blaad·je
de **beu·ken·boom** (m), beu·ken·bo·men; beu·ken·boom·pje
de **beu·ken·haag**, beu·ken·ha·gen
het **beu·ken·hout**
de **beu·ken·laan**, beu·ken·la·nen; beu·ken·laan·tje
de **beu·ken·noot**, beu·ken·no·ten; beu·ken·noot·je
de **beul** (m), beu·len; beul·tje
de **beun**, beu·nen
beu·nen (ww), beun, beunt; beun·de, beun·den; ge·beund
beu·ren (ww), beur, beurt; beur·de, beur·den; ge·beurd
de **beurs**[1], beur·zen; beurs·je
beurs[2] (bnw), beur·se
de **beurs·crash** (m), beurs·cra·shes
de/het **beurs·de·ba·cle**, beurs·de·ba·cles
de **beurs·gang** (m), beurs·gan·gen
beurs·ge·no·teerd (bnw), beurs·ge·no·teer·de
de **beurs·koers** (m), beurs·koer·sen
de **beurs·krach** (m), beurs·krachs
de **beurt**[1], beur·ten; beurt·je
beurt[2]: te beurt vallen
beur·te·lings (bijw)
beur·ze: ter beurze
beu·ze·len (ww), beu·zel, beu·zelt; beu·zel·de, beu·zel·den; ge·beu·zeld
de **be·vak** (v), be·vaks
be·val·len (ww), be·val, be·valt; be·viel, be·vie·len; be·val·len
de **be·val·ling** (v), be·val·lin·gen
het **be·val·lings·ver·lof**, be·val·lings·ver·lo·ven
be·van·gen[1] (bnw)
be·van·gen[2] (ww), be·vang, be·vangt; be·ving, be·vin·gen; be·van·gen
be·va·ren[1] (bnw)
be·va·ren[2] (ww), be·vaar, be·vaart; be·voer, be·voe·ren; be·va·ren
be·vat·ten (ww), be·vat, be·vat; be·vat·te, be·vat·ten; be·vat
be·vei·li·gen (ww), be·vei·lig, be·vei·ligt; be·vei·lig·de, be·vei·lig·den; be·vei·ligd
de **be·vei·li·ging** (v), be·vei·li·gin·gen
de **be·vei·li·gings·amb·te·naar** (m), be·vei·li·gings·amb·te·naars, be·vei·li·gings·amb·te·na·ren
het **be·vei·li·gings·sys·teem**, be·vei·li·gings·sys·te·men
de **be·vek** (m), be·veks
het **be·vel**, be·ve·len
be·ve·len (ww), be·veel, be·veelt; be·val, be·va·len; be·vo·len
de **be·vel·heb·ber** (m), be·vel·heb·bers
be·ven (ww), beef, beeft; beef·de, beef·den; ge·beefd
be·vend (bnw), be·ven·de
de **be·ver**[1] (m) *(dier)*, be·vers; be·ver·tje
het **be·ver**[2] *(stof)*
be·ves·ti·gen (ww), be·ves·tig, be·ves·tigt; be·ves·tig·de, be·ves·tig·den; be·ves·tigd
de **be·ves·ti·ging** (v), be·ves·ti·gin·gen
de **be·ves·ti·gings·mail**, be·ves·ti·gings·mails; be·ves·ti·gings·mail·tje
be·vin·den (ww), be·vind, be·vindt; be·vond, be·von·den; be·von·den
de **be·vin·ding** (v), be·vin·din·gen;

be·vin·din·kje
de **be·ving** (v), be·vin·gen; be·vin·kje
be·vloei·en (ww), be·vloei, be·vloeit; be·vloei·de, be·vloei·den; be·vloeid
de **be·vloei·ing** (v), be·vloei·in·gen
de **be·vlo·gen·heid** (v)
be·voch·ten (ww), be·vocht, be·vocht; be·vocht·te, be·vocht·ten; be·vocht
be·voch·ti·gen (ww), be·voch·tig, be·voch·tigt; be·voch·tig·de, be·voch·tig·den; be·voch·tigd
be·voegd (bnw), be·voeg·de
be·voegd ge·zag
de **be·voegd·heid** (v), be·voegd·he·den; be·voegd·heid·je
be·vol·ken (ww), be·volk, be·volkt; be·volk·te, be·volk·ten; be·volkt
de **be·vol·king** (v), be·vol·kin·gen
de **be·vol·kings·groei** (m)
de **be·vol·kings·groep**, be·vol·kings·groe·pen
de **be·vol·kings·pi·ra·mi·de** (v), be·vol·kings·pi·ra·mi·den, be·vol·kings·pi·ra·mi·des
het **be·vol·kings·re·gis·ter**, be·vol·kings·re·gis·ters
be·voog·den (ww), be·voogd, be·voogdt; be·voogd·de, be·voogd·den; be·voogd
be·voor·de·len (ww), be·voor·deel, be·voor·deelt; be·voor·deel·de, be·voor·deel·den; be·voor·deeld
be·voor·de·li·gen (ww), be·voor·de·lig, be·voor·de·ligt; be·voor·de·lig·de, be·voor·de·lig·den; be·voor·de·ligd
be·voor·oor·deeld (bnw), be·voor·oor·deel·de
be·voor·ra·den (ww), be·voor·raad, be·voor·raadt; be·voor·raad·de, be·voor·raad·den; be·voor·raad
de **be·voor·ra·ding** (v), be·voor·ra·din·gen
het **be·voor·ra·dings·schip**, be·voor·ra·dings·sche·pen
be·voor·recht (bnw), be·voor·rech·te
be·voor·rech·ten (ww), be·voor·recht, be·voor·recht; be·voor·recht·te, be·voor·recht·ten; be·voor·recht
be·vor·de·ren (ww), be·vor·der, be·vor·dert; be·vor·der·de, be·vor·der·den; be·vor·derd
de **be·vor·de·ring** (v), be·vor·de·rin·gen
be·vor·der·lijk (bnw), be·vor·der·lij·ke
be·vrach·ten (ww), be·vracht, be·vracht; be·vracht·te, be·vracht·ten; be·vracht
be·vra·gen (ww), be·vraag, be·vraagt; be·vraag·de, be·vroeg, be·vraag·den, be·vroe·gen; be·vraagd
de **be·vra·ging** (v), be·vra·gin·gen
be·vre·di·gen (ww), be·vre·dig, be·vre·digt; be·vre·dig·de, be·vre·dig·den; be·vre·digd
be·vre·di·gend (bnw), be·vre·di·gen·de
de **be·vre·di·ging** (v), be·vre·di·gin·gen
be·vreem·den (ww), be·vreemd, be·vreemdt; be·vreemd·de, be·vreemd·den; be·vreemd
be·vreem·dend (bnw), be·vreem·den·de
be·vreesd (bnw), be·vrees·de
be·vriend (bnw), be·vrien·de

be·vrie·zen (ww), be·vries, be·vriest; be·vroor, be·vro·ren; be·vro·ren
be·vrijd (bnw), be·vrij·de
be·vrij·den (ww), be·vrijd, be·vrijdt; be·vrijd·de, be·vrijd·den; be·vrijd
de **be·vrij·ding** (v), be·vrij·din·gen
de **be·vrij·dings·dag** (m) *(dag van een bevrijding),* be·vrij·dings·da·gen
Be·vrij·dings·dag *(5 mei in Nederland)*
be·vroe·den (ww), be·vroed, be·vroedt; be·vroed·de, be·vroed·den; be·vroed
be·vro·ren (bnw)
be·vui·len (ww), be·vuil, be·vuilt; be·vuil·de, be·vuil·den; be·vuild
de **be·waar·der** (m), be·waar·ders
be·waar·heid (bnw)
be·wa·ken (ww), be·waak, be·waakt; be·waak·te, be·waak·ten; be·waakt
de **be·wa·ker** (m), be·wa·kers
de **be·wa·king** (v), be·wa·kin·gen
be·wan·de·len (ww), be·wan·del, be·wan·delt; be·wan·del·de, be·wan·del·den; be·wan·deld
be·wa·ren (ww), be·waar, be·waart; be·waar·de, be·waar·den; be·waard
de **be·wa·ring** (v), be·wa·rin·gen
be·wa·se·men (ww), be·wa·sem, be·wa·semt; be·wa·sem·de, be·wa·sem·den; be·wa·semd
de **be·was·sing** (v), be·was·sin·gen
be·weeg·lijk (bnw), be·weeg·lij·ke
de **be·weeg·lijk·heid** (v)
de **be·weeg·re·den,** be·weeg·re·de·nen
be·weer·de·lijk (bijw)
be·we·ge·lijk (bnw), be·we·ge·lij·ke
de **be·we·ge·lijk·heid** (v)
be·we·gen (ww), be·weeg, be·weegt; be·woog, be·wo·gen; be·wo·gen
de **be·we·ging**[1] (v), be·we·gin·gen; be·we·gin·kje
be·we·ging[2]: eigener beweging
be·we·ging·loos (bnw), be·we·ging·lo·ze
be·we·gings·loos (bnw), be·we·gings·lo·ze
de **be·we·gings·vrij·heid** (v), be·we·gings·vrij·he·den
de **be·weg·wij·ze·ring** (v), be·weg·wij·ze·rin·gen
be·we·nen (ww), be·ween, be·weent; be·ween·de, be·ween·den; be·weend
be·we·ren (ww), be·weer, be·weert; be·weer·de, be·weer·den; be·weerd
de **be·we·ring** (v), be·we·rin·gen; be·we·rin·kje
be·wer·ken (ww), be·werk, be·werkt; be·werk·te, be·werk·ten; be·werkt
de **be·wer·king** (v), be·wer·kin·gen
be·werk·stel·li·gen (ww), be·werk·stel·lig, be·werk·stel·ligt; be·werk·stel·lig·de, be·werk·stel·lig·den; be·werk·stel·ligd
be·wes·ten (voorz)
be·wie·ro·ken (ww), be·wie·rook, be·wie·rookt; be·wie·rook·te, be·wie·rook·ten; be·wie·rookt
be·wie·sen (ww), be·wies, be·wiest; be·wies·te, be·wies·ten; be·wiest
be·wiest (bnw)
het **be·wijs**, be·wij·zen; be·wijs·je
de **be·wijs·last** (m), be·wijs·las·ten
het **be·wijs·ma·te·ri·aal,**

be·wijs·ma·te·ri·a·len
de **be·wijs·re·gel** (m), be·wijs·re·gels
het **be·wijs·stuk**, be·wijs·stuk·ken; be·wijs·stuk·je
be·wij·zen (ww), be·wijs, be·wijst; be·wees, be·we·zen; be·we·zen
de **be·wil·li·gings·ver·kla·ring** (v), be·wil·li·gings·ver·kla·rin·gen
het **be·wind**, be·win·den
de **be·winds·man** (m), be·winds·lie·den, be·winds·lui, be·winds·man·nen
de **be·wind·voer·der** (m), be·wind·voer·ders
de **be·wind·voe·ring** (v), be·wind·voe·rin·gen
be·wo·gen (bnw)
be·wol·ken (ww), be·wolk, be·wolkt; be·wolk·te, be·wolk·ten; be·wolkt
de **be·wol·king** (v), be·wol·kin·gen
be·wolkt (bnw), be·wolk·te
be·won·de·ren (ww), be·won·der, be·won·dert; be·won·der·de, be·won·der·den; be·won·derd
be·won·de·rens·waar·dig (bnw), be·won·de·rens·waar·di·ge
de **be·won·de·ring** (v)
be·won·de·rings·waar·dig (bnw), be·won·de·rings·waar·di·ge
be·wo·nen (ww), be·woon, be·woont; be·woon·de, be·woon·den; be·woond
de **be·wo·ner** (m), be·wo·ners; be·wo·ner·tje
de **be·woon·ster** (v), be·woon·sters
de **be·woor·ding** (v), be·woor·din·gen
be·wust (bnw), be·wus·te
de **be·wust·heid** (v), be·wust·he·den; be·wust·heid·je
be·wust·ma·ken (ww), maak be·wust, maakt be·wust; maak·te bewust, maak·ten be·wust; be·wust·ge·maakt
de **be·wust·wor·ding** (v), be·wust·wor·din·gen
het **be·wust·zijn**
be·zaai·en (ww), be·zaai, be·zaait; be·zaai·de, be·zaai·den; be·zaaid
be·zan·den (ww), be·zand, be·zandt; be·zand·de, be·zand·den; be·zand
be·zat·ten (ww), be·zat, be·zat; be·zat·te, be·zat·ten; be·zat
be·zei·len (ww), be·zeil, be·zeilt; be·zeil·de, be·zeil·den; be·zeild
de **be·zem** (m), be·zems; be·zem·pje
be·ze·men (ww), be·zem, be·zemt; be·zem·de, be·zem·den; ge·be·zemd
de **be·zem·steel** (m), be·zem·ste·len
de **be·zen·ding** (v), be·zen·din·gen
be·ze·ren (ww), be·zeer, be·zeert; be·zeer·de, be·zeer·den; be·zeerd
be·zet (bnw), be·zet·te
be·ze·ten (bnw)
be·zet·ten (ww), be·zet, be·zet; be·zet·te, be·zet·ten; be·zet
de **be·zet·ter** (m), be·zet·ters; be·zet·ter·tje
de **be·zet·ting** (v), be·zet·tin·gen
de **be·zet·tings·graad** (m), be·zet·tings·gra·den
de **be·zet·tings·zo·ne**, be·zet·tings·zo·nes
be·zich·ti·gen (ww), be·zich·tig, be·zich·tigt; be·zich·tig·de, be·zich·tig·den; be·zich·tigd
de **be·zich·ti·ging** (v), be·zich·ti·gin·gen
de **be·zie**, beziën [be·zi·en]
be·zield (bnw), be·ziel·de
be·zie·len (ww), be·ziel, be·zielt; be·ziel·de, be·ziel·den; be·zield

be·zien (ww), be·zie, be·ziet; be·zag, be·za·gen; be·zien
de **be·ziens·waar·dig·heid** (v), be·ziens·waar·dig·he·den
be·zig (bnw), be·zi·ge
be·zi·gen (ww), be·zig, be·zigt; be·zig·de, be·zig·den; ge·be·zigd
de **be·zig·heid** (v), be·zig·he·den; be·zig·heid·je
be·zig·hou·den (ww), hou be·zig, houd be·zig, houdt be·zig; hield be·zig, hiel·den be·zig; be·zig·ge·hou·den
be·zig zijn
be·zij·den (voorz)
be·zin·gen (ww), be·zing, be·zingt; be·zong, be·zon·gen; be·zon·gen
be·zin·ken (ww), be·zink, be·zinkt; be·zonk, be·zon·ken; be·zon·ken
be·zin·nen (ww), be·zin, be·zint; be·zon, be·zon·nen; be·zon·nen
de **be·zin·ning** (v), be·zin·nin·gen
het **be·zit**
de **be·zits·vorm** (m), be·zits·vor·men
de **be·zits·vor·ming** (v), be·zits·vor·min·gen
be·zit·te·lijk (bnw), be·zit·te·lij·ke
be·zit·ten (ww), be·zit, be·zit; be·zat, be·za·ten; be·ze·ten
be·zit·te·rig (bnw), be·zit·te·ri·ge
de **be·zit·ting** (v), be·zit·tin·gen; be·zit·tin·kje
be·zocht (bnw), be·zoch·te
be·zoe·de·len (ww), be·zoe·del, be·zoe·delt; be·zoe·del·de, be·zoe·del·den; be·zoe·deld
het **be·zoek**, be·zoe·ken; be·zoek·je
het **be·zoek·adres**, be·zoek·adres·sen
be·zoe·ken (ww), be·zoek, be·zoekt; be·zocht, be·zoch·ten; be·zocht
de **be·zoe·ker** (m), be·zoe·kers; be·zoe·ker·tje
het **be·zoe·kers·aan·tal**, be·zoe·kers·aan·tal·len
het **be·zoe·kers·cen·trum**, be·zoe·kers·cen·tra, be·zoe·kers·cen·trums
de **be·zoek·re·ge·ling** (v), be·zoek·re·ge·lin·gen
de **be·zol·di·ging** (v), be·zol·di·gin·gen
de **be·zol·di·gings·reeks**, be·zol·di·gings·reek·sen
be·zon·nen (bnw)
be·zorgd (bnw), be·zorg·de
de **be·zorgd·heid** (v)
be·zor·gen (ww), be·zorg, be·zorgt; be·zorg·de, be·zorg·den; be·zorgd
de **be·zor·ging** (v), be·zor·gin·gen
be·zui·den (voorz)
be·zui·ni·gen (ww), be·zui·nig, be·zui·nigt; be·zui·nig·de, be·zui·nig·den; be·zui·nigd
de **be·zui·ni·ging** (v), be·zui·ni·gin·gen
het **be·zwaar**, be·zwa·ren; be·zwaar·tje
be·zwaard (bnw), be·zwaar·de
be·zwaar·lijk (bnw), be·zwaar·lij·ke
de **be·zwaar·pro·ce·du·re**, be·zwaar·pro·ce·du·res
het **be·zwaar·schrift**, be·zwaar·schrif·ten
be·zwan·ge·ren (ww), be·zwan·ger, be·zwan·gert; be·zwan·ger·de, be·zwan·ger·den; be·zwan·gerd
be·zwa·ren (ww), be·zwaar, be·zwaart; be·zwaar·de, be·zwaar·den; be·zwaard

be·zweet (bnw), be·zwe·te
be·zwe·ren (ww), be·zweer, be·zweert; be·zwoer, be·zwoe·ren; be·zwo·ren
be·zwij·ken (ww), be·zwijk, be·zwijkt; be·zweek, be·zwe·ken; be·zwe·ken
de **B-film** (m), B-films; B-film·pje
b.g.g. *(bij geen gehoor)*
bh *(bustehouder),* bh's; bh'tje [bh·tje]
bhv *(bedrijfshulpverlening)*
de **bhv'er** [bhv·er] (m), bhv'ers [bhv·ers]
de **bi**[1] (m), bi's
bi[2] (bnw)
het **bi·ais·band**, bi·ais·ban·den
de **bi·as** (m), bi·a·ses
de/het **bi·at·lon** (m/o), bi·at·lons
bib *(bibliotheek),* bibs
bib·be·ren (ww), bib·ber, bib·bert; bib·ber·de, bib·ber·den; ge·bib·berd
Bi·ble·belt
de **bi·blio·bus** (m), bi·blio·bus·sen
de **bi·blio·fiel**[1] (m), bi·blio·fie·len
bi·blio·fiel[2] (bnw), bi·blio·fie·le
de **bi·blio·fi·lie** (v)
de **bi·blio·graaf** (m), bi·blio·gra·fen
de **bi·blio·gra·fie** (v), bibliografieën [bi·blio·gra·fie·en]; bi·blio·gra·fie·tje
de **bi·blio·the·ca·res·se** (v), bi·blio·the·ca·res·ses
de **bi·blio·the·ca·ris** (m), bi·blio·the·ca·ris·sen
de **bi·blio·theek** (v), bi·blio·the·ken; bi·blio·theek·je
het **bi·blio·theek·boek**, bi·blio·theek·boe·ken
de **bic** (m), bics; bic·je
de **bi·ceps** (m), bi·cep·sen
bi·cul·tu·reel (bnw), bi·cul·tu·re·le
de **bid** (m), bids
het **bid·book**, bid·books
bid·den (ww), bid, bidt; bad, ba·den; ge·be·den
bid·dend (bnw), bid·den·de
de **bid·der** (m), bid·ders
de/het **bi·det** (m/o), bi·dets; bi·det·je
bi·di·rec·ti·o·neel (bnw), bi·di·rec·ti·o·ne·le
de **bi·don** (m), bi·dons; bi·don·ne·tje
bieb *(bibliotheek),* biebs
de **bieb·juf** (v), bieb·juf·fen, bieb·jufs
de **biecht**, biech·ten
biech·ten (ww), biecht, biecht; biecht·te, biecht·ten; ge·biecht
bie·den (ww), bied, biedt; bood, bo·den; ge·bo·den
bie·dend (bnw), bie·den·de
de **bie·der** (m), bie·ders
het **bie·der·mei·er**, bie·der·mei·ers; bie·der·mei·er·tje
de **bie·ding** (v), bie·din·gen
de **bief·stuk** (m), bief·stuk·ken; bief·stuk·je
de **biel**, biels; biel·tje
de **biels**, biel·sen, biel·zen
biel·sen (bnw)
de **biënnale** [bi·en·na·le], biënnales [bi·en·na·les]
de **biep** (m), bie·pen, bieps; biep·je
bie·pen (ww), biep, biept; biep·te, biep·ten; ge·biept
de **bie·per** (m), bie·pers; bie·per·tje
het **bier**, bie·ren; bier·tje
bier·brou·wen (ww), brouw bier, brouwt bier; brouw·de bier, brouw·den bier; bier·ge·brou·wen
de **bier·brou·wer** (m), bier·brou·wers
de **bier·brou·we·rij** (v), bier·brou·we·rij·en;

bier·brou·we·rij·tje
bier drin·ken
het **bier·glas**, bier·gla·zen; bier·glaas·je
de **bier·pot** (m), bier·pot·ten; bier·pot·je
de **bier·pul**, bier·pul·len
het **bier·vat**, bier·va·ten; bier·vaat·je
de **bies**, bie·zen; bies·je
de/het **bies·look** (m/o)
de **biest**
de **biet**, bie·ten; biet·je
biet·sen (ww), biets, bietst; biets·te, biets·ten; ge·bietst
bie·zen[1] (bnw)
bie·zen[2] (ww), bies, biest; bies·de, bies·den; ge·biesd
de **big**, big·gen; big·ge·tje
de **big·bag** (m), big·bags
de **big·band** (m), big·bands
de **big·band·mu·ziek** (v)
het **big·band·num·mer**, big·band·num·mers
de **big bang** (m), big bangs
de **big·bang·the·o·rie** (v), bigbangtheorieën [big·bang·the·o·rie·en]
de **big bro·ther** (m), big bro·thers
big·ge·len (ww), big·gel, big·gelt; big·gel·de, big·gel·den; ge·big·geld
big·gen (ww), big, bigt; big·de, big·den; ge·bigd
het **big·gen·kruid**
bi·gi·sma·dei, bi·gi·sma·deis
bi·gi·ya·ri
de **bij**[1], bij·en; bij·tje
bij[2] (bijw)
bij[3] (voorz)
de **bij·baan**, bij·ba·nen; bij·baan·tje
de **bij·be·ho·ren** (mv)
bij·be·ho·rend (bnw), bij·be·ho·ren·de
de **bij·bel** (m) *(exemplaar)*, bij·bels; bij·bel·tje
Bij·bel *(heilige tekst)*
het **bij·bel·boek** *(lijfboek)*, bij·bel·boe·ken; bij·bel·boek·je
het **Bij·bel·boek** *(Bijbel; boek uit de Bijbel)*, Bij·bel·boe·ken; Bij·bel·boek·je
het **Bij·bel·ge·noot·schap**, Bij·bel·ge·noot·schap·pen
de **Bij·bel·ken·ner** (m), Bij·bel·ken·ners
de **Bij·bel·ken·nis** (v)
de **Bij·bel·kring** (m), Bij·bel·krin·gen
het **Bij·bel·le·zen**
de **Bij·bel·le·zing** (v), Bij·bel·le·zin·gen
Bij·bels (bnw), Bij·bel·se
de **Bij·bel·stu·die** (v), Bij·bel·stu·dies
de **Bij·bel·tekst** (m), Bij·bel·tek·sten
Bij·bel·vast (bnw), Bij·bel·vas·te
het **Bij·bel·ver·haal**, Bij·bel·ver·ha·len
het **Bij·bel·vers**, Bij·bel·ver·zen
de **Bij·bel·ver·ta·ling** (v), Bij·bel·ver·ta·lin·gen
bij·be·nen (ww), bij·ge·beend
bij·be·stel·len (ww), be·stel bij, be·stelt bij; be·stel·de bij, be·stel·den bij; bij·be·steld
de **bij·be·stel·ling** (v), bij·be·stel·lin·gen
bij·be·ta·len (ww), be·taal bij, be·taalt bij; be·taal·de bij, be·taal·den bij; bij·be·taald
de **bij·be·te·ke·nis** (v), bij·be·te·ke·nis·sen
bij·blij·ven (ww), blijf bij, blijft bij; bleef bij, ble·ven bij; bij·ge·ble·ven
bij·bou·wen (ww), bouw bij, bouwt bij; bouw·de bij, bouw·den

B

bij; bij·ge·bouwd
bij·bren·gen (ww), breng bij, brengt bij; bracht bij, brach·ten bij; bij·ge·bracht
bij·de·hand (bnw), bij·de·han·te
het **bij·de·hand·je**, bij·de·hand·jes
bij·de·tijds (bnw), bij·de·tijd·se
bij de·zen
de **bij·dra·ge**, bij·dra·gen, bij·dra·ges
bij·dra·gen (ww), draag bij, draagt bij; droeg bij, droe·gen bij; bij·ge·dra·gen
de **bi·jec·tie** (v), bi·jec·ties
bij·een (bijw)
bij·een·bren·gen (ww), breng bij·een, brengt bij·een; bracht bij·een, brach·ten bij·een; bij·een·ge·bracht
bij·een·drij·ven (ww), drijf bij·een, drijft bij·een; dreef bij·een, dre·ven bij·een; bij·een·ge·dre·ven
bij·een·hou·den (ww), hou bij·een, houd bij·een, houdt bij·een; hield bij·een, hiel·den bij·een; bij·een·ge·hou·den
bij·een·ko·men (ww), kom bij·een, komt bij·een; kwam bij·een, kwa·men bij·een; bij·een·ge·ko·men
de **bij·een·komst** (v), bij·een·kom·sten; bij·een·komst·je
bij·een·ra·pen (ww), raap bij·een, raapt bij·een; raap·te bij·een, raap·ten bij·een; bij·een·ge·raapt
bij·een·roe·pen (ww), roep bij·een, roept bij·een; riep bij·een, rie·pen bij·een; bij·een·ge·roe·pen
bij·een·zijn (ww), ben bij·een, bent bij·een; was bij·een, wa·ren bij·een; bij·een·ge·weest
het **bij·ef·fect**, bij·ef·fec·ten
de **bij·en·ho·ning** (m), bij·en·ho·nin·gen
de **bij·en·korf** (m), bij·en·kor·ven; bij·en·korf·je
de/het **bij·en·was** (m/o), bij·en·was·sen
de **bij·fi·guur**, bij·fi·gu·ren; bij·fi·guur·tje
bij·gaand (bnw), bij·gaan·de
het **bij·ge·bouw**, bij·ge·bou·wen; bij·ge·bouw·tje
het **bij·ge·loof**, bij·ge·lo·ven
bij·ge·slo·ten (bnw)
bij·ge·ven (ww), geef bij, geeft bij; gaf bij, ga·ven bij; bij·ge·ge·ven
bij·ge·voegd (bnw), bij·ge·voeg·de
bij·ge·volg (bijw)
bij·ha·len (ww), haal bij, haalt bij; haal·de bij, haal·den bij; bij·ge·haald
bij hand·op·ste·ken
bij·han·gen (ww), hang bij, hangt bij; hing bij, hin·gen bij; bij·ge·han·gen
bij·heb·ben (ww), heb bij, hebt bij, heeft bij; had bij, had·den bij; bij·ge·had
de **bij·hol·te** (v), bij·hol·ten, bij·hol·tes
bij·ho·rend (bnw), bij·ho·ren·de
de **bij·ho·rig·he·den** (mv)
bij·hou·den (ww), hou bij, houd bij, houdt bij; hield bij, hiel·den bij; bij·ge·hou·den
bij·kans (bijw) *(bijna)*
de **bij·klank** (m), bij·klan·ken
bij·klet·sen (ww), klets bij, kletst bij; klets·te bij, klets·ten bij; bij·ge·kletst
bij·klus·sen (ww), klus bij, klust bij; klus·te bij, klus·ten bij; bij·ge·klust
bij·knip·pen (ww), knip bij,

knipt bij; knip·te bij, knip·ten bij; bij·ge·knipt

bij·ko·men (ww), kom bij, komt bij; kwam bij, kwa·men bij; bij·ge·ko·men

bij·ko·mend (bnw), bij·ko·men·de

bij·ko·pen (ww), koop bij, koopt bij; kocht bij, koch·ten bij; bij·ge·kocht

bij·krij·gen (ww), krijg bij, krijgt bij; kreeg bij, kre·gen bij; bij·ge·kre·gen

de **bijl**, bij·len; bijl·tje

de **bij·la·ge**, bij·la·gen, bij·la·ges

bij lan·ge na niet

de **bij·leg·fuif**, bij·leg·fui·ven

bij·leg·gen (ww), leg bij, legt bij; leg·de bij, leg·den bij; bij·ge·legd

bij·le·ren (ww), leer bij, leert bij; leer·de bij, leer·den bij; bij·ge·leerd

de **bij·les**, bij·les·sen

bij·le·ve·ren (ww), le·ver bij, le·vert bij; le·ver·de bij, le·ver·den bij; bij·ge·le·verd

bij·lich·ten (ww), licht bij, licht bij; licht·te bij, licht·ten bij; bij·ge·licht

bij·lig·gen (ww), lig bij, ligt bij; lag bij, la·gen bij; bij·ge·le·gen

bij mach·te

bij·ma·ken (ww), maak bij, maakt bij; maak·te bij, maak·ten bij; bij·ge·maakt

bij mon·de van

bij·na (bijw)

de **bij·naam** (m), bij·na·men; bij·naam·pje

de **bij·na-bot·sing** (v), bij·na-bot·sin·gen

de **bij·na-dood·er·va·ring** (v), bij·na-dood·er·va·rin·gen

bij·ne·men (ww), neem bij, neemt bij; nam bij, na·men bij; bij·ge·no·men

het **bi·jou**, bi·jous; bi·jou·tje

de **bi·jou·te·rie** (v), bijouterieën [bi·jou·te·rie·en]; bi·jou·te·rie·tje

bij·pas·sen (ww), pas bij, past bij; pas·te bij, pas·ten bij; bij·ge·past

bij·pas·send (bnw), bij·pas·sen·de

bij·plaat·sen (ww), plaats bij, plaatst bij; plaats·te bij, plaats·ten bij; bij·ge·plaatst

bij·pra·ten (ww), praat bij, praat bij; praat·te bij, praat·ten bij; bij·ge·praat

de **bij·rij·der** (m), bij·rij·ders; bij·rij·der·tje

de **bij·rij·ders·stoel** (m), bij·rij·ders·stoe·len

bij·scha·ven (ww), schaaf bij, schaaft bij; schaaf·de bij, schaaf·den bij; bij·ge·schaafd

bij·scho·len (ww), school bij, schoolt bij; school·de bij, school·den bij; bij·ge·schoold

de **bij·scho·ling** (v), bij·scho·lin·gen

het **bij·schrift**, bij·schrif·ten; bij·schrift·je

bij·schrij·ven (ww), schrijf bij, schrijft bij; schreef bij, schre·ven bij; bij·ge·schre·ven

de **bij·slag** (m), bij·sla·gen

bij·slui·ten (ww), sluit bij, sluit bij; sloot bij, slo·ten bij; bij·ge·slo·ten

de **bij·slui·ter** (m), bij·slui·ters; bij·slui·ter·tje

bij·snij·den (ww), snij bij, snijd bij, snijdt bij; sneed bij, sne·den bij; bij·ge·sne·den

bij·spij·ke·ren (ww), spij·ker bij, spij·kert bij; spij·ker·de bij, spij·ker·den bij; bij·ge·spij·kerd

bij·sprin·gen (ww), spring bij, springt bij; sprong bij, spron·gen bij; bij·ge·spron·gen
bij·staan (ww), sta bij, staat bij; stond bij, ston·den bij; bij·ge·staan
de **bij·stand** (m)
de **bij·stands·uit·ke·ring** (v), bij·stands·uit·ke·rin·gen
bij·ste·ken (ww), steek bij, steekt bij; stak bij, sta·ken bij; bij·ge·sto·ken
bij·stel·len (ww), stel bij, stelt bij; stel·de bij, stel·den bij; bij·ge·steld
de **bij·stel·ling** (v), bij·stel·lin·gen
bijs·ter (bijw)
bij·stu·de·ren (ww), stu·deer bij, stu·deert bij; stu·deer·de bij, stu·deer·den bij; bij·ge·stu·deerd
bij·stu·ren (ww), stuur bij, stuurt bij; stuur·de bij, stuur·den bij; bij·ge·stuurd
de **bij·stu·ring** (v), bij·stu·rin·gen
de **bijt**, bij·ten; bijt·je
bij·tan·ken (ww), tank bij, tankt bij; tank·te bij, tank·ten bij; bij·ge·tankt
bij·tel·len (ww), tel bij, telt bij; tel·de bij, tel·den bij; bij·ge·teld
de **bij·tel·ling** (v), bij·tel·lin·gen
bij·ten (ww) *(happen)*, bijt, bijt; beet, be·ten; ge·be·ten
de **bij·ter** (m), bij·ters; bij·ter·tje
bij tijd en wij·le
bij·tijds (bijw)
bij·tre·den (ww), treed bij, treedt bij; trad bij, tra·den bij; bij·ge·tre·den
bijv. (bijw) *(bijvoorbeeld)*
de **bij·val** (m)
bij·ver·die·nen (ww), ver·dien bij, ver·dient bij; ver·dien·de bij, ver·dien·den bij; bij·ver·diend
bij·voe·gen (ww), voeg bij, voegt bij; voeg·de bij, voeg·den bij; bij·ge·voegd
bij·voeg·lijk (bnw), bij·voeg·lij·ke
het **bij·voeg·sel**, bij·voeg·sels
bij voor·baat
bij·voor·beeld (bijw)
bij·vul·len (ww), vul bij, vult bij; vul·de bij, vul·den bij; bij·ge·vuld
bij·wer·ken (ww), werk bij, werkt bij; werk·te bij, werk·ten bij; bij·ge·werkt
de **bij·wer·king** (v), bij·wer·kin·gen
bij·wij·len (bijw)
bij·wo·nen (ww), woon bij, woont bij; woon·de bij, woon·den bij; bij·ge·woond
het **bij·woord**, bij·woor·den; bij·woord·je
bij·zet·ten (ww), zet bij, zet bij; zet·te bij, zet·ten bij; bij·ge·zet
het **bij·zijn**
bij zijn po·si·tie·ven ko·men
bij zijn po·si·tie·ven zijn
de **bij·zin** (m), bij·zin·nen; bij·zin·ne·tje
de **bij·zit** (v), bij·zit·ten
bij·zit·ten (ww), zit bij, zit bij; zat bij, za·ten bij; bij·ge·ze·ten
bij·zon·der (bnw), bij·zon·de·re
de **bij·zon·der·heid** (v), bij·zon·der·he·den
de **bik**[1] *(houweel)*, bik·ken
de/het **bik**[2] *(gruis)*
de **bik**[3] (m) *(andere betekenissen)*, bik·ken
de **bi·ker** (m), bi·kers
de **bi·kers·unit**, bi·kers·units
de **bi·ki·ni** (m), bi·ki·ni's; bikinietje [bi·ki·ni·tje]
de **bik·kel** (m), bik·kels; bik·kel·tje
bik·ke·len (ww), bik·kel, bik·kelt;

bik·kel·de, bik·kel·den; ge·bik·keld
bik·ken (ww), bik, bikt; bik·te, bik·ten; ge·bikt
de **bik·ker** (m), bik·kers
de **bil**, bil·len; bil·le·tje
het **bi·lan**, bi·lans
bi·la·te·raal (bnw), bi·la·te·ra·le
de **bil·dung** (v)
de **bil·dungs·ro·man** (m), bil·dungs·ro·mans; bil·dungs·ro·man·ne·tje
de **bi·li·ru·bi·ne** (v)
het **bil·jard**[1], bil·jar·den
bil·jard[2] (telw)
het **bil·jart**, bil·jar·ten, bil·jarts; bil·jart·je
bil·jar·ten (ww), bil·jart, bil·jart; bil·jart·te, bil·jart·ten; ge·bil·jart
de **bil·jart·keu**, bil·jart·keus
het **bil·jet**, bil·jet·ten; bil·jet·je
het **bil·joen**[1], bil·joe·nen
bil·joen[2] (telw)
de/het **bill·board** (m/o), bill·boards; bill·board·je
bil·len (ww), bil, bilt; bil·de, bil·den; ge·bild
bil·len·knij·pen (ww)
de **bil·len·koek** (m)
bil·lijk (bnw), bil·lij·ke
bil·lij·ken (ww), bil·lijk, bil·lijkt; bil·lijk·te, bil·lijk·ten; ge·bil·lijkt
de **bil·lijk·heid** (v), bil·lijk·he·den
de **bi·ma** (m), bi·ma's
bim·ba
de **bi·ná**, bi·ná's
bi·nair (bnw), bi·nai·re
bin·den (ww), bind, bindt; bond, bon·den; ge·bon·den
bin·dend (bnw), bin·den·de
de **bin·der** (m), bin·ders; bin·der·tje
de **bin·ding** (v), bin·din·gen
de **bin·go·avond** (m), bin·go·avon·den; bin·go·avond·je
de **bin·go·drive** (m), bin·go·drives
bingoën [bin·go·en] (ww), bin·go, bin·goot; bin·go·de, bin·go·den; ge·bin·good
de **bingoër** [bin·go·er] (m), bingoërs [bin·go·ers]
de **bink** (m), bin·ken; bink·je
bin·nen[1] (bijw)
bin·nen[2] (voorz)
bin·nen[3]: te binnen schieten
de **bin·nen·af·wer·king** (v), bin·nen·af·wer·kin·gen
bin·nen·blij·ven (ww), blijf bin·nen, blijft bin·nen; bleef bin·nen, ble·ven bin·nen; bin·nen·ge·ble·ven
bin·nen·boord (bijw)
de **bin·nen·boord·mo·tor** (m), bin·nen·boord·mo·to·ren, bin·nen·boord·mo·tors
bin·nen·bren·gen (ww), breng bin·nen, brengt bin·nen; bracht bin·nen, brach·ten bin·nen; bin·nen·ge·bracht
de **bin·nen·deur**, bin·nen·deu·ren; bin·nen·deur·tje
de **bin·nen·dienst** (m), bin·nen·dien·sten
de **bin·nen·door·dienst** (m), bin·nen·door·dien·sten
de **bin·nen·door·vaart**, bin·nen·door·vaar·ten
bin·nen·dra·gen (ww), draag bin·nen, draagt bin·nen; droeg bin·nen, droe·gen bin·nen; bin·nen·ge·dra·gen
bin·nen·drin·gen (ww), dring bin·nen, dringt bin·nen; drong bin·nen, dron·gen bin·nen; bin·nen·ge·dron·gen
bin·nen·drup·pe·len (ww), drup·pel bin·nen, drup·pelt

bin·nen; drup·pel·de bin·nen, drup·pel·den bin·nen; bin·nen·ge·drup·peld
bin·nen·gaan (ww), ga bin·nen, gaat bin·nen; ging bin·nen, gin·gen bin·nen; bin·nen·ge·gaan
bin·nen·gaats (bijw)
bin·nen·glip·pen (ww), glip bin·nen, glipt bin·nen; glip·te bin·nen, glip·ten bin·nen; bin·nen·ge·glipt
bin·nen·ha·len (ww), haal bin·nen, haalt bin·nen; haal·de bin·nen, haal·den bin·nen; bin·nen·ge·haald
de **bin·nen·hof** *(plein)*, bin·nen·ho·ven; bin·nen·hof·je
Bin·nen·hof *(Nederlands regerings-centrum)*
bin·nen·hou·den (ww), hou bin·nen, houd bin·nen, houdt bin·nen; hield bin·nen, hiel·den bin·nen; bin·nen·ge·hou·den
het **bin·nen·huis**, bin·nen·hui·zen; bin·nen·huis·je
de **bin·nen·huis·ar·chi·tect** (m), bin·nen·huis·ar·chi·tec·ten
bin·nen·in (bijw)
bin·nen in *(vanbinnen in)*
de **bin·nen·kant** (m), bin·nen·kan·ten; bin·nen·kant·je
de **bin·nen·koer** (m), bin·nen·koe·ren; bin·nen·koer·tje
bin·nen·ko·men (ww), kom bin·nen, komt bin·nen; kwam bin·nen, kwa·men bin·nen; bin·nen·ge·ko·men
de **bin·nen·komst** (v), bin·nen·kom·sten
bin·nen·kort (bijw)
bin·nen·krij·gen (ww), krijg bin·nen, krijgt bin·nen; kreeg bin·nen, kre·gen bin·nen; bin·nen·ge·kre·gen
bin·nen·krui·pen (ww), kruip bin·nen, kruipt bin·nen; kroop bin·nen, kro·pen bin·nen; bin·nen·ge·kro·pen
het **bin·nen·land**, bin·nen·lan·den
de **bin·nen·land·be·wo·ner** (m), bin·nen·land·be·wo·ners
bin·nen·lands (bnw), bin·nen·land·se
Bin·nen·land·se Oor·log
bin·nen·la·ten (ww), laat bin·nen, laat bin·nen; liet bin·nen, lie·ten bin·nen; bin·nen·ge·la·ten
bin·nen·lei·den (ww), leid bin·nen, leidt bin·nen; leid·de bin·nen, leid·den bin·nen; bin·nen·ge·leid
bin·nen·lok·ken (ww), lok bin·nen, lokt bin·nen; lok·te bin·nen, lok·ten bin·nen; bin·nen·ge·lokt
bin·nen·lood·sen (ww), loods bin·nen, loodst bin·nen; loods·te bin·nen, loods·ten bin·nen; bin·nen·ge·loodst
bin·nen·lo·pen (ww), loop bin·nen, loopt bin·nen; liep bin·nen, lie·pen bin·nen; bin·nen·ge·lo·pen
de **bin·nen·plaats**, bin·nen·plaat·sen; bin·nen·plaats·je
bin·nen·ren·nen (ww), ren bin·nen, rent bin·nen; ren·de bin·nen, ren·den bin·nen; bin·nen·ge·rend
bin·nen·rij·den (ww), rij bin·nen, rijd bin·nen, rijdt bin·nen; reed bin·nen, re·den bin·nen; bin·nen·ge·re·den
bin·nen·rij·ven (ww), rijf

bin·nen, rijft bin·nen; reef bin·nen, re·ven bin·nen; bin·nen·ge·re·ven

bin·nen·roe·pen (ww), roep bin·nen, roept bin·nen; riep bin·nen, rie·pen bin·nen; bin·nen·ge·roe·pen

bin·nen·schie·ten (ww), schiet bin·nen, schiet bin·nen; schoot bin·nen, scho·ten bin·nen; bin·nen·ge·scho·ten

het **bin·nen·schip**, bin·nen·sche·pen

bin·nen·schools (bnw), bin·nen·school·se

bin·nen·schrij·den (ww), schrijd bin·nen, schrijdt bin·nen; schreed bin·nen, schre·den bin·nen; bin·nen·ge·schre·den

bin·nens·huis (bijw)

bin·nen·sij·pe·len (ww), sij·pel bin·nen, sij·pelt bin·nen; sij·pel·de bin·nen, sij·pel·den bin·nen; bin·nen·ge·sij·peld

bin·nens·ka·mers (bijw)

bin·nen·sle·pen (ww), sleep bin·nen, sleept bin·nen; sleep·te bin·nen, sleep·ten bin·nen; bin·nen·ge·sleept

bin·nen·slui·pen (ww), sluip bin·nen, sluipt bin·nen; sloop bin·nen, slo·pen bin·nen; bin·nen·ge·slo·pen

bin·nen·smok·ke·len (ww), smok·kel bin·nen, smok·kelt bin·nen; smok·kel·de bin·nen, smok·kel·den bin·nen; bin·nen·ge·smok·keld

bin·nens·monds (bnw), bin·nens·mond·se

bin·nen·spe·len (ww), speel bin·nen, speelt bin·nen; speel·de bin·nen, speel·den bin·nen; bin·nen·ge·speeld

bin·nen·sprin·gen (ww), spring bin·nen, springt bin·nen; sprong bin·nen, spron·gen bin·nen; bin·nen·ge·spron·gen

de **bin·nen·stad**, bin·nen·ste·den; bin·nen·stad·je

bin·nen·stap·pen (ww), stap bin·nen, stapt bin·nen; stap·te bin·nen, stap·ten bin·nen; bin·nen·ge·stapt

het **bin·nen·ste**, bin·nen·sten, bin·nen·stes

bin·nen·ste·bui·ten (bijw)

bin·nen·stor·men (ww), storm bin·nen, stormt bin·nen; storm·de bin·nen, storm·den bin·nen; bin·nen·ge·stormd

bin·nen·stro·men (ww), stroom bin·nen, stroomt bin·nen; stroom·de bin·nen, stroom·den bin·nen; bin·nen·ge·stroomd

bin·nen·tre·den (ww), treed bin·nen, treedt bin·nen; trad bin·nen, tra·den bin·nen; bin·nen·ge·tre·den

bin·nen·val·len (ww), val bin·nen, valt bin·nen; viel bin·nen, vie·len bin·nen; bin·nen·ge·val·len

bin·nen·va·ren (ww), vaar bin·nen, vaart bin·nen; voer bin·nen, voe·ren bin·nen; bin·nen·ge·va·ren

de **bin·nen·vet·ter** (m), bin·nen·vet·ters; bin·nen·vet·ter·tje

bin·nen·wan·de·len (ww), wan·del bin·nen, wan·delt bin·nen; wan·del·de bin·nen, wan·del·den bin·nen; bin·nen·ge·wan·deld

bin·nen·wip·pen (ww), wip bin·nen, wipt bin·nen; wip·te

B

bin·nen, wip·ten bin·nen; bin·nen·ge·wipt
de **bin·nen·zak** (m), bin·nen·zak·ken; bin·nen·zak·je
de **bin·nen·zee**, binnenzeeën [bin·nen·zee·en]; bin·nen·zee·tje
bin·nen·zet·ten (ww), zet bin·nen, zet bin·nen; zet·te bin·nen, zet·ten bin·nen; bin·nen·ge·zet
de **bin·nen·zij·de**, bin·nen·zij·den, bin·nen·zij·des
bin·nen zijn
bin·nen zit·ten
het **bi·no·cu·lair**, bi·no·cu·lairs
het **bint**, bin·ten
het **bint·je**, bint·jes
bio *(biografie; biologie)*, bi·o's; biootje [bio·tje]
bio·af·breek·baar (bnw), bio·af·breek·ba·re
de **bio·bak** (m), bio·bak·ken
de **bio·brand·stof**, bio·brand·stof·fen
de **bio·che·mie** (v)
de **bio·ci·de** (v), bio·ci·den, bio·ci·des
de **bio·di·ver·si·teit** (v), bio·di·ver·si·tei·ten
de **bio-ener·gie** (v)
het **bio-etha·nol**
de **bio-ethiek** (v)
het **bio·fruit**
het **bio·gas**, bio·gas·sen
bio·ge·ne·tisch (bnw), bio·ge·ne·ti·sche
de **bio·graaf** (m), bio·gra·fen
de **bio·gra·fe** (v), bio·gra·fes
de **bio·gra·fie** (v), biografieën [bio·gra·fie·en]; bio·gra·fie·tje
bio·gra·fisch (bnw), bio·gra·fi·sche
de **bio·groen·te** (v), bio·groen·ten, bio·groen·tes
de **bio-in·dus·trie** (v), bio-industrieën [bio-in·dus·trie·en]
de **bio-in·for·ma·ti·ca** (v)
de **bio-in·ge·ni·eur** (m), bio-in·ge·ni·eurs
de **bio·lo·ge** (v), bio·lo·ges
de **bio·lo·gie** (v)
de **bio·lo·gie·win·kel** (m), bio·lo·gie·win·kels
bio·lo·gisch (bnw), bio·lo·gi·sche
de **bio·loog** (m), bio·lo·gen; bio·loog·je
de **bio·mas·sa**, bio·mas·sa's
bio·me·trisch (bnw), bio·me·tri·sche
het **bi·oom**, bi·o·men
de **bio·pic** (m), bio·pics
het **bio·pro·duct**, bio·pro·duc·ten
de **bi·op·sie** (v), biopsieën [bi·op·sie·en]
het **bi·opt**, bi·op·ten
het **bio·rit·me**, bio·rit·men, bio·rit·mes
de **bi·os** (m), bi·os·sen; bi·os·je
de **bio·scoop** (m), bio·sco·pen; bio·scoop·je
de **bio·scoop·bond** (m), bio·scoop·bon·den
het **bio·scoop·the·a·ter**, bio·scoop·the·a·ters
de **bio·tech·no·lo·gie** (v), biotechnologieën [bio·tech·no·lo·gie·en]
bio·tisch (bnw), bio·ti·sche
de **bio·toop** (m), bio·to·pen; bio·toop·je
de **bio·voe·ding** (v), bio·voe·din·gen
de **bips** (v), bip·sen; bips·je
de **bi·ram·bi**, bi·ram·bi's
de **bi·ram·bi·boom** (m), bi·ram·bi·bo·men
Bir·maans (bnw), Bir·maan·se
de **Bir·mees**[1] (m), Bir·me·zen

Bir·mees[2] (bnw), Bir·me·se
de **bis**[1] (m) *(tweede exemplaar),* bis·sen
de **bis**[2] *(muziekknoot),* bis·sen
bis[3] (bijw)
bis[4] (tussenw)
de/het **bis·cuit**[1] (m/o) *(voorwerp),* bis·cuits; bis·cuit·je
het **bis·cuit**[2] *(stofnaam)*
het **bis·dom**, bis·dom·men
bi·seks (bnw)
de **bi·sek·su·a·li·teit** (v)
de **bi·sek·su·eel**[1] (m), bi·sek·su·e·len
bi·sek·su·eel[2] (bnw), bi·sek·su·e·le
de **bis·que**, bis·ques
de **bis·schop** (m), bis·schop·pen
de **bis·sec·tri·ce**, bis·sec·tri·ces
bis·sen (ww), bis, bist; bis·te, bis·ten; ge·bist
het **bis·ter**
de **bis·tou·ri** (m), bis·tou·ri's
de **bis·tro** (m), bis·tro's; bistrootje [bis·tro·tje]
de **bit**[1] *(informatie-eenheid),* bits; bit·je
het **bit**[2] *(van een paard),* bit·ten; bit·je
bi·ta
de **bi·ta·wi·ri**
de **bitch** (v), bit·ches
bit·chen (ww), bitch, bitcht; bitch·te, bitch·ten; ge·bitcht
bits (bnw), bit·se
bit·sen (ww), bits, bitst; bits·te, bits·ten; ge·bitst
bit·sig (bnw), bit·si·ge
de **bit·ter**[1] (m) *(glaasje bitter),* bit·ters; bit·ter·tje
de/het **bit·ter**[2] (m/o) *(stofnaam)*
bit·ter[3] (bnw), bit·te·re
het **bit·ter·blad**
bit·te·ren (ww), bit·ter, bit·tert; bit·ter·de, bit·ter·den; ge·bit·terd
bit·ter·koud (bnw), bit·ter·kou·de
het **bi·tu·men**, bi·tu·mi·na
het **bi·vak**, bi·vak·ken; bi·vak·je
bi·vak·ke·ren (ww), bi·vak·keer, bi·vak·keert; bi·vak·keer·de, bi·vak·keer·den; ge·bi·vak·keerd
de **bi·vak·muts**, bi·vak·mut·sen; bi·vak·muts·je
bi·va·lent (bnw), bi·va·len·te
bi·zar (bnw), bi·zar·re
de **bi·zon** (m), bi·zons
de **B-keu·ze**, B-keu·zen, B-keu·zes
de **blaag**, bla·gen; blaag·je
de **blaam**, bla·men
de **blaar**, bla·ren; blaar·tje
de **blaas**, bla·zen; blaas·je
de **blaas·balg** (m), blaas·bal·gen; blaas·balg·je
de **blaas·ka·pel**, blaas·ka·pel·len
de **blaas·steen** (m), blaas·ste·nen; blaas·steen·tje
de **bla·bla** (m)
het **black·board**, black·boards
de **black box** (m), black boxes
het **black·jack**[1] *(spel)*
het **black·jack**[2] *(drank),* black·jacks
het **black·light**, black·lights
de **black me·tal** (m)
de **black-out** (m), black-outs
het **blad**[1] *(van planten),* bla·den, bla·de·ren, bla·ren; blaad·je
het **blad**[2] *(andere betekenissen),* bla·den; blaad·je
de **blad·der**, blad·ders
blad·de·ren (ww), blad·der, blad·dert; blad·der·de, blad·der·den; ge·blad·derd
het **bla·der·deeg**, bla·der·de·gen; bla·der·deeg·je
bla·de·ren (ww), bla·der, bla·dert; bla·der·de, bla·der·den; ge·bla·derd
de **blad·mu·ziek** (v)
de **blad·ok·sel** (m), blad·ok·sels
de **blad·spie·gel** (m), blad·spie·gels

B

de **blad·wij·zer** (m), blad·wij·zers; blad·wij·zer·tje
de **blad·zij**, blad·zij·den, blad·zij·des; blad·zij·de·tje, blad·zij·tje
de **blad·zij·de**, blad·zij·den, blad·zij·des; blad·zij·de·tje, blad·zij·tje
het **blad·zij·de·num·mer**, blad·zij·de·num·mers
blaf·fen (ww), blaf, blaft; blaf·te, blaf·ten; ge·blaft
de **blaf·fe·tuur** (v), blaf·fe·tu·ren
blak (bnw), blak·ke
bla·ka·man, bla·ka·mans
bla·ken (ww), blaak, blaakt; blaak·te, blaak·ten; ge·blaakt
de **bla·ma·ge** (v), bla·ma·ges
blan·che·ren (ww), blan·cheer, blan·cheert; blan·cheer·de, blan·cheer·den; ge·blan·cheerd
blan·co (bnw)
blank (bnw), blan·ke
de **blan·ke**, blan·ken
het **blan·ket** *(getekende, niet ingevulde volmacht),* blan·kets
de **blank·of·fi·cier** (m), blank·of·fi·cie·ren, blank·of·fi·ciers
de **blan·quet·te** (v), blan·quet·tes
bla·ren (ww), blaar, blaart; blaar·de, blaar·den; ge·blaard
de **bla·ren·pleis·ter**, bla·ren·pleis·ters
bla·sé (bnw), bla·sée
blas·fe·me·ren (ww), blas·fe·meer, blas·fe·meert; blas·fe·meer·de, blas·fe·meer·den; ge·blas·fe·meerd
de **blas·fe·mie** (v), blasfemieën [blas·fe·mie·en]
bla·tant (bnw), bla·tan·te
bla·ten (ww), blaat, blaat; blaat·te, blaat·ten; ge·blaat
het **blauw**[1], blau·wen; blauw·tje
blauw[2] (bnw), blau·we
blauw·ach·tig (bnw), blauw·ach·ti·ge
blauw·blauw la·ten
de **blauw·druk** (m), blauw·druk·ken; blauw·druk·je
blau·wen (ww), blauw, blauwt; blauw·de, blauw·den; ge·blauwd
de **blau·we·re·gen** (m), blau·we·re·gens
blauw·grijs (bnw), blauw·grij·ze
blauw·groen (bnw), blauw·groe·ne
blauw·wit (bnw), blauw·wit·te
blauw·zwart (bnw), blauw·zwar·te
bla·zen (ww), blaas, blaast; blies, blie·zen; ge·bla·zen
de **bla·zer**[1] (m) *(kledingstuk),* bla·zers; bla·zer·tje
de **bla·zer**[2] (m) *(muzikant),* bla·zers
het **bla·zoen**, bla·zoe·nen; bla·zoen·tje
de **blee·der** (m), blee·ders
de **bleek**[1], ble·ken; bleek·je
bleek[2] (bnw), ble·ke
de **bleek·sel·de·rij** (m)
de **blees**, ble·zen
de **blei**, blei·en; blei·tje
de **blein**, blei·nen
ble·ken (ww), bleek, bleekt; bleek·te, bleek·ten; ge·bleekt
de **ble·ke·ro**, ble·ke·ro's
blek·ken (ww), blek, blekt; blek·te, blek·ten; ge·blekt
de **blen·chi**, blen·chi's
de **blend** (m), blends
de **blen·de**, blen·den
blen·den (ww), blend, blendt; blend·de, blend·den; ge·blend
de **blen·der** (m), blen·ders

blè·ren (ww), blèr, blèrt; blèr·de, blèr·den; ge·blèrd
de **bles** *(paard; witte vlek; kale plek)*, bles·sen
bles·se·ren (ww), bles·seer, bles·seert; bles·seer·de, bles·seer·den; ge·bles·seerd
de **bles·su·re** (v), bles·su·ren, bles·su·res; bles·su·re·tje
de **bles·su·re·tijd** (m), bles·su·re·tij·den
bles·su·re·vrij (bnw), bles·su·re·vrije
blè·ten (ww), blèt, blèt; blèt·te, blèt·ten; ge·blèt
bleu (bnw), bleue
de **bliek** (m), blie·ken; bliek·je
de **bliep** (m), blieps; bliep·je
blie·ven (ww), blief, blieft; blief·de, blief·den; ge·bliefd
blij (bnw), blije
de **blij·de**, blij·den
de **blijd·schap** (v)
het **blijf-van-mijn-lijf·huis**, blijf-van-mijn-lijf·hui·zen
de **blij·heid** (v), blij·he·den
de/het **blijk** (m/o), blij·ken; blijk·je
blijk·baar (bnw), blijk·ba·re
blij·ken (ww), blijk, blijkt; bleek, ble·ken; ge·ble·ken
blij·kens (voorz)
blij·ven (ww), blijf, blijft; bleef, ble·ven; ge·ble·ven
blij·vend (bnw), blij·ven·de
de **blik**[1] (m) *(van de ogen)*, blik·ken; blik·je
het **blik**[2] *(stofnaam)*
het **blik**[3] *(voorwerp)*, blik·ken; blik·je
de **blik·jes·wa·ren** (mv)
blik·ken[1] (bnw)
blik·ken[2] (ww), blik, blikt; blik·te, blik·ten; ge·blikt
de **blik·ope·ner** (m), blik·ope·ners
de **blik·sem** (m), blik·sems; blik·sem·pje
blik·se·men (ww), blik·sem, blik·semt; blik·sem·de, blik·sem·den; ge·blik·semd
de **blik·sem·schicht** (m), blik·sem·schich·ten; blik·sem·schicht·je
blik·sems·goed (bnw), blik·sems·goe·de
de **blik·sla·ge·rij** (v), blik·sla·ge·rij·en
de **blik·van·ger** (m), blik·van·gers; blik·van·ger·tje
het **blind**[1], blin·den
blind[2] (bnw), blin·de
de **blind date** (m), blind dates
de **blind·doek** (m), blind·doe·ken; blind·doek·je
blind·doe·ken (ww), blind·doek, blind·doekt; blind·doek·te, blind·doek·ten; ge·blind·doekt
de **blin·de**, blin·den
de **blin·de·darm** (m), blin·de·dar·men
de **blin·de·darm·ont·ste·king** (v), blin·de·darm·ont·ste·kin·gen
blin·de·lings (bijw)
de **blin·de·man** (m), blin·de·man·nen; blin·de·man·ne·tje
de **blin·den·ge·lei·de·hond** (m), blin·den·ge·lei·de·hon·den
de **blin·den·school**, blin·den·scho·len
het **blin·den·schrift**
de **blin·den·stok** (m), blin·den·stok·ken; blin·den·stok·je
de **blin·den·ver·eni·ging** (v), blin·den·ver·eni·gin·gen
blin·de vink
de **blind·heid** (v), blind·he·den

blind·sta·ren (ww), staar blind, staart blind; staar·de blind, staar·den blind; blind·ge·staard
blind·va·ren (ww), vaar blind, vaart blind; voer blind, voe·ren blind; blind·ge·va·ren
de **bling** (m)
de **bling·bling**[1] (m)
bling·bling[2] (bnw)
de **bli·ni** (m), bli·ni's; blinietje [bli·ni·tje]
blin·ken (ww), blink, blinkt; blonk, blon·ken; ge·blon·ken
de **blin·ker** (m), blin·kers; blin·ker·tje
de **blis·ter** (m), blis·ters; blis·ter·tje
blits (bnw), blit·se
het **blitz·be·zoek**, blitz·be·zoe·ken; blitz·be·zoek·je
de **blitz·krieg** (m)
de **blitz·start** (m), blitz·starts
blo (bnw)
bloc: en bloc
de **block·bus·ter** (m), block·bus·ters
bloc·ken (ww), block, blockt; block·te, block·ten; ge·blockt
de **bloc·ker** (m), bloc·kers
de **bloc·no·te** (m), bloc·no·tes; bloc·no·te·je
het **bloed** *(vloeistof)*
de **bloed·af·na·me**, bloed·af·na·men, bloed·af·na·mes
de **bloed·baan**, bloed·ba·nen; bloed·baan·tje
het **bloed·bad**, bloed·ba·den; bloed·bad·je
de **bloed·druk** (m)
bloed·druk·ver·ho·gend (bnw), bloed·druk·ver·ho·gen·de
bloed·druk·ver·la·gend (bnw), bloed·druk·ver·la·gen·de
bloe·de: in koelen bloede
bloe·den (ww), bloed, bloedt; bloed·de, bloed·den; ge·bloed
bloe·de·rig (bnw), bloe·de·ri·ge
bloe·dig (bnw), bloe·di·ge
de **bloe·ding** (v), bloe·din·gen; bloe·din·kje
de **bloed·ko·raal**[1] *(voorwerp)*, bloed·ko·ra·len; bloed·ko·raal·tje
het **bloed·ko·raal**[2] *(stofnaam)*
bloed·mooi (bnw), bloed·mooie
de **bloed·na·me**, bloed·na·men, bloed·na·mes
bloed·ner·veus (bnw), bloed·ner·veu·ze
het **bloed·on·der·zoek**, bloed·on·der·zoe·ken; bloed·on·der·zoek·je
bloed·rood (bnw), bloed·ro·de
de **bloeds·om·loop** (m), bloeds·om·lo·pen
de **bloed·sui·ker** (m), bloed·sui·kers
de **bloed·sui·ker·spie·gel** (m), bloed·sui·ker·spie·gels
het **bloed·vat**, bloed·va·ten; bloed·vaat·je
het **bloed·ver·gie·ten**
de **bloed·waar·de** (v), bloed·waar·den, bloed·waar·des
de **bloei** (m)
bloei·en (ww), bloei, bloeit; bloei·de, bloei·den; ge·bloeid
bloei·end (bnw), bloei·en·de
de **bloei·pluim**, bloei·plui·men
de **bloei·steel** (m), bloei·ste·len
de **bloei·wij·ze**, bloei·wij·zen
de **bloem**[1] *(plant, plantendeel)*, bloe·men; bloe·me·tje, bloem·pje
de **bloem**[2] *(meel)*
de **bloem·bak** (m), bloem·bak·ken; bloem·bak·je
het **bloem·bed**, bloem·bed·den; bloem·bed·je
het **bloem·blad**, bloem·bla·den, bloem·bla·de·ren, bloem·bla·ren;

bloem·blaad·je
bloe·men (ww), bloem, bloemt; bloem·de, bloem·den; ge·bloemd
de/het **bloe·men·cor·so** (m/o), bloe·men·cor·so's; bloemencorsootje [bloe·men·cor·so·tje]
de **bloe·men·krans** (m), bloe·men·kran·sen; bloe·men·krans·je
de **bloe·men·mand**, bloe·men·man·den; bloe·men·mand·je
het **bloe·men·perk**, bloe·men·per·ken; bloe·men·perk·je
de **bloe·men·vaas**, bloe·men·va·zen; bloe·men·vaas·je
de **bloe·men·win·kel** (m), bloe·men·win·kels; bloe·men·win·kel·tje
bloe·mig (bnw), bloe·mi·ge
de **bloe·mist** (m), bloe·mis·ten
de **bloem·kool**, bloem·ko·len; bloem·kool·tje
bloem·le·zen (ww), bloem·lees, bloem·leest; bloem·lees·de, bloem·lees·den; ge·bloem·leesd
de **bloem·le·zing** (v), bloem·le·zin·gen; bloem·le·zin·kje
het **bloem·mo·tief**, bloem·mo·tie·ven; bloem·mo·tief·je
het **bloem·perk**, bloem·per·ken; bloem·perk·je
de **bloem·pot** (m), bloem·pot·ten; bloem·pot·je
bloem·schik·ken (ww), ge·bloem·schikt
het **bloem·stuk**, bloem·stuk·ken; bloem·stuk·je
het **bloem·zaad**, bloem·za·den; bloem·zaad·je
de **bloes**, bloe·zen; bloes·je
de **bloe·sem** (m), bloe·sems; bloe·sem·pje
bloe·zen (ww), bloes, bloest; bloes·de, bloes·den; ge·bloesd
de/het **blog** (m/o), blogs; blog·je
blog·gen (ww), blog, blogt; blog·de, blog·den; ge·blogd
de **blog·ger** (m), blog·gers
de **blog·post**, blog·posts
de **blok**[1] (m) *(klomp, speelgoed)*, blok·ken; blok·je
het **blok**[2] *(andere betekenissen)*, blok·ken; blok·je
de **blok·fluit**, blok·flui·ten; blok·fluit·je
de **blok·ka·de** (v), blok·ka·des
blok·ken (ww), blok, blokt; blok·te, blok·ten; ge·blokt
de **blok·ken·fa·briek** (v), blok·ken·fa·brie·ken
de **blok·ker** (m), blok·kers; blok·ker·tje
blok·ke·ren (ww), blok·keer, blok·keert; blok·keer·de, blok·keer·den; ge·blok·keerd
de **blok·ke·ring** (v), blok·ke·rin·gen
de **blom** *(plant, plantendeel)*, blom·men; blom·me·tje
blond (bnw), blon·de
de **blon·de**, blon·den
blon·de·ren (ww), blon·deer, blon·deert; blon·deer·de, blon·deer·den; ge·blon·deerd
de **blon·di·ne** (v), blon·di·nes
de **bloo·dy ma·ry**, bloo·dy ma·ry's
het **blook**, blooks
bloot (bnw), blo·te
bloot·ge·ven (ww), geef bloot, geeft bloot; gaf bloot, ga·ven bloot; bloot·ge·ge·ven
bloot·leg·gen (ww), leg bloot,

B

legt bloot; leg·de bloot, leg·den bloot; bloot·ge·legd
bloot·lig·gen (ww), lig bloot, ligt bloot; lag bloot, la·gen bloot; bloot·ge·le·gen
bloot·staan (ww), sta bloot, staat bloot; stond bloot, ston·den bloot; bloot·ge·staan
bloot·stel·len (ww), stel bloot, stelt bloot; stel·de bloot, stel·den bloot; bloot·ge·steld
de **bloot·stel·ling** (v), bloot·stel·lin·gen
bloots·voets (bijw)
bloot·voets (bijw)
de **blos** (m), blos·sen; blos·je
de **blo·te·rik** (m), blo·te·ri·ken
de **blo·te·voe·ten·dok·ter** (m), blo·te·voe·ten·dok·ters
de **blou·se** (v), blou·ses; blou·se·je
de **blou·son** (m), blou·sons
de **blow** (m), blows; blow·tje
blo·wen (ww), blow, blowt; blow·de, blow·den; ge·blowd
blo·zen (ww), bloos, bloost; bloos·de, bloos·den; ge·bloosd
blub (tussenw)
de **blub·ber** (m), blub·ber·tje
de **blue·grass** (m)
de **blue·jeans** (m), blue·jeans
de **blues**, blues·je
het **blue·tooth**, blue·tooths
de **bluf** (m)
bluf·fen (ww), bluf, bluft; bluf·te, bluf·ten; ge·bluft
de **blun·der** (m), blun·ders; blun·der·tje
blun·de·ren (ww), blun·der, blun·dert; blun·der·de, blun·der·den; ge·blun·derd
de **blu-ray** (m), blu-rays
de **blu-ray·spe·ler** (m), blu-ray·spe·lers
de **blush** (m)
blus·sen (ww), blus, blust; blus·te, blus·ten; ge·blust
de **blus·slang**, blus·slan·gen
blut (bnw)
de **bluts**[1], blut·sen; bluts·je
bluts[2] (bnw)
blut·sen (ww), bluts, blutst; bluts·te, bluts·ten; ge·blutst
blz. *(bladzijde)*
BMI *(body mass index),* BMI's
BMX *(bicycle motocross),* BMX'en [BMX·en]
BMX'en [BMX·en] (ww), BMX, BMX't; BMX'te [BMX·te], BMX'ten [BMX·ten]; ge-BMX't
de **BN'er** [BN·er] (m) *(bekende Nederlander),* BN'ers [BN·ers]
bnp *(bruto nationaal product),* bnp's
de **boa** (m), bo·a's
de **boa con·stric·tor** (m), boa con·stric·tors
de **board**[1] (m) *(bestuur),* boards; board·je
het **board**[2] *(bouwmateriaal)*
boar·den (ww), board, boardt; board·de, board·den; ge·board
de **board·room** (m), board·rooms
de **bob**[1] (m) *(niet-drinkende chauffeur),* bobs
de **bob**[2] *(bobslee),* bobs
de **bob·bel** (m), bob·bels; bob·bel·tje
de **bob·bel·gum**, bob·bel·gums
het **bob·bel·tjes·plas·tic**
bob·ben (ww), bob, bobt; bob·de, bob·den; ge·bobd
de **bo·bijn**, bo·bij·nen; bo·bijn·tje
de **bo·bo** (m), bo·bo's
de **bob·slee**, bobsleeën [bob·slee·en]
bobsleeën [bob·slee·en] (ww), bob·slee, bob·sleet; bob·slee·de, bob·slee·den; ge·bob·sleed
de **bo·chel** (m), bo·chels; bo·chel·tje

de **bocht**[1] *(kromming)*, boch·ten; bocht·je
de/het **bocht**[2] (m/o) *(slechte waar)*
de/het **bock** (m/o), boc·ken
het **bock·bier**, bock·bie·ren
het **bod**, bod·je
de **bo·de** (m), bo·den, bo·des
de **bo·de·ga** (m), bo·de·ga's
de **bo·dem** (m), bo·dems; bo·dem·pje
de **bo·dem·de·gra·da·tie** (v), bo·dem·de·gra·da·ties
de **bo·dem·laag**, bo·dem·la·gen; bo·dem·laag·je
de **bo·dem·sa·ne·ring** (v), bo·dem·sa·ne·rin·gen
Bo·do
de **bo·dy**, bo·dy's; body'tje [bo·dy·tje]
de **bo·dy·art** (m)
bo·dy·buil·den (ww), bo·dy·build, bo·dy·buildt; bo·dy·build·de, bo·dy·build·den; ge·bo·dy·build
de **bo·dy·buil·der** (m), bo·dy·buil·ders
de **bo·dy·buil·ding**
de **bo·dy·buil·ding·kam·pi·oen** (m), bo·dy·buil·ding·kam·pi·oe·nen
het **bo·dy·buil·ding·kam·pi·oen·schap**, bo·dy·buil·ding·kam·pi·oen·schap·pen
de **bo·dy·buil·ding·wed·strijd** (m), bo·dy·buil·ding·wed·strij·den
de **bo·dy·guard** (m), bo·dy·guards
de **bo·dy·lo·ti·on**, bo·dy·lo·ti·ons
de **bo·dy·milk**, bo·dy·milks
de **bo·dy·paint** (m), bo·dy·paints
de **bo·dy·pain·ting**
de **bo·dy·war·mer** (m), bo·dy·war·mers
boe (tussenw)
de **boe·boe·laas** (m), boe·boe·la·zen
de **boed·dha** (m) *(afbeelding)*, boed·dha's; boeddhaatje [boed·dha·tje]
Boed·dha *(grondlegger v.h. boeddhisme)*
het **Boed·dha·beeld**, Boed·dha·beel·den; Boed·dha·beeld·je
het **boed·dhis·me**
de **boed·dhist** (m), boed·dhis·ten
boed·dhis·tisch (bnw), boed·dhis·ti·sche
de **boed·dho·loog** (m), boed·dho·lo·gen
de **boe·del** (m), boe·dels; boe·del·tje
de **boe·del·ba·lans**, boe·del·ba·lan·sen
de **boe·del·kwes·tie** (v), boe·del·kwes·ties
het **boe·del·pro·bleem**, boe·del·pro·ble·men
de **boef** (m), boe·ven; boef·je
de **boeg** (m), boe·gen; boeg·je
het **boeg·beeld**, boeg·beel·den; boeg·beeld·je
het **boe·ge·roep**
de **boeg·golf**, boeg·gol·ven; boeg·golf·je
de **boei**, boei·en; boei·tje
de/het **boei·boord** (m/o), boei·boor·den
het **boei·bord**, boei·bor·den
boei·en (ww), boei, boeit; boei·de, boei·den; ge·boeid
boei·end (bnw), boei·en·de
de **boei·en·ko·ning** (m), boei·en·ko·nin·gen
de **boei·er** (m), boei·ers
het **boei·sel**, boei·sels
het **boek**[1], boe·ken; boek·je
boek[2]: te boek staan
boek[3]: te boek stellen
de **boe·ka·nier** (m), boe·ka·niers
de **boek·be·spre·king** (v),

boek·be·spre·kin·gen; boek·be·spre·kin·kje

de **boek·bin·de·rij** (v), boek·bin·de·rij·en; boek·bin·de·rij·tje

de **boek·druk** (m), boek·druk·ken

boe·ken (ww), boek, boekt; boek·te, boek·ten; ge·boekt

het **boe·ken·bal**, boe·ken·bals

de **boe·ken·beurs**, boe·ken·beur·zen; boe·ken·beurs·je

het **boe·ken·be·zit**

de **boe·ken·bon** (m), boe·ken·bon·nen, boe·ken·bons

de **boe·ken·huur**, boe·ken·hu·ren

de **boe·ken·kast**, boe·ken·kas·ten; boe·ken·kast·je

de **boe·ken·ken·nis** (v)

de **boe·ken·leg·ger** (m), boe·ken·leg·gers

de **boe·ken·lijst**, boe·ken·lijs·ten; boe·ken·lijst·je

de **boe·ken·mo·len** (m), boe·ken·mo·lens

het **boe·ken·on·der·zoek**, boe·ken·on·der·zoe·ken

de **boe·ken·plank**, boe·ken·plan·ken; boe·ken·plank·je

de **boe·ken·reeks**, boe·ken·reek·sen

het **boe·ken·rek**, boe·ken·rek·ken; boe·ken·rek·je

de **boe·ken·steun** (m), boe·ken·steu·nen

de **boe·ken·tas**, boe·ken·tas·sen; boe·ken·tas·je

de **boe·ken·ver·koop·ac·tie** (v), boe·ken·ver·koop·ac·ties

Boe·ken·week, Boe·ken·we·ken

het **boe·ken·week·es·say**, boe·ken·week·es·says

het **boe·ken·week·ge·schenk**, boe·ken·week·ge·schen·ken

de **boe·ken·wijs·heid** (v), boe·ken·wijs·he·den

de **boe·ken·win·kel** (m), boe·ken·win·kels; boe·ken·win·kel·tje

de **boe·ken·worm** (m), boe·ken·wor·men

de **boe·ken·wurm** (m), boe·ken·wur·men; boe·ken·wurm·pje

de **boe·ke·rij** (v), boe·ke·rij·en; boe·ke·rij·tje

de/het **boe·ket** (m/o), boe·ket·ten; boe·ket·je

de **boek·han·del** (m), boek·han·dels; boek·han·del·tje

de **boek·han·de·laar** (m), boek·han·de·laars, boek·han·de·la·ren; boek·han·de·laar·tje

het **boek·hou·den**[1]

boek·hou·den[2] (ww), houd boek, houdt boek; hield boek, hiel·den boek; boek·ge·hou·den

de **boek·hou·der** (m), boek·hou·ders; boek·hou·der·tje

de **boek·hou·ding** (v), boek·hou·din·gen; boek·hou·din·kje

de **boek·houd·ster** (v), boek·houd·sters

de **boe·king** (v), boe·kin·gen

het **boek·jaar**, boek·ja·ren

de/het **boek·om·slag** (m/o), boek·om·sla·gen

boek·sta·ven (ww), boek·staaf, boek·staaft; boek·staaf·de, boek·staaf·den; ge·boek·staafd

het **boek·ver·slag**, boek·ver·sla·gen

de **boek·vorm** (m), boek·vor·men

de **boek·waar·de** (v), boek·waar·den, boek·waar·des

de **boek·weit**
het **boek·werk**, boek·wer·ken; boek·werk·je
de **boek·win·kel** (m), boek·win·kels; boek·win·kel·tje
de **boel**[1] (m) *(boedel; rotzooi; grote hoeveelheid),* boel·tje
de **boel**[2] *(persoon),* boe·len; boel·tje
het **boe·le·ke**, boe·le·kes
boe·len (ww), boel, boelt; boel·de, boel·den; ge·boeld
boem (tussenw)
de **boe·man** (m), boe·man·nen
de **boe·mel·trein** (m), boe·mel·trei·nen; boe·mel·trein·tje
de **boe·me·rang** (m), boe·me·rangs
de **boen·der** (m), boen·ders; boen·der·tje
boe·nen (ww), boen, boent; boen·de, boen·den; ge·boend
de **boer** (m), boe·ren; boer·tje
de **boer·de**, boer·den
de **boer·de·rij** (v), boer·de·rij·en; boer·de·rij·tje
boe·ren (ww), boer, boert; boer·de, boer·den; ge·boerd
het **boe·ren·be·drijf**, boe·ren·be·drij·ven; boe·ren·be·drijf·je
het **boe·ren·be·drog**
de **boe·ren·bond** (m), boe·ren·bon·den
het **boe·ren·bont**, boe·ren·bont·je
het **boe·ren·brood**, boe·ren·bro·den
de **boe·ren·brui·loft**, boe·ren·brui·lof·ten
de **boe·ren·bui·ten** (m)
de **boe·ren·doch·ter** (v), boe·ren·doch·ters
de **boe·ren·fa·mi·lie** (v), boe·ren·fa·mi·lies
boe·ren·fluit·jes: op z'n boerenfluitjes
het **boe·ren·gat**, boe·ren·ga·ten; boe·ren·gaat·je
de **boe·ren·ham**, boe·ren·ham·men
de **boe·ren·hoe·ve**, boe·ren·hoe·ven, boe·ren·hoe·ves
de **boe·ren·kar**, boe·ren·kar·ren; boe·ren·kar·re·tje
de **boe·ren·ko·lo·ni·sa·tie** (v)
de **boe·ren·kool**, boe·ren·ko·len
de **boe·ren·kool·stamp·pot** (m), boe·ren·kool·stamp·pot·ten
het **boe·ren·land**, boe·ren·lan·den; boe·ren·land·je
de **boe·ren·lul** (m), boe·ren·lul·len
de **boe·ren·ome·let**, boe·ren·ome·let·ten
Boe·ren·oor·log
de **boe·ren·pa·té** (m), boe·ren·pa·tés
het **boe·ren·ver·stand**
de **boe·ren·worst**, boe·ren·wor·sten
de **boe·ren·zoon** (m), boe·ren·zo·nen, boe·ren·zoons; boe·ren·zoon·tje
de **boe·rin** (v), boe·rin·nen; boe·rin·ne·tje
de **boer·ka**, boer·ka's
de **boes**, boe·zen; boes·je
de **boe·te**, boe·ten, boe·tes; boe·te·tje
de **boe·te·doe·ning** (v), boe·te·doe·nin·gen
het **boe·te·kleed**, boe·te·kle·de·ren, boe·te·kle·ren
boe·ten (ww), boet, boet; boet·te, boet·ten; ge·boet
het **boe·te·sys·teem**, boe·te·sys·te·men
de **boe·tiek** (v), boe·tie·ken, boe·tieks; boe·tiek·je
het **boe·tiek·ho·tel**, boe·tiek·ho·tels
boet·se·ren (ww), boet·seer, boet·seert; boet·seer·de, boet·seer·den; ge·boet·seerd

de **boe·zem** (m), boe·zems; boe·zem·pje
de **boe·zem·vriend** (m), boe·zem·vrien·den; boe·zem·vriend·je
de **bof**[1] (m), bof·fen; bof·je
bof[2] (tussenw)
bof·fen (ww), bof, boft; bof·te, bof·ten; ge·boft
de **bof·fer** (m), bof·fers
de **bof·ferd** (m), bof·ferds
BOG *(Bureau Openbare Gezondheids-zorg)*
bo·gen (ww), boog, boogt; boog·de, boog·den; ge·boogd
Bo·heems (bnw), Bo·heem·se
de **bo·hè·me**
de **bo·he·mien** (m), bo·he·miens
de **bo·he·mi·en·ne** (v), bo·he·mi·en·nes
de **boi·ler** (m), boi·lers; boi·ler·tje
de **bok** (m), bok·ken; bok·je
de **bo·kaal** (m), bo·ka·len; bo·kaal·tje
bok·ken (ww), bok, bokt; bok·te, bok·ten; ge·bokt
de **bok·ken·poot** (m), bok·ken·po·ten; bok·ken·poot·je
de **bok·ken·pruik** (v), bok·ken·pruik·je
de **bok·ken·sprong** (m), bok·ken·spron·gen
de **bok·king** (m), bok·kin·gen; bok·kin·kje
bok·sen (ww), boks, bokst; boks·te, boks·ten; ge·bokst
de **bok·ser** (m) *(sportman)*, bok·sers; bok·ser·tje
bok·sprin·gen (ww)
de **boks·ster** (v), boks·sters
de **bol**[1] (m), bol·len; bol·le·tje
bol[2] (bnw), bol·le
de **bol·cac·tus** (m), bol·cac·tus·sen
de **bol·der** (m), bol·ders
de **bo·leet** (m), bo·le·ten
de **bo·le·ro** (m), bo·le·ro's; bolerootje [bo·le·ro·tje]
bo·le·tri
de **bo·li·de** (v), bo·li·den, bo·li·des
de **bo·li·ta**, bo·li·ta's
de **bo·li·ta·slik·ker** (m), bo·li·ta·slik·kers
de **bolk**, bol·ken
de **bol·le·boos** (m), bol·le·bo·zen; bol·le·boos·je
bol·len (ww), bol, bolt; bol·de, bol·den; ge·bold
de **bol·len·man** (m), bol·len·man·nen
de **bol·len·streek** *(streek waar bollen gekweekt worden)*, bol·len·stre·ken
het **bol·len·veld**, bol·len·vel·den; bol·len·veld·je
de **bol·len·vrouw** (v), bol·len·vrou·wen
bol·le·trie
de **bol·ling** (v), bol·lin·gen; bol·lin·kje
de **Bol·ly·wood·film** (m), Bol·ly·wood·films
de **bo·lo**, bo·lo's
de **bo·log·ne·se·saus**, bo·log·ne·se·sau·sen, bo·log·ne·se·sau·zen
de **bol·sje·wiek** (m), bol·sje·wie·ken
het **bol·sje·wis·me**
de **bol·ster** (m), bol·sters; bol·ster·tje
de **bo·lus** (m), bo·lus·sen
het **bol·werk**, bol·wer·ken; bol·werk·je
bol·wer·ken (ww), bol·werk, bol·werkt; bol·werk·te, bol·werk·ten; ge·bol·werkt
bom[1] *(bewust ongehuwde moeder)*, bom·men
de **bom**[2] *(explosief)*, bom·men; bom·me·tje

de **bom·aan·slag** (m), bom·aan·sla·gen
het **bom·alarm**, bom·alar·men
de **bom·ba**, bom·ba's
het **bom·bar·de·ment**, bom·bar·de·men·ten; bom·bar·de·ment·je
bom·bar·de·ren (ww), bom·bar·deer, bom·bar·deert; bom·bar·deer·de, bom·bar·deer·den; ge·bom·bar·deerd
de **bom·ba·rie** (v)
de **bom·bast** (m)
bom·bel, bom·bels
de **bom·bel·tijd** (m)
bo·men (ww), boom, boomt; boom·de, boom·den; ge·boomd
de **bo·mer** (m), bo·mers
de **bom·ma** (v), bom·ma's; bommaatje [bom·ma·tje]
de **bom·mel·ding** (v), bom·mel·din·gen; bom·mel·din·kje
bom·men (ww), bom, bomt; bom·de, bom·den; ge·bomd
de **bom·mer** (m), bom·mers
de **bom·moe·der** (v), bom·moe·ders
de **bom·pa** (m), bom·pa's
bom·vol (bnw), bom·vol·le
de **bon**[1] (m), bon·nen, bons; bon·ne·tje
bon[2] (tussenw)
bo·na·fi·de (bnw)
de **Bo·nai·re·aan** (m), Bo·nai·re·a·nen
Bo·nai·re·aans (bnw), Bo·nai·re·aan·se
de **Bo·nai·re·aan·se** (v), Bo·nai·re·aan·sen
de **bon·bon** (m), bon·bons; bon·bon·ne·tje
de **bon·bon·ni·è·re**, bon·bon·ni·è·res
de **bond** (m), bon·den; bond·je
de **bon·dage** (v), bon·dages
de **Bond·film** (m), Bond·films
de **bond·ge·noot** (m), bond·ge·no·ten; bond·ge·noot·je
het **bond·ge·noot·schap**, bond·ge·noot·schap·pen
de **bond·ge·no·te** (v), bond·ge·no·tes
de **bon·ding**, bon·dings
de **bonds·coach** (m), bonds·coa·ches
de **bonds·dag** (m) *(bijeenkomst van een bond)*, bonds·da·gen
Bonds·dag *(Duits parlement)*
de **bonds·kan·se·lier** (m), bonds·kan·se·lie·ren, bonds·kan·se·liers
het **bonds·kan·se·lier·schap**, bonds·kan·se·lier·schap·pen
de **bonds·pre·si·dent** (m) *(president van een bondsrepubliek)*, bonds·pre·si·den·ten
de **Bonds·pre·si·dent** (m) *(president van de Bondsrepubliek Duitsland)*, Bonds·pre·si·den·ten
de **bonds·re·pu·bliek** (v), bonds·re·pu·blie·ken
Bonds·re·pu·bliek *(Duitsland)*
de **bonds·spon·sor** (m), bonds·spon·so·ren, bonds·spon·sors
het **bo·nen·kruid**
de **bo·nen·soep**, bo·nen·soe·pen
de **bo·nen·staak** (m), bo·nen·sta·ken
de **bong**, bon·gen
de **bon·go** (m), bon·go's; bongootje [bon·go·tje]
het **bo·ni** *(saldo)*, bo·ni's
het **Bo·ni** *(taal)*
bon·jour (tussenw)
bon·jou·ren (ww), bon·jour, bon·jourt; bon·jour·de, bon·jour·den; ge·bon·jourd
de **bonk** (m), bon·ken; bonk·je

bon·ken (ww), bonk, bonkt; bonk·te, bonk·ten; ge·bonkt
het **bon mot**, bon mots
bon·ne·fooi: op de bonnefooi
de **bon·nen·ver·ko·per** (v), bon·nen·ver·ko·pers
de **bo·no·bo** (m), bo·no·bo's; bonobootje [bo·no·bo·tje]
de **bons**[1] (m), bon·zen; bons·je
bons[2] (tussenw)
de **bon·sai** (m), bon·sais
het **bont**[1], bont·je
bont[2] (bnw), bon·te
bon·ten (bnw)
bont en blauw
de **bont·man·tel** (m), bont·man·tels; bont·man·tel·tje
de **bon ton** (m)
de **bont·sto·la**, bont·sto·la's
de **bo·nu·man**, bo·nu·mans
de **bo·nus** (m), bo·nus·sen; bo·nus·je
de **bo·nus-ma·lus·re·ge·ling** (v), bo·nus-ma·lus·re·ge·lin·gen
de **bon vi·vant** (m), bons vi·vants, bon vi·vants
de **bon·ze** (m), bon·zen
bon·zen (ww), bons, bonst; bons·de, bons·den; ge·bonsd
de **boo·by·trap** (m), boo·by·traps
de **bood·schap** (v), bood·schap·pen; bood·schap·je
bood·schap·pen (ww), bood·schap, bood·schapt; bood·schap·te, bood·schap·ten; ge·bood·schapt
de **bood·schap·pen·lijst**, bood·schap·pen·lijs·ten; bood·schap·pen·lijst·je
de **bood·schap·pen·tas**, bood·schap·pen·tas·sen; bood·schap·pen·tas·je
de **boog** (m), bo·gen; boog·je
de **boo·gie·woo·gie** (m)
de **boog·scheut** (m), boog·scheu·ten; boog·scheut·je
boog·schie·ten (ww)
de **boog·schut·ter** (m) *(schutter)*, boog·schut·ters; boog·schut·ter·tje
Boog·schut·ter *((persoon met dit) sterrenbeeld)*, Boog·schut·ters; Boog·schut·ter·tje
de **book·ma·ker** (m), book·ma·kers
de **book·mark** (m), book·marks
book·mar·ken (ww), book·mark, book·markt; book·mark·te, book·mark·ten; ge·book·markt
boo·le·aans (bnw), boo·le·aan·se
de **boom**[1] (m) *(toename)*, booms; boom·pje
de **boom**[2] (m) *(plant)*, bo·men; boom·pje
de **boom·ana·nas**, boom·ana·nas·sen
de **boom·bast** (m), boom·bas·ten
boo·men (ww), boom, boomt; boom·de, boom·den; ge·boomd
de **boo·mer** (m), boo·mers
de **boom·gaard** (m), boom·gaar·den; boom·gaard·je
de **boom·hut**, boom·hut·ten; boom·hut·je
boo·ming (bnw)
de **boom·mar·ter** (m), boom·mar·ters
de **boom·or·chi·dee**, boomorchideeën [boom·or·chi·dee·en]
boom·rijp (bnw), boom·rij·pe
de **boom·schors**, boom·schor·sen; boom·schors·je
de **boom·stam** (m), boom·stam·men; boom·stam·me·tje
de **boom·wor·tel** (m), boom·wor·tels; boom·wor·tel·tje

de **boon**, bo·nen; boon·tje
de **boon·tje·dief** (m), boon·tje·die·ven
de **boor**[1] *(werktuig)*, bo·ren; boor·tje
het **boor**[2] *(borium)*
de **boor·ac·ti·vi·teit** (v), boor·ac·ti·vi·tei·ten
de **boord**[1] (m) *(plank; rand, kant)*, boor·den; boord·je
de/het **boord**[2] (m/o) *(van schip, kraag)*, boor·den; boord·je
boor·den (ww), boord, boordt; boord·de, boord·den; ge·boord
boor·de·vol (bnw), boor·de·vol·le
de **boor·ling** (m), boor·lin·gen
de **boor·ma·chi·ne** (v), boor·ma·chi·nes
het **boor·plat·form**, boor·plat·for·men, boor·plat·forms
het **boort**, boort·je
de **boor·worm** (m), boor·wor·men
boos (bnw), bo·ze
boos·aar·dig (bnw), boos·aar·di·ge
de **boos·doe·ner** (m), boos·doe·ners
de **boos·heid** (v), boos·he·den
de **boost** (m), boosts
de **boos·ter** (m), boos·ters
de **boos·wicht** (m), boos·wich·ten
de **boot**, bo·ten; boot·je
de **boot·camp** (m), boot·camps
de **boo·tee**, boo·tees
boo·ten (ww), boot, boot; boot·te, boot·ten; ge·boot
de **boot·hou·der** (m), boot·hou·ders
het **boot·huis**, boot·hui·zen; boot·huis·je
de **boot·rit** (m), boot·rit·ten
boot·sen (ww), boots, bootst; boots·te, boots·ten; ge·bootst
de **boots·man** (m), boots·lie·den, boots·lui, boots·man·nen; boots·man·ne·tje
de **boot·tocht** (m), boot·toch·ten; boot·tocht·je
het **boot·ver·voer**
de **boot·vluch·te·ling** (m), boot·vluch·te·lin·gen
de **bop** (m)
het **bo·raat**, bo·ra·ten
het **bo·rat**
de **bo·rax** (m)
het **bord**, bor·den; bord·je
de **bor·deaux**[1] (m) *(wijn)*, bor·deauxs
bor·deaux[2] (bnw)
bor·deaux·rood (bnw), bor·deaux·ro·de
de **bor·deaux·wijn** (m), bor·deaux·wij·nen
het **bor·deel**, bor·de·len; bor·deel·tje
de **bor·de·lai·se** (v), bor·de·lai·ses
de **bor·den·wis·ser** (m), bor·den·wis·sers
de **bor·der** (m), bor·ders; bor·der·tje
de **bor·der·col·lie** (m), bor·der·col·lies
het **bor·de·rel**, bor·de·rel·len
de **bor·der·line** (m)
de **bor·der·li·ner** (m), bor·der·li·ners
het **bor·des**, bor·des·sen; bor·des·je
het **bord·kar·ton**
het **bord·krijt**
het **bord·spel**, bord·spe·len, bord·spel·len
bor·du·ren (ww), bor·duur, bor·duurt; bor·duur·de, bor·duur·den; ge·bor·duurd
de **bor·duur** (m), bor·du·ren; bor·duur·tje
het **bor·duur·sel**, bor·duur·sels; bor·duur·sel·tje
de **bord·ve·ger** (m), bord·ve·gers
het **bord·vol**
de **bo·re·ling** (m), bo·re·lin·gen
bo·ren (ww), boor, boort; boor·de,

B

boor·den; ge·boord
de **borg** (m), bor·gen
bor·gen (ww), borg, borgt; borg·de, borg·den; ge·borgd
de **bor·ging** (v), bor·gin·gen
de **borg·stel·ling** (v), borg·stel·lin·gen
de **borg·tocht** (m), borg·toch·ten
de **bo·ring** (v), bo·rin·gen
de **bo·ro·man**, bo·ro·mans
de **bor·rel** (m), bor·rels; bor·rel·tje
bor·re·len (ww), bor·rel, bor·relt; bor·rel·de, bor·rel·den; ge·bor·reld
het **bor·rel·glas**, bor·rel·gla·zen; bor·rel·glaas·je
de **bor·rel·vriend** (m), bor·rel·vrien·den
de **bor·sa·li·no** (m), bor·sa·li·no's
de **borsjtsj** (m)
de **borst**[1] (m) *(persoon),* bor·sten; borst·je
de **borst**[2] *(lichaamsdeel),* bor·sten; borst·je
de **borst·crawl** (m), borst·crawls
de **bor·stel** (m), bor·stels; bor·stel·tje
bor·ste·len (ww), bor·stel, bor·stelt; bor·stel·de, bor·stel·den; ge·bor·steld
de **borst·kan·ker** (m)
de **borst·kan·ker·cam·pag·ne**, borst·kan·ker·cam·pag·nes
de **borst·kas**, borst·kas·sen; borst·kas·je
de **borst·voe·ding** (v), borst·voe·din·gen
de **borst·we·ring** (v), borst·we·rin·gen
de **bos**[1] (m) *(bundel),* bos·sen; bos·je
het **bos**[2] *(woud),* bos·sen; bos·je
bos·ach·tig (bnw), bos·ach·ti·ge
de **bos·ana·nas**, bos·ana·nas·sen
de **bos·bes**, bos·bes·sen; bos·bes·je
de **bos·brand** (m), bos·bran·den; bos·brand·je
Bosch (bnw), Bos·sche
de **bos·ex·ploi·ta·tie** (v), bos·ex·ploi·ta·ties
de **Bos·jes·man** (m), Bos·jes·man·nen
de **bos·klas** (v), bos·klas·sen
het **bos·land** *(binnenland van Suriname)*
de **bos·land·cre·ool** (m), bos·land·cre·o·len
bos·land·cre·ools (bnw), bos·land·cre·ool·se
de **bos·land·dig·ni·ta·ris** (m), bos·land·dig·ni·ta·ris·sen
de **bos·mees·ter** (m), bos·mees·ters
de **bos·ne·ger** (m), bos·ne·gers
het **bos·ne·ger·dorp**, bos·ne·ger·dor·pen
Bos·nisch (bnw), Bos·ni·sche
de **bos·oli·fant** (m), bos·oli·fan·ten
het **bo·son**, bo·so·nen
de **bos·ont·slui·ting** (v), bos·ont·slui·tin·gen
het **bos·pad**, bos·pa·den; bos·paad·je
de **bos·pad·den·stoel** (m), bos·pad·den·stoe·len; bos·pad·den·stoel·tje
de **bos·pad·den·stoe·len·soep**, bos·pad·den·stoe·len·soe·pen
de **bos·pa·pa·ja**, bos·pa·pa·ja's
de **bos·sa·ge** (v) *(natuursteenbewerking),* bos·sa·ges
de **bos·sa·no·va** (m), bos·sa·no·va's
het **bos·scha·ge** *(klein bos),* bos·scha·ges
bos·sen (ww), bos, bost; bos·te, bos·ten; ge·bost
de **bos·spin**, bos·spin·nen
de **bos·ton**[1] (m) *(dans),* bos·tons
het **bos·ton**[2] *(kaartspel)*
de **bos·ui** (m), bos·ui·en; bos·ui·tje
het **bos·var·ken**, bos·var·kens

het **bos·veen**, bos·ve·nen
de **bos·yaws** (mv)
de **bot**[1] (m) *(vis, klop, stoot),* bot·ten; bot·je
de **bot**[2] *(knop, laars),* bot·ten; bot·je
het **bot**[3] *(been, touw),* bot·ten; bot·je
bot[4] (bnw), bot·te
de **bo·ta·ni·cus** (m), bo·ta·ni·ci
het **bo·tel**, bo·tels
bo·ten (ww), boot, boot; boot·te, boot·ten; ge·boot
het **bo·ten·huis**, bo·ten·hui·zen; bo·ten·huis·je
de **bo·ter**, bo·ters; bo·ter·tje
bo·te·ren (ww), bo·ter, bo·tert; bo·ter·de, bo·ter·den; ge·bo·terd
de **bo·ter·ham**, bo·ter·ham·men; bo·ter·ham·me·tje
de **bo·ter·ham·doos**, bo·ter·ham·do·zen; bo·ter·ham·doos·je
de **bo·ter·ham·men·doos**, bo·ter·ham·men·do·zen; bo·ter·ham·men·doos·je
het **bo·ter-kaas-en-ei·e·ren**
de **bo·ter·vloot**, bo·ter·vlo·ten; bo·ter·vloot·je
de **bo·ti·ca**, bo·ti·ca's
de **bo·ti·ka**, bo·ti·ka's
bo·toxen (ww), bo·tox, bo·toxt; bo·tox·te, bo·tox·ten; ge·bo·toxt
de **bots** (m), bot·sen
bot·sen (ww), bots, botst; bots·te, bots·ten; ge·botst
de **bot·sing** (v), bot·sin·gen; bot·sin·kje
de **bots·si·mu·la·tor** (m), bots·si·mu·la·to·ren, bots·si·mu·la·tors
de **bot·tel**, bot·tels; bot·tel·tje
bot·te·len (ww), bot·tel, bot·telt; bot·tel·de, bot·tel·den; ge·bot·teld
bot·ten (ww), bot, bot; bot·te, bot·ten; ge·bot
de **bot·ter** (m), bot·ters; bot·ter·tje
de **bot·te·rik** (m), bot·te·ri·ken
de **bot·ti·ne** (v), bot·ti·nes; bot·ti·ne·tje
de **bot·tle·neck** (m), bot·tle·necks; bot·tle·neck·je
de **bot·tom** (m), bot·toms
de **bot·tom·line** (m), bot·tom·lines
bot·tom-up (bijw)
bot·vie·ren (ww), vier bot, viert bot; vier·de bot, vier·den bot; bot·ge·vierd
het **bou·clé**
boud (bnw), bou·de, bou·te
het **bou·doir**, bou·doirs; bou·doir·tje
boud·weg (bijw)
de **bou·gain·vil·le**, bou·gain·vil·les; bou·gain·vil·le·tje
de **bou·gie** (v), bou·gies; bou·gie·tje
de **bouil·la·bais·se**, bouil·la·bais·ses; bouil·la·bais·se·je, bouil·la·bais·se·tje
de/het **bouil·li** (m/o)
de **bouil·lie**
de **bouil·lon** (m), bouil·lons
bou·lan·ger *(aubergine),* bou·lan·gers
de **bou·le·vard** (m), bou·le·vards; bou·le·vard·je
de **bou·le·vard·pers**
de **bou·li·mia** (v)
de **bou·li·mie** (v)
boun·cen (ww), bounce, bouncet; bounce·te, bounce·ten; ge·bouncet
de **boun·ty**, boun·ty's
het **bou·quet**, bou·quets; bou·quet·je
de **bou·quet·reeks**, bou·quet·reek·sen
de **bour·bon** (m), bour·bons
de **bour·geois** (m), bour·geois; bour·geois·tje

de **bour·geoi·sie** (v), bourgeoisieën [bour·geoi·sie·en]
de **bour·gog·ne** (m), bour·gog·nes
de **bourgondiër** [bour·gon·di·er] (m) *(levensgenieter),* bourgondiërs [bour·gon·di·ers]
de **Bourgondiër** [Bour·gon·di·er] (m) *(inwoner uit Bourgondië),* Bourgondiërs [Bour·gon·di·ers]
bour·gon·disch (bnw) *(het goede leven betreffend),* bour·gon·di·sche
Bour·gon·disch (bnw) *(m.b.t. Bourgondië of de Bourgondiërs),* Bour·gon·di·sche
de **bour·ree**, bour·rees
de **bout**[1] (m), bou·ten; bout·je
bout[2]: de bout hachelen
de **bou·ta·de** (v), bou·ta·des
de **bou·vier** (m), bou·viers; bou·vier·tje
de **bouw** (m)
het **bouw·be·drijf**, bouw·be·drij·ven; bouw·be·drijf·je
de **bouw·doos**, bouw·do·zen; bouw·doos·je
bou·wen (ww), bouw, bouwt; bouw·de, bouw·den; ge·bouwd
de **bou·wer** (m), bou·wers; bou·wer·tje
de **bouw·grond** (m), bouw·gron·den
de **bouw·heer** (m), bouw·he·ren
het **bouw·jaar**, bouw·ja·ren
de **bouw·ka·vel** (m), bouw·ka·vels; bouw·ka·vel·tje
de **bouw·kun·de** (v)
bouw·kun·dig (bnw), bouw·kun·di·ge
de **bouw·laag**, bouw·la·gen
het **bouw·land**, bouw·lan·den; bouw·land·je
het **bouw·ma·te·ri·aal**, bouw·ma·te·ri·a·len
de **bouw·ma·te·ri·a·len·zaak**, bouw·ma·te·ri·a·len·za·ken
de **bouw·or·de**, bouw·or·den, bouw·or·des
de **bouw·plaats**, bouw·plaat·sen
het **bouw·plan**, bouw·plan·nen; bouw·plan·ne·tje
de **bouw·put** (m), bouw·put·ten
de **bouw·sec·tor** (m), bouw·sec·to·ren, bouw·sec·tors
het **bouw·sel**, bouw·sels; bouw·sel·tje
de **bouw·steen** (m), bouw·ste·nen; bouw·steen·tje
de **bouw·stijl** (m), bouw·stij·len
de **bouw·stop** (m), bouw·stops
het **bouw·ter·rein**, bouw·ter·rei·nen; bouw·ter·rein·tje
de **bouw·vak**[1] (m) *(bouwvakvakantie)*
het **bouw·vak**[2] *(vak m.b.t. de bouw),* bouw·vak·ken
de **bouw·vak·ker** (m), bouw·vak·kers
de **bouw·vak·va·kan·tie** (v), bouw·vak·va·kan·ties
de **bouw·val** (m), bouw·val·len; bouw·val·le·tje
bouw·val·lig (bnw), bouw·val·li·ge
de **bouw·ver·gun·ning** (v), bouw·ver·gun·nin·gen
de **bouw·werf**, bouw·wer·ven; bouw·werf·je
het **bouw·werk**, bouw·wer·ken; bouw·werk·je
de **bouw·woe·de**, bouw·woe·des
bo·ven[1] (bijw)
bo·ven[2] (voorz)
bo·ven[3]: te boven gaan
bo·ven[4]: te boven komen
bo·ven·aan (bijw) *(aan het boven-einde)*
bo·ven·af (bijw)
bo·ven·al (bijw) *(vooral)*
bo·ven·be·schre·ven (bnw)

de **bo·ven·bouw** (m), bo·ven·bou·wen
het **bo·ven·deel**, bo·ven·de·len
bo·ven·dien (bijw)
bo·ven·drij·ven (ww), drijf bo·ven, drijft bo·ven; dreef bo·ven, dre·ven bo·ven; bo·ven·ge·dre·ven
het **bo·ven·ge·bit**, bo·ven·ge·bit·ten; bo·ven·ge·bit·je
bo·ven·ge·mid·deld (bnw), bo·ven·ge·mid·del·de
bo·ven·ge·noemd (bnw), bo·ven·ge·noem·de
bo·ven·ha·len (ww), haal bo·ven, haalt bo·ven; haal·de bo·ven, haal·den bo·ven; bo·ven·ge·haald
de **bo·ven·hand**
bo·ven·in (bijw) *(in het bovenste gedeelte)*
bo·ven in *(bovenaan in)*
bo·ven Jan *(Jan)*
de **bo·ven·kant** (m), bo·ven·kan·ten; bo·ven·kant·je
bo·ven·ko·men (ww), kom bo·ven, komt bo·ven; kwam bo·ven, kwa·men bo·ven; bo·ven·ge·ko·men
bo·ven·mo·daal (bnw), bo·ven·mo·da·le
bo·ven·op (bijw)
bo·ven op *(bovenaan op)*
bo·venst (bnw), bo·ven·ste
bo·ven·staand (bnw), bo·ven·staan·de
bo·ven·ste bes·te
bo·ven·uit (bijw)
bo·ven·ver·meld (bnw), bo·ven·ver·mel·de
het **bo·ven·wa·ter**
de **bowl** (m), bowls
bow·len (ww), bowl, bowlt; bowl·de, bowl·den; ge·bowld
de **bow·ling**[1] *(spel)*
de **bow·ling**[2] *(baan),* bow·lings
de **box** (m), boxen; box·je
de **boxer** (m) *(hond, kleding),* boxers; boxer·tje
de **boxer·short** (m), boxer·shorts; boxer·short·je
de **box·plot** (m), box·plots
de **box·spring** (m), box·springs
de **boy** (m), boys; boy·tje
de **boy·band** (m), boy·bands
de **boy·cot** (m), boy·cots, boy·cot·ten
boy·cot·ten (ww), boy·cot, boy·cot; boy·cot·te, boy·cot·ten; ge·boy·cot
de **bo·yo**
de **boys·band** (m), boys·bands
de **bo·ze**[1] (m), bo·zen
bo·ze[2]: uit den boze
Bo·ze *(duivel)*
bo·zig (bnw), bo·zi·ge
bpm (mv) *(beats per minute)*
Bq *(becquerel)*
de **braad·pan**, braad·pan·nen; braad·pan·ne·tje
de **braad·slee**, braadsleeën [braad·slee·en]
braaf (bnw), bra·ve
de **braai**, braai·en
de **braak**, bra·ken; braak·je
braak·lig·gend (bnw), braak·lig·gen·de
het **braak·sel**
de **braam**[1] (m) *(vis),* bra·men; braam·pje
de **braam**[2] *(rafelige rand; vrucht),* bra·men; braam·pje
de **Bra·ban·der** (m), Bra·ban·ders
het **Bra·bants**[1] *(dialect)*
Bra·bants[2] (bnw), Bra·bant·se
de **Bra·bant·se** (v), Bra·bant·sen
brab·be·len (ww), brab·bel, brab·belt; brab·bel·de,

brab·bel·den; ge·brab·beld
de **bra·ce·let** (m), bra·ce·let·ten
bra·den (ww), braad, braadt; braad·de, braad·den; ge·bra·den
de **bra·de·rie** (v), braderieën [bra·de·rie·en]; bra·de·rie·tje
de **bra·de·rij** (v), bra·de·rij·en
de **brah·maan** (m), brah·ma·nen
het **brail·le**
het **brail·le·schrift**
de **brain·drain** (m), brain·drains
de **brain·storm** (m), brain·storms; brain·storm·pje
brain·stor·men (ww), brain·storm, brain·stormt; brain·storm·de, brain·storm·den; ge·brain·stormd
de **brain·stor·ming**
de **brain·storm·ses·sie** (v), brain·storm·ses·sies
brain·wa·shen (ww), brain·wash, brain·washt; brain·wash·te, brain·wash·ten; ge·brain·washt
brai·se·ren (ww), brai·seer, brai·seert; brai·seer·de, brai·seer·den; ge·brai·seerd
de **brak**[1] (m), brak·ken
brak[2] (bnw), brak·ke
de **brake·fluid**
bra·ken (ww), braak, braakt; braak·te, braak·ten; ge·braakt
het **brak·wa·ter**, brak·wa·te·ren
de **bram** (m), bram·men
de **bran·card** (m), bran·cards; bran·card·je
de **bran·car·dier** (m), bran·car·diers
de **bran·che**, bran·ches
de **bran·che·or·ga·ni·sa·tie** (v), bran·che·or·ga·ni·sa·ties
de **brand** (m), bran·den; brand·je
het **brand·alarm**, brand·alar·men
de **brand·be·strij·ding** (v), brand·be·strij·din·gen
de **brand·blus·ser** (m), brand·blus·sers; brand·blus·ser·tje
de **brand·brief** (m), brand·brie·ven
bran·den (ww), brand, brandt; brand·de, brand·den; ge·brand
de **bran·der** (m), bran·ders; bran·der·tje
de **bran·de·wijn** (m), bran·de·wij·nen; bran·de·wijn·tje
het **brand·gat**, brand·ga·ten; brand·gaat·je
de **bran·ding** (v), bran·din·gen
de **brand·klok**, brand·klok·ken; brand·klok·je
de **brand·mees·ter** (m), brand·mees·ters
de **brand·meld·in·stal·la·tie** (v), brand·meld·in·stal·la·ties
het **brand·merk**, brand·mer·ken; brand·merk·je
brand·mer·ken (ww), brand·merk, brand·merkt; brand·merk·te, brand·merk·ten; ge·brand·merkt
de **brand·ne·tel**, brand·ne·tels
de **brand·pre·ven·tie** (v), brand·pre·ven·ties
de **brand·slang**, brand·slan·gen
de **brand·sta·pel** (m), brand·sta·pels; brand·sta·pel·tje
brand·stich·ten (ww), sticht brand, sticht brand; sticht·te brand, sticht·ten brand; brand·ge·sticht
de **brand·stich·ting** (v), brand·stich·tin·gen
de **brand·stof**, brand·stof·fen
de **brand·stof·be·spa·ring** (v), brand·stof·be·spa·rin·gen
het **brand·stof·ver·bruik**
de **brand·vei·lig·heid** (v)
de **brand·ver·ze·ke·ring** (v), brand·ver·ze·ke·rin·gen

de **brand·weer**, brand·weer·tje
de **brand·weer·au·to** (m), brand·weer·au·to's; brandweerautootje [brand·weer·au·to·tje]
de **brand·weer·com·man·dant** (m), brand·weer·com·man·dan·ten
de **brand·weer·ka·zer·ne**, brand·weer·ka·zer·nes
het **brand·weer·korps**, brand·weer·korp·sen
de **brand·weer·man** (m), brand·weer·lie·den, brand·weer·lui, brand·weer·man·nen; brand·weer·man·ne·tje
de **brand·weer·vrouw** (v), brand·weer·vrou·wen
de **brand·weer·wa·gen** (m), brand·weer·wa·gens; brand·weer·wa·gen·tje
de **brand·wond**, brand·won·den; brand·wond·je
de **brand·won·de**, brand·won·den
het **brand·won·den·cen·trum**, brand·won·den·cen·tra, brand·won·den·cen·trums
de **bran·dy** (m), bran·dy's
de **bra·nie**[1] (m) *(lef)*
de **bra·nie**[2] *(persoon)*, bra·nies
de **bras** (m), bras·sen
de **bra·sa**, bra·sa's
de **bra·sem** (m), bra·sems; bra·sem·pje
bra·se·ren (ww), bra·seer, bra·seert; bra·seer·de, bra·seer·den; ge·bra·seerd
de **brass·band** (m), brass·bands; brass·band·je
bras·sen (ww), bras, brast; bras·te, bras·ten; ge·brast
de **bras·se·rie** (v), brasserieën [bras·se·rie·en], bras·se·ries; bras·se·rie·tje
het **brat**
bra·ve hen·drik *(brave man)*
de **bra·ve·rik** (m), bra·ve·ri·ken; bra·ve·rik·je
de **bra·vou·re**
de **Bra·zi·li·aan** (m), Bra·zi·li·a·nen; Bra·zi·li·aan·tje
Bra·zi·li·aans (bnw), Bra·zi·li·aan·se
de **break** (m), breaks; break·je
de **break·dance** (m), break·dan·ces
break·dan·cen (ww), break·dance, break·dancet; break·dance·te, break·dance·ten; ge·break·dancet
break·dan·sen (ww), break·dans, break·danst; break·dans·te, break·dans·ten; ge·break·danst
de/het **break-even**[1] (m/o), break-evens
break-even[2] (bijw)
het **break-even·point**, break-even·points
het **break-even·punt**, break-even·pun·ten
de **break-out** (m), break-outs
de **break-up** (m), break-ups
Bre·daas (bnw), Bre·da·se
bre·de: in den brede
de **bre·de·bon**, bre·de·bons
breed (bnw), bre·de
de **breed·band** (m)
de **breed·beeld·te·le·vi·sie** (v), breed·beeld·te·le·vi·sies
de **breed·beeld-tv** (v), breed·beeld-tv's
breed·ge·dra·gen (bnw)
de **breed·heid** (v)
breed·la·chend (bnw), breed·la·chen·de
breed·spra·kig (bnw), breed·spra·ki·ge
de **breed·te** (v), breed·ten, breed·tes

de **breed·te·as**, breed·te·as·sen
breed·uit (bijw)
het **breek·mes**, breek·mes·sen; breek·mes·je
breeu·wen (ww), breeuw, breeuwt; breeuw·de, breeuw·den; ge·breeuwd
de **bree·zer** (m), bree·zers; bree·zer·tje
brei·en (ww), brei, breit; brei·de, brei·den; ge·breid
het **brein**, brei·nen; brein·tje
het **brei·sel**, brei·sels
de **brei·ster** (v), brei·sters; brei·ster·tje
het **brei·werk**, brei·wer·ken; brei·werk·je
de **bre·ke·been**, bre·ke·be·nen; bre·ke·been·tje
bre·ken (ww), breek, breekt; brak, bra·ken; ge·bro·ken
de **brem** (m)
de **brems**, brem·zen
bren·gen[1] (ww), breng, brengt; bracht, brach·ten; ge·bracht
bren·gen[2]: te berde brengen
de **bres**, bres·sen; bres·je
de **bre·si·li·en·ne** (v), bre·si·li·en·nes
de **bre·tel**, bre·tels
het **Bre·toens**[1] *(taal)*
Bre·toens[2] (bnw), Bre·toen·se
de **Bre·ton** (m), Bre·tons
het **Bre·tons**[1] *(taal)*
Bre·tons[2] (bnw), Bre·ton·se
breu·ge·li·aans (bnw), breu·ge·li·aan·se
de **breuk**, breu·ken; breuk·je
de **breuk·rijst** (m)
de **bre·ve**, bre·ven
het **bre·vet**, bre·vet·ten
bre·vet·te·ren (ww), bre·vet·teer, bre·vet·teert; bre·vet·teer·de, bre·vet·teer·den; ge·bre·vet·teerd
het **bre·vier**, bre·vie·ren; bre·vier·tje
het **bric-à-brac**
de **B-rich·ting** (v), B-rich·tin·gen
bri·co·le·ren (ww), bri·co·leer, bri·co·leert; bri·co·leer·de, bri·co·leer·den; ge·bri·co·leerd
het **bridge**
brid·gen (ww), bridge, bridget; bridge·de, bridge·te, bridge·den, bridge·ten; ge·bridged, ge·bridget
de **brie** (m)
de **brief** (m), brie·ven; brief·je
brie·fen (ww), brief, brieft; brief·de, brief·te, brief·den, brief·ten; ge·briefd, ge·brieft
het **brief·hoofd**, brief·hoof·den
de **brie·fing**, brie·fings
de **brief·kaart**, brief·kaar·ten; brief·kaart·je
de **brief·kaart·ac·tie** (v), brief·kaart·ac·ties
de/het **brief·om·slag** (m/o), brief·om·sla·gen
de **brief·ope·ner** (m), brief·ope·ners
het **brief·pa·pier**
de **brief·we·ger** (m), brief·we·gers
de **brief·wis·se·ling** (v), brief·wis·se·lin·gen
de **bries**, brie·zen; bries·je
brie·sen (ww), bries, briest; bries·te, bries·ten; ge·briest
brie·send (bnw), brie·sen·de
de **brie·ven·be·stel·ler** (m), brie·ven·be·stel·lers
de **brie·ven·bus**, brie·ven·bus·sen; brie·ven·bus·je
het **brie·ven·hoofd**, brie·ven·hoof·den
de **bri·ga·de** (v), bri·ga·den, bri·ga·des; bri·ga·de·tje
de **bri·ga·de·ge·ne·raal** (m), bri·ga·de·ge·ne·raals
de **bri·ga·dier** (m), bri·ga·diers;

bri·ga·dier·tje
de **brij** (m), brij·en
brij·ig (bnw), brij·ige
de **brik**[1] (m) *(steen, voorwerp),* brik·ken; brik·je
de **brik**[2] *(rijtuig; vaartuig),* brik·ken; brik·je
de/het **brik**[3] (m/o) *(steen, stofnaam)*
de **bri·ket**, bri·ket·ten
de **bril** (m), bril·len; bril·le·tje
de **bril·jant**[1] (m), bril·jan·ten; bril·jant·je
bril·jant[2] (bnw), bril·jan·te
bril·jan·ten (bnw)
de **bril·jan·tie** (v)
de **bril·lan·ti·ne**
de **bril·le** (m)
bril·len (ww), bril, brilt; bril·de, bril·den; ge·brild
de **bril·len·doos**, bril·len·do·zen
het **bril·len·glas**, bril·len·gla·zen; bril·len·glaas·je
de **bril·len·ko·ker** (m), bril·len·ko·kers
de/het **bril·mon·tuur** (v/o), bril·mon·tu·ren; bril·mon·tuur·tje
de **brink** (m), brin·ken; brink·je
de/het **brio** (m/o)
de **bri·o·che**, bri·o·ches
bri·que (bnw)
de **Brit** (m), Brit·ten
de **brits**, brit·sen; brits·je
Brits (bnw), Brit·se
het **Brits-En·gels** *(taal)*
BRK *(Belastingregeling voor het Koninkrijk)*
het **BRK-geld**, BRK-gel·den
de **BRK-mee·val·ler** (m), BRK-mee·val·lers
het **BRK-mid·del**, BRK-mid·de·len
de **BRK-ont·vang·sten** (mv)
de **BRK-re·ser·ve**, BRK-re·ser·ves
de **bro·can·te** (v)
de **broc·co·li** (m), broc·co·li's
de **bro·che**, bro·ches; bro·che·je, bro·che·tje
de **bro·chet·te**, bro·chet·tes
de **bro·chu·re**, bro·chu·res; bro·chu·re·tje
bro·de: om den brode
de **bro·de·rie** (v), broderieën [bro·de·rie·en], bro·de·ries; bro·de·rie·tje
het **broed**, broed·je
broe·den (ww), broed, broedt; broed·de, broed·den; ge·broed
de **broe·der** (m), broe·de·ren, broe·ders; broe·der·tje
de **broe·der·schap**[1] (v) *(verzamelnaam),* broe·der·schap·pen; broe·der·schap·je
de/het **broe·der·schap**[2] (v/o) *(het broer zijn),* broe·der·schap·je
de **broed·plaats**, broed·plaat·sen
de **broei** (m)
broei·en (ww), broei, broeit; broei·de, broei·den; ge·broeid
broei·e·rig (bnw), broei·e·ri·ge
de **broei·haard** (m), broei·haar·den; broei·haard·je
de **broei·kas**, broei·kas·sen; broei·kas·je
het **broei·kas·ef·fect**, broei·kas·ef·fec·ten
het **broei·kas·gas**, broei·kas·gas·sen
het **broek**[1] *(laaggelegen land),* broek·je
de **broek**[2] *(andere betekenissen),* broe·ken; broek·je
het **broe·kie**, broe·kies
de **broek·kou·sen** (mv)
de **broek·riem** (m), broek·rie·men; broek·riem·pje
de **broeks·riem** (m), broeks·rie·men
de **broek·zak** (m), broek·zak·ken; broek·zak·je
de **broer** (m), broers; broer·tje

B

de **broer-zus·re·la·tie** (v), broer-zus·re·la·ties
de **broes**, broe·zen
de/het **brok**, brok·ken; brok·je
het **bro·kaat**
bro·ka·ten (bnw)
de **bro·ker** (m), bro·kers
brok·ken (ww), brok, brokt; brok·te, brok·ten; ge·brokt
de **brok·ken·pi·loot** (m), brok·ken·pi·lo·ten
de **brol** (m)
de **brom** (m), brom·men
de **brom·fiets**, brom·fiet·sen; brom·fiets·je
de **brom·fiets·her·stel·ler** (m), brom·fiets·her·stel·lers
het **brom·fiets·meng·sel**, brom·fiets·meng·sels
het **brom·fiets·rij·be·wijs**, brom·fiets·rij·be·wij·zen
de **bro·mi·de** (v), bro·mi·den
brom·men (ww), brom, bromt; brom·de, brom·den; ge·bromd
de **brom·mer** (m), brom·mers; brom·mer·tje
de **brom·mo·biel** (m), brom·mo·bie·len; brom·mo·biel·tje
de **bron**, bron·nen; bron·ne·tje
bron·bron
de **bronchiën** [bron·chi·en] (mv)
de **bron·chi·tis** (v), bron·chi·tis·sen
de **bron·ri·vier**, bron·ri·vie·ren
het **brons** *(stofnaam)*
de **bronst**, bron·sten
de **brons·tijd** (m)
de **bronst·tijd** (m), bronst·tij·den
de **bron·ver·mel·ding** (v), bron·ver·mel·din·gen
bron·zen[1] (bnw)
bron·zen[2] (ww), brons, bronst; brons·de, brons·den; ge·bronsd
de **broo·che**, broo·ches
het **brood**, bro·den; brood·je
de **brood·be·schuit**, brood·be·schui·ten
de **brood·doos**, brood·do·zen; brood·doos·je
brood·dron·ken (bnw)
brood·je aap
het **brood·je·aap·ver·haal**, brood·je·aap·ver·ha·len
de **brood·jes·zaak**, brood·jes·za·ken
de/het **brood·kruim**
brood·ma·ger (bnw), brood·ma·ge·re
brood·no·dig (bnw), brood·no·di·ge
de **brood·oor·log** (m), brood·oor·lo·gen
de **brood·oven** (m), brood·ovens; brood·oven·tje
de **brood·pro·du·cent** (m), brood·pro·du·cen·ten
de/het **brood·roos·ter** (m/o), brood·roos·ters; brood·roos·ter·tje
de **brood·trom·mel**, brood·trom·mels; brood·trom·mel·tje
de **brood·vrees**
de **brood·win·ner** (m), brood·win·ners
het **broom**
de **broos**[1], bro·zen
broos[2] (bnw), bro·ze
de **bros**[1], bros·sen
bros[2] (bnw), bros·se
bros·sen (ww), bros, brost; bros·te, bros·ten; ge·brost
brouil·le·ren (ww), brouil·leer, brouil·leert; brouil·leer·de, brouil·leer·den; ge·brouil·leerd
de **brous·se**, brous·ses
brou·wen[1] (ww) *(bier bereiden)*, brouw, brouwt; brouw·de,

brouw·den; ge·brou·wen
brou·wen[2] (ww) *(de r scherp uitspreken),* brouw, brouwt; brouw·de, brouw·den; ge·brouwd
de **brou·wer** (m), brou·wers; brou·wer·tje
de **brou·we·rij** (v), brou·we·rij·en; brou·we·rij·tje
het **brouw·sel**, brouw·sels; brouw·sel·tje
de **brow·nie** (m), brow·nies
brow·sen (ww), browse, browset; browse·de, browse·te, browse·den, browse·ten; ge·browsed, ge·browset
de **brow·ser** (m), brow·sers; brow·ser·tje
brr (tussenw)
de **brua**
de **brua·prak·tijk**, brua·prak·tij·ken
de **brug**, brug·gen; brug·ge·tje, brug·je
het **brug·gen·hoofd**, brug·gen·hoof·den; brug·gen·hoofd·je
Brug·man: praten als Brugman
het **brug·pen·si·oen**, brug·pen·si·oe·nen; brug·pen·si·oen·tje
de **brug·pij·ler** (m), brug·pij·lers
Brugs (bnw), Brug·se
de **bru·he·ria**
de **brui** (m)
de **bruid** (v), brui·den; bruid·je
de **brui·de·gom** (m), brui·de·goms
de **bruids·jurk**, bruids·jur·ken; bruids·jurk·je
het **bruids·meis·je**, bruids·meis·jes
het **bruids·paar**, bruids·pa·ren; bruids·paar·tje
de **bruids·schat** (m), bruids·schat·ten
de **bruids·slui·er** (m), bruids·slui·ers
de **bruids·stoet** (m), bruids·stoe·ten; bruids·stoet·je
de **bruids·sui·te**, bruids·sui·tes
de **bruids·taart**, bruids·taar·ten; bruids·taart·je
de **brui·gom** (m), brui·goms
bruik·baar (bnw), bruik·ba·re
de **bruik·baar·heid** (v)
de/het **bruik·leen** (m/o), bruik·le·nen
de **brui·loft**, brui·lof·ten; brui·loft·je
het **bruin**[1], brui·nen; bruin·tje
bruin[2] (bnw), brui·ne
het **bruin·brood**, bruin·bro·den
de **brui·ne·bo·nen·soep**, brui·ne·bo·nen·soe·pen
brui·nen (ww), bruin, bruint; bruin·de, bruin·den; ge·bruind
bruin·hart
het **bruis**
brui·sen (ww), bruis, bruist; bruis·te, bruis·ten; ge·bruist
brui·send (bnw), brui·sen·de
de **bruis·so·da**
de/het **bruis·ta·blet**, bruis·ta·blet·ten; bruis·ta·blet·je
het **bruis·wa·ter**, bruis·wa·ters; bruis·wa·ter·tje
brul·len (ww), brul, brult; brul·de, brul·den; ge·bruld
de **brunch** (m), brun·chen, brun·ches
brun·chen (ww), brunch, bruncht; brunch·te, brunch·ten; ge·bruncht
de **bru·net·te** (v), bru·net·tes; bru·net·je, bru·net·te·tje
de **bru·noi·se**
de **bru·schet·ta** (v), bru·schet·ta's
de **brush·cut·ter** (m), brush·cut·ters
bru·shen (ww), brush, brusht; brush·te, brush·ten; ge·brusht
de **bru·shes** (mv)
de **bru·shing**

de **Brus·se·laar** (m), Brus·se·laars, Brus·se·la·ren; Brus·se·laar·tje
Brus·sels (bnw), Brus·sel·se
de **Brus·sel·se** (v), Brus·sel·sen
Brus·sel·se wa·fel
brut (bnw)
bru·taal (bnw), bru·ta·le
de **bru·te·ring** (v), bru·te·rin·gen
bru·to (bijw)
het **bru·to·be·drag**, bru·to·be·dra·gen
bru·to bin·nen·lands pro·duct
het **bru·to-in·ko·men**, bru·to-in·ko·mens
het **bru·to·loon**, bru·to·lo·nen
het **bru·to·maand·sa·la·ris**, bru·to·maand·sa·la·ris·sen
de **bru·to·mar·ge**, bru·to·mar·ges
het **bru·to·mi·ni·mum·loon**, bru·to·mi·ni·mum·lo·nen
de **bru·to-om·zet** (m), bru·to-om·zet·ten
de **bru·to-op·brengst** (v), bru·to-op·breng·sten
de **bru·to·prijs** (m), bru·to·prij·zen
het **bru·to·sa·la·ris**, bru·to·sa·la·ris·sen
de **bru·to-uit·ke·ring** (v), bru·to-uit·ke·rin·gen
de **bru·to·winst** (v), bru·to·win·sten
bruusk (bnw), bruus·ke
bruus·ke·ren (ww), bruus·keer, bruus·keert; bruus·keer·de, bruus·keer·den; ge·bruus·keerd
de **bruut**[1] (m), bru·ten; bruut·je
bruut[2] (bnw), bru·te
bru·ya (bnw)
de **Bruyn·zeel·wo·ning** (v), Bruyn·zeel·wo·nin·gen
BSE *(boviene spongiforme encefalopathie)*
bso *(buitenschoolse opvang)*, bso's
de **bso-leer·ling** (m), bso-leer·lin·gen
btw *(belasting over de toegevoegde waarde)*
de **btw-aan·gif·te** (v), btw-aan·gif·ten, btw-aan·gif·tes
het **btw-be·drag**, btw-be·dra·gen
de **btw-hef·fing** (v), btw-hef·fin·gen
het **btw-num·mer**, btw-num·mers
btw-plich·tig (bnw), btw-plich·ti·ge
het **btw-ta·rief**, btw-ta·rie·ven
de **btw-ver·ho·ging** (v), btw-ver·ho·gin·gen
de **bub·bel** (m), bub·bels; bub·bel·tje
het **bub·bel·bad**, bub·bel·ba·den
de **bu·che**, bu·ches
de **bucht** (m)
bu·co·lisch (bnw), bu·co·li·sche
de **bud·dy** (m), bud·dy's
het **bud·get**, bud·gets, bud·get·ten; bud·get·je
bud·get·neu·traal (bnw), bud·get·neu·tra·le
bud·get·tair (bnw), bud·get·tai·re
bud·get·te·ren (ww), bud·get·teer, bud·get·teert; bud·get·teer·de, bud·get·teer·den; ge·bud·get·teerd
de **bud·get·te·ring** (v), bud·get·te·rin·gen
het **bu·do**
de **buf·fel** (m), buf·fels; buf·fel·tje
de **buf·fel·moz·za·rel·la** (m)
de **buf·fer** (m), buf·fers; buf·fer·tje
het **buf·fet**, buf·fet·ten; buf·fet·je
de **bug** (m), bugs; bug·je
de **bu·gel** (m), bu·gels
de **bug·gy** (m), bug·gy's; buggy'tje [bug·gy·tje]
de **bu·gru**, bu·gru's
de **büh·ne** (v), büh·nen, büh·nes
de **bui**, bui·en; bui·tje
de **bui·del** (m) *(werktuig, buidel)*, bui·dels; bui·del·tje

bui·en (ww), buit; bui·de; ge·buid
bui·gen (ww), buig, buigt; boog, bo·gen; ge·bo·gen
de **bui·ging** (v), bui·gin·gen; bui·gin·kje
bui·ig (bnw), bui·ige
de **buik** (m), bui·ken; buik·je
de **buik·loop** (m), buik·loop·je
de **buik·pijn**, buik·pij·nen; buik·pijn·tje
buik·spre·ken (ww)
de **buil**[1] (m) *(werktuig, buidel)*, bui·len; buil·tje
de **buil**[2] *(bobbel)*, bui·len; buil·tje
de **buil·ding**
bui·len (ww), buil, built; buil·de, buil·den; ge·build
het **buis**[1] *(kledingstuk)*, bui·zen; buis·je
de **buis**[2] *(andere betekenissen)*, bui·zen; buis·je
de **buit** (m)
de **bui·ten**[1] (m) *(platteland)*
het **bui·ten**[2] *(landgoed)*, bui·tens; bui·ten·tje
bui·ten[3] (bijw)
bui·ten[4] (voorz)
bui·ten[5]: te buiten gaan
bui·ten·af (bijw) *(van de buitenzij-de)*
bui·ten·boord (bijw)
de **bui·ten·boord·mo·tor** (m), bui·ten·boord·mo·to·ren, bui·ten·boord·mo·tors
de **bui·ten·dienst** (m), bui·ten·dien·sten
het **bui·ten·dis·trict**, bui·ten·dis·tric·ten
bui·ten-Eu·ro·pees (bnw), bui·ten-Eu·ro·pe·se
de **bui·ten·func·tie·stel·ling** (v), bui·ten·func·tie·stel·lin·gen
bui·ten·gaan (ww), ga bui·ten, gaat bui·ten; ging bui·ten, gin·gen bui·ten; bui·ten·ge·gaan
bui·ten·gaats (bijw)
de **bui·ten·ge·bruik·stel·ling** (v), bui·ten·ge·bruik·stel·lin·gen
bui·ten·ge·woon (bnw), bui·ten·ge·wo·ne
bui·ten·gooi·en (ww), gooi bui·ten, gooit bui·ten; gooi·de bui·ten, gooi·den bui·ten; bui·ten·ge·gooid
bui·ten·han·gen (ww), hang bui·ten, hangt bui·ten; hing bui·ten, hin·gen bui·ten; bui·ten·ge·han·gen
het **bui·ten·huis**, bui·ten·hui·zen; bui·ten·huis·je
bui·te·nis·sig (bnw), bui·te·nis·si·ge
de **bui·ten·kans**, bui·ten·kan·sen; bui·ten·kans·je
de **bui·ten·kant** (m), bui·ten·kan·ten; bui·ten·kant·je
bui·ten kijf
het **bui·ten·kind**, bui·ten·kin·de·ren
bui·ten·ko·men (ww), kom bui·ten, komt bui·ten; kwam bui·ten, kwa·men bui·ten; bui·ten·ge·ko·men
het **bui·ten·land**, bui·ten·lan·den
het **bui·ten·land·be·leid**
de **bui·ten·lan·der** (m), bui·ten·lan·ders; bui·ten·lan·der·tje
de **bui·ten·lan·der·gra·tie** (v)
bui·ten·lands (bnw), bui·ten·land·se
bui·ten·la·ten (ww), laat bui·ten, laat bui·ten; liet bui·ten, lie·ten bui·ten; bui·ten·ge·la·ten
het **bui·ten·le·ven**, bui·ten·le·ven·tje
de **bui·ten·lucht**
bui·ten·om (bijw) *(aan de buiten-zijde om)*

de **bui·ten·plaats**, bui·ten·plaat·sen; bui·ten·plaats·je
de **bui·ten·post** (m), bui·ten·pos·ten
bui·ten·pro·por·ti·o·neel (bnw), bui·ten·pro·por·ti·o·ne·le
de **bui·ten·ruim·te** (v), bui·ten·ruim·ten, bui·ten·ruim·tes
bui·ten·school·se op·vang
het **bui·ten·schrijn·werk**, bui·ten·schrijn·wer·ken
bui·tens·huis (bijw)
bui·ten·slui·ten (ww), sluit bui·ten, sluit bui·ten; sloot bui·ten, slo·ten bui·ten; bui·ten·ge·slo·ten
bui·ten·smij·ten (ww), smijt bui·ten, smijt bui·ten; smeet bui·ten, sme·ten bui·ten; bui·ten·ge·sme·ten
het **bui·ten·spel**[1]
bui·ten·spel[2] (bijw)
de **bui·ten·spe·ler** (m), bui·ten·spe·lers
bui·ten·staan (ww), sta bui·ten, staat bui·ten; stond bui·ten, ston·den bui·ten; bui·ten·ge·staan
de **bui·ten·staan·der** (m), bui·ten·staan·ders; bui·ten·staan·der·tje
de **bui·ten·vrouw** (v), bui·ten·vrou·wen
de **bui·ten·we·reld**, bui·ten·we·rel·den
de **bui·ten·wer·king·stel·ling** (v), bui·ten·wer·king·stel·lin·gen
de **bui·ten·wijk**, bui·ten·wij·ken; bui·ten·wijk·je
bui·ten·zet·ten (ww), zet bui·ten, zet bui·ten; zet·te bui·ten, zet·ten bui·ten; bui·ten·ge·zet
de **bui·ten·zij·de**, bui·ten·zij·den, bui·ten·zij·des
buit·ma·ken (ww), maak buit, maakt buit; maak·te buit, maak·ten buit; buit·ge·maakt
bui·zen (ww), buis, buist; buis·de, buis·den; ge·buisd
de **bui·zerd** (m), bui·zerds; bui·zerd·je
buk·ken (ww), buk, bukt; buk·te, buk·ten; ge·bukt
de **buks** *(geweer)*, buk·sen
de **bul**[1] (m) *(stier; hamer)*, bul·len; bul·le·tje, bul·tje
de **bul**[2] *(oorkonde)*, bul·len; bul·le·tje
de **bul·dog** (m), bul·dog·gen, bul·dogs
het **Bul·gaars**[1] *(taal)*
Bul·gaars[2] (bnw), Bul·gaar·se
de **bul·gur** (m)
de **bulk** (m)
bul·ken (ww), bulk, bulkt; bulk·te, bulk·ten; ge·bulkt
de **bull·dog** (m), bull·dogs; bull·dog·je
de **bull·do·zer** (m), bull·do·zers; bull·do·zer·tje
bull·do·ze·ren (ww), bull·do·zer, bull·do·zert; bull·do·zer·de, bull·do·zer·den; ge·bull·do·zerd
de **bull·do·zer·ope·ra·tor** (m), bull·do·zer·ope·ra·to·ren, bull·do·zer·ope·ra·tors
de **bul·le·bak** (m), bul·le·bak·ken
de **bul·len** (mv) *(zaken)*
de **bul·let** (m), bul·lets; bul·let·je
het **bul·le·tin**, bul·le·tins
de **bull's eye** (m), bull's eyes
de **bull·shit** (m)
de **bult** (m), bul·ten; bult·je
de **bulterriër** [bul·ter·ri·er] (m), bulterriërs [bul·ter·ri·ers]
de **bum·per** (m), bum·pers; bum·per·tje
bum·per·kle·ven (ww)

de **bun**, bun·nen; bun·ne·tje
de **bund** (m), bunds
de **bun·del** (m), bun·dels; bun·del·tje
bun·de·len (ww), bun·del, bun·delt; bun·del·de, bun·del·den; ge·bun·deld
de/het **bun·der** (m/o), bun·ders; bun·der·tje
de **bun·ga·low** (m), bun·ga·lows; bun·ga·low·tje
de **bun·gee·jump** (m), bun·gee·jumps
bun·gee·jum·pen (ww), bun·gee·jump, bun·gee·jumpt; bun·gee·jump·te, bun·gee·jump·ten; ge·bun·gee·jumpt
de **bun·gee·jum·ping**
bun·ge·len (ww), bun·gel, bun·gelt; bun·gel·de, bun·gel·den; ge·bun·geld
de **bu·ní**, bu·ní's
de **bun·ker** (m), bun·kers; bun·ker·tje
de **bun·ny** (v), bun·ny's; bunny'tje [bun·ny·tje]
de **bun·sen·bran·der** (m), bun·sen·bran·ders
de **bups** (m), bup·sen; bups·je
de **burcht**, burch·ten; burcht·je
het **bu·reau**, bu·reaus; bu·reau·tje
de **bu·reau·agen·da**, bu·reau·agen·da's; bureauagendaatje [bu·reau·agen·da·tje]
de **bu·reau·amb·te·naar** (m), bu·reau·amb·te·naars, bu·reau·amb·te·na·ren
het **bu·reau·blad**, bu·reau·bla·den
de **bu·reau·craat** (m), bu·reau·cra·ten; bu·reau·craat·je
de **bu·reau·cra·tie** (v), bureaucratieën [bu·reau·cra·tie·en]
bu·reau·cra·tisch (bnw), bu·reau·cra·ti·sche
de **bu·reau·job** (m), bu·reau·jobs
de **bu·reau·la**, bu·reau·la's; bureaulaatje [bu·reau·la·tje]
de **bu·reau·la·de**, bu·reau·la·den, bu·reau·la·des
de **bu·reau·lamp**, bu·reau·lam·pen; bu·reau·lamp·je
het **bu·reau·on·der·zoek**, bu·reau·on·der·zoe·ken
de **bu·reau·stoel** (m), bu·reau·stoe·len; bu·reau·stoel·tje
het **bu·reau-uur**, bu·reau-uren
het **bu·reel**, bu·re·len; bu·reel·tje
bu·ren (ww), buur, buurt; buur·de, buur·den; ge·buurd
de **bu·ret**, bu·ret·ten
de **burg**, bur·gen
de **bur·ge·mees·ter** (m), bur·ge·mees·ters; bur·ge·mees·ter·tje
bur·ge·mees·ter en wet·hou·ders
het **bur·ge·mees·ter·schap**, bur·ge·mees·ter·schap·pen
de **bur·ge·mees·ters·sjerp** (m), bur·ge·mees·ters·sjer·pen
de **bur·ger** (m), bur·gers; bur·ger·tje
de **bur·ger·be·vol·king** (v), bur·ger·be·vol·kin·gen
het **bur·ger·huis**, bur·ger·hui·zen; bur·ger·huis·je
de **bur·ge·rij** (v), bur·ge·rij·en
de **bur·ger·kle·ding** (v)
bur·ger·lijk (bnw), bur·ger·lij·ke
de **bur·ger·lij·ke·par·tij·stel·ling** (v), bur·ger·lij·ke·par·tij·stel·lin·gen
de **bur·ger·lucht·vaart**
het **bur·ger·meis·je**, bur·ger·meis·jes
de **bur·ger·oor·log** (m),

bur·ger·oor·lo·gen; bur·ger·oor·log·je
de **bur·ger·par·ti·ci·pa·tie** (v), bur·ger·par·ti·ci·pa·ties
bur·ger·rech·te·lijk (bnw), bur·ger·rech·te·lij·ke
de **bur·ger·re·gis·tra·tie** (v), bur·ger·re·gis·tra·ties
de **bur·ger·schap**[1] (v) *(verzamelnaam)*
het **bur·ger·schap**[2] *(staat van burger),* bur·ger·schap·pen
het **bur·ger·ser·vice·num·mer**, bur·ger·ser·vice·num·mers
de **bur·ger·va·der** (m), bur·ger·va·ders
de **bu·rijn** (m) *(graveerijzer),* bu·rij·nen; bu·rijn·tje
bur·len (ww), burl, burlt; burl·de, burl·den; ge·burld
bur·lesk (bnw), bur·les·ke
de **burn-out** (m), burn-outs
het **burn-out·syn·droom**
de **bu·ro·ti·ca** (v)
de **bur·ri·to** (m), bur·ri·to's
de **bur·sa·len·vlucht**, bur·sa·len·vluch·ten
bu·ru, bu·ru's
de **Bu·run·di** (m), Bu·run·di, Bu·run·di's
de **bus**[1] (m) *(voertuig),* bus·sen; bus·je
de **bus**[2] *(andere betekenissen),* bus·sen; bus·je
het **bus·abon·ne·ment**, bus·abon·ne·men·ten
de **bus·chauf·feur** (m), bus·chauf·feurs
het **bus·geld**
de **bush** (m)
de **bus·hal·te**, bus·hal·ten, bus·hal·tes
de **bus·hou·der** (m), bus·hou·ders
de **busi·ness** (m)
de **busi·ness·ana·list** (m), busi·ness·ana·lis·ten
de **busi·ness·case** (m), busi·ness·ca·ses
de **busi·ness·class** (m)
de **busi·ness·club**, busi·ness·clubs; busi·ness·club·je
de **busi·ness·ma·na·ger** (m), busi·ness·ma·na·gers
het **busi·ness·mo·del**, busi·ness·mo·del·len, busi·ness·mo·dels
de **busi·ness·part·ner** (m), busi·ness·part·ners
het **busi·ness·plan**, busi·ness·plan·nen; busi·ness·plan·ne·tje
de **busi·ness·school**, busi·ness·schools
de **busi·ness·stra·te·gie** (v), businessstrategieën [busi·ness·stra·te·gie·en]
busi·ness-to-busi·ness (bnw)
de **busi·ness·unit**, busi·ness·units
het **bus·kruit**
bu·so *(buitengewoon secundair onderwijs)*
het **bus·on·ge·val**, bus·on·ge·val·len
de **bus·sel**, bus·sels; bus·sel·tje
bus·sen (ww), bus, bust; bus·te, bus·ten; ge·bust
het **bus·sta·ti·on**, bus·sta·ti·ons
het **bus·ta·rief**, bus·ta·rie·ven
de **bus·te**, bus·ten, bus·tes
de **bus·te·hou·der** (m), bus·te·hou·ders; bus·te·hou·der·tje
de **bus·tier** (m), bus·tiers
de **bus·tour** (m), bus·tours
de **bus·ver·gun·ning** (v), bus·ver·gun·nin·gen
het **bu·taan**
bu·ten (ww), buut, buut; buut·te, buut·ten; ge·buut

de **but·ler** (m), but·lers; but·ler·tje
de **buts**, but·sen; buts·je
but·sen (ww), buts, butst; buts·te, buts·ten; ge·butst
de **but·ter·fly** (m), but·ter·fly's
de **but·ton** (m), but·tons
de **buuf** (v), bu·fen, buufs
de **buur** (m), bu·ren; buur·tje
de **buur·ge·meen·te** (v), buur·ge·meen·ten, buur·ge·meen·tes
de **buur·jon·gen** (m), buur·jon·gens; buur·jon·ge·tje
het **buur·land**, buur·lan·den; buur·land·je
de **buur·man** (m), buur·lie·den, buur·lui, buur·man·nen; buur·man·ne·tje
het **buur·meis·je**, buur·meis·jes
de **buur·schap**[1] (v) *(buurtschap)*, buur·schap·pen
het **buur·schap**[2] *(het buur zijn)*
de **buurt**, buur·ten; buurt·je
de **buurt·be·wo·ner** (m), buurt·be·wo·ners
buur·ten (ww), buurt, buurt; buurt·te, buurt·ten; ge·buurt
het **buurt·huis**, buurt·hui·zen; buurt·huis·je
de **buurt·ma·na·ger** (m), buurt·ma·na·gers
de **buurt·or·ga·ni·sa·tie** (v), buurt·or·ga·ni·sa·ties
de **buurt·schap** (v), buurt·schap·pen; buurt·schap·je
de **buurt·sport·ac·ti·vi·teit** (v), buurt·sport·ac·ti·vi·tei·ten
de **buurt·su·per** (m), buurt·su·pers
het **buurt·te·huis**, buurt·te·hui·zen
de **buurt·wacht** (m) *(organisatie)*, buurt·wach·ten
de **buurt·win·kel** (m), buurt·win·kels; buurt·win·kel·tje
de **buur·vrouw** (v), buur·vrou·wen; buur·vrouw·tje
het **buut**, bu·ten; buut·je
de **buxus** (m), buxus·sen; buxus·je
de **buy-out** (m), buy-outs
buz·zen (ww), buz, buzt; buz·de, buz·den; ge·buzd
bv *(besloten vennootschap)*, bv's
bv. (bijw) *(bijvoorbeeld)*
BV *(bekende Vlaming)*, BV's
bvb *(bijzondere verbruiksbelasting)*, bvb's
bvba *(besloten vennootschap met beperkte aansprakelijkheid)*, bvba's
b.v.d. *(bij voorbaat dank)*
bvz *(basisverzekering ziektekosten)*
de **bvz-patiënt** [bvz-pa·ti·ent] (m), bvz-patiënten [bvz-pa·ti·en·ten]
de **bvz-pre·mie** (v), bvz-pre·mies
bvz-ver·ze·kerd (bnw), bvz-ver·ze·ker·de
de **bvz-ver·ze·ker·de**, bvz-ver·ze·ker·den
de **by·catch** (v), by·cat·ches
de **bye**[1] (m) *(cricket, tennis)*, byes
bye[2] (tussenw)
bye·bye (tussenw)
de **by·pass** (m), by·pas·ses
by·pas·sen (ww), by·pass, by·passt; by·pass·te, by·pass·ten; ge·by·passt
de **byte** (m), bytes
de **by·zan·tijn** (m) *(muntstuk)*, by·zan·tij·nen
de **By·zan·tijn** (m) *(inwoner van Byzantium)*, By·zan·tij·nen
by·zan·tijns (bnw) *(kleingeestig, slaafs)*, by·zan·tijn·se
By·zan·tijns (bnw) *(m.b.t. het Byzantijnse Rijk)*, By·zan·tijn·se

C

de **c**, c's; c'tje
de **C14-da·te·ring** (v), C14-da·te·rin·gen
ca. (bijw) *(circa)*
de **cab** (m), cabs
de **ca·ban** (m), ca·bans
het **ca·ba·ret**, ca·ba·rets; ca·ba·ret·je
ca·ba·re·tesk (bnw), ca·ba·re·tes·ke
de **ca·ba·ret·groep**, ca·ba·ret·groe·pen; ca·ba·ret·groep·je
de **ca·ba·re·tier** (m), ca·ba·re·tiers; ca·ba·re·tier·tje
de **ca·ba·re·ti·è·re** (v), ca·ba·re·ti·è·res
het **ca·ba·ret·lied**, ca·ba·ret·lie·de·ren; ca·ba·ret·lied·je
het **ca·ba·ret·pro·gram·ma**, ca·ba·ret·pro·gram·ma's
de **ca·ber·net** (m), ca·ber·nets
de **ca·bi·ne** (v), ca·bi·nes; ca·bien·tje, ca·bi·ne·tje
de **ca·brio** (m), ca·bri·o's; cabriootje [ca·bri·o·tje]
de **ca·bri·o·let** (m), ca·bri·o·lets, ca·bri·o·let·ten; ca·bri·o·let·je
de **ca·cao** (m)
de **ca·cao·boer** (m), ca·cao·boe·ren
de **ca·cao·boom** (m), ca·cao·bo·men
de **ca·cao·bo·ter**, ca·cao·bo·ters
de **ca·cao·cul·tuur** (v), ca·cao·cul·tu·ren
de/het **ca·cao·poe·der** (m/o), ca·cao·poe·ders
de **cache**, ca·ches
het **cache·ge·heu·gen**, cache·ge·heu·gens
ca·chen (ww), cache, cachet; cache·te, cache·ten; ge·cachet
de **ca·che-pot** (m), ca·che-pots; ca·che-pot·je
het **ca·chet**, ca·chet·ten
het **ca·chot**, ca·chot·ten; ca·chot·je
de **cac·tus** (m), cac·tus·sen; cac·tus·je
de **ca·dans**, ca·dan·sen
de **cad·die** (m), cad·dies
de **cad·dy** (m), cad·dy's
het **ca·deau**, ca·deaus; ca·deau·tje
het **ca·deau·abon·ne·ment**, ca·deau·abon·ne·men·ten
de **ca·deau·ac·tie** (v), ca·deau·ac·ties
het **ca·deau·ar·ti·kel**, ca·deau·ar·ti·ke·len, ca·deau·ar·ti·kels
de **ca·deau·bon** (m), ca·deau·bon·nen, ca·deau·bons; ca·deau·bon·ne·tje
de **ca·deau·che·que** (m), ca·deau·che·ques
het **ca·deau-idee**, cadeau-ideeën [ca·deau-idee·en]; ca·deau-idee·tje
de **ca·deau·kaart**, ca·deau·kaar·ten
het **ca·deau·pa·pier**, ca·deau·pa·pier·tje
het **ca·deau·stel·sel**, ca·deau·stel·sels
de **ca·deau·tip** (m), ca·deau·tips
de **ca·deau·ver·pak·king** (v), ca·deau·ver·pak·kin·gen
de **ca·deau·win·kel** (m), ca·deau·win·kels; ca·deau·win·kel·tje
de **ca·dens**, ca·den·sen
de **ca·det** (m), ca·dets, ca·det·ten; ca·det·je
het **cad·mi·um**, cad·mi·ums
de **cae·sar** (m), cae·sars
de **cae·sar·sa·la·de**, cae·sar·sa·la·des
het **ca·fé**, ca·fés; cafeetje [ca·fé·tje]
de **ca·fé·baas** (m), ca·fé·ba·zen
het **ca·fé·be·zoek**, ca·fé·be·zoe·ken; ca·fé·be·zoek·je

de **ca·fé·be·zoe·ker** (m), ca·fé·be·zoe·kers
de **ca·fé-bras·se·rie**, café-brasserieën [ca·fé-bras·se·rie·en], ca·fé-bras·se·ries, cafés-brasserieën [ca·fés-bras·se·rie·en], ca·fés-bras·se·ries
het **ca·fé chan·tant**, ca·fé chan·tants, ca·fés chan·tants
het **ca·fé com·plet**, ca·fé com·plets, ca·fés com·plets
de **ca·fé-ei·ge·naar** (m), ca·fé-ei·ge·naars, ca·fé-ei·ge·na·ren
de **ca·fé·hou·der** (m), ca·fé·hou·ders
de **cafeïne** [ca·fe·i·ne]
cafeïnevrij [ca·fe·i·ne·vrij] (bnw), cafeïnevrije [ca·fe·i·ne·vrije]
de **ca·fé noir** (m), ca·fé noirs, ca·fés noirs
het **ca·fé-res·tau·rant**, ca·fé-res·tau·rants, ca·fés-res·tau·rants
de **ca·fe·ta·ria**, ca·fe·ta·ri·a's; cafetariaatje [ca·fe·ta·ria·tje]
het **ca·fé·ter·ras**, ca·fé·ter·ras·sen; ca·fé·ter·ras·je
de **ca·fe·ti·è·re** (v), ca·fe·ti·è·res
de **ca·fé-uit·ba·ter** (m), ca·fé-uit·ba·ters
de **caf·fè lat·te** (m), caf·fè lat·tes, caf·fè lat·te's
het **ca·hier**, ca·hiers; ca·hier·tje
cai *(centrale antenne-inrichting)*, cais
CAI *(computer-aided instruction)*
de **cai·pi·rin·ha** (m), cai·pi·rin·ha's
de **cais·se**
de **cais·si·è·re** (v), cais·si·è·res; cais·si·è·re·tje
de **cais·son** (m), cais·sons
de **cais·son·ziek·te** (v)
de **ca·jun** (v) *(muziek)*
de **Ca·jun** (m) *(persoon)*, Ca·juns
de **ca·jun·krui·den** (mv)
de **cake** (m), cakes; cake·je
de **cake·walk** (m), cake·walks
de **ca·la·ma·ris** (m), ca·la·ma·res, ca·la·ma·ris·sen
de **ca·la·mi·teit** (v), ca·la·mi·tei·ten
het **ca·la·mi·tei·ten·ver·lof**, ca·la·mi·tei·ten·ver·lo·ven
het **cal·ci·um**
het **cal·ci·um·ge·hal·te**, cal·ci·um·ge·hal·ten, cal·ci·um·ge·hal·tes
de **cal·cu·la·tie** (v), cal·cu·la·ties
de **cal·cu·la·tor** (m), cal·cu·la·to·ren, cal·cu·la·tors
cal·cu·le·ren (ww), cal·cu·leer, cal·cu·leert; cal·cu·leer·de, cal·cu·leer·den; ge·cal·cu·leerd
de **ca·lei·do·scoop** (m), ca·lei·do·sco·pen
ca·lei·do·sco·pisch (bnw), ca·lei·do·sco·pi·sche
het **ca·len·da·ri·um**, ca·len·da·ria, ca·len·da·ri·ums
Ca·li·for·nisch (bnw), Ca·li·for·ni·sche
het **ca·li·me·ro·com·plex**, ca·li·me·ro·com·plexen
de **call·boy** (m), call·boys
het **call·cen·ter**, call·cen·ters
de **call·cen·ter·me·de·wer·ker** (m), call·cen·ter·me·de·wer·kers
de **call·girl** (v), call·girls
de **call·op·tie** (v), call·op·ties
de **ca·lo·rie** (v), calorieën [ca·lo·rie·en]; ca·lo·rie·tje
ca·lo·rie·arm (bnw), ca·lo·rie·ar·me
de **ca·lo·ri·me·ter** (m), ca·lo·ri·me·ters
ca·lo·risch (bnw), ca·lo·ri·sche
de/het **cal·pol·ta·blet** (m/o), cal·pol·ta·blet·ten
de **cal·que**, cal·ques
het **cal·queer·pa·pier**

C

cal·que·ren (ww), cal·queer, cal·queert; cal·queer·de, cal·queer·den; ge·cal·queerd
de **ca·lu·met** (m), ca·lu·met·ten
de **cal·va·dos** (m), cal·va·dos
de **cal·va·rie** (v), cal·va·ries
de **cal·va·rie·berg** (m) *(berg)*, cal·va·rie·ber·gen
Cal·va·rie·berg *(Golgotha)*
de **cal·va·rie·tocht** (m), cal·va·rie·toch·ten
het **cal·vi·nis·me**
de **cal·vi·nist** (m), cal·vi·nis·ten; cal·vi·nist·je
cal·vi·nis·tisch (bnw), cal·vi·nis·ti·sche
het **ca·ma·ieu**, ca·ma·ieus
de **ca·ma·ra·de·rie** (v), ca·ma·ra·de·ries
de **cam·ber** (m), cam·bers
de **cam·bio**, cam·bi·o's
de **cam·bio·hou·der** (m), cam·bio·hou·ders
het **cam·bi·um**, cam·bia
de **cam·cor·der** (m), cam·cor·ders; cam·cor·der·tje
de **ca·mee** (v), cameeën [ca·mee·en]; ca·mee·tje
ca·mel (bnw)
de **ca·me·lia**, ca·me·li·a's; cameliaatje [ca·me·lia·tje]
de **ca·mem·bert** (m), ca·mem·berts; ca·mem·bert·je
de **ca·meo** (m), ca·me·o's
de **ca·me·ra**, ca·me·ra's; cameraatje [ca·me·ra·tje]
de **ca·me·ra·be·wa·king** (v), ca·me·ra·be·wa·kin·gen
de **ca·me·ra-in·spec·tie** (v), ca·me·ra-in·spec·ties
de **ca·me·ra-in·stel·ling** (v), ca·me·ra-in·stel·lin·gen
de **ca·me·ra·man** (m), ca·me·ra·lie·den, ca·me·ra·lui, ca·me·ra·man·nen; ca·me·ra·man·ne·tje
de **ca·me·ra·op·stel·ling** (v), ca·me·ra·op·stel·lin·gen
het **ca·me·ra·toe·zicht**
de **ca·me·ra-unit**, ca·me·ra-units
de **ca·me·ra·wa·gen** (m), ca·me·ra·wa·gens; ca·me·ra·wa·gen·tje
de **ca·mi·on** (m), ca·mi·ons; ca·mi·o·net·je
de **ca·mi·o·net·te**, ca·mi·o·net·ten, ca·mi·o·net·tes
ca·mo *(continuing airworthiness management organisation)*, ca·mo's
de **ca·mor·ra** (m)
de **ca·mou·fla·ge** (v), ca·mou·fla·ges
de **ca·mou·fla·ge·tech·niek** (v), ca·mou·fla·ge·tech·nie·ken
de/het **ca·mou·fla·ge-uni·form**, ca·mou·fla·ge-uni·for·men
ca·mou·fle·ren (ww), ca·mou·fleer, ca·mou·fleert; ca·mou·fleer·de, ca·mou·fleer·den; ge·ca·mou·fleerd
de **camp**[1] (m)
camp[2] (bnw)
de **cam·pag·ne**, cam·pag·nes
de **cam·pag·ne·ad·vi·seur** (m), cam·pag·ne·ad·vi·seurs
de **cam·pag·ne·toe·spraak**, cam·pag·ne·toe·spra·ken
de **cam·pag·ne·voe·ring** (v)
de **cam·pa·nu·la**, cam·pa·nu·la's
de **cam·per** (m), cam·pers; cam·per·tje
cam·pe·ren (ww), ge·cam·perd
de **cam·ping** (m), cam·pings; cam·pin·kje
het **cam·ping·ter·rein**, cam·ping·ter·rei·nen
de **cam·pus** (m), cam·pus·sen

de **ca·na·dees** (m) *(kano),* ca·na·de·zen
de **Ca·na·dees**[1] (m) *(persoon),* Ca·na·de·zen
het **Ca·na·dees**[2] *(taal)*
Ca·na·dees[3] (bnw), Ca·na·de·se
het **Ca·na·dees-En·gels** *(taal)*
de **ca·nail·le**[1] *(slecht persoon),* ca·nail·les
het **ca·nail·le**[2] *(gemeen volk)*
de **ca·na·pé** (m), ca·na·pés; canapeetje [ca·na·pé·tje]
Ca·na·risch (bnw), Ca·na·ri·sche
de **can·can** (m), can·cans
can·ce·len (ww), can·cel, can·celt; can·cel·de, can·cel·den; ge·can·celd
de **can·di·da**[1] (v) *(schimmelinfectie-ziekte)*
de **can·di·da**[2] (mv) *(verzameling schimmels)*
de **can·dy** (m), can·dy's
de **can·na·bis** (m)
de **can·nel·lo·ni** (m)
de **ca·non** (m), ca·nons
ca·no·niek (bnw), ca·no·nie·ke
ca·no·ni·se·ren (ww), ca·no·ni·seer, ca·no·ni·seert; ca·no·ni·seer·de, ca·no·ni·seer·den; ge·ca·no·ni·seerd
de **can·ta·te**, can·ta·ten, can·ta·tes; can·ta·te·tje
de **can·tha·rel** (m), can·tha·rel·len
het **can·to**, can·to's
de **can·tor** (m), can·tors
de **can·to·rij** (v), can·to·rij·en
de **can·tus** (m), can·tus·sen
de **ca·nu·le**, ca·nu·les
het **can·vas**, can·vas·sen
can·vas·sen (ww), can·vas, can·vast; can·vas·te, can·vas·ten; ge·can·vast
de **ca·ny·on** (m), ca·ny·ons
de/het **ca·ny·o·ning**
cao *(collectieve arbeidsovereenkomst),* cao's
het **cao-ak·koord**, cao-ak·koor·den
de **cao-be·pa·ling** (v), cao-be·pa·lin·gen
de **cao-on·der·han·de·ling** (v), cao-on·der·han·de·lin·gen
het **cao-over·leg**, cao-over·leg·gen
de/het **ca·out·chouc** (m/o)
de **cap** (m), caps; cap·je
ca·pa·bel (bnw), ca·pa·be·le
de **ca·pa·bi·li·teit** (v), ca·pa·bi·li·tei·ten
de **ca·pa·ci·teit** (v), ca·pa·ci·tei·ten
de **ca·pa·ci·teits·ver·ster·king** (v), ca·pa·ci·teits·ver·ster·kin·gen
ca·pa·ci·tief (bnw), ca·pa·ci·tie·ve
de **cape**, capes; cape·je
de **ca·pel·li·ni** (mv)
de **ca·pi·ba·ra** (m), ca·pi·ba·ra's
het **ca·pil·lair**[1], ca·pil·lai·ren; ca·pil·lair·tje
ca·pil·lair[2] (bnw), ca·pil·lai·re
ca·pi·ton·ne·ren (ww), ca·pi·ton·neer, ca·pi·ton·neert; ca·pi·ton·neer·de, ca·pi·ton·neer·den; ge·ca·pi·ton·neerd
de **ca·pi·tu·la·tie** (v), ca·pi·tu·la·ties
ca·pi·tu·le·ren (ww), ca·pi·tu·leer, ca·pi·tu·leert; ca·pi·tu·leer·de, ca·pi·tu·leer·den; ge·ca·pi·tu·leerd
de **ca·po** (m), ca·po's; capootje [ca·po·tje]
het **ca·po·ei·ra**
de **cap·puc·ci·no** (m), cap·puc·ci·no's
de **ca·pri·ool**, ca·pri·o·len; ca·pri·ool·tje
de **cap·su·le**, cap·su·les; cap·su·le·tje
de **cap·tain** (m), cap·tains
de **cap·ta·tie** (v), cap·ta·ties

cap·te·ren (ww), cap·teer, cap·teert; cap·teer·de, cap·teer·den; ge·cap·teerd
de **ca·pu·chon** (m), ca·pu·chons; ca·pu·chon·ne·tje
ca·ra (mv) *(chronische aspecifieke respiratoire aandoeningen)*
de **ca·ra·co·le**, ca·ra·co·les
het **Caraïbisch**[1] [Ca·ra·i·bisch] *(taal)*
Caraïbisch[2] [Ca·ra·i·bisch] (bnw), Caraïbische [Ca·ra·i·bi·sche]
het **Caraïbisch-Engels**[1] [Ca·ra·i·bisch-En·gels] *(taal)*
Caraïbisch-Engels[2] [Ca·ra·i·bisch-En·gels] (bnw), Caraïbisch-Engelse [Ca·ra·i·bisch-En·gel·se]
de **caraïbistiek** [ca·ra·i·bis·tiek] (v)
de **Caraïeb** [Ca·ra·ieb] (m), Caraïben [Ca·ra·i·ben]
de **ca·ram·bo·le** (m), ca·ram·bo·les
de **ca·ra·van** (m), ca·ra·vans; ca·ra·van·ne·tje
het **car·bid**
car·bid·schie·ten (ww)
de/het **car·bol** (m/o)
het **car·bon**, car·bon·ne·tje
het **car·bo·naat**, car·bo·na·ten
het **car·bon·pa·pier**, car·bon·pa·pier·tje
het **car·boon**
de **car·bu·ra·teur** (m), car·bu·ra·teurs
de **car·bu·ra·tor** (m), car·bu·ra·to·ren, car·bu·ra·tors
de/het **car·can** (m/o), car·cans
het **car·ci·no·geen**[1], car·ci·no·ge·nen
car·ci·no·geen[2] (bnw), car·ci·no·ge·ne
het **car·ci·noom**, car·ci·no·men
de **car·dan·as**, car·dan·as·sen
de **car·di·gan** (m), car·di·gans
het **car·dio**, car·di·o's
het **car·dio·gram**, car·dio·gram·men
de **car·dio·lo·gie** (v)
de **car·dio·loog** (m), car·dio·lo·gen
de **ca·renz·dag** (m), ca·renz·da·gen
de **car·go** (m), car·go's
de **car·go·rijst** (m)
het **Ca·ri·bisch**[1] *(taal)*
Ca·ri·bisch[2] (bnw), Ca·ri·bi·sche
het **Ca·ri·bisch-En·gels**[1] *(taal)*
Ca·ri·bisch-En·gels[2] (bnw), Ca·ri·bisch-En·gel·se
het **Ca·ri·bisch-Ne·der·lands**[1] *(taal)*
Ca·ri·bisch-Ne·der·lands[2] (bnw), Ca·ri·bisch-Ne·der·land·se
de **ca·ri·bist** (m), ca·ri·bis·ten
Ca·ri·com *(Caribbean community)*
de **Ca·ri·com-bij·een·komst** (v), Ca·ri·com-bij·een·kom·sten
de **Ca·ri·com-bur·ger** (m), Ca·ri·com-bur·gers
de **Ca·ri·com-de·le·ga·tie** (v), Ca·ri·com-de·le·ga·ties
de **Ca·ri·com-ge·meen·schap** (v)
de **Ca·ri·com-jeugd·am·bas·sa·deur** (m), Ca·ri·com-jeugd·am·bas·sa·deu·ren, Ca·ri·com-jeugd·am·bas·sa·deurs
het **Ca·ri·com-land**, Ca·ri·com-lan·den
de **Ca·ri·com-lei·der** (m), Ca·ri·com-lei·ders
het **Ca·ri·com-lid·land**, Ca·ri·com-lid·lan·den
de **Ca·ri·com-markt**
het **Ca·ri·com-se·cre·ta·ri·aat**, Ca·ri·com-se·cre·ta·ria·ten
de **Ca·ri·com-top** (m), Ca·ri·com-top·pen
de **Ca·ri·com-voor·zit·ter** (m), Ca·ri·com-voor·zit·ters
de **cariës** [ca·ri·es]
de/het **ca·ril·lon** (m/o), ca·ril·lons

C

de **ca·ri·tas** (v)
ca·ri·ta·tief (bnw), ca·ri·ta·tie·ve
car·jac·ken (ww), car·jack, car·jackt; car·jack·te, car·jack·ten; ge·car·jackt
de **car·jac·king**, car·jac·kings
de **car·kit** (m), car·kits
het **car·na·val**, car·na·vals
car·na·va·lesk (bnw), car·na·va·les·ke
het **car·na·val·feest**, car·na·val·fees·ten; car·na·val·feest·je
de **car·na·va·list** (m), car·na·va·lis·ten
het **car·na·vals·feest**, car·na·vals·fees·ten; car·na·vals·feest·je
de **car·na·vals·hit** (m), car·na·vals·hits
de **car·na·vals·op·tocht** (m), car·na·vals·op·toch·ten
de **car·na·vals·stoet** (m), car·na·vals·stoe·ten
de **car·na·val·stoet** (m), car·na·val·stoe·ten
de **car·na·vals·tum·ba**, car·na·vals·tum·ba's
de **car·na·vals·ver·eni·ging** (v), car·na·vals·ver·eni·gin·gen
het **car·net**, car·nets; car·net·je
de **car·ni·voor** (m), car·ni·vo·ren; car·ni·voor·tje
het **ca·ro·teen**, ca·ro·te·nen
de **car·pac·cio** (m), car·pac·ci·o's
het **car·pa·le·tun·nel·syn·droom**
car·pe di·em (tussenw)
de **car·pool** (m), car·pools
car·poo·len (ww), car·pool, car·poolt; car·pool·de, car·pool·den; ge·car·poold
de **car·poo·ling**
de **car·port** (m), car·ports
de/het **car·ré** (m/o), car·rés
de **car·ri·er** (m), car·ri·ers
de **car·ri·è·re**, car·ri·è·res
de **car·ri·è·re·over·we·ging** (v), car·ri·è·re·over·we·gin·gen
het **car·ri·è·re·pad**, car·ri·è·re·pa·den
de **car·ri·è·re·switch** (m), car·ri·è·re·swit·ches
de **car·ros·se·rie** (v), carrosserieën [car·ros·se·rie·en]; car·ros·se·rie·tje
de **car·ros·se·rie·bou·wer** (m), car·ros·se·rie·bou·wers
de **car·ros·sier** (m), car·ros·siers
de/het **car·rou·sel** (m/o), car·rou·sels
de **car·ru·re** (v), car·ru·res
car·te: à la carte
de **car·te blan·che** (v)
het **car·ter**, car·ters; car·ter·tje
car·te·si·aans (bnw), car·te·si·aan·se
de **car·to·graaf** (m), car·to·gra·fen; car·to·graaf·je
de **car·to·gra·fie** (v), cartografieën [car·to·gra·fie·en]
car·to·gra·fisch (bnw), car·to·gra·fi·sche
de **car·toon** (m), car·toons; car·toon·tje
de **car·too·nist** (m), car·too·nis·ten
de **car·to·theek** (v), car·to·the·ken
de **car·tou·che**, car·tou·ches
de **car·tridge**, car·trid·ges
car·ven (ww), carve, carvet; carve·de, carve·den; ge·carved
de **car·wash** (m), car·wa·shes
de **car·wa·sher** (m), car·wa·shers
de **ca·sa·no·va** (m) *(rokkenjager)*, ca·sa·no·va's
Ca·sa·no·va
de **cas·ca·bel**, cas·ca·bels
de **cas·ca·de** (v), cas·ca·den, cas·ca·des
cas·ca·de·ren (ww), cas·ca·deer,

cas·ca·deert; cas·ca·deer·de, cas·ca·deer·den; ge·cas·ca·deerd
het **cas·co**, cas·co's
de **case** (m), ca·ses
het **case·ma·nage·ment**
de **case·ma·na·ger** (m), case·ma·na·gers
de **case·stu·die** (v), case·stu·dies
de **case·stu·dy** (m), case·stu·dy's
de **cash** (m)
ca·shen (ww), cash, casht; cash·te, cash·ten; ge·casht
de **ca·shew·noot**, ca·shew·no·ten; ca·shew·noot·je
de **cash·flow** (m), cash·flows
het **cash·geld**
de **ca·shu·pe·te**, ca·shu·pe·tes
het **ca·si·no**, ca·si·no's; casinootje [ca·si·no·tje]
de **ca·si·no·avond** (m), ca·si·no·avon·den
de **ca·si·no·hef·fing** (v), ca·si·no·hef·fin·gen
de **ca·si·no·hou·der** (m), ca·si·no·hou·ders
de **ca·si·no·ver·gun·ning** (v), ca·si·no·ver·gun·nin·gen
het **ca·si·no·we·zen**
de **cas·san·dra·voor·spel·ling** (v), cas·san·dra·voor·spel·lin·gen
cas·sant (bnw), cas·san·te
de **cas·sa·tie** (v), cas·sa·ties
het **cas·sa·tie·ar·rest**, cas·sa·tie·ar·res·ten
het **cas·sa·tie·be·roep**
de **cas·sa·ve**
het **cas·sa·ve·brood**, cas·sa·ve·bro·den
de **cas·sa·ve·chips** (mv)
het **cas·sa·ve·meel**
de **cas·sa·ve·sec·tor** (m), cas·sa·ve·sec·to·ren, cas·sa·ve·sec·tors
de **cas·sa·ve·teelt**
de **cas·se·ler·rib**, cas·se·ler·rib·je
de **cas·set·te**, cas·set·ten, cas·set·tes; cas·set·te·tje
het **cas·set·te·deck**, cas·set·te·decks
de **cas·set·te·re·cor·der** (m), cas·set·te·re·cor·ders; cas·set·te·re·cor·der·tje
de **cas·sis**
de **cast** (m), casts
de **cas·tag·net·ten** (mv)
cas·ten (ww), cast, cast; cast·te, cast·ten; ge·cast
Cas·ti·li·aans (bnw), Cas·ti·li·aan·se
de **cas·ting**, cas·tings
de **cas·tor·olie**, castoroliën [cas·tor·oli·en], cas·tor·olies
de **cas·tra·tie** (v), cas·tra·ties
cas·tre·ren (ww), cas·treer, cas·treert; cas·treer·de, cas·treer·den; ge·cas·treerd
ca·su: in casu
ca·su·al (bnw)
ca·su·eel (bnw), ca·su·e·le
de **casuïstiek** [ca·su·is·tiek] (v)
ca·su quo (bijw)
de **ca·sus** (m), ca·sus, ca·sus·sen
cat. *(categorie)*
het **ca·ta·clys·me**, ca·ta·clys·men
de **ca·ta·com·be**, ca·ta·com·ben
het **Ca·ta·laans**[1] *(taal)*
Ca·ta·laans[2] (bnw), Ca·ta·laan·se
ca·ta·lo·ge·ren (ww), ca·ta·lo·geer, ca·ta·lo·geert; ca·ta·lo·geer·de, ca·ta·lo·geer·den; ge·ca·ta·lo·geerd
ca·ta·lo·gi·se·ren (ww), ca·ta·lo·gi·seer, ca·ta·lo·gi·seert; ca·ta·lo·gi·seer·de, ca·ta·lo·gi·seer·den; ge·ca·ta·lo·gi·seerd
de **ca·ta·lo·gus** (m), ca·ta·lo·gi, ca·ta·lo·gus·sen; ca·ta·lo·gus·je
de **ca·ta·loog** (m), ca·ta·lo·gen;

ca·ta·loog·je

de **ca·ta·ma·ran** (m), ca·ta·ma·rans

de **ca·ta·ract**, ca·ta·rac·ten

de **ca·tar·re**, ca·tar·res

ca·tas·tro·faal (bnw), ca·tas·tro·fa·le

de **ca·tas·tro·fe**, ca·tas·tro·fen, ca·tas·tro·fes

de **ca·ta·to·nie** (v)

ca·ta·to·nisch (bnw), ca·ta·to·ni·sche

ca·ta·toon (bnw), ca·ta·to·ne

het **catch**

de **cat·cher** (m), cat·chers

cat·chy (bnw)

de **ca·te·che·se** (v)

de **ca·te·chi·sant** (m), ca·te·chi·san·ten

de **ca·te·chi·sa·tie** (v), ca·te·chi·sa·ties

de **ca·te·chis·mus** (m), ca·te·chis·mus·sen

ca·te·go·raal (bnw), ca·te·go·ra·le

de **ca·te·go·rie** (v), categorieën [ca·te·go·rie·en]; ca·te·go·rie·tje

ca·te·go·riek (bnw), ca·te·go·rie·ke

de **ca·te·go·ri·sa·tie** (v), ca·te·go·ri·sa·ties

ca·te·go·risch (bnw), ca·te·go·ri·sche

ca·te·go·ri·se·ren (ww), ca·te·go·ri·seer, ca·te·go·ri·seert; ca·te·go·ri·seer·de, ca·te·go·ri·seer·den; ge·ca·te·go·ri·seerd

de **ca·te·go·ri·se·ring** (v), ca·te·go·ri·se·rin·gen

het **ca·te·nac·cio**

de **ca·te·raar** (m), ca·te·raars

ca·te·ren (ww), ca·ter, ca·tert; ca·ter·de, ca·ter·den; ge·ca·terd

de **ca·te·ring** (m)

het **ca·te·ring·be·drijf**, ca·te·ring·be·drij·ven; ca·te·ring·be·drijf·je

de **ca·thar·sis** (v), ca·thar·sis·sen

de **ca·the·dra**, ca·the·dra's

de **cat·walk** (m), cat·walks

cau·saal (bnw), cau·sa·le

de **cau·sa·li·teit** (v), cau·sa·li·tei·ten

cau·se·ren (ww), cau·seer, cau·seert; cau·seer·de, cau·seer·den; ge·cau·seerd

de **cau·se·rie** (v), causerieën [cau·se·rie·en]; cau·se·rie·tje

cau·tal

de **ca·va**, ca·va's; cavaatje [ca·va·tje]

de **ca·va·bar**, ca·va·bars

de **ca·val·ca·de** (v), ca·val·ca·den, ca·val·ca·des

de **ca·va·le·rie** (v), ca·va·le·ries

de **ca·va·lier** (m), ca·va·liers; ca·va·lier·tje

de **ca·via**, ca·vi·a's; caviaatje [ca·via·tje]

de **ca·via·kooi**, ca·via·kooi·en

de **ca·vi·ta·tie** (v), ca·vi·ta·ties

de **ca·yen·ne** (m)

de **ca·yen·ne·pe·per** (m), ca·yen·ne·pe·pers; ca·yen·ne·pe·per·tje

CBB *(Centraal Bureau voor Burgerzaken)*

cc'en [cc·en] (ww), cc, cc't; cc'de [cc·de], cc'den [cc·den]; ge-cc'd

cd *(compact disc)*, cd's; cd'tje [cd·tje]

de **CDA'er** [CDA·er] (m), CDA'ers [CDA·ers]

de **cd-box** (m), cd-boxen; cd-box·je

de **cd-hoes**, cd-hoe·zen; cd-hoes·je

de/het **cd-la·bel** (m/o), cd-la·bels; cd-la·bel·tje

de **cd-op·na·me**, cd-op·na·men, cd-op·na·mes

de **cd-play·er** (m), cd-play·ers
cd-r *(compact disc- recordable),* cd-r's
de **cd-rom** (m), cd-roms; cd-rom·me·tje
de **cd-rom·spe·ler** (m), cd-rom·spe·lers
de **cd-spe·ler** (m), cd-spe·lers; cd-spe·ler·tje
de **CD&V'er** [CD&V·er] (m), CD&V'ers [CD&V·ers]
de **cd-ver·za·me·ling** (v), cd-ver·za·me·lin·gen
de **cd-wri·ter** (m), cd-wri·ters
het **ce·co·gram**, ce·co·gram·men
de/het **ce·del**, ce·dels; ce·del·tje
de **ce·dent** (m), ce·den·ten
de **ce·der** (m) *(boom),* ce·ders; ce·der·tje
ce·de·ren (ww), ce·deer, ce·deert; ce·deer·de, ce·deer·den; ge·ce·deerd
het **ce·der·hout**, ce·der·hout·je
ce·der·hou·ten (bnw)
de **ce·dil·le**, ce·dil·les
de **ce·du·la**, ce·du·la's
de/het **ceel**, ce·len; ceel·tje
de **cein·tuur** (v), cein·tu·ren, cein·tuurs; cein·tuur·tje
de **cel**, cel·len; cel·le·tje
de **cel·bio·lo·gie** (v)
de **cel·cul·tuur** (v), cel·cul·tu·ren
cel·do·dend (bnw), cel·do·den·de
de **ce·le·bra·tie** (v), ce·le·bra·ties
ce·le·bre·ren (ww), ce·le·breer, ce·le·breert; ce·le·breer·de, ce·le·breer·den; ge·ce·le·breerd
de **ce·le·bri·ty**, ce·le·bri·ty's
de **ce·les·ta** (m), ce·les·ta's
de **ce·les·tijn** (m), ce·les·tij·nen; ce·les·tijn·tje
de **cel·ge·noot** (m), cel·ge·no·ten
het **ce·li·baat**
de **ce·li·baats·ver·plich·ting** (v), ce·li·baats·ver·plich·tin·gen
de **ce·li·ba·tair** (m), ce·li·ba·tai·ren, ce·li·ba·tairs
het **cel·len·com·plex**, cel·len·com·plexen
het **cel·len·huis**, cel·len·hui·zen
de **cel·lijn**, cel·lij·nen
de **cel·list** (m), cel·lis·ten; cel·list·je
de **cel·lo** (m), cel·lo's; cellootje [cel·lo·tje]
het **cel·lo·con·cert**, cel·lo·con·cer·ten; cel·lo·con·cert·je
het **cel·lo·faan**, cel·lo·faan·tje
de **cel·lo·sui·te**, cel·lo·sui·tes
de **cell·shop** (m), cell·shops
de **cel·lu·lair**[1] (m) *(mobiele telefoon),* cel·lu·lairs
cel·lu·lair[2] (bnw), cel·lu·lai·re
de **cel·lu·li·tis** (v)
het **cel·lu·loid**
de **cel·lu·lo·se**
de/het **cel·mem·braan**, cel·mem·bra·nen
de **Cel·si·us** (m) *(graden Celsius)*
de **cel·stof**, cel·stof·fen
de **cel·straf**, cel·straf·fen
de **cel·wa·gen** (m), cel·wa·gens
de/het **ce·ment** (m/o)
ce·men·ten[1] (bnw)
ce·men·ten[2] (ww), ce·ment, ce·ment; ce·ment·te, ce·ment·ten; ge·ce·ment
ce·men·te·ren (ww), ce·men·teer, ce·men·teert; ce·men·teer·de, ce·men·teer·den; ge·ce·men·teerd
de **ce·ment·steen**[1] (m) *(voorwerp),* ce·ment·ste·nen
de/het **ce·ment·steen**[2] (m/o) *(stofnaam)*
het **ce·na·kel**, ce·na·kels
de **ce·no·taaf** (m), ce·no·ta·fen
cen·so, cen·so's
de **cen·sor** (m), cen·so·ren, cen·sors
cen·su·re·ren (ww), cen·su·reer, cen·su·reert; cen·su·reer·de,

C

cen·su·reer·den; ge·cen·su·reerd
de **cen·sus** (m), cen·sus·sen
de **cen·suur** (v), cen·su·ren
de **cent** (m), cen·ten, cents; cent·je
de **cen·taur** (m), cen·tau·ren
de **cen·ten·bak** (m), cen·ten·bak·ken; cen·ten·bak·je
de **cen·ter** (m) *(persoon),* cen·ters
het **cen·ter·court**, cen·ter·courts
cen·te·ren (ww), cen·ter, cen·tert; cen·ter·de, cen·ter·den; ge·cen·terd
cen·te·si·maal (bnw), cen·te·si·ma·le
de **cen·ti·are**, cen·ti·aren
de **cen·tiem** (m), cen·tie·men
de **cen·ti·li·ter** (m), cen·ti·li·ters
de **cen·ti·me** (m), cen·ti·mes
de **cen·ti·me·ter** (m), cen·ti·me·ters; cen·ti·me·ter·tje
centr. *(centrum)*
cen·traal (bnw), cen·tra·le
Cen·traal-Ame·ri·kaans (bnw), Cen·traal-Ame·ri·kaan·se
Cen·traal-Eu·ro·pees (bnw), Cen·traal-Eu·ro·pe·se
de **cen·tra·le**, cen·tra·les; cen·tra·le·tje
cen·tra·le ver·war·ming
de **cen·tra·le·ver·war·mings·in·stal·la·tie** (v), cen·tra·le·ver·war·mings·in·stal·la·ties
de **cen·tra·li·sa·tie** (v), cen·tra·li·sa·ties
cen·tra·li·se·ren (ww), cen·tra·li·seer, cen·tra·li·seert; cen·tra·li·seer·de, cen·tra·li·seer·den; ge·cen·tra·li·seerd
de **cen·tra·li·se·ring** (v), cen·tra·li·se·rin·gen
cen·tre·ren (ww), cen·treer, cen·treert; cen·treer·de, cen·treer·den; ge·cen·treerd
cen·tri·fu·gaal (bnw), cen·tri·fu·ga·le
de **cen·tri·fu·ge**, cen·tri·fu·ges
cen·tri·fu·ge·ren (ww), cen·tri·fu·geer, cen·tri·fu·geert; cen·tri·fu·geer·de, cen·tri·fu·geer·den; ge·cen·tri·fu·geerd
het **cen·trum**, cen·tra, cen·trums; cen·trum·pje
cen·trum·links (bnw), cen·trum·link·se
cen·trum·rechts (bnw), cen·trum·recht·se
de **cen·tu·rie** (v), centuriën [cen·tu·ri·en], cen·tu·ries
de **cen·tu·rio** (m), cen·tu·ri·o·nes, cen·tu·ri·o's
de **cen·tu·ri·on** (m), cen·tu·ri·ons
CEO *(chief executive officer),* CEO's
de **ce·ra·miek** (v), ce·ra·mie·ken
ce·ra·misch (bnw), ce·ra·mi·sche
de **ce·ra·mist** (m), ce·ra·mis·ten
de **cer·be·rus** (m) *(norse, waakzame wachter),* cer·be·rus·sen
Cer·be·rus *(mythologisch wezen)*
ce·re·braal (bnw), ce·re·bra·le
ce·re·bro·spi·naal (bnw), ce·re·bro·spi·na·le
de **ce·re·mo·nie** (v), ceremonieën [ce·re·mo·nie·en], ceremoniën [ce·re·mo·ni·en], ce·re·mo·nies
het **ce·re·mo·ni·eel**[1], ceremoniëlen [ce·re·mo·ni·e·len]
ce·re·mo·ni·eel[2] (bnw), ceremoniële [ce·re·mo·ni·e·le]
de **ce·re·mo·nie·mees·ter** (m), ce·re·mo·nie·mees·ters
de **ce·ri·se**[1] *(limonade)*
het **ce·ri·se**[2] *(kersenrood)*
ce·ri·se[3] (bnw)

het **cer·ti·fi·caat**, cer·ti·fi·ca·ten; cer·ti·fi·caat·je
de **cer·ti·fi·caat·uit·rei·king** (v), cer·ti·fi·caat·uit·rei·kin·gen
de **cer·ti·fi·ca·tie** (v), cer·ti·fi·ca·ties
cer·ti·fi·ce·ren (ww), cer·ti·fi·ceer, cer·ti·fi·ceert; cer·ti·fi·ceer·de, cer·ti·fi·ceer·den; ge·cer·ti·fi·ceerd
de **cer·ti·fi·ce·ring** (v), cer·ti·fi·ce·rin·gen
certifiëren [cer·ti·fi·e·ren] (ww), cer·ti·fi·eer, cer·ti·fi·eert; cer·ti·fi·eer·de, cer·ti·fi·eer·den; ge·cer·ti·fi·eerd
de **certifiëring** [cer·ti·fi·e·ring] (v), certifiëringen [cer·ti·fi·e·rin·gen]
cer·vi·caal (bnw), cer·vi·ca·le
de **cer·vix** (m), cer·vi·ces, cer·vixen
de **ces**, ces·sen
de **ce·sar·the·ra·pie** (v)
het **ce·si·um**
de **ces·san·tia**
de **ces·san·tia-uit·ke·ring** (v), ces·san·tia-uit·ke·rin·gen
de **ces·sie** (v), ces·sies
de **ce·suur** (v), ce·su·ren
de **ce·te·ra** (mv)
ce·te·ris pa·ri·bus (bijw)
de **cey·lon·thee** (m), ceylontheeën [cey·lon·thee·en]
cf. *(confer)*
cfk *(chloorfluorkoolwaterstof),* cfk's
cfr. *(confer)*
Cft *(College financieel toezicht)*
cg *(centigram)*
de **cha·blis** (m), cha·blis; cha·blis·tje
de **cha·cha·cha** (m), cha·cha·cha's
de **cha·dor** (m), cha·dors
de **cha·grijn**[1] (m) *(verdriet)*
het **cha·grijn**[2] *(persoon),* cha·grij·nen
cha·grij·nig (bnw), cha·grij·ni·ge
chai (bnw)
de **chai·se lon·gue**, chai·se lon·gues, chai·ses lon·gues
het **cha·kra**, cha·kra's
de/het **cha·let** (m/o), cha·lets; cha·let·je
de **chal·le**, chal·les
de **chal·lenge** (m), chal·len·ges
cham·bre·ren (ww), cham·breer, cham·breert; cham·breer·de, cham·breer·den; ge·cham·breerd
de **cha·mot·te**
de **cham·pag·ne**[1] (m) *(drank),* cham·pag·nes
cham·pag·ne[2] (bnw)
het **cham·pag·ne·glas**, cham·pag·ne·gla·zen
het **cham·pag·ne·ont·bijt**, cham·pag·ne·ont·bij·ten
de **cham·pag·ne·streek** *(streek waar champagne vandaan komt),* cham·pag·ne·stre·ken
de **cham·pig·non** (m), cham·pig·nons; cham·pig·non·ne·tje
de **cham·pig·non·saus**, cham·pig·non·sau·sen, cham·pig·non·sau·zen
de **cham·pig·non·soep**, cham·pig·non·soe·pen; cham·pig·non·soep·je
de **Cham·pi·ons League·wed·strijd** (m), Cham·pi·ons League·wed·strij·den
de **chan·ce** (v), chan·ces
het **chan·geant**[1]
chan·geant[2] (bnw)
Cha·noe·ka
het **cha·noe·ka·feest**, cha·noe·ka·fees·ten
het **chan·son**, chan·sons; chan·son·ne·tje
de **chan·son·nier** (m), chan·son·niers
de **chan·son·ni·è·re** (v), chan·son·ni·è·res

de **chan·ta·ge** (v), chan·ta·ges
chan·te·ren (ww), chan·teer, chan·teert; chan·teer·de, chan·teer·den; ge·chan·teerd
de **chan·teur** (m), chan·teurs
de **cha·oot**, cha·o·ten
de **cha·os** (m), cha·os·je
cha·o·tisch (bnw), cha·o·ti·sche
de **cha·pe** (v) *(ondervloer)*, cha·pes
de **cha·peau**[1] (m), cha·peaus
cha·peau[2] (tussenw)
de **cha·pe·ron** (m), cha·pe·rons
de **cha·pe·ron·ne** (v), cha·pe·ron·nes
de **cha·pi**, cha·pi's
de **cha·pi·spe·ler** (m), cha·pi·spe·lers
het **cha·pi·ter**, cha·pi·ters
de **chap·pe** *(zijde)*
chap·pen (ww), chap, chapt; chap·te, chap·ten; ge·chapt
de **cha·ra·de** (v), cha·ra·des
de **char·cu·te·rie** (v), charcuterieën [char·cu·te·rie·en]
de **char·don·nay** (m) *(wijn)*, char·don·nays
de **char·ge**, char·ges
char·gen (ww), charge, charget; charge·de, charge·te, charge·den, charge·ten; ge·charged, ge·charget
de **char·ger** (m), char·gers
char·ge·ren (ww), char·geer, char·geert; char·geer·de, char·geer·den; ge·char·geerd
het **cha·ris·ma**, cha·ris·ma's
cha·ris·ma·tisch (bnw), cha·ris·ma·ti·sche
cha·ri·ta·tief (bnw), cha·ri·ta·tie·ve
de **char·la·tan** (m), char·la·tans; char·la·tan·ne·tje
de **char·les·ton** (m), char·les·tons
char·mant (bnw), char·man·te
de **char·me** (m), char·mes
het **char·me·of·fen·sief**, char·me·of·fen·sie·ven
char·me·ren (ww), char·meer, char·meert; char·meer·de, char·meer·den; ge·char·meerd
de **char·meur** (m), char·meurs
de **chart** (m), charts
char·taal (bnw), char·ta·le
char·taal geld
het **char·ter**, char·ters; char·ter·tje
char·te·ren (ww), char·ter, char·tert; char·ter·de, char·ter·den; ge·char·terd
chas·si·disch (bnw), chas·si·di·sche
het **chas·sis**, chas·sis
het **chas·sis·num·mer**, chas·sis·num·mers
de **chat** (m), chats
de **chat·box** (m), chat·boxen
het **cha·teau**, cha·teaus; cha·teau·tje
de **cha·teau·bri·and** (m), cha·teau·bri·ands
de **chat·room** (m), chat·rooms
de **chat·taal**, chat·ta·len; chat·taal·tje
chat·ten (ww), chat, chat; chat·te, chat·ten; ge·chat
de **chauf·fa·ge** (v), chauf·fa·ges
de **chauf·fa·gist** (m), chauf·fa·gis·ten
chauf·fe·ren (ww), chauf·feer, chauf·feert; chauf·feer·de, chauf·feer·den; ge·chauf·feerd
de **chauf·feur** (m), chauf·feurs; chauf·feur·tje
de **chauf·feu·se** (v), chauf·feu·ses
het **chau·vi·nis·me**
de **chau·vi·nist** (m), chau·vi·nis·ten
de **cha·vis·ta**, cha·vis·ta's
de **check** (m), checks; check·je
de **check·box** (m), check·boxen
chec·ken (ww), check, checkt; check·te, check·ten; ge·checkt
de **check-in** (m), check-ins

de **check·list** (m), check·lists; check·list·je
het **check·point**, check·points
de **check-up** (m), check-ups
de **ched·dar** (m), ched·dars
de **cheer·lea·der**, cheer·lea·ders
de **cheese·cake** (m), cheese·cakes
de **chee·ta** (m), chee·ta's
de **chef** (m), chefs; chef·je
de **chef de cui·si·ne** (m), chef de cui·si·nes, chefs de cui·si·ne
de **chef d'équi·pe** (m), chef d'équi·pes, chefs d'équi·pe
de **chef-di·ri·gent** (m), chef-di·ri·gen·ten
de **chef·fin** (v), chef·fin·nen
de **chef-kok** (m), chef-koks
de **chef-sport** (m), chefs-sport
de **chef-staf** (m), chef-stafs, chefs-staf, chefs van sta·ven
de **chei·der** (m), chei·ders
de **chemicaliën** [che·mi·ca·li·en] (mv)
de **che·mi·cus** (m), che·mi·ci
de **che·mie** (v)
de **che·mie·reus** (m), che·mie·reu·zen
che·misch (bnw), che·mi·sche
de **che·mo**, che·mo's
de **che·mo·kuur**, che·mo·ku·ren; che·mo·kuur·tje
de **che·mo·the·ra·pie** (v), chemotherapieën [che·mo·the·ra·pie·en]
de **che·que** (m), che·ques; che·que·je
het **che·que·boek**, che·que·boe·ken; che·que·boek·je
de **cher·ry·to·maat**, cher·ry·to·ma·ten; cher·ry·to·maat·je
de **ches·ter·field** (m), ches·ter·fields
de **chi**, chi's
de **chi·an·ti** (m), chi·an·ti's
de **chic**[1] (m)
chic[2] (bnw), chi·que
de **chi·ca·ne**, chi·ca·nes
chi·ca·ne·ren (ww), chi·ca·neer, chi·ca·neert; chi·ca·neer·de, chi·ca·neer·den; ge·chi·ca·neerd
de **chick** (v), chicks; chick·je
de **chick·lit** (v)
het **chif·fon**
de **chig·non** (m), chig·nons
de **chi·hua·hua** (m), chi·hua·hua's
chi·kun·gun·ya
het **chi·kun·gu·nya·vi·rus**, chi·kun·gu·nya·vi·rus·sen
de **Chi·leen** (m), Chi·le·nen
de **chi·li** (m), chi·li's
de **chi·li con car·ne**
de **chi·li·pe·per** (m), chi·li·pe·pers; chi·li·pe·per·tje
de/het **chi·li·poe·der** (m/o), chi·li·poe·ders
de **chi·li·saus**, chi·li·sau·sen, chi·li·sau·zen
chil·len (ww), chil, chilt; chil·de, chil·den; ge·child
de **chill-out** (m)
de **chi·mae·ra** (v), chi·mae·ra's
de **chi·mè·re**, chi·mè·res
de **chim·pan·see** (m), chim·pan·sees; chim·pan·see·tje
de **chin·chil·la**[1] *(dier)*, chin·chil·la's
het **chin·chil·la**[2] *(bont)*
de **chi·nees** (m) *(restaurant)*, chi·ne·zen; chi·nees·je
de **Chi·nees**[1] (m) *(persoon)*, Chi·ne·zen; Chi·nees·je
het **Chi·nees**[2] *(taal)*
Chi·nees[3] (bnw), Chi·ne·se
chi·ne·zen (ww), chi·nees, chi·neest; chi·nees·de, chi·nees·den; ge·chi·neesd
de/het **chi·no**, chi·no's
de **chi·noi·se·rie** (v), chinoiserieën

[chi·noi·se·rie·en], chi·noi·se·ries
het **chintz**
de **chip** (m), chips; chip·je
de **chip·card** (m), chip·cards
de **chip·kaart**, chip·kaar·ten; chip·kaart·je
de **chip·knip**, chip·knip·pen, chip·knips
de **chi·po·la·ta**, chi·po·la·ta's
chip·pen (ww), chip, chipt; chip·te, chip·ten; ge·chipt
de **chip·pie** *(simkaart)*, chip·pies
de **chips** (mv)
de **chi·ro·prac·tor** (m), chi·ro·prac·tors
de **chi·ro·praxie** (v)
de **chi·rurg** (m), chi·rur·gen
de **chi·rur·gie** (v) *(ambacht)*
de **chi·rur·gijn** (m), chi·rur·gijns
chi·rur·gisch (bnw), chi·rur·gi·sche
de **chla·my·dia**
de/het **chloor** (m/o)
het **chlo·ri·de**, chlo·ri·den, chlo·ri·des
het **chlo·ri·de·ge·hal·te**, chlo·ri·de·ge·hal·ten, chlo·ri·de·ge·hal·tes
de **chlo·ro·form** (m)
het **chlo·ro·fyl**
de **choch·me** *(begrip, opmerking)*, choch·mes
de **cho·co** (m), cho·co's
de **cho·co·la** (m), chocolaatje [cho·co·la·tje]
de **cho·co·la·de** (m)
cho·co·la·de·bruin (bnw), cho·co·la·de·brui·ne
de **cho·co·la·de·cake** (m), cho·co·la·de·cakes
het **cho·co·la·de-ei**, cho·co·la·de-ei·e·ren; cho·co·la·de-ei·tje
het **cho·co·la·de-ijs**, cho·co·la·de-ijs·je
de **cho·co·la·de·let·ter**, cho·co·la·de·let·ters; cho·co·la·de·let·ter·tje
de **cho·co·la·de·melk**, cho·co·la·de·melk·je
de **cho·co·la·de·mous·se**, cho·co·la·de·mous·ses
cho·co·la·den (bnw)
de **cho·co·la·de·paas·haas** (m), cho·co·la·de·paas·ha·zen
de **cho·co·la·de·pud·ding** (m), cho·co·la·de·pud·din·gen
de **cho·co·la·de·reep** (m), cho·co·la·de·re·pen; cho·co·la·de·reep·je
de **cho·co·la·de·saus**, cho·co·la·de·sau·sen, cho·co·la·de·sau·zen
de **cho·co·la·de·taart**, cho·co·la·de·taar·ten; cho·co·la·de·taart·je
cho·co·la·kleu·rig (bnw), cho·co·la·kleu·ri·ge
de **cho·co·la·te·rie** (v), chocolaterieën [cho·co·la·te·rie·en]
de **cho·co·la·tier** (m), cho·co·la·tiers
de **cho·co·mel**, cho·co·mels
de **cho·co·melk**, cho·co·melk·je
de **cho·co·mous·se**, cho·co·mous·ses
de/het **cho·co·pas·ta** (m/o), cho·co·pas·ta's
de **choke** (m), chokes
cho·ken (ww), chook, chookt; chook·te, chook·ten; ge·chookt
de **cho·ker** (m), cho·kers; cho·ker·tje
de **chò·ler**, chò·lers
de **cho·le·ra**
de **cho·le·ra-epi·de·mie** (v), cholera-epidemieën [cho·le·ra-epi·de·mie·en]
de **cho·les·te·rol** (m)
het **cho·les·te·rol·ge·hal·te**, cho·les·te·rol·ge·hal·ten,

cho·les·te·rol·ge·hal·tes
cho·les·te·rol·ver·ho·gend (bnw), cho·les·te·rol·ver·ho·gen·de
cho·les·te·rol·ver·la·gend (bnw), cho·les·te·rol·ver·la·gen·de
de **chol·ler**, chol·lers
cho·quant (bnw), cho·quan·te
cho·que·ren (ww), cho·queer, cho·queert; cho·queer·de, cho·queer·den; ge·cho·queerd
de **cho·reo·graaf** (m), cho·reo·gra·fen
de **cho·reo·gra·fe** (v), cho·reo·gra·fes
cho·reo·gra·fe·ren (ww), cho·reo·gra·feer, cho·reo·gra·feert; cho·reo·gra·feer·de, cho·reo·gra·feer·den; ge·cho·reo·gra·feerd
de **cho·reo·gra·fie** (v), choreografieën [cho·reo·gra·fie·en]; cho·reo·gra·fie·tje
de **cho·ri·zo** (m), cho·ri·zo's
de **cho·se** (v), cho·ses
de **chou·crou·te**, chou·crou·tes
chr. (bnw) *(christelijk)*
het **chris·ma**, chris·ma·ta
chris·te·lijk (bnw), chris·te·lij·ke
de **chris·ten** (m), chris·te·nen
de **chris·ten·de·mo·craat** (m), chris·ten·de·mo·cra·ten
de **chris·ten·de·mo·cra·tie** (v), christendemocratieën [chris·ten·de·mo·cra·tie·en]
chris·ten·de·mo·cra·tisch (bnw), chris·ten·de·mo·cra·ti·sche
het **chris·ten·dom**
de **chris·ten·hond** (m), chris·ten·hon·den
het **christen-zijn**
de **chris·to·lo·gie** (v)
de **chris·tus** (m) *(afbeelding)*, chris·tus·sen; chris·tus·je
Chris·tus
Chris·tus: na Christus
het **Chris·tus·beeld**, Chris·tus·beel·den; Chris·tus·beeld·je
de **Chris·tus·fi·guur**, Chris·tus·fi·gu·ren; Chris·tus·fi·guur·tje
de **chro·ma**, chro·ma's
chro·men (bnw)
het **chro·mo·soom**, chro·mo·so·men; chro·mo·soom·pje
de **chro·ni·ci·teit** (v)
de **chro·ni·queur** (m), chro·ni·queurs
chro·nisch (bnw), chro·ni·sche
de **chro·no** (m), chro·no's
de **chro·no·graaf** (m), chro·no·gra·fen
de **chro·no·lo·gie** (v), chronologieën [chro·no·lo·gie·en]
chro·no·lo·gisch (bnw), chro·no·lo·gi·sche
de **chro·no·me·ter** (m), chro·no·me·ters
chro·no·me·tre·ren (ww), chro·no·me·treer, chro·no·me·treert; chro·no·me·treer·de, chro·no·me·treer·den; ge·chro·no·me·treerd
het **chroom**
de **chry·sant**, chry·san·ten; chry·sant·je
de **chu·chu·bi**, chu·chu·bi's
de **chut·ney** (m), chut·neys
de **cia·bat·ta** (m), cia·bat·ta's
ci·ao (tussenw)
ci·ble·ren (ww), ci·bleer, ci·bleert; ci·bleer·de, ci·bleer·den; ge·ci·bleerd
de **ci·bo·rie** (v), ciboriën [ci·bo·ri·en], ci·bo·ries
de **ci·ca·de** (v), ci·ca·den, ci·ca·des

de **ci·ce·ro·ne**, ci·ce·ro·nes
de **ci·cho·rei**
de **ci·der** (m), ci·ders; ci·der·tje
de **ci·ga·ril·lo**, ci·ga·ril·lo's
het **cij·fer**, cij·fers; cij·fer·tje
cij·fe·ren (ww), cij·fer, cij·fert; cij·fer·de, cij·fer·den; ge·cij·ferd
de **cij·fer·lijst**, cij·fer·lijs·ten; cij·fer·lijst·je
het **cij·fer·ma·te·ri·aal**, cij·fer·ma·te·ri·a·len
de **cij·fer·reeks**, cij·fer·reek·sen
het **cij·fer·schrift**, cij·fer·schrif·ten
de **cijns** (m), cijn·zen
de **ci·lin·der** (m), ci·lin·ders; ci·lin·der·tje
het **ci·lin·der·glas**, ci·lin·der·gla·zen; ci·lin·der·glaas·je
de **ci·lin·der·in·houd** (m), ci·lin·der·in·hou·den
het **ci·lin·der·slot**, ci·lin·der·slo·ten; ci·lin·der·slot·je
ci·lin·drisch (bnw), ci·lin·dri·sche
de **cim·baal**, cim·ba·len; cim·baal·tje
de **ci·ne·ast** (m), ci·ne·as·ten; ci·ne·ast·je
de **ci·ne·club**, ci·ne·clubs
de **ci·ne·fiel** (m), ci·ne·fie·len
de **ci·ne·ma** (m), ci·ne·ma's; cinemaatje [ci·ne·ma·tje]
de **ci·ne·ma·to·gra·fie** (v), cinematografieën [ci·ne·ma·to·gra·fie·en]
de **ci·pier** (m), ci·piers; ci·pier·tje
de **ci·pres** (m), ci·pres·sen; ci·pres·je
cir·ca (bijw)
de **cir·con·flexe** (m), cir·con·flexes
het **cir·cuit**, cir·cuits; cir·cuit·je
cir·cu·lair (bnw), cir·cu·lai·re
de **cir·cu·lai·re**, cir·cu·lai·res
de **cir·cu·la·tie** (v), cir·cu·la·ties
cir·cu·le·ren (ww), cir·cu·leer, cir·cu·leert; cir·cu·leer·de, cir·cu·leer·den; ge·cir·cu·leerd
de/het **cir·cum·flex** (m/o), cir·cum·flexen
de/het **cir·cus** (m/o), cir·cus·sen; cir·cus·je
de **cir·cus·ar·tiest** (m), cir·cus·ar·ties·ten
de **cir·cus·voor·stel·ling** (v), cir·cus·voor·stel·lin·gen
de **cir·kel** (m), cir·kels; cir·kel·tje
het **cir·kel·di·a·gram**, cir·kel·di·a·gram·men
cir·ke·len (ww), cir·kel, cir·kelt; cir·kel·de, cir·kel·den; ge·cir·keld
de **cir·ro·se** (v)
de **cis**, cis·sen
ci·se·le·ren (ww), ci·se·leer, ci·se·leert; ci·se·leer·de, ci·se·leer·den; ge·ci·se·leerd
de **cisterciënzer**[1] [cis·ter·ci·en·zer] (m), cisterciënzers [cis·ter·ci·en·zers]
cisterciënzer[2] [cis·ter·ci·en·zer] (bnw)
het **cisterciënzerklooster** [cis·ter·ci·en·zer·kloos·ter], cisterciënzerkloosters [cis·ter·ci·en·zer·kloos·ters]
de **cis·tern** (m), cis·terns
de **cis·ter·ne**, cis·ter·nen
het **cis·tern·sys·teem**, cis·tern·sys·te·men
het **cis·tern·wa·ter**
het **ci·taat**, ci·ta·ten; ci·taat·je
de **ci·ta·del**, ci·ta·del·len, ci·ta·dels
de **ci·ta·tie** (v), ci·ta·ties
de **ci·té**, ci·tés
de **ci·ter**, ci·ters; ci·ter·tje
ci·te·ren (ww), ci·teer, ci·teert; ci·teer·de, ci·teer·den; ge·ci·teerd
de **ci·ter·ne** (v), ci·ter·nes
ci·to (bnw) *(met spoed; spoedeisend)*
het **ci·to·ge·val**, ci·to·ge·val·len

ci·to pres·to (bijw)
de **Ci·to-sco·re** (m), Ci·to-sco·res
de **Ci·to-toets** (m), Ci·to-toet·sen
de **ci·troen**, ci·troe·nen; ci·troen·tje
het **ci·troen·gras**, ci·troen·gras·sen
de **ci·troen·me·lis·se**
het **ci·troen·sap**, ci·troen·sap·pen
de **ci·trus** (m)
de **ci·trus·pers**, ci·trus·per·sen
de **ci·trus·plant** (m), ci·trus·plan·ten
de **ci·ty**, ci·ty's
de **ci·ty·mar·ke·ting**
de **ci·ty·trip** (m), ci·ty·trips; ci·ty·trip·je
de/het **ci·vet**, ci·vet·ten
ci·viel (bnw), ci·vie·le
de **ci·viel in·ge·ni·eur** (m), ci·viel in·ge·ni·eurs
ci·viel recht
ci·viel·rech·te·lijk (bnw), ci·viel·rech·te·lij·ke
de **ci·vi·li·sa·tie** (v), ci·vi·li·sa·ties
cl *(centiliter)*
de **cla·fou·tis** (m)
de **claim** (m), claims; claim·pje
de **claim·emis·sie** (v), claim·emis·sies
clai·men (ww), claim, claimt; claim·de, claim·den; ge·claimd
het **clair-ob·scur**
de **clan** (m), clans
clan·des·tien (bnw), clan·des·tie·ne
de **cla·que**, cla·ques
de **clark** (m), clarks; clark·je
de **clash** (m), cla·shes
cla·shen (ww), clash, clasht; clash·te, clash·ten; ge·clasht
de **clas·seur** (m), clas·seurs
de **clas·sic** (m), clas·sics
het **clas·si·cis·me**
clas·si·cis·tisch (bnw), clas·si·cis·ti·sche
de **clas·si·cus** (m), clas·si·ci
de **clas·si·fi·ca·tie** (v), clas·si·fi·ca·ties
clas·si·fi·ce·ren (ww), clas·si·fi·ceer, clas·si·fi·ceert; clas·si·fi·ceer·de, clas·si·fi·ceer·den; ge·clas·si·fi·ceerd
de **clas·si·fi·ce·ring** (v), clas·si·fi·ce·rin·gen
de **clas·sis** (v), clas·sen, clas·ses
de **claus** (v), clau·sen; claus·je
de **claus·tro·fo·bie** (v)
claus·tro·fo·bisch (bnw), claus·tro·fo·bi·sche
de **clau·su·le**, clau·su·les
de **cla·ve**, cla·ves
de **claxon** (m), claxons; claxon·ne·tje
claxon·ne·ren (ww), claxon·neer, claxon·neert; claxon·neer·de, claxon·neer·den; ge·claxon·neerd
clean (bnw), clea·ne
de **clean·room** (m), clean·rooms
clea·ren (ww), clear, cleart; clear·de, clear·den; ge·cleard
cle·ment (bnw), cle·men·te
de **cle·men·tie** (v)
de **cle·men·ti·ne** (v), cle·men·ti·nes; cle·men·ti·ne·tje
de **cle·ri·cus** (m), cle·ri·ci
de **cle·rus** (m)
het **cli·ché**, cli·chés; clicheetje [cli·ché·tje]
cli·ché·ma·tig (bnw), cli·ché·ma·ti·ge
de **click** (m), clicks
clic·ken (ww), click, clickt; click·te, click·ten; ge·clickt
de **cliënt** [cli·ent] (m), cliënten [cli·en·ten]; cliëntje [cli·ent·je]
de **cliënte** [cli·en·te] (v), cliëntes [cli·en·tes]
het **cliënteel** [cli·en·teel], cliëntelen [cli·en·te·len]

de **cli·en·tè·le**, cli·en·tè·les
het **cliëntelisme** [cli·en·te·lis·me]
de **cliëntenraad** [cli·en·ten·raad] (m), cliëntenraden [cli·en·ten·ra·den]
de **cliff·han·ger** (m), cliff·han·gers; cliff·han·ger·tje
de **cli·max** (m), cli·maxen; cli·max·je
de **clinch** (m)
de **cli·nic**, cli·nics
de **cli·ni·clown** (m), cli·ni·clowns
de **cli·ni·cus** (m), cli·ni·ci
de **clip** (m), clips; clip·je
de **clip·per** (m), clip·pers; clip·per·tje
de **cli·que** (v), cli·ques; cli·que·je
de **cli·to·ris** (v), cli·to·res, cli·to·ris·sen; cli·to·ris·je
de **cli·via**, cli·vi·a's; cliviaatje [cli·via·tje]
de **clo·a·ca**, clo·a·ca's
de **clo·chard** (m), clo·chards
de **clo·che** (m), clo·ches
het **cloi·son·né**
close (bnw)
de **close har·mo·ny** (m)
de/het **close rea·ding** (m/o)
het **clo·set**, clo·sets
de **clo·set·rol**, clo·set·rol·len; clo·set·rol·le·tje
de **clo·set·rol·hou·der** (m), clo·set·rol·hou·ders
de **close-up** (m), close-ups; close-up·je
de **clou** (m), clous; clou·tje
de **cloud** (m), clouds; cloud·je
de **clown** (m), clowns; clown·tje
de **clow·ne·rie** (v), clownerieën [clow·ne·rie·en]; clow·ne·rie·tje
clow·nesk (bnw), clow·nes·ke
het **clowns·duo**, clowns·du·o's
het **clowns·pak**, clowns·pak·ken; clowns·pak·je
de **club**[1] (m) *(zetel)*, clubs; club·je
de **club**[2] *(andere betekenissen)*, clubs; club·je
het **club·em·bleem**, club·em·ble·men
de **club·fau·teuil** (m), club·fau·teuils
het **club·ge·bouw**, club·ge·bou·wen; club·ge·bouw·tje
het **club·huis**, club·hui·zen; club·huis·je
de **club·lei·der** (m), club·lei·ders
de **club·lei·ding** (v), club·lei·din·gen
het **club·lid**, club·le·den
het **club·lied**, club·lie·de·ren
de **club·sand·wich** (m), club·sand·wi·ches
het **clup·pie**, clup·pies
de/het **clus·ter** (m/o), clus·ters; clus·ter·tje
clus·te·ren (ww), clus·ter, clus·tert; clus·ter·de, clus·ter·den; ge·clus·terd
de **clus·te·ring** (v), clus·te·rin·gen
de **clutch**, clut·ches
cm *(centimeter)*
de **CO_2-uit·stoot** (m)
de **coach** (m), coa·ches
coa·chen (ww), coach, coacht; coach·te, coach·ten; ge·coacht
de **coa·ching**
het **coa·ching·ge·sprek**, coa·ching·ge·sprek·ken
de **coa·ching·ses·sie** (v), coa·ching·ses·sies
het **coa·chings·ge·sprek**, coa·chings·ge·sprek·ken
het **coa·chings·tra·ject**, coa·chings·tra·jec·ten
het **coa·ching·tra·ject**, coa·ching·tra·jec·ten
de **coach-trai·ner** (m), coach-trai·ners
de **co·ac·teur** (m), co·ac·teurs
de **co·ad·ju·tor** (m), co·ad·ju·to·ren, co·ad·ju·tors

de **co·a·li·tie** (v), co·a·li·ties
het **co·a·li·tie·ka·bi·net**, co·a·li·tie·ka·bi·net·ten
de **co·a·li·tie·lei·der** (m), co·a·li·tie·lei·ders
het **co·a·li·tie·lid**, co·a·li·tie·le·den
de **co·a·li·tie·par·tij** (v), co·a·li·tie·par·tij·en; co·a·li·tie·par·tij·tje
de **co·a·li·tie·part·ner** (m), co·a·li·tie·part·ners
de **co·a·li·tie·re·ge·ring** (v), co·a·li·tie·re·ge·rin·gen
de **co·a·li·tie·top** (m), co·a·li·tie·top·pen
de **co·a·li·tie·top·per** (m), co·a·li·tie·top·pers
het **co·a·li·tie·ver·band**
de **co·as·sis·tent** (m), co·as·sis·ten·ten
coa·ten (ww), coat, coat; coat·te, coat·ten; ge·coat
de **coa·ting** (m), coa·tings
de **co·au·teur** (m), co·au·teurs
de **co·ax** (m), co·axen
de **co·ax·ka·bel** (m), co·ax·ka·bels
de **co·bra** *(slang)*, co·bra's; cobraatje [co·bra·tje]
Co·bra *(kunstenaarscollectief (Copenhagen, Brussel, Amsterdam))*
de **co·ca**[1] *(cocablad)*
de **co·ca**[2] *(struik)*, co·ca's
de **cocaïne** [co·ca·i·ne]
de **cocaïnehandel** [co·ca·i·ne·han·del] (m)
de **cocaïnemaffia** [co·ca·i·ne·maf·fia], cocaïnemaffia's [co·ca·i·ne·maf·fi·a's]
de **coc·ce·jaan** (m), coc·ce·ja·nen
de **coc·cus** (m), coc·ci
de **cockerspaniël** [coc·ker·spa·ni·el] (m), cockerspaniëls [coc·ker·spa·ni·els]
de **cock·ney** (m) *(persoon)*, cock·neys
het **Cock·ney** *(dialect)*
de **cock·pit** (m), cock·pits; cock·pit·je
de **cock·tail** (m), cock·tails; cock·tail·tje
de **cock·tail·bar**, cock·tail·bars
de **cock·tail·jurk**, cock·tail·jur·ken; cock·tail·jurk·je
de **cock·tail·prik·ker** (m), cock·tail·prik·kers; cock·tail·prik·ker·tje
de **cock·tail·saus**, cock·tail·sau·sen, cock·tail·sau·zen
de **co·co** (m), co·co's
de **co·com·men·ta·tor** (m), co·com·men·ta·to·ren, co·com·men·ta·tors
de **co·con** (m), co·cons; co·con·ne·tje
co·coo·nen (ww), co·coon, co·coont; co·coon·de, co·coon·den; ge·co·coond
de **co·cot·te** (v), co·cot·tes
de **co·cre·a·tie** (v), co·cre·a·ties
cocreëren [co·cre·e·ren] (ww), cocreëer [co·cre·eer], cocreëert [co·cre·eert]; cocreëerde [co·cre·eer·de], cocreëerden [co·cre·eer·den]; gecocreëerd [ge·co·cre·eerd]
de **co·da**, co·da's
de **co·de** (m), co·des; co·de·tje
de **co·dec** (m), co·decs
de **co·de·ci·sie** (v)
de **codeïne** [co·de·i·ne]
het **co·de·num·mer**, co·de·num·mers
co·de·ren (ww), co·deer, co·deert; co·deer·de, co·deer·den; ge·co·deerd
de **co·de·ring** (v), co·de·rin·gen
het **co·de·rings·sys·teem**, co·de·rings·sys·te·men
het **co·de·te·le·gram**,

C

co·de·te·le·gram·men
de **co·deur** (m), co·deurs
de **co·dex** (m), co·di·ces
het **co·di·cil**, co·di·cil·len, co·di·cils
de **co·di·co·lo·gie** (v)
de **co·di·fi·ca·tie** (v), co·di·fi·ca·ties
co·di·fi·ce·ren (ww), co·di·fi·ceer, co·di·fi·ceert; co·di·fi·ceer·de, co·di·fi·ceer·den; ge·co·di·fi·ceerd
de **co·di·rec·teur** (m), co·di·rec·teu·ren, co·di·rec·teurs
de **co-edu·ca·tie** (v)
de **coëfficiënt** [co·ef·fi·ci·ent] (m), coëfficiënten [co·ef·fi·ci·en·ten]
de **coe·li·a·kie** (v)
het **co-en·zym**, co-en·zy·men
de **co-exis·ten·tie** (v)
co-exis·te·ren (ww), co-exis·teer, co-exis·teert; co-exis·teer·de, co-exis·teer·den; ge·co-exis·teerd
de **co·fac·tor** (m), co·fac·to·ren
de **cof·fee·shop** (m), cof·fee·shops; cof·fee·shop·je
de **coffeïne** [cof·fe·i·ne]
co·fi·nan·cie·ren (ww), co·fi·nan·cier, co·fi·nan·ciert; co·fi·nan·cier·de, co·fi·nan·cier·den; ge·co·fi·nan·cierd
de **co·fi·nan·cie·ring** (v), co·fi·nan·cie·rin·gen
de **cog·nac** (m), cog·nacs; cog·nac·je
de **cog·ni·tie** (v)
cog·ni·tief (bnw), cog·ni·tie·ve
het **cog·nos·se·ment**, cog·nos·se·men·ten
de **co·ha·bi·ta·tie** (v), co·ha·bi·ta·ties
co·he·rent (bnw), co·he·ren·te
de **co·he·ren·tie** (v)
de **co·he·sie** (v)
de/het **co·hort**, co·hor·ten
de **co·hor·te**, co·hor·ten
de **co·hou·sing**
coif·fe·ren (ww), coif·feer, coif·feert; coif·feer·de, coif·feer·den; ge·coif·feerd
de **coif·feur** (m), coif·feurs; coif·feur·tje
de **coif·feu·se** (v), coif·feu·ses; coif·feu·se·je, coif·feu·se·tje
de **coif·fu·re**, coif·fu·res
de **coïncidentie** [co·in·ci·den·tie] (v), coïncidenties [co·in·ci·den·ties]
de **coin·treau** (m), coin·treaus; coin·treau·tje
coïteren [co·i·te·ren] (ww), coïteer [co·i·teer], coïteert [co·i·teert]; coïteerde [co·i·teer·de], coïteerden [co·i·teer·den]; gecoïteerd [ge·co·i·teerd]
de **coïtus** [co·i·tus] (m)
de **coke** (m), cokes
de **cokes**
de **cokes·fa·briek** (v), cokes·fa·brie·ken
de **col** (m), cols; col·le·tje
de **co·la** (m), co·la's; colaatje [co·la·tje]
de **co·la-es·sen·ce**, co·la-es·sen·cen, co·la-es·sen·ces
de **co·la·fles**, co·la·fles·sen; co·la·fles·je
de/het **col·bert** (m/o), col·berts; col·bert·je
de **col·bert·jas**, col·bert·jas·sen; col·bert·jas·je
de **cold case** (m), cold ca·ses
het **cold·case·team**, cold·case·teams
de **cold tur·key**
de **co·lei·der** (m), co·lei·ders
de **co·lè·re** (v), co·lè·res
de **col·la·bo·ra·teur** (m), col·la·bo·ra·teurs
de **col·la·bo·ra·tie** (v), col·la·bo·ra·ties
col·la·bo·ra·tief (bnw),

col·la·bo·ra·tie·ve
col·la·bo·re·ren (ww), col·la·bo·reer, col·la·bo·reert; col·la·bo·reer·de, col·la·bo·reer·den; ge·col·la·bo·reerd
de **col·la·ge** (v), col·la·ges
col·la·ge·ach·tig (bnw), col·la·ge·ach·ti·ge
het **col·la·geen**, col·la·ge·nen
de **col·lant** (m), col·lants
de **col·laps** (m), col·lap·sen
col·la·ti·o·ne·ren (ww), col·la·ti·o·neer, col·la·ti·o·neert; col·la·ti·o·neer·de, col·la·ti·o·neer·den; ge·col·la·ti·o·neerd
de **col·lect call**, col·lect calls
de **col·lec·te**, col·lec·ten, col·lec·tes
de **col·lec·te·bus**, col·lec·te·bus·sen; col·lec·te·bus·je
col·lec·te·ren (ww), col·lec·teer, col·lec·teert; col·lec·teer·de, col·lec·teer·den; ge·col·lec·teerd
de **col·lec·tie** (v), col·lec·ties; col·lec·tie·tje
het **col·lec·tief**[1], col·lec·tie·ven; col·lec·tief·je
col·lec·tief[2] (bnw), col·lec·tie·ve
col·lec·tie·ve ar·beids·over·een·komst
de **col·lec·tie·ve·las·ten·druk** (m)
de **col·lec·tie·vor·ming** (v), col·lec·tie·vor·min·gen
col·lec·ti·o·ne·ren (ww), col·lec·ti·o·neer, col·lec·ti·o·neert; col·lec·ti·o·neer·de, col·lec·ti·o·neer·den; ge·col·lec·ti·o·neerd
de **col·lec·ti·o·neur** (m), col·lec·ti·o·neurs
de **col·lec·ti·vi·teit** (v), col·lec·ti·vi·tei·ten
de **col·lec·tor** (m), col·lec·to·ren, col·lec·tors
het **col·lec·tor's item**, col·lec·tor's items
de **col·lec·tri·ce** (v), col·lec·tri·ces
de **col·le·ga** (m), col·le·gae, col·le·ga's; collegaatje [col·le·ga·tje]
de **col·le·ga-ar·chi·tect** (m), col·le·ga-ar·chi·tec·ten
de **col·le·ga-jour·na·list** (m), col·le·ga-jour·na·lis·ten
de **col·le·ga-on·der·ne·mer** (m), col·le·ga-on·der·ne·mers
de **col·le·ga-on·der·zoe·ker** (m), col·le·ga-on·der·zoe·kers
de **col·le·ga-wet·hou·der** (m), col·le·ga-wet·hou·ders
het **col·le·ge**, col·le·ges
de **col·le·ge·bank**, col·le·ge·ban·ken; col·le·ge·bank·je
het **col·le·ge·dic·taat**, col·le·ge·dic·ta·ten
het **col·le·ge·geld**, col·le·ge·gel·den
col·le·ge van B en W
col·le·ge van bur·ge·mees·ter en sche·pe·nen
de **col·le·ge·zaal**, col·le·ge·za·len; col·le·ge·zaal·tje
col·le·gi·aal (bnw), col·le·gi·a·le
de **col·le·gi·a·li·teit** (v), col·le·gi·a·li·tei·ten
het **col·le·gi·um**, col·le·gia
het **col·li**, col·li's; collietje [col·li·tje]
col·li·de·ren (ww), col·li·deer, col·li·deert; col·li·deer·de, col·li·deer·den; ge·col·li·deerd
de **col·lie** (m), col·lies; col·lie·tje
de/het **col·lier** (m/o), col·liers; col·lier·tje
de **col·li·sie** (v), col·li·sies
het **col·lo**, col·li
de **col·lo·ca·tie** (v), col·lo·ca·ties
de/het **colloïde** [col·lo·i·de], colloïden

[col·lo·i·den]
col·lo·que·ren (ww), col·lo·queer, col·lo·queert; col·lo·queer·de, col·lo·queer·den; ge·col·lo·queerd
het **col·lo·qui·um**, col·lo·quia
de **col·lu·sie** (v), col·lu·sies
de/het **co·lo·fon** (m/o), co·lo·fons
de **Co·lom·bi·aan** (m), Co·lom·bi·a·nen
Co·lom·bi·aans (bnw), Co·lom·bi·aan·se
de/het **co·lon** (m/o), co·lons; co·lon·ne·tje
de **co·lon·na·de** (v), co·lon·na·des
de **co·lon·ne**, co·lon·nes; co·lon·ne·tje
de **co·lo·no·sco·pie** (v), colonoscopieën [co·lo·no·sco·pie·en]
de **co·lo·ra·do·ke·ver** (m), co·lo·ra·do·ke·vers
de **co·lo·ra·tuur** (v), co·lo·ra·tu·ren; co·lo·ra·tuur·tje
het **co·lo·riet**, co·lo·rie·ten
de **co·lo·rist** (m), co·lo·ris·ten
de **co·lo·sco·pie** (v), coloscopieën [co·lo·sco·pie·en]
het **co·los·trum**
de **col·por·ta·ge·ro·man** (m), col·por·ta·ge·ro·mans
col·por·te·ren (ww), col·por·teer, col·por·teert; col·por·teer·de, col·por·teer·den; ge·col·por·teerd
de **col·por·teur** (m), col·por·teurs
de **colt** (m), colts; colt·je
de **col·trui**, col·trui·en; col·trui·tje
het **co·lum·ba·ri·um**, co·lum·ba·ria, co·lum·ba·ri·ums
de **co·lumn** (m), co·lumns; co·lumn·pje
de **co·lum·nist** (m), co·lum·nis·ten; co·lum·nist·je
de/het **co·ma**, co·ma's
co·ma·teus (bnw), co·ma·teu·ze
co·ma·zui·pen (ww)
de **com·bat·tant** (m), com·bat·tan·ten
com·bat·tief (bnw), com·bat·tie·ve
de **com·bi** (m), com·bi's
de **com·bi·ke·tel** (m), com·bi·ke·tels
de **com·bi·mag·ne·tron** (m), com·bi·mag·ne·trons
de **com·bi·na·tie** (v), com·bi·na·ties
de **com·bi·na·tie·klas** (v), com·bi·na·tie·klas·sen
het **com·bi·na·tie·vac·cin**, com·bi·na·tie·vac·cins
de **com·bi·ne**[1] (v) *(samenwerking)*, com·bi·nes
de **com·bine**[2] *(landbouwmachine)*, com·bines
com·bi·neer·baar (bnw), com·bi·neer·ba·re
com·bi·ne·ren (ww), com·bi·neer, com·bi·neert; com·bi·neer·de, com·bi·neer·den; ge·com·bi·neerd
de **com·bi·oven** (m), com·bi·ovens
de/het **com·bo** (m/o), com·bo's; combootje [com·bo·tje]
de **come·back** (m), come·backs; come·back·je
Co·me·con
de **co·me·di·an** (m), co·me·di·ans
de **co·me·di·ca·tie** (v), co·me·di·ca·ties
de **co·mé·di·en·ne** (v), co·mé·di·en·nes
de **co·me·dy**, co·me·dy's
het **com·fort**, com·forts; com·fort·je
com·for·ta·bel (bnw), com·for·ta·be·le
de **com·fort·zone**, com·fort·zones
de **co·mic** (m), co·mics; co·mic·je
de **co·ming man** (m), co·ming men
de **co·ming-out** (m), co·ming-outs

C

het **co·mi·té**, co·mi·tés; comiteetje [co·mi·té·tje]
het **co·mi·té-ge·ne·raal**, co·mi·tés-ge·ne·raal
de **co·mi·teit** (v), co·mi·tei·ten
de **com·man·dant** (m), com·man·dan·ten
com·man·de·ren (ww), com·man·deer, com·man·deert; com·man·deer·de, com·man·deer·den; ge·com·man·deerd
de **com·man·de·rij** (v), com·man·de·rij·en
de **com·man·deur** (m), com·man·deurs
com·man·di·tair (bnw), com·man·di·tai·re
com·man·di·tai·re ven·noot·schap
de **com·man·di·te**, com·man·di·tes
de **com·man·do**[1] (m) *(soldaat)*, com·man·do's
het **com·man·do**[2] *(opdracht; eenheid)*, com·man·do's
de **com·man·do·ac·tie** (v), com·man·do·ac·ties
de **com·me·dia dell'ar·te**
com·me il faut (bijw)
de **com·men·saal** (m), com·men·saals, com·men·sa·len; com·men·saal·tje
de/het **com·men·taar** (m/o), com·men·ta·ren; com·men·taar·tje
commentariëren [com·men·ta·ri·e·ren] (ww), com·men·ta·ri·eer, com·men·ta·ri·eert; com·men·ta·ri·eer·de, com·men·ta·ri·eer·den; ge·com·men·ta·ri·eerd
de **com·men·ta·tor** (m), com·men·ta·to·ren, com·men·ta·tors
de **com·mer·çant** (m), com·mer·çan·ten
de **com·mer·ce** (m)
de **com·mer·ci·al** (m), com·mer·ci·als
de **com·mer·ci·a·li·sa·tie** (v), com·mer·ci·a·li·sa·ties
com·mer·ci·a·li·se·ren (ww), com·mer·ci·a·li·seer, com·mer·ci·a·li·seert; com·mer·ci·a·li·seer·de, com·mer·ci·a·li·seer·den; ge·com·mer·ci·a·li·seerd
de **com·mer·ci·a·li·se·ring** (v), com·mer·ci·a·li·se·rin·gen
de **com·mer·ci·a·li·teit** (v), com·mer·ci·a·li·tei·ten
de **com·mer·cie** (v)
com·mer·ci·eel (bnw), commerciële [com·mer·ci·e·le]
Com·me·wijns (bnw), Com·me·wijn·se
de **com·mies** (m), com·mie·zen
het **com·mis·sa·ri·aat**, com·mis·sa·ri·a·ten; com·mis·sa·ri·aat·je
de **com·mis·sa·ris** (m), com·mis·sa·ris·sen; com·mis·sa·ris·je
de **com·mis·sa·ris-ge·ne·raal** (m), com·mis·sa·ris·sen-ge·ne·raal
com·mis·sa·ris van de Ko·ning
de **com·mis·sie** (v), com·mis·sies; com·mis·sie·tje
het **com·mis·sie·loon**, com·mis·sie·lo·nen
de **com·mis·sie·ver·ga·de·ring** (v), com·mis·sie·ver·ga·de·rin·gen
de **com·mis·si·o·nair** (m), com·mis·si·o·nairs
de **com·mis·si·o·ne·ring** (v)
de **com·mit·ment** (m),

com·mit·ments

de **com·mit·tent** (m), com·mit·ten·ten

com·mit·te·ren (ww), com·mit·teer, com·mit·teert; com·mit·teer·de, com·mit·teer·den; ge·com·mit·teerd

de **com·mo·de** (v), com·mo·des

de **com·mo·di·fi·ca·tie** (v), com·mo·di·fi·ca·ties

de **com·mo·di·ty**, com·mo·di·ty's

de **com·mo·tie** (v), com·mo·ties

com·mu·nau·tair (bnw), com·mu·nau·tai·re

de **com·mu·nau·ta·ri·se·ring** (v), com·mu·nau·ta·ri·se·rin·gen

de **com·mu·nau·teit** (v), com·mu·nau·tei·ten

de **com·mu·ne** (m), com·mu·nes; com·mu·ne·tje

de **com·mu·ni·cant** (m), com·mu·ni·can·ten; com·mu·ni·cant·je

de **com·mu·ni·ca·tie** (v), com·mu·ni·ca·ties

de **com·mu·ni·ca·tie·ac·tie** (v), com·mu·ni·ca·tie·ac·ties

het **com·mu·ni·ca·tie·ad·vies**, com·mu·ni·ca·tie·ad·vie·zen

de **com·mu·ni·ca·tie·ad·vi·seur** (m), com·mu·ni·ca·tie·ad·vi·seurs

de **com·mu·ni·ca·tie·af·de·ling** (v), com·mu·ni·ca·tie·af·de·lin·gen

het **com·mu·ni·ca·tie·be·drijf**, com·mu·ni·ca·tie·be·drij·ven; com·mu·ni·ca·tie·be·drijf·je

com·mu·ni·ca·tief (bnw), com·mu·ni·ca·tie·ve

het **com·mu·ni·ca·tie-in·stru·ment**, com·mu·ni·ca·tie-in·stru·men·ten

de **com·mu·ni·ca·tie·kloof**, com·mu·ni·ca·tie·klo·ven

de **com·mu·ni·ca·tie·ma·na·ger** (m), com·mu·ni·ca·tie·ma·na·gers

de **com·mu·ni·ca·tie·me·de·wer·ker** (m), com·mu·ni·ca·tie·me·de·wer·kers

het **com·mu·ni·ca·tie·me·di·um**, com·mu·ni·ca·tie·me·dia

het **com·mu·ni·ca·tie·mid·del**, com·mu·ni·ca·tie·mid·de·len

de **com·mu·ni·ca·tie·op·lei·ding** (v), com·mu·ni·ca·tie·op·lei·din·gen

het **com·mu·ni·ca·tie·plan**, com·mu·ni·ca·tie·plan·nen

het **com·mu·ni·ca·tie·sys·teem**, com·mu·ni·ca·tie·sys·te·men; com·mu·ni·ca·tie·sys·teem·pje

de **com·mu·ni·ca·tie-ui·ting** (v), com·mu·ni·ca·tie-ui·tin·gen

com·mu·ni·ca·tie·vaar·dig (bnw), com·mu·ni·ca·tie·vaar·di·ge

de **com·mu·ni·ca·tie·ver·ant·woor·de·lij·ke**, com·mu·ni·ca·tie·ver·ant·woor·de·lij·ken

de **com·mu·ni·ca·tor** (m), com·mu·ni·ca·to·ren, com·mu·ni·ca·tors

com·mu·ni·ce·ren (ww), com·mu·ni·ceer, com·mu·ni·ceert; com·mu·ni·ceer·de, com·mu·ni·ceer·den; ge·com·mu·ni·ceerd

de **com·mu·nie** (v), communiën [com·mu·ni·en], com·mu·nies

het **com·mu·nie·feest**, com·mu·nie·fees·ten; com·mu·nie·feest·je

het **com·mu·ni·qué**, com·mu·ni·qués; communiqueetje [com·mu·ni·qué·tje]

het **com·mu·nis·me**

de **com·mu·nist** (m), com·mu·nis·ten
com·mu·nis·tisch (bnw), com·mu·nis·ti·sche
de **com·mu·ni·ty**, com·mu·ni·ty's
com·mu·ta·tief (bnw), com·mu·ta·tie·ve
co·mor·bi·de (bnw)
de **co·mor·bi·di·teit** (v), co·mor·bi·di·tei·ten
com·pact (bnw), com·pac·te
de **com·pact·ca·me·ra**, com·pact·ca·me·ra's; compactcameraatje [com·pact·ca·me·ra·tje]
de **com·pact disc** (m), com·pact discs
de **com·pact·heid** (v), com·pact·he·den
de **com·pag·nie** (v), compagnieën [com·pag·nie·en], com·pag·nies; com·pag·nie·tje
de **com·pag·non** (m), com·pag·nons
de **com·pa·rant** (m), com·pa·ran·ten
de **com·pa·ra·tief**[1] (m), com·pa·ra·tie·ven
com·pa·ra·tief[2] (bnw), com·pa·ra·tie·ve
de **com·pa·ri·tie** (v), com·pa·ri·ties
het **com·par·ti·ment**, com·par·ti·men·ten; com·par·ti·ment·je
de **com·par·ti·men·te·ring** (v), com·par·ti·men·te·rin·gen
de **com·pas·sie** (v)
com·pa·ti·bel (bnw), com·pa·ti·be·le
de **com·pa·ti·bi·li·teit** (v), com·pa·ti·bi·li·tei·ten
het **com·pen·di·um**, com·pen·dia, com·pen·di·ums
de **com·pen·sa·tie** (v), com·pen·sa·ties
com·pen·sa·toir (bnw), com·pen·sa·toi·re
de **com·pen·sa·tor** (m), com·pen·sa·to·ren, com·pen·sa·tors
com·pen·se·ren (ww), com·pen·seer, com·pen·seert; com·pen·seer·de, com·pen·seer·den; ge·com·pen·seerd
com·pe·tent (bnw), com·pe·ten·te
de **com·pe·ten·tie** (v), com·pe·ten·ties
de **com·pe·ten·tie·ont·wik·ke·ling** (v), com·pe·ten·tie·ont·wik·ke·lin·gen
com·pe·te·ren (ww), com·pe·teer, com·pe·teert; com·pe·teer·de, com·pe·teer·den; ge·com·pe·teerd
de **com·pe·ti·tie** (v), com·pe·ti·ties; com·pe·ti·tie·tje
het **com·pe·ti·tie-ele·ment**, com·pe·ti·tie-ele·men·ten
com·pe·ti·tief (bnw), com·pe·ti·tie·ve
het **com·pe·ti·tie·jaar**, com·pe·ti·tie·ja·ren
de **com·pe·ti·ti·vi·teit** (v)
de **com·pi·la·tie** (v), com·pi·la·ties; com·pi·la·tie·tje
com·pleet (bnw), com·ple·te
de **com·pleet·heid** (v)
het **com·ple·ment**, com·ple·men·ten
com·ple·men·tair (bnw), com·ple·men·tai·re
de **com·ple·men·ta·ri·teit** (v), com·ple·men·ta·ri·tei·ten
com·ple·men·te·ren (ww), com·ple·men·teer, com·ple·men·teert; com·ple·men·teer·de, com·ple·men·teer·den; ge·com·ple·men·teerd
de/het **com·plet** (m/o), com·plets;

com·plet·je
de **com·ple·ten** (mv)
com·ple·te·ren (ww), com·ple·teer, com·ple·teert; com·ple·teer·de, com·ple·teer·den; ge·com·ple·teerd
de **com·ple·te·ring** (v), com·ple·te·rin·gen
het **com·plex**[1], com·plexen; com·plex·je
com·plex[2] (bnw), com·plexe
de **com·plex·heid** (v), com·plex·he·den
de **com·plexi·teit** (v), com·plexi·tei·ten
com·plex·loos (bnw), com·plex·lo·ze
de **com·pli·ca·tie** (v), com·pli·ca·ties
com·pli·ce·ren (ww), com·pli·ceer, com·pli·ceert; com·pli·ceer·de, com·pli·ceer·den; ge·com·pli·ceerd
het **com·pli·ment**, com·pli·men·ten; com·pli·ment·je
com·pli·men·te·ren (ww), com·pli·men·teer, com·pli·men·teert; com·pli·men·teer·de, com·pli·men·teer·den; ge·com·pli·men·teerd
com·pli·men·teus (bnw), com·pli·men·teu·ze
het **com·plot**, com·plot·ten; com·plot·je
com·plot·te·ren (ww), com·plot·teer, com·plot·teert; com·plot·teer·de, com·plot·teer·den; ge·com·plot·teerd
de **com·plot·the·o·rie** (v), complottheorieën [com·plot·the·o·rie·en]
de **com·po·nent** (m), com·po·nen·ten; com·po·nent·je
de **com·po·nen·ten·lijm** (m), com·po·nen·ten·lij·men
com·po·ne·ren (ww), com·po·neer, com·po·neert; com·po·neer·de, com·po·neer·den; ge·com·po·neerd
de **com·po·nist** (m), com·po·nis·ten; com·po·nist·je
de **com·po·nis·te** (v), com·po·nis·tes
de **com·po·siet**, com·po·sie·ten
de **com·po·si·tie** (v), com·po·si·ties; com·po·si·tie·tje
de/het **com·post** (m/o)
com·pos·te·ren (ww), com·pos·teer, com·pos·teert; com·pos·teer·de, com·pos·teer·den; ge·com·pos·teerd
de **com·po·te**, com·po·tes
de **com·pound** (m), com·pounds
com·pres·se·ren (ww), com·pres·seer, com·pres·seert; com·pres·seer·de, com·pres·seer·den; ge·com·pres·seerd
de **com·pres·sie** (v), com·pres·sies
de **com·pres·sor** (m), com·pres·so·ren, com·pres·sors
de **com·pri·mé** (m), com·pri·més; comprimeetje [com·pri·mé·tje]
com·pri·me·ren (ww), com·pri·meer, com·pri·meert; com·pri·meer·de, com·pri·meer·den; ge·com·pri·meerd
het **com·pro·mis**, com·pro·mis, com·pro·mis·sen; com·pro·mis·je, com·pro·mis·tje
com·pro·mit·te·ren (ww), com·pro·mit·teer, com·pro·mit·teert; com·pro·mit·teer·de,

com·pro·mit·teer·den; ge·com·pro·mit·teerd
com·pro·mit·te·rend (bnw), com·pro·mit·te·ren·de
comp·ta·bel (bnw), comp·ta·be·le
de **comp·ta·bi·li·teit** (v), comp·ta·bi·li·tei·ten
de **com·pu·ter** (m), com·pu·ters; com·pu·ter·tje
de **com·pu·ter·des·kun·di·ge**, com·pu·ter·des·kun·di·gen
com·pu·te·ren (ww), com·pu·ter, com·pu·tert; com·pu·ter·de, com·pu·ter·den; ge·com·pu·terd
de **com·pu·ter·ex·pert** (m), com·pu·ter·ex·per·ten, com·pu·ter·ex·perts
com·pu·ter·ge·stuurd (bnw), com·pu·ter·ge·stuur·de
de **com·pu·ter·kraak** (m), com·pu·ter·kra·ken
het **com·pu·ter·lo·kaal**, com·pu·ter·lo·ka·len; com·pu·ter·lo·kaal·tje
de **com·pu·ter·muis**, com·pu·ter·mui·zen
de **com·pu·ter·nerd** (m), com·pu·ter·nerds
het **com·pu·ter·pro·gram·ma**, com·pu·ter·pro·gram·ma's; computerprogrammaatje [com·pu·ter·pro·gram·ma·tje]
het **com·pu·ter·scherm**, com·pu·ter·scher·men; com·pu·ter·scherm·pje
het **com·pu·ter·spel**, com·pu·ter·spe·len, com·pu·ter·spel·len; com·pu·ter·spel·le·tje
het **com·pu·ter·sys·teem**, com·pu·ter·sys·te·men; com·pu·ter·sys·teem·pje
het **com·pu·ter·tijd·perk**
co·na·tief (bnw), co·na·tie·ve
con·caaf (bnw), con·ca·ve
het **con·cen·traat**, con·cen·tra·ten
de **con·cen·tra·tie** (v), con·cen·tra·ties
het **con·cen·tra·tie·kamp**, con·cen·tra·tie·kam·pen; con·cen·tra·tie·kamp·je
de **con·cen·tra·tie·stoor·nis** (v), con·cen·tra·tie·stoor·nis·sen
het **con·cen·tra·tie·ver·mo·gen**, con·cen·tra·tie·ver·mo·gens
con·cen·tre·ren (ww), con·cen·treer, con·cen·treert; con·cen·treer·de, con·cen·treer·den; ge·con·cen·treerd
con·cen·trisch (bnw), con·cen·tri·sche
het **con·cept**, con·cep·ten; con·cept·je
het **con·cept·ad·vies**, con·cept·ad·vie·zen
de **con·cept·agen·da**, con·cept·agen·da's
het **con·cept·ak·koord**, con·cept·ak·koor·den
de **con·cept·be·gro·ting** (v), con·cept·be·gro·tin·gen
de **con·cept·brief** (m), con·cept·brie·ven; con·cept·brief·je
de **con·cep·tie** (v), con·cep·ties
de **con·cept·jaar·re·ke·ning** (v), con·cept·jaar·re·ke·nin·gen
de **con·cept·no·tu·len** (mv)
de **con·cept·over·een·komst** (v), con·cept·over·een·kom·sten
het **con·cept·plan**, con·cept·plan·nen
het **con·cept·rap·port**, con·cept·rap·por·ten; con·cept·rap·port·je
de **con·cept·rap·por·ta·ge** (v), con·cept·rap·por·ta·ges

het **con·cept·re·geer·ak·koord**, con·cept·re·geer·ak·koor·den
de **con·cept·store** (m), con·cept·stores
de **con·cept·tekst** (m), con·cept·tek·sten
con·cep·tu·a·li·se·ren (ww), con·cep·tu·a·li·seer, con·cep·tu·a·li·seert; con·cep·tu·a·li·seer·de, con·cep·tu·a·li·seer·den; ge·con·cep·tu·a·li·seerd
de **con·cep·tu·a·li·se·ring** (v), con·cep·tu·a·li·se·rin·gen
con·cep·tu·eel (bnw), con·cep·tu·e·le
de **con·cept·ver·sie** (v), con·cept·ver·sies
het **con·cept·ver·slag**, con·cept·ver·sla·gen
het **con·cept·voor·stel**, con·cept·voor·stel·len
de **con·cept·wet**, con·cept·wet·ten
het **con·cern**, con·cerns
het **con·cern·on·der·deel**, con·cern·on·der·de·len
het **con·cert**, con·cer·ten; con·cert·je
het **con·cert·be·zoek**, con·cert·be·zoe·ken
con·cer·te·ren (ww), con·cer·teer, con·cer·teert; con·cer·teer·de, con·cer·teer·den; ge·con·cer·teerd
het **con·cert·ge·bouw**, con·cert·ge·bou·wen
het **con·cer·to**, con·cer·ti, con·cer·to's
de **con·cert·zaal**, con·cert·za·len; con·cert·zaal·tje
de **con·ces·sie** (v), con·ces·sies; con·ces·sie·tje
de **con·ces·sie·rech·ten** (mv)
de **con·ces·si·o·na·ris** (m), con·ces·si·o·na·ris·sen
con·ces·si·o·neel (bnw), con·ces·si·o·ne·le
de **conciërge** [con·ci·er·ge], conciërges [con·ci·er·ges]
de **conciërgekamer** [con·ci·er·ge·ka·mer], conciërgekamers [con·ci·er·ge·ka·mers]
de **conciërgerie** [con·ci·er·ge·rie] (v), conciërgeries [con·ci·er·ge·ries]
de **conciërgewoning** [con·ci·er·ge·wo·ning] (v), conciërgewoningen [con·ci·er·ge·wo·nin·gen]
het **con·ci·lie**, conciliën [con·ci·li·en], con·ci·lies
concipiëren [con·ci·pi·e·ren] (ww), con·ci·pi·eer, con·ci·pi·eert; con·ci·pi·eer·de, con·ci·pi·eer·den; ge·con·ci·pi·eerd
het **con·claaf**, con·cla·ven; con·claaf·je
de **con·clu·ant** (m), con·clu·an·ten
con·clu·dent (bnw), con·clu·den·te
con·clu·de·ren (ww), con·clu·deer, con·clu·deert; con·clu·deer·de, con·clu·deer·den; ge·con·clu·deerd
de **con·clu·sie** (v), con·clu·sies; con·clu·sie·tje
con·co·mi·tant (bnw), con·co·mi·tan·te
de **con·cor·dan·tie** (v), con·cor·dan·ties
de/het **con·cours** (m/o), con·cour·sen; con·cours·je, con·cours·tje
het **con·cours hip·pi·que**, con·cours hip·pi·ques
con·creet (bnw), con·cre·te
con·cre·ti·se·ren (ww), con·cre·ti·seer, con·cre·ti·seert; con·cre·ti·seer·de,

con·cre·ti·seer·den; ge·con·cre·ti·seerd
de **con·cre·ti·se·ring** (v), con·cre·ti·se·rin·gen
de **con·cu·baan** (m), con·cu·ba·nen
het **con·cu·bi·naat**, con·cu·bi·na·ten
de **con·cu·bi·ne** (v), con·cu·bi·nes
de **con·cu·le·ga** (m), con·cu·le·ga's
de **con·cur·rent** (m), con·cur·ren·ten; con·cur·rent·je
de **con·cur·ren·te** (v), con·cur·ren·tes
de **con·cur·ren·tie** (v)
de **con·cur·ren·tie·ana·ly·se** (v), con·cur·ren·tie·ana·ly·sen, con·cur·ren·tie·ana·ly·ses
het **con·cur·ren·tie·be·ding**, con·cur·ren·tie·be·din·gen
con·cur·ren·ti·eel (bnw), concurrentiële [con·cur·ren·ti·e·le]
de **con·cur·ren·tie·po·si·tie** (v), con·cur·ren·tie·po·si·ties
de **con·cur·ren·tie·strijd** (m), con·cur·ren·tie·strij·den
con·cur·re·ren (ww), con·cur·reer, con·cur·reert; con·cur·reer·de, con·cur·reer·den; ge·con·cur·reerd
con·cur·re·rend (bnw), con·cur·re·ren·de
de **con·dens** (m)
het **con·den·saat**, con·den·sa·ten
de **con·den·sa·tie** (v), con·den·sa·ties
de **con·den·sa·tor** (m), con·den·sa·to·ren, con·den·sa·tors
con·den·se·ren (ww), con·den·seer, con·den·seert; con·den·seer·de, con·den·seer·den; ge·con·den·seerd
de **con·den·sor** (m), con·den·sors
de **con·di·ment** (m), con·di·men·ten
de **con·di·tie** (v), con·di·ties
con·di·ti·o·neel (bnw), con·di·ti·o·ne·le
de **con·di·ti·o·ner** (m), con·di·ti·o·ners
con·di·ti·o·ne·ren (ww), con·di·ti·o·neer, con·di·ti·o·neert; con·di·ti·o·neer·de, con·di·ti·o·neer·den; ge·con·di·ti·o·neerd
de **con·di·ti·o·ne·ring** (v), con·di·ti·o·ne·rin·gen
de **con·do·le·an·ce**, con·do·le·an·ces
het **con·do·le·an·ce·re·gis·ter**, con·do·le·an·ce·re·gis·ters
de **con·do·le·an·tie** (v), con·do·le·an·ties
con·do·le·ren (ww), con·do·leer, con·do·leert; con·do·leer·de, con·do·leer·den; ge·con·do·leerd
het **con·do·mi·ni·um**, con·do·mi·ni·ums
het **con·doom**, con·dooms; con·doom·pje
de **con·dor** (m), con·dors
de **con·duc·teur** (m), con·duc·teurs
de **con·duc·tri·ce** (v), con·duc·tri·ces
de **con·dui·te**, con·dui·tes
de **con·fec·tie** (v)
de **con·fec·tie-in·dus·trie** (v), confectie-industrieën [con·fec·tie-in·dus·trie·en]
het **con·fe·de·ra·lis·me**
de **con·fe·de·ra·tie** (v), con·fe·de·ra·ties
de **con·fe·ren·ce** (v) *(optreden; prijsafspraak)*, con·fe·ren·ces
de **con·fe·rence·call** (m), con·fe·rence·calls
de **con·fe·ren·cier** (m), con·fe·ren·ciers
de **con·fe·ren·tie** (v), con·fe·ren·ties; con·fe·ren·tie·tje
de **con·fes·sie** (v), con·fes·sies
de **con·fet·ti** (m)
de **con·fi·den·ti·a·li·teit** (v)
de **con·fi·den·tie** (v), con·fi·den·ties

con·fi·den·ti·eel (bnw), confidentiële [con·fi·den·ti·e·le]
de **con·fi·gu·ra·tie** (v), con·fi·gu·ra·ties
con·fi·gu·re·ren (ww), con·fi·gu·reer, con·fi·gu·reert; con·fi·gu·reer·de, con·fi·gu·reer·den; ge·con·fi·gu·reerd
de **con·fir·ma·tie** (v), con·fir·ma·ties
con·fir·me·ren (ww), con·fir·meer, con·fir·meert; con·fir·meer·de, con·fir·meer·den; ge·con·fir·meerd
de **con·fis·ca·tie** (v), con·fis·ca·ties
de **con·fi·se·rie** (v), con·fi·se·ries
con·fis·que·ren (ww), con·fis·queer, con·fis·queert; con·fis·queer·de, con·fis·queer·den; ge·con·fis·queerd
de **con·fit** (m), con·fits
de **con·fi·tuur**, con·fi·tu·ren; con·fi·tuur·tje
het **con·flict**, con·flic·ten; con·flict·je
con·flic·te·ren (ww), con·flic·teer, con·flic·teert; con·flic·teer·de, con·flic·teer·den; ge·con·flic·teerd
con·flic·tu·eus (bnw), con·flic·tu·eu·ze
con·flict·ver·mij·dend (bnw), con·flict·ver·mij·den·de
con·form (bnw), con·for·me
con·for·me·ren (ww), con·for·meer, con·for·meert; con·for·meer·de, con·for·meer·den; ge·con·for·meerd
de **con·for·me·ring** (v), con·for·me·rin·gen
het **con·for·mis·me**
de **con·for·mi·teit** (v), con·for·mi·tei·ten
de **con·fra·ter** (m), con·fra·ters
de **con·frè·re** (m), con·frè·res
de **con·fré·rie** (v), confrérieën [con·fré·rie·en], con·fré·ries
de **con·fron·ta·tie** (v), con·fron·ta·ties
con·fron·te·ren (ww), con·fron·teer, con·fron·teert; con·fron·teer·de, con·fron·teer·den; ge·con·fron·teerd
het **con·fu·ci·a·nis·me**
de **con·fu·sie** (v), con·fu·sies
con·fuus (bnw), con·fu·se
de **con·ga** (m), con·ga's
de/het **con·gé** (m/o), con·gés
de **con·ges·tie** (v), con·ges·ties
het **con·glo·me·raat**, con·glo·me·ra·ten; con·glo·me·raat·je
de **Con·go·lees**[1] (m), Con·go·le·zen; Con·go·lees·je
Con·go·lees[2] (bnw), Con·go·le·se
de **con·gre·ga·tie** (v), congregatiën [con·gre·ga·ti·en], con·gre·ga·ties
het **con·gres**, con·gres·sen; con·gres·je
con·gru·ent (bnw), con·gru·en·te
de **con·gru·en·tie** (v), con·gru·en·ties
de **co·ni·feer** (m), co·ni·fe·ren; co·ni·feer·tje
co·nisch (bnw), co·ni·sche
de **con·junc·tie** (v), con·junc·ties
de **con·junc·tief** (m), con·junc·tie·ven
de **con·junc·tuur** (v), con·junc·tu·ren
de **con·nais·seur** (m), con·nais·seurs
con·nec·te·ren (ww), con·nec·teer, con·nec·teert; con·nec·teer·de, con·nec·teer·den; ge·con·nec·teerd

de **con·nec·tie** (v), con·nec·ties
de **con·nec·ti·vi·teit** (v)
de **con·nec·tor** (m), con·nec·to·ren, con·nec·tors
de **con·nexi·teit** (v)
het **con·nos·se·ment**, con·nos·se·men·ten
de **con·no·ta·tie** (v), con·no·ta·ties
con·no·te·ren (ww), con·no·teer, con·no·teert; con·no·teer·de, con·no·teer·den; ge·con·no·teerd
de **con·quis·ta·dor** (m), con·quis·ta·do·res
cons. *(consul)*
de **consciëntie** [con·sci·en·tie] (v), consciënties [con·sci·en·ties]
consciëntieus [con·sci·en·ti·eus] (bnw), consciëntieuze [con·sci·en·ti·eu·ze]
con·sen·su·eel (bnw), con·sen·su·e·le
de **con·sen·sus** (m)
de **con·sen·sus·rijks·wet**, con·sen·sus·rijks·wet·ten
de **con·sen·sus·wet**, con·sen·sus·wet·ten
het **con·sent**, con·sen·ten
con·sen·te·ren (ww), con·sen·teer, con·sen·teert; con·sen·teer·de, con·sen·teer·den; ge·con·sen·teerd
con·se·quent (bnw), con·se·quen·te
de **con·se·quent·heid** (v)
de **con·se·quen·tie** (v), con·se·quen·ties
de **con·ser·va·tie** (v), con·ser·va·tie
de **con·ser·va·tief**[1] (m), con·ser·va·tie·ven
con·ser·va·tief[2] (bnw), con·ser·va·tie·ve
con·ser·va·toir (bnw), con·ser·va·toi·re
de **con·ser·va·tor** (m), con·ser·va·to·ren, con·ser·va·tors
het **con·ser·va·to·ri·um**, con·ser·va·to·ria, con·ser·va·to·ri·ums
het **con·ser·veer·mid·del**, con·ser·veer·mid·de·len
de **con·ser·ven** (mv)
het **con·ser·ven·blik**, con·ser·ven·blik·ken; con·ser·ven·blik·je
con·ser·ve·ren (ww), con·ser·veer, con·ser·veert; con·ser·veer·de, con·ser·veer·den; ge·con·ser·veerd
de **con·ser·ve·ring** (v), con·ser·ve·rin·gen
het **con·ser·ve·rings·mid·del**, con·ser·ve·rings·mid·de·len
de **con·si·de·rans**, con·si·de·ran·sen
de **con·si·de·ra·tie** (v), con·si·de·ra·ties
de **con·sig·na·tie** (v), con·sig·na·ties
het **con·sig·ne**, con·sig·nes
het **con·si·li·um ab·eun·di**, con·si·lia ab·eun·di
con·sis·tent (bnw), con·sis·ten·te
de **con·sis·ten·tie** (v), con·sis·ten·ties
het **con·sis·to·rie**, con·sis·to·ries
de **con·so·le**, con·so·les
de **con·so·li·da·tie** (v), con·so·li·da·ties
con·so·li·de·ren (ww), con·so·li·deer, con·so·li·deert; con·so·li·deer·de, con·so·li·deer·den; ge·con·so·li·deerd
de **con·so·li·de·ring** (v), con·so·li·de·rin·gen
de **con·som·ma·tie** (v)
de **con·som·mé** (m), con·som·més
de **con·so·nant**, con·so·nan·ten
de **con·sor·ten** (mv)
het **con·sor·ti·um**, con·sor·tia, con·sor·ti·ums

C

de **con·spi·ra·tie** (v), con·spi·ra·ties
con·stant (bnw), con·stan·te
de **con·stan·te**, con·stan·ten
de **con·sta·ta·tie** (v), con·sta·ta·ties
con·sta·te·ren (ww), con·sta·teer, con·sta·teert; con·sta·teer·de, con·sta·teer·den; ge·con·sta·teerd
de **con·sta·te·ring** (v), con·sta·te·rin·gen
de **con·stel·la·tie** (v), con·stel·la·ties
de **con·ster·na·tie** (v)
de **con·sti·pa·tie** (v), con·sti·pa·ties
de **con·sti·tu·ent** (m), con·sti·tu·en·ten
con·sti·tu·e·ren (ww), con·sti·tu·eer, con·sti·tu·eert; con·sti·tu·eer·de, con·sti·tu·eer·den; ge·con·sti·tu·eerd
de **con·sti·tu·tie** (v), con·sti·tu·ties
con·sti·tu·tief (bnw), con·sti·tu·tie·ve
con·sti·tu·ti·o·neel (bnw), con·sti·tu·ti·o·ne·le
het **con·struct**, con·struc·ten
de **con·struc·teur** (m), con·struc·teurs
de **con·struc·tie** (v), con·struc·ties
con·struc·tief (bnw), con·struc·tie·ve
de **con·struc·tie·sec·tor** (m), con·struc·tie·sec·to·ren, con·struc·tie·sec·tors
het **con·struc·ti·vis·me**
con·stru·e·ren (ww), con·stru·eer, con·stru·eert; con·stru·eer·de, con·stru·eer·den; ge·con·stru·eerd
de **con·sul** (m), con·suls
het **con·su·laat**, con·su·la·ten
het **con·su·laat-ge·ne·raal**, con·su·la·ten-ge·ne·raal
de **con·su·lent** (m), con·su·len·ten
de **con·sul-ge·ne·raal** (m), con·suls-ge·ne·raal
het **con·sult**, con·sul·ten
de **con·sul·tan·cy** (v)
het **con·sul·tan·cy·bu·reau**, con·sul·tan·cy·bu·reaus
de **con·sul·tant**[1] (m) *(iemand die advies vraagt)*, con·sul·tan·ten
de **con·sul·tant**[2] (m) *(adviseur)*, con·sul·tants
de **con·sul·ta·tie** (v), con·sul·ta·ties
het **con·sul·ta·tie·bu·reau**, con·sul·ta·tie·bu·reaus; con·sul·ta·tie·bu·reau·tje
con·sul·teer·baar (bnw), con·sul·teer·ba·re
con·sul·te·ren (ww), con·sul·teer, con·sul·teert; con·sul·teer·de, con·sul·teer·den; ge·con·sul·teerd
con·su·meer·baar (bnw), con·su·meer·ba·re
de **con·su·ment** (m), con·su·men·ten; con·su·ment·je
de **con·su·men·ten·bond** (m), con·su·men·ten·bon·den
het **con·su·men·ten·ge·drag**
de **con·su·men·ten·prijs** (m), con·su·men·ten·prij·zen
het **con·su·men·tis·me**
con·su·me·ren (ww), con·su·meer, con·su·meert; con·su·meer·de, con·su·meer·den; ge·con·su·meerd
de **con·sum·ma·tie** (v)
de **con·sump·tie** (v), con·sump·ties
con·sump·tief (bnw), con·sump·tie·ve
de **con·sump·tie·rijst** (m)
het **con·tact**, con·tac·ten; con·tact·je
het **con·tact·adres**, con·tact·adres·sen
het **con·tact·cen·ter**, con·tact·cen·ters
het **con·tact·cen·trum**, con·tact·cen·tra, con·tact·cen·trums

de **con·tact·doos**, con·tact·do·zen
het **con·tact·ec·zeem**, con·tact·ec·ze·men
con·tac·ten (ww), con·tact, con·tact; con·tact·te, con·tact·ten; ge·con·tact
con·tac·te·ren (ww), con·tac·teer, con·tac·teert; con·tac·teer·de, con·tac·teer·den; ge·con·tac·teerd
het **con·tact·for·mu·lier**, con·tact·for·mu·lie·ren
de **con·tact·ge·ge·vens** (mv)
het **con·tact·ge·luid**, con·tact·ge·lui·den; con·tact·ge·luid·je
de **con·tact·in·for·ma·tie** (v)
de **con·tact·lens**, con·tact·len·zen; con·tact·lens·je
de **con·tact·lijst**, con·tact·lijs·ten
de **con·tact·na·me**, con·tact·na·men, con·tact·na·mes
de **con·tact·op·na·me**, con·tact·op·na·men, con·tact·op·na·mes
de **con·tact·per·soon** (m), con·tact·per·so·nen
het **con·tact·punt**, con·tact·pun·ten; con·tact·punt·je
de **con·tact·stoor·nis** (v), con·tact·stoor·nis·sen
de **con·tai·ner** (m), con·tai·ners; con·tai·ner·tje
het **con·tai·ner·park**, con·tai·ner·par·ken; con·tai·ner·park·je
de **con·ta·mi·na·tie** (v), con·ta·mi·na·ties
con·ta·mi·ne·ren (ww), con·ta·mi·neer, con·ta·mi·neert; con·ta·mi·neer·de, con·ta·mi·neer·den; ge·con·ta·mi·neerd
con·tant (bnw), con·tan·te
de **con·tan·ten** (mv)
con·tant·je: handje contantje
het **con·té**
de **con·tem·pla·tie** (v), con·tem·pla·ties
con·tem·pla·tief (bnw), con·tem·pla·tie·ve
con·tem·ple·ren (ww), con·tem·pleer, con·tem·pleert; con·tem·pleer·de, con·tem·pleer·den; ge·con·tem·pleerd
con·tem·po·rain (bnw), con·tem·po·rai·ne
de **con·tent**[1] (m) *(inhoud)*
con·tent[2] (bnw), con·ten·te
het **con·ten·te·ment**
con·ten·ti·eus (bnw), con·ten·ti·eu·ze
het **con·tent·ma·nage·ment**
het **con·tent·ma·nage·ment·sys·teem**, con·tent·ma·nage·ment·sys·te·men
de **con·tent·ma·na·ger** (m), con·tent·ma·na·gers
de **con·test** (m), con·tes·ten, con·tests
de **con·tes·ta·tie** (v), con·tes·ta·ties
con·tes·te·ren (ww), con·tes·teer, con·tes·teert; con·tes·teer·de, con·tes·teer·den; ge·con·tes·teerd
de **con·text** (m), con·tex·ten
con·text·ge·bon·den (bnw)
con·tex·tu·a·li·se·ren (ww), con·tex·tu·a·li·seer, con·tex·tu·a·li·seert; con·tex·tu·a·li·seer·de, con·tex·tu·a·li·seer·den; ge·con·tex·tu·a·li·seerd
de **con·tex·tu·a·li·se·ring** (v), con·tex·tu·a·li·se·rin·gen
con·tex·tu·eel (bnw),

con·tex·tu·e·le
het **con·ti·nent**, con·ti·nen·ten
con·ti·nen·taal (bnw), con·ti·nen·ta·le
het **con·tin·gent**[1], con·tin·gen·ten; con·tin·gent·je
con·tin·gent[2] (bnw), con·tin·gen·te
de **con·tin·gen·tie** (v), con·tin·gen·ties
con·ti·nu (bnw), con·ti·nue
de **con·ti·nu·a·tie** (v), con·ti·nu·a·ties
con·ti·nu·e·ren (ww), con·ti·nu·eer, con·ti·nu·eert; con·ti·nu·eer·de, con·ti·nu·eer·den; ge·con·ti·nu·eerd
de **con·ti·nu·e·ring** (v), con·ti·nu·e·rin·gen
de **continuïteit** [con·ti·nu·i·teit] (v)
het **con·ti·nu·pro·ces**, con·ti·nu·pro·ces·sen
het **con·ti·nu·roos·ter**, con·ti·nu·roos·ters
het **continuüm** [con·ti·nu·um], continuüms [con·ti·nu·ums]
het **con·to**, con·ti, con·to's
de **con·tour** (m), con·tou·ren
de/het **con·tra**[1], con·tra's
con·tra[2] (voorz)
de **con·tra-aan·val** (m), con·tra-aan·val·len
de **con·tra·ban·de**
de **con·tra·bas**, con·tra·bas·sen
het **con·tract**, con·trac·ten; con·tract·je
de **con·trac·tant** (m), con·trac·tan·ten
de **con·tract·ar·beid** (m)
de **con·tract·ar·bei·der** (m), con·tract·ar·bei·ders
de **con·tract·breuk**, con·tract·breu·ken
de **con·tract·duur** (m)
con·trac·te·ren (ww), con·trac·teer, con·trac·teert; con·trac·teer·de, con·trac·teer·den; ge·con·trac·teerd
de **con·trac·te·ring** (v), con·trac·te·rin·gen
de **con·trac·tie** (v), con·trac·ties
de **con·tract·loon·stij·ging** (v), con·tract·loon·stij·gin·gen
de **con·tract·par·tij** (v), con·tract·par·tij·en
de **con·tract·pe·ri·o·de** (v), con·tract·pe·ri·o·den, con·tract·pe·ri·o·des
de **con·tracts·duur** (m)
de **con·tracts·par·tij** (v), con·tracts·par·tij·en
de **con·tracts·vrij·heid** (v), con·tracts·vrij·he·den
con·trac·tu·eel (bnw), con·trac·tu·e·le
het **con·trac·tuur**, con·trac·tu·ren
de **con·tract·vrij·heid** (v), con·tract·vrij·he·den
de **con·tra·dic·tie** (v), con·tra·dic·ties
de **con·tra·dic·tio in ter·mi·nis** (v), con·tra·dic·ti·o·nes in ter·mi·nis
con·tra·dic·toir (bnw), con·tra·dic·toi·re
con·tra·dic·to·risch (bnw), con·tra·dic·to·ri·sche
de **con·tra-en·quê·te**, con·tra-en·quê·tes
de **con·tra-ex·per·ti·se** (v), con·tra-ex·per·ti·sen, con·tra-ex·per·ti·ses
het **con·tra·ge·wicht**, con·tra·ge·wich·ten; con·tra·ge·wicht·je
de **con·tra-in·di·ca·tie** (v), con·tra-in·di·ca·ties
con·tra-in·di·ce·ren (ww),

con·tra-in·di·ceer, con·tra-in·di·ceert; con·tra-in·di·ceer·de, con·tra-in·di·ceer·den; ge·con·tra-in·di·ceerd
con·trair (bnw), con·trai·re
de **con·tra·mi·ne**
con·tra·pro·duc·tief (bnw), con·tra·pro·duc·tie·ve
het **con·tra·punt**, con·tra·pun·ten
de **con·tra·re·for·ma·tie** (v), con·tra·re·for·ma·ties
de **con·tra·re·vo·lu·tie** (v), con·tra·re·vo·lu·ties
con·tra·rie (voorz)
con·tra·sig·ne·ren (ww), con·tra·sig·neer, con·tra·sig·neert; con·tra·sig·neer·de, con·tra·sig·neer·den; ge·con·tra·sig·neerd
het **con·trast**, con·tras·ten
con·tras·te·ren (ww), con·tras·teer, con·tras·teert; con·tras·teer·de, con·tras·teer·den; ge·con·tras·teerd
de **con·trei·en** (mv)
de **con·tri·bu·ant** (m), con·tri·bu·an·ten
con·tri·bu·e·ren (ww), con·tri·bu·eer, con·tri·bu·eert; con·tri·bu·eer·de, con·tri·bu·eer·den; ge·con·tri·bu·eerd
de **con·tri·bu·tie** (v), con·tri·bu·ties
de **con·tro·le**, con·tro·les
de **con·tro·le·af·de·ling** (v), con·tro·le·af·de·lin·gen
de **con·tro·le·af·spraak**, con·tro·le·af·spra·ken
het **con·tro·le·ap·pa·raat**, con·tro·le·ap·pa·ra·ten
de **con·tro·le·arts** (m), con·tro·le·art·sen
de **con·tro·le·freak**, con·tro·le·freaks
de **con·tro·le·groep**, con·tro·le·groe·pen
de **con·tro·le·ka·mer**, con·tro·le·ka·mers
de **con·tro·le·lijst**, con·tro·le·lijs·ten; con·tro·le·lijst·je
het **con·tro·le·on·der·zoek**, con·tro·le·on·der·zoe·ken
de **con·tro·le·op·dracht**, con·tro·le·op·drach·ten
het **con·tro·le·or·gaan**, con·tro·le·or·ga·nen
het **con·tro·le·or·ga·nis·me**, con·tro·le·or·ga·nis·men, con·tro·le·or·ga·nis·mes
con·tro·le·ren (ww), con·tro·leer, con·tro·leert; con·tro·leer·de, con·tro·leer·den; ge·con·tro·leerd
de **con·tro·leur** (m), con·tro·leurs
de **con·trol·freak**, con·trol·freaks
de **con·trol·ler** (m), con·trol·lers
de **con·tro·ver·se** (v), con·tro·ver·sen, con·tro·ver·ses
de **con·tro·ver·sie** (v)
con·tro·ver·si·eel (bnw), controversiële [con·tro·ver·si·e·le]
de **co·nus** (m), co·nus·sen
de **con·vec·tie** (v)
de **con·vec·tor** (m), con·vec·tors
het **con·ve·nant**, con·ve·nan·ten, con·ve·nants
conveniëren [con·ve·ni·e·ren] (ww), con·ve·ni·eer, con·ve·ni·eert; con·ve·ni·eer·de, con·ve·ni·eer·den; ge·con·ve·ni·eerd
het **con·vent**, con·ven·ten
de **con·ven·tie** (v), con·ven·ties; con·ven·tie·tje
con·ven·ti·o·neel (bnw), con·ven·ti·o·ne·le
con·ven·ti·o·ne·ren (ww), con·ven·ti·o·neer,

con·ven·ti·o·neert; con·ven·ti·o·neer·de, con·ven·ti·o·neer·den; ge·con·ven·ti·o·neerd
de **con·ver·gen·tie** (v), con·ver·gen·ties
con·ver·ge·ren (ww), con·ver·geer, con·ver·geert; con·ver·geer·de, con·ver·geer·den; ge·con·ver·geerd
de **con·ver·sa·tie** (v), con·ver·sa·ties
con·ver·se·ren (ww), con·ver·seer, con·ver·seert; con·ver·seer·de, con·ver·seer·den; ge·con·ver·seerd
de **con·ver·sie** (v), con·ver·sies
de **con·ver·ter** (m), con·ver·ters
con·ver·te·ren (ww), con·ver·teer, con·ver·teert; con·ver·teer·de, con·ver·teer·den; ge·con·ver·teerd
de **con·ver·tor** (m), con·ver·to·ren, con·ver·tors
con·vex (bnw), con·vexe
de **con·vo·ca·tie** (v), con·vo·ca·ties
con·vo·ce·ren (ww), con·vo·ceer, con·vo·ceert; con·vo·ceer·de, con·vo·ceer·den; ge·con·vo·ceerd
de **coo·ker** (m), coo·kers
het **coo·kie**, coo·kies
cook-out, cook-outs
cool (bnw), coo·le
de **cool·down** (m), cool·downs
de **coo·ling·down** (m), coo·ling·downs
de **coöperant** [co·o·pe·rant] (m), coöperanten [co·o·pe·ran·ten]
de **coöperatie** [co·o·pe·ra·tie] (v), coöperaties [co·o·pe·ra·ties]; coöperatietje [co·o·pe·ra·tie·tje]
de **coöperatief**[1] [co·o·pe·ra·tief], coöperatieven [co·o·pe·ra·tie·ven]
coöperatief[2] [co·o·pe·ra·tief] (bnw), coöperatieve [co·o·pe·ra·tie·ve]
coöpereren [co·o·pe·re·ren] (ww), coöpereer [co·o·pe·reer], coöpereert [co·o·pe·reert]; coöpereren [co·o·pe·re·ren], coöpereerden [co·o·pe·reer·den]; gecoöpereerd [ge·co·o·pe·reerd]
de **coo·per·test** (m), coo·per·tes·ten, coo·per·tests
de **coöptatie** [co·op·ta·tie] (v), coöptaties [co·op·ta·ties]
coöpteren [co·op·te·ren] (ww), coöpteer [co·op·teer], coöpteert [co·op·teert]; coöpteerde [co·op·teer·de], coöpteerden [co·op·teer·den]; gecoöpteerd [ge·co·op·teerd]
de **coördinaat** [co·or·di·naat], coördinaten [co·or·di·na·ten]
de **coördinatie** [co·or·di·na·tie] (v), coördinaties [co·or·di·na·ties]
het **coördinatieteam** [co·or·di·na·tie·team], coördinatieteams [co·or·di·na·tie·teams]
de **coördinator** [co·or·di·na·tor] (m), coördinatoren [co·or·di·na·to·ren], coördinators [co·or·di·na·tors]
de **coördinatrice** [co·or·di·na·tri·ce] (v), coördinatrices [co·or·di·na·tri·ces]
coördineren [co·or·di·ne·ren] (ww), coördineer [co·or·di·neer], coördineert [co·or·di·neert]; coördineerde [co·or·di·neer·de], coördineerden [co·or·di·neer·den]; gecoördineerd [ge·co·or·di·neerd]
coördinerend [co·or·di·ne·rend] (bnw), coördinerende [co·or·di·ne·ren·de]
de **co-or·ga·ni·sa·tor** (m), co-or·ga·ni·sa·to·ren, co-or·ga·ni·sa·tors
de **co-ou·der** (m), co-ou·ders

het **co-ou·der·schap**, co-ou·der·schap·pen
co·per·ni·caans (bnw), co·per·ni·caan·se
co·pi·eus (bnw), co·pi·eu·ze
de **co·pi·loot** (m), co·pi·lo·ten
de **co·ping·stra·te·gie** (v), copingstrategieën [co·ping·stra·te·gie·en]
de **co·pre·sen·ta·tor** (m), co·pre·sen·ta·to·ren, co·pre·sen·ta·tors
de **co·pro·du·cent** (m), co·pro·du·cen·ten
de **co·pro·duc·tie** (v), co·pro·duc·ties
de **co·pro·mo·tor** (m), co·pro·mo·to·ren, co·pro·mo·tors
de **co·py·cat** (m), co·py·cats
het **co·py·cen·ter**, co·py·cen·ters
co·py-pas·ten (ww), co·py-paste, co·py-pastet; co·py-paste·te, co·py-paste·ten; ge·co·py-pastet
het **co·py·right**, co·py·rights
de **co·py·shop** (m), co·py·shops
co·py·wri·ten (ww)
de **co·py·wri·ter** (m), co·py·wri·ters
de **co·py·wri·ting**
de **coq au vin** (m), coq au vins, coqs au vin
de **co·quil·le**, co·quil·les
de **cor·bil·lard** (m), cor·bil·lards
cor·di·aal (bnw), cor·di·a·le
de **cor·don bleu** (m) *(vleesproduct)*, cor·don bleus, cor·dons bleus; cor·don bleu·tje
het **cor·don sa·ni·tai·re**, cor·don sa·ni·tai·res, cor·dons sa·ni·tai·res
het **cor·du·roy**[1]
cor·du·roy[2] (bnw)
de **core·busi·ness** (m)
het **co·re·fe·raat**, co·re·fe·ra·ten
de **co·re·fe·rent** (m), co·re·fe·ren·ten
de **cor·gi** (m), cor·gi's
de **cor·ned·beef** (m)
de **cor·ner** (m), cor·ners; cor·ner·tje
de/het **cor·net** (m/o), cor·nets
de **corn·flakes** (mv)
het **Cor·nisch** *(taal)*
de **co·ro·na**, co·ro·na's
co·ro·nair (bnw), co·ro·nai·re
de **Co·ro·ni·aan** (m), Co·ro·ni·a·nen
Co·ro·ni·aans (bnw), Co·ro·ni·aan·se
het **cor·po·ra·le**, cor·po·ra·len
cor·po·rate (bnw)
de **cor·po·ra·tie** (v), cor·po·ra·ties
het **corps**, cor·po·ra, corp·sen
cor·pu·lent (bnw), cor·pu·len·te
het **cor·pus**, cor·po·ra, cor·pus·sen; cor·pus·je
cor·rect (bnw), cor·rec·te
de **cor·rect·heid** (v), cor·rect·he·den
de **cor·rec·tie** (v), cor·rec·ties; cor·rec·tie·tje
het **cor·rec·tief**[1], cor·rec·tie·ven
cor·rec·tief[2] (bnw), cor·rec·tie·ve
de **cor·rec·tie·fa·se** (v), cor·rec·tie·fa·sen, cor·rec·tie·fa·ses
het **cor·rec·tie-in·sti·tuut**, cor·rec·tie-in·sti·tu·ten
cor·rec·ti·o·neel (bnw), cor·rec·ti·o·ne·le
de **cor·rec·tor** (m), cor·rec·to·ren, cor·rec·tors
de **cor·re·la·tie** (v), cor·re·la·ties
cor·re·le·ren (ww), cor·re·leer, cor·re·leert; cor·re·leer·de, cor·re·leer·den; ge·cor·re·leerd
de **cor·res·pon·dent** (m), cor·res·pon·den·ten; cor·res·pon·dent·je
de **cor·res·pon·den·te** (v), cor·res·pon·den·tes
de **cor·res·pon·den·tie** (v), cor·res·pon·den·ties
het **cor·res·pon·den·tie·adres**,

cor·res·pon·den·tie·adres·sen
cor·res·pon·de·ren (ww), cor·res·pon·deer, cor·res·pon·deert; cor·res·pon·deer·de, cor·res·pon·deer·den; ge·cor·res·pon·deerd
de **cor·ri·dor** (m), cor·ri·dors
cor·ri·ge·ren (ww), cor·ri·geer, cor·ri·geert; cor·ri·geer·de, cor·ri·geer·den; ge·cor·ri·geerd
cor·ro·de·ren (ww), cor·ro·deer, cor·ro·deert; cor·ro·deer·de, cor·ro·deer·den; ge·cor·ro·deerd
de **cor·ro·sie** (v)
cor·ro·sief (bnw), cor·ro·sie·ve
cor·rum·pe·ren (ww), cor·rum·peer, cor·rum·peert; cor·rum·peer·de, cor·rum·peer·den; ge·cor·rum·peerd
cor·rupt (bnw), cor·rup·te
de **cor·rup·tie** (v), cor·rup·ties
cor·rup·tief (bnw), cor·rup·tie·ve
de/het **cor·sa·ge** (v/o), cor·sa·ges
het **cor·se·let**, cor·se·lets, cor·se·let·ten; cor·se·let·je
het **cor·so**, cor·so's; corsootje [cor·so·tje]
het **cor·tè·ge**, cor·tè·ges
het **cor·ten·staal**
de **cor·tex** (m)
de **corticosteroïde** [cor·ti·co·ste·ro·i·de] (v), corticosteroïden [cor·ti·co·ste·ro·i·den]
het **cor·ti·son**, cor·ti·so·nen
het **cor·vee**, cor·vees; cor·vee·tje
de **co·ry·fee**, coryfeeën [co·ry·fee·en]
de **co·sce·na·rist** (m), co·sce·na·ris·ten
het **co·schap**, co·schap·pen
de **co·si·nus** (m), co·si·nus·sen
de **cos·me·ti·ca** (mv)
de **cos·me·tiek** (v)
cos·me·tisch (bnw), cos·me·ti·sche
de **co·spon·sor** (m), co·spon·so·ren, co·spon·sors
de **cos·ta** (m), cos·ta's
de **Cos·ta Ri·caan** (m), Cos·ta Ri·ca·nen
Cos·ta Ri·caans (bnw), Cos·ta Ri·caan·se
de **cos·tu·me**, cos·tu·men
de **cos·tu·mier** (m), cos·tu·miers
de **cos·tu·mi·è·re** (v), cos·tu·mi·è·res
co·sy (bnw)
de **cô·te** (m), cô·tes
de **cô·te à l'os** (m), cô·te à l'os, cô·tes à l'os
de **co·te·rie** (v), coterieën [co·te·rie·en], co·te·ries; co·te·rie·tje
de **co·trai·ner** (m), co·trai·ners
de **cot·tage** (v), cot·ta·ges
de **cou·che**, cou·ches
de **cou·chet·te**, cou·chet·tes
de **cou·lan·ce** (v), cou·lan·ces
cou·lant (bnw), cou·lan·te
de **cou·lan·tie** (v)
de **cou·leur lo·ca·le** (v), cou·leur lo·ca·les, cou·leurs lo·ca·les
de **cou·lis** (m)
de **cou·lis·se** (v), cou·lis·sen, cou·lis·ses
het **cou·lis·se·land·schap**, cou·lis·se·land·schap·pen
coun·se·len (ww), coun·sel, coun·selt; coun·sel·de, coun·sel·den; ge·coun·seld
de **coun·se·ling**
de **coun·se·lor** (m), coun·se·lors
de **count·down** (m), count·downs
de **coun·ter** (m), coun·ters; coun·ter·tje

de **coun·ter·drugs·o·pe·ra·tie** (v), coun·ter·drugs·o·pe·ra·ties
coun·te·ren (ww), coun·ter, coun·tert; coun·ter·de, coun·ter·den; ge·coun·terd
de **coun·ter·part**, coun·ter·parts
de **coun·try** (m)
de **coun·try-and-wes·tern·mu·ziek** (v)
de **coun·try·club**, coun·try·clubs
de **coun·try·mu·ziek** (v)
de **coun·ty** (m), coun·ty's
de **coup** (m), coups; coup·je
de **coup de fou·dre**, coup de fou·dres, coups de fou·dre
de **coup de thé·âtre** (m), coup de thé·âtres, coups de thé·âtre
de **cou·pe**, cou·pes; cou·pe·je
de **cou·pé** (m), cou·pés; coupeetje [cou·pé·tje]
cou·pen (ww), coup, coupt; ge·coupt
cou·pe·ren (ww), cou·peer, cou·peert; cou·peer·de, cou·peer·den; ge·cou·peerd
de **cou·pe so·leil**, cou·pe so·leils, cou·pes so·leils
de **cou·peu·se** (v), cou·peu·ses
het **cou·plet**, cou·plet·ten; cou·plet·je
de **cou·pon** (m), cou·pons; cou·pon·ne·tje
de **cou·pu·re**, cou·pu·res
de **cour**, cours
de **cou·ra·ge** (v)
de **cou·rant**[1] *(nieuwsblad)*, cou·ran·ten; cou·rant·je
cou·rant[2] (bnw), cou·ran·te
de **cou·reur** (m), cou·reurs; cou·reur·tje
de **cour·get·te**, cour·get·tes; cour·get·te·tje
de **cour·get·te·soep**, cour·get·te·soe·pen
de **cour·ta·ge** (v), cour·ta·ges
de **cous·cous** *(gerecht)*
coû·te que coû·te (bijw)
de **cou·tu·re** (v)
de **cou·tu·rier** (m), cou·tu·riers
de **cou·va·de** (v)
het **cou·vert**[1] *(enveloppe)*, cou·ver·ten; cou·vert·je
het **cou·vert**[2] *(eetgerei)*, cou·verts; cou·vert·je
cou·ver·te·ren (ww), cou·ver·teer, cou·ver·teert; cou·ver·teer·de, cou·ver·teer·den; ge·cou·ver·teerd
de **cou·ver·tu·re** (v), cou·ver·tu·res
de **cou·veu·se** (v), cou·veu·ses
de **cou·veu·se·af·de·ling** (v), cou·veu·se·af·de·lin·gen
de **co·ver** (m), co·vers; co·ver·tje
co·ve·ren (ww), co·ver, co·vert; co·ver·de, co·ver·den; ge·co·verd
de **CO-ver·gif·ti·ging** (v), CO-ver·gif·ti·gin·gen
de **co·ver·sto·ry**, co·ver·sto·ry's
de **co·voor·zit·ter** (m), co·voor·zit·ters
de **cow·boy** (m), cow·boys; cow·boy·tje
de **co·win·naar** (m), co·win·naars
de **cox** (m), coxen
de **co·yo·te** (m), co·yo·tes
CPU *(central processing unit)*, CPU's
c.q. (bijw) *(casu quo)*
de **crack**[1] (m) *(uitblinker)*, cracks
de **crack**[2] (m) *(drug)*
de **crac·ker** (m), crac·kers; crac·ker·tje
de **cra·dle-to-cra·dle** (m)
de **craft·mar·ket**, craft·mar·kets
de **cran·ber·ry**, cran·ber·ry's
de **crank** (m), cranks
de **cra·paud** (m), cra·pauds; cra·paud·je
cra·pu·leus (bnw), cra·pu·leu·ze
het **cra·puul**, cra·puul·tje

het **cra·que·lé**
cra·que·le·ren (ww), cra·que·leer, cra·que·leert; cra·que·leer·de, cra·que·leer·den; ge·cra·que·leerd
de **crash** (m), cra·shes; crash·je
cra·shen (ww), crash, crasht; crash·te, crash·ten; ge·crasht
het **crash·pro·gram·ma**, crash·pro·gram·ma's
de **cra·va·te** (v), cra·va·tes
de **crawl** (m), crawls
craw·len (ww), crawl, crawlt; crawl·de, crawl·den; ge·crawld
cra·zy (bnw)
de **cream·crac·ker** (m), cream·crac·kers
de **cre·a·tie** (v), cre·a·ties
cre·a·tief (bnw), cre·a·tie·ve
de **crea·tie·ve·ling** (m), crea·tie·ve·lin·gen
de **cre·a·ti·ne** (v)
de **cre·a·ti·ni·ne** (v)
het **cre·a·ti·o·nis·me**
de **cre·a·ti·o·nist** (m), cre·a·ti·o·nis·ten
de **cre·a·ti·vi·teit** (v), cre·a·ti·vi·tei·ten
de **cre·a·tor** (m), cre·a·to·ren, cre·a·tors
het **cre·a·tuur**, cre·a·tu·ren; cre·a·tuur·tje
de **crè·che**, crè·ches; crè·che·je
de **cre·di·bi·li·teit** (v)
de **cre·dit**[1] (m) *(punt (bij spel of studie))*, cre·dits
het **cre·dit**[2] *(passiva; tegoed)*
de **cre·dit·card·be·ta·ling** (v), cre·dit·card·be·ta·lin·gen
de **cre·dit·card·hou·der** (m), cre·dit·card·hou·ders
cre·di·te·ren (ww), cre·di·teer, cre·di·teert; cre·di·teer·de, cre·di·teer·den; ge·cre·di·teerd
de **cre·di·te·ring** (v), cre·di·te·rin·gen
de **cre·di·teur** (m), cre·di·teu·ren, cre·di·teurs
de **cre·di·teu·ren·ad·mi·nis·tra·tie** (v), cre·di·teu·ren·ad·mi·nis·tra·ties
de **cre·dit·fac·tuur** (v), cre·dit·fac·tu·ren
de **cre·dit·kaart**, cre·dit·kaar·ten
de **cre·dit·no·ta**, cre·dit·no·ta's
de **cre·dit·ren·te**, cre·dit·ren·ten, cre·dit·ren·tes
de **cre·dits** (mv)
de **cre·dit·zij·de**, cre·dit·zij·den, cre·dit·zij·des
het **cre·do**, cre·do's
de **creep** (m), creeps
cree·py (bnw)
creëren [cre·e·ren] (ww), creëer [cre·eer], creëert [cre·eert]; creëerde [cre·eer·de], creëerden [cre·eer·den]; gecreëerd [ge·cre·eerd]
de **cré·mant** (m), cré·mants
de **cre·ma·tie** (v), cre·ma·ties
het **cre·ma·tie·oord**, cre·ma·tie·oor·den
de **cre·ma·tie·oven** (m), cre·ma·tie·ovens
het **cre·ma·to·ri·um**, cre·ma·to·ria, cre·ma·to·ri·ums
de **crè·me**[1], crè·mes; crè·me·pje
crè·me[2] (bnw)
de **crè·me au beur·re**, crè·me au beur·res, crè·mes au beur·re
de **crè·me brû·lée**, crè·me brû·lées, crè·mes brû·lées
de **crè·me de la crè·me**
de **crè·me fraî·che**
crè·me·kleu·rig (bnw), crè·me·kleu·ri·ge
cre·me·ren (ww), cre·meer, cre·meert; cre·meer·de,

cre·meer·den; ge·cre·meerd
de **crè·me·rie** (v), crè·me·ries
de **crè·me·soep**, crè·me·soe·pen
crè·me·wit (bnw), crè·me·wit·te
crè·mig (bnw), crè·mi·ge
de **cre·ool** (m), cre·o·len
het **cre·ools**[1]
cre·ools[2] (bnw), cre·ool·se
de **cre·ool·se** (v), cre·ool·sen
de **crê·pe**[1] (v) *(pannenkoek)*, crê·pes
de **crê·pe**[2] (m) *(stofnaam)*
het **crê·pe·pa·pier**
cre·pe·ren (ww), cre·peer, cre·peert; cre·peer·de, cre·peer·den; ge·cre·peerd
de **crê·pe·rie** (v), crê·pe·ries
de **crê·pe·zool**, crê·pe·zo·len
de **cre·pi** (m)
het **cres·cen·do**[1], cres·cen·do's
cres·cen·do[2] (bijw)
de **cres·son** (m)
de **cre·tin** (m), cre·tins
de **crew** (m), crews
het **crib·num·mer**, crib·num·mers
het **cric·ket**
cric·ke·ten (ww), cric·ket, cric·ket; cric·ket·te, cric·ket·ten; ge·cric·ket
de **cric·ket·se·lec·tie** (v), cric·ket·se·lec·ties
cri·me: een crime zijn
de **cri·me pas·si·on·nel** (m), cri·me pas·si·on·nels, cri·mes pas·si·on·nels
de **cri·mi·na·li·teit** (v)
het **cri·mi·na·li·teits·fonds**, cri·mi·na·li·teits·fond·sen
de **cri·mi·neel**[1] (m), cri·mi·ne·len; cri·mi·neel·tje
cri·mi·neel[2] (bnw), cri·mi·ne·le
de **cri·mi·no·lo·gie** (v), criminologieën [cri·mi·no·lo·gie·en]
de **cri·no·li·ne** (v), cri·no·li·nes
de **cri·sis** (v), cri·ses, cri·sis·sen; cri·sis·je
de **cri·sis·ma·na·ger** (m), cri·sis·ma·na·gers
de **cri·sis·si·tu·a·tie** (v), cri·sis·si·tu·a·ties
het **cri·te·ri·um**, cri·te·ria, cri·te·ri·ums
de **cri·ti·ca** (v), cri·ti·ca's
de **cri·ti·cas·ter** (m), cri·ti·cas·ters
de **cri·ti·cus** (m), cri·ti·ci; cri·ti·cus·je
het **cro·chet**, cro·chet·je
de **croe·sus** (m) *(schatrijk persoon)*, croe·sus·sen
Croe·sus *(mythologische figuur)*
de **crohn** (m)
de **crois·sant** (m), crois·sants; crois·sant·je
de **crois·san·te·rie** (v), croissanterieën [crois·san·te·rie·en]
de **cro-mag·non·mens** (m), cro-mag·non·men·sen
croo·nen (ww), croon, croont; croon·de, croon·den; ge·croond
de **croo·ner** (m), croo·ners
crop·pen (ww), crop, cropt; crop·te, crop·ten; ge·cropt
de **cro·que** (m), cro·ques; cro·que·je
de **cro·que-mon·si·eur** (m), cro·que-mon·si·eurs; cro·que-mon·si·eur·tje
het **cro·quet** *(spel)*
de **cross** (m), cros·sen, cros·ses; cross·je
de **cross·coun·try** (m), cross·coun·try's
crosscountryskiën [cross·coun·try·ski·en] (ww)
cross·cul·tu·reel (bnw), cross·cul·tu·re·le
cros·sen (ww), cros, crost; cros·te,

C

cros·ten; ge·crost
de **cross·fiets**, cross·fiet·sen; cross·fiets·je
de **cross·me·dia** (mv)
cross·me·di·aal (bnw), cross·me·di·a·le
de **cross-over** (m), cross-overs
het **cross·ter·rein**, cross·ter·rei·nen
de **crou·pier** (m), crou·piers
de **crou·ton** (m), crou·tons
de **crowd·fun·ding** (m)
crowd·sur·fen (ww), crowd·surf, crowd·surft; crowd·surf·de, crowd·surf·te, crowd·surf·den, crowd·surf·ten; ge·crowd·surfd, ge·crowd·surft
de **cru**[1] (m), cru's
cru[2] (bnw), crue
cru·ci·aal (bnw), cru·ci·a·le
het **cru·ci·fix**, cru·ci·fixen; cru·ci·fix·je
de **crues·li** (m), crue·sli's
de **cruise**, crui·ses
de **cruise·con·trol** (m), cruise·con·trols
crui·sen (ww), cruise, cruiset; cruise·de, cruise·te, cruise·den, cruise·ten; ge·cruised, ge·cruiset
het **cruise·schip**, cruise·sche·pen
de **crum·ble** (m), crum·bles
de **crush** (m), cru·shes
crus·hen (ww), crush, crusht; crush·te, crush·ten; ge·crusht
de **crux** (v), cru·ces
cryo·geen (bnw), cryo·ge·ne
de **crypt**, cryp·ten
de **cryp·te**, cryp·ten
cryp·tisch (bnw), cryp·ti·sche
het **cryp·to·gram**, cryp·to·gram·men
de **CT-scan** (m), CT-scans
de **cu·baan** (m) *(sigaar)*, cu·ba·nen
de **Cu·baan** (m) *(persoon)*, Cu·ba·nen
Cu·baans (bnw), Cu·baan·se
Cu·ba·cri·sis
de **cu·ber·don** (m), cu·ber·dons
de **cue**, cues
de **cui·si·ne** (v), cui·si·nes
de **cui·si·nier** (m), cui·si·niers
de **cuis·son** (m), cuis·sons
cu·li *(culinair)*, cu·li's
cu·li·nair (bnw), cu·li·nai·re
de **cul·mi·na·tie** (v), cul·mi·na·ties
cul·mi·ne·ren (ww), cul·mi·neer, cul·mi·neert; cul·mi·neer·de, cul·mi·neer·den; ge·cul·mi·neerd
cul·pa·bi·li·se·ren (ww), cul·pa·bi·li·seer, cul·pa·bi·li·seert; cul·pa·bi·li·seer·de, cul·pa·bi·li·seer·den; ge·cul·pa·bi·li·seerd
de **cult** (m), cults
de **cult·fi·guur**, cult·fi·gu·ren
cul·ti·ve·ren (ww), cul·ti·veer, cul·ti·veert; cul·ti·veer·de, cul·ti·veer·den; ge·cul·ti·veerd
de **cult·re·gis·seur** (m), cult·re·gis·seurs
de **cul·tu·re** (v), cul·tu·res
cul·tu·reel (bnw), cul·tu·re·le
cul·tu·reel cen·trum
cul·tu·reel-maat·schap·pe·lijk (bnw), cul·tu·reel-maat·schap·pe·lij·ke
de **cul·tus** (m), cul·ten, cul·tus·sen
de **cul·tuur** (v), cul·tu·ren; cul·tuur·tje
de **cul·tuur·bar·baar** (m), cul·tuur·bar·ba·ren
het **cul·tuur·be·leid**
cul·tuur·be·paald (bnw), cul·tuur·be·paal·de
het **cul·tuur·cen·trum**, cul·tuur·cen·tra, cul·tuur·cen·trums; cul·tuur·cen·trum·pje
de **cul·tuur·fi·lo·soof** (m),

cul·tuur·fi·lo·so·fen
het **cul·tuur·ge·was**, cul·tuur·ge·was·sen
cul·tuur·his·to·risch (bnw), cul·tuur·his·to·ri·sche
cul·tuur·kri·tisch (bnw), cul·tuur·kri·ti·sche
het **cul·tuur·pact**, cul·tuur·pac·ten
de **cul·tuur·paus** (m), cul·tuur·pau·sen; cul·tuur·paus·je
de **cul·tuur·raad** (m), cul·tuur·ra·den
de **cul·tuur·schok** (m), cul·tuur·schok·ken; cul·tuur·schok·je
de **cul·tuur·shock** (m), cul·tuur·shocks
de **cul·tuur·sprei·ding** (v), cul·tuur·sprei·din·gen
de **cul·tuur·we·ten·schap** (v), cul·tuur·we·ten·schap·pen
cum lau·de (bijw)
de **cum·shot** (m), cum·shots
cum su·is (bijw)
de **cu·mul** (v), cu·muls
de **cu·mu·la·tie** (v), cu·mu·la·ties
cu·mu·la·tief (bnw), cu·mu·la·tie·ve
cu·mu·leer·baar (bnw), cu·mu·leer·ba·re
cu·mu·le·ren (ww), cu·mu·leer, cu·mu·leert; cu·mu·leer·de, cu·mu·leer·den; ge·cu·mu·leerd
de **cu·mu·lus** (m), cu·mu·li
de **cun·ni·lin·gus** (m)
de **cup** (m), cups; cup·je
de **cup·cake** (m), cup·cakes
de **cu·pi·do** (m), cu·pi·do's; cupidootje [cu·pi·do·tje]
het **cup·toer·nooi**, cup·toer·nooi·en
het **cup·tor·nooi**, cup·tor·nooi·en
de **cu·ra·çao** (m) *(drank)*
de **Curaçaoënaar** [Cu·ra·çao·e·naar] (m), Curaçaoënaars [Cu·ra·çao·e·naars], Curaçaoënaren [Cu·ra·çao·e·na·ren]
de **cu·ra·te·le**
cu·ra·tief (bnw), cu·ra·tie·ve
de **cu·ra·tor** (m), cu·ra·to·ren, cu·ra·tors
cure: no cure, no pay
cu·re·ren (ww), cu·reer, cu·reert; cu·reer·de, cu·reer·den; ge·cu·reerd
de **cu·ret·ta·ge** (v), cu·ret·ta·ges
cu·ret·te·ren (ww), cu·ret·teer, cu·ret·teert; cu·ret·teer·de, cu·ret·teer·den; ge·cu·ret·teerd
de **cu·rie** (v), cu·ries
cu·ri·eus (bnw), cu·ri·eu·ze
de **cu·ri·eu·ze·neus** (m), cu·ri·eu·ze·neu·zen
de **cu·ri·o·si·teit** (v), cu·ri·o·si·tei·ten; cu·ri·o·si·teit·je
het **cu·ri·o·sum**, cu·ri·o·sa; cu·ri·o·sum·pje
het **cur·ling**
cur·ri·cu·lair (bnw), cur·ri·cu·lai·re
het **cur·ri·cu·lum**, cur·ri·cu·la
het **cur·ri·cu·lum vi·tae**, cur·ri·cu·la vi·tae
de **cur·ry**[1] *(specerij)*
de **cur·ry**[2] *(gerecht)*, cur·ry's
de **cur·ry·saus**, cur·ry·sau·sen, cur·ry·sau·zen; cur·ry·saus·je
de **cur·ry·worst**, cur·ry·wor·sten; cur·ry·worst·je
cur·sief (bnw), cur·sie·ve
de **cur·sist** (m), cur·sis·ten
de **cur·si·ve·ring** (v), cur·si·ve·rin·gen
de **cur·sor** (m), cur·so·ren, cur·sors
de **cur·sus** (m), cur·sus·sen; cur·sus·je

het **cur·sus·aan·bod**
het **cur·sus·blok**, cur·sus·blok·ken
het **cur·sus·boek**, cur·sus·boe·ken; cur·sus·boek·je
het **cur·sus·ma·te·ri·aal**, cur·sus·ma·te·ri·a·len
de **cur·ve**, cur·ven, cur·ves
de **cus·tard**
de **cus·tard·vla**, custardvlaatje [cus·tard·vla·tje]
de **cus·to·mi·sa·tie** (v), cus·to·mi·sa·ties
cus·to·mi·zen (ww), cus·to·mize, cus·to·mizet; cus·to·mize·de, cus·to·mize·den; ge·cus·to·mized
cus·tom·ma·de (bnw)
de **cus·tos** (m), cus·to·des
cute (bnw)
de **cut·ter** (m), cut·ters
het **cut·ter·mes**, cut·ter·mes·sen; cut·ter·mes·je
de **cu·vee**, cu·vees
cv[1] *(centrale verwarming)*, cv's
cv[2] *(curriculum vitae)*, cv's
CVA *(cerebrovasculair accident)*, CVA's
CvB *(college van bestuur)*
cvba *(coöperatieve vennootschap met beperkte aansprakelijkheid)*, cvba's
de **cv-in·stal·la·tie** (v), cv-in·stal·la·ties
de **cv-ke·tel** (m), cv-ke·tels
het **cy·aan**
de **cy·aan·ka·li** (m)
het **cy·a·ni·de**
de **cy·a·no·se** (v)
het **cy·ber·ca·fé**, cy·ber·ca·fés
de **cy·ber·cri·me** (m), cy·ber·cri·mes
de **cy·ber·ne·ti·ca** (v)
cy·ber·pes·ten (ww), cy·ber·pest, cy·ber·pest; cy·ber·pest·te, cy·ber·pest·ten; ge·cy·ber·pest
de **cy·ber·space**
de **cy·borg** (m), cy·borgs; cy·borg·je
de **cy·claam**, cy·cla·men; cy·claam·pje
het **cy·cla·maat**, cy·cla·ma·ten
de **cy·cla·men**, cy·cla·mens
cy·clisch (bnw), cy·cli·sche
de **cy·clo·cross** (m), cy·clo·cros·sen, cy·clo·cros·ses
de **cycloïde** [cy·clo·i·de] (v), cycloïden [cy·clo·i·den]
de **cy·cloon** (m), cy·clo·nen; cy·cloon·tje
de **cy·cloop** (m), cy·clo·pen; cy·cloop·je
cy·clo·pisch (bnw), cy·clo·pi·sche
de **cy·clus** (m), cy·cli, cy·clus·sen
de **cy·ni·cus** (m), cy·ni·ci
cy·nisch (bnw), cy·ni·sche
het **cy·nis·me**, cy·nis·men
cy·pers (bnw), cy·per·se
Cy·pri·o·tisch (bnw), Cy·pri·o·ti·sche
Cy·prisch (bnw), Cy·pri·sche
cy·ril·lisch (bnw), cy·ril·li·sche
de **cys·te**, cys·ten, cys·tes
de **cy·to·ki·ne** (v), cy·to·ki·nen, cy·to·ki·nes
het **cy·to·plas·ma**, cy·to·plas·ma's

D

de **d**, d's; d'tje
de **D66'er** [D66·er] (m), D66'ers [D66·ers]
de **daad**, da·den; daad·je
de **daad·kracht**
daad·krach·tig (bnw), daad·krach·ti·ge
daad·wer·ke·lijk (bnw), daad·wer·ke·lij·ke
daags (bnw), daag·se
daar[1] (bijw)
daar[2] (voegw)
daar·aan (bijw)
daar·aan·vol·gend (bnw), daar·aan·vol·gen·de
daar·ach·ter (bijw)
daar·af (bijw)
daar·be·ne·den (bijw)
daar·bij (bijw)
daar·bin·nen (bijw)
daar·bo·ven (bijw)
daar·bo·ven·op (bijw)
daar·bo·ven·uit (bijw)
daar·bui·ten (bijw)
daar·door (bijw)
daar·door·heen (bijw)
daar·en·bo·ven (bijw)
daar·en·te·gen (bijw)
daar·even (bijw)
daar·gin·der (bijw)
daar·ginds (bijw)
daar·heen (bijw)
daar·in (bijw)
daar·juist (bijw)
daar·langs (bijw)
daar·mee (bijw)
daar·na (bijw)
daar·naar (bijw)
daar·naar·toe (bijw)
daar·naast (bijw)
daar·net (bijw)
daar·ne·vens (bijw)
daar·om (bijw)
daar·om·heen (bijw)
daar·om·trent (bijw)
daar·on·der (bijw)
daar·op (bijw)
daar·op·vol·gend (bnw), daar·op·vol·gen·de
daar·over (bijw)
daar·over·heen (bijw)
daar·rond (bijw)
daar·straks (bijw)
daar·te·gen (bijw)
daar·te·gen·aan (bijw)
daar·te·gen·over (bijw)
daar·toe (bijw)
daar·tus·sen (bijw)
daar·tus·sen·door (bijw)
daar·tus·sen·in (bijw)
daar·uit (bijw)
daar·van (bijw)
daar·van·daan (bijw)
daar·voor (bijw)
daar·zo (bijw)
daar·zon·der (bijw)
de **daas**[1], da·zen
daas[2] (bnw), da·ze
dab·ben (ww), dab, dabt; dab·de, dab·den; ge·dabd
de **dac·ty·lo** (v), dac·ty·lo's
de **dac·ty·lo·gra·fie** (v)
de/het **da·da**[1] *(kunststroming)*
da·da[2] (tussenw) *(kindertaal)*
het **dadaïsme** [da·da·is·me]
de **da·del** *(boom (m); vrucht (m/v))*, da·dels; da·del·tje
da·de·lijk[1] (bnw), da·de·lij·ke
da·de·lijk[2]: zo dadelijk
da·de·loos (bnw), da·de·lo·ze
de **da·der** (m), da·ders; da·der·tje

de **da·de·res** (v), da·de·res·sen; da·de·res·je
de **da·ding** (v), da·din·gen
de **dag**[1] (m) *(periode met daglicht; dageraad; periode van 24 uur),* da·gen; dag·je
dag[2] (tussenw)
dag[3] *(decagram)*
het **dag·af·schrift**, dag·af·schrif·ten
de **dag·be·han·de·ling** (v), dag·be·han·de·lin·gen
de **dag·be·ste·ding** (v), dag·be·ste·din·gen
het **dag·blad**, dag·bla·den
het **dag·boek**, dag·boe·ken; dag·boek·je
de **dag·crè·me**, dag·crè·mes
dag·da·ge·lijks (bnw), dag·da·ge·lijk·se
het **dag·deel**, dag·de·len
dag·dro·men (ww), dag·droom, dag·droomt; dag·droom·de, dag·droom·den; ge·dag·droomd
da·ge: ten huidigen dage
da·ge·lijks (bnw), da·ge·lijk·se
da·gen (ww), daag, daagt; daag·de, daag·den; ge·daagd
da·gen·lang (bnw), da·gen·lan·ge
het **dag-en-nacht·rit·me**, dag-en-nacht·rit·men, dag-en-nacht·rit·mes
de **da·ger** (m), da·gers
de **da·ge·raad** (m), da·ge·ra·den
de **dag·gast** (m), dag·gas·ten
de **dag·ge**, dag·gen
de **dag·in·de·ling** (v), dag·in·de·lin·gen
de **dag·in·vul·ling** (v), dag·in·vul·lin·gen
het **dag·licht**
het **dag·me·nu**, dag·me·nu's; dagmenuutje [dag·me·nu·tje]
het **dag-nacht·rit·me**, dag-nacht·rit·men, dag-nacht·rit·mes
de **dag·op·na·me**, dag·op·na·men, dag·op·na·mes
de **dag·or·de**, dag·or·den, dag·or·des
de **dag·plan·ning** (v), dag·plan·nin·gen
de **dag·tekst** (m), dag·tek·sten
da·gu·blad
de **da·guer·re·o·ty·pie** (v)
de **dag·uit·stap** (m), dag·uit·stap·pen; dag·uit·stap·je
dag·vaar·den (ww), dag·vaard, dag·vaardt; dag·vaard·de, dag·vaard·den; ge·dag·vaard
de **dag·vaar·ding** (v), dag·vaar·din·gen
Dag van de Ar·beid
de **dah·lia**, dah·li·a's; dahliaatje [dah·lia·tje]
het **daim**
de **dai·sy** (m), dai·sy's
het **dak**, da·ken; dak·je
de **dak·be·dek·king** (v), dak·be·dek·kin·gen
de **dak·dek·ker** (m), dak·dek·kers
het **dak·ge·bint**, dak·ge·bin·ten
de **dak·goot**, dak·go·ten; dak·goot·je
de **dak·iso·la·tie** (v), dak·iso·la·ties
de **dak·ka·pel**, dak·ka·pel·len
de **dak·lo·ze**, dak·lo·zen
de **dak·pan**, dak·pan·nen; dak·pan·ne·tje
het **dak·spant**, dak·span·ten
de **dak·spij·ker** (m), dak·spij·kers
het **dak·ter·ras**, dak·ter·ras·sen; dak·ter·ras·je
de **dak·wer·ker** (m), dak·wer·kers
de **dal**[1] (m) *(tegel),* dal·len; dal·le·tje
het **dal**[2] *(laagte),* da·len; dal·le·tje
dal[3] *(voedsel)*
dal[4] *(decaliter)*
de **da·lai la·ma** (m), da·lai la·ma's
de **da·lem** (m), da·lems

da·len (ww), daal, daalt; daal·de, daal·den; ge·daald
da·lend (bnw), da·len·de
de **da·ler** (m), da·lers
de **da·ling** (v), da·lin·gen
de **dal·les**
de **dalmatiër** [dal·ma·ti·er] (m), dalmatiërs [dal·ma·ti·ers]
de **dal·ton** (m), dal·tons
het **dal·ton·on·der·wijs**
de **dal·ton·school**, dal·ton·scho·len
de **dam**[1] *(in het damspel)*, dam·men; dam·me·tje
de **dam**[2] (m) *(andere betekenissen)*, dam·men; dam·me·tje
dam[3] *(decameter)*
het **da·mast**, da·mas·ten
da·mas·ten (bnw)
de **dam·breuk**, dam·breu·ken
de **da·me** (v), da·mes; da·me·tje
de **da·me blan·che** (v), da·me blan·ches, da·mes blan·ches
het **da·mes·blad**, da·mes·bla·den; da·mes·blaad·je
de **da·mes·fiets**, da·mes·fiet·sen
de/het **da·mes·kap·sa·lon** (m/o), da·mes·kap·sa·lons
het **da·mes·toi·let**, da·mes·toi·let·ten
het **da·mes·voet·bal**
de **dam·kam·pi·oen** (m), dam·kam·pi·oe·nen
het **dam·kam·pi·oen·schap**, dam·kam·pi·oen·schap·pen
dam·men (ww), dam, damt; dam·de, dam·den; ge·damd
de **damp** (m), dam·pen; damp·je
dam·pen (ww), damp, dampt; damp·te, damp·ten; ge·dampt
de **damp·kap**, damp·kap·pen; damp·kap·je
de **dan**[1] (m) *(graad)*, dans
dan[2] (bijw)
dan[3] (voegw)
de **dance** (m), dan·ces
de **dance·bat·tle** (m), dance·bat·tles
de **dance·hall** (m), dance·halls
de **dance·mu·ziek** (v)
de **dance·par·ty** (v), dance·par·ty's
de **dan·cing** (m), dan·cings
de **dan·dy** (m), dan·dy's
da·nig (bnw), da·ni·ge
de **dank** (m), dank·je
dank·baar (bnw), dank·ba·re
de **dank·baar·heid** (v)
het **dank·be·richt**, dank·be·rich·ten
de **dank·dienst** (m), dank·dien·sten
dan·ken (ww), dank, dankt; dank·te, dank·ten; ge·dankt
dan·ki (tussenw)
dank je (tussenw)
het **dank·je·wel**, dank·je·wels
dank je wel (tussenw)
dank jul·lie wel (tussenw)
de **dank·re·de**, dank·re·des
dank u wel (tussenw)
het **dank·woord**, dank·woor·den; dank·woord·je
dank·zeg·gen (ww), zeg dank, zegt dank; zeg·de dank, zei dank, zeg·den dank, zei·den dank; dank·ge·zegd
de **dank·zeg·ging** (v), dank·zeg·gin·gen
dank·zij (voorz)
de **dans** (m), dan·sen; dans·je
de **dans·act** (m), dans·acts
dan·sant (bnw), dan·san·te
de **dans·ba·thon** (m), dans·ba·thons
de **dans·con·test** (m), dans·con·tes·ten, dans·con·tests
dan·sen (ww), dans, danst; dans·te, dans·ten; ge·danst
dan·send (bnw), dan·sen·de
de **dan·ser** (m), dan·sers; dan·ser·tje
de **dan·se·res** (v), dan·se·res·sen; dan·se·res·je

de **dan·seu·se** (v), dan·seu·ses; dan·seu·se·je, dan·seu·se·tje
de **dans·groep**, dans·groe·pen; dans·groep·je
dan·si, dan·si's
de **dans·in·struc·teur** (m), dans·in·struc·teurs
de **dans·op·voe·ring** (v), dans·op·voe·rin·gen
de **dans·vloer** (m), dans·vloe·ren; dans·vloer·tje
dan·tesk (bnw), dan·tes·ke
dap·per (bnw), dap·pe·re
de **dar** (m), dar·ren; dar·re·tje
de **darm** (m), dar·men; darm·pje
de **darm·flo·ra**
het **darm·ka·naal**, darm·ka·na·len; darm·ka·naal·tje
dar·ren (ww), dar, dart; dar·de, dar·den; ge·dard
het **dart·bord**, dart·bor·den
dar·te·len (ww), dar·tel, dar·telt; dar·tel·de, dar·tel·den; ge·dar·teld
dar·ten (ww), dart, dart; dart·te, dart·ten; ge·dart
de **darts** (mv)
het **dar·wi·nis·me**
de **das**[1] (m) *(dier)*, das·sen; das·je
de **das**[2] *(kledingstuk)*, das·sen; das·je
het **dash·board**, dash·boards; dash·board·je
de **das·speld**, das·spel·den
dat[1] (aanw vnw)
dat[2] (betr vnw)
dat[3] (voegw)
de **da·ta** (mv) *(gegevens)*
de **da·ta-ana·ly·se** (v), da·ta-ana·ly·sen, da·ta-ana·ly·ses
de **da·ta·bank**, da·ta·ban·ken; da·ta·bank·je
de **da·ta·base** (v), da·ta·ba·ses
het **da·ta·be·stand**, da·ta·be·stan·den
het **da·ta·cen·ter**, da·ta·cen·ters
het **da·ta·cen·trum**, da·ta·cen·tra, da·ta·cen·trums
de **da·ta·com·mu·ni·ca·tie** (v), da·ta·com·mu·ni·ca·ties
de **da·ta-in·voer** (m), da·ta-in·voe·ren
de **da·ta·mi·ning**
het **da·ta·net**, da·ta·net·ten
het **da·ta·net·werk**, da·ta·net·wer·ken
de **da·ta·op·slag** (m), da·ta·op·sla·gen
de **da·ta·set** (m), da·ta·sets
de/het **da·ta·sheet**, da·ta·sheets
het **da·ta·ver·keer**
de **da·ta·ver·za·me·ling** (v), da·ta·ver·za·me·lin·gen
de **date** *(afspraak (m); persoon (m/v))*, dates
da·teer·baar (bnw), da·teer·ba·re
da·ten (ww), date, datet; date·te, date·ten; ge·datet
de **da·ter** (m), da·ters
da·te·ren (ww), da·teer, da·teert; da·teer·de, da·teer·den; ge·da·teerd
de **da·te·ring** (v), da·te·rin·gen
dat·ge·ne (aanw vnw)
de **da·tief**[1] (m), da·tie·ven
da·tief[2] (bnw), da·tie·ve
de **da·ting**, da·tings
het **da·ting·bu·reau**, da·ting·bu·reaus
de **da·ting·site**, da·ting·sites
het **dat·je**, dat·jes
dat·jes: ditjes en datjes
da·to[1] (bijw)
da·to[2]: de dato
de **dat·sja** (v), dat·sja's
dat·tum: van dattum
de **da·tu** (m), da·tu's
de **da·tum** (m), da·ta, da·tums
dat·zelf·de (aanw vnw)
de **dau·phin** (m), dau·phins

de **dauw** (m)
dau·wen (ww), dauw, dauwt; dauw·de, dauw·den; ge·dauwd
de **da·ver** (m)
da·ve·ren (ww), da·ver, da·vert; da·ver·de, da·ver·den; ge·da·verd
de **da·vids·ster**, da·vids·ster·ren
de **da·vid·ster**, da·vid·ster·ren
de **da·vit** (m), da·vits
da·wet
da·zen (ww), daas, daast; daas·de, daas·den; ge·daasd
dBa *(decibel adjusted)*
dbc *(diagnose-behandelcombinatie),* dbc's
dc *(districtscommissaris),* dc's
dd. (bnw) *(dienstdoend)*
d.d. (voorz) *(de dato)*
D-day
DDT *(dichloordifenyltrichloorethaan)*
de (bep lidw)
de **de·ac·ti·va·tie** (v), de·ac·ti·va·ties
de·ac·ti·ve·ren (ww), de·ac·ti·veer, de·ac·ti·veert; de·ac·ti·veer·de, de·ac·ti·veer·den; ge·de·ac·ti·veerd
de **de·ac·ti·ve·ring** (v), de·ac·ti·ve·rin·gen
de **dead·line** (m), dead·lines
de **deal** (m), deals; deal·tje
dea·len (ww), deal, dealt; deal·de, deal·den; ge·deald
de **dea·ler** (m), dea·lers; dea·ler·tje
de **death·me·tal** (m)
de/het **de·ba·cle**, de·ba·cles; de·ba·cle·tje
de **de·bar·deur** (m), de·bar·deurs; de·bar·deur·tje
het **de·bat**, de·bat·ten; de·bat·je
de **de·bat·avond** (m), de·bat·avon·den; de·bat·avond·je
de **de·ba·ter** (m), de·ba·ters
de **de·bat·tant** (m), de·bat·tan·ten
de·bat·te·ren (ww), de·bat·teer, de·bat·teert; de·bat·teer·de, de·bat·teer·den; ge·de·bat·teerd
het **de·bet**[1]
de·bet[2] (bnw)
de **de·bet·no·ta**, de·bet·no·ta's
de **de·bet·ren·te**, de·bet·ren·ten, de·bet·ren·tes
de **de·biel**[1] (m), de·bie·len; de·biel·tje
de·biel[2] (bnw), de·bie·le
het **de·biet**
de·bi·te·ren (ww), de·bi·teer, de·bi·teert; de·bi·teer·de, de·bi·teer·den; ge·de·bi·teerd
de **de·bi·teur** (m), de·bi·teu·ren, de·bi·teurs
het **de·bi·teur·num·mer**, de·bi·teur·num·mers
de·blok·ke·ren (ww), de·blok·keer, de·blok·keert; de·blok·keer·de, de·blok·keer·den; ge·de·blok·keerd
de bout ha·che·len
de·brie·fen (ww), de·brief, de·brieft; de·brief·de, de·brief·te, de·brief·den, de·brief·ten; ge·de·briefd, ge·de·brieft
de **de·brie·fing**, de·brie·fings
het **de·bris**
de·bug·gen (ww), de·bug, de·bugt; de·bug·de, de·bug·den; ge·de·bugd
de **de·bu·tant** (m), de·bu·tan·ten; de·bu·tant·je
de·bu·te·ren (ww), de·bu·teer, de·bu·teert; de·bu·teer·de, de·bu·teer·den; ge·de·bu·teerd
het **de·buut**, de·bu·ten; de·buut·je
het **de·buut·al·bum**, de·buut·al·bums
de **de·buut-cd** (m), de·buut-cd's
dec *(december)*
dec. *(december)*
de **de·caan** (m), de·ca·nen; de·caan·tje

de **de·ca·de** (v), de·ca·den, de·ca·des
de **de·ca·dent**[1] (m), de·ca·den·ten
de·ca·dent[2] (bnw), de·ca·den·te
de **de·caf** (m)
de **de·ca·fé** (m), de·ca·fés
de **decafeïné** [de·ca·fe·i·né]
de **de·ca·la·ge**, de·ca·la·ges
de·ca·naal (bnw), de·ca·na·le
het **de·ca·naat**, de·ca·na·ten
de·can·te·ren (ww), de·can·teer, de·can·teert; de·can·teer·de, de·can·teer·den; ge·de·can·teerd
de/het **de·cat·lon** (m/o), de·cat·lons
de **de·ce·le·ra·tie** (v), de·ce·le·ra·ties
de **de·cem·ber** (m), de·cem·bers
het **de·cem·ber·ge·voel**
De·cem·ber·moor·den
de·cen·nia·lang (bnw), de·cen·nia·lan·ge
het **de·cen·ni·um**, de·cen·nia, decenniën [de·cen·ni·en]
de·cent (bnw), de·cen·te
de·cen·traal (bnw), de·cen·tra·le
de **de·cen·tra·li·sa·tie** (v), de·cen·tra·li·sa·ties
de **de·cen·tra·li·sa·tie·ge·dach·te** (v), de·cen·tra·li·sa·tie·ge·dach·ten, de·cen·tra·li·sa·tie·ge·dach·tes
het **de·cen·tra·li·sa·tie·pro·ces**, de·cen·tra·li·sa·tie·pro·ces·sen
het **de·cen·tra·li·sa·tie·pro·gram·ma**, de·cen·tra·li·sa·tie·pro·gram·ma's
de **de·cen·tra·li·se·ring** (v), de·cen·tra·li·se·rin·gen
de **de·cep·tie** (v), de·cep·ties
de **de·char·ge**, de·char·ges
de·char·ge·ren (ww), de·char·geer, de·char·geert; de·char·geer·de, de·char·geer·den; ge·de·char·geerd
de **de·ci·bel** (m), de·ci·bel·len, de·ci·bels
de·ci·de·ren (ww), de·ci·deer, de·ci·deert; de·ci·deer·de, de·ci·deer·den; ge·de·ci·deerd
het **de·ciel**, de·cie·len
de **de·ci·li·ter** (m), de·ci·li·ters
de **de·ci·maal**[1], de·ci·ma·len
de·ci·maal[2] (bnw), de·ci·ma·le
de·ci·me·ren (ww), de·ci·meer, de·ci·meert; de·ci·meer·de, de·ci·meer·den; ge·de·ci·meerd
de **de·ci·me·ter** (m), de·ci·me·ters
de·ci·sief (bnw), de·ci·sie·ve
het **deck**, decks
de·cla·me·ren (ww), de·cla·meer, de·cla·meert; de·cla·meer·de, de·cla·meer·den; ge·de·cla·meerd
de **de·cla·rant** (m), de·cla·ran·ten
de **de·cla·ra·tie** (v), de·cla·ra·ties
het **de·cla·ra·tie·for·mu·lier**, de·cla·ra·tie·for·mu·lie·ren
de·cla·re·ren (ww), de·cla·reer, de·cla·reert; de·cla·reer·de, de·cla·reer·den; ge·de·cla·reerd
de·clas·se·ren (ww), de·clas·seer, de·clas·seert; de·clas·seer·de, de·clas·seer·den; ge·de·clas·seerd
de **de·clas·se·ring** (v), de·clas·se·rin·gen
de **de·co·der** (m), de·co·ders
de·co·de·ren (ww), de·co·deer, de·co·deert; de·co·deer·de, de·co·deer·den; ge·de·co·deerd
het **de·col·le·té**, de·col·le·tés; decolleteetje [de·col·le·té·tje]
de **de·con·fi·tu·re** (v), de·con·fi·tu·res
het **de·cor**, de·cors; de·cor·tje
de **de·co·ran·dus** (m), de·co·ran·di
de **de·co·ra·teur** (m), de·co·ra·teurs
de **de·co·ra·tie** (v), de·co·ra·ties
het **de·co·ra·tief**[1], de·co·ra·tie·ven
de·co·ra·tief[2] (bnw), de·co·ra·tie·ve
de·co·re·ren (ww), de·co·reer,

de·co·reert; de·co·reer·de, de·co·reer·den; ge·de·co·reerd
het **de·co·rum**
de **de·cou·pa·ge** (v), de·cou·pa·ges
het **de·creet**, de·cre·ten
de·cre·taal (bnw), de·cre·ta·le
de **de·cu·bi·tus** (m)
het **de·dain**
de da·to (bijw)
de **de·de·o·so**, de·de·o·so's
de **de·di·ca·tie** (v), de·di·ca·ties
de **de·do·so**, de·do·so's
de·du·ce·ren (ww), de·du·ceer, de·du·ceert; de·du·ceer·de, de·du·ceer·den; ge·de·du·ceerd
de **de·duc·tie** (v), de·duc·ties
de·duc·tief (bnw), de·duc·tie·ve
het **deeg**, de·gen; deeg·je
de **deeg·rol**, deeg·rol·len; deeg·rol·le·tje
de **dee·jay** (m), dee·jays
dee·jay·en (ww), dee·jay, dee·jayt; dee·jay·de, dee·jay·den; ge·dee·jayd
de **deel**[1] *(plank, dorsvloer),* de·len; deel·tje
het **deel**[2] *(gedeelte),* de·len; deel·tje
deel·baar (bnw), deel·ba·re
de **deel·ge·meen·te** (v), deel·ge·meen·ten, deel·ge·meen·tes
de **deel·ge·noot** (m), deel·ge·no·ten
deel·heb·ben (ww), heb deel, hebt deel, heeft deel; had deel, had·den deel; deel·ge·had
de **deel·lijn**, deel·lij·nen
de **deel·na·me**, deel·na·men, deel·na·mes
de **deel·neem·ster** (v), deel·neem·sters; deel·neem·ster·tje
deel·ne·men (ww), neem deel, neemt deel; nam deel, na·men deel; deel·ge·no·men
de **deel·ne·mer** (m), deel·ne·mers; deel·ne·mer·tje
het **deel·ne·mer·schap**
de **deel·ne·mers·lijst**, deel·ne·mers·lijs·ten; deel·ne·mers·lijst·je
de **deel·ne·ming** (v), deel·ne·min·gen
het **deel·on·der·werp**, deel·on·der·wer·pen; deel·on·der·werp·je
deels (bijw)
de **deel·staat** (m), deel·sta·ten; deel·staat·je
het **deel·te·ken**, deel·te·kens
de **deel·tijd** (m)
de **deel·tijd·baan**, deel·tijd·ba·nen; deel·tijd·baan·tje
deel·tijds (bnw), deel·tijd·se
de **deel·vraag**, deel·vra·gen
het **deel·woord**, deel·woor·den
de **dee·moed** (m)
dee·moe·dig (bnw), dee·moe·di·ge
de **Deen** (m), De·nen
het **Deens**[1] *(taal)*
Deens[2] (bnw), Deen·se
Deen·se dog
de **deern** (v), deerns; deern·tje
de **deer·ne** (v), deer·nen
de **de-es·ca·la·tie** (v), de-es·ca·la·ties
de-es·ca·le·ren (ww), de-es·ca·leer, de-es·ca·leert; de-es·ca·leer·de, de-es·ca·leer·den; ge·de-es·ca·leerd
DEET *(di-ethylmetatolueenamide)*
de fac·to (bijw)
het **de·fai·tis·me**
de **de·fault** (m), de·faults
de **de·fe·ca·tie** (v)
de·fe·ce·ren (ww), de·fe·ceer, de·fe·ceert; de·fe·ceer·de,

de·fe·ceer·den; ge·de·fe·ceerd
het **de·fect**[1], de·fec·ten; de·fect·je
de·fect[2] (bnw), de·fec·te
de **de·fen·sie** (v), de·fen·sies
de·fen·sief (bnw), de·fen·sie·ve
de **de·fen·sie-uit·ga·ven** (mv)
de **de·fi·bril·la·tie** (v), de·fi·bril·la·ties
de **de·fi·bril·la·tor** (m), de·fi·bril·la·to·ren, de·fi·bril·la·tors
de·fi·bril·le·ren (ww), de·fi·bril·leer, de·fi·bril·leert; de·fi·bril·leer·de, de·fi·bril·leer·den; ge·de·fi·bril·leerd
deficiënt [de·fi·ci·ent] (bnw), deficiënte [de·fi·ci·en·te]
de **deficiëntie** [de·fi·ci·en·tie] (v), deficiënties [de·fi·ci·en·ties]
het **de·fi·cit**, de·fi·cits; de·fi·cit·je
de·fi·ci·tair (bnw), de·fi·ci·tai·re
het **de·fi·lé**, de·fi·lés; defileetje [de·fi·lé·tje]
de·fi·le·ren (ww), de·fi·leer, de·fi·leert; de·fi·leer·de, de·fi·leer·den; ge·de·fi·leerd
definiëren [de·fi·ni·e·ren] (ww), de·fi·ni·eer, de·fi·ni·eert; de·fi·ni·eer·de, de·fi·ni·eer·den; ge·de·fi·ni·eerd
de **definiëring** [de·fi·ni·e·ring] (v), definiëringen [de·fi·ni·e·rin·gen]
de **de·fi·ni·tie** (v), de·fi·ni·ties
de·fi·ni·tief (bnw), de·fi·ni·tie·ve
de **de·flexie** (v), de·flexies
de·for·me·ren (ww), de·for·meer, de·for·meert; de·for·meer·de, de·for·meer·den; ge·de·for·meerd
de·frien·den (ww), de·friend, de·friendt; de·friend·de, de·friend·den; ge·de·friend
def·tig (bnw), def·ti·ge
de·fun·ge·ren (ww), de·fun·geer, de·fun·geert; de·fun·geer·de, de·fun·geer·den; ge·de·fun·geerd
de **de·gel** (m), de·gels
de·ge·lijk (bnw), de·ge·lij·ke
de **de·gen** (m), de·gens; de·gen·tje
de·ge·ne (aanw vnw)
de·ge·nen (aanw vnw)
de **de·ge·ne·ra·tie** (v)
de **dé·gé·né·ré** (m), dé·gé·né·rés; dégénéreetje [dé·gé·né·ré·tje]
de **dé·gé·né·rée** (v), dé·gé·né·rées; dé·gé·né·rée·tje
de·ge·ne·re·ren (ww), de·ge·ne·reer, de·ge·ne·reert; de·ge·ne·reer·de, de·ge·ne·reer·den; ge·de·ge·ne·reerd
de·gla·ce·ren (ww), de·gla·ceer, de·gla·ceert; de·gla·ceer·de, de·gla·ceer·den; ge·de·gla·ceerd
de **de·gout** (m)
de·gou·tant (bnw), de·gou·tan·te
de·gou·te·ren (ww), de·gou·teer, de·gou·teert; de·gou·teer·de, de·gou·teer·den; ge·de·gou·teerd
de **de·gra·da·tie** (v), de·gra·da·ties
de·gra·de·ren (ww), de·gra·deer, de·gra·deert; de·gra·deer·de, de·gra·deer·den; ge·de·gra·deerd
de·gres·sief (bnw), de·gres·sie·ve
de **de·gus·ta·tie** (v), de·gus·ta·ties
de·gus·te·ren (ww), de·gus·teer, de·gus·teert; de·gus·teer·de, de·gus·teer·den; ge·de·gus·teerd
de/het ram·bam krij·gen
de **de·hy·dra·ta·tie** (v), de·hy·dra·ta·ties
de·hy·dra·te·ren (ww), de·hy·dra·teer, de·hy·dra·teert; de·hy·dra·teer·de, de·hy·dra·teer·den; ge·de·hy·dra·teerd

de **de·hy·dra·tie** (v), de·hy·dra·ties
de·hy·dre·ren (ww), de·hy·dreer, de·hy·dreert; de·hy·dreer·de, de·hy·dreer·den; ge·de·hy·dreerd
de-icen (ww), de-ice, de-icet; de-ice·te, de-ice·ten; ge·de-icet
deik·tisch (bnw), deik·ti·sche
de **de-in·dus·tri·a·li·sa·tie** (v), de-in·dus·tri·a·li·sa·ties
de **de-in·dus·tri·a·li·se·ring** (v)
dei·nen (ww), dein, deint; dein·de, dein·den; ge·deind
de **dei·ning** (v), dei·nin·gen
de **de-in·stal·la·tie** (v), de-in·stal·la·ties
de-in·stal·le·ren (ww), de-in·stal·leer, de-in·stal·leert; de-in·stal·leer·de, de-in·stal·leer·den; ge·de-in·stal·leerd
de **de-in·sti·tu·ti·o·na·li·se·ring** (v), de-in·sti·tu·ti·o·na·li·se·rin·gen
dein·zen (ww), deins, deinst; deins·de, deins·den; ge·deinsd
het **deïsme** [de·is·me]
de **deïst** [de·ist] (m), deïsten [de·is·ten]
het **dé·jà vu**, dé·jà vu's; déjà vuutje [dé·jà vu·tje]
het **dé·jà-vu·ge·voel**
het **de·jeu·ner**, de·jeu·ners; de·jeu·ner·tje
de ju·re (bijw)
het **dek**[1], dek·ken; dek·je
dek[2]: alle hens aan dek
het **dek·bed**, dek·bed·den; dek·bed·je
de/het **dek·bed·over·trek** (m/o), dek·bed·over·trek·ken
de **de·ken**[1] (m) *(persoon)*, de·kens; de·ken·tje
de/het **de·ken**[2] *(voorwerp)*, de·kens; de·ken·tje
de·ke·naal (bnw), de·ke·na·le
het **de·ke·naat**, de·ke·na·ten
de **de·ken·kist**, de·ken·kis·ten; de·ken·kist·je
dek·ken (ww), dek, dekt; dek·te, dek·ten; ge·dekt
de **dek·ker** (m), dek·kers; dek·ker·tje
de **dek·king** (v), dek·kin·gen; dek·kin·kje
het **dek·land·schap**, dek·land·schap·pen
de **dek·man·tel** (m), dek·man·tels; dek·man·tel·tje
de/het **dek·sel** (m/o), dek·sels; dek·sel·tje
dek·sels[1] (bnw), dek·sel·se
dek·sels[2] (tussenw)
de **dek·steen** (m), dek·ste·nen
het **dek·zeil**, dek·zei·len; dek·zeil·tje
de **del**[1] (v) *(persoon)*, del·len; del·le·tje
de **del**[2] *(duinvallei; vod)*, del·len
de laat·ste lood·jes
het **del·cre·de·re**
de·le[1]: in genen dele
de·le[2]: ten dele
de **de·le·ga·tie** (v), de·le·ga·ties
de·le·ge·ren (ww), de·le·geer, de·le·geert; de·le·geer·de, de·le·geer·den; ge·de·le·geerd
de **dé·lé·gué** (m), dé·lé·gués; délégueetje [dé·lé·gué·tje]
de **dé·lé·guée** (v), dé·lé·guées; dé·lé·guée·tje
de·len (ww), deel, deelt; deel·de, deel·den; ge·deeld
de **de·ler** (m), de·lers
de **de·le·tie** (v), de·le·ties
het **delfts** *(aardewerk)*
Delfts blauw
del·gen (ww), delg, delgt; delg·de, delg·den; ge·delgd
de **de·li·be·ra·tie** (v), de·li·be·ra·ties
de·li·be·re·ren (ww), de·li·be·reer, de·li·be·reert; de·li·be·reer·de, de·li·be·reer·den; ge·de·li·be·reerd
de·li·caat (bnw), de·li·ca·te

D

de **de·li·ca·tes·se** (v), de·li·ca·tes·sen
de **de·li·ca·tes·sen·win·kel** (m), de·li·ca·tes·sen·win·kels; de·li·ca·tes·sen·win·kel·tje
de **de·li·ca·tes·sen·zaak**, de·li·ca·tes·sen·za·ken; de·li·ca·tes·sen·zaak·je
de·li·ci·eus (bnw), de·li·ci·eu·ze
het **de·lict**, de·lic·ten
de **de·ling** (v), de·lin·gen; de·lin·kje
de **de·lin·quent**[1] (m), de·lin·quen·ten; de·lin·quent·je
de·lin·quent[2] (bnw), de·lin·quen·te
de **de·lin·quen·ten·zorg**
de **de·lin·quen·tie** (v), de·lin·quen·ties
het **de·li·ri·um**, de·li·ria, de·li·ri·ums
de **de·lo·ca·tie** (v), de·lo·ca·ties
de **de·lo·ka·li·sa·tie** (v), de·lo·ka·li·sa·ties
de·lo·ka·li·se·ren (ww), de·lo·ka·li·seer, de·lo·ka·li·seert; de·lo·ka·li·seer·de, de·lo·ka·li·seer·den; ge·de·lo·ka·li·seerd
de **de·lo·ka·li·se·ring** (v), de·lo·ka·li·se·rin·gen
de·lo·y·aal (bnw), de·lo·y·a·le
de **del·ta**, del·ta's
del·ta·vlie·gen (ww)
Del·ta·wer·ken
del·ven (ww), delf, delft; delf·de, dolf, delf·den, dol·ven; ge·dol·ven
de **de·ma·go·gie** (v)
de **de·mar·ca·tie** (v), de·mar·ca·ties
de **de·mar·che**, de·mar·ches
de **de·mar·ra·ge** (v), de·mar·ra·ges
de·mar·re·ren (ww), de·mar·reer, de·mar·reert; de·mar·reer·de, de·mar·reer·den; ge·de·mar·reerd
het **de·mas·qué**, de·mas·qués
de·ment (bnw), de·men·te
de·men·te·ren (ww), de·men·teer, de·men·teert; de·men·teer·de, de·men·teer·den; ge·de·men·teerd
het **de·men·ti**, de·men·ti's
de **de·men·tia** (v)
de **de·men·tie** (v)
de **de·mi** (m), de·mi's; demietje [de·mi·tje]
de·mis·si·o·nair (bnw), de·mis·si·o·nai·re
het **de·mi·wa·ter**, de·mi·wa·ters
de **de·mo** (m), de·mo's; demootje [de·mo·tje]
de **de·mo·bi·li·sa·tie** (v), de·mo·bi·li·sa·ties
de **de·mo·craat** (m), de·mo·cra·ten; de·mo·craat·je
de **de·mo·cra·tie** (v), democratieën [de·mo·cra·tie·en]; de·mo·cra·tie·tje
de·mo·cra·tisch (bnw), de·mo·cra·ti·sche
de **de·mo·cra·ti·se·ring** (v), de·mo·cra·ti·se·rin·gen
de **de·mo·gra·fie** (v), demografieën [de·mo·gra·fie·en]
de·mo·gra·fisch (bnw), de·mo·gra·fi·sche
de **de·mon** (m), de·mo·nen, de·mons
de **de·mo·nie** (v)
de·mo·ni·se·ren (ww), de·mo·ni·seer, de·mo·ni·seert; de·mo·ni·seer·de, de·mo·ni·seer·den; ge·de·mo·ni·seerd
de **de·mon·strant** (m), de·mon·stran·ten
de **de·mon·stra·teur** (m), de·mon·stra·teurs
de **de·mon·stra·tie** (v), de·mon·stra·ties; de·mon·stra·tie·tje
de **de·mon·stra·tie·par·tij** (v),

de·mon·stra·tie·par·tij·en; de·mon·stra·tie·par·tij·tje

de **de·mon·stra·tri·ce** (v), de·mon·stra·tri·ces

de·mon·stre·ren (ww), de·mon·streer, de·mon·streert; de·mon·streer·de, de·mon·streer·den; ge·de·mon·streerd

de **de·mon·ta·ge** (v), de·mon·ta·ges

de·mon·te·ren (ww), de·mon·teer, de·mon·teert; de·mon·teer·de, de·mon·teer·den; ge·de·mon·teerd

de **de·mo·tie** (v), de·mo·ties

de **de·mo·ti·va·tie** (v), de·mo·ti·va·ties

de·mo·ti·ve·ren (ww), de·mo·ti·veer, de·mo·ti·veert; de·mo·ti·veer·de, de·mo·ti·veer·den; ge·de·mo·ti·veerd

dem·pen (ww), demp, dempt; demp·te, demp·ten; ge·dempt

de **dem·per** (m), dem·pers; dem·per·tje

de **de·my·e·li·ni·sa·tie** (v)

de **den** (m), den·nen; den·ne·tje

de **den·ap·pel** (m), den·ap·pe·len, den·ap·pels

den·de·ren (ww), den·der, den·dert; den·der·de, den·der·den; ge·den·derd

den·de·rend (bnw), den·de·ren·de

de **den·driet** (m), den·drie·ten

de **den·gue**

de **den·gue·be·spui·ting** (v), den·gue·be·spui·tin·gen

de **den·gue·be·strij·ding** (v), den·gue·be·strij·din·gen

de **den·gue-epi·de·mie** (v), dengue-epidemieën [den·gue-epi·de·mie·en], den·gue-epi·de·mies

de **den·gue·mus·kiet** (m), den·gue·mus·kie·ten

de **denguepatiënt** [den·gue·pa·ti·ent] (m), denguepatiënten [den·gue·pa·ti·en·ten]

de **den·gue-uit·braak**, den·gue-uit·bra·ken

het **den·gue·vi·rus**, den·gue·vi·rus·sen

de **de·nier** (m), de·niers

de·ni·gre·ren (ww), de·ni·greer, de·ni·greert; de·ni·greer·de, de·ni·greer·den; ge·de·ni·greerd

de·ni·gre·rend (bnw), de·ni·gre·ren·de

het **de·nim**[1]

de·nim[2] (bnw)

denk·baar (bnw), denk·ba·re

het **denk·beeld**, denk·beel·den; denk·beeld·je

denk·beel·dig (bnw), denk·beel·di·ge

den·ken (ww), denk, denkt; dacht, dach·ten; ge·dacht

den·kend (bnw), den·ken·de

de **den·ker** (m), den·kers; den·ker·tje

het **denk·ka·der**, denk·ka·ders

de **denk·pis·te**, denk·pis·ten, denk·pis·tes

het **denk·pro·ce·dé**, denk·pro·ce·dés

het **denk·pro·ces**, denk·pro·ces·sen

de **denk·tank** (m), denk·tanks; denk·tank·je

de **denk·wij·ze**, denk·wij·zen

den·nen (bnw)

de **den·nen·ap·pel** (m), den·nen·ap·pe·len, den·nen·ap·pels; den·nen·ap·pel·tje

de **den·nen·boom** (m), den·nen·bo·men;

den·nen·boom·pje
het **den·nen·bos**, den·nen·bos·sen; den·nen·bos·je
de **den·nen·geur** (m), den·nen·geu·ren
het **den·nen·groen**
het **den·nen·hout**
de **den·nen·naald**, den·nen·naal·den; den·nen·naald·je
de **den·nen·tak** (m), den·nen·tak·ken; den·nen·tak·je
de **de·no·mi·na·tie** (v), de·no·mi·na·ties
de **den·si·me·ter** (m), den·si·me·ters
de **den·si·teit** (v), den·si·tei·ten
de **den·taal**[1], den·ta·len
den·taal[2] (bnw), den·ta·le
de **den·tuur** (v), den·tu·ren
deo *(deodorant)*, de·o's
de **de·o·do·rant** (m), de·o·do·ran·ten, de·o·do·rants
de **de·on·to·lo·gie** (v)
de·on·to·lo·gisch (bnw), de·on·to·lo·gi·sche
de **de·pan·na·ge** (v), de·pan·na·ges
de·pan·ne·ren (ww), de·pan·neer, de·pan·neert; de·pan·neer·de, de·pan·neer·den; ge·de·pan·neerd
de **de·pan·neur** (m), de·pan·neurs
de pan uit rij·zen
het **de·par·te·ment**, de·par·te·men·ten
de·par·te·men·taal (bnw), de·par·te·men·ta·le
de **de·par·te·ments·di·rec·teur** (m), de·par·te·ments·di·rec·teu·ren, de·par·te·ments·di·rec·teurs
de **de·par·te·ments·lei·ding** (v), de·par·te·ments·lei·din·gen
de **de·pê·che**, de·pê·ches
de pee in·heb·ben
de **de·pen·dan·ce**, de·pen·dan·ces; de·pen·dan·ce·je
de·plo·ra·bel (bnw), de·plo·ra·be·le
de·po·ne·ren (ww), de·po·neer, de·po·neert; de·po·neer·de, de·po·neer·den; ge·de·po·neerd
de **de·po·ne·ring** (v), de·po·ne·rin·gen
het **de·po·si·to**, de·po·si·to's
de **de·po·si·to·stor·ting** (v), de·po·si·to·stor·tin·gen
de/het **de·pot** (m/o), de·pots; de·pot·je
dep·pen (ww), dep, dept; dep·te, dep·ten; ge·dept
de **de·pre·ci·a·tie** (v), de·pre·ci·a·ties
de **de·pres·sie** (v), de·pres·sies; de·pres·sie·tje
de·pres·sief (bnw), de·pres·sie·ve
de **de·pres·si·vi·teit** (v), de·pres·si·vi·tei·ten
de·pri (bnw)
de·pri·me·ren (ww), de·pri·meer, de·pri·meert; de·pri·meer·de, de·pri·meer·den; ge·de·pri·meerd
de·pri·me·rend (bnw), de·pri·me·ren·de
de **de·pri·va·tie** (v), de·pri·va·ties
het **de·pu·taat·schap**, de·pu·taat·schap·pen
de **de·pu·ta·tie** (v), de·pu·ta·ties
de **de·pu·té** (m), de·pu·tés; deputeetje [de·pu·té·tje]
de **de·rail·leur** (m), de·rail·leurs
de **der·by** (m), der·by's
de **der·de**[1] (m) *(driekaart)*, der·den, der·des
de **der·de**[2] *(persoon)*, der·den
de **der·de**[3] *(derde klas)*, der·den, der·des
het **der·de**[4] *(derde deel)*, der·den
der·de[5] (telw)
de **der·de-be·lang·heb·ben·de**, der·de-be·lang·heb·ben·den

de **der·de-be·ta·ler** (m), der·de-be·ta·lers
der·de-eeuws (bnw), der·de-eeuw·se
der·de·graads (bnw)
de **der·de·jaars**[1], der·de·jaars
der·de·jaars[2] (bnw)
de **der·de·jaars·sta·ge**, der·de·jaars·sta·ges
de **der·de·jaars·stu·dent** (m), der·de·jaars·stu·den·ten
der·de·klas (bijw)
de **der·de·klas·ser** (m), der·de·klas·sers; der·de·klas·ser·tje
het **der·den·be·slag**, der·den·be·sla·gen
de **der·den·re·ke·ning** (v), der·den·re·ke·nin·gen
der·de·rangs (bnw)
Der·de Rijk
der·de we·reld
het **der·de·we·reld·land**, der·de·we·reld·lan·den; der·de·we·reld·land·je
de·ren (ww), deer, deert; deer·de, deer·den; ge·deerd
der·ge·lijk (aanw vnw)
der·ge·lij·ke (aanw vnw)
der·ge·lijks (aanw vnw)
der·hal·ve (bijw)
het **de·ri·vaat**, de·ri·va·ten
der·ma·te (bijw)
de **der·ma·to·loog** (m), der·ma·to·lo·gen
de **der·ny** (m), der·ny's
de **de·ro·ga·tie** (v), de·ro·ga·ties
de·ro·ge·ren (ww), de·ro·geer, de·ro·geert; de·ro·geer·de, de·ro·geer·den; ge·de·ro·geerd
de **der·rie**
de **der·ri·è·re**, der·ri·è·res
der·tien (telw)
der·tien·de (telw)
de **der·tien·de-eeu·wer** (m), der·tien·de-eeu·wers
der·tien·de-eeuws (bnw), der·tien·de-eeuw·se
der·tig (telw)
de **der·ti·ger** (m), der·ti·gers
der·tig·ste (telw)
het **der·tig·tal**, der·tig·tal·len
der·ven (ww), derf, derft; derf·de, derf·den; ge·derfd
de **der·ving** (v), der·vin·gen
de **der·wisj** (m), der·wi·sjen; der·wisje
de **des**, des·sen
des·al·niet·te·min (bijw)
de·sas·treus (bnw), de·sas·treu·ze
des·avou·e·ren (ww), des·avou·eer, des·avou·eert; des·avou·eer·de, des·avou·eer·den; ge·des·avou·eerd
des·be·tref·fend (bnw), des·be·tref·fen·de
de·se·lec·te·ren (ww), de·se·lec·teer, de·se·lec·teert; de·se·lec·teer·de, de·se·lec·teer·den; ge·de·se·lec·teerd
de **de·sem** (m), de·sems
de·se·men (ww), de·sem, de·semt; de·sem·de, de·sem·den; ge·de·semd
de·ser·te·ren (ww), de·ser·teer, de·ser·teert; de·ser·teer·de, de·ser·teer·den; ge·de·ser·teerd
de **de·ser·teur** (m), de·ser·teurs
de **de·ser·tie** (v), de·ser·ties
des·ge·val·lend (bijw)
des·ge·vraagd (bijw)
des·ge·wenst (bijw)
het **de·sign**, de·signs
de·sig·nen (ww), de·sign, de·signt; de·sign·de, de·sign·den; ge·de·signd

D

de **de·sig·ner** (m), de·sig·ners
het **de·sign·meu·bel**, de·sign·meu·be·len, de·sign·meu·bels; de·sign·meu·bel·tje
de **des·il·lu·sie** (v), des·il·lu·sies
het **des·in·fec·tans**, des·in·fec·tan·tia
des·in·fec·te·ren (ww), des·in·fec·teer, des·in·fec·teert; des·in·fec·teer·de, des·in·fec·teer·den; ge·des·in·fec·teerd
de **des·in·fec·tie** (v)
de **des·in·te·res·se** (v)
des·in·ves·te·ren (ww), des·in·ves·teer, des·in·ves·teert; des·in·ves·teer·de, des·in·ves·teer·den; ge·des·in·ves·teerd
de **des·in·ves·te·ring** (v), des·in·ves·te·rin·gen
de **desk** (m), desks
de **desk·re·search** (m)
de **desk·top** (m), desk·tops
de **desk·top·pu·bli·shing**
des·kun·dig (bnw), des·kun·di·ge
de **des·kun·di·ge**, des·kun·di·gen
de **des·kun·di·gen·kos·ten** (mv)
de **des·kun·dig·heid** (v), des·kun·dig·he·den
des·niet·te·min (bijw)
des·noods (bijw)
de·so·laat (bnw), de·so·la·te
des·on·danks (bijw)
desoriënteren [des·ori·en·te·ren] (ww), desoriënteer [des·ori·en·teer], desoriënteert [des·ori·en·teert]; desoriënteerde [des·ori·en·teer·de], desoriënteerden [des·ori·en·teer·den]; gedesoriënteerd [ge·des·ori·en·teerd]
des·pe·raat (bnw), des·pe·ra·te
de **des·poot** (m), des·po·ten; des·poot·je
het **des·sert**, des·ser·ten, des·serts; des·sert·je
het **des·sert·bord**, des·sert·bor·den; des·sert·bord·je
het **des·sert·buf·fet**, des·sert·buf·fet·ten
het **des·ser·ten·buf·fet**, des·ser·ten·buf·fet·ten
het **des·sin**, des·sins; des·sin·tje
des te be·ter
des te meer
des·tijds (bijw)
het **des·til·laat**, des·til·la·ten
de **des·til·la·tie** (v), des·til·la·ties
de **des·til·leer·de·rij** (v), des·til·leer·de·rij·en
des·til·le·ren (ww), des·til·leer, des·til·leert; des·til·leer·de, des·til·leer·den; ge·des·til·leerd
de **des·truc·tie** (v)
des·truc·tief (bnw), des·truc·tie·ve
het **de·ta·che·ment**, de·ta·che·men·ten
de·ta·che·ren (ww), de·ta·cheer, de·ta·cheert; de·ta·cheer·de, de·ta·cheer·den; ge·de·ta·cheerd
de **de·ta·che·ring** (v), de·ta·che·rin·gen
het **de·ta·che·ring·bu·reau**, de·ta·che·ring·bu·reaus
de **de·ta·che·ring·over·een·komst** (v), de·ta·che·ring·over·een·kom·sten
het **de·ta·che·rings·bu·reau**, de·ta·che·rings·bu·reaus
de **de·ta·che·rings·over·een·komst** (v), de·ta·che·rings·over·een·kom·sten
de **de·ta·che·rings·toe·la·ge**,

de·ta·che·rings·toe·la·gen, de·ta·che·rings·toe·la·ges
het **de·tail**, de·tails; de·tail·tje
de **de·tail·han·del** (m), de·tail·han·dels
de **de·tail·han·de·laar** (m), de·tail·han·de·laars, de·tail·han·de·la·ren
de·tail·le·ren (ww), de·tail·leer, de·tail·leert; de·tail·leer·de, de·tail·leer·den; ge·de·tail·leerd
de **de·tail·le·ring** (v), de·tail·le·rin·gen
de **de·tail·list** (m), de·tail·lis·ten
de·tail·lis·tisch (bnw), de·tail·lis·ti·sche
de tand des tijds
de·tec·teer·baar (bnw), de·tec·teer·ba·re
de·tec·te·ren (ww), de·tec·teer, de·tec·teert; de·tec·teer·de, de·tec·teer·den; ge·de·tec·teerd
de **de·tec·tie** (v), de·tec·ties
de **de·tec·ti·ve** (m), de·tec·ti·ves
de **de·tec·ti·ve·ro·man** (m), de·tec·ti·ve·ro·mans; de·tec·ti·ve·ro·man·ne·tje
de **de·tec·ti·ve·se·rie** (v), de·tec·ti·ve·se·ries
het **de·tec·ti·ve·ver·haal**, de·tec·ti·ve·ver·ha·len
de **de·tec·tor** (m), de·tec·to·ren, de·tec·tors
de **de·ten·te** (v), de·ten·tes
de **de·ten·tie** (v), de·ten·ties
het **de·ter·gens**, de·ter·gen·tia
het **de·ter·gent**, de·ter·gen·ten
de **de·ter·mi·nant** (m), de·ter·mi·nan·ten
de **de·ter·mi·na·tie** (v), de·ter·mi·na·ties
de·ter·mi·ne·ren (ww), de·ter·mi·neer, de·ter·mi·neert; de·ter·mi·neer·de, de·ter·mi·neer·den; ge·de·ter·mi·neerd
de·toxen (ww), de·tox, de·toxt; de·tox·te, de·tox·ten; ge·de·toxt
het **deuce**, deuces
de **deugd**, deug·den
deugd·doend (bnw), deugd·doen·de
deug·de·lijk (bnw), deug·de·lij·ke
deugd·zaam (bnw), deugd·za·me
deu·gen (ww), deug, deugt; deug·de, deug·den; ge·deugd
de **deu·ge·niet** (m), deu·ge·nie·ten; deu·ge·niet·je
de **deu·ge·nie·te·rij** (v), deu·ge·nie·te·rij·en
de **deug·niet** (m), deug·nie·ten; deug·niet·je
de **deug·nie·te·rij** (v), deug·nie·te·rij·en
de **deuk**, deu·ken; deuk·je
deu·ken (ww), deuk, deukt; deuk·te, deuk·ten; ge·deukt
de **deun** (m), deu·nen; deun·tje
de **deur**, deu·ren; deur·tje
de **deur·bel**, deur·bel·len
de **deur·klink**, deur·klin·ken
de **deur·knop** (m), deur·knop·pen; deur·knop·je
de **deur·kruk**, deur·kruk·ken
de **deur·mat**, deur·mat·ten; deur·mat·je
de **deur·ope·ning** (v), deur·ope·nin·gen
de **deur·post** (m), deur·pos·ten
de **deur·prijs** (m), deur·prij·zen
de **deur·stijl** (m), deur·stij·len
de **deur·waar·der** (m), deur·waar·ders
het **deur·waar·ders·ex·ploot**, deur·waar·ders·ex·plo·ten
de **de·us ex ma·chi·na** (m), dei ex

ma·chi·na, de·us ex ma·chi·na's
de **deu·ve·ka·ter** (m), deu·ve·ka·ters
de **deu·vel** (m), deu·vels
de **deux-che·vaux**, deux-che·vauxs; deux-che·vaux·tje
de **deux-pi·è·ces** (m), deux-pi·è·ces; deux-pi·è·ces·je
de **de·va·lu·a·tie** (v), de·va·lu·a·ties
de·va·lu·e·ren (ww), de·va·lu·eer, de·va·lu·eert; de·va·lu·eer·de, de·va·lu·eer·den; ge·de·va·lu·eerd
het **de·ve·lop·ment**, de·ve·lop·ments
de·vi·ant (bnw), de·vi·an·te
de **de·vi·a·tie** (v), de·vi·a·ties
deviëren [de·vi·e·ren] (ww), de·vi·eer, de·vi·eert; de·vi·eer·de, de·vi·eer·den; ge·de·vi·eerd
het **de·vies**, de·vie·zen
de **de·vie·zen·com·mis·sie** (v), de·vie·zen·com·mis·sies
de **de·vo·lu·tie** (v), de·vo·lu·ties
de·voot (bnw), de·vo·te
de **de·vo·tie** (v), de·vo·ties
de·wel·ke (betr vnw)
het **de-woord**, de-woor·den
de **dex·tro·se**
de·ze (aanw vnw)
de·zelf·de (aanw vnw)
de·zel·ve (aanw vnw)
de·zen[1]: bij dezen
de·zen[2]: in dezen
de·zer (aanw vnw)
de·zer da·gen
de·zes (aanw vnw)
dg *(decigram)*
dga *(directeur-grootaandeelhouder),* dga's
dgl. (aanw vnw) *(dergelijke)*
dhr. *(de heer)*
di *(dinsdag)*
di. *(dinsdag)*
d.i. *(dit is; dat is)*
de **dia** (m), di·a's; diaatje [dia·tje]
de **dia-avond** (m), dia-avon·den; dia-avond·je
het **dia·baas**
de **di·a·beet** (m), di·a·be·ten
de **di·a·be·tes** (m)
de **di·a·be·tes mel·li·tus** (m)
de **di·a·be·ti·cus** (m), di·a·be·ti·ci
di·a·be·tisch (bnw), di·a·be·ti·sche
di·a·bo·li·se·ren (ww), di·a·bo·li·seer, di·a·bo·li·seert; di·a·bo·li·seer·de, di·a·bo·li·seer·den; ge·di·a·bo·li·seerd
de **di·a·bo·lo** (m), di·a·bo·lo's; diabolootje [di·a·bo·lo·tje]
di·a·chro·nisch (bnw), di·a·chro·ni·sche
di·a·co·naal (bnw), di·a·co·na·le
het **di·a·co·naat**, di·a·co·na·ten
de **di·a·co·nie** (v), diaconieën [di·a·co·nie·en]
de/het **di·a·deem** (m/o), di·a·de·men; di·a·deem·pje
het **di·a·frag·ma**, di·a·frag·ma's
de **di·ag·no·se** (v), di·ag·no·sen, di·ag·no·ses; di·ag·no·se·tje
di·ag·nos·ti·ce·ren (ww), di·ag·nos·ti·ceer, di·ag·nos·ti·ceert; di·ag·nos·ti·ceer·de, di·ag·nos·ti·ceer·den; ge·di·ag·nos·ti·ceerd
de **di·ag·nos·ti·ce·ring** (v), di·ag·nos·ti·ce·rin·gen
de **di·ag·nos·tiek** (v), di·ag·nos·tie·ken
di·ag·nos·tisch (bnw), di·ag·nos·ti·sche
de **di·a·go·naal**[1] *(lijn),* di·a·go·na·len; di·a·go·naal·tje
di·a·go·naal[2] (bnw), di·a·go·na·le
het **di·a·gram**, di·a·gram·men

de **di·a·gram·stel·ling** (v), di·a·gram·stel·lin·gen
de **di·a·ken** (m), di·a·ke·nen, di·a·kens
di·a·kri·tisch (bnw), di·a·kri·ti·sche
het **di·a·lect**, di·a·lec·ten; di·a·lect·je
de **di·a·lec·tiek** (v)
di·a·lec·tisch (bnw), di·a·lec·ti·sche
het **di·a·lect·woor·den·boek**, di·a·lect·woor·den·boe·ken
di·a·lo·ge·ren (ww), di·a·lo·geer, di·a·lo·geert; di·a·lo·geer·de, di·a·lo·geer·den; ge·di·a·lo·geerd
de **di·a·loog** (m), di·a·lo·gen; di·a·loog·je
de **di·a·ly·se** (v), di·a·ly·ses
de **di·a·ly·se·ma·chi·ne** (v), di·a·ly·se·ma·chi·nes
di·a·ly·se·ren (ww), di·a·ly·seer, di·a·ly·seert; di·a·ly·seer·de, di·a·ly·seer·den; ge·di·a·ly·seerd
de **di·a·mant**[1] (m) *(voorwerp)*, di·a·man·ten; di·a·mant·je
het **di·a·mant**[2] *(stofnaam)*
de **di·a·mant·be·wer·ker** (m), di·a·mant·be·wer·kers
di·a·man·ten (bnw)
de **di·a·mant·nij·ver·heid** (v), di·a·mant·nij·ver·he·den
de **di·a·mant·slij·per** (m), di·a·mant·slij·pers
de **di·a·me·ter** (m), di·a·me·ters
di·a·me·traal (bnw), di·a·me·tra·le
het **dia·po·si·tief**, dia·po·si·tie·ven
het **dia·pro·gram·ma**, dia·pro·gram·ma's
de **di·ar·ree** (v), di·ar·ree·tje
de **di·as·po·ra**, di·as·po·ra's
het **di·as·po·ra·be·leid**
de **dia·theek** (v), dia·the·ken
de **dia·voor·stel·ling** (v), dia·voor·stel·lin·gen
de **dib·bes**, dib·be·sen
de **di·cho·to·mie** (v), dichotomieën [di·cho·to·mie·en]
di·cho·toom (bnw), di·cho·to·me
het **dicht**[1], dich·ten; dicht·je
dicht[2] (bnw), dich·te
dicht·be·bost (bnw), dicht·be·bos·te
dicht·be·bouwd (bnw), dicht·be·bouw·de
dicht·be·groeid (bnw), dicht·be·groei·de
dicht·be·volkt (bnw), dicht·be·volk·te
dicht·bij (bnw), dicht·bije
dicht·bij·ge·le·gen (bnw)
de **dicht·bun·del** (m), dicht·bun·dels; dicht·bun·del·tje
dicht·doen (ww), doe dicht, doet dicht; deed dicht, de·den dicht; dicht·ge·daan
dicht·draai·en (ww), draai dicht, draait dicht; draai·de dicht, draai·den dicht; dicht·ge·draaid
dich·ten (ww), dicht, dicht; dicht·te, dicht·ten; ge·dicht
de **dich·ter** (m), dich·ters; dich·ter·tje
dich·ter·bij (bnw)
de **dich·te·res** (v), dich·te·res·sen; dich·te·res·je
de **dich·ter·lijk·heid** (v), dich·ter·lijk·he·den
dicht·gaan (ww), ga dicht, gaat dicht; ging dicht, gin·gen dicht; dicht·ge·gaan
dicht·gooi·en (ww), gooi dicht, gooit dicht; gooi·de dicht, gooi·den dicht; dicht·ge·gooid
de **dicht·heid** (v), dicht·he·den
dicht·hou·den (ww), houd dicht,

hou dicht, houdt dicht; hield dicht, hiel·den dicht; dicht·ge·hou·den
de **dich·ting** (v), dich·tin·gen
dicht·klap·pen (ww), klap dicht, klapt dicht; klap·te dicht, klap·ten dicht; dicht·ge·klapt
dicht·knij·pen (ww), knijp dicht, knijpt dicht; kneep dicht, kne·pen dicht; dicht·ge·kne·pen
dicht·kno·pen (ww), knoop dicht, knoopt dicht; knoop·te dicht, knoop·ten dicht; dicht·ge·knoopt
dicht·leg·gen (ww), leg dicht, legt dicht; leg·de dicht, leg·den dicht; dicht·ge·legd
dicht·ma·ken (ww), maak dicht, maakt dicht; maak·te dicht, maak·ten dicht; dicht·ge·maakt
dicht·plak·ken (ww), plak dicht, plakt dicht; plak·te dicht, plak·ten dicht; dicht·ge·plakt
dicht·rij·den (ww), rijd dicht, rij dicht, rijdt dicht; reed dicht, re·den dicht; dicht·ge·re·den
dicht·rit·sen (ww), rits dicht, ritst dicht; rits·te dicht, rits·ten dicht; dicht·ge·ritst
dicht·slaan (ww), sla dicht, slaat dicht; sloeg dicht, sloe·gen dicht; dicht·ge·sla·gen
dicht·slib·ben (ww), slib dicht, slibt dicht; slib·de dicht, slib·den dicht; dicht·ge·slibd
dicht·smij·ten (ww), smijt dicht, smijt dicht; smeet dicht, sme·ten dicht; dicht·ge·sme·ten
dichtst·bij·zijnd (bnw), dichtst·bij·zijn·de
dicht·tim·me·ren (ww), tim·mer dicht, tim·mert dicht; tim·mer·de dicht, tim·mer·den dicht; dicht·ge·tim·merd
dicht·trek·ken (ww), trek dicht, trekt dicht; trok dicht, trok·ken dicht; dicht·ge·trok·ken
dicht·val·len (ww), val dicht, valt dicht; viel dicht, vie·len dicht; dicht·ge·val·len
dicht·vou·wen (ww), vouw dicht, vouwt dicht; vouw·de dicht, vouw·den dicht; dicht·ge·vou·wen
dicht·zet·ten (ww), zet dicht, zet dicht; zet·te dicht, zet·ten dicht; dicht·ge·zet
dicht·zit·ten (ww), zit dicht, zit dicht; zat dicht, za·ten dicht; dicht·ge·ze·ten
het **dic·taat**, dic·ta·ten
de **dic·ta·foon** (m), dic·ta·foons; dic·ta·foon·tje
de **dic·ta·tor** (m), dic·ta·to·ren, dic·ta·tors
de **dic·ta·tuur** (v), dic·ta·tu·ren; dic·ta·tuur·tje
het **dic·tee**, dic·tees; dic·tee·tje
dic·te·ren (ww), dic·teer, dic·teert; dic·teer·de, dic·teer·den; ge·dic·teerd
de **dic·tie** (v), dic·ties
de **dic·ti·o·nai·re** (m), dic·ti·o·nai·res; dic·ti·o·nai·re·tje
het **dic·tum**, dic·ta, dic·tums
de **di·dac·ti·cus** (m), di·dac·ti·ci
de **di·dac·tiek** (v), di·dac·tie·ken
di·dac·tisch (bnw), di·dac·ti·sche
de **did·ge·ri·doo** (m), did·ge·ri·doos
die[1] (aanw vnw)
die[2] (betr vnw)
het **di·eet**, diëten [di·e·ten]; di·eet·je
de **dief** (m), die·ven; dief·je
het **dief·ij·zer**, dief·ij·zers
de **dief·stal** (m), dief·stal·len; dief·stal·le·tje
die·ge·ne (aanw vnw)

die·ge·nen (aanw vnw)
de **die·hard** (m), die·hards
die·ken (ww), diek, diekt; diek·te, diek·ten; ge·diekt
het **diëlektricum** [di·e·lek·tri·cum], diëlektrica [di·e·lek·tri·ca]
diëlektrisch [di·e·lek·trisch] (bnw), diëlektrische [di·e·lek·tri·sche]
dien[1] (aanw vnw)
dien[2] (betr vnw)
dien·aan·gaan·de (bijw)
de **die·naar** (m), die·naars, die·na·ren
het **dien·blad**, dien·bla·den; dien·blaad·je
die·nen (ww), dien, dient; dien·de, dien·den; ge·diend
dien·over·een·kom·stig (bnw), dien·over·een·kom·sti·ge
diens (bez vnw)
de **dienst** (m), dien·sten; dienst·je
de **dienst·baar·heid** (v), dienst·baar·he·den
de **dienst·be·trek·king** (v), dienst·be·trek·kin·gen
de **dienst·bo·de** (v), dienst·bo·den, dienst·bo·des; dienst·bo·de·tje
de **dienst·bo·de·ka·mer**, dienst·bo·de·ka·mers; dienst·bo·de·ka·mer·tje
dienst·doen (ww), doe dienst, doet dienst; deed dienst, de·den dienst; dienst·ge·daan
dienst·doend (bnw), dienst·doen·de
dien·ste: ten dienste van
de **dien·sten·che·que** (m), dien·sten·che·ques
het **dien·sten·pak·ket**, dien·sten·pak·ket·ten
de **dien·sten·sec·tor** (m), dien·sten·sec·to·ren, dien·sten·sec·tors
de **dien·ster** (v), dien·sters; dien·ster·tje
het **dienst·hoofd**, dienst·hoof·den; dienst·hoofd·je
dien·stig (bnw), dien·sti·ge
de **dienst·ij·ver** (m)
de **dienst·meid** (v), dienst·mei·den
dienst na ver·koop
de **dienst·or·der**, dienst·or·ders
de **dienst·plich·ti·ge** (m), dienst·plich·ti·gen
de **dienst·re·ge·ling** (v), dienst·re·ge·lin·gen
het **dienst·roos·ter**, dienst·roos·ters
de **dienst·tijd** (m), dienst·tij·den
het **dienst·ver·band**, dienst·ver·ban·den
de **dienst·ver·le·ner** (m), dienst·ver·le·ners
de **dienst·ver·le·ning** (v), dienst·ver·le·nin·gen
de **dienst·vrouw** (v), dienst·vrou·wen
dien·ten·ge·vol·ge (bijw)
het **diep**[1], die·pen; diep·je
diep[2] (bnw), die·pe
diep·be·droefd (bnw), diep·be·droef·de
die·pen (ww), diep, diept; diep·te, diep·ten; ge·diept
de **die·pe·rik** (m), die·pe·ri·ken
diep·gaand (bnw), diep·gaan·de
de **diep·gang** (m)
diep·ge·lo·vig (bnw), diep·ge·lo·vi·ge
diep·ge·wor·teld (bnw), diep·ge·wor·tel·de
diep·lig·gend (bnw), diep·lig·gen·de
diep·rood (bnw), diep·ro·de
de **diep·te** (v), diep·ten, diep·tes
het **diep·te-in·ter·view**, diep·te-

D

in·ter·views
het **diep·te·punt**, diep·te·pun·ten; diep·te·punt·je
diep·triest (bnw), diep·tries·te
de **diep·vries** (m)
diep·vrie·zen (ww), vries diep, vriest diep; vroor diep, vro·ren diep; diep·ge·vro·ren
de **diep·vrie·zer** (m), diep·vrie·zers; diep·vrie·zer·tje
de **diep·zee**, diepzeeën [diep·zee·en]
diep·zee·dui·ken (ww)
de **diep·zee-ex·pe·di·tie** (v), diep·zee-ex·pe·di·ties
het **diep·zee·on·der·zoek**, diep·zee·on·der·zoe·ken
het **dier**[1], die·ren; dier·tje
dier[2] (aanw vnw)
dier[3] (betr vnw)
dier[4]: in dier voege
dier·baar (bnw), dier·ba·re
de **die·ren·arts** (m), die·ren·art·sen; die·ren·arts·je
het **die·ren·asiel**, die·ren·asie·len, die·ren·asiels
de **die·ren·be·scher·ming** (v), die·ren·be·scher·min·gen
de **die·ren·dag** (m), die·ren·da·gen
de **die·ren·fa·bel**, die·ren·fa·be·len, die·ren·fa·bels
het **die·ren·park**, die·ren·par·ken; die·ren·park·je
de **die·ren·rech·ten** (mv)
de **die·ren·riem** (m), die·ren·rie·men
de **die·ren·tuin** (m), die·ren·tui·nen; die·ren·tuin·tje
de **die·ren·ver·zor·ger** (m), die·ren·ver·zor·gers
de **die·ren·voe·ding** (v), die·ren·voe·din·gen
het **die·ren·voer**
de **die·ren·vriend** (m), die·ren·vrien·den; die·ren·vriend·je
het **die·ren·wel·zijn**
de **dier·ge·nees·kun·de** (v)
dier·lijk (bnw), dier·lij·ke
de **dier·proef**, dier·proe·ven
de **dier·soort**, dier·soor·ten; dier·soort·je
de **dier·voe·ding** (v), dier·voe·din·gen
het **dier·voer**
het **dier·wel·zijn**
de **dier·ziek·te** (v), dier·ziek·ten, dier·ziek·tes
dies[1] (aanw vnw)
dies[2] (betr vnw)
de **die·sel**[1] (m) *(motor, voertuig)*, die·sels; die·sel·tje
de **die·sel**[2] *(brandstof)*
de **die·sel·au·to** (m), die·sel·au·to's; dieselautootje [die·sel·au·to·tje]
de **die·sel·mo·tor** (m), die·sel·mo·to·ren, die·sel·mo·tors
de **di·es na·ta·lis** (m), di·es na·ta·les
diëten [di·e·ten] (ww), di·eet, di·eet; di·eet·te, di·eet·ten; ge·di·eet
de **diëter** [di·e·ter] (m), diëters [di·e·ters]
de **diëtetiek** [di·e·te·tiek] (v)
de **diëtiek** [di·e·tiek] (v)
de **diëtist** [di·e·tist] (m), diëtisten [di·e·tis·ten]
de **diëtiste** [di·e·tis·te] (v), diëtistes [di·e·tis·tes]
de **diëtistenopleiding** [di·e·tis·ten·op·lei·ding] (v), diëtistenopleidingen [di·e·tis·ten·op·lei·din·gen]
het **Diets**[1] *(taal)*
Diets[2] (bnw), Diet·se
diets ma·ken
de **die·veg·ge** (v), die·veg·ges; die·veg·ge·tje

die·ven (ww), dief, dieft; dief·de, dief·den; ge·diefd
het **die·ven·ij·zer**, die·ven·ij·zers
de **die·ven·taal**, die·ven·ta·len; die·ven·taal·tje
die·zelf·de (aanw vnw)
dif·fa·me·ren (ww), dif·fa·meer, dif·fa·meert; dif·fa·meer·de, dif·fa·meer·den; ge·dif·fa·meerd
dif·fe·rent (bnw), dif·fe·ren·te
de **dif·fe·ren·ti·aal**, dif·fe·ren·ti·a·len
de **dif·fe·ren·ti·a·tie** (v), dif·fe·ren·ti·a·ties
de **dif·fe·ren·tie** (v), dif·fe·ren·ties
de **dif·fe·ren·ti·eel**[1], differentiëlen [dif·fe·ren·ti·e·len]
dif·fe·ren·ti·eel[2] (bnw), differentiële [dif·fe·ren·ti·e·le]
differentiëren [dif·fe·ren·ti·e·ren] (ww), dif·fe·ren·ti·eer, dif·fe·ren·ti·eert; dif·fe·ren·ti·eer·de, dif·fe·ren·ti·eer·den; ge·dif·fe·ren·ti·eerd
dif·fun·de·ren (ww), dif·fun·deer, dif·fun·deert; dif·fun·deer·de, dif·fun·deer·den; ge·dif·fun·deerd
de **dif·fu·sie** (v), dif·fu·sies
de **dif·fu·sor** (m), dif·fu·sors
dif·fuus (bnw), dif·fu·se
de **dif·te·rie** (v)
de **dif·tong**, dif·ton·gen
het **di·ge·staat**, di·ge·sta·ten
het **di·ges·tief**[1], di·ges·tie·ven; di·ges·tief·je
di·ges·tief[2] (bnw), di·ges·tie·ve
dig·ge·len: aan diggelen
dig·gen (ww), dig, digt; dig·de, dig·den; ge·digd
de **di·gi·beet** (m), di·gi·be·ten
het **di·gi·bord**, di·gi·bor·den
di·gi·taal (bnw), di·gi·ta·le
de **di·gi·ta·li·sa·tie** (v), di·gi·ta·li·sa·ties
di·gi·ta·li·se·ren (ww), di·gi·ta·li·seer, di·gi·ta·li·seert; di·gi·ta·li·seer·de, di·gi·ta·li·seer·den; ge·di·gi·ta·li·seerd
de **di·gi·ta·li·se·ring** (v), di·gi·ta·li·se·rin·gen
de **dig·ni·ta·ris** (m), dig·ni·ta·ris·sen
de **dij**, dij·en; dij·tje
het **dij·been**, dij·be·nen; dij·been·tje
dij·en (ww), dij, dijt; dij·de, dij·den; ge·dijd
de **dij·en·klet·ser** (m), dij·en·klet·sers
de **dijk** (m), dij·ken; dijk·je
dij·ken (ww), dijk, dijkt; dijk·te, dijk·ten; ge·dijkt
de **dijk·graaf** (m), dijk·gra·ven
dijn: mijn en dijn
de **di·jon·mos·terd** (m)
het **dik**[1], dik·je
dik[2] (bnw), dik·ke
de **dik·ke·darm·kan·ker** (m)
dik·ken (ww), dik, dikt; dik·te, dik·ten; ge·dikt
de **dik·kerd** (m), dik·kerds; dik·kerd·je
de **dik·ke·trui·en·dag** (m), dik·ke·trui·en·da·gen
de **dik·te** (v), dik·ten, dik·tes; dik·te·tje
dik·wijls (bijw)
de **di·la·ta·tie** (v), di·la·ta·ties
di·la·toir (bnw), di·la·toi·re
de **dil·do** (m), dil·do's
het **di·lem·ma**, di·lem·ma's; dilemmaatje [di·lem·ma·tje]
de **di·let·tant** (m), di·let·tan·ten
de **di·let·tan·te** (v), di·let·tan·tes
de **di·li·gen·ce**, di·li·gen·ces
di·li·gent (bnw), di·li·gen·te
de **dil·le**

de **di·men·sie** (v), di·men·sies
di·men·si·o·naal (bnw), di·men·si·o·na·le
di·men·si·o·neel (bnw), di·men·si·o·ne·le
di·men·si·o·ne·ren (ww), di·men·si·o·neer, di·men·si·o·neert; di·men·si·o·neer·de, di·men·si·o·neer·den; ge·di·men·si·o·neerd
de **di·men·si·o·ne·ring** (v), di·men·si·o·ne·rin·gen
het **di·mi·nu·tief**, di·mi·nu·tie·ven; di·mi·nu·tief·je
dim·men (ww), dim, dimt; dim·de, dim·den; ge·dimd
de **dim·mer** (m), dim·mers
de **dim·sum** (m), dim·sum, dim·sums
de **di·nar** (m), di·nars
het **di·ner**, di·ners; di·ner·tje
de **di·ner·bon** (m), di·ner·bon·nen, di·ner·bons; di·ner·bon·ne·tje
het **di·ner·buf·fet**, di·ner·buf·fet·ten
het **di·ner dan·sant**, di·ner dan·sants, di·ners dan·sants
di·ne·ren (ww), di·neer, di·neert; di·neer·de, di·neer·den; ge·di·neerd
het **ding**, din·gen; din·ge·tje
din·gen (ww), ding, dingt; dong, don·gen; ge·don·gen
de **din·ges**
de **din·go** (m), din·go's
de **di·no** (m), di·no's
de **dinosauriër** [di·no·sau·ri·er] (m), dinosauriërs [di·no·sau·ri·ers]
de **di·no·sau·rus** (m), di·no·sau·rus·sen; di·no·sau·rus·je
de **dins·dag**[1] (m), dins·da·gen
dins·dag[2] (bijw)
de **dins·dag·avond**[1] (m), dins·dag·avon·den
dins·dag·avond[2] (bijw)
de **dins·dag·mid·dag**[1] (m), dins·dag·mid·da·gen
dins·dag·mid·dag[2] (bijw)
de **dins·dag·mor·gen**[1] (m), dins·dag·mor·gens
dins·dag·mor·gen[2] (bijw)
dins·dag·nacht (bijw)
de **dins·dag·na·mid·dag** (m), dins·dag·na·mid·da·gen
de **dins·dag·och·tend**[1] (m), dins·dag·och·ten·den
dins·dag·och·tend[2] (bijw)
dins·dags[1] (bnw), dins·dag·se
dins·dags[2]: 's dinsdags
de **dins·dag·voor·mid·dag** (m), dins·dag·voor·mid·da·gen
het **di·o·cees**, di·o·ce·sen
de **di·o·ce·se** (v), di·o·ce·sen
de **di·o·de** (v), di·o·den, di·o·des
di·o·ny·sisch (bnw), di·o·ny·si·sche
het **di·o·ra·ma**, di·o·ra·ma's
het **di·oxi·de**, di·oxi·den, di·oxi·des
de **di·oxi·ne**, di·oxi·nen, di·oxi·nes
de **dip**[1] (m) *(inzinking, terugval)*, dips; dip·je
de **dip**[2] *(dipsaus)*, dip·pen; dip·je
het **di·plo·ma**, di·plo·ma's; diplomaatje [di·plo·ma·tje]
de **di·plo·maat** (m), di·plo·ma·ten; di·plo·maat·je
de **di·plo·ma·be·zit·ter** (m), di·plo·ma·be·zit·ters
de **di·plo·ma-in·fla·tie** (v)
de **di·plo·ma·ten·op·lei·ding** (v), di·plo·ma·ten·op·lei·din·gen
de **di·plo·ma·tie** (v)
de **di·plo·ma·tiek**[1] (v)
di·plo·ma·tiek[2] (bnw), di·plo·ma·tie·ke
di·plo·ma·tisch (bnw),

di·plo·ma·ti·sche
de **di·plo·ma-uit·rei·king** (v), di·plo·ma-uit·rei·kin·gen
de **di·plo·me·ring** (v), di·plo·me·rin·gen
dip·pen (ww), dip, dipt; dip·te, dip·ten; ge·dipt
de/het **dip·tiek** (v/o), dip·tie·ken
di·rect (bnw), di·rec·te
de **di·rect·be·trok·ke·ne**, di·rect·be·trok·ke·nen
de **di·rec·teur** (m), di·rec·teu·ren, di·rec·teurs; di·rec·teur·tje
de **di·rec·teur-be·stuur·der** (m), di·rec·teur-be·stuur·ders, di·rec·teur·en-be·stuur·ders, di·rec·teurs-be·stuur·ders
de **di·rec·teur-ei·ge·naar** (m), di·rec·teur-ei·ge·naars, di·rec·teur-ei·ge·na·ren, di·rec·teu·ren-ei·ge·naars, di·rec·teu·ren-ei·ge·na·ren, di·rec·teurs-ei·ge·naars, di·rec·teurs-ei·ge·na·ren
het **di·rec·teu·ren·be·raad**
de **di·rec·teur-ge·ne·raal** (m), di·rec·teu·ren-ge·ne·raal, di·rec·teurs-ge·ne·raal
de **di·rec·teur-groot·aan·deel·hou·der** (m), di·rec·teu·ren-groot·aan·deel·hou·ders, di·rec·teur-groot·aan·deel·hou·ders, di·rec·teurs-groot·aan·deel·hou·ders
de **di·rect·heid** (v), di·rect·he·den
de **di·rec·tie** (v), di·rec·ties
de **di·rec·tie·as·sis·tent** (m), di·rec·tie·as·sis·ten·ten
de **di·rec·tie·as·sis·ten·te** (v), di·rec·tie·as·sis·ten·tes
het **di·rec·tie·co·mi·té**, di·rec·tie·co·mi·tés
het **di·rec·tief**[1], di·rec·tie·ven
di·rec·tief[2] (bnw), di·rec·tie·ve
het **di·rec·tie·lid**, di·rec·tie·le·den
het **di·rec·tie·over·leg**, di·rec·tie·over·leg·gen
de **di·rec·tie·raad** (m), di·rec·tie·ra·den
de **di·rec·tie·se·cre·ta·res·se** (v), di·rec·tie·se·cre·ta·res·ses
de **di·rec·tie·stoel** (m), di·rec·tie·stoe·len
de **di·rec·tie·ver·ga·de·ring** (v), di·rec·tie·ver·ga·de·rin·gen
de **di·rec·tie·voe·ring** (v), di·rec·tie·voe·rin·gen
di·rec·ti·o·neel (bnw), di·rec·ti·o·ne·le
de **di·rect mail**
de **di·rect·mail·cam·pag·ne**, di·rect·mail·cam·pag·nes
de **di·rect mar·ke·ting**
de **di·rec·toi·re** (m) *(kledingstuk)*, di·rec·toi·res; di·rec·toi·re·tje
Di·rec·toi·re *(regeringsperiode in Frankrijk)*
het **di·rec·to·raat**, di·rec·to·ra·ten
het **di·rec·to·raat-ge·ne·raal**, di·rec·to·ra·ten-ge·ne·raal
de **di·rec·to·ry**, di·rec·to·ry's
de **di·rec·tri·ce** (v), di·rec·tri·ces
de **di·ri·gent** (m), di·ri·gen·ten; di·ri·gent·je
di·ri·ge·ren (ww), di·ri·geer, di·ri·geert; di·ri·geer·de, di·ri·geer·den; ge·di·ri·geerd
de **dirndl**, dirndls
de **dis**[1] (m) *(tafel)*, dis·sen
de **dis**[2] *(muzieknoot)*, dis·sen
de **dis·ba·lans**, dis·ba·lan·sen
de **dis·ci·pel** (m), dis·ci·pe·len, dis·ci·pels
dis·ci·pli·nair (bnw),

dis·ci·pli·nai·re
de **dis·ci·pli·ne** (v), dis·ci·pli·nes
dis·ci·pli·ne·ren (ww), dis·ci·pli·neer, dis·ci·pli·neert; dis·ci·pli·neer·de, dis·ci·pli·neer·den; ge·dis·ci·pli·neerd
de **dis·clai·mer** (m), dis·clai·mers
de **disc·man** (m), disc·mans
de **dis·co** (m), dis·co's; discootje [dis·co·tje]
de **dis·co·avond** (m), dis·co·avon·den
het **dis·com·fort**, dis·com·forts
dis·con·te·ren (ww), dis·con·teer, dis·con·teert; dis·con·teer·de, dis·con·teer·den; ge·dis·con·teerd
dis·con·ti·nu (bnw), dis·con·ti·nue
de **discontinuïteit** [dis·con·ti·nu·i·teit] (v), discontinuïteiten [dis·con·ti·nu·i·tei·ten]
het **dis·con·to**, dis·con·to's
de **dis·co·theek** (v), dis·co·the·ken; dis·co·theek·je
de **dis·count** (m), dis·counts
het **dis·cours**, dis·cour·sen
dis·cre·di·te·ren (ww), dis·cre·di·teer, dis·cre·di·teert; dis·cre·di·teer·de, dis·cre·di·teer·den; ge·dis·cre·di·teerd
dis·creet (bnw), dis·cre·te
de **dis·cre·pan·tie** (v), dis·cre·pan·ties
de **dis·cre·tie** (v), dis·cre·ties
dis·cre·ti·o·nair (bnw), dis·cre·ti·o·nai·re
de **dis·cri·mi·na·tie** (v), dis·cri·mi·na·ties; dis·cri·mi·na·tie·tje
dis·cri·mi·na·toir (bnw), dis·cri·mi·na·toi·re
dis·cri·mi·ne·ren (ww), dis·cri·mi·neer, dis·cri·mi·neert; dis·cri·mi·neer·de, dis·cri·mi·neer·den; ge·dis·cri·mi·neerd
de **dis·cus** (m), dis·cus·sen
de **dis·cus·si·ant** (m), dis·cus·si·an·ten
de **dis·cus·sie** (v), dis·cus·sies; dis·cus·sie·tje
de **dis·cus·sie·avond** (m), dis·cus·sie·avon·den; dis·cus·sie·avond·je
het **dis·cus·sie·punt**, dis·cus·sie·pun·ten
discussiëren [dis·cus·si·e·ren] (ww), dis·cus·si·eer, dis·cus·si·eert; dis·cus·si·eer·de, dis·cus·si·eer·den; ge·dis·cus·si·eerd
dis·cus·wer·pen (ww)
dis·cu·ta·bel (bnw), dis·cu·ta·be·le
dis·cu·te·ren (ww), dis·cu·teer, dis·cu·teert; dis·cu·teer·de, dis·cu·teer·den; ge·dis·cu·teerd
de **dis·func·tie** (v), dis·func·ties
dis·func·ti·o·neel (bnw), dis·func·ti·o·ne·le
dis·func·ti·o·ne·ren (ww), dis·func·ti·o·neer, dis·func·ti·o·neert; dis·func·ti·o·neer·de, dis·func·ti·o·neer·den; ge·dis·func·ti·o·neerd
de **dis·har·mo·nie** (v)
dis·har·mo·nisch (bnw), dis·har·mo·ni·sche
de **disk** (m), disks; disk·je
de **disk·drive** (m), disk·drives
de **dis·ket·te**, dis·ket·tes; dis·ket·je, dis·ket·te·tje
de **disk·joc·key** (m), disk·joc·keys;

disk·joc·key·tje
het **dis·kre·diet**
de **dis·kwa·li·fi·ca·tie** (v), dis·kwa·li·fi·ca·ties
dis·kwa·li·fi·ce·ren (ww), dis·kwa·li·fi·ceer, dis·kwa·li·fi·ceert; dis·kwa·li·fi·ceer·de, dis·kwa·li·fi·ceer·den; ge·dis·kwa·li·fi·ceerd
de **dis·lo·ca·tie** (v), dis·lo·ca·ties
de **Dis·ney·film** (m), Dis·ney·films; Dis·ney·film·pje
de **dis·pa·cheur** (m), dis·pa·cheurs
de **dis·patch**, dis·pat·ches
dis·pat·chen (ww), dis·patch, dis·patcht; dis·patch·te, dis·patch·ten; ge·dis·patcht
de **dis·pat·cher** (m), dis·pat·chers
de **dis·pat·ching**
de **dis·pen·sa·tie** (v), dis·pen·sa·ties
het **dis·pen·sa·tie·ge·val**, dis·pen·sa·tie·ge·val·len
de **dis·pen·ser** (m), dis·pen·sers; dis·pen·ser·tje
de **dis·per·sie** (v)
de/het **dis·play**, dis·plays; dis·play·tje
de **dis·po·si·tie** (v), dis·po·si·ties
het **dis·po·si·tief**[1]
dis·po·si·tief[2] (bnw), dis·po·si·tie·ve
dis·pro·por·ti·o·neel (bnw), dis·pro·por·ti·o·ne·le
het **dis·puut**, dis·pu·ten; dis·puut·je
de **dis·re·gu·la·tie** (v), dis·re·gu·la·ties
het **dis·res·pect**
dis·res·pect·vol (bnw), dis·res·pect·vol·le
dis·rup·tief (bnw), dis·rup·tie·ve
de **diss** (m), dis·sen, dis·ses
dis·sec·te·ren (ww), dis·sec·teer, dis·sec·teert; dis·sec·teer·de, dis·sec·teer·den; ge·dis·sec·teerd
de **dis·sec·tie** (v), dis·sec·ties
de **dis·sel** (m), dis·sels; dis·sel·tje
de **dis·se·mi·na·tie** (v), dis·se·mi·na·ties
dis·sen (ww), dis, dist; dis·te, dis·ten; ge·dist
de **dis·ser·ta·tie** (v), dis·ser·ta·ties
de **dis·si·dent**[1] (m), dis·si·den·ten
dis·si·dent[2] (bnw), dis·si·den·te
de **dis·si·pa·tie** (v), dis·si·pa·ties
dis·si·pe·ren (ww), dis·si·peer, dis·si·peert; dis·si·peer·de, dis·si·peer·den; ge·dis·si·peerd
de **dis·so·ci·a·tie** (v), dis·so·ci·a·ties
dissociëren [dis·so·ci·e·ren] (ww), dis·so·ci·eer, dis·so·ci·eert; dis·so·ci·eer·de, dis·so·ci·eer·den; ge·dis·so·ci·eerd
de **dis·sol·vant** (m), dis·sol·van·ten
de **dis·so·nant** (m), dis·so·nan·ten
de **dis·so·nan·tie** (v), dis·so·nan·ties
de **dis·tan·tie** (v), dis·tan·ties
distantiëren [dis·tan·ti·e·ren] (ww), dis·tan·ti·eer, dis·tan·ti·eert; dis·tan·ti·eer·de, dis·tan·ti·eer·den; ge·dis·tan·ti·eerd
de **dis·tel**, dis·tels; dis·tel·tje
de **dis·ten·sie** (v), dis·ten·sies
het **dis·til·laat**, dis·til·la·ten
de **dis·til·la·tie** (v), dis·til·la·ties
de **dis·til·leer·de·rij** (v), dis·til·leer·de·rij·en; dis·til·leer·de·rij·tje
dis·til·le·ren (ww), dis·til·leer, dis·til·leert; dis·til·leer·de, dis·til·leer·den; ge·dis·til·leerd
de **dis·tinc·tie** (v), dis·tinc·ties
de **dis·tor·sie** (v), dis·tor·sies
dis·tri·bu·e·ren (ww), dis·tri·bu·eer, dis·tri·bu·eert; dis·tri·bu·eer·de,

D

dis·tri·bu·eer·den; ge·dis·tri·bu·eerd
de **dis·tri·bu·teur** (m), dis·tri·bu·teurs
de **dis·tri·bu·tie** (v), dis·tri·bu·ties
het **dis·tri·bu·tie·cen·trum**, dis·tri·bu·tie·cen·tra, dis·tri·bu·tie·cen·trums
het **dis·tri·bu·tie·sta·ti·on**, dis·tri·bu·tie·sta·ti·ons
het **dis·trict**, dis·tric·ten; dis·trict·je
de **dis·trict·be·wo·ner** (m), dis·trict·be·wo·ners
de **dis·trict·mees·ter** (m), dis·trict·mees·ters
de **dis·tricts·be·gro·ting** (v), dis·tricts·be·gro·tin·gen
het **dis·tricts·be·stuur**, dis·tricts·be·stu·ren
de **dis·tricts·be·wo·ner** (m), dis·tricts·be·wo·ners
het **dis·tricts·com·mis·sa·ri·aat**, dis·tricts·com·mis·sa·ri·a·ten
de **dis·tricts·com·mis·sa·ris** (m), dis·tricts·com·mis·sa·ris·sen
het **dis·tricts·kan·toor**, dis·tricts·kan·to·ren
de **dis·tricts·mees·ter** (m), dis·tricts·mees·ters
het **dis·tricts·plan**, dis·tricts·plan·nen
de **dis·tricts·raad** (m), dis·tricts·ra·den
het **dis·tricts·raads·lid**, dis·tricts·raads·le·den
de **dis·tricts·se·cre·ta·ris** (m), dis·tricts·se·cre·ta·ris·sen
de **dis·tricts·toe·la·ge**, dis·tricts·toe·la·gen, dis·tricts·toe·la·ges
dit (aanw vnw)
het **dit·je**, dit·jes
dit·jes en dat·jes
dit·maal (bijw)
het **di·to**[1], di·to's
di·to[2] (bijw)
dit·zelf·de (aanw vnw)
div. (bnw) *(divers)*
de **di·va** (v), di·va's; divaatje [di·va·tje]
Di·va·li *(Hindoefeest)*
de **di·van** (m), di·vans
de **di·ver·gen·tie** (v), di·ver·gen·ties
di·ver·ge·ren (ww), di·ver·geer, di·ver·geert; di·ver·geer·de, di·ver·geer·den; ge·di·ver·geerd
di·vers (bnw), di·ver·se
de **di·ver·sen** (mv)
de **di·ver·si·fi·ca·tie** (v), di·ver·si·fi·ca·ties
di·ver·si·fi·ce·ren (ww), di·ver·si·fi·ceer, di·ver·si·fi·ceert; di·ver·si·fi·ceer·de, di·ver·si·fi·ceer·den; ge·di·ver·si·fi·ceerd
diversifiëren [di·ver·si·fi·e·ren] (ww), di·ver·si·fi·eer, di·ver·si·fi·eert; di·ver·si·fi·eer·de, di·ver·si·fi·eer·den; ge·di·ver·si·fi·eerd
de **diversifiëring** [di·ver·si·fi·e·ring] (v), diversifiëringen [di·ver·si·fi·e·rin·gen]
de **di·ver·si·teit** (v), di·ver·si·tei·ten
het **di·ver·si·teit·be·leid**
het **di·ver·si·teits·be·leid**
het **di·vi·dend**, di·vi·den·den; di·vi·dend·je
de **di·vi·di·vi·boom** (m), di·vi·di·vi·bo·men
de **di·vi·sie** (v), di·vi·sies
de **dixi** (m), dixi's
dixit
diz·zy (bnw)
dj *(diskjockey)*, dj's; dj'tje [dj·tje]
de **dja·hé** (m)

de **djak**, djaks
dja·ran ke·pang
de **djel·la·ba** (m), djel·la·ba's
de **djem·bé**, djem·bés
dj'en [dj·en] (ww), dj, dj't; dj'de [dj·de], dj'den [dj·den]; ge-dj'd
de **dje·roek** (m), dje·roeks
de **djinn** (m), djinns
djoi·nen (ww), djoin, djoint; djoin·de, djoin·den; ge·djoind
djor·ken (ww), djork, djorkt; djork·te, djork·ten; ge·djorkt
de **dj-set** (m), dj-sets
djus, dju·ses
dl *(deciliter)*
dm *(decimeter)*
d.m.v. *(door middel van)*
DNA[1] *(deoxyribonucleic acid)*
DNA[2] *(De Nationale Assemblee)*
het **DNA-lid**, DNA-le·den
het **DNA-on·der·zoek**, DNA-on·der·zoe·ken
het **DNA-pro·fiel**, DNA-pro·fie·len
de **DNA-test** (m), DNA-tes·ten, DNA-tests; DNA-test·je
de **DNA-voor·zit·ter** (m), DNA-voor·zit·ters
de **do**[1] *(noot)*, do's
do[2] *(donderdag)*
do. *(donderdag)*
de **dob·be·laar** (m), dob·be·laars
dob·be·len (ww), dob·bel, dob·belt; dob·bel·de, dob·bel·den; ge·dob·beld
de **dob·bel·steen** (m), dob·bel·ste·nen; dob·bel·steen·tje
de **dob·bel·tent**, dob·bel·ten·ten
de **dob·bel·vriend** (m), dob·bel·vrien·den
de **dob·ber** (m), dob·bers; dob·ber·tje
dob·be·ren (ww), dob·ber, dob·bert; dob·ber·de, dob·ber·den; ge·dob·berd
de **do·ber·mann** (m), do·ber·manns
de **do·ber·mann·pin·cher** (m), do·ber·mann·pin·chers
de **do·cent** (m), do·cen·ten; do·cent·je
de **do·cen·te** (v), do·cen·tes
de **do·cen·ten·ka·mer**, do·cen·ten·ka·mers; do·cen·ten·ka·mer·tje
het **do·cen·ten·korps**, do·cen·ten·korp·sen
het **do·cen·ten·team**, do·cen·ten·teams
het **do·cent·schap**, do·cent·schap·pen
do·ce·ren (ww), do·ceer, do·ceert; do·ceer·de, do·ceer·den; ge·do·ceerd
doch (voegw)
de **doch·ter** (v), doch·ters; doch·ter·tje
de **doch·ter·on·der·ne·ming** (v), doch·ter·on·der·ne·min·gen
do·ciel (bnw), do·cie·le
de **do·ci·li·teit** (v)
het **doc·king sta·ti·on**, doc·king sta·ti·ons
de **doc·tor** (m), doc·to·ren, doc·tors
het **doc·to·raal**[1], doc·to·raals, doc·to·ra·len
doc·to·raal[2] (bnw), doc·to·ra·le
de **doc·to·raal·stu·dent** (m), doc·to·raal·stu·den·ten
de **doc·to·raal·stu·die** (v), doc·to·raal·stu·dies
het **doc·to·raat**, doc·to·ra·ten
de **doc·to·raats·stu·dent** (m), doc·to·raats·stu·den·ten
de **doc·to·raats·ver·han·de·ling** (v), doc·to·raats·ver·han·de·lin·gen
de **doc·to·ran·dus** (m), doc·to·ran·di, doc·to·ran·dus·sen
doc·to·re·ren (ww), doc·to·reer, doc·to·reert; doc·to·reer·de,

D

doc·to·reer·den; ge·doc·to·reerd
de **doc·to·res** (v), doc·to·res·sen
de **doc·tors·ti·tel** (m), doc·tors·ti·tels
doc·tri·nair (bnw), doc·tri·nai·re
de **doc·tri·ne** (v), doc·tri·nes
do·cu *(documentaire),* do·cu's
het **do·cu·ment**, do·cu·men·ten; do·cu·ment·je
do·cu·men·tair (bnw), do·cu·men·tai·re
de **do·cu·men·tai·re** (m), do·cu·men·tai·res; do·cu·men·tai·re·tje
de **do·cu·men·tai·re·se·rie** (v), do·cu·men·tai·re·se·ries
de **do·cu·men·ta·tie** (v), do·cu·men·ta·ties
het **do·cu·men·ta·tie·cen·trum**, do·cu·men·ta·tie·cen·tra, do·cu·men·ta·tie·cen·trums
do·cu·men·te·ren (ww), do·cu·men·teer, do·cu·men·teert; do·cu·men·teer·de, do·cu·men·teer·den; ge·do·cu·men·teerd
de **do·daars** (m), do·daar·zen; do·daars·je
de **do·de**, do·den
de **dodecaëder** [do·de·ca·e·der] (m), dodecaëders [do·de·ca·e·ders]
do·de hoek
de **do·de·hoek·spie·gel** (m), do·de·hoek·spie·gels
do·de·lijk (bnw), do·de·lij·ke
de **do·de·mans·rit** (m), do·de·mans·rit·ten
do·den (ww), dood, doodt; dood·de, dood·den; ge·dood
de **do·den·her·den·king** (v), do·den·her·den·kin·gen
de **do·den·lijst**, do·den·lijs·ten; do·den·lijst·je
het **do·den·tal**, do·den·tal·len
de **do·den·tol** (m)
de **do·den·ver·ering** (v), do·den·ver·erin·gen
de **Do·de Zee·rol**, Do·de Zee·rol·len
de **do·ding** (v), do·din·gen
de **do·do** (m), do·do's
de **doe·ac·ti·vi·teit** (v), doe·ac·ti·vi·tei·ten
het **doe·boek**, doe·boe·ken; doe·boek·je
de **doe·dag** (m), doe·da·gen
de **doe·del** (m), doe·dels; doe·del·tje
doe·de·len (ww), doe·del, doe·delt; doe·del·de, doe·del·den; ge·doe·deld
de **doe·del·zak** (m), doe·del·zak·ken; doe·del·zak·je
doeg (tussenw)
de **doe-het-zelf·win·kel** (m), doe-het-zelf·win·kels
de **doe-het-zelf·zaak**, doe-het-zelf·za·ken
doe-het-zel·ven (ww)
de **doe-het-zel·ver** (m), doe-het-zel·vers
doei (tussenw)
de/het **doek**[1] (m/o) *(voorwerp),* doe·ken; doek·je
het **doek**[2] *(stofnaam)*
de **doe·koe** (m)
de **doe·koen**, doe·koens
het **doel**, doe·len; doel·tje
doel·be·wust (bnw), doel·be·wus·te
het **doel·ein·de**, doel·ein·den, doel·ein·des
de **doe·len**[1] (m), doe·lens
doe·len[2] (ww), doel, doelt; doel·de, doel·den; ge·doeld
het **doel·ge·bied**, doel·ge·bie·den
doel·ge·richt (bnw), doel·ge·rich·te
de **doel·groep**, doel·groe·pen;

doel·groep·je
de **doel·groep·ana·ly·se** (v), doel·groep·ana·ly·sen, doel·groep·ana·ly·ses
het **doel·groe·pen·be·leid**
de **doel·lat**, doel·lat·ten
de **doel·man** (m), doel·lie·den, doel·lui, doel·man·nen; doel·man·ne·tje
doel·ma·tig (bnw), doel·ma·ti·ge
de **doel·ma·tig·heid** (v), doel·ma·tig·he·den
het **doel·pu·bliek**, doel·pu·blie·ken
het **doel·punt**, doel·pun·ten; doel·punt·je
doel·pun·ten (ww), doel·punt, doel·punt; doel·punt·te, doel·punt·ten; ge·doel·punt
de **doel·stel·ling** (v), doel·stel·lin·gen; doel·stel·lin·kje
doel·tref·fend (bnw), doel·tref·fen·de
de **doel·tref·fend·heid** (v)
het **doel·wit**, doel·wit·ten
de **doem** (m)
Doe·ma
doem·den·ken (ww)
doe·men (ww), doem, doemt; doem·de, doem·den; ge·doemd
het **doem·sce·na·rio**, doem·sce·na·ri·o's
het **doen**[1]
doen[2] (ww), doe, doet; deed, de·den; ge·daan
doen[3]: in goeden doen
doen·baar (bnw), doen·ba·re
doen·de (bnw)
de **doe·ner** (m), doe·ners
de **doe·rak** (m), doe·rak·ken, doe·raks
de **does** (m), doe·zen; does·je
het **doet·je**, doet·jes
doe·ze·len (ww), doe·zel, doe·zelt; doe·zel·de, doe·zel·den; ge·doe·zeld
de **dof**[1] (m), dof·fen; dof·je
dof[2] (bnw), dof·fe
de **dof·fer** (m), dof·fers; dof·fer·tje
de **dof·heid** (v)
de **doft**, dof·ten
de **dog** (m), dog·gen; dog·je
de **do·ge** (m), do·gen, do·ges
het **do·ge·pa·leis**, do·ge·pa·lei·zen
de **dog·gy·bag** (m), dog·gy·bags
de **dog·la**, dog·la's
het **dog·ma**, dog·ma's, dog·ma·ta
de **do·jo** (m), do·jo's
het **dok**, dok·ken
de **do·ka**, do·ka's
dok·ken (ww), dok, dokt; dok·te, dok·ten; ge·dokt
de **Dok·ku·mer**[1] (m), Dok·ku·mers
Dok·ku·mer[2] (bnw)
de **doks**, dok·sen
het **dok·saal**, dok·sa·len
de **dok·ter** (m), dok·ters, dok·to·ren; dok·ter·tje
dok·te·ren (ww), dok·ter, dok·tert; dok·ter·de, dok·ter·den; ge·dok·terd
de **dok·te·res** (v), dok·te·res·sen
de **dok·ters·as·sis·ten·te** (v), dok·ters·as·sis·ten·tes
het **dok·ters·at·test**, dok·ters·at·tes·ten
het **dok·ters·be·zoek**, dok·ters·be·zoe·ken
de **dok·ters·kaart**, dok·ters·kaar·ten
de **dok·ters·ka·mer**, dok·ters·ka·mers
de **dok·ters·kli·niek** (v), dok·ters·kli·nie·ken
het **dok·ters·re·cept**, dok·ters·re·cep·ten
de **dok·ters·re·ke·ning** (v), dok·ters·re·ke·nin·gen

do·kun
de **dol**[1] (m), dol·len; dol·le·tje
dol[2] (bnw), dol·le
dol·blij (bnw), dol·blije
de **dol·by** (m)
do·len (ww), dool, doolt; dool·de, dool·den; ge·doold
dol·en·thou·si·ast (bnw), dol·en·thou·si·as·te
de **do·ler** (m), do·lers
do·le·ren (ww), do·leer, do·leert; do·leer·de, do·leer·den; ge·do·leerd
de **dol·fijn** (m), dol·fij·nen; dol·fijn·tje
het **dol·fi·na·ri·um**, dol·fi·na·ria, dol·fi·na·ri·ums
dol·ge·luk·kig (bnw), dol·ge·luk·ki·ge
de **dolk** (m), dol·ken; dolk·je
de **dol·lar** (m), dol·lars
de **dol·la·ri·sa·tie** (v)
dol·la·ri·se·ren (ww), dol·la·ri·seer, dol·la·ri·seert; dol·la·ri·seer·de, dol·la·ri·seer·den; ge·dol·la·ri·seerd
Dol·le Dins·dag
de **dol·le·koei·en·ziek·te** (v)
de **dol·le mi·na** (v) *(feministe)*, dol·le mi·na's
Dol·le Mi·na *(actiegroep)*
dol·len (ww), dol, dolt; dol·de, dol·den; ge·dold
de **dol·ly** (m), dol·ly's
de **dol·men** (m), dol·mens
het **do·lo·miet**
de **dom**[1] (m) *(kerk)*
de **dom**[2] (m) *(titel)*, doms
dom[3] (bnw), dom·me
de **dom·bo**, dom·bo's
het **do·mein**, do·mei·nen; do·mein·tje
de **do·mein·grond** (m), do·mein·gron·den
het **do·mein·land**, do·mein·lan·den
de **do·mein·naam** (m), do·mein·na·men
do·men (ww), doom, doomt; doom·de, doom·den; ge·doomd
de **do·mes·ti·ca·tie** (v)
do·mes·ti·ce·ren (ww), do·mes·ti·ceer, do·mes·ti·ceert; do·mes·ti·ceer·de, do·mes·ti·ceer·den; ge·do·mes·ti·ceerd
de **dom·heid** (v), dom·he·den
het **do·mi·ci·lie**, domiciliën [do·mi·ci·li·en], do·mi·ci·lies
het **do·mi·ci·lie·adres**, do·mi·ci·lie·adres·sen
domiciliëren [do·mi·ci·li·e·ren] (ww), do·mi·ci·li·eer, do·mi·ci·li·eert; do·mi·ci·li·eer·de, do·mi·ci·li·eer·den; ge·do·mi·ci·li·eerd
de **domiciliëring** [do·mi·ci·li·e·ring] (v), domiciliëringen [do·mi·ci·li·e·rin·gen]
de **do·mi·na** (v), do·mi·nae, do·mi·na's
de **do·mi·nant**[1], do·mi·nan·ten; do·mi·nant·je
do·mi·nant[2] (bnw), do·mi·nan·te
de **do·mi·nan·tie** (v)
de **do·mi·nee** (m), do·mi·nees; do·mi·nee·tje
do·mi·ne·ren (ww), do·mi·neer, do·mi·neert; do·mi·neer·de, do·mi·neer·den; ge·do·mi·neerd
de **do·mi·ni·caan** (m) *(kloosterling)*, do·mi·ni·ca·nen; do·mi·ni·caan·tje
de **Do·mi·ni·caan** (m) *(inwoner van Dominica of de Dominicaanse Republiek)*, Do·mi·ni·ca·nen; Do·mi·ni·caan·tje
do·mi·ni·caans (bnw) *(m.b.t. de*

kloosterorde), do·mi·ni·caan·se
Do·mi·ni·caans (bnw) *(m.b.t. Dominica of de Dominicaanse Republiek),* Do·mi·ni·caan·se
het **do·mi·no** *(spel),* do·mi·no's; dominootje [do·mi·no·tje]
het **do·mi·no-ef·fect**, do·mi·no-ef·fec·ten
dominoën [do·mi·no·en] (ww), do·mi·no, do·mi·noot; do·mi·no·de, do·mi·no·den; ge·do·mi·nood
dom·me au·gust
de **dom·merd** (m), dom·merds; dom·merd·je
de **dom·me·rik** (m), dom·me·ri·ken
de **dom·mig·heid** (v), dom·mig·he·den
de **dom·oor**, dom·oren; dom·oor·tje
de **do·mo·ti·ca** (mv)
de **domp**, dom·pen
dom·pe·len (ww), dom·pel, dom·pelt; dom·pel·de, dom·pel·den; ge·dom·peld
dom·pen (ww), domp, dompt; domp·te, domp·ten; ge·dompt
de **dom·per** (m), dom·pers; dom·per·tje
de **domp·teur** (m), domp·teurs
de **dom·stad**, dom·ste·den
de **don** (m), dons
de **do·na·teur** (m), do·na·teurs
de **do·na·tie** (v), do·na·ties
het **do·na·tie·geld**, do·na·tie·gel·den
de **don·der** (m), don·ders; don·der·tje
de **don·der·dag**[1] (m), don·der·da·gen
don·der·dag[2] (bijw)
de **don·der·dag·avond**[1] (m), don·der·dag·avon·den
don·der·dag·avond[2] (bijw)
de **don·der·dag·mid·dag**[1] (m), don·der·dag·mid·da·gen
don·der·dag·mid·dag[2] (bijw)
de **don·der·dag·mor·gen**[1] (m), don·der·dag·mor·gens
don·der·dag·mor·gen[2] (bijw)
don·der·dag·nacht (bijw)
de **don·der·dag·na·mid·dag** (m), don·der·dag·na·mid·da·gen
de **don·der·dag·och·tend**[1] (m), don·der·dag·och·ten·den
don·der·dag·och·tend[2] (bijw)
don·der·dags[1] (bnw), don·der·dag·se
don·der·dags[2]: 's donderdags
de **don·der·dag·voor·mid·dag** (m), don·der·dag·voor·mid·da·gen
don·de·ren (ww), don·der, don·dert; don·der·de, don·der·den; ge·don·derd
don·ders (bnw), don·der·se
do·ne·ren (ww), do·neer, do·neert; do·neer·de, do·neer·den; ge·do·neerd
de **dö·ner ke·bab** (m), dö·ner ke·babs
de **don·gel** (m), don·gels
de **don·jon** (m), don·jons
de **don·ju·an** (m) *(vrouwenverleider),* don·ju·ans
Don Ju·an *(historisch personage)*
de **donk**, don·ken
het **don·ker**[1], don·ker·tje
don·ker[2] (bnw), don·ke·re
don·ker·blauw (bnw), don·ker·blau·we
don·ker·bruin (bnw), don·ker·brui·ne
don·ke·ren (ww), don·kert; don·ker·de, don·ker·den; ge·don·kerd
don·ker·ge·kleurd (bnw), don·ker·ge·kleur·de
don·ker·grijs (bnw), don·ker·grij·ze

don·ker·groen (bnw), don·ker·groe·ne
don·ker·rood (bnw), don·ker·ro·de
de **don·ker·te** (v), don·ker·ten, don·ker·tes
de **don·na** (v), don·na's
de **do·ño** (m), do·ño's
de **do·nor** (m), do·no·ren, do·nors
het **do·no·ren·be·stand**, do·no·ren·be·stan·den
het **do·nor·schap**
de **don·qui·chot** (m) *(naïeve idealist)*, don·qui·chots
Don Qui·chot *(romanpersonage)*
het **dons**, dons·je
de/het **dons·de·ken**, dons·de·kens; dons·de·ken·tje
de **do·nut** (m), do·nuts
don·zen (bnw)
de **dood**[1]
dood[2] (bnw), do·de
dood[3]: ter dood veroordelen
dood·bij·ten (ww), bijt dood, bijt dood; beet dood, be·ten dood; dood·ge·be·ten
dood·bloe·den (ww), bloed dood, bloedt dood; bloed·de dood, bloed·den dood; dood·ge·bloed
dood·er·ge·ren (ww), er·ger dood, er·gert dood; er·ger·de dood, er·ger·den dood; doodgeërgerd [dood·ge·er·gerd]
dood·gaan (ww), ga dood, gaat dood; ging dood, gin·gen dood; dood·ge·gaan
dood·ge·bo·ren (bnw)
dood·ge·moe·de·reerd (bnw), dood·ge·moe·de·reer·de
dood·gooi·en (ww), gooi dood, gooit dood; gooi·de dood, gooi·den dood; dood·ge·gooid
dood·kap·pen (ww), kap dood, kapt dood; kap·te dood, kap·ten dood; dood·ge·kapt
de **dood·kist**, dood·kis·ten; dood·kist·je
de **doo·dle**, doo·dles
dood·lo·pen (ww), loop dood, loopt dood; liep dood, lie·pen dood; dood·ge·lo·pen
dood·ma·ken (ww), maak dood, maakt dood; maak·te dood, maak·ten dood; dood·ge·maakt
dood·moe (bnw), dood·moeë
dood·nor·maal (bnw), dood·nor·ma·le
dood·op (bnw)
dood·rij·den (ww), rijd dood, rij dood, rijdt dood; reed dood, re·den dood; dood·ge·re·den
de **dood·rij·der** (m), dood·rij·ders
doods (bnw), dood·se
doods·bang (bnw), doods·ban·ge
de **doods·brief** (m), doods·brie·ven; doods·brief·je
dood·scha·men (ww), schaam dood, schaamt dood; schaam·de dood, schaam·den dood; dood·ge·schaamd
dood·schie·ten (ww), schiet dood, schiet dood; schoot dood, scho·ten dood; dood·ge·scho·ten
de **dood·schrik** (m)
dood·schrik·ken (ww), schrik dood, schrikt dood; schrok dood, schrok·ken dood; dood·ge·schrok·ken
het **doods·hoofd**, doods·hoof·den; doods·hoofd·je
de **doods·kist**, doods·kis·ten; doods·kist·je
het **doods·kleed**[1] *(lijkwade, lijkkleed)*, doods·kle·den
het **doods·kleed**[2] *(kledingstuk)*, doods·kle·de·ren, doods·kle·ren

de **doods·kop** (m), doods·kop·pen; doods·kop·je
dood·slaan (ww), sla dood, slaat dood; sloeg dood, sloe·gen dood; dood·ge·sla·gen
de **dood·slag** (m), dood·sla·gen; dood·slag·je
de **dood·smak** (m), dood·smak·ken
de **doods·schrik** (m)
de **doods·steek** (m), doods·ste·ken
de **doods·straf**, doods·straf·fen
de **doods·strijd** (m), doods·strij·den
de **dood·steek** (m), dood·ste·ken
dood·ste·ken (ww), steek dood, steekt dood; stak dood, sta·ken dood; dood·ge·sto·ken
de **dood·straf**, dood·straf·fen
de **dood·strijd** (m), dood·strij·den
het **doods·von·nis**, doods·von·nis·sen
dood·val·len (ww), val dood, valt dood; viel dood, vie·len dood; dood·ge·val·len
dood·ver·kla·ren (ww), ver·klaar dood, ver·klaart dood; ver·klaar·de dood, ver·klaar·den dood; dood·ver·klaard
dood·ver·ven (ww), dood·verf, dood·verft; dood·verf·de, dood·verf·den; ge·dood·verfd
het **dood·von·nis**, dood·von·nis·sen
dood·wer·ken (ww), werk dood, werkt dood; werk·te dood, werk·ten dood; dood·ge·werkt
de **dood·zon·de**, dood·zon·den, dood·zon·des
dood·zwij·gen (ww), zwijg dood, zwijgt dood; zweeg dood, zwe·gen dood; dood·ge·zwe·gen
doof (bnw), do·ve
de **doof·heid** (v)
doof·stom (bnw), doof·stom·me
de **dooi** (m)
de **dooie**, dooi·en
dooi·en (ww), dooit; dooi·de; ge·dooid
de **dooi·er** (m), dooi·ers; dooi·er·tje
de **dook**, do·ken
de **dool** (m)
de **dool·hof** (m), dool·ho·ven; dool·hof·je
de **doom** (m)
de **doop** (m), do·pen; doop·je
de/het **doop·ceel**, doop·ce·len; doop·ceel·tje
het **doop·sel**, doop·sels
doops·ge·zind (bnw), doops·ge·zin·de
de **doops·ge·zin·de**, doops·ge·zin·den
de **doop·sui·ker** (m), doop·sui·kers
de **doop·vont**, doop·von·ten
de **door**[1] (m), do·ren; door·tje
door[2] (voorz)
door·bak·ken (bnw)
door·be·las·ten (ww), be·last door, be·last door; be·last·te door, be·last·ten door; door·be·last
de **door·be·las·ting** (v), door·be·las·tin·gen
door·be·re·ke·nen (ww), be·re·ken door, be·re·kent door; be·re·ken·de door, be·re·ken·den door; door·be·re·kend
door·bij·ten (ww), bijt door, bijt door; beet door, be·ten door; door·ge·be·ten
door·bla·de·ren[1] (ww) *(verder bladeren),* bla·der door, bla·dert door; bla·der·de door, bla·der·den door; door·ge·bla·derd
door·bla·de·ren[2] (ww) *(bladerend doorlopen),* bla·der door, bla·dert door; bla·der·de door, bla·der·den door; door·bla·derd
door·bo·men (ww), boom door,

boomt door; boom·de door, boom·den door; door·ge·boomd

door·bo·ren[1] (ww) *(met een boor, mes, kogel doorsteken),* door·boor, door·boort; door·boor·de, door·boor·den; door·boord

door·bo·ren[2] (ww) *(verder boren),* boor door, boort door; boor·de door, boor·den door; door·ge·boord

de **door·braak**, door·bra·ken; door·braak·je

door·bre·ken[1] (ww) *(een doorbraak maken),* door·breek, door·breekt; door·brak, door·bra·ken; door·bro·ken

door·bre·ken[2] (ww) *(in stukken breken),* breek door, breekt door; brak door, bra·ken door; door·ge·bro·ken

door·bren·gen (ww), breng door, brengt door; bracht door, brach·ten door; door·ge·bracht

door·brie·ven (ww), brief door, brieft door; brief·de door, brief·den door; door·ge·briefd

door·dacht (bnw), door·dach·te

door·dat (voegw)

door·den·ken[1] (ww) *(overdenken),* door·denk, door·denkt; door·dacht, door·dach·ten; door·dacht

door·den·ken[2] (ww) *(verder denken),* denk door, denkt door; dacht door, dach·ten door; door·ge·dacht

door·de·weeks (bnw), door·de·week·se

door·doen (ww), doe door, doet door; deed door, de·den door; door·ge·daan

door·dra·ven (ww), draaf door, draaft door; draaf·de door, draaf·den door; door·ge·draafd

door·dren·ken (ww), door·drenk, door·drenkt; door·drenk·te, door·drenk·ten; door·drenkt

door·drij·ven (ww), drijf door, drijft door; dreef door, dre·ven door; door·ge·dre·ven

door·drin·gen[1] (ww) *(in alle delen dringen),* door·dring, door·dringt; door·drong, door·dron·gen; door·dron·gen

door·drin·gen[2] (ww) *(verder dringen),* dring door, dringt door; drong door, dron·gen door; door·ge·dron·gen

door·druk·ken (ww), druk door, drukt door; druk·te door, druk·ten door; door·ge·drukt

door·een (bijw)

door·een·lo·pen (ww), loop door·een, loopt door·een; liep door·een, lie·pen door·een; door·een·ge·lo·pen

door·een·schud·den (ww), schud door·een, schudt door·een; schud·de door·een, schud·den door·een; door·een·ge·schud

door en door (bijw)

door·eten (ww), eet door, eet door; at door, aten door; door·ge·ge·ten

door·fac·tu·re·ren (ww), fac·tu·reer door, fac·tu·reert door; fac·tu·reer·de door, fac·tu·reer·den door; door·ge·fac·tu·reerd

door·faxen (ww), fax door, faxt door; fax·te door, fax·ten door; door·ge·faxt

door·gaan (ww), ga door, gaat door; ging door, gin·gen door; door·ge·gaan

door·gaans (bijw)

de **door·gang** (m), door·gan·gen

door·gan·ke·lijk (bnw), door·gan·ke·lij·ke
door·ge·lei·den (ww), ge·leid door, ge·leidt door; ge·leid·de door, ge·leid·den door; door·ge·leid
door·ge·ven (ww), geef door, geeft door; gaf door, ga·ven door; door·ge·ge·ven
door·ge·voerd (bnw), door·ge·voer·de
door·ge·win·terd (bnw), door·ge·win·ter·de
door·groei·en (ww), groei door, groeit door; groei·de door, groei·den door; door·ge·groeid
door·gron·den (ww), door·grond, door·grondt; door·grond·de, door·grond·den; door·grond
door·hak·ken (ww), hak door, hakt door; hak·te door, hak·ten door; door·ge·hakt
door·ha·len (ww), haal door, haalt door; haal·de door, haal·den door; door·ge·haald
door·heb·ben (ww), heb door, hebt door, heeft door; had door, had·den door; door·ge·had
door·heen (bijw)
door·kij·ken (ww), kijk door, kijkt door; keek door, ke·ken door; door·ge·ke·ken
door·klie·ven[1] (ww) *(klievend gaan door),* door·klief, door·klieft; door·klief·de, door·klief·den; door·kliefd
door·klie·ven[2] (ww) *(door klieven verdelen),* klief door, klieft door; klief·de door, klief·den door; door·ge·kliefd
door·klik·ken (ww), klik door, klikt door; klik·te door, klik·ten door; door·ge·klikt
door·klin·ken (ww), klink door, klinkt door; klonk door, klon·ken door; door·ge·klon·ken
door·knip·pen (ww), knip door, knipt door; knip·te door, knip·ten door; door·ge·knipt
door·ko·men (ww), kom door, komt door; kwam door, kwa·men door; door·ge·ko·men
door·kras·sen (ww), kras door, krast door; kras·te door, kras·ten door; door·ge·krast
door·krij·gen (ww), krijg door, krijgt door; kreeg door, kre·gen door; door·ge·kre·gen
door·krui·sen[1] (ww) *(doorlopen; bereizen),* door·kruis, door·kruist; door·kruis·te, door·kruis·ten; door·kruist
door·krui·sen[2] (ww) *(met een kruis doorhalen),* kruis door, kruist door; kruis·te door, kruis·ten door; door·ge·kruist
door·la·den (ww), laad door, laadt door; laad·de door, laad·den door; door·ge·la·den
door·la·ten (ww), laat door, laat door; liet door, lie·ten door; door·ge·la·ten
door·lei·den (ww), leid door, leidt door; leid·de door, leid·den door; door·ge·leid
door·le·ven[1] (ww) *(beleven; doorbrengen),* door·leef, door·leeft; door·leef·de, door·leef·den; door·leefd
door·le·ven[2] (ww) *(verder leven),* leef door, leeft door; leef·de door, leef·den door; door·ge·leefd
door·le·zen[1] (ww) *(lezend doorgaan, doorbrengen),* door·lees, door·leest; door·las, door·la·zen; door·le·zen
door·le·zen[2] (ww) *(verder lezen),*

D

lees door, leest door; las door, la·zen door; door·ge·le·zen

door·lich·ten (ww), licht door, licht door; licht·te door, licht·ten door; door·ge·licht

de **door·lich·ting** (v), door·lich·tin·gen

door·lin·ken (ww), link door, linkt door; link·te door, link·ten door; door·ge·linkt

de **door·loop** (m), door·lo·pen; door·loop·je

de **door·loop·tijd** (m), door·loop·tij·den

door·lo·pen[1] (ww) *(afleggen; gaan door),* door·loop, door·loopt; door·liep, door·lie·pen; door·lo·pen

door·lo·pen[2] (ww) *(verder lopen),* loop door, loopt door; liep door, lie·pen door; door·ge·lo·pen

door·lo·pend (bnw), door·lo·pen·de

door·mai·len (ww), mail door, mailt door; mail·de door, mail·den door; door·ge·maild

door·ma·ken (ww), maak door, maakt door; maak·te door, maak·ten door; door·ge·maakt

de **door·me·ter** (m), door·me·ters

door mid·del van

door·mid·den (bijw)

de **doorn** (m), door·nen, doorns; doorn·tje

door·nat (bnw), door·nat·te

door·ne·men (ww), neem door, neemt door; nam door, na·men door; door·ge·no·men

door·nen (bnw)

de **door·nen·kroon,** door·nen·kro·nen

door·ont·wik·keld (bnw), door·ont·wik·kel·de

door·ont·wik·ke·len (ww), ont·wik·kel door, ont·wik·kelt door; ont·wik·kel·de door, ont·wik·kel·den door; door·ont·wik·keld

de **door·ont·wik·ke·ling** (v), door·ont·wik·ke·lin·gen

door·pak·ken (ww), pak door, pakt door; pak·te door, pak·ten door; door·ge·pakt

door·ploe·gen[1] (ww) *(met de ploeg werken),* door·ploeg, door·ploegt; door·ploeg·de, door·ploeg·den; door·ploegd

door·ploe·gen[2] (ww) *(verder ploegen),* ploeg door, ploegt door; ploeg·de door, ploeg·den door; door·ge·ploegd

door·plui·zen (ww), pluis door, pluist door; pluis·de door, pluis·den door; door·ge·pluisd

door·pra·ten (ww), praat door, praat door; praat·te door, praat·ten door; door·ge·praat

door·prik·ken[1] (ww) *(prikken in),* door·prikt; door·prik·te, door·prik·ten; door·prikt

door·prik·ken[2] (ww) *(door iets heen prikken),* prik door, prikt door; prik·te door, prik·ten door; door·ge·prikt

door·rei·zen[1] (ww) *(bereizen),* door·reis, door·reist; door·reis·de, door·reis·den; door·reisd

door·rei·zen[2] (ww) *(verder reizen),* reis door, reist door; reis·de door, reis·den door; door·ge·reisd

door·re·ke·nen (ww), re·ken door, re·kent door; re·ken·de door, re·ken·den door; door·ge·re·kend

door·ren·nen (ww), ren door, rent door; ren·de door, ren·den door; door·ge·rend

door·rij·den[1] (ww) *(rijdend bewegen door),* door·rij, door·rijd, door·rijdt; door·reed, door·re·den; door·re·den

door·rij·den[2] (ww) *(verder rijden),* rijd door, rij door, rijdt door; reed door, re·den door; door·ge·re·den

de **door·rij·hoog·te** (v), door·rij·hoog·ten, door·rij·hoog·tes

door·roe·ren (ww), roer door, roert door; roer·de door, roer·den door; door·ge·roerd

door·scha·ke·len (ww), scha·kel door, scha·kelt door; scha·kel·de door, scha·kel·den door; door·ge·scha·keld

door·schij·nend (bnw), door·schij·nen·de

door·schui·ven (ww), schuif door, schuift door; schoof door, scho·ven door; door·ge·scho·ven

door·sij·pe·len[1] (ww) *(sijpelend doortrekken),* door·sij·pel, door·sij·pelt; door·sij·pel·de, door·sij·pel·den; door·sij·peld

door·sij·pe·len[2] (ww) *(lekken),* sij·pel door, sij·pelt door; sij·pel·de door, sij·pel·den door; door·ge·sij·peld

door·slaan (ww), sla door, slaat door; sloeg door, sloe·gen door; door·ge·sla·gen

de **door·slag** (m), door·sla·gen; door·slag·je

door·slag·ge·vend (bnw), door·slag·ge·ven·de

door·slik·ken (ww), slik door, slikt door; slik·te door, slik·ten door; door·ge·slikt

door·slui·zen (ww), sluis door, sluist door; sluis·de door, sluis·den door; door·ge·sluisd

de **door·sne·de**, door·sne·den

de **door·snee**[1], door·sne·den, door·sne·des

door·snee[2] (bnw)

de **door·snee·avond** (m), door·snee·avon·den

de **door·snee-Belg** (m), door·snee-Bel·gen

de **door·snee·bur·ger** (m), door·snee·bur·gers

de **door·snee·mens** (m), door·snee·men·sen

de **door·snee-Ne·der·lan·der** (m), door·snee-Ne·der·lan·ders

door·snij·den[1] (ww) *(snijdend bewegen door),* door·snijd, door·snijdt; door·sneed, door·sne·den; door·sne·den

door·snij·den[2] (ww) *(verder snijden),* snijd door, snij door, snijdt door; sneed door, sne·den door; door·ge·sne·den

door·spar·te·len (ww), spar·tel door, spar·telt door; spar·tel·de door, spar·tel·den door; door·ge·spar·teld

door·spek·ken (ww), door·spek, door·spekt; door·spek·te, door·spek·ten; door·spekt

door·spe·len (ww), speel door, speelt door; speel·de door, speel·den door; door·ge·speeld

door·spit·ten (ww), spit door, spit door; spit·te door, spit·ten door; door·ge·spit

door·spoe·len[1] (ww) *(spoelend bewegen door),* door·spoel, door·spoelt; door·spoel·de, door·spoel·den; door·spoeld

door·spoe·len[2] (ww) *(spoelend weg doen gaan),* spoel door, spoelt door; spoel·de door, spoel·den door; door·ge·spoeld

door·spre·ken (ww), spreek door, spreekt door; sprak door, spra·ken door; door·ge·spro·ken
door·staan[1] (bnw), door·sta·ne
door·staan[2] (ww) *(ondergaan, verduren),* door·sta, door·staat; door·stond, door·ston·den; door·staan
de **door·start** (m), door·starts
door·ste·ken[1] (ww) *(door en door steken),* door·steek, door·steekt; door·stak, door·sta·ken; door·sto·ken
door·ste·ken[2] (ww) *(door steken openen),* steek door, steekt door; stak door, sta·ken door; door·ge·sto·ken
door·stor·ten (ww), stort door, stort door; stort·te door, stort·ten door; door·ge·stort
door·sto·ten[1] (ww) *(met een stoot doorboren),* door·stoot, door·stoot; door·stoot·te, door·stoot·ten; door·sto·ten
door·sto·ten[2] (ww) *(verder stoten),* stoot door, stoot door; stoot·te door, stoot·ten door; door·ge·sto·ten
door·stre·pen[1] (ww) *(van een streep of strepen voorzien),* door·streep, door·streept; door·streep·te, door·streep·ten; door·streept
door·stre·pen[2] (ww) *(een streep halen door),* streep door, streept door; streep·te door, streep·ten door; door·ge·streept
door·stro·men[1] (ww) *(stromend gaan door),* door·stroom, door·stroomt; door·stroom·de, door·stroom·den; door·stroomd
door·stro·men[2] (ww) *(verder stromen),* stroom door, stroomt door; stroom·de door, stroom·den door; door·ge·stroomd
de **door·stro·ming** (v), door·stro·min·gen
door·stu·ren (ww), stuur door, stuurt door; stuur·de door, stuur·den door; door·ge·stuurd
door·trek·ken[1] (ww) *(doordringen),* door·trek, door·trekt; door·trok, door·trok·ken; door·trok·ken
door·trek·ken[2] (ww) *(verder trekken, door trekken weg doen gaan),* trek door, trekt door; trok door, trok·ken door; door·ge·trok·ken
door·ver·bin·den (ww), ver·bind door, ver·bindt door; ver·bond door, ver·bon·den door; door·ver·bon·den
door·ver·ko·pen (ww), ver·koop door, ver·koopt door; ver·kocht door, ver·koch·ten door; door·ver·kocht
door·ver·ta·len (ww), ver·taal door, ver·taalt door; ver·taal·de door, ver·taal·den door; door·ver·taald
door·ver·tel·len (ww), ver·tel door, ver·telt door; ver·tel·de door, ver·tel·den door; door·ver·teld
door·ver·wij·zen (ww), ver·wijs door, ver·wijst door; ver·wees door, ver·we·zen door; door·ver·we·zen
de **door·ver·wij·zing** (v), door·ver·wij·zin·gen
door·vij·len (ww), vijl door, vijlt door; vijl·de door, vijl·den door; door·ge·vijld
de **door·voer** (m), door·voe·ren
door·voe·ren (ww), voer door, voert door; voer·de door, voer·den door; door·ge·voerd
de **door·voer·han·de·laar** (m), door·voer·han·de·laars,

door·voer·han·de·la·ren
door·vra·gen (ww), vraag door, vraagt door; vroeg door, vroe·gen door; door·ge·vraagd
door·wa·den[1] (ww) *(wadend oversteken),* door·waad, door·waadt; door·waad·de, door·waad·den; door·waad
door·wa·den[2] (ww) *(verder waden),* waad door, waadt door; waad·de door, waad·den door; door·ge·waad
door·wa·ken[1] (ww) *(wakend doorbrengen),* door·waak, door·waakt; door·waak·te, door·waak·ten; door·waakt
door·wa·ken[2] (ww) *(tot het einde waken van),* waak door, waakt door; waak·te door, waak·ten door; door·ge·waakt
door·we·gen (ww), weeg door, weegt door; woog door, wo·gen door; door·ge·wo·gen
door·we·ken (ww), door·week, door·weekt; door·week·te, door·week·ten; door·weekt
door·wer·ken[1] (ww) *(bewerken),* door·werk, door·werkt; door·werk·te, door·werk·ten; door·werkt
door·wer·ken[2] (ww) *(verder werken),* werk door, werkt door; werk·te door, werk·ten door; door·ge·werkt
door·we·ven[1] (ww) *(wevend ineenwerken),* door·weef, door·weeft; door·weef·de, door·weef·den; door·we·ven
door·we·ven[2] (ww) *(verder weven, door iets heen weven),* weef door, weeft door; weef·de door, weef·den door; door·ge·we·ven
door·win·terd (bnw), door·win·ter·de
door·wor·ste·len[1] (ww) *(verder worstelen, worstelend te boven komen),* door·wor·stel, door·wor·stelt; door·wor·stel·de, door·wor·stel·den; door·wor·steld
door·wor·ste·len[2] (ww) *(worstelend dringen door),* wor·stel door, wor·stelt door; wor·stel·de door, wor·stel·den door; door·ge·wor·steld
door·wrocht (bnw), door·wroch·te
door·zen·den (ww), zend door, zendt door; zond door, zon·den door; door·ge·zon·den
door·zet·ten (ww), zet door, zet door; zet·te door, zet·ten door; door·ge·zet
het **door·zet·tings·ver·mo·gen**, door·zet·tings·ver·mo·gens
door·zich·tig (bnw), door·zich·ti·ge
door·zien[1] (ww) *(doorgronden),* door·zie, door·ziet; door·zag, door·za·gen; door·zien
door·zien[2] (ww) *(met het oog nalopen),* zie door, ziet door; zag door, za·gen door; door·ge·zien
door·zoe·ken[1] (ww) *(zoekend doorlopen),* door·zoek, door·zoekt; door·zocht, door·zoch·ten; door·zocht
door·zoe·ken[2] (ww) *(verder zoeken),* zoek door, zoekt door; zocht door, zoch·ten door; door·ge·zocht
de **doos**, do·zen; doos·je
de **dop** (m), dop·pen; dop·je
de **do·pa·mi·ne** (v)
de **dope** (m), dopes
do·pen (ww), doop, doopt; doop·te, doop·ten; ge·doopt

de **do·per** (m), do·pers
do·pe·ren (ww), do·peer, do·peert; do·peer·de, do·peer·den; ge·do·peerd
de **do·ping** (m)
de **do·ping·test** (m), do·ping·tes·ten, do·ping·tests
dop·pen (ww), dop, dopt; dop·te, dop·ten; ge·dopt
de **dop·per** (m), dop·pers; dop·per·tje
de **dop·ping**
het **dop·pler·ef·fect**, dop·pler·ef·fec·ten
dor (bnw), dor·re
de **do·ra·de**, do·ra·den, do·ra·des
de **Dord·te·naar** (m), Dord·te·naars, Dord·te·na·ren
Dordts (bnw), Dordt·se
de **do·ré** (m), do·rés
de **do·ren** (m), do·rens; do·ren·tje
de **dor·heid** (v)
Do·risch (bnw), Do·ri·sche
het **dorp**, dor·pen; dorp·je
de **dor·pel** (m), dor·pels; dor·pel·tje
de **dor·pe·ling** (m), dor·pe·lin·gen
dorps (bnw), dorp·se
het **dorps·be·stuur**, dorps·be·stu·ren
de **dorps·be·wo·ner** (m), dorps·be·wo·ners
het **dorps·cen·trum**, dorps·cen·tra, dorps·cen·trums; dorps·cen·trum·pje
de **dorps·ge·meen·te** (v), dorps·ge·meen·ten, dorps·ge·meen·tes
de **dorps·ge·noot** (m), dorps·ge·no·ten; dorps·ge·noot·je
het **dorps·hoofd**, dorps·hoof·den
de **dorps·ka·pi·tein** (m), dorps·ka·pi·teins
de **dorps·kern**, dorps·ker·nen
de **dorps·lei·ding** (v), dorps·lei·din·gen
het **dorps·plein**, dorps·plei·nen; dorps·plein·tje
de **dorps·raad** (m), dorps·ra·den
de **dorps·school**, dorps·scho·len; dorps·school·tje
de **dorps·sla·ger** (m), dorps·sla·gers
de **dorps·straat**, dorps·stra·ten; dorps·straat·je
dor·ren (ww), dor, dort; dor·de, dor·den; ge·dord
de **dors** (m), dor·sen
dor·sen (ww), dors, dorst; dors·te, dors·ten; ge·dorst
de **dorst** (m)
dor·sten (ww), dorst, dorst; dorst·te, dorst·ten; ge·dorst
dor·stig (bnw), dor·sti·ge
de **dos** (m)
de **do's-and-don'ts** (mv)
do·se·ren (ww), do·seer, do·seert; do·seer·de, do·seer·den; ge·do·seerd
de **do·se·ring** (v), do·se·rin·gen
do·si
de **do·sis** (v), do·ses, do·sis·sen
dos·sen (ww), dos, dost; dos·te, dos·ten; ge·dost
het **dos·sier**, dos·siers; dos·sier·tje
het **dos·sier·num·mer**, dos·sier·num·mers
de **dot**, dot·ten; dot·je
de **do·ta·tie** (v), do·ta·ties
de **dot·com**, dot·coms
do·te·ren (ww), do·teer, do·teert; do·teer·de, do·teer·den; ge·do·teerd
de **dot·ter**, dot·ters
dot·te·ren (ww), dot·ter, dot·tert; dot·ter·de, dot·ter·den; ge·dot·terd
de **dou·ai·ri·è·re** (v), dou·ai·ri·è·res
de **dou·a·ne**[1] (m) *(persoon),*

dou·a·nen, dou·a·nes
de **dou·a·ne**[2] *(dienst)*
het **dou·a·ne·korps**, dou·a·ne·korp·sen
de **dou·a·ne-unie** (v), dou·a·ne-unies
de **dou·a·nier** (m), dou·a·niers
het **dou·blé**[1]
dou·blé[2] (bnw)
dou·ble-breas·ted (bnw)
dou·ble·chec·ken (ww), dou·ble·check, dou·ble·checkt; dou·ble·check·te, dou·ble·check·ten; ge·dou·ble·checkt
dou·ble·ren (ww), dou·bleer, dou·bleert; dou·bleer·de, dou·bleer·den; ge·dou·bleerd
het **dou·blet**, dou·blet·ten
de **dou·bleur** (m), dou·bleurs
de **dou·blu·re**, dou·blu·res
de **dou·che**, dou·ches; dou·che·je
de **dou·che·ca·bi·ne** (v), dou·che·ca·bi·nes
de/het **dou·che·gel** (m/o), dou·che·gels
de **dou·che·kop** (m), dou·che·kop·pen; dou·che·kop·je
dou·chen (ww), douch, doucht; douch·te, douch·ten; ge·doucht
de **douw** (m), dou·wen; douw·tje
dou·wen (ww), douw, douwt; douw·de, douw·den; ge·douwd
de **do·ve**, do·ven
de **do·ve·mans·oren** (mv)
do·ven (ww), doof, dooft; doof·de, doof·den; ge·doofd
de **do·ve·ne·tel**, do·ve·ne·tels
het **do·ven·in·sti·tuut**, do·ven·in·sti·tu·ten
de **do·ven·taal**, do·ven·ta·len
de **do·ven·tolk** (m), do·ven·tol·ken
Dow-Jones
de **Dow-Jones·in·dex** (m)
de **down**[1] *(ziekte van Down)*
down[2] (bnw)
down·gra·den (ww), down·grade, down·gradet; down·grade·de, down·grade·den; ge·down·graded
de **down·load** (m), down·loads; down·load·je
down·load·baar (bnw), down·load·ba·re
down·loa·den (ww), down·load, down·loadt; down·load·de, down·load·den; ge·down·load
down·si·zen (ww), down·size, down·sizet; down·size·de, down·size·den; ge·down·sized
het **down·syn·droom**
de **down·time** (m)
down-to-earth (bnw), down-to-ear·the
de **down·town**[1]
down·town[2] (bnw)
down-un·der (bijw)
do·ze·ren (ww) *(egaliseren)*, do·zer, do·zert; do·zer·de, do·zer·den; ge·do·zerd
het **do·zijn**, do·zij·nen; do·zijn·tje
dpi *(dots per inch)*
dr. *(doctor)*
dra (bijw) *(spoedig)*
dra. *(doctoranda)*
de **draad**[1] (m) *(voorwerp)*, dra·den; draad·je
de/het **draad**[2] (m/o) *(stofnaam)*
draad·loos (bnw), draad·lo·ze
de **draag·baar**[1], draag·ba·ren; draag·baar·tje
draag·baar[2] (bnw), draag·ba·re
de **draag·ber·rie**, draag·ber·ries
de **draag·kracht**
draag·lijk (bnw), draag·lij·ke
de **draag·mier**, draag·mie·ren
de **draag·tas**, draag·tas·sen; draag·tas·je

het **draag·vlak**, draag·vlak·ken
de **draag·wijd·te** (v), draag·wijd·ten, draag·wijd·tes
de **draai** (m), draai·en; draai·tje
het **draai·boek**, draai·boe·ken; draai·boek·je
de **draai·deur**, draai·deu·ren; draai·deur·tje
de **draai·deur·cri·mi·neel** (m), draai·deur·cri·mi·ne·len; draai·deur·cri·mi·neel·tje
draai·en (ww), draai, draait; draai·de, draai·den; ge·draaid
draai·end (bnw), draai·en·de
de **draai·er** (m), draai·ers; draai·er·tje
draai·e·rig (bnw), draai·e·ri·ge
de **draai·ing** (v), draai·in·gen; draai·in·kje
het **draai-kiep·raam**, draai-kiep·ra·men
de **draai·kont**, draai·kon·ten; draai·kont·je
de **draai·mo·len** (m), draai·mo·lens; draai·mo·len·tje
de **draai·schijf**, draai·schij·ven; draai·schijf·je
het **draai·slot**, draai·slo·ten
de **draak** (m), dra·ken; draak·je
de/het **drab**, drab·je
de/het **drach·me**, drach·men
de **dracht**, drach·ten; dracht·je
dra·co·nisch (bnw), dra·co·ni·sche
de **dra·du**, dra·du's
de **draf** (m), draf·je
de **dra·gee** (v), dra·gees; dra·gee·tje
dra·ge·lijk (bnw), dra·ge·lij·ke
dra·gen (ww), draag, draagt; droeg, droe·gen; ge·dra·gen
de **dra·ger** (m), dra·gers; dra·ger·tje
de **dra·gon** (m) *(keukenkruid, plant)*
de **drag·queen** (m), drag·queens
de **drag·race** (m), drag·ra·ces
de **drag·ra·cer** (m), drag·ra·cers
de **drag·race·wed·strijd** (m), drag·race·wed·strij·den
de **drai·na·ge** (v), drai·na·ges
drai·ne·ren (ww), drai·neer, drai·neert; drai·neer·de, drai·neer·den; ge·drai·neerd
de **dra·kar** (m), dra·kars
de **dra·ken·dans** (m), dra·ken·dan·sen
dra·len (ww), draal, draalt; draal·de, draal·den; ge·draald
dram
het **dra·ma**, dra·ma's; dramaatje [dra·ma·tje]
de **dra·ma·queen** (m), dra·ma·queens
de **dra·ma·tiek** (v)
dra·ma·tisch (bnw), dra·ma·ti·sche
de **dra·ma·ti·se·ring** (v), dra·ma·ti·se·rin·gen
dram·men (ww), dram, dramt; dram·de, dram·den; ge·dramd
de **drang** (m)
het **drang·hek**, drang·hek·ken; drang·hek·je
de **drank** (m), dran·ken; drank·je
de **drank·au·to·maat** (m), drank·au·to·ma·ten
de **dran·ken·kaart**, dran·ken·kaar·ten
het **drank·ge·lag**, drank·ge·la·gen
de **drank·kaart**, drank·kaar·ten
het **drank·kar·ton**, drank·kar·tons; drank·kar·ton·ne·tje
het **drank·mis·bruik**
de **dra·pa·ge** (v), dra·pa·ges
dra·pe·ren (ww), dra·peer, dra·peert; dra·peer·de, dra·peer·den; ge·dra·peerd
de **dra·pe·rie** (v), draperieën [dra·pe·rie·en]; dra·pe·rie·tje

de **dra·pe·ring** (v), dra·pe·rin·gen
de **dras**[1]
dras[2] (bnw), dras·se
dras·tisch (bnw), dras·ti·sche
dra·ven (ww), draaf, draaft; draaf·de, draaf·den; ge·draafd
de **dra·vik**
de **draw** (m), draws
de **dread·locks** (mv)
het **dream·team**, dream·teams
dre·che·ren (ww), dre·cheer, dre·cheert; dre·cheer·de, dre·cheer·den; ge·dre·cheerd
de **dreef**, dre·ven; dreef·je
de **dreg**, dreg·gen; dreg·je
dreg·gen (ww), dreg, dregt; dreg·de, dreg·den; ge·dregd
het **drei·ge·ment**, drei·ge·men·ten; drei·ge·ment·je
drei·gen (ww), dreig, dreigt; dreig·de, dreig·den; ge·dreigd
de **drei·ging** (v), drei·gin·gen
drei·nen (ww), drein, dreint; drein·de, drein·den; ge·dreind
de **drek** (m), drek·je
de **drem·pel** (m), drem·pels; drem·pel·tje
de **drem·pel·kos·ten** (mv)
drem·pel·ver·la·gend (bnw), drem·pel·ver·la·gen·de
de **dren·ke·ling** (m), dren·ke·lin·gen
dren·ken (ww), drenk, drenkt; drenk·te, drenk·ten; ge·drenkt
de **Drent** (m), Dren·ten
de **Dren·te·naar** (m), Dren·te·naars, Dren·te·na·ren
Drents (bnw), Drent·se
de **Drent·se** (v), Drent·sen
dren·zen (ww), drens, drenst; drens·de, drens·den; ge·drensd
de **dress·boy** (m), dress·boys
de **dress·co·de** (m), dress·co·des
dres·se·ren (ww), dres·seer, dres·seert; dres·seer·de, dres·seer·den; ge·dres·seerd
de **dres·sing** (m), dres·sings
de/het **dres·soir** (m/o), dres·soirs; dres·soir·tje
de **dres·suur** (v), dres·su·ren
dret·sen (ww), drets, dretst; drets·te, drets·ten; ge·dretst
de **dreu·mes** (m), dreu·me·sen; dreu·mes·je
de **dreun** (m), dreu·nen; dreun·tje
dreu·nen (ww), dreun, dreunt; dreun·de, dreun·den; ge·dreund
de **dreu·zel**, dreu·zels
drib·be·len (ww), drib·bel, drib·belt; drib·bel·de, drib·bel·den; ge·drib·beld
de **drie**[1], drieën [drie·en]; drie·tje
drie[2] (telw)
drie bil·joen (telw)
drie bil·joen·ste (telw)
drie·daags (bnw), drie·daag·se
de **drie·dek·ker** (m), drie·dek·kers; drie·dek·ker·tje
drie·di·men·si·o·naal (bnw), drie·di·men·si·o·na·le
drie·di·men·si·o·neel (bnw), drie·di·men·si·o·ne·le
drie·dub·bel (bnw), drie·dub·be·le
drie·dui·zend (telw)
drie·dui·zend·ste (telw)
de **drie-een·heid** (v), drie-een·he·den
drieëndertig [drie·en·der·tig] (telw)
drieëndertigste [drie·en·der·tig·ste] (telw)
drie en een half (telw)
drieënhalf [drie·en·half] (telw)
drie-enig (bnw), drie-eni·ge
drieërlei [drie·er·lei] (onbep vnw)
drie·fa·sig (bnw), drie·fa·si·ge

D

het **drie·gan·gen·di·ner**, drie·gan·gen·di·ners
het **drie·gan·gen·me·nu**, drie·gan·gen·me·nu's; driegangenmenuutje [drie·gan·gen·me·nu·tje]
drie·gen (ww), drieg, driegt; drieg·de, drieg·den; ge·driegd
de **drie·hoek** (m), drie·hoe·ken; drie·hoek·je
het **drie·hoeks·toer·nooi**, drie·hoeks·toer·nooi·en
het **drie·hoeks·tor·nooi**, drie·hoeks·tor·nooi·en
drie·hon·derd (telw)
drie·hon·derd·een (telw)
drie·hon·derd·eers·te (telw)
drie·hon·derd·en·een (telw)
drie·hon·derd·en·eer·ste (telw)
drie·hon·derd·en·twee (telw)
drie·hon·derd·en·twee·de (telw)
drie·hon·derd·ste (telw)
drie·hon·derd·twee (telw)
drie·hon·derd·twee·de (telw)
drie·hoog (bijw)
drie·ja·rig (bnw), drie·ja·ri·ge
de **drie·ja·ri·ge**, drie·ja·ri·gen
het **drie·ka·mer·ap·par·te·ment**, drie·ka·mer·ap·par·te·men·ten
Drie·ko·nin·gen
het **drie·ko·nin·gen·feest**, drie·ko·nin·gen·fees·ten
drie·kwart (bnw)
de **drie·kwart·broek**, drie·kwart·broe·ken; drie·kwart·broek·je
de **drie·kwarts·maat**, drie·kwarts·ma·ten; drie·kwarts·maat·je
de **drie·ling** (m), drie·lin·gen
drie·lob·big (bnw), drie·lob·bi·ge
het **drie·luik**, drie·lui·ken; drie·luik·je
drie·maal (bijw)
drie·maan·de·lijks (bnw), drie·maan·de·lijk·se
drie mil·jard (telw)
drie mil·jard·ste (telw)
drie mil·joen (telw)
drie mil·joen·ste (telw)
de **dries** (m), drie·sen
driest (bnw), dries·te
het **drie·stap·pen·plan**, drie·stap·pen·plan·nen
het **drie·ster·ren·ho·tel**, drie·ster·ren·ho·tels
het **drie·ster·ren·res·tau·rant**, drie·ster·ren·res·tau·rants
het **drie·tal**, drie·tal·len; drie·tal·le·tje
drie·tjes[1]: met ons drietjes
drie·tjes[2]: met zijn drietjes
drie vier·de (telw)
het **drie·voud**, drie·vou·den
Drie·vul·dig·heid
drie·werf (bijw)
de **drie·wie·ler** (m), drie·wie·lers; drie·wie·ler·tje
de **drie·zits·bank**, drie·zits·ban·ken
de **drift**, drif·ten; drift·je
drif·ten (ww), drift, drift; drift·te, drift·ten; ge·drift
drif·tig (bnw), drif·ti·ge
de **drijf·mest** (m)
de **drijf·veer**, drijf·ve·ren
drij·ven (ww), drijf, drijft; dreef, dre·ven; ge·dre·ven
drij·vend (bnw), drij·ven·de
de **drij·ver** (m), drij·vers; drij·ver·tje
dril·len (ww), dril, drilt; dril·de, dril·den; ge·drild
drin·gen (ww), dring, dringt; drong, dron·gen; ge·dron·gen
drin·gend (bnw), drin·gen·de
de **drin·gend·heid** (v)
de **drink** (m), drinks; drink·je
de **drink·bus**, drink·bus·sen;

drink·bus·je
de **drin·ke·broer** (m), drin·ke·broers
drin·ken (ww), drink, drinkt; dronk, dron·ken; ge·dron·ken
het **drink·ge·lag**, drink·ge·la·gen
het **drink·wa·ter**
het **drink·wa·ter·pro·bleem**, drink·wa·ter·pro·ble·men
het **drink·wa·ter·sta·ti·on**, drink·wa·ter·sta·ti·ons
de **drink·yo·ghurt** (m), drink·yo·ghurts
het **drip·sys·teem**, drip·sys·te·men
de **drive** (m), drives
de **drive-in** (m), drive-ins
de **drive-in·bio·scoop** (m), drive-in·bio·sco·pen
het **drive-in·res·tau·rant**, drive-in·res·tau·rants
de **drive-in·show** (m), drive-in·shows
de **drive-in·wo·ning** (v), drive-in·wo·nin·gen
de **dri·ver** (m), dri·vers
de **drive-thru·cam·bio**, drive-thru·cam·bi·o's
het **dr-lid**, dr-le·den
droe·de·len (ww), droe·del, droe·delt; droe·del·de, droe·del·den; ge·droe·deld
droef (bnw), droe·ve
de **droe·fe·nis** (v), droe·fe·nis·sen
de **droef·heid** (v), droef·he·den
de **droes** (m)
de **droe·sem** (m), droe·sems
droe·vig (bnw), droe·vi·ge
de **dro·ga**
het **dro·ge**
dro·gen (ww), droog, droogt; droog·de, droog·den; ge·droogd
de **dro·ger** (m), dro·gers
dro·ge·ren (ww), dro·geer, dro·geert; dro·geer·de, dro·geer·den; ge·dro·geerd
het **dro·ge·stof·ge·hal·te**, dro·ge·stof·ge·hal·ten, dro·ge·stof·ge·hal·tes
de **dro·ge·tijd** (m), dro·ge·tij·den
de **dro·gis·te·rij** (v), dro·gis·te·rij·en; dro·gis·te·rij·tje
de **drog·re·den**, drog·re·de·nen
de **drol** (m) *(keutel)*, drol·len; drol·le·tje
de **drom** (m), drom·men
de **dro·me·da·ris** (m), dro·me·da·ris·sen
dro·men (ww), droom, droomt; droom·de, droom·den; ge·droomd
het **dro·men·land**
dro·me·rig (bnw), dro·me·ri·ge
de **drom·mel** (m), drom·mels
drom·men (ww), drom, dromt; drom·de, drom·den; ge·dromd
de **drone**, drones
de **dronk** (m), dron·ken
de **dronk·aard** (m), dronk·aards
dron·ken[1] (bnw)
dron·ken[2]: zo dronken als een Maleier
de **dron·ken·lap** (m), dron·ken·lap·pen
de **dron·ken·man** (m), dron·ken·lie·den, dron·ken·lui, dron·ken·man·nen
de **dron·ken·mans·praat** (m)
de **dron·ken·schap** (v), dron·ken·schap·pen
droog (bnw), dro·ge
droog·dep·pen (ww), dep droog, dept droog; dep·te droog, dep·ten droog; droog·ge·dept
droog·hou·den (ww), houd droog, hou droog, houdt droog; hield droog, hiel·den droog; droog·ge·hou·den
de **droog·kast**, droog·kas·ten

D

de **droog·ko·miek**[1] (m), droog·ko·mie·ken
droog·ko·miek[2] (bnw), droog·ko·mie·ke
de **droog·kuis** (m)
de **droog·leg·ging** (v), droog·leg·gin·gen
droog·ma·ken (ww), maak droog, maakt droog; maak·te droog, maak·ten droog; droog·ge·maakt
droog·staan (ww), sta droog, staat droog; stond droog, ston·den droog; droog·ge·staan
de **droog·te** (v), droog·ten, droog·tes
droog·val·len (ww), val droog, valt droog; viel droog, vie·len droog; droog·ge·val·len
de **droom** (m), dro·men; droom·pje
de **droom·job** (m), droom·jobs
de **droom·ster** (v), droom·sters; droom·ster·tje
de **drop**[1] (m) *(drup; snoepgoed)*, drop·pen; drop·je
de/het **drop**[2] *(stofnaam)*
de **drop·down** (m), drop·downs
het **drop·down·me·nu**, drop·down·me·nu's
de **drop-out** (m), drop-outs
drop·pen (ww), drop, dropt; drop·te, drop·ten; ge·dropt
dros·sen (ww), dros, drost; dros·te, dros·ten; ge·drost
de **drost** (m), dros·ten
drs. *(doctorandus)*
de **drs.-ti·tel** (m), drs.-ti·tels
de **drug** (m), drugs
de **drug·ba·ron** (m), drug·ba·ron·nen, drug·ba·rons
het **drug·be·leid**
de **drug·ben·de**, drug·ben·den, drug·ben·des
de **drug·dea·ler** (m), drug·dea·lers
het **drug·ge·bruik**
de **drug·ge·brui·ker** (m), drug·ge·brui·kers
de **drug·han·del** (m)
de **drug·hond** (m), drug·hon·den
de **drug·pre·ven·tie** (v), drug·pre·ven·ties
het **drug·pro·bleem**, drug·pro·ble·men
de **drug·run·ner** (m), drug·run·ners; drug·run·ner·tje
de **drugs·ba·ron** (m), drugs·ba·ron·nen, drugs·ba·rons
het **drugs·be·leid**
de **drugs·ben·de**, drugs·ben·den, drugs·ben·des
het **drugs·be·zit**
de **drug·scene**, drug·scenes
het **drugs·cen·trum**, drugs·cen·tra, drugs·cen·trums
de **drugs·dea·ler** (m), drugs·dea·lers; drugs·dea·ler·tje
de **drugs·do·de**, drugs·do·den
het **drugs·ge·bruik**
de **drugs·ge·brui·ker** (m), drugs·ge·brui·kers
de **drugs·han·del** (m), drugs·han·del·tje
de **drugs·hond** (m), drugs·hon·den
het **drugs·kar·tel**, drugs·kar·tels
de **drugs·maf·fia**, drugs·maf·fi·a's
de **drug·smok·kel** (m)
de **drugs·pre·ven·tie** (v), drugs·pre·ven·ties
het **drugs·pro·bleem**, drugs·pro·ble·men
de **drugs·scene**, drugs·scenes
de **drugs·smok·kel** (m)
de **drugs·smok·ke·laar** (m), drugs·smok·ke·laars
de **drugs·ver·slaaf·de**, drugs·ver·slaaf·den
de **drugs·ver·sla·ving** (v),

drugs·ver·sla·vin·gen
de **drugs·zaak**, drugs·za·ken; drugs·zaak·je
de **drug·ver·slaaf·de**, drug·ver·slaaf·den
de **druïde** [dru·i·de] (m), druïden [dru·i·den], druïdes [dru·i·des]
de **druif**, drui·ven; druif·je
drui·le·rig (bnw), drui·le·ri·ge
drui·lig (bnw), drui·li·ge
drui·pen (ww), druip, druipt; droop, dro·pen; ge·dro·pen
drui·sen (ww), druis, druist; druis·te, druis·ten; ge·druist
druis·tig (bnw), druis·ti·ge
de **drui·ven·pit**, drui·ven·pit·ten; drui·ven·pit·je
het **drui·ven·sap**, drui·ven·sap·pen; drui·ven·sap·je
de **drui·ven·soort**, drui·ven·soor·ten
de **drui·ven·sui·ker** (m), drui·ven·sui·kers
de **drui·ven·tros** (m), drui·ven·tros·sen; drui·ven·tros·je
de **druk**[1] (m), druk·ken; druk·je
druk[2] (bnw), druk·ke
druk·be·volkt (bnw), druk·be·volk·te
druk·be·zet (bnw), druk·be·zet·te
druk·be·zocht (bnw), druk·be·zoch·te
druk·ken (ww), druk, drukt; druk·te, druk·ten; ge·drukt
de **druk·ker** (m), druk·kers; druk·ker·tje
de **druk·ke·rij** (v), druk·ke·rij·en; druk·ke·rij·tje
druk·klaar (bnw), druk·kla·re
de **druk·knoop** (m), druk·kno·pen; druk·knoop·je
de **druk·knop** (m), druk·knop·pen; druk·knop·je
de **druk·pers**, druk·per·sen; druk·pers·je
het **druk·pro·ce·dé**, druk·pro·ce·dés
de **druk·proef**, druk·proe·ven; druk·proef·je
de **druk·tank** (m), druk·tanks
de **druk·te** (v)
de **druk·te·ma·ker** (m), druk·te·ma·kers; druk·te·ma·ker·tje
het **druk·werk**, druk·wer·ken; druk·werk·je
de **drum** (m), drums; drum·me·tje
drum·men (ww), drum, drumt; drum·de, drum·den; ge·drumd
de **drum·mer** (m), drum·mers; drum·mer·tje
de **drum-'n-bass** (m)
het **drum·stel**, drum·stel·len
de **drup** (m), drup·pen; drup·je
de **drup·pel** (m), drup·pels; drup·pel·tje
drup·pe·len (ww), drup·pel, drup·pelt; drup·pel·de, drup·pel·den; ge·drup·peld
drup·pen (ww), drup, drupt; drup·te, drup·ten; ge·drupt
de **druus** (m), dru·zen
dry (bnw)
de **dry·a·de** (v), dry·a·den
ds. *(dominee)*
de **dt-fout**, dt-fou·ten
dtp[1] *(desktoppublishing)*
dtp[2] (mv) *(difterie, tetanus, polio)*
de **dtp'er** [dtp·er] (m) *(desktoppublisher)*, dtp'ers [dtp·ers]
de **dt-re·gel** (m), dt-re·gels
de **D-trein** (m), D-trei·nen
du·aal (bnw), du·a·le
het **du·a·lis·me**
de **du·a·li·teit** (v), du·a·li·tei·ten
de **du·at·leet** (m), du·at·le·ten
de/het **du·at·lon** (m/o), du·at·lons
de **dub·bel**[1] (m) *(stand-in; double)*,

dub·bels

de/het **dub·bel**[2] (m/o) *(bier)*, dub·bels

het **dub·bel**[3] *(dubbelspel)*, dub·bels

dub·bel[4] (bnw), dub·be·le

het **dub·bel·bed**, dub·bel·bed·den

dub·bel·blind (bnw), dub·bel·blin·de

dub·bel·bol (bnw), dub·bel·bol·le

de **dub·bel·ca·bi·ne** (v), dub·bel·ca·bi·nes

de **dub·bel-cd** (m), dub·bel-cd's

dub·bel·chec·ken (ww), dub·bel·check, dub·bel·checkt; dub·bel·check·te, dub·bel·check·ten; ge·dub·bel·checkt

de **dub·bel·dek·ker** (m), dub·bel·dek·kers; dub·bel·dek·ker·tje

de **dub·bel·el·pee** (m), dub·bel·el·pees

dub·be·len (ww), dub·bel, dub·belt; dub·bel·de, dub·bel·den; ge·dub·beld

de/het **dub·be·le·punt**, dub·be·le·pun·ten

dub·be·le punt

dub·bel·har·tig (bnw), dub·bel·har·ti·ge

de **dub·be·ling** (v), dub·be·lin·gen

dub·bel·klap·pen (ww), klap dub·bel, klapt dub·bel; klap·te dub·bel, klap·ten dub·bel; dub·bel·ge·klapt

de **dub·bel·klik** (m), dub·bel·klik·ken

dub·bel·klik·ken (ww), dub·bel·klik, dub·bel·klikt; dub·bel·klik·te, dub·bel·klik·ten; ge·dub·bel·klikt

de **dub·bel·loop** (m), dub·bel·lo·pen

de **dub·bel-lp**, dub·bel-lp's

het **dub·bel·num·mer**, dub·bel·num·mers

dub·bel·op (bijw)

de/het **dub·bel·punt**, dub·bel·pun·ten

de **dub·bel·slag** (m), dub·bel·sla·gen

het **dub·bel·spel**, dub·bel·spe·len, dub·bel·spel·len

het **dub·bel·tje**, dub·bel·tjes

dub·bel·vou·wen (ww), vouw dub·bel, vouwt dub·bel; vouw·de dub·bel, vouw·den dub·bel; dub·bel·ge·vou·wen

het **dub·bel·zien**

dub·bel·zij·dig (bnw), dub·bel·zij·di·ge

dub·bel·zin·nig (bnw), dub·bel·zin·ni·ge

dub·ben (ww), dub, dubt; dub·de, dub·den; ge·dubd

du·bi·eus (bnw), du·bi·eu·ze

de **dub·step** (m)

de **du·ches·se** (v), du·ches·ses

duch·ten (ww), ducht, ducht; ducht·te, ducht·ten; ge·ducht

de **duck** (m), ducks

de **duct·tape** (m), duct·tapes

de **due di·li·gence** (m)

het **du·el**, du·els

du·el·le·ren (ww), du·el·leer, du·el·leert; du·el·leer·de, du·el·leer·den; ge·du·el·leerd

het **du·et**, du·et·ten; du·et·je

duf (bnw), duf·fe

de **duf·fel**[1] (m) *(jas)*, duf·fels; duf·fel·tje

het **duf·fel**[2] *(stof)*

de **duf·fel·coat** (m), duf·fel·coats; duf·fel·coat·je

de **dug-out** (m), dug-outs

duh (tussenw)

dui·de·lijk (bnw), dui·de·lij·ke

de **dui·de·lijk·heid** (v), dui·de·lijk·he·den

dui·den (ww), duid, duidt;

duid·de, duid·den; ge·duid
de **dui·ding** (v), dui·din·gen
de **duif**, dui·ven; duif·je
de **duig**, dui·gen
de **dui·ke·laar** (m), dui·ke·laars; dui·ke·laar·tje
dui·ken (ww), duik, duikt; dook, do·ken; ge·do·ken
de **dui·ker** (m), dui·kers; dui·ker·tje
het **dui·ker·pak**, dui·ker·pak·ken
het **dui·kers·pak**, dui·kers·pak·ken; dui·kers·pak·je
het **duik·pak**, duik·pak·ken
de **duik·plank**, duik·plan·ken; duik·plank·je
de **duim** (m), dui·men; duim·pje
de **dui·me·lot** (m), dui·me·lot·ten
dui·men (ww), duim, duimt; duim·de, duim·den; ge·duimd
dui·men·dik: er duimendik bovenop liggen
dui·men·draai·en (ww)
de **duim·spij·ker** (m), duim·spij·kers
de/het **duin**[1] *(zandheuvel)*, dui·nen; duin·tje
het **duin**[2] *(verzamelnaam)*
het **duin·pad**, duin·pa·den; duin·paad·je
het **duis·ter**[1]
duis·ter[2] (bnw), duis·te·re
de **duis·ter·nis** (v), duis·ter·nis·sen
de **duit**, dui·ten; duit·je
het **Duits**[1] *(taal)*
Duits[2] (bnw), Duit·se
de **Duit·ser** (m), Duit·sers; Duit·ser·tje
Duits·ta·lig (bnw), Duits·ta·li·ge
de **dui·ve·ka·ter** (m), dui·ve·ka·ters
de **dui·vel** (m), dui·ve·len, dui·vels; dui·vel·tje
de **dui·vel-doet-al** (m), dui·vels-doet-al
dui·vels (bnw), dui·vel·se
de **dui·vels·drek** (m)
het **dui·vels·pact**, dui·vels·pac·ten
het **dui·ven·ei**, dui·ven·ei·e·ren; dui·ven·ei·tje
de **dui·ven·ker·vel** (m)
de **dui·ven·mel·ker** (m), dui·ven·mel·kers
de **dui·ven·til**, dui·ven·til·len; dui·ven·til·le·tje
de **dui·ze·lig·heid** (v)
het **dui·zend**[1], dui·zen·den; dui·zend·je
dui·zend[2] (telw)
dui·zend een (telw)
dui·zend eer·ste (telw)
dui·zend en een (telw) *(1001)*
dui·zend-en-een (telw) *(heel groot aantal)*
Dui·zend-en-een-nacht
dui·zend en eer·ste (telw)
dui·zend en twee (telw)
dui·zend en twee·de (telw)
dui·zend·ja·rig (bnw), dui·zend·ja·ri·ge
de **dui·zend·ja·ri·ge**, dui·zend·ja·ri·gen
dui·zend·maal (bijw)
de **dui·zend·poot** (m), dui·zend·po·ten; dui·zend·poot·je
dui·zend·ste (telw)
het **dui·zend·tal**, dui·zend·tal·len
dui·zend twee (telw)
dui·zend twee·de (telw)
de **du·kaat** (m), du·ka·ten
de **duk·dalf** (m), duk·dal·ven
dul·den (ww), duld, duldt; duld·de, duld·den; ge·duld
de **dumb·bell** (m), dumb·bells
de **dum·dum** (m), dum·dums
de **dum·my** (m), dum·my's; dummy'tje [dum·my·tje]
de **dump** (m), dumps

D

dum·pen (ww), dump, dumpt; dump·te, dump·ten; ge·dumpt
dun (bnw), dun·ne
dun·be·volkt (bnw), dun·be·volk·te
dun·ge·sne·den (bnw)
dun·ge·zaaid (bnw), dun·ge·zaai·de
de **dunk**[1] (m) *(mening)*
de **dunk**[2] (m) *(basketbalterm),* dunks
dun·ken[1] (ww) *(als mening hebben),* dunk, dunkt; docht, dunk·te, doch·ten, dunk·ten; ge·docht, ge·dunkt
dun·ken[2] (ww) *(bij basketbal met een dunk scoren),* dunk, dunkt; dunk·te, dunk·ten; ge·dunkt
dun·nen (ww), dun, dunt; dun·de, dun·den; ge·dund
de **dun·schil·ler** (m), dun·schil·lers; dun·schil·ler·tje
de **dun·te** (v), dun·ten, dun·tes
de **duo**[1] (m) *(duozitting),* du·o's; duootje [duo·tje]
het **duo**[2] *(duet, tweetal),* du·o's; duootje [duo·tje]
de **duo·baan**, duo·ba·nen
het **duo·le·gaat**, duo·le·ga·ten
de **duo·part·ner** (m), duo·part·ners
de **duo·pas·sa·gier** (m), duo·pas·sa·giers
de **duo·rij·der** (m), duo·rij·ders
het **duo·tic·ket**, duo·tic·kets
de **du·pe**, du·pes
du·pe·ren (ww), du·peer, du·peert; du·peer·de, du·peer·den; ge·du·peerd
de **du·plex** (m), du·plexen
de **du·plex·wo·ning** (v), du·plex·wo·nin·gen
het **du·pli·caat**, du·pli·ca·ten; du·pli·caat·je
du·pli·ce·ren (ww), du·pli·ceer, du·pli·ceert; du·pli·ceer·de, du·pli·ceer·den; ge·du·pli·ceerd
de **du·pliek** (v), du·plie·ken
du·ren (ww), duur, duurt; duur·de, duur·den; ge·duurd
du·rend (bnw), du·ren·de
de **durf** (m)
de **durf·al** (m), durf·al·len, durf·als; durf·al·le·tje
de **du·ro·tank** (m), du·ro·tanks
de **du·rum** (m), du·rums
dur·ven (ww), durf, durft; dorst, durf·de, dor·sten, durf·den; ge·durfd
de **dur·ver** (m), dur·vers; dur·ver·tje
dus[1] (bijw)
dus[2] (voegw)
dus·da·nig (bnw), dus·da·ni·ge
de **du·shi**[1], du·shi's
du·shi[2] (bnw)
dus·ver[1] (bijw)
dus·ver[2]: tot dusver
dus·ver·re: tot dusverre
de **dut** (m), dut·ten; dut·je
de **duts** (m), dut·sen; duts·je
dut·ten (ww), dut, dut; dut·te, dut·ten; ge·dut
de **duur**[1] (m)
duur[2] (bnw), du·re
duur[3]: op den duur
de **duur·te** (v), duur·ten, duur·tes
de **duur·tijd** (m), duur·tij·den
duur·zaam (bnw), duur·za·me
de **duur·zaam·heid** (v)
het **duur·zaam·heid·be·leid**
het **duur·zaam·heids·be·leid**
de **du·vel** (m), du·vels; du·vel·tje
du·ve·len (ww), du·vel, du·velt; du·vel·de, du·vel·den; ge·du·veld
de **duw** (m), du·wen; duw·tje
du·wen (ww), duw, duwt; duw·de, duw·den; ge·duwd
dvd *(digital versatile disk),* dvd's;

dvd'tje [dvd·tje]
de **dvd-box** (m), dvd-boxen; dvd-box·je
de **dvd-re·cor·der** (m), dvd-re·cor·ders
de **dvd-spe·ler** (m), dvd-spe·lers; dvd-spe·ler·tje
de **dwaal**, dwa·len
de **dwaas**[1] (m), dwa·zen
dwaas[2] (bnw), dwa·ze
dwa·len (ww), dwaal, dwaalt; dwaal·de, dwaal·den; ge·dwaald
de **dwa·ling** (v), dwa·lin·gen
de **dwang** (m)
het **dwang·be·vel**, dwang·be·ve·len
de **dwang·buis**, dwang·bui·zen; dwang·buis·je
de **dwang·som**, dwang·som·men
dwar·re·len (ww), dwar·rel, dwar·relt; dwar·rel·de, dwar·rel·den; ge·dwar·reld
dwars (bnw), dwar·se
dwars·bo·men (ww), dwars·boom, dwars·boomt; dwars·boom·de, dwars·boom·den; ge·dwars·boomd
de **dwars·door·sne·de**, dwars·door·sne·den
de **dwars·fluit**, dwars·flui·ten; dwars·fluit·je
de **dwars·lae·sie** (v), dwars·lae·sies
de **dwarslaesiepatiënt** [dwars·lae·sie·pa·ti·ent] (m), dwarslaesiepatiënten [dwars·lae·sie·pa·ti·en·ten]
dwars·lig·gen (ww), lig dwars, ligt dwars; lag dwars, la·gen dwars; dwars·ge·le·gen
de **dwars·lig·ger** (m), dwars·lig·gers
de **dwars·zee**, dwarszeeën [dwars·zee·en]
dwars·zit·ten (ww), zit dwars, zit dwars; zat dwars, za·ten dwars; dwars·ge·ze·ten
de **dweil** (m), dwei·len; dweil·tje
dwei·len (ww), dweil, dweilt; dweil·de, dweil·den; ge·dweild
dwe·pen (ww), dweep, dweept; dweep·te, dweep·ten; ge·dweept
de **dwerg** (m), dwer·gen; dwerg·je
de **dwin·ge·land** (m), dwin·ge·lan·den; dwin·ge·land·je
de **dwin·ge·lan·dij** (v), dwin·ge·lan·dij·en; dwin·ge·lan·dij·tje
dwin·gen (ww), dwing, dwingt; dwong, dwon·gen; ge·dwon·gen
dwin·gend (bnw), dwin·gen·de
d.w.z. *(dat wil zeggen)*
de **dy·a·de** (m), dy·a·des
de **dy·na·mi·ca** (v)
de **dy·na·miek** (v), dy·na·mie·ken
het **dy·na·miet**
dy·na·misch (bnw), dy·na·mi·sche
dy·na·mi·se·ren (ww), dy·na·mi·seer, dy·na·mi·seert; dy·na·mi·seer·de, dy·na·mi·seer·den; ge·dy·na·mi·seerd
de **dy·na·mi·se·ring** (v), dy·na·mi·se·rin·gen
het **dy·na·mis·me**
dy·na·mi·te·ren (ww), dy·na·mi·teer, dy·na·mi·teert; dy·na·mi·teer·de, dy·na·mi·teer·den; ge·dy·na·mi·teerd
de **dy·na·mo** (m), dy·na·mo's; dynamootje [dy·na·mo·tje]
de **dy·nas·tie** (v), dynastieën [dy·nas·tie·en]
dy·nas·tiek (bnw), dy·nas·tie·ke
de **dy·ne** (m), dy·nes
de **dyo·go**, dyo·go's
de **dyo·go·fles**, dyo·go·fles·sen

dyom·po·fu·tu
de **dys·ar·trie** (v)
de **dys·cal·cu·lie** (v)
de **dys·en·te·rie** (v)
het **dys·fe·mis·me**
de **dys·lect** (m), dys·lec·ten
de **dys·lec·ti·cus** (m), dys·lec·ti·ci
dys·lec·tisch (bnw), dys·lec·ti·sche
de **dys·lexie** (v)
het **dys·lexie·on·der·zoek**, dys·lexie·on·der·zoe·ken
de **dys·or·tho·gra·fie** (v)
de **dys·pla·sie** (v)
de **dys·pneu** (v)
de **dys·praxie** (v)
de **dys·to·pie** (v), dystopieën [dys·to·pie·en]
dys·to·pisch (bnw), dys·to·pi·sche
de **dys·tro·fie** (v), dystrofieën [dys·tro·fie·en]
de **dyu·gu·dyu·gu**, dyu·gu·dyu·gu's
dyul
d.z. *(dat zijn)*

E

de **e**, e's; e'tje
e.a. *(en andere(n))*
ea·ger (bnw), ea·ge·re
de **earl grey** (m)
de **earl·grey·thee** (m), earlgreytheeën [earl·grey·thee·en]
de **ea·sy lis·te·ning**
de **eau de co·log·ne**, eau de co·log·nes, eaux de co·log·ne
de **eau-de-co·log·ne·fles**, eau-de-co·log·ne·fles·sen; eau-de-co·log·ne·fles·je
de **eau de toi·let·te**, eau de toi·let·tes, eaux de toi·let·te; eau de toi·let·te·je
de **eau de vie**, eau de vies, eaux de vie
de **eb**
eba *(eenmansvennootschap met beperkte aansprakelijkheid)*, eba's
de/het **e-ban·king**
de **eb·be**
eb·ben[1] (bnw)
eb·ben[2] (ww), eb, ebt; eb·de, eb·den; geëbd [ge·ebd]
het **eb·ben·hout**
eb·ben·hou·ten (bnw)
de **e-bike** (m), e-bikes
ebit *(earnings before interest and taxation)*
de **ebi·ta**
ebit·da *(earnings before interest, taxes, depreciation and amortisation)*
ebo *(eenvoudig beroepsonderwijs)*
het **e-boek**, e-boe·ken; e-boek·je
de **ebo·la**
het **ebo·la·vi·rus**, ebo·la·vi·rus·sen
het **ebo·niet**
het **e-book**, e-books
de **eb·stroom** (m), eb·stro·men; eb·stroom·pje
de **e-busi·ness** (m)
ebvba *(eenpersoons besloten vennootschap met beperkte aansprakelijkheid)*, ebvba's
de **e-card** (m), e-cards
het **ecar·té**
ecar·te·ren (ww), ecar·teer, ecar·teert; ecar·teer·de, ecar·teer·den; geëcarteerd [ge·ecar·teerd]
de **ec·cle·sia**
ec·cle·si·as·tisch (bnw), ec·cle·si·as·ti·sche
ecg *(elektrocardiogram)*, ecg's
de **éché·an·ce** (v), éché·an·ces
het **echec**, echecs
de **echel** (m), echels; echel·tje
de **eche·lon** (m), eche·lons
eche·lon·ne·ren (ww), eche·lon·neer, eche·lon·neert; eche·lon·neer·de, eche·lon·neer·den; geëchelonneerd [ge·eche·lon·neerd]
de **echo** (m), echo's; echootje [echo·tje]
echoën [echo·en] (ww), echo, echoot; echo·de, echo·den; geëchood [ge·echood]
de **echo·gra·fie** (v), echografieën [echo·gra·fie·en]
de **echo·la·lie** (v)
de **echo·lo·ca·tie** (v), echo·lo·ca·ties
het **echo·lood**, echo·lo·den
de **echo·pei·ling** (v), echo·pei·lin·gen
de **echo·sco·pie** (v), echoscopieën [echo·sco·pie·en]
de **echt**[1] (m)
echt[2] (bnw), ech·te

de **ech·te·lie·den** (mv)
ech·ten (ww), echt, echt; echt·te, echt·ten; geëcht [ge·echt]
ech·ter (bijw)
de **echt·ge·noot** (m), echt·ge·no·ten
de **echt·ge·no·te** (v), echt·ge·no·tes
de **echt·heid** (v)
het **echt·paar**, echt·pa·ren; echt·paar·tje
de **echt·schei·ding** (v), echt·schei·din·gen
de **eclair** (m), eclairs; eclair·tje
ecla·tant (bnw), ecla·tan·te
het **ec·lec·ti·cis·me**
de **ec·lec·ti·cus** (m), ec·lec·ti·ci
ec·lec·tisch (bnw), ec·lec·ti·sche
de **eclips**, eclip·sen
de **eco·aard·ap·pel** (m), eco·aard·ap·pe·len, eco·aard·ap·pels
de **eco·bo·nus** (m), eco·bo·nus·sen
de **eco·che·que** (m), eco·che·ques
de **eco·ci·de** (v), eco·ci·den, eco·ci·des
het **eco·duct**, eco·duc·ten
E. co·li *(Escherichia coli),* E. co·li's
de **eco·li·ne** (v)
de **eco·lo·gie** (v)
eco·lo·gisch (bnw), eco·lo·gi·sche
de **e-com·mer·ce** (m)
de **eco·no·maat** (m), eco·no·ma·ten
de **eco·no·me** (v), eco·no·mes
de **eco·no·mie** (v), economieën [eco·no·mie·en]; eco·no·mie·tje
eco·no·misch (bnw), eco·no·mi·sche
de **eco·no·mist** (m), eco·no·mis·ten
de **eco·no·my·class** (m)
de **eco·noom** (m), eco·no·men
het **eco·sys·teem**, eco·sys·te·men
de **eco·taks**, eco·tak·sen; eco·taks·je
het **eco·toe·ris·me**
eco·vrien·de·lijk (bnw), eco·vrien·de·lij·ke
ecru (bnw), ecrue
de **ec·sta·sy**, ecstasy'tje [ec·sta·sy·tje]
ect *(elektroconvulsietherapie),* ect's
de **Ecua·do·raan** (m), Ecua·do·ra·nen
Ecua·do·raans (bnw), Ecua·do·raan·se
het **ec·zeem**, ec·ze·men
het **ec·ze·ma**, ec·ze·ma's
e.d. *(en dergelijke)*
de **edam·mer** (m) *(kaas),* edam·mers; edam·mer·tje
Edam·mer kaas
edel (bnw), ede·le
de **ede·le**, ede·len
de **edel·man** (m), edel·lie·den, edel·lui, edel·man·nen
het **edel·me·taal**, edel·me·ta·len
de **edel·smid** (m), edel·sme·den
het **edel·staal**, edel·sta·len
de **edel·steen** (m), edel·ste·nen; edel·steen·tje
de/het **edel·weiss**, edel·weiss·je
het **eden** *(lustoord),* edens
Eden *(Paradijs)*
het **edict**, edic·ten
de **edik** (m)
Edi·son *(prijs)*
het **Edi·son·ga·la**, Edi·son·ga·la's
edi·ten (ww), edit, edit; edit·te, edit·ten; geëdit [ge·edit]
edi·te·ren (ww), edi·teer, edi·teert; edi·teer·de, edi·teer·den; geëditeerd [ge·edi·teerd]
de **edi·teur** (m), edi·teurs
de **edi·tie** (v), edi·ties
de **edi·tor** (m), edi·tors
het **edi·to·ri·aal**, edi·to·ri·a·len
e.d.m. *(en dergelijke meer)*
edoch[1] (bijw)
edoch[2] (voegw)
de **edu·ca·tie** (v), edu·ca·ties

edu·ca·tief (bnw), edu·ca·tie·ve
e.e.a. *(een en ander)*
de **eed** (m), eden; eed·je
de **eed·af·leg·ging** (v), eed·af·leg·gin·gen
eeg *(elektro-encefalogram),* eeg's
de **ee·ga**, ee·ga's; eegaatje [ee·ga·tje]
het **EEG-land**, EEG-lan·den
de **eek** *(eikenschors)*
de **eek·hoorn** (m), eek·hoor·nen, eek·hoorns; eek·hoorn·tje
het **eek·hoorn·tjes·brood**
de **eek·ho·ren** (m), eek·ho·rens; eek·ho·ren·tje
het **eelt**, eelt·je
het **ee·mien**
de **een**[1] *(cijfer),* enen; een·tje
een[2] (onbep lidw)
een[3] (telw)
de **een·ak·ter** (m), een·ak·ters; een·ak·ter·tje
de **een·april·grap**, een·april·grap·pen
een bil·joen (telw)
een bil·joen·ste (telw)
een·cel·lig (bnw), een·cel·li·ge
een cri·me zijn
de **eend**, een·den; eend·je
een·daags (bnw), een·daag·se
het **een·dags·toe·ris·me**
de **een·dags·vlieg**, een·dags·vlie·gen; een·dags·vlieg·je
een·de·lijk (bnw), een·de·lij·ke
de **een·den·borst**, een·den·bor·sten; een·den·borst·je
de/het **een·den·borst·fi·let** (m/o), een·den·borst·fi·lets
de **een·den·bout** (m), een·den·bou·ten; een·den·bout·je
het **een·den·ei**, een·den·ei·e·ren
de/het **een·den·fi·let** (m/o), een·den·fi·lets
de **een·den·jacht**, een·den·jach·ten
het **een·den·kroos**
het **een·den·kui·ken**, een·den·kui·kens; een·den·kui·ken·tje
de **een·den·le·ver**, een·den·le·vers
de **een·den·poot** (m), een·den·po·ten; een·den·poot·je
een·der (bnw), een·de·re
een·di·men·si·o·naal (bnw), een·di·men·si·o·na·le
een·drach·tig (bnw), een·drach·ti·ge
een·dui·dig (bnw), een·dui·di·ge
de **een·dui·dig·heid** (v), een·dui·dig·he·den
een·dui·zend (telw)
een·ei·ig (bnw), een·ei·ige
een·en·twin·tig (telw)
een·en·twin·tig·ja·rig (bnw), een·en·twin·tig·ja·ri·ge
een·en·twin·tig·ste (telw)
de **een·en·twin·tig·ste-eeu·wer** (m), een·en·twin·tig·ste-eeu·wers
een·en·twin·tig·ste-eeuws (bnw), een·en·twin·tig·ste-eeuw·se
de **een·eu·ro·munt**, een·eu·ro·mun·ten
het **een·eu·ro·stuk**, een·eu·ro·stuk·ken
een·ge·maakt (bnw), een·ge·maak·te
het **een·ge·zins·huis**, een·ge·zins·hui·zen; een·ge·zins·huis·je
de **een·ge·zins·wo·ning** (v), een·ge·zins·wo·nin·gen
de **een·heid** (v), een·he·den
de **een·heids·prijs** (m), een·heids·prij·zen
de **een·heids·worst**, een·heids·wor·sten
een·hon·derd (telw)

de **een·hoorn** (m), een·hoor·nen, een·hoorns; een·hoorn·tje
een·ie·der (onbep vnw)
een·ja·rig (bnw), een·ja·ri·ge
de **een·ja·ri·ge**, een·ja·ri·gen
het **een·ka·mer·ap·par·te·ment**, een·ka·mer·ap·par·te·men·ten; een·ka·mer·ap·par·te·ment·je
de **een·ka·mer·wo·ning** (v), een·ka·mer·wo·nin·gen; een·ka·mer·wo·nin·kje
het **een·kind·be·leid**
de **een·kind·po·li·tiek** (v)
de **een·klank** (m), een·klan·ken
een·laags (bnw), een·laag·se
een·let·ter·gre·pig (bnw), een·let·ter·gre·pi·ge
de **een·ling** (m), een·lin·gen
een·maal (bijw)
de **een·ma·king** (v), een·ma·kin·gen
een·ma·lig (bnw), een·ma·li·ge
de **een·mans·ac·tie** (v), een·mans·ac·ties
het **een·mans·be·drijf**, een·mans·be·drij·ven; een·mans·be·drijf·je
de **een·mans·zaak**, een·mans·za·ken; een·mans·zaak·je
het **een·mei·feest**, een·mei·fees·ten
een mil·jard (telw)
een mil·jard·ste (telw)
een mil·joen (telw)
een mil·joen·ste (telw)
een-na-laatst (bnw), een-na-laat·ste
de **een·oog**, een·ogen
een-op-een (bijw)
de **een-op-een·be·ge·lei·ding** (v), een-op-een·be·ge·lei·din·gen
het **een-op-een·con·tact**, een-op-een·con·tac·ten
het **een·ou·der·ge·zin**, een·ou·der·ge·zin·nen
een·pa·rig (bnw), een·pa·ri·ge
de **een·pa·rig·heid** (v)
de **een·par·tij·staat** (m), een·par·tij·sta·ten
een·per·soons (bnw)
het **een·per·soons·bed**, een·per·soons·bed·den; een·per·soons·bed·je
het **een·per·soons·huis·hou·den**, een·per·soons·huis·hou·dens
de **een·per·soons·ka·mer**, een·per·soons·ka·mers; een·per·soons·ka·mer·tje
de **een·pit·ter** (m), een·pit·ters; een·pit·ter·tje
de **een·rich·tings·straat**, een·rich·tings·stra·ten; een·rich·tings·straat·je
het **een·rich·tings·ver·keer**
de **een·rich·tings·weg** (m), een·rich·tings·we·gen
het **een·rich·ting·ver·keer**
eens[1] (bijw)
eens[2]: het erover eens zijn
eens·ge·zind (bnw), eens·ge·zin·de
de **eens·ge·zind·heid** (v)
eens·klaps (bijw)
eens·lui·dend (bnw), eens·lui·den·de
een·ta·lig (bnw), een·ta·li·ge
een tijd·lang
een·to·nig (bnw), een·to·ni·ge
een twee·de (telw)
een-twee-drie (bijw)
het **een-twee·tje**, een-twee·tjes
een uur gaans
het **een·uurs·vak**, een·uurs·vak·ken
een·vor·mig (bnw), een·vor·mi·ge
de **een·vor·mig·heid** (v), een·vor·mig·he·den
de **een·voud** (m)

een·vou·dig (bnw), een·vou·di·ge
een·vou·dig·weg (bijw)
de **een·wie·ler** (m), een·wie·lers; een·wie·ler·tje
de **een·wor·ding** (v), een·wor·din·gen
een·zaam (bnw), een·za·me
de **een·zaam·heid** (v)
de **een·zaat** (m), een·za·ten; een·zaat·je
de **een·za·me**, een·za·men
een·zelf·de (aanw vnw)
een·zij·dig (bnw), een·zij·di·ge
de **eer**[1], eer·tje
eer[2] (bijw)
eer[3] (voegw)
het **eer·be·toon**, eer·be·to·nen
de **eer·bied** (m)
eer·bie·di·gen (ww), eer·bie·dig, eer·bie·digt; eer·bie·dig·de, eer·bie·dig·den; geëerbiedigd [ge·eer·bie·digd]
eer·daags (bijw)
eer·der (bnw), eer·de·re
eer·der·ge·noemd (bnw), eer·der·ge·noem·de
eer·gis·te·ren (bijw)
eer·lang (bijw)
eer·lijk (bnw), eer·lij·ke
eer·lijk ge·zegd
de **eer·lijk·heid** (v)
eer·lijk·heids·hal·ve (bijw)
eerst (bijw)
eerst·daags (bijw)
de **eer·ste**[1], eer·sten
eer·ste[2] (telw)
de **eer·ste·com·mu·ni·cant** (m), eer·ste·com·mu·ni·can·ten; eer·ste·com·mu·ni·cant·je
eer·ste di·vi·sie
eer·ste-eeuws (bnw), eer·ste-eeuw·se
de **eer·ste·ge·ne·ra·tie·al·loch·toon**, eer·ste·ge·ne·ra·tie·al·loch·to·nen
Eer·ste Golf·oor·log
eer·ste·graads (bnw)
de **eer·ste·graads·le·raar** (m), eer·ste·graads·le·raars, eer·ste·graads·le·ra·ren
de **eer·ste·hulp·post** (m), eer·ste·hulp·pos·ten
de **eer·ste·hulp·ver·le·ner** (m), eer·ste·hulp·ver·le·ners
de **eer·ste·hulp·ver·le·ning** (v), eer·ste·hulp·ver·le·nin·gen
de **eer·ste·jaars**[1], eer·ste·jaars
eer·ste·jaars[2] (bnw)
de **eer·ste·jaars·stu·dent** (m), eer·ste·jaars·stu·den·ten
Eer·ste Ka·mer
de **Eer·ste Ka·mer·frac·tie** (v), Eer·ste Ka·mer·frac·ties
het **Eer·ste Ka·mer·lid**, Eer·ste Ka·mer·le·den
eer·ste·klas (bnw)
de **eer·ste·klas·cou·pé** (m), eer·ste·klas·cou·pés
de **eer·ste·klas·sen·com·pe·ti·tie** (v), eer·ste·klas·sen·com·pe·ti·ties
de **eer·ste·klas·sen·kam·pi·oen** (m), eer·ste·klas·sen·kam·pi·oe·nen
het **eer·ste·klas·sen·kam·pi·oen·schap**, eer·ste·klas·sen·kam·pi·oen·schap·pen
het **eer·ste·klas·sen·team**, eer·ste·klas·sen·teams
de **eer·ste·klas·sen·ver·eni·ging** (v), eer·ste·klas·sen·ver·eni·gin·gen
de **eer·ste·klas·sen·voet·bal·com·pe·ti·tie** (v), eer·ste·klas·sen·voet·bal·com·pe·ti·ties
de **eer·ste·klas·ser** (m), eer·ste·klas·sers; eer·ste·klas·ser·tje

E

eer·ste·klas ser·vice *(uitstekende service)*
eer·ste·lijns (bnw)
de **eer·ste·lijns·ge·zond·heids·zorg**
de **eer·ste·lijns·zorg**
de **eer·ste·ling** (m), eer·ste·lin·gen; eer·ste·lin·ge·tje
eer·ste·rangs (bnw)
de **eer·ste·steen·leg·ging** (v), eer·ste·steen·leg·gin·gen
Eer·ste We·reld·oor·log
de **eerst·ge·noem·de**, eerst·ge·noem·den
eerst·ko·mend (bnw), eerst·ko·men·de
eerst·vol·gend (bnw), eerst·vol·gen·de
eer·tijds (bijw)
eer·ver·le·den (bnw)
de **eer·waar·de**, eer·waar·den
de **eer·zucht**
de **eest** (m), ees·ten
ees·ten (ww), eest, eest; eest·te, eest·ten; geëest [ge·eest]
het **eet·ca·fé**, eet·ca·fés; eetcafeetje [eet·ca·fé·tje]
het **eet·fes·tijn**, eet·fes·tij·nen; eet·fes·tijn·tje
de **eet·ge·le·gen·heid** (v), eet·ge·le·gen·he·den
het **eet·ge·rei**
de **eet·ge·woon·te** (v), eet·ge·woon·ten, eet·ge·woon·tes
het **eet·huis**, eet·hui·zen; eet·huis·je
de **eet·ka·mer**, eet·ka·mers; eet·ka·mer·tje
de **eet·le·pel** (m), eet·le·pels; eet·le·pel·tje
de **eet·lust** (m)
het **eet·maal**, eet·ma·len
het **eet·pa·troon**, eet·pa·tro·nen
de **eet·ta·fel**, eet·ta·fels; eet·ta·fel·tje
de **eet·tent**, eet·ten·ten; eet·tent·je
de **eet·waar**, eet·wa·ren
de **eet·zaal**, eet·za·len; eet·zaal·tje
de **eeuw**, eeu·wen; eeuw·tje
de **eeu·we·ling** (m), eeu·we·lin·gen
eeu·wen·lang (bnw), eeu·wen·lan·ge
eeu·wen·oud (bnw), eeu·wen·ou·de
eeu·wig (bnw), eeu·wi·ge
eeu·wig·du·rend (bnw), eeu·wig·du·ren·de
de **eeu·wig·heid** (v), eeu·wig·he·den; eeu·wig·heid·je
de **eeuw·wen·de** (v), eeuw·wen·den
efe·meer (bnw), efe·me·re
het **ef·fect**, ef·fec·ten; ef·fect·je
de **ef·fec·ten·beurs**, ef·fec·ten·beur·zen
de **ef·fec·ten·por·te·feuil·le** (m), ef·fec·ten·por·te·feuil·les
het **ef·fec·tief**[1], ef·fec·tie·ven
ef·fec·tief[2] (bnw), ef·fec·tie·ve
de **ef·fec·ti·vi·teit** (v), ef·fec·ti·vi·tei·ten
ef·fec·tu·e·ren (ww), ef·fec·tu·eer, ef·fec·tu·eert; ef·fec·tu·eer·de, ef·fec·tu·eer·den; geëffectueerd [ge·ef·fec·tu·eerd]
ef·fect·vol (bnw), ef·fect·vol·le
ef·fen (bnw)
ef·fe·nen (ww), ef·fen, ef·fent; ef·fen·de, ef·fen·den; geëffend [ge·ef·fend]
de **ef·fe·ning** (v), ef·fe·nin·gen
de **ef·fi·ci·en·cy** (v)
de **ef·fi·ci·en·cy·slag** (m), ef·fi·ci·en·cy·sla·gen
de **ef·fi·ci·en·cy·ver·be·te·ring** (v), ef·fi·ci·en·cy·ver·be·te·rin·gen
de **ef·fi·ci·en·cy·winst** (v)
efficiënt [ef·fi·ci·ent] (bnw), efficiënte [ef·fi·ci·en·te]
de **efficiëntie** [ef·fi·ci·en·tie] (v)

de **efficiëntieverbetering** [ef·fi·ci·en·tie·ver·be·te·ring] (v), efficiëntieverbeteringen [ef·fi·ci·en·tie·ver·be·te·rin·gen]
het **ef·flu·ent**
het **ef·fort**, ef·forts
de **eg** *(landbouwwerktuig)*, eg·gen; eg·je
EG *(Europese Gemeenschap)*
egaal (bnw), ega·le
ega·li·se·ren (ww), ega·li·seer, ega·li·seert; ega·li·seer·de, ega·li·seer·den; geëgaliseerd [ge·ega·li·seerd]
ega·li·tair (bnw), ega·li·tai·re
de/het **egard** (m/o), egards
de **egel** (m), egels; egel·tje
de **ege·lan·tier** (m), ege·lan·tie·ren, ege·lan·tiers
de **eg·ge**, eg·gen; eg·ge·tje
eg·gen (ww), eg, egt; eg·de, eg·den; geëgd [ge·egd]
het **EG-land**, EG-lan·den
het **ego**, ego's; egootje [ego·tje]
ego·cen·trisch (bnw), ego·cen·tri·sche
het **egoïsme** [ego·is·me]
de **egoïst** [ego·ist] (m), egoïsten [ego·is·ten]; egoïstje [ego·ist·je]
de **egoïste** [ego·is·te] (v), egoïstes [ego·is·tes]
egoïstisch [ego·is·tisch] (bnw), egoïstische [ego·is·ti·sche]
het **ego·tis·me**
het **e-go·vern·ment**, e-go·vern·ments
de **Egyp·te·naar** (m), Egyp·te·naars, Egyp·te·na·ren; Egyp·te·naar·tje
Egyp·tisch (bnw), Egyp·ti·sche
de **egyp·to·lo·gie** (v)
de **egyp·to·loog** (m), egyp·to·lo·gen
eh (tussenw)
EHBO *(eerste hulp bij ongelukken, ongevallen)*, EHBO's
de **EHBO-cur·sus** (m), EHBO-cur·sus·sen
het **EHBO-di·plo·ma**, EHBO-di·plo·ma's
de **EHBO'er** [EHBO·er] (m), EHBO'ers [EHBO·ers]
de **EHBO-post** (m), EHBO-pos·ten; EHBO-post·je
de **e-health**
het **ei**[1], ei·e·ren; ei·tje
ei[2] (tussenw)
de **ei·ber** (m), ei·bers; ei·ber·tje
de **ei·cel**, ei·cel·len
eID *(elektronische identiteitskaart)*, eID's
e-ID *(elektronische identiteitskaart)*, e-ID's
de **ei·dooi·er** (m), ei·dooi·ers
de **ei·er·boer** (m), ei·er·boe·ren
de **ei·er·dooi·er** (m), ei·er·dooi·ers
de **ei·er·doos**, ei·er·do·zen; ei·er·doos·je
de **ei·er·dop** (m), ei·er·dop·pen; ei·er·dop·je
de/het **ei·er·poe·der** (m/o), ei·er·poe·ders
de **ei·er·sa·la·de**, ei·er·sa·la·des
de **ei·er·schaal**, ei·er·scha·len; ei·er·schaal·tje
de **ei·er·stok** (m), ei·er·stok·ken; ei·er·stok·je
de **ei·er·struif**, ei·er·strui·ven
de **ei·er·war·mer** (m), ei·er·war·mers; ei·er·war·mer·tje
de **eif·fel·to·ren** (m) *(hoog bouwwerk)*, eif·fel·to·rens; eif·fel·to·ren·tje
Eif·fel·to·ren *(toren in Parijs)*
het **ei·geel**[1], ei·ge·len
ei·geel[2] (bnw), ei·ge·le
ei·gen (bnw)
de **ei·ge·naar** (m), ei·ge·naars, ei·ge·na·ren
ei·gen·aar·dig (bnw), ei·gen·aar·di·ge

E

de **ei·gen·aar·dig·heid** (v), ei·gen·aar·dig·he·den; ei·gen·aar·dig·heid·je
het **ei·ge·naar·schap**
de **ei·ge·na·res** (v), ei·ge·na·res·sen; ei·ge·na·res·je
de **ei·ge·na·res·se** (v), ei·ge·na·res·ses
het **ei·gen·be·lang**, ei·gen·be·lan·gen
de **ei·gen·dom**[1] (m) *(recht)*
het **ei·gen·dom**[2] *(bezitting)*, ei·gen·dom·men
de **ei·gen·doms·be·ker** (m), ei·gen·doms·be·kers
het **ei·gen·doms·be·wijs**, ei·gen·doms·be·wij·zen; ei·gen·doms·be·wijs·je
de **ei·gen·doms·grond** (m), ei·gen·doms·gron·den
het **ei·gen·doms·per·ceel**, ei·gen·doms·per·ce·len
het **ei·gen·doms·ter·rein**, ei·gen·doms·ter·rei·nen
de **ei·gen·doms·tro·fee** (v), eigendomstrofeeën [ei·gen·doms·tro·fee·en], ei·gen·doms·tro·fees
de **ei·gen·doms·ver·hou·ding** (v), ei·gen·doms·ver·hou·din·gen
het **ei·ge·ne**
ei·ge·nen (ww), ei·gen, ei·gent; ei·gen·de, ei·gen·den; geëigend [ge·ei·gend]
ei·ge·ner be·we·ging
ei·gen·ge·maakt (bnw), ei·gen·ge·maak·te
de **ei·gen·ge·rech·tig·heid** (v), ei·gen·ge·rech·tig·he·den
ei·gen·ge·reid (bnw), ei·gen·ge·rei·de
de **ei·gen·heid** (v), ei·gen·he·den; ei·gen·heid·je
de **ei·gen·hei·mer** (m), ei·gen·hei·mers; ei·gen·hei·mer·tje
ei·gen·lijk (bnw), ei·gen·lij·ke
de **ei·gen·naam** (m), ei·gen·na·men
de **ei·gen·rich·ting** (v), ei·gen·rich·tin·gen
de **ei·gen·ri·si·co·dra·ger** (m), ei·gen·ri·si·co·dra·gers
de **ei·gen·schap** (v), ei·gen·schap·pen; ei·gen·schap·je
ei·gen·stan·dig (bnw), ei·gen·stan·di·ge
ei·gen·ste (bnw)
ei·gen·tijds (bnw), ei·gen·tijd·se
de **ei·gen·waar·de** (v)
ei·gen·wijs (bnw), ei·gen·wij·ze
het **ei·gen·wo·ning·be·zit**
ei·gen·zin·nig (bnw), ei·gen·zin·ni·ge
ei·ig (bnw), ei·ige
de **eik** (m), ei·ken; eik·je
de **ei·kel** (m), ei·kels; ei·kel·tje
ei·ken (bnw)
het **ei·ken·blad**, ei·ken·bla·den, ei·ken·bla·de·ren, ei·ken·bla·ren; ei·ken·blaad·je
de **ei·ken·boom** (m), ei·ken·bo·men; ei·ken·boom·pje
het **ei·ken·bos**, ei·ken·bos·sen; ei·ken·bos·je
het **ei·ken·hout**, ei·ken·hout·je
ei·ken·hou·ten (bnw)
ei·laas (tussenw)
het **ei·land**, ei·lan·den; ei·land·je
de **ei·lan·den·groep**, ei·lan·den·groe·pen; ei·lan·den·groep·je
de **ei·land·raad**, ei·land·ra·den
het **ei·land·raads·lid**, ei·land·raads·le·den
de **ei·lands·amb·te·naar** (m), ei·lands·amb·te·naars, ei·lands·amb·te·na·ren
het **ei·lands·be·sluit**,

ei·lands·be·slui·ten
het **ei·lands·be·stuur**, ei·lands·be·stu·ren
de **ei·land·se·cre·ta·ris** (m), ei·land·se·cre·ta·ris·sen
het **ei·lands·kind**, ei·lands·kin·de·ren
de **ei·lands·ont·van·ger** (m), ei·lands·ont·van·gers
het **ei·lands·raad·lid**, ei·lands·raad·le·den
de **ei·lands·raads·ver·ga·de·ring** (v), ei·lands·raads·ver·ga·de·rin·gen
de **ei·lands·se·cre·ta·ris** (m), ei·lands·se·cre·ta·ris·sen
de **ei·lands·ver·or·de·ning** (v), ei·lands·ver·or·de·nin·gen
het **eind**, ein·den; eind·je
de **eind·af·re·ke·ning** (v), eind·af·re·ke·nin·gen
de **eind·be·stem·ming** (v), eind·be·stem·min·gen
de **eind·da·tum** (m), eind·da·ta, eind·da·tums
het **eind·di·plo·ma**, eind·di·plo·ma's
het **eind·doel**, eind·doe·len
het **ein·de**[1], ein·den, ein·des
ein·de[2]: te dien einde
ein·de[3]: ten einde
ein·de[4]: ten einde lopen
het **ein·de·jaar**
de **ein·de·jaar·pe·ri·o·de** (v), ein·de·jaar·pe·ri·o·den, ein·de·jaar·pe·ri·o·des
de **ein·de·jaars·ac·tie** (v), ein·de·jaars·ac·ties
het **ein·de·jaars·feest**, ein·de·jaars·fees·ten; ein·de·jaars·feest·je
de **ein·de·jaars·pe·ri·o·de** (v), ein·de·jaars·pe·ri·o·den, ein·de·jaars·pe·ri·o·des
de **ein·de·jaars·pre·mie** (v), ein·de·jaars·pre·mies
ein·de·lijk (bijw)
de **ein·de·loop·baan**, ein·de·loop·ba·nen
ein·de·loos (bnw), ein·de·lo·ze
ein·den (ww), eind, eindt; eind·de, eind·den; geëind [ge·eind]
de **ein·der** (m), ein·ders
de **ein·de·reeks**, ein·de·reek·sen
de **eind·eva·lu·a·tie** (v), eind·eva·lu·a·ties
het **eind·exa·men**, eind·exa·mens
het **eind·exa·men·vak**, eind·exa·men·vak·ken
de **eind·fa·se** (v), eind·fa·sen, eind·fa·ses
de **eind·ge·brui·ker** (m), eind·ge·brui·kers
Eind·ho·vens (bnw), Eind·ho·ven·se
ein·dig (bnw), ein·di·ge
ein·di·gen (ww), ein·dig, ein·digt; ein·dig·de, ein·dig·den; geëindigd [ge·ein·digd]
de **eind·meet**, eind·me·ten
het **eind·oor·deel**, eind·oor·de·len
het **eind·pro·duct**, eind·pro·duc·ten
het **eind·punt**, eind·pun·ten
het **eind·rap·port**, eind·rap·por·ten; eind·rap·port·je
de **eind·re·dac·teur** (m), eind·re·dac·teu·ren, eind·re·dac·teurs
de **eind·re·dac·tie** (v), eind·re·dac·ties
het **eind·re·sul·taat**, eind·re·sul·ta·ten
het **eind·rijm**, eind·rij·men
de **eind·spurt** (m), eind·spur·ten, eind·spurts; eind·spurt·je
de **eind·stand** (m), eind·stan·den
de **eind·streep**, eind·stre·pen
de **eind·tijd** (m), eind·tij·den

het **eind·to·taal**, eind·to·ta·len
de **eind·uit·komst** (v), eind·uit·kom·sten
het **eind·uur**, eind·uren
de **eind·ver·ant·woor·de·lij·ke**, eind·ver·ant·woor·de·lij·ken
de **eind·ver·sie** (v), eind·ver·sies
het **eind·werk**, eind·wer·ken; eind·werk·je
de **eins**, ein·zen
de **ein·zel·gän·ger** (m), ein·zel·gän·gers
de **eis** (m), ei·sen; eis·je
de **eïs**, eïs·sen
de **ei·sa·la·de**, ei·sa·la·des
de **ei·schaal**, ei·scha·len
ei·sen (ww), eis, eist; eis·te, eis·ten; geëist [ge·eist]
ei·send (bnw), ei·sen·de
de **ei·ser** (m), ei·sers
de **ei·se·res** (v), ei·se·res·sen
ei·vol (bnw), ei·vol·le
het **ei·wit**, ei·wit·ten; ei·wit·je
ei zo na
de **e-kaart**, e-kaar·ten; e-kaart·je
eken (bnw)
de **eker** (m), ekers
ék·si·to (tussenw)
de **ek·ster**, ek·sters; ek·ster·tje
het **ek·ster·oog**, ek·ster·ogen
EK voet·bal
de **el**, el·len; el·le·tje
de **ela·bo·ra·tie** (v), ela·bo·ra·ties
ela·bo·re·ren (ww), ela·bo·reer, ela·bo·reert; ela·bo·reer·de, ela·bo·reer·den; geëlaboreerd [ge·ela·bo·reerd]
het **elan**
de **eland** (m), elan·den; eland·je
het **elas·taan**
de **elas·ti·ci·teit** (v), elas·ti·ci·tei·ten
het **elas·tiek**, elas·tie·ken; elas·tiek·je
elas·tie·ken (bnw)
elas·tisch (bnw), elas·ti·sche
het **elas·to·meer**, elas·to·me·ren
el·ders (bijw)
het **el·do·ra·do** *(ideaal oord)*, el·do·ra·do's; eldoradootje [el·do·ra·do·tje]
El·do·ra·do *(mythisch land)*
de **e-lear·ning**
de **elect** (m), elec·ten
de **elec·tie** (v), elec·ties
elec·to·raal (bnw), elec·to·ra·le
het **elec·to·raat**, elec·to·ra·ten
elec·tro *(electroclash)*
de **ele·fan·ti·a·sis** (v)
de **élé·gan·ce** (v)
ele·gant (bnw), ele·gan·te
de **ele·gan·tie** (v)
de **ele·gie** (v), elegieën [ele·gie·en]
de/het **elek·tra**
het **elek·tra·com·plex**, elek·tra·com·plexen
de **elek·tri·cien** (m), elek·tri·ciens
de **elek·tri·ci·teit** (v)
het **elek·tri·ci·teits·be·drijf**, elek·tri·ci·teits·be·drij·ven
de **elek·tri·ci·teits·ca·bi·ne** (v), elek·tri·ci·teits·ca·bi·nes
de **elek·tri·ci·teits·cen·tra·le**, elek·tri·ci·teits·cen·tra·les
de **elek·tri·ci·teits·draad** (m), elek·tri·ci·teits·dra·den; elek·tri·ci·teits·draad·je
de **elek·tri·ci·teits·ka·bel** (m), elek·tri·ci·teits·ka·bels; elek·tri·ci·teits·ka·bel·tje
de **elek·tri·ci·teits·kast**, elek·tri·ci·teits·kas·ten; elek·tri·ci·teits·kast·je
de **elek·tri·ci·teits·maat·schap·pij** (v), elek·tri·ci·teits·maat·schap·pij·en
het **elek·tri·ci·teits·net**, elek·tri·ci·teits·net·ten

de **elek·tri·ci·teits·op·wek·king** (v), elek·tri·ci·teits·op·wek·kin·gen
de **elek·tri·ci·teits·pan·ne**, elek·tri·ci·teits·pan·nes
de **elek·tri·ci·teits·pro·duc·tie** (v)
het **elek·tri·ci·teits·ver·bruik**
de **elek·tri·ci·teits·wer·ken** (mv)
de/het **elek·triek**[1] (m/o)
elek·triek[2] (bnw), elek·trie·ke
de **elek·trie·ker** (m), elek·trie·kers
de **elek·tri·fi·ca·tie** (v), elek·tri·fi·ca·ties
elek·tri·fi·ce·ren (ww), elek·tri·fi·ceer, elek·tri·fi·ceert; elek·tri·fi·ceer·de, elek·tri·fi·ceer·den; geëlektrificeerd [ge·elek·tri·fi·ceerd]
elek·trisch (bnw), elek·tri·sche
elek·tri·se·ren (ww), elek·tri·seer, elek·tri·seert; elek·tri·seer·de, elek·tri·seer·den; geëlektriseerd [ge·elek·tri·seerd]
elek·tro *(elektronica)*
elek·tro·akoes·tisch (bnw), elek·tro·akoes·ti·sche
de **elek·tro·ana·ly·se** (v), elek·tro·ana·ly·sen, elek·tro·ana·ly·ses
het **elek·tro·car·dio·gram**, elek·tro·car·dio·gram·men
de **elek·tro·che·mie** (v)
elek·tro·cu·te·ren (ww), elek·tro·cu·teer, elek·tro·cu·teert; elek·tro·cu·teer·de, elek·tro·cu·teer·den; geëlektrocuteerd [ge·elek·tro·cu·teerd]
de **elek·tro·cu·tie** (v), elek·tro·cu·ties
de **elek·tro·de** (v), elek·tro·den, elek·tro·des
elek·tro·dy·na·misch (bnw), elek·tro·dy·na·mi·sche
de **elek·tro·fo·re·se** (v)
de **elek·tro·ly·se** (v), elek·tro·ly·ses
de **elek·tro·lyt** (m), elek·tro·ly·ten
elek·tro·ly·tisch (bnw), elek·tro·ly·ti·sche
de **elek·tro·mag·neet** (m), elek·tro·mag·ne·ten; elek·tro·mag·neet·je
elek·tro·mag·ne·tisch (bnw), elek·tro·mag·ne·ti·sche
de **elek·tro·me·ca·ni·cien** (m), elek·tro·me·ca·ni·ciens
de **elek·tro·me·cha·ni·ca** (v)
elek·tro·me·cha·nisch (bnw), elek·tro·me·cha·ni·sche
de **elek·tro·mon·teur** (m), elek·tro·mon·teurs
de **elek·tro·mo·tor** (m), elek·tro·mo·to·ren, elek·tro·mo·tors
het **elek·tron**, elek·tro·nen
de **elek·tro·nen·buis**, elek·tro·nen·bui·zen
de **elek·tro·nen·mi·cro·scoop** (m), elek·tro·nen·mi·cro·sco·pen
de **elek·tro·ni·ca** (v)
de **elek·tro·ni·ca-in·dus·trie** (v), elektronica-industrieën [elek·tro·ni·ca-in·dus·trie·en]
de **elek·tro·ni·ca·win·kel** (m), elek·tro·ni·ca·win·kels; elek·tro·ni·ca·win·kel·tje
de **elek·tro·ni·ca·zaak**, elek·tro·ni·ca·za·ken
de **elek·tro·ni·cus** (m), elek·tro·ni·ci
elek·tro·nisch (bnw), elek·tro·ni·sche
de **elek·tro·shock** (m), elek·tro·shocks; elek·tro·shock·je
de **elek·tro·tech·ni·cus** (m), elek·tro·tech·ni·ci
de **elek·tro·tech·niek** (v), elek·tro·tech·nie·ken

elek·tro·tech·nisch (bnw), elek·tro·tech·ni·sche
de **elek·tro·win·kel** (m), elek·tro·win·kels; elek·tro·win·kel·tje
de **elek·tro·zaak**, elek·tro·za·ken
het **ele·ment**, ele·men·ten; ele·ment·je
ele·men·tair (bnw), ele·men·tai·re
de **ele·va·tor** (m), ele·va·to·ren, ele·va·tors
de **elf**[1] *(teken, bv. XI)*, el·ven; elf·je
de **elf**[2] *(geest)*, el·fen; elf·je
elf[3] (telw)
het **elf·de**[1], elf·den
elf·de[2] (telw)
de **elf·de-eeu·wer** (m), elf·de-eeu·wers
elf·de-eeuws (bnw), elf·de-eeuw·se
elf·der: te elfder ure
elf·en·der·tigst: op zijn elfendertigst
elf en een half (telw)
elf·en·half (telw)
de **elf·ju·li·vie·ring** (v), elf·ju·li·vie·rin·gen
elf·maal (bijw)
de **Elf·ste·den·koorts**
de **Elf·ste·den·stad**, Elf·ste·den·ste·den
Elf·ste·den·tocht, Elf·ste·den·toch·ten
de **elft** (m), elf·ten
het **elf·tal**, elf·tal·len
elf twaalf·de (telw)
de **eli·mi·na·tie** (v), eli·mi·na·ties
eli·mi·ne·ren (ww), eli·mi·neer, eli·mi·neert; eli·mi·neer·de, eli·mi·neer·den; geëlimineerd [ge·eli·mi·neerd]
de **eli·sie** (v), eli·sies
eli·tair (bnw), eli·tai·re
het **eli·ta·ris·me**
de **eli·te**, eli·tes
het **eli·tis·me**
het **elixer**, elixers
het **elixir**, elixirs
eli·za·be·thaans (bnw), eli·za·be·thaan·se
elk (onbep vnw)
el·kaar (wederkerig vnw)
el·kan·der (wederkerig vnw)
el·ke (onbep vnw)
elk·een (onbep vnw)
de **el·le·boog** (m), el·le·bo·gen; el·le·boog·je
de **el·len·de**, el·len·den, el·len·des
de **el·len·de·ling** (m), el·len·de·lin·gen
el·len·dig (bnw), el·len·di·ge
el·len·lang (bnw), el·len·lan·ge
de **el·le·pijp**, el·le·pij·pen; el·le·pijp·je
de **el·lips**, el·lip·sen; el·lips·je
el·lip·tisch (bnw), el·lip·ti·sche
elo *(elorating)*, elootje [elo·tje]
het **e-lo·ket**, e-lo·ket·ten
elo·quent (bnw), elo·quen·te
de **el·pee** (m), el·pees; el·pee·tje
el·pen (bnw)
de **els**[1] (m) *(boom)*, el·zen; els·je
de **els**[2] *(priem)*, el·zen; els·je
de **el·star** (m), el·stars
ely·sisch (bnw) *(gelukzalig)*, ely·si·sche
Ely·sisch (bnw) *(m.b.t. Elysium)*, Ely·si·sche
el·zen (bnw)
het **email** *(glazuur)*
de **e-mail** (m), e-mails; e-mail·tje
de/het **e-mail·ac·count** (m/o), e-mail·ac·counts
het **e-mail·adres**, e-mail·adres·sen
het **e-mail·be·richt**,

e-mail·be·rich·ten; e-mail·be·richt·je

het **e-mail·con·tact**, e-mail·con·tac·ten

e-mai·len (ww), e-mail, e-mailt; e-mail·de, e-mail·den; ge-e-maild

de **e-mai·ling**, e-mai·lings

email·len (bnw) *(met glazuur bedekt)*

email·le·ren (ww), email·leer, email·leert; email·leer·de, email·leer·den; geëmailleerd [ge·email·leerd]

de **e-mail·mar·ke·ting**

het **e-mail·ver·keer**

de **ema·na·tie** (v), ema·na·ties

de **eman·ci·pa·tie** (v), eman·ci·pa·ties

het **eman·ci·pa·tie·be·leid**

de **eman·ci·pa·tie·golf**, eman·ci·pa·tie·gol·ven; eman·ci·pa·tie·golf·je

eman·ci·pa·to·risch (bnw), eman·ci·pa·to·ri·sche

eman·ci·pe·ren (ww), eman·ci·peer, eman·ci·peert; eman·ci·peer·de, eman·ci·peer·den; geëmancipeerd [ge·eman·ci·peerd]

de **em·bal·la·ge** (v), em·bal·la·ges

het **em·bar·go**, em·bar·go's

em·bar·ke·ren (ww), em·bar·keer, em·bar·keert; em·bar·keer·de, em·bar·keer·den; geëmbarkeerd [ge·em·bar·keerd]

em·bed·ded (bnw)

em·bed·den (ww), em·bed, em·bedt; em·bed·de, em·bed·den; geëmbed [ge·em·bed]

het **em·bleem**, em·ble·men; em·bleem·pje

em·ble·ma·tisch (bnw), em·ble·ma·ti·sche

de **em·bo·lie** (v), embolieën [em·bo·lie·en]

de/het **em·bon·point** (m/o), em·bon·points

het **em·bryo**, em·bry·o's; embryootje [em·bryo·tje]

em·bry·o·naal (bnw), em·bry·o·na·le

het **eme·rald**

emer·gent (bnw), emer·gen·te

het **eme·ri·taat**, eme·ri·ta·ten

de **eme·ri·tus**[1] (m), eme·ri·ti

eme·ri·tus[2] (bnw)

eme·ri·tus hoog·le·raar

de **em·fa·se** (v)

em·fa·tisch (bnw), em·fa·ti·sche

het **em·fy·seem**, em·fy·se·men

de **emi·grant** (m), emi·gran·ten; emi·grant·je

de **emi·gra·tie** (v), emi·gra·ties

emi·gre·ren (ww), emi·greer, emi·greert; emi·greer·de, emi·greer·den; geëmigreerd [ge·emi·greerd]

de **émi·nen·ce gri·se** (v), émi·nen·ce gri·ses, émi·nen·ces gri·ses

emi·nent (bnw), emi·nen·te

de **emi·nen·tie** (v), emi·nen·ties

de **emir** (m), emirs

het **emi·raat**, emi·ra·ten; emi·raat·je

de **emis·sie** (v), emis·sies

de **emit·tent** (m), emit·ten·ten

emit·te·ren (ww), emit·teer, emit·teert; emit·teer·de, emit·teer·den; geëmitteerd [ge·emit·teerd]

de **em·men·ta·ler** (m), em·men·ta·lers

de **em·mer** (m), em·mers; em·mer·tje

em·me·ren (ww), em·mer, em·mert; em·mer·de, em·mer·den; geëmmerd

E

[ge·em·merd]
em·mes (bnw), em·me·se
de **emo**, emo's
de **emoe** (m), emoes
de **emo·lu·men·ten** (mv)
het **emo·ti·con**, emo·ti·cons
de **emo·tie** (v), emo·ties; emo·tie·tje
emo·tief (bnw), emo·tie·ve
de **emo·ti·o·na·li·teit** (v), emo·ti·o·na·li·tei·ten
emo·ti·o·neel (bnw), emo·ti·o·ne·le
emo·ti·o·ne·ren (ww), emo·ti·o·neer, emo·ti·o·neert; emo·ti·o·neer·de, emo·ti·o·neer·den; geëmotioneerd [ge·emo·ti·o·neerd]
emp *(elektromagnetische puls)*, emp's
de **em·pa·ná**, em·pa·ná's
de **em·pa·thie** (v)
em·pa·thisch (bnw), em·pa·thi·sche
het **em·pi·re**
de **em·pi·re·stijl** (m), em·pi·re·stij·len
de **em·pi·rie** (v)
em·pi·risch (bnw), em·pi·ri·sche
het **em·pla·ce·ment**, em·pla·ce·men·ten
het **em·plooi**, em·plooi·en; em·plooi·tje
de **em·ployé** (m), em·ploy·és; employeetje [em·ployé·tje]
de **em·ploy·ee** (v), em·ploy·ees; em·ploy·ee·tje
em·po·we·ren (ww), em·po·wer, em·po·wert; em·po·wer·de, em·po·wer·den; geëmpowerd [ge·em·po·werd]
de **em·po·wer·ment** (m)
EMS *(enhanced messaging service)*
de **emu·la·tie** (v), emu·la·ties
emu·le·ren (ww), emu·leer, emu·leert; emu·leer·de, emu·leer·den; geëmuleerd [ge·emu·leerd]
de **emul·ga·tor** (m), emul·ga·to·ren, emul·ga·tors
de **emul·sie** (v), emul·sies
en (voegw)
en bloc
en·ca·nail·le·ren (ww), en·ca·nail·leer, en·ca·nail·leert; en·ca·nail·leer·de, en·ca·nail·leer·den; geëncanailleerd [ge·en·ca·nail·leerd]
de **en·ce·fa·li·tis** (v)
de **en·chi·la·da** (m), en·chi·la·da's
de **en·cla·ve**, en·cla·ves; en·claaf·je, en·cla·ve·tje
en·co·de·ren (ww), en·co·deer, en·co·deert; en·co·deer·de, en·co·deer·den; geëncodeerd [ge·en·co·deerd]
en·cryp·te·ren (ww), en·cryp·teer, en·cryp·teert; en·cryp·teer·de, en·cryp·teer·den; geëncrypteerd [ge·en·cryp·teerd]
de **en·cryp·tie** (v), en·cryp·ties
de **en·cy·cliek** (v), en·cy·clie·ken
de **en·cy·clo·pe·die** (v), encyclopedieën [en·cy·clo·pe·die·en]; en·cy·clo·pe·die·tje
het **end**, en·den; end·je
de **en·del·darm** (m), en·del·dar·men
en·de·misch (bnw), en·de·mi·sche
en dé·tail (bijw)
End·lö·sung
de **en·do·pa·ra·siet** (m), en·do·pa·ra·sie·ten
de **en·dor·fi·ne**
de **en·do·sco·pie** (v), endoscopieën

[en·do·sco·pie·en]
en·dos·se·ren (ww), en·dos·seer, en·dos·seert; en·dos·seer·de, en·dos·seer·den; geëndosseerd [ge·en·dos·seerd]
enen·ma·le: ten enenmale
het **en-en·ver·haal**, en-en·ver·ha·len
ener·ge·tisch (bnw), ener·ge·ti·sche
de **ener·gie** (v), energieën [ener·gie·en]
de **ener·gie·au·dit** (m), ener·gie·au·dits
het **ener·gie·be·drijf**, ener·gie·be·drij·ven; ener·gie·be·drijf·je
de **ener·gie·be·hoef·te** (v), ener·gie·be·hoef·ten, ener·gie·be·hoef·tes
het **ener·gie·be·leid**
ener·gie·be·wust (bnw), ener·gie·be·wus·te
de **ener·gie·bron**, ener·gie·bron·nen
de **ener·gie·cen·tra·le**, ener·gie·cen·tra·les
de **ener·gie·cri·sis** (v), ener·gie·cri·ses, ener·gie·cri·sis·sen
de **ener·gie·drank** (m), ener·gie·dran·ken; ener·gie·drank·je
de **ener·gie-ef·fi·ci·en·cy** (v)
energie-efficiënt [ener·gie-ef·fi·ci·ent] (bnw), energie-efficiënte [ener·gie-ef·fi·ci·en·te]
het **ener·gie·ge·bruik**
de **ener·gie-in·na·me**, ener·gie-in·na·men, ener·gie-in·na·mes
ener·gie-in·ten·sief (bnw), ener·gie-in·ten·sie·ve
ener·giek (bnw), ener·gie·ke
de **ener·gie·markt**, ener·gie·mark·ten
ener·gie·neu·traal (bnw), ener·gie·neu·tra·le
het **ener·gie·ni·veau**, ener·gie·ni·veaus
de **ener·gie·no·ta**, ener·gie·no·ta's
de **ener·gie·op·wek·king** (v), ener·gie·op·wek·kin·gen
de **ener·gie·stof·wis·se·ling** (v), ener·gie·stof·wis·se·lin·gen
de **ener·gie·tech·niek** (v), ener·gie·tech·nie·ken
het **ener·gie·ver·bruik**
de **ener·gie·voor·raad** (m), ener·gie·voor·ra·den; ener·gie·voor·raad·je
de **ener·gie·voor·zie·ning** (v), ener·gie·voor·zie·nin·gen
ener·gie·vre·tend (bnw), ener·gie·vre·ten·de
ener·gie·zui·nig (bnw), ener·gie·zui·ni·ge
de **ener·gy·drank** (m), ener·gy·dran·ken
de **ener·gy·drink** (m), ener·gy·drinks
ener·lei (onbep vnw)
ener·ve·ren (ww), ener·veer, ener·veert; ener·veer·de, ener·veer·den; geënerveerd [ge·ener·veerd]
ener·ve·rend (bnw), ener·ve·ren·de
ener·zijds (bijw)
en fa·ce (bijw)
het **en·fant ter·ri·ble**, en·fants ter·ri·bles, en·fant ter·ri·bles
en·fin[1] (bijw)
en·fin[2] (tussenw)
eng (bnw), en·ge
het **en·ga·ge·ment**, en·ga·ge·men·ten
en·ga·ge·ren (ww), en·ga·geer, en·ga·geert; en·ga·geer·de, en·ga·geer·den; geëngageerd

[ge·en·ga·geerd]
de **en·gel** (m), en·ge·len; en·gel·tje
het **en·ge·len·ge·duld**
het **en·ge·len·haar**
het **en·ge·len·koor**, en·ge·len·ko·ren; en·ge·len·koor·tje
het **En·gels**[1] *(taal)*
En·gels[2] (bnw), En·gel·se
en·gel·se·bol
de **En·gel·sen** (mv)
de **En·gels·man** (m), En·gels·man·nen; En·gels·man·ne·tje
En·gels·spre·kend (bnw), En·gels·spre·ken·de
En·gels·ta·lig (bnw), En·gels·ta·li·ge
de **en·gerd** (m), en·gerds; en·gerd·je
de **en·gi·nee·ring**
en gros (bijw)
de **eng·te** (v), eng·ten, eng·tes
enig[1] (bnw), eni·ge
enig[2] (onbep vnw)
eni·ge (onbep vnw)
eni·gen (onbep vnw)
eni·ger (onbep vnw)
eni·ger·lei (onbep vnw)
eni·ger·ma·te (bijw)
het **enig·ma**, enig·ma's, enig·ma·ta
enig·ma·tisch (bnw), enig·ma·ti·sche
enigst (bnw), enig·ste
enigs·zins (bijw)
het **en·jam·be·ment**, en·jam·be·men·ten
de **enk** (m), en·ken
de **en·kel**[1] (m), en·kels; en·kel·tje
en·kel[2] (bnw), en·ke·le
en·kel[3] (onbep vnw)
de **en·kel·bles·su·re** (v), en·kel·bles·su·ren, en·kel·bles·su·res
en·ke·le (onbep vnw)
en·ke·len (onbep vnw)
het **en·kel·glas**
de **en·ke·ling** (m), en·ke·lin·gen
en·kel·lang (bnw), en·kel·lan·ge
het **en·kel·voud**, en·kel·vou·den
en·kel·vou·dig (bnw), en·kel·vou·di·ge
en mas·se (bijw)
en·ne (voegw)
het **en·nea·gram**, en·nea·gram·men
het **en·nui**
enorm (bnw), enor·me
en pas·sant (bijw)
en plein pu·blic (bijw)
en pro·fil (bijw)
de **en·quê·te**, en·quê·tes
het **en·quê·te·bu·reau**, en·quê·te·bu·reaus
het **en·quê·te·for·mu·lier**, en·quê·te·for·mu·lie·ren; en·quê·te·for·mu·lier·tje
het **en·quê·te·on·der·zoek**, en·quê·te·on·der·zoe·ken
en·quê·te·ren (ww), en·quê·teer, en·quê·teert; en·quê·teer·de, en·quê·teer·den; geënquêteerd [ge·en·quê·teerd]
de **en·quê·te·ring** (v), en·quê·te·rin·gen
de **en·quê·teur** (m), en·quê·teurs
de **en·quê·tri·ce** (v), en·quê·tri·ces
en·sce·ne·ren (ww), en·sce·neer, en·sce·neert; en·sce·neer·de, en·sce·neer·den; geënsceneerd [ge·en·sce·neerd]
de **en·sce·ne·ring** (v), en·sce·ne·rin·gen
het **en·sem·ble**, en·sem·bles; en·sem·ble·tje
en sui·te (bnw)
de **ent**, en·ten; ent·je
en·ta·me·ren (ww), en·ta·meer, en·ta·meert; en·ta·meer·de,

en·ta·meer·den; geëntameerd [ge·en·ta·meerd]
en·ten (ww), ent, ent; ent·te, ent·ten; geënt [ge·ent]
de **en·ten·te** (v) *(vriendschappelijke verstandhouding)*, en·ten·tes
de **en·ter** (m), en·ters; en·ter·tje
en·te·ren (ww), en·ter, en·tert; en·ter·de, en·ter·den; geënterd [ge·en·terd]
en·ter·tai·nen (ww), en·ter·tain, en·ter·taint; en·ter·tain·de, en·ter·tain·den; geëntertaind [ge·en·ter·taind]
de **en·ter·tai·ner** (m), en·ter·tai·ners; en·ter·tai·ner·tje
het **en·ter·tain·ment**
de **en·ter·toets** (m), en·ter·toet·sen
het **en·thou·si·as·me**
en·thou·si·as·me·ren (ww), en·thou·si·as·meer, en·thou·si·as·meert; en·thou·si·as·meer·de, en·thou·si·as·meer·den; geënthousiasmeerd [ge·en·thou·si·as·meerd]
de **en·thou·si·ast**[1] (m), en·thou·si·as·ten
en·thou·si·ast[2] (bnw), en·thou·si·as·te
de **en·thou·si·as·te·ling** (m), en·thou·si·as·te·lin·gen
de **en·ting** (v), en·tin·gen
de **en·ti·teit** (v), en·ti·tei·ten; en·ti·teit·je
de **en·tou·ra·ge** (v), en·tou·ra·ges
de **en·tre·co·te**, en·tre·co·tes; en·tre·co·te·je
de **en·tree** (v), en·trees; en·tree·tje
het **en·tree·be·wijs**, en·tree·be·wij·zen
het **en·tree·geld**, en·tree·gel·den
de **en·tree·hal**, en·tree·hal·len; en·tree·hal·le·tje
het **en·tre·pot**, en·tre·pots
de **en·tre·pre·neur** (m), en·tre·pre·neurs
de **en·tre·sol** (m), en·tre·sols
de **en·tro·pie** (v)
het **E-num·mer**, E-num·mers
de **en·ve·lop**, en·ve·lop·pen; en·ve·lop·je
de **en·ve·lop·pe**, en·ve·lop·pen; en·ve·lop·pe·tje
de **en·ve·lop·pen·fi·nan·cie·ring** (v), en·ve·lop·pen·fi·nan·cie·rin·gen
en·ve·lop·pe·ren (ww), en·ve·lop·peer, en·ve·lop·peert; en·ve·lop·peer·de, en·ve·lop·peer·den; geënveloppeerd [ge·en·ve·lop·peerd]
het **en·vi·ron·ment**, en·vi·ron·ments
en zo (tussenw)
en·zo·voort (bijw)
en·zo·voorts (bijw)
het **en·zym**, en·zy·men
e.o. *(en omgeving)*
het **eo·ceen**[1]
eo·ceen[2] (bnw), eo·ce·ne
de/het **eon** (m/o), eo·nen
epa·te·ren (ww), epa·teer, epa·teert; epa·teer·de, epa·teer·den; geëpateerd [ge·epa·teerd]
de **epau·let**, epau·let·ten; epau·let·je
epd *(elektronisch patiëntendossier)*, epd's
epi *(episiotomie)*, epi's
epi·bre·ren (ww), epi·breer, epi·breert; epi·breer·de, epi·breer·den; geëpibreerd [ge·epi·breerd]
het **epi·cen·trum**, epi·cen·tra, epi·cen·trums
het **epi·cu·ris·me**

de **epi·cu·rist** (m), epi·cu·ris·ten
de **epi·de·mie** (v), epidemieën [epi·de·mie·en]; epi·de·mie·tje
de **epi·de·mio·lo·gie** (v)
de **epi·de·mio·loog** (m), epi·de·mio·lo·gen
epi·de·misch (bnw), epi·de·mi·sche
de **epi·der·mis**, epi·der·mis·sen
de **epiek** (v)
de **epi·fa·nie** (v), epifanieën [epi·fa·nie·en]
de **epi·la·tie** (v), epi·la·ties
de **epi·la·tor** (m), epi·la·to·ren, epi·la·tors
de **epi·lep·sie** (v)
de **epi·lep·sie·aan·val** (m), epi·lep·sie·aan·val·len
epi·lep·tisch (bnw), epi·lep·ti·sche
epi·le·ren (ww), epi·leer, epi·leert; epi·leer·de, epi·leer·den; geëpileerd [ge·epi·leerd]
de **epi·loog** (m), epi·lo·gen; epi·loog·je
episch (bnw), epi·sche
de **epi·so·de** (v), epi·so·den, epi·so·des; epi·so·de·tje
de/het **epis·tel** (m/o), epis·tels; epis·tel·tje
de **epis·te·mo·lo·gie** (v)
de/het **epi·taaf** (m/o), epi·ta·fen; epi·taaf·je
het **epi·theel**
het **epi·the·ton**, epi·the·ta
epo *(erytropoëtine)*
de **epo·che** (v), epo·chen
het **epo·niem**, epo·nie·men
de **epo·que**, epo·ques
het **epos**, epen, epos·sen; epos·je
de **e-post**
de/het **epoxy** (m/o)
de/het **epoxy·hars** (m/o), epoxy·har·sen
de **equa·li·zer** (m), equa·li·zers
de **equa·tie** (v), equa·ties
de **equa·tor** (m), equa·to·ren, equa·tors
equi·noc·ti·aal (bnw), equi·noc·ti·a·le
de **equi·nox** (m), equi·noxen
de **equi·pa·ge** (v), equi·pa·ges
de **equi·pe**, equi·pes
het **equi·pe·ment**, equi·pe·men·ten
equi·pe·ren (ww), equi·peer, equi·peert; equi·peer·de, equi·peer·den; geëquipeerd [ge·equi·peerd]
de **equip·ment** (m), equip·ments
het **equi·va·lent**[1], equi·va·len·ten; equi·va·lent·je
equi·va·lent[2] (bnw), equi·va·len·te
de **equi·va·len·tie** (v), equi·va·len·ties
er (bijw)
de **era**, era's
er·aan[1] (bijw)
er·aan[2]: met alles erop en eraan
er·aan be·gin·nen
er·aan den·ken
er·aan gaan
er·aan ge·ven
er·aan ko·men
er·aan ko·men fiet·sen
er·aan moe·ten ge·lo·ven
er·aan on·der·door gaan
er·aan toe·gaan
er·aan toe·ko·men
er·aan toe zijn
er·aan twij·fe·len
er·aan vast·zitten
er·aan zijn voor de moei·te
er·ach·ter (bijw)
er·ach·ter·aan (bijw)
er·ach·ter ko·men
er·ach·ter staan

er·af (bijw)
er·af ko·men met
er·af kun·nen
er·af zijn
Eras·mus·prijs
de **Eras·mus·stu·dent** (m), Eras·mus·stu·den·ten
er·bar·me·lijk (bnw), er·bar·me·lij·ke
het **er·bar·men**[1]
er·bar·men[2] (ww), er·barm, er·barmt; er·barm·de, er·barm·den; er·barmd
er be·kaaid van af·ko·men
er·bij (bijw)
er·bij doen
er·bij han·gen
er·bij ho·ren
er·bij ko·men
er·bij kun·nen
er·bij lap·pen
er·bij lig·gen
er·bij lo·pen
er·bij neer·val·len
er·bij ne·men
er·bij pak·ken
er·bij sle·pen
er·bij staan
er·bij stil·staan
er·bij voe·gen
er·bij zet·ten
er·bij zijn
er·bij zit·ten
er·bin·nen (bijw)
er·bo·ven (bijw)
er·bo·ven·op (bijw)
er·bo·ven·op ko·men
er·bo·ven·op zijn
er·bo·ven uit·ste·ken
er·bui·ten (bijw)
er·door (bijw)
er·door druk·ken
er·door·heen (bijw)
er·door·heen ja·gen
er·door·heen kij·ken
er·door·heen ko·men
er·door·heen krij·gen
er·door ja·gen
er·door ko·men
er·door krij·gen
er·door zijn
er·door zit·ten
er dui·men·dik bo·ven·op lig·gen
de **ere**[1]
ere[2]: te mijner ere
ere[3]: ter ere van
de **e-rea·der** (m), e-rea·ders
de **ere·ad·vo·caat** (m), ere·ad·vo·ca·ten
het **ere·ambt**, ere·amb·ten
de **ere·bur·ge·mees·ter** (m), ere·bur·ge·mees·ters
de **ere·bur·ger** (m), ere·bur·gers
de **ere·con·sul** (m), ere·con·suls
de **erec·tie** (v), erec·ties
de **ere·di·rec·teur** (m), ere·di·rec·teu·ren, ere·di·rec·teurs
de **ere·di·vi·sie** (v), ere·di·vi·sies
de **ere·doc·tor** (m), ere·doc·to·ren, ere·doc·tors
de **ere·gou·ver·neur** (m), ere·gou·ver·neurs
het **ere·lid**, ere·le·den
het **ere·loon**, ere·lo·nen
de **ere·me·dail·le**, ere·me·dail·les
eren (ww), eer, eert; eer·de, eer·den; geëerd [ge·eerd]
de **ere·no·ta·ris** (m), ere·no·ta·ris·sen
de **ere·or·de**, ere·or·den, ere·or·des
de **ere·sche·pen** (m), ere·sche·pe·nen
de **ere·se·cre·ta·ris** (m), ere·se·cre·ta·ris·sen
het **ere·te·ken**, ere·te·ke·nen, ere·te·kens
de **ere·ti·tel** (m), ere·ti·tels;

ere·ti·tel·tje
de **ere·tri·bu·ne**, ere·tri·bu·nes
de **ere·voor·zit·ter** (m), ere·voor·zit·ters
het **erf**, er·ven; erf·je
de **erf·af·schei·ding** (v), erf·af·schei·din·gen
de **erf·be·wo·ner** (m), erf·be·wo·ners
de **erf·dienst·baar·heid** (v), erf·dienst·baar·he·den
er·fe·lijk (bnw), er·fe·lij·ke
de **er·fe·lijk·heid** (v), er·fe·lijk·he·den
de/het **er·fe·lijk·heids·mo·le·cu·le**, er·fe·lijk·heids·mo·le·cu·len, er·fe·lijk·heids·mo·le·cu·les
de/het **er·fe·lijk·heids·mo·le·cuul**, er·fe·lijk·heids·mo·le·cu·len
de **er·fe·nis** (v), er·fe·nis·sen; er·fe·nis·je
de **erf·ge·naam** (m), erf·ge·na·men; erf·ge·naam·pje
de **erf·ge·na·me** (v), erf·ge·na·mes
het **erf·goed**, erf·goe·de·ren; erf·goed·je
de **erf·grens**, erf·gren·zen
de **erf·kraan**, erf·kra·nen
de **erf·la·ter** (m), erf·la·ters
de **erf·pacht**, erf·pach·ten
de **erf·pacht·ca·non** (m), erf·pacht·ca·nons
de **erf·wo·ning** (v), erf·wo·nin·gen
het **erg**[1]
erg[2] (bnw), er·ge
er·gens (bijw)
er·ge·ren (ww), er·ger, er·gert; er·ger·de, er·ger·den; geërgerd [ge·er·gerd]
er·ger·lijk (bnw), er·ger·lij·ke
de **er·ger·nis** (v), er·ger·nis·sen; er·ger·nis·je
er·go (bijw)
het **er·gon**, er·go·nen
de **er·go·no·mie** (v)
er·go·no·misch (bnw), er·go·no·mi·sche
de **er·go·the·ra·peut** (m), er·go·the·ra·peu·ten
de **er·go·the·ra·pie** (v), ergotherapieën [er·go·the·ra·pie·en]
er·heen (bijw)
er·heen bren·gen
er·heen gaan
er·heen lei·den
er·heen rij·den
er helpt geen lie·ve·moe·de·ren aan
de **eri·ca** *(heide)*, eri·ca's
er·in (bijw)
er·in be·staan
er·in blij·ven
er·in doen
er·in dui·ken
er·in gaan
er·in ge·lo·ven
er·in ha·me·ren
er·in ja·gen
er·in klet·sen
er·in klim·men
er·in krui·pen
er·in lig·gen
er·in lo·pen
er·in lui·zen
er·in pom·pen
er·in ren·nen
er·in sla·gen
er·in slin·ge·ren
er·in staan
er·in ste·ken
er·in trap·pen
er·in tui·nen
er·in vlie·gen
er·in vluch·ten
er·in zet·ten
er·in zijn

er·in zit·ten
er is geen peil op te trek·ken
er is spra·ke van
er·kend (bnw), er·ken·de
er·ken·nen (ww), er·ken, er·kent; er·ken·de, er·ken·den; er·kend
de **er·ken·ning** (v), er·ken·nin·gen
er·ken·te·lijk (bnw), er·ken·te·lij·ke
de **er·ken·te·lijk·heid** (v)
de **er·ken·te·nis** (v), er·ken·te·nis·sen
de **er·ker** (m), er·kers; er·ker·tje
er·langs (bijw)
de **er·len·mey·er** (m), er·len·mey·ers
er·mee (bijw)
er·mee door kun·nen
er·mee in·stem·men
er·na (bijw)
er·naar (bijw)
er·naar kij·ken
ernaar stre·ven
er·naar·toe (bijw)
er·naar·toe bren·gen
ernaartoe gaan
er·naar·toe ko·men
er·naar·toe krui·pen
er·naar toe·le·ven
er·naar uit·kij·ken
er·naar uit·zien
er·naast (bijw)
er·naast grij·pen
er·naast zijn
er·naast zit·ten
de **ernst** (m)
ern·stig (bnw), ern·sti·ge
ero·de·ren (ww), ero·deer, ero·deert; ero·deer·de, ero·deer·den; geërodeerd [ge·ero·deerd]
er·om (bijw)
er·om·heen (bijw)
er·om·heen draai·en
er·om·heen lo·pen
er·om ko·men
er·om span·nen
er·om strij·den
er·on·der (bijw)
er·on·der·door (bijw)
er·on·der·door gaan
er·on·der·door krui·pen
er·on·der heb·ben
er·on·der hou·den
er·on·der lij·den
er·on·der·uit (bijw)
er·on·der·uit ko·men
er·on·der·uit kun·nen
er·on·der val·len
er·op[1] (bijw)
er·op[2]: met alles erop en eraan
er·op aan·drin·gen
er·op aan·ko·men
er·op aan kun·nen
er·op ach·ter·uit·gaan
er·op·af (tussenw) *(vooruit!)*
er·op af·gaan
er·op af·ko·men
er·op·af vlie·gen
er·op en er·over
er·op in·gaan
er·op ko·men
er·op let·ten
er·op lij·ken
er·op los drin·ken
er·op los·gaan
er·op los le·ven
er·op los schie·ten
er·op los slaan
er·op·na hou·den
er·op na·kij·ken
er·op na·slaan
er·op neer·ko·men
er·op of er·on·der
er·op re·ke·nen
er·op staan
er·op stui·ten
er·op te·rug·ko·men

er·op toe·zien
er·op·uit (bijw)
er·op·uit gaan
er·op·uit stu·ren
er·op·uit trek·ken
er·op·uit zijn *(op stap zijn)*
er·op uit zijn *(als doel hebben)*
er·op ver·trou·wen
er·op·vol·gend (bnw), er·op·vol·gen·de
er·op voor·uit·gaan
er·op wil·len
er·op zit·ten
de **eros** (m) *(liefdeskracht)*
Eros *(god)*
de **ero·sie** (v), ero·sies
de **ero·tiek** (v)
ero·tisch (bnw), ero·ti·sche
er·over (bijw)
er·over·heen (bijw)
er·over·heen gaan
er·over·heen le·zen
er·over·heen stap·pen
er·over·heen zet·ten
er·over in·zit·ten
er·over na·den·ken
er·over val·len
ERP *(enterprise resource planning)*, ERP's
de **er·ra·ta·lijst**, er·ra·ta·lijs·ten; er·ra·ta·lijst·je
het **er·ra·tum**, er·ra·ta
er recht op heb·ben
er·rond (bijw)
de **er·ror** (m), er·rors
de **er·satz** (m)
er·te·gen[1] (bijw)
er·te·gen[2]: ertegen opzien
er·te·gen·aan (bijw)
er·te·gen·aan bot·sen
er·te·gen·aan gaan
er·te·gen·aan gooi·en
er·te·gen aan·kij·ken
er·te·gen·aan lo·pen *(betrapt worden)*
er·te·gen aan·lo·pen *(aantreffen; ertegen botsen)*
er·te·gen in·bren·gen
er·te·gen in·gaan
er·te·gen·op (bijw)
er·te·gen op·kij·ken
er·te·gen op·zien
er·te·gen·over (bijw)
er·toe (bijw)
er·toe aan·zet·ten
er·toe bij·dra·gen
er·toe doen
er·toe ko·men
er·toe lei·den
het **erts**, ert·sen
er·tus·sen (bijw)
er·tus·sen·door (bijw)
er·tus·sen heb·ben
er·tus·sen·in (bijw)
er·tus·sen ko·men
er·tus·sen ne·men
er·tus·sen·uit (bijw)
er·tus·sen·uit knij·pen
er·tus·sen·uit kun·nen
er·tus·sen·uit moe·ten
er·tus·sen·uit trek·ken
er·tus·sen·uit val·len
er·tus·sen·uit wil·len
er·tus·sen·uit zijn
eru·diet (bnw), eru·die·te
de **eru·di·tie** (v)
er·uit (bijw)
er·uit be·staan
er·uit flap·pen
er·uit gaan
er·uit ge·ra·ken
er·uit gooi·en
er·uit ha·len
er·uit ko·men
er·uit lich·ten
er·uit lig·gen

er·uit pik·ken
er·uit ra·ken
er·uit springen
er·uit stap·pen
er·uit stu·ren
er·uit trek·ken
er·uit val·len
er·uit vlie·gen
er·uit voort·ko·men
er·uit wer·ken
er·uit zet·ten
er·uit·zien (ww), zie er·uit, ziet er·uit; zag er·uit, za·gen er·uit; er·uit·ge·zien
er·uit zijn
er·van (bijw)
er·van·af (bijw)
er·van af·bren·gen
er·van af·han·gen
er·van af·ko·men
er·van·af kun·nen
er·van af·trek·ken
er·van af·we·ten
er·van af·zien
er·van af zijn
er·van·daan (bijw)
er·van·door (bijw)
er·van·door gaan
er·van·door ren·nen
er·van·door zijn
er·van ge·wag ma·ken
er·van ko·men
er·van langs ge·ven
er·van langs krij·gen
er·van op aan kun·nen
er·van over·tuigd zijn
er·van over·tui·gen
er·van·tus·sen (bijw)
er·van·tus·sen gaan
er·van uit·gaan
er·va·ren[1] (bnw)
er·va·ren[2] (ww), er·vaar, er·vaart; er·vaar·de, er·voer, er·vaar·den, er·voe·ren; er·va·ren
de **er·va·ring** (v), er·va·rin·gen; er·va·rin·kje
de **er·va·rings·des·kun·di·ge**, er·va·rings·des·kun·di·gen
de **er·va·rings·ken·nis** (v)
de **er·ve**, er·ven
de **er·ven**[1] (mv)
er·ven[2] (ww), erf, erft; erf·de, erf·den; geërfd [ge·erfd]
er·voor (bijw)
er·voor gaan
er·voor kie·zen
er·voor sla·gen
er·voor staan
er·voor uit·ko·men
er·voor zorg dra·gen
er·voor zor·gen
de **erwt**, erw·ten; erwt·je
de **erw·ten·soep**, erw·ten·soe·pen; erw·ten·soep·je
de **ery·tro·cyt** (m), ery·tro·cy·ten
de **es**[1] (m) *(boom, grond)*, es·sen; es·je
de **es**[2] *(muzieknoot)*, es·sen; es·je
de **es·ca·la·tie** (v), es·ca·la·ties
es·ca·le·ren (ww), es·ca·leer, es·ca·leert; es·ca·leer·de, es·ca·leer·den; geëscaleerd [ge·es·ca·leerd]
de **es·ca·lo·pe**, es·ca·lo·pes
de **es·ca·pa·de** (v), es·ca·pa·des; es·ca·pa·de·tje
de **es·cape** (m), es·capes
het **es·ca·pis·me**
de **es·car·got** (m), es·car·gots; es·car·got·je
de **es·cort**, es·corts; es·cort·je
het **es·cor·te**, es·cor·tes
es·cor·te·ren (ww), es·cor·teer, es·cor·teert; es·cor·teer·de, es·cor·teer·den; geëscorteerd [ge·es·cor·teerd]
de **es·cu·laap** (m), es·cu·la·pen

de **es·doorn** (m), es·doorns; es·doorn·tje
het **es·doorn·blad**, es·doorn·bla·den, es·doorn·bla·de·ren, es·doorn·bla·ren
de **e-shop** (m), e-shops
het **es·ka·der**, es·ka·ders; es·ka·der·tje
het **es·ka·dron**, es·ka·drons
de **Es·ki·mo** (m) *(persoon)*, Es·ki·mo's; Eskimootje [Es·ki·mo·tje]
de **Es·ki·mo·hut**, Es·ki·mo·hut·ten
de **eso·te·rie** (v)
eso·te·risch (bnw), eso·te·ri·sche
de **esp** (m), es·pen
de **es·pa·dril·le**, es·pa·dril·les
Es·pe·ran·to *(kunsttaal)*
de **es·pla·na·de** (v), es·pla·na·den, es·pla·na·des
de **es·pres·so** (m), es·pres·so's; espressootje [es·pres·so·tje]
het **es·pres·so·ap·pa·raat**, es·pres·so·ap·pa·ra·ten
de **es·prit** (m)
het **es·say**, es·says; es·say·tje
de **es·say·ist** (m), es·say·is·ten
de **es·sen·ce**, es·sen·cen, es·sen·ces
de **es·se·nen** (mv)
de **es·sen·ti·a·lia** (mv)
de **es·sen·tie** (v), es·sen·ties
es·sen·ti·eel (bnw), essentiële [es·sen·ti·e·le]
de **Est** (m), Es·ten
het **es·ta·blish·ment**, es·ta·blish·ment·je
de **es·ta·fet·te**, es·ta·fet·ten, es·ta·fet·tes
de **es·ta·fet·te·loop** (m), es·ta·fet·te·lo·pen
het **es·ta·mi·net**, es·ta·mi·nets
de **es·tate** (m), es·tates
de **es·ter** (m), es·ters
de **es·theet** (m), es·the·ten
de **es·the·ti·ca** (v)
de **es·the·tiek** (v)
es·the·tisch (bnw), es·the·ti·sche
de **es·ti·ma·tie** (v), es·ti·ma·ties
het **Es·tisch**[1] *(taal)*
Es·tisch[2] (bnw), Es·ti·sche
de **Est·lan·der** (m), Est·lan·ders
Est·lands (bnw), Est·land·se
de **es·trik** (m), es·tri·ken
het **Ests**[1] *(taal)*
Ests[2] (bnw), Est·se
het **es·tu·a·ri·um**, es·tu·a·ria, estuariën [es·tu·a·ri·en]
het **eta·blis·se·ment**, eta·blis·se·men·ten; eta·blis·se·ment·je
de **eta·ge** (v), eta·ges; eta·ge·tje
de **eta·gè·re**, eta·gè·res; eta·gè·re·tje
de **eta·ge·wo·ning** (v), eta·ge·wo·nin·gen
et al. *(et alii)*
de **eta·la·ge** (v), eta·la·ges
de **eta·la·ge·pop**, eta·la·ge·pop·pen
eta·le·ren (ww), eta·leer, eta·leert; eta·leer·de, eta·leer·den; geëtaleerd [ge·eta·leerd]
de **eta·leur** (m), eta·leurs
de **etap·pe**, etap·pen, etap·pes; etap·pe·tje
de **etap·pe·ze·ge**, etap·pe·ze·ges
etc. (bijw) *(et cetera)*
et ce·te·ra (bijw)
het **eten**[1], eten·tje
eten[2] (ww), eet, eet; at, aten; ge·ge·ten
eten[3]: uit eten
etend (bnw), eten·de
de **etens·bak** (m), etens·bak·ken; etens·bak·je
de **etens·waar**, etens·wa·ren
de **eter** (m) *(persoon)*, eters; eter·tje
het **eter·niet**
het **ethaan**
het **etha·nol**

de **etheen** (m)
de **ether** (m), ethers
ethe·risch (bnw), ethe·ri·sche
het **ether·net**
de **ether·net·kaart**, ether·net·kaar·ten
de **ethi·ca** (v), ethi·ca's
de **ethiek** (v), ethiek·je
Ethi·o·pisch (bnw), Ethio·pi·sche
ethisch (bnw), ethi·sche
het **ethos**
het **e-tic·ket**, e-tic·kets
het **eti·ket**, eti·ket·ten; eti·ket·je
eti·ket·te·ren (ww), eti·ket·teer, eti·ket·teert; eti·ket·teer·de, eti·ket·teer·den; geëtiketteerd [ge·eti·ket·teerd]
de **eti·ket·te·ring** (v), eti·ket·te·rin·gen
de **etio·lo·gie** (v)
de **eti·quet·te**
het **et·maal**, et·ma·len; et·maal·tje
de **et·ni·ci·teit** (v), et·ni·ci·tei·ten
de **et·nie** (v), etnieën [et·nie·en]
et·nisch (bnw), et·ni·sche
et·nisch-cul·tu·reel (bnw), et·nisch-cul·tu·re·le
de **et·no·gra·fie** (v), etnografieën [et·no·gra·fie·en]
de **et·no·loog** (m), et·no·lo·gen
eto *(eenvoudig technisch onderwijs)*
de **Etrusk** (m), Etrus·ken
Etrus·kisch (bnw), Etrus·ki·sche
de **ets**, et·sen; ets·je
et·sen (ww), ets, etst; ets·te, ets·ten; geëtst [ge·etst]
et·te·lij·ke (onbep vnw)
et·te·ren (ww), et·ter, et·tert; et·ter·de, et·ter·den; geëtterd [ge·et·terd]
de **etu·de** (v), etu·des
het **etui**, etuis; etui·tje
de **ety·mo·lo·gie** (v), etymologieën [ety·mo·lo·gie·en]
ety·mo·lo·gisch (bnw), ety·mo·lo·gi·sche
de **ety·mo·loog** (m), ety·mo·lo·gen
EU *(Europese Unie)*
de **eu·bio·tiek** (v)
de **eu·ca·lyp·tus** (m), eu·ca·lyp·tus·sen
de **eu·cha·ris·tie** (v), eucharistieën [eu·cha·ris·tie·en]
de **eu·cha·ris·tie·vie·ring** (v), eu·cha·ris·tie·vie·rin·gen
eu·cli·disch (bnw), eu·cli·di·sche
de **EU-com·mis·sa·ris** (m), EU-com·mis·sa·ris·sen
het **eu·fe·mis·me**, eu·fe·mis·men
eu·fe·mis·tisch (bnw), eu·fe·mis·ti·sche
de **eu·fo·nie** (v)
het **eu·fo·ni·um**, eu·fo·nia
de **eu·fo·rie** (v)
eu·fo·risch (bnw), eu·fo·ri·sche
de **eu·ka·ry·oot**[1] (m), eu·ka·ry·o·ten
eu·ka·ry·oot[2] (bnw), eu·ka·ry·o·te
het **EU-land**, EU-lan·den
de **EU-lid·staat** (m), EU-lid·sta·ten
de **eu·nuch** (m), eu·nu·chen
Eu·ra·zi·a·tisch (bnw), Eu·ra·zi·a·ti·sche
de **eu·re·gio**, eu·re·gi·o's
eu·re·gi·o·naal (bnw), eu·re·gi·o·na·le
eu·re·ka (tussenw)
de **eu·rit·mie** (v)
de **eu·ro**, eu·ro's; eurootje [eu·ro·tje]
de **eu·ro·amb·te·naar** (m), eu·ro·amb·te·naars, eu·ro·amb·te·na·ren
het **eu·ro·bil·jet**, eu·ro·bil·jet·ten
de **eu·ro·cent** (m), eu·ro·cen·ten; eu·ro·cent·je
eu·ro·cen·trisch (bnw), eu·ro·cen·tri·sche

de **eu·ro·cri·sis** (v), eu·ro·cri·ses, eu·ro·cri·sis·sen
de **eu·ro·fles**, eu·ro·fles·sen; eu·ro·fles·je
het **eu·ro·land**, eu·ro·lan·den; eu·ro·land·je
de **eu·ro·munt**, eu·ro·mun·ten; eu·ro·munt·je
Eu·ro·pa·cup, Eu·ro·pa·cups
de **Eu·ro·pa·cup·fi·na·le**, Eu·ro·pa·cup·fi·na·les
de **eu·ro·pal·let** (m), eu·ro·pal·lets, eu·ro·pal·let·ten
het **Eu·ro·par·le·ment**, Eu·ro·par·le·men·ten
de **Europarlementariër** [Eu·ro·par·le·men·ta·ri·er] (m), Europarlementariërs [Eu·ro·par·le·men·ta·ri·ers]
het **Eu·ro·par·le·ments·lid**, Eu·ro·par·le·ments·le·den
de **eu·ro·pas** (m), eu·ro·pas·sen
de **Eu·ro·pe·aan** (m), Eu·ro·pe·a·nen; Eu·ro·pe·aan·tje
de **eu·ro·pe·a·ni·se·ring** (v), eu·ro·pe·a·ni·se·rin·gen
de **Europeeër** [Eu·ro·pee·er] (m), Europeeërs [Eu·ro·pee·ers]
Eu·ro·pees (bnw), Eu·ro·pe·se
Eu·ro·pees Par·le·ment
het **Eu·ro·pees Par·le·ments·lid**, Eu·ro·pees Par·le·ments·le·den
Eu·ro·pe·se Com·mis·sie
de **eu·ro·scep·sis** (v)
het **eu·ro·te·ken**, eu·ro·te·kens; eu·ro·te·ken·tje
Eu·ro·vi·sie·song·fes·ti·val, Eu·ro·vi·sie·song·fes·ti·vals
de **eu·ro·zo·ne**, eu·ro·zo·nes
de **eus·ta·chi·us·buis**, eus·ta·chi·us·bui·zen
eu·tha·na·se·ren (ww), eu·tha·na·seer, eu·tha·na·seert; eu·tha·na·seer·de, eu·tha·na·seer·den; geëuthanaseerd [ge·eu·tha·na·seerd]
de **eu·tha·na·sie** (v)
de **eutrofiëring** [eu·tro·fi·e·ring] (v), eutrofiëringen [eu·tro·fi·e·rin·gen]
de **EU-uit·brei·ding** (v), EU-uit·brei·din·gen
het **eu·vel**[1], eu·ve·len, eu·vels; eu·vel·tje
eu·vel[2] (bnw), eu·ve·le
e.v. *(en volgende)*
e.v.a. *(en vele andere(n))*
EVA *(Europese Vrijhandelsassociatie)*
de **eva·cu·a·tie** (v), eva·cu·a·ties
de **eva·cu·a·tie·oe·fe·ning** (v), eva·cu·a·tie·oe·fe·nin·gen
de **eva·cué** (m), eva·cu·és; evacueetje [eva·cué·tje]
eva·cu·e·ren (ww), eva·cu·eer, eva·cu·eert; eva·cu·eer·de, eva·cu·eer·den; geëvacueerd [ge·eva·cu·eerd]
het **eva·kos·tuum**, eva·kos·tuums
de **eva·lu·a·tie** (v), eva·lu·a·ties
eva·lu·a·tief (bnw), eva·lu·a·tie·ve
het **eva·lu·a·tie·for·mu·lier**, eva·lu·a·tie·for·mu·lie·ren
het **eva·lu·a·tie·ge·sprek**, eva·lu·a·tie·ge·sprek·ken; eva·lu·a·tie·ge·sprek·je
het **eva·lu·a·tie-in·stru·ment**, eva·lu·a·tie-in·stru·men·ten
de **eva·lu·a·tie·me·tho·de** (v), eva·lu·a·tie·me·tho·den, eva·lu·a·tie·me·tho·des
het **eva·lu·a·tie·on·der·zoek**, eva·lu·a·tie·on·der·zoe·ken
de **eva·lu·a·tor** (m), eva·lu·a·to·ren, eva·lu·a·tors
eva·lu·e·ren (ww), eva·lu·eer, eva·lu·eert; eva·lu·eer·de,

eva·lu·eer·den; geëvalueerd [ge·eva·lu·eerd]
het **evan·ge·lie**, evangeliën [evan·ge·li·en], evan·ge·lies
de **evan·ge·li·sa·tie** (v), evan·ge·li·sa·ties
evan·ge·lisch (bnw), evan·ge·li·sche
de **evan·ge·list** (m), evan·ge·lis·ten
even (bnw)
de **eve·naar** (m), eve·naars
even·als (voegw) *(net zoals)*
eve·na·ren (ww), eve·naar, eve·naart; eve·naar·de, eve·naar·den; geëvenaard [ge·eve·naard]
even·eens (bijw)
het **eve·ne·ment**, eve·ne·men·ten; eve·ne·ment·je
eve·ne·men·ti·eel (bnw), evenementiële [eve·ne·men·ti·e·le]
even·goed (bijw) *(ook, al met al)*
even·hoe·vig (bnw), even·hoe·vi·ge
de **even·knie**, evenknieën [even·knie·en]
even·min (bijw)
de **even·naas·te**, even·naas·ten
even·re·dig (bnw), even·re·di·ge
de **even·re·dig·heid** (v), even·re·dig·he·den
het **even·re·dig·heids·be·gin·sel**, even·re·dig·heids·be·gin·se·len, even·re·dig·heids·be·gin·sels
het **event**, events
even·tjes (bijw)
de **event·ma·na·ger** (m), event·ma·na·gers
even·tu·eel (bnw), even·tu·e·le
even·veel (onbep vnw)
even·ve·le (onbep vnw)
even·waar·dig (bnw), even·waar·di·ge
even·wel (bijw) *(echter)*
het **even·wicht**, even·wich·ten
even·wich·tig (bnw), even·wich·ti·ge
de **even·wichts·balk** (m), even·wichts·bal·ken
de **even·wichts·stoor·nis** (v), even·wichts·stoor·nis·sen
even·wij·dig (bnw), even·wij·di·ge
even·zeer (bijw)
even·zo (bijw)
even·zo·goed (bijw)
even·zo·veel (onbep vnw)
even·zo·ve·le (onbep vnw)
de **ever** (m), evers; ever·tje
de **ever·green** (m), ever·greens
het **ever·zwijn**, ever·zwij·nen; ever·zwijn·tje
evi·dent (bnw), evi·den·te
de **evi·den·tie** (v), evi·den·ties
de **evo·ca·tie** (v), evo·ca·ties
evo·ce·ren (ww), evo·ceer, evo·ceert; evo·ceer·de, evo·ceer·den; geëvoceerd [ge·evo·ceerd]
evo·lu·e·ren (ww), evo·lu·eer, evo·lu·eert; evo·lu·eer·de, evo·lu·eer·den; geëvolueerd [ge·evo·lu·eerd]
de **evo·lu·tie** (v), evo·lu·ties
evo·lu·tief (bnw), evo·lu·tie·ve
de **evo·lu·tie·the·o·rie** (v), evolutietheorieën [evo·lu·tie·the·o·rie·en]
evo·lu·ti·o·nair (bnw), evo·lu·ti·o·nai·re
evo·que·ren (ww), evo·queer, evo·queert; evo·queer·de, evo·queer·den; geëvoqueerd [ge·evo·queerd]
evt. (bnw) *(eventueel)*
de **ex**, exen; ex·je

exact (bnw), exac·te
de **exact·heid** (v), exact·he·den
de **ex ae·quo**[1] (m), ex ae·qu·o's
ex ae·quo[2] (bijw)
de **ex-agent** (m), ex-agen·ten
het **exa·men**, exa·mens; exa·men·tje
het **exa·men·cij·fer**, exa·men·cij·fers
de **exa·men·com·mis·sie** (v), exa·men·com·mis·sies
de **exa·men·eis** (m), exa·men·ei·sen
het **exa·men·geld**, exa·men·gel·den
de **exa·men·kan·di·daat** (m), exa·men·kan·di·da·ten
de **exa·men·op·ga·ve**, exa·men·op·ga·ven
het **exa·men·pro·gram·ma**, exa·men·pro·gram·ma's
het **exa·men·re·gle·ment**, exa·men·re·gle·men·ten
het **exa·men·roos·ter**, exa·men·roos·ters
het **exa·men·vak**, exa·men·vak·ken
de **exa·men·vraag**, exa·men·vra·gen
de **exa·men·zit·tijd** (m), exa·men·zit·tij·den
de **exa·mi·nan·dus** (m), exa·mi·nan·di
de **exa·mi·na·tor** (m), exa·mi·na·to·ren, exa·mi·na·tors
exa·mi·ne·ren (ww), exa·mi·neer, exa·mi·neert; exa·mi·neer·de, exa·mi·neer·den; geëxamineerd [ge·exa·mi·neerd]
ex an·te (bnw)
het **exan·theem**, exan·the·men
de **ex-asiel·zoe·ker** (m), ex-asiel·zoe·kers
de **ex-baas** (m), ex-ba·zen; ex-baas·je
de **ex-bur·ge·mees·ter** (m), ex-bur·ge·mees·ters
de/het **ex·cas·so** (m/o), ex·cas·so's
ex ca·the·dra (bijw)
het **ex-ca·the·dra·on·der·wijs**
het **ex·ce·dent**, ex·ce·den·ten
ex·cel·lent (bnw), ex·cel·len·te
de **ex·cel·len·tie** (v), ex·cel·len·ties
ex·cel·le·ren (ww), ex·cel·leer, ex·cel·leert; ex·cel·leer·de, ex·cel·leer·den; geëxcelleerd [ge·ex·cel·leerd]
ex·cel·si·or (bijw) *(steeds hoger)*
de **ex·cen·tri·ci·teit** (v), ex·cen·tri·ci·tei·ten
het **ex·cen·triek**[1], ex·cen·trie·ken
ex·cen·triek[2] (bnw), ex·cen·trie·ke
de **ex·cen·trie·ke·ling** (m), ex·cen·trie·ke·lin·gen
ex·cen·trisch (bnw), ex·cen·tri·sche
de **ex·cep·tie** (v), ex·cep·ties
ex·cep·ti·o·neel (bnw), ex·cep·ti·o·ne·le
ex·cer·pe·ren (ww), ex·cer·peer, ex·cer·peert; ex·cer·peer·de, ex·cer·peer·den; geëxcerpeerd [ge·ex·cer·peerd]
het **ex·cerpt**, ex·cerp·ten; ex·cerpt·je
het **ex·ces**, ex·ces·sen; ex·ces·je
ex·ces·sief (bnw), ex·ces·sie·ve
de **ex·ci·sie** (v), ex·ci·sies
ex·ci·te·ren (ww), ex·ci·teer, ex·ci·teert; ex·ci·teer·de, ex·ci·teer·den; geëxciteerd [ge·ex·ci·teerd]
excl. (bnw) *(exclusief)*
de **ex·cla·ma·tie** (v), ex·cla·ma·ties
de **ex·clu·sie** (v), ex·clu·sies
ex·clu·sief (bnw), ex·clu·sie·ve
de **ex·clu·si·vi·teit** (v), ex·clu·si·vi·tei·ten; ex·clu·si·vi·teit·je
de **ex-col·le·ga** (m), ex-col·le·gae, ex-col·le·ga's
de **ex·com·mu·ni·ca·tie** (v), ex·com·mu·ni·ca·ties

ex·com·mu·ni·ce·ren (ww), ex·com·mu·ni·ceer, ex·com·mu·ni·ceert; ex·com·mu·ni·ceer·de, ex·com·mu·ni·ceer·den; geëxcommuniceerd [ge·ex·com·mu·ni·ceerd]
de **ex·cre·tie** (v), ex·cre·ties
de **ex·curs** (m), ex·cur·sen
de **ex·cur·sie** (v), ex·cur·sies
ex·cu·sa·bel (bnw), ex·cu·sa·be·le
ex·cu·seer (tussenw)
ex·cu·se·ren (ww), ex·cu·seer, ex·cu·seert; ex·cu·seer·de, ex·cu·seer·den; geëxcuseerd [ge·ex·cu·seerd]
het **ex·cuus**, ex·cu·ses; ex·cuus·je
de **ex·cuus·brief** (m), ex·cuus·brie·ven; ex·cuus·brief·je
de **ex·cuus·truus** (v), ex·cuus·tru·zen; ex·cuus·truus·je
ex di·vi·dend (bijw)
de **ex-echt·ge·noot** (m), ex-echt·ge·no·ten
de **ex-echt·ge·no·te** (v), ex-echt·ge·no·tes
de **exe·cu·tant** (m), exe·cu·tan·ten
exe·cu·te·ren (ww), exe·cu·teer, exe·cu·teert; exe·cu·teer·de, exe·cu·teer·den; geëxecuteerd [ge·exe·cu·teerd]
de **exe·cu·teur** (m), exe·cu·teu·ren, exe·cu·teurs
de **exe·cu·teur-tes·ta·men·tair** (m), exe·cu·teurs-tes·ta·men·tair
de **exe·cu·tie** (v), exe·cu·ties
exe·cu·tief (bnw), exe·cu·tie·ve
de **exe·cu·tie·ve**, exe·cu·tie·ven, exe·cu·tie·ves
de **exe·cu·tie·waar·de** (v), exe·cu·tie·waar·den, exe·cu·tie·waar·des
de **exe·geet** (m), exe·ge·ten
de **exe·ge·se** (v), exe·ge·sen, exe·ge·ses
exe·ge·tisch (bnw), exe·ge·ti·sche
het **exem·pel**, exem·pe·len, exem·pels
het **exem·plaar**, exem·pla·ren; exem·plaar·tje
exem·pla·risch (bnw), exem·pla·ri·sche
het **exe·qua·tur**, exe·qua·turs
exer·ce·ren (ww), exer·ceer, exer·ceert; exer·ceer·de, exer·ceer·den; geëxerceerd [ge·exer·ceerd]
de **exer·ci·tie** (v), exer·ci·ties
exfoliëren [ex·fo·li·e·ren] (ww), ex·fo·li·eer, ex·fo·li·eert; ex·fo·li·eer·de, ex·fo·li·eer·den; geëxfolieerd [ge·ex·fo·li·eerd]
de **ex-frac·tie·lei·der** (m), ex-frac·tie·lei·ders
de **ex-ge·de·ti·neer·de**, ex-ge·de·ti·neer·den
de **ex-ge·van·ge·ne**, ex-ge·van·ge·nen
ex·haus·tief (bnw), ex·haus·tie·ve
de **ex·hi·bi·tie** (v), ex·hi·bi·ties
het **ex·hi·bi·ti·o·nis·me**
de **ex·hi·bi·ti·o·nist** (m), ex·hi·bi·ti·o·nis·ten; ex·hi·bi·ti·o·nist·je
ex·hi·bi·ti·o·nis·tisch (bnw), ex·hi·bi·ti·o·nis·ti·sche
het **exil**, exils
het **exis·ten·ti·a·lis·me**
de **exis·ten·tie** (v), exis·ten·ties
exis·ten·ti·eel (bnw), existentiële [exis·ten·ti·e·le]
exis·te·ren (ww), exis·teer, exis·teert; exis·teer·de, exis·teer·den; geëxisteerd [ge·exis·teerd]
exit (bijw)

het **exit·ge·sprek**, exit·ge·sprek·ken
de **exit·poll** (m), exit·polls
het **ex li·bris**, ex li·bris, ex li·bris·sen
het **ex-lief**, ex-lie·ven; ex-lief·je
de **ex-man** (m), ex-man·nen
de **ex-mi·nis·ter** (m), ex-mi·nis·ters
de **exo·dus** (m) *(uittocht)*, exo·dus·sen
Exo·dus *(Bijbelboek)*
de **exo·ga·mie** (v)
exo·geen (bnw), exo·ge·ne
de **exo·ne·ra·tie** (v), exo·ne·ra·ties
exo·ne·re·ren (ww), exo·ne·reer, exo·ne·reert; exo·ne·reer·de, exo·ne·reer·den; geëxonereerd [ge·exo·ne·reerd]
de **exoot** (m), exo·ten
exor·bi·tant (bnw), exor·bi·tan·te
het **exor·cis·me**
de **exor·cist** (m), exor·cis·ten
exo·te·risch (bnw), exo·te·ri·sche
de **exo·tiek** (v)
exo·tisch (bnw), exo·ti·sche
het **exo·tis·me**
ex·pan·de·ren (ww), ex·pan·deer, ex·pan·deert; ex·pan·deer·de, ex·pan·deer·den; geëxpandeerd [ge·ex·pan·deerd]
de **ex·pan·sie** (v), ex·pan·sies
ex·pan·sief (bnw), ex·pan·sie·ve
het **ex·pan·sie·vat**, ex·pan·sie·va·ten
de **ex-part·ner** (m), ex-part·ners
de **ex·pat**, ex·pats
de **ex·pe·di·teur** (m), ex·pe·di·teu·ren, ex·pe·di·teurs
de **ex·pe·di·tie** (v), ex·pe·di·ties
ex·pe·di·ti·o·nair (bnw), ex·pe·di·ti·o·nai·re
het **ex·pe·ri·ment**, ex·pe·ri·men·ten; ex·pe·ri·ment·je
ex·pe·ri·men·teel (bnw), ex·pe·ri·men·te·le
ex·pe·ri·men·te·ren (ww), ex·pe·ri·men·teer, ex·pe·ri·men·teert; ex·pe·ri·men·teer·de, ex·pe·ri·men·teer·den; geëxperimenteerd [ge·ex·pe·ri·men·teerd]
de **ex·pert** (m), ex·per·ten, ex·perts; ex·pert·je
de **ex·pert·groep**, ex·pert·groe·pen
de **ex·per·ti·se** (v), ex·per·ti·sen, ex·per·ti·ses
het **ex·per·ti·se·cen·trum**, ex·per·ti·se·cen·tra, ex·per·ti·se·cen·trums
de **ex·pi·ra·tie** (v), ex·pi·ra·ties
de **ex·pi·ra·tie·da·tum** (m), ex·pi·ra·tie·da·ta, ex·pi·ra·tie·da·tums
ex·pi·re·ren (ww), ex·pi·reer, ex·pi·reert; ex·pi·reer·de, ex·pi·reer·den; geëxpireerd [ge·ex·pi·reerd]
de **ex·pli·ca·tie** (v), ex·pli·ca·ties
ex·pli·ce·ren (ww), ex·pli·ceer, ex·pli·ceert; ex·pli·ceer·de, ex·pli·ceer·den; geëxpliceerd [ge·ex·pli·ceerd]
ex·pli·ciet (bnw), ex·pli·cie·te
ex·pli·ci·te·ren (ww), ex·pli·ci·teer, ex·pli·ci·teert; ex·pli·ci·teer·de, ex·pli·ci·teer·den; geëxpliciteerd [ge·ex·pli·ci·teerd]
de **ex·pli·ci·te·ring** (v), ex·pli·ci·te·rin·gen
ex·pli·que·ren (ww), ex·pli·queer, ex·pli·queert; ex·pli·queer·de, ex·pli·queer·den; geëxpliqueerd [ge·ex·pli·queerd]
ex·plo·de·ren (ww), ex·plo·deer, ex·plo·deert; ex·plo·deer·de, ex·plo·deer·den; geëxplodeerd [ge·ex·plo·deerd]
de **ex·ploit** (m), ex·ploits
de **ex·ploi·tant** (m), ex·ploi·tan·ten

de **ex·ploi·ta·tie** (v), ex·ploi·ta·ties
de **ex·ploi·ta·tie·kos·ten** (mv)
ex·ploi·te·ren (ww), ex·ploi·teer, ex·ploi·teert; ex·ploi·teer·de, ex·ploi·teer·den; geëxploiteerd [ge·ex·ploi·teerd]
het **ex·ploot**, ex·plo·ten
de **ex·plo·ra·tie** (v), ex·plo·ra·ties
ex·plo·re·ren (ww), ex·plo·reer, ex·plo·reert; ex·plo·reer·de, ex·plo·reer·den; geëxploreerd [ge·ex·plo·reerd]
de **ex·plo·sie** (v), ex·plo·sies; ex·plo·sie·tje
het **ex·plo·sief**[1], ex·plo·sie·ven
ex·plo·sief[2] (bnw), ex·plo·sie·ve
ex·po *(expositie)*, ex·po's; expootje [ex·po·tje]
de **ex·po·hal**, ex·po·hal·len
de **ex·po·nent** (m), ex·po·nen·ten
ex·po·nen·ti·eel (bnw), exponentiële [ex·po·nen·ti·e·le]
de **ex·port** (m), ex·por·ten
ex·por·te·ren (ww), ex·por·teer, ex·por·teert; ex·por·teer·de, ex·por·teer·den; geëxporteerd [ge·ex·por·teerd]
de **ex·por·teur** (m), ex·por·teurs
de/het **ex·port·or·der**, ex·port·or·ders
het **ex·port·pro·duct**, ex·port·pro·duc·ten
de **ex·po·sant** (m), ex·po·san·ten
het **ex·po·sé**, ex·po·sés; exposeetje [ex·po·sé·tje]
ex·po·se·ren (ww), ex·po·seer, ex·po·seert; ex·po·seer·de, ex·po·seer·den; geëxposeerd [ge·ex·po·seerd]
de **ex·po·si·tie** (v), ex·po·si·ties; ex·po·si·tie·tje
de **ex·po·si·tie·ruim·te** (v), ex·po·si·tie·ruim·ten, ex·po·si·tie·ruim·tes; ex·po·si·tie·ruim·te·tje
ex post (bnw)
de **ex·po·sure** (m), ex·po·sures
de **ex-pre·mier** (m), ex-pre·miers
de **ex·pres**[1] (m) *(trein)*, ex·pres·sen
ex·pres[2] (bnw), ex·pres·se
de **ex-pre·si·dent** (m), ex-pre·si·den·ten
de **ex·pres·se** *(persoon)*, ex·pres·sen
de **ex·pres·sie** (v), ex·pres·sies
ex·pres·sief (bnw), ex·pres·sie·ve
het **ex·pres·si·o·nis·me**
de **ex·pres·trein** (m), ex·pres·trei·nen
de **ex·pres·weg** (m), ex·pres·we·gen
ex·quis (bnw), ex·qui·se
ex·qui·siet (bnw), ex·qui·sie·te
de **ex·sic·ca·tor** (m), ex·sic·ca·to·ren, ex·sic·ca·tors
het **ex·su·daat**
de **ex·ta·se** (v), ex·ta·sen, ex·ta·ses
ex·ta·tisch (bnw), ex·ta·ti·sche
de **ex·ten·sie** (v), ex·ten·sies
ex·ten·sief (bnw), ex·ten·sie·ve
het **ex·te·ri·eur**[1], ex·te·ri·eu·ren, ex·te·ri·eurs
ex·te·ri·eur[2] (bnw), ex·te·ri·eu·re
ex·tern (bnw), ex·ter·ne
de **ex·ter·na·li·sa·tie** (v), ex·ter·na·li·sa·ties
ex·ter·na·li·se·ren (ww), ex·ter·na·li·seer, ex·ter·na·li·seert; ex·ter·na·li·seer·de, ex·ter·na·li·seer·den; geëxternaliseerd [ge·ex·ter·na·li·seerd]
de **ex·ter·ne**, ex·ter·nen
de **ex·tinc·tie** (v), ex·tinc·ties
het **ex·tra**[1], ex·tra's; extraatje [ex·tra·tje]
ex·tra[2] (bnw)
ex·tra·comp·ta·bel (bnw), ex·tra·comp·ta·be·le

E

het **ex·tract**, ex·trac·ten
de **ex·trac·tie** (v), ex·trac·ties
ex·tra·cur·ri·cu·lair (bnw), ex·tra·cur·ri·cu·lai·re
ex·tra·he·ren (ww), ex·tra·heer, ex·tra·heert; ex·tra·heer·de, ex·tra·heer·den; geëxtraheerd [ge·ex·tra·heerd]
ex·tra large (bnw)
ex·tra·le·gaal (bnw), ex·tra·le·ga·le
ex·tra·mu·raal (bnw), ex·tra·mu·ra·le
ex·tra mu·ros (bnw)
de **ex·tra-mu·ros·ac·ti·vi·teit** (v), ex·tra-mu·ros·ac·ti·vi·tei·ten
het **ex·tra·net**, ex·tra·net·ten
de **ex·tra·ne·us** (m), ex·tra·nei
ex·tra·or·di·nair (bnw), ex·tra·or·di·nai·re
ex·tra·par·le·men·tair (bnw), ex·tra·par·le·men·tai·re
de **ex·tra·po·la·tie** (v), ex·tra·po·la·ties
ex·tra·po·le·ren (ww), ex·tra·po·leer, ex·tra·po·leert; ex·tra·po·leer·de, ex·tra·po·leer·den; geëxtrapoleerd [ge·ex·tra·po·leerd]
de **ex·tra·sys·to·le**, ex·tra·sys·to·len, ex·tra·sys·to·les
ex·tra·va·gant (bnw), ex·tra·va·gan·te
de **ex·tra·va·gan·tie** (v), ex·tra·va·gan·ties
de **ex·tra·ver·sie** (v)
ex·tra·vert (bnw), ex·tra·ver·te
het **ex·treem**[1], ex·tre·men
ex·treem[2] (bnw), ex·tre·me
het **ex·treem·links**[1]
ex·treem·links[2] (bnw), ex·treem·link·se
het **ex·treem·rechts**[1]
ex·treem·rechts[2] (bnw), ex·treem·recht·se
het **ex·tre·mis·me**
de **ex·tre·mist** (m), ex·tre·mis·ten
ex·tre·mis·tisch (bnw), ex·tre·mis·ti·sche
de **ex·tre·mi·teit** (v), ex·tre·mi·tei·ten
ex·trin·siek (bnw), ex·trin·sie·ke
ex·tro·vert (bnw), ex·tro·ver·te
ex·tru·de·ren (ww), ex·tru·deer, ex·tru·deert; ex·tru·deer·de, ex·tru·deer·den; geëxtrudeerd [ge·ex·tru·deerd]
de **ex·tru·sie** (v), ex·tru·sies
exu·be·rant (bnw), exu·be·ran·te
de **ex-ver·loof·de**, ex-ver·loof·den, ex-ver·loof·des
de **ex-voet·bal·ler** (m), ex-voet·bal·lers
de **ex-voet·bal·trai·ner** (m), ex-voet·bal·trai·ners
de **ex-voor·zit·ter** (m), ex-voor·zit·ters
de/het **ex vo·to** (m/o), ex vo·to's; ex votootje [ex vo·to·tje]
de **ex-vriend** (m), ex-vrien·den; ex-vriend·je
de **ex-vrien·din** (v), ex-vrien·din·nen; ex-vrien·din·ne·tje
de **ex-vrouw** (v), ex-vrou·wen
de **ex-waterpoloër** [ex-wa·ter·po·lo·er] (m), ex-waterpoloërs [ex-wa·ter·po·lo·ers]
de **ex-werk·ne·mer** (m), ex-werk·ne·mers
de **eye·cat·cher** (m), eye·cat·chers
de **eye·li·ner** (m), eye·li·ners
de **eye·ope·ner** (m), eye·ope·ners
de **ezel** (m), ezels; ezel·tje
de **eze·lin** (v), eze·lin·nen; eze·lin·ne·tje
de **eze·lin·nen·melk**

de **ezels·brug**, ezels·brug·gen; ezels·brug·ge·tje

de **ezels·kop** (m), ezels·kop·pen; ezels·kop·je

het **ezels·oor**, ezels·oren; ezels·oor·tje

het **ezels·vel**, ezels·vel·len

het **e-zine**, e-zines

F

de **f**, f'en, f's; f'je
de **F-16** (m), F-16's
het **F-16-ge·vechts·vlieg·tuig**, F-16-ge·vechts·vlieg·tui·gen
de **F-16-pi·loot** (m), F-16-pi·lo·ten
de **faal·angst** (m)
faal·ang·stig (bnw), faal·ang·sti·ge
de **faam**[1]
faam[2]: te goeder naam en faam
de **faas**, fa·zen; faas·je
de **fa·bel**, fa·be·len, fa·bels; fa·bel·tje
fa·bel·ach·tig (bnw), fa·bel·ach·ti·ge
het **fa·bel·dier**, fa·bel·die·ren
het **fa·bri·caat**, fa·bri·ca·ten
de **fa·bri·ca·ge** (v), fa·bri·ca·ges
de **fa·bri·ca·ge·fout**, fa·bri·ca·ge·fou·ten; fa·bri·ca·ge·fout·je
de **fa·bri·ca·ge·hal**, fa·bri·ca·ge·hal·len
de **fa·bri·ca·tie** (v)
fa·bri·ce·ren (ww), fa·bri·ceer, fa·bri·ceert; fa·bri·ceer·de, fa·bri·ceer·den; ge·fa·bri·ceerd
de **fa·briek**[1] (v), fa·brie·ken; fa·briek·je
fa·briek[2]: af fabriek
fa·brie·ken (ww), fa·briek, fa·briekt; fa·briek·te, fa·briek·ten; ge·fa·briekt
de **fa·brieks·ar·bei·der** (m), fa·brieks·ar·bei·ders
de **fa·brieks·di·rec·teur** (m), fa·brieks·di·rec·teu·ren, fa·brieks·di·rec·teurs
de **fa·briek·si·re·ne** (v), fa·briek·si·re·nen, fa·briek·si·re·nes
het **fa·brieks·meis·je**, fa·brieks·meis·jes
het **fa·brieks·per·so·neel**
de **fa·brieks·poort**, fa·brieks·poor·ten
de **fa·brieks·prijs** (m), fa·brieks·prij·zen
de **fa·brieks·schoor·steen** (m), fa·brieks·schoor·ste·nen; fa·brieks·schoor·steen·tje
de **fa·brieks·si·re·ne** (v), fa·brieks·si·re·nen, fa·brieks·si·re·nes
het **fa·brieks·ter·rein**, fa·brieks·ter·rei·nen
de **fa·bri·kant** (m), fa·bri·kan·ten
fa·bri·ke·ren (ww), fa·bri·keer, fa·bri·keert; fa·bri·keer·de, fa·bri·keer·den; ge·fa·bri·keerd
fa·bu·le·ren (ww), fa·bu·leer, fa·bu·leert; fa·bu·leer·de, fa·bu·leer·den; ge·fa·bu·leerd
fa·bu·leus (bnw), fa·bu·leu·ze
de **fa·ça·de** (v), fa·ça·den, fa·ça·des; fa·ça·de·tje
fa·ce: en face
de **fa·ce-à-main** (m), fa·ce-à-mains
de/het **Face·book·ac·count** (m/o), Face·book·ac·counts
fa·ce·boo·ken (ww), face·book, face·bookt; face·book·te, face·book·ten; ge·face·bookt
de **face·boo·ker** (m), face·boo·kers
de **Face·book·pa·gi·na**, Face·book·pa·gi·na's
het **Face·book·pro·fiel**, Face·book·pro·fie·len
de **face·lift** (m), face·lifts
face·lif·ten (ww), face·lift, face·lift; face·lift·te, face·lift·ten; ge·face·lift

het **fa·cet**, fa·cet·ten; fa·cet·je
het **fa·cet·be·leid**
face to face (bijw)
fa·cet·te·ren (ww), fa·cet·teer, fa·cet·teert; fa·cet·teer·de, fa·cet·teer·den; ge·fa·cet·teerd
de/het **fa·cie** (v/o), fa·cies
faciliëren [fa·ci·li·e·ren] (ww), fa·ci·li·eer, fa·ci·li·eert; fa·ci·li·eer·de, fa·ci·li·eer·den; ge·fa·ci·li·eerd
fa·ci·li·tair (bnw), fa·ci·li·tai·re
de **fa·ci·li·ta·tie** (v), fa·ci·li·ta·ties
de **fa·ci·li·ta·tor** (m), fa·ci·li·ta·to·ren, fa·ci·li·ta·tors
de **fa·ci·li·teit** (v), fa·ci·li·tei·ten; fa·ci·li·teit·je
fa·ci·li·te·ren (ww), fa·ci·li·teer, fa·ci·li·teert; fa·ci·li·teer·de, fa·ci·li·teer·den; ge·fa·ci·li·teerd
de **fa·ci·li·te·ring** (v), fa·ci·li·te·rin·gen
het **fa·cit**, fa·cits
de/het **fac·si·mi·le**, fac·si·mi·le's; facsimileetje [fac·si·mi·le·tje]
de **fac·teur** (m), fac·teurs
de **fac·tie** (v), fac·ties
de **fac·tie·strijd** (m), fac·tie·strij·den
de **fac·tor** (m) *(element, getal)*, fac·to·ren
de **fac·to·rij** (v), fac·to·rij·en; fac·to·rij·tje
de **fac·to·ring·maat·schap·pij** (v), fac·to·ring·maat·schap·pij·en
de/het **fac·to·tum** (m/o), fac·to·tums
de/het **fact·sheet**, fact·sheets
fac·tu·eel (bnw), fac·tu·e·le
de **fac·tu·ra·tie** (v), fac·tu·ra·ties
het **fac·tu·ra·tie·adres**, fac·tu·ra·tie·adres·sen
de **fac·tu·ra·tie·ge·ge·vens** (mv)
de **fac·tu·reer·ma·chi·ne** (v), fac·tu·reer·ma·chi·nes
fac·tu·re·ren (ww), fac·tu·reer, fac·tu·reert; fac·tu·reer·de, fac·tu·reer·den; ge·fac·tu·reerd
de **fac·tu·re·ring** (v), fac·tu·re·rin·gen
de **fac·tuur** (v), fac·tu·ren; fac·tuur·tje
het **fac·tuur·adres**, fac·tuur·adres·sen
het **fac·tuur·be·drag**, fac·tuur·be·dra·gen
de **fac·tuur·da·tum** (m), fac·tuur·da·ta, fac·tuur·da·tums
de **fac·tuur·ge·ge·vens** (mv)
het **fac·tuur·num·mer**, fac·tuur·num·mers
fa·cul·ta·tief (bnw), fa·cul·ta·tie·ve
de **fa·cul·teit** (v), fa·cul·tei·ten
de **fa·cul·teits·raad** (m), fa·cul·teits·ra·den
de **fade**
fa·de·ren (ww), fa·deer, fa·deert; fa·deer·de, fa·deer·den; ge·fa·deerd
de **fa·ding**, fa·dings
de **fa·do** (m), fa·do's
de **fa·got** (m), fa·got·ten; fa·got·je
de **Fah·ren·heit** (v) *(graden Fahrenheit)*
de **fai·en·ce**, fai·en·ces
fail·le·ren (ww), fail·leer, fail·leert; fail·leer·de, fail·leer·den; ge·fail·leerd
de **fail·liet**[1] (m) *(bankroetier)*, fail·lie·ten
het **fail·liet**[2] *(bankroet)*, fail·lie·ten
fail·liet[3] (bnw), fail·lie·te
het **fail·lis·se·ment**, fail·lis·se·men·ten
de **fail·lis·se·ments·aan·vraag**, fail·lis·se·ments·aan·vra·gen
de **fail·lis·se·ments·recht·bank**, fail·lis·se·ments·recht·ban·ken
fair (bnw), fai·re

F

de **fair play** (m)
de **fair trade**
het **fair·trade·pro·duct**, fair·trade·pro·duc·ten
het **fait ac·com·pli**, fait ac·com·plis, faits ac·com·plis
het **fait di·vers**, fait di·vers, faits di·vers
de **fake** (m), fakes
fa·ken (ww), fake, faket; fake·te, fake·ten; ge·faket
de **fa·kir** (m), fa·kirs; fa·kir·tje
de **fak·kel**, fak·kels; fak·kel·tje
de **fa·la·fel**, fa·la·fels
de **fa·lan·gist** (m), fa·lan·gis·ten
de **fa·lanx**, fa·lan·xen; fa·lanx·je
de **Fa·la·sha** (m), Fa·la·sha's
fa·len (ww), faal, faalt; faal·de, faal·den; ge·faald
fa·lend (bnw), fa·len·de
de **fa·lie** (v), fa·lies; fa·lie·tje
fa·lie·kant (bnw), fa·lie·kan·te
de **fa·ling** (v), fa·lin·gen
fal·lisch (bnw), fal·li·sche
de **fall-out** (m), fall-outs
de **fal·lus** (m), fal·lus·sen; fal·lus·je
het **fal·lus·sym·bool**, fal·lus·sym·bo·len
de **fal·set**[1] (m) *(zanger)*, fal·set·ten
de/het **fal·set**[2] (m/o) *(stem of register)*, fal·set·ten
de **fal·si·fi·ca·tie** (v), fal·si·fi·ca·ties
fal·si·fi·ce·ren (ww), fal·si·fi·ceer, fal·si·fi·ceert; fal·si·fi·ceer·de, fal·si·fi·ceer·den; ge·fal·si·fi·ceerd
fal·si·fi·eer·baar (bnw), fal·si·fi·eer·ba·re
falsifiëren [fal·si·fi·e·ren] (ww), fal·si·fi·eer, fal·si·fi·eert; fal·si·fi·eer·de, fal·si·fi·eer·den; ge·fal·si·fi·eerd
fam. *(familie)*
fa·meus (bnw), fa·meu·ze
fa·mi·li·aal (bnw), fa·mi·li·a·le
fa·mi·li·aar (bnw), fa·mi·li·a·re
fa·mi·li·air (bnw), fa·mi·li·ai·re
de **fa·mi·li·a·le** (v), fa·mi·li·a·les
de **fa·mi·li·a·ri·teit** (v), fa·mi·li·a·ri·tei·ten
de **fa·mi·lie** (v), fa·mi·lies; fa·mi·lie·tje
de **fa·mi·lie·aan·ge·le·gen·heid** (v), fa·mi·lie·aan·ge·le·gen·he·den
het **fa·mi·lie·al·bum**, fa·mi·lie·al·bums
het **fa·mi·lie·ar·chief**, fa·mi·lie·ar·chie·ven
het **fa·mi·lie·be·drijf**, fa·mi·lie·be·drij·ven; fa·mi·lie·be·drijf·je
het **fa·mi·lie·boek·je**, fa·mi·lie·boek·jes
de **fa·mi·lie·boom** (m), fa·mi·lie·bo·men
de **fa·mi·lie-eer**
het **fa·mi·lie·feest**, fa·mi·lie·fees·ten; fa·mi·lie·feest·je
de **fa·mi·lie·fo·to**, fa·mi·lie·fo·to's; familiefotootje [fa·mi·lie·fo·to·tje]
de **fa·mi·lie·ge·schie·de·nis** (v), fa·mi·lie·ge·schie·de·nis·sen; fa·mi·lie·ge·schie·de·nis·je
fa·mi·lie·han·den: in familiehanden
de **fa·mi·lie·kro·niek** (v), fa·mi·lie·kro·nie·ken; fa·mi·lie·kro·niek·je
het **fa·mi·lie·lid**, fa·mi·lie·le·den; fa·mi·lie·lid·je
de **fa·mi·lie·naam** (m), fa·mi·lie·na·men
de **fa·mi·lie·om·stan·dig·he·den** (mv)
het **fa·mi·lie·por·tret**, fa·mi·lie·por·tret·ten; fa·mi·lie·por·tret·je

de **familiereünie** [fa·mi·lie·re·u·nie] (v), familiereünies [fa·mi·lie·re·u·nies]
de **fa·mi·lie·trek** (m), fa·mi·lie·trek·ken; fa·mi·lie·trek·je
het **fa·mi·lie-uit·je**, fa·mi·lie-uit·jes
de **fa·mi·lie-uit·stap** (m), fa·mi·lie-uit·stap·pen; fa·mi·lie-uit·stap·je
de **fa·mi·lie·ve·te**, fa·mi·lie·ve·ten, fa·mi·lie·ve·tes
de **fan** (m), fans; fan·ne·tje
de **fa·naat** (m), fa·na·ten
de **fa·na·ti·cus** (m), fa·na·ti·ci
fa·na·tiek (bnw), fa·na·tie·ke
het **fa·na·tis·me**
de **fan·cy**[1]
fan·cy[2] (bnw)
de **fan·cy fair** (m), fan·cy fairs
de **fan·dag** (m), fan·da·gen
het **fan·dom**
de **fan·fa·re**, fan·fa·ren, fan·fa·res; fan·fa·re·tje
het **fan·fa·re·or·kest**, fan·fa·re·or·kes·ten
fan·ta·se·ren (ww), fan·ta·seer, fan·ta·seert; fan·ta·seer·de, fan·ta·seer·den; ge·fan·ta·seerd
de **fan·ta·sie** (v), fantasieën [fan·ta·sie·en]; fan·ta·sie·tje
het **fan·ta·sie·kos·tuum**, fan·ta·sie·kos·tuums
fan·ta·sie·rijk (bnw), fan·ta·sie·rij·ke
fan·ta·sie·vol (bnw), fan·ta·sie·vol·le
fan·tas·ma·tisch (bnw), fan·tas·ma·ti·sche
de **fan·tast** (m), fan·tas·ten
fan·tas·tisch (bnw), fan·tas·ti·sche
de **fan·ta·sy** (v)
het **fan·ta·sy·boek**, fan·ta·sy·boe·ken
het **fan·toom**, fan·to·men
FAQ *(frequently asked question)*, FAQ's
de **fa·rao** (m), fa·ra·o's; faraootje [fa·rao·tje]
de **far·ce**, far·cen, far·ces
de **far·de**, far·den, far·des
de **farizeeën** [fa·ri·zee·en] (mv)
de **farizeeër** [fa·ri·zee·er] (m), farizeeërs [fa·ri·zee·ers]
fa·ri·zees (bnw), fa·ri·ze·se
de **farm** (m), farms
de **far·ma·ceut** (m), far·ma·ceu·ten
de **far·ma·ceu·ti·ca** (mv)
far·ma·ceu·tisch (bnw), far·ma·ceu·ti·sche
de **far·ma·cie** (v), farmacieën [far·ma·cie·en]
de **far·ma·co·lo·gie** (v)
far·ma·co·lo·gisch (bnw), far·ma·co·lo·gi·sche
de **far·ma·co·pee** (v), far·ma·co·pees
de **far·ma-in·dus·trie** (v), farma-industrieën [far·ma-in·dus·trie·en]
de **fa·ro**[1] (m) *(bier)*, farootje [fa·ro·tje]
het **fa·ro**[2] *(kaartspel)*
het **Far·si** *(taal)*
de **fa·ryn·gaal** (m), fa·ryn·ga·len
de **fas·ci·na·tie** (v), fas·ci·na·ties
fas·ci·ne·ren (ww), fas·ci·neer, fas·ci·neert; fas·ci·neer·de, fas·ci·neer·den; ge·fas·ci·neerd
fas·ci·ne·rend (bnw), fas·ci·ne·ren·de
het **fas·cis·me**
de **fas·cist** (m), fas·cis·ten; fas·cist·je
fas·cis·tisch (bnw), fas·cis·ti·sche
fascistoïde [fas·cis·to·i·de] (bnw)
de **fa·se** (v), fa·sen, fa·ses
fa·se·ren (ww), fa·seer, fa·seert; fa·seer·de, fa·seer·den; ge·fa·seerd
de **fa·se·ring** (v), fa·se·rin·gen
het **fa·se·ver·schil**, fa·se·ver·schil·len
de **fa·shi·on**

de **fa·shi·o·nis·ta** (v), fa·shi·o·nis·ta's
het **fast·food**
de **fast·food·ke·ten**, fast·food·ke·tens
het **fast·food·res·tau·rant**, fast·food·res·tau·rants
fa·syong
de **fat** (m), fat·ten; fat·je
fa·taal (bnw), fa·ta·le
fa·ta·lis·tisch (bnw), fa·ta·lis·ti·sche
de **fa·ta·li·teit** (v), fa·ta·li·tei·ten
de **fa·ta mor·ga·na**, fa·ta mor·ga·na's
het **fat·soen**
fat·soe·ne·ren (ww), fat·soe·neer, fat·soe·neert; fat·soe·neer·de, fat·soe·neer·den; ge·fat·soe·neerd
fat·soen·lijk (bnw), fat·soen·lij·ke
de **fat·soens·rak·ker** (m), fat·soens·rak·kers
het **fa·tum**, fa·ta
de **fat·wa** (m), fat·wa's
de **faun** (m), fau·nen; faun·tje
de **fau·na**, fau·na's
faus·ti·aans (bnw), faus·ti·aan·se
de **fau·teuil** (m), fau·teuils; fau·teuil·tje
het **fau·vis·me**
de **faux pas** (m), faux pas
de **fa·ve·la**, fa·ve·la's
fa·vo (bnw) (*favoriet*)
de **fa·vo·riet**[1] (m), fa·vo·rie·ten; fa·vo·riet·je
fa·vo·riet[2] (bnw), fa·vo·rie·te
de **fa·vo·rie·te** (v), fa·vo·rie·tes
het **fa·vo·ri·tis·me**
de **fax** (m), faxen; fax·je
het **fax·ap·pa·raat**, fax·ap·pa·ra·ten
het **fax·be·richt**, fax·be·rich·ten
faxen (ww), fax, faxt; fax·te, fax·ten; ge·faxt
de/het **fax·mo·dem** (m/o), fax·mo·dems
het **fax·num·mer**, fax·num·mers
de **fa·ya·lo·bi**, fa·ya·lo·bi's
de **fa·zant** (m), fa·zan·ten; fa·zant·je
de/het **fea·ture** (m/o), fea·tures; fea·ture·tje
feb (*februari*)
feb. (*februari*)
febr (*februari*)
febr. (*februari*)
de **fe·bru·a·ri** (m), fe·bru·a·ri's
fe·caal (bnw), fe·ca·le
de **fecaliën** [fe·ca·li·en] (mv)
de **fe·ces** (mv)
de **fe·da·jien** (mv)
fe·de·raal (bnw), fe·de·ra·le
het **fe·de·ra·lis·me**
de **fe·de·ra·tie** (v), fe·de·ra·ties
de **fee** (v), feeën [fee·en]; fee·tje
de **feed·back** (m)
het **feed·back·mo·ment**, feed·back·mo·men·ten
de **fee·der** (m), fee·ders
feeëriek [fee·e·riek] (bnw), feeërieke [fee·e·rie·ke]
de **feeks** (v), feek·sen; feeks·je
de **feel·good·film** (m), feel·good·films
het **feest**, fees·ten; feest·je
de **feest·avond** (m), feest·avon·den; feest·avond·je
het **feest·co·mi·té**, feest·co·mi·tés
de **feest·com·mis·sie** (v), feest·com·mis·sies
de **feest·dag** (m), feest·da·gen; feest·dag·je
de **feest·dis** (m), feest·dis·sen
de **feest·dronk** (m), feest·dron·ken
fees·te·lijk (bnw), fees·te·lij·ke
de **fees·te·ling** (m), fees·te·lin·gen
fees·ten (ww), feest, feest; feest·te, feest·ten; ge·feest
het **feest·ge·druis**
het **feest·ge·waad**, feest·ge·wa·den

de **feest·kle·ding** (v)
het **feest·kos·tuum**, feest·kos·tuums
het **feest·maal**, feest·ma·len; feest·maal·tje
de **feest·mars**, feest·mar·sen
de **feest·neus** (m), feest·neu·zen; feest·neus·je
de **feest·re·de**, feest·re·des
de **feest·stem·ming** (v), feest·stem·min·gen
de **feest·tent**, feest·ten·ten; feest·tent·je
het **feest·var·ken**, feest·var·kens; feest·var·ken·tje
feest·vie·ren (ww), vier feest, viert feest; vier·de feest, vier·den feest; feest·ge·vierd
de **feest·vie·ring** (v), feest·vie·rin·gen
de **feest·zaal**, feest·za·len; feest·zaal·tje
de **feil**, fei·len; feil·tje
fei·len (ww), feil, feilt; feil·de, feil·den; ge·feild
feil·loos (bnw), feil·lo·ze
het **feit**, fei·ten; feit·je
fei·te·lijk (bnw), fei·te·lij·ke
fel (bnw), fel·le
fel·be·geerd (bnw), fel·be·geer·de
fel·blauw (bnw), fel·blau·we
fel·geel (bnw), fel·ge·le
fel·ge·kleurd (bnw), fel·ge·kleur·de
fel·groen (bnw), fel·groe·ne
de **fel·heid** (v), fel·he·den
de **fe·li·ci·ta·tie** (v), fe·li·ci·ta·ties
de **fe·li·ci·ta·tie·bood·schap** (v), fe·li·ci·ta·tie·bood·schap·pen
de **fe·li·ci·ta·tie·brief** (m), fe·li·ci·ta·tie·brie·ven; fe·li·ci·ta·tie·brief·je
fe·li·ci·te·ren (ww), fe·li·ci·teer, fe·li·ci·teert; fe·li·ci·teer·de, fe·li·ci·teer·den; ge·fe·li·ci·teerd
de **fel·lah** (m), fel·lahs
de **fel·la·tio** (v)
de **fe·lo·nie** (v)
fel·oran·je (bnw)
fel·rood (bnw), fel·ro·de
fel·ro·ze (bnw)
de **fels** (m), fel·sen
fel·sen (ww), fels, felst; fels·te, fels·ten; ge·felst
fel·ver·licht (bnw), fel·ver·lich·te
de **fe·mel**, fe·mels
fe·mi·nien (bnw), fe·mi·nie·ne
het **fe·mi·nis·me**
de **fe·mi·nist** (m), fe·mi·nis·ten
de **fe·mi·nis·te** (v), fe·mi·nis·tes
de **fem·me fa·ta·le** (v), fem·me fa·ta·les, fem·mes fa·ta·les
het **fe·mur**, fe·mo·ra, fe·mu·ren
de/het **fe·ne·griek** (m/o)
de/het **feng shui** (m/o)
het **Fe·ni·cisch**[1] *(taal)*
Fe·ni·cisch[2] (bnw), Fe·ni·ci·sche
de **fe·niks** (m), fe·nik·sen
de **fen·nek** (m), fen·neks
het **fe·nol**, fe·no·len
het **fe·no·meen**, fe·no·me·nen; fe·no·meen·tje
fe·no·me·naal (bnw), fe·no·me·na·le
het **fe·no·ty·pe**, fe·no·ty·pen, fe·no·ty·pes
fe·o·daal (bnw), fe·o·da·le
de **fe·ria**, fe·ri·a's
ferm (bnw), fer·me
het **fer·ment**, fer·men·ten
de **fer·men·ta·tie** (v), fer·men·ta·ties
fer·men·te·ren (ww), fer·men·teer, fer·men·teert; fer·men·teer·de, fer·men·teer·den; ge·fer·men·teerd
de **fer·met·te**, fer·met·tes; fer·met·je
de **fer·riet·an·ten·ne**,

fer·riet·an·ten·nen, fer·riet·an·ten·nes

de **fer·ry**, fer·ry's

de **fer·ti·li·teit** (v), fer·ti·li·tei·ten

fer·vent (bnw), fer·ven·te

de **fes**, fes·sen

het **fes·tijn**, fes·tij·nen

het **fes·ti·val**, fes·ti·vals; fes·ti·val·le·tje

de **fes·ti·vi·teit** (v), fes·ti·vi·tei·ten

de/het **fes·ton** (m/o), fes·tons; fes·ton·ne·tje

de **fe·ta** (m), fe·ta's

de **fe·ta·kaas** (m), fe·ta·ka·zen

fê·te·ren (ww), fê·teer, fê·teert; fê·teer·de, fê·teer·den; ge·fê·teerd

de **fe·tisj** (m), fe·ti·sjen; fe·tisje

het **fe·ti·sjis·me**, fe·ti·sjis·men

de **fe·ti·sjist** (m), fe·ti·sjis·ten

feu·daal (bnw), feu·da·le

de/het **feuil·le·ton** (m/o), feuil·le·tons; feuil·le·ton·ne·tje

de **feut** (m), feu·ten; feut·je

fe·ve·ren (ww), fe·ver, fe·vert; fe·ver·de, fe·ver·den; ge·fe·verd

de **Feye·noor·der** (m), Feye·noor·ders; Feye·noor·der·tje

de **fez** (m), fez·zen

fe·ze·len (ww), fe·zel, fe·zelt; fe·zel·de, fe·zel·den; ge·fe·zeld

de **fi·an·cé** (m), fi·an·cés; fianceetje [fi·an·cé·tje]

de **fi·an·cee** (v), fi·an·cees; fi·an·cee·tje

het **fi·as·co**, fi·as·co's

het **fi·at**, fi·ats; fi·at·je

fi·at·te·ren (ww), fi·at·teer, fi·at·teert; fi·at·teer·de, fi·at·teer·den; ge·fi·at·teerd

de **fi·at·te·ring** (v), fi·at·te·rin·gen

de **fi·at·teur** (m), fi·at·teurs

de/het **fi·ber** (m/o), fi·bers

de **fi·bril·la·tie** (v), fi·bril·la·ties

de **fi·bro·my·al·gie** (v)

de **fi·bu·la**, fi·bu·lae, fi·bu·la's

de/het **fi·che**, fi·ches

de **fi·che·bak** (m), fi·che·bak·ken; fi·che·bak·je

de **fic·tie** (v), fic·ties

het **fic·tie·boek**, fic·tie·boe·ken

fic·tief (bnw), fic·tie·ve

fic·ti·o·neel (bnw), fic·ti·o·ne·le

de **fi·cus** (m), fi·cus·sen

fi·deel (bnw), fi·de·le

het **fi·deï-com·mis**, fi·deï-com·mis·sen

de **fi·du·ci·ai·re** (v), fi·du·ci·ai·res

de **fi·du·cie** (v)

de **fie·del** (m), fie·dels; fie·del·tje

fie·de·len (ww), fie·del, fie·delt; fie·del·de, fie·del·den; ge·fie·deld

fiel·den (ww), field, fieldt; field·de, field·den; ge·field

de **fiel·der** (m), fiel·ders

het **field·work**

de **fielt** (m), fiel·ten

fier (bnw), fie·re

de **fier·heid** (v), fier·he·den

fier·ljep·pen (ww), fier·ljep, fier·ljept; fier·ljep·te, fier·ljep·ten; ge·fier·ljept

de **fiësta** [fi·es·ta] (v), fiësta's [fi·es·ta's]

fie·tje·bal

de **fiets**, fiet·sen; fiets·je

de **fiets·af·stand** (m), fiets·af·stan·den

het **fiets·bal**

de **fiets·band** (m), fiets·ban·den; fiets·band·je

de **fiets·bel**, fiets·bel·len

het **fiets·bord**, fiets·bor·den; fiets·bord·je

de **fiets·dief·stal** (m), fiets·dief·stal·len

fiet·sen (ww), fiets, fietst; fiets·te,

fiets·ten; ge·fietst
de **fiet·sen·dief** (m), fiet·sen·die·ven; fiet·sen·dief·je
de **fiet·sen·dief·stal** (m), fiet·sen·dief·stal·len
de **fiet·sen·fa·bri·kant** (m), fiet·sen·fa·bri·kan·ten
het **fiet·sen·hok**, fiet·sen·hok·ken
de **fiet·sen·kel·der** (m), fiet·sen·kel·ders
de **fiet·sen·ma·ker** (m), fiet·sen·ma·kers
het **fiet·sen·rek**, fiet·sen·rek·ken; fiet·sen·rek·je
de **fiet·sen·stal·ling** (v), fiet·sen·stal·lin·gen
de **fiet·sen·win·kel** (m), fiet·sen·win·kels
de **fiet·ser** (m), fiet·sers; fiet·ser·tje
het **fiets·frame**, fiets·frames
het **fiets·on·ge·val**, fiets·on·ge·val·len; fiets·on·ge·val·le·tje
het **fiets·pad**, fiets·pa·den; fiets·paad·je
de **fiets·pomp**, fiets·pom·pen; fiets·pomp·je
het **fiets·rek**, fiets·rek·ken
de **fiets·rou·te**, fiets·rou·ten, fiets·rou·tes
het **fiets·slot**, fiets·slo·ten
de **fiets·ster** (v), fiets·sters
de **fiets·tas**, fiets·tas·sen; fiets·tas·je
het **fiets·the·ma**, fiets·the·ma's, fiets·the·ma·ta
de **fiets·tocht** (m), fiets·toch·ten; fiets·tocht·je
de **fiets·tun·nel** (m), fiets·tun·nels; fiets·tun·nel·tje
het **fiets·ven·tiel**, fiets·ven·tie·len
de **fiets·win·kel** (m), fiets·win·kels
de **fif·ties** (mv)
fif·ty·fif·ty (bijw)
de **fif·ty·fif·ty·ver·de·ling** (v), fif·ty·fif·ty·ver·de·lin·gen
fig. *(figuur)*
de **fi·gu·rant** (m), fi·gu·ran·ten; fi·gu·rant·je
de **fi·gu·ran·te** (v), fi·gu·ran·tes
de **fi·gu·ran·ten·rol**, fi·gu·ran·ten·rol·len; fi·gu·ran·ten·rol·le·tje
de **fi·gu·ra·tie** (v), fi·gu·ra·ties
de/het **fi·guur**, fi·gu·ren; fi·guur·tje
fi·guur·lijk (bnw), fi·guur·lij·ke
fi·guur·za·gen (ww), fi·guur·zaag, fi·guur·zaagt; fi·guur·zaag·de, fi·guur·zaag·den; ge·fi·guur·zaagd
fijn (bnw), fij·ne
de **fij·ne**[1] *(persoon)*, fij·nen
het **fij·ne**[2] *((het) beste)*
fijn·hak·ken (ww), hak fijn, hakt fijn; hak·te fijn, hak·ten fijn; fijn·ge·hakt
fijn·knij·pen (ww), knijp fijn, knijpt fijn; kneep fijn, kne·pen fijn; fijn·ge·kne·pen
fijn·ma·len (ww), maal fijn, maalt fijn; maal·de fijn, maal·den fijn; fijn·ge·ma·len
fijn·mo·to·risch (bnw), fijn·mo·to·ri·sche
de **fijn·proe·ver** (m), fijn·proe·vers; fijn·proe·ver·tje
de **fijn·schil·der** (m), fijn·schil·ders
fijn·snij·den (ww), snijd fijn, snij fijn, snijdt fijn; sneed fijn, sne·den fijn; fijn·ge·sne·den
het **fijn·stof**
fijn stof
het **fijn·stof·ge·hal·te**, fijn·stof·ge·hal·ten, fijn·stof·ge·hal·tes
de **fijn·we·ger** (m), fijn·we·gers
de/het **fijt**

de **fik** (m), fik·ken; fik·je
de **fik·ken** (mv)
fiks (bnw), fik·se
fik·sen (ww) *(klaarspelen),* fiks, fikst; fiks·te, fiks·ten; ge·fikst
het **fi·la·ment**, fi·la·men·ten; fi·la·ment·je
de **fi·lan·troop** (m), fi·lan·tro·pen
de **fi·lan·tro·pie** (v)
fi·la·ria
de **fi·la·te·lie** (v)
de **fi·la·te·list** (m), fi·la·te·lis·ten
de **file**[1] (m) *(bestand),* files; file·tje
de **fi·le**[2] *(opstopping),* fi·les; fi·le·tje
de **fi·le-el·len·de**
het **fi·le·leed**
het **fi·le·pro·bleem**, fi·le·pro·ble·men
fi·le·ren (ww), fi·leer, fi·leert; fi·leer·de, fi·leer·den; ge·fi·leerd
fi·le·rij·den (ww)
de/het **fi·let** (m/o), fi·lets; fi·let·je
de/het **fi·let ame·ri·cain** (m/o)
de/het **fi·let pur** (m/o)
de **fil·har·mo·nie** (v), filharmonieën [fil·har·mo·nie·en]
fil·har·mo·nisch (bnw), fil·har·mo·ni·sche
het **fi·li·aal**[1], fi·li·a·len; fi·li·aal·tje
fi·li·aal[2] (bnw), fi·li·a·le
de **fi·li·aal·ma·na·ger** (m), fi·li·aal·ma·na·gers
de **fi·li·a·tie** (v), fi·li·a·ties
de **fi·li·bus·ter** (m), fi·li·bus·ters
fi·li·bus·te·ren (ww), fi·li·bus·ter, fi·li·bus·tert; fi·li·bus·ter·de, fi·li·bus·ter·den; ge·fi·li·bus·terd
het **fi·li·graan**
het **fi·li·grein**
de **Fi·li·pijn** (m), Fi·li·pij·nen; Fi·li·pijn·tje
het **Fi·li·pijns**[1] *(taal)*
Fi·li·pijns[2] (bnw), Fi·li·pijn·se
de **Fi·li·pijn·se** (v), Fi·li·pijn·sen
de **Fi·li·pi·no** (m), Fi·li·pi·no's
de **fi·lip·pi·ca** (v) *(strafrede),* fi·lip·pi·ca's
de **fi·lip·pi·ne** (v), fi·lip·pi·nes
fi·lis·tij·nen: naar de filistijnen
Fi·lis·tij·nen
de **film** (m), films; film·pje
de **film·avond** (m), film·avon·den; film·avond·je
het **film·blik**, film·blik·ken
de **film·edi·tie** (v), film·edi·ties
fil·men (ww), film, filmt; film·de, film·den; ge·filmd
het **film·fes·ti·val**, film·fes·ti·vals; film·fes·ti·val·le·tje
het **film·huis**, film·hui·zen; film·huis·je
fil·misch (bnw), fil·mi·sche
het **film·jour·naal**, film·jour·naals, film·jour·na·len
de **film·li·ga**, film·li·ga's
de **film·ma·ker** (m), film·ma·kers
de **film·op·na·me**, film·op·na·men, film·op·na·mes
de **film·ploeg**, film·ploe·gen; film·ploeg·je
het **film·sche·ma**, film·sche·ma's
de **film·se·rie** (v), film·se·ries
de **film·ster**[1] (v) *(vrouw die filmt),* film·sters
de **film·ster**[2] *(ster),* film·ster·ren
de **film·ti·tel** (m), film·ti·tels
het **fi·lo·deeg**, fi·lo·de·gen
de **fi·lo·lo·gie** (v)
de **fi·lo·so·fe** (v), fi·lo·so·fes
fi·lo·so·fe·ren (ww), fi·lo·so·feer, fi·lo·so·feert; fi·lo·so·feer·de, fi·lo·so·feer·den; ge·fi·lo·so·feerd
de **fi·lo·so·fie** (v), filosofieën [fi·lo·so·fie·en]; fi·lo·so·fie·tje
fi·lo·so·fisch (bnw), fi·lo·so·fi·sche
de **fi·lo·soof** (m), fi·lo·so·fen; fi·lo·soof·je

de/het **fil·ter** (m/o), fil·ters; fil·ter·tje
fil·te·ren (ww), fil·ter, fil·tert; fil·ter·de, fil·ter·den; ge·fil·terd
de **fil·te·ring** (v), fil·te·rin·gen
de **fil·tra·tie** (v), fil·tra·ties
fil·tre·ren (ww), fil·treer, fil·treert; fil·treer·de, fil·treer·den; ge·fil·treerd
de **Fin** (m), Fin·nen; Fin·ne·tje
de **fi·naal**[1] (m), fi·na·len
fi·naal[2] (bnw), fi·na·le
de **fi·na·le**, fi·na·les
de **fi·na·li·sa·tie** (v), fi·na·li·sa·ties
fi·na·li·se·ren (ww), fi·na·li·seer, fi·na·li·seert; fi·na·li·seer·de, fi·na·li·seer·den; ge·fi·na·li·seerd
de **fi·na·li·se·ring** (v), fi·na·li·se·rin·gen
de **fi·na·list** (m), fi·na·lis·ten
de **fi·na·lis·te** (v), fi·na·lis·tes
de **fi·na·li·teit** (v), fi·na·li·tei·ten
de **fi·nance** (m)
fi·nan·ci·eel (bnw), financiële [fi·nan·ci·e·le]
fi·nan·ci·eel-eco·no·misch (bnw), fi·nan·ci·eel-eco·no·mi·sche
de **financiën** [fi·nan·ci·en] (mv)
de **fi·nan·cier** (m), fi·nan·ciers
de **fi·nan·cier·der** (m), fi·nan·cier·ders
fi·nan·cie·ren (ww), fi·nan·cier, fi·nan·ciert; fi·nan·cier·de, fi·nan·cier·den; ge·fi·nan·cierd
de **fi·nan·cie·ring** (v), fi·nan·cie·rin·gen
het **fi·nan·cie·rings·ar·ran·ge·ment**, fi·nan·cie·rings·ar·ran·ge·men·ten
de **fi·nan·cie·rings·trans·ac·tie** (v), fi·nan·cie·rings·trans·ac·ties
de **fi·nan·cies** (mv)
het **fin de si·è·cle**, fin de si·è·cles, fins de si·è·cle
het **fi·neer**, fi·ne·ren; fi·neer·tje
de **fi·ne fleur** (v)
de **fi·nes·se** (v), fi·nes·ses
fine·tu·nen (ww), fine·tune, fine·tunet; fine·tune·de, fine·tune·den; ge·fine·tuned
de **fine·tu·ning**, fine·tu·nings
fin·ge·ren (ww), fin·geer, fin·geert; fin·geer·de, fin·geer·den; ge·fin·geerd
het **fin·ger·food**
het **fin·ger·spit·zen·ge·fühl**
fi·ni (bijw)
de **fi·nish** (m)
de **fi·ni·shing touch** (m), fi·ni·shing tou·ches
de **fi·nis·sa·ge**, fi·nis·sa·ges
het **Fins**[1] *(taal)*
Fins[2] (bnw), Fin·se
de **fint**, fin·ten; fint·je
de **fi·ool**, fi·o·len; fi·ool·tje
de **fire·wall** (m), fire·walls
de **fir·ma**, fir·ma's; firmaatje [fir·ma·tje]
het **fir·ma·ment**, fir·ma·men·ten
de **firn**
de **first la·dy** (v), first la·dy's
de **fis** *(muzieknoot)*, fis·sen
de **fis·caal**[1] (m), fis·ca·len
fis·caal[2] (bnw), fis·ca·le
de **fis·ca·list** (m), fis·ca·lis·ten
de **fis·ca·li·teit** (v), fis·ca·li·tei·ten
de **fis·cus** (m), fis·cus·sen
de **fish·stick** (m), fish·sticks
de **fis·suur** (v), fis·su·ren
de **fis·tel**, fis·tels; fis·tel·tje
fit (bnw), fit·te
de **fit·heid** (v)
de **fit·ness**
de **fit·ness·ap·pa·ra·tuur** (v)
het **fit·ness·cen·trum**, fit·ness·cen·tra, fit·ness·cen·trums
fit·nes·sen (ww), fit·nes, fit·nest; fit·nes·te, fit·nes·ten; ge·fit·nest

de **fit·ness·stu·dio** (m), fit·ness·stu·di·o's
de **fits**, fit·sen
fit·ten (ww), fit, fit; fit·te, fit·ten; ge·fit
de **fit·ter** (m), fit·ters
de **fit·ting** (m), fit·tin·gen, fit·tings; fit·tin·kje
de **fixa·tie** (v), fixa·ties
het **fixeer**
fixen (ww) *(spuiten)*, fix, fixt; fix·te, fix·ten; ge·fixt
de **fixer** (m), fixers
fixe·ren (ww), fixeer, fixeert; fixeer·de, fixeer·den; ge·fixeerd
de **fixie** (m), fixies
de/het **fjord** (m/o), fjor·den
fl *(gulden (florijn))*
flab·ber·gas·ted (bnw)
de **fla·con** (m), fla·cons; fla·con·ne·tje
flad·de·ren (ww), flad·der, flad·dert; flad·der·de, flad·der·den; ge·flad·derd
flad·de·rend (bnw), flad·de·ren·de
de **fla·geo·let** (m), fla·geo·lets, fla·geo·let·ten
fla·grant (bnw), fla·gran·te
de **flag·stone** (m), flag·stones
de/het **flair** (m/o)
flak·ke·ren (ww), flak·ker, flak·kert; flak·ker·de, flak·ker·den; ge·flak·kerd
flam·be·ren (ww), flam·beer, flam·beert; flam·beer·de, flam·beer·den; ge·flam·beerd
de **flam·bouw**, flam·bou·wen; flam·bouw·tje
flam·boy·ant (bnw), flam·boy·an·te
de **fla·men·co** (m)
de **fla·men·co·gi·taar**, fla·men·co·gi·ta·ren; fla·men·co·gi·taar·tje
de **fla·men·co·rok** (m), fla·men·co·rok·ken
de **fla·min·gant** (m), fla·min·gan·ten
de **fla·min·go** (m), fla·min·go's; flamingootje [fla·min·go·tje]
de **fla·moes**, fla·moe·zen; fla·moes·je
de **flan** (m), flans
de **flan·drien** (m), flan·driens
de/het **fla·nel**, fla·nel·len; fla·nel·le·tje
fla·nel·len (bnw)
fla·ne·ren (ww), fla·neer, fla·neert; fla·neer·de, fla·neer·den; ge·fla·neerd
de **flank**, flan·ken
flan·ke·ren (ww), flan·keer, flan·keert; flan·keer·de, flan·keer·den; ge·flan·keerd
flan·sen (ww), flans, flanst; flans·te, flans·ten; ge·flanst
de **flap**[1] (m), flap·pen; flap·je
flap[2] (tussenw)
de **flap-over** (m), flap-overs
de **flap·tekst** (m), flap·tek·sten; flap·tekst·je
de **flap·uit** (m), flap·ui·ten, flap·uits; flap·uit·je
de **flard**, flar·den; flard·je
de **flash** (m), fla·shes
de **flash·back** (m), flash·backs; flash·back·je
het **flash·be·richt**, flash·be·rich·ten
fla·shen (ww), flash, flasht; flash·te, flash·ten; ge·flasht
de **flash·light**, flash·lights
de **flash·mob** (m), flash·mobs
flas·hy (bnw)
de **flat** (m), flats; flat·je
de **fla·ter** (m), fla·ters; fla·ter·tje
het **flat·ge·bouw**, flat·ge·bou·wen; flat·ge·bouw·tje
de/het **flat·screen** (m/o), flat·screens
de **flat·screen·te·le·vi·sie** (v),

flat·screen·te·le·vi·sies
de **flat·screen-tv** (v), flat·screen-tv's
flat·te·ren (ww), flat·teer, flat·teert; flat·teer·de, flat·teer·den; ge·flat·teerd
flat·teus (bnw), flat·teu·ze
de **fla·tu·len·tie** (v), fla·tu·len·ties
de **fla·tus** (m), fla·ti, fla·tus·sen
flauw (bnw), flau·we
de **flau·we·kul** (m), flau·we·kul·le·tje
de **flau·we·rik** (m), flau·we·ri·ken
de **flauw·te** (v), flauw·ten, flauw·tes; flauw·te·tje
flauw·val·len (ww), val flauw, valt flauw; viel flauw, vie·len flauw; flauw·ge·val·len
de **fleece**[1] (m) *(kledingstuk)*, flee·ces
fleece[2] (bnw)
de/het **fleece·de·ken**, fleece·de·kens; fleece·de·ken·tje
de **fleece·trui**, fleece·trui·en; fleece·trui·tje
het **fleg·ma**
fleg·ma·tiek (bnw), fleg·ma·tie·ke
fleg·ma·tisch (bnw), fleg·ma·ti·sche
fle·men (ww), fleem, fleemt; fleem·de, fleem·den; ge·fleemd
de **flens** (m), flen·zen; flens·je
flen·sen (ww), flens, flenst; flens·te, flens·ten; ge·flenst
het **flens·je**, flens·jes
fle·ren (ww), fleer, fleert; fleer·de, fleer·den; ge·fleerd
de **fles**, fles·sen; fles·je
de **fles·ope·ner** (m), fles·ope·ners
fles·sen (ww), fles, flest; fles·te, fles·ten; ge·flest
de **fles·sen·bon** (m), fles·sen·bon·nen, fles·sen·bons
fles·sen·groen (bnw), fles·sen·groe·ne
de **fles·sen·hals** (m), fles·sen·hal·zen
het **fles·sen·kind**, fles·sen·kin·de·ren
de **fles·sen·ope·ner** (m), fles·sen·ope·ners
het **fles·sen·rek**, fles·sen·rek·ken; fles·sen·rek·je
het **fles·sen·wa·ter**
flets (bnw), flet·se
de **fleur** *(bloei; frisheid)*
fleu·rig (bnw), fleu·ri·ge
flex (bnw)
flexen (ww), flex, flext; flex·te, flex·ten; ge·flext
flexi·bel (bnw), flexi·be·le
de **flexi·bi·li·teit** (v), flexi·bi·li·tei·ten
de **flexie** (v), flexies
de **flex·wer·ker** (m), flex·wer·kers
flie·re·flui·ten (ww), flie·re·fluit, flie·re·fluit; flie·re·fluit·te, flie·re·fluit·ten; ge·flie·re·fluit
de **flie·re·flui·ter** (m), flie·re·flui·ters
de **flik** (m), flik·ken; flik·je
de **flik·flak** (m), flik·flak·ken, flik·flaks
flik·flooi·en (ww), flik·flooi, flik·flooit; flik·flooi·de, flik·flooi·den; ge·flik·flooid
flik·ken (ww), flik, flikt; flik·te, flik·ten; ge·flikt
de **flik·ker** (m), flik·kers; flik·ker·tje
flik·ke·ren (ww), flik·ker, flik·kert; flik·ker·de, flik·ker·den; ge·flik·kerd
flink (bnw), flin·ke
de **flin·ter** (m), flin·ters; flin·ter·tje
de **flip**, flip·pen
de **flip·chart**, flip·charts
de **flip·flop**, flip·flops; flip·flop·je
de **flip-over** (m), flip-overs
flip·pen (ww), flip, flipt; flip·te, flip·ten; ge·flipt
de **flip·po** (m), flip·po's
de **flirt**[1] (m) *(het flirten)*, flirts; flirt·je

de **flirt**[2] *(persoon),* flir·ten; flirt·je
flir·ten (ww), flirt, flirt; flirt·te, flirt·ten; ge·flirt
de **flits** (m), flit·sen; flits·je
flit·sen (ww), flits, flitst; flits·te, flits·ten; ge·flitst
flit·ten (ww), flit, flit; flit·te, flit·ten; ge·flit
de **flod·der**, flod·ders; flod·der·tje
flod·de·ren (ww), flod·der, flod·dert; flod·der·de, flod·der·den; ge·flod·derd
floe·pen (ww), floep, floept; floep·te, floep·ten; ge·floept
het **floer**, floe·ren
floe·ren (bnw)
het **floers**, floer·sen; floers·je
flon·ke·ren (ww), flon·ker, flon·kert; flon·ker·de, flon·ker·den; ge·flon·kerd
de **flop** (m) *(diskette; mislukking),* flop·pen, flops; flop·je
flop·pen (ww), flop, flopt; flop·te, flop·ten; ge·flopt
de **flop·py** (m), flop·py's; floppy'tje [flop·py·tje]
de **flop·py·disk** (m), flop·py·disks
de **flor** (m)
de **flo·ra**[1] *(plantenboek),* flo·ra's
de **flo·ra**[2] *(plantenwereld)*
flo·re·ren (ww), flo·reer, flo·reert; flo·reer·de, flo·reer·den; ge·flo·reerd
de/het **flo·ret** *(degen),* flo·ret·ten; flo·ret·je
het **flo·ri·da·wa·ter**
flo·ris·sant (bnw), flo·ris·san·te
de **flo·rist** (m), flo·ris·ten
de/het **flos·draad** (m/o), flos·dra·den; flos·draad·je
de **floss**
flos·sen (ww), flos, flost; flos·te, flos·ten; ge·flost
de **flot·tiel·je**, flot·tiel·jes
flou (bnw)
de **flow**, flows
de **flow·chart**, flow·charts
de **flo·wer·po·wer** (m)
de **flox** (m), floxen
de **fluc·tu·a·tie** (v), fluc·tu·a·ties
fluc·tu·e·ren (ww), fluc·tu·eer, fluc·tu·eert; fluc·tu·eer·de, fluc·tu·eer·den; ge·fluc·tu·eerd
fluïde [flu·i·de] (bnw)
het **fluïdum** [flu·i·dum], fluïda [flu·i·da]
flui·men (ww), fluim, fluimt; fluim·de, fluim·den; ge·fluimd
de **fluis·te·raar** (m), fluis·te·raars
fluis·te·ren (ww), fluis·ter, fluis·tert; fluis·ter·de, fluis·ter·den; ge·fluis·terd
de **fluit**, flui·ten; fluit·je
flui·ten (ww), fluit, fluit; floot, flo·ten; ge·flo·ten
het **flui·ten·kruid**
de **flui·tist** (m), flui·tis·ten
de **fluit·ke·tel** (m), fluit·ke·tels; fluit·ke·tel·tje
fluks (bnw), fluk·se
het **fluo·geel**[1], fluo·ge·len
fluo·geel[2] (bnw), fluo·ge·le
de **fluo·hes** (v), fluo·hes·sen; fluo·hes·je
de **fluo·jas**, fluo·jas·sen; fluo·jas·je
de/het **flu·or**
flu·o·res·cent (bnw), flu·o·res·cen·te
de **flu·o·res·cen·tie** (v), flu·o·res·cen·ties
de **flu·o·res·cent·lamp**, flu·o·res·cent·lam·pen
flu·o·res·ce·ren (ww), flu·o·res·ceer, flu·o·res·ceert; flu·o·res·ceer·de, flu·o·res·ceer·den; ge·flu·o·res·ceerd

fluo·re·sce·rend (bnw), fluo·re·sce·ren·de
het **flu·o·ri·de**, flu·o·ri·den, flu·o·ri·des
flu·o·ri·de·ren (ww), flu·o·ri·deer, flu·o·ri·deert; flu·o·ri·deer·de, flu·o·ri·deer·den; ge·flu·o·ri·deerd
de **fluo·stift**, fluo·stif·ten
het **fluo·vest**, fluo·ves·ten; fluo·vest·je
de **flut**
de **flû·te**, flû·tes; flû·te·je
het **flu·weel**, flu·we·len; flu·weel·tje
flu·we·len (bnw)
flu·we·len re·vo·lu·tie
de **flux** (m)
het **flux de bou·che**
de **fly·er** (m), fly·ers; fly·er·tje
fly·e·ren (ww), fly·er, fly·ert; fly·er·de, fly·er·den; ge·fly·erd
de **fly-over** (m), fly-overs
FM *(frequentiemodulatie)*
fnui·ken (ww), fnuik, fnuikt; fnuik·te, fnuik·ten; ge·fnuikt
fnui·kend (bnw), fnui·ken·de
de/het **foam** (m/o), foams
de **foam·bak** (m), foam·bak·ken
de **fo·bie** (v), fobieën [fo·bie·en]; fo·bie·tje
fo·bisch (bnw), fo·bi·sche
de **fo·cac·cia** (m), fo·cac·ci·a's
de **fo·cus** (m), fo·cus·sen
de **fo·cus·groep**, fo·cus·groe·pen
fo·cus·sen (ww), fo·cus, fo·cust; fo·cus·te, fo·cus·ten; ge·fo·cust
fo·cus·se·ren (ww), fo·cus·seer, fo·cus·seert; fo·cus·seer·de, fo·cus·seer·den; ge·fo·cus·seerd
het **foe·draal**, foe·dra·len; foe·draal·tje
de **foef**, foe·fen; foef·je
foe·fe·len (ww), foe·fel, foe·felt; foe·fel·de, foe·fel·den; ge·foe·feld
foei (tussenw)
de **foe·lie**, foe·lies
de **foe·ra·ge** (v), foe·ra·ges
foe·ra·ge·ren (ww), foe·ra·geer, foe·ra·geert; foe·ra·geer·de, foe·ra·geer·den; ge·foe·ra·geerd
de **foe·rier** (m), foe·riers; foe·rier·tje
foert (tussenw)
foe·taal (bnw), foe·ta·le
foe·te·len (ww), foe·tel, foe·telt; foe·tel·de, foe·tel·den; ge·foe·teld
foe·te·ren (ww), foe·ter, foe·tert; foe·ter·de, foe·ter·den; ge·foe·terd
de **foet·sie**[1] (m) *(afvalbak)*, foet·sies
foet·sie[2] (bijw)
de/het **foe·tus** (m/o), foe·tus·sen; foe·tus·je
de **foe·yong·hai**
foe·ze·len (ww), foe·zel, foe·zelt; foe·zel·de, foe·zel·den; ge·foe·zeld
de **föhn** (m), föhns
föh·nen (ww), föhn, föhnt; föhn·de, föhn·den; ge·föhnd
de **foie gras** (m)
foil
de **fok**[1] (m) *(het fokken)*
de **fok**[2] *(zeil)*, fok·ken; fok·je
de **fok·hengst** (m), fok·heng·sten
fok·ken (ww), fok, fokt; fok·te, fok·ten; ge·fokt
de **fok·ker** (m), fok·kers
de **fol·der** (m), fol·ders; fol·der·tje
de **fol·de·raar** (m), fol·de·raars
fol·de·ren (ww), fol·der, fol·dert; fol·der·de, fol·der·den; ge·fol·derd
de/het **fo·lie**, fo·lies; fo·lie·tje
het **fo·lio**, fo·li·o's; foliootje [fo·lio·tje]
het **fo·li·um·zuur**
de **folk** (m)
de **fol·klo·re**, fol·klo·res
fol·klo·ris·tisch (bnw), fol·klo·ris·ti·sche
de **folk·mu·ziek** (v)

de **fol·li·kel** (m), fol·li·kels
de **fol·low-up** (m), fol·low-ups; fol·low-up·je
de **fol·te·raar** (m), fol·te·raars
fol·te·ren (ww), fol·ter, fol·tert; fol·ter·de, fol·ter·den; ge·fol·terd
de/het **fond** (m/o), fonds
de **fon·dant** (m), fon·dants; fon·dant·je
de **fon·dant·cho·co·la·de** (m)
de/het **fond de teint**, fond de teints, fonds de teint
het **fonds**, fond·sen; fonds·je
de **fond·sen·wer·ving** (v), fond·sen·wer·vin·gen
de **fonds·wer·ving** (v), fonds·wer·vin·gen
de **fon·due**, fon·dues
fon·du·en (ww), fon·du, fon·duut; fon·du·de, fon·du·den; ge·fon·duud
het **fo·neem**, fo·ne·men
de **fo·ne·tiek** (v)
fo·ne·tisch (bnw), fo·ne·ti·sche
fo·nisch (bnw), fo·ni·sche
fon·ke·len (ww), fon·kel, fon·kelt; fon·kel·de, fon·kel·den; ge·fon·keld
de **fo·no·graaf** (m), fo·no·gra·fen
de **fo·no·lo·gie** (v)
de **fo·no·theek** (v), fo·no·the·ken
het **font**, fonts
de **fon·ta·nel**, fon·ta·nel·len
de **fon·tein**, fon·tei·nen; fon·tein·tje
het **food**
de **fooi**, fooi·en; fooi·tje
de **foor**, fo·ren
de **fop** (m), fop·pen; fop·je
fop·pen (ww), fop, fopt; fop·te, fop·ten; ge·fopt
de **fop·per** (m), fop·pers
de **fop·speen**, fop·spe·nen; fop·speen·tje
de **for·ce ma·jeu·re**
for·ce·ren (ww), for·ceer, for·ceert; for·ceer·de, for·ceer·den; ge·for·ceerd
de **fo·rel**, fo·rel·len; fo·rel·le·tje
de **fo·rens** (m), fo·ren·sen, fo·ren·zen
fo·ren·sen (ww), fo·rens, fo·renst; fo·rens·te, fo·rens·ten; ge·fo·renst
de **fo·ren·sen·be·las·ting** (v), fo·ren·sen·be·las·tin·gen
de **fo·ren·sen·taks**, fo·ren·sen·tak·sen
fo·ren·sisch (bnw), fo·ren·si·sche
fo·ren·zen (ww), fo·rens, fo·renst; fo·rens·de, fo·rens·den; ge·fo·rensd
de **fo·ren·zen·be·las·ting** (v), fo·ren·zen·be·las·tin·gen
de **fo·ren·zen·taks**, fo·ren·zen·tak·sen
het **for·fait**, for·faits; for·fait·je
for·fai·tair (bnw), for·fai·tai·re
de **form**
het **for·maat**, for·ma·ten; for·maat·je
for·ma·li·se·ren (ww), for·ma·li·seer, for·ma·li·seert; for·ma·li·seer·de, for·ma·li·seer·den; ge·for·ma·li·seerd
de **for·ma·li·teit** (v), for·ma·li·tei·ten; for·ma·li·teit·je
de/het **for·mat** (m/o), for·mats; for·mat·je
de **for·ma·teur** (m), for·ma·teurs
de **for·ma·tie** (v), for·ma·ties
for·ma·tief (bnw), for·ma·tie·ve
for·mat·te·ren (ww), for·mat·teer, for·mat·teert; for·mat·teer·de, for·mat·teer·den; ge·for·mat·teerd
de **for·mat·te·ring** (v), for·mat·te·rin·gen
het **for·meel**[1], for·me·len
for·meel[2] (bnw), for·me·le

for·me·ren (ww), for·meer, for·meert; for·meer·de, for·meer·den; ge·for·meerd
het **for·mi·ca**[1]
for·mi·ca[2] (bnw)
for·mi·da·bel (bnw), for·mi·da·be·le
de **for·mu·le**, for·mu·les; for·mu·le·tje
de **for·mu·le 1-pi·loot** (m), for·mu·le 1-pi·lo·ten
de **for·mu·le 1-race** (m), for·mu·le 1-ra·ces
for·mu·le·ren (ww), for·mu·leer, for·mu·leert; for·mu·leer·de, for·mu·leer·den; ge·for·mu·leerd
de **for·mu·le·ring** (v), for·mu·le·rin·gen
het **for·mu·lier**, for·mu·lie·ren; for·mu·lier·tje
het **for·nuis**, for·nui·zen; for·nuis·je
fors (bnw), for·se
de **for·sa**
de **for·sy·thia**, for·sy·thi·a's
het **fort**[1] *(vestingwerk)*, for·ten; fort·je
het **fort**[2] *(sterke zijde)*, fort·je
for·ti·o·ri: a fortiori
de **fort·night** (m), fort·nights
de **for·tuin**[1] *(lot, noodlot)*, for·tui·nen
het **for·tuin**[2] *(geldelijk vermogen, geluk)*, for·tui·nen; for·tuin·tje
het **fo·rum**, fo·ra, fo·rums; fo·rum·pje
for·war·den (ww), for·ward, for·wardt; for·ward·de, for·ward·den; ge·for·ward
het **fos·faat**, fos·fa·ten
de/het **fos·for** (m/o)
het **fos·siel**[1], fos·sie·len; fos·siel·tje
fos·siel[2] (bnw), fos·sie·le
fos·si·li·se·ren (ww), fos·si·li·seer, fos·si·li·seert; fos·si·li·seer·de, fos·si·li·seer·den; ge·fos·si·li·seerd
de **fo·to**, fo·to's; fotootje [fo·to·tje]
het **fo·to·al·bum**, fo·to·al·bums; fo·to·al·bum·pje
het **fo·to·ap·pa·raat**, fo·to·ap·pa·ra·ten; fo·to·ap·pa·raat·je
de **fo·to·ap·pa·ra·tuur** (v)
het **fo·to·ar·chief**, fo·to·ar·chie·ven
het **fo·to·boek**, fo·to·boe·ken; fo·to·boek·je
het **fo·to·bu·reau**, fo·to·bu·reaus
de **fo·to·ca·me·ra**, fo·to·ca·me·ra's; fotocameraatje [fo·to·ca·me·ra·tje]
de **fo·to·club**, fo·to·clubs
de **fo·to·col·la·ge** (v), fo·to·col·la·ges
de **fo·to-ex·po** (v), fo·to-ex·po's
de **fo·to-ex·po·si·tie** (v), fo·to-ex·po·si·ties
fo·to·fuc·ken (ww), fo·to·fuck, fo·to·fuckt; fo·to·fuck·te, fo·to·fuck·ten; ge·fo·to·fuckt
de **fo·to·ga·le·rie** (v), fotogalerieën [fo·to·ga·le·rie·en], fo·to·ga·le·ries
de **fo·to·ga·le·rij** (v), fo·to·ga·le·rij·en
fo·to·ge·niek (bnw), fo·to·ge·nie·ke
de **fo·to·graaf** (m), fo·to·gra·fen; fo·to·graaf·je
de **fo·to·gra·fe** (v), fo·to·gra·fes
fo·to·gra·fe·ren (ww), fo·to·gra·feer, fo·to·gra·feert; fo·to·gra·feer·de, fo·to·gra·feer·den; ge·fo·to·gra·feerd
de **fo·to·gra·fie** (v), fotografieën [fo·to·gra·fie·en]; fo·to·gra·fie·tje
de **fo·to-im·pres·sie** (v), fo·to-im·pres·sies
de **fo·to-in·for·ma·tie** (v)
de **fo·to·jour·na·lis·tiek** (v)
de/het **fo·to·ka·der** (m/o), fo·to·ka·ders; fo·to·ka·der·tje

de **fo·to·ko·pie** (v), fotokopieën [fo·to·ko·pie·en]; fo·to·ko·pie·tje
het **fo·to·ko·pi·eer·ap·pa·raat**, fo·to·ko·pi·eer·ap·pa·ra·ten
de **fo·to·ko·pi·eer·ma·chi·ne** (v), fo·to·ko·pi·eer·ma·chi·nes
de **fo·to·ko·pie·ma·chi·ne** (v), fo·to·ko·pie·ma·chi·nes
fotokopiëren [fo·to·ko·pi·e·ren] (ww), fo·to·ko·pi·eer, fo·to·ko·pi·eert; fo·to·ko·pi·eer·de, fo·to·ko·pi·eer·den; ge·fo·to·ko·pi·eerd
de **fo·to·lijst**, fo·to·lijs·ten; fo·to·lijst·je
de **fo·to·mon·ta·ge** (v), fo·to·mon·ta·ges
het **fo·ton**, fo·to·nen
de **fo·to-op·dracht**, fo·to-op·drach·ten
de **fo·to-op·na·me**, fo·to-op·na·men, fo·to-op·na·mes
de **fo·to·re·por·ta·ge** (v), fo·to·re·por·ta·ges
de **fo·to·ses·sie** (v), fo·to·ses·sies
de **fo·to·shoot** (m), fo·to·shoots
fo·to·shop·pen (ww), fo·to·shop, fo·to·shopt; fo·to·shop·te, fo·to·shop·ten; ge·fo·to·shopt
de **fo·to·stu·dio** (m), fo·to·stu·di·o's
de **fo·to·syn·the·se** (v)
de **fo·to·ten·toon·stel·ling** (v), fo·to·ten·toon·stel·lin·gen
de **fo·to·the·ra·pie** (v), fototherapieën [fo·to·the·ra·pie·en]
het **fo·to·toe·stel**, fo·to·toe·stel·len
fotovoltaïsch [fo·to·vol·ta·isch] (bnw), fotovoltaïsche [fo·to·vol·ta·i·sche]
fo·to·zet·ten (ww)
de **fouil·le** (v), fouil·les
de **fouil·leer·ka·mer**, fouil·leer·ka·mers
fouil·le·ren (ww), fouil·leer, fouil·leert; fouil·leer·de, fouil·leer·den; ge·fouil·leerd
de **fouil·le·ring** (v), fouil·le·rin·gen
de **fou·lard** (m), fou·lards
de **foun·da·ti·on** (m), foun·da·ti·ons
four·ne·ren (ww), four·neer, four·neert; four·neer·de, four·neer·den; ge·four·neerd
de **four·ni·tu·ren** (mv)
de **four·wheel·drive** (m), four·wheel·drives
de **fout**[1], fou·ten; fout·je
fout[2] (bnw), fou·te
de **fou·ten·mar·ge**, fou·ten·mar·ges
fou·tief (bnw), fou·tie·ve
fou·tie·ve·lijk (bijw)
fout·loos (bnw), fout·lo·ze
de **fout·mar·ge**, fout·mar·ges
de **fout·mel·ding** (v), fout·mel·din·gen
fout·par·ke·ren (ww), par·keer fout, par·keert fout; par·keer·de fout, par·keer·den fout; fout·ge·par·keerd
fow·ru·do·ti
de **fox** (m), foxen; fox·je
de **foxterriër** [fox·ter·ri·er] (m), foxterriërs [fox·ter·ri·ers]
de **fox·trot** (m), fox·trots; fox·trot·je
foxy (bnw)
de **foy·er** (m), foy·ers; foy·er·tje
fr. *(frank; frater)*
fra *(frate (broeder)),* fra's
fraai (bnw), fraaie
frac·ken (ww)
de **frac·tal** (m), frac·tals
de **frac·tie** (v), frac·ties; frac·tie·tje
de **frac·tie·lei·der** (m), frac·tie·lei·ders
de **frac·tie·voor·zit·ter** (m), frac·tie·voor·zit·ters

de **frac·tuur** (v), frac·tu·ren; frac·tuur·tje
fra·giel (bnw), fra·gie·le
het **frag·ment**, frag·men·ten; frag·ment·je
frag·men·ta·risch (bnw), frag·men·ta·ri·sche
de **frai·se** (v), frai·ses
de **frak** (m), frak·ken; frak·je
de **fram·boos**, fram·bo·zen; fram·boos·je
de **fram·bo·zen·struik** (m), fram·bo·zen·strui·ken
het **frame**, frames; frame·pje
het **frame·work**, frame·works
de **franc** (m) *(munt)*, francs; franc·je
de **Fran·çai·se** (v), Fran·çai·ses; Fran·çai·se·tje
de **fran·che·pa·ne** (m) *(boomstruik)*
de **fran·chi·se** (v), fran·chi·ses
de **fran·chi·se·for·mu·le**, fran·chi·se·for·mu·les
fran·chi·sen (ww), fran·chise, fran·chiset; fran·chise·de, fran·chise·den; ge·fran·chised
de **fran·chi·se·ne·mer** (m), fran·chi·se·ne·mers
de **fran·chi·se·or·ga·ni·sa·tie** (v), fran·chi·se·or·ga·ni·sa·ties
de **fran·cis·caan** (m), fran·cis·ca·nen
fran·cis·caans (bnw), fran·cis·caan·se
het **fran·cis·ca·nen·kloos·ter**, fran·cis·ca·nen·kloos·ters
fran·cis·ca·ner (bnw)
fran·co (bnw)
de **fran·co·fiel**[1] (m), fran·co·fie·len
fran·co·fiel[2] (bnw), fran·co·fie·le
de **fran·co·fo·nie** (v)
fran·co·foon (bnw), fran·co·fo·ne
de **franc-ti·reur** (m), francs-ti·reurs
de **fran·gi·pa·ne**[1] (v) *(taart)*, fran·gi·pa·nes
de **fran·gi·pa·ne**[2] (v) *(deeg, vulling)*
de **fran·je**, fran·jes; fran·je·tje
de **frank**[1] (m) *(munt)*, fran·ken; frank·je
frank[2] (bnw), fran·ke
de **Fran·ken** (mv) *(volk)*
fran·ke·ren (ww), fran·keer, fran·keert; fran·keer·de, fran·keer·den; ge·fran·keerd
Fran·kisch (bnw), Fran·ki·sche
frans: vrolijke frans
het **Frans**[1] *(taal)*
Frans[2] (bnw), Fran·se
Frans-Duits (bnw), Frans-Duit·se
de **Fran·se** (v), Fran·sen
Frans·ge·zind (bnw), Frans·ge·zin·de
de **Frans-Gu·y·a·nees**[1] (m), Frans-Gu·y·a·ne·zen
Frans-Gu·y·a·nees[2] (bnw), Frans-Gu·y·a·ne·se
de **frans·man** (m) *(seizoenarbeider in Frankrijk)*, frans·mans; frans·man·ne·tje
de **Frans·man** (m) *(persoon uit Frankrijk)*, Fran·sen; Frans·man·ne·tje
de **frans·man·bi·ram·bi**, frans·man·bi·ram·bi's
de **fran·soos** (m), fran·so·zen; fran·soos·je
Frans·spre·kend (bnw), Frans·spre·ken·de
Frans·ta·lig (bnw), Frans·ta·li·ge
de **Frans·ta·li·ge**, Frans·ta·li·gen
frap·pant (bnw), frap·pan·te
de **frap·pe** (v), frap·pen
frap·pe·ren (ww), frap·peer, frap·peert; frap·peer·de, frap·peer·den; ge·frap·peerd
de **fra·se** (v), fra·sen, fra·ses; fra·se·tje
de **fra·seo·lo·gie** (v)
de **frats**, frat·sen
de **frau·de**, frau·des

F

frau·de·ren (ww), frau·deer, frau·deert; frau·deer·de, frau·deer·den; ge·frau·deerd
de **frau·deur** (m), frau·deurs
frau·du·leus (bnw), frau·du·leu·ze
fra·ze·len (ww), fra·zel, fra·zelt; fra·zel·de, fra·zel·den; ge·fra·zeld
de **freak**, freaks; freak·je
frea·ken (ww), freak, freakt; freak·te, freak·ten; ge·freakt
de **free·jazz** (m)
free·lance (bnw)
de **free·lan·ce·ba·sis** (v)
het **free·lance·con·tract**, free·lance·con·trac·ten
de **free·lance·jour·na·list** (m), free·lance·jour·na·lis·ten
free·lan·cen (ww), free·lance, free·lancet; free·lance·te, free·lance·ten; ge·free·lancet
de **free·lan·cer** (m), free·lan·cers
het **free·lance·werk**
het **free po·di·um**, free po·dia, free po·di·ums
de **free pu·bli·ci·ty** (v)
de **free·ri·der** (m), free·ri·ders
de **frees**, fre·zen; frees·je
de **frees·ma·chi·ne** (v), frees·ma·chi·nes
de **free·style**[1] (m)
free·style[2] (bnw)
free·sty·len (ww), free·style, free·stylet; free·style·de, free·style·den; ge·free·styled
free·whee·len (ww), free·wheel, free·wheelt; free·wheel·de, free·wheel·den; ge·free·wheeld
de **free·zer**, free·zers
het **fre·gat**, fre·gat·ten
het **frei·net·on·der·wijs**
frê·le (bnw)
de **fremd·kör·per** (m), fremd·kör·per
de **fre·on** (m), fre·o·nen
fre·quent (bnw), fre·quen·te
fre·quen·te·ren (ww), fre·quen·teer, fre·quen·teert; fre·quen·teer·de, fre·quen·teer·den; ge·fre·quen·teerd
de **fre·quen·tie** (v), fre·quen·ties
het **fres·co**, fres·co's; frescootje [fres·co·tje]
de **fre·sia**, fre·si·a's; fresiaatje [fre·sia·tje]
de **fret**[1] (m) *(gitaaronderdeel)*, frets, fret·ten; fret·je
de **fret**[2] (m) *(boor)*, fret·ten; fret·je
de/het **fret**[3] (m/o) *(dier)*, fret·ten; fret·je
fret·ten (ww), fret, fret; fret·te, fret·ten; ge·fret
de **freu·di·aan** (m), freu·di·a·nen
freu·di·aans (bnw), freu·di·aan·se
de **freu·le** (v), freu·les; freu·le·tje
fre·zen (ww), frees, freest; frees·de, frees·den; ge·freesd
de **fri·can·deau** (m), fri·can·deaus
de **fri·can·don** (m), fri·can·dons
de **fri·cas·see** (v), fri·cas·sees; fri·cas·see·tje
de **fric·tie** (v), fric·ties
frie·me·len (ww), frie·mel, frie·melt; frie·mel·de, frie·mel·den; ge·frie·meld
de **fries**[1] (m) *(paard)*, frie·zen
de/het **fries**[2] *(bouwkunstterm)*, frie·zen
het **fries**[3] *(weefsel)*
de **Fries**[1] (m) *(persoon)*, Frie·zen
het **Fries**[2] *(taal)*
Fries[3] (bnw), Frie·se
de **friet**, frie·ten; friet·je
de **friet·chi·nees** (m), friet·chi·ne·zen
de **friet·ke·tel** (m), friet·ke·tels; friet·ke·tel·tje

het **friet·kot**, friet·ko·ten, friet·kot·ten; friet·kot·je
de/het **friet·kraam**, friet·kra·men; friet·kraam·pje
het **friet·vet**, friet·vet·ten
de **Frie·zin** (v), Frie·zin·nen; Frie·zin·ne·tje
de **fri·go** (m), fri·go's; frigootje [fri·go·tje]
de **fri·go·box** (m), fri·go·boxen
frij·nen (ww), frijn, frijnt; frijn·de, frijn·den; ge·frijnd
de **frik** (m), frik·ken
de **fri·ka·del**, fri·ka·del·len; fri·ka·del·le·tje
de **fri·kan·del**, fri·kan·del·len; fri·kan·del·le·tje
fris (bnw), fris·se
de **fris·bee** (m), fris·bees; fris·bee·tje
frisbeeën [fris·bee·en] (ww), fris·bee, fris·beet; fris·bee·de, fris·bee·den; ge·fris·beed
de **fris·co** (m), fris·co's
de **fris·drank** (m), fris·dran·ken; fris·drank·je
het **fri·sis·me**, fri·sis·men
de **fri·suur** (v), fri·su·ren
de **fri·tes** (mv)
de **fri·teu·se** (v), fri·teu·ses
de **frit·ta·ta** (m), frit·ta·ta's
fri·tu·ren (ww), fri·tuur, fri·tuurt; fri·tuur·de, fri·tuur·den; ge·fri·tuurd
de **fri·tu·rist** (m), fri·tu·ris·ten
de **fri·tuur** (v), fri·tu·ren; fri·tuur·tje
de **fri·tuur·olie**, frituuroliën [fri·tuur·oli·en], fri·tuur·olies
de **fri·tuur·pan**, fri·tuur·pan·nen
fri·vool (bnw), fri·vo·le
frö·be·len (ww), frö·bel, frö·belt; frö·bel·de, frö·bel·den; ge·frö·beld
from·me·len (ww), from·mel, from·melt; from·mel·de, from·mel·den; ge·from·meld
de **frons**, fron·sen, fron·zen; frons·je
fron·sen (ww), frons, fronst; frons·te, frons·ten; ge·fronst
het **front**, fron·ten; front·je
fron·taal (bnw), fron·ta·le
de **front·desk** (m), front·desks
de **front·end** (m), front·ends
het **fron·tis·pi·ce**, fron·tis·pi·ces
de/het **front·of·fice** (m/o), front·of·fi·ces
het **fron·ton**, fron·tons; fron·ton·ne·tje
frot·ten (ww), frot, frot; frot·te, frot·ten; ge·frot
frot·te·ren (ww), frot·teer, frot·teert; frot·teer·de, frot·teer·den; ge·frot·teerd
de **frou·frou** (m), frou·frous; frou·frou·tje
het **fruit**
het **fruit·bark·je**, fruit·bark·jes
frui·ten (ww), fruit, fruit; fruit·te, fruit·ten; ge·fruit
de **fruit·mand**, fruit·man·den; fruit·mand·je
de **fruit·pap**, fruit·pap·pen; fruit·pap·je
de **fruit·pers**, fruit·per·sen; fruit·pers·je
de **fruit·punch** (m)
de **fruit·sa·la·de**, fruit·sa·la·des
het **fruit·sap**, fruit·sap·pen; fruit·sap·je
de **fruit·schaal**, fruit·scha·len; fruit·schaal·tje
de **fruits de mer** (mv)
de **fruit·thee** (m), fruittheeën [fruit·thee·en]
de **fruit·vla**, fruit·vla's
de **fruit·vlieg**, fruit·vlie·gen; fruit·vlieg·je
frun·ni·ken (ww), frun·nik, frun·nikt; frun·nik·te,

F

frun·nik·ten; ge·frun·nikt
de **frus·tra·tie** (v), frus·tra·ties; frus·tra·tie·tje
frus·tre·ren (ww), frus·treer, frus·treert; frus·treer·de, frus·treer·den; ge·frus·treerd
frus·tre·rend (bnw), frus·tre·ren·de
fte *(fulltime-equivalent)*, fte's
ftp'en [ftp·en] (ww), ftp, ftp't; ftp'de [ftp·de], ftp'den [ftp·den]; ge-ftp'd
de **fuch·sia**, fuch·si·a's
fuck (tussenw)
fuc·ken (ww), fuck, fuckt; fuck·te, fuck·ten; ge·fuckt
de **fu·ga**, fu·ga's; fugaatje [fu·ga·tje]
de **fuif**, fui·ven; fuif·je
de **fuik**, fui·ken; fuik·je
Fuik·dag, Fuik·da·gen
fui·ven (ww), fuif, fuift; fuif·de, fuif·den; ge·fuifd
de **full co·lour**[1] (m), full co·lours
full co·lour[2] (bnw)
de **full·co·lour·druk** (m), full·co·lour·druk·ken
full·time (bnw)
de **full·time·baan**, full·time·ba·nen
de **full·time·be·trek·king** (v), full·time·be·trek·kin·gen
de **full·time·job** (m), full·time·jobs
de **full·ti·mer** (m), full·ti·mers
ful·mi·ne·ren (ww), ful·mi·neer, ful·mi·neert; ful·mi·neer·de, ful·mi·neer·den; ge·ful·mi·neerd
ful·pen (bnw)
fu·mé (bnw)
de **fun** (m)
de **fun·chi**
de **func·tie** (v), func·ties
de **func·tie·aan·dui·ding** (v), func·tie·aan·dui·din·gen
de **func·tie·ana·ly·se** (v), func·tie·ana·ly·sen, func·tie·ana·ly·ses
de **func·tie·be·schrij·ving** (v), func·tie·be·schrij·vin·gen
de **func·tie-eis** (m), func·tie-ei·sen
de **func·tie-in·houd** (m)
func·tie·loos (bnw), func·tie·lo·ze
de **func·tie·om·schrij·ving** (v), func·tie·om·schrij·vin·gen
het **func·tie·pro·fiel**, func·tie·pro·fie·len
de **func·tie·ti·tel** (m), func·tie·ti·tels
het **func·ti·o·na·lis·me**
de **func·ti·o·na·li·teit** (v), func·ti·o·na·li·tei·ten
de **func·ti·o·na·ris** (m), func·ti·o·na·ris·sen
func·ti·o·neel (bnw), func·ti·o·ne·le
func·ti·o·ne·ren (ww), func·ti·o·neer, func·ti·o·neert; func·ti·o·neer·de, func·ti·o·neer·den; ge·func·ti·o·neerd
de **func·ti·o·ne·ring** (v)
het **func·ti·o·ne·rings·ge·sprek**, func·ti·o·ne·rings·ge·sprek·ken
het **fun·da·ment**, fun·da·men·ten; fun·da·ment·je
het **fun·da·men·ta·lis·me**
fun·da·men·ta·lis·tisch (bnw), fun·da·men·ta·lis·ti·sche
fun·da·men·teel (bnw), fun·da·men·te·le
de **fun·da·tie** (v), fun·da·ties
fun·de·ren (ww), fun·deer, fun·deert; fun·deer·de, fun·deer·den; ge·fun·deerd
de **fun·de·ring** (v), fun·de·rin·gen; fun·de·rin·kje
de **fun·di** (m), fun·di's
fund·rai·sen (ww), fund·raise, fund·raiset; fund·raise·de,

fund·raise·den; ge·fund·raised
de **fund·rai·sing**, fund·rai·sings
de **fund·rai·sings·ac·ti·vi·teit** (v), fund·rai·sings·ac·ti·vi·tei·ten
het **fund·rai·sings·ka·rak·ter**
het **fund·rai·sings·pro·ject**, fund·rai·sings·pro·jec·ten
het **fu·ne·ra·ri·um**, fu·ne·ra·ria, fu·ne·ra·ri·ums
fu·nest (bnw), fu·nes·te
fun·ge·ren (ww), fun·geer, fun·geert; fun·geer·de, fun·geer·den; ge·fun·geerd
het **fun·gi·ci·de**, fun·gi·ci·den
de **funk** (m)
fun·ky (bnw)
fun·shop·pen (ww), fun·shop, fun·shopt; fun·shop·te, fun·shop·ten; ge·fun·shopt
de **fu·rie** (v), furiën [fu·ri·en], fu·ries
fu·ri·eus (bnw), fu·ri·eu·ze
de **fu·ro·re**
de **fu·see** (v), fu·sees
fu·se·ren (ww), fu·seer, fu·seert; fu·seer·de, fu·seer·den; ge·fu·seerd
de **fu·se·ring** (v), fu·se·rin·gen
de **fu·sie** (v), fu·sies
fu·sil·le·ren (ww), fu·sil·leer, fu·sil·leert; fu·sil·leer·de, fu·sil·leer·den; ge·fu·sil·leerd
de **fu·sil·li** (mv)
de **fu·si·on** (v)
fu·si·o·ne·ren (ww), fu·si·o·neer, fu·si·o·neert; fu·si·o·neer·de, fu·si·o·neer·den; ge·fu·si·o·neerd
het **fust**, fus·ten; fust·je
de **fut**
fu·tiel (bnw), fu·tie·le
de **fu·ti·li·teit** (v), fu·ti·li·tei·ten
fut·loos (bnw), fut·lo·ze
de **fu·ton**, fu·tons
fut·se·len (ww), fut·sel, fut·selt; fut·sel·de, fut·sel·den; ge·fut·seld
fu·tu·ris·tisch (bnw), fu·tu·ris·ti·sche
de **fuut**[1] (m), fu·ten; fuut·je
fuut[2] (tussenw)
fuz·zy (bnw)
de **fy·lo·ge·ne·se** (v)
het **fy·lum**, fy·la
de **fyo·fyo**, fyo·fyo's
de **fy·si·ca** (v)
fy·si·co·che·misch (bnw), fy·si·co·che·mi·sche
de **fy·si·cus** (m), fy·si·ci
de/het **fy·siek**[1] (m/o)
fy·siek[2] (bnw), fy·sie·ke
de **fy·sio** (m), fy·si·o's
de **fy·sio·gno·mie** (v), fysiognomieën [fy·sio·gno·mie·en]
de **fy·sio·lo·gie** (v)
fy·sio·lo·gisch (bnw), fy·sio·lo·gi·sche
de **fy·sio·no·mie** (v), fysionomieën [fy·sio·no·mie·en]
de **fy·sio·the·ra·peut** (m), fy·sio·the·ra·peu·ten
de **fy·sio·the·ra·pie** (v), fysiotherapieën [fy·sio·the·ra·pie·en]
fy·sisch (bnw), fy·si·sche
de **fy·sisch geo·graaf** (m), fy·sisch geo·gra·fen
fy·to·sa·ni·tair (bnw), fy·to·sa·ni·tai·re
de **fy·to·the·ra·pie** (v), fytotherapieën [fy·to·the·ra·pie·en]

G

de **g**[1], g's; g'tje
g[2] *(gram)*
de **gaaf**[1], ga·ven
gaaf[2] (bnw), ga·ve
de **gaaf·heid** (v), gaaf·he·den
gaaf·ran·dig (bnw), gaaf·ran·di·ge
de **gaai** (m), gaai·en; gaai·tje
de **gaai·bol·ling** (v), gaai·bol·lin·gen
de **gaai·schie·ter** (m), gaai·schie·ters
de **gaal**, ga·len; gaal·tje
gaan (ww), ga, gaat; ging, gin·gen; ge·gaan
gaan·de (bnw)
de **gaan·de·rij** (v), gaan·de·rij·en; gaan·de·rij·tje
gaan·de·weg[1] (bijw)
gaan·de·weg[2] (voorz)
gaans: een uur gaans
de **gaap** (m), ga·pen; gaap·je
gaar (bnw), ga·re
de **gaard** (m), gaar·den; gaard·je
de **gaar·de·nier** (m), gaar·de·niers
de **gaar·keu·ken**, gaar·keu·kens
gaar·ko·ken (ww), kook gaar, kookt gaar; kook·te gaar, kook·ten gaar; gaar·ge·kookt
gaar·ne (bijw)
gaar·sto·ven (ww), stoof gaar, stooft gaar; stoof·de gaar, stoof·den gaar; gaar·ge·stoofd
het **gaas**, ga·zen; gaas·je
de **gaas·vlieg**, gaas·vlie·gen
de **ga·bar·di·ne**[1] (v) *(regenjas)*, ga·bar·di·nes
de **ga·bar·di·ne**[2] *(stofnaam)*
ga·bar·di·ne[3] (bnw)
het **ga·ba·rit**
de **gab·ber** (m), gab·bers; gab·ber·tje
de **ga·de**, ga·den
ga·de·slaan (ww), sla ga·de, slaat ga·de; sloeg ga·de, sloe·gen ga·de; ga·de·ge·sla·gen
het **gad·get**, gad·gets
de **ga·ding** (v)
ga·do·de·de
de **ga·do·ga·do** (m)
de **ga·do·tyo**, ga·do·ty·o's
gad·ver (tussenw)
gad·ver·dam·me (tussenw)
Gae·lic
de **gaf·fe**, gaf·fes
de **gaf·fel**, gaf·fels; gaf·fel·tje
gaf·fel·vor·mig (bnw), gaf·fel·vor·mi·ge
de **gag** (m), gags
ga·ga (bnw)
de **ga·ge**, ga·ges
de **gai·ne**, gai·nes
de **gai·ta**, gai·ta's
het **ga·jes**
gak (tussenw)
gak·ken (ww), gak, gakt; gak·te, gak·ten; ge·gakt
de **gal**[1] *(stofnaam)*
de **gal**[2] *(gezwel)*, gal·len; gal·le·tje
het **ga·la**, ga·la's; galaatje [ga·la·tje]
de **ga·la-avond** (m), ga·la-avon·den
het **ga·la·bal**, ga·la·bals
ga·lac·tisch (bnw), ga·lac·ti·sche
de **ga·lac·to·se**
het **ga·la·di·ner**, ga·la·di·ners
de **ga·la·jurk**, ga·la·jur·ken; ga·la·jurk·je
de **ga·lant**[1] (m), ga·lan·ten, ga·lants
ga·lant[2] (bnw), ga·lan·te
de **ga·la·pa·gos·schild·pad**, ga·la·pa·gos·schild·pad·den
de/het **ga·la-uni·form**, ga·la-uni·for·men
de **ga·laxie** (v), galaxieën [ga·laxie·en]; ga·laxie·tje

de **gal·blaas**, gal·bla·zen
de **ga·lei**, ga·lei·en; ga·lei·tje
de **ga·lei·boef** (m), ga·lei·boe·ven
de **ga·le·rie** (v), galerieën [ga·le·rie·en], ga·le·ries; ga·le·rie·tje
de **ga·le·rij** (v), ga·le·rij·en; ga·le·rij·tje
de **ga·le·rij·flat** (m), ga·le·rij·flats
de **ga·le·rist** (m), ga·le·ris·ten
de **ga·let·te** (m), ga·let·tes
de **galg**, gal·gen; galg·je
de **gal·gen·hu·mor** (m)
het **gal·gen·maal**, gal·gen·ma·len; gal·gen·maal·tje
Ga·li·cisch (bnw), Ga·li·ci·sche
het **gal·joen**, gal·joe·nen; gal·joen·tje
de/het **gal·ko·liek** (v/o), gal·ko·lie·ken
de **gal·le·mie·zen** (mv)
gal·len (ww), gal, galt; gal·de, gal·den; ge·gald
het **gal·li·cis·me**, gal·li·cis·men
gal·lisch (bnw) *(korzelig)*, gal·li·sche
Gal·lisch (bnw) *(m.b.t. Gallië)*, Gal·li·sche
de **gal·lo·fo·bie** (v)
de/het **gal·lon** (m/o), gal·lons
Gal·lo-Ro·meins (bnw), Gal·lo-Ro·mein·se
de **gal·lo·way** (m) *(rund)*, gal·lo·ways
de **galm** (m), gal·men; galm·pje
gal·men (ww), galm, galmt; galm·de, galm·den; ge·galmd
de/het **ga·lon** (m/o), ga·lon·nen, ga·lons; ga·lon·ne·tje
de **ga·lop** (m), ga·lops; ga·lop·je
de **ga·lop·pas** (m), ga·lop·pas·sen
ga·lop·pe·ren (ww), ga·lop·peer, ga·lop·peert; ga·lop·peer·de, ga·lop·peer·den; ge·ga·lop·peerd
gal·va·ni·se·ren (ww), gal·va·ni·seer, gal·va·ni·seert; gal·va·ni·seer·de, gal·va·ni·seer·den; ge·gal·va·ni·seerd
de **gal·va·no·scoop** (m), gal·va·no·sco·pen
de **gam·ba**, gam·ba's
de **game** (m), games; game·pje
de **game·boy** (m), game·boys
de **game·con·sole**, game·con·so·les
de **ga·meet**, ga·me·ten
de **game-in·dus·trie** (v), game-industrieën [game-in·dus·trie·en]
de **ga·mel**, ga·mel·len
de **ga·me·lan** (m), ga·me·lans
de **ga·me·lan·groep**, ga·me·lan·groe·pen
het **ga·me·lan·or·kest**, ga·me·lan·or·kes·ten
ga·men (ww), game, gamet; game·de, game·den; ge·gamed
de **ga·mer** (m), ga·mers
de **ga·ming**
de/het **gam·ma**, gam·ma's
de **gam·ma·stra·ling** (v), gam·ma·stra·lin·gen
gam·mel (bnw), gam·me·le
de **ga·na·che** (m)
de **gan·da·ham**, gan·da·ham·men
de **gang** (m), gan·gen; gan·ge·tje
gang·baar (bnw), gang·ba·re
de **gang·deur**, gang·deu·ren
de/het **gan·gli·on** (m/o), gang·lia, gangliën [gan·gli·en]
gang·ma·ken (ww), gang·maak, gang·maakt; gang·maak·te, gang·maak·ten; ge·gang·maakt
het **gang·pad**, gang·pa·den; gang·paad·je
het **gan·green**
de **gang·ster** (m), gang·sters; gang·ster·tje
de **gang·wis·sel** (m), gang·wis·sels
de **gan·nef** (m), gan·ne·fen, gan·nefs,

G

gan·ne·ven
de **gans**[1], gan·zen; gans·je
gans[2] (bnw), gan·se
gan·ser: van ganser harte
gans·rij·den (ww)
het **gan·zen·bord**, gan·zen·bor·den
gan·zen·bor·den (ww), gan·zen·bord, gan·zen·bordt; gan·zen·bord·de, gan·zen·bord·den; ge·gan·zen·bord
het **gan·zen·ei**, gan·zen·ei·e·ren
de **gan·zen·le·ver**, gan·zen·le·vers; gan·zen·le·ver·tje
de **gan·zen·le·ver·pas·tei**, gan·zen·le·ver·pas·tei·en
de **gan·zen·veer**, gan·zen·ve·ren; gan·zen·veer·tje
de **gan·zen·voet** (m), gan·zen·voe·ten; gan·zen·voet·je
ga·pen (ww), gaap, gaapt; gaap·te, gaap·ten; ge·gaapt
de **ga·per** (m), ga·pers
gap·pen (ww), gap, gapt; gap·te, gap·ten; ge·gapt
de **gap·per** (m), gap·pers
de **ga·ra·ge** (v), ga·ra·ges; ga·ra·ge·tje
de **ga·ra·ge·box** (m), ga·ra·ge·boxen
de **ga·ra·ge-ei·ge·naar** (m), ga·ra·ge-ei·ge·naars, ga·ra·ge-ei·ge·na·ren
de **ga·ra·ge·hou·der** (m), ga·ra·ge·hou·ders
de **ga·ra·ge·op·lei·ding** (v), ga·ra·ge·op·lei·din·gen
de **ga·ra·gist** (m), ga·ra·gis·ten; ga·ra·gist·je
ga·ran·de·ren (ww), ga·ran·deer, ga·ran·deert; ga·ran·deer·de, ga·ran·deer·den; ge·ga·ran·deerd
de **ga·rant** (m), ga·ran·ten
de **ga·ran·tie** (v), ga·ran·ties
het **ga·ran·tie·be·wijs**, ga·ran·tie·be·wij·zen
de **ga·ran·tie·brief** (m), ga·ran·tie·brie·ven
de **ga·ran·tie·kaart**, ga·ran·tie·kaar·ten
de **gar·çon** (m), gar·çons
de **gard**, gar·den
de **gar·de**, gar·den, gar·des; gar·de·tje
de **gar·de·ro·be**, gar·de·ro·bes; gar·de·ro·be·tje
het **ga·reel**, ga·re·len; ga·reel·tje
het **ga·ren**[1], ga·rens; ga·ren·tje
ga·ren[2] (bnw)
ga·ren[3] (ww), gaar, gaart; gaar·de, gaar·den; ge·gaard
de **ga·ren·klos**, ga·ren·klos·sen; ga·ren·klos·je
gar·gan·tu·esk (bnw), gar·gan·tu·es·ke
de **ga·rim·pei·ro**, ga·rim·pei·ro's
de **ga·ring** (v)
de **gar·naal** (m), gar·na·len; gar·naal·tje
de **gar·naal·kro·ket**, gar·naal·kro·ket·ten; gar·naal·kro·ket·je
de **gar·na·len·cock·tail** (m), gar·na·len·cock·tails
de **gar·na·len·kro·ket**, gar·na·len·kro·ket·ten; gar·na·len·kro·ket·je
gar·ne·ren (ww), gar·neer, gar·neert; gar·neer·de, gar·neer·den; ge·gar·neerd
de **gar·ne·ring** (v), gar·ne·rin·gen
het **gar·ni·tuur**, gar·ni·tu·ren; gar·ni·tuur·tje
het **gar·ni·zoen**, gar·ni·zoe·nen; gar·ni·zoen·tje
de **gar·ve**, gar·ven
het **gas**, gas·sen; gas·je
het **gas·be·ton**
de **gas·bom**, gas·bom·men

de **gas·ci·lin·der** (m), gas·ci·lin·ders
de **gas·dif·fu·sie** (v)
het **gas·for·nuis**, gas·for·nui·zen; gas·for·nuis·je
de **gas·ge·ne·ra·tor** (m), gas·ge·ne·ra·to·ren, gas·ge·ne·ra·tors
de/het **gas·hen·del** (m/o), gas·hen·dels; gas·hen·del·tje
het **gas·kom·foor**, gas·kom·fo·ren; gas·kom·foor·tje
ga·slaan (ww), sla ga, slaat ga; sloeg ga, sloe·gen ga; ga·ge·sla·gen
het **gas·mas·ker**, gas·mas·kers; gas·mas·ker·tje
de **gas·mo·tor** (m), gas·mo·to·ren, gas·mo·tors
de **gas·oli·ne**, gas·oli·nes
de **gas·op·ne·mer** (m), gas·op·ne·mers
de/het **gas·pe·daal** (m/o), gas·pe·da·len; gas·pe·daal·tje
gas·sen (ww), gas, gast; gas·te, gas·ten; ge·gast
het **gas·stel**, gas·stel·len; gas·stel·le·tje
de **gast**[1] (m), gas·ten; gast·je
gast[2]: te gast
de **gast·ar·bei·der** (m), gast·ar·bei·ders
de **gast·ar·tiest** (m), gast·ar·ties·ten
het **gast·col·le·ge**, gast·col·le·ges
het **gast·do·cent·schap**, gast·do·cent·schap·pen
de **gas·te** (v), gas·ten
het **gas·ten·boek**, gas·ten·boe·ken
de **gas·ten·lijst**, gas·ten·lijs·ten; gas·ten·lijst·je
de **gast·heer** (m), gast·he·ren; gast·heer·tje
het **gast·hof**, gast·ho·ven
het **gast·huis**, gast·hui·zen; gast·huis·je
het **gast·land**, gast·lan·den
het **gast·op·tre·den**, gast·op·tre·dens; gast·op·tre·den·tje
de **gast·pre·ker** (m), gast·pre·kers
gas·tro-in·tes·ti·naal (bnw), gas·tro-in·tes·ti·na·le
de **gas·tro·no·mie** (v)
gas·tro·no·misch (bnw), gas·tro·no·mi·sche
de **gas·tro·sco·pie** (v), gastroscopieën [gas·tro·sco·pie·en]
de **gast·spreek·ster** (v), gast·spreek·sters
de **gast·spre·ker** (m), gast·spre·kers
de **gast·vrij·heid** (v), gast·vrij·he·den
de **gast·vrouw** (v), gast·vrou·wen; gast·vrouw·tje
het **gat**[1] *(opening)*, ga·ten; gaat·je
het **gat**[2] *(achterste)*, gat·ten; gat·je
de/het **gate** (m/o), gates
de **ga·ten·kaas** (m), ga·ten·ka·zen
de **gate·way** (m), gate·ways
de **gate·way·func·tie** (v), gate·way·func·ties
gat·ver (tussenw)
gat·ver·dam·me (tussenw)
de **gau·cho** (m), gau·cho's
gau·fre·ren (ww), gau·freer, gau·freert; gau·freer·de, gau·freer·den; ge·gau·freerd
de **gauss·cur·ve**, gauss·cur·ven, gauss·cur·ves
gauw (bnw), gau·we
de **gauw·dief** (m), gauw·die·ven; gauw·dief·je
de **gauw·dief·stal** (m), gauw·dief·stal·len; gauw·dief·stal·le·tje
de **gau·wig·heid** (v)
de **gauw·te** (v)
de **ga·ve**, ga·ven
de **ga·vi·aal** (m), ga·vi·a·len

gay (bnw), gaye
de **gay·scene**, gay·scenes
de **ga·zel**, ga·zel·len
de **ga·zel·le**, ga·zel·len, ga·zel·les
ga·zen (bnw)
de **ga·zet** (m), ga·zet·ten; ga·zet·je
de **ga·zet·ten·quiz** (m), ga·zet·ten·quiz·zen
de **ga·zeu·se** (v), ga·zeu·ses
het **ga·zon**, ga·zons; ga·zon·ne·tje
de **gaz·pa·cho** (m), gaz·pa·cho's
GB *(gigabyte)*
ge (pers vnw)
ge·aard (bnw), ge·aar·de
de **ge·aard·heid** (v), ge·aard·he·den
ge·ac·cep·teerd (bnw), ge·ac·cep·teer·de
ge·ac·ci·den·teerd (bnw), ge·ac·ci·den·teer·de
ge·ac·cre·di·teerd (bnw), ge·ac·cre·di·teer·de
ge·acht (bnw), ge·ach·te
ge·aderd (bnw), ge·ader·de
de **ge·adres·seer·de**, ge·adres·seer·den
ge·af·fec·teerd (bnw), ge·af·fec·teer·de
ge·ag·gre·geerd (bnw), ge·ag·gre·geer·de
de **ge·ag·gre·geer·de**, ge·ag·gre·geer·den
ge·agi·teerd (bnw), ge·agi·teer·de
ge·al·li·eerd (bnw), ge·al·li·eer·de
de **ge·al·li·eer·de**, ge·al·li·eer·den
ge·amu·seerd (bnw), ge·amu·seer·de
ge·ana·ly·seerd (bnw), ge·ana·ly·seer·de
ge·ani·meerd (bnw), ge·ani·meer·de
ge·an·ti·ci·peerd (bnw), ge·an·ti·ci·peer·de
de **gea·ring**, gea·rings
ge·ar·res·teerd (bnw), ge·ar·res·teer·de
ge·ar·ri·veerd (bnw), ge·ar·ri·veer·de
ge·as·fal·teerd (bnw), ge·as·fal·teer·de
de **ge·as·so·ci·eer·de**, ge·as·so·ci·eer·den
ge·au·to·ma·ti·seerd (bnw), ge·au·to·ma·ti·seer·de
ge·avan·ceerd (bnw), ge·avan·ceer·de
geb. (bnw) *(geboren)*
ge·baand (bnw), ge·baan·de
het **ge·baar**, ge·ba·ren; ge·baar·tje
ge·baard (bnw), ge·baar·de
het **ge·bab·bel**
het **ge·bak**, ge·bak·je
het **ge·bak·ke·lei**
ge·bak·ken (bnw)
het **ge·bal**
ge·bald (bnw), ge·bal·de
het **ge·balk**
ge·ba·ren (ww), ge·baar, ge·baart; ge·baar·de, ge·baar·den; ge·baard
de **ge·ba·ren·taal**, ge·ba·ren·ta·len; ge·ba·ren·taal·tje
ge·ba·seerd (bnw), ge·ba·seer·de
het **geb·be·tje**, geb·be·tjes
het **ge·bed**, ge·be·den; ge·bed·je
de **ge·beds·bij·een·komst** (v), ge·beds·bij·een·kom·sten
het **ge·been·te**, ge·been·ten
ge·beid (bnw), ge·bei·de
ge·bei·teld (bnw), ge·bei·tel·de
ge·belgd (bnw), ge·belg·de
het **ge·berg·te**, ge·berg·ten, ge·berg·tes
de **ge·berg·te·vor·ming** (v), ge·berg·te·vor·min·gen
het **ge·beu·ren**[1]
ge·beu·ren[2] (ww), ge·beurt; ge·beur·de, ge·beur·den; ge·beurd

ge·beur·lijk (bnw), ge·beur·lij·ke
de **ge·beur·te·nis** (v), ge·beur·te·nis·sen; ge·beur·te·nis·je
het **ge·bied**, ge·bie·den; ge·bied·je
ge·bie·den (ww), ge·bied, ge·biedt; ge·bood, ge·bo·den; ge·bo·den
ge·bie·dend (bnw), ge·bie·den·de
het **ge·bint**, ge·bin·ten
het **ge·bin·te**, ge·bin·ten
het **ge·bit**, ge·bit·ten; ge·bit·je
de **ge·bits·be·scher·mer** (m), ge·bits·be·scher·mers
het **ge·bla·der·te**
het **ge·blaf**
het **ge·blèr**
ge·bles·seerd (bnw), ge·bles·seer·de
ge·bloemd (bnw), ge·bloem·de
ge·blok·keerd (bnw), ge·blok·keer·de
ge·blokt (bnw), ge·blok·te
het **ge·bod**, ge·bo·den
ge·bo·den[1] (bnw)
ge·bo·den[2]: tien geboden
het **ge·boef·te**
ge·boeid (bnw), ge·boei·de
de **ge·boeid·heid** (v)
ge·bo·gen (bnw)
ge·bon·den (bnw)
de **ge·boor·te** (v), ge·boor·ten, ge·boor·tes
de **ge·boor·te·aan·gif·te** (v), ge·boor·te·aan·gif·ten, ge·boor·te·aan·gif·tes
de **ge·boor·te·ak·te**, ge·boor·te·ak·ten, ge·boor·te·ak·tes
de **ge·boor·te·be·per·king** (v), ge·boor·te·be·per·kin·gen
het **ge·boor·te·cij·fer**, ge·boor·te·cij·fers
de **ge·boor·te·da·tum** (m), ge·boor·te·da·ta, ge·boor·te·da·tums
het **ge·boor·te·dis·trict**, ge·boor·te·dis·tric·ten
het **ge·boor·te·ge·schenk**, ge·boor·te·ge·schen·ken; ge·boor·te·ge·schenk·je
de **ge·boor·te·golf**, ge·boor·te·gol·ven; ge·boor·te·golf·je
het **ge·boor·te·jaar**, ge·boor·te·ja·ren
het **ge·boor·te·land**, ge·boor·te·lan·den; ge·boor·te·land·je
de **ge·boor·te·plaats**, ge·boor·te·plaat·sen; ge·boor·te·plaats·je
de **ge·boor·te·pre·mie** (v), ge·boor·te·pre·mies
de **ge·boor·te·re·ge·ling** (v), ge·boor·te·re·ge·lin·gen
het **ge·boor·te·re·gis·ter**, ge·boor·te·re·gis·ters
het **ge·boor·te-uur**, ge·boor·te-uren
ge·bo·ren (bnw)
de **ge·bo·re·ne**, ge·bo·re·nen
ge·bor·gen (bnw)
het **ge·bouw**, ge·bou·wen; ge·bouw·tje
ge·bouwd (bnw), ge·bouw·de
gebr. (mv) *(gebroeders)*
het **ge·braad**
ge·bracht (bnw), ge·brach·te
ge·brand (bnw), ge·bran·de
ge·breid (bnw), ge·brei·de
het **ge·brek**, ge·bre·ken; ge·brek·je
ge·bre·ke[1]: in gebreke blijven
ge·bre·ke[2]: in gebreke stellen
ge·brek·kig (bnw), ge·brek·ki·ge
het **ge·brod·del**
het **ge·broed**, ge·broed·je
ge·broe·der·lijk (bnw),

G

ge·broe·der·lij·ke
de **ge·broe·ders** (mv)
ge·bro·ken (bnw)
ge·bronsd (bnw), ge·brons·de
ge·brouil·leerd (bnw), ge·brouil·leer·de
het **ge·bruik**, ge·brui·ken
ge·brui·ke·lijk (bnw), ge·brui·ke·lij·ke
ge·brui·ken (ww), ge·bruik, ge·bruikt; ge·bruik·te, ge·bruik·ten; ge·bruikt
de **ge·brui·ker** (m), ge·brui·kers; ge·brui·ker·tje
de **ge·brui·kers·er·va·ring** (v), ge·brui·kers·er·va·rin·gen
het **ge·brui·kers·ge·mak**, ge·brui·kers·ge·mak·ken
de **ge·brui·kers·hand·lei·ding** (v), ge·brui·kers·hand·lei·din·gen
de **ge·brui·kers·in·ter·face** (m), ge·brui·kers·in·ter·fa·ces
de **ge·brui·kers·naam** (m), ge·brui·kers·na·men
ge·brui·kers·vrien·de·lijk (bnw), ge·brui·kers·vrien·de·lij·ke
de **ge·brui·kers·vrien·de·lijk·heid** (v)
ge·bruik·ma·ken (ww), maak ge·bruik, maakt ge·bruik; maak·te ge·bruik, maak·ten ge·bruik; ge·bruik·ge·maakt
de **ge·bruik·ma·king** (v)
de **ge·bruiks·aan·wij·zing** (v), ge·bruiks·aan·wij·zin·gen
de **ge·bruiks·er·va·ring** (v), ge·bruiks·er·va·rin·gen
het **ge·bruiks·ge·mak**, ge·bruiks·ge·mak·ken
de **ge·bruiks·hand·lei·ding** (v), ge·bruiks·hand·lei·din·gen
ge·bruiks·klaar (bnw), ge·bruiks·kla·re
de **ge·bruiks·over·een·komst** (v), ge·bruiks·over·een·kom·sten
het **ge·bruiks·recht**, ge·bruiks·rech·ten
de **ge·bruiks·sfeer**, ge·bruiks·sfe·ren
het **ge·bruiks·spoor**, ge·bruiks·spo·ren
de **ge·bruiks·ti·tel** (m), ge·bruiks·ti·tels
de **ge·bruiks·voor·waar·de** (v), ge·bruiks·voor·waar·den
ge·bruiks·vrien·de·lijk (bnw), ge·bruiks·vrien·de·lij·ke
de **ge·bruiks·vrien·de·lijk·heid** (v)
ge·buisd (bnw), ge·buis·de
de **ge·buur** (m), ge·bu·ren
de **ge·buur·te** (v), ge·buur·ten, ge·buur·tes
ge·ca·pi·ton·neerd (bnw), ge·ca·pi·ton·neer·de
ge·cas·treerd (bnw), ge·cas·treer·de
ge·cen·treerd (bnw), ge·cen·treer·de
ge·cer·ti·fi·eerd (bnw), ge·cer·ti·fi·eer·de
ge·co *(gesubsidieerde contractueel)*, ge·co's
ge·co·deerd (bnw), ge·co·deer·de
ge·com·bi·neerd (bnw), ge·com·bi·neer·de
de **ge·com·mit·teer·de**, ge·com·mit·teer·den
ge·com·pli·ceerd (bnw), ge·com·pli·ceer·de
ge·con·cen·treerd (bnw), ge·con·cen·treer·de
ge·con·ci·pi·eerd (bnw), ge·con·ci·pi·eer·de
ge·con·di·ti·o·neerd (bnw), ge·con·di·ti·o·neer·de
ge·con·ser·veerd (bnw), ge·con·ser·veer·de

ge·con·sta·teerd (bnw), ge·con·sta·teer·de
ge·con·stru·eerd (bnw), ge·con·stru·eer·de
ge·con·ti·nu·eerd (bnw), ge·con·ti·nu·eer·de
ge·con·tro·leerd (bnw), ge·con·tro·leer·de
gecoördineerd [ge·co·or·di·neerd] (bnw), gecoördineerde [ge·co·or·di·neer·de]
ge·cor·ri·geerd (bnw), ge·cor·ri·geer·de
gecreëerd [ge·cre·eerd] (bnw), gecreëerde [ge·cre·eer·de]
de **ge·daag·de**, ge·daag·den
ge·daan (bnw), ge·da·ne
de **ge·daan·te** (v), ge·daan·ten, ge·daan·tes
de **ge·daan·te·ver·an·de·ring** (v), ge·daan·te·ver·an·de·rin·gen
de **ge·daan·te·ver·wis·se·ling** (v), ge·daan·te·ver·wis·se·lin·gen
de **ge·daan·te·wis·se·ling** (v), ge·daan·te·wis·se·lin·gen
de **ge·dach·te** (v), ge·dach·ten, ge·dach·tes; ge·dach·te·tje
de **ge·dach·te·as·so·ci·a·tie** (v), ge·dach·te·as·so·ci·a·ties
het **ge·dach·te-ex·pe·ri·ment**, ge·dach·te-ex·pe·ri·men·ten; ge·dach·te-ex·pe·ri·ment·je
de **ge·dach·te·flard**, ge·dach·te·flar·den
de **ge·dach·te·gang** (m), ge·dach·te·gan·gen
het **ge·dach·te·goed**
de **ge·dach·te·kracht**, ge·dach·te·krach·ten
de **ge·dach·te·kron·kel** (m), ge·dach·te·kron·kels
het **ge·dach·te·le·ven**
ge·dach·te·le·zen (ww)
de **ge·dach·te·le·zer** (m), ge·dach·te·le·zers
de **ge·dach·te·lijn**, ge·dach·te·lij·nen
ge·dach·te·loos (bnw), ge·dach·te·lo·ze
de **ge·dach·te·nis** (v), ge·dach·te·nis·sen
het **ge·dach·te·pa·troon**, ge·dach·te·pa·tro·nen
het **ge·dach·te·pro·ces**, ge·dach·te·pro·ces·sen
het **ge·dach·te·spin·sel**, ge·dach·te·spin·sels
de **ge·dach·te·sprong** (m), ge·dach·te·spron·gen
de **ge·dach·te·streep**, ge·dach·te·stre·pen; ge·dach·te·streep·je
de **ge·dach·te·stroom** (m), ge·dach·te·stro·men
de **ge·dach·te-uit·wis·se·ling** (v), ge·dach·te-uit·wis·se·lin·gen
de **ge·dach·te·vor·ming** (v), ge·dach·te·vor·min·gen
de **ge·dach·te·we·reld**, ge·dach·te·we·rel·den
de **ge·dach·te·wis·se·ling** (v), ge·dach·te·wis·se·lin·gen
ge·dag (tussenw)
ge·da·teerd (bnw), ge·da·teer·de
ge·de·ci·deerd (bnw), ge·de·ci·deer·de
ge·deeld (bnw), ge·deel·de
het **ge·deel·te**, ge·deel·ten, ge·deel·tes
ge·deel·te·lijk (bnw), ge·deel·te·lij·ke
ge·de·fi·ni·eerd (bnw), ge·de·fi·ni·eer·de
ge·de·gen (bnw)
ge·de·gou·teerd (bnw), ge·de·gou·teer·de
ge·deisd (bnw)

G

ge·dekt (bnw), ge·dek·te
ge·de·mo·ti·veerd (bnw), ge·de·mo·ti·veer·de
ge·den·ken (ww), ge·denk, ge·denkt; ge·dacht, ge·dach·ten; ge·dacht
de **ge·denk·pen·ning** (m), ge·denk·pen·nin·gen
de **ge·de·pu·teer·de**, ge·de·pu·teer·den
ge·des·il·lu·si·o·neerd (bnw), ge·des·il·lu·si·o·neer·de
gedesoriënteerd [ge·des·ori·en·teerd] (bnw), gedesoriënteerde [ge·des·ori·en·teer·de]
ge·de·tail·leerd (bnw), ge·de·tail·leer·de
ge·de·ti·neerd (bnw), ge·de·ti·neer·de
de **ge·de·ti·neer·de**, ge·de·ti·neer·den
het **ge·dicht**, ge·dich·ten; ge·dicht·je
de **ge·dich·ten·bun·del** (m), ge·dich·ten·bun·dels; ge·dich·ten·bun·del·tje
ge·dif·fe·ren·ti·eerd (bnw), ge·dif·fe·ren·ti·eer·de
ge·dij·en (ww), ge·dij, ge·dijt; ge·dij·de, ge·dij·den; ge·dijd
het **ge·ding**[1], ge·din·gen
ge·ding[2]: kort geding
ge·dis·ci·pli·neerd (bnw), ge·dis·ci·pli·neer·de
het **ge·dis·cus·si·eer**
het **ge·dis·til·leerd**
ge·dis·tin·geerd (bnw), ge·dis·tin·geer·de
ge·do·cu·men·teerd (bnw), ge·do·cu·men·teer·de
het **ge·doe**, ge·doe·tje
ge·doemd (bnw), ge·doem·de
ge·do·gen (ww), ge·doog, ge·doogt; ge·doog·de, ge·doog·den; ge·doogd
ge·do·mi·ci·li·eerd (bnw), ge·do·mi·ci·li·eer·de
ge·dood (bnw), ge·do·de
ge·doofd (bnw), ge·doof·de
het **ge·doog·be·leid**
de **ge·doog·steun** (m)
ge·doopt (bnw), ge·doop·te
ge·down·load (bnw), ge·down·loa·de
ge·draaid (bnw), ge·draai·de
het **ge·drag**
ge·dra·gen (ww), ge·draag, ge·draagt; ge·droeg, ge·droe·gen; ge·dra·gen
de **ge·dra·ging** (v), ge·dra·gin·gen; ge·dra·gin·kje
de **ge·drags·co·de** (m), ge·drags·co·des
de **ge·drags·des·kun·di·ge**, ge·drags·des·kun·di·gen
het **ge·drags·on·der·zoek**, ge·drags·on·der·zoe·ken
het **ge·drags·pa·troon**, ge·drags·pa·tro·nen
het **ge·drags·pro·bleem**, ge·drags·pro·ble·men
de **ge·drags·stijl** (m), ge·drags·stij·len
de **ge·drags·stoor·nis** (v), ge·drags·stoor·nis·sen
de **ge·drags·ver·an·de·ring** (v), ge·drags·ver·an·de·rin·gen
het **ge·drang**
ge·dre·ven (bnw)
de **ge·dre·ven·heid** (v)
gedrieën [ge·drie·en] (telw)
ge·drild (bnw), ge·dril·de
het **ge·drocht**, ge·droch·ten; ge·drocht·je
ge·dron·gen (bnw)
ge·droogd (bnw), ge·droog·de

ge·droomd (bnw), ge·droom·de
ge·drukt (bnw), ge·druk·te
ge·ducht (bnw), ge·duch·te
het **ge·duld**
ge·dul·dig (bnw), ge·dul·di·ge
ge·du·ren·de (voorz)
ge·durfd (bnw), ge·durf·de
het **ge·duw**
ge·dwee (bnw), ge·dweeë
ge·dwon·gen (bnw)
geëerd [ge·eerd] (bnw), geëerde [ge·eer·de]
geëigend [ge·ei·gend] (bnw), geëigende [ge·ei·gen·de]
het **geel**[1], ge·len; geel·tje
geel[2] (bnw), ge·le
geel·ach·tig (bnw), geel·ach·ti·ge
het **geel·goud**
geel·groen (bnw) *(geelachtig groen)*, geel·groe·ne
de **geel·zucht**
geëmancipeerd [ge·eman·ci·peerd] (bnw), geëmancipeerde [ge·eman·ci·peer·de]
het **geëmmer** [ge·em·mer]
geëmotioneerd [ge·emo·ti·o·neerd] (bnw), geëmotioneerde [ge·emo·ti·o·neer·de]
geen (onbep vnw)
geen·eens (bijw)
geen fuck
geëngageerd [ge·en·ga·geerd] (bnw), geëngageerde [ge·en·ga·geer·de]
de **geënquêteerde** [ge·en·quê·teer·de], geënquêteerden [ge·en·quê·teer·den]
geen snars
geens·zins (bijw)
geen uit·staans heb·ben met
de **geep**, ge·pen
de **geer**, ge·ren; geer·tje
de **geërfde** [ge·erf·de], geërfden [ge·erf·den]
de **geest** (m), gees·ten; geest·je
de **geest·drift**
gees·te·lijk (bnw), gees·te·lij·ke
de **gees·te·lij·ke** (m), gees·te·lij·ken
de **gees·te·lijk·heid** (v), gees·te·lijk·he·den
het **gees·tes·oog**
gees·tes·ziek (bnw), gees·tes·zie·ke
gees·tig (bnw), gees·ti·ge
geest·ver·rui·mend (bnw), geest·ver·rui·men·de
de **geest·ver·want**[1] (m), geest·ver·wan·ten
geest·ver·want[2] (bnw), geest·ver·wan·te
geëtst [ge·etst] (bnw), geëtste [ge·ets·te]
het **geëtter** [ge·et·ter]
de **geeuw** (m), geeu·wen; geeuw·tje
geeu·wen (ww), geeuw, geeuwt; geeuw·de, geeuw·den; ge·geeuwd
de **geëxecuteerde** [ge·exe·cu·teer·de], geëxecuteerden [ge·exe·cu·teer·den]
ge·fe·li·ci·teerd (tussenw)
ge·fi·nan·cierd (bnw), ge·fi·nan·cier·de
ge·fin·geerd (bnw), ge·fin·geer·de
ge·fixeerd (bnw), ge·fixeer·de
ge·flat·teerd (bnw), ge·flat·teer·de
ge·for·mu·leerd (bnw), ge·for·mu·leer·de
ge·for·ward (bnw), ge·for·war·de
ge·fo·to·shopt (bnw), ge·fo·to·shop·te
ge·fronst (bnw), ge·frons·te
ge·frus·treerd (bnw),

ge·frus·treer·de
ge·fun·deerd (bnw), ge·fun·deer·de
de **ge·ga·dig·de**, ge·ga·dig·den
ge·gal·va·ni·seerd (bnw), ge·gal·va·ni·seer·de
ge·ga·ran·deerd (bnw), ge·ga·ran·deer·de
ge·geerd (bnw), ge·geer·de
ge·ge·neerd (bnw), ge·ge·neer·de
het **ge·ge·ven**[1], ge·ge·vens
ge·ge·ven[2] (bnw)
de **ge·ge·ven·heid** (v), ge·ge·ven·he·den
de **ge·ge·vens·bank**, ge·ge·vens·ban·ken
de **ge·ge·vens·be·scher·ming** (v), ge·ge·vens·be·scher·min·gen
het **ge·gie·chel**
ge·glo·ba·li·seerd (bnw), ge·glo·ba·li·seer·de
ge·goed (bnw), ge·goe·de
ge·golfd (bnw), ge·golf·de
het **ge·goo·chel**
ge·go·ten (bnw)
ge·griefd (bnw), ge·grief·de
ge·groeid (bnw), ge·groei·de
ge·grond (bnw), ge·gron·de
ge·haakt (bnw), ge·haak·te
ge·haald (bnw), ge·haal·de
ge·haast (bnw), ge·haas·te
ge·haat (bnw), ge·ha·te
het **ge·hakt**[1]
ge·hakt[2] (bnw), ge·hak·te
de **ge·hakt·bal** (m), ge·hakt·bal·len; ge·hakt·bal·le·tje
het **ge·hal·te**, ge·hal·ten, ge·hal·tes
ge·han·di·capt (bnw), ge·han·di·cap·te
de **ge·han·di·cap·te**, ge·han·di·cap·ten
ge·hand·te·kend (bnw), ge·hand·te·ken·de
ge·han·teerd (bnw), ge·han·teer·de
het **ge·har·re·war**
ge·ha·vend (bnw), ge·ha·ven·de
ge·hecht (bnw), ge·hech·te
de **ge·hecht·heid** (v)
het **ge·heel**[1], ge·he·len; ge·heel·tje
ge·heel[2] (bnw), ge·he·le
ge·heid (bnw), ge·hei·de
het **ge·heim**[1], ge·hei·men; ge·heim·pje
ge·heim[2] (bnw), ge·hei·me
de **ge·hei·me·nis** (v), ge·hei·me·nis·sen
ge·heim·hou·den (ww), houd ge·heim, hou ge·heim, houdt ge·heim; hield ge·heim, hiel·den ge·heim; ge·heim·ge·hou·den
de **ge·heim·hou·ding** (v), ge·heim·hou·din·gen
ge·heim·zin·nig (bnw), ge·heim·zin·ni·ge
het **ge·he·mel·te**, ge·he·mel·ten, ge·he·mel·tes
het **ge·heu·gen**, ge·heu·gens; ge·heu·gen·tje
de **ge·heu·gen·stick** (m), ge·heu·gen·sticks
het **ge·heu·gen·ver·lies**, ge·heu·gen·ver·lie·zen
ge·ho·mo·lo·geerd (bnw), ge·ho·mo·lo·geer·de
het **ge·hoor**
de **ge·hoor·af·stand** (m)
het **ge·hoor·ap·pa·raat**, ge·hoor·ap·pa·ra·ten; ge·hoor·ap·pa·raat·je
ge·hoord (bnw), ge·hoor·de
het **ge·hoor·pro·bleem**, ge·hoor·pro·ble·men
de **ge·hoors·af·stand** (m)
het **ge·hoor·ver·lies**, ge·hoor·ver·lie·zen

ge·hoor·zaam (bnw), ge·hoor·za·me
ge·hoor·za·men (ww), ge·hoor·zaam, ge·hoor·zaamt; ge·hoor·zaam·de, ge·hoor·zaam·den; ge·hoor·zaamd
ge·ho·re: ten gehore brengen
ge·ho·rig (bnw), ge·ho·ri·ge
ge·hou·den (bnw)
het **ge·hucht**, ge·huch·ten; ge·hucht·je
ge·huis·vest (bnw), ge·huis·ves·te
ge·huwd (bnw), ge·huw·de
de **gei**, gei·en; gei·tje
gei·en (ww), gei, geit; gei·de, gei·den; ge·geid
de **gei·ger·tel·ler** (m), gei·ger·tel·lers
ge·ijkt (bnw), ge·ijk·te
geil (bnw), gei·le
gei·len (ww), geil, geilt; geil·de, geil·den; ge·geild
geïllustreerd [ge·il·lus·treerd] (bnw), geïllustreerde [ge·il·lus·treer·de]
geïmproviseerd [ge·im·pro·vi·seerd] (bnw), geïmproviseerde [ge·im·pro·vi·seer·de]
de **gein** (m), gein·tje
gei·nen (ww), gein, geint; gein·de, gein·den; ge·geind
gei·nig (bnw), gei·ni·ge
geïnspireerd [ge·in·spi·reerd] (bnw), geïnspireerde [ge·in·spi·reer·de]
geïntegreerd [ge·in·te·greerd] (bnw), geïntegreerde [ge·in·te·greer·de]
geïnteresseerd [ge·in·te·res·seerd] (bnw), geïnteresseerde [ge·in·te·res·seer·de]
de **geïnteresseerde** [ge·in·te·res·seer·de], geïnteresseerden [ge·in·te·res·seer·den]
de **geïnterviewde** [ge·in·ter·view·de], geïnterviewden [ge·in·ter·view·den]
de **geïntimeerde** [ge·in·ti·meer·de], geïntimeerden [ge·in·ti·meer·den]
geïrriteerd [ge·ir·ri·teerd] (bnw), geïrriteerde [ge·ir·ri·teer·de]
de **gei·ser** (m), gei·sers; gei·ser·tje
de **gei·sha** (v), gei·sha's
geïsoleerd [ge·iso·leerd] (bnw), geïsoleerde [ge·iso·leer·de]
de **geit**[1] (v) *(vrouwelijk dier)*, gei·ten; geit·je
de **geit**[2] *(soortnaam)*, gei·ten; geit·je
gei·ten (ww), geit, geit; geit·te, geit·ten; ge·geit
de **gei·ten·kaas** (m), gei·ten·ka·zen; gei·ten·kaas·je
de **gei·ten·melk**
de **gei·ten·wol**
gei·ten·wol·len (bnw)
ge·jaagd (bnw), ge·jaag·de
het **ge·je·re·mi·eer**
ge·jost (bnw), ge·jos·te
het **ge·juich**
de **gek**[1] (m), gek·ken; gek·je
gek[2] (bnw), gek·ke
gek[3]: te gek
ge·kamd (bnw), ge·kam·de
ge·kant (bnw), ge·kan·te
ge·kapt (bnw), ge·kap·te
ge·keerd (bnw), ge·keer·de
ge·kend (bnw), ge·ken·de
de **gek·ke·koei·en·ziek·te** (v)
gek·ken (ww), gek, gekt; gek·te, gek·ten; ge·gekt
het **gek·ken·huis**, gek·ken·hui·zen; gek·ken·huis·je
het **gek·ken·werk**

G

de **gek·kerd** (m), gek·kerds
de **gek·ko** (m), gek·ko's
ge·klas·seerd (bnw), ge·klas·seer·de
ge·kleed (bnw), ge·kle·de
ge·kleurd (bnw), ge·kleur·de
gek·ma·kend (bnw), gek·ma·ken·de
ge·kneusd (bnw), ge·kneus·de
ge·knipt (bnw), ge·knip·te
ge·kocht (bnw), ge·koch·te
ge·kookt (bnw), ge·kook·te
ge·ko·pi·eerd (bnw), ge·ko·pi·eer·de
ge·kop·peld (bnw), ge·kop·pel·de
het **ge·kra·keel**
ge·kruid (bnw), ge·krui·de
ge·kruist (bnw), ge·kruis·te
gek·sche·ren (ww), gek·scheer, gek·scheert; gek·scheer·de, gek·scheer·den; ge·gek·scheerd
de **gek·te** (v), gek·tes
ge·kuist (bnw), ge·kuis·te
ge·kun·steld (bnw), ge·kun·stel·de
ge·kwa·li·fi·ceerd (bnw), ge·kwa·li·fi·ceer·de
ge·kwetst (bnw), ge·kwets·te
de **ge·kwets·te**, ge·kwets·ten
de/het **gel** (m/o), gels; gel·le·tje
ge·laagd (bnw), ge·laag·de
het **ge·laat**, ge·la·ten; ge·laat·je
de **ge·laats·trek** (m), ge·laats·trek·ken
het **ge·lach**
ge·la·den (bnw)
de **ge·la·den·heid** (v)
het **ge·lag**, ge·la·gen
de **ge·lag·ka·mer**, ge·lag·ka·mers
ge·lam·bri·seerd (bnw), ge·lam·bri·seer·de
ge·lan·ceerd (bnw), ge·lan·ceer·de
de **ge·lan·de**, ge·lan·den
ge·las·ten (ww), ge·last, ge·last; ge·last·te, ge·last·ten; ge·last
ge·la·ten (bnw)
de **ge·la·ten·heid** (v)
de **ge·la·ti·ne**
ge·lau·werd (bnw), ge·lau·wer·de
het **geld**, gel·den; geld·je
de **geld·au·to·maat** (m), geld·au·to·ma·ten
het **geld·be·drag**, geld·be·dra·gen
de **geld·beu·gel** (m), geld·beu·gels; geld·beu·gel·tje
de **geld·boe·te**, geld·boe·ten, geld·boe·tes
de **geld·dorst** (m)
gel·de: te gelde maken
gel·den (ww), geld, geldt; gold, gol·den; ge·gol·den
het **Gel·ders**[1] *(dialect)*
Gel·ders[2] (bnw), Gel·der·se
de **Gel·der·se** (v), Gel·der·sen
gel·dig (bnw), gel·di·ge
de **gel·dig·heid** (v)
de **geld·le·nings·over·een·komst** (v), geld·le·nings·over·een·kom·sten
de **geld·over·ma·king** (v), geld·over·ma·kin·gen
de **gelds·waar·de** (v), gelds·waar·den, gelds·waar·des
het **geld·te·kort**, geld·te·kor·ten
de **geld·trom·mel**, geld·trom·mels; geld·trom·mel·tje
de **geld·waar·de** (v), geld·waar·den, geld·waar·des
de **geld·wolf** (m), geld·wol·ven; geld·wolf·je
ge·le·bek
ge·le·den (bnw)
de **ge·le·ding** (v), ge·le·din·gen
de **ge·lee** (v), ge·lees
ge·leed (bnw), ge·le·de
ge·leend (bnw), ge·leen·de

ge·leerd (bnw), ge·leer·de
de **ge·leer·de**, ge·leer·den
ge·legd (bnw), ge·leg·de
ge·le·gen (bnw)
ge·le·ge·ner: te gelegener tijd
de **ge·le·gen·heid**[1] (v), ge·le·gen·he·den; ge·le·gen·heid·je
ge·le·gen·heid[2]: ter gelegenheid van
de **ge·lei**, ge·lei·en; ge·lei·tje
ge·lei·ach·tig (bnw), ge·lei·ach·ti·ge
het **ge·lei·de**
de **ge·lei·de·hond** (m), ge·lei·de·hon·den
ge·lei·de·lijk (bnw), ge·lei·de·lij·ke
ge·lei·den (ww), ge·leid, ge·leidt; ge·leid·de, ge·leid·den; ge·leid
de **ge·lei·der** (m), ge·lei·ders; ge·lei·der·tje
de **ge·lei·ding** (v), ge·lei·din·gen
ge·len (ww), geel, geelt; geel·de, geel·den; ge·geeld
de **ge·le·trui·dra·ger** (m), ge·le·trui·dra·gers
ge·let·terd (bnw), ge·let·ter·de
de **ge·let·ter·de**, ge·let·ter·den
de **ge·let·terd·heid** (v)
ge·le·verd (bnw)
ge·le·zen (bnw)
ge·li·cen·seerd (bnw), ge·li·cen·seer·de
ge·li·cen·ti·eerd (bnw), ge·li·cen·ti·eer·de
het **ge·lid**, ge·le·de·ren
ge·li·eerd (bnw), ge·li·eer·de
ge·liefd (bnw), ge·lief·de
de **ge·lief·de**, ge·lief·den
de **ge·lie·ven**[1] (mv)
ge·lie·ven[2] (ww), ge·lief, ge·lieft; ge·lief·de, ge·lief·den; ge·liefd
ge·lift (bnw), ge·lif·te
ge·lig (bnw), ge·li·ge
het **ge·lijk**[1]
ge·lijk[2] (bnw), ge·lij·ke
ge·lijk·aar·dig (bnw), ge·lijk·aar·di·ge
ge·lijk·blij·vend (bnw), ge·lijk·blij·ven·de
de **ge·lij·ke**, ge·lij·ken
het **ge·lij·ke·kan·sen·be·leid**
ge·lij·ke·lijk (bijw)
ge·lij·ken (ww), ge·lijk, ge·lijkt; ge·leek, ge·le·ken; ge·le·ken
de **ge·lij·ke·nis** (v), ge·lij·ke·nis·sen
ge·lij·ker·tijd (bijw)
de **ge·lijk·ge·stem·de**, ge·lijk·ge·stem·den
de **ge·lijk·ge·zin·de**, ge·lijk·ge·zin·den
de **ge·lijk·heid** (v), ge·lijk·he·den
ge·lijk·lo·pen (ww), loop ge·lijk, loopt ge·lijk; liep ge·lijk, lie·pen ge·lijk; ge·lijk·ge·lo·pen
ge·lijk·ma·ken (ww), maak ge·lijk, maakt ge·lijk; maak·te ge·lijk, maak·ten ge·lijk; ge·lijk·ge·maakt
de **ge·lijk·ma·ker** (m), ge·lijk·ma·kers
ge·lijk·na·mig (bnw), ge·lijk·na·mi·ge
ge·lijk·op·gaand (bnw), ge·lijk·op·gaan·de
ge·lijk·scha·ke·len (ww), scha·kel ge·lijk, scha·kelt ge·lijk; scha·kel·de ge·lijk, scha·kel·den ge·lijk; ge·lijk·ge·scha·keld
ge·lijk·soor·tig (bnw), ge·lijk·soor·ti·ge
het **ge·lijk·spel**, ge·lijk·spe·len, ge·lijk·spel·len; ge·lijk·spel·le·tje
ge·lijk·spe·len (ww), speel ge·lijk, speelt ge·lijk; speel·de ge·lijk, speel·den ge·lijk;

G

ge·lijk·ge·speeld
ge·lijk·staan (ww), sta ge·lijk, staat ge·lijk; stond ge·lijk, ston·den ge·lijk; ge·lijk·ge·staan
ge·lijk·stel·len (ww), stel ge·lijk, stelt ge·lijk; stel·de ge·lijk, stel·den ge·lijk; ge·lijk·ge·steld
de **ge·lijk·stroom** (m)
ge·lijk·tij·dig (bnw), ge·lijk·tij·di·ge
ge·lijk·trek·ken (ww), trek ge·lijk, trekt ge·lijk; trok ge·lijk, trok·ken ge·lijk; ge·lijk·ge·trok·ken
ge·lijk·vloers (bnw), ge·lijk·vloer·se
de **ge·lijk·vor·mig·heid** (v), ge·lijk·vor·mig·he·den
ge·lijk·waar·dig (bnw), ge·lijk·waar·di·ge
de **ge·lijk·waar·dig·heid** (v), ge·lijk·waar·dig·he·den
ge·lijk·zet·ten (ww), zet ge·lijk, zet ge·lijk; zet·te ge·lijk, zet·ten ge·lijk; ge·lijk·ge·zet
ge·li·ni·eerd (bnw), ge·li·ni·eer·de
de **ge·lof·te** (v), ge·lof·ten, ge·lof·tes
het **ge·loof**, ge·lo·ven; ge·loof·je
de **ge·loofs·be·lij·de·nis** (v), ge·loofs·be·lij·de·nis·sen
de **ge·loofs·over·tui·ging** (v), ge·loofs·over·tui·gin·gen
ge·loof·waar·dig (bnw), ge·loof·waar·di·ge
de **ge·loof·waar·dig·heid** (v), ge·loof·waar·dig·he·den
het **ge·loop**
ge·lo·ven[1] (ww), ge·loof, ge·looft; ge·loof·de, ge·loof·den; ge·loofd
ge·lo·ven[2]: eraan moeten geloven
ge·lo·vig (bnw), ge·lo·vi·ge
de **ge·lo·vi·ge**, ge·lo·vi·gen
het **ge·lui**
het **ge·luid**, ge·lui·den; ge·luid·je
ge·luid·arm (bnw), ge·luid·ar·me
de **ge·luid·be·las·ting** (v), ge·luid·be·las·tin·gen
de **ge·luid·box** (m), ge·luid·boxen
ge·luid·dem·pend (bnw), ge·luid·dem·pen·de
de **ge·luid·dem·per** (m), ge·luid·dem·pers; ge·luid·dem·per·tje
ge·luid·dicht (bnw), ge·luid·dich·te
de **ge·luid·hin·der** (m)
de **ge·luid·iso·la·tie** (v), ge·luid·iso·la·ties
ge·luid·loos (bnw), ge·luid·lo·ze
het **ge·luid·ni·veau**, ge·luid·ni·veaus
de **ge·luid·over·last** (m), ge·luid·over·last·je
ge·luids·arm (bnw), ge·luids·ar·me
de **ge·luids·bar·ri·è·re**, ge·luids·bar·ri·è·res
de **ge·luids·be·las·ting** (v), ge·luids·be·las·tin·gen
de **ge·luids·box** (m), ge·luids·boxen; ge·luids·box·je
het **ge·luid·scherm**, ge·luid·scher·men
de **ge·luids·dem·per** (m), ge·luids·dem·pers
ge·luids·dicht (bnw), ge·luids·dich·te
de **ge·luids·hin·der** (m)
de **ge·luids·in·stal·la·tie** (v), ge·luids·in·stal·la·ties
de **ge·luids·iso·la·tie** (v), ge·luids·iso·la·ties
de **ge·luids·kwa·li·teit** (v), ge·luids·kwa·li·tei·ten
de **ge·luids·me·ting** (v), ge·luids·me·tin·gen
de **ge·luids·muur** (m),

ge·luids·mu·ren;
ge·luids·muur·tje
het **ge·luids·ni·veau**, ge·luids·ni·veaus
de **ge·luids·op·na·me**, ge·luids·op·na·men, ge·luids·op·na·mes
de **ge·luids·over·last** (m)
het **ge·luids·scherm**, ge·luids·scher·men
het **ge·luids·sig·naal**, ge·luids·sig·na·len
de **ge·luids·snel·heid** (v), ge·luids·snel·he·den
de **ge·luids·sterk·te** (v), ge·luids·sterk·ten, ge·luids·sterk·tes
de **ge·luids·stu·dio** (m), ge·luids·stu·di·o's
de **ge·luids·tech·ni·cus** (m), ge·luids·tech·ni·ci
de **ge·luids·tech·niek** (v), ge·luids·tech·nie·ken
ge·luids·we·rend (bnw), ge·luids·we·ren·de
de **ge·luids·zo·ne**, ge·luids·zo·nes
ge·luid·we·rend (bnw), ge·luid·we·ren·de
de **ge·luid·zo·ne**, ge·luid·zo·nes
het **ge·luk**, ge·luk·je
ge·luk·ken (ww), ge·luk, ge·lukt; ge·luk·te, ge·luk·ten; ge·lukt
ge·luk·kig (bnw), ge·luk·ki·ge
de **ge·luk·ki·ge**, ge·luk·ki·gen
ge·luk·kig·lijk (bijw)
het **ge·luks·kind**, ge·luks·kin·de·ren
de **ge·luks·vo·gel** (m), ge·luks·vo·gels; ge·luks·vo·gel·tje
de **ge·luks·wens** (m), ge·luks·wen·sen
de **ge·luks·zoe·ker** (m), ge·luks·zoe·kers; ge·luks·zoe·ker·tje
de **ge·luk·wens** (m), ge·luk·wen·sen
ge·luk·wen·sen (ww), wens ge·luk, wenst ge·luk; wens·te ge·luk, wens·ten ge·luk; ge·luk·ge·wenst
de **ge·luk·zak** (m), ge·luk·zak·ken; ge·luk·zak·je
ge·luk·za·lig (bnw), ge·luk·za·li·ge
de **ge·luk·zoe·ker** (m), ge·luk·zoe·kers
het **ge·lul**
de **gem**, gem·men; gem·me·tje
ge·maakt (bnw), ge·maak·te
de **ge·maal**[1] (m) *(echtgenoot)*, ge·maals, ge·ma·len; ge·maal·tje
het **ge·maal**[2] *(gezeur)*
het **ge·maal**[3] *(andere betekenissen)*, ge·ma·len; ge·maal·tje
de **ge·mach·tig·de**, ge·mach·tig·den
het **ge·mak**, ge·mak·ken; ge·mak·je
ge·mak·ke·lijk (bnw), ge·mak·ke·lij·ke
de **ge·mak·ke·lijk·heid** (v), ge·mak·ke·lijk·he·den
ge·mak·ke·lijk·heids·hal·ve (bijw)
de **ge·mak·ke·lijk·heids·op·los·sing** (v), ge·mak·ke·lijk·heids·op·los·sin·gen
ge·maks·hal·ve (bijw)
de **ge·mak·zucht**
ge·ma·ni·pu·leerd (bnw), ge·ma·ni·pu·leer·de
ge·ma·tigd (bnw), ge·ma·tig·de
de **gem·ber** (m), gem·bers
het **ge·meen**[1]
ge·meen[2] (bnw), ge·me·ne
ge·meend (bnw), ge·meen·de
het **ge·meen·goed**
ge·meen·lijk (bijw)
de **ge·meen·schap** (v),

G

ge·meen·schap·pen; ge·meen·schap·je

ge·meen·schap·pe·lijk (bnw), ge·meen·schap·pe·lij·ke

het **ge·meen·schaps·bos**, ge·meen·schaps·bos·sen

de **ge·meen·schaps·ont·wik·ke·ling** (v), ge·meen·schaps·ont·wik·ke·lin·gen

het **ge·meen·schaps·werk**, ge·meen·schaps·wer·ken

de **ge·meen·schaps·zin** (m)

de **ge·meen·te** (v), ge·meen·ten, ge·meen·tes

de **ge·meen·te·amb·te·naar** (m), ge·meen·te·amb·te·naars, ge·meen·te·amb·te·na·ren

het **ge·meen·te·ar·chief**, ge·meen·te·ar·chie·ven

het **ge·meen·te·be·stuur**, ge·meen·te·be·stu·ren

ge·meen·te·breed (bnw), ge·meen·te·bre·de

het **ge·meen·te·fonds**, ge·meen·te·fond·sen

het **ge·meen·te·huis**, ge·meen·te·hui·zen; ge·meen·te·huis·je

ge·meen·te·lijk (bnw), ge·meen·te·lij·ke

het **ge·meen·te·lo·ket**, ge·meen·te·lo·ket·ten

het **ge·meen·te·mu·se·um**, ge·meen·te·mu·sea, ge·meen·te·mu·se·ums

de **ge·meen·te·ont·van·ger** (m), ge·meen·te·ont·van·gers

het **ge·meen·te·per·so·neel**

de **ge·meen·te·raad** (m), ge·meen·te·ra·den

het **ge·meen·te·raads·lid**, ge·meen·te·raads·le·den

de **ge·meen·te·raads·ver·kie·zing** (v), ge·meen·te·raads·ver·kie·zin·gen

het **ge·meen·te·recht**, ge·meen·te·rech·ten

de **ge·meen·te·se·cre·ta·ris** (m), ge·meen·te·se·cre·ta·ris·sen

de **ge·meen·te·wet**, ge·meen·te·wet·ten

ge·meld (bnw), ge·mel·de

ge·mê·leerd (bnw), ge·mê·leer·de

ge·me·lijk (bnw), ge·me·lij·ke

het **ge·me·ne·best**, ge·me·ne·bes·ten

de **ge·me·ne·rik** (m), ge·me·ne·ri·ken

ge·mengd (bnw), ge·meng·de

de **ge·mengd·dub·bel·fi·na·le**, ge·mengd·dub·bel·fi·na·les

ge·meu·beld (bnw), ge·meu·bel·de

ge·mid·deld (bnw), ge·mid·del·de

het **ge·mid·del·de**, ge·mid·del·den, ge·mid·del·des

het **ge·mis**

ge·mist (bnw), ge·mis·te

ge·mo·de·reerd (bnw), ge·mo·de·reer·de

het **ge·moed**, ge·moe·de·ren; ge·moed·je

ge·moe·de·lijk (bnw), ge·moe·de·lij·ke

de **ge·moeds·rust**

de **ge·moeds·toe·stand** (m), ge·moeds·toe·stan·den

ge·moeid (bnw), ge·moei·de

ge·mo·ti·veerd (bnw), ge·mo·ti·veer·de

de **gems**, gem·zen

ge·munt (bnw), ge·mun·te

het **gen**, ge·nen; gen·ne·tje

ge·naamd (bnw), ge·naam·de

de **ge·na·de**, ge·na·den, ge·na·des

ge·na·de·loos (bnw),

ge·na·de·lo·ze
het **ge·na·de·mid·del**, ge·na·de·mid·de·len
de **ge·na·de·slag** (m), ge·na·de·sla·gen
de **gen·af·wij·king** (v), gen·af·wij·kin·gen
ge·na·ken (ww), ge·naak, ge·naakt; ge·naak·te, ge·naak·ten; ge·naakt
gê·nant (bnw), gê·nan·te
de **gen·dar·me** (m), gen·dar·men, gen·dar·mes
het **gen·der·be·leid**
het **gen·der·be·wust·zijn**
gen·der·ge·re·la·teerd (bnw), gen·der·ge·re·la·teer·de
de **gen·der·on·ge·lijk·heid** (v), gen·der·on·ge·lijk·he·den
ge·ne[1] (aanw vnw)
ge·ne[2] (onbep vnw)
ge·ne[3]: aan gene zijde
de **gê·ne**
de **ge·nea·lo·gie** (v), genealogieën [ge·nea·lo·gie·en]
de **ge·nea·loog** (m), ge·nea·lo·gen
de **ge·nees·heer** (m), ge·nees·he·ren
de **ge·nees·heer-di·rec·teur** (m), ge·nees·heer-di·rec·teu·ren, ge·nees·heer-di·rec·teurs, ge·nees·he·ren-di·rec·teu·ren, ge·nees·he·ren-di·rec·teurs
de **ge·nees·heer-spe·ci·a·list** (m), ge·nees·heer-spe·ci·a·lis·ten
de **ge·nees·kun·de** (v)
ge·nees·kun·dig (bnw), ge·nees·kun·di·ge
de **ge·nees·kunst** (v)
het **ge·nees·mid·del**, ge·nees·mid·de·len; ge·nees·mid·del·tje
de **ge·nees·mid·de·len·klap·per** (m), ge·nees·mid·de·len·klap·pers
ge·ne·gen (bnw)
de **ge·ne·gen·heid** (v), ge·ne·gen·he·den
ge·neigd (bnw), ge·neig·de
ge·nen: in genen dele
ge·ner (onbep vnw)
de **ge·ne·raal**[1] (m), ge·ne·raals; ge·ne·raal·tje
ge·ne·raal[2] (bnw), ge·ne·ra·le
de **ge·ne·raal-ma·joor** (m), ge·ne·raal-ma·joors
het **ge·ne·raal·schap**, ge·ne·raal·schap·pen
de **ge·ne·ra·li·sa·tie** (v), ge·ne·ra·li·sa·ties
ge·ne·ra·li·seer·baar (bnw), ge·ne·ra·li·seer·ba·re
de **ge·ne·ra·li·seer·baar·heid** (v), ge·ne·ra·li·seer·baar·he·den
ge·ne·ra·li·se·ren (ww), ge·ne·ra·li·seer, ge·ne·ra·li·seert; ge·ne·ra·li·seer·de, ge·ne·ra·li·seer·den; ge·ge·ne·ra·li·seerd
de **ge·ne·ra·list** (m), ge·ne·ra·lis·ten
de **ge·ne·ra·tie** (v), ge·ne·ra·ties
ge·ne·ra·tief (bnw), ge·ne·ra·tie·ve
de **ge·ne·ra·tor** (m), ge·ne·ra·to·ren, ge·ne·ra·tors
ge·ne·ren (ww), ge·neer, ge·neert; ge·neer·de, ge·neer·den; ge·ge·neerd
ge·ne·re·ren (ww), ge·ne·reer, ge·ne·reert; ge·ne·reer·de, ge·ne·reer·den; ge·ge·ne·reerd
ge·ne·reus (bnw), ge·ne·reu·ze
de **ge·ne·riek**[1] (v), ge·ne·rie·ken
ge·ne·riek[2] (bnw), ge·ne·rie·ke
ge·ne·risch (bnw), ge·ne·ri·sche
ge·ner·lei (onbep vnw)
de **ge·ne·ro·si·teit** (v), ge·ne·ro·si·tei·ten

G

de **ge·ne·se** (v)
de **ge·ne·sis** (v) *(ontstaan)*
Ge·ne·sis *(Bijbelboek)*
het **ge·net**, ge·net·ten
de **ge·ne·ti·ca** (v)
ge·ne·tisch (bnw), ge·ne·ti·sche
de **ge·neug·te** (v), ge·neug·ten, ge·neug·tes
de **ge·ne·ver** (m), ge·ne·vers; ge·ne·ver·tje
ge·ne·zen (ww), ge·nees, ge·neest; ge·nas, ge·na·zen; ge·ne·zen
de **ge·ne·zing** (v), ge·ne·zin·gen
ge·ni·aal (bnw), ge·ni·a·le
de **ge·ni·a·li·teit** (v), ge·ni·a·li·tei·ten
de **ge·nie**[1] (v) *(wapen in het leger)*
het **ge·nie**[2] *(vernuft, persoon)*, genieën [ge·nie·en]; ge·nie·tje
ge·niep: in het geniep
ge·nie·pig (bnw), ge·nie·pi·ge
ge·nie·ten (ww), ge·niet, ge·niet; ge·noot, ge·no·ten; ge·no·ten
de **ge·nist** (m), ge·nis·ten
de **genitaliën** [ge·ni·ta·li·en] (mv)
de **ge·ni·tief** (m), ge·ni·tie·ven
de **ge·ni·tief-s**, ge·ni·tief-s'en
de **ge·ni·us** (m), geniën [ge·ni·en], ge·nii
de **ge·no·ci·de** (v), ge·no·ci·den, ge·no·ci·des
de **ge·no·dig·de**, ge·no·dig·den
ge·noeg[1] (onbep vnw)
ge·noeg[2] (bijw)
de **ge·noeg·doe·ning** (v), ge·noeg·doe·nin·gen
het **ge·noe·gen**[1], ge·noe·gens; ge·noe·gen·tje
ge·noe·gen[2] (ww), ge·noeg, ge·noegt; ge·noeg·de, ge·noeg·den; ge·noegd
ge·noeg·lijk (bnw), ge·noeg·lij·ke
ge·noeg·zaam (bnw), ge·noeg·za·me
ge·noemd (bnw), ge·noem·de
de **ge·noem·de**, ge·noem·den
de **ge·no·mi·neer·de**, ge·no·mi·neer·den
het **ge·noom**, ge·no·men; ge·noom·pje
de **ge·noot** (m), ge·no·ten; ge·noot·je
het **ge·noot·schap**, ge·noot·schap·pen; ge·noot·schap·je
het **ge·not**, ge·not·je
het **ge·not·mid·del**, ge·not·mid·de·len
het **ge·nots·mid·del**, ge·nots·mid·de·len
het **ge·no·ty·pe**, ge·no·ty·pen, ge·no·ty·pes
de **ge·not·zucht**
het **gen·re**, gen·res
de **gen·ster**, gen·sters; gen·ster·tje
de **gent** (m), gen·ten; gent·je
de **Gen·te·naar** (m), Gen·te·naars, Gen·te·na·ren; Gen·te·naar·tje
de **gen·ti·aan**, gen·ti·a·nen
de **gen·tle·man** (m), gen·tle·men
het **gen·tle·man's agree·ment**, gen·tle·man's agree·ments
het **gen·tle·men's agree·ment**, gen·tle·men's agree·ments
de **gen·tri·fi·ca·tie** (v), gen·tri·fi·ca·ties
het **Gents**[1] *(dialect)*
Gents[2] (bnw), Gent·se
de **Gent·se** (v), Gent·sen
ge·nu·an·ceerd (bnw), ge·nu·an·ceer·de
Ge·nu·ees (bnw), Ge·nu·e·se
de **Ge·nu·e·se** (v), Ge·nu·e·sen
ge·num·merd (bnw), ge·num·mer·de
het **ge·nus**, ge·ne·ra
ge·ob·se·deerd (bnw), ge·ob·se·deer·de

ge·ob·ser·veerd (bnw), ge·ob·ser·veer·de
de **geo·drie·hoek** (m), geo·drie·hoe·ken
ge·oe·fend (bnw), ge·oe·fen·de
de **ge·oe·fend·heid** (v)
de **geo·graaf** (m), geo·gra·fen
de **geo·gra·fie** (v), geografieën [geo·gra·fie·en]
geo·gra·fisch (bnw), geo·gra·fi·sche
ge·olied (bnw), ge·olie·de
de **geo·lo·gie** (v)
de **geo·loog** (m), geo·lo·gen
de **geo·me·trie** (v)
geo·me·trisch (bnw), geo·me·tri·sche
ge·oor·loofd (bnw), ge·oor·loof·de
ge·opend (bnw), ge·open·de
de **geo·po·li·tiek**[1] (v)
geo·po·li·tiek[2] (bnw), geo·po·li·tie·ke
ge·op·perd (bnw), ge·op·per·de
ge·or·dend (bnw), ge·or·den·de
ge·or·ga·ni·seerd (bnw), ge·or·ga·ni·seer·de
het **Ge·or·gisch**[1] *(taal)*
Ge·or·gisch[2] (bnw), Ge·or·gi·sche
ge·ou·til·leerd (bnw), ge·ou·til·leer·de
ge·paard (bnw), ge·paar·de
het **ge·pa·la·ver**
ge·pant·serd (bnw), ge·pant·ser·de
ge·pas·si·o·neerd (bnw), ge·pas·si·o·neer·de
ge·past (bnw), ge·pas·te
ge·pas·ten: te gepasten tijde
ge·pa·ten·teerd (bnw), ge·pa·ten·teer·de
ge·pen·si·o·neerd (bnw), ge·pen·si·o·neer·de
de **ge·pen·si·o·neer·de**, ge·pen·si·o·neer·den
ge·per·ci·pi·eerd (bnw), ge·per·ci·pi·eer·de
ge·pi·keerd (bnw), ge·pi·keer·de
ge·pimpt (bnw), ge·pimp·te
ge·plaatst (bnw), ge·plaats·te
ge·pland (bnw), ge·plan·de
ge·plant (bnw), ge·plan·te
ge·pleegd (bnw), ge·pleeg·de
de **ge·plo·gen·heid** (v), ge·plo·gen·he·den
ge·po·lijst (bnw), ge·po·lijs·te
het **ge·praat**
ge·pre·oc·cu·peerd (bnw), ge·pre·oc·cu·peer·de
ge·pre·sen·teerd (bnw), ge·pre·sen·teer·de
ge·pri·vi·le·gi·eerd (bnw), ge·pri·vi·le·gi·eer·de
ge·pro·du·ceerd (bnw), ge·pro·du·ceer·de
ge·prog·no·ti·seerd (bnw), ge·prog·no·ti·seer·de
ge·pro·gram·meerd (bnw), ge·pro·gram·meer·de
ge·pu·bli·ceerd (bnw), ge·pu·bli·ceer·de
ge·raad·pleegd (bnw), ge·raad·pleeg·de
ge·raakt (bnw), ge·raak·te
het **ge·raam·te**, ge·raam·ten, ge·raam·tes
ge·rad·braakt (bnw), ge·rad·braak·te
ge·ra·den (bnw)
ge·raf·fi·neerd (bnw), ge·raf·fi·neer·de
ge·ra·ken (ww), ge·raak, ge·raakt; ge·raak·te, ge·raak·ten; ge·raakt
ge·rand (bnw), ge·ran·de
ge·rang·schikt (bnw), ge·rang·schik·te

de **ge·ra·ni·um**, ge·ra·ni·ums; ge·ra·ni·um·pje
de **ge·rant** (m), ge·ran·ten, ge·rants
de **ger·be·ra**, ger·be·ra's
ge·rea·li·seerd (bnw), ge·rea·li·seer·de
het **ge·recht**[1], ge·rech·ten; ge·recht·je
ge·recht[2] (bnw), ge·rech·te
ge·rech·te·lijk (bnw), ge·rech·te·lij·ke
ge·rech·tigd (bnw), ge·rech·tig·de
de **ge·rech·tig·de**, ge·rech·tig·den
de **ge·rech·tig·heid** (v), ge·rech·tig·he·den
de **ge·rechts·deur·waar·der** (m), ge·rechts·deur·waar·ders
het **ge·rechts·deur·waar·ders·ex·ploot**, ge·rechts·deur·waar·ders·ex·plo·ten
het **ge·rechts·ge·bouw**, ge·rechts·ge·bou·wen; ge·rechts·ge·bouw·tje
het **ge·rechts·hof**, ge·rechts·ho·ven
de **ge·rechts·zaak**, ge·rechts·za·ken
ge·recht·vaar·digd (bnw), ge·recht·vaar·dig·de
ge·re·cy·cled (bnw), ge·re·cy·cle·de
de **ge·red·de**, ge·red·den
ge·re·di·geerd (bnw), ge·re·di·geer·de
ge·re·du·ceerd (bnw), ge·re·du·ceer·de
ge·reed (bnw), ge·re·de
ge·reed·ko·men (ww), kom ge·reed, komt ge·reed; kwam ge·reed, kwa·men ge·reed; ge·reed·ge·ko·men
ge·reed·ma·ken (ww), maak ge·reed, maakt ge·reed; maak·te ge·reed, maak·ten ge·reed; ge·reed·ge·maakt
de **ge·reed·mel·ding** (v), ge·reed·mel·din·gen
het **ge·reed·schap**, ge·reed·schap·pen; ge·reed·schap·je
de **ge·reed·schaps·kist**, ge·reed·schaps·kis·ten; ge·reed·schaps·kist·je
de **ge·reed·schaps·set** (m), ge·reed·schaps·sets
ge·reed·staan (ww), sta ge·reed, staat ge·reed; stond ge·reed, ston·den ge·reed; ge·reed·ge·staan
ge·re·for·meerd (bnw), ge·re·for·meer·de
de **ge·re·for·meer·de**, ge·re·for·meer·den
ge·re·geld (bnw), ge·re·gel·de
ge·re·gis·treerd (bnw), ge·re·gis·treer·de
het **ge·rei**
ge·re·kru·teerd (bnw), ge·re·kru·teer·de
ge·rekt (bnw), ge·rek·te
ge·ren (ww), geer, geert; geer·de, geer·den; ge·geerd
ge·re·nom·meerd (bnw), ge·re·nom·meer·de
ge·re·pu·teerd (bnw), ge·re·pu·teer·de
ge·re·ser·veerd (bnw), ge·re·ser·veer·de
ge·res·pec·teerd (bnw), ge·res·pec·teer·de
ge·res·tau·reerd (bnw), ge·res·tau·reer·de
de **ge·ri·a·ter** (m), ge·ri·a·ters
de **ge·ri·a·trie** (v)
ge·ribd (bnw), ge·rib·de
het **ge·richt**[1], ge·rich·ten
ge·richt[2] (bnw), ge·rich·te
de **ge·richt·heid** (v)
het **ge·rief**

ge·rie·fe·lijk (bnw), ge·rie·fe·lij·ke
ge·rief·lijk (bnw), ge·rief·lij·ke
ge·rie·ven (ww), ge·rief, ge·rieft; ge·rief·de, ge·rief·den; ge·riefd
het **ge·rij**
ge·ring (bnw), ge·rin·ge
het **Ger·maans**[1] *(taal)*
Ger·maans[2] (bnw), Ger·maan·se
het **ger·ma·nis·me**, ger·ma·nis·men
de **ger·ma·nist** (m), ger·ma·nis·ten
het **ge·roep**
ge·roe·pen (bnw)
het **ge·roe·ze·moes**
het **ge·rof·fel**
ge·rokt (bnw), ge·rok·te
ge·ron·nen (bnw)
ge·rookt (bnw), ge·rook·te
de **gerst**
het **ger·ste·bier**, ger·ste·bie·ren
de **ger·ste·kor·rel** (m), ger·ste·kor·rels; ger·ste·kor·rel·tje
de/het **ger·ste·mout** (m/o)
de/het **ger·sten** (m/o)
het **ger·ste·nat**
het **ge·rucht**, ge·ruch·ten; ge·rucht·je
ge·rug·gen·steund (bnw), ge·rug·gen·steun·de
ge·ruim (bnw), ge·rui·me
het **ge·ruis**, ge·ruis·je
ge·ruis·loos (bnw), ge·ruis·lo·ze
ge·ruit (bnw), ge·rui·te
het **ge·run·di·um**, ge·run·dia
ge·rust (bnw), ge·rus·te
ge·rust·stel·len (ww), stel ge·rust, stelt ge·rust; stel·de ge·rust, stel·den ge·rust; ge·rust·ge·steld
ge·rust·stel·lend (bnw), ge·rust·stel·len·de
het **ge·ru·zie**
de **ges**[1], ges·sen
ges[2] (bnw), ges·se
ge·sausd (bnw), ge·saus·de
ge·saust (bnw), ge·saus·te
ge·schaafd (bnw), ge·schaaf·de
ge·scha·pen (bnw)
ge·schat (bnw), ge·schat·te
ge·schei·den (bnw)
het **ge·scheld**
het **ge·schenk**, ge·schen·ken; ge·schenk·je
de **ge·schenk·bon** (m), ge·schenk·bon·nen, ge·schenk·bons
de/het **ge·schenk·idee** (v/o), geschenkideeën [ge·schenk·idee·en]
de **ge·schenk·zen·ding** (v), ge·schenk·zen·din·gen
ge·schept (bnw), ge·schep·te
ge·scheurd (bnw), ge·scheur·de
ge·schie·den (ww), ge·schied, ge·schiedt; ge·schied·de, ge·schied·den; ge·schied
de **ge·schie·de·nis** (v), ge·schie·de·nis·sen; ge·schie·de·nis·je
de **ge·schied·schrij·ving** (v), ge·schied·schrij·vin·gen
het **ge·schiet**
ge·schikt (bnw), ge·schik·te
de **ge·schikt·heid** (v), ge·schikt·he·den
het **ge·schil**, ge·schil·len; ge·schil·le·tje
ge·schil·derd (bnw), ge·schil·der·de
ge·schminkt (bnw), ge·schmink·te
ge·schokt (bnw), ge·schok·te
ge·schon·den (bnw)
ge·schoold (bnw), ge·school·de
de **ge·school·de**, ge·school·den
ge·scho·ren (bnw)
ge·schre·ven (bnw)
het **ge·schrift**, ge·schrif·ten; ge·schrift·je

G

het **ge·schut**
de **ges·co** (m), ges·co's
de **ge·sel** (m), ge·se·len, ge·sels
ge·se·lec·teerd (bnw), ge·se·lec·teer·de
ge·se·len (ww), ge·sel, ge·selt; ge·sel·de, ge·sel·den; ge·ge·seld
de **ge·se·ling** (v), ge·se·lin·gen
ge·set·teld (bnw), ge·set·tel·de
ge·sig·na·leerd (bnw), ge·sig·na·leer·de
het **ge·sjoe·mel**
ge·slaagd (bnw), ge·slaag·de
de **ge·slaag·de**, ge·slaag·den
het **ge·slacht**[1], ge·slach·ten; ge·slacht·je
ge·slacht[2] (bnw), ge·slach·te
de **ge·slachts·ge·meen·schap** (v)
de **ge·slachts·naam** (m), ge·slachts·na·men
de **ge·slachts·ziek·te** (v), ge·slachts·ziek·ten, ge·slachts·ziek·tes
ge·sla·gen (bnw)
ge·sloopt (bnw), ge·sloop·te
ge·slo·ten (bnw)
het **ge·snoef**
ge·snoeid (bnw), ge·snoei·de
ge·sno·pen (tussenw)
ge·so·fis·ti·ceerd (bnw), ge·so·fis·ti·ceer·de
ge·so·fis·ti·keerd (bnw), ge·so·fis·ti·keer·de
de **gesp**, ges·pen; gesp·je
ge·spaard (bnw), ge·spaar·de
ge·span·nen (bnw)
ge·spe·ci·a·li·seerd (bnw), ge·spe·ci·a·li·seer·de
ge·spe·ci·fi·ceerd (bnw), ge·spe·ci·fi·ceer·de
het **ge·speel**
ge·speeld (bnw), ge·speel·de
ge·speend (bnw), ge·speen·de
ges·pen (ww), gesp, gespt; gesp·te, gesp·ten; ge·gespt
ge·spierd (bnw), ge·spier·de
ge·spitst (bnw), ge·spits·te
ge·spon·sord (bnw), ge·spon·sor·de
ge·spoord (bnw), ge·spoor·de
ge·spreid (bnw), ge·sprei·de
het **ge·sprek**, ge·sprek·ken; ge·sprek·je
de **ge·spreks·lei·der** (m), ge·spreks·lei·ders
de **ge·spreks·part·ner** (m), ge·spreks·part·ners
het **ge·spreks·punt**, ge·spreks·pun·ten
de **ge·spreks·stof**
de **ge·sprek·stof**
het **ge·spreks·ver·slag**, ge·spreks·ver·sla·gen
ge·spro·ken (bnw)
het **ge·spuis**
gest. (bnw) (*gestorven*)
ge·staag (bnw), ge·sta·ge
ge·sta·dig (bnw), ge·sta·di·ge
de **ge·stal·te** (v), ge·stal·ten, ge·stal·tes
ge·stan·daar·di·seerd (bnw), ge·stan·daar·di·seer·de
ge·sta·peld (bnw), ge·sta·pel·de
ge·sta·ti·o·neerd (bnw), ge·sta·ti·o·neer·de
de **ges·te**, ges·tes
het **ge·steen·te**, ge·steen·ten, ge·steen·tes
het **ge·steg·gel**
het **ge·stel**, ge·stel·len
ge·steld (bnw)
de **ge·steld·heid** (v), ge·steld·he·den
ge·stemd (bnw), ge·stem·de
ge·ste·ri·li·seerd (bnw), ge·ste·ri·li·seer·de
het **ge·stern·te**, ge·stern·ten

het **ge·sticht**[1], ge·stich·ten
ge·sticht[2] (bnw), ge·stich·te
ges·ti·cu·le·ren (ww), ges·ti·cu·leer, ges·ti·cu·leert; ges·ti·cu·leer·de, ges·ti·cu·leer·den; ge·ges·ti·cu·leerd
de **ges·tiek** (v)
ge·sti·leerd (bnw), ge·sti·leer·de
ge·sto·len (bnw)
ge·stoofd (bnw), ge·stoof·de
ge·stoord (bnw), ge·stoor·de
de **ge·stoor·de**, ge·stoor·den
ge·stor·ven (bnw)
ge·strand (bnw), ge·stran·de
ge·streept (bnw), ge·streep·te
ge·stres·seerd (bnw), ge·stres·seer·de
ge·stroom·lijnd (bnw), ge·stroom·lijn·de
ge·struc·tu·reerd (bnw), ge·struc·tu·reer·de
ge·stu·deerd (bnw), ge·stu·deer·de
ge·stuurd (bnw), ge·stuur·de
ge·styled (bnw), ge·style·de
ge·sub·si·di·eerd (bnw), ge·sub·si·di·eer·de
ge·sug·ge·reerd (bnw), ge·sug·ge·reer·de
de **ge·syn·di·keer·de**, ge·syn·di·keer·den
ge·taand (bnw), ge·taan·de
ge·tail·leerd (bnw), ge·tail·leer·de
het **ge·tal**, ge·tal·len; ge·tal·le·tje
ge·ta·le: in groten getale
ge·ta·len·teerd (bnw), ge·ta·len·teer·de
de **ge·tal·len·as**, ge·tal·len·as·sen
ge·tal·ma·tig (bnw), ge·tal·ma·ti·ge
ge·tals·ma·tig (bnw), ge·tals·ma·ti·ge
ge·tand (bnw), ge·tan·de
getatoeëerd [ge·ta·toe·eerd] (bnw), getatoeëerde [ge·ta·toe·eer·de]
ge·teerd (bnw), ge·teer·de
ge·teisterd (bnw), ge·teis·ter·de
ge·te·kend (bnw), ge·te·ken·de
de **ge·te·ken·de**, ge·te·ken·den
ge·tergd (bnw), ge·terg·de
het **ge·tij**, ge·tij·en
het **ge·tij·de**, ge·tij·den
de **ge·tij·den·be·we·ging** (v), ge·tij·den·be·we·gin·gen
ge·tikt: van lotje getikt
ge·tint (bnw), ge·tin·te
ge·ti·teld (bnw), ge·ti·tel·de
het **ge·tjilp**
ge·to·gen (bnw)
ge·toond (bnw), ge·toon·de
ge·tour·men·teerd (bnw), ge·tour·men·teer·de
het **ge·touw**, ge·tou·wen; ge·touw·tje
het **ge·touw·trek**
ge·traind (bnw), ge·train·de
ge·troe·bleerd (bnw), ge·troe·bleer·de
ge·trof·fen (bnw)
ge·trok·ken (bnw)
ge·troost (bnw), ge·troos·te
ge·troos·ten (ww), ge·troost, ge·troost; ge·troost·te, ge·troost·ten; ge·troost
ge·trouw (bnw), ge·trou·we
ge·trouwd (bnw), ge·trouw·de
de **ge·trou·we**, ge·trou·wen
de **ge·trouw·heid** (v), ge·trouw·he·den
het **get·to**, get·ti, get·to's
de **get·to·blas·ter** (m), get·to·blas·ters
de **get-to·ge·ther** (v), get-to·ge·thers
het **ge·tuig**
ge·tuigd (bnw), ge·tuig·de

G

de **ge·tui·ge**, ge·tui·gen
de **ge·tui·ge-des·kun·di·ge**, ge·tui·ge-des·kun·di·gen, ge·tui·gen-des·kun·di·gen
ge·tui·gen (ww), ge·tuig, ge·tuigt; ge·tuig·de, ge·tuig·den; ge·tuigd
de/het **ge·tui·ge·nis** (v/o), ge·tui·ge·nis·sen
het **ge·tui·gen·ver·hoor**, ge·tui·gen·ver·ho·ren
de **ge·tui·gen·ver·kla·ring** (v), ge·tui·gen·ver·kla·rin·gen
het **ge·tuig·schrift**, ge·tuig·schrif·ten; ge·tuig·schrift·je
ge·tuit (bnw), ge·tui·te
ge·tuned (bnw), ge·tune·de
get·ver·der·rie (tussenw)
getweeën [ge·twee·en] (telw)
ge·typt (bnw), ge·typ·te
de **geul**, geu·len; geul·tje
geüniformeerd [ge·uni·for·meerd] (bnw), geüniformeerde [ge·uni·for·meer·de]
geüpdatet [ge·up·da·tet] (bnw), geüpdatete [ge·up·da·te·te]
de **geur** (m), geu·ren; geur·tje
geürbaniseerd [ge·ur·ba·ni·seerd] (bnw), geürbaniseerde [ge·ur·ba·ni·seer·de]
geu·ren (ww), geur, geurt; geur·de, geur·den; ge·geurd
de **geus**[1] (m) *(persoon)*, geu·zen; geus·je
de **geus**[2] (m) *(bier)*, geus·je
de **geut**, geu·ten; geut·je
de **geu·ze** (m) *(bier)*, geu·zes
de **geu·zen·naam** (m), geu·zen·na·men; geu·zen·naam·pje
het **ge·vaar**, ge·va·ren; ge·vaar·tje
ge·vaar·lijk (bnw), ge·vaar·lij·ke
de **ge·vaar·si·tu·a·tie** (v), ge·vaar·si·tu·a·ties
het **ge·vaar·te**, ge·vaar·ten, ge·vaar·tes; ge·vaar·te·tje
het **ge·val**, ge·val·len; ge·val·le·tje
ge·val·len (ww), ge·valt; ge·viel; ge·val·len
de **ge·val·le·ne**, ge·val·le·nen
de **ge·val·stu·die** (v), ge·val·stu·dies
het **ge·vang**
ge·van·gen (bnw)
de **ge·van·ge·ne**, ge·van·ge·nen
de **ge·van·ge·nis** (v), ge·van·ge·nis·sen; ge·van·ge·nis·je
de **ge·van·ge·nis·di·rec·teur** (m), ge·van·ge·nis·di·rec·teu·ren, ge·van·ge·nis·di·rec·teurs
de **ge·van·ge·nis·straf**, ge·van·ge·nis·straf·fen
ge·van·gen·ne·men (ww), neem ge·van·gen, neemt ge·van·gen; nam ge·van·gen, na·men ge·van·gen; ge·van·gen·ge·no·men
de **ge·van·gen·ne·ming** (v), ge·van·gen·ne·min·gen
de **ge·van·gen·schap** (v)
ge·van·gen·zet·ten (ww), zet ge·van·gen, zet ge·van·gen; zet·te ge·van·gen, zet·ten ge·van·gen; ge·van·gen·ge·zet
ge·van·gen·zit·ten (ww), zit ge·van·gen, zit ge·van·gen; zat ge·van·gen, za·ten ge·van·gen; ge·van·gen·ge·ze·ten
de **ge·va·ren·drie·hoek** (m), ge·va·ren·drie·hoe·ken
de **ge·va·ren·zo·ne**, ge·va·ren·zo·nes
ge·va·ri·eerd (bnw), ge·va·ri·eer·de
ge·vat (bnw), ge·vat·te
het **ge·vecht**, ge·vech·ten; ge·vecht·je

de **ge·vechts·sport**, ge·vechts·spor·ten
ge·ve·derd (bnw), ge·ve·der·de
ge·veinsd (bnw), ge·veins·de
de **ge·vel** (m), ge·vels; ge·vel·tje
ge·veld (bnw), ge·vel·de
ge·ven (ww), geef, geeft; gaf, ga·ven; ge·ge·ven
de **ge·ver** (m), ge·vers
ge·ver·nist (bnw), ge·ver·nis·te
het **ge·vest**, ge·ves·ten
ge·ves·tigd (bnw), ge·ves·tig·de
ge·vierd (bnw), ge·vier·de
ge·vie·ren (telw)
ge·vin·gerd (bnw), ge·vin·ger·de
het **ge·vlei**
ge·vleid (bnw), ge·vlei·de
ge·vlij: in het gevlij komen
ge·vlucht (bnw), ge·vluch·te
de **GevMin** *(gevolmachtigde minister)*, GevMins
ge·voed (bnw), ge·voe·de
ge·voe·ge·lijk (bnw), ge·voe·ge·lij·ke
ge·voeg·lijk (bnw), ge·voeg·lij·ke
het **ge·voel**
het **ge·voe·len**[1], ge·voe·lens; ge·voe·len·tje
ge·voe·len[2] (ww), ge·voel, ge·voelt; ge·voel·de, ge·voel·den; ge·voeld
ge·voe·lig (bnw), ge·voe·li·ge
de **ge·voe·lig·heid** (v), ge·voe·lig·he·den; ge·voe·lig·heid·je
ge·voel·loos (bnw), ge·voel·lo·ze
ge·voerd (bnw), ge·voer·de
het **ge·vo·gel·te**
het **ge·volg**[1], ge·vol·gen; ge·volg·je
ge·volg[2]: als gevolg van
ge·volgd (bnw), ge·volg·de
ge·vol·ge: ten gevolge van
de **ge·vol·mach·tig·de**, ge·vol·mach·tig·den
ge·vor·derd (bnw), ge·vor·der·de
de **ge·vor·der·de**, ge·vor·der·den
ge·vormd (bnw), ge·vorm·de
ge·vraagd (bnw), ge·vraag·de
ge·vreesd (bnw), ge·vrees·de
ge·vuld (bnw), ge·vul·de
het **ge·waad**, ge·wa·den; ge·waad·je
ge·waagd (bnw), ge·waag·de
ge·waand (bnw), ge·waan·de
ge·waar·deerd (bnw), ge·waar·deer·de
ge·waar·wor·den (ww), word ge·waar, wordt ge·waar; werd ge·waar, wer·den ge·waar; ge·waar·ge·wor·den
de **ge·waar·wor·ding** (v), ge·waar·wor·din·gen
ge·wag: ervan gewag maken
ge·wa·gen (ww), ge·waag, ge·waagt; ge·waag·de, ge·waag·den; ge·waagd
ge·wa·pend (bnw), ge·wa·pen·de
het **ge·was**, ge·was·sen; ge·was·je
ge·wa·terd (bnw), ge·wa·ter·de
ge·wat·teerd (bnw), ge·wat·teer·de
het **ge·wau·wel**
het **ge·ween**
het **ge·weer**, ge·we·ren; ge·weer·tje
de **ge·weer·kolf**, ge·weer·kol·ven; ge·weer·kolf·je
het **ge·wei** *(horens)*, ge·wei·en; ge·wei·tje
ge·wekt (bnw), ge·wek·te
het **ge·weld**
de **ge·weld·daad**, ge·weld·da·den
ge·weld·da·dig (bnw), ge·weld·da·di·ge
de **ge·wel·de·naar** (m), ge·wel·de·naars, ge·wel·de·na·ren
ge·wel·dig (bnw), ge·wel·di·ge
de **ge·wel·di·ge**, ge·wel·di·gen

het **ge·welds·mo·no·po·lie**, geweldsmonopoliën [ge·welds·mo·no·po·li·en], ge·welds·mo·no·po·lies
de **ge·weld·spi·raal**, ge·weld·spi·ra·len
de **ge·welds·spi·raal**, ge·welds·spi·ra·len
het **ge·welf**, ge·wel·ven; ge·welf·je
ge·wend (bnw), ge·wen·de
ge·wen·nen (ww), ge·wen, ge·went; ge·wen·de, ge·wen·den; ge·wend
de **ge·wen·ning** (v), ge·wen·nin·gen
ge·wenst (bnw), ge·wens·te
het **ge·west**, ge·wes·ten
ge·wes·te·lijk (bnw), ge·wes·te·lij·ke
het **ge·we·ten**, ge·we·tens
ge·we·ten·loos (bnw), ge·we·ten·lo·ze
ge·we·zen (bnw)
het **ge·wicht**, ge·wich·ten; ge·wicht·je
ge·wicht·hef·fen (ww)
ge·wich·tig (bnw), ge·wich·ti·ge
ge·wicht·loos (bnw), ge·wicht·lo·ze
de **ge·wicht·loos·heid** (v)
de **ge·wichts·klas·se** (v), ge·wichts·klas·sen
ge·wichts·loos (bnw), ge·wichts·lo·ze
het **ge·wichts·ver·lies**, ge·wichts·ver·lie·zen
ge·wiekst (bnw), ge·wieks·te
ge·wijd (bnw), ge·wij·de
het **ge·wijs·de**, ge·wijs·den
ge·wij·zigd (bnw), ge·wij·zig·de
ge·wild (bnw), ge·wil·de
ge·wil·lig (bnw), ge·wil·li·ge
het **ge·win**
ge·wis (bnw), ge·wis·se
ge·wond (bnw), ge·won·de
de **ge·won·de**, ge·won·den
het **ge·won·den·ver·voer**
de **ge·wo·ne·men·sen·taal**, ge·wo·ne·men·sen·ta·len
ge·won·nen (bnw)
ge·woon (bnw), ge·wo·ne
ge·woon·lijk (bnw), ge·woon·lij·ke
de **ge·woon·te** (v), ge·woon·ten, ge·woon·tes
ge·woon·te·ge·trouw (bnw), ge·woon·te·ge·trou·we
ge·woon·weg (bijw)
ge·wor·den (ww), ge·word, ge·wordt; ge·werd, ge·wer·den; ge·wor·den
ge·wor·teld (bnw), ge·wor·tel·de
het **ge·wricht**, ge·wrich·ten; ge·wricht·je
het **ge·wrocht**[1], ge·wroch·ten; ge·wrocht·je
ge·wrocht[2] (bnw), ge·wroch·te
het **ge·wroet**
het **ge·zaag**
ge·zaagd (bnw), ge·zaag·de
het **ge·zag**
de **ge·zag·dra·ger** (m), ge·zag·dra·gers
ge·zag·heb·bend (bnw), ge·zag·heb·ben·de
de **ge·zags·dra·ger** (m), ge·zags·dra·gers
de **ge·zag·voer·der** (m), ge·zag·voer·ders
ge·zakt (bnw), ge·zak·te
ge·za·men·lijk (bnw), ge·za·men·lij·ke
de **ge·za·men·lijk·heid** (v), ge·za·men·lijk·he·den
het **ge·zang**, ge·zan·gen
de **ge·zant** (m), ge·zan·ten
ge·za·pig (bnw), ge·za·pi·ge

ge·zegd (bnw), ge·zeg·de
het **ge·zeg·de**, ge·zeg·den, ge·zeg·des
het **ge·zeik**
de **ge·zel** (m), ge·zel·len
ge·zel·lig (bnw), ge·zel·li·ge
de **ge·zel·lig·heid** (v), ge·zel·lig·he·den; ge·zel·lig·heid·je
de **ge·zel·lin** (v), ge·zel·lin·nen; ge·zel·lin·ne·tje
het **ge·zel·schap**, ge·zel·schap·pen; ge·zel·schap·je
het **ge·zel·schaps·dier**, ge·zel·schaps·die·ren; ge·zel·schaps·dier·tje
het **ge·zel·schap·spel**, ge·zel·schap·spe·len, ge·zel·schap·spel·len
het **ge·zel·schaps·spel**, ge·zel·schaps·spe·len, ge·zel·schaps·spel·len; ge·zel·schaps·spel·le·tje
ge·zet (bnw), ge·zet·te
ge·ze·ten (bnw)
het **ge·zeur**
het **ge·ze·ver**
het **ge·zicht**, ge·zich·ten; ge·zicht·je
het **ge·zichts·punt**, ge·zichts·pun·ten
de **ge·zichts·uit·druk·king** (v), ge·zichts·uit·druk·kin·gen
het **ge·zichts·veld**, ge·zichts·vel·den
het **ge·zichts·ver·lies**, ge·zichts·ver·lie·zen
het **ge·zichts·ver·mo·gen**, ge·zichts·ver·mo·gens
ge·zien[1] (bnw), ge·zie·ne
ge·zien[2] (voorz)
het **ge·zin**, ge·zin·nen; ge·zin·ne·tje
ge·zind (bnw), ge·zin·de
de **ge·zind·heid** (v), ge·zind·he·den
de **ge·zind·te** (v), ge·zind·ten, ge·zind·tes
de **ge·zins·con·sump·tie** (v)
het **ge·zins·lid**, ge·zins·le·den
de **ge·zins·sa·men·stel·ling** (v), ge·zins·sa·men·stel·lin·gen
de **ge·zins·si·tu·a·tie** (v), ge·zins·si·tu·a·ties
de **ge·zins·uit·brei·ding** (v), ge·zins·uit·brei·din·gen
de **ge·zins·wo·ning** (v), ge·zins·wo·nin·gen
ge·zocht (bnw), ge·zoch·te
het **ge·zoek**
ge·zond (bnw), ge·zon·de
de **ge·zond·heid** (v)
de **ge·zond·heids·as·sis·tent** (m), ge·zond·heids·as·sis·ten·ten
de **ge·zond·heids·bril** (m), ge·zond·heids·bril·len
het **ge·zond·heids·cen·trum**, ge·zond·heids·cen·tra, ge·zond·heids·cen·trums
de **ge·zond·heids·kun·de** (v)
de/het **ge·zond·heids·ma·tras**, ge·zond·heids·ma·tras·sen
het **ge·zond·heids·on·der·zoek**, ge·zond·heids·on·der·zoe·ken
de **ge·zond·heids·re·de·nen** (mv)
de **ge·zond·heids·scha·de**, ge·zond·heids·scha·den, ge·zond·heids·scha·des
de **ge·zond·heids·sec·tor** (m), ge·zond·heids·sec·to·ren, ge·zond·heids·sec·tors
de **ge·zond·heids·si·tu·a·tie** (v), ge·zond·heids·si·tu·a·ties
de **ge·zond·heids·toe·stand** (m), ge·zond·heids·toe·stan·den
de **ge·zond·heids·ver·kla·ring** (v), ge·zond·heids·ver·kla·rin·gen
de **ge·zond·heids·zorg**, ge·zond·heids·zor·gen
ge·zou·ten (bnw)
het **ge·zwel**, ge·zwel·len;

ge·zwel·le·tje
ge·zwind (bnw), ge·zwin·de
ge·zwo·ren (bnw)
gft *(groente-, fruit- en tuinafval)*
de/het **gft-af·val** (m/o)
ggo *(genetisch gemodificeerd organisme),* ggo's
de **ggz-psy·cho·loog** (m), ggz-psy·cho·lo·gen
de **Gha·nees**[1] (m), Gha·ne·zen; Gha·nees·je
Gha·nees[2] (bnw), Gha·ne·se
GHB *(gammahydroxybutyraat)*
de **ghost·wri·ter** (m), ghost·wri·ters
GHz *(gigahertz)*
gib·be·ren (ww), gib·ber, gib·bert; gib·ber·de, gib·ber·den; ge·gib·berd
de **gib·bon** (m), gib·bons
de **gids** (m), gid·sen; gids·je
gid·sen (ww), gids, gidst; gids·te, gids·ten; ge·gidst
de **gie·chel**, gie·chels; gie·chel·tje
gie·che·len (ww), gie·chel, gie·chelt; gie·chel·de, gie·chel·den; ge·gie·cheld
de **gieg**, giegs
de **giek** (m), gie·ken
de **gier**[1] (m) *(vogel),* gie·ren
de **gier**[2] *(mestvocht)*
gie·ren (ww), gier, giert; gier·de, gier·den; ge·gierd
gie·rig (bnw), gie·ri·ge
de **gie·rig·aard** (m), gie·rig·aards
de **gie·rig·heid** (v)
gie·ten (ww), giet, giet; goot, go·ten; ge·go·ten
de **gie·ter** (m), gie·ters; gie·ter·tje
het **gif**, gif·fen; gif·je
de **gif·klier**, gif·klie·ren
de **gif·slang**, gif·slan·gen
de **gift** *(geschenk),* gif·ten
gif·tig (bnw), gif·ti·ge
de **gift·shop** (m), gift·shops
de **gig** (m), gigs
gi·ga[1] *(gigabyte)*
gi·ga[2] (bnw)
de **gi·ga·byte** (m), gi·ga·bytes
de **gi·ga·hertz** (m), gi·ga·hert·zen
de **gi·gant** (m), gi·gan·ten; gi·gant·je
gi·gan·tisch (bnw), gi·gan·ti·sche
de **gi·ga·watt** (m), gi·ga·watts
de **gi·go·lo** (m), gi·go·lo's
gij (pers vnw)
het **gijn** *(takel),* gij·nen, gijns; gijn·tje
gij·pen (ww), gijp, gijpt; gijp·te, gijp·ten; ge·gijpt
de **gij·ze·laar** (m), gij·ze·laars; gij·ze·laar·tje
gij·ze·len (ww), gij·zel, gij·zelt; gij·zel·de, gij·zel·den; ge·gij·zeld
de **gij·ze·ling** (v), gij·ze·lin·gen
de **gil** (m), gil·len; gil·le·tje
de/het **gild**, gil·den
de/het **gil·de**, gil·den, gil·des
het **gil·de·huis**, gil·de·hui·zen
de **gil·de·mees·ter** (m), gil·de·mees·ters
het **gi·let**, gi·lets; gi·let·je
gil·len (ww), gil, gilt; gil·de, gil·den; ge·gild
gil·lend (bnw), gil·len·de
het **gil·les·de·la·tou·ret·te·syn·droom**
de **gim·mick** (m), gim·micks
de **gin** (m), gins
gin·der (bijw)
ginds (bnw), gind·se
de **gin·ger·ale** (m), gin·ger·ales
de **gink·go** (m), gink·go's
gin·ne·gap·pen (ww), gin·ne·gap, gin·ne·gapt; gin·ne·gap·te, gin·ne·gap·ten; ge·gin·ne·gapt
de **gin·seng** (m)
gin·ter (bijw)
de **gin-to·nic** (m), gin-to·nics

het **gips**, gip·sen
gip·sen[1] (bnw)
gip·sen[2] (ww), gips, gipst; gips·te, gips·ten; ge·gipst
de **gip·sy**, gip·sy's
gi·raal (bnw), gi·ra·le
de **gi·raf**, gi·raf·fen; gi·raf·je
de **gi·raf·fe**, gi·raf·fen, gi·raf·fes; gi·raf·fe·tje, gi·raf·je
de **gi·raf·fen·hals** (m), gi·raf·fen·hal·zen
het **gi·raf·fen·hok**, gi·raf·fen·hok·ken
de **gi·raf·fen·nek** (m), gi·raf·fen·nek·ken
het **gi·raf·fen·ver·blijf**, gi·raf·fen·ver·blij·ven
de **girl·po·wer** (m)
de **gi·ro** (m) *(betaalsysteem)*, gi·ro's; girootje [gi·ro·tje]
Gi·ro *(Ronde van Italië)*, Gi·ro's
het **gi·ro·af·schrift**, gi·ro·af·schrif·ten
de **gi·ro-en·ve·lop**, gi·ro-en·ve·lop·pen
de **gi·ro-over·schrij·ving** (v), gi·ro-over·schrij·vin·gen
de **gis**[1], gis·sen
gis[2] (bnw), gis·se
gis·pen (ww), gisp, gispt; gisp·te, gisp·ten; ge·gispt
gis·sen (ww), gis, gist; gis·te, gis·ten; ge·gist
de **gist**[1] (m) *(stofnaam)*
de **gist**[2] (m) *(organisme)*, gis·ten
gis·ten (ww), gist, gist; gist·te, gist·ten; ge·gist
gis·ter (bijw)
gis·ter·avond (bijw)
gis·te·ren (bijw)
gis·te·ren·avond (bijw)
gis·te·ren·mid·dag (bijw)
gis·te·ren·mor·gen (bijw)
gis·te·ren·nacht (bijw)
gis·te·ren·na·mid·dag (bijw)
gis·te·ren·och·tend (bijw)
gis·ter·mid·dag (bijw)
gis·ter·mor·gen (bijw)
gis·ter·nacht (bijw)
de **gis·ter·na·mid·dag** (m)
gis·ter·och·tend (bijw)
de **git**[1] *(voorwerp)*, git·ten
het **git**[2] *(stofnaam)*
de **gi·taar**, gi·ta·ren; gi·taar·tje
de **gi·taar·riff** (m), gi·taar·riffs; gi·taar·riff·je
het **gi·taar·spel**, gi·taar·spe·len
de **gi·taar·spe·ler** (m), gi·taar·spe·lers
de **gi·ta·rist** (m), gi·ta·ris·ten
de **gî·te** (m), gî·tes
git·zwart (bnw), git·zwar·te
de **give·away**, give·aways
de **G-kracht**, G-krach·ten
de **gla·cé**[1] (m) *(handschoen)*, gla·cés; glaceetje [gla·cé·tje]
het **gla·cé**[2] *(leer)*
het **gla·ci·aal**[1], gla·ci·a·len
gla·ci·aal[2] (bnw), gla·ci·a·le
glad (bnw), glad·de
glad·den (ww), glad, gladt; glad·de, glad·den; ge·glad
de **glad·heid** (v)
de **glad·heid·be·strij·ding** (v), glad·heid·be·strij·din·gen
de **glad·heids·be·strij·ding** (v), glad·heids·be·strij·din·gen
de **gla·di·a·tor** (m), gla·di·a·to·ren, gla·di·a·tors
de **gla·di·ool**, gla·di·o·len; gla·di·ool·tje
de **glad·ja·nus** (m), glad·ja·nus·sen
glad·ma·ken (ww), maak glad, maakt glad; maak·te glad, maak·ten glad; glad·ge·maakt
glad·strij·ken (ww), strijk glad, strijkt glad; streek glad, stre·ken glad; glad·ge·stre·ken

de **glad·vis** (m), glad·vis·sen
de **gla·mour** (m)
gla·mou·reus (bnw), gla·mou·reu·ze
de **glans** (m), glan·sen, glan·zen; glans·je
glan·zen (ww), glans, glanst; glans·de, glans·den; ge·glansd
glan·zend (bnw), glan·zen·de
het **glas**[1] *(voorwerp)*, gla·zen; glaas·je
het **glas**[2] *(stof)*
de **glas·aal** (m), glas·alen; glas·aal·tje
de **glas·bak** (m), glas·bak·ken; glas·bak·je
de **glas·be·was·sing** (v), glas·be·was·sin·gen
de **glas·con·tai·ner** (m), glas·con·tai·ners
de **glas·dal** (m), glas·dal·len
glas·hel·der (bnw), glas·hel·de·re
glas in lood
het **glas-in-lood·raam**, glas-in-lood·ra·men; glas-in-lood·raam·pje
de **glas·plaat**, glas·pla·ten; glas·plaat·je
de **glas·scherf**, glas·scher·ven; glas·scherf·je
de **glas·ve·zel**, glas·ve·zels; glas·ve·zel·tje
het **glas·ve·zel·ka·bel·pro·ject**, glas·ve·zel·ka·bel·pro·jec·ten
het **glas·werk**, glas·werk·je
de **glas·wol**
het **glau·coom**
gla·zen (bnw)
de **gla·zen·was·ser** (m), gla·zen·was·sers
gla·zu·ren (ww), gla·zuur, gla·zuurt; gla·zuur·de, gla·zuur·den; ge·gla·zuurd
het **gla·zuur**, gla·zu·ren; gla·zuur·tje
de **glee**, gleeën [glee·en]; glee·tje
het **gleis**
de **glet·sjer** (m), glet·sjers
de **gleuf**, gleu·ven; gleuf·je
glib·be·rig (bnw), glib·be·ri·ge
de **glij·baan**, glij·ba·nen; glij·baan·tje
glij·den (ww), glij, glijd, glijdt; gleed, gle·den; ge·gle·den
het **glij·ij·zer**, glij·ij·zers
het **glij·mid·del**, glij·mid·de·len
de **glim·lach** (m), glim·la·chen; glim·lach·je
glim·la·chen (ww), glim·lach, glim·lacht; glim·lach·te, glim·lach·ten; ge·glim·lacht
glim·men (ww), glim, glimt; glom, glom·men; ge·glom·men
glim·mend (bnw), glim·men·de
de **glimp** (m), glim·pen; glimp·je
glin·ste·ren (ww), glin·ster, glin·stert; glin·ster·de, glin·ster·den; ge·glin·sterd
glip·pen (ww), glip, glipt; glip·te, glip·ten; ge·glipt
glis·san·do (bijw)
de **glit·ter** (m), glit·ters; glit·ter·tje
glit·te·ren (ww), glit·ter, glit·tert; glit·ter·de, glit·ter·den; ge·glit·terd
glo *(gewoon lager onderwijs)*
glo·baal (bnw), glo·ba·le
de **glo·ba·li·sa·tie** (v), glo·ba·li·sa·ties
glo·ba·li·se·ren (ww), glo·ba·li·seer, glo·ba·li·seert; glo·ba·li·seer·de, glo·ba·li·seer·den; ge·glo·ba·li·seerd
de **glo·ba·li·se·ring** (v), glo·ba·li·se·rin·gen
de **glo·be**, glo·ben, glo·bes; glo·be·tje
de **glo·be·trot·ter** (m), glo·be·trot·ters

de **glo·bu·li·ne**
de **gloed** (m), gloed·je
gloed·nieuw (bnw), gloed·nieu·we
gloei·en (ww), gloei, gloeit; gloei·de, gloei·den; ge·gloeid
gloei·end (bnw), gloei·en·de
de **gloei·lamp**, gloei·lam·pen; gloei·lamp·je
het **glo·ge·tuig·schrift**, glo·ge·tuig·schrif·ten
de **glo·leer·ling** (m), glo·leer·lin·gen
het **glo·ni·veau**, glo·ni·veaus
glooi·en (ww), glooi, glooit; glooi·de, glooi·den; ge·glooid
glooi·end (bnw), glooi·en·de
de **glooi·ing** (v), glooi·in·gen
de **gloor** (m)
het **glop**, glop·pen
glo·ren (ww), gloor, gloort; gloor·de, gloor·den; ge·gloord
de **glo·rie** (v), gloriën [glo·ri·en], glo·ries
gloriëren [glo·ri·e·ren] (ww), glo·ri·eer, glo·ri·eert; glo·ri·eer·de, glo·ri·eer·den; ge·glo·ri·eerd
de **glos** (v), glos·sen
de **glo·school**, glo·scho·len
het **glos·sa·ri·um**, glos·sa·ria
de **glos·se** (v), glos·sen
de **glos·sy**[1] (m), glos·sy's
glos·sy[2] (bnw)
de **glo·toets** (m), glo·toet·sen
het **glo·toets·boek·je**, glo·toets·boek·jes
de **glu·co·se**
de **glüh·wein** (m), glüh·wei·nen; glüh·wein·tje
glu·ren (ww), gluur, gluurt; gluur·de, gluur·den; ge·gluurd
het **glu·ten**, glu·ten
glu·ten·vrij (bnw), glu·ten·vrije
de **gly·ce·mie** (v)
gly·ce·misch (bnw), gly·ce·mi·sche
de **gly·ce·ri·ne**
de **gly·ke·mie** (v)
gly·ke·misch (bnw), gly·ke·mi·sche
de **glyp·ten** (mv)
het **gneis**
gnif·fe·len (ww), gnif·fel, gnif·felt; gnif·fel·de, gnif·fel·den; ge·gnif·feld
de **gnoc·chi** (mv)
de **gnoe** (m), gnoes; gnoe·tje
de **gnoom** (m), gno·men; gnoom·pje
gnui·ven (ww), gnuif, gnuift; gnuif·de, gnuif·den; ge·gnuifd
het **go**
de **goal** (m), goals; goal·tje
de/het **go·be·lin** (m/o), go·be·lins
de **go-be·tween** (m), go-be·tweens
de **go·cart** (m), go·carts
de **god** (m) *(godheid)*, go·den; god·je
God *(Opperwezen)*
god·al·le·mach·tig (tussenw)
god·be·tert (tussenw)
god·dank (tussenw)
god·de·lijk (bnw), god·de·lij·ke
de **go·den·dienst** (m), go·den·dien·sten
het **go·den·dom**, go·den·dom·men
de **go·den·drank** (m), go·den·dran·ken; go·den·drank·je
de **god·fa·ther** (m), god·fa·thers
god·ge·klaagd (bnw), god·ge·klaag·de
god·ge·leerd (bnw), god·ge·leer·de
de **god·ge·leerd·heid** (v)
de **god·heid** (v), god·he·den
de **go·din** (v), go·din·nen; go·din·ne·tje
de **god·loo·che·naar** (m), god·loo·che·naars

G

god·loos (bnw), god·lo·ze

het **gods·beeld**, gods·beel·den; gods·beeld·je

het **gods·be·wijs**, gods·be·wij·zen

de **gods·dienst** (m), gods·dien·sten; gods·dienst·je

gods·dien·stig (bnw), gods·dien·sti·ge

het **gods·dienst·on·der·wijs**

de **gods·dienst·vre·de**

het **gods·ge·schenk**, gods·ge·schen·ken

de **Gods·ge·zant** (m), Gods·ge·zan·ten

het **gods·huis**, gods·hui·zen; gods·huis·je

de **gods·las·te·ring** (v), gods·las·te·rin·gen

gods·las·ter·lijk (bnw), gods·las·ter·lij·ke

gods·naam: in godsnaam

het **gods·ver·lan·gen**, gods·ver·lan·gens

het **gods·ver·mo·gen**, gods·ver·mo·gens

het **gods·ver·trou·wen**

de **gods·vrucht**

gods·vruch·tig (bnw), gods·vruch·ti·ge

gods·wil: om godswil

het **gods·won·der**, gods·won·de·ren

het **gods·woord**, gods·woor·den

god·ver (tussenw)

god·ver·dom·me (tussenw)

god·ver·la·ten (bnw)

god·vre·zend (bnw), god·vre·zen·de

god·vruch·tig (bnw), god·vruch·ti·ge

god·zij·dank (tussenw)

het **goed**[1], goe·de·ren; goed·je

goed[2] (bnw), goe·de

goed[3]: zo goed als

goed·aar·dig (bnw), goed·aar·di·ge

goed·be·doeld (bnw), goed·be·doel·de

goed·be·schouwd (bijw)

goed·be·taald (bnw), goed·be·taal·de

goed·be·zocht (bnw), goed·be·zoch·te

goed·deels (bijw)

goed·doen (ww), doe goed, doet goed; deed goed, de·den goed; goed·ge·daan

het **goed·dun·ken**[1]

goed·dun·ken[2] (ww), dunk goed, dunkt goed; dacht goed, docht goed, dunk·te goed, dach·ten goed, doch·ten goed, dunk·ten goed; goed·ge·dacht, goed·ge·docht, goed·ge·dunkt

de **goe·de**[1], goe·den

goe·de[2]: ten goede komen

goe·de·avond (tussenw)

goe·de·dag (tussenw)

de **goe·de·doe·len·ac·tie** (v), goe·de·doe·len·ac·ties

de **goe·de·doe·len·or·ga·ni·sa·tie** (v), goe·de·doe·len·or·ga·ni·sa·ties

goe·de·mid·dag (tussenw)

goe·de·mor·gen (tussenw)

goe·den[1]: in goeden doen

goe·den[2]: van goeden huize

goe·de·nacht (tussenw)

goe·den·avond (tussenw)

goe·den·dag (tussenw) *(groet)*

goe·der[1]: te goeder naam en faam

goe·der[2]: te goeder trouw

de **goe·de·ren** (mv)

de **goe·der·tie·ren·heid** (v)

Goe·de Vrij·dag

goed·ge·bekt (bnw), goed·ge·bek·te

goed·ge·hu·meurd (bnw),

goed·ge·hu·meur·de
goedgeïnformeerd [goed·ge·in·for·meerd] (bnw), goedgeïnformeerde [goed·ge·in·for·meer·de]
goed·ge·keurd (bnw), goed·ge·keur·de
goed·ge·kleed (bnw), goed·ge·kle·de
goed·ge·ko·zen (bnw)
goed·ge·lo·vig (bnw), goed·ge·lo·vi·ge
goed·ge·luimd (bnw), goed·ge·luim·de
goed·ge·mutst (bnw), goed·ge·muts·te
goed·ge·schre·ven (bnw)
goed·ge·traind (bnw), goed·ge·train·de
goed·ge·vuld (bnw), goed·ge·vul·de
goed·ge·zind (bnw), goed·ge·zin·de
de **goed·heid** (v), goed·he·den
goed·hei·lig (bnw), goed·hei·li·ge
goed·hei·lig man
goed·hou·den (ww), houd goed, hou goed, houdt goed; hield goed, hiel·den goed; goed·ge·hou·den
goed·keu·ren (ww), keur goed, keurt goed; keur·de goed, keur·den goed; goed·ge·keurd
de **goed·keu·ring** (v), goed·keu·rin·gen
goed·koop (bnw), goed·ko·pe
goed·lachs (bnw), goed·lach·se
goed·lo·pend (bnw), goed·lo·pen·de
goed·ma·ken (ww), maak goed, maakt goed; maak·te goed, maak·ten goed; goed·ge·maakt
de **goed·nieuws·show** (m), goed·nieuws·shows
goed·pra·ten (ww), praat goed, praat goed; praat·te goed, praat·ten goed; goed·ge·praat
goed·schiks (bijw)
goed·ver·zorgd (bnw), goed·ver·zorg·de
het **goed·vin·den**[1]
goed·vin·den[2] (ww), vind goed, vindt goed; vond goed, von·den goed; goed·ge·von·den
de **goe·ge·meen·te** (v)
goeie (tussenw)
goeie·avond (tussenw)
goeie·dag (tussenw)
goeie·mid·dag (tussenw)
goeie·mor·gen (tussenw)
goeie·nacht (tussenw)
goei·en·avond (tussenw)
goei·en·dag (tussenw)
de **goei·erd** (m), goei·erds
goei·ig (bnw), goei·ige
de **goe·lag** (m), goe·lags
de **goe·roe** (m), goe·roes
de **goes·ting** (v)
het **gog·me** *(spelinzicht)*
go·go: à gogo
goh (tussenw)
de **goj**, go·jem, go·jiem
de **gok** (m), gok·ken; gok·je
gok·ken (ww), gok, gokt; gok·te, gok·ten; ge·gokt
de **gold·dig·ger** (m), gold·dig·gers
de **gol·den de·li·ci·ous** (m), gol·den de·li·ci·ous
de **gol·den re·trie·ver** (m), gol·den re·trie·vers
de **go·lem** (m), go·lems
go·let
het **golf**[1] *(spel),* golf·je
de **golf**[2] *(andere betekenissen),* gol·ven; golf·je
de **golf·baan**, golf·ba·nen;

G

golf·baan·tje
de **golf·club**, golf·clubs; golf·club·je
gol·fen (ww), golf, golft; golf·de, golf·te, golf·den, golf·ten; ge·golfd, ge·golft
de **gol·fer** (m), gol·fers
de **golf·leng·te** (v), golf·leng·ten, golf·leng·tes
Golf·oor·log, Golf·oor·lo·gen
de **Golf·staat** (m), Golf·sta·ten; Golf·staat·je
Golf·stroom
de **go·li·ath** (m) *(reusachtig persoon)*, go·li·aths
Go·li·ath *(Bijbels figuur)*
gol·ven (ww), golf, golft; golf·de, golf·den; ge·golfd
gol·vend (bnw), gol·ven·de
de/het **gom** (m/o), gom·men; gom·me·tje
de **gom·ma** (m)
het **gom·ma·koek·je**, gom·ma·koek·jes
gom·men (ww), gom, gomt; gom·de, gom·den; ge·gomd
de **gon·del**, gon·dels; gon·del·tje
de **gong** (m), gongs
de **go·nor·roe** (v)
de **gons** (m), gon·zen
gon·zen (ww), gons, gonst; gons·de, gons·den; ge·gonsd
de **goo·che·laar** (m), goo·che·laars; goo·che·laar·tje
goo·che·len (ww), goo·chel, goo·chelt; goo·chel·de, goo·chel·den; ge·goo·cheld
de **goo·chel·truc** (m), goo·chel·trucs, goo·chel·tru·ken; goo·chel·truc·je
goo·chem (bnw), goo·che·me
de **goo·che·merd** (m), goo·che·merds
de **goo·die** (m), goo·dies
de **goo·die·bag** (m), goo·die·bags
de **good·will** (m)
goo·ge·len (ww), goo·gel, goo·gelt; goo·gel·de, goo·gel·den; ge·goo·geld
de **gooi** (m), gooi·en; gooi·tje
gooi·en (ww), gooi, gooit; gooi·de, gooi·den; ge·gooid
het **gooi-en-smijt·werk**
Goois (bnw), Gooi·se
de **Gooi·se** (v), Gooi·sen
Gooi·se ma·tras
goor (bnw), go·re
de **goot**, go·ten; goot·je
de **goot·steen** (m), goot·ste·nen; goot·steen·tje
goot·vor·mig (bnw), goot·vor·mi·ge
de **gor·del** (m), gor·dels; gor·del·tje
gor·den (ww), gord, gordt; gord·de, gord·den; ge·gord
gor·di·aan·se knoop
het **gor·dijn**, gor·dij·nen; gor·dijn·tje
gor·ge·len (ww), gor·gel, gor·gelt; gor·gel·de, gor·gel·den; ge·gor·geld
de **gor·gon·zo·la** (m), gor·gon·zo·la's
de **go·ril·la** (m), go·ril·la's; gorillaatje [go·ril·la·tje]
de **gors**[1] *(vogel)*, gor·zen
de/het **gors**[2] *(land)*, gor·zen
de **gort** (m) *(gerst)*
de **gor·te·pap**, gor·te·pap·pen
gos (tussenw)
de **gos·pel**[1] (m) *(muziek; lied)*, gos·pels
het **go·spel**[2] *(spel)*, go·spe·len, go·spel·len
de **gos·pel·ar·tiest** (m), gos·pel·ar·ties·ten
de **gos·pel·for·ma·tie** (v), gos·pel·for·ma·ties
de **goth** (m), goths; goth·je
de **go·thic**[1] (m), go·thics
go·thic[2] (bnw)
de **go·thic no·vel** (m), go·thic

no·vels
de **go·tiek** (v)
go·tisch (bnw) *(kunststijl)*, go·ti·sche
het **Go·tisch**[1] *(taal)*
Go·tisch[2] (bnw) *(m.b.t. de Goten, het Gotisch)*, Go·ti·sche
go·tong-ro·jong
de **got·spe**, got·spes
de **gou·a·che**, gou·a·ches
het **goud**
het **goud·be·drijf**, goud·be·drij·ven
het **goud·brons**[1]
goud·brons[2] (bnw)
goud·bron·zen (bnw)
de **goud·con·ces·sie** (v), goud·con·ces·sies
de **goud·deal** (m), goud·deals
de **goud·del·ver** (m), goud·del·vers
gou·den (bnw)
gou·den eeuw
de **gou·den·me·dail·le·win·naar** (m), gou·den·me·dail·le·win·naars
de **gou·den·re·gen** (m), gou·den·re·gens
goud·geel (bnw), goud·ge·le
het **goud·geld**, goud·gel·den
de **goud·in·dus·trie** (v), goudindustrieën [goud·in·dus·trie·en]
de **goud·maat·schap·pij** (v), goud·maat·schap·pij·en
de **goud·over·een·komst** (v), goud·over·een·kom·sten
de **goud·re·net**, goud·re·net·ten
Gouds (bnw), Goud·se
de **goud·sec·tor** (m), goud·sec·to·ren, goud·sec·tors
de **goud·smid** (m), goud·sme·den
het **goud·veld**, goud·vel·den
de **goud·vis** (m), goud·vis·sen; goud·vis·je
de **goud·voor·raad** (m), goud·voor·ra·den
de **goud·win·ning** (v), goud·win·nin·gen
de **goud·win·nings·ac·ti·vi·teit** (v), goud·win·nings·ac·ti·vi·tei·ten
het **goud·win·nings·be·drijf**, goud·win·nings·be·drij·ven
het **goud·win·nings·ge·bied**, goud·win·nings·ge·bie·den
de **gou·lash** (m)
de **gour·de** (m), gour·des
de **gour·mand** (m), gour·mands
de **gour·met** (m), gour·mets
gour·met·ten (ww), gour·met, gour·met; gour·met·te, gour·met·ten; ge·gour·met
de **gou·ver·nan·te** (v), gou·ver·nan·tes
het **gou·ver·ne·ment**, gou·ver·ne·men·ten
gou·ver·ne·men·teel (bnw), gou·ver·ne·men·te·le
de **gou·ver·neur** (m), gou·ver·neurs
de **gou·ver·neur-ge·ne·raal** (m), gou·ver·neurs-ge·ne·raal
de **gouw**, gou·wen
de **gou·we**
de **go·vern·ment·take**
de **go·zer** (m), go·zers; go·zer·tje
GPRS *(general packet radio service)*
gps *(global positioning system)*
het **gps-sys·teem**, gps-sys·te·men; gps-sys·teem·pje
het **gps-toe·stel**, gps-toe·stel·len
de **graad** (m), gra·den; graad·je
de **graad·klas** (v), graad·klas·sen
de **graad·me·ter** (m), graad·me·ters
de **graaf** (m), gra·ven; graaf·je
het **graaf·schap**, graaf·schap·pen; graaf·schap·je
graag (bnw), gra·ge
de **graag·te** (v)
de **graai** (m), graai·en

graai·en (ww), graai, graait; graai·de, graai·den; ge·graaid
de **graal** (m), gra·len
het **graan**, gra·nen; graan·tje
de **graan·soort**, graan·soor·ten
de **graat**, gra·ten; graat·je
graat·ma·ger (bnw), graat·ma·ge·re
grab·be·len (ww), grab·bel, grab·belt; grab·bel·de, grab·bel·den; ge·grab·beld
de **gracht**, grach·ten; gracht·je
de **grach·ten·gor·del** (m), grach·ten·gor·dels
het **grach·ten·pand**, grach·ten·pan·den; grach·ten·pand·je
gra·ci·eus (bnw), gra·ci·eu·ze
de **gra·da·tie** (v), gra·da·ties
de **gra·den·boog** (m), gra·den·bo·gen
de **gradiënt** [gra·di·ent] (m), gradiënten [gra·di·en·ten]
de **gra·di·nen** (mv)
het **gra·du·aat**, gra·du·a·ten
gra·du·eel (bnw), gra·du·e·le
het **graf**, gra·ven; graf·je
het **gra·feem**, gra·fe·men
gra·fe·lijk (bnw), gra·fe·lij·ke
de **graf·fi·ti** (m), graf·fi·ti; graffitietje [graf·fi·ti·tje]
de **graf·fi·ti·wed·strijd** (m), graf·fi·ti·wed·strij·den
de **gra·fi·cus** (m), gra·fi·ci
de **gra·fie** (v), grafieën [gra·fie·en]
de **gra·fiek** (v), gra·fie·ken; gra·fiek·je
het **gra·fiet**
gra·fisch (bnw), gra·fi·sche
de **graf·steen** (m), graf·ste·nen; graf·steen·tje
het **graf·stuk**, graf·stuk·ken; graf·stuk·je
de **graf·zerk**, graf·zer·ken; graf·zerk·je
het **gram**[1], gram·men; gram·me·tje
gram[2] (bnw), gram·me
de **gram·ma·ti·ca** (v), gram·ma·ti·ca's
gram·ma·ti·caal (bnw), gram·ma·ti·ca·le
het **gram·ma·ti·ca·on·der·wijs**
de **gram·mo·foon** (m), gram·mo·fo·nen, gram·mo·foons; gram·mo·foon·tje
gram·ne·ga·tief (bnw), gram·ne·ga·tie·ve
de **gra·naat**[1] (m) *(boom; edelsteen)*, gra·na·ten; gra·naat·je
de **gra·naat**[2] *(vrucht, projectiel)*, gra·na·ten; gra·naat·je
het **gra·naat**[3] *(stofnaam)*
de **gra·naat·ap·pel** (m), gra·naat·ap·pels
het **grand ca·fé**, grand ca·fés, grands ca·fés
de **grand cru** (m), grand cru's, grands crus
de **gran·de** (m), gran·des
de **gran·de da·me** (v), gran·de da·mes, gran·des da·mes
de **gran·deur** (m)
gran·di·oos (bnw), gran·di·o·ze
de **grand prix** (m), grand prixs, grands prix
de **grand slam** (m), grand slams
het **grand·slam·toer·nooi**, grand·slam·toer·nooi·en
het **gra·niet**
gra·nie·ten (bnw)
de **gran·man** (m), gran·mans
gran·mor·gu
de **gran·ny smith** (m), gran·ny smiths
het **gra·nu·laat**
de **gra·nu·la·ri·teit** (v), gra·nu·la·ri·tei·ten

de **grap**, grap·pen; grap·je
de **grape·fruit** (m), grape·fruits
de **gra·phic** (m), gra·phics
de **gra·phic no·vel** (m), gra·phic no·vels
de **grap·jas** (m), grap·jas·sen
de **grap·pa** (m), grap·pa's; grappaatje [grap·pa·tje]
grap·pen (ww), grap, grapt; grap·te, grap·ten; ge·grapt
de **grap·pen·ma·ker** (m), grap·pen·ma·kers
grap·pig (bnw), grap·pi·ge
het **gras**, gras·sen; gras·je
gras·dui·nen (ww), gras·duin, gras·duint; gras·duin·de, gras·duin·den; ge·gras·duind
de **gras·ha·ring** (m), gras·ha·rin·gen
gras·maai·en (ww), maai gras, maait gras; maai·de gras, maai·den gras; gras·ge·maaid
de **gras·maai·er** (m), gras·maai·ers; gras·maai·er·tje
de **gras·ma·chi·ne** (v), gras·ma·chi·nes
het **gras·perk**, gras·per·ken; gras·perk·je
de **gras·pol** (m), gras·pol·len; gras·pol·le·tje
het **gras·veld**, gras·vel·den; gras·veld·je
de **gras·zo·de**, gras·zo·den
de **gra·tie** (v), gratiën [gra·ti·en]
de **gra·ti·fi·ca·tie** (v), gra·ti·fi·ca·ties
gra·ti·ne·ren (ww), gra·ti·neer, gra·ti·neert; gra·ti·neer·de, gra·ti·neer·den; ge·gra·ti·neerd
gra·tis (bnw)
gra·tuit (bnw), gra·tui·te
de **grauw**[1] (m) *(snauw)*, grau·wen; grauw·tje
het **grauw**[2] *(gepeupel)*
grauw[3] (bnw), grau·we
grau·wen (ww), grauw, grauwt; grauw·de, grauw·den; ge·grauwd
het **gra·veel**
de **gra·vel** (m)
gra·ven (ww), graaf, graaft; groef, groe·ven; ge·gra·ven
gra·ve·ren (ww), gra·veer, gra·veert; gra·veer·de, gra·veer·den; ge·gra·veerd
de **gra·ve·ring** (v), gra·ve·rin·gen
de **gra·veur** (m), gra·veurs
de **gra·vin** (v), gra·vin·nen; gra·vin·ne·tje
de **gra·vi·ta·tie** (v), gra·vi·ta·ties
de **gra·vu·re**, gra·vu·ren, gra·vu·res; gra·vu·re·tje
gra·zen (ww), graas, graast; graas·de, graas·den; ge·graasd
de **greb**, greb·ben
de **green** (m) *(speelveld)*, greens; green·tje
de **greep**[1] (m) *(grijpende beweging)*, gre·pen; greep·je
de **greep**[2] *(handvol, voorwerp)*, gre·pen; greep·je
gre·go·ri·aans (bnw), gre·go·ri·aan·se
het **grein**, grei·nen; grein·tje
grei·nen[1] (bnw)
grei·nen[2] (ww), grein, greint; grein·de, grein·den; ge·greind
het **gre·mi·um**, gre·mia
de **gren·del** (m), gren·dels; gren·del·tje
gre·nen (bnw)
de **grens**, gren·zen; grens·je
de **grens·gan·ger** (m), grens·gan·gers
de **grens·kwes·tie** (v), grens·kwes·ties
de **grens·li·nie** (v), grens·li·nies
grens·loos (bnw), grens·lo·ze
grens·over·schrij·dend (bnw),

G

grens·over·schrij·den·de
de **grens·rech·ter** (m), grens·rech·ters
de **grens·steen** (m), grens·ste·nen
gren·ze·loos (bnw), gren·ze·lo·ze
gren·zen (ww), grens, grenst; grens·de, grens·den; ge·grensd
de **grep·pel**, grep·pels; grep·pel·tje
het **gres**
gre·tig (bnw), gre·ti·ge
de/het **grexit** (m/o)
de **gri·bus** (m), gri·bus·sen
de **grief**, grie·ven; grief·je
de **griek** (m) *(restaurant)*, grie·ken; griek·je
de **Griek** (m) *(persoon uit Griekenland)*, Grie·ken; Griek·je
het **Grieks**[1] *(taal)*
Grieks[2] (bnw), Griek·se
Grieks-or·tho·dox (bnw), Grieks-or·tho·doxe
Grieks-Ro·meins (bnw), Grieks-Ro·mein·se
de **griel**, grie·len
de **griend**, grien·den
grie·nen (ww), grien, grient; grien·de, grien·den; ge·griend
de **griep**, grie·pen; griep·je
de **griep·epi·de·mie** (v), griepepidemieën [griep·epi·de·mie·en]
grie·pe·rig (bnw), grie·pe·ri·ge
het **gries**
het **gries·meel**
de **griet**[1] (v) *(vrouw)*, grie·ten; griet·je
de **griet**[2] (m) *(grutto)*, grie·ten; griet·je
de **griet**[3] *(vis)*, grie·ten; griet·je
de **griet·je·bie**, griet·je·bies
de **grie·ve**, grie·ven
grie·ven (ww), grief, grieft; grief·de, grief·den; ge·griefd
de **grie·zel** (m), grie·zels; grie·zel·tje
grie·ze·lig (bnw), grie·ze·li·ge
grif (bnw), grif·fe
de **grif·fel**, grif·fels; grif·fel·tje
grif·fen (ww), grif, grift; grif·te, grif·ten; ge·grift
de **grif·fie** (v), grif·fies
de **grif·fier** (m), grif·fiers
de **grijns**, grijn·zen; grijns·je
grijn·zen (ww), grijns, grijnst; grijns·de, grijns·den; ge·grijnsd
grijn·zend (bnw), grijn·zen·de
de **grijp** (m), grij·pen
grij·pen (ww), grijp, grijpt; greep, gre·pen; ge·gre·pen
grijs (bnw), grij·ze
de **grijs·aard** (m), grijs·aards; grijs·aard·je
grijs·blauw (bnw), grijs·blau·we
grijs·draai·en (ww), draai grijs, draait grijs; draai·de grijs, draai·den grijs; grijs·ge·draaid
grijs·groen (bnw), grijs·groe·ne
grij·zen (ww), grijs, grijst; grijs·de, grijs·den; ge·grijsd
de **gril** *(kuur)*, gril·len; gril·le·tje
de **grill** (m), grills
de **gril·le**, gril·les; gril·le·tje
gril·len (ww), gril, grilt; gril·de, gril·den; ge·grild
gril·le·ren (ww), gril·leer, gril·leert; gril·leer·de, gril·leer·den; ge·gril·leerd
gril·lig (bnw), gril·li·ge
de **grill·pan**, grill·pan·nen
de **grill·plaat**, grill·pla·ten; grill·plaat·je
de **grill·worst**, grill·wor·sten
de **grim**, grim·men
de **gri·mas**, gri·mas·sen; gri·mas·je
gri·mas·sen (ww), gri·mas, gri·mast; gri·mas·te, gri·mas·ten; ge·gri·mast
de **gri·me**, gri·mes

gri·me·ren (ww), gri·meer, gri·meert; gri·meer·de, gri·meer·den; ge·gri·meerd
de **gri·meur** (m), gri·meurs; gri·meur·tje
de **gri·meu·se** (v), gri·meu·ses
grim·men (ww), grim, grimt; grim·de, grim·den; ge·grimd
grim·mig (bnw), grim·mi·ge
het **grind**
grin·den (ww), grind, grindt; grind·de, grind·den; ge·grind
het **grind·pad**, grind·pa·den; grind·paad·je
de **grin·go** (m), grin·go's
grin·ni·ken (ww), grin·nik, grin·nikt; grin·nik·te, grin·nik·ten; ge·grin·nikt
grin·ten (ww), grint, grint; grint·te, grint·ten; ge·grint
de **grip** (m), grip·pen; grip·je
gris·sen (ww), gris, grist; gris·te, gris·ten; ge·grist
het **grit**
de **grizz·ly** (m), grizz·ly's
de **grizz·ly·beer** (m), grizz·ly·be·ren
de **groef**, groe·ven; groef·je
de **groei** (m)
groei·en (ww), groei, groeit; groei·de, groei·den; ge·groeid
groei·end (bnw), groei·en·de
de **groei-ex·plo·sie** (v), groei-ex·plo·sies
de **groei-im·puls** (m), groei-im·pul·sen
het **groei-ini·ti·a·tief**, groei-ini·ti·a·tie·ven
het **groei·pro·ces**, groei·pro·ces·sen
het **groei·sel**, groei·sels; groei·sel·tje
de **groen**[1] (m) *(nieuweling)*, groe·nen; groen·tje
het **groen**[2] *(kleur; iets groens)*
groen[3] (bnw), groe·ne
groen·ach·tig (bnw), groen·ach·ti·ge
groen·blauw (bnw) *(soort blauw)*, groen·blau·we
het **groen·boek**, groen·boe·ken; groen·boek·je
groen·bruin (bnw), groen·brui·ne
de **groe·ne·kool**, groe·ne·ko·len
groe·nen (ww), groen, groent; groen·de, groen·den; ge·groend
groen·hart[1] *(houtsoort)*
groen·hart[2] *(boom)*, groen·har·ten
de **groen·hart·boom** (m), groen·hart·bo·men
het **groen·land** *(grasland)*, groen·lan·den
de **Groen·Link·ser** (m), Groen·Link·sers
de **groen·steen**[1] (m) *(voorwerp)*, groen·ste·nen
de/het **groen·steen**[2] (m/o) *(stofnaam)*
de **groen·te** (v), groen·ten, groen·tes
de **groen·te·af·de·ling** (v), groen·te·af·de·lin·gen
de/het **groen·te·af·val** (m/o)
het **groen·te·as·sor·ti·ment**, groen·te·as·sor·ti·men·ten
de **groen·te·bak** (m), groen·te·bak·ken; groen·te·bak·je
het **groen·te·bed**, groen·te·bed·den; groen·te·bed·je
de/het **groen·te·boe·ket** (m/o), groen·te·boe·ket·ten
de **groen·te·boer** (m), groen·te·boe·ren; groen·te·boer·tje
de **groen·te·bouil·lon** (m), groen·te·bouil·lons
het **groen·te·buf·fet**, groen·te·buf·fet·ten
de **groen·te·bur·ger** (m), groen·te·bur·gers
de **groen·te·con·ser·ven** (mv)

G

de **groen·te-ex·por·teur** (m), groen·te-ex·por·teurs
het **groen·te·gar·ni·tuur**, groen·te·gar·ni·tu·ren; groen·te·gar·ni·tuur·tje
het **groen·te·ge·recht**, groen·te·ge·rech·ten; groen·te·ge·recht·je
de **groen·te·hal**, groen·te·hal·len
de **groen·te·han·del** (m), groen·te·han·dels; groen·te·han·del·tje
de **groen·te·han·de·laar** (m), groen·te·han·de·laars, groen·te·han·de·la·ren
de **groen·te·kas**, groen·te·kas·sen
de/het **groen·te·kraam**, groen·te·kra·men; groen·te·kraam·pje
de **groen·te·krans** (m), groen·te·kran·sen; groen·te·krans·je
de **groen·te·kwe·ker** (m), groen·te·kwe·kers
de **groen·te·la**, groen·te·la's
de **groen·te·la·de**, groen·te·la·den, groen·te·la·des
de **groen·te·man** (m), groen·te·man·nen; groen·te·man·ne·tje
de **groen·te·mand**, groen·te·man·den; groen·te·mand·je
de **groen·te·markt**, groen·te·mark·ten
de **groen·te·men·ge·ling** (v), groen·te·men·ge·lin·gen
het **groen·te·meng·sel**, groen·te·meng·sels
het **groen·te·mes**, groen·te·mes·sen; groen·te·mes·je
de **groen·te·mix** (m), groen·te·mixen
de **groen·te·ome·let**, groen·te·ome·let·ten
het **groen·te·pak·ket**, groen·te·pak·ket·ten
de **groen·te·pal·let** (m), groen·te·pal·lets, groen·te·pal·let·ten
de **groen·te·pap**, groen·te·pap·pen; groen·te·pap·je
de **groen·te·pu·ree** (v), groen·te·pu·rees
de **groen·te·qui·che**, groen·te·qui·ches
de **groen·te·sa·la·de**, groen·te·sa·la·des
het **groen·te·sap**, groen·te·sap·pen; groen·te·sap·je
de **groen·te·saus**, groen·te·sau·sen, groen·te·sau·zen
de **groen·te·schaal**, groen·te·scha·len
de **groen·te·scho·tel**, groen·te·scho·tels
de **groen·te·sec·tor** (m), groen·te·sec·to·ren, groen·te·sec·tors
de **groen·te·sla**, groenteslaatje [groen·te·sla·tje]
de **groen·te·soep**, groen·te·soe·pen; groen·te·soep·je
de **groen·te·soort**, groen·te·soor·ten
de **groen·te·taart**, groen·te·taar·ten; groen·te·taart·je
de **groen·te·teelt**
de **groen·te·te·ler** (m), groen·te·te·lers
de **groen·te·tuin** (m), groen·te·tui·nen; groen·te·tuin·tje
de **groen·te·vei·ling** (v), groen·te·vei·lin·gen
de **groen·te·win·kel** (m), groen·te·win·kels; groen·te·win·kel·tje

de **groen·te·zaak**, groen·te·za·ken; groen·te·zaak·je
de **groep**, groe·pen; groep·je
de **groe·pa·ge** (v), groe·pa·ges
groe·pen (ww), groep, groept; groep·te, groep·ten; ge·groept
groe·pe·ren (ww), groe·peer, groe·peert; groe·peer·de, groe·peer·den; ge·groe·peerd
de **groe·pe·ring** (v), groe·pe·rin·gen; groe·pe·rin·kje
de **groeps·chef** (m), groeps·chefs
het **groeps·den·ken**
de **groeps·fo·to**, groeps·fo·to's; groepsfotootje [groeps·fo·to·tje]
het **groeps·ge·sprek**, groeps·ge·sprek·ken; groeps·ge·sprek·je
de **groeps·groot·te** (v), groeps·groot·ten, groeps·groot·tes
de **groeps·in·de·ling** (v), groeps·in·de·lin·gen
het **groeps·lid**, groeps·le·den
het **groeps·num·mer**, groeps·num·mers
de **groeps·sa·men·stel·ling** (v), groeps·sa·men·stel·lin·gen
de **groeps·seks** (m)
de **groeps·ses·sie** (v), groeps·ses·sies
de **groeps·sfeer**, groeps·sfe·ren; groeps·sfeer·tje
het **groeps·spel**, groeps·spe·len, groeps·spel·len
het **groeps·ver·band**, groeps·ver·ban·den; groeps·ver·band·je
de **groeps·ver·krach·ting** (v), groeps·ver·krach·tin·gen
het **groeps·werk**, groeps·wer·ken; groeps·werk·je
de **groet** (m), groe·ten; groet·je
groe·ten (ww), groet, groet; groet·te, groet·ten; ge·groet
de **groe·ve**, groe·ven, groe·ves
groe·ven (ww), groef, groeft; groef·de, groef·den; ge·groefd
grof (bnw), gro·ve
grof·stof·fe·lijk (bnw), grof·stof·fe·lij·ke
het **grof·vuil**
grof·weg (bijw)
de **grog** (m), grogs
grog·gy (bnw)
de **grog·stem**, grog·stem·men
de **grol**, grol·len; grol·le·tje
grol·len (ww), grol, grolt; grol·de, grol·den; ge·grold
de **grom** (m) *(geluid)*, grom·men
grom·men (ww), grom, gromt; grom·de, grom·den; ge·gromd
de **grond** (m), gron·den; grond·je
de **grond·aan·vraag**, grond·aan·vra·gen
de **grond·aan·vra·ger** (m), grond·aan·vra·gers
het **grond·be·gin·sel**, grond·be·gin·se·len, grond·be·gin·sels
de **grond·be·schik·king** (v), grond·be·schik·kin·gen
de **grond·be·te·ke·nis** (v), grond·be·te·ke·nis·sen
gron·de[1]: te gronde gaan
gron·de[2]: te gronde richten
de **grond·ei·gen·dom**[1] (m) *(recht)*
het **grond·ei·gen·dom**[2] *(bezitting)*, grond·ei·gen·dom·men
gron·den (ww), grond, grondt; grond·de, grond·den; ge·grond
de **gron·den·rech·ten** (mv)
de **gron·den·rech·ten·pro·ble·ma·tiek** (v)
het **gron·den·rech·ten·vraag·stuk**, gron·den·rech·ten·vraag·stuk·ken
het **grond·ge·bied**, grond·ge·bie·den; grond·ge·bied·je

G

de **grond·huur**, grond·hu·ren
gron·dig (bnw), gron·di·ge
de **grond·pa·pie·ren** (mv)
het **grond·plan**, grond·plan·nen, grond·plans; grond·plan·ne·tje
de **grond·pro·ble·ma·tiek** (v)
het **grond·recht**, grond·rech·ten
de **grond·slag**[1] (m), grond·sla·gen
grond·slag[2]: ten grondslag
de **grond·stof**, grond·stof·fen
de **grond·stof·fen·schaars·te** (v), grond·stof·fen·schaars·ten, grond·stof·fen·schaars·tes
de **grond·uit·gif·te** (v), grond·uit·gif·ten, grond·uit·gif·tes
het **grond·uit·gif·te·be·leid**
het **grond·ver·zet·be·drijf**, grond·ver·zet·be·drij·ven
de **grond·ves·ten**[1] (mv)
grond·ves·ten[2] (ww), grond·vest, grond·vest; grond·vest·te, grond·vest·ten; ge·grond·vest
het **grond·wa·ter**, grond·wa·te·ren, grond·wa·ters
de **grond·wa·ter·stand** (m), grond·wa·ter·stan·den
de **grond·wet**, grond·wet·ten; grond·wet·je
grond·wet·te·lijk (bnw), grond·wet·te·lij·ke
het **grond·woord**, grond·woor·den
de **Gro·nin·ger**[1] (m), Gro·nin·gers
Gro·nin·ger[2] (bnw)
Gro·nin·ger koek
het **Gro·nings**[1] *(dialect)*
Gro·nings[2] (bnw), Gro·ning·se
de **Gro·ning·se** (v), Gro·ning·sen
de **groom** (m), grooms
groot (bnw), gro·te
de **groot·aan·deel·hou·der** (m), groot·aan·deel·hou·ders
het **groot·boek**, groot·boe·ken
groot·bren·gen (ww), breng groot, brengt groot; bracht groot, brach·ten groot; groot·ge·bracht
de **groot·han·del** (m), groot·han·dels; groot·han·del·tje
de **groot·han·de·laar** (m), groot·han·de·laars, groot·han·de·la·ren
de **groot·heid** (v), groot·he·den
de **groot·heids·waan·zin** (m)
de **groot·her·tog** (m), groot·her·to·gen
het **groot·her·tog·dom**, groot·her·tog·dom·men
de **groot·land·bouw** (m)
de **groot·land·bou·wer** (m), groot·land·bou·wers
groot·ma·ken (ww), maak groot, maakt groot; maak·te groot, maak·ten groot; groot·ge·maakt
de **groot·moe·der** (v), groot·moe·ders; groot·moe·der·tje
het **groot·op·per·hoofd**, groot·op·per·hoof·den
de **groot·or·de**, groot·or·den, groot·or·des
de **groot·ou·der** (m), groot·ou·ders; groot·ou·der·tje
het **groot·ou·der·feest**, groot·ou·der·fees·ten
het **groot·ou·ders·feest**, groot·ou·ders·fees·ten
het **groot·rij·be·wijs**, groot·rij·be·wij·zen
groots (bnw), groot·se
groot·scha·lig (bnw), groot·scha·li·ge
groot·scheeps (bnw), groot·scheep·se
het **groot·se·mi·na·rie**, groot·se·mi·na·ries
de **groots·heid** (v), groots·he·den
de **groot·spraak**

de **groot·stad**, groot·ste·den
groot·steeds (bnw), groot·steed·se
de **groot·tan·te** (v), groot·tan·tes
de **groot·te**[1] (v), groot·ten, groot·tes
groot·te[2]: ter grootte van
de **groot·te·or·de**, groot·te·or·den, groot·te·or·des
de **groot·va·der** (m), groot·va·ders; groot·va·der·tje
het **groot·wa·ren·huis**, groot·wa·ren·hui·zen
de **groove** (m), grooves
gro·pe·si
het **gros**, gros·sen
de **gros·lijst**, gros·lijs·ten
de **gros·se** (v), gros·sen
de **gros·sier** (m), gros·siers
gros·sie·ren (ww), gros·sier, gros·siert; gros·sier·de, gros·sier·den; ge·gros·sierd
gros·so mo·do (bijw)
de **grot**, grot·ten; grot·je
de **gro·te**, gro·ten
Gro·te Beer
het **gro·te·let·ter·boek**, gro·te·let·ter·boe·ken
de **gro·te·men·sen·we·reld**
gro·ten: in groten getale
gro·ten·deels (bijw)
gro·tesk (bnw), gro·tes·ke
de **gro·tes·ke**, gro·tes·ken
het **gro·te·ste·den·be·leid**
de **grou·pie** (v), grou·pies
het **gruis**, grui·zen; gruis·je
grui·zen (ww), gruis, gruist; gruis·de, gruis·den; ge·gruisd
de **grunge** (m)
de **grunt** (m), grunts; grunt·je
het **grut**, grut·ten; grut·je
de **grut·to** (m), grut·to's
de **gru·wel** (m), gru·we·len; gru·wel·tje
gru·we·len (ww), gru·wel, gru·welt; gru·wel·de, gru·wel·den; ge·gru·weld
gru·we·lijk (bnw), gru·we·lij·ke
gru·wen (ww), gruw, gruwt; gruw·de, gruw·den; ge·gruwd
de **gruy·è·re**[1] (m), gruy·è·res
gruy·è·re[2] (bnw)
de **gruy·è·re·kaas** (m), gruy·è·re·ka·zen
de **gru·ze·le·men·ten** (mv)
gsm *(global system for mobile communications)*, gsm's; gsm'etje [gsm·etje]
het **gsm-abon·ne·ment**, gsm-abon·ne·men·ten
gsm'en [gsm·en] (ww), gsm, gsm't; gsm'de [gsm·de], gsm'den [gsm·den]; ge-gsm'd
de **gsm'er** [gsm·er] (m), gsm'ers [gsm·ers]
het **gsm-ge·bruik**
de **gsm-ge·brui·ker** (m), gsm-ge·brui·kers
de **gsm-la·der** (m), gsm-la·ders
de **gsm-mast** (m), gsm-mas·ten
het **gsm-net**, gsm-net·ten
het **gsm-net·werk**, gsm-net·wer·ken
het **gsm-num·mer**, gsm-num·mers
het **gsm-toe·stel**, gsm-toe·stel·len
de **g-snaar**, g-sna·ren
de **g-spot** (m), g-spots
de **gua·ca·mo·le**, gua·ca·mo·les
de **gu·a·no** (m)
de **gua·ra·na**
de **Gua·te·mal·teek** (m), Gua·te·mal·te·ken
de **gu·a·ve** (m), gu·a·ven, gu·a·ves
de **gu·a·ve·jam**, gu·a·ve·jams
de **guer·ril·la** (m), guer·ril·la's
de **guer·ril·la·be·we·ging** (v), guer·ril·la·be·we·gin·gen
de **guer·ril·la·lei·der** (m),

G

guer·ril·la·lei·ders
de **guer·ril·la·oor·log** (m), guer·ril·la·oor·lo·gen
de **guer·ril·la·strij·der** (m), guer·ril·la·strij·ders
de **guer·ril·le·ro** (m), guer·ril·le·ro's
het **guest·house**, guest·hou·ses
de **gui·am·bo**
de **guil·lo·ti·ne** (v), guil·lo·ti·nes
Gui·nees (bnw), Gui·ne·se
Gui·nees big·ge·tje
de **guir·lan·de**, guir·lan·des
de **guit** (m), gui·ten; guit·je
gui·tig (bnw), gui·ti·ge
de **gul**[1], gul·len; gul·le·tje
gul[2] (bnw), gul·le
gul·den (bnw)
Gul·den·spo·ren·slag
de **gul·zig·aard** (m), gul·zig·aards
de/het **gum** (m/o), gum·men; gum·me·tje
gum·men (ww), gum, gumt; gum·de, gum·den; ge·gumd
de/het **gum·mi** (m/o)
de **gum·mi-jas**, gum·mi-jas·sen
de **gum·mi·knup·pel** (m), gum·mi·knup·pels; gum·mi·knup·pel·tje
de **gun·fac·tor** (m)
gun·nen (ww), gun, gunt; gun·de, gun·den; ge·gund
de **gun·ning** (v), gun·nin·gen
het **gun·ning·cri·te·ri·um**, gun·ning·cri·te·ria, gun·ning·cri·te·ri·ums
het **gun·nings·cri·te·ri·um**, gun·nings·cri·te·ria, gun·nings·cri·te·ri·ums
de **gunst**[1] (v), gun·sten; gunst·je
gunst[2] (tussenw)
gun·stig (bnw), gun·sti·ge
de **gup** (m), gup·pen; gup·je
de **gup·py** (m), gup·py's
gust (bnw), gus·te
de **gus·to** (m)
gut (tussenw)
de **guts**, gut·sen; guts·je
gut·sen (ww), guts, gutst; guts·te, guts·ten; ge·gutst
guur (bnw), gu·re
de **Gu·y·a·nees**[1] (m), Gu·y·a·ne·zen
Gu·y·a·nees[2] (bnw), Gu·y·a·ne·se
de **gym**[1] (v) *(gymnastiek; gymnastiekles)*
de **gym**[2] (m) *(sportschool)*, gyms
gym[3] *(gymnasium)*, gyms
gym·men (ww), gym, gymt; gym·de, gym·den; ge·gymd
het **gym·na·si·um**, gym·na·sia, gym·na·si·ums
de **gym·na·si·um·op·lei·ding** (v), gym·na·si·um·op·lei·din·gen
de **gym·nast** (m), gym·nas·ten
de **gym·nas·tiek** (v)
de **gym·nas·tiek·le·raar** (m), gym·nas·tiek·le·raars, gym·nas·tiek·le·ra·ren
gym·nas·tisch (bnw), gym·nas·ti·sche
de **gymp** (m), gym·pen; gymp·je
het **gym·pie**, gym·pies
de **gym·schoen** (m), gym·schoe·nen; gym·schoen·tje
de **gym·zaal**, gym·za·len; gym·zaal·tje
de **gy·nae·co·lo·ge** (v), gy·nae·co·lo·ges
de **gy·nae·co·lo·gie** (v)
de **gy·nae·co·loog** (m), gy·nae·co·lo·gen
het **gy·ro·kom·pas**, gy·ro·kom·pas·sen
de **gy·ros** (m)
de **gy·ro·scoop** (m), gy·ro·sco·pen

H

de **h**, h's; h'tje
H_2O *(water)*
ha (tussenw)
de **haaf**, ha·ven
de **haag**, ha·gen; haag·je
de **haag·beuk** (m), haag·beu·ken; haag·beuk·je
de **haag·doorn** (m), haag·doorns
de **haag·do·ren** (m), haag·do·rens
de **haag·roos**, haag·ro·zen
Haags (bnw), Haag·se
de **haag·schaar**, haag·scha·ren
de **Haag·se** (v), Haag·sen
Haag·se bluf
Haag·se hop·jes
de **haag·win·de**, haag·win·den, haag·win·des
de **haai** (m), haai·en; haai·tje
de **haai·baai** (v), haai·baai·en
haai·en (ww), haai, haait; haai·de, haai·den; ge·haaid
de **haai·en·bek** (m), haai·en·bek·ken
de **haai·en·tand** (m), haai·en·tan·den
de **haai·en·vin**, haai·en·vin·nen
de **haai·en·vin·nen·soep**, haai·en·vin·nen·soe·pen
de **haak** (m), ha·ken; haak·je
de **haak·na·gel** (m), haak·na·gels
de **haak·neus** (m), haak·neu·zen; haak·neus·je
haaks (bnw), haak·se
de **haak·steek** (m), haak·ste·ken
het **haak·werk**, haak·wer·ken; haak·werk·je
haal·baar (bnw), haal·ba·re
de **haal·baar·heid** (v)
de **haal·baar·heids·stu·die** (v), haal·baar·heids·stu·dies
de **haan** (m), ha·nen; haan·tje
het **haan·tje-de-voor·ste**, haan·tjes-de-voor·ste
de/het **haar**[1] *(afzonderlijke haar)*, ha·ren; haar·tje
het **haar**[2] *(haardos)*
haar[3] (bez vnw)
haar[4] (pers vnw)
de **haard** (m), haar·den; haard·je
het **haard·hout**
de **haar·dos** (m), haar·dos·sen; haar·dos·je
de **haar·dro·ger** (m), haar·dro·gers; haar·dro·ger·tje
het **haard·vuur**, haard·vu·ren; haard·vuur·tje
de **haar·lem·mer·olie**, haarlemmeroliën [haar·lem·mer·oli·en], haar·lem·mer·olies
de **haar·snit**, haar·snit·ten
de **haar·speld**, haar·spel·den; haar·speld·je
de **haar·spray** (m), haar·sprays
de **haar·sti·list** (m), haar·sti·lis·ten
de **haar·sty·list** (m), haar·sty·lis·ten
de **haar·trend** (m), haar·trends
het **haar·vat**, haar·va·ten; haar·vaat·je
haar·zelf (pers vnw)
de/het **haas** (m/o), ha·zen; haas·je
het **haas·je-over**
de **haast**[1], haast·je
haast[2] (bijw)
haas·ten (ww), haast, haast; haast·te, haast·ten; ge·haast
haas·tig (bnw), haas·ti·ge
haast·je-rep·je (bijw)
de **haat** (m)
de **haat·imam** (m), haat·imams
de **haat-lief·de·ver·hou·ding** (v), haat-lief·de·ver·hou·din·gen
de **haat·mail**, haat·mails;

haat·mail·tje
haat·zaai·en (ww), zaai haat, zaait haat; zaai·de haat, zaai·den haat; haat·ge·zaaid
de **hab·be·krats**, hab·be·krat·sen
het **ha·bijt**, ha·bij·ten
de **ha·bi·tat**, ha·bi·tats
de **ha·bi·tué** (m), ha·bi·tu·és; habitueetje [ha·bi·tué·tje]
de **ha·bi·tus** (m), ha·bi·tus
de/het **ha·chee** (m/o), ha·chees
ha·che·len: de bout hachelen
ha·che·lijk (bnw), ha·che·lij·ke
het **hach·je**, hach·jes
de **haciënda** [ha·ci·en·da], haciënda's [ha·ci·en·da's]
de **hack** (m), hacks
hac·ken (ww), hack, hackt; hack·te, hack·ten; ge·hackt
de **hac·ker** (m), hac·kers; hac·ker·tje
Ha·dith
de **hadj** (m) *(bedevaart naar Mekka)*
de **hadj·gan·ger** (m), hadj·gan·gers
de **ha·dji** (m), ha·dji's
het **haf**, haf·fen
het **haft**, haf·ten
de **ha·ga·da** (m)
de **ha·ge·dis**, ha·ge·dis·sen; ha·ge·dis·je
de **ha·gel** (m), ha·gel·tje
de **ha·gel·bui**, ha·gel·bui·en; ha·gel·bui·tje
ha·ge·len (ww), ha·gelt; ha·gel·de; ge·ha·geld
ha·gel·nieuw (bnw), ha·gel·nieu·we
de **ha·gel·scha·de**, ha·gel·scha·den, ha·gel·scha·des
de **ha·gel·slag** (m), ha·gel·slag·je
de **ha·gel·storm** (m), ha·gel·stor·men
ha·gel·wit (bnw), ha·gel·wit·te
ha·gen (ww), haag, haagt; haag·de, haag·den; ge·haagd
de **ha·ge·naar** (m) *(homofiel)*, ha·ge·naars; ha·ge·naar·tje
de **Ha·ge·naar** (m) *(inwoner Den Haag)*, Ha·ge·naars, Ha·ge·na·ren; Ha·ge·naar·tje
de **ha·gen·doorn** (m), ha·gen·doorns
de **ha·gen·do·ren** (m), ha·gen·do·rens
de **Ha·ge·nees** (m), Ha·ge·ne·zen
de **ha·gen·preek**, ha·gen·pre·ken
de **ha·gen·roos**, ha·gen·ro·zen
de **ha·gio·graaf** (m), ha·gio·gra·fen
de **ha·gio·gra·fie** (v), hagiografieën [ha·gio·gra·fie·en]; ha·gio·gra·fie·tje
ha·ha (tussenw)
de **hai·ku** (m), hai·ku's; haiku'tje [hai·ku·tje]
de **hair·sty·list** (m), hair·sty·lis·ten
de **Haïtiaan** [Ha·i·ti·aan] (m), Haïtianen [Ha·i·ti·a·nen]
Haïtiaans [Ha·i·ti·aans] (bnw), Haïtiaanse [Ha·i·ti·aan·se]
de **hak**[1] *(werktuig, hiel)*, hak·ken; hak·je
de **hak**[2] (m) *(andere betekenissen)*, hak·ken; hak·je
de **hak·bei·tel** (m), hak·bei·tels
de **hak·bijl**, hak·bij·len; hak·bijl·tje
ha·ken (ww), haak, haakt; haak·te, haak·ten; ge·haakt
het **ha·ken·kruis**, ha·ken·krui·sen, ha·ken·krui·zen; ha·ken·kruis·je
hak·ken (ww), hak, hakt; hak·te, hak·ten; ge·hakt
de **hak·ker** (m), hak·kers
hak·ke·tak·ken (ww), hak·ke·tak, hak·ke·takt; hak·ke·tak·te, hak·ke·tak·ten; ge·hak·ke·takt
het **hak·sel**
de **hak·se·laar** (m), hak·se·laars
hak·se·len (ww), hak·sel,

hak·selt; hak·sel·de, hak·sel·den; ge·hak·seld
de **hal** *(ruimte),* hal·len; hal·le·tje
ha·lal (bnw) *(toegestaan)*
het **ha·lal·vlees**
ha·len (ww), haal, haalt; haal·de, haal·den; ge·haald
half (bnw), hal·ve
half·acht (bijw)
half·bak·ken (bnw)
half·blind (bnw), half·blin·de
de **half·bloed**[1], half·bloe·den; half·bloed·je
half·bloed[2] (bnw)
de **half·broer** (m), half·broers; half·broer·tje
half·dicht (bnw), half·dich·te
het **half·don·ker**[1]
half·don·ker[2] (bnw), half·don·ke·re
half·dood (bnw), half·do·de
half·drie (bijw)
het **half·duis·ter**[1]
half·duis·ter[2] (bnw), half·duis·te·re
half·een (bijw)
half·elf (bijw)
half en half (bijw)
de/het **half-en-half** (m/o)
het **half·fa·bri·caat**, half·fa·bri·ca·ten
half·gaar (bnw), half·ga·re
half·ge·slo·ten (bnw)
half·hoog (bnw), half·ho·ge
het **half·jaar**, half·ja·ren; half·jaar·tje
het **half·jaar·con·tract**, half·jaar·con·trac·ten
half·jaar·lijks (bnw), half·jaar·lijk·se
het **half·jaar·ver·slag**, half·jaar·ver·sla·gen
de **half·jaar·winst** (v), half·jaar·win·sten
half·lang (bnw), half·lan·ge
half·leeg (bnw), half·le·ge
half mil·joen
half·naakt (bnw), half·naak·te
half·ne·gen (bijw)
half·om (bijw)
de/het **half-om-half** (m/o)
het **half-om-half·ge·hakt**
de **half·oogst** (m), half·oog·sten
half·open (bnw)
het **half·pen·si·on**, half·pen·si·ons
de **half·pipe** (m), half·pipes
het **half·rond**[1], half·ron·den; half·rond·je
half·rond[2] (bnw), half·ron·de
half·slach·tig (bnw), half·slach·ti·ge
half·stok (bijw)
half·tien (bijw)
half·tijds (bnw), half·tijd·se
de/het **half·time**[1] (m/o)
half·time[2] (bnw)
half·twaalf (bijw)
half·twee (bijw)
het **half·uur**, half·uren; half·uur·tje
de **half·vas·ten** (m)
half·vier (bijw)
half·vijf (bijw)
half·vol (bnw), half·vol·le
half·vrij·staand (bnw), half·vrij·staan·de
half·weg (bijw)
half·zes (bijw)
half·ze·ven (bijw)
de **half·zus** (v), half·zus·sen; half·zus·je
de **hall** (m), halls
het **hal·le·lu·ja**[1], hal·le·lu·ja's
hal·le·lu·ja[2] (tussenw)
hal·lo (tussenw)
de **hal·lou·mi** (m)
Hal·lo·ween
de **hal·lu·ci·nant**[1] (m), hal·lu·ci·nan·ten

hal·lu·ci·nant[2] (bnw), hal·lu·ci·nan·te
de **hal·lu·ci·na·tie** (v), hal·lu·ci·na·ties
hal·lu·ci·ne·ren (ww), hal·lu·ci·neer, hal·lu·ci·neert; hal·lu·ci·neer·de, hal·lu·ci·neer·den; ge·hal·lu·ci·neerd
hal·lu·ci·ne·rend (bnw), hal·lu·ci·ne·ren·de
het **hal·lu·ci·no·geen**[1], hal·lu·ci·no·ge·nen
hal·lu·ci·no·geen[2] (bnw), hal·lu·ci·no·ge·ne
de **halm** (m), hal·men; halm·pje
de **ha·lo** (m), ha·lo's
het **ha·lo·geen**[1], ha·lo·ge·nen; ha·lo·geen·tje
ha·lo·geen[2] (bnw), ha·lo·ge·ne
het **ha·lon**
de **hals** (m), hal·zen; hals·je
de **hals·ket·ting**, hals·ket·tin·gen; hals·ket·tin·kje
de **hals·lijn**, hals·lij·nen
hals·over·kop (bijw)
hals·rei·kend (bijw)
het **hals·snoer**, hals·snoe·ren
hals·star·rig (bnw), hals·star·ri·ge
de **hal·ster** (m), hal·sters; hal·ster·tje
halt (tussenw)
de **hal·te**, hal·ten, hal·tes
de **hal·ter** (m), hal·ters; hal·ter·tje
hal·te·ren (ww), hal·ter, hal·tert; hal·ter·de, hal·ter·den; ge·hal·terd
halt hou·den
de **hal·ve·fi·na·le·par·tij** (v), hal·ve·fi·na·le·par·tij·en
de **hal·ve·fi·na·le·plaats**, hal·ve·fi·na·le·plaat·sen
de **hal·ve·fi·na·le·se·rie** (v), hal·ve·fi·na·le·se·ries
de **hal·ve·fi·na·list** (m), hal·ve·fi·na·lis·ten
de **hal·ve·ga·re**, hal·ve·ga·ren
de **hal·ve·maan**, hal·ve·ma·nen; hal·ve·maan·tje
hal·ve·ren (ww), hal·veer, hal·veert; hal·veer·de, hal·veer·den; ge·hal·veerd
hal·ver·we·ge (bijw)
hal·zen (ww), hals, halst; hals·de, hals·den; ge·halsd
de **ham**, ham·men; ham·me·tje
de **ha·mam** (m), ha·mams
de **ha·mas** (m) *(lid van Hamas)*
Ha·mas *(organisatie)*
de **ham·bur·ger** (m) *(aardappel, snack)*, ham·bur·gers; ham·bur·ger·tje
de **ha·mei**, ha·mei·en
de **ha·mel** (m), ha·mels
de **ha·mer** (m), ha·mers; ha·mer·tje
ha·me·ren (ww), ha·mer, ha·mert; ha·mer·de, ha·mer·den; ge·ha·merd
ha·mer·slin·ge·ren (ww)
de **ham·ster**, ham·sters; ham·ster·tje
ham·ste·ren (ww), ham·ster, ham·stert; ham·ster·de, ham·ster·den; ge·ham·sterd
de **ham·string**, ham·strings
de **ham·vraag**, ham·vra·gen
de **hand**[1], han·den; hand·je
hand[2]: ter hand nemen
hand[3]: ter hand stellen
hand[4]: voor de hand liggend
de **hand·ar·beid** (m)
de **hand·ba·ga·ge** (v)
de **hand·bal**[1] (m) *(bal)*, hand·bal·len
het **hand·bal**[2] *(spel)*
het **hand·be·reik**
de **hand·be·zem** (m), hand·be·zems
de **hand·boei**, hand·boei·en; hand·boei·tje
hand·boei·en (ww), hand·boei,

hand·boeit; hand·boei·de, hand·boei·den; ge·hand·boeid
het **hand·boek**, hand·boe·ken; hand·boek·je
de **hand·crè·me**, hand·crè·mes
de **hand·doek** (m), hand·doe·ken; hand·doek·je
de **hand·druk** (m), hand·druk·ken; hand·druk·je
de/het **han·del**[1] (m/o) *(handvat)*, han·dels; han·del·tje
de **han·del**[2] (m) *(andere betekenissen)*, han·del·tje
de **han·de·laar** (m), han·de·laars, han·de·la·ren; han·de·laar·tje
han·del·drij·ven (ww), drijf han·del, drijft han·del; dreef han·del, dre·ven han·del; han·del·ge·dre·ven
han·de·len (ww), han·del, han·delt; han·del·de, han·del·den; ge·han·deld
de **han·de·ling** (v), han·de·lin·gen
de **han·de·lings·vrij·heid** (v), han·de·lings·vrij·he·den
de **han·de·lings·wij·ze**, han·de·lings·wij·zen
de **han·del·maat·schap·pij** (v), han·del·maat·schap·pij·en
het **han·dels·blad**, han·dels·bla·den
de **han·dels·in·ge·ni·eur** (m), han·dels·in·ge·ni·eurs
de **han·dels·mis·sie** (v), han·dels·mis·sies
de **han·dels·on·der·ne·ming** (v), han·dels·on·der·ne·min·gen
het **han·dels·re·gis·ter**, han·dels·re·gis·ters
het **han·dels·schip**, han·dels·sche·pen
de **han·dels·school**, han·dels·scho·len
de **han·dels·stad**, han·dels·ste·den; han·dels·stad·je
het **han·dels·ver·keer**
de **han·dels·waar**, han·dels·wa·ren
de **han·dels·wij·ze**, han·dels·wij·zen
de **han·dels·zaak**, han·dels·za·ken; han·dels·zaak·je
de **han·del·wij·ze**, han·del·wij·zen
han·den (ww), hand, handt; hand·de, hand·den; ge·hand
de **han·den·ar·beid** (m)
de **hand-en-span·dien·sten** (mv)
de **han·den·stand** (m), han·den·stan·den
han·den·vol (bijw)
han·den·wrij·vend (bnw), han·den·wrij·ven·de
hand·ge·maakt (bnw), hand·ge·maak·te
het **hand·ge·meen**[1], hand·ge·me·nen
hand·ge·meen[2] (bnw)
hand·ge·schre·ven (bnw)
hand·ge·te·kend (bnw), hand·ge·te·ken·de
de **hand·greep**[1] (m) *(vaardigheid)*, hand·gre·pen; hand·greep·je
de **hand·greep**[2] *(handvol, voorwerp)*, hand·gre·pen; hand·greep·je
hand·ha·ven (ww), hand·haaf, hand·haaft; hand·haaf·de, hand·haaf·den; ge·hand·haafd
de **hand·ha·ving** (v), hand·ha·vin·gen
het **hand·ha·vings·be·leid**
de **hand·held**[1] (m), hand·helds
hand·held[2] (bnw)
de **han·di·cap** (m), han·di·caps; han·di·cap·je
de **han·di·craft** (m)
han·dig (bnw), han·di·ge
hand·je con·tant·je
het **hand·je·klap**
het **hand·je·vol**, hand·je·vol·len
de **hand·lan·ger** (m), hand·lan·gers;

H

hand·lan·ger·tje
de **hand·lei·ding** (v), hand·lei·din·gen; hand·lei·din·kje
de **hand·lich·ting** (v), hand·lich·tin·gen
de **hand·ling**, hand·lings
hand·ma·tig (bnw), hand·ma·ti·ge
de **hand·om·draai** (m)
de **hand-oogcoördinatie** [hand-oog·co·or·di·na·tie] (v), hand-oogcoördinaties [hand-oog·co·or·di·na·ties]
hand·op·ste·ken: bij handopsteken
de **hand-out**, hand-outs
de **hand·palm** (m), hand·pal·men; hand·palm·pje
de **hand·rei·king** (v), hand·rei·kin·gen
de **hand·rui·ker** (m), hand·rui·kers
de **hand·schoen**, hand·schoe·nen; hand·schoen·tje
het **hand·schrift**, hand·schrif·ten; hand·schrift·je
hands·free (bnw)
hands-on (bnw)
de **hand·stand** (m), hand·stan·den; hand·stand·je
hand·tam·mig (bnw), hand·tam·mi·ge
de **hand·tas**, hand·tas·sen; hand·tas·je
hand·tas·te·lijk (bnw), hand·tas·te·lij·ke
hand·te·ke·nen (ww), hand·te·ken, hand·te·kent; hand·te·ken·de, hand·te·ken·den; ge·hand·te·kend
de **hand·te·ke·ning** (v), hand·te·ke·nin·gen
de **hand·vaar·dig·heid** (v), hand·vaar·dig·he·den
het **hand·vat**, hand·va·ten, hand·vat·ten; hand·vat·je
het **hand·vest**, hand·ves·ten
de **hand·vol**, hand·vol·len; hand·vol·le·tje
het **hand·werk**, hand·wer·ken; hand·werk·je
de **han·dy** (m), han·dy's
hand·zaam (bnw), hand·za·me
de **hand·zeep**, hand·ze·pen; hand·zeep·je
de **ha·nen·balk** (m), ha·nen·bal·ken
de **ha·nen·kam** (m), ha·nen·kam·men
de **ha·nen·poot** (m), ha·nen·po·ten; ha·nen·poot·je
de **hang** (m), han·gen
de **han·gaar** (m), han·gaars; han·gaar·tje
de **han·gar** (m), han·gars; han·gar·tje
han·gen (ww), hang, hangt; hing, hin·gen; ge·han·gen
han·gen·de (voorz)
het **hang-en-sluit·werk**
de **han·ger** (m), han·gers; han·ger·tje
han·ge·rig (bnw), han·ge·ri·ge
de **hang·jon·ge·re** (m), hang·jon·ge·ren
de **hang-leg·kast**, hang-leg·kas·ten
de **hang·mat**, hang·mat·ten; hang·mat·je
de **hang-out** (m), hang-outs
de **hang·plant**, hang·plan·ten; hang·plant·je
het **hang·slot**, hang·slo·ten; hang·slot·je
de **han·nes** (m) *(sukkel)*, han·ne·sen
han·ne·sen (ww), han·nes, han·nest; han·nes·te, han·nes·ten; ge·han·nest
de **hans** (m) *(persoon)*, han·zen; hans·je

het **hans-en-griet·je·huis**, hans-en-griet·je·hui·zen; hans-en-griet·je·huis·je
de **han·sop** (m), han·sop·pen; han·sop·je
han·te·ren (ww), han·teer, han·teert; han·teer·de, han·teer·den; ge·han·teerd
de **han·te·ring** (v), han·te·rin·gen
Han·ze
de **Han·ze·stad**, Han·ze·ste·den; Han·ze·stad·je
de **hap** (m), hap·pen; hap·je
de **ha·pax** (m), ha·paxen
ha·pe·ren (ww), ha·per, ha·pert; ha·per·de, ha·per·den; ge·ha·perd
de **ha·pe·ring** (v), ha·pe·rin·gen; ha·pe·rin·ge·tje
hap·pen (ww), hap, hapt; hap·te, hap·ten; ge·hapt
de **hap·pe·ning**, hap·pe·nings
hap·py (bnw)
het **hap·py end**, hap·py ends
het **hap·py hour**, hap·py hours
hap·snap (bnw)
de **har**, har·ren; har·re·tje
ha·ram (bnw), ha·ra·me
hard (bnw), har·de
de **hard·co·py**, hard·co·py's
de **hard·core**[1] (m)
hard·core[2] (bnw)
het **hard·court**, hard·courts
de **hard·co·ver**[1] (m), hard·co·vers
hard·co·ver[2] (bnw)
de **hard·disk** (m), hard·disks
de **hard·drug** (m), hard·drugs
de **hard·drug·ver·slaaf·de**, hard·drug·ver·slaaf·den
har·den (ww), hard, hardt; hard·de, hard·den; ge·hard
de **har·der** (m), har·ders
de **har·de·schijf·ruim·te** (v)
hard·ge·kookt (bnw), hard·ge·kook·te
hard·han·dig (bnw), hard·han·di·ge
de **hard·heid** (v), hard·he·den
het **hard·hout**
hard·leers (bnw), hard·leer·se
hard·lo·pen (ww), loop hard, loopt hard; liep hard, lie·pen hard; hard·ge·lo·pen
de **hard·lo·per** (m), hard·lo·pers; hard·lo·per·tje
hard·ma·ken (ww), maak hard, maakt hard; maak·te hard, maak·ten hard; hard·ge·maakt
hard·nek·kig (bnw), hard·nek·ki·ge
hard·op (bijw)
hard·rij·den (ww), rijd hard, rij hard, rijdt hard; reed hard, re·den hard; hard·ge·re·den
de **hard·rock** (m)
de/het **hard·steen** (m/o)
hard·voch·tig (bnw), hard·voch·ti·ge
de **hard·ware** (m)
hard·ware·ma·tig (bnw), hard·ware·ma·ti·ge
hard·wer·kend (bnw), hard·wer·ken·de
de **ha·re krisj·na** (m) *(persoon)*, ha·re krisj·na's
de **ha·rem** (m), ha·rems; ha·rem·pje
de **ha·rem·broek**, ha·rem·broe·ken
ha·ren[1] (bnw)
ha·ren[2] (ww), haar, haart; haar·de, haar·den; ge·haard
ha·rent: te harent
ha·rent·wil: om harentwil
de **ha·ri·cots verts** (mv)
de **ha·ring** (m), ha·rin·gen; ha·rin·kje
ha·ring ka·ken
de **hark**, har·ken; hark·je

har·ken (ww), hark, harkt; hark·te, hark·ten; ge·harkt
de **har·le·kijn** (m), har·le·kij·nen, har·le·kijns; har·le·kijn·tje
de **har·mo·ni·ca** (v), har·mo·ni·ca's; harmonicaatje [har·mo·ni·ca·tje]
de **har·mo·nie**[1] (v) *(eenstemmigheid)*, harmonieën [har·mo·nie·en]; har·mo·nie·tje
de **har·mo·nie**[2] (v) *(muziekvereniging)*, har·mo·nies; har·mo·nie·tje
het **har·mo·nie·or·kest**, har·mo·nie·or·kes·ten
harmoniëren [har·mo·ni·e·ren] (ww), har·mo·ni·eer, har·mo·ni·eert; har·mo·ni·eer·de, har·mo·ni·eer·den; ge·har·mo·ni·eerd
har·mo·ni·eus (bnw), har·mo·ni·eu·ze
de **har·mo·ni·sa·tie** (v), har·mo·ni·sa·ties
har·mo·nisch (bnw), har·mo·ni·sche
har·mo·ni·se·ren (ww), har·mo·ni·seer, har·mo·ni·seert; har·mo·ni·seer·de, har·mo·ni·seer·den; ge·har·mo·ni·seerd
de **har·mo·ni·se·ring** (v), har·mo·ni·se·rin·gen
het **har·nas**, har·nas·sen; har·nas·je
de **harp**, har·pen; harp·je
har·pen (ww), harp, harpt; harp·te, harp·ten; ge·harpt
de **har·pij** (v), har·pij·en
de **har·poen** (m), har·poe·nen; har·poen·tje
de **har·re**, har·ren; har·re·tje
de **har·ry·pot·ter·bril** (m), har·ry·pot·ter·bril·len; har·ry·pot·ter·bril·le·tje
de/het **hars** (m/o), har·sen
har·sen (ww), hars, harst; hars·te, hars·ten; ge·harst
de **har·ses** (mv)
de **harst** (m), har·sten
het **hart**, har·ten; hart·je
de **hart·aan·val** (m), hart·aan·val·len; hart·aan·val·le·tje
de **hart·chi·rurg** (m), hart·chi·rur·gen
har·te[1]: ter harte nemen
har·te[2]: van ganser harte
har·te·lijk (bnw), har·te·lij·ke
har·te·loos (bnw), har·te·lo·ze
de **har·ten**, har·ten, har·tens; har·ten·tje
het **har·ten·beest**, har·ten·bees·ten
de **har·ten·dief** (m), har·ten·die·ven; har·ten·dief·je
har·ten·ja·gen (ww), har·ten·jaag, har·ten·jaagt; har·ten·jaag·de, har·ten·jaag·den; ge·har·ten·jaagd
de **har·ten·klop** (m), har·ten·klop·pen
de **har·ten·kreet** (m), har·ten·kre·ten
de **har·ten·lust** (m)
de **har·ten·pijn**
de **har·ten·wens** (m), har·ten·wen·sen
het **hart·fa·len**
hart·gron·dig (bnw), hart·gron·di·ge
har·tig (bnw), har·ti·ge
het **hart·in·farct**, hart·in·farc·ten
de **hart·ka·the·te·ri·sa·tie** (v), hart·ka·the·te·ri·sa·ties
de **hart·klop·ping** (v), hart·klop·pin·gen
de **hart·pijn**
het **hart·punt**, hart·pun·ten
de **hart·rit·me·stoor·nis** (v), hart·rit·me·stoor·nis·sen

hart·roe·rend (bnw), hart·roe·ren·de
harts·gron·dig (bnw), harts·gron·di·ge
de **hart·slag** (m), hart·sla·gen; hart·slag·je
de **hart·spier**, hart·spie·ren
hart·stik·ke (bijw)
de **hart·stil·stand** (m), hart·stil·stan·den; hart·stil·stand·je
de **harts·tocht** (m), harts·toch·ten
harts·toch·te·lijk (bnw), harts·toch·te·lij·ke
de **harts·van·ger** (m), harts·van·gers
hart·ver·scheu·rend (bnw), hart·ver·scheu·ren·de
hart·ver·war·mend (bnw), hart·ver·war·men·de
hart·vor·mig (bnw), hart·vor·mi·ge
het **hart·zeer**
de **hash** (m) *(code)*, ha·shes
de **hash·tag** (m), hash·tags
de **hasj** (m) *(drug)*
de **ha·sjiesj** (m)
de **has·pel** (m), has·pe·len, has·pels; has·pel·tje
has·pe·len (ww), has·pel, has·pelt; has·pel·de, has·pel·den; ge·has·peld
de **Has·se·laar** (m), Has·se·laars, Has·se·la·ren; Has·se·laar·tje
de **Has·sel·te·naar** (m), Has·sel·te·naars, Has·sel·te·na·ren
Has·selts (bnw), Has·selt·se
de **hate·mail**, hate·mails
ha·ten (ww), haat, haat; haat·te, haat·ten; ge·haat
de **ha·ter** (m), ha·ters
hat·sjie (tussenw)
de **hat·trick** (m), hat·tricks
de **haus·ma·cher** (m), haus·ma·chers
de **haus·se** (v), haus·ses
hau·tain (bnw), hau·tai·ne
de **hau·te cou·tu·re** (v)
de **hau·te-cou·tu·re·col·lec·tie** (v), hau·te-cou·tu·re·col·lec·ties
de **hau·te-cou·tu·re·win·kel** (m), hau·te-cou·tu·re·win·kels
de **hau·te cui·si·ne** (v)
de **hauw**, hau·wen; hauw·tje
de **ha·van·na**[1] (m) *(konijn)*, ha·van·na's; havannaatje [ha·van·na·tje]
de **ha·van·na**[2] *(sigaar)*, ha·van·na's; havannaatje [ha·van·na·tje]
het **ha·van·na**[3] *(kleur)*
ha·van·na[4] (bnw)
de **ha·ve**
ha·ve·loos (bnw), ha·ve·lo·ze
de **ha·ven**, ha·vens; ha·ven·tje
het **ha·ven·be·drijf**, ha·ven·be·drij·ven; ha·ven·be·drijf·je
het **ha·ven·be·stuur**, ha·ven·be·stu·ren
ha·ve·nen (ww), ha·ven, ha·vent; ha·ven·de, ha·ven·den; ge·ha·vend
het **ha·ven·ge·bied**, ha·ven·ge·bie·den
het **ha·ven·hoofd**, ha·ven·hoof·den
de **ha·ven·sle·per** (m), ha·ven·sle·pers; ha·ven·sle·per·tje
de **ha·ven·stad**, ha·ven·ste·den; ha·ven·stad·je
de **ha·ver**
de **ha·ver·klap** (m)
de **ha·ver·mout** (m)
de **ha·ve·za·te**, ha·ve·za·ten
de **ha·vik** (m), ha·vi·ken; ha·vik·je
de **ha·vik·neus** (m), ha·vik·neu·zen
de **ha·viks·neus** (m), ha·viks·neu·zen; ha·viks·neus·je
de **ha·vist** (m), ha·vis·ten
ha·vo[1] *(school voor hoger algemeen*

H

voortgezet onderwijs), ha·vo's; havootje [ha·vo·tje]
het **ha·vo**[2] *(hoger algemeen voortgezet onderwijs)*
de **ha·vo 3-klas** (v), ha·vo 3-klas·sen
de **ha·vo 3-leer·ling** (m), ha·vo 3-leer·lin·gen
de **ha·vo 4-klas** (v), ha·vo 4-klas·sen
de **ha·vo 4-leer·ling** (m), ha·vo 4-leer·lin·gen
het **ha·vo·ad·vies**, ha·vo·ad·vie·zen
het **ha·vo·di·plo·ma**, ha·vo·di·plo·ma's
de **havoër** [ha·vo·er] (m), havoërs [ha·vo·ers]
het **ha·vo-exa·men**, ha·vo-exa·mens
de **ha·vo·klas** (v), ha·vo·klas·sen
de **ha·vo·leer·ling** (m), ha·vo·leer·lin·gen
het **ha·vo·ni·veau**, ha·vo·ni·veaus
de **ha·vo-op·lei·ding** (v), ha·vo-op·lei·din·gen
de **Ha·waï·aan** (m), Ha·waï·a·nen
Ha·waï·aans (bnw), Ha·waï·aan·se
de **Ha·waï·aan·se** (v), Ha·waï·aan·sen
het **ha·waï·hemd**, ha·waï·hem·den; ha·waï·hemd·je
de **ha·ze·laar** (m), ha·ze·laars, ha·ze·la·ren; ha·ze·laar·tje
het **ha·zel·hoen**, ha·zel·hoen·de·ren, ha·zel·hoen·ders
de **ha·zel·noot**, ha·zel·no·ten; ha·zel·noot·je
de **ha·zel·noot·boom** (m), ha·zel·noot·bo·men
de **ha·zel·no·ten·boom** (m), ha·zel·no·ten·bo·men
de **ha·zen·bout** (m), ha·zen·bou·ten
de **ha·zen·dis·tel**, ha·zen·dis·tels
de **ha·zen·lip**, ha·zen·lip·pen
het **ha·zen·pad**, ha·zen·pa·den
de **ha·zen·pe·per** (m)
de **ha·zen·rug** (m), ha·zen·rug·gen
de **ha·zen·tand** (m), ha·zen·tan·den
de **ha·ze·wind** (m), ha·ze·win·den
hbo[1] *(school voor hoger beroepsonderwijs),* hbo's
hbo[2] *(hoger beroepsonderwijs)*
het **hbo-di·plo·ma**, hbo-di·plo·ma's
de **hbo'er** [hbo·er] (m), hbo'ers [hbo·ers]
de **hbo-in·stel·ling** (v), hbo-in·stel·lin·gen
de **H-bom**, H-bom·men
het **hbo-ni·veau**, hbo-ni·veaus
de **hbo-op·lei·ding** (v), hbo-op·lei·din·gen
de **hbo-raad** (m), hbo-ra·den
de **hbo-stu·dent** (m), hbo-stu·den·ten
de **hbo-stu·die** (v), hbo-stu·dies
hbo-v *(hogere beroepsopleiding - verpleegkundigen)*
hbs *(hogere burgerschool),* hbs'en [hbs·en]
de **hbs'er** [hbs·er] (m), hbs'ers [hbs·ers]
hd (bnw) *(high definition)*
de **hd-tv** (v) *(tv met high definition),* hd-tv's
hé (tussenw)
hè (tussenw)
head·ban·gen (ww), head·bang, head·bangt; head·bang·de, head·bang·den; ge·head·bangd
de **hea·der** (m), hea·ders
head·hun·ten (ww), head·hunt, head·hunt; head·hunt·te, head·hunt·ten; ge·head·hunt
de **head·hun·ter** (m), head·hun·ters
de **head·line** (m), head·lines
de **head·set** (m), head·sets; head·set·je
heao[1] *(school voor hoger economisch*

en administratief onderwijs), heao's
heao[2] *(hoger economisch en administratief onderwijs)*
de **heao-op·lei·ding** (v), heao-op·lei·din·gen
de **hea·ring**, hea·rings
de **heat** (m), heats
hea·vy (bnw)
de **hea·vy me·tal** (m)
de **hea·vy·me·tal·band** (m), hea·vy·me·tal·bands
de **heb** (m)
het **heb·be·ding**, heb·be·din·gen; heb·be·din·ge·tje
heb·ben (ww), heb, hebt, heeft; had, had·den; ge·had
de **heb·ber** (m), heb·bers
de **he·be** (m) *(heester)*
he·bi, he·bi's
het **hebraïsme** [he·bra·is·me], hebraïsmen [he·bra·is·men]
de **Hebreeën** [He·bree·en] (mv)
de **Hebreeër** [He·bree·er] (m), Hebreeërs [He·bree·ers]
het **He·breeuws**[1] *(taal)*
He·breeuws[2] (bnw), He·breeuw·se
de **heb·zucht**
de **he·ca·tom·be**, he·ca·tom·ben, he·ca·tom·bes
het **hecht**[1], hech·ten; hecht·je
hecht[2] (bnw), hech·te
hech·ten (ww), hecht, hecht; hecht·te, hecht·ten; ge·hecht
de **hech·te·nis** (v), hech·te·nis·sen
de **hech·ting** (v), hech·tin·gen; hech·tin·kje
het **heck·rund**, heck·run·de·ren; heck·rund·je
de **hec·ta·re**, hec·ta·ren; hec·ta·re·tje
de **hec·ta·re·toe·slag** (m), hec·ta·re·toe·sla·gen
de **hec·tiek** (v)
hec·tisch (bnw), hec·ti·sche
de **hec·to·li·ter** (m), hec·to·li·ters
het **he·den**[1]
he·den[2] (bijw)
he·den·avond (bijw)
he·den·daags (bnw), he·den·daag·se
he·den·mid·dag (bijw)
he·den·mor·gen (bijw)
he·den·och·tend (bijw)
he·den ten da·ge
de **he·de·ra**, he·de·ra's
het **hedge·fonds**, hedge·fond·sen
hed·gen (ww), hedge, hedget; hedge·de, hedge·den; ge·hedged
het **he·do·nis·me**
he·do·nis·tisch (bnw), he·do·nis·ti·sche
hee (tussenw)
de **heef** (m), he·ven
de **heek** (m), he·ken
heel (bnw), he·le
het **heel·al**, heel·al·len; heel·al·le·tje
het **heem**, he·men
de **heem·kun·de** (v)
de **heemst**
heen (bijw)
de **heen-en-weer** (m) *(boot- of treinkaartje),* heen-en-weers; heen-en-weer·tje
de **heen-en-weer·dienst** (m), heen-en-weer·dien·sten
het **heen-en-weer·ge·loop**
heen·gaan (ww), ga heen, gaat heen; ging heen, gin·gen heen; heen·ge·gaan
het **heen·ko·men**
heen·lo·pen (ww), loop heen, loopt heen; liep heen, lie·pen heen; heen·ge·lo·pen
de **heen·match**, heen·mat·chen, heen·mat·ches
de **heen·reis**, heen·rei·zen

H

heen·zen·den (ww), zend heen, zendt heen; zond heen, zon·den heen; heen·ge·zon·den
de **heep**, he·pen
de **heer** (m) *(man),* he·ren; heer·tje
de **heer·baan**, heer·ba·nen
de **heer·ban** (m)
de **heer·kracht**, heer·krach·ten
heer·lijk (bnw), heer·lij·ke
de **heer·lijk·heid** (v), heer·lijk·he·den; heer·lijk·heid·je
het **heer·schap**, heer·schap·pen; heer·schap·je
de **heer·schap·pij** (v), heer·schap·pij·en
heer·sen (ww), heers, heerst; heers·te, heers·ten; ge·heerst
heer·send (bnw), heer·sen·de
de **heer·ser** (m), heer·sers; heer·ser·tje
hees (bnw), he·se
de **hees·ter** (m), hees·ters; hees·ter·tje
heet (bnw), he·te
heet·ge·ba·kerd (bnw), heet·ge·ba·ker·de
de/het **heet·hoofd**, heet·hoof·den
de **hef**, hef·je
de **hef·boom** (m), hef·bo·men; hef·boom·pje
de **hef·fe**
hef·fen (ww), hef, heft; hief, hie·ven; ge·he·ven
de **hef·fing** (v), hef·fin·gen; hef·fin·kje
het **heft**, hef·ten; heft·je
hef·tig (bnw), hef·ti·ge
de **hef·truck** (m), hef·trucks; hef·truck·je
de **heg**, heg·gen; heg·ge·tje, heg·je
de **he·ge·mo·nie** (v), hegemonieën [he·ge·mo·nie·en]
de **heg·ge**, heg·gen; heg·ge·tje
de **heg·gen·mus**, heg·gen·mus·sen
de **heg·gen·schaar**, heg·gen·scha·ren
heg noch steg
hè·hè (tussenw)
de **hei** *(heidegebied),* hei·tje
de **hei·bel** (m), hei·bels; hei·bel·tje
de **hei·de** *(heidegebied),* hei·den, hei·des
de **hei·den** (m), hei·de·nen
hei·dens (bnw), hei·den·se
hei·en (ww), hei, heit; hei·de, hei·den; ge·heid
hei·ig (bnw), hei·ige
hei·kel (bnw), hei·ke·le
de **hei·kneu·ter** (m), hei·kneu·ters
het **heil**, heil·tje
de **hei·land** (m) *(redder),* hei·lan·den; hei·land·je
Hei·land *(Jezus Christus)*
de **heil·bot** (m), heil·bot·ten; heil·bot·je
hei·lig (bnw), hei·li·ge
het **hei·lig·dom**, hei·lig·dom·men
de **hei·li·ge**, hei·li·gen
hei·li·ge graal
hei·li·gen (ww), hei·lig, hei·ligt; hei·lig·de, hei·lig·den; ge·hei·ligd
de **hei·li·gen·naam** (m), hei·li·gen·na·men
Hei·li·ge Va·der
Hei·lig Hart
de **hei·lig·heid** (v), hei·lig·he·den
de **hei·lig·ver·kla·ring** (v), hei·lig·ver·kla·rin·gen
de **heil·sol·daat** (m), heil·sol·da·ten
de **heils·sol·daat** (m), heils·sol·da·ten
de **heils·staat** (m), heils·sta·ten
de **heil·staat** (m), heil·sta·ten
heil·zaam (bnw), heil·za·me
het **heim**, hei·men
de **hei·mat** (m), hei·mat·ten

hei·me·lijk (bnw), hei·me·lij·ke
de/het **heim·wee**
hein·de: van heinde en verre
het **hein·tje·da·vids·ef·fect**, hein·tje·da·vids·ef·fec·ten
de **hei·paal** (m), hei·pa·len; hei·paal·tje
het **heir**, hei·ren
de **heir·baan**, heir·ba·nen
de **heir·kracht**, heir·krach·ten
de **hei·sa**[1] (m)
hei·sa[2] (tussenw)
het **hek**, hek·ken; hek·je
de **he·kel** (m), he·kels
he·ke·len (ww), he·kel, he·kelt; he·kel·de, he·kel·den; ge·he·keld
het **hek·ken**, hek·kens; hek·ken·tje
de **hek·ken·slui·ter** (m), hek·ken·slui·ters
de **heks** (v), hek·sen; heks·je
hek·sen (ww), heks, hekst; heks·te, heks·ten; ge·hekst
de **hek·sen·jacht**, hek·sen·jach·ten
de **hek·sen·ke·tel** (m), hek·sen·ke·tels; hek·sen·ke·tel·tje
het **hek·werk**, hek·wer·ken; hek·werk·je
de **hel**[1], hel·len
hel[2] (bnw), hel·le
he·la (tussenw)
he·laas[1] (bijw)
he·laas[2] (tussenw)
de **held** (m), hel·den; held·je
het **hel·den·dom**
hel·der (bnw), hel·de·re
hel·der·blauw (bnw), hel·der·blau·we
de **hel·der·heid** (v), hel·der·he·den
de **hel·din** (v), hel·din·nen; hel·din·ne·tje
de **he·le·boel** (m)
he·le·maal (bijw)
he·len (ww), heel, heelt; heel·de, heel·den; ge·heeld
de **he·ler** (m), he·lers
de **helft**, helf·ten; helft·je
de **he·li** (m), he·li's
de **he·li·cop·ter·view** (m), he·li·cop·ter·views
de **he·li·kop·ter** (m), he·li·kop·ters; he·li·kop·ter·tje
de **he·ling** (v), he·lin·gen
het **he·li·um**
de **he·lix**, he·li·ces
de **hel·le·bo·rus** (m), hel·le·bo·rus·sen
hel·len (ww), hel, helt; hel·de, hel·den; ge·held
hel·lend (bnw), hel·len·de
het **hel·le·nis·me**
hel·le·nis·tisch (bnw), hel·le·nis·ti·sche
de **hel·le·straf**, hel·le·straf·fen
de **hel·le·veeg** (v), hel·le·ve·gen
het **hel·le·vuur**, hel·le·vu·ren
de **hel·ling** (v), hel·lin·gen; hel·lin·kje
de **helm**[1] (m) *(hoofddeksel)*, helm·en; helm·pje
de **helm**[2] *(plant)*, helm·pje
help (tussenw)
de **help·desk** (m), help·desks
hel·pen (ww), help, helpt; hielp, hiel·pen; ge·hol·pen
de **hel·per** (m), hel·pers; hel·per·tje
hels (bnw), hel·se
het **hel·vuur**, hel·vu·ren
hem (pers vnw)
de **he-man** (m), he-men
het **he·ma·to·criet**
het **he·ma·toom**, he·ma·to·men
het **hemd**, hem·den; hemd·je
de **hemd·blou·se** (v), hemd·blou·ses
de **he·mel**[1] (m) *(uitspansel, hemelrijk)*, he·me·len; he·mel·tje
de **he·mel**[2] (m) *(afbeelding, baldakijn)*,

he·mels; he·mel·tje
he·mel·blauw (bnw), he·mel·blau·we
het **he·mel·li·chaam**, he·mel·li·cha·men; he·mel·li·chaam·pje
he·mels (bnw), he·mel·se
he·mels·blauw (bnw), he·mels·blau·we
de **he·mels·naam**[1] (m)
he·mels·naam[2]: in hemelsnaam
de **he·mel·vaart** *(tenhemelstijging)*, he·mel·vaar·ten
He·mel·vaart *(Christelijke feestdag)*
He·mel·vaarts·dag
het **he·mel·vaarts·week·end**, he·mel·vaarts·week·en·den, he·mel·vaarts·week·ends
het **he·mel·vaart·week·end**, he·mel·vaart·week·en·den, he·mel·vaart·week·ends
de **he·mi·sfeer**, he·mi·sfe·ren
hem·men (ww), hem, hemt; hem·de, hem·den; ge·hemd
de **he·mo·glo·bi·ne** (v)
de **he·mor·ra·gie** (v), hemorragieën [he·mor·ra·gie·en]
de **hemorroïden** [he·mor·ro·i·den] (mv)
hem·zelf (pers vnw)
de **hen**[1] (v), hen·nen; hen·ne·tje
hen[2] (pers vnw)
de/het **hen·del** (m/o), hen·dels; hen·del·tje
hen·drik: brave hendrik
de **heng**, hen·gen
de **hen·gel** (m), hen·gels; hen·gel·tje
het **heng·sel**, heng·sels; heng·sel·tje
de **hengst** (m), heng·sten; hengst·je
heng·sten (ww), hengst, hengst; hengst·te, hengst·ten; ge·hengst
de **heng·sten·keu·ring** (v), heng·sten·keu·rin·gen
de **hen·na**
de **hen·nep** (m)
hens: alle hens aan dek
hen·zelf (pers vnw)
de **he·pa·ti·tis** (v)
de **he·pa·ti·tis B** (v)
de **he·pa·ti·tis B-be·smet·ting** (v), he·pa·ti·tis B-be·smet·tin·gen
het **her**[1], her·ren; her·re·tje
her[2] (bijw)
de **her·aan·leg** (m)
her·aan·leg·gen (ww), her·aan·ge·legd
de **her·aan·plant** (m)
her·ac·ti·ve·ren (ww), her·ac·ti·veer, her·ac·ti·veert; her·ac·ti·veer·de, her·ac·ti·veer·den; ge·her·ac·ti·veerd
de **her·ac·ti·ve·ring** (v), her·ac·ti·ve·rin·gen
her·ade·men (ww), her·adem, her·ademt; her·adem·de, her·adem·den; her·ademd
de **he·ral·diek**[1] (v)
he·ral·diek[2] (bnw), he·ral·die·ke
her·as·fal·te·ren (ww), her·as·fal·teer, her·as·fal·teert; her·as·fal·teer·de, her·as·fal·teer·den; ge·her·as·fal·teerd
de **her·as·fal·te·ring** (v), her·as·fal·te·rin·gen
de **he·raut** (m), he·rau·ten
het **her·ba·ri·um**, her·ba·ria, her·ba·ri·ums
her·be·gin·nen (ww), her·be·gin, her·be·gint; her·be·gon, her·be·gon·nen; her·be·gon·nen
her·be·kij·ken (ww), her·be·kijk, her·be·kijkt; her·be·keek, her·be·ke·ken; her·be·ke·ken
her·be·le·ven (ww), her·be·leef,

her·be·leeft; her·be·leef·de, her·be·leef·den; her·be·leefd
her·be·noe·men (ww), her·be·noem, her·be·noemt; her·be·noem·de, her·be·noem·den; her·be·noemd
de **her·be·oor·de·ling** (v), her·be·oor·de·lin·gen
her·be·re·ke·nen (ww), her·be·re·ken, her·be·re·kent; her·be·re·ken·de, her·be·re·ken·den; her·be·re·kend
de **her·be·re·ke·ning** (v), her·be·re·ke·nin·gen
de **her·berg**, her·ber·gen; her·berg·je
her·ber·gen (ww), her·berg, her·bergt; her·berg·de, her·berg·den; ge·her·bergd
de **her·ber·gier** (m), her·ber·giers
de **her·be·stem·ming** (v), her·be·stem·min·gen
her·be·ves·ti·gen (ww), her·be·ves·tig, her·be·ves·tigt; her·be·ves·tig·de, her·be·ves·tig·den; her·be·ves·tigd
het **her·bi·ci·de**, her·bi·ci·den
de **her·bi·voor** (m), her·bi·vo·ren
her·bo·ren (bnw)
de **her·bo·rist** (m), her·bo·ris·ten
de **her·bouw** (m)
her·bou·wen (ww), her·bouw, her·bouwt; her·bouw·de, her·bouw·den; her·bouwd
her·bron·nen (ww), her·bron, her·bront; her·bron·de, her·bron·den; her·brond
de **her·bron·ning** (v), her·bron·nin·gen
her·bruik·baar (bnw), her·bruik·ba·re
her·co·de·ren (ww), her·co·deer, her·co·deert; her·co·deer·de, her·co·deer·den; ge·her·co·deerd
de **her·con·tro·le**, her·con·tro·les
de **her·cor·rec·tie** (v), her·cor·rec·ties
de **her·cu·les** (m) *(sterke man)*, her·cu·les·sen; her·cu·les·je
Her·cu·les *(halfgod)*
de **her·cu·les·ar·beid** (m)
herdefiniëren [her·de·fi·ni·e·ren] (ww), her·de·fi·ni·eer, her·de·fi·ni·eert; her·de·fi·ni·eer·de, her·de·fi·ni·eer·den; ge·her·de·fi·ni·eerd
her·den·ken (ww), her·denk, her·denkt; her·dacht, her·dach·ten; her·dacht
de **her·den·king** (v), her·den·kin·gen
de **her·den·kings·dag** (m) *(dag voor herdenking)*, her·den·kings·da·gen
Her·den·kings·dag *(4 mei in Nederland)*
de **her·der** (m), her·ders; her·der·tje
de **her·ders·hond** (m), her·ders·hon·den; her·ders·hond·je
her·doen (ww), her·doe, her·doet; her·deed, her·de·den; her·daan
her·druk·ken (ww), her·druk, her·drukt; her·druk·te, her·druk·ten; her·drukt
de **he·re·miet** (m), he·re·mie·ten; he·re·miet·je
de **he·ren·af·de·ling** (v), he·ren·af·de·lin·gen
de **he·ren·boer** (m), he·ren·boe·ren
het **he·ren·huis**, he·ren·hui·zen; he·ren·huis·je
her·eni·gen (ww), her·enig, her·enigt; her·enig·de, her·enig·den; her·enigd
de **her·eni·ging** (v), her·eni·gin·gen
het **he·ren·toi·let**, he·ren·toi·let·ten
de **her·eva·lu·a·tie** (v),

H

her·eva·lu·a·ties
her·eva·lu·e·ren (ww), her·eva·lu·eer, her·eva·lu·eert; her·eva·lu·eer·de, her·eva·lu·eer·den; ge·her·eva·lu·eerd
het **her·exa·men**, her·exa·mens
de **her·exa·men·kan·di·daat** (m), her·exa·men·kan·di·da·ten
her·fi·nan·cie·ren (ww), her·fi·nan·cier, her·fi·nan·ciert; her·fi·nan·cier·de, her·fi·nan·cier·den; ge·her·fi·nan·cierd
de **her·fi·nan·cie·ring** (v), her·fi·nan·cie·rin·gen
her·for·mu·le·ren (ww), her·for·mu·leer, her·for·mu·leert; her·for·mu·leer·de, her·for·mu·leer·den; ge·her·for·mu·leerd
de **herfst** (m), herf·sten
de **herfst·avond** (m), herfst·avon·den
het **herfst·blad**, herfst·bla·den, herfst·bla·de·ren, herfst·bla·ren; herfst·blaad·je
de **herfst·bloem**, herfst·bloe·men
herf·stig (bnw), herf·sti·ge
de **herfst·kam·pi·oen** (m), herfst·kam·pi·oe·nen
de **herfst·stem·ming** (v), herfst·stem·min·gen
het **herfst·tij**, herfst·tij·en
de **herfst·tijd** (m), herfst·tij·den
de **herfst·va·kan·tie** (v), herfst·va·kan·ties
het **her·ge·bruik**
her·ge·brui·ken (ww), her·ge·bruik, her·ge·bruikt; her·ge·bruik·te, her·ge·bruik·ten; her·ge·bruikt
her·groe·pe·ren (ww), her·groe·peer, her·groe·peert; her·groe·peer·de, her·groe·peer·den; ge·her·groe·peerd
her·haald (bnw), her·haal·de
her·haal·de·lijk (bnw), her·haal·de·lij·ke
her·ha·len (ww), her·haal, her·haalt; her·haal·de, her·haal·den; her·haald
de **her·ha·ling** (v), her·ha·lin·gen; her·ha·lin·kje
de **her·he·ri**, her·he·ri's
her·huis·ves·ten (ww), her·huis·vest, her·huis·vest; her·huis·vest·te, her·huis·vest·ten; ge·her·huis·vest
de **he·ri·he·ri**, he·ri·he·ri's
her·ij·ken (ww), her·ijk, her·ijkt; her·ijk·te, her·ijk·ten; her·ijkt
de **her·ij·king** (v), her·ij·kin·gen
her·in·de·len (ww), her·in·ge·deeld
de **her·in·de·ling** (v), her·in·de·lin·gen
de **her·in·di·ca·tie** (v), her·in·di·ca·ties
de **her·in·ge·bruik·na·me**, her·in·ge·bruik·na·men, her·in·ge·bruik·na·mes
her·in·ne·ren (ww), her·in·ner, her·in·nert; her·in·ner·de, her·in·ner·den; her·in·nerd
de **her·in·ne·ring**[1] (v), her·in·ne·rin·gen; her·in·ne·rin·ge·tje
her·in·ne·ring[2]: ter herinnering
de **her·in·ne·rings·brief** (m), her·in·ne·rings·brie·ven; her·in·ne·rings·brief·je
her·in·rich·ten (ww), her·in·ge·richt
de **her·in·rich·ting** (v),

her·in·rich·tin·gen
her·in·schrij·ven (ww), her·in·ge·schre·ven
de **her·in·schrij·ving** (v), her·in·schrij·vin·gen
de **her·in·spec·tie** (v), her·in·spec·ties
de **her·in·stal·la·tie** (v), her·in·stal·la·ties
her·in·stal·le·ren (ww), her·in·stal·leer, her·in·stal·leert; her·in·stal·leer·de, her·in·stal·leer·den; ge·her·in·stal·leerd
de **her·in·struc·tie** (v), her·in·struc·ties
de **her·in·te·gra·tie** (v), her·in·te·gra·ties
her·in·ter·pre·te·ren (ww), her·in·ter·pre·teer, her·in·ter·pre·teert; her·in·ter·pre·teer·de, her·in·ter·pre·teer·den; ge·her·in·ter·pre·teerd
de **her·in·tre·de**, her·in·tre·den
her·in·tre·den (ww), her·in·ge·tre·den
her·in·tro·du·ce·ren (ww), her·in·tro·du·ceer, her·in·tro·du·ceert; her·in·tro·du·ceer·de, her·in·tro·du·ceer·den; ge·her·in·tro·du·ceerd
her·in·ves·te·ren (ww), her·in·ves·teer, her·in·ves·teert; her·in·ves·teer·de, her·in·ves·teer·den; ge·her·in·ves·teerd
her·in·voe·ren (ww), her·in·ge·voerd
her·kan·sen (ww), her·kans, her·kanst; her·kans·te, her·kans·ten; her·kanst
de **her·kan·sing** (v), her·kan·sin·gen
her·kau·wen (ww), her·kauw, her·kauwt; her·kauw·de, her·kauw·den; her·kauwd
her·ken·baar (bnw), her·ken·ba·re
de **her·ken·baar·heid** (v), her·ken·baar·he·den
her·ken·nen (ww), her·ken, her·kent; her·ken·de, her·ken·den; her·kend
de **her·ken·ning** (v), her·ken·nin·gen
de **her·ken·nings·me·lo·die** (v), herkenningsmelodieën [her·ken·nings·me·lo·die·en]; her·ken·nings·me·lo·die·tje
her·kie·zen (ww), her·kies, her·kiest; her·koos, her·ko·zen; her·ko·zen
de **her·komst** (v), her·kom·sten
de **her·kwa·li·fi·ca·tie** (v), her·kwa·li·fi·ca·ties
her·kwa·li·fi·ce·ren (ww), her·kwa·li·fi·ceer, her·kwa·li·fi·ceert; her·kwa·li·fi·ceer·de, her·kwa·li·fi·ceer·den; ge·her·kwa·li·fi·ceerd
her·la·den (ww), her·laad, her·laadt; her·laad·de, her·laad·den; her·la·den
her·lan·ce·ren (ww), her·lan·ceer, her·lan·ceert; her·lan·ceer·de, her·lan·ceer·den; ge·her·lan·ceerd
her·lei·den (ww), her·leid, her·leidt; her·leid·de, her·leid·den; her·leid
her·le·ven (ww), her·leef, her·leeft; her·leef·de, her·leef·den; her·leefd
her·le·zen (ww), her·lees, her·leest; her·las, her·la·zen;

H

her·le·zen
de **her·lo·ca·tie** (v), her·lo·ca·ties
de **her·lo·ka·li·sa·tie** (v), her·lo·ka·li·sa·ties
her·lo·ka·li·se·ren (ww), her·lo·ka·li·seer, her·lo·ka·li·seert; her·lo·ka·li·seer·de, her·lo·ka·li·seer·den; ge·her·lo·ka·li·seerd
de **her·lo·ka·li·se·ring** (v), her·lo·ka·li·se·rin·gen
de **her·ma·fro·diet**, her·ma·fro·die·ten
her·ma·ken (ww), her·maak, her·maakt; her·maak·te, her·maak·ten; her·maakt
de **her·man·dad** (v)
de **her·me·lijn**[1] (m) *(dier)*, her·me·lij·nen; her·me·lijn·tje
het **her·me·lijn**[2] *(bont)*, her·me·lijn·tje
her·me·neu·tisch (bnw), her·me·neu·ti·sche
her·me·tisch (bnw), her·me·ti·sche
de **her·mi·ta·ge** (v), her·mi·ta·ges; her·mi·ta·ge·tje
her·mo·del·le·ren (ww), her·mo·del·leer, her·mo·del·leert; her·mo·del·leer·de, her·mo·del·leer·den; ge·her·mo·del·leerd
her·mon·te·ren (ww), her·mon·teer, her·mon·teert; her·mon·teer·de, her·mon·teer·den; ge·her·mon·teerd
her·ne·men (ww), her·neem, her·neemt; her·nam, her·na·men; her·no·men
de **her·nia**, her·ni·a's
de **her·nia·ope·ra·tie** (v), her·nia·ope·ra·ties
her·nieu·wen (ww), her·nieuw, her·nieuwt; her·nieuw·de, her·nieuw·den; her·nieuwd
de **her·nieu·wing** (v), her·nieu·win·gen
her·noe·men (ww), her·noem, her·noemt; her·noem·de, her·noem·den; her·noemd
her·num·me·ren (ww), her·num·mer, her·num·mert; her·num·mer·de, her·num·mer·den; her·num·merd
heroïek [he·ro·iek] (bnw), heroïeke [he·ro·ie·ke]
de **heroïne** [he·ro·i·ne]
heroïsch [he·ro·isch] (bnw), heroïsche [he·ro·i·sche]
het **heroïsme** [he·ro·is·me]
her·ont·dek·ken (ww), her·ont·dek, her·ont·dekt; her·ont·dek·te, her·ont·dek·ten; her·ont·dekt
de **her·op·bouw** (m)
her·op·bou·wen (ww), her·op·ge·bouwd
her·ope·nen (ww), her·open, her·opent; her·open·de, her·open·den; her·opend
her·op·fris·sen (ww), her·op·ge·frist
de **her·op·fris·sing** (v), her·op·fris·sin·gen
her·op·le·ven (ww), her·op·ge·leefd
de **her·op·le·ving** (v), her·op·le·vin·gen
de **her·op·stan·ding** (v), her·op·stan·din·gen
her·op·star·ten (ww), her·op·ge·start
her·op·voe·den (ww), her·op·ge·voed
her·op·waar·de·ren (ww), her·op·ge·waar·deerd

de **her·op·waar·de·ring** (v), her·op·waar·de·rin·gen
de **her·or·ga·ni·sa·tie** (v), her·or·ga·ni·sa·ties
her·or·ga·ni·se·ren (ww), her·or·ga·ni·seer, her·or·ga·ni·seert; her·or·ga·ni·seer·de, her·or·ga·ni·seer·den; ge·her·or·ga·ni·seerd
de **heroriëntatie** [her·ori·en·ta·tie] (v), heroriëntaties [her·ori·en·ta·ties]
heroriënteren [her·ori·en·te·ren] (ww), heroriënteer [her·ori·en·teer], heroriënteert [her·ori·en·teert]; heroriënteerde [her·ori·en·teer·de], heroriënteerden [her·ori·en·teer·den]; geheroriënteerd [ge·her·ori·en·teerd]
de **heroriëntering** [her·ori·en·te·ring] (v), heroriënteringen [her·ori·en·te·rin·gen]
de **he·ros** (m), heroën [he·ro·en]
her·ove·ren (ww), her·over, her·overt; her·over·de, her·over·den; her·overd
her·over·we·gen (ww), her·over·weeg, her·over·weegt; her·over·woog, her·over·wo·gen; her·over·wo·gen
her·pak·ken (ww), her·pak, her·pakt; her·pak·te, her·pak·ten; her·pakt
de **her·pes** (m), her·pes·je
de **her·pe·to·loog** (m), her·pe·to·lo·gen
her·plaat·sen (ww), her·plaats, her·plaatst; her·plaats·te, her·plaats·ten; her·plaatst
de **her·plaat·sing** (v), her·plaat·sin·gen
de **her·plaat·sings·kan·di·daat** (m), her·plaat·sings·kan·di·da·ten
her·plan·ten (ww), her·plant, her·plant; her·plant·te, her·plant·ten; her·plant
her·po·si·ti·o·ne·ren (ww), her·po·si·ti·o·neer, her·po·si·ti·o·neert; her·po·si·ti·o·neer·de, her·po·si·ti·o·neer·den; ge·her·po·si·ti·o·neerd
de **her·po·si·ti·o·ne·ring** (v), her·po·si·ti·o·ne·rin·gen
her·pro·gram·me·ren (ww), her·pro·gram·meer, her·pro·gram·meert; her·pro·gram·meer·de, her·pro·gram·meer·den; ge·her·pro·gram·meerd
de **her·pro·gram·me·ring** (v), her·pro·gram·me·rin·gen
her·re·gis·tre·ren (ww), her·re·gis·treer, her·re·gis·treert; her·re·gis·treer·de, her·re·gis·treer·den; ge·her·re·gis·treerd
her·re·ke·nen (ww), her·re·ken, her·re·kent; her·re·ken·de, her·re·ken·den; her·re·kend
de **her·rie**
her·rij·zen (ww), her·rijs, her·rijst; her·rees, her·re·zen; her·re·zen
de **her·rij·ze·nis** (v), her·rij·ze·nis·sen
her·roe·pen (ww), her·roep, her·roept; her·riep, her·rie·pen; her·roe·pen
de **her·roe·ping** (v), her·roe·pin·gen
her·schep·pen (ww), her·schep, her·schept; her·schiep,

her·schie·pen; her·scha·pen
her·schik·ken (ww), her·schik, her·schikt; her·schik·te, her·schik·ten; her·schikt
her·schil·de·ren (ww), her·schil·der, her·schil·dert; her·schil·der·de, her·schil·der·den; her·schil·derd
her·schrij·ven (ww), her·schrijf, her·schrijft; her·schreef, her·schre·ven; her·schre·ven
de **her·se·nen** (mv)
de **her·sen·helft**, her·sen·helf·ten; her·sen·helft·je
het **her·sen·in·farct**, her·sen·in·farc·ten; her·sen·in·farct·je
de **her·sen·kwab**, her·sen·kwab·ben
her·sen·loos (bnw), her·sen·lo·ze
de **her·sens** (mv)
de **her·sen·schim**, her·sen·schim·men
de **her·sen·schud·ding** (v), her·sen·schud·din·gen; her·sen·schud·din·kje
het **her·sen·spin·sel**, her·sen·spin·sels; her·sen·spin·sel·tje
her·sen·spoe·len (ww), her·sen·spoel, her·sen·spoelt; her·sen·spoel·de, her·sen·spoel·den; ge·her·sen·spoeld
de **her·start** (m), her·starts
her·star·ten (ww), her·start, her·start; her·start·te, her·start·ten; her·start
het **her·stel**
de **her·steld·mel·ding** (v), her·steld·mel·din·gen
her·stel·len (ww), her·stel, her·stelt; her·stel·de, her·stel·den; her·steld
de **her·stel·ling** (v), her·stel·lin·gen
de **her·stel·mel·ding** (v), her·stel·mel·din·gen
her·stra·ten (ww), her·straat, her·straat; her·straat·te, her·straat·ten; her·straat
her·struc·tu·re·ren (ww), her·struc·tu·reer, her·struc·tu·reert; her·struc·tu·reer·de, her·struc·tu·reer·den; ge·her·struc·tu·reerd
de **her·struc·tu·re·ring** (v), her·struc·tu·re·rin·gen
het **hert**, her·ten; hert·je
her·ta·len (ww), her·taal, her·taalt; her·taal·de, her·taal·den; her·taald
her·te·ke·nen (ww), her·te·ken, her·te·kent; her·te·ken·de, her·te·ken·den; her·te·kend
her·tel·len (ww), her·tel, her·telt; her·tel·de, her·tel·den; her·teld
de **her·ten·bief·stuk** (m), her·ten·bief·stuk·ken; her·ten·bief·stuk·je
de/het **her·ten·fi·let** (m/o), her·ten·fi·lets
het **her·ten·ge·wei**, her·ten·ge·wei·en
het **her·ten·kalf**, her·ten·kal·ve·ren; her·ten·kalf·je
de/het **her·ten·kalf·fi·let** (m/o), her·ten·kalf·fi·lets
de **her·ten·kamp** (m), her·ten·kam·pen; her·ten·kamp·je
het **her·ten·le·der**
de **her·ten·rug** (m), her·ten·rug·gen
het **her·ten·ta·men**, her·ten·ta·mens
de **her·tog** (m), her·to·gen
de **her·to·gin** (v), her·to·gin·nen
her·trou·wen (ww), her·trouw, her·trouwt; her·trouw·de, her·trouw·den; her·trouwd
de **hertz** (m), hert·zen

de **her·uit·ga·ve**, her·uit·ga·ven
her·uit·vin·den (ww), her·uit·ge·von·den
her·val·len (ww), her·val, her·valt; her·viel, her·vie·len; her·val·len
her·vat·ten (ww), her·vat, her·vat; her·vat·te, her·vat·ten; her·vat
de **her·vat·ting** (v), her·vat·tin·gen
her·ver·de·len (ww), her·ver·deel, her·ver·deelt; her·ver·deel·de, her·ver·deel·den; her·ver·deeld
de **her·ver·de·ling** (v), her·ver·de·lin·gen
her·ver·kies·baar (bnw), her·ver·kies·ba·re
her·ver·kie·zen (ww), her·ver·kies, her·ver·kiest; her·ver·koos, her·ver·ko·zen; her·ver·ko·zen
de **her·ver·kie·zing** (v), her·ver·kie·zin·gen
her·vin·den (ww), her·vind, her·vindt; her·vond, her·von·den; her·von·den
her·vormd (bnw), her·vorm·de
de **her·vorm·de**, her·vorm·den
her·vor·men (ww), her·vorm, her·vormt; her·vorm·de, her·vorm·den; her·vormd
de **her·vor·ming** (v), her·vor·min·gen; her·vor·min·kje
her·vul·len (ww), her·vul, her·vult; her·vul·de, her·vul·den; her·vuld
her·waar·de·ren (ww), her·waar·deer, her·waar·deert; her·waar·deer·de, her·waar·deer·den; ge·her·waar·deerd, her·waar·deerd
her·wer·ken (ww), her·werk, her·werkt; her·werk·te, her·werk·ten; her·werkt
de **her·wer·king** (v), her·wer·kin·gen
her·win·nen (ww), her·win, her·wint; her·won, her·won·nen; her·won·nen
her·zien[1] (bnw), her·zie·ne
her·zien[2] (ww), her·zie, her·ziet; her·zag, her·za·gen; her·zien
de **her·zie·ning** (v), her·zie·nin·gen
de **hes**, hes·sen; hes·je
de **hesp**, hes·pen
de **hes·pen·worst**, hes·pen·wor·sten
het[1] (pers vnw)
het[2] (bep lidw)
de **he·te·lucht·bal·lon** (m), he·te·lucht·bal·lon·nen, he·te·lucht·bal·lons
de **he·te·lucht·oven** (m), he·te·lucht·ovens
de **he·te·lucht·ver·war·ming** (v), he·te·lucht·ver·war·min·gen
he·ten (ww), heet, heet; heet·te, heet·ten; ge·he·ten
de **he·te·ro**, he·te·ro's; heterootje [he·te·ro·tje]
he·te·ro·geen (bnw), he·te·ro·ge·ne
de **he·te·ro·ge·ni·teit** (v), he·te·ro·ge·ni·tei·ten
de **he·te·ro·no·mie** (v)
het er·over eens zijn
het·geen (betr vnw)
het lood·je leg·gen
het·welk (betr vnw)
het **het-woord**, het-woor·den
de **het·ze** (v), het·zes
het·zelf·de (aanw vnw)
het·zel·ve (aanw vnw)
het·zen (ww), hetz, hetzt; hetz·te, hetz·ten; ge·hetzt
het·zij (voegw)
heug: tegen heug en meug
heu·ge·lijk (bnw), heu·ge·lij·ke
heu·gen (ww), heug, heugt;

heug·de, heug·den; ge·heugd
heug·lijk (bnw), heug·lij·ke
heu·len (ww), heul, heult; heul·de, heul·den; ge·heuld
de **heup**, heu·pen; heup·je
heur (bez vnw)
de **heu·ris·tiek** (v), heu·ris·tie·ken
heu·ris·tisch (bnw), heu·ris·ti·sche
heus (bnw), heu·se
de **heu·vel** (m), heu·ve·len, heu·vels; heu·vel·tje
heu·vel·op (bijw)
de **he·vea**, he·ve·a's
de **he·vel** (m), he·vels; he·vel·tje
he·vig (bnw), he·vi·ge
hexa·de·ci·maal (bnw), hexa·de·ci·ma·le
de **hexa·goon** (m), hexa·go·nen
de **hexa·me·ter** (m), hexa·me·ters
de **hez·bol·lah** (m) *(lid van Hezbollah)*, hez·bol·lahs
Hez·bol·lah *(organisatie)*
hfd. *(hoofd)*
hfdst. *(hoofdstuk)*
hfst. *(hoofdstuk)*
hg *(hectogram)*
h.g. *(hartelijke groeten; hartelijk gefeliciteerd)*
de/het **hi·aat** (m/o), hi·a·ten; hi·aat·je
de **hi·bis·cus** (m), hi·bis·cus·sen
hic et nunc (bijw)
de **hid·jab** (m), hid·jabs
de **hiel** (m), hie·len; hiel·tje
hie·len (ww), hiel, hielt; hiel·de, hiel·den; ge·hield
de **hie·len·lik·ker** (m), hie·len·lik·kers; hie·len·lik·ker·tje
hiep (tussenw)
hie·per·de·piep (tussenw)
hier (bijw)
hier·aan (bijw)
hier·ach·ter (bijw)
hier·af (bijw)
de **hiërarchie** [hi·e·rar·chie] (v), hiërarchieën [hi·e·rar·chie·en]; hiërarchietje [hi·e·rar·chie·tje]
hiërarchisch [hi·e·rar·chisch] (bnw), hiërarchische [hi·e·rar·chi·sche]
hier·be·ne·den (bijw)
hier·bij (bijw)
hier·bin·nen (bijw)
hier·bo·ven (bijw)
hier·bui·ten (bijw)
hier·door (bijw)
het **hier-en-nu**
hier·heen (bijw)
hier·in (bijw)
hier·langs (bijw)
hier·mee (bijw)
hier·na (bijw)
hier·naar (bijw)
hier·naar·toe (bijw)
hier·naast (bijw)
het **hier·na·maals**
hier·na·vol·gend (bnw), hier·na·vol·gen·de
hier·ne·vens (bijw)
hie·ro (tussenw)
de **hiëroglief** [hi·e·ro·glief], hiërogliefen [hi·e·ro·glie·fen]; hiërogliefje [hi·e·ro·glief·je]
de **hiëroglyfe** [hi·e·ro·gly·fe], hiëroglyfen [hi·e·ro·gly·fen]
hier·om (bijw)
hier·om·heen (bijw)
hier·om·trent (bijw)
hier·on·der (bijw)
hier·op (bijw)
hier·over (bijw)
hier·rond (bijw)
hier·te·gen (bijw)
hier·te·gen·over (bijw)
hier·toe (bijw)
hier·tus·sen (bijw)

hier·uit (bijw)
hier·van (bijw)
hier·van·daan (bijw)
hier·voor (bijw)
hier·zo (bijw)
hieu·wen (ww), hieuw, hieuwt; hieuw·de, hieuw·den; ge·hieuwd
de **hi·fi**, hi·fi's
de **hi·fi·ap·pa·ra·tuur** (v)
de **hi·fi·ke·ten**, hi·fi·ke·tens
het **higgs·deel·tje**, higgs·deel·tjes
high (bnw)
de **high·brow**[1] (m), high·brows
high·brow[2] (bnw)
high-de·fi·ni·ti·on (bnw)
de **high five** (m), high fives
high·fi·ven (ww), high·five, high·fivet; high·five·de, high·five·den; ge·high·fived
de/het **high·light**, high·lights
high·ligh·ten (ww), high·light, high·light; high·light·te, high·light·ten; ge·high·light
de **high so·ci·e·ty**
de **high tea** (m), high teas
de **high·tech**[1]
high·tech[2] (bnw)
het **high·tech·be·drijf**, high·tech·be·drij·ven; high·tech·be·drijf·je
de **high·tech·in·dus·trie** (v), hightechindustrieën [high·tech·in·dus·trie·en]
de **hi·hat** (m), hi·hats
hij (pers vnw)
hij·gen (ww), hijg, hijgt; hijg·de, hijg·den; ge·hijgd
hij·gend (bnw), hij·gen·de
de **hijs** (m), hij·sen; hijs·je
hij·sen (ww), hijs, hijst; hees, he·sen; ge·he·sen
de **hijs·kraan**, hijs·kra·nen; hijs·kraan·tje
het **hijs·werk·tuig**, hijs·werk·tui·gen
de **hij-vorm** (m), hij-vor·men
hij·zelf (pers vnw)
de **hik** (m), hik·ken; hik·je
het **hi·king**
hik·ken (ww), hik, hikt; hik·te, hik·ten; ge·hikt
hi·la·risch (bnw), hi·la·ri·sche
de **hi·la·ri·teit** (v), hi·la·ri·tei·ten
de **hin·de** (v), hin·den, hin·des
de/het **hin·de·fi·let** (m/o), hin·de·fi·lets
de **hin·der** (m)
hin·de·ren (ww), hin·der, hin·dert; hin·der·de, hin·der·den; ge·hin·derd
hin·der·lijk (bnw), hin·der·lij·ke
de **hin·der·nis** (v), hin·der·nis·sen; hin·der·nis·je
de **hin·der·paal** (m), hin·der·pa·len; hin·der·paal·tje
het **Hin·di** *(taal)*
de **hin·doe** (m) *(aanhanger v.h. hindoeïsme)*, hin·does
de **Hin·doe** (m) *(persoon uit Hindoestan of Voor-Indië)*, Hin·does
het **hin·doe·hu·we·lijk**, hin·doe·hu·we·lij·ken
het **hindoeïsme** [hin·doe·is·me]
hindoeïstisch [hin·doe·is·tisch] (bnw), hindoeïstische [hin·doe·is·ti·sche]
hin·does (bnw), hin·doe·se
de **Hin·doe·staan** (m), Hin·doe·sta·nen
het **Hin·doe·staans**[1] *(taal)*
Hin·doe·staans[2] (bnw), Hin·doe·staan·se
de **hin·doe·tem·pel** (m), hin·doe·tem·pels; hin·doe·tem·pel·tje
de **Hin·do·staan** (m), Hin·do·sta·nen
het **Hin·do·staans**[1] *(taal)*
Hin·do·staans[2] (bnw),

H

Hin·do·staan·se
hin·ein·in·ter·pre·tie·ren (ww), hin·ein·in·ter·pre·tier, hin·ein·in·ter·pre·tiert; hin·ein·in·ter·pre·tier·de, hin·ein·in·ter·pre·tier·den; ge·hin·ein·in·ter·pre·tierd
hin·ke·len (ww), hin·kel, hin·kelt; hin·kel·de, hin·kel·den; ge·hin·keld
hin·ken (ww), hink, hinkt; hink·te, hink·ten; ge·hinkt
hink-stap-sprin·gen (ww)
de **hink-stap-sprong** (m), hink-stap-spron·gen
hin·ni·ken (ww), hin·nik, hin·nikt; hin·nik·te, hin·nik·ten; ge·hin·nikt
de **hint** (m), hints; hint·je
hin·ten (ww), hint, hint; hint·te, hint·ten; ge·hint
het **hin·ter·land**
hip (bnw), hip·pe
de **hip·hop** (m)
de **hip·hop·ar·tiest** (m), hip·hop·ar·ties·ten
de **hip·hop·cul·tuur** (v), hip·hop·cul·tu·ren
de **hip·hop·lief·heb·ber** (m), hip·hop·lief·heb·bers
hi·po *(high potential)*, hi·po's
hip·pen (ww), hip, hipt; hip·te, hip·ten; ge·hipt
de **hip·pie**, hip·pies
hip·pisch (bnw), hip·pi·sche
de **hip·po·cam·pus** (m), hip·po·cam·pus·sen
de/het **hip·po·droom** (m/o), hip·po·dro·men, hip·po·drooms
de **hip·po·the·ra·pie** (v), hippotherapieën [hip·po·the·ra·pie·en]
de **his·pa·nic** (m), his·pa·nics
his·sen (ww), his, hist; his·te, his·ten; ge·hist
de **his·ta·mi·ne**
het **his·to·gram**, his·to·gram·men
de **his·to·ri·ca** (v), his·to·ri·ca's
de **his·to·ri·cus** (m), his·to·ri·ci
de **his·to·rie** (v), historiën [his·to·ri·en], his·to·ries; his·to·rie·tje
de **his·to·riek**, his·to·rie·ken
his·to·risch (bnw), his·to·ri·sche
de **hit**[1] (m) *(paard)*, hit·ten; hit·je
de **hit**[2] (m) *(succesnummer)*, hits; hit·je
hit·le·ri·aans (bnw), hit·le·ri·aan·se
de **hit·te** (v)
hit·te·be·sten·dig (bnw), hit·te·be·sten·di·ge
de **hit·te·golf**, hit·te·gol·ven; hit·te·golf·je
hit·ten (ww), hit, hit; hit·te, hit·ten; ge·hit
hiv *(human immunodeficiency virus)*
de **hiv·be·smet·ting** (v), hiv·be·smet·tin·gen
de **hiv-be·smet·ting** (v), hiv-be·smet·tin·gen
de **hivgeïnfecteerde** [hiv·ge·in·fec·teer·de], hivgeïnfecteerden [hiv·ge·in·fec·teer·den]
de **hiv-geïnfecteerde** [hiv-ge·in·fec·teer·de], hiv-geïnfecteerden [hiv-ge·in·fec·teer·den]
de **hiv·in·fec·tie** (v), hiv·in·fec·ties
de **hiv-in·fec·tie** (v), hiv-in·fec·ties
hiv·po·si·tief (bnw), hiv·po·si·tie·ve
hiv-po·si·tief (bnw), hiv-po·si·tie·ve
het **hiv·vi·rus**
het **hiv-vi·rus**

H.K.H. *(Hare Koninklijke Hoogheid)*
hl *(hectoliter)*
hm[1] (tussenw)
hm[2] *(hectometer)*
ho (tussenw)
de **hoax** (m), hoaxen
hob *(halfopen bebouwing),* hobs
de **hob·bel** (m), hob·bels; hob·bel·tje
hob·be·len (ww), hob·bel, hob·belt; hob·bel·de, hob·bel·den; ge·hob·beld
de **hob·bel·stoel** (m), hob·bel·stoe·len
de **hob·be·zak** (m), hob·be·zak·ken; hob·be·zak·je
de **hob·bit** (m), hob·bits; hob·bit·je
de **hob·by** (m), hob·by's; hobby'tje [hob·by·tje]
het **hob·by·ar·ti·kel,** hob·by·ar·ti·ke·len, hob·by·ar·ti·kels
hob·by·en (ww), hob·by, hob·byt; hob·by·de, hob·by·den; ge·hob·byd
het **hob·by·is·me**
de **hob·by·ist** (m), hob·by·is·ten
de **hob·by·kok** (m), hob·by·koks
de **ho·bo** (m), ho·bo's; hobootje [ho·bo·tje]
het **ho·bo·con·cert,** ho·bo·con·cer·ten
de **hoboïst** [ho·bo·ist] (m), hoboïsten [ho·bo·is·ten]
ho·bu *(hoger onderwijs buiten de universiteit)*
de **hoc·ker** (m), hoc·kers
het **hoc·key**
de **hoc·key·club,** hoc·key·clubs; hoc·key·club·je
de **hoc·key·coach** (m), hoc·key·coa·ches
het **hoc·key·elf·tal,** hoc·key·elf·tal·len
hoc·key·en (ww), hoc·key, hoc·keyt; hoc·key·de, hoc·key·den; ge·hoc·keyd
de **hoc·key·er** (m), hoc·key·ers
de **hoc·key·ploeg,** hoc·key·ploe·gen
de **hoc·key·ster** (v), hoc·key·sters
de **hoc·key·stick** (m), hoc·key·sticks
de/het **ho·cus po·cus**[1] (m/o)
ho·cus po·cus[2] (tussenw)
de **hodg·kin** (m) *(ziekte van Hodgkin)*
hoe (bijw)
de **hoed** (m), hoe·den; hoed·je
hoe·da·nig (onbep vnw)
hoe·da·ni·ge (onbep vnw)
de **hoe·da·nig·heid** (v), hoe·da·nig·he·den
de **hoe·de**
hoe·den (ww), hoed, hoedt; hoed·de, hoed·den; ge·hoed
de **hoe·den·plank,** hoe·den·plan·ken; hoe·den·plank·je
de **hoe·den·speld,** hoe·den·spel·den
de **hoe·der** (m), hoe·ders
het **hoe·de·recht**
de **hoef** (m), hoe·ven
het **hoef·dier,** hoef·die·ren; hoef·dier·tje
het **hoef·ge·trap·pel**
het **hoef·ij·zer,** hoef·ij·zers; hoef·ij·zer·tje
de **hoef·smid** (m), hoef·sme·den
hoe·ge·naamd (bnw)
de **hoe·groot·heid** (v), hoe·groot·he·den
de **hoek** (m), hoe·ken; hoek·je
hoe·ken (ww), hoek, hoekt; hoek·te, hoek·ten; ge·hoekt
de **hoek·er·ker** (m), hoek·er·kers
hoe·kig (bnw), hoe·ki·ge
de **hoe·kig·heid** (v), hoe·kig·he·den
het **hoek·ij·zer,** hoek·ij·zers; hoek·ij·zer·tje
de **hoek·kast,** hoek·kas·ten; hoek·kast·je

H

het **hoek·pand**, hoek·pan·den; hoek·pand·je
de **hoek·plaat**, hoek·pla·ten; hoek·plaat·je
hoeks (bnw), hoek·se
de **hoek·steen** (m), hoek·ste·nen
de **hoek·stijl** (m), hoek·stij·len
de **hoe·la** (m), hoe·la's
de **hoe·la·hoep** (m), hoe·la·hoe·pen, hoe·la·hoeps
hoe·lang: tot hoelang
het **hoen**, hoen·de·ren, hoen·ders; hoen·der·tje, hoen·tje
de **hoen·der** (m), hoen·ders
de **hoep** (m), hoe·pen
de **hoe·pel** (m), hoe·pels; hoe·pel·tje
de **hoer** (v), hoe·ren; hoer·tje
het **hoe·ra**[1], hoe·ra's; hoeraatje [hoe·ra·tje]
hoe·ra[2] (tussenw)
de **hoe·ra·stem·ming** (v)
hoe·ren (ww), hoer, hoert; hoer·de, hoer·den; ge·hoerd
de **hoe·ren·ja·ger** (m), hoe·ren·ja·gers
het **hoe·ren·jong**, hoe·ren·jon·gen
de **hoe·ren·tent**, hoe·ren·ten·ten
de **hoe·ren·zoon** (m), hoe·ren·zo·nen, hoe·ren·zoons; hoe·ren·zoon·tje
de **hoes**, hoe·zen; hoes·je
het **hoes·la·ken**, hoes·la·kens
de **hoest** (m), hoes·ten; hoest·je
de **hoest·aan·val** (m), hoest·aan·val·len
de **hoest·drank** (m), hoest·dran·ken; hoest·drank·je
hoes·ten (ww), hoest, hoest; hoest·te, hoest·ten; ge·hoest
de **hoest·si·roop**, hoest·si·ro·pen; hoest·si·roop·je
de **hoe·ve**, hoe·ven, hoe·ves; hoe·ve·tje
het **hoe·ve-ei**, hoe·ve-ei·e·ren; hoe·ve-ei·tje
hoe·veel[1] (onbep vnw)
hoe·veel[2] (bijw)
de **hoe·veel·heid** (v), hoe·veel·he·den; hoe·veel·heid·je
de **hoe·veel·heids·kor·ting** (v), hoe·veel·heids·kor·tin·gen
hoe·veel·ste (onbep vnw)
het **hoe·ve-ijs**, hoe·ve-ijs·je
de **hoe·ve·kip** (v), hoe·ve·kip·pen
hoe·ven (ww), hoef, hoeft; hoef·de, hoef·den; ge·hoefd, ge·hoe·ven
hoe·ver (bijw) *(in welke mate)*
hoe·ver·re[1] (bijw) *(in welke mate)*
hoe·ver·re[2]: in hoeverre
hoe·wel (voegw)
hoe·zee (tussenw)
hoe·zeer (bijw)
hoe·zo (tussenw)
de **hof**[1] (m) *(tuin)*, ho·ven; hof·je
het **hof**[2] *(andere betekenissen)*, ho·ven; hof·je
het **hò·fi**, hò·fi's
de **hof·pre·si·dent** (m), hof·pre·si·den·ten
de **hof·stad**, hof·ste·den
hof van as·si·sen
hof van cas·sa·tie *(gerechtshof in diverse landen)*
Hof van Cas·sa·tie *(naam gerechtshof)*
het **ho·ge·druk·ge·bied**, ho·ge·druk·ge·bie·den; ho·ge·druk·ge·bied·je
de **ho·ge·druk·pan**, ho·ge·druk·pan·nen; ho·ge·druk·pan·ne·tje
de **ho·ge·druk·rei·ni·ger** (m), ho·ge·druk·rei·ni·gers; ho·ge·druk·rei·ni·ger·tje
de **ho·ge·druk·spuit**,

ho·ge·druk·spui·ten
ho·ge·lijk (bijw)
ho·gen (ww), hoog, hoogt; hoog·de, hoog·den; ge·hoogd
Ho·ge Raad *(Hoge Raad der Nederlanden)*
ho·ger be·roep
de **ho·ger·be·roeps·zaak**, ho·ger·be·roeps·za·ken
de **ho·ge·re·jaars**
ho·ger·ge·noemd (bnw), ho·ger·ge·noem·de
ho·ger·ge·plaatst (bnw), ho·ger·ge·plaats·te
de **ho·ger·hand**[1]
ho·ger·hand[2]: van hogerhand
het **ho·ger·on·der·wijs·be·leid**
de **ho·ger·on·der·wijs·in·stel·ling** (v), ho·ger·on·der·wijs·in·stel·lin·gen
ho·ger·op (bijw)
de **ho·ger·op·ge·lei·de**, ho·ger·op·ge·lei·den
ho·ger·ver·meld (bnw), ho·ger·ver·mel·de
de **ho·ge·school**, ho·ge·scho·len; ho·ge·school·tje
de **ho·ge·snel·heids·lijn**, ho·ge·snel·heids·lij·nen; ho·ge·snel·heids·lijn·tje
de **ho·ge·snel·heids·trein** (m), ho·ge·snel·heids·trei·nen; ho·ge·snel·heids·trein·tje
hoi (tussenw)
het **hok**, hok·ken; hok·je
hok·jes·den·ken (ww)
de **hok·jes·geest** (m)
hok·ken (ww), hok, hokt; hok·te, hok·ten; ge·hokt
de **hol**[1] (m) *(het lopen)*, hol·le·tje
het **hol**[2] *(ruimte)*, ho·len; hol·le·tje
hol[3] (bnw), hol·le
ho·la (tussenw)
hol·der·de·bol·der (bijw)
de **hol·ding** (v), hol·dings
de **hold-up** (m), hold-ups
de **hole** (m), holes
de **ho·le·bi**, ho·le·bi's
de **hole-in-one** (m)
ho·len (ww), hool, hoolt; hool·de, hool·den; ge·hoold
Ho·li
de **ho·li·ka·ver·bran·ding** (v), ho·li·ka·ver·bran·din·gen
ho·lis·tisch (bnw), ho·lis·ti·sche
de **hol·lan·dai·se·saus**, hol·lan·dai·se·sau·sen, hol·lan·dai·se·sau·zen
de **Hol·lan·der** (m), Hol·lan·ders; Hol·lan·der·tje
de **Hol·lan·der·mop**, Hol·lan·der·mop·pen; Hol·lan·der·mop·je
het **Hol·lands**[1] *(taal)*
Hol·lands[2] (bnw), Hol·land·se
de **Hol·land·se** (v), Hol·land·sen
Hol·land·se nieu·we
hol·len (ww), hol, holt; hol·de, hol·den; ge·hold
de **Hol·ly·wood·film** (m), Hol·ly·wood·films
hol·ly·woo·di·aans (bnw), hol·ly·woo·di·aan·se
de **holm** (m), hol·men
de **ho·lo·caust** (m) *(volkerenmoord)*, ho·lo·caus·ten
Ho·lo·caust *(Jodenvervolging in WO II)*
het **ho·lo·ceen**[1]
ho·lo·ceen[2] (bnw), ho·lo·ce·ne
het **ho·lo·gram**, ho·lo·gram·men
de **hol·ster** (m), hol·sters
de **hol·te** (v), hol·ten, hol·tes
de **hom**, hom·men; hom·me·tje
het **ho·ma·ri·um**, ho·ma·ria, ho·ma·ri·ums

hòm·ber (tussenw)
het **home**, homes
de **home·ci·ne·ma** (m), home·ci·ne·ma's
home·made (bnw)
de **ho·meo·paat** (m), ho·meo·pa·ten
de **ho·meo·pa·thie** (v)
ho·meo·pa·thisch (bnw), ho·meo·pa·thi·sche
de **ho·meo·sta·se** (v)
de **home·page** (m), home·pa·ges
ho·me·risch (bnw), ho·me·ri·sche
de **home·run** (m), home·runs
de **home·trai·ner** (m), home·trai·ners; home·trai·ner·tje
de **home·vi·deo** (m), home·vi·de·o's; homevideootje [home·vi·deo·tje]
de **ho·mi·lie** (v), homilieën [ho·mi·lie·en]
ho·mi·nem: ad hominem
de **ho·mi·ni·de**[1], ho·mi·ni·den
ho·mi·ni·de[2] (bnw)
de **hom·ma·ge** (v), hom·ma·ges
de **hom·mel**, hom·mels; hom·mel·tje
de **hom·me·les**
de **ho·mo** (m), ho·mo's; homootje [ho·mo·tje]
de **ho·mo-eman·ci·pa·tie** (v)
de **ho·mo·fi·lie** (v)
de **ho·mo·fo·bie** (v)
ho·mo·foob (bnw), ho·mo·fo·be
de **ho·mo·foon** (m), ho·mo·fo·nen
ho·mo·geen (bnw), ho·mo·ge·ne
ho·mo·ge·ni·se·ren (ww), ho·mo·ge·ni·seer, ho·mo·ge·ni·seert; ho·mo·ge·ni·seer·de, ho·mo·ge·ni·seer·den; ge·ho·mo·ge·ni·seerd
de **ho·mo·ge·ni·teit** (v), ho·mo·ge·ni·tei·ten
het **ho·mo·hu·we·lijk**, ho·mo·hu·we·lij·ken
de **ho·mo·lo·ga·tie** (v), ho·mo·lo·ga·ties
ho·mo·loog (bnw), ho·mo·lo·ge
het **ho·mo·niem**[1], ho·mo·nie·men
ho·mo·niem[2] (bnw), ho·mo·nie·me
de **ho·mo-or·ga·ni·sa·tie** (v), ho·mo-or·ga·ni·sa·ties
de **ho·mo sa·piens** (m), ho·mi·nes sa·pien·tes, ho·mo sa·pien·sen
de **ho·mo·sek·su·a·li·teit** (v)
de **ho·mo·sek·su·eel**[1] (m), ho·mo·sek·su·e·len; ho·mo·sek·su·eel·tje
ho·mo·sek·su·eel[2] (bnw), ho·mo·sek·su·e·le
de **homp**, hom·pen; homp·je
de **hond** (m), hon·den; hond·je
het **hon·den·asiel**, hon·den·asie·len, hon·den·asiels
de **hon·den·baan**, hon·den·ba·nen; hon·den·baan·tje
de **hon·den·beet** (m), hon·den·be·ten
de **hon·den·brok·ken** (mv)
de **hon·den·drol**, hon·den·drol·len
de **hon·den·fok·ker** (m), hon·den·fok·kers
de/het **hon·den·haar**[1] *(afzonderlijke hondenhaar)*, hon·den·ha·ren
het **hon·den·haar**[2] *(de hondenharen gezamenlijk)*
het **hon·den·hok**, hon·den·hok·ken; hon·den·hok·je
het **hon·den·jong**, hon·den·jon·gen
de **hon·den·ken·nel** (m), hon·den·ken·nels
de **hon·den·kop** (m), hon·den·kop·pen
het **hon·den·le·ven**, hon·den·le·vens
de **hon·den·lul** (m), hon·den·lul·len
de **hon·den·mand**,

hon·den·man·den
de **hon·den·poep** (m)
de **hon·den·poot** (m), hon·den·po·ten; hon·den·poot·je
de **hon·den·pot** (m), hon·den·pot·ten
het **hon·den·ras**, hon·den·ras·sen
de **hon·den·riem** (m), hon·den·rie·men; hon·den·riem·pje
de **hon·den·rijst** (m)
de **hon·den·slee**, hondensleeën [hon·den·slee·en]
het **hon·den·toi·let**, hon·den·toi·let·ten; hon·den·toi·let·je
de **hon·den·vlo**, hon·den·vlooi·en
het **hon·den·voer**
het **hon·den·weer**
het **hon·derd**[1], hon·der·den; hon·derd·je
hon·derd[2] (telw)
hon·derd·de·lig (bnw), hon·derd·de·li·ge
het **hon·derd·dui·zend**[1], hon·derd·dui·zen·den
hon·derd·dui·zend[2] (telw)
hon·derd·dui·zend·ste (telw)
hon·derd·een (telw)
hon·derd·eer·ste (telw)
hon·derd·en·een (telw)
hon·derd·en·eer·ste (telw)
hon·derd·en·twee (telw)
hon·derd·en·twee·de (telw)
het **hon·derd·eu·ro·bil·jet**, hon·derd·eu·ro·bil·jet·ten
hon·derd·ja·rig (bnw), hon·derd·ja·ri·ge
de **hon·derd·ja·ri·ge**, hon·derd·ja·ri·gen
hon·derd·maal (bijw)
hon·derd·ste (telw)
het **hon·derd·tal**, hon·derd·tal·len

hon·derd·twee (telw)
hon·derd·twee·de (telw)
hon·derd·uit (bijw)
honds (bnw), hond·se
ho·nen (ww), hoon, hoont; hoon·de, hoon·den; ge·hoond
het **Hon·gaars**[1] *(taal)*
Hon·gaars[2] (bnw), Hon·gaar·se
de **hon·ger** (m), hon·ger·tje
hon·ge·ren (ww), hon·ger, hon·gert; hon·ger·de, hon·ger·den; ge·hon·gerd
hon·ge·rig (bnw), hon·ge·ri·ge
de **hon·ge·ri·ge**, hon·ge·ri·gen
hon·ger·lij·den (ww), lijd hon·ger, lijdt hon·ger; leed hon·ger, le·den hon·ger; hon·ger·ge·le·den
de **hon·gers·nood** (m), hon·gers·no·den; hon·gers·nood·je
de **hon·ger·win·ter** (m) *(winter waarin men honger lijdt)*, hon·ger·win·ters
Hon·ger·win·ter *(winter 1944-1945)*
de **ho·nig** (m)
de **ho·ning** (m), ho·nin·gen
de **ho·ning·raat**, ho·ning·ra·ten; ho·ning·raat·je
het **honk**, hon·ken
het **honk·bal**
hon·ken (ww), honk, honkt; honk·te, honk·ten; ge·honkt
de **hon·neurs** (mv)
ho·no·rair (bnw), ho·no·rai·re
het **ho·no·ra·ri·um**, ho·no·ra·ria, ho·no·ra·ri·ums; ho·no·ra·ri·um·pje
ho·no·re·ren (ww), ho·no·reer, ho·no·reert; ho·no·reer·de, ho·no·reer·den; ge·ho·no·reerd
de **hoo·dy** (m), hoo·dy's

het **hoofd**, hoof·den; hoofd·je
de **hoofd·aan·deel·hou·der** (m), hoofd·aan·deel·hou·ders
de **hoofd·af·de·ling** (v), hoofd·af·de·lin·gen
de **hoofd·ak·te·op·lei·ding** (v), hoofd·ak·te·op·lei·din·gen
het **hoofd·be·roep**, hoofd·be·roe·pen
de **hoofd·be·stuurs·ver·kie·zing** (v), hoofd·be·stuurs·ver·kie·zin·gen
het **hoofd·bre·ken**, hoofd·bre·kens
de **hoofd·com·mis·sa·ris** (m), hoofd·com·mis·sa·ris·sen
het **hoofd·dek·sel**, hoofd·dek·sels; hoofd·dek·sel·tje
de **hoofd·doek** (m), hoofd·doe·ken; hoofd·doek·je
het **hoofd·doel**, hoofd·doe·len
hoof·de[1]: uit anderen hoofde
hoof·de[2]: uit hoofde van
het **hoofd·eind**, hoofd·ein·den
het **hoofd·ein·de**, hoofd·ein·den, hoofd·ein·des
hoof·de·lijk (bnw), hoof·de·lij·ke
de **hoofd·en·tree** (v), hoofd·en·trees
de **hoofd·fi·guur**, hoofd·fi·gu·ren; hoofd·fi·guur·tje
de **hoofd·ge·dach·te** (v), hoofd·ge·dach·ten, hoofd·ge·dach·tes
het **hoofd·ge·recht**, hoofd·ge·rech·ten; hoofd·ge·recht·je
de **hoofd·groep**, hoofd·groe·pen
de **hoofd·haar**[1] *(afzonderlijke hoofdhaar),* hoofd·ha·ren; hoofd·haar·tje
het **hoofd·haar**[2] *(de hoofdharen gezamenlijk)*
de **hoofd·huid**, hoofd·hui·den
de **hoof·ding** (v), hoof·din·gen
de **hoofd·in·gang** (m), hoofd·in·gan·gen
de **hoofd·in·spec·teur** (m), hoofd·in·spec·teurs
het **hoofd·kan·toor**, hoofd·kan·to·ren; hoofd·kan·toor·tje
de **hoofd·ka·pi·tein** (m), hoofd·ka·pi·teins
de **hoofd·kerk**, hoofd·ker·ken
de **hoofd·kleu·ter·leid·ster** (v), hoofd·kleu·ter·leid·sters
het **hoofd·kus·sen**, hoofd·kus·sens; hoofd·kus·sen·tje
het **hoofd·kwar·tier**, hoofd·kwar·tie·ren; hoofd·kwar·tier·tje
de **hoofd·let·ter**, hoofd·let·ters; hoofd·let·ter·tje
het **hoofd·let·ter·ge·bruik**
de **hoofd·lijn**, hoofd·lij·nen
de **hoofd·lo·zing** (v), hoofd·lo·zin·gen
de **hoofd·luis**, hoofd·lui·zen
het **hoofd·me·nu**, hoofd·me·nu's
de **hoofd·moot**, hoofd·mo·ten
de **hoofd·nerf**, hoofd·ner·ven
de/het **hoofd·per·so·na·ge** (v/o), hoofd·per·so·na·ges
de **hoofd·per·soon** (m), hoofd·per·so·nen; hoofd·per·soon·tje
de **hoofd·pijn**, hoofd·pij·nen; hoofd·pijn·tje
de **hoofd·prijs** (m), hoofd·prij·zen
de **hoofd·pro·pa·gan·dist** (m), hoofd·pro·pa·gan·dis·ten
de **hoofd·re·dac·teur** (m), hoofd·re·dac·teu·ren, hoofd·re·dac·teurs; hoofd·re·dac·teur·tje
de **hoofd·re·dac·tie** (v), hoofd·re·dac·ties
de **hoofd·re·den**, hoofd·re·de·nen
de **hoofd·re·gel** (m), hoofd·re·gels
de **hoofd·rol**, hoofd·rol·len;

hoofd·rol·le·tje
de **hoofd·rol·spe·ler** (m), hoofd·rol·spe·lers; hoofd·rol·spe·ler·tje
hoofd·schud·den (ww)
de **hoofd·som**, hoofd·som·men
de **hoofd·spon·sor** (m), hoofd·spon·so·ren, hoofd·spon·sors
de **hoofd·stad**, hoofd·ste·den; hoofd·stad·je
het **hoofd·stem·bu·reau**, hoofd·stem·bu·reaus
de **hoofd·steun** (m), hoofd·steu·nen; hoofd·steun·tje
de **hoofd·straat**, hoofd·stra·ten; hoofd·straat·je
het **hoofd·stuk**, hoofd·stuk·ken; hoofd·stuk·je
de **hoofd·taak**, hoofd·ta·ken
de **hoofd·tak** (m), hoofd·tak·ken
de **hoofd·te·le·foon** (m), hoofd·te·le·foons; hoofd·te·le·foon·tje
de **hoofd·trens** (m), hoofd·tren·zen
de **hoofd·ver·dach·te**, hoofd·ver·dach·ten
de **hoofd·vraag**, hoofd·vra·gen
de **hoofd·zaak**, hoofd·za·ken
hoofd·za·ke·lijk (bijw)
de **hoofd·ze·tel** (m), hoofd·ze·tels
hoofs (bnw), hoof·se
hoog (bnw), ho·ge
hoog·ach·ten (ww), acht hoog, acht hoog; acht·te hoog, acht·ten hoog; hoog·ge·acht
de **hoog·ach·ting** (v)
hoog·be·gaafd (bnw), hoog·be·gaaf·de
de **hoog·be·gaafd·heid** (v)
de **hoog·bouw** (m)
de **hoog·con·junc·tuur** (v), hoog·con·junc·tu·ren
de **hoog·drin·gend·heid** (v)
het **Hoog·duits**[1] *(taal)*
Hoog·duits[2] (bnw) *(m.b.t. de taal)*, Hoog·duit·se
hoog·edel (bnw), hoog·ede·le
hooggeëerd [hoog·ge·eerd] (bnw), hooggeëerde [hoog·ge·eer·de]
hoog·ge·gre·pen (bnw)
hoog·ge·leerd (bnw), hoog·ge·leer·de
hoog·ge·le·gen (bnw)
hoog·ge·plaatst (bnw), hoog·ge·plaats·te
het **hoog·ge·rechts·hof**, hoog·ge·rechts·ho·ven
hoog·ge·school̈d (bnw), hoog·ge·school·de
hoog·ge·span·nen (bnw)
de **hoog·glans** (m)
de/het **hoog·glans·lak** (m/o), hoog·glans·lak·ken
het **hoog·heem·raad·schap**, hoog·heem·raad·schap·pen
de **hoog·heid** (v), hoog·he·den
hoog·hou·den (ww), houd hoog, hou hoog, houdt hoog; hield hoog, hiel·den hoog; hoog·ge·hou·den
hoog·kwa·li·ta·tief (bnw), hoog·kwa·li·ta·tie·ve
de **hoog·lan·der** (m) *(rund)*, hoog·lan·ders
de **Hoog·lan·der** (m) *(Schot uit de Hooglanden)*, Hoog·lan·ders
de **hoog·le·raar** (m), hoog·le·raars, hoog·le·ra·ren; hoog·le·raar·tje
hoog·lijk (bijw)
de **hoog·mis**, hoog·mis·sen; hoog·mis·je
de **hoog·moed** (m)
hoog·mo·gend (bnw), hoog·mo·gen·de

H

hoog·no·dig (bnw), hoog·no·di·ge
hoog·op·ge·leid (bnw), hoog·op·ge·lei·de
de **hoog·op·ge·lei·de**, hoog·op·ge·lei·den
hoog·op·lo·pend (bnw), hoog·op·lo·pen·de
hoog·po·lig (bnw), hoog·po·li·ge
de **hoog·re·nais·san·ce**
de **hoog·ren·de·ments·ke·tel** (m), hoog·ren·de·ments·ke·tels
hoog·sen·si·tief (bnw), hoog·sen·si·tie·ve
de **hoog·span·nings·lei·ding** (v), hoog·span·nings·lei·din·gen
hoog·sprin·gen (ww)
hoogst (bijw)
hoog·staand (bnw), hoog·staan·de
de **hoog·stand** (m), hoog·stan·den; hoog·stand·je
de **hoog·ste**[1], hoog·sten
hoog·ste[2]: ten hoogste
hoogst·ei·gen (bnw)
hoog·stens (bijw)
hoogst·ge·le·gen (bnw)
hoogst·ge·plaatst (bnw), hoogst·ge·plaats·te
hoogst·nood·za·ke·lijk (bnw), hoogst·nood·za·ke·lij·ke
hoogst·per·soon·lijk (bnw), hoogst·per·soon·lij·ke
hoogst·waar·schijn·lijk (bnw), hoogst·waar·schijn·lij·ke
de **hoog·te**[1] (v), hoog·ten, hoog·tes; hoog·te·tje
hoog·te[2]: ter hoogte van
hoog·tech·no·lo·gisch (bnw), hoog·tech·no·lo·gi·sche
het **hoog·te·punt**, hoog·te·pun·ten; hoog·te·punt·je
het **hoog·te·ver·schil**, hoog·te·ver·schil·len
de **hoog·te·vrees**
de **hoog·te·wer·ker** (m), hoog·te·wer·kers
het **hoog·tij**, hoog·tij·en
de **hoog·tijd** (m), hoog·tij·den
de **hoog·tij·dag** (m), hoog·tij·da·gen
hoog·uit (bijw)
de **hoog·vlie·ger** (m), hoog·vlie·gers
hoog·waar·dig (bnw), hoog·waar·di·ge
het **hoog·wa·ter**
de **hoog·wer·ker** (m), hoog·wer·kers; hoog·wer·ker·tje
de **hoog·zo·mer** (m)
het **hooi**
hooi·en (ww), hooi, hooit; hooi·de, hooi·den; ge·hooid
de **hooi·koorts**
de **hooi·mijt**, hooi·mij·ten
de **hoo·li·gan** (m), hoo·li·gans
het **hoo·li·ga·nis·me**
de **hoon** (m)
de **hoop**[1] (m) *(menigte, stapel)*, ho·pen; hoop·je
de **hoop**[2] *(verwachting)*, hoop·je
hoop·vol (bnw), hoop·vol·le
hoor (tussenw)
het **hoor·ap·pa·raat**, hoor·ap·pa·ra·ten; hoor·ap·pa·raat·je
hoor·baar (bnw), hoor·ba·re
het **hoor·col·le·ge**, hoor·col·le·ges
hoor en we·der·hoor
de **hoorn**[1] (m) *(voorwerp)*, hoor·nen, hoorns; hoorn·tje
het **hoorn**[2] *(stofnaam)*
de **hoor·naar** (m), hoor·naars
hoorn·dol (bnw), hoorn·dol·le
hoor·nen (bnw)
het **hoor·spel**, hoor·spe·len
de **hoor·zit·ting** (v), hoor·zit·tin·gen
de **hoos**, ho·zen; hoos·je

de **hop**[1] (m) *(vogel)*, hop·pen; hop·je
de **hop**[2] *(plant)*, hop·je
hop[3] (tussenw)
ho·pe·lijk (bijw)
ho·pe·loos (bnw), ho·pe·lo·ze
ho·pen (ww), hoop, hoopt; hoop·te, hoop·ten; ge·hoopt
ho·pend (bnw), ho·pen·de
hop·la (tussenw)
de **hop·pe**
hop·pen (ww), hop, hopt; hop·te, hop·ten; ge·hopt
de **hop·per** (m), hop·pers; hop·per·tje
hop·sa·sa (tussenw)
hop·sen (ww), hops, hopst; hops·te, hops·ten; ge·hopst
de **hor**, hor·ren; hor·re·tje
de **ho·ra**, ho·ra's
ho·ra est
de **hor·de**, hor·den, hor·des
de **hor·de·loop** (m), hor·de·lo·pen
hor·de·lo·pen (ww)
de **hor·de·lo·per** (m), hor·de·lo·pers
hor·den (ww), hord, hordt; hord·de, hord·den; ge·hord
de **ho·re·ca** (m)
het **ho·re·ca-aan·bod**
de **ho·re·ca-er·va·ring** (v), ho·re·ca-er·va·rin·gen
de **ho·re·ca-ex·ploi·tant** (m), ho·re·ca-ex·ploi·tan·ten
de **ho·re·ca·ge·le·gen·heid** (v), ho·re·ca·ge·le·gen·he·den
de **ho·re·ca-in·rich·ting** (v), ho·re·ca-in·rich·tin·gen
de **ho·re·ca·on·der·ne·mer** (m), ho·re·ca·on·der·ne·mers
de **ho·re·ca·on·der·ne·ming** (v), ho·re·ca·on·der·ne·min·gen
het **ho·re·ca·per·so·neel**
de **ho·re·ca·sec·tor** (m), ho·re·ca·sec·to·ren, ho·re·ca·sec·tors
de **ho·re·ca-uit·ba·ter** (m), ho·re·ca-uit·ba·ters
de **ho·re·ca·zaak**, ho·re·ca·za·ken
de **ho·ren**[1] (m) *(voorwerp)*, ho·rens
het **ho·ren**[2] *(stofnaam)*
ho·ren[3] (ww), hoor, hoort; hoor·de, hoor·den; ge·hoordho·ren·tje
ho·rend (bnw), ho·ren·de
ho·ren·dol (bnw), ho·ren·dol·le
de **ho·ri·zon** (m), ho·ri·zon·nen, ho·ri·zons
de **ho·ri·zont** (m), ho·ri·zon·ten
ho·ri·zon·taal (bnw), ho·ri·zon·ta·le
de **hork** (m), hor·ken
het **hor·lo·ge**, hor·lo·ges; hor·lo·ge·tje
de **hor·lo·ge·ma·ker** (m), hor·lo·ge·ma·kers
de **hor·lo·ge·win·kel** (m), hor·lo·ge·win·kels
het **hor·mon**, hor·mons
het **hor·moon**, hor·mo·nen; hor·moon·tje
de **ho·ro·scoop** (m), ho·ro·sco·pen; ho·ro·scoop·je
de **hor·ror** (m)
de **hor·ror·film** (m), hor·ror·films; hor·ror·film·pje
de **hors-d'oeu·vre** (m), hors-d'oeu·vres
de **horst** (m), hor·sten
de **hort**[1] (m), hor·ten; hort·je
hort[2] (tussenw)
hor·ten (ww), hort, hort; hort·te, hort·ten; ge·hort
de **hor·ten·sia**, hor·ten·si·a's
de **hor·tus** (m), hor·tus·sen
de **hor·zel**, hor·zels; hor·zel·tje
het **ho·san·na**[1], ho·san·na's
ho·san·na[2] (tussenw)

de **hos·pes** (m), hos·pes·sen, hos·pi·tes
de **hos·pi·ce** (m), hos·pi·ces
de **hos·pik** (m), hos·pik·ken
de **hos·pi·ta** (v), hos·pi·ta's
het **hos·pi·taal**, hos·pi·ta·len; hos·pi·taal·tje
de **hos·pi·ta·li·sa·tie** (v), hos·pi·ta·li·sa·ties
de **hos·pi·ta·li·sa·tie·ver·ze·ke·ring** (v), hos·pi·ta·li·sa·tie·ver·ze·ke·rin·gen
hos·sel, hos·sels; hos·sel·tje
de **hos·se·laar** (m), hos·se·laars
de **hos·sel·cul·tuur** (v)
hos·se·len (ww), hos·sel, hos·selt; hos·sel·de, hos·sel·den; ge·hos·seld
hos·sen (ww), hos, host; hos·te, hos·ten; ge·host
de **host** (m), hosts
de **hos·ta** (m), hos·ta's
het **hos·tel**, hos·tels
hos·ten (ww), host, host; host·te, host·ten; ge·host
de **hos·tess** (v), hos·tes·sen, hos·tes·ses; hos·tess·je
de **hos·tie** (v), hos·ties
de **hos·ting** (v), hos·tings
de **hot**[1], hot·ten
hot[2] (bnw), hot·te
de **hot·dog** (m), hot·dogs
het **ho·tel**, ho·tels; ho·tel·le·tje
het **ho·tel-ca·fé-res·tau·rant**, ho·tel-ca·fé-res·tau·rants, ho·tels-ca·fés-res·tau·rants
ho·tel·de·bo·tel (bnw), ho·tel·de·bo·te·le
de **ho·tel·hou·der** (m), ho·tel·hou·ders
de **ho·te·lier** (m), ho·te·liers
de **ho·tel·ka·mer**, ho·tel·ka·mers; ho·tel·ka·mer·tje
de **ho·tel·ke·ten**, ho·tel·ke·tens
de **ho·tel·le·rie** (v)
het **ho·tel-res·tau·rant**, ho·tel-res·tau·rants, ho·tels-res·tau·rants
de **ho·te·me·toot** (m), ho·te·me·to·ten
het **hot item**, hot items
de **hot·line** (m), hot·lines
de **hot·pants** (mv)
de **hot·saus**, hot·sau·sen, hot·sau·zen
hot·sen (ww), hots, hotst; hots·te, hots·ten; ge·hotst
de **hot·spot** (m), hot·spots
de **hot·stone·mas·sa·ge** (v), hot·stone·mas·sa·ges
hot·ten (ww), hot, hot; hot·te, hot·ten; ge·hot
de **hot·ten·tot** (m) *(onbeschaafd persoon),* hot·ten·tot·ten; hot·ten·tot·je
de **Hot·ten·tot** (m) *(lid van de Khoikhoi),* Hot·ten·tot·ten; Hot·ten·tot·je
de **hot·ten·tot·ten·ten·ten·ten·toon·stel·ling** (v), hot·ten·tot·ten·ten·ten·ten·toon·stel·lin·gen
de **hot·tie**, hot·ties
de **hot·tub** (m), hot·tubs
houd·baar (bnw), houd·ba·re
de **houd·baar·heid** (v)
de **houd·baar·heids·da·tum** (m), houd·baar·heids·da·ta, houd·baar·heids·da·tums
hou·den (ww), hou, houd, houdt; hield, hiel·den; ge·hou·den
hou·dend (bnw), hou·den·de
de **hou·der** (m), hou·ders; hou·der·tje
de **houd·greep** (m), houd·gre·pen
de **hou·ding** (v), hou·din·gen; hou·din·kje

hou·doe (tussenw)
de **house** (m)
de **house·beat** (m)
de **house·mu·ziek** (v), house·mu·ziek·je
hou·sen (ww), house, houset; house·de, house·te, house·den, house·ten; ge·housed, ge·houset
de **house·war·ming**, house·war·mings
de **house·war·ming·par·ty** (v), house·war·ming·par·ty's
het **hout**, hou·ten; hout·je
het **hout·blok**, hout·blok·ken; hout·blok·je
de **hout·boor·der** (m), hout·boor·ders
de **hout·bouw** (m)
de **hout·con·ces·sie** (v), hout·con·ces·sies
hou·ten (bnw)
hou·te·rig (bnw), hou·te·ri·ge
de **hout·ex·ploi·tant** (m), hout·ex·ploi·tan·ten
de **hout·ex·port** (m), hout·ex·por·ten
het **hout·gas**
hout·hak·ken (ww), hak hout, hakt hout; hak·te hout, hak·ten hout; hout·ge·hakt
hou·tig (bnw), hou·ti·ge
de **hou·ting** (m), hou·tin·gen
het **hout·je-touw·tje**[1], hout·je-touw·tjes
hout·je-touw·tje[2] (bijw)
de **hout·kap·ac·ti·vi·teit** (v), hout·kap·ac·ti·vi·tei·ten
de **hout·kap·con·ces·sie** (v), hout·kap·con·ces·sies
de **hout·kap·ver·gun·ning** (v), hout·kap·ver·gun·nin·gen
de **hout·luis**, hout·lui·zen
de **hout·maat·schap·pij** (v), hout·maat·schap·pij·en
de **hout·op·stand** (m), hout·op·stan·den
het **hout·rot**
de **houts·kool**, houts·ko·len; houts·kool·tje
de **hout·sne·de**, hout·sne·den
hout·snij·den (ww), snijdt hout; sneed hout, sne·den hout; hout·ge·sne·den
de **hout·soort**, hout·soor·ten
de/het **hout·teer** (m/o)
het **hout·trans·port**, hout·trans·por·ten
de **hout·truck** (m), hout·trucks
de **hout·ver·or·de·ning** (v), hout·ver·or·de·nin·gen
het **hou·vast**, hou·vas·ten; hou·vast·je
de **houw** (m) *(slag)*, hou·wen; houw·tje
het **hou·weel**, hou·we·len; hou·weel·tje
hou·wen (ww), houw, houwt; hieuw, hieu·wen; ge·hou·wen
de **hou·wer** (m), hou·wers; hou·wer·tje
de **hou·wit·ser** (m), hou·wit·sers; hou·wit·ser·tje
het **houw·touw**, houw·tou·wen
ho·vaar·dig (bnw), ho·vaar·di·ge
de **ho·ve·nier** (m), ho·ve·niers; ho·ve·nier·tje
de **ho·ver·craft**, ho·ver·crafts
ho·ve·ren (ww), ho·ver, ho·vert; ho·ver·de, ho·ver·den; ge·ho·verd
ho·zen (ww), hoos, hoost; hoos·de, hoos·den; ge·hoosd
hr (mv) *(human resources)*
hr. *(heer)*
de **hr-ad·vi·seur** (m), hr-ad·vi·seurs
de **hr-af·de·ling** (v), hr-af·de·lin·gen
het **hr-be·leid**
de **hr-ke·tel** (m) *(hoogrendementsketel)*,

H

hr-ke·tels; hr-ke·tel·tje
hrm *(humanresourcesmanagement)*
de **hr-ma·na·ger** (m), hr-ma·na·gers
hsl *(hogesnelheidslijn)*
hst *(hogesnelheidstrein),* hst's
het **hst-tra·cé**, hst-tra·cés
HTML *(hypertext markup language)*
hts *(hogere technische school),* hts'en [hts·en]
http *(hypertext transfer protocol),* http's
hu (tussenw)
de **hub** (m), hubs; hub·je
de **hu·do** (m), hu·do's
de **huf·ter** (m), huf·ters; huf·ter·tje
huf·ter·proof (bnw)
de **hug** (m), hugs
de **hu·ge·noot** (m), hu·ge·no·ten
huh (tussenw)
de **hui**
de **hui·che·laar** (m), hui·che·laars; hui·che·laar·tje
hui·chel·ach·tig (bnw), hui·chel·ach·ti·ge
hui·che·len (ww), hui·chel, hui·chelt; hui·chel·de, hui·chel·den; ge·hui·cheld
de **huid**, hui·den; huid·je
hui·dig (bnw), hui·di·ge
de **huid·ir·ri·ta·tie** (v), huid·ir·ri·ta·ties
de **huid·kleur**, huid·kleu·ren
huid·kleu·rig (bnw), huid·kleu·ri·ge
het **huid·mond·je**, huid·mond·jes
de **huids·kleur**, huids·kleu·ren; huids·kleur·tje
huids·kleu·rig (bnw), huids·kleu·ri·ge
de/het **huid·smeer** (m/o)
de **huid·tint**, huid·tin·ten; huid·tint·je
het **huid·ty·pe**, huid·ty·pen, huid·ty·pes
de **huid·ver·zor·ging** (v), huid·ver·zor·gin·gen
de **huid·ziek·te** (v), huid·ziek·ten, huid·ziek·tes
de **huif**, hui·ven; huif·je
de **huig**, hui·gen; huig·je
de **huik**, hui·ken; huik·je
de **huil·ba·by** (m), huil·ba·by's
de **hui·le·balk** (m), hui·le·bal·ken; hui·le·balk·je
hui·len (ww), huil, huilt; huil·de, huil·den; ge·huild
hui·lend (bnw), hui·len·de
de **huil·toon** (m), huil·to·nen; huil·toon·tje
het **huis**, hui·zen; huis·je
het **huis-aan-huis·be·zoek**, huis-aan-huis·be·zoe·ken
het **huis-aan-huis·blad**, huis-aan-huis·bla·den; huis-aan-huis·blaad·je
de **huis-aan-huis·ver·koop** (m), huis-aan-huis·ver·ko·pen
het **huis·adres**, huis·adres·sen; huis·adres·je
het **huis·ar·rest**, huis·ar·res·ten
de **huis·arts** (m), huis·art·sen; huis·arts·je
de **huis·art·sen·post**, huis·art·sen·pos·ten
de **huis·art·sen·prak·tijk**, huis·art·sen·prak·tij·ken
de **huis·arts·prak·tijk**, huis·arts·prak·tij·ken
de **huis·baas** (m), huis·ba·zen
de **huis·bar**, huis·bars; huis·bar·re·tje
huis·be·reid (bnw), huis·be·rei·de
het **huis·be·zoek**, huis·be·zoe·ken; huis·be·zoek·je
de **huis·brand** (m), huis·bran·den; huis·brand·je

de **huis·brand·olie**, huisbrandoliën [huis·brand·oli·en], huis·brand·olies
de **huis·deur**, huis·deu·ren
het **huis·dier**, huis·die·ren; huis·dier·tje
de **huis·duif**, huis·dui·ven
de **huis·ei·ge·naar** (m), huis·ei·ge·naars, huis·ei·ge·na·ren
hui·se·lijk (bnw), hui·se·lij·ke
het **huis·feest**, huis·fees·ten; huis·feest·je
huis·ge·maakt (bnw), huis·ge·maak·te
de **huis·ge·noot** (m), huis·ge·no·ten; huis·ge·noot·je
de **huis·houd·beurs**, huis·houd·beur·zen
huis·hou·de·lijk (bnw), huis·hou·de·lij·ke
het **huis·hou·den**[1], huis·hou·dens; huis·hou·den·tje
huis·hou·den[2] (ww), houd huis, houdt huis; hield huis, hiel·den huis; huis·ge·hou·den
de **huis·houd·hulp**, huis·houd·hul·pen; huis·houd·hulp·je
de **huis·hou·ding** (v), huis·hou·din·gen; huis·hou·din·kje
het **huis·houd·in·ko·men**, huis·houd·in·ko·mens
het **huis·houd·on·der·zoek**, huis·houd·on·der·zoe·ken
het **huis·houd·pak·ket**, huis·houd·pak·ket·ten
de **huis·houd·weeg·schaal**, huis·houd·weeg·scha·len
het **huis·houd·werk**
de **huis·huur**, huis·hu·ren
huis·je-boom·pje-beest·je (bnw)
de **huis·jurk**, huis·jur·ken
de **huis·ka·mer**, huis·ka·mers; huis·ka·mer·tje
de **huis·ka·mer·deur**, huis·ka·mer·deu·ren
de **huis·kat**, huis·kat·ten; huis·kat·je
de **huis·kip** (v), huis·kip·pen
de **huis·kle·ren** (mv)
de **huis·le·raar** (m), huis·le·raars, huis·le·ra·ren
huis·lijk (bnw), huis·lij·ke
de **huis·man** (m), huis·man·nen; huis·man·ne·tje
de **huis·mees·ter** (m), huis·mees·ters
de **huis·mijt**, huis·mij·ten
de **huis·muis**, huis·mui·zen
de **huis·mus**, huis·mus·sen; huis·mus·je
het **huis·num·mer**, huis·num·mers
de **huis·pre·laat** (m), huis·pre·la·ten
het **huis·raad**
de **huis·schil·der** (m), huis·schil·ders
de **huis·sleu·tel** (m), huis·sleu·tels
de **huis·stijl** (m), huis·stij·len
het **huis·stof**
de **huis·stof·mijt**, huis·stof·mij·ten
de **huis·taak**, huis·ta·ken
het **huis-tuin-en-keu·ken·ge·bruik**
de **huis·uit·zet·ting** (v), huis·uit·zet·tin·gen
huis·ves·ten (ww), huis·vest, huis·vest; huis·vest·te, huis·vest·ten; ge·huis·vest
de **huis·ves·ting** (v), huis·ves·tin·gen
het **huis·ves·tings·bu·reau**, huis·ves·tings·bu·reaus
het **huis·ves·tings·vraag·stuk**, huis·ves·tings·vraag·stuk·ken
de **huis·vriend** (m), huis·vrien·den; huis·vriend·je
de **huis·vrouw** (v), huis·vrou·wen; huis·vrouw·tje
het **huis·vuil**

huis·waarts (bnw), huis·waart·se
het **huis·werk**, huis·werk·je
de **huis·werk·ma·chi·ne** (v), huis·werk·ma·chi·nes
de **huis·wijn** (m), huis·wij·nen; huis·wijn·tje
de **huis·zoe·king** (v), huis·zoe·kin·gen; huis·zoe·kin·kje
hui·ven (ww), huif, huift; huif·de, huif·den; ge·huifd
hui·ve·ren (ww), hui·ver, hui·vert; hui·ver·de, hui·ver·den; ge·hui·verd
hui·ze[1]: te mijnen huize
hui·ze[2]: ten huize van
hui·ze[3]: van goeden huize
hui·zen (ww), huis, huist; huis·de, huis·den; ge·huisd
het **hui·zen·bouw·pro·ject**, hui·zen·bouw·pro·jec·ten
hui·zen·hoog (bnw), hui·zen·ho·ge
de **hui·zen·markt**, hui·zen·mark·ten
huk·ken (ww), huk, hukt; huk·te, huk·ten; ge·hukt
de **hul**, hul·len; hul·le·tje
de **hul·de** (v)
de/het **hul·de·blijk** (m/o), hul·de·blij·ken
hul·di·gen (ww), hul·dig, hul·digt; hul·dig·de, hul·dig·den; ge·hul·digd
de **hul·di·ging** (v), hul·di·gin·gen
de **hulk**, hul·ken; hulk·je
hul·len (ww), hul, hult; hul·de, hul·den; ge·huld
de **hulp**, hul·pen; hulp·je
de **hulp·be·hoe·ven·de**, hulp·be·hoe·ven·den
het **hulp·be·stuurs·kan·toor**, hulp·be·stuurs·kan·to·ren
de **hulp·bis·schop** (m), hulp·bis·schop·pen
de **hulp·dam** (m), hulp·dam·men
de **hulp·dienst** (m), hulp·dien·sten; hulp·dienst·je
hul·pe·loos (bnw), hul·pe·lo·ze
de **hulp·goe·de·ren** (mv)
de **hulp·kok** (m), hulp·koks
het **hulp·mid·del**, hulp·mid·de·len; hulp·mid·del·tje
de **hulp·of·fi·cier** (m), hulp·of·fi·cie·ren, hulp·of·fi·ciers
de **hulp·or·ga·ni·sa·tie** (v), hulp·or·ga·ni·sa·ties
de **hulp·sin·ter·klaas** (m), hulp·sin·ter·kla·zen
de **hulp·stel·ling** (v), hulp·stel·lin·gen
de **hulp·ver·le·ner** (m), hulp·ver·le·ners; hulp·ver·le·ner·tje
de **hulp·ver·le·ning** (v), hulp·ver·le·nin·gen
het **hulp·werk·woord**, hulp·werk·woor·den
de **huls**, hul·zen; huls·je
de **hulst** (m), hul·sten
het **hum**[1], hum·me·tje
hum[2] (tussenw)
hu·maan (bnw), hu·ma·ne
de **hu·man in·te·rest** (m)
het **hu·man·in·te·rest·ver·haal**, hu·man·in·te·rest·ver·ha·len
de **hu·ma·ni·o·ra** (mv)
het **hu·ma·nis·me**
hu·ma·ni·tair (bnw), hu·ma·ni·tai·re
de **hu·man re·sour·ces** (mv)
de **hu·man·re·sour·ces·af·de·ling** (v), hu·man·re·sour·ces·af·de·lin·gen
het **hu·man·re·sour·ces·ma·nage·ment**
de **hu·man·re·sour·ces·ma·na·ger**

(m), hu·man·re·sour·ces·ma·na·gers
het **hu·meur**, hu·meu·ren; hu·meur·tje
hum·men (ww), hum, humt; hum·de, hum·den; ge·humd
de **hum·mus** *(gepureerde kikkererwten)*
de **hu·mor** (m)
hu·mo·ris·tisch (bnw), hu·mo·ris·ti·sche
de **hu·mus** (m) *(teelaarde)*
hun (bez vnw)
de **Hun** (m) *(nomade),* Hun·nen
het **hu·ne·bed**, hu·ne·bed·den; hu·ne·bed·je
de **hunk** (m), hunks
hun·ke·ren (ww), hun·ker, hun·kert; hun·ker·de, hun·ker·den; ge·hun·kerd
de **hun·ke·ring** (v), hun·ke·rin·gen
hun·nent·we·ge (bijw)
hun·nent·wil: om hunnentwil
hun·zelf (pers vnw)
de **hup**[1] (m), hup·pen; hup·je
hup[2] (tussenw)
hup·pe·len (ww), hup·pel, hup·pelt; hup·pel·de, hup·pel·den; ge·hup·peld
de **hup·pel·trut** (v), hup·pel·trut·ten; hup·pel·trut·je
hup·pen (ww), hup, hupt; hup·te, hup·ten; ge·hupt
hups (bnw), hup·se
hup·sa·kee (tussenw)
hup·sen (ww), hups, hupst; hups·te, hups·ten; ge·hupst
hu·ren (ww), huur, huurt; huur·de, huur·den; ge·huurd
hur·ken (ww), hurk, hurkt; hurk·te, hurk·ten; ge·hurkt
het **hur·ling**
de **hus** (m), hus·sen
de **hus·ky** (m), hus·ky's
hus·se·len (ww), hus·sel, hus·selt; hus·sel·de, hus·sel·den; ge·hus·seld
de **hut**, hut·ten; hut·je
hut·je·mut·je (bijw)
hut·se·len (ww), hut·sel, hut·selt; hut·sel·de, hut·sel·den; ge·hut·seld
de **hut·se·pot** (m)
de **huts·pot** (m), huts·pot·je
de **hüt·ten·kä·se** (m)
de **huur**, hu·ren
de **huur·au·to** (m), huur·au·to's; huurautootje [huur·au·to·tje]
het **huur·con·tract**, huur·con·trac·ten
de **huur·der** (m), huur·ders
de **huur·ders·ver·eni·ging** (v), huur·ders·ver·eni·gin·gen
het **huur·geld**, huur·gel·den
de **huur·koop·fi·nan·cie·ring** (v), huur·koop·fi·nan·cie·rin·gen
het **huur·le·ger**, huur·le·gers; huur·le·ger·tje
de **huur·ling** (m), huur·lin·gen
de **huur·over·een·komst** (v), huur·over·een·kom·sten
de **huur·prijs** (m), huur·prij·zen
het **huur·recht**, huur·rech·ten
de **huur·ster** (v), huur·sters
de **huur·toe·slag** (m), huur·toe·sla·gen
de **huur·ver·ho·ging** (v), huur·ver·ho·gin·gen
de **huur·waar·borg** (m), huur·waar·bor·gen
de **huur·waar·de·be·las·ting** (v), huur·waar·de·be·las·tin·gen
de **huur·wo·ning** (v), huur·wo·nin·gen; huur·wo·nin·kje
het **hu·we·lijk**[1], hu·we·lij·ken; hu·we·lijk·je

H

hu·we·lijk[2] (bnw), hu·we·lij·ke
hu·we·lijks (bnw), hu·we·lijk·se
het **hu·we·lijks·aan·zoek**, hu·we·lijks·aan·zoe·ken
de **hu·we·lijks·ak·te**, hu·we·lijks·ak·ten, hu·we·lijks·ak·tes
de **hu·we·lijks·amb·te·naar** (m), hu·we·lijks·amb·te·naars, hu·we·lijks·amb·te·na·ren
het **hu·we·lijks·be·drog**
het **hu·we·lijks·boot·je**, hu·we·lijks·boot·jes
de **hu·we·lijks·ce·re·mo·nie** (v), huwelijksceremonieën [hu·we·lijks·ce·re·mo·nie·en], huwelijksceremoniën [hu·we·lijks·ce·re·mo·ni·en], hu·we·lijks·ce·re·mo·nies
het **hu·we·lijks·con·tract**, hu·we·lijks·con·trac·ten
het **hu·we·lijks·feest**, hu·we·lijks·fees·ten; hu·we·lijks·feest·je
het **hu·we·lijks·ge·bruik**, hu·we·lijks·ge·brui·ken
het **hu·we·lijks·ge·schenk**, hu·we·lijks·ge·schen·ken
het **hu·we·lijks·ju·bi·le·um**, hu·we·lijks·ju·bi·lea, hu·we·lijks·ju·bi·le·ums
de **hu·we·lijks·reis**, hu·we·lijks·rei·zen; hu·we·lijks·reis·je
de **hu·we·lijks·ver·jaar·dag** (m), hu·we·lijks·ver·jaar·da·gen
de **hu·we·lijks·vol·trek·king** (v), hu·we·lijks·vol·trek·kin·gen
de **hu·we·lijks·voor·waar·de** (v), hu·we·lijks·voor·waar·den
hu·wen (ww), huw, huwt; huw·de, huw·den; ge·huwd
de **hu·zaar** (m), hu·za·ren
het **hu·za·ren·stuk**, hu·za·ren·stuk·ken; hu·za·ren·stuk·je
hvd *(holographic versatile disc)*, hvd's
de **hy·a·cint**[1] (m) *(edelsteen)*, hy·a·cin·ten; hy·a·cint·je
de **hy·a·cint**[2] *(bloem)*, hy·a·cin·ten; hy·a·cint·je
het **hy·a·cint**[3] *(stofnaam)*
de **hy·bri·de**[1] *(bastaard)*, hy·bri·den
de **hy·bri·de**[2] *(voertuig)*, hy·bri·den, hy·bri·des
hy·bri·de[3] (bnw)
de **hy·bri·di·sa·tie** (v), hy·bri·di·sa·ties
de **hy·bris**
de **hy·dra**, hy·dra's
de **hy·drant** (m), hy·dran·ten
de **hy·dra·ta·tie** (v), hy·dra·ta·ties
hy·dra·te·ren (ww), hy·dra·teer, hy·dra·teert; hy·dra·teer·de, hy·dra·teer·den; ge·hy·dra·teerd
de **hy·drau·li·ca** (v)
de **hy·drau·liek** (v)
hy·drau·lisch (bnw), hy·drau·li·sche
de **hy·dro·cul·tuur** (v), hy·dro·cul·tu·ren
de **hy·dro-ener·gie** (v)
hy·dro·fiel (bnw), hy·dro·fie·le
de **hy·dro·foor**, hy·dro·foors, hy·dro·fo·ren
de **hy·dro·ly·se** (v)
de **hy·e·na**, hy·e·na's; hyenaatje [hy·e·na·tje]
het **hy·e·na·vel**, hy·e·na·vel·len
de **hygiëne** [hy·gi·e·ne]
hygiënisch [hy·gi·e·nisch] (bnw), hygiënische [hy·gi·e·ni·sche]
de **hygiënist** [hy·gi·e·nist] (m), hygiënisten [hy·gi·e·nis·ten]
hy·gro·sco·pisch (bnw),

hy·gro·sco·pi·sche
het **hy·men**, hy·mens
de **hym·ne**, hym·nen, hym·nes
de **hype** (m), hypes
hy·pen (ww), hype, hypet; hype·te, hype·ten; ge·hypet
hy·per (bnw)
hy·per·ac·tief (bnw), hy·per·ac·tie·ve
de **hy·per·bool**, hy·per·bo·len
hy·per·ki·ne·tisch (bnw), hy·per·ki·ne·ti·sche
hy·per·kri·tisch (bnw), hy·per·kri·ti·sche
de **hy·per·link** (m), hy·per·links
de **hy·per·ten·sie** (v)
de **hy·per·ven·ti·la·tie** (v)
de **hyp·no·se** (v), hyp·no·ses
hyp·no·ti·se·ren (ww), hyp·no·ti·seer, hyp·no·ti·seert; hyp·no·ti·seer·de, hyp·no·ti·seer·den; ge·hyp·no·ti·seerd
de **hyp·no·ti·seur** (m), hyp·no·ti·seurs
het **hy·po**
hy·po·al·ler·geen (bnw), hy·po·al·ler·ge·ne
de **hy·po·chon·der**[1] (m), hy·po·chon·ders
hy·po·chon·der[2] (bnw), hy·po·chon·de·re
de **hy·po·chon·drie** (v)
de **hy·po·criet**[1] (m), hy·po·crie·ten
hy·po·criet[2] (bnw), hy·po·crie·te
de **hy·po·cri·sie** (v)
de **hy·po·fy·se** (v), hy·po·fy·sen, hy·po·fy·ses
het **hy·po·niem**, hy·po·nie·men
de **hy·po·tha·la·mus** (m)
hy·po·the·cair (bnw), hy·po·the·cai·re
de **hy·po·theek** (v), hy·po·the·ken; hy·po·theek·je
de **hy·po·theek·ak·te**, hy·po·theek·ak·ten, hy·po·theek·ak·tes
de **hy·po·theek·le·ning** (v), hy·po·theek·le·nin·gen
de **hy·po·theek·markt**, hy·po·theek·mark·ten
de **hy·po·theek·ren·te·af·trek** (m)
hy·po·the·ke·ren (ww), hy·po·the·keer, hy·po·the·keert; hy·po·the·keer·de, hy·po·the·keer·den; ge·hy·po·the·keerd
de **hy·po·ther·mie** (v)
de **hy·po·the·se** (v), hy·po·the·sen, hy·po·the·ses
hy·po·the·tisch (bnw), hy·po·the·ti·sche
de **hy·sop** (m)
de **hys·te·rie** (v)
hys·te·risch (bnw), hys·te·ri·sche
Hz *(hertz)*

I

de **i**, i's; i'tje

ia (tussenw)

iaën [ia·en] (ww), ia, iaat; ia·de, ia·den; geïaad [ge·iaad]

ib *(inkomstenbelasting)*

IBAN *(international bank account number)*

i-ban·kie·ren (ww), i-ban·kier, i-ban·kiert; i-ban·kier·de, i-ban·kier·den; ge-i-ban·kierd

de **ib'er** [ib·er] (m) *(intern begeleider),* ib'ers [ib·ers]

de **Iberiër** [Ibe·ri·er] (m), Iberiërs [Ibe·ri·ers]

ibi·dem (bijw)

de **ibis** (m), ibis·sen

de **ibu·pro·fen** (m), ibu·pro·fens

i.b.v. *(in bezit van)*

ic *(intensive care),* ic's

de **ice** (m)

de **ice·cream** (m), ice·creams

de **ice·tea** (m), ice·teas

het **icing**, icings

i.c.m. *(in combinatie met)*

de **icon**, icons

ico·nisch (bnw), ico·ni·sche

het **ico·no·clas·me**

de **ico·no·clast** (m), ico·no·clas·ten

de **ico·no·gra·fie** (v), iconografieën [ico·no·gra·fie·en]

de **ico·no·sta·se** (v), ico·no·sta·sen, ico·no·sta·ses

de **icoon**, ico·nen; icoon·tje

ICT *(informatie- en communicatie-technologie)*

de **ICT-af·de·ling** (v), ICT-af·de·lin·gen

het **ICT-be·drijf**, ICT-be·drij·ven; ICT-be·drijf·je

het **ICT-be·leid**

de **ICT-bran·che**, ICT-bran·ches

de **ICT-coördinator** [ICT-co·or·di·na·tor] (m), ICT-coördinatoren [ICT-co·or·di·na·to·ren], ICT-coördinators [ICT-co·or·di·na·tors]

de **ICT'er** [ICT·er] (m), ICT'ers [ICT·ers]

de **ICT-sec·tor** (m), ICT-sec·to·ren, ICT-sec·tors

de **ic-ver·pleeg·kun·di·ge**, ic-ver·pleeg·kun·di·gen

de **id-baan** *(instroom-doorstroombaan),* id-ba·nen

het **ID-be·wijs** *(identiteitsbewijs),* ID-be·wij·zen

het **ide·aal**[1], ide·a·len; ide·aal·tje

ide·aal[2] (bnw), ide·a·le

het **ide·aal·beeld**, ide·aal·beel·den

ide·a·li·se·ren (ww), ide·a·li·seer, ide·a·li·seert; ide·a·li·seer·de, ide·a·li·seer·den; geïdealiseerd [ge·ide·a·li·seerd]

de **ide·a·li·se·ring** (v), ide·a·li·se·rin·gen

het **ide·a·lis·me**

de **ide·a·list** (m), ide·a·lis·ten; ide·a·list·je

ide·a·lis·tisch (bnw), ide·a·lis·ti·sche

ide·a·li·ter (bijw)

de/het **idee** (v/o), ideeën [idee·en]; idee·tje

ideëel [ide·eel] (bnw), ideële [ide·e·le]

ideeëloos [idee·e·loos] (bnw), ideeëloze [idee·e·lo·ze]

de **ideeënbus** [idee·en·bus], ideeënbussen [idee·en·bus·sen]

de **ideeëngeschiedenis** [idee·en·ge·schie·de·nis] (v),

ideeëngeschiedenissen [idee·en·ge·schie·de·nis·sen]
het **ideeëngoed** [idee·en·goed]
de **ideeënroman** [idee·en·ro·man] (m), ideeënromans [idee·en·ro·mans]
de/het **idee-fixe** (v/o), idee-fixen
idem (bijw)
idem di·to (bijw)
iden·tiek (bnw), iden·tie·ke
de **iden·ti·fi·ca·tie** (v), iden·ti·fi·ca·ties
het **iden·ti·fi·ca·tie·be·wijs**, iden·ti·fi·ca·tie·be·wij·zen
het **iden·ti·fi·ca·tie·num·mer**, iden·ti·fi·ca·tie·num·mers
iden·ti·fi·ceer·baar (bnw), iden·ti·fi·ceer·ba·re
iden·ti·fi·ce·ren (ww), iden·ti·fi·ceer, iden·ti·fi·ceert; iden·ti·fi·ceer·de, iden·ti·fi·ceer·den; geïdentificeerd [ge·iden·ti·fi·ceerd]
de **iden·ti·teit** (v), iden·ti·tei·ten; iden·ti·teit·je
het **iden·ti·teits·be·wijs**, iden·ti·teits·be·wij·zen
de **iden·ti·teits·kaart**, iden·ti·teits·kaar·ten; iden·ti·teits·kaart·je
de **ideo·lo·gie** (v), ideologieën [ideo·lo·gie·en]; ideo·lo·gie·tje
ideo·lo·gisch (bnw), ideo·lo·gi·sche
de **id'er** [id·er] (m), id'ers [id·ers]
idio·ma·tisch (bnw), idio·ma·ti·sche
het **idi·oom**, idi·o·men; idi·oom·pje
de **idi·oot**[1] (m), idi·o·ten; idi·oot·je
idi·oot[2] (bnw), idi·o·te
de **idio·syn·cra·sie** (v), idiosyncrasieën [idio·syn·cra·sie·en]
idio·syn·cra·tisch (bnw), idio·syn·cra·ti·sche
het **idi·o·ti·con**, idi·o·ti·ca, idi·o·ti·cons
de **idi·o·tie** (v), idiotieën [idi·o·tie·en]
de **ID-kaart** *(identiteitskaart),* ID-kaar·ten
het **ID-num·mer**, ID-num·mers
ido·laat (bnw), ido·la·te
de **ido·la·trie** (v)
het **idool**, ido·len; idool·tje
de **idyl·le**, idyl·len, idyl·les
idyl·lisch (bnw), idyl·li·sche
ie (pers vnw)
i.e. *(id est)*
ie·bel (bnw), ie·be·le
ie·der (onbep vnw)
ie·de·re (onbep vnw)
ie·der·een (onbep vnw)
ie·ders (onbep vnw)
iel (bnw), ie·le
ie·mand (onbep vnw)
de **iem·ker** (m), iem·kers
de **iep** (m), ie·pen; iep·je
ie·pen (bnw)
de **ie·pen·laan**, ie·pen·la·nen
de **ie·pen·spint·ke·ver** (m), ie·pen·spint·ke·vers
de **Ier** (m), Ie·ren
het **Iers**[1] *(taal)*
Iers[2] (bnw), Ier·se
Ier·se set·ter
iet (onbep vnw)
iets (onbep vnw)
het **iet·se·piet·sie**
het **iet·sie·piet·sie**
iets·je (bijw)
iets·jes (bijw)
iets om·han·den heb·ben
iet·wat (bijw)
de **ie·ze·grim** (m), ie·ze·grim·men, ie·ze·grims
de **if·tar** (m), if·tars

de **iglo** (m), iglo's; iglootje [iglo·tje]
ig·no·rant (bnw), ig·no·ran·te
ig·no·re·ren (ww), ig·no·reer, ig·no·reert; ig·no·reer·de, ig·no·reer·den; geïgnoreerd [ge·ig·no·reerd]
de **i-grec**, i-grecs
i.g.v. *(in geval van)*
i.h.a. *(in het algemeen)*
i.h.b. *(in het bijzonder)*
i.h.k.v. *(in het kader van)*
i.i.g. *(in ieder geval)*
de **ij**, ij's; ij'tje [ij·tje]
ij·del (bnw), ij·de·le
de **ij·del·heid** (v), ij·del·he·den; ij·del·heid·je
de **ij·del·tuit**, ij·del·tui·ten; ij·del·tuit·je
de **ij·del·tui·te·rij** (v), ij·del·tui·te·rij·en
ij·ken (ww), ijk, ijkt; ijk·te, ijk·ten; ge·ijkt
de **ij·ker** (m), ij·kers
de **ij·king** (v), ij·kin·gen
de **ijk·maat**, ijk·ma·ten
het **ijk·mo·ment**, ijk·mo·men·ten
de **ijk·per·soon** (m), ijk·per·so·nen
het **ijk·punt**, ijk·pun·ten
ijl (bnw), ij·le
de **ijl·bo·de** (m), ijl·bo·den, ijl·bo·des
ij·len (ww), ijl, ijlt; ijl·de, ijl·den; ge·ijld
de **ijl·heid** (v)
ij·lings (bijw)
het **ijl·tem·po**
het **ijs**, ijs·je
ijs·ach·tig (bnw), ijs·ach·ti·ge
de **ijs·baan**, ijs·ba·nen; ijs·baan·tje
de **ijs·beer** (m), ijs·be·ren; ijs·beer·tje
ijs·be·ren (ww), ijs·beer, ijs·beert; ijs·beer·de, ijs·beer·den; ge·ijs·beerd
de **ijs·berg** (m), ijs·ber·gen; ijs·berg·je
de **ijs·berg·sla**
het **ijs·blok**, ijs·blok·ken; ijs·blok·je
de **ijs·box** (m), ijs·boxen
de **ijs·bre·ker** (m), ijs·bre·kers; ijs·bre·ker·tje
de **ijs·co** (m), ijs·co's
de **ijs·co·kar**, ijs·co·kar·ren; ijs·co·kar·re·tje
de **ijs·co·man** (m), ijs·co·man·nen; ijs·co·man·ne·tje
de **ijs·cou·pe**, ijs·cou·pes
de **ijs·crè·me**, ijs·crè·mes
ijs·dan·sen (ww)
ij·se·lijk (bnw), ij·se·lij·ke
ijs en we·der die·nen·de
de **ijs·gang** (m)
ijs·glad (bnw), ijs·glad·de
de **ijs·hei·li·ge** (m), ijs·hei·li·gen
het **ijs·hoc·key**
ijs·hoc·key·en (ww), ijs·hoc·key, ijs·hoc·keyt; ijs·hoc·key·de, ijs·hoc·key·den; ge·ijs·hoc·keyd
de **ijs·hoc·key·er** (m), ijs·hoc·key·ers
de **ijs·hoc·key·wed·strijd** (m), ijs·hoc·key·wed·strij·den; ijs·hoc·key·wed·strijd·je
de **ijs·hut**, ijs·hut·ten
de **ijs·kar**, ijs·kar·ren; ijs·kar·re·tje
de **ijs·kast**, ijs·kas·ten; ijs·kast·je
de **ijs·kel·der** (m), ijs·kel·ders
de **ijs·klomp** (m), ijs·klom·pen; ijs·klomp·je
ijs·koud (bnw), ijs·kou·de
het **ijs·kris·tal**, ijs·kris·tal·len; ijs·kris·tal·le·tje
de **ijs·laag**, ijs·la·gen; ijs·laag·je
de **ijs·lan·der** (m) *(paard)*, ijs·lan·ders
de **IJs·lan·der** (m) *(persoon)*, IJs·lan·ders
IJs·lands (bnw), IJs·land·se
de **ijs·lol·ly** (m), ijs·lol·ly's
de **ijs·ma·chi·ne** (v), ijs·ma·chi·nes

de **ijs·pe·gel** (m), ijs·pe·gels; ijs·pe·gel·tje
de **ijs·pis·te**, ijs·pis·ten, ijs·pis·tes
de **ijs·pret**
ijs·ra·cen (ww), ijs·race, ijs·racet; ijs·race·te, ijs·race·ten; ge·ijs·racet
de **ijs·room** (m), ijs·room·pje
de **ijs·sa·lon** (m), ijs·sa·lons; ijs·sa·lon·ne·tje
de **ijs·schots**, ijs·schot·sen; ijs·schots·je
de **ijs·taart**, ijs·taar·ten; ijs·taart·je
de **ijs·thee** (m), ijstheeën [ijs·thee·en]
de **ijs·tijd** (m), ijs·tij·den
het **ijs·veld**, ijs·vel·den; ijs·veld·je
het **ijs·ver·maak**, ijs·ver·ma·ken
de **ijs·vlak·te** (v), ijs·vlak·ten, ijs·vlak·tes
de **ijs·vor·ming** (v), ijs·vor·min·gen
ijs·vrij (bnw), ijs·vrije
de **ijs·zee**, ijszeeën [ijs·zee·en]
de **ij·ver** (m)
ij·ve·ren (ww), ij·ver, ij·vert; ij·ver·de, ij·ver·den; ge·ij·verd
ij·ve·rig (bnw), ij·ve·ri·ge
de **ij·zel** (m)
ij·ze·len (ww), ij·zelt; ij·zel·de; ge·ij·zeld
ij·zen (ww), ijs, ijst; ijs·de, ijs·den; ge·ijsd
het **ij·zer**, ij·zers; ij·zer·tje
IJ·zer·be·de·vaart, IJ·zer·be·de·vaar·ten
de **ij·zer·draad**[1] (m) *(voorwerp)*, ij·zer·dra·den; ij·zer·draad·je
de/het **ij·zer·draad**[2] (m/o) *(stofnaam)*
ij·ze·ren (bnw)
het **ij·zer·erts**, ij·zer·ert·sen
het **ij·zer·oxi·de**, ij·zer·oxi·den, ij·zer·oxi·des
de **ij·zer·tijd** (m)
de **ij·zer·wa·ren** (mv)
ij·zig (bnw), ij·zi·ge

ik (pers vnw)
het **ik-be·sef**
het **ike·ba·na**
de **ik-fi·guur**, ik-fi·gu·ren
ikke (pers vnw)
de **ik-per·soon** (m), ik-per·so·nen; ik-per·soon·tje
het **ik-tijd·perk**, ik-tijd·per·ken
het **ik-ver·haal**, ik-ver·ha·len; ik-ver·haal·tje
de **ik-ver·tel·ler** (m), ik-ver·tel·lers
de **ik-vorm** (m), ik-vor·men
ik·zelf (pers vnw)
de **ik-zucht** (v)
de **il·le·gaal**[1] (m), il·le·ga·len; il·le·gaal·tje
il·le·gaal[2] (bnw), il·le·ga·le
il·li·qui·de (bnw)
de **il·lu·mi·na·tie** (v), il·lu·mi·na·ties
il·lu·mi·ne·ren (ww), il·lu·mi·neer, il·lu·mi·neert; il·lu·mi·neer·de, il·lu·mi·neer·den; geïllumineerd [ge·il·lu·mi·neerd]
de **il·lu·sie** (v), il·lu·sies
de **il·lu·si·o·nist** (m), il·lu·si·o·nis·ten
il·lu·soir (bnw), il·lu·soi·re
il·lus·ter (bnw), il·lus·te·re
de **il·lus·tra·tie** (v), il·lus·tra·ties
il·lus·tra·tief (bnw), il·lus·tra·tie·ve
de **il·lus·tra·tor** (m), il·lus·tra·to·ren, il·lus·tra·tors
de **il·lus·tra·tri·ce** (v), il·lus·tra·tri·ces
il·lus·tre·ren (ww), il·lus·treer, il·lus·treert; il·lus·treer·de, il·lus·treer·den; geïllustreerd [ge·il·lus·treerd]
het **ima·ge**, ima·ges
de **image·buil·ding**
ima·gi·nair (bnw), ima·gi·nai·re
het **ima·go**, ima·go's; imagootje

I

[ima·go·tje]
het **ima·go-on·der·zoek**, ima·go-on·der·zoe·ken
de **ima·go·scha·de**, ima·go·scha·den, ima·go·scha·des
de **imam** (m), imams
de **im·be·ciel**[1], im·be·cie·len
im·be·ciel[2] (bnw), im·be·cie·le
de **imi·ta·tie** (v), imi·ta·ties
het **imi·ta·tie·leer**
de **imi·ta·tor** (m), imi·ta·to·ren, imi·ta·tors
imi·te·ren (ww), imi·teer, imi·teert; imi·teer·de, imi·teer·den; geïmiteerd [ge·imi·teerd]
de **im·ker** (m), im·kers
im·ke·ren (ww), im·ker, im·kert; im·ker·de, im·ker·den; geïmkerd [ge·im·kerd]
im·ma·nent (bnw), im·ma·nen·te
im·ma·te·ri·eel (bnw), immateriële [im·ma·te·ri·e·le]
im·ma·tuur (bnw), im·ma·tu·re
im·mens (bnw), im·men·se
im·mer (bijw)
im·mers (bijw)
de **im·mer·sie** (v), im·mer·sies
het **im·mer·sie·on·der·wijs**
de **im·mi·grant** (m), im·mi·gran·ten; im·mi·grant·je
de **im·mi·gran·te** (v), im·mi·gran·tes
de **im·mi·gra·tie** (v), im·mi·gra·ties
de **im·mi·gra·tie·amb·te·naar** (m), im·mi·gra·tie·amb·te·naars, im·mi·gra·tie·amb·te·na·ren
im·mi·gre·ren (ww), im·mi·greer, im·mi·greert; im·mi·greer·de, im·mi·greer·den; geïmmigreerd [ge·im·mi·greerd]
im·mi·nent (bnw), im·mi·nen·te
im·mo (mv) *(immobiliën)*
im·mo·biel (bnw), im·mo·bie·le
de **im·mo·bi·lia** (mv)
de **immobiliën** [im·mo·bi·li·en] (mv)
het **immobiliënkantoor** [im·mo·bi·li·en·kan·toor], immobiliënkantoren [im·mo·bi·li·en·kan·to·ren]; immobiliënkantoortje [im·mo·bi·li·en·kan·toor·tje]
de **immobiliënmarkt** [im·mo·bi·li·en·markt], immobiliënmarkten [im·mo·bi·li·en·mark·ten]
de **im·mo·bi·li·sa·tie** (v), im·mo·bi·li·sa·ties
im·mo·bi·li·se·ren (ww), im·mo·bi·li·seer, im·mo·bi·li·seert; im·mo·bi·li·seer·de, im·mo·bi·li·seer·den; geïmmobiliseerd [ge·im·mo·bi·li·seerd]
de **im·mo·bi·li·teit** (v)
het **im·mo·kan·toor**, im·mo·kan·to·ren
im·mo·reel (bnw), im·mo·re·le
de **im·mu·ni·teit** (v), im·mu·ni·tei·ten
im·muun (bnw), im·mu·ne
het **im·muun·sys·teem**, im·muun·sys·te·men
de **im·pact** (m), im·pacts
de **im·pact·ana·ly·se** (v), im·pact·ana·ly·sen, im·pact·ana·ly·ses
im·pac·te·ren (ww), im·pac·teer, im·pac·teert; im·pac·teer·de, im·pac·teer·den; geïmpacteerd [ge·im·pac·teerd]
de **im·pas·se** (v), im·pas·sen, im·pas·ses
de **im·pe·ra·tief**[1] (m), im·pe·ra·tie·ven
im·pe·ra·tief[2] (bnw), im·pe·ra·tie·ve

im·per·fect (bnw), im·per·fec·te
de **im·per·fec·tie** (v), im·per·fec·ties
het **im·per·fec·tum**, im·per·fec·ta, im·per·fec·tums
de/het **im·pe·ri·aal**[1] *(bagagerek)*, im·pe·ri·a·len; im·pe·ri·aal·tje
im·pe·ri·aal[2] (bnw), im·pe·ri·a·le
het **im·pe·ri·a·lis·me**
het **im·pe·ri·um**, im·pe·ria, im·pe·ri·ums; im·pe·ri·um·pje
im·per·ti·nent (bnw), im·per·ti·nen·te
het **im·plan·taat**, im·plan·ta·ten; im·plan·taat·je
de **im·plan·ta·tie** (v), im·plan·ta·ties
im·plan·te·ren (ww), im·plan·teer, im·plan·teert; im·plan·teer·de, im·plan·teer·den; geïmplanteerd [ge·im·plan·teerd]
de **im·ple·men·ta·tie** (v), im·ple·men·ta·ties
im·ple·men·te·ren (ww), im·ple·men·teer, im·ple·men·teert; im·ple·men·teer·de, im·ple·men·teer·den; geïmplementeerd [ge·im·ple·men·teerd]
de **im·ple·men·te·ring** (v), im·ple·men·te·rin·gen
de **im·pli·ca·tie** (v), im·pli·ca·ties
im·pli·ce·ren (ww), im·pli·ceer, im·pli·ceert; im·pli·ceer·de, im·pli·ceer·den; geïmpliceerd [ge·im·pli·ceerd]
im·pli·ciet (bnw), im·pli·cie·te
im·po·ne·ren (ww), im·po·neer, im·po·neert; im·po·neer·de, im·po·neer·den; geïmponeerd [ge·im·po·neerd]
im·po·pu·lair (bnw), im·po·pu·lai·re
de **im·port** (m), im·por·ten
im·por·tant (bnw), im·por·tan·te
de **im·por·tan·tie** (v)
de **im·port·eco·no·mie** (v), importeconomieën [im·port·eco·no·mie·en]
im·por·te·ren (ww), im·por·teer, im·por·teert; im·por·teer·de, im·por·teer·den; geïmporteerd [ge·im·por·teerd]
de **im·por·teur** (m), im·por·teurs
de **im·port·kip** (v), im·port·kip·pen
im·po·sant (bnw), im·po·san·te
de **im·preg·na·tie** (v)
im·preg·ne·ren (ww), im·preg·neer, im·preg·neert; im·preg·neer·de, im·preg·neer·den; geïmpregneerd [ge·im·preg·neerd]
het **im·pre·sa·ri·aat**, im·pre·sa·ri·a·ten
de **im·pre·sa·rio** (m), im·pre·sa·ri·o's
de **im·pres·sie** (v), im·pres·sies; im·pres·sie·tje
im·pres·si·o·nant (bnw), im·pres·si·o·nan·te
het **im·pres·si·o·nis·me**
het **im·pres·sum**, im·pres·sa, im·pres·sums
de **im·print** (m), im·prints
im·pro·duc·tief (bnw), im·pro·duc·tie·ve
de/het **im·promp·tu** (m/o), im·promp·tu's
de **im·pro·vi·sa·tie** (v), im·pro·vi·sa·ties; im·pro·vi·sa·tie·tje
im·pro·vi·sa·to·risch (bnw), im·pro·vi·sa·to·ri·sche
im·pro·vi·se·ren (ww), im·pro·vi·seer, im·pro·vi·seert; im·pro·vi·seer·de, im·pro·vi·seer·den; geïmproviseerd

[ge·im·pro·vi·seerd]
de **im·puls** (m), im·pul·sen; im·puls·je
im·pul·sief (bnw), im·pul·sie·ve
de **im·pul·si·vi·teit** (v), im·pul·si·vi·tei·ten
de **im·pu·ta·tie** (v), im·pu·ta·ties
im·pu·te·ren (ww), im·pu·teer, im·pu·teert; im·pu·teer·de, im·pu·teer·den; geïmputeerd [ge·im·pu·teerd]
in (voorz)
in·ac·cep·ta·bel (bnw), in·ac·cep·ta·be·le
de **in·acht·na·me**, in·acht·na·men, in·acht·na·mes
de **in·acht·ne·ming** (v), in·acht·ne·min·gen
in·ac·tief (bnw), in·ac·tie·ve
de **in·ac·tie·ven** (mv)
in·ac·ti·ve·ren (ww), in·ac·ti·veer, in·ac·ti·veert; in·ac·ti·veer·de, in·ac·ti·veer·den; geïnactiveerd [ge·in·ac·ti·veerd]
de **in·ac·ti·vi·teit** (v)
in·ade·men (ww), adem in, ademt in; adem·de in, adem·den in; in·ge·ademd
in·ade·quaat (bnw), in·ade·qua·te
in al·ler·ijl
in ar·ren moe·de
de **in·au·gu·ra·tie** (v), in·au·gu·ra·ties
in·au·gu·re·ren (ww), in·au·gu·reer, in·au·gu·reert; in·au·gu·reer·de, in·au·gu·reer·den; geïnaugureerd [ge·in·au·gu·reerd]
in·bed·den (ww), bed in, bedt in; bed·de in, bed·den in; in·ge·bed
de **in·bed·ding**, in·bed·din·gen
de **in·be·drijf·na·me**, in·be·drijf·na·men, in·be·drijf·na·mes
de **in·be·drijf·stel·ling** (v), in·be·drijf·stel·lin·gen
in·beel·den (ww), beeld in, beeldt in; beeld·de in, beeld·den in; in·ge·beeld
het **in·beel·dings·ver·mo·gen**, in·beel·dings·ver·mo·gens
in·be·gre·pen (bnw)
het **in·be·grip**
in·bel·len (ww), bel in, belt in; bel·de in, bel·den in; in·ge·beld
de **in·be·slag·na·me**, in·be·slag·na·men, in·be·slag·na·mes
de **in·be·slag·ne·ming** (v), in·be·slag·ne·min·gen
de **in·be·wa·ring·stel·ling** (v), in·be·wa·ring·stel·lin·gen
de **in·be·zit·ne·ming** (v), in·be·zit·ne·min·gen
in·bin·den (ww), bind in, bindt in; bond in, bon·den in; in·ge·bon·den
in·bla·zen (ww), blaas in, blaast in; blies in, blie·zen in; in·ge·bla·zen
de **in·boe·del** (m), in·boe·dels; in·boe·del·tje
in·boe·ken (ww), boek in, boekt in; boek·te in, boek·ten in; in·ge·boekt
in·boe·ten (ww), boet in, boet in; boet·te in, boet·ten in; in·ge·boet
in·boe·ze·men (ww), boe·zem in, boe·zemt in; boe·zem·de in, boe·zem·den in; in·ge·boe·zemd
de **in·borst**, in·bor·sten
in·bou·wen (ww), bouw in, bouwt in; bouw·de in, bouw·den in; in·ge·bouwd
de **in·box** (m), in·boxen
de **in·braak**, in·bra·ken; in·braak·je

de **in·braak·po·ging** (v), in·braak·po·gin·gen
in·braak·we·rend (bnw), in·braak·we·ren·de
in·bran·den (ww), brand in, brandt in; brand·de in, brand·den in; in·ge·brand
in·brei·en (ww), brei in, breit in; brei·de in, brei·den in; in·ge·breid
in·bre·ken (ww), breek in, breekt in; brak in, bra·ken in; in·ge·bro·ken
de **in·bre·ker** (m), in·bre·kers; in·bre·ker·tje
de **in·breng** (m), in·bren·gen
in·bren·gen (ww), breng in, brengt in; bracht in, brach·ten in; in·ge·bracht
de **in·bren·ger** (m), in·bren·gers
de **in·breuk**, in·breu·ken
in·bur·ge·ren (ww), bur·ger in, bur·gert in; bur·ger·de in, bur·ger·den in; in·ge·bur·gerd
de **in·bur·ge·ring** (v), in·bur·ge·rin·gen
de **in·bur·ge·rings·cur·sus** (m), in·bur·ge·rings·cur·sus·sen; in·bur·ge·rings·cur·sus·je
het **in·bur·ge·rings·exa·men**, in·bur·ge·rings·exa·mens
het **in·bur·ge·rings·tra·ject**, in·bur·ge·rings·tra·jec·ten
de **in·bus** (m), in·bus·sen
de **in·bus·sleu·tel** (m), in·bus·sleu·tels; in·bus·sleu·tel·tje
de **In·ca** (m), In·ca's
in·cal·cu·le·ren (ww), cal·cu·leer in, cal·cu·leert in; cal·cu·leer·de in, cal·cu·leer·den in; in·ge·cal·cu·leerd
in·ca·pa·bel (bnw), in·ca·pa·be·le
de **in·car·na·tie** (v), in·car·na·ties
de **in·cas·sant** (m), in·cas·san·ten
de **in·cas·seer·der** (m), in·cas·seer·ders
in·cas·se·ren (ww), in·cas·seer, in·cas·seert; in·cas·seer·de, in·cas·seer·den; geïncasseerd [ge·in·cas·seerd]
de/het **in·cas·so** (m/o), in·cas·so's
de **in·cas·so·af·de·ling** (v), in·cas·so·af·de·lin·gen
het **in·cas·so·bu·reau**, in·cas·so·bu·reaus; in·cas·so·bu·reau·tje
de **in·cas·so-op·dracht**, in·cas·so-op·drach·ten
de **in·cas·so-or·ga·ni·sa·tie** (v), in·cas·so-or·ga·ni·sa·ties
in ca·su (bijw)
het **in·cen·tief**, in·cen·tie·ven
de/het **in·cen·tive**, in·cen·ti·ves
de **in·cest** (m)
de **inch** (m), in·ches
de **in·check·ba·lie** (v), in·check·ba·lies
in·chec·ken (ww), check in, checkt in; check·te in, check·ten in; in·ge·checkt
het **in·ci·dent**, in·ci·den·ten; in·ci·dent·je
in·ci·den·teel (bnw), in·ci·den·te·le
de **in·ci·den·tie** (v), in·ci·den·ties
de **in·ci·sie** (v), in·ci·sies
incl. (bnw) *(inclusief)*
de **in·cli·na·tie** (v), in·cli·na·ties
in·clu·de·ren (ww), in·clu·deer, in·clu·deert; in·clu·deer·de, in·clu·deer·den; geïncludeerd [ge·in·clu·deerd]
in·cluis (bnw)
de **in·clu·sie** (v), in·clu·sies
in·clu·sief (bnw), in·clu·sie·ve
de **in·clu·si·vi·teit** (v)
het **in·cog·ni·to**[1]

I

in·cog·ni·to[2] (bijw)
in·co·he·rent (bnw), in·co·he·ren·te
de **in·com·pa·ny·trai·ning**, in·com·pa·ny·trai·nin·gen
in·com·pa·ti·bel (bnw), in·com·pa·ti·be·le
de **in·com·pa·ti·bi·li·teit** (v), in·com·pa·ti·bi·li·tei·ten
in·com·pe·tent (bnw), in·com·pe·ten·te
in·com·pleet (bnw), in·com·ple·te
in con·cre·to (bijw)
de **in·con·gru·en·tie** (v), in·con·gru·en·ties
in·con·se·quent (bnw), in·con·se·quen·te
in·con·sis·tent (bnw), in·con·sis·ten·te
de **in·con·sis·ten·tie** (v), in·con·sis·ten·ties
de **in·con·ti·nen·tie** (v)
het **in·con·ti·nen·tie·ma·te·ri·aal**, in·con·ti·nen·tie·ma·te·ri·a·len
inconveniënt [in·con·ve·ni·ent] (bnw), inconveniënte [in·con·ve·ni·en·te]
in·cor·po·re·ren (ww), in·cor·po·reer, in·cor·po·reert; in·cor·po·reer·de, in·cor·po·reer·den; geïncorporeerd [ge·in·cor·po·reerd]
in·cor·rect (bnw), in·cor·rec·te
in·cou·rant (bnw), in·cou·ran·te
de **in·cre·ment** (m), in·cre·men·ten
in·cre·men·teel (bnw), in·cre·men·te·le
de **in·crowd** (m), in·crowds
de **in·cu·ba·tie** (v), in·cu·ba·ties
de **in·cu·ba·tor** (m), in·cu·ba·to·ren, in·cu·ba·tors
in·cu·be·ren (ww), in·cu·beer, in·cu·beert; in·cu·beer·de, in·cu·beer·den; geïncubeerd [ge·in·cu·beerd]
de **in·cu·na·bel** (m), in·cu·na·be·len
in·dach·tig (bnw)
in·da·len (ww), daal in, daalt in; daal·de in, daal·den in; in·ge·daald
in·dam·pen (ww), damp in, dampt in; damp·te in, damp·ten in; in·ge·dampt
in·dek·ken (ww), dek in, dekt in; dek·te in, dek·ten in; in·ge·dekt
in·de·len (ww), deel in, deelt in; deel·de in, deel·den in; in·ge·deeld
de **in·de·ling** (v), in·de·lin·gen
in den be·gin·ne
in den bre·de
in·den·ken (ww), denk in, denkt in; dacht in, dach·ten in; in·ge·dacht
in den lan·de
in den vreem·de
in de piep·zak zit·ten
de **in·de·plaats·stel·ling** (v), in·de·plaats·stel·lin·gen
in·der·daad (bijw)
in·der·haast (bijw)
in der min·ne schik·ken
in·der·tijd (bijw)
in·deu·ken (ww), deuk in, deukt in; deuk·te in, deuk·ten in; in·ge·deukt
in de war
de **in·dex** (m), in·dexen, in·di·ces; in·dex·je
de **in·dexa·tie** (v), in·dexa·ties
het **in·dex·cij·fer**, in·dex·cij·fers
in·dexe·ren (ww), in·dexeer, in·dexeert; in·dexeer·de, in·dexeer·den; geïndexeerd [ge·in·dexeerd]
de **in·dexe·ring** (v), in·dexe·rin·gen

de **in·dex·sprong** (m), in·dex·spron·gen

in de·zen

de **in·di·aan** (m), in·di·a·nen; in·di·aan·tje

in·di·aans (bnw) *(m.b.t. indianen)*, in·di·aan·se

het **In·di·aans**[1] *(taal)*

In·di·aans[2] (bnw) *(m.b.t. de taal)*, In·di·aan·se

de **in·di·aan·se** (v), in·di·aan·sen

In·di·aas (bnw), In·di·a·se

het **in·di·a·nen·re·ser·vaat**, in·di·a·nen·re·ser·va·ten

de **in·di·a·nen·stam** (m), in·di·a·nen·stam·men

de **in·di·ca·tie** (v), in·di·ca·ties

de **in·di·ca·tief**[1] (m), in·di·ca·tie·ven

in·di·ca·tief[2] (bnw), in·di·ca·tie·ve

de **in·di·ca·tie·stel·ling** (v), in·di·ca·tie·stel·lin·gen

de **in·di·ca·tor** (m), in·di·ca·to·ren, in·di·ca·tors

in·di·ce·ren (ww), in·di·ceer, in·di·ceert; in·di·ceer·de, in·di·ceer·den; geïndiceerd [ge·in·di·ceerd]

in·dien (voegw)

in·die·nen (ww), dien in, dient in; dien·de in, dien·den in; in·ge·diend

de **in·die·ner** (m), in·die·ners

de **in·die·ning** (v), in·die·nin·gen

de **in·die·nings·da·tum** (m), in·die·nings·da·ta, in·die·nings·da·tums

de **in·die·nings·ter·mijn** (m), in·die·nings·ter·mij·nen

de **in·dienst·na·me**, in·dienst·na·men, in·dienst·na·mes

de **in·dienst·ne·ming** (v), in·dienst·ne·min·gen

de **in·dienst·stel·ling** (v), in·dienst·stel·lin·gen

de **in·dienst·tre·ding** (v), in·dienst·tre·din·gen

de **Indiër** [In·di·er] (m), Indiërs [In·di·ers]; Indiërtje [In·di·er·tje]

in dier voe·ge

de **in·di·ges·tie** (v), in·di·ges·ties

de **in·di·go**[1] (m) *(plant, verfstof)*, in·di·go's

het **in·di·go**[2] *(kleur)*

in·di·go[3] (bnw)

het **in·di·go·blauw**[1]

in·di·go·blauw[2] (bnw), in·di·go·blau·we

in·dij·ken (ww), dijk in, dijkt in; dijk·te in, dijk·ten in; in·ge·dijkt

in·dik·ken (ww), dik in, dikt in; dik·te in, dik·ten in; in·ge·dikt

in·di·rect (bnw), in·di·rec·te

In·disch (bnw), In·di·sche

het **in·di·vi·du**, in·di·vi·du·en; individuutje [in·di·vi·du·tje]

de **in·di·vi·du·a·li·sa·tie** (v), in·di·vi·du·a·li·sa·ties

de **in·di·vi·du·a·li·se·ring** (v), in·di·vi·du·a·li·se·rin·gen

het **in·di·vi·du·a·lis·me**

in·di·vi·du·a·lis·tisch (bnw), in·di·vi·du·a·lis·ti·sche

in·di·vi·du·eel (bnw), in·di·vi·du·e·le

de **in·do** (m), in·do's; indootje [in·do·tje]

de **in·doc·tri·na·tie** (v), in·doc·tri·na·ties

in·doc·tri·ne·ren (ww), in·doc·tri·neer, in·doc·tri·neert; in·doc·tri·neer·de, in·doc·tri·neer·den; geïndoctrineerd [ge·in·doc·tri·neerd]

In·do-Eu·ro·pees (bnw), In·do-

Eu·ro·pe·se

In·do-Ger·maans (bnw), In·do-Ger·maan·se

in·do·lent (bnw), in·do·len·te

in·dom·me·len (ww), dom·mel in, dom·melt in; dom·mel·de in, dom·mel·den in; in·ge·dom·meld

de **Indonesiër** [In·do·ne·si·er] (m), Indonesiërs [In·do·ne·si·ers]

In·do·ne·sisch (bnw), In·do·ne·si·sche

in·door (bnw)

de **in·door·at·le·tiek** (v)

in·draai·en (ww), draai in, draait in; draai·de in, draai·den in; in·ge·draaid

in·drin·gen (ww), dring in, dringt in; drong in, dron·gen in; in·ge·dron·gen

in·drin·gend (bnw), in·drin·gen·de

in·drui·sen (ww), druis in, druist in; druis·te in, druis·ten in; in·ge·druist

de **in·druk** (m), in·druk·ken; in·druk·je

in·druk·ken (ww), druk in, drukt in; druk·te in, druk·ten in; in·ge·drukt

in·druk·wek·kend (bnw), in·druk·wek·ken·de

in·du·ce·ren (ww), in·du·ceer, in·du·ceert; in·du·ceer·de, in·du·ceer·den; geïnduceerd [ge·in·du·ceerd]

de **in·duc·tie** (v), in·duc·ties

in·duc·tief (bnw), in·duc·tie·ve

in·duf·fe·len (ww), duf·fel in, duf·felt in; duf·fel·de in, duf·fel·den in; in·ge·duf·feld

de **in·dus·tri·a·li·sa·tie** (v), in·dus·tri·a·li·sa·ties

de **in·dus·tri·a·li·se·ring** (v), in·dus·tri·a·li·se·rin·gen

de **in·dus·trie** (v), industrieën [in·dus·trie·en]; in·dus·trie·tje

de **in·dus·tri·eel**[1] (m), industriëlen [in·dus·tri·e·len]; in·dus·tri·eel·tje

in·dus·tri·eel[2] (bnw), industriële [in·dus·tri·e·le]

de **in·dus·tri·eel in·ge·ni·eur** (m), in·dus·tri·eel in·ge·ni·eurs

het **in·dus·trie·land**, in·dus·trie·lan·den

het **in·dus·trie·ter·rein**, in·dus·trie·ter·rei·nen; in·dus·trie·ter·rein·tje

in·du·wen (ww), duw in, duwt in; duw·de in, duw·den in; in·ge·duwd

in·een (bijw)

in·een·dui·ken (ww), duik in·een, duikt in·een; dook in·een, do·ken in·een; in·een·ge·do·ken

in·een·krim·pen (ww), krimp in·een, krimpt in·een; kromp in·een, krom·pen in·een; in·een·ge·krom·pen

in een no·ten·dop

in·eens (bijw)

in·een·slaan (ww), sla in·een, slaat in·een; sloeg in·een, sloe·gen in·een; in·een·ge·sla·gen

in·een·ste·ken (ww), steek in·een, steekt in·een; stak in·een, sta·ken in·een; in·een·ge·sto·ken

in·een·stor·ten (ww), stort in·een, stort in·een; stort·te in·een, stort·ten in·een; in·een·ge·stort

in·een·zak·ken (ww), zak in·een, zakt in·een; zak·te in·een, zak·ten in·een; in·een·ge·zakt

in·ef·fec·tief (bnw), in·ef·fec·tie·ve

inefficiënt [in·ef·fi·ci·ent] (bnw),

inefficiënte [in·ef·fi·ci·en·te]
de **inefficiëntie** [in·ef·fi·ci·en·tie] (v), inefficiënties [in·ef·fi·ci·en·ties]
in el·kaar zet·ten
in·en·ten (ww), ent in, ent in; ent·te in, ent·ten in; ingeënt [in·ge·ent]
de **in·en·ting** (v), in·en·tin·gen
in·ert (bnw), in·er·te
de **in·er·tie** (v)
in ex·tre·mis (bnw)
in·faam (bnw), in·fa·me
in·fa·den (ww), fade in, fadet in; fade·de in, fade·den in; in·ge·faded
in fa·mi·lie·han·den
de **in·fant** (m), in·fan·ten
de **in·fan·te·rie** (v), infanterieën [in·fan·te·rie·en]
de **in·fan·te·rist** (m), in·fan·te·ris·ten
in·fan·tiel (bnw), in·fan·tie·le
het **in·farct**, in·farc·ten; in·farct·je
in·fec·te·ren (ww), in·fec·teer, in·fec·teert; in·fec·teer·de, in·fec·teer·den; geïnfecteerd [ge·in·fec·teerd]
de **in·fec·tie** (v), in·fec·ties
in·fec·ti·eus (bnw), in·fec·ti·eu·ze
de **in·fec·tie·ziek·te** (v), in·fec·tie·ziek·ten, in·fec·tie·ziek·tes
in·fec·tu·eus (bnw), in·fec·tu·eu·ze
in·fe·ri·eur (bnw), in·fe·ri·eu·re
de **in·fe·ri·o·ri·teit** (v), in·fe·ri·o·ri·tei·ten
het **in·fer·no**, in·fer·no's
de **in·fil·tra·tie** (v), in·fil·tra·ties
in·fil·tre·ren (ww), in·fil·treer, in·fil·treert; in·fil·treer·de, in·fil·treer·den; geïnfiltreerd [ge·in·fil·treerd]
de **in·fi·ni·tief** (m), in·fi·ni·tie·ven
de **in·fir·me·rie** (v), infirmerieën [in·fir·me·rie·en], in·fir·me·ries
de **in·flam·ma·tie** (v), in·flam·ma·ties
in·flam·ma·toir (bnw), in·flam·ma·toi·re
de **in·fla·tie** (v), in·fla·ties
in·fla·toir (bnw), in·fla·toi·re
in·flexi·bel (bnw), in·flexi·be·le
de **in·flu·en·za**
de **in·flux** (m), in·fluxen
de **in·fo** (v), in·fo's; infootje [in·fo·tje]
de **in·fo·ac·tie** (v), in·fo·ac·ties
de **in·fo·avond** (m), in·fo·avon·den
de **in·fo·ba·lie** (v), in·fo·ba·lies
het **in·fo·bord**, in·fo·bor·den; in·fo·bord·je
de **in·fo·bro·chu·re**, in·fo·bro·chu·res
de **in·fo·dag** (m), in·fo·da·gen
de/het **in·fo·fi·che**, in·fo·fi·ches
de **in·fo·gra·phic** (m), in·fo·gra·phics
het **in·fo·mo·ment**, in·fo·mo·men·ten
de **in·for·mant** (m), in·for·man·ten
de **in·for·ma·teur** (m), in·for·ma·teurs
de **in·for·ma·ti·ca** (v)
de **in·for·ma·ti·ca·ken·nis** (v)
de **in·for·ma·ti·cus** (m), in·for·ma·ti·ci
de **in·for·ma·tie**[1] (v), in·for·ma·ties
in·for·ma·tie[2]: te uwer informatie
de **in·for·ma·tie·aan·vraag**, in·for·ma·tie·aan·vra·gen
de **in·for·ma·tie·ana·list** (m), in·for·ma·tie·ana·lis·ten
de **in·for·ma·tie·ana·ly·se** (v), in·for·ma·tie·ana·ly·sen, in·for·ma·tie·ana·ly·ses
de **in·for·ma·tie·avond** (m),

in·for·ma·tie·avon·den

de **in·for·ma·tie·be·hoef·te** (v), in·for·ma·tie·be·hoef·ten, in·for·ma·tie·be·hoef·tes

de **in·for·ma·tie·bij·een·komst** (v), in·for·ma·tie·bij·een·kom·sten

de **in·for·ma·tie·bro·chu·re**, in·for·ma·tie·bro·chu·res

de **in·for·ma·tie·bron**, in·for·ma·tie·bron·nen

in·for·ma·tief (bnw), in·for·ma·tie·ve

de **in·for·ma·tie·over·dracht**, in·for·ma·tie·over·drach·ten

het **in·for·ma·tie·sys·teem**, in·for·ma·tie·sys·te·men

de **in·for·ma·tie·tech·no·lo·gie** (v), informatietechnologieën [in·for·ma·tie·tech·no·lo·gie·en]

de **in·for·ma·tie-uit·wis·se·ling** (v), in·for·ma·tie-uit·wis·se·lin·gen

de **in·for·ma·tie·ver·strek·king** (v), in·for·ma·tie·ver·strek·kin·gen

de **in·for·ma·tie·voor·zie·ning** (v), in·for·ma·tie·voor·zie·nin·gen

in·for·ma·ti·o·neel (bnw), in·for·ma·ti·o·ne·le

de **in·for·ma·ti·se·ring** (v), in·for·ma·ti·se·rin·gen

in·for·meel (bnw), in·for·me·le

in·for·me·ren (ww), in·for·meer, in·for·meert; in·for·meer·de, in·for·meer·den; geïnformeerd [ge·in·for·meerd]

de **in·for·me·ring** (v), in·for·me·rin·gen

de **in·fo·ses·sie** (v), in·fo·ses·sies

de **in·fo·stand** (m), in·fo·stands; in·fo·stand·je

het **in·fo·tain·ment**

in·fra (bijw)

in·fra·rood (bnw), in·fra·ro·de

de **in·fra·rood·ca·me·ra**, in·fra·rood·ca·me·ra's; infraroodcameraatje [in·fra·rood·ca·me·ra·tje]

de **in·fra·struc·tuur** (v), in·fra·struc·tu·ren

in·fre·quent (bnw), in·fre·quen·te

in·fre·zen (ww), frees in, freest in; frees·de in, frees·den in; in·ge·freesd

in·fu·se·ren (ww), in·fu·seer, in·fu·seert; in·fu·seer·de, in·fu·seer·den; geïnfuseerd [ge·in·fu·seerd]

de **in·fu·sie** (v), in·fu·sies

het **in·fuus**, in·fu·sen, in·fu·zen; in·fuus·je

ing. *(ingenieur)*

in·gaan (ww), ga in, gaat in; ging in, gin·gen in; in·ge·gaan

in·gaand (voorz)

in·gaan·de (voorz)

de **in·gang** (m), in·gan·gen

de **in·gangs·da·tum** (m), in·gangs·da·ta, in·gangs·da·tums

het **in·gangs·exa·men**, in·gangs·exa·mens

de **in·ga·ve**, in·ga·ven

in·ge·bracht (bnw), in·ge·brach·te

in ge·bre·ke blij·ven

in ge·bre·ke stel·len

de **in·ge·bre·ke·stel·ling** (v), in·ge·bre·ke·stel·lin·gen

de **in·ge·bruik·na·me**, in·ge·bruik·na·men, in·ge·bruik·na·mes

de **in·ge·bruik·ne·ming** (v), in·ge·bruik·ne·min·gen

de **in·ge·bruik·stel·ling** (v), in·ge·bruik·stel·lin·gen

in·ge·bur·gerd (bnw), in·ge·bur·ger·de

in·ge·diend (bnw), in·ge·dien·de

in ge·nen de·le

de **in·ge·ni·eur** (m), in·ge·ni·eurs; in·ge·ni·eur·tje
de **in·ge·ni·eur-ar·chi·tect** (m), in·ge·ni·eur-ar·chi·tec·ten, in·ge·ni·eurs-ar·chi·tec·ten
het **in·ge·ni·eurs·bu·reau**, in·ge·ni·eurs·bu·reaus
in·ge·ni·eus (bnw), in·ge·ni·eu·ze
in·ge·richt (bnw), in·ge·rich·te
in·ge·scand (bnw), in·ge·scan·de
in·ge·schre·ven (bnw)
de **in·ge·schre·ve·ne**, in·ge·schre·ve·nen
de **in·ge·sprek·toon** (m), in·ge·sprek·to·nen
in·ge·steld (bnw), in·ge·stel·de
de **in·ge·steld·heid** (v)
in·ge·stort (bnw), in·ge·stor·te
in·ge·to·gen (bnw)
in·ge·val (voegw) *(indien)*
in·ge·ven (ww), geef in, geeft in; gaf in, ga·ven in; in·ge·ge·ven
in·ge·voerd (bnw), in·ge·voer·de
in·ge·vol·ge (voorz)
in·ge·vuld (bnw), in·ge·vul·de
het **in·ge·wand**, in·ge·wan·den; in·ge·wand·je
de **in·ge·wij·de**, in·ge·wij·den
in·ge·wik·keld (bnw), in·ge·wik·kel·de
in·ge·zet (bnw), in·ge·zet·te
de **in·ge·ze·te·ne**, in·ge·ze·te·nen
de **in·ge·zon·den·brie·ven·schrij·ver** (m), in·ge·zon·den·brie·ven·schrij·vers
in·gie·ten (ww), giet in, giet in; goot in, go·ten in; in·ge·go·ten
in·gi·pi·pa[1] *(boom)*, in·gi·pi·pa's
in·gi·pi·pa[2] *(houtsoort)*
in·glij·den (ww), glijd in, glij in, glijdt in; gleed in, gle·den in; in·ge·gle·den
in gods·naam
in goe·den doen
in·gooi·en (ww), gooi in, gooit in; gooi·de in, gooi·den in; in·ge·gooid
het **ingrediënt** [in·gre·di·ent], ingrediënten [in·gre·di·en·ten]; ingrediëntje [in·gre·di·ent·je]
de **in·greep** (m), in·gre·pen; in·greep·je
in·grij·pen (ww), grijp in, grijpt in; greep in, gre·pen in; in·ge·gre·pen
in·grij·pend (bnw), in·grij·pen·de
in gro·ten ge·ta·le
de/het **in·haal·ma·noeu·vre**, in·haal·ma·noeu·vres
in·ha·ken (ww), haak in, haakt in; haak·te in, haak·ten in; in·ge·haakt
in·hak·ken (ww), hak in, hakt in; hak·te in, hak·ten in; in·ge·hakt
de **in·ha·la·tie** (v), in·ha·la·ties
de **in·ha·la·tor** (m), in·ha·la·to·ren, in·ha·la·tors
in·ha·len (ww), haal in, haalt in; haal·de in, haal·den in; in·ge·haald
in·ha·le·ren (ww), in·ha·leer, in·ha·leert; in·ha·leer·de, in·ha·leer·den; geïnhaleerd [ge·in·ha·leerd]
de **in·ham** (m), in·ham·men; in·ham·me·tje
in·heems (bnw), in·heem·se
de **in·heem·se**, in·heem·sen
de **in·heem·sen** (mv)
in he·mels·naam
in·he·rent (bnw), in·he·ren·te
in het ge·niep
in het ge·vlij ko·men
in het on·ge·re·de
in het oot·je ne·men
in het zweet des aan·schijns

in·hi·be·ren (ww), in·hi·beer, in·hi·beert; in·hi·beer·de, in·hi·beer·den; geïnhibeerd [ge·in·hi·beerd]
de **in·hi·bi·tie** (v), in·hi·bi·ties
de **in·hi·bi·tor** (m), in·hi·bi·to·ren, in·hi·bi·tors
in hoe·ver·re
de **in·houd** (m), in·hou·den
in·hou·de·lijk (bnw), in·hou·de·lij·ke
in·hou·den (ww), houd in, hou in, houdt in; hield in, hiel·den in; in·ge·hou·den
de **in·hou·ding** (v), in·hou·din·gen
in·houd·loos (bnw), in·houd·lo·ze
in·houds·loos (bnw), in·houds·lo·ze
de **in·houds·op·ga·ve**, in·houds·op·ga·ven
de **in·houds·ta·bel**, in·houds·ta·bel·len
de **in·houds·ta·fel**, in·houds·ta·fels
in·house (bnw)
in·hui·zen (ww), huis in, huist in; huis·de in, huis·den in; in·ge·huisd
de **in·hui·zing** (v), in·hui·zin·gen
in·hul·di·gen (ww), hul·dig in, hul·digt in; hul·dig·de in, hul·dig·den in; in·ge·hul·digd
de **in·hul·di·ging** (v), in·hul·di·gin·gen
in·hu·ren (ww), huur in, huurt in; huur·de in, huur·den in; in·ge·huurd
de **in·huur**
de **ini·ti·aal**[1], ini·ti·a·len; ini·ti·aal·tje
ini·ti·aal[2] (bnw), ini·ti·a·le
het **ini·ti·aal·woord**, ini·ti·aal·woor·den
de **ini·ti·a·li·sa·tie** (v), ini·ti·a·li·sa·ties
ini·ti·a·li·se·ren (ww), ini·ti·a·li·seer, ini·ti·a·li·seert; ini·ti·a·li·seer·de, ini·ti·a·li·seer·den; geïnitialiseerd [ge·ini·ti·a·li·seerd]
de **ini·ti·a·tie** (v), ini·ti·a·ties
het **ini·ti·a·tief**, ini·ti·a·tie·ven; ini·ti·a·tief·je
de **ini·ti·a·tief·na·me**, ini·ti·a·tief·na·men, ini·ti·a·tief·na·mes
ini·ti·a·tief·ne·mend (bnw), ini·ti·a·tief·ne·men·de
de **ini·ti·a·tief·ne·mer** (m), ini·ti·a·tief·ne·mers
ini·ti·a·tief·rijk (bnw), ini·ti·a·tief·rij·ke
de **ini·ti·a·tor** (m), ini·ti·a·to·ren, ini·ti·a·tors
ini·ti·eel (bnw), initiële [ini·ti·e·le]
initiëren [ini·ti·e·ren] (ww), ini·ti·eer, ini·ti·eert; ini·ti·eer·de, ini·ti·eer·den; geïnitieerd [ge·ini·ti·eerd]
in·jec·te·ren (ww), in·jec·teer, in·jec·teert; in·jec·teer·de, in·jec·teer·den; geïnjecteerd [ge·in·jec·teerd]
de **in·jec·tie** (v), in·jec·ties
de **in·jec·tor** (m), in·jec·to·ren, in·jec·tors
in·ka·de·ren (ww), ka·der in, ka·dert in; ka·der·de in, ka·der·den in; in·ge·ka·derd
in·kak·ken (ww), kak in, kakt in; kak·te in, kak·ten in; in·ge·kakt
in·kal·ven (ww), kalft in; kalf·de in, kalf·den in; in·ge·kalfd
de **in·keer** (m)
de **in·ken·nis·stel·ling** (v),

in·ken·nis·stel·lin·gen

in·ke·pen (ww), keep in, keept in; keep·te in, keep·ten in; in·ge·keept

de **in·ke·ping** (v), in·ke·pin·gen; in·ke·pin·kje

in·ker·ven (ww), kerf in, kerft in; kerf·de in, korf in, kerf·den in, kor·ven in; in·ge·kerfd, in·ge·kor·ven

de **in·kijk** (m), in·kijk·je

in·kij·ken (ww), kijk in, kijkt in; keek in, ke·ken in; in·ge·ke·ken

het **in·kijk·exem·plaar**, in·kijk·exem·pla·ren

de **ink·jet·prin·ter** (m), ink·jet·prin·ters

de **in·klaar·der** (m), in·klaar·ders

in·kle·den (ww), kleed in, kleedt in; kleed·de in, kleed·den in; in·ge·kleed

in·kleu·ren (ww), kleur in, kleurt in; kleur·de in, kleur·den in; in·ge·kleurd

in koe·len bloe·de

in·ko·hie·ren (ww), ko·hier in, ko·hiert in; ko·hier·de in, ko·hier·den in; in·ge·ko·hierd

de **in·kom** (m)

het **in·ko·men**[1], in·ko·mens; in·ko·men·tje

in·ko·men[2] (ww), kom in, komt in; kwam in, kwa·men in; in·ge·ko·men

in·ko·mend (bnw), in·ko·men·de

de **in·ko·mens·klas·se** (v), in·ko·mens·klas·sen

het **in·kom·geld**, in·kom·gel·den

de **in·kom·hal**, in·kom·hal·len; in·kom·hal·le·tje

de **in·kom·kaart**, in·kom·kaar·ten; in·kom·kaart·je

de **in·komst** (v), in·kom·sten

de **in·kom·sten** (mv)

de **in·kom·sten·be·las·ting** (v), in·kom·sten·be·las·tin·gen

de **in·kom·sten·bron**, in·kom·sten·bron·nen; in·kom·sten·bron·ne·tje

in·kom·sten·ver·ho·gend (bnw), in·kom·sten·ver·ho·gen·de

de **in·komst·hal**, in·komst·hal·len

de **in·koop** (m), in·ko·pen; in·koop·je

de/het **in·koop·or·der**, in·koop·or·ders

de **in·koop·prijs** (m), in·koop·prij·zen

de **in·koops·prijs** (m), in·koops·prij·zen

in·ko·pen (ww), koop in, koopt in; kocht in, koch·ten in; in·ge·kocht

de **in·ko·per** (m), in·ko·pers

in·kop·pen (ww), kop in, kopt in; kop·te in, kop·ten in; in·ge·kopt

in·kor·ten (ww), kort in, kort in; kort·te in, kort·ten in; in·ge·kort

in·krim·pen (ww), krimp in, krimpt in; kromp in, krom·pen in; in·ge·krom·pen

de **inkt** (m), ink·ten

ink·ten (ww), inkt, inkt; inkt·te, inkt·ten; geïnkt [ge·inkt]

de **inkt·pa·troon**, inkt·pa·tro·nen

de **inkt·pot** (m), inkt·pot·ten; inkt·pot·je

de **inkt·rol**, inkt·rol·len

de **inkt·vis** (m), inkt·vis·sen; inkt·vis·je

de **in·laat** (m), in·la·ten

in·la·den (ww), laad in, laadt in; laad·de in, laad·den in; in·ge·la·den

de **in·la·ge**, in·la·gen

in·las·sen (ww), las in, last in; las·te in, las·ten in; in·ge·last

in·la·ten (ww), laat in, laat in; liet in, lie·ten in; in·ge·la·ten
de **in·leg** (m), in·leg·gen; in·leg·je
in·leg·gen (ww), leg in, legt in; leg·de in, leg·den in; in·ge·legd
in·lei·den (ww), leid in, leidt in; leid·de in, leid·den in; in·ge·leid
de **in·lei·ding** (v), in·lei·din·gen; in·lei·din·kje
in·le·nen (ww), leen in, leent in; leen·de in, leen·den in; in·ge·leend
in·le·ren (ww), leer in, leert in; leer·de in, leer·den in; in·ge·leerd
in·le·ven (ww), leef in, leeft in; leef·de in, leef·den in; in·ge·leefd
in le·ven·den lij·ve
de **in·le·ver·da·tum** (m), in·le·ver·da·ta, in·le·ver·da·tums
in·le·ve·ren (ww), le·ver in, le·vert in; le·ver·de in, le·ver·den in; in·ge·le·verd
de **in·le·ve·ring** (v), in·le·ve·rin·gen
het **in·le·vings·ver·mo·gen**, in·le·vings·ver·mo·gens
in·le·zen (ww), lees in, leest in; las in, la·zen in; in·ge·le·zen
in·lich·ten (ww), licht in, licht in; licht·te in, licht·ten in; in·ge·licht
in lich·ter·laaie
de **in·lich·ting** (v), in·lich·tin·gen
de **in·lich·tin·gen·dienst** (m), in·lich·tin·gen·dien·sten; in·lich·tin·gen·dienst·je
in·lijs·ten (ww), lijst in, lijst in; lijst·te in, lijst·ten in; in·ge·lijst
in·lij·ven (ww), lijf in, lijft in; lijf·de in, lijf·den in; in·ge·lijfd
de **in·line** (m), in·lines
in·line·ska·ten (ww), in·line·skate, in·line·skatet; in·line·skate·te, in·line·skate·ten; geïnlineskatet [ge·in·line·skatet]
de **in·line·skates** (mv)
de **in·log·ge·ge·vens** (mv)
in·log·gen (ww), log in, logt in; log·de in, log·den in; in·ge·logd
de **in·log·naam** (m), in·log·na·men
de **in·loop** (m)
in·lo·pen (ww), loop in, loopt in; liep in, lie·pen in; in·ge·lo·pen
in·los·sen (ww), los in, lost in; los·te in, los·ten in; in·ge·lost
in·lo·ten (ww), loot in, loot in; loot·te in, loot·ten in; in·ge·loot
in·lui·den (ww), luid in, luidt in; luid·de in, luid·den in; in·ge·luid
in·ma·ken (ww), maak in, maakt in; maak·te in, maak·ten in; in·ge·maakt
in·mas·se·ren (ww), mas·seer in, mas·seert in; mas·seer·de in, mas·seer·den in; in·ge·mas·seerd
het **in me·mo·ri·am**[1], in me·mo·ri·ams
in me·mo·ri·am[2] (bijw)
in·me·ten (ww), meet in, meet in; mat in, ma·ten in; in·ge·me·ten
in·met·se·len (ww), met·sel in, met·selt in; met·sel·de in, met·sel·den in; in·ge·met·seld
in·mid·dels (bijw)
in·naai·en (ww), naai in, naait in; naai·de in, naai·den in; in·ge·naaid
de **in·na·me**, in·na·men, in·na·mes
in·ne·men (ww), neem in, neemt in; nam in, na·men in; in·ge·no·men
in·ne·mend (bnw), in·ne·men·de
de **in·ne·ming** (v), in·ne·min·gen
in·nen (ww), in, int; in·de, in·den; geïnd [ge·ind]
in·ner·lijk (bnw), in·ner·lij·ke
in·nig (bnw), in·ni·ge
de **in·ning**[1] (v) *(het innen),* in·nin·gen

de **in·ning**[2] (m) *(sportterm),* in·nings
in no time (bijw)
de **in·no·va·tie** (v), in·no·va·ties
in·no·va·tief (bnw), in·no·va·tie·ve
de **in·no·va·ti·vi·teit** (v), in·no·va·ti·vi·tei·ten
de **in·no·va·tor** (m), in·no·va·to·ren, in·no·va·tors
in·no·ve·ren (ww), in·no·veer, in·no·veert; in·no·veer·de, in·no·veer·den; geïnnoveerd [ge·in·no·veerd]
in·no·ve·rend (bnw), in·no·ve·ren·de
het **in·nu·en·do**, in·nu·en·do's
ino *(neutrino; gravitino etc.),* ino's
in·oe·fe·nen (ww), oe·fen in, oe·fent in; oe·fen·de in, oe·fen·den in; in·ge·oe·fend
de **in·oe·fe·ning** (v), in·oe·fe·nin·gen
in·of·fi·ci·eel (bnw), inofficiële [in·of·fi·ci·e·le]
inoliën [in·oli·en] (ww), olie in, oliet in; olie·de in, olie·den in; in·ge·olied
de **in·ont·vangst·na·me**, in·ont·vangst·na·men, in·ont·vangst·na·mes
de **in·ont·vangst·ne·ming** (v), in·ont·vangst·ne·min·gen
de/het **inox**[1] (m/o)
inox[2] (bnw)
in·pak·ken (ww), pak in, pakt in; pak·te in, pak·ten in; in·ge·pakt
het **in·pak·pa·pier**, in·pak·pa·pier·tje
in·pan·dig (bnw), in·pan·di·ge
in·par·ke·ren (ww), par·keer in, par·keert in; par·keer·de in, par·keer·den in; in·ge·par·keerd
in·pas·sen (ww), pas in, past in; pas·te in, pas·ten in; in·ge·past
de **in·pas·sing** (v), in·pas·sin·gen
in·pe·pe·ren (ww), pe·per in, pe·pert in; pe·per·de in, pe·per·den in; in·ge·pe·perd
in·per·ken (ww), perk in, perkt in; perk·te in, perk·ten in; in·ge·perkt
de **in·per·king** (v), in·per·kin·gen
in pet·to (bijw)
in·pik·ken (ww), pik in, pikt in; pik·te in, pik·ten in; in·ge·pikt
de **in·plaats·stel·ling** (v), in·plaats·stel·lin·gen
in·plan·nen (ww), plan in, plant in; plan·de in, plan·den in; in·ge·pland
de **in·plan·ning** (v), in·plan·nin·gen
de **in·plant** (m)
in·plan·ten (ww), plant in, plant in; plant·te in, plant·ten in; in·ge·plant
de **in·plan·ting** (v), in·plan·tin·gen
het **in·plan·tings·plan**, in·plan·tings·plan·nen
in·plug·gen (ww), plug in, plugt in; plug·de in, plug·den in; in·ge·plugd
in·pren·ten (ww), prent in, prent in; prent·te in, prent·ten in; in·ge·prent
in·prij·zen (ww), prijs in, prijst in; prees in, pre·zen in; in·ge·pre·zen
de **in·pro·duc·tie·na·me**, in·pro·duc·tie·na·men, in·pro·duc·tie·na·mes
de **in·put** (m), in·puts
de **in·qui·si·teur** (m), in·qui·si·teurs
de **in·qui·si·tie** (v), in·qui·si·ties
in real time (bijw)
in·re·ge·len (ww), re·gel in, re·gelt in; re·gel·de in, re·gel·den in; in·ge·re·geld
in·rei·zen (ww), reis in, reist in;

reis·de in, reis·den in; in·ge·reisd
in·rich·ten (ww), richt in, richt in; richt·te in, richt·ten in; in·ge·richt
de **in·rich·ting** (v), in·rich·tin·gen
de **in·rich·tings·stu·die** (v), in·rich·tings·stu·dies
in·rij·den (ww), rijd in, rij in, rijdt in; reed in, re·den in; in·ge·re·den
de **in·rit** (m), in·rit·ten
in·roe·pen (ww), roep in, roept in; riep in, rie·pen in; in·ge·roe·pen
in·roos·te·ren (ww), roos·ter in, roos·tert in; roos·ter·de in, roos·ter·den in; in·ge·roos·terd
in·rui·len (ww), ruil in, ruilt in; ruil·de in, ruil·den in; in·ge·ruild
in·scan·nen (ww), scan in, scant in; scan·de in, scan·den in; in·ge·scand
in·scha·ke·len (ww), scha·kel in, scha·kelt in; scha·kel·de in, scha·kel·den in; in·ge·scha·keld
de **in·scha·ling** (v), in·scha·lin·gen
in·schat·ten (ww), schat in, schat in; schat·te in, schat·ten in; in·ge·schat
de **in·schat·ting** (v), in·schat·tin·gen
in·schen·ken (ww), schenk in, schenkt in; schonk in, schon·ken in; in·ge·schon·ken
in·sche·pen (ww), scheep in, scheept in; scheep·te in, scheep·ten in; in·ge·scheept
in·schie·ten (ww), schiet in, schiet in; schoot in, scho·ten in; in·ge·scho·ten
het **in·schrijf·for·mu·lier**, in·schrijf·for·mu·lie·ren; in·schrijf·for·mu·lier·tje
het **in·schrijf·geld**, in·schrijf·gel·den
de **in·schrijf·ter·mijn** (m), in·schrijf·ter·mij·nen
in·schrij·ven (ww), schrijf in, schrijft in; schreef in, schre·ven in; in·ge·schre·ven
de **in·schrij·ver** (m), in·schrij·vers
de **in·schrij·ving** (v), in·schrij·vin·gen
het **in·schrij·vings·for·mu·lier**, in·schrij·vings·for·mu·lie·ren
het **in·schrij·vings·geld**, in·schrij·vings·gel·den
de **in·schrij·vings·strook**, in·schrij·vings·stro·ken; in·schrij·vings·strook·je
de **in·scrip·tie** (v), in·scrip·ties
in se (bijw)
het **in·sect**, in·sec·ten; in·sect·je
de **in·sec·ten·beet** (m), in·sec·ten·be·ten
het **in·sec·ten·le·ven**, in·sec·ten·le·vens
de **in·sec·ten·plaag**, in·sec·ten·pla·gen
de **in·sec·ten·spray** (m), in·sec·ten·sprays
de **in·sec·ten·ver·del·ger** (m), in·sec·ten·ver·del·gers
in·sec·ten·we·rend (bnw), in·sec·ten·we·ren·de
het **in·sec·ti·ci·de**, in·sec·ti·ci·den
in·sei·nen (ww), sein in, seint in; sein·de in, sein·den in; in·ge·seind
de **ins en outs** (mv)
de **in·sert** (m), in·serts
de **in·ser·tie** (v), in·ser·ties
ins·ge·lijks (bijw)
de **in·side-in·for·ma·ti·on** (m)
de **in·si·der** (m), in·si·ders
het **in·sig·ne**, in·sig·nes
in·sij·pe·len (ww), sij·pel in, sij·pelt in; sij·pel·de in, sij·pel·den

in; in·ge·sij·peld
de **in·sij·pe·ling** (v), in·sij·pe·lin·gen
de **in·si·nu·a·tie** (v), in·si·nu·a·ties
in·si·nu·e·ren (ww), in·si·nu·eer, in·si·nu·eert; in·si·nu·eer·de, in·si·nu·eer·den; geïnsinueerd [ge·in·si·nu·eerd]
in·sis·te·ren (ww), in·sis·teer, in·sis·teert; in·sis·teer·de, in·sis·teer·den; geïnsisteerd [ge·in·sis·teerd]
in si·tu (bnw)
in·slaan (ww), sla in, slaat in; sloeg in, sloe·gen in; in·ge·sla·gen
de **in·slag** (m), in·sla·gen; in·slag·je
in·sla·pen (ww), slaap in, slaapt in; sliep in, slie·pen in; in·ge·sla·pen
in·slik·ken (ww), slik in, slikt in; slik·te in, slik·ten in; in·ge·slikt
in·slui·pen (ww), sluip in, sluipt in; sloop in, slo·pen in; in·ge·slo·pen
in·slui·ten (ww), sluit in, sluit in; sloot in, slo·ten in; in·ge·slo·ten
in·sme·ren (ww), smeer in, smeert in; smeer·de in, smeer·den in; in·ge·smeerd
in·sneeu·wen (ww), sneeuw in, sneeuwt in; sneeuw·de in, sneeuw·den in; in·ge·sneeuwd
in·sol·vent (bnw), in·sol·ven·te
de **in·sol·ven·tie** (v)
de **in·som·nia** (v)
de **in·som·nie** (v)
in·span·nen (ww), span in, spant in; span·de in, span·den in; in·ge·span·nen
de **in·span·ning** (v), in·span·nin·gen
in spe (bnw)
in·spec·te·ren (ww), in·spec·teer, in·spec·teert; in·spec·teer·de, in·spec·teer·den; geïnspecteerd [ge·in·spec·teerd]
de **in·spec·teur** (m), in·spec·teurs; in·spec·teur·tje
de **in·spec·teur-ge·ne·raal** (m), in·spec·teurs-ge·ne·raal
de **in·spec·tie** (v), in·spec·ties
de **in·spec·tri·ce** (v), in·spec·tri·ces
in·spe·len (ww), speel in, speelt in; speel·de in, speel·den in; in·ge·speeld
de **inspiciënt** [in·spi·ci·ent] (m), inspiciënten [in·spi·ci·en·ten]
de **in·spi·ra·tie** (v), in·spi·ra·ties
de **in·spi·ra·tie·bron**, in·spi·ra·tie·bron·nen
de **in·spi·ra·tor** (m), in·spi·ra·to·ren, in·spi·ra·tors
in·spi·re·ren (ww), in·spi·reer, in·spi·reert; in·spi·reer·de, in·spi·reer·den; geïnspireerd [ge·in·spi·reerd]
in·spi·re·rend (bnw), in·spi·re·ren·de
de **in·spraak**
in·spre·ken (ww), spreek in, spreekt in; sprak in, spra·ken in; in·ge·spro·ken
in·sprin·gen (ww), spring in, springt in; sprong in, spron·gen in; in·ge·spron·gen
de **in·sprin·ging** (v), in·sprin·gin·gen
in·spui·ten (ww), spuit in, spuit in; spoot in, spo·ten in; in·ge·spo·ten
in·staan (ww), sta in, staat in; stond in, ston·den in; in·ge·staan
in·sta·biel (bnw), in·sta·bie·le
de **in·sta·bi·li·teit** (v), in·sta·bi·li·tei·ten
de **in·stal·la·teur** (m), in·stal·la·teurs
de **in·stal·la·tie** (v), in·stal·la·ties
de **in·stal·la·tie·ka·bel** (m),

in·stal·la·tie·ka·bels
in·stal·le·ren (ww), in·stal·leer, in·stal·leert; in·stal·leer·de, in·stal·leer·den; geïnstalleerd [ge·in·stal·leerd]
in stand blij·ven
in stand hou·den
de **in·stand·hou·ding** (v), in·stand·hou·din·gen
in·stant (bnw)
in·stan·taan (bnw), in·stan·ta·ne
de **in·stan·tie** (v), in·stan·ties
de **in·stap** (m), in·stap·pen; in·stap·je
de **in·stap·ba·lie** (v), in·stap·ba·lies
in·stap·klaar (bnw), in·stap·kla·re
in·stap·pen (ww), stap in, stapt in; stap·te in, stap·ten in; in·ge·stapt
de **in·steek** (m), in·ste·ken
in·ste·ken (ww), steek in, steekt in; stak in, sta·ken in; in·ge·sto·ken
in·stel·len (ww), stel in, stelt in; stel·de in, stel·den in; in·ge·steld
de **in·stel·ling** (v), in·stel·lin·gen; in·stel·lin·kje
in·stem·men (ww), stem in, stemt in; stem·de in, stem·den in; in·ge·stemd
de **in·stem·ming** (v), in·stem·min·gen
de **in·stem·mings·aan·vraag**, in·stem·mings·aan·vra·gen
de **in·sti·ga·tie** (v)
het **in·stinct**, in·stinc·ten
in·stinc·tief (bnw), in·stinc·tie·ve
de **in·stin·ker** (m), in·stin·kers; in·stin·ker·tje
de **in·sti·tu·tie** (v), in·sti·tu·ties
in·sti·tu·ti·o·na·li·se·ren (ww), in·sti·tu·ti·o·na·li·seer, in·sti·tu·ti·o·na·li·seert; in·sti·tu·ti·o·na·li·seer·de, in·sti·tu·ti·o·na·li·seer·den; geïnstitutionaliseerd [ge·in·sti·tu·ti·o·na·li·seerd]
de **in·sti·tu·ti·o·na·li·se·ring** (v), in·sti·tu·ti·o·na·li·se·rin·gen
in·sti·tu·ti·o·neel (bnw), in·sti·tu·ti·o·ne·le
het **in·sti·tuut**, in·sti·tu·ten; in·sti·tuut·je
in·stop·pen (ww), stop in, stopt in; stop·te in, stop·ten in; in·ge·stopt
in·store (bnw)
in·stor·ten (ww), stort in, stort in; stort·te in, stort·ten in; in·ge·stort
in·strij·ken (ww), strijk in, strijkt in; streek in, stre·ken in; in·ge·stre·ken
in·stro·men (ww), stroom in, stroomt in; stroom·de in, stroom·den in; in·ge·stroomd
de **in·stroom** (m), in·stro·men
de **in·struc·teur** (m), in·struc·teurs
de **in·struc·tie** (v), in·struc·ties
de **in·struc·tor** (m), in·struc·to·ren, in·struc·tors
de **in·struc·tri·ce** (v), in·struc·tri·ces
in·stru·e·ren (ww), in·stru·eer, in·stru·eert; in·stru·eer·de, in·stru·eer·den; geïnstrueerd [ge·in·stru·eerd]
het **in·stru·ment**, in·stru·men·ten; in·stru·ment·je
in·stru·men·taal (bnw), in·stru·men·ta·le
de **in·stru·men·ta·list** (m), in·stru·men·ta·lis·ten
het **in·stru·men·ta·ri·um**, in·stru·men·ta·ria, in·stru·men·ta·ri·ums
in·stru·men·teel (bnw), in·stru·men·te·le

in·stu·de·ren (ww), stu·deer in, stu·deert in; stu·deer·de in, stu·deer·den in; in·ge·stu·deerd
de **in·stuif** (m), in·stui·ven
in·stu·ren (ww), stuur in, stuurt in; stuur·de in, stuur·den in; in·ge·stuurd
de **in·sub·or·di·na·tie** (v), in·sub·or·di·na·ties
de **insufficiëntie** [in·suf·fi·ci·en·tie] (v), insufficiënties [in·suf·fi·ci·en·ties]
de **in·su·li·ne**
het **in·sult**, in·sul·ten
in·tact (bnw), in·tac·te
de **in·take** (m), in·takes
het **in·take·ge·sprek**, in·take·ge·sprek·ken; in·take·ge·sprek·je
in·ta·ken (ww)
in·ta·pen (ww), tape in, tapet in; tape·te in, tape·ten in; in·ge·tapet
de **in·teelt**
in·te·gen·deel (bijw)
in·te·ger (bnw), in·te·ge·re
de **in·te·graal**[1], in·te·gra·len
in·te·graal[2] (bnw), in·te·gra·le
de **in·te·gra·li·teit** (v), in·te·gra·li·tei·ten
de **in·te·gra·tie** (v), in·te·gra·ties
in·te·gra·tief (bnw), in·te·gra·tie·ve
de **in·te·gra·tor** (m), in·te·gra·to·ren, in·te·gra·tors
in·te·gre·ren (ww), in·te·greer, in·te·greert; in·te·greer·de, in·te·greer·den; geïntegreerd [ge·in·te·greerd]
in·te·gre·rend (bnw), in·te·gre·ren·de
de **in·te·gri·teit** (v), in·te·gri·tei·ten
het **in·te·gri·teits·be·leid**
de **in·te·gri·teits·schen·ding** (v), in·te·gri·teits·schen·din·gen
in·te·ke·nen (ww), te·ken in, te·kent in; te·ken·de in, te·ken·den in; in·ge·te·kend
het **in·tel·lect**, in·tel·lec·ten
de **in·tel·lec·tu·eel**[1] (m), in·tel·lec·tu·e·len; in·tel·lec·tu·eel·tje
in·tel·lec·tu·eel[2] (bnw), in·tel·lec·tu·e·le
in·tel·li·gent (bnw), in·tel·li·gen·te
de **in·tel·li·gen·tie** (v), in·tel·li·gen·ties
het **in·tel·li·gen·tie·on·der·zoek**, in·tel·li·gen·tie·on·der·zoe·ken
het **intelligentiequotiënt** [in·tel·li·gen·tie·quo·ti·ent]
de **in·tel·li·gent·sia** (v)
de **in·ten·dant** (m), in·ten·dan·ten
in·tens (bnw), in·ten·se
in·ten·sief (bnw), in·ten·sie·ve
intensifiëren [in·ten·si·fi·e·ren] (ww), in·ten·si·fi·eer, in·ten·si·fi·eert; in·ten·si·fi·eer·de, in·ten·si·fi·eer·den; geïntensifieerd [ge·in·ten·si·fi·eerd]
de **in·ten·si·teit** (v), in·ten·si·tei·ten
de **in·ten·sive care** (m), in·ten·sive cares
de **in·ten·sive·care·af·de·ling** (v), in·ten·sive·care·af·de·lin·gen
in·ten·si·ve·ren (ww), in·ten·si·veer, in·ten·si·veert; in·ten·si·veer·de, in·ten·si·veer·den; geïntensiveerd [ge·in·ten·si·veerd]
de **in·ten·si·ve·ring** (v), in·ten·si·ve·rin·gen
de **in·ten·si·vi·teit** (v)
de **in·ten·tie** (v), in·ten·ties
de **in·ten·tie·over·een·komst** (v),

in·ten·tie·over·een·kom·sten
in·ten·ti·o·neel (bnw), in·ten·ti·o·ne·le
in·ter·aca·de·mi·aal (bnw), in·ter·aca·de·mi·a·le
in·ter·ac·te·ren (ww), in·ter·ac·teer, in·ter·ac·teert; in·ter·ac·teer·de, in·ter·ac·teer·den; geïnteracteerd [ge·in·ter·ac·teerd]
de **in·ter·ac·tie** (v), in·ter·ac·ties
in·ter·ac·tief (bnw), in·ter·ac·tie·ve
de **in·ter·ac·ti·vi·teit** (v), in·ter·ac·ti·vi·tei·ten
in·ter·age·ren (ww), in·ter·ageer, in·ter·ageert; in·ter·ageer·de, in·ter·ageer·den; geïnterageerd [ge·in·ter·ageerd]
het **in·ter·ban·ken·toer·nooi**, in·ter·ban·ken·toer·nooi·en
het **in·ter·bel·lum**, in·ter·bel·lums
in·ter·be·stuur·lijk (bnw), in·ter·be·stuur·lij·ke
de **in·ter·ca·la·tie** (v), in·ter·ca·la·ties
de **in·ter·ce·dent** (m), in·ter·ce·den·ten
in·ter·cep·te·ren (ww), in·ter·cep·teer, in·ter·cep·teert; in·ter·cep·teer·de, in·ter·cep·teer·den; geïntercepteerd [ge·in·ter·cep·teerd]
de **in·ter·ci·ty** (m), in·ter·ci·ty's
het **in·ter·ci·ty·net**, in·ter·ci·ty·net·ten
de **in·ter·com** (m), in·ter·coms
in·ter·com·mu·naal (bnw), in·ter·com·mu·na·le
de **in·ter·com·mu·na·le** (v), in·ter·com·mu·na·les
de **in·ter·con·nec·tie** (v), in·ter·con·nec·ties
de **in·ter·cul·tu·ra·li·teit** (v), in·ter·cul·tu·ra·li·tei·ten
in·ter·cul·tu·reel (bnw), in·ter·cul·tu·re·le
in·ter·de·par·te·men·taal (bnw), in·ter·de·par·te·men·ta·le
de **in·ter·de·pen·den·tie** (v), in·ter·de·pen·den·ties
het **in·ter·dis·tric·ten·toer·nooi**, in·ter·dis·tric·ten·toer·nooi·en
in·te·ren (ww), teer in, teert in; teer·de in, teer·den in; in·ge·teerd
in·te·res·sant (bnw), in·te·res·san·te
de **in·te·res·se** (v), in·te·res·ses
het **in·te·res·se·ge·bied**, in·te·res·se·ge·bie·den; in·te·res·se·ge·bied·je
in·te·res·se·ren (ww), in·te·res·seer, in·te·res·seert; in·te·res·seer·de, in·te·res·seer·den; geïnteresseerd [ge·in·te·res·seerd]
het **in·te·res·se·veld**, in·te·res·se·vel·den
de **in·te·rest** (m), in·te·res·ten
de **in·te·rest·voet** (m), in·te·rest·voe·ten
de **in·ter·face** (m), in·ter·fa·ces
de **in·ter·fe·ren·tie** (v), in·ter·fe·ren·ties
in·ter·fe·re·ren (ww), in·ter·fe·reer, in·ter·fe·reert; in·ter·fe·reer·de, in·ter·fe·reer·den; geïnterfereerd [ge·in·ter·fe·reerd]
in·ter·ge·ne·ra·ti·o·neel (bnw), in·ter·ge·ne·ra·ti·o·ne·le
in·ter·gou·ver·ne·men·teel (bnw), in·ter·gou·ver·ne·men·te·le
In·ter-Gu·y·a·nees (bnw), In·ter-Gu·y·a·ne·se
het **in·te·ri·eur**, in·te·ri·eu·ren, in·te·ri·eurs; in·te·ri·eur·tje

de **in·te·ri·eur·ar·chi·tect** (m), in·te·ri·eur·ar·chi·tec·ten
de **in·te·rim**[1] (m) *(tijdelijke baan),* in·te·rims; in·te·rim·me·tje, in·te·rim·pje
de **in·te·rim**[2] *(persoon),* in·te·rims; in·te·rim·me·tje, in·te·rim·pje
het **in·te·rim**[3] *(tussentijd),* in·te·rims; in·te·rim·me·tje, in·te·rim·pje
het **in·te·rim-aan·deel**, in·te·rim-aan·de·len
het **in·te·rim-ad·vies**, in·te·rim-ad·vie·zen
in·te·ri·mair (bnw), in·te·ri·mai·re
het **in·te·rim-ak·koord**, in·te·rim-ak·koor·den
de **in·te·rim·ar·beid** (m) *(werk via uitzendbureau)*
de **in·te·ri·ma·ris** (m), in·te·ri·ma·ris·sen
in·te·rim·ba·sis: op interimbasis
het **in·te·rim-be·stuur**, in·te·rim-be·stu·ren
het **in·te·rim·bu·reau** *(uitzendbureau),* in·te·rim·bu·reaus; in·te·rim·bu·reau·tje
het **in·te·rim·con·tract** *(uitzendcontract),* in·te·rim·con·trac·ten; in·te·rim·con·tract·je
de **in·te·rim-di·rec·teur** (m), in·te·rim-di·rec·teu·ren, in·te·rim-di·rec·teurs
het **in·te·rim-di·vi·dend**, in·te·rim-di·vi·den·den
de **in·te·rim·job** (m) *(uitzendbaan),* in·te·rim·jobs; in·te·rim·job·je
het **in·te·rim·kan·toor** *(uitzendbureau),* in·te·rim·kan·to·ren
de **in·te·rim-le·raar** (m), in·te·rim-le·raars, in·te·rim-le·ra·ren
het **in·te·rim-ma·nage·ment**
de **in·te·rim-ma·na·ger** (m), in·te·rim-ma·na·gers
de **in·te·rim·mer** (m), in·te·rim·mers
de **in·te·rim-op·dracht**, in·te·rim-op·drach·ten
de **in·te·rim-pe·ri·o·de** (v), in·te·rim-pe·ri·o·den, in·te·rim-pe·ri·o·des
het **in·te·rim-rap·port**, in·te·rim-rap·por·ten; in·te·rim-rap·port·je
de **in·te·rim-re·ge·ring** (v), in·te·rim-re·ge·rin·gen
de **in·te·rim-voor·zit·ter** (m), in·te·rim-voor·zit·ters
het **in·te·rim·werk** *(uitzendwerk)*
de **in·ter·jec·tie** (v), in·ter·jec·ties
de **in·ter·land** (m), in·ter·lands; in·ter·land·je
de **in·ter·land·wed·strijd** (m), in·ter·land·wed·strij·den
de/het **in·ter·lock** (m/o), in·ter·locks; in·ter·lock·je
de **in·ter·me·di·air**[1] *(persoon),* in·ter·me·di·airs
het **in·ter·me·di·air**[2] *(bemiddeling)*
in·ter·me·di·air[3] (bnw), in·ter·me·di·ai·re
het **in·ter·mez·zo**, in·ter·mez·zo's; intermezzootje [in·ter·mez·zo·tje]
in·ter·mit·te·rend (bnw), in·ter·mit·te·ren·de
de **in·tern**[1] (m), in·ter·nen
in·tern[2] (bnw), in·ter·ne
het **in·ter·naat**, in·ter·na·ten
in·ter·na·li·se·ren (ww), in·ter·na·li·seer, in·ter·na·li·seert; in·ter·na·li·seer·de, in·ter·na·li·seer·den; geïnternaliseerd [ge·in·ter·na·li·seerd]
de **in·ter·na·li·se·ring** (v), in·ter·na·li·se·rin·gen
in·ter·na·ti·o·naal (bnw), in·ter·na·ti·o·na·le

de **in·ter·na·ti·o·nal** (m), in·ter·na·ti·o·nals
In·ter·na·ti·o·na·le, In·ter·na·ti·o·na·les
de **in·ter·na·ti·o·na·li·se·ring** (v), in·ter·na·ti·o·na·li·se·rin·gen
de **in·ter·ne** (v), in·ter·nen
in·ter·ne·ren (ww), in·ter·neer, in·ter·neert; in·ter·neer·de, in·ter·neer·den; geïnterneerd [ge·in·ter·neerd]
het **in·ter·net**, in·ter·net·je
de **in·ter·net·aan·bie·der** (m), in·ter·net·aan·bie·ders
de **in·ter·net·aan·slui·ting** (v), in·ter·net·aan·slui·tin·gen
het **in·ter·net·adres**, in·ter·net·adres·sen
in·ter·net·ban·kie·ren (ww), in·ter·net·ban·kier, in·ter·net·ban·kiert; in·ter·net·ban·kier·de, in·ter·net·ban·kier·den; geïnternetbankierd [ge·in·ter·net·ban·kierd]
de **in·ter·net·brow·ser** (m), in·ter·net·brow·sers
het **in·ter·net·ca·fé**, in·ter·net·ca·fés; internetcafeetje [in·ter·net·ca·fé·tje]
in·ter·net·da·ten (ww), in·ter·net·date, in·ter·net·datet; in·ter·net·date·te, in·ter·net·date·ten; geïnternetdatet [ge·in·ter·net·datet]
het **in·ter·net·ge·bruik**
de **in·ter·net·link**, in·ter·net·links
de **in·ter·net·mar·ke·ting**
de **in·ter·net·pa·gi·na**, in·ter·net·pa·gi·na's
de **in·ter·net·pro·vi·der** (m), in·ter·net·pro·vi·ders
de **in·ter·net·site**, in·ter·net·sites
in·ter·net·ten (ww), in·ter·net, in·ter·net; in·ter·net·te, in·ter·net·ten; geïnternet [ge·in·ter·net]
de **in·ter·net·toe·gang** (m), in·ter·net·toe·gan·gen
de **in·ter·net·ver·bin·ding** (v), in·ter·net·ver·bin·din·gen
de **in·ter·nist** (m), in·ter·nis·ten
de **in·ter·nun·ti·us** (m), in·ter·nun·tii, in·ter·nun·ti·us·sen
de **in·ter·ope·ra·bi·li·teit** (v), in·ter·ope·ra·bi·li·tei·ten
de **in·ter·pel·la·tie** (v), in·ter·pel·la·ties
het **in·ter·pel·la·tie·voor·stel**, in·ter·pel·la·tie·voor·stel·len
in·ter·pel·le·ren (ww), in·ter·pel·leer, in·ter·pel·leert; in·ter·pel·leer·de, in·ter·pel·leer·den; geïnterpelleerd [ge·in·ter·pel·leerd]
in·ter·per·soon·lijk (bnw), in·ter·per·soon·lij·ke
de **in·ter·po·la·tie** (v), in·ter·po·la·ties
in·ter·po·le·ren (ww), in·ter·po·leer, in·ter·po·leert; in·ter·po·leer·de, in·ter·po·leer·den; geïnterpoleerd [ge·in·ter·po·leerd]
de **in·ter·preet** (m), in·ter·pre·ten
in·ter·pre·ta·bel (bnw), in·ter·pre·ta·be·le
de **in·ter·pre·ta·tie** (v), in·ter·pre·ta·ties
in·ter·pre·ta·tief (bnw), in·ter·pre·ta·tie·ve
in·ter·pre·teer·baar (bnw), in·ter·pre·teer·ba·re
in·ter·pre·te·ren (ww),

in·ter·pre·teer, in·ter·pre·teert; in·ter·pre·teer·de, in·ter·pre·teer·den; geïnterpreteerd [ge·in·ter·pre·teerd]

in·ter·pro·fes·si·o·neel (bnw), in·ter·pro·fes·si·o·ne·le

de **in·ter·punc·tie** (v), in·ter·punc·ties

het **in·ter·reg·num**, in·ter·reg·na, in·ter·reg·nums

in·ter·rum·pe·ren (ww), in·ter·rum·peer, in·ter·rum·peert; in·ter·rum·peer·de, in·ter·rum·peer·den; geïnterrumpeerd [ge·in·ter·rum·peerd]

de **in·ter·rup·tie** (v), in·ter·rup·ties

in·ter·sco·lair (bnw), in·ter·sco·lai·re

de **in·ter·tek·stu·a·li·teit** (v), in·ter·tek·stu·a·li·tei·ten

het **in·ter·val**, in·ter·val·len; in·ter·val·le·tje

de **interveniënt** [in·ter·ve·ni·ent] (m), interveniënten [in·ter·ve·ni·en·ten]

interveniëren [in·ter·ve·ni·e·ren] (ww), in·ter·ve·ni·eer, in·ter·ve·ni·eert; in·ter·ve·ni·eer·de, in·ter·ve·ni·eer·den; geïntervenieerd [ge·in·ter·ve·ni·eerd]

de **in·ter·ven·tie** (v), in·ter·ven·ties

het **in·ter·view**, in·ter·views; in·ter·view·tje

in·ter·vie·wen (ww), in·ter·view, in·ter·viewt; in·ter·view·de, in·ter·view·den; geïnterviewd [ge·in·ter·viewd]

de **in·ter·vie·wer** (m), in·ter·vie·wers; in·ter·vie·wer·tje

de **in·ter·vi·sie** (v), in·ter·vi·sies

in·tiem (bnw), in·tie·me

de **in·ti·fa·da**, in·ti·fa·da's

in·tik·ken (ww), tik in, tikt in; tik·te in, tik·ten in; in·ge·tikt

de **in·ti·mi·da·tie** (v), in·ti·mi·da·ties

in·ti·mi·de·ren (ww), in·ti·mi·deer, in·ti·mi·deert; in·ti·mi·deer·de, in·ti·mi·deer·den; geïntimideerd [ge·in·ti·mi·deerd]

in·ti·mis·tisch (bnw), in·ti·mis·ti·sche

de **in·ti·mi·teit** (v), in·ti·mi·tei·ten; in·ti·mi·teit·je

de **in·tocht** (m), in·toch·ten

in·toet·sen (ww), toets in, toetst in; toets·te in, toets·ten in; in·ge·toetst

in·to·le·rant (bnw), in·to·le·ran·te

de **in·to·le·ran·tie** (v)

in·to·men (ww), toom in, toomt in; toom·de in, toom·den in; in·ge·toomd

de **in·to·na·tie** (v), in·to·na·ties

in·to·ne·ren (ww), in·to·neer, in·to·neert; in·to·neer·de, in·to·neer·den; geïntoneerd [ge·in·to·neerd]

de **in·toxi·ca·tie** (v), in·toxi·ca·ties

in·toxi·ce·ren (ww), in·toxi·ceer, in·toxi·ceert; in·toxi·ceer·de, in·toxi·ceer·den; geïntoxiceerd [ge·in·toxi·ceerd]

in·tra (voorz)

in·tra·com·mu·nau·tair (bnw), in·tra·com·mu·nau·tai·re

in·tra·fa·mi·li·aal (bnw), in·tra·fa·mi·li·a·le

in·tra·mu·raal (bnw), in·tra·mu·ra·le

in·tra mu·ros (bijw)

het **in·tra·net**, in·tra·net·ten;

in·tra·net·je
in·trans·pa·rant (bnw), in·trans·pa·ran·te
in·tra·oraal (bnw), in·tra·ora·le
in·trap·pen (ww), trap in, trapt in; trap·te in, trap·ten in; in·ge·trapt
in·tra·ve·neus (bnw), in·tra·ve·neu·ze
de **in·tre·de**, in·tre·den
in·tre·den (ww), treed in, treedt in; trad in, tra·den in; in·ge·tre·den
de **in·tree**
de **in·trek** (m)
in·trek·ken (ww), trek in, trekt in; trok in, trok·ken in; in·ge·trok·ken
de **in·trek·king** (v), in·trek·kin·gen
de **in·trest** (m), in·tres·ten
de **in·trest·voet** (m), in·trest·voe·ten
in·triest (bnw), in·tries·te
de **in·tri·ge**, in·tri·ges; in·tri·ge·tje
in·tri·ge·ren (ww), in·tri·geer, in·tri·geert; in·tri·geer·de, in·tri·geer·den; geïntrigeerd [ge·in·tri·geerd]
in·tri·ge·rend (bnw), in·tri·ge·ren·de
in·trin·siek (bnw), in·trin·sie·ke
de **in·tro** (m), in·tro's; introotje [in·tro·tje]
de **in·tro·du·cé** (m), in·tro·du·cés; introduceetje [in·tro·du·cé·tje]
de **in·tro·du·cee** (v), in·tro·du·cees; in·tro·du·cee·tje
in·tro·du·ce·ren (ww), in·tro·du·ceer, in·tro·du·ceert; in·tro·du·ceer·de, in·tro·du·ceer·den; geïntroduceerd [ge·in·tro·du·ceerd]
de **in·tro·duc·tie** (v), in·tro·duc·ties
de/het **introïtus** [in·tro·i·tus] (m/o)
de **in·tro·ni·sa·tie** (v), in·tro·ni·sa·ties
de **in·tro·spec·tie** (v), in·tro·spec·ties
de **in·tro·ver·sie** (v)
in·tro·vert (bnw), in·tro·ver·te
de **in·tru·sie** (v), in·tru·sies
in·tru·sief (bnw), in·tru·sie·ve
de **intuïtie** [in·tu·i·tie] (v), intuïties [in·tu·i·ties]
intuïtief [in·tu·i·tief] (bnw), intuïtieve [in·tu·i·tie·ve]
in·tus·sen (bijw)
in·ty·pen (ww), typ in, typt in; typ·te in, typ·ten in; in·ge·typt
de **In·u·it** (mv)
de **in·un·da·tie** (v), in·un·da·ties
de **in·val** (m), in·val·len; in·val·le·tje
de **in·va·li·de**[1], in·va·li·den
in·va·li·de[2] (bnw)
de **in·va·li·den·par·keer·plaats**, in·va·li·den·par·keer·plaat·sen
het **in·va·li·den·toi·let**, in·va·li·den·toi·let·ten
de **in·va·li·den·wa·gen** (m), in·va·li·den·wa·gens; in·va·li·den·wa·gen·tje
in·val·len (ww), val in, valt in; viel in, vie·len in; in·ge·val·len
de **in·val·ler** (m), in·val·lers
de **in·vals·hoek** (m), in·vals·hoe·ken; in·vals·hoek·je
in·va·ren (ww), vaar in, vaart in; voer in, voe·ren in; in·ge·va·ren
de **in·va·sie** (v), in·va·sies; in·va·sie·tje
in·va·sief (bnw), in·va·sie·ve
de **in·ven·ta·ris** (m), in·ven·ta·ris·sen
de **in·ven·ta·ri·sa·tie** (v), in·ven·ta·ri·sa·ties
in·ven·ta·ri·se·ren (ww), in·ven·ta·ri·seer, in·ven·ta·ri·seert; in·ven·ta·ri·seer·de,

in·ven·ta·ri·seer·den; geïnventariseerd [ge·in·ven·ta·ri·seerd]

de **in·ven·ta·ri·se·ring** (v), in·ven·ta·ri·se·rin·gen

in·ven·tief (bnw), in·ven·tie·ve

de **in·ven·ti·vi·teit** (v), in·ven·ti·vi·tei·ten

de **in·ver·keer·stel·ling** (v), in·ver·keer·stel·lin·gen

de **in·ver·sie** (v), in·ver·sies

in·vert (bnw), in·ver·te

de **in·ver·ter** (m), in·ver·ters

de **in·ver·ze·ke·ring·stel·ling** (v), in·ver·ze·ke·ring·stel·lin·gen

de **in·ves·teer·der** (m), in·ves·teer·ders

in·ves·te·ren (ww), in·ves·teer, in·ves·teert; in·ves·teer·de, in·ves·teer·den; geïnvesteerd [ge·in·ves·teerd]

de **in·ves·te·ring** (v), in·ves·te·rin·gen; in·ves·te·rin·kje

de **in·ves·te·rings·maat·schap·pij** (v), in·ves·te·rings·maat·schap·pij·en; in·ves·te·rings·maat·schap·pij·tje

de **In·ves·ti·tuur·strijd** (m)

in·vet·ten (ww), vet in, vet in; vet·te in, vet·ten in; in·ge·vet

de **in·vi·ta·tie** (v), in·vi·ta·ties

de **in·vi·te** *(uitnodiging)*, in·vi·tes

de **in·vi·té** (m), in·vi·tés; inviteetje [in·vi·té·tje]

de **in·vi·tee** (v), in·vi·tees; in·vi·tee·tje

in·vi·te·ren (ww), in·vi·teer, in·vi·teert; in·vi·teer·de, in·vi·teer·den; geïnviteerd [ge·in·vi·teerd]

in vi·tro (bnw)

de **in-vi·tro·fer·ti·li·sa·tie** (v), in-vi·tro·fer·ti·li·sa·ties

in vi·vo (bnw)

in·vlie·gen (ww), vlieg in, vliegt in; vloog in, vlo·gen in; in·ge·vlo·gen

de **in·vloed** (m), in·vloe·den

in·vloed·rijk (bnw), in·vloed·rij·ke

de **in·vloeds·sfeer**, in·vloeds·sfe·ren

in·voe·gen (ww), voeg in, voegt in; voeg·de in, voeg·den in; in·ge·voegd

de **in·voe·ge·tre·ding** (v), in·voe·ge·tre·din·gen

in·voe·len (ww), voel in, voelt in; voel·de in, voel·den in; in·ge·voeld

de **in·voer** (m), in·voe·ren

in·voe·ren (ww), voer in, voert in; voer·de in, voer·den in; in·ge·voerd

de **in·voe·ring** (v), in·voe·rin·gen

in·voer·rech·ten·vrij (bnw), in·voer·rech·ten·vrije

de **in·voice**, in·voi·ces

in·vol·ve·ren (ww), in·vol·veer, in·vol·veert; in·vol·veer·de, in·vol·veer·den; geïnvolveerd [ge·in·vol·veerd]

in·vor·de·ren (ww), vor·der in, vor·dert in; vor·der·de in, vor·der·den in; in·ge·vor·derd

de **in·vor·de·ring** (v), in·vor·de·rin·gen

de **in·vraag·stel·ling** (v), in·vraag·stel·lin·gen

in·vrie·zen (ww), vries in, vriest in; vroor in, vro·ren in; in·ge·vro·ren

de **in·vrij·heid·stel·ling** (v), in·vrij·heid·stel·lin·gen

in·vul·len (ww), vul in, vult in; vul·de in, vul·den in; in·ge·vuld

de **in·vul·ling** (v), in·vul·lin·gen

in·waarts (bnw), in·waart·se
in·wach·ten (ww), wacht in, wacht in; wacht·te in, wacht·ten in; in·ge·wacht
in·wen·dig (bnw), in·wen·di·ge
in·wer·ken (ww), werk in, werkt in; werk·te in, werk·ten in; in·ge·werkt
de **in·wer·king** (v), in·wer·kin·gen
de **in·wer·king·stel·ling** (v), in·wer·king·stel·lin·gen
de **in·wer·king·tre·ding** (v), in·wer·king·tre·din·gen
in·we·ven (ww), weef in, weeft in; weef·de in, weef·den in; in·ge·we·ven
in·wij·den (ww), wijd in, wijdt in; wijd·de in, wijd·den in; in·ge·wijd
de **in·wij·ding** (v), in·wij·din·gen
in·wil·li·gen (ww), wil·lig in, wil·ligt in; wil·lig·de in, wil·lig·den in; in·ge·wil·ligd
in·win·nen (ww), win in, wint in; won in, won·nen in; in·ge·won·nen
in·wis·se·len (ww), wis·sel in, wis·selt in; wis·sel·de in, wis·sel·den in; in·ge·wis·seld
in·wo·nen (ww), woon in, woont in; woon·de in, woon·den in; in·ge·woond
de **in·wo·ner** (m), in·wo·ners; in·wo·ner·tje
het **in·wo·ner·aan·tal**, in·wo·ner·aan·tal·len
het **in·wo·ners·aan·tal**, in·wo·ners·aan·tal·len
het **in·wo·ner·tal**, in·wo·ner·tal·len
in·wrij·ven (ww), wrijf in, wrijft in; wreef in, wre·ven in; in·ge·wre·ven
inz.[1] (bijw) *(inzonderheid)*
inz.[2] (voorz) *(inzake)*
in·zaai·en (ww), zaai in, zaait in; zaai·de in, zaai·den in; in·ge·zaaid
de **in·zaai·pe·ri·o·de** (v), in·zaai·pe·ri·o·den, in·zaai·pe·ri·o·des
de **in·za·ge**[1], in·za·gen, in·za·ges
in·za·ge[2]: ter inzage
in·za·ge[3]: ter inzage leggen
in·za·gen (ww), zaag in, zaagt in; zaag·de in, zaag·den in; in·ge·zaagd
het **in·za·ge·recht**, in·za·ge·rech·ten
de **in·za·ge·ter·mijn** (m), in·za·ge·ter·mij·nen
in·za·ke (voorz)
in·zak·ken (ww), zak in, zakt in; zak·te in, zak·ten in; in·ge·zakt
in·za·me·len (ww), za·mel in, za·melt in; za·mel·de in, za·mel·den in; in·ge·za·meld
in·zen·den (ww), zend in, zendt in; zond in, zon·den in; in·ge·zon·den
de **in·zen·ding** (v), in·zen·din·gen
in·ze·pen (ww), zeep in, zeept in; zeep·te in, zeep·ten in; in·ge·zeept
de **in·zet** (m), in·zet·ten; in·zet·je
in·zet·ten (ww), zet in, zet in; zet·te in, zet·ten in; in·ge·zet
de **in·zet·ting** (v), in·zet·tin·gen
het **in·zicht**, in·zich·ten; in·zicht·je
in·zich·te·lijk (bnw), in·zich·te·lij·ke
het **in·zien**[1]
in·zien[2] (ww), zie in, ziet in; zag in, za·gen in; in·ge·zien
in·ziens[1]: mijns inziens
in·ziens[2]: onzes inziens
in·ziens[3]: zijns inziens
de **in·zin·king** (v), in·zin·kin·gen;

in·zin·kin·kje
in·zit·ten (ww), zit in, zit in; zat in, za·ten in; in·ge·ze·ten
de **in·zit·ten·de**, in·zit·ten·den
in·zon·der·heid (bijw)
in·zoo·men (ww), zoom in, zoomt in; zoom·de in, zoom·den in; in·ge·zoomd
in zo·ver·re
in·zui·gen (ww), zuig in, zuigt in; zoog in, zo·gen in; in·ge·zo·gen
in·zwe·ren (ww), zweer in, zweert in; zwoor in, zwo·ren in; in·ge·zwo·ren
in zwijm
i.o. *(in opdracht; in overleg; in oprichting)*
i.o.m. *(in overleg met)*
het **ion**, io·nen
io·nisch (bnw) *(m.b.t. ionen),* io·ni·sche
Io·nisch (bnw) *(m.b.t. Ionië),* Io·ni·sche
io·ni·se·ren (ww), io·ni·seer, io·ni·seert; io·ni·seer·de, io·ni·seer·den; geïoniseerd [ge·io·ni·seerd]
i.o.v. *(in opdracht van)*
het **IP-adres**, IP-adres·sen
de **iPad·school**, iPad·scho·len
de **iPhone·ap·pli·ca·tie** (v), iPhone·ap·pli·ca·ties
IPKO *(interparlementair koninkrijksoverleg)*
het **IPKO-over·leg**, IPKO-over·leg·gen
de **IPKO-voor·zit·ter** (m), IPKO-voor·zit·ters
de **iPod·duim** (m), iPod·dui·men
de **iPod·vin·ger** (m), iPod·vin·gers
het **ip·pon**, ip·pons
ip·so fac·to (bijw)
i.p.v. *(in plaats van)*
IQ *(intelligentiequotiënt),* IQ's
de **IQ-test** (m), IQ-tes·ten, IQ-tests
ir. *(ingenieur)*
Iraaks (bnw), Iraak·se
Iraans (bnw), Iraan·se
de **Ira·kees** (m), Ira·ke·zen; Ira·kees·je
de **Ira·ki** (m), Ira·ki, Ira·ki's
de **Iraniër** [Ira·ni·er] (m), Iraniërs [Ira·ni·ers]
de **iris**[1] (m) *(steen),* iris·sen; iris·je
de **iris**[2] *(andere betekenissen),* iris·sen; iris·je
de **Irish cof·fee** (m), Irish cof·fees
de **iro·nie** (v)
iro·nisch (bnw), iro·ni·sche
ir·ra·ti·o·neel (bnw), ir·ra·ti·o·ne·le
ir·re·a·lis·tisch (bnw), ir·re·a·lis·ti·sche
irreëel [ir·re·eel] (bnw), irreële [ir·re·e·le]
ir·re·le·vant (bnw), ir·re·le·van·te
ir·re·ver·si·bel (bnw), ir·re·ver·si·be·le
de **ir·ri·ga·tie** (v), ir·ri·ga·ties
ir·ri·ge·ren (ww), ir·ri·geer, ir·ri·geert; ir·ri·geer·de, ir·ri·geer·den; geïrrigeerd [ge·ir·ri·geerd]
ir·ri·tant (bnw), ir·ri·tan·te
de **ir·ri·ta·tie** (v), ir·ri·ta·ties
ir·ri·te·ren (ww), ir·ri·teer, ir·ri·teert; ir·ri·teer·de, ir·ri·teer·den; geïrriteerd [ge·ir·ri·teerd]
ir·ri·te·rend (bnw), ir·ri·te·ren·de
ISBN *(international standard book number)*
de **is·che·mie** (v), ischemieën [is·che·mie·en]
de **is·chi·as**

het **is·ge·lijk·te·ken**, is·ge·lijk·te·kens
de **is·lam** (m)
de **is·la·miet** (m), is·la·mie·ten; is·la·miet·je
het **is·la·mis·me**
de **is·la·mist** (m), is·la·mis·ten
is·la·mis·tisch (bnw), is·la·mis·ti·sche
is·la·mi·tisch (bnw), is·la·mi·ti·sche
de **is·la·mo·fo·bie** (v)
is·la·mo·lo·gisch (bnw), is·la·mo·lo·gi·sche
i.s.m. *(in samenwerking met)*
het **is·me**, is·men, is·mes
de **iso·baar**[1] (m), iso·ba·ren
iso·baar[2] (bnw), iso·ba·re
de **iso·la·tie** (v), iso·la·ties
het **iso·la·tie·schuim**
de **iso·la·tor** (m), iso·la·to·ren, iso·la·tors
de **iso·leer·cel**, iso·leer·cel·len
het **iso·le·ment**, iso·le·men·ten
iso·le·ren (ww), iso·leer, iso·leert; iso·leer·de, iso·leer·den; geïsoleerd [ge·iso·leerd]
de **iso·le·ring** (v), iso·le·rin·gen
de **iso·meer** (m), iso·me·ren
de **iso·me·trie** (v)
de **iso·mo** (m)
de **iso·therm**[1] (m), iso·ther·men
iso·therm[2] (bnw), iso·ther·me
de **iso·toop** (m), iso·to·pen
de **Israëli** [Is·ra·e·li] (m), Israëli [Is·ra·e·li], Israëli's [Is·ra·e·li's]
de **Israëliër** [Is·ra·e·li·er] (m), Israëliërs [Is·ra·e·li·ers]
de **Israëliet** [Is·ra·e·liet] (m), Israëlieten [Is·ra·e·lie·ten]
Israëlisch [Is·ra·e·lisch] (bnw), Israëlische [Is·ra·e·li·sche]
Israëlitisch [Is·ra·e·li·tisch] (bnw) *(van of uit Israël),* Israëlitische [Is·ra·e·li·ti·sche]
het **is·sue**, is·sues
de **ist·mus** (m), ist·mi, ist·mus·sen
IT *(informatietechnologie)*
de **IT-af·de·ling** (v), IT-af·de·lin·gen
de **ita·li·aan** (m) *(restaurant),* ita·li·a·nen; ita·li·aan·tje
de **Ita·li·aan** (m) *(persoon uit Italië),* Ita·li·a·nen; Ita·li·aan·tje
het **Ita·li·aans**[1] *(taal)*
Ita·li·aans[2] (bnw), Ita·li·aan·se
het **Ita·lisch**[1] *(taal)*
Ita·lisch[2] (bnw), Ita·li·sche
het **IT-be·drijf**, IT-be·drij·ven; IT-be·drijf·je
het **item**[1], items; item·pje
item[2] (bijw)
de **IT'er** [IT·er] (m), IT'ers [IT·ers]
de **ite·ra·tie** (v), ite·ra·ties
het **ite·ra·tief**[1], ite·ra·tie·ven
ite·ra·tief[2] (bnw), ite·ra·tie·ve
ite·re·ren (ww), ite·reer, ite·reert; ite·reer·de, ite·reer·den; geïtereerd [ge·ite·reerd]
de **IT-ma·na·ger** (m), IT-ma·na·gers
de **IT-sec·tor** (m), IT-sec·to·ren, IT-sec·tors
i.t.t. *(in tegenstelling tot)*
i.v. (bijw) *(in voce)*
het **iva** *(intern verzelfstandigd agentschap),* iva's
ivf *(in-vitrofertilisatie),* ivf's
de **ivf-be·han·de·ling** (v), ivf-be·han·de·lin·gen
i.v.m. *(in verband met)*
het **ivo**
de/het **ivoor** (m/o), ivoor·tje
ivoor·kleu·rig (bnw), ivoor·kleu·ri·ge

J

de **j**, j's; j'tje
ja (tussenw)
de **jaap** (m), ja·pen
het **jaar**, ja·ren; jaar·tje
het **jaar·abon·ne·ment**, jaar·abon·ne·men·ten
de **jaar·af·slui·ting** (v), jaar·af·slui·tin·gen
de **jaar·af·slui·tings·bij·een·komst** (v), jaar·af·slui·tings·bij·een·kom·sten
de **jaar·ba·sis** (v)
het **jaar·be·richt**, jaar·be·rich·ten
de **jaar·beurs**, jaar·beur·zen
het **jaar·cij·fer**, jaar·cij·fers
de **jaar·dag** (m), jaar·da·gen
het **jaar·ein·de**, jaar·ein·den, jaar·ein·des
het **jaar·feest**, jaar·fees·ten
de **jaar·gang** (m), jaar·gan·gen
het **jaar·ge·tij**, jaar·ge·tij·en
het **jaar·ge·tij·de**, jaar·ge·tij·den
de **jaar·ka·len·der** (m), jaar·ka·len·ders
de **jaar·klas** (v), jaar·klas·sen
jaar·lijks (bnw), jaar·lijk·se
het **jaar·loon**, jaar·lo·nen; jaar·loon·tje
de **jaar·op·gaaf**, jaar·op·ga·ven
de **jaar·op·ga·ve**, jaar·op·ga·ven
het **jaar·over·zicht**, jaar·over·zich·ten
het **jaar·plan**, jaar·plan·nen
de **jaar·plan·ning** (v), jaar·plan·nin·gen
de **jaar·pre·mie** (v), jaar·pre·mies
de **jaar·re·de**, jaar·re·des
de **jaar·re·ke·ning** (v), jaar·re·ke·nin·gen
het **jaar·sa·la·ris**, jaar·sa·la·ris·sen; jaar·sa·la·ris·je
de **jaar·stuk·ken** (mv)
het **jaar·tal**, jaar·tal·len; jaar·tal·le·tje
de **jaar·ver·ga·de·ring** (v), jaar·ver·ga·de·rin·gen
het **jaar·ver·slag**, jaar·ver·sla·gen
de **jaar·wed·de**, jaar·wed·den, jaar·wed·des
de **jaar·wis·se·ling** (v), jaar·wis·se·lin·gen
de **jab** (m), jabs
de/het **ja·bot** (m/o), ja·bots; ja·bot·je
de **ja·broer** (m), ja·broers
de **jacht**[1] *(de jachtpartij)*, jach·ten; jacht·je
de **jacht**[2] *(het jagen)*
het **jacht**[3] *(schip)*, jach·ten; jacht·je
de **jacht·bom·men·wer·per** (m), jacht·bom·men·wer·pers
de **jacht·club**, jacht·clubs
de **jacht·druk** (m)
jach·ten (ww), jacht, jacht; jacht·te, jacht·ten; ge·jacht
de **jacht·ha·ven**, jacht·ha·vens; jacht·ha·ven·tje
de **jacht·hoorn** (m), jacht·hoor·nen, jacht·hoorns
het **jacht·huis**, jacht·hui·zen; jacht·huis·je
de **jacht·ka·len·der** (m), jacht·ka·len·ders
de/het **jacht·lui·paard** (m/o), jacht·lui·paar·den; jacht·lui·paard·je
de **jacht·par·tij** (v), jacht·par·tij·en; jacht·par·tij·tje
het **jacht·recht**, jacht·rech·ten
het **jacht·slot**, jacht·slo·ten
de **jacht·stoet** (m), jacht·stoe·ten
het **jacht·ta·fe·reel**, jacht·ta·fe·re·len; jacht·ta·fe·reel·tje
de **jacht·werf**, jacht·wer·ven

de **jacht·wet**, jacht·wet·ten
het **jack**, jacks; jack·je
het **jac·ket**, jac·kets
de **jack·pot** (m), jack·pots, jack·pot·ten
de **jack rus·sell** (m), jack rus·sells
de **jackrussellterriër** [jack·rus·sell·ter·ri·er] (m), jackrussellterriërs [jack·rus·sell·ter·ri·ers]
de **jac·quard**, jac·quards
de/het **jac·quet**, jac·quets, jac·quet·ten
de/het **ja·de** (m/o)
ja·den (bnw)
het **jae·ger**, jae·ger·tje
de **jaf·fa** (m), jaf·fa's
ja·gen (ww), jaag, jaagt; jaag·de, joeg, jaag·den, joe·gen; ge·jaagd
de **ja·ger** (m), ja·gers; ja·ger·tje
de **ja·gers·jas**, ja·gers·jas·sen; ja·gers·jas·je
het **ja·gers·la·tijn**
de **ja·gers·saus**, ja·gers·sau·sen, ja·gers·sau·zen
het **ja·gers·volk**, ja·gers·vol·ken, ja·gers·vol·ke·ren; ja·gers·volk·je
de **ja·ger-ver·za·me·laar** (m), ja·gers-ver·za·me·laars, ja·ger-ver·za·me·laars
de **ja·gu·ar** (m), ja·gu·ars; ja·gu·ar·tje
Jah·we
Jah·weh
de **jaïn** [ja·in] (m), jaïns [ja·ins]
het **jaïnisme** [ja·i·nis·me]
de **ja·jem** (m)
de **jak**[1] (m) *(buffel)*, jaks; jak·je
het **jak**[2] *(kledingstuk)*, jak·ken; jak·je
het **ja·kamp**, ja·kam·pen
jak·kes (tussenw)
ja·knik·ken (ww) *(geen mening hebben)*
ja knik·ken *(bevestigend knikken)*
de **ja·knik·ker** (m), ja·knik·kers; ja·knik·ker·tje
ja·kob: ware jakob
de **ja·ko·biet** (m), ja·ko·bie·ten
de **ja·ko·bijn** (m), ja·ko·bij·nen
het **ja·kobs·kruis·kruid**
de **ja·kobs·lad·der**, ja·kobs·lad·ders
de **ja·kobs·schelp**, ja·kobs·schel·pen
ja·loers (bnw), ja·loer·se
de **ja·loers·heid** (v), ja·loers·he·den
de **ja·loe·zie** (v)
de **jaloezieën** [ja·loe·zie·en] (mv) *(zonnescherm)*
de **ja·lou·sie de mé·tier** (v)
de **jam**, jams
de **Ja·mai·caan** (m), Ja·mai·ca·nen
Ja·mai·caans (bnw), Ja·mai·caan·se
de **Ja·mai·caan·se** (v), Ja·mai·caan·sen
de **jam·avond** (m), jam·avon·den
de **jam·be**, jam·ben
de **jam·bo·ree** (m), jam·bo·rees
de **James Bond·film** (m), James Bond·films
jam·men (ww), jam, jamt; jam·de, jam·den; ge·jamd
de/het **jam·mer**[1] (m/o), jam·me·ren
jam·mer[2] (bnw), jam·me·re
jam·mer[3] (tussenw)
jam·me·ren (ww), jam·mer, jam·mert; jam·mer·de, jam·mer·den; ge·jam·merd
jam·mer·lijk (bnw), jam·mer·lij·ke
jam·mie (tussenw)
de **jam·ses·sie** (v), jam·ses·sies
de **jan**[1] (m) *(matroos)*, jan·nen; jan·tje
jan[2] *(januari)*
jan. *(januari)*
de **jan·boel** (m)
jan·boe·ren·fluit·jes: op z'n janboerenfluitjes
de **jan·doe·del** (m), jan·doe·dels

de **ja-nee·vraag**, ja-nee·vra·gen
Jan en al·le·man
de **ja·net** (m) *(homoseksuele man)*, ja·net·ten
de/het **jan·ha·gel** (m/o) *(koek)*
de **jan·hen** (m), jan·hen·nen
jan·ken (ww), jank, jankt; jank·te, jank·ten; ge·jankt
de **jan·kerd** (m), jan·kerds
de **jan·klaas·sen** (m) *(sullig persoon)*, jan·klaas·sens
Jan Klaas·sen *(poppenkastpersonage)*
het **jan·se·nis·me**
het **jan·tje-van-lei·den**
de **ja·nu·a·ri** (m), ja·nu·a·ri's
de **ja·nus** (m) *(dubbelhartig persoon)*, ja·nus·sen
de **ja·nus·kop** (m), ja·nus·kop·pen
de **jan-van-gent** (m), jan-van-gen·ten, jan-van-gents
de **jap** (m), jap·pen, japs
de **ja·pan·ner** (m) *(auto, restaurant)*, ja·pan·ners; ja·pan·ner·tje
de **Ja·pan·ner** (m) *(persoon)*, Ja·pan·ners; Ja·pan·ner·tje
het **Ja·pans**[1] *(taal)*
Ja·pans[2] (bnw), Ja·pan·se
de **Ja·pan·se** (v), Ja·pan·sen
ja·pen (ww), jaap, jaapt; jaap·te, jaap·ten; ge·jaapt
de **ja·pon** (m), ja·pon·nen; ja·pon·ne·tje
het **jap·pen·kamp**, jap·pen·kam·pen
ja·ran ke·pang
het **ja·ren·der·tig·huis**, ja·ren·der·tig·hui·zen
de **ja·ren·der·tig·stijl** (m), ja·ren·der·tig·stij·len
de **ja·ren·der·tig·wo·ning** (v), ja·ren·der·tig·wo·nin·gen
ja·ren·lang (bnw), ja·ren·lan·ge
het **jar·gon**, jar·gons
ja·rig (bnw), ja·ri·ge
de **ja·ri·ge**, ja·ri·gen
ja·ri·ge job
de **jar·re·tel**, jar·re·tel·len, jar·re·tels
de **jar·re·tel·le**, jar·re·tel·les; jar·re·tel·le·tje
de **jar·re·tel·len·gor·del** (m), jar·re·tel·len·gor·dels; jar·re·tel·len·gor·del·tje
de **jas**[1] (m) *(troefboer)*, jas·sen; jas·je
de **jas**[2] *(kledingstuk)*, jas·sen; jas·je
jas·je-das·je (bijw)
de **jas·mijn**, jas·mij·nen
jas·sen (ww), jas, jast; jas·te, jas·ten; ge·jast
de **ja-stem**, ja-stem·men
de **jas·zak** (m), jas·zak·ken; jas·zak·je
de **jat**, jat·ten; jat·je
jat·ten (ww), jat, jat; jat·te, jat·ten; ge·jat
de **jat·ter** (m), jat·ters
de **Ja·vaan** (m), Ja·va·nen
Ja·vaans (bnw), Ja·vaan·se
het **ja·va·nis·me**
de **ja·vel** (v)
ja·wel (tussenw)
het **ja·woord**, ja·woor·den
ja·ze·ker (tussenw)
de **jazz** (m)
de **jazz·band** (m), jazz·bands; jazz·band·je
het **jazz·ca·fé**, jazz·ca·fés; jazzcafeetje [jazz·ca·fé·tje]
de **jazz·mu·ziek** (v), jazz·mu·ziek·je
de **jazz·rock** (m)
jaz·zy (bnw)
de **jazz·zan·ger** (m), jazz·zan·gers
de **jazz·zan·ge·res** (v), jazz·zan·ge·res·sen
je[1] (bez vnw)
je[2] (pers vnw)
de **jea·net** (m) *(homoseksuele man)*, jea·net·ten

J

de **jeans** (m), jeans
de **jeans·broek**, jeans·broe·ken; jeans·broek·je
je dat
jee (tussenw)
de **jeep** (m), jeeps; jeep·je
jee·tje (tussenw)
jee·tje·mi·na (tussenw)
je·gens (voorz)
de **je·ho·va** (m) *(Jehova's getuige)*, je·ho·va's
Je·ho·va *(Jahweh)*
Je·ho·va's ge·tui·ge
de **jek·ker** (m), jek·kers; jek·ker·tje
je·lui (pers vnw)
het **je-m'en-fou·tis·me**
de **Je·me·niet** (m), Je·me·nie·ten
je·mig (tussenw)
de **je·na·plan·school**, je·na·plan·scho·len
de **je·ne·ver** (m), je·ne·vers; je·ne·ver·tje
de **je·ne·ver·bes·struik** (m), je·ne·ver·bes·strui·ken
jen·ge·len (ww), jen·gel, jen·gelt; jen·gel·de, jen·gel·den; ge·jen·geld
jen·nen (ww), jen, jent; jen·de, jen·den; ge·jend
de **jen·ner** (m), jen·ners
de **je·re·mi·a·de** (v), je·re·mi·a·den, je·re·mi·a·des
jeremiëren [je·re·mi·e·ren] (ww), je·re·mi·eer, je·re·mi·eert; je·re·mi·eer·de, je·re·mi·eer·den; ge·je·re·mi·eerd
de **jer·ry·can** (m), jer·ry·cans; jer·ry·can·ne·tje
de **jer·sey** (m), jer·seys
de **je·sji·va** (m), je·sji·vot
de **jet·lag** (m), jet·lags
de **je·ton** (m), je·tons
de **jet·set** (m), jet·sets
de **jet·ski** (m), jet·ski's; jetskietje [jet·ski·tje]
jetskiën [jet·ski·en] (ww), jet·ski, jet·skiet; jet·skie·de, jet·skie·den; ge·jet·skied
jeu-de-bou·len (ww), jeu-de-boul, jeu-de-boult; jeu-de-boul·de, jeu-de-boul·den; ge·jeu-de-bould
het **jeu de bou·les**
de **jeu-de-bou·les·baan**, jeu-de-bou·les·ba·nen
de **jeugd**
de **jeugd·am·bas·sa·deur** (m), jeugd·am·bas·sa·deu·ren, jeugd·am·bas·sa·deurs
de **jeugd·be·we·ging** (v), jeugd·be·we·gin·gen
het **jeugd·cel·len·huis**, jeugd·cel·len·hui·zen
het **jeugd·cen·trum**, jeugd·cen·tra, jeugd·cen·trums
het **jeugd·con·gres**, jeugd·con·gres·sen
de **jeugd·dienst** (m), jeugd·dien·sten
het **jeugd·elf·tal**, jeugd·elf·tal·len
de **jeugd·her·berg**, jeugd·her·ber·gen
de **jeugd·her·in·ne·ring** (v), jeugd·her·in·ne·rin·gen
het **jeugd·huis**, jeugd·hui·zen; jeugd·huis·je
jeug·dig (bnw), jeug·di·ge
de **jeug·di·ge**, jeug·di·gen
de **jeug·dig·heid** (v), jeug·dig·he·den
het **jeugd·jour·naal**, jeugd·jour·naals, jeugd·jour·na·len
de **jeugd·klas·se** (v), jeugd·klas·sen
het **jeugd·lid**, jeugd·le·den
het **jeugd·or·kest**, jeugd·or·kes·ten

het **jeugd·par·le·ment** *(vergadering van jongeren)*, jeugd·par·le·men·ten
Jeugd·par·le·ment *(instelling in Suriname)*
de **jeugdparlementariër** [jeugd·par·le·men·ta·ri·er] (m), jeugdparlementariërs [jeugd·par·le·men·ta·ri·ers]
het **jeugd·pro·gram·ma**, jeugd·pro·gram·ma's
de **jeugd·raad** (m), jeugd·ra·den
het **jeugd·re·cord**, jeugd·re·cords
de **jeugd·taal**, jeugd·ta·len
de **jeugd·tand·ver·zor·ger** (m), jeugd·tand·ver·zor·gers
de **jeugd·tand·ver·zorg·ster** (v), jeugd·tand·ver·zorg·sters
de **jeugd·trai·ner** (m), jeugd·trai·ners
de **jeugd·ver·eni·ging** (v), jeugd·ver·eni·gin·gen
het **jeugd·ver·keers·exa·men**, jeugd·ver·keers·exa·mens
het **jeugd·wel·zijns·be·leid**
de **jeugd·zorg**
de **jeuk** (m)
de **jeuk·bult** (m), jeuk·bul·ten
jeu·ken (ww), jeuk, jeukt; jeuk·te, jeuk·ten; ge·jeukt
je van het
de **je-vorm** (m), je-vor·men
je·zelf (pers vnw)
de **jezuïet** [je·zu·iet] (m), jezuïeten [je·zu·ie·ten]
het **jezuïetencollege** [je·zu·ie·ten·col·le·ge], jezuïetencolleges [je·zu·ie·ten·col·le·ges]
de **jezuïetenorde** [je·zu·ie·ten·or·de], jezuïetenorden [je·zu·ie·ten·or·den], jezuïetenordes [je·zu·ie·ten·or·des]
jezuïtisch [je·zu·i·tisch] (bnw), jezuïtische [je·zu·i·ti·sche]
het **Je·zus·beeld**, Je·zus·beel·den; Je·zus·beeld·je
jhr. *(jonkheer)*
de **jicht**
de **jid** (m), jid·den
het **Jid·disch**[1] *(taal)*
Jid·disch[2] (bnw), Jid·di·sche
de **ji·had** (m), ji·hads
ji·ha·dis·tisch (bnw), ji·ha·dis·ti·sche
jij (pers vnw)
de **jij-bak** (m), jij-bak·ken
jij·en (ww), jij, jijt; jij·de, jij·den; ge·jijd
jij·en en jou·en
de **jij-vorm** (m), jij-vor·men
jij·zelf (pers vnw)
de **jin·gle** (m), jin·gles
de **jip-en-jan·ne·ke·taal**
jip·pie (tussenw)
het **ji·u·jit·su**
de **jive** (m), jives
jji *(justitiële jeugdinrichting)*, jji's
jl. (bnw) *(jongstleden)*
de **job** (m) *(baan)*, jobs; job·je
job: jarige job
Job *(Bijbelboek, Bijbelse figuur)*
Job: zo arm als Job
de **job·aan·bie·ding** (v), job·aan·bie·din·gen
de **job·ad·ver·ten·tie** (v), job·ad·ver·ten·ties
job·ben (ww), job, jobt; job·de, job·den; ge·jobd
de **job·beurs**, job·beur·zen
het **job·cen·ter**, job·cen·ters
de **job·coach** (m), job·coa·ches
job·hop·pen (ww), job·hop, job·hopt; job·hop·te, job·hop·ten; ge·job·hopt

J

de **job·in·houd** (m), job·in·hou·den
de **job·krant**, job·kran·ten; job·krant·je
de **job·om·schrij·ving** (v), job·om·schrij·vin·gen
jo·bro·zo *(jodiumhoudend brood-zout)*
de **jobs·bo·de** (m), jobs·bo·den, jobs·bo·des
de **jobs·tij·ding** (v), jobs·tij·din·gen
de **job·stu·dent** (m), job·stu·den·ten; job·stu·dent·je
de **job·stu·den·te** (v), job·stu·den·tes
het **joch**
het **jo·chie**, jo·chies
de **jock** (m), jocks
de **joc·key** (m), joc·keys; joc·key·tje
de **jo·de·laar** (m), jo·de·laars
jo·de·len (ww), jo·del, jo·delt; jo·del·de, jo·del·den; ge·jo·deld
de **Jo·den·buurt**, Jo·den·buur·ten
het **jo·den·dom** *(de joodse godsdienst)*
het **Jo·den·dom** *(het Joodse volk)*
de **jo·den·fooi**, jo·den·fooi·en
de **Jo·den·haat** (m)
de **jo·den·koek** (m), jo·den·koe·ken; jo·den·koek·je
de **jo·den·lijm** (m)
de **Jo·den·mop**, Jo·den·mop·pen
de **Jo·den·ster**, Jo·den·ster·ren
de **Jo·den·ver·vol·ging** (v), Jo·den·ver·vol·gin·gen
de **jo·din** (v) *(aanhanger v.h. joodse ge-loof)*, jo·din·nen
de **Jo·din** (v) *(lid v.h. Joodse volk)*, Jo·din·nen; Jo·din·ne·tje
het **jo·di·um**
de **jo·di·um·tinc·tuur** (v), jo·di·um·tinc·tu·ren
joe (tussenw)
joe·chei (tussenw)
de **joe·go** (m), joe·go's
Joe·go·sla·visch (bnw), Joe·go·sla·vi·sche
de **joe·kel** (m), joe·kels; joe·kel·tje
joe·len (ww), joel, joelt; joel·de, joel·den; ge·joeld
het **joel·feest**, joel·fees·ten
joep (tussenw)
joe·pen (ww), joep, joept; joep·te, joep·ten; ge·joept
joe·pie (tussenw)
de **joert**, joer·ten
de **joet** (m), joe·ten; joet·je
jo·fel (bnw), jo·fe·le
de **jof·fer** (v), jof·fers; jof·fer·tje
jog·gen (ww), jog, jogt; jog·de, jog·den; ge·jogd
de **jog·ger** (m), jog·gers; jog·ger·tje
de **jog·ging**[1] (m) *(kledingstuk)*, jog·gings
het **jog·ging**[2] *(het joggen)*
de **jog·ging·broek**, jog·ging·broe·ken; jog·ging·broek·je
joh (tussenw)
Jo·han·nes·evan·ge·lie
de **jo·han·nie·ter** (m), jo·han·nie·ters
de **joie de vi·vre** (v)
de **joint** (m), joints; joint·je
de **joint ven·ture** (v), joint ven·tures
de **jo·jo** (m), jo·jo's; jojootje [jo·jo·tje]
het **jo·jo-ef·fect**, jo·jo-ef·fec·ten
jojoën [jo·jo·en] (ww), jo·jo, jo·joot; jo·jo·de, jo·jo·den; ge·jo·jood
de **jok** (m), jok·ken
de **jo·ker** (m), jo·kers; jo·ker·tje
jo·ke·ren (ww), jo·ker, jo·kert; jo·ker·de, jo·ker·den; ge·jo·kerd
de **jok·ken**[1] (m), jok·kens; jok·ken·tje
jok·ken[2] (ww), jok, jokt; jok·te, jok·ten; ge·jokt

de **jol**, jol·len; jol·le·tje
de/het **jo·lijt**
jol·len (ww), jol, jolt; jol·de, jol·den; ge·jold
Jom Ki·poer
de **jo·na·gold** (m), jo·na·golds
de **jo·nas** (m) *(pechvogel),* jo·nas·sen; jo·nas·je
Jo·nas *(profeet),* Jo·nas·je
jo·nas·sen (ww), jo·nas, jo·nast; jo·nas·te, jo·nas·ten; ge·jo·nast
de **jo·na·than** (m) *(appel),* jo·na·thans
het **jong**[1], jon·gen
jong[2] (bnw), jon·ge
jong be·le·gen
jon·ge (tussenw)
de **jon·ge·da·me** (v), jon·ge·da·mes; jon·ge·da·me·tje
de **jon·ge·heer** (m), jon·ge·he·ren; jon·ge·heer·tje
de **jon·ge·ling** (m), jon·ge·lin·gen
de **jon·ge·lui** (mv)
de **jon·ge·man** (m), jon·ge·lie·den, jon·ge·lui, jon·ge·man·nen
de **jon·gen**[1] (m), jon·gens; jon·ge·tje
jon·gen[2] (ww), jong, jongt; jong·de, jong·den; ge·jongd
jon·gens·ach·tig (bnw), jon·gens·ach·ti·ge
de **jon·gens·stem**, jon·gens·stem·men
de **jon·gens·streek**, jon·gens·stre·ken
de **jon·ge·re**, jon·ge·ren
het **jon·ge·ren·ca·fé**, jon·ge·ren·ca·fés
de **jon·ge·ren·taal**, jon·ge·ren·ta·len; jon·ge·ren·taal·tje
het **jon·ge·ren·tijd·schrift**, jon·ge·ren·tijd·schrif·ten
jong·ge·stor·ven (bnw)
jong·le·ren (ww), jong·leer, jong·leert; jong·leer·de, jong·leer·den; ge·jong·leerd
de **jong·leur** (m), jong·leurs
jongs[1]: van jongs af
jongs[2]: van jongs af aan
de **jong·ste**, jong·sten
jongst·le·den (bnw)
jong·vol·was·sen (bnw)
de **jong·vol·was·se·ne**, jong·vol·was·se·nen
de **jonk** (m), jon·ken; jonk·je
de **jonk·heer** (m), jonk·he·ren
het **jon·kie**, jon·kies
de **jonk·vrouw** (v), jonk·vrou·wen
de **jood**[1] (m) *(aanhanger v.h. joodse geloof),* jo·den; jood·je
het **jood**[2] *(jodium)*
de **Jood** (m) *(lid v.h. Joodse volk),* Jo·den; Jood·je
joods (bnw) *(m.b.t. de joodse godsdienst),* jood·se
Joods (bnw) *(m.b.t. het Joodse volk),* Jood·se
joods-chris·te·lijk (bnw), joods-chris·te·lij·ke
joods-or·tho·dox (bnw), joods-or·tho·doxe
de **jool** (m), jo·len
de/het **joon**, jo·nen
de **joop**, jo·pen
Joost mag het we·ten (tussenw)
de **Jor·da·nees** (m), Jor·da·ne·zen
de **jo·ta**, jo·ta's
jot·tem (tussenw)
jou (pers vnw)
jou·en (ww), jou, jout; jou·de, jou·den; ge·joud
de **jou·le** (m), jou·les
de **jour** (m), jours
het **jour·naal**, jour·naals, jour·na·len; jour·naal·tje
de **jour·naal·post** (m), jour·naal·pos·ten
het **jour·naal·team**, jour·naal·teams
het **jour·nail·le**

het **jour·na·lis·me**
de **jour·na·list** (m), jour·na·lis·ten; jour·na·list·je
de **jour·na·lis·te** (v), jour·na·lis·tes
de **jour·na·lis·ten·ver·eni·ging** (v), jour·na·lis·ten·ver·eni·gin·gen
de **jour·na·lis·tiek**[1] (v)
jour·na·lis·tiek[2] (bnw), jour·na·lis·tie·ke
de **jour·na·list-schrij·ver** (m), jour·na·lis·ten-schrij·vers, jour·na·list-schrij·vers
de **jouw**[1] (m), jou·wen
jouw[2] (bez vnw)
jou·wen (ww), jouw, jouwt; jouw·de, jouw·den; ge·jouwd
jou·zelf (pers vnw)
jo·vi·aal (bnw), jo·vi·a·le
de **jo·vi·a·li·teit** (v), jo·vi·a·li·tei·ten
joy·eus (bnw), joy·eu·ze
joy·ri·den (ww)
joy·rij·den (ww)
de **joy·stick** (m), joy·sticks; joy·stick·je
de **jo·zef**[1] (m) *(eerbaar man),* jo·zefs
jo·zef[2]: ware jozef
jr. (bnw) *(junior)*
ju (tussenw)
het **ju·bee**, ju·bees
de **ju·bel** (m)
ju·be·len (ww), ju·bel, ju·belt; ju·bel·de, ju·bel·den; ge·ju·beld
de **ju·bi·la·res·se** (v), ju·bi·la·res·ses
de **ju·bi·la·ris** (m), ju·bi·la·ris·sen
het **ju·bi·lee**, ju·bi·lees
ju·bi·le·ren (ww), ju·bi·leer, ju·bi·leert; ju·bi·leer·de, ju·bi·leer·den; ge·ju·bi·leerd
het **ju·bi·le·um**, ju·bi·lea, ju·bi·le·ums
de **ju·bi·le·um·edi·tie** (v), ju·bi·le·um·edi·ties
het **ju·bi·le·um·jaar**, ju·bi·le·um·ja·ren
het **ju·bi·le·um·num·mer**, ju·bi·le·um·num·mers
het **judaïsme** [ju·da·is·me]
de **ju·das** (m) *(verraderlijk persoon),* ju·das·sen; ju·das·je
de **ju·das·kus** (m), ju·das·kus·sen; ju·das·kus·je
ju·das·sen (ww), ju·das, ju·dast; ju·das·te, ju·das·ten; ge·ju·dast
het **ju·do**
de **ju·do·bond** (m), ju·do·bon·den
judoën [ju·do·en] (ww), ju·do, ju·doot; ju·do·de, ju·do·den; ge·ju·dood
de **ju·do·ka**, ju·do·ka's
de **juf** (v), juf·fen, jufs; juf·fie, juf·je
de **juf·fer** (v), juf·fe·ren, juf·fers; juf·fer·tje
juffr. *(juffrouw)*
de **juf·frouw** (v), juf·frou·wen; juf·frouw·tje
de **jug** (m), jugs
de **ju·gend·stil** (m)
jui·chen (ww), juich, juicht; juich·te, juich·ten; ge·juicht
jui·chend (bnw), jui·chen·de
de **juich·toon** (m), juich·to·nen
de **juin** (m), jui·nen
juist (bnw), juis·te
de **juist·heid** (v), juist·he·den
het **juk**, juk·ken
het **juk·been**, juk·been·de·ren, juk·be·nen
de **juke·box** (m), juke·boxen; juke·box·je
jul *(juli)*
jul. *(juli)*
Jul: Jut en Jul
de **ju·li** (m), ju·li's
ju·li·aans (bnw), ju·li·aan·se
de **ju·li·en·ne**
jul·lie[1] (bez vnw)

jul·lie[2] (pers vnw)
de **jum·bo·jet** (m), jum·bo·jets; jum·bo·jet·je
de **jump** (m), jumps
jum·pen (ww), jump, jumpt; jump·te, jump·ten; ge·jumpt
de **jum·per** (m), jum·pers; jum·per·tje
de **jump-in**, jump-ins
de **jum·ping**
de **jump·suit** (m), jump·suits
jun *(juni)*
jun. *(juni)*
de **junc·tie** (v), junc·ties
de **jun·gle**, jun·gles; jun·gle·tje
de **jun·gle·trai·ning**, jun·gle·trai·nin·gen
de **ju·ni** (m), ju·ni's
de **ju·ni·or**[1] (m), ju·ni·o·ren, ju·ni·o·res, ju·ni·ors
ju·ni·or[2] (bnw)
het **ju·ni·o·ren·ni·veau**, ju·ni·o·ren·ni·veaus
de **junk** (m), jun·ken, junks
het **junk·food**
de **jun·kie** (m), jun·kies
de **junk·mail**, junk·mails
de **jun·ta**, jun·ta's
de **ju·ra**[1] *(tijdvak)*
het **ju·ra**[2] *(gesteenten uit het juratijdperk)*
ju·re·ren (ww), ju·reer, ju·reert; ju·reer·de, ju·reer·den; ge·ju·reerd
de **ju·re·ring** (v), ju·re·rin·gen
de **ju·ri·di·fi·ce·ring** (v), ju·ri·di·fi·ce·rin·gen
ju·ri·disch (bnw), ju·ri·di·sche
de **ju·ri·di·se·ring** (v), ju·ri·di·se·rin·gen
de **ju·ris·dic·tie** (v), ju·ris·dic·ties
de **ju·ris·pru·den·tie** (v)
de **ju·rist** (m), ju·ris·ten
de **ju·ris·te** (v), ju·ris·tes
de **jurk**, jur·ken; jurk·je
de **ju·ry**, ju·ry's; jury'tje [ju·ry·tje]
het **ju·ry·lid**, ju·ry·le·den
de **ju·ry·uit·spraak**, ju·ry·uit·spra·ken
de **jus** (m), jus·tje
de **jus d'o·ran·ge** (m), jus d'o·ran·ge, jus d'o·ran·ges
de **jus·le·pel** (m), jus·le·pels; jus·le·pel·tje
de **jus·pan**, jus·pan·nen; jus·pan·ne·tje
jus·te·ren (ww), jus·teer, jus·teert; jus·teer·de, jus·teer·den; ge·jus·teerd
de **jus·ti·fi·ca·tie** (v), jus·ti·fi·ca·ties
justifiëren [jus·ti·fi·e·ren] (ww), jus·ti·fi·eer, jus·ti·fi·eert; jus·ti·fi·eer·de, jus·ti·fi·eer·den; ge·jus·ti·fi·eerd
just in time (bijw)
de **jus·ti·ti·a·be·len** (mv)
de **jus·ti·tie** (v)
de **jus·ti·tie·as·sis·tent** (m), jus·ti·tie·as·sis·ten·ten
jus·ti·ti·eel (bnw), justitiële [jus·ti·ti·e·le]
het **jus·ti·tie·pa·leis**, jus·ti·tie·pa·lei·zen
jus·ti·ti·o·neel (bnw), jus·ti·ti·o·ne·le
Jut: kop van Jut
de **ju·te**
ju·ten (bnw)
Jut en Jul
de **ju·te·zak** (m), ju·te·zak·ken; ju·te·zak·je
jut·ten (ww), jut, jut; jut·te, jut·ten; ge·jut
de **juut** (m), ju·ten
de **ju·ve·niel**[1], ju·ve·nie·len
ju·ve·niel[2] (bnw), ju·ve·nie·le
het **ju·weel**, ju·we·len; ju·weel·tje
ju·we·len (bnw)

de **ju·we·lier** (m), ju·we·liers; ju·we·lier·tje

de **ju·we·liers·zaak**, ju·we·liers·za·ken; ju·we·liers·zaak·je

de **jux·ta·po·si·tie** (v), jux·ta·po·si·ties

K

de **k**, k's; k'tje
'k (pers vnw)
de **kaag**, ka·gen
de **kaai**, kaai·en; kaai·tje
kaai·en (ww), kaai, kaait; kaai·de, kaai·den; ge·kaaid
de **kaai·man** (m), kaai·man·nen, kaai·mans; kaai·man·ne·tje
de **kaai·man·sa·té**, kaai·man·sa·tés
de **kaai·muur** (m), kaai·mu·ren; kaai·muur·tje
de **kaak**, ka·ken; kaak·je
het **kaak·been**, kaak·been·de·ren, kaak·be·nen
de **kaak·chi·rur·gie** (v)
de **kaak·hol·te** (v), kaak·hol·ten, kaak·hol·tes
de **kaak·ont·ste·king** (v), kaak·ont·ste·kin·gen
het **kaaks·been**, kaaks·been·de·ren, kaaks·be·nen
kaal (bnw), ka·le
de **kaal·heid** (v)
de **kaal·hoof·dig·heid** (v)
kaal·knip·pen (ww), knip kaal, knipt kaal; knip·te kaal, knip·ten kaal; kaal·ge·knipt
kaal·sche·ren (ww), scheer kaal, scheert kaal; schoor kaal, scho·ren kaal; kaal·ge·scho·ren
de **kaal·te** (v)
kaal·vre·ten (ww), vreet kaal, vreet kaal; vrat kaal, vra·ten kaal; kaal·ge·vre·ten
de **kaam**
de **kaan**, ka·nen; kaan·tje
de **kaap**, ka·pen; kaap·je
Kaaps (bnw), Kaap·se
de **Kaap·ver·di·aan** (m), Kaap·ver·di·a·nen
Kaap·ver·disch (bnw), Kaap·ver·di·sche
de **kaar**, ka·ren; kaar·tje
de **kaard**, kaar·den
de **kaar·de**, kaar·den
kaar·den (ww), kaard, kaardt; kaard·de, kaard·den; ge·kaard
de **kaar·den·bol** (m), kaar·den·bol·len
de **kaars**, kaar·sen; kaars·je
de **kaar·sen·hou·der** (m), kaar·sen·hou·ders
de **kaar·sen·stan·daard** (m), kaar·sen·stan·daar·den, kaar·sen·stan·daards
de **kaars·hou·der** (m), kaars·hou·ders; kaars·hou·der·tje
de **kaars·lan·taarn**, kaars·lan·taarns
het **kaars·licht**, kaars·licht·je
de **kaart**, kaar·ten; kaart·je
kaar·ten (ww), kaart, kaart; kaart·te, kaart·ten; ge·kaart
de **kaar·ten·bak** (m), kaar·ten·bak·ken; kaar·ten·bak·je
het **kaar·ten·huis**, kaar·ten·hui·zen; kaar·ten·huis·je
het **kaar·ten·spel**, kaar·ten·spe·len, kaar·ten·spel·len
de **kaar·ter** (m), kaar·ters
kaart·leg·gen (ww)
kaart·le·zen (ww)
de **kaart·le·zer** (m), kaart·le·zers; kaart·le·zer·tje
het **kaart·num·mer**, kaart·num·mers
het **kaart·spel**, kaart·spe·len, kaart·spel·len; kaart·spel·le·tje
kaart·spe·len (ww), speel kaart, speelt kaart; speel·de kaart, speel·den kaart; kaart·ge·speeld
het **kaart·sys·teem**, kaart·sys·te·men; kaart·sys·teem·pje

de **kaart·ver·koop** (m), kaart·ver·ko·pen
de **kaas** (m), ka·zen; kaas·je
de **kaas·bur·ger** (m), kaas·bur·gers
de **kaas·crac·ker** (m), kaas·crac·kers; kaas·crac·ker·tje
de **kaas·doek**[1] (m) *(voorwerp)*, kaas·doe·ken
het **kaas·doek**[2] *(stofnaam)*
de **kaas·fon·due**, kaas·fon·dues
het **kaas·koek·je**, kaas·koek·jes
de **kaas·kro·ket**, kaas·kro·ket·ten; kaas·kro·ket·je
kaas·ma·ken (ww)
de **kaas·prijs** (m), kaas·prij·zen
de **kaas·schaaf**, kaas·scha·ven; kaas·schaaf·je
de **kaas·souf·flé** (m), kaas·souf·flés; kaassouffleetje [kaas·souf·flé·tje]
de **kaas·taart**, kaas·taar·ten; kaas·taart·je
de **kaats**, kaat·sen
kaat·sen (ww), kaats, kaatst; kaats·te, kaats·ten; ge·kaatst
het **kaats·spel**, kaats·spe·len, kaats·spel·len
het **ka·baal**
de **ka·bas**, ka·bas·sen
de **kab·ba·la**
kab·be·len (ww), kab·bel, kab·belt; kab·bel·de, kab·bel·den; ge·kab·beld
de **ka·bel** (m), ka·bels; ka·bel·tje
de **ka·bel·baan**, ka·bel·ba·nen; ka·bel·baan·tje
de **ka·bel·brug**, ka·bel·brug·gen
het **ka·bel·gat**, ka·bel·ga·ten
de **ka·bel·jauw** (m), ka·bel·jau·wen; ka·bel·jauw·tje
de/het **ka·bel·jauw·fi·let** (m/o), ka·bel·jauw·fi·lets
het **ka·bel·ka·naal**, ka·bel·ka·na·len
de **ka·bel·leng·te** (v), ka·bel·leng·ten, ka·bel·leng·tes
de **ka·bel·spoor·weg** (m), ka·bel·spoor·we·gen
de **ka·bel·te·le·vi·sie** (v)
de **ka·bel-tv** (v)
het **ka·bi·net**, ka·bi·net·ten; ka·bi·net·je
de **ka·bi·net·chef** (m), ka·bi·net·chefs
de **ka·bi·nets·at·ta·ché** (m), ka·bi·nets·at·ta·chés
het **ka·bi·nets·be·leid**
de **ka·bi·nets·chef** (m), ka·bi·nets·chefs
de **ka·bi·nets·for·ma·tie** (v), ka·bi·nets·for·ma·ties
de **ka·bi·nets·pe·ri·o·de** (v), ka·bi·nets·pe·ri·o·den, ka·bi·nets·pe·ri·o·des
de **ka·ble·ring** (v), ka·ble·rin·gen
de **ka·bou·ter** (m), ka·bou·ters; ka·bou·ter·tje
de **ka·briet**, ka·brie·ten
ka·bu·la
de **Ka·by·len** (mv)
de **ka·chel**[1], ka·chels; ka·chel·tje
ka·chel[2] (bnw)
de **ka·chu**, ka·chu's
het **ka·das·ter**, ka·das·ters
ka·das·traal (bnw), ka·das·tra·le
het **ka·da·ver**, ka·da·vers; ka·da·ver·tje
de **ka·de**, ka·den, ka·des; ka·de·tje
de **ka·dee** (m), kadeeën [ka·dee·en], ka·dees; ka·dee·tje
de **ka·de·muur** (m), ka·de·mu·ren; ka·de·muur·tje
de/het **ka·der** (m/o), ka·ders; ka·der·tje
de **ka·der·brief** (m), ka·der·brie·ven
ka·de·ren (ww), ka·der, ka·dert; ka·der·de, ka·der·den; ge·ka·derd
de **ka·der·school**, ka·der·scho·len
de **ka·der·stel·ling** (v),

ka·der·stel·lin·gen
de **ka·der·vor·ming** (v), ka·der·vor·min·gen
de **ka·der·wet**, ka·der·wet·ten
de **ka·det** (m), ka·det·ten; ka·det·je
de **ka·di** (m), ka·di's
ka·dre·ren (ww), ka·dreer, ka·dreert; ka·dreer·de, ka·dreer·den; ge·ka·dreerd
de **ka·dre·ring** (v), ka·dre·rin·gen
ka·duuk (bnw), ka·du·ke
het **kaf**, kaf·je
het **kaf·fa**, kaf·fa's
de **kaf·fer** (m) *(pummel)*, kaf·fers; kaf·fer·tje
de **kaf·fi·ya**, kaf·fi·ya's
kaf·ka (bnw)
kaf·ka-ach·tig (bnw), kaf·ka-ach·ti·ge
kafkaësk [kaf·ka·esk] (bnw), kafkaëske [kaf·ka·es·ke]
kaf·ka·iaans (bnw), kaf·ka·iaan·se
de/het **kaft**, kaf·ten; kaft·je
de **kaf·tan** (m), kaf·tans
kaf·ten (ww), kaft, kaft; kaft·te, kaft·ten; ge·kaft
de **kaf·ver·bran·ding** (v), kaf·ver·bran·din·gen
de **kaïn** [ka·in] (m) *(boosaardige man)*, kaïns [ka·ins]
Kaïn [Ka·in] *(Bijbels persoon)*
het **kaïnsteken** [ka·ins·te·ken] *(teken van kwaadaardigheid)*, kaïnstekens [ka·ins·te·kens]
het **Kaïnsteken** [Ka·ins·te·ken] *(merkteken op het hoofd van Kaïn)*
het **ka'i òr·gel**, ka'i òr·gels
het **kai·ser·brood·je**, kai·ser·brood·jes
het **kai·ser·bröt·chen**, kai·ser·bröt·chen
kai·soi
de **ka·jak** (m), ka·jak·ken, ka·jaks
ka·jak·ken (ww), ka·jak, ka·jakt; ka·jak·te, ka·jak·ten; ge·ka·jakt
de **ka·jak·ker** (m), ka·jak·kers
de **ka·juit**, ka·jui·ten; ka·juit·je
de **kak** (m), kak·je
de **ka·ka** (m), ka·ka's
het **ka·ke·been**, ka·ke·been·de·ren, ka·ke·be·nen
de **ka·kel**[1] (v) *(vrouw)*, ka·kels; ka·kel·tje
de **ka·kel**[2] (m) *(gekakel)*, ka·kel·tje
ka·kel·bont (bnw), ka·kel·bon·te
ka·ke·len (ww), ka·kel, ka·kelt; ka·kel·de, ka·kel·den; ge·ka·keld
ka·ken (ww), kaak, kaakt; kaak·te, kaak·ten; ge·kaakt
de **ka·ke·toe** (m), ka·ke·toes; ka·ke·toe·tje
de **ka·ki**[1] (m) *(soldaat)*, ka·ki's
het **ka·ki**[2] *(stof)*
ka·ki[3] (bnw)
ka·ki·kleu·rig (bnw), ka·ki·kleu·ri·ge
kak·ken (ww), kak, kakt; kak·te, kak·ten; ge·kakt
de **kak·ker** (m), kak·kers; kak·ker·tje
de **kak·ker·lak** (m), kak·ker·lak·ken; kak·ker·lak·je
de **kak·kies** (mv)
kak·ki·neus (bnw), kak·ki·neu·ze
de **ka·ko·fo·nie** (v), kakofonieën [ka·ko·fo·nie·en]
de **ka·lan·der** (m) *(insect)*, ka·lan·ders
de **ka·lasj·ni·kov** (m), ka·lasj·ni·kovs
de **ka·le·bas**, ka·le·bas·sen; ka·le·bas·je
de **ka·le·bas·vrucht**, ka·le·bas·vruch·ten
ka·le·fa·te·ren (ww), ka·le·fa·ter, ka·le·fa·tert; ka·le·fa·ter·de, ka·le·fa·ter·den; ge·ka·le·fa·terd
de **ka·lei** (m)
ka·lei·en (ww), ka·lei, ka·leit;

ka·lei·de, ka·lei·den; ge·ka·leid
ka·len (ww), kaal, kaalt; kaal·de, kaal·den; ge·kaald
ka·lend (bnw), ka·len·de
de **ka·len·der** (m), ka·len·ders; ka·len·der·tje
het **ka·len·der·jaar**, ka·len·der·ja·ren
het **kalf**, kal·ve·ren; kalf·je
kal·fa·te·ren (ww), kal·fa·ter, kal·fa·tert; kal·fa·ter·de, kal·fa·ter·den; ge·kal·fa·terd
de **kalfs·fri·cas·see** (v), kalfs·fri·cas·sees
de **kalfs·lap** (m), kalfs·lap·pen; kalfs·lap·je
de **kalfs·oes·ter**, kalfs·oes·ters; kalfs·oes·ter·tje
het **kalfs·vlees**
de **ka·li** (m), ka·li's
het **ka·li·ber**, ka·li·bers
de **ka·li·bra·tie** (v), ka·li·bra·ties
de **ka·li·bra·tor** (m), ka·li·bra·to·ren, ka·li·bra·tors
ka·li·bre·ren (ww), ka·li·breer, ka·li·breert; ka·li·breer·de, ka·li·breer·den; ge·ka·li·breerd
de **ka·li·bre·ring** (v), ka·li·bre·rin·gen
de **ka·lief** (m), ka·lie·fen
het **ka·li·faat**, ka·li·fa·ten
het **ka·li·um**
de **kalk** (m), kalk·je
kal·ken[1] (bnw)
kal·ken[2] (ww), kalk, kalkt; kalk·te, kalk·ten; ge·kalkt
de **kal·koen** (m), kal·koe·nen; kal·koen·tje
de **kalk·steen**[1] (m) *(voorwerp)*, kalk·ste·nen; kalk·steen·tje
de/het **kalk·steen**[2] (m/o) *(stofnaam)*
de **kal·le**, kal·len; kal·le·tje
kal·len (ww), kal, kalt; kal·de, kal·den; ge·kald
de **kal·li·graaf** (m), kal·li·gra·fen
kal·li·gra·fe·ren (ww), kal·li·gra·feer, kal·li·gra·feert; kal·li·gra·feer·de, kal·li·gra·feer·den; ge·kal·li·gra·feerd
de **kal·li·gra·fie** (v), kalligrafieën [kal·li·gra·fie·en]
kalm (bnw), kal·me
kal·me·ren (ww), kal·meer, kal·meert; kal·meer·de, kal·meer·den; ge·kal·meerd
de **kalm·te** (v), kalm·tes
de **ka·lot**, ka·lot·ten; ka·lot·je
kal·ven (ww), kalf, kalft; kalf·de, kalf·den; ge·kalfd
kal·ve·ren (ww), kal·ver, kal·vert; kal·ver·de, kal·ver·den; ge·kal·verd
de **kal·ver·lief·de** (v), kal·ver·lief·des
de **kam** (m), kam·men; kam·me·tje
de **ka·meel** (m), ka·me·len; ka·meel·tje
de/het **ka·me·le·on** (m/o), ka·me·le·ons; ka·me·le·on·ne·tje
ka·men (ww), kaam, kaamt; kaam·de, kaam·den; ge·kaamd
de **ka·mer**, ka·mers; ka·mer·tje
Ka·mer *(bestuurslichaam)*
de **ka·me·raad** (m), ka·me·raads, ka·me·ra·den; ka·me·raad·je
de **ka·me·raad·schap** (v)
ka·mer·breed (bnw), ka·mer·bre·de
de **Ka·mer·com·mis·sie** (v), Ka·mer·com·mis·sies
het **Ka·mer·de·bat**, Ka·mer·de·bat·ten; Ka·mer·de·bat·je
de **Ka·mer·frac·tie** (v), Ka·mer·frac·ties
het **Ka·mer·ge·bouw**, Ka·mer·ge·bou·wen

de **ka·mer·heer** (m), ka·mer·he·ren
het **Ka·mer·lid**, Ka·mer·le·den; Ka·mer·lid·je
de **Ka·mer·meer·der·heid** (v), Ka·mer·meer·der·he·den
de **Ka·me·roe·ner** (m), Ka·me·roe·ners
de **Ka·me·roen·se** (v), Ka·me·roen·sen
de **ka·mer·plant**, ka·mer·plan·ten; ka·mer·plant·je
het **Ka·mer·stuk**, Ka·mer·stuk·ken
de **ka·mer·tem·pe·ra·tuur** (v), ka·mer·tem·pe·ra·tu·ren
de **Ka·mer·ver·kie·zing** (v), Ka·mer·ver·kie·zin·gen
het **Ka·mer·ver·slag**, Ka·mer·ver·sla·gen
de **Ka·mer·voor·zit·ter** (m), Ka·mer·voor·zit·ters
de **Ka·mer·vraag**, Ka·mer·vra·gen; Ka·mer·vraag·je
de **kam·fer** (m)
de **ka·mi·ka·ze** (m), ka·mi·ka·zes
de **ka·mil·le**, ka·mil·len, ka·mil·les; ka·mil·le·tje
het **ka·mil·le-ex·tract**, ka·mil·le-ex·trac·ten
de **ka·mil·le·thee** (m), kamilletheeën [ka·mil·le·thee·en]
de **ka·mi·na·ta**, ka·mi·na·ta's
ka·mi·sa, ka·mi·sa's
kam·men (ww), kam, kamt; kam·de, kam·den; ge·kamd
het **kamp**[1] *(legerplaats)*, kam·pen; kamp·je
de **kamp**[2] (m) *(andere betekenissen)*, kam·pen; kamp·je
kamp[3] (bnw)
de **kam·pan·je** *(scheepsterm)*, kam·pan·jes
de **kam·peer·der** (m), kam·peer·ders; kam·peer·der·tje
de **kam·peer·plaats**, kam·peer·plaat·sen
het **kam·peer·ter·rein**, kam·peer·ter·rei·nen; kam·peer·ter·rein·tje
het **kam·pe·ment**, kam·pe·men·ten
kam·pen (ww), kamp, kampt; kamp·te, kamp·ten; ge·kampt
de **kam·per** (m), kam·pers
kam·pe·ren (ww), kam·peer, kam·peert; kam·peer·de, kam·peer·den; ge·kam·peerd
de **kam·pi·oen** (m), kam·pi·oe·nen; kam·pi·oen·tje
de **kam·pi·oe·ne** (v), kam·pi·oe·nes
het **kam·pi·oen·schap**, kam·pi·oen·schap·pen; kam·pi·oen·schap·je
de **kam·pi·oens·tro·fee** (v), kampioenstrofeeën [kam·pi·oens·tro·fee·en], kam·pi·oens·tro·fees
de **kam·pi·oens·wed·strijd** (m), kam·pi·oens·wed·strij·den
het **kamp·vuur**, kamp·vu·ren; kamp·vuur·tje
de **kan**, kan·nen; kan·ne·tje
het **ka·naal** *(gegraven waterloop)*, ka·na·len; ka·naal·tje
Ka·naal *(zeestraat)*
de **ka·na·li·sa·tie** (v), ka·na·li·sa·ties
ka·na·li·se·ren (ww), ka·na·li·seer, ka·na·li·seert; ka·na·li·seer·de, ka·na·li·seer·den; ge·ka·na·li·seerd
de **ka·na·rie** (m), ka·na·ries; ka·na·rie·tje
de **kan·deel**
de **kan·de·laar** (m), kan·de·laars, kan·de·la·ren; kan·de·laar·tje
de **kan·de·la·ber** (m), kan·de·la·bers; kan·de·la·ber·tje
kan·de·la·be·ren (ww),

K

kan·de·la·ber, kan·de·la·bert; kan·de·la·ber·de, kan·de·la·ber·den; ge·kan·de·la·berd
de **kan·di·daat** (m), kan·di·da·ten; kan·di·daat·je
het **kan·di·daat-be·stuurs·lid**, kan·di·daat-be·stuurs·le·den
de **kan·di·daat-bur·ge·mees·ter** (m), kan·di·daat-bur·ge·mees·ters
de **kan·di·daat-ko·per** (m), kan·di·daat-ko·pers
het **kan·di·daat-lid**, kan·di·daat-le·den
de **kan·di·daat-mi·nis·ter** (m), kan·di·daat-mi·nis·ters
de **kan·di·daat-no·ta·ris** (m), kan·di·daat-no·ta·ris·sen
het **kan·di·daats·exa·men**, kan·di·daats·exa·mens
de **kan·di·daats·stel·ling** (v), kan·di·daats·stel·lin·gen
de **kan·di·daat·stel·ling** (v), kan·di·daat·stel·lin·gen
de **kan·di·daat-voor·zit·ter** (m), kan·di·daat-voor·zit·ters
de **kan·di·da·te** (v), kan·di·da·tes
de **kan·di·da·tuur** (v), kan·di·da·tu·ren
de **kan·di·da·tuur·stel·ling** (v), kan·di·da·tuur·stel·lin·gen
kan·di·de·ren (ww), kan·di·deer, kan·di·deert; kan·di·deer·de, kan·di·deer·den; ge·kan·di·deerd
de **kan·dij**
kan·dra·ti·ki
de/het **ka·neel** (m/o)
de **ka·neel·ap·pel**, ka·neel·ap·pels
ka·nen (ww), kaan, kaant; kaan·de, kaan·den; ge·kaand
de **kan·goe·roe** (m), kan·goe·roes; kan·goe·roe·tje
de **ka·nis** (m)
de **kan·jer** (m), kan·jers; kan·jer·tje
de **kan·ji** (m)
de **kan·kan·tri**, kan·kan·tri's
de **kan·ker** (m), kan·kers; kan·ker·tje
kan·ke·ren (ww), kan·ker, kan·kert; kan·ker·de, kan·ker·den; ge·kan·kerd
de **kan·ni·baal** (m), kan·ni·ba·len
de **kan·ni·ba·li·sa·tie** (v)
kan·ni·ba·li·se·ren (ww), kan·ni·ba·li·seer, kan·ni·ba·li·seert; kan·ni·ba·li·seer·de, kan·ni·ba·li·seer·den; ge·kan·ni·ba·li·seerd
het **kan·ni·ba·lis·me**
de **ka·no** (m), ka·no's; kanootje [ka·no·tje]
kanoën [ka·no·en] (ww), ka·no, ka·noot; ka·no·de, ka·no·den; ge·ka·nood
de **kanoër** [ka·no·er] (m), kanoërs [ka·no·ers]
de **ka·noet** (m), ka·noe·ten; ka·noet·je
het **ka·non**, ka·non·nen; ka·non·ne·tje
de **ka·non·na·de** (v), ka·non·na·des
de **ka·non·neer·boot**, ka·non·neer·bo·ten; ka·non·neer·boot·je
het **ka·non·nen·vlees**
de **ka·non·nier** (m), ka·non·niers
de **ka·nons·ko·gel** (m), ka·nons·ko·gels; ka·nons·ko·gel·tje
ka·no·va·ren (ww)
de **kans**, kan·sen; kans·je
kans·arm (bnw), kans·ar·me
de **kans·ar·moe·de**
de **kan·sel** (m), kan·sels; kan·sel·tje
de **kan·se·la·rij** (v), kan·se·la·rij·en
de **kan·se·lier** (m), kan·se·lie·ren,

kan·se·liers
de **kan·se·liers·kan·di·daat** (m), kan·se·liers·kan·di·da·ten
kans·loos (bnw), kans·lo·ze
kans·rijk (bnw), kans·rij·ke
het **kans·spel**, kans·spe·len, kans·spel·len
het **kans·tra·ject**, kans·tra·jec·ten
de **kant**[1] (m) *(zijde)*, kan·ten; kant·je
de/het **kant**[2] (m/o) *(stof)*, kan·ten; kant·je
de **kan·teel** (m), kan·te·len; kan·teel·tje
kan·te·len (ww), kan·tel, kan·telt; kan·tel·de, kan·tel·den; ge·kan·teld
kan·ten[1] (bnw)
kan·ten[2] (ww), kant, kant; kant·te, kant·ten; ge·kant
kant-en-klaar (bnw), kant-en-kla·re
het **kant-en-klaar·ge·recht**, kant-en-klaar·ge·rech·ten; kant-en-klaar·ge·recht·je
de **kant-en-klaar·maal·tijd** (m), kant-en-klaar·maal·tij·den
het **kant-en-klaar·pro·duct**, kant-en-klaar·pro·duc·ten
de **kan·ti·aan** (m), kan·ti·a·nen
kan·ti·aans (bnw), kan·ti·aan·se
de **kan·ti·ne** (v), kan·ti·nes
kant·je boord
kant·klos·sen (ww)
de **kant·klos·ster** (v), kant·klos·sters
de **kant·lijn**, kant·lij·nen
het **kan·ton**, kan·tons; kan·ton·ne·tje
de **Kan·to·nees**[1] (m) *(persoon)*, Kan·to·ne·zen
het **Kan·to·nees**[2] *(taal)*
kan·ton·naal (bnw), kan·ton·na·le
de **kan·ton·rech·ter** (m), kan·ton·rech·ters
het **kan·toor**, kan·to·ren; kan·toor·tje
de **kan·toor·be·no·digd·he·den** (mv)
het **kan·toor·com·plex**, kan·toor·com·plexen
het **kan·toor·ge·bouw**, kan·toor·ge·bou·wen; kan·toor·ge·bouw·tje
de **kan·toor·ruim·te** (v), kan·toor·ruim·ten, kan·toor·ruim·tes
de **kan·toor·uren** (mv)
de **kant·te·ke·ning** (v), kant·te·ke·nin·gen
de **ka·nun·nik** (m), ka·nun·ni·ken
de **kap**[1] (m) *(houw, het kappen)*, kap·pen; kap·je
de **kap**[2] *(bedekking)*, kap·pen; kap·je
de **ka·pel**, ka·pel·len; ka·pel·le·tje
de **ka·pe·laan** (m), ka·pe·laans; ka·pe·laan·tje
ka·pen (ww), kaap, kaapt; kaap·te, kaap·ten; ge·kaapt
de **ka·per** (m), ka·pers; ka·per·tje
de **ka·ping** (v), ka·pin·gen
de **ka·pi·taal**[1] *(hoofdletter)*, ka·pi·ta·len; ka·pi·taal·tje
het **ka·pi·taal**[2] *(som geld)*, ka·pi·ta·len; ka·pi·taal·tje
ka·pi·taal[3] (bnw), ka·pi·ta·le
de **ka·pi·taal·las·ten** (mv)
de **ka·pi·taals·ver·ho·ging** (v), ka·pi·taals·ver·ho·gin·gen
de **ka·pi·taal·ver·ho·ging** (v), ka·pi·taal·ver·ho·gin·gen
de **ka·pi·ta·li·sa·tie** (v), ka·pi·ta·li·sa·ties
ka·pi·ta·li·se·ren (ww), ka·pi·ta·li·seer, ka·pi·ta·li·seert; ka·pi·ta·li·seer·de, ka·pi·ta·li·seer·den; ge·ka·pi·ta·li·seerd
het **ka·pi·ta·lis·me**
ka·pi·ta·lis·tisch (bnw),

K

ka·pi·ta·lis·ti·sche
het **ka·pi·teel**, ka·pi·te·len; ka·pi·teel·tje
de **ka·pi·tein** (m), ka·pi·teins; ka·pi·tein·tje
de **ka·pi·tein-com·man·dant** (m), ka·pi·tein-com·man·dan·ten
de **ka·pi·tein-ter-zee** (m), ka·pi·teins-ter-zee
het **ka·pit·tel**, ka·pit·te·len, ka·pit·tels; ka·pit·tel·tje
ka·pit·te·len (ww), ka·pit·tel, ka·pit·telt; ka·pit·tel·de, ka·pit·tel·den; ge·ka·pit·teld
de **ka·pit·tel·kerk**, ka·pit·tel·ker·ken
de **kap·laars**, kap·laar·zen; kap·laars·je
de **ka·po**, ka·po's; kapootje [ka·po·tje]
de **ka·poen** (m), ka·poe·nen; ka·poen·tje
ka·pot (bnw), ka·pot·te
ka·pot·bij·ten (ww), bijt ka·pot, bijt ka·pot; beet ka·pot, be·ten ka·pot; ka·pot·ge·be·ten
ka·pot·gaan (ww), ga ka·pot, gaat ka·pot; ging ka·pot, gin·gen ka·pot; ka·pot·ge·gaan
ka·pot·gooi·en (ww), gooi ka·pot, gooit ka·pot; gooi·de ka·pot, gooi·den ka·pot; ka·pot·ge·gooid
ka·pot·ma·ken (ww), maak ka·pot, maakt ka·pot; maak·te ka·pot, maak·ten ka·pot; ka·pot·ge·maakt
ka·pot·rij·den (ww), rijd ka·pot, rij ka·pot, rijdt ka·pot; reed ka·pot, re·den ka·pot; ka·pot·ge·re·den
ka·pot·schie·ten (ww), schiet ka·pot, schiet ka·pot; schoot ka·pot, scho·ten ka·pot; ka·pot·ge·scho·ten
ka·pot·slaan (ww), sla ka·pot, slaat ka·pot; sloeg ka·pot, sloe·gen ka·pot; ka·pot·ge·sla·gen
ka·pot·trek·ken (ww), trek ka·pot, trekt ka·pot; trok ka·pot, trok·ken ka·pot; ka·pot·ge·trok·ken
ka·pot·val·len (ww), val ka·pot, valt ka·pot; viel ka·pot, vie·len ka·pot; ka·pot·ge·val·len
ka·pot·vrie·zen (ww), vries ka·pot, vriest ka·pot; vroor ka·pot, vro·ren ka·pot; ka·pot·ge·vro·ren
de **kap·pa**, kap·pa's
de **kap·par·tij** (v), kap·par·tij·en
kap·pen (ww), kap, kapt; kap·te, kap·ten; ge·kapt
de **kap·per** (m), kap·pers; kap·per·tje
het **kap·pers·ec·zeem**, kap·pers·ec·ze·men
de/het **kap·pers·sa·lon** (m/o), kap·pers·sa·lons
de **kap·pers·schaar**, kap·pers·scha·ren
de **kap·pers·school**, kap·pers·scho·len
de **kap·pers·stoel** (m), kap·pers·stoe·len
de **kap·pers·zaak**, kap·pers·za·ken; kap·pers·zaak·je
de/het **kap·sa·lon** (m/o), kap·sa·lons; kap·sa·lon·ne·tje
kap·sei·zen (ww), kap·seis, kap·seist; kap·seis·de, kap·seis·den; ge·kap·seisd
het **kap·sel**, kap·sels; kap·sel·tje
de **kap·so·nes** (mv)
de **kap·ster** (v), kap·sters; kap·ster·tje
de **kap·stok** (m), kap·stok·ken; kap·stok·je
de **ka·pu·cijn** (m), ka·pu·cij·nen; ka·pu·cijn·tje
de **ka·pu·cij·ner**[1] (m) *(erwt)*,

ka·pu·cij·ners; ka·pu·cij·ner·tje
ka·pu·cij·ner[2] (bnw)
de **kap·wond**, kap·won·den
de **kar**, kar·ren; kar·re·tje
het **ka·raat**, ka·raats, ka·ra·ten
de **ka·ra·bijn**, ka·ra·bij·nen; ka·ra·bijn·tje
de **ka·ra·bi·ner** (m), ka·ra·bi·ners
de **ka·ra·bi·nier** (m), ka·ra·bi·niers
de **ka·raf**, ka·raf·fen; ka·raf·je
het **ka·rak·ter**, ka·rak·ters; ka·rak·ter·tje
de **ka·rak·ter·co·de** (m), ka·rak·ter·co·des
ka·rak·te·ri·eel (bnw), karakteriële [ka·rak·te·ri·e·le]
de **ka·rak·te·ri·sa·tie** (v), ka·rak·te·ri·sa·ties
ka·rak·te·ri·se·ren (ww), ka·rak·te·ri·seer, ka·rak·te·ri·seert; ka·rak·te·ri·seer·de, ka·rak·te·ri·seer·den; ge·ka·rak·te·ri·seerd
de **ka·rak·te·ri·se·ring** (v), ka·rak·te·ri·se·rin·gen
de **ka·rak·te·ris·tiek**[1] (v), ka·rak·te·ris·tie·ken
ka·rak·te·ris·tiek[2] (bnw), ka·rak·te·ris·tie·ke
de **ka·ra·mel**, ka·ra·mels
het **ka·ra·mel·len·vers**, ka·ra·mel·len·ver·zen; ka·ra·mel·len·vers·je
de **ka·ra·mel·li·sa·tie** (v), ka·ra·mel·li·sa·ties
ka·ra·mel·li·se·ren (ww), ka·ra·mel·li·seer, ka·ra·mel·li·seert; ka·ra·mel·li·seer·de, ka·ra·mel·li·seer·den; ge·ka·ra·mel·li·seerd
de **ka·ra·mel·saus**, ka·ra·mel·sau·sen, ka·ra·mel·sau·zen
het **ka·ra·o·ke**
de **ka·ra·o·ke·avond** (m), ka·ra·o·ke·avon·den
de **ka·ra·o·ke·bar**, ka·ra·o·ke·bars
ka·ra·o·ken (ww), ka·ra·ook, ka·ra·ookt; ka·ra·ook·te, ka·ra·ook·ten; ge·ka·ra·ookt
het **ka·ra·te**
de **ka·ra·te-ex·pert** (m), ka·ra·te-ex·per·ten, ka·ra·te-ex·perts
de **ka·ra·te·ka**, ka·ra·te·ka's
het **ka·ra·te·kam·pi·oen·schap**, ka·ra·te·kam·pi·oen·schap·pen
de **ka·ra·te·school**, ka·ra·te·scho·len
het **ka·ra·te·toer·nooi**, ka·ra·te·toer·nooi·en
het **ka·ra·te·tor·nooi**, ka·ra·te·tor·nooi·en
de **ka·ra·te·wed·strijd** (m), ka·ra·te·wed·strij·den
de **ka·ra·vaan**, ka·ra·va·nen; ka·ra·vaan·tje
de **kar·bo·na·de** (v), kar·bo·na·den, kar·bo·na·des; kar·bo·naad·je
de **kar·da·mom** (m)
de **kar·da·mon** (m)
de **kar·de·mom** (m)
de **kar·di·naal**[1] (m), kar·di·na·len; kar·di·naal·tje
kar·di·naal[2] (bnw), kar·di·na·le
de **kar·di·na·li·teit** (v), kar·di·na·li·tei·ten
de **kar·doen** (m), kar·doe·nen, kar·doens
de **ka·re·kiet** (m), ka·re·kie·ten; ka·re·kiet·je
het **ka·ret**, ka·ret·ten
de **ka·ri·a·ti·de** (v), ka·ri·a·ti·den
de **ka·ri·boe** (m), ka·ri·boes
ka·rig (bnw), ka·ri·ge
ka·ri·ka·tu·raal (bnw), ka·ri·ka·tu·ra·le

K

ka·ri·ka·tu·ri·se·ren (ww), ka·ri·ka·tu·ri·seer, ka·ri·ka·tu·ri·seert; ka·ri·ka·tu·ri·seer·de, ka·ri·ka·tu·ri·seer·den; ge·ka·ri·ka·tu·ri·seerd
de **ka·ri·ka·tuur** (v), ka·ri·ka·tu·ren; ka·ri·ka·tuur·tje
de/het **kar·kas**, kar·kas·sen; kar·kas·je
de **kar·kiet** (m), kar·kie·ten
de **kar·kó**, kar·kó's
de **kar·kó·vangst** (v)
het **kar·ma**, kar·ma's
de **kar·me·liet** (m), kar·me·lie·ten
het **kar·mo·zijn**
de **karn**, kar·nen
de **kar·ne·melk**
kar·nen (ww), karn, karnt; karn·de, karn·den; ge·karnd
Ka·ro·lin·gisch (bnw), Ka·ro·lin·gi·sche
de **ka·ros**, ka·ros·sen; ka·ros·je
de **kar·pat**, kar·pat·ten
de **kar·pat·ten·ziek·te** (v), kar·pat·ten·ziek·ten, kar·pat·ten·ziek·tes
de **kar·per** (m), kar·pers; kar·per·tje
het **kar·pet**, kar·pet·ten; kar·pet·je
kar·ren (ww), kar, kart; kar·de, kar·den; ge·kard
het **kar·ren·spoor**, kar·ren·spo·ren
de **kar·ren·vracht**, kar·ren·vrach·ten
het **kar·ren·wiel**, kar·ren·wie·len; kar·ren·wiel·tje
de **kart** (m), karts; kart·je
de **kar·tel**[1] (m) *(kerf)*, kar·tels; kar·tel·tje
het **kar·tel**[2] *(vereniging)*, kar·tels
kar·ten (ww), kart, kart; kart·te, kart·ten; ge·kart
kar·te·ren (ww), kar·teer, kar·teert; kar·teer·de, kar·teer·den; ge·kar·teerd
de **kar·te·ring** (v), kar·te·rin·gen
het **kar·ting**
het **kar·ton**, kar·tons; kar·ton·ne·tje
de **kar·ton·na·ge** (v), kar·ton·na·ges
kar·ton·nen (bnw)
de **kar·tui·zer**[1] (m), kar·tui·zers
kar·tui·zer[2] (bnw)
de/het **kar·veel**, kar·veels, kar·ve·len; kar·veel·tje
de/het **kar·wei**, kar·wei·en; kar·wei·tje
kar·wei·en (ww), kar·wei, kar·weit; kar·wei·de, kar·wei·den; ge·kar·weid
de **kar·wij**, kar·wij·tje
de **kas**, kas·sen; kas·je
de **kas·ba** (m), kas·ba's
het **kas·boek**, kas·boe·ken; kas·boek·je
de **kas·bon** (m), kas·bon·nen, kas·bons
de **kas·con·tro·le**, kas·con·tro·les
ka·se·ko
de **ka·se·ko·band** (m), ka·se·ko·bands
de **ka·se·ko·groep**, ka·se·ko·groe·pen
de **ka·se·ko·mu·ziek** (v)
het **ka·se·ko·num·mer**, ka·se·ko·num·mers
de **ka·se·ko·zan·ger** (m), ka·se·ko·zan·gers
de **kash·ba** (m), kash·ba's
de **ka·shu·pe·te**
ka·si·ri
het **kasj·mier**[1]
kasj·mier[2] (bnw)
kasj·mie·ren (bnw)
het **kasj·roet**
de **kas·kra·ker** (m), kas·kra·kers
kas·mo·ni
de **kas·sa**, kas·sa's; kassaatje [kas·sa·tje]
de **kas·sa·bon** (m), kas·sa·bon·nen,

kas·sa·bons; kas·sa·bon·ne·tje
de **kas·sa·la·de** (v), kas·sa·la·den, kas·sa·la·des
het **kas·sa·tic·ket**, kas·sa·tic·kets; kas·sa·tic·ket·je
de **kas·sei**, kas·sei·en; kas·sei·tje
kas·sei·en (ww), kas·sei, kas·seit; kas·sei·de, kas·sei·den; ge·kas·seid
kas·sen (ww), kas, kast; kas·te, kas·ten; ge·kast
de **kas·sen·teelt** (v)
de **kas·se·rol**, kas·se·rol·len; kas·se·rol·le·tje
de **kas·sier** (m), kas·siers
de **kas·si·è·re** (v), kas·si·è·res
de **kas·sier·ster** (v), kas·sier·sters
kas·sie·wij·le (bnw)
de **kast**, kas·ten; kast·je
de **kas·tan·je** *(boom (m); vrucht (m/v))*, kas·tan·jes
de **kas·tan·je·boom** (m), kas·tan·je·bo·men; kas·tan·je·boom·pje
de **kas·te**, kas·ten
het **kas·teel**, kas·te·len; kas·teel·tje
de **kas·teel·ei·ge·naar** (m), kas·teel·ei·ge·naars, kas·teel·ei·ge·na·ren
de **kas·teel·gracht**, kas·teel·grach·ten
het **kas·te·kort**, kas·te·kor·ten
de **kas·te·lein** (m), kas·te·leins
het **kas·ten·stel·sel**, kas·ten·stel·sels
het **kas·ten·sys·teem**, kas·ten·sys·te·men
het **kas·tic·ket**, kas·tic·kets; kas·tic·ket·je
kas·tij·den (ww), kas·tijd, kas·tijdt; kas·tijd·de, kas·tijd·den; ge·kas·tijd
de **kas·trol**, kas·trol·len; kas·trol·le·tje
de **ka·su·a·ris** (m), ka·su·a·ris·sen
de **kas·yu**, kas·yu's
de **kat**, kat·ten; kat·je
de **ka·ta** (m)
het **ka·ta·bo·lis·me**
de **kat·ach·ti·ge**, kat·ach·ti·gen
de **ka·ta·falk**, ka·ta·fal·ken
de **ka·ta·ly·sa·tor** (m), ka·ta·ly·sa·to·ren, ka·ta·ly·sa·tors
ka·ta·ly·se·ren (ww), ka·ta·ly·seer, ka·ta·ly·seert; ka·ta·ly·seer·de, ka·ta·ly·seer·den; ge·ka·ta·ly·seerd
de **ka·ta·pult** (m), ka·ta·pul·ten; ka·ta·pult·je
ka·ta·pul·te·ren (ww), ka·ta·pul·teer, ka·ta·pul·teert; ka·ta·pul·teer·de, ka·ta·pul·teer·den; ge·ka·ta·pul·teerd
het **kat-en-muis·spel**, kat-en-muis·spe·len, kat-en-muis·spel·len; kat-en-muis·spel·le·tje
het **ka·ten·spek**
de **ka·ter** (m), ka·ters; ka·ter·tje
de/het **ka·tern**, ka·ter·nen; ka·tern·tje
de **ka·thaar** (m), ka·tha·ren
de **ka·the·der** (m) *(spreekgestoelte)*, ka·the·ders; ka·the·der·tje
de **ka·the·draal**[1], ka·the·dra·len; ka·the·draal·tje
ka·the·draal[2] (bnw), ka·the·dra·le
de **ka·the·ter** (m), ka·the·ters; ka·the·ter·tje
de **ka·the·te·ri·sa·tie** (v), ka·the·te·ri·sa·ties
ka·the·te·ri·se·ren (ww), ka·the·te·ri·seer, ka·the·te·ri·seert; ka·the·te·ri·seer·de, ka·the·te·ri·seer·den; ge·ka·the·te·ri·seerd
de **ka·tho·de** (v), ka·tho·den, ka·tho·des
ka·tho·disch (bnw),

K

ka·tho·di·sche
het **ka·tho·li·cis·me**
de **ka·tho·liek**[1] (m), ka·tho·lie·ken; ka·tho·liek·je
ka·tho·liek[2] (bnw), ka·tho·lie·ke
het **kat·ion**, kat·io·nen
de **kat·jang** *(vrucht (m/v); kwajongen (m)),* kat·jangs
de/het **ka·toen**[1] (m/o), ka·toe·nen; ka·toen·tje
ka·toen[2] (bnw)
ka·toe·nen (bnw)
het **ka·toen·zaad**, ka·toen·za·den
de **kat·oog**[1] (m) *(steen),* kat·ogen
het **kat·oog**[2] *(stofnaam)*
het **kat·oog**[3] *(andere betekenissen),* kat·ogen
de **ka·trol**, ka·trol·len; ka·trol·le·tje
de **kat·sjoe** (m)
het **kat·te·bel·le·tje** *(briefje),* kat·te·bel·le·tjes
kat·ten (ww), kat, kat; kat·te, kat·ten; ge·kat
de **kat·ten·bak** (m), kat·ten·bak·ken; kat·ten·bak·je
het **kat·ten·bak·grit**
het **kat·ten·ge·jank**
de/het **kat·ten·haar**[1] *(afzonderlijke kattenhaar),* kat·ten·ha·ren
het **kat·ten·haar**[2] *(de kattenharen gezamenlijk)*
de **kat·ten·kop** (m), kat·ten·kop·pen; kat·ten·kop·je
het **kat·ten·kruid**
het **kat·ten·kwaad**
het **kat·ten·luik**, kat·ten·lui·ken; kat·ten·luik·je
de **kat·ten·pis** (m)
de **kat·ten·sprong** (m), kat·ten·spron·gen
de **kat·ten·staart** (m), kat·ten·staar·ten; kat·ten·staart·je
het **kat·ten·voer**
het **kat·ten·was·je**, kat·ten·was·jes
kat·te·rig (bnw), kat·te·ri·ge
de **kat·tin** (v), kat·tin·nen; kat·tin·ne·tje
de **kat·zwijm**
Kau·ka·sisch (bnw), Kau·ka·si·sche
de **kauw**, kau·wen; kauw·tje
kau·wen (ww), kauw, kauwt; kauw·de, kauw·den; ge·kauwd
de/het **kauw·gom** (m/o), kauw·goms; kauw·gom·me·tje
de/het **kauw·gum** (m/o), kauw·gums; kauw·gum·me·tje, kauw·gum·pje
het **ka·val·je**, ka·val·jes
de **ka·vel** (m), ka·ve·len, ka·vels; ka·vel·tje
de **ka·vi·aar** (m)
ka·wi·na *(muzieksoort)*
de **ka·wi·na·band** (m), ka·wi·na·bands
de **Ka·zach** (m), Ka·za·chen
de **ka·zak**, ka·zak·ken
de **ka·ze·mat**, ka·ze·mat·ten; ka·ze·mat·je
ka·zen (ww), kaas, kaast; kaas·de, kaas·den; ge·kaasd
de **ka·zer·ne**, ka·zer·nen, ka·zer·nes
ka·zer·ne·ren (ww), ka·zer·neer, ka·zer·neert; ka·zer·neer·de, ka·zer·neer·den; ge·ka·zer·neerd
de **ka·zoo** (m), ka·zoos
de/het **ka·zui·fel** (m/o), ka·zui·fels; ka·zui·fel·tje
kB *(kilobyte)*
KB *(koninklijk besluit),* KB's
kca *(klein chemisch afval)*
de **kea** (m), ke·a's
de **ke·bab** (m), ke·babs; ke·bab·je
de **ke·bon** (m), ke·bons
de **keds**, ked·sen
de **keel** *(lichaamsdeel),* ke·len; keel·tje
de **keel·arts** (m), keel·art·sen

de **keel-neus-oor·arts** (m), keel-neus-oor·art·sen
de **keel·pijn**, keel·pij·nen; keel·pijn·tje
de **keen**, ke·nen; keen·tje
de **keep** *(insnijding)*, ke·pen; keep·je
kee·pen (ww), keep, keept; keep·te, keep·ten; ge·keept
de **kee·per** (m), kee·pers; kee·per·tje
de **kee·pers·trai·ner** (m), kee·pers·trai·ners
de **keer** (m), ke·ren; keer·tje
het **keer·punt**, keer·pun·ten; keer·punt·je
de **keer·zij·de**, keer·zij·den, keer·zij·des
de **kees** (m) *(keeshond)*, ke·zen; kees·je
de **keet**, ke·ten; keet·je
kef·fen (ww), kef, keft; kef·te, kef·ten; ge·keft
de **kef·fer** (m), kef·fers; kef·fer·tje
de **ke·fir** (m)
de **keg**, keg·gen; keg·ge·tje, keg·je
de **ke·gel** (m), ke·gels; ke·gel·tje
de **keg·ge**, keg·gen; keg·ge·tje
keg·gen (ww), keg, kegt; keg·de, keg·den; ge·kegd
de **kei** (m), kei·en; kei·tje
kei·goed (bnw), kei·goe·de
kei·hard (bnw), kei·har·de
het **kei·leem**, kei·le·men
kei·len (ww), keil, keilt; keil·de, keil·den; ge·keild
kei·leuk (bnw), kei·leu·ke
kei·nijg (bnw), kei·nij·ge
kei·tof (bnw), kei·tof·fe
kei·veel[1] (onbep vnw)
kei·veel[2] (bijw)
de **kei·zer** (m), kei·zers; kei·zer·tje
de **kei·ze·rin** (v), kei·ze·rin·nen; kei·ze·rin·ne·tje
het **kei·zer·rijk**, kei·zer·rij·ken; kei·zer·rijk·je
de **kei·zer·sne·de**, kei·zer·sne·den
de **kei·zer·snee**, kei·zer·sne·den, kei·zer·sne·des; kei·zer·snee·tje
de **kei·zer·tijd** (m)
kek (bnw), kek·ke
kek·si, kek·si's
de **kel·der** (m), kel·ders; kel·der·tje
kel·de·ren (ww), kel·der, kel·dert; kel·der·de, kel·der·den; ge·kel·derd
ke·len[1] (bnw)
ke·len[2] (ww), keel, keelt; keel·de, keel·den; ge·keeld
de **kelk** (m), kel·ken; kelk·je
het **kelk·blad**, kelk·bla·den, kelk·bla·de·ren, kelk·bla·ren
de **kel·ner** (m), kel·ners; kel·ner·tje
de **kel·ne·rin** (v), kel·ne·rin·nen; kel·ne·rin·ne·tje
de **kelp**
de **Kelt** (m), Kel·ten; Kelt·je
het **Kel·tisch**[1] *(taal)*
Kel·tisch[2] (bnw), Kel·ti·sche
Kel·tisch kruis
de **ke·mel** (m), ke·mels; ke·mel·tje
de **kemp** (m)
kem·pen (bnw)
de **kem·pe·naar** (m) *(aardappel)*, kem·pe·naars
de **Kem·pe·naar** (m) *(persoon uit de Kempen)*, Kem·pe·naars, Kem·pe·na·ren
Kem·pens (bnw), Kem·pen·se
Kem·pisch (bnw), Kem·pi·sche
de **ke·nau** (v), ke·naus
ken·baar (bnw), ken·ba·re
het **ken·do**, ken·do's
ke·nen (ww), keen, keent; keen·de, keen·den; ge·keend
de **ke·ne·pa**, ke·ne·pa's
de **ke·ne·pa·boom** (m), ke·ne·pa·bo·men
het **ken·ge·tal**, ken·ge·tal·len

Ke·ni·aans (bnw), Ke·ni·aan·se
het **ken·merk**, ken·mer·ken; ken·merk·je
ken·mer·ken (ww), ken·merk, ken·merkt; ken·merk·te, ken·merk·ten; ge·ken·merkt
ken·mer·kend (bnw), ken·mer·ken·de
de **ken·nel** (m), ken·nels; ken·nel·tje
ken·ne·lijk (bnw), ken·ne·lij·ke
ken·nen (ww), ken, kent; ken·de, ken·den; ge·kend
de **ken·ner** (m), ken·ners; ken·ner·tje
de **ken·nis**[1] *(persoon)*, ken·nis·sen; ken·nis·je
de **ken·nis**[2] (v) *(andere betekenissen)*
de **ken·nis·bank**, ken·nis·ban·ken
het **ken·nis·cen·trum**, ken·nis·cen·tra, ken·nis·cen·trums
de **ken·nis·de·ling** (v), ken·nis·de·lin·gen
de **ken·nis·eco·no·mie** (v), kenniseconomieën [ken·nis·eco·no·mie·en]
ken·nis·ge·ven (ww), geef ken·nis, geeft ken·nis; gaf ken·nis, ga·ven ken·nis; ken·nis·ge·ge·ven
de **ken·nis·ge·ving**[1] (v), ken·nis·ge·vin·gen; ken·nis·ge·vin·kje
ken·nis·ge·ving[2]: ter kennisgeving
ken·nis·ma·ken (ww), maak ken·nis, maakt ken·nis; maak·te ken·nis, maak·ten ken·nis; ken·nis·ge·maakt
de **ken·nis·ma·king** (v), ken·nis·ma·kin·gen
het **ken·nis·ma·kings·ge·sprek**, ken·nis·ma·kings·ge·sprek·ken; ken·nis·ma·kings·ge·sprek·je
de **ken·nis·na·me**[1], ken·nis·na·men, ken·nis·na·mes
ken·nis·na·me[2]: ter kennisname
ken·nis·ne·men (ww), neem ken·nis, neemt ken·nis; nam ken·nis, na·men ken·nis; ken·nis·ge·no·men
de **ken·nis·ne·ming** (v), ken·nis·ne·min·gen
de **ken·nis·over·dracht**, ken·nis·over·drach·ten
de **ken·nis·sen·kring** (m), ken·nis·sen·krin·gen
ken·schet·sen (ww), ken·schets, ken·schetst; ken·schets·te, ken·schets·ten; ge·ken·schetst
het **ken·tal**, ken·tal·len
de **ken·taur** (m), ken·tau·ren
het **ken·te·ken**, ken·te·ke·nen, ken·te·kens; ken·te·ken·tje
de **ken·te·ken·plaat**, ken·te·ken·pla·ten; ken·te·ken·plaat·je
de **ken·te·ring** (v), ken·te·rin·gen
Ke·ny·aans (bnw), Ke·ny·aan·se
ke·pen (ww), keep, keept; keep·te, keep·ten; ge·keept
de **ke·per** (m), ke·pers; ke·per·tje
ke·pe·ren (ww), ke·per, ke·pert; ke·per·de, ke·per·den; ge·ke·perd
de **ke·pie** (m), ke·pies; ke·pie·tje
de **ke·ra·miek** (v), ke·ra·mie·ken
ke·ra·misch (bnw), ke·ra·mi·sche
de **ke·ra·mist** (m), ke·ra·mis·ten
de **ke·ra·ti·ne** (v)
de **ke·ra·ti·ne·be·han·de·ling** (v), ke·ra·ti·ne·be·han·de·lin·gen
de **ke·rel** (m), ke·rels; ke·rel·tje
ke·ren (ww), keer, keert; keer·de, keer·den; ge·keerd
de **kerf**, ker·ven; kerf·je
de **ke·ring** (v), ke·rin·gen
de **kerk** *(gebouw; kerkdienst; geloofsgemeenschap)*, ker·ken; kerk·je
Kerk *(naam instantie)*

de **kerk·dienst** (m), kerk·dien·sten
ker·ke·lijk (bnw), ker·ke·lij·ke
ker·ken (ww), kerk, kerkt; kerk·te, kerk·ten; ge·kerkt
het **ker·ken·pad**, ker·ken·pa·den
de **ker·ken·raad** (m), ker·ken·ra·den
de **ker·ker·straf**, ker·ker·straf·fen
de **kerk·fa·briek** (v), kerk·fa·brie·ken
het **kerk·ge·noot·schap**, kerk·ge·noot·schap·pen; kerk·ge·noot·schap·je
de **kerk·her·vor·mer** (m), kerk·her·vor·mers
het **kerk·hof**, kerk·ho·ven; kerk·hof·je
de **kerk·klok**, kerk·klok·ken; kerk·klok·je
het **Kerk·la·tijn** *(taal)*
het **kerk·lid**, kerk·le·den
het **kerk·pad**, kerk·pa·den; kerk·paad·je
het **kerk·por·taal**, kerk·por·ta·len
de **kerk·rat**, kerk·rat·ten
het **kerk-zijn**
ker·men (ww), kerm, kermt; kerm·de, kerm·den; ge·kermd
de **ker·mis**, ker·mis·sen; ker·mis·je
de **ker·mis·at·trac·tie** (v), ker·mis·at·trac·ties
de **kern**, ker·nen; kern·tje
de **kern·cen·tra·le**, kern·cen·tra·les; kern·cen·tra·le·tje
het **kern·deel·tje**, kern·deel·tjes
de **ker·nel** (m), ker·nels
de **kern·ener·gie** (v)
de **kern·fy·si·cus** (m), kern·fy·si·ci
de **kern·kop** (m), kern·kop·pen; kern·kop·je
het **kern·on·ge·val**, kern·on·ge·val·len
de **kern·re·ac·tor** (m), kern·re·ac·to·ren, kern·re·ac·tors
de **kern·waar·de** (v), kern·waar·den, kern·waar·des
het **kern·wa·pen**, kern·wa·pens
het **kern·woord**, kern·woor·den; kern·woord·je
de **ke·ro·si·ne**, ke·ro·si·nes
de **ker·rie** (m), ker·ries
de/het **ker·rie·poe·der** (m/o), ker·rie·poe·ders
de **ker·rie·saus**, ker·rie·sau·sen, ker·rie·sau·zen; ker·rie·saus·je
de **kers**, ker·sen; kers·je
de **ker·se·laar** (m), ker·se·laars, ker·se·la·ren; ker·se·laar·tje
het **ker·sen**
de **ker·sen·bloe·sem** (m), ker·sen·bloe·sems
de **ker·sen·boom** (m), ker·sen·bo·men; ker·sen·boom·pje
de **ker·sen·jam**, ker·sen·jams
de **ker·sen·ont·pit·ter** (m), ker·sen·ont·pit·ters
de **ker·sen·pit**, ker·sen·pit·ten; ker·sen·pit·je
de **ker·sen·taart**, ker·sen·taar·ten; ker·sen·taart·je
de **ker·sen·vlaai** (m), ker·sen·vlaai·en; ker·sen·vlaai·tje
de **kerst**, ker·sten
de **kerst·avond** (m), kerst·avon·den
de **kerst·bal** (m) *(versiering)*, kerst·bal·len; kerst·bal·le·tje
de **kerst·bood·schap** (v), kerst·bood·schap·pen
de **kerst·boom** (m), kerst·bo·men; kerst·boom·pje
de **kerst·bor·rel** (m), kerst·bor·rels
de **kerst·bu·che**, kerst·bu·ches
het **kerst·ca·deau**, kerst·ca·deaus; kerst·ca·deau·tje
de **kerst-cd** (m), kerst-cd's
het **kerst·con·cert**, kerst·con·cer·ten
de **kerst·dag** (m), kerst·da·gen
het **kerst·di·ner**, kerst·di·ners;

K

kerst·di·ner·tje
de **kerst·druk·te** (v), kerst·druk·tes
het **ker·ste·kind**, ker·ste·kin·de·ren
de **ker·ste·ning** (v), ker·ste·nin·gen
het **kerst·feest**, kerst·fees·ten; kerst·feest·je
de **kerst·ge·dach·te** (v), kerst·ge·dach·ten, kerst·ge·dach·tes
het **kerst·ge·schenk**, kerst·ge·schen·ken
de **kerst-in** (m), kerst-ins
de **kerst·kaart**, kerst·kaar·ten; kerst·kaart·je
het **kerst·kind** *(kind dat met de kerst geboren is),* kerst·kin·de·ren
het **Kerst·kind** *(het kind Jezus)*
de **kerst·klok**, kerst·klok·ken; kerst·klok·je
de **kerst·krans** (m), kerst·kran·sen; kerst·krans·je
het **kerst·lied**, kerst·lie·de·ren; kerst·lied·je
het **kerst·maal**, kerst·ma·len; kerst·maal·tje
de **kerst·man** (m) *(persoon die voor de Kerstman speelt),* kerst·man·nen; kerst·man·ne·tje
Kerst·man *(figuur in de kersttradi-tie),* Kerst·man·ne·tje
de **kerst·markt**, kerst·mark·ten; kerst·markt·je
het **kerst·me·nu**, kerst·me·nu's
de **kerst·mis** *(mis voor Kerstmis),* kerst·mis·sen
Kerst·mis *(kerstfeest)*
de **kerst·nacht** (m), kerst·nach·ten
de **kers·to·maat**, kers·to·ma·ten; kers·to·maat·je
het **kerst·pak·ket**, kerst·pak·ket·ten; kerst·pak·ket·je
de **kerst·pe·ri·o·de** (v), kerst·pe·ri·o·den, kerst·pe·ri·o·des
het **kerst·rap·port**, kerst·rap·por·ten
het **kerst·re·ces**, kerst·re·ces·sen
de **kerst·sfeer**, kerst·sfe·ren; kerst·sfeer·tje
de **kerst·staaf**, kerst·sta·ven
de **kerst·stal** (m), kerst·stal·len; kerst·stal·le·tje
de **kerst·ster**, kerst·ster·ren
de **kerst·stol** (m), kerst·stol·len; kerst·stol·le·tje
de **kerst·stronk** (m), kerst·stron·ken
de **kerst·tijd** (m), kerst·tij·den
de **kerst·va·kan·tie** (v), kerst·va·kan·ties
het **kerst·ver·haal**, kerst·ver·ha·len; kerst·ver·haal·tje
het **kerst·ver·lof**, kerst·ver·lo·ven
de **kerst·ver·sie·ring** (v), kerst·ver·sie·rin·gen
de **kerst·vie·ring** (v), kerst·vie·rin·gen
kers·vers (bnw), kers·ver·se
de **ker·vel** (m)
ker·ven (ww), kerf, kerft; kerf·de, korf, kerf·den, kor·ven; ge·kerfd, ge·kor·ven
de **ket·chup** (m)
de **ke·tel** (m), ke·tels; ke·tel·tje
de **ke·ten**, ke·te·nen, ke·tens; ke·ten·tje
Ke·ti·ko·ti
de **ket·jap** (m)
de **ket·jap·saus**, ket·jap·sau·sen, ket·jap·sau·zen
het **ket·je**, ket·jes
de **kets** (m), ket·sen
ket·sen (ww), kets, ketst; kets·te, kets·ten; ge·ketst
de **ket·ter** (m), ket·ters
de **ket·ting**, ket·tin·gen; ket·tin·kje
de **ket·ting·dief** (m), ket·ting·die·ven
de **keu**, keu·en, keus; keu·tje

keu·en (ww), keu, keut; keu·de, keu·den; ge·keud
de **keu·ken**, keu·kens; keu·ken·tje
de/het **keu·ken·af·val** (m/o)
het **keu·ken·blok**, keu·ken·blok·ken; keu·ken·blok·je
de **keu·ken·deur**, keu·ken·deu·ren; keu·ken·deur·tje
het **keu·ken·ge·rei**
het **keu·ken·ge·rief**
de **keu·ken·kast**, keu·ken·kas·ten; keu·ken·kast·je
de **keu·ken·lift** (m), keu·ken·lif·ten
het **keu·ken·mes**, keu·ken·mes·sen; keu·ken·mes·je
het **keu·ken·pa·pier**, keu·ken·pa·pier·tje
de **keu·ken·prins** (m), keu·ken·prin·sen; keu·ken·prins·je
de **keu·ken·prin·ses** (v), keu·ken·prin·ses·sen; keu·ken·prin·ses·je
de **keu·ken·ro·bot** (m), keu·ken·ro·bots, keu·ken·ro·bot·ten
de **keu·ken·rol**, keu·ken·rol·len
de/het **keu·ken·schort**, keu·ken·schor·ten; keu·ken·schort·je
de **keu·ken·ta·fel**, keu·ken·ta·fels; keu·ken·ta·fel·tje
de **keu·ken·trap** (m), keu·ken·trap·pen; keu·ken·trap·je
het **keu·ken·zout**
Keul·se pot
de **keur**, keu·ren; keur·tje
keu·ren (ww), keur, keurt; keur·de, keur·den; ge·keurd
keu·rig (bnw), keu·ri·ge
de **keu·ring** (v), keu·rin·gen
het **keu·rings·be·wijs**, keu·rings·be·wij·zen
het **keu·rings·lo·kaal**, keu·rings·lo·ka·len
het **keur·merk**, keur·mer·ken; keur·merk·je
het **keurs**, keur·sen, keurz·en; keurs·je
het **keurs·lijf**, keurs·lij·ven; keurs·lijf·je
de **keus**, keu·zen, keu·zes; keus·je
keu·ve·len (ww), keu·vel, keu·velt; keu·vel·de, keu·vel·den; ge·keu·veld
de **keu·ze**, keu·zen, keu·zes
het **keu·ze·aan·bod**
de **keu·ze·ac·ti·vi·teit** (v), keu·ze·ac·ti·vi·tei·ten
de **keu·ze·lijst**, keu·ze·lijs·ten; keu·ze·lijst·je
het **keu·ze·me·nu**, keu·ze·me·nu's; keuzemenuutje [keu·ze·me·nu·tje]
de **keu·ze·mo·ge·lijk·heid** (v), keu·ze·mo·ge·lijk·he·den
het **keu·ze·vak**, keu·ze·vak·ken; keu·ze·vak·je
de **keu·ze·vrij·heid** (v), keu·ze·vrij·he·den
de **ke·ver** (m), ke·vers; ke·ver·tje
de **ke·vie** (v), ke·vies
het **kev·lar**
het **key·board**, key·boards; key·board·je
de **key·card** (m), key·cards
de/het **key·cord** (m/o), key·cords
keyne·si·aans (bnw), keyne·si·aan·se
de **key·note**, key·notes
de **key·note·spea·ker** (m), key·note·spea·kers
het **key·word**, key·words
ke·zen (ww), kees, keest; kees·de, kees·den; ge·keesd

K

kg *(kilogram)*
kgm *(kilogrammeter)*
kHz *(kilohertz)*
ki *(kunstmatige inseminatie, kunstmatige intelligentie)*
de **kib·be·len**[1] (mv)
kib·be·len[2] (ww), kib·bel, kib·belt; kib·bel·de, kib·bel·den; ge·kib·beld
de **kib·boets** (m), kib·boet·sen
de **ki·bra·ha·cha**, ki·bra·ha·cha's
de **kick** (m), kicks; kick·je
het **kick-and-rush·voet·bal**
kick·bok·sen (ww), kick·boks, kick·bokst; kick·boks·te, kick·boks·ten; ge·kick·bokst
kic·ken (ww), kick, kickt; kick·te, kick·ten; ge·kickt
de **kick-off** (m), kick-offs
de **kick·start** (m), kick·starts
de **kid** (m), kids
de **kid·nap** (m), kid·naps
kid·nap·pen (ww), kid·nap, kid·napt; kid·nap·te, kid·nap·ten; ge·kid·napt
de **kid·nap·ping** (v), kid·nap·pings
de **kief** (m)
de **kiek** (m), kie·ken; kiek·je
kie·ke·boe (tussenw)
het **kie·ken**[1], kie·kens; kie·ken·tje
kie·ken[2] (ww), kiek, kiekt; kiek·te, kiek·ten; ge·kiekt
de **kiel**[1] (m) *(kledingstuk),* kie·len; kiel·tje
de **kiel**[2] *(scheepsonderdeel),* kie·len; kiel·tje
kie·le (tussenw)
kiel·ha·len (ww), kiel·haal, kiel·haalt; kiel·haal·de, kiel·haal·den; ge·kiel·haald
het **kiel·wa·ter**
het **kiel·zog**
de **kiem**, kie·men; kiem·pje
kie·men (ww), kiem, kiemt; kiem·de, kiem·den; ge·kiemd
kiem·krach·tig (bnw), kiem·krach·ti·ge
het **kiem·wit**
kien (bnw), kie·ne
kie·nen (ww), kien, kient; kien·de, kien·den; ge·kiend
de **kiep**, kie·pen
de **kiep·bak** (m), kiep·bak·ken
kie·pen (ww), kiep, kiept; kiep·te, kiep·ten; ge·kiept
kie·pe·ren (ww), kie·per, kie·pert; kie·per·de, kie·per·den; ge·kie·perd
het **kiep·raam**, kiep·ra·men
de **kiep·stand** (m), kiep·stan·den
de **kiep·wa·gen** (m), kiep·wa·gens
de **kier**, kie·ren; kier·tje
kie·ren (ww), kier, kiert; kier·de, kier·den; ge·kierd
de **kies**[1] *(tand),* kie·zen; kies·je
kies[2] (bnw), kie·se
de **kies·kring** (m), kies·krin·gen
de **kies·re·ge·ling** (v)
de **kies·ver·or·de·ning** (v), kies·ver·or·de·nin·gen
kie·te·len (ww), kie·tel, kie·telt; kie·tel·de, kie·tel·den; ge·kie·teld
de **kieuw**, kieu·wen; kieuw·tje
de **kie·viet** (m), kie·vie·ten
het **kie·viets·ei**, kie·viets·ei·e·ren; kie·viets·ei·tje
de **kie·vit** (m), kie·vi·ten; kie·viet·je, kie·vit·je
het **kie·vits·ei**, kie·vits·ei·e·ren; kie·vits·ei·tje
de **kie·zel**[1] (m) *(voorwerp),* kie·zels; kie·zel·tje
de/het **kie·zel**[2] (m/o) *(stofnaam)*
kie·zen (ww), kies, kiest; koos, ko·zen; ge·ko·zen
de **kie·zer** (m), kie·zers; kie·zer·tje

het **kie·zers·be·stand**, kie·zers·be·stan·den
de **kif** *(hasj; jaloezie, ruzie)*
de **kift** *(jaloezie, ruzie)*
kif·ten (ww), kift, kift; kift·te, kift·ten; ge·kift
kijf: buiten kijf
de **kijk** (m), kijk·je
het **kijk·cij·fer**, kijk·cij·fers; kijk·cij·fer·tje
kij·ken (ww), kijk, kijkt; keek, ke·ken; ge·ke·ken
de **kij·ker** (m), kij·kers; kij·ker·tje
de **kijk·kast**, kijk·kas·ten; kijk·kast·je
het **kijk·ple·zier**
kij·ven (ww), kijf, kijft; keef, ke·ven; ge·ke·ven
de **kik** (m), kik·ken; kik·je
kik·ken (ww), kik, kikt; kik·te, kik·ten; ge·kikt
de **kik·ker** (m), kik·kers; kik·ker·tje
de/het **kik·ker·dril**
kik·ke·ren (ww), kik·ker, kik·kert; kik·ker·de, kik·ker·den; ge·kik·kerd
de **kik·vors** (m), kik·vor·sen
de **kik·vors·man** (m), kik·vors·man·nen; kik·vors·man·ne·tje
de **kil**[1] *(waterdiepte)*, kil·len; kil·le·tje
kil[2] (bnw), kil·le
de **kil·le** (v), kil·les; kil·le·tje
kil·len (ww), kil, kilt; kil·de, kil·den; ge·kild
de **kil·ler** (m), kil·lers; kil·ler·tje
de/het **ki·lo**, ki·lo's; kilootje [ki·lo·tje]
de **ki·lo·byte** (m), ki·lo·bytes
de **ki·lo·ca·lo·rie** (v), kilocalorieën [ki·lo·ca·lo·rie·en]
het **ki·lo·gram**, ki·lo·gram·men
de **ki·lo·jou·le** (m), ki·lo·jou·les
de **ki·lo·me·ter** (m), ki·lo·me·ters; ki·lo·me·ter·tje
het **ki·lo·me·ter·bord**, ki·lo·me·ter·bor·den
ki·lo·me·ters·lang (bnw), ki·lo·me·ters·lan·ge
de **ki·lo·me·ter·stand** (m), ki·lo·me·ter·stan·den
de **ki·lo·me·tra·ge** (v), ki·lo·me·tra·ges
de **ki·lo·watt** (m), ki·lo·watts; ki·lo·watt·je
het **ki·lo·watt·uur**, ki·lo·watt·uren
de **kilt** (m), kilts
de **kil·te** (v), kil·tes
de **kim**, kim·men
de **kim·me**, kim·men
kim·men (ww), kim, kimt; kim·de, kim·den; ge·kimd
de **ki·mo·no** (m), ki·mo·no's; kimonootje [ki·mo·no·tje]
de **kin**, kin·nen; kin·ne·tje
de **ki·na** (m), ki·na's
het **ki·na·se**, ki·na·sen
het **kind**, kin·de·ren, kin·ders; kind·je
kin·der·ach·tig (bnw), kin·der·ach·ti·ge
de **kin·der·ar·beid** (m)
het **kin·der·bed**, kin·der·bed·den; kin·der·bed·je
de **kin·der·be·scher·ming** (v), kin·der·be·scher·min·gen
de **kin·der·bij·bel** (m), kin·der·bij·bels
de **kin·der·bij·slag** (m), kin·der·bij·sla·gen
het **kin·der·boek**, kin·der·boe·ken; kin·der·boek·je
de **kin·der·boe·ken·schrijf·ster** (v), kin·der·boe·ken·schrijf·sters
Kin·der·boe·ken·week, Kin·der·boe·ken·we·ken
de **kin·der·boer·de·rij** (v),

K

kin·der·boer·de·rij·en; kin·der·boer·de·rij·tje
de **kin·der·crè·che**, kin·der·crè·ches
de **kin·der·dag** (m), kin·der·da·gen
het **kin·der·dag·ver·blijf**, kin·der·dag·ver·blij·ven
het **kin·der·dorp**, kin·der·dor·pen; kin·der·dorp·je
het **kin·der·geld**
de **kin·der·hand**, kin·der·han·den; kin·der·hand·je
de **kin·der·kan·ker** (m)
de **kin·der·koets**, kin·der·koet·sen; kin·der·koets·je
Kin·der·kruis·tocht
het **kin·der·le·di·kant**, kin·der·le·di·kan·ten; kin·der·le·di·kant·je
het **kin·der·lijk**[1], kin·der·lij·ken; kin·der·lijk·je
kin·der·lijk[2] (bnw), kin·der·lij·ke
kin·der·loos (bnw), kin·der·lo·ze
het **kin·der·me·nu**, kin·der·me·nu's; kindermenuutje [kin·der·me·nu·tje]
de **kin·der·mis·han·de·ling** (v), kin·der·mis·han·de·lin·gen
de **kin·der·moord**, kin·der·moor·den
de **kin·der·ogen** (mv)
de **kin·der·op·pas** (m), kin·der·op·pas·sen
de **kin·der·op·vang** (m), kin·der·op·van·gen
de **kin·der·op·vang·in·stel·ling** (v), kin·der·op·vang·in·stel·lin·gen
de **kin·der·por·no** (v)
de **kin·der·por·no·gra·fie** (v)
kin·der·rijk (bnw), kin·der·rij·ke
de **kin·der·stem**, kin·der·stem·men; kin·der·stem·me·tje
de **kin·der·te·le·foon·lijn**, kin·der·te·le·foon·lij·nen
de **kin·der·tijd** (m), kin·der·tij·den
de **kin·der·toe·slag** (m), kin·der·toe·sla·gen
het **kin·der·tum·ba·fes·ti·val**, kin·der·tum·ba·fes·ti·vals
de **kin·der·voor·stel·ling** (v), kin·der·voor·stel·lin·gen
de **kin·der·wa·gen** (m), kin·der·wa·gens; kin·der·wa·gen·tje
de **kin·der·ziek·te** (v), kin·der·ziek·ten, kin·der·ziek·tes
kinds[1] (bnw), kind·se
kinds[2]: van kinds af aan
kinds·been: van kindsbeen af
de **kinds·heid** (v)
de **kind·sol·daat** (m), kind·sol·da·ten; kind·sol·daat·je
kind·vrien·de·lijk (bnw), kind·vrien·de·lij·ke
het **kind-zijn**
de **ki·ne** (v), ki·ne's
de **ki·ne·ast** (m), ki·ne·as·ten
de **ki·ne·ma** (m), ki·ne·ma's
de **ki·ne·sist** (m), ki·ne·sis·ten
de **ki·ne·sis·te** (v), ki·ne·sis·tes
de **ki·ne·si·the·ra·peut** (m), ki·ne·si·the·ra·peu·ten
de **ki·ne·si·the·ra·pie** (v)
ki·nes·the·tisch (bnw), ki·nes·the·ti·sche
de **ki·ne·ti·ca** (v)
ki·ne·tisch (bnw), ki·ne·ti·sche
de **king** (m), kings
de **king·krab**, king·krab·ben
king·size (bnw)
de **ki·ni·ne**
de **kink** *(kronkel)*, kin·ken; kink·je
kin·ky (bnw)
de **kin·ne·bak**, kin·ne·bak·ken; kin·ne·bak·je
de **kin·ne·sin·ne**
de **ki·no**, ki·no's

de **kin·se·na**, kin·se·na's
de **ki·osk**, ki·os·ken; ki·osk·je
de **kip**[1] (v) *(vlees)*
de **kip**[2] (v) *(hen)*, kip·pen; kip·je, kip·pe·tje
de **ki·pa·shi**, ki·pa·shi's
kip cur·ry
de/het **kip·fi·let** (m/o), kip·fi·lets; kip·fi·let·je
het **kip·ge·hakt**
de **kip·kap** (m)
kip ker·rie
de **kip·ker·rie·sa·la·de**, kip·ker·rie·sa·la·des
de **kip·pen·bil**, kip·pen·bil·len; kip·pen·bil·le·tje
de **kip·pen·boer** (m), kip·pen·boe·ren; kip·pen·boer·tje
de **kip·pen·borst**, kip·pen·bor·sten; kip·pen·borst·je
de **kip·pen·bouil·lon** (m), kip·pen·bouil·lons; kip·pen·bouil·lon·ne·tje
de **kip·pen·bout** (m), kip·pen·bou·ten; kip·pen·bout·je
de **kip·pen·dief** (m), kip·pen·die·ven
de **kip·pen·dij**, kip·pen·dij·en; kip·pen·dij·tje
het **kip·pen·ei**, kip·pen·ei·e·ren; kip·pen·ei·tje
het **kip·pen·ei·wit**, kip·pen·ei·wit·ten
de/het **kip·pen·fi·let** (m/o), kip·pen·fi·lets
het **kip·pen·gaas**
het **kip·pen·hok**, kip·pen·hok·ken; kip·pen·hok·je
de **kip·pen·kracht**
de **kip·pen·le·ver**, kip·pen·le·vers; kip·pen·le·ver·tje
de **kip·pen·poot** (m), kip·pen·po·ten; kip·pen·poot·je
de **kip·pen·ra·gout** (m), kip·pen·ra·gouts
de **kip·pen·ren**, kip·pen·ren·nen
de **kip·pen·sa·té**, kip·pen·sa·tés
de **kip·pen·soep**, kip·pen·soe·pen; kip·pen·soep·je
de **kip·pen·teelt** (v)
het **kip·pen·vel**
het **kip·pen·vel·mo·ment**, kip·pen·vel·mo·men·ten; kip·pen·vel·mo·ment·je
het **kip·pen·vlees**
de **kip·pen·vlerk**, kip·pen·vler·ken
de **kip·pen·vleu·gel** (m), kip·pen·vleu·gels; kip·pen·vleu·gel·tje
het **kip·pen·wit**
de **kip·pen·worst**, kip·pen·wor·sten
de **kip·pen·zaak**, kip·pen·za·ken
de **kip·per** (m), kip·pers
de **kip·sa·té**, kip·sa·tés; kipsateetje [kip·sa·té·tje]
de **kip·sec·tor** (m), kip·sec·to·ren, kip·sec·tors
de **kir** (m), kirs
kir·ren (ww), kir, kirt; kir·de, kir·den; ge·kird
de **kirsch** (m)
de **kiss-and-ride** (m), kiss-and-rides
kis·se·bis·sen (ww), kis·se·bis, kis·se·bist; kis·se·bis·te, kis·se·bis·ten; ge·kis·se·bist
kis·sen (ww), kis, kist; kis·te, kis·ten; ge·kist
de **kist**, kis·ten; kist·je
kis·ten (ww), kist, kist; kist·te, kist·ten; ge·kist
de **kit**[1] (m) *(gereedschap; gereedschapskistje)*, kits; kit·je
de **kit**[2] *(kan, kolenkit)*, kit·ten; kit·je
de/het **kit**[3] *(kleefmiddel e.d.)*, kit·ten
de **kit·che·net·te**, kit·che·net·tes
kite·sur·fen (ww), kite·surf, kite·surft; kite·surf·de, kite·surf·te, kite·surf·den,

K

kite·surf·ten; ge·kite·surfd, ge·kite·surft

de **kits**[1], kit·sen

kits[2] (bnw)

de **kitsch** (m)

kit·sche·rig (bnw), kit·sche·ri·ge

kit·te·len (ww), kit·tel, kit·telt; kit·tel·de, kit·tel·den; ge·kit·teld

de **kit·ten**[1] (m), kit·tens; kit·ten·tje

kit·ten[2] (ww), kit, kit; kit·te, kit·ten; ge·kit

kiut (bnw)

kl *(kiloliter)*

klaag·lijk (bnw), klaag·lij·ke

de **klaag·muur** (m) *(persoon),* klaag·mu·ren

Klaag·muur *(muur bij de Tempelberg)*

de **klaag·zang** (m), klaag·zan·gen

klaar (bnw), kla·re

klaar·blij·ke·lijk (bnw), klaar·blij·ke·lij·ke

de **klaar·heid** (v)

klaar·hou·den (ww), houd klaar, hou klaar, houdt klaar; hield klaar, hiel·den klaar; klaar·ge·hou·den

klaar·ko·men (ww), kom klaar, komt klaar; kwam klaar, kwa·men klaar; klaar·ge·ko·men

klaar·leg·gen (ww), leg klaar, legt klaar; leg·de klaar, leg·den klaar; klaar·ge·legd

klaar·licht (bnw), klaar·lich·te

klaar·lig·gen (ww), lig klaar, ligt klaar; lag klaar, la·gen klaar; klaar·ge·le·gen

klaar·ma·ken (ww), maak klaar, maakt klaar; maak·te klaar, maak·ten klaar; klaar·ge·maakt

de **klaar-over** (m), klaar-overs; klaar-over·tje

klaar·spe·len (ww), speel klaar, speelt klaar; speel·de klaar, speel·den klaar; klaar·ge·speeld

klaar·staan (ww), sta klaar, staat klaar; stond klaar, ston·den klaar; klaar·ge·staan

klaar·sto·men (ww), stoom klaar, stoomt klaar; stoom·de klaar, stoom·den klaar; klaar·ge·stoomd

klaar·wak·ker (bnw), klaar·wak·ke·re

klaar·zet·ten (ww), zet klaar, zet klaar; zet·te klaar, zet·ten klaar; klaar·ge·zet

klaar·zit·ten (ww), zit klaar, zit klaar; zat klaar, za·ten klaar; klaar·ge·ze·ten

de **klaas** (m), kla·zen; klaas·je

de **klacht**, klach·ten; klacht·je

de **klacht·brief** (m), klacht·brie·ven

de **klach·ten·brief** (m), klach·ten·brie·ven

de **klach·ten·com·mis·sie** (v), klach·ten·com·mis·sies

de **klad**[1] *(vlek, hoeveelheid),* klad·den; klad·je

het **klad**[2] *(kladwerk),* klad·je

het **klad·blad**, klad·bla·den; klad·blaad·je

het **klad·blok**, klad·blok·ken; klad·blok·je

klad·den (ww), klad, kladt; klad·de, klad·den; ge·klad

klad·de·ren (ww), klad·der, klad·dert; klad·der·de, klad·der·den; ge·klad·derd

het **klad·pa·pier**, klad·pa·pie·ren; klad·pa·pier·tje

de **klad·ver·sie** (v), klad·ver·sies

kla·ge·lijk (bnw), kla·ge·lij·ke

kla·gen (ww), klaag, klaagt; klaag·de, kloeg, klaag·den, kloe·gen; ge·klaagd

de **kla·ger** (m), kla·gers

de **klak**, klak·ken; klak·je
klak·ke·loos (bnw), klak·ke·lo·ze
klam (bnw), klam·me
de **klam·boe** (m), klam·boes
de **klamp**, klam·pen; klamp·je
klam·pen (ww), klamp, klampt; klamp·te, klamp·ten; ge·klampt
de **klan·di·zie** (v)
de **klank** (m), klan·ken; klank·je
het **klank·bord**, klank·bor·den
de **klank·bord·groep**, klank·bord·groe·pen
de **klank·kast**, klank·kas·ten; klank·kast·je
de **klant** (m), klan·ten; klant·je
het **klant·con·tact**, klant·con·tac·ten
het **klan·ten·be·stand**, klan·ten·be·stan·den
de **klan·ten·bin·ding** (v), klan·ten·bin·din·gen
het **klan·ten·con·tact**, klan·ten·con·tac·ten
de **klan·ten·dienst** (m), klan·ten·dien·sten
de **klan·ten·ge·ge·vens** (mv)
de **klan·ten·kaart**, klan·ten·kaar·ten
de **klan·ten·kring** (m), klan·ten·krin·gen
het **klan·ten·num·mer**, klan·ten·num·mers
de **klan·ten·re·la·tie** (v), klan·ten·re·la·ties
de **klan·ten·ser·vice** (m), klan·ten·ser·vi·ces
de **klan·ten·te·vre·den·heid** (v)
de **klant·ge·ge·vens** (mv)
klant·ge·richt (bnw), klant·ge·rich·te
de **klant·ge·richt·heid** (v)
het **klant·num·mer**, klant·num·mers
klant·on·vrien·de·lijk (bnw), klant·on·vrien·de·lij·ke
de **klant·re·la·tie** (v), klant·re·la·ties
klant·spe·ci·fiek (bnw), klant·spe·ci·fie·ke
de **klant·te·vre·den·heid** (v)
het **klant·te·vre·den·heid·on·der·zoek**, klant·te·vre·den·heid·on·der·zoe·ken
het **klant·te·vre·den·heids·on·der·zoek**, klant·te·vre·den·heids·on·der·zoe·ken
klant·vrien·de·lijk (bnw), klant·vrien·de·lij·ke
de **klant·vrien·de·lijk·heid** (v), klant·vrien·de·lijk·he·den
de **klap** (m), klap·pen; klap·je
de **klap·chi**, klap·chi's
de **klap·ek·ster**, klap·ek·sters
de **klap·long**, klap·lon·gen
klap·pen (ww), klap, klapt; klap·te, klap·ten; ge·klapt
de **klap·per** (m), klap·pers; klap·per·tje
klap·per·tan·den (ww), klap·per·tand, klap·per·tandt; klap·per·tand·de, klap·per·tand·den; ge·klap·per·tand
het **klap·raam**, klap·ra·men; klap·raam·pje
de **klap·roos**, klap·ro·zen; klap·roos·je
de **kla·re** (m), kla·ren, kla·res
kla·ren (ww), klaar, klaart; klaar·de, klaar·den; ge·klaard
de **kla·ri·net**, kla·ri·net·ten
de **kla·ri·net·tist** (m), kla·ri·net·tis·ten
de **kla·roen** *(trompet)*, kla·roe·nen
de **kla·run** *(groente)*
de **klas** (v), klas·sen; klas·je
de **klas·agen·da**, klas·agen·da's
de **klas·bak** (m), klas·bak·ken;

klas·bak·je
het **klas·bord**, klas·bor·den
de **klas·deur**, klas·deu·ren
de **klas·fo·to**, klas·fo·to's
het **klas·ge·beu·ren**
de **klas·ge·noot** (m), klas·ge·no·ten; klas·ge·noot·je
de **klas·ge·no·te** (v), klas·ge·no·tes
het **klas·ge·sprek**, klas·ge·sprek·ken
de **klas·groep**, klas·groe·pen; klas·groep·je
de **klas·leer·kracht**, klas·leer·krach·ten
de **klas·le·raar** (m), klas·le·raars, klas·le·ra·ren
de **klas·lijst**, klas·lijs·ten
het **klas·lo·kaal**, klas·lo·ka·len; klas·lo·kaal·tje
het **klas·ma·nage·ment**
klas·over·schrij·dend (bnw), klas·over·schrij·den·de
de **klas·raad** (m), klas·ra·den
de **klasreünie** [klas·re·u·nie] (v), klasreünies [klas·re·u·nies]
de **klas·se** (v), klas·sen
de **klas·se·bak** (m), klas·se·bak·ken; klas·se·bak·je
klas·se·loos (bnw), klas·se·lo·ze
het **klas·se·ment**, klas·se·men·ten; klas·se·ment·je
de **klas·se·ments·lei·der** (m), klas·se·ments·lei·ders
de **klas·sen·agen·da**, klas·sen·agen·da's
de **klas·sen·as·sis·tent** (m), klas·sen·as·sis·ten·ten
de **klas·sen·avond** (m), klas·sen·avon·den; klas·sen·avond·je
het **klas·sen·be·houd**
het **klas·sen·be·lang**, klas·sen·be·lan·gen
het **klas·sen·be·wust·zijn**
het **klas·sen·be·zoek**, klas·sen·be·zoe·ken
het **klas·sen·boek**, klas·sen·boe·ken
de **klas·sen·de·ler** (m), klas·sen·de·lers
de **klas·sen·dienst** (m), klas·sen·dien·sten
het **klas·sen·feest**, klas·sen·fees·ten; klas·sen·feest·je
de **klas·sen·fo·to**, klas·sen·fo·to's
het **klas·sen·ge·sprek**, klas·sen·ge·sprek·ken
de **klas·sen·groot·te** (v), klas·sen·groot·ten, klas·sen·groot·tes
de **klas·sen·haat** (m)
de **klas·sen·in·de·ling** (v), klas·sen·in·de·lin·gen
de **klas·sen·jus·ti·tie** (v)
de **klas·sen·leer·kracht**, klas·sen·leer·krach·ten
de **klas·sen·le·raar** (m), klas·sen·le·raars, klas·sen·le·ra·ren
de **klas·sen·lijst**, klas·sen·lijs·ten
het **klas·sen·lo·kaal**, klas·sen·lo·ka·len
de **klas·sen·maat·schap·pij** (v), klas·sen·maat·schap·pij·en
het **klas·sen·ma·nage·ment**
de **klas·sen·map**, klas·sen·map·pen
de **klas·sen·men·tor** (m), klas·sen·men·to·ren, klas·sen·men·tors
de **klas·sen·moe·der** (v), klas·sen·moe·ders
de **klas·sen·on·der·wij·zer** (m), klas·sen·on·der·wij·zers
de **klas·sen·ou·der** (m), klas·sen·ou·ders
de **klas·sen·raad** (m), klas·sen·ra·den
de **klas·sen·strijd** (m), klas·sen·strij·den
de **klas·sen·te·gen·stel·ling** (v),

klas·sen·te·gen·stel·lin·gen
het **klas·sen·uit·je**, klas·sen·uit·jes
de **klas·sen·ver·ple·ging** (v)
het **klas·sen·ver·schil**, klas·sen·ver·schil·len; klas·sen·ver·schil·le·tje
de **klas·sen·ver·te·gen·woor·di·ger** (m), klas·sen·ver·te·gen·woor·di·gers
de **klas·sen·voogd** (m), klas·sen·voog·den
klas·se·ren (ww), klas·seer, klas·seert; klas·seer·de, klas·seer·den; ge·klas·seerd
het **klas·se·res·tau·rant**, klas·se·res·tau·rants
de **klas·se·ring** (v), klas·se·rin·gen
de **klas·se·spe·ler** (m) *(speler van grote klasse)*, klas·se·spe·lers
klas·se·vol (bnw), klas·se·vol·le
de **klas·sfeer**, klas·sfe·ren; klas·sfeer·tje
klas·siek (bnw), klas·sie·ke
het **klas·siek Ara·bisch**[1] *(taal)*
klas·siek Ara·bisch[2] (bnw), klas·siek Ara·bi·sche
de **klas·sie·ken** (mv)
de **klas·sie·ker** (m), klas·sie·kers; klas·sie·ker·tje
klas·si·kaal (bnw), klas·si·ka·le
de **klas·ti·tu·la·ris** (m), klas·ti·tu·la·ris·sen
kla·te·ren (ww), kla·ter, kla·tert; kla·ter·de, kla·ter·den; ge·kla·terd
klau·te·ren (ww), klau·ter, klau·tert; klau·ter·de, klau·ter·den; ge·klau·terd
de **klauw**, klau·wen; klauw·tje
klau·wen (ww), klauw, klauwt; klauw·de, klauw·den; ge·klauwd
de **klauw·ha·mer** (m), klauw·ha·mers; klauw·ha·mer·tje
het **kla·ve·chord**, kla·ve·chords
de/het **kla·ve·cim·bel** (m/o), kla·ve·cim·bels; kla·ve·cim·bel·tje
de **kla·ve·ci·nist** (m), kla·ve·ci·nis·ten
de **kla·ver**, kla·vers; kla·ver·tje
de **kla·ve·ren**, kla·ve·ren, kla·ve·rens
kla·ver·jas·sen (ww), kla·ver·jas, kla·ver·jast; kla·ver·jas·te, kla·ver·jas·ten; ge·kla·ver·jast
het **kla·ver·tje·vier**, kla·ver·tjes·vier
de **kla·ver·vier** *(speelkaart)*, kla·ver·vie·ren
het **kla·vi·chord**, kla·vi·chor·den, kla·vi·chords
het **kla·vier**, kla·vie·ren; kla·vier·tje
kled·de·ren (ww), kled·der, kled·dert; kled·der·de, kled·der·den; ge·kled·derd
kle·den (ww), kleed, kleedt; kleed·de, kleed·den; ge·kleed
de **kle·der·dracht**, kle·der·drach·ten
de **kle·dij** (v)
de **kle·ding** (v)
de **kle·ding·fa·bri·kant** (m), kle·ding·fa·bri·kan·ten
de **kle·ding·kast**, kle·ding·kas·ten; kle·ding·kast·je
de **kle·ding·lijn**, kle·ding·lij·nen; kle·ding·lijn·tje
de **kle·ding·stijl** (m), kle·ding·stij·len
het **kle·ding·stuk**, kle·ding·stuk·ken; kle·ding·stuk·je
de **kle·ding·toe·la·ge**, kle·ding·toe·la·gen, kle·ding·toe·la·ges
de **kle·ding·win·kel** (m), kle·ding·win·kels; kle·ding·win·kel·tje
de **kle·ding·zaak**, kle·ding·za·ken; kle·ding·zaak·je
het **kleed**[1] *(kledingstuk)*, kle·de·ren, kle·ren; kleed·je

K

het **kleed**[2] *(andere betekenissen),* kle·den; kleed·je
de **kleed·ka·mer**, kleed·ka·mers; kleed·ka·mer·tje
de **kleef** (m)
het **kleef·band**, kleef·ban·den; kleef·band·je
de **kleer·han·ger** (m), kleer·han·gers; kleer·han·ger·tje
de **kleer·kast**, kleer·kas·ten; kleer·kast·je
de **kleer·ma·ker** (m), kleer·ma·kers; kleer·ma·ker·tje
de **kleer·win·kel** (m), kleer·win·kels
klef (bnw), klef·fe
klef·fen (ww), klef, kleft; klef·te, klef·ten; ge·kleft
de **klei**
de **klei·dam** (m), klei·dam·men
klei·en (ww), klei, kleit; klei·de, klei·den; ge·kleid
klei·ig (bnw), klei·ige
klein (bnw), klei·ne
het **klein·be·drijf**, klein·be·drij·ven
klein·be·huisd (bnw), klein·be·huis·de
het **klein·duim·pje** *(klein persoon),* klein·duim·pjes
Klein Duim·pje *(sprookjesfiguur)*
de **klei·ne**, klei·nen; klein·tje
Klei·ne Beer
klei·ne·ren (ww), klei·neer, klei·neert; klei·neer·de, klei·neer·den; ge·klei·neerd
het **klein·geld**
klein·har·tig (bnw), klein·har·ti·ge
de **klei·nig·heid** (v), klei·nig·he·den; klei·nig·heid·je
het **klein·ka·pi·taal**, klein·ka·pi·ta·len
het **klein·kind**, klein·kin·de·ren; klein·kind·je
klein·krij·gen (ww), krijg klein, krijgt klein; kreeg klein, kre·gen klein; klein·ge·kre·gen
de **klein·land·bouw** (m)
de **klein·land·bou·wer** (m), klein·land·bou·wers
de **klein·moe·dig·heid** (v)
het **klei·nood**, klei·no·den, kleinodiën [klei·no·di·en]; klei·nood·je
kleins[1]: van kleins af
kleins[2]: van kleins af aan
klein·scha·lig (bnw), klein·scha·li·ge
het **klein·se·mi·na·rie**, klein·se·mi·na·ries
de **klein·sten** (mv)
klein·ze·rig (bnw), klein·ze·ri·ge
de **klein·zoon** (m), klein·zo·nen, klein·zoons; klein·zoon·tje
de **klem**[1], klem·men; klem·me·tje
klem[2] (bnw)
het **klem·bord**, klem·bor·den; klem·bord·je
klem·men (ww), klem, klemt; klem·de, klem·den; ge·klemd
klem·mend (bnw), klem·men·de
klem·rij·den (ww), rijd klem, rij klem, rijdt klem; reed klem, re·den klem; klem·ge·re·den
de **klem·toon** (m), klem·to·nen; klem·toon·tje
het **klem·toon·te·ken**, klem·toon·te·kens
klem·zet·ten (ww), zet klem, zet klem; zet·te klem, zet·ten klem; klem·ge·zet
de **klep**[1] (m) *(geluid),* klep·pen; klep·je
de **klep**[2] *(voorwerp),* klep·pen; klep·je
de **klep·kooi**, klep·kooi·en
de **klep·per** (m), klep·pers; klep·per·tje

de **klep·to·maan**[1] (m), klep·to·ma·nen; klep·to·maan·tje
klep·to·maan[2] (bnw), klep·to·ma·ne
de **klep·to·ma·nie** (v)
de **kle·re·lij·er** (m), kle·re·lij·ers
de **kle·ren** (mv)
de **kle·ren·han·ger** (m), kle·ren·han·gers; kle·ren·han·ger·tje
de **kle·ren·kast**, kle·ren·kas·ten; kle·ren·kast·je
de **kle·ren·win·kel** (m), kle·ren·win·kels
de **kle·re·streek**, kle·re·stre·ken
de **kle·re·zooi**
kle·ri·kaal (bnw), kle·ri·ka·le
het **kle·ri·ka·lis·me**
de **klerk** (m), kler·ken; klerk·je
de **klets**[1], klet·sen; klets·je
klets[2] (tussenw)
klet·sen (ww), klets, kletst; klets·te, klets·ten; ge·kletst
de **klets·mei·er** (m), klets·mei·ers
klets·nat (bnw), klets·nat·te
de **klets·praat** (m), klets·praat·je
klet·te·ren (ww), klet·ter, klet·tert; klet·ter·de, klet·ter·den; ge·klet·terd
kleu·men (ww), kleum, kleumt; kleum·de, kleum·den; ge·kleumd
de **kleun** (m), kleu·nen
de **kleur**, kleu·ren; kleur·tje
de **kleur·co·de** (m), kleur·co·des
de **kleur·com·bi·na·tie** (v), kleur·com·bi·na·ties
kleu·ren (ww), kleur, kleurt; kleur·de, kleur·den; ge·kleurd
de **kleu·ren·af·druk** (m), kleu·ren·af·druk·ken
de **kleu·ren·cir·kel** (m), kleu·ren·cir·kels
de **kleu·ren·com·bi·na·tie** (v), kleu·ren·com·bi·na·ties
de **kleu·ren·drie·hoek** (m), kleu·ren·drie·hoe·ken
de **kleu·ren·fo·to**, kleu·ren·fo·to's; kleurenfotootje [kleu·ren·fo·to·tje]
de/het **kleu·ren·gam·ma**, kleu·ren·gam·ma's
de **kleu·ren·ko·pie** (v), kleurenkopieën [kleu·ren·ko·pie·en]
het **kleu·ren·pa·let**, kleu·ren·pa·let·ten
de **kleu·ren·sym·bo·liek** (v), kleu·ren·sym·bo·lie·ken
de **kleu·ren·te·le·vi·sie** (v), kleu·ren·te·le·vi·sies
de **kleu·ren-tv** (v), kleu·ren-tv's; kleuren-tv'tje [kleu·ren-tv·tje]
het **kleur·ge·bruik**
kleu·rig (bnw), kleu·ri·ge
de **kleu·ring** (v), kleu·rin·gen
de **kleur·kaar·ten·ac·tie** (v), kleur·kaar·ten·ac·ties
de **kleur·lin·gen·ge·meen·schap** (v), kleur·lin·gen·ge·meen·schap·pen
het **kleur·pa·let**, kleur·pa·let·ten
de **kleur·plaat**, kleur·pla·ten; kleur·plaat·je
het **kleur·pot·lood**, kleur·pot·lo·den; kleur·pot·lood·je
de **kleur·pot·lood·te·ke·ning** (v), kleur·pot·lood·te·ke·nin·gen
kleur·rijk (bnw), kleur·rij·ke
de **kleur·stof**, kleur·stof·fen; kleur·stof·je
de **kleu·ter** (m), kleu·ters; kleu·ter·tje
de **kleu·ter·klas** (v), kleu·ter·klas·sen; kleu·ter·klas·je
de **kleu·ter·leid·ster** (v), kleu·ter·leid·sters

K

het **kleu·ter·on·der·wijs**
de **kleu·ter·school**, kleu·ter·scho·len; kleu·ter·school·tje
kle·ven (ww), kleef, kleeft; kleef·de, kleef·den; ge·kleefd
de **kle·ver** (m), kle·vers; kle·ver·tje
de **klez·mer** (m)
de **kliek**, klie·ken; kliek·je
klie·ken (ww), kliek, kliekt; kliek·te, kliek·ten; ge·kliekt
de/het **klien**
de **klier**, klie·ren; klier·tje
klie·ren (ww), klier, kliert; klier·de, klier·den; ge·klierd
klie·ven (ww), klief, klieft; klief·de, klief·den; ge·kliefd
het **klif**, klif·fen
de **klik** (m), klik·ken; klik·je
klik·ken (ww), klik, klikt; klik·te, klik·ten; ge·klikt
de **klik·klak**[1] (m), klik·klak·ken; klik·klak·je
klik·klak[2] (tussenw)
klik·klak·ken (ww), klik·klak, klik·klakt; klik·klak·te, klik·klak·ten; ge·klik·klakt
de **kli·ko**, kli·ko's
de **klim** (m), klim·me·tje
het **kli·maat**, kli·ma·ten; kli·maat·je
het **kli·maat·ak·koord**, kli·maat·ak·koor·den
de **kli·maat·be·heer·sing** (v), kli·maat·be·heer·sin·gen
kli·maat·neu·traal (bnw), kli·maat·neu·tra·le
de **kli·maats·ver·an·de·ring** (v), kli·maats·ver·an·de·rin·gen
de **kli·maat·ver·an·de·ring** (v), kli·maat·ver·an·de·rin·gen
de **kli·maat·zo·ne**, kli·maat·zo·nes
kli·ma·ti·se·ren (ww), kli·ma·ti·seer, kli·ma·ti·seert; kli·ma·ti·seer·de, kli·ma·ti·seer·den; ge·kli·ma·ti·seerd
de **kli·ma·ti·se·ring** (v), kli·ma·ti·se·rin·gen
klim·men (ww), klim, klimt; klom, klom·men; ge·klom·men
de/het **klim·op** (m/o), klim·op·pen, klim·ops; klim·op·je
het **klim·rek**, klim·rek·ken; klim·rek·je
de **kling**, klin·gen; klin·ge·tje
de **kli·niek** (v), kli·nie·ken; kli·niek·je
kli·nisch (bnw), kli·ni·sche
de **klink**, klin·ken; klink·je
klin·ken (ww), klink, klinkt; klonk, klon·ken; ge·klon·ken
klin·kend (bnw), klin·ken·de
de **klin·ker** (m), klin·kers; klin·ker·tje
het **klin·ket**, klin·ket·ten
klink·klaar (bnw), klink·kla·re
het **klink·zand**
de **klip**, klip·pen; klip·je
klip-en-klaar (bijw)
de **klip·per** (m), klip·pers
de **klis**, klis·sen
klis·sen (ww), klis, klist; klis·te, klis·ten; ge·klist
de **klit**, klit·ten; klit·je
klit·ten (ww), klit, klit; klit·te, klit·ten; ge·klit
het **klit·ten·band**, klit·ten·band·je
de **klod·de**, klod·den
de **kloef** (m), kloe·fen
de **kloek**[1] (v), kloe·ken
kloek[2] (bnw), kloe·ke
de **kloet** (m), kloe·ten
het **klof·fie**, klof·fies
de **klo·jo** (m), klo·jo's
de **klok** *(voorwerp)*, klok·ken; klok·je
het **klok·huis**, klok·hui·zen;

klok·huis·je
klok·ken (ww), klok, klokt; klok·te, klok·ten; ge·klokt
de **klok·ken·lui·der** (m), klok·ken·lui·ders
de **klok·ken·ma·ker** (m), klok·ken·ma·kers
het **klok·ken·spel**, klok·ken·spel·len
de **klok·ken·stoel** (m), klok·ken·stoe·len
de **klok·ken·to·ren** (m), klok·ken·to·rens; klok·ken·to·ren·tje
klok·kij·ken (ww)
klok·le·zen (ww)
de **klok·lui·der** (m), klok·lui·ders
kloks·ge·wijs (bnw), kloks·ge·wij·ze
de **klok·slag** (m), klok·sla·gen
de **klomp** (m), klom·pen; klomp·je
klo·nen (ww), kloon, kloont; kloon·de, kloon·den; ge·kloond
klo·ne·ren (ww), klo·neer, klo·neert; klo·neer·de, klo·neer·den; ge·klo·neerd
de **klont**, klon·ten; klont·je
de **kloof**, klo·ven; kloof·je
klooi·en (ww), klooi, klooit; klooi·de, klooi·den; ge·klooid
de **kloon**, klo·nen; kloon·tje
het **kloos·ter**, kloos·ters; kloos·ter·tje
de **kloos·ter·ka·pel**, kloos·ter·ka·pel·len
de **kloot** (m), klo·ten; kloot·je
kloot·schie·ten (ww)
de **kloot·zak** (m), kloot·zak·ken; kloot·zak·je
de **klop** (m), klop·pen; klop·je
klop·pen (ww), klop, klopt; klop·te, klop·ten; ge·klopt
de **klop·per** (m), klop·pers; klop·per·tje
de **klos**, klos·sen; klos·je
klos·sen (ww), klos, klost; klos·te, klos·ten; ge·klost
klo·te (bnw)
de **klo·te·film** (m), klo·te·films
klo·ten (ww), kloot, kloot; kloot·te, kloot·ten; ge·kloot
het **klo·te·weer**
klot·sen (ww), klots, klotst; klots·te, klots·ten; ge·klotst
de **klo·ve**, klo·ven
klo·ven (ww), kloof, klooft; kloof·de, kloof·den; ge·kloofd
de **klucht**, kluch·ten; klucht·je
de **kluif**, klui·ven; kluif·je
de **kluis**, klui·zen; kluis·je
de **kluis·deur**, kluis·deu·ren; kluis·deur·tje
kluis·te·ren (ww), kluis·ter, kluis·tert; kluis·ter·de, kluis·ter·den; ge·kluis·terd
klui·ven (ww), kluif, kluift; kloof, klo·ven; ge·klo·ven
klui·zen (ww), kluis, kluist; kluis·de, kluis·den; ge·kluisd
de **klui·ze·naar** (m), klui·ze·naars, klui·ze·na·ren
klu·nen (ww), kluun, kluunt; kluun·de, kluun·den; ge·kluund
de **kluns** (m), klun·zen
klun·zen (ww), kluns, klunst; kluns·de, kluns·den; ge·klunsd
de **klus** (m), klus·sen; klus·je
de **klus·jes·man** (m), klus·jes·lie·den, klus·jes·lui, klus·jes·man·nen
klus·sen (ww), klus, klust; klus·te, klus·ten; ge·klust
klut·sen (ww), kluts, klutst; kluts·te, kluts·ten; ge·klutst
de **kluut** (m), klu·ten
de/het **klu·wen** (m/o), klu·wens; klu·wen·tje
het **klys·ma**, klys·ma's

K

km *(kilometer)*
km/h *(kilometer per uur)*
kmo *(kleine of middelgrote onderneming),* kmo's
de **kmo-zo·ne**, kmo-zo·nes
km/u *(kilometer per uur)*
de **knaak**, kna·ken; knaak·je
de **knaap** (m), kna·pen; knaap·je
knab·be·len (ww), knab·bel, knab·belt; knab·bel·de, knab·bel·den; ge·knab·beld
het **knäc·ke·bröd**, knäc·ke·bröd·je
kna·gen (ww), knaag, knaagt; knaag·de, knaag·den; ge·knaagd
de **knak** (m), knak·ken; knak·je
knak·ken (ww), knak, knakt; knak·te, knak·ten; ge·knakt
de **knal**[1] (m), knal·len; knal·le·tje
knal[2] (bnw)
knal·len (ww), knal, knalt; knal·de, knal·den; ge·knald
de **knap**[1] (m), knap·pen; knap·je
knap[2] (bnw), knap·pe
de **knap·kop** (m), knap·kop·pen
knap·pen (ww), knap, knapt; knap·te, knap·ten; ge·knapt
de **knap·perd** (m), knap·perds; knap·perd·je
knap·pe·rig (bnw), knap·pe·ri·ge
de **knar** (m), knar·ren; knar·re·tje
knar·sen (ww), knars, knarst; knars·te, knars·ten; ge·knarst
knar·se·tan·den (ww), knar·se·tand, knar·se·tandt; knar·se·tand·de, knar·se·tand·den; ge·knar·se·tand
de **knauw** (m), knau·wen; knauw·tje
knau·wen (ww), knauw, knauwt; knauw·de, knauw·den; ge·knauwd
de **knecht** (m), knech·ten, knechts; knecht·je
knech·ten (ww), knecht, knecht; knecht·te, knecht·ten; ge·knecht
kne·den (ww), kneed, kneedt; kneed·de, kneed·den; ge·kneed
de **kneep**, kne·pen; kneep·je
de **knei·ter** (m), knei·ters
de **knel**, knel·len
knel·len (ww), knel, knelt; knel·de, knel·den; ge·kneld
het **knel·punt**, knel·pun·ten; knel·punt·je
het **knel·punt·be·roep**, knel·punt·be·roe·pen
kner·pen (ww), knerp, knerpt; knerp·te, knerp·ten; ge·knerpt
de **kneu**, kneu·en; kneu·tje
de **kneu·kel** (m), kneu·kels; kneu·kel·tje
de **kneus** (m), kneu·zen; kneus·je
kneu·zen (ww), kneus, kneust; kneus·de, kneus·den; ge·kneusd
de **kneu·zing** (v), kneu·zin·gen; kneu·zin·kje
de **knicks** (m), knick·sen; knicks·je
de **knie**, knieën [knie·en]; knie·tje
de **knie·hol·te** (v), knie·hol·ten, knie·hol·tes
knie·len (ww), kniel, knielt; kniel·de, kniel·den; ge·knield
de **knie·ope·ra·tie** (v), knie·ope·ra·ties
de **knier**, knie·ren; knier·tje
de **knie·schijf**, knie·schij·ven; knie·schijf·je
de **knies·oor**, knies·oren
de **knie·val** (m), knie·val·len; knie·val·le·tje
knie·zen (ww), knies, kniest; knies·de, knies·den; ge·kniesd
de **knijp**, knij·pen; knijp·je
knij·pen (ww), knijp, knijpt; kneep, kne·pen; ge·kne·pen
de **knijp·tang**, knijp·tan·gen
knijp zit·ten

de **knijt** (m), knij·ten
de **knik** (m), knik·ken; knik·je
knik·ke·bol·len (ww), knik·ke·bol, knik·ke·bolt; knik·ke·bol·de, knik·ke·bol·den; ge·knik·ke·bold
knik·ken[1] (ww), knik, knikt; knik·te, knik·ten; ge·knikt
knik·ken[2]: ja knikken
de **knik·ker** (m), knik·kers; knik·ker·tje
knik·ke·ren (ww), knik·ker, knik·kert; knik·ker·de, knik·ker·den; ge·knik·kerd
de **knip**[1] (m) *(het knippen; voorwerp)*, knip·pen; knip·je
de **knip**[2] *(knipoog)*, knip·pen; knip·je
de **knip·les**, knip·les·sen
knip·ogen (ww), knip·oog, knip·oogt; knip·oog·de, knip·oog·den; ge·knip·oogd
de **knip·oog** (m), knip·ogen; knip·oog·je
knip·pen (ww), knip, knipt; knip·te, knip·ten; ge·knipt
knip·pe·ren (ww), knip·per, knip·pert; knip·per·de, knip·per·den; ge·knip·perd
het **knip·per·licht**, knip·per·lich·ten; knip·per·licht·je
het **knip·sel**, knip·sels; knip·sel·tje
knis·pe·ren (ww), knis·per, knis·pert; knis·per·de, knis·per·den; ge·knis·perd
de **kno-arts** (m), kno-art·sen
de **knob·bel** (m), knob·bels; knob·bel·tje
de **knock-out**[1] (m), knock-outs
knock-out[2] (bnw)
de **knock-out·com·pe·ti·tie** (v), knock-out·com·pe·ti·ties
de **knoe·del** (m), knoe·dels; knoe·del·tje
de **knoei** (m)
knoei·en (ww), knoei, knoeit; knoei·de, knoei·den; ge·knoeid
de **knoei·er** (m), knoei·ers; knoei·er·tje
de **knoek**
de **knoe·perd** (m), knoe·perds
de **knoert** (m), knoer·ten
de **knoet** (m), knoe·ten; knoet·je
de/het **knof·look** (m/o), knof·look·je
de **knok**, knok·ken; knok·je
de **knok·kel** (m), knok·kels; knok·kel·tje
knok·ken (ww), knok, knokt; knok·te, knok·ten; ge·knokt
de **knol** (m), knol·len; knol·le·tje
de **knol·sel·der** (m), knol·sel·ders
de **knol·sel·de·rij** (m)
de **knook**, kno·ken; knook·je
de **knoop** (m), kno·pen; knoop·je
het **knoop·punt**, knoop·pun·ten; knoop·punt·je
het **knoops·gat**, knoops·ga·ten; knoops·gaat·je
de **knop** (m), knop·pen; knop·je
kno·pen (ww), knoop, knoopt; knoop·te, knoop·ten; ge·knoopt
de **kno·pen·draai·er** (m), kno·pen·draai·ers
knop·pen (ww), knop, knopt; knop·te, knop·ten; ge·knopt
de **knor** (m), knor·ren; knor·re·tje
de **knor·haan** (m), knor·ha·nen; knor·haan·tje
knor·ren (ww), knor, knort; knor·de, knor·den; ge·knord
de **knor·re·pot** (m), knor·re·pot·ten
de **knot**[1] (m) *(vogel)*, knot·ten; knot·je
de **knot**[2] *(bundel draden)*, knot·ten; knot·je
de **knots**[1], knot·sen; knots·je
knots[2] (bnw), knot·se
de **know·how** (m)

K

knud·de (bnw)
de **knuf**, knuf·fen, knufs; knuf·je
de **knuf·fel** (m), knuf·fels; knuf·fel·tje
de **knuf·fel·beer** (m), knuf·fel·be·ren; knuf·fel·beer·tje
het **knuf·fel·dier**, knuf·fel·die·ren; knuf·fel·dier·tje
knuf·fe·len (ww), knuf·fel, knuf·felt; knuf·fel·de, knuf·fel·den; ge·knuf·feld
de **knul** (m), knul·len; knul·le·tje
de **knup·pel** (m), knup·pels; knup·pel·tje
de **knurft** (m), knurf·ten
knus (bnw), knus·se
de **knut**, knut·ten; knut·je
knut·se·len (ww), knut·sel, knut·selt; knut·sel·de, knut·sel·den; ge·knut·seld
ko (bnw) *(knock-out)*
de **ko·a·la** (m), ko·a·la's; koalaatje [ko·a·la·tje]
de **ko·a·la·beer** (m), ko·a·la·be·ren; ko·a·la·beer·tje
het **ko·balt**
de **kob·be**, kob·ben
de **ko·bold** (m), ko·bol·den, ko·bolds; ko·bold·je
de **ko·dak** (m), ko·daks; ko·dak·je
kod·dig (bnw), kod·di·ge
de **koe** (v), koei·en; koe·tje
de **koe·bel**, koe·bel·len
de **koe·doe** (m), koe·does; koe·doe·tje
koef·noen (bnw)
de **koe·han·del** (m), koe·han·del·tje
de **koei·en·kop** (m), koei·en·kop·pen
de **koei·en·let·ter**, koei·en·let·ters
de **koei·en·melk**
de **koei·en·mest** (m)
de **koei·en·poep** (m)
de **koei·en·stal** (m), koei·en·stal·len
de **koei·en·tong**, koei·en·ton·gen
de **koei·en·ui·er** (m), koei·en·ui·ers
het **koei·en·vel**, koei·en·vel·len
de **koei·en·vlaai** (m), koei·en·vlaai·en
koei·o·ne·ren (ww), koei·o·neer, koei·o·neert; koei·o·neer·de, koei·o·neer·den; ge·koei·o·neerd
de **koek** (m), koe·ken; koek·je
het **koek·deeg**, koek·de·gen
het **koe·ke·brood**, koe·ke·bro·den
koe·ke·loe·ren (ww), koe·ke·loer, koe·ke·loert; koe·ke·loer·de, koe·ke·loer·den; ge·koe·ke·loerd
de **koe·ken**[1], koe·kens
koe·ken[2] (ww), koek, koekt; koek·te, koek·ten; ge·koekt
de **koe·ken·bak·ker** (m), koe·ken·bak·kers; koe·ken·bak·ker·tje
de **koe·ken·doos**, koe·ken·do·zen; koe·ken·doos·je
de **koe·ken·pan**, koe·ken·pan·nen; koe·ken·pan·ne·tje
de **koek-en-zo·pie** (m), koek-en-zo·pies
de **koe·ke·peer**, koe·ke·pe·ren; koe·ke·peer·tje
de **koe·koek** (m), koe·koe·ken
de **koe·koek·klok**, koe·koek·klok·ken
de **koe·koeks·klok**, koe·koeks·klok·ken; koe·koeks·klok·je
de **koek·trom·mel**, koek·trom·mels; koek·trom·mel·tje
koel (bnw), koe·le
de **koe·lak** (m), koe·lak·ken
de **koel·box** (m), koel·boxen; koel·box·je
koe·len[1] (ww), koel, koelt; koel·de, koel·den; ge·koeld
koe·len[2]: in koelen bloede

de **koe·ler** (m), koe·lers
de **koe·lie** (m), koe·lies; koe·lie·tje
de **koe·ling** (v), koe·lin·gen
de **koel·kast**, koel·kas·ten; koel·kast·je
de **koel·mon·teur** (m), koel·mon·teurs
de **koel·tas**, koel·tas·sen; koel·tas·je
de **koel·te** (v), koel·tes
de **koel·vloei·stof**, koel·vloei·stof·fen
de **koel-vries·com·bi·na·tie** (v), koel-vries·com·bi·na·ties
de **koe·melk**
de **koe·mest** (m)
koen (bnw), koe·ne
de **koep** *(hok onder trap)*, koe·pen
de **koe·pel** (m), koe·pels; koe·pel·tje
de **koer** (m), koe·ren; koer·tje
de **Koerd** (m), Koer·den
Koer·disch (bnw), Koer·di·sche
koe·ren (ww), koer, koert; koer·de, koer·den; ge·koerd
de **koe·rier** (m), koe·riers; koe·rier·tje
de **koe·rier·dienst** (m), koe·rier·dien·sten
de **koe·riers·dienst** (m), koe·riers·dien·sten
de **koers**[1] *(snelheidswedstrijd)*, koer·sen; koers·je
de **koers**[2] (m) *(andere betekenissen)*, koer·sen; koers·je
koer·sen (ww), koers, koerst; koers·te, koers·ten; ge·koerst
de **koers·fiets**, koers·fiet·sen; koers·fiets·je
de **koers·fluc·tu·a·tie** (v), koers·fluc·tu·a·ties
de **koers-winst·ver·hou·ding** (v), koers-winst·ver·hou·din·gen
de **koes·koes** (m) *(dier)*, koes·koe·zen
de **koe·stal** (m), koe·stal·len
koes·te·ren (ww), koes·ter, koes·tert; koes·ter·de, koes·ter·den; ge·koes·terd
de **koet** (m), koe·ten; koet·je
het **koe·ter·waals**[1]
koe·ter·waals[2] (bnw), koe·ter·waal·se
de **koets**, koet·sen; koets·je
het **koets·werk**, koets·wer·ken; koets·werk·je
de **koe·voet** (m), koe·voe·ten
de **kof**, kof·fen
de **kof·fer** (m), kof·fers; kof·fer·tje
de **kof·fer·bak** (m), kof·fer·bak·ken
de **kof·fie** (m), kof·fies; kof·fie·tje
het **kof·fie·ap·pa·raat**, kof·fie·ap·pa·ra·ten
het **kof·fie·aro·ma**, kof·fie·aro·ma's
de **kof·fie·au·to·maat** (m), kof·fie·au·to·ma·ten
de **kof·fie·bar**, kof·fie·bars; kof·fie·bar·re·tje
de **kof·fie·bon** (m), kof·fie·bon·nen, kof·fie·bons
de **kof·fie·boom** (m), kof·fie·bo·men; kof·fie·boom·pje
de **kof·fie·boon**, kof·fie·bo·nen; kof·fie·boon·tje
het **kof·fie·dik**
de **kof·fie·dik·kij·ker** (m), kof·fie·dik·kij·kers
kof·fie·drin·ken (ww), drink kof·fie, drinkt kof·fie; dronk kof·fie, dron·ken kof·fie; kof·fie·ge·dron·ken
het **kof·fie-ex·tract**, kof·fie-ex·trac·ten
de/het **kof·fie·fil·ter** (m/o), kof·fie·fil·ters; kof·fie·fil·ter·tje
het **kof·fie-ijs**
de **kof·fie·kan**, kof·fie·kan·nen; kof·fie·kan·ne·tje
de **kof·fie·koek** (m), kof·fie·koe·ken;

K

kof·fie·koek·je
de **kof·fie·maal·tijd** (m), kof·fie·maal·tij·den; kof·fie·maal·tijd·je
de **kof·fie·ma·chi·ne** (v), kof·fie·ma·chi·nes
de **kof·fie·mok**, kof·fie·mok·ken
de **kof·fie·och·tend** (m), kof·fie·och·ten·den
de **kof·fie·pau·ze**, kof·fie·pau·zen, kof·fie·pau·zes
de **kof·fie·plan·ta·ge** (v), kof·fie·plan·ta·ges
de **kof·fie·pot** (m), kof·fie·pot·ten; kof·fie·pot·je
het **kof·fie·ser·vies**, kof·fie·ser·vie·zen; kof·fie·ser·vies·je
de **kof·fie·shop** (m), kof·fie·shops; kof·fie·shop·je
de **kof·fie·soort**, kof·fie·soor·ten
de **kof·fie·ta·fel**, kof·fie·ta·fels; kof·fie·ta·fel·tje
kof·fie ver·keerd
het **kof·fie·zet·ap·pa·raat**, kof·fie·zet·ap·pa·ra·ten; kof·fie·zet·ap·pa·raat·je
kof·fie·zet·ten (ww), zet kof·fie, zet kof·fie; zet·te kof·fie, zet·ten kof·fie; kof·fie·ge·zet
de **ko·fi·ma·ma** *(boom)*, ko·fi·ma·ma's
het **kof·schip**, kof·sche·pen
de **köf·te** (m)
de **ko·gel** (m), ko·gels; ko·gel·tje
de/het **ko·gel·la·ger** (m/o), ko·gel·la·gers; ko·gel·la·ger·tje
de **ko·gel·pen**, ko·gel·pen·nen
ko·gel·sto·ten (ww)
ko·gel·vrij (bnw), ko·gel·vrije
de **kog·ge**, kog·gen; kog·ge·tje
koh. *(kohier)*
het **ko·hier**, ko·hie·ren
de **kohl** (m)
de **koi** (m), koi, kois
de **koi·kar·per** (m), koi·kar·pers
de **koi·ne**
de **kok** (m), koks; kok·je
de **ko·kar·de**, ko·kar·des
ko·ken (ww), kook, kookt; kook·te, kook·ten; ge·kookt
ko·kend (bnw), ko·ken·de
ko·kend·heet (bnw), ko·kend·he·te
de **ko·ker** (m), ko·kers; ko·ker·tje
de **ko·ker·paal** (m), ko·ker·pa·len
ko·ket (bnw), ko·ket·te
ko·ket·te·ren (ww), ko·ket·teer, ko·ket·teert; ko·ket·teer·de, ko·ket·teer·den; ge·ko·ket·teerd
de **ko·ket·te·rie** (v), koketterieën [ko·ket·te·rie·en]
kok·hal·zen (ww), kok·hals, kok·halst; kok·hals·de, kok·hals·den; ge·kok·halsd
de **kok·kel** (m), kok·kels; kok·kel·tje
kok·ke·len (ww), kok·kel, kok·kelt; kok·kel·de, kok·kel·den; ge·kok·keld
de **kok·ken** (mv)
de **kok·ker** (m), kok·kers
kok·ke·rel·len (ww), kok·ke·rel, kok·ke·relt; kok·ke·rel·de, kok·ke·rel·den; ge·kok·ke·reld
de **kok·kie** (v), kok·kies
de **kok·kin** (v), kok·kin·nen
de **ko·ko·lam·pu**, ko·ko·lam·pu's
het **ko·kos**
de **ko·kos·bast** (m), ko·kos·bas·ten
het **ko·kos·dis·trict**
de **ko·kos·koek** (m), ko·kos·koe·ken; ko·kos·koek·je
de **ko·kos·melk**
de **ko·kos·noot**, ko·kos·no·ten
de **ko·kos·olie**, kokosoliën [ko·kos·oli·en], ko·kos·olies
de **ko·kos·or·gea·de** (m)

het **ko·kos·wa·ter**
de **koks·muts**, koks·mut·sen; koks·muts·je
de **koks·op·lei·ding** (v), koks·op·lei·din·gen
de **koks·school**, koks·scho·len
de **kol** (v) *(heks)*, kol·len; kol·le·tje
de **ko·la** (m), ko·la's
de **kol·bak** (m), kol·bak·ken, kol·baks
de **kol·der** (m), kol·ders; kol·der·tje
ko·lei·rig (bnw), ko·lei·ri·ge
de **ko·len** (mv)
het **ko·len·gas**, ko·len·gas·sen
de **ko·len·mijn**, ko·len·mij·nen
de **ko·le·re**[1]
ko·le·re[2] (tussenw)
ko·le·riek (bnw), ko·le·rie·ke
ko·le·rig (bnw), ko·le·ri·ge
de **kolf**, kol·ven; kolf·je
de **ko·li·brie** (m), ko·li·bries; ko·li·brie·tje
de/het **ko·liek** (v/o), ko·lie·ken; ko·liek·je
de **kolk**, kol·ken; kolk·je
kol·len (ww), kol, kolt; kol·de, kol·den; ge·kold
de **ko·lom**, ko·lom·men; ko·lom·me·tje
de **ko·lo·nel** (m), ko·lo·nels
de **ko·lo·ni·aal**[1] (m), ko·lo·ni·a·len; ko·lo·ni·aal·tje
ko·lo·ni·aal[2] (bnw), ko·lo·ni·a·le
het **ko·lo·ni·a·lis·me**
de **ko·lo·nie** (v), koloniën [ko·lo·ni·en], ko·lo·nies; ko·lo·nie·tje
de **ko·lo·ni·sa·tie** (v), ko·lo·ni·sa·ties
de **ko·lo·ni·sa·tie·po·ging** (v), ko·lo·ni·sa·tie·po·gin·gen
de **ko·lo·ni·sa·tor** (m), ko·lo·ni·sa·to·ren, ko·lo·ni·sa·tors
ko·lo·ni·se·ren (ww), ko·lo·ni·seer, ko·lo·ni·seert; ko·lo·ni·seer·de, ko·lo·ni·seer·den; ge·ko·lo·ni·seerd
de **ko·lo·nist** (m), ko·lo·nis·ten
de **ko·los** (m), ko·los·sen; ko·los·je
ko·los·saal (bnw), ko·los·sa·le
kol·ven (ww), kolf, kolft; kolf·de, kolf·den; ge·kolfd
de **kom**, kom·men; kom·me·tje
kom·aan (tussenw)
de **kom·af** (m)
de **kom·buis**, kom·bui·zen; kom·buis·je
de **ko·me·di·ant** (m), ko·me·di·an·ten
de **ko·me·di·an·te** (v), ko·me·di·an·tes
de **ko·me·die** (v), ko·me·dies; ko·me·die·tje
de **ko·meet**, ko·me·ten; ko·meet·je
ko·men[1] (ww), kom, komt; kwam, kwa·men; ge·ko·men
ko·men[2]: te stade komen
ko·mend (bnw), ko·men·de
het **kom·foor**, kom·fo·ren; kom·foor·tje
de **ko·miek**[1] (m), ko·mie·ken
ko·miek[2] (bnw), ko·mie·ke
de **ko·mijn** (m), ko·mijn·tje
de **ko·mij·ne·kaas** (m), ko·mij·ne·ka·zen
ko·misch (bnw), ko·mi·sche
de **kom·kom·mer**, kom·kom·mers; kom·kom·mer·tje
de **kom·kom·mer·tijd** (m), kom·kom·mer·tij·den
de/het **kom·ma**, kom·ma's; kommaatje [kom·ma·tje]
het **kom·ma·ge·bruik**
de **kom·ma·neu·ker** (m), kom·ma·neu·kers
de/het **kom·ma·punt**, kom·ma·pun·ten
de **kom·mer** (m)
de **ko·mo·do·va·raan** (m),

K

ko·mo·do·va·ra·nen; ko·mo·do·va·raan·tje
kom op (tussenw)
de **kom·paan** (m), kom·pa·nen
het **kom·pas**, kom·pas·sen; kom·pas·je
de **kom·pel** (m), kom·pels
het **kom·pres**[1], kom·pres·sen; kom·pres·je
kom·pres[2] (bnw), kom·pres·se
de **komst** (v), kom·sten
kond (bnw)
de **kon·di·to·rei** (v), kon·di·to·rei·en
het **kon·fijt**
kon·fij·ten (ww), kon·fijt, kon·fijt; kon·fijt·te, kon·fijt·ten; ge·kon·fijt
de **kong·si**, kong·si's
het **ko·nijn**, ko·nij·nen; ko·nijn·tje
de **ko·nij·nen·bout** (m), ko·nij·nen·bou·ten; ko·nij·nen·bout·je
het **ko·nij·nen·hok**, ko·nij·nen·hok·ken
de **ko·nij·nen·poot** (m), ko·nij·nen·po·ten; ko·nij·nen·poot·je
het **ko·nik·paard**, ko·nik·paar·den
de **ko·ning** (m), ko·nin·gen; ko·nin·kje
de **ko·nin·gin** (v), ko·nin·gin·nen; ko·nin·gin·ne·tje
de **ko·nin·gin-moe·der** (v), ko·nin·gin-moe·ders
Ko·nin·gin·ne·dag, Ko·nin·gin·ne·da·gen
de **ko·nin·gin·ne·markt**, ko·nin·gin·ne·mark·ten
de **ko·nin·gin·ne·nacht** (m), ko·nin·gin·ne·nach·ten
de **ko·nin·gin·nen·brij** (m)
de **ko·nin·gin·nen·ge·lei**, ko·nin·gin·nen·ge·lei·en
de **ko·nin·gin·nen·kroon**, ko·nin·gin·nen·kro·nen
het **ko·nin·gin·nen·kruid**
de **ko·nin·gin·nen·pa·ge** (m), ko·nin·gin·nen·pa·ges
de **ko·nin·gin·nen·rit** (m), ko·nin·gin·nen·rit·ten
de **ko·nin·gin·nen·soep**, ko·nin·gin·nen·soe·pen
het **ko·nin·gin·nen·stuk**, ko·nin·gin·nen·stuk·ken
de **ko·nin·gin-we·du·we** (v), ko·nin·gin-we·du·wen, ko·nin·gin-we·du·wes
de **ko·ning-kei·zer** (m), ko·ning-kei·zers
ko·nings·blauw (bnw), ko·nings·blau·we
het **ko·ning·schap**, ko·ning·schap·pen
ko·ning·schie·ten (ww)
Ko·nings·dag, Ko·nings·da·gen
de **ko·nings·doch·ter** (v), ko·nings·doch·ters
ko·nings·ge·zind (bnw), ko·nings·ge·zin·de
het **ko·nings·graf**, ko·nings·gra·ven
het **ko·nings·huis**, ko·nings·hui·zen
het **ko·nings·paar**, ko·nings·pa·ren
de **ko·nings·palm** (m), ko·nings·pal·men
de **ko·nings·stad**, ko·nings·ste·den
de **ko·nings·zoon** (m), ko·nings·zo·nen, ko·nings·zoons
Ko·ning Win·ter
ko·nink·lijk (bnw), ko·nink·lij·ke
het **ko·nink·rijk**, ko·nink·rij·ken; ko·nink·rijk·je
het **Ko·nink·rijks·be·raad**, Ko·nink·rijks·be·ra·den
de **Ko·nink·rijks·con·fe·ren·tie** (v), Ko·nink·rijks·con·fe·ren·ties
het **Ko·nink·rijks·de·bat**,

Ko·nink·rijks·de·bat·ten
het **Ko·nink·rijks·land**, Ko·nink·rijks·lan·den
de **Ko·nink·rijks·mi·nis·ter** (m), Ko·nink·rijks·mi·nis·ters
het **Ko·nink·rijks·or·gaan**, Ko·nink·rijks·or·ga·nen
het **Ko·nink·rijks·over·leg**, Ko·nink·rijks·over·leg·gen
de **Ko·nink·rijks·re·la·tie** (v), Ko·nink·rijks·re·la·ties
het **Ko·nink·rijks·team**, Ko·nink·rijks·teams
kon·kel·foe·zen (ww), kon·kel·foes, kon·kel·foest; kon·kel·foes·de, kon·kel·foes·den; ge·kon·kel·foesd
de **kon·soor·ten** (mv)
de **kont**, kon·ten; kont·je
het **kon·ter·feit·sel**, kon·ter·feit·sels
het **kon·vooi**, kon·vooi·en
de **koof**, ko·ven
de **koog**, ko·gen
de **kooi**, kooi·en; kooi·tje
kooi·en (ww), kooi, kooit; kooi·de, kooi·den; ge·kooid
de **kook**
het **kook·boek**, kook·boe·ken; kook·boek·je
het **kook·fes·tijn**, kook·fes·tij·nen
het **kook·ge·rei**
de **kook·kunst** (v), kook·kun·sten; kook·kunst·je
de **kook·pan**, kook·pan·nen; kook·pan·ne·tje
de **kook·plaat**, kook·pla·ten; kook·plaat·je
de **kook·pot** (m), kook·pot·ten; kook·pot·je
het **kook·punt**, kook·pun·ten
de **kook·school**, kook·scho·len
de **kook·term** (m), kook·ter·men
het **kook·toe·stel**, kook·toe·stel·len
het **kook·vuur**, kook·vu·ren; kook·vuur·tje
de **kool**, ko·len; kool·tje
de **kool·bak** (m), kool·bak·ken
het **kool·di·oxi·de**, kool·di·oxi·den, kool·di·oxi·des
het **kool·hy·draat**, kool·hy·dra·ten
de **kool·mees**, kool·me·zen; kool·mees·je
het **kool·mo·noxi·de**, kool·mo·noxi·den, kool·mo·noxi·des
de **kool·pot** (m), kool·pot·ten
de **kool·ra·bi**, kool·ra·bi's
de **kool·stof**, kool·stof·fen
het **kool·stof·di·oxi·de**, kool·stof·di·oxi·den, kool·stof·di·oxi·des
het **kool·stof·mo·noxi·de**, kool·stof·mo·noxi·den, kool·stof·mo·noxi·des
de/het **kool·teer** (m/o)
het **kool·zaad**, kool·za·den
het **kool·zuur**, kool·zu·ren
de **koon**, ko·nen; koon·tje
de **koop** (m), ko·pen; koop·je
de **koop·ak·te**, koop·ak·ten, koop·ak·tes
de **koop·han·del** (m)
het **koop·huis**, koop·hui·zen; koop·huis·je
de **koop·kracht**
de **koop·man** (m), koop·lie·den, koop·lui, koop·man·nen; koop·man·ne·tje
de **koop·over·een·komst** (v), koop·over·een·kom·sten
de **koop·som**, koop·som·men
de **koop·waar**, koop·wa·ren
de **koop·zon·dag** (m), koop·zon·da·gen
het **koor**, ko·ren; koor·tje
de/het **koord**, koor·den; koord·je

de **koor·de**, koor·den
koor·den (bnw)
de **koorts**, koort·sen; koorts·je
koorts·ach·tig (bnw), koorts·ach·ti·ge
koort·sig (bnw), koort·si·ge
de **koorts·meet·sys·teem·strook**, koorts·meet·sys·teem·stro·ken
koo·sjer (bnw), koo·sje·re
de **koot**, ko·ten; koot·je
de **kop** (m), kop·pen; kop·je
de **kop·bre·kens** (mv)
ko·pen (ww), koop, koopt; kocht, koch·ten; ge·kocht
de **kop-en-scho·tel**, kop-en-scho·tels; kop-en-scho·tel·tje
de **ko·per**[1] (m) *(persoon)*, ko·pers
het **ko·per**[2] *(metaal)*
de **ko·per·druk** (m), ko·per·druk·ken
ko·pe·ren[1] (bnw)
ko·pe·ren[2] (ww), ko·per, ko·pert; ko·per·de, ko·per·den; ge·ko·perd
ko·per·kleu·rig (bnw), ko·per·kleu·ri·ge
de **ko·per·sla·ge·rij** (v), ko·per·sla·ge·rij·en
de **kop-hals-romp·boer·de·rij** (v), kop-hals-romp·boer·de·rij·en
de **ko·pie** (v), kopieën [ko·pie·en]; ko·pie·tje
het **ko·pie·boek**, ko·pie·boe·ken; ko·pie·boek·je
de **ko·pie·brief** (m), ko·pie·brie·ven
ko·pie con·form
de **ko·pie·dienst** (m), ko·pie·dien·sten
het **ko·pi·eer·ap·pa·raat**, ko·pi·eer·ap·pa·ra·ten; ko·pi·eer·ap·pa·raat·je
ko·pi·eer·baar (bnw), ko·pi·eer·ba·re
de **ko·pi·eer·der** (m), ko·pi·eer·ders
de **ko·pi·eer·ma·chi·ne** (v), ko·pi·eer·ma·chi·nes
het **ko·pi·eer·pa·pier**
het **ko·pi·eer·toe·stel**, ko·pi·eer·toe·stel·len
het **ko·pi·eer·werk**
de **ko·pie·fac·tuur** (v), ko·pie·fac·tu·ren
de **ko·pie·ma·chi·ne** (v), ko·pie·ma·chi·nes
kopiëren [ko·pi·e·ren] (ww), ko·pi·eer, ko·pi·eert; ko·pi·eer·de, ko·pi·eer·den; ge·ko·pi·eerd
de **kopiëring** [ko·pi·e·ring] (v), kopiëringen [ko·pi·e·rin·gen]
de **ko·pi·ist** (m), ko·pi·is·ten
de **ko·pij** (v), ko·pij·en; ko·pij·tje
kop·je·dui·ke·len (ww), dui·kel kop·je, dui·kelt kop·je; dui·kel·de kop·je, dui·kel·den kop·je; kop·je·ge·dui·keld
kop·je-on·der (bijw)
de **kop·klep**, kop·klep·pen
de **kop·lamp**, kop·lam·pen; kop·lamp·je
de **kop·lo·per** (m), kop·lo·pers; kop·lo·per·tje
de **kop·man** (m), kop·lie·den, kop·lui, kop·man·nen
de **kop·pak·king** (v), kop·pak·kin·gen
de/het **kop·pel**, kop·pels; kop·pel·tje
kop·pe·len (ww), kop·pel, kop·pelt; kop·pel·de, kop·pel·den; ge·kop·peld
de **kop·pe·ling** (v), kop·pe·lin·gen
de/het **kop·pe·lings·pe·daal** (m/o), kop·pe·lings·pe·da·len
het **kop·pel·streep·je**, kop·pel·streep·jes
het **kop·pel·te·ken**, kop·pel·te·kens
het **kop·pel·werk·woord**, kop·pel·werk·woor·den

kop·pen (ww), kop, kopt; kop·te, kop·ten; ge·kopt
de **kop·pen·snel·ler** (m), kop·pen·snel·lers; kop·pen·snel·ler·tje
de **kop·per** (m), kop·pers
kop·pig (bnw), kop·pi·ge
de **kop·pig·heid** (v), kop·pig·he·den
kops (bnw), kop·se
de **kop-staart·bot·sing** (v), kop-staart·bot·sin·gen
het **kop·stuk**, kop·stuk·ken; kop·stuk·je
de **kopt** (m), kop·ten
de **kop·tekst** (m), kop·tek·sten
de **kop·te·le·foon** (m), kop·te·le·foons; kop·te·le·foon·tje
kop·tisch (bnw) *(m.b.t. het koptisch christendom),* kop·ti·sche
het **Kop·tisch**[1] *(taal)*
Kop·tisch[2] (bnw) *(m.b.t. de taal),* Kop·ti·sche
de **kop-van-jut** (m) *(kermisattractie)*
kop van Jut *(zondebok)*
de **kor**, kor·ren
de **ko·raal**[1] (m) *(persoon),* ko·ra·len; ko·raal·tje
de **ko·raal**[2] *(kolonie poliepen; voorwerp),* ko·ra·len; ko·raal·tje
het **ko·raal**[3] *(gezang),* ko·ra·len
het **ko·raal·rif**, ko·raal·rif·fen
de **ko·ran** (m) *(exemplaar),* ko·rans
Ko·ran *(heilige tekst)*
de **Ko·ran·school**, Ko·ran·scho·len; Ko·ran·school·tje
de **Ko·ran·stu·die** (v), Ko·ran·stu·dies
de **Ko·ran·tekst** (m), Ko·ran·tek·sten; Ko·ran·tekst·je
de **Ko·ran·ver·ta·ling** (v), Ko·ran·ver·ta·lin·gen
kor·daat (bnw), kor·da·te
het **kor·don**, kor·dons
de **Ko·re·aan** (m), Ko·re·a·nen; Ko·re·aan·tje
het **Ko·re·aans**[1] *(taal)*
Ko·re·aans[2] (bnw), Ko·re·aan·se
de **ko·re·dor**, ko·re·dors
het **ko·ren**
de **ko·ren·aar**, ko·ren·aren; ko·ren·aar·tje
het **ko·ren·meel**
de **ko·ren·pap** (m)
de **korf** (m), kor·ven; korf·je
het **korf·bal**
het **kor·hoen**, kor·hoen·de·ren, kor·hoen·ders
de **ko·ri·an·der** (m)
Ko·rin·thisch (bnw), Ko·rin·thi·sche
de **kor·jaal**, kor·ja·len; kor·jaal·tje
de **kor·net**[1] (m) *(soldaat; vaandrig),* kor·nets, kor·net·ten
het **kor·net**[2] *(kor; sleepvisnet),* kor·net·ten
de **kor·net**[3] *(klephoorn; andere beteke-nissen),* kor·net·ten
de **kor·nis**, kor·nis·sen
de **kor·po·raal** (m), kor·po·raals; kor·po·raal·tje
het **korps**, korp·sen; korps·je
de **korps·chef** (m), korps·chefs
de **kor·re**, kor·ren
de **kor·rel** (m), kor·rels; kor·rel·tje
kor·ren (ww), kor, kort; kor·de, kor·den; ge·kord
het **kor·sa·kov**
het **kor·set**, kor·set·ten; kor·set·je
de **kor·set·te·rie** (v), korsetterieën [kor·set·te·rie·en]
de **korst**, kor·sten; korst·je
kor·sten (ww), korst, korst; korst·te, korst·ten; ge·korst
kort (bnw), kor·te
kort·aan·ge·bon·den (bnw)
kort·ade·mig (bnw),

kort·ade·mi·ge
de **kort·ade·mig·heid** (v)
kort·af (bnw), kort·af·fe
kort·bij (bijw)
kort·du·rend (bnw), kort·du·ren·de
kor·te golf
kor·te·lings (bijw)
kor·te met·ten
kor·ten (ww), kort, kort; kort·te, kort·ten; ge·kort
het **kor·te·ter·mijn·be·leid**
het **kor·te·ter·mijn·den·ken**
het **kor·te·ter·mijn·doel**, kor·te·ter·mijn·doe·len
het **kor·te·ter·mijn·ef·fect**, kor·te·ter·mijn·ef·fec·ten
het **kor·te·ter·mijn·ge·heu·gen**, kor·te·ter·mijn·ge·heu·gens
de **kor·te·ter·mijn·op·los·sing** (v), kor·te·ter·mijn·op·los·sin·gen
de **kor·te·ter·mijn·plan·ning** (v), kor·te·ter·mijn·plan·nin·gen
de **kor·te·ter·mijn·vi·sie** (v), kor·te·ter·mijn·vi·sies
de **kor·te·ter·mijn·winst** (v), kor·te·ter·mijn·win·sten
de **kort·film** (m), kort·films; kort·film·pje
het **kort·ge·ding**, kort·ge·din·gen
het **kort ge·ding**, kor·te ge·din·gen, kort ge·din·gen
de **kort·ge·ding·dag·vaar·ding** (v), kort·ge·ding·dag·vaar·din·gen
de **kort·ge·ding·pro·ce·du·re**, kort·ge·ding·pro·ce·du·res
de **kort·ge·ding·rech·ter** (m), kort·ge·ding·rech·ters
het **kort·ge·ding·von·nis**, kort·ge·ding·von·nis·sen
kort·ge·knipt (bnw), kort·ge·knip·te
kort·ge·le·den (bijw)
kort·heids·hal·ve (bijw)
de **kor·ting** (v), kor·tin·gen
de **kor·ting·bon** (m), kor·ting·bon·nen, kor·ting·bons
de **kor·ting·kaart**, kor·ting·kaar·ten
de **kor·tings·bon** (m), kor·tings·bon·nen, kor·tings·bons; kor·tings·bon·ne·tje
de **kor·tings·kaart**, kor·tings·kaar·ten; kor·tings·kaart·je
kort·om (bijw)
kort·slui·ten (ww), sluit kort, sluit kort; sloot kort, slo·ten kort; kort·ge·slo·ten
de **kort·slui·ting** (v), kort·slui·tin·gen; kort·slui·tin·kje
kort·staar·ten (ww), kort·staart, kort·staart; kort·staart·te, kort·staart·ten; ge·kort·staart
kort·ston·dig (bnw), kort·ston·di·ge
het **kort·ver·haal**, kort·ver·ha·len; kort·ver·haal·tje
kort·weg (bijw)
kort·wie·ken (ww), kort·wiek, kort·wiekt; kort·wiek·te, kort·wiek·ten; ge·kort·wiekt
kort·zich·tig (bnw), kort·zich·ti·ge
de **ko·rund**[1] (m) *(voorwerp)*, ko·run·den
het **ko·rund**[2] *(stofnaam)*
kor·ven (ww), korf, korft; korf·de, korf·den; ge·korfd
de **kor·vet**, kor·vet·ten
kos·misch (bnw), kos·mi·sche
de **kos·mo·lo·gie** (v)
de **kos·mo·naut** (m), kos·mo·nau·ten
de **kos·mo·po·liet** (m), kos·mo·po·lie·ten

kos·mo·po·li·tisch (bnw), kos·mo·po·li·ti·sche
de **kos·mos** (m)
de **kost** (m), kos·ten; kost·je
kost·baar (bnw), kost·ba·re
de **kost·baar·heid** (v), kost·baar·he·den
kos·te: ten koste van
kos·te·lijk (bnw), kos·te·lij·ke
kos·te·loos (bnw), kos·te·lo·ze
kos·ten (ww), kost, kost; kost·te, kost·ten; ge·kost
het **kos·ten·as·pect**, kos·ten·as·pec·ten
de **kos·ten-ba·ten·ana·ly·se** (v), kos·ten-ba·ten·ana·ly·sen, kos·ten-ba·ten·ana·ly·ses
de **kos·ten·be·heer·sing** (v), kos·ten·be·heer·sin·gen
kos·ten·be·spa·rend (bnw), kos·ten·be·spa·ren·de
kos·ten·be·wust (bnw), kos·ten·be·wus·te
de **kos·ten·cur·ve**, kos·ten·cur·ven, kos·ten·cur·ves
kos·ten·dek·kend (bnw), kos·ten·dek·ken·de
de **kos·ten·dra·ger** (m), kos·ten·dra·gers
kos·ten·ef·fec·tief (bnw), kos·ten·ef·fec·tie·ve
kostenefficiënt [kos·ten·ef·fi·ci·ent] (bnw), kostenefficiënte [kos·ten·ef·fi·ci·en·te]
de **kostenefficiëntie** [kos·ten·ef·fi·ci·en·tie] (v)
de **kos·ten·fac·tor** (m), kos·ten·fac·to·ren
de **kos·ten·no·ta**, kos·ten·no·ta's
het **kos·ten·over·zicht**, kos·ten·over·zich·ten; kos·ten·over·zicht·je
het **kos·ten·plaat·je**, kos·ten·plaat·jes
de **kos·ten·plaats**, kos·ten·plaat·sen
de **kos·ten·post** (m), kos·ten·pos·ten
de **kos·ten·ra·ming** (v), kos·ten·ra·min·gen
de **kos·ten·stij·ging** (v), kos·ten·stij·gin·gen
de **kos·ten·ver·goe·ding** (v), kos·ten·ver·goe·din·gen
de **kos·ter** (m), kos·ters; kos·ter·tje
de **kost·grond** (m), kost·gron·den; kost·grond·je
de **kost·prijs** (m), kost·prij·zen; kost·prijs·je
de **kos·tu·me·ring** (v), kos·tu·me·rin·gen
het **kos·tuum**, kos·tuums; kos·tuum·pje
de **kost·win·ner** (m), kost·win·ners
het **kot**, ko·ten, kot·ten; kot·je
de **ko·te·let**, ko·te·let·ten; ko·te·let·je
ko·ten (ww), koot, koot; koot·te, koot·ten; ge·koot
de **ko·ter** (m), ko·ters; ko·ter·tje
ko·te·ren (ww), ko·ter, ko·tert; ko·ter·de, ko·ter·den; ge·ko·terd
de **ko·te·rij** (v), ko·te·rij·en
de **kot·ko·ti**, kot·ko·ti's
de **ko·to** (v), ko·to's
ko·to·mi·si, ko·to·mi·si's
de **kots** (m), kots·je
kots·beu (bnw), kots·beue
kot·sen (ww), kots, kotst; kots·te, kots·ten; ge·kotst
de **kot·ser** (m), kot·sers
de **kot·ter** (m), kot·ters; kot·ter·tje
de **kou** (v), kou·tje
koud (bnw), kou·de
de **kou·de** (v), kou·des
de **kou·de·golf**, kou·de·gol·ven
Kou·de Oor·log
het **kou·de·oor·logs·den·ken**
koud·har·tig (bnw),

koud·har·ti·ge
de **koud·heid** (v)
koud ma·ken
de **koud·wa·ter·lei·ding** (v), koud·wa·ter·lei·din·gen
de **koud·wa·ter·vrees**
het **kou·front**, kou·fron·ten
de **kou·kleum**, kou·kleu·men; kou·kleum·pje
kou·kleu·men (ww)
de **kous**, kou·sen; kous·je
de **kou·sen·band**[1] (m) *(kousophouder)*, kou·sen·ban·den; kou·sen·band·je
de **kou·sen·band**[2] (m) *(groente)*
de **kou·sen·broek**, kou·sen·broe·ken
de **kout** (m), kout·je
kou·ten (ww), kout, kout; kout·te, kout·ten; ge·kout
de **kou·ter** (m) *(akker; prater)*, kou·ters; kou·ter·tje
kou·vat·ten (ww), vat kou, vat kou; vat·te kou, vat·ten kou; kou·ge·vat
kou·we·lijk (bnw), kou·we·lij·ke
de **ko·zak** (m) *(militair)*, ko·zak·ken
de **Ko·zak** (m) *(lid v.h. Kozakkenvolk)*, Ko·zak·ken
ko·zen (ww), koos, koost; koos·de, koos·den; ge·koosd
de **ko·zijn**[1] (m) *(neef)*, ko·zijns; ko·zijn·tje
het **ko·zijn**[2] *(raamwerk)*, ko·zij·nen; ko·zijn·tje
de **kraag** (m), kra·gen; kraag·je
de **kraai**, kraai·en; kraai·tje
kraai·en (ww), kraai, kraait; kraai·de, kraai·den; ge·kraaid
het **kraai·en·nest**, kraai·en·nes·ten; kraai·en·nest·je
de **kraai·en·poot** (m), kraai·en·po·ten; kraai·en·poot·je
de **kraai·en·poot·jes** (mv)
de **kraak**[1] (m) *(het kraken)*, kra·ken; kraak·je
de **kraak**[2] *(zeemonster)*, kra·ken; kraak·je
het **kraak·been**, kraak·been·de·ren, kraak·be·nen; kraak·been·tje
de **kraak·pers·wa·gen** (m), kraak·pers·wa·gens
kraak·vers (bnw), kraak·ver·se
de **kraal** *(omsloten ruimte; andere betekenissen)*, kra·len; kraal·tje
de/het **kraam**, kra·men; kraam·pje
de **kraam·kli·niek** (v), kraam·kli·nie·ken
de **kraam·vi·si·te**, kraam·vi·si·tes
de **kraan**[1] (m) *(vogel, persoon)*, kra·nen; kraan·tje
de **kraan**[2] *(voorwerp)*, kra·nen; kraan·tje
het **kraan·tjes·wa·ter**
het **kraan·wa·ter**
de **krab** *(dier; het krabben, schram)*, krab·ben; krab·be·tje
de **krab·bel**, krab·bels; krab·bel·tje
krab·be·len (ww), krab·bel, krab·belt; krab·bel·de, krab·bel·den; ge·krab·beld
krab·ben (ww), krab, krabt; krab·de, krab·den; ge·krabd
de **krab·ben·men·ta·li·teit** (v)
de **krab·ben·scheer**, krab·ben·sche·ren
kra·bi·ta-anu
de **krab·sla**
de **krach** (m), krachs; krach·je
de **kracht**, krach·ten; kracht·je
kracht·da·dig (bnw), kracht·da·di·ge
krach·te·loos (bnw), krach·te·lo·ze
krach·tens (voorz)
het **krach·ten·veld**, krach·ten·vel·den
krach·tig (bnw), krach·ti·ge
de **kracht·in·span·ning** (v),

kracht·in·span·nin·gen

de **krachts·in·span·ning** (v), krachts·in·span·nin·gen

het **krachts·ver·lies**, krachts·ver·lie·zen

het **kracht·ver·lies**, kracht·ver·lie·zen

de **krak**[1] (m) *(geluid, barst)*, krak·ken; krak·je

de **krak**[2] *(krakeend; oud voorwerp of dier; verachtelijk persoon)*, krak·ken; krak·je

krak[3] (tussenw)

het **kra·keel**, kra·ke·len

kra·ke·len (ww), kra·keel, kra·keelt; kra·keel·de, kra·keel·den; ge·kra·keeld

de **kra·ke·ling** (m), kra·ke·lin·gen; kra·ke·lin·ge·tje

kra·ken (ww), kraak, kraakt; kraak·te, kraak·ten; ge·kraakt

de **kra·ker** (m), kra·kers; kra·ker·tje

het **kra·kers·pro·bleem**, kra·kers·pro·ble·men

krak·ke·mik·kig (bnw), krak·ke·mik·ki·ge

krak·ken (ww), krak, krakt; krak·te, krak·ten; ge·krakt

kra·len[1] (bnw)

kra·len[2] (ww), kraal, kraalt; kraal·de, kraal·den; ge·kraald

de **kram**, kram·men; kram·me·tje

kra·mak·ke·lig (bnw), kra·mak·ke·li·ge

kra·men (ww), kraam, kraamt; kraam·de, kraam·den; ge·kraamd

kram·men (ww), kram, kramt; kram·de, kram·den; ge·kramd

de **kramp**, kram·pen; kramp·je

kramp·ach·tig (bnw), kramp·ach·ti·ge

kram·pen (ww), kramp, krampt; kramp·te, kramp·ten; ge·krampt

krank (bnw), kran·ke

krank·jo·rum (bnw), krank·jo·ru·me

krank·zin·nig (bnw), krank·zin·ni·ge

de **krans** (m), kran·sen; krans·je

kran·sen (ww), krans, kranst; krans·te, krans·ten; ge·kranst

Kran·shi

het **Kran·shi·ge·bouw**

de **krant**, kran·ten; krant·je

het **kran·ten·ar·ti·kel**, kran·ten·ar·ti·ke·len, kran·ten·ar·ti·kels; kran·ten·ar·ti·kel·tje

de **kran·ten·bak** (m), kran·ten·bak·ken

het **kran·ten·be·richt**, kran·ten·be·rich·ten; kran·ten·be·richt·je

het **kran·ten·knip·sel**, kran·ten·knip·sels; kran·ten·knip·sel·tje

de **kran·ten·kop** (m), kran·ten·kop·pen

het **kran·ten·pa·pier**

de **kran·ten·uit·ge·ver** (m), kran·ten·uit·ge·vers

de **kran·ten·win·kel** (m), kran·ten·win·kels; kran·ten·win·kel·tje

de **krap**[1], krap·pen; krap·je

krap[2] (bnw), krap·pe

kra·pa

de **kra·pa·olie**

de **kra·pé**, kra·pés

het **kra·pé-ei**, kra·pé-ei·e·ren

de **krap·te** (v), krap·ten, krap·tes

de **kras**[1], kras·sen; kras·je

kras[2] (bnw), kras·se

kras·se·len (ww), kras·sel, kras·selt; kras·sel·de, kras·sel·den; ge·kras·seld

kras·sen (ww), kras, krast; kras·te,

K

kras·ten; ge·krast
de/het **krat**, krat·ten; krat·je
de **kra·ter** (m), kra·ters; kra·ter·tje
de **krauw**, krau·wen; krauw·tje
krau·wen (ww), krauw, krauwt; krauw·de, krauw·den; ge·krauwd
de **kra·vat** (v), kra·vat·ten
kraw·kraw
het **kre·diet**, kre·die·ten; kre·diet·je
de **kre·diet·bank**, kre·diet·ban·ken
de **kredietcoöperatie** [kre·diet·co·o·pe·ra·tie] (v), kredietcoöperaties [kre·diet·co·o·pe·ra·ties]
de **kre·diet·cri·sis** (v), kre·diet·cri·ses, kre·diet·cri·sis·sen
de **kre·diet·kaart**, kre·diet·kaar·ten
de **kre·diet·li·miet**, kre·diet·li·mie·ten
de **kre·diet·ne·mer** (m), kre·diet·ne·mers
de **kre·diet·no·ta**, kre·diet·no·ta's
de **kre·diet·ren·te**, kre·diet·ren·ten, kre·diet·ren·tes
de **kre·diet·ver·le·ner** (m), kre·diet·ver·le·ners
de **kre·diet·waar·dig·heid** (v), kre·diet·waar·dig·he·den
de **kreeft** *(dier),* kreef·ten; kreeft·je
Kreeft *((persoon met dit) sterrenbeeld),* Kreef·ten; Kreeft·je
de **kreef·ten·soep**, kreef·ten·soe·pen; kreef·ten·soep·je
Kreefts·keer·kring
de **kreek**, kre·ken; kreek·je
de **kreet** (m), kre·ten; kreet·je
kre·gel (bnw), kre·ge·le
kre·ge·lig (bnw), kre·ge·li·ge
krek (bijw)
het **kreng**, kren·gen; kren·ge·tje
kren·gen (ww), kreng, krengt; kreng·de, kreng·den; ge·krengd
kren·ken (ww), krenk, krenkt; krenk·te, krenk·ten; ge·krenkt
de **krent**, kren·ten; krent·je
kren·ten (ww), krent, krent; krent·te, krent·ten; ge·krent
de **kren·ten·bol** (m), kren·ten·bol·len; kren·ten·bol·le·tje
het **kren·ten·brood**, kren·ten·bro·den; kren·ten·brood·je
de **kren·ten·weg·ge**, kren·ten·weg·gen
krep·pen (ww), krep, krept; krep·te, krep·ten; ge·krept
de **Kre·ten·zer** (m), Kre·ten·zers
Kre·ten·zisch (bnw), Kre·ten·zi·sche
de **kre·to·lo·gie** (v), kretologieën [kre·to·lo·gie·en]
de **kreuk**, kreu·ken; kreuk·je
de **kreu·kel**, kreu·kels; kreu·kel·tje
kreu·ken (ww), kreuk, kreukt; kreuk·te, kreuk·ten; ge·kreukt
kreu·nen (ww), kreun, kreunt; kreun·de, kreun·den; ge·kreund
de **krib**[1] *(bak, kerststal),* krib·ben, krib·bes; krib·je
de **krib**[2] *(dam),* krib·ben; krib·je
de **krib·be**, krib·ben, krib·bes; krib·be·tje
krib·be·len (ww), krib·bel, krib·belt; krib·bel·de, krib·bel·den; ge·krib·beld
de **krie·bel** (m), krie·bels; krie·bel·tje
krie·be·len (ww), krie·bel, krie·belt; krie·bel·de, krie·bel·den; ge·krie·beld
krie·gel (bnw), krie·ge·le
de **kriek**, krie·ken; kriek·je
het **krie·ken**[1]
krie·ken[2] (ww), kriek, kriekt; kriek·te, kriek·ten; ge·kriekt

de **krie·ken·taart**, krie·ken·taar·ten; krie·ken·taart·je
de **kriel**[1] *(persoon)*, krie·len; kriel·tje
het **kriel**[2] *(kleingoed)*, kriel·tje
kriel[3] (bnw), krie·le
de **krijg** (m)
krij·gen[1] (ww), krijg, krijgt; kreeg, kre·gen; ge·kre·gen
krij·gen[2]: nul op het rekest krijgen
de **krij·ger** (m), krij·gers; krij·ger·tje
de **krijgs·macht**, krijgs·mach·ten
de **krijgs·man** (m), krijgs·lie·den, krijgs·lui, krijgs·man·nen
het **krijn**, krijn·tje
de **krijs** (m), krij·sen
krij·sen (ww), krijs, krijst; krees, krijs·te, kre·sen, krijs·ten; ge·kre·sen, ge·krijst
het **krijt** *(stofnaam, tijdperk)*, krijt·je
het **krijt·bord**, krijt·bor·den; krijt·bord·je
krij·ten (ww) *(schreeuwen)*, krijt, krijt; kreet, kre·ten; ge·kre·ten
de **krik**[1], krik·ken
krik[2] (tussenw)
krik·ken (ww), krik, krikt; krik·te, krik·ten; ge·krikt
het **krill**
de **kri·mi** (m), kri·mi's
de **krimp**[1] (m), krimp·je
krimp[2] (bnw)
krim·pen (ww), krimp, krimpt; kromp, krom·pen; ge·krom·pen
de **kring** (m), krin·gen; krin·ge·tje
de **kring·loop** (m), kring·lo·pen; kring·loop·je
de **kring·loop·win·kel** (m), kring·loop·win·kels
kri·oe·len (ww), kri·oel, kri·oelt; kri·oel·de, kri·oel·den; ge·kri·oeld
krio·yo (bnw)
het **krio·yo·ge·recht**, krio·yo·ge·rech·ten
de **krio·yo·maal·tijd** (m), krio·yo·maal·tij·den
het **krip**
de **kris**, kris·sen
kris·kras (bijw)
kris·sen (ww), kris, krist; kris·te, kris·ten; ge·krist
het **kris·tal**, kris·tal·len; kris·tal·le·tje
kris·tal·len (bnw)
het **kris·tal·lijn**, kris·tal·lij·nen
kris·tal·lij·nen (bnw)
de **kris·tal·li·sa·tie** (v), kris·tal·li·sa·ties
kris·tal·li·se·ren (ww), kris·tal·li·seer, kris·tal·li·seert; kris·tal·li·seer·de, kris·tal·li·seer·den; ge·kris·tal·li·seerd
de **kri·tiek**[1] (v), kri·tie·ken; kri·tiek·je
kri·tiek[2] (bnw), kri·tie·ke
de **kri·ti·ka·li·teit** (v)
kri·tisch (bnw), kri·ti·sche
kri·ti·se·ren (ww), kri·ti·seer, kri·ti·seert; kri·ti·seer·de, kri·ti·seer·den; ge·kri·ti·seerd
de **Kro·aat** (m), Kro·a·ten; Kro·aat·je
het **Kro·a·tisch**[1] *(taal)*
Kro·a·tisch[2] (bnw), Kro·a·ti·sche
kro·bi·ya, kro·bi·ya's
de **krocht**, kroch·ten; krocht·je
de **kroeg**, kroe·gen; kroeg·je
kroe·len (ww), kroel, kroelt; kroel·de, kroel·den; ge·kroeld
de **kroep** (m)
de **kroe·poek** (m), kroe·poek·je
de **kroes**[1] (m), kroe·zen; kroes·je
kroes[2] (bnw), kroe·ze
de/het **kroet**, kroe·ten; kroet·je
kroe·zen (ww), kroes, kroest; kroes·de, kroes·den; ge·kroesd
kro·kant (bnw), kro·kan·te

de **kro·ket** *(voedsel)*, kro·ket·ten; kro·ket·je
de **kro·ko** (m), kro·ko's
de **kro·ko·dil**, kro·ko·dil·len; kro·ko·dil·le·tje
de **kro·ko·dil·len·tra·nen** (mv)
de **kro·kus** (m), kro·kus·sen; kro·kus·je
de **kro·kus·va·kan·tie** (v), kro·kus·va·kan·ties
de **krol**, krol·len; krol·le·tje
krols (bnw), krol·se
krom (bnw), krom·me
het **Kro·man·ti**[1] *(taal)*
Kro·man·ti[2] *(god)*
de **krom·me**, krom·men
krom·men (ww), krom, kromt; krom·de, krom·den; ge·kromd
de **krom·men·aas** (m), krom·men·azen
de **krom·te** (v), krom·ten, krom·tes
krom·trek·ken (ww), trek krom, trekt krom; trok krom, trok·ken krom; krom·ge·trok·ken
kro·nen (ww), kroon, kroont; kroon·de, kroon·den; ge·kroond
de **kro·niek** (v), kro·nie·ken; kro·niek·je
de **kro·ning** (v), kro·nin·gen
de **kron·kel** (m), kron·kels; kron·kel·tje
kron·to·ba·na
de **kroon**, kro·nen; kroon·tje
het **kroon·ju·weel**, kroon·ju·we·len; kroon·ju·weel·tje
de **kroon·kurk**, kroon·kur·ken; kroon·kurk·je
de **kroon·luch·ter** (m), kroon·luch·ters; kroon·luch·ter·tje
de **kroon·prins** (m), kroon·prin·sen; kroon·prins·je
de **kroon·tjes·wip·per** (m), kroon·tjes·wip·pers
het **kroos** *(gewas)*, kroos·je
het **kroost** *(kinderen)*
de **kroot**, kro·ten; kroot·je
de **krop**[1] (m) *(kroep; lichaamsdeel; stronk (groente))*, krop·pen; krop·je
het **krop**[2] *(meel)*, krop·je
krop·pen (ww), krop, kropt; krop·te, krop·ten; ge·kropt
de **krop·sla**
het **krot** *(krotwoning)*, krot·ten; krot·je
het **kruid**, krui·den; kruid·je
krui·den (ww), kruid, kruidt; kruid·de, kruid·den; ge·kruid
het **krui·den·bad**, krui·den·ba·den
de **krui·de·nier** (m), krui·de·niers; krui·de·nier·tje
de **krui·den·thee** (m), kruidentheeën [krui·den·thee·en]; krui·den·thee·tje
de **krui·ding** (v), krui·din·gen
het **kruid·je-roer-me-niet**, kruid·je-roer-me-nie·ten, kruid·jes-roer-me-niet; kruid·je-roer-me-niet·je
het **kruid·je-roer-mij-niet**, kruid·je-roer-mij-nie·ten, kruid·jes-roer-mij-niet; kruidje-roer-mij-nietje [kruid·je-roer-me-niet·je]
de **kruid·na·gel** (m), kruid·na·gels; kruid·na·gel·tje
de **kruid·noot**, kruid·no·ten; kruid·noot·je
krui·en (ww), krui, kruit; krui·de, krui·den; ge·kruid
de **krui·er** (m), krui·ers
de **kruik**, krui·ken; kruik·je
de/het **kruim**, kruim·pje
de **krui·mel·dief** (m), krui·mel·die·ven; krui·mel·dief·je
de **kruin**, krui·nen; kruin·tje
kruip-door-sluip-door (bnw)
krui·pen (ww), kruip, kruipt; kroop, kro·pen; ge·kro·pen
het **kruis**, krui·sen, krui·zen; kruis·je

de **kruis·bes·sen·struik** (m), kruis·bes·sen·strui·ken
de **kruis·be·stui·ving** (v), kruis·be·stui·vin·gen
de **kruis·bloem**, kruis·bloe·men
de **kruis·boog** (m), kruis·bo·gen
krui·se·lings (bnw), krui·se·ling·se
krui·sen (ww), kruis, kruist; kruis·te, kruis·ten; ge·kruist
de **krui·ser** (m), krui·sers; krui·ser·tje
de **kruis·fi·na·le**, kruis·fi·na·les
krui·si·gen (ww), krui·sig, krui·sigt; krui·sig·de, krui·sig·den; ge·krui·sigd
de **krui·si·ging** (v), krui·si·gin·gen
de **krui·sing** (v), krui·sin·gen
de **krui·sings·proef**, krui·sings·proe·ven
het **kruis·licht**, kruis·lich·ten
kruis·lings (bnw), kruis·ling·se
het **kruis·punt**, kruis·pun·ten; kruis·punt·je
de **kruis·tocht** (m), kruis·toch·ten; kruis·tocht·je
de **kruis·weg** (m), kruis·we·gen
de **kruis·woord·puz·zel** (m), kruis·woord·puz·zels
het **kruis·woord·raad·sel**, kruis·woord·raad·sels; kruis·woord·raad·sel·tje
het **kruit**
het **kruit·vat**, kruit·va·ten; kruit·vaat·je
de **krui·wa·gen** (m), krui·wa·gens; krui·wa·gen·tje
de **krui·wa·gen·jon·gen** (m), krui·wa·gen·jon·gens
de **kruk**, kruk·ken; kruk·je
kruk·ken (ww), kruk, krukt; kruk·te, kruk·ten; ge·krukt
de **krul**, krul·len; krul·le·tje
krul·len (ww), krul, krult; krul·de, krul·den; ge·kruld
de **krul·len·bol** (m), krul·len·bol·len; krul·len·bol·le·tje
kru·tu, kru·tu's
het **kryp·ton**
de **KSA'er** [KSA·er] (m), KSA'ers [KSA·ers]
ktv *(kleurentelevisie)*, ktv's
de **kuar·ta**, kuar·ta's
de **kuar·ta·vir·tu·oos** (m), kuar·ta·vir·tu·o·zen
ku·biek (bnw), ku·bie·ke
het **ku·bis·me**
de **ku·bist** (m), ku·bis·ten
de **ku·bus** (m), ku·bus·sen; ku·bus·je
de **kuch** (m) *(hoestje)*, ku·chen; kuch·je
ku·chen (ww), kuch, kucht; kuch·te, kuch·ten; ge·kucht
de **kud·de**, kud·den, kud·des; kud·de·tje
de **kud·de·geest** (m)
kud·zu
de **kui·er** (m), kui·er·tje
kui·e·ren (ww), kui·er, kui·ert; kui·er·de, kui·er·den; ge·kui·erd
de **kuif**, kui·ven; kuif·je
het **kui·ken**, kui·kens; kui·ken·tje
de **kuil** (m), kui·len; kuil·tje
kui·len (ww), kuil, kuilt; kuil·de, kuil·den; ge·kuild
de **kuip**, kui·pen; kuip·je
de **kui·per** (m), kui·pers; kui·per·tje
de **kuis**[1] (m) *(schoonmaak)*
kuis[2] (bnw), kui·se
kui·sen (ww), kuis, kuist; kuis·te, kuis·ten; ge·kuist
de **kuis·vrouw** (v), kuis·vrou·wen
de **kuit**, kui·ten; kuit·je
kui·ven (ww), kuif, kuift; kuif·de, kuif·den; ge·kuifd
ku·ke·le·ku (tussenw)

ku·ke·len (ww), ku·kel, ku·kelt; ku·kel·de, ku·kel·den; ge·ku·keld
de **kul** (m), kul·len
ku·la·man, ku·la·mans
kul·len (ww), kul, kult; kul·de, kul·den; ge·kuld
Kul·tuur·ka·mer
kum·bu, kum·bu's
de **kum·bu·drank** (m), kum·bu·dran·ken
de **kum·quat** (m), kum·quats
de **kun·de** (v)
kun·dig (bnw), kun·di·ge
de **kun·dig·heid** (v), kun·dig·he·den
de **kung·fu** (m)
de **kun·ne**, kun·nen
kun·nen (ww), kan, kan, kun, kunt; kon, kon·den; ge·kund
de **kunst** (v), kun·sten; kunst·je
de **kunst·aca·de·mie** (v), kunst·aca·de·mies
het **kunst·be·leid**
de **kunst·cri·ti·cus** (m), kunst·cri·ti·ci
de **kun·ste·naar** (m), kun·ste·naars; kun·ste·naar·tje
het **kun·ste·naar·schap**
de **kun·ste·naars·hand**, kun·ste·naars·han·den
de **kun·ste·na·res** (v), kun·ste·na·res·sen
het **kun·sten·fes·ti·val**, kun·sten·fes·ti·vals
de **kunst·ga·le·rie** (v), kunstgalerieën [kunst·ga·le·rie·en], kunst·ga·le·ries; kunst·ga·le·rie·tje
het **kunst·ge·bied**
het **kunst·ge·bit**, kunst·ge·bit·ten; kunst·ge·bit·je
de **kunst·ge·schie·de·nis** (v), kunst·ge·schie·de·nis·sen
de **kunst·han·del** (m), kunst·han·dels; kunst·han·del·tje
kun·stig (bnw), kun·sti·ge
het **kunst·ivoor**
de **kunst·ko·per** (m), kunst·ko·pers
de **kunst·maan**, kunst·ma·nen; kunst·maan·tje
de **kunst·mat** (v), kunst·mat·ten
kunst·ma·tig (bnw), kunst·ma·ti·ge
de **kunst·min·naar** (m), kunst·min·naars, kunst·min·na·ren
de **kunst·op·vat·ting** (v), kunst·op·vat·tin·gen
de **kunst·re·dac·tie** (v), kunst·re·dac·ties
kunst·rij·den (ww)
de **kunst·scene**, kunst·scenes
de **kunst·smid** (m), kunst·sme·den
de **kunst·stof**[1], kunst·stof·fen
kunst·stof[2] (bnw)
de **kunst·stro·ming** (v), kunst·stro·min·gen
het **kunst·tijd·schrift**, kunst·tijd·schrif·ten
het **kunst·vlees**
de **kunst·vorm** (m), kunst·vor·men
het **kunst·werk**, kunst·wer·ken; kunst·werk·je
de **kunst·wol**
de **ku·nu·ke·ro**, ku·nu·ke·ro's
de **ku·nu·ku**
het **ku·nu·ku·huis·je**, ku·nu·ku·huis·jes
het **ku·nu·ku·mo·del**, ku·nu·ku·mo·del·len
de **kür** (m), kü·ren
het **ku·ras**, ku·ras·sen; ku·ras·je
de **ku·ras·sier** (m), ku·ras·siers
ku·ren (ww), kuur, kuurt; kuur·de, kuur·den; ge·kuurd
de **kurk**[1] *(voorwerp)*, kur·ken; kurk·je
de/het **kurk**[2] (m/o) *(stofnaam)*

kur·ken[1] (bnw)
kur·ken[2] (ww), kurk, kurkt; kurk·te, kurk·ten; ge·kurkt
de **kur·ken·trek·ker** (m), kur·ken·trek·kers
de **kur·ku·ma** (m)
de **kur·ku·ru**, kur·ku·ru's
de/het **kur·saal**, kur·sa·len
de **kus** (m), kus·sen; kus·je
het **kus·sen**[1], kus·sens; kus·sen·tje
kus·sen[2] (ww), kus, kust; kus·te, kus·ten; ge·kust
de/het **kus·sen·sloop**, kus·sen·slo·pen; kus·sen·sloop·je
de **kust**, kus·ten
de **kust·lijn**, kust·lij·nen
de **kust·staat** (m), kust·sta·ten
de **kust·stad**, kust·ste·den; kust·stad·je
de **kust·vlak·te** (v), kust·vlak·ten, kust·vlak·tes
de **kust·wacht**
de **kust·wacht·be·man·ning** (v), kust·wacht·be·man·nin·gen
de **kust·wacht·cut·ter** (m), kust·wacht·cut·ters
de **kust·wacht·me·de·wer·ker** (m), kust·wacht·me·de·wer·kers
de **kut**, kut·ten; kut·je
de **kut·smoes**, kut·smoe·zen; kut·smoes·je
de **kut·ten·kop** (m), kut·ten·kop·pen
het **kut·wijf**, kut·wij·ven; kut·wijf·je
de **kuub** (m), kuub
de **kuur**, ku·ren; kuur·tje
het **kuur·oord**, kuur·oor·den
het **KvK-num·mer**, KvK-num·mers
kW *(kilowatt)*
het **kwaad**[1], kwa·den
kwaad[2] (bnw), kwa·de
kwaad·aar·dig (bnw), kwaad·aar·di·ge
kwaad doen
de **kwaad·heid** (v)
kwaad·spre·ken (ww), spreek kwaad, spreekt kwaad; sprak kwaad, spra·ken kwaad; kwaad·ge·spro·ken
kwaad·wil·lend (bnw), kwaad·wil·len·de
de **kwaaie**, kwaai·en
de **kwaal**, kwa·len; kwaal·tje
de **kwab**, kwab·ben; kwab·be·tje
kwa·der: te kwader trouw
het **kwa·draat**, kwa·dra·ten
het **kwa·drant**, kwa·dran·ten; kwa·drant·je
de **kwa·jon·gens·streek**, kwa·jon·gens·stre·ken; kwa·jon·gens·streek·je
de **kwak**[1] (m) *(geluid; hoeveelheid; reiger)*, kwak·ken; kwak·je
de **kwak**[2] *(boot)*, kwak·ken; kwak·je
kwak[3] (tussenw)
kwa·ken (ww), kwaak, kwaakt; kwaak·te, kwaak·ten; ge·kwaakt
de **kwa·ker** (m), kwa·kers; kwa·ker·tje
de **kwak·kel**, kwak·kels; kwak·kel·tje
kwak·ken (ww), kwak, kwakt; kwak·te, kwak·ten; ge·kwakt
de **kwak·zal·ver** (m), kwak·zal·vers
de **kwal**, kwal·len; kwal·le·tje
de **kwa·li·fi·ca·tie** (v), kwa·li·fi·ca·ties
kwa·li·fi·ce·ren (ww), kwa·li·fi·ceer, kwa·li·fi·ceert; kwa·li·fi·ceer·de, kwa·li·fi·ceer·den; ge·kwa·li·fi·ceerd
kwa·lijk (bnw), kwa·lij·ke
kwa·li·ta·tief (bnw), kwa·li·ta·tie·ve
de **kwa·li·teit** (v), kwa·li·tei·ten
de **kwa·li·teits·be·wa·king** (v), kwa·li·teits·be·wa·kin·gen

de **kwa·li·teits·con·tro·le**, kwa·li·teits·con·tro·les
kwa·li·teits·ge·richt (bnw), kwa·li·teits·ge·rich·te
de/het **kwa·li·teits·la·bel** (m/o), kwa·li·teits·la·bels
de **kwa·li·teits·me·ting** (v), kwa·li·teits·me·tin·gen
de **kwa·li·teits·slag** (m), kwa·li·teits·sla·gen
de **kwa·li·teits·stan·daard** (m), kwa·li·teits·stan·daar·den, kwa·li·teits·stan·daards
het **kwa·li·teits·sys·teem**, kwa·li·teits·sys·te·men
de **kwa·li·teits·ver·be·te·ring** (v), kwa·li·teits·ver·be·te·rin·gen
het **kwa·li·teits·ver·lies**, kwa·li·teits·ver·lie·zen
kwa·li·teits·vol (bnw), kwa·li·teits·vol·le
de **kwa·li·teits·zorg**
de **kwa·li·teit·ver·hou·ding** (v), kwa·li·teit·ver·hou·din·gen
kwan·suis (bijw) *(zogenaamd)*
de **kwant** (m), kwan·ten
de **kwan·ti·fi·ca·tie** (v), kwan·ti·fi·ca·ties
kwan·ti·fi·ceer·baar (bnw), kwan·ti·fi·ceer·ba·re
kwan·ti·fi·ce·ren (ww), kwan·ti·fi·ceer, kwan·ti·fi·ceert; kwan·ti·fi·ceer·de, kwan·ti·fi·ceer·den; ge·kwan·ti·fi·ceerd
de **kwan·ti·sa·tie** (v), kwan·ti·sa·ties
kwan·ti·se·ren (ww), kwan·ti·seer, kwan·ti·seert; kwan·ti·seer·de, kwan·ti·seer·den; ge·kwan·ti·seerd
kwan·ti·ta·tief (bnw), kwan·ti·ta·tie·ve
de **kwan·ti·teit** (v), kwan·ti·tei·ten
het **kwan·tum**, kwan·ta, kwan·tums
de **kwan·tum·fy·si·ca** (v)
de **kwan·tum·kor·ting** (v), kwan·tum·kor·tin·gen
de **kwan·tum·me·cha·ni·ca** (v)
de **kwar**, kwar·ren; kwar·re·tje
de **kwark** (m), kwar·ken
de **kwart**[1] *(muziekterm)*, kwar·ten; kwart·je
het **kwart**[2] *(vierde)*, kwar·ten; kwart·je
de **kwar·ta**, kwar·ta's
het **kwar·taal**, kwar·ta·len; kwar·taal·tje
de **kwart·eeuw**, kwart·eeu·wen
de **kwar·tel**, kwar·tels; kwar·tel·tje
het **kwar·tet**, kwar·tet·ten; kwar·tet·je
kwar·tet·ten (ww), kwar·tet, kwar·tet; kwar·tet·te, kwar·tet·ten; ge·kwar·tet
de **kwart·fi·na·le**, kwart·fi·na·les
het **kwar·tiel**, kwar·tie·len
het **kwar·tier**, kwar·tie·ren; kwar·tier·tje
het **kwar·to**[1], kwar·to's
kwar·to[2] (bnw)
het **kwar·to·blad**, kwar·to·bla·den
het **kwarts**
de **kwart·slag** (m), kwart·sla·gen
het **kwart·uur**, kwart·uren
de **kwas** (m)
de **kwa·si·bi·ta**
de **kwast** (m), kwas·ten; kwast·je
het **kwa·trijn**, kwa·trij·nen; kwa·trijn·tje
de **kwat·ta-aap** (m), kwat·ta-apen
de **kweb·bel**[1] (v) *(vrouw)*, kweb·bels; kweb·bel·tje
de **kweb·bel**[2] (m) *(mond)*, kweb·bels; kweb·bel·tje
de **kwee** *(boom (m); vrucht (m/v))*, kweeën [kwee·en]; kwee·tje
de **kweek**[1] (m) *(het kweken, het ge-*

kweekte), kwe·ken; kweek·je
de **kweek**[2] *(gras),* kweek·je
de **kween** (v), kwe·nen
de **kwee·peer**, kwee·pe·ren; kwee·peer·tje
de **kwek**[1], kwek·ken; kwek·je
kwek[2] (tussenw)
kwe·ken (ww), kweek, kweekt; kweek·te, kweek·ten; ge·kweekt
de **kwe·ke·rij** (v), kwe·ke·rij·en; kwe·ke·rij·tje
kwek·ken (ww), kwek, kwekt; kwek·te, kwek·ten; ge·kwekt
de **kwel**
kwe·len (ww), kweel, kweelt; kweel·de, kweel·den; ge·kweeld
kwel·len (ww), kwel, kwelt; kwel·de, kwel·den; ge·kweld
de **kwel·ling** (v), kwel·lin·gen
de **kwelm** (m), kwel·men
de **kwes·tie** (v), kwes·ties; kwes·tie·tje
kwes·ti·eus (bnw), kwes·ti·eu·ze
kwets·baar (bnw), kwets·ba·re
de **kwets·baar·heid** (v), kwets·baar·he·den
kwet·sen (ww), kwets, kwetst; kwets·te, kwets·ten; ge·kwetst
kwet·send (bnw), kwet·sen·de
de **kwet·suur** (v), kwet·su·ren; kwet·suur·tje
kwet·te·ren (ww), kwet·ter, kwet·tert; kwet·ter·de, kwet·ter·den; ge·kwet·terd
de **kwe·zel** (v), kwe·zels; kwe·zel·tje
kWh *(kilowattuur)*
de **kwi·bus** (m), kwi·bus·sen
kwiek (bnw), kwie·ke
de **kwi·hi**, kwi·hi's
de/het **kwijl**
kwij·len (ww), kwijl, kwijlt; kwijl·de, kwijl·den; ge·kwijld
kwij·nen (ww), kwijn, kwijnt; kwijn·de, kwijn·den; ge·kwijnd
kwijt (bnw)
kwij·ten (ww), kwijt, kwijt; kweet, kwe·ten; ge·kwe·ten
de **kwij·ting** (v), kwij·tin·gen
kwijt·ma·ken (ww), maak kwijt, maakt kwijt; maak·te kwijt, maak·ten kwijt; kwijt·ge·maakt
kwijt·ra·ken (ww), raak kwijt, raakt kwijt; raak·te kwijt, raak·ten kwijt; kwijt·ge·raakt
kwijt·schel·den (ww), scheld kwijt, scheldt kwijt; schold kwijt, schol·den kwijt; kwijt·ge·schol·den
de **kwijt·schel·ding** (v), kwijt·schel·din·gen
kwijt·spe·len (ww), speel kwijt, speelt kwijt; speel·de kwijt, speel·den kwijt; kwijt·ge·speeld
het **kwik** *(kwikzilver)*
de **kwik·con·cen·tra·tie** (v), kwik·con·cen·tra·ties
de **kwik·con·ta·mi·na·tie** (v), kwik·con·ta·mi·na·ties
het **kwik·ge·bruik**
het **kwik·pro·bleem**, kwik·pro·ble·men
de **kwik·staart** (m), kwik·staar·ten; kwik·staart·je
kwik·vrij (bnw), kwik·vrije
de **kwi·kwi**, kwi·kwi's
de **kwink·slag** (m), kwink·sla·gen; kwink·slag·je
de **kwint**, kwin·ten; kwint·je
de **kwin·tes·sens**
het **kwin·tet**, kwin·tet·ten
de **Kwin·ti**[1] (m) *(persoon),* Kwin·ti's
het **Kwin·ti**[2] *(taal)*
de **kwis** (m), kwis·sen
de/het **kwis·pe·door** (m/o), kwis·pe·doors, kwis·pe·do·ren; kwis·pe·door·tje

kwis·pe·len (ww), kwis·pel, kwis·pelt; kwis·pel·de, kwis·pel·den; ge·kwis·peld

kwis·pel·staar·ten (ww), kwis·pel·staart, kwis·pel·staart; kwis·pel·staart·te, kwis·pel·staart·ten; ge·kwis·pel·staart

kwis·sen (ww), kwis, kwist; kwis·te, kwis·ten; ge·kwist

de **kwis·ser** (m), kwis·sers

kwis·tig (bnw), kwis·ti·ge

de **kwi·tan·tie** (v), kwi·tan·ties; kwi·tan·tie·tje

kwi·te·ren (ww), kwi·teer, kwi·teert; kwi·teer·de, kwi·teer·den; ge·kwi·teerd

de **ky·no·lo·gie** (v)

het **Ky·o·to·pro·to·col**, Ky·o·to·pro·to·col·len, Kyo·to·pro·to·cols

L

de **l**[1], l'en, l's; l'etje
l[2] *(liter)*
de **la**[1] *(muzieknoot),* la's
de **la**[2] *(lade),* la's; laatje [la·tje]
de **laad·bak** (m), laad·bak·ken; laad·bak·je
het **laad·per·ron**, laad·per·rons
het **laad·ruim**, laad·rui·men
de **laad·ruim·te** (v), laad·ruim·ten, laad·ruim·tes
de **laaf**, la·ven; laaf·je
de **laag**[1], la·gen; laag·je
laag[2] (bnw), la·ge
laag·be·taald (bnw), laag·be·taal·de
laag-bij-de-gronds (bnw), laag-bij-de-grond·se
laag·drem·pe·lig (bnw), laag·drem·pe·li·ge
laag·ge·le·gen (bnw)
laag·ge·let·terd (bnw), laag·ge·let·ter·de
de **laag·ge·let·ter·de**, laag·ge·let·ter·den
de **laag·ge·school·de**, laag·ge·school·den
laag·han·gend (bnw), laag·han·gen·de
het **laag·land**, laag·lan·den
de **laag·land·baan**, laag·land·ba·nen; laag·land·baan·tje
laag·op·ge·leid (bnw), laag·op·ge·lei·de
het **laag·span·nings·net**, laag·span·nings·net·ten
de **laag·te** (v), laag·ten, laag·tes
laag·vlie·gen (ww), vlieg laag, vliegt laag; vloog laag, vlo·gen laag; laag·ge·vlo·gen
het **laag·wa·ter**
de **laai**
de **laaie**
laai·en (ww), laai, laait; laai·de, laai·den; ge·laaid
laai·end (bnw), laai·en·de
laak·baar (bnw), laak·ba·re
de **laan**, la·nen; laan·tje
het **laar**, la·ren; laar·tje
de **laars**, laar·zen; laars·je
de **laat**[1] (m), la·ten; laat·je
laat[2] (bnw), la·te
het **laat·avond·jour·naal**, laat·avond·jour·naals, laat·avond·jour·na·len
laat·dun·kend (bnw), laat·dun·ken·de
laat·go·tisch (bnw), laat·go·ti·sche
laat·mid·del·eeuws (bnw), laat·mid·del·eeuw·se
laat·ne·gen·tien·de-eeuws (bnw), laat·ne·gen·tien·de-eeuw·se
laatst (bnw), laat·ste
de/het **laat·ste**, laat·sten
de **laat·ste·jaars**[1], laat·ste·jaars
laat·ste·jaars[2] (bnw)
de **laat·ste·jaars·stu·dent** (m), laat·ste·jaars·stu·den·ten
laat·ste·lijk (bijw)
laatst·ge·noemd (bnw), laatst·ge·noem·de
de **laatst·ge·noem·de**, laatst·ge·noem·den
laatst·le·den (bnw)
laat·tij·dig (bnw), laat·tij·di·ge
de **laat·tij·dig·heid** (v)
het **lab**, labs; lab·je
de/het **la·bel** (m/o), la·bels; la·bel·tje
la·be·len (ww), la·bel, la·belt; la·bel·de, la·bel·den; ge·la·beld

de **la·be·ling** (v), la·be·lin·gen
het **la·beur**
la·biel (bnw), la·bie·le
het **la·bo**, la·bo's; labootje [la·bo·tje]
het **la·bo-on·der·zoek**, la·bo-on·der·zoe·ken
de **la·bo·rant** (m), la·bo·ran·ten; la·bo·rant·je
het **la·bo·ra·to·ri·um**, la·bo·ra·to·ria, la·bo·ra·to·ri·ums; la·bo·ra·to·ri·um·pje
het **la·bo·ra·to·ri·um·werk**, la·bo·ra·to·ri·um·werk·je
de **la·bour** (m)
de **la·bra·dor** (m), la·bra·dors
het **la·by·rint**, la·by·rin·ten; la·by·rint·je
de **lach** (m), lach·je
de **la·che·bek** (m), la·che·bek·ken; la·che·bek·je
la·chen (ww), lach, lacht; lach·te, lach·ten; ge·la·chen
de **la·cher** (m), la·chers; la·cher·tje
la·che·rig (bnw), la·che·ri·ge
het **lach·gas**
de **lach-of-ik-schiet·show** (m), lach-of-ik-schiet·shows
het **lach·sal·vo**, lach·sal·vo's; lachsalvootje [lach·sal·vo·tje]
de **lach·spie·gel** (m), lach·spie·gels
la·co·niek (bnw), la·co·nie·ke
het **la·cros·se**
het **lac·taat**, lac·ta·ten
de **lac·ta·tie** (v), lac·ta·ties
de **lac·to·se** (v)
de **lac·to·se-in·to·le·ran·tie** (v)
lac·to·se·vrij (bnw), lac·to·se·vrije
de **la·cu·ne**, la·cu·nes
de **lad·der**, lad·ders; lad·der·tje
de **lad·der·com·pe·ti·tie** (v), lad·der·com·pe·ti·ties
lad·de·ren (ww), lad·der, lad·dert; lad·der·de, lad·der·den; ge·lad·derd
de **la·de**, la·den, la·des
het **la·de·blok**, la·de·blok·ken
de **la·de·kast**, la·de·kas·ten; la·de·kast·je
de **la·de·lich·ter** (m), la·de·lich·ters
la·den (ww), laad, laadt; laad·de, laad·den; ge·la·den
de **la·der** (m), la·ders
de **la·det·te** (v), la·det·tes
de **la·ding** (v), la·din·gen; la·din·kje
het **La·di·no** *(taal)*
de **la·dy** (v), la·dy's; lady'tje [la·dy·tje]
de **la·dy·kil·ler** (m), la·dy·kil·lers
de **lae·sie** (v), lae·sies
laf (bnw), laf·fe
de **laf·aard** (m), laf·aards; laf·aard·je
het **la·ge·druk·ge·bied**, la·ge·druk·ge·bie·den; la·ge·druk·ge·bied·je
de **la·ge-ener·gie·wo·ning** (v), la·ge-ener·gie·wo·nin·gen
La·ge Lan·den *(België en Nederland)*
het **la·ge·lo·nen·land**, la·ge·lo·nen·lan·den
het **la·ge·loon·land**, la·ge·loon·lan·den
de/het **la·ger**[1] (m/o) *(voorwerp)*, la·gers; la·ger·tje
het **la·ger**[2] *(bier)*, la·ger·tje
het **la·ge·re·school·kind**, la·ge·re·school·kin·de·ren
de **la·ge·re·school·leer·ling** (m), la·ge·re·school·leer·lin·gen
de **la·ge·re·school·tijd** (m)
la·ger·ge·le·gen (bnw)
La·ger·huis
de **la·ge·rug·pijn**, la·ge·rug·pij·nen
de **la·ger·wal** (m)
de **la·gu·ne**, la·gu·nen, la·gu·nes
laid·back (bnw)

het **lais·ser-fai·re**
het **lais·sez-pas·ser**, lais·sez-pas·sers
de **lak**[1] (m) *(lakwerk)*, lak·je
de/het **lak**[2] (m/o) *(naam stof)*, lak·ken; lak·je
de **la·kei** (m), la·kei·en
het **la·ken**[1], la·kens; la·ken·tje
la·ken[2] (ww), laak, laakt; laak·te, laak·ten; ge·laakt
de **la·ken·hal**, la·ken·hal·len
de **la·ken·hal·le**, la·ken·hal·len
lak·ken (ww), lak, lakt; lak·te, lak·ten; ge·lakt
laks (bnw), lak·se
de **laks·heid** (v), laks·he·den
la·la (bijw)
lal·len (ww), lal, lalt; lal·de, lal·den; ge·lald
het **lam**[1], lam·me·ren; lam·me·tje
lam[2] (bnw), lam·me
de **la·ma** (m), la·ma's; lamaatje [la·ma·tje]
het **lamaïsme** [la·ma·is·me]
de **lam·ba·da** (m), lam·ba·da's
de **lamb·da**, lamb·da's
de **lam·biek** (m), lam·bie·ken
lam·bri·se·ren (ww), lam·bri·seer, lam·bri·seert; lam·bri·seer·de, lam·bri·seer·den; ge·lam·bri·seerd
de **lam·bri·se·ring** (v), lam·bri·se·rin·gen
het **la·mé**
de **la·mel**, la·mel·len
de **la·mel·le**, la·mel·len; la·mel·le·tje
la·mel·le·ren (ww), la·mel·leer, la·mel·leert; la·mel·leer·de, la·mel·leer·den; ge·la·mel·leerd
het **la·mi·naat**, la·mi·na·ten; la·mi·naat·je
la·mi·ne·ren (ww), la·mi·neer, la·mi·neert; la·mi·neer·de, la·mi·neer·den; ge·la·mi·neerd
lam·leg·gen (ww), leg lam, legt lam; leg·de lam, leg·den lam; lam·ge·legd
de **lam·me**, lam·men; lam·me·tje
lam·me·ren (ww), lam·mer, lam·mert; lam·mer·de, lam·mer·den; ge·lam·merd
de **lamp**, lam·pen; lamp·je
de **lam·pen·kap**, lam·pen·kap·pen; lam·pen·kap·je
de **lamp·hou·der** (m), lamp·hou·ders
de **lam·pi·on** (m), lam·pi·on·nen, lam·pi·ons; lam·pi·on·ne·tje
de **lam·pi·on·nen·op·tocht** (m), lam·pi·on·nen·op·toch·ten
de **lam·prei**[1] *(vis)*, lam·prei·en; lam·prei·tje
het **lam·prei**[2] *(jong konijn)*, lam·prei·en; lam·prei·tje
het **lams**
de **lams·bout** (m), lams·bou·ten; lams·bout·je
de **lams·oor** *(plant)*, lams·oren
het **lams·vlees**
de **la·mun·chi**, la·mun·chi's
lan·ce·ren (ww), lan·ceer, lan·ceert; lan·ceer·de, lan·ceer·den; ge·lan·ceerd
de **lan·ce·ring** (v), lan·ce·rin·gen
het **lan·cet**, lan·cet·ten; lan·cet·je
het **land**, lan·den; land·je
de **land·aan·winst** (v), land·aan·win·sten
de **land·aard** (m)
de **land·af·slag** (m)
de **land·bouw** (m)
de **land·bou·wer** (m), land·bou·wers; land·bou·wer·tje
de **land·bouw·grond** (m), land·bouw·gron·den; land·bouw·grond·je
het **land·bouw·pro·duct**, land·bouw·pro·duc·ten

L

het **land·bouw·vlieg·tuig**, land·bouw·vlieg·tui·gen
de **land·co·de** (m), land·co·des
lan·de[1]: in den lande
lan·de[2]: te lande
lan·de·lijk (bnw), lan·de·lij·ke
lan·den (ww), land, landt; land·de, land·den; ge·land
het **lan·den·blok**, lan·den·blok·ken
het **lan·den·eve·ne·ment**, lan·den·eve·ne·men·ten
de **lan·de·rij·en** (mv)
de **land·ge·noot** (m), land·ge·no·ten; land·ge·noot·je
het **land·goed**, land·goe·de·ren; land·goed·je
de **land·graaf** (m), land·gra·ven
de **land·grens**, land·gren·zen
de **lan·ding** (v), lan·din·gen; lan·din·kje
de **lan·dings·baan**, lan·dings·ba·nen; lan·dings·baan·tje
het **lan·dings·ge·stel**, lan·dings·ge·stel·len
land·in·waarts (bnw), land·in·waart·se
het **land·je·pik**
de **land·kaart**, land·kaar·ten; land·kaart·je
de **land·macht**, land·mach·ten
het **land·mark**, land·marks
de **land·naam** (m), land·na·men
de **land·rot**, land·rot·ten
de **land·ro·ver** (m), land·ro·vers
de **lands·be·gro·ting** (v), lands·be·gro·tin·gen
de **lands·be·las·ting** (v), lands·be·las·tin·gen
de **lands·be·mid·de·laar** (m), lands·be·mid·de·laars
het **lands·be·sluit**, lands·be·slui·ten
het **land·schap**, land·schap·pen; land·schap·je
de **land·schap·schil·der** (m), land·schap·schil·ders
de **land·schaps·schil·der** (m), land·schaps·schil·ders
het **lands·exa·men**, lands·exa·mens
de **lands·grens**, lands·gren·zen
de **lands·kam·pi·oen** (m), lands·kam·pi·oe·nen
het **lands·kind**, lands·kin·de·ren
het **lands·lab**, lands·labs
het **lands·la·bo·ra·to·ri·um**, lands·la·bo·ra·to·ria, lands·la·bo·ra·to·ri·ums
de **lands·lo·te·rij** (v), lands·lo·te·rij·en
de **lands·ont·van·ger** (m), lands·ont·van·gers
de **lands·over·heid** (v), lands·over·he·den
de **land·streek**, land·stre·ken
de **lands·ver·or·de·ning** (v), lands·ver·or·de·nin·gen
lang (bnw), lan·ge
lang·dra·dig (bnw), lang·dra·di·ge
lang·du·rend (bnw), lang·du·ren·de
lang·du·rig (bnw), lang·du·ri·ge
de **lang·du·rig·heid** (v), lang·du·rig·he·den
lan·ge: bij lange na niet
de **lan·ge·af·stand·lo·per** (m), lan·ge·af·stand·lo·pers
de **lan·ge·af·stands·lo·per** (m), lan·ge·af·stands·lo·pers
de **lan·ge·af·stands·ra·ket**, lan·ge·af·stands·ra·ket·ten
de **lan·ge·af·stands·re·la·tie** (v), lan·ge·af·stands·re·la·ties
de **lan·ge·af·stands·vlucht**, lan·ge·af·stands·vluch·ten
de **lan·ge·af·stand·vlucht**,

lan·ge·af·stand·vluch·ten
lan·gen[1] (ww), lang, langt; lang·de, lang·den; ge·langd
lan·gen[2]: ten langen leste
het **lan·ge·ter·mijn·be·leid**
lan·ge·ter·mijn·den·ken (ww)
het **lan·ge·ter·mijn·doel**, lan·ge·ter·mijn·doe·len
de **lan·ge·ter·mijn·doel·stel·ling** (v), lan·ge·ter·mijn·doel·stel·lin·gen
het **lan·ge·ter·mijn·ef·fect**, lan·ge·ter·mijn·ef·fec·ten
het **lan·ge·ter·mijn·ge·heu·gen**, lan·ge·ter·mijn·ge·heu·gens
de **lan·ge·ter·mijn·in·ves·te·ring** (v), lan·ge·ter·mijn·in·ves·te·rin·gen
de **lan·ge·ter·mijn·op·los·sing** (v), lan·ge·ter·mijn·op·los·sin·gen
het **lan·ge·ter·mijn·per·spec·tief**, lan·ge·ter·mijn·per·spec·tie·ven
het **lan·ge·ter·mijn·plan**, lan·ge·ter·mijn·plan·nen
de **lan·ge·ter·mijn·plan·ning** (v), lan·ge·ter·mijn·plan·nin·gen
de **lan·ge·ter·mijn·re·la·tie** (v), lan·ge·ter·mijn·re·la·ties
de **lan·ge·ter·mijn·ren·te**, lan·ge·ter·mijn·ren·ten, lan·ge·ter·mijn·ren·tes
lan·ge·ter·mijn·spa·ren (ww)
de **lan·ge·ter·mijn·stra·te·gie** (v), langetermijnstrategieën [lan·ge·ter·mijn·stra·te·gie·en]
de **lan·ge·ter·mijn·stu·die** (v), lan·ge·ter·mijn·stu·dies
de **lan·ge·ter·mijn·vi·sie** (v), lan·ge·ter·mijn·vi·sies
lang·ge·koes·terd (bnw), lang·ge·koes·ter·de
lang ge·le·den
lang·ge·rekt (bnw), lang·ge·rek·te
lang·ja·rig (bnw), lang·ja·ri·ge
de **lang·lauf** (m)
lang·lau·fen (ww), lang·lauf, lang·lauft; lang·lauf·te, lang·lauf·ten; ge·lang·lauft
lang·lo·pend (bnw), lang·lo·pen·de
de **lan·goest** (m), lan·goes·ten
de **lan·gous·ti·ne**, lan·gous·ti·nes
langs[1] (bijw)
langs[2] (voorz)
langs·bren·gen (ww), breng langs, brengt langs; bracht langs, brach·ten langs; langs·ge·bracht
langs·fiet·sen (ww), fiets langs, fietst langs; fiets·te langs, fiets·ten langs; langs·ge·fietst
langs·gaan (ww), ga langs, gaat langs; ging langs, gin·gen langs; langs·ge·gaan
langs·heen (voorz)
langs·ko·men (ww), kom langs, komt langs; kwam langs, kwa·men langs; langs·ge·ko·men
lang·sle·pend (bnw), lang·sle·pen·de
langs·lo·pen (ww), loop langs, loopt langs; liep langs, lie·pen langs; langs·ge·lo·pen
langs·rij·den (ww), rijd langs, rij langs, rijdt langs; reed langs, re·den langs; langs·ge·re·den
langs·stu·ren (ww), stuur langs, stuurt langs; stuur·de langs, stuur·den langs; langs·ge·stuurd
de **lang·stu·deer·boe·te**, lang·stu·deer·boe·ten, lang·stu·deer·boe·tes
langs·va·ren (ww), vaar langs, vaart langs; voer langs, voe·ren langs; langs·ge·va·ren
langs·zij (bijw)
lang·uit (bijw)

lang·ver·wacht (bnw), lang·ver·wach·te
lang·wer·kend (bnw), lang·wer·ken·de
lang·zaam (bnw), lang·za·me
lang·zaam·aan (bijw)
de **lang·zaam·aan·ac·tie** (v), lang·zaam·aan·ac·ties
lang·za·mer·hand (bijw)
de **LAN-par·ty** (v), LAN-par·ty's
de **lans**, lan·sen; lans·je
de **lan·sier** (m), lan·siers
de **lan·taarn**, lan·taarns; lan·taarn·tje
de **lan·taarn·paal** (m), lan·taarn·pa·len; lan·taarn·paal·tje
de **lan·ta·ren**, lan·ta·rens; lan·ta·ren·tje
de **lan·ta·ren·paal** (m), lan·ta·ren·pa·len
lan·ter·fan·ten (ww), lan·ter·fant, lan·ter·fant; lan·ter·fant·te, lan·ter·fant·ten; ge·lan·ter·fant
de/het **la·os** (m/o)
de **lap** (m) *(voorwerp)*, lap·pen; lap·je
de **Lap** (m) *(persoon)*, Lap·pen; Lap·je
de **lap·dance** (m), lap·dan·ces
la·pi·dair (bnw), la·pi·dai·re
de **la·pis la·zu·li** (m)
lap·pen (ww), lap, lapt; lap·te, lap·ten; ge·lapt
de/het **lap·pen·de·ken**, lap·pen·de·kens; lap·pen·de·ken·tje
de **lap·pen·pop**, lap·pen·pop·pen; lap·pen·pop·je
Laps (bnw), Lap·se
de **lap·sus** (m), lap·sus, lap·sus·sen
de **lap·top** (m), lap·tops; lap·top·je
de **lap·zwans**, lap·zwan·sen
het **la·qué**
lar·de·ren (ww), lar·deer, lar·deert; lar·deer·de, lar·deer·den; ge·lar·deerd
de **larf**, lar·ven; larf·je
large (bnw)
de **la·rie** (v)
de **la·riks** (m), la·rik·sen
lar·mo·y·ant (bnw), lar·mo·y·an·te
larp *(live-action role-playing)*
de **lar·ve**, lar·ven
de **lar·ven·toe·stand** (m)
de **las**, las·sen; las·je
de **la·sag·ne**, la·sag·nes; la·sag·ne·tje
de **la·ser**[1] (m) *(boot)*, la·sers; la·ser·tje
laser[2] *(light amplification by stimulated emission of radiation)*, lasers
de **la·ser·game** (m), la·ser·games
la·ser·ga·men (ww), la·ser·game, la·ser·gamet; la·ser·game·de, la·ser·game·den; ge·la·ser·gamed
het **la·ser·pis·tool**, la·ser·pis·to·len
de **la·ser·straal** *(soort straal)*, la·ser·stra·len; la·ser·straal·tje
las·sen (ww), las, last; las·te, las·ten; ge·last
de **las·ser** (m), las·sers
de **las·so** (m), las·so's; lassootje [las·so·tje]
lassoën [las·so·en] (ww), las·so, las·soot; las·so·de, las·so·den; ge·las·sood
de/het **last**[1] (m/o) *(maat)*, las·ten; last·je
de **last**[2] (m) *(andere betekenissen)*, las·ten; last·je
last but not least (bijw)
las·te[1]: ten laste
las·te[2]: ten laste leggen
las·te[3]: te uwen laste
het **las·ten·boek**, las·ten·boe·ken
las·tens (voorz)
de **las·ter** (m), las·ter·tje
las·te·ren (ww), las·ter, las·tert; las·ter·de, las·ter·den; ge·las·terd
las·tig (bnw), las·ti·ge

las·tig·val·len (ww), val las·tig, valt las·tig; viel las·tig, vie·len las·tig; las·tig·ge·val·len
last mi·nute (bnw)
de **last·mi·nute·aan·bie·ding** (v), last·mi·nute·aan·bie·din·gen
de **last·mi·nute·boe·king** (v), last·mi·nute·boe·kin·gen
de **last·mi·nute·reis**, last·mi·nute·rei·zen
de **last·pak**, last·pak·ken; last·pak·je
de **last·post** (m), last·pos·ten
de **lat**[1], lat·ten; lat·je
lat[2] *(living apart together)*
de **la·tei**, la·tei·en
la·te mid·del·eeu·wen
la·ten (ww), laat, laat; liet, lie·ten; ge·la·ten
de **late·night·show** (m), late·night·shows
la·tent (bnw), la·ten·te
de **la·ten·tie** (v)
la·ter (bnw), la·te·re
la·te·raal (bnw), la·te·ra·le
de **la·te·ra·li·sa·tie** (v), la·te·ra·li·sa·ties
het **la·te·riet**, la·te·rie·ten
de/het **la·tex** (m/o), la·tex·je
het **la·tijn** *(onverstaanbare taal)*
het **La·tijn** *(taal)*
La·tijns (bnw), La·tijn·se
La·tijns-Ame·ri·kaans (bnw), La·tijns-Ame·ri·kaan·se
de **la·ti·na** (v), la·ti·na's
de **la·ti·nist** (m), la·ti·nis·ten
de **la·tin lo·ver** (m), la·tin lo·vers
de **la·tin·mu·ziek** (v)
het **la·tin·num·mer**, la·tin·num·mers
de **la·ti·no** (m), la·ti·no's
de **lat·re·la·tie** (v), lat·re·la·ties
de **la·tri·ne** (v), la·tri·nes
lat·ten[1] (bnw)
lat·ten[2] (ww), lat, lat; lat·te, lat·ten; ge·lat
de **lat·ten·bo·dem** (m), lat·ten·bo·dems
de **lau·da·tio** (v), lau·da·ti·o's
de **lau·den** (mv)
de **launch** (m), laun·ches
laun·chen (ww), launch, launcht; launch·te, launch·ten; ge·launcht
de **lau·re·aat** (m), lau·re·a·ten; lau·re·aat·je
de **lau·rier** (m), lau·rie·ren
lauw (bnw), lau·we
lau·we·ren (ww), lau·wer, lau·wert; lau·wer·de, lau·wer·den; ge·lau·werd
de **lau·wer·krans** (m), lau·wer·kran·sen; lau·wer·krans·je
lauw·warm (bnw), lauw·war·me
de **la·va**
la·va-ach·tig (bnw), la·va-ach·ti·ge
de **la·va·bo** (m), la·va·bo's; lavabootje [la·va·bo·tje]
de **la·vas**, la·vas·sen
la·ven (ww), laaf, laaft; laaf·de, laaf·den; ge·laafd
de **la·ven·del**
la·ve·ren (ww), la·veer, la·veert; la·veer·de, la·veer·den; ge·la·veerd
de/het **la·vet**, la·vet·ten
het **la·waai**
la·waai·e·rig (bnw), la·waai·e·ri·ge
la·waai·ig (bnw), la·waai·ige
de **la·waai·ma·ker** (m), la·waai·ma·kers
de **la·waai·over·last** (m)
het **la·weit**, la·wei·ten
de **la·wi·ne** (v), la·wi·nes; la·wi·ne·tje
het **la·wi·ne·ge·vaar**, la·wi·ne·ge·va·ren
het **laxans**, laxan·tia
het **laxeer·mid·del**,

laxeer·mid·de·len; laxeer·mid·del·tje
de **lay-out** (m), lay-outs
de **lay-out·af·de·ling** (v), lay-out·af·de·lin·gen
lay-ou·ten (ww), lay-out, lay-out; lay-out·te, lay-out·ten; ge·lay-out
de **lay-ou·ter** (m), lay-ou·ters
het **la·za·ret**, la·za·ret·ten; la·za·ret·je
het **la·za·rus**[1] *(ziekte)*
la·za·rus[2] (bnw) *(stomdronken)*
de/het **la·zer** (m/o) *(lazerij; lazarus)*, la·zers
la·ze·ren (ww), la·zer, la·zert; la·zer·de, la·zer·den; ge·la·zerd
de **la·zer·straal** *(beroerde man)*, la·zer·stra·len
lbo *(lager beroepsonderwijs)*
l.c. (bijw) *(loco citato)*
lcd *(liquid crystal display)*, lcd's
het **lcd-scherm**, lcd-scher·men; lcd-scherm·pje
de **lcd-tv** (v), lcd-tv's
de **lead** (m), leads
de **lea·der** (m), lea·ders
de/het **leaf·let**, leaf·lets
de **league**, leagues
de **lease**, lea·ses
de **lease·au·to** (m), lease·au·to's
de **lease·maat·schap·pij** (v), lease·maat·schap·pij·en
lea·sen (ww), lease, leaset; lease·de, lease·te, lease·den, lease·ten; ge·leased, ge·leaset
de **lease·over·een·komst** (v), lease·over·een·kom·sten
de **lea·sing** (v), lea·sings
de **leb**, leb·ben
le·ba, le·ba's
de **leb·be**, leb·ben
leb·be·ren (ww), leb·ber, leb·bert; leb·ber·de, leb·ber·den; ge·leb·berd
de **le·ci·thi·ne** (v), le·ci·thi·nen
de **lec·tor** (m), lec·to·ren, lec·tors
het **lec·to·raat**, lec·to·ra·ten
de **lec·tuur** (v), lec·tuur·tje
de **led** (v), leds; led·je
de/het **le·de·maat**, le·de·ma·ten; le·de·maat·je
het **le·den·aan·tal**, le·den·aan·tal·len
de **le·den·raad** (m), le·den·ra·den
het **le·den·tal**, le·den·tal·len
de **le·den·ver·ga·de·ring** (v), le·den·ver·ga·de·rin·gen
het **le·den·ver·lies**, le·den·ver·lie·zen
het **le·der** *(bewerkte huid)*
le·de·ren (bnw)
de **le·der·ho·se**, le·der·ho·sen; le·der·ho·se·tje
le·dig (bnw), le·di·ge
le·di·gen (ww), le·dig, le·digt; le·dig·de, le·dig·den; ge·le·digd
de **le·dig·heid** (v)
de **le·di·ging** (v), le·di·gin·gen
het **le·di·kant**, le·di·kan·ten; le·di·kant·je
de **led·lamp**, led·lam·pen; led·lamp·je
het **led·licht**, led·lich·ten; led·licht·je
het **led·scherm**, led·scher·men
de **led-tv** (v), led-tv's
de **led·ver·lich·ting** (v), led·ver·lich·tin·gen
het **leed**[1]
leed[2] (bnw), le·de
leef·baar (bnw), leef·ba·re
de **leef·baar·heid** (v)
de **leef·een·heid** (v), leef·een·he·den
de **leef·ge·woon·te** (v), leef·ge·woon·ten, leef·ge·woon·tes
het **leef·loon**, leef·lo·nen
het **leef·mi·li·eu**, leef·mi·li·eus
de **leef·om·ge·ving** (v), leef·om·ge·vin·gen

de **leef·om·stan·dig·he·den** (mv)
de **leef·ruim·te** (v), leef·ruim·ten, leef·ruim·tes
de **leef·stijl** (m), leef·stij·len
de **leef·tijd** (m), leef·tij·den; leef·tijd·je
de **leef·tijd·ge·noot** (m), leef·tijd·ge·no·ten; leef·tijd·ge·noot·je
de **leef·tijd·grens**, leef·tijd·gren·zen
de **leef·tijds·ca·te·go·rie** (v), leeftijdscategorieën [leef·tijds·ca·te·go·rie·en]
de **leef·tijds·ge·noot** (m), leef·tijds·ge·no·ten; leef·tijds·ge·noot·je
de **leef·tijds·grens**, leef·tijds·gren·zen
de **leef·tijds·groep**, leef·tijds·groe·pen; leef·tijds·groep·je
de **leef·tijds·klas·se** (v), leef·tijds·klas·sen
het **leef·tijds·re·cord**, leef·tijds·re·cords
het **leef·tijds·ver·schil**, leef·tijds·ver·schil·len
de **leef·we·reld**, leef·we·rel·den; leef·we·reld·je
de **leef·wij·ze**, leef·wij·zen
leeg (bnw), le·ge
leeg·drin·ken (ww), drink leeg, drinkt leeg; dronk leeg, dron·ken leeg; leeg·ge·dron·ken
leeg·eten (ww), eet leeg, eet leeg; at leeg, aten leeg; leeg·ge·ge·ten
het **leeg·goed**
leeg·ha·len (ww), haal leeg, haalt leeg; haal·de leeg, haal·den leeg; leeg·ge·haald
de/het **leeg·hoofd**, leeg·hoof·den; leeg·hoofd·je
leeg·lo·pen (ww), loop leeg, loopt leeg; liep leeg, lie·pen leeg; leeg·ge·lo·pen
leeg·ma·ken (ww), maak leeg, maakt leeg; maak·te leeg, maak·ten leeg; leeg·ge·maakt
leeg·pom·pen (ww), pomp leeg, pompt leeg; pomp·te leeg, pomp·ten leeg; leeg·ge·pompt
leeg·ro·ven (ww), roof leeg, rooft leeg; roof·de leeg, roof·den leeg; leeg·ge·roofd
leeg·rui·men (ww), ruim leeg, ruimt leeg; ruim·de leeg, ruim·den leeg; leeg·ge·ruimd
leeg·staan (ww), sta leeg, staat leeg; stond leeg, ston·den leeg; leeg·ge·staan
leeg·staand (bnw), leeg·staan·de
de **leeg·stand** (m), leeg·stan·den
de **leeg·te** (v), leeg·ten, leeg·tes
de **leek** (m), le·ken; leek·je
de/het **leem** (m/o)
de **lee·man** (m), lee·man·nen, lee·mans
de **leem·te** (v), leem·ten, leem·tes
het **leen**, le·nen
het **leen·goed**, leen·goe·de·ren
het **leen·huis**, leen·hui·zen
de **leen·man** (m), leen·man·nen
het **leen·woord**, leen·woor·den
leep (bnw), le·pe
de **leer**[1] *(ladder; theorie),* le·ren; leer·tje
het **leer**[2] *(bewerkte huid),* le·ren; leer·tje
leer·baar (bnw), leer·ba·re
het **leer·boek**, leer·boe·ken; leer·boek·je
de **leer·der** (m), leer·ders
het **leer·doel**, leer·doe·len
de **leer·gang** (m), leer·gan·gen
leer·gie·rig (bnw), leer·gie·ri·ge
het **leer·jaar**, leer·ja·ren
de **leer·kracht**, leer·krach·ten

de **leer·krach·ten·wo·ning** (v), leer·krach·ten·wo·nin·gen
de **leer·lijn**, leer·lij·nen
de **leer·ling** (m), leer·lin·gen; leer·lin·ge·tje
het **leer·ling·aan·tal**, leer·ling·aan·tal·len
de **leer·ling·ad·mi·nis·tra·tie** (v), leer·ling·ad·mi·nis·tra·ties
de **leer·ling·be·ge·lei·der** (m), leer·ling·be·ge·lei·ders
de **leer·ling·be·ge·lei·ding** (v), leer·ling·be·ge·lei·din·gen
de **leer·ling·be·spre·king** (v), leer·ling·be·spre·kin·gen
het **leer·ling·dos·sier**, leer·ling·dos·siers
de **leer·lin·ge** (v), leer·lin·ges; leer·lin·ge·tje
het **leer·lin·gen·aan·tal**, leer·lin·gen·aan·tal·len
de **leer·lin·gen·raad** (m), leer·lin·gen·ra·den
leer·ling·ge·bon·den (bnw)
de **leer·ling·ge·ge·vens** (mv)
leer·ling·ge·richt (bnw), leer·ling·ge·rich·te
de **leer·ling-kok** (m), leer·ling-koks
de **leer·ling·po·pu·la·tie** (v), leer·ling·po·pu·la·ties
de **leer·ling-ver·pleeg·kun·di·ge**, leer·ling-ver·pleeg·kun·di·gen
het **leer·ling·volg·sys·teem**, leer·ling·volg·sys·te·men
de **leer·mid·de·len·voor·zie·ning** (v), leer·mid·de·len·voor·zie·nin·gen
het **leer·plan**, leer·plan·nen
de **leer·plicht**, leer·plich·ten
de **leer·plicht·amb·te·naar** (m), leer·plicht·amb·te·naars, leer·plicht·amb·te·na·ren
de **leer·plicht·bri·ga·de** (v), leer·plicht·bri·ga·des
het **leer·pro·ces**, leer·pro·ces·sen
het **leer·punt**, leer·pun·ten
de **leer·re·de**, leer·re·des
leer·rijk (bnw), leer·rij·ke
de **leer·stoel** (m), leer·stoe·len
de **leer·stof**
het **leer·werk**
het **leer-werk·tra·ject**, leer-werk·tra·jec·ten
leer·zaam (bnw), leer·za·me
lees·baar (bnw), lees·ba·re
de **lees·baar·heid** (v)
het **lees·boek**, lees·boe·ken; lees·boek·je
de **lees·map**, lees·map·pen
het **lees·ma·te·ri·aal**, lees·ma·te·ri·a·len
het **lees·ple·zier**
de **lees·stof**
de **leest**, lees·ten; leest·je
het **lees·te·ken**, lees·te·kens
de **lees·tra·di·tie** (v), lees·tra·di·ties
het **lees·uur**, lees·uren; lees·uur·tje
het **lees·voer**
de **leeuw** (m) *(dier)*, leeu·wen; leeuw·tje
Leeuw *((persoon met dit) sterrenbeeld)*, Leeu·wen; Leeuw·tje
het **leeu·wen·aan·deel**
de **leeu·wen·bek** (m), leeu·wen·bek·ken; leeu·wen·bek·je
de **leeu·wen·dans** (m), leeu·wen·dan·sen
het **leeu·wen·deel**
de **leeu·wen·huid**, leeu·wen·hui·den
de **leeu·wen·moed** (m)
de **leeu·we·rik** (m), leeu·we·ri·ken; leeu·we·rik·je
de **leeu·win** (v), leeu·win·nen; leeu·win·ne·tje
de/het **lef** (m/o)

de **leg** (m), leg·gen
le·gaal (bnw), le·ga·le
de **le·gaat**[1] (m) *(persoon),* le·ga·ten
het **le·gaat**[2] *(erflating),* le·ga·ten
de **le·ga·li·sa·tie** (v), le·ga·li·sa·ties
le·ga·li·se·ren (ww), le·ga·li·seer, le·ga·li·seert; le·ga·li·seer·de, le·ga·li·seer·den; ge·le·ga·li·seerd
de **le·ga·tie** (v), le·ga·ties
le·gen (ww), leeg, leegt; leeg·de, leeg·den; ge·leegd
de **le·gen·da**, le·gen·da's
le·gen·da·risch (bnw), le·gen·da·ri·sche
de **le·gen·de**, le·gen·den, le·gen·des
het **le·ge·nest·syn·droom**
het **le·ger**, le·gers; le·ger·tje
le·ge·ren[1] (ww) *(een verblijfplaats geven),* le·ger, le·gert; le·ger·de, le·ger·den; ge·le·gerd
le·ge·ren[2] (ww) *(legateren; amalgameren),* le·geer, le·geert; le·geer·de, le·geer·den; ge·le·geerd
de **le·ge·ring** (v) *(amalgaam; het legeren of gelegeerd worden),* le·ge·rin·gen
het **le·ger·on·der·deel**, le·ger·on·der·de·len
de **le·ges** (mv)
leg·gen (ww), leg, legt; leg·de, leg·den; ge·legd
de **leg·ger** (m), leg·gers
de **leg·ging**[1] (v) *(kaartlegging),* leg·gin·gen
de **leg·ging**[2] (m) *(kledingstuk),* leg·gings
le·gio (bnw)
het **le·gi·oen**, le·gi·oe·nen; le·gi·oen·tje
de **le·gi·o·nair** (m), le·gi·o·nairs
de **le·gi·o·nel·la**, le·gi·o·nel·la's
de **le·gi·o·nel·la·bac·te·rie** (v), legionellabacteriën [le·gi·o·nel·la·bac·te·ri·en]
de **le·gis·la·tuur** (v), le·gis·la·tu·ren; le·gis·la·tuur·tje
le·gi·tiem (bnw), le·gi·tie·me
de **le·gi·ti·ma·tie** (v), le·gi·ti·ma·ties
het **le·gi·ti·ma·tie·be·wijs**, le·gi·ti·ma·tie·be·wij·zen
le·gi·ti·me·ren (ww), le·gi·ti·meer, le·gi·ti·meert; le·gi·ti·meer·de, le·gi·ti·meer·den; ge·le·gi·ti·meerd
de **le·gi·ti·me·ring** (v), le·gi·ti·me·rin·gen
de **le·gi·ti·mi·teit** (v), le·gi·ti·mi·tei·ten
het **leg·kui·ken**, leg·kui·kens
legoën [le·go·en] (ww), le·go, le·goot; le·go·de, le·go·den; ge·le·good
de **leg·plaats**, leg·plaat·sen
de **leg·plank**, leg·plan·ken; leg·plank·je
het **leg·sei·zoen**, leg·sei·zoe·nen
het **leg·strand**, leg·stran·den
de **le·gu·aan** (m), le·gu·a·nen; le·gu·aan·tje
de **le·gu·a·nen·kwe·ke·rij** (v), le·gu·a·nen·kwe·ke·rij·en
de **le·gu·a·nen·soep**, le·gu·a·nen·soe·pen
de **lei**[1] *(voorwerp),* lei·en; lei·tje
het **lei**[2] *(stofnaam)*
de **lei·band** (m), lei·ban·den
lei·den (ww), leid, leidt; leid·de, leid·den; ge·leid
de **Lei·de·naar** (m), Lei·de·naars, Lei·de·na·ren
lei·dend (bnw), lei·den·de
de **lei·der** (m), lei·ders; lei·der·tje
het **lei·der·schap**
de **lei·ders·po·si·tie** (v), lei·ders·po·si·ties
de **lei·ding** (v), lei·din·gen;

lei·din·kje
lei·ding·ge·ven (ww), geef lei·ding, geeft lei·ding; gaf lei·ding, ga·ven lei·ding; lei·ding·ge·ge·ven
lei·ding·ge·vend (bnw), lei·ding·ge·ven·de
de **lei·ding·ge·ven·de,** lei·ding·ge·ven·den
de **lei·dings·ploeg,** lei·dings·ploe·gen
het **lei·ding·wa·ter**
het **leid·mo·tief**, leid·mo·tie·ven
de **lei·draad** (m), lei·dra·den; lei·draad·je
Leids (bnw), Leid·se
de **Leid·se** (v), Leid·sen
het **leid·sel**, leid·sels
de **leid·ster** (v), leid·sters
lei·en (bnw)
de **lei·lin·de**, lei·lin·den, lei·lin·des
de **leis**, lei·zen
de/het **lei·steen** (m/o)
de **lei·sure** (m)
het **leit·mo·tiv**, leit·mo·ti·ven
de **lek**[1] (m) *(het lekken)*, lek·ken; lek·je
het **lek**[2] *(lekgat)*, lek·ken; lek·je
lek[3] (bnw), lek·ke
de **lek·ka·ge** (v), lek·ka·ges
lek·ken (ww), lek, lekt; lek·te, lek·ten; ge·lekt
lek·ker (bnw), lek·ke·re
de **lek·ker·nij** (v), lek·ker·nij·en; lek·ker·nij·tje
het **lek·kers**
lek·prik·ken (ww), prik lek, prikt lek; prik·te lek, prik·ten lek; lek·ge·prikt
lek·rij·den (ww), rijd lek, rij lek, rijdt lek; reed lek, re·den lek; lek·ge·re·den
lek·ste·ken (ww), steek lek, steekt lek; stak lek, sta·ken lek; lek·ge·sto·ken
de **lel**, lel·len; lel·le·tje
de **le·lie**, leliën [le·li·en], le·lies; le·lie·tje
de **le·lie·ach·ti·ge**, le·lie·ach·ti·gen
het **le·lie·tje-van-da·len**, le·lie·tjes-van-da·len
le·lijk (bnw), le·lij·ke
de **le·lijk·aard** (m), le·lijk·aards
le·men[1] (bnw)
le·men[2] (ww), leem, leemt; leem·de, leem·den; ge·leemd
het **lem·ma**, lem·ma's, lem·ma·ta; lemmaatje [lem·ma·tje]
het **lem·mer**, lem·mers; lem·mer·tje
het **lem·met**, lem·me·ten
de **lem·me·tje**, lem·me·tjes
de **lem·me·tje·boom** (m), lem·me·tje·bo·men
de **lem·ming** (m), lem·min·gen, lem·mings
de **lem·nis·caat**, lem·nis·ca·ten
de **len·de**, len·den, len·de·nen
de **len·den·bief·stuk** (m), len·den·bief·stuk·ken
de **len·den·doek** (m), len·den·doe·ken; len·den·doek·je
de **len·den·steun** (m), len·den·steu·nen
het **len·den·stuk**, len·den·stuk·ken
de **len·den·wer·vel** (m), len·den·wer·vels
le·nen (ww), leen, leent; leen·de, leen·den; ge·leend
de **le·ner** (m), le·ners
len·gen (ww), leng, lengt; leng·de, leng·den; ge·lengd
de **leng·te** (v), leng·ten, leng·tes
de **leng·te·as**, leng·te·as·sen
de **leng·te·maat**, leng·te·ma·ten
le·ni·gen (ww), le·nig, le·nigt; le·nig·de, le·nig·den; ge·le·nigd
de **le·ning** (v), le·nin·gen; le·nin·kje

het **le·nin·gen·pla·fond,** le·nin·gen·pla·fonds
de **le·ning·over·een·komst** (v), le·ning·over·een·kom·sten
de **le·nings·over·een·komst** (v), le·nings·over·een·kom·sten
de **lens**[1], len·zen; lens·je
lens[2] (bnw), len·ze
de **len·te,** len·tes
len·te·ach·tig (bnw), len·te·ach·ti·ge
de **len·te·bo·de** (m), len·te·bo·den, len·te·bo·des
de **len·te·dag** (m), len·te·da·gen
het **len·te·klok·je,** len·te·klok·jes
de **len·te·schoon·maak** (m), len·te·schoon·ma·ken
de **len·te-ui** (m), len·te-ui·en; len·te-ui·tje
de **len·te-uit·stap** (m), len·te-uit·stap·pen
het **len·te·weer,** len·te·weer·tje
len·to (bijw)
len·zen (ww), lens, lenst; lens·de, lens·den; ge·lensd
de **le·pel** (m), le·pels; le·pel·tje
lep·pen (ww), lep, lept; lep·te, lep·ten; ge·lept
de **le·pra**
de **le·raar** (m), le·raars, le·ra·ren; le·raar·tje
het **le·raar·schap,** le·raar·schap·pen
de **le·raars·ka·mer,** le·raars·ka·mers; le·raars·ka·mer·tje
de **le·raars·op·lei·ding** (v), le·raars·op·lei·din·gen
de **le·ra·ren·ka·mer,** le·ra·ren·ka·mers
het **le·ra·ren·korps,** le·ra·ren·korp·sen
de **le·ra·ren·op·lei·ding** (v), le·ra·ren·op·lei·din·gen
de **le·ra·res** (v), le·ra·res·sen; le·ra·res·je
le·ren[1] (bnw)
le·ren[2] (ww), leer, leert; leer·de, leer·den; ge·leerd
de **le·ring** (v), le·rin·gen
de **les,** les·sen; les·je
de **les·bi** (v), les·bi's
de **les·bi·en·ne** (v), les·bi·en·nes
les·bisch (bnw), les·bi·sche
de **les·bo** (v), les·bo's; lesbootje [les·bo·tje]
het **les·boek,** les·boe·ken; les·boek·je
de **les·geef·ster** (v), les·geef·sters
het **les·geld,** les·gel·den
les·ge·ven (ww), geef les, geeft les; gaf les, ga·ven les; les·ge·ge·ven
de **les·ge·ver** (m), les·ge·vers
het **les·lo·kaal,** les·lo·ka·len; les·lo·kaal·tje
het **les·ma·te·ri·aal,** les·ma·te·ri·a·len
het **les·pak·ket,** les·pak·ket·ten; les·pak·ket·je
het **les·roos·ter,** les·roos·ters
les·sen (ww), les, lest; les·te, les·ten; ge·lest
de **les·se·naar** (m), les·se·naars; les·se·naar·tje
het **les·sen·pak·ket,** les·sen·pak·ket·ten
het **les·sen·roos·ter,** les·sen·roos·ters
de **les·sen·ta·bel,** les·sen·ta·bel·len
de **les·stof,** les·stof·fen
lest (bnw), les·te
les·te: ten langen leste
het **les·uur,** les·uren; les·uur·tje
de **let** (m) *(tennisterm),* lets; let·je
de **Let** (m) *(persoon),* Let·ten; Let·je
le·taal (bnw), le·ta·le
de **le·ta·li·teit** (v), le·ta·li·tei·ten
de **le·thar·gie** (v)
het **Lets**[1] *(taal)*
Lets[2] (bnw), Let·se

het **let·sel**, let·sels; let·sel·tje
let·ten (ww), let, let; let·te, let·ten; ge·let
de **let·ter**, let·ters; let·ter·tje
de **let·te·ren**[1] (mv)
let·te·ren[2] (ww), let·ter, let·tert; let·ter·de, let·ter·den; ge·let·terd
de **let·te·ren·fa·cul·teit** (v), let·te·ren·fa·cul·tei·ten
de **let·ter·greep**, let·ter·gre·pen; let·ter·greep·je
het **let·ter·greep·woord**, let·ter·greep·woor·den
de **let·ter·groot·te** (v), let·ter·groot·ten, let·ter·groot·tes
het **let·ter·hout**
de **let·ter·knecht** (m), let·ter·knech·ten; let·ter·knecht·je
de **let·ter·kun·de** (v)
let·ter·lijk (bnw), let·ter·lij·ke
het **let·ter·rijm**, let·ter·rij·men; let·ter·rijm·pje
het **let·ter·ty·pe**, let·ter·ty·pen, let·ter·ty·pes
het **let·ter·woord**, let·ter·woor·den
let·tre: avant la lettre
de **leu·gen**, leu·gens; leu·gen·tje
de **leu·ge·naar** (m), leu·ge·naars; leu·ge·naar·tje
de **leu·ge·naar·ster** (v), leu·ge·naar·sters; leu·ge·naar·ster·tje
de **leu·ge·na·res** (v), leu·ge·na·res·sen
leuk (bnw), leu·ke
de **leu·ke·mie** (v)
de **leu·kerd** (m), leu·kerds
de **leu·ko·cyt** (m), leu·ko·cy·ten
leu·nen (ww), leun, leunt; leun·de, leun·den; ge·leund
de **leu·ning** (v), leu·nin·gen; leu·nin·kje
de **leun·stoel** (m), leun·stoe·len; leun·stoel·tje
de **leur**, leu·ren
leu·ren (ww), leur, leurt; leur·de, leur·den; ge·leurd
de **leus**, leu·zen
de **leut**
de **leu·te**
de **leu·ter** (m), leu·ters; leu·ter·tje
het **Leu·vens**[1] *(dialect)*
Leu·vens[2] (bnw), Leu·ven·se
de **Leu·ven·se** (v), Leu·ven·sen
de **leu·ze**, leu·zen
het **le·vel**, le·vels; le·vel·tje
le·ve·len (ww), le·vel, le·velt; le·vel·de, le·vel·den; ge·le·veld
het **le·ven**[1], le·vens; le·ven·tje
le·ven[2] (ww), leef, leeft; leef·de, leef·den; ge·leefd
le·vend (bnw), le·ven·de
de **le·ven·de**, le·ven·den
le·ven·den: in levenden lijve
le·ven·dig (bnw), le·ven·di·ge
le·ven·loos (bnw), le·ven·lo·ze
de **le·ven·ma·ker** (m), le·ven·ma·kers
de **le·vens·ader**, le·vens·ade·ren, le·vens·aders
de **le·vens·be·ro·ving** (v), le·vens·be·ro·vin·gen
de **le·vens·be·schou·wing** (v), le·vens·be·schou·win·gen
het **le·vens·bloed**
de **le·vens·cy·clus** (m), le·vens·cy·cli, le·vens·cy·clus·sen
het **le·vens·de·lict**, le·vens·de·lic·ten
de **le·vens·duur** (m)
het **le·vens·ein·de**, le·vens·ein·den, le·vens·ein·des
de **le·vens·fa·se** (v), le·vens·fa·sen, le·vens·fa·ses
le·vens·ge·vaar·lijk (bnw), le·vens·ge·vaar·lij·ke
le·vens·groot (bnw), le·vens·gro·te

het **le·vens·jaar**, le·vens·ja·ren
de **le·vens·ken·ner** (m), le·vens·ken·ners
de **le·vens·kwa·li·teit** (v), le·vens·kwa·li·tei·ten
le·vens·lang (bnw), le·vens·lan·ge
het **le·vens·licht**
de **le·vens·loop** (m), le·vens·lo·pen
het **le·vens·mid·del**, le·vens·mid·de·len
le·vens·moe (bnw), le·vens·moe·de, le·vens·moeë
het **le·vens·mot·to**, le·vens·mot·to's
de **le·vens·om·stan·dig·he·den** (mv)
het **le·vens·on·der·houd**
de **le·vens·ruim·te** (v)
de **le·vens·sfeer**, le·vens·sfe·ren
de **le·vens·stan·daard** (m), le·vens·stan·daar·den, le·vens·stan·daards
de **le·vens·stijl** (m), le·vens·stij·len
de **le·ven·stan·daard** (m), le·ven·stan·daar·den, le·ven·stan·daards
het **le·vens·ver·haal**, le·vens·ver·ha·len
de **le·vens·ver·wach·ting** (v), le·vens·ver·wach·tin·gen
het **le·vens·wa·ter**, le·vens·wa·ter·tje
de **le·vens·wij·ze**, le·vens·wij·zen
de **le·ver**, le·vers; le·ver·tje
de **le·ve·ran·cier** (m), le·ve·ran·ciers
de **le·ve·ran·tie** (v), le·ve·ran·ties
de **le·ver·bon** (m), le·ver·bon·nen, le·ver·bons
de **le·ver·cir·ro·se** (v)
de **le·ver·da·tum** (m), le·ver·da·ta, le·ver·da·tums
le·ve·ren (ww), le·ver, le·vert; le·ver·de, le·ver·den; ge·le·verd
de **le·ve·ring** (v), le·ve·rin·gen
het **le·ve·rings·adres**, le·ve·rings·adres·sen
de **le·ve·rings·bon** (m), le·ve·rings·bon·nen, le·ve·rings·bons
de **le·ve·rings·da·tum** (m), le·ve·rings·da·ta, le·ve·rings·da·tums
de **le·ve·rings·ter·mijn** (m), le·ve·rings·ter·mij·nen
de **le·ve·rings·voor·waar·de** (v), le·ve·rings·voor·waar·den
de **le·ver·ter·mijn** (m), le·ver·ter·mij·nen
de **le·ver·tijd** (m), le·ver·tij·den
de **le·vi·a·than** (m), le·vi·a·thans
de **le·viet** (m), le·vie·ten
lexi·caal (bnw), lexi·ca·le
de **lexi·co·graaf** (m), lexi·co·gra·fen
de **lexi·co·lo·gie** (v)
het **lexi·con**, lexi·ca, lexi·cons; lexi·con·ne·tje
le·zen (ww), lees, leest; las, la·zen; ge·le·zen
de **le·ze·naar** (m), le·ze·naars; le·ze·naar·tje
de **le·zer** (m), le·zers; le·zer·tje
de **le·ze·res** (v), le·ze·res·sen; le·ze·res·je
de **le·zing** (v), le·zin·gen; le·zin·kje
LGO *(landen en gebieden overzee)*
het **LGO-be·sluit**, LGO-be·slui·ten
het **LGO-land**, LGO-lan·den
de **LGO-re·ge·ling** (v), LGO-re·ge·lin·gen
de **LGO-sta·tus** (m), LGO-sta·tus·sen
het **LGO-ver·drag**
de **li·aan**, li·a·nen
de **li·ai·son**, li·ai·sons
de **li·a·ne**, li·a·nen
de **Li·ba·nees**[1] (m), Li·ba·ne·zen
Li·ba·nees[2] (bnw), Li·ba·ne·se
de **Li·ba·ne·se** (v), Li·ba·ne·sen
de **li·bel**[1] *(waterpas)*, li·bel·len
de **li·bel**[2] *(insect)*, li·bel·len;

L

li·bel·le·tje

het **li·bel**[3] *(schotschrift),* li·bel·len; li·bel·le·tje

de **li·bel·le** *(insect),* li·bel·len; li·bel·le·tje

de **li·be·raal**[1] (m), li·be·ra·len

li·be·raal[2] (bnw), li·be·ra·le

de **li·be·ra·li·sa·tie** (v), li·be·ra·li·sa·ties

de **li·be·ra·li·se·ring** (v), li·be·ra·li·se·rin·gen

het **li·be·ra·lis·me**

het **li·ber ami·co·rum**, li·ber ami·co·rums, li·bri ami·co·rum

li·ber·tair (bnw), li·ber·tai·re

het **li·bi·do**, li·bi·do's; libidootje [li·bi·do·tje]

de **Libiër** [Li·bi·er] (m), Libiërs [Li·bi·ers]

Li·bisch (bnw), Li·bi·sche

het **li·bret·to**, li·bret·to's

lic. *(licentiaat)*

li·cen·se·ren (ww), li·cen·seer, li·cen·seert; li·cen·seer·de, li·cen·seer·den; ge·li·cen·seerd

de/het **li·cen·ti·aat** (m/o), li·cen·ti·a·ten; li·cen·ti·aat·je

de **li·cen·ti·a·te** (v), li·cen·ti·a·tes

de **li·cen·tie** (v), li·cen·ties

de **li·cen·tie·over·een·komst** (v), li·cen·tie·over·een·kom·sten

licentiëren [li·cen·ti·e·ren] (ww), li·cen·ti·eer, li·cen·ti·eert; li·cen·ti·eer·de, li·cen·ti·eer·den; ge·li·cen·ti·eerd

de **licentiëring** [li·cen·ti·e·ring] (v), licentiëringen [li·cen·ti·e·rin·gen]

het **li·chaam**, li·cha·men; li·chaam·pje

het **li·chaams·deel**, li·chaams·de·len; li·chaams·deel·tje

de **li·chaams·hou·ding** (v), li·chaams·hou·din·gen

de **li·chaams·taal**, li·chaams·ta·len

de **li·chaams·tem·pe·ra·tuur** (v), li·chaams·tem·pe·ra·tu·ren

li·cha·me·lijk (bnw), li·cha·me·lij·ke

het **licht**[1], lich·ten; licht·je

licht[2] (bnw), lich·te

het **licht·ag·gre·gaat**, licht·ag·gre·ga·ten

de **licht·bak** (m), licht·bak·ken; licht·bak·je

het **licht·ba·ken**, licht·ba·kens

licht·be·wolkt (bnw), licht·be·wolk·te

licht·blauw (bnw), licht·blau·we

de **licht·bron**, licht·bron·nen; licht·bron·ne·tje

licht·bruin (bnw), licht·brui·ne

licht·door·la·tend (bnw), licht·door·la·ten·de

lich·te·lijk (bijw)

lich·ten (ww), licht, licht; licht·te, licht·ten; ge·licht

de **lich·ter** (m), lich·ters; lich·ter·tje

lich·ter·laaie: in lichterlaaie

licht·geel (bnw), licht·ge·le

licht·ge·tint (bnw), licht·ge·tin·te

de **licht·ge·wicht**[1] *(persoon),* licht·ge·wich·ten; licht·ge·wicht·je

het **licht·ge·wicht**[2] *(klasse)*

licht·ge·wicht[3] (bnw)

licht·ge·wond (bnw), licht·ge·won·de

de **licht·ge·won·de**, licht·ge·won·den

licht·grijs (bnw), licht·grij·ze

licht·groen (bnw), licht·groe·ne

de **licht·heid** (v), licht·he·den

de **lich·ting** (v), lich·tin·gen

de **licht·in·val** (m)

licht·jes (bijw)

de **licht·jes·pa·ra·de** (v),

licht·jes·pa·ra·des
de **licht·mis** (m) *(losbol)*, licht·mis·sen
de **licht·mo·tor** (m), licht·mo·to·ren, licht·mo·tors
licht·oran·je (bnw)
het **licht·punt**, licht·pun·ten; licht·punt·je
de **licht·re·cla·me**, licht·re·cla·mes
licht·rood (bnw), licht·ro·de
licht·ro·ze (bnw)
de **licht·stad**, licht·ste·den
de **licht·straal**, licht·stra·len; licht·straal·tje
de **licht·val** (m)
het **lid**, le·den; lid·je
de **lid·bond** (m), lid·bon·den
het **lid·bon·den·toer·nooi**, lid·bon·den·toer·nooi·en
het **lid·bon·den·tor·nooi**, lid·bon·den·tor·nooi·en
het **lid·geld**, lid·gel·den
de **lid·kaart**, lid·kaar·ten
het **lid·land**, lid·lan·den
de/het **lid·maat**, lid·ma·ten; lid·maat·je
het **lid·maat·schap**, lid·maat·schap·pen
de **lid·maat·schaps·kaart**, lid·maat·schaps·kaar·ten
de **lid·staat** (m), lid·sta·ten; lid·staat·je
het **lid·woord**, lid·woor·den; lid·woord·je
het **lied**, lie·de·ren; lied·je
de **lie·den** (mv)
het **lief**[1], lie·ven; lief·je
lief[2] (bnw), lie·ve
de **lief·da·dig·heid** (v), lief·da·dig·he·den
de **lief·de** (v), lief·den, lief·des; lief·de·tje
de **lief·de·brief** (m), lief·de·brie·ven
het **lief·de·le·ven**, lief·de·le·vens
lief·de·loos (bnw), lief·de·lo·ze
de **lief·des·be·tui·ging** (v), lief·des·be·tui·gin·gen
de **lief·des·brief** (m), lief·des·brie·ven; lief·des·brief·je
het **lief·des·le·ven**, lief·des·le·vens
het **lief·des·lied**, lief·des·lie·de·ren; lief·des·lied·je
de **lief·de·smart**, lief·de·smar·ten
het **lief·de·spel**, lief·de·spe·len, lief·de·spel·len
de **lief·des·scè·ne**, lief·des·scè·nes
de **lief·des·smart**, lief·des·smar·ten
het **lief·des·spel**, lief·des·spe·len, lief·des·spel·len
het **lief·des·ver·driet**
lief·de·vol (bnw), lief·de·vol·le
lie·fe·lijk (bnw), lie·fe·lij·ke
lief·heb·ben (ww), heb lief, hebt lief, heeft lief; had lief, had·den lief; lief·ge·had
de **lief·heb·ber** (m), lief·heb·bers; lief·heb·ber·tje
lief·heb·be·ren (ww), lief·heb·ber, lief·heb·bert; lief·heb·ber·de, lief·heb·ber·den; ge·lief·heb·berd
lief·ko·zen (ww), lief·koos, lief·koost; lief·koos·de, lief·koos·den; ge·lief·koosd
lief·lijk (bnw), lief·lij·ke
liefst (bijw)
de **lief·ste**, lief·sten
het **lieg·beest**, lieg·bees·ten
het **lie·ge·beest**, lie·ge·bees·ten
lie·gen (ww), lieg, liegt; loog, lo·gen; ge·lo·gen
de **lier**, lie·ren; lier·tje
liëren [li·e·ren] (ww), li·eer, li·eert; li·eer·de, li·eer·den; ge·li·eerd
de **lies**, lie·zen; lies·je
de **lie·ve·heer** (m) *(kruisbeeld)*, lie·ve·he·ren

Lie·ve-Heer
de **lie·ve·ling** (m), lie·ve·lin·gen; lie·ve·lin·ge·tje
het **lie·ve·lings·dier**, lie·ve·lings·die·ren
het **lie·ve·lings·eten**
de **lie·ve·lings·kleur**, lie·ve·lings·kleu·ren
de **lie·ve·lings·sport**, lie·ve·lings·spor·ten
lie·ve·moe·de·ren: er helpt geen lievemoederen aan
lie·ver (bijw)
de **lie·verd** (m), lie·verds; lie·verd·je
lie·ver·le·de: van lieverlede
lie·ver·lee: van lieverlee
de **life·guard** (m), life·guards
de **life·style** (m), life·styles
de **lift** (m), lif·ten; lift·je
de **lift·boy** (m), lift·boys
lif·ten (ww), lift, lift; lift·te, lift·ten; ge·lift
de **li·ga**, li·ga's
het **li·ga·ment**, li·ga·men·ten; li·ga·ment·je
het **li·gand**, li·gan·den
het **lig·bad**, lig·ba·den
het **lig·dag·ta·rief**, lig·dag·ta·rie·ven
lig·gen (ww), lig, ligt; lag, la·gen; ge·le·gen
lig·gend (bnw), lig·gen·de
de **lig·ger** (m), lig·gers
de **lig·ging** (v), lig·gin·gen
light (bnw)
het **light·pro·duct**, light·pro·duc·ten
de **light·rail**, light·rails
de **light verse**
de **lig·kos·ten** (mv)
de **lij**
de **lij·de·lijk·heid** (v)
het **lij·den**[1]
lij·den[2] (ww), lijd, lijdt; leed, le·den; ge·le·den
lij·dend (bnw), lij·den·de
de **lij·dens·weg** (m), lij·dens·we·gen
de **lij·der** (m), lij·ders; lij·der·tje
lijd·zaam (bnw), lijd·za·me
de **lijd·zaam·heid** (v)
het **lijf**, lij·ven; lijf·je
de **lijf·ei·gen·schap** (v)
lij·fe·lijk (bnw), lij·fe·lij·ke
de **lijf·ren·te**, lijf·ren·ten, lijf·ren·tes
de **lijf·ren·te-uit·ke·ring** (v), lijf·ren·te-uit·ke·rin·gen
de **lijf·wacht**[1] (m) *(persoon)*, lijf·wach·ten
de **lijf·wacht**[2] *(verzamelnaam)*
het **lijk**, lij·ken; lijk·je
de **lijk·be·was·ser** (m), lijk·be·was·sers
lij·ken (ww) *(overeenkomen)*, lijk, lijkt; leek, le·ken; ge·le·ken
de **lijm** (m), lij·men
lij·men (ww), lijm, lijmt; lijm·de, lijm·den; ge·lijmd
de **lijn**, lij·nen; lijn·tje
de **lijn·bus** (m), lijn·bus·sen; lijn·bus·je
de **lijn·bus·hou·der** (m), lijn·bus·hou·ders
lij·nen (ww), lijn, lijnt; lijn·de, lijn·den; ge·lijnd
het **lij·nen·net**, lij·nen·net·ten
de **lijn·or·ga·ni·sa·tie** (v), lijn·or·ga·ni·sa·ties
de **lijn·vaart**, lijn·vaar·ten
lijp (bnw), lij·pe
de **lijs**, lij·zen; lijs·je
de **lijst**, lijs·ten; lijst·je
lijs·ten (ww), lijst, lijst; lijst·te, lijst·ten; ge·lijst
de **lijs·ter**, lijs·ters; lijs·ter·tje
de **lijst·trek·ker** (m), lijst·trek·kers; lijst·trek·ker·tje
het **lijst·trek·ker·schap**, lijst·trek·ker·schap·pen

de **lijst·trek·kers·po·si·tie** (v), lijst·trek·kers·po·si·ties
het **lijst·werk**
lij·ve[1]: aan den lijve
lij·ve[2]: in levenden lijve
lij·vig (bnw), lij·vi·ge
lij·zig (bnw), lij·zi·ge
de **lij·zij·de**, lij·zij·den, lij·zij·des
de **lik** (m), lik·ken; lik·je
de **like** (m), likes
li·ken (ww), like, liket; like·te, like·ten; ge·liket
de **li·keur**, li·keu·ren; li·keur·tje
lik·ke·baar·den (ww), lik·ke·baard, lik·ke·baardt; lik·ke·baard·de, lik·ke·baard·den; ge·lik·ke·baard
lik·ken (ww), lik, likt; lik·te, lik·ten; ge·likt
lik·me·vest·je: van likmevestje
lik op stuk
het **lik-op-stuk·be·leid**
de **lik·stok** (m), lik·stok·ken; lik·stok·je
de/het **lil** (m/o), lil·len
li·la (bnw)
li·la-ach·tig (bnw), li·la-ach·ti·ge
de **lil·li·put·ter** (m), lil·li·put·ters; lil·li·put·ter·tje
lim·bisch (bnw), lim·bi·sche
de **lim·bo**[1] (m) *(dans, Limburger)*, lim·bo's
het **lim·bo**[2] *(voorgeborchte)*, lim·bo's
de **Lim·bur·ger** (m), Lim·bur·gers; Lim·bur·ger·tje
Lim·burgs (bnw), Lim·burg·se
de **Lim·burg·se** (v), Lim·burg·sen
Lim·burg·se vlaai
de **li·me·rick** (m), li·me·ricks; li·me·rick·je
de **li·miet**, li·mie·ten
de **li·mit** (m), li·mits
li·mi·ta·tief (bnw), li·mi·ta·tie·ve
li·mi·ted (bnw)
li·mi·te·ren (ww), li·mi·teer, li·mi·teert; li·mi·teer·de, li·mi·teer·den; ge·li·mi·teerd
de **li·mo** (v), li·mo's
de **li·moen** (m), li·moe·nen; li·moen·tje
de **li·mo·na·de**, li·mo·na·des
de **li·mon·cel·lo** (m), li·mon·cel·lo's
de **li·mou·sin** (m) *(rund)*, li·mou·sins
de **li·mou·si·ne** (v) *(auto)*, li·mou·si·nes
het **lin·daan**
de **lin·de**, lin·den, lin·des; lin·de·tje
het **lin·de·blad**, lin·de·bla·den, lin·de·bla·de·ren, lin·de·bla·ren; lin·de·blaad·je
de **lin·de·bloe·sem** (m), lin·de·bloe·sems
de **lin·de·boom** (m), lin·de·bo·men; lin·de·boom·pje
het **lin·de·bos**, lin·de·bos·sen
de **lin·de·dreef**, lin·de·dre·ven
het **lin·de·hout**
de **lin·de·laan**, lin·de·la·nen; lin·de·laan·tje
lin·den (bnw)
de **lin·de·thee** (m), lindetheeën [lin·de·thee·en]
li·ne·air (bnw), li·ne·ai·re
li·nea rec·ta (bijw)
de **li·ne·a·ri·teit** (v), li·ne·a·ri·tei·ten
de **line·dance** (m), line·dan·ces
line·dan·cen (ww), line·dance, line·dancet; line·dance·te, line·dance·ten; ge·line·dancet
de **line-up** (m), line-ups
de **lin·ge·rie** (v), lingerieën [lin·ge·rie·en], lin·ge·ries; lin·ge·rie·tje
het **lin·go**
de **lin·gua fran·ca** (v), lin·gu·ae fran·cae, lin·gua fran·ca's

L

de **linguïst** [lin·gu·ist] (m), linguïsten [lin·gu·is·ten]
de **linguïstiek** [lin·gu·is·tiek] (v)
linguïstisch [lin·gu·is·tisch] (bnw), linguïstische [lin·gu·is·ti·sche]
de/het **li·ni·aal**, li·ni·a·len; li·ni·aal·tje
de **li·nie** (v), li·nies
liniëren [li·ni·e·ren] (ww), li·ni·eer, li·ni·eert; li·ni·eer·de, li·ni·eer·den; ge·li·ni·eerd
de **liniëring** [li·ni·e·ring] (v), liniëringen [li·ni·e·rin·gen]
de **link**[1] (m), lin·ken, links; link·je
link[2] (bnw), lin·ke
lin·ken (ww), link, linkt; link·te, link·ten; ge·linkt
lin·ker (bnw)
het **lin·ker·ach·ter·licht**, lin·ker·ach·ter·lich·ten
de **lin·ker·arm** (m), lin·ker·ar·men; lin·ker·arm·pje
het **lin·ker·been**, lin·ker·be·nen; lin·ker·been·tje
het **lin·ker·bo·ven·been**, lin·ker·bo·ven·be·nen
de **lin·ker·bo·ven·hoek** (m), lin·ker·bo·ven·hoe·ken; lin·ker·bo·ven·hoek·je
het **lin·ker·deel**, lin·ker·de·len
het **lin·ker·dij·been**, lin·ker·dij·be·nen
de **lin·ker·el·le·boog** (m), lin·ker·el·le·bo·gen
de **lin·ker·en·kel** (m), lin·ker·en·kels
de **lin·ker·hand**, lin·ker·han·den; lin·ker·hand·je
de **lin·ker·helft**, lin·ker·helf·ten
de **lin·ker·her·sen·helft**, lin·ker·her·sen·helf·ten
de **lin·ker·heup**, lin·ker·heu·pen
de **lin·ker·kant** (m), lin·ker·kan·ten
de **lin·ker·knie**, linkerknieën [lin·ker·knie·en]
de **lin·ker·ko·lom**, lin·ker·ko·lom·men
de **lin·ker·mouw**, lin·ker·mou·wen
de **lin·ker·muis·knop** (m), lin·ker·muis·knop·pen
de **lin·ker·nier**, lin·ker·nie·ren
de **lin·ker·oe·ver** (m), lin·ker·oe·vers
het **lin·ker·oog**, lin·ker·ogen; lin·ker·oog·je
het **lin·ker·oor**, lin·ker·oren; lin·ker·oor·tje
de **lin·ker·pa·gi·na**, lin·ker·pa·gi·na's; linkerpaginaatje [lin·ker·pa·gi·na·tje]
de **lin·ker·pols** (m), lin·ker·pol·sen
het **lin·ker·por·tier**, lin·ker·por·tie·ren
de **lin·ker·schoen** (m), lin·ker·schoe·nen
de **lin·ker·schou·der** (m), lin·ker·schou·ders
de **lin·ker·voet** (m), lin·ker·voe·ten; lin·ker·voet·je
de **lin·ker·zij·de**[1], lin·ker·zij·den, lin·ker·zij·des
lin·ker·zij·de[2]: ter linkerzijde
de **lin·ker·zij·spie·gel** (m), lin·ker·zij·spie·gels
de **lin·ker·zij·tak** (m), lin·ker·zij·tak·ken
de **link·mie·gel** (m), link·mie·gels
links (bnw), link·se
de **links·ach·ter**[1] (m), links·ach·ters
links·ach·ter[2] (bijw)
links·af (bijw)
links·bo·ven (bijw)
de **link·se**, link·sen
de **links-ex·tre·mist** (m), links-ex·tre·mis·ten
linksgeoriënteerd [links·ge·ori·en·teerd] (bnw),

linksgeoriënteerde [links·ge·ori·en·teer·de]
links·om (bijw)
links·on·der (bijw)
de **links·voor** (m), links·voors
het **lin·nen**[1], lin·nens
lin·nen[2] (bnw)
de **li·no** (m), li·no's
de/het **li·no·le·um** (m/o)
het **lint**, lin·ten; lint·je
de **lin·ten·dans** (m), lin·ten·dan·sen
de **lin·ze**, lin·zen
de **lin·zen·soep**, lin·zen·soe·pen
lio *(leraar in opleiding)*, lio's
de **lion·fish**, lion·fi·shes
de **lion·fish·in·va·sie** (v), lion·fish·in·va·sies
de **lio·sta·ge**, lio·sta·ges
de **lip**, lip·pen; lip·je
de **lip·gloss** (m)
het **li·pi·de**, li·pi·den
de **li·piz·za·ner** (m), li·piz·za·ners
lip·le·zen (ww)
de **li·po·suc·tie** (v), li·po·suc·ties
lip·pen (ww), lip, lipt; lip·te, lip·ten; ge·lipt
de **lip·pen·bal·sem** (m), lip·pen·bal·sems
de **lip·pen·stift**, lip·pen·stif·ten; lip·pen·stift·je
de **lip·stick** (m), lip·sticks
de **li·qui·da·tie** (v), li·qui·da·ties
li·qui·de (bnw)
li·qui·de·ren (ww), li·qui·deer, li·qui·deert; li·qui·deer·de, li·qui·deer·den; ge·li·qui·deerd
de **li·qui·di·teit** (v), li·qui·di·tei·ten
de **li·quor** (m)
de **li·ra**, li·ra's
de **li·re**, li·res
de/het **lis** (m/o) *(plant)*, lis·sen; lis·je
de **lis·dod·de**, lis·dod·den
de **list**, lis·ten
de **lis·ting** (m), lis·tings
de **li·ta·nie**, litanieën [li·ta·nie·en]; li·ta·nie·tje
de **li·ter** (m), li·ters; li·ter·tje
li·te·rair (bnw), li·te·rai·re
de **li·te·ra·tuur** (v), li·te·ra·tu·ren; li·te·ra·tuur·tje
de **li·te·ra·tuur·lijst**, li·te·ra·tuur·lijs·ten; li·te·ra·tuur·lijst·je
het **li·te·ra·tuur·on·der·zoek**, li·te·ra·tuur·on·der·zoe·ken
de **li·te·ra·tuur·stu·die** (v), li·te·ra·tuur·stu·dies
de **li·ter·fles**, li·ter·fles·sen; li·ter·fles·je
het **li·thi·um**
de **li·tho** (m), li·tho's
de **li·tho·gra·fie** (v), lithografieën [li·tho·gra·fie·en]
li·ti·gi·eus (bnw), li·ti·gi·eu·ze
de **li·to·tes**, li·to·tes·sen
Li·touws (bnw), Li·touw·se
het **lits-ju·meaux**, lits-ju·meauxs; lits-ju·meaux·tje
het **lit·te·ken**, lit·te·kens; lit·te·ken·tje
lit·te·rair (bnw), lit·te·rai·re
de **lit·te·ra·tuur** (v), lit·te·ra·tu·ren
de **li·tur·gie** (v), liturgieën [li·tur·gie·en]
li·tur·gisch (bnw), li·tur·gi·sche
live (bnw)
het **live·al·bum**, live·al·bums
de **live·band** (m), live·bands; live·band·je
het **live·con·cert**, live·con·cer·ten; live·con·cert·je
de **live·de·mon·stra·tie** (v), live·de·mon·stra·ties
de **live·mu·ziek** (v), live·mu·ziek·je
de **live·op·na·me**, live·op·na·men, live·op·na·mes

L

het **live·op·tre·den**, live·op·tre·dens
het **live·or·kest**, live·or·kes·ten; live·or·kest·je
de **live·show** (m), live·shows
de **live·stream** (m), live·streams
de **live-uit·zen·ding** (v), live-uit·zen·din·gen
het **live·ver·slag**, live·ver·sla·gen
de **li·ving**, li·vings
de **li·vrei**, li·vrei·en; li·vrei·tje
lng *(liquid natural gas)*, lng's
de **loa·fer** (m), loa·fers
de **lob**[1] (m) *(hoge bal)*, lobs; lob·je
de **lob**[2] *(kwab)*, lob·ben; lob·je
de **lob**[3] *(andere betekenissen)*, lob·ben; lob·be·tje
de **lob·bes** (m), lob·be·sen
de **lob·by**, lob·by's; lobby'tje [lob·by·tje]
lob·by·en (ww), lob·by, lob·byt; lob·by·de, lob·by·den; ge·lob·byd
de **lob·by·ing** (v)
de **lob·by·ist** (m), lob·by·is·ten
de **lo·be·lia**, lo·be·li·a's
de **loc**, locs
de **lo·cal**, lo·cals
de **lo·ca·tie** (v), lo·ca·ties
de **lo·ca·tie·di·rec·teur** (m), lo·ca·tie·di·rec·teu·ren, lo·ca·tie·di·rec·teurs
de **lo·ca·tief** (m), lo·ca·tie·ven
lo·ca·tie·ge·bon·den (bnw)
de **loch·ting** (v), loch·tin·gen
de **lock** (m), locks
loc·ken (ww), lock, lockt; lock·te, lock·ten; ge·lockt
de **loc·ker** (m) *(kastje)*, loc·kers; loc·ker·tje
de **lock-out** (m), lock-outs
lo·co (bijw)
de **lo·co·bur·ge·mees·ter** (m), lo·co·bur·ge·mees·ters
de **lo·co·mo·tief**, lo·co·mo·tie·ven; lo·co·mo·tief·je
de **lod·der** (m), lod·ders; lod·der·tje
de **lo·den**[1] (m) *(kledingstuk)*, lo·dens
de/het **lo·den**[2] (m/o) *(stofnaam)*
lo·den[3] (bnw)
lo·den[4] (ww), lood, loodt; lood·de, lood·den; ge·lood
de **lo·ding** (v), lo·din·gen
de/het **loe·der** (m/o), loe·ders; loe·der·tje
de **loef**, loe·ven; loef·je
loei·en (ww), loei, loeit; loei·de, loei·den; ge·loeid
loei·end (bnw), loei·en·de
de **loei·er** (m), loei·ers
loei·hard (bnw), loei·har·de
de **loe·lav**, loe·la·viem
de **loem·pia**, loem·pi·a's; loempiaatje [loem·pia·tje]
loe·nen (ww), loen, loent; loen·de, loen·den; ge·loend
loens (bnw), loen·se
loen·sen (ww), loens, loenst; loens·te, loens·ten; ge·loenst
de **loep**, loe·pen; loep·je
de **loer**, loe·ren; loer·tje
loe·ren (ww), loer, loert; loer·de, loer·den; ge·loerd
de **loet**, loe·ten; loet·je
loe·ven (ww), loef, loeft; loef·de, loef·den; ge·loefd
de **lof**[1] (m) *(lofbetuiging, eer)*, lof·je
het **lof**[2] *(andere betekenissen)*, lof·je
de **lof·be·tui·ging** (v), lof·be·tui·gin·gen
de **loft** (m), lofts; loft·je
de **lof·trom·pet**, lof·trom·pet·ten; lof·trom·pet·je
de **lof·tui·ting** (v), lof·tui·tin·gen
de **lof·ui·ting** (v), lof·ui·tin·gen
de **lof·zang** (m), lof·zan·gen
de **lo·ga·rit·me**, lo·ga·rit·men, lo·ga·rit·mes
het **log·boek**, log·boe·ken;

log·boek·je
de **lo·ge**, lo·ges; lo·ge·tje
de **lo·gé** (m), lo·gés; logeetje [lo·gé·tje]
de **lo·gee** (v), lo·gees; lo·gee·tje
het **lo·geer·ge·bouw**, lo·geer·ge·bou·wen
de **lo·geer·ge·le·gen·heid** (v), lo·geer·ge·le·gen·he·den
de **lo·geer·ka·mer**, lo·geer·ka·mers; lo·geer·ka·mer·tje
het **lo·ge·ment**, lo·ge·men·ten; lo·ge·ment·je
lo·gen (ww), loog, loogt; loog·de, loog·den; ge·loogd
lo·gen·straf·fen (ww), lo·gen·straf, lo·gen·straft; lo·gen·straf·te, lo·gen·straf·ten; ge·lo·gen·straft
lo·ge·ren (ww), lo·geer, lo·geert; lo·geer·de, lo·geer·den; ge·lo·geerd
log·gen (ww), log, logt; log·de, log·den; ge·logd
de **log·ger** (m), log·gers; log·ger·tje
de **log·gia**, log·gi·a's
de **lo·gi·ca** (v), lo·gi·ca's
het **lo·gies**, lo·gie·zen
de **log·in** (m), log·ins
de **log·in·ge·ge·vens** (mv)
lo·gisch (bnw), lo·gi·sche
lo·gi·scher·wijs (bijw)
lo·gi·scher·wij·ze (bijw)
de **lo·gis·tiek**[1] (v)
lo·gis·tiek[2] (bnw), lo·gis·tie·ke
het **lo·go**, lo·go's; logootje [lo·go·tje]
lo·go·lo·go, lo·go·lo·go's
de **lo·go·pe·die** (v)
de **lo·go·pe·dist** (m), lo·go·pe·dis·ten
de **lo·go·pe·dis·te** (v), lo·go·pe·dis·tes
de **lo·gos** (m)
de **loi·pe** (m), loi·pen, loi·pes
de **lok**, lok·ken; lok·je
het **lo·kaal**[1], lo·ka·len; lo·kaal·tje
lo·kaal[2] (bnw), lo·ka·le
het **lok·aas**, lok·azen; lok·aas·je
de **lo·ka·len** (mv) *(lokale bestuurders)*
de **lo·ka·li·sa·tie** (v), lo·ka·li·sa·ties
lo·ka·li·se·ren (ww), lo·ka·li·seer, lo·ka·li·seert; lo·ka·li·seer·de, lo·ka·li·seer·den; ge·lo·ka·li·seerd
de **lo·ka·li·se·ring** (v), lo·ka·li·se·rin·gen
de **lo·ka·li·teit** (v), lo·ka·li·tei·ten
de **lok·eend**, lok·een·den
het **lo·ket**, lo·ket·ten; lo·ket·je
de **lo·ket·tist** (m), lo·ket·tis·ten
lok·ken (ww), lok, lokt; lok·te, lok·ten; ge·lokt
lok·kend (bnw), lok·ken·de
de **lok·ker** (m) *(persoon)*, lok·kers; lok·ker·tje
de **lol**, lol·le·tje
de **lol·broek**, lol·broe·ken; lol·broek·je
de **lo·li·ta** (v), lo·li·ta's; lolitaatje [lo·li·ta·tje]
de **lol·ly** (m), lol·ly's; lolly'tje [lol·ly·tje]
de **lom** (m), lom·men
het **lom·mer**
de **lom·merd** (m), lom·merds; lom·merd·je
lom·mer·rijk (bnw), lom·mer·rij·ke
de **lomp**[1] *(lap)*, lom·pen
lomp[2] (bnw), lom·pe
de **lom·pe·rik** (m), lom·pe·ri·ken
Lon·dens (bnw), Lon·den·se
lo·nen (ww), loon, loont; loon·de, loon·den; ge·loond
de **lo·ner** (m), lo·ners
de **long**, lon·gen; lon·ge·tje
de **long·em·bo·lie** (v)
het **long·em·fy·seem**

het **long·func·tie·on·der·zoek**, long·func·tie·on·der·zoe·ken
lon·gi·tu·di·naal (bnw), lon·gi·tu·di·na·le
de **long·list** (m), long·lists
de **long·shot** (m), long·shots
lon·ken (ww), lonk, lonkt; lonk·te, lonk·ten; ge·lonkt
de **lont**, lon·ten; lont·je
loo·che·nen (ww), loo·chen, loo·chent; loo·chen·de, loo·chen·den; ge·loo·chend
het **lood**, lo·den; lood·je
de **lood·gie·ter** (m), lood·gie·ters; lood·gie·ter·tje
lood·je: het loodje leggen
lood·jes: de laatste loodjes
lood·recht (bnw), lood·rech·te
de **loods**[1] (m) *(persoon)*, lood·sen; loods·je
de **loods**[2] *(gebouw)*, lood·sen; loods·je
lood·sen (ww), loods, loodst; loods·te, loods·ten; ge·loodst
lood·zwaar (bnw), lood·zwa·re
het **loof**
Loof·hut·ten·feest
loof·rijk (bnw), loof·rij·ke
de/het **loog**, lo·gen
de **looi**
looi·en (ww), looi, looit; looi·de, looi·den; ge·looid
de **look**[1] (m) *(stijl)*, looks
de/het **look**[2] (m/o) *(knoflook)*, lo·ken
de **look·alike**, look·alikes
de **look-and-feel** (m)
loom (bnw), lo·me
loo·men (ww), loom, loomt; loom·de, loom·den; ge·loomd
het **loon**, lo·nen; loon·tje
de **loon·ad·mi·nis·tra·tie** (v), loon·ad·mi·nis·tra·ties
het **loon·be·leid**
het **loon·be·slag**, loon·be·sla·gen
de **loon·brief** (m), loon·brie·ven; loon·brief·je
de/het **loon·fi·che**, loon·fi·ches
de **loon·hef·fing** (v), loon·hef·fin·gen
de **loon·kos·ten** (mv)
de **loon·op·slag** (m), loon·op·sla·gen
de **loon·pau·ze**, loon·pau·zen, loon·pau·zes
de **loon·schaal**, loon·scha·len
de **loon·slip** (m), loon·slips
de **loon·som**, loon·som·men
de **loon·strook**, loon·stro·ken; loon·strook·je
de **loons·ver·ho·ging** (v), loons·ver·ho·gin·gen; loons·ver·ho·gin·kje
de **loons·ver·la·ging** (v), loons·ver·la·gin·gen
de **loons·voor·waar·de** (v), loons·voor·waar·den
de **loon·trek·ken·de**, loon·trek·ken·den
de **loon·voor·waar·de** (v), loon·voor·waar·den
de **loop** (m), lo·pen; loop·je
de **loop·af·stand** (m), loop·af·stan·den
de **loop·baan**, loop·ba·nen
de **loop·band** (m), loop·ban·den; loop·band·je
de **loop·eend**, loop·een·den
de **loop·graaf**, loop·gra·ven; loop·graaf·je
de **loop·neus** (m), loop·neu·zen; loop·neus·je
het **loop·rek**, loop·rek·ken; loop·rek·je
de **loop·ster** (v), loop·sters
de **loop·tijd** (m), loop·tij·den
loos (bnw), lo·ze
de **loos·heid** (v), loos·he·den
de **loos·trens** (m), loos·tren·zen

de **loot**, lo·ten; loot·je
lo·pen (ww), loop, loopt; liep, lie·pen; ge·lo·pen
lo·pend (bnw), lo·pen·de
het **lo·pen·de·band·werk**
de **lo·per** (m), lo·pers; lo·per·tje
de/het **lor**, lor·ren; lor·re·tje
de **lord** (m), lords
de **lo·ri** (m), lo·ri's
de **lork** (m), lor·ken
de **lor·re** (m), lor·res; lor·re·tje
lor·ren (ww), lor, lort; lor·de, lor·den; ge·lord
de **lor·rie** (v), lor·ries
de **los**[1] (m), los·sen; los·je
los[2] (bnw), los·se
los[3]: erop los drinken
los[4]: erop los leven
los[5]: erop los schieten
los[6]: erop los slaan
los·ban·dig (bnw), los·ban·di·ge
los·bar·sten (ww), barst los, barst los; barst·te los, barst·ten los; los·ge·bar·sten
los·bre·ken (ww), breek los, breekt los; brak los, bra·ken los; los·ge·bro·ken
los·draai·en (ww), draai los, draait los; draai·de los, draai·den los; los·ge·draaid
de **lo·ser** (m), lo·sers; lo·ser·tje
los·gaan (ww), ga los, gaat los; ging los, gin·gen los; los·ge·gaan
het **los·geld**, los·gel·den
los·han·gen (ww), hang los, hangt los; hing los, hin·gen los; los·ge·han·gen
de **los·heid** (v)
de **los·ka·de**, los·ka·den, los·ka·des
los·ko·men (ww), kom los, komt los; kwam los, kwa·men los; los·ge·ko·men
los·kop·pe·len (ww), kop·pel los, kop·pelt los; kop·pel·de los, kop·pel·den los; los·ge·kop·peld
los·krij·gen (ww), krijg los, krijgt los; kreeg los, kre·gen los; los·ge·kre·gen
los·la·ten (ww), laat los, laat los; liet los, lie·ten los; los·ge·la·ten
los·lo·pen (ww), loop los, loopt los; liep los, lie·pen los; los·ge·lo·pen
los·ma·ken (ww), maak los, maakt los; maak·te los, maak·ten los; los·ge·maakt
de **los·ma·king** (v), los·ma·kin·gen
los·ra·ken (ww), raak los, raakt los; raak·te los, raak·ten los; los·ge·raakt
de **löss**
los·sen (ww), los, lost; los·te, los·ten; ge·lost
de **los·ser** (m), los·sers
de **los·sing** (v), los·sin·gen
los·slaan (ww), sla los, slaat los; sloeg los, sloe·gen los; los·ge·sla·gen
los·staan (ww), sta los, staat los; stond los, ston·den los; los·ge·staan
los·staand (bnw), los·staan·de
los·trek·ken (ww), trek los, trekt los; trok los, trok·ken los; los·ge·trok·ken
los·tu
los-vast (bnw), los-vas·te
los·we·ken (ww), week los, weekt los; week·te los, week·ten los; los·ge·weekt
los·wrik·ken (ww), wrik los, wrikt los; wrik·te los, wrik·ten los; los·ge·wrikt
los·zit·ten (ww), zit los, zit los; zat los, za·ten los; los·ge·ze·ten
het **lot**[1] *(noodlot)*

het **lot**[2] *(hoeveelheid),* lo·ten
het **lot**[3] *(loterijbriefje),* lo·ten; loot·je, lot·je
lo·ta, lo·ta's
lo·ten (ww), loot, loot; loot·te, loot·ten; ge·loot
de **lo·te·rij** (v), lo·te·rij·en; lo·te·rij·tje
de **lo·te·rij·baas** (m), lo·te·rij·ba·zen
de **lo·te·rij·hou·der** (m), lo·te·rij·hou·ders
de **lot·ge·noot** (m), lot·ge·no·ten; lot·ge·noot·je
de **lot·ge·no·te** (v), lot·ge·no·tes
de **lo·ting** (v), lo·tin·gen
de **lo·ti·on**, lo·ti·ons
lot·je: van lotje getikt
de **lot·jes·ver·koop·ster** (v), lot·jes·ver·koop·sters
de **lot·jes·ver·ko·per** (m), lot·jes·ver·ko·pers
de/het **lot·to**, lot·to's
de **lot·to-op·brengst** (v), lot·to-op·breng·sten
de **lo·tus** (m), lo·tus·sen
lou (bijw)
lou·che (bnw)
de **lou·is** (m)
de **lounge** (m), loun·ges
de **lounge·bar**, lounge·bars
loun·gen (ww), lounge, lounget; lounge·de, lounge·den; ge·lounged
lou·ter (bnw), lou·te·re
lou·te·ren (ww), lou·ter, lou·tert; lou·ter·de, lou·ter·den; ge·lou·terd
de **lou·vre·deur**, lou·vre·deu·ren; lou·vre·deur·tje
de **louw**, lou·wen
lo·ven (ww), loof, looft; loof·de, loof·den; ge·loofd
lo·vend (bnw), lo·ven·de
lo·vens·waar·dig (bnw), lo·vens·waar·di·ge
het **lo·ver**, lo·vers; lo·ver·tje
de **lo·ver·boy** (m), lo·ver·boys
low bud·get (bnw)
de **low·bud·get·film** (m), low·bud·get·films
het **low·bud·get·ho·tel**, low·bud·get·ho·tels
low cost (bnw)
low pro·file (bijw)
de **low·tech**[1]
low·tech[2] (bnw)
lo·y·aal (bnw), lo·y·a·le
de **lo·y·a·li·teit** (v), lo·y·a·li·tei·ten
de **loy·au·teit** (v), loy·au·tei·ten
lo·zen (ww), loos, loost; loos·de, loos·den; ge·loosd
de **lo·zing** (v), lo·zin·gen
lp *(langspeelplaat, long-playing record),* lp's
lpg *(liquefied petroleum gas)*
L.S. *(lectori salutem)*
lsd *(lysergeenzuurdi-ethylamide)*
lts *(lagere technische school),* lts'en [lts·en]
lub·ben (ww), lub, lubt; lub·de, lub·den; ge·lubd
lub·be·ren (ww), lub·ber, lub·bert; lub·ber·de, lub·ber·den; ge·lub·berd
Lu·cas·evan·ge·lie
de **lucht**, luch·ten; lucht·je
de **lucht·aan·val** (m), lucht·aan·val·len
het **lucht·alarm**, lucht·alar·men
de **lucht·bal·lon** (m), lucht·bal·lon·nen, lucht·bal·lons; lucht·bal·lon·ne·tje
het **lucht·bed**, lucht·bed·den; lucht·bed·je
de **lucht·be·han·de·ling** (v), lucht·be·han·de·lin·gen
de **lucht·cir·cu·la·tie** (v),

lucht·cir·cu·la·ties
lucht·door·la·tend (bnw), lucht·door·la·ten·de
de **lucht·druk** (m)
luch·ten (ww), lucht, lucht; lucht·te, lucht·ten; ge·lucht
de **luch·ter** (m), luch·ters; luch·ter·tje
de/het **lucht·fil·ter** (m/o), lucht·fil·ters
lucht·ge·koeld (bnw), lucht·ge·koel·de
de **lucht·ha·ven**, lucht·ha·vens; lucht·ha·ven·tje
de **lucht·ha·ven·be·las·ting** (v), lucht·ha·ven·be·las·tin·gen
luch·tig (bnw), luch·ti·ge
de **lucht·kar·te·ring** (v), lucht·kar·te·rin·gen
de **lucht·lan·ding** (v), lucht·lan·din·gen
de **lucht·macht**, lucht·mach·ten; lucht·macht·je
de **lucht·mas·sa**, lucht·mas·sa's
de/het **lucht·ma·tras**, lucht·ma·tras·sen; lucht·ma·tras·je
de **lucht·pi·raat** (m), lucht·pi·ra·ten
de **lucht·vaart**
de **lucht·vaart·dienst** (m), lucht·vaart·dien·sten
de **lucht·vaart·maat·schap·pij** (v), lucht·vaart·maat·schap·pij·en; lucht·vaart·maat·schap·pij·tje
het **lucht·vaar·tuig**, lucht·vaar·tui·gen; lucht·vaar·tuig·je
het **lucht·ver·keer**
de **lucht·ver·vui·ling** (v), lucht·ver·vui·lin·gen
de **lucht·wor·tel** (m), lucht·wor·tels; lucht·wor·tel·tje
lu·ci·de (bnw)
de **lu·ci·fer** (m), lu·ci·fers; lu·ci·fer·tje
lu·cra·tief (bnw), lu·cra·tie·ve
het **lud·du·vud·du**
lu·diek (bnw), lu·die·ke
lu·gu·ber (bnw), lu·gu·be·re
de **lui**[1] (mv)
lui[2] (bnw), luie
de **lui·aard** (m), lui·aards; lui·aard·je
luid (bnw), lui·de
de **lui·den**[1] (mv)
lui·den[2] (ww), luid, luidt; luid·de, luid·den; ge·luid
lui·dens (voorz)
luid·keels (bnw), luid·keel·se
luid·op (bijw)
luid·ruch·tig (bnw), luid·ruch·ti·ge
de **luid·spre·ker** (m), luid·spre·kers; luid·spre·ker·tje
lui·en (ww), lui, luit; lui·de, lui·den; ge·luid
de **lui·er**, lui·ers; lui·er·tje
lui·e·ren (ww), lui·er, lui·ert; lui·er·de, lui·er·den; ge·lui·erd
de **lui·e·rik** (m), lui·e·ri·ken
lui·e·ri·ken (ww), lui·e·rik, lui·e·rikt; lui·e·rik·te, lui·e·rik·ten; ge·lui·e·rikt
de **lui·fel**, lui·fels; lui·fel·tje
de **lui·heid** (v)
het **luik**, lui·ken; luik·je
lui·ken (ww), luik, luikt; look, lo·ken; ge·lo·ken
Luiks (bnw), Luik·se
de **Luik·se** (v), Luik·sen
Luik·se wa·fel
de **lui·lak**[1] (m) *(lui persoon)*, lui·lak·ken; lui·lak·je
het **lui·lak**[2] *(luilakviering)*, lui·lak·je
het **lui·lek·ker·land** *(plaats van overvloed)*, lui·lek·ker·lan·den
Lui·lek·ker·land *(mythisch land)*
de **luim**, lui·men; luim·pje
lui·men (ww), luim, luimt;

L

luim·de, luim·den; ge·luimd
de/het **lui·paard** (m/o), lui·paar·den; lui·paard·je
de **luis**, lui·zen; luis·je
de **luis·ter** (m)
de **luis·te·raar** (m), luis·te·raars; luis·te·raar·tje
de **luis·ter-cd** (m), luis·ter-cd's
luis·te·ren (ww), luis·ter, luis·tert; luis·ter·de, luis·ter·den; ge·luis·terd
lui·ste·rend (bnw), lui·ste·ren·de
de **luis·ter·toets** (m), luis·ter·toet·sen
luis·ter·vin·ken (ww), luis·ter·vink, luis·ter·vinkt; luis·ter·vink·te, luis·ter·vink·ten; ge·luis·ter·vinkt
de **luit**, lui·ten; luit·je
de **lui·te·nant** (m), lui·te·nants; lui·te·nant·je
de **lui·te·nant-ad·ju·dant** (m), lui·te·nant-ad·ju·dan·ten
de **lui·te·nant-ge·ne·raal** (m), lui·te·nant-ge·ne·raals
de **lui·te·nant-ko·lo·nel** (m), lui·te·nant-ko·lo·nels
de **lui·te·nant-ter-zee** (m), lui·te·nants-ter-zee
de **lui·wam·mes** (m), lui·wam·me·sen
lui·wam·me·sen (ww), lui·wam·mes, lui·wam·mest; lui·wam·mes·te, lui·wam·mes·ten; ge·lui·wam·mest
lui·zen (ww), luis, luist; luis·de, luis·den; ge·luisd
de **lui·zen·baan**, lui·zen·ba·nen; lui·zen·baan·tje
de **lui·zen·kam** (m), lui·zen·kam·men
het **lui·zen·le·ven**, lui·zen·le·vens; lui·zen·le·ven·tje
luk·ken (ww), luk, lukt; luk·te, luk·ten; ge·lukt
luk·raak (bnw), luk·ra·ke
lu·ku·man, lu·ku·mans
de **lul** (m), lul·len; lul·le·tje
de **lul-de-be·han·ger** (m), lul-de-be·han·gers
lul·len (ww), lul, lult; lul·de, lul·den; ge·luld
de **lum·ba·go** (m)
het **lu·men**, lu·mi·na
lu·mi·neus (bnw), lu·mi·neu·ze
de **lump·sum** (m)
de **lu·na** (v)
de **lunch** (m), lun·chen, lun·ches; lunch·je
lun·chen (ww), lunch, luncht; lunch·te, lunch·ten; ge·luncht
het **lunch·pak·ket**, lunch·pak·ket·ten; lunch·pak·ket·je
de **lunch·pau·ze**, lunch·pau·zen, lunch·pau·zes
de **lunch·room** (m), lunch·rooms
de **lu·net**, lu·net·ten
de **luns**, lun·zen
lun·zen (ww), luns, lunst; luns·de, luns·den; ge·lunsd
de **lu·ren** (mv)
de/het **lu·rex** (m/o)
lur·ken (ww), lurk, lurkt; lurk·te, lurk·ten; ge·lurkt
de **lur·ven** (mv)
de **lus** *(strik)*, lus·sen; lus·je
de **lust** (m), lus·ten; lust·je
lus·ten (ww), lust, lust; lust·te, lust·ten; ge·lust
de **lus·ter** (m), lus·ters; lus·ter·tje
de **lust·hof** (m), lust·ho·ven
lus·tig (bnw), lus·ti·ge
het **lus·trum**, lus·tra, lus·trums
de **lu·the·raan** (m), lu·the·ra·nen
lu·the·raans (bnw), lu·the·raan·se

het **lu·the·ra·nis·me**
lu·thers (bnw), lu·ther·se
luw (bnw), lu·we
lu·wen (ww), luw, luwt; luw·de, luw·den; ge·luwd
de **luw·te** (v), luw·ten, luw·tes
de **lux**
de **luxe**[1] (m), luxes
luxe[2] (bnw)
het **luxe·ap·par·te·ment**, luxe·ap·par·te·men·ten
het **luxe·ar·ti·kel**, luxe·ar·ti·ke·len, luxe·ar·ti·kels
de **luxe·au·to** (m), luxe·au·to's
de **luxe-edi·tie** (v), luxe-edi·ties
de **luxe·goe·de·ren** (mv)
het **luxe·ho·tel**, luxe·ho·tels
het **luxe·le·ven**, luxe·le·vens; luxe·le·ven·tje
Luxem·burgs (bnw), Luxem·burg·se
het **luxe·merk**, luxe·mer·ken
de **luxe·po·si·tie** (v), luxe·po·si·ties
het **luxe·pro·bleem**, luxe·pro·ble·men; luxe·pro·bleem·pje
het **luxe·pro·duct**, luxe·pro·duc·ten
de **luxe-uit·ga·ve**, luxe-uit·ga·ven
de **luxe-uit·voe·ring** (v), luxe-uit·voe·rin·gen
de **luxe·ver·sie** (v), luxe·ver·sies
het **luxe·ver·zuim**
de **luxe·wa·gen** (m), luxe·wa·gens
luxu·eus (bnw), luxu·eu·ze
de **lu·zer·ne**
lwoo *(leerwegondersteunend onderwijs)*
het **ly·ce·um**, ly·cea, ly·ce·ums
de **ly·chee** (m), ly·chees
de/het **ly·cra** (m/o), ly·cra's
de **lyme** (m) *(ziekte van Lyme)*
Lyme: ziekte van Lyme
de **lyme·ziek·te** (v)
de **lymf**
lym·fa·tisch (bnw), lym·fa·ti·sche
de **lym·fe**
de **lym·fe·klier**, lym·fe·klie·ren; lym·fe·klier·tje
de **lymf·klier**, lymf·klie·ren
het **lym·foom**, lym·fo·men
lyn·chen (ww), lynch, lyncht; lynch·te, lynch·ten; ge·lyncht
de **lynch·par·tij** (v), lynch·par·tij·en
de **lynx** (m), lyn·xen; lynx·je
de **ly·ra** (v), ly·ra's
de **ly·ri·cus** (m), ly·ri·ci
de **ly·riek** (v), ly·rie·ken
ly·risch (bnw), ly·ri·sche

M

de **m**[1], m'en, m's; m'etje
m[2] *(meter)*
'm (pers vnw)
de **ma**[1] (v) *(moeder),* ma's; maatje [ma·tje]
ma[2] *(maandag)*
ma. *(maandag)*
MA *(master of arts),* MA's
de **maag**, ma·gen; maag·je
de **maag·aan·doe·ning** (v), maag·aan·doe·nin·gen
de **maagd** (v) *(maagdelijk persoon),* maag·den; maagd·je
Maagd *((persoon met dit) sterrenbeeld, Maria),* Maag·den; Maagd·je
het **maag-darm·ka·naal**, maag-darm·ka·na·len
de **maag-darm·klach·ten** (mv)
het **maag-darm·stel·sel**, maag-darm·stel·sels
maag·de·lijk (bnw), maag·de·lij·ke
de **maag·de·lijk·heid** (v)
de **maag·den·palm** (m), maag·den·pal·men
het **maag·den·vlies,** maag·den·vlie·zen
de **maag·fis·tel**, maag·fis·tels
de **maag·he·vel** (m), maag·he·vels
de **maag·lij·der** (m), maag·lij·ders
het **maag·on·der·zoek,** maag·on·der·zoe·ken
de **maag·ont·ste·king** (v), maag·ont·ste·kin·gen
het **maag·sap**, maag·sap·pen
de **maag·schap**[1] (v) *(verwanten)*
de/het **maag·schap**[2] (v/o) *(familiebetrekking)*
de **maag·wand** (m), maag·wan·den
het **maag·zuur**, maag·zu·ren
maai·en (ww), maai, maait; maai·de, maai·den; ge·maaid
de **maai·er** (m), maai·ers
de **maai·ma·chi·ne** (v), maai·ma·chi·nes
de **maai·tijd** (m), maai·tij·den
het **maai·veld**, maai·vel·den
het **maak·werk**, maak·werk·je
de/het **maal**[1] *(keer),* ma·len; maal·tje
het **maal**[2] *(maaltijd),* ma·len; maal·tje
de **maal·tijd** (m), maal·tij·den; maal·tijd·je
de **maal·tijd·che·que** (m), maal·tijd·che·ques
de **maan**, ma·nen; maan·tje
de **maan·cir·kel** (m), maan·cir·kels
de **maand**, maan·den; maand·je
de **maan·dag**[1] (m), maan·da·gen
maan·dag[2] (bijw)
de **maan·dag·avond**[1] (m), maan·dag·avon·den
maan·dag·avond[2] (bijw)
de **maan·dag·mid·dag**[1] (m), maan·dag·mid·da·gen
maan·dag·mid·dag[2] (bijw)
de **maan·dag·mor·gen**[1] (m), maan·dag·mor·gens
maan·dag·mor·gen[2] (bijw)
de **maan·dag·nacht**[1] (m), maan·dag·nach·ten
maan·dag·nacht[2] (bijw)
de **maan·dag·na·mid·dag**[1] (m), maan·dag·na·mid·da·gen
maan·dag·na·mid·dag[2] (bijw)
de **maan·dag·och·tend**[1] (m), maan·dag·och·ten·den
maan·dag·och·tend[2] (bijw)
maan·dags[1] (bnw), maan·dag·se
maan·dags[2]: 's maandags
de **maan·dag·voor·mid·dag**[1] (m), maan·dag·voor·mid·da·gen

maan·dag·voor·mid·dag[2] (bijw)
het **maand·blad**, maand·bla·den; maand·blaad·je
maan·de·lijks (bnw), maan·de·lijk·se
maan·den·lang (bnw), maan·den·lan·ge
het **maand·rap·port**, maand·rap·por·ten
de **maand·stond** (m), maand·ston·den
de **maan·koek** (m), maan·koe·ken
de **maan·straal**, maan·stra·len
de **maar**[1] *(tegenwerping)*, ma·ren; maar·tje
maar[2] (bijw)
maar[3] (voegw)
de **maar·schalk** (m), maar·schal·ken
de **maart** (m), maar·ten; maart·je
de **maas** *(opening visnet; steek)*, ma·zen; maas·je
de **maas·ha·ge·dis**, maas·ha·ge·dis·sen
het **Maas·wa·ter**, Maas·wa·te·ren
de **maat**[1] (m) *(makker)*, maats, ma·ten; maat·je
de **maat**[2] *(andere betekenissen)*, ma·ten; maat·je
de **maat·een·heid** (v), maat·een·he·den
het **maat·glas**, maat·gla·zen; maat·glaas·je
de **maat·lat**, maat·lat·ten; maat·lat·je
de **maat·re·gel** (m), maat·re·ge·len, maat·re·gels; maat·re·gel·tje
de **maat·schap** (v), maat·schap·pen; maat·schap·je
maat·schap·pe·lijk (bnw), maat·schap·pe·lij·ke
de **maat·schap·pij** (v), maat·schap·pij·en; maat·schap·pij·tje
maat·schap·pij·kri·tisch (bnw), maat·schap·pij·kri·ti·sche
de **maat·schap·pij·leer**
de **maat·staf** (m), maat·sta·ven
de **maat·voe·ring** (v), maat·voe·rin·gen
het **maat·werk**
ma·ca·ber (bnw), ma·ca·be·re
de/het **ma·ca·dam** (m/o)
de **ma·cam·ba**, ma·cam·ba's
de **ma·ca·ron** (m), ma·ca·rons; ma·ca·ron·ne·tje
de **ma·ca·ro·ni** (m), macaronietje [ma·ca·ro·ni·tje]
de **mac·chi·a·to** (m), mac·chi·a·to's
de **ma·ce·doi·ne**, ma·ce·doi·nes
de **mach** (m)
de **ma·cher** (m), ma·chers
de **ma·che·te** (m), ma·che·tes
ma·chi·a·vel·lis·tisch (bnw), ma·chi·a·vel·lis·ti·sche
ma·chi·naal (bnw), ma·chi·na·le
de **ma·chi·ne** (v), ma·chi·nes; ma·chien·tje, ma·chi·ne·tje
de **ma·chi·ne·ka·mer**, ma·chi·ne·ka·mers; ma·chi·ne·ka·mer·tje
de **ma·chi·ne·olie**, machineoliën [ma·chi·ne·oli·en]
het **ma·chi·ne·on·der·deel**, ma·chi·ne·on·der·de·len; ma·chi·ne·on·der·deel·tje
de **ma·chi·ne·ope·ra·tor** (m), ma·chi·ne·ope·ra·to·ren, ma·chi·ne·ope·ra·tors
de **ma·chi·ne·rie** (v), machinerieën [ma·chi·ne·rie·en]; ma·chi·ne·rie·tje
de **ma·chi·nist** (m), ma·chi·nis·ten; ma·chi·nist·je
het **ma·chis·mo**
ma·chis·tisch (bnw), ma·chis·ti·sche
de **ma·cho**[1] (m), ma·cho's

ma·cho[2] (bnw)
de **macht**, mach·ten; macht·je
mach·te: bij machte
mach·te·loos (bnw), mach·te·lo·ze
de **macht·heb·ber** (m), macht·heb·bers; macht·heb·ber·tje
mach·tig (bnw), mach·ti·ge
mach·ti·gen (ww), mach·tig, mach·tigt; mach·tig·de, mach·tig·den; ge·mach·tigd
de **mach·ti·ging** (v), mach·ti·gin·gen
het **mach·ti·gings·num·mer**, mach·ti·gings·num·mers
het **machts·cen·trum**, machts·cen·tra, machts·cen·trums
de **machts·heb·ber** (m), machts·heb·bers
het **machts·mis·bruik**
het **machts·spel**, machts·spe·len; machts·spel·le·tje
de **machts·strijd** (m), machts·strij·den; machts·strijd·je
de **machts·struc·tuur** (v), machts·struc·tu·ren
de **macht·strijd** (m), macht·strij·den
het **machtsvacuüm** [machts·va·cu·um], machts·va·cua, machtsvacuüms [machts·va·cu·ums]
de **ma·çon** (m), ma·çons
ma·çon·niek (bnw), ma·çon·nie·ke
het **ma·cra·mé**
macrameeën [ma·cra·mee·en] (ww), ma·cra·mee, ma·cra·meet; ma·cra·mee·de, ma·cra·mee·den; ge·ma·cra·meed
de **ma·cro** (m), ma·cro's; macrootje [ma·cro·tje]
de **ma·cro-eco·no·mie** (v), macro-economieën [ma·cro-eco·no·mie·en]
ma·cro-eco·no·misch (bnw), ma·cro-eco·no·mi·sche
de **ma·cro·kos·mos** (m), ma·cro·kos·mos·sen
de/het **ma·cro·mo·le·cu·le**, ma·cro·mo·le·cu·len, ma·cro·mo·le·cu·les
de/het **ma·cro·mo·le·cuul**, ma·cro·mo·le·cu·len
het **ma·cro·ni·veau**, ma·cro·ni·veaus
de **ma·dam** (v), ma·dam·men, ma·dams; ma·dam·me·tje
de **ma·da·me** (v), ma·da·mes
de **ma·dame-jea·net·te** (m) *(pepersoort)*, ma·da·me-jea·net·tes
de **ma·de**, ma·den, ma·des; ma·de·tje
de **ma·de·lei·ne** (v), ma·de·lei·nes
de **ma·de·lief**, ma·de·lie·ven; ma·de·lief·je
de **ma·de·moi·sel·le** (v), ma·de·moi·sel·les
de **ma·de·ra** (m), ma·de·ra's; maderaatje [ma·de·ra·tje]
de **ma·de·ra·saus**, ma·de·ra·sau·sen, ma·de·ra·sau·zen
de **ma·don·na** (v) *(vrouw, meisje)*, ma·don·na's; madonnaatje [ma·don·na·tje]
Ma·don·na *(Maria)*, Madonnaatje [Ma·don·na·tje]
het **ma·dras**
het **ma·dri·gaal**, ma·dri·ga·len; ma·dri·gaal·tje
het **ma·dri·gal**, ma·dri·ga·len
de **maes·tro** (m), maes·tro's
de **maf**[1] (m), maf·je
maf[2] (bnw), maf·fe
maf·fen (ww), maf, maft; maf·te, maf·ten; ge·maft
de **maf·fia**, maf·fi·a's
maf·fia-ach·tig (bnw), maf·fia-ach·ti·ge

maf·fi·oos (bnw), maf·fi·o·ze
de maf·fi·o·so (m), maf·fi·o·si
het ma·ga·zijn, ma·ga·zij·nen; ma·ga·zijn·tje
de ma·ga·zijn·chef (m), ma·ga·zijn·chefs
de ma·ga·zij·nier (m), ma·ga·zij·niers
het ma·ga·zi·ne, ma·ga·zi·nes
het ma·gen·ta
ma·ger (bnw), ma·ge·re
Ma·ge·re Hein
de mag·gi (m)
Ma·ghre·bijns (bnw), Ma·ghre·bijn·se
het Ma·ghreb·land, Ma·ghreb·lan·den
de ma·gie (v)
de magiër [ma·gi·er] (m), magiërs [ma·gi·ers]
ma·gisch (bnw), ma·gi·sche
ma·gis·traal (bnw), ma·gis·tra·le
de ma·gis·traat (m), ma·gis·tra·ten; ma·gis·traat·je
de ma·gis·tra·tuur (v), ma·gis·tra·tu·ren
het mag·ma
de mag·naat (m), mag·na·ten; mag·naat·je
de mag·neet (m), mag·ne·ten; mag·neet·je
het mag·ne·si·um
mag·ne·tisch (bnw), mag·ne·ti·sche
de mag·ne·tron (m), mag·ne·trons
de mag·ne·tron·oven (m), mag·ne·tron·ovens
mag·ni·fiek (bnw), mag·ni·fie·ke
de mag·ni·tu·de (v), mag·ni·tu·des
de mag·no·lia, mag·no·li·a's; magnoliaatje [mag·no·lia·tje]
de mag·num, mag·nums
het mag·num opus, mag·na ope·ra
de ma·ha·rad·ja (m), ma·ha·rad·ja's
het mah·jong
het ma·ho·nie
de mai·den·speech (m), mai·den·spee·ches
de mail, mails; mail·tje
het mail·adres, mail·adres·sen
het mail·be·richt, mail·be·rich·ten; mail·be·richt·je
de mail·box (m), mail·boxen
mai·len (ww) *(per post verzenden, e-mailen),* mail, mailt; mail·de, mail·den; ge·maild
de mai·ling (v), mai·lings; mai·lin·kje
de mai·ling·list (m), mai·ling·lists
het mail·lot, mail·lots; mail·lot·je
het mail·ver·keer
de mail·wis·se·ling (v), mail·wis·se·lin·gen
het main·frame, main·frames
de main·port (m), main·ports
de main·stream (m)
de mais (m)
de maïs [ma·is] (m)
het mais·brood, mais·bro·den; mais·brood·je
het maïsbrood [ma·is·brood], maïsbroden [ma·is·bro·den]; maïsbroodje [ma·is·brood·je]
de mais·kip (v), mais·kip·pen
de maïskip [ma·is·kip] (v), maïskippen [ma·is·kip·pen]
de mais·kolf, mais·kol·ven; mais·kolf·je
de maïskolf [ma·is·kolf], maïskolven [ma·is·kol·ven]; maïskolfje [ma·is·kolf·je]
het mais·meel
het maïsmeel [ma·is·meel]
de mais·olie, maisoliën [mais·oli·en]
de maïsolie [ma·is·olie], maïsoliën [ma·is·oli·en]

de **mai·son·net·te**, mai·son·net·tes
de **mais·plant**, mais·plan·ten; mais·plant·je
de **maïsplant** [ma·is·plant], maïsplanten [ma·is·plan·ten]; maïsplantje [ma·is·plant·je]
het **mais·veld**, mais·vel·den; mais·veld·je
het **maïsveld** [ma·is·veld], maïsvelden [ma·is·vel·den]; maïsveldje [ma·is·veld·je]
het **mais·zet·meel**
het **maïs·zet·meel**
de **maî·tre** (m), maî·tres
de **maî·tre d'hô·tel** (m), maî·tre d'hô·tels, maî·tres d'hô·tel
de **maî·tres·se** (v), maî·tres·ses
de **mai·ze·na** (m)
de **maïzena** [ma·i·ze·na] (m)
het **mai·ze·na·koek·je**, mai·ze·na·koek·jes
de/het **ma·jem** (m/o)
de **ma·jes·teit** (v), ma·jes·tei·ten
ma·jes·tu·eus (bnw), ma·jes·tu·eu·ze
de **ma·jeur**[1] *(toonsoort)*
ma·jeur[2] (bnw), ma·jeu·re
de **ma·joor** (m), ma·joors; ma·joor·tje
de **ma·jor** (m), ma·jors
de **ma·jo·ret·te** (v), ma·jo·ret·tes; ma·jo·ret·je, ma·jo·ret·te·tje
mak (bnw), mak·ke
de **ma·kaak** (m), ma·ka·ken; ma·kaak·je
de **ma·kam·ba**, ma·kam·ba's
de **ma·ka·pe·ri**, ma·ka·pe·ri's
de **ma·ka·ron** (m), ma·ka·rons
de **ma·ka·slang**, ma·ka·slan·gen
de **ma·ke·laar** (m), ma·ke·laars, ma·ke·la·ren; ma·ke·laar·tje
de **ma·ke·laar·dij** (v), ma·ke·laar·dij·en
de **ma·ke·la·rij** (v), ma·ke·la·rij·en
ma·ke·len (ww), ma·kel, ma·kelt; ma·kel·de, ma·kel·den; ge·ma·keld
de **ma·ke·lij** (v)
ma·ken (ww), maak, maakt; maak·te, maak·ten; ge·maakt
de **make-over**, make-overs
de **ma·ker** (m), ma·kers; ma·ker·tje
de **ma·ke·rij** (v)
de **make-up** (m)
de **make-up·re·mo·ver** (m), make-up·re·mo·vers
de **ma·ki** (m), ma·ki's
de **ma·king** (v), ma·kin·gen, ma·kings
de **ma·king-of** (m), ma·king-ofs
de **mak·ke**, mak·kes
mak·ke·lijk (bnw), mak·ke·lij·ke
mak·ken: te makken hebben
de **mak·ker** (m), mak·kers; mak·ker·tje
het **mak·kie**, mak·kies
de **ma·kreel** (m), ma·kre·len; ma·kreel·tje
de **ma·kron** (m), ma·kron·nen, ma·krons; ma·kron·ne·tje
de **ma·kroon** (m), ma·kro·nen
de **mal**[1] (m) *(patroon),* mal·len; mal·le·tje
mal[2] (bnw), mal·le
ma·la·fi·de (bnw)
de **ma·la·ga** (m), ma·la·ga's
de **ma·lai·se** (v), ma·lai·ses
de **ma·la·ria**
de **ma·la·ria·mus·kiet** (m), ma·la·ria·mus·kie·ten
de **mal·con·ten·ten** (mv)
ma·le: ten tweeden male
Ma·lei·er: zo dronken als een Maleier
het **Ma·leis**[1] *(taal)*
Ma·leis[2] (bnw), Ma·lei·se

Ma·lei·sisch (bnw), Ma·lei·si·sche
ma·len[1] (ww) *(fijnmaken; water uitslaan),* maal, maalt; maal·de, maal·den; ge·ma·len
ma·len[2] (ww) *(andere betekenissen),* maal, maalt; maal·de, maal·den; ge·maald
ma·lend (bnw), ma·len·de
de **ma·ler** (m), ma·lers
het **mal·heur**, mal·heu·ren, mal·heurs; mal·heur·tje
de **ma·lie** (v), maliën [ma·li·en], ma·lies
de **maliënkolder** [ma·li·en·kol·der] (m), maliënkolders [ma·li·en·kol·ders]; maliënkoldertje [ma·li·en·kol·der·tje]
ma·lig·ne (bnw)
de **ma·ling** (v), ma·lin·gen
de **mall** (m), malls
de **mal·le·mo·len** (m), mal·le·mo·lens; mal·le·mo·len·tje
mal·len (ww), mal, malt; mal·de, mal·den; ge·mald
de **mal·lerd** (m), mal·lerds
de **mal·loot**, mal·lo·ten
mals (bnw), mal·se
de/het **malt** (m/o), mal·ten; malt·je
de **mal·ta** (m) *(aardappel),* mal·ta's
de **Mal·tees**[1] (m) *(persoon),* Mal·te·zen
het **Mal·tees**[2] *(taal)*
Mal·tees[3] (bnw), Mal·te·se
de **mal·te·zer** (m) *(hond),* mal·te·zers; mal·te·zer·tje
de **Mal·te·zer**[1] (m) *(persoon),* Mal·te·zers; Mal·te·zer·tje
Mal·te·zer[2] (bnw)
Mal·te·zer kruis
Mal·te·zer leeuw·tje
mal·trai·te·ren (ww), mal·trai·teer, mal·trai·teert; mal·trai·teer·de, mal·trai·teer·den; ge·mal·trai·teerd
de **ma·lus** (m), ma·lus·sen
de **mal·ve**
de **mal·ver·sa·tie** (v), mal·ver·sa·ties
de **mal·ware** (m)
de **mam**, mam·men; mam·me·tje
de **ma·ma** (v), ma·ma's; mamaatje [ma·ma·tje]
de **mam·ma** (v), mam·ma's; mammaatje [mam·ma·tje]
de **mam·me·luk** (m), mam·me·luk·ken
de **mam·mie** (v), mam·mies
de **mam·moet** (m), mam·moe·ten, mam·moets; mam·moet·je
de **mam·mo·graaf** (m), mam·mo·gra·fen
de **mam·mo·gra·fie** (v), mammografieën [mam·mo·gra·fie·en]
het **mam·mo·gram**, mam·mo·gram·men
de **mam·mon** (m)
de **mam·pier**, mam·pie·ren
de **man** (m), man·nen; man·ne·tje
het **ma·nage·ment**
het **ma·nage·ment·ad·vies·bu·reau**, ma·nage·ment·ad·vies·bu·reaus
de **ma·nage·ment·as·sis·tent** (m), ma·nage·ment·as·sis·ten·ten
de **ma·nage·ment·as·sis·ten·te** (v), ma·nage·ment·as·sis·ten·tes
de **ma·nage·ment·buy-out** (m), ma·nage·ment·buy-outs
de **ma·nage·ment·con·sul·tant** (m), ma·nage·ment·con·sul·tants
de **ma·nage·ment·fee**, ma·nage·ment·fees
de **ma·nage·ment·func·tie** (v), ma·nage·ment·func·ties
de **ma·nage·ment·in·for·ma·tie** (v)
de **ma·nage·ment·let·ter**, ma·nage·ment·let·ters

de **ma·nage·ment·sa·men·vat·ting** (v), ma·nage·ment·sa·men·vat·tin·gen
het **ma·nage·ment·sys·teem**, ma·nage·ment·sys·te·men
het **ma·nage·ment·team**, ma·nage·ment·teams
de **ma·nage·ment·team·ver·ga·de·ring** (v), ma·nage·ment·team·ver·ga·de·rin·gen
ma·na·gen (ww), ma·nage, ma·naget; ma·nage·de, ma·nage·den; ge·ma·naged
de **ma·na·ger** (m), ma·na·gers
de **ma·na·ging di·rec·tor** (m), ma·na·ging di·rec·tors
de **man·che**, man·ches; man·che·je, man·che·tje
het **man·ches·ter**[1]
man·ches·ter[2] (bnw)
de **man·chet**, man·chet·ten; man·chet·je
de **man·chet·knoop** (m), man·chet·kno·pen; man·chet·knoop·je
het **man·co**, man·co's
de **mand**, man·den; mand·je
het **man·daat**, man·da·ten; man·daat·je
de **man·da·la** (m), man·da·la's
de **man·da·rijn** (m), man·da·rij·nen; man·da·rijn·tje
het **Man·da·rijn** *(taal)*
de **man·da·ta·ris** (m), man·da·ta·ris·sen
man·da·te·ren (ww), man·da·teer, man·da·teert; man·da·teer·de, man·da·teer·den; ge·man·da·teerd
man·de·lig (bnw), man·de·li·ge
het **man·de·ment**, man·de·men·ten
de **man·den·vlech·ter** (m), man·den·vlech·ters
de **man·dir**, man·dirs
de **man·do·li·ne** (v), man·do·li·nes
de **man·dril** (m), man·drils
de **mand·vlech·ter** (m), mand·vlech·ters
de **ma·ne·blus·ser** (m), ma·ne·blus·sers
de **ma·ne·ge**, ma·ne·ges
de **ma·nen**[1] (mv)
ma·nen[2] (ww), maan, maant; maan·de, maan·den; ge·maand
de **ma·ner** (m), ma·ners
de **ma·ne·schijn** (m), ma·ne·schijn·tje
de **ma·ne·straal**, ma·ne·stra·len
de/het **ma·neu·ver**, ma·neu·vers
de **man·ga** (m), man·ga's
het **man·gat**, man·ga·ten
de **man·gel**[1] (m) *(werktuig)*, man·gels; man·gel·tje
het **man·gel**[2] *(gebrek)*, man·gel·tje
de **man·go** (m), man·go's; mangootje [man·go·tje]
de **man·gro·ve** (m), man·gro·ven, man·gro·ves
het **man·gro·ve·ge·bied**, man·gro·ve·ge·bie·den
de **ma·ni** (m), ma·ni's; manietje [ma·ni·tje]
de **ma·ni·ak** (m), ma·ni·ak·ken; ma·ni·ak·je
ma·ni·a·kaal (bnw), ma·ni·a·ka·le
de **manicheeër** [ma·ni·chee·er] (m), manicheeërs [ma·ni·chee·ers]
het **manicheïsme** [ma·ni·che·is·me]
de **ma·ni·cu·re**[1] *(persoon, etui)*, ma·ni·cu·ren, ma·ni·cu·res
de **ma·ni·cu·re**[2] *(handverzorging)*
ma·ni·cu·ren (ww), ma·ni·cuur, ma·ni·cuurt; ma·ni·cuur·de, ma·ni·cuur·den; ge·ma·ni·cuurd
de **ma·nie** (v), manieën [ma·nie·en], ma·nies; ma·nie·tje

de **ma·nier**, ma·nie·ren; ma·nier·tje
het **maniërisme** [ma·ni·e·ris·me]
het **ma·ni·fest**[1], ma·ni·fes·ten; ma·ni·fest·je
ma·ni·fest[2] (bnw), ma·ni·fes·te
de **ma·ni·fes·ta·tie** (v), ma·ni·fes·ta·ties
ma·ni·fes·te·ren (ww), ma·ni·fes·teer, ma·ni·fes·teert; ma·ni·fes·teer·de, ma·ni·fes·teer·den; ge·ma·ni·fes·teerd
de **ma·nil·la**, ma·nil·la's; manillaatje [ma·nil·la·tje]
de **ma·nil·le**, ma·nil·les
de **ma·ni·ok** (m)
de **ma·ni·pu·la·tie** (v), ma·ni·pu·la·ties
ma·ni·pu·la·tief (bnw), ma·ni·pu·la·tie·ve
de **ma·ni·pu·la·tor** (m), ma·ni·pu·la·to·ren, ma·ni·pu·la·tors
ma·ni·pu·le·ren (ww), ma·ni·pu·leer, ma·ni·pu·leert; ma·ni·pu·leer·de, ma·ni·pu·leer·den; ge·ma·ni·pu·leerd
ma·nisch (bnw), ma·ni·sche
ma·nisch-de·pres·sief (bnw), ma·nisch-de·pres·sie·ve
mank (bnw), man·ke
het **man·ke·ment**, man·ke·men·ten; man·ke·ment·je
man·ken (ww), mank, mankt; mank·te, mank·ten; ge·mankt
man·ke·ren (ww), man·keer, man·keert; man·keer·de, man·keer·den; ge·man·keerd
de **man·kracht**, man·krach·ten
man·lijk (bnw), man·lij·ke
de **man·lijk·heid** (v), man·lijk·he·den
de **man·meer·si·tu·a·tie** (v), man·meer·si·tu·a·ties
het **man·na**
het **man·ne·ke**, man·ne·kes
de **man·ne·ken** (m), man·ne·kens
man·ne·lijk (bnw), man·ne·lij·ke
de **man·ne·lijk·heid** (v), man·ne·lijk·he·den
man·nen (ww), man, mant; man·de, man·den; ge·mand
het **man·nen·dub·bel·spel**, man·nen·dub·bel·spe·len, man·nen·dub·bel·spel·len
het **man·nen·koor**, man·nen·ko·ren; man·nen·koor·tje
de **man·nen·taal**, man·nen·ta·len
de **man·nen·ver·slind·ster** (v), man·nen·ver·slind·sters
de **man·nen·ziek·te** (v), man·nen·ziek·ten, man·nen·ziek·tes
de **man·ne·quin** (m), man·ne·quins; man·ne·quin·tje
de **man·nin** (v), man·nin·nen
de/het **ma·noeu·vre**, ma·noeu·vres; ma·noeu·vre·tje
ma·noeu·vreer·baar (bnw), ma·noeu·vreer·ba·re
de **ma·noeu·vreer·ruim·te** (v), ma·noeu·vreer·ruim·ten, ma·noeu·vreer·ruim·tes
ma·noeu·vre·ren (ww), ma·noeu·vreer, ma·noeu·vreert; ma·noeu·vreer·de, ma·noeu·vreer·den; ge·ma·noeu·vreerd
de **ma·no·me·ter** (m), ma·no·me·ters
het **ma·nou**
mans[1] (bnw)
mans[2]: 's mans
man·sa·li·ña, man·sa·li·ña's
het **man·sa·li·ña·bos**, man·sa·li·ña·bos·sen

M

de **man·schap** (v), man·schap·pen
mans·hoog (bnw), mans·ho·ge
de **man·ta** (m), man·ta's
het **man-te·gen-man·ge·vecht**, man-te·gen-man·ge·vech·ten
de **man·tel** (m), man·tels; man·tel·tje
de **man·tel·zor·ger** (m), man·tel·zor·gers
de **man·toux·test** (m), man·toux·tes·ten, man·toux·tests
de **man·tra** (m), man·tra's
het **ma·nu·aal**, ma·nu·a·len
ma·nu·eel (bnw), ma·nu·e·le
de **ma·nu·fac·tu·ren** (mv)
de **ma·nu·fac·tuur** (v), ma·nu·fac·tu·ren
het **ma·nus·cript**, ma·nus·crip·ten; ma·nus·cript·je
het **ma·nus·je-van-al·les**, ma·nus·jes-van-al·les
het **man·uur**, man·uren
de **man-vrouw·ver·hou·ding** (v), man-vrouw·ver·hou·din·gen
het **man·wijf**, man·wij·ven
het **man-zijn**
het **maoïsme** [mao·is·me]
de **maoïst** [mao·ist] (m), maoïsten [mao·is·ten]
maoïstisch [mao·is·tisch] (bnw), maoïstische [mao·is·ti·sche]
de **Ma·o·ri**[1] (m) *(persoon)*, Ma·o·ri's
het **Ma·o·ri**[2] *(taal)*
de **map**, map·pen; map·je
map·pen (ww), map, mapt; map·te, map·ten; ge·mapt
de **ma·quet·te**, ma·quet·tes
de **ma·quil·la·ge** (v), ma·quil·la·ges
ma·quil·le·ren (ww), ma·quil·leer, ma·quil·leert; ma·quil·leer·de, ma·quil·leer·den; ge·ma·quil·leerd
de/het **ma·quis** (m/o)
de **ma·raan** (m), ma·ra·nen
de **ma·ra·boe** (m), ma·ra·boes; ma·ra·boe·tje
de **ma·ra·thon** (m), ma·ra·thons; ma·ra·thon·ne·tje
de **marc** (m) *(drank)*, marc·tje
de **mar·chand** (m), mar·chands
mar·chan·de·ren (ww), mar·chan·deer, mar·chan·deert; mar·chan·deer·de, mar·chan·deer·den; ge·mar·chan·deerd
de **mar·che**, mar·chen, mar·ches
mar·che·ren (ww), mar·cheer, mar·cheert; mar·cheer·de, mar·cheer·den; ge·mar·cheerd
Mar·cus·evan·ge·lie
de **ma·re**, ma·ren; ma·re·tje
de **ma·re·chaus·see**[1] (v) *(dienst)*
de **ma·re·chaus·see**[2] (m) *(persoon)*, ma·re·chaus·sees
ma·ren[1] (ww), maar, maart; maar·de, maar·den; ge·maard
ma·ren[2]: mitsen en maren
de **ma·re·tak** (m), ma·re·tak·ken; ma·re·tak·je
de **mar·ga·ri·ne**, mar·ga·ri·nes
de **mar·ga·ri·ta** (v), mar·ga·ri·ta's
de **mar·ge**, mar·ges
mar·gi·naal (bnw), mar·gi·na·le
de **mar·griet**, mar·grie·ten; mar·griet·je
het **Ma·ria·beeld**, Ma·ria·beel·den; Ma·ria·beeld·je
de **ma·ri·a·chi** (m), ma·ri·a·chi's
Ma·ria-He·mel·vaart
de **Ma·ria·ver·ering** (v), Ma·ria·ver·erin·gen
de **ma·ri·bom·ba**, ma·ri·bom·ba's
de **ma·ri·co**, ma·ri·co's
ma·rien (bnw), ma·rie·ne
de **ma·ri·hu·a·na**
de **ma·ri·ku**, ma·ri·ku's

de **ma·ri·na** (v) *(ordinair meisje),* ma·ri·na's; marinaatje [ma·ri·na·tje]
de **ma·ri·na·de** (v), ma·ri·na·des
de **ma·ri·ne** (v), ma·ri·nes
ma·ri·ne·blauw (bnw), ma·ri·ne·blau·we
de **ma·ri·ne·of·fi·cier** (m), ma·ri·ne·of·fi·cie·ren, ma·ri·ne·of·fi·ciers
ma·ri·ne·ren (ww), ma·ri·neer, ma·ri·neert; ma·ri·neer·de, ma·ri·neer·den; ge·ma·ri·neerd
de **ma·ri·ne·staf** (m)
de **ma·ri·nier** (m), ma·ri·niers
de **ma·ri·o·net**, ma·ri·o·net·ten; ma·ri·o·net·je
de **ma·ri·pa**, ma·ri·pa's
de **ma·ri·pa·boom**, ma·ri·pa·bo·men
de **ma·ri·pa·olie**
ma·ri·tiem (bnw), ma·ri·tie·me
de **mar·jo·lein**, mar·jo·lein·tje
de **mark**[1] (m) *(munt),* mar·ken; mark·je
de **mark**[2] *(andere betekenissen),* mar·ken; mark·je
mar·kant (bnw), mar·kan·te
de **mar·keer·stift**, mar·keer·stif·ten; mar·keer·stift·je
de **mar·ker** (m), mar·kers
mar·ke·ren (ww), mar·keer, mar·keert; mar·keer·de, mar·keer·den; ge·mar·keerd
de **mar·ke·ring** (v), mar·ke·rin·gen
de **mar·ke·teer** (m), mar·ke·teers
mar·ke·ten (ww), mar·ket, mar·ket; mar·ket·te, mar·ket·ten; ge·mar·ket
de **mar·ke·tent·ster** (v), mar·ke·tent·sters; mar·ke·tent·ster·tje
de **mar·ke·ting** (v)
de **mar·ke·ting·af·de·ling** (v), mar·ke·ting·af·de·lin·gen
de **mar·ke·ting·com·mu·ni·ca·tie** (v), mar·ke·ting·com·mu·ni·ca·ties
de **mar·ke·ting·ma·na·ger** (m), mar·ke·ting·ma·na·gers
de **mar·ke·ting·mix** (m), mar·ke·ting·mixen
het **mar·ke·ting·plan**, mar·ke·ting·plan·nen
de **mar·ke·ting·stra·te·gie** (v), marketingstrategieën [mar·ke·ting·stra·te·gie·en]
de **mark·graaf** (m), mark·gra·ven
de **mar·kies**[1] (m) *(persoon, titel),* mar·kie·zen; mar·kies·je
de **mar·kies**[2] *(zonnescherm),* mar·kie·zen; mar·kies·je
het **mar·ki·zaat**, mar·ki·za·ten
de **markt**, mark·ten; markt·je
het **markt·aan·deel**, markt·aan·de·len; markt·aan·deel·tje
de **markt·be·heer·der** (m), markt·be·heer·ders
markt·con·form (bnw), markt·con·for·me
de **markt·eco·no·mie** (v), markteconomieën [markt·eco·no·mie·en]
mark·ten (ww), markt, markt; markt·te, markt·ten; ge·markt
de **markt·han·del** (m)
de **markt·in·tro·duc·tie** (v), markt·in·tro·duc·ties
de **markt·koop·man** (m), markt·koop·lie·den, markt·koop·lui, markt·koop·man·nen
de/het **markt·kraam**, markt·kra·men; markt·kraam·pje
de **markt·lei·der** (m), markt·lei·ders
het **markt·on·der·zoek**, markt·on·der·zoe·ken;

markt·on·der·zoek·je
het **markt·on·der·zoek·bu·reau**, markt·on·der·zoek·bu·reaus
de **markt·plaats**, markt·plaat·sen; markt·plaats·je
het **markt·plein**, markt·plei·nen; markt·plein·tje
het **markt·recht**, markt·rech·ten
de **markt·ver·de·lings·af·spraak**, markt·ver·de·lings·af·spra·ken
de **markt·ver·koop·ster** (v), markt·ver·koop·sters
de **markt·ver·ko·per** (m), markt·ver·ko·pers
de **markt·wer·king** (v), markt·wer·kin·gen
de **mark-up** (m), mark-ups
mar·ku·sa, mar·ku·sa's
de **mar·me·la·de**, mar·me·la·den, mar·me·la·des
het **mar·mer**, mar·mers
mar·me·ren[1] (bnw)
mar·me·ren[2] (ww), mar·mer, mar·mert; mar·mer·de, mar·mer·den; ge·mar·merd
de **mar·mot**, mar·mot·ten; mar·mot·je
het **ma·ro·kijn**
ma·ro·kij·nen (bnw)
de **Ma·rok·kaan** (m), Ma·rok·ka·nen; Ma·rok·kaan·tje
Ma·rok·kaans (bnw), Ma·rok·kaan·se
de **mar·que·te·rie** (v)
mar·ron, mar·rons
de **mar·ron·cul·tuur** (v)
het **mar·ron·dorp**, mar·ron·dor·pen; mar·ron·dorp·je
de **mars**[1], mar·sen; mars·je
mars[2] (tussenw)
Mars *(god; planeet)*
de **mar·sa·la** (v), mar·sa·la's
de/het **mar·se·pein** (m/o)
de **mar·shal** (m), mar·shals
het **mar·shall·plan** *(grootschalig plan van aanpak),* mar·shall·plan·nen
Mar·shall·plan *(plan van minister Marshall)*
de **marsh·mal·low** (m), marsh·mal·lows
de **mar·te·laar** (m), mar·te·laars, mar·te·la·ren; mar·te·laar·tje
het **mar·te·laar·schap**
mar·te·len (ww), mar·tel, mar·telt; mar·tel·de, mar·tel·den; ge·mar·teld
de **mar·te·ling** (v), mar·te·lin·gen
de **mar·ter**[1] (m) *(dier),* mar·ters; mar·ter·tje
het **mar·ter**[2] *(bont),* mar·ter·tje
mar·ti·aal (bnw), mar·ti·a·le
de **mar·ti·ni** (m), mar·ti·ni's; martinietje [mar·ti·ni·tje]
het **mar·xis·me**
de **mar·xist** (m), mar·xis·ten; mar·xist·je
mar·xis·tisch (bnw), mar·xis·ti·sche
de **Ma·sai** (mv)
de **ma·sa·la**, ma·sa·la's
de **mas·ban·gu**, mas·ban·gu's
de **mas·ca·ra**, mas·ca·ra's
de **mas·car·po·ne** (m), mas·car·po·nes
de **mas·cot·te**, mas·cot·tes; mas·cot·je, mas·cot·te·tje
mas·cu·lien (bnw), mas·cu·lie·ne
de **mas·ke**, mas·ken
het **mas·ker**, mas·kers; mas·ker·tje
de **mas·ke·ra·de** (v), mas·ke·ra·den, mas·ke·ra·des
mas·ke·ren[1] (ww) *(verhullen),* mas·keer, mas·keert; mas·keer·de, mas·keer·den; ge·mas·keerd
mas·ke·ren[2] (ww) *(met een masker bedekken),* mas·ker, mas·kert;

mas·ker·de, mas·ker·den; ge·mas·kerd
de **ma·so·chist** (m), ma·so·chis·ten
ma·so·chis·tisch (bnw), ma·so·chis·ti·sche
mas·qué (bnw)
de **mas·sa**, mas·sa's
mas·saal (bnw), mas·sa·le
het **mas·sa-ar·ti·kel**, mas·sa-ar·ti·ke·len, mas·sa-ar·ti·kels
de **mas·sa·con·sump·tie** (v)
mas·sa·cre·ren (ww), mas·sa·creer, mas·sa·creert; mas·sa·creer·de, mas·sa·creer·den; ge·mas·sa·creerd
de **mas·sa-exe·cu·tie** (v), mas·sa-exe·cu·ties
de **mas·sa·ge** (v), mas·sa·ges
het **mas·sa·ge·bed**[1] *(bed)*, mas·sa·ge·bed·den
het **mas·sa·ge·bed**[2] *(gebed)*, mas·sa·ge·be·den
de **mas·sa·ge·olie**, massageoliën [mas·sa·ge·oli·en], mas·sa·ge·olies
de **mas·sa·hys·te·rie** (v)
de **mas·sa-im·mi·gra·tie** (v)
de **mas·sa·li·teit** (v), mas·sa·li·tei·ten
de **mas·sa·mee·ting**, mas·sa·mee·tings
het **mas·sa·ont·slag**, mas·sa·ont·sla·gen
de **mas·sa·pro·duc·tie** (v)
het **mas·sa·ver·nie·ti·gings·wa·pen**, mas·sa·ver·nie·ti·gings·wa·pens
mas·se: en masse
mas·se·ren (ww), mas·seer, mas·seert; mas·seer·de, mas·seer·den; ge·mas·seerd
de **mas·seur** (m), mas·seurs; mas·seur·tje
de **mas·seu·se** (v), mas·seu·ses; mas·seu·se·tje
het **mas·sief**[1], mas·sie·ven
mas·sief[2] (bnw), mas·sie·ve
de **mast** (m), mas·ten; mast·je
mas·ten (ww), mast, mast; mast·te, mast·ten; ge·mast
de **mas·ter** (m), mas·ters
de **mas·ter·bed·room** (m), mas·ter·bed·rooms
de **mas·ter·class**, mas·ter·clas·ses
het **mas·ter·di·plo·ma**, mas·ter·di·plo·ma's
mas·te·ren (ww), mas·ter, mas·tert; mas·ter·de, mas·ter·den; ge·mas·terd
de **mas·ter·op·lei·ding** (v), mas·ter·op·lei·din·gen
het **mas·ter·plan**, mas·ter·plan·nen
de **mas·ter·proef**, mas·ter·proe·ven
de **mas·ter·scrip·tie** (v), mas·ter·scrip·ties
de **mas·ter·stu·dent** (m), mas·ter·stu·den·ten
de **mas·ter·stu·die** (v), mas·ter·stu·dies
de **mas·ter·the·sis** (v), mas·ter·the·ses, mas·ter·the·sis·sen
de **mas·ter·ti·tel** (m), mas·ter·ti·tels
de/het **mas·tiek** (m/o), mas·tiek·je
mas·tie·ken (ww), mas·tiek, mas·tiekt; mas·tiek·te, mas·tiek·ten; ge·mas·tiekt
de **mas·to·dont** (m), mas·to·don·ten; mas·to·dont·je
de **mas·tur·ba·tie** (v), mas·tur·ba·ties
mas·tur·be·ren (ww), mas·tur·beer, mas·tur·beert; mas·tur·beer·de, mas·tur·beer·den; ge·mas·tur·beerd
ma·su·sa
de **ma·su·sa·rijst** (m)
het **mat**[1] *(schaakmat)*

M

de **mat**[2] *(kleed; andere betekenissen)*, mat·ten; mat·je
mat[3] (bnw), mat·te
de **ma·ta**, ma·ta's
de **ma·ta·dor** (m), ma·ta·dors
de **ma·ta·pi**, ma·ta·pi's
de **match**, mat·chen, mat·ches
mat·chen (ww), match, matcht; match·te, match·ten; ge·matcht
de **mat·ching**, mat·chings
de **ma·te**
de **ma·té** (m)
ma·te·loos (bnw), ma·te·lo·ze
de **ma·ter** (v), ma·ters
het **ma·te·ri·aal**, ma·te·ri·a·len
ma·te·ri·a·li·se·ren (ww), ma·te·ri·a·li·seer, ma·te·ri·a·li·seert; ma·te·ri·a·li·seer·de, ma·te·ri·a·li·seer·den; ge·ma·te·ri·a·li·seerd
de **ma·te·ri·a·li·se·ring** (v), ma·te·ri·a·li·se·rin·gen
het **ma·te·ri·a·lis·me**
ma·te·ri·a·lis·tisch (bnw), ma·te·ri·a·lis·ti·sche
de **ma·te·ri·a·li·teit** (v), ma·te·ri·a·li·tei·ten
de **ma·te·rie** (v), materiën [ma·te·ri·en], ma·te·ries
het **ma·te·ri·eel**[1]
ma·te·ri·eel[2] (bnw), materiële [ma·te·ri·e·le]
ma·ter·naal (bnw), ma·ter·na·le
de **ma·ter·ni·teit** (v), ma·ter·ni·tei·ten
het **mat·glas**
ma·the·ma·tisch (bnw), ma·the·ma·ti·sche
ma·tig (bnw), ma·ti·ge
ma·ti·gen (ww), ma·tig, ma·tigt; ma·tig·de, ma·tig·den; ge·ma·tigd
de **ma·tig·heid** (v)
de **ma·ti·nee** (v), ma·ti·nees; ma·ti·nee·tje
ma·ti·neus (bnw), ma·ti·neu·ze
ma·tjok
de **ma·tjok·ta·fel**, ma·tjok·ta·fels
de **ma·trak**, ma·trak·ken
de/het **ma·tras**, ma·tras·sen; ma·tras·je
de **ma·tri·arch** (v), ma·tri·ar·chen
de **ma·trijs**, ma·trij·zen
de **ma·trix** (v), ma·tri·ces, ma·trixen; ma·trix·je
de **ma·troesj·ka** (v), ma·troesj·ka's
de **ma·tro·ne** (v), ma·tro·nes
de **ma·troos** (m), ma·tro·zen; ma·troos·je
de **ma·tro·zen·roos**, ma·tro·zen·ro·zen
de **mat·se** (m), mat·ses
mat·sen (ww), mats, matst; mats·te, mats·ten; ge·matst
mat·ten (ww), mat, mat; mat·te, mat·ten; ge·mat
de **mat·ten·taart**, mat·ten·taar·ten; mat·ten·taart·je
mat·te·ren (ww), mat·teer, mat·teert; mat·teer·de, mat·teer·den; ge·mat·teerd
het **mat·the·us·ef·fect**, mat·the·us·ef·fec·ten
Mat·the·us·evan·ge·lie
de **ma·tu·ri·teit** (v)
ma·tuur (bnw), ma·tu·re
de **mat·voe·ring** (v)
het **mat·werk**
mat·zwart (bnw), mat·zwar·te
de **mau·la·na** (m), mau·la·na's
de **mau·ri·ti·us·palm** (m), mau·ri·ti·us·pal·men
het **mau·so·le·um**, mau·so·lea, mau·so·le·ums; mau·so·le·um·pje
mau·ve (bnw)
mau·wen (ww), mauw, mauwt; mauw·de, mauw·den; ge·mauwd

ma·vo[1] *(school voor middelbaar algemeen voortgezet onderwijs),* ma·vo's
het **ma·vo**[2] *(middelbaar algemeen voortgezet onderwijs)*
het **ma·vo·di·plo·ma,** ma·vo·di·plo·ma's
de **mavoër** [ma·vo·er] (m), mavoërs [ma·vo·ers]
het **ma·vo-exa·men,** ma·vo-exa·mens
de **ma·vo·leer·ling** (m), ma·vo·leer·lin·gen
m.a.w. *(met andere woorden)*
de **max** (m)
max. *(maximum)*
de **Max Ha·ve·laar·kof·fie** (m)
de/het **maxi** (m/o), maxi's
maxi·maal (bnw), maxi·ma·le
maxi·ma·li·se·ren (ww), maxi·ma·li·seer, maxi·ma·li·seert; maxi·ma·li·seer·de, maxi·ma·li·seer·den; ge·maxi·ma·li·seerd
het **maxi·me,** maxi·men, maxi·mes
maxi·me·ren (ww), maxi·meer, maxi·meert; maxi·meer·de, maxi·meer·den; ge·maxi·meerd
het **maxi·mum**[1], maxi·ma
maxi·mum[2] (bijw)
het **maxi·mum·be·drag,** maxi·mum·be·dra·gen; maxi·mum·be·drag·je
de **maxi·mum·grens,** maxi·mum·gren·zen
de **maxi·mum·snel·heid** (v), maxi·mum·snel·he·den
de **maxi·mum·tem·pe·ra·tuur** (v), maxi·mum·tem·pe·ra·tu·ren
de **Ma·ya** (m), Ma·ya's
de **Ma·ya·cul·tuur** (v), Ma·ya·cul·tu·ren
de **Ma·ya·ka·len·der** (m), Ma·ya·ka·len·ders
de **Ma·ya·stad,** Ma·ya·ste·den
may·day (tussenw)
ma·yo *(mayonaise),* ma·yo's
de **ma·yo·nai·se** (v), ma·yo·nai·ses
de **ma·ze·len**[1] (mv)
ma·ze·len[2] (ww), ma·zel, ma·zelt; ma·zel·de, ma·zel·den; ge·ma·zeld
ma·zen (ww), maas, maast; maas·de, maas·den; ge·maasd
de **ma·zout** (m), ma·zou·ten, ma·zouts
de **maz·zel** (m), maz·zels; maz·zel·tje
de **maz·ze·laar** (m), maz·ze·laars
maz·ze·len (ww), maz·zel, maz·zelt; maz·zel·de, maz·zel·den; ge·maz·zeld
maz·zel·tof (tussenw)
mb *(millibar)*
MB *(megabyte),* MB's
MBA *(master of business administration),* MBA's
mbo[1] *(school voor middelbaar beroepsonderwijs),* mbo's
mbo[2] *(middelbaar beroepsonderwijs)*
het **mbo-di·plo·ma,** mbo-di·plo·ma's
de **mbo'er** [mbo·er] (m), mbo'ers [mbo·ers]
de **mbo-leer·ling** (m), mbo-leer·lin·gen
het **mbo-ni·veau,** mbo-ni·veaus
de **mbo-op·lei·ding** (v), mbo-op·lei·din·gen
de **mbo-school,** mbo-scho·len
de **mbo-stu·dent** (m), mbo-stu·den·ten
m.b.t. *(met betrekking tot)*
m.b.v. *(met behulp van)*
de/het **mdf** *(medium density fibreboard)*
MDMA *(methyleendioxymethylamfetamine)*
me[1] (pers vnw)
me[2] (wederkerend vnw)

ME *(mobiele eenheid; myalgische encefalomyelitis, myalgische encefalomyopathie)*
het **mea cul·pa**[1], mea cul·pa's
mea cul·pa[2] (bijw)
de **me·an·der** (m), me·an·ders
me·an·de·ren (ww), me·an·der, me·an·dert; me·an·der·de, me·an·der·den; ge·me·an·derd
meao[1] *(school voor middelbaar economisch en administratief onderwijs)*, meao's
meao[2] *(middelbaar economisch en administratief onderwijs)*
de **me·ca·ni·cien** (m), me·ca·ni·ciens
het **me·ce·naat**, me·ce·na·ten
de **me·ce·nas** (m), me·ce·nas·sen
de **me·cha·ni·ca** (v)
de **me·cha·ni·cus** (m), me·cha·ni·ci
de/het **me·cha·niek** (v/o), me·cha·nie·ken; me·cha·niek·je
de **me·cha·nie·ker** (m), me·cha·nie·kers
me·cha·nisch (bnw), me·cha·ni·sche
het **me·cha·nis·me**, me·cha·nis·men, me·cha·nis·mes
de **Me·che·laar** (m), Me·che·laars, Me·che·la·ren
de **Me·chel·se** (v), Me·chel·sen
de **meck·len·bur·ger** (m) *(paard)*, meck·len·bur·gers
de **me·dail·le**, me·dail·les; me·dail·le·tje
de **me·dail·le-uit·rei·king** (v), me·dail·le-uit·rei·kin·gen
het **me·dail·lon**, me·dail·lons; me·dail·lon·ne·tje
de **me·de**[1]
me·de[2] (bijw)
de **me·de·aan·deel·hou·der** (m), me·de·aan·deel·hou·ders
me·de·aan·spra·ke·lijk (bnw), me·de·aan·spra·ke·lij·ke
me·de·af·han·ke·lijk (bnw), me·de·af·han·ke·lij·ke
de **me·de·au·teur** (m), me·de·au·teurs
de **me·de·be·klaag·de**, me·de·be·klaag·den
me·de·be·pa·lend (bnw), me·de·be·pa·len·de
me·de·bren·gen (ww), breng me·de, brengt me·de; bracht me·de, brach·ten me·de; me·de·ge·bracht
de **me·de·bur·ger** (m), me·de·bur·gers
de **me·de·con·trac·tant** (m), me·de·con·trac·tan·ten
de **me·de·cur·sist** (m), me·de·cur·sis·ten
me·de·deel·zaam (bnw), me·de·deel·za·me
me·de·de·len (ww), deel me·de, deelt me·de; deel·de me·de, deel·den me·de; me·de·ge·deeld
de **me·de·de·ling** (v), me·de·de·lin·gen; me·de·de·lin·kje
me·de·din·gen (ww), ding me·de, dingt me·de; dong me·de, don·gen me·de; me·de·ge·don·gen
de **me·de·din·ging** (v), me·de·din·gin·gen
het **me·de·din·gings·recht**, me·de·din·gings·rech·ten
de **me·de·din·gings·re·gels** (mv)
de **me·de·di·rec·teur** (m), me·de·di·rec·teu·ren, me·de·di·rec·teurs
het **me·de·do·gen**
de **me·de-ei·ge·naar** (m), me·de-ei·ge·naars, me·de-ei·ge·na·ren
het **me·de-ei·gen·dom**
de **me·de-erf·ge·naam** (m), me·de-erf·ge·na·men

me·de·ge·deeld (bnw), me·de·ge·deel·de
de **me·de-in·zit·ten·de**, me·de-in·zit·ten·den
de **me·de·klin·ker** (m), me·de·klin·kers; me·de·klin·ker·tje
de **me·de·lan·der** (m), me·de·lan·ders
de **me·de·leer·ling** (m), me·de·leer·lin·gen
het **me·de·le·ven**[1]
me·de·le·ven[2] (ww), leef me·de, leeft me·de; leef·de me·de, leef·den me·de; me·de·ge·leefd
het **me·de·lid**, me·de·le·den
het **me·de·lij·den**
de **me·de·mens** (m), me·de·men·sen; me·de·mens·je
de **me·de·on·der·ne·mer** (m), me·de·on·der·ne·mers
me·de·on·der·te·ke·nen (ww), on·der·te·ken me·de, on·der·te·kent me·de; on·der·te·ken·de me·de, on·der·te·ken·den me·de; me·de·on·der·te·kend
de **me·de·on·der·te·ke·ning** (v), me·de·on·der·te·ke·nin·gen
de **me·de·oor·zaak**, me·de·oor·za·ken
de **me·de·op·rich·ter** (m), me·de·op·rich·ters
de **me·de·or·ga·ni·sa·tor** (m), me·de·or·ga·ni·sa·to·ren, me·de·or·ga·ni·sa·tors
de **me·de·stan·der** (m), me·de·stan·ders
de **me·de·stich·ter** (m), me·de·stich·ters
de **me·de·stu·dent** (m), me·de·stu·den·ten
de **me·de·ven·noot** (m), me·de·ven·no·ten
me·de·ver·ant·woor·de·lijk (bnw), me·de·ver·ant·woor·de·lij·ke
de **me·de·voor·zit·ter** (m), me·de·voor·zit·ters
me·de·wer·ken (ww), werk me·de, werkt me·de; werk·te me·de, werk·ten me·de; me·de·ge·werkt
de **me·de·wer·ker** (m), me·de·wer·kers; me·de·wer·ker·tje
het **me·de·wer·kers·on·der·zoek**, me·de·wer·kers·on·der·zoe·ken
de **me·de·wer·kers·te·vre·den·heid** (v)
het **me·de·wer·kers·te·vre·den·heids·on·der·zoek**, me·de·wer·kers·te·vre·den·heids·on·der·zoe·ken
de **me·de·wer·ker·te·vre·den·heid** (v)
het **me·de·wer·ker·te·vre·den·heids·on·der·zoek**, me·de·wer·ker·te·vre·den·heids·on·der·zoe·ken
de **me·de·wer·king** (v)
de **me·de·werk·ster** (v), me·de·werk·sters
het **me·de·we·ten**
de **me·de·zaak·voer·der** (m), me·de·zaak·voer·ders
de **me·de·zeg·gen·schap** (v)
de **me·de·zeg·gen·schaps·raad** (m), me·de·zeg·gen·schaps·ra·den
de **me·dia** (mv)
de **me·dia-aan·dacht**
me·di·aal (bnw), me·di·a·le
de **me·di·aan**[1] *(lettersoort, zwaartelijn)*, me·di·a·nen
het **me·di·aan**[2] *(papierformaat)*
de **me·dia·cam·pag·ne**, me·dia·cam·pag·nes

M

het **me·dia·cir·cus**
het **me·dia-eve·ne·ment**, me·dia-eve·ne·men·ten
de **me·dia-ex·pert** (m), me·dia-ex·per·ten, me·dia-ex·perts
me·dia·ge·niek (bnw), me·dia·ge·nie·ke
de **me·dia·hype** (m), me·dia·hypes
de **me·dia-in·dus·trie** (v), media-industrieën [me·dia-in·dus·trie·en]
de **me·dia-in·houd** (m), me·dia-in·hou·den
het **me·dia·op·tre·den**, me·dia·op·tre·dens
de **me·dia·or·ga·ni·sa·tie** (v), me·dia·or·ga·ni·sa·ties
het **me·dia·recht**, me·dia·rech·ten
de **me·dia·theek** (v), me·dia·the·ken
de **me·di·a·tie** (v), me·di·a·ties
me·di·a·tiek (bnw), me·di·a·tie·ke
de **me·di·a·ti·on** (v)
me·di·a·ti·se·ren (ww), me·di·a·ti·seer, me·di·a·ti·seert; me·di·a·ti·seer·de, me·di·a·ti·seer·den; ge·me·di·a·ti·seerd
de **me·di·a·ti·se·ring** (v), me·di·a·ti·se·rin·gen
de **me·di·a·tor** (m), me·di·a·to·ren, me·di·a·tors
de **me·dia-ui·ting** (v), me·dia-ui·tin·gen
de **me·dia·we·reld**, me·dia·we·reld·je
de **me·dia·wer·ker** (m), me·dia·wer·kers
de **me·di·ca·li·se·ring** (v), me·di·ca·li·se·rin·gen
het **me·di·ca·ment**, me·di·ca·men·ten; me·di·ca·ment·je
de **me·di·ca·tie** (v), me·di·ca·ties
de **me·di·ca·tie-in·na·me**, me·di·ca·tie-in·na·men, me·di·ca·tie-in·na·mes
de/het **me·di·cijn**, me·di·cij·nen; me·di·cijn·tje
de **me·di·cijn·kist**, me·di·cijn·kis·ten; me·di·cijn·kist·je
de **me·di·cus** (m), me·di·ci
mediëren [me·di·e·ren] (ww), me·di·eer, me·di·eert; me·di·eer·de, me·di·eer·den; ge·me·di·eerd
de **mediëvist** [me·di·e·vist] (m), mediëvisten [me·di·e·vis·ten]
de **me·di·na** (v), me·di·na's
me·dio (bijw)
me·di·o·cre (bnw)
de **me·di·or**[1] (m), me·di·o·ren, me·di·ors
me·di·or[2] (bnw)
me·disch (bnw), me·di·sche
me·disch-tech·nisch (bnw), me·disch-tech·ni·sche
de **me·di·ta·tie** (v), me·di·ta·ties
me·di·te·ren (ww), me·di·teer, me·di·teert; me·di·teer·de, me·di·teer·den; ge·me·di·teerd
me·di·ter·raan (bnw), me·di·ter·ra·ne
me·di·ter·raans (bnw), me·di·ter·raan·se
het **me·di·um**[1] *(persoon)*, me·di·ums; me·di·um·pje
het **me·di·um**[2] *(andere betekenissen)*, me·dia; me·di·um·pje
de **med·ley** (m), med·leys; med·ley·tje
de **me·doc** (m), me·docs
de **mee**[1], meeën [mee·en]; mee·tje
mee[2] (bijw)
mee·ade·men (ww), adem mee, ademt mee; adem·de mee,

adem·den mee; mee·ge·ademd
mee·bak·ken (ww), bak mee, bakt mee; bak·te mee, bak·ten mee; mee·ge·bak·ken
mee·be·le·ven (ww), be·leef mee, be·leeft mee; be·leef·de mee, be·leef·den mee; mee·be·leefd
mee·be·pa·len (ww), be·paal mee, be·paalt mee; be·paal·de mee, be·paal·den mee; mee·be·paald
mee·be·slis·sen (ww), be·slis mee, be·slist mee; be·slis·te mee, be·slis·ten mee; mee·be·slist
mee·be·stel·len (ww), be·stel mee, be·stelt mee; be·stel·de mee, be·stel·den mee; mee·be·steld
mee·be·ta·len (ww), be·taal mee, be·taalt mee; be·taal·de mee, be·taal·den mee; mee·be·taald
mee·be·we·gen (ww), be·weeg mee, be·weegt mee; be·woog mee, be·wo·gen mee; mee·be·wo·gen
mee·bid·den (ww), bid mee, bidt mee; bad mee, ba·den mee; mee·ge·be·den
mee·blè·ren (ww), blèr mee, blèrt mee; blèr·de mee, blèr·den mee; mee·ge·blèrd
mee·bou·wen (ww), bouw mee, bouwt mee; bouw·de mee, bouw·den mee; mee·ge·bouwd
mee·bren·gen (ww), breng mee, brengt mee; bracht mee, brach·ten mee; mee·ge·bracht
mee·dei·nen (ww), dein mee, deint mee; dein·de mee, dein·den mee; mee·ge·deind
mee·de·len (ww), deel mee, deelt mee; deel·de mee, deel·den mee; mee·ge·deeld
mee·den·ken (ww), denk mee, denkt mee; dacht mee, dach·ten mee; mee·ge·dacht
mee·din·gen (ww), ding mee, dingt mee; dong mee, don·gen mee; mee·ge·don·gen
meediscussiëren [mee·dis·cus·si·e·ren] (ww), dis·cus·si·eer mee, dis·cus·si·eert mee; dis·cus·si·eer·de mee, dis·cus·si·eer·den mee; mee·ge·dis·cus·si·eerd
mee·doen (ww), doe mee, doet mee; deed mee, de·den mee; mee·ge·daan
mee·do·gen·loos (bnw), mee·do·gen·lo·ze
mee·draai·en (ww), draai mee, draait mee; draai·de mee, draai·den mee; mee·ge·draaid
mee·dra·gen (ww), draag mee, draagt mee; droeg mee, droe·gen mee; mee·ge·dra·gen
mee-eten (ww), eet mee, eet mee; at mee, aten mee; mee·ge·ge·ten
de **mee-eter** (m), mee-eters
mee-evo·lu·e·ren (ww), evo·lu·eer mee, evo·lu·eert mee; evo·lu·eer·de mee, evo·lu·eer·den mee; meegeëvolueerd [mee·ge·evo·lu·eerd]
mee·fees·ten (ww), feest mee, feest mee; feest·te mee, feest·ten mee; mee·ge·feest
mee·fiet·sen (ww), fiets mee, fietst mee; fiets·te mee, fiets·ten mee; mee·ge·fietst
mee·fi·nan·cie·ren (ww), fi·nan·cier mee, fi·nan·ciert mee; fi·nan·cier·de mee, fi·nan·cier·den mee; mee·ge·fi·nan·cierd
mee·gaan (ww), ga mee, gaat mee; ging mee, gin·gen mee; mee·ge·gaan
mee·gaand (bnw), mee·gaan·de
mee·ge·bracht (bnw),

mee·ge·brach·te
mee·ge·nie·ten (ww), ge·niet mee, ge·niet mee; ge·noot mee, ge·no·ten mee; mee·ge·no·ten
mee·ge·ven (ww), geef mee, geeft mee; gaf mee, ga·ven mee; mee·ge·ge·ven
mee·graai·en (ww), graai mee, graait mee; graai·de mee, graai·den mee; mee·ge·graaid
mee·gris·sen (ww), gris mee, grist mee; gris·te mee, gris·ten mee; mee·ge·grist
mee·groei·en (ww), groei mee, groeit mee; groei·de mee, groei·den mee; mee·ge·groeid
mee·heb·ben (ww), heb mee, hebt mee, heeft mee; had mee, had·den mee; mee·ge·had
mee·hel·pen (ww), help mee, helpt mee; hielp mee, hiel·pen mee; mee·ge·hol·pen
mee·kij·ken (ww), kijk mee, kijkt mee; keek mee, ke·ken mee; mee·ge·ke·ken
mee·ko·men (ww), kom mee, komt mee; kwam mee, kwa·men mee; mee·ge·ko·men
mee·krij·gen (ww), krijg mee, krijgt mee; kreeg mee, kre·gen mee; mee·ge·kre·gen
mee·kun·nen (ww) *(bruikbaar blijven),* kan mee, kan mee, kun mee, kunt mee; kon mee, kon·den mee; mee·ge·kund
het **meel**
mee·la·chen (ww), lach mee, lacht mee; lach·te mee, lach·ten mee; mee·ge·la·chen
de **meel·draad** (m), meel·dra·den
mee·le·ven (ww), leef mee, leeft mee; leef·de mee, leef·den mee; mee·ge·leefd
mee·le·vend (bnw), mee·le·ven·de
mee·le·ve·ren (ww), le·ver mee, le·vert mee; le·ver·de mee, le·ver·den mee; mee·ge·le·verd
mee·le·zen (ww), lees mee, leest mee; las mee, la·zen mee; mee·ge·le·zen
mee·lif·ten (ww), lift mee, lift mee; lift·te mee, lift·ten mee; mee·ge·lift
het **mee·lij**
mee·lij·den (ww), lijd mee, lijdt mee; leed mee, le·den mee; mee·ge·le·den
de **meel·maat·schap·pij** (v), meel·maat·schap·pij·en
mee·lo·pen (ww), loop mee, loopt mee; liep mee, lie·pen mee; mee·ge·lo·pen
de **meel·pro·du·cent** (m), meel·pro·du·cen·ten
mee·luis·te·ren (ww), luis·ter mee, luis·tert mee; luis·ter·de mee, luis·ter·den mee; mee·ge·luis·terd
mee·ma·ken (ww), maak mee, maakt mee; maak·te mee, maak·ten mee; mee·ge·maakt
mee·ne·men (ww), neem mee, neemt mee; nam mee, na·men mee; mee·ge·no·men
meeneuriën [mee·neu·ri·en] (ww), neu·rie mee, neu·riet mee; neu·rie·de mee, neu·rie·den mee; mee·ge·neu·ried
de **meent**, meen·ten; meent·je
mee·on·der·te·ke·nen (ww), on·der·te·ken mee, on·der·te·kent mee; on·der·te·ken·de mee, on·der·te·ken·den mee; mee·on·der·te·kend
mee·ont·wik·ke·len (ww), ont·wik·kel mee, ont·wik·kelt

mee; ont·wik·kel·de mee, ont·wik·kel·den mee; mee·ont·wik·keld

mee·or·ga·ni·se·ren (ww), or·ga·ni·seer mee, or·ga·ni·seert mee; or·ga·ni·seer·de mee, or·ga·ni·seer·den mee; mee·ge·or·ga·ni·seerd

mee·pik·ken (ww), pik mee, pikt mee; pik·te mee, pik·ten mee; mee·ge·pikt

mee·pra·ten (ww), praat mee, praat mee; praat·te mee, praat·ten mee; mee·ge·praat

mee·pro·fi·te·ren (ww), pro·fi·teer mee, pro·fi·teert mee; pro·fi·teer·de mee, pro·fi·teer·den mee; mee·ge·pro·fi·teerd

het **meer**[1], me·ren; meer·tje

meer[2] (onbep vnw)

meer[3] (bijw)

meer[4]: des te meer

meer[5]: onder meer

de **ME'er** [ME·er] (m), ME'ers [ME·ers]

meer·der (bnw), meer·de·re

de **meer·de·re**[1], meer·de·ren

meer·de·re[2] (onbep vnw)

meer·de·ren[1] (ww), meer·der, meer·dert; meer·der·de, meer·der·den; ge·meer·derd

meer·de·ren[2] (onbep vnw)

de **meer·der·heid** (v), meer·der·he·den; meer·der·heid·je

meer·der·ja·rig (bnw), meer·der·ja·ri·ge

meer·der·lei (onbep vnw)

mee·rei·zen (ww), reis mee, reist mee; reis·de mee, reis·den mee; mee·ge·reisd

mee·re·ke·nen (ww), re·ken mee, re·kent mee; re·ken·de mee, re·ken·den mee; mee·ge·re·kend

de **meer·ge·meen·te·zo·ne**, meer·ge·meen·te·zo·nes

mee·rij·den (ww), rijd mee, rij mee, rijdt mee; reed mee, re·den mee; mee·ge·re·den

het **meer·ja·ren·be·leids·plan**, meer·ja·ren·be·leids·plan·nen

het **meer·ja·ren·plan**, meer·ja·ren·plan·nen

meer·ja·rig (bnw), meer·ja·ri·ge

de **meer·keu·ze·vraag**, meer·keu·ze·vra·gen; meer·keu·ze·vraag·je

de **meer·kos·ten** (mv)

meer·la·gig (bnw), meer·la·gi·ge

meer·le·dig (bnw), meer·le·di·ge

meer·maals (bijw)

meer·ma·len (bijw)

meer·ma·lig (bnw), meer·ma·li·ge

de **meer·prijs** (m), meer·prij·zen; meer·prijs·je

meer·ta·lig (bnw), meer·ta·li·ge

de **meer·ta·lig·heid** (v)

de **meer·uren** (mv)

het **meer·voud**, meer·vou·den

meer·vou·dig (bnw), meer·vou·di·ge

de **meer·vouds-s**, meer·vouds-s'en

de **meer·vouds·vorm** (m), meer·vouds·vor·men

de **meer·vouds·vor·ming** (v), meer·vouds·vor·min·gen

de **meer·waar·de** (v), meer·waar·den, meer·waar·des

het **meer·werk**, meer·wer·ken

de **mees**, me·zen; mees·je

mee·schrij·ven (ww), schrijf mee, schrijft mee; schreef mee, schre·ven mee; mee·ge·schre·ven

mee·sjou·wen (ww), sjouw mee, sjouwt mee; sjouw·de mee, sjouw·den mee; mee·ge·sjouwd

M

mee·sle·pen (ww), sleep mee, sleept mee; sleep·te mee, sleep·ten mee; mee·ge·sleept
mee·sle·pend (bnw), mee·sle·pen·de
mee·sleu·ren (ww), sleur mee, sleurt mee; sleur·de mee, sleur·den mee; mee·ge·sleurd
mees·mui·len (ww), mees·muil, mees·muilt; mees·muil·de, mees·muil·den; ge·mees·muild
mee·spe·len (ww), speel mee, speelt mee; speel·de mee, speel·den mee; mee·ge·speeld
meest[1] (onbep vnw)
meest[2] (bijw)
meest·al (bijw)
mee·stap·pen (ww), stap mee, stapt mee; stap·te mee, stap·ten mee; mee·ge·stapt
meest·be·gun·stigd (bnw), meest·be·gun·stig·de
meest·be·lo·vend (bnw), meest·be·lo·ven·de
de **meest·bie·den·de**, meest·bie·den·den
mees·te (onbep vnw)
mees·ten (onbep vnw)
mees·ten·tijds (bijw)
de **mees·ter** (m), mees·ters; mees·ter·tje
de **mees·ter·ar·ran·geur** (m), mees·ter·ar·ran·geurs
mees·te·ren (ww), mees·ter, mees·tert; mees·ter·de, mees·ter·den; ge·mees·terd
de **mees·te·res** (v), mees·te·res·sen; mees·te·res·je
de **mees·ter·gast** (m), mees·ter·gas·ten
de **mees·ter·kok** (m) *(voortreffelijke kok),* mees·ter·koks
de **mees·ter-kok** (m) *(chef-kok: hoofd v.d. koks),* mees·ter-koks
mees·ter·lijk (bnw), mees·ter·lij·ke
de **mees·ter·op·lich·ter** (m), mees·ter·op·lich·ters
de **mees·ter·proef**, mees·ter·proe·ven; mees·ter·proef·je
het **mees·ter·schap**
de **mees·ter-schil·der** (m), mees·ter-schil·ders
het **mees·ter·werk**, mees·ter·wer·ken; mees·ter·werk·je
meest·ge·bruikt (bnw), meest·ge·bruik·te
meest·ge·le·zen (bnw)
meest·ge·steld (bnw), meest·ge·stel·de
de **mee·stoof**, mee·sto·ven
mee·strij·den (ww), strijd mee, strijdt mee; streed mee, stre·den mee; mee·ge·stre·den
meest·tijds (bijw)
mee·stu·ren (ww), stuur mee, stuurt mee; stuur·de mee, stuur·den mee; mee·ge·stuurd
de **meet**, me·ten; meet·je
de **meet-and-greet** (m), meet-and-greets
de **meet·een·heid** (v), meet·een·he·den
mee·te·ke·nen (ww), te·ken mee, te·kent mee; te·ken·de mee, te·ken·den mee; mee·ge·te·kend
mee·tel·len (ww), tel mee, telt mee; tel·de mee, tel·den mee; mee·ge·teld
de **mee·ting**, mee·tings
de **meet·lat**, meet·lat·ten; meet·lat·je
de **meet·nauw·keu·rig·heid** (v), meet·nauw·keu·rig·he·den
mee·tor·sen (ww), tors mee, torst mee; tors·te mee, tors·ten mee;

mee·ge·torst
mee·trai·nen (ww), train mee, traint mee; train·de mee, train·den mee; mee·ge·traind
mee·tro·nen (ww), troon mee, troont mee; troon·de mee, troon·den mee; mee·ge·troond
de **meet·staat** (m), meet·sta·ten
de **meet·ta·fel**, meet·ta·fels
de **meeuw**, meeu·wen; meeuw·tje
mee·val·len (ww), val mee, valt mee; viel mee, vie·len mee; mee·ge·val·len
mee·va·ren (ww), vaar mee, vaart mee; voer mee, voe·ren mee; mee·ge·va·ren
mee·vech·ten (ww), vecht mee, vecht mee; vocht mee, voch·ten mee; mee·ge·voch·ten
mee·ver·hui·zen (ww), ver·huis mee, ver·huist mee; ver·huis·de mee, ver·huis·den mee; mee·ver·huisd
mee·vie·ren (ww), vier mee, viert mee; vier·de mee, vier·den mee; mee·ge·vierd
mee·voe·len (ww), voel mee, voelt mee; voel·de mee, voel·den mee; mee·ge·voeld
mee·voe·ren (ww), voer mee, voert mee; voer·de mee, voer·den mee; mee·ge·voerd
mee·vol·gen (ww), volg mee, volgt mee; volg·de mee, volg·den mee; mee·ge·volgd
mee·vra·gen (ww), vraag mee, vraagt mee; vroeg mee, vroe·gen mee; mee·ge·vraagd
mee·wa·rig (bnw), mee·wa·ri·ge
mee·we·gen (ww), weeg mee, weegt mee; woog mee, wo·gen mee; mee·ge·wo·gen
mee·wer·ken (ww), werk mee, werkt mee; werk·te mee, werk·ten mee; mee·ge·werkt
mee·wil·len (ww) *(volgen, gehoorzamen),* wil mee, wilt mee; wil·de mee, wou mee, wil·den mee, wou·den mee; mee·ge·wild
de **mee·wind** (m), mee·win·den
mee·zen·den (ww), zend mee, zendt mee; zond mee, zon·den mee; mee·ge·zon·den
mee·zeu·len (ww), zeul mee, zeult mee; zeul·de mee, zeul·den mee; mee·ge·zeuld
mee·zin·gen (ww), zing mee, zingt mee; zong mee, zon·gen mee; mee·ge·zon·gen
mee·zit·ten (ww), zit mee; zat mee, za·ten mee; mee·ge·ze·ten
mee·zoe·ken (ww), zoek mee, zoekt mee; zocht mee, zoch·ten mee; mee·ge·zocht
de **me·ga·bio·scoop** (m), me·ga·bio·sco·pen
de **me·ga·byte** (m), me·ga·bytes
me·ga·groot (bnw), me·ga·gro·te
de **me·ga·hertz** (m), me·ga·hert·zen
me·ga·li·thisch (bnw), me·ga·li·thi·sche
de **me·ga·lo·maan**[1] (m), me·ga·lo·ma·nen
me·ga·lo·maan[2] (bnw), me·ga·lo·ma·ne
de **me·ga·lo·ma·nie** (v)
de **me·ga·markt**, me·ga·mark·ten
de **me·ga·pier** (m), me·ga·pie·ren
de **me·ga·pixel** (m), me·ga·pixels
de **me·ga·ton**, me·ga·ton·nen
de **me·ga·watt** (m), me·ga·watts
het **me·ga·watt·uur**, me·ga·watt·uren
de **mei** (m), mei·en; mei·tje
de **meid** (v), mei·den; meid·je
de **mei·doorn** (m), mei·doorns; mei·doorn·tje

de **mei·er** (m), mei·ers; mei·er·tje
de **mei·krans** (m), mei·kran·sen
de **mein·eed** (m), mein·eden
de **mei·o·se** (v)
meis
het **meis·je**[1], meis·jes
meis·je[2] (tussenw)
meis·jes·ach·tig (bnw), meis·jes·ach·ti·ge
het **meis·jes·dub·bel**, meis·jes·dub·bels
de **meis·jes·fi·na·le**, meis·jes·fi·na·les
de **meis·jes·klas·se** (v), meis·jes·klas·sen
de **meis·jes·naam** (m), meis·jes·na·men
de **meis·jes·school**, meis·jes·scho·len; meis·jes·school·tje
de **meis·jes·se·lec·tie** (v), meis·jes·se·lec·ties
de **meis·jes·stem**, meis·jes·stem·men
de **mei·va·kan·tie** (v), mei·va·kan·ties
de **mei·vie·ring** (v), mei·vie·rin·gen
de **me·juf·frouw** (v), me·juf·frou·wen
me·kaar (wederkerig vnw)
de **me·ka·nie·ker** (m), me·ka·nie·kers
het **mek·ka** *(ideale plaats)*, mek·ka's
Mek·ka *(stad in Saoedi-Arabië)*
mek·ken (ww), mek, mekt; mek·te, mek·ten; ge·mekt
mek·ke·ren (ww), mek·ker, mek·kert; mek·ker·de, mek·ker·den; ge·mek·kerd
me·laats (bnw), me·laat·se
de **me·laat·se**, me·laat·sen
de **me·la·mi·ne** (v)
de **me·lan·cho·lie** (v), me·lan·cho·lie·tje
me·lan·cho·liek (bnw), me·lan·cho·lie·ke
me·lan·cho·lisch (bnw), me·lan·cho·li·sche
de/het **me·lan·ge** (m/o), me·lan·ges
de **me·la·ni·ne** (v)
het **me·la·noom**, me·la·no·men
de **me·las·se**, me·las·sen, me·las·ses
de **me·la·to·ni·ne**
de **mel·de**
mel·den (ww), meld, meldt; meld·de, meld·den; ge·meld
de **mel·der** (m), mel·ders; mel·der·tje
de **mel·ding** (v), mel·din·gen; mel·din·kje
de **mel·dings·plicht**, mel·dings·plich·ten
het **meld·punt**, meld·pun·ten
de **mê·lee**
me·len (ww) *(met meel bestuiven; afschilferen)*, meel, meelt; meel·de, meel·den; ge·meeld
mê·le·ren (ww), mê·leer, mê·leert; mê·leer·de, mê·leer·den; ge·mê·leerd
me·lig (bnw), me·li·ge
de **melk**, melk·je
de **melk·cho·co·la·de** (m)
het **melk·di·eet**, melkdiëten [melk·di·e·ten]
de **melk·em·mer** (m), melk·em·mers
mel·ken (ww), melk, melkt; melk·te, molk, melk·ten, mol·ken; ge·mol·ken
de **mel·ker** (m), mel·kers
de **mel·kert·baan**, mel·kert·ba·nen
de **melk·fles**, melk·fles·sen; melk·fles·je
de **melk·koe** (v), melk·koei·en; melk·koe·tje
de **melk·kruik**, melk·krui·ken
de **melk·ont·ro·mer** (m),

melk·ont·ro·mers

de/het **melk·poe·der** (m/o), melk·poe·ders

de **melk·quo·te·ring** (v), melk·quo·te·rin·gen

de **melk·tand** (m), melk·tan·den; melk·tand·je

de **melk·weg** (m) *(melkwegstelsel (astronomisch verschijnsel))*, melk·we·gen

Melk·weg *(naam van ons melkwegstelsel)*

de **melk·we·ger** (m), melk·we·gers

het **melk·weg·stel·sel** *(soortnaam)*, melk·weg·stel·sels; melk·weg·stel·sel·tje

de **me·lo·die** (v), melodieën [me·lo·die·en]; me·lo·die·tje

me·lo·disch (bnw), me·lo·di·sche

het **me·lo·dra·ma**, me·lo·dra·ma's

de **me·loen**, me·loe·nen; me·loen·tje

de **melt·down** (m), melt·downs

de **mem**, mem·men; mem·me·tje

de/het **mem·braan**, mem·bra·nen; mem·braan·tje

het **me·men·to**, me·men·to's

de/het **me·mo** (m/o), me·mo's; memootje [me·mo·tje]

de **me·moi·res** (mv)

me·mo·ra·bel (bnw), me·mo·ra·be·le

de **me·mo·ra·bi·lia** (mv)

het **me·mo·ran·dum**, me·mo·ran·da, me·mo·ran·dums

me·mo·re·ren (ww), me·mo·reer, me·mo·reert; me·mo·reer·de, me·mo·reer·den; ge·me·mo·reerd

het **me·mo·ri·aal**, me·mo·ri·a·len; me·mo·ri·aal·tje

de **me·mo·rie** (v), me·mo·ries

me·mo·ri·se·ren (ww), me·mo·ri·seer, me·mo·ri·seert; me·mo·ri·seer·de, me·mo·ri·seer·den; ge·me·mo·ri·seerd

het **me·mo·ry·spel**, me·mo·ry·spe·len, me·mo·ry·spel·len

de **me·mo·ry·stick** (m), me·mo·ry·sticks

men (onbep vnw)

de **me·na·ge** (v), me·na·ges

de **mé·na·ge à trois** (m), mé·na·ges à trois

men·de·len (ww), men·del, men·delt; men·del·de, men·del·den; ge·men·deld

de **me·neer** (m), me·ne·ren; me·neer·tje

me·nen (ww), meen, meent; meen·de, meen·den; ge·meend

me·nens (bnw)

me·nens zijn

me·ne·ren (ww), me·neer, me·neert; me·neer·de, me·neer·den; ge·me·neerd

men·ge·len (ww), men·gel, men·gelt; men·gel·de, men·gel·den; ge·men·geld

de **men·ge·ling** (v), men·ge·lin·gen

de/het **men·gel·moes**, men·gel·moe·zen; men·gel·moes·je

het **men·gel·werk**, men·gel·wer·ken; men·gel·werk·je

men·gen (ww), meng, mengt; meng·de, meng·den; ge·mengd

de **men·ging** (v), men·gin·gen

het **meng·pro·duct**, meng·pro·duc·ten

het **meng·sel**, meng·sels; meng·sel·tje

de **men·hir** (m), men·hirs

de **me·nie**

meniën [me·ni·en] (ww), me·nie, me·niet; me·nie·de, me·nie·den;

ge·me·nied
de **mé·ni·è·re** (v) *(ziekte van Ménière)*
Mé·ni·è·re: ziekte van Ménière
me·nig (onbep vnw)
me·ni·ge (onbep vnw)
me·nig·een (onbep vnw)
me·ni·ger (onbep vnw)
me·nig·maal (bijw)
de **me·nig·te** (v), me·nig·ten, me·nig·tes
de **me·ning** (v), me·nin·gen; me·nin·kje
de **me·nin·gi·tis** (v)
de **me·nings·ui·ting** (v), me·nings·ui·tin·gen
het **me·nings·ver·schil**, me·nings·ver·schil·len; me·nings·ver·schil·le·tje
de **me·nis·cus** (m), me·nis·cus·sen
men·nen (ww), men, ment; men·de, men·den; ge·mend
de **men·ner** (m), men·ners
de **men·no·niet** (m), men·no·nie·ten
me·no·pau·zaal (bnw), me·no·pau·za·le
de **me·no·pau·ze**, me·no·pau·zen, me·no·pau·zes
de **me·no·ra** (m), me·no·ra's
de **mens**[1] (m) *(persoon)*, men·sen; mens·je
het **mens**[2] *(vrouw)*, mens·je
de **men·sa**, men·sae, men·sa's
de **mens·aap** (m), mens·apen; mens·aap·je
het **mens·dom**
men·se·lijk (bnw), men·se·lij·ke
de **men·se·lijk·heid** (v), men·se·lijk·he·den
het **men·sen·bloed**
het **men·sen·dieck**
de **men·sen·han·del** (m)
de **men·sen·heu·ge·nis** (v), men·sen·heu·ge·nis·sen
de **men·sen·ken·nis** (v)
de **men·sen·kracht**, men·sen·krach·ten
het **men·sen·le·ven**, men·sen·le·vens
de **men·sen·mens** (m), men·sen·men·sen
de **men·sen·rech·ten** (mv)
de **men·sen·rech·ten·or·ga·ni·sa·tie** (v), men·sen·rech·ten·or·ga·ni·sa·ties
het **mens-er·ger-je-niet**
de **mens·heid** (v), mens·he·den
de **mens·kracht**, mens·krach·ten
mens·ont·erend (bnw), mens·ont·eren·de
de **men·stru·a·tie** (v), men·stru·a·ties
het **mens·ty·pe**, mens·ty·pen, mens·ty·pes
het **mens-zijn**
men·taal (bnw), men·ta·le
de **men·ta·li·teit** (v), men·ta·li·teit·je
de **men·thol** (m)
de **men·tor** (m), men·to·ren, men·tors
het **men·to·raat**, men·to·ra·ten
het **men·tor·schap**, men·tor·schap·pen
de **men·trix** (v), men·tri·ces, men·trixen
de **mentsj** (m)
het **me·nu**, me·nu's; menuutje [me·nu·tje]
de **me·nu·balk** (m), me·nu·bal·ken; me·nu·balk·je
de/het **me·nu·et** (m/o), me·nu·et·ten; me·nu·et·je
de/het **me·nu-idee** (v/o), menu-ideeën [me·nu-idee·en]
het **me·nu-item**, me·nu-items
de **me·nu·kaart**, me·nu·kaar·ten; me·nu·kaart·je
de **me·nu·keu·ze**, me·nu·keu·zen,

me·nu·keu·zes
de **me·nu·op·tie** (v), me·nu·op·ties
de **mep**, mep·pen; mep·je
mep·pen (ww), mep, mept; mep·te, mep·ten; ge·mept
de **mer à boi·re** (v)
het **me·ran·ti**
de **mer·chan·dise**, mer·chan·di·ses
de **mer·chan·di·sing** (v)
mer·ci (tussenw)
het **mer·cu·ri·us**
de **me·rel**, me·rels; me·rel·tje
me·ren (ww), meer, meert; meer·de, meer·den; ge·meerd
het **me·ren·deel**
me·ren·deels (bijw)
de **me·ren·gue** (m) *(dans)*, me·ren·gues
het **merg**
de **mer·gel** (m)
de **mer·guez** (m)
de **me·ri·di·aan** (m), me·ri·di·a·nen; me·ri·di·aan·tje
de **me·rin·gue** (m) *(gebakje)*, me·rin·gues
de **me·ri·nos·wol**
de **me·ri·no·wol**
de **me·ri·te**, me·ri·tes
de **me·ri·to·cra·tie** (v), meritocratieën [me·ri·to·cra·tie·en]
het **merk**, mer·ken; merk·je
merk·baar (bnw), merk·ba·re
mer·ke·lijk (bnw), mer·ke·lij·ke
mer·ken (ww), merk, merkt; merk·te, merk·ten; ge·merkt
de **mer·ker** (m), mer·kers
de **merk·naam** (m), merk·na·men; merk·naam·pje
het **merk·te·ken**, merk·te·kens; merk·te·ken·tje
merk·vast (bnw), merk·vas·te
merk·waar·dig (bnw), merk·waar·di·ge
de **mer·lot** (m), mer·lots
Me·ro·vin·gisch (bnw), Me·ro·vin·gi·sche
de **mer·rie** (v), mer·ries; mer·rie·tje
het **mes**, mes·sen; mes·je
me·sjog·ge (bnw)
het **me·so·li·thi·cum**
het **me·son**, me·so·nen
het **me·so·ni·veau**, me·so·ni·veaus
het **mesozoïcum** [me·so·zo·i·cum]
de/het **mes·punt**, mes·pun·ten; mes·punt·je
de **mess** (m), mes·ses
mes·si·aans (bnw) *(m.b.t. een messias)*, mes·si·aan·se
Mes·si·aans (bnw) *(m.b.t. de Messias)*, Mes·si·aan·se
de **mes·si·as** (m) *(heilsprofeet)*, mes·si·as·sen; mes·si·as·je
Mes·si·as *(Jezus Christus)*
de **mes·sing**[1] *(van een plank)*, mes·sin·gen
het **mes·sing**[2] *(metaal)*
de **mest** (m)
mes·ten (ww), mest, mest; mest·te, mest·ten; ge·mest
de **mes·ter** (m), mes·ters
de **mes·ties**, mes·tie·zen; mes·ties·je
met[1] (voorz)
met[2] (voegw)
het **me·ta**
het **me·taal**, me·ta·len
de **me·taal·draad**[1] (m) *(voorwerp)*, me·taal·dra·den; me·taal·draad·je
de/het **me·taal·draad**[2] (m/o) *(stofnaam)*
de **me·taal·fa·briek** (v), me·taal·fa·brie·ken; me·taal·fa·briek·je
het **me·taal·ion**, me·taal·io·nen
de **me·taal·moe·heid** (v)
de **me·ta·bo·liet** (m), me·ta·bo·lie·ten

me·ta·bo·lisch (bnw), me·ta·bo·li·sche
het **me·ta·bo·lis·me**, me·ta·bo·lis·men, me·ta·bo·lis·mes
de **me·ta·da·ta** (mv)
de **me·ta·foor**, me·ta·fo·ren; me·ta·foor·tje
de **me·tal** (m)
me·ta·len (bnw)
met al·les er·op en er·aan
me·tal·lic (bnw)
me·tal·liek (bnw), me·tal·lie·ke
me·tal·lisch (bnw), me·tal·li·sche
me·tal·li·se·ren (ww), me·tal·li·seer, me·tal·li·seert; me·tal·li·seer·de, me·tal·li·seer·den; ge·me·tal·li·seerd
de **me·tal·lur·gie** (v)
de **me·ta·mor·fo·se** (v), me·ta·mor·fo·sen, me·ta·mor·fo·ses
me·ta·mor·fo·se·ren (ww), me·ta·mor·fo·seer, me·ta·mor·fo·seert; me·ta·mor·fo·seer·de, me·ta·mor·fo·seer·den; ge·me·ta·mor·fo·seerd
de **me·ta·na·ly·se** (v), me·ta·na·ly·sen, me·ta·na·ly·ses
het **me·ta·ni·veau**, me·ta·ni·veaus
de **me·ta·sta·se** (v), me·ta·sta·sen, me·ta·sta·ses
de **me·ta·taal**, me·ta·ta·len
met dien ver·stan·de
met·een[1] (bijw)
met·een[2]: zo meteen
het **me·te·kind**, me·te·kin·de·ren; me·te·kind·je
me·ten (ww), meet, meet; mat, ma·ten; ge·me·ten
de **me·teo** (v)
de **me·te·oor** (m), me·te·o·ren
de **me·te·o·riet** (m), me·te·o·rie·ten; me·te·o·riet·je
de **me·te·o·ro·lo·gie** (v)
me·te·o·ro·lo·gisch (bnw), me·te·o·ro·lo·gi·sche
de **me·te·o·ro·loog** (m), me·te·o·ro·lo·gen
de **me·ter**[1] (v) *(doopmoeder)*, me·ters; me·ter·tje
de **me·ter**[2] (m) *(andere betekenissen)*, me·ters; me·ter·tje
me·ters·hoog (bnw), me·ters·ho·ge
me·ters·lang (bnw), me·ters·lan·ge
de **me·ter·stand** (m), me·ter·stan·den
de **met·ge·zel** (m), met·ge·zel·len
het **me·thaan**
het **me·thaan·gas**, me·thaan·gas·sen
het **me·tha·don**
de **me·tha·don·bus** (m), me·tha·don·bus·sen; me·tha·don·bus·je
de/het **me·tha·nol** (m/o)
de **me·tho·de** (v), me·tho·den, me·tho·des
de **me·tho·de·leer**
de **me·tho·de·school**, me·tho·de·scho·len; me·tho·de·school·tje
de **me·tho·diek** (v), me·tho·die·ken
me·tho·disch (bnw), me·tho·di·sche
de **me·tho·do·lo·gie** (v), methodologieën [me·tho·do·lo·gie·en]
me·tho·do·lo·gisch (bnw), me·tho·do·lo·gi·sche
Me·thu·sa·lem: zo oud als Methusalem
me·ti·cu·leus (bnw),

me·ti·cu·leu·ze
het **me·tier**, me·tiers
de **me-time** (m)
de **me·ting** (v), me·tin·gen
het **me·to·niem**, me·to·nie·men
met ons drie·tjes
met ons twee·tjes
de **me·to·ny·mia**
de **me·to·ny·mie** (v), metonymieën [me·to·ny·mie·en]
de **me·tra·ge** (v), me·tra·ges
de **me·triek**[1] (v)
me·triek[2] (bnw), me·trie·ke
de **me·tro** (m), me·tro's; metrootje [me·tro·tje]
de **me·tro·noom** (m), me·tro·no·men
de **me·tro·po·lis**, me·tro·po·lis·sen
me·tro·po·li·taans (bnw), me·tro·po·li·taan·se
de **me·tro·pool**, me·tro·po·len; me·tro·pool·tje
het **me·tro·sta·ti·on**, me·tro·sta·ti·ons
het **me·trum**, me·tra, me·trums
de **met·se·laar** (m), met·se·laars; met·se·laar·tje
met·se·len (ww), met·sel, met·selt; met·sel·de, met·sel·den; ge·met·seld
het **met·sel·werk**
met·sen (ww), mets, metst; mets·te, mets·ten; ge·metst
de **met·ser** (m), met·sers
met sint-jut·te·mis
de **met·ten** (mv)
met·ter·tijd (bijw)
met·ter·woon (bijw)
met ver·ve
met voor·be·dach·ten ra·de
met zijn drie·tjes
met zijn twee·tjes
het **meu·bel**, meu·be·len, meu·bels; meu·bel·tje
meu·be·len (ww), meu·bel, meu·belt; meu·bel·de, meu·bel·den; ge·meu·beld
het **meu·bel·hout**
het **meu·bel·ont·werp**, meu·bel·ont·wer·pen
het **meu·bi·lair**[1]
meu·bi·lair[2] (bnw), meu·bi·lai·re
meu·bi·le·ren (ww), meu·bi·leer, meu·bi·leert; meu·bi·leer·de, meu·bi·leer·den; ge·meu·bi·leerd
meug: tegen heug en meug
de **meuk**, meu·ken
meu·ken (ww), meuk, meukt; meuk·te, meuk·ten; ge·meukt
de **meun** (m), meu·nen
meu·ren (ww), meur, meurt; meur·de, meur·den; ge·meurd
de **meut** (v), meu·ten
de **meu·te**, meu·ten, meu·tes
de **me·vrouw** (v), me·vrou·wen; me·vrouw·tje
me·vrou·wen (ww), me·vrouw, me·vrouwt; me·vrouw·de, me·vrouw·den; ge·me·vrouwd
de **Mexi·caan** (m), Mexi·ca·nen; Mexi·caan·tje
Mexi·caans (bnw), Mexi·caan·se
Mexi·caan·se griep
me·zelf[1] (pers vnw)
me·zelf[2] (wederkerend vnw)
de **mez·za·ni·ne**, mez·za·ni·nes
de **mez·zo** (v), mez·zo's
de **mez·zo·so·praan**[1] (v) *(zangeres)*, mez·zo·so·pra·nen
de **mez·zo·so·praan**[2] *(stem)*, mez·zo·so·pra·nen
mg *(milligram)*
Mgr. *(Monseigneur)*
m.h.d. *(met hartelijke dank; met hartelijke deelneming)*
mHz *(millihertz)*

MHz *(megahertz)*
m.i. *(mijns inziens)*
mi·auw (tussenw)
mi·au·wen (ww), mi·auw, mi·auwt; mi·auw·de, mi·auw·den; ge·mi·auwd
de/het **mi·ca** (m/o), mi·ca's
de **mi·cel**, mi·cel·len
de **Mi·che·lin·ster**, Mi·che·lin·ster·ren
de **mi·cro** (m), mi·cro's; microotje [mi·cro·tje]
de **mi·cro·be**, mi·cro·ben, mi·cro·bes
mi·cro·bi·eel (bnw), microbiële [mi·cro·bi·e·le]
de **mi·cro·bio·lo·gie** (v)
de **mi·cro·ce·fa·lie** (v)
de **mi·cro·chip** (m), mi·cro·chips
de **mi·cro·com·pu·ter** (m), mi·cro·com·pu·ters; mi·cro·com·pu·ter·tje
de **mi·cro-eco·no·mie** (v), micro-economieën [mi·cro-eco·no·mie·en]
de **mi·cro-elek·tro·ni·ca** (v)
mi·cro·fil·men (ww), mi·cro·film, mi·cro·filmt; mi·cro·film·de, mi·cro·film·den; ge·mi·cro·filmd
de **mi·cro·foon** (m), mi·cro·foons; mi·cro·foon·tje
de **mi·cro·foon·stan·daard** (m), mi·cro·foon·stan·daar·den, mi·cro·foon·stan·daards
de **mi·cro·golf**, mi·cro·gol·ven; mi·cro·golf·je
de **mi·cro·golf·oven** (m), mi·cro·golf·ovens; mi·cro·golf·oven·tje
de **mi·cro·ko·pie** (v), microkopieën [mi·cro·ko·pie·en]
de **mi·cro·kos·mos** (m), mi·cro·kos·mos·sen; mi·cro·kos·mos·je
het **mi·cro·kre·diet**, mi·cro·kre·die·ten; mi·cro·kre·diet·je
de/het **mi·cron** (m/o), mi·crons
het **mi·cro·ni·veau**, mi·cro·ni·veaus
de **mi·cro-on·der·ne·mer** (m), mi·cro-on·der·ne·mers
het **mi·cro-on·der·ne·mer·schap**, mi·cro-on·der·ne·mer·schap·pen
het **mi·cro-or·ga·nis·me**, mi·cro-or·ga·nis·men, mi·cro-or·ga·nis·mes
de **mi·cro·pro·ces·sor** (m), mi·cro·pro·ces·so·ren, mi·cro·pro·ces·sors
de **mi·cro·scoop** (m), mi·cro·sco·pen; mi·cro·scoop·je
mi·cro·sco·pisch (bnw), mi·cro·sco·pi·sche
de **mi·cro·ve·zel**, mi·cro·ve·zels
de **mi·cro·volt** (m), mi·cro·volts
de **mi·cro·wave** (m), mi·cro·waves
mid-At·lan·tisch (bnw), mid-At·lan·ti·sche
de **mid·dag** (m), mid·da·gen; mid·dag·je
het **mid·dag·eten**
de **mid·dag·lijn**, mid·dag·lij·nen
het **mid·dag·maal**, mid·dag·ma·len; mid·dag·maal·tje
mid·dag·ma·len (ww), mid·dag·maal, mid·dag·maalt; mid·dag·maal·de, mid·dag·maal·den; ge·mid·dag·maald
de **mid·dag·pau·ze**, mid·dag·pau·zen, mid·dag·pau·zes
de **mid·dag·school**, mid·dag·scho·len
het **mid·dag·uur**, mid·dag·uren; mid·dag·uur·tje
het **mid·del**[1] *(taille)*, mid·dels;

mid·del·tje
het **mid·del**[2] *(andere betekenissen)*, mid·de·len; mid·del·tje
mid·del[3]: door middel van
het **mid·de·laar·schap**, mid·de·laar·schap·pen
mid·del·baar (bnw), mid·del·ba·re
het **mid·del·ba·re·school·di·plo·ma**, mid·del·ba·re·school·di·plo·ma's
de **mid·del·ba·re·school·tijd** (m)
de **mid·del·eeu·wen** (mv)
de **mid·del·eeu·wer** (m), mid·del·eeu·wers; mid·del·eeu·wer·tje
mid·del·eeuws (bnw), mid·del·eeuw·se
mid·de·len (ww), mid·del, mid·delt; mid·del·de, mid·del·den; ge·mid·deld
het **mid·del·ge·berg·te**, mid·del·ge·berg·ten, mid·del·ge·berg·tes
de **mid·del·ge·wicht**[1] *(persoon)*, mid·del·ge·wich·ten
het **mid·del·ge·wicht**[2] *(klasse)*
mid·del·groot (bnw), mid·del·gro·te
mid·del·lands (bnw), mid·del·land·se
het **Mid·del·land·se Zee·ge·bied**
het **Mid·del·land·se Zee·kli·maat**
de **Mid·del·land·se Zee·kust**, Mid·del·land·se Zee·kus·ten
mid·del·lang (bnw), mid·del·lan·ge
mid·del·lijk (bnw), mid·del·lij·ke
de **mid·del·lijn**, mid·del·lij·nen
het **Mid·del·ne·der·lands**[1] *(taal)*
Mid·del·ne·der·lands[2] (bnw), Mid·del·ne·der·land·se
het **mid·del·punt**, mid·del·pun·ten; mid·del·punt·je
mid·dels (voorz)
mid·del·ste (bnw)
de **mid·del·vin·ger** (m), mid·del·vin·gers; mid·del·vin·ger·tje
het **mid·den**[1], mid·dens
mid·den[2] (bijw)
mid·den[3] (voorz)
mid·den[4]: te midden van
Mid·den-Ame·ri·kaans (bnw), Mid·den-Ame·ri·kaan·se
het **mid·den·be·drijf**, mid·den·be·drij·ven
de **mid·den·brons·tijd** (m)
mid·den·door (bijw)
Mid·den-Eu·ro·pees (bnw), Mid·den-Eu·ro·pe·se
de **mid·den·ge·wicht**[1] *(persoon)*, mid·den·ge·wich·ten
het **mid·den·ge·wicht**[2] *(klasse)*
mid·den·in (bijw)
het **mid·den·in·ko·men·land**, mid·den·in·ko·men·lan·den
het **mid·den·ka·der**, mid·den·ka·ders
de **mid·den·klas·se** (v), mid·den·klas·sen
de **mid·den·klas·sen·au·to** (m), mid·den·klas·sen·au·to's
het **mid·den·klas·sen·ge·zin**, mid·den·klas·sen·ge·zin·nen
de **mid·den·lijn**, mid·den·lij·nen
het **mid·den·ma·nage·ment**
de **mid·den·moot**, mid·den·mo·ten
de **mid·den·mo·ter** (m), mid·den·mo·ters
de **mid·den·nerf**, mid·den·ner·ven
Mid·den-Oos·ten
Mid·den-Oos·ters (bnw), Mid·den-Oos·ter·se
het **mid·den·punt**, mid·den·pun·ten
het **mid·den·rif**, mid·den·rif·fen; mid·den·rif·je
de **mid·den·school**,

M

mid·den·scho·len

de **mid·den·stand** (m), mid·den·stan·den

de **mid·den·stands·land·bouw** (m)

het **mid·den·stuk**, mid·den·stuk·ken; mid·den·stuk·je

het **mid·den·veld**, mid·den·vel·den

de **mid·den·vel·der** (m), mid·den·vel·ders

de **mid·den·vin·ger** (m), mid·den·vin·gers

de **mid·den·weg** (m), mid·den·we·gen

de **mid·der·nacht** (m)

de **mid·der·nachts·vie·ring** (v), mid·der·nachts·vie·rin·gen

de **mid·dle class**[1] (m), mid·dle clas·ses

mid·dle class[2] (bnw)

mid·get·gol·fen (ww), mid·get·golf, mid·get·golft; mid·get·golf·de, mid·get·golf·te, mid·get·golf·den, mid·get·golf·ten; ge·mid·get·golfd, ge·mid·get·golft

de/het **mi·di**, mi·di's

de **mid·life·cri·sis** (v), mid·life·cri·ses, mid·life·cri·sis·sen; mid·life·cri·sis·je

de/het **mid·of·fice** (m/o), mid·of·fi·ces

de **mid·voor** (m), mid·voors

de **mid·week**, mid·we·ken; mid·week·je

de **mid·zo·mer·nacht** (m), mid·zo·mer·nach·ten

de **mie** (m) *(deegwaar)*

mie·ge·len (ww), mie·gel, mie·gelt; mie·gel·de, mie·gel·den; ge·mie·geld

de **miep** (v), mie·pen

mie·pen (ww), miep, miept; miep·te, miep·ten; ge·miept

de **mier**, mie·ren; mier·tje

mie·ren (ww), mier, miert; mier·de, mier·den; ge·mierd

het **mie·ren·nest**, mie·ren·nes·ten

mie·ren·neu·ken (ww)

de **mie·ren·neu·ker** (m), mie·ren·neu·kers

de **mie·ren·proef**, mie·ren·proe·ven

het **mie·ren·zuur**

de **mie·riks·wor·tel** (m), mie·riks·wor·tels

mies (bnw), mie·se

de **mie·zel** (m), mie·zels

mie·ze·len (ww), mie·zel, mie·zelt; mie·zel·de, mie·zel·den; ge·mie·zeld

mie·ze·ren (ww), mie·zert; mie·zer·de; ge·mie·zerd

mie·ze·rig (bnw), mie·ze·ri·ge

de **mig·no·net·te** (v), mig·no·net·tes

de **mi·grai·ne**, mi·grai·nes

de **mi·grai·ne·aan·val** (m), mi·grai·ne·aan·val·len

de **mi·grant** (m), mi·gran·ten; mi·grant·je

de **mi·gra·tie** (v), mi·gra·ties

mi·gre·ren (ww), mi·greer, mi·greert; mi·greer·de, mi·greer·den; ge·mi·greerd

de **mi·hoen** (m)

mij[1] (pers vnw)

mij[2] (wederkerend vnw)

mij·den (ww), mijd, mijdt; meed, me·den; ge·me·den

de **mijl**, mij·len; mijl·tje

mij·len·ver (bnw), mij·len·ver·re

de **mijl·paal** (m), mijl·pa·len; mijl·paal·tje

mij·me·ren (ww), mij·mer, mij·mert; mij·mer·de, mij·mer·den; ge·mij·merd

de **mijn**[1], mij·nen; mijn·tje

mijn[2] (bez vnw)

de **mijn·bouw·sec·tor** (m), mijn·bouw·sec·to·ren, mijn·bouw·sec·tors
mij·nen (ww), mijn, mijnt; mijn·de, mijn·den; ge·mijnd
mijn en dijn
mij·nent·we·ge (bijw)
mij·nent·wil: om mijnentwil
het **mij·nen·veld**, mij·nen·vel·den; mij·nen·veld·je
mij·ner·zijds (bijw)
de **mijn·heer** (m), mijn·he·ren; mijn·heer·tje
mijns (bez vnw)
mijns in·ziens
de **mijn·wer·ker** (m), mijn·wer·kers; mijn·wer·ker·tje
de **mijt**, mij·ten; mijt·je
mij·ten (ww), mijt, mijt; mijt·te, mijt·ten; ge·mijt
de **mij·ter** (m), mij·ters; mij·ter·tje
mij·zelf[1] (pers vnw)
mij·zelf[2] (wederkerend vnw)
de **mik** *(brood)*, mik·ken
de/het **mi·ka·do** (m/o), mi·ka·do's
mik·ken (ww), mik, mikt; mik·te, mik·ten; ge·mikt
het **mik·we**, mik·wes
Mi·la·nees (bnw), Mi·la·ne·se
de **Mi·la·ne·se** (v), Mi·la·ne·sen
mild (bnw), mil·de
mil·de·ren (ww), mil·der, mil·dert; mil·der·de, mil·der·den; ge·mil·derd
de **milf** (v), milfs
de **mi·li·cien** (m), mi·li·ciens
het **mi·li·eu**, mi·li·eus; mi·li·eu·tje
de **mi·li·eu·ac·tie·groep**, mi·li·eu·ac·tie·groe·pen
de **mi·li·eu·ac·ti·vist** (m), mi·li·eu·ac·ti·vis·ten
de **mi·li·eu·ac·ti·vis·te** (v), mi·li·eu·ac·ti·vis·tes
de **mi·li·eu·amb·te·naar** (m), mi·li·eu·amb·te·naars, mi·li·eu·amb·te·na·ren
het **mi·li·eu·as·pect**, mi·li·eu·as·pec·ten
het **mi·li·eu·be·leid**
de **mi·li·eu·be·scher·ming** (v), mi·li·eu·be·scher·min·gen
mi·li·eu·be·wust (bnw), mi·li·eu·be·wus·te
het **mi·li·eu·bri·ga·dier·tje**, mi·li·eu·bri·ga·dier·tjes
de **mi·li·eu·dienst** (m), mi·li·eu·dien·sten
de **mi·li·eu·eco·no·mie** (v), milieueconomieën [mi·li·eu·eco·no·mie·en]
de **mi·li·eu·edu·ca·tie** (v)
het **mi·li·eu·ef·fect**, mi·li·eu·ef·fec·ten
de **mi·li·eu·ef·fect·rap·por·ta·ge** (v), mi·li·eu·ef·fect·rap·por·ta·ges
de **mi·li·eu·eis** (m), mi·li·eu·ei·sen
de **mi·li·eu·fac·tor** (m), mi·li·eu·fac·to·ren
de **mi·li·eu-im·pact** (m), mi·li·eu-im·pacts
het **mi·li·eu-in·ci·dent**, mi·li·eu-in·ci·den·ten
de **mi·li·eu-in·spec·teur** (m), mi·li·eu-in·spec·teurs
de **mi·li·eu-in·spec·tie** (v), mi·li·eu-in·spec·ties
de **mi·li·eu-in·ves·te·ring** (v), mi·li·eu-in·ves·te·rin·gen
de **mi·li·eu-in·vloed** (m), mi·li·eu-in·vloe·den
de **mi·li·eu·las·ten** (mv)
het **mi·li·eu·on·der·zoek**, mi·li·eu·on·der·zoe·ken
mi·li·eu·on·vrien·de·lijk (bnw), mi·li·eu·on·vrien·de·lij·ke
de **mi·li·eu·or·ga·ni·sa·tie** (v),

mi·li·eu·or·ga·ni·sa·ties
de **mi·li·eu·ramp**, mi·li·eu·ram·pen
de **mi·li·eu·ver·ont·rei·ni·ging** (v), mi·li·eu·ver·ont·rei·ni·gin·gen
de **mi·li·eu·ver·vui·ling** (v), mi·li·eu·ver·vui·lin·gen
mi·li·eu·vrien·de·lijk (bnw), mi·li·eu·vrien·de·lij·ke
de **mi·li·tair**[1] (m), mi·li·tai·ren
mi·li·tair[2] (bnw), mi·li·tai·re
de **mi·li·tant**[1] (m), mi·li·tan·ten
mi·li·tant[2] (bnw), mi·li·tan·te
de **mi·li·tie** (v), mi·li·ties
het **mil·jard**[1], mil·jar·den; mil·jard·je
mil·jard[2] (telw)
de **mil·jar·dair** (m), mil·jar·dairs
mil·jard·ste (telw)
het **mil·joen**[1], mil·joe·nen; mil·joen·tje
mil·joen[2] (telw)
de **mil·joe·nen·no·ta**, mil·joe·nen·no·ta's
het **mil·joen·ste**[1], mil·joen·sten
mil·joen·ste[2] (telw)
de **mil·jo·nair** (m), mil·jo·nairs
de **milk·shake** (m), milk·shakes; milk·shake·je
het **mil·le**, mil·le
de **mil·le·feuil·le** (m), mil·le·feuil·les
het **mil·len·ni·um**, mil·len·nia
de **mil·lé·si·me** (m) *(wijnjaar)*, mil·lé·si·mes
de **mil·lé·si·mé** (m) *(champagne)*, mil·lé·si·més
het **mil·li·gram**, mil·li·gram·men
de **mil·li·li·ter** (m), mil·li·li·ters
de **mil·li·me·ter** (m), mil·li·me·ters; mil·li·me·ter·tje
mil·li·me·te·ren (ww), mil·li·me·ter, mil·li·me·tert; mil·li·me·ter·de, mil·li·me·ter·den; ge·mil·li·me·terd
de **mil·li·se·con·de**, mil·li·se·con·den, mil·li·se·con·des
de **milt**, mil·ten; milt·je
de **mi·me**, mi·men, mi·mes
mi·men (ww), mi·me, mi·met; mi·me·de, mi·me·den; ge·mi·med
mi·me·tisch (bnw), mi·me·ti·sche
de **mi·mi·cry**
de **mi·miek** (v)
de **min**[1] *(liefde)*, min·ne·tje
min[2] (bnw), min·ne
de **mi·na**, mi·na's
min·ach·ten (ww), min·acht, min·acht; min·acht·te, min·acht·ten; ge·min·acht
de **min·ach·ting** (v)
de **mi·na·ret**, mi·na·ret·ten; mi·na·ret·je
min·der[1] (bnw), min·de·re
min·der[2] (onbep vnw)
min·der·be·deeld (bnw), min·der·be·deel·de
de **min·der·be·deel·de**, min·der·be·deel·den
de **min·der·draag·krach·ti·gen** (mv)
de **min·de·re**[1], min·de·ren
min·de·re[2] (onbep vnw)
min·de·ren (ww), min·der, min·dert; min·der·de, min·der·den; ge·min·derd
het **min·der·he·den·vraag·stuk**, min·der·he·den·vraag·stuk·ken
de **min·der·heid** (v), min·der·he·den; min·der·heid·je
het **min·der·heids·stand·punt**, min·der·heids·stand·pun·ten
de **min·de·ring** (v), min·de·rin·gen
min·der·ja·rig (bnw), min·der·ja·ri·ge
de **min·der·ja·ri·ge**, min·der·ja·ri·gen
de **min·der·va·li·de**[1],

min·der·va·li·den
min·der·va·li·de[2] (bnw)
het **min·der·va·li·den·toi·let**, min·der·va·li·den·toi·let·ten
min·der·waar·dig (bnw), min·der·waar·di·ge
de **mind·ful·ness** (v)
de **mind·map** (m), mind·maps
de **mind·set** (m), mind·sets
de **mind·shift** (m), mind·shifts
het **mi·ne·raal**[1], mi·ne·ra·len
mi·ne·raal[2] (bnw), mi·ne·ra·le
het **mi·ne·raal·wa·ter**, mi·ne·raal·wa·te·ren, mi·ne·raal·wa·ters; mi·ne·raal·wa·ter·tje
de **mi·nes·tro·ne**, mi·nes·tro·nes
de **mi·neur**[1] (m) *(geniesoldaat)*, mi·neurs
het **mi·neur**[2] *(toonsoort)*
het **mi·ni** *(korte dameskleding)*, minietje [mi·ni·tje]
de **mi·ni·ad·ver·ten·tie** (v), mi·ni·ad·ver·ten·ties
de **mi·ni·a·tu·ri·sa·tie** (v), mi·ni·a·tu·ri·sa·ties
de **mi·ni·a·tuur** (v), mi·ni·a·tu·ren; mi·ni·a·tuur·tje
de **mi·ni·au·to** (m), mi·ni·au·to's
de **mi·ni·bar**, mi·ni·bars; mi·ni·bar·re·tje
de **mi·ni·bus** (m), mi·ni·bus·sen; mi·ni·bus·je
de **mi·ni·cam·ping** (m), mi·ni·cam·pings
de **mi·ni·cri·sis** (v), mi·ni·cri·ses, mi·ni·cri·sis·sen
het **mi·ni·de·creet**, mi·ni·de·cre·ten
mi·niem (bnw), mi·nie·me
de **mi·nie·men** (mv)
de **mi·ni-en·quê·te**, mi·ni-en·quê·tes
het **mi·ni-es·say**, mi·ni-es·says; mi·ni-es·say·tje
het **mi·ni·for·maat**, mi·ni·for·ma·ten
het **mi·ni·golf**
de **mi·ni-jurk**, mi·ni-jur·ken; mi·ni-jurk·je
de **mi·ni·kracht·cen·tra·le**, mi·ni·kracht·cen·tra·les
de **mi·ni·loem·pia**, mi·ni·loem·pi·a's
de **mi·ni·ma** (mv)
mi·ni·maal (bnw), mi·ni·ma·le
de **mi·ni·mal art** (m)
mi·ni·ma·li·se·ren (ww), mi·ni·ma·li·seer, mi·ni·ma·li·seert; mi·ni·ma·li·seer·de, mi·ni·ma·li·seer·den; ge·mi·ni·ma·li·seerd
mi·ni·ma·lis·tisch (bnw), mi·ni·ma·lis·ti·sche
de **mi·ni·mal mu·sic** (v)
het **mi·ni·mum**[1], mi·ni·ma
mi·ni·mum[2] (bijw)
het **mi·ni·mum·aan·tal**, mi·ni·mum·aan·tal·len
het **mi·ni·mum·be·drag**, mi·ni·mum·be·dra·gen
de **mi·ni·mum·eis** (m), mi·ni·mum·ei·sen
het **mi·ni·mum·in·ko·men**, mi·ni·mum·in·ko·mens
het **mi·ni·mum·jeugd·loon**, mi·ni·mum·jeugd·lo·nen
de **mi·ni·mum·leef·tijd** (m), mi·ni·mum·leef·tij·den
het **mi·ni·mum·loon**, mi·ni·mum·lo·nen; mi·ni·mum·loon·tje
het **mi·ni·mum·ta·rief**, mi·ni·mum·ta·rie·ven
de **mi·ni·mum·ther·mo·me·ter** (m), mi·ni·mum·ther·mo·me·ters
de **mi·ni·on·der·ne·ming** (v), mi·ni·on·der·ne·min·gen

de **mi·ni·oor·log** (m), mi·ni·oor·lo·gen; mi·ni·oor·log·je
het **mi·ni·or·kest**, mi·ni·or·kes·ten; mi·ni·or·kest·je
de **mi·ni·piz·za**, mi·ni·piz·za's; minipizzaatje [mi·ni·piz·za·tje]
de **mi·ni·rok** (m), mi·ni·rok·ken; mi·ni·rok·je
de **mi·ni·se·rie** (v), mi·ni·se·ries
de **mi·nis·ter** (m), mi·nis·ters; mi·nis·ter·tje
het **mi·nis·te·rie**, mi·nis·te·ries; mi·nis·te·rie·tje
mi·nis·te·ri·eel (bnw), ministeriële [mi·nis·te·ri·e·le]
de **mi·nis·ter·por·te·feuil·le** (m), mi·nis·ter·por·te·feuil·les
de **mi·nis·ter-pre·si·dent** (m), mi·nis·ter-pre·si·den·ten, mi·nis·ters-pre·si·den·ten; mi·nis·ter-pre·si·dent·je
de **mi·nis·ter·raad** (m), mi·nis·ter·ra·den
het **mi·nis·ter·schap**, mi·nis·ter·schap·pen
het **mi·nis·ters·over·leg**, mi·nis·ters·over·leg·gen
de **mi·nis·ters·por·te·feuil·le** (m), mi·nis·ters·por·te·feuil·les
het **mi·nis·ters·team**, mi·nis·ters·teams
mi·nis·ter van Bin·nen·land·se Za·ken
mi·nis·ter van Bui·ten·land·se Za·ken
mi·nis·ter van Cul·tuur
mi·nis·ter van De·fen·sie
minister van Financiën [mi·nis·ter van Fi·nan·ci·en]
mi·nis·ter van staat
het **mi·ni·sym·po·si·um**, mi·ni·sym·po·sia, mi·ni·sym·po·si·ums
de **mi·ni·tor·na·do**, mi·ni·tor·na·do's
de **mi·ni·uit·rus·ting** (v), mi·ni·uit·rus·tin·gen
het **mi·ni·voet·bal**
het **mi·ni·voet·bal·veld**, mi·ni·voet·bal·vel·den
de/het **min·jan** (m/o)
de **mink** (m), minks
de **min·naar** (m), min·naars, min·na·ren; min·naar·tje
de **min·na·res** (v), min·na·res·sen; min·na·res·je
de **min·ne**[1] *(liefde),* min·ne·tje
min·ne[2]: in der minne schikken
min·ne·ko·zen (ww), min·ne·koos, min·ne·koost; min·ne·koos·de, min·ne·koos·den; ge·min·ne·koosd
min·ne·lijk (bnw), min·ne·lij·ke
min·nen (ww), min, mint; min·de, min·den; ge·mind
de **min·ne·o·la** (m), min·ne·o·la's
minoïsch [mi·no·isch] (bnw), minoïsche [mi·no·i·sche]
de **mi·nor** (m), mi·nors
de **mi·no·tau·rus** (m), mi·no·tau·rus·sen
het **min·punt**, min·pun·ten; min·punt·je
minst (onbep vnw)
de **min·ste**[1], min·sten
min·ste[2] (onbep vnw)
min·ste[3]: ten minste
min·stens (bijw)
de **min·streel** (m), min·stre·len
het **min·te·ken**, min·te·kens
mint·groen (bnw), mint·groe·ne
het **mi·nus**[1]
mi·nus[2] (bijw)
mi·nus·cuul (bnw), mi·nus·cu·le
mi·nu·ten·lang (bnw), mi·nu·ten·lan·ge

mi·nu·ti·eus (bnw), mi·nu·ti·eu·ze
de **mi·nuut**, mi·nu·ten; mi·nuut·je
de **mi·ra·bel**, mi·ra·bel·len
mi·ra·cu·leus (bnw), mi·ra·cu·leu·ze
het **mi·ra·kel**, mi·ra·ke·len, mi·ra·kels; mi·ra·kel·tje
mi·ra-udu
de **mir·re**
de **mirt** (m), mir·ten
de **mir·te** (m), mir·ten
de **mis**[1], mis·sen; mis·je
mis[2] (bnw), mis·se
de **mi·san·troop** (m), mi·san·tro·pen
de **mi·san·tro·pie** (v)
het **mis·baar**[1]
mis·baar[2] (bnw), mis·ba·re
de **mis·be·re·ke·ning** (v), mis·be·re·ke·nin·gen
het **mis·bruik**, mis·brui·ken; mis·bruik·je
mis·brui·ken (ww), mis·bruik, mis·bruikt; mis·bruik·te, mis·bruik·ten; mis·bruikt
de **mis·com·mu·ni·ca·tie** (v), mis·com·mu·ni·ca·ties
de **mis·daad**, mis·da·den; mis·daad·je
de **mis·da·di·ger** (m), mis·da·di·gers; mis·da·di·ger·tje
de **mis·die·naar** (m), mis·die·naars, mis·die·na·ren; mis·die·naar·tje
mis·doen (ww), mis·doe, mis·doet; mis·deed, mis·de·den; mis·daan
mis·dra·gen (ww), mis·draag, mis·draagt; mis·droeg, mis·droe·gen; mis·dra·gen
het **mis·drijf**, mis·drij·ven; mis·drijf·je
mis·drij·ven (ww), mis·drijf, mis·drijft; mis·dreef, mis·dre·ven; mis·dre·ven
de **mi·se-en-pla·ce** (v)
de **mi·se-en-scè·ne** (v), mi·ses-en-scè·ne
mi·se·ra·bel (bnw), mi·se·ra·be·le
de **mi·sè·re**, mi·sè·res
het **mi·se·re·re**
de **mi·se·rie** (v), mi·se·ries
mis·gaan (ww), ga mis, gaat mis; ging mis, gin·gen mis; mis·ge·gaan
mis·gun·nen (ww), mis·gun, mis·gunt; mis·gun·de, mis·gun·den; mis·gund
de **mis·han·de·laar** (m), mis·han·de·laars, mis·han·de·la·ren
mis·han·de·len (ww), mis·han·del, mis·han·delt; mis·han·del·de, mis·han·del·den; mis·han·deld
de **mis·han·de·ling** (v), mis·han·de·lin·gen
de **mis·in·ter·pre·ta·tie** (v), mis·in·ter·pre·ta·ties
de **misj·poo·che** (m)
mis·ken·nen (ww), mis·ken, mis·kent; mis·ken·de, mis·ken·den; mis·kend
de **mis·kleun** (m), mis·kleu·nen
de **mis·kraam**, mis·kra·men; mis·kraam·pje
mis·leid (bnw), mis·lei·de
mis·lei·den (ww), mis·leid, mis·leidt; mis·leid·de, mis·leid·den; mis·leid
mis·lei·dend (bnw), mis·lei·den·de
de **mis·lei·ding** (v), mis·lei·din·gen; mis·lei·din·kje
mis·lo·pen (ww), loop mis, loopt mis; liep mis, lie·pen mis; mis·ge·lo·pen

mis·luk·ken (ww), mis·luk, mis·lukt; mis·luk·te, mis·luk·ten; mis·lukt
de **mis·luk·king** (v), mis·luk·kin·gen
de **mis·match**, mis·mat·chen, mis·mat·ches
mis·noegd (bnw), mis·noeg·de
het **mis·noe·gen**[1], mis·noe·gens
mis·noe·gen[2] (ww), mis·noeg, mis·noegt; mis·noeg·de, mis·noeg·den; mis·noegd
de **mi·so** (m), mi·so's
mi·so·gyn (bnw), mi·so·gy·ne
de **mi·so·gy·nie** (v)
de **mis·pel**, mis·pe·len, mis·pels; mis·pel·tje
mis·peu·te·ren (ww), mis·peu·ter, mis·peu·tert; mis·peu·ter·de, mis·peu·ter·den; mis·peu·terd
het **mis·prij·zen**[1]
mis·prij·zen[2] (ww), mis·prijs, mis·prijst; mis·prees, mis·pre·zen; mis·pre·zen
mis·re·ke·nen (ww), mis·re·ken, mis·re·kent; mis·re·ken·de, mis·re·ken·den; mis·re·kend
de **miss** (v), mis·sen
het **mis·saal**, mis·sa·len; mis·saal·tje
mis·schien (bijw)
mis·schie·ten (ww), schiet mis, schiet mis; schoot mis, scho·ten mis; mis·ge·scho·ten
mis·se·lijk (bnw), mis·se·lij·ke
de **mis·se·lijk·heid** (v), mis·se·lijk·he·den
mis·se·lijk·ma·kend (bnw), mis·se·lijk·ma·ken·de
mis·sen (ww), mis, mist; mis·te, mis·ten; ge·mist
de **mis·ser** (m), mis·sers; mis·ser·tje
de **mis·sie** (v), missiën [mis·si·en], mis·sies
de **mis·sing** (v), mis·sin·gen
de **mis·si·o·na·ris** (m), mis·si·o·na·ris·sen
het **mis·si·on·state·ment**, mis·si·on·state·ments
de **mis·si·ve**, mis·si·ven, mis·si·ves; mis·si·ve·tje
mis·slaan (ww), sla mis, slaat mis; sloeg mis, sloe·gen mis; mis·ge·sla·gen
mis·staan (ww), mis·sta, mis·staat; mis·stond, mis·ston·den; mis·staan
de **mis·stand** (m), mis·stan·den; mis·stand·je
mis·stap·pen (ww), stap mis, stapt mis; stap·te mis, stap·ten mis; mis·ge·stapt
de **miss·ver·kie·zing** (v), miss·ver·kie·zin·gen
de **mist** (m), mis·ten
mis·ten (ww), mist; mist·te, mist·ten; ge·mist
mis·tig (bnw), mis·ti·ge
de **mis·tle·toe** (m), mis·tle·toes
de **mis·toe·stand** (m), mis·toe·stan·den
de **mis·tral** (m), mis·trals; mis·tral·le·tje
mis·troos·tig (bnw), mis·troos·ti·ge
de **mis·vat·ting** (v), mis·vat·tin·gen
mis·ver·staan (ww), ver·sta mis, ver·staat mis; ver·stond mis, ver·ston·den mis; mis·ver·staan
het **mis·ver·stand**, mis·ver·stan·den; mis·ver·stand·je
de **mi·tel·la**, mi·tel·la's; mitellaatje [mi·tel·la·tje]
de **mi·ti·ga·tie** (v), mi·ti·ga·ties
mi·ti·ge·ren (ww), mi·ti·geer, mi·ti·geert; mi·ti·geer·de, mi·ti·geer·den; ge·mi·ti·geerd

de **mi·trail·let·te**, mi·trail·let·tes
de **mi·trail·leur** (m), mi·trail·leurs; mi·trail·leur·tje
het **mi·trail·leur·sal·vo**, mi·trail·leur·sal·vo's
de/het **mits**[1], mit·sen
mits[2] (voegw)
mit·sen en ma·ren
m.i.v. *(met ingang van)*
de **mix** (m), mixen; mix·je
mixed (bnw)
mixen (ww), mix, mixt; mix·te, mix·ten; ge·mixt
de **mixer** (m), mixers; mixer·tje
de **mkb'er** [mkb·er] (m), mkb'ers [mkb·ers]
MKZ *(mond-en-klauwzeer)*
ml *(milliliter)*
mm *(millimeter)*
m.m. (bijw) *(mutatis mutandis)*
mmm (tussenw)
m.m.v. *(met medewerking van)*
m.n. *(met name)*
m'n (bez vnw)
mne·mo·tech·nisch (bnw), mne·mo·tech·ni·sche
de **moa** (m), moa's
mo A *(middelbaar onderwijs A)*
mo B *(middelbaar onderwijs B)*
de/het **mo·biel**[1] (m/o) *(decoratief voorwerp; telefoon),* mo·bie·len; mo·biel·tje
mo·biel[2] (bnw), mo·bie·le
mo·bie·le een·heid
de **mo·biel·op·la·der** (m), mo·biel·op·la·ders
mo·biel·vrij (bnw), mo·biel·vrije
de/het **mo·bi·le** (m/o) *(decoratief voorwerp),* mo·bi·les; mo·bi·le·tje
de **mo·bil·home** (m), mo·bil·homes; mo·bil·home·pje
de **mo·bi·li·sa·tie** (v), mo·bi·li·sa·ties
mo·bi·li·se·ren (ww), mo·bi·li·seer, mo·bi·li·seert; mo·bi·li·seer·de, mo·bi·li·seer·den; ge·mo·bi·li·seerd
de **mo·bi·li·se·ring** (v), mo·bi·li·se·rin·gen
de **mo·bi·li·teit** (v)
de **mo·bi·lo·foon** (m), mo·bi·lo·foons
de **mo·cas·sin** (m), mo·cas·sins
de **mock-up** (m), mock-ups
mo·daal (bnw), mo·da·le
de **mo·da·li·teit** (v), mo·da·li·tei·ten
de **mod·der** (m)
de **mod·der·bank**, mod·der·ban·ken
mod·de·ren (ww), mod·der, mod·dert; mod·der·de, mod·der·den; ge·mod·derd
de **mod·der·kuil** (m), mod·der·kui·len; mod·der·kuil·tje
mod·der·vet (bnw), mod·der·vet·te
de **mo·de**, mo·des
de **mo·de·aca·de·mie** (v), mo·de·aca·de·mies
het **mo·de·ac·ces·soi·re**, mo·de·ac·ces·soi·res
het **mo·de·ar·ti·kel**, mo·de·ar·ti·ke·len, mo·de·ar·ti·kels
mo·de·be·wust (bnw), mo·de·be·wus·te
het **mo·de·de·fi·lé**, mo·de·de·fi·lés
mo·de·ge·voe·lig (bnw), mo·de·ge·voe·li·ge
het **mo·de·huis**, mo·de·hui·zen; mo·de·huis·je
de/het **mo·de-icoon**, mo·de-ico·nen
de **mo·de-in·dus·trie** (v), mode-industrieën [mo·de-in·dus·trie·en]
het **mo·del**[1], mo·del·len; mo·del·le·tje
mo·del[2] (bnw)
de **mo·del·leer·ling** (m), mo·del·leer·lin·gen
mo·del·le·ren (ww), mo·del·leer,

M

mo·del·leert; mo·del·leer·de, mo·del·leer·den; ge·mo·del·leerd
de **mo·del·le·ring** (v), mo·del·le·rin·gen
de/het **mo·dem** (m/o), mo·dems; mo·dem·pje
de **mo·de·ont·wer·per** (m), mo·de·ont·wer·pers
het **mo·de·ra·men**, mo·de·ra·mi·na
de **mo·de·ra·tie** (v), mo·de·ra·ties
de **mo·de·ra·tor** (m), mo·de·ra·to·ren, mo·de·ra·tors
mo·de·re·ren (ww), mo·de·reer, mo·de·reert; mo·de·reer·de, mo·de·reer·den; ge·mo·de·reerd
mo·dern (bnw), mo·der·ne
de **mo·der·nen** (mv)
het **mo·der·ne·ta·len·on·der·wijs**
de **mo·der·ni·sa·tie** (v), mo·der·ni·sa·ties
mo·der·ni·se·ren (ww), mo·der·ni·seer, mo·der·ni·seert; mo·der·ni·seer·de, mo·der·ni·seer·den; ge·mo·der·ni·seerd
de **mo·der·ni·se·ring** (v), mo·der·ni·se·rin·gen
het **mo·der·nis·me**, mo·der·nis·men
mo·der·nis·tisch (bnw), mo·der·nis·ti·sche
de **mo·der·ni·teit** (v), mo·der·ni·tei·ten
de **mo·de·show** (m), mo·de·shows
mo·dest (bnw), mo·des·te
het **mo·de·ver·schijn·sel**, mo·de·ver·schijn·se·len, mo·de·ver·schijn·sels
mo·di·eus (bnw), mo·di·eu·ze
de **mo·di·fi·ca·tie** (v), mo·di·fi·ca·ties
mo·di·fi·ce·ren (ww), mo·di·fi·ceer, mo·di·fi·ceert; mo·di·fi·ceer·de, mo·di·fi·ceer·den; ge·mo·di·fi·ceerd
mo·disch (bnw), mo·di·sche
mo·du·lair (bnw), mo·du·lai·re
de **mo·du·la·tie** (v), mo·du·la·ties
de **mo·du·le** (m), mo·du·len, mo·du·les
mo·du·le·ren (ww), mo·du·leer, mo·du·leert; mo·du·leer·de, mo·du·leer·den; ge·mo·du·leerd
de **mo·dus** (m), mo·di
de **mo·dus ope·ran·di** (m), mo·di ope·ran·di
de **mo·duul** (m), mo·du·len
de **moe**[1] (v), moe·tje
moe[2] (bnw), moeë
de **moed** (m)
moe·de[1] (bnw)
moe·de[2]: in arren moede
moe·de[3]: te moede
moe·de·loos (bnw), moe·de·lo·ze
de **moe·der** (v), moe·ders; moe·der·tje
Moe·der Aar·de
het **moe·der·be·drijf**, moe·der·be·drij·ven
het **moe·der·blad**, moe·der·bla·den
het **moe·der·bord**, moe·der·bor·den; moe·der·bord·je
het **moe·der·com·plex**, moe·der·com·plexen
Moe·der·dag *(feestdag)*
het **moe·der·dag·ca·deau**, moe·der·dag·ca·deaus; moe·der·dag·ca·deau·tje
de **moe·der·dag·vie·ring** (v), moe·der·dag·vie·rin·gen
de **moe·der-doch·ter·re·la·tie** (v), moe·der-doch·ter·re·la·ties
het **moe·der·huis**, moe·der·hui·zen
de **moe·der-kind·re·la·tie** (v), moe·der-kind·re·la·ties
het **moe·der·land**, moe·der·lan·den
moe·der·lands (bnw),

moe·der·land·se
de **moe·der·melk**
moe·der·naakt (bnw), moe·der·naak·te
Moe·der Na·tuur
de **moe·der-over·ste** (v), moe·der-over·sten
het **moe·der·schap**
de **moe·der·schoot** (m), moe·der·scho·ten
de **moe·ders·zij·de**
de **moe·der·taal**, moe·der·ta·len; moe·der·taal·tje
de **moe·der·vlek**, moe·der·vlek·ken; moe·der·vlek·je
moe·der·ziel al·leen
moe·dig (bnw), moe·di·ge
de **moe·dig·heid** (v), moe·dig·he·den
de **moe·dja·he·dien** (mv)
moed·wil·lig (bnw), moed·wil·li·ge
de **moe·flon** (m), moe·flons
moe·ge·stre·den (bnw)
moe·ge·tergd (bnw), moe·ge·terg·de
de **moe·heid** (v)
de **moei** (v), moei·en
de **moei·al** (m), moei·al·len, moei·als
moei·en (ww), moei, moeit; moei·de, moei·den; ge·moeid
moei·lijk (bnw), moei·lij·ke
de **moei·lijk·heid** (v), moei·lijk·he·den; moei·lijk·heid·je
de **moei·lijk·heids·graad** (m), moei·lijk·heids·gra·den
de **moei·te**[1] (v), moei·ten
moei·te[2]: eraan zijn voor de moeite
moei·te·loos (bnw), moei·te·lo·ze
moei·zaam (bnw), moei·za·me
de/het **moe·ke**, moe·kes
de **moel**, moe·len
de **moel·lah** (m), moel·lahs
de **moel·leux** (m), moel·leuxs
de **Moen·go·nees** (m), Moen·go·ne·zen
de **moer**[1] (v) *(vrouwelijk wezen)*, moe·ren; moer·tje
het **moer**[2] *(moerassig land)*, moe·ren; moer·tje
de **moer**[3] *(schroefmoer; andere betekenissen)*, moe·ren; moer·tje
het **moe·ras**, moe·ras·sen; moe·ras·je
de **moer·bei**, moer·bei·en
moe·ren (ww), moer, moert; moer·de, moer·den; ge·moerd
de **moers·taal**, moers·ta·len
de/het **moes** *(brij)*, moes·je
de **moes·son** (m), moes·sons
de **moes·tuin** (m), moes·tui·nen; moes·tuin·tje
de **moet**[1] (m) *(dwang)*, moet·je
de **moet**[2] *(andere betekenissen)*, moe·ten; moet·je
moe·ten (ww), moet, moet; moest, moes·ten; ge·moe·ten
de **moe·zel** (m) *(wijn)*, moe·zels
de **moe·zel·wijn** (m), moe·zel·wij·nen; moe·zel·wijn·tje
de **mof**[1] (m) *(persoon)*, mof·fen; mof·je
de **mof**[2] *(voorwerp)*, mof·fen; mof·je
mo·fo·ko·ran·ti
mo·ge·lijk (bnw), mo·ge·lij·ke
mo·ge·lij·ker·wijs (bijw)
mo·ge·lij·ker·wij·ze (bijw)
de **mo·ge·lijk·heid** (v), mo·ge·lijk·he·den; mo·ge·lijk·heid·je
mo·gen (ww), mag, mag; mocht, moch·ten; ge·mocht, ge·mo·gen, ge·moogd
de **mo·gend·heid** (v), mo·gend·he·den

de **mo·gol** (m), mo·gols
de **mo·gul** (m), mo·guls
het **mo·hair**
de **mo·ham·me·daan** (m), mo·ham·me·da·nen; mo·ham·me·daan·tje
het **moi·ré**[1]
moi·ré[2] (bnw)
de **mo·ji·to** (m), mo·ji·to's
de **mok**, mok·ken; mok·je
de **mok·ka** (m), mok·ka's
het **mok·ka-ijs**, mok·ka-ijs·je
de/het **mok·kel** *(vrouw)*, mok·kels; mok·kel·tje
mok·ken (ww), mok, mokt; mok·te, mok·ten; ge·mokt
mo·ko·mo·ko
mok·si·me·ti
de **mol**[1] (m) *(dier; infiltrant)*, mol·len; mol·le·tje
de **mol**[2] *(in de muziek)*, mol·len; mol·le·tje
mo·le·cu·lair (bnw), mo·le·cu·lai·re
de/het **mo·le·cu·le**, mo·le·cu·len, mo·le·cu·les; mo·le·cu·le·tje
de/het **mo·le·cuul**, mo·le·cu·len; mo·le·cuul·tje
de **mo·len** (m), mo·lens; mo·len·tje
de **mo·le·naar** (m), mo·le·naars
het **mo·lest**, mo·les·ten
mo·les·te·ren (ww), mo·les·teer, mo·les·teert; mo·les·teer·de, mo·les·teer·den; ge·mo·les·teerd
de **mo·li·è·re** (m) *(schoen)*, mo·li·è·res
de **mol·lah** (m), mol·lahs
mol·len (ww), mol, molt; mol·de, mol·den; ge·mold
de/het **molm** (m/o)
de **mo·loch** (m), mo·lochs
de **mo·lo·tov·cock·tail** (m), mo·lo·tov·cock·tails
het **mol·ton**
de/het **mom**, mom·men; mom·me·tje
het **mom·bak·kes**, mom·bak·ke·sen
het **mo·ment**, mo·men·ten; mo·ment·je
mo·men·taan (bnw), mo·men·ta·ne
mo·men·teel (bnw), mo·men·te·le
de **mo·ment·op·na·me**, mo·ment·op·na·men, mo·ment·op·na·mes
het **mo·ment su·prê·me**, mo·ments su·prê·mes, mo·ment su·prê·mes
het **mo·men·tum**
mom·pe·len (ww), mom·pel, mom·pelt; mom·pel·de, mom·pel·den; ge·mom·peld
de **mo·na·de** (v), mo·na·den
de **mo·narch** (m), mo·nar·chen; mo·narch·je
de **mo·nar·chie** (v), monarchieën [mo·nar·chie·en]; mo·nar·chie·tje
de **mon chou** (m)
de **mond** (m), mon·den; mond·je
mon·dain (bnw), mon·dai·ne
mond·dood (bnw), mond·do·de
mon·de: bij monde van
mon·de·ling (bnw), mon·de·lin·ge
mon·den (ww), mond, mondt; mond·de, mond·den; ge·mond
het **mond-en-klauw·zeer**
de **mond·har·mo·ni·ca** (v), mond·har·mo·ni·ca's; mondharmonicaatje [mond·har·mo·ni·ca·tje]
de **mond·harp**, mond·har·pen; mond·harp·je
de **mond·hol·te** (v), mond·hol·ten, mond·hol·tes
de **mondhygiënist** [mond·hy·gi·e·nist] (m), mondhygiënisten

[mond·hy·gi·e·nis·ten]
de **mondhygiëniste** [mond·hy·gi·e·nis·te] (v), mondhygiënistes [mond·hy·gi·e·nis·tes]
mon·di·aal (bnw), mon·di·a·le
de **mon·di·a·li·se·ring** (v), mon·di·a·li·se·rin·gen
mon·dig (bnw), mon·di·ge
de **mon·ding** (v), mon·din·gen
de **mond·jes·maat**[1]
mond·jes·maat[2] (bijw)
het **mond·je·vol**, mond·je·vol·len
het **mond·mas·ker**, mond·mas·kers; mond·mas·ker·tje
de **mond-op-mond·be·ade·ming** (v), mond-op-mond·be·ade·min·gen
de **mond·re·cla·me**, mond·re·cla·mes
de **mond-tot-mond·re·cla·me**
mond·ver·le·gen (bnw)
de **mond·vol** (m), mond·vol·le·tje
de **Mo·ne·gask** (m), Mo·ne·gas·ken
mo·ne·tair (bnw), mo·ne·tai·re
de **mo·ney**
mongoloïde [mon·go·lo·i·de] (bnw)
de **mon·gool** (m) *(persoon met down-syndroom)*, mon·go·len; mon·gool·tje
de **Mon·gool** (m) *(Mongoliër)*, Mon·go·len; Mon·gool·tje
de **mo·ni·tor** (m), mo·ni·to·ren, mo·ni·tors
het **mo·ni·to·raat**, mo·ni·to·ra·ten
mo·ni·to·ren (ww), mo·ni·tor, mo·ni·tort; mo·ni·tor·de, mo·ni·tor·den; ge·mo·ni·tord
de **mo·ni·to·ring** (v)
het **mo·ni·to·ring·sys·teem**, mo·ni·to·ring·sys·te·men
de **mo·ni·tri·ce** (v), mo·ni·tri·ces
mon·ke·len (ww), mon·kel, mon·kelt; mon·kel·de, mon·kel·den; ge·mon·keld
mon·ki·mon·ki, mon·ki·mon·ki's
mon·ki·mon·ki·kers, mon·ki·mon·ki·ker·sen
de **mon·nik** (m), mon·ni·ken; mon·nik·je
het **mon·ni·ken·werk**
mo·no (bnw)
mo·no·chroom (bnw), mo·no·chro·me
de **mo·no·cle** (m), mo·no·cles
de **mo·no·cul·tuur** (v), mo·no·cul·tu·ren
mo·no·dis·ci·pli·nair (bnw), mo·no·dis·ci·pli·nai·re
de **mo·no·ga·mie** (v)
de **mo·no·gra·fie** (v), monografieën [mo·no·gra·fie·en]; mo·no·gra·fie·tje
de **mo·no·ki·ni** (m), mo·no·ki·ni's; monokinietje [mo·no·ki·ni·tje]
de **mo·no·liet** (m), mo·no·lie·ten
mo·no·li·thisch (bnw), mo·no·li·thi·sche
de **mo·no·loog** (m), mo·no·lo·gen; mo·no·loog·je
de **mo·no·maan**[1] (m), mo·no·ma·nen
mo·no·maan[2] (bnw), mo·no·ma·ne
de/het **mo·no·meer** (m/o), mo·no·me·ren
het **mo·no·po·lie**, monopoliën [mo·no·po·li·en], mo·no·po·lies
monopoliën [mo·no·po·li·en] (ww), mo·no·po·lie, mo·no·po·liet; mo·no·po·lie·de, mo·no·po·lie·den; ge·mo·no·po·lied
de **mo·no·po·lie·po·si·tie** (v),

mo·no·po·lie·po·si·ties
de **mo·no·po·list** (m), mo·no·po·lis·ten
het **mo·no·po·ly**
mo·no·po·ly·en (ww), mo·no·po·ly, mo·no·po·lyt; mo·no·po·ly·de, mo·no·po·ly·den; ge·mo·no·po·lyd
het **monotheïsme** [mo·no·the·is·me]
mo·no·toon (bnw), mo·no·to·ne
de **mo·no·ty·pe**, mo·no·ty·pen, mo·no·ty·pes
het **mo·no·vo·lu·me**, mo·no·vo·lu·men, mo·no·vo·lu·mes
het **mo·noxi·de**, mo·noxi·den, mo·noxi·des
de **mon·seig·neur** (m), mon·seig·neurs; mon·seig·neur·tje
de **mon·si·eur** (m), mes·si·eurs
het **mon·ster**, mon·sters; mon·ster·tje
mon·ste·ren (ww), mon·ster, mon·stert; mon·ster·de, mon·ster·den; ge·mon·sterd
de **mon·ster·na·me**, mon·ster·na·men, mon·ster·na·mes
de **mon·ster·ne·ming** (v), mon·ster·ne·min·gen
de **mon·strans**, mon·stran·sen
de **mon·ta·ge** (v), mon·ta·ges
mon·ter (bnw), mon·te·re
mon·te·ren (ww), mon·teer, mon·teert; mon·teer·de, mon·teer·den; ge·mon·teerd
het **mon·tes·so·ri·on·der·wijs**
de **mon·tes·so·ri·school**, mon·tes·so·ri·scho·len; mon·tes·so·ri·school·tje
de **mon·teur** (m), mon·teurs
mon·tig·nac·cen (ww), mon·tig·nac, mon·tig·nact; mon·tig·nac·te, mon·tig·nac·ten; ge·mon·tig·nact
de/het **mon·tuur** (v/o), mon·tu·ren; mon·tuur·tje
het **mo·nu·ment**, mo·nu·men·ten; mo·nu·ment·je
mo·nu·men·taal (bnw), mo·nu·men·ta·le
de **mo·nu·men·ten·zorg**
de/het **mood·board** (m/o), mood·boards
mooi (bnw), mooie
de **mooi·heid** (v), mooi·he·den
het **moois**
de **mooi·schrij·ve·rij** (v), mooi·schrij·ve·rij·en
moo·nen (ww), moon, moont; moon·de, moon·den; ge·moond
de **moor** (m) *(paard)*, mo·ren; moor·tje
de **Moor** (m) *(persoon)*, Mo·ren; Moor·tje
de **moord**, moor·den; moord·je
moord·da·dig (bnw), moord·da·di·ge
moor·den (ww), moord, moordt; moord·de, moord·den; ge·moord
de **moor·de·naar** (m), moor·de·naars; moor·de·naar·tje
Moors (bnw), Moor·se
de **moot**, mo·ten; moot·je
de **mop**, mop·pen; mop·je
de **mo·pé**, mo·pés
de **mo·ped** (m), mo·peds
mop·pen (ww), mop, mopt; mop·te, mop·ten; ge·mopt
mop·pe·ren (ww), mop·per, mop·pert; mop·per·de, mop·per·den; ge·mop·perd
het **mop·pie**, mop·pies
de **mops** (m), mop·sen; mops·je
de **mo·ra**[1] (m) *(boom)*, mo·ra's
mo·ra[2] *(houtsoort)*
de **mo·raal**, mo·ra·len; mo·raal·tje

de **mo·ra·li·teit** (v), mo·ra·li·tei·ten
het **mo·ra·to·ri·um**, mo·ra·to·ria, mo·ra·to·ri·ums
mor·bi·de (bnw)
de **mor·bi·di·teit** (v), mor·bi·di·tei·ten
mor·di·cus (bijw)
het **mo·reel**[1]
mo·reel[2] (bnw), mo·re·le
de **mo·rel**, mo·rel·len; mo·rel·le·tje
de **mo·re·ne**, mo·re·nen, mo·re·nes
de **mo·res** (mv)
het **mor·feem**, mor·fe·men
mor·fen (ww), morf, morft; morf·te, morf·ten; ge·morft
de **mor·fi·ne**
de **mor·fo·lo·gie** (v), mor·fo·lo·gie·ën
de **mor·gen**[1] (m) *(ochtend)*, mor·gens; mor·gen·tje
de/het **mor·gen**[2] (m/o) *(landmaat)*, mor·gens; mor·gen·tje
mor·gen[3] (bijw)
mor·gen·avond (bijw)
mor·gen·mid·dag (bijw)
mor·gen·na·mid·dag (bijw)
mor·gen·och·tend (bijw)
de **mor·gen·stond** (m), mor·gen·ston·den
mor·gen·voor·mid·dag (bijw)
mor·gen·vroeg (bijw)
de **mo·riel·je**, mo·riel·jes
de **mo·ril·le**, mo·ril·les
de **mor·moon** (m), mor·mo·nen
de **mor·ning-af·ter·pil**, mor·ning-af·ter·pil·len
mor·re·len (ww), mor·rel, mor·relt; mor·rel·de, mor·rel·den; ge·mor·reld
mor·ren (ww), mor, mort; mor·de, mor·den; ge·mord
het **mor·se**
het **mor·se·al·fa·bet**, mor·se·al·fa·bet·ten
de **mor·se·co·de** (m), mor·se·co·des
mor·sen (ww), mors, morst; mors·te, mors·ten; ge·morst
de **mor·se·rij** (v), mor·se·rij·en
de **mor·tel** (m), mor·tels
de/het **mor·tier** (m/o), mor·tie·ren; mor·tier·tje
het **mor·tu·a·ri·um**, mor·tu·a·ria, mor·tu·a·ri·ums
het **mos**, mos·sen; mos·je
de **mos·kee** (v), moskeeën [mos·kee·en]; mos·kee·tje
Mos·ko·visch (bnw), Mos·ko·vi·sche
de **mos·lim** (m), mos·lims; mos·lim·me·tje, mos·lim·pje
de **mos·li·ma** (v), mos·li·ma's; moslimaatje [mos·li·ma·tje]
de/het **mos·lim·broe·der·schap** (v/o), mos·lim·broe·der·schap·pen
mos·lim·fun·da·men·ta·lis·tisch (bnw), mos·lim·fun·da·men·ta·lis·ti·sche
de **mos·lim·mi·li·tant** (m), mos·lim·mi·li·tan·ten
de **mos·sel**, mos·se·len, mos·sels; mos·sel·tje
de **most** (m)
de **mos·terd** (m)
de **mot**[1] *(fijne regen; ruzie)*, mot·je
de **mot**[2] *(vlinder; vaartuig)*, mot·ten; mot·je
de **mo·tard** (m), mo·tards
het **mo·tel**, mo·tels
het **mo·tet**, mo·tet·ten
de **mo·tie** (v), mo·ties; mo·tie·tje
het **mo·tief**, mo·tie·ven; mo·tief·je
de **mo·ti·va·tie** (v), mo·ti·va·ties
de **mo·ti·va·tie·brief** (m), mo·ti·va·tie·brie·ven
mo·ti·va·ti·o·neel (bnw), mo·ti·va·ti·o·ne·le

de **mo·ti·va·tor** (m), mo·ti·va·to·ren, mo·ti·va·tors
mo·ti·ve·ren (ww), mo·ti·veer, mo·ti·veert; mo·ti·veer·de, mo·ti·veer·den; ge·mo·ti·veerd
mo·ti·ve·rend (bnw), mo·ti·ve·ren·de
de **mo·ti·ve·ring** (v), mo·ti·ve·rin·gen
de **mo·to** (m), mo·to's
de **mo·tor** (m), mo·to·ren, mo·tors; mo·tor·tje
het **mo·tor·blok**, mo·tor·blok·ken; mo·tor·blok·je
de **mo·tor·boot**, mo·tor·bo·ten; mo·tor·boot·je
de **mo·tor·cross** (m), mo·tor·cros·sen, mo·tor·cros·ses
mo·tor·cros·sen (ww), mo·tor·cros, mo·tor·crost; mo·tor·cros·te, mo·tor·cros·ten; ge·mo·tor·crost
het **mo·tor·de·fect**, mo·tor·de·fec·ten
de **mo·tor·fiets**, mo·tor·fiet·sen; mo·tor·fiets·je
het **mo·tor·home**, mo·tor·homes
de **mo·to·riek** (v)
mo·to·risch (bnw), mo·to·ri·sche
de **mo·to·ri·se·ring** (v), mo·to·ri·se·rin·gen
de **mo·to·rist** (m), mo·to·ris·ten
de **mo·tor·kap**, mo·tor·kap·pen; mo·tor·kap·je
de **mo·tor·olie**, motoroliën [mo·tor·oli·en], mo·tor·olies
de **mo·tor·pech** (m)
mo·tor·rij·den (ww)
de **mo·tor·rij·der** (m), mo·tor·rij·ders; mo·tor·rij·der·tje
het **mo·tor·rij·tuig**, mo·tor·rij·tui·gen
de **mo·tor·scha·de**, mo·tor·scha·den, mo·tor·scha·des
het **mo·tor·schip**, mo·tor·sche·pen; mo·tor·scheep·je
de **mo·tor·sport·ac·ti·vi·teit** (v), mo·tor·sport·ac·ti·vi·tei·ten
het **mo·tor·voer·tuig**, mo·tor·voer·tui·gen; mo·tor·voer·tuig·je
de **mot·re·gen** (m), mot·re·gens; mot·re·gen·tje
mot·re·ge·nen (ww), mot·re·gent; mot·re·gen·de; ge·mot·re·gend
de **mot·sneeuw**
de **mot·te**, mot·tes
mot·ten (ww), mot, mot; mot·te, mot·ten; ge·mot
mot·tig (bnw), mot·ti·ge
het **mot·to**, mot·to's; mottootje [mot·to·tje]
mot·vrij (bnw), mot·vrije
de **mou·che**, mou·ches
de **moun·tain·bike**, moun·tain·bikes; moun·tain·bike·je
moun·tain·bi·ken (ww), moun·tain·bike, moun·tain·biket; moun·tain·bike·te, moun·tain·bike·ten; ge·moun·tain·biket
de **Mount Eve·rest·ex·pe·di·tie** (v), Mount Eve·rest·ex·pe·di·ties
de **mous·sa·ka** (m), mous·sa·ka's
de **mous·se**, mous·ses; mous·se·je, mous·se·tje
de/het **mous·se·li·ne**, mous·se·li·nes
mous·se·li·nen (bnw)
de **mous·se·li·ne·saus**, mous·se·li·ne·sau·sen, mous·se·li·ne·sau·zen; mous·se·li·ne·saus·je
de **mous·ta·che**, mous·ta·ches
de/het **mout** (m/o)
mou·ten (ww), mout, mout; mout·te, mout·ten; ge·mout

de **mouw**, mou·wen; mouw·tje
de **move** (m), moves
mo·ven (ww), move, movet; move·de, move·den; ge·moved
mo·ve·ren (ww), mo·veer, mo·veert; mo·veer·de, mo·veer·den; ge·mo·veerd
het **moy·en·ne**, moy·en·nes
het **mozaïek** [mo·za·iek], mozaïeken [mo·za·ie·ken]; mozaïekje [mo·za·iek·je]
Mo·zam·bi·kaans (bnw), Mo·zam·bi·kaan·se
het **Mo·zart·jaar**, Mo·zart·ja·ren
de **moz·za·rel·la** (m)
mp *(minister-president),* mp's
mp3 *(geluidsbestand),* mp3's; mp3'tje [mp3·tje]
de **mp3-spe·ler** (m), mp3-spe·lers; mp3-spe·ler·tje
mr *(medezeggenschapsraad),* mr's
mr. *(meester)*
de **MRI-scan** (m), MRI-scans
mrt *(maart)*
mrt. *(maart)*
m/s *(meter per seconde)*
msn'en [msn·en] (ww), msn, msn't; msn'de [msn·de], msn'den [msn·den]; ge-msn'd
de **msn-ver·sla·ving** (v), msn-ver·sla·vin·gen
de **MS-patiënt** [MS-pa·ti·ent] (m), MS-patiënten [MS-pa·ti·en·ten]
mts *(middelbare technische school)*
de **MTV-se·rie** (v), MTV-se·ries
de **mu** (m)
mu·co *(mucoviscidose),* mu·co's
de **mu·co·vis·ci·do·se** (v)
de/het **mud**, mud·den; mud·je
de **mues·li**, mues·li's
de **mu·ez·zin** (m), mu·ez·zins
muf (bnw), muf·fe
de **muf·fin** (m), muf·fins
de **mug**, mug·gen; mug·ge·tje, mug·je
de **mug·gen·beet** (m), mug·gen·be·ten; mug·gen·beet·je
de **mug·gen·bult** (m), mug·gen·bul·ten
mug·gen·zif·ten (ww), mug·gen·zift, mug·gen·zift; mug·gen·zift·te, mug·gen·zift·ten; ge·mug·gen·zift
de **mug·gen·zif·ter** (m), mug·gen·zif·ters; mug·gen·zif·ter·tje
mug·gen·zif·te·rig (bnw), mug·gen·zif·te·ri·ge
de **mug·gen·zif·te·rij** (v), mug·gen·zif·te·rij·en
de **mug·gen·zwerm** (m), mug·gen·zwer·men
de **mui**, mui·en
de **muil**[1] (m) *(bek; mond; muilezel),* mui·len; muil·tje
de **muil**[2] *(schoeisel),* mui·len; muil·tje
de **muil·korf** (m), muil·kor·ven
muil·kor·ven (ww), muil·korf, muil·korft; muil·korf·de, muil·korf·den; ge·muil·korfd
de **muil·peer**, muil·pe·ren
de **muis**, mui·zen; muis·je
de **muis·klik** (m), muis·klik·ken; muis·klik·je
de **muis·knop** (m), muis·knop·pen
muis·stil (bnw), muis·stil·le
de **muit**, mui·ten
de **mui·te**, mui·ten
mui·ten (ww), muit, muit; muit·te, muit·ten; ge·muit
de **mui·ter** (m), mui·ters
de **mui·te·rij** (v), mui·te·rij·en
mui·zen (ww), muis, muist; muis·de, muis·den; ge·muisd
het **mui·zen·nest**, mui·zen·nes·ten; mui·zen·nest·je

de **mui·zen·val**, mui·zen·val·len; mui·zen·val·le·tje
de/het **mul**[1], mul·len; mul·le·tje
mul[2] (bnw), mul·le
de **mu·lat** (m), mu·lat·ten; mu·lat·je
mul·chen (ww), mulch, mulcht; mulch·te, mulch·ten; ge·mulcht
de **mul·der** (m), mul·ders; mul·der·tje
mu·lo *(meer uitgebreid lager onderwijs)*
mul·ti·chan·nel (bnw)
de **mul·ti·cul·ti**[1], mul·ti·cul·ti's
mul·ti·cul·ti[2] (bnw)
het **mul·ti·cul·tu·ra·lis·me**
de **mul·ti·cul·tu·ra·li·teit** (v), mul·ti·cul·tu·ra·li·tei·ten
mul·ti·cul·tu·reel (bnw), mul·ti·cul·tu·re·le
mul·ti·di·men·si·o·naal (bnw), mul·ti·di·men·si·o·na·le
mul·ti·dis·ci·pli·nair (bnw), mul·ti·dis·ci·pli·nai·re
mul·ti-et·nisch (bnw), mul·ti-et·ni·sche
mul·ti·fo·caal (bnw), mul·ti·fo·ca·le
mul·ti·func·ti·o·neel (bnw), mul·ti·func·ti·o·ne·le
mul·ti-in·ter·pre·ta·bel (bnw), mul·ti-in·ter·pre·ta·be·le
mul·ti-in·zet·baar (bnw), mul·ti-in·zet·ba·re
mul·ti·lin·gu·aal (bnw), mul·ti·lin·gu·a·le
de **mul·ti·me·dia** (mv)
mul·ti·me·di·aal (bnw), mul·ti·me·di·a·le
de **mul·ti·mil·jo·nair** (m), mul·ti·mil·jo·nairs
mul·ti·mo·daal (bnw), mul·ti·mo·da·le
mul·ti·na·ti·o·naal (bnw), mul·ti·na·ti·o·na·le
de **mul·ti·na·ti·o·nal** (m), mul·ti·na·ti·o·nals
mul·ti·pel (bnw), mul·ti·pe·le
de **mul·ti·ple choice**[1]
mul·ti·ple choice[2] (bnw)
de **mul·ti·ple·choice·test** (m), mul·ti·ple·choice·tes·ten, mul·ti·ple·choice·tests
de **mul·ti·ple·choice·vraag**, mul·ti·ple·choice·vra·gen
de **mul·ti·ple scle·ro·se** (v)
het **mul·ti·plex**
de **mul·ti·pli·ca·tor** (m), mul·ti·pli·ca·to·ren, mul·ti·pli·ca·tors
mul·ti·pli·ce·ren (ww), mul·ti·pli·ceer, mul·ti·pli·ceert; mul·ti·pli·ceer·de, mul·ti·pli·ceer·den; ge·mul·ti·pli·ceerd
het **mul·ti·pro·bleem**, mul·ti·pro·ble·men
het **mul·ti·ta·lent**, mul·ti·ta·len·ten
mul·ti·tas·ken (ww), mul·ti·task, mul·ti·taskt; mul·ti·task·te, mul·ti·task·ten; ge·mul·ti·taskt
de **mul·ti·tas·ker** (m), mul·ti·tas·kers
de **mul·ti·tas·king** (m)
de **mul·ti·vi·ta·mi·ne**, mul·ti·vi·ta·mi·nen, mul·ti·vi·ta·mi·nes
de **mul·to·map**, mul·to·map·pen
het **mum**
de **mum·mie** (v), mum·mies; mum·mie·tje
mum·mi·fi·ce·ren (ww), mum·mi·fi·ceer, mum·mi·fi·ceert; mum·mi·fi·ceer·de, mum·mi·fi·ceer·den; ge·mum·mi·fi·ceerd
de **mu·ni·tie** (v), munitiën

[mu·ni·ti·en], mu·ni·ties
het **mun·ster**, mun·sters
de **munt**, mun·ten; munt·je
de **munt·een·heid** (v), munt·een·he·den
mun·ten (ww), munt, munt; munt·te, munt·ten; ge·munt
het **munt·geld**
het **munt·stuk**, munt·stuk·ken; munt·stuk·je
de **munt·thee** (m), munttheeën [munt·thee·en]; munt·thee·tje
mur·me·len (ww), mur·mel, mur·melt; mur·mel·de, mur·mel·den; ge·mur·meld
murw (bnw), mur·we
de **mus**, mus·sen; mus·je
mu·se·aal (bnw), mu·se·a·le
de **mu·se·let** (m), mu·se·lets
het **mu·se·um**, mu·sea, mu·se·ums; mu·se·um·pje
het **mu·se·um·be·zoek**, mu·se·um·be·zoe·ken; mu·se·um·be·zoek·je
de **mu·si·ca** (v), mu·si·ca's
de **mu·si·cal** (m), mu·si·cals; mu·si·cal·le·tje
mu·si·cal·ach·tig (bnw), mu·si·cal·ach·ti·ge
mu·si·ce·ren (ww), mu·si·ceer, mu·si·ceert; mu·si·ceer·de, mu·si·ceer·den; ge·mu·si·ceerd
de **mu·sic·hall** (m), mu·sic·halls
de **mu·si·ci·en·ne** (v), mu·si·ci·en·nes
de **mu·si·co·loog** (m), mu·si·co·lo·gen
de **mu·si·cus** (m), mu·si·ci
de **musk** (m)
de **mus·kaat**[1] (m) *(wijn),* mus·kaat·je
de **mus·kaat**[2] *(noot),* mus·ka·ten; mus·kaat·je
de **mus·kaat·noot**, mus·kaat·no·ten
het **mus·ket**, mus·ket·ten
de/het **mus·ke·ton** (m/o), mus·ke·tons
de **mus·kiet** (m), mus·kie·ten
de **mus·kie·ten·kaars**, mus·kie·ten·kaar·sen
de **mus·kie·ten·plaag**, mus·kie·ten·pla·gen
de **mus·kus** (m)
de **must** (m), musts
de **must have** (m), must haves
de **must see** (m), must sees
de **mu·tant** (m), mu·tan·ten; mu·tant·je
de **mu·ta·tie** (v), mu·ta·ties
mu·ta·tis mu·tan·dis (bijw)
mu·te·ren (ww), mu·teer, mu·teert; mu·teer·de, mu·teer·den; ge·mu·teerd
de **muts**[1] (v) *(vrouw),* mut·sen; muts·je
de **muts**[2] *(hoofddeksel),* mut·sen; muts·je
de **mu·tu·a·li·teit** (v), mu·tu·a·li·tei·ten
de **muur**[1] (m) *(wand),* mu·ren; muur·tje
de **muur**[2] *(plant),* muur·tje
muur·klim·men (ww)
m.u.v. *(met uitzondering van)*
de **mu·zak** (m), mu·zak·je
de **mu·ze** (v), mu·zen
de **mu·ziek** (v), mu·ziek·je
het **mu·ziek·au·teurs·recht**, mu·ziek·au·teurs·rech·ten
de **mu·ziek·band** (m), mu·ziek·bands; mu·ziek·band·je
de **mu·ziek·cas·set·te**, mu·ziek·cas·set·ten, mu·ziek·cas·set·tes
de **mu·ziek-cd** (m), mu·ziek-cd's
de **mu·ziek·cri·ti·cus** (m), mu·ziek·cri·ti·ci
de **mu·ziek·film** (m), mu·ziek·films;

M

mu·ziek·film·pje
de **mu·ziek·for·ma·tie** (v), mu·ziek·for·ma·ties
het **mu·ziek·gen·re**, mu·ziek·gen·res
de **mu·ziek·groep**, mu·ziek·groe·pen; mu·ziek·groep·je
het **mu·ziek·in·stru·ment**, mu·ziek·in·stru·men·ten; mu·ziek·in·stru·ment·je
de **mu·ziek·ka·pel**, mu·ziek·ka·pel·len
het **mu·ziek·korps**, mu·ziek·korp·sen
de **mu·ziek·kri·tiek** (v), mu·ziek·kri·tie·ken
de **mu·ziek·noot**, mu·ziek·no·ten; mu·ziek·noot·je
de **mu·ziek·no·ta·tie** (v), mu·ziek·no·ta·ties
de **mu·ziek·scene**, mu·ziek·scenes
de **mu·ziek·scè·ne**, mu·ziek·scè·nes
de **mu·ziek·school**, mu·ziek·scho·len; mu·ziek·school·tje
de **mu·ziek·stu·die** (v), mu·ziek·stu·dies
de **mu·ziek·stu·dio** (m), mu·ziek·stu·di·o's
het **mu·ziek·stuk**, mu·ziek·stuk·ken; mu·ziek·stuk·je
de **mu·ziek·uit·voe·ring** (v), mu·ziek·uit·voe·rin·gen
mu·zi·kaal (bnw), mu·zi·ka·le
de **mu·zi·ka·li·teit** (v)
de **mu·zi·kant** (m), mu·zi·kan·ten; mu·zi·kant·je
de **mu·zi·kan·te** (v), mu·zi·kan·tes
mu·zi·kan·tesk (bnw), mu·zi·kan·tes·ke
mu·zisch (bnw), mu·zi·sche
het **my·ce·li·um**
de **my·e·li·ne** (v)
de **my·o·pie** (v)
de **my·ri·a·de** (v), my·ri·a·den
het **mys·te·rie**, mysteriën [mys·te·ri·en], mys·te·ries
mys·te·ri·eus (bnw), mys·te·ri·eu·ze
de **mys·te·ry·guest** (m), mys·te·ry·guests
de **mys·te·ry·shop·per** (m), mys·te·ry·shop·pers
de **mys·ti·cus** (m), mys·ti·ci
de **mys·tiek**[1] (v)
mys·tiek[2] (bnw), mys·tie·ke
de **my·the**, my·then, my·thes
de **my·the·vor·ming** (v), my·the·vor·min·gen
my·thisch (bnw), my·thi·sche
de **my·tho·lo·gie** (v), mythologieën [my·tho·lo·gie·en]
my·tho·lo·gisch (bnw), my·tho·lo·gi·sche
de **my·tyl·school**, my·tyl·scho·len
de **myxo·ma·to·se** (v)

N

de **n**, n'en, n's; n'etje
na[1] (bnw), naë
na[2] (voorz)
na[3] (voegw)
de **naad** (m), na·den; naad·je
naad·loos (bnw), naad·lo·ze
de **naaf**, na·ven
het **naai·ate·lier**, naai·ate·liers; naai·ate·lier·tje
de **naai·cur·sus** (m), naai·cur·sus·sen
naai·en (ww), naai, naait; naai·de, naai·den; ge·naaid
de **naai·er** (m), naai·ers
het **naai·ga·ren**, naai·ga·rens
het **naai·ge·rei**
de **naai·ma·chi·ne** (v), naai·ma·chi·nes
het **naai·meis·je**, naai·meis·jes
de **naai·ster** (v), naai·sters; naai·ster·tje
het **naai·werk**, naai·werk·je
het **naakt**[1], naak·ten; naakt·je
naakt[2] (bnw), naak·te
de **naakt·heid** (v)
de **naakt·lo·per** (m), naakt·lo·pers
de **naakt·show** (m), naakt·shows
de **naald**, naal·den; naald·je
het **naal·den·boek·je**, naal·den·boek·jes
de **naal·den·ko·ker** (m), naal·den·ko·kers; naal·den·ko·ker·tje
het **naald·hout**
de **naald·kunst** (v), naald·kun·sten
de **naam**[1] (m), na·men; naam·pje
naam[2]: te goeder naam en faam
naam[3]: te naam stellen
de **naam·be·kend·heid** (v)
het **naam·bord**, naam·bor·den; naam·bord·je
het **naam·dicht**, naam·dich·ten
de **naam·ge·ving** (v), naam·ge·vin·gen
de **naam·lijst**, naam·lijs·ten; naam·lijst·je
naam·loos (bnw), naam·lo·ze
de **naam·lo·ze**, naam·lo·zen
naam·lo·ze ven·noot·schap
de **naam·plaat**, naam·pla·ten; naam·plaat·je
de **naams·be·kend·heid** (v)
de **naams·ver·an·de·ring** (v), naams·ver·an·de·rin·gen
de **naams·ver·mel·ding** (v), naams·ver·mel·din·gen
de **naams·wij·zi·ging** (v), naams·wij·zi·gin·gen
naam·te·ke·nen (ww), naam·te·ken, naam·te·kent; naam·te·ken·de, naam·te·ken·den; ge·naam·te·kend
de **naam·val** (m), naam·val·len; naam·val·le·tje
de **naam·wij·zi·ging** (v), naam·wij·zi·gin·gen
het **naam·woord**, naam·woor·den; naam·woord·je
naam·woor·de·lijk (bnw), naam·woor·de·lij·ke
de/het **naan**
na-apen (ww), aap na, aapt na; aap·te na, aap·ten na; na·ge·aapt
de **na-aper** (m), na-apers
de **na-ape·rij** (v), na-ape·rij·en
naar[1] (bnw), na·re
naar[2] (voorz)
naar[3] (voegw)
naar de fi·lis·tij·nen
naar den vle·ze
naar·ge·lang[1] (voegw)
naar·ge·lang[2]: al naargelang

naar·ge·lang van
naar·ma·te (voegw)
naar ra·to
naar·stig (bnw), naar·sti·ge
naar·toe (bijw)
naar ver·luidt
naar vo·ren
naast[1] (bnw), naas·te
naast[2] (voorz)
de **naas·te**, naas·ten
naas·ten (ww), naast, naast; naast·te, naast·ten; ge·naast
de **naas·ten·lief·de** (v)
naast·ge·le·gen (bnw)
naat·je zijn
na·bau·wen (ww) *(nazeggen),* bauw na, bauwt na; bauw·de na, bauw·den na; na·ge·bauwd
na·bel·len (ww), bel na, belt na; bel·de na, bel·den na; na·ge·beld
na·be·spre·ken (ww), be·spreek na, be·spreekt na; be·sprak na, be·spra·ken na; na·be·spro·ken
de **na·be·spre·king** (v), na·be·spre·kin·gen
de **na·be·staan·de**, na·be·staan·den
na·bij[1] (bnw), na·bije
na·bij[2] (voorz)
na·bij·ge·le·gen (bnw)
de **na·bij·heid** (v)
na·blij·ven (ww), blijf na, blijft na; bleef na, ble·ven na; na·ge·ble·ven
de **na·blij·ver** (m), na·blij·vers; na·blij·ver·tje
de **na·blus·sings·werk·zaam·he·den** (mv)
na·boot·sen (ww), boots na, bootst na; boots·te na, boots·ten na; na·ge·bootst
na·bou·wen (ww) *(bouwen naar een voorbeeld),* bouw na, bouwt na; bouw·de na, bouw·den na; na·ge·bouwd
na·bu·rig (bnw), na·bu·ri·ge
de/het **na·buur·schap** (v/o)
de **na·cal·cu·la·tie** (v), na·cal·cu·la·ties
na·chec·ken (ww), check na, checkt na; check·te na, check·ten na; na·ge·checkt
de **na·cho** (m), na·cho's
na Chris·tus
de **nacht** (m), nach·ten; nacht·je
de **nacht·dienst** (m), nacht·dien·sten; nacht·dienst·je
de **nach·te·gaal** (m), nach·te·ga·len; nach·te·gaal·tje
nach·te·lijk (bnw), nach·te·lij·ke
nach·ten·lang (bnw), nach·ten·lan·ge
het **nacht·hemd**, nacht·hem·den; nacht·hemd·je
de **nacht·ja·pon** (m), nacht·ja·pon·nen; nacht·ja·pon·ne·tje
het **nacht·kast·je**, nacht·kast·jes
de **nacht·mer·rie**, nacht·mer·ries; nacht·mer·rie·tje
de **nacht·rust**
de **nacht·wacht**[1] (m) *(persoon),* nacht·wach·ten; nacht·wacht·je
de **nacht·wacht**[2] *(dienst),* nacht·wacht·je
de **na·con·tro·le**, na·con·tro·les
na·da (onbep vnw)
de **na·dar** (m), na·dars
na·dat (voegw)
het **na·deel**, na·de·len; na·deel·tje
na·de·le: ten nadele van
na·de·lig (bnw), na·de·li·ge
na·den·ken (ww), denk na, denkt na; dacht na, dach·ten na; na·ge·dacht
na·der (bnw), na·de·re
na·der·bij (bijw)

na·de·ren (ww), na·der, na·dert; na·der·de, na·der·den; ge·na·derd
na·de·rend (bnw), na·de·ren·de
na·der·hand (bijw)
na·dien (bijw)
het **na·dir**
na·doen (ww), doe na, doet na; deed na, de·den na; na·ge·daan
de **na·druk** (m), na·druk·ken
na·druk·ke·lijk (bnw), na·druk·ke·lij·ke
de **naf·fer** (m), naf·fers
de **naft** (m)
de **naf·ta** (m)
na·gaan (ww), ga na, gaat na; ging na, gin·gen na; na·ge·gaan
de **na·ge·dach·te·nis** (v)
de **na·gel** (m), na·ge·len, na·gels; na·gel·tje
na·gel·bij·ten (ww)
na·ge·len (ww), na·gel, na·gelt; na·gel·de, na·gel·den; ge·na·geld
de/het **na·gel·lak** (m/o), na·gel·lak·ken; na·gel·lak·je
de **na·gel·lak·re·mo·ver** (m), na·gel·lak·re·mo·vers
na·gel·nieuw (bnw), na·gel·nieu·we
de **na·gel·riem** (m), na·gel·rie·men; na·gel·riem·pje
de **na·gel·sty·list** (m), na·gel·sty·lis·ten
na·ge·nie·ten (ww), ge·niet na, ge·niet na; ge·noot na, ge·no·ten na; na·ge·no·ten
na·ge·noeg (bijw)
het **na·ge·recht**, na·ge·rech·ten; na·ge·recht·je
het **na·ge·slacht**, na·ge·slach·ten
nag·gen (ww), nag, nagt; nag·de, nag·den; ge·nagd
na·hou·den (ww), houd na, hou na, houdt na; hield na, hiel·den na; na·ge·hou·den
naïef [na·ief] (bnw), naïeve [na·ie·ve]
de **naïeveling** [na·ie·ve·ling] (m), naïevelingen [na·ie·ve·lin·gen]
het **na-ijl·ef·fect**, na-ijl·ef·fec·ten
na-ij·len (ww), ijl na, ijlt na; ijl·de na, ijl·den na; na·ge·ijld
de **na-ij·ver** (m)
na-ij·ve·rig (bnw), na-ij·ve·ri·ge
de **na-in·schrij·ving** (v), na-in·schrij·vin·gen
de **na-iso·la·tie** (v), na-iso·la·ties
na-iso·le·ren (ww), iso·leer na, iso·leert na; iso·leer·de na, iso·leer·den na; nageïsoleerd [na·ge·i·so·leerd]
de **naïviteit** [na·i·vi·teit] (v), naïviteiten [na·i·vi·tei·ten]
het **na·jaar**, na·ja·ren
de **na·jaars·zon**, na·jaars·zon·nen; na·jaars·zon·ne·tje
na·ja·gen (ww), jaag na, jaagt na; jaag·de na, joeg na, jaag·den na, joe·gen na; na·ge·jaagd
na·ken (ww), naak, naakt; naak·te, naak·ten; ge·naakt
na·kend (bnw), na·ken·de
het **na·kie**, na·kies
na·kij·ken (ww), kijk na, kijkt na; keek na, ke·ken na; na·ge·ke·ken
de **na·ko·me·ling** (m), na·ko·me·lin·gen; na·ko·me·lin·ge·tje
na·ko·men (ww), kom na, komt na; kwam na, kwa·men na; na·ge·ko·men
de **na·ko·ming** (v), na·ko·min·gen
na·la·ten (ww), laat na, laat na; liet na, lie·ten na; na·ge·la·ten
de **na·la·ten·schap** (v), na·la·ten·schap·pen
de **na·la·tig·heid** (v),

na·la·tig·he·den
na·le·ven (ww), leef na, leeft na; leef·de na, leef·den na; na·ge·leefd
na·le·ve·ren (ww), le·ver na, le·vert na; le·ver·de na, le·ver·den na; na·ge·le·verd
de **na·le·ving** (v), na·le·vin·gen
na·le·zen (ww), lees na, leest na; las na, la·zen na; na·ge·le·zen
na·lo·pen (ww), loop na, loopt na; liep na, lie·pen na; na·ge·lo·pen
de **na·maak** (m), na·ma·ken
na·ma·ken (ww), maak na, maakt na; maak·te na, maak·ten na; na·ge·maakt
na·me: ten name van
na·me·lijk (bijw)
na·me·loos (bnw), na·me·lo·ze
de **na·men·lijst**, na·men·lijs·ten; na·men·lijst·je
na·mens (voorz)
na·me·ten (ww), meet na, meet na; mat na, ma·ten na; na·ge·me·ten
de **na·mid·dag** (m), na·mid·da·gen; na·mid·dag·je
na·mid·dags: 's namiddags
de **na·nacht** (m), na·nach·ten
de **na·neef** (m), na·ne·ven
de **nan·ny** (v), nan·ny's
de **na·noen** (m), na·noe·nen
de **na·no·me·ter** (m), na·no·me·ters
de **na·no·tech·no·lo·gie** (v), nanotechnologieën [na·no·tech·no·lo·gie·en]
de **Nan·zi·ver·tel·ling** (v), Nan·zi·ver·tel·lin·gen
na·oor·logs (bnw), na·oor·log·se
de **nap** (m), nap·pen; nap·je
de **na·pi**, na·pi's
na·plui·zen (ww), pluis na, pluist na; ploos na, plo·zen na; na·ge·plo·zen
de **na·po·le·on** (m) *(baard, kers, munt)*, na·po·le·ons
na·po·le·on·tisch (bnw), na·po·le·on·ti·sche
het **Na·po·li·taans**[1] *(taal)*
Na·po·li·taans[2] (bnw), Na·po·li·taan·se
het **nap·pa**
het **nap·pa·leer**
nap·pe·ren (ww), nap·peer, nap·peert; nap·peer·de, nap·peer·den; ge·nap·peerd
na·pra·ten (ww), praat na, praat na; praat·te na, praat·ten na; na·ge·praat
de **nar** (m), nar·ren; nar·re·tje
de **nar·cis**, nar·cis·sen; nar·cis·je
het **nar·cis·me**
de **nar·cist** (m), nar·cis·ten; nar·cist·je
nar·cis·tisch (bnw), nar·cis·ti·sche
de **nar·co·se** (v), nar·co·ses
na·re·ke·nen (ww), re·ken na, re·kent na; re·ken·de na, re·ken·den na; na·ge·re·kend
de **na·rig·heid** (v), na·rig·he·den
nar·ra·tief (bnw), nar·ra·tie·ve
de **nar·ra·ti·vi·teit** (v), nar·ra·ti·vi·tei·ten
de **nar·ra·to·lo·gie** (v), narratologieën [nar·ra·to·lo·gie·en]
nar·ren (ww), nar, nart; nar·de, nar·den; ge·nard
nar·rig (bnw), nar·ri·ge
de **nar·thex**, nar·thexen
de **nar·wal** (m), nar·wal·len, nar·wals
de **na·saal**[1], na·sa·len
na·saal[2] (bnw), na·sa·le
de **na·scho·ling** (v), na·scho·lin·gen
de **na·si** (m)
de **na·si go·reng** (m), na·si go·rengs

na·sjen (ww), nasj, nasjt; nasj·te, nasj·ten; ge·nasjt
na·slaan (ww), sla na, slaat na; sloeg na, sloe·gen na; na·ge·sla·gen
de **na·slag** (m), na·sla·gen
het **na·slag·werk**, na·slag·wer·ken; na·slag·werk·je
de **na·sleep** (m), na·sle·pen; na·sleep·je
na·smeu·len (ww), smeul na, smeult na; smeul·de na, smeul·den na; na·ge·smeuld
nas·sen (ww), nas, nast; nas·te, nas·ten; ge·nast
na·stre·ven (ww), streef na, streeft na; streef·de na, streef·den na; na·ge·streefd
na·stu·ren (ww), stuur na, stuurt na; stuur·de na, stuur·den na; na·ge·stuurd
het **nat**[1], nat·je
nat[2] (bnw), nat·te
na·taal (bnw), na·ta·le
na·tel·len (ww), tel na, telt na; tel·de na, tel·den na; na·ge·teld
de **nat·heid** (v)
de **na·tie** (v), natiën [na·ti·en], na·ties
de **na·tie·staat** (m), na·tie·sta·ten; na·tie·staat·je
de **na·tijd** (m)
na·ti·o·naal (bnw), na·ti·o·na·le
na·ti·o·naal park
het **na·ti·o·naal·so·ci·a·lis·me**
de **na·ti·o·naal·so·ci·a·list** (m), na·ti·o·naal·so·ci·a·lis·ten
na·ti·o·naal·so·ci·a·lis·tisch (bnw), na·ti·o·naal·so·ci·a·lis·ti·sche
na·ti·o·na·le bank
Na·ti·o·na·le Bank *(Nationale Bank van België)*
de **na·ti·o·na·li·sa·tie** (v), na·ti·o·na·li·sa·ties
het **na·ti·o·na·lis·me**
de **na·ti·o·na·list** (m), na·ti·o·na·lis·ten
na·ti·o·na·lis·tisch (bnw), na·ti·o·na·lis·ti·sche
de **na·ti·o·na·li·teit** (v), na·ti·o·na·li·tei·ten
de **na·tive** (m), na·tives
de **na·tive spea·ker** (m), na·tive spea·kers
het **nat·je**, nat·jes
nat·ma·ken (ww), maak nat, maakt nat; maak·te nat, maak·ten nat; nat·ge·maakt
het **na·tra·ject**, na·tra·jec·ten
na·trap·pen (ww), trap na, trapt na; trap·te na, trap·ten na; na·ge·trapt
nat·re·ge·nen (ww), re·gen nat, re·gent nat; re·gen·de nat, re·gen·den nat; nat·ge·re·gend
na·trek·ken (ww), trek na, trekt na; trok na, trok·ken na; na·ge·trok·ken
het **na·tri·um**
nat·ten (ww), nat, nat; nat·te, nat·ten; ge·nat
het **nat·te·vin·ger·werk**
de **na·tu·ra·li·sa·tie** (v), na·tu·ra·li·sa·ties
het **na·tu·ra·lis·me**
na·tu·re: van nature
het **na·tu·rel**[1] *(echtheid)*
na·tu·rel[2] (bnw), na·tu·rel·le
na·tu·ren (ww), tuur na, tuurt na; tuur·de na, tuur·den na; na·ge·tuurd
de **na·tu·rist** (m), na·tu·ris·ten
de **na·tuur** (v), na·tu·ren
de **na·tuur·be·schrij·ving** (v), na·tuur·be·schrij·vin·gen
het **na·tuur·ge·bied**,

na·tuur·ge·bie·den; na·tuur·ge·bied·je
het **na·tuur·in·sti·tuut**, na·tuur·in·sti·tu·ten
de **na·tuur·ken·ner** (m), na·tuur·ken·ners
de **na·tuur·kun·de** (v)
na·tuur·lijk (bnw), na·tuur·lij·ke
het **na·tuur·mo·nu·ment**, na·tuur·mo·nu·men·ten; na·tuur·mo·nu·ment·je
het **na·tuur·park**, na·tuur·par·ken; na·tuur·park·je
het **na·tuur·schoon**
de/het **na·tuur·steen** (m/o)
het **na·tuur·ta·lent**, na·tuur·ta·len·ten; na·tuur·ta·lent·je
de **na·tuur·wet**, na·tuur·wet·ten
nauw (bnw), nau·we
nau·we·lijks (bijw)
nauw·ge·zet (bnw), nauw·ge·zet·te
nauw·keu·rig (bnw), nauw·keu·ri·ge
de **nauw·keu·rig·heid** (v), nauw·keu·rig·he·den
nauw·let·tend (bnw), nauw·let·ten·de
nauw·slui·tend (bnw), nauw·slui·ten·de
n.a.v. *(naar aanleiding van)*
de **na·vel** (m), na·vels; na·vel·tje
de **na·vel·streng**, na·vel·stren·gen
na·ve·nant (bnw), na·ve·nan·te
de **na·ver·koop** (m), na·ver·ko·pen
de **na·ver·koop·dienst** (m), na·ver·koop·dien·sten
na·ver·tel·len (ww), ver·tel na, ver·telt na; ver·tel·de na, ver·tel·den na; na·ver·teld
de **na·vi·ga·tie** (v)
het **na·vi·ga·tie·sys·teem**, na·vi·ga·tie·sys·te·men
de **na·vi·ga·tor** (m), na·vi·ga·to·ren, na·vi·ga·tors
na·vi·ge·ren (ww), na·vi·geer, na·vi·geert; na·vi·geer·de, na·vi·geer·den; ge·na·vi·geerd
NAVO *(Noord-Atlantische Verdragsorganisatie)*
na·vol·gen (ww), volg na, volgt na; volg·de na, volg·den na; na·ge·volgd
na·vol·gend (bnw), na·vol·gen·de
de **na·vol·ging** (v), na·vol·gin·gen
de **na·vraag**
na·vra·gen (ww), vraag na, vraagt na; vroeg na, vroe·gen na; na·ge·vraagd
na·vrant (bnw), na·vran·te
na·vy (bnw)
de/het **na·wee**, naweeën [na·wee·en]
de **naw-ge·ge·vens** (mv)
na·wui·ven (ww), wuif na, wuift na; wuif·de na, wuif·den na; na·ge·wuifd
de **na·zaat** (m), na·za·ten; na·zaat·je
na·zeg·gen (ww), zeg na, zegt na; zeg·de na, zei na, zeg·den na, zei·den na; na·ge·zegd
na·zen·den (ww), zend na, zendt na; zond na, zon·den na; na·ge·zon·den
na·zet·ten (ww), zet na, zet na; zet·te na, zet·ten na; na·ge·zet
de **na·zi**, na·zi's
de **na·zi·agres·sie** (v), na·zi·agres·sies
het **na·zi·be·wind**
het **na·zicht**
het **na·zi·dom**
het **na·zi-Duits·land**
na·zien (ww), zie na, ziet na; zag na, za·gen na; na·ge·zien
de **na·zi-ideo·lo·gie** (v), nazi-

ideologieën [na·zi-ideo·lo·gie·en]
de **na·zi-ja·ger** (m), na·zi-ja·gers
de **na·zin** (m), na·zin·nen
na·zin·de·ren (ww), zin·der na, zin·dert na; zin·der·de na, zin·der·den na; na·ge·zin·derd
de **na·zi·par·tij** (v), na·zi·par·tij·en
het **na·zi·re·gi·me**, na·zi·re·gi·mes
het **na·zis·me**
na·zoe·ken (ww), zoek na, zoekt na; zocht na, zoch·ten na; na·ge·zocht
de **na·zo·mer** (m), na·zo·mers; na·zo·mer·tje
de **na·zorg**, na·zor·gen
NB (bijw) *(nota bene)*
n'de (telw)
de **ne·an·der·tha·ler** (m), ne·an·der·tha·lers; ne·an·der·tha·ler·tje
de **neb**, neb·ben; neb·je
de **neb·be**, neb·ben; neb·be·tje
de **ne·cro·fiel**[1] (m), ne·cro·fie·len
ne·cro·fiel[2] (bnw)
de **ne·cro·lo·gie** (v), necrologieën [ne·cro·lo·gie·en]
de **ne·cro·se** (v)
de **nec·tar** (m)
de **nec·ta·ri·ne** (v), nec·ta·ri·nes
ne·der (bijw)
het **Ne·der·duits**[1] *(taal)*
Ne·der·duits[2] (bnw), Ne·der·duit·se
de **ne·de·rig·heid** (v), ne·de·rig·he·den
de **ne·der·laag**, ne·der·la·gen; ne·der·laag·je
de **Ne·der·lan·der** (m), Ne·der·lan·ders; Ne·der·lan·der·tje
het **Ne·der·lan·der·schap**
het **Ne·der·lands**[1] *(taal)*
Ne·der·lands[2] (bnw), Ne·der·land·se
de **Ne·der·land·se** (v), Ne·der·land·sen
Ne·der·lands-her·vormd (bnw), Ne·der·lands-her·vorm·de
Ne·der·lands·spre·kend (bnw), Ne·der·lands·spre·ken·de
de **Ne·der·lands·spre·ken·de**, Ne·der·lands·spre·ken·den
Ne·der·lands·ta·lig (bnw), Ne·der·lands·ta·li·ge
de **Ne·der·lands·ta·li·ge**, Ne·der·lands·ta·li·gen
de **ne·der·pop** (v)
Ne·der·sak·sisch (bnw), Ne·der·sak·si·sche
ne·der·waarts (bnw), ne·der·waart·se
de **ne·der·wiet** (m)
de **ne·der·zet·ting** (v), ne·der·zet·tin·gen; ne·der·zet·tin·kje
nee (tussenw)
de **neef** (m), ne·ven; neef·je
het **nee·kamp**, nee·kam·pen
neen (tussenw)
de **neep**, ne·pen; neep·je
de **neer**[1], ne·ren; neer·tje
neer[2] (bijw)
neer·bui·gen (ww), buig neer, buigt neer; boog neer, bo·gen neer; neer·ge·bo·gen
neer·bui·gend (bnw), neer·bui·gen·de
neer·da·len (ww), daal neer, daalt neer; daal·de neer, daal·den neer; neer·ge·daald
neer·gaan (ww), ga neer, gaat neer; ging neer, gin·gen neer; neer·ge·gaan
de **neer·gang** (m), neer·gan·gen
neer·ge·legd (bnw), neer·ge·leg·de

N

neer·ge·stort (bnw), neer·ge·stor·te
neer·ha·len (ww), haal neer, haalt neer; haal·de neer, haal·den neer; neer·ge·haald
het **neer·hof**, neer·ho·ven; neer·hof·je
neer·kij·ken (ww), kijk neer, kijkt neer; keek neer, ke·ken neer; neer·ge·ke·ken
neer·ko·men (ww), kom neer, komt neer; kwam neer, kwa·men neer; neer·ge·ko·men
de **neer·lan·di·ca** (v), neer·lan·di·ca's
de **neer·lan·di·cus** (m), neer·lan·di·ci
de **neer·lan·dis·tiek** (v)
neer·leg·gen (ww), leg neer, legt neer; leg·de neer, leg·den neer; neer·ge·legd
neer·pen·nen (ww), pen neer, pent neer; pen·de neer, pen·den neer; neer·ge·pend
neer·plan·ten (ww), plant neer, plant neer; plant·te neer, plant·ten neer; neer·ge·plant
neer·plof·fen (ww), plof neer, ploft neer; plof·te neer, plof·ten neer; neer·ge·ploft
neer·po·ten (ww), poot neer, poot neer; poot·te neer, poot·ten neer; neer·ge·poot
neer·schie·ten (ww), schiet neer, schiet neer; schoot neer, scho·ten neer; neer·ge·scho·ten
neer·schrij·ven (ww), schrijf neer, schrijft neer; schreef neer, schre·ven neer; neer·ge·schre·ven
neer·schud·den (ww), schud neer, schudt neer; schud·de neer, schud·den neer; neer·ge·schud
neer·slaan (ww), sla neer, slaat neer; sloeg neer, sloe·gen neer; neer·ge·sla·gen
neer·slach·tig (bnw), neer·slach·ti·ge
de/het **neer·slag**[1] (m/o) *(bezinksel)*, neer·sla·gen
de **neer·slag**[2] (m) *(andere betekenissen)*, neer·sla·gen
neer·ste·ken (ww), steek neer, steekt neer; stak neer, sta·ken neer; neer·ge·sto·ken
neer·stor·ten (ww), stort neer, stort neer; stort·te neer, stort·ten neer; neer·ge·stort
neer·strij·ken (ww), strijk neer, strijkt neer; streek neer, stre·ken neer; neer·ge·stre·ken
neer·val·len (ww), val neer, valt neer; viel neer, vie·len neer; neer·ge·val·len
neer·vlij·en (ww), vlij neer, vlijt neer; vlij·de neer, vlij·den neer; neer·ge·vlijd
neer·waarts (bnw), neer·waart·se
neer·zet·ten (ww), zet neer, zet neer; zet·te neer, zet·ten neer; neer·ge·zet
neer·zij·gen (ww), zijg neer, zijgt neer; zeeg neer, ze·gen neer; neer·ge·ze·gen
neer·zit·ten (ww), zit neer, zit neer; zat neer, za·ten neer; neer·ge·ze·ten
nee schud·den
de **neet**, ne·ten; neet·je
nee zeg·gen
ne·fast (bnw), ne·fas·te
de **neg**, neg·gen
de **ne·ga·tie** (v), ne·ga·ties
het **ne·ga·tief**[1], ne·ga·tie·ven; ne·ga·tief·je
ne·ga·tief[2] (bnw), ne·ga·tie·ve
het **ne·ga·ti·o·nis·me**
het **ne·ga·ti·vis·me**
de **ne·ga·ti·vi·teit** (v), ne·ga·ti·vi·tei·ten

de **ne·gen**[1], ne·gens; ne·gen·tje
ne·gen[2] (telw)
ne·gen bil·joen (telw)
ne·gen bil·joen·ste (telw)
het **ne·gen·de**[1], ne·gen·den
ne·gen·de[2] (telw)
ne·gen·de-eeuws (bnw), ne·gen·de-eeuw·se
ne·gen·dui·zend (telw)
ne·gen·dui·zend·ste (telw)
ne·gen en een half (telw)
ne·gen·en·half (telw)
ne·gen·en·ne·gen·tig (telw)
ne·gen·en·ne·gen·tig·ste (telw)
ne·gen·hon·derd (telw)
ne·gen·hon·derd·een (telw)
ne·gen·hon·derd·eer·ste (telw)
ne·gen·hon·derd·en·een (telw)
ne·gen·hon·derd·en·eer·ste (telw)
ne·gen·hon·derd·en·twee (telw)
ne·gen·hon·derd·en·twee·de (telw)
ne·gen·hon·derd·ste (telw)
ne·gen·hon·derd·twee (telw)
ne·gen·hon·derd·twee·de (telw)
ne·gen·ja·rig (bnw), ne·gen·ja·ri·ge
de **ne·gen·ja·ri·ge**, ne·gen·ja·ri·gen
ne·gen·maal (bijw)
ne·gen mil·jard (telw)
ne·gen mil·jard·ste (telw)
ne·gen mil·joen (telw)
ne·gen mil·joen·ste (telw)
het **ne·gen·tal**, ne·gen·tal·len
ne·gen·tien (telw)
ne·gen·tien·de (telw)
ne·gen tien·de (telw)
de **ne·gen·tien·de-eeu·wer** (m), ne·gen·tien·de-eeu·wers
ne·gen·tien·de-eeuws (bnw), ne·gen·tien·de-eeuw·se
ne·gen·tig (telw)
ne·gen·tig·ste (telw)
de **ne·gen-tot-vijf·men·ta·li·teit** (v)
de **ne·ger** (m), ne·gers; ne·ger·tje
ne·ge·ren[1] (ww) *(bewust niet opmerken)*, ne·geer, ne·geert; ne·geer·de, ne·geer·den; ge·ne·geerd
ne·ge·ren[2] (ww) *(treiteren)*, ne·ger, ne·gert; ne·ger·de, ne·ger·den; ge·ne·gerd
het **Ne·ger·en·gels**
de **neg·ge**, neg·gen
het **ne·gli·gé**, ne·gli·gés; negligeetje [ne·gli·gé·tje]
de **ne·go·rij** (v), ne·go·rij·en
de **ne·go·ti·a·tie** (v), ne·go·ti·a·ties
de **ne·go·tie** (v), ne·go·ties
negotiëren [ne·go·ti·e·ren] (ww), ne·go·ti·eer, ne·go·ti·eert; ne·go·ti·eer·de, ne·go·ti·eer·den; ge·ne·go·ti·eerd
negroïde [ne·gro·i·de] (bnw)
nei·gen (ww), neig, neigt; neig·de, neig·den; ge·neigd
de **nei·ging** (v), nei·gin·gen
de **nek** (m), nek·ken; nek·je
de **nek-aan-nek·race** (m), nek-aan-nek·ra·ces
nek·ken (ww), nek, nekt; nek·te, nek·ten; ge·nekt
het **nek·ton**
de **nel**, nel·len
ne·men (ww), neem, neemt; nam, na·men; ge·no·men
de **ne·mer** (m), ne·mers
de **ne·ming** (v), ne·min·gen
de **ne·ne** (v), ne·nes
de **neo·ba·rok**
het **neo·clas·si·cis·me**
neo·clas·si·cis·tisch (bnw), neo·clas·si·cis·ti·sche
het **neo-ex·pres·si·o·nis·me**
het **neo·fas·cis·me**
de **neo·fiet** (m) *(persoon)*, neo·fie·ten

de **neo·fyt** (m) *(plant),* neo·fy·ten
de **neo·go·tiek** (v)
neo·go·tisch (bnw), neo·go·ti·sche
neo·klas·siek (bnw), neo·klas·sie·ke
het **Neo·la·tijn** *(taal)*
neo·li·be·raal (bnw), neo·li·be·ra·le
het **neo·li·be·ra·lis·me**
het **neo·li·thi·cum**
neo·li·thisch (bnw), neo·li·thi·sche
het **neo·lo·gis·me**, neo·lo·gis·men
het **ne·on**
de **neo·na·to·lo·gie** (v)
de **neo·na·zi**, neo·na·zi's
het **neo·preen**
de **neo·re·nais·san·ce**
neo·re·nais·san·cis·tisch (bnw), neo·re·nais·san·cis·ti·sche
de **neo·ro·man·tiek** (v)
de **nep**[1] (m)
nep[2] (bnw), nep·pe
de **nep·agent** (m), nep·agen·ten
de **Ne·pa·lees**[1] (m) *(persoon),* Ne·pa·le·zen
het **Ne·pa·lees**[2] *(taal)*
Ne·pa·lees[3] (bnw), Ne·pa·le·se
het **nep·bont**
de **nep·broer** (m), nep·broers
de **nep·open·haard** (m), nep·open·haar·den
het **ne·po·tis·me**
nep·pen (ww), nep, nept; nep·te, nep·ten; ge·nept
de **nep·perd** (m), nep·perds
de **nerd** (m), nerds; nerd·je
de **nerf**, ner·ven; nerf·je
ner·gens (bijw)
de **ne·ring** (v), ne·rin·gen; ne·rin·kje
de **ne·ring·doen·de**, ne·ring·doen·den
de **ne·ro** (m) *(wreedaard),* ne·ro's
de **nerts**[1] (m) *(dier),* nert·sen; nerts·je
het **nerts**[2] *(bont),* nerts·je
ner·ven (ww), nerf, nerft; nerf·de, nerf·den; ge·nerfd
ner·veus (bnw), ner·veu·ze
de **ner·vo·si·teit** (v), ner·vo·si·tei·ten
de **nes**[1], nes·sen
nes[2] (bnw), nes·se
het **nest**, nes·ten; nest·je
de **nes·tel** (m), nes·tels; nes·tel·tje
nes·te·len (ww), nes·tel, nes·telt; nes·tel·de, nes·tel·den; ge·nes·teld
de **nes·tor** (m), nes·to·ren, nes·tors
het **net**[1], net·ten; net·je
net[2] (bnw), net·te
de **net·be·heer·der** (m), net·be·heer·ders
het **net·book**, net·books; net·book·je
de **ne·tel**, ne·te·len, ne·tels; ne·tel·tje
ne·te·len (ww), ne·tel, ne·telt; ne·tel·de, ne·tel·den; ge·ne·teld
ne·te·lig (bnw), ne·te·li·ge
de **net·eti·quet·te**
de **net·heid** (v)
net·jes (bijw)
de **net·rech·ter** (m), net·rech·ters
het **net·snoer**, net·snoe·ren
de **net·stroom** (m)
net·ten (ww), net, net; net·te, net·ten; ge·net
de **net·ti·quet·te**
net·to (bijw)
het **net·to·ac·tief**
het **net·to·be·drag**, net·to·be·dra·gen
de **net·to·bij·dra·ge**, net·to·bij·dra·gen, net·to·bij·dra·ges
het **net·to·ge·wicht**, net·to·ge·wich·ten
de **net·to·huur**, net·to·hu·ren
het **net·to-in·ko·men**, net·to-in·ko·mens

het **net·to·loon**, net·to·lo·nen
de **net·to-om·zet** (m), net·to-om·zet·ten
de **net·to-op·brengst** (v), net·to-op·breng·sten
de **net·to·prijs** (m), net·to·prij·zen
het **net·to·re·sul·taat**, net·to·re·sul·ta·ten
het **net·to·sa·la·ris**, net·to·sa·la·ris·sen
de **net·to·schuld**, net·to·schul·den
het **net·to·ver·lies**, net·to·ver·lie·zen
de **net·to·winst** (v), net·to·win·sten; net·to·winst·je
het **net·vlies**, net·vlie·zen; net·vlies·je
het **net·werk**, net·wer·ken; net·werk·je
net·wer·ken (ww), net·werk, net·werkt; net·werk·te, net·werk·ten; ge·net·werkt
de **net·werk·in·fra·struc·tuur** (v), net·werk·in·fra·struc·tu·ren
de **net·werk·site**, net·werk·sites
net zo·min (bijw)
neu (tussenw)
neu·ken (ww), neuk, neukt; neuk·te, neuk·ten; ge·neukt
neu·raal (bnw), neu·ra·le
neuriën [neu·ri·en] (ww), neu·rie, neu·riet; neu·rie·de, neu·rie·den; ge·neu·ried
de **neu·ro** (m), neu·ro's; neurootje [neu·ro·tje]
de **neu·ro·fy·sio·lo·gie** (v)
de **neu·ro·lo·gie** (v)
de **neu·ro·loog** (m), neu·ro·lo·gen
het **neu·ron**, neu·ro·nen, neu·rons
de **neu·ro·pa·thie** (v)
de **neu·ro·se** (v), neu·ro·sen, neu·ro·ses
het **neu·ro·ti·cis·me**
neu·ro·tisch (bnw), neu·ro·ti·sche
de **neu·ro·trans·mit·ter** (m), neu·ro·trans·mit·ters
de **neus** (m), neu·zen; neus·je
de **neus·drup·pel** (m), neus·drup·pels; neus·drup·pel·tje
het **neus·gat**, neus·ga·ten; neus·gaat·je
de **neus·hoorn** (m), neus·hoor·nen, neus·hoorns; neus·hoorn·tje
de **neus-keel-oor·arts** (m), neus-keel-oor·art·sen
de **neus·klank** (m), neus·klan·ken
de **neus·ring** (m), neus·rin·gen
de **neut** *(borrel)*, neu·ten; neut·je
neu·traal (bnw), neu·tra·le
neu·tra·li·se·ren (ww), neu·tra·li·seer, neu·tra·li·seert; neu·tra·li·seer·de, neu·tra·li·seer·den; ge·neu·tra·li·seerd
de **neu·tra·li·teit** (v)
het **neu·tri·no**, neu·tri·no's
het **neu·tron**, neu·tro·nen, neu·trons
neu·zen (ww), neus, neust; neus·de, neus·den; ge·neusd
de **ne·vel** (m), ne·ve·len, ne·vels; ne·vel·tje
ne·ve·len (ww), ne·vel, ne·velt; ne·vel·de, ne·vel·den; ge·ne·veld
de **ne·ven·ac·ti·vi·teit** (v), ne·ven·ac·ti·vi·tei·ten
het **ne·ven·ef·fect**, ne·ven·ef·fec·ten
ne·vens (voorz)
de **ne·ven·schik·king** (v), ne·ven·schik·kin·gen
de **new age** (m)
de **new·age·be·we·ging** (v), new·age·be·we·gin·gen
de **new·bie**, new·bies
de **new·found·lan·der** (m) *(hond)*, new·found·lan·ders
de **New·found·lan·der** (m) *(persoon)*, New·found·lan·ders
de **new·ton** (m), new·tons

de **new wave** (m)
de **New Yor·ker** (m), New Yor·kers
New Yorks (bnw), New York·se
de **nexus** (m)
de **ney** (m), neys
ngo *(niet- of non-gouvernementele organisatie),* ngo's
de **ni·che**, ni·ches; ni·che·je
de **ni·che·markt**, ni·che·mark·ten; ni·che·markt·je
de **nicht**[1] (v) *(familielid),* nich·ten; nicht·je
de **nicht**[2] (m) *(homoseksuele man),* nich·ten
de **Nic·ke·ri·aan** (m), Nic·ke·ri·a·nen
Nic·ke·ri·aans (bnw), Nic·ke·ri·aan·se
de **ni·co·ti·ne**
nie·mand (onbep vnw)
het **nie·mands·land**, nie·mands·lan·den; nie·mands·land·je
de/het **nie·men·dal**[1] (m/o), nie·men·dal·len; nie·men·dal·le·tje
nie·men·dal[2] (onbep vnw)
nie·men·dal[3] (bijw)
de **nier**, nie·ren; nier·tje
de **nier·di·a·ly·se** (v), nier·di·a·ly·ses
het **nier·di·a·ly·se·cen·trum**, nier·di·a·ly·se·cen·tra, nier·di·a·ly·se·cen·trums
nie·sen (ww), nies, niest; nies·te, nies·ten; ge·niest
de **niet**[1] (m) *(metalen papierklem),* nie·ten; niet·je
het **niet**[2] *(lot waarop geen prijs valt),* nie·ten
het **niet**[3] *(het niet zijn),* niet·je
niet[4] (onbep vnw)
niet[5] (bijw)
het **niet-aan·vals·ver·drag**, niet-aan·vals·ver·dra·gen
niet-ac·tief (bnw), niet-ac·tie·ve
de **niet-ac·tie·ve**, niet-ac·tie·ven
niet-af·la·tend (bnw), niet-af·la·ten·de
niet-al·le·daags (bnw), niet-al·le·daag·se
niet-be·grij·pend (bnw), niet-be·grij·pen·de
niet-be·staand (bnw), niet-be·staan·de
niet-be·ta·lend (bnw), niet-be·ta·len·de
de **niet-be·ta·ling** (v), niet-be·ta·lin·gen
niet-beurs·ge·no·teerd (bnw), niet-beurs·ge·no·teer·de
niet-bin·dend (bnw), niet-bin·den·de
niet-com·mer·ci·eel (bnw), niet-commerciële [niet-com·mer·ci·e·le]
niet-con·fes·si·o·neel (bnw), niet-con·fes·si·o·ne·le
nie·ten (ww), niet, niet; niet·te, niet·ten; ge·niet
de **nie·ter** (m), nie·ters
niet-er·kend (bnw), niet-er·ken·de
nie·tes (tussenw)
niet-eu·cli·disch (bnw), niet-eu·cli·di·sche
niet-Eu·ro·pees (bnw), niet-Eu·ro·pe·se
niet-ge·lo·vig (bnw), niet-ge·lo·vi·ge
niet-ge·mo·to·ri·seerd (bnw), niet-ge·mo·to·ri·seer·de
niet-ge·wenst (bnw), niet-ge·wens·te
niet-gods·dien·stig (bnw), niet-gods·dien·sti·ge
de **niet-in·ge·wij·de**, niet-in·ge·wij·den

de **niet-in·ge·ze·te·ne**, niet-in·ge·ze·te·nen
de **niet·jes·ma·chi·ne** (v), niet·jes·ma·chi·nes
niet-joods (bnw) *(m.b.t. religie)*, niet-jood·se
het **niet-lid**, niet-le·den
de **niet·ma·chi·ne** (v), niet·ma·chi·nes
de **niet-na·le·ving** (v), niet-na·le·vin·gen
niet-ont·van·ke·lijk (bnw), niet-ont·van·ke·lij·ke
de **niet-ont·van·ke·lijk·heid** (v)
niet-over·draag·baar (bnw), niet-over·draag·ba·re
niet-pro·fes·si·o·neel (bnw), niet-pro·fes·si·o·ne·le
niet-re·le·vant (bnw), niet-re·le·van·te
niet-re·si·de·rend (bnw), niet-re·si·de·ren·de
het **niet-ro·ken**
de **niet-ro·ken·af·de·ling** (v), niet-ro·ken·af·de·lin·gen
de **niet-ro·ker** (m), niet-ro·kers
niets[1] (onbep vnw)
niets[2] (bijw)
het **niets·doen**
niets·ont·ziend (bnw), niets·ont·zien·de
niets·ver·hul·lend (bnw), niets·ver·hul·len·de
niets·ver·moe·dend (bnw), niets·ver·moe·den·de
niets·zeg·gend (bnw), niets·zeg·gen·de
niet·te·gen·staan·de[1] (voorz)
niet·te·gen·staan·de[2] (voegw)
niet·te·min (bijw)
niet-tij·dig (bnw), niet-tij·di·ge
niet-vrij·blij·vend (bnw), niet-vrij·blij·ven·de
niet·waar (tussenw)
de **niet-wer·ken·de**, niet-wer·ken·den
niet-wes·ters (bnw), niet-wes·ter·se
nietz·sche·aans (bnw), nietz·sche·aan·se
nieuw (bnw), nieu·we
nieuw·bak·ken (bnw)
de **nieuw·bouw** (m)
de **nieuw·bouw·wijk**, nieuw·bouw·wij·ken; nieuw·bouw·wijk·je
de **nieuw·bouw·wo·ning** (v), nieuw·bouw·wo·nin·gen; nieuw·bouw·wo·nin·kje
de **nieu·we**, nieu·wen
de **nieu·we·ling** (m), nieu·we·lin·gen
de **nieu·we·maan**, nieu·we·ma·nen
nieu·wer·wets (bnw), nieu·wer·wet·se
Nieu·we Tes·ta·ment
nieu·we za·ke·lijk·heid
nieuw·ge·bo·ren (bnw)
het **Nieuw·grieks** *(taal)*
de **nieuw·heid** (v), nieuw·he·den
de **nieu·wig·heid** (v), nieu·wig·he·den; nieu·wig·heid·je
het **nieuw·jaar**, nieuw·jaar·tje
Nieuw·jaar *(nieuwjaarsdag)*
de **nieuw·jaars·avond** (m), nieuw·jaars·avon·den
de **nieuw·jaars·bij·een·komst** (v), nieuw·jaars·bij·een·kom·sten
de **nieuw·jaars·bood·schap** (v), nieuw·jaars·bood·schap·pen
de **nieuw·jaars·bor·rel** (m), nieuw·jaars·bor·rels
de **nieuw·jaars·brief** (m), nieuw·jaars·brie·ven; nieuw·jaars·brief·je
het **nieuw·jaars·con·cert**,

nieuw·jaars·con·cer·ten
de **nieuw·jaars·dag** (m), nieuw·jaars·da·gen
het **nieuw·jaars·di·ner**, nieuw·jaars·di·ners
de **nieuw·jaars·duik** (m), nieuw·jaars·dui·ken
het **nieuw·jaars·feest**, nieuw·jaars·fees·ten; nieuw·jaars·feest·je
de **nieuw·jaars·kaart**, nieuw·jaars·kaar·ten; nieuw·jaars·kaart·je
de **nieuw·jaars·mor·gen** (m), nieuw·jaars·mor·gens
de **nieuw·jaars·nacht** (m), nieuw·jaars·nach·ten
het **nieuw·jaars·ont·bijt**, nieuw·jaars·ont·bij·ten
de **nieuw·jaars·pe·ri·o·de** (v), nieuw·jaars·pe·ri·o·den, nieuw·jaars·pe·ri·o·des
de **nieuw·jaars·re·cep·tie** (v), nieuw·jaars·re·cep·ties
de **nieuw·jaars·speech** (m), nieuw·jaars·spee·chen, nieuw·jaars·spee·ches
de **nieuw·jaars·wens** (m), nieuw·jaars·wen·sen
de **nieuw·ko·mer** (m), nieuw·ko·mers; nieuw·ko·mer·tje
de **nieuw·kuis** (m)
het **Nieuw·ne·der·lands**[1] *(taal)*
Nieuw·ne·der·lands[2] (bnw), Nieuw·ne·der·land·se
nieuw·rechts (bnw), nieuw·recht·se
het **nieuws**, nieuws·je
de/het **nieuws·an·ker** (m/o), nieuws·an·kers
het **nieuws·be·richt**, nieuws·be·rich·ten; nieuws·be·richt·je
het **nieuws·blad**, nieuws·bla·den; nieuws·blaad·je
de **nieuws·brief** (m), nieuws·brie·ven; nieuws·brief·je
de **nieuws·bron**, nieuws·bron·nen
het **nieuws·bul·le·tin**, nieuws·bul·le·tins
de **nieuws·flits** (m), nieuws·flit·sen; nieuws·flits·je
de **nieuws·fo·to**, nieuws·fo·to's
de **nieuws·gaar·der** (m), nieuws·gaar·ders
de **nieuws·ga·ring** (v), nieuws·ga·rin·gen
nieuws·gie·rig (bnw), nieuws·gie·ri·ge
nieuws·gie·rig aag·je
de **nieuws·gie·ri·ge**, nieuws·gie·ri·gen
de **nieuws·gie·rig·heid** (v)
het **nieuws·item**, nieuws·items
de **nieuws·le·ze·res** (v), nieuws·le·ze·res·sen; nieuws·le·ze·res·je
het **nieuws·me·di·um**, nieuws·me·dia
de **nieuw·staat** (m), nieuw·sta·ten
de **nieuws·uit·zen·ding** (v), nieuws·uit·zen·din·gen
de **nieuw·tes·ta·men·ti·cus** (m), nieuw·tes·ta·men·ti·ci
nieuw·tes·ta·men·tisch (bnw), nieuw·tes·ta·men·ti·sche
het **nieuw·tje**, nieuw·tjes
nieuw·ver·wor·ven (bnw)
de **Nieuw-Zee·lan·der** (m), Nieuw-Zee·lan·ders
Nieuw-Zee·lands (bnw), Nieuw-Zee·land·se
nie·zen (ww), nies, niest; nies·de, nies·den; ge·niesd
Ni·ge·ri·aans (bnw), Ni·ge·ri·aan·se

ni·hil (onbep vnw)
de **nijd** (m)
de **nij·das** (m), nij·das·sen
nij·dig (bnw), nij·di·ge
nij·gen (ww), nijg, nijgt; neeg, ne·gen; ge·ne·gen
de **nij·ging** (v), nij·gin·gen
de **nijl·gans**, nijl·gan·zen
de **nijl·kro·ko·dil**, nijl·kro·ko·dil·len
het **nijl·paard**, nijl·paar·den; nijl·paard·je
nij·pen (ww), nijp, nijpt; neep, ne·pen; ge·ne·pen
nij·pend (bnw), nij·pen·de
de **nijp·tang**, nijp·tan·gen
nij·ver (bnw), nij·ve·re
de **nij·ver·heid** (v), nij·ver·he·den
de **ni·kab** (m), ni·kabs
het **nik·kel**, nik·kel·tje
nik·ken (ww), nik, nikt; nik·te, nik·ten; ge·nikt
niks (onbep vnw)
niks·doen (ww)
nik·sen (ww), niks, nikst; niks·te, niks·ten; ge·nikst
nil·lens wil·lens (bijw)
de/het **nim·by** (m/o), nim·by's
de **nimf** (v), nim·fen; nimf·je
nim·mer (bijw)
de **nin·ja** (m), nin·ja's
de **nip·pel** (m), nip·pels; nip·pel·tje
nip·pen (ww), nip, nipt; nip·te, nip·ten; ge·nipt
nip·per·tje: op het nippertje
nipt (bnw), nip·te
het **nir·wa·na**
de **nis**, nis·sen; nis·je
het **ni·traat**, ni·tra·ten; ni·traat·je
het **ni·tril**, ni·tril·len
de **nit·wit** (m), nit·wits; nit·wit·je
het **ni·veau**, ni·veaus; ni·veau·tje
de **ni·veau·aan·dui·ding** (v), ni·veau·aan·dui·din·gen
het **ni·veau·ver·schil**, ni·veau·ver·schil·len
ni·vel·le·ren (ww), ni·vel·leer, ni·vel·leert; ni·vel·leer·de, ni·vel·leer·den; ge·ni·vel·leerd
de **ni·vel·le·ring** (v), ni·vel·le·rin·gen
het **njet**[1], njets
njet[2] (tussenw)
de **nko-arts** (m), nko-art·sen
nl. (bijw) *(namelijk)*
no·a·chi·tisch (bnw), no·a·chi·ti·sche
no·bel (bnw), no·be·le
No·bel·prijs, No·bel·prijs·je
de **No·bel·prijs·win·naar** (m), No·bel·prijs·win·naars
no·bles·se obli·ge (tussenw)
de **no·bo·dy**, no·bo·dy's
noch (voegw)
noch·tans (bijw)
de **no-claim**, no-claims
de **no-claim·kor·ting** (v), no-claim·kor·tin·gen
de **noc·tur·ne**, noc·tur·nes
no cure, no pay
no·de (bijw)
no·de·loos (bnw), no·de·lo·ze
no·den (ww), nood, noodt; nood·de, nood·den; ge·nood
no·dig[1] (bnw), no·di·ge
no·dig[2]: zo nodig
no·di·gen (ww), no·dig, no·digt; no·dig·de, no·dig·den; ge·no·digd
de **noe·dels** (mv)
de **noël** [no·el] (m), noëls [no·els]
noe·men (ww), noem, noemt; noem·de, noem·den; ge·noemd
noe·mens·waard (bnw), noe·mens·waar·de
noe·mens·waar·dig (bnw), noe·mens·waar·di·ge
de **noe·mer** (m), noe·mers
de **noen** (m)

N

de **noest**[1] (m), noes·ten
noest[2] (bnw), noes·te
de **no-fly·zo·ne**, no-fly·zo·nes
nog[1] (bijw)
nog[2]: tot nog toe
de **no·ga** (m)
nog·al (bijw)
nog·al wie·des
nog·maals (bijw)
de **no-go** (m), no-go's
de **no-go·area**, no-go·are·a's
de **nok**, nok·ken; nok·je
nok·ken (ww), nok, nokt; nok·te, nok·ten; ge·nokt
de **nol**, nol·len; nol·le·tje
de **nol·le**, nol·len; nol·le·tje
de **no·ma·de**, no·ma·den; no·maad·je
het **no·ma·den·be·staan**
het **no·men**, no·mi·na
de **no·men·cla·tuur** (v), no·men·cla·tu·ren
no·mi·naal (bnw), no·mi·na·le
de **no·mi·na·tie** (v), no·mi·na·ties
de **no·mi·na·tief** (m), no·mi·na·tie·ven
no·mi·ne·ren (ww), no·mi·neer, no·mi·neert; no·mi·neer·de, no·mi·neer·den; ge·no·mi·neerd
de **non** (v), non·nen; non·ne·tje
de **no·na** (v), no·na's
non-ac·tief (bnw), non-ac·tie·ve
de **non-ac·tief·stel·ling** (v), non-ac·tief·stel·lin·gen
non-al·co·ho·lisch (bnw), non-al·co·ho·li·sche
de **non-bel·li·ge·rent**[1] (m), non-bel·li·ge·ren·ten
non-bel·li·ge·rent[2] (bnw), non-bel·li·ge·ren·te
de **non·cha·lan·ce**, non·cha·lan·ces
non·cha·lant (bnw), non·cha·lan·te
de **non-com·bat·tant** (m), non-com·bat·tan·ten
het **non-con·for·mis·me**
non-con·for·mis·tisch (bnw), non-con·for·mis·ti·sche
de **non-con·for·mi·teit** (v), non-con·for·mi·tei·ten
non·de·dju (tussenw)
non·de·ju (tussenw)
non-des·cript (bnw), non-des·crip·te
de **non-dis·cri·mi·na·tie** (v), non-dis·cri·mi·na·ties
de **no·ne**, no·nen
het **non-event**, non-events; non-event·je
het **non-fer·ro·me·taal**, non-fer·ro·me·ta·len
de **non-fic·tie** (v)
het **non-fic·tie·boek**, non-fic·tie·boe·ken; non-fic·tie·boek·je
de **non-fic·ti·on**
het **non-food**
de **non-food·af·de·ling** (v), non-food·af·de·lin·gen
de **no·ni**, no·ni's
het **non-is·sue**, non-is·sues
de **non·kel** (m), non·kels; non·kel·tje
het **non·nen·kloos·ter**, non·nen·kloos·ters; non·nen·kloos·ter·tje
de **non·nen·or·de**, non·nen·or·den, non·nen·or·des
de **no·no**[1], no·no's
no·no[2] (bijw)
no-non·sense (bnw)
het **no-non·sense·be·leid**
non-pro·fit (bnw)
de **non-pro·fit·or·ga·ni·sa·tie** (v), non-pro·fit·or·ga·ni·sa·ties
de **non-pro·fit·sec·tor** (m), non-pro·fit·sec·to·ren, non-pro·fit·sec·tors

het **non-pro·li·fe·ra·tie·ver·drag**, non-pro·li·fe·ra·tie·ver·dra·gen
de/het **non-res·pons** (v/o), non-res·pon·sen
de **non·sens** (m)
non·sen·si·caal (bnw), non·sen·si·ca·le
non-stop (bnw)
de **non-stop·vlucht**, non-stop·vluch·ten
de **non-va·leur**, non-va·leurs
non-ver·baal (bnw), non-ver·ba·le
het **non-wo·ven**[1], non-wo·vens
non-wo·ven[2] (bnw)
de **nood** (m), no·den
het **nood·ag·gre·gaat**, nood·ag·gre·ga·ten
nood·druf·tig (bnw), nood·druf·ti·ge
nood·ge·dwon·gen (bnw)
het **nood·ge·val**, nood·ge·val·len; nood·ge·val·le·tje
de **nood·lan·ding** (v), nood·lan·din·gen
de **nood·les** (mv)
nood·lij·dend (bnw), nood·lij·den·de
het **nood·lot**, nood·lot·je
de **nood·op·roep** (m), nood·op·roe·pen
het **nood·rant·soen**, nood·rant·soe·nen
de **nood·rem**, nood·rem·men
de **nood·stop** (m), nood·stops
de **nood·uit·gang** (m), nood·uit·gan·gen
de **nood·weer**[1] *(tegenweer)*
het **nood·weer**[2] *(slecht weer)*
het **nood·weer·ex·ces**, nood·weer·ex·ces·sen
de **nood·zaak**, nood·za·ken
nood·za·ke·lijk (bnw), nood·za·ke·lij·ke
nood·za·ke·lij·ker·wijs (bijw)
nood·za·ke·lij·ker·wij·ze (bijw)
de **nood·za·ke·lijk·heid** (v), nood·za·ke·lijk·he·den
nood·za·ken (ww), nood·zaak, nood·zaakt; nood·zaak·te, nood·zaak·ten; ge·nood·zaakt
nooit (bijw)
nooit of·te nim·mer
de **Noor** (m), No·ren
de **noord**[1] (m)
noord[2] (bijw)
de **Noord-Afri·kaan** (m), Noord-Afri·ka·nen
Noord-Afri·kaans (bnw), Noord-Afri·kaan·se
Noord-Ame·ri·kaans (bnw), Noord-Ame·ri·kaan·se
de **Noord-Ame·ri·kaan·se** (v), Noord-Ame·ri·kaan·sen
Noord-At·lan·tisch (bnw), Noord-At·lan·ti·sche
de **Noord-Bra·ban·der** (m), Noord-Bra·ban·ders
Noord-Bra·bants (bnw), Noord-Bra·bant·se
de **Noord-Bra·bant·se** (v), Noord-Bra·bant·sen
Noord-Duits (bnw), Noord-Duit·se
de **Noord-Duit·se** (v), Noord-Duit·sen
noor·de·lijk (bnw), noor·de·lij·ke
noor·de·lijk half·rond
de **noor·de·ling** (m), noor·de·lin·gen
het **noor·den**[1] *(windstreek)*
noor·den[2]: ten noorden van
Noor·den *(politiek-economisch gebied)*
de **noor·den·wind** (m), noor·den·win·den; noor·den·wind·je

N

de **noor·der·breed·te** (v)
de **noor·der·buur** (m), noor·der·bu·ren; noor·der·buur·tje
het **noor·der·licht**
de **noor·der·ling** (m), noor·der·lin·gen
de **noor·der·zon**
Noord-Eu·ro·pees (bnw), Noord-Eu·ro·pe·se
Noord-Frans (bnw), Noord-Fran·se
de **Noord-Fran·se** (v), Noord-Fran·sen
het **Noord-Ger·maans**[1] *(taal)*
Noord-Ger·maans[2] (bnw), Noord-Ger·maan·se
de **Noord-Hol·lan·der** (m), Noord-Hol·lan·ders
Noord-Hol·lands (bnw), Noord-Hol·land·se
de **Noord-Hol·land·se** (v), Noord-Hol·land·sen
Noord-Ita·li·aans (bnw), Noord-Ita·li·aan·se
de **noord·kant** (m), noord·kan·ten
Noord-Ko·re·aans (bnw), Noord-Ko·re·aan·se
de **noord·kust**, noord·kus·ten
Noord-Ne·der·lands (bnw), Noord-Ne·der·land·se
noord·noord·oost (bijw)
noord·oost (bijw)
noord·oos·te·lijk (bnw), noord·oos·te·lij·ke
het **noord·oos·ten**
de **noord·oos·ten·wind** (m), noord·oos·ten·win·den
de **noord·oost·pas·saat** (m), noord·oost·pas·sa·ten
de **noord·pool** *(magnetische pool)*, noord·po·len
Noord·pool *(Arctica)*
de **noord·pool·cir·kel** (m)
de **Noord·pool·ex·pe·di·tie** (v), Noord·pool·ex·pe·di·ties
het **noord·pool·ge·bied**
noords (bnw), noord·se
de **Noord-Viet·na·me·se** (v), Noord-Viet·na·me·sen
noord·waarts (bnw), noord·waart·se
noord·west (bijw)
noord·wes·te·lijk (bnw), noord·wes·te·lij·ke
het **noord·wes·ten**
de **noord·wes·ten·wind** (m), noord·wes·ten·win·den
de **noord·west·zij·de**, noord·west·zij·den, noord·west·zij·des
de **noord·zee·gar·naal** (m), noord·zee·gar·na·len; noord·zee·gar·naal·tje
de **noord·zee·krab**, noord·zee·krab·ben
de **Noord·zee·kust**, Noord·zee·kus·ten
het **Noord·zee·strand**, Noord·zee·stran·den
de **noord·zee·vis** (m), noord·zee·vis·sen
de **noord·zij·de**, noord·zij·den, noord·zij·des
noord-zuid (bijw)
de **noord-zuid·ver·bin·ding** (v), noord-zuid·ver·bin·din·gen
de **Noor·man** (m), Noor·man·nen
het **Noors**[1] *(taal)*
Noors[2] (bnw), Noor·se
de **noot**, no·ten; noot·je
de **noot·mus·kaat**
de **nop**, nop·pen; nop·je
no·pen (ww), noop, noopt; noop·te, noop·ten; ge·noopt
no·pens (voorz)

nop·pen (ww), nop, nopt; nop·te, nop·ten; ge·nopt
nop·pes (onbep vnw)
de **nor**, nor·ren
de **nor·ber·tijn** (m), nor·ber·tij·nen
het **nor·dic wal·king**
de **no·ren** (mv) *(schaatsen)*
de **no·ria**, no·ri·a's
de **norm**, nor·men; norm·pje
de **nor·maal**[1], nor·ma·len
nor·maal[2] (bnw), nor·ma·le
nor·ma·ler·wijs (bijw)
nor·ma·ler·wij·ze (bijw)
de **nor·ma·li·sa·tie** (v), nor·ma·li·sa·ties
nor·ma·li·se·ren (ww), nor·ma·li·seer, nor·ma·li·seert; nor·ma·li·seer·de, nor·ma·li·seer·den; ge·nor·ma·li·seerd
de **nor·ma·li·teit** (v), nor·ma·li·tei·ten
nor·ma·li·ter (bijw)
het **Nor·man·disch**[1] *(taal)*
Nor·man·disch[2] (bnw), Nor·man·di·sche
nor·ma·tief (bnw), nor·ma·tie·ve
het **nor·men-en-waar·den-de·bat**, nor·men-en-waar·den-de·bat·ten
nor·me·ren (ww), nor·meer, nor·meert; nor·meer·de, nor·meer·den; ge·nor·meerd
de **nor·me·ring** (v), nor·me·rin·gen
het **no·ro·vi·rus**, no·ro·vi·rus·sen
nors (bnw), nor·se
de **no-show** (m), no-shows
het **NOS-jour·naal**, NOS-jour·naals, NOS-jour·na·len
de **nos·tal·gi·cus** (m), nos·tal·gi·ci
de **nos·tal·gie** (v)
nos·tal·gisch (bnw), nos·tal·gi·sche
de **no·ta**, no·ta's; notaatje [no·ta·tje]
de **no·ta·be·le**, no·ta·be·len
no·ta be·ne (bijw)
het **no·ta·ri·aat**, no·ta·ri·a·ten
no·ta·ri·eel (bnw), notariële [no·ta·ri·e·le]
de **no·ta·ris** (m), no·ta·ris·sen; no·ta·ris·je
de **no·ta·tie** (v), no·ta·ties
not done (bnw)
de/het **note·book**, note·books; note·book·je
de **no·te·laar** (m), no·te·laars, no·te·la·ren; no·te·laar·tje
no·ten (bnw)
de **no·ten·balk** (m), no·ten·bal·ken; no·ten·balk·je
de **no·ten·boom** (m), no·ten·bo·men
de **no·ten·dop**[1] (m), no·ten·dop·pen; no·ten·dop·je
no·ten·dop[2]: in een notendop
de **no·ten·kra·ker** (m), no·ten·kra·kers; no·ten·kra·ker·tje
de **no·ten·leer**
de **no·ten·taart**, no·ten·taar·ten
no·te·ren (ww), no·teer, no·teert; no·teer·de, no·teer·den; ge·no·teerd
de **no·tie** (v), no·ties
de **no·ti·fi·ca·tie** (v), no·ti·fi·ca·ties
no·ti·fi·ce·ren (ww), no·ti·fi·ceer, no·ti·fi·ceert; no·ti·fi·ceer·de, no·ti·fi·ceer·den; ge·no·ti·fi·ceerd
no-time (bijw)
de **no·ti·tie** (v), no·ti·ties; no·ti·tie·tje
het **no·ti·tie·blok**, no·ti·tie·blok·ken; no·ti·tie·blok·je
n.o.t.k. *(nader overeen te komen)*
no·toir (bnw), no·toi·re
de **notoriëteit** [no·to·ri·e·teit] (v), notoriëteiten [no·to·ri·e·tei·ten]
de **no·tu·lant** (m), no·tu·lan·ten
de **no·tu·len** (mv)
no·tu·le·ren (ww), no·tu·leer,

no·tu·leert; no·tu·leer·de, no·tu·leer·den; ge·no·tu·leerd
de **no·tu·list** (m), no·tu·lis·ten
nou[1] (bijw)
nou[2] (tussenw)
de **nou·gat** (m)
de **nou·veau ri·che**, nou·veaux ri·ches
de **nou·vel·le va·gue** (v)
nov *(november)*
nov. *(november)*
de **no·va** (v), no·vae, no·va's
de **no·veen**, no·ve·nen
de **no·vel·le**, no·vel·len, no·vel·les; no·vel·le·tje
de **no·vel·le·bun·del** (m), no·vel·le·bun·dels
de **no·vem·ber** (m), no·vem·bers
de **no·ve·ne**, no·ve·nen
de **no·vi·ce**, no·vi·cen, no·vi·ces
de **no·vi·teit** (v), no·vi·tei·ten
het **no·vum**, no·va, no·vums
de **no·zem** (m), no·zems; no·zem·pje
n.r. *(niet-rokend)*
de **NSB'er** [NSB·er] (m), NSB'ers [NSB·ers]
het **NS-sta·ti·on**, NS-sta·ti·ons
NT2 *(Nederlands als tweede taal)*
nu[1] (bijw)
nu[2] (voegw)
nu[3] (tussenw)
de **nu·an·ce**, nu·an·cen, nu·an·ces
nu·an·ce·ren (ww), nu·an·ceer, nu·an·ceert; nu·an·ceer·de, nu·an·ceer·den; ge·nu·an·ceerd
de **nu·an·ce·ring** (v), nu·an·ce·rin·gen
het **nu·buck**[1]
nu·buck[2] (bnw)
nuch·ter (bnw), nuch·te·re
nu·cle·air (bnw), nu·cle·ai·re
het **nu·cle·o·ti·de**, nu·cle·o·ti·den, nu·cle·o·ti·des
de **nu·cle·us** (m), nu·clei
de **nuf** (v), nuf·fen; nuf·je
de **nuk**, nuk·ken
nuk·kig (bnw), nuk·ki·ge
de **nul**[1], nul·len; nul·le·tje
nul[2] (telw)
nul·de (telw)
de **nul·me·ri·di·aan** (m), nul·me·ri·di·a·nen
de **nul·me·ting** (v), nul·me·tin·gen
de **nul·ope·ra·tie** (v), nul·ope·ra·ties
nul op het re·kest krij·gen
de **nul·op·tie** (v), nul·op·ties
het **nul·punt**, nul·pun·ten
het **nul·ta·rief**, nul·ta·rie·ven
de **nul·to·le·ran·tie** (v)
het **nul·uren·con·tract**, nul·uren·con·trac·ten
het **nul·zes·num·mer**, nul·zes·num·mers
nu·me·riek (bnw), nu·me·rie·ke
het **nu·me·ro**, nu·me·ro's; numerootje [nu·me·ro·tje]
de **nu·me·ro·lo·gie** (v)
de **nu·me·ro·loog** (m), nu·me·ro·lo·gen
de **nu·me·rus fixus** (m), nu·me·ri fixi
het **num·mer**, num·mers; num·mer·tje
de **num·mer 1-hit** (m), num·mer 1-hits
het **num·mer·be·wijs**, num·mer·be·wij·zen
num·me·ren (ww), num·mer, num·mert; num·mer·de, num·mer·den; ge·num·merd
de **num·me·ring** (v), num·me·rin·gen
het **num·mer·kan·toor**, num·mer·kan·to·ren
de **num·mer·lo·te·rij** (v), num·mer·lo·te·rij·en

de **num·mer·plaat**, num·mer·pla·ten; num·mer·plaat·je

de **num·mer·plaat·be·las·ting** (v), num·mer·plaat·be·las·tin·gen

het **num·mer·ver·koop·kan·toor**, num·mer·ver·koop·kan·to·ren

de **nun·ti·us** (m), nun·tii, nun·ti·us·sen

nup·ti·aal (bnw), nup·ti·a·le

de **nurks**[1] (m), nurk·sen; nurks·je

nurks[2] (bnw), nurk·se

de **nurse** (v), nur·ses

het **nut**[1]

nut[2] (bnw), nut·te

de/het **nutriënt** [nu·tri·ent], nutriënten [nu·tri·en·ten]

nu·tri·ti·o·neel (bnw), nu·tri·ti·o·ne·le

het **nuts·be·drijf**, nuts·be·drij·ven

de **nuts·sec·tor** (m), nuts·sec·to·ren, nuts·sec·tors

de **nuts·voor·zie·ning** (v), nuts·voor·zie·nin·gen

nut·te·loos (bnw), nut·te·lo·ze

nut·ten (ww), nut, nut; nut·te, nut·ten; ge·nut

nut·tig (bnw), nut·ti·ge

nut·ti·gen (ww), nut·tig, nut·tigt; nut·tig·de, nut·tig·den; ge·nut·tigd

de **nut·tig·heid** (v), nut·tig·he·den

nv *(naamloze vennootschap),* nv's

de **N-VA'er** [N-VA·er] (m), N-VA'ers [N-VA·ers]

n.v.t. *(niet van toepassing)*

de **ny·lon**[1] *(kous),* ny·lons

de/het **ny·lon**[2] (m/o) *(stofnaam)*

de **ny·lon·kous**, ny·lon·kou·sen

nym·fo·maan (bnw), nym·fo·ma·ne

de **nym·fo·ma·ne** (v), nym·fo·ma·nes

O

de **o**[1], o's; o'tje
o[2] (tussenw)
o.a. *(onder andere)*
de **oa·se** (v), oa·sen, oa·ses; oa·se·tje
de **oa·sis** (v)
ob *(omzetbelasting)*
het **ob-be·drag**, ob-be·dra·gen
de **ob·duc·tie** (v), ob·duc·ties
de **obediëntie** [obe·di·en·tie] (v), obediënties [obe·di·en·ties]
obees (bnw), obe·se
de **obe·lisk** (m), obe·lis·ken
de **O-be·nen** (mv)
de **ober** (m), obers; ober·tje
de **obe·si·tas** (v)
de **obi** (m), obi's
het **ob·ject**, ob·jec·ten; ob·ject·je
het **ob·jec·tief**[1], ob·jec·tie·ven; ob·jec·tief·je
ob·jec·tief[2] (bnw), ob·jec·tie·ve
ob·jec·ti·veer·baar (bnw), ob·jec·ti·veer·ba·re
ob·jec·ti·ve·ren (ww), ob·jec·ti·veer, ob·jec·ti·veert; ob·jec·ti·veer·de, ob·jec·ti·veer·den; ge·ob·jec·ti·veerd
de **ob·jec·ti·vi·teit** (v), ob·jec·ti·vi·tei·ten
de **ob·ject·keu·ze**, ob·ject·keu·zen, ob·ject·keu·zes
de **oblie** (v), oblieën [oblie·en], oblies; oblie·tje
het **obli·gaat**[1], obli·ga·ten
obli·gaat[2] (bnw), obli·ga·te
de **obli·ga·tie** (v), obli·ga·ties
obli·ga·toir (bnw), obli·ga·toi·re
het **obli·go**, obli·go's
het **ob-per·cen·ta·ge**, ob-per·cen·ta·ges
obs *(openbare basisschool)*, obs'en [obs·en]
ob·sceen (bnw), ob·sce·ne
ob·scuur (bnw), ob·scu·re
ob·se·de·ren (ww), ob·se·deer, ob·se·deert; ob·se·deer·de, ob·se·deer·den; ge·ob·se·deerd
de **ob·ser·vant** (m), ob·ser·van·ten
de **ob·ser·va·tie** (v), ob·ser·va·ties; ob·ser·va·tie·tje
de **ob·ser·va·tor** (m), ob·ser·va·to·ren, ob·ser·va·tors
het **ob·ser·va·to·ri·um**, ob·ser·va·to·ria, ob·ser·va·to·ri·ums; ob·ser·va·to·ri·um·pje
ob·ser·veer·baar (bnw), ob·ser·veer·ba·re
de **ob·ser·veer·der** (m), ob·ser·veer·ders
ob·ser·ve·ren (ww), ob·ser·veer, ob·ser·veert; ob·ser·veer·de, ob·ser·veer·den; ge·ob·ser·veerd
de **ob·ses·sie** (v), ob·ses·sies; ob·ses·sie·tje
ob·ses·sief (bnw), ob·ses·sie·ve
het **ob·si·di·aan**
ob·so·leet (bnw), ob·so·le·te
het **ob·sta·kel**, ob·sta·kels; ob·sta·kel·tje
ob·sti·naat (bnw), ob·sti·na·te
de **ob·sti·pa·tie** (v)
de **ob·struc·tie** (v), ob·struc·ties
het **ob-ta·rief**, ob-ta·rie·ven
de **obus**, obus·sen
o.b.v. *(op basis van)*
ob-vrij (bnw), ob-vrije
de **ob-vrij·stel·ling** (v), ob-vrij·stel·lin·gen
de **ob-wet·ge·ving** (v), ob-wet·ge·vin·gen

de **oc·ca·sie** (v), oc·ca·sies
de **oc·ca·sie·wa·gen** (m), oc·ca·sie·wa·gens
de **oc·ca·si·on** (m), oc·ca·si·ons
oc·ca·si·o·neel (bnw), oc·ca·si·o·ne·le
het **Oc·ci·taans**[1] *(taal)*
Oc·ci·taans[2] (bnw), Oc·ci·taan·se
oc·cult (bnw), oc·cul·te
de **oc·cu·pant**, oc·cu·pan·ten
de **oc·cu·pa·tie** (v), oc·cu·pa·ties
oc·cu·pe·ren (ww), oc·cu·peer, oc·cu·peert; oc·cu·peer·de, oc·cu·peer·den; ge·oc·cu·peerd
de **oce·aan** (m), oce·a·nen
oce·a·nisch (bnw) *(m.b.t. de oceaan)*, oce·a·ni·sche
Oce·a·nisch (bnw) *(m.b.t. Oceanië)*, Oce·a·ni·sche
de **ocel** (m), ocel·len
de **oce·lot** (m), oce·lot·ten
och (tussenw)
och·arm (tussenw)
de **och·tend** (m), och·ten·den; och·tend·je
het **och·tend·ap·pel**, och·tend·ap·pels
de **och·tend·dauw** (m)
het **och·tend·glo·ren**
de **och·tend·jas**, och·tend·jas·sen
och·tend·lijk (bnw), och·tend·lij·ke
de **och·tend·post**
de **och·tend·zon**, och·tend·zon·nen; och·tend·zon·ne·tje
de **OCMW-raad** (m), OCMW-ra·den
de **OCMW-voor·zit·ter** (m), OCMW-voor·zit·ters
de/het **oc·taaf**, oc·ta·ven; oc·taaf·je
de **octaëder** [oc·ta·e·der] (m), octaëders [oc·ta·e·ders]
het **oc·tet**, oc·tet·ten; oc·tet·je
de **oc·to·pus** (m), oc·to·pus·sen; oc·to·pus·je
het **oc·trooi**, oc·trooi·en
de **oc·trooi·aan·vraag**, oc·trooi·aan·vra·gen
oc·trooi·eer·baar (bnw), oc·trooi·eer·ba·re
oc·trooi·e·ren (ww), oc·trooi·eer, oc·trooi·eert; oc·trooi·eer·de, oc·trooi·eer·den; ge·oc·trooi·eerd
het **ocu·lair**, ocu·lairs
ocu·le·ren (ww), ocu·leer, ocu·leert; ocu·leer·de, ocu·leer·den; ge·ocu·leerd
de **ode**, oden, odes
de **odeur** (m), odeurs; odeur·tje
het **odi·um**
de **odys·see** (v), odysseeën [odys·see·en], odys·sees
de **oe·cu·me·ne**, oe·cu·me·nes
oe·cu·me·nisch (bnw), oe·cu·me·ni·sche
het **oe·deem**, oe·de·men
het **oe·di·pus·com·plex**, oe·di·pus·com·plexen
oef (tussenw)
oe·fe·nen (ww), oe·fen, oe·fent; oe·fen·de, oe·fen·den; ge·oe·fend
de **oe·fe·ning** (v), oe·fe·nin·gen; oe·fe·nin·ge·tje
de **oe·fen·lo·ca·tie** (v), oe·fen·lo·ca·ties
oeh (tussenw)
de **oe·hoe**[1] (m), oe·hoes; oe·hoe·tje
oe·hoe[2] (tussenw)
oei (tussenw)
de **oe·ka·ze**, oe·ka·zen, oe·ka·zes
Oekraïens [Oe·kra·iens] (bnw), Oekraïense [Oe·kra·ien·se]
de **Oekraïner** [Oe·kra·i·ner] (m), Oekraïners [Oe·kra·i·ners]
de **oe·le·wap·per** (m), oe·le·wap·pers; oe·le·wap·per·tje
de **oen**, oe·nen; oen·tje

de **oe·no·lo·gie** (v)
de **oe·no·loog** (m), oe·no·lo·gen
oeps (tussenw)
het **oer**
o.e.r. *(op erewoord retour)*
oer·de·ge·lijk (bnw), oer·de·ge·lij·ke
oer·dom (bnw), oer·dom·me
oer-En·gels (bnw), oer-En·gel·se
het **Oer·ger·maans**[1] *(taal)*
Oer·ger·maans[2] (bnw), Oer·ger·maan·se
oer-Hol·lands (bnw), oer-Hol·land·se
het **oer·in·stinct**, oer·in·stinc·ten
de **oer·knal** (m), oer·knal·len; oer·knal·le·tje
de **oer·mens** (m), oer·men·sen; oer·mens·je
oer-Ne·der·lands (bnw), oer-Ne·der·land·se
oer·oud (bnw), oer·ou·de
het **oer·rund**, oer·run·de·ren
oer·saai (bnw), oer·saaie
de **oer·tijd** (m), oer·tij·den
oer-Vlaams (bnw), oer-Vlaam·se
het **oer·woud**, oer·wou·den; oer·woud·je
de **oe·so·pha·gus** (m), oe·so·pha·gi
de **oes·ter**, oes·ters; oes·ter·tje
het **oes·tro·geen**, oes·tro·ge·nen
het **oeu·vre**, oeu·vres
de **oeu·vre·prijs** (m), oeu·vre·prij·zen
de **oe·ver** (m), oe·vers; oe·ver·tje
oe·ver·loos (bnw), oe·ver·lo·ze
of (voegw)
de **off·day** (m), off·days
het **of·fen·sief**[1], of·fen·sie·ven; of·fen·sief·je
of·fen·sief[2] (bnw), of·fen·sie·ve
het **of·fer**, of·fers; of·fer·tje
de **of·fe·ran·de**, of·fe·ran·den, of·fe·ran·des
het **of·fer·blok**, of·fer·blok·ken
of·fe·ren (ww), of·fer, of·fert; of·fer·de, of·fer·den; ge·of·ferd
het **of·fer·feest**, of·fer·fees·ten
Of·fer·feest
de **of·fer·ga·ve**, of·fer·ga·ven
het **of·fer·lam**, of·fer·lam·me·ren
de **of·fer·steen** (m), of·fer·ste·nen
de **of·fer·te**, of·fer·ten, of·fer·tes
de **of·fer·te·aan·vraag**, of·fer·te·aan·vra·gen
het **of·fice**, of·fi·ces
het **of·fice·ma·nage·ment**
de **of·fice·ma·na·ger** (m), of·fice·ma·na·gers
de **of·fi·ci·al** (m), of·fi·ci·als
of·fi·ci·a·li·se·ren (ww), of·fi·ci·a·li·seer, of·fi·ci·a·li·seert; of·fi·ci·a·li·seer·de, of·fi·ci·a·li·seer·den; ge·of·fi·ci·a·li·seerd
het **of·fi·cie**, officiën [of·fi·ci·en], of·fi·cies
of·fi·ci·eel (bnw), officiële [of·fi·ci·e·le]
de **of·fi·cier** (m), of·fi·cie·ren, of·fi·ciers; of·fi·cier·tje
officiëren [of·fi·ci·e·ren] (ww), of·fi·ci·eer, of·fi·ci·eert; of·fi·ci·eer·de, of·fi·ci·eer·den; ge·of·fi·ci·eerd
het **of·fi·ciers·kwast·je**, of·fi·ciers·kwast·jes
of·fi·ci·eus (bnw), of·fi·ci·eu·ze
off·line (bijw)
off·pis·te (bijw)
of·fre·ren (ww), of·freer, of·freert; of·freer·de, of·freer·den; ge·of·freerd
off·road (bnw)
de **off·set** (m)
het **off·set·pro·ce·dé**,

off·set·pro·ce·dés
off·shore (bnw)
de **off·shore·bo·ring** (v), off·shore·bo·rin·gen
het **off·shore·ge·bied**, off·shore·ge·bie·den
off·side (bijw)
off the re·cord (bijw)
het **off·white**
de **ofi·si·na**, ofi·si·na's
of·schoon (voegw)
de **of·tal·mie** (v)
de **of·tal·mo·lo·gie** (v)
de **of·tal·mo·loog** (m), of·tal·mo·lo·gen
of·te (voegw)
of·te·wel (voegw)
of·wel (voegw)
ogen (ww), oog, oogt; oog·de, oog·den; ge·oogd
het **ogen·blik**, ogen·blik·ken; ogen·blik·je
ogen·blik·ke·lijk (bnw), ogen·blik·ke·lij·ke
ogend (bnw), ogen·de
ogen·schijn·lijk (bnw), ogen·schijn·lij·ke
de **ogen·schouw** (m)
de **ogen·test** (m), ogen·tes·ten, ogen·tests
het **ogief**, ogie·ven
o.g.v. *(op grond van; onder gebruikelijk voorbehoud)*
oh (tussenw)
ohaën [oha·en] (ww), oha, ohaat; oha·de, oha·den; ge·ohaad
de/het **ohm** (m/o), ohms
oho (tussenw)
o.i. *(onzes inziens)*
o.i.d. *(of iets dergelijks)*
oio *(onderzoeker in opleiding)*, oi·o's
o ja (tussenw)
o jee (tussenw)
het **ojief**, ojie·ven
de **oka·pi** (m), oka·pi's; okapietje [oka·pi·tje]
oké[1] (bnw)
oké[2] (tussenw)
de **oker**[1] (m), okers
oker[2] (bnw)
de **oker·soep**
oki·do (tussenw)
oki·do·ki (tussenw)
de **ok·ker·noot**, ok·ker·no·ten
de **okra**, okra's
het **ok·saal**, ok·sa·len; ok·saal·tje
de **ok·sel** (m), ok·sels; ok·sel·tje
de **ok·sel·mouw**, ok·sel·mou·wen
de **ok·sel·stick** (m), ok·sel·sticks
okt *(oktober)*
okt. *(oktober)*
de **ok·to·ber** (m), ok·to·bers
Ok·to·ber·re·vo·lu·tie
OLB *(openbaar lichaam Bonaire)*
de **old·skool**[1]
old·skool[2] (bnw)
de **old·ti·mer** (m), old·ti·mers; old·ti·mer·tje
ol·fac·to·risch (bnw), ol·fac·to·ri·sche
de **olie**, oliën [oli·en], olies; olie·tje
olie·ach·tig (bnw), olie·ach·ti·ge
de **olie·bol** (m), olie·bol·len; olie·bol·le·tje
de **olie·boot**, olie·bo·ten
olie·dom (bnw), olie·dom·me
het **olie-en-azijn·stel**, olie-en-azijn·stel·len
de **olie-ex·port** (m), olie-ex·por·ten
de **olie·han·del** (m)
de **olie-in·dus·trie** (v), olie-industrieën [olie-in·dus·trie·en]
de **olie·laag**, olie·la·gen; olie·laag·je
de **olie·lamp**, olie·lam·pen; olie·lamp·je
de **olie·maat·schap·pij** (v),

O

olie·maat·schap·pij·en; olie·maat·schap·pij·tje

de **olie·mo·len** (m), olie·mo·lens

oliën [oli·en] (ww), olie, oliet; olie·de, olie·den; ge·olied

het **olie·palm·be·drijf**, olie·palm·be·drij·ven

de **olie·palm·cul·tuur** (v), olie·palm·cul·tu·ren

het **olie·peil**, olie·pei·len

de **olie·prijs** (m), olie·prij·zen

de **olie·ramp**, olie·ram·pen

olie·sar·dien, olie·sar·die·nen

olie·sar·di·ne, olie·sar·di·nes

het **olie·sel**, olie·sels

het **olie·vat**, olie·va·ten; olie·vaat·je

de **oli·fant** (m), oli·fan·ten; oli·fant·je

de **oli·fan·ten·huid**, oli·fan·ten·hui·den

de **oli·fants·huid**, oli·fants·hui·den

de **oli·garch** (m), oli·gar·chen; oli·garch·je

de **oli·gar·chie** (v), oligarchieën [oli·gar·chie·en]; oli·gar·chie·tje

het **oli·go·po·lie**, oligopoliën [oli·go·po·li·en], oli·go·po·lies

de **olijf**, olij·ven; olijf·je

de **olijf·olie**, olijfoliën [olijf·oli·en], olijf·olies

olijk (bnw), olij·ke

de **olm** (m), ol·men; olm·pje

OLS *(openbaar lichaam Saba)*

de **olym·pi·a·de** (v), olym·pi·a·den, olym·pi·a·des

de **olympiër** [olym·pi·er] (m), olympiërs [olym·pi·ers]

olym·pisch (bnw) *(m.b.t. de Olympische Spelen),* olym·pi·sche

Olym·pisch (bnw) *(m.b.t. de Olympus),* Olym·pi·sche

olym·pisch co·mi·té

Olym·pi·sche Spe·len

olym·pisch kam·pi·oen

om[1] (voorz)

om[2] (voegw)

o.m. *(onder meer)*

de **oma** (v), oma's; omaatje [oma·tje]

de **oma·fiets**, oma·fiet·sen

om·ar·men (ww), om·arm, om·armt; om·arm·de, om·arm·den; om·armd

om·bin·den (ww), bind om, bindt om; bond om, bon·den om; om·ge·bon·den

om·boe·ken (ww), boek om, boekt om; boek·te om, boek·ten om; om·ge·boekt

de **om·bouw** (m), om·bou·wen

om·bou·wen (ww), bouw om, bouwt om; bouw·de om, bouw·den om; om·ge·bouwd

het **om·buds·bu·reau**, om·buds·bu·reaus

de **om·buds·dienst** (m), om·buds·dien·sten

de **om·buds·man** (m), om·buds·lie·den, om·buds·lui, om·buds·man·nen

om·bui·gen (ww), buig om, buigt om; boog om, bo·gen om; om·ge·bo·gen

om·cir·ke·len (ww), om·cir·kel, om·cir·kelt; om·cir·kel·de, om·cir·kel·den; om·cir·keld

om·dat (voegw)

om den bro·de

om·doen (ww), doe om, doet om; deed om, de·den om; om·ge·daan

om·do·len (ww), dool om, doolt om; dool·de om, dool·den om; om·ge·doold

om·do·pen (ww), doop om, doopt om; doop·te om, doop·ten om; om·ge·doopt

om·draai·en (ww), draai om,

draait om; draai·de om, draai·den om; om·ge·draaid
de **om·draai·ing** (v), om·draai·in·gen
om·du·wen (ww), duw om, duwt om; duw·de om, duw·den om; om·ge·duwd
om·dwa·len (ww), dwaal om, dwaalt om; dwaal·de om, dwaal·den om; om·ge·dwaald
de **ome** (m), omes
de **ome·ga**, ome·ga's
de **ome·let**, ome·let·ten; ome·let·je
het **omen**, omi·na
om en om (bijw)
de **omer·ta**
om·floer·sen (ww), om·floers, om·floerst; om·floers·te, om·floers·ten; om·floerst
om·floerst (bnw), om·floers·te
OMG (tussenw) *(oh my god)*
om·gaan (ww), ga om, gaat om; ging om, gin·gen om; om·ge·gaan
om·gaand (bnw), om·gaan·de
de **om·gang** (m), om·gan·gen
om·ge·keerd (bnw), om·ge·keer·de
om·ge·ven (ww) *(omringen),* om·geef, om·geeft; om·gaf, om·ga·ven; om·ge·ven
de **om·ge·ving** (v), om·ge·vin·gen; om·ge·vin·kje
om gods·wil
om·gooi·en (ww), gooi om, gooit om; gooi·de om, gooi·den om; om·ge·gooid
om·gor·den[1] (ww) *(met iets omgeven),* om·gord, om·gordt; om·gord·de, om·gord·den; om·gord
om·gor·den[2] (ww) *(om het middel binden),* gord om, gordt om; gord·de om, gord·den om; om·ge·gord
om·hak·ken (ww), hak om, hakt om; hak·te om, hak·ten om; om·ge·hakt
de **om·ha·ling** (v), om·ha·lin·gen
om·han·den: iets omhanden hebben
om ha·rent·wil
om·heb·ben (ww), heb om, hebt om, heeft om; had om, had·den om; om·ge·had
om·heen (bijw)
om·hei·nen (ww), om·hein, om·heint; om·hein·de, om·hein·den; om·heind
de **om·hei·ning** (v), om·hei·nin·gen; om·hei·nin·kje
om·hel·zen (ww), om·hels, om·helst; om·hels·de, om·hels·den; om·helsd
de **om·hel·zing** (v), om·hel·zin·gen
om·hoog (bijw)
om·hoog·bren·gen (ww), breng om·hoog, brengt om·hoog; bracht om·hoog, brach·ten om·hoog; om·hoog·ge·bracht
om·hoog·du·wen (ww), duw om·hoog, duwt om·hoog; duw·de om·hoog, duw·den om·hoog; om·hoog·ge·duwd
om·hoog·gaan (ww), ga om·hoog, gaat om·hoog; ging om·hoog, gin·gen om·hoog; om·hoog·ge·gaan
om·hoog·ha·len (ww), haal om·hoog, haalt om·hoog; haal·de om·hoog, haal·den om·hoog; om·hoog·ge·haald
om·hoog·hou·den (ww), houd om·hoog, hou om·hoog, houdt om·hoog; hield om·hoog, hiel·den om·hoog; om·hoog·ge·hou·den
om·hoog·kij·ken (ww), kijk om·hoog, kijkt om·hoog; keek

om·hoog, ke·ken om·hoog; om·hoog·ge·ke·ken
om·hoog·klim·men (ww), klim om·hoog, klimt om·hoog; klom om·hoog, klom·men om·hoog; om·hoog·ge·klom·men
om·hoog·ko·men (ww), kom om·hoog, komt om·hoog; kwam om·hoog, kwa·men om·hoog; om·hoog·ge·ko·men
om·hoog·krui·pen (ww), kruip om·hoog, kruipt om·hoog; kroop om·hoog, kro·pen om·hoog; om·hoog·ge·kro·pen
om·hoog·lo·pen (ww), loop om·hoog, loopt om·hoog; liep om·hoog, lie·pen om·hoog; om·hoog·ge·lo·pen
om·hoog·schie·ten (ww), schiet om·hoog, schiet om·hoog; schoot om·hoog, scho·ten om·hoog; om·hoog·ge·scho·ten
om·hoog·ste·ken (ww), steek om·hoog, steekt om·hoog; stak om·hoog, sta·ken om·hoog; om·hoog·ge·sto·ken
om·hoog·trek·ken (ww), trek om·hoog, trekt om·hoog; trok om·hoog, trok·ken om·hoog; om·hoog·ge·trok·ken
om·hul·len (ww), om·hul, om·hult; om·hul·de, om·hul·den; om·huld
het **om·hul·sel**, om·hul·sels; om·hul·sel·tje
om hun·nent·wil
de **omi** (v), omi's
omi·neus (bnw), omi·neu·ze
de **omis·sie** (v), omis·sies
om·ka·de·ren (ww), om·ka·der, om·ka·dert; om·ka·der·de, om·ka·der·den; om·ka·derd
de **om·ka·de·ring** (v), om·ka·de·rin·gen
om·kat·ten (ww), kat om, kat om; kat·te om, kat·ten om; om·ge·kat
de **om·keer** (m)
om·ke·ren (ww), keer om, keert om; keer·de om, keer·den om; om·ge·keerd
om·kie·pen (ww), kiep om, kiept om; kiep·te om, kiep·ten om; om·ge·kiept
om·kij·ken (ww), kijk om, kijkt om; keek om, ke·ken om; om·ge·ke·ken
om·kle·den[1] (ww) *(omgeven met iets),* om·kleed, om·kleedt; om·kleed·de, om·kleed·den; om·kleed
om·kle·den[2] (ww) *(andere kleren aandoen),* kleedt om; kleed·de om, kleed·den om; om·ge·kleed
om·ko·men (ww), kom om, komt om; kwam om, kwa·men om; om·ge·ko·men
de **om·ko·ping** (v), om·ko·pin·gen
om·kran·sen (ww), om·krans, om·kranst; om·krans·te, om·krans·ten; om·kranst
om·krin·gen (ww), om·kring, om·kringt; om·kring·de, om·kring·den; om·kringd
om·laag (bijw)
om·laag·bren·gen (ww), breng om·laag, brengt om·laag; bracht om·laag, brach·ten om·laag; om·laag·ge·bracht
om·laag·gaan (ww), ga om·laag, gaat om·laag; ging om·laag, gin·gen om·laag; om·laag·ge·gaan
om·laag·ha·len (ww), haal om·laag, haalt om·laag; haal·de om·laag, haal·den om·laag; om·laag·ge·haald
om·laag·trek·ken (ww), trek

om·laag, trekt om·laag; trok om·laag, trok·ken om·laag; om·laag·ge·trok·ken

om·leg·gen (ww) *(anders leggen; bevestigen; doden),* leg om, legt om; leg·de om, leg·den om; om·ge·legd

om·lei·den (ww), leid om, leidt om; leid·de om, leid·den om; om·ge·leid

de **om·lei·ding** (v), om·lei·din·gen

de **om·lei·ding·rou·te,** om·lei·ding·rou·ten, om·lei·ding·rou·tes

de **om·lei·dings·rou·te,** om·lei·dings·rou·ten, om·lei·dings·rou·tes

om·lig·gend (bnw), om·lig·gen·de

om·lijs·ten (ww), om·lijst, om·lijst; om·lijst·te, om·lijst·ten; om·lijst

de **om·lijs·ting** (v), om·lijs·tin·gen; om·lijs·tin·kje

de **om·loop** (m), om·lo·pen

om·lo·pen (ww), loop om, loopt om; liep om, lie·pen om; om·ge·lo·pen

de **om·man·te·ling** (v), om·man·te·lin·gen

om·me·gaand (bnw), om·me·gaan·de

de **om·me·keer** (m), om·me·ke·ren

de **om·me·komst** (v)

de **om·me·slag** (m), om·me·sla·gen

het **om·me·tje**, om·me·tjes

de **om·me·zij·de**[1], om·me·zij·den, om·me·zij·des

om·me·zij·de[2]: zie ommezijde

de **om·me·zwaai** (m), om·me·zwaai·en

om mij·nent·wil

om·mu·ren (ww), om·muur, om·muurt; om·muur·de, om·muur·den; om·muurd

de **om·ni·bus**, om·ni·bus·sen

om·ni·pre·sent (bnw), om·ni·pre·sen·te

de **om·ni·sport**, om·ni·spor·ten

de/het **om·ni·um** (m/o), om·ni·ums

de **om·ni·voor** (m), om·ni·vo·ren; om·ni·voor·tje

om·rei·zen (ww), reis om, reist om; reis·de om, reis·den om; om·ge·reisd

om·re·ke·nen (ww), re·ken om, re·kent om; re·ken·de om, re·ken·den om; om·ge·re·kend

om·rij·den (ww), rijd om, rij om, rijdt om; reed om, re·den om; om·ge·re·den

om·rin·gen (ww), om·ring, om·ringt; om·ring·de, om·ring·den; om·ringd

om·rin·gend (bnw), om·rin·gen·de

de **om·roep** (m), om·roe·pen; om·roep·je

om·roe·pen (ww), roep om, roept om; riep om, rie·pen om; om·ge·roe·pen

de **om·ruil** (m), om·rui·len

om·rui·len (ww), ruil om, ruilt om; ruil·de om, ruil·den om; om·ge·ruild

de **om·rui·ling** (v), om·rui·lin·gen

om·scha·ke·len (ww), scha·kel om, scha·kelt om; scha·kel·de om, scha·kel·den om; om·ge·scha·keld

de **om·scha·ke·ling** (v), om·scha·ke·lin·gen

om·schrij·ven (ww), om·schrijf, om·schrijft; om·schreef, om·schre·ven; om·schre·ven

de **om·schrij·ving** (v), om·schrij·vin·gen

om·sin·ge·len (ww), om·sin·gel, om·sin·gelt; om·sin·gel·de, om·sin·gel·den; om·sin·geld
om·slaan (ww), sla om, slaat om; sloeg om, sloe·gen om; om·ge·sla·gen
om·slach·tig (bnw), om·slach·ti·ge
de/het **om·slag**[1] (m/o) *(voorwerp),* om·sla·gen; om·slag·je
de **om·slag**[2] (m) *(andere betekenissen),* om·sla·gen; om·slag·je
de **om·slag·te·ke·ning** (v), om·slag·te·ke·nin·gen
om·slui·ten (ww), om·sluit, om·sluit; om·sloot, om·slo·ten; om·slo·ten
om·smel·ten (ww), smelt om, smelt om; smolt om, smol·ten om; om·ge·smol·ten
de **om·spel·ler** (m), om·spel·lers
om·spit·ten (ww), spit om, spit om; spit·te om, spit·ten om; om·ge·spit
om·sprin·gen (ww) *(ronddansen; omgaan met; omverspringen),* spring om, springt om; sprong om, spron·gen om; om·ge·spron·gen
de **om·staan·der** (m), om·staan·ders
de **om·stan·der** (m), om·stan·ders
om·stan·dig (bnw), om·stan·di·ge
de **om·stan·dig·heid** (v), om·stan·dig·he·den
het **om·stan·dig·heids·ver·lof,** om·stan·dig·heids·ver·lo·ven
om·ste·beurt (bijw)
om·sto·ten (ww), stoot om, stoot om; stoot·te om, stoot·ten om; om·ge·sto·ten
om·stre·den (bnw)
om·streeks[1] (bijw)
om·streeks[2] (voorz)
de **om·stre·ken** (mv)
om·tol·len (ww), tol om, tolt om; tol·de om, tol·den om; om·ge·told
om·to·ve·ren (ww), to·ver om, to·vert om; to·ver·de om, to·ver·den om; om·ge·to·verd
de **om·trek** (m), om·trek·ken
om·trent[1] (bijw)
om·trent[2] (voorz)
om·tur·nen (ww), turn om, turnt om; turn·de om, turn·den om; om·ge·turnd
om·val·len (ww), val om, valt om; viel om, vie·len om; om·ge·val·len
de **om·vang** (m), om·van·gen
om·vang·rijk (bnw), om·vang·rij·ke
om·vat·ten (ww), om·vat, om·vat; om·vat·te, om·vat·ten; om·vat
om·ver (bijw)
om·ver·bla·zen (ww), blaas om·ver, blaast om·ver; blies om·ver, blie·zen om·ver; om·ver·ge·bla·zen
om·ver·du·wen (ww), duw om·ver, duwt om·ver; duw·de om·ver, duw·den om·ver; om·ver·ge·duwd
om·ver·gooi·en (ww), gooi om·ver, gooit om·ver; gooi·de om·ver, gooi·den om·ver; om·ver·ge·gooid
om·ver·lo·pen (ww), loop om·ver, loopt om·ver; liep om·ver, lie·pen om·ver; om·ver·ge·lo·pen
om·ver·rij·den (ww), rijd om·ver, rij om·ver, rijdt om·ver; reed om·ver, re·den om·ver; om·ver·ge·re·den
om·ver·trek·ken (ww), trek om·ver, trekt om·ver; trok om·ver, trok·ken om·ver; om·ver·ge·trok·ken
om·ver·val·len (ww), val om·ver,

valt om·ver; viel om·ver, vie·len om·ver; om·ver·ge·val·len
om·ver·wer·pen (ww), werp om·ver, werpt om·ver; wierp om·ver, wier·pen om·ver; om·ver·ge·wor·pen
om·vor·men (ww), vorm om, vormt om; vorm·de om, vorm·den om; om·ge·vormd
de **om·vor·mer** (m), om·vor·mers
de **om·weg** (m), om·we·gen; om·weg·ge·tje, om·weg·je
de **om·wen·te·ling** (v), om·wen·te·lin·gen
om·wil·le van
om·win·den[1] (ww) *(omgeven met iets),* om·wind, om·windt; om·wond, om·won·den; om·won·den
om·win·den[2] (ww) *(om iets heen winden),* wind om, windt om; wond om, won·den om; om·ge·won·den
om·wis·se·len (ww), wis·sel om, wis·selt om; wis·sel·de om, wis·sel·den om; om·ge·wis·seld
om·woe·len (ww) *(dooreenwoelen),* woel om, woelt om; woel·de om, woel·den om; om·ge·woeld
de **om·wo·nen·de,** om·wo·nen·den
om·zeg·gens (bijw)
om·zei·len[1] (ww) *(ontwijken, langs iets zeilen),* om·zeil, om·zeilt; om·zeil·de, om·zeil·den; om·zeild
om·zei·len[2] (ww) *(om iets zeilen; overzeilen),* zeil om, zeilt om; zeil·de om, zeil·den om; om·ge·zeild
de **om·zend·brief** (m), om·zend·brie·ven; om·zend·brief·je
de **om·zet** (m), om·zet·ten; om·zet·je
de **om·zet·be·las·ting** (v), om·zet·be·las·tin·gen
om·zet·ten (ww) *(van plaats doen veranderen, verwisselen),* zet om, zet om; zet·te om, zet·ten om; om·ge·zet
de **om·zet·ting** (v), om·zet·tin·gen
om·zich·tig (bnw), om·zich·ti·ge
om zij·nent·wil
om·zo·men[1] (ww) *(een zoom maken),* om·zoom, om·zoomt; om·zoom·de, om·zoom·den; om·zoomd
om·zo·men[2] (ww) *(omboorden, omlijsten),* zoom om, zoomt om; zoom·de om, zoom·den om; om·ge·zoomd
on·aan·doen·lijk (bnw), on·aan·doen·lij·ke
on·aan·ge·naam (bnw), on·aan·ge·na·me
de **on·aan·ge·past·heid** (v)
on·aan·ge·voch·ten (bnw)
on·aan·tast·baar (bnw), on·aan·tast·ba·re
on·aan·vaard·baar (bnw), on·aan·vaard·ba·re
on·aar·dig (bnw), on·aar·di·ge
on·ac·cep·ta·bel (bnw), on·ac·cep·ta·be·le
on·acht·zaam (bnw), on·acht·za·me
on·af (bnw), on·af·fe
on·af·ge·bro·ken (bnw)
on·af·ge·daan (bnw), on·af·ge·da·ne
on·af·ge·zien (bijw)
on·af·han·ke·lijk (bnw), on·af·han·ke·lij·ke
de **on·af·han·ke·lijk·heid** (v), on·af·han·ke·lijk·he·den
On·af·han·ke·lijk·heids·dag *(feestdag (25 november) in Suriname)*
het **on·af·han·ke·lijk·heids·feest,**

on·af·han·ke·lijk·heids·fees·ten; on·af·han·ke·lijk·heids·feest·je

de **on·af·han·ke·lijk·heids·ver·kla·ring** (v), on·af·han·ke·lijk·heids·ver·kla·rin·gen

on·af·schei·de·lijk (bnw), on·af·schei·de·lij·ke

de **on·af·schei·de·lijk·heid** (v)

on-Ame·ri·kaans (bnw), on-Ame·ri·kaan·se

ona·ne·ren (ww), ona·neer, ona·neert; ona·neer·de, ona·neer·den; ge·ona·neerd

de **ona·nie** (v)

on·baat·zuch·tig (bnw), on·baat·zuch·ti·ge

de **on·ba·lans**, on·ba·lan·sen

on·barm·har·tig (bnw), on·barm·har·ti·ge

on·be·daar·lijk (bnw), on·be·daar·lij·ke

on·be·den·ke·lijk (bnw), on·be·den·ke·lij·ke

on·be·doeld (bnw), on·be·doel·de

de **on·be·dui·dend·heid** (v), on·be·dui·dend·he·den

on·be·grensd (bnw), on·be·grens·de

on·be·grijp·baar (bnw), on·be·grijp·ba·re

on·be·grij·pe·lijk (bnw), on·be·grij·pe·lij·ke

on·be·grij·pend (bnw), on·be·grij·pen·de

het **on·be·grip**

on·be·haag·lijk (bnw), on·be·haag·lij·ke

on·be·ha·ge·lijk (bnw), on·be·ha·ge·lij·ke

het **on·be·ha·gen**

on·be·heerst (bnw), on·be·heers·te

on·be·hol·pen (bnw)

on·be·hou·wen (bnw)

on·be·kend (bnw), on·be·ken·de

de **on·be·ken·de**, on·be·ken·den

de **on·be·kwaam·heid** (v), on·be·kwaam·he·den

on·be·lang·rijk (bnw), on·be·lang·rij·ke

on·be·leefd (bnw), on·be·leef·de

on·be·mand (bnw), on·be·man·de

on·be·mest (bnw), on·be·mes·te

de **on·be·nul**, on·be·nul·len

on·be·paald (bnw), on·be·paal·de

on·be·perkt (bnw), on·be·perk·te

on·be·reik·baar (bnw), on·be·reik·ba·re

on·be·ris·pe·lijk (bnw), on·be·ris·pe·lij·ke

on·be·schik·baar (bnw), on·be·schik·ba·re

de **on·be·schik·baar·heid** (v), on·be·schik·baar·he·den

on·be·schoft (bnw), on·be·schof·te

on·be·schrij·fe·lijk (bnw), on·be·schrij·fe·lij·ke

on·be·schrijf·lijk (bnw), on·be·schrijf·lij·ke

on·be·staand (bnw), on·be·staan·de

on·be·suisd (bnw), on·be·suis·de

on·be·taal·baar (bnw), on·be·taal·ba·re

on·be·trouw·baar (bnw), on·be·trouw·ba·re

on·be·tuigd (bnw), on·be·tuig·de

on·be·voor·oor·deeld (bnw), on·be·voor·oor·deel·de

on·be·weeg·lijk (bnw), on·be·weeg·lij·ke

on·be·woond (bnw), on·be·woon·de

on·be·wust (bnw), on·be·wus·te

het **on·be·wus·te**
on·be·zon·nen (bnw)
on·be·zorgd (bnw), on·be·zorg·de
on-Bij·bels (bnw), on-Bij·bel·se
het **on·bruik**
de **on·co·lo·gie** (v)
de **on·co·loog** (m), on·co·lo·gen
on·com·for·ta·bel (bnw), on·com·for·ta·be·le
on·con·ven·ti·o·neel (bnw), on·con·ven·ti·o·ne·le
on·danks (voorz)
on·de·fi·ni·eer·baar (bnw), on·de·fi·ni·eer·ba·re
on de·mand (bnw)
on·denk·baar (bnw), on·denk·ba·re
on·der[1] (voorz)
on·der[2]: ten onder gaan
on·der·aan[1] (bijw)
on·der·aan[2] (voorz)
de **on·der·aan·ne·mer** (m), on·der·aan·ne·mers; on·der·aan·ne·mer·tje
de **on·der·aan·ne·ming** (v), on·der·aan·ne·min·gen
on·der·af (bijw)
on·der an·de·re *(m.b.t. zaken)*
on·der an·de·ren *(m.b.t. personen)*
het **on·der·bed**, on·der·bed·den
de **on·der·beet** (m), on·der·be·ten
on·der·be·mand (bnw), on·der·be·man·de
de **on·der·be·man·ning** (v), on·der·be·man·nin·gen
on·der·be·taald (bnw), on·der·be·taal·de
de **on·der·be·wind·stel·ling** (v), on·der·be·wind·stel·lin·gen
het **on·der·be·wust·zijn**
de **on·der·bouw** (m), on·der·bou·wen
on·der·bou·wen (ww), on·der·bouw, on·der·bouwt; on·der·bouw·de, on·der·bouw·den; on·der·bouwd
de **on·der·bou·wing** (v), on·der·bou·win·gen
on·der·bre·ken (ww), on·der·breek, on·der·breekt; on·der·brak, on·der·bra·ken; on·der·bro·ken
de **on·der·bre·king** (v), on·der·bre·kin·gen
on·der·bren·gen (ww), breng on·der, brengt on·der; bracht on·der, brach·ten on·der; on·der·ge·bracht
de **on·der·broek**, on·der·broe·ken; on·der·broek·je
de **on·der·buik** (m), on·der·bui·ken; on·der·buik·je
het **on·der·buik·ge·voel**
het **on·der·buik·ge·voe·len**, on·der·buik·ge·voe·lens
de **on·der·cu·ra·te·le·stel·ling** (v), on·der·cu·ra·te·le·stel·lin·gen
de **on·der·daan** (m), on·der·da·nen
het **on·der·dak**
de **on·der·da·nig·heid** (v), on·der·da·nig·he·den
het **on·der·deel**, on·der·de·len; on·der·deel·tje
de/het **on·der·de·ken**, on·der·de·kens
on·der·dek·ken (ww), dek on·der, dekt on·der; dek·te on·der, dek·ten on·der; on·der·ge·dekt
de **on·der·di·rec·teur** (m), on·der·di·rec·teu·ren, on·der·di·rec·teurs
het **on·der·di·rec·to·raat**, on·der·di·rec·to·ra·ten
on·der·doen (ww), doe on·der, doet on·der; deed on·der, de·den on·der; on·der·ge·daan
on·der·dom·pe·len (ww),

dom·pel on·der, dom·pelt on·der; dom·pel·de on·der, dom·pel·den on·der; on·der·ge·dom·peld
on·der·door[1] (bijw)
on·der·door[2]: eraan onderdoor gaan
on·der·druk·ken[1] (ww) *(verdrukken, bedwingen, smoren),* on·der·druk, on·der·drukt; on·der·druk·te, on·der·druk·ten; on·der·drukt
on·der·druk·ken[2] (ww) *(naar beneden drukken),* druk on·der, drukt on·der; druk·te on·der, druk·ten on·der; on·der·ge·drukt
de **on·der·druk·king** (v), on·der·druk·kin·gen
on·der·dui·ken (ww), duik on·der, duikt on·der; dook on·der, do·ken on·der; on·der·ge·do·ken
on·der·een (bijw)
on·de·ren (bijw)
de **on·der·fac·tu·re·ring** (v), on·der·fac·tu·re·rin·gen
on·der·gaan[1] (ww) *(ondervinden, doorstaan),* on·der·ga, on·der·gaat; on·der·ging, on·der·gin·gen; on·der·gaan
on·der·gaan[2] (ww) *(naar beneden gaan, tenietgaan),* ga on·der, gaat on·der; ging on·der, gin·gen on·der; on·der·ge·gaan
de **on·der·gang** (m), on·der·gan·gen
on·der·ge·mid·deld (bnw), on·der·ge·mid·del·de
on·der·ge·schikt (bnw), on·der·ge·schik·te
de **on·der·ge·te·ken·de**, on·der·ge·te·ken·den
het **on·der·goed**, on·der·goed·je
on·der·gra·ven[1] (ww) *(ondermijnen),* on·der·graaf, on·der·graaft; on·der·groef, on·der·groe·ven; on·der·gra·ven
on·der·gra·ven[2] (ww) *(onder de grond begraven),* graaf on·der, graaft on·der; groef on·der, groe·ven on·der; on·der·ge·gra·ven
de **on·der·grond** (m), on·der·gron·den; on·der·grond·je
on·der·gronds (bnw), on·der·grond·se
de **on·der·grond·se**
de **on·der·hand**[1] *(lichaamsdeel),* on·der·han·den
on·der·hand[2] (bijw) *(intussen)*
de **on·der·han·de·laar** (m), on·der·han·de·laars, on·der·han·de·la·ren
on·der·han·de·len (ww), on·der·han·del, on·der·han·delt; on·der·han·del·de, on·der·han·del·den; on·der·han·deld
de **on·der·han·de·ling** (v), on·der·han·de·lin·gen
de **on·der·han·de·lings·ruim·te** (v)
on·der·hands (bnw), on·der·hand·se
on·der·ha·vig (bnw), on·der·ha·vi·ge
on·der·hei·en (ww) *(ondergronds indrijven),* hei on·der, heit on·der; hei·de on·der, hei·den on·der; on·der·ge·heid
het **on·der·hemd**, on·der·hem·den; on·der·hemd·je
on·der·he·vig (bnw), on·der·he·vi·ge
de **on·der·hoek** (m), on·der·hoe·ken
het **on·der·houd**
on·der·hou·den[1] (ww) *(in stand houden),* on·der·houd, on·der·houdt; on·der·hield, on·der·hiel·den; on·der·hou·den
on·der·hou·den[2] (ww) *(in be-*

dwang houden), houd on·der, hou on·der, houdt on·der; hield on·der, hiel·den on·der; on·der·ge·hou·den
de **on·der·houds·beurt**, on·der·houds·beur·ten; on·der·houds·beurt·je
het **on·der·houds·con·tract**, on·der·houds·con·trac·ten
de **on·der·houds·do·sis** (v), on·der·houds·do·ses, on·der·houds·do·sis·sen
de **on·der·houds·kos·ten** (mv)
het **on·der·houds·werk**, on·der·houds·wer·ken; on·der·houds·werk·je
de **on·der·houds·werk·zaam·he·den** (mv)
het **on·der·hout**
de **on·der·huid**, on·der·hui·den
on·der·in (bijw)
on·der in *(onderaan in)*
de **on·der·in·spec·teur** (m), on·der·in·spec·teurs
de **on·der·kant** (m), on·der·kan·ten; on·der·kant·je
de **on·der·kast**, on·der·kas·ten; on·der·kast·je
on·der·kel·de·ren (ww), on·der·kel·der, on·der·kel·dert; on·der·kel·der·de, on·der·kel·der·den; on·der·kel·derd
on·der·ken·nen (ww), on·der·ken, on·der·kent; on·der·ken·de, on·der·ken·den; on·der·kend
het **on·der·ko·men**, on·der·ko·mens; on·der·ko·men·tje
on·der·langs (bijw) *(van onderen langs)*
on·der·legd (bnw), on·der·leg·de
de **on·der·leg·ger** (m), on·der·leg·gers; on·der·leg·ger·tje
de **on·der·lei·ding** (v), on·der·lei·din·gen
on·der·lig·gend (bnw), on·der·lig·gen·de
on·der·lij·nen (ww), on·der·lijn, on·der·lijnt; on·der·lijn·de, on·der·lijn·den; on·der·lijnd
on·der·ling (bnw), on·der·lin·ge
on·der·maats (bnw), on·der·maat·se
on·der meer
on·der·mij·nen (ww), on·der·mijn, on·der·mijnt; on·der·mijn·de, on·der·mijn·den; on·der·mijnd
de **on·der·neem·ster** (v), on·der·neem·sters
on·der·ne·men (ww), on·der·neem, on·der·neemt; on·der·nam, on·der·na·men; on·der·no·men
on·der·ne·mend (bnw), on·der·ne·men·de
de **on·der·ne·mer** (m), on·der·ne·mers; on·der·ne·mer·tje
het **on·der·ne·mer·schap**, on·der·ne·mer·schap·pen
de **on·der·ne·ming** (v), on·der·ne·min·gen; on·der·ne·min·kje
de **on·der·ne·mings·ka·mer**, on·der·ne·mings·ka·mers
het **on·der·ne·mings·num·mer**, on·der·ne·mings·num·mers
het **on·der·ne·mings·plan**, on·der·ne·mings·plan·nen
de **on·der·ne·mings·raad** (m), on·der·ne·mings·ra·den
het **on·der·ne·mings·recht**, on·der·ne·mings·rech·ten
het **on·der·ne·mings·schap**
de **on·der·ne·mings·zin** (m)

het **on·der·ons·je**, on·der·ons·jes
on·der·op (bijw)
het **on·der·pand**, on·der·pan·den
on·der·pres·te·ren (ww), pres·teer on·der, pres·teert on·der; pres·teer·de on·der, pres·teer·den on·der; on·der·ge·pres·teerd
de **on·der·rand** (m), on·der·ran·den
het **on·der·richt**
on·der·rich·ten (ww), on·der·richt, on·der·richt; on·der·richt·te, on·der·richt·ten; on·der·richt
on·der·schat·ten (ww), on·der·schat, on·der·schat; on·der·schat·te, on·der·schat·ten; on·der·schat
het **on·der·scheid**
on·der·schei·den[1] (bnw)
on·der·schei·den[2] (ww), on·der·scheid, on·der·scheidt; on·der·scheid·de, on·der·scheid·den; on·der·schei·den
on·der·schei·dend (bnw), on·der·schei·den·de
on·der·schei·den·lijk (bnw), on·der·schei·den·lij·ke
de **on·der·schei·ding** (v), on·der·schei·din·gen
on·der·schep·pen (ww), on·der·schep, on·der·schept; on·der·schep·te, on·der·schep·ten; on·der·schept
on·der·schij·ten (ww), schijt on·der, schijt on·der; scheet on·der, sche·ten on·der; on·der·ge·sche·ten
on·der·schrij·den (ww), on·der·schrijd, on·der·schrijdt; on·der·schreed, on·der·schre·den; on·der·schre·den
de **on·der·schrij·ding** (v), on·der·schrij·din·gen
on·der·schrij·ven (ww), on·der·schrijf, on·der·schrijft; on·der·schreef, on·der·schre·ven; on·der·schre·ven
on·ders·hands (bnw), on·ders·hand·se
on·der·sneeu·wen (ww), sneeuw on·der, sneeuwt on·der; sneeuw·de on·der, sneeuw·den on·der; on·der·ge·sneeuwd
het **on·der·spit**
on·der·staan (ww), sta on·der, staat on·der; stond on·der, ston·den on·der; on·der·ge·staan
on·der·staand (bnw), on·der·staan·de
de **on·der·stand** (m), on·der·stan·den
de **on·der·stands·uit·ke·ring** (v), on·der·stands·uit·ke·rin·gen
de **on·der·stand·trek·ker** (m), on·der·stand·trek·kers
de **on·der·stand·uit·ke·ring** (v), on·der·stand·uit·ke·rin·gen
on·der·ste·bo·ven (bijw)
het **on·der·stel**, on·der·stel·len
on·der·stel·len (ww), on·der·stel, on·der·stelt; on·der·stel·de, on·der·stel·den; on·der·steld
on·der·steu·nen (ww), on·der·steun, on·der·steunt; on·der·steun·de, on·der·steun·den; on·der·steund
on·der·steu·nend (bnw), on·der·steu·nen·de
de **on·der·steu·ner** (m), on·der·steu·ners
de **on·der·steu·ning** (v), on·der·steu·nin·gen
on·der·stre·pen (ww), on·der·streep, on·der·streept; on·der·streep·te,

on·der·streep·ten; on·der·streept

de **on·der·tas** (v), on·der·tas·sen; on·der·tas·je

de **on·der·te·ke·naar** (m), on·der·te·ke·naars, on·der·te·ke·na·ren

on·der·te·ke·nen (ww), on·der·te·ken, on·der·te·kent; on·der·te·ken·de, on·der·te·ken·den; on·der·te·kend

de **on·der·te·ke·ning** (v), on·der·te·ke·nin·gen

de **on·der·ti·tel** (m), on·der·ti·tels; on·der·ti·tel·tje

on·der·ti·te·len (ww), on·der·ti·tel, on·der·ti·telt; on·der·ti·tel·de, on·der·ti·tel·den; on·der·ti·teld

de **on·der·ti·te·ling** (v), on·der·ti·te·lin·gen

de **on·der·toe·zicht·stel·ling** (v), on·der·toe·zicht·stel·lin·gen

on·der·tus·sen (bijw)

on·der·uit (bijw)

on·der·uit·gaan (ww), ga on·der·uit, gaat on·der·uit; ging on·der·uit, gin·gen on·der·uit; on·der·uit·ge·gaan

on·der·uit·ha·len (ww), haal on·der·uit, haalt on·der·uit; haal·de on·der·uit, haal·den on·der·uit; on·der·uit·ge·haald

on·der·uit·zak·ken (ww), zak on·der·uit, zakt on·der·uit; zak·te on·der·uit, zak·ten on·der·uit; on·der·uit·ge·zakt

on·der·van·gen (ww), on·der·vang, on·der·vangt; on·der·ving, on·der·vin·gen; on·der·van·gen

on·der·ver·de·len (ww), ver·deel on·der, ver·deelt on·der; ver·deel·de on·der, ver·deel·den on·der; on·der·ver·deeld

de **on·der·ver·de·ling** (v), on·der·ver·de·lin·gen

on·der·ver·hu·ren (ww), on·der·ver·huur, on·der·ver·huurt; on·der·ver·huur·de, on·der·ver·huur·den; on·der·ver·huurd

on·der·vin·den (ww), on·der·vind, on·der·vindt; on·der·vond, on·der·von·den; on·der·von·den

on·der·voed (bnw), on·der·voe·de

de **on·der·voor·zit·ter** (m), on·der·voor·zit·ters

de **on·der·vraag·de**, on·der·vraag·den

on·der·vra·gen (ww), on·der·vraag, on·der·vraagt; on·der·vraag·de, on·der·vroeg, on·der·vraag·den, on·der·vroe·gen; on·der·vraagd

de **on·der·vra·ging** (v), on·der·vra·gin·gen

on·der·waar·de·ren (ww), on·der·waar·deer, on·der·waar·deert; on·der·waar·deer·de, on·der·waar·deer·den; on·der·ge·waar·deerd

de **on·der·wa·ter·flo·ra**

de **on·der·wa·ter·hout·kap** (m)

on·der·weg (bijw)

de **on·der·we·reld**, on·der·we·rel·den; on·der·we·reld·je

het **on·der·werp**, on·der·wer·pen; on·der·werp·je

on·der·wer·pen (ww), on·der·werp, on·der·werpt; on·der·wierp, on·der·wier·pen; on·der·wor·pen

de **on·der·werp·keu·ze**,

O

on·der·werp·keu·zen, on·der·werp·keu·zes
on·der·wijl (bijw)
het **on·der·wijs**
de **on·der·wijs·func·ti·o·na·ris** (m), on·der·wijs·func·ti·o·na·ris·sen
de **on·der·wijs·ge·ven·de**, on·der·wijs·ge·ven·den
de **on·der·wijs·in·spec·tie** (v), on·der·wijs·in·spec·ties
de **on·der·wijs·in·stel·ling** (v), on·der·wijs·in·stel·lin·gen; on·der·wijs·in·stel·lin·kje
het **on·der·wijs·sys·teem**, on·der·wijs·sys·te·men
de **on·der·wijs·top·per** (m), on·der·wijs·top·pers
on·der·wij·zen (ww), on·der·wijs, on·der·wijst; on·der·wees, on·der·we·zen; on·der·we·zen
de **on·der·wij·zer** (m), on·der·wij·zers; on·der·wij·zer·tje
de **on·der·wij·ze·res** (v), on·der·wij·ze·res·sen; on·der·wij·ze·res·je
de **on·der·wij·zers·ak·te**, on·der·wij·zers·ak·ten, on·der·wij·zers·ak·tes
de **on·der·wij·zers·wo·ning** (v), on·der·wij·zers·wo·nin·gen
on·der·wor·pen (bnw)
de **on·der·zee·boot**, on·der·zee·bo·ten; on·der·zee·boot·je
de **onderzeeër** [on·der·zee·er] (m), onderzeeërs [on·der·zee·ers]; onderzeeërtje [on·der·zee·er·tje]
on·der·zet·ten (ww), zet on·der, zet on·der; zet·te on·der, zet·ten on·der; on·der·ge·zet
de **on·der·zet·ter** (m), on·der·zet·ters; on·der·zet·ter·tje
de **on·der·zij·de**, on·der·zij·den, on·der·zij·des
on·der·zocht (bnw), on·der·zoch·te
het **on·der·zoek**, on·der·zoe·ken; on·der·zoek·je
het **on·der·zoek·bu·reau**, on·der·zoek·bu·reaus
het **on·der·zoek·cen·trum**, on·der·zoek·cen·tra, on·der·zoek·cen·trums
het **on·der·zoek·do·mein**, on·der·zoek·do·mei·nen
on·der·zoe·ken (ww), on·der·zoek, on·der·zoekt; on·der·zocht, on·der·zoch·ten; on·der·zocht
de **on·der·zoe·ker** (m), on·der·zoe·kers; on·der·zoe·ker·tje
de **on·der·zoe·king** (v), on·der·zoe·kin·gen
de **on·der·zoek·me·tho·de** (v), on·der·zoek·me·tho·den, on·der·zoek·me·tho·des
het **on·der·zoeks·bu·reau**, on·der·zoeks·bu·reaus
het **on·der·zoeks·cen·trum**, on·der·zoeks·cen·tra, on·der·zoeks·cen·trums
de **on·der·zoek·school**, on·der·zoek·scho·len
de **on·der·zoeks·com·mis·sie** (v), on·der·zoeks·com·mis·sies
het **on·der·zoeks·ge·bied**, on·der·zoeks·ge·bie·den
de **on·der·zoeks·ge·ge·vens** (mv)
de **on·der·zoeks·groep**, on·der·zoeks·groe·pen; on·der·zoeks·groep·je
de **on·der·zoeks·me·tho·de** (v), on·der·zoeks·me·tho·den, on·der·zoeks·me·tho·des
de **on·der·zoeks·op·zet** (m), on·der·zoeks·op·zet·ten

de **on·der·zoeks·plicht**, on·der·zoeks·plich·ten
het **on·der·zoeks·pro·ject**, on·der·zoeks·pro·jec·ten
het **on·der·zoeks·rap·port**, on·der·zoeks·rap·por·ten
de **on·der·zoeks·rech·ter** (m), on·der·zoeks·rech·ters; on·der·zoeks·rech·ter·tje
het **on·der·zoeks·re·sul·taat**, on·der·zoeks·re·sul·ta·ten
de **on·der·zoeks·school**, on·der·zoeks·scho·len
de **on·der·zoeks·sta·ge**, on·der·zoeks·sta·ges
de **on·der·zoeks·stra·te·gie** (v), onderzoeksstrategieën [on·der·zoeks·stra·te·gie·en]
het **on·der·zoeks·team**, on·der·zoeks·teams
de **on·der·zoek·ster** (v), on·der·zoek·sters
het **on·der·zoeks·ver·slag**, on·der·zoeks·ver·sla·gen
de **on·der·zoeks·vraag**, on·der·zoeks·vra·gen
de **on·deugd**, on·deug·den; on·deugd·je
on·deug·de·lijk (bnw), on·deug·de·lij·ke
on·deu·gend (bnw), on·deu·gen·de
de **on·diep·te** (v), on·diep·ten, on·diep·tes
on·door·grond (bnw), on·door·gron·de
on·door·zich·tig (bnw), on·door·zich·ti·ge
on·draag·lijk (bnw), on·draag·lij·ke
on·dui·de·lijk (bnw), on·dui·de·lij·ke
de **on·dui·de·lijk·heid** (v), on·dui·de·lijk·he·den
on·duur·zaam (bnw), on·duur·za·me
de **on·echt**[1] (m)
on·echt[2] (bnw), on·ech·te
on·eens (bnw)
de **on·eer**
on·eer·lijk (bnw), on·eer·lij·ke
on·ef·fen (bnw)
onefficiënt [on·ef·fi·ci·ent] (bnw), onefficiënte [on·ef·fi·ci·en·te]
on·ei·gen·lijk (bnw), on·ei·gen·lij·ke
on·ein·dig (bnw), on·ein·di·ge
de **one·li·ner** (m), one·li·ners
de **one·man·show** (m), one·man·shows
on-En·gels (bnw), on-En·gel·se
de **on·enig·heid** (v), on·enig·he·den; on·enig·heid·je
de **one·night·stand** (m), one·night·stands
on·er·va·ren (bnw)
de **one·stop·shop** (m), one·stop·shops
de **one·stop·shop·ping**
on·ethisch (bnw), on·ethi·sche
on·even (bnw)
on·eve·naar·baar (bnw), on·eve·naar·ba·re
het **on·even·wicht**
on·even·wich·tig (bnw), on·even·wich·ti·ge
on·fair (bnw), on·fai·re
on·flat·teus (bnw), on·flat·teu·ze
on·ge·acht[1] (bnw), on·ge·ach·te
on·ge·acht[2] (bijw)
on·ge·acht[3] (voorz)
on·ge·brei·deld (bnw), on·ge·brei·del·de
on·ge·brui·ke·lijk (bnw), on·ge·brui·ke·lij·ke
on·ge·cen·su·reerd (bnw),

on·ge·cen·su·reer·de
on·ge·daan (bnw), on·ge·da·ne
de **on·ge·daan·ma·king** (v), on·ge·daan·ma·kin·gen
het **on·ge·dier·te**
het **on·ge·dier·te·be·strij·dings·be·drijf**, on·ge·dier·te·be·strij·dings·be·drij·ven
on·ge·dopt (bnw), on·ge·dop·te
het **on·ge·duld**
on·ge·dul·dig (bnw), on·ge·dul·di·ge
on·ge·du·rig (bnw), on·ge·du·ri·ge
ongeëvenaard [on·ge·eve·naard] (bnw), ongeëvenaarde [on·ge·eve·naar·de]
on·ge·ge·neerd (bnw), on·ge·ge·neer·de
de **on·gein** (m)
ongeïnteresseerd [on·ge·in·te·res·seerd] (bnw), ongeïnteresseerde [on·ge·in·te·res·seer·de]
on·ge·kend (bnw), on·ge·ken·de
de **on·gel**
het **on·ge·lijk**[1]
on·ge·lijk[2] (bnw), on·ge·lij·ke
de **on·ge·lijk·heid** (v), on·ge·lijk·he·den
on·ge·li·mi·teerd (bnw), on·ge·li·mi·teer·de
on·ge·lo·fe·lijk (bnw), on·ge·lo·fe·lij·ke
het **on·ge·loof**
on·ge·loof·lijk (bnw), on·ge·loof·lij·ke
on·ge·lo·vi·ge tho·mas
het **on·ge·luk**, on·ge·luk·ken; on·ge·luk·je
on·ge·luk·kig (bnw), on·ge·luk·ki·ge
het **on·ge·mak**, on·ge·mak·ken; on·ge·mak·je
on·ge·mak·ke·lijk (bnw), on·ge·mak·ke·lij·ke
on·ge·meen (bnw), on·ge·me·ne
on·ge·merkt (bnw), on·ge·merk·te
on·ge·naak·baar (bnw), on·ge·naak·ba·re
on·ge·nees·lijk (bnw), on·ge·nees·lij·ke
on·ge·ne·se·lijk (bnw), on·ge·ne·se·lij·ke
het **on·ge·noe·gen**, on·ge·noe·gens
on·ge·oor·loofd (bnw), on·ge·oor·loof·de
on·ge·past (bnw), on·ge·pas·te
de **on·ge·rech·tig·heid** (v), on·ge·rech·tig·he·den; on·ge·rech·tig·heid·je
on·ge·re·de: in het ongerede
on·ge·re·kend (voorz)
het **on·ge·rief**
on·ge·roerd (bnw), on·ge·roer·de
on·ge·rust (bnw), on·ge·rus·te
de **on·ge·rust·heid** (v)
on·ge·schikt (bnw), on·ge·schik·te
de **on·ge·schikt·heid** (v), on·ge·schikt·he·den
on·ge·schubd (bnw), on·ge·schub·de
on·ge·sla·gen (bnw)
on·ge·ste·keld (bnw), on·ge·ste·kel·de
on·ge·stoord (bnw), on·ge·stoor·de
on·ge·twij·feld (bijw)
het **on·ge·val**, on·ge·val·len; on·ge·val·le·tje
de **on·ge·val·aan·gif·te** (v), on·ge·val·aan·gif·ten, on·ge·val·aan·gif·tes

de **on·ge·vals·aan·gif·te** (v), on·ge·vals·aan·gif·ten, on·ge·vals·aan·gif·tes
on·ge·val·vrij (bnw), on·ge·val·vrije
on·ge·veer (bijw)
on·ge·vleu·geld (bnw), on·ge·vleu·gel·de
on·ge·vraagd (bnw), on·ge·vraag·de
on·ge·wenst (bnw), on·ge·wens·te
on·ge·wij·zigd (bnw), on·ge·wij·zig·de
on·ge·wis (bnw), on·ge·wis·se
het **on·ge·wis·se**
on·ge·woon (bnw), on·ge·wo·ne
on·ge·zond (bnw), on·ge·zon·de
on·ge·zou·ten (bnw)
on·grijp·baar (bnw), on·grijp·ba·re
on·gun·stig (bnw), on·gun·sti·ge
on·han·dig (bnw), on·han·di·ge
het **on·heil**, on·hei·len
on·heil·spel·lend (bnw), on·heil·spel·len·de
de **on·heils·tij·ding** (v), on·heils·tij·din·gen
on·her·roe·pe·lijk (bnw), on·her·roe·pe·lij·ke
on·heus (bnw), on·heu·se
on hold (bijw)
on-Hol·lands (bnw), on-Hol·land·se
on·houd·baar (bnw), on·houd·ba·re
onhygiënisch [on·hy·gi·e·nisch] (bnw), onhygiënische [on·hy·gi·e·ni·sche]
on·in·te·res·sant (bnw), on·in·te·res·san·te
on·juist (bnw), on·juis·te
de **on·kel** (m), on·kels; on·kel·tje
on·kies (bnw), on·kie·se
de **on·kos·ten** (mv)
de **on·kos·ten·no·ta**, on·kos·ten·no·ta's
de **on·kos·ten·ver·goe·ding** (v), on·kos·ten·ver·goe·din·gen
het **on·kruid**, on·krui·den; on·kruid·je
on·langs (bijw)
on·line (bnw)
de **on·line·ca·ta·lo·gus** (m), on·line·ca·ta·lo·gi, on·line·ca·ta·lo·gus·sen
de **on·line-en·quê·te**, on·line-en·quê·tes
de **on·line·mar·ke·ting**
de **on·line·me·dia** (mv)
de **on·line·shop** (m), on·line·shops
de **on·line·ver·bin·ding** (v), on·line·ver·bin·din·gen
de **on·line·ver·koop** (m), on·line·ver·ko·pen
de **on·line·ver·sie** (v), on·line·ver·sies
de **on·line·win·kel** (m), on·line·win·kels; on·line·win·kel·tje
on·lo·gisch (bnw), on·lo·gi·sche
on·los·ma·ke·lijk (bnw), on·los·ma·ke·lij·ke
de **on·lust** (m), on·lus·ten; on·lust·je
de **on·lus·ten** (mv)
de **on·macht**
de **on·mens** (m), on·men·sen; on·mens·je
on·men·se·lijk (bnw), on·men·se·lij·ke
on·mid·del·lijk (bnw), on·mid·del·lij·ke
de **on·min**
on·mis·baar (bnw), on·mis·ba·re
on·mis·ken·baar (bnw), on·mis·ken·ba·re
on·mo·ge·lijk (bnw),

on·mo·ge·lij·ke
on·na·volg·baar (bnw), on·na·volg·ba·re
on-Ne·der·lands (bnw), on-Ne·der·land·se
on·no·dig (bnw), on·no·di·ge
de **on·no·dig·heid** (v), on·no·dig·he·den
on·noe·me·lijk (bnw), on·noe·me·lij·ke
on·noem·lijk (bnw), on·noem·lij·ke
on·no·zel (bnw), on·no·ze·le
de **on·no·ze·laar** (m), on·no·ze·laars; on·no·ze·laar·tje
de **on·nut**[1], on·nut·ten
on·nut[2] (bnw), on·nut·te
on·nut·tig (bnw), on·nut·ti·ge
on·of·fi·ci·eel (bnw), onofficiële [on·of·fi·ci·e·le]
de **ono·ma·to·pee** (v), onomatopeeën [ono·ma·to·pee·en]; ono·ma·to·pee·tje
on·om·won·den (bnw)
on·on·der·bro·ken (bnw)
on·ont·beer·lijk (bnw), on·ont·beer·lij·ke
on·ont·gon·nen (bnw)
on·ont·ko·me·lijk (bnw), on·ont·ko·me·lij·ke
on·ont·koom·baar (bnw), on·ont·koom·ba·re
on·ont·van·ke·lijk (bnw), on·ont·van·ke·lij·ke
on·oog·lijk (bnw), on·oog·lij·ke
on·oor·baar (bnw), on·oor·ba·re
on·op·ge·merkt (bnw), on·op·ge·merk·te
on·op·hou·de·lijk (bnw), on·op·hou·de·lij·ke
de **on·op·let·tend·heid** (v), on·op·let·tend·he·den
on·or·de·lijk (bnw), on·or·de·lij·ke
on·ori·gi·neel (bnw), on·ori·gi·ne·le
on·or·tho·dox (bnw), on·or·tho·doxe
on·over·ko·me·lijk (bnw), on·over·ko·me·lij·ke
on·over·koom·baar (bnw), on·over·koom·ba·re
on·over·tref·baar (bnw), on·over·tref·ba·re
on·pas: te pas en te onpas
on·peil·baar (bnw), on·peil·ba·re
on·po·pu·lair (bnw), on·po·pu·lai·re
on·pro·duc·tief (bnw), on·pro·duc·tie·ve
on·pro·fes·si·o·neel (bnw), on·pro·fes·si·o·ne·le
het **on·raad**
on·re·a·lis·tisch (bnw), on·re·a·lis·ti·sche
het **on·recht**, on·rech·ten; on·recht·je
on·rech·te: ten onrechte
on·recht·ma·tig (bnw), on·recht·ma·ti·ge
on·recht·streeks (bnw), on·recht·streek·se
on·recht·vaar·dig (bnw), on·recht·vaar·di·ge
on·re·de·lijk (bnw), on·re·de·lij·ke
on·re·gel·ma·tig (bnw), on·re·gel·ma·ti·ge
de **on·re·gel·ma·tig·heid** (v), on·re·gel·ma·tig·he·den
on·res·pect·vol (bnw), on·res·pect·vol·le
on·roe·rend (bnw), on·roe·ren·de
de **on·roe·ren·de·zaak·be·las·ting** (v), on·roe·ren·de·zaak·be·las·tin·gen

de **on·roe·rend·goed·be·las·ting** (v), on·roe·rend·goed·be·las·tin·gen
de **on·roe·rend·goed·maat·schap·pij** (v), on·roe·rend·goed·maat·schap·pij·en
de **on·roe·rend·goed·markt**, on·roe·rend·goed·mark·ten
de **on·rust**, on·rus·ten
on·rus·tig (bnw), on·rus·ti·ge
on·rust·wek·kend (bnw), on·rust·wek·ken·de
het **ons**[1], on·sen, on·zen; ons·je
ons[2] (bez vnw)
ons[3] (pers vnw)
ons[4] (wederkerend vnw)
on·sa·men·han·gend (bnw), on·sa·men·han·gen·de
de **ons·be·lang**
de **on·schend·baar·heid** (v), on·schend·baar·he·den
de **on·schuld**
on·schul·dig (bnw), on·schul·di·ge
de **on·schul·di·ge**, on·schul·di·gen
on·shore (bnw)
on·sma·ke·lijk (bnw), on·sma·ke·lij·ke
on·sta·biel (bnw), on·sta·bie·le
de **on·sta·bi·li·teit** (v), on·sta·bi·li·tei·ten
on·stand·vas·tig (bnw), on·stand·vas·ti·ge
on·ster·fe·lijk (bnw), on·ster·fe·lij·ke
on·stui·mig (bnw), on·stui·mi·ge
on·sub·tiel (bnw), on·sub·tie·le
on·suc·ces·vol (bnw), on·suc·ces·vol·le
ons·zelf[1] (pers vnw)
ons·zelf[2] (wederkerend vnw)
ont·aard (bnw), ont·aar·de
ont·aar·den (ww), ont·aard, ont·aardt; ont·aard·de, ont·aard·den; ont·aard
on·tast·baar (bnw), on·tast·ba·re
ont·be·ren (ww), ont·beer, ont·beert; ont·beer·de, ont·beer·den; ont·beerd
ont·bie·den (ww), ont·bied, ont·biedt; ont·bood, ont·bo·den; ont·bo·den
het **ont·bijt**, ont·bij·ten; ont·bijt·je
het **ont·bijt·buf·fet**, ont·bijt·buf·fet·ten
ont·bij·ten (ww), ont·bijt, ont·bijt; ont·beet, ont·be·ten; ont·be·ten
het **ont·bijt·ser·vies**, ont·bijt·ser·vie·zen
ont·bin·den (ww), ont·bind, ont·bindt; ont·bond, ont·bon·den; ont·bon·den
de **ont·bin·ding** (v), ont·bin·din·gen
het **ont·bin·dings·recht**, ont·bin·dings·rech·ten
ont·bloot (bnw), ont·blo·te
ont·blo·ten (ww), ont·bloot, ont·bloot; ont·bloot·te, ont·bloot·ten; ont·bloot
ont·bol·ste·ren (ww), ont·bol·ster, ont·bol·stert; ont·bol·ster·de, ont·bol·ster·den; ont·bol·sterd
ont·bos·sen (ww), ont·bos, ont·bost; ont·bos·te, ont·bos·ten; ont·bost
de **ont·bos·sing** (v), ont·bos·sin·gen
ont·bran·den (ww), ont·brand, ont·brandt; ont·brand·de, ont·brand·den; ont·brand
ont·bre·ken (ww), ont·breek, ont·breekt; ont·brak, ont·bra·ken; ont·bro·ken
ont·cij·fe·ren (ww), ont·cij·fer, ont·cij·fert; ont·cij·fer·de,

ont·cij·fer·den; ont·cij·ferd

de **ont·cij·fe·ring** (v), ont·cij·fe·rin·gen

ont·daan (bnw), ont·da·ne

ont·dek·ken (ww), ont·dek, ont·dekt; ont·dek·te, ont·dek·ten; ont·dekt

de **ont·dek·king** (v), ont·dek·kin·gen; ont·dek·kin·kje

de **ont·dek·kings·reis**, ont·dek·kings·rei·zen; ont·dek·kings·reis·je

ont·doen (ww), ont·doe, ont·doet; ont·deed, ont·de·den; ont·daan

ont·dooi·en (ww), ont·dooi, ont·dooit; ont·dooi·de, ont·dooi·den; ont·dooid

de **ont·dooi·ing** (v), ont·dooi·in·gen

ont·dub·be·len (ww), ont·dub·bel, ont·dub·belt; ont·dub·bel·de, ont·dub·bel·den; ont·dub·beld

de **ont·dub·be·ling** (v), ont·dub·be·lin·gen

ont·dui·ken (ww), ont·duik, ont·duikt; ont·dook, ont·do·ken; ont·do·ken

on·te·gen·spre·ke·lijk (bnw), on·te·gen·spre·ke·lij·ke

on·te·gen·zeg·ge·lijk (bnw), on·te·gen·zeg·ge·lij·ke

on·te·gen·zeg·lijk (bnw), on·te·gen·zeg·lij·ke

ont·ei·ge·nen (ww), ont·ei·gen, ont·ei·gent; ont·ei·gen·de, ont·ei·gen·den; ont·ei·gend

on·tel·baar (bnw), on·tel·ba·re

on·te·recht (bnw), on·te·rech·te

ont·eren (ww), ont·eer, ont·eert; ont·eer·de, ont·eer·den; ont·eerd

ont·er·ven (ww), ont·erf, ont·erft; ont·erf·de, ont·erf·den; ont·erfd

de **ont·er·ving** (v), ont·er·vin·gen

on·te·vre·den (bnw)

de **on·te·vre·den·heid** (v)

ont·fer·men (ww), ont·ferm, ont·fermt; ont·ferm·de, ont·ferm·den; ont·fermd

ont·fut·se·len (ww), ont·fut·sel, ont·fut·selt; ont·fut·sel·de, ont·fut·sel·den; ont·fut·seld

ont·gaan (ww), ont·ga, ont·gaat; ont·ging, ont·gin·gen; ont·gaan

ont·gel·den (ww), ont·geld, ont·geldt; ont·gold, ont·gol·den; ont·gol·den

ont·gif·ten (ww), ont·gift, ont·gift; ont·gift·te, ont·gift·ten; ont·gift

de **ont·gif·ting** (v), ont·gif·tin·gen

ont·gin·nen (ww), ont·gin, ont·gint; ont·gon, ont·gon·nen; ont·gon·nen

de **ont·gin·ning** (v), ont·gin·nin·gen

ont·glip·pen (ww), ont·glip, ont·glipt; ont·glip·te, ont·glip·ten; ont·glipt

ont·goo·cheld (bnw), ont·goo·chel·de

ont·goo·che·len (ww) *(teleurstellen)*, ont·goo·chel, ont·goo·chelt; ont·goo·chel·de, ont·goo·chel·den; ont·goo·cheld

de **ont·goo·che·ling** (v), ont·goo·che·lin·gen

ont·goo·ge·len (ww) *(informatie onvindbaar maken op internet)*, ont·goo·gel, ont·goo·gelt; ont·goo·gel·de, ont·goo·gel·den; ont·goo·geld

ont·gra·ven (ww), ont·graaf, ont·graaft; ont·groef, ont·groe·ven; ont·gra·ven

de **ont·groe·ning** (v), ont·groe·nin·gen

het **ont·haal**, ont·ha·len
ont·haas·ten (ww), ont·haast, ont·haast; ont·haast·te, ont·haast·ten; ont·haast
ont·ha·len (ww), ont·haal, ont·haalt; ont·haal·de, ont·haal·den; ont·haald
ont·hand (bnw), ont·han·de
ont·har·den (ww), ont·hard, ont·hardt; ont·hard·de, ont·hard·den; ont·hard
ont·ha·ren (ww), ont·haar, ont·haart; ont·haar·de, ont·haar·den; ont·haard
de **ont·heem·ding** (v), ont·heem·din·gen
ont·hef·fen (ww), ont·hef, ont·heft; ont·hief, ont·hie·ven; ont·he·ven
de **ont·hef·fing** (v), ont·hef·fin·gen
de **ont·hef·fings·brief** (m), ont·hef·fings·brie·ven
de **ont·hef·fings·re·so·lu·tie** (v), ont·hef·fings·re·so·lu·ties
on the job (bnw)
ont·hoof·den (ww), ont·hoofd, ont·hoofdt; ont·hoofd·de, ont·hoofd·den; ont·hoofd
ont·hou·den (ww), ont·hou, ont·houd, ont·houdt; ont·hield, ont·hiel·den; ont·hou·den
ont·hul·len (ww), ont·hul, ont·hult; ont·hul·de, ont·hul·den; ont·huld
de **ont·hul·ling** (v), ont·hul·lin·gen; ont·hul·lin·kje
ont·hut·sen (ww), ont·huts, ont·hutst; ont·huts·te, ont·huts·ten; ont·hutst
ont·hutst (bnw), ont·huts·te
on·tie·ge·lijk (bnw), on·tie·ge·lij·ke
het **on·tij**
on·tij·dig (bnw), on·tij·di·ge
ont·ken·nen (ww), ont·ken, ont·kent; ont·ken·de, ont·ken·den; ont·kend
de **ont·ken·ning** (v), ont·ken·nin·gen
ont·ke·te·nen (ww), ont·ke·ten, ont·ke·tent; ont·ke·ten·de, ont·ke·ten·den; ont·ke·tend
ont·kie·men (ww), ont·kiem, ont·kiemt; ont·kiem·de, ont·kiem·den; ont·kiemd
ont·kle·den (ww), ont·kleed, ont·kleedt; ont·kleed·de, ont·kleed·den; ont·kleed
ont·kno·pen (ww), ont·knoop, ont·knoopt; ont·knoop·te, ont·knoop·ten; ont·knoopt
de **ont·kno·ping** (v), ont·kno·pin·gen
ont·ko·men (ww), ont·kom, ont·komt; ont·kwam, ont·kwa·men; ont·ko·men
ont·kop·pe·len (ww), ont·kop·pel, ont·kop·pelt; ont·kop·pel·de, ont·kop·pel·den; ont·kop·peld
ont·krach·ten (ww), ont·kracht, ont·kracht; ont·kracht·te, ont·kracht·ten; ont·kracht
ont·kroe·zen (ww), ont·kroes, ont·kroest; ont·kroes·de, ont·kroes·den; ont·kroesd
ont·kur·ken (ww), ont·kurk, ont·kurkt; ont·kurk·te, ont·kurk·ten; ont·kurkt
ont·la·den (ww), ont·laad, ont·laadt; ont·laad·de, ont·laad·den; ont·la·den
de **ont·la·ding** (v), ont·la·din·gen
ont·las·ten (ww), ont·last, ont·last; ont·last·te, ont·last·ten; ont·last

de **ont·las·ting** (v), ont·las·tin·gen
ont·la·ten (ww), ont·laat, ont·laat; ont·liet, ont·lie·ten; ont·la·ten
ont·le·den (ww), ont·leed, ont·leedt; ont·leed·de, ont·leed·den; ont·leed
de **ont·le·ding** (v), ont·le·din·gen
ont·le·nen (ww), ont·leen, ont·leent; ont·leen·de, ont·leen·den; ont·leend
de **ont·le·ner** (m), ont·le·ners
de **ont·le·ning** (v), ont·le·nin·gen
ont·lok·ken (ww), ont·lok, ont·lokt; ont·lok·te, ont·lok·ten; ont·lokt
ont·lo·pen (ww), ont·loop, ont·loopt; ont·liep, ont·lie·pen; ont·lo·pen
ont·lui·ken (ww), ont·luik, ont·luikt; ont·look, ont·lo·ken; ont·lo·ken
ont·luis·te·ren (ww), ont·luis·ter, ont·luis·tert; ont·luis·ter·de, ont·luis·ter·den; ont·luis·terd
ont·lui·zen (ww), ont·luis, ont·luist; ont·luis·de, ont·luis·den; ont·luisd
ont·maag·den (ww), ont·maagd, ont·maagdt; ont·maagd·de, ont·maagd·den; ont·maagd
ont·ma·ken (ww), ont·maak, ont·maakt; ont·maak·te, ont·maak·ten; ont·maakt
ont·man·nen (ww), ont·man, ont·mant; ont·man·de, ont·man·den; ont·mand
ont·man·te·len (ww), ont·man·tel, ont·man·telt; ont·man·tel·de, ont·man·tel·den; ont·man·teld
ont·mas·ke·ren (ww), ont·mas·ker, ont·mas·kert; ont·mas·ker·de, ont·mas·ker·den; ont·mas·kerd
ont·mij·nen (ww), ont·mijn, ont·mijnt; ont·mijn·de, ont·mijn·den; ont·mijnd
ont·moe·di·gen (ww), ont·moe·dig, ont·moe·digt; ont·moe·dig·de, ont·moe·dig·den; ont·moe·digd
ont·moe·ten (ww), ont·moet, ont·moet; ont·moet·te, ont·moet·ten; ont·moet
de **ont·moe·ting** (v), ont·moe·tin·gen; ont·moe·tin·kje
het **ont·moe·tings·cen·trum**, ont·moe·tings·cen·tra, ont·moe·tings·cen·trums
de **ont·moe·tings·plaats**, ont·moe·tings·plaat·sen
ont·ne·men (ww), ont·neem, ont·neemt; ont·nam, ont·na·men; ont·no·men
de **ont·ne·ming** (v), ont·ne·min·gen
on·toe·gan·ke·lijk (bnw), on·toe·gan·ke·lij·ke
on·toe·rei·kend (bnw), on·toe·rei·ken·de
de **on·to·lo·gie** (v), ontologieën [on·to·lo·gie·en]
ont·pit·ten (ww), ont·pit, ont·pit; ont·pit·te, ont·pit·ten; ont·pit
ont·plof·fen (ww), ont·plof, ont·ploft; ont·plof·te, ont·plof·ten; ont·ploft
de **ont·plof·fing** (v), ont·plof·fin·gen; ont·plof·fin·kje
ont·plooi·en (ww), ont·plooi, ont·plooit; ont·plooi·de, ont·plooi·den; ont·plooid
de **ont·plooi·ing** (v), ont·plooi·in·gen
ont·pop·pen (ww), ont·pop, ont·popt; ont·pop·te, ont·pop·ten;

ont·popt
ont·raad·se·len (ww), ont·raad·sel, ont·raad·selt; ont·raad·sel·de, ont·raad·sel·den; ont·raad·seld
ont·ra·den (ww), ont·raad, ont·raadt; ont·raad·de, ont·raad·den; ont·ra·den
ont·ra·fe·len (ww), ont·ra·fel, ont·ra·felt; ont·ra·fel·de, ont·ra·fel·den; ont·ra·feld
on·trans·pa·rant (bnw), on·trans·pa·ran·te
ont·red·derd (bnw), ont·red·der·de
ont·rie·ven (ww), ont·rief, ont·rieft; ont·rief·de, ont·rief·den; ont·riefd
ont·roerd (bnw), ont·roer·de
ont·roe·ren (ww), ont·roer, ont·roert; ont·roer·de, ont·roer·den; ont·roerd
ont·roe·rend (bnw), ont·roe·ren·de
de **on·trouw**[1]
on·trouw[2] (bnw), on·trou·we
ont·rui·men (ww), ont·ruim, ont·ruimt; ont·ruim·de, ont·ruim·den; ont·ruimd
de **ont·rui·ming** (v), ont·rui·min·gen
ont·schmin·ken (ww), ont·schmink, ont·schminkt; ont·schmink·te, ont·schmink·ten; ont·schminkt
ont·sie·ren (ww), ont·sier, ont·siert; ont·sier·de, ont·sier·den; ont·sierd
ont·slaan (ww), ont·sla, ont·slaat; ont·sloeg, ont·sloe·gen; ont·sla·gen
het **ont·slag**, ont·sla·gen
de **ont·slag·brief** (m), ont·slag·brie·ven; ont·slag·brief·je
de **ont·slag·com·mis·sie** (v), ont·slag·com·mis·sies
het **ont·slag·de·creet**
de **ont·slag·na·me**, ont·slag·na·men, ont·slag·na·mes
de **ont·slag·re·so·lu·tie** (v), ont·slag·re·so·lu·ties
ont·sleu·te·len (ww), ont·sleu·tel, ont·sleu·telt; ont·sleu·tel·de, ont·sleu·tel·den; ont·sleu·teld
ont·slui·ten (ww), ont·sluit, ont·sluit; ont·sloot, ont·slo·ten; ont·slo·ten
de **ont·slui·ting** (v), ont·slui·tin·gen
ont·smet·ten (ww), ont·smet, ont·smet; ont·smet·te, ont·smet·ten; ont·smet
ont·snap·pen (ww), ont·snap, ont·snapt; ont·snap·te, ont·snap·ten; ont·snapt
de **ont·snap·ping** (v), ont·snap·pin·gen; ont·snap·pin·kje
de **ont·snap·pings·rou·te**, ont·snap·pings·rou·ten, ont·snap·pings·rou·tes
ont·span·nen (ww), ont·span, ont·spant; ont·span·de, ont·span·den; ont·span·nen
ont·span·nend (bnw), ont·span·nen·de
de **ont·span·ning** (v), ont·span·nin·gen
de **ont·span·nings·lec·tuur** (v)
ont·spin·nen (ww), ont·spin, ont·spint; ont·spon, ont·spon·nen; ont·spon·nen
ont·spo·ren (ww), ont·spoor, ont·spoort; ont·spoor·de, ont·spoor·den; ont·spoord
ont·sprin·gen (ww), ont·spring, ont·springt; ont·sprong,

ont·spron·gen; ont·spron·gen
ont·sprui·ten (ww), ont·spruit, ont·spruit; ont·sproot, ont·spro·ten; ont·spro·ten
ont·staan[1] (bnw), ont·sta·ne
ont·staan[2] (ww), ont·sta, ont·staat; ont·stond, ont·ston·den; ont·staan
de **ont·staans·ge·schie·de·nis** (v), ont·staans·ge·schie·de·nis·sen
ont·ste·ken (ww), ont·steek, ont·steekt; ont·stak, ont·sta·ken; ont·sto·ken
de **ont·ste·king** (v), ont·ste·kin·gen; ont·ste·kin·kje
ont·steld (bnw), ont·stel·de
ont·ste·len (ww), ont·steel, ont·steelt; ont·stal, ont·sta·len; ont·sto·len
ont·stel·len (ww), ont·stel, ont·stelt; ont·stel·de, ont·stel·den; ont·steld
de **ont·stel·te·nis** (v)
ont·stemd (bnw), ont·stem·de
ont·stem·men (ww), ont·stem, ont·stemt; ont·stem·de, ont·stem·den; ont·stemd
de **ont·sten·te·nis** (v)
ont·stij·gen (ww), ont·stijg, ont·stijgt; ont·steeg, ont·ste·gen; ont·ste·gen
ont·stof·fen (ww), ont·stof, ont·stoft; ont·stof·te, ont·stof·ten; ont·stoft
ont·sto·ken (bnw)
ont·stres·sen (ww), ont·stres, ont·strest; ont·stres·te, ont·stres·ten; ont·strest
ont·trek·ken (ww), ont·trek, ont·trekt; ont·trok, ont·trok·ken; ont·trok·ken
de **ont·trek·king** (v), ont·trek·kin·gen
de **on·tucht**
de **ont·vang** (m), ont·van·gen
ont·van·gen (ww), ont·vang, ont·vangt; ont·ving, ont·vin·gen; ont·van·gen
de **ont·van·ger** (m), ont·van·gers; ont·van·ger·tje
het **ont·van·gers·kan·toor**, ont·van·gers·kan·to·ren
de **ont·vang·ka·mer**, ont·vang·ka·mers; ont·vang·ka·mer·tje
de **ont·vangst** (v), ont·vang·sten; ont·vangst·je
de **ont·vangst·be·ves·ti·ging** (v), ont·vangst·be·ves·ti·gin·gen
het **ont·vangst·be·wijs**, ont·vangst·be·wij·zen; ont·vangst·be·wijs·je
de **ont·vangst·ka·mer**, ont·vangst·ka·mers; ont·vangst·ka·mer·tje
de **ont·vangst·na·me**, ont·vangst·na·men, ont·vangst·na·mes
de **ont·vangst·ruim·te** (v), ont·vangst·ruim·ten, ont·vangst·ruim·tes
ont·van·ke·lijk (bnw), ont·van·ke·lij·ke
de **ont·van·ke·lijk·heid** (v)
ont·vet·ten (ww), ont·vet, ont·vet; ont·vet·te, ont·vet·ten; ont·vet
ont·vlam·baar (bnw), ont·vlam·ba·re
ont·vlech·ten (ww), ont·vlecht, ont·vlecht; ont·vlocht, ont·vloch·ten; ont·vloch·ten
ont·vlooi·en (ww), ont·vlooi, ont·vlooit; ont·vlooi·de, ont·vlooi·den; ont·vlooid
ont·vluch·ten (ww), ont·vlucht, ont·vlucht; ont·vlucht·te,

ont·vlucht·ten; ont·vlucht
de **ont·voer·der** (m), ont·voer·ders
ont·voe·ren (ww), ont·voer, ont·voert; ont·voer·de, ont·voer·den; ont·voerd
de **ont·voe·ring** (v), ont·voe·rin·gen; ont·voe·rin·kje
de **ont·voog·ding** (v), ont·voog·din·gen
ont·vou·wen (ww), ont·vouw, ont·vouwt; ont·vouw·de, ont·vouw·den; ont·vouwd, ont·vou·wen
ont·vreem·den (ww), ont·vreemd, ont·vreemdt; ont·vreemd·de, ont·vreemd·den; ont·vreemd
ont·vrien·den (ww), ont·vriend, ont·vriendt; ont·vriend·de, ont·vriend·den; ont·vriend
ont·vrie·zen (ww), ont·vries, ont·vriest; ont·vroor, ont·vro·ren; ont·vro·ren
ont·wa·ken (ww), ont·waak, ont·waakt; ont·waak·te, ont·waak·ten; ont·waakt
ont·wa·pe·nen (ww), ont·wa·pen, ont·wa·pent; ont·wa·pen·de, ont·wa·pen·den; ont·wa·pend
ont·wa·pe·nend (bnw), ont·wa·pe·nen·de
ont·wa·ren (ww), ont·waar, ont·waart; ont·waar·de, ont·waar·den; ont·waard
ont·war·ren (ww), ont·war, ont·wart; ont·war·de, ont·war·den; ont·ward
ont·wa·se·men (ww), ont·wa·sem, ont·wa·semt; ont·wa·sem·de, ont·wa·sem·den; ont·wa·semd
ont·wa·te·ren (ww), ont·wa·ter, ont·wa·tert; ont·wa·ter·de, ont·wa·ter·den; ont·wa·terd
het **ont·wa·te·rings·plan**, ont·wa·te·rings·plan·nen
het **ont·wa·te·rings·pro·bleem**, ont·wa·te·rings·pro·ble·men
het **ont·wa·te·rings·sys·teem**, ont·wa·te·rings·sys·te·men
het **ont·wa·te·ring·sys·teem**, ont·wa·te·ring·sys·te·men
ont·wen·nen (ww), ont·wen, ont·went; ont·wen·de, ont·wen·den; ont·wend
het **ont·werp**, ont·wer·pen; ont·werp·je
het **ont·werp·be·sluit**, ont·werp·be·slui·ten
het **ont·werp·be·stem·mings·plan**, ont·werp·be·stem·mings·plan·nen
het **ont·werp·bu·reau**, ont·werp·bu·reaus; ont·werp·bu·reau·tje
ont·wer·pen (ww), ont·werp, ont·werpt; ont·wierp, ont·wier·pen; ont·wor·pen
de **ont·wer·per** (m), ont·wer·pers; ont·wer·per·tje
de **ont·werp·fa·se** (v), ont·werp·fa·sen, ont·werp·fa·ses
het **ont·werp·pro·ces**, ont·werp·pro·ces·sen
de **ont·werp·ster** (v), ont·werp·sters
ont·wij·den (ww), ont·wijd, ont·wijdt; ont·wijd·de, ont·wijd·den; ont·wijd
ont·wij·ken (ww), ont·wijk, ont·wijkt; ont·week, ont·we·ken; ont·we·ken
de **ont·wik·ke·laar** (m), ont·wik·ke·laars
ont·wik·keld (bnw), ont·wik·kel·de
ont·wik·ke·len (ww), ont·wik·kel, ont·wik·kelt;

ont·wik·kel·de, ont·wik·kel·den; ont·wik·keld
de **ont·wik·ke·ling** (v), ont·wik·ke·lin·gen
de **ont·wik·ke·lings·hulp**
het **ont·wik·ke·lings·land**, ont·wik·ke·lings·lan·den; ont·wik·ke·lings·land·je
de **ont·wik·ke·lings·sa·men·wer·king** (v), ont·wik·ke·lings·sa·men·wer·kin·gen
de **ont·wik·ke·lings·vi·sie** (v), ont·wik·ke·lings·vi·sies
ont·wor·men (ww), ont·worm, ont·wormt; ont·worm·de, ont·worm·den; ont·wormd
ont·wor·te·len (ww), ont·wor·tel, ont·wor·telt; ont·wor·tel·de, ont·wor·tel·den; ont·wor·teld
ont·wrich·ten (ww), ont·wricht, ont·wricht; ont·wricht·te, ont·wricht·ten; ont·wricht
het **ont·zag**
ont·zag·ge·lijk (bnw), ont·zag·ge·lij·ke
ont·zag·lijk (bnw), ont·zag·lij·ke
ont·zeg·gen (ww), ont·zeg, ont·zegt; ont·zeg·de, ont·zei, ont·zeg·den, ont·zei·den; ont·zegd
het **ont·zet**[1]
ont·zet[2] (bnw), ont·zet·te
ont·zet·ten (ww), ont·zet, ont·zet; ont·zet·te, ont·zet·ten; ont·zet
ont·zet·tend (bnw), ont·zet·ten·de
de **ont·zet·ting** (v), ont·zet·tin·gen
ont·zien (ww), ont·zie, ont·ziet; ont·zag, ont·za·gen; ont·zien
ont·zil·ten (ww), ont·zilt, ont·zilt; ont·zilt·te, ont·zilt·ten; ont·zilt
ont·zor·gen (ww), ont·zorg, ont·zorgt; ont·zorg·de, ont·zorg·den; ont·zorgd
ont·zou·ten (ww), ont·zout, ont·zout; ont·zout·te, ont·zout·ten; ont·zout
ont·zwel·len (ww), ont·zwel, ont·zwelt; ont·zwol, ont·zwol·len; ont·zwol·len
on·uit·put·te·lijk (bnw), on·uit·put·te·lij·ke
de **onus** (m), one·ra
on·vei·lig (bnw), on·vei·li·ge
de **on·vei·lig·heid** (v), on·vei·lig·he·den
on·ver·an·derd (bnw), on·ver·an·der·de
on·ver·ant·woord (bnw), on·ver·ant·woor·de
on·ver·be·ter·lijk (bnw), on·ver·be·ter·lij·ke
on·ver·bid·de·lijk (bnw), on·ver·bid·de·lij·ke
on·ver·dien·ste·lijk (bnw), on·ver·dien·ste·lij·ke
on·ver·draag·lijk (bnw), on·ver·draag·lij·ke
on·ver·dro·ten (bnw)
on·ver·geef·lijk (bnw), on·ver·geef·lij·ke
on·ver·ge·fe·lijk (bnw), on·ver·ge·fe·lij·ke
on·ver·ge·te·lijk (bnw), on·ver·ge·te·lij·ke
on·ver·hoeds (bnw), on·ver·hoed·se
on·ver·hoopt (bnw), on·ver·hoop·te
on·ver·let (bnw)
on·ver·mijd·baar (bnw), on·ver·mijd·ba·re
on·ver·mij·de·lijk (bnw),

on·ver·mij·de·lij·ke
on·ver·min·derd (bnw), on·ver·min·der·de
on·ver·moed (bnw), on·ver·moe·de
on·ver·moei·baar (bnw), on·ver·moei·ba·re
on·ver·moeid (bnw), on·ver·moei·de
het **on·ver·mo·gen**
on·ver·murw·baar (bnw), on·ver·murw·ba·re
on·ver·rich·ter za·ke
on·ver·saagd (bnw), on·ver·saag·de
on·ver·schil·lig (bnw), on·ver·schil·li·ge
de **on·ver·schil·lig·heid** (v), on·ver·schil·lig·he·den
on·ver·slaan·baar (bnw), on·ver·slaan·ba·re
on·ver·stoord (bnw), on·ver·stoor·de
on·ver·wacht (bnw), on·ver·wach·te
on·ver·wachts (bnw), on·ver·wacht·se
on·ver·wijld (bnw), on·ver·wijl·de
de **on·vol·doen·de**[1], on·vol·doen·den, on·vol·doen·des; on·vol·doen·de·tje
on·vol·doen·de[2] (bnw)
de **on·vol·ko·men·heid** (v), on·vol·ko·men·he·den
on·vol·le·dig (bnw), on·vol·le·di·ge
de **on·vol·le·dig·heid** (v), on·vol·le·dig·he·den
on·vol·tooid (bnw), on·vol·tooi·de
on·voor·koom·baar (bnw), on·voor·koom·ba·re
on·voor·spel·baar (bnw), on·voor·spel·ba·re
on·voor·stel·baar (bnw), on·voor·stel·ba·re
on·voor·waar·de·lijk (bnw), on·voor·waar·de·lij·ke
de **on·vre·de**
on·waar (bnw), on·wa·re
on·waar·schijn·lijk (bnw), on·waar·schijn·lij·ke
het **on·we·der**, on·we·ders; on·we·der·tje
het **on·weer**, on·we·ren; on·weer·tje
on·weer·staan·baar (bnw), on·weer·staan·ba·re
on·wel (bnw), on·wel·le
on·wel·kom (bnw), on·wel·ko·me
de **on·wel·wor·ding** (v), on·wel·wor·din·gen
on·wen·nig (bnw), on·wen·ni·ge
on·wen·se·lijk (bnw), on·wen·se·lij·ke
on·we·ren (ww), on·weert; on·weer·de; ge·on·weerd
de **on·we·tend·heid** (v), on·we·tend·he·den; on·we·tend·heid·je
on·wet·tig (bnw), on·wet·ti·ge
on·we·zen·lijk (bnw), on·we·zen·lij·ke
on·wil·le·keu·rig (bnw), on·wil·le·keu·ri·ge
de **onyx**[1] (m) *(voorwerp)*, onyxen
het **onyx**[2] *(stof)*
on·ze (bez vnw)
on·ze·ker (bnw), on·ze·ke·re
de **on·ze·ker·heid** (v), on·ze·ker·he·den; on·ze·ker·heid·je
de **On·ze-Lie·ve-Heer**[1] (m) *(afbeelding, beeld)*
On·ze-Lie·ve-Heer[2] *(God)*
On·ze-Lie·ve-Heer-

He·mel·vaart
het **on·ze·lie·ve·heers·beest·je**, on·ze·lie·ve·heers·beest·jes
de **On·ze-Lie·ve-Vrouw**[1] (v) *(afbeelding, beeld)*, On·ze-Lie·ve-Vrou·wen
On·ze-Lie·ve-Vrouw[2] *(Maria)*
het **on·ze·lie·ve·vrou·we·bed·stro**
het **On·ze-Lie·ve-Vrou·we·beeld**, On·ze-Lie·ve-Vrou·we·beel·den; On·ze-Lie·ve-Vrou·we·beeld·je
de **On·ze-Lie·ve-Vrou·we·kerk**, On·ze-Lie·ve-Vrou·we·ker·ken
de **On·ze-Lie·ve-Vrou·we·to·ren** (m), On·ze-Lie·ve-Vrou·we·to·rens
on·zent·we·ge (bijw)
on·zer·zijds (bijw)
on·zes in·ziens
het **on·ze·va·der** *(gebed)*, on·ze·va·ders
On·ze·va·der *(naam van een gebed)*
on·zicht·baar (bnw), on·zicht·ba·re
on·zij·dig (bnw), on·zij·di·ge
de **on·zin** (m)
on·zin·nig (bnw), on·zin·ni·ge
de **on·zin·zin** (m), on·zin·zin·nen
het **ooft**
het **oog**, ogen; oog·je
de **oog·arts** (m), oog·art·sen
het **oog·con·tact**
de **oog·ge·tui·ge**, oog·ge·tui·gen
het **oog·ge·tui·gen·ver·slag**, oog·ge·tui·gen·ver·sla·gen
de **oog-handcoördinatie** [oog-hand·co·or·di·na·tie] (v), oog-handcoördinaties [oog-hand·co·or·di·na·ties]
de **oog·kas**, oog·kas·sen
het **oog·lid**, oog·le·den; oog·lid·je
de **oog·make-up** (m)
de **oog·mees·ter** (m), oog·mees·ters
het **oog·merk**, oog·mer·ken
de **oog·mis·sie** (v), oog·mis·sies
de **oog·op·slag** (m), oog·op·sla·gen
het **oog·punt**, oog·pun·ten
de **oog·scha·duw**
de **oog·schroef**, oog·schroe·ven
de **oogst** (m), oog·sten; oogst·je
oog·sten (ww), oogst, oogst; oogst·te, oogst·ten; ge·oogst
de **oogst·ra·ming** (v), oogst·ra·min·gen
de **oog·test** (m), oog·tes·ten, oog·tests
de **oog·vijs**, oog·vij·zen; oog·vijs·je
de **ooi** (v), ooi·en; ooi·tje
de **ooi·e·vaar** (m), ooi·e·vaars, ooi·e·va·ren; ooi·e·vaar·tje
het **ooi·e·vaars·nest**, ooi·e·vaars·nes·ten
ooit (bijw)
ook (bijw)
de **oom** (m), ooms; oom·pje
het **oor**, oren; oor·tje
het **oor·ap·pa·raat**, oor·ap·pa·ra·ten
de **oor·arts** (m), oor·art·sen
oor·baar (bnw), oor·ba·re
de **oor·bel**, oor·bel·len; oor·bel·le·tje
het **oord**, oor·den; oord·je
het **oor·deel**, oor·de·len; oor·deel·tje
het **oor·deels·ver·mo·gen**, oor·deels·ver·mo·gens
de **oor·deels·vor·ming** (v), oor·deels·vor·min·gen
oor·de·len (ww), oor·deel, oor·deelt; oor·deel·de, oor·deel·den; ge·oor·deeld
de **oor·knop** (m), oor·knop·pen; oor·knop·je
de **oor·kon·de**, oor·kon·den, oor·kon·des
de **oor·lel**, oor·lel·len; oor·lel·le·tje
de **oor·log** (m), oor·lo·gen; oor·log·je
de **oor·logs·bo·dem** (m), oor·logs·bo·dems
de **oor·logs·drei·ging** (v), oor·logs·drei·gin·gen

de **oor·logs·fo·to·graaf** (m), oor·logs·fo·to·gra·fen
de **oor·logs·god** (m), oor·logs·go·den
de **oor·logs·held** (m), oor·logs·hel·den
de **oor·logs·ma·chi·ne** (v), oor·logs·ma·chi·nes
de **oor·logs·mis·daad**, oor·logs·mis·da·den
oor·logs·moe (bnw), oor·logs·moeë
de **oor·logs·po·li·tiek** (v)
de **oor·logs·scha·de**, oor·logs·scha·den, oor·logs·scha·des
het **oor·logs·schip**, oor·logs·sche·pen
de **oor·logs·si·tu·a·tie** (v), oor·logs·si·tu·a·ties
het **oor·logs·slacht·of·fer**, oor·logs·slacht·of·fers; oor·logs·slacht·of·fer·tje
het **oor·logs·ver·le·den**, oor·logs·ver·le·dens
de **oor·logs·voe·ring** (v), oor·logs·voe·rin·gen
de **oor·logs·wet**, oor·logs·wet·ten
de **oor·logs·win·ter** (m) *(winter in een oorlog)*, oor·logs·win·ters
Oor·logs·win·ter *(winter van 1944-1945)*
oor·logs·zuch·tig (bnw), oor·logs·zuch·ti·ge
oor·log voe·ren
de **oor·log·voe·ring** (v), oor·log·voe·rin·gen
oor·mer·ken (ww), oor·merk, oor·merkt; oor·merk·te, oor·merk·ten; ge·oor·merkt
de **oor·ont·ste·king** (v), oor·ont·ste·kin·gen
de **oor·ring** (m), oor·rin·gen; oor·rin·ge·tje
de/het **oor·smeer** (m/o)
de **oor·sprong** (m), oor·spron·gen
oor·spron·ke·lijk (bnw), oor·spron·ke·lij·ke
de **oor·spron·ke·lijk·heid** (v), oor·spron·ke·lijk·he·den
het **oor·sui·zen**
de **oor·sui·zing** (v), oor·sui·zin·gen
de **oor·te·le·foon** (m), oor·te·le·foons; oor·te·le·foon·tje
de **oor·worm** (m), oor·wor·men; oor·worm·pje
de **oor·wurm** (m), oor·wur·men; oor·wurm·pje
de **oor·zaak**, oor·za·ken
de **oor·zaak-ge·volg·re·la·tie** (v), oor·zaak-ge·volg·re·la·ties
de **oost**[1] (m) *(oosten)*
oost[2] (bijw)
Oost *(voormalig Nederlands-Indië)*
Oost-Afri·kaans (bnw), Oost-Afri·kaan·se
Oost-Azi·a·tisch (bnw), Oost-Azi·a·ti·sche
Oost·blok
het **Oost·blok·land**, Oost·blok·lan·den
Oost-Duits (bnw), Oost-Duit·se
de **Oost-Duit·se** (v), Oost-Duit·sen
de **Oost-Duit·ser** (m), Oost-Duit·sers
oos·te·lijk (bnw), oos·te·lij·ke
het **oos·ten**[1] *(windstreek)*
oos·ten[2]: ten oosten van
Oos·ten *(Azië)*
de **Oos·ten·rij·ker** (m), Oos·ten·rij·kers
Oos·ten·rijks (bnw), Oos·ten·rijk·se
de **oos·ten·wind** (m), oos·ten·win·den; oos·ten·wind·je
de **oos·ter·leng·te** (v)
de **oos·ter·ling** (m), oos·ter·lin·gen
oos·ters (bnw), oos·ter·se
oos·ters-or·tho·dox (bnw),

oos·ters-or·tho·doxe
de **Oost-Eu·ro·pa·des·kun·di·ge**, Oost-Eu·ro·pa·des·kun·di·gen
de **Oost-Eu·ro·pe·aan** (m), Oost-Eu·ro·pe·a·nen
Oost-Eu·ro·pees (bnw), Oost-Eu·ro·pe·se
het **oost·front**, oost·fron·ten
het **Oost-Ger·maans**[1] *(taal)*
Oost-Ger·maans[2] (bnw), Oost-Ger·maan·se
de **Oost-In·dië·vaar·der** (m), Oost-In·dië·vaar·ders
Oost-In·disch (bnw), Oost-In·di·sche
Oost-In·disch doof
Oost-In·di·sche inkt
Oost-In·di·sche kers
de **Oost·kan·tons** (mv)
de **oost·kust**, oost·kus·ten
Oost-Vlaams (bnw), Oost-Vlaam·se
de **Oost-Vlaam·se** (v), Oost-Vlaam·sen
de **Oost-Vla·ming** (m), Oost-Vla·min·gen
oost·waarts (bnw), oost·waart·se
oost-west (bijw)
de **oost-west·ver·bin·ding** (v), oost-west·ver·bin·din·gen
de **oost·zij·de**, oost·zij·den, oost·zij·des
oot·je: in het ootje nemen
oot·moe·dig (bnw), oot·moe·di·ge
op (voorz)
de **opa** (m), opa's; opaatje [opa·tje]
opaak (bnw), opa·ke
de **opaal**[1] (m) *(voorwerp)*, opa·len; opaal·tje
het **opaal**[2] *(stofnaam)*
op af·roep·ba·sis
opa·len (bnw)
op ape·ga·pen lig·gen
de **op·art** (m)
op·ba·ren (ww), baar op, baart op; baar·de op, baar·den op; op·ge·baard
op·bel·len (ww), bel op, belt op; bel·de op, bel·den op; op·ge·beld
het **op·bel·pro·gram·ma**, op·bel·pro·gram·ma's
op·ber·gen (ww), berg op, bergt op; borg op, bor·gen op; op·ge·bor·gen
op·beu·ren (ww), beur op, beurt op; beur·de op, beur·den op; op·ge·beurd
op·biech·ten (ww), biecht op, biecht op; biecht·te op, biecht·ten op; op·ge·biecht
op·bie·den (ww), bied op, biedt op; bood op, bo·den op; op·ge·bo·den
op·bla·zen (ww), blaas op, blaast op; blies op, blie·zen op; op·ge·bla·zen
op·blij·ven (ww), blijf op, blijft op; bleef op, ble·ven op; op·ge·ble·ven
op·blin·ken (ww), blink op, blinkt op; blonk op, blon·ken op; op·ge·blon·ken
de **op·bloei** (m)
op·bloei·en (ww), bloei op, bloeit op; bloei·de op, bloei·den op; op·ge·bloeid
het **op·bod**
op·boe·nen (ww), boen op, boent op; boen·de op, boen·den op; op·ge·boend
op·bok·sen (ww), boks op, bokst op; boks·te op, boks·ten op; op·ge·bokst
op·bor·re·len (ww), bor·rel op, bor·relt op; bor·rel·de op,

bor·rel·den op; op·ge·bor·reld
de **op·bouw** (m), op·bou·wen; op·bouw·tje
op·bou·wen (ww), bouw op, bouwt op; bouw·de op, bouw·den op; op·ge·bouwd
op·bran·den (ww), brand op, brandt op; brand·de op, brand·den op; op·ge·brand
op·bre·ken (ww), breek op, breekt op; brak op, bra·ken op; op·ge·bro·ken
op·bren·gen (ww), breng op, brengt op; bracht op, brach·ten op; op·ge·bracht
de **op·brengst** (v), op·breng·sten
het **op·brengst·huis**, op·brengst·hui·zen
de **op·cen·ten** (mv)
op·da·gen (ww), daag op, daagt op; daag·de op, daag·den op; op·ge·daagd
op·dat (voegw)
op de bon·ne·fooi
de **op·de·cie·men** (mv)
op·dek·ken (ww), dek op, dekt op; dek·te op, dek·ten op; op·ge·dekt
op·de·len (ww), deel op, deelt op; deel·de op, deel·den op; op·ge·deeld
de **op·de·ling** (v), op·de·lin·gen
op·del·ven (ww), delf op, delft op; delf·de op, dolf op, delf·den op, dol·ven op; op·ge·dol·ven
op den duur
op de schob·ber·de·bonk
op·die·nen (ww), dien op, dient op; dien·de op, dien·den op; op·ge·diend
op·die·pen (ww), diep op, diept op; diep·te op, diep·ten op; op·ge·diept
op·dis·sen (ww), dis op, dist op; dis·te op, dis·ten op; op·ge·dist
op·doe·ken (ww), doek op, doekt op; doek·te op, doek·ten op; op·ge·doekt
op·doe·men (ww), doem op, doemt op; doem·de op, doem·den op; op·ge·doemd
op·doen (ww), doe op, doet op; deed op, de·den op; op·ge·daan
op·dof·fen (ww), dof op, doft op; dof·te op, dof·ten op; op·ge·doft
op·don·de·ren (ww), don·der op, don·dert op; don·der·de op, don·der·den op; op·ge·don·derd
op·draai·en (ww), draai op, draait op; draai·de op, draai·den op; op·ge·draaid
de **op·dracht**, op·drach·ten; op·dracht·je
de **op·dracht·be·ves·ti·ging** (v), op·dracht·be·ves·ti·gin·gen
de **op·dracht·ge·ver** (m), op·dracht·ge·vers
het **op·dracht·ge·ver·schap**
de **op·dracht·ne·mer** (m), op·dracht·ne·mers
de **op·dracht·om·schrij·ving** (v), op·dracht·om·schrij·vin·gen
de **op·dracht·ver·kla·ring** (v), op·dracht·ver·kla·rin·gen
op·dra·gen (ww), draag op, draagt op; droeg op, droe·gen op; op·ge·dra·gen
op·dra·ven (ww), draaf op, draaft op; draaf·de op, draaf·den op; op·ge·draafd
op·dreg·gen (ww), dreg op, dregt op; dreg·de op, dreg·den op; op·ge·dregd
op·dreu·nen (ww), dreun op, dreunt op; dreun·de op, dreun·den op; op·ge·dreund

op·drij·ven (ww), drijf op, drijft op; dreef op, dre·ven op; op·ge·dre·ven
op·drin·gen (ww), dring op, dringt op; drong op, dron·gen op; op·ge·dron·gen
op·drin·ken (ww), drink op, drinkt op; dronk op, dron·ken op; op·ge·dron·ken
de **op·dro·ging** (v), op·dro·gin·gen
de **op·druk** (m), op·druk·ken; op·druk·je
op·dui·ke·len (ww), dui·kel op, dui·kelt op; dui·kel·de op, dui·kel·den op; op·ge·dui·keld
op·dui·ken (ww), duik op, duikt op; dook op, do·ken op; op·ge·do·ken
op·dwei·len (ww), dweil op, dweilt op; dweil·de op, dweil·den op; op·ge·dweild
het **OPEC-land**, OPEC-lan·den
op·een (bijw)
op·eens (bijw)
de **op·een·sta·pe·ling** (v), op·een·sta·pe·lin·gen
op·een·vol·gen (ww), volg·den op·een; op·een·ge·volgd
op·een·vol·gend (bnw), op·een·vol·gen·de
op·ei·sen (ww), eis op, eist op; eis·te op, eis·ten op; opgeëist [op·ge·eist]
open (bnw)
het **open·baar**[1]
open·baar[2] (bnw), open·ba·re
de **open·baar·heid** (v)
de **open·baar·ma·king** (v), open·baar·ma·kin·gen
de **open·baar·ver·voer·kaart**, open·baar·ver·voer·kaar·ten
de **open·baar·ver·voer·maat·schap·pij** (v), open·baar·ver·voer·maat·schap·pij·en
open·ba·ren (ww), open·baar, open·baart; open·baar·de, open·baar·den; ge·open·baard
de **open·ba·ring** (v), open·ba·rin·gen; open·ba·rin·kje
de **open·ba·rings·leer**
de **open·be·drij·ven·dag** (m), open·be·drij·ven·da·gen
open·blij·ven (ww), blijf open, blijft open; bleef open, ble·ven open; open·ge·ble·ven
open·bloei·en (ww), bloei open, bloeit open; bloei·de open, bloei·den open; open·ge·bloeid
open boek
het **open·boek·exa·men**, open·boek·exa·mens
open·bre·ken (ww), breek open, breekt open; brak open, bra·ken open; open·ge·bro·ken
open dag
het **open·deur·be·leid**
de **open·deur·dag** (m), open·deur·da·gen
het **open·deur·week·end**, open·deur·week·en·den, open·deur·week·ends
open·doen (ww), doe open, doet open; deed open, de·den open; open·ge·daan
open·draai·en (ww), draai open, draait open; draai·de open, draai·den open; open·ge·draaid
open·du·wen (ww), duw open, duwt open; duw·de open, duw·den open; open·ge·duwd
de **open·ein·de·re·ge·ling** (v), open·ein·de·re·ge·lin·gen
ope·nen (ww), open, opent; open·de, open·den; ge·opend
de **ope·ner** (m), ope·ners; ope·ner·tje

open·gaan (ww), ga open, gaat open; ging open, gin·gen open; open·ge·gaan
open·ge·sperd (bnw), open·ge·sper·de
open·glij·den (ww), glijd open, glij open, glijdt open; gleed open, gle·den open; open·ge·gle·den
open·gooi·en (ww), gooi open, gooit open; gooi·de open, gooi·den open; open·ge·gooid
open haard
het **open·haard·hout**
de **open·hart·chi·rur·gie** (v)
de **open·hart·ope·ra·tie** (v), open·hart·ope·ra·ties
de **open·heid** (v), open·he·den
open·hou·den (ww), houd open, hou open, houdt open; hield open, hiel·den open; open·ge·hou·den
de **open·huis·dag** (m), open·huis·da·gen
de **open·hui·zen·dag** (m), open·hui·zen·da·gen
de **ope·ning** (v), ope·nin·gen; ope·nin·ge·tje
de **ope·nings·ac·tie** (v), ope·nings·ac·ties
de **ope·nings·ce·re·mo·nie** (v), openingsceremonieën [ope·nings·ce·re·mo·nie·en], openingsceremoniën [ope·nings·ce·re·mo·ni·en], ope·nings·ce·re·mo·nies
het **ope·nings·col·le·ge**, ope·nings·col·le·ges
de **ope·nings·dag** (m), ope·nings·da·gen
het **ope·nings·ga·la**, ope·nings·ga·la's
de **ope·ning·speech** (m), ope·ning·spee·chen, ope·ning·spee·ches
de **ope·nings·re·de**, ope·nings·re·des
de **ope·nings·speech** (m), ope·nings·spee·ches; ope·nings·speech·je
de **ope·nings·tijd** (m), ope·nings·tij·den
het **ope·nings·uur**, ope·nings·uren; ope·nings·uur·tje
de **ope·nings·zet** (m), ope·nings·zet·ten
open·kap·pen (ww), kap open, kapt open; kap·te open, kap·ten open; open·ge·kapt
open·klap·pen (ww), klap open, klapt open; klap·te open, klap·ten open; open·ge·klapt
open·kno·pen (ww), knoop open, knoopt open; knoop·te open, knoop·ten open; open·ge·knoopt
open·krab·ben (ww), krab open, krabt open; krab·de open, krab·den open; open·ge·krabd
open·la·ten (ww), laat open, laat open; liet open, lie·ten open; open·ge·la·ten
open·lig·gen (ww), lig open, ligt open; lag open, la·gen open; open·ge·le·gen
open·lijk (bnw), open·lij·ke
de **open·lucht**
het **open·lucht·bad**, open·lucht·ba·den
het **open·lucht·fes·ti·val**, open·lucht·fes·ti·vals
het **open·lucht·mu·se·um**, open·lucht·mu·sea, open·lucht·mu·se·ums; open·lucht·mu·se·um·pje
de **open·lucht·voor·stel·ling** (v), open·lucht·voor·stel·lin·gen

open·ma·ken (ww), maak open, maakt open; maak·te open, maak·ten open; open·ge·maakt
de **open mind** (m), open minds
open-min·ded (bnw)
de **op-en-neer** (m), op-en-ne·ren; op-en-neer·tje
open·plooi·en (ww), plooi open, plooit open; plooi·de open, plooi·den open; open·ge·plooid
open·rij·ten (ww), rijt open, rijt open; reet open, re·ten open; open·ge·re·ten
open·rit·sen (ww), rits open, ritst open; rits·te open, rits·ten open; open·ge·ritst
open·scheu·ren (ww), scheur open, scheurt open; scheur·de open, scheur·den open; open·ge·scheurd
open·schui·ven (ww), schuif open, schuift open; schoof open, scho·ven open; open·ge·scho·ven
open·slaan (ww), sla open, slaat open; sloeg open, sloe·gen open; open·ge·sla·gen
open·snij·den (ww), snijd open, snij open, snijdt open; sneed open, sne·den open; open·ge·sne·den
de **open source** (m), open sour·ces
de **open·source·soft·ware** (m)
open·sper·ren (ww), sper open, spert open; sper·de open, sper·den open; open·ge·sperd
open·splij·ten (ww), splijt open, splijt open; spleet open, sple·ten open; open·ge·sple·ten
open·sprei·den (ww), spreid open, spreidt open; spreid·de open, spreid·den open; open·ge·spreid
open·staan (ww), sta open, staat open; stond open, ston·den open; open·ge·staan
open·staand (bnw), open·staan·de
open·stel·len (ww), stel open, stelt open; stel·de open, stel·den open; open·ge·steld
de **open·stel·ling** (v), open·stel·lin·gen
op-en-top (bijw)
open·trap·pen (ww), trap open, trapt open; trap·te open, trap·ten open; open·ge·trapt
open·trek·ken (ww), trek open, trekt open; trok open, trok·ken open; open·ge·trok·ken
open·val·len (ww), val open, valt open; viel open, vie·len open; open·ge·val·len
de **Open Vld'er** [Open Vld·er] (m), Open Vld'ers [Open Vld·ers]
open·vlie·gen (ww), vlieg open, vliegt open; vloog open, vlo·gen open; open·ge·vlo·gen
open·vou·wen (ww), vouw open, vouwt open; vouw·de open, vouw·den open; open·ge·vou·wen
open·wrik·ken (ww), wrik open, wrikt open; wrik·te open, wrik·ten open; open·ge·wrikt
open·zet·ten (ww), zet open, zet open; zet·te open, zet·ten open; open·ge·zet
open·zwaai·en (ww), zwaai open, zwaait open; zwaai·de open, zwaai·den open; open·ge·zwaaid
de **ope·ra** (m), ope·ra's; operaatje [ope·ra·tje]
ope·ra-ach·tig (bnw), ope·ra-ach·ti·ge
de **ope·rand** (m), ope·ran·den
het **ope·ra·or·kest**, ope·ra·or·kes·ten
de **ope·ra·teur** (m), ope·ra·teurs

de **ope·ra·tie** (v), ope·ra·ties; ope·ra·tie·tje
de **ope·ra·tie·as·sis·tent** (m), ope·ra·tie·as·sis·ten·ten
ope·ra·tief (bnw), ope·ra·tie·ve
de **ope·ra·tie·ka·mer**, ope·ra·tie·ka·mers
de **ope·ra·ti·o·na·li·sa·tie** (v), ope·ra·ti·o·na·li·sa·ties
ope·ra·ti·o·na·li·se·ren (ww), ope·ra·ti·o·na·li·seer, ope·ra·ti·o·na·li·seert; ope·ra·ti·o·na·li·seer·de, ope·ra·ti·o·na·li·seer·den; ge·ope·ra·ti·o·na·li·seerd
de **ope·ra·ti·o·na·li·se·ring** (v), ope·ra·ti·o·na·li·se·rin·gen
de **ope·ra·ti·o·na·li·teit** (v), ope·ra·ti·o·na·li·tei·ten
ope·ra·ti·o·neel (bnw), ope·ra·ti·o·ne·le
de **ope·ra·tor** (m), ope·ra·to·ren, ope·ra·tors
de **ope·ra·zan·ger** (m), ope·ra·zan·gers
ope·re·ren (ww), ope·reer, ope·reert; ope·reer·de, ope·reer·den; ge·ope·reerd
de **ope·ret·te**, ope·ret·tes; ope·ret·je, ope·ret·te·tje
op·eten (ww), eet op, eet op; at op, aten op; op·ge·ge·ten
op·fiet·sen (ww), fiets op, fietst op; fiets·te op, fiets·ten op; op·ge·fietst
op·fleu·ren (ww), fleur op, fleurt op; fleur·de op, fleur·den op; op·ge·fleurd
op·fok·ken (ww), fok op, fokt op; fok·te op, fok·ten op; op·ge·fokt
op·fris·sen (ww), fris op, frist op; fris·te op, fris·ten op; op·ge·frist
de **op·fris·sing** (v), op·fris·sin·gen
de **op·gaaf**, op·ga·ven
op·gaan (ww), ga op, gaat op; ging op, gin·gen op; op·ge·gaan
de **op·gang** (m), op·gan·gen
de **op·ga·ve**, op·ga·ven
het **op·ga·ven·blad**, op·ga·ven·bla·den; op·ga·ven·blaad·je
het **op·ga·ven·boek**, op·ga·ven·boe·ken; op·ga·ven·boek·je
het **op·ga·ven·for·mu·lier**, op·ga·ven·for·mu·lie·ren
op·ge·bouwd (bnw), op·ge·bouw·de
op·ge·brui·ken (ww), ge·bruik op, ge·bruikt op; ge·bruik·te op, ge·bruik·ten op; op·ge·bruikt
op·ge·daan (bnw), op·ge·da·ne
op·ge·fokt (bnw), op·ge·fok·te
op·ge·la·ten (bnw)
het **op·geld**, op·gel·den
op·ge·legd (bnw), op·ge·leg·de
de **op·ge·lei·de**, op·ge·lei·den
op·ge·lijst (bnw), op·ge·lijs·te
op·ge·lost (bnw), op·ge·los·te
op·ge·lucht (bnw), op·ge·luch·te
op·ge·maakt (bnw), op·ge·maak·te
op·ge·merkt (bnw), op·ge·merk·te
op·ge·richt (bnw), op·ge·rich·te
op·ge·ruimd (bnw), op·ge·ruim·de
op·ge·scho·ten (bnw)
op·ge·somd (bnw), op·ge·som·de
op·ge·steld (bnw), op·ge·stel·de
op·ge·to·gen (bnw)
op·ge·ven (ww), geef op, geeft op; gaf op, ga·ven op; op·ge·ge·ven
op·ge·voed (bnw), op·ge·voe·de
op·ge·wekt (bnw), op·ge·wek·te
op·ge·won·den (bnw)

op·ge·zet (bnw), op·ge·zet·te
op·ge·zwol·len (bnw)
op·gra·ven (ww), graaf op, graaft op; groef op, groe·ven op; op·ge·gra·ven
de **op·gra·ving** (v), op·gra·vin·gen
op·groei·en (ww), groei op, groeit op; groei·de op, groei·den op; op·ge·groeid
de **op·haal** (m), op·ha·len; op·haal·tje
op·ha·len (ww), haal op, haalt op; haal·de op, haal·den op; op·ge·haald
de **op·ha·ling** (v), op·ha·lin·gen
op·han·den zijn
op·han·gen (ww), hang op, hangt op; hing op, hin·gen op; op·ge·han·gen
de **op·han·ging** (v), op·han·gin·gen
op·heb·ben (ww), heb op, hebt op, heeft op; had op, had·den op; op·ge·had
de **op·hef** (m)
op·hef·fen (ww), hef op, heft op; hief op, hie·ven op; op·ge·he·ven
de **op·hef·fing** (v), op·hef·fin·gen
op·hel·de·ren (ww), hel·der op, hel·dert op; hel·der·de op, hel·der·den op; op·ge·hel·derd
de **op·hel·de·ring** (v), op·hel·de·rin·gen
op het nip·per·tje
op·hij·sen (ww), hijs op, hijst op; hees op, he·sen op; op·ge·he·sen
op·hit·sen (ww), hits op, hitst op; hits·te op, hits·ten op; op·ge·hitst
op·ho·gen (ww), hoog op, hoogt op; hoog·de op, hoog·den op; op·ge·hoogd
op·ho·pen (ww), hoop op, hoopt op; hoop·te op, hoop·ten op; op·ge·hoopt
op·hou·den (ww), houd op, hou op, houdt op; hield op, hiel·den op; op·ge·hou·den
de **opi** (m), opi's
de **opi·nie** (v), opi·nies; opi·nie·tje
het **opi·nie·ar·ti·kel**, opi·nie·ar·ti·ke·len, opi·nie·ar·ti·kels
het **opi·nie·on·der·zoek**, opi·nie·on·der·zoe·ken
de **opi·nie·pei·ling** (v), opi·nie·pei·lin·gen; opi·nie·pei·lin·kje
opiniëren [opi·ni·e·ren] (ww), opi·ni·eer, opi·ni·eert; opi·ni·eer·de, opi·ni·eer·den; ge·opi·ni·eerd
opiniërend [opi·ni·e·rend] (bnw), opiniërende [opi·ni·e·ren·de]
op in·te·rim·ba·sis *(op uitzendbasis)*
het **opioïde** [opi·oi·de], opioïden [opi·oi·den]
de/het **opi·um** (m/o)
de **opi·um·wet**, opi·um·wet·ten
op·ja·gen (ww), jaag op, jaagt op; jaag·de op, joeg op, jaag·den op, joe·gen op; op·ge·jaagd
op·ka·le·fa·te·ren (ww), ka·le·fa·ter op, ka·le·fa·tert op; ka·le·fa·ter·de op, ka·le·fa·ter·den op; op·ge·ka·le·fa·terd
op·kal·fa·te·ren (ww), kal·fa·ter op, kal·fa·tert op; kal·fa·ter·de op, kal·fa·ter·den op; op·ge·kal·fa·terd
op·kij·ken (ww), kijk op, kijkt op; keek op, ke·ken op; op·ge·ke·ken
op·kla·ren (ww), klaar op, klaart op; klaar·de op, klaar·den op; op·ge·klaard
de **op·kla·ring** (v), op·kla·rin·gen
op·klim·men (ww), klim op,

klimt op; klom op, klom·men op; op·ge·klom·men
op·knap·pen (ww), knap op, knapt op; knap·te op, knap·ten op; op·ge·knapt
op·ko·men (ww), kom op, komt op; kwam op, kwa·men op; op·ge·ko·men
op·ko·mend (bnw), op·ko·men·de
de **op·komst** (v), op·kom·sten
de **op·koop·prijs** (m), op·koop·prij·zen
op·ko·pen (ww), koop op, koopt op; kocht op, koch·ten op; op·ge·kocht
op·krij·gen (ww), krijg op, krijgt op; kreeg op, kre·gen op; op·ge·kre·gen
op·krik·ken (ww), krik op, krikt op; krik·te op, krik·ten op; op·ge·krikt
op·krop·pen (ww), krop op, kropt op; krop·te op, krop·ten op; op·ge·kropt
op·kui·sen (ww), kuis op, kuist op; kuis·te op, kuis·ten op; op·ge·kuist
de **op·laag**, op·la·gen, op·la·ges
op·laai·en (ww), laai op, laait op; laai·de op, laai·den op; op·ge·laaid
op·la·den (ww), laad op, laadt op; laad·de op, laad·den op; op·ge·la·den
de **op·la·der** (m), op·la·ders
de **op·la·ge**, op·la·gen, op·la·ges
op·la·ten (ww), laat op, laat op; liet op, lie·ten op; op·ge·la·ten
de **op·la·waai** (m), op·la·waai·en
op·leg·gen (ww), leg op, legt op; leg·de op, leg·den op; op·ge·legd
de **op·leg·ger** (m), op·leg·gers
op·lei·den (ww), leid op, leidt op; leid·de op, leid·den op; op·ge·leid
de **op·lei·der** (m), op·lei·ders
de **op·lei·ding** (v), op·lei·din·gen; op·lei·din·kje
het **op·lei·dings·aan·bod**
het **op·lei·dings·cen·trum**, op·lei·dings·cen·tra, op·lei·dings·cen·trums
het **op·lei·dings·ni·veau**, op·lei·dings·ni·veaus
het **op·lei·dings·on·der·deel**, op·lei·dings·on·der·de·len
de **op·lei·dings·ses·sie** (v), op·lei·dings·ses·sies
de **op·lei·dings·tijd** (m), op·lei·dings·tij·den
op·let·ten (ww), let op, let op; let·te op, let·ten op; op·ge·let
de **op·let·tend·heid** (v), op·let·tend·he·den
op·leu·ken (ww), leuk op, leukt op; leuk·te op, leuk·ten op; op·ge·leukt
op·le·ven (ww), leef op, leeft op; leef·de op, leef·den op; op·ge·leefd
op·le·ve·ren (ww), le·ver op, le·vert op; le·ver·de op, le·ver·den op; op·ge·le·verd
de **op·le·ve·ring** (v), op·le·ve·rin·gen
de **op·le·ving** (v), op·le·vin·gen; op·le·vin·kje
op·le·zen (ww), lees op, leest op; las op, la·zen op; op·ge·le·zen
op·lich·ten (ww), licht op, licht op; licht·te op, licht·ten op; op·ge·licht
de **op·lich·ting** (v), op·lich·tin·gen
de **op·lig·ger** (m), op·lig·gers
op·lij·nen (ww), lijn op, lijnt op; lijn·de op, lijn·den op; op·ge·lijnd
op·lijs·ten (ww), lijst op, lijst op; lijst·te op, lijst·ten op; op·ge·lijst

de **op·lijs·ting** (v), op·lijs·tin·gen
de **op·loop** (m), op·lo·pen; op·loop·je
op·lo·pen (ww), loop op, loopt op; liep op, lie·pen op; op·ge·lo·pen
op·lo·pend (bnw), op·lo·pen·de
het **op·los·mid·del**, op·los·mid·de·len
op·los·sen (ww), los op, lost op; los·te op, los·ten op; op·ge·lost
de **op·los·sing** (v), op·los·sin·gen; op·los·sin·kje
op·los·sings·ge·richt (bnw), op·los·sings·ge·rich·te
het **op·los·sings·mo·del**, op·los·sings·mo·del·len
op·luch·ten (ww), lucht op, lucht op; lucht·te op, lucht·ten op; op·ge·lucht
de **op·luch·ting** (v), op·luch·tin·gen
op·luis·te·ren (ww), luis·ter op, luis·tert op; luis·ter·de op, luis·ter·den op; op·ge·luis·terd
opm. *(opmerking)*
de **op·maak** (m), op·ma·ken
het **op·maak·sel**, op·maak·sels
de **op·maat**, op·ma·ten; op·maat·je
op·ma·ken (ww), maak op, maakt op; maak·te op, maak·ten op; op·ge·maakt
de **op·mars**, op·mar·sen
op·mer·ke·lijk (bnw), op·mer·ke·lij·ke
op·mer·ken (ww), merk op, merkt op; merk·te op, merk·ten op; op·ge·merkt
de **op·mer·king** (v), op·mer·kin·gen; op·mer·kin·kje
op·merk·zaam (bnw), op·merk·za·me
de **op·merk·zaam·heid** (v)
op·me·ten (ww), meet op, meet op; mat op, ma·ten op; op·ge·me·ten
de **op·me·ting** (v), op·me·tin·gen
de **op·na·me**, op·na·men, op·na·mes
de **op·na·me·af·de·ling** (v), op·na·me·af·de·lin·gen
de **op·na·me·ap·pa·ra·tuur** (v)
op·ne·men (ww), neem op, neemt op; nam op, na·men op; op·ge·no·men
de **op·ne·ming** (v), op·ne·min·gen
op·nieuw (bijw)
op·noe·men (ww), noem op, noemt op; noem·de op, noem·den op; op·ge·noemd
de **opoe** (v), opoes; opoe·tje
op·of·fe·ren (ww), of·fer op, of·fert op; of·fer·de op, of·fer·den op; op·ge·of·ferd
het **op·ont·houd**, op·ont·hou·den
op·pak·ken (ww), pak op, pakt op; pak·te op, pak·ten op; op·ge·pakt
de **op·pas** (m), op·pas·sen; op·pas·je
het **op·pas·huis**, op·pas·hui·zen
op·pas·sen (ww), pas op, past op; pas·te op, pas·ten op; op·ge·past
de **op·pas·ser** (m), op·pas·sers; op·pas·ser·tje
de **op·pen·si·oen·stel·ling** (v), op·pen·si·oen·stel·lin·gen
op·pep·pen (ww), pep op, pept op; pep·te op, pep·ten op; op·ge·pept
de **op·pep·per** (m), op·pep·pers; op·pep·per·tje
de **op·per** (m), op·pers; op·per·tje
op·pe·ren (ww), op·per, op·pert; op·per·de, op·per·den; ge·op·perd
het **op·per·vlak**, op·per·vlak·ken; op·per·vlak·je
op·per·vlak·kig (bnw), op·per·vlak·ki·ge
de **op·per·vlak·te** (v),

op·per·vlak·ten, op·per·vlak·tes
het **op·per·vlak·te·wa·ter**, op·per·vlak·te·wa·te·ren, op·per·vlak·te·wa·ters
het **op·per·we·zen** *(godheid)*, op·per·we·zens
Op·per·we·zen *(God)*
op·peu·ze·len (ww), peu·zel op, peu·zelt op; peu·zel·de op, peu·zel·den op; op·ge·peu·zeld
op·pik·ken (ww), pik op, pikt op; pik·te op, pik·ten op; op·ge·pikt
op·pim·pen (ww), pimp op, pimpt op; pimp·te op, pimp·ten op; op·ge·pimpt
op·plak·ken (ww), plak op, plakt op; plak·te op, plak·ten op; op·ge·plakt
op·plooi·en (ww), plooi op, plooit op; plooi·de op, plooi·den op; op·ge·plooid
op·poet·sen (ww), poets op, poetst op; poets·te op, poets·ten op; op·ge·poetst
op·pom·pen (ww), pomp op, pompt op; pomp·te op, pomp·ten op; op·ge·pompt
de **op·po·nent** (m), op·po·nen·ten
op·pop·pen (ww), pop op, popt op; pop·te op, pop·ten op; op·ge·popt
het **op·por·tu·nis·me**
de **op·por·tu·nist** (m), op·por·tu·nis·ten
op·por·tu·nis·tisch (bnw), op·por·tu·nis·ti·sche
de **op·por·tu·ni·teit** (v), op·por·tu·ni·tei·ten
op·por·tuun (bnw), op·por·tu·ne
de **op·po·si·tie** (v), op·po·si·ties
de **op·po·si·tie·ge·noot** (m), op·po·si·tie·ge·no·ten
de **op·po·si·tie·lei·der** (m), op·po·si·tie·lei·ders
de **op·po·si·tie·par·tij** (v), op·po·si·tie·par·tij·en; op·po·si·tie·par·tij·tje
op punt stel·len
de **op·punt·stel·ling** (v), op·punt·stel·lin·gen
op·ra·ke·len (ww), ra·kel op, ra·kelt op; ra·kel·de op, ra·kel·den op; op·ge·ra·keld
op·ra·ken (ww), raak op, raakt op; raak·te op, raak·ten op; op·ge·raakt
op·ra·pen (ww), raap op, raapt op; raap·te op, raap·ten op; op·ge·raapt
op·recht (bnw), op·rech·te
op·rek·ken (ww), rek op, rekt op; rek·te op, rek·ten op; op·ge·rekt
op·ren·nen (ww), ren op, rent op; ren·de op, ren·den op; op·ge·rend
op·rich·ten (ww), richt op, richt op; richt·te op, richt·ten op; op·ge·richt
de **op·rich·ter** (m), op·rich·ters
de **op·rich·ting** (v), op·rich·tin·gen
de **op·richt·ster** (v), op·richt·sters
op·rij·zen (ww), rijs op, rijst op; rees op, re·zen op; op·ge·re·zen
de **op·rit** (m), op·rit·ten; op·rit·je
de **op·roep** (m), op·roe·pen; op·roep·je
op·roe·pen (ww), roep op, roept op; riep op, rie·pen op; op·ge·roe·pen
de **op·roe·ping** (v), op·roe·pin·gen
de **op·roe·pings·kaart**, op·roe·pings·kaar·ten
het **op·roer**, op·roe·ren; op·roer·tje
op·rui·en (ww), rui op, ruit op; rui·de op, rui·den op; op·ge·ruid
de **op·rui·ing** (v), op·rui·in·gen
op·rui·men (ww), ruim op, ruimt

op; ruim·de op, ruim·den op; op·ge·ruimd

de **op·rui·ming** (v), op·rui·min·gen

de **op·rui·mings·werk·zaam·he·den** (mv)

de **op·rust·stel·ling** (v), op·rust·stel·lin·gen

op·scha·len (ww), schaal op, schaalt op; schaal·de op, schaal·den op; op·ge·schaald

op·sche·pen (ww), scheep op, scheept op; scheep·te op, scheep·ten op; op·ge·scheept

op·schep·pen (ww), schep op, schept op; schep·te op, schep·ten op; op·ge·schept

op·schie·ten (ww), schiet op, schiet op; schoot op, scho·ten op; op·ge·scho·ten

op·scho·nen (ww), schoon op, schoont op; schoon·de op, schoon·den op; op·ge·schoond

op·schor·ten (ww), schort op, schort op; schort·te op, schort·ten op; op·ge·schort

de **op·schor·ting** (v), op·schor·tin·gen

het **op·schrift**, op·schrif·ten; op·schrift·je

op·schrij·ven (ww), schrijf op, schrijft op; schreef op, schre·ven op; op·ge·schre·ven

op·schrik·ken[1] (ww) *(doen schrikken),* schrik op, schrikt op; schrik·te op, schrik·ten op; op·ge·schrikt

op·schrik·ken[2] (ww) *(schrik krijgen),* schrik op, schrikt op; schrok op, schrok·ken op; op·ge·schrikt, op·ge·schrok·ken

op·schroe·ven (ww), schroef op, schroeft op; schroef·de op, schroef·den op; op·ge·schroefd

de **op·schud·ding** (v), op·schud·din·gen

op·schui·ven (ww), schuif op, schuift op; schoof op, scho·ven op; op·ge·scho·ven

de **op·schui·ving** (v), op·schui·vin·gen

op·sie·ren (ww), sier op, siert op; sier·de op, sier·den op; op·ge·sierd

op·slaan (ww), sla op, slaat op; sloeg op, sloe·gen op; op·ge·sla·gen

de **op·slag** (m), op·sla·gen; op·slag·je

de **op·slag·plaats**, op·slag·plaat·sen; op·slag·plaats·je

de **op·slag·ruim·te** (v), op·slag·ruim·ten, op·slag·ruim·tes

op·slor·pen (ww), slorp op, slorpt op; slorp·te op, slorp·ten op; op·ge·slorpt

op·slui·ten (ww), sluit op, sluit op; sloot op, slo·ten op; op·ge·slo·ten

op·slur·pen (ww), slurp op, slurpt op; slurp·te op, slurp·ten op; op·ge·slurpt

de **op·smuk** (m)

op·smuk·ken (ww), smuk op, smukt op; smuk·te op, smuk·ten op; op·ge·smukt

op·snor·ren (ww), snor op, snort op; snor·de op, snor·den op; op·ge·snord

op·snui·ven (ww), snuif op, snuift op; snoof op, sno·ven op; op·ge·sno·ven

op·som·men (ww), som op, somt op; som·de op, som·den op; op·ge·somd

de **op·som·ming** (v), op·som·min·gen; op·som·min·kje

het **op·som·mings·te·ken**, op·som·mings·te·kens

het **op·som·ming·te·ken**, op·som·ming·te·kens
op·sou·pe·ren (ww), sou·peer op, sou·peert op; sou·peer·de op, sou·peer·den op; op·ge·sou·peerd
op·span·nen (ww), span op, spant op; span·de op, span·den op; op·ge·span·nen
op·spa·ren (ww), spaar op, spaart op; spaar·de op, spaar·den op; op·ge·spaard
op·spel·den (ww), speld op, speldt op; speld·de op, speld·den op; op·ge·speld
op·spe·len (ww), speel op, speelt op; speel·de op, speel·den op; op·ge·speeld
op·speu·ren (ww), speur op, speurt op; speur·de op, speur·den op; op·ge·speurd
op·split·sen (ww), splits op, splitst op; splits·te op, splits·ten op; op·ge·splitst
op·spo·ren (ww), spoor op, spoort op; spoor·de op, spoor·den op; op·ge·spoord
de **op·spo·ring** (v), op·spo·rin·gen
de **op·spo·rings·unit**, op·spo·rings·units
de **op·spraak**
op·sprin·gen (ww), spring op, springt op; sprong op, spron·gen op; op·ge·spron·gen
op·spui·ten (ww), spuit op, spuit op; spoot op, spo·ten op; op·ge·spo·ten
op·staan (ww), sta op, staat op; stond op, ston·den op; op·ge·staan
op·staand (bnw), op·staan·de
de **op·stal** (m), op·stal·len; op·stal·le·tje
de **op·stand** (m), op·stan·den; op·stand·je
de **op·stan·de·ling** (m), op·stan·de·lin·gen
op·stan·dig (bnw), op·stan·di·ge
de **op·stan·ding** (v), op·stan·din·gen
de **op·stap** (m), op·stap·pen; op·stap·je
op·sta·pe·len (ww), sta·pel op, sta·pelt op; sta·pel·de op, sta·pel·den op; op·ge·sta·peld
op·stap·pen (ww), stap op, stapt op; stap·te op, stap·ten op; op·ge·stapt
de **op·start** (m), op·starts
op·star·ten (ww), start op, start op; start·te op, start·ten op; op·ge·start
op·ste·ken (ww), steek op, steekt op; stak op, sta·ken op; op·ge·sto·ken
het **op·stel**, op·stel·len; op·stel·le·tje
op·stel·len (ww), stel op, stelt op; stel·de op, stel·den op; op·ge·steld
de **op·stel·ling** (v), op·stel·lin·gen
op·stij·gen (ww), stijg op, stijgt op; steeg op, ste·gen op; op·ge·ste·gen
op·stij·ven[1] (ww) *(stijf maken)*, stijf op, stijft op; steef op, ste·ven op; op·ge·ste·ven
op·stij·ven[2] (ww) *(stijf worden)*, stijf op, stijft op; stijf·de op, stijf·den op; op·ge·stijfd
op·sto·ken (ww), stook op, stookt op; stook·te op, stook·ten op; op·ge·stookt
op·stor·men (ww), storm op, stormt op; storm·de op, storm·den op; op·ge·stormd
op straf·fe van
op·strij·ken (ww), strijk op, strijkt op; streek op, stre·ken op; op·ge·stre·ken

op·stro·pen (ww), stroop op, stroopt op; stroop·te op, stroop·ten op; op·ge·stroopt
op·stu·ren (ww), stuur op, stuurt op; stuur·de op, stuur·den op; op·ge·stuurd
de **op·ta·ter** (m), op·ta·ters
op·te·ke·nen (ww), te·ken op, te·kent op; te·ken·de op, te·ken·den op; op·ge·te·kend
op·tel·len (ww), tel op, telt op; tel·de op, tel·den op; op·ge·teld
de **op·tel·ling** (v), op·tel·lin·gen; op·tel·lin·kje
de **op·tel·som**, op·tel·som·men
op·te·ren[1] (ww) *(een keuze maken voor)*, op·teer, op·teert; op·teer·de, op·teer·den; ge·op·teerd
op·te·ren[2] (ww) *(opnieuw teren, geheel en al opmaken)*, teer op, teert op; teer·de op, teer·den op; op·ge·teerd
de **op·ti·cien** (m), op·ti·ciens
de **op·tie** (v), op·ties
de **op·tiek** (v), op·tie·ken, op·tieks
op·til·len (ww), til op, tilt op; til·de op, til·den op; op·ge·tild
op tilt
op til zijn
op·ti·maal (bnw), op·ti·ma·le
de **op·ti·ma·li·sa·tie** (v), op·ti·ma·li·sa·ties
op·ti·ma·li·se·ren (ww), op·ti·ma·li·seer, op·ti·ma·li·seert; op·ti·ma·li·seer·de, op·ti·ma·li·seer·den; ge·op·ti·ma·li·seerd
de **op·ti·ma·li·se·ring** (v), op·ti·ma·li·se·rin·gen
het **op·ti·mis·me**
de **op·ti·mist** (m), op·ti·mis·ten; op·ti·mist·je
op·ti·mis·tisch (bnw), op·ti·mis·ti·sche
het **op·ti·mum**, op·ti·ma
de **opt-in** (m), opt-ins
op·ti·o·neel (bnw), op·ti·o·ne·le
op·tisch (bnw), op·ti·sche
de **op·tocht** (m), op·toch·ten; op·tocht·je
de **opt-out** (m), opt-outs
de **op·tre·de**, op·tre·den
het **op·tre·den**[1], op·tre·dens; op·tre·den·tje
op·tre·den[2] (ww), treed op, treedt op; trad op, tra·den op; op·ge·tre·den
op·trek·ken (ww), trek op, trekt op; trok op, trok·ken op; op·ge·trok·ken
op·trom·me·len (ww), trom·mel op, trom·melt op; trom·mel·de op, trom·mel·den op; op·ge·trom·meld
op·tui·gen (ww), tuig op, tuigt op; tuig·de op, tuig·den op; op·ge·tuigd
opu·lent (bnw), opu·len·te
het **opus**, ope·ra, opus·sen; opus·je
op·val·len (ww), val op, valt op; viel op, vie·len op; op·ge·val·len
op·val·lend (bnw), op·val·len·de
de **op·val·lend·heid** (v), op·val·lend·he·den
de **op·vang** (m), op·van·gen
het **op·vang·cen·trum**, op·vang·cen·tra, op·vang·cen·trums
op·van·gen (ww), vang op, vangt op; ving op, vin·gen op; op·ge·van·gen
de **op·va·ren·de**, op·va·ren·den
op·vat·ten (ww), vat op, vat op; vat·te op, vat·ten op; op·ge·vat
de **op·vat·ting** (v), op·vat·tin·gen; op·vat·tin·kje

op·ve·ren (ww), veer op, veert op; veer·de op, veer·den op; op·ge·veerd
op·vij·ze·len (ww), vij·zel op, vij·zelt op; vij·zel·de op, vij·zel·den op; op·ge·vij·zeld
op·vis·sen (ww), vis op, vist op; vis·te op, vis·ten op; op·ge·vist
op·voe·den (ww), voed op, voedt op; voed·de op, voed·den op; op·ge·voed
de **op·voe·ding** (v), op·voe·din·gen
op·voe·ren (ww), voer op, voert op; voer·de op, voer·den op; op·ge·voerd
de **op·voe·ring** (v), op·voe·rin·gen; op·voe·rin·kje
op·vol·gen (ww), volg op, volgt op; volg·de op, volg·den op; op·ge·volgd
op·vol·gend (bnw), op·vol·gen·de
de **op·vol·ger** (m), op·vol·gers
de **op·vol·ging** (v), op·vol·gin·gen
op·vou·wen (ww), vouw op, vouwt op; vouw·de op, vouw·den op; op·ge·vou·wen
op·vra·gen (ww), vraag op, vraagt op; vraag·de op, vroeg op, vraag·den op, vroe·gen op; op·ge·vraagd
de **op·vra·ging** (v), op·vra·gin·gen
op·vre·ten (ww), vreet op, vreet op; vrat op, vra·ten op; op·ge·vre·ten
op·vrie·zen (ww), vries op, vriest op; vroor op, vro·ren op; op·ge·vro·ren
op·vro·lij·ken (ww), vro·lijk op, vro·lijkt op; vro·lijk·te op, vro·lijk·ten op; op·ge·vro·lijkt
op·vul·len (ww), vul op, vult op; vul·de op, vul·den op; op·ge·vuld
het **op·vul·zand**
op·waai·en (ww), waai op, waait op; waai·de op, woei op, waai·den op, woei·en op; op·ge·waaid
op·waar·de·ren (ww), waar·deer op, waar·deert op; waar·deer·de op, waar·deer·den op; op·ge·waar·deerd
de **op·waar·de·ring** (v), op·waar·de·rin·gen
op·waarts (bnw), op·waart·se
op·wach·ten (ww), wacht op, wacht op; wacht·te op, wacht·ten op; op·ge·wacht
op·war·men (ww), warm op, warmt op; warm·de op, warm·den op; op·ge·warmd
de **op·war·ming** (v)
op·was·sen (ww) *(opgroeien),* was op, wast op; wies op, wie·sen op; op·ge·was·sen
op·we·gen (ww), weeg op, weegt op; woog op, wo·gen op; op·ge·wo·gen
de **op·wek·ca·pa·ci·teit** (v), op·wek·ca·pa·ci·tei·ten
op·wek·ken (ww), wek op, wekt op; wek·te op, wek·ten op; op·ge·wekt
op·wer·pen (ww), werp op, werpt op; wierp op, wier·pen op; op·ge·wor·pen
op·win·den (ww), wind op, windt op; wond op, won·den op; op·ge·won·den
op·win·dend (bnw), op·win·den·de
de **op·win·ding** (v), op·win·din·gen; op·win·din·kje
de **op·wo·nen·de**, op·wo·nen·den
op·za·de·len (ww), za·del op, za·delt op; za·del·de op, za·del·den op; op·ge·za·deld
de **op·zeg** (m)

op·zeg·gen (ww), zeg op, zegt op; zeg·de op, zei op, zeg·den op, zei·den op; op·ge·zegd
de **op·zeg·ging** (v), op·zeg·gin·gen
de **op·zeg·gings·brief** (m), op·zeg·gings·brie·ven
de **op·zeg·gings·ter·mijn** (m), op·zeg·gings·ter·mij·nen
de **op·zeg·ter·mijn** (m), op·zeg·ter·mij·nen
de **op·zeg·ver·goe·ding** (v), op·zeg·ver·goe·din·gen
op·zen·den (ww), zend op, zendt op; zond op, zon·den op; op·ge·zon·den
de/het **op·zet**[1] (m/o) *(opzettelijkheid)*, op·zet·je
de/het **op·zet**[2] (m/o) *(andere betekenissen)*, op·zet·ten; op·zet·je
op·zet·te·lijk (bnw), op·zet·te·lij·ke
op·zet·ten (ww), zet op, zet op; zet·te op, zet·ten op; op·ge·zet
het **op·zicht**, op·zich·ten
op·zich·te: ten opzichte van
de **op·zich·ter** (m), op·zich·ters; op·zich·ter·tje
op·zich·zelf·staand (bnw), op·zich·zelf·staan·de
het **op·zien**[1]
op·zien[2] (ww), zie op, ziet op; zag op, za·gen op; op·ge·zien
op·zien·ba·rend (bnw), op·zien·ba·ren·de
op·zij (bijw)
op·zij·du·wen (ww), duw op·zij, duwt op·zij; duw·de op·zij, duw·den op·zij; op·zij·ge·duwd
op·zij·gaan (ww), ga op·zij, gaat op·zij; ging op·zij, gin·gen op·zij; op·zij·ge·gaan
op·zij·kij·ken (ww), kijk op·zij, kijkt op·zij; keek op·zij, ke·ken op·zij; op·zij·ge·ke·ken
op·zij·leg·gen (ww), leg op·zij, legt op·zij; leg·de op·zij, leg·den op·zij; op·zij·ge·legd
op zijn elf·en·der·tigst
op·zij·schui·ven (ww), schuif op·zij, schuift op·zij; schoof op·zij, scho·ven op·zij; op·zij·ge·scho·ven
op·zij·sprin·gen (ww), spring op·zij, springt op·zij; sprong op·zij, spron·gen op·zij; op·zij·ge·spron·gen
op·zij·zet·ten (ww), zet op·zij, zet op·zij; zet·te op·zij, zet·ten op·zij; op·zij·ge·zet
op·zit·ten (ww), zit op, zit op; zat op, za·ten op; op·ge·ze·ten
op z'n boe·ren·fluit·jes
op z'n jan·boe·ren·fluit·jes
op·zoe·ken (ww), zoek op, zoekt op; zocht op, zoch·ten op; op·ge·zocht
de **op·zoe·king** (v), op·zoe·kin·gen
het **op·zoe·kings·werk**
het **op·zoek·werk**, op·zoek·werk·je
op·zui·gen (ww), zuig op, zuigt op; zoog op, zo·gen op; op·ge·zo·gen
op·zwel·len (ww), zwel op, zwelt op; zwol op, zwol·len op; op·ge·zwol·len
op·zwe·pen (ww), zweep op, zweept op; zweep·te op, zweep·ten op; op·ge·zweept
or *(ondernemingsraad)*, or's
oraal (bnw), ora·le
het **ora·kel**, ora·ke·len, ora·kels
de **oran·ge·rie** (v), orangerieën [oran·ge·rie·en], oran·ge·ries
het **oran·gis·me**
de **oran·gist** (m), oran·gis·ten
de **orang-oe·tan** (m), orang-oe·tans

de **orang-oe·tang** (m), orang-oe·tangs
het **oran·je**[1] *(kleur)*
oran·je[2] (bnw)
de **Oran·je** (m) *(persoon)*, Oran·jes
oran·je·ach·tig (bnw), oran·je·ach·ti·ge
de **oran·je·bit·ter**[1] (m) *(voorwerp)*, oran·je·bit·ters; oran·je·bit·ter·tje
de/het **oran·je·bit·ter**[2] (m/o) *(stofnaam)*
de **oran·je·bloe·sem** (m), oran·je·bloe·sems
de **Oran·je·fan** (m), Oran·je·fans
het **Oran·je·feest**, Oran·je·fees·ten; Oran·je·feest·je
het **Oran·je·ge·voel**
Oran·je·ge·zind (bnw), Oran·je·ge·zin·de
de **Oran·je·klant** (m), Oran·je·klan·ten
de **Oran·je·koorts**, Oran·je·koort·sen
de **oran·je·rie** (v), oranjerieën [oran·je·rie·en], oran·je·ries
oran·je·rood (bnw), oran·je·ro·de
de **Oran·je·ver·eni·ging** (v), Oran·je·ver·eni·gin·gen
de **ora·tie** (v), ora·ties
de **ora·tor** (m), ora·to·ren, ora·tors
het **ora·to·ri·um**, ora·to·ria, ora·to·ri·ums
de **orb**
de **or·bit** (m), or·bits
de **or·chi·dee**, orchideeën [or·chi·dee·en]; or·chi·dee·tje
de **or·chis**, or·chis·sen
de **or·de**[1] *(groep)*, or·den, or·des; or·de·tje
de **or·de**[2] *(ordening)*, or·de·tje
de **or·de·dienst** (m), or·de·dien·sten
de **or·de·groot·te** (v), or·de·groot·ten, or·de·groot·tes
de **or·de·hand·ha·ving** (v), or·de·hand·ha·vin·gen
or·de·lijk (bnw), or·de·lij·ke
de **or·de·lijk·heid** (v)
or·de·nen (ww), or·den, or·dent; or·den·de, or·den·den; ge·or·dend
de **or·de·ning** (v), or·de·nin·gen
or·den·te·lijk (bnw), or·den·te·lij·ke
de/het **or·der**[1], or·ders; or·der·tje
or·der[2]: tot nader order
de **or·der·be·ves·ti·ging** (v), or·der·be·ves·ti·gin·gen
het **or·de·re·gle·ment**, or·de·re·gle·men·ten
or·de·ren (ww), or·der, or·dert; or·der·de, or·der·den; ge·or·derd
de **or·der·groot·te** (v), or·der·groot·ten, or·der·groot·tes
het **or·der·num·mer**, or·der·num·mers
or·der·pic·ken (ww)
de **or·der·pic·ker** (m), or·der·pic·kers
de **or·de·troe·pen** (mv)
or·di·nair (bnw), or·di·nai·re
de **or·di·na·ri·us** (m), or·di·na·rii
de **ord·ner** (m), ord·ners
de **or·don·nans** (m), or·don·nan·sen
de **or·don·nan·tie** (v), ordonnantiën [or·don·nan·ti·en], or·don·nan·ties
ore: ter ore komen
de **öre**, öres
de **ore·ga·no**
ore·ren (ww), oreer, oreert; oreer·de, oreer·den; ge·oreerd
het **or·gaan**, or·ga·nen; or·gaan·tje
het **or·ga·nel**, or·ga·nel·len
or·ga·niek (bnw), or·ga·nie·ke
het **or·ga·ni·gram**, or·ga·ni·gram·men
de **or·ga·ni·sa·tie** (v), or·ga·ni·sa·ties; or·ga·ni·sa·tie·tje
het **or·ga·ni·sa·tie·ad·vies**, or·ga·ni·sa·tie·ad·vie·zen
het **or·ga·ni·sa·tie·ad·vies·bu·reau**,

or·ga·ni·sa·tie·ad·vies·bu·reaus
de **or·ga·ni·sa·tie·ad·vi·seur** (m), or·ga·ni·sa·tie·ad·vi·seurs
or·ga·ni·sa·tie·breed (bnw), or·ga·ni·sa·tie·bre·de
het **or·ga·ni·sa·tie·co·mi·té**, or·ga·ni·sa·tie·co·mi·tés
de **or·ga·ni·sa·tie·cul·tuur** (v), or·ga·ni·sa·tie·cul·tu·ren
de **or·ga·ni·sa·tie-een·heid** (v), or·ga·ni·sa·tie-een·he·den
de **or·ga·ni·sa·tie-in·rich·ting** (v), or·ga·ni·sa·tie-in·rich·tin·gen
het **or·ga·ni·sa·tie·on·der·deel**, or·ga·ni·sa·tie·on·der·de·len
de **or·ga·ni·sa·tie·ont·wik·ke·ling** (v), or·ga·ni·sa·tie·ont·wik·ke·lin·gen
het **or·ga·ni·sa·tie·pa·troon**, or·ga·ni·sa·tie·pa·tro·nen
de **or·ga·ni·sa·tie·psy·cho·lo·gie** (v)
de **or·ga·ni·sa·tie·struc·tuur** (v), or·ga·ni·sa·tie·struc·tu·ren
het **or·ga·ni·sa·tie·werk**
or·ga·ni·sa·ti·o·neel (bnw), or·ga·ni·sa·ti·o·ne·le
de **or·ga·ni·sa·tor** (m), or·ga·ni·sa·to·ren, or·ga·ni·sa·tors
or·ga·ni·sa·to·risch (bnw), or·ga·ni·sa·to·ri·sche
de **or·ga·ni·sa·tri·ce** (v), or·ga·ni·sa·tri·ces
or·ga·nisch (bnw), or·ga·ni·sche
or·ga·ni·se·ren (ww), or·ga·ni·seer, or·ga·ni·seert; or·ga·ni·seer·de, or·ga·ni·seer·den; ge·or·ga·ni·seerd
het **or·ga·nis·me**, or·ga·nis·men, or·ga·nis·mes
de **or·ga·nist** (m), or·ga·nis·ten
de **or·ga·ni·zer** (m), or·ga·ni·zers
het **or·ga·no·gram**, or·ga·no·gram·men
de **or·gan·za** (v)
het **or·gas·me**, or·gas·men, or·gas·mes; or·gas·me·tje
or·gas·tisch (bnw), or·gas·ti·sche
de **or·gea·de**, or·gea·des
het **or·gel**, or·gels; or·gel·tje
de **or·ge·list** (m), or·ge·lis·ten
de/het **or·gel·punt**, or·gel·pun·ten
de **or·gie** (v), orgieën [or·gie·en], orgiën [or·gi·en], or·gies; or·gie·tje
Oriënt [Ori·ent]
oriëntaal [ori·en·taal] (bnw), oriëntale [ori·en·ta·le]
oriëntaals [ori·en·taals] (bnw), oriëntaalse [ori·en·taal·se]
het **oriëntalisme** [ori·en·ta·lis·me]
de **oriëntatie** [ori·en·ta·tie] (v), oriëntaties [ori·en·ta·ties]
het **oriëntatiebezoek** [ori·en·ta·tie·be·zoek], oriëntatiebezoeken [ori·en·ta·tie·be·zoe·ken]
de **oriëntatieloop** [ori·en·ta·tie·loop] (m), oriëntatielopen [ori·en·ta·tie·lo·pen]
het **oriëntatievermogen** [ori·en·ta·tie·ver·mo·gen], oriëntatievermogens [ori·en·ta·tie·ver·mo·gens]
oriënteren [ori·en·te·ren] (ww), oriënteer [ori·en·teer], oriënteert [ori·en·teert]; oriënteerde [ori·en·teer·de], oriënteerden [ori·en·teer·den]; georiënteerd [ge·ori·en·teerd]
de **oriëntering** [ori·en·te·ring] (v), oriënteringen [ori·en·te·rin·gen]
het **ori·ga·mi**
de **ori·gi·na·li·teit** (v), ori·gi·na·li·tei·ten
de **ori·gi·ne** (v), ori·gi·nes
het **ori·gi·neel**[1] *(oorspronkelijk stuk)*, ori·gi·ne·len; ori·gi·neel·tje

ori·gi·neel[2] (bnw), ori·gi·ne·le
ori·gi·nees (bnw), ori·gi·ne·se
de ork[1] (m) *(orka)*, or·ken
de ork[2] (m) *(aardman)*, orks
de or·ka (m), or·ka's; orkaatje [or·ka·tje]
de or·kaan (m), or·ka·nen; or·kaan·tje
het or·kest, or·kes·ten; or·kest·je
or·kes·traal (bnw), or·kes·tra·le
de or·kes·tra·tie (v), or·kes·tra·ties
or·kes·tre·ren (ww), or·kes·treer, or·kes·treert; or·kes·treer·de, or·kes·treer·den; ge·or·kes·treerd
het or-lid, or-le·den
het or·naat
het or·na·ment, or·na·men·ten; or·na·ment·je
or·na·men·teel (bnw), or·na·men·te·le
de or·ni·tho·loog (m), or·ni·tho·lo·gen
de or·the·se (v), or·the·sen, or·the·ses
de or·tho·don·tie (v)
de or·tho·don·tist (m), or·tho·don·tis·ten
or·tho·dox (bnw), or·tho·doxe
de or·tho·doxe, or·tho·doxen
de or·tho·doxie (v)
or·tho·go·naal (bnw), or·tho·go·na·le
de or·tho·gra·fie (v), orthografieën [or·tho·gra·fie·en]
de or·tho·pe·da·goog (m), or·tho·pe·da·go·gen
de or·tho·pe·die (v)
or·tho·pe·disch (bnw), or·tho·pe·di·sche
de or·tho·pe·dist (m), or·tho·pe·dis·ten
de or·tho·peed (m), or·tho·pe·den
de or·thop·tist (m), or·thop·tis·ten
de or·tho·theek (v), or·tho·the·ken
de os (m), os·sen; os·je
Os·car *(Academy Award)*
de Os·car·no·mi·na·tie (v), Os·car·no·mi·na·ties
de Os·car·uit·rei·king (v), Os·car·uit·rei·kin·gen
de Os·car·win·naar (m), Os·car·win·naars
os·cil·le·ren (ww), os·cil·leer, os·cil·leert; os·cil·leer·de, os·cil·leer·den; ge·os·cil·leerd
de os·lo·con·fron·ta·tie (v), os·lo·con·fron·ta·ties
de os·mo·se (v)
de os·sen·haas (m), os·sen·ha·zen; os·sen·haas·je
de os·sen·kop (m), os·sen·kop·pen
de os·sen·staart (m), os·sen·staar·ten
de os·sen·staart·soep, os·sen·staart·soe·pen
de os·sen·tong, os·sen·ton·gen
de os·sen·worst
de os·si (m), os·si's
de os·so·bu·co (m), os·so·bu·co's
het os·su·a·ri·um, os·su·a·ria, os·su·a·ri·ums
os·ten·sief (bnw), os·ten·sie·ve
os·ten·ta·tief (bnw), os·ten·ta·tie·ve
de os·teo·paat (m), os·teo·pa·ten
de os·teo·pa·thie (v)
de os·teo·po·ro·se (v)
het os·tra·cis·me
de Os·tro·go·ten (mv)
het oti·um
o.t.t. *(onvoltooid tegenwoordige tijd)*
de ot·ter (m), ot·ters; ot·ter·tje
Ot·to·maans (bnw), Ot·to·maan·se
de ou·blie (v), ou·blies; ou·blie·tje
de oubliëtte [ou·bli·et·te], oubliëtten [ou·bli·et·ten]
ou·bol·lig (bnw), ou·bol·li·ge

oud[1] (bnw), ou·de
oud[2]: zo oud als Methusalem
de **oud-am·bas·sa·deur** (m), oud-am·bas·sa·deu·ren, oud-am·bas·sa·deurs
oud·bak·ken (bnw)
de **oud-be·ken·de**, oud-be·ken·den
het **oud-be·stuurs·lid**, oud-be·stuurs·le·den
het **oud·blauw**
de **oud·bouw** (m)
de **oud-bur·ge·mees·ter** (m), oud-bur·ge·mees·ters
de **oud-col·le·ga** (m), oud-col·le·gae, oud-col·le·ga's
de **oud-di·rec·teur** (m), oud-di·rec·teu·ren, oud-di·rec·teurs
de **oud-do·cent** (m), oud-do·cen·ten
de **ou·de**, ou·den
het **ou·de·dags·pen·si·oen**, ou·de·dags·pen·si·oe·nen
de **ou·de·dags·voor·zie·ning** (v), ou·de·dags·voor·zie·nin·gen
Oud·egyp·tisch (bnw) *(m.b.t. de taal)*, Oud·egyp·ti·sche
de **oud-ei·ge·naar** (m), oud-ei·ge·naars, oud-ei·ge·na·ren
het **ou·de·jaar**
de **ou·de·jaars·avond** (m), ou·de·jaars·avon·den
de **ou·de·jaars·con·fe·ren·ce** (v), ou·de·jaars·con·fe·ren·ces
de **ou·de·jaars·dag** (m), ou·de·jaars·da·gen
de **ou·de·jaars·nacht** (m), ou·de·jaars·nach·ten
het **ou·de·man·nen·huis**, ou·de·man·nen·hui·zen
oud en nieuw
het **oud-en-nieuw·feest**, oud-en-nieuw·fees·ten
de **oud-en-nieuw·vie·ring** (v), oud-en-nieuw·vie·rin·gen
ou·den van da·gen
de **ou·der** (m), ou·ders; ou·der·tje
de **ou·der·avond** (m), ou·der·avon·den
de **ou·der·bij·dra·ge**, ou·der·bij·dra·gen, ou·der·bij·dra·ges
het **ou·der·co·mi·té**, ou·der·co·mi·tés
de **ou·der·com·mis·sie** (v), ou·der·com·mis·sies
het **ou·der·con·tact**, ou·der·con·tac·ten
de **ou·der·dom** (m)
de **ou·der·doms·de·ken** (m), ou·der·doms·de·kens
het **ou·der·doms·ver·schijn·sel**, ou·der·doms·ver·schijn·se·len, ou·der·doms·ver·schijn·sels
de **ou·de·re**, ou·de·ren
de **ou·de·ren·huis·ves·ting** (v), ou·de·ren·huis·ves·tin·gen
de **ou·de·ren·zorg**
de **ou·der-kind·re·la·tie** (v), ou·der-kind·re·la·ties
ou·der·lijk (bnw), ou·der·lij·ke
de **ou·der·ling** (m), ou·der·lin·gen
de **ou·der·raad** (m), ou·der·ra·den
het **ou·der·schap**, ou·der·schap·pen
het **ou·der·schaps·ver·lof**, ou·der·schaps·ver·lo·ven
de **ou·der·ver·eni·ging** (v), ou·der·ver·eni·gin·gen
ou·der·wets (bnw), ou·der·wet·se
Ou·de Tes·ta·ment
de **ou·de·wij·ven·praat** (m), ou·de·wij·ven·praat·je
het **Oud·fries**[1] *(taal)*
Oud·fries[2] (bnw) *(m.b.t. de taal)*, Oud·frie·se
de **oud·ge·dien·de**, oud·ge·dien·den
het **Oud·ger·maans**[1] *(taal)*
Oud·ger·maans[2] (bnw) *(m.b.t. de taal)*, Oud·ger·maan·se

het **Oud·grieks**[1] *(taal)*
Oud·grieks[2] (bnw) *(m.b.t. de taal),* Oud·griek·se
de **oud·heid** (v), oud·he·den
oud-Hol·lands (bnw) *(m.b.t. het vroegere Holland of Nederland),* oud-Hol·land·se
het **Oud·hol·lands**[1] *(taal)*
Oud·hol·lands[2] (bnw) *(m.b.t. de taal),* Oud·hol·land·se
Oud·in·disch (bnw) *(m.b.t. de taal),* Oud·in·di·sche
het **oud·jaar**, oud·jaar·tje
de **oud·jaars·nacht** (m), oud·jaars·nach·ten
de **oud·ka·tho·liek**[1] (m) *(aanhanger v.h. oudkatholicisme),* oud·ka·tho·lie·ken
oud·ka·tho·liek[2] (bnw) *(m.b.t. het oudkatholicisme),* oud·ka·tho·lie·ke
de **oud-klas·ge·noot** (m), oud-klas·ge·no·ten; oud-klas·ge·noot·je
de **oud-leer·ling** (m), oud-leer·lin·gen
de **oud-leer·lin·ge** (v), oud-leer·lin·ges
de **oud-leer·lin·gen·bond** (m), oud-leer·lin·gen·bon·den
de **oud-le·raar** (m), oud-le·raars, oud-le·ra·ren
het **oud-lid**, oud-le·den
de **oud-me·de·wer·ker** (m), oud-me·de·wer·kers
de **oud-mi·li·tair** (m), oud-mi·li·tai·ren
de **oud-mi·nis·ter** (m), oud-mi·nis·ters
het **Oud·ne·der·lands**[1] *(taal)*
Oud·ne·der·lands[2] (bnw) *(m.b.t. de taal),* Oud·ne·der·land·se
het **Oud·noors**[1] *(taal)*
Oud·noors[2] (bnw) *(m.b.t. de taal),* Oud·noor·se
de **oud·oom** (m), oud·ooms
de **oud·pa·pier·ac·tie** (v), oud·pa·pier·ac·ties
de **oud-pre·mier** (m), oud-pre·miers
de **oud-pre·si·dent** (m), oud-pre·si·den·ten
Oud-Ro·meins (bnw) *(m.b.t. het Oude Rome),* Oud-Ro·mein·se
oud·ro·ze (bnw)
Oud·rus·sisch (bnw) *(m.b.t. de taal),* Oud·rus·si·sche
ouds·her: van oudsher
de **oud-spe·ler** (m), oud-spe·lers
de **oud·ste**, oud·sten
de **oud-strij·der** (m), oud-strij·ders
de **oud-stu·dent** (m), oud-stu·den·ten
de **oud-stu·den·te** (v), oud-stu·den·tes
de **oud·tan·te** (v), oud·tan·tes
oud·tes·ta·men·tisch (bnw), oud·tes·ta·men·ti·sche
oud-Vlaams (bnw) *(m.b.t. het vroegere Vlaanderen),* oud-Vlaam·se
de **oud-voor·zit·ter** (m), oud-voor·zit·ters
de/het **ounce** (m/o), ounces
out (bijw)
de **out·back** (m), out·backs
de **out·cast** (m), out·casts
out·door (bnw)
ou·ten (ww), out, out; out·te, out·ten; ge·out
de **out·fit** (m), out·fits; out·fit·je
de **ou·til·la·ge** (v), ou·til·la·ges
ou·til·le·ren (ww), ou·til·leer, ou·til·leert; ou·til·leer·de, ou·til·leer·den; ge·ou·til·leerd
de **out·let** (m), out·lets
out·let·ten (ww), out·let, out·let; out·let·te, out·let·ten; ge·out·let
de **out·look** (m)

out of the blue (bijw)
out of the box (bijw)
de **out·place·ment**
out·pla·cen (ww), out·place, out·placet; out·place·te, out·place·ten; ge·out·placet
de **out·put** (m), out·puts
de **ou·tro**, ou·tro's
de **out·si·der** (m), out·si·ders
out·sour·cen (ww), out·source, out·sourcet; out·source·te, out·source·ten; ge·out·sourcet
de **out·sour·cing**
de **ou·ver·tu·re** (v), ou·ver·tu·ren, ou·ver·tu·res
de **ou·we** (m), ou·wen; ou·we·tje
ou·we·hoe·ren (ww), ou·we·hoer, ou·we·hoert; ou·we·hoer·de, ou·we·hoer·den; ge·ou·we·hoerd
ou·we-jon·gens-kren·ten·brood (bnw)
de **ou·wel** (m), ou·wels; ou·wel·tje
de **ou·zo** (m), ou·zo's
ov *(openbaar vervoer)*
het **ovaal**[1], ova·len; ovaal·tje
ovaal[2] (bnw), ova·le
de **ova·tie** (v), ova·ties
de **ov-chip·kaart**, ov-chip·kaar·ten
de **oven** (m), ovens; oven·tje
de **oven·want**, oven·wan·ten
de **over**[1] (m) *(cricket)*, overs
over[2] (bijw)
over[3] (voorz)
het **over·aan·bod**
de **over·al**[1] (m), over·als; over·al·le·tje
over·al[2] (bijw)
de **over·all** (m), over·alls
de **over·all·win·naar** (m), over·all·win·naars
over·be·kend (bnw), over·be·ken·de
over·be·la·den (ww), over·be·laad, over·be·laadt; over·be·laad·de, over·be·laad·den; over·be·la·den
over·be·last (bnw), over·be·las·te
over·be·las·ten (ww), over·be·last, over·be·last; over·be·last·te, over·be·last·ten; over·be·last
de **over·be·las·ting** (v), over·be·las·tin·gen
over·be·lich·ten (ww), over·be·licht, over·be·licht; over·be·licht·te, over·be·licht·ten; over·be·licht
over·be·scher·men (ww), over·be·scherm, over·be·schermt; over·be·scherm·de, over·be·scherm·den; over·be·schermd
de **over·be·vis·sing** (v)
over·be·weeg·lijk (bnw), over·be·weeg·lij·ke
het **over·blijf·sel**, over·blijf·se·len, over·blijf·sels; over·blijf·sel·tje
over·blij·ven (ww), blijf over, blijft over; bleef over, ble·ven over; over·ge·ble·ven
over·bluf·fen (ww), over·bluf, over·bluft; over·bluf·te, over·bluf·ten; over·bluft
over·bo·dig (bnw), over·bo·di·ge
over·boe·ken (ww), boek over, boekt over; boek·te over, boek·ten over; over·ge·boekt
de **over·boe·king** (v), over·boe·kin·gen
over·boord (bijw)
over·bren·gen (ww), breng over, brengt over; bracht over, brach·ten over; over·ge·bracht
de **over·bren·ging** (v), over·bren·gin·gen
over·brie·ven (ww), brief over, brieft over; brief·de over, brief·den over; over·ge·briefd

over·brug·gen (ww), over·brug, over·brugt; over·brug·de, over·brug·den; over·brugd
de **over·cre·di·te·ring** (v), over·cre·di·te·rin·gen
de **over·daad**
over·dag (bijw)
over·dek·ken (ww), over·dek, over·dekt; over·dek·te, over·dek·ten; over·dekt
over·dekt (bnw), over·dek·te
over·den·ken (ww), over·denk, over·denkt; over·dacht, over·dach·ten; over·dacht
over·doen (ww), doe over, doet over; deed over, de·den over; over·ge·daan
over·don·de·ren (ww), over·don·der, over·don·dert; over·don·der·de, over·don·der·den; over·don·derd
de **over·do·sis** (v), over·do·ses, over·do·sis·sen; over·do·sis·je
de **over·dracht**, over·drach·ten
de **over·drachts·snel·heid** (v), over·drachts·snel·he·den
over·dra·gen (ww), draag over, draagt over; droeg over, droe·gen over; over·ge·dra·gen
over·dressed (bnw), over·dress·te
over·dre·ven (bnw)
over·drij·ven[1] (ww) *(overdreven voorstellen),* over·drijf, over·drijft; over·dreef, over·dre·ven; over·dre·ven
over·drij·ven[2] (ww) *(naar de andere kant drijven, overtrekken),* drijf over, drijft over; dreef over, dre·ven over; over·ge·dre·ven
over·dui·de·lijk (bnw), over·dui·de·lij·ke
over·een (bijw)
over·een·ko·men (ww), kom over·een, komt over·een; kwam over·een, kwa·men over·een; over·een·ge·ko·men
de **over·een·komst** (v), over·een·kom·sten
over·een·kom·stig[1] (bnw), over·een·kom·sti·ge
over·een·kom·stig[2] (voorz)
over·een·stem·men (ww), stem over·een, stemt over·een; stem·de over·een, stem·den over·een; over·een·ge·stemd
de **over·een·stem·ming** (v), over·een·stem·min·gen
over·eind (bijw)
over·eind hou·den
over·eind ko·men
over·eind staan
over·en·thou·si·ast (bnw), over·en·thou·si·as·te
over·er·ven (ww), erf over, erft over; erf·de over, erf·den over; overgeërfd [over·ge·erfd]
de **over·er·ving** (v), over·er·vin·gen
over·eten (ww), over·eet, over·eet; over·at, over·aten; over·eten
over·gaan (ww), ga over, gaat over; ging over, gin·gen over; over·ge·gaan
de **over·gang** (m), over·gan·gen
de **over·gangs·norm**, over·gangs·nor·men
de **over·gangs·re·ge·ling** (v), over·gangs·re·ge·lin·gen
de **over·ga·ve**, over·ga·ven
over·ge·bracht (bnw), over·ge·brach·te
over·ge·kwa·li·fi·ceerd (bnw), over·ge·kwa·li·fi·ceer·de
over·ge·ven (ww), geef over, geeft over; gaf over, ga·ven over; over·ge·ge·ven
de **over·ge·voe·lig·heid** (v),

over·ge·voe·lig·he·den

het **over·ge·wicht**

over·gie·ten[1] (ww) *(over iets heen gieten),* over·giet, over·giet; over·goot, over·go·ten; over·go·ten

over·gie·ten[2] (ww) *(van het ene vat in het andere gieten),* giet over, giet over; goot over, go·ten over; over·ge·go·ten

de **over·gooi·er** (m), over·gooi·ers; over·gooi·er·tje

over·groot (bnw), over·gro·te

de **over·groot·moe·der** (v), over·groot·moe·ders

de **over·groot·oma** (v), over·groot·oma's

de **over·groot·va·der** (m), over·groot·va·ders

de **over·haal** (m), over·ha·len

over·haast (bnw), over·haas·te

over·haas·ten (ww), over·haast, over·haast; over·haast·te, over·haast·ten; over·haast

over·ha·len (ww), haal over, haalt over; haal·de over, haal·den over; over·ge·haald

de **over·hand**[1]

over·hand[2] (bijw)

over·han·di·gen (ww), over·han·dig, over·han·digt; over·han·dig·de, over·han·dig·den; over·han·digd

de **over·han·di·ging** (v), over·han·di·gin·gen

de **over·head** (m)

de **over·head·pro·jec·tor** (m), over·head·pro·jec·to·ren, over·head·pro·jec·tors

over·heb·ben (ww), heb over, hebt over, heeft over; had over, had·den over; over·ge·had

over·heen (bijw)

over·heer·lijk (bnw), over·heer·lij·ke

over·heer·sen (ww), over·heers, over·heerst; over·heers·te, over·heers·ten; over·heerst

de **over·heid** (v), over·he·den

het **over·heids·be·drijf,** over·heids·be·drij·ven

de **over·heids·dienst** (m), over·heids·dien·sten

de **over·heids·ge·pen·si·o·neer·de,** over·heids·ge·pen·si·o·neer·den

het **over·heids·me·di·um,** over·heids·me·dia

de **over·heids-nv** (v), over·heids-nv's

de **over·heids·steun** (m)

over·hel·len (ww), hel over, helt over; hel·de over, hel·den over; over·ge·held

het **over·hemd**, over·hem·den; over·hemd·je

over·he·ve·len (ww), he·vel over, he·velt over; he·vel·de over, he·vel·den over; over·ge·he·veld

over·hoop (bijw)

over·hoop·ha·len (ww), haal over·hoop, haalt over·hoop; haal·de over·hoop, haal·den over·hoop; over·hoop·ge·haald

over·hoop·lig·gen (ww), lig over·hoop, ligt over·hoop; lag over·hoop, la·gen over·hoop; over·hoop·ge·le·gen

over·ho·ren (ww), over·hoor, over·hoort; over·hoor·de, over·hoor·den; over·hoord

de **over·ho·ring** (v), over·ho·rin·gen

over·hou·den (ww), houd over, hou over, houdt over; hield over, hiel·den over; over·ge·hou·den

ove·rig (bnw), ove·ri·ge

ove·ri·gens (bijw)

de **Over·ijs·sel·se** (v), Over·ijs·sel·sen

de **over·kant** (m), over·kan·ten

de **over·kap·ping** (v), over·kap·pin·gen; over·kap·pin·kje
de **over·kill** (m)
over·klas·sen (ww), over·klas, over·klast; over·klas·te, over·klas·ten; over·klast
over·koe·pe·len (ww), over·koe·pel, over·koe·pelt; over·koe·pel·de, over·koe·pel·den; over·koe·peld
over·koe·pe·lend (bnw), over·koe·pe·len·de
over·ko·men[1] (ww) *(gebeuren)*, over·kom, over·komt; over·kwam, over·kwa·men; over·ko·men
over·ko·men[2] (ww) *(andere beteke-nissen)*, kom over, komt over; kwam over, kwa·men over; over·ge·ko·men
over·ko·pen (ww), koop over, koopt over; kocht over, koch·ten over; over·ge·kocht
de **over·laat** (m), over·la·ten
over·la·den[1] (ww) *(te zwaar bela-den)*, over·laad, over·laadt; over·laad·de, over·laad·den; over·la·den
over·la·den[2] (ww) *(de lading over-brengen)*, laad over, laadt over; laad·de over, laad·den over; over·ge·la·den
over·langs (bijw)
de **over·lap** (m), over·lap·pen
over·lap·pen (ww), over·lap, over·lapt; over·lap·te, over·lap·ten; over·lapt
de **over·lap·ping** (v), over·lap·pin·gen
de **over·last** (m)
over·la·ten (ww), laat over, laat over; liet over, lie·ten over; over·ge·la·ten
de **over·le·de·ne**, over·le·de·nen
het **over·leg**, over·leg·gen; over·leg·je
over·leg·gen[1] (ww) *(overwegen, be-raadslagen)*, over·leg, over·legt; over·leg·de, over·leg·den; over·legd
over·leg·gen[2] (ww) *(andere beteke-nissen)*, leg over, legt over; leg·de over, leg·den over; over·ge·legd
over·le·ven (ww), over·leef, over·leeft; over·leef·de, over·leef·den; over·leefd
de **over·le·ven·de**, over·le·ven·den
de **over·le·ver** (m), over·le·vers; over·le·ver·tje
over·le·ve·ren (ww), le·ver over, le·vert over; le·ver·de over, le·ver·den over; over·ge·le·verd
de **over·le·ving** (v), over·le·vin·gen
over·le·zen[1] (ww) *(belezen; over het hoofd zien)*, over·lees, over·leest; over·las, over·la·zen; over·le·zen
over·le·zen[2] (ww) *(opnieuw lezen; doorlezen)*, lees over, leest over; las over, la·zen over; over·ge·le·zen
over·lig·gen (ww), lig over, ligt over; lag over, la·gen over; over·ge·le·gen
het **over·lij·den**[1], over·lij·dens
over·lij·den[2] (ww), over·lijd, over·lijdt; over·leed, over·le·den; over·le·den
de **over·lij·dens·ak·te**, over·lij·dens·ak·ten, over·lij·dens·ak·tes
het **over·lij·dens·be·richt**, over·lij·dens·be·rich·ten; over·lij·dens·be·richt·je
de **over·lij·dens·da·tum** (m), over·lij·dens·da·ta, over·lij·dens·da·tums
de **over·lij·ding** (v), over·lij·din·gen
de **over·load** (m), over·loads

de **over·loop** (m), over·lo·pen; over·loop·je
over·lo·pen[1] (ww) *(onder de voet lopen; te vaak bezoeken; betrekken),* over·loop, over·loopt; over·liep, over·lie·pen; over·lo·pen
over·lo·pen[2] (ww) *(andere betekenissen),* loop over, loopt over; liep over, lie·pen over; over·ge·lo·pen
de **over·maat**
de **over·macht**
de **over·macht·si·tu·a·tie** (v), over·macht·si·tu·a·ties
de **over·machts·si·tu·a·tie** (v), over·machts·si·tu·a·ties
over·ma·ken (ww), maak over, maakt over; maak·te over, maak·ten over; over·ge·maakt
de **over·ma·king** (v), over·ma·kin·gen
over·man·nen (ww), over·man, over·mant; over·man·de, over·man·den; over·mand
over·ma·tig (bnw), over·ma·ti·ge
over·mees·te·ren (ww), over·mees·ter, over·mees·tert; over·mees·ter·de, over·mees·ter·den; over·mees·terd
over·mor·gen (bijw)
over·nach·ten (ww), over·nacht, over·nacht; over·nacht·te, over·nacht·ten; over·nacht
de **over·nach·ting** (v), over·nach·tin·gen
de **over·na·me**, over·na·men, over·na·mes
over·ne·men (ww), neem over, neemt over; nam over, na·men over; over·ge·no·men
de **over·ne·ming** (v), over·ne·min·gen
over·nieuw (bijw)
over·oud (bnw), over·ou·de
over·pein·zen (ww), over·peins, over·peinst; over·peins·de, over·peins·den; over·peinsd
de **over·pein·zing** (v), over·pein·zin·gen; over·pein·zin·kje
over·plaat·sen (ww), plaats over, plaatst over; plaats·te over, plaats·ten over; over·ge·plaatst
over·re·a·ge·ren (ww), over·re·a·geer, over·re·a·geert; over·re·a·geer·de, over·re·a·geer·den; over·ge·re·a·geerd
over·re·den (ww), over·reed, over·reedt; over·reed·de, over·reed·den; over·reed
over·rij·den[1] (ww) *(omverrijden),* over·rij, over·rijd, over·rijdt; over·reed, over·re·den; over·re·den
over·rij·den[2] (ww) *(naar de overzijde rijden of rijdend vervoeren; opnieuw rijden),* rijd over, rij over, rijdt over; reed over, re·den over; over·ge·re·den
over·roe·pen (ww), over·roep, over·roept; over·riep, over·rie·pen; over·roe·pen
over·rom·pe·len (ww), over·rom·pel, over·rom·pelt; over·rom·pel·de, over·rom·pel·den; over·rom·peld
de **over·rom·pe·ling** (v), over·rom·pe·lin·gen
over·ru·len (ww), over·rule, over·rulet; over·rule·de, over·rule·den; over·ruled
over·scha·du·wen (ww), over·scha·duw, over·scha·duwt; over·scha·duw·de, over·scha·duw·den; over·scha·duwd
over·scha·ke·len (ww), scha·kel

over, scha·kelt over; scha·kel·de over, scha·kel·den over; over·ge·scha·keld

de **over·scha·ke·ling** (v), over·scha·ke·lin·gen

over·schat·ten[1] (ww) *(een te hoge waarde toekennen aan),* over·schat, over·schat; over·schat·te, over·schat·ten; over·schat

over·schat·ten[2] (ww) *(opnieuw schatten),* schat over, schat over; schat·te over, schat·ten over; over·ge·schat

over·schie·ten (ww), schiet over, schiet over; schoot over, scho·ten over; over·ge·scho·ten

over·schil·de·ren[1] (ww) *(beschilderen; zodat het oorspronkelijke onzichtbaar wordt),* over·schil·der, over·schil·dert; over·schil·der·de, over·schil·der·den; over·schil·derd

over·schil·de·ren[2] (ww) *(opnieuw schilderen),* schil·der over, schil·dert over; schil·der·de over, schil·der·den over; over·ge·schil·derd

het **over·schot**, over·schot·ten; over·schot·je

over·schou·wen (ww), over·schouw, over·schouwt; over·schouw·de, over·schouw·den; over·schouwd

over·schrij·den (ww), over·schrijd, over·schrijdt; over·schreed, over·schre·den; over·schre·den

de **over·schrij·ding** (v), over·schrij·din·gen

over·schrij·ven[1] (ww) *(over iets heen schrijven),* over·schrijf, over·schrijft; over·schreef, over·schre·ven; over·schre·ven

over·schrij·ven[2] (ww) *(andere betekenissen),* schrijf over, schrijft over; schreef over, schre·ven over; over·ge·schre·ven

de **over·schrij·ving** (v), over·schrij·vin·gen

over·sekst (bnw), over·seks·te

over·sized (bnw) *(extra groot),* over·size·de

over·slaan (ww), sla over, slaat over; sloeg over, sloe·gen over; over·ge·sla·gen

de **over·slag** (m), over·sla·gen

over·sla·pen (ww), over·slaap, over·slaapt; over·sliep, over·slie·pen; over·sla·pen

over·slui·ten (ww), sluit over, sluit over; sloot over, slo·ten over; over·ge·slo·ten

over·snij·den[1] (ww) *(doorsnijden),* over·snijd, over·snijdt; over·sneed, over·sne·den; over·sne·den

over·snij·den[2] (ww) *(over de hele oppervlakte snijden),* snijd over, snij over, snijdt over; sneed over, sne·den over; over·ge·sne·den

over·span·nen[1] (bnw)

over·span·nen[2] (ww), over·span, over·spant; over·span·de, over·span·den; over·span·nen

de **over·span·nen·heid** (v)

het **over·spel**

over·spoe·len (ww), over·spoel, over·spoelt; over·spoel·de, over·spoel·den; over·spoeld

over·spui·ten[1] (ww) *(spuitend met een vloeistof bedekken),* over·spuit, over·spuit; over·spoot, over·spo·ten; over·spo·ten

over·spui·ten[2] (ww) *(opnieuw spuiten; opnieuw bespuiten),* spuit over, spuit over; spoot over, spo·ten over; over·ge·spo·ten

het **over·staan**[1]

O

over·staan[2]: ten overstaan van
over·stag (bijw)
de **over·stap** (m), over·stap·pen; over·stap·je
over·stap·pen (ww), stap over, stapt over; stap·te over, stap·ten over; over·ge·stapt
de **over·ste**, over·sten
de **over·steek** (m), over·ste·ken; over·steek·je
het **over·stek**, over·stek·ken
over·ste·ken (ww), steek over, steekt over; stak over, sta·ken over; over·ge·sto·ken
over·stel·pen (ww), over·stelp, over·stelpt; over·stelp·te, over·stelp·ten; over·stelpt
over·stij·gen (ww), over·stijg, over·stijgt; over·steeg, over·ste·gen; over·ste·gen
de **over·stort** (m), over·stor·ten
over·stro·men[1] (ww) *(stromend of als in een stroom bedekken),* over·stroom, over·stroomt; over·stroom·de, over·stroom·den; over·stroomd
over·stro·men[2] (ww) *(stromend over de rand komen),* stroom over, stroomt over; stroom·de over, stroom·den over; over·ge·stroomd
de **over·stro·ming** (v), over·stro·min·gen; over·stro·min·kje
over·stuur (bnw)
het **over·tal**, over·tal·len
over·tal·lig (bnw), over·tal·li·ge
over·tol·lig (bnw), over·tol·li·ge
over·tre·den (ww) *(schenden),* over·treed, over·treedt; over·trad, over·tra·den; over·tre·den
de **over·tre·ding** (v), over·tre·din·gen; over·tre·din·kje
over·tref·fen (ww), over·tref, over·treft; over·trof, over·trof·fen; over·trof·fen
de/het **over·trek** (m/o) *(bekleedsel),* over·trek·ken; over·trek·je
over·trek·ken[1] (ww) *(bekleden, overdrijven),* over·trek, over·trekt; over·trok, over·trok·ken; over·trok·ken
over·trek·ken[2] (ww) *(andere betekenissen),* trek over, trekt over; trok over, trok·ken over; over·ge·trok·ken
over·troe·ven (ww), over·troef, over·troeft; over·troef·de, over·troef·den; over·troefd
over·tuigd (bnw), over·tuig·de
over·tui·gen (ww), over·tuig, over·tuigt; over·tuig·de, over·tuig·den; over·tuigd
over·tui·gend (bnw), over·tui·gen·de
de **over·tui·ging** (v), over·tui·gin·gen; over·tui·gin·kje
over·ty·pen (ww), typ over, typt over; typ·te over, typ·ten over; over·ge·typt
de **over·uren·ver·goe·ding** (v), over·uren·ver·goe·din·gen
de **over·val** (m), over·val·len; over·val·le·tje
over·val·len (ww), over·val, over·valt; over·viel, over·vie·len; over·val·len
de **over·val·ler** (m), over·val·lers; over·val·ler·tje
over·va·ren[1] (ww) *(ondersteboven varen),* over·vaar, over·vaart; over·voer, over·voe·ren; over·va·ren
over·va·ren[2] (ww) *(naar de overzijde varen, met een vaartuig overzetten),* vaar over, vaart over; voer over, voe·ren over; over·ge·va·ren

over·ver·hit (bnw), over·ver·hit·te
over·ver·hit·ten (ww), over·ver·hit, over·ver·hit; over·ver·hit·te, over·ver·hit·ten; over·ver·hit
de **over·ver·hit·ting** (v), over·ver·hit·tin·gen
over·vlie·gen (ww), vlieg over, vliegt over; vloog over, vlo·gen over; over·ge·vlo·gen
de **over·vloed** (m), over·vloe·den
over·vloe·de: ten overvloede
over·vloe·dig (bnw), over·vloe·di·ge
over·vol (bnw), over·vol·le
over·vra·gen (ww) *(te veel vragen),* over·vraag, over·vraagt; over·vraag·de, over·vroeg, over·vraag·den, over·vroe·gen; over·vraagd
over·waai·en (ww), waai over, waait over; waai·de over, woei over, waai·den over, woei·en over; over·ge·waaid
de **over·weg** (m), over·we·gen; over·weg·ge·tje, over·weg·je
over·we·gen[1] (ww) *(gewichtiger zijn, overdenken),* over·weeg, over·weegt; over·woog, over·wo·gen; over·wo·gen
over·we·gen[2] (ww) *(opnieuw wegen, te veel wegen),* weeg over, weegt over; woog over, wo·gen over; over·ge·wo·gen
over·we·gend (bnw), over·we·gen·de
de **over·we·ging** (v), over·we·gin·gen; over·we·gin·kje
over·weg kun·nen met
over·wel·di·gen (ww), over·wel·dig, over·wel·digt; over·wel·dig·de, over·wel·dig·den; over·wel·digd
over·wel·di·gend (bnw), over·wel·di·gen·de
over·wel·men (ww), over·welm, over·welmt; over·welm·de, over·welm·den; over·welmd
het **over·werk**
over·wer·ken[1] (ww) *(zich afmatten door te veel te werken),* over·werk, over·werkt; over·werk·te, over·werk·ten; over·werkt
over·wer·ken[2] (ww) *(langer werken dan bepaald, opnieuw bewerken),* werk over, werkt over; werk·te over, werk·ten over; over·ge·werkt
het **over·wicht**
over·win·nen (ww) *(zegevieren over; onderdrukken; te boven komen),* over·win, over·wint; over·won, over·won·nen; over·won·nen
de **over·win·ning** (v), over·win·nin·gen; over·win·nin·kje
over·win·te·ren (ww), over·win·ter, over·win·tert; over·win·ter·de, over·win·ter·den; over·win·terd
over·woe·ke·ren (ww), over·woe·ker, over·woe·kert; over·woe·ker·de, over·woe·ker·den; over·woe·kerd
over·zee (bijw)
over·zees (bnw), over·zee·se
over·zen·den (ww), zend over, zendt over; zond over, zon·den over; over·ge·zon·den
over·zet·ten (ww), zet over, zet over; zet·te over, zet·ten over; over·ge·zet
het **over·zicht**, over·zich·ten; over·zicht·je
over·zich·te·lijk (bnw), over·zich·te·lij·ke
de **over·zich·te·lijk·heid** (v)

de **over·zicht·lijst**, over·zicht·lijs·ten; over·zicht·lijst·je

de **over·zichts·lijst**, over·zichts·lijs·ten; over·zichts·lijst·je

over·zien (ww) *(in zijn geheel bezien; over het hoofd zien)*, over·zie, over·ziet; over·zag, over·za·gen; over·zien

over·zit·ten (ww), zit over, zit over; zat over, za·ten over; over·ge·ze·ten

over·zwem·men (ww), zwem over, zwemt over; zwom over, zwom·men over; over·ge·zwom·men

de **ov-jaar·kaart**, ov-jaar·kaar·ten

de **ov-kaart**, ov-kaar·ten

de **ovon·de** (v), ovon·des

o.v.t. *(onvoltooid verleden tijd)*

o.v.t.t. *(onvoltooid verleden toekomende tijd)*

ovu·le·ren (ww), ovu·leer, ovu·leert; ovu·leer·de, ovu·leer·den; ge·ovu·leerd

o.v.v. *(onder vermelding van)*

o wee (tussenw)

de **oweeër** [owee·er] (m), oweeërs [owee·ers]

de **own·goal** (m), own·goals

de **ow·ru·ku·ku**, ow·ru·ku·ku's

het **oxaal·zuur**, oxaal·zu·ren

de **oxer** (m), oxers

de **oxi·dant** (m), oxi·dan·ten

de **oxi·da·tie** (v), oxi·da·ties

oxi·da·tief (bnw), oxi·da·tie·ve

het **oxi·de**, oxi·den, oxi·des

oxi·de·ren (ww), oxi·deer, oxi·deert; oxi·deer·de, oxi·deer·den; ge·oxi·deerd

het **oxy·mo·ron**, oxy·mo·rons

o zo (tussenw)

de/het **ozon** (m/o)

het **ozon·gat**, ozon·ga·ten

de **ozon·laag**, ozon·la·gen

P

de **p**, p's; p'tje
p. *(pagina)*
de **pa** (m), pa's; paatje [pa·tje]
p.a. *(per adres)*
p/a *(per adres)*
paai·en (ww), paai, paait; paai·de, paai·den; ge·paaid
de **paal** (m), pa·len; paal·tje
paal·dan·sen (ww), paal·dans, paal·danst; paal·dans·te, paal·dans·ten; ge·paal·danst
de **paal·fun·de·ring** (v), paal·fun·de·rin·gen
het **paal·hout**
de **paal·worm** (m), paal·wor·men
de **paan** (m), pa·nen; paan·tje
de **paap** (m), pa·pen; paap·je
paaps (bnw), paap·se
het **paar**[1], pa·ren; paar·tje
paar[2] (bnw), pa·re
het **paard**, paar·den; paard·je
de **paar·den·bek** (m), paar·den·bek·ken
de **paar·den·bief·stuk** (m), paar·den·bief·stuk·ken
de **paar·den·bloem**, paar·den·bloe·men
de **paar·den·dis·tel**, paar·den·dis·tels
de **paar·den·fok·ker** (m), paar·den·fok·kers
het **paar·den·ge·trap·pel**
de/het **paar·den·haar**[1] *(afzonderlijke paardenhaar)*, paar·den·ha·ren
het **paar·den·haar**[2] *(de paardenharen gezamenlijk)*
de **paar·den·hoef** (m), paar·den·hoe·ven
het **paar·den·hoofd**, paar·den·hoof·den; paar·den·hoofd·je
de **paar·den·hou·de·rij** (v), paar·den·hou·de·rij·en
de **paar·den·kas·tan·je**, paar·den·kas·tan·jes
de **paar·den·knecht** (m), paar·den·knech·ten, paar·den·knechts
de **paar·den·koets**, paar·den·koet·sen; paar·den·koets·je
de **paar·den·kop** (m), paar·den·kop·pen
de **paar·den·kracht**, paar·den·krach·ten
de **paar·den·lul** (m), paar·den·lul·len
de **paar·den·melk**
de **paar·den·mest** (m)
het **paar·den·mid·del**, paar·den·mid·de·len
de **paar·den·mo·len** (m), paar·den·mo·lens; paar·den·mo·len·tje
het **paar·den·oog**, paar·den·ogen; paar·den·oog·je
de **paar·den·op·tocht** (m), paar·den·op·toch·ten
de **paar·den·poep** (m)
het **paar·den·ras**, paar·den·ras·sen
de **paar·den·ren·baan**, paar·den·ren·ba·nen
de **paar·den·ren·nen** (mv)
de **paar·den·ren·wed·strijd** (m), paar·den·ren·wed·strij·den
het **paar·den·rook·vlees**
de **paar·den·sport**
de **paar·den·staart** (m), paar·den·staar·ten; paar·den·staart·je
de **paar·den·stal** (m),

paar·den·stal·len; paar·den·stal·le·tje
de **paar·den·steak** (m), paar·den·steaks
de **paar·den·stront** (m)
de **paar·den·tram** (m), paar·den·trams
de **paar·den·vijg**, paar·den·vij·gen
het **paar·den·vlees**
de **paard-en-wa·gen**, paard-en-wa·gens
de **paar·den·worst**, paar·den·wor·sten; paar·den·worst·je
paard·je·rij·den (ww), rijd paard·je, rij paard·je, rijdt paard·je; reed paard·je, re·den paard·je; paard·je·ge·re·den
paard·rij·den (ww), rijd paard, rij paard, rijdt paard; reed paard, re·den paard; paard·ge·re·den
de **paard·rij·les**, paard·rij·les·sen
de **paard·rij·tocht** (m), paard·rij·toch·ten; paard·rij·tocht·je
het **paar·ge·drag**
het **paar·le·moer**, paar·le·moer·tje
paar·le·moe·ren (bnw)
paar·len (bnw)
het **paars**[1], paar·sen
paars[2] (bnw), paar·se
paars·ge·wijs (bnw), paars·ge·wij·ze
paars·rood (bnw), paars·ro·de
paars-rood (bnw) *(paars en rood)*, paars-ro·de
de **paas**
de **paas·avond** (m), paas·avon·den
paas·best (bnw), paas·bes·te
de **paas·bloem**, paas·bloe·men
de **paas·boom** (m), paas·bo·men; paas·boom·pje
het **paas·brood**, paas·bro·den; paas·brood·je
de **paas·brunch** (m), paas·brun·chen, paas·brun·ches
de **paas·dag** (m), paas·da·gen
het **paas·ei**, paas·ei·e·ren; paas·ei·tje
het **paas·feest**, paas·fees·ten
de **paas·haas** (m), paas·ha·zen; paas·haas·je
de **paas·kaars**, paas·kaar·sen
de **paas·klok**, paas·klok·ken; paas·klok·je
het **paas·lam**, paas·lam·me·ren
de **paas·le·lie**, paasleliën [paas·le·li·en], paas·le·lies
de **paas·maan·dag** (m), paas·maan·da·gen
de **paas·mis**, paas·mis·sen
de **paas·nacht** (m), paas·nach·ten
het **paas·ont·bijt**, paas·ont·bij·ten
de **paas·pro·ces·sie** (v), paas·pro·ces·sies
het **paas·spel**, paas·spe·len
de **paas·tijd** (m), paas·tij·den
de **paas·va·kan·tie** (v), paas·va·kan·ties
het **paas·ver·haal**, paas·ver·ha·len
het **paas·ver·lof**, paas·ver·lo·ven
de **paas·vie·ring** (v), paas·vie·rin·gen
het **paas·vuur**, paas·vu·ren
de **paas·wa·ke**, paas·wa·ken
de **paas·week**, paas·we·ken; paas·week·je
het **paas·week·ein·de**, paas·week·ein·den, paas·week·ein·des
het **paas·week·end**, paas·week·en·den, paas·week·ends; paas·week·end·je
de **paas·za·ter·dag** (m), paas·za·ter·da·gen
de **paas·zon·dag** (m), paas·zon·da·gen
pa·bo *(pedagogische academie voor*

het basisonderwijs), pa·bo's
de **paboër** [pa·bo·er] (m), paboërs [pa·bo·ers]
de **pa·bo·stu·dent** (m), pa·bo·stu·den·ten
de **pace·ma·ker** (m), pace·ma·kers
pa·cen (ww), pace, pacet; pace·te, pace·ten; ge·pacet
de **pacht**, pach·ten
pach·ten (ww), pacht, pacht; pacht·te, pacht·ten; ge·pacht
de **pach·ter** (m), pach·ters; pach·ter·tje
het **pacht·geld**, pacht·gel·den
de **pa·ci·fi·ca·tie** (v), pa·ci·fi·ca·ties
de **pa·ci·fi·ca·tie·de·mo·cra·tie** (v), pacificatiedemocratieën [pa·ci·fi·ca·tie·de·mo·cra·tie·en]
Pa·ci·fisch (bnw), Pa·ci·fi·sche
de **pa·ci·fist** (m), pa·ci·fis·ten
het **pack**, packs
de **pa·co** (m), pa·co's
het **pact**, pac·ten
pac·te·ren (ww), pac·teer, pac·teert; pac·teer·de, pac·teer·den; ge·pac·teerd
de **pad**[1] (m) *(koffiepad),* pads; pad·je
de **pad**[2] *(dier),* pad·den; pad·je
het **pad**[3] *(weg),* pa·den; paad·je, pad·je
de **pad·del** (m), pad·dels; pad·del·tje
de **pad·den·stoel** (m), pad·den·stoe·len; pad·den·stoel·tje
de **pad·den·stoe·len·soep**, pad·den·stoe·len·soe·pen
de **pad·den·trek** (m), pad·den·trek·ken
de **pad·den·tun·nel** (m), pad·den·tun·nels
de **pad·do** (m), pad·do's
de **pad·dock** (m), pad·docks
de **pad·dy** (m), pad·dy's
de **pa·die**
de **pa·die·boer** (m), pa·die·boe·ren
het **pa·die·kaf**
de **pa·die·op·koop** (m), pa·die·op·ko·pen
de **pa·die·op·ko·per** (m), pa·die·op·ko·pers
de **pa·die·prijs** (m), pa·die·prij·zen
de **pa·die·pro·du·cent** (m), pa·die·pro·du·cen·ten
het **pa·doek**
de **pad·vind·ster** (v), pad·vind·sters; pad·vind·ster·tje
de **pae·an** (m), pae·ans
de **pa·el·la**, pa·el·la's
de **paf**[1] (m), paf·fen; paf·je
paf[2] (bnw), paf·fe
paf[3] (tussenw)
paf·fen (ww), paf, paft; paf·te, paf·ten; ge·paft
de **pa·gaai** (m), pa·gaai·en; pa·gaai·tje
pa·gaai·en (ww), pa·gaai, pa·gaait; pa·gaai·de, pa·gaai·den; ge·pa·gaaid
de **pa·gad·der** (m), pa·gad·ders
de **pa·ga·ra**, pa·ga·ra's
de **pa·ga·ra-es·ta·fet·te**, pa·ga·ra-es·ta·fet·tes
het **pa·ga·ra·fes·ti·val**, pa·ga·ra·fes·ti·vals
pa·ga·ti·nu
het **pa·ga·ti·nu·sys·teem**, pa·ga·ti·nu·sys·te·men
de **pa·ge** (m), pa·ges
de **pa·ger** (m), pa·gers
de **page·tur·ner** (m), page·tur·ners
de **pa·gi·na**, pa·gi·na's; paginaatje [pa·gi·na·tje]
pa·gi·na·breed (bnw), pa·gi·na·bre·de
de **pa·gi·na-in·de·ling** (v), pa·gi·na-in·de·lin·gen
het **pa·gi·na·num·mer**,

pa·gi·na·num·mers
de **pa·gi·na·op·maak** (m), pa·gi·na·op·ma·ken
de **pa·gi·ne·ring** (v), pa·gi·ne·rin·gen
de **pa·go·de** (v), pa·go·den, pa·go·des
de **pa·go·de·boom** (m), pa·go·de·bo·men
de **pail·let·te**, pail·let·ten
het **paint·ball**
paint·bal·len (ww), paint·ball, paint·ballt; paint·ball·de, paint·ball·den; ge·paint·balld
de **pair** (m), pairs; pair·tje
de **pais**
pais en vree
de **pais·ley** (v), pais·leys
het **pak** *(kostuum; pakket),* pak·ken; pak·je
de **pak·bon** (m), pak·bon·nen, pak·bons
de **pa·ki·ra** (m), pa·ki·ra's
de **pa·ki·staan** (m) *(restaurant),* pa·ki·sta·nen
de **Pa·ki·staan** (m) *(persoon),* Pa·ki·sta·nen, Pa·ki·sta·ni
Pa·ki·staans (bnw), Pa·ki·staan·se
de **Pa·ki·sta·ni** (m), Pa·ki·sta·ni, Pa·ki·sta·ni's
de **pak·jes·avond** (m), pak·jes·avon·den
pak·ken (ww), pak, pakt; pak·te, pak·ten; ge·pakt
pak·kend (bnw), pak·ken·de
de **pak·ker** (m), pak·kers; pak·ker·tje
de **pak·kerd** (m), pak·kerds
pak·ker·tje
het **pak·ket**, pak·ket·ten; pak·ket·je
de **pak·ket·boot**, pak·ket·bo·ten; pak·ket·boot·je
het **pak·kie-an**
de **pak·king** (v), pak·kin·gen; pak·kin·kje
de **pak·soi**
pak·weg (bijw)
de **pal**[1] (m), pal·len; pal·le·tje
pal[2] (bijw)
pal[3] (tussenw)
de **pa·la·dijn** (m), pa·la·dij·nen
de **pa·la·pa**, pa·la·pa's
het **pa·la·ver**, pa·la·vers; pa·la·ver·tje
pa·la·ve·ren (ww), pa·la·ver, pa·la·vert; pa·la·ver·de, pa·la·ver·den; ge·pa·la·verd
het **pa·leis**, pa·lei·zen; pa·leis·je
pa·len (ww), paal, paalt; paal·de, paal·den; ge·paald
het **pa·leo·li·thi·cum**
de **pa·leo·lo·gie** (v)
de **pa·le·on·to·loog** (m), pa·le·on·to·lo·gen
de **Pa·les·tijn** (m), Pa·les·tij·nen; Pa·les·tijn·tje
Pa·les·tijns (bnw), Pa·les·tijn·se
het **pa·let** *(schildersplankje; kleurmenging),* pa·let·ten; pa·let·je
pa·let·ten (ww), pa·let, pa·let; pa·let·te, pa·let·ten; ge·pa·let
de **pa·limp·sest** (m), pa·limp·ses·ten
het **pa·lin·droom**, pa·lin·dro·men
de **pa·ling** (m), pa·lin·gen; pa·lin·kje
de **pa·ling·trek** (m)
de **pa·ling·worst**, pa·ling·wor·sten
de **pa·lis·sa·de** (v), pa·lis·sa·den, pa·lis·sa·des
het **pa·lis·san·der**, pa·lis·san·ders
de **pal·jas** (m), pal·jas·sen
het **pal·la·di·um**
de **pal·let** (m) *(laadplaat),* pal·lets, pal·let·ten; pal·let·je
pal·le·ti·se·ren (ww), pal·le·ti·seer, pal·le·ti·seert; pal·le·ti·seer·de, pal·le·ti·seer·den; ge·pal·le·ti·seerd
het **pal·li·a·tief**[1], pal·li·a·tie·ven
pal·li·a·tief[2] (bnw), pal·li·a·tie·ve
de **palm** (m), pal·men; palm·pje

palm·ach·tig (bnw), palm·ach·ti·ge
de **pal·ma·res** (m), pal·ma·res·sen
pal·men (ww), palm, palmt; palm·de, palm·den; ge·palmd
de **palm·olie**, palmoliën [palm·oli·en], palm·olies
de **palm·olie-in·dus·trie** (v), palmolie-industrieën [palm·olie-in·dus·trie·en]
de **palm·olie·sec·tor** (m), palm·olie·sec·to·ren, palm·olie·sec·tors
Palm·pa·sen *(feestdag)*
Palm·zon·dag
de **pa·lu·lu**, pa·lu·lu's
het **pam·flet**, pam·flet·ten; pam·flet·je
de **pam·per** (m), pam·pers; pam·per·tje
pam·pe·ren (ww), pam·per, pam·pert; pam·per·de, pam·per·den; ge·pam·perd
pam·pus: voor pampus liggen
de **pan**[1], pan·nen; pan·ne·tje
pan[2]: de pan uit rijzen
de **pa·na·cee** (v), panaceeën [pa·na·cee·en], pa·na·cees; pa·na·cee·tje
de **pa·na·che**, pa·na·ches
pan-Afri·kaans (bnw), pan-Afri·kaan·se
de **pa·na·ma** (m) *(hoed),* pa·na·ma's; panamaatje [pa·na·ma·tje]
de **Pa·na·mees**[1] (m), Pa·na·me·zen
Pa·na·mees[2] (bnw), Pa·na·me·se
de **pan·car·te**, pan·car·ten
de **pan·cet·ta**, pan·cet·ta's
de/het **pan·cre·as** (m/o), pan·cre·as·sen
de/het **pand**[1] (m/o) *(deel van een kleding-stuk),* pan·den; pand·je
het **pand**[2] *(onderpand),* pan·den; pand·je
de **pan·da** (m), pan·da's; pandaatje [pan·da·tje]
de **pan·dan** (m), pan·da·nen
de **pan·de·mie** (v), pandemieën [pan·de·mie·en]
het **pan·de·mo·ni·um**, pan·de·mo·ni·ums
pan·den (ww), pand, pandt; pand·de, pand·den; ge·pand
de **pan·der** (m), pan·ders; pan·der·tje
de **pan·dit** (m), pan·dits
de **pan·di·ta** (v), pan·di·ta's
de **pan·doer**[1] (m) *(persoon),* pan·doe·ren, pan·doers
de/het **pan·doer**[2] (m/o) *(kaartspel)*
het **pa·neel**, pa·ne·len; pa·neel·tje
het **pa·neer·meel**
het **pa·nel**, pa·nels; pa·nel·tje
pa·ne·ren (ww), pa·neer, pa·neert; pa·neer·de, pa·neer·den; ge·pa·neerd
pan-Eu·ro·pees (bnw), pan-Eu·ro·pe·se
de **pan·fluit**, pan·flui·ten; pan·fluit·je
de **pang**[1] (m), pangs
pang[2] (tussenw)
de **pan·ga·si·us** (m), pan·ga·si·us·sen
de **pan·gi**, pan·gi's
de **pa·niek** (v), pa·niek·je
pa·nie·ke·rig (bnw), pa·nie·ke·ri·ge
pa·ni·ke·ren (ww), pa·ni·keer, pa·ni·keert; pa·ni·keer·de, pa·ni·keer·den; ge·pa·ni·keerd
pa·nisch (bnw), pa·ni·sche
de **pan·na**, pan·na's
pan·na·bol
de **pan·na cot·ta**, pan·na cot·ta's
de **pan·ne**, pan·nes
het **pan·nen·bier**
het **pan·nen·dak**, pan·nen·da·ken; pan·nen·dak·je

de **pan·nen·koek** (m), pan·nen·koe·ken; pan·nen·koek·je
het **pan·nen·koe·ken·huis**, pan·nen·koe·ken·hui·zen; pan·nen·koe·ken·huis·je
de **pan·nen·koe·ken·pan**, pan·nen·koe·ken·pan·nen
het **pan·nen·koe·ken·res·tau·rant**, pan·nen·koe·ken·res·tau·rants
de **pan·nen·lap** (m), pan·nen·lap·pen; pan·nen·lap·je
de **pan·nen·lik·ker** (m), pan·nen·lik·kers
het **pan·nen·rek**, pan·nen·rek·ken
de **pan·nen·set** (m), pan·nen·sets
het **pa·no·ra·ma**, pa·no·ra·ma's; panoramaatje [pa·no·ra·ma·tje]
de **pan·ta·lon** (m), pan·ta·lons; pan·ta·lon·ne·tje
de **pan·ter** (m), pan·ters; pan·ter·tje
het **pan·the·on**, pan·the·ons
de **pan·tof·fel**, pan·tof·fels; pan·tof·fel·tje
de **pan·to·mi·me**, pan·to·mi·men, pan·to·mi·mes; pan·to·mi·me·tje
de **pan·try**, pan·try's
het **pant·ser**, pant·sers; pant·ser·tje
de **pan·ty** (m), pan·ty's; panty'tje [pan·ty·tje]
de **pap**, pap·pen; pap·je
de **pa·pa** (m), pa·pa's; papaatje [pa·pa·tje]
de **pa·pa·dag** (m), pa·pa·da·gen
de **pa·pa·dum** (m), pa·pa·dums
de **pa·pa·ja** (m), pa·pa·ja's; papajaatje [pa·pa·ja·tje]
de **pa·pa·raz·zo** (m), pa·pa·raz·zi
de **pa·pa·ver**, pa·pa·vers; pa·pa·ver·tje
de **pa·pe·gaai** (m), pa·pe·gaai·en; pa·pe·gaai·tje
de **pa·pe·gaai·dui·ker** (m), pa·pe·gaai·dui·kers
pa·pe·gaai·en (ww), pa·pe·gaai, pa·pe·gaait; pa·pe·gaai·de, pa·pe·gaai·den; ge·pa·pe·gaaid
de **pa·pe·gaai·en·bek** (m), pa·pe·gaai·en·bek·ken; pa·pe·gaai·en·bek·je
de **pa·per** (m), pa·pers; pa·per·tje
de **pa·pe·ras·sen** (mv)
de **pa·per·clip** (m), pa·per·clips; pa·per·clip·je
de **pap·fles**, pap·fles·sen; pap·fles·je
het **Pa·pi·a·men·to** *(taal)*
het **Pa·pi·a·ments**[1] *(taal)*
Pa·pi·a·ments[2] (bnw), Pa·pi·a·ment·se
Pa·pi·a·ments·spre·kend (bnw), Pa·pi·a·ments·spre·ken·de
de **Pa·pi·a·ments·spre·ken·de**, Pa·pi·a·ments·spre·ken·den
Pa·pi·a·ments·ta·lig (bnw), Pa·pi·a·ments·ta·li·ge
de **Pa·pi·a·ments·ta·li·ge**, Pa·pi·a·ments·ta·li·gen
het **pa·pier**, pa·pie·ren; pa·pier·tje
pa·pie·ren (bnw)
het **pa·pier·for·maat**, pa·pier·for·ma·ten
de **pa·pier·klem**, pa·pier·klem·men
het **pa·pier-ma·ché**[1]
pa·pier-ma·ché[2] (bnw)
de **pa·pier·mand**, pa·pier·man·den; pa·pier·mand·je
de **pa·pier·pulp**
de **pa·pier·slag** (m), pa·pier·sla·gen
de **pa·pier·ver·nie·ti·ger** (m), pa·pier·ver·nie·ti·gers
het **pa·pier·werk**
de **pa·pil**, pa·pil·len; pa·pil·le·tje
de **pa·pil·lot**, pa·pil·lot·ten; pa·pil·lot·je
de **pap·le·pel** (m), pap·le·pels
de **Pa·poea** (m), Pa·poe·a's; Papoeaatje [Pa·poea·tje]

Pa·poe·aas (bnw), Pa·poe·a·se
de **pap·pa** (m), pap·pa's; pappaatje [pap·pa·tje]
pap·pen (ww), pap, papt; pap·te, pap·ten; ge·papt
pap·pen·hei·mers: zijn pappenheimers kennen
de **pap·pie** (m), pap·pies; pap·pie·tje
de **pa·pri·ka**, pa·pri·ka's; paprikaatje [pa·pri·ka·tje]
de **pa·pri·ka·chips** (mv)
de/het **pa·pri·ka·poe·der** (m/o), pa·pri·ka·poe·ders
de **paps** (m)
de **pa·py·rus** (m), pa·py·ri, pa·py·rus·sen
par. (*paragraaf*)
de **pa·ra**, pa·ra's
de **pa·raaf** (m), pa·ra·fen; pa·raaf·je
de **Pa·raan** (m), Pa·ra·nen
Pa·raans (bnw), Pa·raan·se
pa·raat (bnw), pa·ra·te
de **pa·raat·heid** (v)
de **pa·ra·bel**, pa·ra·be·len, pa·ra·bels; pa·ra·bel·tje
de **pa·ra·bel·lum** (m), pa·ra·bel·la, pa·ra·bel·lums
de **pa·ra·bool**, pa·ra·bo·len; pa·ra·bool·tje
de **pa·ra·ce·ta·mol** (m), pa·ra·ce·ta·mols; pa·ra·ce·ta·mol·le·tje
de **pa·ra·chu·te** (m), pa·ra·chu·tes; pa·ra·chu·te·tje, pa·ra·chuut·je
pa·ra·chu·te·sprin·gen (ww)
de **pa·ra·chu·tist** (m), pa·ra·chu·tis·ten
de **pa·ra·club**, pa·ra·clubs
de **pa·ra·com·man·do** (m), pa·ra·com·man·do's
de **pa·ra·de** (v), pa·ra·des; pa·ra·de·tje
het **pa·ra·de·paard**, pa·ra·de·paar·den; pa·ra·de·paard·je
pa·ra·de·ren (ww), pa·ra·deer, pa·ra·deert; pa·ra·deer·de, pa·ra·deer·den; ge·pa·ra·deerd
het **pa·ra·dig·ma**, pa·ra·dig·ma's, pa·ra·dig·ma·ta
het **pa·ra·dijs**, pa·ra·dij·zen; pa·ra·dijs·je
pa·ra·dij·se·lijk (bnw), pa·ra·dij·se·lij·ke
de **pa·ra·dox**[1] (m), pa·ra·doxen; pa·ra·dox·je
pa·ra·dox[2] (bnw), pa·ra·doxe
pa·ra·doxaal (bnw), pa·ra·doxa·le
pa·ra·fe·ren (ww), pa·ra·feer, pa·ra·feert; pa·ra·feer·de, pa·ra·feer·den; ge·pa·ra·feerd
de **pa·ra·fer·na·lia** (mv)
de **pa·raf·fi·ne**
de **pa·ra·fra·se** (v), pa·ra·fra·sen, pa·ra·fra·ses
pa·ra·fra·se·ren (ww), pa·ra·fra·seer, pa·ra·fra·seert; pa·ra·fra·seer·de, pa·ra·fra·seer·den; ge·pa·ra·fra·seerd
pa·ra·gli·den (ww)
het **pa·ra·gli·ding**
de **pa·ra·gnost** (m), pa·ra·gnos·ten
de **pa·ra·graaf** (m), pa·ra·gra·fen; pa·ra·graaf·je
de **pa·ral·lel**[1], pa·ral·lel·len
pa·ral·lel[2] (bnw), pa·ral·lel·le
de **pa·ral·lel·klas** (v), pa·ral·lel·klas·sen
het **pa·ral·lel·le·pi·pe·dum**, pa·ral·lel·le·pi·pe·da, pa·ral·lel·le·pi·pe·dums
de **pa·ral·lel·lie** (v), parallellieën [pa·ral·lel·lie·en]
het **pa·ral·lel·lis·me**
de **pa·ral·lel·li·teit** (v), pa·ral·lel·li·tei·ten

het **pa·ral·lel·lo·gram**, pa·ral·lel·lo·gram·men
de **pa·ral·lel·weg** (m), pa·ral·lel·we·gen
Pa·ra·lym·pics
pa·ra·lym·pisch (bnw), pa·ra·lym·pi·sche
het **Pa·ra·mac·caans**[1] *(taal)*
Pa·ra·mac·caans[2] (bnw), Pa·ra·mac·caan·se
de **Pa·ra·mac·ca·ner** (m), Pa·ra·mac·ca·ners
de **Paramariboër** [Pa·ra·ma·ri·bo·er] (m), Paramariboërs [Pa·ra·ma·ri·bo·ers]
Pa·ra·ma·ri·boos (bnw), Pa·ra·ma·ri·bo·se
pa·ra·me·disch (bnw), pa·ra·me·di·sche
het **pa·ra·ment**, pa·ra·men·ten
de **pa·ra·me·ter** (m), pa·ra·me·ters
pa·ra·me·tri·se·ren (ww), pa·ra·me·tri·seer, pa·ra·me·tri·seert; pa·ra·me·tri·seer·de, pa·ra·me·tri·seer·den; ge·pa·ra·me·tri·seerd
de **pa·ra·nimf** (m), pa·ra·nim·fen
de **pa·ra·noia** (v)
de **paranoïcus** [pa·ra·no·i·cus] (m), paranoïci [pa·ra·no·i·ci]
paranoïde [pa·ra·no·i·de] (bnw)
de/het **pa·ra·pen·te** (m/o), pa·ra·pen·tes
de **pa·ra·plu** (m), pa·ra·plu's; parapluutje [pa·ra·plu·tje]
de **pa·ra·plu·stan·daard** (m), pa·ra·plu·stan·daar·den, pa·ra·plu·stan·daards
de **pa·ra·siet** (m), pa·ra·sie·ten; pa·ra·siet·je
de **pa·ra·sol** (m), pa·ra·sols; pa·ra·sol·le·tje
de **pa·ra·sol·mier**, pa·ra·sol·mie·ren
pa·ra·sta·taal (bnw), pa·ra·sta·ta·le
de/het **pa·ra·vent** (m/o), pa·ra·vents
het **par·cours**, par·cours, par·cour·sen; par·cours·je, par·cours·tje
de **par·des·sus** (m), par·des·sus; par·des·sus·tje
par·does (bijw)
het **par·don**[1], par·dons; par·don·ne·tje
par·don[2] (tussenw)
de **pa·rel**, pa·re·len, pa·rels; pa·rel·tje
pa·re·len (ww), pa·rel, pa·relt; pa·rel·de, pa·rel·den; ge·pa·reld
het **pa·rel·hoen**, pa·rel·hoen·de·ren, pa·rel·hoen·ders; pa·rel·hoen·tje
het **pa·rel·moer**
pa·rel·moe·ren (bnw)
het **pa·re·ment**, pa·re·men·ten
pa·ren (ww), paar, paart; paar·de, paar·den; ge·paard
de **pa·ren·drive** (m), pa·ren·drives
de **pa·ren·teel**[1], pa·ren·te·len
pa·ren·teel[2] (bnw), pa·ren·te·le
de **pa·ren·te·le**, pa·ren·te·len
de **pa·ren·the·se** (v), pa·ren·the·sen, pa·ren·the·ses
de **pa·reo** (m), pa·re·o's
pa·re·ren (ww), pa·reer, pa·reert; pa·reer·de, pa·reer·den; ge·pa·reerd
de **pa·res·the·sie** (v)
de **par·fait** (m)
de/het **par·fum** (m/o), par·fums; par·fum·me·tje, par·fum·pje
par·fu·me·ren (ww), par·fu·meer, par·fu·meert; par·fu·meer·de, par·fu·meer·den; ge·par·fu·meerd
de **par·fu·me·rie** (v), parfumerieën [par·fu·me·rie·en], par·fu·me·ries; par·fu·me·rie·tje
het **pa·ri**[1]

pa·ri[2] (bijw)

de **pa·ria**, pa·ri·a's; pariaatje [pa·ria·tje]

pariëtaal [pa·ri·e·taal] (bnw), pariëtale [pa·ri·e·ta·le]

Pa·rijs (bnw), Pa·rij·se

de **Pa·rij·ze·naar** (m), Pa·rij·ze·naars, Pa·rij·ze·na·ren

de **pa·ris** (m), pa·ris·sen

de **Pa·ri·si·en·ne** (v), Pa·ri·si·en·nes

het **pa·ris·oor·deel**, pa·ris·oor·de·len

pa·ri·tair (bnw), pa·ri·tai·re

pa·ri·tair co·mi·té

de **pa·ri·teit** (v), pa·ri·tei·ten

het **park**, par·ken; park·je

de **par·ka** (m), par·ka's

de **par·keer·bon** (m), par·keer·bon·nen, par·keer·bons; par·keer·bon·ne·tje

de **par·keer·ga·ra·ge** (v), par·keer·ga·ra·ges

de **par·keer·ge·le·gen·heid** (v), par·keer·ge·le·gen·he·den

de **par·keer·kaart**, par·keer·kaar·ten; par·keer·kaart·je

de **par·keer·me·ter** (m), par·keer·me·ters; par·keer·me·ter·tje

de **par·keer·plaats**, par·keer·plaat·sen; par·keer·plaats·je

het **par·keer·ter·rein**, par·keer·ter·rei·nen; par·keer·ter·rein·tje

het **par·keer·vak**, par·keer·vak·ken

de **par·keer·wach·ter** (m), par·keer·wach·ters; par·keer·wach·ter·tje

par·ke·ren (ww), par·keer, par·keert; par·keer·de, par·keer·den; ge·par·keerd

het **par·ket**, par·ket·ten

het **par·ket-ge·ne·raal**, par·ket·ten-ge·ne·raal

de **par·ket·teur** (m), par·ket·teurs

de **par·ket·vloer** (m), par·ket·vloe·ren; par·ket·vloer·tje

de **par·ket·wacht**[1] (m) *(persoon)*, par·ket·wach·ten

de **par·ket·wacht**[2] *(dienst)*

de **par·kiet** (m), par·kie·ten; par·kiet·je

de **par·king** (m), par·kings

de **par·kin·son** *(ziekte van Parkinson)*

de **parkinsonpatiënt** [par·kin·son·pa·ti·ent] (m), parkinsonpatiënten [par·kin·son·pa·ti·en·ten]

het **par·koers**, par·koer·sen; par·koers·je

het **par·le·ment**, par·le·men·ten; par·le·ment·je

de **par·le·men·tair**[1] (m), par·le·men·tai·ren, par·le·men·tairs

par·le·men·tair[2] (bnw), par·le·men·tai·re

de **parlementariër** [par·le·men·ta·ri·er] (m), parlementariërs [par·le·men·ta·ri·ers]

het **par·le·ments·ge·bouw**, par·le·ments·ge·bou·wen

het **par·le·ments·lid**, par·le·ments·le·den

de **par·le·ments·ver·kie·zing** (v), par·le·ments·ver·kie·zin·gen

de **par·le·ments·ze·tel** (m), par·le·ments·ze·tels

de **par·lo·fo·nie** (v)

de **par·lo·foon** (m), par·lo·foons

de **par·ma·ham**, par·ma·ham·men

par·man·tig (bnw), par·man·ti·ge

de **par·me·zaan** (m), par·me·zaan·tje

Par·me·zaans (bnw), Par·me·zaan·se

P

Par·me·zaan·se kaas
de **pa·ro·chie** (v), parochiën [pa·ro·chi·en], pa·ro·chies; pa·ro·chie·tje
pa·ro·chi·eel (bnw), parochiële [pa·ro·chi·e·le]
de **pa·ro·die** (v), parodieën [pa·ro·die·en], pa·ro·dies; pa·ro·die·tje
parodiëren [pa·ro·di·e·ren] (ww), pa·ro·di·eer, pa·ro·di·eert; pa·ro·di·eer·de, pa·ro·di·eer·den; ge·pa·ro·di·eerd
de **pa·ro·don·to·lo·gie** (v)
het **pa·rool**, pa·ro·len
par·sen (ww), parse, parset; parse·te, parse·ten; ge·parset
het **part** *(deel)*, par·ten; part·je
de **par·te·na·ri·aat** (m), par·te·na·ri·a·ten
de/het **par·ter·re** (m/o), par·ter·res
de **par·ti·ci·pant** (m), par·ti·ci·pan·ten
de **par·ti·ci·pa·tie** (v), par·ti·ci·pa·ties
par·ti·ci·pa·tief (bnw), par·ti·ci·pa·tie·ve
par·ti·ci·pe·ren (ww), par·ti·ci·peer, par·ti·ci·peert; par·ti·ci·peer·de, par·ti·ci·peer·den; ge·par·ti·ci·peerd
het **par·ti·ci·pi·um**, par·ti·ci·pia, par·ti·ci·pi·ums
de **par·ti·cu·lier**[1] (m), par·ti·cu·lie·ren
par·ti·cu·lier[2] (bnw), par·ti·cu·lie·re
par·ti·eel (bnw), partiële [par·ti·e·le]
de **par·tij** (v), par·tij·en; par·tij·tje
de **par·tij·ac·ti·vist** (m), par·tij·ac·ti·vis·ten
het **par·tij·cen·trum**, par·tij·cen·tra, par·tij·cen·trums
de **par·tij·com·bi·na·tie** (v), par·tij·com·bi·na·ties
de **par·tij·ge·noot** (m), par·tij·ge·no·ten; par·tij·ge·noot·je
de **par·tij·ge·no·te** (v), par·tij·ge·no·tes
de **par·tij·lei·der** (m), par·tij·lei·ders
de **par·tij·lo·y·a·list** (m), par·tij·lo·y·a·lis·ten
de **par·tij·top·per** (m), par·tij·top·pers
de **par·tij·voor·zit·ter** (m), par·tij·voor·zit·ters
het **par·ti·kel**, par·ti·kels; par·ti·kel·tje
de **par·ti·tie** (v), par·ti·ties
de **par·ti·tuur** (v), par·ti·tu·ren
de **par·ti·zaan** (m), par·ti·za·nen
de **part·ner** (m), part·ners; part·ner·tje
de **part·ner in crime** (m), part·ners in crime
het **part·ner·schap**, part·ner·schap·pen; part·ner·schap·je
het **part·ner·ship**, part·ner·ships
part·time (bnw)
de **part·time·baan**, part·time·ba·nen; part·time·baan·tje
de **part·time·job** (m), part·time·jobs
de **part·time·me·de·wer·ker** (m), part·time·me·de·wer·kers
part·ti·men (ww), part·time, part·timet; part·time·de, part·time·den; ge·part·timed
de **part·ti·mer** (m), part·ti·mers
de **par·ty** (v), par·ty's; party'tje [par·ty·tje]
par·ty·en (ww), par·ty, par·tyt; par·ty·de, par·ty·den; ge·par·tyd

de **par·ty·tent**, par·ty·ten·ten; par·ty·tent·je
de **par·ve·nu** (m), par·ve·nu's; parvenuutje [par·ve·nu·tje]
par·wa *(boom)*
het **par·wa·bos**, par·wa·bos·sen
de **par·wa·ho·ning** (m)
de/het **pas**[1] (m/o), pas·sen; pas·je
pas[2] (bijw)
pas[3] (tussenw)
pas[4]: te pas en te onpas
pas[5]: te pas komen
de **pa·sar** (m), pa·sars
de **pas·cal** (m), pas·cals
Pa·s·cha
de **pas de deux** (m), pas de deux, pas de deuxs
Pa·sen
de **pas·fo·to**, pas·fo·to's; pasfotootje [pas·fo·to·tje]
pas·ge·bo·ren (bnw)
de **pas·ge·bo·re·ne**, pas·ge·bo·re·nen
pas·ge·le·den (bijw)
pas·ge·trouwd (bnw), pas·ge·trouw·de
de **pa·sja** (m), pa·sja's
de **pas·ka·mer**, pas·ka·mers; pas·ka·mer·tje
het **pas·poort**, pas·poor·ten; pas·poort·je
de **pass** (m), pas·ses; pass·je
de **pas·saat** (m), pas·sa·ten
de **pas·sa·ge** (v), pas·sa·ges
de **pas·sa·gier** (m), pas·sa·giers; pas·sa·gier·tje
de **pas·sa·gie·re** (v), pas·sa·gie·res
pas·sa·gie·ren (ww), pas·sa·gier, pas·sa·giert; pas·sa·gier·de, pas·sa·gier·den; ge·pas·sa·gierd
het **pas·sa·giers·schip**, pas·sa·giers·sche·pen
de **pas·sa·giers·stoel** (m), pas·sa·giers·stoe·len
de **pas·sant** (m), pas·san·ten
de **pas·se** (v), pas·sen, pas·ses
pas·sé (bnw)
pas·sen[1] (ww) *(letten op; afmeten)*, pas, past; pas·te, pas·ten; ge·past
pas·sen[2] (ww) *((de bal) schieten, werpen)*, pass, passt; pass·te, pass·ten; ge·passt
pas·send (bnw), pas·sen·de
de **pas·se-par·tout** (m), pas·se-par·touts; pas·se-par·tout·je
de **pas·ser** (m), pas·sers; pas·ser·tje
de **pas·se·rel·le**, pas·se·rel·les
pas·se·ren (ww), pas·seer, pas·seert; pas·seer·de, pas·seer·den; ge·pas·seerd
de **pas·se-vi·te**, pas·se-vi·tes
de **pas·sie** (v), pas·sies
het **pas·sief**[1], pas·si·va
pas·sief[2] (bnw), pas·sie·ve
het **pas·sief·huis**, pas·sief·hui·zen
Pas·sie·zon·dag
pas·si·o·neel (bnw), pas·si·o·ne·le
pas·si·o·ne·ren (ww), pas·si·o·neer, pas·si·o·neert; pas·si·o·neer·de, pas·si·o·neer·den; ge·pas·si·o·neerd
de **pas·si·va** (mv)
pas·si·ve·ren (ww), pas·si·veer, pas·si·veert; pas·si·veer·de, pas·si·veer·den; ge·pas·si·veerd
de **pas·si·vi·teit** (v), pas·si·vi·tei·ten
het **pass·word**, pass·words
de/het **pas·ta** (m/o), pas·ta's; pastaatje [pas·ta·tje]
de **pas·te·chi**, pas·te·chi's
de **pas·tei**, pas·tei·en; pas·tei·tje
het **pas·tel**, pas·tel·len, pas·tels; pas·tel·le·tje
pas·teu·ri·se·ren (ww), pas·teu·ri·seer, pas·teu·ri·seert; pas·teu·ri·seer·de, pas·teu·ri·seer·den;

ge·pas·teu·ri·seerd
pas·teus (bnw), pas·teu·ze
de **pas·ti·che** (m), pas·ti·ches
pas·ti·fi
de **pas·til·le**, pas·til·les
de **pas·ti·naak**, pas·ti·na·ken
de **pas·tis** (m), pas·tis·je
de **pas·toor** (m), pas·toors; pas·toor·tje
de **pas·tor** (m), pas·to·res, pas·tors
pas·to·raal (bnw), pas·to·ra·le
het **pas·to·raat**, pas·to·ra·ten
de **pas·to·rie** (v), pastorieën [pas·to·rie·en]; pas·to·rie·tje
de **pas·to·rij** (v), pas·to·rij·en
het **pas·woord**, pas·woor·den
de **pat**[1], pat·ten; pat·je
pat[2] (bnw)
de **pa·ta**, pa·ta's
de **pa·ta·ka**, pa·ta·ka's
de **pa·ta ne·gra** (m)
de **pa·tat**, pa·tat·ten; pa·tat·je
de **pa·ta·tes fri·tes** (mv)
pa·tat·je met
de **patch** (m), pat·ches
pat·chen (ww), patch, patcht; patch·te, patch·ten; ge·patcht
de **pat·choe·li**
het **patch·work**
de **pa·té** (m), pa·tés; pateetje [pa·té·tje]
het **pa·tee·ke**, pa·tee·kes
het **pa·teel**, pa·te·len
de **pa·teen**, pa·te·nen; pa·teen·tje
de **pa·tel·la**, pa·tel·lae, pa·tel·la's
het **pa·tent**[1], pa·ten·ten
pa·tent[2] (bnw), pa·ten·te
pa·ten·te·ren (ww), pa·ten·teer, pa·ten·teert; pa·ten·teer·de, pa·ten·teer·den; ge·pa·ten·teerd
de **pa·ter** (m), pa·ters; pa·ter·tje
de **pa·ter fa·mi·li·as** (m), pa·tres fa·mi·li·as
pa·ter·na·lis·tisch (bnw), pa·ter·na·lis·ti·sche
de **pa·ter·nos·ter** (m) *(rozenkrans)*, pa·ter·nos·ters
Pa·ter·nos·ter *(Onzevader)*
de **pa·the·tiek** (v)
pa·the·tisch (bnw), pa·the·ti·sche
pa·thisch (bnw), pa·thi·sche
pa·tho·geen (bnw), pa·tho·ge·ne
de **pa·tho·lo·gie** (v), pathologieën [pa·tho·lo·gie·en]
pa·tho·lo·gisch (bnw), pa·tho·lo·gi·sche
de **pa·tho·loog** (m), pa·tho·lo·gen
de **pa·tho·loog-ana·toom** (m), pa·tho·lo·gen-ana·to·men, pa·tho·loog-ana·to·men
het **pa·thos**
het **pa·ti·en·ce**
de **patiënt** [pa·ti·ent] (m), patiënten [pa·ti·en·ten]; patiëntje [pa·ti·ent·je]
de **patiënte** [pa·ti·en·te] (v), patiëntes [pa·ti·en·tes]
het **patiëntendossier** [pa·ti·en·ten·dos·sier], patiëntendossiers [pa·ti·en·ten·dos·siers]
de **patiëntengegevens** [pa·ti·en·ten·ge·ge·vens] (mv)
de **patiënteninformatie** [pa·ti·en·ten·in·for·ma·tie] (v)
patiëntgebonden [pa·ti·ent·ge·bon·den] (bnw)
de **patiëntgegevens** [pa·ti·ent·ge·ge·vens] (mv)
het **pa·ti·na**, pa·ti·na's
de **pa·ti·ne**
pa·ti·ne·ren (ww), pa·ti·neer, pa·ti·neert; pa·ti·neer·de, pa·ti·neer·den; ge·pa·ti·neerd
de **pa·tio** (m), pa·ti·o's; patiootje [pa·tio·tje]

de **pa·tis·se·rie** (v), patisserieën [pa·tis·se·rie·en]; pa·tis·se·rie·tje
de **pa·tis·sier** (m), pa·tis·siers
de **patjepeeër** [pat·je·pee·er] (m), patjepeeërs [pat·je·pee·ers]
de **pa·tri·arch** (m), pa·tri·ar·chen
pa·tri·ar·chaal (bnw), pa·tri·ar·cha·le
de **patriciër** [pa·tri·ci·er] (m), patriciërs [pa·tri·ci·ers]
de **pa·trijs**[1] (m) *(stempelvorm),* pa·trij·zen; pa·trijs·je
de **pa·trijs**[2] *(vogel),* pa·trij·zen; pa·trijs·je
de **pa·trijs·poort**, pa·trijs·poor·ten; pa·trijs·poort·je
het **pa·tri·mo·ni·um**, pa·tri·mo·nia, pa·tri·mo·ni·ums
de **pa·tri·ot** (m), pa·tri·ot·ten; pa·tri·ot·je
pa·tri·ot·tisch (bnw), pa·tri·ot·ti·sche
het **pa·tri·ot·tis·me**
pa·tri·ot·tis·tisch (bnw), pa·tri·ot·tis·ti·sche
het **pa·tro·naat**, pa·tro·na·ten
de **pa·tro·na·ge** (v), pa·tro·na·ges
het **pa·tro·niem**, pa·tro·nie·men
de **pa·troon**[1] (m) *(baas; beschermer),* pa·troons; pa·troon·tje
de **pa·troon**[2] *(huls met lading),* pa·tro·nen; pa·troon·tje
het **pa·troon**[3] *(model),* pa·tro·nen; pa·troon·tje
de **pa·trouil·le**, pa·trouil·les
pa·trouil·le·ren (ww), pa·trouil·leer, pa·trouil·leert; pa·trouil·leer·de, pa·trouil·leer·den; ge·pa·trouil·leerd
de **pats**[1], pat·sen; pats·je
pats[2] (tussenw)
pats-boem (tussenw)
de **pat·stel·ling** (v), pat·stel·lin·gen
de **pauk**, pau·ken
pau·ken (ww), pauk, paukt; pauk·te, pauk·ten; ge·paukt
pau·li·nisch (bnw), pau·li·ni·sche
de **pau·per** (m), pau·pers
de **paus** (m), pau·sen; paus·je
pau·se·lijk (bnw), pau·se·lij·ke
de **paus·mo·biel** (m), paus·mo·bie·len
de **pauw** (m), pau·wen; pauw·tje
de **pau·ze**, pau·zen, pau·zes; pau·ze·tje
pau·ze·ren (ww), pau·zeer, pau·zeert; pau·zeer·de, pau·zeer·den; ge·pau·zeerd
de **pa·va·ne**, pa·va·nes
het **pa·vil·joen**, pa·vil·joe·nen, pa·vil·joens; pa·vil·joen·tje
de **pav·lov·re·ac·tie** (v), pav·lov·re·ac·ties
pay: no cure, no pay
de **pay-off** (m), pay-offs
de **pay·roll**, pay·rolls
de **pay-tv** (v), pay-tv's
pbl *(praktisch basisgerichte leerweg)*
pc *(personal computer),* pc's; pc'tje [pc·tje]
pcb *(polychloorbifenyl),* pcb's
de/het **pc-ban·king**, pc-ban·kings
het **pc-ge·bruik**
de **pc-ge·brui·ker** (m), pc-ge·brui·kers
de **pc-ken·nis** (v)
het **pc-scherm**, pc-scher·men
pdf *(portable document format),* pdf's; pdf'je [pdf·je]
het **pdf-be·stand**, pdf-be·stan·den; pdf-be·stand·je
het **pdf-for·maat**, pdf-for·ma·ten
de **pea·nuts** (mv)
de **pe·can·noot**, pe·can·no·ten
de **pech** (m)

de **pech·ver·hel·ping** (v), pech·ver·hel·pin·gen
de **pe·co·ri·no** (m), pe·co·ri·no's
de **pec·ti·ne**
het **pec·to·raal**[1], pec·to·ra·len
pec·to·raal[2] (bnw), pec·to·ra·le
de **pe·cu·nia**
pe·cu·ni·air (bnw), pe·cu·ni·ai·re
de **pe·da** (v), pe·da's
de/het **pe·daal** (m/o), pe·da·len; pe·daal·tje
de **pe·da·go·ge** (v), pe·da·go·ges
de **pe·da·go·gie** (v)
de **pe·da·go·giek** (v), pe·da·go·gie·ken
pe·da·go·gisch (bnw), pe·da·go·gi·sche
de **pe·da·goog** (m), pe·da·go·gen; pe·da·goog·je
pe·da·le·ren (ww), pe·da·leer, pe·da·leert; pe·da·leer·de, pe·da·leer·den; ge·pe·da·leerd
de **pe·da·lo** (m), pe·da·lo's
de **pe·dant**[1] (m), pe·dan·ten; pe·dant·je
pe·dant[2] (bnw), pe·dan·te
de **ped·del** (m), ped·dels; ped·del·tje
de **ped·de·laar** (m), ped·de·laars
ped·de·len (ww), ped·del, ped·delt; ped·del·de, ped·del·den; ge·ped·deld
de **pe·del** (m), pe·del·len, pe·dels
de/het **pe·de·stal** (m/o), pe·de·stal·len, pe·de·stals; pe·de·stal·le·tje
de **pe·di·a·ter** (m), pe·di·a·ters
de **pe·di·a·trie** (v)
pe·di·a·trisch (bnw), pe·di·a·tri·sche
de **pe·di·cu·re**[1] *(persoon; etui)*, pe·di·cu·ren, pe·di·cu·res
de **pe·di·cu·re**[2] *(voetverzorging)*
pe·di·cu·ren (ww), pe·di·cuur, pe·di·cuurt; pe·di·cuur·de, pe·di·cuur·den; ge·pe·di·cuurd
de **pe·di·gree** (m), pe·di·grees
pe·dis (bnw)
de **pe·do** (m), pe·do's
de **pe·do·fiel**[1] (m), pe·do·fie·len
pe·do·fiel[2] (bnw), pe·do·fie·le
de **pe·do·fi·lie** (v)
pee: de pee inhebben
de **peel**, pe·len
de **pee·ling**, pee·lings
de **peen**, pe·nen; peen·tje
de **peer** *(vrucht)*, pe·ren; peer·tje
de **peer·groep**, peer·groe·pen
de **peer·group**, peer·groups
de **peer·re·view** (m), peer·re·views
peer-to-peer (bnw)
de **pees**, pe·zen; pees·je
de **pees·ont·ste·king** (v), pees·ont·ste·kin·gen
de **peet**, pe·ten; peet·je
de **peet·tan·te** (v), peet·tan·tes
de **peg**, peg·gen
de **pe·ga·pe·ga**, pe·ga·pe·ga's
de **pe·gel** (m), pe·gels; pe·gel·tje
de **peig·noir** (m), peig·noirs; peig·noir·tje
het **peil**[1], pei·len
peil[2]: er is geen peil op te trekken
de **peil·da·tum** (m), peil·da·ta, peil·da·tums
pei·len (ww), peil, peilt; peil·de, peil·den; ge·peild
de **pei·ler** (m) *(iemand die peilt)*, pei·lers
de **pei·ling** (v), pei·lin·gen; pei·lin·kje
peil·loos (bnw), peil·lo·ze
de **peil·stok** (m), peil·stok·ken; peil·stok·je
pein·zen (ww), peins, peinst; peins·de, peins·den; ge·peinsd
pein·zend (bnw), pein·zen·de
de **peis**

het **pe·jo·ra·tief**[1], pe·jo·ra·tie·ven
pe·jo·ra·tief[2] (bnw), pe·jo·ra·tie·ve
de/het **pek** (m/o) *(stofnaam)*
de **pe·kel** (m)
de **pe·ki·nees** (m), pe·ki·ne·zen; pe·ki·nees·je
het **pe·king**
de **pe·king·eend**, pe·king·een·den
pek·ken (ww), pek, pekt; pek·te, pek·ten; ge·pekt
de **pel**, pel·len; pel·le·tje
de **pe·la·gi·aan** (m), pe·la·gi·a·nen
pe·len (ww), peel, peelt; peel·de, peel·den; ge·peeld
de **pel·grim** (m), pel·grims; pel·grim·pje
de **pel·gri·ma·ge** (v), pel·gri·ma·ges
pel·gri·me·ren (ww), pel·gri·meer, pel·gri·meert; pel·gri·meer·de, pel·gri·meer·den; ge·pel·gri·meerd
de **pe·li·kaan** (m), pe·li·ka·nen; pe·li·kaan·tje
pel·len[1] (bnw)
pel·len[2] (ww), pel, pelt; pel·de, pel·den; ge·peld
het **pel·let** *(samengeperst materiaal)*, pel·lets
de **pel·mo·len** (m), pel·mo·lens
het **pe·lo·ton**, pe·lo·tons; pe·lo·ton·ne·tje
de **pels** (m), pel·sen, pel·zen; pels·je
pel·sen (bnw)
de **pe·luw**, pe·lu·wen, pe·luws; pe·luw·tje
pel·zen (bnw)
pem·ba
de **pen**, pen·nen; pen·ne·tje
pe·na·li·se·ren (ww), pe·na·li·seer, pe·na·li·seert; pe·na·li·seer·de, pe·na·li·seer·den; ge·pe·na·li·seerd
de **pe·nal·ty** (m), pe·nal·ty's; penalty'tje [pe·nal·ty·tje]
het **pe·nant**, pe·nan·ten
de **pe·na·rie** (v)
de/het **pen·dant** (m/o), pen·dan·ten
de **pen·del** (m), pen·dels; pen·del·tje
de **pen·de·laar** (m), pen·de·laars
pen·de·len (ww), pen·del, pen·delt; pen·del·de, pen·del·den; ge·pen·deld
de **pen·du·le**, pen·du·les; pen·du·le·tje, pen·duul·tje
de **pen-en-gat·ver·bin·ding** (v), pen-en-gat·ver·bin·din·gen
de **pe·ne·tra·tie** (v), pe·ne·tra·ties
pe·ne·tre·ren (ww), pe·ne·treer, pe·ne·treert; pe·ne·treer·de, pe·ne·treer·den; ge·pe·ne·treerd
de **pen·greep** (m), pen·gre·pen
de **pen·hou·der** (m), pen·hou·ders; pen·hou·der·tje
pe·ni·bel (bnw), pe·ni·be·le
de **pe·ni·cil·li·ne**
de **pe·ni·cil·li·ne-in·jec·tie** (v), pe·ni·cil·li·ne-in·jec·ties
de **pe·nis** (m), pe·nis·sen; pe·nis·je
de **pe·nis·ko·ker** (m), pe·nis·ko·kers
de **pe·ni·tent** (m), pe·ni·ten·ten
pe·ni·ten·ti·air (bnw), pe·ni·ten·ti·ai·re
de **pen·ne** (mv) , pen·ne·tje
pen·nen (ww), pen, pent; pen·de, pen·den; ge·pend
de **pen·nen·bak** (m), pen·nen·bak·ken; pen·nen·bak·je
de **pen·nen·lik·ker** (m), pen·nen·lik·kers
de **pen·nen·schacht**, pen·nen·schach·ten
de **pen·nen·streek**, pen·nen·stre·ken
de **pen·nen·strijd** (m), pen·nen·strij·den
de **pen·nen·trek** (m), pen·nen·trek·ken

de **pen·nen·vriend** (m), pen·nen·vrien·den
de **pen·nen·vrien·din** (v), pen·nen·vrien·din·nen
de **pen·nen·vrucht**, pen·nen·vruch·ten; pen·nen·vrucht·je
de **pen·nen·zak** (m), pen·nen·zak·ken; pen·nen·zak·je
de **pen·ner** (m), pen·ners
de **pen·ning** (m), pen·nin·gen; pen·nin·kje
de **pen·ning·mees·ter** (m), pen·ning·mees·ters
de **pen·ny**, pen·ny's
de **pe·no·ze**
de **pens**, pen·sen; pens·je
de **pen·see**, pen·sees; pen·see·tje
het **pen·seel**, pen·se·len; pen·seel·tje
pen·se·len (ww), pen·seel, pen·seelt; pen·seel·de, pen·seel·den; ge·pen·seeld
de **pen·sho·na·do** *(in Antilliaans-Nederlands),* pen·sho·na·do's
de **pen·sho·na·do·re·ge·ling** (v) *(in Antilliaans-Nederlands),* pen·sho·na·do·re·ge·lin·gen
de **pen·sho·na·do·wet·ge·ving** (v) *(in Antilliaans-Nederlands),* pen·sho·na·do·wet·ge·vin·gen
het **pen·si·oen**, pen·si·oe·nen; pen·si·oen·tje
de **pen·si·oen·aan·vraag**, pen·si·oen·aan·vra·gen
het **pen·si·oen·fonds**, pen·si·oen·fond·sen; pen·si·oen·fonds·je
de **pen·si·oen·leef·tijd** (m), pen·si·oen·leef·tij·den
de **pen·si·oen·op·bouw** (m)
de **pen·si·oen·re·ge·ling** (v), pen·si·oen·re·ge·lin·gen
het **pen·si·oen·spa·ren**
de **pen·si·oen·wet**, pen·si·oen·wet·ten
het **pen·si·on**, pen·si·ons; pen·si·on·ne·tje
het **pen·si·o·naat**, pen·si·o·na·ten
de **pen·si·o·na·do**, pen·si·o·na·do's
pen·si·o·ne·ren (ww), pen·si·o·neer, pen·si·o·neert; pen·si·o·neer·de, pen·si·o·neer·den; ge·pen·si·o·neerd
de **pen·si·o·ne·ring** (v), pen·si·o·ne·rin·gen
het **pen·taan**
Pen·ta·gon
het **pen·ta·gram**, pen·ta·gram·men
de/het **pen·tat·lon** (m/o), pen·tat·lons
het **pent·house**, pent·hou·ses; pent·house·je
pen·tjak si·lak *(in Surinaams-Nederlands)*
de **pen·vriend** (m), pen·vrien·den
het **peo·ple·ma·nage·ment**
de **peo·ple·ma·na·ger** (m), peo·ple·ma·na·gers
de **pep** (m)
de **pe·per** (m), pe·pers; pe·per·tje
het **pe·per-en-zout·stel**, pe·per-en-zout·stel·len; pe·per-en-zout·stel·le·tje
de **pe·per·koek** (m), pe·per·koe·ken; pe·per·koek·je
de **pe·per·munt**, pe·per·mun·ten; pe·per·munt·je
de **pe·pe·ro·ni** (mv) *(peper)*
de **pe·per·spray** (m), pe·per·sprays
de **pep·pe·ro·ni** (m) *(salami),* pep·pe·ro·ni's
de **pep·per·spray** (m), pep·per·sprays
pe·pre·wa·tra
de **pep·talk** (m), pep·talks
de/het **pep·ti·de** (v/o), pep·ti·den, pep·ti·des
per (voorz)

het **per·ceel**, per·ce·len; per·ceel·tje
de **per·ceel·ei·ge·naar** (m), per·ceel·ei·ge·naars, per·ceel·ei·ge·na·ren
de **per·ceel·grens**, per·ceel·gren·zen
de **per·ceel·kaart**, per·ceel·kaar·ten
het **per·ceel·land**, per·ceel·lan·den
de **per·ceels·grens**, per·ceels·gren·zen
de **per·ce·le·ring** (v), per·ce·le·rin·gen
het **per·cent**, per·cen·ten; per·cent·je
het **per·cen·ta·ge**, per·cen·ta·ges
het **per·cen·tiel**, per·cen·tie·len
het **per·cent·te·ken**, per·cent·te·kens
per·cen·tu·eel (bnw), per·cen·tu·e·le
de **per·cep·tie** (v), per·cep·ties
percipiëren [per·ci·pi·e·ren] (ww), per·ci·pi·eer, per·ci·pi·eert; per·ci·pi·eer·de, per·ci·pi·eer·den; ge·per·ci·pi·eerd
de **per·co·la·tor** (m), per·co·la·to·ren, per·co·la·tors
de **per·cus·sie** (v), per·cus·sies
de **per·cus·si·o·nist** (m), per·cus·si·o·nis·ten
de **pe·re·laar** (m), pe·re·laars, pe·re·la·ren
pe·ren (ww), peer, peert; peer·de, peer·den; ge·peerd
de **pe·ren·boom** (m), pe·ren·bo·men; pe·ren·boom·pje
het **pe·ren·hout**
het **pe·ren·sap**, pe·ren·sap·pen; pe·ren·sap·je
de **pe·ren·taart**, pe·ren·taar·ten; pe·ren·taart·je
de **pe·re·qua·tie** (v), pe·re·qua·ties
de **pe·res·troj·ka**, pe·res·troj·ka's
per·fect (bnw), per·fec·te
de **per·fec·tie** (v), per·fec·ties
per·fec·ti·o·ne·ren (ww), per·fec·ti·o·neer, per·fec·ti·o·neert; per·fec·ti·o·neer·de, per·fec·ti·o·neer·den; ge·per·fec·ti·o·neerd
het **per·fec·ti·o·nis·me**
de **per·fec·ti·o·nist** (m), per·fec·ti·o·nis·ten
per·fec·ti·o·nis·tisch (bnw), per·fec·ti·o·nis·ti·sche
het **per·fec·tum**, per·fec·ta, per·fec·tums
per·fi·de (bnw)
de **per·fo·ra·tor** (m), per·fo·ra·to·ren, per·fo·ra·tors
per·fo·re·ren (ww), per·fo·reer, per·fo·reert; per·fo·reer·de, per·fo·reer·den; ge·per·fo·reerd
de **per·for·man·ce**, per·for·man·ces
per·for·mant (bnw), per·for·man·te
per·for·men (ww), per·form, per·formt; per·form·de, per·form·den; ge·per·formd
de **per·for·mer** (m), per·for·mers; per·for·mer·tje
de **per·go·la**, per·go·la's; pergolaatje [per·go·la·tje]
pe·ri·feer (bnw), pe·ri·fe·re
de **pe·ri·fe·rie** (v), periferieën [pe·ri·fe·rie·en]
het **pe·ri·kel**, pe·ri·ke·len, pe·ri·kels; pe·ri·kel·tje
de **pe·ri·koop**, pe·ri·ko·pen
de **pe·ri·me·ter** (m), pe·ri·me·ters
het **pe·ri·ne·um**, pe·ri·nea
de **pe·ri·o·de** (v), pe·ri·o·den, pe·ri·o·des; pe·ri·o·de·tje
de **pe·ri·o·di·ci·teit** (v)
de/het **pe·ri·o·diek**[1] (v/o), pe·ri·o·die·ken; pe·ri·o·diek·je
pe·ri·o·diek[2] (bnw), pe·ri·o·die·ke
pe·ri·o·disch (bnw), pe·ri·o·di·sche

P

pe·ri·ope·ra·tief (bnw), pe·ri·ope·ra·tie·ve
de **pe·ri·scoop** (m), pe·ri·sco·pen; pe·ri·scoop·je
het **pe·ri·sti·li·um**, pe·ri·sti·lia
het **perk**, per·ken; perk·je
het **per·kal**
het **per·ka·ment**, per·ka·men·ten; per·ka·ment·je
per·ken (ww), perk, perkt; perk·te, perk·ten; ge·perkt
het **perm**
de **per·ma·frost** (m)
de **per·ma·nent**[1] (m), per·ma·nen·ten; per·ma·nent·je
per·ma·nent[2] (bnw), per·ma·nen·te
per·ma·nen·ten (ww), per·ma·nent, per·ma·nent; per·ma·nent·te, per·ma·nent·ten; ge·per·ma·nent
de **per·ma·nen·tie** (v)
de **per·mis·sie** (v), per·mis·sies
per·mit·te·ren (ww), per·mit·teer, per·mit·teert; per·mit·teer·de, per·mit·teer·den; ge·per·mit·teerd
de **per·nod** (m), per·nods; per·nod·je
het **per·oxi·de**, per·oxi·den, per·oxi·des
het **per·pe·tu·um mo·bi·le**, per·pe·tua mo·bi·lia, per·pe·tu·um mo·bi·le's
per·plex (bnw), per·plexe
het **per·ron**, per·rons; per·ron·ne·tje
de **pers**[1] (m) *(kat; tapijt)*, per·zen; pers·je
de **pers**[2] *(apparaat)*, per·sen; pers·je
de **per·sad**
per sal·do
het **pers·ar·ti·kel**, pers·ar·ti·ke·len, pers·ar·ti·kels; pers·ar·ti·kel·tje
de **pers·at·ta·ché** (m), pers·at·ta·chés
het **pers·be·richt**, pers·be·rich·ten; pers·be·richt·je
het **pers·bu·reau**, pers·bu·reaus; pers·bu·reau·tje
de **pers·cen·suur** (v)
de **pers·chef** (m), pers·chefs
het **pers·com·mu·ni·qué**, pers·com·mu·ni·qués
de **pers·con·fe·ren·tie** (v), pers·con·fe·ren·ties
per se (bijw)
per·sen (ww), pers, perst; pers·te, pers·ten; ge·perst
de **per·si·fla·ge** (v), per·si·fla·ges
per·sis·tent (bnw), per·sis·ten·te
de **per·sis·ten·tie** (v)
per·sis·te·ren (ww), per·sis·teer, per·sis·teert; per·sis·teer·de, per·sis·teer·den; ge·per·sis·teerd
pers·klaar (bnw), pers·kla·re
per·so·naal (bnw), per·so·na·le
de/het **per·so·na·ge** (v/o), per·so·na·ges
de **per·so·nal com·pu·ter** (m), per·so·nal com·pu·ters
de **per·so·na·lia** (mv)
de **per·so·na·li·sa·tie** (v), per·so·na·li·sa·ties
per·so·na·li·se·ren (ww), per·so·na·li·seer, per·so·na·li·seert; per·so·na·li·seer·de, per·so·na·li·seer·den; ge·per·so·na·li·seerd
de **per·so·na·li·se·ring** (v), per·so·na·li·se·rin·gen
de **per·so·na·li·teit** (v), per·so·na·li·tei·ten
de **per·so·na non gra·ta**, per·so·nae non gra·tae
het **per·so·neel**[1]
per·so·neel[2] (bnw), per·so·ne·le
de **per·so·neels·ad·mi·nis·tra·tie** (v), per·so·neels·ad·mi·nis·tra·ties
het **per·so·neels·be·leid**
het **per·so·neels·be·stand**,

per·so·neels·be·stan·den
de **per·so·neels·bond** (m), per·so·neels·bon·den
de **per·so·neels·chef** (m), per·so·neels·chefs
de **per·so·neels·dienst** (m), per·so·neels·dien·sten
de **per·so·neels·di·rec·teur** (m), per·so·neels·di·rec·teu·ren, per·so·neels·di·rec·teurs
het **per·so·neels·dos·sier**, per·so·neels·dos·siers
het **per·so·neels·feest**, per·so·neels·fees·ten; per·so·neels·feest·je
de **per·so·neels·keu·ze**, per·so·neels·keu·zen, per·so·neels·keu·zes
de **per·so·neels·kos·ten** (mv)
het **per·so·neels·lid**, per·so·neels·le·den; per·so·neels·lid·je
de **per·so·neels·ma·na·ger** (m), per·so·neels·ma·na·gers
het **per·so·neels·num·mer**, per·so·neels·num·mers
de **per·so·neels·stop** (m), per·so·neels·stops
het **per·so·neels·uit·je**, per·so·neels·uit·jes
de **per·so·neels·ver·eni·ging** (v), per·so·neels·ver·eni·gin·gen
de **per·so·neels·ver·or·de·ning** (v), per·so·neels·ver·or·de·nin·gen
de **per·so·neels·za·ken** (mv)
de **per·so·nen·au·to** (m), per·so·nen·au·to's; personenautootje [per·so·nen·au·to·tje]
het **per·so·nen·meer·der·heids·stel·sel**, per·so·nen·meer·der·heids·stel·sels
de **per·so·ni·fi·ca·tie** (v), per·so·ni·fi·ca·ties
personifiëren [per·so·ni·fi·e·ren] (ww), per·so·ni·fi·eer, per·so·ni·fi·eert; per·so·ni·fi·eer·de, per·so·ni·fi·eer·den; ge·per·so·ni·fi·eerd
de **per·soon** (m), per·so·nen; per·soon·tje
per·soon·lijk (bnw), per·soon·lij·ke
de **per·soon·lijk·heid** (v), per·soon·lijk·he·den; per·soon·lijk·heid·je
per·soons·ge·bon·den (bnw)
de **per·soons·vorm** (m), per·soons·vor·men
de **per·spec·tief**[1] *(doorzichtkunde)*
het **per·spec·tief**[2] *(vergezicht)*, per·spec·tie·ven; per·spec·tief·je
het **per·spex**
de **pers·stil·te** (v), pers·stil·ten, pers·stil·tes
per·su·a·sief (bnw), per·su·a·sie·ve
per·tang (bijw)
per·ti·nent (bnw), per·ti·nen·te
de **Pe·ru·aan** (m), Pe·ru·a·nen
Pe·ru·aans (bnw), Pe·ru·aan·se
de **Pe·ru·vi·aan** (m), Pe·ru·vi·a·nen
Pe·ru·vi·aans (bnw), Pe·ru·vi·aan·se
per·va·sief (bnw), per·va·sie·ve
per·vers (bnw), per·ver·se
de **per·vert**, per·verts
de **per·zik**, per·zi·ken; per·zik·je
het **Per·zisch**[1] *(taal)*
Per·zisch[2] (bnw), Per·zi·sche
Pe·sach
de **pe·se·ta** (m), pe·se·ta's
de **pe·so** (m), pe·so's
het **pes·sa·ri·um**, pes·sa·ria,

pes·sa·ri·ums
het **pes·si·mis·me**
de **pes·si·mist** (m), pes·si·mis·ten
pes·si·mis·tisch (bnw), pes·si·mis·ti·sche
de **pest**
de **pest·bac·te·rie** (v), pestbacteriën [pest·bac·te·ri·en]
pes·ten (ww), pest, pest; pest·te, pest·ten; ge·pest
de **pes·ter** (m), pes·ters; pes·ter·tje
de **pes·te·rij** (v), pes·te·rij·en; pes·te·rij·tje
het **pes·ti·ci·de**, pes·ti·ci·den, pes·ti·ci·des
de **pest·kop** (m), pest·kop·pen; pest·kop·je
de **pes·to** (m), pes·to's; pestootje [pes·to·tje]
de **pet**[1] *(hoofddeksel)*, pet·ten; pet·je
pet[2] *(polyethyleentereftalaat)*
pet[3] (bnw)
de **pe·tan·que** (v)
de **pe·tan·que·baan**, pe·tan·que·ba·nen
pe·tan·quen (ww), pe·tan·que, pe·tan·quet; pe·tan·que·te, pe·tan·que·ten; ge·pe·tan·quet
de **pe·te·chie** (v), petechieën [pe·te·chie·en]
het **pe·te·kind**, pe·te·kin·de·ren
de **pe·ter** (m), pe·ters; pe·ter·tje
het **pe·ter·schap**
de **pe·ter·se·lie**
de **pet·fles**, pet·fles·sen; pet·fles·je
het **pet·fles·sen·pro·bleem**, pet·fles·sen·pro·ble·men
pe·tie·te·rig (bnw), pe·tie·te·ri·ge
de **pe·tit-beur·re** (m), pe·tits-beur·res
de **pe·tit·four** (m), pe·tit·fours; pe·tit·four·tje
de **pe·ti·tie** (v), pe·ti·ties
de **pe·tro·le·um** (m)
de **pets** (m), pet·sen; pets·je
de **PET-scan** (m), PET-scans
de **pet·shop** (m), pet·shops
de **pet·ti·coat** (m), pet·ti·coats
de **peuk** (m), peu·ken; peuk·je
de **peul**, peu·len; peul·tje
de **peu·len·schil**, peu·len·schil·len; peu·len·schil·le·tje
de **peul·schil**, peul·schil·len; peul·schil·le·tje
de **peun** (m), peu·nen
de **peur**, peu·ren
peu·ren (ww), peur, peurt; peur·de, peur·den; ge·peurd
de **peut** (m), peu·ten
de **peu·ter** (m), peu·ters; peu·ter·tje
peu·te·ren (ww), peu·ter, peu·tert; peu·ter·de, peu·ter·den; ge·peu·terd
de **peu·ter·speel·zaal**, peu·ter·speel·za·len; peu·ter·speel·zaal·tje
peu·ze·len (ww), peu·zel, peu·zelt; peu·zel·de, peu·zel·den; ge·peu·zeld
pe·zen (ww), pees, peest; pees·de, pees·den; ge·peesd
de **pe·ze·we·ver** (m), pe·ze·we·vers
pf (tussenw)
de **pfeif·fer** *(ziekte van Pfeiffer)*
Pfeif·fer: ziekte van Pfeiffer
pgb *(persoonsgebonden budget)*, pgb's
pH *(potentiaal hydrogenium)*, pH's
Phag·wa
het **phag·wa·feest**
de **phi**, phi's
het **phi·shing**
de **pH-waar·de** (v), pH-waar·den, pH-waar·des
de **pi**, pi's; pi'tje [pi·tje]
de **pi·a·nist** (m), pi·a·nis·ten; pi·a·nist·je

de **pia·nis·te** (v), pia·nis·tes
de **pi·a·no**[1], pi·a·no's; pianootje [pi·a·no·tje]
pi·a·no[2] (bijw)
de **pi·a·no·be·ge·lei·ding** (v), pi·a·no·be·ge·lei·din·gen
de **pi·a·no·les**, pi·a·no·les·sen
pi·a·no·spe·len (ww), speel pi·a·no, speelt pi·a·no; speel·de pi·a·no, speel·den pi·a·no; pi·a·no·ge·speeld
het **pi·a·no·trio**, pi·a·no·tri·o's
de **pi·as** (m), pi·as·sen
de **pi·az·za** (v), pi·az·za's
de **pi·ca** (v), pi·ca's
de **Pi·cas·so** (m) *(werk van Picasso)*, Pi·cas·so's
de **pi·cas·so·vis** (m), pi·cas·so·vis·sen
de **pic·ca·lil·ly** (m)
de **pic·co·lo** (m), pic·co·lo's; piccolootje [pic·co·lo·tje]
de **pic·kles** (mv)
de **pick·nick** (m), pick·nicks; pick·nick·je
pick·nic·ken (ww), pick·nick, pick·nickt; pick·nick·te, pick·nick·ten; ge·pick·nickt
de **pick·nick·mand**, pick·nick·man·den; pick·nick·mand·je
de **pick·nick·ta·fel**, pick·nick·ta·fels; pick·nick·ta·fel·tje
de **pick·poc·ket** (m), pick·poc·kets
de **pick-up** (m), pick-ups; pick-up·je
de **pick-up·truck** (m), pick-up·trucks; pick-up·truck·je
de **pi·co** (m), pi·co's; picootje [pi·co·tje]
pi·co bel·lo (bijw)
het **pic·to·gram**, pic·to·gram·men
de **pic·ture** (m)
het **pid·gin**, pid·gins
het **pi·è·ce de ré·sis·tan·ce**, pi·è·ce de ré·sis·tan·ces, pi·è·ces de ré·sis·tan·ce
het **pied-à-ter·re**, pied-à-ter·res
het **pied-de-pou·le**
de/het **piëdestal** [pi·e·de·stal] (m/o), piëdestallen [pi·e·de·stal·len], piëdestals [pi·e·de·stals]; piëdestalletje [pi·e·de·stal·le·tje]
de **pief** (m), pie·fen; pief·je
de **piek**, pie·ken; piek·je
pie·ken (ww), piek, piekt; piek·te, piek·ten; ge·piekt
pie·ke·ren (ww), pie·ker, pie·kert; pie·ker·de, pie·ker·den; ge·pie·kerd
pie·ke·rig (bnw), pie·ke·ri·ge
piek·fijn (bnw), piek·fij·ne
het **piek·uur**, piek·uren; piek·uur·tje
de **piel** (m), pie·len; piel·tje
de **pie·le·man** (m), pie·le·man·nen
pie·len (ww), piel, pielt; piel·de, piel·den; ge·pield
de **pie·mel** (m), pie·mels; pie·mel·tje
pie·me·len (ww), pie·mel, pie·melt; pie·mel·de, pie·mel·den; ge·pie·meld
pien·ter (bnw), pien·te·re
de **piep**[1] (m), pie·pen; piep·je
piep[2] (tussenw)
pie·pe·len (ww), pie·pel, pie·pelt; pie·pel·de, pie·pel·den; ge·pie·peld
pie·pen (ww), piep, piept; piep·te, piep·ten; ge·piept
pie·pend (bnw), pie·pen·de
de **pie·per** (m), pie·pers; pie·per·tje
piep·klein (bnw), piep·klei·ne
het **piep·schuim**
piep·schui·men (bnw)
piep·zak: in de piepzak zitten
de **pier** (m), pie·ren; pier·tje
pier·cen (ww), pierce, piercet; pierce·te, pierce·ten; ge·piercet

de **pier·cing** (m), pier·cings
pie·ren (ww), pier, piert; pier·de, pier·den; ge·pierd
het **pie·ren·bad**, pie·ren·ba·den; pie·ren·bad·je
de **pie·re·wiet** (m) *(grappenmaker)*, pie·re·wie·ten
de **pier·rot** (m), pier·rots; pier·rot·je
de **pies** (m), pies·je
pie·sen (ww), pies, piest; pies·te, pies·ten; ge·piest
de **pies·pot** (m), pies·pot·ten; pies·pot·je
de **piet** (m), pie·ten; piet·je
de **piëta** [pi·e·ta], piëta's [pi·e·ta's]
de **piëteit** [pi·e·teit] (v)
piëteitsvol [pi·e·teits·vol] (bnw), piëteitsvolle [pi·e·teits·vol·le]
pie·te·peu·te·rig (bnw), pie·te·peu·te·ri·ge
het **piëtisme** [pi·e·tis·me]
het **piet·je-pre·cies**, piet·jes-pre·cies
piet·lut·tig (bnw), piet·lut·ti·ge
het **piets·je**, piets·jes
het **pig·ment**, pig·men·ten
de **pig·ment·vlek**, pig·ment·vlek·ken; pig·ment·vlek·je
de/het **pig·non** (m/o), pig·nons
de **pijl** (m), pij·len; pijl·tje
de **pijl-en-boog** (m), pijl-en-bo·gen
de **pij·ler** (m) *(pilaar)*, pij·lers; pij·ler·tje
de **pijl·inkt·vis** (m), pijl·inkt·vis·sen; pijl·inkt·vis·je
de **pijl·punt** (m), pijl·pun·ten
pijl·snel (bnw), pijl·snel·le
de **pijn**[1] (m) *(boom)*, pij·nen; pijn·tje
de **pijn**[2] *(smart, straf)*, pij·nen; pijn·tje
de **pijn·boom** (m), pijn·bo·men; pijn·boom·pje
pij·nen (ww), pijn, pijnt; pijn·de, pijn·den; ge·pijnd
pij·ni·gen (ww), pij·nig, pij·nigt; pij·nig·de, pij·nig·den; ge·pij·nigd
pijn·lijk (bnw), pijn·lij·ke
het **pijn·punt**, pijn·pun·ten; pijn·punt·je
de **pijn·stil·ler** (m), pijn·stil·lers
de **pijp**, pij·pen; pijp·je
pij·pen (ww), pijp, pijpt; pijp·te, pijp·ten; ge·pijpt
de **pij·pen·kop** (m), pij·pen·kop·pen; pij·pen·kop·je
de **pij·pen·krul**, pij·pen·krul·len
de **pij·pen·ra·ger** (m), pij·pen·ra·gers
de **pij·pen·steel** (m), pij·pen·ste·len
het **pijpenstrootje** [pij·pen·stro·tje], pijpenstrootjes [pij·pen·stro·tjes]
het **pijp·etui**, pijp·etuis; pijp·etui·tje
de **pijp·lei·ding** (v), pijp·lei·din·gen; pijp·lei·din·kje
de **pijp·lijn**, pijp·lij·nen
pijp·ro·ken (ww)
de **pik**[1] *(zeis, houweel)*, pik·ken; pik·je
de **pik**[2] (m) *(andere betekenissen)*, pik·ken; pik·je
pi-ka (bnw)
pi·kant (bnw), pi·kan·te
pik·don·ker (bnw), pik·don·ke·re
pi·ke·ren (ww), pi·keer, pi·keert; pi·keer·de, pi·keer·den; ge·pi·keerd
het **pi·ket**, pi·ket·ten; pi·ket·je
pi·ket·ten (ww), pi·ket, pi·ket; pi·ket·te, pi·ket·ten; ge·pi·ket
de **pi·keur** (m), pi·keurs; pi·keur·tje
het **pik·hou·weel**, pik·hou·we·len; pik·hou·weel·tje
pik·ke·don·ker (bnw), pik·ke·don·ke·re
de **pik·kel** (m), pik·kels; pik·kel·tje
pik·ken (ww) *((weg)nemen)*, pik, pikt; pik·te, pik·ten; ge·pikt
de **pik·ker** (m), pik·kers

pik·ke·rig (bnw), pik·ke·ri·ge
de **pi·ko·let**, pi·ko·lets
pik·zwart (bnw), pik·zwar·te
de **pil**, pil·len; pil·le·tje
de **pi·laar** (m), pi·la·ren; pi·laar·tje
het **pi·la·tes**
de **pi·lav** (m)
de **pi·li·pi·li** (m)
de **pil·lamp**, pil·lam·pen
pil·len (ww), pil, pilt; pil·de, pil·den; ge·pild
de **pil·len·doos**, pil·len·do·zen; pil·len·doos·je
het **pi·lo**
de **pi·loot** (m), pi·lo·ten; pi·loot·je
de **pi·loot·af·le·ve·ring** (v), pi·loot·af·le·ve·rin·gen
het **pi·loot·pro·ject**, pi·loot·pro·jec·ten
het **pi·lot**, pi·lots; pi·lot·je
de **pi·lot·af·le·ve·ring** (v), pi·lot·af·le·ve·rin·gen
de **pi·lo·ten·pet**, pi·lo·ten·pet·ten
pi·lo·te·ren (ww), pi·lo·teer, pi·lo·teert; pi·lo·teer·de, pi·lo·teer·den; ge·pi·lo·teerd
de **pi·lot·fa·se** (v), pi·lot·fa·sen, pi·lot·fa·ses
de **pi·lot·groep**, pi·lot·groe·pen
de **pi·lot·pe·ri·o·de**, pi·lot·pe·ri·o·den, pi·lot·pe·ri·o·des
het **pi·lot·pro·ject**, pi·lot·pro·jec·ten
de **pi·lot·stu·dy** (v), pi·lot·stu·dy's
de/het **pils** (m/o), pils·je
het **pi·ment**
de **pi·ment·kor·rel** (m), pi·ment·kor·rels
pim·pam·pet·ten (ww), pim·pam·pet, pim·pam·pet; pim·pam·pet·te, pim·pam·pet·ten; ge·pim·pam·pet
de **pim·pel·mees**, pim·pel·me·zen; pim·pel·mees·je
pim·pen (ww), pimp, pimpt; pimp·te, pimp·ten; ge·pimpt
de **pin**[1] *(voorwerp waarmee iets vastgezet wordt),* pin·nen; pin·ne·tje
pin[2] *(persoonlijk identificatienummer),* pins; pin·ne·tje
pi·na *(dakbedekking)*
het **pi·na·blad**, pi·na·bla·den, pi·na·bla·de·ren
de **pi·na co·la·da** (m), pi·na co·la·da's
het **pi·na·dak**, pi·na·da·ken
de **pi·na·hut**, pi·na·hut·ten
de **pi·na·kel** (m), pi·na·kels; pi·na·kel·tje
de **pi·na·palm** (m), pi·na·pal·men
het **pin·ap·pa·raat**, pin·ap·pa·ra·ten
pi·na·ren (ww), pi·naar, pi·naart; pi·naar·de, pi·naar·den; ge·pi·naard
de **pin·au·to·maat** (m), pin·au·to·ma·ten
de **pin·ce-nez** (m), pin·ce-nezs; pin·ce-nez·tje
de/het **pin·cet** (m/o), pin·cet·ten; pin·cet·je
de **pin·cher** (m), pin·chers; pin·cher·tje
de **pin·co·de** (m), pin·co·des
de **pin·da**, pin·da's; pindaatje [pin·da·tje]
de **pin·da-al·ler·gie** (v)
de **pin·da·kaas** (m), pin·da·ka·zen
de **pin·da·koek** (m), pin·da·koe·ken
de **pin·da·soep**
de **pi·neut** (m), pi·neu·ten; pi·neut·je
de **ping**[1] (m), pin·gen; pin·ge·tje
ping[2] (tussenw)
pin·gen (ww), ping, pingt; ping·de, ping·den; ge·pingd
de **pin·go**, pin·go's
het **ping·pong**
de **ping·pong·bal** (m),

ping·pong·bal·len; ping·pong·bal·le·tje
ping·pon·gen (ww), ping·pong, ping·pongt; ping·pong·de, ping·pong·den; ge·ping·pongd
het **ping·pong·spel**, ping·pong·spe·len, ping·pong·spel·len
de **ping·pong·ta·fel**, ping·pong·ta·fels
de **pinguïn** [pin·gu·in] (m), pinguïns [pin·gu·ins]; pinguïnnetje [pin·gu·in·ne·tje], pinguïntje [pin·gu·in·tje]
de **pink** (m), pin·ken; pink·je
pin·ken (ww), pink, pinkt; pink·te, pink·ten; ge·pinkt
de **pin·ker** (m), pin·kers
de **pink·ster** (m)
de **pink·ster·be·we·ging** (v), pink·ster·be·we·gin·gen
de **pink·ster·dag** (m), pink·ster·da·gen
Pink·ste·ren
het **pink·ster·feest**, pink·ster·fees·ten
de **pink·ster·ge·meen·te** (v), pink·ster·ge·meen·ten, pink·ster·ge·meen·tes
de **pink·ster·maan·dag** (m), pink·ster·maan·da·gen
de **pink·ster·va·kan·tie** (v), pink·ster·va·kan·ties
het **pink·ster·week·end**, pink·ster·week·en·den, pink·ster·week·ends
de **pink·ster·zon·dag** (m), pink·ster·zon·da·gen
pin·nen (ww), pin, pint; pin·de, pin·den; ge·pind
de **pin·nen·muts**, pin·nen·mut·sen
de **pi·not** (m), pi·nots
de **pin·pas** (m), pin·pas·sen; pin·pas·je
het **pin·pas·ge·bruik**
de **pin·pas·hou·der** (m), pin·pas·hou·ders
de **pint**, pin·ten; pint·je
de **pin-up** (v), pin-ups
de **pi·oen**, pi·oe·nen; pi·oen·tje
de **pi·on** (m), pi·on·nen, pi·ons; pi·on·ne·tje
de **pi·o·nier** (m), pi·o·niers; pi·o·nier·tje
pi·o·nie·ren (ww), pi·o·nier, pi·o·niert; pi·o·nier·de, pi·o·nier·den; ge·pi·o·nierd
de **pi·ot** (m), pi·ot·ten
de **pip**
de **pipe·line** (m), pipe·lines
de/het **pi·pet**, pi·pet·ten; pi·pet·je
pi·pet·te·ren (ww), pi·pet·teer, pi·pet·teert; pi·pet·teer·de, pi·pet·teer·den; ge·pi·pet·teerd
de **pi·pi** (m), pi·pi's
de **pi·pit**, pi·pi·ten
de **pi·po** (m), pi·po's; pipootje [pi·po·tje]
het **pi·qué**
de **pi·raat** (m), pi·ra·ten; pi·raat·je
pi·ra·mi·daal (bnw), pi·ra·mi·da·le
de **pi·ra·mi·de** (v), pi·ra·mi·den, pi·ra·mi·des; pi·ra·mi·de·tje
de **pi·ra·mi·de·bouw** (m)
het **pi·ra·mi·de·spel**, pi·ra·mi·de·spe·len
de **pi·ran·ha**, pi·ran·ha's
de **pi·ra·te·rij** (v), pi·ra·te·rij·en
de **pi·ren**, pi·rens
de **pi·rou·et·te**, pi·rou·et·ten, pi·rou·et·tes; pi·rou·et·je, pi·rou·et·te·tje
de **pis** (m), pis·je
de **pi·sang**[1] (m) *(boom; persoon)*, pi·sangs
de **pi·sang**[2] *(vrucht)*, pi·sangs

de **pis·ci·ne** (v), pis·ci·nen, pis·ci·nes
pis·nij·dig (bnw), pis·nij·di·ge
de **pis·pot** (m), pis·pot·ten; pis·pot·je
de **pis·se·bed**, pis·se·bed·den
pis·sen (ww), pis, pist; pis·te, pis·ten; ge·pist
de **pis·sijn**, pis·sij·nen, pis·sijns
de **pis·ta·che**, pis·ta·ches
het **pis·ta·che-ijs**
de **pis·ta·che·noot**, pis·ta·che·no·ten; pis·ta·che·noot·je
de **pis·te**, pis·ten, pis·tes
de **pis·to·let** (m), pis·to·lets; pis·to·let·je
de **pis·ton** (m), pis·tons
het **pis·tool**, pis·to·len; pis·tool·tje
de/het **pit**[1] *(merg, kracht, kernachtigheid)*
de **pit**[2] *(andere betekenissen)*, pit·ten; pit·je
de **pi·ta** (m), pi·ta's; pitaatje [pi·ta·tje]
de **pit·bull** (m), pit·bulls; pit·bul·le·tje, pit·bull·tje
de **pitbullterriër** [pit·bull·ter·ri·er] (m), pitbullterriërs [pit·bull·ter·ri·ers]
de **pitch** (m), pit·ches
pit·chen (ww), pitch, pitcht; pitch·te, pitch·ten; ge·pitcht
pit·sen (ww), pits, pitst; pits·te, pits·ten; ge·pitst
de **pits·stop** (m), pits·stops
de **pit·stop** (m), pit·stops
pit·ten (ww), pit, pit; pit·te, pit·ten; ge·pit
pit·tig (bnw), pit·ti·ge
pit·to·resk (bnw), pit·to·res·ke
pi·vo·te·ren (ww), pi·vo·teer, pi·vo·teert; pi·vo·teer·de, pi·vo·teer·den; ge·pi·vo·teerd
de **pixel** (m), pixels; pixel·tje
de **piz·za**, piz·za's; pizzaatje [piz·za·tje]
de **piz·za·oven** (m), piz·za·ovens; piz·za·oven·tje
de **piz·ze·ria** (v), piz·ze·ri·a's
pk *(paardenkracht)*, pk's
de **pkl** (m) *(praktisch kadergerichte leerweg)*
de **pkl-kan·di·daat** (m), pkl-kan·di·da·ten
het **pkl-ni·veau**, pkl-ni·veaus
de **plaag**, pla·gen; plaag·je
de **plaas·ter** (m), plaas·ters
de **plaat**, pla·ten; plaat·je
de **plaat·haak** (m), plaat·ha·ken
de **plaats**, plaat·sen; plaats·je
de **plaats·be·pa·ling** (v), plaats·be·pa·lin·gen
de **plaats·be·schrij·ving** (v), plaats·be·schrij·vin·gen
plaats·be·spa·rend (bnw), plaats·be·spa·ren·de
het **plaats·be·zoek**, plaats·be·zoe·ken
de **plaats de·lict**, plaat·sen de·lict
plaat·se[1]: te bestemder plaatse
plaat·se[2]: ter plaatse
plaat·se·lijk (bnw), plaat·se·lij·ke
plaat·sen (ww), plaats, plaatst; plaats·te, plaats·ten; ge·plaatst
de **plaat·ser** (m), plaat·sers
het **plaats·ge·brek**
plaats·grij·pen (ww), grijp plaats, grijpt plaats; greep plaats, gre·pen plaats; plaats·ge·gre·pen
plaats·heb·ben (ww), heeft plaats; had plaats, had·den plaats; plaats·ge·had
de **plaat·sing** (v), plaat·sin·gen
plaats·ma·ken (ww), maak plaats, maakt plaats; maak·te plaats, maak·ten plaats; plaats·ge·maakt
de **plaats·naam** (m), plaats·na·men
plaats·ne·men (ww), neem

plaats, neemt plaats; nam plaats, na·men plaats; plaats·ge·no·men
het **plaats·te·kort**, plaats·te·kor·ten
plaats·ver·van·gend (bnw), plaats·ver·van·gen·de
plaats·vin·den (ww), vind plaats, vindt plaats; vond plaats, von·den plaats; plaats·ge·von·den
de **pla·ce·bo**, pla·ce·bo's
het **pla·ce·bo-ef·fect**, pla·ce·bo-ef·fec·ten
de **place·mat**, place·mats
het **pla·ce·ment**, pla·ce·men·ten
de **pla·cen·ta**, pla·cen·ta's
pla·ce·ren (ww), pla·ceer, pla·ceert; pla·ceer·de, pla·ceer·den; ge·pla·ceerd
de **place to be** (m), pla·ces to be
het **pla·fon**, pla·fons; pla·fon·ne·tje
het **pla·fond**, pla·fonds; pla·fond·je
pla·fon·ne·ren (ww), pla·fon·neer, pla·fon·neert; pla·fon·neer·de, pla·fon·neer·den; ge·pla·fon·neerd
de **pla·fon·ne·ring** (v), pla·fon·ne·rin·gen
de **pla·fon·ni·è·re**, pla·fon·ni·è·res
de **plag**, plag·gen
pla·gen (ww), plaag, plaagt; plaag·de, plaag·den; ge·plaagd
de **plag·ge**, plag·gen
plag·gen (ww), plag, plagt; plag·de, plag·den; ge·plagd
het **pla·gi·aat**, pla·gi·a·ten
de **pla·gi·a·tor** (m), pla·gi·a·to·ren, pla·gi·a·tors
plagiëren [pla·gi·e·ren] (ww), pla·gi·eer, pla·gi·eert; pla·gi·eer·de, pla·gi·eer·den; ge·pla·gi·eerd
de **plaid** (m), plaids
de **plak**, plak·ken; plak·je
het **plak·band**, plak·ban·den; plak·band·je
de **pla·ket**, pla·ket·ten
het **plak·kaat**, plak·ka·ten; plak·kaat·je
de **plak·kaat·verf**, plak·kaat·ver·ven
plak·ken (ww), plak, plakt; plak·te, plak·ten; ge·plakt
de **plak·ker** (m), plak·kers; plak·ker·tje
het **plak·sel**, plak·sels
de **plak·stift**, plak·stif·ten
de **plak·ze·gel** (m), plak·ze·gels
pla·mu·ren (ww), pla·muur, pla·muurt; pla·muur·de, pla·muur·den; ge·pla·muurd
de/het **pla·muur** (m/o)
het **plan**[1] *(schets, tekening)*, plan·nen, plans; plan·ne·tje
het **plan**[2] *(andere betekenissen)*, plan·nen; plan·ne·tje
het **plan·bu·reau**, plan·bu·reaus
het **plan·chet**, plan·chets, plan·chet·ten; plan·chet·je
het **plan de cam·pag·ne**, plan de cam·pag·nes, plans de cam·pag·ne
de **plane** (m), planes
de **pla·neet**, pla·ne·ten; pla·neet·je
het **pla·ne·ta·ri·um**, pla·ne·ta·ria, pla·ne·ta·ri·ums
de **planetoïde** [pla·ne·to·i·de] (v), planetoïden [pla·ne·to·i·den]
de **plank**, plan·ken; plank·je
plan·ken (bnw)
de **plan·ken·koorts**
de **plan·ken·vloer** (m), plan·ken·vloe·ren
het **plank·gas**
het **plan·kier**, plan·kie·ren, plan·kiers; plan·kier·tje
het **plank·ton**
plan·ma·tig (bnw), plan·ma·ti·ge
plan·nen (ww), plan, plant; plan·de, plan·den; ge·pland

de **plan·ner** (m), plan·ners
de **plan·ning** (v), plan·nin·gen
het **plan·nings·sys·teem**, plan·nings·sys·te·men
de **plant**, plan·ten; plant·je
plant·aar·dig (bnw), plant·aar·di·ge
de **plan·ta·ge** (v), plan·ta·ges
de **plan·ta·ge·be·wo·ner** (m), plan·ta·ge·be·wo·ners
de **plan·ta·ge·di·rec·teur** (m), plan·ta·ge·di·rec·teu·ren, plan·ta·ge·di·rec·teurs
de **plan·ta·ge·grond** (m), plan·ta·ge·gron·den
de **plan·ta·ge·tocht** (m), plan·ta·ge·toch·ten
de **plan·ta·ge·wo·ning** (v), plan·ta·ge·wo·nin·gen
plan·ten (ww), plant, plant; plant·te, plant·ten; ge·plant
de **plan·ten·at·las** (m), plan·ten·at·las·sen
de **plan·ten·bak** (m), plan·ten·bak·ken; plan·ten·bak·je
de **plan·ten·eter** (m), plan·ten·eters; plan·ten·eter·tje
de **plan·ten·fa·mi·lie** (v), plan·ten·fa·mi·lies
de **plan·ten·ge·meen·schap** (v), plan·ten·ge·meen·schap·pen
de **plan·ten·ken·ner** (m), plan·ten·ken·ners
de **plan·ten·kli·niek** (v), plan·ten·kli·nie·ken
de **plan·ten·pot** (m), plan·ten·pot·ten
de **plan·ten·soort**, plan·ten·soor·ten
de **plan·ten·tuin** (m), plan·ten·tui·nen; plan·ten·tuin·tje
de **plant·naam** (m), plant·na·men
het **plant·soen**, plant·soe·nen; plant·soen·tje
de **plant·soort**, plant·soor·ten
de **pla·que**, pla·ques; pla·que·je
de **pla·quet·te**, pla·quet·tes
de **plas** (m), plas·sen; plas·je
het **plas·ma**, plas·ma's
de **plas·ma-tv** (v), plas·ma-tv's
de **plas·mi·de** (v), plas·mi·den
plas·sen (ww), plas, plast; plas·te, plas·ten; ge·plast
het **plas·tic**[1], plas·tics; plas·tic·je
plas·tic[2] (bnw)
plas·tic fles
de/het **plas·tic·fo·lie**, plas·tic·fo·lies
de **plas·ti·ci·ne**
plas·tic ring
plas·tic tas
plas·tic zak
plas·tic zak·je
de **plas·tiek**[1] (v) *(beeldhouwkunst, beeld),* plas·tie·ken; plas·tiek·je
het **plas·tiek**[2] *(stofnaam)*
plas·tiek[3] (bnw), plas·tie·ke
plas·tie·ken (bnw)
plas·tie·ken zak
plas·ti·fi·ce·ren (ww), plas·ti·fi·ceer, plas·ti·fi·ceert; plas·ti·fi·ceer·de, plas·ti·fi·ceer·den; ge·plas·ti·fi·ceerd
plas·tisch (bnw), plas·ti·sche
de/het **plas·tron** (m/o), plas·trons; plas·tron·ne·tje
het **plat**[1], plat·ten; plat·je
plat[2] (bnw), plat·te
de **pla·taan** (m), pla·ta·nen; pla·taan·tje
het **Plat·am·ster·dams** *(dialect)*
plat·bel·len (ww), bel plat, belt plat; bel·de plat, bel·den plat; plat·ge·beld
plat·druk·ken (ww), druk plat, drukt plat; druk·te plat, druk·ten plat; plat·ge·drukt

het **Plat·duits**[1] *(taal)*
Plat·duits[2] (bnw), Plat·duit·se
het **pla·teau**, pla·teaus; pla·teau·tje
de/het **pla·ten·la·bel** (m/o), pla·ten·la·bels; pla·ten·la·bel·tje
de **pla·ten·maat·schap·pij** (v), pla·ten·maat·schap·pij·en; pla·ten·maat·schap·pij·tje
het **plat·form**, plat·for·men, plat·forms; plat·form·pje
het **pla·ti·na**[1]
pla·ti·na[2] (bnw)
de **pla·ti·tu·de** (v), pla·ti·tu·des
plat·leg·gen (ww), leg plat, legt plat; leg·de plat, leg·den plat; plat·ge·legd
plat·lig·gen (ww), lig plat, ligt plat; lag plat, la·gen plat; plat·ge·le·gen
plat·lo·pen (ww), loop plat, loopt plat; liep plat, lie·pen plat; plat·ge·lo·pen
pla·to·nisch (bnw), pla·to·ni·sche
pla·toons (bnw), pla·toon·se
de **plat·te·grond** (m), plat·te·gron·den; plat·te·grond·je
de **plat·te·kaas** (m)
het **plat·te·land**
plat·ten (ww), plat, plat; plat·te, plat·ten; ge·plat
plat·wal·sen (ww), wals plat, walst plat; wals·te plat, wals·ten plat; plat·ge·walst
plat wa·ter
plau·si·bel (bnw), plau·si·be·le
pla·vei·en (ww), pla·vei, pla·veit; pla·vei·de, pla·vei·den; ge·pla·veid
het **pla·vei·sel**, pla·vei·sels
de **pla·vuis** (m), pla·vui·zen
de **play·back** (m), play·backs; play·back·je
play·bac·ken (ww), play·back, play·backt; play·back·te, play·back·ten; ge·play·backt
de **play·back·show** (m), play·back·shows
de **play·boy** (m), play·boys
de **play·er** (m), play·ers
de **play·list**, play·lis·ten, play·lists
de **play-off** (m), play-offs
het **play·sta·ti·on**, play·sta·ti·ons
het **pla·za**, pla·za's
please (tussenw)
de **ple·be·jer** (m), ple·be·jers
het **ple·bis·ciet**, ple·bis·cie·ten, ple·bis·ciets; ple·bis·ciet·je
het **plebs**
de **plecht**, plech·ten; plecht·je
plech·tig (bnw), plech·ti·ge
de **plech·tig·heid** (v), plech·tig·he·den
het **plec·trum**, plec·tra, plec·trums
de **plee** (m), plees; plee·tje
de **plee·rol**, plee·rol·len
het **pleet**, pleet·je
ple·gen[1] (ww) *(gewoon zijn)*, pleeg, pleegt; placht, plach·ten; ge·placht
ple·gen[2] (ww) *(andere betekenissen)*, pleeg, pleegt; pleeg·de, pleeg·den; ge·pleegd
het **plei·dooi**, plei·dooi·en; plei·dooi·tje
het **plein**, plei·nen; plein·tje
de **pleis·ter**[1] *(voorwerp)*, pleis·ters; pleis·ter·tje
het **pleis·ter**[2] *(stofnaam)*
pleis·te·ren[1] (bnw)
pleis·te·ren[2] (ww), pleis·ter, pleis·tert; pleis·ter·de, pleis·ter·den; ge·pleis·terd
het **pleis·to·ceen**[1]
pleis·to·ceen[2] (bnw), pleis·to·ce·ne
het **pleit** *((rechts)geding)*
de **pleit·be·zor·ger** (m),

pleit·be·zor·gers
plei·te (bijw)
plei·ten (ww), pleit, pleit; pleit·te, pleit·ten; ge·pleit
de **pleit·no·ta**, pleit·no·ta's
de **ple·ja·de** (v) *(groep van zeven),* ple·ja·den, ple·ja·des
Ple·ja·den *(Zevengesternte)*
de **plek**, plek·ken; plek·je
plek·ken (ww), plek, plekt; plek·te, plek·ten; ge·plekt
ple·nair (bnw), ple·nai·re
plen·gen (ww), pleng, plengt; pleng·de, pleng·den; ge·plengd
de **plens** (m), plen·zen; plens·je
plen·ty (onbep vnw)
het **ple·num**
plen·zen (ww), plens, plenst; plens·de, plens·den; ge·plensd
het **ple·o·nas·me**, ple·o·nas·men
plet·sen (ww), plets, pletst; plets·te, plets·ten; ge·pletst
plet·ten (ww), plet, plet; plet·te, plet·ten; ge·plet
plet·ter: te pletter
de **plet·wals**, plet·wal·sen
pleu·ren (ww), pleur, pleurt; pleur·de, pleur·den; ge·pleurd
de/het **pleu·ris**, pleu·ris·sen
het **plexi·glas**
de **plexus** (m)
ple·zant (bnw), ple·zan·te
het **ple·zier**, ple·zier·tje
ple·zie·ren (ww), ple·zier, ple·ziert; ple·zier·de, ple·zier·den; ge·ple·zierd
ple·zie·rig (bnw), ple·zie·ri·ge
de **plicht**, plich·ten; plicht·je
plicht·be·wust (bnw), plicht·be·wus·te
plich·tig (bnw), plich·ti·ge
het **plichts·be·sef**
plichts·be·wust (bnw), plichts·be·wus·te
plichts·ge·trouw (bnw), plichts·ge·trou·we
de **plié** (m), pli·és
de **plint**, plin·ten; plint·je
het **plis·sé**, plis·sés; plisseetje [plis·sé·tje]
plm. (bijw) *(plusminus)*
de **ploeg**, ploe·gen; ploeg·je
ploe·gen (ww), ploeg, ploegt; ploeg·de, ploeg·den; ge·ploegd
de **ploeg·geest** (m)
de **ploeg·lei·der** (m), ploeg·lei·ders
de **ploeg·maat** (m), ploeg·maats, ploeg·ma·ten; ploeg·maat·je
ploe·te·ren (ww), ploe·ter, ploe·tert; ploe·ter·de, ploe·ter·den; ge·ploe·terd
de **plof**[1] (m), plof·fen; plof·je
plof[2] (tussenw)
plof·fen (ww), plof, ploft; plof·te, plof·ten; ge·ploft
de **plof·kip** (v), plof·kip·pen; plof·kip·je
de **plomp**[1] (m) *(geluid),* plom·pen
de **plomp**[2] *(plant),* plom·pen
plomp[3] (bnw), plom·pe
plomp[4] (tussenw)
de **plons**[1] (m), plon·sen, plon·zen; plons·je
plons[2] (tussenw)
plon·zen (ww), plons, plonst; plons·de, plons·den; ge·plonsd
de **plooi**, plooi·en; plooi·tje
plooi·en (ww), plooi, plooit; plooi·de, plooi·den; ge·plooid
de **plooi·ing** (v), plooi·in·gen; plooi·in·kje
de **plop** (m), plop·pen; plop·je
de **plot** (m), plots; plot·je
plots (bnw), plot·se
plot·se·ling (bnw), plot·se·lin·ge
plots·klaps (bijw)

plot·ten (ww), plot, plot; plot·te, plot·ten; ge·plot

plu *(paraplu),* plu's; pluutje [plu·tje]

de/het **plu·che** (m/o), plu·ches

plu·chen (bnw)

de **plug**, plug·gen; plug·je

plug-and-play (bnw)

plug·gen (ww), plug, plugt; plug·de, plug·den; ge·plugd

de **plug-in** (m), plug-ins

de **pluim**, plui·men; pluim·pje

pluim·ach·tig (bnw), pluim·ach·ti·ge

de **plui·ma·ge** (v), plui·ma·ges

de **pluis** *(bloei, voorwerp),* plui·zen; pluis·je

plui·zen[1] (ww) *(pluisjes afgeven),* pluis, pluist; pluis·de, pluis·den; ge·pluisd

plui·zen[2] (ww) *(andere betekenissen),* pluis, pluist; ploos, plo·zen; ge·plo·zen

de **pluk** (m), pluk·ken; pluk·je

pluk·ken (ww), pluk, plukt; pluk·te, pluk·ten; ge·plukt

de **plu·meau** (m), plu·meaus; plu·meau·tje

plun·de·ren (ww), plun·der, plun·dert; plun·der·de, plun·der·den; ge·plun·derd

de **plun·je**, plun·jes

de **plu·ra·lis** (m), plu·ra·lia, plu·ra·lis·sen

het **plu·ra·lis·me**

plu·ra·lis·tisch (bnw), plu·ra·lis·ti·sche

plu·ri·dis·ci·pli·nair (bnw), plu·ri·dis·ci·pli·nai·re

plu·ri·form (bnw), plu·ri·for·me

de/het **plus**[1] (m/o), plus·sen; plus·je

plus[2] (bijw)

plus·mi·nus (bijw)

het **plus·punt**, plus·pun·ten; plus·punt·je

de **plus·ser** (m), plus·sers

het **plus·te·ken**, plus·te·kens; plus·te·ken·tje

pm *(pro memorie)*

p.m.[1] (bijw) *(post meridiem)*

p.m.[2] *(pro memorie)*

de **pmd-zak** (m), pmd-zak·ken

de **pneu·mo·nie** (v)

de **po** (m), po's; pootje [po·tje]

po·chen (ww), poch, pocht; poch·te, poch·ten; ge·pocht

po·che·ren (ww), po·cheer, po·cheert; po·cheer·de, po·cheer·den; ge·po·cheerd

de **po·chet**, po·chet·ten; po·chet·je

de **poc·ket** (m), poc·kets; poc·ket·je

de **poc·ket·ca·me·ra**, poc·ket·ca·me·ra's; pocketcameraatje [poc·ket·ca·me·ra·tje]

de **poc·lain** (v), poc·lains

de **pod·cast** (m), pod·casts

het **po·di·um**, po·dia, po·di·ums; po·di·um·pje

de **po·di·um·in·stel·ling** (v), po·di·um·in·stel·lin·gen

de **po·di·um·taal**

de **po·do·lo·gie** (v)

de **po·do·loog** (m), po·do·lo·gen

po·do·si·ri

de **po·do·si·ri·palm** (m), po·do·si·ri·pal·men

de **poe·del** (m), poe·dels; poe·del·tje

de/het **poe·der** (m/o), poe·ders; poe·der·tje

het **poe·der·ka·neel**

de **poe·der·sui·ker** (m)

de **poe·der·zeep**, poe·der·ze·pen

het **poëem** [po·eem], poëmen [po·e·men]

de **poëet** [po·eet] (m), poëten

[po·e·ten]; poëetje [po·eet·je]

de **poef**[1] (m), poe·fen, poefs; poef·je

poef[2] (tussenw)

poeh (tussenw)

de/het **poe·ha** (m/o)

de **poei·er**[1] (m) *(klap, schop),* poei·ers; poei·er·tje

de/het **poei·er**[2] (m/o) *(stof),* poei·ers; poei·er·tje

poei·e·ren (ww), poei·er, poei·ert; poei·er·de, poei·er·den; ge·poei·erd

de **poel** (m), poe·len; poel·tje

de/het **poe·let** (m/o) *(soepvlees),* poe·let·je

de **poe·lie** (v), poe·lies

de **poe·lier** (m), poe·liers

de **poe·ma** (m), poe·ma's; poemaatje [poe·ma·tje]

het **poëma** [po·e·ma], poëma's [po·e·ma's], poëmata [po·e·ma·ta]

de **poen** (m), poe·nen; poen·tje

de **poe·nie**, poe·nies

de **poep** (m), poe·pen; poep·je

de **poep·doos**, poep·do·zen; poep·doos·je

poe·pen (ww), poep, poept; poep·te, poep·ten; ge·poept

de **poep-en-pies·hu·mor** (m)

de **poe·perd** (m), poe·perds; poe·perd·je

de **poer**, poe·ren

poe·ren (ww), poer, poert; poer·de, poer·den; ge·poerd

Poe·rim

de **poes** *(kat),* poe·zen; poes·je

het **poe·sie·al·bum**, poe·sie·al·bums

de **poes·pas** (m)

de **poet** (m)

de **poëtica** [po·e·ti·ca] (v), poëtica's [po·e·ti·ca's]

poëtisch [po·e·tisch] (bnw), poëtische [po·e·ti·sche]

de **poets**, poet·sen

poet·sen (ww), poets, poetst; poets·te, poets·ten; ge·poetst

de **poets·vrouw** (v), poets·vrou·wen; poets·vrouw·tje

de **poëzie** [po·e·zie] (v)

het **poëziealbum** [po·e·zie·al·bum], poëziealbums [po·e·zie·al·bums]

de **poëzieavond** [po·e·zie·avond] (m), poëzieavonden [po·e·zie·avon·den]; poëzieavondje [po·e·zie·avond·je]

de **poëziewedstrijd** [po·e·zie·wed·strijd] (m), poëziewedstrijden [po·e·zie·wed·strij·den]

de **pof**[1] (m) *(slag),* pof·fen; pof·je

pof[2] (tussenw)

pof·fen (ww), pof, poft; pof·te, pof·ten; ge·poft

de **pof·fer** (m), pof·fers; pof·fer·tje

po·gen (ww), poog, poogt; poog·de, poog·den; ge·poogd

de **po·ging** (v), po·gin·gen; po·gin·kje

pogoën [po·go·en] (ww), po·go, po·goot; po·go·de, po·go·den; ge·po·good

de **po·grom** (m), po·groms

de **poin·te**, poin·tes

het **poin·til·lis·me**

de **pok**, pok·ken; pok·je

po·ken (ww), pook, pookt; pook·te, pook·ten; ge·pookt

het **po·ker**, po·ker·tje

de/het **po·ker·face** (m/o), po·ker·fa·ces

de **pok·ken**[1] (mv)

pok·ken[2] (ww), pok, pokt; pok·te, pok·ten; ge·pokt

het **pok·ken·weer**

po·ko·po·ko (bijw)

het **po·ko·po·ko·be·gin·sel**

de **pol** (m), pol·len; pol·le·tje

po·lair (bnw), po·lai·re

de **po·lak** (m), po·lak·ken
de **po·la·ri·sa·tie** (v), po·la·ri·sa·ties
po·la·ri·se·ren (ww), po·la·ri·seer, po·la·ri·seert; po·la·ri·seer·de, po·la·ri·seer·den; ge·po·la·ri·seerd
de **po·la·ri·se·ring** (v), po·la·ri·se·rin·gen
de **po·la·roid**, po·la·roids
de **pol·der** (m), pol·ders; pol·der·tje
het **pol·der·be·stuur**, pol·der·be·stu·ren; pol·der·be·stuur·tje
het **pol·der·land**, pol·der·lan·den; pol·der·land·je
het **Pol·der·ne·der·lands** *(taal)*
het **pol·der·wa·ter**, pol·der·wa·te·ren, pol·der·wa·ters
de **pole** (v), poles
de **po·le·miek** (v), po·le·mie·ken; po·le·miek·je
po·le·misch (bnw), po·le·mi·sche
de **po·len·ta**, po·len·ta's
de **pole·po·si·ti·on** (m), pole·po·si·ti·ons
po·le·ren (ww), po·leer, po·leert; po·leer·de, po·leer·den; ge·po·leerd
po·li *(polikliniek)*, po·li's
de **po·li·cy**, po·li·cy's
de **po·liep**, po·lie·pen; po·liep·je
po·lie·ren (ww), po·lier, po·liert; po·lier·de, po·lier·den; ge·po·lierd
po·lijs·ten (ww), po·lijst, po·lijst; po·lijst·te, po·lijst·ten; ge·po·lijst
de **po·lijst·schijf**, po·lijst·schij·ven
de **po·li·kli·niek** (v), po·li·kli·nie·ken; po·li·kli·niek·je
po·li·kli·nisch (bnw), po·li·kli·ni·sche
de **po·lio**
de **po·lis**, po·lis·sen
het **po·lis·blad**, po·lis·bla·den
het **po·lis·num·mer**, po·lis·num·mers
het **po·lit·bu·reau**, po·lit·bu·reaus
de **po·li·ti·ca** (v), po·li·ti·ca's
de **po·li·ti·co·lo·ge** (v), po·li·ti·co·lo·ges
de **po·li·ti·co·lo·gie** (v)
de **po·li·ti·co·loog** (m), po·li·ti·co·lo·gen
de **po·li·ti·cus** (m), po·li·ti·ci
de **po·li·tie** (v)
de **po·li·tie·aca·de·mie** (v), po·li·tie·aca·de·mies
de **po·li·tie·ac·tie** (v), po·li·tie·ac·ties
de **po·li·tie·agent** (m), po·li·tie·agen·ten; po·li·tie·agent·je
de **po·li·tie·agen·te** (v), po·li·tie·agen·tes
de **po·li·tie·amb·te·naar** (m), po·li·tie·amb·te·naars, po·li·tie·amb·te·na·ren
het **po·li·tie·ap·pa·raat**, po·li·tie·ap·pa·ra·ten
de **po·li·tie·au·to** (m), po·li·tie·au·to's; politieautootje [po·li·tie·au·to·tje]
de **po·li·tie·be·wa·king** (v), po·li·tie·be·wa·kin·gen
het **po·li·tie·bu·reau**, po·li·tie·bu·reaus; po·li·tie·bu·reau·tje
het **po·li·tie·com·mis·sa·ri·aat**, po·li·tie·com·mis·sa·ri·a·ten
de **po·li·tie·com·mis·sa·ris** (m), po·li·tie·com·mis·sa·ris·sen
de **po·li·tie·dienst** (m), po·li·tie·diens·ten
de **po·li·tie-een·heid** (v), po·li·tie-een·he·den
po·li·ti·eel (bnw), politiële [po·li·ti·e·le]
het **po·li·tie·hand·vest**, po·li·tie·hand·ves·ten

Po·li·tie·hand·vest

het **po·li·tie·hoofd·kwar·tier**, po·li·tie·hoofd·kwar·tie·ren

de **po·li·tie-in·spec·teur** (m), po·li·tie-in·spec·teurs

de **po·li·tie-in·val** (m), po·li·tie-in·val·len; po·li·tie-in·val·le·tje

de **po·li·tie-in·zet** (m)

de **po·li·tiek**[1] (v)

po·li·tiek[2] (bnw), po·li·tie·ke

de **po·li·tie·kaart**, po·li·tie·kaar·ten

de **po·li·tie·ka·pel**, po·li·tie·ka·pel·len

po·li·tiek-eco·no·misch (bnw), po·li·tiek-eco·no·mi·sche

de **po·li·tie·ker** (m), po·li·tie·kers; po·li·tie·ker·tje

het **po·li·tie·korps**, po·li·tie·korp·sen

de **po·li·tiek·voe·ring** (v)

de **po·li·tie·man** (m), po·li·tie·lie·den, po·li·tie·lui, po·li·tie·man·nen; po·li·tie·man·ne·tje

de **po·li·tie·meld·ka·mer**, po·li·tie·meld·ka·mers

de **po·li·tie·men·sen** (mv)

de **po·li·tie·of·fi·cier** (m), po·li·tie·of·fi·cie·ren, po·li·tie·of·fi·ciers

het **po·li·tie·on·der·zoek**, po·li·tie·on·der·zoe·ken

de **po·li·tie·op·lei·ding** (v), po·li·tie·op·lei·din·gen

het **po·li·tie·op·tre·den**, po·li·tie·op·tre·dens

het **po·li·tie·rap·port**, po·li·tie·rap·por·ten

de **po·li·tie·recht·bank**, po·li·tie·recht·ban·ken

de **po·li·tie·rech·ter** (m), po·li·tie·rech·ters

de/het **po·li·tie-uni·form**, po·li·tie-uni·for·men; po·li·tie-uni·form·pje

de **po·li·tie·zo·ne**, po·li·tie·zo·nes

po·li·ti·o·neel (bnw), po·li·ti·o·ne·le

po·li·ti·se·ren (ww), po·li·ti·seer, po·li·ti·seert; po·li·ti·seer·de, po·li·ti·seer·den; ge·po·li·ti·seerd

po·li·toe·ren (ww), po·li·toer, po·li·toert; po·li·toer·de, po·li·toer·den; ge·po·li·toerd

de **po·li·to·loog** (m), po·li·to·lo·gen

de **pol·ka**, pol·ka's; polkaatje [pol·ka·tje]

de **pol·ka·dot**, pol·ka·dots; pol·ka·dot·je

de **poll** (m), polls

de **pol·lak** (m) *(vis)*, pol·lak·ken

het **pol·len**, pol·len

de **pol·le·pel** (m), pol·le·pels

de **pol·lu·tie** (v), pol·lu·ties

de **po·lo**[1] (m) *(shirt)*, po·lo's; polootje [po·lo·tje]

het **po·lo**[2] *(spel)*, polootje [po·lo·tje]

poloën [po·lo·en] (ww), po·lo, po·loot; po·lo·de, po·lo·den; ge·po·lood

de **po·lo·nai·se** (v), po·lo·nai·ses

het **po·lo·shirt**, po·lo·shirts; po·lo·shirt·je

de **pols** (m), pol·sen; pols·je

pol·sen (ww), pols, polst; pols·te, pols·ten; ge·polst

het **pols·hor·lo·ge**, pols·hor·lo·ges

de **pols·stok** (m), pols·stok·ken; pols·stok·je

pols·stok·hoog·sprin·gen (ww)

pols·stok·sprin·gen (ww)

de **pols·stok·sprin·ger** (m), pols·stok·sprin·gers

de **pol·ster** (m), pol·sters

de **po·ly·ami·de** (v), po·ly·ami·den, po·ly·ami·des

het **po·ly·car·bo·naat**

po·ly·chro·me·ren (ww), po·ly·chro·meer, po·ly·chro·meert; po·ly·chro·meer·de, po·ly·chro·meer·den; ge·po·ly·chro·meerd
het **po·ly·es·ter**[1], po·ly·es·ters
po·ly·es·ter[2] (bnw)
de **po·ly·etheen** (m)
het **po·ly·ethy·leen**
de **po·ly·far·ma·cie** (v), polyfarmacieën [po·ly·far·ma·cie·en]
de **po·ly·fo·nie** (v)
po·ly·foon (bnw), po·ly·fo·ne
de **po·ly·ga·mie** (v)
de **po·ly·glot** *(veeltalig boek)*, po·ly·glot·ten
de **po·ly·goon** (m), po·ly·go·nen
po·ly·in·ter·pre·ta·bel (bnw), po·ly·in·ter·pre·ta·be·le
het **po·ly·meer**, po·ly·me·ren
de/het **po·ly·noom** (m/o), po·ly·no·men
het **po·ly·pro·py·leen**
de **po·ly·sa·cha·ri·de**, po·ly·sa·cha·ri·den, po·ly·sa·cha·ri·des
het **po·ly·sty·reen**
het **po·ly·theen**
het **po·ly·ure·thaan**
po·ly·va·lent (bnw), po·ly·va·len·te
de **po·ly·va·len·tie** (v), po·ly·va·len·ties
de **pom** (m), pom·men
de **pom·ma·de**, pom·ma·des
de **pom·me·rak**, pom·me·raks
de **pom·me·rak·boom** (m), pom·me·rak·bo·men
de **pomp**, pom·pen; pomp·je
de **pomp·bak** (m), pomp·bak·ken; pomp·bak·je
de **pom·pel·moes**, pom·pel·moe·zen
pom·pen (ww), pomp, pompt; pomp·te, pomp·ten; ge·pompt
pom·pe·ren (ww), pom·peer, pom·peert; pom·peer·de, pom·peer·den; ge·pom·peerd
pom·peus (bnw), pom·peu·ze
het **pomp·ge·maal**, pomp·ge·ma·len
de **pom·pier** (m), pom·piers
de **pom·poen** (m), pom·poe·nen; pom·poen·tje
de **pom·poen·soep**, pom·poen·soe·pen
de **pom·pom** (m), pom·poms
de **pom·pon** (m), pom·pon·nen, pom·pons; pom·pon·ne·tje
de **pomp·prijs** (m), pomp·prij·zen
de **pom·ta·yer**
de **pon** (m), pon·nen; pon·ne·tje
de **pon·cho** (m), pon·cho's; ponchootje [pon·cho·tje]
het **pond**, pon·den; pond·je
de **pon·der** (m), pon·ders; pon·der·tje
ponds·ge·wijs (bnw), ponds·ge·wij·ze
het **po·nem**, po·nems
po·ne·ren (ww), po·neer, po·neert; po·neer·de, po·neer·den; ge·po·neerd
de **ponk** (m), pon·ken; ponk·je
de **pons** (m), pon·sen; pons·je
pon·sen (ww), pons, ponst; pons·te, pons·ten; ge·ponst
de **pont**, pon·ten; pont·je
het **pon·ti·fi·caal**[1], pon·ti·fi·ca·len
pon·ti·fi·caal[2] (bnw), pon·ti·fi·ca·le
de **pon·ton** (m), pon·tons; pon·ton·ne·tje
de **po·ny** (m), po·ny's; pony'tje [po·ny·tje]
po·ny·rij·den (ww), rijd po·ny, rij po·ny, rijdt po·ny; reed po·ny, re·den po·ny; po·ny·ge·re·den

de **pooi·er** (m), pooi·ers; pooi·er·tje
de **pook**, po·ken; pook·je
de **pool**[1] (m) *(groep)*, pools; pool·tje
de **pool**[2] *(nopjes in stof)*
de **pool**[3] *(uiteinde)*, po·len; pool·tje
de **Pool** (m) *(persoon)*, Po·len; Pool·tje
de **pool·cir·kel** (m), pool·cir·kels
poo·len (ww), pool, poolt; pool·de, pool·den; ge·poold
het **pool·ijs**
het **pool·licht**
het **Pools**[1] *(taal)*
Pools[2] (bnw), Pool·se
de **pools·hoog·te** (v), pools·hoog·ten, pools·hoog·tes
de **pool·ster** *(gids)*, pool·ster·ren
Pool·ster *(ster)*
het **pool·ter·ras**, pool·ter·ras·sen
de **pool·zee**, poolzeeën [pool·zee·en]
de **poon**[1] (m) *(vis)*, po·nen; poon·tje
de **poon**[2] *(vaartuig)*, po·nen; poon·tje
de **poort**, poor·ten; poort·je
de **poor·ter** (m), poor·ters
de **poos**, po·zen; poos·je
de **poot**[1] *(stekje)*, po·ten; poot·je
de **poot**[2] (m) *(andere betekenissen)*, po·ten; poot·je
poot·je·ba·den (ww)
de **pop**[1] (v) *(muziek)*
de **pop**[2] *(speelgoed; rups)*, pop·pen; pop·je, pop·pe·tje
de **pop·art** (m)
het **pop·con·cert**, pop·con·cer·ten
het **pop·corn**
de **po·pe** (m), po·pen, po·pes
po·pe·len (ww), po·pel, po·pelt; po·pel·de, po·pel·den; ge·po·peld
de/het **po·pe·li·ne** (m/o)
de **pop·el·pee** (m), pop·el·pees
po·pi (bnw)
het **pop·idool**, pop·ido·len
de **po·pie·jo·pie** (m), po·pie·jo·pies
pop·ja·wa
de **pop-lp** (m), pop-lp's
de **pop·mu·ziek** (v), pop·mu·ziek·je
de **pop·ope·ra** (m), pop·ope·ra's
de **pop·pen·hoek** (m), pop·pen·hoe·ken
het **pop·pen·huis**, pop·pen·hui·zen; pop·pen·huis·je
de **pop·pen·kast**, pop·pen·kas·ten; pop·pen·kast·je
pop·py (bnw)
de **pop·si·cle**, pop·si·cles
po·pu·lair (bnw), po·pu·lai·re
po·pu·lair·we·ten·schap·pe·lijk (bnw), po·pu·lair·we·ten·schap·pe·lij·ke
de **po·pu·la·ri·teit** (v), po·pu·la·ri·tei·ten
de **po·pu·la·tie** (v), po·pu·la·ties
de **po·pu·lier** (m), po·pu·lie·ren; po·pu·lier·tje
het **po·pu·lie·ren·blad**, po·pu·lie·ren·bla·den, po·pu·lie·ren·bla·de·ren, po·pu·lie·ren·bla·ren; po·pu·lie·ren·blaad·je
het **po·pu·lis·me**
po·pu·lis·tisch (bnw), po·pu·lis·ti·sche
de **pop-up** (m), pop-ups
het **pop-up·ven·ster**, pop-up·ven·sters
de **por** (m), por·ren; por·re·tje
de **porch**, por·ches
de **por·der** (m), por·ders
het **po·rem**, po·rems
po·reus (bnw), po·reu·ze
de **po·rie** (v), poriën [po·ri·en]; po·rie·tje
de **pork·nok·ker** (m), pork·nok·kers
de **por·no** (v), por·no's; pornootje [por·no·tje]
de **por·no·ac·tri·ce** (v), por·no·ac·tri·ces

de **por·no·gra·fie** (v)
de **por·no-in·dus·trie** (v), porno-industrieën [por·no-in·dus·trie·en]
de **por·no·ster**, por·no·ster·ren; por·no·ster·re·tje
de **po·ro·si·teit** (v), po·ro·si·tei·ten
por·ren (ww), por, port; por·de, por·den; ge·pord
het **por·se·lein**, por·se·lein·tje
por·se·lei·nen (bnw)
de **port**[1] (m) *(wijn),* port·je
de/het **port**[2] (m/o) *(vrachtloon),* por·ten; port·je
het **por·taal**, por·ta·len; por·taal·tje
de **por·ta·ble**[1] (m), por·ta·bles
por·ta·ble[2] (bnw)
de **por·tal** (m), por·tals
de **por·tee** (v)
de **por·te·feuil·le** (m), por·te·feuil·les; por·te·feuil·le·tje
de **por·te·feuil·le·hou·der** (m), por·te·feuil·le·hou·ders
de **por·te-man·teau** (m), por·te-man·teaus
de **por·te·mon·nee** (m), por·te·mon·nees; por·te·mon·nee·tje
por·te·ren (ww), por·teer, por·teert; por·teer·de, por·teer·den; ge·por·teerd
de/het **port·fo·lio** (m/o), port·fo·li·o's
de **por·tie** (v), por·ties; por·tie·tje
het **por·tie·bak·je**, por·tie·bak·jes
de **por·tiek** (v), por·tie·ken; por·tiek·je
de **por·tier**[1] (m) *(persoon),* por·tiers; por·tier·tje
het **por·tier**[2] *(deur),* por·tie·ren; por·tier·tje
por·ti·o·ne·ren (ww), por·ti·o·neer, por·ti·o·neert; por·ti·o·neer·de, por·ti·o·neer·den; ge·por·ti·o·neerd
de/het **por·to** (m/o), por·ti, por·to's; portootje [por·to·tje]
de **por·to·bel·lo** (m), por·to·bel·lo's
de **por·to·foon** (m), por·to·foons
de **por·to·kos·ten** (mv)
het **por·tret**, por·tret·ten; por·tret·je
por·tret·te·ren (ww), por·tret·teer, por·tret·teert; por·tret·teer·de, por·tret·teer·den; ge·por·tret·teerd
de **Por·tu·gees**[1] (m) *(persoon),* Por·tu·ge·zen; Por·tu·gees·je
het **Por·tu·gees**[2] *(taal)*
Por·tu·gees[3] (bnw), Por·tu·ge·se
de **Por·tu·ge·se** (v), Por·tu·ge·sen
de **pos**, pos·sen; pos·je
het **pos·ap·pa·raat**, pos·ap·pa·ra·ten
de **po·se** (v), po·sen, po·ses
po·se·ren (ww), po·seer, po·seert; po·seer·de, po·seer·den; ge·po·seerd
de **po·si·tie** (v), po·si·ties; po·si·tie·tje
het **po·si·tief**[1] *(van foto),* po·si·tie·ven
po·si·tief[2] (bnw), po·si·tie·ve
po·si·tief-kri·tisch (bnw), po·si·tief-kri·ti·sche
de **po·si·tie·kle·ding** (v)
po·si·tie·ven[1]: bij zijn positieven komen
po·si·tie·ven[2]: bij zijn positieven zijn
po·si·ti·o·ne·ren (ww), po·si·ti·o·neer, po·si·ti·o·neert; po·si·ti·o·neer·de, po·si·ti·o·neer·den; ge·po·si·ti·o·neerd
de **po·si·ti·o·ne·ring** (v), po·si·ti·o·ne·rin·gen
het **po·si·ti·vis·me**
po·si·ti·vis·tisch (bnw), po·si·ti·vis·ti·sche
de **po·si·ti·vi·teit** (v),

pos·si·ti·vi·tei·ten
de **po·so·lo·gie** (v)
het **pos·ses·sief**[1], pos·ses·sie·ven
pos·ses·sief[2] (bnw), pos·ses·sie·ve
de **pos·si·bi·li·teit** (v), pos·si·bi·li·tei·ten
de **post**[1] *(brievenpost, postvervoer, postkantoor),* pos·ten; post·je
de **post**[2] (m) *(ambt; andere betekenissen),* pos·ten; post·je
post[3] (voorz)
pos·taal (bnw), pos·ta·le
het **post·abon·ne·ment**, post·abon·ne·men·ten
post·aca·de·misch (bnw), post·aca·de·mi·sche
het **post·adres**, post·adres·sen
post·apo·ca·lyp·tisch (bnw), post·apo·ca·lyp·ti·sche
de **post·be·amb·te**, post·be·amb·ten
de **post·be·stel·ling** (v), post·be·stel·lin·gen
de **post·bo·de** (m), post·bo·den, post·bo·des; post·bo·de·tje
de **post·bus**, post·bus·sen; post·bus·je
de **post·co·de** (m), post·co·des
de **post·doc**, post·docs
post·doc·to·raal (bnw), post·doc·to·ra·le
de **post·duif**, post·dui·ven
de **pos·te·lein** (m)
pos·ten (ww), post, post; post·te, post·ten; ge·post
de **pos·ter** (m), pos·ters; pos·ter·tje
pos·te·ren (ww), pos·teer, pos·teert; pos·teer·de, pos·teer·den; ge·pos·teerd
pos·te·ri·eur (bnw), pos·te·ri·eu·re
de **pos·te·rij·en** (mv)
de **pos·te·ri·o·ri·teit** (v), pos·te·ri·o·ri·tei·ten
post fac·tum (bijw)
het **post·gra·du·aat**[1], post·gra·du·a·ten
post·gra·du·aat[2] (bnw), post·gra·du·a·te
de **post-hbo-op·lei·ding** (v), post-hbo-op·lei·din·gen
de **pos·til·jon** (m), pos·til·jons
het **post·im·pres·si·o·nis·me**
post·ini·ti·eel (bnw), postinitiële [post·ini·ti·e·le]
de **post·kaart**, post·kaar·ten; post·kaart·je
het **post·kan·toor**, post·kan·to·ren; post·kan·toor·tje
post·ko·lo·ni·aal (bnw), post·ko·lo·ni·a·le
post·mo·dern (bnw), post·mo·der·ne
het **post·mo·der·nis·me**
post·mor·taal (bnw), post·mor·ta·le
het **post mor·tem**[1], post mor·tems
post mor·tem[2] (bnw)
post·na·taal (bnw), post·na·ta·le
het **post·num·mer**, post·num·mers
de **po·stoel** (m), po·stoe·len
post·ope·ra·tief (bnw), post·ope·ra·tie·ve
het **post·pak·ket**, post·pak·ket·ten; post·pak·ket·je
het **post par·tum**[1], post par·tums
post par·tum[2] (bijw)
de **post·pro·duc·tie** (v)
het **post·scrip·tum**, post·scrip·ta, post·scrip·tums
de **post·sor·teer·ma·chi·ne** (v), post·sor·teer·ma·chi·nes
de/het **post·stem·pel** (m/o) *(postmerk),* post·stem·pels
het **post·stuk**, post·stuk·ken; post·stuk·je
post·trau·ma·tisch (bnw),

post·trau·ma·ti·sche
het **pos·tu·laat**, pos·tu·la·ten
pos·tu·le·ren (ww), pos·tu·leer, pos·tu·leert; pos·tu·leer·de, pos·tu·leer·den; ge·pos·tu·leerd
pos·tuum (bnw), pos·tu·me
het **pos·tuur**, pos·tu·ren; pos·tuur·tje
het **post·vak**, post·vak·ken; post·vak·je
post·vat·ten (ww), vat post, vat post; vat·te post, vat·ten post; post·ge·vat
de **post·ze·gel** (m), post·ze·gels; post·ze·gel·tje
de **pot**[1] (v) *(lesbienne),* pot·ten; pot·je
de **pot**[2] (m) *(voorwerp),* pot·ten; pot·je
de **pot·as**
po·ten (ww), poot, poot; poot·te, poot·ten; ge·poot
de **po·ten·taat** (m), po·ten·ta·ten; po·ten·taat·je
de **po·ten·ti·aal** (m), po·ten·ti·a·len
de **po·ten·tie** (v), po·ten·ties
het **po·ten·ti·eel**[1], potentiëlen [po·ten·ti·e·len]; po·ten·ti·eel·tje
po·ten·ti·eel[2] (bnw), potentiële [po·ten·ti·e·le]
de **po·ter** (m), po·ters; po·ter·tje
de **pot·grond** (m), pot·gron·den
het **pot·jes·la·tijn**
de **pot·kij·ker** (m), pot·kij·kers
het **pot·lam**, pot·lam·me·ren
pot·lo·den (ww), pot·lood, pot·loodt; pot·lood·de, pot·lood·den; ge·pot·lood
het **pot·lood**, pot·lo·den; pot·lood·je
de **pot·lood·slij·per** (m), pot·lood·slij·pers; pot·lood·slij·per·tje
de/het **pot·pour·ri** (m/o), pot·pour·ri's; potpourrietje [pot·pour·ri·tje]
de **pots**, pot·sen; pots·je
pot·ten (ww), pot, pot; pot·te, pot·ten; ge·pot
pot·ten·bak·ken (ww)
de **pot·ten·bak·ker** (m), pot·ten·bak·kers
de **pot·ten·kij·ker** (m), pot·ten·kij·kers
de **pot·ten·lik·ker** (m), pot·ten·lik·kers
pot·ten·schuur, pot·ten·schu·ren
de **pot·ter** (m), pot·ters; pot·ter·tje
de **pot·te·rie**, potterieën [pot·te·rie·en]
de **pou·le**, pou·les
de **pou·let** *(kip),* pou·lets; pou·let·je
de **pous·se-ca·fé** (m), pous·se-ca·fés
po·ver (bnw), po·ve·re
de **po·wer** (m)
po·we·ren (ww), po·wer, po·wert; po·wer·de, po·wer·den; ge·po·werd
de **po·wer·lift**, po·wer·lifts
het **po·wer·play**
de **po·wer·point·pre·sen·ta·tie** (v), po·wer·point·pre·sen·ta·ties
de **po·wer·point·voor·stel·ling** (v), po·wer·point·voor·stel·lin·gen
de **po·wi·si**, po·wi·si's
po·zen (ww), poos, poost; poos·de, poos·den; ge·poosd
p.p. *(per persoon)*
de **PP'er** [PP·er] (m), PP'ers [PP·ers]
de **PP-kaart**, PP-kaar·ten
de **PP-kaart·hou·der** (m), PP-kaart·hou·ders
ppo *(puur plantaardige olie),* ppo's
PPS *(postpostscriptum),* PPS'en [PPS·en]
pr *(public relations)*
de **praal**
de **praal·zucht**
de **praam**, pra·men; praam·pje
de **praat** (m), praat·je
het **praat·ca·fé**, praat·ca·fés

de **praat·graag**[1] (m), praat·gra·gen
praat·graag[2] (bnw), praat·gra·ge
praat·lus·tig (bnw), praat·lus·ti·ge
de **praat·paal** (m), praat·pa·len; praat·paal·tje
praats heb·ben
de **pracht**
prach·tig (bnw), prach·ti·ge
pracht·vol (bnw), pracht·vol·le
de **prac·ti·cal joke** (m), prac·ti·cal jokes
het **prac·ti·cum**, prac·ti·ca, prac·ti·cums
de **prac·ti·cus** (m), prac·ti·ci
de **prag·ma·tiek**[1] (v), prag·ma·tie·ken
prag·ma·tiek[2] (bnw), prag·ma·tie·ke
prag·ma·tisch (bnw), prag·ma·ti·sche
het **prag·ma·tis·me**
de **prai·rie** (v), prairiën [prai·ri·en], prai·ries; prai·rie·tje
de **prak** (m), prak·ken; prak·je
prak·ken (ww), prak, prakt; prak·te, prak·ten; ge·prakt
prak·ki·se·ren (ww), prak·ki·seer, prak·ki·seert; prak·ki·seer·de, prak·ki·seer·den; ge·prak·ki·seerd
het **prak·ti·ca·bel**, prak·ti·ca·bels
de **prak·tijk**, prak·tij·ken; prak·tijk·je
de **prak·tijk·er·va·ring** (v), prak·tijk·er·va·rin·gen
prak·tijk·ge·richt (bnw), prak·tijk·ge·rich·te
het **prak·tijk·lo·kaal**, prak·tijk·lo·ka·len
de **prak·tijk·proef**, prak·tijk·proe·ven
de **prak·ti·kant** (m), prak·ti·kan·ten
prak·tisch (bnw), prak·ti·sche
prak·ti·se·ren (ww), prak·ti·seer, prak·ti·seert; prak·ti·seer·de, prak·ti·seer·den; ge·prak·ti·seerd
pra·len (ww), praal, praalt; praal·de, praal·den; ge·praald
pra·le·rig (bnw), pra·le·ri·ge
de **pra·li·ne** (v), pra·li·nes; pra·lien·tje, pra·li·ne·tje
pra·men (ww), praam, praamt; praam·de, praam·den; ge·praamd
de **prang**, pran·gen
pran·gen (ww), prang, prangt; prang·de, prang·den; ge·prangd
pran·gend (bnw), pran·gen·de
de **pra·pi**, pra·pi's
prat (bnw), prat·te
pra·ten (ww), praat, praat; praat·te, praat·ten; ge·praat
pra·ten als Brug·man
de **pra·ter** (m), pra·ters; pra·ter·tje
pra·ti·ke·ren (ww), pra·ti·keer, pra·ti·keert; pra·ti·keer·de, pra·ti·keer·den; ge·pra·ti·keerd
de **prauw**, prau·wen; prauw·tje
de **praxis** (v)
het **pr-bu·reau**, pr-bu·reaus; pr-bu·reau·tje
de **pr-com·mis·sie** (v), pr-com·mis·sies
de/het **pre** (m/o) *(pluspunt)*, pre's; pre'tje [pre·tje]
het **pre·ad·vies**, pre·ad·vie·zen
de **pre·am·bu·le**, pre·am·bu·les
de **pre·ben·de**, pre·ben·den
pre·cair (bnw), pre·cai·re
het **pre·cam·bri·um**
het **pre·ca·rio**, pre·ca·ri·o's
het **pre·ce·dent**, pre·ce·den·ten; pre·ce·dent·je
de **pre·ce·dent·wer·king** (v), pre·ce·dent·wer·kin·gen
pre·cies (bnw), pre·cie·ze

de **pre·cies·heid** (v), pre·cies·he·den
pre·ci·eus (bnw), pre·ci·eu·ze
de **pre·cie·zen** (mv)
pre·ci·se·ren (ww), pre·ci·seer, pre·ci·seert; pre·ci·seer·de, pre·ci·seer·den; ge·pre·ci·seerd
de **pre·ci·se·ring** (v), pre·ci·se·rin·gen
de **pre·ci·sie** (v)
het **pre·ci·sie-in·stru·ment**, pre·ci·sie-in·stru·men·ten
het **pre·ci·sie·wa·pen**, pre·ci·sie·wa·pens
pre·co·lum·bi·aans (bnw), pre·co·lum·bi·aan·se
de **pre·con·di·tie** (v), pre·con·di·ties
pre·con·trac·tu·eel (bnw), pre·con·trac·tu·e·le
de **pre·cur·sor** (m), pre·cur·so·ren, pre·cur·sors
de **pre·da·tie** (v)
de **pre·da·tie·druk** (m)
de **pre·da·tor** (m), pre·da·to·ren, pre·da·tors
pre·des·ti·ne·ren (ww), pre·des·ti·neer, pre·des·ti·neert; pre·des·ti·neer·de, pre·des·ti·neer·den; ge·pre·des·ti·neerd
het **pre·di·caat**, pre·di·ca·ten; pre·di·caat·je
de **pre·di·ca·tie** (v), pre·di·ca·ties
pre·di·ca·tief (bnw), pre·di·ca·tie·ve
pre·dic·tief (bnw), pre·dic·tie·ve
de **pre·di·kant** (m), pre·di·kan·ten
de **pre·di·kants·wo·ning** (v), pre·di·kants·wo·nin·gen
pre·di·ken (ww), pre·dik, pre·dikt; pre·dik·te, pre·dik·ten; ge·pre·dikt
de **pre·di·ker** (m) *(persoon)*, pre·di·kers
Pre·di·ker *(Bijbelboek)*
de **pre·dis·po·si·tie** (v), pre·dis·po·si·ties
de **pred·ni·son** (m)
de **pree** *(loon)*, pree·tje
de **pre-eclamp·sie** (v)
de **preeg** (m), pre·gen
de **preek**, pre·ken; preek·je
de **preek·beurt**, preek·beur·ten
het **preek·ver·bod**, preek·ver·bo·den
het **pre-em·bryo**, pre-em·bry·o's
preëminent [pre·e·mi·nent] (bnw), preëminente [pre·e·mi·nen·te]
preëmptief [pre·emp·tief] (bnw), preëmptieve [pre·emp·tie·ve]
pre-exis·tent (bnw), pre-exis·ten·te
de **pref**, prefs
pre·fab (bnw)
pre·fa·bri·ce·ren (ww), pre·fa·bri·ceer, pre·fa·bri·ceert; pre·fa·bri·ceer·de, pre·fa·bri·ceer·den; ge·pre·fa·bri·ceerd
de **pre·fab·wo·ning** (v), pre·fab·wo·nin·gen
de **pre·fect** (m), pre·fec·ten
de **pre·fec·tuur** (v), pre·fec·tu·ren
pre·fe·ra·bel (bnw), pre·fe·ra·be·le
pre·fe·rent (bnw), pre·fe·ren·te
de **pre·fe·ren·tie** (v), pre·fe·ren·ties
pre·fe·ren·ti·eel (bnw), preferentiële [pre·fe·ren·ti·e·le]
pre·fe·re·ren (ww), pre·fe·reer, pre·fe·reert; pre·fe·reer·de, pre·fe·reer·den; ge·pre·fe·reerd
pre·fi·ge·ren (ww), pre·fi·geer, pre·fi·geert; pre·fi·geer·de, pre·fi·geer·den; ge·pre·fi·geerd
pre·fi·nan·cie·ren (ww), pre·fi·nan·cier, pre·fi·nan·ciert; pre·fi·nan·cier·de,

pre·fi·nan·cier·den; ge·pre·fi·nan·cierd
het **pre·fix**, pre·fixen
pre·gen (ww), preeg, preegt; preeg·de, preeg·den; ge·preegd
preg·nant (bnw), preg·nan·te
de **pre·his·to·ri·cus** (m), pre·his·to·ri·ci
de **pre·his·to·rie** (v)
pre·his·to·risch (bnw), pre·his·to·ri·sche
de **prei**, prei·en; prei·tje
pre-in·dus·tri·eel (bnw), pre-industriële [pre-in·dus·tri·e·le]
de **prei·ring** (m), prei·rin·gen
prei·sko·ro, prei·sko·ro's
pre·ken (ww), preek, preekt; preek·te, preek·ten; ge·preekt
de **pre·laat** (m), pre·la·ten; pre·laat·je
pre·li·mi·nair (bnw), pre·li·mi·nai·re
de **pre·lu·de** (v), pre·lu·des
de **pre·mas·ter** (m), pre·mas·ters
de **pre·ma·tu·ri·teit** (v)
pre·ma·tuur (bnw), pre·ma·tu·re
de **pre·mie** (v), pre·mies; pre·mie·tje
de **pre·mie·bij·dra·ge**, pre·mie·bij·dra·gen, pre·mie·bij·dra·ges
de **pre·mie·hef·fing** (v), pre·mie·hef·fin·gen
de **pre·mie·kor·ting** (v), pre·mie·kor·tin·gen
de **pre·mie·om·zet** (m), pre·mie·om·zet·ten
de **pre·mier** (m), pre·miers; pre·mier·tje
de **pre·mi·è·re**, pre·mi·è·res
de **pre·mi·è·re·dag** (m), pre·mi·è·re·da·gen
het **pre·mie·spaar·plan**, pre·mie·spaar·plan·nen
het **pre·mie·ta·rief**, pre·mie·ta·rie·ven
de **pre·mie·wo·ning** (v), pre·mie·wo·nin·gen
de **pre·mis·se** (v), pre·mis·sen
het **pre·mi·um**, pre·mi·ums
pre·mo·dern (bnw), pre·mo·der·ne
de **pre·mon·stra·ten·zer**[1] (m), pre·mon·stra·ten·zers
pre·mon·stra·ten·zer[2] (bnw)
pre·na·taal (bnw), pre·na·ta·le
de **prent**, pren·ten; prent·je
pren·ten (ww), prent, prent; prent·te, prent·ten; ge·prent
het **pren·ten·boek**, pren·ten·boe·ken; pren·ten·boek·je
de **pre·oc·cu·pa·tie** (v), pre·oc·cu·pa·ties
pre·olym·pisch (bnw), pre·olym·pi·sche
pre·ope·ra·tief (bnw), pre·ope·ra·tie·ve
pre·ope·ra·ti·o·neel (bnw), pre·ope·ra·ti·o·ne·le
de **pre·paid·kaart**, pre·paid·kaar·ten
het **pre·pa·raat**, pre·pa·ra·ten; pre·pa·raat·je
de **pre·pa·ra·tie** (v), pre·pa·ra·ties
de **pre·pa·ré** (m)
pre·pa·re·ren (ww), pre·pa·reer, pre·pa·reert; pre·pa·reer·de, pre·pa·reer·den; ge·pre·pa·reerd
het **pre·pen·si·oen**, pre·pen·si·oe·nen
de **pre·po·si·tie** (v), pre·po·si·ties
de **pre·press** (m)
de **pre·pro·duc·tie** (v)
de **pre·pu·ber·teit** (v)
de **pre·quel** (m), pre·quels
het **pre·ro·ga·tief**, pre·ro·ga·tie·ven
de **pre·sales** (mv)
de **pres·crip·tie** (v), pres·crip·ties
pres·crip·tief (bnw), pres·crip·tie·ve

de **pre·se·lec·tie** (v), pre·se·lec·ties
de **pré·sen·ce**
het **pre·sens**, pre·sen·tia
het **pre·sent**[1], pre·sen·ten; pre·sent·je
pre·sent[2] (bnw), pre·sen·te
pre·sen·ta·bel (bnw), pre·sen·ta·be·le
de **pre·sen·ta·tie** (v), pre·sen·ta·ties; pre·sen·ta·tie·tje
de **pre·sen·ta·tor** (m), pre·sen·ta·to·ren, pre·sen·ta·tors
de **pre·sen·ta·tri·ce** (v), pre·sen·ta·tri·ces
het **presenteïsme** [pre·sen·te·is·me]
pre·sen·te·ren (ww), pre·sen·teer, pre·sen·teert; pre·sen·teer·de, pre·sen·teer·den; ge·pre·sen·teerd
het **pre·sent·exem·plaar**, pre·sent·exem·pla·ren
de **pre·sen·tie** (v), pre·sen·ties
de **pre·sen·tie·lijst**, pre·sen·tie·lijs·ten
pre·ser·ve·ren (ww), pre·ser·veer, pre·ser·veert; pre·ser·veer·de, pre·ser·veer·den; ge·pre·ser·veerd
de **pre·ses** (m), pre·ses·sen, pre·si·des
de **pre·si·dent** (m), pre·si·den·ten; pre·si·dent·je
de **pre·si·dent-di·rec·teur** (m), pre·si·dent-di·rec·teu·ren, pre·si·dent-di·rec·teurs
de **pre·si·den·te** (v), pre·si·den·tes
pre·si·den·ti·eel (bnw), presidentiële [pre·si·den·ti·e·le]
het **pre·si·dent·schap**, pre·si·dent·schap·pen
de **pre·si·dents·kan·di·daat** (m), pre·si·dents·kan·di·da·ten
de **pre·si·dents·ver·kie·zing** (v), pre·si·dents·ver·kie·zin·gen
de **pre·si·dents·vrouw** (v), pre·si·dents·vrou·wen
het **pre·si·di·um**, pre·si·dia, pre·si·di·ums
pres·sen (ww), pres, prest; pres·te, pres·ten; ge·prest
de **pres·se-pa·pier** (m), pres·se-pa·piers; pres·se-pa·pier·tje
pres·se·ren (ww), pres·seer, pres·seert; pres·seer·de, pres·seer·den; ge·pres·seerd
de **pres·sie** (v), pres·sies
de **pres·ta·tie** (v), pres·ta·ties
pres·ta·tief (bnw), pres·ta·tie·ve
de **pres·ta·tie-in·di·ca·tor** (m), pres·ta·tie-in·di·ca·to·ren, pres·ta·tie-in·di·ca·tors
pres·te·ren (ww), pres·teer, pres·teert; pres·teer·de, pres·teer·den; ge·pres·teerd
het **pres·ti·ge**
pres·ti·gi·eus (bnw), pres·ti·gi·eu·ze
pres·to (bijw)
de **pret**, pret·je
het **prêt-à-por·ter**
pre·ten·de·ren (ww), pre·ten·deer, pre·ten·deert; pre·ten·deer·de, pre·ten·deer·den; ge·pre·ten·deerd
de **pre·ten·tie** (v), pre·ten·ties
pre·ten·ti·eus (bnw), pre·ten·ti·eu·ze
de **pre·test** (m), pre·tes·ten, pre·tests
de **pre·to·ri·aan** (m) *(soldaat)*, pre·to·ri·a·nen
het **pret·park**, pret·par·ken; pret·park·je
pret·tig (bnw), pret·ti·ge
de **pret·zel** (m), pret·zels
preuts (bnw), preut·se
de **pre·va·len·tie** (v)
pre·va·le·ren (ww), pre·va·leer, pre·va·leert; pre·va·leer·de, pre·va·leer·den; ge·pre·va·leerd
pre·ve·len (ww), pre·vel, pre·velt;

pre·vel·de, pre·vel·den; ge·pre·veld
de **pre·ven·tie** (v), pre·ven·ties
de **pre·ven·tie·ad·vi·seur** (m), pre·ven·tie·ad·vi·seurs
pre·ven·tief (bnw), pre·ven·tie·ve
de **pre·view** (m), pre·views
het **pri·a·pis·me**
het **pri·eel**, priëlen [pri·e·len]; pri·eel·tje
de **priel** (m), prie·len
de **priem** (m), prie·men; priem·pje
prie·men (ww), priem, priemt; priem·de, priem·den; ge·priemd
de **pries·ter** (m), pries·ters; pries·ter·tje
de **pries·ter-dich·ter** (m), pries·ter-dich·ters, pries·ters-dich·ters
de **pries·ter-le·raar** (m), pries·ter-le·raars, pries·ter-le·ra·ren, pries·ters-le·raars, pries·ters-le·ra·ren
de **priet·praat** (m), priet·praat·je
prij·ken (ww), prijk, prijkt; prijk·te, prijk·ten; ge·prijkt
de **prijs**[1] *(buit)*, prij·zen; prijs·je
de **prijs**[2] (m) *(andere betekenissen)*, prij·zen; prijs·je
prij·se·lijk (bnw), prij·se·lij·ke
prijs·ge·ven (ww), geef prijs, geeft prijs; gaf prijs, ga·ven prijs; prijs·ge·ge·ven
de **prijs·kaart**, prijs·kaar·ten; prijs·kaart·je
de **prijs·kamp** (m), prijs·kam·pen
de **prijs·klas·se** (v), prijs·klas·sen
de **prijs-kwa·li·teits·ver·hou·ding** (v), prijs-kwa·li·teits·ver·hou·din·gen
de **prijs-kwa·li·teit·ver·hou·ding** (v), prijs-kwa·li·teit·ver·hou·din·gen
de **prijs·lijst**, prijs·lijs·ten; prijs·lijst·je
de **prijs·of·fer·te**, prijs·of·fer·ten, prijs·of·fer·tes
de **prijs·op·gaaf**, prijs·op·ga·ven
de **prijs·op·ga·ve**, prijs·op·ga·ven
het **prijs·peil**, prijs·pei·len
de **prijs·stel·ling** (v), prijs·stel·lin·gen
de **prijs·stij·ging** (v), prijs·stij·gin·gen
de **prijs·uit·rei·king** (v), prijs·uit·rei·kin·gen
het **prijs·ver·schil**, prijs·ver·schil·len
de **prijs·vraag**, prijs·vra·gen; prijs·vraag·je
de **prijs·zet·ting** (v), prijs·zet·tin·gen
prij·zen[1] (ww) *(de prijs opgeven)*, prijs, prijst; prijs·de, prijs·den; ge·prijsd
prij·zen[2] (ww) *(andere betekenissen)*, prijs, prijst; prees, pre·zen; ge·pre·zen
het **prij·zen·geld**, prij·zen·gel·den
de **prij·zen·lijst**, prij·zen·lijs·ten; prij·zen·lijst·je
prij·zig (bnw), prij·zi·ge
de **prik**[1] *(puntig voorwerp)*, prik·ken; prik·je
de **prik**[2] (m) *(andere betekenissen)*, prik·ken; prik·je
het **prik·bord**, prik·bor·den; prik·bord·je
de **prik·kel** (m), prik·ke·len, prik·kels; prik·kel·tje
de/het **prik·kel·draad** (m/o)
prik·ke·len (ww), prik·kel, prik·kelt; prik·kel·de, prik·kel·den; ge·prik·keld
prik·ke·lend (bnw), prik·ke·len·de
prik·ken (ww), prik, prikt; prik·te, prik·ten; ge·prikt
de **prik·klok**, prik·klok·ken

P

pril (bnw), pril·le
de **pri·ma**[1], pri·ma's; primaatje [pri·ma·tje]
pri·ma[2] (bnw)
de **pri·maat**[1] (m) *(kerkvorst, zoogdier)*, pri·ma·ten; pri·maat·je
het **pri·maat**[2] *(primaatschap)*, pri·maat·je
de **pri·ma don·na** (v), pri·ma don·na's
pri·mair (bnw), pri·mai·re
de **pri·mau·teit** (v)
de **pri·me**, pri·mes
de **pri·mer** (m), pri·mers
pri·me·ren (ww), pri·meer, pri·meert; pri·meer·de, pri·meer·den; ge·pri·meerd
prime·time (bnw)
de **pri·meur**, pri·meurs; pri·meur·tje
pri·mi·tief (bnw), pri·mi·tie·ve
de **pri·mi·tie·ven** (mv)
pri·mo (bijw)
pri·mor·di·aal (bnw), pri·mor·di·a·le
de **pri·mus** (m), pri·mus·sen
de **pri·mus in·ter pa·res** (m), pri·mi in·ter pa·res
het **prin·ciep**, prin·cie·pen
de **prin·ci·paal**[1] (m), prin·ci·pa·len
prin·ci·paal[2] (bnw), prin·ci·pa·le
het **prin·ci·pe**, prin·ci·pes
het **prin·ci·pe·ak·koord**, prin·ci·pe·ak·koor·den
de **prin·ci·pe·be·slis·sing** (v), prin·ci·pe·be·slis·sin·gen
prin·ci·pi·eel (bnw), principiële [prin·ci·pi·e·le]
de **prins** (m), prin·sen; prins·je
de **prins-bis·schop** (m), prins-bis·schop·pen
het **prins·dom**, prins·dom·men; prins·dom·me·tje
de **prin·ses** (v), prin·ses·sen; prin·ses·je
de **prin·ses·sen·boon**, prin·ses·sen·bo·nen; prin·ses·sen·boon·tje
de **prin·ses·sen·jurk**, prin·ses·sen·jur·ken; prin·ses·sen·jurk·je
de **prins-ge·maal** (m), prins-ge·ma·len
Prins·jes·dag
de **print** (m), prints; print·je
de **prin·ta·be·zem** (m), prin·ta·be·zems
prin·ten (ww), print, print; print·te, print·ten; ge·print
de **prin·ter** (m), prin·ters; prin·ter·tje
de **print-out** (m), print-outs
de **pri·or** (m), pri·ors
pri·o·ri·tair (bnw), pri·o·ri·tai·re
de **pri·o·ri·teit** (v), pri·o·ri·tei·ten
de **pri·o·ri·tei·ten·stel·ling** (v), pri·o·ri·tei·ten·stel·lin·gen
het **pri·o·ri·teits·ge·bied**, pri·o·ri·teits·ge·bie·den
de **pri·o·ri·teit·stel·ling** (v), pri·o·ri·teit·stel·lin·gen
pri·o·ri·te·ren (ww), pri·o·ri·teer, pri·o·ri·teert; pri·o·ri·teer·de, pri·o·ri·teer·den; ge·pri·o·ri·teerd
de **pri·o·ri·te·ring** (v), pri·o·ri·te·rin·gen
het **pris·ma**, pris·ma's, pris·ma·ta; prismaatje [pris·ma·tje]
het **pri·vaat**[1], pri·va·ten; pri·vaat·je
pri·vaat[2] (bnw), pri·va·te
het **pri·vaat·recht**
pri·vaat·rech·te·lijk (bnw), pri·vaat·rech·te·lij·ke
de **pri·va·cy** (v)
het **pri·va·cy·be·leid**
pri·va·cy·ge·voe·lig (bnw), pri·va·cy·ge·voe·li·ge

de **pri·va·cy·in·stel·lin·gen** (mv)
het **pri·va·cy·re·gle·ment**, pri·va·cy·re·gle·men·ten
de **pri·va·cy·schen·ding** (v), pri·va·cy·schen·din·gen
de **pri·va·cy·wet·ge·ving** (v), pri·va·cy·wet·ge·vin·gen
pri·va·tief (bnw), pri·va·tie·ve
pri·va·ti·se·ren (ww), pri·va·ti·seer, pri·va·ti·seert; pri·va·ti·seer·de, pri·va·ti·seer·den; ge·pri·va·ti·seerd
de **pri·va·ti·se·ring** (v), pri·va·ti·se·rin·gen; pri·va·ti·se·rin·kje
het **pri·vé**[1]
pri·vé[2] (bnw)
het **pri·vé·aan·deel**, pri·vé·aan·de·len
de **pri·vé·aan·ge·le·gen·heid** (v), pri·vé·aan·ge·le·gen·he·den
het **pri·vé·adres**, pri·vé·adres·sen
de **pri·vé·af·spraak**, pri·vé·af·spra·ken; pri·vé·af·spraak·je
het **pri·vé·ar·chief**, pri·vé·ar·chie·ven
de **pri·vé·au·to** (m), pri·vé·au·to's
de **pri·vé·bank**, pri·vé·ban·ken
het **pri·vé·be·drijf**, pri·vé·be·drij·ven; pri·vé·be·drijf·je
de **pri·vé·be·leg·ging** (v), pri·vé·be·leg·gin·gen
het **pri·vé·be·richt**, pri·vé·be·rich·ten
het **pri·vé·be·zit**
het **pri·vé·be·zoek**, pri·vé·be·zoe·ken
de **pri·vé·chauf·feur** (m), pri·vé·chauf·feurs
de **pri·vé·col·lec·tie** (v), pri·vé·col·lec·ties
het **pri·vé·con·cert**, pri·vé·con·cer·ten; pri·vé·con·cert·je
het **pri·vé·deel**, pri·vé·de·len
de **pri·vé·de·tec·ti·ve** (m), pri·vé·de·tec·ti·ves
de **pri·vé·doel·ein·den** (mv)
het **pri·vé·do·mein**, pri·vé·do·mei·nen; pri·vé·do·mein·tje
de **pri·vé-ei·ge·naar** (m), pri·vé-ei·ge·naars, pri·vé-ei·ge·na·ren
het **pri·vé-ei·gen·dom**, pri·vé-ei·gen·dom·men
het **pri·vé·feest**, pri·vé·fees·ten; pri·vé·feest·je
de **pri·vé·fir·ma**, pri·vé·fir·ma's
het **pri·vé·ge·bruik**
het **pri·vé·ge·deel·te**, pri·vé·ge·deel·ten, pri·vé·ge·deel·tes
de **pri·vé·ge·ge·vens** (mv)
het **pri·vé·ge·sprek**, pri·vé·ge·sprek·ken; pri·vé·ge·sprek·je
de **pri·vé·han·den** (mv)
de **pri·vé-in·gang** (m), pri·vé-in·gan·gen
het **pri·vé-ini·ti·a·tief**, pri·vé-ini·ti·a·tie·ven
de **pri·vé·jet** (m), pri·vé·jets
de **pri·vé·ka·mer**, pri·vé·ka·mers; pri·vé·ka·mer·tje
het **pri·vé·kan·toor**, pri·vé·kan·to·ren
het **pri·vé·ka·pi·taal**, pri·vé·ka·pi·ta·len
het **pri·vé·ka·rak·ter**
de **pri·vé·kli·niek** (v), pri·vé·kli·nie·ken; pri·vé·kli·niek·je
het **pri·vé·le·ger**, pri·vé·le·gers; pri·vé·le·ger·tje
de **pri·vé·le·raar** (m), pri·vé·le·raars, pri·vé·le·ra·ren
de **pri·vé·les**, pri·vé·les·sen
het **pri·vé·le·ven**, pri·vé·le·vens
de **pri·vé·mail**, pri·vé·mails; pri·vé·mail·tje

het **pri·vé·mail·adres**, pri·vé·mail·adres·sen
de **pri·vé·markt**, pri·vé·mark·ten
het **pri·vé·num·mer**, pri·vé·num·mers; pri·vé·num·mer·tje
de **pri·vé·om·ge·ving** (v), pri·vé·om·ge·vin·gen
de **pri·vé·om·stan·dig·he·den** (mv)
de **pri·vé·on·der·ne·ming** (v), pri·vé·on·der·ne·min·gen
het **pri·vé·on·der·wijs**
de **pri·vé·ont·trek·king** (v), pri·vé·ont·trek·kin·gen
de **pri·vé·op·na·me**, pri·vé·op·na·men, pri·vé·op·na·mes
de **pri·vé·or·ga·ni·sa·tie** (v), pri·vé·or·ga·ni·sa·ties
de **pri·vé·par·keer·plaats**, pri·vé·par·keer·plaat·sen
de **pri·vé·par·king** (m), pri·vé·par·kings
de **pri·vé·part·ner** (m), pri·vé·part·ners
de **pri·vé·per·soon** (m), pri·vé·per·so·nen
de **pri·vé·prak·tijk**, pri·vé·prak·tij·ken
het **pri·vé·pro·bleem**, pri·vé·pro·ble·men; pri·vé·pro·bleem·pje
de **pri·vé·re·den**, pri·vé·re·de·nen
de **pri·vé·re·ke·ning** (v), pri·vé·re·ke·nin·gen
de **pri·vé·ruim·te** (v), pri·vé·ruim·ten, pri·vé·ruim·tes
de **pri·vé·sau·na** (m), pri·vé·sau·na's
de **pri·vé·school**, pri·vé·scho·len; pri·vé·school·tje
de **pri·vé·se·cre·ta·res·se** (v), pri·vé·se·cre·ta·res·ses
de **pri·vé·se·cre·ta·ris** (m), pri·vé·se·cre·ta·ris·sen
de **pri·vé·sec·tor** (m), pri·vé·sec·to·ren, pri·vé·sec·tors
de **pri·vé·sfeer**, pri·vé·sfe·ren
de **pri·vé·si·tu·a·tie** (v), pri·vé·si·tu·a·ties
het **pri·vé·strand**, pri·vé·stran·den; pri·vé·strand·je
het **pri·vé·ter·ras**, pri·vé·ter·ras·sen
het **pri·vé·ter·rein**, pri·vé·ter·rei·nen
de **pri·vé·tijd** (m), pri·vé·tij·den
de **pri·vé·tuin** (m), pri·vé·tui·nen; pri·vé·tuin·tje
de **pri·vé-uit·ga·ve**, pri·vé-uit·ga·ven
het **pri·vé·ver·mo·gen**, pri·vé·ver·mo·gens
het **pri·vé·ver·trek**, pri·vé·ver·trek·ken
het **pri·vé·ver·voer**
de **pri·vé·ver·za·me·ling** (v), pri·vé·ver·za·me·lin·gen
het **pri·vé·vlak**, pri·vé·vlak·ken
het **pri·vé·vlieg·tuig**, pri·vé·vlieg·tui·gen; pri·vé·vlieg·tuig·je
het **pri·vé·voer·tuig**, pri·vé·voer·tui·gen
de **pri·vé·weg** (m), pri·vé·we·gen
de **pri·vé·wo·ning** (v), pri·vé·wo·nin·gen
de **pri·vé·zaak**, pri·vé·za·ken; pri·vé·zaak·je
het **pri·vé·zwem·bad**, pri·vé·zwem·ba·den; pri·vé·zwem·bad·je
het **pri·vi·le·ge**, pri·vi·le·ges
het **pri·vi·le·gie**, privilegiën [pri·vi·le·gi·en], pri·vi·le·gies
privilegiëren [pri·vi·le·gi·e·ren] (ww), pri·vi·le·gi·eer, pri·vi·le·gi·eert; pri·vi·le·gi·eer·de, pri·vi·le·gi·eer·den; ge·pri·vi·le·gi·eerd

de **pr-ma·na·ger** (m), pr-ma·na·gers
de **pr-me·de·wer·ker** (m), pr-me·de·wer·kers
de **pr-nacht·mer·rie**, pr-nacht·mer·ries
pro (voorz)
pro·ac·tief (bnw), pro·ac·tie·ve
de **pro·ac·ti·vi·teit** (v), pro·ac·ti·vi·tei·ten
pro-Ame·ri·kaans (bnw), pro-Ame·ri·kaan·se
pro·baat (bnw), pro·ba·te
de **pro·ba·bi·li·teit** (v), pro·ba·bi·li·tei·ten
de **pro·ba·tie** (v), pro·ba·ties
het **pro·beer·sel**, pro·beer·sels; pro·beer·sel·tje
pro·be·ren (ww), pro·beer, pro·beert; pro·beer·de, pro·beer·den; ge·pro·beerd
het **pro·bleem**, pro·ble·men; pro·bleem·pje
de **pro·bleem·ana·ly·se** (v), pro·bleem·ana·ly·sen, pro·bleem·ana·ly·ses
het **pro·bleem·ge·bied**, pro·bleem·ge·bie·den
het **pro·bleem·ge·drag**
het **pro·bleem·ge·val**, pro·bleem·ge·val·len; pro·bleem·ge·val·le·tje
pro·bleem·loos (bnw), pro·bleem·lo·ze
pro·bleem·op·los·send (bnw), pro·bleem·op·los·sen·de
de **pro·bleem·op·los·sing** (v), pro·bleem·op·los·sin·gen
de **pro·bleem·stel·ling** (v), pro·bleem·stel·lin·gen
de **pro·ble·ma·tiek**[1] (v), pro·ble·ma·tie·ken
pro·ble·ma·tiek[2] (bnw), pro·ble·ma·tie·ke
pro·ble·ma·tisch (bnw), pro·ble·ma·ti·sche
pro·ble·ma·ti·se·ren (ww), pro·ble·ma·ti·seer, pro·ble·ma·ti·seert; pro·ble·ma·ti·seer·de, pro·ble·ma·ti·seer·den; ge·pro·ble·ma·ti·seerd
pro bo·no (bijw)
het **pro·ce·dé**, pro·ce·dés; procedeetje [pro·ce·dé·tje]
pro·ce·de·ren (ww), pro·ce·deer, pro·ce·deert; pro·ce·deer·de, pro·ce·deer·den; ge·pro·ce·deerd
de **pro·ce·du·re**, pro·ce·du·res; pro·ce·du·re·tje
pro·ce·du·reel (bnw), pro·ce·du·re·le
het **pro·cent**, pro·cen·ten; pro·cent·je
de/het **pro·cent·punt**, pro·cent·pun·ten; pro·cent·punt·je
het **pro·cent·te·ken**, pro·cent·te·kens
pro·cen·tu·eel (bnw), pro·cen·tu·e·le
het **pro·ces**, pro·ces·sen; pro·ces·je
de **pro·ces·ope·ra·tor** (m), pro·ces·ope·ra·to·ren, pro·ces·ope·ra·tors
het **pro·ces·recht**, pro·ces·rech·ten
pro·ces·sen (ww), pro·ces, pro·cest; pro·ces·te, pro·ces·ten; ge·pro·cest
de **pro·ces·sie** (v), pro·ces·sies; pro·ces·sie·tje
de **pro·ces·sie·rups**, pro·ces·sie·rup·sen
de **pro·ces·sor** (m), pro·ces·so·ren, pro·ces·sors
pro·ces·su·eel (bnw), pro·ces·su·e·le
de **pro·ces·sus** (m)
het **pro·ces-ver·baal**, pro·ces·sen-ver·baal, pro·ces-ver·ba·len

de **pro·cla·ma·tie** (v), pro·cla·ma·ties
de **pro·cu·ra·tie** (v), pro·cu·ra·ties
de **pro·cu·reur** (m), pro·cu·reurs
pro·cu·reur des Ko·nings
de **pro·cu·reur-ge·ne·raal** (m), pro·cu·reurs-ge·ne·raal; pro·cu·reur·tje-ge·ne·raal
pro·de·mo·cra·tisch (bnw), pro·de·mo·cra·ti·sche
pro Deo (bijw)
de **pro-Deo·ad·vo·caat** (m), pro-Deo·ad·vo·ca·ten
de **pro-Deo·zaak**, pro-Deo·za·ken
pro·do·wa·ka, pro·do·wa·ka's
pro·du·cen (ww), pro·duce, pro·ducet; pro·duce·te, pro·duce·ten; ge·pro·ducet
de **pro·du·cent** (m), pro·du·cen·ten; pro·du·cent·je
de **pro·du·cen·te** (v), pro·du·cen·tes
de **pro·du·cer** (m), pro·du·cers
pro·du·ce·ren (ww), pro·du·ceer, pro·du·ceert; pro·du·ceer·de, pro·du·ceer·den; ge·pro·du·ceerd
het **pro·duct**, pro·duc·ten; pro·duct·je
het **pro·duct·aan·bod**
het **pro·duc·ten·aan·bod**
de/het **pro·duc·ten·gam·ma**, pro·duc·ten·gam·ma's
de/het **pro·duct·gam·ma**, pro·duct·gam·ma's
de **pro·duct·groep**, pro·duct·groe·pen
de **pro·duc·tie** (v), pro·duc·ties; pro·duc·tie·tje
de **pro·duc·tie·af·de·ling** (v), pro·duc·tie·af·de·lin·gen
het **pro·duc·tie·ap·pa·raat**, pro·duc·tie·ap·pa·ra·ten
de **pro·duc·tie·ar·bei·der** (m), pro·duc·tie·ar·bei·ders
de **pro·duc·tie·as·sis·tent** (m), pro·duc·tie·as·sis·ten·ten
het **pro·duc·tie·be·drijf**, pro·duc·tie·be·drij·ven; pro·duc·tie·be·drijf·je
het **pro·duc·tie·bos**, pro·duc·tie·bos·sen
de **pro·duc·tie·ca·pa·ci·teit** (v), pro·duc·tie·ca·pa·ci·tei·ten
de **pro·duc·tie-een·heid** (v), pro·duc·tie-een·he·den
pro·duc·tief (bnw), pro·duc·tie·ve
de **pro·duc·tie·fout**, pro·duc·tie·fou·ten; pro·duc·tie·fout·je
het **pro·duc·tie·huis**, pro·duc·tie·hui·zen; pro·duc·tie·huis·je
de **pro·duc·tie·ke·ten**, pro·duc·tie·ke·tens
de **pro·duc·tie·kos·ten** (mv)
de **pro·duc·tie·maat·schap·pij** (v), pro·duc·tie·maat·schap·pij·en; pro·duc·tie·maat·schap·pij·tje
de **pro·duc·tie·me·de·wer·ker** (m), pro·duc·tie·me·de·wer·kers
de **pro·duc·tie·om·ge·ving** (v), pro·duc·tie·om·ge·vin·gen
de **pro·duc·tie·om·zet** (m), pro·duc·tie·om·zet·ten
de **pro·duc·tie·prijs** (m), pro·duc·tie·prij·zen
het **pro·duc·tie·pro·ces**, pro·duc·tie·pro·ces·sen
de **pro·duc·tie·sec·tor** (m), pro·duc·tie·sec·to·ren, pro·duc·tie·sec·tors
de **pro·duc·tie·stij·ging** (v), pro·duc·tie·stij·gin·gen
de **pro·duc·tie·tech·no·lo·gie** (v), productietechnologieën [pro·duc·tie·tech·no·lo·gie·en]
het **pro·duc·tie·ver·mo·gen**, pro·duc·tie·ver·mo·gens
de **pro·duct·in·for·ma·tie** (v)

pro·duc·ti·o·neel (bnw), pro·duc·ti·o·ne·le
de **pro·duc·ti·vi·teit** (v)
de **pro·duc·ti·vi·teits·ver·ho·ging** (v), pro·duc·ti·vi·teits·ver·ho·gin·gen
de **pro·duct·ken·nis** (v)
de **pro·duct·lijn**, pro·duct·lij·nen
de **pro·duct·ma·na·ger** (m), pro·duct·ma·na·gers
de **pro·duct-markt·com·bi·na·tie** (v), pro·duct-markt·com·bi·na·ties
de **pro·duct·naam** (m), pro·duct·na·men
de **pro·duct·ont·wik·ke·ling** (v), pro·duct·ont·wik·ke·lin·gen
de/het **pro·duct·port·fo·lio** (m/o), pro·duct·port·fo·li·o's
het **pro·duct·schap**, pro·duct·schap·pen
pro-Duits (bnw), pro-Duit·se
de **proef**, proe·ven; proef·je
het **proef·dier·ge·bruik**
proef·draai·en (ww), draai proef, draait proef; draai·de proef, draai·den proef; proef·ge·draaid
de **proef·druk** (m), proef·druk·ken; proef·druk·je
het **proef·ko·nijn**, proef·ko·nij·nen; proef·ko·nijn·tje
proef·on·der·vin·de·lijk (bnw), proef·on·der·vin·de·lij·ke
de **proef·op·stel·ling** (v), proef·op·stel·lin·gen
de **proef·per·soon** (m), proef·per·so·nen; proef·per·soon·tje
het **proef·pro·ject**, proef·pro·jec·ten; proef·pro·ject·je
proef·rij·den (ww), rijd proef, rij proef, rijdt proef; reed proef, re·den proef; proef·ge·re·den
de **proef·rit** (m), proef·rit·ten; proef·rit·je
het **proef·schrift**, proef·schrif·ten
het **proef·sta·di·um**, proef·sta·dia, proef·sta·di·ums
proef·va·ren (ww), vaar proef, vaart proef; vaar·de proef, vaar·den proef; proef·ge·va·ren
het **proef·werk**, proef·wer·ken; proef·werk·je
proes·ten (ww), proest, proest; proest·te, proest·ten; ge·proest
de **proe·ve**, proe·ven
proe·ven (ww), proef, proeft; proef·de, proef·den; ge·proefd
de **proe·ve·rij** (v), proe·ve·rij·en; proe·ve·rij·tje
prof[1] *(professor)*, prof·fen; prof·je
prof[2] *(professional)*, profs; prof·je
prof. *(professor)*
pro·faan (bnw), pro·fa·ne
de **prof·club**, prof·clubs; prof·club·je
de **pro·feet** (m) *(verkondiger)*, pro·fe·ten; pro·feet·je
Pro·feet *(Mohammed)*
pro·fes·sen (ww), pro·fes, pro·fest; pro·fes·te, pro·fes·ten; ge·pro·fest
de **pro·fes·sie** (v), pro·fes·sies
de **pro·fes·si·o·nal** (m), pro·fes·si·o·nals
pro·fes·si·o·na·li·se·ren (ww), pro·fes·si·o·na·li·seer, pro·fes·si·o·na·li·seert; pro·fes·si·o·na·li·seer·de, pro·fes·si·o·na·li·seer·den; ge·pro·fes·si·o·na·li·seerd
de **pro·fes·si·o·na·li·se·ring** (v), pro·fes·si·o·na·li·se·rin·gen
het **pro·fes·si·o·na·lis·me**
de **pro·fes·si·o·na·li·teit** (v)
pro·fes·si·o·neel (bnw), pro·fes·si·o·ne·le
de **pro·fes·sor** (m), pro·fes·so·ren,

pro·fes·sors
pro·fe·te·ren (ww), pro·fe·teer, pro·fe·teert; pro·fe·teer·de, pro·fe·teer·den; ge·pro·fe·teerd
de **pro·fe·tie** (v), profetieën [pro·fe·tie·en]
de **pr-of·fi·cer** (m), pr-of·fi·cers
de **pro·fi**[1] (m), pro·fi's
pro·fi[2] (bnw)
het **pro·fi·ci·at**[1], pro·fi·ci·ats
pro·fi·ci·at[2] (tussenw)
het **pro·fiel**, pro·fie·len; pro·fiel·tje
de **pro·fiel·schets**, pro·fiel·schet·sen; pro·fiel·schets·je
het **pro·fijt**, pro·fij·ten
pro·fil: en profil
de **pro·fi·ler** (m), pro·fi·lers
pro·fi·le·ren (ww), pro·fi·leer, pro·fi·leert; pro·fi·leer·de, pro·fi·leer·den; ge·pro·fi·leerd
de **pro·fi·le·ring** (v), pro·fi·le·rin·gen
de **pro·fit**[1] (m), pro·fits
pro·fit[2] (bnw)
pro·fi·te·ren (ww), pro·fi·teer, pro·fi·teert; pro·fi·teer·de, pro·fi·teer·den; ge·pro·fi·teerd
de **pro·fi·teur** (m), pro·fi·teurs; pro·fi·teur·tje
de **pro·fit·or·ga·ni·sa·tie** (v), pro·fit·or·ga·ni·sa·ties
de **pro·fit·sec·tor** (m), pro·fit·sec·to·ren, pro·fit·sec·tors
pro for·ma (bijw)
de **pro-for·ma·zit·ting** (v), pro-for·ma·zit·tin·gen
het **prof·voet·bal**
de **prof·voet·bal·ler** (m), prof·voet·bal·lers
pro·fy·lac·tisch (bnw), pro·fy·lac·ti·sche
de **pro·fy·laxe** (v), pro·fy·laxen, pro·fy·laxes
de **pro·fy·laxis** (v), pro·fy·laxes
de **prog·no·se** (v), prog·no·ses
prog·nos·ti·ce·ren (ww), prog·nos·ti·ceer, prog·nos·ti·ceert; prog·nos·ti·ceer·de, prog·nos·ti·ceer·den; ge·prog·nos·ti·ceerd
de **prog·nos·tiek** (v)
prog·no·ti·se·ren (ww), prog·no·ti·seer, prog·no·ti·seert; prog·no·ti·seer·de, prog·no·ti·seer·den; ge·prog·no·ti·seerd
het **pro·gram**, pro·grams; pro·gram·me·tje
het **pro·gram·ma**, pro·gram·ma's; programmaatje [pro·gram·ma·tje]
het **pro·gram·ma-aan·bod**
de **pro·gram·ma·di·rec·teur** (m), pro·gram·ma·di·rec·teu·ren, pro·gram·ma·di·rec·teurs
de **pro·gram·ma·ma·na·ger** (m), pro·gram·ma·ma·na·gers
het **pro·gram·ma·on·der·deel**, pro·gram·ma·on·der·de·len; pro·gram·ma·on·der·deel·tje
het **pro·gram·ma·over·zicht**, pro·gram·ma·over·zich·ten
de **pro·gram·ma·tie** (v), pro·gram·ma·ties
pro·gram·ma·tisch (bnw), pro·gram·ma·ti·sche
de **pro·gram·ma·tor** (m), pro·gram·ma·to·ren, pro·gram·ma·tors
pro·gram·ma·to·risch (bnw), pro·gram·ma·to·ri·sche
de **pro·gram·ma·tuur** (v), pro·gram·ma·tu·ren
pro·gram·meer·baar (bnw), pro·gram·meer·ba·re
de **pro·gram·meer·taal**, pro·gram·meer·ta·len
pro·gram·me·ren (ww),

pro·gram·meer, pro·gram·meert; pro·gram·meer·de, pro·gram·meer·den; ge·pro·gram·meerd
de **pro·gram·me·ring** (v), pro·gram·me·rin·gen
de **pro·gram·meur** (m), pro·gram·meurs; pro·gram·meur·tje
de **pro·gres·sie** (v), pro·gres·sies
pro·gres·sief (bnw), pro·gres·sie·ve
pro·gres·sief-li·be·raal (bnw), pro·gres·sief-li·be·ra·le
het **pro·ject**, pro·jec·ten; pro·ject·je
de **pro·ject·aan·vraag**, pro·ject·aan·vra·gen
de **pro·ject·as·sis·tent** (m), pro·ject·as·sis·ten·ten
de **pro·ject·be·gro·ting** (v), pro·ject·be·gro·tin·gen
het **pro·ject·bu·reau**, pro·ject·bu·reaus
de **projectcoördinator** [pro·ject·co·or·di·na·tor] (m), projectcoördinatoren [pro·ject·co·or·di·na·to·ren], projectcoördinators [pro·ject·co·or·di·na·tors]
de **pro·ject·dra·ger** (m), pro·ject·dra·gers
pro·jec·te·ren (ww), pro·jec·teer, pro·jec·teert; pro·jec·teer·de, pro·jec·teer·den; ge·pro·jec·teerd
de **pro·ject·groep**, pro·ject·groe·pen; pro·ject·groep·je
de **pro·jec·tie** (v), pro·jec·ties
het **pro·jec·tie·doek**, pro·jec·tie·doe·ken
het **pro·jec·tiel**, pro·jec·tie·len; pro·jec·tiel·tje
de **pro·ject·in·ge·ni·eur** (m), pro·ject·in·ge·ni·eurs
de **pro·ject·lei·der** (m), pro·ject·lei·ders
het **pro·ject·lid**, pro·ject·le·den
het **pro·ject·ma·nage·ment**
de **pro·ject·ma·na·ger** (m), pro·ject·ma·na·gers
het **pro·ject·num·mer**, pro·ject·num·mers
het **pro·ject·on·der·wijs**
de **pro·ject·ont·wik·ke·laar** (m), pro·ject·ont·wik·ke·laars
de **pro·jec·tor** (m), pro·jec·to·ren, pro·jec·tors
het **pro·ject·plan**, pro·ject·plan·nen
het **pro·ject·team**, pro·ject·teams
het **pro·ject X-feest**, pro·ject X-fees·ten
de **pro jus·ti·tia** (m), pro jus·ti·ti·a's
de **prol** (m) *(proleet)*, prol·len
de **pro·leet** (m), pro·le·ten; pro·leet·je
het **pro·le·ta·ri·aat**, pro·le·ta·ri·a·ten
de **pro·li·fe·ra·tie** (v), pro·li·fe·ra·ties
de **pro·lon·ga·tie** (v), pro·lon·ga·ties
pro·lon·ge·ren (ww), pro·lon·geer, pro·lon·geert; pro·lon·geer·de, pro·lon·geer·den; ge·pro·lon·geerd
de **pro·loog** (m), pro·lo·gen; pro·loog·je
pro me·mo·rie (bijw)
de **pro·me·na·de** (v), pro·me·na·des; pro·me·na·de·tje
de **pro·mes·se** (v), pro·mes·sen, pro·mes·ses
het **pro·mil·la·ge**, pro·mil·la·ges
het **pro·mil·le**, pro·mil·les
de **pro·mi·nent**[1] (m), pro·mi·nen·ten
pro·mi·nent[2] (bnw), pro·mi·nen·te
pro·mis·cue (bnw)
de **promiscuïteit** [pro·mis·cu·i·teit] (v)

de **pro·mo**, pro·mo's; promootje [pro·mo·tje]
de **pro·mo·ac·tie** (v), pro·mo·ac·ties
pro·mo·ten (ww), pro·moot, pro·moot; pro·moot·te, pro·moot·ten; ge·pro·moot
de **pro·mo·tie** (v), pro·mo·ties
de **pro·mo·tie·ac·tie** (v), pro·mo·tie·ac·ties
de **pro·mo·tie·cam·pag·ne**, pro·mo·tie·cam·pag·nes
het **pro·mo·tie·ma·te·ri·aal**, pro·mo·tie·ma·te·ri·a·len
het **pro·mo·tie·on·der·zoek**, pro·mo·tie·on·der·zoe·ken
pro·mo·ti·o·neel (bnw), pro·mo·ti·o·ne·le
de **pro·mo·tor** (m), pro·mo·to·ren, pro·mo·tors
de **pro·mo·ven·da** (v), pro·mo·ven·dae, pro·mo·ven·da's
de **pro·mo·ven·dus** (m), pro·mo·ven·di
pro·mo·ve·ren (ww), pro·mo·veer, pro·mo·veert; pro·mo·veer·de, pro·mo·veer·den; ge·pro·mo·veerd
de **prompt**[1] (m), prompts
prompt[2] (bnw), promp·te
de **pronk** (m)
pron·ken (ww), pronk, pronkt; pronk·te, pronk·ten; ge·pronkt
het **pronk·stuk**, pronk·stuk·ken; pronk·stuk·je
het **pro·no·men**, pro·no·mi·na
de **pro·nos·tiek** (v), pro·nos·tie·ken; pro·nos·tiek·je
pro·nos·ti·ke·ren (ww), pro·nos·ti·keer, pro·nos·ti·keert; pro·nos·ti·keer·de, pro·nos·ti·keer·den; ge·pro·nos·ti·keerd
pront (bnw), pron·te
de **prooi**, prooi·en; prooi·tje
de **proost**[1] (m), proos·ten
proost[2] (tussenw)
proos·ten (ww), proost, proost; proost·te, proost·ten; ge·proost
de **prop**, prop·pen; prop·je
het **pro·paan**
de **pro·pa·gan·da**
de **pro·pa·gan·da·voe·ring** (v)
pro·pa·gan·de·ren (ww), pro·pa·gan·deer, pro·pa·gan·deert; pro·pa·gan·deer·de, pro·pa·gan·deer·den; ge·pro·pa·gan·deerd
de **pro·pa·gan·dist** (m), pro·pa·gan·dis·ten
pro·pa·ge·ren (ww), pro·pa·geer, pro·pa·geert; pro·pa·geer·de, pro·pa·geer·den; ge·pro·pa·geerd
pro-Pa·les·tijns (bnw), pro-Pa·les·tijn·se
de **pro·pe·deu·se** (v), pro·pe·deu·ses
het **pro·peen**
de **pro·pel·ler** (m), pro·pel·lers; pro·pel·ler·tje
pro·per (bnw), pro·pe·re
de **pro·por·tie** (v), pro·por·ties
de **pro·por·ti·o·na·li·teit** (v)
pro·por·ti·o·neel (bnw), pro·por·ti·o·ne·le
de **pro·po·si·tie** (v), pro·po·si·ties
prop·pen (ww), prop, propt; prop·te, prop·ten; ge·propt
de **prop·per** (m), prop·pers
prop·vol (bnw), prop·vol·le
pro ra·ta (bijw)
pro ra·to (bijw)
de **pro·sci·ut·to** (m), pro·sci·ut·ti, pro·sci·ut·to's
de **pro·sec·co** (m), pro·sec·co's; proseccootje [pro·sec·co·tje]
het **pro·se·li·tis·me**
pro·sit (tussenw)

pro·so·ci·aal (bnw), pro·so·ci·a·le
de **pro·so·die** (v)
het **pros·pect**, pros·pec·ten
pros·pec·te·ren (ww), pros·pec·teer, pros·pec·teert; pros·pec·teer·de, pros·pec·teer·den; ge·pros·pec·teerd
de **pros·pec·tie** (v), pros·pec·ties
pros·pec·tief (bnw), pros·pec·tie·ve
de/het **pros·pec·tus** (m/o), pros·pec·tus·sen; pros·pec·tus·je
de **pros·taat** (m), pros·ta·ten
de **pros·taat·kan·ker** (m)
de **pros·ta·glan·di·ne**
de **pros·ti·tué** (m), pros·ti·tu·és; prostitueetje [pros·ti·tué·tje]
de **pros·ti·tu·ee** (v), pros·ti·tu·ees; pros·ti·tu·ee·tje
de **pros·ti·tu·tie** (v)
de **pro·ta·go·nist** (m), pro·ta·go·nis·ten
de **pro·tec·tie** (v)
het **pro·tec·ti·o·nis·me**
de **pro·te·gé** (m), pro·te·gés; protegeetje [pro·te·gé·tje]
de **pro·te·gee** (v), pro·te·gees; pro·te·gee·tje
de **proteïne** [pro·te·i·ne], proteïnen [pro·te·i·nen], proteïnes [pro·te·i·nes]
het **pro·test**, pro·tes·ten; pro·test·je
de **pro·test·ac·tie** (v), pro·test·ac·ties
de **pro·tes·tant**[1] (m), pro·tes·tan·ten; pro·tes·tant·je
pro·tes·tant[2] (bnw), pro·tes·tan·te
de **pro·tes·tan·te** (v), pro·tes·tan·tes
het **pro·tes·tan·tis·me**
pro·tes·tants (bnw), pro·tes·tant·se
pro·tes·tants-chris·te·lijk (bnw), pro·tes·tants-chris·te·lij·ke
de **pro·tes·teer·der** (m), pro·tes·teer·ders
pro·tes·te·ren (ww), pro·tes·teer, pro·tes·teert; pro·tes·teer·de, pro·tes·teer·den; ge·pro·tes·teerd
de **pro·the·se** (v), pro·the·sen, pro·the·ses
het **pro·to·col**, pro·to·col·len, pro·to·cols; pro·to·col·le·tje
pro·to·col·lair (bnw), pro·to·col·lai·re
pro·to·col·le·ren (ww), pro·to·col·leer, pro·to·col·leert; pro·to·col·leer·de, pro·to·col·leer·den; ge·pro·to·col·leerd
het **pro·ton**, pro·to·nen
het **pro·to·ty·pe**, pro·to·ty·pen, pro·to·ty·pes
prot·se·rig (bnw), prot·se·ri·ge
de **pro·ve**, pro·ven
de **Pro·ven·çaal** (m), Pro·ven·ça·len
het **Pro·ven·çaals**[1] *(taal)*
Pro·ven·çaals[2] (bnw), Pro·ven·çaal·se
de/het **pro·vi·and** (m/o)
de **pro·vi·der** (m), pro·vi·ders; pro·vi·der·tje
de **pro·vin·ci·aal**[1] (m), pro·vin·ci·a·len; pro·vin·ci·aal·tje
pro·vin·ci·aal[2] (bnw), pro·vin·ci·a·le
de **pro·vin·cie** (v), provinciën [pro·vin·ci·en], pro·vin·cies; pro·vin·cie·tje
het **pro·vin·cie·be·stuur**, pro·vin·cie·be·stu·ren
het **pro·vin·cie·huis**, pro·vin·cie·hui·zen
de **pro·vin·cie·raad** (m), pro·vin·cie·ra·den
de **pro·vi·sie** (v), pro·vi·sies
pro·vi·si·o·neel (bnw),

pro·vi·si·o·ne·le

pro·vi·soir (bnw), pro·vi·soi·re

pro·vi·so·risch (bnw), pro·vi·so·ri·sche

de **pro·vi·ta·mi·ne**, pro·vi·ta·mi·nen, pro·vi·ta·mi·nes

de **pro·vo** (m), pro·vo's; provootje [pro·vo·tje]

de **pro·vo·ca·tie** (v), pro·vo·ca·ties; pro·vo·ca·tie·tje

pro·vo·ce·ren (ww), pro·vo·ceer, pro·vo·ceert; pro·vo·ceer·de, pro·vo·ceer·den; ge·pro·vo·ceerd

de **pro·wa·gen** (m), pro·wa·gens

pro·wes·ters (bnw), pro·wes·ter·se

de **proxy·ser·ver** (m), proxy·ser·vers

het **pro·za**, prozaatje [pro·za·tje]

prozaïsch [pro·za·isch] (bnw), prozaïsche [pro·za·i·sche]

de **pr-stunt** (m), pr-stunts; pr-stunt·je

pru·dent (bnw), pru·den·te

de **pru·den·tie** (v)

pru·den·ti·eel (bnw), prudentiële [pru·den·ti·e·le]

de **pruik**, prui·ken; pruik·je

prui·len (ww), pruil, pruilt; pruil·de, pruil·den; ge·pruild

de **pruim**, prui·men; pruim·pje

de **prui·men·boom** (m), prui·men·bo·men

de **prui·men·jam**, prui·men·jams

de **prui·men·taart**, prui·men·taar·ten

de **Pruis** (m), Prui·sen; Pruis·je

Prui·sisch (bnw), Prui·si·sche

Prui·sisch blauw

het **prul**, prul·len; prul·le·tje

de **prul·la·ria** (mv)

de **prul·len·bak** (m), prul·len·bak·ken; prul·len·bak·je

de **prul·len·mand**, prul·len·man·den; prul·len·mand·je

de **prut**, prut·je

prut·sen (ww), pruts, prutst; pruts·te, pruts·ten; ge·prutst

prut·te·len (ww), prut·tel, prut·telt; prut·tel·de, prut·tel·den; ge·prut·teld

de **pr-ver·ant·woor·de·lij·ke**, pr-ver·ant·woor·de·lij·ken

het **prze·wal·ski·paard**, prze·wal·ski·paar·den; prze·wal·ski·paard·je

PS *(postscriptum),* PS'en [PS·en]

de **psalm** (m), psal·men; psalm·pje

het **psal·ter**, psal·ters

de **pseu·do·con·sen·sus** (m)

pseu·do·fi·lo·so·fisch (bnw), pseu·do·fi·lo·so·fi·sche

de **pseu·do-in·tel·lec·tu·eel**[1] (m), pseu·do-in·tel·lec·tu·e·len

pseu·do-in·tel·lec·tu·eel[2] (bnw), pseu·do-in·tel·lec·tu·e·le

pseu·do·klas·siek (bnw), pseu·do·klas·sie·ke

het **pseu·do·niem**[1], pseu·do·nie·men

pseu·do·niem[2] (bnw), pseu·do·nie·me

de **pseu·do·vo·gel·pest**

de **pseu·do·we·ten·schap** (v), pseu·do·we·ten·schap·pen

pseu·do·we·ten·schap·pe·lijk (bnw), pseu·do·we·ten·schap·pe·lij·ke

de **psi**, psi's

de **pso·ri·a·sis** (v)

pst (tussenw)

de **PSV'er** [PSV·er] (m), PSV'ers [PSV·ers]

de **PSV-spe·ler** (m), PSV-spe·lers

de **psy·che** *(ziel),* psy·chen, psy·ches, psy·che's

de **psy·ché** (m) *(spiegel),* psy·chés

psy·che·de·lisch (bnw),

psy·che·de·li·sche
de **psy·chi·a·ter** (m), psy·chi·a·ters; psy·chi·a·ter·tje
de **psy·chi·a·trie** (v)
psy·chi·a·trisch (bnw), psy·chi·a·tri·sche
psy·chisch (bnw), psy·chi·sche
de **psy·cho** (m), psy·cho's; psychootje [psy·cho·tje]
de **psy·cho·ana·ly·se** (v), psy·cho·ana·ly·sen, psy·cho·ana·ly·ses
de **psy·cho·ana·ly·ti·ca** (v), psy·cho·ana·ly·ti·ca's
de **psy·cho·ana·ly·ti·cus** (m), psy·cho·ana·ly·ti·ci
de **psy·cho-edu·ca·tie** (v)
de **psy·cho·lo·ge** (v), psy·cho·lo·ges
de **psy·cho·lo·gie** (v), psy·cho·lo·gie·tje
psy·cho·lo·gisch (bnw), psy·cho·lo·gi·sche
de **psy·cho·loog** (m), psy·cho·lo·gen; psy·cho·loog·je
de **psy·cho·paat** (m), psy·cho·pa·ten; psy·cho·paat·je
psy·cho·pa·thisch (bnw), psy·cho·pa·thi·sche
psy·cho·pe·da·go·gisch (bnw), psy·cho·pe·da·go·gi·sche
de **psy·cho·se** (v), psy·cho·sen, psy·cho·ses
psy·cho·so·ci·aal (bnw), psy·cho·so·ci·a·le
de **pu**, pu's; puutje [pu·tje]
de **pub** (m), pubs
de **pu·ber**, pu·bers; pu·ber·tje
pu·be·ren (ww), pu·ber, pu·bert; pu·ber·de, pu·ber·den; ge·pu·berd
de **pu·ber·teit** (v) *(periode waarin een kind puber is)*, pu·ber·tei·ten
de **pu·ber·tijd** (m) *(tijd van de puberteit)*
de **pu·bis**, pu·bis·sen
pu·bli·ca·bel (bnw), pu·bli·ca·be·le
de **pu·bli·ca·tie** (v), pu·bli·ca·ties
het **pu·bli·ca·tie·recht**, pu·bli·ca·tie·rech·ten
pu·bli·ce·ren (ww), pu·bli·ceer, pu·bli·ceert; pu·bli·ceer·de, pu·bli·ceer·den; ge·pu·bli·ceerd
de **pu·bli·cist** (m), pu·bli·cis·ten
pu·bli·ci·tair (bnw), pu·bli·ci·tai·re
de **pu·bli·ci·teit** (v), pu·bli·ci·teit·je
de **pu·bli·ci·teits·dienst** (m), pu·bli·ci·teits·dien·sten
de **pu·blic re·la·ti·ons** (mv)
het **pu·blic·re·la·ti·ons·bu·reau**, pu·blic·re·la·ti·ons·bu·reaus
het **pu·bliek**[1], pu·blie·ken; pu·bliek·je
pu·bliek[2] (bnw), pu·blie·ke
pu·blie·ke·lijk (bnw), pu·blie·ke·lij·ke
pu·blie·ke om·roep
pu·bliek-pri·vaat (bnw), pu·bliek-pri·va·te
het **pu·bliek·recht**
pu·blieks·ge·richt (bnw), pu·blieks·ge·rich·te
de **pu·blieks·ju·ry**, pu·blieks·ju·ry's
de **pu·blieks·prijs** (m), pu·blieks·prij·zen
de **pu·bli·re·por·ta·ge** (v), pu·bli·re·por·ta·ges
de **puck** (m), pucks
de **pud·ding** (m), pud·din·gen; pud·din·kje
de **Puer·to Ri·caan** (m), Puer·to Ri·ca·nen
Puer·to Ri·caans (bnw), Puer·to Ri·caan·se
de **puf**[1] (m) *(fut)*, puf·je
de **puf**[2] *(buikwind)*, puf·fen; puf·je

puf[3] (tussenw)
puf·fen (ww), puf, puft; puf·te, puf·ten; ge·puft
de **pui**, pui·en; pui·tje
het **puik**[1], puik·je
puik[2] (bnw), pui·ke
pui·len (ww), puil, puilt; puil·de, puil·den; ge·puild
de **puim** (m)
de **puim·steen**[1] (m) *(voorwerp),* puim·ste·nen; puim·steen·tje
de/het **puim·steen**[2] (m/o) *(stofnaam)*
het **puin**
de **puin·hoop** (m), puin·ho·pen; puin·hoop·je
puin·rui·men (ww), ruim puin, ruimt puin; ruim·de puin, ruim·den puin; puin·ge·ruimd
puis·sant (bnw), puis·san·te
de **puist**, puis·ten; puist·je
de **puit** (m), pui·ten; puit·je
de **puk** (m), puk·ken; puk·je
de **puk·co·de** (m), puk·co·des
de **puk·kel**, puk·kels; puk·kel·tje
de **pul**, pul·len; pul·le·tje
pul·ken (ww), pulk, pulkt; pulk·te, pulk·ten; ge·pulkt
de **pull** (m), pul·len, pulls; pul·le·tje
de **pul·li** (m), pul·li's
de **pull·over** (m), pull·overs; pull·over·tje
de **pulp**
de **puls**, pul·sen; puls·je
pul·sen (ww), puls, pulst; puls·te, puls·ten; ge·pulst
pul·se·ren (ww), pul·seer, pul·seert; pul·seer·de, pul·seer·den; ge·pul·seerd
de **pump** (m), pumps; pump·je
de **pu·nai·se** (v), pu·nai·ses
de **punch** (m)
de **punc·tie** (v), punc·ties
de **punc·tu·a·li·teit** (v), punc·tu·a·li·tei·ten
de **punc·tu·a·tie** (v), punc·tu·a·ties
punc·tu·eel (bnw), punc·tu·e·le
pu·ni·tief (bnw), pu·ni·tie·ve
de **punk** (m), punks
pun·ni·ken (ww), pun·nik, pun·nikt; pun·nik·te, pun·nik·ten; ge·pun·nikt
de **punt**[1] (m) *(spits),* pun·ten; punt·je
de/het **punt**[2] *(leesteken),* pun·ten; punt·je
het **punt**[3] *(andere betekenissen),* pun·ten; punt·je
punt[4]: op punt stellen
het **punt·brood·je**, punt·brood·jes
pun·te·loos (bnw), pun·te·lo·ze
pun·ten (ww), punt, punt; punt·te, punt·ten; ge·punt
de **pun·ten·slij·per** (m), pun·ten·slij·pers; pun·ten·slij·per·tje
pun·te·ren (ww) *(met een punter varen),* pun·ter, pun·tert; pun·ter·de, pun·ter·den; ge·pun·terd
het **punt·je** *(broodje),* punt·jes
de/het **punt·kom·ma**, punt·kom·ma's
punt·las·sen (ww), punt·las, punt·last; punt·las·te, punt·las·ten; ge·punt·last
punts·ge·wijs (bnw), punts·ge·wij·ze
de **pu·pil**, pu·pil·len; pu·pil·le·tje
de **pu·pi·ter** (m), pu·pi·ters; pu·pi·ter·tje
pur *(purschuim)*
de **pu·ree** (v), pu·rees
pu·ren (ww), puur, puurt; puur·de, puur·den; ge·puurd
pu·re·ren (ww), pu·reer, pu·reert; pu·reer·de, pu·reer·den; ge·pu·reerd
de **pu·ri·ne**
het **pu·ris·me**, pu·ris·men

de **pu·ri·tein** (m), pu·ri·tei·nen
het **pur·per**[1], pur·pers
pur·per[2] (bnw)
de **pur·per·hart**[1] (m) *(boom),* pur·per·har·ten
pur·per·hart[2] *(houtsoort)*
pur sang (bnw)
het **pur·schuim**
de/het **pus** (m/o)
de **push** (m), pu·shes
pu·shen (ww), push, pusht; push·te, push·ten; ge·pusht
de **push-up** (m), push-ups
de **push-up·be·ha** (m), push-up·be·ha's; push-upbehaatje [push-up·be·ha·tje]
pus·sen (ww), pus, pust; pus·te, pus·ten; ge·pust
de **put** (m), put·ten; put·je
de/het **put·dek·sel** (m/o), put·dek·sels; put·dek·sel·tje
de **putsch** (m), put·schen; putsch·je
de **putt** (m), putts; putt·je
put·ten (ww) *(bij golf; water ophalen),* put, put; put·te, put·ten; ge·put
de **put·ter** (m), put·ters; put·ter·tje
de **put·ting**, put·tings
puur (bnw), pu·re
de **puz·zel** (m), puz·zels; puz·zel·tje
de **puz·ze·laar** (m), puz·ze·laars; puz·ze·laar·tje
puz·ze·len (ww), puz·zel, puz·zelt; puz·zel·de, puz·zel·den; ge·puz·zeld
het **puz·zel·stuk**, puz·zel·stuk·ken; puz·zel·stuk·je
pvc *(polyvinylchloride)*
de **pvc-buis**, pvc-bui·zen; pvc-buis·je
de **PvdA'er** [PvdA·er] (m) *(in Nederland),* PvdA'ers [PvdA·ers]
de **PVDA'er** [PVDA·er] (m) *(in Vlaanderen),* PVDA'ers [PVDA·ers]
de **PvdA-voor·zit·ter** (m) *(in Nederland),* PvdA-voor·zit·ters
de **PVDA-voor·zit·ter** (m) *(in Vlaanderen),* PVDA-voor·zit·ters
de **PVV'er** [PVV·er] (m), PVV'ers [PVV·ers]
de **PVV-lei·der** (m), PVV-lei·ders
pyaw
de **pyg·mee**, pygmeeën [pyg·mee·en]; pyg·mee·tje
de **py·ja·ma** (m), py·ja·ma's; pyjamaatje [py·ja·ma·tje]
de **py·ja·ma·broek**, py·ja·ma·broe·ken; py·ja·ma·broek·je
de **py·ja·ma·par·ty** (v), py·ja·ma·par·ty's
de **py·lon** (m), py·lon·nen; py·lon·ne·tje
de **py·loon** (m), py·lo·nen; py·loon·tje
Py·re·nees (bnw), Py·re·ne·se
het **py·rex**
de **py·ri·doxi·ne**
het **py·riet**
py·ro·clas·tisch (bnw), py·ro·clas·ti·sche
de **py·ro·ly·se** (v), py·ro·ly·sen, py·ro·ly·ses
de **py·ro·maan** (m), py·ro·ma·nen; py·ro·maan·tje
de **py·ro·me·ter** (m), py·ro·me·ters
de **py·ro·tech·niek** (v), py·ro·tech·nie·ken
de **pyr·rus·over·win·ning** (v), pyr·rus·over·win·nin·gen
py·thisch (bnw), py·thi·sche
de **py·thon** (m), py·thons

Q

de **q**, q's; q'tje
de **qat** (m), qats; qat·je
de **Qa·ta·rees**[1] (m), Qa·ta·re·zen
Qa·ta·rees[2] (bnw), Qa·ta·re·se
qat·ten (ww), qat, qat; qat·te, qat·ten; ge·qat
q.e.d. (tussenw) *(quod erat demonstrandum)*
de **Q-koorts**
q.q. (bijw) *(qualitate qua)*
de **QR-co·de** (m), QR-co·des
qua (bijw)
de **quad** (m), quads; quad·je
quad·den (ww), quad, quadt; quad·de, quad·den; ge·quad
het **quad·on·ge·luk**, quad·on·ge·luk·ken
de **qua·dra·fo·nie** (v)
qua·dra·fo·nisch (bnw), qua·dra·fo·ni·sche
de **qua·dra·geen**, qua·dra·ge·nen
de **qua·dra·ge·si·ma** (m)
de **qua·dri·ceps** (m), qua·dri·cep·sen
het **qua·dril·joen**[1], qua·dril·joe·nen
qua·dril·joen[2] (telw)
de **qua·dril·le**, qua·dril·les
qua·dril·le·ren (ww), qua·dril·leer, qua·dril·leert; qua·dril·leer·de, qua·dril·leer·den; ge·qua·dril·leerd
de **quaes·tor** (m), quaes·to·ren, quaes·to·res, quaes·tors
de **quaes·trix** (v), quaes·tri·ces
de **quaes·tuur** (v), quaes·tu·ren
de **qua·ker** (m) *(persoon)*, qua·kers
qua·li·ta·te qua (bijw)
de **qua·li·ta·te-qua·func·tie** (v), qua·li·ta·te-qua·func·ties
de **qua·li·ty·time** (m)
het **quant**, quan·ten
de **qua·ran·tai·ne**, qua·ran·tai·nes
de **qua·ran·tai·ne·po·li·tiek** (v)
de **qua·ran·tai·ne·vlag**, qua·ran·tai·ne·vlag·gen
de **quark** (m), quarks
quar·tair (bnw), quar·tai·re
de **quar·té** (m), quar·tés
de **quar·ter·back** (m), quar·ter·backs
de **quar·te·ro·ne**, quar·te·ro·nes
de **qua·sar** (m), qua·sars
qua·si (bijw)
qua·si·au·then·tiek (bnw), qua·si·au·then·tie·ke
de **qua·si-in·tel·lec·tu·eel**[1] (m), qua·si-in·tel·lec·tu·e·len
qua·si-in·tel·lec·tu·eel[2] (bnw), qua·si-in·tel·lec·tu·e·le
de **qua·si·mo·do** (m) *(eerste zondag na Pasen; misvormd persoon)*, qua·si·mo·do's
qua·si·non·cha·lant (bnw), qua·si·non·cha·lan·te
qua·si·on·schul·dig (bnw), qua·si·on·schul·di·ge
qua·si·we·ten·schap·pe·lijk (bnw), qua·si·we·ten·schap·pe·lij·ke
de **qua·ter·tem·per** (m), qua·ter·tem·pers
de/het **qua·tre-mains** (m/o), qua·tre-mains
de **quatsch** (m)
het **quat·tro·cen·to**
de **Queen Anne·stijl** (m)
de **quees·te** (v), quees·ten; quees·te·tje
de **que·na** (m), que·na's
de **que·nel·le** (v), que·nel·les
de **que·ru·lant** (m), que·ru·lan·ten
het **que·ru·lan·tis·me**
que·ru·le·ren (ww), que·ru·leer,

que·ru·leert; que·ru·leer·de, que·ru·leer·den; ge·que·ru·leerd

de **ques·ti·on·nai·re**, ques·ti·on·nai·res

de **queue** *(rij)*, queueën [queue·en], queues

queueën [queue·en] (ww), queue, queuet; queue·de, queue·den; ge·queued

de **qui·che**, qui·ches

de **qui·che lor·rai·ne**, qui·che lor·rai·nes, qui·ches lor·rai·nes

de **quick·scan** (m), quick·scans

de **quick·step** (m), quick·steps

de **qui·dam** (m), qui·dams

het **quiëtisme** [qui·e·tis·me]

de **quilt** (m), quilts; quilt·je

het **quil·ten**

de **qui·ne**, qui·nes

de **qui·noa** (m), qui·no·a's

de **quin·qua·ge·si·ma** (m)

quin·to (bijw)

Qui·ri·naal

de **quis·ling** (m), quis·lings

quit·te (bnw)

het **qui-vi·ve**

de **quiz** (m), quiz·zen; quiz·je

de **quiz·avond** (m), quiz·avon·den

de **quiz·lei·der** (m), quiz·lei·ders

de **quiz·mas·ter** (m), quiz·mas·ters

de **quiz·vraag**, quiz·vra·gen; quiz·vraag·je

quiz·zen (ww), quiz, quizt; quiz·de, quiz·den; ge·quizd

de **quiz·zer** (m), quiz·zers

het **quod·li·bet**, quod·li·bets

quod non (tussenw)

de **quorn** (m)

het **quo·rum**, quo·rums

het **quo·rum·ge·brek**

de **quo·ta**, quo·ta's

de **quo·ta·re·ge·ling** (v), quo·ta·re·ge·lin·gen

het **quo·ta·stel·sel**, quo·ta·stel·sels

het **quo·ta·sys·teem**, quo·ta·sys·te·men

de **quo·ta·tie** (v), quo·ta·ties

de **quote**[1] (v) *(citaat)*, quotes; quote·je

de **quote**[2] *(quotum)*, quo·ten

quo·ten (ww), quoot, quoot; quoot·te, quoot·ten; ge·quoot

quo·te·ren (ww), quo·teer, quo·teert; quo·teer·de, quo·teer·den; ge·quo·teerd

de **quo·te·ring** (v), quo·te·rin·gen

de **quo·te·rings·re·ge·ling** (v), quo·te·rings·re·ge·lin·gen

het **quo·te·rings·sys·teem**, quo·te·rings·sys·te·men

het **quotiënt** [quo·ti·ent], quotiënten [quo·ti·en·ten]

de **quo·ti·sa·tie** (v), quo·ti·sa·ties

quo·ti·se·ren (ww), quo·ti·seer, quo·ti·seert; quo·ti·seer·de, quo·ti·seer·den; ge·quo·ti·seerd

de **quo·ti·teit** (v), quo·ti·tei·ten

het **quo·tum**, quo·ta, quo·tums

R

de **r**, r'en, r's; r'etje
de **ra**, ra's; raatje [ra·tje]
de **raad**[1] (m), ra·den; raad·je
raad[2]: ten einde raad
de **raad·ge·ver** (m), raad·ge·vers
de **raad·ge·ving** (v), raad·ge·vin·gen
het **raad·huis**, raad·hui·zen; raad·huis·je
de **raad·ka·mer**, raad·ka·mers
de **raad·pen·si·o·na·ris** (m), raad·pen·si·o·na·ris·sen
raad·pleeg·baar (bnw), raad·pleeg·ba·re
raad·ple·gen (ww), raad·pleeg, raad·pleegt; raad·pleeg·de, raad·pleeg·den; ge·raad·pleegd
de **raad·ple·ging** (v), raad·ple·gin·gen
het **raad·sel**, raad·se·len, raad·sels; raad·sel·tje
raad·sel·ach·tig (bnw), raad·sel·ach·ti·ge
de **raads·heer** (m), raads·he·ren
de **raads·kel·der** (m), raads·kel·ders
het **raads·lid**, raads·le·den
de **raads·man** (m), raads·lie·den, raads·lui, raads·man·nen
de **raads·pen·si·o·na·ris** (m), raads·pen·si·o·na·ris·sen
de **raads·ver·ga·de·ring** (v), raads·ver·ga·de·rin·gen
de **raads·vrouw** (v), raads·vrou·wen
de **raads·zaal**, raads·za·len
de **raads·ze·tel** (m), raads·ze·tels
de **raads·zit·ting** (v), raads·zit·tin·gen
raad van be·stuur
raad van com·mis·sa·ris·sen
Raad van Sta·te
de **raad·zaal**, raad·za·len; raad·zaal·tje
raad·zaam (bnw), raad·za·me
de **raaf**, ra·ven
de **raai**, raai·en
raai·en (ww), raai, raait; raai·de, raai·den; ge·raaid
het **raai·gras**, raai·gras·sen
raak (bnw), ra·ke
het **raam** *(kader; venster)*, ra·men; raam·pje
de **raam·ad·ver·ten·tie** (v), raam·ad·ver·ten·ties
het **raam·ak·koord**, raam·ak·koor·den
het **raam·ko·zijn**, raam·ko·zij·nen
de **raam·over·een·komst** (v), raam·over·een·kom·sten
de **raam·ver·tel·ling** (v), raam·ver·tel·lin·gen; raam·ver·tel·lin·kje
het **raam·werk**, raam·wer·ken; raam·werk·je
de **raap**, ra·pen; raap·je
raar (bnw), ra·re
raas·kal·len (ww), raas·kal, raas·kalt; raas·kal·de, raas·kal·den; ge·raas·kald
de **raat**, ra·ten; raat·je
de **ra·bar·ber**
het **ra·bat**, ra·bat·ten
de **ra·bauw** (m), ra·bau·wen
de **rab·bi** (m), rab·bi's
de **rab·bijn** (m), rab·bij·nen; rab·bijn·tje
ra·bi·aat (bnw), ra·bi·a·te
de **rabiës** [ra·bi·es] (v)
de **race** (m), ra·ces; race·je
de **race·au·to** (m), race·au·to's; raceautootje [race·au·to·tje]
de **race·brom·fiets** (m), race·brom·fiet·sen

de **race·fiets**, race·fiet·sen; race·fiets·je

ra·cen (ww), race, racet; race·te, race·ten; ge·racet

de **ra·cer** (m), ra·cers; ra·cer·tje

de **ra·ce·rij** (v)

het **race·stuur**, race·stu·ren; race·stuur·tje

de **race·wa·gen** (m), race·wa·gens; race·wa·gen·tje

de **ra·chel** (m), ra·chels; ra·chel·tje

het **ra·cis·me**

de **ra·cist** (m), ra·cis·ten; ra·cist·je

ra·cis·tisch (bnw), ra·cis·ti·sche

het **rac·ket**, rac·kets; rac·ket·je

de **ra·clet·te** (v), ra·clet·tes

ra·clet·ten (ww), ra·clet, ra·clet; ra·clet·te, ra·clet·ten; ge·ra·clet

het **rad**[1], ra·de·ren; raad·je, ra·der·tje, rad·je

rad[2] (bnw), rad·de

de **ra·dar** (m), ra·dars; ra·dar·tje

de **ra·dar·re·flec·tor** (m), ra·dar·re·flec·to·ren, ra·dar·re·flec·tors

ra·de[1]: met voorbedachten rade

ra·de[2]: te rade gaan

ra·de·loos (bnw), ra·de·lo·ze

de **ra·den**[1] (m), ra·dens

ra·den[2] (ww), raad, raadt; raad·de, raad·den; ge·ra·den

ra·de·ren[1] (ww) *(krassen; afkrabben),* ra·deer, ra·deert; ra·deer·de, ra·deer·den; ge·ra·deerd

ra·de·ren[2] (ww) *(een patroon aangeven),* ra·der, ra·dert; ra·der·de, ra·der·den; ge·ra·derd

het **ra·der·werk**, ra·der·wer·ken; ra·der·werk·je

de **ra·di·a·teur** (m), ra·di·a·teurs

de **ra·di·a·tor** (m), ra·di·a·to·ren, ra·di·a·tors

de **ra·di·caal**[1] (m) *(persoon),* ra·di·ca·len; ra·di·caal·tje

het **ra·di·caal**[2] *(andere betekenissen),* ra·di·ca·len; ra·di·caal·tje

ra·di·caal[3] (bnw), ra·di·ca·le

ra·di·caal·fe·mi·nis·tisch (bnw), ra·di·caal·fe·mi·nis·ti·sche

ra·di·caal·is·la·mi·tisch (bnw), ra·di·caal·is·la·mi·ti·sche

de **ra·di·ca·li·se·ring** (v), ra·di·ca·li·se·rin·gen

de **ra·dic·chio**, ra·dic·chi·o's

de **ra·dijs**, ra·dij·zen; ra·dijs·je

de **ra·dio** (m), ra·di·o's; radiootje [ra·dio·tje]

ra·dio·ac·tief (bnw), ra·dio·ac·tie·ve

de **ra·dio·ac·ti·vi·teit** (v)

de **ra·dio·ama·teur** (m), ra·dio·ama·teurs

de **ra·dio·an·ten·ne**, ra·dio·an·ten·nen, ra·dio·an·ten·nes

ra·dio·bio·lo·gisch (bnw), ra·dio·bio·lo·gi·sche

de **ra·dio·di·ag·nost** (m), ra·dio·di·ag·nos·ten

de **ra·dio-dj** (m), ra·dio-dj's

de **ra·dio·gra·fie** (v), radiografieën [ra·dio·gra·fie·en]

de **ra·dio·hut**, ra·dio·hut·ten

het **ra·dio-in·ter·view**, ra·dio-in·ter·views

de **ra·dio·loog** (m), ra·dio·lo·gen

de **ra·dio-om·roep** (m), ra·dio-om·roe·pen

de **ra·dio-om·roe·per** (m), ra·dio-om·roe·pers

de **ra·dio-ont·vangst** (v), ra·dio-ont·vang·sten

het **ra·dio·pro·gram·ma**, ra·dio·pro·gram·ma's; radioprogrammaatje [ra·dio·pro·gram·ma·tje]

het **ra·dio·sig·naal**, ra·dio·sig·na·len; ra·dio·sig·naal·tje
de **ra·dio·spot** (m), ra·dio·spots; ra·dio·spot·je
het **ra·dio·sta·ti·on**, ra·dio·sta·ti·ons
de **ra·dio·stil·te** (v), ra·dio·stil·ten, ra·dio·stil·tes
de **ra·dio·stu·dio** (m), ra·dio·stu·di·o's; radiostudiootje [ra·dio·stu·dio·tje]
de **ra·dio·the·ra·pie** (v), radiotherapieën [ra·dio·the·ra·pie·en]
de **ra·dio-uit·zen·ding** (v), ra·dio-uit·zen·din·gen
de **ra·dio·wek·ker** (m), ra·dio·wek·kers
de **ra·dio·zen·der** (m), ra·dio·zen·ders; ra·dio·zen·der·tje
de **ra·di·us** (m), ra·dii, ra·di·us·sen
de **ra·dix** (m), ra·di·ces
de **rad·ja** (m), rad·ja's
het **ra·don**
de **rad·slag** (m), rad·sla·gen
de **ra·fel**, ra·fels; ra·fel·tje
ra·fe·len (ww), ra·fel, ra·felt; ra·fel·de, ra·fel·den; ge·ra·feld
ra·fe·lig (bnw), ra·fe·li·ge
de **ra·fe·ling** (v), ra·fe·lin·gen
raf·fe·len (ww), raf·fel, raf·felt; raf·fel·de, raf·fel·den; ge·raf·feld
de/het **raf·fia** (m/o)
de **raf·fi·na·de·rij** (v), raf·fi·na·de·rij·en; raf·fi·na·de·rij·tje
de **raf·fi·na·de·rij·in·stal·la·tie** (v), raf·fi·na·de·rij·in·stal·la·ties
de **raf·fi·na·ge** (v), raf·fi·na·ges
het **raf·fi·ne·ment**, raf·fi·ne·men·ten; raf·fi·ne·ment·je
de **raft** (m), rafts; raft·je
raf·ten (ww), raft, raft; raft·te, raft·ten; ge·raft
de **raf·ter** (m), raf·ters; raf·ter·tje
het **raf·ting**
het **rag**, ra·gen; rag·je
de **ra·ge**, ra·ges
de **ra·ge·bol** (m), ra·ge·bol·len; ra·ge·bol·le·tje
ra·gen (ww), raag, raagt; raag·de, raag·den; ge·raagd
rag·gen (ww), rag, ragt; rag·de, rag·den; ge·ragd
de **ra·gout** (m), ra·gouts; ra·gout·je
de **rai** (m) *(muziek)*
de **raid** (m), raids
de **rail**, rails; rail·tje
raio *(rechterlijk ambtenaar in opleiding)*, rai·o's
het **rak**, rak·ken
de **ra·kel** (m), ra·kels; ra·kel·tje
ra·ken (ww), raak, raakt; raak·te, raak·ten; ge·raakt
de **ra·ket**[1] *(ruimtevaartuig)*, ra·ket·ten; ra·ket·je
de/het **ra·ket**[2] *(racket)*, ra·ket·ten; ra·ket·je
ra·ket·ten (ww), ra·ket, ra·ket; ra·ket·te, ra·ket·ten; ge·ra·ket
de **ra·khi** (m), ra·khi's
de **ra·ki**, ra·ki's
de **rak·ker** (m), rak·kers; rak·ker·tje
de **ral** (m), ral·len
de **ral·ly** (m), ral·ly's; rally'tje [ral·ly·tje]
de **ral·ly·au·to** (m), ral·ly·au·to's
ral·ly·en (ww), ral·ly, ral·lyt; ral·ly·de, ral·ly·den; ge·ral·lyd
de **ral·ly·equi·pe**, ral·ly·equi·pes
de **ral·ly·kam·pi·oen** (m), ral·ly·kam·pi·oe·nen
de **ram** (m) *(dier)*, ram·men; ram·me·tje
Ram *((persoon met dit) sterrenbeeld)*, Ram·men; Ram·me·tje
RAM *(random access memory)*
de **ra·ma·dan** (m), ra·ma·dans

ram·bam[1]: de/het rambam krijgen
ram·bam[2]: zich de/het rambam werken
de **ram·bo** (m) *(grote, sterke man),* ram·bo's
ra·men (ww), raam, raamt; raam·de, raam·den; ge·raamd
ra·men lap·pen
het **RAM-ge·heu·gen**, RAM-ge·heu·gens
de **ra·ming** (v), ra·min·gen
de **ram·koers** (m)
de **ram·kraak** (m), ram·kra·ken
de **ram·me·laar** (m), ram·me·laars; ram·me·laar·tje
ram·me·len (ww), ram·mel, ram·melt; ram·mel·de, ram·mel·den; ge·ram·meld
ram·men (ww), ram, ramt; ram·de, ram·den; ge·ramd
de **ram·me·nas**, ram·me·nas·sen
de **ramp**, ram·pen; ramp·je
het **ram·pen·be·heer·sings·plan**, ram·pen·be·heer·sings·plan·nen
de **ramp·spoed** (m), ramp·spoe·den
ramp·za·lig (bnw), ramp·za·li·ge
de **ramsj** (m)
ram·sjen (ww), ramsj, ramsjt; ramsj·te, ramsj·ten; ge·ramsjt
de **ranch** (m), ran·ches
de **ran·cu·ne**, ran·cu·nes
ran·cu·neus (bnw), ran·cu·neu·ze
de **rand** (m), ran·den; rand·je
het **rand·dis·trict**, rand·dis·tric·ten
ran·den (ww), rand, randt; rand·de, rand·den; ge·rand
ran·dom (bnw)
de **ran·do·mi·sa·tie** (v), ran·do·mi·sa·ties
ran·do·mi·se·ren (ww), ran·do·mi·seer, ran·do·mi·seert; ran·do·mi·seer·de, ran·do·mi·seer·den; ge·ran·do·mi·seerd
de **rand·staat** (m), rand·sta·ten; rand·staat·je
de **rand·stad** *(aan de rand liggende stad),* rand·ste·den; rand·stad·je
Rand·stad *(gebied in het westen van Nederland)*
rand·ste·de·lijk (bnw) *(m.b.t. een randstad),* rand·ste·de·lij·ke
Rand·ste·de·lijk (bnw) *(m.b.t. de Randstad),* Rand·ste·de·lij·ke
de **rand·voor·waar·de** (v), rand·voor·waar·den
rand·voor·waar·de·lijk (bnw), rand·voor·waar·de·lij·ke
de **rang** (m), ran·gen
de **range** (m), ran·ges; range·je
de **ran·ger** (m), ran·gers
de **rang·lijst**, rang·lijs·ten; rang·lijst·je
de **rang·or·de**, rang·or·den, rang·or·des
rang·schik·ken (ww), rang·schik, rang·schikt; rang·schik·te, rang·schik·ten; ge·rang·schikt
de **rang·schik·king** (v), rang·schik·kin·gen
het **rang·tel·woord**, rang·tel·woor·den
de **ran·ja** (m), ran·ja's
de **rank**[1], ran·ken; rank·je
rank[2] (bnw), ran·ke
ran·ken (ww), rank, rankt; rank·te, rank·ten; ge·rankt
de **ran·king** (m), ran·kings
de **ran·sel** (m), ran·sels; ran·sel·tje
het **rant·soen**, rant·soe·nen; rant·soen·tje
ran·zig (bnw), ran·zi·ge
de **rap**[1] *(rapmuziek)*
de **rap**[2] *(rapnummer),* raps; rap·je
rap[3] (bnw), rap·pe

het **ra·pail·le**
de **ra·pé** (m)
ra·pen (ww), raap, raapt; raap·te, raap·ten; ge·raapt
het **ra·pier**, ra·pie·ren
het **rap·pel**, rap·pels
rap·pel·le·ren (ww), rap·pel·leer, rap·pel·leert; rap·pel·leer·de, rap·pel·leer·den; ge·rap·pel·leerd
rap·pen (ww), rap, rapt; rap·te, rap·ten; ge·rapt
de **rap·per** (m), rap·pers; rap·per·tje
het **rap·port**, rap·por·ten; rap·port·je
de **rap·por·ta·ge** (v), rap·por·ta·ges
rap·por·te·ren (ww), rap·por·teer, rap·por·teert; rap·por·teer·de, rap·por·teer·den; ge·rap·por·teerd
de **rap·por·te·ring** (v), rap·por·te·rin·gen
de **rap·por·teur** (m), rap·por·teurs
de **rap·so·die** (v), rapsodieën [rap·so·die·en], rap·so·dies
de **rap·te** (v)
ra·ra (tussenw)
het **ras**[1], ras·sen; ras·je
ras[2] (bnw), ras·se
de **rasp**, ras·pen; rasp·je
ras·pen (ww), rasp, raspt; rasp·te, rasp·ten; ge·raspt
het **rasp·sel**, rasp·sels
de **ras·ta** (m), ras·ta's
de **ras·ta·fa·ri** (m), ras·ta·fa·ri's
de **ras·ta·fa·ri·an** (m), ras·ta·fa·ri·ans
de/het **ras·ter** (m/o), ras·ters; ras·ter·tje
de **rat**, rat·ten; rat·je
de **ra·ta**
de **ra·ta·plan** (m)
de **ra·ta·touil·le** (v), ra·ta·touil·les
de **ra·tel** (m), ra·tels; ra·tel·tje
ra·te·len (ww), ra·tel, ra·telt; ra·tel·de, ra·tel·den; ge·ra·teld
de **ra·tel·po·pu·lier** (m), ra·tel·po·pu·lie·ren
de **ra·ti·fi·ca·tie** (v), ra·ti·fi·ca·ties
ra·ti·fi·ce·ren (ww), ra·ti·fi·ceer, ra·ti·fi·ceert; ra·ti·fi·ceer·de, ra·ti·fi·ceer·den; ge·ra·ti·fi·ceerd
de **ra·ting** (m), ra·tings
de **ra·tio** (v), ra·ti·o's
ra·ti·o·naal (bnw), ra·ti·o·na·le
het **ra·ti·o·na·le**, ra·ti·o·na·len, ra·ti·o·na·les
de **ra·ti·o·na·li·sa·tie** (v), ra·ti·o·na·li·sa·ties
ra·ti·o·na·li·se·ren (ww), ra·ti·o·na·li·seer, ra·ti·o·na·li·seert; ra·ti·o·na·li·seer·de, ra·ti·o·na·li·seer·den; ge·ra·ti·o·na·li·seerd
de **ra·ti·o·na·li·se·ring** (v), ra·ti·o·na·li·se·rin·gen
het **ra·ti·o·na·lis·me**
de **ra·ti·o·na·li·teit** (v), ra·ti·o·na·li·tei·ten
ra·ti·o·neel (bnw), ra·ti·o·ne·le
de/het **rat·je·toe** (m/o), rat·je·toes
ra·to: naar rato
de **rat·race** (m), rat·ra·ces
de **rats**
de **rats·mo·dee** (m)
rat·ten (ww), rat, rat; rat·te, rat·ten; ge·rat
het **rat·ten·gif**, rat·ten·gif·fen
het **rat·ten·kruid** *(plant)*
het **rat·ten·kruit** *(gif)*
de **rauh·fa·ser** (m)
rauw (bnw), rau·we
rauw·dou·wen (ww), rauw·douw, rauw·douwt; rauw·douw·de, rauw·douw·den; ge·rauw·douwd
de **rauw·dou·wer** (m), rauw·dou·wers
de **rauw·kost** (m), rauw·kost·je
rau·zen (ww), raus, raust; raus·de, raus·den; ge·rausd
de **ra·va·ge** (v), ra·va·ges

het **ra·ve·lijn**, ra·ve·lij·nen
ra·ven·zwart (bnw), ra·ven·zwar·te
de **ra·vi·go·te·saus**, ra·vi·go·te·sau·sen, ra·vi·go·te·sau·zen
het **ra·vijn**, ra·vij·nen; ra·vijn·tje
de **ra·vi·o·li** (m)
ra·vis·sant (bnw), ra·vis·san·te
de **ra·vi·tail·le·ring** (v), ra·vi·tail·le·rin·gen
ra·vot·ten (ww), ra·vot, ra·vot; ra·vot·te, ra·vot·ten; ge·ra·vot
de/het **ra·yon**[1] (m/o) *(stofnaam)*
het **ra·y·on**[2] *(andere betekenissen)*, ra·y·ons
de **ra·y·on·ma·na·ger** (m), ra·y·on·ma·na·gers
ra·zen (ww), raas, raast; raas·de, raas·den; ge·raasd
ra·zend (bnw), ra·zen·de
ra·zend·snel (bnw), ra·zend·snel·le
de **ra·zer·nij** (v), ra·zer·nij·en
de **raz·zia**, raz·zi·a's
RCN *(Rijksdienst Caribisch Nederland)*
de **rea**, re·a's
de **re·aal** (m), re·a·len
de **re·ac·tie** (v), re·ac·ties; re·ac·tie·tje
het **re·ac·tief**[1], re·ac·tie·ven
re·ac·tief[2] (bnw), re·ac·tie·ve
de **re·ac·ti·o·nair**[1] (m), re·ac·ti·o·nai·ren
re·ac·ti·o·nair[2] (bnw), re·ac·ti·o·nai·re
re·ac·ti·ve·ren (ww), re·ac·ti·veer, re·ac·ti·veert; re·ac·ti·veer·de, re·ac·ti·veer·den; ge·re·ac·ti·veerd
de **re·ac·ti·ve·ring** (v), re·ac·ti·ve·rin·gen
de **re·ac·ti·vi·teit** (v)
de **re·ac·tor** (m), re·ac·to·ren, re·ac·tors
de **rea·der** (m), rea·ders; rea·der·tje
de **rea·ding**, rea·dings
de **rea·dy·made** (m), rea·dy·mades
de **re·a·geer·buis**, re·a·geer·bui·zen; re·a·geer·buis·je
het **re·a·gens**, re·a·gen·tia
re·a·ge·ren (ww), re·a·geer, re·a·geert; re·a·geer·de, re·a·geer·den; ge·re·a·geerd
de **re·a·lia** (mv)
de **re·a·li·sa·tie** (v), re·a·li·sa·ties
re·a·li·seer·baar (bnw), re·a·li·seer·ba·re
re·a·li·se·ren (ww), re·a·li·seer, re·a·li·seert; re·a·li·seer·de, re·a·li·seer·den; ge·re·a·li·seerd
de **re·a·li·se·ring** (v), re·a·li·se·rin·gen
het **re·a·lis·me**
re·a·lis·tisch (bnw), re·a·lis·ti·sche
de **re·a·li·teit** (v), re·a·li·tei·ten
de **re·a·li·teits·zin** (m)
de **re·a·li·ty·check** (m), re·a·li·ty·checks
het **re·a·li·ty·pro·gram·ma**, re·a·li·ty·pro·gram·ma's
de **re·a·li·ty·show** (m), re·a·li·ty·shows
de **re·a·li·ty·soap**, re·a·li·ty·soaps
de **re·a·li·ty·te·le·vi·sie** (v)
de **re·a·li·ty-tv** (v)
real·life (bnw)
de **real·life·soap**, real·life·soaps
de **re·al·lo·ca·tie** (v), re·al·lo·ca·ties
re·al·lo·ce·ren (ww), re·al·lo·ceer, re·al·lo·ceert; re·al·lo·ceer·de, re·al·lo·ceer·den; ge·re·al·lo·ceerd
de **re·al·po·li·tik** (v)
de **re·ani·ma·tie** (v), re·ani·ma·ties
re·ani·me·ren (ww), re·ani·meer, re·ani·meert; re·ani·meer·de, re·ani·meer·den; ge·re·ani·meerd

de **reb** (m)
de **reb·be** (m), reb·ben, reb·bes
reb·be·len (ww), reb·bel, reb·belt; reb·bel·de, reb·bel·den; ge·reb·beld
de **re·bel** (m), re·bel·len
re·bel·le·ren (ww), re·bel·leer, re·bel·leert; re·bel·leer·de, re·bel·leer·den; ge·re·bel·leerd
de **re·bel·lie** (v), rebellieën [re·bel·lie·en]
re·boo·ten (ww), re·boot, re·boot; re·boot·te, re·boot·ten; ge·re·boot
de **re·bound** (m), re·bounds
de **re·bus** (m), re·bus·sen
re·cal·ci·trant (bnw), re·cal·ci·tran·te
de **re·cal·ci·tran·tie** (v)
de **re·call** (m), re·calls
de **re·ca·pi·tu·la·tie** (v), re·ca·pi·tu·la·ties
re·ca·pi·tu·le·ren (ww), re·ca·pi·tu·leer, re·ca·pi·tu·leert; re·ca·pi·tu·leer·de, re·ca·pi·tu·leer·den; ge·re·ca·pi·tu·leerd
de **re·cei·ver** (m), re·cei·vers
de **re·cen·sent** (m), re·cen·sen·ten; re·cen·sent·je
de **re·cen·sen·te** (v), re·cen·sen·tes
re·cen·se·ren (ww), re·cen·seer, re·cen·seert; re·cen·seer·de, re·cen·seer·den; ge·re·cen·seerd
de **re·cen·sie** (v), re·cen·sies; re·cen·sie·tje
het **re·cen·sie-exem·plaar**, re·cen·sie-exem·pla·ren
re·cent (bnw), re·cen·te
re·cen·te·lijk (bijw)
het **re·cept**, re·cep·ten; re·cept·je
de **re·cep·tie** (v), re·cep·ties; re·cep·tie·tje
re·cep·tief (bnw), re·cep·tie·ve
re·cep·ti·o·ne·ren (ww), re·cep·ti·o·neer, re·cep·ti·o·neert; re·cep·ti·o·neer·de, re·cep·ti·o·neer·den; ge·re·cep·ti·o·neerd
de **re·cep·ti·o·nist** (m), re·cep·ti·o·nis·ten
de **re·cep·ti·o·nis·te** (v), re·cep·ti·o·nis·tes
de **re·cep·tor** (m), re·cep·to·ren
de **re·cep·tuur** (v), re·cep·tu·ren; re·cep·tuur·tje
het **re·ces**, re·ces·sen
de **re·ces·sie** (v), re·ces·sies; re·ces·sie·tje
re·ces·sief (bnw), re·ces·sie·ve
de **re·cet·te**, re·cet·tes
de/het **re·chaud** (m/o), re·chauds; re·chaud·je
de **re·cher·che**, re·cher·ches
het **re·cher·che·on·der·zoek**, re·cher·che·on·der·zoe·ken
re·cher·che·ren (ww), re·cher·cheer, re·cher·cheert; re·cher·cheer·de, re·cher·cheer·den; ge·re·cher·cheerd
de **re·cher·cheur** (m), re·cher·cheurs; re·cher·cheur·tje
het **recht**[1], rech·ten; recht·je
recht[2] (bnw), rech·te
recht[3]: er recht op hebben
recht·aan (bijw)
de **recht·bank**, recht·ban·ken; recht·bank·je
recht·bank van eer·ste aan·leg
recht·bank van koop·han·del
recht·brei·en (ww), brei recht, breit recht; brei·de recht, brei·den recht; recht·ge·breid
recht·door (bijw)
recht·door·zee (bnw)
de **rech·te**[1], rech·ten

rech·te[2]: ten rechte
rech·te·lijk (bnw), rech·te·lij·ke
rech·te·loos (bnw), rech·te·lo·ze
rech·ten (ww), recht, recht; recht·te, recht·ten; ge·recht
de **rech·ten·stu·dent** (m), rech·ten·stu·den·ten; rech·ten·stu·dent·je
rech·ten·vrij (bnw), rech·ten·vrije
de **rech·ter**[1] (m), rech·ters; rech·ter·tje
rech·ter[2] (bnw)
de **rech·ter·arm** (m), rech·ter·ar·men; rech·ter·arm·pje
het **rech·ter·been**, rech·ter·be·nen; rech·ter·been·tje
het **rech·ter·bo·ven·been**, rech·ter·bo·ven·be·nen
de **rech·ter·bo·ven·hoek** (m), rech·ter·bo·ven·hoe·ken; rech·ter·bo·ven·hoek·je
de **rech·ter-com·mis·sa·ris** (m), rech·ter-com·mis·sa·ris·sen, rech·ters-com·mis·sa·ris·sen
het **rech·ter·deel**, rech·ter·de·len
de **rech·ter·en·kel** (m), rech·ter·en·kels
de **rech·ter·hand**, rech·ter·han·den; rech·ter·hand·je
de **rech·ter·helft**, rech·ter·helf·ten
de **rech·ter·her·sen·helft**, rech·ter·her·sen·helf·ten
de **rech·ter·hoek** (m), rech·ter·hoe·ken; rech·ter·hoek·je
de **rech·ter·kant** (m), rech·ter·kan·ten
de **rech·ter·knie**, rechterknieën [rech·ter·knie·en]
de **rech·ter·ko·lom**, rech·ter·ko·lom·men
rech·ter·lijk (bnw), rech·ter·lij·ke
rech·ter·lij·ke macht
de **rech·ter·mouw**, rech·ter·mou·wen
de **rech·ter·muis·knop** (m), rech·ter·muis·knop·pen
de **rech·ter·nier**, rech·ter·nie·ren
het **rech·ter·oog**, rech·ter·ogen; rech·ter·oog·je
het **rech·ter·oor**, rech·ter·oren; rech·ter·oor·tje
de **rech·ter·pa·gi·na**, rech·ter·pa·gi·na's; rechterpaginaatje [rech·ter·pa·gi·na·tje]
de **rech·ter·pols** (m), rech·ter·pol·sen
het **rech·ter·por·tier**, rech·ter·por·tie·ren
de **rech·ter·rij·strook**, rech·ter·rij·stro·ken
de **rech·ter·schoen** (m), rech·ter·schoe·nen
de **rech·ter·schou·der** (m), rech·ter·schou·ders
de **rech·ter·vleu·gel** (m), rech·ter·vleu·gels; rech·ter·vleu·gel·tje
de **rech·ter·voet** (m), rech·ter·voe·ten; rech·ter·voet·je
de **rech·ter·zij·de**[1], rech·ter·zij·den, rech·ter·zij·des
rech·ter·zij·de[2]: ter rechterzijde
de **rech·ter·zij·tak** (m), rech·ter·zij·tak·ken
de **recht·heb·ben·de**, recht·heb·ben·den
de **recht·hoek** (m), recht·hoe·ken; recht·hoek·je
recht·hou·den (ww), houd recht, hou recht, houdt recht; hield recht, hiel·den recht; recht·ge·hou·den
de **recht·ma·tig·heid** (v), recht·ma·tig·he·den
recht·op (bijw)
recht·op staan

recht·op·staand (bnw), recht·op·staan·de
recht·op zit·ten
recht·over (bijw)
recht·over·eind (bijw)
rechts (bnw), recht·se
de **rechts·ach·ter**[1] (m), rechts·ach·ters
rechts·ach·ter[2] (bijw)
rechts·af (bijw)
het **rechts·be·wust·zijn**
de **rechts·bij·stand** (m)
de **rechts·bij·stands·ver·ze·ke·ring** (v), rechts·bij·stands·ver·ze·ke·rin·gen
de **rechts·bij·stand·ver·ze·ke·ring** (v), rechts·bij·stand·ver·ze·ke·rin·gen
rechts·bo·ven (bijw) *(rechts aan de bovenkant)*
het **rechts-ex·tre·mis·me**
de **rechts-ex·tre·mist** (m), rechts-ex·tre·mis·ten
rechts-ex·tre·mis·tisch (bnw), rechts-ex·tre·mis·ti·sche
de **rechts·fa·cul·teit** (v), rechts·fa·cul·tei·ten
het **rechts·ge·bied**, rechts·ge·bie·den
rechts·gel·dig (bnw), rechts·gel·di·ge
de **rechts·ge·leerd·heid** (v)
de **rechts·han·de·ling** (v), rechts·han·de·lin·gen
rechts·han·dig (bnw), rechts·han·di·ge
rechts·kun·dig (bnw), rechts·kun·di·ge
de **rechts·leer**
rechts·om (bijw)
rechts·om·keer (bijw)
rechts·om·keert (bijw)
rechts·on·der (bijw)
de **rechts·op·vol·ger** (m), rechts·op·vol·gers
de **rechts·or·de**, rechts·or·den, rechts·or·des
de **rechts·per·soon** (m), rechts·per·so·nen
de **rechts·ple·ging** (v), rechts·ple·gin·gen
de **rechts·ple·gings·ver·goe·ding** (v), rechts·ple·gings·ver·goe·din·gen
de **rechts·po·si·tie** (v), rechts·po·si·ties
de **recht·spraak**, recht·spra·ken
de **rechts·prak·tijk**, rechts·prak·tij·ken
recht·spre·ken (ww), spreek recht, spreekt recht; sprak recht, spra·ken recht; recht·ge·spro·ken
het **rechts·pro·ces**, rechts·pro·ces·sen
de **rechts-ra·di·caal**[1] (m), rechts-ra·di·ca·len
rechts-ra·di·caal[2] (bnw), rechts-ra·di·ca·le
de **rechts·re·gel** (m), rechts·re·gels
de **rechts·staat** (m), rechts·sta·ten
rechts·sta·te·lijk (bnw), rechts·sta·te·lij·ke
het **rechts·stel·sel**, rechts·stel·sels
de **rechts·strijd** (m), rechts·strij·den
het **rechts·sys·teem**, rechts·sys·te·men
recht·staan (ww), sta recht, staat recht; stond recht, ston·den recht; recht·ge·staan
de **recht·staat** (m), recht·sta·ten
recht·sta·te·lijk (bnw), recht·sta·te·lij·ke
het **recht·stel·sel**, recht·stel·sels
recht·streeks (bnw), recht·streek·se
de **rechts·voor** (m), rechts·voors
de **rechts·vorm** (m), rechts·vor·men
rechts·we·ge: van rechtswege

het **recht·sys·teem**, recht·sys·te·men
de **rechts·zaak**, rechts·za·ken
de **rechts·zaal**, rechts·za·len; rechts·zaal·tje
de **rechts·ze·ker·heid** (v), rechts·ze·ker·he·den
de **rechts·zit·ting** (v), rechts·zit·tin·gen
recht·toe recht·aan
recht·trek·ken (ww), trek recht, trekt recht; trok recht, trok·ken recht; recht·ge·trok·ken
recht·uit (bijw)
recht·vaar·dig (bnw), recht·vaar·di·ge
recht·vaar·di·gen (ww), recht·vaar·dig, recht·vaar·digt; recht·vaar·dig·de, recht·vaar·dig·den; ge·recht·vaar·digd
de **recht·vaar·dig·heid** (v), recht·vaar·dig·he·den
de **recht·vaar·di·ging** (v), recht·vaar·di·gin·gen
recht·zet·ten (ww), zet recht, zet recht; zet·te recht, zet·ten recht; recht·ge·zet
de **recht·zet·ting** (v), recht·zet·tin·gen
recht·zit·ten (ww), zit recht, zit recht; zat recht, za·ten recht; recht·ge·ze·ten
de **recht·zoe·ken·de**, recht·zoe·ken·den
het **re·ci·dief**, re·ci·die·ven
de **re·ci·di·ve**, re·ci·di·ven, re·ci·di·ves
re·ci·di·ve·ren (ww), re·ci·di·veer, re·ci·di·veert; re·ci·di·veer·de, re·ci·di·veer·den; ge·re·ci·di·veerd
het **re·ci·di·vis·me**
de **re·ci·di·vist** (m), re·ci·di·vis·ten
het **re·ciet**, re·cie·ten
de **recipiënt** [re·ci·pi·ent] (m), recipiënten [re·ci·pi·en·ten]
de **re·ci·pro·ci·teit** (v), re·ci·pro·ci·tei·ten
re·ci·pro·que (bnw)
het **re·ci·tal**, re·ci·tals; re·ci·tal·le·tje, re·ci·tal·tje
re·ci·te·ren (ww), re·ci·teer, re·ci·teert; re·ci·teer·de, re·ci·teer·den; ge·re·ci·teerd
de **re·cla·ma·tie** (v), re·cla·ma·ties
de **re·cla·me**, re·cla·mes; re·cla·me·tje
de **re·cla·me·aan·bie·ding** (v), re·cla·me·aan·bie·din·gen
de **re·cla·me·ac·tie** (v), re·cla·me·ac·ties
de **re·cla·me·ad·ver·ten·tie** (v), re·cla·me·ad·ver·ten·ties
de **re·cla·me·af·de·ling** (v), re·cla·me·af·de·lin·gen
de/het **re·cla·me·af·fi·che**, re·cla·me·af·fi·ches
het **re·cla·me·ar·ti·kel**, re·cla·me·ar·ti·ke·len, re·cla·me·ar·ti·kels
de **re·cla·me·bood·schap** (v), re·cla·me·bood·schap·pen
het **re·cla·me·bord**, re·cla·me·bor·den; re·cla·me·bord·je
het **re·cla·me·bu·reau**, re·cla·me·bu·reaus; re·cla·me·bu·reau·tje
de **re·cla·me·cam·pag·ne**, re·cla·me·cam·pag·nes
de **re·cla·me·fol·der** (m), re·cla·me·fol·ders; re·cla·me·fol·der·tje
de **re·cla·me·fo·to**, re·cla·me·fo·to's
de **re·cla·me-in·dus·trie** (v), reclame-industrieën [re·cla·me-in·dus·trie·en]

de **re·cla·me-in·kom·sten** (mv)
het **re·cla·me·ma·ken**
de **re·cla·me·pos·ter** (m), re·cla·me·pos·ters
re·cla·me·ren (ww), re·cla·meer, re·cla·meert; re·cla·meer·de, re·cla·meer·den; ge·re·cla·meerd
de **re·cla·me·schil·de·ring** (v), re·cla·me·schil·de·rin·gen
de **re·cla·me·spot** (m), re·cla·me·spots; re·cla·me·spot·je
de **re·cla·me·tekst** (m), re·cla·me·tek·sten; re·cla·me·tekst·je
de **re·cla·me-ui·ting** (v), re·cla·me-ui·tin·gen
re·clas·se·ren (ww), re·clas·seer, re·clas·seert; re·clas·seer·de, re·clas·seer·den; ge·re·clas·seerd
de **re·clas·se·ring** (v), re·clas·se·rin·gen
de **re·com·man·da·tie** (v), re·com·man·da·ties
de **re·con·ci·li·a·tie** (v), re·con·ci·li·a·ties
de **re·con·quis·ta** (v)
de **re·con·struc·tie** (v), re·con·struc·ties
re·con·stru·e·ren (ww), re·con·stru·eer, re·con·stru·eert; re·con·stru·eer·de, re·con·stru·eer·den; ge·re·con·stru·eerd
de **re·con·ver·sie** (v), re·con·ver·sies
het **re·cord**[1], re·cords; re·cord·je
re·cord[2]: off the record
het **re·cord·aan·tal**, re·cord·aan·tal·len
de **re·cor·der** (m), re·cor·ders; re·cor·der·tje
het **re·cord·jaar**, re·cord·ja·ren
de **re·co·ve·ry** (v), re·co·ve·ry's
de **re·cre·ant** (m), re·cre·an·ten
de **re·cre·a·tie** (v), re·cre·a·ties
re·cre·a·tief (bnw), re·cre·a·tie·ve
het **re·cre·a·tie·ge·bied**, re·cre·a·tie·ge·bie·den
recreëren [re·cre·e·ren] (ww), recreëer [re·cre·eer], recreëert [re·cre·eert]; recreëerde [re·cre·eer·de], recreëerden [re·cre·eer·den]; gerecreëerd [ge·re·cre·eerd]
de **re·crui·ter** (m), re·crui·ters
de **re·cruit·ment** (m), re·cruit·ments
de **rec·ti·fi·ca·tie** (v), rec·ti·fi·ca·ties
rec·ti·fi·ce·ren (ww), rec·ti·fi·ceer, rec·ti·fi·ceert; rec·ti·fi·ceer·de, rec·ti·fi·ceer·den; ge·rec·ti·fi·ceerd
rec·to (bijw)
de **rec·tor** (m), rec·to·ren, rec·tors
de **rec·tor mag·ni·fi·cus** (m), rec·to·res mag·ni·fi·ci
rec·to ver·so (bijw)
het **rec·tum**, rec·ta, rec·tums
het **re·çu**, re·çu's; reçuutje [re·çu·tje]
de **re·cu·pe·ra·tie** (v), re·cu·pe·ra·ties
re·cu·pe·re·ren (ww), re·cu·pe·reer, re·cu·pe·reert; re·cu·pe·reer·de, re·cu·pe·reer·den; ge·re·cu·pe·reerd
re·cur·rent (bnw), re·cur·ren·te
re·cur·sief (bnw), re·cur·sie·ve
de **re·cy·cla·ge** (v), re·cy·cla·ges
het **re·cy·cla·ge·be·drijf**, re·cy·cla·ge·be·drij·ven
re·cy·cle·baar (bnw), re·cy·cle·ba·re
re·cy·cleer·baar (bnw), re·cy·cleer·ba·re
re·cy·clen (ww), re·cy·cle, re·cy·clet; re·cy·cle·de, re·cy·cle·den; ge·re·cy·cled
re·cy·cle·ren (ww), re·cy·cleer, re·cy·cleert; re·cy·cleer·de, re·cy·cleer·den; ge·re·cy·cleerd

de **re·cy·cling**, re·cy·clings
de **re·dac·teur** (m), re·dac·teu·ren, re·dac·teurs; re·dac·teur·tje
de **re·dac·tie** (v), re·dac·ties; re·dac·tie·tje
de **re·dac·tie·as·sis·tent** (m), re·dac·tie·as·sis·ten·ten
re·dac·ti·o·neel (bnw), re·dac·ti·o·ne·le
de **re·dac·tri·ce** (v), re·dac·tri·ces
red·de·loos (bnw), red·de·lo·ze
red·den (ww), red, redt; red·de, red·den; ge·red
de **red·der** (m), red·ders; red·der·tje
red·de·ren (ww), red·der, red·dert; red·der·de, red·der·den; ge·red·derd
de **red·ding** (v), red·din·gen
de **red·ding·boot**, red·ding·bo·ten; red·ding·boot·je
de **red·dings·boei**, red·dings·boei·en
de **red·dings·boot**, red·dings·bo·ten; red·dings·boot·je
de **red·ding·sloep**, red·ding·sloe·pen
de **red·dings·sloep**, red·dings·sloe·pen
het **red·dings·vest**, red·dings·ves·ten; red·dings·vest·je
de **re·de**[1] *(ankerplaats)*, re·den
de **re·de**[2] *(verstand)*
de **re·de**[3] *(andere betekenissen)*, re·des
re·de·lijk (bnw), re·de·lij·ke
re·de·lij·ker·wijs (bijw)
de **re·de·lijk·heid** (v)
re·de·loos (bnw), re·de·lo·ze
de **re·den**[1] *(beweeggrond)*, re·de·nen
re·den[2] (ww), reed, reedt; reed·de, reed·den; ge·reed
de **re·de·naar** (m), re·de·naars
de **re·de·na·tie** (v), re·de·na·ties
re·de·ne·ren (ww), re·de·neer, re·de·neert; re·de·neer·de, re·de·neer·den; ge·re·de·neerd
de **re·de·ne·ring** (v), re·de·ne·rin·gen; re·de·ne·rin·kje
re·den·ge·vend (bnw), re·den·ge·ven·de
de **re·der** (m), re·ders
de **re·de·rij** (v), re·de·rij·en; re·de·rij·tje
de **re·de·rij·ker** (m), re·de·rij·kers
re·de·twis·ten (ww), re·de·twist, re·de·twist; re·de·twist·te, re·de·twist·ten; ge·re·de·twist
re·di·ge·ren (ww), re·di·geer, re·di·geert; re·di·geer·de, re·di·geer·den; ge·re·di·geerd
re·du·ce·ren (ww), re·du·ceer, re·du·ceert; re·du·ceer·de, re·du·ceer·den; ge·re·du·ceerd
de **re·duc·tie** (v), re·duc·ties
de **re·duc·tor** (m), re·duc·to·ren, re·duc·tors
re·dun·dant (bnw), re·dun·dan·te
de **re·dun·dan·tie** (v), re·dun·dan·ties
de/het **ree**[1] *(dier)*, reeën [ree·en]; ree·tje
ree[2] (bnw), reeë
reeds (bijw)
de **re-edu·ca·tie** (v)
reëel [re·eel] (bnw), reële [re·e·le]
het **reef**, re·ven; reef·je
de **reeks**, reek·sen; reeks·je
de **reen** (m), re·nen
de **re-en·act·ment** (m), re-en·act·ments
de **re-en·gi·nee·ring**
de **reep** (m), re·pen; reep·je
de **reet**, re·ten; reet·je
reeu·wen (ww), reeuw, reeuwt; reeuw·de, reeuw·den; ge·reeuwd
de **re·fac·tie** (v), re·fac·ties
het **re·fe·raat**, re·fe·ra·ten; re·fe·raat·je
het **ré·fé·ré** *(kort geding)*, ré·fé·rés
de **re·fe·ree** (m) *(scheidsrechter)*,

R

re·fe·rees

het **re·fe·ren·dum**, re·fe·ren·da, re·fe·ren·dums; re·fe·ren·dum·pje

de **re·fe·rent** (m), re·fe·ren·ten

de **re·fe·ren·tie** (v), re·fe·ren·ties

re·fe·ren·ti·eel (bnw), referentiële [re·fe·ren·ti·e·le]

het **re·fe·ren·tie·ka·der**, re·fe·ren·tie·ka·ders

het **re·fe·ren·tie·num·mer**, re·fe·ren·tie·num·mers

re·fe·re·ren (ww), re·fe·reer, re·fe·reert; re·fe·reer·de, re·fe·reer·den; ge·re·fe·reerd

de **re·fer·te**, re·fer·tes

re·flec·te·ren (ww), re·flec·teer, re·flec·teert; re·flec·teer·de, re·flec·teer·den; ge·re·flec·teerd

de **re·flec·tie** (v), re·flec·ties

re·flec·tief (bnw), re·flec·tie·ve

het **re·flec·tie·ver·slag**, re·flec·tie·ver·sla·gen

de **re·flec·tor** (m), re·flec·to·ren, re·flec·tors

de **re·flex** (m), re·flexen; re·flex·je

re·flexief (bnw), re·flexie·ve

de **re·flexo·lo·gie** (v)

de **re·flux** (m), re·fluxen

re·fo *(reformatorisch christen)*, re·fo's

de **re·for·ma·tie** (v), re·for·ma·ties

het **re·frein**, re·frei·nen; re·frein·tje

re·fre·shen (ww), re·fresh, re·fresht; re·fresh·te, re·fresh·ten; ge·re·fresht

de **ref·ter** (m), ref·ters; ref·ter·tje

het **re·gaal**[1], re·ga·len

re·gaal[2] (bnw), re·ga·le

re·gar·de·ren (ww), re·gar·deer, re·gar·deert; re·gar·deer·de, re·gar·deer·den; ge·re·gar·deerd

de **re·gat·ta**, re·gat·ta's

het **re·geer·ak·koord**, re·geer·ak·koor·den; re·geer·ak·koord·je

het **re·geer·be·leid**

de **re·geer·co·a·li·tie** (v), re·geer·co·a·li·ties

de **re·geer·macht**, re·geer·mach·ten

de **re·geer·pe·ri·o·de** (v), re·geer·pe·ri·o·den, re·geer·pe·ri·o·des

het **re·geer·team**, re·geer·teams

de **re·gel** (m), re·ge·len, re·gels; re·gel·tje

de **re·ge·laar** (m), re·ge·laars; re·ge·laar·tje

de **re·ge·la·rij** (v), re·ge·la·rij·en

re·ge·len (ww), re·gel, re·gelt; re·gel·de, re·gel·den; ge·re·geld

de **re·gel·ge·ving** (v), re·gel·ge·vin·gen

de **re·ge·ling** (v), re·ge·lin·gen

de **re·gel·ka·mer**, re·gel·ka·mers

de **re·gel·maat**

re·gel·ma·tig (bnw), re·gel·ma·ti·ge

de **re·gel·ma·tig·heid** (v), re·gel·ma·tig·he·den

re·gel·recht (bnw), re·gel·rech·te

de **re·gen** (m), re·gens; re·gen·tje

re·gen·ach·tig (bnw), re·gen·ach·ti·ge

de **re·gen·boog** (m), re·gen·bo·gen; re·gen·boog·je

de **re·gen·broek**, re·gen·broe·ken

de **re·gen·bui**, re·gen·bui·en; re·gen·bui·tje

re·ge·nen (ww), re·gent; re·gen·de; ge·re·gend

de **re·ge·ne·ra·tie** (v), re·ge·ne·ra·ties

re·ge·ne·re·ren (ww), re·ge·ne·reer, re·ge·ne·reert; re·ge·ne·reer·de, re·ge·ne·reer·den; ge·re·ge·ne·reerd

de **re·gen·jas**, re·gen·jas·sen; re·gen·jas·je

het **re·gen·scherm**, re·gen·scher·men; re·gen·scherm·pje
de **re·gent** (m), re·gen·ten; re·gent·je
het **re·gen·taat**, re·gen·ta·ten
de **re·gen·taats·op·lei·ding** (v), re·gen·taats·op·lei·din·gen
de **re·gen·tes** (v), re·gen·tes·sen
de **re·gen·val** (m)
het **re·gen·wa·ter**
het **re·gen·woud**, re·gen·wou·den; re·gen·woud·je
re·ge·ren (ww), re·geer, re·geert; re·geer·de, re·geer·den; ge·re·geerd
re·ge·rend (bnw), re·ge·ren·de
de **re·ge·ring** (v), re·ge·rin·gen; re·ge·rin·kje
de **re·ge·ring-Kok** (v), re·ge·rin·gen-Kok
de **re·ge·ring-Le·ter·me** (v)
de **re·ge·rings·au·to·ri·teit** (v), re·ge·rings·au·to·ri·tei·ten
de **re·ge·rings·frac·tie** (v), re·ge·rings·frac·ties
de **re·ge·rings·lei·der** (m), re·ge·rings·lei·ders
de **re·ge·rings·par·tij** (v), re·ge·rings·par·tij·en; re·ge·rings·par·tij·tje
de **re·ge·rings·steun** (m)
de **re·ge·rings·top·per** (m), re·ge·rings·top·pers
de **reg·gae**
de **reg·gae·ar·tiest** (m), reg·gae·ar·ties·ten
de **re·gie** (v), regieën [re·gie·en], re·gies; re·gie·tje
de **re·gie·aan·wij·zing** (v), re·gie·aan·wij·zin·gen
de **re·gie·as·sis·tent** (m), re·gie·as·sis·ten·ten
het **re·giem**, re·giems; re·giem·pje
het **re·gi·me**, re·gi·mes; re·gi·me·pje, re·gi·me·tje
het **re·gi·ment**, re·gi·men·ten; re·gi·ment·je
de **re·gio**, re·gi·o·nen, re·gi·o's
re·gio·ge·bon·den (bnw)
de **re·gio·kam·pi·oen** (m), re·gio·kam·pi·oe·nen
de **re·gio·ma·na·ger** (m), re·gio·ma·na·gers
re·gi·o·naal (bnw), re·gi·o·na·le
het **re·gi·o·na·lis·me**
het **re·gio-over·leg**, re·gio-over·leg·gen
re·gis·se·ren (ww), re·gis·seer, re·gis·seert; re·gis·seer·de, re·gis·seer·den; ge·re·gis·seerd
de **re·gis·seur** (m), re·gis·seurs; re·gis·seur·tje
de **re·gis·seur-ac·teur** (m), re·gis·seur-ac·teurs, re·gis·seurs-ac·teurs
de **re·gis·seu·se** (v), re·gis·seu·ses
het **re·gis·ter**, re·gis·ters; re·gis·ter·tje
de **re·gis·ter·ac·coun·tant** (m), re·gis·ter·ac·coun·tants
re·gis·te·ren (ww), re·gis·ter, re·gis·tert; re·gis·ter·de, re·gis·ter·den; ge·re·gis·terd
de **re·gis·tra·tie** (v), re·gis·tra·ties
het **re·gis·tra·tie·be·wijs**, re·gis·tra·tie·be·wij·zen
het **re·gis·tra·tie·sys·teem**, re·gis·tra·tie·sys·te·men
re·gis·tre·ren (ww), re·gis·treer, re·gis·treert; re·gis·treer·de, re·gis·treer·den; ge·re·gis·treerd
het **re·gle·ment**, re·gle·men·ten; re·gle·ment·je
re·gle·men·tair (bnw), re·gle·men·tai·re
de **re·gle·men·te·ring** (v), re·gle·men·te·rin·gen

het **re·gres**
de **re·gres·sie** (v), re·gres·sies
de **re·gres·sie·ana·ly·se** (v), re·gres·sie·ana·ly·sen, re·gres·sie·ana·ly·ses
de **re·gu·la·ri·sa·tie** (v), re·gu·la·ri·sa·ties
re·gu·la·ri·se·ren (ww), re·gu·la·ri·seer, re·gu·la·ri·seert; re·gu·la·ri·seer·de, re·gu·la·ri·seer·den; ge·re·gu·la·ri·seerd
de **re·gu·la·teur** (m), re·gu·la·teurs
de **re·gu·la·tie** (v), re·gu·la·ties
de **re·gu·la·tor** (m), re·gu·la·to·ren, re·gu·la·tors
re·gu·le·ren (ww), re·gu·leer, re·gu·leert; re·gu·leer·de, re·gu·leer·den; ge·re·gu·leerd
de **re·gu·le·ring** (v), re·gu·le·rin·gen
de **re·gu·lier**[1] (m), re·gu·lie·ren
re·gu·lier[2] (bnw), re·gu·lie·re
de **re·ha·bi·li·ta·tie** (v), re·ha·bi·li·ta·ties
de **re·ha·bi·li·ta·tie·werk·zaam·he·den** (mv)
re·ha·bi·li·te·ren (ww), re·ha·bi·li·teer, re·ha·bi·li·teert; re·ha·bi·li·teer·de, re·ha·bi·li·teer·den; ge·re·ha·bi·li·teerd
de **re·hy·dra·ta·tie** (v), re·hy·dra·ta·ties
de **re·hy·dra·tie** (v), re·hy·dra·ties
de **rei**[1] (m) *(koor(zang)),* rei·en; rei·tje
de **rei**[2] *(andere betekenissen),* rei·en; rei·tje
de **rei·dans** (m), rei·dan·sen; rei·dans·je
rei·en (ww), rei, reit; rei·de, rei·den; ge·reid
de **rei·ger** (m), rei·gers; rei·ger·tje
rei·ken (ww), reik, reikt; reik·te, reik·ten; ge·reikt
reik·hal·zen (ww), reik·hals, reik·halst; reik·hals·de, reik·hals·den; ge·reik·halsd
reik·hal·zend (bijw)
de **rei·ki** (m)
de **reik·wijd·te** (v), reik·wijd·ten, reik·wijd·tes
de **rei·lat**, rei·lat·ten
rei·len (ww), reil, reilt; reil·de, reil·den; ge·reild
rein (bnw), rei·ne
de **reïncarnatie** [re·in·car·na·tie] (v), reïncarnaties [re·in·car·na·ties]
reïncarneren [re·in·car·ne·ren] (ww), reïncarneer [re·in·car·neer], reïncarneert [re·in·car·neert]; reïncarneerde [re·in·car·neer·de], reïncarneerden [re·in·car·neer·den]; gereïncarneerd [ge·re·in·car·neerd]
de **rein·heid** (v)
rei·ni·gen (ww), rei·nig, rei·nigt; rei·nig·de, rei·nig·den; ge·rei·nigd
de **rei·ni·ger** (m), rei·ni·gers
de **rei·ni·ging** (v), rei·ni·gin·gen
de **rei·ni·gings·dienst** (m), rei·ni·gings·dien·sten
de **re-in·te·gra·tie** (v), re-in·te·gra·ties
het **re-in·te·gra·tie·pro·ject**, re-in·te·gra·tie·pro·jec·ten
het **re-in·te·gra·tie·tra·ject**, re-in·te·gra·tie·tra·jec·ten
re-in·te·gre·ren (ww), re-in·te·greer, re-in·te·greert; re-in·te·greer·de, re-in·te·greer·den; ge·re-in·te·greerd
de **re-in·ter·pre·ta·tie** (v), re-in·ter·pre·ta·ties
de **re-in·tro·duc·tie** (v), re-in·tro·duc·ties

rein wa·ter
de **reis**, rei·zen; reis·je
het **reis·agent·schap**, reis·agent·schap·pen; reis·agent·schap·je
de **reis·be·no·digd·he·den** (mv)
het **reis·bil·jet**, reis·bil·jet·ten
het **reis·bu·reau**, reis·bu·reaus; reis·bu·reau·tje
de **reis·che·que** (m), reis·che·ques
de **reis·duur** (m)
het **reis·etui**, reis·etuis; reis·etui·tje
de **reis·gids** (m), reis·gid·sen; reis·gids·je
de **reis·koorts**
de **reis·kos·ten·ver·goe·ding** (v), reis·kos·ten·ver·goe·din·gen
de **reis·lei·der** (m), reis·lei·ders
de **reis·mand**, reis·man·den; reis·mand·je
de **reis·pas** (m), reis·pas·sen; reis·pas·je
de **reis·tijd** (m), reis·tij·den
reis·vaar·dig (bnw), reis·vaar·di·ge
rei·zen (ww), reis, reist; reis·de, reis·den; ge·reisd
de **rei·zi·ger** (m), rei·zi·gers; rei·zi·ger·tje
het **rei·zi·gers·ver·keer**
de **rei·zig·ster** (v), rei·zig·sters
de **rek**[1] (m) *(het rekken, veerkracht)*, rek·je
het **rek**[2] *(andere betekenissen)*, rek·ken; rek·je
de **re·kel** (m), re·kels; re·kel·tje
de **re·ke·naar** (m), re·ke·naars
het **re·ken·blad**, re·ken·bla·den
de **re·ken·di·dac·tiek** (v)
re·ke·nen (ww), re·ken, re·kent; re·ken·de, re·ken·den; ge·re·kend
Re·ken·hof *(controleorgaan in België)*
de **re·ke·ning** (v), re·ke·nin·gen; re·ke·nin·ge·tje
de **re·ke·ning·bon** (m), re·ke·ning·bon·nen, re·ke·ning·bons
de **re·ke·ning-cou·rant** (v), re·ke·nin·gen-cou·rant
het **re·ke·ning-cou·rant·kre·diet**, re·ke·ning-cou·rant·kre·die·ten
de **re·ke·ning·hou·der** (m), re·ke·ning·hou·ders
het **re·ke·ning·num·mer**, re·ke·ning·num·mers
het **re·ke·ning·over·zicht**, re·ke·ning·over·zich·ten
het **re·ke·ning·uit·trek·sel**, re·ke·ning·uit·trek·sels
de **re·ken·ka·mer**, re·ken·ka·mers
de **re·ken·ma·chi·ne** (v), re·ken·ma·chi·nes; re·ken·ma·chien·tje, re·ken·ma·chi·ne·tje
de **re·ken·schap** (v)
de **re·ken·som**, re·ken·som·men; re·ken·som·me·tje
het **re·kest**[1], re·kes·ten
re·kest[2]: nul op het rekest krijgen
rek·ken (ww), rek, rekt; rek·te, rek·ten; ge·rekt
de **rek·ker** (m), rek·kers; rek·ker·tje
de **re·kru·teer·der** (m), re·kru·teer·ders
re·kru·te·ren (ww), re·kru·teer, re·kru·teert; re·kru·teer·de, re·kru·teer·den; ge·re·kru·teerd
de **re·kru·te·ring** (v), re·kru·te·rin·gen
de **re·kruut** (m), re·kru·ten
het **re·kwest**, re·kwes·ten
de **re·kwi·rant** (m), re·kwi·ran·ten
re·kwi·re·ren (ww), re·kwi·reer, re·kwi·reert; re·kwi·reer·de, re·kwi·reer·den; ge·re·kwi·reerd

het **re·kwi·siet**, re·kwi·sie·ten
de **re·kwi·si·teur** (m), re·kwi·si·teurs
de **re·kwi·si·tie** (v), re·kwi·si·ties
de **rel** (m), rel·len; rel·le·tje
het **re·laas**, re·la·zen
het **re·lais**, re·lais; re·lais·tje
de **re·lan·ce** (v), re·lan·ces
re·la·te·ren (ww), re·la·teer, re·la·teert; re·la·teer·de, re·la·teer·den; ge·re·la·teerd
de **re·la·tie** (v), re·la·ties; re·la·tie·tje
het **re·la·tie·be·heer**
het **re·la·tief**[1], re·la·tie·ven
re·la·tief[2] (bnw), re·la·tie·ve
de **re·la·tie·trai·ning**, re·la·tie·trai·nin·gen
re·la·ti·ve·ren (ww), re·la·ti·veer, re·la·ti·veert; re·la·ti·veer·de, re·la·ti·veer·den; ge·re·la·ti·veerd
de **re·la·ti·ve·ring** (v), re·la·ti·ve·rin·gen
het **re·la·ti·ve·rings·ver·mo·gen**, re·la·ti·ve·rings·ver·mo·gens
de **re·la·ti·vi·teit** (v), re·la·ti·vi·tei·ten
de **re·la·ti·vi·teits·the·o·rie** (v), relativiteitstheorieën [re·la·ti·vi·teits·the·o·rie·en]
de **re·lax** (m), re·laxen
de **re·laxa·tie** (v), re·laxa·ties
de **re·laxa·tie·oe·fe·ning** (v), re·laxa·tie·oe·fe·nin·gen
re·laxed (bnw), re·lax·te
re·laxen (ww), re·lax, re·laxt; re·lax·te, re·lax·ten; ge·re·laxt
de **re·laxer** (m), re·laxers
re·laxe·ren (ww), re·laxeer, re·laxeert; re·laxeer·de, re·laxeer·den; ge·re·laxeerd
re·laxe·rend (bnw), re·laxe·ren·de
de **re·lease** (m), re·lea·ses
re·lea·sen (ww), re·lease, re·leaset; re·lease·de, re·lease·te, re·lease·den, re·lease·ten; ge·re·leased, ge·re·leaset
re·le·vant (bnw), re·le·van·te
de **re·le·van·tie** (v), re·le·van·ties
re·li (bnw)
het **re·lict**, re·lic·ten
het **reliëf** [re·li·ef], reliëfs [re·li·efs]
de/het **re·liek** (v/o), re·lie·ken; re·liek·je
de **re·li·gie** (v), religiën [re·li·gi·en], re·li·gies
de **re·li·gi·eus**[1] (m), re·li·gi·eu·zen
re·li·gi·eus[2] (bnw), re·li·gi·eu·ze
de **re·li·gi·eu·ze** (v), re·li·gi·eu·zes
de **re·li·gi·o·si·teit** (v), re·li·gi·o·si·tei·ten
de **re·li·kwie** (v), relikwieën [re·li·kwie·en]
de **re·ling**, re·lin·gen; re·lin·kje
rel·len (ww), rel, relt; rel·de, rel·den; ge·reld
de **re·lo·ca·tie** (v), re·lo·ca·ties
re·lo·ka·li·se·ren (ww), re·lo·ka·li·seer, re·lo·ka·li·seert; re·lo·ka·li·seer·de, re·lo·ka·li·seer·den; ge·re·lo·ka·li·seerd
de **rem**, rem·men; rem·me·tje
de **re·make** (m), re·makes
de **re·mas·ter** (m), re·mas·ters
het **rem·bours**, rem·bour·sen
de **Rem·brandt** (m) *(werk van Rembrandt)*, Rem·brandts; Rem·brandt·je
de **re·me·di·al tea·cher** (m), re·me·di·al tea·chers
de/het **re·me·die** (v/o), re·me·dies; re·me·die·tje
remediëren [re·me·di·e·ren] (ww), re·me·di·eer, re·me·di·eert; re·me·di·eer·de, re·me·di·eer·den; ge·re·me·di·eerd
de **remediëring** [re·me·di·e·ring] (v), remediëringen [re·me·di·e·rin·gen]

het **rem·geld**
de **re·min·der** (m), re·min·ders
de **re·mi·nis·cen·tie** (v), re·mi·nis·cen·ties
de **re·mi·se** (v), re·mi·ses
de **re·mis·sie** (v), re·mis·sies
de **re·mix** (m), re·mixen, re·mixes
re·mixen (ww), re·mix, re·mixt; re·mix·te, re·mix·ten; ge·re·mixt
de **re·mix·ver·sie** (v), re·mix·ver·sies
rem·men (ww), rem, remt; rem·de, rem·den; ge·remd
de **re·mon·strant** (m), re·mon·stran·ten
de **re·mon·te**, re·mon·tes
de/het **rem·pe·daal** (m/o), rem·pe·da·len
de **rem·pla·çant** (m), rem·pla·çan·ten
de **rem·slaap** (m), rem·sla·pen
de **re·mu·ne·ra·tie** (v), re·mu·ne·ra·ties
re·mu·ne·re·ren (ww), re·mu·ne·reer, re·mu·ne·reert; re·mu·ne·reer·de, re·mu·ne·reer·den; ge·re·mu·ne·reerd
de **ren**[1] (m) *(het rennen)*, ren·nen; ren·ne·tje
de **ren**[2] *(kippenloop, kippenkorf)*, ren·nen; ren·ne·tje
de **re·nais·san·ce**, re·nais·san·ces
het **re·nais·san·ce·kas·teel**, re·nais·san·ce·kas·te·len
de **re·nais·san·ce·stijl** (m), re·nais·san·ce·stij·len
re·nais·san·cis·tisch (bnw), re·nais·san·cis·ti·sche
de **ren·bo·de** (m), ren·bo·den, ren·bo·des
ren·da·bel (bnw), ren·da·be·le
de **ren·da·bi·li·teit** (v), ren·da·bi·li·tei·ten
het **ren·de·ment**, ren·de·men·ten; ren·de·ment·je
het **ren·de·ments·cij·fer**, ren·de·ments·cij·fers
ren·de·ren (ww), ren·deer, ren·deert; ren·deer·de, ren·deer·den; ge·ren·deerd
het **ren·dez-vous**, ren·dez-vous; ren·dez-vous·tje
het **ren·dier**, ren·die·ren; ren·dier·tje
de **re·net**, re·net·ten
ren·nen (ww), ren, rent; ren·de, ren·den; ge·rend
ren·nend (bnw), ren·nen·de
de **ren·ner** (m), ren·ners; ren·ner·tje
de **re·nom·mee** (v)
de **re·no·va·tie** (v), re·no·va·ties
re·no·ve·ren (ww), re·no·veer, re·no·veert; re·no·veer·de, re·no·veer·den; ge·re·no·veerd
de **re·no·ve·ring** (v), re·no·ve·rin·gen
de **ren·seig·ne·ring** (v), ren·seig·ne·rin·gen
de **ren·ster** (v), ren·sters
ren·ta·bi·li·se·ren (ww), ren·ta·bi·li·seer, ren·ta·bi·li·seert; ren·ta·bi·li·seer·de, ren·ta·bi·li·seer·den; ge·ren·ta·bi·li·seerd
de **ren·ta·bi·li·teit** (v), ren·ta·bi·li·tei·ten
de **ren·te**, ren·ten, ren·tes; ren·te·tje
de **ren·te·af·trek** (m), ren·te·af·trek·ken
ren·te·ge·vend (bnw), ren·te·ge·ven·de
de **ren·te-in·kom·sten** (mv)
ren·te·loos (bnw), ren·te·lo·ze
ren·ten (ww), rent, rent; rent·te, rent·ten; ge·rent
het **ren·te·per·cen·ta·ge**, ren·te·per·cen·ta·ges
de **ren·te·voet** (m), ren·te·voe·ten
de **ren·tree**, ren·trees

R

het **ren·vooi**, ren·vooi·en
de **reo·lo·gie** (v)
de **re·or·ga·ni·sa·tie** (v), re·or·ga·ni·sa·ties
re·or·ga·ni·se·ren (ww), re·or·ga·ni·seer, re·or·ga·ni·seert; re·or·ga·ni·seer·de, re·or·ga·ni·seer·den; ge·re·or·ga·ni·seerd
de **re·pa·ra·teur** (m), re·pa·ra·teurs
de **re·pa·ra·tie** (v), re·pa·ra·ties; re·pa·ra·tie·tje
de **re·pa·ra·tie·toe·slag** (m), re·pa·ra·tie·toe·sla·gen
re·pa·re·ren (ww), re·pa·reer, re·pa·reert; re·pa·reer·de, re·pa·reer·den; ge·re·pa·reerd
repatriëren [re·pa·tri·e·ren] (ww), re·pa·tri·eer, re·pa·tri·eert; re·pa·tri·eer·de, re·pa·tri·eer·den; ge·re·pa·tri·eerd
de **repatriëring** [re·pa·tri·e·ring] (v), repatriëringen [re·pa·tri·e·rin·gen]
de **re·pel** (m), re·pels; re·pel·tje
re·pe·len (ww), re·pel, re·pelt; re·pel·de, re·pel·den; ge·re·peld
re·pen (ww), reep, reept; reep·te, reep·ten; ge·reept
de **re·per·cus·sie** (v), re·per·cus·sies
het **re·per·toi·re**, re·per·toi·res; re·per·toi·re·tje
repertoriëren [re·per·to·ri·e·ren] (ww), re·per·to·ri·eer, re·per·to·ri·eert; re·per·to·ri·eer·de, re·per·to·ri·eer·den; ge·re·per·to·ri·eerd
het **re·per·to·ri·um**, re·per·to·ria, re·per·to·ri·ums
re·pe·te·ren (ww), re·pe·teer, re·pe·teert; re·pe·teer·de, re·pe·teer·den; ge·re·pe·teerd
de **re·pe·ti·tie** (v), re·pe·ti·ties; re·pe·ti·tie·tje
re·pe·ti·tief (bnw), re·pe·ti·tie·ve
de **re·pe·ti·ti·vi·teit** (v), re·pe·ti·ti·vi·tei·ten
de **re·pe·ti·tor** (m), re·pe·ti·to·ren, re·pe·ti·tors
de **re·play**, re·plays
de **re·pli·ca** (v), re·pli·ca's; replicaatje [re·pli·ca·tje]
de **re·pli·ca·tie** (v), re·pli·ca·ties
re·pli·ce·ren (ww), re·pli·ceer, re·pli·ceert; re·pli·ceer·de, re·pli·ceer·den; ge·re·pli·ceerd
de **re·pliek** (v), re·plie·ken; re·pliek·je
re·ply·en (ww), re·ply, re·plyt; re·ply·de, re·ply·den; ge·re·plyd
de **rep·man** *(vogel)*, rep·mans
het **re·port**, re·ports
de **re·por·ta·ge** (v), re·por·ta·ges; re·por·ta·ge·tje
de **re·por·ter** (m), re·por·ters; re·por·ter·tje
rep·pen (ww), rep, rept; rep·te, rep·ten; ge·rept
de **re·pre·sail·le**, re·pre·sail·les
de **re·pre·sen·tant** (m), re·pre·sen·tan·ten
de **re·pre·sen·ta·tie** (v), re·pre·sen·ta·ties
re·pre·sen·ta·tief (bnw), re·pre·sen·ta·tie·ve
de **re·pre·sen·ta·tie·toe·la·ge**, re·pre·sen·ta·tie·toe·la·gen, re·pre·sen·ta·tie·toe·la·ges
de **re·pre·sen·ta·ti·vi·teit** (v), re·pre·sen·ta·ti·vi·tei·ten
re·pre·sen·te·ren (ww), re·pre·sen·teer, re·pre·sen·teert; re·pre·sen·teer·de, re·pre·sen·teer·den; ge·re·pre·sen·teerd
de **re·pres·sie** (v), re·pres·sies

re·pres·sief (bnw), re·pres·sie·ve
de **re·pri·man·de**, re·pri·man·des
de **re·pri·se** (v), re·pri·ses
de **re·pro** (m), re·pro's
de **re·pro·af·de·ling** (v), re·pro·af·de·lin·gen
re·pro·du·ce·ren (ww), re·pro·du·ceer, re·pro·du·ceert; re·pro·du·ceer·de, re·pro·du·ceer·den; ge·re·pro·du·ceerd
de **re·pro·duc·tie** (v), re·pro·duc·ties
het **rep·tiel**, rep·tie·len; rep·tiel·tje
de **re·pu·bliek** (v), re·pu·blie·ken; re·pu·bliek·je
de **re·pu·bli·kein** (m), re·pu·bli·kei·nen
re·pu·bli·keins (bnw), re·pu·bli·kein·se
de **re·pu·ta·tie** (v), re·pu·ta·ties
de **rep·week**, rep·we·ken
het **re·qui·em**, re·qui·ems
het **re·qui·si·toir**, re·qui·si·toi·ren, re·qui·si·toirs
de **re·search** (m)
het **re·search·cen·trum**, re·search·cen·tra, re·search·cen·trums
re·sear·chen (ww), re·search, re·searcht; re·search·te, re·search·ten; ge·re·searcht
de **re·sec·tie** (v), re·sec·ties
de **re·se·da**, re·se·da's; resedaatje [re·se·da·tje]
de **re·sem** (m), re·sems; re·sem·pje
het **re·ser·vaat**, re·ser·va·ten; re·ser·vaat·je
de **re·ser·va·tie** (v), re·ser·va·ties
de **re·ser·ve**, re·ser·ves
de **re·ser·ve·of·fi·cier** (m), re·ser·ve·of·fi·cie·ren, re·ser·ve·of·fi·ciers
het **re·ser·ve·on·der·deel**, re·ser·ve·on·der·de·len
de **re·ser·ve·pot** (m), re·ser·ve·pot·ten; re·ser·ve·pot·je
re·ser·ve·ren (ww), re·ser·veer, re·ser·veert; re·ser·veer·de, re·ser·veer·den; ge·re·ser·veerd
de **re·ser·ve·ring** (v), re·ser·ve·rin·gen
het **re·ser·ve·rings·sys·teem**, re·ser·ve·rings·sys·te·men
het **re·ser·voir**, re·ser·voirs; re·ser·voir·tje
re·set·ten (ww), re·set, re·set; re·set·te, re·set·ten; ge·re·set
re·shuf·fe·len (ww), re·shuf·fel, re·shuf·felt; re·shuf·fel·de, re·shuf·fel·den; ge·re·shuf·feld
de **re·shuf·fe·ling** (v), re·shuf·fe·lin·gen
de **re·si·dent** (m), re·si·den·ten
de **re·si·den·tie** (v), re·si·den·ties
re·si·den·ti·eel (bnw), residentiële [re·si·den·ti·e·le]
re·si·de·ren (ww), re·si·deer, re·si·deert; re·si·deer·de, re·si·deer·den; ge·re·si·deerd
het **re·si·du**, re·si·du·en, re·si·du's
re·si·du·eel (bnw), re·si·du·e·le
re·sis·tent (bnw), re·sis·ten·te
de **re·sis·ten·tie** (v), re·sis·ten·ties
re·so·ci·a·li·se·ren (ww), re·so·ci·a·li·seer, re·so·ci·a·li·seert; re·so·ci·a·li·seer·de, re·so·ci·a·li·seer·den; ge·re·so·ci·a·li·seerd
de **re·so·lu·tie** (v), re·so·lu·ties
re·so·luut (bnw), re·so·lu·te
de **re·so·nans** (m)
de **re·so·nan·tie** (v), re·so·nan·ties
re·so·ne·ren (ww), re·so·neer, re·so·neert; re·so·neer·de, re·so·neer·den; ge·re·so·neerd
de **re·sorp·tie** (v)

het **re·sort** *(oord),* re·sorts
de **re·source**, re·sour·ces
het **res·pect**
res·pec·ta·bel (bnw), res·pec·ta·be·le
res·pec·te·ren (ww), res·pec·teer, res·pec·teert; res·pec·teer·de, res·pec·teer·den; ge·res·pec·teerd
res·pec·tief (bnw), res·pec·tie·ve
res·pec·tie·ve·lijk (bnw), res·pec·tie·ve·lij·ke
res·pect·loos (bnw), res·pect·lo·ze
res·pect·vol (bnw), res·pect·vol·le
het **res·pijt**
de **res·pon·dent** (m), res·pon·den·ten
res·pon·de·ren (ww), res·pon·deer, res·pon·deert; res·pon·deer·de, res·pon·deer·den; ge·res·pon·deerd
de/het **res·pons** (v/o), res·pon·sen
res·pon·sa·bi·li·se·ren (ww), res·pon·sa·bi·li·seer, res·pon·sa·bi·li·seert; res·pon·sa·bi·li·seer·de, res·pon·sa·bi·li·seer·den; ge·res·pon·sa·bi·li·seerd
de **res·pon·sa·bi·li·se·ring** (v), res·pon·sa·bi·li·se·rin·gen
de **re·sponse** (m), re·spon·ses
res·pon·sief (bnw), res·pon·sie·ve
de **res·pon·si·vi·teit** (v), res·pon·si·vi·tei·ten
de **res·pons·tijd** (m), res·pons·tij·den
het **res·sen·ti·ment**, res·sen·ti·men·ten
het **res·sort**[1] *(springveer),* res·sorts; res·sort·je
het **res·sort**[2] *(rechtsgebied),* res·sor·ten; res·sort·je
res·sor·te·ren (ww), res·sor·teer, res·sor·teert; res·sor·teer·de, res·sor·teer·den; ge·res·sor·teerd
de **res·sort·lei·der** (m), res·sort·lei·ders
de **res·sort·raad** (m), res·sort·ra·den
het **res·sort·raads·lid**, res·sort·raads·le·den
de **rest**, res·ten; rest·je
de/het **rest·af·val** (m/o)
het **res·tant** *(overschot),* res·tan·ten; res·tant·je
het **res·tant·be·drag**, res·tant·be·dra·gen
het **res·tau·rant**, res·tau·rants; res·tau·rant·je
het **res·tau·rant·per·so·neel**
de **res·tau·ra·teur** (m), res·tau·ra·teurs
de **res·tau·ra·tie** (v), res·tau·ra·ties
res·tau·ra·tief (bnw), res·tau·ra·tie·ve
de **res·tau·ra·tor** (m), res·tau·ra·to·ren, res·tau·ra·tors
de **res·tau·ra·tri·ce** (v), res·tau·ra·tri·ces
res·tau·re·ren (ww), res·tau·reer, res·tau·reert; res·tau·reer·de, res·tau·reer·den; ge·res·tau·reerd
het **rest·be·drag**, rest·be·dra·gen
res·ten (ww), rest, rest; rest·te, rest·ten; ge·rest
res·te·ren (ww), res·teer, res·teert; res·teer·de, res·teer·den; ge·res·teerd
res·te·rend (bnw), res·te·ren·de
res·ti·tu·e·ren (ww), res·ti·tu·eer, res·ti·tu·eert; res·ti·tu·eer·de, res·ti·tu·eer·den; ge·res·ti·tu·eerd
de **res·ti·tu·tie** (v), res·ti·tu·ties
de **res·tor·no** (m), res·tor·no's
de **res·tric·tie** (v), res·tric·ties
res·tric·tief (bnw), res·tric·tie·ve
re·sty·len (ww), re·style, re·stylet; re·style·de, re·style·den; ge·re·styled

de **re·sty·ling**
het **re·sul·taat**, re·sul·ta·ten; re·sul·taat·je
re·sul·taat·ge·richt (bnw), re·sul·taat·ge·rich·te
re·sul·taats·ge·richt (bnw), re·sul·taats·ge·rich·te
de **re·sul·tan·te**, re·sul·tan·ten
re·sul·te·ren (ww), re·sul·teer, re·sul·teert; re·sul·teer·de, re·sul·teer·den; ge·re·sul·teerd
het **re·su·mé**, re·su·més; resumeetje [re·su·mé·tje]
re·su·me·ren (ww), re·su·meer, re·su·meert; re·su·meer·de, re·su·meer·den; ge·re·su·meerd
de **re·sus·aap** (m), re·sus·apen; re·sus·aap·je
de **re·sus·ci·ta·tie** (v), re·sus·ci·ta·ties
de **re·sus·fac·tor** (m), re·sus·fac·to·ren
de/het **re·ta·bel**, re·ta·bels
de **re·tail** (v), re·tails
de **re·tail·bank**, re·tail·ban·ken
de **re·tai·ler** (m), re·tai·lers
de **re·tail·markt**, re·tail·mark·ten
re·te·goed (bnw), re·te·goe·de
de **re·ten·tie** (v), re·ten·ties
de **re·ti·na**, re·ti·na's
de **re·tor** (m), re·to·ren, re·tors
de **re·to·ri·ca** (v), re·to·ri·ca's
de **re·to·riek** (v), re·to·rie·ken; re·to·riek·je
re·to·risch (bnw), re·to·ri·sche
het **Re·to-Ro·maans**[1] *(taal)*
Re·to-Ro·maans[2] (bnw), Re·to-Ro·maan·se
de **re·tou·che**, re·tou·ches
re·tou·che·ren (ww), re·tou·cheer, re·tou·cheert; re·tou·cheer·de, re·tou·cheer·den; ge·re·tou·cheerd
de **re·tour**[1] (m) *(terugzending)*, re·tou·ren; re·tour·tje
het **re·tour**[2] *(retourbiljet)*, re·tours; re·tour·tje
re·tour[3] (bijw)
het **re·tour·adres**, re·tour·adres·sen
de **re·tour·en·ve·lop**, re·tour·en·ve·lop·pen
re·tour·ne·ren (ww), re·tour·neer, re·tour·neert; re·tour·neer·de, re·tour·neer·den; ge·re·tour·neerd
de **re·tour·zen·ding** (v), re·tour·zen·din·gen
de **re·trai·te**, re·trai·tes
de **re·tri·bu·tie** (v), re·tri·bu·ties
de **re·trie·ver** (m), re·trie·vers
re·tro (bnw)
re·tro·ac·tief (bnw), re·tro·ac·tie·ve
re·tro·gra·de (bnw)
de **re·tro·look** (m), re·tro·looks
het **re·tro·spect**, re·tro·spec·ten
re·tro·spec·tief (bnw), re·tro·spec·tie·ve
de **re·tro·spec·tie·ve** (m), re·tro·spec·tie·ven
de **re·tro·stijl** (m), re·tro·stij·len; re·tro·stijl·tje
de **ret·tich** (m), ret·tichs
de **re·turn** (m), re·turns
re·twee·ten (ww), re·tweet, re·tweet; re·tweet·te, re·tweet·ten; ge·re·tweet
de **reu** (m), reu·en; reu·tje
de **reuk** (m), reu·ken; reuk·je
het **reuk·werk**, reuk·wer·ken
de **reuk·zin** (m)
de/het **reu·ma** (v/o), reumaatje [reu·ma·tje]
de **reu·ma·tiek** (v)
de **reu·ma·to·loog** (m), reu·ma·to·lo·gen
de **reünie** [re·u·nie] (v), reünies [re·u·nies]; reünietje [re·u·nie·tje]
de **reünist** [re·u·nist] (m), reünisten [re·u·nis·ten]

de **reu·ring** (v)
de **reus** (m), reu·zen; reus·je
reus·ach·tig (bnw), reus·ach·ti·ge
de **reut** (m), reut·je
de **reu·te·me·teut** (m)
de **reu·ter** (m), reu·ters; reu·ter·tje
reu·ze (bijw)
reu·ze·be·nieuwd (bnw), reu·ze·be·nieuw·de
reu·ze·blij (bnw), reu·ze·blije
het **reu·ze·feest**, reu·ze·fees·ten
reu·ze·fijn (bnw), reu·ze·fij·ne
reu·ze·ge·zel·lig (bnw), reu·ze·ge·zel·li·ge
reu·ze·goed (bnw), reu·ze·goe·de
reu·ze·grap·pig (bnw), reu·ze·grap·pi·ge
reu·ze·groot (bnw), reu·ze·gro·te
de/het **reu·ze-idee** (v/o), reuze-ideeën [reu·ze-idee·en]
de **reu·ze·kans** *(prachtige kans)*, reu·ze·kan·sen
de **reu·ze·ke·rel** (m), reu·ze·ke·rels
de **reu·zel** (m)
reu·ze·leuk (bnw), reu·ze·leu·ke
de **reu·ze·mop**, reu·ze·mop·pen
de **reu·zen·bal** (m), reu·zen·bal·len
de **reu·zen·do·der** (m), reu·zen·do·ders
het **reu·zen·for·maat**, reu·zen·for·ma·ten
de **reu·zen·gar·naal** (m), reu·zen·gar·na·len
de **reu·zen·ge·stal·te** (v), reu·zen·ge·stal·ten, reu·zen·ge·stal·tes
de **reu·zen·groei** (m)
de **reu·zen·haai** (m), reu·zen·haai·en
de **reu·zen·ha·ge·dis**, reu·zen·ha·ge·dis·sen
de **reu·zen·kans** *(zeer grote kans)*, reu·zen·kan·sen
de **reu·zen·ka·ter** (m), reu·zen·ka·ters
de **reu·zen·kracht**, reu·zen·krach·ten
de **reu·zen·mie·ren·eter** (m), reu·zen·mie·ren·eters
de **reu·zen·ot·ter** (m), reu·zen·ot·ters
de **reu·zen·pan·da** (m), reu·zen·pan·da's
het **reu·zen·rad**, reu·zen·ra·den, reu·zen·ra·de·ren; reu·zen·rad·je
het **reu·zen·scherm**, reu·zen·scher·men
de **reu·zen·schild·pad**, reu·zen·schild·pad·den
de **reu·zen·schre·de**, reu·zen·schre·den
de **reu·zen·sla·lom** (m), reu·zen·sla·loms
de **reu·zen·slang**, reu·zen·slan·gen
de **reu·zen·spin**, reu·zen·spin·nen
de **reu·zen·sprong** (m), reu·zen·spron·gen
de **reu·zen·stap** (m), reu·zen·stap·pen
de **reu·zen·stoet** (m), reu·zen·stoe·ten
de **reu·zen·zwaai** (m), reu·zen·zwaai·en
het **reu·ze·plan**, reu·ze·plan·nen
de **reu·ze·pret**
reu·ze·span·nend (bnw), reu·ze·span·nen·de
reu·ze·sterk (bnw), reu·ze·ster·ke
reu·ze·trots (bnw), reu·ze·trot·se
reu·ze·veel[1] (onbep vnw)
reu·ze·veel[2] (bijw)
de **re·va·li·dant** (m), re·va·li·dan·ten
de **re·va·li·da·tie** (v), re·va·li·da·ties
de **re·va·li·da·tie·arts** (m), re·va·li·da·tie·art·sen
het **re·va·li·da·tie·cen·trum**, re·va·li·da·tie·cen·tra,

re·va·li·da·tie·cen·trums
re·va·li·de·ren (ww), re·va·li·deer, re·va·li·deert; re·va·li·deer·de, re·va·li·deer·den; ge·re·va·li·deerd
de **re·va·lu·a·tie** (v), re·va·lu·a·ties
re·va·lu·e·ren (ww), re·va·lu·eer, re·va·lu·eert; re·va·lu·eer·de, re·va·lu·eer·den; ge·re·va·lu·eerd
de **re·van·che**, re·van·ches
re·van·che·ren (ww), re·van·cheer, re·van·cheert; re·van·cheer·de, re·van·cheer·den; ge·re·van·cheerd
het **re·veil**
de **re·ve·la·tie** (v), re·ve·la·ties
re·ve·le·ren (ww), re·ve·leer, re·ve·leert; re·ve·leer·de, re·ve·leer·den; ge·re·ve·leerd
re·ven (ww), reef, reeft; reef·de, reef·den; ge·reefd
het **re·ve·nu**, re·ve·nu·en, re·ve·nu's
de **re·ve·ren·ce**, re·ve·ren·ces
de **re·ve·ren·tie** (v), re·ve·ren·ties
de **rê·ve·rie** (v), rêverieën [rê·ve·rie·en]
de **re·vers** (m), re·vers
re·ver·si·bel (bnw), re·ver·si·be·le
het **re·vier**, re·vie·ren
de **re·view** (m), re·views
re·vie·wen (ww), re·view, re·viewt; re·view·de, re·view·den; ge·re·viewd
de **re·vie·wer** (m), re·vie·wers
re·vi·se·ren (ww), re·vi·seer, re·vi·seert; re·vi·seer·de, re·vi·seer·den; ge·re·vi·seerd
de **re·vi·sie** (v), re·vi·sies
de **re·vi·sor** (m), re·vi·so·ren, re·vi·sors
re·vi·ta·li·se·ren (ww), re·vi·ta·li·seer, re·vi·ta·li·seert; re·vi·ta·li·seer·de, re·vi·ta·li·seer·den; ge·re·vi·ta·li·seerd
de **re·vi·val**, re·vi·vals
de **re·vo**
de **re·vol·te** (v), re·vol·ten, re·vol·tes
de **re·vo·lu·tie** (v), re·vo·lu·ties; re·vo·lu·tie·tje
de **re·vo·lu·ti·o·nair**[1] (m), re·vo·lu·ti·o·nai·ren
re·vo·lu·ti·o·nair[2] (bnw), re·vo·lu·ti·o·nai·re
re·vo·lu·ti·o·ne·ren (ww), re·vo·lu·ti·o·neer, re·vo·lu·ti·o·neert; re·vo·lu·ti·o·neer·de, re·vo·lu·ti·o·neer·den; ge·re·vo·lu·ti·o·neerd
de **re·vol·ver** (m), re·vol·vers; re·vol·ver·tje
re·vol·ve·ren (ww), re·vol·veer, re·vol·veert; re·vol·veer·de, re·vol·veer·den; ge·re·vol·veerd
de **re·vo·tijd** (m)
de **re·vue**, re·vues; re·vue·tje
het **rexis·me**
de **rexist** (m), rexis·ten
de **rez-de-chaus·see** (m), rez-de-chaus·sees
de **rhythm-and-blues** (m)
de **ria** (v), ri·a's
de **ri·al** (m) *(munt)*, ri·als
ri·ant (bnw), ri·an·te
de **rib**, rib·ben; rib·je
de **rib·be**, rib·ben; rib·be·tje
rib·be·de·bie (bijw)
rib·ben (ww), rib, ribt; rib·de, rib·den; ge·ribd
de **rib·ben·kast**, rib·ben·kas·ten; rib·ben·kast·je
de **ri·bes** (m), ri·bes·sen
de **rib·eye** (m), rib·eyes
het **rib·stuk**, rib·stuk·ken; rib·stuk·je
de **rice·coo·ker** (m), rice·coo·kers
de **ri·chard** (m), ri·chards

de **ri·chel**, ri·chels; ri·chel·tje
rich·ten (ww), richt, richt; richt·te, richt·ten; ge·richt
de **rich·ter** (m), rich·ters
rich·tig (bnw), rich·ti·ge
de **rich·ting**[1] (v), rich·tin·gen
rich·ting[2] (voorz)
de **rich·ting·aan·wij·zer** (m), rich·ting·aan·wij·zers
rich·ting·ge·vend (bnw), rich·ting·ge·ven·de
het **rich·ting·ge·voel**
het **rich·tings·ge·voel**
de **richt·lijn**, richt·lij·nen
het **richt·snoer**, richt·snoe·ren
de **ri·cot·ta** (m)
de **rid·der** (m), rid·ders; rid·der·tje
de **rid·der·or·de**, rid·der·or·den, rid·der·or·des
de **rid·der·schap**[1] (v) *(verzamelnaam)*, rid·der·schap·pen
het **rid·der·schap**[2] *(waardigheid)*
Rid·der·zaal *(zaal op het Binnenhof in Den Haag)*
ri·di·cu·li·se·ren (ww), ri·di·cu·li·seer, ri·di·cu·li·seert; ri·di·cu·li·seer·de, ri·di·cu·li·seer·den; ge·ri·di·cu·li·seerd
ri·di·cuul (bnw), ri·di·cu·le
de **rie·del** (m), rie·dels; rie·del·tje
de **riek** (m), rie·ken; riek·je
rie·ken (ww), riek, riekt; riek·te, rook, riek·ten, ro·ken; ge·ro·ken
de **riem** (m), rie·men; riem·pje
rie·men (ww), riem, riemt; riem·de, riem·den; ge·riemd
de **ries·ling** (m), ries·lings
het **riet**, rie·ten; riet·je
rie·ten (bnw)
de **riet·sui·ker** (m)
het **rif** *(ondiepte in de zee)*, rif·fen; rif·je
de **riff** (m) *(motief)*, riffs; riff·je
ri·gi·de (bnw)
de **ri·gi·di·teit** (v), ri·gi·di·tei·ten
ri·gou·reus (bnw), ri·gou·reu·ze
de **rij**, rij·en; rij·tje
de **rij·angst** (m), rij·ang·sten
de **rij·baan**, rij·ba·nen; rij·baan·tje
het **rij·be·wijs**, rij·be·wij·zen
rij·den (ww), rij, rijd, rijdt; reed, re·den; ge·re·den
rij·dend (bnw), rij·den·de
de **rij·der** (m), rij·ders
de **rijd·ster** (v), rijd·sters
rij·en·dik (bnw), rij·en·dik·ke
de **rij·er·va·ring** (v), rij·er·va·rin·gen
het **rij·exa·men**, rij·exa·mens; rij·exa·men·tje
de **rijf**, rij·ven
het **rij·ge·drag**
rij·gen (ww), rijg, rijgt; reeg, re·gen; ge·re·gen
het **rijg·ga·ren**, rijg·ga·rens
de **rij·helft**, rij·helf·ten
de **rij·hoog·te** (v), rij·hoog·ten, rij·hoog·tes
het **rij·huis**, rij·hui·zen; rij·huis·je
het **rij·ij·zer**, rij·ij·zers
de **rij·in·struc·teur** (m), rij·in·struc·teurs
de **rij·in·struc·tie** (v), rij·in·struc·ties
de **rij·in·struc·tri·ce** (v), rij·in·struc·tri·ces
het **rijk**[1], rij·ken; rijk·je
rijk[2] (bnw), rij·ke
de **rijk·aard** (m), rijk·aards
de **rijk·dom** (m), rijk·dom·men
de **rij·ke**, rij·ken
rij·ke·lijk (bnw), rij·ke·lij·ke
de **rij·ke·lui** (mv)
het **rij·ke·luis·kind**, rij·ke·luis·kin·de·ren; rij·ke·luis·kind·je
rijk·ge·scha·keerd (bnw), rijk·ge·scha·keer·de

rijk·ge·vuld (bnw), rijk·ge·vul·de
de **rijk·heid** (v)
de **rijks·ac·coun·tants·dienst** (m), rijks·ac·coun·tants·dien·sten
de **rijks·be·gro·ting** (v), rijks·be·gro·tin·gen
het **rijks·be·leid**
het **rijks·be·stuur**, rijks·be·stu·ren
de **rijks·bij·dra·ge**, rijks·bij·dra·gen, rijks·bij·dra·ges
de **rijks·dienst** (m), rijks·dien·sten
de **rijksfinanciën** [rijks·fi·nan·ci·en] (mv)
het **rijks·in·sti·tuut**, rijks·in·sti·tu·ten
de **rijks·mid·de·len·be·gro·ting** (v), rijks·mid·de·len·be·gro·tin·gen
Rijks·mi·nis·ter·raad
het **rijks·mo·nu·ment**, rijks·mo·nu·men·ten
het **rijks·mu·se·um**, rijks·mu·sea, rijks·mu·se·ums
de **rijks·over·heid** (v), rijks·over·he·den
de **rijks·po·li·tie** (v)
de **rijks·re·cher·che**, rijks·re·cher·ches
het **rijks·re·gis·ter**, rijks·re·gis·ters
het **rijks·re·gis·ter·num·mer**, rijks·re·gis·ter·num·mers
de **rijks·uni·ver·si·teit** (v), rijks·uni·ver·si·tei·ten
de **rijks·ver·te·gen·woor·di·ger** (m), rijks·ver·te·gen·woor·di·gers
de **rijks·ver·te·gen·woor·di·ging** (v), rijks·ver·te·gen·woor·di·gin·gen
Rijks·voor·lich·tings·dienst
de **rijks·wacht**, rijks·wach·ten
Rijks·wa·ter·staat
de **rijks·weg** (m), rijks·we·gen
de **rijks·wet**, rijks·wet·ten
rijk·ver·sierd (bnw), rijk·ver·sier·de
de **rijm**[1] (m) *(rijp)*
het **rijm**[2] *(gelijkheid van klank, vers)*, rij·men; rijm·pje
rij·men (ww), rijm, rijmt; rijm·de, rijm·den; ge·rijmd
de **rijn·aak**, rijn·aken
de **rijn·steen** (m), rijn·ste·nen; rijn·steen·tje
het **Rijn·wa·ter**, Rijn·wa·te·ren
de **rijn·wijn** (m), rijn·wij·nen
de **rij·op·lei·ding** (v), rij·op·lei·din·gen
de **rijp**[1] (m)
rijp[2] (bnw), rij·pe
rij·pen (ww), rijp, rijpt; rijp·te, rijp·ten; ge·rijpt
het **rijs**, rij·zen; rijs·je
de **rij·school**, rij·scho·len
het **rijs·hout**
de **rijst** (m)
de **rijst·aan·plant**
het **rijst·are·aal**, rijst·are·a·len
het **rijst·be·drijf**, rijst·be·drij·ven
de **rijst·boer** (m), rijst·boe·ren; rijst·boer·tje
de **rijst·cul·tuur** (v), rijst·cul·tu·ren
het **rijst·dis·trict**, rijst·dis·tric·ten
de **rijs·te·brij** (m)
de **rijs·te·pap**, rijs·te·pap·pen
het **rijs·te·wa·ter**
de **rijst·ex·por·teur** (m), rijst·ex·por·teurs
de **rijst·halm** (m), rijst·hal·men
de **rijst·pap**, rijst·pap·pen; rijst·pap·je
de **rijst·pol·der** (m), rijst·pol·ders
de **rij·strook**, rij·stro·ken; rij·strook·je
de **rijst·sec·tor** (m), rijst·sec·to·ren, rijst·sec·tors
het **rijst·ver·wer·kings·be·drijf**, rijst·ver·wer·kings·be·drij·ven

rij·ten (ww), rijt, rijt; reet, re·ten; ge·re·ten
de **rij·tijd** (m), rij·tij·den
het **rij·tjes·huis**, rij·tjes·hui·zen; rij·tjes·huis·je
het **rij·tuig**, rij·tui·gen; rij·tuig·je
rij·ven (ww), rijf, rijft; reef, re·ven; ge·re·ven
de **rij·weg** (m), rij·we·gen
het **rij·wiel**, rij·wie·len
de **rij·wo·ning** (v), rij·wo·nin·gen
rij·zen[1] (ww), rijs, rijst; rees, re·zen; ge·re·zen
rij·zen[2]: de pan uit rijzen
rij·zig (bnw), rij·zi·ge
rik·ken (ww), rik, rikt; rik·te, rik·ten; ge·rikt
de **riks** (m), rik·sen
de **rik·sja** (m), rik·sja's
de **ril**[1] (m) *(rilling)*, ril·len; ril·le·tje
ril[2] (bnw), ril·le
de **ri·la·ti·ne**, ri·la·ti·nes
ril·len (ww), ril, rilt; ril·de, ril·den; ge·rild
de **ril·let·te** (v), ril·let·tes
de **rim·boe**, rim·boes
de **rim·pel** (m), rim·pels; rim·pel·tje
rim·pe·len (ww), rim·pel, rim·pelt; rim·pel·de, rim·pel·den; ge·rim·peld
rim·pel·loos (bnw), rim·pel·lo·ze
de **ring** (m), rin·gen; rin·ge·tje
de **ring·balk** (m), ring·bal·ken
rin·ge·lo·ren (ww), rin·ge·loor, rin·ge·loort; rin·ge·loor·de, rin·ge·loor·den; ge·rin·ge·loord
rin·gen (ww), ring, ringt; ring·de, ring·den; ge·ringd
de **ring·map**, ring·map·pen; ring·map·je
de **ring·slang**, ring·slan·gen
de **ring·tone** (m), ring·tones
de **ring·vin·ger** (m), ring·vin·gers
de **ri·ni·tis** (v), ri·ni·tis·sen
de **rink** (m), rinks
rin·ke·len (ww), rin·kel, rin·kelt; rin·kel·de, rin·kel·den; ge·rin·keld
de **ri·no·ce·ros** (m), ri·no·ce·ros·sen
rins (bnw), rin·se
rio *(rioslip)*, ri·o's
de **ri·o·ja** (v), ri·o·ja's
de **ri·o·le·ring** (v), ri·o·le·rin·gen
de/het **ri·ool**, ri·o·len; ri·ool·tje
de **ri·ool·buis**, ri·ool·bui·zen
het **riot·team**, riot·teams
ri·pos·te·ren (ww), ri·pos·teer, ri·pos·teert; ri·pos·teer·de, ri·pos·teer·den; ge·ri·pos·teerd
rip·pen (ww), rip, ript; rip·te, rip·ten; ge·ript
het **rips**
de **ris**, ris·sen; ris·je
de **ri·see** (v)
de/het **ri·si·co** (m/o), ri·si·co's; risicootje [ri·si·co·tje]
de **ri·si·co·aan·spra·ke·lijk·heid** (v), ri·si·co·aan·spra·ke·lijk·he·den
de **ri·si·co·ana·ly·se** (v), ri·si·co·ana·ly·sen, ri·si·co·ana·ly·ses
ri·si·co·avers (bnw), ri·si·co·aver·se
de **ri·si·co·aver·sie** (v), ri·si·co·aver·sies
de **ri·si·co-eva·lu·a·tie** (v), ri·si·co-eva·lu·a·ties
de **ri·si·co·fac·tor** (m), ri·si·co·fac·to·ren
de **ri·si·co·groep**, ri·si·co·groe·pen
de **ri·si·co-in·schat·ting** (v), ri·si·co-in·schat·tin·gen
de **ri·si·co-in·ven·ta·ri·sa·tie** (v), ri·si·co-in·ven·ta·ri·sa·ties
het **ri·si·co·ma·nage·ment**
de **risicopatiënt** [ri·si·co·pa·ti·ent] (m), risicopatiënten

[ri·si·co·pa·ti·en·ten]
ri·si·co·vol (bnw), ri·si·co·vol·le
ris·kant (bnw), ris·kan·te
ris·ken (ww), risk, riskt; risk·te, risk·ten; ge·riskt
ris·ke·ren (ww), ris·keer, ris·keert; ris·keer·de, ris·keer·den; ge·ris·keerd
het **risk·ma·nage·ment**
de **ri·sot·to** (m), ri·sot·to's
ris·sen (ww), ris, rist; ris·te, ris·ten; ge·rist
de **rist**, ris·ten; rist·je
ris·ten (ww), rist, rist; rist·te, rist·ten; ge·rist
de **ris·tor·no**, ris·tor·no's
de **rit** (m) *(het rijden, afstand),* rit·ten; rit·je
de **ri·ta·lin** (m), ri·ta·lins
de **ri·te**, ri·ten, ri·tes
het **rit·me**, rit·men, rit·mes; rit·me·tje
rit·me·ren (ww), rit·meer, rit·meert; rit·meer·de, rit·meer·den; ge·rit·meerd
de **rit·miek** (v)
rit·misch (bnw), rit·mi·sche
de **rits** *(sluiting),* rit·sen; rits·je
rit·sen (ww), rits, ritst; rits·te, rits·ten; ge·ritst
de **rits·slui·ting** (v), rits·slui·tin·gen; rits·slui·tin·kje
rit·ten (ww), rit, rit; rit·te, rit·ten; ge·rit
het **ri·tu·aal**, ri·tu·a·len
het **ri·tu·eel**[1], ri·tu·e·len; ri·tu·eel·tje
ri·tu·eel[2] (bnw), ri·tu·e·le
de **ri·tus** (m), ri·tus·sen
de **ri·vaal** (m), ri·va·len
de **ri·va·le** (v), ri·va·les
ri·va·li·se·ren (ww), ri·va·li·seer, ri·va·li·seert; ri·va·li·seer·de, ri·va·li·seer·den; ge·ri·va·li·seerd
de **ri·vet**, ri·vet·ten
de **ri·vier**, ri·vie·ren; ri·vier·tje
de **ri·vier·bed·ding**, ri·vier·bed·din·gen
de **ri·yal** (m) *(munt),* ri·yals
het **ri·zoom**, ri·zo·men
r.-k. (bnw) *(rooms-katholiek)*
de **RMR** (m) *(rijksministerraad)*
de/het **road·block**, road·blocks
de **road·mo·vie** (m), road·mo·vies
de **road·show** (m), road·shows
de **roa·ming** (m)
de **roast·beef** (m)
de **rob** (m) *(zeehond),* rob·ben; rob·be·tje
rob·ben (ww), rob, robt; rob·de, rob·den; ge·robd
de **ro·be**, ro·bes
de **ro·bijn**[1] (m) *(voorwerp),* ro·bij·nen; ro·bijn·tje
het **ro·bijn**[2] *(stofnaam)*
de **ro·bot** (m), ro·bots, ro·bot·ten; ro·bot·je
de **ro·bo·ti·ca** (v)
ro·buust (bnw), ro·buus·te
de **ro·buust·heid** (v)
de **ro·chel** (m), ro·chels; ro·chel·tje
ro·che·len (ww), ro·chel, ro·chelt; ro·chel·de, ro·chel·den; ge·ro·cheld
de **rock** (m)
de **roc·ka·bil·ly** (m)
de **rock·band** (m), rock·bands; rock·band·je
roc·ken (ww), rock, rockt; rock·te, rock·ten; ge·rockt
de **roc·ker** (m), roc·kers; roc·ker·tje
het **rock·idool**, rock·ido·len
de **rock·mu·ziek** (v), rock·mu·ziek·je
de **rock-'n-roll** (m)
rock-'n-rol·len (ww), rock-'n-rol, rock-'n-rolt; rock-'n-rol·de, rock-'n-rol·den; ge·rock-'n-rold

de **rock-'n-roll·mu·ziek** (v)
de **rock·ster**, rock·ster·ren
de/het **ro·co·co**
de **rod·del** (m), rod·dels; rod·del·tje
rod·de·len (ww), rod·del, rod·delt; rod·del·de, rod·del·den; ge·rod·deld
de **ro·de**, ro·den
het **ro·de·bes·sen·sap**, ro·de·bes·sen·sap·pen
ro·de biet
de **ro·de·hond** (m)
de **ro·de·kool**, ro·de·ko·len; ro·de·kool·tje
de **ro·de·kool·sa·la·de**, ro·de·kool·sa·la·des
Ro·de Kruis
de **Ro·de Kruis·post** (m), Ro·de Kruis·pos·ten
de **ro·del·baan**, ro·del·ba·nen
ro·de·len (ww), ro·del, ro·delt; ro·del·de, ro·del·den; ge·ro·deld
de **ro·deo** (m), ro·de·o's
ro·de·ren (ww), ro·deer, ro·deert; ro·deer·de, ro·deer·den; ge·ro·deerd
de **ro·de·wijn·azijn** (m), ro·de·wijn·azij·nen
het **ro·de·wijn·glas**, ro·de·wijn·gla·zen
de **ro·de·wijn·saus**, ro·de·wijn·sau·sen, ro·de·wijn·sau·zen
ro·di·ne·ren (ww), ro·di·neer, ro·di·neert; ro·di·neer·de, ro·di·neer·den; ge·ro·di·neerd
het **ro·di·um**
de **ro·do·den·dron** (m), ro·do·den·drons
de **roe**, roes; roe·tje
de **roe·bel** (m), roe·bels; roe·bel·tje
de **roe·de**, roe·den, roe·des
de **roe·del** (m), roe·dels; roe·del·tje
de **roef**[1], roe·ven; roef·je
roef[2] (tussenw)
de **roei·boot**, roei·bo·ten; roei·boot·je
roei·en (ww), roei, roeit; roei·de, roei·den; ge·roeid
de **roei·er** (m), roei·ers
de **roei·spaan**, roei·spa·nen; roei·spaan·tje
de **roek** (m), roe·ken
roe·ke·loos (bnw), roe·ke·lo·ze
roekoeën [roe·koe·en] (ww), roe·koe, roe·koet; roe·koe·de, roe·koe·den; ge·roe·koed
de **roem** (m)
de **Roe·meen** (m), Roe·me·nen; Roe·meen·tje
het **Roe·meens**[1] *(taal)*
Roe·meens[2] (bnw), Roe·meen·se
roe·men (ww), roem, roemt; roem·de, roem·den; ge·roemd
roem·rucht (bnw), roem·ruch·te
de **roep** (m), roe·pen; roep·je
roe·pen (ww), roep, roept; riep, rie·pen; ge·roe·pen
de **roe·pie** (m), roe·pies
de **roe·ping** (v), roe·pin·gen
het **roer**, roe·ren, roers; roer·tje
roer·bak·ken (ww), roer·bak, roer·bakt; roer·bak·te, roer·bak·ten; ge·roer·bakt, roer·ge·bak·ken
het **roer·ei**, roer·ei·e·ren; roer·ei·tje
roe·ren (ww), roer, roert; roer·de, roer·den; ge·roerd
roe·rend (bnw), roe·ren·de
roe·rig (bnw), roe·ri·ge
de **roe·ring** (v), roe·rin·gen
roer·loos (bnw), roer·lo·ze
de **roes** (m), roe·zen; roes·je
de/het **roest** (m/o), roes·ten; roest·je
de **roest·bak** (m), roest·bak·ken; roest·bak·je

roes·ten (ww), roest, roest; roest·te, roest·ten; ge·roest
roest·vast (bnw), roest·vas·te
roest·vast·sta·len (bnw)
roest·vrij (bnw), roest·vrije
roest·vrij·sta·len (bnw)
het **roet**, roet·je
roe·ten (ww), roet, roet; roet·te, roet·ten; ge·roet
de **roetsj·baan**, roetsj·ba·nen
roet·sjen (ww), roetsj, roetsjt; roetsj·te, roetsj·ten; ge·roetsjt
roe·zen (ww), roes, roest; roes·de, roes·den; ge·roesd
rof·fe·len (ww), rof·fel, rof·felt; rof·fel·de, rof·fel·den; ge·rof·feld
de **rog** (m), rog·gen; rog·ge·tje, rog·je
de **rog·ge**, rog·ge·tje
het **rog·ge·brood**, rog·ge·bro·den; rog·ge·brood·je
de **rog·gen·vleu·gel** (m), rog·gen·vleu·gels
de **rok** (m), rok·ken; rok·je
de **ro·ka·de** (v), ro·ka·des
ro·ken (ww), rook, rookt; rook·te, rook·ten; ge·rookt
de **ro·ker** (m), ro·kers; ro·ker·tje
het **rok·ken**[1], rok·kens; rok·ken·tje
rok·ken[2] (ww), rok, rokt; rok·te, rok·ten; ge·rokt
de **rol**, rol·len; rol·le·tje
de **rol·be·roer·te** (v), rol·be·roer·ten, rol·be·roer·tes
de **rol·la·de** (v), rol·la·den, rol·la·des; rol·la·de·tje
de **rol·la·tor** (m), rol·la·tors
rol·le·bol·len (ww), rol·le·bol, rol·le·bolt; rol·le·bol·de, rol·le·bol·den; ge·rol·le·bold
rol·len (ww), rol, rolt; rol·de, rol·den; ge·rold
het **rol·len·pa·troon**, rol·len·pa·tro·nen
het **rol·len·spel**, rol·len·spe·len, rol·len·spel·len
de **rol·ler** (m), rol·lers; rol·ler·tje
de **rol·ler·coas·ter** (m), rol·ler·coas·ters
de **rol·ler·skate** (m), rol·ler·skates
het **rol·luik**, rol·lui·ken; rol·luik·je
het **rol·mo·del**, rol·mo·del·len
het **rol·pa·troon**, rol·pa·tro·nen
rol·schaat·sen (ww), rol·schaats, rol·schaatst; rol·schaats·te, rol·schaats·ten; ge·rol·schaatst
de **rol·stoel** (m), rol·stoe·len; rol·stoel·tje
de **rol·wa·gen** (m), rol·wa·gens; rol·wa·gen·tje
de **Ro·ma** (mv)
ro·maans (bnw) *(m.b.t. de romaanse stijl)*, ro·maan·se
het **Ro·maans**[1] *(taal)*
Ro·maans[2] (bnw) *(m.b.t. de Romaanse talen)*, Ro·maan·se
de **ro·man** (m), ro·mans; ro·man·ne·tje
de **ro·man·ce**, ro·man·cen, ro·man·ces
ro·ma·ni·se·ren (ww), ro·ma·ni·seer, ro·ma·ni·seert; ro·ma·ni·seer·de, ro·ma·ni·seer·den; ge·ro·ma·ni·seerd
de **ro·man·ti·cus** (m), ro·man·ti·ci
de **ro·man·tiek** (v)
ro·man·tisch (bnw), ro·man·ti·sche
ro·man·ti·se·ren (ww), ro·man·ti·seer, ro·man·ti·seert; ro·man·ti·seer·de, ro·man·ti·seer·den; ge·ro·man·ti·seerd
de **rom·com** (m), rom·coms
de **ro·mein** *(lettertype)*, ro·mei·nen; ro·mein·tje

de **Ro·mein** (m) *(persoon)*, Ro·mei·nen; Ro·mein·tje
Ro·meins (bnw), Ro·mein·se
ro·men (ww), room, roomt; room·de, room·den; ge·roomd
de **Ro·me·reis**, Ro·me·rei·zen
ro·mig (bnw), ro·mi·ge
de **rom·mel** (m), rom·mel·tje
rom·me·len (ww), rom·mel, rom·melt; rom·mel·de, rom·mel·den; ge·rom·meld
rom·me·lig (bnw), rom·me·li·ge
de **rom·mel·markt**, rom·mel·mark·ten; rom·mel·markt·je
de **romp** (m), rom·pen; romp·je
de **romp·slomp** (m), romp·slomp·je
het **rond**[1], ron·den; rond·je
rond[2] (bnw), ron·de
rond[3] (voorz)
de **rond·as**, rond·as·sen
rond·ba·zui·nen (ww), ba·zuin rond, ba·zuint rond; ba·zuin·de rond, ba·zuin·den rond; rond·ge·ba·zuind
rond·bel·len (ww), bel rond, belt rond; bel·de rond, bel·den rond; rond·ge·beld
rond·bren·gen (ww), breng rond, brengt rond; bracht rond, brach·ten rond; rond·ge·bracht
rond·cros·sen (ww), cros rond, crost rond; cros·te rond, cros·ten rond; rond·ge·crost
rond·de·len (ww), deel rond, deelt rond; deel·de rond, deel·den rond; rond·ge·deeld
rond·do·len (ww), dool rond, doolt rond; dool·de rond, dool·den rond; rond·ge·doold
rond·dol·len (ww), dol rond, dolt rond; dol·de rond, dol·den rond; rond·ge·dold
rond·draai·en (ww), draai rond, draait rond; draai·de rond, draai·den rond; rond·ge·draaid
rond·dwa·len (ww), dwaal rond, dwaalt rond; dwaal·de rond, dwaal·den rond; rond·ge·dwaald
rond·dwar·re·len (ww), dwar·rel rond, dwar·relt rond; dwar·rel·de rond, dwar·rel·den rond; rond·ge·dwar·reld
de **ron·de**, ron·den, ron·des
het **ron·deel**, ron·de·len; ron·deel·tje
de **ron·de·miss** (v), ron·de·mis·sen
ron·den (ww), rond, rondt; rond·de, rond·den; ge·rond
de **ron·de·ta·fel·bij·een·komst** (v), ron·de·ta·fel·bij·een·kom·sten
de **ron·de·ta·fel·con·fe·ren·tie** (v), ron·de·ta·fel·con·fe·ren·ties
het **ron·de·ta·fel·ge·sprek**, ron·de·ta·fel·ge·sprek·ken
rond·gaan (ww), ga rond, gaat rond; ging rond, gin·gen rond; rond·ge·gaan
de **rond·gang** (m), rond·gan·gen
rond·han·gen (ww), hang rond, hangt rond; hing rond, hin·gen rond; rond·ge·han·gen
rond·kij·ken (ww), kijk rond, kijkt rond; keek rond, ke·ken rond; rond·ge·ke·ken
rond·ko·men (ww), kom rond, komt rond; kwam rond, kwa·men rond; rond·ge·ko·men
rond·krij·gen (ww), krijg rond, krijgt rond; kreeg rond, kre·gen rond; rond·ge·kre·gen
rond·kui·e·ren (ww), kui·er rond, kui·ert rond; kui·er·de rond, kui·er·den rond; rond·ge·kui·erd
rond·lei·den (ww), leid rond, leidt rond; leid·de rond, leid·den rond; rond·ge·leid

de **rond·lei·ding** (v), rond·lei·din·gen; rond·lei·din·kje
rond·lo·pen (ww), loop rond, loopt rond; liep rond, lie·pen rond; rond·ge·lo·pen
rond·ma·ken (ww), maak rond, maakt rond; maak·te rond, maak·ten rond; rond·ge·maakt
rond·neu·zen (ww), neus rond, neust rond; neus·de rond, neus·den rond; rond·ge·neusd
het **ron·do**, ron·do's; rondootje [ron·do·tje]
rond·om[1] (bijw)
rond·om[2] (voorz)
het **rond·punt**, rond·pun·ten
de **rond·reis**, rond·rei·zen; rond·reis·je
rond·rei·zen (ww), reis rond, reist rond; reis·de rond, reis·den rond; rond·ge·reisd
rond·ren·nen (ww), ren rond, rent rond; ren·de rond, ren·den rond; rond·ge·rend
rond·rij·den (ww), rijd rond, rij rond, rijdt rond; reed rond, re·den rond; rond·ge·re·den
de **rond·rit** (m), rond·rit·ten; rond·rit·je
het **rond·sel**, rond·sels; rond·sel·tje
rond·slin·ge·ren (ww), slin·ger rond, slin·gert rond; slin·ger·de rond, slin·ger·den rond; rond·ge·slin·gerd
rond·snuf·fe·len (ww), snuf·fel rond, snuf·felt rond; snuf·fel·de rond, snuf·fel·den rond; rond·ge·snuf·feld
rond·strui·nen (ww), struin rond, struint rond; struin·de rond, struin·den rond; rond·ge·struind
rond·stu·ren (ww), stuur rond, stuurt rond; stuur·de rond, stuur·den rond; rond·ge·stuurd
de **rond·te** (v), rond·ten, rond·tes
rond·toe·ren (ww), toer rond, toert rond; toer·de rond, toer·den rond; rond·ge·toerd
rond·tol·len (ww), tol rond, tolt rond; tol·de rond, tol·den rond; rond·ge·told
rond·trek·ken (ww), trek rond, trekt rond; trok rond, trok·ken rond; rond·ge·trok·ken
rond·uit (bijw)
de **rond·vaart**, rond·vaar·ten; rond·vaart·je
rond·va·ren (ww), vaar rond, vaart rond; voer rond, voe·ren rond; rond·ge·va·ren
rond·vlie·gen (ww), vlieg rond, vliegt rond; vloog rond, vlo·gen rond; rond·ge·vlo·gen
de **rond·vraag**, rond·vra·gen; rond·vraag·je
rond·vra·gen (ww), vraag rond, vraagt rond; vroeg rond, vroe·gen rond; rond·ge·vraagd
rond·wa·ren (ww), waar rond, waart rond; waar·de rond, waar·den rond; rond·ge·waard
de **rond·zend·brief** (m), rond·zend·brie·ven; rond·zend·brief·je
rond·zwer·ven (ww), zwerf rond, zwerft rond; zwierf rond, zwier·ven rond; rond·ge·zwor·ven
de **rong**, ron·gen
ron·ken (ww), ronk, ronkt; ronk·te, ronk·ten; ge·ronkt
ron·se·len (ww), ron·sel, ron·selt; ron·sel·de, ron·sel·den; ge·ron·seld
de **rönt·gen** (m)
het **rönt·gen·ap·pa·raat**,

röntgenapparaten
rönt·ge·nen (ww), rönt·gen, rönt·gent; rönt·gen·de, rönt·gen·den; ge·rönt·gend
de **rönt·gen·fo·to**, rönt·gen·fo·to's; röntgenfotootje [rönt·gen·fo·to·tje]
de **rönt·gen·stra·ling** (v), rönt·gen·stra·lin·gen
het **rood**[1], ro·den; rood·je
rood[2] (bnw), ro·de
rood aan·ge·lo·pen
rood·ach·tig (bnw), rood·ach·ti·ge
de **rood·borst** (m), rood·bor·sten; rood·borst·je
rood·bruin (bnw), rood·brui·ne
rood-geel-zwart (bnw), rood-geel-zwar·te
rood·ge·kleurd (bnw), rood·ge·kleur·de
rood-groen (bnw), rood-groe·ne
rood·ha·rig (bnw), rood·ha·ri·ge
het **rood·kap·je** *(vogel, lid v.e. jeugdbeweging),* rood·kap·jes
Rood·kap·je *(sprookjesfiguur)*
rood staan
rood-wit (bnw), rood-wit·te
het **rood-wit-blauw**[1]
rood-wit-blauw[2] (bnw), rood-wit-blau·we
de **roof**[1] (m) *(het roven, het geroofde),* ro·ven; roof·je
de **roof**[2] *(korst),* ro·ven; roof·je
de **roo·fing**, roo·fings
de **rooi**, rooi·en
het **rooi·bos**
de **rooi·bos·thee** (m), rooibostheeën [rooi·bos·thee·en]
rooi·en (ww), rooi, rooit; rooi·de, rooi·den; ge·rooid
de **rooi·ing** (v), rooi·in·gen
de **rook** (m) *(damp)*
de **roo·kie** (m), roo·kies
de **rook·ster** (v), rook·sters
het **rook·ver·bod**, rook·ver·bo·den
de **room** (m)
de **room·bo·ter**, room·bo·ters
het **room·ijs**, room·ijs·je
rooms (bnw) *(katholiek),* room·se
de **room·se** (v), room·sen
de **room·ser·vice** (m)
het **rooms-ka·tho·li·cis·me**
de **rooms-ka·tho·liek**[1], rooms-ka·tho·lie·ken
rooms-ka·tho·liek[2] (bnw), rooms-ka·tho·lie·ke
de **roos**, ro·zen; roos·je
roos·kleu·rig (bnw), roos·kleu·ri·ge
roos·ten (ww), roost, roost; roost·te, roost·ten; ge·roost
de/het **roos·ter** (m/o), roos·ters; roos·ter·tje
de **roos·te·raar** (m), roos·te·raars
roos·te·ren (ww), roos·ter, roos·tert; roos·ter·de, roos·ter·den; ge·roos·terd
de **roos·te·ring** (v), roos·te·rin·gen
de **root**, ro·ten
de **roots** (mv)
de **ro·que·fort** (m) *(kaas),* ro·que·forts
de **ro·que·fort·kaas** (m), ro·que·fort·ka·zen
de **ror·schach·test** (m), ror·schach·tes·ten, ror·schach·tests
het **ros**[1] *(paard),* ros·sen; ros·je
ros[2] (bnw), ros·se
de **ros·bief** (m), ros·bief·je
de **ro·sé** (m), ro·sés; roseetje [ro·sé·tje]
ro·sé·gou·den (bnw)
de **ro·sé·wijn** (m), ro·sé·wij·nen
ros·sen (ww), ros, rost; ros·te, ros·ten; ge·rost

ros·sig (bnw), ros·si·ge
de **rös·ti** (m)
het **rot**[1] *((leger)schaar),* rot·ten; rot·je
het **rot**[2] *(andere betekenissen),* rot·ten
rot[3] (bnw), rot·te
Ro·ta
de **ro·tan**[1] (m) *(voorwerp),* ro·tans
de/het **ro·tan**[2] (m/o) *(stofnaam)*
de **ro·ta·tie** (v), ro·ta·ties
het **rot·ding**, rot·din·gen
ro·ten (ww), root, root; root·te, root·ten; ge·root
ro·te·ren (ww), ro·teer, ro·teert; ro·teer·de, ro·teer·den; ge·ro·teerd
de **ro·ti** (m), ro·ti's
de **ro·ti·plaat** (m), ro·ti·pla·ten
de **ro·ti·shop** (m), ro·ti·shops
de **ro·tis·se·rie** (v), rotisserieën [ro·tis·se·rie·en]
de **ro·ton·de**, ro·ton·den, ro·ton·des; ro·ton·de·tje
de **ro·tor** (m), ro·to·ren, ro·tors
de **rots**, rot·sen; rots·je
rots·ach·tig (bnw), rots·ach·ti·ge
het **rots·blok**, rots·blok·ken; rots·blok·je
de **rots·haan** (m), rots·ha·nen
rots·vast (bnw), rots·vas·te
rot·ten (ww), rot, rot; rot·te, rot·ten; ge·rot
de **Rot·ter·dam·mer** (m) *(persoon),* Rot·ter·dam·mers; Rot·ter·dam·mer·tje
het **Rot·ter·dams**[1] *(dialect)*
Rot·ter·dams[2] (bnw), Rot·ter·dam·se
de **Rot·ter·dam·se** (v), Rot·ter·dam·sen
de **rot·ting**[1] (v) *(het rotten),* rot·tin·gen
de **rot·ting**[2] (m) *(voorwerp),* rot·tin·gen; rot·tin·kje
de **rott·wei·ler** (m), rott·wei·lers
het **rot·weer**
de **rot·zooi**, rot·zooi·tje
de/het **rou·ge** (m/o), rou·ges
de **rouil·le**, rouil·les
de **rou·la·de** (v), rou·la·des
de **rou·la·tie** (v), rou·la·ties
de **rou·leau** (m), rou·leaus
het **rou·le·ment**
rou·le·ren (ww), rou·leer, rou·leert; rou·leer·de, rou·leer·den; ge·rou·leerd
de **rou·let·te**, rou·let·tes
het **round·ro·bin·sys·teem**, round·ro·bin·sys·te·men
de **round-up** (m), round-ups
de **rou·te**, rou·ten, rou·tes
de **rou·te·be·schrij·ving** (v), rou·te·be·schrij·vin·gen
de **rou·te-in·for·ma·tie** (v)
de **rou·te·kaart**, rou·te·kaar·ten; rou·te·kaart·je
de **rou·ter** (m), rou·ters
rou·te·ren (ww), rou·teer, rou·teert; rou·teer·de, rou·teer·den; ge·rou·teerd
de **rou·te·ring** (v)
de **rou·ti·ne** (v), rou·ti·nes
het **rou·ti·ne·on·der·zoek**, rou·ti·ne·on·der·zoe·ken; rou·ti·ne·on·der·zoek·je
rou·ti·neus (bnw), rou·ti·neu·ze
de **rou·ting** (v)
de **rouw**[1] (m)
rouw[2] (bnw), rou·we
het **rouw·be·klag**
de **rouw·brief** (m), rouw·brie·ven; rouw·brief·je
de **rouw·dou·wer** (m), rouw·dou·wers
rou·wen (ww), rouw, rouwt; rouw·de, rouw·den; ge·rouwd
de **rouw·kaart**, rouw·kaar·ten; rouw·kaart·je

de **rouw·kle·ding** (v)
het **rouw·pro·ces**, rouw·pro·ces·sen
de **rouw·vi·si·te**, rouw·vi·si·tes
de **roux** (m), rouxs
ro·ven (ww), roof, rooft; roof·de, roof·den; ge·roofd
de **ro·ver** (m), ro·vers; ro·ver·tje
de **row**, rows
de **row·ti**, row·ti's
ro·y·aal (bnw), ro·y·a·le
de **ro·yal·ty**, ro·yal·ty's
het **ro·y·e·ment**, ro·y·e·men·ten
ro·y·e·ren (ww), ro·y·eer, ro·y·eert; ro·y·eer·de, ro·y·eer·den; ge·ro·y·eerd
ro·ze (bnw)
ro·ze·ach·tig (bnw), ro·ze·ach·ti·ge
de **ro·ze·ma·rijn** (m), ro·ze·ma·rijn·tje
het **ro·zen·blad**, ro·zen·bla·den, ro·zen·bla·de·ren, ro·zen·bla·ren; ro·zen·blaad·je
de **ro·zen·bot·tel**, ro·zen·bot·tels; ro·zen·bot·tel·tje
de **ro·zen·bot·tel·thee** (m), rozenbotteltheeën [ro·zen·bot·tel·thee·en]
de **ro·zen·geur** (m), ro·zen·geu·ren
ro·zen·geur en ma·ne·schijn
de **ro·zen·krans** (m), ro·zen·kran·sen; ro·zen·krans·je
de **ro·zen·krui·ser** (m), ro·zen·krui·sers
het **ro·zen·kwarts**
de **ro·zen·struik** (m), ro·zen·strui·ken; ro·zen·struik·je
het **ro·zen·wa·ter**, ro·zen·wa·ters
ro·ze·rood (bnw) *(rood dat naar roze zweemt)*, ro·ze·ro·de
de **ro·zet**, ro·zet·ten; ro·zet·je
ro·zig (bnw), ro·zi·ge
de **ro·zijn**, ro·zij·nen; ro·zijn·tje
de **RSI** *(repetitive strain injury)*
RST *(recherchesamenwerkingsteam)*
de **RST'er** [RST·er] (m), RST'ers [RST·ers]
de **RST-re·cher·cheur** (m), RST-re·cher·cheurs
het **RTL 4-pro·gram·ma**, RTL 4-pro·gram·ma's
de/het **rub·ber**[1] (m/o), rub·bers; rub·ber·tje
rub·ber[2] (bnw)
de **rub·ber·boot**, rub·ber·bo·ten; rub·ber·boot·je
rub·be·ren (bnw)
de **rub·ber·laars**, rub·ber·laar·zen; rub·ber·laars·je
de **ru·bel·la** (v)
ru·ben·si·aans (bnw), ru·ben·si·aan·se
ru·bri·ce·ren (ww), ru·bri·ceer, ru·bri·ceert; ru·bri·ceer·de, ru·bri·ceer·den; ge·ru·bri·ceerd
de **ru·briek** (v), ru·brie·ken; ru·briek·je
de **ru·che**, ru·ches
de **rucht·baar·heid** (v)
rück·sichts·los (bnw), rück·sichts·lo·se
de **ru·co·la** (v), ru·co·la's
ru·di·men·tair (bnw), ru·di·men·tai·re
ruf·ten (ww), ruft, ruft; ruft·te, ruft·ten; ge·ruft
de **rug** (m), rug·gen; rug·ge·tje, rug·je
het **rug·by**
rug·by·en (ww), rug·by, rug·byt; rug·by·de, rug·by·den; ge·rug·byd
de **rug·by·er** (m), rug·by·ers
de **rug·crawl** (m), rug·crawls
de **rug·gen·graat**, rug·gen·gra·ten; rug·gen·graat·je
het **rug·gen·merg**

de **rug·gen·merg·punc·tie** (v), rug·gen·merg·punc·ties
de **rug·gen·mergs·ze·nuw**, rug·gen·mergs·ze·nu·wen
de **rug·gen·prik** (m), rug·gen·prik·ken; rug·gen·prik·je
de **rug·gen·steun** (m), rug·gen·steu·nen; rug·gen·steun·tje
rug·gen·steu·nen (ww), rug·gen·steun, rug·gen·steunt; rug·gen·steun·de, rug·gen·steun·den; ge·rug·gen·steund
de **rug·gen·wer·vel** (m), rug·gen·wer·vels
de **rug·ge·spraak**
het **rug·let·sel**, rug·let·sels
de **rug·leu·ning** (v), rug·leu·nin·gen; rug·leu·nin·kje
de **rug·steun** (m), rug·steu·nen
de **rug·wer·vel** (m), rug·wer·vels; rug·wer·vel·tje
de **rug·zak** (m), rug·zak·ken; rug·zak·je
de **ruif**, rui·ven; ruif·je
ruig (bnw), rui·ge
rui·ken (ww), ruik, ruikt; rook, ro·ken; ge·ro·ken
de **rui·ker** (m), rui·kers; rui·ker·tje
de **ruil** (m), rui·len; ruil·tje
rui·len (ww), ruil, ruilt; ruil·de, ruil·den; ge·ruild
de **rui·ling** (v), rui·lin·gen
de **ruil·part·ner** (m), ruil·part·ners
het **ruim**[1], rui·men
ruim[2] (bnw), rui·me
rui·men (ww), ruim, ruimt; ruim·de, ruim·den; ge·ruimd
de **rui·ming** (v), rui·min·gen
ruim·schoots (bijw)
de **ruim·te** (v), ruim·ten, ruim·tes; ruim·te·tje
de/het **ruim·te·af·val** (m/o)
het **ruim·te·ge·brek**
ruim·te·lijk (bnw), ruim·te·lij·ke
het **ruim·te·recht**
het **ruim·te·schip**, ruim·te·sche·pen; ruim·te·scheep·je
de **ruim·te·vaart**
het **ruim·te·vaart·cen·trum**, ruim·te·vaart·cen·tra, ruim·te·vaart·cen·trums
het **ruim·te·veer**, ruim·te·ve·ren; ruim·te·veer·tje
de **ruin** (m), rui·nen
de **ruïne** [ru·i·ne] (v), ruïnen [ru·i·nen], ruïnes [ru·i·nes]; ruïnetje [ru·i·ne·tje]
ruïneren [ru·i·ne·ren] (ww), ruïneer [ru·i·neer], ruïneert [ru·i·neert]; ruïneerde [ru·i·neer·de], ruïneerden [ru·i·neer·den]; geruïneerd [ge·ru·i·neerd]
de **ruis** (m), rui·zen; ruis·je
rui·sen (ww), ruis, ruist; ruis·te, ruis·ten; ge·ruist
rui·send (bnw), rui·sen·de
de **ruit**, rui·ten; ruit·je
de **rui·ten**[1], rui·tens; rui·ten·tje
rui·ten[2] (bnw)
rui·ten[3] (ww), ruit, ruit; ruit·te, ruit·ten; ge·ruit
de **rui·ten·sproei·er** (m), rui·ten·sproei·ers
de **rui·ten·was·ser** (m), rui·ten·was·sers
de **rui·ten·wis·ser** (m), rui·ten·wis·sers; rui·ten·wis·ser·tje
de **rui·ter** (m), rui·ters; rui·ter·tje
de **rui·ters·ver·eni·ging** (v), rui·ters·ver·eni·gin·gen
de **rui·ter·ver·eni·ging** (v), rui·ter·ver·eni·gin·gen
rui·ven (ww), ruif, ruift; ruif·de,

R

ruif·den; ge·ruifd
de **ruk** (m), ruk·ken; ruk·je
ruk·ken (ww), ruk, rukt; ruk·te, ruk·ten; ge·rukt
de **rul**[1], rul·len
rul[2] (bnw), rul·le
de **rum** (m)
de **rum·ba** (m), rum·ba's
de **rum·ble·strip** (m), rum·ble·strips
de **rum·fa·briek** (v), rum·fa·brie·ken
rum·mi·kup·pen (ww), rum·mi·kup, rum·mi·kupt; rum·mi·kup·te, rum·mi·kup·ten; ge·rum·mi·kupt
het **ru·moer**, ru·moe·ren
ru·moe·rig (bnw), ru·moe·ri·ge
de **ru·moe·rig·heid** (v), ru·moe·rig·he·den
de **rump·steak** (m), rump·steaks
de **run** (m) *(snelle loop)*, runs
het **rund**, run·de·ren; rund·je
de **run·der·bouil·lon** (m), run·der·bouil·lons
het **run·der·ge·hakt**
de **run·der·lap** (m), run·der·lap·pen; run·der·lap·je
de **run·der·steak** (m), run·der·steaks
de **run·der·ziek·te** (v), run·der·ziek·ten, run·der·ziek·tes
het **rund·leer**
de **runds·tong**, runds·ton·gen
het **rund·vee**
het **rund·vet**
het **rund·vlees**
de **ru·ne**, ru·nen
run·nen (ww), run, runt; run·de, run·den; ge·rund
de **run·ner** (m), run·ners; run·ner·tje
de **run·ner-up** (m), run·ners-up, run·ner-ups
de **run·ning** (m), run·nings
de **rups**, rup·sen; rups·je
de **rup·tuur** (v), rup·tu·ren
ru·raal (bnw), ru·ra·le
de **rus** (m) *(rechercheur)*, rus·sen
de **Rus** (m) *(persoon uit Rusland)*, Rus·sen; Rus·je
de **rush** (m), ru·shes
de **rus·si·fi·ca·tie** (v), rus·si·fi·ca·ties
de **Rus·sin** (v), Rus·sin·nen
het **Rus·sisch**[1] *(taal)*
Rus·sisch[2] (bnw), Rus·si·sche
de **Rus·si·sche** (v), Rus·si·schen
Russisch ei
Rus·si·sche rou·let·te
Rus·sisch-or·tho·dox (bnw), Rus·sisch-or·tho·doxe
de **rust**, rus·ten; rust·je
rus·ten (ww), rust, rust; rust·te, rust·ten; ge·rust
rust·ge·vend (bnw), rust·ge·ven·de
het **rust·huis**, rust·hui·zen; rust·huis·je
rus·tiek (bnw), rus·tie·ke
rus·tig (bnw), rus·ti·ge
de **rust·kuur**, rust·ku·ren
het **rust·oord**, rust·oor·den
de **rust·sco·re** (m), rust·sco·res
rut (bnw)
ruw (bnw), ru·we
de **ruw·aard** (m), ruw·aards
de **ruw·bouw** (m)
ru·wen (ww), ruw, ruwt; ruw·de, ruw·den; ge·ruwd
de **ruw·heid** (v), ruw·he·den
ruw·weg (bijw)
de **ru·zie** (v), ru·zies; ru·zie·tje
ru·zie·ach·tig (bnw), ru·zie·ach·ti·ge
ru·zie·ma·ken (ww), maak ru·zie, maakt ru·zie; maak·te ru·zie, maak·ten ru·zie; ru·zie·ge·maakt
ruziën [ru·zi·en] (ww), ru·zie, ru·ziet; ru·zie·de, ru·zie·den; ge·ru·zied

RvA *(Raad van Advies)*
rvs[1] *(roestvrij/roestvast staal)*
rvs[2] (bnw) *(roestvrijstalen; roestvaststalen)*
de **Rwan·dees**[1] (m), Rwan·de·zen
Rwan·dees[2] (bnw), Rwan·de·se

S

de **s**, s'en; s'je
sa (tussenw)
de/het **saai**[1] (m/o), saai·tje
saai[2] (bnw), saaie
saai·en (bnw)
de **saai·heid** (v), saai·he·den
saam (bijw)
saam·ho·rig (bnw), saam·ho·ri·ge
de **saam·ho·rig·heid** (v), saam·ho·rig·he·den
het **saam·ho·rig·heids·ge·voel**
het **saam·ho·rig·heids·ge·voe·len**, saam·ho·rig·heids·ge·voe·lens
saam·pjes (bijw)
de **Sa·baan** (m), Sa·ba·nen
de **sa·ba·ku**, sa·ba·ku's
de **sa·ba·yon** (m), sa·ba·yons
de **sab·bat** (m), sab·bat·ten
de/het **sab·ba·ti·cal**, sab·ba·ti·cals
het **sab·ba·ti·cal year**, sab·ba·ti·cal years
het **sab·bat·jaar**, sab·bat·ja·ren; sab·bat·jaar·tje
het **sab·bats·jaar**, sab·bats·ja·ren; sab·bats·jaar·tje
sab·be·len (ww), sab·bel, sab·belt; sab·bel·de, sab·bel·den; ge·sab·beld
de **sa·bel**[1] (m) *(zwaard)*, sa·bels; sa·bel·tje
het **sa·bel**[2] *(bont)*, sa·bel·tje
de **sa·bel·sprink·haan** (m), sa·bel·sprink·ha·nen
Sa·bijns (bnw), Sa·bijn·se
de **sa·bo·ta·ge** (v), sa·bo·ta·ges
de **sa·bo·ta·ge·ac·tie** (v), sa·bo·ta·ge·ac·ties
sa·bo·te·ren (ww), sa·bo·teer, sa·bo·teert; sa·bo·teer·de, sa·bo·teer·den; ge·sa·bo·teerd
de **sa·bo·teur** (m), sa·bo·teurs
de **sa·cha·ri·de**, sa·cha·ri·den, sa·cha·ri·des
de **sa·cha·ri·ne**
de **sa·cha·ro·se**, sa·cha·ro·sen
sa·che·rij·nig (bnw), sa·che·rij·ni·ge
de **sa·cher·taart**, sa·cher·taar·ten; sa·cher·taart·je
het **sa·chet**, sa·chets
de **sa·co·che** (v), sa·co·chen
sa·craal (bnw), sa·cra·le
de **sa·cra·li·teit** (v), sa·cra·li·tei·ten
het **sa·cra·ment**, sa·cra·men·ten
sa·cra·men·teel (bnw), sa·cra·men·te·le
Sa·cra·ments·dag
de **sa·cris·tie** (v), sacristieën [sa·cris·tie·en]
het **sa·dis·me**
de **sa·dist** (m), sa·dis·ten; sa·dist·je
de **sa·do** (m), sa·do's
het **sa·do·ma·so·chis·me**
de **sa·fa·ri**, sa·fa·ri's
de **safe**[1] (m), safes; safe·je
safe[2] (bnw)
het **safe·lo·ket**, safe·lo·ket·ten
het **saf·fie**, saf·fies
de **saf·fier**[1] (m) *(voorwerp)*, saf·fie·ren; saf·fier·tje
het **saf·fier**[2] *(stofnaam)*
saf·fisch (bnw), saf·fi·sche
de **saf·fraan** (m)
saf·fraan·geel (bnw), saf·fraan·ge·le
de **sa·ga**, sa·ga's
de **sa·ge**, sa·gen
sa·git·taal (bnw), sa·git·ta·le
de **sa·go** (m)
saig·nant (bnw), saig·nan·te
de/het **sail·lant**[1] (m/o), sail·lan·ten

sail·lant[2] (bnw), sail·lan·te
de **sak** (m), sak·ken; sak·je
de **sa·ke** (m), sa·kes, sa·ke's
de **sa·ki** (m), sa·ki's
de **Saks** (m), Sak·sen
de **sa·lad·bar**, sa·lad·bars
de **sa·la·de**, sa·la·des; sa·la·de·tje
de **sa·la·de ni·çoi·se**, sa·la·de ni·çoi·ses, sa·la·des ni·çoi·ses
het **sa·la·fis·me**
de **sa·la·man·der** (m), sa·la·man·ders; sa·la·man·der·tje
het **sa·lam·blad**, sa·lam·bla·den, sa·lam·bla·de·ren
de **sa·la·mi** (m), sa·la·mi's
de **sa·la·mi·tac·tiek** (v), sa·la·mi·tac·tie·ken
de **salariëring** [sa·la·ri·e·ring] (v), salariëringen [sa·la·ri·e·rin·gen]
het **sa·la·ris**, sa·la·ris·sen; sa·la·ris·je
de **sa·la·ris·aan·pas·sing** (v), sa·la·ris·aan·pas·sin·gen
de **sa·la·ris·ad·mi·nis·tra·tie** (v), sa·la·ris·ad·mi·nis·tra·ties
de **sa·la·ris·schaal**, sa·la·ris·scha·len
de **sa·la·ris·slip** (m), sa·la·ris·slips
de **sa·la·ris·strook**, sa·la·ris·stro·ken; sa·la·ris·strook·je
sal·de·ren (ww), sal·deer, sal·deert; sal·deer·de, sal·deer·den; ge·sal·deerd
het **sal·do**, sal·di, sal·do's
de **sales** (mv)
de **sales·af·de·ling** (v), sales·af·de·lin·gen
de **sales·di·rec·tor** (m), sales·di·rec·tors
de **sa·le·si·aan** (m), sa·le·si·a·nen
sa·le·si·a·ner (bnw)
de **sales·ma·na·ger** (m), sales·ma·na·gers
de **sales·me·de·wer·ker** (m), sales·me·de·wer·kers
het **sales·team**, sales·teams
de **sa·lie**
de **sa·li·ne** (v), sa·li·nen, sa·li·nes
de **sal·mo·nel·la**, sal·mo·nel·la's; salmonellaatje [sal·mo·nel·la·tje]
het **sa·lo·mons·oor·deel**, sa·lo·mons·oor·de·len
de/het **sa·lon** (m/o), sa·lons; sa·lon·ne·tje
sa·lon·fä·hig (bnw), sa·lon·fä·hi·ge
de **sa·lon·ta·fel**, sa·lon·ta·fels; sa·lon·ta·fel·tje
de **sa·loon** (m), sa·loons
de **sa·lo·pet·te**, sa·lo·pet·tes
de/het **sal·pe·ter** (m/o), sal·pe·ters
het **sal·pe·ter·zuur**[1], sal·pe·ter·zu·ren
sal·pe·ter·zuur[2] (bnw), sal·pe·ter·zu·re
de **sal·sa** (m), sal·sa's
sal·sa·dan·sen (ww)
de **sal·sa·do·cent** (m), sal·sa·do·cen·ten
het **sal·sa·fes·ti·val**, sal·sa·fes·ti·vals
de **sal·sa·school**, sal·sa·scho·len
de **sal·to** (m), sal·to's; saltootje [sal·to·tje]
de **sal·to mor·ta·le** (m), sal·to mor·ta·les, sal·to mor·ta·le's, sal·to's mor·ta·le
sa·lut (tussenw)
het **sa·luut**[1], sa·lu·ten; sa·luut·je
sa·luut[2] (tussenw)
de **sal·via**, sal·vi·a's; salviaatje [sal·via·tje]
het **sal·vo**, sal·vo's; salvootje [sal·vo·tje]
de **sa·ma·ri·taan** (m) *(barmhartig persoon)*, sa·ma·ri·ta·nen
de **Sa·ma·ri·taan** (m) *(bewoner van Samaria)*, Sa·ma·ri·ta·nen
de **sam·ba** (m), sam·ba's
de **sam·bal** (m), sam·bals
de **Sa·me** (m), Sa·men

sa·men (bijw)
sa·men·bal·len (ww), bal sa·men, balt sa·men; bal·de sa·men, bal·den sa·men; sa·men·ge·bald
de **sa·men·bal·ling** (v), sa·men·bal·lin·gen
sa·men·bin·den (ww), bind sa·men, bindt sa·men; bond sa·men, bon·den sa·men; sa·men·ge·bon·den
sa·men·blij·ven (ww), blijf sa·men, blijft sa·men; bleef sa·men, ble·ven sa·men; sa·men·ge·ble·ven
sa·men·bren·gen (ww), breng sa·men, brengt sa·men; bracht sa·men, brach·ten sa·men; sa·men·ge·bracht
sa·men·bun·de·len (ww), bun·del sa·men, bun·delt sa·men; bun·del·de sa·men, bun·del·den sa·men; sa·men·ge·bun·deld
sa·men·doen (ww), doe sa·men, doet sa·men; deed sa·men, de·den sa·men; sa·men·ge·daan
sa·men·drij·ven (ww), drijf sa·men, drijft sa·men; dreef sa·men, dre·ven sa·men; sa·men·ge·dre·ven
sa·men·drom·men (ww), drom sa·men, dromt sa·men; drom·de sa·men, drom·den sa·men; sa·men·ge·dromd
sa·men·flan·sen (ww), flans sa·men, flanst sa·men; flans·te sa·men, flans·ten sa·men; sa·men·ge·flanst
sa·men·gaan (ww), ga sa·men, gaat sa·men; ging sa·men, gin·gen sa·men; sa·men·ge·gaan
sa·men·ge·steld (bnw), sa·men·ge·stel·de
de **sa·men·hang** (m), sa·men·han·gen
sa·men·han·gen (ww), hang sa·men, hangt sa·men; hing sa·men, hin·gen sa·men; sa·men·ge·han·gen
sa·men·han·gend (bnw), sa·men·han·gen·de
de **sa·men·ho·rig·heid** (v), sa·men·ho·rig·he·den
sa·men·hou·den (ww), houd sa·men, hou sa·men, houdt sa·men; hield sa·men, hiel·den sa·men; sa·men·ge·hou·den
sa·men·knij·pen (ww), knijp sa·men, knijpt sa·men; kneep sa·men, kne·pen sa·men; sa·men·ge·kne·pen
sa·men·ko·men (ww), kom sa·men, komt sa·men; kwam sa·men, kwa·men sa·men; sa·men·ge·ko·men
de **sa·men·komst** (v), sa·men·kom·sten
de **sa·men·kop·pe·ling** (v), sa·men·kop·pe·lin·gen
sa·men·leg·gen (ww), leg sa·men, legt sa·men; leg·de sa·men, leg·den sa·men; sa·men·ge·legd
sa·men·le·ven (ww), leef sa·men, leeft sa·men; leef·de sa·men, leef·den sa·men; sa·men·ge·leefd
de **sa·men·le·ving** (v), sa·men·le·vin·gen; sa·men·le·vin·kje
het **sa·men·le·vings·mo·del**, sa·men·le·vings·mo·del·len
de **sa·men·loop** (m), sa·men·lo·pen
sa·men·ne·men (ww), neem sa·men, neemt sa·men; nam sa·men, na·men sa·men; sa·men·ge·no·men
sa·men·pak·ken (ww), pak sa·men, pakt sa·men; pak·te

sa·men, pak·ten sa·men; sa·men·ge·pakt

het **sa·men·raap·sel**, sa·men·raap·sels; sa·men·raap·sel·tje

sa·men·roe·pen (ww), roep sa·men, roept sa·men; riep sa·men, rie·pen sa·men; sa·men·ge·roe·pen

sa·men·smel·ten (ww), smelt sa·men, smelt sa·men; smolt sa·men, smol·ten sa·men; sa·men·ge·smol·ten

sa·men·span·nen (ww), span sa·men, spant sa·men; span·de sa·men, span·den sa·men; sa·men·ge·span·nen

het **sa·men·spel**, sa·men·spe·len

sa·men·spe·len (ww), speel sa·men, speelt sa·men; speel·de sa·men, speel·den sa·men; sa·men·ge·speeld

de **sa·men·spraak**, sa·men·spra·ken; sa·men·spraak·je

het **sa·men·stel**

sa·men·stel·len (ww), stel sa·men, stelt sa·men; stel·de sa·men, stel·den sa·men; sa·men·ge·steld

sa·men·stel·lend (bnw), sa·men·stel·len·de

de **sa·men·stel·ling** (v), sa·men·stel·lin·gen

sa·men·tel·len (ww), tel sa·men, telt sa·men; tel·de sa·men, tel·den sa·men; sa·men·ge·teld

sa·men·trek·ken (ww), trek sa·men, trekt sa·men; trok sa·men, trok·ken sa·men; sa·men·ge·trok·ken

de **sa·men·trek·king** (v), sa·men·trek·kin·gen

sa·men·troe·pen (ww), troep sa·men, troept sa·men; troep·te sa·men, troep·ten sa·men; sa·men·ge·troept

sa·men·val·len (ww), val sa·men, valt sa·men; viel sa·men, vie·len sa·men; sa·men·ge·val·len

sa·men·vat·ten (ww), vat sa·men, vat sa·men; vat·te sa·men, vat·ten sa·men; sa·men·ge·vat

sa·men·vat·tend (bnw), sa·men·vat·ten·de

de **sa·men·vat·ting** (v), sa·men·vat·tin·gen; sa·men·vat·tin·kje

sa·men·vlech·ten (ww), vlecht sa·men, vlecht sa·men; vlocht sa·men, vloch·ten sa·men; sa·men·ge·vloch·ten

de **sa·men·vloei·ing** (v), sa·men·vloei·in·gen

sa·men·voe·gen (ww), voeg sa·men, voegt sa·men; voeg·de sa·men, voeg·den sa·men; sa·men·ge·voegd

de **sa·men·voe·ging** (v), sa·men·voe·gin·gen

sa·men·wer·ken (ww), werk sa·men, werkt sa·men; werk·te sa·men, werk·ten sa·men; sa·men·ge·werkt

de **sa·men·wer·king** (v), sa·men·wer·kin·gen

de **sa·men·wer·kings·over·een·komst** (v), sa·men·wer·kings·over·een·kom·sten

het **sa·men·wer·kings·ver·band**, sa·men·wer·kings·ver·ban·den

sa·men·wo·nen (ww), woon sa·men, woont sa·men; woon·de sa·men, woon·den sa·men; sa·men·ge·woond

de **sa·men·wo·ning** (v)

S

sa·men·zet·ten (ww), zet sa·men, zet sa·men; zet·te sa·men, zet·ten sa·men; sa·men·ge·zet
het **sa·men·zijn**, sa·men·zijn·tje
sa·men·zwe·ren (ww), zweer sa·men, zweert sa·men; zwoer sa·men, zwoe·ren sa·men; sa·men·ge·zwo·ren
de **sa·miz·dat** (m), sa·miz·dat·ten
de **sa·moe·rai** (m), sa·moe·rai
het **sa·moe·rai·zwaard**, sa·moe·rai·zwaar·den
de **sa·mo·waar** (m), sa·mo·waars
de **sa·mo·war** (m), sa·mo·wars
de **sam·ple** (m), sam·ples; sam·ple·tje
sam·plen (ww), sam·ple, sam·plet; sam·ple·de, sam·ple·den; ge·sam·pled
de **sam·pling**
sam·sam (bijw)
het **sa·na·to·ri·um**, sa·na·to·ria, sa·na·to·ri·ums
de **sanc·tie** (v), sanc·ties
sanc·ti·o·ne·ren (ww), sanc·ti·o·neer, sanc·ti·o·neert; sanc·ti·o·neer·de, sanc·ti·o·neer·den; ge·sanc·ti·o·neerd
de **sanc·ti·o·ne·ring** (v), sanc·ti·o·ne·rin·gen
de **san·daal**, san·da·len; san·daal·tje
's an·de·ren·daags
de **sand·wich** (m), sand·wi·ches; sand·wich·je
sand·wi·chen (ww), sand·wich, sand·wicht; sand·wich·te, sand·wich·ten; ge·sand·wicht
de **sand·wich·spread** (m), sand·wich·spreads
sa·ne·ren (ww), sa·neer, sa·neert; sa·neer·de, sa·neer·den; ge·sa·neerd
de **sa·ne·ring** (v), sa·ne·rin·gen
san·gra·fu
de **san·gria** (v), san·gri·a's; sangriaatje [san·gria·tje]
het **san·he·drin**
de **sa·niet**, sa·nie·ten
het **sa·ni·tair**[1]
sa·ni·tair[2] (bnw), sa·ni·tai·re
de **sa·ni·ta·tie** (v)
sans (bijw)
de **san·se·ve·ria**, san·se·ve·ri·a's
het **San·skriet** *(taal)*
de **sans-pa·piers**, sans-pa·piers
de **sant** (m), san·ten; sant·je
san·té (tussenw)
de **san·ten·boe·tiek** (v), san·ten·boe·tie·ken, san·ten·boe·tieks
de **san·ten·kraam**, san·ten·kra·men
de **san·te·ria**
de **san·ter·ia·pries·te·res** (v), san·ter·ia·pries·te·res·sen
de **Sa·oe·di** (m), Sa·oe·di, Sa·oe·di's
Sa·oe·disch (bnw), Sa·oe·di·sche
de **sa·o·to**, sa·o·to's
de **sa·o·to·soep**
het **sap**, sap·pen; sap·je
de **sa·pa·ka·ra**, sa·pa·ka·ra's
de **sa·po·til·le**, sa·po·til·les
de **sap·pe**, sap·pen
sap·pig (bnw), sap·pi·ge
de **sa·ra** (v) *(pop)*, sa·ra's
het **Sa·ra·mac·caans**[1] *(taal)*
Sa·ra·mac·caans[2] (bnw), Sa·ra·mac·caan·se
de **Sa·ra·mac·ca·ner** (m), Sa·ra·mac·ca·ners
het **sar·cas·me**, sar·cas·men
sar·cas·tisch (bnw), sar·cas·ti·sche
de **sar·co·faag** (m), sar·co·fa·gen; sar·co·faag·je
de **sar·dien**, sar·die·nen; sar·dien·tje
de **sar·di·ne**, sar·di·nes; sar·dien·tje,

sar·di·ne·tje
het **sar·di·ne·blik**, sar·di·ne·blik·ken; sar·di·ne·blik·je
de **sa·ri** (m), sa·ri's
de/het **sa·rin**
het **Sar·na·mi** *(taal)*
de **sa·rong** (m), sa·rongs
sar·ren (ww), sar, sart; sar·de, sar·den; ge·sard
SARS *(severe acute respiratory syndrome)*
het **sas** *(schutsluis)*, sas·sen
de **sa·shi·mi** (m)
sas·sen (ww), sas, sast; sas·te, sas·ten; ge·sast
de **sa·tan** (m) *(duivels persoon)*, sa·tans; sa·tan·ne·tje
de **sa·té**, sa·tés; sateetje [sa·té·tje]
de **sa·tel·liet** (m), sa·tel·lie·ten; sa·tel·liet·je
de **sa·tel·liet·fo·to**, sa·tel·liet·fo·to's
de **sa·tel·liet·staat** (m), sa·tel·liet·sta·ten; sa·tel·liet·staat·je
de **sa·tel·liet·stad**, sa·tel·liet·ste·den; sa·tel·liet·stad·je
de **sa·tel·liet·te·le·vi·sie** (v), sa·tel·liet·te·le·vi·sies
de **sa·tel·liet-tv** (v), sa·tel·liet-tv's
de **sa·té·prik·ker** (m), sa·té·prik·kers
de **sa·ter** (m), sa·ters; sa·ter·tje
de **sa·té·saus**, sa·té·sau·sen, sa·té·sau·zen
het **sa·té·stok·je**, sa·té·stok·jes
het **sa·tijn**
de **sa·ti·re**, sa·ti·ren, sa·ti·res
de **sa·tis·fac·tie** (v), sa·tis·fac·ties
de **sa·tu·ra·tie** (v), sa·tu·ra·ties
de **sau·cijs**, sau·cij·zen; sau·cijs·je
het **sau·cij·zen·brood·je**, sau·cij·zen·brood·jes
de **sau·cis·se**, sau·cis·sen
de **Sa·u·di** (m), Sa·u·di, Sa·u·di's
Sa·u·disch (bnw), Sa·u·di·sche
de **sau·na** (m), sau·na's; saunaatje [sau·na·tje]
saunaën [sau·na·en] (ww), sau·na, sau·naat; sau·na·de, sau·na·den; ge·sau·naad
de **saus**, sau·sen, sau·zen; saus·je
sau·sen (ww), saus, saust; saus·te, saus·ten; ge·saust
sau·te·ren (ww), sau·teer, sau·teert; sau·teer·de, sau·teer·den; ge·sau·teerd
de **sau·vig·non** (m), sau·vig·nons
sau·zen (ww), saus, saust; saus·de, saus·den; ge·sausd
de **sa·van·ne**, sa·van·nen, sa·van·nes
het **sa·van·ne·bos**, sa·van·ne·bos·sen
het **sa·van·ne·ge·bied**, sa·van·ne·ge·bie·den
het **sa·van·ne·hert**, sa·van·ne·her·ten
de **sa·van·ne·ve·ge·ta·tie** (v), sa·van·ne·ve·ge·ta·ties
het **sa·van·ne·zand**
sa·ven (ww), save, savet; save·de, save·den; ge·saved
het **sa·voir-fai·re**
het **sa·voir-vi·vre**
's avonds
de **sa·vooi**, sa·vooi·tje
de **sa·vooie·kool**, sa·vooie·ko·len; sa·vooie·kool·tje
de **sa·vooi·kool**, sa·vooi·ko·len
sa·vou·re·ren (ww), sa·vou·reer, sa·vou·reert; sa·vou·reer·de, sa·vou·reer·den; ge·sa·vou·reerd
de **sa·wa** (m), sa·wa's
de **saw·paw**, saw·paws
de **sax** (m), saxen; sax·je
de **saxo·fo·nist** (m), saxo·fo·nis·ten; saxo·fo·nist·je
de **saxo·foon** (m), saxo·foons; saxo·foon·tje
de/het **saxo·foon·so·lo** (m/o),

saxo·foon·so·lo's
sbo *(secundair beroepsonderwijs)*
de **S-bocht**, S-boch·ten
het **sbo-ni·veau**, sbo-ni·veaus
het **sbo-on·der·wijs**
de **sbo-op·lei·ding** (v), sbo-op·lei·din·gen
de **sbo-stu·dent** (m), sbo-stu·den·ten
de **scabiës** [sca·bi·es] (v)
sca·breus (bnw), sca·breu·ze
de/het **sca·la**, sca·la's
de **scalp** (m), scal·pen; scalp·je
de **scam**, scams
de **scam·pi** (mv)
de **scam·pi's** (mv)
de **scan** (m), scans
scan·da·leus (bnw), scan·da·leu·ze
scan·de·ren (ww), scan·deer, scan·deert; scan·deer·de, scan·deer·den; ge·scan·deerd
de **Scandinaviër** [Scan·di·na·vi·er] (m), Scandinaviërs [Scan·di·na·vi·ers]
Scan·di·na·visch (bnw), Scan·di·na·vi·sche
de **scan·di·na·vist** (m), scan·di·na·vis·ten
scan·nen (ww), scan, scant; scan·de, scan·den; ge·scand
de **scan·ner** (m), scan·ners; scan·ner·tje
de **scan·ning** (v), scan·nings
de **sca·ra·bee**, scarabeeën [sca·ra·bee·en]
sca·to·lo·gisch (bnw), sca·to·lo·gi·sche
het **sce·na·rio**, sce·na·ri·o's; scenariootje [sce·na·rio·tje]
de **sce·na·rio·ana·ly·se** (v), sce·na·rio·ana·ly·sen, sce·na·rio·ana·ly·ses
de **sce·na·rio·schrij·ver** (m), sce·na·rio·schrij·vers
de **sce·na·rist** (m), sce·na·ris·ten
de **scene** *(groep)*, scenes; scene·tje
de **scè·ne** *(bedrijf; voorval; toestand)*, scè·nes; scè·ne·tje
sce·nisch (bnw), sce·ni·sche
de **sce·no·graaf** (m), sce·no·gra·fen
de **sce·no·gra·fie** (v), scenografieën [sce·no·gra·fie·en]
de **scep·sis** (v)
de **scep·ter** (m), scep·ters; scep·ter·tje
het **scep·ti·cis·me**
de **scep·ti·cus** (m), scep·ti·ci
scep·tisch (bnw), scep·ti·sche
de **scha**
de **schaaf**, scha·ven; schaaf·je
het **schaaf·ijs**
de **schaaf·ijs·man** (m), schaaf·ijs·man·nen
het **schaaf·sel**, schaaf·sels
de **schaaf·wond**, schaaf·won·den; schaaf·wond·je
het **schaak**[1], schaak·je
schaak[2] (bijw)
schaak·blind (bnw), schaak·blin·de
de **schaak·in·struc·teur** (m), schaak·in·struc·teurs
het **schaak·kam·pi·oen·schap**, schaak·kam·pi·oen·schap·pen
de **schaak·se·lec·tie** (v), schaak·se·lec·ties
schaak·spe·len (ww), speel schaak, speelt schaak; speel·de schaak, speel·den schaak; schaak·ge·speeld
de **schaal**, scha·len; schaal·tje
schaal·baar (bnw), schaal·ba·re
het **schaal·dier**, schaal·die·ren; schaal·dier·tje
de **schaal·groot·te** (v), schaal·groot·ten, schaal·groot·tes

schaal van Rich·ter
de **schaal·ver·gro·ting** (v), schaal·ver·gro·tin·gen
schaam·ach·tig (bnw), schaam·ach·ti·ge
het **schaam·been**, schaam·been·de·ren, schaam·be·nen
het **schaam·rood**[1]
schaam·rood[2] (bnw), schaam·ro·de
de **schaam·te** (v)
schaam·te·lijk (bnw), schaam·te·lij·ke
schaam·te·loos (bnw), schaam·te·lo·ze
het **schaap**, scha·pen; schaap·je
schaap·ach·tig (bnw), schaap·ach·ti·ge
de **schaap·her·der** (m), schaap·her·ders; schaap·her·der·tje
de **schaaps·her·der** (m), schaaps·her·ders
de **schaaps·kud·de**, schaaps·kud·den, schaaps·kud·des
de **schaaps·stal** (m), schaaps·stal·len
de **schaaps·vacht**, schaaps·vach·ten
de **schaar** *(menigte; werktuig, beweging),* scha·ren; schaar·tje
schaars (bnw), schaar·se
schaars ge·kleed
de **schaars·te** (v), schaars·ten, schaars·tes
de **schaats**, schaat·sen; schaats·je
de **schaats·baan**, schaats·ba·nen; schaats·baan·tje
schaat·sen (ww), schaats, schaatst; schaats·te, schaats·ten; ge·schaatst
de **schaat·ser** (m), schaat·sers; schaat·ser·tje
de **schaats·ster** (v) *(vrouw die schaatst),* schaats·sters; schaats·ster·tje
de **schab**, schab·ben; schab·be·tje
scha·bou·we·lijk (bnw), scha·bou·we·lij·ke
de **schacht**[1] (m) *(persoon),* schach·ten; schacht·je
de **schacht**[2] *(zaak),* schach·ten; schacht·je
de **scha·de**, scha·den, scha·des; scha·de·tje
de **scha·de·aan·gif·te** (v), scha·de·aan·gif·ten, scha·de·aan·gif·tes
het **scha·de·aan·gif·te·for·mu·lier**, scha·de·aan·gif·te·for·mu·lie·ren
de **scha·de·af·han·de·ling** (v), scha·de·af·han·de·lin·gen
het **scha·de·be·drag**, scha·de·be·dra·gen
de **scha·de·claim** (m), scha·de·claims
de **scha·de-eis** (m), scha·de-ei·sen
de **scha·de-ex·pert** (m), scha·de-ex·per·ten, scha·de-ex·perts
het **scha·de·for·mu·lier**, scha·de·for·mu·lie·ren
het **scha·de·ge·val**, scha·de·ge·val·len; scha·de·ge·val·le·tje
de **scha·de·lij·der** (m), scha·de·lij·ders
scha·de·lijk (bnw), scha·de·lij·ke
de **scha·de·lijk·heid** (v), scha·de·lijk·he·den
scha·de·loos·stel·len (ww), stel scha·de·loos, stelt scha·de·loos; stel·de scha·de·loos, stel·den scha·de·loos; scha·de·loos·ge·steld
de **scha·de·loos·stel·ling** (v), scha·de·loos·stel·lin·gen
scha·den (ww), schaad, schaadt; schaad·de, schaad·den; ge·schaad
de **scha·de-uit·ke·ring** (v), scha·de-uit·ke·rin·gen

S

de **scha·de·ver·goe·ding** (v), scha·de·ver·goe·din·gen; scha·de·ver·goe·din·kje
de **scha·duw**, scha·du·wen; scha·duw·tje
de **scha·duw·boom** (m), scha·duw·bo·men
scha·du·wen (ww), scha·duw, scha·duwt; scha·duw·de, scha·duw·den; ge·scha·duwd
het **scha·duw·gaas**
de **scha·duw·kan·di·daat** (m), scha·duw·kan·di·da·ten
het **scha·duw·spel**, scha·duw·spe·len
schaf·fen (ww), schaf, schaft; schaf·te, schaf·ten; ge·schaft
de **schaft**, schaf·ten; schaft·je
schaf·ten (ww), schaft, schaft; schaft·te, schaft·ten; ge·schaft
de **schaft·tijd** (m), schaft·tij·den
de **scha·kel**, scha·kels; scha·kel·tje
de **scha·ke·laar** (m), scha·ke·laars; scha·ke·laar·tje
scha·ke·len (ww), scha·kel, scha·kelt; scha·kel·de, scha·kel·den; ge·scha·keld
de **scha·ke·ling** (v), scha·ke·lin·gen
scha·ken (ww), schaak, schaakt; schaak·te, schaak·ten; ge·schaakt
de **scha·ke·ring** (v), scha·ke·rin·gen
scha·len (ww), schaal, schaalt; schaal·de, schaal·den; ge·schaald
de **scha·lie** (v), schaliën [scha·li·en], scha·lies
de **schalk** (m), schal·ken; schalk·je
schal·len (ww), schal, schalt; schal·de, schal·den; ge·schald
de **scha·mel**[1] (m), scha·mels; scha·mel·tje
scha·mel[2] (bnw), scha·me·le
scha·men (ww), schaam, schaamt; schaam·de, schaam·den; ge·schaamd
scham·pen (ww), schamp, schampt; schamp·te, schamp·ten; ge·schampt
scham·per (bnw), scham·pe·re
scham·pe·ren (ww), scham·per, scham·pert; scham·per·de, scham·per·den; ge·scham·perd
het **schan·daal**, schan·da·len; schan·daal·tje
schan·da·lig (bnw), schan·da·li·ge
de **schan·de**, schan·des
de **schans**, schan·sen; schans·je
de/het **schap**, schap·pen; schap·je
het **scha·pen·gras**, scha·pen·gras·sen
de **scha·pen·her·der** (m), scha·pen·her·ders
de **scha·pen·kaas** (m), scha·pen·ka·zen; scha·pen·kaas·je
de **scha·pen·vacht**, scha·pen·vach·ten; scha·pen·vacht·je
het **scha·pen·vlees**
de **scha·pen·wol**, scha·pen·wol·le·tje
de **scha·pen·wolk**, scha·pen·wol·ken; scha·pen·wolk·je
schap·pe·lijk (bnw), schap·pe·lij·ke
de **schar**, schar·ren; schar·re·tje
de **scha·re**, scha·ren
scha·ren (ww), schaar, schaart; schaar·de, schaar·den; ge·schaard
de/het **schar·min·kel** (m/o), schar·min·kels; schar·min·kel·tje
het **schar·nier**, schar·nie·ren; schar·nier·tje
schar·nie·ren (ww), schar·nier, schar·niert; schar·nier·de, schar·nier·den; ge·schar·nierd
de **schar·rel**[1] (m) *(het scharrelen)*, schar·rel·tje

de **schar·rel**[2] *(persoon)*, schar·rels; schar·rel·tje
schar·ren (ww), schar, schart; schar·de, schar·den; ge·schard
de **schat** (m), schat·ten; schat·je
het **schat·ei·land**, schat·ei·lan·den; schat·ei·land·je
scha·te·ren (ww), scha·ter, scha·tert; scha·ter·de, scha·ter·den; ge·scha·terd
scha·ter·la·chen (ww), scha·ter·lach, scha·ter·lacht; scha·ter·lach·te, scha·ter·lach·ten; ge·scha·ter·lacht
de **schat·kist**, schat·kis·ten; schat·kist·je
het **schat·kist·bil·jet**, schat·kist·bil·jet·ten
de **schat·te·bout** (m), schat·te·bou·ten; schat·te·bout·je
schat·ten (ww), schat, schat; schat·te, schat·ten; ge·schat
de **schat·ten·jacht** (m), schat·ten·jach·ten
de **schat·ter** (m), schat·ters
schat·tig (bnw), schat·ti·ge
de **schat·ting** (v), schat·tin·gen
schat·zoe·ken (ww)
scha·ven (ww), schaaf, schaaft; schaaf·de, schaaf·den; ge·schaafd
het **scha·vot**, scha·vot·ten; scha·vot·je
de **sche·del** (m), sche·dels; sche·del·tje
de **schee**, scheeën [schee·en]; schee·tje
de **scheef**[1], sche·ven; scheef·je
scheef[2] (bnw), sche·ve
de **scheef·groei** (m)
scheef·groei·en (ww), groei scheef, groeit scheef; groei·de scheef, groei·den scheef; scheef·ge·groeid
scheef·trek·ken (ww), trek scheef, trekt scheef; trok scheef, trok·ken scheef; scheef·ge·trok·ken
het **scheel**[1], sche·len; scheel·tje
scheel[2] (bnw), sche·le
de **scheen**, sche·nen; scheen·tje
het **scheen·been**, scheen·been·de·ren, scheen·be·nen
het **scheeps·jour·naal**, scheeps·jour·naals, scheeps·jour·na·len
de **scheeps·werf**, scheeps·wer·ven; scheeps·werf·je
het **scheeps·wrak**, scheeps·wrak·ken
de **scheep·vaart**
de **scheer**, sche·ren
het **scheer·ap·pa·raat**, scheer·ap·pa·ra·ten; scheer·ap·pa·raat·je
het **scheer·mes**, scheer·mes·sen; scheer·mes·je
het **scheer·schuim**
de **scheet** (m), sche·ten; scheet·je
de **scheg**, scheg·gen; scheg·je
de **schei**, schei·en; schei·tje
scheid·baar (bnw), scheid·ba·re
schei·den (ww), scheid, scheidt; scheid·de, scheid·den; ge·schei·den
de **schei·ding** (v), schei·din·gen; schei·din·kje
de **schei·dings·lijn**, schei·dings·lij·nen
de **schei·dings·wand** (m), schei·dings·wan·den; schei·dings·wand·je
de **scheids** (m), scheid·sen
het **scheids·ge·recht**, scheids·ge·rech·ten
de **scheids·lijn**, scheids·lij·nen
de **scheids·rech·ter** (m), scheids·rech·ters; scheids·rech·ter·tje

de **scheids·rech·ters·op·lei·ding** (v), scheids·rech·ters·op·lei·din·gen
de **scheids·rech·ters·ver·eni·ging** (v), scheids·rech·ters·ver·eni·gin·gen
de **schei·kun·de** (v)
de **schel**[1], schel·len; schel·le·tje
schel[2] (bnw), schel·le
schel·den (ww), scheld, scheldt; schold, schol·den; ge·schol·den
de **Schel·de·oe·ver** (m), Schel·de·oe·vers
de **scheld·ka·non·na·de** (v), scheld·ka·non·na·des
sche·len (ww), scheel, scheelt; scheel·de, scheel·den; ge·scheeld
de **schelf**, schel·ven
schel·len (ww), schel, schelt; schel·de, schel·den; ge·scheld
de **schelm** (m), schel·men; schelm·pje
de **schelp**, schel·pen; schelp·je
de **schelp·af·gra·ving** (v), schelp·af·gra·vin·gen
de **schelp·rits** (m), schelp·rit·sen
het **sche·ma**, sche·ma's, sche·ma·ta; schemaatje [sche·ma·tje]
de **sche·mer** (m)
het **sche·mer·don·ker**[1]
sche·mer·don·ker[2] (bnw), sche·mer·don·ke·re
de **sche·me·ring** (v), sche·me·rin·gen
de **sche·mer·lamp**, sche·mer·lam·pen; sche·mer·lamp·je
schen·den (ww), schend, schendt; schond, schon·den; ge·schon·den
de **schen·der** (m), schen·ders
de **schen·ding** (v), schen·din·gen
de **schenk** (m), schen·ken
de **schen·kel** (m), schen·kels; schen·kel·tje
schen·ken (ww), schenk, schenkt; schonk, schon·ken; ge·schon·ken
de **schen·king** (v), schen·kin·gen; schen·kin·kje
de **schen·nis** (v), schen·nis·sen
de **schep**[1] (m) *(hoeveelheid),* schep·pen; schep·je
de **schep**[2] *(gereedschap),* schep·pen; schep·je
de **sche·pen**[1] (m), sche·pe·nen
sche·pen[2] (ww), scheep, scheept; scheep·te, scheep·ten; ge·scheept
het **sche·pen·col·le·ge**, sche·pen·col·le·ges
de **sche·per** (m), sche·pers; sche·per·tje
schep·pen[1] (ww) *(maken),* schep, schept; schiep, schie·pen; ge·scha·pen
schep·pen[2] (ww) *(andere betekenissen),* schep, schept; schep·te, schep·ten; ge·schept
de **schep·per** (m) *(iemand die iets maakt),* schep·pers; schep·per·tje
Schep·per *(God)*
de **schep·ping** (v), schep·pin·gen; schep·pin·kje
het **schep·sel**, schep·se·len, schep·sels; schep·sel·tje
de **sche·ren**[1] (mv)
sche·ren[2] (ww) *(snel bewegen),* scheer, scheert; scheer·de, scheer·den; ge·scheerd
sche·ren[3] (ww) *(andere betekenissen),* scheer, scheert; schoor, scho·ren; ge·scho·ren
de **scherf**, scher·ven; scherf·je
het **scherm**, scher·men; scherm·pje
de **scherm·af·druk** (m), scherm·af·druk·ken
scher·men (ww), scherm, schermt; scherm·de, scherm·den; ge·schermd

de **scherm·tijd** (m), scherm·tij·den
de **scher·mut·se·ling** (v), scher·mut·se·lin·gen
het **scherp**[1]
scherp[2] (bnw), scher·pe
scher·pen (ww), scherp, scherpt; scherp·te, scherp·ten; ge·scherpt
de **scher·per** (m), scher·pers
scherp·stel·len (ww), stel scherp, stelt scherp; stel·de scherp, stel·den scherp; scherp·ge·steld
de **scherp·stel·ling** (v), scherp·stel·lin·gen
de **scherp·te** (v), scherp·ten, scherp·tes
de **scherp·te·diep·te** (v), scherp·te·diep·ten, scherp·te·diep·tes
het **scherp·zand**
schert·sen (ww), scherts, schertst; scherts·te, scherts·ten; ge·schertst
scher·ven (ww), scherf, scherft; scherf·de, scherf·den; ge·scherfd
de **schets**, schet·sen; schets·je
schet·sen (ww), schets, schetst; schets·te, schets·ten; ge·schetst
de **scheur**, scheu·ren; scheur·tje
scheu·ren (ww), scheur, scheurt; scheur·de, scheur·den; ge·scheurd
de **scheut** (m), scheu·ten; scheut·je
de **schicht** (m), schich·ten; schicht·je
schich·tig (bnw), schich·ti·ge
schie·lijk (bnw), schie·lij·ke
schier (bijw)
het **schier·ei·land**, schier·ei·lan·den; schier·ei·land·je
schie·ten (ww), schiet, schiet; schoot, scho·ten; ge·scho·ten
de **schie·ter** (m), schie·ters
het **schiet·lood**, schiet·lo·den; schiet·lood·je
de **schiet·par·tij** (v), schiet·par·tij·en
de **schiet·schijf**, schiet·schij·ven
schif·ten (ww), schift, schift; schift·te, schift·ten; ge·schift
de **schif·ting** (v), schif·tin·gen
de **schif·tings·vraag**, schif·tings·vra·gen
de **schijf**, schij·ven; schijf·je
de **schijn** (m), schijn·tje
schijn·baar (bnw), schijn·ba·re
schij·nen (ww), schijn, schijnt; scheen, sche·nen; ge·sche·nen
schijn·hei·lig (bnw), schijn·hei·li·ge
de **schijn·stam** (m), schijn·stam·men
de **schijn·vrucht**, schijn·vruch·ten
de **schijn·wer·per** (m), schijn·wer·pers; schijn·wer·per·tje
de/het **schijt** (m/o)
schij·ten (ww), schijt, schijt; scheet, sche·ten; ge·sche·ten
de **schij·ter** (m), schij·ters
de **schij·terd** (m), schij·terds
de **schik** (m)
schik·ken (ww), schik, schikt; schik·te, schik·ten; ge·schikt
de **schik·king** (v), schik·kin·gen
de **schil**, schil·len; schil·le·tje
het **schild**, schil·den; schild·je
de **schil·der** (m), schil·ders; schil·der·tje
het **schil·der·ate·lier**, schil·der·ate·liers; schil·der·ate·lier·tje
de **schil·der-beeld·hou·wer** (m), schil·der-beeld·hou·wers, schil·ders-beeld·hou·wers
het **schil·der·doek**, schil·der·doe·ken
schil·de·ren (ww), schil·der, schil·dert; schil·der·de, schil·der·den; ge·schil·derd
de **schil·de·res** (v), schil·de·res·sen
de/het **schil·de·rij** (v/o), schil·de·rij·en; schil·de·rij·tje
de **schil·de·ring** (v), schil·de·rin·gen

S

de **schil·der·kunst** (v), schil·der·kun·sten
de **schil·der·les**, schil·der·les·sen
het **schil·ders·ate·lier**, schil·ders·ate·liers; schil·ders·ate·lier·tje
het **schil·ders·be·drijf**, schil·ders·be·drij·ven; schil·ders·be·drijf·je
de **schil·der·school**, schil·der·scho·len
het **schil·ders·doek**, schil·ders·doe·ken; schil·ders·doek·je
de **schil·ders·ezel** (m), schil·ders·ezels
het **schil·ders·pa·let**, schil·ders·pa·let·ten; schil·ders·pa·let·je
de **schil·ders·school**, schil·ders·scho·len
de/het **schil·ders·schort**, schil·ders·schor·ten
de **schil·der·stijl** (m), schil·der·stij·len
het **schil·ders·vak**, schil·ders·vak·ken
het **schil·ders·ver·driet**
het **schil·der·werk**, schil·der·wer·ken; schil·der·werk·je
de **schild·klier**, schild·klie·ren
de **schild·pad**[1] *(dier)*, schild·pad·den; schild·pad·je
het **schild·pad**[2] *(stofnaam)*
het **schild·pad·den·ei**, schild·pad·den·ei·e·ren
het **schild·pad·den·sei·zoen**, schild·pad·den·sei·zoe·nen
de **schil·fer** (m), schil·fers; schil·fer·tje
schil·len (ww), schil, schilt; schil·de, schil·den; ge·schild
de **schim**, schim·men; schim·me·tje
de **schim·mel** (m), schim·mels; schim·mel·tje
het **schip**, sche·pen; scheep·je
de **schip·breuk**, schip·breu·ken
de **schip·per** (m), schip·pers; schip·per·tje
de **schip·pers·ge·meen·te** (v), schip·pers·ge·meen·ten, schip·pers·ge·meen·tes
de **schi·sis** (v)
het **schis·ma**, schis·ma's, schis·ma·ta; schismaatje [schis·ma·tje]
schit·te·ren (ww), schit·ter, schit·tert; schit·ter·de, schit·ter·den; ge·schit·terd
schit·te·rend (bnw), schit·te·ren·de
de **schi·zo·freen**[1], schi·zo·fre·nen; schi·zo·freen·tje
schi·zo·freen[2] (bnw), schi·zo·fre·ne
de **schi·zo·fre·nie** (v)
de **schla·ger** (m), schla·gers
de **schle·miel** (m), schle·mie·len; schle·miel·tje
schmie·ren (ww), schmier, schmiert; schmier·de, schmier·den; ge·schmierd
de **schmink** (m)
schmin·ken (ww), schmink, schminkt; schmink·te, schmink·ten; ge·schminkt
de **schnab·bel** (m), schnab·bels; schnab·bel·tje
de **schnaps** (m), schnaps·je
de **schnit·zel** (m), schnit·zels
de **schob·be·jak** (m), schob·be·jak·ken
schob·ben (ww), schob, schobt; schob·de, schob·den; ge·schobd
schob·ber·de·bonk: op de schobberdebonk
schoei·en (ww), schoei, schoeit;

schoei·de, schoei·den; ge·schoeid
het **schoei·sel**, schoei·sels; schoei·sel·tje
de **schoen** (m), schoe·nen; schoen·tje
de **schoe·nen·doos**, schoe·nen·do·zen; schoe·nen·doos·je
de **schoe·nen·kast**, schoe·nen·kas·ten
de **schoe·nen·win·kel** (m), schoe·nen·win·kels; schoe·nen·win·kel·tje
de **schoen·kast**, schoen·kas·ten; schoen·kast·je
de **schoen·klomp** (m), schoen·klom·pen
de **schoen·maat** (m), schoen·ma·ten; schoen·maat·je
de **schoen·ma·ker** (m), schoen·ma·kers; schoen·ma·ker·tje
de **schoen·ma·kers·win·kel** (m), schoen·ma·kers·win·kels
de/het **schoen·smeer** (m/o), schoen·sme·ren
de **schoen·ve·ter** (m), schoen·ve·ters
de **schoen·win·kel** (m), schoen·win·kels; schoen·win·kel·tje
de **schof·fel**, schof·fels; schof·fel·tje
schof·fe·len (ww), schof·fel, schof·felt; schof·fel·de, schof·fel·den; ge·schof·feld
schof·fe·ren (ww), schof·feer, schof·feert; schof·feer·de, schof·feer·den; ge·schof·feerd
de **schok** (m) *(beweging; emotie),* schok·ken; schok·je
schok·ken (ww), schok, schokt; schok·te, schok·ten; ge·schokt
schok·kend (bnw), schok·ken·de
schok·ke·ren (ww), schok·keer, schok·keert; schok·keer·de, schok·keer·den; ge·schok·keerd
schok·ke·rend (bnw), schok·ke·ren·de
de **schol**[1] (m) *(vis),* schol·len; schol·le·tje
de **schol**[2] *(andere betekenissen),* schol·len; schol·le·tje
scho·len (ww), school, schoolt; school·de, school·den; ge·schoold
het **scho·len·be·zoek**, scho·len·be·zoe·ken
de **scho·len·ge·meen·schap** (v), scho·len·ge·meen·schap·pen
het **scho·len·kam·pi·oen·schap**, scho·len·kam·pi·oen·schap·pen
het **scho·len·toer·nooi**, scho·len·toer·nooi·en
het **scho·len·tor·nooi**, scho·len·tor·nooi·en
de **scho·lier** (m), scho·lie·ren; scho·lier·tje
de **scho·lie·re** (v), scho·lie·res
de **scho·ling** (v), scho·lin·gen
de **schom·mel**, schom·mels; schom·mel·tje
de **schom·me·laar** (m), schom·me·laars
schom·me·len (ww), schom·mel, schom·melt; schom·mel·de, schom·mel·den; ge·schom·meld
de **schom·me·ling** (v), schom·me·lin·gen
de **scho·ne** (v), scho·nen; scho·ne·tje
scho·nen (ww), schoon, schoont; schoon·de, schoon·den; ge·schoond
de **scho·ning** (v), scho·nin·gen
de **schonk**, schon·ken
de **schoof**, scho·ven; schoof·je
schooi·en (ww), schooi, schooit; schooi·de, schooi·den; ge·schooid
de **school**, scho·len; school·tje
de **school·agen·da**, school·agen·da's

de **school·bank**, school·ban·ken; school·bank·je
de **school·bel**, school·bel·len
het **school·be·stuur**, school·be·stu·ren
de **school·bieb** (m), school·biebs
de **school·boot**, school·bo·ten
het **school·bord**, school·bor·den; school·bord·je
de **school·bus** (m), school·bus·sen; school·bus·je
het **school·erf**, school·er·ven
het **school·feest**, school·fees·ten; school·feest·je
de **school·fo·to·graaf** (m), school·fo·to·gra·fen
het **school·frans**
school·gaan (ww), ga school, gaat school; ging school, gin·gen school; school·ge·gaan
het **school·ge·bouw**, school·ge·bou·wen; school·ge·bouw·tje
de **school·ge·meen·schap** (v), school·ge·meen·schap·pen
het **school·ge·rei**
het **school·ge·rief**
het **school·hoofd**, school·hoof·den
het **school·jaar**, school·ja·ren
de **school·juf·frouw** (v), school·juf·frou·wen; school·juf·frouw·tje
de **school·ka·len·der** (m), school·ka·len·ders
de **school·kas**, school·kas·sen
het **school·kind**, school·kin·de·ren; school·kind·je
de **school·kin·de·ren·toe·slag** (m), school·kin·de·ren·toe·sla·gen
de **school·klas** (v), school·klas·sen; school·klas·je
de **school·lei·ding** (v), school·lei·din·gen
het **school·lo·kaal**, school·lo·ka·len; school·lo·kaal·tje
de **school·loop·baan**, school·loop·ba·nen
school·lo·pen (ww), loop school, loopt school; liep school, lie·pen school; school·ge·lo·pen
de **school·melk**
school·moe (bnw), school·moeë
het **school·pact**, school·pac·ten
het **school·pak·ket**, school·pak·ket·ten
het **school·plein**, school·plei·nen; school·plein·tje
het **school·rap·port**, school·rap·por·ten; school·rap·port·je
het **school·re·gle·ment**, school·re·gle·men·ten
de **school·reis**, school·rei·zen; school·reis·je
de **school·slag·zwem·mer** (m), school·slag·zwem·mers
de **school·strijd** (m), school·strij·den
de **school·tas**, school·tas·sen; school·tas·je
de **school·tijd** (m), school·tij·den
het **school·to·neel**, school·to·ne·len; school·to·neel·tje
het **school·vak**, school·vak·ken
het **school·ver·band**, school·ver·ban·den
de **school·wan·de·ling** (v), school·wan·de·lin·gen
het **school·werk**, school·werk·je
het **schoon**[1]
schoon[2] (bnw), scho·ne
de **schoon·broer** (m), schoon·broers; schoon·broer·tje
de **schoon·heid** (v), schoon·he·den; schoon·heid·je
de **schoon·heids·sa·lon** (m), schoon·heids·sa·lons

de **schoon·heids·spe·ci·a·list** (m), schoon·heids·spe·ci·a·lis·ten
de **schoon·heids·spe·ci·a·lis·te** (v), schoon·heids·spe·ci·a·lis·tes
schoon·hou·den (ww), houd schoon, hou schoon, houdt schoon; hield schoon, hiel·den schoon; schoon·ge·hou·den
de **schoon·maak** (m), schoon·ma·ken
het **schoon·maak·mid·del**, schoon·maak·mid·de·len
de **schoon·maak·ster** (v), schoon·maak·sters; schoon·maak·ster·tje
schoon·ma·ken (ww), maak schoon, maakt schoon; maak·te schoon, maak·ten schoon; schoon·ge·maakt
de **schoon·ma·ker** (m), schoon·ma·kers; schoon·ma·ker·tje
schoon·ve·gen (ww), veeg schoon, veegt schoon; veeg·de schoon, veeg·den schoon; schoon·ge·veegd
schoon·was·sen (ww), was schoon, wast schoon; was·te schoon, was·ten schoon; schoon·ge·was·sen
de **schoon·zoon** (m), schoon·zo·nen, schoon·zoons
de **schoon·zus** (v), schoon·zus·sen; schoon·zus·je
de **schoor** (m), scho·ren; schoor·tje
de **schoor·steen** (m), schoor·ste·nen; schoor·steen·tje
schoor·voe·tend (bnw), schoor·voe·ten·de
de **schoot** (m), scho·ten; schoot·je
de **schop**[1] (m) *(stoot met de voet),* schop·pen; schop·je
de **schop**[2] *(gereedschap),* schop·pen; schop·je
de **schop·pen**[1], schop·pen, schop·pens; schop·pen·tje
schop·pen[2] (ww), schop, schopt; schop·te, schop·ten; ge·schopt
de **schop·pen·boer** (m), schop·pen·boe·ren
het **schop·steen·tje**
de **schor**[1], schor·ren
schor[2] (bnw), schor·re
het **scho·rem**[1]
scho·rem[2] (bnw), scho·re·me
scho·ren (ww), schoor, schoort; schoor·de, schoor·den; ge·schoord
de **schor·pi·oen** (m) *(dier),* schor·pi·oe·nen; schor·pi·oen·tje
Schor·pi·oen *((persoon met dit) sterrenbeeld),* Schor·pi·oe·nen; Schor·pi·oen·tje
de **schor·re**, schor·ren
het **schor·re·mor·rie**
het **schor·rie·mor·rie**
de **schors**, schor·sen
schor·sen (ww), schors, schorst; schors·te, schors·ten; ge·schorst
de **schor·se·neer**, schor·se·ne·ren; schor·se·neer·tje
de **schor·sing** (v), schor·sin·gen
de/het **schort**, schor·ten; schort·je
schor·ten (ww), schort, schort; schort·te, schort·ten; ge·schort
het **schot** *(het schieten; schutting),* schot·ten; schot·je
de **Schot** (m) *(persoon),* Schot·ten; Schot·je
de **scho·tel**, scho·tels; scho·tel·tje
de **scho·tel·an·ten·ne**, scho·tel·an·ten·nen, scho·tel·an·ten·nes
de/het **scho·tel·vod**, scho·tel·vod·den
de **schots**[1] *(stuk drijvend ijs),* schot·sen; schots·je
schots[2] (bnw), schot·se

S

het **Schots**[1] *(taal)*
Schots[2] (bnw), Schot·se
Schot·se hoog·lan·der
de **schot·ver·won·ding** (v), schot·ver·won·din·gen
de **schou·der** (m), schou·ders; schou·der·tje
de **schou·der·be·las·ting** (v), schou·der·be·las·tin·gen
het **schou·der·blad**, schou·der·bla·den
de **schou·der·doek** (m), schou·der·doe·ken
de **schou·der·pre·mie** (v), schou·der·pre·mies
de **schout** (m), schou·ten; schout·je
de **schout-bij-nacht** (m), schout-bij-nachts, schou·ten-bij-nacht
de **schouw** *(het schouwen; schuit; stookplaats),* schou·wen; schouw·tje
de **schouw·burg** (m), schouw·bur·gen; schouw·burg·je
schou·wen (ww), schouw, schouwt; schouw·de, schouw·den; ge·schouwd
de **schou·wing** (v), schou·win·gen
het **schouw·spel**, schouw·spe·len
scho·ven (ww), schoof, schooft; schoof·de, schoof·den; ge·schoofd
de **schraag**[1], schra·gen; schraag·je
schraag[2] (bnw)
schraal (bnw), schra·le
de **schraap**, schra·pen; schraap·je
schra·gen (ww), schraag, schraagt; schraag·de, schraag·den; ge·schraagd
de **schram**, schram·men; schram·me·tje
schram·men (ww), schram, schramt; schram·de, schram·den; ge·schramd
schran·der (bnw), schran·de·re
schran·ken (ww), schrank, schrankt; schrank·te, schrank·ten; ge·schrankt
schran·sen (ww), schrans, schranst; schrans·te, schrans·ten; ge·schranst
schran·zen (ww), schrans, schranst; schrans·de, schrans·den; ge·schransd
de **schrap**[1], schrap·pen; schrap·je
schrap[2] (bijw)
schra·pen (ww), schraap, schraapt; schraap·te, schraap·ten; ge·schraapt
de **schra·per** (m), schra·pers; schra·per·tje
schrap·pen (ww), schrap, schrapt; schrap·te, schrap·ten; ge·schrapt
de **schrap·per** (m), schrap·pers; schrap·per·tje
de **schrap·ping** (v), schrap·pin·gen
de **schre·de**, schre·den; schree·tje
de **schreef**, schre·ven; schreef·je
de **schreeuw** (m), schreeu·wen; schreeuw·tje
schreeu·wen (ww), schreeuw, schreeuwt; schreeuw·de, schreeuw·den; ge·schreeuwd
de **schreeuw·le·lijk** (m), schreeuw·le·lij·ken; schreeuw·le·lijk·je
schrei·en (ww), schrei, schreit; schrei·de, schrei·den; ge·schreid
schriel (bnw), schrie·le
het **schrift**, schrif·ten; schrift·je
Schrift *(Bijbel)*
schrif·te·lijk (bnw), schrif·te·lij·ke
de **schrift·ge·leer·de** (m) *(kenner van heilige geschriften),* schrift·ge·leer·den
de **Schrift·ge·leer·de** (m) *(kenner van de Bijbel),* Schrift·ge·leer·den
de **Schrift·le·zing** (v),

Schrift·le·zin·gen
de **schrif·tuur** (v), schrif·tu·ren
schrij·den (ww), schrijd, schrijdt; schreed, schre·den; ge·schre·den
het **schrijf·blok**, schrijf·blok·ken; schrijf·blok·je
de **schrijf·fout**, schrijf·fou·ten; schrijf·fout·je
het **schrijf·ge·rei**
het **schrijf·ge·rief**
de **schrijf·ma·chi·ne** (v), schrijf·ma·chi·nes; schrijf·ma·chien·tje, schrijf·ma·chi·ne·tje
de **schrijf·op·dracht**, schrijf·op·drach·ten
het **schrijf·sel**, schrijf·sels; schrijf·sel·tje
de **schrijf·ster** (v), schrijf·sters; schrijf·ster·tje
de **schrijf·stijl** (m), schrijf·stij·len
de **schrijf·taal**, schrijf·ta·len
de **schrijf·vaar·dig·heid** (v), schrijf·vaar·dig·he·den
de **schrijf·wij·ze**, schrijf·wij·zen
schrij·lings (bnw), schrij·ling·se
de/het **schrijn** (m/o), schrij·nen; schrijn·tje
schrij·nen (ww), schrijn, schrijnt; schrijn·de, schrijn·den; ge·schrijnd
schrij·nend (bnw), schrij·nen·de
het **schrijn·werk**, schrijn·wer·ken
de **schrijn·wer·ker** (m), schrijn·wer·kers
de **schrijn·wer·ke·rij** (v), schrijn·wer·ke·rij·en
het **schrij·ven**[1], schrij·ven·tje
schrij·ven[2] (ww), schrijf, schrijft; schreef, schre·ven; ge·schre·ven
de **schrij·ver** (m), schrij·vers; schrij·ver·tje
de **schrij·ve·rij** (v), schrij·ve·rij·en
het **schrij·ver·schap**, schrij·ver·schap·pen
de **schrik** (m), schrik·je
de **schrik·draad**[1] (m) *(voorwerp)*, schrik·dra·den; schrik·draad·je
de/het **schrik·draad**[2] (m/o) *(stofnaam)*
het **schrik·kel·jaar**, schrik·kel·ja·ren
schrik·ken[1] (ww) *(schrik krijgen)*, schrik, schrikt; schrok, schrok·ken; ge·schrok·ken
schrik·ken[2] (ww) *(andere betekenissen)*, schrik, schrikt; schrik·te, schrik·ten; ge·schrikt
schril (bnw), schril·le
schrob·ben (ww), schrob, schrobt; schrob·de, schrob·den; ge·schrobd
de **schrob·be·ring** (v), schrob·be·rin·gen
de **schroef**, schroe·ven; schroef·je
de/het **schroef·draad** (m/o), schroef·dra·den
schroei·en (ww), schroei, schroeit; schroei·de, schroei·den; ge·schroeid
schroe·ven (ww), schroef, schroeft; schroef·de, schroef·den; ge·schroefd
de **schroe·ven·draai·er** (m), schroe·ven·draai·ers; schroe·ven·draai·er·tje
de **schrok** (m), schrok·ken
schrok·ken (ww), schrok, schrokt; schrok·te, schrok·ten; ge·schrokt
de **schrok·op** (m), schrok·op·pen
schro·me·lijk (bnw), schro·me·lij·ke
schro·men (ww), schroom, schroomt; schroom·de, schroom·den; ge·schroomd
de **schroom** (m)
de **schroot**[1] (m) *(gezaagd hout)*,

schro·ten; schroot·je

het **schroot**[2] *(metaalafval)*, schroot·je

het **schrot**

de **schub**, schub·ben; schub·je

de **schub·ap·pel** (m), schub·ap·pels

de **schub·ap·pel·boom** (m), schub·ap·pel·bo·men

de **schub·be**, schub·ben; schub·be·tje

schub·ben (ww), schub, schubt; schub·de, schub·den; ge·schubd

schuch·ter (bnw), schuch·te·re

schud·de·bui·ken (ww), schud·de·buik, schud·de·buikt; schud·de·buik·te, schud·de·buik·ten; ge·schud·de·buikt

schud·den (ww), schud, schudt; schud·de, schud·den; ge·schud

de **schud·ding** (v), schud·din·gen

de **schuif**, schui·ven; schuif·je

de **schuif·af** (m), schuif·af·fen, schuif·afs

schui·fe·len (ww), schui·fel, schui·felt; schui·fel·de, schui·fel·den; ge·schui·feld

schui·len (ww), schuil, schuilt; school, schuil·de, scho·len, schuil·den; ge·scho·len, ge·schuild

schuil·gaan (ww), ga schuil, gaat schuil; ging schuil, gin·gen schuil; schuil·ge·gaan

schuil·hou·den (ww), houd schuil, hou schuil, houdt schuil; hield schuil, hiel·den schuil; schuil·ge·hou·den

de **schuil·plaats**, schuil·plaat·sen; schuil·plaats·je

het **schuim**, schuim·pje

de/het **schuim·rub·ber** (m/o), schuim·rub·bers

schuin (bnw), schui·ne

schui·nen (ww), schuin, schuint; schuin·de, schuin·den; ge·schuind

schuin·ge·drukt (bnw), schuin·ge·druk·te

schuins (bnw), schuin·se

de **schuins·mar·cheer·der** (m), schuins·mar·cheer·ders

de **schuin·te** (v), schuin·ten, schuin·tes

de **schuit**, schui·ten; schuit·je

schui·ven (ww), schuif, schuift; schoof, scho·ven; ge·scho·ven

de **schuld**, schul·den; schuld·je

de **schuld·ei·ser** (m), schuld·ei·sers

de **schul·de·naar** (m), schul·de·naars, schul·de·na·ren

de **schul·den·last** (m), schul·den·las·ten

het **schuld·ge·voel**

schul·dig (bnw), schul·di·ge

de **schul·di·ge**, schul·di·gen

de **schulp**, schul·pen; schulp·je

schu·ren (ww), schuur, schuurt; schuur·de, schuur·den; ge·schuurd

de/het **schurft**

schur·ken (ww), schurk, schurkt; schurk·te, schurk·ten; ge·schurkt

het **schut**, schut·ten; schut·je

het **schut·blad**, schut·bla·den; schut·blaad·je

schut·ten (ww), schut, schut; schut·te, schut·ten; ge·schut

de **schut·ter** (m), schut·ters; schut·ter·tje

de **schut·ting** (v), schut·tin·gen; schut·tin·kje

de **schut·ting·taal**, schut·ting·taal·tje

de **schuur**, schu·ren; schuur·tje

schuw (bnw), schu·we

schu·wen (ww), schuw, schuwt;

schuw·de, schuw·den; ge·schuwd
de **schwal·be**, schwal·bes
de **schwung** (m)
de **sci·ence·fic·ti·on**
de **sci·ence·fic·ti·on·film** (m), sci·ence·fic·ti·on·films
de **sci·ence·fic·ti·on·ro·man** (m), sci·ence·fic·ti·on·ro·mans
het **sci·ence·fic·ti·on·ver·haal**, sci·ence·fic·ti·on·ver·ha·len; sci·ence·fic·ti·on·ver·haal·tje
de **sci·en·to·lo·gy** (v)
de **sci·fi** (v)
de **scle·ro·se** (v), scle·ro·sen, scle·ro·ses
de **sco·li·o·se** (v)
de **scone** (m), scones
de **scoop** (m), scoops; scoop·je
de **scoo·ter** (m), scoo·ters; scoo·ter·tje
de **scoot·mo·biel** (m), scoot·mo·bie·len
de **scope** (m), scopes
de **sco·re** (m), sco·res
het **sco·re·bord**, sco·re·bor·den; sco·re·bord·je
sco·ren (ww), scoor, scoort; scoor·de, scoor·den; ge·scoord
de **sco·rer** (m), sco·rers
de **sco·ring** (v)
de **scotch** (m), scot·ches
de/het **scou·bi·dou** (m/o), scou·bi·dous
de **scout** (m), scouts
scou·ten (ww), scout, scout; scout·te, scout·ten; ge·scout
de **scou·ting** (v)
scrab·be·len (ww), scrab·bel, scrab·belt; scrab·bel·de, scrab·bel·den; ge·scrab·beld
het **scrab·ble**, scrab·ble·tje
scrat·chen (ww), scratch, scratcht; scratch·te, scratch·ten; ge·scratcht
scree·nen (ww), screen, screent; screen·de, screen·den; ge·screend
de **scree·ning**, scree·nings
het **scree·nings·me·mo**, scree·nings·me·mo's
de **screen·sa·ver** (m), screen·sa·vers
de/het **screen·shot** (m/o), screen·shots
de **screen·test** (m), screen·tes·ten, screen·tests
de **scri·ba** (m), scri·ba's
het **script**, scripts; script·je
de **scrip·tie** (v), scrip·ties
het **scrip·tie·on·der·werp**, scrip·tie·on·der·wer·pen
scrol·len (ww), scrol, scrolt; scrol·de, scrol·den; ge·scrold
het **scro·tum**, scro·tums
de **scrub** (m), scrubs
scrub·ben (ww), scrub, scrubt; scrub·de, scrub·den; ge·scrubd
de **scrum** (m), scrums
de **scru·pu·le**, scru·pu·les
scru·pu·leus (bnw), scru·pu·leu·ze
de **scu·ba** (m), scu·ba's
de **scud**, scuds
sculp·te·ren (ww), sculp·teer, sculp·teert; sculp·teer·de, sculp·teer·den; ge·sculp·teerd
de **sculp·tuur** (v), sculp·tu·ren; sculp·tuur·tje
de **Scy·then** (mv)
's dins·dags
de **SD-kaart**, SD-kaar·ten; SD-kaart·je
's don·der·dags
sea·len (ww), seal, sealt; seal·de, seal·den; ge·seald
de **se·an·ce**, se·an·ces
de **search** (m), sear·ches
de **seat·belt** (m), seat·belts
sec (bnw), sec·ce
het **sec·co**, sec·chi, sec·co's
de **se·ces·sie** (v), se·ces·sies

se·con·dair (bnw), se·con·dai·re
de **se·con·dant** (m), se·con·dan·ten
de **se·con·dan·te** (v), se·con·dan·tes
de **se·con·de**, se·con·den, se·con·des; se·con·de·tje
se·con·de·lang (bnw), se·con·de·lan·ge
de **se·con·de·lijm** (m), se·con·de·lij·men
se·con·de·ren (ww), se·con·deer, se·con·deert; se·con·deer·de, se·con·deer·den; ge·se·con·deerd
het **se·con·de·werk**
de **se·con·de·wij·zer** (m), se·con·de·wij·zers; se·con·de·wij·zer·tje
de **se·cond opi·ni·on**, se·cond opi·ni·ons
het **se·creet**, se·cre·ten
de **se·cre·tai·re** (m), se·cre·tai·res
de **se·cre·ta·res·se** (v), se·cre·ta·res·ses
het **se·cre·ta·res·se·con·gres**, se·cre·ta·res·se·con·gres·sen
de **se·cre·ta·res·se·op·lei·ding** (v), se·cre·ta·res·se·op·lei·din·gen
het **se·cre·ta·res·se·over·leg**, se·cre·ta·res·se·over·leg·gen
het **se·cre·ta·ri·aat**, se·cre·ta·ri·a·ten
het **se·cre·ta·ri·aat-ge·ne·raal**, se·cre·ta·ri·a·ten-ge·ne·raal
de **se·cre·ta·rie** (v), secretarieën [se·cre·ta·rie·en]
se·cre·ta·ri·eel (bnw), secretariële [se·cre·ta·ri·e·le]
de **se·cre·ta·ris** (m), se·cre·ta·ris·sen; se·cre·ta·ris·je
de **se·cre·ta·ris-ge·ne·raal** (m), se·cre·ta·ris·sen-ge·ne·raal
de **se·cre·ta·ris-pen·ning·mees·ter** (m), se·cre·ta·ris-pen·ning·mees·ters, se·cre·ta·ris·sen-pen·ning·mees·ters
de **se·cre·tie** (v), se·cre·ties
de **sec·tie** (v), sec·ties
de **sec·tio** (v), sec·ti·o's; sectiootje [sec·ti·o·tje]
sec·ti·o·neel (bnw), sec·ti·o·ne·le
de **sec·tor** (m), sec·to·ren, sec·tors
sec·to·raal (bnw), sec·to·ra·le
sec·to·ri·eel (bnw), sectoriële [sec·to·ri·e·le]
de **se·cu·la·ri·sa·tie** (v), se·cu·la·ri·sa·ties
de **se·cu·la·ri·se·ring** (v), se·cu·la·ri·se·rin·gen
het **se·cu·la·ris·me**
se·cu·lier (bnw), se·cu·lie·re
se·cun·dair (bnw), se·cun·dai·re
de **se·cun·de**, se·cun·den, se·cun·des
de **se·cu·ri·teit** (v), se·cu·ri·tei·ten
de **se·cu·ri·ty** (v), se·cu·ri·ty's
het **se·cu·ri·ty·be·drijf**, se·cu·ri·ty·be·drij·ven
de **se·cu·ri·ty·guard** (m), se·cu·ri·ty·guards
se·cuur (bnw), se·cu·re
de **se·dan** (m), se·dans
de **se·da·tie** (v), se·da·ties
se·da·tief (bnw), se·da·tie·ve
se·den·tair (bnw), se·den·tai·re
de **se·der** (m), se·ders
se·dert[1] (voorz)
se·dert[2] (voegw)
se·dert·dien (bijw)
het **se·di·ment**, se·di·men·ten
de **sé·du·la**, sé·du·la's
het **se·dum**
de **Se·fard** (m), Se·far·den, Se·far·diem
Se·far·disch (bnw), Se·far·di·sche
sef·fens (bijw)
het **seg·ment**, seg·men·ten; seg·ment·je
de **seg·men·ta·tie** (v),

seg·men·ta·ties
de **seg·men·te·ring** (v), seg·men·te·rin·gen
de **se·gre·ga·tie** (v), se·gre·ga·ties
de **sei·der** (m), sei·ders
het **sein**, sei·nen; sein·tje
sei·nen (ww), sein, seint; sein·de, sein·den; ge·seind
de **sei·ner** (m), sei·ners
de **seis·mo·graaf** (m), seis·mo·gra·fen; seis·mo·graaf·je
sei·zen (ww), seis, seist; seis·de, seis·den; ge·seisd
het **sei·zoen**, sei·zoe·nen; sei·zoen·tje
de **sei·zoen·ar·bei·der** (m), sei·zoen·ar·bei·ders
het **sei·zoen·fruit**
sei·zoen·ge·bon·den (bnw)
de **sei·zoen·groen·te** (v), sei·zoen·groen·ten, sei·zoen·groen·tes
de **sei·zoen·kaart**, sei·zoen·kaar·ten
de **sei·zoens·ar·beid** (m)
de **sei·zoens·ar·bei·der** (m), sei·zoens·ar·bei·ders
het **sei·zoens·fruit**
sei·zoens·ge·bon·den (bnw)
de **sei·zoens·groen·te** (v), sei·zoens·groen·ten, sei·zoens·groen·tes
de **sei·zoens·kaart**, sei·zoens·kaar·ten; sei·zoens·kaart·je
sei·zoens·ma·tig (bnw), sei·zoens·ma·ti·ge
het **sei·zoens·pro·duct**, sei·zoens·pro·duc·ten
de **sei·zoens·sa·la·de**, sei·zoens·sa·la·des
de **sei·zoens·start** (m), sei·zoens·starts
de **sei·zoen·start** (m), sei·zoen·starts
de **seks** (m)
de **seks·baas** (m), seks·ba·zen
de **seks·bom**, seks·bom·men
de **sek·se** (v), sek·sen, sek·ses
sek·sen (ww), seks, sekst; seks·te, seks·ten; ge·sekst
sek·se·neu·traal (bnw), sek·se·neu·tra·le
de **sek·ser** (m), sek·sers
de **seks·in·dus·trie** (v), seksindustrieën [seks·in·dus·trie·en]
het **sek·sis·me**, sek·sis·men
de **sek·sist** (m), sek·sis·ten
sek·sis·tisch (bnw), sek·sis·ti·sche
het **seks·le·ven**
de **seks·scè·ne**, seks·scè·nes
de **seks·shop** (m), seks·shops
de **seks·tape** (m), seks·tapes
de **sek·su·a·li·se·ring** (v), sek·su·a·li·se·rin·gen
de **sek·su·a·li·teit** (v)
sek·su·eel (bnw), sek·su·e·le
de **sek·suo·lo·ge** (v), sek·suo·lo·ges
de **sek·suo·lo·gie** (v)
de **sek·suo·loog** (m), sek·suo·lo·gen
de **sekt** (m), sek·ten
de **sektariër** [sek·ta·ri·er] (m), sektariërs [sek·ta·ri·ers]
sek·ta·risch (bnw), sek·ta·ri·sche
de **sek·te**, sek·ten, sek·tes
de **se·kwes·ter**[1] (m) *(persoon)*, se·kwes·ters
het **se·kwes·ter**[2] *(sekwestratie)*, se·kwes·ters
se·kwes·tre·ren (ww), se·kwes·treer, se·kwes·treert; se·kwes·treer·de, se·kwes·treer·den; ge·se·kwes·treerd
het **se·la**, se·la's
de **sel·der** (m), sel·ders; sel·der·tje
de **sel·de·rie** (m)
de **sel·de·rij** (m)

se·lect (bnw), se·lec·te
se·lec·te·ren (ww), se·lec·teer, se·lec·teert; se·lec·teer·de, se·lec·teer·den; ge·se·lec·teerd
de **se·lec·teur** (m), se·lec·teurs
de **se·lec·tie** (v), se·lec·ties
het **se·lec·tie·bu·reau**, se·lec·tie·bu·reaus
se·lec·tief (bnw), se·lec·tie·ve
de **se·lec·tie·pro·ce·du·re**, se·lec·tie·pro·ce·du·res
het **se·leen**
het **se·le·ni·um**
self·ful·fil·ling (bnw)
de **self·ful·fil·ling pro·phe·cy**, self·ful·fil·ling pro·phe·cy's
self·made (bnw)
de **self·made man** (m), self·made men
de **self·ser·vice** (m), self·ser·vi·ces
self·sup·por·ting (bnw)
de **sel·le·rie** (v)
de **sem** (m) *(peulvrucht)*
de **se·ma·foor** (m), se·ma·fo·ren
de **se·man·tiek** (v)
se·man·tisch (bnw), se·man·ti·sche
het **se·mes·ter**, se·mes·ters
se·mes·tri·eel (bnw), semestriële [se·mes·tri·e·le]
se·mi·au·to·ma·tisch (bnw), se·mi·au·to·ma·ti·sche
de **se·mi·bun·ga·low** (m), se·mi·bun·ga·lows
se·mi·col·lec·tief (bnw), se·mi·col·lec·tie·ve
de **Se·miet** (m) *(lid van het Semitische volk, Jood)*, Se·mie·ten
se·mi·ge·struc·tu·reerd (bnw), se·mi·ge·struc·tu·reer·de
se·mi-in·dus·tri·eel (bnw), semi-industriële [se·mi-in·dus·tri·e·le]
de **se·mi-in·tel·lec·tu·eel** (m), se·mi-in·tel·lec·tu·e·len
de **se·mi·kam·pi·oen** (m), se·mi·kam·pi·oe·nen
het **se·mi·kam·pi·oen·schap**, se·mi·kam·pi·oen·schap·pen
se·mi·le·gaal (bnw), se·mi·le·ga·le
de **se·mi·naar** (m), se·mi·naars
het **se·mi·nar**, se·mi·nars
het **se·mi·na·rie**, se·mi·na·ries
se·mi·of·fi·ci·eel (bnw), semiofficiële [se·mi·of·fi·ci·e·le]
de **se·mio·lo·gie** (v)
de **se·mi·o·tiek** (v)
de **se·mi·over·heid** (v), se·mi·over·he·den
het **se·mi·over·heids·be·drijf**, se·mi·over·heids·be·drij·ven
se·mi·per·ma·nent (bnw), se·mi·per·ma·nen·te
se·mi·per·me·a·bel (bnw), se·mi·per·me·a·be·le
de **se·mi·prof** (m), se·mi·profs
se·mi·pro·fes·si·o·neel (bnw), se·mi·pro·fes·si·o·ne·le
se·mi·pu·bliek (bnw), se·mi·pu·blie·ke
Se·mi·tisch (bnw), Se·mi·ti·sche
se·mi·trans·pa·rant (bnw), se·mi·trans·pa·ran·te
het **sem·tex**
de **se·naat** (m), se·na·ten
Se·naat *(bestuurslichaam in België)*, Se·na·ten
se·nang (bnw)
de **se·na·tor** (m), se·na·to·ren, se·na·tors
de **se·na·tri·ce** (v), se·na·tri·ces
se·niel (bnw), se·nie·le
de **se·ni·or**[1] (m), se·ni·o·ren, se·ni·o·res, se·ni·ors
se·ni·or[2] (bnw)
se·ni·or ad·vi·seur
het **se·ni·o·ren·be·leid**

de **se·ni·o·ren·bur·ger** (m), se·ni·o·ren·bur·gers
de **se·ni·o·ren·spe·ler** (m), se·ni·o·ren·spe·lers
de **se·ni·o·ren·wed·strijd** (m), se·ni·o·ren·wed·strij·den
de **se·ni·o·rie** (v), seniorieën [se·ni·o·rie·en], se·ni·o·ries
de **se·ni·o·ri·teit** (v)
se·ni·or ma·na·ger
se·ni·or on·der·zoe·ker
de **sen·sa·tie** (v), sen·sa·ties
sen·sa·ti·o·neel (bnw), sen·sa·ti·o·ne·le
de **sen·sei**, sen·seis
sen·si·bel (bnw), sen·si·be·le
de **sen·si·bi·li·sa·tie** (v), sen·si·bi·li·sa·ties
sen·si·bi·li·se·ren (ww), sen·si·bi·li·seer, sen·si·bi·li·seert; sen·si·bi·li·seer·de, sen·si·bi·li·seer·den; ge·sen·si·bi·li·seerd
de **sen·si·bi·li·se·ring** (v), sen·si·bi·li·se·rin·gen
de **sen·si·bi·li·se·rings·cam·pag·ne**, sen·si·bi·li·se·rings·cam·pag·nes
de **sen·si·bi·li·teit** (v), sen·si·bi·li·tei·ten
sen·si·tief (bnw), sen·si·tie·ve
de **sen·si·ti·vi·teit** (v), sen·si·ti·vi·tei·ten
de **sen·so**, sen·so's
sen·so·mo·to·risch (bnw), sen·so·mo·to·ri·sche
de **sen·sor** (m), sen·so·ren, sen·sors
sen·so·ri·eel (bnw), sen·so·ri·e·le
sen·so·risch (bnw), sen·so·ri·sche
sen·su·eel (bnw), sen·su·e·le
het **sen·ti·ment**, sen·ti·men·ten
sen·ti·men·teel (bnw), sen·ti·men·te·le
sep *(september)*
sep. *(september)*
het **se·pa·raat**[1], se·pa·ra·ten
se·pa·raat[2] (bnw), se·pa·ra·te
de **se·pa·ra·tie** (v), se·pa·ra·ties
se·pa·re·ren (ww), se·pa·reer, se·pa·reert; se·pa·reer·de, se·pa·reer·den; ge·se·pa·reerd
de **se·pia** *(stofnaam)*
se·po·ne·ren (ww), se·po·neer, se·po·neert; se·po·neer·de, se·po·neer·den; ge·se·po·neerd
de **se·po·ne·ring** (v), se·po·ne·rin·gen
het **se·pot**, se·pots
de **sep·sis** (v)
sept *(september)*
sept. *(september)*
de **sep·tem·ber** (m), sep·tem·bers
de **sep·tem·ber·dag** (m), sep·tem·ber·da·gen
de **sep·tic tank** (m), sep·tic tanks
sep·tisch (bnw) *(van bederfelijke aard)*, sep·ti·sche
het **se·queel**, se·que·len
de **se·quel** (m), se·quels
se·quen·cen (ww), se·quence, se·quencet; se·quence·te, se·quence·ten; ge·se·quencet
de **se·quens**, se·quen·sen
de **se·quen·tie** (v), se·quen·ties
se·quen·ti·eel (bnw), sequentiële [se·quen·ti·e·le]
de **se·quoia**, se·quoi·a's
de **se·raf** (m), se·rafs
se·reen (bnw), se·re·ne
de **se·reh**
de **se·re·na·de** (v), se·re·na·des
de **se·ren·di·pi·teit** (v), se·ren·di·pi·tei·ten
de **se·re·ni·teit** (v)
de **ser·ge**, ser·ges
de **ser·geant** (m), ser·gean·ten, ser·geants; ser·geant·je

de **ser·geant-ma·joor** (m), ser·geant-ma·joors
de **se·rie** (v), seriën [se·ri·en], se·ries; se·rie·tje
se·ri·eel (bnw), seriële [se·ri·e·le]
het **se·rie·num·mer**, se·rie·num·mers
seriëren [se·ri·e·ren] (ww), se·ri·eer, se·ri·eert; se·ri·eer·de, se·ri·eer·den; ge·se·ri·eerd
se·ri·eus (bnw), se·ri·eu·ze
de **se·ri·eus·heid** (v), se·ri·eus·he·den
de/het **sé·ri·eux**
de **se·ring**, se·rin·gen
se·ro·po·si·tief (bnw), se·ro·po·si·tie·ve
de **se·ro·to·ni·ne** (v)
het **ser·pent**, ser·pen·ten; ser·pent·je
de **ser·pen·ti·ne** (v), ser·pen·ti·nes; ser·pen·ti·ne·tje
de **ser·ra·no·ham**, ser·ra·no·ham·men
de **ser·re**, ser·res; ser·re·tje
het **se·rum**, se·ra, se·rums
de **serve**, serves; serve·je
de **ser·veer·boy** (m), ser·veer·boys; ser·veer·boy·tje
de **ser·veer·der** (m), ser·veer·ders
de **ser·veer·ster** (v), ser·veer·sters; ser·veer·ster·tje
de **ser·ver** (m), ser·vers; ser·ver·tje
ser·ve·ren (ww), ser·veer, ser·veert; ser·veer·de, ser·veer·den; ge·ser·veerd
de **ser·ver·ruim·te** (v), ser·ver·ruim·ten, ser·ver·ruim·tes
het **ser·vet**, ser·vet·ten; ser·vet·je
de **ser·veu·se** (v), ser·veu·ses; ser·veu·se·tje
de **ser·vice** (m), ser·vi·ces
het **ser·vice·abon·ne·ment**, ser·vice·abon·ne·men·ten
de **ser·vice·af·de·ling** (v), ser·vice·af·de·lin·gen
het **ser·vice·bu·reau**, ser·vice·bu·reaus
het **ser·vice·con·tract**, ser·vice·con·trac·ten
de **ser·vice·desk** (m), ser·vice·desks
de **ser·vice·dienst** (m), ser·vice·dien·sten
de **ser·vice·flat** (m), ser·vice·flats; ser·vice·flat·je
ser·vice·ge·richt (bnw), ser·vice·ge·rich·te
de **ser·vice·kos·ten** (mv)
het **ser·vice·le·vel**, ser·vice·le·vels
de **ser·vice·mon·teur** (m), ser·vice·mon·teurs
ser·vi·cen (ww), ser·vice, ser·vicet; ser·vice·te, ser·vice·ten; ge·ser·vicet
het **ser·vice·ni·veau**, ser·vice·ni·veaus
de **ser·vice·or·ga·ni·sa·tie** (v), ser·vice·or·ga·ni·sa·ties
de **ser·vice·over·een·komst** (v), ser·vice·over·een·kom·sten
de **ser·vice·pro·vi·der** (m), ser·vice·pro·vi·ders
het **ser·vice·punt**, ser·vice·pun·ten
de **ser·vice·sta·ti·on·hou·der** (m), ser·vice·sta·ti·on·hou·ders
de **ser·vice·ver·le·ning** (v), ser·vice·ver·le·nin·gen
de **Serviër** [Ser·vi·er] (m), Serviërs [Ser·vi·ers]
het **ser·vies**, ser·vie·zen; ser·vies·je
het **ser·vies·goed**
de **ser·vi·et·te**, ser·vi·et·tes
het **Ser·visch**[1] *(taal)*
Ser·visch[2] (bnw), Ser·vi·sche
het **ser·vi·tuut**, ser·vi·tu·ten
de **ser·vo·mo·tor** (m), ser·vo·mo·to·ren, ser·vo·mo·tors
de **se·sam** (m)
de **ses·sie** (v), ses·sies; ses·sie·tje
de **set** (m), sets; set·je

de **set·dans** (m), set·dan·sen
de **set·dans·ver·eni·ging** (v), set·dans·ver·eni·gin·gen
het **set·point**, set·points
set·te·len (ww), set·tel, set·telt; set·tel·de, set·tel·den; ge·set·teld
de **set·ter** (m), set·ters; set·ter·tje
de **set·ting**, set·tings
de **set·top·box** (m), set·top·boxen
de **set-up** (m), set-ups
het **seú·feest**, seú·fees·ten
de **seú·groep**, seú·groe·pen
de **seú·op·tocht** (m), seú·op·toch·ten
de **seú·pa·ra·de** (v), seú·pa·ra·des
de **seut** (m), seu·ten; seut·je
de **seú·vie·ring** (m), seú·vie·rin·gen
de **se·ven·ties** (mv)
de **sexa·ge·si·ma** (m)
de/het **sex·ap·peal** (m/o)
de **sext**, sex·ten
de **sex·tant** (m), sex·tan·ten
het **sex·tet**, sex·tet·ten; sex·tet·je
sexy (bnw)
sf-ach·tig (bnw), sf-ach·ti·ge
de **sfeer**, sfe·ren; sfeer·tje
de **sfeer·im·pres·sie** (v), sfeer·im·pres·sies
sfeer·vol (bnw), sfeer·vol·le
sfe·risch (bnw), sfe·ri·sche
de **sfinc·ter** (m), sfinc·ters
de **sfinx** (m), sfin·xen; sfinx·je
de **SGP'er** [SGP·er] (m), SGP'ers [SGP·ers]
het **SGP-lid**, SGP-le·den
het **sgraf·fi·to**, sgraf·fi·ti
de **S-haak** (m), S-ha·ken
shab·by (bnw)
de **shag** (m), shag·je
het **shag·gie**, shag·gies
sha·ken (ww), shake, shaket; shake·te, shake·ten; ge·shaket
shake·spea·re·aans (bnw), shake·spea·re·aan·se
het **Shake·speare·dra·ma**, Shake·speare·dra·ma's
sham·po·ne·ren (ww), sham·po·neer, sham·po·neert; sham·po·neer·de, sham·po·neer·den; ge·sham·po·neerd
de **sham·poo** (m), sham·poos; sham·poo·tje
shampooën [sham·poo·en] (ww), sham·poo, sham·poot; sham·poo·de, sham·poo·den; ge·sham·pood
de/het **shan·toeng** (m/o)
de **shan·ty**, shan·ty's
de **share** (m), shares
sha·ren (ww), share, sharet; share·de, share·den; ge·shared
de **sha·ria** (v)
de **sha·ron** (v), sha·rons
sha·ven (ww), shave, shavet; shave·de, shave·den; ge·shaved
de **shawl** (m), shawls; shawl·tje
de/het **sheet**, sheets
de **shell·shock** (m)
de **shel·ter** (m), shel·ters; shel·ter·tje
de **she·riff** (m), she·riffs
de **sher·pa**[1] (v) *(scout)*, sher·pa's
de **sher·pa**[2] (m) *(berggids)*, sher·pa's
de **Sher·pa** (m) *(lid v.h. Sherpavolk)*, Sher·pa's
de **sher·ry** (m), sher·ry's; sherry'tje [sher·ry·tje]
de **shet·lan·der** (m) *(pony)*, shet·lan·ders; shet·lan·der·tje
de **shet·land·po·ny** (m), shet·land·po·ny's
de **shi·at·su** (m)
de **shift** (m), shifts; shift·je
de **shift·dienst** (m), shift·dien·sten
het **shift·ver·band**, shift·ver·ban·den
de **shii·ta·ke**, shii·ta·kes
het **shintoïsme** [shin·to·is·me]

het **shirt**, shirts; shirt·je
de **shirt·spon·sor** (m), shirt·spon·so·ren, shirt·spon·sors
shit (tussenw)
de **sho·ah** (m) *(totale uitroeiing)*, sho·ahs
Sho·ah *(Jodenvervolging WO II)*
de **sho·ar·ma** (m), sho·ar·ma's
de **shock** (m), shocks; shock·je
shoc·ken (ww), shock, shockt; shock·te, shock·ten; ge·shockt
shoc·ke·ren (ww), shoc·keer, shoc·keert; shoc·keer·de, shoc·keer·den; ge·shoc·keerd
shoc·king (bnw)
de **shock·the·ra·pie** (v), shocktherapieën [shock·the·ra·pie·en]
de **sho·gun** (m), sho·guns
de **shoot** (m), shoots
de **shoot-out** (m), shoot-outs
de **shop** (m), shops; shop·je
de **shop·aho·lic** (m), shop·aho·lics
shop·pen (ww), shop, shopt; shop·te, shop·ten; ge·shopt
de **shop·per** (m), shop·pers
de **shop·ping**
het **shop·ping·cen·ter**, shop·ping·cen·ters
het **shop·ping·cen·trum**, shop·ping·cen·tra, shop·ping·cen·trums
de **shop·ping·mall** (m), shop·ping·malls
de **short** (m), shorts; short·je
de **short·cut** (m), short·cuts
de **short·list** (m), short·lists
de **short sto·ry**, short sto·ry's
de/het **shot** (m/o), shots; shot·je
shot·ten (ww) *(injecteren met drugs)*, shot, shot; shot·te, shot·ten; ge·shot
de **sho·vel** (m), sho·vels
de **show** (m), shows; show·tje
de **show·bizz** (m)
de **show·bizz·quiz** (m), show·bizz·quiz·zen
de **show·busi·ness** (m)
de **show·case** (m), show·ca·ses
sho·wen (ww), show, showt; show·de, show·den; ge·showd
show·min·nend (bnw), show·min·nen·de
de **show·or·ga·ni·sa·tor** (m), show·or·ga·ni·sa·to·ren, show·or·ga·ni·sa·tors
de **show·room** (m), show·rooms
de **shred·der** (m), shred·ders
de **shuf·fle** (m), shuf·fles
de **shunt** (m), shunts
de **shut·ter**, shut·ters
de **shut·ter·boom** (m), shut·ter·bo·men
de **shut·tle** (m), shut·tles
de **si**, si's
de **si·a·mang** (m), si·a·mangs
de **si·a·mees** (m) *(kat)*, si·a·me·zen; si·a·mees·je
de **Si·a·mees**[1] (m) *(persoon)*, Si·a·me·zen; Si·a·mees·je
het **Si·a·mees**[2] *(taal)*
Si·a·mees[3] (bnw) *(m.b.t. Siam)*, Si·a·me·se
Si·a·me·se twee·ling
de **sib·be**, sib·ben
Si·be·risch (bnw) *(m.b.t. Siberië)*, Si·be·ri·sche
Si·be·ri·sche tij·ger
si·bi·bu·si, si·bi·bu·si's
de **si·bil·le** (v), si·bil·len
si·bil·lijns (bnw), si·bil·lijn·se
sic (bijw)
de **si·cav** (m), si·cavs
de **Si·ci·li·aan** (m), Si·ci·li·a·nen
het **Si·ci·li·aans**[1] *(dialect)*
Si·ci·li·aans[2] (bnw), Si·ci·li·aan·se

de **sid·der·aal** (m), sid·der·alen
sid·de·ren (ww), sid·der, sid·dert; sid·der·de, sid·der·den; ge·sid·derd
de **sid·de·ring** (v), sid·de·rin·gen
de **side·kick** (m), side·kicks
si·de·raal (bnw), si·de·ra·le
de **side·ta·ble**, side·ta·bles
de/het **sief** (m/o)
de **sier**
het **sie·raad**, sie·ra·den; sie·raad·je
sie·ren (ww), sier, siert; sier·de, sier·den; ge·sierd
de **sier·kun·ste·naar** (m), sier·kun·ste·naars
sier·lijk (bnw), sier·lij·ke
het **sier·paard**, sier·paar·den
de **siërra** [si·er·ra], siërra's [si·er·ra's]
het **sier·sel**, sier·sels; sier·sel·tje
de **sier·steek** (m), sier·ste·ken
de **siësta** [si·es·ta], siësta's [si·es·ta's]
de **si·fon** (m), si·fons
de **si·gaar**, si·ga·ren; si·gaar·tje
de **si·ga·ren·ko·ker** (m), si·ga·ren·ko·kers
de **si·ga·ret**, si·ga·ret·ten; si·ga·ret·je
de **si·ga·ret·ten·aan·ste·ker** (m), si·ga·ret·ten·aan·ste·kers
de **si·ga·ret·ten·peuk** (m), si·ga·ret·ten·peu·ken; si·ga·ret·ten·peuk·je
de **si·ga·ret·ten·rook** (m)
sightseeën [sight·see·en] (ww)
de **sight·see·ing**
het **sig·naal**, sig·na·len; sig·naal·tje
het **sig·na·le·ment**, sig·na·le·men·ten; sig·na·le·ment·je
sig·na·le·ren (ww), sig·na·leer, sig·na·leert; sig·na·leer·de, sig·na·leer·den; ge·sig·na·leerd
de **sig·na·le·ring** (v), sig·na·le·rin·gen
de **sig·na·li·sa·tie** (v), sig·na·li·sa·ties
sig·na·li·se·ren (ww), sig·na·li·seer, sig·na·li·seert; sig·na·li·seer·de, sig·na·li·seer·den; ge·sig·na·li·seerd
de **sig·na·tuur** (v), sig·na·tu·ren
sig·ne·ren (ww), sig·neer, sig·neert; sig·neer·de, sig·neer·den; ge·sig·neerd
sig·ni·fi·cant (bnw), sig·ni·fi·can·te
de **sig·ni·fi·can·tie** (v), sig·ni·fi·can·ties
de **sig·ni·fi·ca·tie** (v), sig·ni·fi·ca·ties
sij·pe·len (ww), sij·pel, sij·pelt; sij·pel·de, sij·pel·den; ge·sij·peld
de **sijs** *(vogel)*, sij·zen; sijs·je
de **sik**, sik·ken; sik·je
de **si·ka**, si·ka's
de **sikh** (m), sikhs
de **sik·kel**[1] (m) *(munt, gewicht)*, sik·ke·len, sik·kels; sik·kel·tje
de **sik·kel**[2] *(maaiwerktuig)*, sik·kels; sik·kel·tje
sik·ke·neu·rig (bnw), sik·ke·neu·ri·ge
de **sik·ke·pit**, sik·ke·pit·je
de **sik·si·yu·ru**, sik·si·yu·ru's
de **si·lex**[1] (m) *(voorwerp)*, si·lexen
het **si·lex**[2] *(stofnaam)*
de/het **sil·hou·et**, sil·hou·et·ten; sil·hou·et·je
de **si·li·ca** (mv)
het **si·li·caat**, si·li·ca·ten
het **si·li·ci·um**
het **si·li·con**, si·li·co·nen
het **si·li·co·ne**[1], si·li·co·nen
si·li·co·ne[2] (bnw)
si·li·co·nen (bnw)
de **si·lo** (m), si·lo's; silootje [si·lo·tje]
de **sim** *(simkaart)*, sims
de **si·ma·dan**

het **si·mi·lor**
de **sim·kaart**, sim·kaar·ten; sim·kaart·je
sim·lock·vrij (bnw), sim·lock·vrije
sim·men (ww), sim, simt; sim·de, sim·den; ge·simd
si·mo·ni·se·ren (ww), si·mo·ni·seer, si·mo·ni·seert; si·mo·ni·seer·de, si·mo·ni·seer·den; ge·si·mo·ni·seerd
sim·pel (bnw), sim·pe·le
sim·pel·weg (bijw)
de **sim·pli·fi·ca·tie** (v), sim·pli·fi·ca·ties
sim·pli·fi·ce·ren (ww), sim·pli·fi·ceer, sim·pli·fi·ceert; sim·pli·fi·ceer·de, sim·pli·fi·ceer·den; ge·sim·pli·fi·ceerd
de **sim·pli·fi·ce·ring** (v), sim·pli·fi·ce·rin·gen
sim·plis·tisch (bnw), sim·plis·ti·sche
de **si·mu·la·tie** (v), si·mu·la·ties
de **si·mu·la·tor** (m), si·mu·la·to·ren, si·mu·la·tors
si·mu·le·ren (ww), si·mu·leer, si·mu·leert; si·mu·leer·de, si·mu·leer·den; ge·si·mu·leerd
si·mul·taan (bnw), si·mul·ta·ne
de **simultaneïteit** [si·mul·ta·ne·i·teit] (v), simultaneïteiten [si·mul·ta·ne·i·tei·ten]
de **si·naas·ap·pel** (m), si·naas·ap·pe·len, si·naas·ap·pels; si·naas·ap·pel·tje
het **si·naas·ap·pel·sap**, si·naas·ap·pel·sap·pen
de **si·nas** (m)
sinds[1] (voorz)
sinds[2] (voegw)
sinds·dien (bijw)
de **si·ne·cu·re**, si·ne·cu·res; si·ne·cuur·tje
de **sin·gel** (m) *(stadsgracht; weg langs stadsgracht),* sin·gels; sin·gel·tje
de **sin·ger-song·wri·ter** (m), sin·ger-song·wri·ters, sin·gers-song·wri·ters
de **sing-in** (m), sing-ins
de **sin·gle** (m) *(grammofoonplaat; alleenstaande),* sin·gles; sin·gle·tje
de **sin·glet** (m), sin·glets; sin·glet·je
de **sin·gu·la·ris** (m), sin·gu·la·ria, sin·gu·la·ris·sen
sin·gu·lier (bnw), sin·gu·lie·re
si·nis·ter (bnw), si·nis·te·re
de **sin·joor** (m) *(Antwerpenaar),* sin·jo·ren
de **sint** (m), sin·ten; sint·je
de **sint-ber·nard** (m), sint-ber·nards
de **sint-ber·nards·hond** (m), sint-ber·nards·hon·den; sint-ber·nards·hond·je
Sint-Bern·hard·pas
de **sin·tel** (m), sin·tels; sin·tel·tje
de **sin·ter** (m), sin·ters
sin·te·ren (ww), sin·ter, sin·tert; sin·ter·de, sin·ter·den; ge·sin·terd
de **sin·ter·klaas** (m) *(persoon die voor Sint-Nicolaas speelt),* sin·ter·kla·zen; sin·ter·klaas·je
Sin·ter·klaas *(Sint-Nicolaas),* Sin·ter·klaas·je
de **sin·ter·klaas·avond** (m), sin·ter·klaas·avon·den; sin·ter·klaas·avond·je
het **sin·ter·klaas·ca·deau**, sin·ter·klaas·ca·deaus; sin·ter·klaas·ca·deau·tje
de **sin·ter·klaas·dag** (m), sin·ter·klaas·da·gen
het **sin·ter·klaas·feest**,

sin·ter·klaas·fees·ten; sin·ter·klaas·feest·je

het **sin·ter·klaas·ge·dicht**, sin·ter·klaas·ge·dich·ten; sin·ter·klaas·ge·dicht·je

het **sin·ter·klaas·ge·schenk**, sin·ter·klaas·ge·schen·ken; sin·ter·klaas·ge·schenk·je

de **sin·ter·klaas·in·tocht** (m), sin·ter·klaas·in·toch·ten

de **sin·ter·klaas·tijd** (m)

de **sin·ter·klaas·vie·ring** (v), sin·ter·klaas·vie·rin·gen

de **Sin·ti** (m), Sin·ti

de **sint-ja·kobs·noot**, sint-ja·kobs·no·ten; sint-ja·kobs·noot·je

de **sint-ja·kobs·schelp**, sint-ja·kobs·schel·pen; sint-ja·kobs·schelp·je

de **sint-ja·kobs·vrucht**, sint-ja·kobs·vruch·ten

het **sint-jans·kruid**

sint-·jut·te·mis: met sint-juttemis

Sint-Ni·co·laas

de **Sint-Pie·ters·pen·ning** (m), Sint-Pie·ters·pen·nin·gen

de **si·nus** (m), si·nus·sen

de **si·nu·si·tis** (v), si·nu·si·tis·sen

Si·on

de **Sioux**[1] (m) *((lid van) indianenstam),* Sioux

het **Sioux**[2] *(taal)*

sip (bnw), sip·pe

de **sir** (m), sirs

de **si·re** (m), si·res

de **si·re·ne**[1] (v) *(vrouwelijk wezen),* si·re·nen

de **si·re·ne**[2] (v) *(voorwerp),* si·re·nen, si·re·nes

het **si·re·ne·ge·loei**

de **si·re·nen·zang** (m), si·re·nen·zan·gen

de **si·roop**, si·ro·pen; si·roop·je

de **sir·ta·ki** (m), sir·ta·ki's

de **si·sal** (m)

de **SIS-kaart**, SIS-kaar·ten

de **sis·klank** (m), sis·klan·ken

sis·sen (ww), sis, sist; sis·te, sis·ten; ge·sist

de **sis·ser** (m), sis·sers; sis·ser·tje

de **sis·sy** (m), sis·sy's

de **sis·ter** (m), sis·ters

de **si·sy·fus·ar·beid** (m)

de **si·tar** (m), si·tars

de **sit·com** (m), sit·coms

de **si·te**[1] *(terrein),* si·ten, si·tes

de **site**[2] *(locatie; website),* sites

de **site·map** (m), site·maps

de **sit-in** (m), sit-ins

het **sits**, sit·sen; sits·je

de **si·tu·a·tie** (v), si·tu·a·ties; si·tu·a·tie·tje

si·tu·a·tie·af·han·ke·lijk (bnw), si·tu·a·tie·af·han·ke·lij·ke

de **si·tu·a·tie·schets**, si·tu·a·tie·schet·sen; si·tu·a·tie·schets·je

si·tu·a·ti·o·neel (bnw), si·tu·a·ti·o·ne·le

si·tu·e·ren (ww), si·tu·eer, si·tu·eert; si·tu·eer·de, si·tu·eer·den; ge·si·tu·eerd

de **si·tu·e·ring** (v), si·tu·e·rin·gen

de **sit-up** (m), sit-ups

het **six·pack**, six·packs; six·pack·je

de **six·ties** (mv)

six·tijns (bnw), six·tijn·se

de **sjaak** (m), sja·ken

de **sjaal** (m), sjaals; sjaal·tje

de **sjab·bat** (m), sjab·ba·tot, sjab·bat·ten

de **sjab·bes** (m), sjab·be·sen

de **sja·blo·ne**, sja·blo·nen

de **sja·bloon**, sja·blo·nen;

sja·bloon·tje
de **sja·che·raar** (m), sja·che·raars
sja·che·ren (ww), sja·cher, sja·chert; sja·cher·de, sja·cher·den; ge·sja·cherd
de **sjah** (m), sjahs; sjah·tje
de **sja·ko** (m), sja·ko's; sjakootje [sja·ko·tje]
sja·lom (tussenw)
de **sja·lot**, sja·lot·ten; sja·lot·je
de **sja·maan** (m), sja·ma·nen
de **sjam·pie** (m), sjam·pies
de **sjans**
sjan·sen (ww), sjans, sjanst; sjans·te, sjans·ten; ge·sjanst
de **sjap·pie** (m), sjap·pies
de **sjas·liek** (m), sjas·lieks
de **sjas·lik** (m), sjas·liks
de **sjees**, sje·zen
de **sjeik** (m), sjeiks
de **sje·kel** (m), sje·kels
het **sjek·kie** *(sigaret)*, sjek·kies
de **sjerp** (m), sjer·pen
sje·zen (ww), sjees, sjeest; sjees·de, sjees·den; ge·sjeesd
de **sjia**
het **sjib·bo·let**, sjib·bo·lets
de **sji·iet** (m), sji·ie·ten
het **sji·is·me**
sji·i·tisch (bnw), sji·i·ti·sche
de **sjik·se** (v), sjik·ses
sjil·pen (ww), sjilp, sjilpt; sjilp·te, sjilp·ten; ge·sjilpt
sjir·pen (ww), sjirp, sjirpt; sjirp·te, sjirp·ten; ge·sjirpt
de **sjoe·ge** (m)
de **sjoel** (m), sjoels; sjoel·tje
de **sjoel·bak** (m), sjoel·bak·ken
sjoel·bak·ken (ww), sjoel·bak, sjoel·bakt; sjoel·bak·te, sjoel·bak·ten; ge·sjoel·bakt
sjoe·len (ww), sjoel, sjoelt; sjoel·de, sjoel·den; ge·sjoeld
de **sjoe·me·laar** (m), sjoe·me·laars
sjoe·me·len (ww), sjoe·mel, sjoe·melt; sjoe·mel·de, sjoe·mel·den; ge·sjoe·meld
de **sjo·far** (m), sjo·fars
sjo·fel (bnw), sjo·fe·le
sjok·ken (ww), sjok, sjokt; sjok·te, sjok·ten; ge·sjokt
sjon·ge (tussenw)
sjor·ren (ww), sjor, sjort; sjor·de, sjor·den; ge·sjord
sjot·ten (ww), sjot, sjot; sjot·te, sjot·ten; ge·sjot
de **sjouw** (m), sjou·wen
sjou·wen (ww), sjouw, sjouwt; sjouw·de, sjouw·den; ge·sjouwd
de **sjtetl** (m), sjtetls
de **sjwa**, sjwa's
de **ska** (m)
het **skaat**
het **skai**
de **skate** (m), skates
het **skate·board**, skate·boards; skate·board·je
skate·boar·den (ww), skate·board, skate·boardt; skate·board·de, skate·board·den; ge·skate·board
ska·ten (ww), skate, skatet; skate·te, skate·ten; ge·skatet
het **skate·park**, skate·par·ken; skate·park·je
de **ska·ter** (m), ska·ters; ska·ter·tje
de **skee·ler** (m), skee·lers
skee·le·ren (ww), skee·ler, skee·lert; skee·ler·de, skee·ler·den; ge·skee·lerd
skeer (bnw)
de **skeet** (m)
het **ske·let**, ske·let·ten; ske·let·je
de **sketch**, sket·ches; sketch·je
de **ski** (m), ski's; skietje [ski·tje]
het **ski·avon·tuur**, ski·avon·tu·ren

de **ski·bril** (m), ski·bril·len
de **ski·broek**, ski·broe·ken
skiën [ski·en] (ww), ski, skiet; skie·de, skie·den; ge·skied
de **skiër** [ski·er] (m), skiërs [ski·ers]; skiërtje [ski·er·tje]
de **skie·ster** (v), skie·sters
het **ski-eve·ne·ment**, ski-eve·ne·men·ten
de **skiff** (m), skiffs; skiff·je
skif·fen (ww), skif, skift; skif·te, skif·ten; ge·skift
de **ski·hut**, ski·hut·ten
de **ski-in·struc·teur** (m), ski-in·struc·teurs
het **ski-in·ter·naat**, ski-in·ter·na·ten
het **ski-jack**, ski-jacks
de **ski-jas**, ski-jas·sen; ski-jas·je
de **ski·lat**, ski·lat·ten; ski·lat·je
de **ski·le·raar** (m), ski·le·raars, ski·le·ra·ren
de **ski·les**, ski·les·sen
de **ski·lift** (m), ski·lif·ten; ski·lift·je
de **skill** (m), skills
ski·lo·pen (ww), loop ski, loopt ski; liep ski, lie·pen ski; ski·ge·lo·pen
skim·men (ww), skim, skimt; skim·de, skim·den; ge·skimd
de **ski·mo·ni·tor** (m), ski·mo·ni·to·ren, ski·mo·ni·tors
de **skin** (m), skins
skin·ny (bnw)
het **ski·on·ge·luk**, ski·on·ge·luk·ken
het **ski·on·ge·val**, ski·on·ge·val·len
het **ski·oord**, ski·oor·den
de **skip** (m), skips
het **ski·pak**, ski·pak·ken; ski·pak·je
de **ski·pis·te**, ski·pis·ten, ski·pis·tes
skip·pen (ww), skip, skipt; skip·te, skip·ten; ge·skipt
de **ski·reis**, ski·rei·zen; ski·reis·je
de **ski·sport**, ski·spor·ten
de **ski·trip** (m), ski·trips; ski·trip·je
de **ski·uit·rus·ting** (v), ski·uit·rus·tin·gen
de **ski·va·kan·tie** (v), ski·va·kan·ties
skol (tussenw)
skra·ki·po·ku, skra·ki·po·ku's
het **skût·sje**, skût·sjes
het **skût·sje·si·len**
de **sky·box** (m), sky·boxen; sky·box·je
sky·di·ven (ww), sky·dive, sky·divet; sky·dive·de, sky·dive·den; ge·sky·dived
de **sky·line** (m), sky·lines
sky·pen (ww), skype, skypet; skype·te, skype·ten; ge·skypet
s.l. (bijw) *(sine loco)*
de **sla**
de **slaaf** (m) *(onvrij persoon)*, sla·ven; slaaf·je
de **Slaaf** (m) *(lid v.h. Slavische volk)*, Sla·ven; Slaaf·je
de **slaag** (m)
de **slaag·kans**, slaag·kan·sen
het **slaag·per·cen·ta·ge**, slaag·per·cen·ta·ges
het **slaak**, sla·ken
slaan (ww), sla, slaat; sloeg, sloe·gen; ge·sla·gen
de **slaap** (m), sla·pen; slaap·je
de **slaap·ap·neu** (m), slaap·ap·neus
de **slaap·bank**, slaap·ban·ken
het **slaap·been**, slaap·been·de·ren, slaap·be·nen; slaap·been·tje
de **slaap·dienst** (m), slaap·dien·sten
de **slaap·ge·le·gen·heid** (v), slaap·ge·le·gen·he·den
de **slaap·jurk**, slaap·jur·ken; slaap·jurk·je
de **slaap·ka·mer**, slaap·ka·mers; slaap·ka·mer·tje
het **slaap·ka·mer·raam**, slaap·ka·mer·ra·men;

slaap·ka·mer·raam·pje
de **slaap·kop** (m), slaap·kop·pen; slaap·kop·je
de/het **slaap·ta·blet**, slaap·ta·blet·ten; slaap·ta·blet·je
het **slaap·te·kort**, slaap·te·kor·ten
slaap·wan·de·len (ww), slaap·wan·del, slaap·wan·delt; slaap·wan·del·de, slaap·wan·del·den; ge·slaap·wan·deld
slaap·wel (tussenw)
de **slaap·zak** (m), slaap·zak·ken; slaap·zak·je
het **slaatje** [sla·tje], slaatjes [sla·tjes]
de **slab**, slab·ben; slab·be·tje, slab·je
sla·bak·ken (ww), sla·bak, sla·bakt; sla·bak·te, sla·bak·ten; ge·sla·bakt
de **slacht**
slach·ten (ww), slacht, slacht; slacht·te, slacht·ten; ge·slacht
het **slacht·huis**, slacht·hui·zen; slacht·huis·je
de **slach·ting** (v), slach·tin·gen
het **slacht·of·fer**, slacht·of·fers; slacht·of·fer·tje
slacht·of·fe·ren (ww), slacht·of·fer, slacht·of·fert; slacht·of·fer·de, slacht·of·fer·den; ge·slacht·of·ferd
de **slacht·of·fer·rol**, slacht·of·fer·rol·len; slacht·of·fer·rol·le·tje
het **slacht·of·fer·schap**, slacht·of·fer·schap·pen
het **slacht·vee·be·drijf**, slacht·vee·be·drij·ven
de **slacht·vee·sec·tor** (m), slacht·vee·sec·to·ren, slacht·vee·sec·tors
het **slacht·veld**, slacht·vel·den
de/het **slag** (m/o), sla·gen; slag·je
de **slag·ader**, slag·ade·ren, slag·aders; slag·ader·tje
het **slag·bal**
de **slag·bal·sport**
de **slag·boom** (m), slag·bo·men; slag·boom·pje
sla·gen (ww), slaag, slaagt; slaag·de, slaag·den; ge·slaagd
de **sla·ger** (m), sla·gers; sla·ger·tje
de **sla·ge·rij** (v), sla·ge·rij·en; sla·ge·rij·tje
de **sla·gings·kans**, sla·gings·kan·sen
de **sla·gings·norm**, sla·gings·nor·men
het **sla·gings·per·cen·ta·ge**, sla·gings·per·cen·ta·ges
de **slag·kracht**
de **slag·room** (m)
de **slag·tand** (m), slag·tan·den; slag·tand·je
het **slag·veld**, slag·vel·den; slag·veld·je
het **slag·werk**, slag·werk·je
de **slag·zin** (m), slag·zin·nen; slag·zin·ne·tje
de **slak**[1], slak·ken; slak·je
slak[2] (bnw), slak·ke
sla·ken (ww), slaak, slaakt; slaak·te, slaak·ten; ge·slaakt
de **slak·ken·gang** (m), slak·ken·gan·gen; slak·ken·gan·ge·tje
het **slak·ken·huis**, slak·ken·hui·zen; slak·ken·huis·je
de **sla·kom**, sla·kom·men
de **sla·lom** (m), sla·loms
sla·lom·men (ww), sla·lom, sla·lomt; sla·lom·de, sla·lom·den; ge·sla·lomd
de **slam** (m), slams
de **slang**[1] *(buis, dier)*, slan·gen; slan·ge·tje
het **slang**[2] *(groepstaal)*

de **slan·gen·beet** (m), slan·gen·be·ten
het **slan·gen·hout**
het **slan·gen·kruid**
slank (bnw), slan·ke
de **sla·olie**, slaoliën [sla·oli·en]
slap (bnw), slap·pe
sla·pe·loos (bnw), sla·pe·lo·ze
de **sla·pe·loos·heid** (v)
sla·pen (ww), slaap, slaapt; sliep, slie·pen; ge·sla·pen
het **sla·pen·gaan**
slap·pen (ww), slap, slapt; slap·te, slap·ten; ge·slapt
de **slap·stick** (m), slap·sticks
de **slap·te** (v), slap·ten, slap·tes
de **slash** (m), sla·shes
sla·ven (ww), slaaf, slaaft; slaaf·de, slaaf·den; ge·slaafd
de **sla·ven·bel**, sla·ven·bel·len
het **sla·ven·bor·de·rel**, sla·ven·bor·de·rel·len
de **sla·ven·mees·ter** (m), sla·ven·mees·ters
de **sla·ven·tijd** (m), sla·ven·tij·den
de **sla·ver·nij** (v), sla·ver·nij·en
het **Sla·visch**[1] *(taal)*
Sla·visch[2] (bnw), Sla·vi·sche
slecht (bnw), slech·te
slecht·be·taald (bnw), slecht·be·taal·de
slech·ten (ww), slecht, slecht; slecht·te, slecht·ten; ge·slecht
de **slech·te·rik** (m), slech·te·ri·ken
slecht·ge·hu·meurd (bnw), slecht·ge·hu·meur·de
slecht·ge·zind (bnw), slecht·ge·zin·de
de **slecht·ho·ren·de**, slecht·ho·ren·den
het **slecht·nieuws·ge·sprek**, slecht·nieuws·ge·sprek·ken
slechts (bijw)
slecht·ziend (bnw), slecht·zien·de
de **slecht·zien·de**, slecht·zien·den
de **sle·de**, sle·den, sle·des
de **sle·de·hond** (m), sle·de·hon·den
sle·den (ww), sleed, sleedt; sleed·de, sleed·den; ge·sleed
de **sle·de·rit** (m), sle·de·rit·ten
de **sle·de·tocht** (m), sle·de·toch·ten
de **slee**[1] (m) *(boom),* sleeën [slee·en]; slee·tje
de **slee**[2] *(slede),* sleeën [slee·en]; slee·tje
slee[3] (bnw), sleeë
sleeën [slee·en] (ww), slee, sleet; slee·de, slee·den; ge·sleed
de **sleeër** [slee·er] (m), sleeërs [slee·ers]
de **sleep** (m), sle·pen; sleep·je
de **sleep-in** (m), sleep-ins
het **sleep·touw**, sleep·tou·wen
de **sleet**
sleets (bnw), sleet·se
sleeuw (bnw), sleeu·we
de **sleg**, sleg·gen
de/het **slem** (m/o)
de **slemp** (m), slem·pen
de **slenk**, slen·ken
slen·te·ren (ww), slen·ter, slen·tert; slen·ter·de, slen·ter·den; ge·slen·terd
sle·pen (ww), sleep, sleept; sleep·te, sleep·ten; ge·sleept
de **slet** (v), slet·ten; slet·je
de **slet·ten·bak** (m), slet·ten·bak·ken; slet·ten·bak·je
de **sleuf**, sleu·ven; sleuf·je
de **sleur** (m)
sleu·ren (ww), sleur, sleurt; sleur·de, sleur·den; ge·sleurd
de **sleu·tel** (m), sleu·tels; sleu·tel·tje
het **sleu·tel·been**, sleu·tel·been·de·ren,

sleu·tel·be·nen; sleu·tel·been·tje
de **sleu·tel·bos** (m), sleu·tel·bos·sen; sleu·tel·bos·je
de **sleu·tel·dra·ger** (m), sleu·tel·dra·gers
sleu·te·len (ww), sleu·tel, sleu·telt; sleu·tel·de, sleu·tel·den; ge·sleu·teld
de **sleu·tel·fi·guur**, sleu·tel·fi·gu·ren; sleu·tel·fi·guur·tje
de **sleu·tel·func·tie** (v), sleu·tel·func·ties
het **sleu·tel·gat**, sleu·tel·ga·ten; sleu·tel·gaat·je
de **sleu·tel·han·ger** (m), sleu·tel·han·gers; sleu·tel·han·ger·tje
sleu·tel-op-de-deur (bnw)
de **sleu·tel·per·soon** (m), sleu·tel·per·so·nen
het **sleu·tel·woord**, sleu·tel·woor·den
het **slib**, slib·ben, slibs
slib·ben (ww), slib, slibt; slib·de, slib·den; ge·slibd
de **slice**, sli·ces
slick (bnw), slic·ke
sliep (tussenw)
de **slier** (m), slie·ren; slier·tje
slie·ren (ww), slier, sliert; slier·de, slier·den; ge·slierd
de **sliet**, slie·ten
het **slijk**
de/het **slijm** (m/o), slij·men; slijm·pje
slij·men (ww), slijm, slijmt; slijm·de, slijm·den; ge·slijmd
de **slijm·jurk**, slijm·jur·ken
slij·pen (ww), slijp, slijpt; sleep, sle·pen; ge·sle·pen
de **slij·per** (m), slij·pers; slij·per·tje
het **slijp·meel**
het **slijs·je**, slijs·jes
de **slij·ta·ge** (v), slij·ta·ges
slij·ten (ww), slijt, slijt; sleet, sle·ten; ge·sle·ten
de **slij·te·rij** (v), slij·te·rij·en
slij·zen (ww), slijs, slijst; slijs·de, slijs·den; ge·slijsd
de **slik**[1] (m) *(het slikken),* slik·je
het **slik**[2] *(slijk)*
het **slik**[3] *(stuk aangeslibde grond),* slik·ken; slik·je
slik·ken (ww), slik, slikt; slik·te, slik·ten; ge·slikt
slim (bnw), slim·me
de **slim·heid** (v), slim·he·den
de **slim·merd** (m), slim·merds; slim·merd·je
de **slim·me·rik** (m), slim·me·ri·ken; slim·me·rik·je
de **sling** (m), slings
de **slin·ger** (m), slin·gers; slin·ger·tje
slin·ge·ren (ww), slin·ger, slin·gert; slin·ger·de, slin·ger·den; ge·slin·gerd
slin·ken (ww), slink, slinkt; slonk, slon·ken; ge·slon·ken
de **slip**[1] (m) *(het slippen; deel werphen-gel),* slips
de **slip**[2] (m) *(onderbroek),* slips; slip·je
de **slip**[3] *(afhangende punt; strook),* slip·pen; slip·je
slip·pen (ww), slip, slipt; slip·te, slip·ten; ge·slipt
de **slip·per** (m), slip·pers; slip·per·tje
de **slip·stream** (m), slip·streams
de **slip·tong**, slip·ton·gen; slip·ton·ge·tje
slis·sen (ww), slis, slist; slis·te, slis·ten; ge·slist
de **slob·be**, slob·ben; slob·be·tje
de **slob·ber·broek**, slob·ber·broe·ken
de **slod·der·vos** (m), slod·der·vos·sen
de **sloef** (m), sloe·ven
de **sloep**, sloe·pen; sloep·je
de **sloe·rie** (v), sloe·ries

de **slof**[1] (m), slof·fen; slof·je
slof[2] (bnw), slof·fe
slof·fen (ww), slof, sloft; slof·te, slof·ten; ge·sloft
de **slo·gan** (m), slo·gans; slo·gan·ne·tje
slo·ga·nesk (bnw), slo·ga·nes·ke
de **slok** (m), slok·ken; slok·je
de **slok·darm** (m), slok·dar·men
slok·ken (ww), slok, slokt; slok·te, slok·ten; ge·slokt
de **slok·op** (m), slok·op·pen
de **slo·me·rik** (m), slo·me·ri·ken
de **sloof**[1] (v) *(persoon),* slo·ven; sloof·je
de **sloof**[2] *(zaak),* slo·ven; sloof·je
sloom (bnw), slo·me
de **sloop**[1] (m) *(het slopen),* sloop·je
de/het **sloop**[2] *(kussenovertreksel),* slo·pen; sloop·je
de **sloor** (v) *(vrouw),* slo·ren; sloor·tje
de **sloot**, slo·ten; sloot·je
het **slop**, slop·pen; slop·je
slo·pen (ww), sloop, sloopt; sloop·te, sloop·ten; ge·sloopt
slor·dig (bnw), slor·di·ge
de **slor·dig·heid** (v), slor·dig·he·den; slor·dig·heid·je
slor·pen (ww), slorp, slorpt; slorp·te, slorp·ten; ge·slorpt
de **slot**[1] (m) *(gokkast),* slots; slot·je
het **slot**[2] *(sleuf; tijdruimte),* slots; slot·je
het **slot**[3] *(sluiting; (uit)einde; uitkomst; burcht),* slo·ten; slot·je
het **slot·ak·koord**, slot·ak·koor·den
slo·ten (ww), sloot, sloot; sloot·te, sloot·ten; ge·sloot
de **slot·fa·se** (v), slot·fa·sen, slot·fa·ses
het **slot·hoofd·stuk**, slot·hoofd·stuk·ken
de **slot·re·de**, slot·re·des
de **slot·scè·ne**, slot·scè·nes
de **slot·som**, slot·som·men
slot·te: ten slotte
het **slot·woord**, slot·woor·den; slot·woord·je
de **Slo·vaak** (m), Slo·va·ken
Slo·vaaks (bnw), Slo·vaak·se
de **Slo·veen** (m), Slo·ve·nen
het **Slo·veens**[1] *(taal)*
Slo·veens[2] (bnw), Slo·veen·se
slo·ven (ww), sloof, slooft; sloof·de, sloof·den; ge·sloofd
de **Slo·waak** (m), Slo·wa·ken
Slo·waaks (bnw), Slo·waak·se
slo·wen (ww), slow, slowt; slow·de, slow·den; ge·slowd
het **slow·food**
de **slow mo·ti·on** (m), slow mo·ti·ons
de **slui·er** (m), slui·ers; slui·er·tje
slui·e·ren (ww), slui·er, slui·ert; slui·er·de, slui·er·den; ge·slui·erd
de **sluik**[1]
sluik[2] (bnw), slui·ke
de **sluik·re·cla·me**, sluik·re·cla·mes
de/het **sluik·stort** (m/o), sluik·stor·ten; sluik·stort·je
sluik·stor·ten (ww), sluik·stort, sluik·stort; sluik·stort·te, sluik·stort·ten; ge·sluik·stort
het **sluik·ver·keer**
de **sluik·weg** (m), sluik·we·gen
de **sluik·zen·der** (m), sluik·zen·ders
slui·pen (ww), sluip, sluipt; sloop, slo·pen; ge·slo·pen
het **sluip·ver·keer**
de **sluis**, slui·zen; sluis·je
sluit (bnw) *(zuinig)*
slui·ten (ww), sluit, sluit; sloot, slo·ten; ge·slo·ten
slui·tend (bnw), slui·ten·de
de **slui·ting** (v), slui·tin·gen; slui·tin·kje
de **slui·tings·dag** (m), slui·tings·da·gen

het **sluit·stuk**, sluit·stuk·ken; sluit·stuk·je
het **sluit·werk**
slui·zen (ww), sluis, sluist; sluis·de, sluis·den; ge·sluisd
de **slum** (m), slums
de **slurf**, slur·ven; slurf·je
slur·pen (ww), slurp, slurpt; slurp·te, slurp·ten; ge·slurpt
de **slur·ry** (m)
sluw (bnw), slu·we
de **smaad** (m)
de **smaak** (m), sma·ken; smaak·je
smaak·loos (bnw), smaak·lo·ze
het **smaak·or·gaan**, smaak·or·ga·nen
het **smaak·pa·let**, smaak·pa·let·ten
de **smaak·pa·pil**, smaak·pa·pil·len
smaak·vol (bnw), smaak·vol·le
's maan·dags
de **smacht**, smach·ten
smach·ten (ww), smacht, smacht; smacht·te, smacht·ten; ge·smacht
de **smack**, smacks
sma·den (ww), smaad, smaadt; smaad·de, smaad·den; ge·smaad
de **smak** (m) *(geluid, plof)*, smak·ken; smak·je
sma·ke·lijk (bnw), sma·ke·lij·ke
sma·ke·loos (bnw), sma·ke·lo·ze
sma·ken (ww), smaak, smaakt; smaak·te, smaak·ten; ge·smaakt
smak·ken (ww), smak, smakt; smak·te, smak·ten; ge·smakt
smal (bnw), smal·le
sma·len (ww), smaal, smaalt; smaal·de, smaal·den; ge·smaald
sma·lend (bnw), sma·len·de
small (bnw)
smal·le·tjes (bijw)
de **small·talk** (m)
de **smal·te** (v), smal·tes
's mans
de **sma·ragd**[1] (m) *(voorwerp)*, sma·rag·den; sma·ragd·je
het **sma·ragd**[2] *(stofnaam)*
de **smart**, smar·ten; smart·je
het **smart·board**, smart·boards
de **smart·card** (m), smart·cards
smar·ten (ww), smart, smart; smart·te, smart·ten; ge·smart
het **smar·ten·geld**, smar·ten·gel·den
de **smart·phone** (m), smart·phones
de **smash** (m), sma·shes
sma·shen (ww), smash, smasht; smash·te, smash·ten; ge·smasht
sme·den (ww), smeed, smeedt; smeed·de, smeed·den; ge·smeed
de **sme·de·rij** (v), sme·de·rij·en; sme·de·rij·tje
het **smeed·ij·zer**, smeed·ij·zers
de **smeek·be·de**, smeek·be·den, smeek·be·des
het **smeek·ge·bed**, smeek·ge·be·den
de/het **smeer** (m/o), sme·ren; smeer·tje
het **smeer·geld**, smeer·gel·den
de **smeer·kwast** (m), smeer·kwas·ten
de **smeer·olie**, smeeroliën [smeer·oli·en], smeer·olies
de **smeer·pot** (m), smeer·pot·ten; smeer·pot·je
de **smeet** (m), sme·ten
het **smeg·ma**
sme·ken (ww), smeek, smeekt; smeek·te, smeek·ten; ge·smeekt
het **smel·le·ken**, smel·le·kens
de **smelt**, smel·ten
smel·ten (ww), smelt, smelt; smolt, smol·ten; ge·smol·ten
de **smelt·kroes** (m), smelt·kroe·zen
sme·ren (ww), smeer, smeert; smeer·de, smeer·den; ge·smeerd
sme·rig (bnw), sme·ri·ge
de **sme·ring** (v), sme·rin·gen
de **sme·ris** (m), sme·ris·sen; sme·ris·je

de **smet**, smet·ten; smet·je
smet·ten (ww), smet, smet; smet·te, smet·ten; ge·smet
smeu (bnw), smeue
smeuïg [smeu·ig] (bnw), smeuïge [smeu·ige]
smeu·len (ww), smeul, smeult; smeul·de, smeul·den; ge·smeuld
smeu·ren (ww), smeur, smeurt; smeur·de, smeur·den; ge·smeurd
de **smid** (m), sme·den; smid·je
's mid·dags
de **smid·se**, smid·sen
de **smiecht** (m), smiech·ten
smies·pe·len (ww), smies·pel, smies·pelt; smies·pel·de, smies·pel·den; ge·smies·peld
de **smie·zen** (mv)
smij·ten (ww), smijt, smijt; smeet, sme·ten; ge·sme·ten
smik·ke·len (ww), smik·kel, smik·kelt; smik·kel·de, smik·kel·den; ge·smik·keld
de **smile** (m), smiles
de **smi·ley** (m), smi·leys; smi·ley·tje
de **smis**, smis·sen
de **smis·se**, smis·sen
de **smoel** (m), smoe·len; smoel·tje
smoe·ren (ww), smoer, smoert; smoer·de, smoer·den; ge·smoerd
de **smoes**, smoe·zen; smoes·je
smoe·zen (ww), smoes, smoest; smoes·de, smoes·den; ge·smoesd
de **smog** (m)
smo·ken (ww), smook, smookt; smook·te, smook·ten; ge·smookt
de **smo·king** (m), smo·kings; smo·kin·kje
de **smok·ke·laar** (m), smok·ke·laars
smok·ke·len (ww), smok·kel, smok·kelt; smok·kel·de, smok·kel·den; ge·smok·keld
smok·ken (ww), smok, smokt; smok·te, smok·ten; ge·smokt
het **smok·werk**, smok·werk·je
de **smook** (m)
de **smoor**[1] (m)
smoor[2] (bnw)
de **smoo·thie** (m), smoo·thies
smo·ren (ww), smoor, smoort; smoor·de, smoor·den; ge·smoord
's mor·gens
's mor·gens vroeg
het **smör·re·bröd**, smör·re·bröds
het **smør·re·brød**, smør·re·brøds
de **smos** (m), smos·sen
smou·sen (ww), smous, smoust; smous·te, smous·ten; ge·smoust
het **smout**, smout·je
de **smou·te·bol** (m), smou·te·bol·len
smou·ten (ww), smout, smout; smout·te, smout·ten; ge·smout
smou·zen (ww), smous, smoust; smous·de, smous·den; ge·smousd
sms *(short message service)*, sms'en [sms·en]; sms'je [sms·je]
het **sms-be·richt**, sms-be·rich·ten; sms-be·richt·je
de **sms-cen·tra·le**, sms-cen·tra·les
sms'en [sms·en] (ww), sms, sms't; sms'te [sms·te], sms'ten [sms·ten]; ge-sms't
de **sms'er** [sms·er] (m), sms'ers [sms·ers]
het **sms-lot**, sms-lo·ten
de **sms-lo·te·rij** (v), sms-lo·te·rij·en
de **sms-taal**, sms-ta·len; sms-taal·tje
de **smuk** (m)
smul·len (ww), smul, smult; smul·de, smul·den; ge·smuld
de **smul·paap** (m), smul·pa·pen
de **smurf** (m), smur·fen; smurf·je
smur·fen (ww), smurf, smurft; smurf·te, smurf·ten; ge·smurft
de **smur·rie**
de **snaai** (m), snaai·en

snaai·en (ww), snaai, snaait; snaai·de, snaai·den; ge·snaaid
de **snaak** (m), sna·ken; snaak·je
snaaks (bnw), snaak·se
de **snaar**, sna·ren; snaar·tje
de **snaar·drum** (m), snaar·drums
de **snab·bel** (m), snab·bels; snab·bel·tje
snab·be·len (ww), snab·bel, snab·belt; snab·bel·de, snab·bel·den; ge·snab·beld
's nachts
de **snack** (m), snacks; snack·je
de **snack·bar**, snack·bars; snack·bar·re·tje
snac·ken (ww), snack, snackt; snack·te, snack·ten; ge·snackt
de **snack·truck** (m), snack·trucks
de **snak** (m), snak·ken; snak·je
snak·ken (ww), snak, snakt; snak·te, snak·ten; ge·snakt
's na·mid·dags
de **snap** (m), snap·je
snap·pen (ww), snap, snapt; snap·te, snap·ten; ge·snapt
de/het **snap·shot** (m/o), snap·shots; snap·shot·je
snars: geen snars
de **snauw** (m) *(bits gezegde)*, snau·wen
snau·wen (ww), snauw, snauwt; snauw·de, snauw·den; ge·snauwd
de **sna·vel** (m), sna·vels; sna·vel·tje
de **snea·ker** (m), snea·kers; snea·ker·tje
de **sneak·pre·view** (m), sneak·pre·views
de **sneb**, sneb·ben; sneb·je
de **sneb·be**, sneb·ben; sneb·be·tje
de **sne·de**, sne·den
sne·dig (bnw), sne·di·ge
de **snee**, sneeën [snee·en]; snee·tje
de **sneep** (m), sne·pen
de **sneer** (m), sne·ren; sneer·tje
de **sneeuw**
de **sneeuw·bal** (m), sneeuw·bal·len; sneeuw·bal·le·tje
het **sneeuw·bal·len·ge·vecht**, sneeuw·bal·len·ge·vech·ten
de **sneeuw·bril** (m), sneeuw·bril·len
sneeu·wen[1] (bnw)
sneeu·wen[2] (ww), sneeuwt; sneeuw·de; ge·sneeuwd
het **sneeuw·hoen**, sneeuw·hoen·de·ren, sneeuw·hoen·ders; sneeuw·hoen·tje
de **sneeuw·ket·ting**, sneeuw·ket·tin·gen; sneeuw·ket·tin·kje
het **sneeuw·klok·je**, sneeuw·klok·jes
het **sneeuw·land·schap**, sneeuw·land·schap·pen; sneeuw·land·schap·je
de **sneeuw·lucht**, sneeuw·luch·ten
de/het **sneeuw·lui·paard** (m/o), sneeuw·lui·paar·den; sneeuw·lui·paard·je
de **sneeuw·man** (m), sneeuw·man·nen; sneeuw·man·ne·tje
de **sneeuw·pop**, sneeuw·pop·pen; sneeuw·pop·je
sneeuw·rui·men (ww), ruim sneeuw, ruimt sneeuw; ruim·de sneeuw, ruim·den sneeuw; sneeuw·ge·ruimd
de **sneeuw·schop**, sneeuw·schop·pen
de **sneeuw·top** (m), sneeuw·top·pen
de **sneeuw·val** (m)
sneeuw·wit (bnw), sneeuw·wit·te
het **sneeuw·wit·je** *(frisdrank met bier)*, sneeuw·wit·jes
de **sneeuw·wolk**, sneeuw·wol·ken; sneeuw·wolk·je
de **snèk** *(in Antilliaans-Nederlands)*,

snèks
de **snèk·bar** *(in Antilliaans-Nederlands),* snèk·bars
de **snèk·hou·der** (m) *(in Antilliaans-Nederlands),* snèk·hou·ders
het **snèk·per·so·neel** *(in Antilliaans-Nederlands)*
snel (bnw), snel·le
de **snel·dam·kam·pi·oen** (m), snel·dam·kam·pi·oe·nen
het **snel·dam·kam·pi·oen·schap**, snel·dam·kam·pi·oen·schap·pen
het **snel·dam·toer·nooi**, snel·dam·toer·nooi·en
het **snel·dam·tor·nooi**, snel·dam·tor·nooi·en
snel·groei·end (bnw), snel·groei·en·de
de **snel·heid** (v), snel·he·den
de **snel·heids·li·miet**, snel·heids·li·mie·ten
snel·len (ww), snel, snelt; snel·de, snel·den; ge·sneld
snel·le·zen (ww)
de **snel·loop** (m), snel·lo·pen
snel·stro·mend (bnw), snel·stro·men·de
het **snel·tem·po**
de **snel·trein** (m), snel·trei·nen; snel·trein·tje
snel·wan·de·len (ww)
de **snel·weg** (m), snel·we·gen
de **snep**, snep·pen; snep·je
sne·ren (ww), sneer, sneert; sneer·de, sneer·den; ge·sneerd
sner·ken (ww), snerk, snerkt; snerk·te, snerk·ten; ge·snerkt
sner·pen (ww), snerp, snerpt; snerp·te, snerp·ten; ge·snerpt
de **snert**
de **sneu**[1], sneu·en; sneu·tje
sneu[2] (bnw), sneue
sneu·ke·len (ww), sneu·kel, sneu·kelt; sneu·kel·de, sneu·kel·den; ge·sneu·keld
sneu·ve·len (ww), sneu·vel, sneu·velt; sneu·vel·de, sneu·vel·den; ge·sneu·veld
sne·ven (ww), sneef, sneeft; sneef·de, sneef·den; ge·sneefd
snib·ben (ww), snib, snibt; snib·de, snib·den; ge·snibd
snie·ren (ww), snier, sniert; snier·de, snier·den; ge·snierd
snif·fen (ww), snif, snift; snif·te, snif·ten; ge·snift
het **snij·ap·pa·raat**, snij·ap·pa·ra·ten
de **snij·biet**, snij·bie·ten
snij·den (ww), snij, snijd, snijdt; sneed, sne·den; ge·sne·den
de **snij·der** (m), snij·ders; snij·der·tje
het **snij·gras**, snij·gras·sen
het **snij·ij·zer**, snij·ij·zers
de **snij·ma·chi·ne** (v), snij·ma·chi·nes
de **snij·plank**, snij·plan·ken; snij·plank·je
de **snij·tech·niek** (v), snij·tech·nie·ken
het **snij·vlak**, snij·vlak·ken
de **snij·wond**, snij·won·den; snij·wond·je
de **snij·won·de**, snij·won·den
de **snik** (m), snik·ken; snik·je
snik·ken (ww), snik, snikt; snik·te, snik·ten; ge·snikt
de **snip**, snip·pen; snip·je
de **snip·per** (m), snip·pers; snip·per·tje
de **snit**, snit·ten; snit·je
de **snob** (m), snobs; snob·je
het **sno·bis·me**
de **snoei** (m)
snoei·en (ww), snoei, snoeit; snoei·de, snoei·den; ge·snoeid
de **snoei·er** (m), snoei·ers

de **snoei·schaar**, snoei·scha·ren; snoei·schaar·tje
de **snoek** (m), snoe·ken; snoek·je
snoe·ken (ww), snoek, snoekt; snoek·te, snoek·ten; ge·snoekt
de/het **snoep** (m/o), snoep·je
snoe·pen (ww), snoep, snoept; snoep·te, snoep·ten; ge·snoept
de **snoe·per** (m), snoe·pers; snoe·per·tje
de **snoe·perd** (m), snoe·perds
het **snoep·goed**, snoep·goed·je
de **snoep·pau·ze**, snoep·pau·zes
het **snoep·zak·je**, snoep·zak·jes
het **snoer**, snoe·ren; snoer·tje
snoe·ren (ww), snoer, snoert; snoer·de, snoer·den; ge·snoerd
de **snoes**, snoe·zen; snoes·je
de **snoet** (m), snoe·ten; snoet·je
snoe·ven (ww), snoef, snoeft; snoef·de, snoef·den; ge·snoefd
snoe·ze·len (ww), snoe·zel, snoe·zelt; snoe·zel·de, snoe·zel·den; ge·snoe·zeld
de **sno·ge**, sno·ges
de **snok** (m), snok·ken; snok·je
snok·ken (ww), snok, snokt; snok·te, snok·ten; ge·snokt
de **snol** (v), snol·len; snol·le·tje
snood (bnw), sno·de
de **snood·aard** (m), snood·aards
het **snoo·ker**
snoo·ke·ren (ww), snoo·ker, snoo·kert; snoo·ker·de, snoo·ker·den; ge·snoo·kerd
snoo·zen (ww), snooze, snoozet; snooze·de, snooze·den; ge·snoozed
de **snor** *(knevel),* snor·ren; snor·re·tje
de **snor·kel** (m), snor·kels; snor·kel·tje
snor·ken (ww), snork, snorkt; snork·te, snork·ten; ge·snorkt
snor·ren (ww), snor, snort; snor·de, snor·den; ge·snord
de/het **snot** (m/o), snot·je
de **snot·te·bel**, snot·te·bel·len
snot·te·ren (ww), snot·ter, snot·tert; snot·ter·de, snot·ter·den; ge·snot·terd
het **snow·board**, snow·boards; snow·board·je
snow·boar·den (ww), snow·board, snow·boardt; snow·board·de, snow·board·den; ge·snow·board
de **snuf**[1], snuf·je
snuf[2] (tussenw)
snuf·fe·len (ww), snuf·fel, snuf·felt; snuf·fel·de, snuf·fel·den; ge·snuf·feld
snuf·fen (ww), snuf, snuft; snuf·te, snuf·ten; ge·snuft
snuis·te·ren (ww), snuis·ter, snuis·tert; snuis·ter·de, snuis·ter·den; ge·snuis·terd
de **snuis·te·rij** (v), snuis·te·rij·en; snuis·te·rij·tje
de **snuit** (m), snui·ten; snuit·je
snui·ten[1] (ww) *(een scherpe hoek wegnemen),* snuit, snuit; snuit·te, snuit·ten; ge·snuit
snui·ten[2] (ww) *(andere betekenissen),* snuit, snuit; snoot, sno·ten; ge·sno·ten
snui·ven (ww), snuif, snuift; snoof, sno·ven; ge·sno·ven
de **snul** (m), snul·len
snur·ken (ww), snurk, snurkt; snurk·te, snurk·ten; ge·snurkt
soa *(seksueel overdraagbare aandoening),* so·a's
de **soap**, soaps; soap·je
de **soap·ac·teur** (m), soap·ac·teurs
so·ber (bnw), so·be·re
's och·tends

's och·tends vroeg
de **so·ci·aal**[1] (m), so·ci·a·len
so·ci·aal[2] (bnw), so·ci·a·le
so·ci·aal-ar·tis·tiek (bnw), so·ci·aal-ar·tis·tie·ke
de **so·ci·aal as·sis·tent** (m), so·ci·aal as·sis·ten·ten
so·ci·aal-cul·tu·reel (bnw), so·ci·aal-cul·tu·re·le
so·ci·aal-cul·tu·reel werk
de **so·ci·aal·de·mo·craat** (m), so·ci·aal·de·mo·cra·ten
de **so·ci·aal·de·mo·cra·tie** (v), sociaaldemocratieën [so·ci·aal·de·mo·cra·tie·en]
so·ci·aal·de·mo·cra·tisch (bnw), so·ci·aal·de·mo·cra·ti·sche
so·ci·aal-de·mo·gra·fisch (bnw), so·ci·aal-de·mo·gra·fi·sche
so·ci·aal·eco·no·misch (bnw) *(afgeleid van sociale economie),* so·ci·aal·eco·no·mi·sche
so·ci·aal-eco·no·misch (bnw) *(sociaal en economisch),* so·ci·aal-eco·no·mi·sche
so·ci·aal-emo·ti·o·neel (bnw), so·ci·aal-emo·ti·o·ne·le
de **so·ci·aal geo·graaf** (m), so·ci·aal geo·gra·fen
so·ci·aal·kri·tisch (bnw), so·ci·aal·kri·ti·sche
so·ci·aal·li·be·raal (bnw), so·ci·aal·li·be·ra·le
het **so·ci·aal·li·be·ra·lis·me**
so·ci·aal-maat·schap·pe·lijk (bnw), so·ci·aal-maat·schap·pe·lij·ke
de **so·ci·aal·net·werk·site**, so·ci·aal·net·werk·sites
so·ci·aal·pe·da·go·gisch (bnw), so·ci·aal·pe·da·go·gi·sche
so·ci·aal-po·li·tiek (bnw), so·ci·aal-po·li·tie·ke
so·ci·aal·psy·chi·a·trisch (bnw), so·ci·aal·psy·chi·a·tri·sche
so·ci·aal·psy·cho·lo·gisch (bnw), so·ci·aal·psy·cho·lo·gi·sche
de **so·ci·aal psy·cho·loog** (m), so·ci·aal psy·cho·lo·gen
so·ci·aal-re·a·lis·tisch (bnw), so·ci·aal-re·a·lis·ti·sche
de **so·ci·aal wer·ker** (m), so·ci·aal wer·kers
so·ci·aal·we·ten·schap·pe·lijk (bnw), so·ci·aal·we·ten·schap·pe·lij·ke
de **so·ci·aal·zwak·ke·ren** (mv)
so·ci·a·bel (bnw), so·ci·a·be·le
de **so·ci·a·bi·li·teit** (v), so·ci·a·bi·li·tei·ten
so·ci·a·le me·dia
het **so·ci·a·le·ze·ker·heids·be·leid**
de **so·ci·a·le·ze·ker·heids·bij·dra·ge**, so·ci·a·le·ze·ker·heids·bij·dra·gen, so·ci·a·le·ze·ker·heids·bij·dra·ges
de **so·ci·a·le·ze·ker·heids·re·ge·ling** (v), so·ci·a·le·ze·ker·heids·re·ge·lin·gen
het **so·ci·a·le·ze·ker·heids·stel·sel**, so·ci·a·le·ze·ker·heids·stel·sels
de **so·ci·a·le·ze·ker·heids·wet**, so·ci·a·le·ze·ker·heids·wet·ten
de **so·ci·a·le·ze·ker·heids·wet·ge·ving** (v), so·ci·a·le·ze·ker·heids·wet·ge·vin·gen
de **so·ci·a·li·sa·tie** (v), so·ci·a·li·sa·ties
so·ci·a·li·se·ren (ww), so·ci·a·li·seer, so·ci·a·li·seert; so·ci·a·li·seer·de, so·ci·a·li·seer·den; ge·so·ci·a·li·seerd
de **so·ci·a·li·se·ring** (v), so·ci·a·li·se·rin·gen

het **so·ci·a·lis·me**
de **so·ci·a·list** (m), so·ci·a·lis·ten
de **so·ci·a·lis·te** (v), so·ci·a·lis·tes
so·ci·a·lis·tisch (bnw), so·ci·a·lis·ti·sche
de **so·ci·a·lite**, so·ci·a·lites
de **so·ci·a·li·teit** (v), so·ci·a·li·tei·ten
so·ci·a·li·zen (ww), so·ci·a·lize, so·ci·a·lizet; so·ci·a·lize·de, so·ci·a·lize·den; ge·so·ci·a·lized
de **so·ci·al me·dia** (mv)
het **so·ci·al·me·dia·be·leid**
de **so·ci·al pro·fit** (m), so·ci·al pro·fits
de **sociëteit** [so·ci·e·teit] (v), sociëteiten [so·ci·e·tei·ten]
de **so·ci·e·ty**, so·ci·e·ty's
so·cio·cul·tu·reel (bnw), so·cio·cul·tu·re·le
so·cio·de·mo·gra·fisch (bnw), so·cio·de·mo·gra·fi·sche
so·cio-eco·no·misch (bnw), so·cio-eco·no·mi·sche
het **so·cio·gram**, so·cio·gram·men
de **sociolinguïstiek** [so·cio·lin·gu·is·tiek] (v)
de **so·cio·lo·gie** (v)
de **so·cio·loog** (m), so·cio·lo·gen; so·cio·loog·je
de **so·cio·paat** (m), so·cio·pa·ten
so·cio·po·li·tiek (bnw), so·cio·po·li·tie·ke
so·cio·pro·fes·si·o·neel (bnw), so·cio·pro·fes·si·o·ne·le
de **soc·ket** (m), soc·kets
so·cra·tisch (bnw), so·cra·ti·sche
de **so·da**, so·da's
het **so·da·be·schuit**, so·da·be·schui·ten
de **so·do·ku** (m) *(ziekte)*
de **so·do·mie** (v)
soe·bat·ten (ww), soe·bat, soe·bat; soe·bat·te, soe·bat·ten; ge·soe·bat

de **soe·fi**[1] (m) *(persoon)*, soe·fi's
de **soe·fi**[2] *(godsdienst)*
het **soe·fis·me**
de **soek** (m), soeks
het **soe·laas**
de **soen·na** (v)
de **soen·niet** (m), soen·nie·ten
het **soen·nis·me**
soen·ni·tisch (bnw), soen·ni·ti·sche
de **soep**, soe·pen; soep·je
soe·pel (bnw), soe·pe·le
de **soe·pel·heid** (v), soe·pel·he·den
soe·pel·val·lend (bnw), soe·pel·val·len·de
de **soep·groen·te**[1] (v) *(selderie)*
de **soep·groen·te**[2] (v) *(groente voor in de soep)*, soep·groen·ten, soep·groen·tes
de **soep·kom**, soep·kom·men; soep·kom·me·tje
de **soep·le·pel** (m), soep·le·pels; soep·le·pel·tje
de **soep·ter·ri·ne** (v), soep·ter·ri·nes
de **soe·ra**, soe·ra's
de **soes**[1] (m) *(slaapje)*, soe·zen; soes·je
de **soes**[2] *(gebak)*, soe·zen; soes·je
de **soe·sa** (m)
de **soe·tra** (m), soe·tra's
de **soe·ve·rein**[1] (m), soe·ve·rei·nen
soe·ve·rein[2] (bnw), soe·ve·rei·ne
de **soe·ve·rei·ni·teit** (v), soe·ve·rei·ni·tei·ten
soe·zen (ww), soes, soest; soes·de, soes·den; ge·soesd
de **sof** (m), sof·fen
de **so·fa** (m), so·fa's; sofaatje [so·fa·tje]
het **so·fi·num·mer**, so·fi·num·mers
soft[1]
soft[2] (bnw), sof·te
het **soft·bal**
soft·bal·len (ww), soft·bal,

soft·balt; soft·bal·de, soft·bal·den; ge·soft·bald
de **soft·drink** (m), soft·drinks
de **soft·drugs·ge·brui·ker** (m), soft·drugs·ge·brui·kers
de **soft·fles**, soft·fles·sen
de **sof·tie** (m), sof·ties
de **soft·ware** (m)
de **soft·ware·ap·pli·ca·tie** (v), soft·ware·ap·pli·ca·ties
de **soft·ware·ken·nis** (v)
soft·ware·ma·tig (bnw), soft·ware·ma·ti·ge
de **soft·ware·ont·wik·ke·laar** (m), soft·ware·ont·wik·ke·laars
de **soft·ware·ont·wik·ke·ling** (v), soft·ware·ont·wik·ke·lin·gen
het **soft·ware·pak·ket**, soft·ware·pak·ket·ten; soft·ware·pak·ket·je
het **soft·ware·pro·gram·ma**, soft·ware·pro·gram·ma's; softwareprogrammaatje [soft·ware·pro·gram·ma·tje]
de **soft·ware-up·date** (m), soft·ware-up·dates
sog·gen (ww), sog, sogt; sog·de, sog·den; ge·sogd
soig·ne·ren (ww), soig·neer, soig·neert; soig·neer·de, soig·neer·den; ge·soig·neerd
de **soi·ree** (v), soi·rees; soi·ree·tje
soit (tussenw)
de **so·ja** (m)
de **so·ja·brok·ken** (mv)
het **so·ja-ei·wit**, so·ja-ei·wit·ten
de **so·ja·olie**, sojaoliën [so·ja·oli·en]
de **so·ja·saus**, so·ja·sau·sen, so·ja·sau·zen
de **sok**, sok·ken; sok·je
de **sok·kel** (m), sok·kels; sok·kel·tje
de **sol**[1] (m) *(munt)*, sols
de **sol**[2] *(muzieknoot)*, sol·len
het **sol**[3] *(colloïdale oplossing)*, so·len, sols
het **so·laas**
het **so·la·ri·um**, so·la·ria, so·la·ri·ums
de **sol·daat** (m), sol·da·ten; sol·daat·je
de **sol·da·te·rij** (v), sol·da·te·rij·en
de **sol·de**, sol·den
de/het **sol·deer** (m/o)
de **sol·den** (mv)
sol·de·ren (ww), sol·deer, sol·deert; sol·deer·de, sol·deer·den; ge·sol·deerd
de **sol·dij** (v), sol·dij·en
de **solenoïde** [so·le·no·i·de] (v), solenoïden [so·le·no·i·den]
so·le·ren (ww), so·leer, so·leert; so·leer·de, so·leer·den; ge·so·leerd
de **so·lex** (m), so·lexen; so·lex·je
de **sol·fè·ge** (m)
de/het **sol·fer** (m/o), sol·fers
so·li·dair (bnw), so·li·dai·re
de **so·li·da·ri·teit** (v), so·li·da·ri·tei·ten
so·li·de (bnw)
de **so·li·di·teit** (v)
de **so·list** (m), so·lis·ten; so·list·je
so·lis·tisch (bnw), so·lis·ti·sche
de **so·li·tair**[1] (m), so·li·tai·ren
so·li·tair[2] (bnw), so·li·tai·re
sol·len (ww), sol, solt; sol·de, sol·den; ge·sold
de **sol·li·ci·tant** (m), sol·li·ci·tan·ten; sol·li·ci·tant·je
de **sol·li·ci·tan·te** (v), sol·li·ci·tan·tes
de **sol·li·ci·ta·tie** (v), sol·li·ci·ta·ties
de **sol·li·ci·ta·tie·brief** (m), sol·li·ci·ta·tie·brie·ven; sol·li·ci·ta·tie·brief·je
het **sol·li·ci·ta·tie·ge·sprek**, sol·li·ci·ta·tie·ge·sprek·ken
de **sol·li·ci·ta·tie·pro·ce·du·re**, sol·li·ci·ta·tie·pro·ce·du·res

sol·li·ci·te·ren (ww), sol·li·ci·teer, sol·li·ci·teert; sol·li·ci·teer·de, sol·li·ci·teer·den; ge·sol·li·ci·teerd
de/het **so·lo** (m/o), so·lo's; solootje [so·lo·tje]
het **so·lo·al·bum**, so·lo·al·bums
de **so·lo·ar·tiest** (m), so·lo·ar·ties·ten
het **so·lo-in·stru·ment**, so·lo-in·stru·men·ten
het **so·lo-op·tre·den**, so·lo-op·tre·dens
de **so·lo·slim** (m)
de **so·lu·tie** (v), so·lu·ties
de **sol·va·bi·li·teit** (v), sol·va·bi·li·tei·ten
sol·vent (bnw), sol·ven·te
de **som**, som·men; som·me·tje
het **so·ma**
So·ma·lisch (bnw), So·ma·li·sche
so·ma·tisch (bnw), so·ma·ti·sche
som·ber (bnw), som·be·re
som·be·ren (ww), som·ber, som·bert; som·ber·de, som·ber·den; ge·som·berd
de **som·ber·te** (v)
de **som·bre·ro** (m), som·bre·ro's
de **som·ma**
de **som·ma·tie** (v), som·ma·tics
de **som·me·lier** (m), som·me·liers
som·me·ren (ww), som·meer, som·meert; som·meer·de, som·meer·den; ge·som·meerd
de **som·me·ring** (v), som·me·rin·gen
som·mi·ge (onbep vnw)
som·mi·gen (onbep vnw)
som·pig (bnw), som·pi·ge
soms (bijw)
som·tijds (bijw)
de **son** (m) *(muziekstijl)*
de **so·nar** (m), so·nars
de **so·na·te**, so·na·ten, so·na·tes
de **son·de**, son·des
son·de·ren (ww), son·deer, son·deert; son·deer·de, son·deer·den; ge·son·deerd
de **son·de·ring** (v), son·de·rin·gen
de **song** (m), songs
het **song·fes·ti·val**, song·fes·ti·vals; song·fes·ti·val·le·tje
de **song·tekst** (m), song·tek·sten
de **song·wri·ter** (m), song·wri·ters
so·nisch (bnw), so·ni·sche
son·ja·bak·ke·ren (ww), son·ja·bak·ker, son·ja·bak·kert; son·ja·bak·ker·de, son·ja·bak·ker·den; ge·son·ja·bak·kerd
het **son·net**, son·net·ten; son·net·je
so·noor (bnw), so·no·re
de/het **soort**, soor·ten; soort·je
het **soor·te·ment**, soor·te·men·ten
soort·ge·lijk (bnw), soort·ge·lij·ke
de **soort·naam** (m), soort·na·men
de **soos**, so·sen, so·zen
het **sop**, sop·pen; sop·je
so·phis·ti·ca·ted (bnw)
de **so·pi**
sop·pen (ww), sop, sopt; sop·te, sop·ten; ge·sopt
de **so·praan**[1] (v) *(zangeres),* so·pra·nen; so·praan·tje
de **so·praan**[2] *(stem),* so·pra·nen; so·praan·tje
de **so·pro·po**, so·pro·po's
de **sor·bet** (m), sor·bets; sor·bet·je
de **so·res** (mv)
sor·ry (tussenw)
sor·te·ren (ww), sor·teer, sor·teert; sor·teer·de, sor·teer·den; ge·sor·teerd
de **sor·te·ring** (v), sor·te·rin·gen
de **sor·tie** (v), sor·ties; sor·tie·tje
het **sor·ti·ment**, sor·ti·men·ten
SOS *(noodsignaal),* SOS'en [SOS·en]
de **sou** (m), sous
de **souf·flé** (m), souf·flés; souffleetje

[souf·flé·tje]
souf·fle·ren (ww), souf·fleer, souf·fleert; souf·fleer·de, souf·fleer·den; ge·souf·fleerd
de **souf·fleur** (m), souf·fleurs
de **souf·fleu·se** (v), souf·fleu·ses
de **soul**
de **soul·band** (m), soul·bands; soul·band·je
de **soul·mate** (m), soul·mates
de **soul·par·ty**, soul·par·ty's
de **sound** (m), sounds; sound·je
de **sound·bite** (m), sound·bites
de **sound·check** (m), sound·checks
de **sound·track** (m), sound·tracks; sound·track·je
de **sound·truck** (m), sound·trucks
het **sou·per**, sou·pers; sou·per·tje
sou·pe·ren (ww), sou·peer, sou·peert; sou·peer·de, sou·peer·den; ge·sou·peerd
de **sou·ples·se** (v)
de **sour·cing**
de **sous·chef** (m), sous·chefs
de **sou·ta·ne**, sou·ta·nes
de **sou·te·neur** (m), sou·te·neurs
het **sou·ter·rain**, sou·ter·rains
het **sou·ve·nir**, sou·ve·nirs; sou·ve·nir·tje
de **sou·ve·nir·win·kel** (m), sou·ve·nir·win·kels; sou·ve·nir·win·kel·tje
de **sou·vla·ki** (m), sou·vla·ki's
de **sov·jet** (m), sov·jets
de **Sov·jet·bur·ger** (m), Sov·jet·bur·gers
het **sov·jet·com·mu·nis·me** *(raden-communisme)*
het **Sov·jet·com·mu·nis·me** *(communisme in de Sovjet-Unie)*
het **Sov·jet·le·ger**, Sov·jet·le·gers
de **sov·jet·re·pu·bliek** (v) *(staatsvorm)*, sov·jet·re·pu·blie·ken
de **Sov·jet·re·pu·bliek** (v) *(USSR)*, Sov·jet·re·pu·blie·ken
Sov·jet-Rus·sisch (bnw), Sov·jet-Rus·si·sche
so·wie·so (bijw)
de **spa** (m) *(bubbelbad)*, spa's; spaatje [spa·tje]
de **spaak**, spa·ken; spaak·je
de **spaan**, spa·nen; spaan·tje
het **Spaans**[1] *(taal)*
Spaans[2] (bnw), Spaan·se
Spaan·se pe·per
Spaan·se vlieg
Spaans·spre·kend (bnw), Spaans·spre·ken·de
Spaans·ta·lig (bnw), Spaans·ta·li·ge
de **spaar·ac·tie** (v), spaar·ac·ties
de **spaar·der** (m), spaar·ders; spaar·der·tje
het **spaar·geld**, spaar·gel·den; spaar·geld·je
de **spaar·pot** (m), spaar·pot·ten; spaar·pot·je
de **spaar·re·ke·ning** (v), spaar·re·ke·nin·gen
het **spaat**
de **space·cake** (m), space·cakes
de **space·shut·tle** (m), space·shut·tles
de **spach·tel·putz**
de **spa·de**[1] *(werktuig)*, spa·den, spa·des; spa·de·tje
spa·de[2] (bnw)
spa·den (ww), spaad, spaadt; spaad·de, spaad·den; ge·spaad
de **sp.a'er** [sp.a·er] (m), sp.a'ers [sp.a·ers]
de **spa·gaat** (m), spa·ga·ten
de **spa·ghet·ti** (m), spaghettietje [spa·ghet·ti·tje]
de **spa·ghet·ti·avond** (m), spa·ghet·ti·avon·den

spa·ghet·ti bo·log·ne·se
de **spa·ghet·ti·dag** (m), spa·ghet·ti·da·gen
de **spa·ghet·ti·saus**, spa·ghet·ti·sau·sen, spa·ghet·ti·sau·zen
de **spam** (m), spams
de/het **spam·fil·ter** (m/o), spam·fil·ters
spam·men (ww), spam, spamt; spam·de, spam·den; ge·spamd
de **span**[1] *(maat)*, span·nen; span·ne·tje
het **span**[2] *(paar, aantal)*, span·nen; span·ne·tje
het **span·doek**, span·doe·ken; span·doek·je
spa·nen[1] (bnw)
spa·nen[2] (ww), spaan, spaant; spaan·de, spaan·den; ge·spaand
de **spang**, span·gen; span·ge·tje
de **spaniël** [spa·ni·el] (m), spaniëls [spa·ni·els]
de **Span·jaard** (m), Span·jaar·den; Span·jaard·je
de **span·ne**, span·nen; span·ne·tje
span·nen (ww), span, spant; span·de, span·den; ge·span·nen
span·nend (bnw), span·nen·de
de **span·ner** (m), span·ners; span·ner·tje
de **span·ning** (v), span·nin·gen; span·nin·kje
het **span·nings·veld**, span·nings·vel·den
het **spant**, span·ten; spant·je
de **span·wijd·te** (v), span·wijd·ten, span·wijd·tes
de **spar** (m), spar·ren; spar·re·tje
de **spar·ap·pel** (m), spar·ap·pe·len, spar·ap·pels; spar·ap·pel·tje
spa·ren (ww), spaar, spaart; spaar·de, spaar·den; ge·spaard
de **spare·rib** (m), spare·ribs
de **spa rood** (m)
spar·ren (ww), spar, spart; spar·de, spar·den; ge·spard
de **spar·ren·boom** (m), spar·ren·bo·men; spar·ren·boom·pje
de **spar·ring** (v)
de **spar·ring·part·ner** (m), spar·ring·part·ners
de **spar·taan** (m) *(gehard persoon)*, spar·ta·nen; spar·taan·tje
de **Spar·taan** (m) *(persoon uit Sparta)*, Spar·ta·nen; Spar·taan·tje
spar·taans (bnw) *(streng)*, spar·taan·se
Spar·taans (bnw) *(m.b.t. Sparta)*, Spar·taan·se
spar·te·len (ww), spar·tel, spar·telt; spar·tel·de, spar·tel·den; ge·spar·teld
het **spas·me**, spas·men, spas·mes
de **spat**, spat·ten; spat·je
de **spat·ader**, spat·ade·ren, spat·aders; spat·ader·tje
de **spa·tel**, spa·tels; spa·tel·tje
spa·ti·aal (bnw), spa·ti·a·le
de **spa·tie** (v), spa·ties; spa·tie·tje
de **spatiëring** [spa·ti·e·ring] (v), spatiëringen [spa·ti·e·rin·gen]
spat·ten (ww), spat, spat; spat·te, spat·ten; ge·spat
de **spea·ker** (m), spea·kers; spea·ker·tje
de **spe·ce·rij** (v), spe·ce·rij·en
de **specht** (m), spech·ten; specht·je
spe·ci·aal (bnw), spe·ci·a·le
het **spe·ci·aal·bier**, spe·ci·aal·bie·ren; spe·ci·aal·bier·tje
de **spe·ci·aal·zaak**, spe·ci·aal·za·ken; spe·ci·aal·zaak·je
de **spe·ci·al** (m), spe·ci·als
de **spe·ci·al ef·fects** (mv)
de **spe·ci·a·li·sa·tie** (v),

spe·ci·a·li·sa·ties
spe·ci·a·li·se·ren (ww), spe·ci·a·li·seer, spe·ci·a·li·seert; spe·ci·a·li·seer·de, spe·ci·a·li·seer·den; ge·spe·ci·a·li·seerd
het **spe·ci·a·lis·me**, spe·ci·a·lis·men
de **spe·ci·a·list** (m), spe·ci·a·lis·ten; spe·ci·a·list·je
de **spe·ci·a·lis·te** (v), spe·ci·a·lis·tes
spe·ci·a·lis·tisch (bnw), spe·ci·a·lis·ti·sche
de **spé·ci·a·li·té**, spé·ci·a·li·tés
de **spe·ci·a·li·teit** (v), spe·ci·a·li·tei·ten
de **spe·cie** (v), speciën [spe·ci·en], spe·cies
de **spe·ci·es** (v), spe·ci·es
de **spe·ci·fi·ca·tie** (v), spe·ci·fi·ca·ties
spe·ci·fi·ce·ren (ww), spe·ci·fi·ceer, spe·ci·fi·ceert; spe·ci·fi·ceer·de, spe·ci·fi·ceer·den; ge·spe·ci·fi·ceerd
de **spe·ci·fi·ce·ring** (v), spe·ci·fi·ce·rin·gen
de **spe·ci·fi·ci·teit** (v)
spe·ci·fiek (bnw), spe·ci·fie·ke
specifiëren [spe·ci·fi·e·ren] (ww), spe·ci·fi·eer, spe·ci·fi·eert; spe·ci·fi·eer·de, spe·ci·fi·eer·den; ge·spe·ci·fi·eerd
de **specifiëring** [spe·ci·fi·e·ring] (v), specifiëringen [spe·ci·fi·e·rin·gen]
het **spe·ci·men**, spe·ci·mens, spe·ci·mi·na
spec·ta·cu·lair (bnw), spec·ta·cu·lai·re
de **spec·tro·graaf** (m), spec·tro·gra·fen
het **spec·trum**, spec·tra, spec·trums
de **spe·cu·laas**[1] (m) *(voorwerp)*, spe·cu·la·zen; spe·cu·laas·je
de/het **spe·cu·laas**[2] (m/o) *(stofnaam)*
de **spe·cu·la·tie** (v), spe·cu·la·ties
spe·cu·le·ren (ww), spe·cu·leer, spe·cu·leert; spe·cu·leer·de, spe·cu·leer·den; ge·spe·cu·leerd
de/het **spe·cu·loos** (m/o), spe·cu·loos·je
de **speech** (m), spee·chen, spee·ches; speech·je
de **speech·con·test** (m), speech·con·tes·ten, speech·con·tests
spee·chen (ww), speech, speecht; speech·te, speech·ten; ge·speecht
de **speed** (m)
de **speed·boot**, speed·bo·ten; speed·boot·je
de **speed·date** (m), speed·dates
speed·da·ten (ww), speed·date, speed·datet; speed·date·te, speed·date·ten; ge·speed·datet
het **speek·sel**
het **speel·bord**, speel·bor·den
de **speel·dag** (m), speel·da·gen
de **speel·film** (m), speel·films; speel·film·pje
het **speel·goed**, speel·goed·je
de **speel·plaats**, speel·plaat·sen; speel·plaats·je
het **speel·plein**, speel·plei·nen; speel·plein·tje
het **speel·ple·zier**
speels (bnw), speel·se
de **speel·ster** (v), speel·sters
de **speel·tijd** (m), speel·tij·den
het **speel·tje**, speel·tjes
de **speel·tuin** (m), speel·tui·nen; speel·tuin·tje
het **speel·werk·plan**, speel·werk·plan·nen
de **speel·wij·ze**, speel·wij·zen
de **speen**[1] *(tepel)*, spe·nen; speen·tje
het **speen**[2] *(aambeien)*
de **speer**, spe·ren; speer·tje
het **speer·ge·weer**, speer·ge·we·ren

de **speer·punt** (m), speer·pun·ten
speer·vis·sen (ww)
speer·wer·pen (ww)
de **speet**, spe·ten; speet·je
het **spek**, spek·je
spek·ken (ww), spek, spekt; spek·te, spek·ten; ge·spekt
de **spek·steen**[1] (m) *(voorwerp)*, spek·ste·nen
de/het **spek·steen**[2] (m/o) *(stofnaam)*
het **spek·ta·kel**, spek·ta·kels; spek·ta·kel·tje
het **spel**[1] *(partij; voorwerp)*, spel·len; spel·le·tje
het **spel**[2] *(andere betekenissen)*, spe·len; spel·le·tje
de **speld**, spel·den; speld·je
spel·den (ww), speld, speldt; speld·de, speld·den; ge·speld
de **spel·den·knop** (m), spel·den·knop·pen; spel·den·knop·je
het **spel·den·kus·sen**, spel·den·kus·sens; spel·den·kus·sen·tje
de **spel·den·prik** (m), spel·den·prik·ken; spel·den·prik·je
het **spel·ele·ment**, spel·ele·men·ten
spe·len (ww), speel, speelt; speel·de, speel·den; ge·speeld
spe·lend (bnw), spe·len·de
spe·len·der·wijs (bijw)
de **spe·ler** (m), spe·lers; spe·ler·tje
het **spe·lers·home**, spe·lers·homes
spe·le·va·ren (ww), spe·le·vaar, spe·le·vaart; spe·le·vaar·de, spe·le·vaar·den; ge·spe·le·vaard
de **spel·fout**, spel·fou·ten; spel·fout·je
de **spe·ling** (v), spe·lin·gen
spel·len (ww), spel, spelt; spel·de, spel·den; ge·speld
de **spel·ler** (m), spel·lers
het **spel·le·tjes·bord**, spel·le·tjes·bor·den
de **spel·le·tjes·show** (m), spel·le·tjes·shows
de **spel·ling** (v), spel·lin·gen
het **spel·ling·beeld**, spel·ling·beel·den
het **spel·ling·boek**, spel·ling·boe·ken; spel·ling·boek·je
de **spel·ling·chec·ker** (m), spel·ling·chec·kers
de **spel·ling·com·mis·sie** (v), spel·ling·com·mis·sies
de **spel·ling·con·tro·le**, spel·ling·con·tro·les
de **spel·ling·cor·rec·tor** (m), spel·ling·cor·rec·to·ren, spel·ling·cor·rec·tors
de **spel·ling·fout**, spel·ling·fou·ten
de **spel·ling·gids** (m), spel·ling·gid·sen
de **spel·ling·her·vor·ming** (v), spel·ling·her·vor·min·gen
de **spel·ling·her·zie·ning** (v), spel·ling·her·zie·nin·gen
de **spel·ling·les**, spel·ling·les·sen
de **spel·ling·oe·fe·ning** (v), spel·ling·oe·fe·nin·gen
het **spel·ling·on·der·wijs**
het **spel·ling·pro·bleem**, spel·ling·pro·ble·men
de **spel·ling·re·gel** (m), spel·ling·re·gels; spel·ling·re·gel·tje
de **spel·lings·check** (m), spel·lings·checks
de **spel·lings·con·tro·le**, spel·lings·con·tro·les
de **spel·lings·fout**, spel·lings·fou·ten
de **spel·lings·her·vor·ming** (v),

spel·lings·her·vor·min·gen
de **spel·lings·les**, spel·lings·les·sen
de **spel·lings·oe·fe·ning** (v), spel·lings·oe·fe·nin·gen
het **spel·lings·on·der·wijs**
het **spel·lings·pro·bleem**, spel·lings·pro·ble·men
de **spel·lings·re·gel** (m), spel·lings·re·gels
de **spel·lings·test** (m), spel·lings·tes·ten, spel·lings·tests
de **spel·lings·toets** (m), spel·lings·toet·sen
de **spel·ling·stra·te·gie** (v), spellingstrategieën [spel·ling·stra·te·gie·en]
de **spel·ling·strijd** (m)
de **spel·lings·wij·ze**, spel·lings·wij·zen
het **spel·ling·sys·teem**, spel·ling·sys·te·men
de **spel·ling·test** (m), spel·ling·tes·ten, spel·ling·tests
de **spel·ling·toets** (m), spel·ling·toet·sen
de **spel·ling·uit·spraak**, spel·ling·uit·spra·ken
de **spel·ling·va·ri·ant**, spel·ling·va·ri·an·ten
de **spel·ling·wij·ze**, spel·ling·wij·zen
de **spel·ling·wij·zi·ging** (v), spel·ling·wij·zi·gin·gen
het **spel·ma·te·ri·aal**, spel·ma·te·ri·a·len
de **spe·lonk**, spe·lon·ken; spe·lonk·je
de **spe·lo·theek** (v), spe·lo·the·ken
het **spel·peil**, spel·pei·len
het **spel·ple·zier**
de **spel·re·gel** (m), spel·re·gels; spel·re·gel·tje
de **spelt**
de **spen·cer** (m), spen·cers; spen·cer·tje
spen·de·ren (ww), spen·deer, spen·deert; spen·deer·de, spen·deer·den; ge·spen·deerd
spe·nen (ww), speen, speent; speen·de, speen·den; ge·speend
de **SP'er** [SP·er] (m), SP'ers [SP·ers]
het **sper·ma**, spermaatje [sper·ma·tje]
sper·ren (ww), sper, spert; sper·de, sper·den; ge·sperd
de **sper·zie** (v), sper·zies
de **sper·zie·boon**, sper·zie·bo·nen; sper·zie·boon·tje
spe·ten (ww), speet, speet; speet·te, speet·ten; ge·speet
spet·ten (ww), spet, spet; spet·te, spet·ten; ge·spet
de **spet·ter** (m), spet·ters; spet·ter·tje
spet·te·ren (ww), spet·ter, spet·tert; spet·ter·de, spet·ter·den; ge·spet·terd
spet·te·rend (bnw), spet·te·ren·de
de **speur·der** (m), speur·ders; speur·der·tje
speu·ren (ww), speur, speurt; speur·de, speur·den; ge·speurd
de **speur·tocht** (m), speur·toch·ten; speur·tocht·je
spic en span (bijw)
de **spie**, spieën [spie·en]; spie·tje
spie·den (ww), spied, spiedt; spied·de, spied·den; ge·spied
de **spie·gel** (m), spie·gels; spie·gel·tje
het **spie·gel·ei**, spie·gel·ei·e·ren; spie·gel·ei·tje
spie·ge·len (ww), spie·gel, spie·gelt; spie·gel·de, spie·gel·den; ge·spie·geld
spie·ken (ww), spiek, spiekt; spiek·te, spiek·ten; ge·spiekt
de **Spiel·berg·film** (m), Spiel·berg·films
de **spie·le·rei** (v), spie·le·rei·en;

spie·le·rei·tje
de **spier**, spie·ren; spier·tje
spie·ren (ww), spier, spiert; spier·de, spier·den; ge·spierd
de **spie·ring** (m), spie·rin·gen; spie·rin·kje
de **spier·me·ting** (v), spier·me·tin·gen
de **spies**, spie·sen; spies·je
de **spiets**, spiet·sen
spiet·sen (ww), spiets, spietst; spiets·te, spiets·ten; ge·spietst
spij·be·len (ww), spij·bel, spij·belt; spij·bel·de, spij·bel·den; ge·spij·beld
de **spij·ker** (m), spij·kers; spij·ker·tje
de **spij·ker·broek**, spij·ker·broe·ken; spij·ker·broek·je
spij·ke·ren (ww), spij·ker, spij·kert; spij·ker·de, spij·ker·den; ge·spij·kerd
het **spij·ker·schrift**
de **spijl**, spij·len; spijl·tje
de **spijs**, spij·zen; spijs·je
de **spijs·ver·te·ring** (v), spijs·ver·te·rin·gen
het **spijs·ver·te·rings·stel·sel**, spijs·ver·te·rings·stel·sels
de **spijt**[1], spijt·je
spijt[2]: ten spijt
spij·ten (ww), spijt; speet, spe·ten; ge·spe·ten
spij·tig (bnw), spij·ti·ge
spijts (voorz)
spij·zen (ww), spijs, spijst; spijs·de, spijs·den; ge·spijsd
de **spike** (m), spikes
spik·splin·ter·nieuw (bnw), spik·splin·ter·nieu·we
het **spil** *(kaapstander)*, spil·len; spil·le·tje
de **spil·fi·guur**, spil·fi·gu·ren
de **spil·le·been**[1] *(persoon)*, spil·le·be·nen; spil·le·been·tje
het **spil·le·been**[2] *(dun been)*, spil·le·be·nen; spil·le·been·tje
spil·len (ww), spil, spilt; spil·de, spil·den; ge·spild
de **spin**, spin·nen; spin·ne·tje
de **spin·ach·ti·ge** (m), spin·ach·ti·gen
de **spin·aker** (m), spin·akers
de **spi·na·zie**
de **spin·de**, spin·den
de **spin·doc·tor** (m), spin·doc·tors
de **spin·draad** (m), spin·dra·den
de **spin·na·ker** (m), spin·na·kers
spin·nen[1] (ww) *(snorren)*, spin, spint; spin·de, spin·den; ge·spind
spin·nen[2] (ww) *(andere betekenissen)*, spin, spint; spon, spon·nen; ge·spon·nen
de **spin·nen·kop**, spin·nen·kop·pen; spin·nen·kop·je
de **spin·nen·poot** (m), spin·nen·po·ten; spin·nen·poot·je
het **spin·nen·web**, spin·nen·web·ben; spin·nen·web·je
de **spin·ner** (m), spin·ners
het **spin·ne·wiel**, spin·ne·wie·len
de **spin·ning** (m)
de **spin-off** (m), spin-offs; spin-off·je
het **spin·rag**, spin·rag·gen; spin·rag·je
het **spin·ver·haal**, spin·ver·ha·len
spin·zen (ww), spins, spinst; spins·de, spins·den; ge·spinsd
de **spi·on** (m), spi·on·nen; spi·on·ne·tje
de **spi·o·na·ge** (v)
de **spi·o·na·ge·film** (m), spi·o·na·ge·films
het **spi·o·na·ge·vlieg·tuig**, spi·o·na·ge·vlieg·tui·gen; spi·o·na·ge·vlieg·tuig·je
spi·o·ne·ren (ww), spi·o·neer,

spi·o·neert; spi·o·neer·de, spi·o·neer·den; ge·spi·o·neerd
de **spi·on·ne** (v), spi·on·nes; spi·on·ne·tje
de **spi·raal**, spi·ra·len; spi·raal·tje
de **spi·rea** (m), spi·re·a's
de **spi·rel·li** (mv)
de **spi·rit** (m)
de **spi·ri·tu·a·li·teit** (v), spi·ri·tu·a·li·tei·ten
spi·ri·tu·eel (bnw), spi·ri·tu·e·le
de **spi·ri·tus** (m)
het **spit**[1] *(lumbago)*, spit·je
het **spit**[2] *(staaf)*, spe·ten, spit·ten; speet·je, spit·je
spi·tant (bnw), spi·tan·te
de **spits**[1] *(bovenste punt; voorhoedespeler)*, spit·sen; spits·je
spits[2] (bnw), spit·se
spit·sen (ww), spits, spitst; spits·te, spits·ten; ge·spitst
het **spits·uur**, spits·uren
spit·ten (ww), spit, spit; spit·te, spit·ten; ge·spit
de **spit·zen** (mv)
het **spleen**
de **spleet**, sple·ten; spleet·je
de **splin·ter** (m), splin·ters; splin·ter·tje
splin·ter·nieuw (bnw), splin·ter·nieu·we
het **split**, split·ten; split·je
split le·vel (bnw)
de/het **split screen** (m/o), split screens
de **split se·cond** (m), split se·conds
split·sen (ww), splits, splitst; splits·te, splits·ten; ge·splitst
de **split·sing** (v), split·sin·gen
split·ten (ww), split, split; split·te, split·ten; ge·split
de **split·unit**, split·units
de **spoed** (m), spoed·je
spoed·ei·send (bnw), spoed·ei·sen·de
spoe·den (ww), spoed, spoedt; spoed·de, spoed·den; ge·spoed
spoe·dig (bnw), spoe·di·ge
de **spoel**, spoe·len; spoel·tje
de **spoel·bak** (m), spoel·bak·ken; spoel·bak·je
spoe·len (ww), spoel, spoelt; spoel·de, spoel·den; ge·spoeld
de **spoel·ma·chi·ne** (v), spoel·ma·chi·nes
de **spoet·nik** (m), spoet·niks; spoet·nik·je
de **spoi·ler** (m), spoi·lers; spoi·ler·tje
spo·ken (ww), spook, spookt; spook·te, spook·ten; ge·spookt
de **spon**, spon·nen; spon·ne·tje
de **spon·de**, spon·den; spon·de·tje
de **spon·dee** (m), spondeeën [spon·dee·en]
de **spong**, spon·gen
de **spons**, spon·sen, spon·zen; spons·je
spon·sen (ww), spons, sponst; spons·te, spons·ten; ge·sponst
de **spon·sor** (m), spon·so·ren, spon·sors
spon·so·ren (ww), spon·sor, spon·sort; spon·sor·de, spon·sor·den; ge·spon·sord
de **spon·so·ring**, spon·so·rin·gen
de **spon·so·rings·brief** (m), spon·so·rings·brie·ven
de **spon·sor·loop** (m), spon·sor·lo·pen
het **spon·sor·schap**, spon·sor·schap·pen
spon·taan (bnw), spon·ta·ne
de **spontaneïteit** [spon·ta·ne·i·teit] (v)
de **spon·ta·ni·teit** (v), spon·ta·ni·tei·ten
spon·zen (ww), spons, sponst;

spons·de, spons·den; ge·sponsd
het **spook**, spo·ken; spook·je
de **spook·amb·te·naar** (m), spook·amb·te·naars, spook·amb·te·na·ren
het **spook·rij·den**
het **spook·sel**, spook·sels
de **spoom** (m), spooms
de **spoor**[1] *(uitsteeksel en dergelijke; voortplantingscel),* spo·ren; spoor·tje
het **spoor**[2] *(andere betekenissen),* spo·ren; spoor·tje
de **spoor·biels**, spoor·biel·zen
de **spoor·lijn**, spoor·lij·nen; spoor·lijn·tje
spoor·loos (bnw), spoor·lo·ze
de **spoor·weg** (m), spoor·we·gen; spoor·weg·ge·tje, spoor·weg·je
spoor·zoe·ken (ww)
spo·ra·disch (bnw), spo·ra·di·sche
de **spo·re**, spo·ren
spo·ren (ww), spoor, spoort; spoor·de, spoor·den; ge·spoord
het **spo·ren·ele·ment**, spo·ren·ele·men·ten
de **sport**, spor·ten; sport·je
de **sport·ac·com·mo·da·tie** (v), sport·ac·com·mo·da·ties
de **sport·be·ha** (m), sport·be·ha's; sportbehaatje [sport·be·ha·tje]
de **sport·be·no·digd·he·den** (mv)
de **sport-bh** (m), sport-bh's; sport-bh'tje [sport-bh·tje]
de **sport·bles·su·re** (v), sport·bles·su·ren, sport·bles·su·res
het **sport·cen·trum**, sport·cen·tra, sport·cen·trums
de **sport·club**, sport·clubs; sport·club·je
spor·ten (ww), sport, sport; sport·te, sport·ten; ge·sport
de **spor·ter** (m), spor·ters; spor·ter·tje
de **sport·fiets**, sport·fiet·sen
de **sport·hal**, sport·hal·len; sport·hal·le·tje
spor·tief (bnw), spor·tie·ve
de **spor·tie·ve·ling** (m), spor·tie·ve·lin·gen
de **spor·ti·vi·teit** (v), spor·ti·vi·tei·ten
de **sport·jour·na·list** (m), sport·jour·na·lis·ten
de **sport·mak·ker** (m), sport·mak·kers
de **sport·man** (m), sport·lie·den, sport·lui, sport·man·nen
de **sport·ma·ni·fes·ta·tie** (v), sport·ma·ni·fes·ta·ties
de **sport·mas·sa·ge** (v), sport·mas·sa·ges
het **sport·pa·leis**, sport·pa·lei·zen; sport·pa·leis·je
de **sport·raad** (m), sport·ra·den
de **sport·school**, sport·scho·len; sport·school·tje
de **sport·se·lec·tie** (v), sport·se·lec·ties
de **sport·ster**[1] (v) *(sportbeoefenaarster),* sport·sters
de **sport·ster**[2] *(persoon die uitblinkt in sport),* sport·ster·ren
de **sport·taal**, sport·ta·len
de/het **sport·te·nue**, sport·te·nues
het **sport·ter·rein**, sport·ter·rei·nen; sport·ter·rein·tje
de **sport·ver·eni·ging** (v), sport·ver·eni·gin·gen
de **sport·zaak**, sport·za·ken
de **sport·zaal**, sport·za·len; sport·zaal·tje
de **sport·zak** (m), sport·zak·ken
de **spot**[1] (m) *(hoon),* spot·je
de **spot**[2] (m) *(reclameboodschap; spotlight),* spots; spot·je
het **spot·licht**, spot·lich·ten;

spot·licht·je
de/het **spot·light** (m/o), spot·lights
spot·ten (ww), spot, spot; spot·te, spot·ten; ge·spot
de **spouw**, spou·wen
spou·wen (ww), spouw, spouwt; spouw·de, spouw·den; ge·spouwd
de **spouw·muur** (m), spouw·mu·ren; spouw·muur·tje
de **spraak**, spra·ken; spraak·je
de **spraak·kunst** (v), spraak·kun·sten
de **spraak·leer**, spraak·le·ren
spra·ke[1]: er is sprake van
spra·ke[2]: ter sprake
spra·ke·loos (bnw), spra·ke·lo·ze
de **sprank**, spran·ken; sprank·je
de **spran·kel**, spran·kels; spran·kel·tje
spran·ke·len (ww), spran·kel, spran·kelt; spran·kel·de, spran·kel·den; ge·spran·keld
spran·ke·lend (bnw), spran·ke·len·de
de **spray** (m), sprays; spray·tje
spray·en (ww), spray, sprayt; spray·de, spray·den; ge·sprayd
de **spread** (m), spreads
de/het **spread·sheet**, spread·sheets; spread·sheet·je
de **spreek·beurt**, spreek·beur·ten; spreek·beurt·je
het **spreek·ge·stoel·te**, spreek·ge·stoel·ten, spreek·ge·stoel·tes
de **spreek·ka·mer**, spreek·ka·mers; spreek·ka·mer·tje
de **spreek·ster** (v), spreek·sters
de **spreek·taal**, spreek·ta·len; spreek·taal·tje
het **spreek·uur**, spreek·uren; spreek·uur·tje
het **spreek·woord**, spreek·woor·den
het **spreek·woor·den·boek**, spreek·woor·den·boe·ken; spreek·woor·den·boek·je
de **spreeuw**, spreeu·wen; spreeuw·tje
de **sprei**, sprei·en; sprei·tje
sprei·den (ww), spreid, spreidt; spreid·de, spreid·den; ge·spreid
de **sprei·ding** (v), sprei·din·gen
spre·ken (ww), spreek, spreekt; sprak, spra·ken; ge·spro·ken
spre·kend (bnw), spre·ken·de
de **spre·ker** (m), spre·kers; spre·ker·tje
de **spreng**, spren·gen
de **spreuk**, spreu·ken; spreuk·je
de **spriet** (m), sprie·ten; spriet·je
de **spring** (m), sprin·gen
sprin·gen (ww), spring, springt; sprong, spron·gen; ge·spron·gen
de **spring-in-'t-veld** (m), spring-in-'t-vel·den, spring-in-'t-velds
de **spring·plank**, spring·plan·ken; spring·plank·je
het **spring·touw**, spring·tou·wen; spring·touw·tje
het **spring·uur**, spring·uren
de **sprink·haan** (m), sprink·ha·nen; sprink·haan·tje
de **sprint** (m), sprin·ten, sprints; sprint·je
sprin·ten (ww), sprint, sprint; sprint·te, sprint·ten; ge·sprint
de **sprin·ter** (m), sprin·ters; sprin·ter·tje
de **sprits**, sprit·sen; sprits·je
de **sproei** (m), sproei·en
sproei·en (ww), sproei, sproeit; sproei·de, sproei·den; ge·sproeid
de **sproei·er** (m), sproei·ers; sproei·er·tje
de **sproei-in·stal·la·tie** (v), sproei-in·stal·la·ties

de **sproet**, sproe·ten; sproet·je
de **spro·ke**, spro·ken
sprok·ke·len (ww), sprok·kel, sprok·kelt; sprok·kel·de, sprok·kel·den; ge·sprok·keld
de **sprok·kel·maand**, sprok·kel·maan·den
de **sprong** (m), spron·gen; spron·ge·tje
het **sprook·je**, sprook·jes
de **spruit**, sprui·ten; spruit·je
sprui·ten (ww), spruit, spruit; sproot, spro·ten; ge·spro·ten
spu·gen (ww), spuug, spuugt; spoog, spuug·de, spo·gen, spuug·den; ge·spo·gen, ge·spuugd
het **spui**, spui·en; spui·tje
spui·en (ww), spui, spuit; spui·de, spui·den; ge·spuid
de **spuit**, spui·ten; spuit·je
spui·ten (ww), spuit, spuit; spoot, spo·ten; ge·spo·ten
het **spuit·gie·ten**
het **spuit·wa·ter**, spuit·wa·ters; spuit·wa·ter·tje
het **spul**, spul·len; spul·le·tje
de **spurt** (m), spur·ten, spurts; spurt·je
spur·ten (ww), spurt, spurt; spurt·te, spurt·ten; ge·spurt
sput·te·ren (ww), sput·ter, sput·tert; sput·ter·de, sput·ter·den; ge·sput·terd
het **spuug**, spuug·je
spu·wen (ww), spuw, spuwt; spuw·de, spuw·den; ge·spuwd
het **squa·dron**, squa·drons
de **square** (m), squares
het **squash**
squa·shen (ww), squash, squasht; squash·te, squash·ten; ge·squasht
de **squaw** (v), squaws
het **Sra·nan** *(taal)*
de **Sra·nan·man**, Sra·nan·mans
het **Sra·nan·ton·go** *(taal)*
sre·fi·den·si
de **Sri Lan·kaan** (m), Sri Lan·ka·nen
Sri Lan·kaans (bnw), Sri Lan·kaan·se
de **SS'er** [SS·er] (m), SS'ers [SS·ers]
het **SSS-ei·land**, SSS-ei·lan·den
sst (tussenw)
st (tussenw)
de **staaf**, sta·ven; staaf·je
het **staaf·di·a·gram**, staaf·di·a·gram·men
staag (bnw), sta·ge
de **staak** (m), sta·ken; staak·je
het **staakt-het-vu·ren**
het **staal**[1] *(patroon)*, sta·len; staal·tje
het **staal**[2] *(stofnaam)*
staal·blauw (bnw), staal·blau·we
de **staal·fa·briek** (v), staal·fa·brie·ken; staal·fa·briek·je
de **staal·ka·bel·ac·ti·vi·tei·ten** (mv)
de **staal·na·me**, staal·na·men, staal·na·mes
het **staal·wa·ter**
staan (ww), sta, staat; stond, ston·den; ge·staan
staand (bnw), staan·de
staan·de (voorz)
de **staan·de·hou·ding** (v), staan·de·hou·din·gen
de **staan·der** (m), staan·ders; staan·der·tje
de **staan·lamp**, staan·lam·pen; staan·lamp·je
de **staan·plaats**, staan·plaat·sen; staan·plaats·je
de **staar** *(oogziekte)*
de **staart** (m), staar·ten; staart·je
de **staat** (m), sta·ten; staat·je
staat·loos (bnw), staat·lo·ze
staats (bnw), staat·se

het **staats·ambt**, staats·amb·ten
het **staats·be·drijf**, staats·be·drij·ven; staats·be·drijf·je
het **staats·be·sluit**, staats·be·slui·ten
het **staats·be·stuur**, staats·be·stu·ren
het **staats·be·zoek**, staats·be·zoe·ken; staats·be·zoek·je
het **staats·blad**, staats·bla·den
Staats·bos·be·heer
het **staats·bur·ger·schap**, staats·bur·ger·schap·pen
de **staats·bus** (m), staats·bus·sen
de **staats·eer**
de **staats·gods·dienst** (m), staats·gods·dien·sten
de **staats·greep** (m), staats·gre·pen; staats·greep·je
de **staats·her·vor·ming** (v), staats·her·vor·min·gen; staats·her·vor·min·kje
het **staats·hoofd**, staats·hoof·den; staats·hoofd·je
de **staats·hoof·den·con·fe·ren·tie** (v), staats·hoof·den·con·fe·ren·ties
de **staats·hoof·den·ver·ga·de·ring** (v), staats·hoof·den·ver·ga·de·rin·gen
de **staat·sie** (v), staat·sies
het **staat·sie·be·zoek**, staat·sie·be·zoe·ken
de **staat·sie·fo·to**, staat·sie·fo·to's
het **staat·sie·por·tret**, staat·sie·por·tret·ten
het **staats·lo·geer·ge·bouw**, staats·lo·geer·ge·bou·wen
het **staats·lot**, staats·lo·ten
de **staats·lo·te·rij** (v), staats·lo·te·rij·en
de **staats·man** (m), staats·lie·den, staats·lui, staats·man·nen
het **staats·me·di·um**, staats·me·dia
het **staats·recht**
de **staats·re·ge·ling** (v), staats·re·ge·lin·gen
de **staats·school**, staats·scho·len
de **staats·schuld**, staats·schul·den
de **staats·se·cre·ta·ris** (m), staats·se·cre·ta·ris·sen; staats·se·cre·ta·ris·je
de **staats·steun** (m)
de **staats·vei·lig·heid** (v)
sta·biel (bnw), sta·bie·le
de **sta·bi·li·sa·tie** (v), sta·bi·li·sa·ties
de **sta·bi·li·sa·tor** (m), sta·bi·li·sa·to·ren, sta·bi·li·sa·tors
sta·bi·li·se·ren (ww), sta·bi·li·seer, sta·bi·li·seert; sta·bi·li·seer·de, sta·bi·li·seer·den; ge·sta·bi·li·seerd
de **sta·bi·li·se·ring** (v), sta·bi·li·se·rin·gen
de **sta·bi·li·teit** (v), sta·bi·li·tei·ten
de **sta·bi·li·teits·stu·die** (v), sta·bi·li·teits·stu·dies
de **sta·ca·ra·van** (m), sta·ca·ra·vans; sta·ca·ra·van·ne·tje
het **stac·ca·to**[1], stac·ca·to's
stac·ca·to[2] (bijw)
de **stac·ker** (m), stac·kers
de **stad**, ste·den; stad·je
het **stad·be·stuur**, stad·be·stu·ren
de **stad·be·wo·ner** (m), stad·be·wo·ners
het **stad·deel**, stad·de·len
sta·de: te stade komen
de **stad·ge·noot** (m), stad·ge·no·ten
de **stad·ge·no·te** (v), stad·ge·no·tes
de **stad·hou·der** (m), stad·hou·ders
het **stad·huis**, stad·hui·zen; stad·huis·je
de **sta·die** (v), stadiën [sta·di·en]
de **stadiëring** [sta·di·e·ring] (v), stadiëringen [sta·di·e·rin·gen]
sta·dig (bnw), sta·di·ge
het **sta·di·on**, sta·di·ons
de **sta·di·on·di·rec·tie** (v), sta·di·on·di·rec·ties

het **sta·di·um**, sta·dia, sta·di·ums
het **stad·park**, stad·par·ken; stad·park·je
de **stad·rech·ten** (mv)
stads (bnw), stad·se
de **stads·ar·chi·va·ris** (m), stads·ar·chi·va·ris·sen
het **stads·be·stuur**, stads·be·stu·ren
de **stads·be·wo·ner** (m), stads·be·wo·ners
het **stads·cen·trum**, stads·cen·tra, stads·cen·trums
het **stads·deel**, stads·de·len; stads·deel·tje
de **stads·deel·raad** (m), stads·deel·ra·den
het **stads·gas**
de **stads·ge·noot** (m), stads·ge·no·ten
het **stads·ge·zicht**, stads·ge·zich·ten; stads·ge·zicht·je
de **stads·gids** (m), stads·gid·sen; stads·gids·je
de **stads·guer·ril·la·or·ga·ni·sa·tie** (v), stads·guer·ril·la·or·ga·ni·sa·ties
het **stads·huis**, stads·hui·zen; stads·huis·je
de **stads·kern**, stads·ker·nen
de **stads·mens** (m), stads·men·sen
het **stads·park**, stads·par·ken; stads·park·je
het **stads·plein**, stads·plei·nen; stads·plein·tje
de **stads·ral·ly** (m), stads·ral·ly's
het **stads·recht**, stads·rech·ten
de **stads·rei·ni·gings·dienst** (m), stads·rei·ni·gings·dien·sten
de **stads·school**, stads·scho·len; stads·school·tje
de **stads·schouw·burg** (m), stads·schouw·bur·gen
de **stads·se·cre·ta·ris** (m), stads·se·cre·ta·ris·sen
de **stads·slaaf** (m), stads·sla·ven
de **stads·so·cio·loog** (m), stads·so·cio·lo·gen
het **stads·spel**, stads·spe·len, stads·spel·len
het **stads·strand**, stads·stran·den; stads·strand·je
de **stad·staat** (m), stad·sta·ten; stad·staat·je
de **stads·tour** (m), stads·tours
het **stad·strand**, stad·stran·den
de **stads·ver·nieu·wing** (v), stads·ver·nieu·win·gen
het **stads·ver·voer**
de **stad·ver·nieu·wing** (v), stad·ver·nieu·win·gen
de **staf** (m), sta·ven; staaf·je, staf·je
de **staf·af·de·ling** (v), staf·af·de·lin·gen
de **staf·chef** (m), staf·chefs
de **staf·fel** (m), staf·fels; staf·fel·tje
staf·fe·len (ww), staf·fel, staf·felt; staf·fel·de, staf·fel·den; ge·staf·feld
de **sta·fy·lo·kok** (m), sta·fy·lo·kok·ken
het **stag**, sta·gen
de **sta·ge**, sta·ges
het **sta·ge·aan·bod**
de **sta·ge·aan·vraag**, sta·ge·aan·vra·gen
de **sta·ge·ac·ti·vi·teit** (m), sta·ge·ac·ti·vi·tei·ten
het **sta·ge·adres**, sta·ge·adres·sen
het **sta·ge·be·drijf**, sta·ge·be·drij·ven
de **sta·ge·be·ge·lei·der** (m), sta·ge·be·ge·lei·ders
de **sta·ge·be·ge·lei·ding** (v), sta·ge·be·ge·lei·din·gen
de **sta·ge·be·ge·leid·ster** (v), sta·ge·be·ge·leid·sters
het **sta·ge·be·zoek**, sta·ge·be·zoe·ken
het **sta·ge·con·tract**,

sta·ge·con·trac·ten
de **stagecoördinator** [sta·ge·co·or·di·na·tor] (m), stagecoördinatoren [sta·ge·co·or·di·na·to·ren], stagecoördinators [sta·ge·co·or·di·na·tors]
stage·di·ven (ww), stage·dive, stage·divet; stage·dive·de, stage·dive·den; ge·stage·dived
de **sta·ge-er·va·ring** (v), sta·ge-er·va·rin·gen
de **sta·ge-in·stel·ling** (v), sta·ge-in·stel·lin·gen
de **sta·ge·men·tor** (m), sta·ge·men·to·ren, sta·ge·men·tors
sta·gen (ww), staag, staagt; staag·de, staag·den; ge·staagd
de **sta·ge·op·dracht**, sta·ge·op·drach·ten
de **sta·ge·or·ga·ni·sa·tie** (v), sta·ge·or·ga·ni·sa·ties
de **sta·ge·over·een·komst** (v), sta·ge·over·een·kom·sten
de **sta·ge·pe·ri·o·de** (v), sta·ge·pe·ri·o·den, sta·ge·pe·ri·o·des
de **sta·ge·plaats**, sta·ge·plaat·sen
de **sta·ge·plek**, sta·ge·plek·ken
de **sta·ge·tijd** (m), sta·ge·tij·den
het **sta·ge·ver·slag**, sta·ge·ver·sla·gen
het **sta·ge·ver·zoek**, sta·ge·ver·zoe·ken
de **sta·gi·air** (m), sta·gi·airs
de **sta·gi·ai·re** (v), sta·gi·ai·res
het **sta·gi·ai·re·huis**, sta·gi·ai·re·hui·zen
de **stag·na·tie** (v), stag·na·ties
stag·ne·ren (ww), stag·neer, stag·neert; stag·neer·de, stag·neer·den; ge·stag·neerd
de **stag·ne·ring** (v), stag·ne·rin·gen
de **sta-in-de-weg** (m), sta-in-de-wegs
de **stake·hol·der** (m), stake·hol·ders
sta·ken (ww), staak, staakt; staak·te, staak·ten; ge·staakt
de **sta·ker** (m), sta·kers
het **sta·ket·sel**, sta·ket·sels; sta·ket·sel·tje
de **sta·king** (v), sta·kin·gen; sta·kin·kje
het **sta·kings·pi·ket**, sta·kings·pi·ket·ten
de **stak·ker** (m), stak·kers; stak·ker·tje
de **stak·kerd** (m), stak·kerds; stak·kerd·je
de **stal** (m), stal·len; stal·le·tje
de **sta·lac·tiet** (m), sta·lac·tie·ten
sta·len[1] (bnw)
sta·len[2] (ww), staal, staalt; staal·de, staal·den; ge·staald
het **sta·li·nis·me**
de **sta·li·nist** (m), sta·li·nis·ten
sta·li·nis·tisch (bnw), sta·li·nis·ti·sche
stal·ken (ww), stalk, stalkt; stalk·te, stalk·ten; ge·stalkt
de **stal·ker** (m), stal·kers
de **stal·king** (v)
stal·len (ww), stal, stalt; stal·de, stal·den; ge·stald
de **stal·ling** (v), stal·lin·gen; stal·lin·kje
de **stam** (m), stam·men; stam·me·tje
het **stam·boek**, stam·boe·ken; stam·boek·je
de **stam·boom** (m), stam·bo·men; stam·boom·pje
het **stam·ca·fé**, stam·ca·fés; stamcafeetje [stam·ca·fé·tje]
sta·me·len (ww), sta·mel, sta·melt; sta·mel·de, sta·mel·den; ge·sta·meld
de **sta·mi·na** (m)

de **sta·mi·nee** (v), sta·mi·nees; sta·mi·nee·tje
stam·men (ww), stam, stamt; stam·de, stam·den; ge·stamd
de **stamp**[1] (m), stam·pen; stamp·je
stamp[2] (bnw)
de **stam·pei** (v)
stam·pen (ww), stamp, stampt; stamp·te, stamp·ten; ge·stampt
de **stam·per** (m), stam·pers; stam·per·tje
de **stam·pij** (v)
de **stamp·pot** (m), stamp·pot·ten; stamp·pot·je
stamp·voe·ten (ww), stamp·voet, stamp·voet; stamp·voet·te, stamp·voet·ten; ge·stamp·voet
stamp·vol (bnw), stamp·vol·le
het **stam·recht**, stam·rech·ten
het **stam·ver·band**
de **stand**[1] (m) *(kraam)*, stands; stand·je
de **stand**[2] (m) *(andere betekenissen)*, stan·den; stand·je
stand[3]: in stand blijven
stand[4]: in stand houden
stand[5]: tot stand brengen
stand[6]: tot stand komen
de **stan·daard**[1] (m), stan·daar·den, stan·daards; stan·daard·je
stan·daard[2] (bnw)
de **stan·daard·af·me·ting** (v), stan·daard·af·me·tin·gen
de **stan·daard·brief** (m), stan·daard·brie·ven; stan·daard·brief·je
het **stan·daard·con·tract**, stan·daard·con·trac·ten
de **stan·daard·de·vi·a·tie** (v), stan·daard·de·vi·a·ties
de **stan·daar·di·sa·tie** (v), stan·daar·di·sa·ties
stan·daar·di·se·ren (ww), stan·daar·di·seer, stan·daar·di·seert; stan·daar·di·seer·de, stan·daar·di·seer·den; ge·stan·daar·di·seerd
de **stan·daar·di·se·ring** (v), stan·daar·di·se·rin·gen
het **stan·daard·mo·del**, stan·daard·mo·del·len
het **Stan·daard·ne·der·lands** *(taal)*
het **stan·daard·pak·ket**, stan·daard·pak·ket·ten
de **stan·daard·pro·ce·du·re**, stan·daard·pro·ce·du·res
de **stan·daard·taal**, stan·daard·ta·len
het **stan·daard·ta·rief**, stan·daard·ta·rie·ven
de **stan·daard·uit·rus·ting** (v), stan·daard·uit·rus·tin·gen
de **stand·alone** (m), stand·alones
het **stand·beeld**, stand·beel·den; stand·beeld·je
stand-by (bnw)
de **stan·der** (m), stan·ders; stan·der·tje
stand·hou·den (ww), houd stand, hou stand, houdt stand; hield stand, hiel·den stand; stand·ge·hou·den
de **stand-in** (m), stand-ins
de **stan·ding**
de **stand·plaats**, stand·plaat·sen; stand·plaats·je
de **stand·plaats·toe·la·ge**, stand·plaats·toe·la·gen, stand·plaats·toe·la·ges
het **stand·punt**, stand·pun·ten; stand·punt·je
de **stand·still**
de **stand-up** (m), stand-ups; stand-up·je
de **stand-up·co·me·di·an** (m), stand-up·co·me·di·ans

de **stand-up·co·me·dy**, stand-up·co·me·dy's
stand·vas·tig (bnw), stand·vas·ti·ge
de **stand·vas·tig·heid** (v), stand·vas·tig·he·den
de **stang**, stan·gen; stan·ge·tje
stan·gen (ww), stang, stangt; stang·de, stang·den; ge·stangd
de **stank** (m), stan·ken; stank·je
het **stan·ley·mes**, stan·ley·mes·sen; stan·ley·mes·je
stan·sen (ww), stans, stanst; stans·te, stans·ten; ge·stanst
stan·te pe·de (bijw)
de **stan·za**, stan·za's
de **sta-op·stoel** (m), sta-op·stoe·len
de **stap** (m), stap·pen; stap·je
de **sta·pel**[1] (m), sta·pels; sta·pel·tje
sta·pel[2] (bnw)
de **sta·pe·laar** (m), sta·pe·laars
sta·pe·len (ww), sta·pel, sta·pelt; sta·pel·de, sta·pel·den; ge·sta·peld
de **sta·pe·ling** (v), sta·pe·lin·gen
sta·pel·ver·liefd (bnw), sta·pel·ver·lief·de
de **sta·plaats**, sta·plaat·sen
stap·pen (ww), stap, stapt; stap·te, stap·ten; ge·stapt
het **stap·pen·plan**, stap·pen·plan·nen
staps·ge·wijs (bnw), staps·ge·wij·ze
staps·ge·wij·ze (bijw)
de **star**[1], stars
star[2] (bnw), star·re
sta·ren[1] (ww), staar, staart; staar·de, staar·den; ge·staard
sta·ren[2]: voor zich uit staren
star·na·kel (bijw)
de **start** (m), starts; start·je
de **start·baan**, start·ba·nen; start·baan·tje
de **start·da·tum** (m), start·da·ta, start·da·tums
star·ten (ww), start, start; start·te, start·ten; ge·start
de **star·ter** (m), star·ters
de **star·ter·set** (m), star·ter·sets
de **star·ters·func·tie** (v), star·ters·func·ties
de **star·ter·wo·ning** (v), star·ter·wo·nin·gen
het **start·ka·pi·taal**, start·ka·pi·ta·len; start·ka·pi·taal·tje
de **start·pa·gi·na**, start·pa·gi·na's
het **start·punt**, start·pun·ten
het **start·schot**, start·scho·ten
het **start·sein**, start·sei·nen
de **start·tijd** (m), start·tij·den
de **start-up** (m), start-ups
het **start·uur**, start·uren
de **sta·ta·fel**, sta·ta·fels; sta·ta·fel·tje
de **sta·te**, sta·ten
sta·te·loos (bnw), sta·te·lo·ze
het **state·ment**, state·ments
Sta·ten
de **Sta·ten·be·han·de·ling** (v), Sta·ten·be·han·de·lin·gen
het **Sta·ten·be·sluit**, Sta·ten·be·slui·ten
de **sta·ten·bij·bel** (m) *(exemplaar)*, sta·ten·bij·bels
Sta·ten·bij·bel
de **Sta·ten·de·le·ga·tie** (v), Sta·ten·de·le·ga·ties
de **Sta·ten·frac·tie** (v), Sta·ten·frac·ties
de **sta·ten-ge·ne·raal** (m) *(vergade-ring)*, sta·ten-ge·ne·raals
Sta·ten-Ge·ne·raal *(Nederlandse volksvertegenwoordiging)*
het **Sta·ten·jaar**, Sta·ten·ja·ren
het **Sta·ten·lid**, Sta·ten·le·den
de **Sta·ten·voor·zit·ter** (m), Sta·ten·voor·zit·ters
de **Sta·ten·vraag**, Sta·ten·vra·gen

de **Sta·ten·ze·tel** (m), Sta·ten·ze·tels
de **state of the art** (m)
de **sta·tie** (v), statiën [sta·ti·en], sta·ties
het **sta·tief**, sta·tie·ven; sta·tief·je
het **sta·tie·geld**, sta·tie·gel·den
sta·tig (bnw), sta·ti·ge
het **sta·ti·on**, sta·ti·ons; sta·ti·on·ne·tje
sta·ti·o·nair (bnw), sta·ti·o·nai·re
sta·ti·o·ne·ren (ww), sta·ti·o·neer, sta·ti·o·neert; sta·ti·o·neer·de, sta·ti·o·neer·den; ge·sta·ti·o·neerd
de **sta·ti·ons·chef** (m), sta·ti·ons·chefs
de **sta·ti·ons·hal**, sta·ti·ons·hal·len; sta·ti·ons·hal·le·tje
de **sta·ti·ons·kap**, sta·ti·ons·kap·pen
het **sta·ti·ons·plein**, sta·ti·ons·plei·nen; sta·ti·ons·plein·tje
de **sta·ti·ons·straat**, sta·ti·ons·stra·ten
de **sta·ti·on·wa·gen** (m), sta·ti·on·wa·gens
de **sta·ti·on·wa·gon** (m), sta·ti·on·wa·gons
sta·tisch (bnw), sta·ti·sche
de **sta·tis·ti·cus** (m), sta·tis·ti·ci
de **sta·tis·tiek**[1] (v), sta·tis·tie·ken; sta·tis·tiek·je
sta·tis·tiek[2] (bnw), sta·tis·tie·ke
het **sta·tis·tiek·recht**, sta·tis·tiek·rech·ten
sta·tis·tisch (bnw), sta·tis·ti·sche
stat·ten (ww), stat, stat; stat·te, stat·ten; ge·stat
de **sta·tus** (m), sta·tus·sen
de **sta·tus prae·sens** (m)
de/het **sta·tus quo** (m/o)
sta·tus·sen (ww), sta·tus, sta·tust; sta·tus·te, sta·tus·ten; ge·sta·tust
de **sta·tus·up·date** (m), sta·tus·up·dates
sta·tu·tair (bnw), sta·tu·tai·re
de **sta·tuur** (v), sta·tu·ren
het **sta·tuut**, sta·tu·ten
de **Sta·tuut·wij·zi·ging** (v) *(in Antilliaans-Nederlands),* Sta·tuut·wij·zi·gin·gen
sta·vast: van stavast
sta·ven (ww), staaf, staaft; staaf·de, staaf·den; ge·staafd
de **sta·ving** (v), sta·vin·gen
het **sta·vings·stuk**, sta·vings·stuk·ken
de **stay·er** (m), stay·ers
de **steak** (m), steaks; steak·je
ste·che·len (ww), ste·chel, ste·chelt; ste·chel·de, ste·chel·den; ge·ste·cheld
de **ste·de**, ste·den
ste·de·lijk (bnw), ste·de·lij·ke
de **ste·de·ling** (m), ste·de·lin·gen
de **ste·den·bouw** (m)
de **ste·den·bouw·kun·de** (v)
ste·den·bouw·kun·dig (bnw), ste·den·bouw·kun·di·ge
de **ste·den·bouw·kun·di·ge**, ste·den·bouw·kun·di·gen
de **stee**, steeën [stee·en]; stee·tje
steeds[1] (bnw), steed·se
steeds[2] (bijw)
de **steeg**[1], ste·gen; steeg·je
steeg[2] (bnw), ste·ge
de **steek** (m), ste·ken; steek·je
steek hou·den
de **steek·proef**, steek·proe·ven; steek·proef·je
steek·proef·ge·wijs (bnw), steek·proef·ge·wij·ze
steek·proefs·ge·wijs (bnw), steek·proefs·ge·wij·ze
de **steek·ver·won·ding** (v), steek·ver·won·din·gen
het **steek·woord**, steek·woor·den

de **steel** (m), ste·len; steel·tje
de **steen**[1] (m) *(voorwerp),* ste·nen; steen·tje
de/het **steen**[2] (m/o) *(stofnaam)*
de **steen·bok** (m) *(dier),* steen·bok·ken; steen·bok·je
Steen·bok *((persoon met dit) sterrenbeeld),* Steen·bok·ken; Steen·bok·je
Steen·boks·keer·kring
steen des aan·stoots
de **steen·druk** (m), steen·druk·ken
de **steen·duif**, steen·dui·ven
het **steen·goed**
de **steen·grill** (m), steen·grills
steen·gril·len (ww), steen·gril, steen·grilt; steen·gril·de, steen·gril·den; ge·steen·grild
de **steen·groe·ve**, steen·groe·ven, steen·groe·ves
het **steen·ko·len·en·gels**
de **steen·kool**, steen·ko·len; steen·kool·tje
het **steen·slag**
het **steen·slag·be·drijf**, steen·slag·be·drij·ven
de **steen·tijd** (m)
het **steen·tijd·perk**
de **steen·vrucht**, steen·vruch·ten
de **steen·weg** (m), steen·we·gen
de **steen·worp** (m), steen·wor·pen
de **stee·ple·chase** (m), stee·ple·cha·ses
stee·vast (bnw), stee·vas·te
steg: heg noch steg
steg·ge·len (ww), steg·gel, steg·gelt; steg·gel·de, steg·gel·den; ge·steg·geld
de **stei·ger** (m) *(stellage; aanlegsteiger),* stei·gers; stei·ger·tje
stei·ge·ren (ww), stei·ger, stei·gert; stei·ger·de, stei·ger·den; ge·stei·gerd
steil (bnw), stei·le
de **steil·tang** *(tang om haar steil mee te maken),* steil·tan·gen
de **stei·ner·school**, stei·ner·scho·len; stei·ner·school·tje
de **stek** (m), stek·ken; stek·je
ste·ke·blind (bnw), ste·ke·blin·de
het **ste·kel·var·ken**, ste·kel·var·kens; ste·kel·var·ken·tje
ste·ken (ww), steek, steekt; stak, sta·ken; ge·sto·ken
de **ste·ker** (m), ste·kers; ste·ker·tje
stek·ken (ww), stek, stekt; stek·te, stek·ten; ge·stekt
de **stek·ker** (m), stek·kers; stek·ker·tje
de **stek·ker·doos**, stek·ker·do·zen; stek·ker·doos·je
het **stel**, stel·len; stel·le·tje
de **ste·le**, ste·les
de **stè·le**, stè·les
ste·len (ww), steel, steelt; stal, sta·len; ge·sto·len
de **ste·ler** (m), ste·lers
stel·len (ww), stel, stelt; stel·de, stel·den; ge·steld
de **stel·ler** (m), stel·lers
stel·lig (bnw), stel·li·ge
stel·lig·ste: ten stelligste
de **stel·ling** (v), stel·lin·gen; stel·lin·kje
de **stel·ling·na·me**, stel·ling·na·men, stel·ling·na·mes
stel·pen (ww), stelp, stelpt; stelp·te, stelp·ten; ge·stelpt
de **stel·plaats**, stel·plaat·sen
het **stel·sel**, stel·sels; stel·sel·tje
stel·sel·ma·tig (bnw), stel·sel·ma·ti·ge
de **stelt**, stel·ten; stelt·je
de **stelt·wor·tel** (m), stelt·wor·tels
de **stem**, stem·men; stem·me·tje
het **stem·bil·jet**, stem·bil·jet·ten
het **stem·bu·reau**, stem·bu·reaus;

stem·bu·reau·tje
de **stem·bus**, stem·bus·sen; stem·bus·je
de **stem·bus·af·spraak**, stem·bus·af·spra·ken
het **stem·cij·fer**, stem·cij·fers
stem·men (ww), stem, stemt; stem·de, stem·den; ge·stemd
de **stem·mer** (m), stem·mers; stem·mer·tje
de **stem·ming** (v), stem·min·gen
de/het **stem·pel**[1] (m/o) *(gereedschap om te stempelen; afdruk; merk)*, stem·pels; stem·pel·tje
de **stem·pel**[2] (m) *(stut; andere betekenissen)*, stem·pels; stem·pel·tje
stem·pe·len (ww), stem·pel, stem·pelt; stem·pel·de, stem·pel·den; ge·stem·peld
het **stem·recht**
de **sten** (m), stens
de/het **sten·cil** (m/o), sten·cils; sten·cil·tje
sten·ci·len (ww), sten·cil, sten·cilt; sten·cil·de, sten·cil·den; ge·sten·cild
ste·nen[1] (bnw)
ste·nen[2] (ww), steen, steent; steen·de, steen·den; ge·steend
ste·nen tijd·perk
de **steng**, sten·gen; sten·ge·tje
de **sten·gel** (m), sten·gels; sten·gel·tje
de **sten·gel·top** (m), sten·gel·top·pen
ste·nig (bnw), ste·ni·ge
de **sten·nis**
de/het **ste·no** (m/o)
de **ste·no·graaf** (m), ste·no·gra·fen
de **ste·no·se** (v)
de **stent** (m), stents
de **step**[1] (m) *(danspas)*, steps
de **step**[2] (m) *(opstapje; autoped)*, step·pen, steps; step·je
de **step·pe**, step·pen, step·pes
het **step·pe·gras**, step·pe·gras·sen
step·pen (ww), step, stept; step·te, step·ten; ge·stept
de **ster**, ster·ren; ster·re·tje
de **ster·al·lu·res** (mv)
de **ster·anijs** (m), ster·anijs·je
de **ster·ap·pel·boom** (m), ster·ap·pel·bo·men
de **stè·re**, stè·ren, stè·res
de **ste·reo** (v), stereootje [ste·reo·tje]
de **ste·reo·ap·pa·ra·tuur** (v)
de **ste·reo·fo·to**, ste·reo·fo·to's
de **ste·reo-in·stal·la·tie** (v), ste·reo-in·stal·la·ties
de **ste·reo·scoop** (m), ste·reo·sco·pen
ste·reo·tiep (bnw), ste·reo·tie·pe
de **ste·reo·to·ren** (m), ste·reo·to·rens
het **ste·reo·ty·pe**, ste·reo·ty·pen, ste·reo·ty·pes
ste·reo·ty·pe·ren (ww), ste·reo·ty·peer, ste·reo·ty·peert; ste·reo·ty·peer·de, ste·reo·ty·peer·den; ge·ste·reo·ty·peerd
de **ste·reo·ty·pe·ring** (v), ste·reo·ty·pe·rin·gen
de **ste·reo·ty·pie** (v)
ste·reo·ty·pisch (bnw), ste·reo·ty·pi·sche
de **ster·fe·lijk·heid** (v)
de **sterf·te** (v), sterf·ten, sterf·tes
het **sterf·te·cij·fer**, sterf·te·cij·fers
ste·riel (bnw), ste·rie·le
de **ste·ri·li·sa·tie** (v), ste·ri·li·sa·ties
het **ste·ri·li·sa·tie·pro·ject**, ste·ri·li·sa·tie·pro·jec·ten
ste·ri·li·se·ren (ww), ste·ri·li·seer, ste·ri·li·seert; ste·ri·li·seer·de, ste·ri·li·seer·den; ge·ste·ri·li·seerd
de **ste·ri·li·teit** (v), ste·ri·li·tei·ten
sterk (bnw), ster·ke
de **ster·ke·drank** (m),

ster·ke·dran·ken
ster·ken (ww), sterk, sterkt; sterk·te, sterk·ten; ge·sterkt
de **sterk·hou·der** (m), sterk·hou·ders
de **sterk·ste**, sterk·sten
de **sterk·te** (v), sterk·ten, sterk·tes
de **sterk·te-zwak·te·ana·ly·se** (v), sterk·te-zwak·te·ana·ly·sen, sterk·te-zwak·te·ana·ly·ses
de **stern**, ster·nen, sterns; stern·tje
de **steroïde** [ste·ro·i·de] (v), steroïden [ste·ro·i·den]
de **STER-re·cla·me**, STER-re·cla·mes
ster·re·loos (bnw), ster·re·lo·ze
het **ster·ren·beeld**, ster·ren·beel·den; ster·ren·beeld·je
de **ster·ren·chef** (m), ster·ren·chefs
het **ster·ren·dom**
de **ster·ren·he·mel** (m), ster·ren·he·mels; ster·ren·he·mel·tje
het **ster·ren·ho·tel**, ster·ren·ho·tels
de **ster·ren·kers**
ster·ren·kij·ken (ww)
de **ster·ren·kij·ker** (m), ster·ren·kij·kers; ster·ren·kij·ker·tje
de **ster·ren·kok** (m), ster·ren·koks
de **ster·ren·kun·de** (v)
het **ster·ren·licht**
het **ster·ren·res·tau·rant**, ster·ren·res·tau·rants
het **ster·ren·stel·sel**, ster·ren·stel·sels
de **ster·ren·wacht**, ster·ren·wach·ten
ster·ven (ww), sterf, sterft; stierf, stier·ven; ge·stor·ven
de **ste·tho·scoop** (m), ste·tho·sco·pen; ste·tho·scoop·je
de **steun** (m), steu·nen; steun·tje
de **steun·beer** (m), steun·be·ren
steu·nen (ww), steun, steunt; steun·de, steun·den; ge·steund
het **steun·fonds**, steun·fond·sen
het **steun·punt**, steun·pun·ten; steun·punt·je
de **steur** (m), steu·ren; steur·tje
de **ste·ven** (m), ste·vens; ste·ven·tje
ste·ve·nen (ww), ste·ven, ste·vent; ste·ven·de, ste·ven·den; ge·ste·vend
de **ste·via**, ste·vi·a's
ste·vig (bnw), ste·vi·ge
de **ste·ward** (m), ste·wards
de **ste·war·dess** (v), ste·war·des·sen; ste·war·dess·je
het **sticht**, stich·ten
stich·ten (ww), sticht, sticht; sticht·te, sticht·ten; ge·sticht
de **stich·ter** (m), stich·ters
de **stich·ting** (v), stich·tin·gen; stich·tin·kje
de **sticht·ster** (v), sticht·sters
de **stick** (m), sticks; stick·je
de **stic·ker** (m), stic·kers; stic·ker·tje
stic·ke·ren (ww), stic·ker, stic·kert; stic·ker·de, stic·ker·den; ge·stic·kerd
de **stief·fa·mi·lie** (v), stief·fa·mi·lies
stie·kem (bnw), stie·ke·me
de **stie·ke·merd** (m), stie·ke·merds
de **stiel** (m), stie·len; stiel·tje
de **stiel·man** (m), stiel·lie·den, stiel·lui, stiel·man·nen
de **stier** (m) *(dier)*, stie·ren; stier·tje
Stier *((persoon met dit) sterrenbeeld)*, Stie·ren; Stier·tje
het **stie·ren·ge·vecht**, stie·ren·ge·vech·ten
het **stift**[1] *(klooster)*, stif·ten; stift·je
de **stift**[2] *(andere betekenissen)*, stif·ten; stift·je
stif·ten (ww), stift, stift; stift·te, stift·ten; ge·stift
het **stig·ma**, stig·ma's, stig·ma·ta
stig·ma·ti·se·ren (ww), stig·ma·ti·seer, stig·ma·ti·seert;

stig·ma·ti·seer·de, stig·ma·ti·seer·den; ge·stig·ma·ti·seerd
stijf (bnw), stij·ve
de **stijf·heid** (v), stijf·he·den
stijf·klop·pen (ww), klop stijf, klopt stijf; klop·te stijf, klop·ten stijf; stijf·ge·klopt
de/het **stijf·sel** (m/o)
de **stijg·beu·gel** (m), stijg·beu·gels
stij·gen (ww), stijg, stijgt; steeg, ste·gen; ge·ste·gen
stij·gend (bnw), stij·gen·de
de **stij·ger** (m) *(iem. die of iets dat stijgt),* stij·gers
de **stij·ging** (v), stij·gin·gen
de **stijl** (m), stij·len; stijl·tje
de **stijl·fi·guur**, stijl·fi·gu·ren
de/het **stijl·icoon**, stijl·ico·nen
de **stijl·ka·mer**, stijl·ka·mers; stijl·ka·mer·tje
de **stijl·leer**
de **stijl·pe·ri·o·de** (v), stijl·pe·ri·o·den, stijl·pe·ri·o·des
de **stijl·tang** *(tang om haar mee te sty-len),* stijl·tan·gen
stijl·vol (bnw), stijl·vol·le
stij·ven[1] (ww) *(met stijfsel stijf ma-ken),* stijf, stijft; steef, ste·ven; ge·ste·ven
stij·ven[2] (ww) *(andere betekenissen),* stijf, stijft; stijf·de, stijf·den; ge·stijfd
stik[1] (bijw)
stik[2] (tussenw)
stik·ja·loers (bnw), stik·ja·loer·se
stik·ken (ww), stik, stikt; stik·te, stik·ten; ge·stikt
de **stik·ker** (m), stik·kers; stik·ker·tje
het **stik·sel**, stik·sels; stik·sel·tje
de **stik·stof**
stil (bnw), stil·le
stil·aan (bijw)
sti·le·ren (ww), sti·leer, sti·leert; sti·leer·de, sti·leer·den; ge·sti·leerd
de **sti·le·ring** (v), sti·le·rin·gen
het **sti·let**, sti·let·ten
de **sti·let·to** (m), sti·let·to's
de **sti·let·to·hak** (m), sti·let·to·hak·ken; sti·let·to·hak·je
stil·hou·den (ww), houd stil, hou stil, houdt stil; hield stil, hiel·den stil; stil·ge·hou·den
de **sti·list** (m), sti·lis·ten
sti·lis·tisch (bnw), sti·lis·ti·sche
de **still** (m), stills
de **stil·le**, stil·len; stil·le·tje
stil·leg·gen (ww), leg stil, legt stil; leg·de stil, leg·den stil; stil·ge·legd
stil·len (ww), stil, stilt; stil·de, stil·den; ge·stild
het **Stil·le Oce·aan·ge·bied**, Stil·le Oce·aan·ge·bie·den
stil·le·tjes (bijw)
het **stil·le·ven**, stil·le·vens; stil·le·ven·tje
Stil·le Za·ter·dag
het **stil·le·zen**
stil·lig·gen (ww), lig stil, ligt stil; lag stil, la·gen stil; stil·ge·le·gen
de **stil·ling** (v), stil·lin·gen
stil·staan (ww), sta stil, staat stil; stond stil, ston·den stil; stil·ge·staan
stil·staand (bnw), stil·staan·de
de **stil·stand** (m), stil·stan·den
de **stil·te** (v), stil·ten, stil·tes
de **stil·te·cou·pé** (m), stil·te·cou·pés
de **stil·ton** (m), stil·tons
stil·val·len (ww), val stil, valt stil; viel stil, vie·len stil; stil·ge·val·len
stil·zet·ten (ww), zet stil, zet stil; zet·te stil, zet·ten stil; stil·ge·zet
stil·zit·ten (ww), zit stil, zit stil;

zat stil, za·ten stil; stil·ge·ze·ten
het **stil·zwij·gen**[1]
stil·zwij·gen[2] (ww), zwijg stil, zwijgt stil; zweeg stil, zwe·gen stil; stil·ge·zwe·gen
de **sti·mu·lans** (m), sti·mu·lan·sen, sti·mu·lan·tia
de **sti·mu·la·tie** (v), sti·mu·la·ties
de **sti·mu·la·tor** (m), sti·mu·la·to·ren, sti·mu·la·tors
sti·mu·le·ren (ww), sti·mu·leer, sti·mu·leert; sti·mu·leer·de, sti·mu·leer·den; ge·sti·mu·leerd
de **sti·mu·le·ring** (v), sti·mu·le·rin·gen
de **sti·mu·lus** (m), sti·mu·li
stin·ken (ww), stink, stinkt; stonk, ston·ken; ge·ston·ken
stin·kend (bnw), stin·ken·de
de **stin·kerd** (m), stin·kerds; stin·kerd·je
de **stink·vo·gel** (m), stink·vo·gels
de **stins** (m), stin·sen, stin·zen
de **stin·sen·plant**, stin·sen·plan·ten
de **stip**, stip·pen; stip·je
het **sti·pen·di·um**, sti·pen·dia, sti·pen·di·ums
de **stip·pel**, stip·pels; stip·pel·tje
de **stip·pel·lijn**, stip·pel·lij·nen; stip·pel·lijn·tje
stip·pen (ww), stip, stipt; stip·te, stip·ten; ge·stipt
stipt (bnw), stip·te
de **stipt·heid** (v)
sti·pu·le·ren (ww), sti·pu·leer, sti·pu·leert; sti·pu·leer·de, sti·pu·leer·den; ge·sti·pu·leerd
de **stoa**, sto·a's
de **sto·bá**, sto·bá's
de **stob·be**, stob·ben; stob·be·tje
de **stock** (m), stocks; stock·je
de **stoc·kage**, stoc·ka·ges
stoc·ke·ren (ww), stoc·keer, stoc·keert; stoc·keer·de, stoc·keer·den; ge·stoc·keerd
de **stock·fo·to**, stock·fo·to's
het **stock·holm·syn·droom**
stoe·fen (ww), stoef, stoeft; stoef·te, stoef·ten; ge·stoeft
stoei·en (ww), stoei, stoeit; stoei·de, stoei·den; ge·stoeid
de **stoel** (m), stoe·len; stoel·tje
stoe·len (ww), stoel, stoelt; stoel·de, stoel·den; ge·stoeld
de **stoe·len·dans** (m), stoe·len·dan·sen; stoe·len·dans·je
de **stoel·gang** (m)
de **stoel·ga·ran·tie** (v), stoel·ga·ran·ties
de **stoel·tjes·klok**, stoel·tjes·klok·ken
de **stoep**, stoe·pen; stoep·je
de **stoe·pa** (m), stoe·pa's
het **stoep·krijt**
de **stoep·rand** (m), stoep·ran·den; stoep·rand·je
stoep·ro·ken (ww)
de **stoep·te·gel** (m), stoep·te·gels
stoer (bnw), stoe·re
de **stoer·doe·ne·rij** (v), stoer·doe·ne·rij·en
de **stoet** (m), stoe·ten; stoet·je
het **stof**[1] *(wat stuift)*, stof·je
de **stof**[2] *(andere betekenissen)*, stof·fen; stof·je
de **stof·feer·de·rij** (v), stof·feer·de·rij·en
stof·fe·lijk (bnw), stof·fe·lij·ke
stof·fen[1] (bnw)
stof·fen[2] (ww), stof, stoft; stof·te, stof·ten; ge·stoft
de **stof·fer** (m), stof·fers; stof·fer·tje
stof·fe·ren (ww), stof·feer, stof·feert; stof·feer·de, stof·feer·den; ge·stof·feerd
stof·fig (bnw), stof·fi·ge

de **stof·wis·se·ling** (v), stof·wis·se·lin·gen
stof·zui·gen (ww), stof·zuig, stof·zuigt; stof·zuig·de, stof·zuig·den; ge·stof·zuigd
de **stof·zui·ger** (m), stof·zui·gers; stof·zui·ger·tje
stof·zui·ge·ren (ww), stof·zui·ger, stof·zui·gert; stof·zui·ger·de, stof·zui·ger·den; ge·stof·zui·gerd
de **stoi·chi·o·me·trie** (v)
de **stoïcijn** [sto·i·cijn] (m), stoïcijnen [sto·i·cij·nen]
stoïcijns [sto·i·cijns] (bnw), stoïcijnse [sto·i·cijn·se]
het **stoïcisme** [sto·i·cis·me]
de **stok** (m), stok·ken; stok·je
het **stok·brood**, stok·bro·den; stok·brood·je
sto·ken (ww), stook, stookt; stook·te, stook·ten; ge·stookt
de **sto·ker** (m), sto·kers; sto·ker·tje
stok·ken (ww), stok, stokt; stok·te, stok·ten; ge·stokt
het **stok·staart·je**, stok·staart·jes
stok·stijf (bnw), stok·stij·ve
de **stol** (m), stol·len
de **sto·la**, sto·la's; stolaatje [sto·la·tje]
stol·len (ww), stol, stolt; stol·de, stol·den; ge·stold
de **stolp**, stol·pen; stolp·je
stom (bnw), stom·me
de **sto·ma** (m), sto·ma's, sto·ma·ta
de **sto·ma·to·lo·gie** (v)
de **sto·ma·to·loog** (m), sto·ma·to·lo·gen
sto·men (ww), stoom, stoomt; stoom·de, stoom·den; ge·stoomd
de **sto·me·rij** (v), sto·me·rij·en; sto·me·rij·tje
de **stom·me**, stom·men; stom·me·tje
de **stom·me·rik** (m), stom·me·ri·ken
stom·me·tje spe·len
de **stom·mi·teit** (v), stom·mi·tei·ten; stom·mi·teit·je
de **stomp**[1] (m), stom·pen; stomp·je
stomp[2] (bnw), stom·pe
stom·pen (ww), stomp, stompt; stomp·te, stomp·ten; ge·stompt
stom·ver·baasd (bnw), stom·ver·baas·de
de **stond** (m), ston·den
de **ston·de**, ston·den
de **stone** (m), stones
stoned (bnw), stone·de
de **ston·fu·tu**, ston·fu·tu's
de **stoof**, sto·ven; stoof·je
het **stoof·vlees**
de **stook·olie**, stookoliën [stook·oli·en], stook·olies
de **stool** (m), sto·len; stool·tje
de **stoom** (m)
de **stoom·boot**, stoom·bo·ten; stoom·boot·je
de/het **stoom·car·rou·sel** (m/o), stoom·car·rou·sels
het **stoom·schip**, stoom·sche·pen; stoom·scheep·je
de **stoop**, sto·pen; stoop·je
de **stoor·nis** (v), stoor·nis·sen
de **stoot** (m), sto·ten; stoot·je
de **stop**[1] (m) *(zekering)*, stop·pen; stop·je
de **stop**[2] (m) *(halte)*, stops; stop·je
stop[3] (tussenw)
het **stop·con·tact**, stop·con·tac·ten; stop·con·tact·je
het **stop·licht**, stop·lich·ten; stop·licht·je
de **stop-mo·ti·on** (m)
de **stop-over** (m), stop-overs
stop·pen (ww), stop, stopt; stop·te, stop·ten; ge·stopt
het **stop·sel**, stop·sels; stop·sel·tje
de **stop·watch** (m), stop·wat·ches
stop·zet·ten (ww), zet stop, zet

stop; zet·te stop, zet·ten stop; stop·ge·zet
de **stop·zet·ting** (v), stop·zet·tin·gen
de **sto·re**, sto·res
sto·ren (ww), stoor, stoort; stoor·de, stoor·den; ge·stoord
sto·rend (bnw), sto·ren·de
de **sto·ring** (v), sto·rin·gen; sto·rin·kje
de **storm** (m), stor·men; storm·pje
stor·men (ww), storm, stormt; storm·de, storm·den; ge·stormd
storm·lo·pen (ww), loop storm, loopt storm; liep storm, lie·pen storm; storm·ge·lo·pen
de **storm·wind** (m), storm·win·den
stor·ne·ren (ww), stor·neer, stor·neert; stor·neer·de, stor·neer·den; ge·stor·neerd
de **stor·ne·ring** (v), stor·ne·rin·gen
de **stor·no** (m), stor·no's
de/het **stort** (m/o) *(plaats waar gestort wordt)*, stor·ten; stort·je
het **stort·bad**, stort·ba·den; stort·bad·je
stor·ten (ww), stort, stort; stort·te, stort·ten; ge·stort
de **stor·ting** (v) *(het storten)*, stor·tin·gen
de **sto·ry** (m), sto·ry's; story'tje [sto·ry·tje]
het **sto·ry·board**, sto·ry·boards; sto·ry·board·je
sto·ten (ww), stoot, stoot; stoot·te, stoot·ten; ge·sto·ten
de **sto·ter** (m), sto·ters
stot·te·ren (ww), stot·ter, stot·tert; stot·ter·de, stot·ter·den; ge·stot·terd
de/het **stout**[1] (m/o), stouts
stout[2] (bnw), stou·te
de **stou·terd** (m), stou·terds; stou·terd·je
de **stou·te·rik** (m), stou·te·ri·ken
stou·wen (ww), stouw, stouwt; stouw·de, stouw·den; ge·stouwd
sto·ven (ww), stoof, stooft; stoof·de, stoof·den; ge·stoofd
de **sto·ve·rij** (v), sto·ve·rij·en
de **straal**[1], stra·len; straal·tje
straal[2] (bijw)
de **straat**, stra·ten; straat·je
het **straat·beeld**, straat·beel·den; straat·beeld·je
de **straat·deur**, straat·deu·ren
de **straat·han·del** (m)
de **straat·kat**, straat·kat·ten; straat·kat·je
de **straat·kunst** (v), straat·kun·sten
de **straat·lo·per** (m), straat·lo·pers
de **straat·ma·ker** (m), straat·ma·kers
de **straat·naam** (m), straat·na·men
de **straat·na·men·com·mis·sie** (v), straat·na·men·com·mis·sies
de **straat·ro·ver** (m), straat·ro·vers; straat·ro·ver·tje
de **straat·schil·der** (m), straat·schil·ders
de **straat·taal**, straat·ta·len; straat·taal·tje
de **straat·ver·lich·ting** (v), straat·ver·lich·tin·gen
stra·bant (bnw), stra·ban·te
de **strac·ci·a·tel·la**
de **Stra·di·va·ri·us** (m), Stra·di·va·ri·us·sen
de **straf**[1], straf·fen; straf·je
straf[2] (bnw), straf·fe
straf·baar (bnw), straf·ba·re
het **straf·blad**, straf·bla·den
straf·fe: op straffe van
straf·fen (ww), straf, straft; straf·te, straf·ten; ge·straft
het **straf·recht**
straf·rech·te·lijk (bnw), straf·rech·te·lij·ke

de **straf·schop** (m), straf·schop·pen
het **straf·wet·boek**, straf·wet·boe·ken
de **straf·zaak**, straf·za·ken
straight (bnw), straigh·te
de **straight edge** (m), straight ed·ges
strak (bnw), strak·ke
strak·blauw (bnw), strak·blau·we
strak·ge·span·nen (bnw)
straks (bijw)
strak·trek·ken (ww), trek strak, trekt strak; trok strak, trok·ken strak; strak·ge·trok·ken
stra·len (ww), straal, straalt; straal·de, straal·den; ge·straald
stra·lend (bnw), stra·len·de
de **stra·ling** (v), stra·lin·gen
stram (bnw), stram·me
het **stra·mien**, stra·mie·nen; stra·mien·tje
het **strand**, stran·den; strand·je
stran·den (ww), strand, strandt; strand·de, strand·den; ge·strand
het **strand·hoofd**, strand·hoof·den
de **strand·lo·per** (m), strand·lo·pers; strand·lo·per·tje
de **strand·sport**, strand·spor·ten
de **strand·tent**, strand·ten·ten; strand·tent·je
de **stra·pat·sen** (mv)
strap·less (bnw)
de **stras**[1] (m) *(voorwerp)*, stras·sen
het **stras**[2] *(stofnaam)*
de **stra·teeg** (m), stra·te·gen
de **stra·te·gie** (v), strategieën [stra·te·gie·en]; stra·te·gie·tje
stra·te·gisch (bnw), stra·te·gi·sche
het **stra·te·go**
de **stra·ten·ma·ker** (m), stra·ten·ma·kers; stra·ten·ma·ker·tje
het **stra·ten·plan**, stra·ten·plan·nen, stra·ten·plans; stra·ten·plan·ne·tje
de **stra·ti·fi·ca·tie** (v), stra·ti·fi·ca·ties
strea·ken (ww), streak, streakt; streak·te, streak·ten; ge·streakt
de **stream** (m), streams
strea·men (ww), stream, streamt; stream·de, stream·den; ge·streamd
de **strea·ming**, strea·mings
de **stre·ber** (m), stre·bers; stre·ber·tje
stre·be·rig (bnw), stre·be·ri·ge
het **streef·doel**, streef·doe·len
de **streek**, stre·ken; streek·je
de **streep**, stre·pen; streep·je
de **street·art** (m), street·arts
de **street·dance** (m), street·dan·ces
street·dan·cen (ww), street·dance, street·dancet; street·dance·te, street·dance·ten; ge·street·dancet
de **street·par·ty**, street·par·ty's
de **strek** (m), strek·ken
strek·ken (ww), strek, strekt; strek·te, strek·ten; ge·strekt
de **strek·king** (v), strek·kin·gen
stre·len (ww), streel, streelt; streel·de, streel·den; ge·streeld
strem·men (ww), strem, stremt; strem·de, strem·den; ge·stremd
de **streng**[1], stren·gen; stren·ge·tje
streng[2] (bnw), stren·ge
stren·gen (ww), streng, strengt; streng·de, streng·den; ge·strengd
streng·ge·lo·vig (bnw), streng·ge·lo·vi·ge
stre·pen (ww), streep, streept; streep·te, streep·ten; ge·streept
de **stress** (m)
stress·be·sten·dig (bnw), stress·be·sten·di·ge
stres·sen (ww), stres, strest; stres·te, stres·ten; ge·strest
stres·se·ren (ww), stres·seer, stres·seert; stres·seer·de, stres·seer·den; ge·stres·seerd

stres·se·rend (bnw), stres·se·ren·de
stress·ge·re·la·teerd (bnw), stress·ge·re·la·teer·de
stress·loos (bnw), stress·lo·ze
de **stres·sor** (m), stres·so·ren, stres·sors
de **stress·si·tu·a·tie** (v), stress·si·tu·a·ties
de **stress·stoor·nis** (v), stress·stoor·nis·sen
het **stress·syn·droom**, stress·syn·dro·men
de **stress·test** (m), stress·tes·ten, stress·tests
stress·vol (bnw), stress·vol·le
stress·vrij (bnw), stress·vrije
stretch (bnw)
stret·chen (ww), stretch, stretcht; stretch·te, stretch·ten; ge·stretcht
het **stre·ven**[1]
stre·ven[2] (ww), streef, streeft; streef·de, streef·den; ge·streefd
de **stre·ver** (m), stre·vers; stre·ver·tje
de **stri·ae** (mv)
de **strijd** (m), strij·den; strijd·je
strij·den (ww), strijd, strijdt; streed, stre·den; ge·stre·den
de **strij·der** (m), strij·ders
het **strijd·ge·woel**
strij·dig (bnw), strij·di·ge
de **strijd·krach·ten** (mv)
de **strijk** (m), strij·ken; strijk·je
de **strijk·bout** (m), strijk·bou·ten; strijk·bout·je
strij·ken (ww), strijk, strijkt; streek, stre·ken; ge·stre·ken
strijk-en-zet (bijw)
het **strij·kers·en·sem·ble**, strij·kers·en·sem·bles
het **strijk·ij·zer**, strijk·ij·zers; strijk·ij·zer·tje
de **strijk·plank**, strijk·plan·ken; strijk·plank·je
de **strik** (m), strik·ken; strik·je
de **strike**, strikes
strik·ken (ww), strik, strikt; strik·te, strik·ten; ge·strikt
strikt (bnw), strik·te
de **string**, strings
strin·gent (bnw), strin·gen·te
de **strip**[1] (m) *(beeldverhaal)*, strips
de **strip**[2] (m) *(strook)*, strip·pen, strips; strip·je
de **strip**[3] (m) *(straal)*, strip·pen; strip·je
het **strip·al·bum**, strip·al·bums
het **strip·boek**, strip·boe·ken; strip·boek·je
de/het **strip·fi·guur**, strip·fi·gu·ren; strip·fi·guur·tje
de **stri·ping**, stri·pings
strip·pen (ww), strip, stript; strip·te, strip·ten; ge·stript
de **strip·pen·kaart**, strip·pen·kaar·ten; strip·pen·kaart·je
de **strip·per** (m), strip·pers
de **strip·tease** (m), strip·tea·ses
de **strip·tea·seu·se** (v), strip·tea·seu·ses
het **strip·ver·haal**, strip·ver·ha·len; strip·ver·haal·tje
het **stro**, strootje [stro·tje]
de **stro·bo·scoop** (m), stro·bo·sco·pen; stro·bo·scoop·je
het **stro·breed**
de **stro·dek·ker** (m), stro·dek·kers
stroef (bnw), stroe·ve
stroe·len (ww), stroel, stroelt; stroel·de, stroel·den; ge·stroeld
de **stro·fe**, stro·fen, stro·fes
de **stro·fe·bouw** (m)
stro·ga·noff (bnw)
de **stro·ga·noff·saus**, stro·ga·noff·sau·sen,

stro·ga·noff·sau·zen
stro·ken (ww), strook, strookt; strook·te, strook·ten; ge·strookt
stro·men (ww), stroom, stroomt; stroom·de, stroom·den; ge·stroomd
de **stro·ming** (v), stro·min·gen; stro·min·kje
strom·pe·len (ww), strom·pel, strom·pelt; strom·pel·de, strom·pel·den; ge·strom·peld
de **stronk** (m), stron·ken; stronk·je
de **stront** (m), stron·ten; stront·je
strooi·en[1] (bnw)
strooi·en[2] (ww), strooi, strooit; strooi·de, strooi·den; ge·strooid
de **strooi·ing** (v), strooi·in·gen
de **strook**, stro·ken; strook·je
de **stroom** (m), stro·men; stroom·pje
het **stroom·ge·bied**, stroom·ge·bie·den
stroom·lij·nen (ww), stroom·lijn, stroom·lijnt; stroom·lijn·de, stroom·lijn·den; ge·stroom·lijnd
stroom·loos (bnw), stroom·lo·ze
de **stroom·paal** (m), stroom·pa·len
de **stroom·pro·duc·tie** (v)
het **stroom·scha·kel·sys·teem**, stroom·scha·kel·sys·te·men
de **stroom·schom·me·ling** (v), stroom·schom·me·lin·gen
de **stroop** *(stofnaam)*, stro·pen; stroop·je
de **strop**, strop·pen; strop·je
de **strop·das**, strop·das·sen; strop·das·je
stro·pen (ww), stroop, stroopt; stroop·te, stroop·ten; ge·stroopt
de **stro·per** (m), stro·pers; stro·per·tje
strop·pen (ww), strop, stropt; strop·te, strop·ten; ge·stropt
de **strot**, strot·ten; strot·je
het **strot·ten·hoofd**, strot·ten·hoof·den; strot·ten·hoofd·je
de **strub·be·ling** (v), strub·be·lin·gen; strub·be·lin·ge·tje
struc·tu·reel (bnw), struc·tu·re·le
de **struc·tu·ren·ver·ga·de·ring** (v), struc·tu·ren·ver·ga·de·rin·gen
struc·tu·re·ren (ww), struc·tu·reer, struc·tu·reert; struc·tu·reer·de, struc·tu·reer·den; ge·struc·tu·reerd
de **struc·tuur** (v), struc·tu·ren; struc·tuur·tje
de **stru·del** (m), stru·dels
de **struif**, strui·ven
de **struik** (m), strui·ken; struik·je
het **strui·kel·blok**, strui·kel·blok·ken; strui·kel·blok·je
strui·ke·len (ww), strui·kel, strui·kelt; strui·kel·de, strui·kel·den; ge·strui·keld
strui·nen (ww), struin, struint; struin·de, struin·den; ge·struind
de **struis**[1] (m) *(vogel)*, strui·sen; struis·je
struis[2] (bnw), strui·se
de **struis·vo·gel** (m), struis·vo·gels; struis·vo·gel·tje
het **stru·weel**, stru·we·len; stru·weel·tje
het **stuc**
stuc·cen (ww), stuc, stuct; stuc·te, stuc·ten; ge·stuct
de **stuc·laag**, stuc·la·gen
het **stuc·werk** *(werk van pleisterkalk)*, stuc·werk·je
de **stuc·wer·ker** (m), stuc·wer·kers
de **stud** (m) *(student)*, studs; stud·je
de **stu·dent** (m), stu·den·ten; stu·dent·je
de **stu·dent-as·sis·tent** (m), stu·dent-as·sis·ten·ten,

stu·den·ten-as·sis·ten·ten
de **stu·den·te** (v), stu·den·tes; stu·den·te·tje
het **stu·den·ten·be·stuur**, stu·den·ten·be·stu·ren
het **stu·den·ten·ca·fé**, stu·den·ten·ca·fés; studentencafeetje [stu·den·ten·ca·fé·tje]
het **stu·den·ten·corps**, stu·den·ten·cor·po·ra, stu·den·ten·corp·sen
de **stu·den·ten·job** (m), stu·den·ten·jobs
de **stu·den·ten·kaart**, stu·den·ten·kaar·ten
de **stu·den·ten·ka·mer**, stu·den·ten·ka·mers; stu·den·ten·ka·mer·tje
het **stu·den·ten·le·ven**, stu·den·ten·le·vens; stu·den·ten·le·ven·tje
het **stu·den·ten·num·mer**, stu·den·ten·num·mers
de **stu·den·ten·op·stand** (m), stu·den·ten·op·stan·den
de **stu·den·ten·pas·tor** (m), stu·den·ten·pas·to·res, stu·den·ten·pas·tors
de **stu·den·ten·raad** (m), stu·den·ten·ra·den
de **stu·den·ten·taal**, stu·den·ten·ta·len
de **stu·den·ten·ver·eni·ging** (v), stu·den·ten·ver·eni·gin·gen
stu·den·ti·koos (bnw), stu·den·ti·ko·ze
de **stu·den·tin** (v), stu·den·tin·nen; stu·den·tin·ne·tje
het **stu·dent-lid**, stu·dent-le·den
stu·de·ren (ww), stu·deer, stu·deert; stu·deer·de, stu·deer·den; ge·stu·deerd
de **stu·die** (v), studiën [stu·di·en], stu·dies; stu·die·tje
het **stu·die·aan·bod**
het **stu·die·ad·vies**, stu·die·ad·vie·zen
de **stu·die·ad·vi·seur** (m), stu·die·ad·vi·seurs
de **stu·die·beurs**, stu·die·beur·zen; stu·die·beurs·je
het **stu·die·bu·reau**, stu·die·bu·reaus
de **stu·die·dag** (m), stu·die·da·gen
de **stu·die·dienst** (m), stu·die·dien·sten
de **stu·die·duur·ver·kor·ting** (v), stu·die·duur·ver·kor·tin·gen
de **stu·die-ernst** (m)
de **stu·die-er·va·ring** (v), stu·die-er·va·rin·gen
de **stu·die·fi·nan·cie·ring** (v), stu·die·fi·nan·cie·rin·gen
de **stu·die·ge·noot** (m), stu·die·ge·no·ten; stu·die·ge·noot·je
de **stu·die·gids** (m), stu·die·gid·sen
de **stu·die-ij·ver** (m)
de **stu·die-in·for·ma·tie** (v)
de **stu·die-in·zet** (m), stu·die-in·zet·ten
het **stu·die·jaar**, stu·die·ja·ren
het **stu·die·kamp**, stu·die·kam·pen
de **stu·die·li·mie·ter** (m), stu·die·li·mie·ters
het **stu·die·ma·te·ri·aal**, stu·die·ma·te·ri·a·len
het **stu·die·ob·ject**, stu·die·ob·jec·ten
het **stu·die·on·der·deel**, stu·die·on·der·de·len
de **stu·die·op·dracht**, stu·die·op·drach·ten
de **stu·die·reis**, stu·die·rei·zen; stu·die·reis·je
het **stu·die·re·sul·taat**, stu·die·re·sul·ta·ten
de **stu·die·rich·ting** (v),

stu·die·rich·tin·gen
de **stu·die-uit·stap** (m), stu·die-uit·stap·pen
de **stu·die-uit·val** (m)
het **stu·die-uur**, stu·die-uren; stu·die-uur·tje
de **stu·die·wij·zer** (m), stu·die·wij·zers
de **stu·dio** (m), stu·di·o's; studiootje [stu·dio·tje]
het **stu·dio·al·bum**, stu·dio·al·bums
het **stu·di·um ge·ne·ra·le**, stu·dia ge·ne·ra·lia, stu·di·um ge·ne·ra·les
het **stuf**, stufs; stuf·je
de **stuff** (m)
stuf·fen (ww), stuf, stuft; stuf·te, stuf·ten; ge·stuft
stug (bnw), stug·ge
stui·ken (ww), stuik, stuikt; stuik·te, stuik·ten; ge·stuikt
stuip·trek·ken (ww), stuip·trek, stuip·trekt; stuip·trek·te, stuip·trek·ten; ge·stuip·trekt
de **stuit** (v) *(stuitbeen)*, stui·ten; stuit·je
stui·ten (ww), stuit, stuit; stuit·te, stuit·ten; ge·stuit
stui·te·ren (ww), stui·ter, stui·tert; stui·ter·de, stui·ter·den; ge·stui·terd
stui·ven (ww), stuif, stuift; stoof, sto·ven; ge·sto·ven
het **stuk**[1] *(exemplaar)*, stuks; stuk·je
het **stuk**[2] *(andere betekenissen)*, stuk·ken; stuk·je
stuk[3] (bnw), stuk·ke
de **stu·ka·door** (m), stu·ka·doors
het **stu·ka·doors·werk**, stu·ka·doors·wer·ken
stu·ka·do·ren (ww), stu·ka·door, stu·ka·doort; stu·ka·door·de, stu·ka·door·den; ge·stu·ka·doord
stuk·bij·ten (ww), bijt stuk, bijt stuk; beet stuk, be·ten stuk; stuk·ge·be·ten
stu·ken (ww), stuuk, stuukt; stuuk·te, stuuk·ten; ge·stuukt
stuk·gaan (ww), ga stuk, gaat stuk; ging stuk, gin·gen stuk; stuk·ge·gaan
stuk·gooi·en (ww), gooi stuk, gooit stuk; gooi·de stuk, gooi·den stuk; stuk·ge·gooid
de **stuk·ken·bun·del** (m), stuk·ken·bun·dels
stuk·lo·pen (ww), loop stuk, loopt stuk; liep stuk, lie·pen stuk; stuk·ge·lo·pen
stuk·ma·ken (ww), maak stuk, maakt stuk; maak·te stuk, maak·ten stuk; stuk·ge·maakt
de **stuk·prijs** (m), stuk·prij·zen
stuk·slaan (ww), sla stuk, slaat stuk; sloeg stuk, sloe·gen stuk; stuk·ge·sla·gen
het **stuk·werk** *(werk volgens een tarief)*
de **stulp**, stul·pen; stulp·je
de **stum·per** (m), stum·pers; stum·per·tje
de **stum·perd** (m), stum·perds; stum·perd·je
de **stunt** (m), stunts; stunt·je
stun·ten (ww), stunt, stunt; stunt·te, stunt·ten; ge·stunt
stu·pé·fait (bnw)
stu·pi·de (bnw)
stu·ren (ww), stuur, stuurt; stuur·de, stuur·den; ge·stuurd
de **stu·ring** (v), stu·rin·gen
de **stut** (m), stut·ten; stut·je
stut·ten (ww), stut, stut; stut·te, stut·ten; ge·stut
de **stuud** (m) *((te) ijverige student)*, stuuds; stuud·je
het **stuur**, stu·ren; stuur·tje
de **stuur·be·krach·ti·ging** (v),

stuur·be·krach·ti·gin·gen
de **stuur·groep**, stuur·groe·pen; stuur·groep·je
de **stuur·man** (m), stuur·lie·den, stuur·lui, stuur·man·nen; stuur·man·ne·tje
de **stuw** (m), stu·wen; stuw·tje
stu·wen (ww), stuw, stuwt; stuw·de, stuw·den; ge·stuwd
de **stu·wing** (v), stu·win·gen
het **stuw·meer**, stuw·me·ren; stuw·meer·tje
het **stuw·meer·ge·bied**, stuw·meer·ge·bie·den
sty·len (ww), style, stylet; style·de, style·den; ge·styled
de **sty·ling** (v)
de **sty·list** (m), sty·lis·ten
de **sty·lis·te** (v), sty·lis·tes
de **sty·lo** (m), sty·lo's
de **sty·lus** (m), sty·lus·sen
het **sty·reen**
su·a·ve (bnw)
de **sub**[1], subs; sub·je
sub[2] (voorz)
de **sub·af·de·ling** (v), sub·af·de·lin·gen
sub·al·tern (bnw), sub·al·ter·ne
sub·as·ser·tief (bnw), sub·as·ser·tie·ve
sub·ato·mair (bnw), sub·ato·mai·re
het **sub·bo·re·aal**[1]
sub·bo·re·aal[2] (bnw), sub·bo·re·a·le
de **sub·ca·te·go·rie** (v), subcategorieën [sub·ca·te·go·rie·en]; sub·ca·te·go·rie·tje
sub·cul·tu·reel (bnw), sub·cul·tu·re·le
de **sub·cul·tuur** (v), sub·cul·tu·ren; sub·cul·tuur·tje
het **sub·do·mein**, sub·do·mei·nen
het **sub·gen·re**, sub·gen·res
de **sub·groep**, sub·groe·pen; sub·groep·je
su·biet (bijw)
het **sub·ject**, sub·jec·ten
sub·jec·tief (bnw), sub·jec·tie·ve
sub·jec·ti·vis·tisch (bnw), sub·jec·ti·vis·ti·sche
de **sub·jec·ti·vi·teit** (v), sub·jec·ti·vi·tei·ten
de **sub·junc·tief** (m), sub·junc·tie·ven
de **sub·kop** (m), sub·kop·pen; sub·kop·je
su·bliem (bnw), su·blie·me
su·bli·me·ren (ww), su·bli·meer, su·bli·meert; su·bli·meer·de, su·bli·meer·den; ge·su·bli·meerd
sub·li·mi·naal (bnw), sub·li·mi·na·le
de **sub·map**, sub·map·pen
het **sub·on·der·werp**, sub·on·der·wer·pen
sub·op·ti·maal (bnw), sub·op·ti·ma·le
de **sub·or·di·na·tie** (v), sub·or·di·na·ties
de **sub·pa·ra·graaf** (m), sub·pa·ra·gra·fen
de **sub·ro·ga·tie** (v), sub·ro·ga·ties
sub·ro·ge·ren (ww), sub·ro·geer, sub·ro·geert; sub·ro·geer·de, sub·ro·geer·den; ge·sub·ro·geerd
de **sub·scrip·tie** (v), sub·scrip·ties
sub·si·di·air (bnw), sub·si·di·ai·re
de **sub·si·di·a·ri·teit** (v), sub·si·di·a·ri·tei·ten
de/het **sub·si·die** (v/o), sub·si·dies; sub·si·die·tje
de **sub·si·die·aan·vraag**, sub·si·die·aan·vra·gen
de **sub·si·die·aan·vra·ge**,

sub·si·die·aan·vra·gen
de **subsidiënt** [sub·si·di·ent] (m), subsidiënten [sub·si·di·en·ten]
de **sub·si·die·po·li·tiek** (v)
subsidiëren [sub·si·di·e·ren] (ww), sub·si·di·eer, sub·si·di·eert; sub·si·di·eer·de, sub·si·di·eer·den; ge·sub·si·di·eerd
de **subsidiëring** [sub·si·di·e·ring] (v), subsidiëringen [sub·si·di·e·rin·gen]
het **sub·si·die·ver·zoek**, sub·si·die·ver·zoe·ken
de **sub·stan·tie** (v), sub·stan·ties
sub·stan·ti·eel (bnw), substantiële [sub·stan·ti·e·le]
het **sub·stan·tief**, sub·stan·tie·ven
sub·sti·tu·e·ren (ww), sub·sti·tu·eer, sub·sti·tu·eert; sub·sti·tu·eer·de, sub·sti·tu·eer·den; ge·sub·sti·tu·eerd
de **sub·sti·tu·tie** (v), sub·sti·tu·ties
de/het **sub·sti·tuut** (m/o), sub·sti·tu·ten; sub·sti·tuut·je
het **sub·straat**, sub·stra·ten
het **sub·sys·teem**, sub·sys·te·men; sub·sys·teem·pje
de **sub·tekst** (m), sub·tek·sten
het **sub·the·ma**, sub·the·ma's, sub·the·ma·ta
sub·tiel (bnw), sub·tie·le
de **sub·ti·li·teit** (v), sub·ti·li·tei·ten; sub·ti·li·teit·je
de **sub·ti·tel** (m), sub·ti·tels
het **sub·to·taal**, sub·to·ta·len
de **sub·ur·ba·ni·sa·tie** (v), sub·ur·ba·ni·sa·ties
sub·ver·sief (bnw), sub·ver·sie·ve
het **suc·ces**, suc·ces·sen; suc·ces·je
suc·ces·rijk (bnw), suc·ces·rij·ke
de **suc·ces·sie** (v), suc·ces·sies
suc·ces·sief (bnw), suc·ces·sie·ve
suc·ces·sie·ve·lijk (bnw), suc·ces·sie·ve·lij·ke
de **suc·ces·sto·ry** (m), suc·ces·sto·ry's
het **suc·ces·ver·haal**, suc·ces·ver·ha·len
suc·ces·vol (bnw), suc·ces·vol·le
de **suc·cu·lent**[1] (m), suc·cu·len·ten
suc·cu·lent[2] (bnw), suc·cu·len·te
de **su·cro·se**
de **Su·da·nees**[1] (m), Su·da·ne·zen
Su·da·nees[2] (bnw), Su·da·ne·se
sud·de·ren (ww), sud·der, sud·dert; sud·der·de, sud·der·den; ge·sud·derd
de **su·do·ku** (m) *(puzzel)*, su·do·ku's; sudoku'tje [su·do·ku·tje]
su·do·ku·en (ww), su·do·ku, su·do·kuut; su·do·ku·de, su·do·ku·den; ge·su·do·kuud
de/het **su·è·de**
suer·te (tussenw)
suf (bnw), suf·fe
suf·fen (ww), suf, suft; suf·te, suf·ten; ge·suft
de **suf·ferd** (m), suf·ferds; suf·ferd·je
het **suf·fix**, suf·fixen; suf·fix·je
de **suf·fra·get·te** (v), suf·fra·get·tes
sug·ge·re·ren (ww), sug·ge·reer, sug·ge·reert; sug·ge·reer·de, sug·ge·reer·den; ge·sug·ge·reerd
de **sug·ges·tie** (v), sug·ges·ties
sug·ges·tief (bnw), sug·ges·tie·ve
suïcidaal [su·i·ci·daal] (bnw), suïcidale [su·i·ci·da·le]
de **suïcidaliteit** [su·i·ci·da·li·teit] (v), suïcidaliteiten [su·i·ci·da·li·tei·ten]
de **suïcide** [su·i·ci·de] (v), suïcides [su·i·ci·des]
de **sui·ker** (m), sui·kers; sui·ker·tje
de **sui·ker·ba·co·ve**, sui·ker·ba·co·ves
het **sui·ker·dief·je**, sui·ker·dief·jes
sui·ke·ren (ww), sui·ker, sui·kert;

sui·ker·de, sui·ker·den;
ge·sui·kerd
Sui·ker·feest
de **sui·ker·kor·rel** (m),
sui·ker·kor·rels; sui·ker·kor·rel·tje
de **sui·ker·muis·jes** (mv)
de **sui·ker·pot** (m), sui·ker·pot·ten;
sui·ker·pot·je
het **sui·ker·riet**
het **sui·ker·riet·sap**
de **sui·ker·tan·te** (v), sui·ker·tan·tes;
sui·ker·tan·te·tje
sui·ker·vrij (bnw), sui·ker·vrije
de **sui·ker·ziek·te** (v)
sui·len (ww), suil, suilt; suil·de,
suil·den; ge·suild
de **suis·se** (m), suis·ses
de **sui·te**, sui·tes
sui·zen (ww), suis, suist; suis·de,
suis·den; ge·suisd
het **su·jet**, su·jet·ten
de **su·ka·de**
de **su·ka·de·lap** (m),
su·ka·de·lap·pen; su·ka·de·lap·je
de **suk·kel**[1] (m) *(het sukkelen),*
suk·kel·tje
de **suk·kel**[2] *(persoon),* suk·kels;
suk·kel·tje
de **suk·ke·laar** (m), suk·ke·laars;
suk·ke·laar·tje
suk·ke·len (ww), suk·kel,
suk·kelt; suk·kel·de, suk·kel·den;
ge·suk·keld
su·kwa, su·kwa's
de **sul** (m), sul·len; sul·le·tje
de **su·la**, su·la's
het **sul·fi·de**, sul·fi·den
de **sul·ky** (m), sul·ky's
de **sul·tan** (m), sul·tans
de **sum·ma**, sum·mae, sum·ma's
sum·ma·tief (bnw),
sum·ma·tie·ve
sum·mier (bnw), sum·mie·re
het **sum·mum**, sum·mums
het **su·mo**, su·mo's
sup *(suppoost),* sup·pen
de **su·per**[1] (m), su·pers
su·per[2] (bnw)
su·per·be (bnw)
su·per·be·kend (bnw),
su·per·be·ken·de
su·per·blij (bnw), su·per·blije
de **su·per·club**, su·per·clubs
de **su·per·com·pu·ter** (m),
su·per·com·pu·ters
su·per·cool (bnw), su·per·coo·le
de **su·per·cup** (m), su·per·cups
su·per-de-luxe (bnw)
de **su·pe·ret·te** (v), su·pe·ret·ten,
su·pe·ret·tes
su·per·fijn (bnw), su·per·fij·ne
de **su·per·ge·lei·ding** (v),
su·per·ge·lei·din·gen
su·per·goed (bnw), su·per·goe·de
su·per·graag (bijw)
su·per·groot (bnw), su·per·gro·te
de **su·pe·ri·eur**[1] (m), su·pe·ri·eu·ren
su·pe·ri·eur[2] (bnw), su·pe·ri·eu·re
de **su·pe·ri·eu·re** (v), su·pe·ri·eu·res
de **su·pe·ri·o·ri·teit** (v),
su·pe·ri·o·ri·tei·ten
de **su·per·la·tief** (m),
su·per·la·tie·ven
su·per·lek·ker (bnw),
su·per·lek·ke·re
su·per·leuk (bnw), su·per·leu·ke
su·per·lief (bnw), su·per·lie·ve
de **su·per·maan**, su·per·ma·nen
de **su·per·man** (m), su·per·man·nen;
su·per·man·ne·tje
de **su·per·mar·ket**, su·per·mar·kets
de **su·per·markt**, su·per·mark·ten;
su·per·markt·je
de **su·per·markt·ke·ten**,
su·per·markt·ke·tens
su·per·mooi (bnw), su·per·mooie

de **su·per·no·va** (v), su·per·no·vae, su·per·no·va's
su·per·po·ne·ren (ww), su·per·po·neer, su·per·po·neert; su·per·po·neer·de, su·per·po·neer·den; ge·su·per·po·neerd
su·per·rhib *(super rigid hull inflatable boat),* su·per·rhibs
su·per·snel (bnw), su·per·snel·le
su·per·span·nend (bnw), su·per·span·nen·de
su·per·sterk (bnw), su·per·ster·ke
su·per·tof (bnw), su·per·tof·fe
su·per·trots (bnw), su·per·trot·se
su·per·veel (onbep vnw)
su·per·vi·se·ren (ww), su·per·vi·seer, su·per·vi·seert; su·per·vi·seer·de, su·per·vi·seer·den; ge·su·per·vi·seerd
de **su·per·vi·sie** (v), su·per·vi·sies
de **su·per·vi·sor** (m), su·per·vi·sors
het **sup·ple·ment**, sup·ple·men·ten; sup·ple·ment·je
sup·ple·men·tair (bnw), sup·ple·men·tai·re
sup·ple·ren (ww), sup·pleer, sup·pleert; sup·pleer·de, sup·pleer·den; ge·sup·pleerd
de **sup·ple·tie** (v), sup·ple·ties
de **sup·po** (m), sup·po's
de **sup·poost** (m), sup·poos·ten
het **sup·port**, sup·ports
de **sup·por·ter** (m), sup·por·ters; sup·por·ter·tje
sup·por·te·ren (ww), sup·por·ter, sup·por·tert; sup·por·ter·de, sup·por·ter·den; ge·sup·por·terd
de **sup·pres·sie** (v), sup·pres·sies
sup·pri·me·ren (ww), sup·pri·meer, sup·pri·meert; sup·pri·meer·de, sup·pri·meer·den; ge·sup·pri·meerd
su·pra·na·ti·o·naal (bnw), su·pra·na·ti·o·na·le
de **su·pre·ma·tie** (v), su·pre·ma·ties
su·prê·me (bnw)
de **sur·fac·tant** (m), sur·fac·tan·ten
sur·fen (ww), surf, surft; surf·de, surf·te, surf·den, surf·ten; ge·surfd, ge·surft
de **sur·fer** (m), sur·fers; sur·fer·tje
het **Su·ri·naams**[1] *(Sranan (in België en Nederland))*
Su·ri·naams[2] (bnw), Su·ri·naam·se
de **Su·ri·naam·se** (v), Su·ri·naam·sen
Su·ri·naams-Ja·vaans (bnw), Su·ri·naams-Ja·vaan·se
het **Su·ri·naams-Ne·der·lands** *(taal)*
de **Su·ri·na·mer** (m), Su·ri·na·mers
su·ri·na·mi·se·ren (ww), su·ri·na·mi·seer, su·ri·na·mi·seert; su·ri·na·mi·seer·de, su·ri·na·mi·seer·den; ge·su·ri·na·mi·seerd
het **su·ri·na·mis·me**, su·ri·na·mis·men
het **su·ri·pop·num·mer**, su·ri·pop·num·mers
de **sur·pla·ce**, sur·pla·ces
sur·pla·cen (ww)
het **sur·plus**, sur·plus·sen; sur·plus·je, sur·plus·tje
de **sur·pri·se** (v), sur·pri·ses
het **sur·re·a·lis·me**
sur·re·a·lis·tisch (bnw), sur·re·a·lis·ti·sche
surreëel [sur·re·eel] (bnw), surreële [sur·re·e·le]
het **sur·ro·gaat**, sur·ro·ga·ten
de **sur·se·an·ce**, sur·se·an·ces
de **sur·veil·lan·ce**, sur·veil·lan·ces
de **sur·veil·lant** (m), sur·veil·lan·ten

sur·veil·le·ren (ww), sur·veil·leer, sur·veil·leert; sur·veil·leer·de, sur·veil·leer·den; ge·sur·veil·leerd
de **sur·vey** (m), sur·veys
de **sur·vi·val** (m), sur·vi·vals
sur·vi·val·len (ww), sur·vi·val, sur·vi·valt; sur·vi·val·de, sur·vi·val·den; ge·sur·vi·vald
de **sur·vi·val·tocht** (m), sur·vi·val·toch·ten
de **su·shi** (m), su·shi's
de **sus·pense** (m)
de **sus·pen·sie** (v), sus·pen·sies
sus·sen (ww), sus, sust; sus·te, sus·ten; ge·sust
SUV *(sports utility vehicle)*, SUV's; SUV'tje [SUV·tje]
's voor·mid·dags
s.v.p. (tussenw) *(s'il vous plaît)*
's vrij·dags
de **swa** (m), swa's
swaf·fe·len (ww), swaf·fel, swaf·felt; swaf·fel·de, swaf·fel·den; ge·swaf·feld
de **swag**[1] (m)
swag[2] (bnw)
de **swag·ger** (m), swag·gers
het **Swa·hi·li** *(taal)*
de **swap**, swaps
swap·pen (ww), swap, swapt; swap·te, swap·ten; ge·swapt
de **swas·ti·ka**, swas·ti·ka's; swastikaatje [swas·ti·ka·tje]
de **swea·ter** (m), swea·ters
het **sweat·shirt**, sweat·shirts
het **swie·ber·tje**, swie·ber·tjes
de **SWIFT-co·de** (m), SWIFT-co·des
de **swing** (m), swings
swin·gen (ww), swing, swingt; swing·de, swing·den; ge·swingd
's win·ters
swi·pen (ww), swipe, swipet; swipe·te, swipe·ten; ge·swipet
de **swi·pi**, swi·pi's
de **switch** (m), swit·ches
swit·chen (ww), switch, switcht; switch·te, switch·ten; ge·switcht
's woens·dags
de **SWOT-ana·ly·se** (v), SWOT-ana·ly·sen, SWOT-ana·ly·ses
de **sy·fi·lis**
de **syl·la·be**, syl·la·ben, syl·la·bes
syl·la·bisch (bnw), syl·la·bi·sche
de **syl·la·bus** (m), syl·la·bi, syl·la·bus·sen; syl·la·bus·je
het **syl·lo·gis·me**, syl·lo·gis·men
de **sym·bio·se** (v), sym·bio·sen, sym·bio·ses
sym·bio·tisch (bnw), sym·bio·ti·sche
de **sym·bo·liek** (v), sym·bo·lie·ken
sym·bo·lisch (bnw), sym·bo·li·sche
sym·bo·li·se·ren (ww), sym·bo·li·seer, sym·bo·li·seert; sym·bo·li·seer·de, sym·bo·li·seer·den; ge·sym·bo·li·seerd
het **sym·bo·lis·me**
het **sym·bool**, sym·bo·len; sym·bool·tje
de **sym·fo·nie** (v), symfonieën [sym·fo·nie·en]; sym·fo·nie·tje
het **sym·fo·nie·or·kest**, sym·fo·nie·or·kes·ten
sym·fo·nisch (bnw), sym·fo·ni·sche
de **sym·me·trie** (v), symmetrieën [sym·me·trie·en]
de **sym·me·trie·as**, sym·me·trie·as·sen
sym·me·trisch (bnw), sym·me·tri·sche
de **sym·pa·thie** (v), sympathieën [sym·pa·thie·en]
sym·pa·thiek (bnw),

sym·pa·thie·ke
de **sym·pa·thi·sant** (m), sym·pa·thi·san·ten
sym·pa·thisch (bnw), sym·pa·thi·sche
sym·pa·thi·se·ren (ww), sym·pa·thi·seer, sym·pa·thi·seert; sym·pa·thi·seer·de, sym·pa·thi·seer·den; ge·sym·pa·thi·seerd
het **sym·po·si·on**, sym·po·sia, sym·po·si·ons
het **sym·po·si·um**, sym·po·sia, sym·po·si·ums
symp·to·ma·tisch (bnw), symp·to·ma·ti·sche
het **symp·toom**, symp·to·men; symp·toom·pje
de **sy·na·go·ge**, sy·na·go·gen, sy·na·go·ges
de **sy·naps** (m), sy·nap·sen
de **syn·chro·ni·ci·teit** (v), syn·chro·ni·ci·tei·ten
de **syn·chro·nie** (v)
de **syn·chro·ni·sa·tie** (v), syn·chro·ni·sa·ties
syn·chro·ni·se·ren (ww), syn·chro·ni·seer, syn·chro·ni·seert; syn·chro·ni·seer·de, syn·chro·ni·seer·den; ge·syn·chro·ni·seerd
syn·chroon (bnw), syn·chro·ne
syn·chroon·zwem·men (ww)
de **syn·co·pe**[1] *(taalkundige term),* syn·co·pen, syn·co·pes, syn·co·pe's
de **syn·co·pe**[2] *(muziekterm; medische term),* syn·co·pen, syn·co·pes
syn·di·caal (bnw), syn·di·ca·le
het **syn·di·caat**, syn·di·ca·ten
syn·di·ce·ren (ww), syn·di·ceer, syn·di·ceert; syn·di·ceer·de, syn·di·ceer·den; ge·syn·di·ceerd
de **syn·di·cus** (m), syn·di·ci
het **syn·droom**, syn·dro·men
syn·droom van As·per·ger *(asperger)*
syn·droom van Down
syn·droom van Gil·les de la Tou·ret·te
de **sy·nec·do·che**, sy·nec·do·chen, sy·nec·do·ches, sy·nec·do·che's
sy·ner·ge·tisch (bnw), sy·ner·ge·ti·sche
de **sy·ner·gie** (v), sy·ner·gie·tje
het **sy·ner·gis·me**
de **sy·nes·the·sie** (v)
de **sy·no·de** (v), sy·no·den, sy·no·des
het **sy·no·niem**[1], sy·no·nie·men; sy·no·niem·pje
sy·no·niem[2] (bnw), sy·no·nie·me
het **sy·no·nie·men·woor·den·boek**, sy·no·nie·men·woor·den·boe·ken
de **sy·no·ny·mie** (v)
de **sy·nop·sis** (v), sy·nop·sis·sen
sy·nop·tisch (bnw), sy·nop·ti·sche
syn·tac·tisch (bnw), syn·tac·ti·sche
de **syn·taxis** (v), syn·taxis·sen
de **syn·the·se** (v), syn·the·sen, syn·the·ses
de **syn·the·se·oe·fe·ning** (v), syn·the·se·oe·fe·nin·gen
de **syn·the·si·zer** (m), syn·the·si·zers; syn·the·si·zer·tje
syn·the·tisch (bnw), syn·the·ti·sche
syn·the·ti·se·ren (ww), syn·the·ti·seer, syn·the·ti·seert; syn·the·ti·seer·de, syn·the·ti·seer·den; ge·syn·the·ti·seerd
de **sy·rah** (m), sy·rahs; sy·rah·tje
Sy·risch (bnw), Sy·ri·sche
het **sys·teem**, sys·te·men; sys·teem·pje
het **sys·teem·be·heer**

de **sys·teem·be·heer·der** (m), sys·teem·be·heer·ders

de **sys·teem·kaart**, sys·teem·kaar·ten; sys·teem·kaart·je

de **sys·te·ma·tiek** (v), sys·te·ma·tie·ken

sys·te·ma·tisch (bnw), sys·te·ma·ti·sche

sys·te·ma·ti·se·ren (ww), sys·te·ma·ti·seer, sys·te·ma·ti·seert; sys·te·ma·ti·seer·de, sys·te·ma·ti·seer·den; ge·sys·te·ma·ti·seerd

sys·te·misch (bnw), sys·te·mi·sche

’s za·ter·dags

’s za·ter·dags·avonds

’s zo·mers

’s zon·dags

’s zon·dags·avonds

T

de **t**, t’s; t’tje
taai (bnw), taaie
de **taaie** (m), taai·en
de/het **taai·taai** (m/o)
de **taak**, ta·ken; taak·je
de **taak·groep**, taak·groe·pen; taak·groep·je
de **taak·op·vat·ting** (v), taak·op·vat·tin·gen
de **taak·stel·ling** (v), taak·stel·lin·gen
de **taak·ver·de·ling** (v), taak·ver·de·lin·gen
de **taal**, ta·len; taal·tje
het **taal·aan·bod**
de **taal·ach·ter·stand** (m), taal·ach·ter·stan·den
het **taal·ad·vies**, taal·ad·vie·zen
de **taal·at·las** (m), taal·at·las·sen
de **taal·bar·ri·è·re**, taal·bar·ri·è·res
de **taal·be·heer·sing** (v)
het **taal·be·leid**
de **taal·be·schou·wing** (v), taal·be·schou·win·gen
het **taal·boek**, taal·boe·ken; taal·boek·je
de **taal·cur·sus** (m), taal·cur·sus·sen; taal·cur·sus·je
de **taal·daad**, taal·da·den
de **taal·fout**, taal·fou·ten; taal·fout·je
het **taal·ge·bied**, taal·ge·bie·den; taal·ge·bied·je
het **taal·ge·bruik**, taal·ge·bruik·je
de **taal·ge·leer·de**, taal·ge·leer·den
taal·ge·voe·lig (bnw), taal·ge·voe·li·ge
de **taal·gids** (m), taal·gid·sen; taal·gids·je
het **taal·kamp**, taal·kam·pen
de **taal·ken·nis** (v)
de **taal·knob·bel** (m), taal·knob·bels
de **taal·kun·de** (v)
taal·kun·dig (bnw), taal·kun·di·ge
de **taal·kun·di·ge**, taal·kun·di·gen
de **taal·les**, taal·les·sen; taal·les·je
het **taal·ni·veau**, taal·ni·veaus
de **taal·norm**, taal·nor·men
het **taal·on·der·wijs**
de **taal·ont·wik·ke·ling** (v), taal·ont·wik·ke·lin·gen
de **taal·pa·tho·lo·gie** (v)
de **taal·pu·rist** (m), taal·pu·ris·ten
de **taal·pu·ri·tein** (m), taal·pu·ri·tei·nen
de **taal·rol**, taal·rol·len
de **taal·schat** (m), taal·schat·ten
het **taal·spel**, taal·spe·len, taal·spel·len; taal·spel·le·tje
de **taal·strijd** (m)
de **taal·sys·te·ma·tiek** (v), taal·sys·te·ma·tie·ken
taal·tech·nisch (bnw), taal·tech·ni·sche
de **taal·tui·nier** (m), taal·tui·niers
de **taal·ui·ting** (v), taal·ui·tin·gen
de **taal·vaar·dig·heid** (v), taal·vaar·dig·he·den
de **taal·ver·an·de·ring** (v), taal·ver·an·de·rin·gen
de **taal·ver·rij·king** (v), taal·ver·rij·kin·gen
de **taal·ver·wer·ving** (v)
de **taal·ver·zor·ging** (v), taal·ver·zor·gin·gen
de **taan**
de **taart**, taar·ten; taart·je
taar·ten (ww), taart, taart; taart·te, taart·ten; ge·taart
de **taats**, taat·sen

de **tab** (m), tabs
de **ta·ba·co·loog** (m), ta·ba·co·lo·gen
de **ta·bak** (m), ta·bak·ken; ta·bak·je
de **ta·baks·fa·briek** (v), ta·baks·fa·brie·ken; ta·baks·fa·briek·je
de **ta·baks·fa·bri·kant** (m), ta·baks·fa·bri·kan·ten
de **ta·baks·plan·ter** (m), ta·baks·plan·ters
de **ta·baks·pot** (m), ta·baks·pot·ten; ta·baks·pot·je
de **ta·baks·te·ler** (m), ta·baks·te·lers
de **ta·baks·walm** (m), ta·baks·wal·men
de **ta·bas·co** (m)
de **tab·baard** (m), tab·baar·den, tab·baards
de **tab·berd** (m), tab·ber·den, tab·berds
de **tab·be·tje**, tab·be·tjes
het **tab·blad**, tab·bla·den
ta·bee (tussenw)
de **ta·bel**, ta·bel·len; ta·bel·le·tje
ta·bel·la·ri·se·ren (ww), ta·bel·la·ri·seer, ta·bel·la·ri·seert; ta·bel·la·ri·seer·de, ta·bel·la·ri·seer·den; ge·ta·bel·la·ri·seerd
de/het **ta·ber·na·kel** (m/o), ta·ber·na·ke·len, ta·ber·na·kels; ta·ber·na·kel·tje
het **ta·bleau**, ta·bleaus; ta·bleau·tje
de **ta·blet**[1] (m) *(tabletcomputer)*, ta·blets
de/het **ta·blet**[2] *(plaat; koek; pil)*, ta·blet·ten; ta·blet·je
de **ta·blet-pc** (m), ta·blet-pc's
de/het **ta·bloid** (m/o), ta·bloids
de/het **ta·boe**[1] (m/o), ta·boes; ta·boe·tje
ta·boe[2] (bnw)
het **ta·boe·on·der·werp**, ta·boe·on·der·wer·pen
de **ta·boe·ret** (m), ta·boe·ret·ten; ta·boe·ret·je
de **ta·boe·sfeer**, ta·boe·sfe·ren; ta·boe·sfeer·tje
de **ta·bou·lé** (m)
de **ta·bu·la ra·sa** (v)
de **ta·cho·graaf** (m), ta·cho·gra·fen
tach·tig (telw)
de **tach·ti·ger** (m) *(persoon ouder dan 80)*, tach·ti·gers
de **Tach·ti·ger** (m) *(literator)*, Tach·ti·gers
de **tach·tig·ja·ri·ge**, tach·tig·ja·ri·gen
Tach·tig·ja·ri·ge Oor·log
tach·tig·ste (telw)
tac·ke·len (ww), tac·kel, tac·kelt; tac·kel·de, tac·kel·den; ge·tac·keld
de **tac·kle** (m), tac·kles
de **ta·co** (m), ta·co's; tacootje [ta·co·tje]
de **tact** (m)
de **tac·tiek** (v), tac·tie·ken; tac·tiek·je
tac·tiel (bnw), tac·tie·le
tac·tisch (bnw), tac·ti·sche
tact·vol (bnw), tact·vol·le
het **tae-bo**
het **tae·kwon·do**
de **tae·kwon·do·school**, tae·kwon·do·scho·len
de **tae·kwon·do·sport**
de **taël** [ta·el] (m)
de/het **taf** (m/o), taf·fen
de **ta·fel**, ta·fe·len, ta·fels; ta·fel·tje
het **ta·fel·blad**, ta·fel·bla·den; ta·fel·blaad·je
ta·fel·dek·ken (ww)
de **ta·fel·doek** (m), ta·fel·doe·ken
ta·fe·len (ww), ta·fel, ta·felt; ta·fel·de, ta·fel·den; ge·ta·feld
het **ta·fel·kleed**, ta·fel·kle·den; ta·fel·kleed·je
het **ta·fel·la·ken**, ta·fel·la·kens
de **ta·fel·of·fi·ci·al** (m),

ta·fel·of·fi·ci·als
de **ta·fel·poot** (m), ta·fel·po·ten
het **ta·fel·ten·nis**
ta·fel·ten·nis·sen (ww), ta·fel·ten·nis, ta·fel·ten·nist; ta·fel·ten·nis·te, ta·fel·ten·nis·ten; ge·ta·fel·ten·nist
het **ta·fel·tje-dek-je**, ta·fel·tje-dek-jes
het **ta·fel·voet·bal**
het **ta·fe·reel**, ta·fe·re·len; ta·fe·reel·tje
taf·fen (bnw)
de **tag** (m), tags
tag·gen (ww), tag, tagt; tag·de, tag·den; ge·tagd
de **tag·ger** (m), tag·gers
de **ta·gli·a·tel·le** (m)
de **ta·hin** *(sesampasta)*
de **ta·hoe** (m)
het **tai chi**
tai-chiën [tai-chi·en] (ww), tai-chi, tai-chiet; tai-chie·de, tai-chie·den; ge·tai-chied
de **tai·foen** (m), tai·foens
de **tai·ga**, tai·ga's
de **tai·koen** (m), tai·koens
de **tail·le**, tail·les
tai·lor·made (bnw)
de **Tai·wa·nees**[1] (m), Tai·wa·ne·zen; Tai·wa·nees·je
Tai·wa·nees[2] (bnw), Tai·wa·ne·se
de **ta·ji·ne** (v), ta·ji·nes
de **tak** (m), tak·ken; tak·je
de/het **ta·kel** (m/o), ta·kels; ta·kel·tje
ta·ke·len (ww), ta·kel, ta·kelt; ta·kel·de, ta·kel·den; ge·ta·keld
het **ta·ken·ka·bi·net**, ta·ken·ka·bi·net·ten
de **ta·ken·mi·nis·ter** (m), ta·ken·mi·nis·ters
het **ta·ken·pak·ket**, ta·ken·pak·ket·ten; ta·ken·pak·ket·je
de **ta·ken·ver·de·ling** (v), ta·ken·ver·de·lin·gen
de **take-off**, take-offs
tak·ken (ww), tak, takt; tak·te, tak·ten; ge·takt
de **tak·ken·bos** (m), tak·ken·bos·sen; tak·ken·bos·je
het **tak·ke·weer**
het **tak·ke·wijf**, tak·ke·wij·ven
de **taks**[1] (m) *(dashond)*, tak·sen; taks·je
de **taks**[2] *(hoeveelheid, belasting)*, tak·sen; taks·je
het **tal**, tal·len
de **ta·leg·gio** (m), ta·leg·gi·o's
ta·len (ww), taal, taalt; taal·de, taal·den; ge·taald
de **ta·len·cur·sus** (m), ta·len·cur·sus·sen
de **ta·len·ken·nis** (v)
de **ta·len·knob·bel** (m), ta·len·knob·bels
het **ta·len·on·der·wijs**
de **ta·len·school**, ta·len·scho·len
het **ta·lent**, ta·len·ten; ta·lent·je
de **ta·len·ten·show** (m), ta·len·ten·shows
ta·lent·vol (bnw), ta·lent·vol·le
de **talg** (m)
de **ta·li·ban** (mv)
de **ta·lie** (v), ta·lies; ta·lie·tje
ta·lig (bnw), ta·li·ge
de **ta·ling** (m), ta·lin·gen; ta·lin·kje
de **ta·lis·man** (m), ta·lis·man·nen, ta·lis·mans; ta·lis·man·ne·tje
de **talk** (m)
de **talk·show** (m), talk·shows
het **tal·liet**, tal·liets
tal·loos (bnw), tal·lo·ze
tal·men (ww), talm, talmt; talm·de, talm·den; ge·talmd
Tal·moed, Tal·moeds
de **ta·lon** (m), ta·lons; ta·lon·ne·tje

tal·rijk (bnw), tal·rij·ke
het **ta·lud**, ta·luds; ta·lud·je
tam (bnw), tam·me
de **tam·boer** (m), tam·boers; tam·boer·tje
de **tam·boe·rijn** (m), tam·boe·rij·nen; tam·boe·rijn·tje
de **tam·bour-maî·tre** (m), tam·bour-maî·tres; tam·bour-maî·tre·tje
de **tam·bú·groep**, tam·bú·groe·pen
ta·me·lijk (bnw), ta·me·lij·ke
de **Ta·mil**[1] (m) *(persoon)*, Ta·mils
het **Ta·mil**[2] *(taal)*
de **tamp**, tam·pen; tamp·je
tam·pen (ww), tamp, tampt; tamp·te, tamp·ten; ge·tampt
de **tam·pon** (m), tam·pons; tam·pon·ne·tje
de **tam·pon·na·de** (v), tam·pon·na·des
tam·pon·ne·ren (ww), tam·pon·neer, tam·pon·neert; tam·pon·neer·de, tam·pon·neer·den; ge·tam·pon·neerd
de **tam·tam** (m), tam·tams
de **tand**[1] (m), tan·den; tand·je
tand[2]: de tand des tijds
de **tand·arts** (m), tand·art·sen
de **tand·arts·as·sis·ten·te** (v), tand·arts·as·sis·ten·tes
de **tand·art·sen·prak·tijk**, tand·art·sen·prak·tij·ken
de **tand·arts·prak·tijk**, tand·arts·prak·tij·ken
tan·de·loos (bnw), tan·de·lo·ze
de **tan·dem** (m), tan·dems; tan·dem·pje
tan·den (ww), tand, tandt; tand·de, tand·den; ge·tand
de **tan·den·bor·stel** (m), tan·den·bor·stels; tan·den·bor·stel·tje
de **tan·den·fee** (v), tandenfeeën [tan·den·fee·en]
tan·den·knar·sen (ww), tan·den·knars, tan·den·knarst; tan·den·knars·te, tan·den·knars·ten; ge·tan·den·knarst
tan·den·poet·sen (ww), poets tan·den, poetst tan·den; poets·te tan·den, poets·ten tan·den; tan·den·ge·poetst
de **tan·den·sto·ker** (m), tan·den·sto·kers; tan·den·sto·ker·tje
tand·heel·kun·dig (bnw), tand·heel·kun·di·ge
tand·loos (bnw), tand·lo·ze
de/het **tand·pas·ta** (m/o), tand·pas·ta's
de **tand·plak**
de **tand·pla·que**, tand·pla·ques
het **tand·rad**, tand·ra·de·ren; tand·rad·je
de/het **tand·steen** (m/o)
het **tand·vlees**
het **tand·wiel**, tand·wie·len; tand·wiel·tje
ta·nen (ww), taan, taant; taan·de, taan·den; ge·taand
de **tang**, tan·gen; tan·ge·tje
de **tan·ga**, tan·ga's; tangaatje [tan·ga·tje]
de **tang·con·struc·tie** (v), tang·con·struc·ties
tan·gen (ww), tang, tangt; tang·de, tang·den; ge·tangd
de **tan·gent**, tan·gen·ten
tan·gen·ti·eel (bnw), tangentiële [tan·gen·ti·e·le]
de **tan·go** (m), tan·go's; tangootje [tan·go·tje]
het **tan·gram**, tan·gram·men, tan·grams
ta·nig (bnw), ta·ni·ge

de **tank** (m), tanks; tank·je
de **tank·dop** (m), tank·dop·pen
tan·ken (ww), tank, tankt; tank·te, tank·ten; ge·tankt
de **tan·ker** (m), tan·kers
het **tank·sta·ti·on**, tank·sta·ti·ons
de **tank·top** (m), tank·tops; tank·top·je
de **tan·ni·ne**
de **tan·ta·lus·kwel·ling** (v), tan·ta·lus·kwel·lin·gen
de **tan·te** (v), tan·tes; tan·te·tje
het **tan·ti·è·me**, tan·ti·è·mes
de **tan·tra** (m), tan·tra's
het **tan·tum**, tan·tums
de **tao** (m)
het **taoïsme** [ta·o·is·me]
de **tap**[1] (m) *(het tappen; telefoontap; tapkraan),* tap·pen, taps
de **tap**[2] (m) *(andere betekenissen),* tap·pen; tap·je
de **ta·pa**, ta·pas, ta·pa's
de **ta·pas·bar**, ta·pas·bars; ta·pas·bar·re·tje
de **tape** (m), tapes
ta·pen (ww), tape, tapet; tape·te, tape·ten; ge·tapet
de **ta·pe·na·de** (v), ta·pe·na·des
het **ta·pijt**, ta·pij·ten; ta·pijt·je
de **ta·pijt·rei·ni·ger** (m), ta·pijt·rei·ni·gers
de **ta·pijt·slang**, ta·pijt·slan·gen
de **ta·pir** (m), ta·pirs
de **ta·pis-plain** (m), ta·pis-plains
tap·pen (ww), tap, tapt; tap·te, tap·ten; ge·tapt
de **tap·per** (m), tap·pers
taps (bnw), tap·se
de **tap·toe** (m), tap·toes
de **ta·pu**
de **ta·ran·tu·la**, ta·ran·tu·la's
de **tar·bot** (m), tar·bot·ten; tar·bot·je
tar·dief (bnw), tar·die·ve
de/het **tar·get**, tar·gets
tar·get·ten (ww), tar·get, tar·get; tar·get·te, tar·get·ten; ge·tar·get
het **ta·rief**, ta·rie·ven; ta·rief·je
de **ta·riefs·aan·pas·sing** (v), ta·riefs·aan·pas·sin·gen
de **ta·rief·stij·ging** (v), ta·rief·stij·gin·gen
de **ta·riefs·ver·ho·ging** (v), ta·riefs·ver·ho·gin·gen
ta·ri·fe·ren (ww), ta·ri·feer, ta·ri·feert; ta·ri·feer·de, ta·ri·feer·den; ge·ta·ri·feerd
de **ta·ri·fe·ring** (v), ta·ri·fe·rin·gen
de **ta·ri·fi·ca·tie** (v), ta·ri·fi·ca·ties
tarifiëren [ta·ri·fi·e·ren] (ww), ta·ri·fi·eer, ta·ri·fi·eert; ta·ri·fi·eer·de, ta·ri·fi·eer·den; ge·ta·ri·fi·eerd
de **tarifiëring** [ta·ri·fi·e·ring] (v), tarifiëringen [ta·ri·fi·e·rin·gen]
het **tar·mac**
tar·nen (ww), tarn, tarnt; tarn·de, tarn·den; ge·tarnd
de **ta·rot**[1] (m) *(troefkaart),* ta·rots
het **ta·rot**[2] *(kaartspel)*
de **tar·ra**
tar·re·ren (ww), tar·reer, tar·reert; tar·reer·de, tar·reer·den; ge·tar·reerd
het **tar·taar** *(vlees),* tar·taar·tje
de **Tar·taar** (m) *(lid van een mongoolse volksstam),* Tar·ta·ren; Tar·taar·tje
de **tar·tan**[1] (m) *(mantel),* tar·tans
het **tar·tan**[2] *(stof)*
tar·ten (ww), tart, tart; tart·te, tart·ten; ge·tart
de **tar·te ta·tin** (m), tar·tes ta·tin, tar·te ta·tins
de **tar·we**, tar·wes
de **tar·we·bloem**
het **tar·we·brood**, tar·we·bro·den; tar·we·brood·je

het **tar·we·meel**, tar·we·me·len
de **tas**[1] (m) *(stapel)*, tas·sen; tas·je
de **tas**[2] *(zak)*, tas·sen; tas·je
de **ta·ser** (m), ta·sers
de **task·force** (m), task·forces
tas·sen (ww), tas, tast; tas·te, tas·ten; ge·tast
de **tast** (m)
tast·baar (bnw), tast·ba·re
tas·ten (ww), tast, tast; tast·te, tast·ten; ge·tast
ta·ta (tussenw)
de **Ta·taar** (m), Ta·ta·ren
de **ta·ta·mi** (m), ta·ta·mi's
ta·te·ren (ww), ta·ter, ta·tert; ta·ter·de, ta·ter·den; ge·ta·terd
de **ta·toe·a·ge** (v), ta·toe·a·ges
de **tatoeëerder** [ta·toe·eer·der] (m), tatoeëerders [ta·toe·eer·ders]
tatoeëren [ta·toe·e·ren] (ww), tatoeëer [ta·toe·eer], tatoeëert [ta·toe·eert]; tatoeëerde [ta·toe·eer·de], tatoeëerden [ta·toe·eer·den]; getatoeëerd [ge·ta·toe·eerd]
de **tatoeëring** [ta·toe·e·ring] (v), tatoeëringen [ta·toe·e·rin·gen]
de **tat·too** (m), tat·toos
de **tat·too·shop** (m), tat·too·shops
de **tau**, taus
de **tau·gé**
tau·pe (bnw)
de **tau·to·lo·gie** (v), tautologieën [tau·to·lo·gie·en]
t.a.v. *(ten aanzien van; ter attentie van)*
de **ta·veer·ne**, ta·veer·nen, ta·veer·nes
de **ta·ver·ne**, ta·ver·nen, ta·ver·nes
de **taxa·teur** (m), taxa·teurs
de **taxa·tie** (v), taxa·ties
het **taxa·tie·rap·port**, taxa·tie·rap·por·ten
taxe·ren (ww), taxeer, taxeert; taxeer·de, taxeer·den; ge·taxeerd
tax·free (bnw)
de **tax·free·shop** (m), tax·free·shops
de **taxi** (m), taxi's; taxietje [taxi·tje]
de **taxi·chauf·feur** (m), taxi·chauf·feurs; taxi·chauf·feur·tje
de **taxi·der·mie** (v)
taxiën [taxi·en] (ww), taxi, taxiet; taxie·de, taxie·den; ge·taxied
de **taxi·hou·der** (m), taxi·hou·ders
de **taxi·on·der·ne·ming** (v), taxi·on·der·ne·min·gen
de **taxi·oor·log** (m), taxi·oor·lo·gen; taxi·oor·log·je
de **taxi·rit** (m), taxi·rit·ten; taxi·rit·je
de **taxi·stand·plaats**, taxi·stand·plaat·sen
het **taxon**, taxa
de **taxo·no·mie** (v), taxonomieën [taxo·no·mie·en]
de **taxus** (m), taxus·sen
de **ta·yer**
ta·yer·blad, ta·yer·bla·den, ta·yer·bla·de·ren
de **taz·za·groep**, taz·za·groe·pen
tb *(tuberculose)*
TB *(terabyte)*
tbc *(tuberculose)*
de **tbc-patiënt** [tbc-pa·ti·ent] (m), tbc-patiënten [tbc-pa·ti·en·ten]; tbc-patiëntje [tbc-pa·ti·ent·je]
de **T-bone·steak** (m), T-bone·steaks
tbs *(terbeschikkingstelling)*
de **tbs'er** [tbs·er] (m), tbs'ers [tbs·ers]
de **tbs-kli·niek** (v), tbs-kli·nie·ken
te (voorz)
de **teach-in** (m), teach-ins
de **teach-out** (m), teach-outs
teaën [tea·en] (ww), tea, teat; tea·de, tea·den; ge·tead
het **teak** *(hout)*

te al·len tij·de
het **team**, teams; team·pje
de **team·arts** (m), team·art·sen
de **team·buil·ding**, team·buil·din·gen, team·buil·dings
de **team·buil·ding·dag** (m), team·buil·ding·da·gen
de **team·buil·dings·dag** (m), team·buil·dings·da·gen
de **team·geest** (m)
de **team·lea·der** (m), team·lea·ders
de **team·lei·der** (m), team·lei·ders
het **team·lid**, team·le·den
de **team·ma·na·ger** (m), team·ma·na·gers
de **team·play·er** (m), team·play·ers
de **team·spe·ler** (m), team·spe·lers
de **team·spi·rit** (m)
het **team·uit·je**, team·uit·jes
het **team·ver·band**, team·ver·ban·den
de **team·wed·strijd** (m), team·wed·strij·den; team·wed·strijd·je
het **team·werk**
het **team·work**
de **tea·room** (m), tea·rooms
tea·sen (ww), tease, teaset; tease·de, tease·den; ge·teased
de **tea·ser** (m), tea·sers
te ber·de bren·gen
te ber·ge rij·zen
te be·stem·der plaat·se
te beurt val·len
te bin·nen schie·ten
te boek staan
te boek stel·len
de **te·boek·stel·ling** (v), te·boek·stel·lin·gen
te bo·ven gaan
te bo·ven ko·men
te bui·ten gaan
de **te·chi·na**
de **tech·neut** (m), tech·neu·ten; tech·neut·je
de **tech·ni·ci·teit** (v), tech·ni·ci·tei·ten
de **tech·ni·cus** (m), tech·ni·ci
de **tech·niek** (v), tech·nie·ken; tech·niek·je
tech·nisch (bnw), tech·ni·sche
de **tech·nisch di·rec·teur** (m), tech·nisch di·rec·teu·ren, tech·nisch di·rec·teurs
tech·nisch-we·ten·schap·pe·lijk (bnw), tech·nisch-we·ten·schap·pe·lij·ke
de **tech·no** (m), technootje [tech·no·tje]
de **tech·no·craat** (m), tech·no·cra·ten
de **tech·no·lo·gie** (v), technologieën [tech·no·lo·gie·en]
het **tech·no·lo·gie·pro·gram·ma**, tech·no·lo·gie·pro·gram·ma's
tech·no·lo·gisch (bnw), tech·no·lo·gi·sche
de **tec·kel** (m), tec·kels; tec·kel·tje
de **ted·dy** (m), ted·dy's
de **ted·dy·beer** (m), ted·dy·be·ren; ted·dy·beer·tje
te·der (bnw), te·de·re
te de·zer za·ke
te dien ein·de
de **tee** (m), tees; tee·tje
de **teef** (v), te·ven; teef·je
te ei·gen ba·te
de **teek**, te·ken; teek·je
de **teel·aar·de**
de **teel·bal** (m), teel·bal·len; teel·bal·le·tje
te elf·der ure
de **teelt**, teel·ten
de **teelt·keus**, teelt·keu·zen, teelt·keu·zes
de **teem** (m)

de **teems** (m), teem·sen
de **teen**[1] *(twijg)*, te·nen; teen·tje
de **teen**[2] (m) *(andere betekenissen)*, te·nen; teen·tje
de **teen·ager**, teen·agers
de **tee·ner·pa·ra·de** (v), tee·ner·pa·ra·des
de **teen·gan·ger** (m), teen·gan·gers
de/het **teer**[1] (m/o), teer·tje
teer[2] (bnw), te·re
het **teer·ge·hal·te**, teer·ge·hal·ten, teer·ge·hal·tes
de **teer·ling** (m), teer·lin·gen; teer·lin·kje
de **teers** (m), teer·sen
de **teer·weg** (m), teer·we·gen
de **teeuw** (m), teeu·wen
de **tee·vee** (v), tee·vees; tee·vee·tje
het **teff**
de **te·fil·le** (m), te·fil·les
het **tef·lon**
te gast
te gek
de **te·gel** (m), te·gels; te·gel·tje
de **te·gel·be·kle·ding** (v), te·gel·be·kle·din·gen
te gel·de ma·ken
te ge·le·ge·ner tijd
te·ge·len (ww), te·gel, te·gelt; te·gel·de, te·gel·den; ge·te·geld
te·ge·lijk (bijw)
te·ge·lij·ker·tijd (bijw)
de **te·gel·vloer** (m), te·gel·vloe·ren; te·gel·vloer·tje
te·ge·moet (bijw)
te·ge·moet·ko·men (ww), kom te·ge·moet, komt te·ge·moet; kwam te·ge·moet, kwa·men te·ge·moet; te·ge·moet·ge·ko·men
de **te·ge·moet·ko·ming** (v), te·ge·moet·ko·min·gen; te·ge·moet·ko·min·kje
te·ge·moet·lo·pen (ww), loop te·ge·moet, loopt te·ge·moet; liep te·ge·moet, lie·pen te·ge·moet; te·ge·moet·ge·lo·pen
te·ge·moet·zien (ww), zie te·ge·moet, ziet te·ge·moet; zag te·ge·moet, za·gen te·ge·moet; te·ge·moet·ge·zien
het **te·gen**[1], te·gens
te·gen[2] (voorz)
te·gen·aan (bijw)
het **te·gen·ar·gu·ment**, te·gen·ar·gu·men·ten
het **te·gen·be·richt**, te·gen·be·rich·ten; te·gen·be·richt·je
het **te·gen·be·toog**, te·gen·be·to·gen
het **te·gen·be·vel**, te·gen·be·ve·len
het **te·gen·deel**, te·gen·de·len; te·gen·deel·tje
het **te·gen·doel·punt**, te·gen·doel·pun·ten
te·gen·draads (bnw), te·gen·draad·se
te·gen·een (bijw)
te·gen·gaan (ww), ga te·gen, gaat te·gen; ging te·gen, gin·gen te·gen; te·gen·ge·gaan
te·gen·ge·steld (bnw), te·gen·ge·stel·de
het **te·gen·ge·stel·de**, te·gen·ge·stel·den
het **te·gen·ge·wicht**, te·gen·ge·wich·ten
de **te·gen·han·ger** (m), te·gen·han·gers
te·gen heug en meug
te·gen·hou·den (ww), houd te·gen, hou te·gen, houdt te·gen; hield te·gen, hiel·den te·gen; te·gen·ge·hou·den
de **te·gen·in·di·ca·tie** (v), te·gen·in·di·ca·ties
tegenintuïtief

[te·gen·in·tu·i·tief] (bnw), tegenintuïtieve [te·gen·in·tu·i·tie·ve]
de **te·gen·kan·di·daat** (m), te·gen·kan·di·da·ten
de **te·gen·kant** (m), te·gen·kan·ten
de **te·gen·kan·ting** (v), te·gen·kan·tin·gen
te·gen·ko·men (ww), kom te·gen, komt te·gen; kwam te·gen, kwa·men te·gen; te·gen·ge·ko·men
de **te·gen·lig·ger** (m), te·gen·lig·gers
de **te·gen·lijst**, te·gen·lijs·ten
te·gen·lo·pen (ww), loop te·gen, loopt te·gen; liep te·gen, lie·pen te·gen; te·gen·ge·lo·pen
te·gen·op (bijw)
te·gen·over[1] (bijw)
te·gen·over[2] (voorz)
te·gen·over·ge·steld (bnw), te·gen·over·ge·stel·de
te·gen·over·lig·gend (bnw), te·gen·over·lig·gen·de
te·gen·over·stel·len (ww), stel te·gen·over, stelt te·gen·over; stel·de te·gen·over, stel·den te·gen·over; te·gen·over·ge·steld
de **te·gen·par·tij** (v), te·gen·par·tij·en
de **te·gen·re·ac·tie** (v), te·gen·re·ac·ties
te·gen·slaan (ww), sla te·gen, slaat te·gen; sloeg te·gen, sloe·gen te·gen; te·gen·ge·sla·gen
de **te·gen·slag** (m), te·gen·sla·gen; te·gen·slag·je
de **te·gen·spe·ler** (m), te·gen·spe·lers
de **te·gen·spoed** (m), te·gen·spoe·den
de **te·gen·spraak**
te·gen·spre·ke·lijk (bnw), te·gen·spre·ke·lij·ke
te·gen·spre·ken (ww), spreek te·gen, spreekt te·gen; sprak te·gen, spra·ken te·gen; te·gen·ge·spro·ken
te·gen·staan (ww), sta te·gen, staat te·gen; stond te·gen, ston·den te·gen; te·gen·ge·staan
de **te·gen·stand** (m)
de **te·gen·stan·der** (m), te·gen·stan·ders; te·gen·stan·der·tje
te·gen·stel·baar (bnw), te·gen·stel·ba·re
te·gen·stel·lend (bnw), te·gen·stel·len·de
de **te·gen·stel·ling** (v), te·gen·stel·lin·gen
te·gen·stem·men (ww), stem te·gen, stemt te·gen; stem·de te·gen, stem·den te·gen; te·gen·ge·stemd
te·gen·strib·be·len (ww), strib·bel te·gen, strib·belt te·gen; strib·bel·de te·gen, strib·bel·den te·gen; te·gen·ge·strib·beld
de **te·gen·strijd** (m), te·gen·strij·den
te·gen·strij·dig (bnw), te·gen·strij·di·ge
te·gen·stuur ge·ven
te·gen·val·len (ww), val te·gen, valt te·gen; viel te·gen, vie·len te·gen; te·gen·ge·val·len
de **te·gen·val·ler** (m), te·gen·val·lers; te·gen·val·ler·tje
de **te·gen·voe·ter** (m), te·gen·voe·ters
het **te·gen·voor·stel**, te·gen·voor·stel·len
te·gen·wer·ken (ww), werk te·gen, werkt te·gen; werk·te te·gen, werk·ten te·gen; te·gen·ge·werkt
de **te·gen·wer·king** (v),

te·gen·wer·kin·gen
te·gen·wer·pen (ww), werp te·gen, werpt te·gen; wierp te·gen, wier·pen te·gen; te·gen·ge·wor·pen
het **te·gen·wicht**, te·gen·wich·ten
de **te·gen·wij·zer·zin** (m)
te·gen·woor·dig (bnw), te·gen·woor·di·ge
de **te·gen·zin** (m)
te·gen·zit·ten (ww), zit te·gen, zit te·gen; zat te·gen, za·ten te·gen; te·gen·ge·ze·ten
te ge·pas·ten tij·de
het **te·goed**[1] *(nog te ontvangen bedrag),* te·goe·den; te·goed·je
te·goed[2]: zich tegoed doen
de **te·goed·bon** (m), te·goed·bon·nen, te·goed·bons
te goe·der naam en faam
te goe·der trouw
te·goed heb·ben
te·goed hou·den
te gron·de gaan
te gron·de rich·ten
te ha·rent
het **te·huis**, te·hui·zen
de **teil**, tei·len; teil·tje
de/het **teint**, teint·je
teis·te·ren (ww), teis·ter, teis·tert; teis·ter·de, teis·ter·den; ge·teis·terd
te·keer·gaan (ww), ga te·keer, gaat te·keer; ging te·keer, gin·gen te·keer; te·keer·ge·gaan
het **te·ken**, te·ke·nen, te·kens; te·ken·tje
de **te·ken·aap** (m), te·ken·apen
de **te·ke·naar** (m), te·ke·naars; te·ke·naar·tje
de **te·ke·na·res** (v), te·ke·na·res·sen
te·ken·be·voegd (bnw), te·ken·be·voeg·de
het **te·ken·bord**, te·ken·bor·den; te·ken·bord·je
de **te·ken·doos**, te·ken·do·zen
te·ke·nen (ww), te·ken, te·kent; te·ken·de, te·ken·den; ge·te·kend
te·ke·nend (bnw), te·ke·nen·de
de **te·ken·film** (m), te·ken·films; te·ken·film·pje
de **te·ke·ning** (v), te·ke·nin·gen; te·ke·nin·ge·tje
de **te·ke·nin·gen·col·lec·tie** (v), te·ke·nin·gen·col·lec·ties
het **te·ken·lo·kaal**, te·ken·lo·ka·len
het **te·ken·on·der·wijs**
het **te·ken·ta·lent**, te·ken·ta·len·ten; te·ken·ta·lent·je
het **te·koop·bord**, te·koop·bor·den
de **te·koop·stel·ling** (v), te·koop·stel·lin·gen
het **te·kort** *(gebrek),* te·kor·ten; te·kort·je
te·kort·doen (ww), doe te·kort, doet te·kort; deed te·kort, de·den te·kort; te·kort·ge·daan
te·kort·ko·men (ww), kom te·kort, komt te·kort; kwam te·kort, kwa·men te·kort; te·kort·ge·ko·men
de **te·kort·ko·ming** (v), te·kort·ko·min·gen; te·kort·ko·min·kje
te·kort·schie·ten (ww), schiet te·kort, schiet te·kort; schoot te·kort, scho·ten te·kort; te·kort·ge·scho·ten
de **tekst** (m), tek·sten; tekst·je
de **tekst·bal·lon** (m), tekst·bal·lon·nen, tekst·bal·lons; tekst·bal·lon·ne·tje
het **tekst·bord**, tekst·bor·den; tekst·bord·je
de **tekst·dich·ter** (m), tekst·dich·ters
het **tekst·ma·te·ri·aal**,

tekst·ma·te·ri·a·len
de **tekst·schrijf·ster** (v), tekst·schrijf·sters
tekst·schrij·ven (ww)
het **tekst·ty·pe**, tekst·ty·pen, tekst·ty·pes
tek·stu·eel (bnw), tek·stu·e·le
het **tekst·vak**, tekst·vak·ken
het **tekst·ver·wer·kings·pro·gram·ma**, tekst·ver·wer·kings·pro·gram·ma's
het **tekst·voor·stel**, tekst·voor·stel·len
de **tek·to·niek** (v)
tek·to·nisch (bnw), tek·to·ni·sche
te kwa·der trouw
de **tel** (m) *(m.b.t. het tellen),* tel·len; tel·le·tje
de **te·laat·ko·mer** (m), te·laat·ko·mers
te lan·de
de **te·last·leg·ging** (v), te·last·leg·gin·gen
tel·baar (bnw), tel·ba·re
de **te·le·com** (v)
het **te·le·com·be·drijf**, te·le·com·be·drij·ven; te·le·com·be·drijf·je
de **te·le·com·mu·ni·ca·tie** (v), te·le·com·mu·ni·ca·ties
de **te·le·com·mu·ni·ca·tie-in·dus·trie** (v), telecommunicatie-industrieën [te·le·com·mu·ni·ca·tie-in·dus·trie·en]
te·le·fo·ne·ren (ww), te·le·fo·neer, te·le·fo·neert; te·le·fo·neer·de, te·le·fo·neer·den; ge·te·le·fo·neerd
de **te·le·fo·nie** (v)
het **te·le·fo·nie·on·der·zoek**, te·le·fo·nie·on·der·zoe·ken
te·le·fo·nisch (bnw), te·le·fo·ni·sche
de **te·le·fo·nist** (m), te·le·fo·nis·ten
de **te·le·fo·nis·te** (v), te·le·fo·nis·tes
de **te·le·fo·nis·te-re·cep·ti·o·nis·te** (v), te·le·fo·nis·te-re·cep·ti·o·nis·tes, te·le·fo·nis·tes-re·cep·ti·o·nis·tes
de **te·le·foon** (m), te·le·foons; te·le·foon·tje
de **te·le·foon·abon·nee**, te·le·foon·abon·nees
het **te·le·foon·abon·ne·ment**, te·le·foon·abon·ne·men·ten
het **te·le·foon·boek**, te·le·foon·boe·ken; te·le·foon·boek·je
de **te·le·foon·boom** (m), te·le·foon·bo·men
de **te·le·foon·cel**, te·le·foon·cel·len
de **te·le·foon·cen·tra·le**, te·le·foon·cen·tra·les
het **te·le·foon·ge·sprek**, te·le·foon·ge·sprek·ken; te·le·foon·ge·sprek·je
de **te·le·foon·gids** (m), te·le·foon·gid·sen
het **te·le·foon·kan·toor**, te·le·foon·kan·to·ren
het **te·le·foon·num·mer**, te·le·foon·num·mers
de **te·le·foon·op·la·der** (m), te·le·foon·op·la·ders
de **te·le·foon·re·ke·ning** (v), te·le·foon·re·ke·nin·gen
het **te·le·foon·toe·stel**, te·le·foon·toe·stel·len
te·le·ge·leid (bnw), te·le·ge·lei·de
de **te·le·graaf** (m), te·le·gra·fen
het **te·le·gram**, te·le·gram·men; te·le·gram·me·tje
de **te·le·lens**, te·le·len·zen
te·len (ww), teel, teelt; teel·de, teel·den; ge·teeld

de **te·le·no·vel·le**, te·le·no·vel·len, te·le·no·vel·les
het **te·le·ob·jec·tief**, te·le·ob·jec·tie·ven
het **te·le·ont·haal**
de **te·le·paat** (m), te·le·pa·ten; te·le·paat·je
de **te·le·pa·thie** (v)
te·le·pa·thisch (bnw), te·le·pa·thi·sche
te·le·por·te·ren (ww), te·le·por·teer, te·le·por·teert; te·le·por·teer·de, te·le·por·teer·den; ge·te·le·por·teerd
de **te·ler** (m), te·lers
de **te·le·scoop** (m), te·le·sco·pen; te·le·scoop·je
de **te·le·tekst** (m)
de **te·le·tijd·ma·chi·ne** (v), te·le·tijd·ma·chi·nes
de **te·leur·gang** (m)
te·leur·ge·steld (bnw), te·leur·ge·stel·de
te·leur·stel·len (ww), stel te·leur, stelt te·leur; stel·de te·leur, stel·den te·leur; te·leur·ge·steld
te·leur·stel·lend (bnw), te·leur·stel·len·de
de **te·leur·stel·ling** (v), te·leur·stel·lin·gen; te·leur·stel·lin·kje
de **te·le·vi·sie** (v), te·le·vi·sies; te·le·vi·sie·tje
de **te·le·vi·sie·an·ten·ne**, te·le·vi·sie·an·ten·nen, te·le·vi·sie·an·ten·nes
te·le·vi·sie·ge·niek (bnw), te·le·vi·sie·ge·nie·ke
het **te·le·vi·sie-in·ter·view**, te·le·vi·sie-in·ter·views
te·le·vi·sie·kij·ken (ww), kijk te·le·vi·sie, kijkt te·le·vi·sie; keek te·le·vi·sie, ke·ken te·le·vi·sie; te·le·vi·sie·ge·ke·ken
de **te·le·vi·sie·kij·ker** (m), te·le·vi·sie·kij·kers; te·le·vi·sie·kij·ker·tje
het **te·le·vi·sie·net**, te·le·vi·sie·net·ten
de **te·le·vi·sie·om·roep** (m), te·le·vi·sie·om·roe·pen
de **te·le·vi·sie·op·na·me**, te·le·vi·sie·op·na·men, te·le·vi·sie·op·na·mes
het **te·le·vi·sie·pro·gram·ma**, te·le·vi·sie·pro·gram·ma's; televisieprogrammaatje [te·le·vi·sie·pro·gram·ma·tje]
de **te·le·vi·sie·quiz** (m), te·le·vi·sie·quiz·zen
de **te·le·vi·sie·re·cla·me**, te·le·vi·sie·re·cla·mes
de **te·le·vi·sie·se·rie** (v), te·le·vi·sie·se·ries
de **te·le·vi·sie·taks**, te·le·vi·sie·tak·sen
het **te·le·vi·sie·toe·stel**, te·le·vi·sie·toe·stel·len
de **te·le·vi·sie-uit·zen·ding** (v), te·le·vi·sie-uit·zen·din·gen
de **te·le·vi·sie·zen·der** (m), te·le·vi·sie·zen·ders
te·le·wer·ken (ww), te·le·werk, te·le·werkt; te·le·werk·te, te·le·werk·ten; ge·te·le·werkt
de **te·lex** (m), te·lexen
te·lexen (ww), te·lex, te·lext; te·lex·te, te·lex·ten; ge·te·lext
de **telg**, tel·gen; telg·je
de **te·ling** (v)
de **tel·joor**, tel·jo·ren; tel·joor·tje
tel·ken·maal (bijw)
tel·ken·ma·le (bijw)
tel·kens (bijw)
tel·len (ww), tel, telt; tel·de, tel·den; ge·teld

de **tel·ler** (m), tel·lers; tel·ler·tje
de **tel·lijst**, tel·lijs·ten
de **tel·ling** (v), tel·lin·gen; tel·lin·kje
te·loh
te·loor·gaan (ww), ga te·loor, gaat te·loor; ging te·loor, gin·gen te·loor; te·loor·ge·gaan
de **te·loor·gang** (m), te·loor·gan·gen
het **tel·woord**, tel·woor·den
t.e.m. *(tot en met)*
te mak·ken heb·ben
te·meer (bijw)
de **te·mei·er** (v), te·mei·ers
te·men (ww), teem, teemt; teem·de, teem·den; ge·teemd
te mid·den van
te mij·nen hui·ze
te mij·ner be·schik·king
te mij·ner ere
tem·men (ww), tem, temt; tem·de, tem·den; ge·temd
de **tem·mer** (m), tem·mers
te moe·de
de **tem·pé**
de **tem·pel** (m), tem·pels; tem·pel·tje
de **tem·pe·lier** (m), tem·pe·lie·ren, tem·pe·liers
tem·pen (ww), temp, tempt; temp·te, temp·ten; ge·tempt
de **tem·pe·ra**
het **tem·pe·ra·ment**, tem·pe·ra·men·ten
tem·pe·ra·tu·ren (ww), tem·pe·ra·tuur, tem·pe·ra·tuurt; tem·pe·ra·tuur·de, tem·pe·ra·tuur·den; ge·tem·pe·ra·tuurd
de **tem·pe·ra·tuur** (v), tem·pe·ra·tu·ren; tem·pe·ra·tuur·tje
de **tem·pe·ra·tuur·schom·me·ling** (v), tem·pe·ra·tuur·schom·me·lin·gen
de **tem·pe·ra·tuurs·con·tro·le**, tem·pe·ra·tuurs·con·tro·les
de **tem·pe·ra·tuur·stij·ging** (v), tem·pe·ra·tuur·stij·gin·gen
het **tem·pe·ra·tuurs·ver·schil**, tem·pe·ra·tuurs·ver·schil·len
de **tem·pe·ra·tuur·ver·ho·ging** (v), tem·pe·ra·tuur·ver·ho·gin·gen
het **tem·pe·ra·tuur·ver·schil**, tem·pe·ra·tuur·ver·schil·len
tem·pe·ren (ww), tem·per, tem·pert; tem·per·de, tem·per·den; ge·tem·perd
de **tem·plate** (m), tem·plates
het **tem·po**, tem·pi, tem·po's; tempootje [tem·po·tje]
tem·po·reel (bnw), tem·po·re·le
de **tem·pu·ra**
de/het **tem·pus** (m/o), tem·po·ra
ten (voorz)
de **te·naam·ge·stel·de**, te·naam·ge·stel·den
te naam stel·len
de **te·naam·stel·ling** (v), te·naam·stel·lin·gen
ten aan·val
ten aan·zien van
Te·nach
ten an·de·re
de **te·nant** (m), te·nan·ten
ten ant·woord
ten ba·te van
ten be·dra·ge van
ten be·hoe·ve van
ten be·lo·pe van
ten de·le
de **ten·dens**, ten·den·sen, ten·den·zen; ten·dens·je
de **ten·den·tie** (v), ten·den·ties
ten·den·ti·eus (bnw), ten·den·ti·eu·ze
de **ten·der** (m), ten·ders; ten·der·tje
ten·de·ren (ww) *(een tendentie ver-*

tonen), ten·deer, ten·deert; ten·deer·de, ten·deer·den; ge·ten·deerd
ten dien·ste van
ten·ein·de (voegw) *(om, opdat)*
ten ein·de *(tot aan het eind)*
ten ein·de lo·pen
ten ein·de raad
te·nen (bnw)
ten enen·ma·le
de **te·nen·kaas** (m)
te·nen·krom·mend (bnw), te·nen·krom·men·de
de **te·neur** (m)
ten ge·ho·re bren·gen
de **ten·gel** (m), ten·gels; ten·gel·tje
ten·ger (bnw), ten·ge·re
ten ge·vol·ge van
ten goe·de ko·men
ten grond·slag
de **ten·he·mel·op·ne·ming** (v), ten·he·mel·op·ne·min·gen
ten·he·mel·schrei·end (bnw), ten·he·mel·schrei·en·de
ten hoog·ste
ten hui·di·gen da·ge
ten hui·ze van
te·niet·doen (ww), doe te·niet, doet te·niet; deed te·niet, de·den te·niet; te·niet·ge·daan
te·niet·gaan (ww), ga te·niet, gaat te·niet; ging te·niet, gin·gen te·niet; te·niet·ge·gaan
ten kos·te van
ten lan·gen les·te
ten las·te
ten las·te leg·gen
de **ten·las·te·leg·ging** (v), ten·las·te·leg·gin·gen
de **ten·las·te·ne·ming** (v), ten·las·te·ne·min·gen
ten·min·ste (bijw) *(althans)*
ten min·ste (bijw) *(minstens)*
ten na·de·le van
ten na·me van
het **ten·nis**
de **ten·nis·baan**, ten·nis·ba·nen; ten·nis·baan·tje
de **ten·nis·club**, ten·nis·clubs; ten·nis·club·je
het **ten·nis·court**, ten·nis·courts
het **ten·nis·dub·bel**, ten·nis·dub·bels
het **ten·nis·kam·pi·oen·schap**, ten·nis·kam·pi·oen·schap·pen
de **ten·nis·les**, ten·nis·les·sen; ten·nis·les·je
het **ten·nis·rac·ket**, ten·nis·rac·kets; ten·nis·rac·ket·je
de **ten·nis·ra·ket**, ten·nis·ra·ket·ten
de **ten·nis·schoen** (m), ten·nis·schoe·nen; ten·nis·schoen·tje
ten·nis·sen (ww), ten·nis, ten·nist; ten·nis·te, ten·nis·ten; ge·ten·nist
de **ten·nis·ser** (m), ten·nis·sers; ten·nis·ser·tje
de **ten·nis·ster** (v) *(vrouw die tennist),* ten·nis·sters
de **ten·nis·top** (m)
ten noor·den van
ten on·der gaan
ten on·rech·te
ten oos·ten van
ten op·zich·te van
de **te·nor** (m), te·no·ren, te·nors
de **te·nor·saxo·foon** (m), te·nor·saxo·foons
ten over·staan van
ten over·vloe·de
ten rech·te
de **ten·sie** (v)
ten·slot·te (bijw) *(welbeschouwd)*
ten slot·te *(tot besluit)*
ten spijt
ten stel·lig·ste

de **tent**, ten·ten; tent·je
de **ten·ta·kel** (m), ten·ta·kels; ten·ta·kel·tje
het **ten·ta·men**, ten·ta·mens, ten·ta·mi·na; ten·ta·men·tje
ten·ta·tief (bnw), ten·ta·tie·ve
het **tent·dak**, tent·da·ken; tent·dak·je
de/het **tent·doek** (m/o), tent·doe·ken
het **ten·ten·dorp**, ten·ten·dor·pen
het **ten·ten·kamp**, ten·ten·kam·pen; ten·ten·kamp·je
ten·te·ren (ww), ten·teer, ten·teert; ten·teer·de, ten·teer·den; ge·ten·teerd
ten tij·de van
ten·toon·ge·steld (bnw), ten·toon·ge·stel·de
ten·toon·sprei·den (ww), spreid ten·toon, spreidt ten·toon; spreid·de ten·toon, spreid·den ten·toon; ten·toon·ge·spreid
ten·toon·stel·len (ww), stel ten·toon, stelt ten·toon; stel·de ten·toon, stel·den ten·toon; ten·toon·ge·steld
de **ten·toon·stel·ling** (v), ten·toon·stel·lin·gen; ten·toon·stel·lin·kje
de **ten·toon·stel·lings·be·zoe·ker** (m), ten·toon·stel·lings·be·zoe·kers
de **tent·slet** (v), tent·slet·ten; tent·slet·je
ten twee·de
ten twee·den ma·le
het **tent·zeil**, tent·zei·len; tent·zeil·tje
de/het **te·nue**, te·nues; te·nue·tje
de/het **te·nue de vil·le**, te·nue de vil·les, te·nues de vil·le
ten uit·voer leg·gen
de **ten·uit·voer·leg·ging** (v), ten·uit·voer·leg·gin·gen
ten voe·ten uit
ten vol·le
ten voor·de·le van
ten vroeg·ste
ten wes·ten van
ten zeer·ste
ten·zij (voegw)
ten zui·den van
de **te·or·be** (v), te·or·ben
te pas en te on·pas
te pas ko·men
de **te·pel** (m), te·pels; te·pel·tje
de **te·pel·hof** (m), te·pel·ho·ven
te plet·ter
het **tep·pan·ya·ki**
de **te·qui·la** (m), te·qui·la's; tequilaatje [te·qui·la·tje]
ter (voorz)
de **ter·aar·de·be·stel·ling** (v), ter·aar·de·be·stel·lin·gen
de **te·ra·byte** (m), te·ra·bytes
te ra·de gaan
ter at·ten·tie van
ter be·schik·king stel·len
de **ter·be·schik·king·stel·ling** (v), ter·be·schik·king·stel·lin·gen
ter beur·ze
ter·de·ge (bijw)
de **ter·dood·ver·oor·deel·de**, ter·dood·ver·oor·deel·den
ter dood ver·oor·de·len
de **ter·dood·ver·oor·de·ling** (v), ter·dood·ver·oor·de·lin·gen
te·recht (bnw), te·rech·te
te·recht·bren·gen (ww), breng te·recht, brengt te·recht; bracht te·recht, brach·ten te·recht; te·recht·ge·bracht
te·recht·ko·men (ww), kom te·recht, komt te·recht; kwam te·recht, kwa·men te·recht; te·recht·ge·ko·men
te·recht·kun·nen (ww) *(geholpen*

kunnen worden), kan te·recht, kan te·recht, kun terecht, kunt te·recht; kon te·recht, kon·den te·recht; te·recht·ge·kund
te·recht·staan (ww), sta te·recht, staat te·recht; stond te·recht, ston·den te·recht; te·recht·ge·staan
te·recht·stel·len (ww), stel te·recht, stelt te·recht; stel·de te·recht, stel·den te·recht; te·recht·ge·steld
te·recht·wij·zen (ww), wijs te·recht, wijst te·recht; wees te·recht, we·zen te·recht; te·recht·ge·we·zen
de **te·recht·zit·ting** (v), te·recht·zit·tin·gen
te·ren (ww), teer, teert; teer·de, teer·den; ge·teerd
ter ere van
ter ge·le·gen·heid van
ter·gen (ww), terg, tergt; terg·de, terg·den; ge·tergd
ter·gend (bnw), ter·gen·de
ter groot·te van
ter hand ne·men
ter hand stel·len
de **ter·hand·stel·ling** (v), ter·hand·stel·lin·gen
ter har·te ne·men
ter her·in·ne·ring
ter hoog·te van
de **te·ring** (v)
de **te·ring·zooi**, te·ring·zooi·tje
ter in·za·ge
ter in·za·ge leg·gen
de **ter·in·za·ge·leg·ging** (v), ter·in·za·ge·leg·gin·gen
de **te·ri·ya·ki** (m)
ter ken·nis·ge·ving
ter ken·nis·na·me
ter lin·ker·zij·de
ter·loops (bnw), ter·loop·se
de **term** (m), ter·men; term·pje
de **ter·miet**, ter·mie·ten; ter·miet·je
het **ter·mie·ten·nest**, ter·mie·ten·nes·ten
de **ter·mijn** (m), ter·mij·nen; ter·mijn·tje
de **ter·mijn·be·ta·ling** (v), ter·mijn·be·ta·lin·gen
de **ter·mijn·plan·ning** (v), ter·mijn·plan·nin·gen
de **ter·mijn·trans·ac·tie** (v), ter·mijn·trans·ac·ties
de **ter·mijn·ver·len·ging** (v), ter·mijn·ver·len·gin·gen
de **ter·mijn·vi·sie** (v), ter·mijn·vi·sies
ter·mi·naal (bnw), ter·mi·na·le
de **ter·mi·nal** (m), ter·mi·nals
de **ter·mi·no·lo·gie** (v), terminologieën [ter·mi·no·lo·gie·en]
ter·nau·wer·nood (bijw)
de **ter·ne**, ter·nes
ter·neer·ge·sla·gen (bnw)
ter·neer·slaan (ww), sla ter·neer, slaat ter·neer; sloeg ter·neer, sloe·gen ter·neer; ter·neer·ge·sla·gen
ter ore ko·men
de **terp** (m), ter·pen; terp·je
de **ter·pen·tijn** (m)
de **ter·pen·ti·ne**
ter plaat·se
ter·ra (bnw)
de/het **ter·ra·cot·ta**[1], ter·ra·cot·ta's
ter·ra·cot·ta[2] (bnw)
het **ter·ra·ri·um**, ter·ra·ria, ter·ra·ri·ums
het **ter·ras**, ter·ras·sen; ter·ras·je
het **ter·raz·zo**
ter rech·ter·zij·de
het **ter·rein**, ter·rei·nen; ter·rein·tje

T

de **ter·rein·wa·gen** (m), ter·rein·wa·gens; ter·rein·wa·gen·tje
de **ter·reur**
de **terriër** [ter·ri·er] (m), terriërs [ter·ri·ers]; terriërtje [ter·ri·er·tje]
de **ter·ri·ne** (v), ter·ri·nes; ter·rien·tje, ter·ri·ne·tje
het **ter·ri·toir**, ter·ri·toi·ren, ter·ri·toirs
ter·ri·to·ri·aal (bnw), ter·ri·to·ri·a·le
het **ter·ri·to·ri·um**, ter·ri·to·ria, ter·ri·to·ri·ums; ter·ri·to·ri·um·pje
ter·ro·ri·se·ren (ww), ter·ro·ri·seer, ter·ro·ri·seert; ter·ro·ri·seer·de, ter·ro·ri·seer·den; ge·ter·ro·ri·seerd
het **ter·ro·ris·me**
de **ter·ro·rist** (m), ter·ro·ris·ten; ter·ro·rist·je
de **ter·ro·ris·te** (v), ter·ro·ris·tes
ter·ro·ris·tisch (bnw), ter·ro·ris·ti·sche
ter·sluiks (bnw), ter·sluik·se
ter spra·ke
ter·stond (bijw)
het **ter·ti·air**[1]
ter·ti·air[2] (bnw), ter·ti·ai·re
de **terts**, tert·sen
te·rug (bijw)
te·rug·bel·len (ww), bel te·rug, belt te·rug; bel·de te·rug, bel·den te·rug; te·rug·ge·beld
het **te·rug·bel·ver·zoek**, te·rug·bel·ver·zoe·ken
te·rug·be·ta·len (ww), be·taal te·rug, be·taalt te·rug; be·taal·de te·rug, be·taal·den te·rug; te·rug·be·taald
de **te·rug·be·ta·ling** (v), te·rug·be·ta·lin·gen
te·rug·be·zor·gen (ww), be·zorg te·rug, be·zorgt te·rug; be·zorg·de te·rug, be·zorg·den te·rug; te·rug·be·zorgd
de **te·rug·blik** (m), te·rug·blik·ken
te·rug·blik·ken (ww), blik te·rug, blikt te·rug; blik·te te·rug, blik·ten te·rug; te·rug·ge·blikt
te·rug·boe·ken (ww), boek te·rug, boekt te·rug; boek·te te·rug, boek·ten te·rug; te·rug·ge·boekt
te·rug·bren·gen (ww), breng te·rug, brengt te·rug; bracht te·rug, brach·ten te·rug; te·rug·ge·bracht
te·rug·dein·zen (ww), deins te·rug, deinst te·rug; deins·de te·rug, deins·den te·rug; te·rug·ge·deinsd
te·rug·den·ken (ww), denk te·rug, denkt te·rug; dacht te·rug, dach·ten te·rug; te·rug·ge·dacht
te·rug·doen (ww), doe te·rug, doet te·rug; deed te·rug, de·den te·rug; te·rug·ge·daan
te·rug·draai·en (ww), draai te·rug, draait te·rug; draai·de te·rug, draai·den te·rug; te·rug·ge·draaid
te·rug·drin·gen (ww), dring te·rug, dringt te·rug; drong te·rug, dron·gen te·rug; te·rug·ge·dron·gen
te·rug·ei·sen (ww), eis te·rug, eist te·rug; eis·te te·rug, eis·ten te·rug; teruggeëist [te·rug·ge·eist]
te·rug·fiet·sen (ww), fiets te·rug, fietst te·rug; fiets·te te·rug, fiets·ten te·rug; te·rug·ge·fietst
te·rug·flui·ten (ww), fluit te·rug, fluit te·rug; floot te·rug, flo·ten te·rug; te·rug·ge·flo·ten
de **te·rug·gaaf**, te·rug·ga·ven

te·rug·gaan (ww), ga te·rug, gaat te·rug; ging te·rug, gin·gen te·rug; te·rug·ge·gaan
de **te·rug·ga·ve**, te·rug·ga·ven
te·rug·ge·keerd (bnw), te·rug·ge·keer·de
te·rug·ge·trok·ken (bnw)
te·rug·ge·ven (ww), geef te·rug, geeft te·rug; gaf te·rug, ga·ven te·rug; te·rug·ge·ge·ven
te·rug·glij·den (ww), glijd te·rug, glij te·rug, glijdt te·rug; gleed te·rug, gle·den te·rug; te·rug·ge·gle·den
te·rug·grij·pen (ww), grijp te·rug, grijpt te·rug; greep te·rug, gre·pen te·rug; te·rug·ge·gre·pen
te·rug·ha·len (ww), haal te·rug, haalt te·rug; haal·de te·rug, haal·den te·rug; te·rug·ge·haald
te·rug·ho·ren (ww), hoor te·rug, hoort te·rug; hoor·de te·rug, hoor·den te·rug; te·rug·ge·hoord
te·rug·hou·dend (bnw), te·rug·hou·den·de
de **te·rug·hou·dend·heid** (v)
te·rug·kaat·sen (ww), kaats te·rug, kaatst te·rug; kaats·te te·rug, kaats·ten te·rug; te·rug·ge·kaatst
de **te·rug·keer** (m)
te·rug·ke·ren (ww), keer te·rug, keert te·rug; keer·de te·rug, keer·den te·rug; te·rug·ge·keerd
te·rug·ke·rend (bnw), te·rug·ke·ren·de
te·rug·kij·ken (ww), kijk te·rug, kijkt te·rug; keek te·rug, ke·ken te·rug; te·rug·ge·ke·ken
de **te·rug·kom·dag** (m), te·rug·kom·da·gen
te·rug·ko·men (ww), kom te·rug, komt te·rug; kwam te·rug, kwa·men te·rug; te·rug·ge·ko·men
de **te·rug·komst** (v), te·rug·kom·sten
te·rug·ko·pen (ww), koop te·rug, koopt te·rug; kocht te·rug, koch·ten te·rug; te·rug·ge·kocht
te·rug·kop·pe·len (ww), kop·pel te·rug, kop·pelt te·rug; kop·pel·de te·rug, kop·pel·den te·rug; te·rug·ge·kop·peld
de **te·rug·kop·pe·ling** (v), te·rug·kop·pe·lin·gen
te·rug·krij·gen (ww), krijg te·rug, krijgt te·rug; kreeg te·rug, kre·gen te·rug; te·rug·ge·kre·gen
te·rug·leg·gen (ww), leg te·rug, legt te·rug; leg·de te·rug, leg·den te·rug; te·rug·ge·legd
te·rug·lei·den (ww), leid te·rug, leidt te·rug; leid·de te·rug, leid·den te·rug; te·rug·ge·leid
te·rug·le·ve·ren (ww), le·ver te·rug, le·vert te·rug; le·ver·de te·rug, le·ver·den te·rug; te·rug·ge·le·verd
te·rug·le·zen (ww), lees te·rug, leest te·rug; las te·rug, la·zen te·rug; te·rug·ge·le·zen
de **te·rug·loop** (m)
te·rug·lo·pen (ww), loop te·rug, loopt te·rug; liep te·rug, lie·pen te·rug; te·rug·ge·lo·pen
te·rug·mai·len (ww), mail te·rug, mailt te·rug; mail·de te·rug, mail·den te·rug; te·rug·ge·maild
de **te·rug·na·me**, te·rug·na·men, te·rug·na·mes
de **te·rug·na·me·plicht**, te·rug·na·me·plich·ten
te·rug·ne·men (ww), neem te·rug, neemt te·rug; nam te·rug, na·men te·rug; te·rug·ge·no·men
te·rug·ont·van·gen (ww), ont·vang te·rug, ont·vangt te·rug;

T

ont·ving te·rug, ont·vin·gen te·rug; te·rug·ont·van·gen

te·rug·pak·ken (ww), pak te·rug, pakt te·rug; pak·te te·rug, pak·ten te·rug; te·rug·ge·pakt

te·rug·plaat·sen (ww), plaats te·rug, plaatst te·rug; plaats·te te·rug, plaats·ten te·rug; te·rug·ge·plaatst

te·rug·plooi·en (ww), plooi te·rug, plooit te·rug; plooi·de te·rug, plooi·den te·rug; te·rug·ge·plooid

de **te·rug·reis**, te·rug·rei·zen

te·rug·rei·zen (ww), reis te·rug, reist te·rug; reis·de te·rug, reis·den te·rug; te·rug·ge·reisd

te·rug·ren·nen (ww), ren te·rug, rent te·rug; ren·de te·rug, ren·den te·rug; te·rug·ge·rend

te·rug·rij·den (ww), rijd te·rug, rij te·rug, rijdt te·rug; reed te·rug, re·den te·rug; te·rug·ge·re·den

te·rug·roe·pen (ww), roep te·rug, roept te·rug; riep te·rug, rie·pen te·rug; te·rug·ge·roe·pen

het **te·rug·roep·recht**

te·rug·schop·pen (ww), schop te·rug, schopt te·rug; schop·te te·rug, schop·ten te·rug; te·rug·ge·schopt

te·rug·schrij·ven (ww), schrijf te·rug, schrijft te·rug; schreef te·rug, schre·ven te·rug; te·rug·ge·schre·ven

te·rug·schrik·ken (ww), schrik te·rug, schrikt te·rug; schrik·te te·rug, schrok te·rug, schrik·ten te·rug, schrok·ken te·rug; te·rug·ge·schrikt, te·rug·ge·schrok·ken

te·rug·schroe·ven (ww), schroef te·rug, schroeft te·rug; schroef·de te·rug, schroef·den te·rug; te·rug·ge·schroefd

te·rug·slaan (ww), sla te·rug, slaat te·rug; sloeg te·rug, sloe·gen te·rug; te·rug·ge·sla·gen

de **te·rug·speel·re·gel** (m), te·rug·speel·re·gels

te·rug·stop·pen (ww), stop te·rug, stopt te·rug; stop·te te·rug, stop·ten te·rug; te·rug·ge·stopt

te·rug·stor·ten (ww), stort te·rug, stort te·rug; stort·te te·rug, stort·ten te·rug; te·rug·ge·stort

de **te·rug·stor·ting** (v), te·rug·stor·tin·gen

te·rug·stu·ren (ww), stuur te·rug, stuurt te·rug; stuur·de te·rug, stuur·den te·rug; te·rug·ge·stuurd

te·rug·tel·len (ww), tel te·rug, telt te·rug; tel·de te·rug, tel·den te·rug; te·rug·ge·teld

de **te·rug·tocht** (m), te·rug·toch·ten

te·rug·tre·den (ww), treed te·rug, treedt te·rug; trad te·rug, tra·den te·rug; te·rug·ge·tre·den

te·rug·trek·ken (ww), trek te·rug, trekt te·rug; trok te·rug, trok·ken te·rug; te·rug·ge·trok·ken

de **te·rug·trek·king** (v), te·rug·trek·kin·gen

de **te·rug·val** (m), te·rug·val·len

te·rug·val·len (ww), val te·rug, valt te·rug; viel te·rug, vie·len te·rug; te·rug·ge·val·len

te·rug·va·ren (ww), vaar te·rug, vaart te·rug; voer te·rug, voe·ren te·rug; te·rug·ge·va·ren

te·rug·vech·ten (ww), vecht te·rug, vecht te·rug; vocht te·rug, voch·ten te·rug; te·rug·ge·voch·ten

te·rug·ver·die·nen (ww), ver·dien te·rug, ver·dient te·rug;

ver·dien·de te·rug, ver·dien·den te·rug; te·rug·ver·diend
de **te·rug·ver·dien·tijd** (m)
te·rug·ver·hui·zen (ww), ver·huis te·rug, ver·huist te·rug; ver·huis·de te·rug, ver·huis·den te·rug; te·rug·ver·huisd
te·rug·ver·lan·gen (ww), ver·lang te·rug, ver·langt te·rug; ver·lang·de te·rug, ver·lang·den te·rug; te·rug·ver·langd
te·rug·ver·wach·ten (ww), ver·wacht te·rug, ver·wacht te·rug; ver·wacht·te te·rug, ver·wacht·ten te·rug; te·rug·ver·wacht
te·rug·ver·wij·zen (ww), ver·wijs te·rug, ver·wijst te·rug; ver·wees te·rug, ver·we·zen te·rug; te·rug·ver·we·zen
te·rug·vin·den (ww), vind te·rug, vindt te·rug; vond te·rug, von·den te·rug; te·rug·ge·von·den
te·rug·vlie·gen (ww), vlieg te·rug, vliegt te·rug; vloog te·rug, vlo·gen te·rug; te·rug·ge·vlo·gen
te·rug·voe·ren (ww), voer te·rug, voert te·rug; voer·de te·rug, voer·den te·rug; te·rug·ge·voerd
te·rug·vor·de·ren (ww), vor·der te·rug, vor·dert te·rug; vor·der·de te·rug, vor·der·den te·rug; te·rug·ge·vor·derd
de **te·rug·vor·de·ring** (v), te·rug·vor·de·rin·gen
te·rug·vra·gen (ww), vraag te·rug, vraagt te·rug; vraag·de te·rug, vroeg te·rug, vraag·den te·rug, vroe·gen te·rug; te·rug·ge·vraagd
te·rug·wan·de·len (ww), wan·del te·rug, wan·delt te·rug; wan·del·de te·rug, wan·del·den te·rug; te·rug·ge·wan·deld
de **te·rug·weg** (m), te·rug·we·gen
te·rug·wer·ken (ww), werk te·rug, werkt te·rug; werk·te te·rug, werk·ten te·rug; te·rug·ge·werkt
te·rug·win·nen (ww), win te·rug, wint te·rug; won te·rug, won·nen te·rug; te·rug·ge·won·nen
te·rug·zeg·gen (ww), zeg te·rug, zegt te·rug; zeg·de te·rug, zei te·rug, zeg·den te·rug, zei·den te·rug; te·rug·ge·zegd
te·rug·zen·den (ww), zend te·rug, zendt te·rug; zond te·rug, zon·den te·rug; te·rug·ge·zon·den
te·rug·zet·ten (ww), zet te·rug, zet te·rug; zet·te te·rug, zet·ten te·rug; te·rug·ge·zet
te·rug·zien (ww), zie te·rug, ziet te·rug; zag te·rug, za·gen te·rug; te·rug·ge·zien
de **ter·vi·sie·leg·ging** (v), ter·vi·sie·leg·gin·gen
ter waar·de van
ter we·reld
ter·wijl (voegw)
ter wil·le van
ter za·ke
ter za·ke kun·dig
ter za·ke van
ter·zelf·der tijd
ter zie·le
het **ter·zij·de**, ter·zij·den, ter·zij·des; ter·zij·de·tje
ter·zij·de staan
de **ter·zi·ne** (v), ter·zi·nen
de **tes·si·tuur** (v)
de **test** (m) *(toetsing)*, tes·ten, tests; test·je
te sta·de ko·men
het **tes·ta·ment**, tes·ta·men·ten; tes·ta·ment·je

tes·ta·men·tair (bnw), tes·ta·men·tai·re
de **test·case** (m), test·ca·ses
tes·ten (ww), test, test; test·te, test·ten; ge·test
de **tes·ter** (m), tes·ters
de **test·fa·se** (v), test·fa·sen, test·fa·ses
de **tes·ti·kel** (m), tes·ti·kels; tes·ti·kel·tje
de **tes·ti·mo·ni·al**, tes·ti·mo·ni·als
het **tes·ti·mo·ni·um**, tes·ti·mo·nia, tes·ti·mo·ni·ums
de **tes·ting** (v), tes·tings
de **tes·tis** (m), tes·tes
het **tes·tos·te·ron**
het **test·pa·nel**, test·pa·nels
het **test·plan**, test·plan·nen
test·rij·den (ww)
de **test·uit·slag** (m), test·uit·sla·gen
de **tet**, tet·ten; tet·je
de **te·ta·nus** (m)
de/het **tê·te-à-tê·te**[1] (m/o) *(meubel)*, tê·te-à-tê·tes
het **tê·te-à-tê·te**[2] *(gesprek)*, tê·te-à-tê·tes
de **te·tra**[1] (m) *(stof)*
de **te·tra**[2] (m) *(vis)*, te·tra's
de **tetraëder** [te·tra·e·der] (m), tetraëders [te·tra·e·ders]
tets (bnw), tet·se
tet·te·ren (ww), tet·ter, tet·tert; tet·ter·de, tet·ter·den; ge·tet·terd
de **teug**, teu·gen; teug·je
de **teu·gel** (m), teu·gels; teu·gel·tje
de **teut**[1], teu·ten
teut[2] (bnw), teu·te
teu·ten (ww), teut, teut; teut·te, teut·ten; ge·teut
te uwen las·te
te uwer be·schik·king
te uwer in·for·ma·tie
het **te·veel** *(overschot)*
te vel·de
te·vens (bijw)
te·ver·geefs (bijw)
te·voor·schijn (bijw)
te·vo·ren[1] (bijw)
te·vo·ren[2]: van tevoren
te·vre·den (bnw)
de **te·vre·den·heid** (v)
de **te·vre·den·heid·en·quê·te**, te·vre·den·heid·en·quê·tes
de **te·vre·den·heid·me·ting** (v), te·vre·den·heid·me·tin·gen
het **te·vre·den·heid·on·der·zoek**, te·vre·den·heid·on·der·zoe·ken
de **te·vre·den·heids·en·quê·te**, te·vre·den·heids·en·quê·tes
de **te·vre·den·heids·me·ting** (v), te·vre·den·heids·me·tin·gen
de **te·vre·den·heids·sco·re** (m), te·vre·den·heids·sco·res
te·vre·den·stel·len (ww), stel te·vre·den, stelt te·vre·den; stel·de te·vre·den, stel·den te·vre·den; te·vre·den·ge·steld
te·vree (bnw), te·vreeë
te wa·ter la·ten
de **te·wa·ter·la·ting** (v), te·wa·ter·la·tin·gen
te·weeg·bren·gen (ww), breng te·weeg, brengt te·weeg; bracht te·weeg, brach·ten te·weeg; te·weeg·ge·bracht
te werk gaan
te·werk·stel·len (ww), stel te·werk, stelt te·werk; stel·de te·werk, stel·den te·werk; te·werk·ge·steld
de **te·werk·stel·ling** (v), te·werk·stel·lin·gen
te wij·ten aan
Texaans (bnw), Texaan·se
de **texe·laar** (m) *(schaap)*, texe·laars
de **Texe·laar** (m) *(persoon)*, Texe·laars,

Texe·la·ren
texen (ww), tex, text; tex·te, tex·ten; ge·text
de **tex-mex** (m)
de/het **tex·tiel**[1] (m/o), tex·tiel·tje
tex·tiel[2] (bnw), tex·tie·le
de **tex·tuur** (v), tex·tu·ren
te·za·men (bijw)
te·zelf·der·tijd (bijw)
te zij·ner tijd
tgov. (voorz) *(tegenover)*
tgv *(train à grande vitesse)*, tgv's
t.g.v. *(ten gevolge van; ten gunste van; ter gelegenheid van)*
TGV *(naam v.e. trein)*
t.h. *(te huur)*
de **Thai**[1] (m) *(persoon)*, Thai
het **Thai**[2] *(taal)*
het **thai·bok·sen**[1]
thai·bok·sen[2] (ww)
de **thai·bok·ser** (m), thai·bok·sers
het **thai·boks·ga·la**, thai·boks·ga·la's
het **thai·boks·ge·vecht**, thai·boks·ge·vech·ten
de **thai·boks·school**, thai·boks·scho·len
de **thai·boks·sport**
de **Thai·lan·der** (m), Thai·lan·ders
Thai·lands (bnw), Thai·land·se
Thais (bnw), Thai·se
thans (bijw)
het **the·a·ter**, the·a·ters; the·a·ter·tje
het **the·a·ter·fes·ti·val**, the·a·ter·fes·ti·vals; the·a·ter·fes·ti·val·le·tje
de **the·a·ter·groep**, the·a·ter·groe·pen; the·a·ter·groep·je
het **the·a·ter·pu·bliek**, the·a·ter·pu·blie·ken
het **the·a·ter·stuk**, the·a·ter·stuk·ken; the·a·ter·stuk·je
de **the·a·ter·tour** (m), the·a·ter·tours
de **the·a·ter·voor·stel·ling** (v), the·a·ter·voor·stel·lin·gen
the·a·traal (bnw), the·a·tra·le
de **the·a·tra·li·teit** (v), the·a·tra·li·tei·ten
de/het **thé dan·sant** (m/o), thé dan·sants, thés dan·sants
de **thee** (m), theeën [thee·en]; thee·tje
de **thee·boom** (m), thee·bo·men; thee·boom·pje
de **thee·cul·tuur** (v), thee·cul·tu·ren
de **thee·doek** (m), thee·doe·ken; thee·doek·je
thee·drin·ken (ww), drink thee, drinkt thee; dronk thee, dron·ken thee; thee·ge·dron·ken
het **thee-ei**, thee-ei·e·ren; thee-ei·tje
de/het **thee·fil·ter** (m/o), thee·fil·ters
het **thee·huis**, thee·hui·zen; thee·huis·je
de **thee·ka·mer**, thee·ka·mers; thee·ka·mer·tje
de **thee·kop** (m), thee·kop·pen; thee·kop·je
de **thee·le·pel** (m), thee·le·pels; thee·le·pel·tje
het **thee·licht**, thee·lich·ten; thee·licht·je
de **thee·pluk** (m)
de **thee·pot** (m), thee·pot·ten; thee·pot·je
de **thee·soort**, thee·soor·ten
de **thee·ta·fel**, thee·ta·fels; thee·ta·fel·tje
de **thee·tijd** (m), thee·tij·den
de **thee·tuin** (m), thee·tui·nen
de **thee·vi·si·te**, thee·vi·si·tes
het **thee·wa·ter**
het **theïsme** [the·is·me]
de/het **the·ma**[1] *(vertaling)*, the·ma's, the·ma·ta; themaatje [the·ma·tje]
het **the·ma**[2] *(andere betekenissen)*,

T

the·ma's, the·ma·ta; themaatje [the·ma·tje]
de **the·ma-avond** (m), the·ma-avon·den
de **the·ma·dag** (m), the·ma·da·gen
de **the·ma·tiek** (v), the·ma·tie·ken
the·ma·ti·se·ren (ww), the·ma·ti·seer, the·ma·ti·seert; the·ma·ti·seer·de, the·ma·ti·seer·den; ge·the·ma·ti·seerd
de **theo·cra·tie** (v), theocratieën [theo·cra·tie·en]
de **theo·di·cee** (v)
de **theo·lo·gie** (v)
theo·lo·gisch (bnw), theo·lo·gi·sche
de **theo·loog** (m), theo·lo·gen
de **the·o·re·ti·cus** (m), the·o·re·ti·ci
the·o·re·tisch (bnw), the·o·re·ti·sche
de **the·o·rie** (v), theorieën [the·o·rie·en]; the·o·rie·tje
het **the·o·rie-exa·men**, the·o·rie-exa·mens
het **the·o·rie·ge·deel·te**, the·o·rie·ge·deel·ten, the·o·rie·ge·deel·tes
de **the·ra·peut** (m), the·ra·peu·ten; the·ra·peut·je
de **the·ra·peu·te** (v), the·ra·peu·tes
the·ra·peu·tisch (bnw), the·ra·peu·ti·sche
de **the·ra·pie** (v), therapieën [the·ra·pie·en]; the·ra·pie·tje
de **the·ra·pie·on·trouw**[1]
the·ra·pie·on·trouw[2] (bnw), the·ra·pie·on·trou·we
de **the·ra·pie·trouw**
ther·maal (bnw), ther·ma·le
de **ther·men** (mv)
de **ther·miek** (v), ther·mie·ken
ther·misch (bnw), ther·mi·sche
de **ther·mo·me·ter** (m), ther·mo·me·ters; ther·mo·me·ter·tje
de **ther·mo·pane**[1] (m)
ther·mo·pane[2] (bnw)
de **ther·mos**, ther·mos·sen; ther·mos·je
de **ther·mos·fles**, ther·mos·fles·sen; ther·mos·fles·je
de **ther·mos·kan**, ther·mos·kan·nen; ther·mos·kan·ne·tje
de **ther·mo·staat** (m), ther·mo·sta·ten; ther·mo·staat·je
ther·mo·sta·tisch (bnw), ther·mo·sta·ti·sche
de **the·sau·rie** (v), thesaurieën [the·sau·rie·en]
de **the·sau·rier** (m), the·sau·riers
de **the·sau·rus** (m), the·sau·ri
de **the·se** (v), the·sen, the·ses
de **the·sis** (v), the·ses, the·sis·sen
de **thè·ta**, thè·ta's
de **thin·ner** (m), thin·ners
tho·mas: ongelovige thomas
Tho·ra
de **tho·rax** (m), tho·raxen
de **thrash·me·tal**
de **thread**, threads
de **three·poin·ter** (m), three·poin·ters
de **thril·ler** (m), thril·lers; thril·ler·tje
het **thuis**[1], thuis·je
thuis[2] (bijw)
het **thuis·adres**, thuis·adres·sen
thuis·ban·kie·ren (ww), thuis·ban·kier, thuis·ban·kiert; thuis·ban·kier·de, thuis·ban·kier·den; ge·thuis·ban·kierd
de **thuis·ba·sis** (v), thuis·ba·ses, thuis·ba·sis·sen
thuis·be·zor·gen (ww), be·zorg

thuis, be·zorgt thuis; be·zorg·de thuis, be·zorg·den thuis; thuis·be·zorgd
thuis·blij·ven (ww), blijf thuis, blijft thuis; bleef thuis, ble·ven thuis; thuis·ge·ble·ven
thuis·bren·gen (ww), breng thuis, brengt thuis; bracht thuis, brach·ten thuis; thuis·ge·bracht
het **thuis·front**, thuis·fron·ten
het **thuis·ge·voel**
thuis·ha·len (ww), haal thuis, haalt thuis; haal·de thuis, haal·den thuis; thuis·ge·haald
thuis·ho·ren (ww), hoor thuis, hoort thuis; hoor·de thuis, hoor·den thuis; thuis·ge·hoord
thuis·hou·den (ww), houd thuis, hou thuis, houdt thuis; hield thuis, hiel·den thuis; thuis·ge·hou·den
thuis·ko·men (ww), kom thuis, komt thuis; kwam thuis, kwa·men thuis; thuis·ge·ko·men
de **thuis·komst** (v), thuis·kom·sten
het **thuis·land**, thuis·lan·den
thuis·la·ten (ww), laat thuis, laat thuis; liet thuis, lie·ten thuis; thuis·ge·la·ten
de **thuis·ploeg**, thuis·ploe·gen
thuis·ra·ken (ww), raak thuis, raakt thuis; raak·te thuis, raak·ten thuis; thuis·ge·raakt
de **thuis·si·tu·a·tie** (v), thuis·si·tu·a·ties
het **thuis·team**, thuis·teams
de **thuis·wed·strijd** (m), thuis·wed·strij·den; thuis·wed·strijd·je
het **thuis·werk**
thuis·wer·ken (ww), werk thuis, werkt thuis; werk·te thuis, werk·ten thuis; thuis·ge·werkt
thuis·wo·nend (bnw), thuis·wo·nen·de
thuis·zit·ten (ww), zit thuis, zit thuis; zat thuis, za·ten thuis; thuis·ge·ze·ten
de **thuis·zorg**
de **ti·aar**, ti·a·ren
de **ti·a·ra**, ti·a·ra's; tiaraatje [ti·a·ra·tje]
de **Ti·be·taan** (m), Ti·be·ta·nen; Ti·be·taan·tje
Ti·be·taans (bnw), Ti·be·taan·se
de **tic** (m), tics; tic·je
de **ti·chel** (m), ti·chels; ti·chel·tje
ti·che·len (ww), ti·chel, ti·chelt; ti·chel·de, ti·chel·den; ge·ti·cheld
het **tic·ket**, tic·kets; tic·ket·je
het **tic·ket·geld**, tic·ket·gel·den
de **tic·ke·ting**
de **tie·break** (m), tie·breaks
de **tien**[1], tie·nen; tien·tje
tien[2] (telw)
tien bil·joen (telw)
tien bil·joen·ste (telw)
de/het **tiend** (m/o), tien·den
het **tien·de**[1], tien·den
tien·de[2] (telw)
tien·de-eeuws (bnw), tien·de-eeuw·se
het **tien·dui·zend**[1], tien·dui·zen·den; tien·dui·zend·je
tien·dui·zend[2] (telw)
tien·dui·zend·ste (telw)
tien elf·de (telw)
tien en een half (telw)
tien·en·half (telw)
de **tie·ner** (m), tie·ners; tie·ner·tje
de **tie·ner·pa·ra·de** (v), tie·ner·pa·ra·des
het **tien·eu·ro·bil·jet**, tien·eu·ro·bil·jet·ten
tien ge·bo·den
tien·ja·rig (bnw), tien·ja·ri·ge

de **tien·ja·ri·ge**, tien·ja·ri·gen
de **tien·ki·lo·me·ter·snel·loop** (m), tien·ki·lo·me·ter·snel·lo·pen
tien·maal (bijw)
de **tien·me·ter·stip**, tien·me·ter·stip·pen
tien mil·jard (telw)
tien mil·jard·ste (telw)
tien mil·joen (telw)
tien mil·joen·ste (telw)
het **tien·mi·nu·ten·ge·sprek**, tien·mi·nu·ten·ge·sprek·ken; tien·mi·nu·ten·ge·sprek·je
tiens (tussenw)
het **tien·tal**, tien·tal·len
het **tien·uur·klok·je**, tien·uur·klok·jes
het **tiep·je**, tiep·jes
de **tier** (m), tie·ren
de **tie·re·lan·tijn** (m), tie·re·lan·tij·nen; tie·re·lan·tijn·tje
tie·ren (ww), tier, tiert; tier·de, tier·den; ge·tierd
de **tier·lan·tijn** (m), tier·lan·tij·nen; tier·lan·tijn·tje
de **tiet**, tie·ten; tiet·je
de **tie·wrap** (m), tie·wraps
tig (onbep vnw)
de **ti·ge** (v), ti·ges
het **tij**, tij·en
de **tijd**[1] (m), tij·den; tijd·je
tijd[2]: bij tijd en wijle
tijd[3]: te gelegener tijd
tijd[4]: terzelfder tijd
tijd[5]: te zijner tijd
de **tijd·aan·dui·ding** (v), tijd·aan·dui·din·gen
de **tijd·as**, tijd·as·sen
de **tijd·band** (m), tijd·ban·den
het **tijd·beeld**, tijd·beel·den
het **tijd·be·heer**
de **tijd·be·pa·ling** (v), tijd·be·pa·lin·gen
tijd·be·spa·rend (bnw), tijd·be·spa·ren·de
de **tijd·be·spa·ring** (v), tijd·be·spa·rin·gen
de **tijd·be·ste·ding** (v), tijd·be·ste·din·gen
het **tijd·be·stek**, tijd·be·stek·ken
de **tijd·druk** (m)
tij·de[1]: te allen tijde
tij·de[2]: te gepasten tijde
tij·de[3]: ten tijde van
tij·de·lijk (bnw), tij·de·lij·ke
de **tij·de·loos·heid** (v)
tij·den·lang (bijw)
tij·dens (voorz)
tijd·ge·bon·den (bnw)
het **tijd·ge·brek**
het **tijd·ge·bruik**
de **tijd·geest** (m)
de **tijd·ge·noot** (m), tijd·ge·no·ten; tijd·ge·noot·je
de **tijd·ge·no·te** (v), tijd·ge·no·tes
tij·dig (bnw), tij·di·ge
de **tij·dig·heid** (v)
de **tij·ding** (v), tij·din·gen; tij·din·kje
de **tijd·in·ves·te·ring** (v), tijd·in·ves·te·rin·gen
de **tijd·klok**, tijd·klok·ken; tijd·klok·je
het **tijd·kre·diet**, tijd·kre·die·ten
de **tijd·kring** (m), tijd·krin·gen
de **tijd·lijn**, tijd·lij·nen
de **tijd·li·miet**, tijd·li·mie·ten
tijd·loos (bnw), tijd·lo·ze
de **tijd·loos·heid** (v)
de **tijd·ma·chi·ne** (v), tijd·ma·chi·nes
het **tijd·ma·nage·ment**
de **tijd·mel·ding** (v), tijd·mel·din·gen
de **tijd·me·ting** (v), tijd·me·tin·gen
de **tijd·nood** (m), tijd·no·den
tijd·on·af·han·ke·lijk (bnw),

tijd·on·af·han·ke·lij·ke
de **tijd·op·ne·ming** (v), tijd·op·ne·min·gen
het **tijd·pad**, tijd·pa·den
de **tijd·pe·ri·o·de** (v), tijd·pe·ri·o·den, tijd·pe·ri·o·des
het **tijd·perk**, tijd·per·ken; tijd·perk·je
de **tijd·plan·ning** (v), tijd·plan·nin·gen
de **tijd·re·gis·tra·tie** (v), tijd·re·gis·tra·ties
de **tijd·reis**, tijd·rei·zen; tijd·reis·je
de **tijd·re·ke·ning** (v), tijd·re·ke·nin·gen
tijd·rek·ken (ww), rek tijd, rekt tijd; rek·te tijd, rek·ten tijd; tijd·ge·rekt
de **tijd·rit** (m), tijd·rit·ten; tijd·rit·je
de **tijd·rit·spe·ci·a·list** (m), tijd·rit·spe·ci·a·lis·ten
tijd·ro·vend (bnw), tijd·ro·ven·de
de **tijd·ruim·te** (v), tijd·ruim·ten, tijd·ruim·tes
tijds: de tand des tijds
de **tijds·aan·dui·ding** (v), tijds·aan·dui·din·gen
de **tijds·balk** (m), tijds·bal·ken; tijds·balk·je
de **tijds·band** (m), tijds·ban·den
het **tijds·beeld**, tijds·beel·den
het **tijds·be·heer**
de **tijds·be·pa·ling** (v), tijds·be·pa·lin·gen
het **tijds·be·sef**
het **tijds·be·slag**
tijds·be·spa·rend (bnw), tijds·be·spa·ren·de
de **tijds·be·spa·ring** (v), tijds·be·spa·rin·gen
de **tijds·be·ste·ding** (v), tijds·be·ste·din·gen
het **tijds·be·stek**, tijds·be·stek·ken
de **tijds·cap·su·le**, tijds·cap·su·les
de **tijd·schaal**, tijd·scha·len
het **tijd·sche·ma**, tijd·sche·ma's
het **tijd·schrift**, tijd·schrif·ten; tijd·schrift·je
het **tijd·schrift·ar·ti·kel**, tijd·schrift·ar·ti·ke·len, tijd·schrift·ar·ti·kels
de **tijd·schrif·ten·uit·ge·ver** (m), tijd·schrif·ten·uit·ge·vers
de **tijd·schrift·re·dac·tie** (v), tijd·schrift·re·dac·ties
de **tijds·druk** (m)
de **tijds·duur** (m)
de **tijds·een·heid** (v), tijds·een·he·den
tijds·ge·bon·den (bnw)
de **tijds·geest** (m)
de **tijds·ge·noot** (m), tijds·ge·no·ten
het **tijds·ge·wricht**, tijds·ge·wrich·ten
de **tijds·ho·ri·zon** (m), tijds·ho·ri·zon·nen
de **tijds·in·de·ling** (v), tijds·in·de·lin·gen
het **tijds·in·ter·val**, tijds·in·ter·val·len; tijds·in·ter·val·le·tje
de **tijds·in·ves·te·ring** (v), tijds·in·ves·te·rin·gen
het **tijds·kre·diet**, tijds·kre·die·ten
de **tijds·lijn**, tijds·lij·nen
de **tijds·li·miet**, tijds·li·mie·ten
het **tijd·slot**, tijd·slo·ten
de **tijd·span·ne**, tijd·span·nen
de **tijds·pe·ri·o·de** (v), tijds·pe·ri·o·den, tijds·pe·ri·o·des
de **tijds·plan·ning** (v), tijds·plan·nin·gen
het **tijds·pro·bleem**, tijds·pro·ble·men
de **tijd·sprong** (m), tijd·spron·gen
de **tijds·re·gis·tra·tie** (v),

tijds·re·gis·tra·ties
de **tijds·ruim·te** (v), tijds·ruim·ten, tijds·ruim·tes
de **tijds·schaal**, tijds·scha·len
het **tijds·sche·ma**, tijds·sche·ma's
de **tijds·span·ne**, tijds·span·nen
het **tijd·stip**, tijd·stip·pen
het **tijds·vak**, tijds·vak·ken
het **tijds·ver·lies**, tijds·ver·lie·zen
het **tijds·ver·loop**, tijds·ver·lo·pen
het **tijds·ver·schil**, tijds·ver·schil·len
de **tijds·ver·spil·ling** (v), tijds·ver·spil·lin·gen
de **tijds·volg·or·de**, tijds·volg·or·den, tijds·volg·or·des
het **tijd·te·kort**, tijd·te·kor·ten
het **tijd·vak**, tijd·vak·ken; tijd·vak·je
het **tijd·ven·ster**, tijd·ven·sters
het **tijd·ver·drijf**, tijd·ver·drij·ven; tijd·ver·drijf·je
het **tijd·ver·lies**, tijd·ver·lie·zen
het **tijd·ver·loop**, tijd·ver·lo·pen
het **tijd·ver·schil**, tijd·ver·schil·len
de **tijd·ver·spil·ling** (v), tijd·ver·spil·lin·gen
de **tijd·winst** (v), tijd·win·sten
de **tijd·zo·ne**, tijd·zo·nes
tij·gen (ww), tijg, tijgt; toog, to·gen; ge·to·gen
de **tij·ger** (m), tij·gers; tij·ger·tje
de **tij·ge·rin** (v), tij·ge·rin·nen; tij·ge·rin·ne·tje
de **tij·ger·pels** (m), tij·ger·pel·sen, tij·ger·pel·zen
de **tijk**[1] (m) *(voorwerp)*, tij·ken
het **tijk**[2] *(stofnaam)*
de **tijm** (m), tijm·pje
de **tik**[1] (m), tik·ken; tik·je
tik[2] (tussenw)
de **tik·fout**, tik·fou·ten; tik·fout·je
tik·ken (ww), tik, tikt; tik·te, tik·ten; ge·tikt
tik·kend (bnw), tik·ken·de
de **tik·ker** (m), tik·kers; tik·ker·tje
tik·tak (tussenw)
de **til**[1] (m) *(het tillen)*
de **til**[2] *(andere betekenissen)*, til·len; til·le·tje
til[3]: op til zijn
de **ti·la·pia**, ti·la·pi·a's
de **til·de**, til·des
til·len (ww), til, tilt; til·de, til·den; ge·tild
de **til·lift** (m), til·lif·ten
tilt: op tilt
het **tim·bre**, tim·bres
de **time·kee·per** (m), time·kee·pers
het **time·ma·nage·ment**
ti·men (ww), time, timet; time·de, time·den; ge·timed
de **time-out** (m), time-outs
de **ti·mer** (m), ti·mers
de **time·sha·ring**
ti·mi·de (bnw)
de **ti·ming** (v)
tim·me·ren (ww), tim·mer, tim·mert; tim·mer·de, tim·mer·den; ge·tim·merd
de **tim·mer·man** (m), tim·mer·lie·den, tim·mer·lui, tim·mer·man·nen; tim·mer·man·ne·tje
het **tim·paan**, tim·pa·nen
het **tin**, tin·ne·tje
de **tinc·tuur** (v), tinc·tu·ren
tin·ken (ww), tink, tinkt; tink·te, tink·ten; ge·tinkt
de **tin·ne**, tin·nen; tin·ne·tje
het **tin·nef**
tin·nen (bnw)
de **tin·ni·tus** (m)
de **tint**, tin·ten; tint·je
tin·te·len (ww), tin·tel, tin·telt; tin·tel·de, tin·tel·den; ge·tin·teld
tin·ten (ww), tint, tint; tint·te, tint·ten; ge·tint

de **tip**[1] (m) *(uiteinde),* tip·pen; tip·je
de **tip**[2] (m) *(andere betekenissen),* tips; tip·je
de **ti·pi** (m), ti·pi's
tip·pen (ww), tip, tipt; tip·te, tip·ten; ge·tipt
tipp-exen (ww), tipp-ex, tipp-ext; tipp-ex·te, tipp-ex·ten; ge·tipp-ext
tip·sy (bnw)
tip·tip, tip·tips
tip·top (bnw)
de **ti·ra·de** (v), ti·ra·des
de **ti·ra·mi·su** (m), ti·ra·mi·su's; tiramisu'tje [ti·ra·mi·su·tje]
de **ti·ran** (m), ti·ran·nen; ti·ran·ne·tje
de **ti·ran·nie** (v), tirannieën [ti·ran·nie·en]
ti·ran·niek (bnw), ti·ran·nie·ke
ti·ran·ni·se·ren (ww), ti·ran·ni·seer, ti·ran·ni·seert; ti·ran·ni·seer·de, ti·ran·ni·seer·den; ge·ti·ran·ni·seerd
de **ti·ret·te**, ti·ret·tes
de **Ti·ro·ler**[1] (m), Ti·ro·lers
Ti·ro·ler[2] (bnw)
Ti·rools (bnw), Ti·rool·se
de/het **tis·sue** (m/o), tis·sues; tis·sue·tje
het **ti·taan** *(chemisch element),* ti·ta·nen; ti·taan·tje
de **ti·tan** (m) *(reus),* ti·ta·nen, ti·tans; ti·taan·tje
de **ti·ta·nen·ar·beid** (m)
het **ti·ta·nen·werk**, ti·ta·nen·wer·ken; ti·ta·nen·werk·je
het **ti·ta·ni·um**
de **ti·tel** (m), ti·tels; ti·tel·tje
ti·te·len (ww), ti·tel, ti·telt; ti·tel·de, ti·tel·den; ge·ti·teld
de **ti·ter** (m)
de **ti·ti** (m), ti·ti's
de **tit·tel** (m), tit·tels; tit·tel·tje
de **ti·tu·la·ris** (m), ti·tu·la·ris·sen
de **ti·tu·la·tuur** (v), ti·tu·la·tu·ren
tja (tussenw)
de **tjap**, tjap·pen, tjaps
tjap·pen (ww), tjap, tjapt; tjap·te, tjap·ten; ge·tjapt
de **tjap·tjoi**
het **tjas·net**, tjas·net·ten
de **tjauw·min** (m)
de **tjeef**, tje·ven
tjek·ken (ww), tjek, tjekt; tjek·te, tjek·ten; ge·tjekt
de **tjif·tjaf** (m), tjif·tjaf·fen, tjif·tjafs; tjif·tjaf·je
tjok·vol (bnw), tjok·vol·le
tjon·ge (tussenw)
tjon·ge·jon·ge (tussenw)
t.k. *(te koop)*
t.k.a. *(te koop aangeboden)*
tkl *(theoretisch kadergerichte leerweg),* tkl's
de **T-krui·sing** (v), T-krui·sin·gen
de **tl-ar·ma·tuur** (v), tl-ar·ma·tu·ren
de **tl-buis**, tl-bui·zen; tl-buis·je
de **tl-lamp**, tl-lam·pen; tl-lamp·je
het **tl-licht**, tl-lich·ten; tl-licht·je
de **tl-ver·lich·ting** (v), tl-ver·lich·tin·gen
t/m *(tot en met)*
t.n.v. *(ten name van)*
de **toast** (m) *(geroosterd brood),* toasts; toast·je
toas·ten (ww), toast, toast; toast·te, toast·ten; ge·toast
de **toas·ter** (m) *(broodrooster),* toas·ters
de **tob·be**, tob·ben, tob·bes; tob·be·tje
tob·ben (ww), tob, tobt; tob·de, tob·den; ge·tobd
de **tob·ber** (m), tob·bers
toch (bijw)
de **tocht** (m), toch·ten; tocht·je
toch·ten (ww), tocht, tocht;

tocht·te, tocht·ten; ge·tocht
toch·tig (bnw), toch·ti·ge
de **tod**, tod·den
de **to-do·lijst**, to-do·lijs·ten; to-do·lijst·je
toe[1] (bijw)
toe[2] (tussenw)
de **toe·an** (m), toe·ans
de **Toe·a·reg** (m), Toe·a·regs
toe·be·de·len (ww), be·deel toe, be·deelt toe; be·deel·de toe, be·deel·den toe; toe·be·deeld
het **toe·be·ho·ren**[1]
toe·be·ho·ren[2] (ww), be·hoor toe, be·hoort toe; be·hoor·de toe, be·hoor·den toe; toe·be·hoord
de **toe·be·reid·se·len** (mv)
toe·bren·gen (ww), breng toe, brengt toe; bracht toe, brach·ten toe; toe·ge·bracht
toe·dek·ken (ww), dek toe, dekt toe; dek·te toe, dek·ten toe; toe·ge·dekt
toe·de·len (ww), deel toe, deelt toe; deel·de toe, deel·den toe; toe·ge·deeld
toe·den·ken (ww), denk toe, denkt toe; dacht toe, dach·ten toe; toe·ge·dacht
toe·dich·ten (ww), dicht toe, dicht toe; dicht·te toe, dicht·ten toe; toe·ge·dicht
toe·die·nen (ww), dien toe, dient toe; dien·de toe, dien·den toe; toe·ge·diend
de **toe·die·ning** (v), toe·die·nin·gen
het **toe·doen**[1]
toe·doen[2] (ww), doe toe, doet toe; deed toe, de·den toe; toe·ge·daan
toe·draai·en (ww), draai toe, draait toe; draai·de toe, draai·den toe; toe·ge·draaid
de **toe·dracht**, toe·drach·ten
toe·dra·gen (ww), draag toe, draagt toe; droeg toe, droe·gen toe; toe·ge·dra·gen
toe·druk·ken (ww), druk toe, drukt toe; druk·te toe, druk·ten toe; toe·ge·drukt
toe-ei·ge·nen (ww), ei·gen toe, ei·gent toe; ei·gen·de toe, ei·gen·den toe; toegeëigend [toe·ge·ei·gend]
de **toe-ei·ge·ning** (v), toe-ei·ge·nin·gen
de **toef**, toe·fen; toef·je
toe·gaan (ww), ga toe, gaat toe; ging toe, gin·gen toe; toe·ge·gaan
de **toe·gang** (m), toe·gan·gen
het **toe·gangs·be·wijs**, toe·gangs·be·wij·zen; toe·gangs·be·wijs·je
de **toe·gangs·con·tro·le**, toe·gangs·con·tro·les
de **toe·gangs·kaart**, toe·gangs·kaar·ten; toe·gangs·kaart·je
het **toe·gangs·num·mer**, toe·gangs·num·mers
de **toe·gangs·prijs** (m), toe·gangs·prij·zen
het **toe·gangs·tic·ket**, toe·gangs·tic·kets; toe·gangs·tic·ket·je
toe·gan·ke·lijk (bnw), toe·gan·ke·lij·ke
de **toe·gan·ke·lijk·heid** (v), toe·gan·ke·lijk·he·den
toe·geef·lijk (bnw), toe·geef·lij·ke
toe·ge·kend (bnw), toe·ge·ken·de
toe·ge·past (bnw), toe·ge·pas·te
toe·ge·rust (bnw), toe·ge·rus·te
toe·ge·spitst (bnw), toe·ge·spits·te
toe·ge·staan (bnw), toe·ge·sta·ne
toe·ge·ven (ww), geef toe, geeft

toe; gaf toe, ga·ven toe; toe·ge·ge·ven
toe·ge·voegd (bnw), toe·ge·voeg·de
toe·ge·wijd (bnw), toe·ge·wij·de
toe·ge·zegd (bnw), toe·ge·zeg·de
de **toe·gift**, toe·gif·ten; toe·gift·je
toe·gooi·en (ww), gooi toe, gooit toe; gooi·de toe, gooi·den toe; toe·ge·gooid
toe·groei·en (ww), groei toe, groeit toe; groei·de toe, groei·den toe; toe·ge·groeid
de **toe·hoor·der** (m), toe·hoor·ders; toe·hoor·der·tje
toe·ho·ren (ww), hoor toe, hoort toe; hoor·de toe, hoor·den toe; toe·ge·hoord
toe·jui·chen (ww), juich toe, juicht toe; juich·te toe, juich·ten toe; toe·ge·juicht
de **toe·kan** (m), toe·kans
toe·ken·nen (ww), ken toe, kent toe; ken·de toe, ken·den toe; toe·ge·kend
de **toe·ken·ning** (v), toe·ken·nin·gen
toe·ke·ren (ww), keer toe, keert toe; keer·de toe, keer·den toe; toe·ge·keerd
toe·kij·ken (ww), kijk toe, kijkt toe; keek toe, ke·ken toe; toe·ge·ke·ken
toe·ko·men (ww), kom toe, komt toe; kwam toe, kwa·men toe; toe·ge·ko·men
de **toe·komst** (v), toe·kom·sten
het **toe·komst·beeld**, toe·komst·beel·den
toe·komst·ge·richt (bnw), toe·komst·ge·rich·te
toe·kom·stig (bnw), toe·kom·sti·ge
het **toe·komst·per·spec·tief**, toe·komst·per·spec·tie·ven
toe·komst·vast (bnw), toe·komst·vas·te
de **toe·komst·vi·sie** (v), toe·komst·vi·sies
de **toe·la·ge**, toe·la·gen, toe·la·ges
toe·la·ten (ww), laat toe, laat toe; liet toe, lie·ten toe; toe·ge·la·ten
de **toe·la·ting** (v), toe·la·tin·gen
het **toe·la·tings·exa·men**, toe·la·tings·exa·mens; toe·la·tings·exa·men·tje
de **toe·la·tings·or·ga·ni·sa·tie** (v), toe·la·tings·or·ga·ni·sa·ties
toe·la·tings·plich·tig (bnw)
de **toe·la·tings·plich·ti·ge**, toe·la·tings·plich·ti·gen
toe·leg·gen (ww), leg toe, legt toe; leg·de toe, leg·den toe; toe·ge·legd
toe·le·ven[1] (ww), leef toe, leeft toe; leef·de toe, leef·den toe; toe·ge·leefd
toe·le·ven[2]: ernaar toeleven
de **toe·le·ve·raar** (m), toe·le·ve·raars
de **toe·le·ve·ran·cier** (m), toe·le·ve·ran·ciers
toe·lich·ten (ww), licht toe, licht toe; licht·te toe, licht·ten toe; toe·ge·licht
de **toe·lich·ting** (v), toe·lich·tin·gen
de **toe·loop** (m)
toe·lo·pen (ww), loop toe, loopt toe; liep toe, lie·pen toe; toe·ge·lo·pen
toe·mai·len (ww), mail toe, mailt toe; mail·de toe, mail·den toe; toe·ge·maild
toen[1] (bijw)
toen[2] (voegw)
de **toe·na·de·ring** (v), toe·na·de·rin·gen
de **toe·na·me**, toe·na·men,

toe·na·mes
de **toen·dra**, toen·dra's
toe·ne·men (ww), neem toe, neemt toe; nam toe, na·men toe; toe·ge·no·men
toe·ne·mend (bnw), toe·ne·men·de
de **toe·ne·ming** (v), toe·ne·min·gen
toen·ma·lig (bnw), toen·ma·li·ge
toen·ter·tijd (bijw)
toe·pas·baar (bnw), toe·pas·ba·re
de **toe·pas·baar·heid** (v), toe·pas·baar·he·den
toe·pas·se·lijk (bnw), toe·pas·se·lij·ke
de **toe·pas·se·lijk·heid** (v), toe·pas·se·lijk·he·den
toe·pas·sen (ww), pas toe, past toe; pas·te toe, pas·ten toe; toe·ge·past
de **toe·pas·sing** (v), toe·pas·sin·gen; toe·pas·sin·kje
het **toe·pas·sings·ge·bied**, toe·pas·sings·ge·bie·den
de **toe·pe** (v), toe·pen; toep·je
toe·pen (ww), toep, toept; toep·te, toep·ten; ge·toept
de **toer** (m), toe·ren; toer·tje
de **toer·beurt**, toer·beur·ten
de **toer·bus** (m), toer·bus·sen; toer·bus·je
de **toer·ca·ra·van** (m), toer·ca·ra·vans
toe·rei·ken (ww), reik toe, reikt toe; reik·te toe, reik·ten toe; toe·ge·reikt
toe·rei·kend (bnw), toe·rei·ken·de
toe·re·ke·nen (ww), re·ken toe, re·kent toe; re·ken·de toe, re·ken·den toe; toe·ge·re·kend
de **toe·re·ke·ning** (v), toe·re·ke·nin·gen
toe·ren (ww), toer, toert; toer·de, toer·den; ge·toerd
het **toe·ren·tal**, toe·ren·tal·len
de **toer·fiets**, toer·fiet·sen; toer·fiets·je
het **toe·ris·me**
de **toe·ris·me·po·li·tie** (v)
het **toe·ris·me·pro·duct**, toe·ris·me·pro·duc·ten
de **toe·rist** (m), toe·ris·ten; toe·rist·je
de **toe·ris·te** (v), toe·ris·tes
het **toe·ris·ten·bu·reau**, toe·ris·ten·bu·reaus
het **toe·ris·ten·me·nu**, toe·ris·ten·me·nu's
toe·ris·tisch (bnw), toe·ris·ti·sche
toe·rist·vrien·de·lijk (bnw), toe·rist·vrien·de·lij·ke
de **toe·rit** (m), toe·rit·ten
de **toer·ma·lijn**[1] (m) *(voorwerp)*, toer·ma·lij·nen
het **toer·ma·lijn**[2] *(stofnaam)*
het **toer·nooi**, toer·nooi·en; toer·nooi·tje
het **toer·nooi·veld**, toer·nooi·vel·den; toer·nooi·veld·je
toe·roe·pen (ww), roep toe, roept toe; riep toe, rie·pen toe; toe·ge·roe·pen
de **toer·tocht** (m), toer·toch·ten; toer·tocht·je
toe·rus·ten (ww), rust toe, rust toe; rust·te toe, rust·ten toe; toe·ge·rust
de **toe·rus·ting** (v), toe·rus·tin·gen
Toe·schei·dings·over·een·komst *(verdrag over de onafhankelijkheid van Suriname)*
de **toe·schou·wer** (m), toe·schou·wers; toe·schou·wer·tje
toe·schrij·ven (ww), schrijf toe, schrijft toe; schreef toe, schre·ven toe; toe·ge·schre·ven
toe·slaan (ww), sla toe, slaat toe; sloeg toe, sloe·gen toe;

toe·ge·sla·gen
de **toe·slag** (m), toe·sla·gen
toe·snel·len (ww), snel toe, snelt toe; snel·de toe, snel·den toe; toe·ge·sneld
de **toe·spe·ling** (v), toe·spe·lin·gen; toe·spe·lin·kje
de **toe·spijs**, toe·spij·zen
toe·spit·sen (ww), spits toe, spitst toe; spits·te toe, spits·ten toe; toe·ge·spitst
de **toe·spraak**, toe·spra·ken; toe·spraak·je
toe·spre·ken (ww), spreek toe, spreekt toe; sprak toe, spra·ken toe; toe·ge·spro·ken
toe·staan (ww), sta toe, staat toe; stond toe, ston·den toe; toe·ge·staan
de **toe·stand** (m), toe·stan·den; toe·stand·je
toe·stap·pen (ww), stap toe, stapt toe; stap·te toe, stap·ten toe; toe·ge·stapt
toe·ste·ken (ww), steek toe, steekt toe; stak toe, sta·ken toe; toe·ge·sto·ken
het **toe·stel** *(apparaat)*, toe·stel·len; toe·stel·le·tje
toe·stem·men (ww), stem toe, stemt toe; stem·de toe, stem·den toe; toe·ge·stemd
de **toe·stem·ming** (v), toe·stem·min·gen
toe·stro·men (ww), stroom toe, stroomt toe; stroom·de toe, stroom·den toe; toe·ge·stroomd
toe·stu·ren (ww), stuur toe, stuurt toe; stuur·de toe, stuur·den toe; toe·ge·stuurd
de **toet**[1] (m), toe·ten; toet·je
toet[2] (tussenw)
toe·ta·ke·len (ww), ta·kel toe, ta·kelt toe; ta·kel·de toe, ta·kel·den toe; toe·ge·ta·keld
toe·ten (ww), toet, toet; toet·te, toet·ten; ge·toet
de **toe·ter** (m), toe·ters; toe·ter·tje
toe·te·ren (ww), toe·ter, toe·tert; toe·ter·de, toe·ter·den; ge·toe·terd
toe·tre·den (ww), treed toe, treedt toe; trad toe, tra·den toe; toe·ge·tre·den
de **toe·tre·ding** (v), toe·tre·din·gen
toe·trek·ken (ww), trek toe, trekt toe; trok toe, trok·ken toe; toe·ge·trok·ken
de **toets** (m), toet·sen; toets·je
toet·sen (ww), toets, toetst; toets·te, toets·ten; ge·toetst
het **toet·sen·bord**, toet·sen·bor·den; toet·sen·bord·je
de **toet·sing** (v), toet·sin·gen
het **toet·sings·ka·der**, toet·sings·ka·ders
de **toets·steen** (m), toets·ste·nen
de **toets·week**, toets·we·ken
het **toets·werk**, toets·wer·ken
de/het **toe·val** (m/o), toe·val·len; toe·val·le·tje
toe·val·lig (bnw), toe·val·li·ge
toe·ven (ww), toef, toeft; toef·de, toef·den; ge·toefd
de **toe·ver·laat** (m), toe·ver·la·ten
toe·ver·trou·wen (ww), ver·trouw toe, ver·trouwt toe; ver·trouw·de toe, ver·trouw·den toe; toe·ver·trouwd
de **toe·vloed** (m)
de **toe·vlucht**, toe·vluch·ten
het **toe·vluchts·oord**, toe·vluchts·oor·den
toe·voe·gen (ww), voeg toe, voegt toe; voeg·de toe, voeg·den toe; toe·ge·voegd
de **toe·voe·ging** (v), toe·voe·gin·gen;

toe·voe·gin·kje
de **toe·voer** (m), toe·voe·ren
toe·wen·den (ww), wend toe, wendt toe; wend·de toe, wend·den toe; toe·ge·wend
toe·wen·sen (ww), wens toe, wenst toe; wens·te toe, wens·ten toe; toe·ge·wenst
toe·wer·ken (ww), werk toe, werkt toe; werk·te toe, werk·ten toe; toe·ge·werkt
toe·wij·den (ww), wijd toe, wijdt toe; wijd·de toe, wijd·den toe; toe·ge·wijd
de **toe·wij·ding** (v), toe·wij·din·gen
toe·wij·zen (ww), wijs toe, wijst toe; wees toe, we·zen toe; toe·ge·we·zen
de **toe·wij·zing** (v), toe·wij·zin·gen
toe·zeg·gen (ww), zeg toe, zegt toe; zeg·de toe, zei toe, zeg·den toe, zei·den toe; toe·ge·zegd
de **toe·zeg·ging** (v), toe·zeg·gin·gen; toe·zeg·gin·kje
toe·zen·den (ww), zend toe, zendt toe; zond toe, zon·den toe; toe·ge·zon·den
het **toe·zicht**
de **toe·zich·ter** (m), toe·zich·ters
toe·zicht·hou·dend (bnw), toe·zicht·hou·den·de
de **toe·zicht·hou·der** (m), toe·zicht·hou·ders; toe·zicht·hou·der·tje
toe·zien (ww), zie toe, ziet toe; zag toe, za·gen toe; toe·ge·zien
tof (bnw), tof·fe
de **tof·fee** (m), tof·fees; tof·fee·tje
de **to·foe** (m)
de **to·ga**, to·ga's; togaatje [to·ga·tje]
to·gen (ww), toog, toogt; toog·de, toog·den; ge·toogd
de **to·ges** (m)
het **toi·let**, toi·let·ten; toi·let·je
het **toi·let·pa·pier**, toi·let·pa·pier·tje
de **toi·let·spray** (m), toi·let·sprays
de **toi·let·tas**, toi·let·tas·sen; toi·let·tas·je
de **toi·let·ten·groep**, toi·let·ten·groe·pen
toi·let·te·ren (ww), toi·let·teer, toi·let·teert; toi·let·teer·de, toi·let·teer·den; ge·toi·let·teerd
toi·toi (tussenw)
toi·toi·toi (tussenw)
tok (tussenw)
de/het **to·ken**, to·kens
tok·ke·len (ww), tok·kel, tok·kelt; tok·kel·de, tok·kel·den; ge·tok·keld
tok·ken (ww), tok, tokt; tok·te, tok·ten; ge·tokt
de **tok·kie**, tok·kies
de **to·ko** (m), to·ko's; tokootje [to·ko·tje]
de **tol** (m), tol·len; tol·le·tje
to·le·rant (bnw), to·le·ran·te
de **to·le·ran·tie** (v)
de **to·le·ran·tie·grens**, to·le·ran·tie·gren·zen
to·le·reer·baar (bnw), to·le·reer·ba·re
to·le·re·ren (ww), to·le·reer, to·le·reert; to·le·reer·de, to·le·reer·den; ge·to·le·reerd
de **tolk** (m), tol·ken
tol·ken (ww), tolk, tolkt; tolk·te, tolk·ten; ge·tolkt
de **tolk-ver·ta·ler** (m), tol·ken-ver·ta·lers, tolk-ver·ta·lers
tol·len (ww), tol, tolt; tol·de, tol·den; ge·told
de **tol·lie** (m), tol·lies
de **to·maat**, to·ma·ten; to·maat·je
de **to·ma·ten-groen·te·soep**, to·ma·ten-groen·te·soe·pen

de **to·ma·ten·plant**, to·ma·ten·plan·ten; to·ma·ten·plant·je
de **to·ma·ten·pu·ree** (v), to·ma·ten·pu·rees
de **to·ma·ten·room·soep**, to·ma·ten·room·soe·pen
het **to·ma·ten·sap**, to·ma·ten·sap·pen; to·ma·ten·sap·je
de **to·ma·ten·sar·dien** (m), to·ma·ten·sar·die·nen
de **to·ma·ten·sar·di·ne** (m), to·ma·ten·sar·di·nes
de **to·ma·ten·saus**, to·ma·ten·sau·sen, to·ma·ten·sau·zen; to·ma·ten·saus·je
de **to·ma·ten·soep**, to·ma·ten·soe·pen; to·ma·ten·soep·je
de **tom·be**, tom·ben, tom·bes
de **tom·bo·la** (m), tom·bo·la's; tombolaatje [tom·bo·la·tje]
de **tom·boy** (v), tom·boys
to·me·loos (bnw), to·me·lo·ze
to·men (ww), toom, toomt; toom·de, toom·den; ge·toomd
de **tom·my** (m), tom·my's
de **tom·poes** (m), tom·poe·zen
de **tom·pou·ce** (m), tom·pou·cen, tom·pou·ces
de **tom·tom** (m) *(voedsel)*
de **ton**, ton·nen; ton·ne·tje
het **ton·del**, ton·dels
het **ton·der**, ton·ders
de **ton·deu·se** (v), ton·deu·ses
het **to·neel**, to·ne·len; to·neel·tje
de **to·neel·avond** (m), to·neel·avon·den; to·neel·avond·je
het **to·neel·ge·noot·schap**, to·neel·ge·noot·schap·pen
de **to·neel·groep**, to·neel·groe·pen; to·neel·groep·je
de **to·neel·lei·der** (m), to·neel·lei·ders
het **to·neel·oeu·vre**, to·neel·oeu·vres
de **to·neel·ruim·te** (v), to·neel·ruim·ten, to·neel·ruim·tes
to·neel·spe·len (ww), speel to·neel, speelt to·neel; speel·de to·neel, speel·den to·neel; to·neel·ge·speeld
de **to·neel·spe·ler** (m), to·neel·spe·lers; to·neel·spe·ler·tje
het **to·neel·stuk**, to·neel·stuk·ken; to·neel·stuk·je
de **to·neel·ver·eni·ging** (v), to·neel·ver·eni·gin·gen
de **to·neel·zaal**, to·neel·za·len; to·neel·zaal·tje
to·nen (ww), toon, toont; toon·de, toon·den; ge·toond
de **tone of voice** (m), tones of voice
de **to·ner**, to·ners
de **tong**, ton·gen; ton·ge·tje
ton·gen (ww), tong, tongt; tong·de, tong·den; ge·tongd
de **ton·gen·worst**
tongue in cheek (bijw)
de **to·nic** (m), to·nics; to·nic·je
het **to·ni·cum**, to·ni·ca, to·ni·cums
de **to·nijn** (m), to·nij·nen; to·nijn·tje
de **to·nijn·vis·ser** (m), to·nijn·vis·sers
ton·ka
de **ton·ka·boom** (m), ton·ka·bo·men
de **ton·na·ge** (v), ton·na·ges
ton·nen (ww), ton, tont; ton·de, ton·den; ge·tond
de **ton·sil**, ton·sil·len
ton sur ton (bnw)
de **ton·suur** (v), ton·su·ren
de **toog** (m), to·gen; toog·je
de **tooi** (m), tooi·en; tooi·tje
tooi·en (ww), tooi, tooit; tooi·de,

tooi·den; ge·tooid
de **tool** (m), tools; tool·tje
de **tool·kit** (m), tool·kits
de **toom** (m), to·men; toom·pje
de **toon** (m), to·nen; toon·tje
toon·aan·ge·vend (bnw), toon·aan·ge·ven·de
de **toon·bank**, toon·ban·ken; toon·bank·je
de **toon·dem·per** (m), toon·dem·pers
de **toon·der** (m), toon·ders
de **toon·hoog·te** (v), toon·hoog·ten, toon·hoog·tes
de **toon·zaal**, toon·za·len; toon·zaal·tje
toon·zet·ten (ww), toon·zet, toon·zet; toon·zet·te, toon·zet·ten; ge·toon·zet
de **toorn** (m)
toor·nen (ww), toorn, toornt; toorn·de, toorn·den; ge·toornd
de **toorts**, toort·sen; toorts·je
de **toost** (m) *(heildronk)*, toos·ten; toost·je
toos·ten (ww) *(een heildronk uitbrengen)*, toost, toost; toost·te, toost·ten; ge·toost
de **toot**, to·ten; toot·je
de **top**[1] (m), top·pen; top·je
top[2] (tussenw)
de **top 10** (m), top 10'en [top 10·en], top 10's
de **top 10-plaat**, top 10-pla·ten
de **top 40** (m), top 40's
de **top 5** (m), top 5's
de **to·paas**[1] (m) *(voorwerp)*, to·pa·zen
het **to·paas**[2] *(stofnaam)*
de **top·ad·vi·seur** (m), top·ad·vi·seurs
de **top·amb·te·naar** (m), top·amb·te·naars, top·amb·te·na·ren
de **top·chef** (m), top·chefs
de **top·club**, top·clubs; top·club·je
de **top·con·di·tie** (v)
de **top·de·le·ga·tie** (v), top·de·le·ga·ties
top-down (bnw)
de **top-down·be·na·de·ring** (v), top-down·be·na·de·rin·gen
top·fit (bnw), top·fit·te
de/het **to·pic**, to·pics
de **to·pi·nam·boer** (m), to·pi·nam·boers
de **top·klas·se** (v), top·klas·sen
de **top·kok** (m), top·koks
de **top·kwa·li·teit** (v), top·kwa·li·tei·ten
top·less (bnw)
de **top·man** (m), top·lie·den, top·lui, top·man·nen
het **top·ma·nage·ment**
de **top·ma·na·ger** (m), top·ma·na·gers
het **top·ni·veau**, top·ni·veaus
de **to·po·gra·fie** (v), topografieën [to·po·gra·fie·en]
de **to·po·lo·gie** (v)
het **to·po·niem**, to·po·nie·men
de **to·pos** (m), to·poi
top·pen (ww), top, topt; top·te, top·ten; ge·topt
de **top·per** (m), top·pers; top·per·tje
top·pie (tussenw)
de **top·ping**, top·pings
de **top·pres·ta·tie** (v), top·pres·ta·ties
de **top·pri·o·ri·teit** (v), top·pri·o·ri·tei·ten
het **top·punt**, top·pun·ten
tops (bnw), top·se
de **top·scoor·der** (m), top·scoor·ders
de **top·sco·rer** (m), top·sco·rers
top se·cret (bnw)
de **top·sec·tie** (v), top·sec·ties
het **top·sec·tie·voet·bal**

de **top·sport**
de **top·spor·ter** (m), top·spor·ters; top·spor·ter·tje
de **top tien**, top tie·nen, top tiens
de **top·tien·spe·ler** (m), top·tien·spe·lers
de **top·vech·ter** (m), top·vech·ters
de **top veer·tig** (m), top veer·tigs
de **top·vorm** (m)
de **to·que**, to·ques
de **tor**, tor·ren; tor·re·tje
tor·de·ren (ww), tor·deer, tor·deert; tor·deer·de, tor·deer·den; ge·tor·deerd
de **to·re·a·dor** (m), to·re·a·dors
de **to·ren** (m), to·rens; to·ren·tje
to·re·nen (ww), to·ren, to·rent; to·ren·de, to·ren·den; ge·to·rend
to·ren·hoog (bnw), to·ren·ho·ge
de **to·ren·spits**, to·ren·spit·sen; to·ren·spits·je
de **to·ren·trans** (m), to·ren·tran·sen
de **to·re·ro** (m), to·re·ro's
de **to·ri**, to·ri's
tor·men·te·ren (ww), tor·men·teer, tor·men·teert; tor·men·teer·de, tor·men·teer·den; ge·tor·men·teerd
de **tor·na·do**, tor·na·do's
tor·nen (ww), torn, tornt; torn·de, torn·den; ge·tornd
het **tor·nooi**, tor·nooi·en; tor·nooi·tje
tor·nooi·en (ww), tor·nooi, tor·nooit; tor·nooi·de, tor·nooi·den; ge·tor·nooid
de **tor·pe·do** (m), tor·pe·do's
de **tors** (m), tor·sen
tor·sen (ww), tors, torst; tors·te, tors·ten; ge·torst
de **tor·sie** (v), tor·sies
de **tor·so** (m), tor·so's
de **tor·tel·li·ni** (mv)
de **tor·til·la** (v), tor·til·la's
het **Tos·caans**[1] *(dialect)*
Tos·caans[2] (bnw), Tos·caan·se
de **toss** (m), tos·ses
tos·sen (ww), tos, tost; tos·te, tos·ten; ge·tost
de **tos·ti** (m), tos·ti's
het **tos·ti·ap·pa·raat**, tos·ti·ap·pa·ra·ten
het **tos·ti-ij·zer**, tos·ti-ij·zers
tot[1] (voorz)
tot[2] (voegw)
het **to·taal**[1], to·ta·len; to·taal·tje
to·taal[2] (bnw), to·ta·le
het **to·taal·aan·tal**, to·taal·aan·tal·len
het **to·taal·be·drag**, to·taal·be·dra·gen
het **to·taal·beeld**, to·taal·beel·den
het **to·taal·con·cept**, to·taal·con·cep·ten
de **to·taal·op·brengst** (v), to·taal·op·breng·sten
de **to·taal·op·los·sing** (v), to·taal·op·los·sin·gen
het **to·taal·over·zicht**, to·taal·over·zich·ten
het **to·taal·pak·ket**, to·taal·pak·ket·ten; to·taal·pak·ket·je
het **to·taal·plaat·je**, to·taal·plaat·jes
de **to·taal·prijs** (m), to·taal·prij·zen
to·ta·li·se·ren (ww), to·ta·li·seer, to·ta·li·seert; to·ta·li·seer·de, to·ta·li·seer·den; ge·to·ta·li·seerd
het **to·ta·li·ta·ris·me**
de **to·ta·li·teit** (v), to·ta·li·tei·ten
to·tal loss (bnw)
tot·dat (voegw)
tot dus·ver
tot dus·ver·re
de **to·te·bel**, to·te·bel·len
de **to·tem** (m), to·tems
tot en met *(tot, inclusief)*
tot-en-met (bijw) *(erg)*

to the point (bnw), to the poin·te
tot hoe·lang
tot na·der or·der
tot nog toe
de **to·to** (m), to·to's; totootje [to·to·tje]
tot stand bren·gen
de **tot·stand·bren·ging** (v), tot·stand·bren·gin·gen
tot stand ko·men
de **tot·stand·ko·ming** (v), tot·stand·ko·min·gen
tot zo·ver
de **tou·che** *(aanraking, penseelstreek),* tou·ches
het **tou·cher** *(aanslag van een pianist),* tou·chers
de/het **touch·pad**, touch·pads
de/het **touch·screen** (m/o), touch·screens
de **tou·pet** (m), tou·pets, tou·pet·ten; tou·pet·je
de **tour** (m), tours; tour·tje
de **tour·bus** (m), tour·bus·sen; tour·bus·je
de **tour de for·ce** (m), tours de for·ce
Tour de Fran·ce
tou·ren (ww), tour, tourt; tour·de, tour·den; ge·tourd
de **tou·ret·te** *(syndroom van Gilles de la Tourette)*
de **tou·ring·car** (m), tou·ring·cars
de **tour·ka·ra·vaan**, tour·ka·ra·va·nen
de **tour·klas·se** (v), tour·klas·sen
de **tour·ne·dos** (m), tour·ne·dos; tour·ne·dos·tje
de **tour·nee** (v), tour·nees; tour·nee·tje
de **tour·née gé·né·ra·le** (m), tour·née gé·né·ra·les, tour·nées gé·né·ra·les
de **tour·ni·quet** (m), tour·ni·quets; tour·ni·quet·je
de **tour·ope·ra·tor** (m), tour·ope·ra·to·ren, tour·ope·ra·tors
de **tour·rit** (m), tour·rit·ten
de **tour·win·naar** (m), tour·win·naars
tout court (bnw)
het **touw**, tou·wen; touw·tje
tou·wen (bnw)
de **touw·lad·der**, touw·lad·ders; touw·lad·der·tje
touw·tje·sprin·gen (ww)
touw·trek·ken (ww)
t.o.v. *(ten opzichte van)*
de **to·ve·naar** (m), to·ve·naars, to·ve·na·ren; to·ve·naar·tje
de **to·ve·na·rij** (v), to·ve·na·rij·en
to·ve·ren (ww), to·ver, to·vert; to·ver·de, to·ver·den; ge·to·verd
de **to·ve·rij** (v), to·ve·rij·en
de **to·ver·kol** (v), to·ver·kol·len; to·ver·kol·le·tje
de **to·ver·kunst** (v), to·ver·kun·sten; to·ver·kunst·je
de **to·ver·staf** (m), to·ver·sta·ven; to·ver·staf·je
het **town·ship**, town·ships
de **toxi·ci·teit** (v), toxi·ci·tei·ten
de **toxi·ne**, toxi·nen, toxi·nes
toxisch (bnw), toxi·sche
de **toy·boy** (m), toy·boys
de **tra**, tra's; traatje [tra·tje]
traag (bnw), tra·ge
de **traag·heid** (v)
de **traan**[1] (m) *(visolie)*
de **traan**[2] *(oogvocht),* tra·nen; traan·tje
de **traan·gas·gra·naat**, traan·gas·gra·na·ten; traan·gas·gra·naat·je
het **tra·cé**, tra·cés; traceetje [tra·cé·tje]
tra·ceer·baar (bnw), tra·ceer·ba·re
de **tra·ceer·baar·heid** (v)

de **tra·cé·keu·ze**, tra·cé·keu·zen, tra·cé·keu·zes
tra·ce·ren (ww), tra·ceer, tra·ceert; tra·ceer·de, tra·ceer·den; ge·tra·ceerd
trach·ten (ww), tracht, tracht; tracht·te, tracht·ten; ge·tracht
de **track** (m), tracks; track·je
het **track·re·cord**, track·re·cords
de **trac·tie** (v)
de **trac·tor** (m), trac·to·ren, trac·tors; trac·tor·tje
het **trade·mark**, trade·marks
de **tra·der** (m), tra·ders
de **tra·di·tie** (v), tra·di·ties; tra·di·tie·tje
tra·di·tie·ge·trouw (bnw), tra·di·tie·ge·trou·we
tra·di·ti·o·na·lis·tisch (bnw), tra·di·ti·o·na·lis·ti·sche
tra·di·ti·o·neel (bnw), tra·di·ti·o·ne·le
de/het **traf·fic** (m/o)
de **tra·fiek** (v), tra·fie·ken
de **tra·fi·kant** (m), tra·fi·kan·ten
de **tra·fo** (m) *(transformator)*, tra·fo's
de **tra·ge·die** (v), tragediën [tra·ge·di·en], tra·ge·dies
de **tra·giek** (v)
de **tra·gi·ko·me·die** (v), tra·gi·ko·me·dies
tra·gi·ko·misch (bnw), tra·gi·ko·mi·sche
tra·gisch (bnw), tra·gi·sche
de **trai·ler** (m), trai·lers
de **trai·nee**, trai·nees
het **trai·nee·ship**, trai·nee·ships
trai·nen (ww), train, traint; train·de, train·den; ge·traind
de **trai·ner** (m), trai·ners; trai·ner·tje
trai·ne·ren (ww), trai·neer, trai·neert; trai·neer·de, trai·neer·den; ge·trai·neerd
de **trai·ners·wis·sel** (m), trai·ners·wis·sels
de **trai·ning**, trai·nin·gen; trai·nin·kje
de **trai·ning on the job**, trai·nin·gen on the job
het **trai·nings·cen·trum**, trai·nings·cen·tra, trai·nings·cen·trums
de **trai·nings·dag** (m), trai·nings·da·gen
het **trai·nings·kamp**, trai·nings·kam·pen
het **trai·nings·pak**, trai·nings·pak·ken; trai·nings·pak·je
het **trai·nings·sche·ma**, trai·nings·sche·ma's
de **trai·nings·ses·sie** (v), trai·nings·ses·sies
de **trai·nings·sta·ge**, trai·nings·sta·ges
de **train·ster** (v), train·sters
de **trai·te**, trai·tes
de **trai·teur** (m), trai·teurs
de **trai·teur·zaak**, trai·teur·za·ken
het **tra·ject**, tra·jec·ten; tra·ject·je
het **trak·taat**, trak·ta·ten; trak·taat·je
de **trak·ta·tie** (v), trak·ta·ties
het **trak·te·ment**, trak·te·men·ten; trak·te·ment·je
trak·te·ren (ww), trak·teer, trak·teert; trak·teer·de, trak·teer·den; ge·trak·teerd
de **tra·lie** (v), traliën [tra·li·en], tra·lies; tra·lie·tje
traliën [tra·li·en] (ww), tra·lie, tra·liet; tra·lie·de, tra·lie·den; ge·tra·lied
het **tra·lie·werk**, tra·lie·werk·je
de **tram** (m), tram·men, trams; tram·me·tje
de **tram·me·lant** (m)

tram·men (ww), tram, tramt; tram·de, tram·den; ge·tramd
de **tram·po·li·ne** (v), tram·po·li·nes; tram·po·lien·tje, tram·po·li·ne·tje
tram·po·li·ne·sprin·gen (ww)
de **tran·ce**, tran·ces
de **tran·che**, tran·ches
tra·nen (ww), traan, traant; traan·de, traan·den; ge·traand
de **tran·keer**, tran·ke·ren
de **tran·quil·li·zer** (m), tran·quil·li·zers
de **trans** (m), tran·sen
de **trans·ac·tie** (v), trans·ac·ties
trans-At·lan·tisch (bnw), trans-At·lan·ti·sche
trans·cen·dent (bnw), trans·cen·den·te
trans·cen·den·taal (bnw), trans·cen·den·ta·le
trans·cen·de·ren (ww), trans·cen·deer, trans·cen·deert; trans·cen·deer·de, trans·cen·deer·den; ge·trans·cen·deerd
trans·cri·be·ren (ww), trans·cri·beer, trans·cri·beert; trans·cri·beer·de, trans·cri·beer·den; ge·trans·cri·beerd
het **trans·cript**, trans·crip·ten
de **trans·crip·tie** (v), trans·crip·ties
trans·cul·tu·reel (bnw), trans·cul·tu·re·le
het **tran·sept**, tran·sep·ten
trans-Eu·ro·pees (bnw), trans-Eu·ro·pe·se
de/het **trans·fer** (m/o), trans·fers; trans·fer·tje
trans·fe·re·ren (ww), trans·fe·reer, trans·fe·reert; trans·fe·reer·de, trans·fe·reer·den; ge·trans·fe·reerd
de **trans·fer·ge·schil·len·com·mis·sie** (v), trans·fer·ge·schil·len·com·mis·sies
het **trans·fe·ri·um**, trans·fe·ria
het **trans·fer·sys·teem**, trans·fer·sys·te·men
de **trans·fert** (m), trans·fer·ten, trans·ferts; trans·fert·je
de **trans·fer·waar·de** (v), trans·fer·waar·den, trans·fer·waar·des
de **trans·for·ma·tie** (v), trans·for·ma·ties
de **trans·for·ma·tor** (m), trans·for·ma·to·ren, trans·for·ma·tors
trans·for·me·ren (ww), trans·for·meer, trans·for·meert; trans·for·meer·de, trans·for·meer·den; ge·trans·for·meerd
de **trans·fu·sie** (v), trans·fu·sies
de **trans·gen·der**, trans·gen·ders
de **trans·gres·sie** (v), trans·gres·sies
de **tran·sis·tor** (m), tran·sis·tors
de **tran·sit** (m), tran·sits
de **tran·si·tie** (v), tran·si·ties
de/het **tran·si·tief**[1] (m/o), tran·si·tie·ven
tran·si·tief[2] (bnw), tran·si·tie·ve
het **tran·si·tie·ka·bi·net**, tran·si·tie·ka·bi·net·ten
de **tran·si·tie·mi·nis·ter** (m), tran·si·tie·mi·nis·ters
de **tran·si·to·pas·sa·gier** (m), tran·si·to·pas·sa·giers
de **trans·la·tie** (v), trans·la·ties
de **trans·li·te·ra·tie** (v), trans·li·te·ra·ties
de **trans·lit·te·ra·tie** (v), trans·lit·te·ra·ties
de **trans·mi·gra·tie** (v), trans·mi·gra·ties
het **trans·mi·gra·tie·dorp**,

trans·mi·gra·tie·dor·pen
trans·mi·gre·ren (ww), trans·mi·greer, trans·mi·greert; trans·mi·greer·de, trans·mi·greer·den; ge·trans·mi·greerd
de **trans·mis·sie** (v), trans·mis·sies
de **trans·mit·ter** (m), trans·mit·ters
trans·na·ti·o·naal (bnw), trans·na·ti·o·na·le
het **trans·pa·let**, trans·pa·let·ten
het **trans·pa·rant**[1], trans·pa·ran·ten; trans·pa·rant·je
trans·pa·rant[2] (bnw), trans·pa·ran·te
de **trans·pa·ran·tie** (v)
de **trans·pi·ra·tie** (v), trans·pi·ra·ties
trans·pi·re·ren (ww), trans·pi·reer, trans·pi·reert; trans·pi·reer·de, trans·pi·reer·den; ge·trans·pi·reerd
de **trans·plan·ta·tie** (v), trans·plan·ta·ties
trans·po·ne·ren (ww), trans·po·neer, trans·po·neert; trans·po·neer·de, trans·po·neer·den; ge·trans·po·neerd
het **trans·port**, trans·por·ten; trans·port·je
het **trans·port·be·drijf**, trans·port·be·drij·ven; trans·port·be·drijf·je
trans·por·te·ren (ww), trans·por·teer, trans·por·teert; trans·por·teer·de, trans·por·teer·den; ge·trans·por·teerd
de **trans·por·teur** (m), trans·por·teurs
de **trans·port·kos·ten** (mv)
het **trans·port·mid·del**, trans·port·mid·de·len
de **trans·sek·su·eel**[1] (m), trans·sek·su·e·len
trans·sek·su·eel[2] (bnw), trans·sek·su·e·le
de **trans·sub·stan·ti·a·tie** (v), trans·sub·stan·ti·a·ties
de **trans·ver·saal**[1], trans·ver·sa·len
trans·ver·saal[2] (bnw), trans·ver·sa·le
de **trant** (m), tran·ten
de **trap**[1] *(vogel),* trap·pen; trap·je
de **trap**[2] (m) *(andere betekenissen),* trap·pen; trap·je, trap·pe·tje
de **tra·pe·ze**, tra·pe·zes
het **tra·pe·zi·um**, tra·pe·zia, tra·pe·zi·ums; tra·pe·zi·um·pje
het **trap·gat**, trap·ga·ten
de **trap·hal**, trap·hal·len
de **trap·leu·ning** (v), trap·leu·nin·gen
trap·lo·pen (ww)
trap·pe·len (ww), trap·pel, trap·pelt; trap·pel·de, trap·pel·den; ge·trap·peld
trap·pen (ww), trap, trapt; trap·te, trap·ten; ge·trapt
het **trap·pen·gat**
de **trap·pen·hal**, trap·pen·hal·len
het **trap·pen·huis**, trap·pen·hui·zen; trap·pen·huis·je
trap·pen·lo·pen (ww)
de **trap·per** (m), trap·pers; trap·per·tje
de **trap·pist** (m), trap·pis·ten; trap·pist·je
het **trap·pis·ten·bier**, trap·pis·ten·bie·ren; trap·pis·ten·bier·tje
traps·ge·wijs (bnw), traps·ge·wij·ze
de **trap·tre·de**, trap·tre·den
de/het **tras** (m/o), tras·sen
de **trash** (m)

de **trash·me·tal**
de **tras·si** (m)
het **trau·ma**, trau·ma's, trau·ma·ta; traumaatje [trau·ma·tje]
de **tra·vee** (v), traveeën [tra·vee·en]
de **tra·ver·se** (v), tra·ver·sen
de/het **tra·ver·tijn**
de **tra·ves·tie** (v), travestieën [tra·ves·tie·en], tra·ves·ties
de **tra·ves·tiet** (m), tra·ves·tie·ten
de **tra·vo** (m) *(travestiet)*, tra·vo's; travootje [tra·vo·tje]
de **traw·ler** (m), traw·lers
de **tray** (m), trays; tray·tje
de **trea·su·ry** (m)
de **trech·ter** (m), trech·ters; trech·ter·tje
de **tred** (m), tre·den; tred·je
de **tre·de**, tre·den
tre·den (ww), treed, treedt; trad, tra·den; ge·tre·den
de **tree**, treeën [tree·en], trees; tree·tje
de **treef** (m)
de **treeft**, treef·ten; treeft·je
de **treek** (m), tre·ken
de **treem** (m), tre·men
de **tref** (m)
het **tref·fen**[1]
tref·fen[2] (ww), tref, treft; trof, trof·fen; ge·trof·fen
tref·fend (bnw), tref·fen·de
de **tref·fer** (m), tref·fers; tref·fer·tje
het **tref·woord**, tref·woor·den
trei·fe (bnw)
de **treil** (m), trei·len; treil·tje
de **trei·ler** (m), trei·lers
de **trein** (m), trei·nen; trein·tje
de **trein·biels**, trein·biel·zen
de **trein·cou·pé** (m), trein·cou·pés; treincoupeetje [trein·cou·pé·tje]
trei·nen (ww), trein, treint; trein·de, trein·den; ge·treind
het **trein·kaart·je**, trein·kaart·jes
de **trein·ka·ping** (v), trein·ka·pin·gen
de **trein·reis**, trein·rei·zen; trein·reis·je
de **trein·rei·zi·ger** (m), trein·rei·zi·gers; trein·rei·zi·ger·tje
het **trein·sta·ti·on**, trein·sta·ti·ons
het **trein·tic·ket**, trein·tic·kets; trein·tic·ket·je
de **trein-tram-bus·dag** (m), trein-tram-bus·da·gen
het **trein·ver·keer**
trei·te·ren (ww), trei·ter, trei·tert; trei·ter·de, trei·ter·den; ge·trei·terd
de **trek** (m), trek·ken; trek·je
trek·ken (ww), trek, trekt; trok, trok·ken; ge·trok·ken
de **trek·ker** (m), trek·kers; trek·ker·tje
de **trek·king** (v), trek·kin·gen
de **trek·kings·com·mis·sie** (v), trek·kings·com·mis·sies
de **trek·kof·fie** (m)
de **trek·pleis·ter**, trek·pleis·ters
de **trek·tocht** (m), trek·toch·ten
de **trek·zak** (m), trek·zak·ken
het **tre·ma**, tre·ma's; tremaatje [tre·ma·tje]
de **tre·mel** (m), tre·mels
de **tre·mor** (m), tre·mors
de **trench·coat** (m), trench·coats
de **trend** (m), trends; trend·je
tren·ding (bnw)
de **trend·set·ter** (m), trend·set·ters
de **trend·wat·cher** (m), trend·wat·chers
tren·dy (bnw)
de **trens**[1] (m) *(sloot)*, tren·zen
de **trens**[2] *(andere betekenissen)*, tren·zen
de **tres**, tres·sen; tres·je

treu·ren (ww), treur, treurt; treur·de, treur·den; ge·treurd
treu·rig (bnw), treu·ri·ge
de **treur·nis** (v), treur·nis·je
de **treu·zel**, treu·zels; treu·zel·tje
treu·ze·len (ww), treu·zel, treu·zelt; treu·zel·de, treu·zel·den; ge·treu·zeld
tri *(trichlooretheen)*
de **tri·a·de** (v), tri·a·den, tri·a·des
de **tri·a·ge** (v)
de **tri·al** (m), tri·als
de **tri·al-and-er·ror** (m)
de **tri·an·gel** (m), tri·an·gels; tri·an·gel·tje
het **tri·as** *(tijdvak)*
de **tri·as po·li·ti·ca** (v)
de **tri·at·leet** (m), tri·at·le·ten
de/het **tri·at·lon** (m/o), tri·at·lons; tri·at·lon·ne·tje
tri·baal (bnw), tri·ba·le
het **tri·bu·naal**, tri·bu·na·len; tri·bu·naal·tje
de **tri·bu·ne**, tri·bu·nes; tri·bu·ne·tje
de/het **tri·buut** (m/o), tri·bu·ten
de **tri·ceps** (m), tri·cep·sen
de **trick** (m), tricks
tric·ky (bnw)
de/het **tri·cot**[1] (m/o) *(trui)*, tri·cots; tri·cot·je
het **tri·cot**[2] *(stofnaam)*
het **triduüm** [tri·du·um], triduüms [tri·du·ums]
de **trien** (v), trie·nen; trien·tje
de **triënnale** [tri·en·na·le], triënnales [tri·en·na·les]
triëren [tri·e·ren] (ww), tri·eer, tri·eert; tri·eer·de, tri·eer·den; ge·tri·eerd
triest (bnw), tries·te
tries·tig (bnw), tries·ti·ge
de **tri·fle** (m), tri·fles
de **trig·ger** (m), trig·gers
trig·ge·ren (ww), trig·ger, trig·gert; trig·ger·de, trig·ger·den; ge·trig·gerd
de **trike** (m), trikes
het **tril·joen**, tril·joe·nen
tril·len (ww), tril, trilt; tril·de, tril·den; ge·trild
de **tril·ler** (m), tril·lers; tril·ler·tje
de **tril·ling** (v), tril·lin·gen; tril·lin·kje
de **tri·lo·gie** (v), trilogieën [tri·lo·gie·en]; tri·lo·gie·tje
het **tril·oog**, tril·ogen
het **tri·mes·ter**, tri·mes·ters
tri·mes·tri·eel (bnw), trimestriële [tri·mes·tri·e·le]
de **trim·loop** (m), trim·lo·pen; trim·loop·je
trim·men (ww), trim, trimt; trim·de, trim·den; ge·trimd
de **trim·mer** (m), trim·mers
de **trim·ster** (v), trim·sters
de **Tri·ni·da·di·aan** (m), Tri·ni·da·di·a·nen
Tri·ni·da·di·aans (bnw), Tri·ni·da·di·aan·se
de **tri·ni·teit** (v) *(drie-eenheid)*, tri·ni·tei·ten
Tri·ni·teit *(Heilige Drievuldigheid)*
het **trio** *(drietal)*, tri·o's; triootje [trio·tje]
de **Trio**[1] (m) *(persoon)*, Tri·o's
het **Trio**[2] *(taal)*
de **tri·omf** (m), tri·om·fen; tri·omf·je
het **tri·om·fa·lis·me**
tri·om·fan·te·lijk (bnw), tri·om·fan·te·lij·ke
de **tri·om·fa·tor** (m), tri·om·fa·to·ren, tri·om·fa·tors
de **tri·omf·boog** (m), tri·omf·bo·gen; tri·omf·boog·je
tri·om·fe·ren (ww), tri·om·feer, tri·om·feert; tri·om·feer·de,

tri·om·feer·den; ge·tri·om·feerd
de **trip** (m) *(uitstapje),* trips
tri·par·tiet (bnw), tri·par·tie·te
de **tri·par·ti·te** (v), tri·par·ti·tes
het **tri·par·ti·te·over·leg**, tri·par·ti·te·over·leg·gen
de **tri·pel** (m) *(bier),* tri·pels
de **tri·ple**[1] (m) *(voetbalterm),* tri·ples
tri·ple[2] (bnw)
de/het **tri·plex** (m/o)
trip·pen (ww), trip, tript; trip·te, trip·ten; ge·tript
de **trips** (m), trip·sen
de/het **trip·tiek** (v/o), trip·tie·ken; trip·tiek·je
tris·sen (ww), tris, trist; tris·te, tris·ten; ge·trist
de **tris·tes·se** (v)
de **trits**, trit·sen; trits·je
het **tri·um·vi·raat**, tri·um·vi·ra·ten
de **tri·via** (mv)
tri·vi·aal (bnw), tri·vi·a·le
de **tro·chee** (m), trocheeën [tro·chee·en]
troe·bel (bnw), troe·be·le
de **troe·be·len** (mv)
troe·ble·ren (ww), troe·bleer, troe·bleert; troe·bleer·de, troe·bleer·den; ge·troe·bleerd
de **troef**, troe·ven; troef·je
troef·call
de **troef·call·com·pe·ti·tie** (v), troef·call·com·pe·ti·ties
troef·cal·len (ww), troef·call, troef·callt; troef·call·de, troef·call·den; ge·troef·calld
de **troel** (v), troe·len
de **troe·la**, troe·la's
de **troep** (m), troe·pen; troep·je
de **troe·tel** (m), troe·tels; troe·tel·tje
troe·te·len (ww), troe·tel, troe·telt; troe·tel·de, troe·tel·den; ge·troe·teld
troe·ven (ww), troef, troeft; troef·de, troef·den; ge·troefd
de **tro·fee** (v), trofeeën [tro·fee·en], tro·fees; tro·fee·tje
de **trof·fel** (m), trof·fels; trof·fel·tje
de **trog** (m), trog·gen
trog·ge·len (ww), trog·gel, trog·gelt; trog·gel·de, trog·gel·den; ge·trog·geld
Tro·jaans (bnw), Tro·jaan·se
Tro·jaans paard
de **troj·ka**, troj·ka's
de **trol**, trol·len; trol·le·tje
trol·len (ww), trol, trolt; trol·de, trol·den; ge·trold
de **trol·ley** (m), trol·leys; trol·ley·tje
de **trom**, trom·men; trom·me·tje
de **trom·bo·ne**, trom·bo·nes
de **trom·bo·se** (v)
de **trom·bus** (m), trom·ben, trom·bi
het **trom·ge·rof·fel**
de **trom·mel**, trom·mels; trom·mel·tje
de **trom·me·laar** (m), trom·me·laars; trom·me·laar·tje
trom·me·len (ww), trom·mel, trom·melt; trom·mel·de, trom·mel·den; ge·trom·meld
het **trom·mel·vlies**, trom·mel·vlie·zen; trom·mel·vlies·je
de **tromp**, trom·pen
de **trom·pe-l'oeil** (m), trom·pe-l'oeils
trom·pen (ww), tromp, trompt; tromp·te, tromp·ten; ge·trompt
de **trom·pet**, trom·pet·ten; trom·pet·je
trom·pet·ten (ww), trom·pet, trom·pet; trom·pet·te, trom·pet·ten; ge·trom·pet
de **trom·pet·ter** (m), trom·pet·ters; trom·pet·ter·tje

trom·pet·te·ren (ww), trom·pet·ter, trom·pet·tert; trom·pet·ter·de, trom·pet·ter·den; ge·trom·pet·terd
de **trom·pet·tist** (m), trom·pet·tis·ten
de **trom·pet·vo·gel** (m), trom·pet·vo·gels; trom·pet·vo·gel·tje
tro·nen (ww), troon, troont; troon·de, troon·den; ge·troond
de **tro·nie** (v), tro·nies; tro·nie·tje
de **tronk** (m), tron·ken
de **troon** (m), tro·nen; troon·tje
de **troon·af·stand** (m), troon·af·stan·den
de **troon·op·vol·ger** (m), troon·op·vol·gers
de **troon·op·vol·ging** (v), troon·op·vol·gin·gen
de **troon·re·de**, troon·re·des
de **troons·af·stand** (m), troons·af·stan·den
de **troons·op·vol·ging** (v), troons·op·vol·gin·gen
de **troons·wis·se·ling** (v), troons·wis·se·lin·gen
de **troon·wis·se·ling** (v), troon·wis·se·lin·gen
de **troop** (m), tro·pen
de **troost** (m)
troos·te·loos (bnw), troos·te·lo·ze
troos·ten (ww), troost, troost; troost·te, troost·ten; ge·troost
troost·eten (ww)
de **tro·pen** (mv)
tro·pisch (bnw), tro·pi·sche
de **tros** (m), tros·sen; tros·je
tros·sen (ww), tros, trost; tros·te, tros·ten; ge·trost
de **trots**[1] (m)
trots[2] (bnw), trot·se
trot·se·ren (ww), trot·seer, trot·seert; trot·seer·de, trot·seer·den; ge·trot·seerd
de **trots·heid** (v)
de **trot·ti·net·te** (v), trot·ti·net·tes
het **trot·toir**, trot·toirs; trot·toir·tje
de **trou·ba·dour** (m), trou·ba·dours; trou·ba·dour·tje
de **trou·ble·shoo·ter** (m), trou·ble·shoo·ters
de **trouw**[1] (m) *(huwelijk),* trou·wen; trouw·tje
de **trouw**[2] *(loyaliteit)*
trouw[3] (bnw), trou·we
trouw[4]: te goeder trouw
trouw[5]: te kwader trouw
de **trouw·ak·te**, trouw·ak·ten, trouw·ak·tes
trou·wen (ww), trouw, trouwt; trouw·de, trouw·den; ge·trouwd
trou·wens (bijw)
de **trou·we·rij** (v), trou·we·rij·en
het **trouw·feest**, trouw·fees·ten; trouw·feest·je
de **trouw·heid** (v), trouw·he·den
de **trouw·jurk**, trouw·jur·ken; trouw·jurk·je
de **trouw·ring** (m), trouw·rin·gen
de **truc** (m) *(handigheid),* trucs, tru·ken; truc·je
de **tru·ca·ge** (v), tru·ca·ges
de **truck** (m) *(vrachtwagen),* trucks; truck·je
de **truck·be·stuur·der** (m), truck·be·stuur·ders
de **truc·ker** (m), truc·kers
de **truck·hou·der** (m), truck·hou·ders
de **truf·fel**, truf·fels; truf·fel·tje
de **trui** *(kledingstuk),* trui·en; trui·tje
de **trùk** *(in Antilliaans Nederlands),* trùks
de **tru·ken·doos**, tru·ken·do·zen; tru·ken·doos·je

tru·ke·ren (ww), tru·keer, tru·keert; tru·keer·de, tru·keer·den; ge·tru·keerd
de **trùk'i pan**, trùk'i pans
de **trust** (m), trusts
de **trus·tee** (m), trus·tees
de **trut** (v), trut·ten; trut·je
het **tru·weel**, tru·we·len; tru·weel·tje
de **try-out** (m), try-outs
tsa (tussenw)
de **tsaar** (m), tsa·ren
de **tsa·ri·na** (v), tsa·ri·na's; tsarinaatje [tsa·ri·na·tje]
de **tsee·tsee·vlieg**, tsee·tsee·vlie·gen
het **T-shirt**, T-shirts; T-shirt·je
de **Tsjech** (m), Tsje·chen
het **Tsje·chisch**[1] *(taal)*
Tsje·chisch[2] (bnw), Tsje·chi·sche
tsjil·pen (ww), tsjilp, tsjilpt; tsjilp·te, tsjilp·ten; ge·tsjilpt
tsjir·pen (ww), tsjirp, tsjirpt; tsjirp·te, tsjirp·ten; ge·tsjirpt
de **tso'er** [tso·er] (m), tso'ers [tso·ers]
de **T-split·sing** (v), T-split·sin·gen
de **tsu·na·mi** (m), tsu·na·mi's; tsunamietje [tsu·na·mi·tje]
de **tu·ba** (m), tu·ba's; tubaatje [tu·ba·tje]
de **tu·be**, tu·ben, tu·bes; tu·be·tje
de **tu·ber·cu·lo·se** (v)
de **tucht**
het **tuf**
tuf·fen (ww), tuf, tuft; tuf·te, tuf·ten; ge·tuft
de/het **tuf·steen** (m/o)
de **tui**, tui·en; tui·tje
tui·en (ww), tui, tuit; tui·de, tui·den; ge·tuid
tui·e·ren (ww), tui·er, tui·ert; tui·er·de, tui·er·den; ge·tui·erd
het **tuig**, tui·gen; tuig·je
de **tui·ga·ge** (v), tui·ga·ges
tui·gen (ww), tuig, tuigt; tuig·de, tuig·den; ge·tuigd
de **tuil** (m), tui·len; tuil·tje
de **tuin** (m), tui·nen; tuin·tje
het **tuin·boek**, tuin·boe·ken; tuin·boek·je
de **tuin·bouw** (m)
het **tuin·bouw·pro·duct**, tuin·bouw·pro·duc·ten
het **tuin·cen·trum**, tuin·cen·tra, tuin·cen·trums
de **tuin·der** (m), tuin·ders
tui·nen (ww), tuin, tuint; tuin·de, tuin·den; ge·tuind
het **tuin·feest**, tuin·fees·ten; tuin·feest·je
het **tuin·hek**, tuin·hek·ken; tuin·hek·je
het **tuin·huis**, tuin·hui·zen; tuin·huis·je
de **tui·nier** (m), tui·niers; tui·nier·tje
tui·nie·ren (ww), tui·nier, tui·niert; tui·nier·de, tui·nier·den; ge·tui·nierd
de **tui·nier·ster** (v), tui·nier·sters
de **tuin·ka·bou·ter** (m), tuin·ka·bou·ters; tuin·ka·bou·ter·tje
de **tuin·kers**
de **tuin·man** (m), tuin·lie·den, tuin·lui, tuin·man·nen; tuin·man·ne·tje
het **tuin·meu·bel**, tuin·meu·be·len, tuin·meu·bels; tuin·meu·bel·tje
de **tuin·muur** (m), tuin·mu·ren; tuin·muur·tje
het **tuin·pad**, tuin·pa·den; tuin·paad·je
de **tuin·set** (m), tuin·sets; tuin·set·je
de **tuin·slang**, tuin·slan·gen
de **tuin·stad**, tuin·ste·den; tuin·stad·je
de **tuit**, tui·ten; tuit·je
tui·ten (ww), tuit, tuit; tuit·te,

tuit·ten; ge·tuit
de **tuk**[1] (m), tuk·ken; tuk·je
tuk[2] (bnw)
tuk·ken (ww), tuk, tukt; tuk·te, tuk·ten; ge·tukt
de **tuk·ker** (m), tuk·kers
de **tuk·tuk** (m), tuk·tuks; tuk·tuk·je
de **tu·ku·na·ri** (m), tu·ku·na·ri's
de **tul**, tul·len; tul·le·tje
de **tul·band** (m), tul·ban·den; tul·band·je
de **tu·le**, tu·les; tu·le·tje
tu·len (bnw)
de **tulp**, tul·pen; tulp·je
de **tul·pen·bol** (m), tul·pen·bol·len
de **tum·ba**, tum·ba's
het **tum·ba-ele·ment**, tum·ba-ele·men·ten
het **tum·ba·fes·ti·val**, tum·ba·fes·ti·vals
de **tum·ba·ko·ning** (m), tum·ba·ko·nin·gen
de **tum·ba·ko·nin·gin** (v), tum·ba·ko·nin·gin·nen
de **tum·ba·zan·ger** (m), tum·ba·zan·gers
de **tu·mor** (m), tu·mo·ren, tu·mors
de/het **tum·tum** (m/o), tum·tums
het **tu·mult**, tu·mul·ten
tu·mul·tu·eus (bnw), tu·mul·tu·eu·ze
de **tu·mu·lus** (m), tu·mu·li
de **tune** (m), tunes; tune·tje
tu·nen (ww), tune, tunet; tune·de, tune·den; ge·tuned
de **tu·ner** (m), tu·ners
de **Tunesiër** [Tu·ne·si·er] (m), Tunesiërs [Tu·ne·si·ers]
Tu·ne·sisch (bnw), Tu·ne·si·sche
de **tu·niek** (v), tu·nie·ken; tu·niek·je
de **tu·ning**
de **tun·nel** (m), tun·nels; tun·nel·tje
de **tur·bi·ne** (v), tur·bi·nes
de **tur·bo** (m), tur·bo's; turbootje [tur·bo·tje]
de **tur·bo·taal**, tur·bo·ta·len; tur·bo·taal·tje
tur·bu·lent (bnw), tur·bu·len·te
de **tur·bu·len·tie** (v), tur·bu·len·ties
de **tu·re·luur** (m), tu·re·lu·ren, tu·re·luurs; tu·re·luur·tje
tu·re·luurs (bnw)
tu·ren (ww), tuur, tuurt; tuur·de, tuur·den; ge·tuurd
tu·rend (bnw), tu·ren·de
de **turf** (m), tur·ven; turf·je
de **Turk** (m), Tur·ken; Turk·je
tur·ken (ww), turk, turkt; turk·te, turk·ten; ge·turkt
de **tur·koois**[1] (m) *(voorwerp)*, tur·kooi·zen
het **tur·koois**[2] *(stofnaam)*
tur·kooi·zen (bnw)
het **Turks**[1] *(taal)*
Turks[2] (bnw), Turk·se
Turk·se tor·tel
Turks fruit
de **turn·around** (m), turn·arounds
tur·nen (ww), turn, turnt; turn·de, turn·den; ge·turnd
de **tur·ner** (m), tur·ners; tur·ner·tje
turn·key (bnw)
de **turn·les**, turn·les·sen; turn·les·je
de **turn-over** (m), turn-overs
de **turn-over·tax**, turn-over·taxes
de **turn·zaal**, turn·za·len; turn·zaal·tje
het **tur·quoi·se**[1]
tur·quoi·se[2] (bnw)
tur·ven (ww), turf, turft; turf·de, turf·den; ge·turfd
tus·sen (voorz)
tus·sen·bei·de (bijw)
de **tus·sen·deks·pas·sa·gier** (m), tus·sen·deks·pas·sa·giers
tus·sen·door (bijw)

T

het **tus·sen·door·tje**, tus·sen·door·tjes

de **tus·sen·eva·lu·a·tie** (v), tus·sen·eva·lu·a·ties

de **tus·sen·han·de·laar** (m), tus·sen·han·de·laars, tus·sen·han·de·la·ren

tus·sen·in (bijw)

de **tus·sen·klank** (m), tus·sen·klan·ken

tus·sen·ko·men (ww), kom tus·sen, komt tus·sen; kwam tus·sen, kwa·men tus·sen; tus·sen·ge·ko·men

de **tus·sen·komst** (v), tus·sen·kom·sten

de **tus·sen·kop** (m), tus·sen·kop·pen; tus·sen·kop·je

de **tus·sen·let·ter**, tus·sen·let·ters

de **tus·sen-n**, tus·sen-n'en, tus·sen-n's

de **tus·sen·paus** (m), tus·sen·pau·sen; tus·sen·paus·je

de **tus·sen·per·soon** (m), tus·sen·per·so·nen

de **tus·sen·poos**, tus·sen·po·zen

de **tus·sen-s**, tus·sen-s'en

het **tus·sen·schot**, tus·sen·schot·ten; tus·sen·schot·je

het **tus·sen·spel**, tus·sen·spe·len

de **tus·sen·stand** (m), tus·sen·stan·den; tus·sen·stand·je

de **tus·sen·stop** (m), tus·sen·stops

de **tus·sen·taal**, tus·sen·ta·len; tus·sen·taal·tje

de **tus·sen·tijd** (m), tus·sen·tij·den

tus·sen·tijds (bnw), tus·sen·tijd·se

tus·sen·uit (bijw)

tus·sen·voe·gen (ww), voeg tus·sen, voegt tus·sen; voeg·de tus·sen, voeg·den tus·sen; tus·sen·ge·voegd

het **tus·sen·voeg·sel**, tus·sen·voeg·sels

het **tus·sen·werp·sel**, tus·sen·werp·sels; tus·sen·werp·sel·tje

de **tut** (v), tut·ten; tut·je

de **tu·tor** (m), tu·to·ren, tu·tors

de **tu·to·ri·al** (m), tu·to·ri·als

tu·toy·e·ren (ww), tu·toy·eer, tu·toy·eert; tu·toy·eer·de, tu·toy·eer·den; ge·tu·toy·eerd

de **tut·te·bel**, tut·te·bel·len

tut·ten (ww), tut, tut; tut·te, tut·ten; ge·tut

de **tut·ter** (m), tut·ters

tut·te·ren (ww), tut·ter, tut·tert; tut·ter·de, tut·ter·den; ge·tut·terd

tut·ti (bijw)

de **tut·ti·frut·ti** (m)

de **tu·tu** (m), tu·tu's; tutuutje [tu·tu·tje]

tuur·lijk (tussenw)

de **tuut**[1], tu·ten; tuut·je

tuut[2] (tussenw)

tv *(televisie)*, tv's; tv'tje [tv·tje]

de **tv-ca·me·ra**, tv-ca·me·ra's

de **tv-com·mer·ci·al** (m), tv-com·mer·ci·als

de **tv-gids** (m), tv-gid·sen; tv-gids·je

het **tv-jour·naal**, tv-jour·naals, tv-jour·na·len

tv-kij·ken (ww), kijk tv, kijkt tv; keek tv, ke·ken tv; tv-ge·ke·ken

de **tv-kij·ker** (m), tv-kij·kers; tv-kij·ker·tje

tv'loos [tv·loos] (bnw), tv'loze [tv·lo·ze]

de **tv-mast** (m), tv-mas·ten

het **tv-meu·bel**, tv-meu·be·len, tv-meu·bels

de **tv-op·na·me**, tv-op·na·men, tv-op·na·mes

het **tv-op·tre·den**, tv-op·tre·dens

de **tv-pre·sen·ta·tor** (m), tv-pre·sen·ta·to·ren, tv-pre·sen·ta·tors
het **tv-pro·gram·ma**, tv-pro·gram·ma's; tv-programmaatje [tv-pro·gram·ma·tje]
de **tv-re·cla·me**, tv-re·cla·mes
de **tv-reeks**, tv-reek·sen
het **tv-scherm**, tv-scher·men; tv-scherm·pje
de **tv-se·rie** (v), tv-se·ries
de **tv-show** (m), tv-shows
de **tv-spot** (m), tv-spots; tv-spot·je
het **tv-sta·ti·on**, tv-sta·ti·ons
de **tv-stu·dio** (m), tv-stu·di·o's; tv-studiootje [tv-stu·dio·tje]
het **tv-toe·stel**, tv-toe·stel·len
de **tv-uit·zen·ding** (v), tv-uit·zen·din·gen
de **tv-zen·der** (m), tv-zen·ders; tv-zen·der·tje
t.w. *(te weten)*
de **twaalf**[1], twaal·ven
twaalf[2] (telw)
het **twaalf·de**[1], twaalf·den
twaalf·de[2] (telw)
de **twaalf·de-eeu·wer** (m), twaalf·de-eeu·wers
twaalf·de-eeuws (bnw), twaalf·de-eeuw·se
twaalf en een half (telw)
twaalf-en-een-half·ja·rig (bnw), twaalf-en-een-half·ja·ri·ge
twaalf·en·half (telw)
twaalf·ja·rig (bnw), twaalf·ja·ri·ge
de **twaalf·ja·ri·ge**, twaalf·ja·ri·gen
twa·twa, twa·twa's
twea·ken (ww), tweak, tweakt; tweak·te, tweak·ten; ge·tweakt
de **twee**[1], tweeën [twee·en]; twee·tje
twee[2] (telw)
de **twee·baans·weg** (m), twee·baans·we·gen
twee bil·joen (telw)
twee bil·joen·ste (telw)
de **twee·ci·lin·der** (m), twee·ci·lin·ders; twee·ci·lin·der·tje
de **twee·com·po·nen·ten·lijm** (m), twee·com·po·nen·ten·lij·men
het **tweed**
twee·daags (bnw), twee·daag·se
de **twee·de**[1] *(tweede klas)*, twee·den, twee·des
twee·de[2] (telw)
twee·de[3]: ten tweede
twee·de-eeuws (bnw), twee·de-eeuw·se
de **twee·de·ge·ne·ra·tie·al·loch·toon**, twee·de·ge·ne·ra·tie·al·loch·to·nen
Twee·de Golf·oor·log
twee·de·graads (bnw)
twee·de·hands (bnw), twee·de·hand·se
de **twee·de·hands·au·to** (m), twee·de·hands·au·to's; tweedehandsautootje [twee·de·hands·au·to·tje]
het **twee·de·hands·je**, twee·de·hands·jes
de **twee·de·hands·kle·ding** (v)
de **twee·de·hands·spul·len** (mv)
de **twee·de·hands·wa·gen** (m), twee·de·hands·wa·gens
de **twee·de·hands·win·kel** (m), twee·de·hands·win·kels; twee·de·hands·win·kel·tje
de **twee·de·jaars**[1], twee·de·jaars
twee·de·jaars[2] (bnw)
de **twee·de·jaars·stu·dent** (m), twee·de·jaars·stu·den·ten
Twee·de Ka·mer
de **Twee·de Ka·mer·com·mis·sie** (v), Twee·de Ka·mer·com·mis·sies
de **Twee·de Ka·mer·frac·tie** (v),

Twee·de Ka·mer·frac·ties
het **Twee·de Ka·mer·ge·bouw,** Twee·de Ka·mer·ge·bou·wen
het **Twee·de Ka·mer·lid**, Twee·de Ka·mer·le·den
het **Twee·de Ka·mer·lid·maat·schap**, Twee·de Ka·mer·lid·maat·schap·pen
de **Twee·de Ka·mer·ver·kie·zing** (v), Twee·de Ka·mer·ver·kie·zin·gen
de **Twee·de Ka·mer·voor·zit·ter** (m), Twee·de Ka·mer·voor·zit·ters
de **Twee·de Ka·mer·zit·ting** (v), Twee·de Ka·mer·zit·tin·gen
het **twee·de·kans·on·der·wijs**
twee·de·klas (bijw)
het **twee·de·klas·sen·team,** twee·de·klas·sen·teams
de **twee·de·klas·ser** (m), twee·de·klas·sers; twee·de·klas·ser·tje
twee·de·lig (bnw), twee·de·li·ge
twee·de·lijns (bnw)
de **twee·de·lijns·zorg**
de **twee·de·ling** (v), twee·de·lin·gen
twee·de·rangs (bnw)
de **twee·de·rangs·bur·ger** (m), twee·de·rangs·bur·gers
twee der·de (telw)
de **twee·der·de·meer·der·heid** (v), twee·der·de·meer·der·he·den
de **twee·de·taal·ver·wer·ving** (v)
Twee·de We·reld·oor·log
twee·di·men·si·o·naal (bnw), twee·di·men·si·o·na·le
de **tweed·jas**, tweed·jas·sen; tweed·jas·je
de **twee·dracht**
twee·dui·zend (telw)
twee·dui·zend·ste (telw)
de **twee-een·heid** (v)
twee-ei·ig (bnw), twee-ei·ige
twee en een half (telw)
tweeënhalf [twee·en·half] (telw)
tweeëntwintig [twee·en·twin·tig] (telw)
tweeëntwintigste [twee·en·twin·tig·ste] (telw)
tweeërlei [twee·er·lei] (onbep vnw)
de **twee-eu·ro·munt**, twee-eu·ro·mun·ten
het **twee-eu·ro·stuk**, twee-eu·ro·stuk·ken
twee·hon·derd (telw)
twee·hon·derd·een (telw)
twee·hon·derd·eer·ste (telw)
twee·hon·derd·en·een (telw)
twee·hon·derd·en·eer·ste (telw)
twee·hon·derd·en·twee (telw)
twee·hon·derd·en·twee·de (telw)
twee·hon·derd·ste (telw)
twee·hon·derd·twee (telw)
twee·hon·derd·twee·de (telw)
twee·hoog (bijw)
twee·jaar·lijks (bnw), twee·jaar·lijk·se
twee·ja·rig (bnw), twee·ja·ri·ge
de **twee·ja·ri·ge**, twee·ja·ri·gen
het **twee·ka·mer·ap·par·te·ment,** twee·ka·mer·ap·par·te·men·ten; twee·ka·mer·ap·par·te·ment·je
de **twee·kamp** (m), twee·kam·pen
de **twee·klank** (m), twee·klan·ken
twee·laags (bnw), twee·laag·se
twee·le·dig (bnw), twee·le·di·ge
de **twee·ling** (m) *(twee personen)*, twee·lin·gen
de **twee·ling·broer** (m), twee·ling·broers; twee·ling·broer·tje
Twee·lin·gen *((persoon met dit) sterrenbeeld)*
de **twee·ling·zus** (v), twee·ling·zus·sen;

twee·ling·zus·je
het **twee·luik**, twee·lui·ken; twee·luik·je
twee·maal (bijw)
twee·maan·de·lijks (bnw), twee·maan·de·lijk·se
twee mil·jard (telw)
twee mil·jard·ste (telw)
twee mil·joen (telw)
twee mil·joen·ste (telw)
de **twee-on·der-een-kap·wo·ning** (v), twee-on·der-een-kap·wo·nin·gen
de **twee-on·der-een-kap·wo·ning·wijk**, twee-on·der-een-kap·wo·ning·wij·ken
het **twee·ou·der·ge·zin**, twee·ou·der·ge·zin·nen
de **tweep**, tweeps
twee·per·soons (bnw)
het **twee·per·soons·bed**, twee·per·soons·bed·den
de **twee·per·soons·ka·mer**, twee·per·soons·ka·mers; twee·per·soons·ka·mer·tje
het **twee·rich·tings·ver·keer**
de **twee·rich·tings·weg** (m), twee·rich·tings·we·gen
de **twee·spalt**
het **twee·span**, twee·span·nen; twee·span·ne·tje
het **twee·spo·ren·be·leid**
het **twee·ster·ren·res·tau·rant**, twee·ster·ren·res·tau·rants
de **tweet** (m), tweets; tweet·je
de **twee·takt** (m), twee·tak·ten, twee·takts
het **twee·tal**, twee·tal·len; twee·tal·le·tje
twee·ta·lig (bnw), twee·ta·li·ge
de **twee·ta·lig·heid** (v)
twee·ten (ww), tweet, tweet; tweet·te, tweet·ten; ge·tweet
de **twee·ter** (m), twee·ters; twee·ter·tje
twee·tjes[1]: met ons tweetjes
twee·tjes[2]: met zijn tweetjes
het **twee·voud**, twee·vou·den
twee·vou·dig (bnw), twee·vou·di·ge
twee·we·ke·lijks (bnw), twee·we·ke·lijk·se
de **twee·wie·ler** (m), twee·wie·lers; twee·wie·ler·tje
twee·zits (bnw)
de **twee·zits·bank**, twee·zits·ban·ken; twee·zits·bank·je
de **twen**, twens
de **Twen·te·naar** (m), Twen·te·naars, Twen·te·na·ren
het **Twents**[1] *(dialect)*
Twents[2] (bnw), Twent·se
de **twij·fel** (m), twij·fels; twij·fel·tje
de **twij·fe·laar** (m), twij·fe·laars; twij·fe·laar·tje
twij·fel·ach·tig (bnw), twij·fel·ach·ti·ge
twij·fe·len (ww), twij·fel, twij·felt; twij·fel·de, twij·fel·den; ge·twij·feld
de **twijg**, twij·gen; twijg·je
de **twijn** (m)
twij·nen (ww), twijn, twijnt; twijn·de, twijn·den; ge·twijnd
het **twill**
twin·ke·len (ww), twin·kel, twin·kelt; twin·kel·de, twin·kel·den; ge·twin·keld
de **twin·set** (m), twin·sets; twin·set·je
twin·tig (telw)
de **twin·ti·ger** (m), twin·ti·gers
het **twin·tig·eu·ro·bil·jet**, twin·tig·eu·ro·bil·jet·ten
twin·tig·ja·rig (bnw),

twin·tig·ja·ri·ge
de **twin·tig·ja·ri·ge**, twin·tig·ja·ri·gen
twin·tig·ste (telw)
de **twin·tig·ste-eeu·wer** (m), twin·tig·ste-eeu·wers
twin·tig·ste-eeuws (bnw), twin·tig·ste-eeuw·se
het **twin·tig·tal**, twin·tig·tal·len
de **twin·tig·we·ken·echo** (m), twin·tig·we·ken·echo's
de **twist**[1] (m) *(dans; onenigheid)*, twis·ten; twist·je
het **twist**[2] *(katoengaren, weefsel)*
twis·ten (ww), twist, twist; twist·te, twist·ten; ge·twist
de **twit·ter** (m) *(tweet)*, twit·ters; twit·ter·tje
de **twit·te·raar** (m), twit·te·raars
de/het **Twit·ter·ac·count** (m/o), Twit·ter·ac·counts
het **Twit·ter·be·richt**, Twit·ter·be·rich·ten; Twit·ter·be·richt·je
twit·te·ren (ww), twit·ter, twit·tert; twit·ter·de, twit·ter·den; ge·twit·terd
twk *(tegemoetkoming woonlasten kamerhuurders; terugwerkende kracht)*
de **two·step** (m)
t.w.v. *(ter waarde van)*
tya·par
de **ty·coon** (m), ty·coons; ty·coon·tje
de **ty·foon** (m), ty·foons
de **ty·fus** (m)
de **typ·cur·sus** (m), typ·cur·sus·sen
het **typ·di·plo·ma**, typ·di·plo·ma's
het **ty·pe**, ty·pen, ty·pes; ty·pe·tje
de **ty·pe·aan·dui·ding** (v), ty·pe·aan·dui·din·gen
type·cas·ten (ww), type·cast, type·cast; type·cast·te, type·cast·ten; ge·type·cast
de **type·cas·ting**, type·cas·tings
de **type·cur·sus** (m), type·cur·sus·sen
het **type·di·plo·ma**, type·di·plo·ma's
de **type·fout**, type·fou·ten; type·fout·je
de **type·les**, type·les·sen
de **type·ma·chi·ne** (v), type·ma·chi·nes; type·ma·chien·tje, type·ma·chi·ne·tje
ty·pen (ww), typ, typt; typ·te, typ·ten; ge·typt
ty·pe·ren (ww), ty·peer, ty·peert; ty·peer·de, ty·peer·den; ge·ty·peerd
ty·pe·rend (bnw), ty·pe·ren·de
de **ty·pe·ring** (v), ty·pe·rin·gen
de **type·vaar·dig·heid** (v), type·vaar·dig·he·den
het **type·werk**
de **typ·fout**, typ·fou·ten
ty·pisch (bnw), ty·pi·sche
de **ty·pist** (m), ty·pis·ten
de **ty·pis·te** (v), ty·pis·tes; ty·pis·te·tje
de **typ·les**, typ·les·sen
de **typ·ma·chi·ne** (v), typ·ma·chi·nes
de **ty·po** (m), ty·po's
de **ty·po·graaf** (m), ty·po·gra·fen
de **ty·po·gra·fie** (v), typografieën [ty·po·gra·fie·en]
de **ty·po·lo·gie** (v), typologieën [ty·po·lo·gie·en]
het **ty·po·script**, ty·po·scrip·ten
de **typ·vaar·dig·heid** (v), typ·vaar·dig·he·den
het **typ·werk**
de **ty·ran·no·sau·rus** (m), ty·ran·no·sau·rus·sen
de **ty·ran·no·sau·rus rex** (m), ty·ran·no·sau·rus rexen
de **tyu·ku**, tyu·ku's
de **tyu·ri**, tyu·ri's

de **tza·tzi·ki** (m), tza·tzi·ki's

t.z.t. *(te zijner tijd)*

U

de **u**[1], u's; u'tje
u[2] (pers vnw)
ub *(universiteitsbibliotheek),* ub's
über·haupt (bijw)
het **über-ich**
de **über·mensch** (m), über·men·schen
über·sen·ti·men·teel (bnw), über·sen·ti·men·te·le
de **U-bocht**, U-boch·ten
de **U-boot**, U-bo·ten; U-boot·je
ud *(universitair docent),* ud's
ufo *(unidentified flying object),* ufo's; ufootje [ufo·tje]
de **ufo·mel·ding** (v), ufo·mel·din·gen
de **ug·li** (m), ug·li's
uhd *(universitair hoofddocent),* uhd's
de **ui** (m), ui·en; ui·tje
de **ui·en·saus**, ui·en·sau·sen, ui·en·sau·zen
de **ui·en·snij·der** (m), ui·en·snij·ders
de **ui·en·soep**, ui·en·soe·pen; ui·en·soep·je
de **ui·er** (m), ui·ers; ui·er·tje
ui·ig (bnw), ui·ige
de **uil** (m), ui·len; uil·tje
de **ui·len·bal** (m), ui·len·bal·len
de **ui·len·bril** (m), ui·len·bril·len; ui·len·bril·le·tje
het **uils·kui·ken**, uils·kui·kens; uils·kui·ken·tje
uit (voorz)
de **uit·ade·ming** (v), uit·ade·min·gen
uit an·de·ren hoof·de
de **uit·baat·ster** (v), uit·baat·sters
uit·bag·ge·ren (ww), bag·ger uit, bag·gert uit; bag·ger·de uit, bag·ger·den uit; uit·ge·bag·gerd
de **uit·bal** (m), uit·bal·len
uit·ba·lan·ce·ren (ww), ba·lan·ceer uit, ba·lan·ceert uit; ba·lan·ceer·de uit, ba·lan·ceer·den uit; uit·ge·ba·lan·ceerd
uit·ban·nen (ww), ban uit, bant uit; ban·de uit, ban·den uit; uit·ge·ban·nen
uit·bar·sten (ww), barst uit, barst uit; barst·te uit, barst·ten uit; uit·ge·bar·sten
de **uit·bar·sting** (v), uit·bar·stin·gen
uit·ba·ten (ww), baat uit, baat uit; baat·te uit, baat·ten uit; uit·ge·baat
de **uit·ba·ter** (m), uit·ba·ters
de **uit·ba·ting** (v), uit·ba·tin·gen
uit·ba·zui·nen (ww), ba·zuin uit, ba·zuint uit; ba·zuin·de uit, ba·zuin·den uit; uit·ge·ba·zuind
uit·beel·den (ww), beeld uit, beeldt uit; beeld·de uit, beeld·den uit; uit·ge·beeld
de **uit·beel·ding** (v), uit·beel·din·gen
uit·be·ste·den (ww), be·steed uit, be·steedt uit; be·steed·de uit, be·steed·den uit; uit·be·steed
de **uit·be·ste·ding** (v), uit·be·ste·din·gen
uit·be·ta·len (ww), be·taal uit, be·taalt uit; be·taal·de uit, be·taal·den uit; uit·be·taald
de **uit·be·ta·ling** (v), uit·be·ta·lin·gen
uit·bij·ten[1] (ww) *(vrijmaken door het hakken van bijten),* bijt uit, bijt uit; bijt·te uit, bijt·ten uit; uit·ge·bijt
uit·bij·ten[2] (ww) *(andere betekenissen),* bijt uit, bijt uit; beet uit,

be·ten uit; uit·ge·be·ten
uit·bla·zen (ww), blaas uit, blaast uit; blies uit, blie·zen uit; uit·ge·bla·zen
uit·blij·ven (ww), blijf uit, blijft uit; bleef uit, ble·ven uit; uit·ge·ble·ven
uit·blin·ken (ww), blink uit, blinkt uit; blonk uit, blon·ken uit; uit·ge·blon·ken
uit·bloei·en (ww), bloei uit, bloeit uit; bloei·de uit, bloei·den uit; uit·ge·bloeid
uit·boe·ten (ww), boet uit, boet uit; boet·te uit, boet·ten uit; uit·ge·boet
de **uit·bouw** (m), uit·bou·wen; uit·bouw·tje
uit·bou·wen (ww), bouw uit, bouwt uit; bouw·de uit, bouw·den uit; uit·ge·bouwd
de **uit·braak**, uit·bra·ken
uit·bra·ken (ww), braak uit, braakt uit; braak·te uit, braak·ten uit; uit·ge·braakt
uit·bran·den (ww), brand uit, brandt uit; brand·de uit, brand·den uit; uit·ge·brand
uit·breid·baar (bnw), uit·breid·ba·re
uit·brei·den (ww), breid uit, breidt uit; breid·de uit, breid·den uit; uit·ge·breid
de **uit·brei·ding** (v), uit·brei·din·gen; uit·brei·din·kje
uit·bre·ken (ww), breek uit, breekt uit; brak uit, bra·ken uit; uit·ge·bro·ken
uit·bren·gen (ww), breng uit, brengt uit; bracht uit, brach·ten uit; uit·ge·bracht
uit·broe·den (ww), broed uit, broedt uit; broed·de uit, broed·den uit; uit·ge·broed
uit·bui·ken (ww), buik uit, buikt uit; buik·te uit, buik·ten uit; uit·ge·buikt
uit·bui·ten (ww), buit uit, buit uit; buit·te uit, buit·ten uit; uit·ge·buit
de **uit·bui·ting** (v), uit·bui·tin·gen
uit·bun·dig (bnw), uit·bun·di·ge
uit·chec·ken (ww), check uit, checkt uit; check·te uit, check·ten uit; uit·ge·checkt
uit·da·gen (ww), daag uit, daagt uit; daag·de uit, daag·den uit; uit·ge·daagd
uit·da·gend (bnw), uit·da·gen·de
de **uit·da·ging** (v), uit·da·gin·gen; uit·da·gin·kje
uit·dei·nen (ww), dein uit, deint uit; dein·de uit, dein·den uit; uit·ge·deind
uit·de·len (ww), deel uit, deelt uit; deel·de uit, deel·den uit; uit·ge·deeld
uit den bo·ze
uit·den·ken (ww), denk uit, denkt uit; dacht uit, dach·ten uit; uit·ge·dacht
de **uit·dienst·tre·ding** (v), uit·dienst·tre·din·gen
uit·die·pen (ww), diep uit, diept uit; diep·te uit, diep·ten uit; uit·ge·diept
de **uit·die·ping** (v), uit·die·pin·gen
uit·dij·en (ww), dij uit, dijt uit; dij·de uit, dij·den uit; uit·ge·dijd
de **uit·dij·ing** (v), uit·dij·in·gen
uit·doen (ww), doe uit, doet uit; deed uit, de·den uit; uit·ge·daan
uit·dok·te·ren (ww), dok·ter uit, dok·tert uit; dok·ter·de uit, dok·ter·den uit; uit·ge·dok·terd
uit·dos·sen (ww), dos uit, dost

uit; dos·te uit, dos·ten uit; uit·ge·dost

uit·do·ven (ww), doof uit, dooft uit; doof·de uit, doof·den uit; uit·ge·doofd

de **uit·draai** (m), uit·draai·en; uit·draai·tje

uit·draai·en (ww), draai uit, draait uit; draai·de uit, draai·den uit; uit·ge·draaid

uit·dra·gen (ww), draag uit, draagt uit; droeg uit, droe·gen uit; uit·ge·dra·gen

uit·drij·ven (ww), drijf uit, drijft uit; dreef uit, dre·ven uit; uit·ge·dre·ven

uit·druk·ke·lijk (bnw), uit·druk·ke·lij·ke

uit·druk·ken (ww), druk uit, drukt uit; druk·te uit, druk·ten uit; uit·ge·drukt

de **uit·druk·king** (v), uit·druk·kin·gen

uit·druk·king·loos (bnw), uit·druk·king·lo·ze

uit·druk·kings·loos (bnw), uit·druk·kings·lo·ze

uit·dun·nen (ww), dun uit, dunt uit; dun·de uit, dun·den uit; uit·ge·dund

uit·een (bijw)

uit·een·drij·ven (ww), drijf uit·een, drijft uit·een; dreef uit·een, dre·ven uit·een; uit·een·ge·dre·ven

uit·een·gaan (ww), ga uit·een, gaat uit·een; ging uit·een, gin·gen uit·een; uit·een·ge·gaan

uit·een·ha·len (ww), haal uit·een, haalt uit·een; haal·de uit·een, haal·den uit·een; uit·een·ge·haald

uit·een·leg·gen (ww), leg uit·een, legt uit·een; leg·de uit·een, leg·den uit·een; uit·een·ge·legd

uit·een·lig·gen (ww), lig uit·een, ligt uit·een; lag uit·een, la·gen uit·een; uit·een·ge·le·gen

uit·een·lo·pen (ww), loop uit·een, loopt uit·een; liep uit·een, lie·pen uit·een; uit·een·ge·lo·pen

uit·een·lo·pend (bnw), uit·een·lo·pen·de

uit·een·rij·ten (ww), rijt uit·een, rijt uit·een; reet uit·een, re·ten uit·een; uit·een·ge·re·ten

uit·een·ruk·ken (ww), ruk uit·een, rukt uit·een; ruk·te uit·een, ruk·ten uit·een; uit·een·ge·rukt

uit·een·spat·ten (ww), spat uit·een, spat uit·een; spat·te uit·een, spat·ten uit·een; uit·een·ge·spat

uit·een·val·len (ww), val uit·een, valt uit·een; viel uit·een, vie·len uit·een; uit·een·ge·val·len

het **uit·een·wij·ken**

uit·een·zet·ten (ww), zet uit·een, zet uit·een; zet·te uit·een, zet·ten uit·een; uit·een·ge·zet

de **uit·een·zet·ting** (v), uit·een·zet·tin·gen; uit·een·zet·tin·kje

het **uit·ein·de**, uit·ein·den, uit·ein·des

uit·ein·de·lijk (bnw), uit·ein·de·lij·ke

ui·ten (ww), uit, uit; uit·te, uit·ten; ge·uit

uit-en-te-na (bijw)

uit-en-ter-na (bijw)

ui·ten·treu·ren (bijw)

ui·ter·aard (bijw)

het **ui·ter·lijk**[1], ui·ter·lij·ken

ui·ter·lijk[2] (bnw), ui·ter·lij·ke

ui·ter·ma·te (bijw)
ui·terst (bnw), ui·ter·ste
het **ui·ter·ste**, ui·ter·sten
uit·eten (ww) *(leegeten)*, uit·eet, uit·eet; uit·at, uit·aten; uit·ge·ge·ten
uit eten *(buitenshuis eten)*
uit·fa·den (ww), fade uit, fadet uit; fade·de uit, fade·den uit; uit·ge·faded
uit·fa·se·ren (ww), fa·seer uit, fa·seert uit; fa·seer·de uit, fa·seer·den uit; uit·ge·fa·seerd
uit·fil·te·ren (ww), fil·ter uit, fil·tert uit; fil·ter·de uit, fil·ter·den uit; uit·ge·fil·terd
uit·fre·zen (ww), frees uit, freest uit; frees·de uit, frees·den uit; uit·ge·freesd
de **uit·gaaf**, uit·ga·ven; uit·gaaf·je
uit·gaan (ww), ga uit, gaat uit; ging uit, gin·gen uit; uit·ge·gaan
uit·gaand (bnw), uit·gaan·de
de **uit·gaans·buurt**, uit·gaans·buur·ten; uit·gaans·buurt·je
het **uit·gaans·le·ven**, uit·gaans·le·ven·tje
het **uit·gaans·ver·bod**, uit·gaans·ver·bo·den
de **uit·gang** (m), uit·gan·gen
het **uit·gangs·punt**, uit·gangs·pun·ten
de **uit·ga·ve**, uit·ga·ven
het **uit·ga·ven·pa·troon**, uit·ga·ven·pa·tro·nen
de **uit·ga·ven·post** (m), uit·ga·ven·pos·ten
uit·ge·ba·lan·ceerd (bnw), uit·ge·ba·lan·ceer·de
uit·ge·bracht (bnw), uit·ge·brach·te
uit·ge·breid (bnw), uit·ge·brei·de
uit·ge·buit (bnw), uit·ge·bui·te
uit·ge·dost (bnw), uit·ge·dos·te
uit·ge·groeid (bnw), uit·ge·groei·de
uit·ge·kiend (bnw), uit·ge·kien·de
uit·ge·la·ten (bnw)
het **uit·ge·lei·de**
uit·ge·le·zen (bnw)
uit·ge·no·digd (bnw), uit·ge·no·dig·de
uit·ge·pro·ce·deerd (bnw), uit·ge·pro·ce·deer·de
uit·ge·put (bnw), uit·ge·put·te
uit·ge·re·kend (bnw), uit·ge·re·ken·de
uit·ge·rekt (bnw), uit·ge·rek·te
uit·ge·rust (bnw), uit·ge·rus·te
uit·ge·spro·ken (bnw)
uit·ge·stald (bnw), uit·ge·stal·de
uit·ge·steld (bnw), uit·ge·stel·de
uit·ge·strekt (bnw), uit·ge·strek·te
uit·ge·ven (ww), geef uit, geeft uit; gaf uit, ga·ven uit; uit·ge·ge·ven
de **uit·ge·ver** (m), uit·ge·vers; uit·ge·ver·tje
de **uit·ge·ve·rij** (v), uit·ge·ve·rij·en; uit·ge·ve·rij·tje
uit·ge·voerd (bnw), uit·ge·voer·de
uit·ge·werkt (bnw), uit·ge·werk·te
uit·ge·zet (bnw), uit·ge·zet·te
uit·ge·zon·derd[1] (voorz)
uit·ge·zon·derd[2] (voegw)
uit·gie·ten (ww), giet uit, giet uit; goot uit, go·ten uit; uit·ge·go·ten
de **uit·gif·te** (v), uit·gif·ten, uit·gif·tes
uit·glij·den (ww), glijd uit, glij

uit, glijdt uit; gleed uit, gle·den uit; uit·ge·gle·den

de **uit·glij·der** (m), uit·glij·ders; uit·glij·der·tje

de **uit·glij·er** (m), uit·glij·ers; uit·glij·er·tje

uit·gooi·en (ww), gooi uit, gooit uit; gooi·de uit, gooi·den uit; uit·ge·gooid

uit·gra·ven (ww), graaf uit, graaft uit; groef uit, groe·ven uit; uit·ge·gra·ven

de **uit·groei** (m)

uit·groei·en (ww), groei uit, groeit uit; groei·de uit, groei·den uit; uit·ge·groeid

uit·gum·men (ww), gum uit, gumt uit; gum·de uit, gum·den uit; uit·ge·gumd

uit·ha·len (ww), haal uit, haalt uit; haal·de uit, haal·den uit; uit·ge·haald

het **uit·hang·bord**, uit·hang·bor·den; uit·hang·bord·je

uit·han·gen (ww), hang uit, hangt uit; hing uit, hin·gen uit; uit·ge·han·gen

uit·har·den (ww), hard uit, hardt uit; hard·de uit, hard·den uit; uit·ge·hard

uit·hij·gen (ww), hijg uit, hijgt uit; hijg·de uit, hijg·den uit; uit·ge·hijgd

de **uit·hoek** (m), uit·hoe·ken; uit·hoek·je

uit·hol·len (ww), hol uit, holt uit; hol·de uit, hol·den uit; uit·ge·hold

uit·hon·ge·ren (ww), hon·ger uit, hon·gert uit; hon·ger·de uit, hon·ger·den uit; uit·ge·hon·gerd

uit hoof·de van

uit·hou·den (ww), houd uit, hou uit, houdt uit; hield uit, hiel·den uit; uit·ge·hou·den

het **uit·hou·dings·ver·mo·gen**, uit·hou·dings·ver·mo·gens

uit·hou·wen (ww), houw uit, houwt uit; hieuw uit, hieu·wen uit; uit·ge·hou·wen

de **uit·huis·plaat·sing** (v), uit·huis·plaat·sin·gen

uit·hu·we·lij·ken (ww), hu·we·lijk uit, hu·we·lijkt uit; hu·we·lijk·te uit, hu·we·lijk·ten uit; uit·ge·hu·we·lijkt

de **ui·ting** (v), ui·tin·gen

uit·jou·wen (ww), jouw uit, jouwt uit; jouw·de uit, jouw·den uit; uit·ge·jouwd

uit·kaf·fe·ren (ww), kaf·fer uit, kaf·fert uit; kaf·fer·de uit, kaf·fer·den uit; uit·ge·kaf·ferd

uit·kam·men (ww), kam uit, kamt uit; kam·de uit, kam·den uit; uit·ge·kamd

uit·kau·wen (ww), kauw uit, kauwt uit; kauw·de uit, kauw·den uit; uit·ge·kauwd

uit·ke·ren (ww), keer uit, keert uit; keer·de uit, keer·den uit; uit·ge·keerd

de **uit·ke·ring** (v), uit·ke·rin·gen; uit·ke·rin·kje

de **uit·ke·rings·spe·ci·fi·ca·tie** (v), uit·ke·rings·spe·ci·fi·ca·ties

uit·kie·nen (ww), kien uit, kient uit; kien·de uit, kien·den uit; uit·ge·kiend

uit·kie·zen (ww), kies uit, kiest uit; koos uit, ko·zen uit; uit·ge·ko·zen

de **uit·kijk** (m), uit·kij·ken; uit·kijk·je

uit·kij·ken[1] (ww), kijk uit, kijkt uit; keek uit, ke·ken uit;

uit·ge·ke·ken
uit·kij·ken[2]: ernaar uitkijken
uit·kla·ren (ww), klaar uit, klaart uit; klaar·de uit, klaar·den uit; uit·ge·klaard
uit·kle·den (ww), kleed uit, kleedt uit; kleed·de uit, kleed·den uit; uit·ge·kleed
uit·knij·pen (ww), knijp uit, knijpt uit; kneep uit, kne·pen uit; uit·ge·kne·pen
uit·knip·pen (ww), knip uit, knipt uit; knip·te uit, knip·ten uit; uit·ge·knipt
de **uit·knop** (m), uit·knop·pen; uit·knop·je
uit·ko·ken (ww), kook uit, kookt uit; kook·te uit, kook·ten uit; uit·ge·kookt
uit·ko·men (ww), kom uit, komt uit; kwam uit, kwa·men uit; uit·ge·ko·men
de **uit·komst** (v), uit·kom·sten
uit·krab·ben (ww), krab uit, krabt uit; krab·de uit, krab·den uit; uit·ge·krabd
uit·kra·men (ww), kraam uit, kraamt uit; kraam·de uit, kraam·den uit; uit·ge·kraamd
uit·kris·tal·li·se·ren (ww), kris·tal·li·seer uit, kris·tal·li·seert uit; kris·tal·li·seer·de uit, kris·tal·li·seer·den uit; uit·ge·kris·tal·li·seerd
uit·kui·sen (ww), kuis uit, kuist uit; kuis·te uit, kuis·ten uit; uit·ge·kuist
de **uit·laat** (m), uit·la·ten
de **uit·laat·klep**, uit·laat·klep·pen; uit·laat·klep·je
uit·la·chen (ww), lach uit, lacht uit; lach·te uit, lach·ten uit; uit·ge·la·chen
uit·la·den (ww), laad uit, laadt uit; laad·de uit, laad·den uit; uit·ge·la·den
uit·lan·dig (bnw), uit·lan·di·ge
uit·la·ten (ww), laat uit, laat uit; liet uit, lie·ten uit; uit·ge·la·ten
de **uit·la·ting** (v), uit·la·tin·gen
de **uit·leg** (m), uit·leg·gen; uit·leg·je
uit·leg·gen (ww), leg uit, legt uit; leg·de uit, leg·den uit; uit·ge·legd
de **uit·leg·ging** (v), uit·leg·gin·gen
uit·lei·den (ww), leid uit, leidt uit; leid·de uit, leid·den uit; uit·ge·leid
uit·lek·ken (ww), lek uit, lekt uit; lek·te uit, lek·ten uit; uit·ge·lekt
uit·le·nen (ww), leen uit, leent uit; leen·de uit, leen·den uit; uit·ge·leend
de **uit·le·ner** (m), uit·le·ners
de **uit·le·ning** (v), uit·le·nin·gen
uit·le·ven (ww), leef uit, leeft uit; leef·de uit, leef·den uit; uit·ge·leefd
uit·le·ve·ren (ww), le·ver uit, le·vert uit; le·ver·de uit, le·ver·den uit; uit·ge·le·verd
de **uit·le·ve·ring** (v), uit·le·ve·rin·gen
uit·le·zen (ww), lees uit, leest uit; las uit, la·zen uit; uit·ge·le·zen
uit·lich·ten (ww), licht uit, licht uit; licht·te uit, licht·ten uit; uit·ge·licht
uit·lij·nen (ww), lijn uit, lijnt uit; lijn·de uit, lijn·den uit; uit·ge·lijnd
uit·lo·gen (ww), loog uit, loogt uit; loog·de uit, loog·den uit; uit·ge·loogd
uit·log·gen (ww), log uit, logt uit; log·de uit, log·den uit; uit·ge·logd
uit·lok·ken (ww), lok uit, lokt

uit; lok·te uit, lok·ten uit; uit·ge·lokt
de **uit·loop** (m), uit·lo·pen; uit·loop·je
uit·lo·pen (ww), loop uit, loopt uit; liep uit, lie·pen uit; uit·ge·lo·pen
uit·lo·ten (ww), loot uit, loot uit; loot·te uit, loot·ten uit; uit·ge·loot
uit·lo·ven (ww), loof uit, looft uit; loof·de uit, loof·den uit; uit·ge·loofd
uit·ma·ken (ww), maak uit, maakt uit; maak·te uit, maak·ten uit; uit·ge·maakt
uit·me·ten (ww), meet uit, meet uit; mat uit, ma·ten uit; uit·ge·me·ten
uit·mid·de·len (ww), mid·del uit, mid·delt uit; mid·del·de uit, mid·del·den uit; uit·ge·mid·deld
uit·mij·nen (ww), mijn uit, mijnt uit; mijn·de uit, mijn·den uit; uit·ge·mijnd
uit·mon·den (ww), mond uit, mondt uit; mond·de uit, mond·den uit; uit·ge·mond
uit·mun·ten (ww), munt uit, munt uit; munt·te uit, munt·ten uit; uit·ge·munt
uit·mun·tend (bnw), uit·mun·ten·de
uit·ne·men (ww), neem uit, neemt uit; nam uit, na·men uit; uit·ge·no·men
uit·ne·mend (bnw), uit·ne·men·de
uit·no·di·gen (ww), no·dig uit, no·digt uit; no·dig·de uit, no·dig·den uit; uit·ge·no·digd
uit·no·di·gend (bnw), uit·no·di·gen·de
de **uit·no·di·ging** (v), uit·no·di·gin·gen
uit·nut·ten (ww), nut uit, nut uit; nut·te uit, nut·ten uit; uit·ge·nut
de **uit·nut·ting** (v), uit·nut·tin·gen
uit·oe·fe·nen (ww), oe·fen uit, oe·fent uit; oe·fen·de uit, oe·fen·den uit; uit·ge·oe·fend
de **uit·oe·fe·ning** (v), uit·oe·fe·nin·gen
uit·on·der·han·de·len (ww), on·der·han·del uit, on·der·han·delt uit; on·der·han·del·de uit, on·der·han·del·den uit; uit·on·der·han·deld
uit·pak·ken (ww), pak uit, pakt uit; pak·te uit, pak·ten uit; uit·ge·pakt
uit·pik·ken (ww), pik uit, pikt uit; pik·te uit, pik·ten uit; uit·ge·pikt
uit·plan·ten (ww), plant uit, plant uit; plant·te uit, plant·ten uit; uit·ge·plant
uit·plui·zen (ww), pluis uit, pluist uit; ploos uit, plo·zen uit; uit·ge·plo·zen
uit·pra·ten (ww), praat uit, praat uit; praat·te uit, praat·ten uit; uit·ge·praat
uit·prin·ten (ww), print uit, print uit; print·te uit, print·ten uit; uit·ge·print
uit·pro·be·ren (ww), pro·beer uit, pro·beert uit; pro·beer·de uit, pro·beer·den uit; uit·ge·pro·beerd
uit·pui·len (ww), puil uit, puilt uit; puil·de uit, puil·den uit; uit·ge·puild
uit·pu·ren (ww), puur uit, puurt uit; puur·de uit, puur·den uit; uit·ge·puurd

uit·put·ten (ww), put uit, put uit; put·te uit, put·ten uit; uit·ge·put
uit·put·tend (bnw), uit·put·ten·de
de **uit·put·ting** (v), uit·put·tin·gen
de **uit·put·tings·slag** (m), uit·put·tings·sla·gen
uit·ra·ken (ww), raak uit, raakt uit; raak·te uit, raak·ten uit; uit·ge·raakt
uit·ra·zen (ww), raas uit, raast uit; raas·de uit, raas·den uit; uit·ge·raasd
de **uit·red·ding** (v), uit·red·din·gen
uit·rei·ken (ww), reik uit, reikt uit; reik·te uit, reik·ten uit; uit·ge·reikt
de **uit·rei·king** (v), uit·rei·kin·gen
het **uit·reis·ver·bod**, uit·reis·ver·bo·den
uit·re·ke·nen (ww), re·ken uit, re·kent uit; re·ken·de uit, re·ken·den uit; uit·ge·re·kend
uit·rek·ken (ww), rek uit, rekt uit; rek·te uit, rek·ten uit; uit·ge·rekt
uit·rich·ten (ww), richt uit, richt uit; richt·te uit, richt·ten uit; uit·ge·richt
de **uit·rij·kaart**, uit·rij·kaar·ten; uit·rij·kaart·je
uit·rij·zen (ww), rijs uit, rijst uit; rees uit, re·zen uit; uit·ge·re·zen
de **uit·rit** (m), uit·rit·ten; uit·rit·je
uit·roei·en (ww), roei uit, roeit uit; roei·de uit, roei·den uit; uit·ge·roeid
de **uit·roei·ing** (v), uit·roei·in·gen
de **uit·roep** (m), uit·roe·pen; uit·roep·je
uit·roe·pen (ww), roep uit, roept uit; riep uit, rie·pen uit; uit·ge·roe·pen
het **uit·roe·pings·te·ken**, uit·roe·pings·te·kens
het **uit·roep·te·ken**, uit·roep·te·kens; uit·roep·te·ken·tje
de **uit·rol**, uit·rol·len
uit·rol·len (ww), rol uit, rolt uit; rol·de uit, rol·den uit; uit·ge·rold
uit·ruk·ken (ww), ruk uit, rukt uit; ruk·te uit, ruk·ten uit; uit·ge·rukt
uit·rus·ten (ww), rust uit, rust uit; rust·te uit, rust·ten uit; uit·ge·rust
de **uit·rus·ting** (v), uit·rus·tin·gen
uit·scha·ke·len (ww), scha·kel uit, scha·kelt uit; scha·kel·de uit, scha·kel·den uit; uit·ge·scha·keld
de **uit·scha·ke·ling** (v), uit·scha·ke·lin·gen
uit·schei·den[1] (ww) *(ophouden),* scheid uit, schei uit, scheidt uit; scheed uit, schee uit, scheid·de uit, sche·den uit, scheeën uit [schee·en uit], scheid·den uit; uit·ge·sche·den, uitgescheeën [uit·ge·schee·en], uit·ge·schei·den
uit·schei·den[2] (ww) *(afscheiden),* scheid uit, scheidt uit; scheid·de uit, scheid·den uit; uit·ge·schei·den
uit·schel·den (ww), scheld uit, scheldt uit; schold uit, schol·den uit; uit·ge·schol·den
uit·schen·ken (ww), schenk uit, schenkt uit; schonk uit, schon·ken uit; uit·ge·schon·ken
uit·schij·nen (ww), schijn uit, schijnt uit; scheen uit, sche·nen uit; uit·ge·sche·nen
uit·schop·pen (ww), schop uit, schopt uit; schop·te uit, schop·ten uit; uit·ge·schopt

uit·schrij·ven (ww), schrijf uit, schrijft uit; schreef uit, schre·ven uit; uit·ge·schre·ven
uit·schud·den (ww), schud uit, schudt uit; schud·de uit, schud·den uit; uit·ge·schud
uit·schui·ven (ww), schuif uit, schuift uit; schoof uit, scho·ven uit; uit·ge·scho·ven
de **uit·schui·ver** (m), uit·schui·vers; uit·schui·ver·tje
uit·se·lec·te·ren (ww), se·lec·teer uit, se·lec·teert uit; se·lec·teer·de uit, se·lec·teer·den uit; uit·ge·se·lec·teerd
uit·slaan (ww), sla uit, slaat uit; sloeg uit, sloe·gen uit; uit·ge·sla·gen
de **uit·slag** (m), uit·sla·gen; uit·slag·je
uit·sla·pen (ww), slaap uit, slaapt uit; sliep uit, slie·pen uit; uit·ge·sla·pen
uit·slo·ven (ww), sloof uit, slooft uit; sloof·de uit, sloof·den uit; uit·ge·sloofd
uit·slui·ten (ww), sluit uit, sluit uit; sloot uit, slo·ten uit; uit·ge·slo·ten
uit·slui·tend (bnw), uit·slui·ten·de
de **uit·slui·ting** (v), uit·slui·tin·gen
het **uit·sluit·sel**, uit·sluit·sels
de **uit·smij·ter** (m), uit·smij·ters; uit·smij·ter·tje
de **uit·sne·de**, uit·sne·den
uit·sor·te·ren (ww), sor·teer uit, sor·teert uit; sor·teer·de uit, sor·teer·den uit; uit·ge·sor·teerd
uit·spa·ren (ww), spaar uit, spaart uit; spaar·de uit, spaar·den uit; uit·ge·spaard
de **uit·spa·ring** (v), uit·spa·rin·gen; uit·spa·rin·kje
uit·spe·len (ww), speel uit, speelt uit; speel·de uit, speel·den uit; uit·ge·speeld
uit·spel·len (ww), spel uit, spelt uit; spel·de uit, spel·den uit; uit·ge·speld
uit·split·sen (ww), splits uit, splitst uit; splits·te uit, splits·ten uit; uit·ge·splitst
uit·spo·ken (ww), spook uit, spookt uit; spook·te uit, spook·ten uit; uit·ge·spookt
de **uit·spraak**, uit·spra·ken; uit·spraak·je
uit·sprei·den (ww), spreid uit, spreidt uit; spreid·de uit, spreid·den uit; uit·ge·spreid
uit·spre·ken (ww), spreek uit, spreekt uit; sprak uit, spra·ken uit; uit·ge·spro·ken
uit·sprin·gen (ww), spring uit, springt uit; sprong uit, spron·gen uit; uit·ge·spron·gen
uit·spu·gen (ww), spuug uit, spuugt uit; spoog uit, spuug·de uit, spo·gen uit, spuug·den uit; uit·ge·spo·gen, uit·ge·spuugd
uit·spu·wen (ww), spuw uit, spuwt uit; spuw·de uit, spuw·den uit; uit·ge·spuwd
uit·staan (ww), sta uit, staat uit; stond uit, ston·den uit; uit·ge·staan
uit·staans: geen uitstaans hebben met
uit·stal·len (ww), stal uit, stalt uit; stal·de uit, stal·den uit; uit·ge·stald
het **uit·stal·raam**, uit·stal·ra·men; uit·stal·raam·pje
uit·stan·sen (ww), stans uit, stanst uit; stans·te uit, stans·ten

uit; uit·ge·stanst
de **uit·stap** (m), uit·stap·pen; uit·stap·je
uit·stap·pen (ww), stap uit, stapt uit; stap·te uit, stap·ten uit; uit·ge·stapt
het **uit·stek**, uit·stek·ken
uit·ste·ken (ww), steek uit, steekt uit; stak uit, sta·ken uit; uit·ge·sto·ken
uit·ste·kend (bnw), uit·ste·ken·de
het **uit·stel**
uit·stel·len (ww), stel uit, stelt uit; stel·de uit, stel·den uit; uit·ge·steld
uit·stem·pe·len (ww), stem·pel uit, stem·pelt uit; stem·pel·de uit, stem·pel·den uit; uit·ge·stem·peld
uit·ster·ven (ww), sterf uit, sterft uit; stierf uit, stier·ven uit; uit·ge·stor·ven
de **uit·ster·ving** (v), uit·ster·vin·gen
uit·stij·gen (ww), stijg uit, stijgt uit; steeg uit, ste·gen uit; uit·ge·ste·gen
uit·stip·pe·len (ww), stip·pel uit, stip·pelt uit; stip·pel·de uit, stip·pel·den uit; uit·ge·stip·peld
de **uit·stoot** (m), uit·sto·ten; uit·stoot·je
het **uit·stoot·gas**, uit·stoot·gas·sen
uit·sto·ten (ww), stoot uit, stoot uit; stoot·te uit, stoot·ten uit; uit·ge·sto·ten
uit·stra·len (ww), straal uit, straalt uit; straal·de uit, straal·den uit; uit·ge·straald
de **uit·stra·ling** (v), uit·stra·lin·gen
uit·strek·ken (ww), strek uit, strekt uit; strek·te uit, strek·ten uit; uit·ge·strekt
uit·strooi·en (ww), strooi uit, strooit uit; strooi·de uit, strooi·den uit; uit·ge·strooid
de **uit·strooi·ing** (v), uit·strooi·in·gen
de **uit·stroom** (m), uit·stro·men
uit·stu·ren (ww), stuur uit, stuurt uit; stuur·de uit, stuur·den uit; uit·ge·stuurd
uit·te·ke·nen (ww), te·ken uit, te·kent uit; te·ken·de uit, te·ken·den uit; uit·ge·te·kend
uit·tel·len (ww), tel uit, telt uit; tel·de uit, tel·den uit; uit·ge·teld
uit·tes·ten (ww), test uit, test uit; test·te uit, test·ten uit; uit·ge·test
uit·to·re·nen (ww), to·ren uit, to·rent uit; to·ren·de uit, to·ren·den uit; uit·ge·to·rend
de **uit·tre·de**, uit·tre·den
uit·tre·den (ww), treed uit, treedt uit; trad uit, tra·den uit; uit·ge·tre·den
de **uit·tre·ding** (v), uit·tre·din·gen
uit·trek·ken (ww), trek uit, trekt uit; trok uit, trok·ken uit; uit·ge·trok·ken
het **uit·trek·sel**, uit·trek·sels; uit·trek·sel·tje
uit·ty·pen (ww), typ uit, typt uit; typ·te uit, typ·ten uit; uit·ge·typt
uit·vaar·di·gen (ww), vaar·dig uit, vaar·digt uit; vaar·dig·de uit, vaar·dig·den uit; uit·ge·vaar·digd
de **uit·vaart**, uit·vaar·ten
het **uit·vaart·be·drijf**, uit·vaart·be·drij·ven; uit·vaart·be·drijf·je
het **uit·vaart·cen·trum**, uit·vaart·cen·tra, uit·vaart·cen·trums
de **uit·val** (m), uit·val·len; uit·val·le·tje
de **uit·val·ba·sis** (v), uit·val·ba·ses, uit·val·ba·sis·sen

uit·val·len (ww), val uit, valt uit; viel uit, vie·len uit; uit·ge·val·len
de **uit·vals·ba·sis** (v), uit·vals·ba·ses, uit·vals·ba·sis·sen
uit·va·ren (ww), vaar uit, vaart uit; voer uit, voe·ren uit; uit·ge·va·ren
uit·vech·ten (ww), vecht uit, vecht uit; vocht uit, voch·ten uit; uit·ge·voch·ten
uit·ven·ten (ww), vent uit, vent uit; vent·te uit, vent·ten uit; uit·ge·vent
uit·ver·gro·ten (ww), ver·groot uit, ver·groot uit; ver·groot·te uit, ver·groot·ten uit; uit·ver·groot
uit·ver·kie·zen (ww), ver·kies uit, ver·kiest uit; ver·koos uit, ver·ko·zen uit; uit·ver·ko·ren, uit·ver·ko·zen
de **uit·ver·kie·zing** (v), uit·ver·kie·zin·gen
de **uit·ver·koop** (m), uit·ver·ko·pen; uit·ver·koop·je
uit·ver·ko·pen (ww), ver·koop uit, ver·koopt uit; ver·kocht uit, ver·koch·ten uit; uit·ver·kocht
uit·ver·ko·ren (bnw)
de **uit·ver·ko·re·ne**, uit·ver·ko·re·nen
uit·vie·ren (ww), vier uit, viert uit; vier·de uit, vier·den uit; uit·ge·vierd
uit·vin·den (ww), vind uit, vindt uit; vond uit, von·den uit; uit·ge·von·den
de **uit·vin·der** (m), uit·vin·ders
de **uit·vin·ding** (v), uit·vin·din·gen; uit·vin·din·kje
uit·vin·ken (ww), vink uit, vinkt uit; vink·te uit, vink·ten uit; uit·ge·vinkt
uit·vis·sen (ww), vis uit, vist uit; vis·te uit, vis·ten uit; uit·ge·vist
uit·vlie·gen (ww), vlieg uit, vliegt uit; vloog uit, vlo·gen uit; uit·ge·vlo·gen
het **uit·vloei·sel**, uit·vloei·se·len, uit·vloei·sels
de **uit·vlucht**, uit·vluch·ten; uit·vlucht·je
de **uit·voer**[1] (m), uit·voe·ren
uit·voer[2]: ten uitvoer leggen
de **uit·voer·der** (m), uit·voer·ders
uit·voe·ren (ww), voer uit, voert uit; voer·de uit, voer·den uit; uit·ge·voerd
uit·voe·rend (bnw), uit·voe·ren·de
uit·voe·rig (bnw), uit·voe·ri·ge
de **uit·voe·ring** (v), uit·voe·rin·gen; uit·voe·rin·kje
de **uit·voe·rings·ca·pa·ci·teit** (v), uit·voe·rings·ca·pa·ci·tei·ten
het **uit·voer·recht**, uit·voer·rech·ten
uit·vo·ge·len (ww), vo·gel uit, vo·gelt uit; vo·gel·de uit, vo·gel·den uit; uit·ge·vo·geld
uit·vra·gen (ww), vraag uit, vraagt uit; vraag·de uit, vroeg uit, vraag·den uit, vroe·gen uit; uit·ge·vraagd
uit·vre·ten (ww), vreet uit, vreet uit; vrat uit, vra·ten uit; uit·ge·vre·ten
uit·waai·en (ww), waai uit, waait uit; waai·de uit, woei uit, waai·den uit, woei·en uit; uit·ge·waaid
uit·waai·e·ren (ww), waai·er uit, waai·ert uit; waai·er·de uit, waai·er·den uit; uit·ge·waai·erd
uit·waarts (bnw), uit·waart·se
de/het **uit·was** (m/o), uit·was·sen; uit·was·je
uit·wa·te·ren (ww), wa·ter uit,

wa·tert uit; wa·ter·de uit, wa·ter·den uit; uit·ge·wa·terd
de **uit·weg** (m), uit·we·gen; uit·weg·ge·tje, uit·weg·je
uit·wei·den (ww), weid uit, weidt uit; weid·de uit, weid·den uit; uit·ge·weid
de **uit·wei·ding** (v), uit·wei·din·gen; uit·wei·din·kje
uit·wer·ken (ww), werk uit, werkt uit; werk·te uit, werk·ten uit; uit·ge·werkt
de **uit·wer·king** (v), uit·wer·kin·gen
het **uit·werp·sel**, uit·werp·se·len, uit·werp·sels; uit·werp·sel·tje
uit·wie·den (ww), wied uit, wiedt uit; wied·de uit, wied·den uit; uit·ge·wied
uit·wij·ken (ww), wijk uit, wijkt uit; week uit, we·ken uit; uit·ge·we·ken
uit·wij·zen (ww), wijs uit, wijst uit; wees uit, we·zen uit; uit·ge·we·zen
uit·wis·se·len (ww), wis·sel uit, wis·selt uit; wis·sel·de uit, wis·sel·den uit; uit·ge·wis·seld
de **uit·wis·se·ling** (v), uit·wis·se·lin·gen
de **uit·wis·se·lings·stu·dent** (m), uit·wis·se·lings·stu·den·ten
uit·wis·sen (ww), wis uit, wist uit; wis·te uit, wis·ten uit; uit·ge·wist
uit·wrin·gen (ww), wring uit, wringt uit; wrong uit, wron·gen uit; uit·ge·wron·gen
uit·wui·ven (ww), wuif uit, wuift uit; wuif·de uit, wuif·den uit; uit·ge·wuifd
de **uit·zaai·ing** (v), uit·zaai·in·gen
uit·za·gen (ww), zaag uit, zaagt uit; zaag·de uit, zaag·den uit; uit·ge·zaagd
het **uit·zend·bu·reau**, uit·zend·bu·reaus; uit·zend·bu·reau·tje
uit·zen·den (ww), zend uit, zendt uit; zond uit, zon·den uit; uit·ge·zon·den
de **uit·zen·ding** (v), uit·zen·din·gen; uit·zen·din·kje
de **uit·zend·kos·ten** (mv)
de/het **uit·zet** (m/o), uit·zet·ten
uit·zet·ten (ww), zet uit, zet uit; zet·te uit, zet·ten uit; uit·ge·zet
de **uit·zet·ting** (v), uit·zet·tin·gen
het **uit·zicht**, uit·zich·ten; uit·zicht·je
uit·zicht·loos (bnw), uit·zicht·lo·ze
het **uit·zicht·punt**, uit·zicht·pun·ten
uit·zichts·loos (bnw), uit·zichts·lo·ze
het **uit·zichts·punt**, uit·zichts·pun·ten
uit·zie·ken (ww), ziek uit, ziekt uit; ziek·te uit, ziek·ten uit; uit·ge·ziekt
uit·zien[1] (ww), zie uit, ziet uit; zag uit, za·gen uit; uit·ge·zien
uit·zien[2]: ernaar uitzien
uit·zin·nig (bnw), uit·zin·ni·ge
uit·zit·ten (ww), zit uit, zit uit; zat uit, za·ten uit; uit·ge·ze·ten
uit·zoe·ken (ww), zoek uit, zoekt uit; zocht uit, zoch·ten uit; uit·ge·zocht
de **uit·zon·de·ring** (v), uit·zon·de·rin·gen
uit·zon·der·lijk (bnw), uit·zon·der·lij·ke
uit·zoo·men (ww), zoom uit, zoomt uit; zoom·de uit, zoom·den uit; uit·ge·zoomd
uit·zwaai·en (ww), zwaai uit,

zwaait uit; zwaai·de uit, zwaai·den uit; uit·ge·zwaaid
uit·zwer·men (ww), zwerm uit, zwermt uit; zwerm·de uit, zwerm·den uit; uit·ge·zwermd
de **ui·ver** (m), ui·vers; ui·ver·tje
de **uke·le·le** (m), uke·le·les
de **uk·ke·puk** (m), uk·ke·puk·ken; uk·ke·puk·je
de **ulaan** (m), ula·nen
het **ul·cus**, ul·ce·ra; ul·cus·je
ulo *(school voor uitgebreid lager onderwijs),* ulo's
ul·tiem (bnw), ul·tie·me
het **ul·ti·ma·tum**, ul·ti·ma·tums
ul·ti·mo (bijw)
de **ul·tra**[1], ul·tra's
ul·tra[2] (bijw)
ul·tra·dun (bnw), ul·tra·dun·ne
ul·tra·kort (bnw), ul·tra·kor·te
ul·tra·mo·dern (bnw), ul·tra·mo·der·ne
ul·tra·na·ti·o·na·lis·tisch (bnw), ul·tra·na·ti·o·na·lis·ti·sche
ul·tra·or·tho·dox (bnw), ul·tra·or·tho·doxe
ul·tra·soon (bnw), ul·tra·so·ne
ul·tra·vi·o·let (bnw), ul·tra·vi·o·let·te
de **um·laut** (m), um·lau·ten
UMTS *(universal mobile telecommunications system)*
una·niem (bnw), una·nie·me
de **una·ni·mi·teit** (v), una·ni·mi·tei·ten
de **un·der·co·ver** (m), un·der·co·vers
de **un·der·co·ver·agent** (m), un·der·co·ver·agen·ten
de **un·der·dog** (m), un·der·dogs; un·der·dog·je
de **un·der·ground** (m)
de **un·der·score** (m), un·der·scores
het **un·der·state·ment**, un·der·state·ments
un·fair (bnw), un·fai·re
un·hei·misch (bnw), un·hei·mi·sche
un·heim·lich (bnw), un·heim·li·che
het **uni·caat**, uni·ca·ten
de **uni·ci·teit** (v), uni·ci·tei·ten
het **uni·cum**, uni·ca, uni·cums
de **unie** (v), unies
de **unief** (v), uniefs; unief·je
uniek (bnw), unie·ke
de **uniek·heid** (v), uniek·he·den
uni·fi·ce·ren (ww), uni·fi·ceer, uni·fi·ceert; uni·fi·ceer·de, uni·fi·ceer·den; geünificeerd [ge·uni·fi·ceerd]
de/het **uni·form**[1], uni·for·men; uni·form·pje
uni·form[2] (bnw), uni·for·me
uni·for·me·ren (ww), uni·for·meer, uni·for·meert; uni·for·meer·de, uni·for·meer·den; geüniformeerd [ge·uni·for·meerd]
de **uni·for·me·ring** (v), uni·for·me·rin·gen
de **uni·for·mi·sa·tie** (v), uni·for·mi·sa·ties
uni·for·mi·se·ren (ww), uni·for·mi·seer, uni·for·mi·seert; uni·for·mi·seer·de, uni·for·mi·seer·den; geüniformiseerd [ge·uni·for·mi·seerd]
de **uni·for·mi·se·ring** (v), uni·for·mi·se·rin·gen
de **uni·for·mi·teit** (v), uni·for·mi·tei·ten
de **uni·kleur**, uni·kleu·ren
uni·la·te·raal (bnw), uni·la·te·ra·le
uni·seks (bnw)

uni·so·no (bijw)
de **unit**, units
het **uni·ver·sa·le**, uni·ver·sa·lia
de **uni·ver·sa·li·teit** (v), uni·ver·sa·li·tei·ten
uni·ver·seel (bnw), uni·ver·se·le
uni·ver·si·tair (bnw), uni·ver·si·tai·re
de **uni·ver·si·teit** (v), uni·ver·si·tei·ten; uni·ver·si·teit·je
het **uni·ver·si·teits·blad**, uni·ver·si·teits·bla·den; uni·ver·si·teits·blaad·je
het **uni·ver·sum**, uni·ver·sa, uni·ver·sums; uni·ver·sum·pje
un·lea·ded (bnw)
un·ver·fro·ren (bijw)
un·zip·pen (ww), un·zip, un·zipt; un·zip·te, un·zip·ten; geünzipt [ge·un·zipt]
de **up** (m), ups
de **up·date** (m), up·dates; up·date·je
up·da·ten (ww), up·date, up·datet; up·date·te, up·date·ten; geüpdatet [ge·up·datet]
de **up·da·ting**
de **up·grade** (m), up·grades
up·gra·den (ww), up·grade, up·gradet; up·grade·de, up·grade·den; geüpgraded [ge·up·graded]
de **up·gra·ding** (v), up·gra·dings
de **up·load** (m), up·loads
up·loa·den (ww), up·load, up·loadt; up·load·de, up·load·den; geüpload [ge·up·load]
de **up·per class**[1] (m), up·per clas·ses
up·per class[2] (bnw)
de **up·per·cut** (m), up·per·cuts
de **up·per ten** (m)
het **U-pro·fiel**, U-pro·fie·len
de **ups-and-downs** (mv)
ups en downs
up·tem·po (bijw)
up-to-date (bnw)
het **uraan**
het **ura·ni·um**
ur·baan (bnw), ur·ba·ne
de **ur·ba·ni·sa·tie** (v), ur·ba·ni·sa·ties
ur·ba·ni·se·ren (ww), ur·ba·ni·seer, ur·ba·ni·seert; ur·ba·ni·seer·de, ur·ba·ni·seer·den; geürbaniseerd [ge·ur·ba·ni·seerd]
ur·bi et or·bi (bijw)
ur·di
het **Ur·du** *(taal)*
ure: te elfder ure
uren·lang (bnw), uren·lan·ge
de **uren·norm**, uren·nor·men
de **uren·staat** (m), uren·sta·ten
de **ure·ter** (m), ure·ters
de **ure·thra** (v), ure·thrae, ure·thra's
het **ure·um**
ur·gent (bnw), ur·gen·te
de **ur·gen·tie** (v), ur·gen·ties
de **ur·gen·tie·arts** (m), ur·gen·tie·art·sen
het **uri·naal**, uri·na·len
de **uri·ne**
het **uri·ne·on·der·zoek**, uri·ne·on·der·zoe·ken
uri·ne·ren (ww), uri·neer, uri·neert; uri·neer·de, uri·neer·den; geürineerd [ge·uri·neerd]
het **uri·noir**, uri·noirs; uri·noir·tje
URL *(uniform resource locator)*, URL's
ur·men (ww), urm, urmt; urm·de, urm·den; geürmd [ge·urmd]
de **urn**, ur·nen; urn·tje
de **ur·ne**, ur·nen; ur·ne·tje
het **ur·nen·veld**, ur·nen·vel·den

de **ur·su·li·ne** (v), ur·su·li·nen
de **Uru·gua·yaan** (m), Uru·gua·ya·nen
Uru·gua·yaans (bnw), Uru·gua·yaan·se
de **Uru·guees**[1] (m), Uru·gue·zen
Uru·guees[2] (bnw), Uru·gue·se
de **usan·ce**, usan·ces
USB *(universal serial bus)*, USB's
de **USB-ka·bel** (m), USB-ka·bels; USB-ka·bel·tje
de **USB-poort**, USB-poor·ten; USB-poort·je
de **USB-stick** (m), USB-sticks; USB-stick·je
de **US-dol·lar** (m), US-dol·lars
de **user** (m), users
de **user·in·ter·face** (m), user·in·ter·fa·ces
de **user·name** (m), user·names
USP *(unique selling point)*, USP's
usur·pe·ren (ww), usur·peer, usur·peert; usur·peer·de, usur·peer·den; geüsurpeerd [ge·usur·peerd]
de **ut**, uts
de **ute·rus** (m), ute·rus·sen
uti·li·se·ren (ww), uti·li·seer, uti·li·seert; uti·li·seer·de, uti·li·seer·den; geütiliseerd [ge·uti·li·seerd]
uti·li·tair (bnw), uti·li·tai·re
de **uti·li·teit** (v), uti·li·tei·ten
de **uti·li·teits·bouw** (m)
Uto·pia
de **uto·pie** (v), utopieën [uto·pie·en]; uto·pie·tje
uto·pisch (bnw), uto·pi·sche
het **uto·pis·me**
de **Utrech·ter**[1] (m), Utrech·ters
Utrech·ter[2] (bnw)
Utrechts (bnw), Utrecht·se
de **Utrecht·se** (v), Utrecht·sen
het **uur**[1], uren; uur·tje
uur[2]: een uur gaans
het **uur·loon**, uur·lo·nen
de **uur·re·ge·ling** (v), uur·re·ge·lin·gen
het **uur·roos·ter**, uur·roos·ters
het **uur·ta·rief**, uur·ta·rie·ven
het **uur·werk**, uur·wer·ken; uur·werk·je
de **uur·wij·zer** (m), uur·wij·zers
uv (bnw) *(ultraviolet)*
UV *(uitgestelde vergoeding)*, UV's
uv-be·sten·dig (bnw), uv-be·sten·di·ge
de/het **uv-fil·ter** (m/o), uv-fil·ters
de **uv-lamp**, uv-lam·pen; uv-lamp·je
het **uv-licht**, uv-lich·ten
de **U-vorm** (m), U-vor·men
U-vor·mig (bnw), U-vor·mi·ge
de **uv-straal**, uv-stra·len
de **uv-stra·ling** (v), uv-stra·lin·gen
uw (bez vnw)
uwen: te uwen laste
uwent·we·ge[1] (bijw)
uwent·we·ge[2]: van uwentwege
uwer[1]: te uwer beschikking
uwer[2]: te uwer informatie
uwer·zijds (bijw)
uzelf (wederkerend vnw)
de **uzi** (m), uzi's

V

de **v**, v's; v'tje

de **V1-bom**, V1-bom·men

vaag (bnw), va·ge

vaag·lijk (bijw)

vaag·weg (bijw)

de **vaak**[1] (m)

vaak[2] (bnw), va·ke

vaal (bnw), va·le

vaal·blauw (bnw), vaal·blau·we

vaal·rood (bnw), vaal·ro·de

de **vaalt**, vaal·ten

de **vaam** (m), va·men

de **vaan**, va·nen; vaan·tje

het **vaan·del**, vaan·dels; vaan·del·tje

de **vaan·drig** (m), vaan·drigs; vaan·drig·je

de **vaar·boom** (m), vaar·bo·men

de **vaar·der** (m), vaar·ders

vaar·dig (bnw), vaar·di·ge

de **vaar·dig·heid** (v), vaar·dig·he·den

de **vaar·dig·heids·trai·ning**, vaar·dig·heids·trai·nin·gen

de **vaars** (v), vaar·zen; vaars·je

het **vaars·kalf**, vaars·kal·ve·ren

de **vaart**, vaar·ten; vaart·je

het **vaar·tuig**, vaar·tui·gen; vaar·tuig·je

de **vaar·weg** (m), vaar·we·gen

vaar·wel (tussenw) *(afscheidsgroet)*

de **vaas**, va·zen; vaas·je

de **vaat**, vaat·je

de **vaat·af·was** (m)

de **vaat·doek** (m), vaat·doe·ken; vaat·doek·je

de **vaat·ver·wij·der** (m), vaat·ver·wij·ders

de **vaat·ver·wij·ding** (v), vaat·ver·wij·din·gen

de **vaat·was** (m), vaat·was·sen

vaat·was·be·sten·dig (bnw), vaat·was·be·sten·di·ge

de **vaat·was·ma·chi·ne** (v), vaat·was·ma·chi·nes

de **vaat·was·ser** (m), vaat·was·sers

het **vaat·werk**, vaat·werk·je

de **vaat·ziek·te** (v), vaat·ziek·ten, vaat·ziek·tes

het **va-ban·que**

va·cant (bnw), va·can·te

de **va·cant·ver·kla·ring** (v), va·cant·ver·kla·rin·gen

de **va·ca·tie** (v), va·ca·ties

het **va·ca·tie·geld**, va·ca·tie·gel·den

de **va·ca·tu·re** (v), va·ca·tu·res

het **va·ca·tu·re·aan·bod**

de **va·ca·tu·re·om·schrij·ving** (v), va·ca·tu·re·om·schrij·vin·gen

de **va·ca·tuur** (v), va·ca·tu·ren

het **vac·cin**, vac·cins

de **vac·ci·na·tie** (v), vac·ci·na·ties

het **vac·ci·na·tie·prik·je**, vac·ci·na·tie·prik·jes

vac·ci·ne·ren (ww), vac·ci·neer, vac·ci·neert; vac·ci·neer·de, vac·ci·neer·den; ge·vac·ci·neerd

va·ce·ren (ww), va·ceer, va·ceert; va·ceer·de, va·ceer·den; ge·va·ceerd

de **vacht**, vach·ten; vacht·je

va·cu·me·ren (ww), va·cu·meer, va·cu·meert; va·cu·meer·de, va·cu·meer·den; ge·va·cu·meerd

het **vacuüm**[1] [va·cu·um], va·cua, vacuüms [va·cu·ums]

vacuüm[2] [va·cu·um] (bnw)

de **vacuümbuis** [va·cu·um·buis], vacuümbuizen [va·cu·um·bui·zen]

de **vacuümpomp** [va·cu·um·pomp], vacuümpompen [va·cu·um·pom·pen]; vacuümpompje

[va·cu·um·pomp·je]
de **vacuümverpakking** [va·cu·um·ver·pak·king] (v), vacuümverpakkingen [va·cu·um·ver·pak·kin·gen]
vacuümverpakt [va·cu·um·ver·pakt] (bnw), vacuümverpakte [va·cu·um·ver·pak·te]
de **va·dem** (m), va·de·men, va·dems; va·dem·pje
het **va·de·me·cum**, va·de·me·cums
va·de·men (ww), va·dem, va·demt; va·dem·de, va·dem·den; ge·va·demd
de **va·der** (m), va·ders; va·der·tje
Va·der·dag *(feestdag)*
de **va·de·ren**[1] (mv)
va·de·ren[2] (ww), va·der, va·dert; va·der·de, va·der·den; ge·va·derd
de **va·der·fi·guur**, va·der·fi·gu·ren
het **va·der·land**, va·der·lan·den; va·der·land·je
va·der·lands (bnw), va·der·land·se
het **va·der·schap**, va·der·schap·pen; va·der·schap·je
Va·der·tje Staat
Va·der·tje Tijd
het **va·der-zijn**
de **va·der-zoon·re·la·tie** (v), va·der-zoon·re·la·ties
vad·sig (bnw), vad·si·ge
het **va-et-vient**
de **va·ge·bond** (m), va·ge·bon·den
va·ge·lijk (bijw)
va·gen (ww), vaag, vaagt; vaag·de, vaag·den; ge·vaagd
het **va·ge·vuur**, va·ge·vu·ren
de **va·gi·na**, va·gi·na's; vaginaatje [va·gi·na·tje]
het **vair**
het **vak**, vak·ken; vak·je
de **va·kan·tie** (v), va·kan·ties; va·kan·tie·tje
de **va·kan·tie·aan·vraag**, va·kan·tie·aan·vra·gen
de **va·kan·tie·ac·ti·vi·teit** (v), va·kan·tie·ac·ti·vi·tei·ten
het **va·kan·tie·adres**, va·kan·tie·adres·sen; va·kan·tie·adres·je
het **va·kan·tie·at·test**, va·kan·tie·at·tes·ten
de **va·kan·tie·be·stem·ming** (v), va·kan·tie·be·stem·min·gen
de **va·kan·tie·beurs**, va·kan·tie·beur·zen
de **va·kan·tie·dia** (m), va·kan·tie·di·a's
het **va·kan·tie·dorp**, va·kan·tie·dor·pen; va·kan·tie·dorp·je
het **va·kan·tie-ei·land**, va·kan·tie-ei·lan·den; va·kan·tie-ei·land·je
de **va·kan·tie-er·va·ring** (v), va·kan·tie-er·va·rin·gen
de **va·kan·tie·gan·ger** (m), va·kan·tie·gan·gers; va·kan·tie·gan·ger·tje
het **va·kan·tie·geld**
het **va·kan·tie·huis**, va·kan·tie·hui·zen; va·kan·tie·huis·je
de **va·kan·tie·job** (m), va·kan·tie·jobs
de **va·kan·tie·job·ber** (m), va·kan·tie·job·bers
de **va·kan·tie·kaart**, va·kan·tie·kaar·ten; va·kan·tie·kaart·je
het **va·kan·tie·oord**, va·kan·tie·oor·den
het **va·kan·tie·pa·ra·dijs**, va·kan·tie·pa·ra·dij·zen; va·kan·tie·pa·ra·dijs·je

de **va·kan·tie·pe·ri·o·de** (v), va·kan·tie·pe·ri·o·den, va·kan·tie·pe·ri·o·des
de **va·kan·tie·reis**, va·kan·tie·rei·zen; va·kan·tie·reis·je
de **va·kan·tie·toe·la·ge**, va·kan·tie·toe·la·gen, va·kan·tie·toe·la·ges
de **va·kan·tie·toe·slag** (m), va·kan·tie·toe·sla·gen
de **va·kan·tie-uit·ke·ring** (v), va·kan·tie-uit·ke·rin·gen
de **va·kan·tie-uit·tocht** (m), va·kan·tie-uit·toch·ten
het **va·kan·tie·ver·blijf**, va·kan·tie·ver·blij·ven; va·kan·tie·ver·blijf·je
va·kan·tie vie·ren
het **va·kan·tie·vi·sum**, va·kan·tie·vi·sa, va·kan·tie·vi·sums
het **va·kan·tie·werk**
de **vak·beurs**, vak·beur·zen
de **vak·be·we·ging** (v), vak·be·we·gin·gen
het **vak·blad**, vak·bla·den; vak·blaad·je
de **vak·bond** (m), vak·bon·den; vak·bond·je
het **vak·bonds·we·zen**
de **vak·cen·tra·le**, vak·cen·tra·les
het **vak·ge·bied**, vak·ge·bie·den; vak·ge·bied·je
de **vak·groep**, vak·groe·pen
de **vak·han·del** (m), vak·han·dels
de **vak·in·houd** (m), vak·in·hou·den
het **vak·jar·gon**, vak·jar·gons
de **vak·ken·nis** (v)
vak·ken·vul·len (ww)
de **vak·ken·vul·ler** (m), vak·ken·vul·lers
vak·kun·dig (bnw), vak·kun·di·ge
de **vak·man** (m), vak·lie·den, vak·lui, vak·man·nen; vak·man·ne·tje
het **vak·man·schap**
de **vak·men·sen** (mv)
vak·over·schrij·dend (bnw), vak·over·schrij·den·de
de **vak·taal**, vak·ta·len; vak·taal·tje
de **vak·term** (m), vak·ter·men
de **vak·trai·ning**, vak·trai·nin·gen
de **val**[1] (m) *(het neervallen)*, val·le·tje
de **val**[2] *(valdeur, knip, strookje)*, val·len; val·le·tje
het **val**[3] *(touw)*, val·len; val·le·tje
va·la·bel (bnw), va·la·be·le
de **val·avond** (m)
de **va·len·tie** (v), va·len·ties
de **va·len·tijn** (m) *(kaart; aanbidder)*, va·len·tij·nen; va·len·tijn·tje
Va·len·tijn *(heilige)*
Va·len·tijns·dag, Va·len·tijns·da·gen
de **va·len·tijns·kaart**, va·len·tijns·kaar·ten; va·len·tijns·kaart·je
de **va·le·ri·aan**[1] *(plant)*, va·le·ri·a·nen
de/het **va·le·ri·aan**[2] *(stofnaam)*
de **va·li·da·tie** (v), va·li·da·ties
de **va·li·da·tor** (m), va·li·da·to·ren, va·li·da·tors
va·li·de (bnw)
va·li·de·ren (ww), va·li·deer, va·li·deert; va·li·deer·de, va·li·deer·den; ge·va·li·deerd
de **va·li·de·ring** (v), va·li·de·rin·gen
de **va·li·di·teit** (v), va·li·di·tei·ten
het **va·lies**, va·lie·zen; va·lies·je
het **va·li·um**, va·li·ums; va·li·um·pje
de **valk**, val·ken; valk·je
de **valk·uil**[1] (m) *(vogel)*, valk·ui·len; valk·uil·tje
de **val·kuil**[2] (m) *(kuil)*, val·kui·len; val·kuil·tje
de **val·lei**, val·lei·en; val·lei·tje

val·len (ww), val, valt; viel, vie·len; ge·val·len
val·lend (bnw), val·len·de
de **val·ling** (v), val·lin·gen
de **va·lo·ri·sa·tie** (v), va·lo·ri·sa·ties
va·lo·ri·se·ren (ww), va·lo·ri·seer, va·lo·ri·seert; va·lo·ri·seer·de, va·lo·ri·seer·den; ge·va·lo·ri·seerd
de **val·reep** (m), val·re·pen
vals (bnw), val·se
de **vals·aard** (m), vals·aards
val·scherm·sprin·gen (ww)
val·se·lijk (bijw)
de **val·se·mun·ter** (m), val·se·mun·ters
de **val·se·mun·te·rij** (v), val·se·mun·te·rij·en
de **vals·heid** (v), vals·he·den
de **vals·mun·ter** (m), vals·mun·ters
de **vals·mun·te·rij** (v), vals·mun·te·rij·en
vals·spe·len (ww), speel vals, speelt vals; spe·len vals, speel·den vals; vals·ge·speeld
de **vals·spe·ler** (m), vals·spe·lers; vals·spe·ler·tje
de **val·strik** (m), val·strik·ken
de **va·lu·ta**, va·lu·ta's
de **va·lu·ta·re·ke·ning** (v), va·lu·ta·re·ke·nin·gen
de **val·ven** (mv)
de **vamp** (v), vamps; vamp·je
de **vam·pier** (m), vam·pie·ren, vam·piers; vam·pier·tje
van (voorz)
van·ach·ter (bijw) *(aan de achterzijde)*
van·af[1] (bijw)
van·af[2] (voorz)
de **van·af·prijs** (m), van·af·prij·zen
van·avond (bijw)
van·bin·nen (bijw) *(aan de binnenkant)*
van bin·nen·uit
van·bo·ven (bijw) *(aan de bovenkant)*
van·bui·ten (bijw)
van·daag (bijw)
de **van·daal** (m), van·da·len; van·daal·tje
van·daan (bijw)
van·daar (bijw)
de **van·da·len·streek**, van·da·len·stre·ken
van·da·li·se·ren (ww), van·da·li·seer, van·da·li·seert; van·da·li·seer·de, van·da·li·seer·den; ge·van·da·li·seerd
het **van·da·lis·me**
van dat·tum
van dien aard
van·een (bijw)
van·ei·gens (bijw)
van gan·ser har·te
van·gen (ww), vang, vangt; ving, vin·gen; ge·van·gen
de **van·ger** (m), van·gers; van·ger·tje
het **vang·net**, vang·net·ten; vang·net·je
van goe·den hui·ze
de **Van Gogh·ten·toon·stel·ling** (v), Van Gogh·ten·toon·stel·lin·gen
de **vang·rail**, vang·rails
de **vangst** (v), vang·sten
van hein·de en ver·re
van·hier (bijw)
van ho·ger·hand
de **va·nil·le**, va·nil·les
het **va·nil·le·aro·ma**, va·nil·le·aro·ma's
het **va·nil·le-ijs**, va·nil·le-ijs·je
de **va·nil·le·pud·ding** (m), va·nil·le·pud·din·gen; va·nil·le·pud·din·kje
het **va·nil·le·room·ijs**

de **va·nil·le·sui·ker** (m)
de **va·nil·le·yo·ghurt** (m), va·nil·le·yo·ghurts
de **va·ni·tas** (v)
van·je·wel·ste (bijw)
van jongs af
van jongs af aan
van kinds af aan
van kinds·been af
van kleins af
van kleins af aan
van lie·ver·le·de
van lie·ver·lee
van lik·me·vest·je
van lot·je ge·tikt
van·mid·dag (bijw)
van·mor·gen (bijw)
van·nacht (bijw)
van·na·mid·dag (bijw)
van na·tu·re
van·och·tend (bijw)
van·on·der (bijw) *(aan de onderkant)*
van·op (voorz)
van·ouds (bijw)
van ouds·her
van rechts·we·ge
van sta·vast
van te·vo·ren
van·uit (voorz)
van uwent·we·ge
van·waar (bijw)
van·waar·uit (bijw)
van weers·zij·den
van·we·ge (voorz)
van·zelf (bijw)
van·zelf·spre·kend (bnw), van·zelf·spre·ken·de
de **van·zelf·spre·kend·heid** (v), van·zelf·spre·kend·he·den
de **var** (m), var·ren; var·re·tje
de **va·raan** (m), va·ra·nen; va·raan·tje
de **va·ren**[1], va·rens; va·ren·tje
va·ren[2] (ww) *(onwennig voorkomen; niet meevallen)*, vaar, vaart; vaar·de, vaar·den; ge·va·ren
va·ren[3] (ww) *(andere betekenissen)*, vaar, vaart; voer, voe·ren; ge·va·ren
va·rend (bnw), va·ren·de
de **va·ria** (mv)
va·ri·a·bel (bnw), va·ri·a·be·le
de **va·ri·a·be·le**, va·ri·a·be·len
de **va·ri·a·bi·li·teit** (v), va·ri·a·bi·li·tei·ten
de **va·ri·ant**, va·ri·an·ten; va·ri·ant·je
de **va·ri·an·te**, va·ri·an·ten
de **va·ri·an·tie** (v), va·ri·an·ties
de **va·ri·a·tie** (v), va·ri·a·ties
de **va·ri·ces** (mv)
variëren [va·ri·e·ren] (ww), va·ri·eer, va·ri·eert; va·ri·eer·de, va·ri·eer·den; ge·va·ri·eerd
het **va·ri·é·té**, va·ri·é·tés; variéteetje [va·ri·é·té·tje]
de **va·ri·é·té·ar·tiest** (m), va·ri·é·té·ar·ties·ten
de **variëteit** [va·ri·e·teit] (v), variëteiten [va·ri·e·tei·ten]
het **var·ken**, var·kens; var·ken·tje
het **var·kens·gras**, var·kens·gras·sen
de **var·kens·haas** (m), var·kens·ha·zen; var·kens·haas·je
de **var·kens·kwe·ker** (m), var·kens·kwe·kers
de **var·kens·schnit·zel** (m), var·kens·schnit·zels; var·kens·schnit·zel·tje
de **var·kens·stal** (m), var·kens·stal·len
het **var·kens·vlees**
het **var·ken·vlees**
de **va·se·li·ne**
vast (bnw), vas·te
vast·be·noemd (bnw), vast·be·noem·de

vast·be·ra·den (bnw)
de **vast·be·ra·den·heid** (v)
vast·be·slo·ten (bnw)
vast·bin·den (ww), bind vast, bindt vast; bond vast, bon·den vast; vast·ge·bon·den
vast·draai·en (ww), draai vast, draait vast; draai·de vast, draai·den vast; vast·ge·draaid
de **vas·te·klan·ten·kaart**, vas·te·klan·ten·kaar·ten
het **vas·te·land**
de **vas·ten**[1] (m)
vas·ten[2] (ww), vast, vast; vast·te, vast·ten; ge·vast
Vas·ten·avond, Vas·ten·avon·den
de **vas·ten·preek**, vas·ten·pre·ken
de **vas·ten·tijd** (m), vas·ten·tij·den
vast·ge·legd (bnw), vast·ge·leg·de
vast·ge·steld (bnw), vast·ge·stel·de
het **vast·goed**
de **vast·goed·markt**, vast·goed·mark·ten
vast·grij·pen (ww), grijp vast, grijpt vast; greep vast, gre·pen vast; vast·ge·gre·pen
vast·han·gen (ww), hang vast, hangt vast; hing vast, hin·gen vast; vast·ge·han·gen
vast·heb·ben (ww), heb vast, hebt vast, heeft vast; had vast, had·den vast; vast·ge·had
de **vast·heid** (v), vast·he·den
vast·hou·den (ww), houd vast, hou vast, houdt vast; hield vast, hiel·den vast; vast·ge·hou·den
de **vast·hou·dend·heid** (v)
de **vas·tig·heid** (v), vas·tig·he·den
vast·ke·te·nen (ww), ke·ten vast, ke·tent vast; ke·ten·de vast, ke·ten·den vast; vast·ge·ke·tend
vast·klam·pen (ww), klamp vast, klampt vast; klamp·te vast, klamp·ten vast; vast·ge·klampt
vast·klik·ken (ww), klik vast, klikt vast; klik·te vast, klik·ten vast; vast·ge·klikt
vast·kop·pe·len (ww), kop·pel vast, kop·pelt vast; kop·pel·de vast, kop·pel·den vast; vast·ge·kop·peld
vast·las·sen (ww), las vast, last vast; las·te vast, las·ten vast; vast·ge·last
vast·leg·gen (ww), leg vast, legt vast; leg·de vast, leg·den vast; vast·ge·legd
vast·lig·gen (ww), lig vast, ligt vast; lag vast, la·gen vast; vast·ge·le·gen
vast·lo·pen (ww), loop vast, loopt vast; liep vast, lie·pen vast; vast·ge·lo·pen
vast·ma·ken (ww), maak vast, maakt vast; maak·te vast, maak·ten vast; vast·ge·maakt
vast·ne·men (ww), neem vast, neemt vast; nam vast, na·men vast; vast·ge·no·men
vast·nie·ten (ww), niet vast, niet vast; niet·te vast, niet·ten vast; vast·ge·niet
vast·om·lijnd (bnw), vast·om·lijn·de
vast·pak·ken (ww), pak vast, pakt vast; pak·te vast, pak·ten vast; vast·ge·pakt
vast·pin·nen (ww), pin vast, pint vast; pin·de vast, pin·den vast; vast·ge·pind
vast·plak·ken (ww), plak vast, plakt vast; plak·te vast, plak·ten vast; vast·ge·plakt
vast·ra·ken (ww), raak vast, raakt vast; raak·te vast, raak·ten vast;

vast·ge·raakt
vast·rij·den (ww), rijd vast, rij vast, rijdt vast; reed vast, re·den vast; vast·ge·re·den
vast·schroe·ven (ww), schroef vast, schroeft vast; schroef·de vast, schroef·den vast; vast·ge·schroefd
vast·staan (ww), sta vast, staat vast; stond vast, ston·den vast; vast·ge·staan
vast·stel·len (ww), stel vast, stelt vast; stel·de vast, stel·den vast; vast·ge·steld
de **vast·stel·ling** (v), vast·stel·lin·gen
vast·vrie·zen (ww), vries vast, vriest vast; vroor vast, vro·ren vast; vast·ge·vro·ren
vast·zet·ten (ww), zet vast, zet vast; zet·te vast, zet·ten vast; vast·ge·zet
vast·zit·ten (ww), zit vast, zit vast; zat vast, za·ten vast; vast·ge·ze·ten
de **vat**[1] (m) *(houvast)*
het **vat**[2] *(andere betekenissen),* va·ten; vaat·je
vat·baar (bnw), vat·ba·re
va·ten (ww), vaat, vaat; vaat·te, vaat·ten; ge·vaat
de **va·ten·kwast** (m), va·ten·kwas·ten
Va·ti·caans (bnw), Va·ti·caan·se
vat·ten (ww), vat, vat; vat·te, vat·ten; ge·vat
de **vau·de·vil·le** (m), vau·de·vil·les
de **va·zal** (m), va·zal·len
de **VB'er** [VB·er] (m), VB'ers [VB·ers]
vbo *(voorbereidend beroepsonderwijs)*
v.C. *(voor Christus)*
v.Chr. *(voor Christus)*
v.d. *(van de)*
vech·ten (ww), vecht, vecht; vocht, voch·ten; ge·voch·ten
de **vecht·par·tij** (v), vecht·par·tij·en; vecht·par·tij·tje
de **vecht·sport**, vecht·spor·ten
de **vec·tor** (m), vec·to·ren
vec·to·ri·eel (bnw), vectoriële [vec·to·ri·e·le]
Ve·da *(heilige tekst),* Ve·da's
de **ve·del**, ve·de·len, ve·dels; ve·del·tje
ve·de·len (ww), ve·del, ve·delt; ve·del·de, ve·del·den; ge·ve·deld
de **ve·der**, ve·de·ren, ve·ders
de **ve·det·te**, ve·det·ten, ve·det·tes
de **ve·det·te·cul·tus** (m), ve·det·te·cul·ten, ve·det·te·cul·tus·sen
het **ve·det·te·dom**
de **ve·det·te·ploeg**, ve·det·te·ploe·gen
het **Ve·disch**[1] *(taal)*
Ve·disch[2] (bnw), Ve·di·sche
het **vee**
de **vee·arts** (m), vee·art·sen
de **vee·fok·ke·rij** (v), vee·fok·ke·rij·en
de **veeg**[1], ve·gen; veeg·je
veeg[2] (bnw), ve·ge
de **vee·hoe·der** (m), vee·hoe·ders; vee·hoe·der·tje
de **vee·hou·de·rij** (v), vee·hou·de·rij·en
de **vee-in·dus·trie** (v), vee-industrieën [vee-in·dus·trie·en]
veel[1] (onbep vnw)
veel[2] (bijw)
veel[3]: al te veel
veel·al (bijw)
veel·be·ke·ken (bnw)
veel·be·lo·vend (bnw), veel·be·lo·ven·de
veel·be·spro·ken (bnw)
veel·be·te·ke·nend (bnw), veel·be·te·ke·nen·de
veel·be·zocht (bnw), veel·be·zoch·te

veel·eer (bijw)
veel·ei·send (bnw), veel·ei·sen·de
veel·ge·bruikt (bnw), veel·ge·bruik·te
veel·ge·hoord (bnw), veel·ge·hoor·de
veel·ge·le·zen (bnw)
veel·ge·maakt (bnw), veel·ge·maak·te
veel·ge·noemd (bnw), veel·ge·noem·de
veel·ge·pre·zen (bnw)
veel·ge·steld (bnw), veel·ge·stel·de
veel·ge·vraagd (bnw), veel·ge·vraag·de
veel·ge·zien (bnw), veel·ge·zie·ne
de **veel·heid** (v), veel·he·den
de **veel·hoek** (m), veel·hoe·ken
veel·om·vat·tend (bnw), veel·om·vat·ten·de
de **veel·te** (v)
veel·voor·ko·mend (bnw), veel·voor·ko·men·de
het **veel·voud**, veel·vou·den
de **veel·vraat** (m), veel·vra·ten
veel·vul·dig (bnw), veel·vul·di·ge
de **veel·wij·ve·rij** (v), veel·wij·ve·rij·en
veel·zeg·gend (bnw), veel·zeg·gen·de
veel·zij·dig (bnw), veel·zij·di·ge
de **veel·zij·dig·heid** (v)
het **veem**, ve·men
het **veen**, ve·nen; veen·tje
veen·ko·lo·ni·aal (bnw), veen·ko·lo·ni·a·le
de **veer**[1] *(van vogel; springveer)*, ve·ren; veer·tje
het **veer**[2] *(overvaart, beurtvaart)*, ve·ren; veer·tje
de **veer·boot**, veer·bo·ten; veer·boot·je
het **veer·huis**, veer·hui·zen; veer·huis·je
de **veer·kracht**
de **veer·man** (m), veer·lie·den, veer·lui, veer·man·nen
veer·ner·vig (bnw), veer·ner·vi·ge
de **veer·pont**, veer·pon·ten; veer·pont·je
de **veer·stei·ger** (m), veer·stei·gers
veer·tien (telw)
veer·tien·de (telw)
de **veer·tien·de-eeu·wer** (m), veer·tien·de-eeu·wers
veer·tien·de-eeuws (bnw), veer·tien·de-eeuw·se
de **veer·tien·ja·ri·ge**, veer·tien·ja·ri·gen
veer·tig (telw)
de **veer·tig·da·gen·tijd** (m)
de **veer·ti·ger** (m), veer·ti·gers
veer·tig·ja·rig (bnw), veer·tig·ja·ri·ge
de **veer·tig·plus·ser** (m), veer·tig·plus·sers
veer·tig·ste (telw)
het **veer·tig·tal**, veer·tig·tal·len
de **veer·weg** (m), veer·we·gen
de **veest** (m), vees·ten
vees·ten (ww), veest, veest; veest·te, veest·ten; ge·veest
de **vee·teelt**
het **vee·voe·der**, vee·voe·ders
de **ve·ga**, ve·ga's
ve·gen (ww), veeg, veegt; veeg·de, veeg·den; ge·veegd
de **ve·ger** (m), ve·gers; ve·ger·tje
de **vegetariër** [ve·ge·ta·ri·er] (m), vegetariërs [ve·ge·ta·ri·ers]
ve·ge·ta·risch (bnw), ve·ge·ta·ri·sche
het **ve·ge·ta·ris·me**
de **ve·ge·ta·tie** (v), ve·ge·ta·ties
de **veg·gie** (m), veg·gies

het **ve·hi·kel**, ve·hi·kels; ve·hi·kel·tje
vei (bnw), veie
het **veil**[1]
veil[2] (bnw), vei·le
vei·len (ww), veil, veilt; veil·de, veil·den; ge·veild
vei·lig (bnw), vei·li·ge
de **vei·lig·heid** (v), vei·lig·he·den
de **vei·lig·heids·ca·me·ra**, vei·lig·heids·ca·me·ra's
de **vei·lig·heids·dienst** (m), vei·lig·heids·dien·sten
de **vei·lig·heids·eis** (m), vei·lig·heids·ei·sen
de **vei·lig·heids·lamp**, vei·lig·heids·lam·pen
de **vei·lig·heids·maat·re·gel** (m), vei·lig·heids·maat·re·ge·len, vei·lig·heids·maat·re·gels
de **vei·lig·heids·raad** (m), vei·lig·heids·ra·den
Vei·lig·heids·raad *(van de VN)*
de **vei·lig·heids·schoen** (m), vei·lig·heids·schoe·nen
de **vei·lig·heids·speld**, vei·lig·heids·spel·den; vei·lig·heids·speld·je
de **vei·lig·heids·stand** (m), vei·lig·heids·stan·den
het **vei·lig·heids·vest**, vei·lig·heids·ves·ten; vei·lig·heids·vest·je
vei·lig·stel·len (ww), stel vei·lig, stelt vei·lig; stel·de vei·lig, stel·den vei·lig; vei·lig·ge·steld
de **vei·ling** (v), vei·lin·gen; vei·lin·kje
het **vei·ling·huis**, vei·ling·hui·zen
de **vei·ne**
vein·zen (ww), veins, veinst; veins·de, veins·den; ge·veinsd
het **vel**, vel·len; vel·le·tje
de **vel·cro** (m)
het **veld**, vel·den; veld·je
het **veld·bed**, veld·bed·den; veld·bed·je
het **veld·be·zoek**, veld·be·zoe·ken
vel·de: te velde
de **veld·muis**, veld·mui·zen; veld·muis·je
de **veldoriëntatie** [veld·ori·en·ta·tie] (v), veldoriëntaties [veld·ori·en·ta·ties]
de **veld·slag** (m), veld·sla·gen; veld·slag·je
de **veld·voet·bal·ler** (m), veld·voet·bal·lers
het **veld·werk**, veld·wer·ken
de **veld·werk·zaam·he·den** (mv)
ve·le (onbep vnw)
ve·len[1] (ww), veel, veelt; veel·de, veel·den; ge·veeld
ve·len[2] (onbep vnw)
ve·ler (onbep vnw)
ve·ler·lei (onbep vnw)
de **velg**, vel·gen; velg·je
het **ve·lijn**
vel·len (ww), vel, velt; vel·de, vel·den; ge·veld
de **ve·lo**, ve·lo's
de **vé·lo·ci·pè·de**, vé·lo·ci·pè·des
de/het **ve·lo·droom** (m/o), ve·lo·dro·men, ve·lo·drooms
de/het **ve·lours**[1] (m/o)
ve·lours[2] (bnw)
het **ve·lou·té**
het **ve·lum**, ve·la, ve·lums
het **ven**, ven·nen; ven·ne·tje
het **ven·del**, ven·de·len, ven·dels; ven·del·tje
ven·de·len (ww), ven·del, ven·delt; ven·del·de, ven·del·den; ge·ven·deld
de **ven·det·ta**, ven·det·ta's
de/het **ven·du** (m/o), ven·du's
de **ven·du·tie** (v), ven·du·ties
Ve·ne·ti·aans (bnw),

V

Ve·ne·ti·aan·se
ve·neus (bnw), ve·neu·ze
Ve·ne·zo·laans (bnw), Ve·ne·zo·laan·se
het **ve·nijn**
ve·nij·nig (bnw), ve·nij·ni·ge
de **ven·kel**, ven·kels
het **ven·kel·groen**
het **venn·di·a·gram**, venn·di·a·gram·men
de **ven·noot** (m), ven·no·ten
de **ven·noot·schap** (v), ven·noot·schap·pen; ven·noot·schap·je
de **ven·noot·schaps·be·las·ting** (v), ven·noot·schaps·be·las·tin·gen
het **ven·noot·schaps·recht**, ven·noot·schaps·rech·ten
het **ven·ster**, ven·sters; ven·ster·tje
de **ven·ster·bank**, ven·ster·ban·ken; ven·ster·bank·je
de **vent** (m), ven·ten; vent·je
ven·ten (ww), vent, vent; vent·te, vent·ten; ge·vent
de **ven·ter** (m), ven·ters
het **ven·tiel**, ven·tie·len; ven·tiel·tje
de **ven·ti·la·tie** (v)
de **ven·ti·la·tor** (m), ven·ti·la·to·ren, ven·ti·la·tors; ven·ti·la·tor·tje
ven·ti·le·ren (ww), ven·ti·leer, ven·ti·leert; ven·ti·leer·de, ven·ti·leer·den; ge·ven·ti·leerd
het **ven·tri·kel**, ven·tri·kels
de **ven·ture** (m), ven·tures
ver (bnw), ver·re
ver·aan·ge·na·men (ww), ver·aan·ge·naam, ver·aan·ge·naamt; ver·aan·ge·naam·de, ver·aan·ge·naam·den; ver·aan·ge·naamd
ver·acht (bnw), ver·ach·te
ver·ach·ten (ww), ver·acht, ver·acht; ver·acht·te, ver·acht·ten; ver·acht
ver·acht·vou·di·gen (ww), ver·acht·vou·dig, ver·acht·vou·digt; ver·acht·vou·dig·de, ver·acht·vou·dig·den; ver·acht·vou·digd
ver·ade·men (ww), ver·adem, ver·ademt; ver·adem·de, ver·adem·den; ver·ademd
de **ver·ade·ming** (v), ver·ade·min·gen
ver·af (bijw)
ver·af·ge·le·gen (bnw)
ver·af·go·den (ww), ver·af·good, ver·af·goodt; ver·af·good·de, ver·af·good·den; ver·af·good
ver·af·schu·wen (ww), ver·af·schuw, ver·af·schuwt; ver·af·schuw·de, ver·af·schuw·den; ver·af·schuwd
ver·al·ge·me·nen (ww), ver·al·ge·meen, ver·al·ge·meent; ver·al·ge·meen·de, ver·al·ge·meen·den; ver·al·ge·meend
de **ver·al·ge·me·ning** (v), ver·al·ge·me·nin·gen
ver·al·ge·me·ni·se·ren (ww), ver·al·ge·me·ni·seer, ver·al·ge·me·ni·seert; ver·al·ge·me·ni·seer·de, ver·al·ge·me·ni·seer·den; ver·al·ge·me·ni·seerd
de **ver·al·ge·me·ni·se·ring** (v), ver·al·ge·me·ni·se·rin·gen
de **ve·ran·da**, ve·ran·da's; verandaatje [ve·ran·da·tje]
ver·an·der·baar (bnw), ver·an·der·ba·re
ver·an·de·ren (ww), ver·an·der, ver·an·dert; ver·an·der·de,

ver·an·der·den; ver·an·derd
de **ver·an·de·ring** (v), ver·an·de·rin·gen; ver·an·de·rin·ge·tje
het **ver·an·de·rings·pro·ces**, ver·an·de·rings·pro·ces·sen
ver·an·der·lijk (bnw), ver·an·der·lij·ke
het **ver·an·der·pro·ces**, ver·an·der·pro·ces·sen
ver·an·ke·ren (ww), ver·an·ker, ver·an·kert; ver·an·ker·de, ver·an·ker·den; ver·an·kerd
de **ver·an·ke·ring** (v), ver·an·ke·rin·gen
ver·ant·woord (bnw), ver·ant·woor·de
ver·ant·woor·de·lijk (bnw), ver·ant·woor·de·lij·ke
de **ver·ant·woor·de·lij·ke**, ver·ant·woor·de·lij·ken
de **ver·ant·woor·de·lijk·heid** (v), ver·ant·woor·de·lijk·he·den
het **ver·ant·woor·de·lijk·heids·be·sef**
het **ver·ant·woor·de·lijk·heids·ge·voel**
de **ver·ant·woor·de·lijk·heids·zin** (m)
ver·ant·woor·den (ww), ver·ant·woord, ver·ant·woordt; ver·ant·woord·de, ver·ant·woord·den; ver·ant·woord
de **ver·ant·woor·ding** (v), ver·ant·woor·din·gen
de **ver·ant·woor·dings·plicht**, ver·ant·woor·dings·plich·ten
ver·ar·men (ww), ver·arm, ver·armt; ver·arm·de, ver·arm·den; ver·armd
ver·as·sen (ww), ver·as, ver·ast; ver·as·te, ver·as·ten; ver·ast
de **ver·as·sing** (v), ver·as·sin·gen
het **ver·baal**[1], ver·ba·len; ver·baal·tje
ver·baal[2] (bnw), ver·ba·le
ver·baasd (bnw), ver·baas·de
de **ver·ba·li·sant** (m), ver·ba·li·san·ten
ver·ba·li·se·ren (ww), ver·ba·li·seer, ver·ba·li·seert; ver·ba·li·seer·de, ver·ba·li·seer·den; ge·ver·ba·li·seerd
het **ver·ba·lis·me**
het **ver·band**, ver·ban·den; ver·band·je
ver·ban·nen (ww), ver·ban, ver·bant; ver·ban·de, ver·ban·den; ver·ban·nen
ver·bas·terd (bnw), ver·bas·ter·de
de **ver·bas·te·ring** (v), ver·bas·te·rin·gen
ver·ba·tim (bijw)
ver·ba·zen (ww), ver·baas, ver·baast; ver·baas·de, ver·baas·den; ver·baasd
ver·ba·zend (bnw), ver·ba·zen·de
de **ver·ba·zing** (v)
ver·ba·zing·wek·kend (bnw), ver·ba·zing·wek·ken·de
ver·beeld (bnw), ver·beel·de
ver·beel·den (ww), ver·beeld, ver·beeldt; ver·beeld·de, ver·beeld·den; ver·beeld
de **ver·beel·ding** (v), ver·beel·din·gen
de **ver·beel·dings·kracht**
ver·bei·den (ww), ver·beid, ver·beidt; ver·beid·de, ver·beid·den; ver·beid
ver·ber·gen (ww), ver·berg, ver·bergt; ver·borg, ver·bor·gen; ver·bor·gen
ver·be·ten (bnw)
ver·be·ter·baar (bnw), ver·be·ter·ba·re

V

ver·be·te·ren (ww), ver·be·ter, ver·be·tert; ver·be·ter·de, ver·be·ter·den; ver·be·terd
de **ver·be·te·ring** (v), ver·be·te·rin·gen
het **ver·be·ter·punt**, ver·be·ter·pun·ten; ver·be·ter·punt·je
het **ver·be·ter·voor·stel**, ver·be·ter·voor·stel·len
ver·beurd·ver·kla·ren (ww), ver·klaar ver·beurd, ver·klaart ver·beurd; ver·klaar·de ver·beurd, ver·klaar·den ver·beurd; ver·beurd·ver·klaard
ver·beu·ren (ww), ver·beur, ver·beurt; ver·beur·de, ver·beur·den; ver·beurd
ver·bie·den (ww), ver·bied, ver·biedt; ver·bood, ver·bo·den; ver·bo·den
ver·bijs·terd (bnw), ver·bijs·ter·de
ver·bijs·te·ren (ww), ver·bijs·ter, ver·bijs·tert; ver·bijs·ter·de, ver·bijs·ter·den; ver·bijs·terd
de **ver·bijs·te·ring** (v), ver·bijs·te·rin·gen
ver·bij·ten (ww), ver·bijt, ver·bijt; ver·beet, ver·be·ten; ver·be·ten
ver·bij·zon·de·ren (ww), ver·bij·zon·der, ver·bij·zon·dert; ver·bij·zon·der·de, ver·bij·zon·der·den; ver·bij·zon·derd
ver·bin·den (ww), ver·bind, ver·bindt; ver·bond, ver·bon·den; ver·bon·den
de **ver·bin·ding** (v), ver·bin·din·gen; ver·bin·din·kje
het **ver·bin·dings·mid·del**, ver·bin·dings·mid·de·len
de **ver·bin·dings-s**, ver·bin·dings-s'en
de **ver·bin·te·nis** (v), ver·bin·te·nis·sen
ver·bit·terd (bnw), ver·bit·ter·de
ver·ble·ken (ww), ver·bleek, ver·bleekt; ver·bleek·te, ver·bleek·ten; ver·bleekt
ver·blijd (bnw), ver·blij·de
ver·blij·den (ww), ver·blijd, ver·blijdt; ver·blijd·de, ver·blijd·den; ver·blijd
het **ver·blijf**, ver·blij·ven; ver·blijf·je
het **ver·blijf·adres**, ver·blijf·adres·sen
de **ver·blijf·kos·ten** (mv)
de **ver·blijf·plaats**, ver·blijf·plaat·sen; ver·blijf·plaats·je
het **ver·blijfs·adres**, ver·blijfs·adres·sen; ver·blijfs·adres·je
het **ver·blijfs·cen·trum**, ver·blijfs·cen·tra, ver·blijfs·cen·trums
de **ver·blijfs·duur** (m)
de **ver·blijfs·gat·re·gel** (m), ver·blijfs·gat·re·gels
de **ver·blijfs·kos·ten** (mv)
de **ver·blijfs·sta·tus** (m), ver·blijfs·sta·tus·sen
de **ver·blijfs·ver·gun·ning** (v), ver·blijfs·ver·gun·nin·gen
ver·blij·ven (ww), ver·blijf, ver·blijft; ver·bleef, ver·ble·ven; ver·ble·ven
ver·blik·ken (ww), ver·blik, ver·blikt; ver·blik·te, ver·blik·ten; ver·blikt
ver·blind (bnw), ver·blin·de
ver·blin·den (ww), ver·blind, ver·blindt; ver·blind·de, ver·blind·den; ver·blind
ver·blo·zen (ww), ver·bloos, ver·bloost; ver·bloos·de, ver·bloos·den; ver·bloosd

ver·bluf·fen (ww), ver·bluf, ver·bluft; ver·bluf·te, ver·bluf·ten; ver·bluft
ver·bluf·fend (bnw), ver·bluf·fen·de
ver·bluft (bnw), ver·bluf·te
het **ver·bod**, ver·bo·den
ver·bo·den (bnw)
ver·boe·ren (ww), ver·boer, ver·boert; ver·boer·de, ver·boer·den; ver·boerd
ver·bol·gen (bnw)
het **ver·bond**, ver·bon·den; ver·bond·je
ver·bon·den (bnw)
de **ver·bon·den·heid** (v), ver·bon·den·he·den
ver·bor·gen (bnw)
de **ver·bo·si·teit** (v)
de **ver·bouw** (m)
ver·bou·wen (ww), ver·bouw, ver·bouwt; ver·bouw·de, ver·bouw·den; ver·bouwd
ver·bou·we·reerd (bnw), ver·bou·we·reer·de
de **ver·bou·wing** (v), ver·bou·win·gen; ver·bou·win·kje
de **ver·bou·wings·werk·zaam·he·den** (mv)
ver·brand (bnw), ver·bran·de
ver·bran·den (ww), ver·brand, ver·brandt; ver·brand·de, ver·brand·den; ver·brand
de **ver·bran·ding** (v), ver·bran·din·gen
het **ver·bran·dings·pro·ces**, ver·bran·dings·pro·ces·sen
ver·bras·sen (ww), ver·bras, ver·brast; ver·bras·te, ver·bras·ten; ver·brast
ver·bre·den (ww), ver·breed, ver·breedt; ver·breed·de, ver·breed·den; ver·breed
de **ver·bre·ding** (v), ver·bre·din·gen
ver·breed (bnw), ver·bre·de
ver·breid (bnw), ver·brei·de
ver·brei·den (ww), ver·breid, ver·breidt; ver·breid·de, ver·breid·den; ver·breid
ver·bre·ken (ww), ver·breek, ver·breekt; ver·brak, ver·bra·ken; ver·bro·ken
de **ver·bre·king** (v), ver·bre·kin·gen
ver·brij·ze·len (ww), ver·brij·zel, ver·brij·zelt; ver·brij·zel·de, ver·brij·zel·den; ver·brij·zeld
ver·brod·den (ww), ver·brod, ver·brodt; ver·brod·de, ver·brod·den; ver·brod
de **ver·broe·de·rings·po·li·tiek** (v)
de **ver·brok·ke·ling** (v), ver·brok·ke·lin·gen
ver·bruid (bnw), ver·brui·de
ver·brui·en (ww), ver·brui, ver·bruit; ver·brui·de, ver·brui·den; ver·bruid
het **ver·bruik**
ver·brui·ken (ww), ver·bruik, ver·bruikt; ver·bruik·te, ver·bruik·ten; ver·bruikt
de **ver·bruiks·goe·de·ren** (mv)
de **ver·bruiks·zaal**, ver·bruiks·za·len; ver·bruiks·zaal·tje
ver·bui·gen (ww), ver·buig, ver·buigt; ver·boog, ver·bo·gen; ver·bo·gen
de **ver·bui·ging** (v), ver·bui·gin·gen
het **ver·bum**, ver·ba
ver·com·mer·ci·a·li·se·ren (ww), ver·com·mer·ci·a·li·seer, ver·com·mer·ci·a·li·seert; ver·com·mer·ci·a·li·seer·de, ver·com·mer·ci·a·li·seer·den; ver·com·mer·ci·a·li·seerd
ver·dacht (bnw), ver·dach·te

de **ver·dach·te**, ver·dach·ten
ver·da·gen (ww), ver·daag, ver·daagt; ver·daag·de, ver·daag·den; ver·daagd
ver·dam·pen (ww), ver·damp, ver·dampt; ver·damp·te, ver·damp·ten; ver·dampt
ver·de·di·gen (ww), ver·de·dig, ver·de·digt; ver·de·dig·de, ver·de·dig·den; ver·de·digd
de **ver·de·di·ger** (m), ver·de·di·gers
de **ver·de·di·ging** (v), ver·de·di·gin·gen
de **ver·de·di·gings·fout**, ver·de·di·gings·fou·ten; ver·de·di·gings·fout·je
het **ver·de·di·gings·sys·teem**, ver·de·di·gings·sys·te·men
ver·deeld (bnw), ver·deel·de
de **ver·deeld·heid** (v)
de **ver·deel-en-heers·stra·te·gie** (v), verdeel-en-heersstrategieën [ver·deel-en-heers·stra·te·gie·en]
ver·dee·moe·di·gen (ww), ver·dee·moe·dig, ver·dee·moe·digt; ver·dee·moe·dig·de, ver·dee·moe·dig·den; ver·dee·moe·digd
ver·de·len (ww), ver·deel, ver·deelt; ver·deel·de, ver·deel·den; ver·deeld
de **ver·de·ler** (m), ver·de·lers
ver·del·gen (ww), ver·delg, ver·delgt; ver·delg·de, ver·delg·den; ver·delgd
de **ver·del·ger** (m), ver·del·gers
de **ver·de·ling** (v), ver·de·lin·gen
het **ver·de·lings·vraag·stuk**, ver·de·lings·vraag·stuk·ken
ver·den·ken (ww), ver·denk, ver·denkt; ver·dacht, ver·dach·ten; ver·dacht
de **ver·den·king** (v), ver·den·kin·gen
ver·der (bnw), ver·de·re
ver·der·af (bijw)
het **ver·derf**
ver·der·fe·lijk (bnw), ver·der·fe·lij·ke
ver·der·gaan (ww), ga ver·der, gaat ver·der; ging ver·der, gin·gen ver·der; ver·der·ge·gaan
ver·der·gaand (bnw), ver·der·gaan·de
ver·der·op (bijw)
ver·der·zet·ten (ww), zet ver·der, zet ver·der; zet·te ver·der, zet·ten ver·der; ver·der·ge·zet
ver·dich·ten (ww), ver·dicht, ver·dicht; ver·dicht·te, ver·dicht·ten; ver·dicht
het **ver·dict**, ver·dic·ten
de **ver·dien·ca·pa·ci·teit** (v), ver·dien·ca·pa·ci·tei·ten
ver·diend (bnw), ver·dien·de
ver·die·nen (ww), ver·dien, ver·dient; ver·dien·de, ver·dien·den; ver·diend
de **ver·dien·ste** (v), ver·dien·sten
ver·dien·ste·lijk (bnw), ver·dien·ste·lij·ke
het **ver·diep**, ver·die·pen; ver·diep·je
ver·die·pen (ww), ver·diep, ver·diept; ver·diep·te, ver·diep·ten; ver·diept
de **ver·die·ping** (v), ver·die·pin·gen; ver·die·pin·kje
de **ver·die·pings·slag** (m), ver·die·pings·sla·gen
ver·diet·sen (ww), ver·diets, ver·dietst; ver·diets·te, ver·diets·ten; ver·dietst
ver·dik·ke (tussenw)
ver·dik·ken (ww), ver·dik, ver·dikt; ver·dik·te, ver·dik·ten; ver·dikt

ver·dis·con·te·ren (ww), ver·dis·con·teer, ver·dis·con·teert; ver·dis·con·teer·de, ver·dis·con·teer·den; ver·dis·con·teerd
ver·doemd (bnw), ver·doem·de
de **ver·doe·me·nis** (v)
ver·doen (ww), ver·doe, ver·doet; ver·deed, ver·de·den; ver·daan
ver·doe·ze·len (ww), ver·doe·zel, ver·doe·zelt; ver·doe·zel·de, ver·doe·zel·den; ver·doe·zeld
de **ver·doe·ze·ling** (v), ver·doe·ze·lin·gen
de **ver·dof·fing** (v), ver·dof·fin·gen
ver·do·ken (bnw)
ver·domd[1] (bnw), ver·dom·de
ver·domd[2] (tussenw)
ver·dom·me (tussenw)
ver·dom·men (ww), ver·dom, ver·domt; ver·dom·de, ver·dom·den; ver·domd
ver·don·ke·re·ma·nen (ww), ver·don·ke·re·maan, ver·don·ke·re·maant; ver·don·ke·re·maan·de, ver·don·ke·re·maan·den; ver·don·ke·re·maand
ver·doofd (bnw), ver·doof·de
ver·dord (bnw), ver·dor·de
ver·do·rie (tussenw)
ver·dor·ren (ww), ver·dor, ver·dort; ver·dor·de, ver·dor·den; ver·dord
ver·dor·ven (bnw)
ver·do·ven (ww), ver·doof, ver·dooft; ver·doof·de, ver·doof·den; ver·doofd
de **ver·do·ving** (v), ver·do·vin·gen; ver·do·vin·kje
ver·draag·baar (bnw), ver·draag·ba·re
de **ver·draag·zaam·heid** (v)
ver·draaid[1] (bnw), ver·draai·de
ver·draaid[2] (tussenw)
ver·draai·en (ww), ver·draai, ver·draait; ver·draai·de, ver·draai·den; ver·draaid
de **ver·draai·ing** (v), ver·draai·in·gen
het **ver·drag**, ver·dra·gen; ver·drag·je
ver·dra·gen (ww), ver·draag, ver·draagt; ver·droeg, ver·droe·gen; ver·dra·gen
de **ver·drags·mid·de·len** (mv)
de **ver·drags·staat** (m), ver·drags·sta·ten
het **ver·driet**, ver·driet·je
ver·drie·ten (ww), ver·driet, ver·driet; ver·droot, ver·dro·ten; ver·dro·ten
ver·drie·tig (bnw), ver·drie·ti·ge
ver·drij·ven (ww), ver·drijf, ver·drijft; ver·dreef, ver·dre·ven; ver·dre·ven
ver·drin·gen (ww), ver·dring, ver·dringt; ver·drong, ver·dron·gen; ver·dron·gen
ver·drin·ken (ww), ver·drink, ver·drinkt; ver·dronk, ver·dron·ken; ver·dron·ken
de **ver·dro·ging** (v), ver·dro·gin·gen
ver·dub·be·len (ww), ver·dub·bel, ver·dub·belt; ver·dub·bel·de, ver·dub·bel·den; ver·dub·beld
de **ver·dub·be·ling** (v), ver·dub·be·lin·gen
ver·dui·de·lij·ken (ww), ver·dui·de·lijk, ver·dui·de·lijkt; ver·dui·de·lijk·te, ver·dui·de·lijk·ten; ver·dui·de·lijkt
de **ver·dui·de·lij·king** (v), ver·dui·de·lij·kin·gen
ver·duis·te·ren (ww), ver·duis·ter, ver·duis·tert; ver·duis·ter·de, ver·duis·ter·den; ver·duis·terd
de **ver·duis·te·ring** (v),

ver·duis·te·rin·gen
ver·dun·nen (ww), ver·dun, ver·dunt; ver·dun·de, ver·dun·den; ver·dund
ver·du·ren (ww), ver·duur, ver·duurt; ver·duur·de, ver·duur·den; ver·duurd
ver·duur·za·men (ww), ver·duur·zaam, ver·duur·zaamt; ver·duur·zaam·de, ver·duur·zaam·den; ver·duur·zaamd
de **ver·duur·za·ming** (v), ver·duur·za·min·gen
ver·du·wen (ww), ver·duw, ver·duwt; ver·duw·de, ver·duw·den; ver·duwd
ver·dwaald (bnw), ver·dwaal·de
ver·dwaasd (bnw), ver·dwaas·de
ver·dwa·len (ww), ver·dwaal, ver·dwaalt; ver·dwaal·de, ver·dwaal·den; ver·dwaald
ver·dwij·nen (ww), ver·dwijn, ver·dwijnt; ver·dween, ver·dwe·nen; ver·dwe·nen
de **ver·dwij·ning** (v), ver·dwij·nin·gen
de **ver·dwijn·truc** (m), ver·dwijn·trucs, ver·dwijn·tru·ken
ver·ede·len (ww), ver·edel, ver·edelt; ver·edel·de, ver·edel·den; ver·edeld
ver·eend (bnw), ver·een·de
ver·een·vou·di·gen (ww), ver·een·vou·dig, ver·een·vou·digt; ver·een·vou·dig·de, ver·een·vou·dig·den; ver·een·vou·digd
de **ver·een·vou·di·ging** (v), ver·een·vou·di·gin·gen
ver·een·zel·vi·gen (ww), ver·een·zel·vig, ver·een·zel·vigt; ver·een·zel·vig·de, ver·een·zel·vig·den; ver·een·zel·vigd
ver·eeu·wi·gen (ww), ver·eeu·wig, ver·eeu·wigt; ver·eeu·wig·de, ver·eeu·wig·den; ver·eeu·wigd
de **ver·ef·fe·naar** (m), ver·ef·fe·naars
ver·ef·fe·nen (ww), ver·ef·fen, ver·ef·fent; ver·ef·fen·de, ver·ef·fen·den; ver·ef·fend
de **ver·ef·fe·ning** (v), ver·ef·fe·nin·gen
de **ver·ef·fe·nings·com·mis·sie** (v), ver·ef·fe·nings·com·mis·sies
ver·ei·sen (ww), ver·eis, ver·eist; ver·eis·te, ver·eis·ten; ver·eist
de/het **ver·eis·te** (v/o), ver·eis·ten
ve·ren[1] (bnw)
ve·ren[2] (ww), veer, veert; veer·de, veer·den; ge·veerd
ve·rend (bnw), ve·ren·de
ver·enen (ww), ver·een, ver·eent; ver·een·de, ver·een·den; ver·eend
ver·en·gel·sen (ww), ver·en·gels, ver·en·gelst; ver·en·gels·te, ver·en·gels·ten; ver·en·gelst
de **ver·en·gel·sing** (v), ver·en·gel·sin·gen
ver·en·gen (ww), ver·eng, ver·engt; ver·eng·de, ver·eng·den; ver·engd
de **ver·en·ging** (v), ver·en·gin·gen
ver·enig·baar (bnw), ver·enig·ba·re
ver·eni·gen (ww), ver·enig, ver·enigt; ver·enig·de, ver·enig·den; ver·enigd
de **ver·eni·ging** (v), ver·eni·gin·gen
ver·en·ke·len (ww), ver·en·kel, ver·en·kelt; ver·en·kel·de, ver·en·kel·den; ver·en·keld
ver·eren (ww), ver·eer, ver·eert; ver·eer·de, ver·eer·den; ver·eerd

ver·er·ge·ren (ww), ver·er·ger, ver·er·gert; ver·er·ger·de, ver·er·ger·den; ver·er·gerd
de **ver·er·ge·ring** (v), ver·er·ge·rin·gen
de **ver·ering** (v), ver·erin·gen
ver·er·ven (ww), ver·erf, ver·erft; ver·erf·de, ver·erf·den; ver·erfd
ver·eve·nen (ww), ver·even, ver·event; ver·even·de, ver·even·den; ver·evend
de **ver·eve·ning** (v), ver·eve·nin·gen
ver·ex·cu·se·ren (ww), ver·ex·cu·seer, ver·ex·cu·seert; ver·ex·cu·seer·de, ver·ex·cu·seer·den; ver·ex·cu·seerd
de **verf**, ver·ven; verf·je
ver·fijnd (bnw), ver·fijn·de
ver·fij·nen (ww), ver·fijn, ver·fijnt; ver·fijn·de, ver·fijn·den; ver·fijnd
de **ver·fij·ning** (v), ver·fij·nin·gen
ver·fil·men (ww), ver·film, ver·filmt; ver·film·de, ver·film·den; ver·filmd
de **ver·fil·ming** (v), ver·fil·min·gen; ver·fil·min·kje
ver·flen·sen (ww), ver·flens, ver·flenst; ver·flens·te, ver·flens·ten; ver·flenst
ver·fom·faaid (bnw), ver·fom·faai·de
ver·fom·faai·en (ww), ver·fom·faai, ver·fom·faait; ver·fom·faai·de, ver·fom·faai·den; ver·fom·faaid
ver·fraai·en (ww), ver·fraai, ver·fraait; ver·fraai·de, ver·fraai·den; ver·fraaid
de **ver·fraai·ing** (v), ver·fraai·in·gen
de **ver·fraai·ings·wer·ken** (mv)
ver·fran·sen (ww), ver·frans, ver·franst; ver·frans·te, ver·frans·ten; ver·franst
de **verf·rest**, verf·res·ten; verf·rest·je
ver·fris·sen (ww), ver·fris, ver·frist; ver·fris·te, ver·fris·ten; ver·frist
de **ver·fris·sing** (v), ver·fris·sin·gen; ver·fris·sin·kje
ver·from·me·len (ww), ver·from·mel, ver·from·melt; ver·from·mel·de, ver·from·mel·den; ver·from·meld
ver·gaan[1] (bnw), ver·ga·ne
ver·gaan[2] (ww), ver·ga, ver·gaat; ver·ging, ver·gin·gen; ver·gaan
ver·gaand (bnw), ver·gaan·de
ver·ga·de·ren (ww), ver·ga·der, ver·ga·dert; ver·ga·der·de, ver·ga·der·den; ver·ga·derd
de **ver·ga·de·ring** (v), ver·ga·de·rin·gen; ver·ga·de·rin·ge·tje
de **ver·ga·der·ruim·te** (v), ver·ga·der·ruim·ten, ver·ga·der·ruim·tes
de **ver·ga·der·zaal**, ver·ga·der·za·len; ver·ga·der·zaal·tje
ver·gal·len (ww), ver·gal, ver·galt; ver·gal·de, ver·gal·den; ver·gald
ver·ga·lop·pe·ren (ww), ver·ga·lop·peer, ver·ga·lop·peert; ver·ga·lop·peer·de, ver·ga·lop·peer·den; ver·ga·lop·peerd
de **ver·gan·ke·lijk·heid** (v), ver·gan·ke·lijk·he·den
ver·ga·pen (ww), ver·gaap, ver·gaapt; ver·gaap·te, ver·gaap·ten; ver·gaapt
ver·ga·ren (ww), ver·gaar, ver·gaart; ver·gaar·de, ver·gaar·den; ver·gaard
ver·gas·sen (ww), ver·gas, ver·gast; ver·gas·te, ver·gas·ten;

ver·gast
ver·gas·ten (ww), ver·gast, ver·gast; ver·gast·te, ver·gast·ten; ver·gast
ver·geef·lijk (bnw), ver·geef·lij·ke
ver·geefs (bnw), ver·geef·se
ver·geet·ach·tig (bnw), ver·geet·ach·ti·ge
de **ver·geet·ach·tig·heid** (v), ver·geet·ach·tig·he·den; ver·geet·ach·tig·heid·je
de **ver·geet-mij-niet**, ver·geet-mij-nie·ten; ver·geet-mij-niet·je
ver·ge·fe·lijk (bnw), ver·ge·fe·lij·ke
ver·gel·den (ww), ver·geld, ver·geldt; ver·gold, ver·gol·den; ver·gol·den
ver·ge·len (ww), ver·geel, ver·geelt; ver·geel·de, ver·geel·den; ver·geeld
het **ver·ge·lijk**, ver·ge·lij·ken
ver·ge·lijk·baar (bnw), ver·ge·lijk·ba·re
ver·ge·lij·ken (ww), ver·ge·lijk, ver·ge·lijkt; ver·ge·leek, ver·ge·le·ken; ver·ge·le·ken
de **ver·ge·lij·king** (v), ver·ge·lij·kin·gen; ver·ge·lij·kin·kje
ver·ge·mak·ke·lij·ken (ww), ver·ge·mak·ke·lijk, ver·ge·mak·ke·lijkt; ver·ge·mak·ke·lijk·te, ver·ge·mak·ke·lijk·ten; ver·ge·mak·ke·lijkt
ver·gen (ww), verg, vergt; verg·de, verg·den; ge·vergd
de **ver·ge·tel·heid** (v), ver·ge·tel·he·den; ver·ge·tel·heid·je
ver·ge·ten (ww), ver·geet, ver·geet; ver·gat, ver·ga·ten; ver·ge·ten
ver·ge·ven (ww), ver·geef, ver·geeft; ver·gaf, ver·ga·ven; ver·ge·ven
ver·ge·vens·ge·zind (bnw), ver·ge·vens·ge·zin·de
de **ver·ge·ving** (v), ver·ge·vin·gen
ver·ge·vings·ge·zind (bnw), ver·ge·vings·ge·zin·de
ver·ge·vor·derd (bnw), ver·ge·vor·der·de
ver·ge·wis·sen (ww), ver·ge·wis, ver·ge·wist; ver·ge·wis·te, ver·ge·wis·ten; ver·ge·wist
ver·ge·zel·len (ww), ver·ge·zel, ver·ge·zelt; ver·ge·zel·de, ver·ge·zel·den; ver·ge·zeld
het **ver·ge·zicht**, ver·ge·zich·ten
ver·ge·zocht (bnw), ver·ge·zoch·te
de/het **ver·giet**, ver·gie·ten; ver·giet·je
ver·gie·ten (ww), ver·giet, ver·giet; ver·goot, ver·go·ten; ver·go·ten
het **ver·gif**, ver·gif·fen, ver·gif·ten
de **ver·gif·fe·nis** (v), ver·gif·fe·nis·sen
het **ver·gift**, ver·gif·ten
ver·gif·tig (bnw), ver·gif·ti·ge
ver·gif·ti·gen (ww), ver·gif·tig, ver·gif·tigt; ver·gif·tig·de, ver·gif·tig·den; ver·gif·tigd
de **ver·gif·ti·ging** (v), ver·gif·ti·gin·gen
ver·gis·sen (ww), ver·gis, ver·gist; ver·gis·te, ver·gis·ten; ver·gist
de **ver·gis·sing** (v), ver·gis·sin·gen; ver·gis·sin·kje
ver·gis·ten (ww), ver·gist, ver·gist; ver·gist·te, ver·gist·ten; ver·gist
ver·glij·den (ww), ver·glij, ver·glijd, ver·glijdt; ver·gleed, ver·gle·den; ver·gle·den

ver·go·den (ww), ver·good, ver·goodt; ver·good·de, ver·good·den; ver·good

ver·goe·den (ww), ver·goed, ver·goedt; ver·goed·de, ver·goed·den; ver·goed

de **ver·goe·ding** (v), ver·goe·din·gen; ver·goe·din·kje

het **ver·goe·dings·sys·teem**, ver·goe·dings·sys·te·men

ver·goe·lij·ken (ww), ver·goe·lijk, ver·goe·lijkt; ver·goe·lijk·te, ver·goe·lijk·ten; ver·goe·lijkt

ver·goe·lij·kend (bnw), ver·goe·lij·ken·de

de **ver·goe·lij·king** (v), ver·goe·lij·kin·gen

ver·gooi·en (ww), ver·gooi, ver·gooit; ver·gooi·de, ver·gooi·den; ver·gooid

ver·gren·de·len (ww), ver·gren·del, ver·gren·delt; ver·gren·del·de, ver·gren·del·den; ver·gren·deld

de **ver·gren·de·ling** (v), ver·gren·de·lin·gen

het **ver·grijp**, ver·grij·pen; ver·grijp·je

ver·grij·zen (ww), ver·grijs, ver·grijst; ver·grijs·de, ver·grijs·den; ver·grijsd

de **ver·grij·zing** (v)

de **ver·groei·ing** (v), ver·groei·in·gen

ver·groe·nen (ww), ver·groen, ver·groent; ver·groen·de, ver·groen·den; ver·groend

ver·groot (bnw), ver·gro·te

het **ver·groot·glas**, ver·groot·gla·zen; ver·groot·glaas·je

ver·gro·ten (ww), ver·groot, ver·groot; ver·groot·te, ver·groot·ten; ver·groot

de **ver·gro·ting** (v), ver·gro·tin·gen

ver·grui·zen (ww), ver·gruis, ver·gruist; ver·gruis·de, ver·gruis·den; ver·gruisd

ver·gui·zen (ww), ver·guis, ver·guist; ver·guis·de, ver·guis·den; ver·guisd

ver·guld (bnw), ver·gul·de

ver·gul·den (ww), ver·guld, ver·guldt; ver·guld·de, ver·guld·den; ver·guld

ver·gun·nen (ww), ver·gun, ver·gunt; ver·gun·de, ver·gun·den; ver·gund

de **ver·gun·ning** (v), ver·gun·nin·gen; ver·gun·nin·kje

de **ver·gun·ning·aan·vraag**, ver·gun·ning·aan·vra·gen

de **ver·gun·ning·plicht**, ver·gun·ning·plich·ten

ver·gun·ning·plich·tig (bnw), ver·gun·ning·plich·ti·ge

de **ver·gun·nings·aan·vraag**, ver·gun·nings·aan·vra·gen

de **ver·gun·nings·plicht**, ver·gun·nings·plich·ten

ver·gun·nings·plich·tig (bnw), ver·gun·nings·plich·ti·ge

het **ver·gun·nings·stel·sel**, ver·gun·nings·stel·sels

het **ver·gun·ning·stel·sel**, ver·gun·ning·stel·sels

de **ver·gun·nings·voor·waar·de** (v), ver·gun·nings·voor·waar·den

ver·gun·nings·vrij (bnw), ver·gun·nings·vrije

ver·gun·ning·vrij (bnw), ver·gun·ning·vrije

het **ver·haal**, ver·ha·len; ver·haal·tje

de **ver·haal·lijn**, ver·haal·lij·nen; ver·haal·lijn·tje

ver·haas·ten (ww), ver·haast, ver·haast; ver·haast·te, ver·haast·ten; ver·haast

ver·hak·se·len (ww), ver·hak·sel, ver·hak·selt; ver·hak·sel·de, ver·hak·sel·den; ver·hak·seld
ver·ha·len (ww), ver·haal, ver·haalt; ver·haal·de, ver·haal·den; ver·haald
de **ver·ha·len·bun·del** (m), ver·ha·len·bun·dels; ver·ha·len·bun·del·tje
ver·han·de·len (ww), ver·han·del, ver·han·delt; ver·han·del·de, ver·han·del·den; ver·han·deld
de **ver·han·de·ling** (v), ver·han·de·lin·gen
ver·han·gen (ww), ver·hang, ver·hangt; ver·hing, ver·hin·gen; ver·han·gen
ver·hard (bnw), ver·har·de
ver·har·den (ww), ver·hard, ver·hardt; ver·hard·de, ver·hard·den; ver·hard
de **ver·har·ding** (v), ver·har·din·gen
ver·hef·fen (ww), ver·hef, ver·heft; ver·hief, ver·hie·ven; ver·he·ven
ver·hef·fend (bnw), ver·hef·fen·de
ver·hel·de·ren (ww), ver·hel·der, ver·hel·dert; ver·hel·der·de, ver·hel·der·den; ver·hel·derd
ver·he·len (ww), ver·heel, ver·heelt; ver·heel·de, ver·heel·den; ver·heeld
ver·hel·pen (ww), ver·help, ver·helpt; ver·hielp, ver·hiel·pen; ver·hol·pen
het **ver·he·mel·te**, ver·he·mel·ten, ver·he·mel·tes
ver·heugd (bnw), ver·heug·de
ver·heu·gen (ww), ver·heug, ver·heugt; ver·heug·de, ver·heug·den; ver·heugd
ver·he·ven (bnw)
ver·hin·de·ren (ww), ver·hin·der, ver·hin·dert; ver·hin·der·de, ver·hin·der·den; ver·hin·derd
ver·hit (bnw), ver·hit·te
ver·hit·ten (ww), ver·hit, ver·hit; ver·hit·te, ver·hit·ten; ver·hit
ver·hoe·den (ww), ver·hoed, ver·hoedt; ver·hoed·de, ver·hoed·den; ver·hoed
ver·hoe·ren (ww), ver·hoer, ver·hoert; ver·hoer·de, ver·hoer·den; ver·hoerd
ver·ho·gen (ww), ver·hoog, ver·hoogt; ver·hoog·de, ver·hoog·den; ver·hoogd
de **ver·ho·ging** (v), ver·ho·gin·gen; ver·ho·gin·kje
ver·ho·len (bnw)
het **ver·hoog**, ver·ho·gen; ver·hoog·je
ver·hoogd (bnw), ver·hoog·de
het **ver·hoor**, ver·ho·ren
ver·ho·pen (ww), ver·hoop, ver·hoopt; ver·hoop·te, ver·hoop·ten; ver·hoopt
ver·ho·ren (ww), ver·hoor, ver·hoort; ver·hoor·de, ver·hoor·den; ver·hoord
ver·hou·den (ww), ver·hou, ver·houd, ver·houdt; ver·hield, ver·hiel·den; ver·hou·den
de **ver·hou·ding** (v), ver·hou·din·gen; ver·hou·din·kje
de **ver·huis** (m), ver·huis·je
het **ver·huis·be·drijf**, ver·huis·be·drij·ven; ver·huis·be·drijf·je
het **ver·huis·be·richt**, ver·huis·be·rich·ten
ver·hui·zen (ww), ver·huis, ver·huist; ver·huis·de, ver·huis·den; ver·huisd
de **ver·hui·zer** (m), ver·hui·zers
de **ver·hui·zing** (v), ver·hui·zin·gen

ver·hul·len (ww), ver·hul, ver·hult; ver·hul·de, ver·hul·den; ver·huld
ver·hu·ren (ww), ver·huur, ver·huurt; ver·huur·de, ver·huur·den; ver·huurd
de **ver·hu·ring** (v), ver·hu·rin·gen
de **ver·huur** (m), ver·hu·ren
het **ver·huur·be·drijf**, ver·huur·be·drij·ven; ver·huur·be·drijf·je
de **ver·huur·der** (m), ver·huur·ders
de **ver·huur·ster** (v), ver·huur·sters
de **ve·ri·fi·ca·tie** (v), ve·ri·fi·ca·ties
de **ve·ri·fi·ca·tie·com·mis·sie** (v), ve·ri·fi·ca·tie·com·mis·sies
ve·ri·fi·eer·baar (bnw), ve·ri·fi·eer·ba·re
verifiëren [ve·ri·fi·e·ren] (ww), ve·ri·fi·eer, ve·ri·fi·eert; ve·ri·fi·eer·de, ve·ri·fi·eer·den; ge·ve·ri·fi·eerd
ver·ij·de·len (ww), ver·ij·del, ver·ij·delt; ver·ij·del·de, ver·ij·del·den; ver·ij·deld
de **ve·ring** (v), ve·rin·gen
de **ver·jaar·dag** (m), ver·jaar·da·gen
het **ver·jaar·dag·feest**, ver·jaar·dag·fees·ten; ver·jaar·dag·feest·je
de **ver·jaar·dag·ka·len·der** (m), ver·jaar·dag·ka·len·ders
het **ver·jaar·dags·ca·deau**, ver·jaar·dags·ca·deaus; ver·jaar·dags·ca·deau·tje
het **ver·jaar·dags·feest**, ver·jaar·dags·fees·ten; ver·jaar·dags·feest·je
de **ver·jaar·dags·kaart**, ver·jaar·dags·kaar·ten; ver·jaar·dags·kaart·je
de **ver·jaar·dags·ka·len·der** (m), ver·jaar·dags·ka·len·ders
de **ver·jaar·dags·taart**, ver·jaar·dags·taar·ten; ver·jaar·dags·taart·je
de **ver·jaar·dags·wens** (m), ver·jaar·dags·wen·sen
de **ver·jaars·par·tij** (v), ver·jaars·par·tij·en; ver·jaars·par·tij·tje
ver·ja·gen (ww), ver·jaag, ver·jaagt; ver·jaag·de, ver·joeg, ver·jaag·den, ver·joe·gen; ver·jaagd
ver·ja·ren (ww), ver·jaar, ver·jaart; ver·jaar·de, ver·jaar·den; ver·jaard
de **ver·ja·ring** (v), ver·ja·rin·gen
ver·kas·sen (ww), ver·kas, ver·kast; ver·kas·te, ver·kas·ten; ver·kast
de **ver·ka·ve·ling** (v), ver·ka·ve·lin·gen
het **ver·ka·ve·lings·pro·ject**, ver·ka·ve·lings·pro·jec·ten
het **Ver·ka·ve·lings·vlaams** *(taal)*
ver·ka·zen (ww), ver·kaas, ver·kaast; ver·kaas·de, ver·kaas·den; ver·kaasd
het **ver·keer**
ver·keerd (bnw), ver·keer·de
ver·keer·de·lijk (bijw)
de **ver·keers·agent** (m), ver·keers·agen·ten
de **ver·keers·ba·ro·me·ter** (m), ver·keers·ba·ro·me·ters
de **ver·keers·boe·te**, ver·keers·boe·ten, ver·keers·boe·tes
het **ver·keers·bord**, ver·keers·bor·den; ver·keers·bord·je
het **ver·keers·bri·ga·dier·tje**, ver·keers·bri·ga·dier·tjes
de **ver·keers·cri·mi·neel** (m), ver·keers·cri·mi·ne·len

de **ver·keers·dicht·heid** (v), ver·keers·dicht·he·den
het **ver·keers·exa·men**, ver·keers·exa·mens
de **ver·keers·ge·brui·ker** (m), ver·keers·ge·brui·kers
de **ver·keers·in·ten·si·teit** (v), ver·keers·in·ten·si·tei·ten
het **ver·keers·licht**, ver·keers·lich·ten
het **ver·keers·meu·bi·lair**
het **ver·keers·on·ge·luk**, ver·keers·on·ge·luk·ken; ver·keers·on·ge·luk·je
het **ver·keers·on·ge·val**, ver·keers·on·ge·val·len
het **ver·keers·punt**, ver·keers·pun·ten
het **ver·keers·sig·naal**, ver·keers·sig·na·len
de **ver·keers·si·tu·a·tie** (v), ver·keers·si·tu·a·ties
het **ver·keers·slacht·of·fer**, ver·keers·slacht·of·fers; ver·keers·slacht·of·fer·tje
de **ver·keers·spe·ci·a·list** (m), ver·keers·spe·ci·a·lis·ten
de **ver·keers·stroom** (m), ver·keers·stro·men
de **ver·keers·tun·nel** (m), ver·keers·tun·nels
de **ver·keers·vei·lig·heid** (v)
de **ver·keers·voor·lich·ting** (v), ver·keers·voor·lich·tin·gen
ver·ken·nen (ww), ver·ken, ver·kent; ver·ken·de, ver·ken·den; ver·kend
de **ver·ken·ning** (v), ver·ken·nin·gen
ver·ke·ren (ww), ver·keer, ver·keert; ver·keer·de, ver·keer·den; ver·keerd
de **ver·ke·ring** (v), ver·ke·rin·gen; ver·ke·rin·kje
ver·kies·lijk (bnw), ver·kies·lij·ke
ver·kie·zen (ww), ver·kies, ver·kiest; ver·koos, ver·ko·zen; ver·ko·zen
de **ver·kie·zing** (v), ver·kie·zin·gen
de **ver·kie·zings·cam·pag·ne**, ver·kie·zings·cam·pag·nes
de **ver·kie·zings·inkt** (m), ver·kie·zings·ink·ten
het **ver·kie·zings·is·sue**, ver·kie·zings·is·sues
het **ver·kie·zings·pro·gram·ma**, ver·kie·zings·pro·gram·ma's
de **ver·kie·zings·strijd** (m), ver·kie·zings·strij·den
ver·klan·ken (ww), ver·klank, ver·klankt; ver·klank·te, ver·klank·ten; ver·klankt
ver·klap·pen (ww), ver·klap, ver·klapt; ver·klap·te, ver·klap·ten; ver·klapt
ver·kla·ren (ww), ver·klaar, ver·klaart; ver·klaar·de, ver·klaar·den; ver·klaard
de **ver·kla·ring** (v), ver·kla·rin·gen; ver·kla·rin·kje
ver·kle·den (ww), ver·kleed, ver·kleedt; ver·kleed·de, ver·kleed·den; ver·kleed
ver·kleed (bnw), ver·kle·de
ver·klei·nen (ww), ver·klein, ver·kleint; ver·klein·de, ver·klein·den; ver·kleind
het **ver·klein·woord**, ver·klein·woor·den; ver·klein·woord·je
ver·kleu·ren (ww), ver·kleur, ver·kleurt; ver·kleur·de, ver·kleur·den; ver·kleurd
de **ver·kleu·ring** (v), ver·kleu·rin·gen
ver·klik·ken (ww), ver·klik, ver·klikt; ver·klik·te, ver·klik·ten; ver·klikt

ver·kloe·ken (ww), ver·kloek, ver·kloekt; ver·kloek·te, ver·kloek·ten; ver·kloekt
ver·klo·ten (ww), ver·kloot, ver·kloot; ver·kloot·te, ver·kloot·ten; ver·kloot
ver·kneu·ke·len (ww), ver·kneu·kel, ver·kneu·kelt; ver·kneu·kel·de, ver·kneu·kel·den; ver·kneu·keld
ver·knocht (bnw), ver·knoch·te
ver·knoei·en (ww), ver·knoei, ver·knoeit; ver·knoei·de, ver·knoei·den; ver·knoeid
ver·kno·pen (ww), ver·knoop, ver·knoopt; ver·knoop·te, ver·knoop·ten; ver·knoopt
ver·kocht (bnw), ver·koch·te
de **ver·koe·ver·ka·mer**, ver·koe·ver·ka·mers
ver·kon·di·gen (ww), ver·kon·dig, ver·kon·digt; ver·kon·dig·de, ver·kon·dig·den; ver·kon·digd
de **ver·koop** (m), ver·ko·pen; ver·koop·je
de **ver·koop·af·de·ling** (v), ver·koop·af·de·lin·gen; ver·koop·af·de·lin·kje
de **ver·koop·ak·te**, ver·koop·ak·ten, ver·koop·ak·tes
het **ver·koop·ar·gu·ment**, ver·koop·ar·gu·men·ten
het **ver·koop·bu·reau**, ver·koop·bu·reaus
het **ver·koop·cij·fer**, ver·koop·cij·fers
het **ver·koop·con·tract**, ver·koop·con·trac·ten
de **ver·koop·da·tum** (m), ver·koop·da·ta, ver·koop·da·tums
de **ver·koop·di·rec·teur** (m), ver·koop·di·rec·teu·ren, ver·koop·di·rec·teurs
de **ver·koop·fac·tuur** (v), ver·koop·fac·tu·ren
het **ver·koop·ge·sprek**, ver·koop·ge·sprek·ken; ver·koop·ge·sprek·je
het **ver·koop·ka·naal**, ver·koop·ka·na·len
ver·koop·klaar (bnw), ver·koop·kla·re
de **ver·koop·lei·der** (m), ver·koop·lei·ders
de **ver·koop·me·de·wer·ker** (m), ver·koop·me·de·wer·kers
de **ver·koop·me·tho·de** (v), ver·koop·me·tho·den, ver·koop·me·tho·des
de **ver·koop·op·brengst** (v), ver·koop·op·breng·sten
de/het **ver·koop·or·der**, ver·koop·or·ders
de **ver·koop·or·ga·ni·sa·tie** (v), ver·koop·or·ga·ni·sa·ties
de **ver·koop·over·een·komst** (v), ver·koop·over·een·kom·sten
de **ver·koop·prijs** (m), ver·koop·prij·zen
het **ver·koop·pro·ces**, ver·koop·pro·ces·sen
het **ver·koop·punt**, ver·koop·pun·ten
de **ver·koops·ak·te**, ver·koops·ak·ten, ver·koops·ak·tes
de **ver·koops·di·rec·teur** (m), ver·koops·di·rec·teu·ren, ver·koops·di·rec·teurs
de **ver·koop·sec·tor** (m), ver·koop·sec·to·ren, ver·koop·sec·tors
het **ver·koops·ge·sprek**, ver·koops·ge·sprek·ken
de **ver·koops·me·de·wer·ker** (m), ver·koops·me·de·wer·kers
de **ver·koops·over·een·komst** (v), ver·koops·over·een·kom·sten
de **ver·koops·prijs** (m),

ver·koops·prij·zen
het **ver·koops·pro·ces**, ver·koops·pro·ces·sen
de **ver·koop·stand** (m), ver·koop·stands; ver·koop·stand·je
het **ver·koops·team**, ver·koops·teams
de **ver·koop·ster** (v), ver·koop·sters; ver·koop·ster·tje
de **ver·koop·stra·te·gie** (v), verkoopstrategieën [ver·koop·stra·te·gie·en]
het **ver·koop·suc·ces**, ver·koop·suc·ces·sen
de **ver·koops·voor·waar·den** (mv)
het **ver·koop·team**, ver·koop·teams
de **ver·koop·tech·niek** (v), ver·koop·tech·nie·ken
de **ver·koop·truc** (m), ver·koop·trucs, ver·koop·tru·ken; ver·koop·truc·je
de **ver·koop·voor·waar·den** (mv)
de **ver·koop·waar·de** (v), ver·koop·waar·den, ver·koop·waar·des
ver·ko·pen (ww), ver·koop, ver·koopt; ver·kocht, ver·koch·ten; ver·kocht
de **ver·ko·per** (m), ver·ko·pers; ver·ko·per·tje
de **ver·ko·ping** (v), ver·ko·pin·gen; ver·ko·pin·kje
ver·kort (bnw), ver·kor·te
ver·kor·ten (ww), ver·kort, ver·kort; ver·kort·te, ver·kort·ten; ver·kort
de **ver·kor·ting** (v), ver·kor·tin·gen
ver·kou·den (bnw)
de **ver·koud·heid** (v), ver·koud·he·den; ver·koud·heid·je
de **ver·ko·ze·ne**, ver·ko·ze·nen
ver·krach·ten (ww), ver·kracht, ver·kracht; ver·kracht·te, ver·kracht·ten; ver·kracht
de **ver·krach·ting** (v), ver·krach·tin·gen
ver·krijg·baar (bnw), ver·krijg·ba·re
ver·krij·gen (ww), ver·krijg, ver·krijgt; ver·kreeg, ver·kre·gen; ver·kre·gen
de **ver·krij·ging** (v), ver·krij·gin·gen
de **ver·krij·gings·prijs** (m), ver·krij·gings·prij·zen
ver·kwan·se·len (ww), ver·kwan·sel, ver·kwan·selt; ver·kwan·sel·de, ver·kwan·sel·den; ver·kwan·seld
ver·kwis·ten (ww), ver·kwist, ver·kwist; ver·kwist·te, ver·kwist·ten; ver·kwist
het **ver·laat**[1], ver·la·ten; ver·laat·je
ver·laat[2] (bnw), ver·la·te
ver·la·den (ww), ver·laad, ver·laadt; ver·laad·de, ver·laad·den; ver·la·den
de **ver·la·der** (m), ver·la·ders
de **ver·la·ding** (v), ver·la·din·gen
ver·la·gen (ww), ver·laag, ver·laagt; ver·laag·de, ver·laag·den; ver·laagd
de **ver·la·ging** (v), ver·la·gin·gen
ver·lam·men (ww), ver·lam, ver·lamt; ver·lam·de, ver·lam·den; ver·lamd
het **ver·lan·gen**[1], ver·lan·gens; ver·lan·gen·tje
ver·lan·gen[2] (ww), ver·lang, ver·langt; ver·lang·de, ver·lang·den; ver·langd
de **ver·lang·lijst**, ver·lang·lijs·ten; ver·lang·lijst·je
ver·la·ten[1] (bnw)
ver·la·ten[2] (ww) *(te laat zijn; later stellen)*, ver·laat, ver·laat; ver·laat·te, ver·laat·ten; ver·laat
ver·la·ten[3] (ww) *(in de steek laten)*,

ver·laat, ver·laat; ver·liet, ver·lie·ten; ver·la·ten

de **ver·la·ting** (v)

ver·lea·sen (ww), ver·lease, ver·leaset; ver·lease·de, ver·lease·te, ver·lease·den, ver·lease·ten; ver·leased, ver·leaset

het **ver·le·den**[1], ver·le·dens; ver·le·den·tje

ver·le·den[2] (bnw)

ver·le·gen (bnw)

de **ver·le·gen·heid** (v)

ver·leg·gen (ww), ver·leg, ver·legt; ver·leg·de, ver·leg·den; ver·legd

de **ver·leg·ging** (v), ver·leg·gin·gen

ver·lei·de·lijk (bnw), ver·lei·de·lij·ke

ver·lei·den (ww), ver·leid, ver·leidt; ver·leid·de, ver·leid·den; ver·leid

de **ver·lei·der** (m), ver·lei·ders

de **ver·lei·ding** (v), ver·lei·din·gen

ver·lek·kerd (bnw), ver·lek·ker·de

ver·le·nen (ww), ver·leen, ver·leent; ver·leen·de, ver·leen·den; ver·leend

de **ver·le·ner** (m), ver·le·ners

het **ver·leng·de**, ver·leng·den, ver·leng·des

ver·len·gen (ww), ver·leng, ver·lengt; ver·leng·de, ver·leng·den; ver·lengd

de **ver·len·ging** (v), ver·len·gin·gen

de **ver·leng·ka·bel** (m), ver·leng·ka·bels

het **ver·leng·snoer**, ver·leng·snoe·ren; ver·leng·snoer·tje

de **ver·le·ning** (v), ver·le·nin·gen

ver·le·ren (ww), ver·leer, ver·leert; ver·leer·de, ver·leer·den; ver·leerd

het **ver·let**

ver·let·ten (ww), ver·let, ver·let; ver·let·te, ver·let·ten; ver·let

ver·licht (bnw), ver·lich·te

ver·lich·ten (ww), ver·licht, ver·licht; ver·licht·te, ver·licht·ten; ver·licht

de **ver·lich·ting** (v), ver·lich·tin·gen

het **ver·lich·tings·den·ken**

ver·liefd (bnw), ver·lief·de

de **ver·liefd·heid** (v), ver·liefd·he·den; ver·liefd·heid·je

het **ver·lies**, ver·lie·zen; ver·lies·je

de **ver·lies-en-winst·re·ke·ning** (v), ver·lies-en-winst·re·ke·nin·gen

ver·lies·la·tend (bnw), ver·lies·la·ten·de

ver·lies·lij·dend (bnw), ver·lies·lij·den·de

ver·lie·zen (ww), ver·lies, ver·liest; ver·loor, ver·lo·ren; ver·lo·ren

de **ver·lie·zer** (m), ver·lie·zers

ver·lig·gen (ww), ver·lig, ver·ligt; ver·lag, ver·la·gen; ver·le·gen

ver·lij·den (ww), ver·lijd, ver·lijdt; ver·leed, ver·le·den; ver·le·den

ver·lij·men (ww), ver·lijm, ver·lijmt; ver·lijm·de, ver·lijm·den; ver·lijmd

ver·lin·ken (ww), ver·link, ver·linkt; ver·link·te, ver·link·ten; ver·linkt

ver·lo·den (ww), ver·lood, ver·loodt; ver·lood·de, ver·lood·den; ver·lood

ver·loe·de·ren (ww), ver·loe·der, ver·loe·dert; ver·loe·der·de, ver·loe·der·den; ver·loe·derd

de **ver·loe·de·ring** (v), ver·loe·de·rin·gen

het **ver·lof**, ver·lo·ven; ver·lof·je

de **ver·lof·aan·vraag**,

ver·lof·aan·vra·gen

de **ver·lof·dag** (m), ver·lof·da·gen; ver·lof·dag·je

de **ver·lof·kaart**, ver·lof·kaar·ten

ver·lo·nen (ww), ver·loon, ver·loont; ver·loon·de, ver·loon·den; ver·loond

de **ver·lo·ning** (v), ver·lo·nin·gen

ver·loo·che·nen (ww), ver·loo·chen, ver·loo·chent; ver·loo·chen·de, ver·loo·chen·den; ver·loo·chend

ver·loofd (bnw), ver·loof·de

de **ver·loof·de**, ver·loof·den, ver·loof·des

het **ver·loop**, ver·lo·pen; ver·loop·je

ver·lo·pen (ww), ver·loop, ver·loopt; ver·liep, ver·lie·pen; ver·lo·pen

ver·lo·ren (bnw)

de **ver·los·kun·di·ge**, ver·los·kun·di·gen

de **ver·los·kun·di·gen·prak·tijk**, ver·los·kun·di·gen·prak·tij·ken

ver·los·sen (ww), ver·los, ver·lost; ver·los·te, ver·los·ten; ver·lost

de **ver·los·ser** (m), ver·los·sers; ver·los·ser·tje

Ver·los·ser *(Jezus Christus)*

ver·lo·ten (ww), ver·loot, ver·loot; ver·loot·te, ver·loot·ten; ver·loot

de **ver·lo·ting** (v), ver·lo·tin·gen

ver·lo·ven (ww), ver·loof, ver·looft; ver·loof·de, ver·loof·den; ver·loofd

de **ver·lo·ving** (v), ver·lo·vin·gen

ver·luch·ten (ww), ver·lucht, ver·lucht; ver·lucht·te, ver·lucht·ten; ver·lucht

de **ver·luch·ting** (v), ver·luch·tin·gen

ver·lui·den (ww), ver·luid, ver·luidt; ver·luid·de, ver·luid·den; ver·luid

ver·luidt: naar verluidt

het **ver·maak**, ver·ma·ken

het **ver·maan**

ver·maard (bnw), ver·maar·de

ver·ma·ge·ren (ww), ver·ma·ger, ver·ma·gert; ver·ma·ger·de, ver·ma·ger·den; ver·ma·gerd

ver·ma·ken (ww), ver·maak, ver·maakt; ver·maak·te, ver·maak·ten; ver·maakt

ver·ma·le·dijd (bnw), ver·ma·le·dij·de

ver·ma·len (ww), ver·maal, ver·maalt; ver·maal·de, ver·maal·den; ver·ma·len

ver·ma·nen (ww), ver·maan, ver·maant; ver·maan·de, ver·maan·den; ver·maand

de **ver·ma·ning** (v), ver·ma·nin·gen; ver·ma·nin·kje

ver·man·nen (ww), ver·man, ver·mant; ver·man·de, ver·man·den; ver·mand

ver·mark·ten (ww), ver·markt, ver·markt; ver·markt·te, ver·markt·ten; ver·markt

de **ver·mark·ting** (v), ver·mark·tin·gen

ver·mas·sa·cre·ren (ww), ver·mas·sa·creer, ver·mas·sa·creert; ver·mas·sa·creer·de, ver·mas·sa·creer·den; ver·mas·sa·creerd

ver·meend (bnw), ver·meen·de

ver·meer·de·ren (ww), ver·meer·der, ver·meer·dert; ver·meer·der·de, ver·meer·der·den; ver·meer·derd

de **ver·meer·de·ring** (v), ver·meer·de·rin·gen

ver·mei·en (ww), ver·mei, ver·meit; ver·mei·de, ver·mei·den; ver·meid

ver·meld (bnw), ver·mel·de
ver·mel·den (ww), ver·meld, ver·meldt; ver·meld·de, ver·meld·den; ver·meld
ver·mel·dens·waard (bnw), ver·mel·dens·waar·de
ver·mel·dens·waar·dig (bnw), ver·mel·dens·waar·di·ge
de **ver·mel·ding** (v), ver·mel·din·gen; ver·mel·din·kje
ver·men·gen (ww), ver·meng, ver·mengt; ver·meng·de, ver·meng·den; ver·mengd
ver·me·nig·vul·di·gen (ww), ver·me·nig·vul·dig, ver·me·nig·vul·digt; ver·me·nig·vul·dig·de, ver·me·nig·vul·dig·den; ver·me·nig·vul·digd
de **ver·me·nig·vul·di·ging** (v), ver·me·nig·vul·di·gin·gen
ver·me·tel (bnw), ver·me·te·le
ver·me·ten (ww), ver·meet, ver·meet; ver·mat, ver·ma·ten; ver·me·ten
de **ver·mi·cel·li** (m)
de **ver·mi·cel·li·soep**, ver·mi·cel·li·soe·pen; ver·mi·cel·li·soep·je
ver·mijd·baar (bnw), ver·mijd·ba·re
ver·mij·den (ww), ver·mijd, ver·mijdt; ver·meed, ver·me·den; ver·me·den
het **ver·mil·joen**[1]
ver·mil·joen[2] (bnw)
ver·min·de·ren (ww), ver·min·der, ver·min·dert; ver·min·der·de, ver·min·der·den; ver·min·derd
de **ver·min·de·ring** (v), ver·min·de·rin·gen
ver·min·ken (ww), ver·mink, ver·minkt; ver·mink·te, ver·mink·ten; ver·minkt
de **ver·min·king** (v), ver·min·kin·gen
ver·mis·sen (ww), ver·mis, ver·mist; ver·mis·te, ver·mis·ten; ver·mist
de **ver·mis·sing** (v), ver·mis·sin·gen
de **ver·mis·te**, ver·mis·ten
ver·mits (voegw)
ver·moed (bnw), ver·moe·de
ver·moe·de·lijk (bnw), ver·moe·de·lij·ke
het **ver·moe·den**[1], ver·moe·dens
ver·moe·den[2] (ww), ver·moed, ver·moedt; ver·moed·de, ver·moed·den; ver·moed
ver·moeid (bnw), ver·moei·de
de **ver·moeid·heid** (v)
het **ver·moeid·heids·syn·droom**
ver·moei·en (ww), ver·moei, ver·moeit; ver·moei·de, ver·moei·den; ver·moeid
ver·moei·end (bnw), ver·moei·en·de
de **ver·moei·ing** (v)
ver·moei·lij·ken (ww), ver·moei·lijk, ver·moei·lijkt; ver·moei·lijk·te, ver·moei·lijk·ten; ver·moei·lijkt
het **ver·mo·gen**[1], ver·mo·gens; ver·mo·gen·tje
ver·mo·gen[2] (ww), ver·mag, ver·mag; ver·mocht, ver·moch·ten; ver·mocht
de **ver·mo·gend·heid** (v), ver·mo·gend·he·den
ver·molmd (bnw), ver·molm·de
ver·mol·men (ww), ver·molm, ver·molmt; ver·molm·de, ver·molm·den; ver·molmd
ver·mom·men (ww), ver·mom, ver·momt; ver·mom·de,

ver·mom·den; ver·momd
ver·moord (bnw), ver·moor·de
ver·moor·den (ww), ver·moord, ver·moordt; ver·moord·de, ver·moord·den; ver·moord
ver·mor·sen (ww), ver·mors, ver·morst; ver·mors·te, ver·mors·ten; ver·morst
de **ver·mout** (m)
ver·mur·wen (ww), ver·murw, ver·murwt; ver·murw·de, ver·murw·den; ver·murwd
ver·na·che·len (ww), ver·na·chel, ver·na·chelt; ver·na·chel·de, ver·na·chel·den; ver·na·cheld
ver·na·ge·len (ww), ver·na·gel, ver·na·gelt; ver·na·gel·de, ver·na·gel·den; ver·na·geld
ver·ne·de·ren (ww), ver·ne·der, ver·ne·dert; ver·ne·der·de, ver·ne·der·den; ver·ne·derd
de **ver·ne·de·ring** (v), ver·ne·de·rin·gen; ver·ne·de·rin·ge·tje
ver·ne·der·land·sen (ww), ver·ne·der·lands, ver·ne·der·landst; ver·ne·der·lands·te, ver·ne·der·lands·ten; ver·ne·der·landst
ver·ne·men (ww), ver·neem, ver·neemt; ver·nam, ver·na·men; ver·no·men
ver·neu·ken (ww), ver·neuk, ver·neukt; ver·neuk·te, ver·neuk·ten; ver·neukt
ver·neu·ke·ra·tief (bnw), ver·neu·ke·ra·tie·ve
ver·nie·len (ww), ver·niel, ver·nielt; ver·niel·de, ver·niel·den; ver·nield
de **ver·nie·ling** (v), ver·nie·lin·gen; ver·nie·lin·kje
ver·nie·ti·gen (ww), ver·nie·tig, ver·nie·tigt; ver·nie·tig·de, ver·nie·tig·den; ver·nie·tigd
de **ver·nie·ti·ging** (v), ver·nie·ti·gin·gen
de **ver·nieuw·bouw** (m)
ver·nieu·wen (ww), ver·nieuw, ver·nieuwt; ver·nieuw·de, ver·nieuw·den; ver·nieuwd
ver·nieu·wend (bnw), ver·nieu·wen·de
de **ver·nieu·wing** (v), ver·nieu·win·gen
de/het **ver·nis** (m/o), ver·nis·sen; ver·nis·je
de **ver·nis·sa·ge** (v), ver·nis·sa·ges
ver·nis·sen (ww), ver·nis, ver·nist; ver·nis·te, ver·nis·ten; ge·ver·nist
ver·noe·men (ww), ver·noem, ver·noemt; ver·noem·de, ver·noem·den; ver·noemd
het **ver·nuft**, ver·nuf·ten
ver·nuf·tig (bnw), ver·nuf·ti·ge
ver·on·acht·za·men (ww), ver·on·acht·zaam, ver·on·acht·zaamt; ver·on·acht·zaam·de, ver·on·acht·zaam·den; ver·on·acht·zaamd
ver·on·der·stel·len (ww), ver·on·der·stel, ver·on·der·stelt; ver·on·der·stel·de, ver·on·der·stel·den; ver·on·der·steld
de **ver·on·der·stel·ling** (v), ver·on·der·stel·lin·gen
ver·on·die·pen (ww), ver·on·diep, ver·on·diept; ver·on·diep·te, ver·on·diep·ten; ver·on·diept
ver·on·ge·luk·ken (ww), ver·on·ge·luk, ver·on·ge·lukt; ver·on·ge·luk·te, ver·on·ge·luk·ten; ver·on·ge·lukt

ver·ont·rei·ni·gen (ww), ver·ont·rei·nig, ver·ont·rei·nigt; ver·ont·rei·nig·de, ver·ont·rei·nig·den; ver·ont·rei·nigd
de **ver·ont·rei·ni·ging** (v), ver·ont·rei·ni·gin·gen
ver·ont·rust (bnw), ver·ont·rus·te
ver·ont·rus·ten (ww), ver·ont·rust, ver·ont·rust; ver·ont·rust·te, ver·ont·rust·ten; ver·ont·rust
ver·ont·rus·tend (bnw), ver·ont·rus·ten·de
ver·ont·schul·di·gen (ww), ver·ont·schul·dig, ver·ont·schul·digt; ver·ont·schul·dig·de, ver·ont·schul·dig·den; ver·ont·schul·digd
de **ver·ont·schul·di·ging** (v), ver·ont·schul·di·gin·gen
ver·ont·waar·digd (bnw), ver·ont·waar·dig·de
ver·ont·waar·di·gen (ww), ver·ont·waar·dig, ver·ont·waar·digt; ver·ont·waar·dig·de, ver·ont·waar·dig·den; ver·ont·waar·digd
de **ver·ont·waar·di·ging** (v)
de **ver·oor·deel·de**, ver·oor·deel·den
ver·oor·de·len (ww), ver·oor·deel, ver·oor·deelt; ver·oor·deel·de, ver·oor·deel·den; ver·oor·deeld
de **ver·oor·de·ling** (v), ver·oor·de·lin·gen
ver·oor·lo·ven (ww), ver·oor·loof, ver·oor·looft; ver·oor·loof·de, ver·oor·loof·den; ver·oor·loofd
ver·oor·za·ken (ww), ver·oor·zaak, ver·oor·zaakt; ver·oor·zaak·te, ver·oor·zaak·ten; ver·oor·zaakt
ver·or·be·ren (ww), ver·or·ber, ver·or·bert; ver·or·ber·de, ver·or·ber·den; ver·or·berd
ver·or·de·nen (ww), ver·or·den, ver·or·dent; ver·or·den·de, ver·or·den·den; ver·or·dend
de **ver·or·de·ning** (v), ver·or·de·nin·gen
ver·or·don·ne·ren (ww), ver·or·don·neer, ver·or·don·neert; ver·or·don·neer·de, ver·or·don·neer·den; ver·or·don·neerd
ver·ou·derd (bnw), ver·ou·der·de
ver·ou·de·ren (ww), ver·ou·der, ver·ou·dert; ver·ou·der·de, ver·ou·der·den; ver·ou·derd
de **ver·ou·de·ring** (v), ver·ou·de·rin·gen
de **ver·ove·raar** (m), ver·ove·raars
ver·ove·ren (ww), ver·over, ver·overt; ver·over·de, ver·over·den; ver·overd
de **ver·ove·ring** (v), ver·ove·rin·gen; ver·ove·rin·ge·tje
ver·pach·ten (ww), ver·pacht, ver·pacht; ver·pacht·te, ver·pacht·ten; ver·pacht
ver·pak·ken (ww), ver·pak, ver·pakt; ver·pak·te, ver·pak·ten; ver·pakt
de **ver·pak·king** (v), ver·pak·kin·gen; ver·pak·kin·kje
het **ver·pak·kings·ma·te·ri·aal**, ver·pak·kings·ma·te·ri·a·len
ver·pan·den (ww), ver·pand, ver·pandt; ver·pand·de, ver·pand·den; ver·pand
ver·per·soon·lij·ken (ww), ver·per·soon·lijk, ver·per·soon·lijkt; ver·per·soon·lijk·te,

V

ver·per·soon·lijk·ten; ver·per·soon·lijkt

ver·pes·ten (ww), ver·pest, ver·pest; ver·pest·te, ver·pest·ten; ver·pest

ver·pie·te·ren (ww), ver·pie·ter, ver·pie·tert; ver·pie·ter·de, ver·pie·ter·den; ver·pie·terd

ver·plaat·sen (ww), ver·plaats, ver·plaatst; ver·plaats·te, ver·plaats·ten; ver·plaatst

de **ver·plaat·sing** (v), ver·plaat·sin·gen

de **ver·plaat·sings·kos·ten** (mv)

ver·plan·ten (ww), ver·plant, ver·plant; ver·plant·te, ver·plant·ten; ver·plant

het **ver·pleeg·huis**, ver·pleeg·hui·zen; ver·pleeg·huis·je

de **ver·pleeg·kun·de** (v)

de **ver·pleeg·kun·di·ge**, ver·pleeg·kun·di·gen

de **ver·pleeg·ster** (v), ver·pleeg·sters; ver·pleeg·ster·tje

het **ver·pleeg·te·huis**, ver·pleeg·te·hui·zen

ver·ple·gen (ww), ver·pleeg, ver·pleegt; ver·pleeg·de, ver·pleeg·den; ver·pleegd

de **ver·ple·ger** (m), ver·ple·gers; ver·ple·ger·tje

de **ver·ple·ging** (v)

ver·plet·te·ren (ww), ver·plet·ter, ver·plet·tert; ver·plet·ter·de, ver·plet·ter·den; ver·plet·terd

ver·plicht (bnw), ver·plich·te

ver·plich·ten (ww), ver·plicht, ver·plicht; ver·plicht·te, ver·plicht·ten; ver·plicht

de **ver·plich·ting** (v), ver·plich·tin·gen

ver·po·ten (ww), ver·poot, ver·poot; ver·poot·te, ver·poot·ten; ver·poot

ver·pot·ten (ww), ver·pot, ver·pot; ver·pot·te, ver·pot·ten; ver·pot

ver·po·zen (ww), ver·poos, ver·poost; ver·poos·de, ver·poos·den; ver·poosd

ver·pra·ten (ww), ver·praat, ver·praat; ver·praat·te, ver·praat·ten; ver·praat

ver·prut·sen (ww), ver·pruts, ver·prutst; ver·pruts·te, ver·pruts·ten; ver·prutst

het **ver·raad**

ver·ra·den (ww), ver·raad, ver·raadt; ver·raad·de, ver·raad·den; ver·ra·den

de **ver·ra·der** (m), ver·ra·ders; ver·ra·der·tje

ver·ra·der·lijk (bnw), ver·ra·der·lij·ke

ver·ram·sjen (ww), ver·ramsj, ver·ramsjt; ver·ramsj·te, ver·ramsj·ten; ver·ramsjt

ver·ras·sen (ww), ver·ras, ver·rast; ver·ras·te, ver·ras·ten; ver·rast

ver·ras·send (bnw), ver·ras·sen·de

de **ver·ras·sing** (v), ver·ras·sin·gen; ver·ras·sin·kje

het **ver·ras·sings·feest**, ver·ras·sings·fees·ten; ver·ras·sings·feest·je

ver·rast (bnw), ver·ras·te

ver·re[1] (bijw)

ver·re[2]: van heinde en verre

ver·recht·vaar·di·gen (ww), ver·recht·vaar·dig, ver·recht·vaar·digt; ver·recht·vaar·dig·de, ver·recht·vaar·dig·den; ver·recht·vaar·digd

ver·re·gaand (bnw),

ver·re·gaan·de
ver·rei·kend (bnw), ver·rei·ken·de
ver·rei·zen (ww), ver·reis, ver·reist; ver·reis·de, ver·reis·den; ver·reisd
ver·rek (tussenw)
ver·re·ken·baar (bnw), ver·re·ken·ba·re
ver·re·ke·nen (ww), ver·re·ken, ver·re·kent; ver·re·ken·de, ver·re·ken·den; ver·re·kend
de **ver·re·ke·ning** (v), ver·re·ke·nin·gen
de **ver·re·kij·ker** (m), ver·re·kij·kers; ver·re·kij·ker·tje
ver·rek·ken (ww), ver·rek, ver·rekt; ver·rek·te, ver·rek·ten; ver·rekt
de **ver·rek·king** (v), ver·rek·kin·gen
ver·rekt (bnw), ver·rek·te
ver·re·weg (bijw)
ver·richt (bnw), ver·rich·te
ver·rich·ten (ww), ver·richt, ver·richt; ver·richt·te, ver·richt·ten; ver·richt
de **ver·rich·ting** (v), ver·rich·tin·gen
ver·rijd·baar (bnw), ver·rijd·ba·re
ver·rij·den (ww), ver·rij, ver·rijd, ver·rijdt; ver·reed, ver·re·den; ver·re·den
ver·rij·ken (ww), ver·rijk, ver·rijkt; ver·rijk·te, ver·rijk·ten; ver·rijkt
de **ver·rij·king** (v), ver·rij·kin·gen
ver·rij·zen (ww), ver·rijs, ver·rijst; ver·rees, ver·re·zen; ver·re·zen
de **ver·rij·ze·nis** (v), ver·rij·ze·nis·sen
ver·rim·peld (bnw), ver·rim·pel·de
ver·rim·pe·len (ww), ver·rim·pel, ver·rim·pelt; ver·rim·pel·de, ver·rim·pel·den; ver·rim·peld
de **ver·ri·ne** (v), ver·ri·nes
ver·roe·ren (ww), ver·roer, ver·roert; ver·roer·de, ver·roer·den; ver·roerd
ver·roest[1] (bnw), ver·roes·te
ver·roest[2] (tussenw)
ver·roes·ten (ww), ver·roest, ver·roest; ver·roest·te, ver·roest·ten; ver·roest
ver·ro·ken (ww), ver·rook, ver·rookt; ver·rook·te, ver·rook·ten; ver·rookt
ver·rol·len (ww), ver·rol, ver·rolt; ver·rol·de, ver·rol·den; ver·rold
ver·rom·me·len (ww), ver·rom·mel, ver·rom·melt; ver·rom·mel·de, ver·rom·mel·den; ver·rom·meld
de **ver·rom·me·ling** (v), ver·rom·me·lin·gen
ver·rot[1] (bnw), ver·rot·te
ver·rot[2] (tussenw)
ver·rot·ten (ww), ver·rot, ver·rot; ver·rot·te, ver·rot·ten; ver·rot
ver·rui·len (ww), ver·ruil, ver·ruilt; ver·ruil·de, ver·ruil·den; ver·ruild
ver·rui·men (ww), ver·ruim, ver·ruimt; ver·ruim·de, ver·ruim·den; ver·ruimd
de **ver·rui·ming** (v), ver·rui·min·gen
verruïneren [ver·ru·i·ne·ren] (ww), verruïneer [ver·ru·i·neer], verruïneert [ver·ru·i·neert]; verruïneerde [ver·ru·i·neer·de], verruïneerden [ver·ru·i·neer·den]; verruïneerd [ver·ru·i·neerd]
ver·ruk·ke·lijk (bnw), ver·ruk·ke·lij·ke
de **ver·ruk·king** (v), ver·ruk·kin·gen
ver·rukt (bnw), ver·ruk·te
het **vers**[1], ver·zen; vers·je
vers[2] (bnw), ver·se
ver·sa·gen (ww), ver·saag,

ver·saagt; ver·saag·de,
ver·saag·den; ver·saagd
ver·sas·sen (ww), ver·sas, ver·sast;
ver·sas·te, ver·sas·ten; ver·sast
ver·schaf·fen (ww), ver·schaf,
ver·schaft; ver·schaf·te,
ver·schaf·ten; ver·schaft
ver·schal·ken (ww), ver·schalk,
ver·schalkt; ver·schalk·te,
ver·schalk·ten; ver·schalkt
ver·schan·sen (ww), ver·schans,
ver·schanst; ver·schans·te,
ver·schans·ten; ver·schanst
het **ver·schei·den**[1]
ver·schei·den[2] (bnw),
ver·schei·de·ne
ver·schei·den[3] (ww), ver·scheid,
ver·scheidt; ver·scheid·de,
ver·scheid·den; ver·schei·den
ver·schei·de·ne (onbep vnw)
de **ver·schei·den·heid** (v),
ver·schei·den·he·den
ver·sche·pen (ww), ver·scheep,
ver·scheept; ver·scheep·te,
ver·scheep·ten; ver·scheept
ver·scher·pen (ww), ver·scherp,
ver·scherpt; ver·scherp·te,
ver·scherp·ten; ver·scherpt
ver·scheu·ren (ww), ver·scheur,
ver·scheurt; ver·scheur·de,
ver·scheur·den; ver·scheurd
het **ver·schiet**, ver·schie·ten
ver·schie·ten (ww), ver·schiet,
ver·schiet; ver·schoot,
ver·scho·ten; ver·scho·ten
ver·schij·nen (ww), ver·schijn,
ver·schijnt; ver·scheen,
ver·sche·nen; ver·sche·nen
de **ver·schij·ning** (v),
ver·schij·nin·gen; ver·schij·nin·kje
het **ver·schijn·sel**, ver·schijn·se·len,
ver·schijn·sels; ver·schijn·sel·tje
het **ver·schil**, ver·schil·len;
ver·schil·le·tje
ver·schil·len (ww), ver·schil,
ver·schilt; ver·schil·de,
ver·schil·den; ver·schild
ver·schil·lend (bnw),
ver·schil·len·de
ver·schil·len·de (onbep vnw)
ver·scho·nen (ww), ver·schoon,
ver·schoont; ver·schoon·de,
ver·schoon·den; ver·schoond
ver·schoon·baar (bnw),
ver·schoon·ba·re
het **ver·schot**, ver·schot·ten
ver·scho·ten (bnw)
ver·schrik·ke·lijk (bnw),
ver·schrik·ke·lij·ke
ver·schrik·ken (ww) *(schrik krijgen)*, ver·schrik, ver·schrikt;
ver·schrok, ver·schrok·ken;
ver·schrok·ken
ver·schroei·en (ww), ver·schroei,
ver·schroeit; ver·schroei·de,
ver·schroei·den; ver·schroeid
ver·schro·ten (ww), ver·schroot,
ver·schroot; ver·schroot·te,
ver·schroot·ten; ver·schroot
ver·schui·len (ww), ver·schuil,
ver·schuilt; ver·school,
ver·schuil·de, ver·scho·len,
ver·schuil·den; ver·scho·len
ver·schui·ven (ww), ver·schuif,
ver·schuift; ver·schoof,
ver·scho·ven; ver·scho·ven
de **ver·schui·ving** (v),
ver·schui·vin·gen;
ver·schui·vin·kje
ver·schul·digd (bnw),
ver·schul·dig·de
vers·ge·bak·ken (bnw)
vers·ge·ma·len (bnw)
vers·ge·perst (bnw),
vers·ge·pers·te
de **vers·heid** (v)

de/het **vers·houd·fo·lie**, vers·houd·fo·lies
de **ver·sie** (v), ver·sies; ver·sie·tje
ver·sie·ren (ww), ver·sier, ver·siert; ver·sier·de, ver·sier·den; ver·sierd
de **ver·sie·ring** (v), ver·sie·rin·gen; ver·sie·rin·kje
ver·sjou·wen (ww), ver·sjouw, ver·sjouwt; ver·sjouw·de, ver·sjouw·den; ver·sjouwd
ver·sjte·ren (ww), ver·sjteer, ver·sjteert; ver·sjteer·de, ver·sjteer·den; ver·sjteerd
ver·slaafd (bnw), ver·slaaf·de
de **ver·slaaf·de**, ver·slaaf·den
ver·slaan (ww), ver·sla, ver·slaat; ver·sloeg, ver·sloe·gen; ver·sla·gen
het **ver·slag**, ver·sla·gen; ver·slag·je
ver·sla·gen (bnw)
de **ver·slag·ge·ver** (m), ver·slag·ge·vers; ver·slag·ge·ver·tje
de **ver·slag·ge·ving** (v), ver·slag·ge·vin·gen
de **ver·slag·leg·ging** (v), ver·slag·leg·gin·gen
ver·sla·pen (ww), ver·slaap, ver·slaapt; ver·sliep, ver·slie·pen; ver·sla·pen
ver·slap·pen (ww), ver·slap, ver·slapt; ver·slap·te, ver·slap·ten; ver·slapt
ver·sla·ven (ww), ver·slaaf, ver·slaaft; ver·slaaf·de, ver·slaaf·den; ver·slaafd
ver·sla·vend (bnw), ver·sla·ven·de
de **ver·sla·ving** (v), ver·sla·vin·gen
ver·slech·ten (ww), ver·slecht, ver·slecht; ver·slecht·te, ver·slecht·ten; ver·slecht
ver·slech·te·ren (ww), ver·slech·ter, ver·slech·tert; ver·slech·ter·de, ver·slech·ter·den; ver·slech·terd
de **ver·slech·te·ring** (v), ver·slech·te·rin·gen
ver·slen·sen (ww), ver·slens, ver·slenst; ver·slens·te, ver·slens·ten; ver·slenst
ver·sle·pen (ww), ver·sleep, ver·sleept; ver·sleep·te, ver·sleep·ten; ver·sleept
ver·sle·ten (bnw)
ver·sleu·te·len (ww), ver·sleu·tel, ver·sleu·telt; ver·sleu·tel·de, ver·sleu·tel·den; ver·sleu·teld
ver·slij·ten (ww), ver·slijt, ver·slijt; ver·sleet, ver·sle·ten; ver·sle·ten
ver·slik·ken (ww), ver·slik, ver·slikt; ver·slik·te, ver·slik·ten; ver·slikt
ver·slin·den (ww), ver·slind, ver·slindt; ver·slond, ver·slon·den; ver·slon·den
ver·slon·zen (ww), ver·slons, ver·slonst; ver·slons·de, ver·slons·den; ver·slonsd
ver·slui·zen (ww), ver·sluis, ver·sluist; ver·sluis·de, ver·sluis·den; ver·sluisd
de **vers·maat**, vers·ma·ten
ver·smach·ten (ww), ver·smacht, ver·smacht; ver·smacht·te, ver·smacht·ten; ver·smacht
ver·sma·den (ww), ver·smaad, ver·smaadt; ver·smaad·de, ver·smaad·den; ver·smaad
ver·smal·len (ww), ver·smal, ver·smalt; ver·smal·de, ver·smal·den; ver·smald
ver·smel·ten (ww), ver·smelt, ver·smelt; ver·smolt, ver·smol·ten; ver·smol·ten
de **ver·sna·pe·ring** (v), ver·sna·pe·rin·gen;

ver·sna·pe·rin·ge·tje
ver·sneld (bnw), ver·snel·de
ver·snel·len (ww), ver·snel, ver·snelt; ver·snel·de, ver·snel·den; ver·sneld
de **ver·snel·ling** (v), ver·snel·lin·gen; ver·snel·lin·kje
de **ver·snel·lings·bak** (m), ver·snel·lings·bak·ken
ver·snij·den (ww), ver·snij, ver·snijd, ver·snijdt; ver·sneed, ver·sne·den; ver·sne·den
de **ver·snip·pe·raar** (m), ver·snip·pe·raars
ver·snip·pe·ren (ww), ver·snip·per, ver·snip·pert; ver·snip·per·de, ver·snip·per·den; ver·snip·perd
ver·so (bijw)
ver·soe·pe·len (ww), ver·soe·pel, ver·soe·pelt; ver·soe·pel·de, ver·soe·pel·den; ver·soe·peld
ver·spa·nen (ww), ver·spaan, ver·spaant; ver·spaan·de, ver·spaan·den; ver·spaand
de **ver·spa·ning** (v), ver·spa·nin·gen
ver·spe·len (ww), ver·speel, ver·speelt; ver·speel·de, ver·speel·den; ver·speeld
ver·sper·ren (ww), ver·sper, ver·spert; ver·sper·de, ver·sper·den; ver·sperd
ver·spil·len (ww), ver·spil, ver·spilt; ver·spil·de, ver·spil·den; ver·spild
de **ver·spil·ling** (v), ver·spil·lin·gen
ver·spreid (bnw), ver·sprei·de
ver·sprei·den (ww), ver·spreid, ver·spreidt; ver·spreid·de, ver·spreid·den; ver·spreid
de **ver·sprei·ding** (v), ver·sprei·din·gen
ver·spre·ken (ww), ver·spreek, ver·spreekt; ver·sprak, ver·spra·ken; ver·spro·ken
ver·sprin·gen (ww), ver·spring, ver·springt; ver·sprong, ver·spron·gen; ver·spron·gen
ver·staan[1] (bnw), ver·sta·ne
ver·staan[2] (ww), ver·sta, ver·staat; ver·stond, ver·ston·den; ver·staan
ver·staan·baar (bnw), ver·staan·ba·re
het **ver·stand**, ver·stand·je
ver·stan·de: met dien verstande
ver·stan·de·lijk (bnw), ver·stan·de·lij·ke
de **ver·stand·hou·ding** (v), ver·stand·hou·din·gen; ver·stand·hou·din·kje
ver·stan·dig (bnw), ver·stan·di·ge
de **ver·stands·kies**, ver·stands·kie·zen
de **ver·ste·de·lij·king** (v), ver·ste·de·lij·kin·gen
het **ver·stek**, ver·stek·ken
ver·ste·ken (ww), ver·steek, ver·steekt; ver·stak, ver·sta·ken; ver·sto·ken
ver·steld (bnw)
ver·stel·len (ww), ver·stel, ver·stelt; ver·stel·de, ver·stel·den; ver·steld
ver·ster·ken (ww), ver·sterk, ver·sterkt; ver·sterk·te, ver·sterk·ten; ver·sterkt
de **ver·ster·ker** (m), ver·ster·kers; ver·ster·ker·tje
de **ver·ster·king** (v), ver·ster·kin·gen; ver·ster·kin·kje
ver·ste·vi·gen (ww), ver·ste·vig, ver·ste·vigt; ver·ste·vig·de, ver·ste·vig·den; ver·ste·vigd
de **ver·ste·vi·ging** (v), ver·ste·vi·gin·gen
ver·stie·ren (ww), ver·stier,

ver·stiert; ver·stier·de, ver·stier·den; ver·stierd
ver·stij·ven (ww), ver·stijf, ver·stijft; ver·stijf·de, ver·stijf·den; ver·stijfd
ver·stik·ken (ww), ver·stik, ver·stikt; ver·stik·te, ver·stik·ten; ver·stikt
ver·sto·ken[1] (bnw)
ver·sto·ken[2] (ww), ver·stook, ver·stookt; ver·stook·te, ver·stook·ten; ver·stookt
ver·stok·ken (ww), ver·stok, ver·stokt; ver·stok·te, ver·stok·ten; ver·stokt
ver·stom·men (ww), ver·stom, ver·stomt; ver·stom·de, ver·stom·den; ver·stomd
ver·stoord (bnw), ver·stoor·de
ver·stop·pen (ww), ver·stop, ver·stopt; ver·stop·te, ver·stop·ten; ver·stopt
het **ver·stop·per·tje**, ver·stop·per·tjes
de **ver·stop·ping** (v), ver·stop·pin·gen; ver·stop·pin·kje
ver·sto·ren (ww), ver·stoor, ver·stoort; ver·stoor·de, ver·stoor·den; ver·stoord
de **ver·sto·ring** (v), ver·sto·rin·gen
ver·sto·ten (ww), ver·stoot, ver·stoot; ver·stoot·te, ver·stoot·ten; ver·sto·ten
ver·stou·wen (ww), ver·stouw, ver·stouwt; ver·stouw·de, ver·stouw·den; ver·stouwd
ver·strek·ken (ww), ver·strek, ver·strekt; ver·strek·te, ver·strek·ten; ver·strekt
ver·strek·kend (bnw), ver·strek·ken·de
de **ver·strek·ker** (m), ver·strek·kers
de **ver·strek·king** (v), ver·strek·kin·gen
ver·strengd (bnw), ver·streng·de
ver·stren·gen (ww), ver·streng, ver·strengt; ver·streng·de, ver·streng·den; ver·strengd
de **ver·stren·ging** (v), ver·stren·gin·gen
ver·strij·ken (ww), ver·strijk, ver·strijkt; ver·streek, ver·stre·ken; ver·stre·ken
ver·strooid (bnw), ver·strooi·de
de **ver·strooid·heid** (v), ver·strooid·he·den
ver·strooi·en (ww), ver·strooi, ver·strooit; ver·strooi·de, ver·strooi·den; ver·strooid
de **ver·strooi·ing** (v), ver·strooi·in·gen
ver·strop·pen (ww), ver·strop, ver·stropt; ver·strop·te, ver·strop·ten; ver·stropt
ver·stui·ken (ww), ver·stuik, ver·stuikt; ver·stuik·te, ver·stuik·ten; ver·stuikt
ver·stui·ven (ww), ver·stuif, ver·stuift; ver·stoof, ver·sto·ven; ver·sto·ven
ver·stu·ren (ww), ver·stuur, ver·stuurt; ver·stuur·de, ver·stuur·den; ver·stuurd
ver·suf·fen (ww), ver·suf, ver·suft; ver·suf·te, ver·suf·ten; ver·suft
ver·suft (bnw), ver·suf·te
ver·sus (voorz)
het **ver·taal·bu·reau**, ver·taal·bu·reaus
de **ver·taal·slag** (m), ver·taal·sla·gen
de **ver·taal·ster** (v), ver·taal·sters
ver·tak·ken (ww), ver·tak, ver·takt; ver·tak·te, ver·tak·ten; ver·takt
ver·ta·len (ww), ver·taal, ver·taalt; ver·taal·de, ver·taal·den; ver·taald
de **ver·ta·ler** (m), ver·ta·lers

de **ver·ta·ler-tolk** (m), ver·ta·lers-tol·ken, ver·ta·ler-tol·ken
de **ver·ta·ling** (v), ver·ta·lin·gen; ver·ta·lin·kje
de **ver·te** (v), ver·ten, ver·tes
ver·te·gen·woor·di·gen (ww), ver·te·gen·woor·dig, ver·te·gen·woor·digt; ver·te·gen·woor·dig·de, ver·te·gen·woor·dig·den; ver·te·gen·woor·digd
de **ver·te·gen·woor·di·ger** (m), ver·te·gen·woor·di·gers
de **ver·te·gen·woor·di·ging** (v), ver·te·gen·woor·di·gin·gen
de **ver·te·gen·woor·dig·ster** (v), ver·te·gen·woor·dig·sters
ver·te·ke·nen (ww), ver·te·ken, ver·te·kent; ver·te·ken·de, ver·te·ken·den; ver·te·kend
de **ver·tel·kunst** (v), ver·tel·kun·sten
de **ver·tel·kun·ste·naar** (m), ver·tel·kun·ste·naars
ver·tel·len (ww), ver·tel, ver·telt; ver·tel·de, ver·tel·den; ver·teld
de **ver·tel·ler** (m), ver·tel·lers; ver·tel·ler·tje
de **ver·tel·ling** (v), ver·tel·lin·gen; ver·tel·lin·kje
het **ver·tel·per·spec·tief**, ver·tel·per·spec·tie·ven
ver·te·ren (ww), ver·teer, ver·teert; ver·teer·de, ver·teer·den; ver·teerd
de **ver·te·ring** (v), ver·te·rin·gen
de **ver·ti·caal**[1], ver·ti·ca·len
ver·ti·caal[2] (bnw), ver·ti·ca·le
de **ver·ti·ca·li·teit** (v), ver·ti·ca·li·tei·ten
ver·ti·cu·te·ren (ww), ver·ti·cu·teer, ver·ti·cu·teert; ver·ti·cu·teer·de, ver·ti·cu·teer·den; ge·ver·ti·cu·teerd
het **ver·tier**
de **ver·ti·go** (v)
ver·tik·ken (ww), ver·tik, ver·tikt; ver·tik·te, ver·tik·ten; ver·tikt
ver·tin·nen (ww), ver·tin, ver·tint; ver·tin·de, ver·tin·den; ver·tind
het **ver·toef**, ver·toef·je
ver·toe·ven (ww), ver·toef, ver·toeft; ver·toef·de, ver·toef·den; ver·toefd
ver·tol·ken (ww), ver·tolk, ver·tolkt; ver·tolk·te, ver·tolk·ten; ver·tolkt
de **ver·tol·king** (v), ver·tol·kin·gen
ver·to·nen (ww), ver·toon, ver·toont; ver·toon·de, ver·toon·den; ver·toond
de **ver·to·ning** (v), ver·to·nin·gen; ver·to·nin·kje
het **ver·toog**, ver·to·gen; ver·toog·je
het **ver·toon**, ver·to·nen
ver·traagd (bnw), ver·traag·de
ver·tra·gen (ww), ver·traag, ver·traagt; ver·traag·de, ver·traag·den; ver·traagd
de **ver·tra·ging** (v), ver·tra·gin·gen
ver·trap·pe·len (ww), ver·trap·pel, ver·trap·pelt; ver·trap·pel·de, ver·trap·pel·den; ver·trap·peld
ver·trap·pen (ww), ver·trap, ver·trapt; ver·trap·te, ver·trap·ten; ver·trapt
het **ver·trek**, ver·trek·ken; ver·trek·je
ver·trek·ken (ww), ver·trek, ver·trekt; ver·trok, ver·trok·ken; ver·trok·ken
ver·trek·kens·klaar (bnw), ver·trek·kens·kla·re
ver·troe·te·len (ww), ver·troe·tel, ver·troe·telt; ver·troe·tel·de,

ver·troe·tel·den; ver·troe·teld
ver·trouwd (bnw), ver·trouw·de
de **ver·trouw·de**, ver·trouw·den
de **ver·trouwd·heid** (v), ver·trouwd·he·den
ver·trou·we·lijk (bnw), ver·trou·we·lij·ke
de **ver·trou·we·lijk·heid** (v), ver·trou·we·lijk·he·den; ver·trou·we·lijk·heid·je
het **ver·trou·wen**[1]
ver·trou·wen[2] (ww), ver·trouw, ver·trouwt; ver·trouw·de, ver·trouw·den; ver·trouwd
de **ver·trou·wens·per·soon** (m), ver·trou·wens·per·so·nen
ver·trou·wen·wek·kend (bnw), ver·trou·wen·wek·ken·de
ver·uit (bijw)
ver·uit·wen·di·gen (ww), ver·uit·wen·dig, ver·uit·wen·digt; ver·uit·wen·dig·de, ver·uit·wen·dig·den; ver·uit·wen·digd
de **ver·uit·wen·di·ging** (v), ver·uit·wen·di·gin·gen
ver·vaard (bnw), ver·vaar·de
ver·vaar·di·gen (ww), ver·vaar·dig, ver·vaar·digt; ver·vaar·dig·de, ver·vaar·dig·den; ver·vaar·digd
de **ver·vaar·di·ging** (v), ver·vaar·di·gin·gen
ver·vaar·lijk (bnw), ver·vaar·lij·ke
ver·va·gen (ww), ver·vaag, ver·vaagt; ver·vaag·de, ver·vaag·den; ver·vaagd
het **ver·val**, ver·val·le·tje
de **ver·val·dag** (m), ver·val·da·gen
de **ver·val·da·tum** (m), ver·val·da·ta, ver·val·da·tums
ver·va·len (ww), ver·vaal, ver·vaalt; ver·vaal·de, ver·vaal·den; ver·vaald
ver·val·len[1] (bnw)
ver·val·len[2] (ww), ver·val, ver·valt; ver·viel, ver·vie·len; ver·val·len
ver·val·sen (ww), ver·vals, ver·valst; ver·vals·te, ver·vals·ten; ver·valst
ver·van·gen (ww), ver·vang, ver·vangt; ver·ving, ver·vin·gen; ver·van·gen
ver·van·gend (bnw), ver·van·gen·de
de **ver·van·ger** (m), ver·van·gers
de **ver·van·ging** (v), ver·van·gin·gen
de **ver-van-mijn-bed·show** (m), ver-van-mijn-bed·shows
ver·vat·ten (ww), ver·vat, ver·vat; ver·vat·te, ver·vat·ten; ver·vat
ver·ve: met verve
ver·veeld (bnw), ver·veel·de
ver·veel·vou·di·gen (ww), ver·veel·vou·dig, ver·veel·vou·digt; ver·veel·vou·dig·de, ver·veel·vou·dig·den; ver·veel·vou·digd
ver·ve·len (ww), ver·veel, ver·veelt; ver·veel·de, ver·veel·den; ver·veeld
ver·ve·lend (bnw), ver·ve·len·de
de **ver·ve·ling** (v)
ver·vel·len (ww), ver·vel, ver·velt; ver·vel·de, ver·vel·den; ver·veld
de **ver·vel·ling** (v), ver·vel·lin·gen
ver·ven (ww), verf, verft; verf·de, verf·den; ge·verfd
ver·ver·sen (ww), ver·vers, ver·verst; ver·vers·te, ver·vers·ten; ver·verst
ver·vet·ten (ww), ver·vet, ver·vet; ver·vet·te, ver·vet·ten; ver·vet
ver·vlaam·sen (ww), ver·vlaams,

ver·vlaamst; ver·vlaams·te, ver·vlaams·ten; ver·vlaamst
ver·vlech·ten (ww), ver·vlecht, ver·vlecht; ver·vlocht, ver·vloch·ten; ver·vloch·ten
ver·vloe·ken (ww), ver·vloek, ver·vloekt; ver·vloek·te, ver·vloek·ten; ver·vloekt
ver·voe·gen (ww), ver·voeg, ver·voegt; ver·voeg·de, ver·voeg·den; ver·voegd
de **ver·voe·ging** (v), ver·voe·gin·gen
het **ver·voer**
het **ver·voer·be·drijf**, ver·voer·be·drij·ven; ver·voer·be·drijf·je
het **ver·voer·be·wijs**, ver·voer·be·wij·zen
de **ver·voer·der** (m), ver·voer·ders
ver·voe·ren (ww), ver·voer, ver·voert; ver·voer·de, ver·voer·den; ver·voerd
de **ver·voer·kos·ten** (mv)
de **ver·voer·maat·schap·pij** (v), ver·voer·maat·schap·pij·en
het **ver·voer·mid·del**, ver·voer·mid·de·len; ver·voer·mid·del·tje
het **ver·voers·be·drijf**, ver·voers·be·drij·ven; ver·voers·be·drijf·je
het **ver·voers·be·leid**
het **ver·voers·be·wijs**, ver·voers·be·wij·zen
de **ver·voer·sec·tor** (m), ver·voer·sec·to·ren, ver·voer·sec·tors
de **ver·voers·kos·ten** (mv)
de **ver·voers·maat·schap·pij** (v), ver·voers·maat·schap·pij·en
het **ver·voers·mid·del**, ver·voers·mid·de·len
de **ver·voers·on·der·ne·ming** (v), ver·voers·on·der·ne·min·gen
de **ver·voers·sec·tor** (m), ver·voers·sec·to·ren, ver·voers·sec·tors
het **ver·voers·sys·teem**, ver·voers·sys·te·men
de **ver·voers·toe·la·ge**, ver·voers·toe·la·gen, ver·voers·toe·la·ges
het **ver·voer·sys·teem**, ver·voer·sys·te·men
de **ver·voer·wij·ze**, ver·voer·wij·zen
het **ver·volg**, ver·vol·gen; ver·volg·je
de **ver·volg·ac·tie** (v), ver·volg·ac·ties
de **ver·volg·af·spraak**, ver·volg·af·spra·ken; ver·volg·af·spraak·je
ver·vol·gen (ww), ver·volg, ver·volgt; ver·volg·de, ver·volg·den; ver·volgd
ver·vol·gens (bijw)
het **ver·volg·ge·sprek**, ver·volg·ge·sprek·ken
de **ver·vol·ging** (v), ver·vol·gin·gen
de **ver·vol·gings·amb·te·naar** (m), ver·vol·gings·amb·te·naars, ver·vol·gings·amb·te·na·ren
het **ver·volg·on·der·zoek**, ver·volg·on·der·zoe·ken; ver·volg·on·der·zoek·je
ver·vol·le·di·gen (ww), ver·vol·le·dig, ver·vol·le·digt; ver·vol·le·dig·de, ver·vol·le·dig·den; ver·vol·le·digd
de **ver·vol·le·di·ging** (v), ver·vol·le·di·gin·gen
ver·vol·ma·ken (ww), ver·vol·maak, ver·vol·maakt; ver·vol·maak·te, ver·vol·maak·ten; ver·vol·maakt
ver·vor·men (ww), ver·vorm, ver·vormt; ver·vorm·de, ver·vorm·den; ver·vormd

ver·vreemd (bnw), ver·vreem·de
ver·vreem·den (ww), ver·vreemd, ver·vreemdt; ver·vreemd·de, ver·vreemd·den; ver·vreemd
de **ver·vreem·ding** (v), ver·vreem·din·gen
ver·vrie·zen (ww), ver·vries, ver·vriest; ver·vroor, ver·vroos, ver·vro·ren, ver·vro·zen; ver·vro·ren, ver·vro·zen
ver·vroe·gen (ww), ver·vroeg, ver·vroegt; ver·vroeg·de, ver·vroeg·den; ver·vroegd
ver·vuild (bnw), ver·vuil·de
ver·vui·len (ww), ver·vuil, ver·vuilt; ver·vuil·de, ver·vuil·den; ver·vuild
de **ver·vui·ling** (v), ver·vui·lin·gen; ver·vui·lin·kje
ver·vul·len (ww), ver·vul, ver·vult; ver·vul·de, ver·vul·den; ver·vuld
de **ver·vul·ling** (v), ver·vul·lin·gen
ver·waaid (bnw), ver·waai·de
ver·waand (bnw), ver·waan·de
ver·waar·loos·baar (bnw), ver·waar·loos·ba·re
ver·waar·lo·zen (ww), ver·waar·loos, ver·waar·loost; ver·waar·loos·de, ver·waar·loos·den; ver·waar·loosd
de **ver·waar·lo·zing** (v), ver·waar·lo·zin·gen
ver·wacht (bnw), ver·wach·te
ver·wacht·baar (bnw), ver·wacht·ba·re
ver·wach·ten (ww), ver·wacht, ver·wacht; ver·wacht·te, ver·wacht·ten; ver·wacht
de **ver·wach·ting** (v), ver·wach·tin·gen
het **ver·wach·tings·pa·troon**, ver·wach·tings·pa·tro·nen
de **ver·want**[1] (m), ver·wan·ten
ver·want[2] (bnw), ver·wan·te
de **ver·wan·te** (v), ver·wan·tes
de **ver·want·schap** (v), ver·want·schap·pen
ver·ward (bnw), ver·war·de
ver·war·men (ww), ver·warm, ver·warmt; ver·warm·de, ver·warm·den; ver·warmd
de **ver·war·ming** (v), ver·war·min·gen
de **ver·war·mings·in·stal·la·tie** (v), ver·war·mings·in·stal·la·ties
de **ver·war·mings·ke·tel** (m), ver·war·mings·ke·tels
het **ver·war·mings·sys·teem**, ver·war·mings·sys·te·men
ver·war·ren (ww), ver·war, ver·wart; ver·war·de, ver·war·den; ver·ward
ver·war·rend (bnw), ver·war·ren·de
de **ver·war·ring** (v), ver·war·rin·gen
ver·was·sen (ww) *(door wassen bederven of verbruiken),* ver·was, ver·wast; ver·was·te, ver·was·ten; ver·was·sen
ver·wa·ten (bnw)
ver·wa·terd (bnw), ver·wa·ter·de
ver·wa·te·ren (ww), ver·wa·ter, ver·wa·tert; ver·wa·ter·de, ver·wa·ter·den; ver·wa·terd
ver·wed·den (ww), ver·wed, ver·wedt; ver·wed·de, ver·wed·den; ver·wed
het **ver·weer**, ver·we·ren; ver·weer·tje
de **ver·weer·brief** (m), ver·weer·brie·ven
de **ver·weer·der** (m), ver·weer·ders
het **ver·weer·schrift**, ver·weer·schrif·ten
Ver·weg·gi·stan
ver·we·ken (ww), ver·week,

ver·weekt; ver·week·te, ver·week·ten; ver·weekt
ver·wek·ken (ww), ver·wek, ver·wekt; ver·wek·te, ver·wek·ten; ver·wekt
ver·wel·ken (ww), ver·welk, ver·welkt; ver·welk·te, ver·welk·ten; ver·welkt
ver·wel·ko·men (ww), ver·wel·kom, ver·wel·komt; ver·wel·kom·de, ver·wel·kom·den; ver·wel·komd
de **ver·wel·ko·ming** (v), ver·wel·ko·min·gen
ver·wend (bnw), ver·wen·de
ver·wen·nen (ww), ver·wen, ver·went; ver·wen·de, ver·wen·den; ver·wend
de **ver·wen·ne·rij** (v), ver·wen·ne·rij·en; ver·wen·ne·rij·tje
het **ver·wen·pa·ra·dijs**, ver·wen·pa·ra·dij·zen
ver·wen·sen (ww), ver·wens, ver·wenst; ver·wens·te, ver·wens·ten; ver·wenst
ver·we·ren (ww), ver·weer, ver·weert; ver·weer·de, ver·weer·den; ver·weerd
ver·wer·ken (ww), ver·werk, ver·werkt; ver·werk·te, ver·werk·ten; ver·werkt
de **ver·wer·king** (v), ver·wer·kin·gen
ver·wer·pe·lijk (bnw), ver·wer·pe·lij·ke
ver·wer·pen (ww), ver·werp, ver·werpt; ver·wierp, ver·wier·pen; ver·wor·pen
ver·wer·ven (ww), ver·werf, ver·werft; ver·wierf, ver·wier·ven; ver·wor·ven
de **ver·wer·ving** (v), ver·wer·vin·gen
ver·wes·te·ren (ww), ver·wes·ter, ver·wes·tert; ver·wes·ter·de, ver·wes·ter·den; ver·wes·terd
de **ver·wes·te·ring** (v), ver·wes·te·rin·gen
de **ver·wes·ter·lij·king** (v), ver·wes·ter·lij·kin·gen
ver·wes·ter·sen (ww), ver·wes·ters, ver·wes·terst; ver·wes·ters·te, ver·wes·ters·ten; ver·wes·terst
de **ver·wes·ter·sing** (v)
ver·we·ven (ww), ver·weef, ver·weeft; ver·weef·de, ver·weef·den; ver·we·ven
de **ver·we·ven·heid** (v), ver·we·ven·he·den
ver·we·zen[1] (bnw)
ver·we·zen[2] (ww), ver·wees, ver·weest; ver·wees·de, ver·wees·den; ver·weesd
ver·we·zen·lij·ken (ww), ver·we·zen·lijk, ver·we·zen·lijkt; ver·we·zen·lijk·te, ver·we·zen·lijk·ten; ver·we·zen·lijkt
de **ver·we·zen·lij·king** (v), ver·we·zen·lij·kin·gen
ver·wij·den (ww), ver·wijd, ver·wijdt; ver·wijd·de, ver·wijd·den; ver·wijd
ver·wij·der·baar (bnw), ver·wij·der·ba·re
ver·wij·derd (bnw), ver·wij·der·de
ver·wij·de·ren (ww), ver·wij·der, ver·wij·dert; ver·wij·der·de, ver·wij·der·den; ver·wij·derd
de **ver·wij·de·ring** (v), ver·wij·de·rin·gen
de **ver·wij·ding** (v), ver·wij·din·gen
het **ver·wijl**
ver·wij·len (ww), ver·wijl, ver·wijlt; ver·wijl·de, ver·wijl·den;

ver·wijld
de **ver·wijs·brief** (m), ver·wijs·brie·ven; ver·wijs·brief·je
het **ver·wijs·woord**, ver·wijs·woor·den
het **ver·wijt**, ver·wij·ten
ver·wij·ten (ww), ver·wijt, ver·wijt; ver·weet, ver·we·ten; ver·we·ten
ver·wij·zen (ww), ver·wijs, ver·wijst; ver·wees, ver·we·zen; ver·we·zen
de **ver·wij·zer** (m), ver·wij·zers
de **ver·wij·zing** (v), ver·wij·zin·gen; ver·wij·zin·kje
ver·wik·ke·len (ww), ver·wik·kel, ver·wik·kelt; ver·wik·kel·de, ver·wik·kel·den; ver·wik·keld
ver·wil·derd (bnw), ver·wil·der·de
ver·wis·se·len (ww), ver·wis·sel, ver·wis·selt; ver·wis·sel·de, ver·wis·sel·den; ver·wis·seld
ver·wit·ti·gen (ww), ver·wit·tig, ver·wit·tigt; ver·wit·tig·de, ver·wit·tig·den; ver·wit·tigd
de **ver·wit·ti·ging** (v), ver·wit·ti·gin·gen; ver·wit·ti·gin·ge·tje
ver·woed (bnw), ver·woe·de
ver·woest (bnw), ver·woes·te
ver·woes·ten (ww), ver·woest, ver·woest; ver·woest·te, ver·woest·ten; ver·woest
ver·won·den (ww), ver·wond, ver·wondt; ver·wond·de, ver·wond·den; ver·wond
ver·won·derd (bnw), ver·won·der·de
ver·won·de·ren (ww), ver·won·der, ver·won·dert; ver·won·der·de, ver·won·der·den; ver·won·derd
de **ver·won·de·ring** (v)
ver·won·der·lijk (bnw), ver·won·der·lij·ke
de **ver·won·ding** (v), ver·won·din·gen
ver·woor·den (ww), ver·woord, ver·woordt; ver·woord·de, ver·woord·den; ver·woord
de **ver·woor·ding** (v), ver·woor·din·gen
ver·wor·den (ww), ver·word, ver·wordt; ver·werd, ver·wer·den; ver·wor·den
de **ver·wor·ding** (v), ver·wor·din·gen
ver·wrin·gen (ww), ver·wring, ver·wringt; ver·wrong, ver·wron·gen; ver·wron·gen
ver·zach·ten (ww), ver·zacht, ver·zacht; ver·zacht·te, ver·zacht·ten; ver·zacht
de **ver·za·di·ging** (v)
ver·za·gen (ww), ver·zaag, ver·zaagt; ver·zaag·de, ver·zaag·den; ver·zaagd
ver·za·ken (ww), ver·zaak, ver·zaakt; ver·zaak·te, ver·zaak·ten; ver·zaakt
de **ver·za·king** (v), ver·za·kin·gen
ver·zak·ken (ww), ver·zak, ver·zakt; ver·zak·te, ver·zak·ten; ver·zakt
de **ver·zak·king** (v), ver·zak·kin·gen; ver·zak·kin·kje
de **ver·za·me·laar** (m), ver·za·me·laars; ver·za·me·laar·tje
de **ver·za·mel-cd** (m), ver·za·mel-cd's
ver·za·me·len (ww), ver·za·mel, ver·za·melt; ver·za·mel·de, ver·za·mel·den; ver·za·meld
de **ver·za·me·ling** (v), ver·za·me·lin·gen; ver·za·me·lin·ge·tje

de **ver·za·mel·staat** (m), ver·za·mel·sta·ten
ver·zan·den (ww), ver·zand, ver·zandt; ver·zand·de, ver·zand·den; ver·zand
ver·ze·ge·len (ww), ver·ze·gel, ver·ze·gelt; ver·ze·gel·de, ver·ze·gel·den; ver·ze·geld
ver·zeg·gen (ww), ver·zeg, ver·zegt; ver·zeg·de, ver·zeg·den; ver·zegd
ver·zei·len (ww), ver·zeil, ver·zeilt; ver·zeil·de, ver·zeil·den; ver·zeild
de **ver·ze·ke·raar** (m), ver·ze·ke·raars
ver·ze·kerd (bnw), ver·ze·ker·de
de **ver·ze·ker·de**, ver·ze·ker·den
ver·ze·ke·ren (ww), ver·ze·ker, ver·ze·kert; ver·ze·ker·de, ver·ze·ker·den; ver·ze·kerd
de **ver·ze·ke·ring** (v), ver·ze·ke·rin·gen; ver·ze·ke·rin·ge·tje
de **ver·ze·ke·ring·maat·schap·pij** (v), ver·ze·ke·ring·maat·schap·pij·en
de **ver·ze·ke·ring·ne·mer** (m), ver·ze·ke·ring·ne·mers
de **ver·ze·ke·rings·maat·schap·pij** (v), ver·ze·ke·rings·maat·schap·pij·en; ver·ze·ke·rings·maat·schap·pij·tje
de **ver·ze·ke·rings·ne·mer** (m), ver·ze·ke·rings·ne·mers
de **ver·ze·ke·rings·po·lis**, ver·ze·ke·rings·po·lis·sen; ver·ze·ke·rings·po·lis·je
ver·zen·den (ww), ver·zend, ver·zendt; ver·zond, ver·zon·den; ver·zon·den
de **ver·zen·der** (m), ver·zen·ders
de **ver·zen·ding** (v), ver·zen·din·gen
de **ver·zen·dings·kos·ten** (mv)
de **ver·zend·kos·ten** (mv)
de **ver·zend·lijst**, ver·zend·lijs·ten
ver·zen·gen (ww), ver·zeng, ver·zengt; ver·zeng·de, ver·zeng·den; ver·zengd
het **ver·zet**, ver·zet·ten; ver·zet·je
de **ver·zets·strij·der** (m), ver·zets·strij·ders
ver·zet·ten (ww), ver·zet, ver·zet; ver·zet·te, ver·zet·ten; ver·zet
de **ver·zet·ting** (v), ver·zet·tin·gen
ver·zie·ken (ww), ver·ziek, ver·ziekt; ver·ziek·te, ver·ziek·ten; ver·ziekt
ver·zien (ww), ver·zie, ver·ziet; ver·zag, ver·za·gen; ver·zien
ver·ziend (bnw), ver·zien·de
ver·zil·ve·ren (ww), ver·zil·ver, ver·zil·vert; ver·zil·ver·de, ver·zil·ver·den; ver·zil·verd
ver·zin·ken[1] (ww) *(wegzinken)*, ver·zink, ver·zinkt; ver·zonk, ver·zon·ken; ver·zon·ken
ver·zin·ken[2] (ww) *(galvaniseren)*, ver·zink, ver·zinkt; ver·zink·te, ver·zink·ten; ver·zinkt
ver·zin·nen (ww), ver·zin, ver·zint; ver·zon, ver·zon·nen; ver·zon·nen
het **ver·zin·sel**, ver·zin·se·len, ver·zin·sels; ver·zin·sel·tje
ver·zit·ten (ww), ver·zit, ver·zit; ver·zat, ver·za·ten; ver·ze·ten
het **ver·zoek**, ver·zoe·ken; ver·zoek·je
ver·zoe·ken (ww), ver·zoek, ver·zoekt; ver·zocht, ver·zoch·ten; ver·zocht
de **ver·zoe·ker** (m), ver·zoe·kers
het **ver·zoek·schrift**, ver·zoek·schrif·ten
de **ver·zoen·dag** (m), ver·zoen·da·gen
ver·zoe·nen (ww), ver·zoen,

ver·zoent; ver·zoen·de, ver·zoen·den; ver·zoend
de **ver·zoe·ning** (v), ver·zoe·nin·gen
ver·zorgd (bnw), ver·zorg·de
ver·zor·gen (ww), ver·zorg, ver·zorgt; ver·zorg·de, ver·zorg·den; ver·zorgd
de **ver·zor·gen·de**, ver·zor·gen·den
de **ver·zor·ger** (m), ver·zor·gers
de **ver·zor·ging** (v), ver·zor·gin·gen
het **ver·zor·gings·huis**, ver·zor·gings·hui·zen
de **ver·zor·gings·staat** (m), ver·zor·gings·sta·ten; ver·zor·gings·staat·je
het **ver·zor·gings·te·huis**, ver·zor·gings·te·hui·zen
ver·zot (bnw), ver·zot·te
ver·zuch·ten (ww), ver·zucht, ver·zucht; ver·zucht·te, ver·zucht·ten; ver·zucht
de **ver·zui·ling** (v), ver·zui·lin·gen
het **ver·zuim**, ver·zui·men; ver·zuim·pje
ver·zui·men (ww), ver·zuim, ver·zuimt; ver·zuim·de, ver·zuim·den; ver·zuimd
ver·zu·ren (ww), ver·zuur, ver·zuurt; ver·zuur·de, ver·zuur·den; ver·zuurd
ver·zwak·ken (ww), ver·zwak, ver·zwakt; ver·zwak·te, ver·zwak·ten; ver·zwakt
ver·zwa·ren (ww), ver·zwaar, ver·zwaart; ver·zwaar·de, ver·zwaar·den; ver·zwaard
ver·zwel·gen (ww), ver·zwelg, ver·zwelgt; ver·zwolg, ver·zwol·gen; ver·zwol·gen
ver·zwe·ren (ww) *(door zweren vergaan),* ver·zweer, ver·zweert; ver·zwoor, ver·zwo·ren; ver·zwo·ren
ver·zwij·gen (ww), ver·zwijg, ver·zwijgt; ver·zweeg, ver·zwe·gen; ver·zwe·gen
ver·zwik·ken (ww), ver·zwik, ver·zwikt; ver·zwik·te, ver·zwik·ten; ver·zwikt
het **ve·si·kel**, ve·si·kels
de **ves·per**, ves·pers
de **vest**[1] *(gracht, boulevard),* ves·ten; vest·je
het **vest**[2] *(kledingstuk),* ves·ten; vest·je
de **ves·te**, ves·ten
ves·ten (ww), vest, vest; vest·te, vest·ten; ge·vest
de **ves·ti·ai·re** (m), ves·ti·ai·res
de **ves·ti·bu·le** (m), ves·ti·bu·les
ves·ti·gen (ww), ves·tig, ves·tigt; ves·tig·de, ves·tig·den; ge·ves·tigd
de **ves·ti·ging** (v), ves·ti·gin·gen
de **ves·ti·gings·plaats**, ves·ti·gings·plaat·sen
de **ves·ting** (v), ves·tin·gen; ves·tin·kje
de **ves·ting·stad**, ves·ting·ste·den; ves·ting·stad·je
het **vet**[1], vet·ten; vet·je
vet[2] (bnw), vet·te
de **ve·te**, ve·ten, ve·tes; ve·te·tje
de **ve·ter** (m), ve·ters; ve·ter·tje
de **ve·te·raan** (m), ve·te·ra·nen; ve·te·raan·tje
de **ve·te·ra·ne** (v), ve·te·ra·nes
de **ve·te·ra·nen·klas·se** (v), ve·te·ra·nen·klas·sen
het **ve·te·ra·nen·voet·bal**
de **ve·te·ra·nen·voet·bal·club**, ve·te·ra·nen·voet·bal·clubs
de **ve·te·ra·nen·voet·bal·com·pe·ti·tie** (v), ve·te·ra·nen·voet·bal·com·pe·ti·ties
de **ve·te·ra·nen·voet·bal·ver·eni·ging** (v),

ve·te·ra·nen·voet·bal·ver·eni·gin·gen
ve·te·ren (ww), ve·ter, ve·tert; ve·ter·de, ve·ter·den; ge·ve·terd
de **ve·te·ri·nair**[1] (m), ve·te·ri·nairs
ve·te·ri·nair[2] (bnw), ve·te·ri·nai·re
vet·ge·drukt (bnw), vet·ge·druk·te
vet·jes (bijw)
vet·mes·ten (ww), mest vet, mest vet; mest·te vet, mest·ten vet; vet·ge·mest
het **ve·to**, ve·to's
vetoën [ve·to·en] (ww), ve·to, ve·toot; ve·to·de, ve·to·den; ge·ve·tood
het **ve·to·recht**
de **vet·put** (m), vet·put·ten
het **ve-tsin**
de **vet·spuit**, vet·spui·ten
de **vet·taks**, vet·tak·sen
vet·ten (ww), vet, vet; vet·te, vet·ten; ge·vet
vet·tig (bnw), vet·ti·ge
de **ve·tus·teit** (v)
het **veu·len**, veu·lens; veu·len·tje
de **veur**, veu·ren
vexe·ren (ww), vexeer, vexeert; vexeer·de, vexeer·den; ge·vexeerd
de **ve·zel**, ve·zels; ve·zel·tje
ve·ze·len (ww), ve·zel, ve·zelt; ve·zel·de, ve·zel·den; ge·ve·zeld
de **V-for·ma·tie** (v), V-for·ma·ties
v.h. *(van het)*
de **V-hals** (m), V-hal·zen; V-hals·je
vi *(vervroegde invrijheidstelling (Nederland); voorwaardelijke invrijheidstelling (België)),* vi's
via (voorz)
de/het **vi·a·duct** (m/o), vi·a·duc·ten; vi·a·duct·je
de **vibe** (m), vibes
de **vi·bra·tor** (m), vi·bra·to·ren, vi·bra·tors
het **vi·ca·ri·aat**, vi·ca·ri·a·ten
de **vi·ca·ris** (m), vi·ca·ris·sen
de **vi·ca·ris-ge·ne·raal** (m), vi·ca·ris·sen-ge·ne·raal
de **vi·ce·ad·mi·raal** (m), vi·ce·ad·mi·raals, vi·ce·ad·mi·ra·len
de **vi·ce·con·sul** (m), vi·ce·con·suls
de **vi·ce·de·caan** (m), vi·ce·de·ca·nen
de **vi·ce·di·rec·teur** (m), vi·ce·di·rec·teu·ren, vi·ce·di·rec·teurs
de **vi·ce-eer·ste·mi·nis·ter** (m), vi·ce-eer·ste·mi·nis·ters
de **vi·ce·gou·ver·neur** (m), vi·ce·gou·ver·neurs
de **vi·ce·kam·pi·oen** (m), vi·ce·kam·pi·oe·nen
de **vi·ce·mi·nis·ter** (m), vi·ce·mi·nis·ters
de **vi·ce·mi·nis·ter-pre·si·dent** (m), vi·ce·mi·nis·ter-pre·si·den·ten, vi·ce·mi·nis·ters-pre·si·den·ten
de **vi·ce·pre·mier** (m), vi·ce·pre·miers; vi·ce·pre·mier·tje
de **vi·ce·pre·ses** (m), vi·ce·pre·ses·sen, vi·ce·pre·si·des
de **vi·ce·pre·si·dent** (m), vi·ce·pre·si·den·ten
de **vi·ce·rec·tor** (m), vi·ce·rec·to·ren, vi·ce·rec·tors
vi·ce ver·sa (bijw)
de **vi·ce·voor·zit·ter** (m), vi·ce·voor·zit·ters
de **vi·ce·we·reld·kam·pi·oen** (m), vi·ce·we·reld·kam·pi·oe·nen
vi·ci·eus (bnw), vi·ci·eu·ze
vic·to·ri·aans (bnw), vic·to·ri·aan·se
de **vic·to·ria·baars** (m), vic·to·ria·baar·zen
de **vic·to·rie** (v), vic·to·ries

de/het **vi·de** (v/o) *(open ruimte),* vi·des
de **vi·dé** (m) *(koninginnenhapje),* vi·dés; videetje [vi·dé·tje]
de **vi·deo** (m), vi·de·o's; videootje [vi·deo·tje]
het **vi·deo·aan·bod**
de **vi·deo·ana·ly·se** (v), vi·deo·ana·ly·sen, vi·deo·ana·ly·ses
het **vi·deo·ap·pa·raat,** vi·deo·ap·pa·ra·ten
de **vi·deo·ap·pa·ra·tuur** (v)
de **vi·deo·band** (m), vi·deo·ban·den; vi·deo·band·je
de **vi·deo·ca·me·ra,** vi·deo·ca·me·ra's; videocameraatje [vi·deo·ca·me·ra·tje]
de **vi·deo·cas·set·te,** vi·deo·cas·set·ten, vi·deo·cas·set·tes
de **vi·deo·cas·set·te·re·cor·der** (m), vi·deo·cas·set·te·re·cor·ders
de **vi·deo·clip** (m), vi·deo·clips; vi·deo·clip·je
de **vi·deo·con·fe·ren·tie** (v), vi·deo·con·fe·ren·ties
de **vi·deo·film** (m), vi·deo·films; vi·deo·film·pje
het **vi·deo·frag·ment,** vi·deo·frag·men·ten
de **vi·deo·game** (m), vi·deo·games
de **vi·deo-in·stal·la·tie** (v), vi·deo-in·stal·la·ties
de **vi·deo·ke·ten,** vi·deo·ke·tens
de **vi·deo·mail,** vi·deo·mails
de **vi·deo-op·na·me,** vi·deo-op·na·men, vi·deo-op·na·mes
de **vi·deo·re·cor·der** (m), vi·deo·re·cor·ders
het **vi·deo·spel,** vi·deo·spe·len, vi·deo·spel·len; vi·deo·spel·le·tje
de **vi·deo·spe·ler** (m), vi·deo·spe·lers
de **vi·deo·tape** (m), vi·deo·tapes
de **vi·deo·theek** (v), vi·deo·the·ken; vi·deo·theek·je
vief (bnw), vie·ve
de **vien·noi·se·rie** (v), viennoiserieën [vien·noi·se·rie·en]
de **vier**[1], vie·ren; vier·tje
vier[2] (telw)
vier bil·joen (telw)
vier bil·joen·ste (telw)
de **vier·ci·lin·der** (m), vier·ci·lin·ders; vier·ci·lin·der·tje
de **vier·ci·lin·der·mo·tor** (m), vier·ci·lin·der·mo·to·ren, vier·ci·lin·der·mo·tors
de **vier·daag·se,** vier·daag·sen
de **vier·de**[1] *(vierde klas),* vier·den, vier·des
het **vier·de**[2] *(vierde deel),* vier·den
vier·de[3] (telw)
vier·de-eeuws (bnw), vier·de-eeuw·se
de **vier·de·jaars,** vier·de·jaars
de **vier·de·jaars·stu·dent** (m), vier·de·jaars·stu·den·ten
vier·deurs (bnw)
vier·dui·zend (telw)
vier·dui·zend·ste (telw)
vie·ren (ww), vier, viert; vier·de, vier·den; ge·vierd
vie·ren·de·len (ww), vie·ren·deel, vie·ren·deelt; vie·ren·deel·de, vie·ren·deel·den; ge·vie·ren·deeld
vier en een half (telw)
vier·en·half (telw)
de **vier·en·twin·tig·uurs·dienst** (m), vier·en·twin·tig·uurs·dien·sten
de **vier·en·twin·tig·uurs·eco·no·mie** (v), vierentwintiguurseconomieën [vier·en·twin·tig·uurs·eco·no·mie·en]
vier·en·veer·tig (telw)
vier·en·veer·tig·ste (telw)

V

het **vier·gan·gen·di·ner**, vier·gan·gen·di·ners
het **vier·gan·gen·me·nu**, vier·gan·gen·me·nu's
vier·hon·derd (telw)
vier·hon·derd·een (telw)
vier·hon·derd·eer·ste (telw)
vier·hon·derd·en·een (telw)
vier·hon·derd·en·eer·ste (telw)
vier·hon·derd·en·twee (telw)
vier·hon·derd·en·twee·de (telw)
vier·hon·derd·ste (telw)
vier·hon·derd·twee (telw)
vier·hon·derd·twee·de (telw)
de **vie·ring** (v), vie·rin·gen
vier·ja·rig (bnw), vier·ja·ri·ge
de **vier·ja·ri·ge**, vier·ja·ri·gen
het **vier·kant**[1], vier·kan·ten; vier·kant·je
vier·kant[2] (bnw), vier·kan·te
de **vier·kan·te·me·ter·prijs** (m), vier·kan·te·me·ter·prij·zen
vier·kan·ten (ww), vier·kant, vier·kant; vier·kant·te, vier·kant·ten; ge·vier·kant
vier·kan·tig (bnw), vier·kan·ti·ge
vier·maal (bijw)
vier mil·jard (telw)
vier mil·jard·ste (telw)
vier mil·joen (telw)
vier mil·joen·ste (telw)
het **vier·ster·ren·ho·tel**, vier·ster·ren·ho·tels
het **vier·ster·ren·res·tau·rant**, vier·ster·ren·res·tau·rants
het **vier·tal**, vier·tal·len; vier·tal·le·tje
het **vier·uur·tje**, vier·uur·tjes
vier vijf·de (telw)
de **vier·wiel·aan·drij·ving** (v), vier·wiel·aan·drij·vin·gen
vies (bnw), vie·ze
de **viet·na·mees** (m) *(restaurant)*, viet·na·me·zen; viet·na·mees·je
de **Viet·na·mees**[1] (m) *(persoon)*, Viet·na·me·zen; Viet·na·mees·je
het **Viet·na·mees**[2] *(taal)*
Viet·na·mees[3] (bnw), Viet·na·me·se
de **Viet·nam·ve·te·raan** (m), Viet·nam·ve·te·ra·nen
de **vi·eux** (m), vi·euxs; vi·eux·tje
de **view** (m), views
de **vie·wer** (m), vie·wers
de **vie·zerd** (m), vie·zerds; vie·zerd·je
de **vie·ze·rik** (m), vie·ze·ri·ken; vie·ze·rik·je
vie·zig (bnw), vie·zi·ge
de **vie·zig·heid** (v), vie·zig·he·den; vie·zig·heid·je
vi·ge·ren (ww), vi·geer, vi·geert; vi·geer·de, vi·geer·den; ge·vi·geerd
vi·ge·rend (bnw), vi·ge·ren·de
de **vi·geur**
de **vi·gi·lan·te**, vi·gi·lan·tes
het **vig·net**, vig·net·ten; vig·net·je
de **vij·and** (m), vij·an·den; vij·and·je
vij·an·de·lijk (bnw), vij·an·de·lij·ke
vij·an·dig (bnw), vij·an·di·ge
de **vij·and·schap** (v), vij·and·schap·pen
de **vijf**[1], vij·ven; vijf·je
vijf[2] (telw)
vijf bil·joen (telw)
vijf bil·joen·ste (telw)
de **vijf·de**[1] *(vijfde klas)*, vijf·den, vijf·des
het **vijf·de**[2] *(vijfde deel)*, vijf·den
vijf·de[3] (telw)
vijf·de-eeuws (bnw), vijf·de-eeuw·se
vijf·de·lig (bnw), vijf·de·li·ge
de **vijf·deurs·au·to** (m), vijf·deurs·au·to's
vijf·dui·zend (telw)
vijf·dui·zend·ste (telw)

vijf en een half (telw)
vijf·en·half (telw)
vijf·en·twin·tig·ja·rig (bnw), vijf·en·twin·tig·ja·ri·ge
vijf·en·vijf·tig (telw)
vijf·en·vijf·tig·ste (telw)
de **vijf·en·zes·tig·plus·kaart**, vijf·en·zes·tig·plus·kaar·ten
de **vijf·en·zes·tig·plus·ser** (m), vijf·en·zes·tig·plus·sers
het **vijf·eu·ro·bil·jet**, vijf·eu·ro·bil·jet·ten
het **vijf·gan·gen·di·ner**, vijf·gan·gen·di·ners
het **vijf·gan·gen·me·nu**, vijf·gan·gen·me·nu's
vijf·hon·derd (telw)
vijf·hon·derd·een (telw)
vijf·hon·derd·eer·ste (telw)
vijf·hon·derd·en·een (telw)
vijf·hon·derd·en·eer·ste (telw)
vijf·hon·derd·en·twee (telw)
vijf·hon·derd·en·twee·de (telw)
het **vijf·hon·derd·eu·ro·bil·jet**, vijf·hon·derd·eu·ro·bil·jet·ten
vijf·hon·derd·ste (telw)
vijf·hon·derd·twee (telw)
vijf·hon·derd·twee·de (telw)
het **vijf·ja·ren·plan**, vijf·ja·ren·plan·nen
vijf·ja·rig (bnw), vijf·ja·ri·ge
de **vijf·ja·ri·ge**, vijf·ja·ri·gen
vijf·maal (bijw)
vijf mil·jard (telw)
vijf mil·jard·ste (telw)
vijf mil·joen (telw)
vijf mil·joen·ste (telw)
de **vijf·punts·schaal**, vijf·punts·scha·len
het **vijf·ster·ren·ho·tel**, vijf·ster·ren·ho·tels
het **vijf·tal**, vijf·tal·len
vijf·tien (telw)
vijf·tien·de (telw)
de **vijf·tien·de-eeu·wer** (m), vijf·tien·de-eeu·wers
vijf·tien·de-eeuws (bnw), vijf·tien·de-eeuw·se
de **vijf·tien·ja·ri·ge**, vijf·tien·ja·ri·gen
het **vijf·tien·tal**, vijf·tien·tal·len
vijf·tig (telw)
het **vijf·tig·eu·ro·bil·jet**, vijf·tig·eu·ro·bil·jet·ten
vijf·tig·ja·rig (bnw), vijf·tig·ja·ri·ge
de **vijf·tig·plus·ser** (m), vijf·tig·plus·sers
vijf·tig·ste (telw)
het **vijf·tig·tal**, vijf·tig·tal·len
vijf zes·de (telw)
de **vijg**, vij·gen; vijg·je
het **vij·gen·blad**, vij·gen·bla·den, vij·gen·bla·de·ren, vij·gen·bla·ren; vij·gen·blaad·je
de **vij·gen·boom** (m), vij·gen·bo·men; vij·gen·boom·pje
de **vijl**, vij·len; vijl·tje
vij·len (ww), vijl, vijlt; vijl·de, vijl·den; ge·vijld
de **vijs**, vij·zen; vijs·je
de **vij·ver** (m), vij·vers; vij·ver·tje
de **vij·zel**[1] (m) *(stampvat)*, vij·zels; vij·zel·tje
de **vij·zel**[2] *(schroef)*, vij·zels; vij·zel·tje
vij·zen (ww), vijs, vijst; vees, ve·zen; ge·ve·zen
de **Vi·king** (m), Vi·kin·gen, Vi·kings
de **Vi·king·boot**, Vi·king·bo·ten
het **Vi·king·schip**, Vi·king·sche·pen
het **vil·be·luik**, vil·be·lui·ken
de **vil·der** (m), vil·ders
vi·lein (bnw), vi·lei·ne
de **vil·la**, vil·la's; villaatje [vil·la·tje]
vil·la-ach·tig (bnw), vil·la-ach·ti·ge

vil·len (ww), vil, vilt; vil·de, vil·den; ge·vild
het **vilt**, vil·ten; vilt·je
vil·ten (bnw)
de **vilt·stift**, vilt·stif·ten; vilt·stift·je
de **vin**, vin·nen; vin·ne·tje
de **vi·nai·gret·te**, vi·nai·gret·tes
vind·baar (bnw), vind·ba·re
vin·den (ww), vind, vindt; vond, von·den; ge·von·den
de **vin·der** (m), vin·ders
de **vin·ding** (v), vin·din·gen; vin·din·kje
vin·ding·rijk (bnw), vin·ding·rij·ke
de **vind·plaats**, vind·plaat·sen
de **Vi·nex-wijk**, Vi·nex-wij·ken; Vi·nex-wijk·je
de **vin·ger** (m), vin·gers; vin·ger·tje
de **vin·ger·af·druk** (m), vin·ger·af·druk·ken; vin·ger·af·druk·je
vin·ge·ren (ww), vin·ger, vin·gert; vin·ger·de, vin·ger·den; ge·vin·gerd
de **vin·ger·hoed** (m), vin·ger·hoe·den; vin·ger·hoed·je
de **vin·ger·top** (m), vin·ger·top·pen; vin·ger·top·je
de **vi·ni·fi·ca·tie** (v)
de **vink**, vin·ken; vink·je
vin·ken (ww), vink, vinkt; vink·te, vink·ten; ge·vinkt
vin·nig (bnw), vin·ni·ge
de **vi·no·lo·gie** (v)
de **vi·no·loog** (m), vi·no·lo·gen
de **vin·tage**, vin·ta·ges
het **vi·nyl**
vi·o·lent (bnw), vi·o·len·te
vi·o·let (bnw), vi·o·let·te
de **vi·o·list** (m), vi·o·lis·ten; vi·o·list·je
de **vi·o·lis·te** (v), vi·o·lis·tes
de **vi·ool**, vi·o·len; vi·ool·tje
vi·ool·spe·len (ww), speel vi·ool, speelt vi·ool; speel·de vi·ool, speel·den vi·ool; vi·ool·ge·speeld
vip *(very important person)*, vips; vip·je
het **vip·ar·ran·ge·ment**, vip·ar·ran·ge·men·ten
de **vip·be·han·de·ling** (v), vip·be·han·de·lin·gen
de **vip·gast** (m), vip·gas·ten
de **vip·kaart**, vip·kaar·ten; vip·kaart·je
de **vip·plaats**, vip·plaat·sen
de **vip·room** (m), vip·rooms
de **vip·ruim·te** (v), vip·ruim·ten, vip·ruim·tes
de **vip·tent**, vip·ten·ten
de **vip·tri·bu·ne**, vip·tri·bu·nes
de **vip·uit·no·di·ging** (v), vip·uit·no·di·gin·gen
vi·raal (bnw), vi·ra·le
de **vi·ral** (m), vi·rals
vi·riel (bnw), vi·rie·le
de **vir·tu·a·li·sa·tie** (v), vir·tu·a·li·sa·ties
vir·tu·a·li·se·ren (ww), vir·tu·a·li·seer, vir·tu·a·li·seert; vir·tu·a·li·seer·de, vir·tu·a·li·seer·den; ge·vir·tu·a·li·seerd
de **vir·tu·al re·a·li·ty** (v)
vir·tu·eel (bnw), vir·tu·e·le
de **vir·tu·oos**[1] (m), vir·tu·o·zen
vir·tu·oos[2] (bnw), vir·tu·o·ze
de **vir·tu·o·si·teit** (v), vir·tu·o·si·tei·ten
de **vir·tu·o·ze** (v), vir·tu·o·zen
het **vi·rus**, vi·rus·sen; vi·rus·je
de **vis** (m) *(dier)*, vis·sen; vis·je
de **vis·af·slag** (m), vis·af·sla·gen
de **vi·sa·gie** (v)
de **vi·sa·gist** (m), vi·sa·gis·ten

de **vi·sa·gis·te** (v), vi·sa·gis·tes
vis-à-vis (bijw)
de **vis·bal** (m), vis·bal·len
vis·ce·raal (bnw), vis·ce·ra·le
de **vis·co·se**
de **vis·co·si·teit** (v), vis·co·si·tei·ten
vi·se·ren (ww), vi·seer, vi·seert; vi·seer·de, vi·seer·den; ge·vi·seerd
het **vis·gat**, vis·ga·ten
de **vis·graat**, vis·gra·ten; vis·graat·je
vi·si·bel (bnw), vi·si·be·le
de **vi·si·bi·li·teit** (v), vi·si·bi·li·tei·ten
de **vi·sie** (v), vi·sies
de **vi·sie·ont·wik·ke·ling** (v), vi·sie·ont·wik·ke·lin·gen
het **vi·si·oen**, vi·si·oe·nen; vi·si·oen·tje
de **vi·si·o·nair**[1] (m), vi·si·o·nairs
vi·si·o·nair[2] (bnw), vi·si·o·nai·re
de **vi·si·ta·tie** (v), vi·si·ta·ties
de **vi·si·ta·tie·post** (m), vi·si·ta·tie·pos·ten
de **vi·si·te**, vi·si·tes
de **vi·si·te·kaart**, vi·si·te·kaar·ten; vi·si·te·kaart·je
vi·si·te·ren (ww), vi·si·teer, vi·si·teert; vi·si·teer·de, vi·si·teer·den; ge·vi·si·teerd
vis·keus (bnw), vis·keu·ze
de **vis·kom**, vis·kom·men
de **vis·markt**, vis·mark·ten
het **vis·net**, vis·net·ten; vis·net·je
de **vis·ro·ke·rij** (v), vis·ro·ke·rij·en
vis·sen (ww), vis, vist; vis·te, vis·ten; ge·vist
Vis·sen *((persoon met dit) sterrenbeeld)*, Vis·sen
de **vis·sen·graat**, vis·sen·gra·ten
de **vis·sen·kom**, vis·sen·kom·men
de **vis·sen·kop** (m), vis·sen·kop·pen
de **vis·ser** (m), vis·sers; vis·ser·tje
de **vis·se·rij** (v), vis·se·rij·en
de **vis·sers·boot**, vis·sers·bo·ten; vis·sers·boot·je
het **vis·sers·kamp**, vis·sers·kam·pen
het **vis·sers·schip**, vis·sers·sche·pen; vis·sers·scheep·je
de **vis·sers·schuit**, vis·sers·schui·ten; vis·sers·schuit·je
vis·sig (bnw), vis·si·ge
de **vis·stick** (m), vis·sticks
de **vi·su·a·li·sa·tie** (v), vi·su·a·li·sa·ties
vi·su·a·li·se·ren (ww), vi·su·a·li·seer, vi·su·a·li·seert; vi·su·a·li·seer·de, vi·su·a·li·seer·den; ge·vi·su·a·li·seerd
de **vi·su·a·li·se·ring** (v), vi·su·a·li·se·rin·gen
vi·su·eel (bnw), vi·su·e·le
het **vi·sum**, vi·sa, vi·sums
de **vi·sum·aan·vraag**, vi·sum·aan·vra·gen
de **vi·ta** (v), vi·tae
vi·taal (bnw), vi·ta·le
de **vi·ta·li·teit** (v), vi·ta·li·tei·ten
de **vi·ta·mi·ne**, vi·ta·mi·nen, vi·ta·mi·nes; vi·ta·mien·tje
vi·ta·mi·ne B12
het **vi·ta·mi·ne B12-te·kort**, vi·ta·mi·ne B12-te·kor·ten
vi·ta·mi·ne C
het **vi·ta·mi·ne C-ge·hal·te**, vi·ta·mi·ne C-ge·hal·ten, vi·ta·mi·ne C-ge·hal·tes
de **vi·ta·mi·ne·kuur**, vi·ta·mi·ne·ku·ren; vi·ta·mi·ne·kuur·tje
de **vi·ta·mi·ne·pil**, vi·ta·mi·ne·pil·len; vi·ta·mi·ne·pil·le·tje
het **vi·ta·mi·ne·pre·pa·raat**, vi·ta·mi·ne·pre·pa·ra·ten
de/het **vi·ta·mi·ne·ta·blet**, vi·ta·mi·ne·ta·blet·ten

V

het **vi·ta·mi·ne·te·kort**, vi·ta·mi·ne·te·kor·ten
de **vi·tes·se** (v), vi·tes·sen
de **vi·tra·ge**[1] *(voorwerp)*, vi·tra·ges
de/het **vi·tra·ge**[2] *(stofnaam)*
de **vi·tri·ne** (v), vi·tri·nes; vi·tri·ne·tje
de **vi·tri·ne·kast**, vi·tri·ne·kas·ten; vi·tri·ne·kast·je
de/het **vi·tri·ool** (m/o)
vi·tro·ke·ra·misch (bnw), vi·tro·ke·ra·mi·sche
vit·ten (ww), vit, vit; vit·te, vit·ten; ge·vit
vi·vo (bijw)
de **vi·zier**[1] (m) *(persoon)*, vi·zie·ren, vi·ziers; vi·zier·tje
het **vi·zier**[2] *(voorwerp)*, vi·zie·ren; vi·zier·tje
vj *(videojockey)*, vj's
de **VKC'er** [VKC·er] (m), VKC'ers [VKC·ers]
de **vla**, vla's; vlaatje [vla·tje]
de **vlaag**, vla·gen; vlaag·je
de **vlaai** (m), vlaai·en; vlaai·tje
het **Vlaams**[1] *(taal)*
Vlaams[2] (bnw), Vlaam·se
de **Vlaams Be·lan·ger** (m), Vlaams Be·lan·gers
de **Vlaam·se** (v), Vlaam·sen
Vlaam·se ker·mis
Vlaam·se reus
Vlaams·ge·zind (bnw), Vlaams·ge·zin·de
het **Vlaams-na·ti·o·na·lis·me**
de **Vlaams-na·ti·o·na·list** (m), Vlaams-na·ti·o·na·lis·ten
Vlaams Par·le·ment
het **Vlaams Par·le·ments·lid**, Vlaams Par·le·ments·le·den
Vlaams·ta·lig (bnw), Vlaams·ta·li·ge
de **vla·de**, vla·den
de **vlag**, vlag·gen; vlag·ge·tje, vlag·je
de **vlag·ce·re·mo·nie** (v), vlagceremonieën [vlag·ce·re·mo·nie·en], vlagceremoniën [vlag·ce·re·mo·ni·en], vlag·ce·re·mo·nies
vlag·gen (ww), vlag, vlagt; vlag·de, vlag·den; ge·vlagd
de **vlag·gen·groet** (m), vlag·gen·groe·ten
de **vlag·gen·mast** (m), vlag·gen·mas·ten
het **vlag·gen·schip**, vlag·gen·sche·pen
de **vlag·gen·staat** (m), vlag·gen·sta·ten
de **vlag·gen·stok** (m), vlag·gen·stok·ken; vlag·gen·stok·je
het **vlak**[1] *(vlak deel)*, vlak·ken; vlak·je
vlak[2] (bnw), vlak·ke
vlak·af (bijw)
vlak·bij (bijw) *(dichtbij)*
de/het **vlak·gom** (m/o), vlak·gom·men
vlak·ken (ww), vlak, vlakt; vlak·te, vlak·ten; ge·vlakt
de **vlak·te** (v), vlak·ten, vlak·tes
de **vlam**, vlam·men; vlam·me·tje
de **Vla·ming** (m), Vla·min·gen; Vla·min·kje
vlam·men (ww), vlam, vlamt; vlam·de, vlam·den; ge·vlamd
het **vlas**, vlas·je
vlas·sen[1] (bnw)
vlas·sen[2] (ww), vlas, vlast; vlas·te, vlas·ten; ge·vlast
de **vlecht**, vlech·ten; vlecht·je
vlech·ten (ww), vlecht, vlecht; vlocht, vloch·ten; ge·vloch·ten
de **vleer·muis**, vleer·mui·zen; vleer·muis·je
het **vlees**, vle·zen; vlees·je
de **vlees·eter** (m), vlees·eters;

vlees·eter·tje
het **vlees·ge·recht**, vlees·ge·rech·ten; vlees·ge·recht·je
de **vlees·groen·te** (v) *(peterselie)*
de **vlees·ver·van·ger** (m), vlees·ver·van·gers
de **vlees·wa·ren** (mv)
de **vlees·worst**, vlees·wor·sten
de **vleet**, vle·ten
vlei·en (ww) *(de ijdelheid strelen),* vlei, vleit; vlei·de, vlei·den; ge·vleid
vlei·end (bnw), vlei·en·de
de **vlei·er** (m), vlei·ers; vlei·er·tje
de **vlei·e·rij** (v), vlei·e·rij·en; vlei·e·rij·tje
de **vlek** *(smet),* vlek·ken; vlek·je
vlek·ke·loos (bnw), vlek·ke·lo·ze
vlek·ken (ww), vlek, vlekt; vlek·te, vlek·ten; ge·vlekt
de **vlerk**[1] (m) *(persoon),* vler·ken; vlerk·je
de **vlerk**[2] *(vleugel),* vler·ken; vlerk·je
de **vlet**, vlet·ten; vlet·je
de **vleug**, vleu·gen; vleug·je
de **vleu·gel** (m), vleu·ge·len, vleu·gels; vleu·gel·tje
vle·ze: naar den vleze
vle·zen (bnw)
vlie·den (ww), vlied, vliedt; vlood, vlo·den; ge·vlo·den
de **vlie·der** (m), vlie·ders
de **vlieg**, vlie·gen; vlieg·je
het **vlieg·bre·vet**, vlieg·bre·vet·ten
vlie·gen[1] (ww), vlieg, vliegt; vloog, vlo·gen; ge·vlo·gen
vlie·gen[2]: eropaf vliegen
het **vlie·gen·gaas**
de **vlie·gen·klap·per** (m), vlie·gen·klap·pers
de **vlie·gen·mep·per** (m), vlie·gen·mep·pers; vlie·gen·mep·per·tje
het **vlie·gen·raam**, vlie·gen·ra·men
vlie·gens·vlug (bnw), vlie·gens·vlug·ge
de **vlie·gen·van·ger** (m), vlie·gen·van·gers; vlie·gen·van·ger·tje
de **vlie·gen·zwam**, vlie·gen·zwam·men
de **vlie·ger** (m), vlie·gers; vlie·ger·tje
vlie·ge·ren (ww), vlie·ger, vlie·gert; vlie·ger·de, vlie·ger·den; ge·vlie·gerd
het **vlie·ger·pa·pier**
de **vlie·ger·tijd** (m)
de **vlieg·ge·wicht**[1] *(persoon),* vlieg·ge·wich·ten
het **vlieg·ge·wicht**[2] *(klasse)*
de **vlieg·ha·ven**, vlieg·ha·vens; vlieg·ha·ven·tje
het **vlieg·in·ci·dent**, vlieg·in·ci·den·ten
de **vlieg·maat·schap·pij** (v), vlieg·maat·schap·pij·en; vlieg·maat·schap·pij·tje
het **vlieg·tic·ket**, vlieg·tic·kets
de **vlieg·tijd** (m), vlieg·tij·den
het **vlieg·tuig**, vlieg·tui·gen; vlieg·tuig·je
de **vlieg·tuig·maat·schap·pij** (v), vlieg·tuig·maat·schap·pij·en; vlieg·tuig·maat·schap·pij·tje
het **vlieg·veld**, vlieg·vel·den; vlieg·veld·je
het **vlieg·wiel**, vlieg·wie·len; vlieg·wiel·tje
de **vliem**, vlie·men; vliem·pje
de **vlier** (m), vlie·ren; vlier·tje
de **vlie·ring**, vlie·rin·gen; vlie·rin·kje
de **vlier·thee** (m), vliertheeën [vlier·thee·en]
het **vlies**, vlie·zen; vlies·je
de **vlie·se·li·ne** (v)
de **vliet** (m), vlie·ten; vliet·je

vlie·ten (ww), vliet, vliet; vloot, vlo·ten; ge·vlo·ten
de **vlij** (m), vlij·en
vlij·en (ww) *(zacht neerleggen),* vlij, vlijt; vlij·de, vlij·den; ge·vlijd
de **vlijm**, vlij·men; vlijm·pje
vlijm·scherp (bnw), vlijm·scher·pe
de **vlijt**
vlij·tig (bnw), vlij·ti·ge
de **vlin·der** (m), vlin·ders; vlin·der·tje
de **vli·zo·trap** (m), vli·zo·trap·pen; vli·zo·trap·je
v.l.n.r. *(van links naar rechts)*
de **vlo**, vlooi·en; vlooi·tje, vlootje [vlo·tje]
de **vloed** (m), vloe·den; vloed·je
de **vloed·golf**, vloed·gol·ven; vloed·golf·je
het **vloei**, vloei·en; vloei·tje
vloei·baar (bnw), vloei·ba·re
vloei·en (ww), vloei, vloeit; vloei·de, vloei·den; ge·vloeid
vloei·end (bnw), vloei·en·de
de **vloei·end·heid** (v), vloei·end·he·den
de **vloei·stof**, vloei·stof·fen
de **vloek** (m), vloe·ken; vloek·je
vloe·ken (ww), vloek, vloekt; vloek·te, vloek·ten; ge·vloekt
de **vloer** (m), vloe·ren; vloer·tje
de **vloer·be·dek·king** (v), vloer·be·dek·kin·gen; vloer·be·dek·kin·kje
de **vloer·der** (m), vloer·ders
vloe·ren (ww), vloer, vloert; vloer·de, vloer·den; ge·vloerd
het **vloer·kleed**, vloer·kle·den; vloer·kleed·je
de **vloer·op·per·vlak·te** (v), vloer·op·per·vlak·ten, vloer·op·per·vlak·tes
de/het **vlog** (m/o), vlogs
vlog·gen (ww), vlog, vlogt; vlog·de, vlog·den; ge·vlogd
de **vlok**, vlok·ken; vlok·je
vlok·ken (ww), vlok, vlokt; vlok·te, vlok·ten; ge·vlokt
de **vlon·der** (m), vlon·ders; vlon·der·tje
vlooi·en (ww), vlooi, vlooit; vlooi·de, vlooi·den; ge·vlooid
de **vloot**, vlo·ten; vloot·je
het **vlos**
het **vlot**[1], vlot·ten; vlot·je
vlot[2] (bnw), vlot·te
vlot·ten (ww), vlot, vlot; vlot·te, vlot·ten; ge·vlot
de **vlot·ter** (m), vlot·ters
de **vlot·ter·kraan**, vlot·ter·kra·nen
de **vlucht**, vluch·ten; vlucht·je
de **vluch·te·ling** (m), vluch·te·lin·gen; vluch·te·lin·ge·tje
de **vluch·te·lin·ge** (v), vluch·te·lin·ges
vluch·ten (ww), vlucht, vlucht; vlucht·te, vlucht·ten; ge·vlucht
de **vlucht·ha·ven**, vlucht·ha·vens; vlucht·ha·ven·tje
de **vlucht·heu·vel** (m), vlucht·heu·vels; vlucht·heu·vel·tje
vluch·tig (bnw), vluch·ti·ge
vlug (bnw), vlug·ge
vmbo[1] *(school voor voorbereidend middelbaar beroepsonderwijs),* vmbo's
vmbo[2] *(voorbereidend middelbaar beroepsonderwijs)*
het **vmbo-di·plo·ma**, vmbo-di·plo·ma's
de **vmbo'er** [vmbo·er] (m), vmbo'ers [vmbo·ers]
de **vmbo-leer·ling** (m), vmbo-leer·lin·gen

de **vmbo-school**, vmbo-scho·len
het **vmbo-t**
VN *(Verenigde Naties)*
vnl. (bijw) *(voornamelijk)*
de **vo·caal**[1], vo·ca·len
vo·caal[2] (bnw), vo·ca·le
het **vo·ca·bu·lai·re**, vo·ca·bu·lai·res
het **vo·ca·bu·la·ri·um**, vo·ca·bu·la·ria, vo·ca·bu·la·ri·ums
de **vo·ca·li·sa·tie** (v), vo·ca·li·sa·ties
de/het **vocht**[1] *(vochtigheid)*
het **vocht**[2] *(vloeistof, nat)*, voch·ten
vocht·af·drij·vend (bnw), vocht·af·drij·ven·de
voch·tig (bnw), voch·ti·ge
de **voch·tig·heid** (v)
vocht·in·bren·gend (bnw), vocht·in·bren·gen·de
de/het **vod**, vod·den; vod·je
voe·den (ww), voed, voedt; voed·de, voed·den; ge·voed
het **voe·der**, voe·ders
voe·de·ren (ww), voe·der, voe·dert; voe·der·de, voe·der·den; ge·voe·derd
de **voe·ding** (v), voe·din·gen
de **voe·dings·bo·dem** (m), voe·dings·bo·dems; voe·dings·bo·dem·pje
het **voe·dings·cen·trum**, voe·dings·cen·tra, voe·dings·cen·trums
de **voe·dings·in·dus·trie** (v), voedingsindustrieën [voe·dings·in·dus·trie·en]
de **voe·dings·ka·bel** (m), voe·dings·ka·bels; voe·dings·ka·bel·tje
het **voe·dings·mid·del**, voe·dings·mid·de·len
het **voe·dings·pa·troon**, voe·dings·pa·tro·nen
de **voe·dings·sec·tor** (m), voe·dings·sec·to·ren, voe·dings·sec·tors
de **voe·dings·stof**, voe·dings·stof·fen
het **voe·dings·sup·ple·ment**, voe·dings·sup·ple·men·ten
de **voe·ding·stof**, voe·ding·stof·fen
de **voe·dings·waar·de** (v), voe·dings·waar·den, voe·dings·waar·des
het **voed·sel**
de **voed·sel·al·ler·gie** (v), voedselallergieën [voed·sel·al·ler·gie·en]
de **voed·sel·bank**, voed·sel·ban·ken; voed·sel·bank·je
de **voed·sel·in·toxi·ca·tie** (v), voed·sel·in·toxi·ca·ties
de **voed·sel·ke·ten**, voed·sel·ke·tens
de **voed·sel·schaars·te** (v), voed·sel·schaars·ten, voed·sel·schaars·tes
de **voed·sel·schuur**, voed·sel·schu·ren
de **voeg**, voe·gen; voeg·je
voe·ge: in dier voege
voe·gen (ww), voeg, voegt; voeg·de, voeg·den; ge·voegd
het **voeg·sel**, voeg·sels
het **voeg·woord**, voeg·woor·den
voel·baar (bnw), voel·ba·re
voe·len (ww), voel, voelt; voel·de, voel·den; ge·voeld
de **voe·ling** (v)
het **voer**, voe·ren; voer·tje
de **voer·der** (m), voer·ders
voe·ren (ww), voer, voert; voer·de, voer·den; ge·voerd
de **voe·ring** (v), voe·rin·gen; voe·rin·kje
de **voer·man** (m), voer·lie·den, voer·lui, voer·man·nen
de **voer·taal**, voer·ta·len
het **voer·tuig**, voer·tui·gen;

voer·tuig·je
de **voer·tui·gen·be·las·ting** (v), voer·tui·gen·be·las·tin·gen
de **voer·zak** (m), voer·zak·ken
de **voet** (m), voe·ten; voet·je
de **voet·af·druk** (m), voet·af·druk·ken; voet·af·druk·je
het **voet·bad**, voet·ba·den; voet·bad·je
de **voet·bal**[1] (m) *(bal)*, voet·bal·len; voet·bal·le·tje
het **voet·bal**[2] *(spel)*
de **voet·bal·bond** (m), voet·bal·bon·den
de **voet·bal·club**, voet·bal·clubs; voet·bal·club·je
de **voet·bal·com·pe·ti·tie** (v), voet·bal·com·pe·ti·ties; voet·bal·com·pe·ti·tie·tje
voet·bal·len (ww), voet·bal, voet·balt; voet·bal·de, voet·bal·den; ge·voet·bald
de **voet·bal·ler** (m), voet·bal·lers; voet·bal·ler·tje
de **voet·bal·ma·ke·laar** (m), voet·bal·ma·ke·laars
de **voet·bal·oe·fen·mees·ter** (m), voet·bal·oe·fen·mees·ters
de **voet·bal·ploeg**, voet·bal·ploe·gen; voet·bal·ploeg·je
de **voet·bal·pool** (m), voet·bal·pools; voet·bal·pool·tje
de **voet·bal·schoen** (m), voet·bal·schoe·nen; voet·bal·schoen·tje
de **voet·bal·se·lec·tie** (v), voet·bal·se·lec·ties
het **voet·bal·shirt**, voet·bal·shirts; voet·bal·shirt·je
het **voet·bal·sta·di·on**, voet·bal·sta·di·ons
de **voet·bal·ster**[1] (v) *(vrouw die voetbalt)*, voet·bal·sters
de **voet·bal·ster**[2] *(persoon die uitstekend voetbalt)*, voet·bal·ster·ren
het **voet·bal·team**, voet·bal·teams
het **voet·bal·toer·nooi**, voet·bal·toer·nooi·en; voet·bal·toer·nooi·tje
de **voet·bal·trai·ners·cur·sus** (m), voet·bal·trai·ners·cur·sus·sen
het **voet·bal·veld**, voet·bal·vel·den; voet·bal·veld·je
de **voet·bal·ver·eni·ging** (v), voet·bal·ver·eni·gin·gen; voet·bal·ver·eni·gin·ge·tje
de **voet·bal·wed·strijd** (m), voet·bal·wed·strij·den; voet·bal·wed·strijd·je
de **voet·be·stu·ring** (v), voet·be·stu·rin·gen
het **voet·ein·de**, voet·ein·den, voet·ein·des
voe·ten: ten voeten uit
het **voe·ten·bad**, voe·ten·ba·den; voe·ten·bad·je
de **voe·ten·bank**, voe·ten·ban·ken; voe·ten·bank·je
het **voe·ten·eind**, voe·ten·ein·den, voe·ten·ein·des; voe·ten·eind·je
het **voe·ten·ein·de**, voe·ten·ein·den, voe·ten·ein·des
de **voe·ten·steun** (m), voe·ten·steu·nen; voe·ten·steun·tje
het **voe·ten·werk**
de **voet·gan·ger** (m), voet·gan·gers; voet·gan·ger·tje
voet·je·vrij·en (ww), vrij voet·je, vrijt voet·je; vrij·de voet·je, vrij·den voet·je; voet·je·ge·vrijd
het **voet·licht**, voet·lich·ten; voet·licht·je
de **voet·noot**, voet·no·ten; voet·noot·je
het **voet·pad**, voet·pa·den; voet·paad·je
het **voet·spoor**, voet·spo·ren

de **voet·stap** (m), voet·stap·pen; voet·stap·je
de **voet·steun** (m), voet·steu·nen; voet·steun·tje
voet·stoots (bijw)
het **voet·stuk**, voet·stuk·ken; voet·stuk·je
het **voet·volk**
vof *(vennootschap onder firma)*, vof's; vof'je [vof·je]
de **vo·gel** (m), vo·gels; vo·gel·tje
de **vo·ge·laar** (m), vo·ge·laars
vo·ge·len (ww), vo·gel, vo·gelt; vo·gel·de, vo·gel·den; ge·vo·geld
het **vo·gel·ge·luid**, vo·gel·ge·lui·den; vo·gel·ge·luid·je
de **vo·gel·kooi**, vo·gel·kooi·en; vo·gel·kooi·tje
de **vo·gel·lijm** (m)
het **vo·gel·nest**, vo·gel·nes·ten; vo·gel·nest·je
de **vo·gel·pik** (m), vo·gel·pik·ken
het **vo·gel·re·ser·vaat**, vo·gel·re·ser·va·ten
vo·gel·spot·ten (ww)
de **vo·gel·tjes·markt**, vo·gel·tjes·mark·ten
de **vo·gel·ver·schrik·ker** (m), vo·gel·ver·schrik·kers
de **vo·gel·vlucht**
de **vo·gel·wach·ter** (m), vo·gel·wach·ters
de **vo·gel·zang** (m), vo·gel·zan·gen
de **vo·gue**
de **voice·mail**, voice·mails; voice·mail·tje
het **voice·mail·be·richt**, voice·mail·be·rich·ten; voice·mail·be·richt·je
de **voice-over** (m), voice-overs; voice-over·tje
de **voice·re·cor·der** (m), voice·re·cor·ders

voi·là (tussenw)
de **voi·le**[1] (m) *(voorwerp)*, voi·les; voi·le·tje
de/het **voi·le**[2] (m/o) *(stofnaam)*
voj *(voortgezet onderwijs op junioren-niveau)*
vol (bnw), vol·le
de **vo·lant** (m), vo·lants
vo·la·tiel (bnw), vo·la·tie·le
de **vo·la·ti·li·teit** (v), vo·la·ti·li·tei·ten
vol·au·to·ma·tisch (bnw), vol·au·to·ma·ti·sche
de **vol-au-vent** (m), vol-au-vents
de **vol·bloed**[1] (m), vol·bloe·den; vol·bloed·je
vol·bloed[2] (bnw)
vol·bren·gen (ww), vol·breng, vol·brengt; vol·bracht, vol·brach·ten; vol·bracht
vol·con·ti·nu (bnw), vol·con·ti·nue
vol·daan (bnw), vol·da·ne
de **vol·der** (m), vol·ders
vol·doen (ww), vol·doe, vol·doet; vol·deed, vol·de·den; vol·daan
vol·doend (bnw), vol·doen·de
de/het **vol·doen·de**[1], vol·doen·den, vol·doen·des
vol·doen·de[2] (bnw)
de **vol·doe·ning** (v), vol·doe·nin·gen
vol·don·gen (bnw)
het **volg·bod**
de **volg·boot**, volg·bo·ten; volg·boot·je
vol·ge·boekt (bnw), vol·ge·boek·te
de **vol·ge·lin·ge** (v), vol·ge·lin·ges; vol·ge·lin·ge·tje
vol·gen (ww), volg, volgt; volg·de, volg·den; ge·volgd
vol·gend (bnw), vol·gen·de
de **vol·gen·de**, vol·gen·den
vol·gens (voorz)

vol·gens Bart·jens
de **vol·ger** (m), vol·gers; vol·ger·tje
het **volg·num·mer**, volg·num·mers; volg·num·mer·tje
de **volg·or·de**, volg·or·den, volg·or·des
vol·groeid (bnw), vol·groei·de
volgt: als volgt
volg·tij·de·lijk (bnw), volg·tij·de·lij·ke
volg·tij·dig (bnw), volg·tij·di·ge
vol·han·gen (ww), hang vol, hangt vol; hing vol, hin·gen vol; vol·ge·han·gen
vol·har·den (ww), vol·hard, vol·hardt; vol·hard·de, vol·hard·den; vol·hard
de **vol·har·dend·heid** (v)
de **vol·har·ding** (v)
vol·hou·den (ww), houd vol, hou vol, houdt vol; hield vol, hiel·den vol; vol·ge·hou·den
de **vo·li·è·re**, vo·li·è·res
het **volk**, vol·ken, vol·ke·ren; volk·je
Vol·ken·bond
het **vol·ken·recht**
vol·ko·men (bnw)
vol·ko·ren (bnw)
het **vol·ko·ren·brood**, vol·ko·ren·bro·den; vol·ko·ren·brood·je
volks (bnw), volk·se
de **volks·dans** (m), volks·dan·sen; volks·dans·je
volks·dan·sen (ww), volks·dans, volks·danst; volks·dans·te, volks·dans·ten; ge·volks·danst
het **volks·ge·richt**[1], volks·ge·rich·ten
volks·ge·richt[2] (bnw)
de **volks·ge·zond·heid** (v)
de **volks·huis·ves·ting** (v)
de **volks·kerst·zang** (m), volks·kerst·zan·gen
het **volks·lied**, volks·lie·de·ren; volks·lied·je
de **volks·re·cep·tie** (v), volks·re·cep·ties
het **volks·spel**, volks·spe·len, volks·spel·len
de **volks·sport**, volks·spor·ten
de **volks·stam** (m), volks·stam·men
de **volks·ver·te·gen·woor·di·ger** (m), volks·ver·te·gen·woor·di·gers; volks·ver·te·gen·woor·di·ger·tje
het **volks·wo·ning·bouw·pro·ject**, volks·wo·ning·bouw·pro·jec·ten
vol·la·den (ww), laad vol, laadt vol; laad·de vol, laad·den vol; vol·ge·la·den
vol·le: ten volle
vol·le·dig (bnw), vol·le·di·ge
de **vol·le·dig·heid** (v), vol·le·dig·he·den
vol·le·dig·heids·hal·ve (bijw)
vol·leerd (bnw), vol·leer·de
de **vol·le·grond** (m), vol·le·gron·den
de **vol·le·maan**, vol·le·ma·nen
vol·len (ww), vol, volt; vol·de, vol·den; ge·vold
de **vol·ler** (m), vol·lers
de **vol·ley** (m), vol·leys
het **vol·ley·bal** *(spel)*
vol·ley·bal·len (ww), vol·ley·bal, vol·ley·balt; vol·ley·bal·de, vol·ley·bal·den; ge·vol·ley·bald
het **vol·ley·bal·team**, vol·ley·bal·teams
de **vol·ley·bal·wed·strijd** (m), vol·ley·bal·wed·strij·den
vol·ley·en (ww), vol·ley, vol·leyt; vol·ley·de, vol·ley·den; ge·vol·leyd
vol·lo·pen (ww), loop vol, loopt vol; liep vol, lie·pen vol; vol·ge·lo·pen
vol·maakt (bnw), vol·maak·te
de **vol·macht**, vol·mach·ten

vol·ma·ken[1] (ww) *(tot de volmaaktheid brengen),* vol·maak, vol·maakt; vol·maak·te, vol·maak·ten; vol·maakt

vol·ma·ken[2] (ww) *(vullen, voltooien),* maak vol, maakt vol; maak·te vol, maak·ten vol; vol·ge·maakt

de **vo·lon·tair** (m), vo·lon·tairs

vol·op (bijw)

het **vol·pen·si·on**

vol·prop·pen (ww), prop vol, propt vol; prop·te vol, prop·ten vol; vol·ge·propt

vol·schen·ken (ww), schenk vol, schenkt vol; schonk vol, schon·ken vol; vol·ge·schon·ken

vol·schrij·ven (ww), schrijf vol, schrijft vol; schreef vol, schre·ven vol; vol·ge·schre·ven

vol·staan (ww), vol·sta, vol·staat; vol·stond, vol·ston·den; vol·staan

vol·stor·ten (ww), stort vol, stort vol; stort·te vol, stort·ten vol; vol·ge·stort

vol·stou·wen (ww), stouw vol, stouwt vol; stouw·de vol, stouw·den vol; vol·ge·stouwd

vol·strekt (bnw), vol·strek·te

de **volt** (m), volts; volt·je

de **vol·ta**, vol·ta's

de/het **vol·ta·ge** (v/o), vol·ta·ges

vol·tal·lig (bnw), vol·tal·li·ge

vol·tan·ken (ww), tank vol, tankt vol; tank·te vol, tank·ten vol; vol·ge·tankt

de **vol·te**[1] (v) *(volheid)*

de **vol·te**[2] *(zwenking),* vol·tes

de **vol·tijd·baan**, vol·tijd·ba·nen

de **vol·tijd·op·lei·ding** (v), vol·tijd·op·lei·din·gen

vol·tijds (bnw), vol·tijd·se

vol·tooi·en (ww), vol·tooi, vol·tooit; vol·tooi·de, vol·tooi·den; vol·tooid

de **vol·tooi·ing** (v), vol·tooi·in·gen

vol·trek·ken (ww), vol·trek, vol·trekt; vol·trok, vol·trok·ken; vol·trok·ken

vol·uit (bijw)

het **vo·lu·me**, vo·lu·men, vo·lu·mes; vo·lu·me·tje

de **vo·lu·me·knop** (m), vo·lu·me·knop·pen; vo·lu·me·knop·je

het **vo·lu·men**, vo·lu·mi·na

vo·lu·mi·neus (bnw), vo·lu·mi·neu·ze

vo·lun·tair (bnw), vo·lun·tai·re

vo·lup·tu·eus (bnw), vo·lup·tu·eu·ze

vol·waar·dig (bnw), vol·waar·di·ge

de **vol·was·mon·teur** (m), vol·was·mon·teurs

vol·was·sen (bnw)

de **vol·was·se·ne**, vol·was·se·nen

het **vol·was·se·nen·on·der·wijs**

de **vol·was·sen·heid** (v)

vol·zet (bnw), vol·zet·te

de **vol·zin** (m), vol·zin·nen; vol·zin·ne·tje

vo·me·ren (ww), vo·meer, vo·meert; vo·meer·de, vo·meer·den; ge·vo·meerd

v.o.n. *(vrij op naam)*

de **vond** (m), von·den; vond·je

de **von·del** (m), von·dels; von·del·tje

de **von·de·ling** (m), von·de·lin·gen; von·de·lin·ge·tje

de **von·der** (m), von·ders; von·der·tje

de **vondst** (v), vond·sten; vondst·je

de **vonk**, von·ken; vonk·je

von·ke·len (ww), von·kel, von·kelt; von·kel·de, von·kel·den; ge·von·keld

von·ken (ww), vonk, vonkt;

vonk·te, vonk·ten; ge·vonkt
het **von·nis**, von·nis·sen
von·nis·sen (ww), von·nis, von·nist; von·nis·te, von·nis·ten; ge·von·nist
de **vont**, von·ten; vont·je
de **voo·doo** (m)
de **voogd** (m), voog·den
de **voog·dij** (v), voog·dij·en
het **voog·dij·schap**, voog·dij·schap·pen
het **vook**, vooks
de **voor**[1], vo·ren; voor·tje
voor[2] (bijw)
voor[3] (voorz)
voor[4] (voegw)
voor·aan[1] (bijw)
voor·aan[2] (voorz)
de **voor·aan·kon·di·ging** (v), voor·aan·kon·di·gin·gen
de **voor·aan·mel·ding** (v), voor·aan·mel·din·gen
voor·aan·staand (bnw), voor·aan·staan·de
voor·af (bijw)
voor·af·gaan (ww), ga voor·af, gaat voor·af; ging voor·af, gin·gen voor·af; voor·af·ge·gaan
voor·af·gaand (bnw), voor·af·gaan·de
voor·af·gaan·de·lijk (bijw)
voor·af·ge·gaan (bnw), voor·af·ge·ga·ne
het **voor·ak·koord**, voor·ak·koor·den
voor·al (bijw)
voor·al·eer (voegw)
voor·als·nog (bijw)
het **voor·ar·gu·ment**, voor·ar·gu·men·ten
de **voor·avond** (m), voor·avon·den
de **voor·baat**[1]
voor·baat[2]: bij voorbaat
voor·ba·rig (bnw), voor·ba·ri·ge
voor·be·dacht (bnw), voor·be·dach·te
voor·be·dach·ten: met voorbedachten rade
de **voor·be·de**, voor·be·den, voor·be·des
het **voor·beeld**, voor·beel·den; voor·beeld·je
de/het **voor·beeld·fi·guur**, voor·beeld·fi·gu·ren
de **voor·beeld·func·tie** (v), voor·beeld·func·ties
voor·beel·dig (bnw), voor·beel·di·ge
het **voor·be·hoed·mid·del**, voor·be·hoed·mid·de·len
het **voor·be·hoeds·mid·del**, voor·be·hoeds·mid·de·len
het **voor·be·houd**, voor·be·hou·den; voor·be·houd·je
voor·be·hou·den (ww), be·houd voor, be·hou voor, be·houdt voor; be·hield voor, be·hiel·den voor; voor·be·hou·den
voor·be·reid (bnw), voor·be·rei·de
voor·be·rei·den (ww), be·reid voor, be·reidt voor; be·reid·de voor, be·reid·den voor; voor·be·reid
de **voor·be·rei·ding** (v), voor·be·rei·din·gen
voor·be·spre·ken (ww), be·spreek voor, be·spreekt voor; be·sprak voor, be·spra·ken voor; voor·be·spro·ken
de **voor·be·spre·king** (v), voor·be·spre·kin·gen
het **voor·be·staan**
voor·bij[1] (bnw), voor·bije
voor·bij[2] (bijw)
voor·bij[3] (voorz)
voor·bij·drij·ven (ww), drijf voor·bij, drijft voor·bij; dreef

voor·bij, dre·ven voor·bij; voor·bij·ge·dre·ven
voor·bij·fiet·sen (ww), fiets voor·bij, fietst voor·bij; fiets·te voor·bij, fiets·ten voor·bij; voor·bij·ge·fietst
voor·bij·flit·sen (ww), flits voor·bij, flitst voor·bij; flits·te voor·bij, flits·ten voor·bij; voor·bij·ge·flitst
voor·bij·gaan (ww), ga voor·bij, gaat voor·bij; ging voor·bij, gin·gen voor·bij; voor·bij·ge·gaan
de **voor·bij·gan·ger** (m), voor·bij·gan·gers; voor·bij·gan·ger·tje
voor·bij·glij·den (ww), glijd voor·bij, glij voor·bij, glijdt voor·bij; gleed voor·bij, gle·den voor·bij; voor·bij·ge·gle·den
voor·bij·ko·men (ww), kom voor·bij, komt voor·bij; kwam voor·bij, kwa·men voor·bij; voor·bij·ge·ko·men
voor·bij·lo·pen (ww), loop voor·bij, loopt voor·bij; liep voor·bij, lie·pen voor·bij; voor·bij·ge·lo·pen
voor·bij·pra·ten (ww), praat voor·bij, praat voor·bij; praat·te voor·bij, praat·ten voor·bij; voor·bij·ge·praat
voor·bij·ra·zen (ww), raas voor·bij, raast voor·bij; raas·de voor·bij, raas·den voor·bij; voor·bij·ge·raasd
voor·bij·rij·den (ww), rijd voor·bij, rij voor·bij, rijdt voor·bij; reed voor·bij, re·den voor·bij; voor·bij·ge·re·den
voor·bij·schie·ten (ww), schiet voor·bij, schiet voor·bij; schoot voor·bij, scho·ten voor·bij; voor·bij·ge·scho·ten
voor·bij·ste·ken (ww), steek voor·bij, steekt voor·bij; stak voor·bij, sta·ken voor·bij; voor·bij·ge·sto·ken
voor·bij·stre·ven (ww), streef voor·bij, streeft voor·bij; streef·de voor·bij, streef·den voor·bij; voor·bij·ge·streefd
voor·bij·trek·ken (ww), trek voor·bij, trekt voor·bij; trok voor·bij, trok·ken voor·bij; voor·bij·ge·trok·ken
voor·bij·va·ren (ww), vaar voor·bij, vaart voor·bij; voer voor·bij, voe·ren voor·bij; voor·bij·ge·va·ren
voor·bij·vlie·gen (ww), vlieg voor·bij, vliegt voor·bij; vloog voor·bij, vlo·gen voor·bij; voor·bij·ge·vlo·gen
voor·bij·wan·de·len (ww), wan·del voor·bij, wan·delt voor·bij; wan·del·de voor·bij, wan·del·den voor·bij; voor·bij·ge·wan·deld
het **voor·blad**, voor·bla·den
voor·blij·ven (ww), blijf voor, blijft voor; bleef voor, ble·ven voor; voor·ge·ble·ven
de **voor·bo·de** (m), voor·bo·den, voor·bo·des
voor·bren·gen (ww), breng voor, brengt voor; bracht voor, brach·ten voor; voor·ge·bracht
de **voord**, voor·den
voor·dat (voegw)
de **voor·de**, voor·den
het **voor·deel**, voor·de·len; voor·deel·tje
de **voor-de-gek-hou·de·rij** (v), voor-de-gek-hou·de·rij·en
voor de hand lig·gend

voor·de·le: ten voordele van
voor·de·lig (bnw), voor·de·li·ge
de **voor·deur**, voor·deu·ren; voor·deur·tje
de **voor·deur·bel**, voor·deur·bel·len
voor·dien (bijw)
voor·doen (ww), doe voor, doet voor; deed voor, de·den voor; voor·ge·daan
de **voor·dracht**, voor·drach·ten; voor·dracht·je
de **voor·dracht·ak·te**, voor·dracht·ak·ten, voor·dracht·ak·tes
de **voor·drachts·ak·te**, voor·drachts·ak·ten, voor·drachts·ak·tes
voor·dra·gen (ww), draag voor, draagt voor; droeg voor, droe·gen voor; voor·ge·dra·gen
voor·eerst (bijw)
voor·fi·nan·cie·ren (ww), fi·nan·cier voor, fi·nan·ciert voor; fi·nan·cier·de voor, fi·nan·cier·den voor; voor·ge·fi·nan·cierd
voor·gaan (ww), ga voor, gaat voor; ging voor, gin·gen voor; voor·ge·gaan
voor·gaand (bnw), voor·gaan·de
het **voor·gaan·de**
de **voor·gan·ger** (m), voor·gan·gers
het **voor·ge·borch·te**
voor·ge·de·fi·ni·eerd (bnw), voor·ge·de·fi·ni·eer·de
voor·ge·legd (bnw), voor·ge·leg·de
voor·ge·meld (bnw), voor·ge·mel·de
voor·ge·noemd (bnw), voor·ge·noem·de
het **voor·ge·recht**, voor·ge·rech·ten; voor·ge·recht·je
de **voor·ge·schie·de·nis** (v), voor·ge·schie·de·nis·sen
voor·ge·steld (bnw), voor·ge·stel·de
de **voor·ge·vel** (m), voor·ge·vels
voor·goed (bijw)
de **voor·grond** (m), voor·gron·den
de **voor·hal**, voor·hal·len; voor·hal·le·tje
de **voor·hand**, voor·han·den
voor·han·den (bnw)
voor·han·den zijn
de **voor·hang** (m), voor·han·gen
voor·heb·ben (ww), heb voor, hebt voor, heeft voor; had voor, had·den voor; voor·ge·had
voor·heen (bijw)
de **voor·hef·fing** (v), voor·hef·fin·gen
de **voor·hoe·de**, voor·hoe·den, voor·hoe·des
het **voor·hof**, voor·ho·ven; voor·hof·je
het **voor·hoofd**, voor·hoof·den; voor·hoofd·je
de **voor·hoofds·hol·te·ont·ste·king** (v), voor·hoofds·hol·te·ont·ste·kin·gen
voor·hou·den (ww), houd voor, hou voor, houdt voor; hield voor, hiel·den voor; voor·ge·hou·den
de **voor·huid**, voor·hui·den; voor·huid·je
voor·in (bijw) *(in het voorste gedeelte)*
de **voor·in·schrij·ving** (v), voor·in·schrij·vin·gen
het **voor·jaar**, voor·ja·ren
de **voor·jaars·va·kan·tie** (v), voor·jaars·va·kan·ties
de **voor·kant** (m), voor·kan·ten
voor·kau·wen (ww), kauw voor, kauwt voor; kauw·de voor, kauw·den voor; voor·ge·kauwd
de **voor·ken·nis** (v)
de **voor·keur**, voor·keu·ren;

voor·keur·tje
de **voor·keurs·be·han·de·ling** (v), voor·keurs·be·han·de·lin·gen
de **voor·keurs·da·tum** (m), voor·keurs·da·ta, voor·keurs·da·tums
de **voor·keur·spel·ling** (v), voor·keur·spel·lin·gen
de **voor·keurs·stem**, voor·keurs·stem·men
de **voor·keur·stem**, voor·keur·stem·men
voor·kom·baar (bnw), voor·kom·ba·re
het **voor·ko·men**[1]
voor·ko·men[2] (ww) *(vlugger zijn dan; voorhoeden),* voor·kom, voor·komt; voor·kwam, voor·kwa·men; voor·ko·men
voor·ko·men[3] (ww) *(andere beteke-nissen),* kom voor, komt voor; kwam voor, kwa·men voor; voor·ge·ko·men
voor·ko·mend (bnw), voor·ko·men·de
de **voor·ko·ming** (v)
voor·laatst (bnw), voor·laat·ste
voor·langs (bijw)
voor·leg·gen (ww), leg voor, legt voor; leg·de voor, leg·den voor; voor·ge·legd
voor·lei·den (ww), leid voor, leidt voor; leid·de voor, leid·den voor; voor·ge·leid
voor·le·ven (ww), leef voor, leeft voor; leef·de voor, leef·den voor; voor·ge·leefd
voor·le·zen (ww), lees voor, leest voor; las voor, la·zen voor; voor·ge·le·zen
voor·lich·ten (ww), licht voor, licht voor; licht·te voor, licht·ten voor; voor·ge·licht
de **voor·lich·ting** (v), voor·lich·tin·gen
de **voor·lief·de** (v), voor·lief·des
voor·lie·gen (ww), lieg voor, liegt voor; loog voor, lo·gen voor; voor·ge·lo·gen
voor·lig·gen (ww), lig voor, ligt voor; lag voor, la·gen voor; voor·ge·le·gen
voor·lo·pen (ww), loop voor, loopt voor; liep voor, lie·pen voor; voor·ge·lo·pen
de **voor·lo·per** (m), voor·lo·pers; voor·lo·per·tje
voor·lo·pig (bnw), voor·lo·pi·ge
voor·ma·lig (bnw), voor·ma·li·ge
de **voor·man** (m), voor·lie·den, voor·lui, voor·man·nen; voor·man·ne·tje
voor·meld (bnw), voor·mel·de
de **voor·mid·dag** (m), voor·mid·da·gen; voor·mid·dag·je
de **voorn** (m), voorns; voorn·tje
de **voor·naam**[1] (m), voor·na·men
voor·naam[2] (bnw), voor·na·me
het **voor·naam·woord**, voor·naam·woor·den; voor·naam·woord·je
voor·na·me·lijk (bijw)
het **voor·ne·men**[1], voor·ne·mens
voor·ne·men[2] (ww), neem voor, neemt voor; nam voor, na·men voor; voor·ge·no·men
voor·ne·mens (bijw)
voor·noemd (bnw), voor·noem·de
voor·on·der·stel·len (ww), voor·on·der·stel, voor·on·der·stelt; voor·on·der·stel·de, voor·on·der·stel·den; voor·on·der·steld
de **voor·on·der·stel·ling** (v), voor·on·der·stel·lin·gen

V

het **voor·ont·werp**, voor·ont·wer·pen
het **voor·oor·deel**, voor·oor·de·len
voor·oor·logs (bnw), voor·oor·log·se
voor·op (bijw) *(aan de voorzijde op iets, eerstkomend)*
voor·op·lo·pen (ww), loop voor·op, loopt voor·op; liep voor·op, lie·pen voor·op; voor·op·ge·lo·pen
voor·op·staan (ww), sta voor·op, staat voor·op; stond voor·op, ston·den voor·op; voor·op·ge·staan
de **voor·ou·der** (m), voor·ou·ders
voor·over (bijw)
voor·over·bui·gen (ww), buig voor·over, buigt voor·over; boog voor·over, bo·gen voor·over; voor·over·ge·bo·gen
de **voor·pa·gi·na**, voor·pa·gi·na's; voorpaginaatje [voor·pa·gi·na·tje]
het **voor·pa·gi·na-ar·ti·kel**, voor·pa·gi·na-ar·ti·ke·len, voor·pa·gi·na-ar·ti·kels
het **voor·pa·gi·na·nieuws**
voor pam·pus lig·gen
de **voor·plaat**, voor·pla·ten; voor·plaat·je
het **voor·plat**, voor·plat·ten; voor·plat·je
de **voor·raad** (m), voor·ra·den; voor·raad·je
het **voor·raad·be·heer**
de **voor·raad·winst** (v), voor·raad·win·sten
voor·ra·dig (bnw), voor·ra·di·ge
de **voor·rang** (m)
de **voor·rang·ver·le·ner** (m), voor·rang·ver·le·ners
het **voor·recht**, voor·rech·ten; voor·recht·je
de **voor·re·de**, voor·re·des
voor·rij·den (ww), rijd voor, rij voor, rijdt voor; reed voor, re·den voor; voor·ge·re·den
de **voor·rij·kos·ten** (mv)
het **voor·rij·ta·rief**, voor·rij·ta·rie·ven
de **voor·ron·de**, voor·ron·den, voor·ron·des
de **voor·ruit**, voor·rui·ten; voor·ruit·je
voor·schie·ten (ww), schiet voor, schiet voor; schoot voor, scho·ten voor; voor·ge·scho·ten
de/het **voor·schoot** (m/o), voor·scho·ten; voor·schoot·je
het **voor·schot**, voor·schot·ten; voor·schot·je
voor·scho·te·len (ww), scho·tel voor, scho·telt voor; scho·tel·de voor, scho·tel·den voor; voor·ge·scho·teld
de **voor·schot·fac·tuur** (v), voor·schot·fac·tu·ren
het **voor·schrift**, voor·schrif·ten; voor·schrift·je
voor·schrij·ven (ww), schrijf voor, schrijft voor; schreef voor, schre·ven voor; voor·ge·schre·ven
voors·hands (bijw)
het **voor·spel**, voor·spe·len
voor·spel·baar (bnw), voor·spel·ba·re
voor·spe·len (ww), speel voor, speelt voor; speel·de voor, speel·den voor; voor·ge·speeld
voor·spel·len[1] (ww) *(voorzeggen, beloven)*, voor·spel, voor·spelt; voor·spel·de, voor·spel·den; voor·speld
voor·spel·len[2] (ww) *(als voorbeeld spellen)*, spel voor, spelt voor; spel·de voor, spel·den voor; voor·ge·speld
de **voor·spel·ling** (v),

voor·spel·lin·gen; voor·spel·lin·kje
de **voor·spoed** (m)
voor·spoe·dig (bnw), voor·spoe·di·ge
de **voor·sprong** (m), voor·spron·gen
voorst (bnw), voor·ste
voor·staan (ww), sta voor, staat voor; stond voor, ston·den voor; voor·ge·staan
de **voor·stad**, voor·ste·den; voor·stad·je
de **voor·stan·der** (m), voor·stan·ders
voor·ste·ken (ww), steek voor, steekt voor; stak voor, sta·ken voor; voor·ge·sto·ken
het **voor·stel**, voor·stel·len
voor·stel·len (ww), stel voor, stelt voor; stel·de voor, stel·den voor; voor·ge·steld
de **voor·stel·ling** (v), voor·stel·lin·gen; voor·stel·lin·kje
voor·stem·men (ww), stem voor, stemt voor; stem·de voor, stem·den voor; voor·ge·stemd
de **voor·ste·ven** (m), voor·ste·vens
voort (bijw)
voort·aan (bijw)
het **voort·be·staan**
voort·be·we·gen (ww), be·weeg voort, be·weegt voort; be·woog voort, be·wo·gen voort; voort·be·wo·gen
voort·bor·du·ren (ww), bor·duur voort, bor·duurt voort; bor·duur·de voort, bor·duur·den voort; voort·ge·bor·duurd
voort·bou·wen (ww), bouw voort, bouwt voort; bouw·de voort, bouw·den voort; voort·ge·bouwd
voort·bren·gen (ww), breng voort, brengt voort; bracht voort, brach·ten voort; voort·ge·bracht
voort·doen (ww), doe voort, doet voort; deed voort, de·den voort; voort·ge·daan
voort·du·ren (ww), duur voort, duurt voort; duur·de voort, duur·den voort; voort·ge·duurd
voort·du·rend (bnw), voort·du·ren·de
het **voor·te·ken**, voor·te·ke·nen, voor·te·kens
voor·tel·len (ww), tel voor, telt voor; tel·de voor, tel·den voor; voor·ge·teld
het **voor·ter·ras**, voor·ter·ras·sen
voort·gaan (ww), ga voort, gaat voort; ging voort, gin·gen voort; voort·ge·gaan
de **voort·gang** (m), voort·gan·gen
de **voort·gangs·com·mis·sie** (v), voort·gangs·com·mis·sies
de **voort·gangs·rap·por·ta·ge** (v), voort·gangs·rap·por·ta·ges
voort·ge·zet (bnw), voort·ge·zet·te
voort·hel·pen (ww), help voort, helpt voort; hielp voort, hiel·pen voort; voort·ge·hol·pen
voor·tij·dig (bnw), voor·tij·di·ge
voort·ko·men (ww), kom voort, komt voort; kwam voort, kwa·men voort; voort·ge·ko·men
voort·le·ven (ww), leef voort, leeft voort; leef·de voort, leef·den voort; voort·ge·leefd
het **voor·touw**
voort·plan·ten (ww), plant voort, plant voort; plant·te voort, plant·ten voort; voort·ge·plant
de **voort·plan·ting** (v), voort·plan·tin·gen
voor·tref·fe·lijk (bnw), voor·tref·fe·lij·ke
voor·trek·ken (ww), trek voor,

trekt voor; trok voor, trok·ken voor; voor·ge·trok·ken

de **voor·trek·ker** (m), voor·trek·kers

de **voor·trek·kers·rol**, voor·trek·kers·rol·len

voorts (bijw)

voort·schrij·den (ww), schrijd voort, schrijdt voort; schreed voort, schre·den voort; voort·ge·schre·den

voort·schrij·dend (bnw), voort·schrij·den·de

voort·sprui·ten (ww), spruit voort, spruit voort; sproot voort, spro·ten voort; voort·ge·spro·ten

voort·stu·wen (ww), stuw voort, stuwt voort; stuw·de voort, stuw·den voort; voort·ge·stuwd

voort·trek·ken (ww), trek voort, trekt voort; trok voort, trok·ken voort; voort·ge·trok·ken

de **voor·tuin** (m), voor·tui·nen; voor·tuin·tje

voort·va·rend (bnw), voort·va·ren·de

de **voort·va·rend·heid** (v), voort·va·rend·he·den

voort·ver·tel·len (ww), ver·tel voort, ver·telt voort; ver·tel·de voort, ver·tel·den voort; voort·ver·teld

voort·vloei·en (ww), vloei voort, vloeit voort; vloei·de voort, vloei·den voort; voort·ge·vloeid

voort·vloei·end (bnw), voort·vloei·en·de

voort·wer·ken (ww), werk voort, werkt voort; werk·te voort, werk·ten voort; voort·ge·werkt

voort·zet·ten (ww), zet voort, zet voort; zet·te voort, zet·ten voort; voort·ge·zet

de **voort·zet·ting** (v), voort·zet·tin·gen

voor·uit[1] (bijw)

voor·uit[2] (tussenw)

voor·uit·be·ta·len (ww), be·taal voor·uit, be·taalt voor·uit; be·taal·de voor·uit, be·taal·den voor·uit; voor·uit·be·taald

de **voor·uit·blik** (m), voor·uit·blik·ken; voor·uit·blik·je

voor·uit·blik·ken (ww), blik voor·uit, blikt voor·uit; blik·te voor·uit, blik·ten voor·uit; voor·uit·ge·blikt

voor·uit·den·ken (ww), denk voor·uit, denkt voor·uit; dacht voor·uit, dach·ten voor·uit; voor·uit·ge·dacht

voor·uit·gaan (ww), ga voor·uit, gaat voor·uit; ging voor·uit, gin·gen voor·uit; voor·uit·ge·gaan

de **voor·uit·gang** (m)

het **voor·uit·gangs·ide·aal**, voor·uit·gangs·ide·a·len

voor·uit·hel·pen (ww), help voor·uit, helpt voor·uit; hielp voor·uit, hiel·pen voor·uit; voor·uit·ge·hol·pen

voor·uit·kij·ken (ww), kijk voor·uit, kijkt voor·uit; keek voor·uit, ke·ken voor·uit; voor·uit·ge·ke·ken

voor·uit·ko·men (ww), kom voor·uit, komt voor·uit; kwam voor·uit, kwa·men voor·uit; voor·uit·ge·ko·men

voor·uit·lo·pen (ww), loop voor·uit, loopt voor·uit; liep voor·uit, lie·pen voor·uit; voor·uit·ge·lo·pen

voor·uit·rij·den (ww), rijd voor·uit, rij voor·uit, rijdt voor·uit; reed voor·uit, re·den voor·uit; voor·uit·ge·re·den

voor·uit·schui·ven (ww), schuif voor·uit, schuift voor·uit; schoof voor·uit, scho·ven voor·uit; voor·uit·ge·scho·ven
voor·uit·snel·len (ww), snel voor·uit, snelt voor·uit; snel·de voor·uit, snel·den voor·uit; voor·uit·ge·sneld
voor·uit·stre·vend (bnw), voor·uit·stre·ven·de
voor·uit·zet·ten (ww), zet voor·uit, zet voor·uit; zet·te voor·uit, zet·ten voor·uit; voor·uit·ge·zet
het **voor·uit·zicht**, voor·uit·zich·ten
voor·uit·zien (ww), zie voor·uit, ziet voor·uit; zag voor·uit, za·gen voor·uit; voor·uit·ge·zien
de **voor·va·der** (m), voor·va·de·ren, voor·va·ders
het **voor·val**, voor·val·len; voor·val·le·tje
voor·val·len (ww), valt voor; viel voor, vie·len voor; voor·ge·val·len
de **voor·ver·koop** (m), voor·ver·ko·pen
voor·ver·war·men (ww), ver·warm voor, ver·warmt voor; ver·warm·de voor, ver·warm·den voor; voor·ver·warmd
het **voor·voeg·sel**, voor·voeg·sels
voor·waar (bijw)
de **voor·waar·de** (v), voor·waar·den
voor·waar·de·lijk (bnw), voor·waar·de·lij·ke
voor·waar·den·schep·pend (bnw), voor·waar·den·schep·pen·de
voor·waarts[1] (bnw), voor·waart·se
voor·waarts[2] (tussenw)
voor·wen·den (ww), wend voor, wendt voor; wend·de voor, wend·den voor; voor·ge·wend
het **voor·wend·sel**, voor·wend·se·len, voor·wend·sels; voor·wend·sel·tje
het **voor·werk**
het **voor·werp**, voor·wer·pen; voor·werp·je
voor·wer·pen (ww), werp voor, werpt voor; wierp voor, wier·pen voor; voor·ge·wor·pen
het **voor·woord**, voor·woor·den; voor·woord·je
de **voor·zan·ger** (m), voor·zan·gers; voor·zan·ger·tje
de **voor·zan·ge·res** (v), voor·zan·ge·res·sen
voor·zeg·gen[1] (ww) *(voorspellen)*, voor·zeg, voor·zegt; voor·zeg·de, voor·zei, voor·zeg·den, voor·zei·den; voor·zegd
voor·zeg·gen[2] (ww) *(influisteren)*, zeg voor, zegt voor; zeg·de voor, zei voor, zeg·den voor, zei·den voor; voor·ge·zegd
voor·ze·ker (bijw)
de **voor·zet** (m), voor·zet·ten; voor·zet·je
het **voor·zet·sel**, voor·zet·sels
de **voor·zet·sel·be·pa·ling** (v), voor·zet·sel·be·pa·lin·gen
het **voor·zet·sel·voor·werp**, voor·zet·sel·voor·wer·pen
voor·zet·ten (ww), zet voor, zet voor; zet·te voor, zet·ten voor; voor·ge·zet
voor·zich·tig (bnw), voor·zich·ti·ge
de **voor·zich·tig·heid** (v), voor·zich·tig·he·den
voor zich uit sta·ren
voor·zien[1] (bnw), voor·zie·ne
voor·zien[2] (ww), voor·zie, voor·ziet; voor·zag, voor·za·gen; voor·zien
voor·zie·nig (bnw), voor·zie·ni·ge

de **voor·zie·nig·heid** (v), voor·zie·nig·he·den
de **voor·zie·ning** (v), voor·zie·nin·gen
de **voor·zie·nin·gen·rech·ter** (m), voor·zie·nin·gen·rech·ters
de **voor·zij·de**, voor·zij·den, voor·zij·des
de **voor·zit·ster** (v), voor·zit·sters
voor·zit·ten (ww), zit voor, zit voor; zat voor, za·ten voor; voor·ge·ze·ten
de **voor·zit·ter** (m), voor·zit·ters; voor·zit·ter·tje
het **voor·zit·ter·schap**, voor·zit·ter·schap·pen
de **voor·zorg**, voor·zor·gen
de **voor·zorgs·maat·re·gel** (m), voor·zorgs·maat·re·ge·len, voor·zorgs·maat·re·gels
voor zo·ver
voos (bnw), vo·ze
vop *(verplaatsbare ontmoetingsplek)*, vops
vo·po *(persoon)*, vo·po's
vor·de·ren (ww), vor·der, vor·dert; vor·der·de, vor·der·den; ge·vor·derd
de **vor·de·ring** (v), vor·de·rin·gen
de **vor·de·rings·staat** (m), vor·de·rings·sta·ten
de **vo·re**, vo·ren
de **vo·ren**[1] (m), vo·rens; vo·ren·tje
vo·ren[2] (bijw)
vo·ren[3]: naar voren
vo·rig (bnw), vo·ri·ge
de **vork**, vor·ken; vork·je
de **vork·hef·truck** (m), vork·hef·trucks
de **vork·lift** (m), vork·lif·ten
de **vorm** (m), vor·men; vorm·pje
vor·me·loos (bnw), vor·me·lo·ze
vor·men (ww), vorm, vormt; vorm·de, vorm·den; ge·vormd
vorm·ge·ven (ww), geef vorm, geeft vorm; gaf vorm, ga·ven vorm; vorm·ge·ge·ven
de **vorm·ge·ving** (v), vorm·ge·vin·gen
de **vor·ming** (v), vor·min·gen
vorm·loos (bnw), vorm·lo·ze
het **vorm·sel**, vorm·sels
vorm·vrij (bnw), vorm·vrije
vor·sen (ww), vors, vorst; vors·te, vors·ten; ge·vorst
vor·send (bnw), vor·sen·de
de **vor·ser** (m), vor·sers
de **vorst**[1] *(nok)*, vor·sten; vorst·je
de **vorst**[2] (m) *(andere betekenissen)*, vor·sten; vorst·je
vor·ste·lijk (bnw), vor·ste·lij·ke
het **vor·sten·dom**, vor·sten·dom·men; vor·sten·dom·me·tje
de **vor·stin** (v), vor·stin·nen; vor·stin·ne·tje
vort (bijw)
de **vor·tex** (m), vor·ti·ces
de **vos**[1] (m) *(dier)*, vos·sen; vos·je
vos[2] *(voortgezet onderwijs op seniorenniveau)*
vos·school, vos·scho·len
vos-school, vos-scho·len
vos·sen (ww), vos, vost; vos·te, vos·ten; ge·vost
de **vos·sen·bes**, vos·sen·bes·sen
vo·tief (bnw), vo·tie·ve
de **vou·cher** (m), vou·chers
vous·voy·e·ren (ww), vous·voy·eer, vous·voy·eert; vous·voy·eer·de, vous·voy·eer·den; ge·vous·voy·eerd
de **vou·te**, vou·ten
de **vouw**, vou·wen; vouw·tje
vou·wen (ww), vouw, vouwt; vouw·de, vouw·den; ge·vou·wen

de **vox·pop** (v), vox·pop·je
de **voy·eur** (m), voy·eurs; voy·eur·tje
het **voy·eu·ris·me**
vo·zen (ww), voos, voost; voos·de, voos·den; ge·voosd
vp *(vicepresident)*, vp's
vr *(vrijdag)*
vr. *(vrijdag)*
de **vraag**, vra·gen; vraag·je
de **vraag·baak**, vraag·ba·ken
het **vraag-en-ant·woord·spel**, vraag-en-ant·woord·spe·len, vraag-en-ant·woord·spel·len
het **vraag·ge·sprek**, vraag·ge·sprek·ken; vraag·ge·sprek·je
vraag·ge·stuurd (bnw), vraag·ge·stuur·de
vraags·ge·wijs (bnw), vraags·ge·wij·ze
de **vraag·stel·ling** (v), vraag·stel·lin·gen
het **vraag·stuk**, vraag·stuk·ken; vraag·stuk·je
het **vraag·te·ken**, vraag·te·kens; vraag·te·ken·tje
de **vraat** (m), vra·ten
de **vraat·zucht**
de **vracht**, vrach·ten; vracht·je
de **vracht·au·to** (m), vracht·au·to's; vrachtautootje [vracht·au·to·tje]
het **vracht·geld**, vracht·gel·den
het **vracht·schip**, vracht·sche·pen; vracht·scheep·je
het **vracht·ta·rief**, vracht·ta·rie·ven
de **vracht·wa·gen** (m), vracht·wa·gens; vracht·wa·gen·tje
de **vracht·wa·gen·chauf·feur** (m), vracht·wa·gen·chauf·feurs
vra·gen (ww), vraag, vraagt; vroeg, vroe·gen; ge·vraagd
de **vra·gen·lijst**, vra·gen·lijs·ten; vra·gen·lijst·je
vrank (bnw), vran·ke
de **vre·de**
het **vre·de·ge·recht**, vre·de·ge·rech·ten
de **vre·de·rech·ter** (m), vre·de·rech·ters
de **vre·des·ac·ti·vist** (m), vre·des·ac·ti·vis·ten
het **vre·des·ak·koord**, vre·des·ak·koor·den
het **vre·des·di·vi·dend**, vre·des·di·vi·den·den
de **vre·des·macht**, vre·des·mach·ten
de **vre·des·naam** (m)
de **vre·des·po·li·tiek** (v)
het **vre·des·pro·ces**, vre·des·pro·ces·sen
de **vre·de·stich·ter** (m), vre·de·stich·ters
de **vre·des·wens** (m), vre·des·wen·sen
vre·de·vol (bnw), vre·de·vol·le
de **vre·de·wens** (m), vre·de·wen·sen
vre·dig (bnw), vre·di·ge
de **vree**
vreed·zaam (bnw), vreed·za·me
vreemd (bnw), vreem·de
de **vreem·de**[1], vreem·den
vreem·de[2]: in den vreemde
de **vreem·de·ling** (m), vreem·de·lin·gen
de **vreem·de·lin·ge** (v), vreem·de·lin·ges; vreem·de·lin·ge·tje
de **vreem·de·lin·gen·heer·schap·pij** (v), vreem·de·lin·gen·heer·schap·pij·en
de **vreem·de·lin·gen·zaak**, vreem·de·lin·gen·za·ken
het **vreem·de·ta·len·on·der·wijs**
vreemd·gaan (ww), ga vreemd, gaat vreemd; ging vreemd,

gin·gen vreemd; vreemd·ge·gaan
de **vrees**, vre·zen; vrees·je
de **vrees·cul·tuur** (v)
de **vrek** (m), vrek·ken; vrek·je
vrek·kig (bnw), vrek·ki·ge
vre·se·lijk (bnw), vre·se·lij·ke
vre·ten (ww), vreet, vreet; vrat, vra·ten; ge·vre·ten
de **vre·ter** (m), vre·ters
de **vreugd** (v), vreug·den, vreug·des
de **vreug·de** (v), vreug·den, vreug·des; vreug·de·tje
de **vreug·de·dans** (m), vreug·de·dan·sen; vreug·de·dans·je
het **vreug·de·schot**, vreug·de·scho·ten
het **vreug·de·vuur**, vreug·de·vu·ren; vreug·de·vuur·tje
de **vre·ze**, vre·zen
vre·zen (ww), vrees, vreest; vrees·de, vrees·den; ge·vreesd
de **vriend** (m), vrien·den; vriend·je
vrien·de·lijk (bnw), vrien·de·lij·ke
de **vrien·de·lijk·heid** (v), vrien·de·lijk·he·den; vrien·de·lijk·heid·je
de **vrien·den·groep**, vrien·den·groe·pen; vrien·den·groep·je
de **vrien·den·kring** (m), vrien·den·krin·gen
de **vrien·din** (v), vrien·din·nen; vrien·din·ne·tje
de **vriend·schap** (v), vriend·schap·pen; vriend·schap·je
vriend·schap·pe·lijk (bnw), vriend·schap·pe·lij·ke
vries·dro·gen (ww), vries·droog, vries·droogt; vries·droog·de, vries·droog·den; ge·vries·droogd
de **vries·kou** (v), vries·kou·tje
het **vries·punt**, vries·pun·ten
vrie·zen (ww), vries, vriest; vroor, vro·ren; ge·vro·ren
de **vrie·zer** (m), vrie·zers
vrij[1] *(vrijdag)*
vrij[2] (bnw), vrije
vrij. *(vrijdag)*
het **vrij·af**
vrij·blij·vend (bnw), vrij·blij·ven·de
de **vrij·bui·te·rij** (v), vrij·bui·te·rij·en
de **vrij·dag**[1] (m), vrij·da·gen
vrij·dag[2] (bijw)
de **vrij·dag·avond**[1] (m), vrij·dag·avon·den; vrij·dag·avond·je
vrij·dag·avond[2] (bijw)
het **vrij·dag·ge·bed**, vrij·dag·ge·be·den
de **vrij·dag·mid·dag**[1] (m), vrij·dag·mid·da·gen
vrij·dag·mid·dag[2] (bijw)
de **vrij·dag·mor·gen**[1] (m), vrij·dag·mor·gens
vrij·dag·mor·gen[2] (bijw)
de **vrij·dag·nacht**[1] (m), vrij·dag·nach·ten
vrij·dag·nacht[2] (bijw)
de **vrij·dag·na·mid·dag** (m), vrij·dag·na·mid·da·gen
de **vrij·dag·och·tend**[1] (m), vrij·dag·och·ten·den
vrij·dag·och·tend[2] (bijw)
vrij·dags[1] (bnw), vrij·dag·se
vrij·dags[2]: 's vrijdags
de **vrij·dag·voor·mid·dag** (m), vrij·dag·voor·mid·da·gen
de **vrije**, vrij·en
vrij·e·lijk (bijw)
de **vrije·markt·eco·no·mie** (v), vrijemarkteconomieën [vrije·markt·eco·no·mie·en]
het **vrije·markt·prin·ci·pe**

de **vrije·markt·sec·tor** (m), vrije·markt·sec·to·ren, vrije·markt·sec·tors
vrije me·nings·ui·ting
vrij·en (ww), vrij, vrijt; vree, vrij·de, vreeën [vree·en], vrij·den; gevreeën [ge·vree·en], ge·vrijd
vrij·e·rig (bnw), vrij·e·ri·ge
de **vrije·sec·tor·wo·ning** (v), vrije·sec·tor·wo·nin·gen
de **vrije·tijds·ac·ti·vi·teit** (v), vrije·tijds·ac·ti·vi·tei·ten
de **vrije·tijds·be·ste·ding** (v), vrije·tijds·be·ste·din·gen
de **vrije·tijds·kle·ding** (v)
de **vrij·ga·ve**, vrij·ga·ven
het **vrij·ge·lei·de**, vrij·ge·lei·den, vrij·ge·lei·des
vrij·ge·ven (ww), geef vrij, geeft vrij; gaf vrij, ga·ven vrij; vrij·ge·ge·ven
de **vrij·ge·zel** (m), vrij·ge·zel·len
de **vrij·ge·zel·len·avond** (m), vrij·ge·zel·len·avon·den; vrij·ge·zel·len·avond·je
het **vrij·ge·zel·len·feest**, vrij·ge·zel·len·fees·ten; vrij·ge·zel·len·feest·je
de **vrij·heid** (v), vrij·he·den; vrij·heid·je
het **vrij·heids·beeld**, vrij·heids·beel·den
Vrij·heids·beeld
de **vrij·heids·strij·der** (m), vrij·heids·strij·ders
vrij·hou·den (ww), houd vrij, hou vrij, houdt vrij; hield vrij, hiel·den vrij; vrij·ge·hou·den
vrij·ko·men (ww), kom vrij, komt vrij; kwam vrij, kwa·men vrij; vrij·ge·ko·men
vrij·la·ten (ww), laat vrij, laat vrij; liet vrij, lie·ten vrij; vrij·ge·la·ten
de **vrij·la·ting** (v), vrij·la·tin·gen
vrij·ma·ken (ww), maak vrij, maakt vrij; maak·te vrij, maak·ten vrij; vrij·ge·maakt
de **vrij·met·se·laar** (m), vrij·met·se·laars, vrij·met·se·la·ren
de **vrij·met·se·la·rij** (v)
vrij·plei·ten (ww), pleit vrij, pleit vrij; pleit·te vrij, pleit·ten vrij; vrij·ge·pleit
vrij·pos·tig (bnw), vrij·pos·ti·ge
vrij·spe·len (ww), speel vrij, speelt vrij; speel·de vrij, speel·den vrij; vrij·ge·speeld
de **vrij·spraak**, vrij·spra·ken
vrij·spre·ken (ww), spreek vrij, spreekt vrij; sprak vrij, spra·ken vrij; vrij·ge·spro·ken
vrij·staan (ww), sta vrij, staat vrij; stond vrij, ston·den vrij; vrij·ge·staan
vrij·staand (bnw), vrij·staan·de
de **vrij·staat** (m), vrij·sta·ten; vrij·staat·je
de **vrij·stad**, vrij·ste·den
vrij·stel·len (ww), stel vrij, stelt vrij; stel·de vrij, stel·den vrij; vrij·ge·steld
de **vrij·stel·ling** (v), vrij·stel·lin·gen
vrij·uit (bijw)
vrij·wa·ren (ww), vrij·waar, vrij·waart; vrij·waar·de, vrij·waar·den; ge·vrij·waard
de **vrij·wa·ring** (v), vrij·wa·rin·gen
het **vrij·wa·rings·be·wijs**, vrij·wa·rings·be·wij·zen
vrij·wel (bijw)
vrij·wil·lig (bnw), vrij·wil·li·ge
de **vrij·wil·li·ger** (m), vrij·wil·li·gers; vrij·wil·li·ger·tje
het **vrij·wil·li·gers·werk**, vrij·wil·li·gers·werk·je

de **vrij·wil·lig·ster** (v), vrij·wil·lig·sters
de **vrind** (m), vrin·den; vrind·je
vroed (bnw), vroe·de
de **vroed·man** (m), vroed·man·nen
de **vroed·vrouw** (v), vroed·vrou·wen
vroeg (bnw), vroe·ge
vroeg·ba·rok (bnw), vroeg·ba·rok·ke
de **vroeg·boek·kor·ting** (v), vroeg·boek·kor·tin·gen
vroeg·chris·te·lijk (bnw), vroeg·chris·te·lij·ke
vroe·ger (bnw), vroe·ge·re
de **vroeg·ge·boor·te** (v), vroeg·ge·boor·ten, vroeg·ge·boor·tes
vroeg·go·tisch (bnw), vroeg·go·ti·sche
vroeg·mid·del·eeuws (bnw), vroeg·mid·del·eeuw·se
het **Vroeg·mid·del·ne·der·lands**[1] *(taal)*
Vroeg·mid·del·ne·der·lands[2] (bnw), Vroeg·mid·del·ne·der·land·se
vroeg·mo·dern (bnw), vroeg·mo·der·ne
de **vroeg·re·nais·san·ce**
vroeg·ste: ten vroegste
vroeg·tij·dig (bnw), vroeg·tij·di·ge
vroem (tussenw)
vro·lijk (bnw), vro·lij·ke
vro·lij·ke frans
de **vro·lijk·heid** (v), vro·lijk·he·den
de **vro·me**, vro·men
vroom (bnw), vro·me
het **vroon**, vro·nen
de **vrouw** (v), vrou·wen; vrouw·tje
de **vrou·we** (v), vrou·wen
vrou·we·lijk (bnw), vrou·we·lij·ke
de **vrou·we·lijk·heid** (v), vrou·we·lijk·he·den
de **vrou·wen·be·snij·de·nis** (v), vrou·wen·be·snij·de·nis·sen
de **vrou·wen·dag** (m), vrou·wen·da·gen; vrou·wen·dag·je
de **vrou·wen·dis·cri·mi·na·tie** (v), vrou·wen·dis·cri·mi·na·ties
het **vrou·wen·eer·ste·klas·sen·team**, vrou·wen·eer·ste·klas·sen·teams
de **vrou·wen·en·kel·ti·tel** (m), vrou·wen·en·kel·ti·tels
het **vrou·wen·kam·pi·oen·schap**, vrou·wen·kam·pi·oen·schap·pen
de **vrou·wen·klas·se** (v), vrou·wen·klas·sen
de **vrou·wen·naam** (m), vrou·wen·na·men
de **vrou·wen·stem**, vrou·wen·stem·men
de **vrou·wen·to·ren** (m), vrou·wen·to·rens
de **vrou·wen·voet·bal·se·lec·tie** (v), vrou·wen·voet·bal·se·lec·ties
de **vrou·wen·voet·bal·ver·eni·ging** (v), vrou·wen·voet·bal·ver·eni·gin·gen
de **vrou·wen·vol·ley·bal·se·lec·tie** (v), vrou·wen·vol·ley·bal·se·lec·ties
het **vrouw-zijn**
het **VRT-jour·naal**, VRT-jour·naals, VRT-jour·na·len
de **vrucht**, vruch·ten; vrucht·je
vrucht·baar (bnw), vrucht·ba·re
het **vrucht·baar·heids·on·der·zoek**, vrucht·baar·heids·on·der·zoe·ken
vruch·te·loos (bnw), vruch·te·lo·ze
de **vruch·ten·mand**, vruch·ten·man·den
de **vruch·ten·pers**, vruch·ten·per·sen; vruch·ten·pers·je
het **vruch·ten·sap**,

vruch·ten·sap·pen; vruch·ten·sap·je
de **vruch·ten·yo·ghurt** (m), vruch·ten·yo·ghurts; vruch·ten·yo·ghurt·je
vs. (voorz) *(versus)*
vsbo *(voorbereidend secundair beroepsonderwijs)*
de **vsbo-kan·di·daat** (m), vsbo-kan·di·da·ten
het **vsbo-ni·veau**, vsbo-ni·veaus
de **vsbo-op·lei·ding** (v), vsbo-op·lei·din·gen
de **vsbo-school**, vsbo-scho·len
v.t.t. *(voltooid tegenwoordige tijd)*
vuig (bnw), vui·ge
het **vuil**[1], vuil·tje
vuil[2] (bnw), vui·le
de **vui·lak** (m), vui·lak·ken; vui·lak·je
de **vuil·bak** (m), vuil·bak·ken; vuil·bak·je
vuil·bek·ken (ww), vuil·bek, vuil·bekt; vuil·bek·te, vuil·bek·ten; ge·vuil·bekt
het **vuil·blik**, vuil·blik·ken
de **vui·lig·heid** (v), vui·lig·he·den; vui·lig·heid·je
de **vuil·kar**, vuil·kar·ren
vuil·ma·ken (ww), maak vuil, maakt vuil; maak·te vuil, maak·ten vuil; vuil·ge·maakt
de/het **vuil·nis** (v/o)
de **vuil·nis·bak** (m), vuil·nis·bak·ken; vuil·nis·bak·je
de **vuil·nis·belt**, vuil·nis·bel·ten
de **vuil·nis·man** (m), vuil·nis·lie·den, vuil·nis·lui, vuil·nis·man·nen; vuil·nis·man·ne·tje
het **vuil·nis·rek**, vuil·nis·rek·ken
de **vuil·nis·ton**, vuil·nis·ton·nen
de **vuil·nis·wa·gen** (m), vuil·nis·wa·gens; vuil·nis·wa·gen·tje
de **vuil·nis·zak** (m), vuil·nis·zak·ken; vuil·nis·zak·je
de **vuil·op·haal** (m)
de **vuil·smij·te·rij** (v), vuil·smij·te·rij·en
de **vuil·zak** (m), vuil·zak·ken; vuil·zak·je
de **vuist**, vuis·ten; vuist·je
de **vuist·re·gel** (m), vuist·re·gels; vuist·re·gel·tje
het **vuist·vuur·wa·pen**, vuist·vuur·wa·pens
vul·gair (bnw), vul·gai·re
de **vul·kaan** (m), vul·ka·nen; vul·kaan·tje
de **vul·kaan·uit·bar·sting** (v), vul·kaan·uit·bar·stin·gen
vul·ka·ni·se·ren (ww), vul·ka·ni·seer, vul·ka·ni·seert; vul·ka·ni·seer·de, vul·ka·ni·seer·den; ge·vul·ka·ni·seerd
vul·len (ww), vul, vult; vul·de, vul·den; ge·vuld
de **vul·ling** (v), vul·lin·gen; vul·lin·kje
de **vul·pen**, vul·pen·nen
de **vul·va** (v), vul·va's
vuns (bnw), vun·ze
vu·ren[1] (bnw)
vu·ren[2] (ww), vuur, vuurt; vuur·de, vuur·den; ge·vuurd
het **vu·ren·hout**
vu·rig (bnw), vu·ri·ge
VUT *(vervroegde uittreding uit dienstverband)*
vut·ten (ww), vut, vut; vut·te, vut·ten; ge·vut
de **vut·ter** (m), vut·ters
het **vuur**, vu·ren; vuur·tje
de **vuur·doop** (m), vuur·do·pen

de **vuur·do·ren** (m), vuur·do·rens
de **vuur·ko·lom**, vuur·ko·lom·men
de **vuur·korf** (m), vuur·kor·ven
de **vuur·mond** (m), vuur·mon·den; vuur·mond·je
de **vuur·pijl** (m), vuur·pij·len; vuur·pijl·tje
het **vuur·scherm**, vuur·scher·men
de **vuur·stoot** (m), vuur·sto·ten
de **vuur·to·ren** (m), vuur·to·rens; vuur·to·ren·tje
de **vuur·vre·ter** (m), vuur·vre·ters; vuur·vre·ter·tje
het **vuur·wa·pen**, vuur·wa·pens; vuur·wa·pen·tje
de **vuur·wa·pen·mach·ti·ging** (v), vuur·wa·pen·mach·ti·gin·gen
de **vuur·wa·pen·ver·gun·ning** (v), vuur·wa·pen·ver·gun·nin·gen
het **vuur·werk**, vuur·wer·ken; vuur·werk·je
de **vuur·wer·ker** (m), vuur·wer·kers
het **vuur·werk·fes·tijn**, vuur·werk·fes·tij·nen
de **vuur·werk·pe·ri·o·de** (v), vuur·werk·pe·ri·o·den, vuur·werk·pe·ri·o·des
de **vu·vu·ze·la** (m), vu·vu·ze·la's
v.v. (bijw) *(vice versa)*
de **VVD'er** [VVD·er] (m), VVD'ers [VVD·ers]
de **V-vorm** (m), V-vor·men
V-vor·mig (bnw), V-vor·mi·ge
v.v.t. *(voltooid verleden tijd)*
het **VVV-kan·toor**, VVV-kan·to·ren; VVV-kan·toor·tje
v.w.b. *(voor wat betreft)*
vwo[1] *(school voor voorbereidend wetenschappelijk onderwijs)*, vwo's
vwo[2] *(voorbereidend wetenschappelijk onderwijs)*
het **vwo-di·plo·ma**, vwo-di·plo·ma's
de **vwo'er** [vwo·er] (m), vwo'ers [vwo·ers]
het **vwo-exa·men**, vwo-exa·mens
de **vwo-klas** (v), vwo-klas·sen
de **vwo-leer·ling** (m), vwo-leer·lin·gen
het **vwo-ni·veau**, vwo-ni·veaus
de **vwo-op·lei·ding** (v), vwo-op·lei·din·gen; vwo-op·lei·din·kje
de **vwo-school**, vwo-scho·len
vzw *(vereniging zonder winstoogmerk)*, vzw's
de **vzw-wet·ge·ving** (v), vzw-wet·ge·vin·gen

W

de **w**, w's; w'tje
W. *(Wetboek)*
WA *(wettelijke aansprakelijkheid)*
de **waag**[1] (m) *(waagstuk)*
de **waag**[2] *(weegtoestel),* wa·gen
de **waag·hals** (m), waag·hal·zen
de **waag·hal·ze·rij** (v), waag·hal·ze·rij·en
de **waag·mees·ter** (m), waag·mees·ters
de **waag·schaal**
waai·en (ww), waai, waait; waai·de, woei, waai·den, woei·en; ge·waaid
de **waai·er** (m), waai·ers; waai·er·tje
de **waai·e·rig·heid** (v)
de **waak**, wa·ken
de **waak·hond** (m), waak·hon·den; waak·hond·je
waaks (bnw), waak·se
de **waak·vlam**, waak·vlam·men; waak·vlam·me·tje
waak·zaam (bnw), waak·za·me
de **waal**, wa·len; waal·tje
de **Waal** (m), Wa·len; Waal·tje
het **Waals**[1] *(taal)*
Waals[2] (bnw), Waal·se
de **Waal·se** (v), Waal·sen
de **waal·steen**[1] (m) *(voorwerp),* waal·ste·nen
de/het **waal·steen**[2] (m/o) *(stofnaam)*
de **waan** (m), wa·nen; waan·tje
de/het **waan·idee** (v/o), waanideeën [waan·idee·en]
de **waan·zin** (m)
waan·zin·nig (bnw), waan·zin·ni·ge
de **waar**[1], wa·ren
waar[2] (bnw), wa·re
waar[3] (bijw)
waar[4] (voegw)
waar·aan (bijw)
waar·ach·ter (bijw)
waar·ach·tig[1] (bnw), waar·ach·ti·ge
waar·ach·tig[2] (tussenw)
de **waar·ach·tig·heid** (v), waar·ach·tig·he·den
waar·af (bijw)
waar·bij (bijw)
waar·bin·nen (bijw)
de **waar·borg** (m), waar·bor·gen
waar·bor·gen (ww), waar·borg, waar·borgt; waar·borg·de, waar·borg·den; ge·waar·borgd
de **waar·bor·ging** (v), waar·bor·gin·gen
waar·bo·ven (bijw)
waar·bui·ten (bijw)
de **waard**[1] (m) *(kastelein),* waar·den
de **waard**[2] *(land bij rivier),* waar·den
waard[3] (bnw), waar·de
de **waar·de**[1] (v), waar·den, waar·des
waar·de[2]: ter waarde van
de **waar·de·be·pa·ling** (v), waar·de·be·pa·lin·gen
de **waar·de·bon** (m), waar·de·bon·nen, waar·de·bons
de **waar·de·che·que** (m), waar·de·che·ques
het **waar·de·con·flict**, waar·de·con·flic·ten
de **waar·de·cre·a·tie** (v), waar·de·cre·a·ties
waar·de·ge·bon·den (bnw)
waar·de·ge·dre·ven (bnw)
de **waar·de·ke·ten**, waar·de·ke·tens
de **waar·de·lijst**, waar·de·lijs·ten
waar·de·loos (bnw), waar·de·lo·ze
de **waar·de·loos·heid** (v)
de **waar·de·ont·wik·ke·ling** (v),

waar·de·ont·wik·ke·lin·gen
het **waar·de·oor·deel**, waar·de·oor·de·len
de **waardeoriëntatie** [waar·de·ori·en·ta·tie] (v), waardeoriëntaties [waar·de·ori·en·ta·ties]
de **waar·de·over·dracht**, waar·de·over·drach·ten
het **waar·de·pa·pier**, waar·de·pa·pie·ren; waar·de·pa·pier·tje
het **waar·de·pa·troon**, waar·de·pa·tro·nen
waar·de·ren (ww), waar·deer, waar·deert; waar·deer·de, waar·deer·den; ge·waar·deerd
de **waar·de·ring** (v), waar·de·rin·gen
de **waar·de·schaal**, waar·de·scha·len; waar·de·schaal·tje
het **waar·de·stel·sel**, waar·de·stel·sels
het **waar·de·sys·teem**, waar·de·sys·te·men
het **waar·de·trans·port**, waar·de·trans·por·ten
waar·de·vol (bnw), waar·de·vol·le
waar·de·vrij (bnw), waar·de·vrije
waar·dig (bnw), waar·di·ge
de **waar·dig·heid** (v), waar·dig·he·den
waar·door (bijw)
waar·door·heen (bijw)
waar·ge·beurd (bnw), waar·ge·beur·de
waar·heen (bijw)
de **waar·heid** (v), waar·he·den; waar·heid·je
waar·heids·ge·trouw (bnw), waar·heids·ge·trou·we
de **waar·heids·vin·ding** (v), waar·heids·vin·din·gen
waar·in (bijw)
waar·langs (bijw)
waar·ma·ken (ww), maak waar, maakt waar; maak·te waar, maak·ten waar; waar·ge·maakt
waar·mee (bijw)
waar·na (bijw)
waar·naar (bijw)
waar·naar·toe (bijw)
waar·naast (bijw)
waar·ne·men (ww), neem waar, neemt waar; nam waar, na·men waar; waar·ge·no·men
waar·ne·mend (bnw), waar·ne·men·de
de **waar·ne·mer** (m), waar·ne·mers
de **waar·ne·ming** (v), waar·ne·min·gen; waar·ne·min·kje
waar·om (bijw)
waar·om·heen (bijw)
waar·om·trent (bijw)
de **waar·om-vraag**, waar·om-vra·gen
waar·on·der (bijw)
waar·op (bijw)
waar·over (bijw)
waar·rond (bijw)
waar·schijn·lijk (bnw), waar·schijn·lij·ke
de **waar·schijn·lijk·heid** (v), waar·schijn·lijk·he·den
waar·schu·wen (ww), waar·schuw, waar·schuwt; waar·schuw·de, waar·schuw·den; ge·waar·schuwd
de **waar·schu·wing** (v), waar·schu·win·gen; waar·schu·win·kje
waar·te·gen (bijw)
waar·te·gen·over (bijw)
waar·toe (bijw)
waar·tus·sen (bijw)
waar·uit (bijw)
waar·van (bijw)
waar·van·daan (bijw)

waar·voor (bijw)
waar·zon·der (bijw)
het **waas**, wa·zen; waas·je
de **wa·bi** (m), wa·bi's
wa·blief (tussenw)
de **wacht**[1] (m) *(persoon)*, wach·ten; wacht·je
de **wacht**[2] *(het wacht houden, verzamelnaam)*, wach·ten; wacht·je
de **wacht·dienst·re·ge·ling** (v), wacht·dienst·re·ge·lin·gen
wach·ten (ww), wacht, wacht; wacht·te, wacht·ten; ge·wacht
de **wach·ten·de**, wach·ten·den
de **wach·ter** (m), wach·ters; wach·ter·tje
het **wacht·geld**, wacht·gel·den
de **wacht·ka·mer**, wacht·ka·mers; wacht·ka·mer·tje
de **wacht·lijst**, wacht·lijs·ten; wacht·lijst·je
wacht·lo·pen (ww), loop wacht, loopt wacht; liep wacht, lie·pen wacht; wacht·ge·lo·pen
de **wacht·rij**, wacht·rij·en
de **wacht·ruim·te** (v), wacht·ruim·ten, wacht·ruim·tes
de **wacht·tijd** (m), wacht·tij·den; wacht·tijd·je
het **wacht·woord**, wacht·woor·den; wacht·woord·je
het **wad**, wad·den
het **wad·den·ei·land** *(eiland in een waddengebied)*, wad·den·ei·lan·den; wad·den·ei·land·je
Wad·den·ei·land *(eiland in de Waddenzee)*, Wad·den·ei·lan·den
het **wad·den·ge·bied** *(wadrijk gebied)*, wad·den·ge·bie·den; wad·den·ge·bied·je
Wad·den·ge·bied *(gebied en eilanden bij de Waddenzee)*
de **wad·den·zee** *(wadrijke zee)*, waddenzeeën [wad·den·zee·en]
Wad·den·zee *(naam van zekere binnenzee)*
de **wa·de**, wa·den
de **WA-dek·king** (v), WA-dek·kin·gen
wa·den (ww), waad, waadt; waad·de, waad·den; ge·waad
de **wa·di** (m), wa·di's
wad·lo·pen (ww)
waf (tussenw)
de **wa·fel**, wa·fe·len, wa·fels; wa·fel·tje
de **wa·fel·bak** (m), wa·fel·bak·ken
de **wa·fe·len·bak** (m), wa·fe·len·bak·ken
het **wa·fel·ij·zer**, wa·fel·ij·zers
de **wa·fer** (m), wa·fers
de **waf·fel** (m), waf·fels
de **wa·gen**[1] (m), wa·gens; wa·gen·tje
wa·gen[2] (ww), waag, waagt; waag·de, waag·den; ge·waagd
het **wa·gen·park**, wa·gen·par·ken; wa·gen·park·je
wa·gen·wijd (bnw), wa·gen·wij·de
de **wa·ger** (m), wa·gers
wag·ge·len (ww), wag·gel, wag·gelt; wag·gel·de, wag·gel·den; ge·wag·geld
de **wa·gon** (m), wa·gons; wa·gon·ne·tje
het **wa·ha·bis·me**
de **wa·jang** (m), wa·jangs
de **wa·jang·pop**, wa·jang·pop·pen
het **wa·jang·pop·pen·spel**, wa·jang·pop·pen·spe·len, wa·jang·pop·pen·spel·len
het **wak**[1], wak·ken; wak·je
wak[2] (bnw), wak·ke
de **wa·ka·man** (m), wa·ka·mans
de **wa·ka·me** (m)
de **wa·ke**, wa·ken

wa·ken (ww), waak, waakt; waak·te, waak·ten; ge·waakt
wa·kend (bnw), wa·ken·de
de **wa·ker** (m), wa·kers; wa·ker·tje
de **wake-up·call** (m), wake-up·calls
wak·ker (bnw), wak·ke·re
de **wal** (m), wal·len; wal·le·tje
de **wa·la·ba**
de **wa·la·ba·paal** (m), wa·la·ba·pa·len
de **wa·la·pa**, wa·la·pa's
de **wal·dorf·sa·la·de**, wal·dorf·sa·la·des
wa·len (ww), waal, waalt; waal·de, waal·den; ge·waald
wal·ge·lijk (bnw), wal·ge·lij·ke
de **wal·ging** (v), wal·gin·gen
het **wal·hal·la** *(ideale plaats)*, wal·hal·la's
Wal·hal·la *(mythische plaats)*
de **Wa·lin** (v), Wa·lin·nen; Wa·lin·ne·tje
wal·ken (ww), walk, walkt; walk·te, walk·ten; ge·walkt
de **wal·kie·tal·kie** (m), wal·kie·tal·kies
de **wal·king·din·ner** (m), wal·king·din·ners
de **walk·man** (m), walk·mans
de **walk-over** (m), walk-overs
de **Wal·ku·re** (v), Wal·ku·ren
de **wal·la·by**, wal·la·by's
wal·len (ww), wal, walt; wal·de, wal·den; ge·wald
de **walm** (m), wal·men; walm·pje
wal·men (ww), walm, walmt; walm·de, walm·den; ge·walmd
de **wal·noot**, wal·no·ten; wal·noot·je
de **wal·rus** (m), wal·rus·sen; wal·rus·je
de **wals**, wal·sen; wals·je
wal·sen (ww), wals, walst; wals·te, wals·ten; ge·walst
de **wal·vis** (m), wal·vis·sen; wal·vis·je
de **wam**, wam·men; wam·me·tje
het **wam·buis**, wam·bui·zen
wam·men (ww), wam, wamt; wam·de, wam·den; ge·wamd
de **WAM-stic·ker** (m), WAM-stic·kers
het **wan·be·drijf**
de **wand** (m), wan·den; wand·je
de **wand·con·tact·doos**, wand·con·tact·do·zen
de **wan·del** (m), wan·del·tje
de **wan·de·laar** (m), wan·de·laars; wan·de·laar·tje
de **wan·de·laar·ster** (v), wan·de·laar·sters
de **wan·del·af·stand** (m), wan·del·af·stan·den
wan·de·len (ww), wan·del, wan·delt; wan·del·de, wan·del·den; ge·wan·deld
de **wan·de·ling** (v), wan·de·lin·gen; wan·de·lin·ge·tje
de **wan·del·loop** (m), wan·del·lo·pen
de **wan·del·mars**, wan·del·mar·sen
het **wan·del·pad**, wan·del·pa·den; wan·del·paad·je
de **wan·del·stok** (m), wan·del·stok·ken; wan·del·stok·je
de **wan·del·tocht** (m), wan·del·toch·ten; wan·del·tocht·je
de **wan·del·wa·gen** (m), wan·del·wa·gens; wan·del·wa·gen·tje
wa·nen (ww), waan, waant; waan·de, waan·den; ge·waand
de **Wa·nen** (mv) *(goden)*
de **wang**, wan·gen; wan·ge·tje
het **wan·ge·drag**
het **wan·ge·drocht**, wan·ge·droch·ten; wan·ge·drocht·je
de **wan·hoop**
wan·ho·pig (bnw), wan·ho·pi·ge
wan·kel (bnw), wan·ke·le

wan·ke·len (ww), wan·kel, wan·kelt; wan·kel·de, wan·kel·den; ge·wan·keld
de **wan·na·be**, wan·na·be's
wan·neer[1] (bijw)
wan·neer[2] (voegw)
wan·nen (ww), wan, want; wan·de, wan·den; ge·wand
de **wan·ner** (m), wan·ners
de **wan·or·de**
de **want**[1] *(vuisthandschoen),* wan·ten; want·je
het **want**[2] *(tuig; touwwerk)*
want[3] (voegw)
wan·ten (ww), want, want; want·te, want·ten; ge·want
het **wan·trou·wen**[1]
wan·trou·wen[2] (ww), wan·trouw, wan·trouwt; wan·trouw·de, wan·trouw·den; ge·wan·trouwd
wan·trou·wig (bnw), wan·trou·wi·ge
de **wants**, want·sen
WAO *(Wet op de arbeidsongeschiktheidsverzekering)*
de **WAO'er** [WAO·er] (m), WAO'ers [WAO·ers]
de **WAO-uit·ke·ring** (v), WAO-uit·ke·rin·gen; WAO-uit·ke·rin·kje
WAP *(wireless application protocol)*
het **wa·pen**[1] *(strijdtuig),* wa·pe·nen, wa·pens; wa·pen·tje
het **wa·pen**[2] *(groep, familieteken),* wa·pens; wa·pen·tje
wa·pe·nen (ww), wa·pen, wa·pent; wa·pen·de, wa·pen·den; ge·wa·pend
de **wa·pe·ning** (v), wa·pe·nin·gen
de **wa·pen·rus·ting** (v), wa·pen·rus·tin·gen
het **wa·pen·schild**, wa·pen·schil·den; wa·pen·schild·je
de **wa·pen·stil·stand** (m), wa·pen·stil·stan·den
Wa·pen·stil·stand *(Belgische feestdag)*
de **wa·pen·uit·rus·ting** (v), wa·pen·uit·rus·tin·gen
wap·pe·ren (ww), wap·per, wap·pert; wap·per·de, wap·per·den; ge·wap·perd
war: in de war
de **wa·ran·da**, wa·ran·da's; warandaatje [wa·ran·da·tje]
de **wa·ran·de**, wa·ran·den, wa·ran·des
de **Wa·rau**[1] (m) *(persoon),* Wa·raus
het **Wa·rau**[2] *(taal)*
het **ware·house**, ware·hou·ses
wa·re ja·kob
wa·re jo·zef
wa·rem·pel[1] (bijw)
wa·rem·pel[2] (tussenw)
de **wa·ren**[1] (mv)
wa·ren[2] (ww), waar, waart; waar·de, waar·den; ge·waard
het **wa·ren·huis**, wa·ren·hui·zen; wa·ren·huis·je
de **wa·ren·huis·ke·ten**, wa·ren·huis·ke·tens
de **war·hoop** (m), war·ho·pen
wa·rim·bo *(materiaal),* wa·rim·bo's
warm (bnw), war·me
warm·draai·en (ww), draai warm, draait warm; draai·de warm, draai·den warm; warm·ge·draaid
war·men (ww), warm, warmt; warm·de, warm·den; ge·warmd
warm·har·tig (bnw), warm·har·ti·ge
de **warm·hou·der** (m), warm·hou·ders; warm·hou·der·tje
de **war·ming** (v)
de **war·ming-up** (m), war·ming-ups;

war·ming-up·je
warm·lo·pen (ww), loop warm, loopt warm; liep warm, lie·pen warm; warm·ge·lo·pen
de **war·moes·hof** (m), war·moes·ho·ven
de **warm·te** (v), warm·tes
de **warm·te·af·gif·te** (v)
de **warm·te-ener·gie** (v)
het **warm·te·front**, warm·te·fron·ten
de **warm·te·ge·lei·der** (m), warm·te·ge·lei·ders
de **warm·te·graad** (m), warm·te·gra·den
de **warm·te-iso·la·tie** (v), warm·te-iso·la·ties
de **warm·te-kou·de·op·slag** (m), warm·te-kou·de·op·sla·gen
de **warm·te·kracht**
de **warm·te-kracht·kop·pe·ling** (v), warm·te-kracht·kop·pe·lin·gen
de **warm·te·me·ter** (m), warm·te·me·ters
de **warm·te·ont·wik·ke·ling** (v), warm·te·ont·wik·ke·lin·gen
de **warm·te·pomp**, warm·te·pom·pen; warm·te·pomp·je
warm·voe·lend (bnw), warm·voe·len·de
de **warm·wa·ter·kraan**, warm·wa·ter·kra·nen
de **war·rant** (m), war·rants
war·ren (ww), war, wart; war·de, war·den; ge·ward
war·rig (bnw), war·ri·ge
wars (bnw)
War·schau·pact
de **wa·rung**, wa·rungs
de/het **was**[1] (m/o) *(stofnaam)*
de **was**[2] (m) *(andere betekenissen)*, was·sen; was·je
de **wa·sa·bi** (m)
was·baar (bnw), was·ba·re
de **was·bak** (m), was·bak·ken; was·bak·je
de **was·beer** (m), was·be·ren; was·beer·tje
de **was·ben·zi·ne**, was·ben·zi·nes
het **was·co**, was·co's
de **was·dom** (m)
de **was·draad** (m), was·dra·den; was·draad·je
de **was·dro·ger** (m), was·dro·gers
de **wa·sem** (m), wa·sems; wa·sem·pje
wa·se·men (ww), wa·sem, wa·semt; wa·sem·de, wa·sem·den; ge·wa·semd
het **was·goed**
de **was·hand**, was·han·den; was·hand·je
de **wa·si** *(wassing)*, wa·si's
de **was·knij·per** (m), was·knij·pers; was·knij·per·tje
de **was·ma·chi·ne** (v), was·ma·chi·nes
het **was·mid·del**, was·mid·de·len; was·mid·del·tje
de/het **was·poe·der** (m/o), was·poe·ders
de **was·sa·lon** (m), was·sa·lons
was·sen[1] (bnw)
was·sen[2] (ww) *(met was bestrijken)*, was, wast; was·te, was·ten; ge·wast
was·sen[3] (ww) *(groeien)*, was, wast; wies, wie·sen; ge·was·sen
was·sen[4] (ww) *((zich) schoonmaken)*, was, wast; was·te, was·ten; ge·was·sen
het **was·sen·beel·den·mu·se·um**, was·sen·beel·den·mu·sea, was·sen·beel·den·mu·se·ums
de **was·se·ret·te**, was·se·ret·tes; was·se·ret·je, was·se·ret·te·tje
de **was·se·rij** (v), was·se·rij·en; was·se·rij·tje

de **was·straat**, was·stra·ten
de **was·ta·fel**, was·ta·fels; was·ta·fel·tje
wat[1] (betr vnw)
wat[2] (onbep vnw)
wat[3] (vrag vnw)
wat[4] (tussenw)
het **wa·ter**[1], wa·te·ren, wa·ters; wa·ter·tje
wa·ter[2]: te water laten
wa·ter·af·sto·tend (bnw), wa·ter·af·sto·ten·de
het **wa·ter·bad**, wa·ter·ba·den; wa·ter·bad·je
de **wa·ter·bal·last** (m)
de **wa·ter·bel**, wa·ter·bel·len
wa·ter·be·sten·dig (bnw), wa·ter·be·sten·di·ge
het **wa·ter·brood**, wa·ter·bro·den
het **wa·ter·clo·set**, wa·ter·clo·sets; wa·ter·clo·set·je
de **wa·ter·damp** (m), wa·ter·dam·pen
wa·ter·dicht (bnw), wa·ter·dich·te
de **wa·ter·drop·pel** (m), wa·ter·drop·pels; wa·ter·drop·pel·tje
wa·te·ren (ww), wa·ter, wa·tert; wa·ter·de, wa·ter·den; ge·wa·terd
wa·ter·fiet·sen (ww), wa·ter·fiets, wa·ter·fietst; wa·ter·fiets·te, wa·ter·fiets·ten; ge·wa·ter·fietst
de **wa·ter·fles**, wa·ter·fles·sen; wa·ter·fles·je
het **wa·ter·ge·brek**
het **wa·ter·glas**, wa·ter·gla·zen; wa·ter·glaas·je
de **wa·ter·god** (m), wa·ter·go·den
wa·ter·gol·ven (ww), wa·ter·golf, wa·ter·golft; wa·ter·golf·de, wa·ter·golf·den; ge·wa·ter·golfd
het **wa·ter·hoen**, wa·ter·hoen·de·ren, wa·ter·hoen·ders; wa·ter·hoen·tje
de **wa·ter·hoos**, wa·ter·ho·zen
de **wa·te·ring** (v), wa·te·rin·gen
de **wa·ter·in·sij·pe·ling** (v), wa·ter·in·sij·pe·lin·gen
de **wa·ter·kan**, wa·ter·kan·nen
de **wa·ter·kant** (m), wa·ter·kan·ten
de **wa·ter·ke·ring** (v), wa·ter·ke·rin·gen
de **wa·ter·klerk** (m), wa·ter·kler·ken
de **wa·ter·ko·ker** (m), wa·ter·ko·kers; wa·ter·ko·ker·tje
het **wa·ter·kracht·po·ten·ti·eel**, waterkrachtpotentiëlen [wa·ter·kracht·po·ten·ti·e·len]
de **wa·ter·kuur**, wa·ter·ku·ren
de **wa·ter·lei·ding** (v), wa·ter·lei·din·gen
de **wa·ter·lei·ding·maat·schap·pij** (v), wa·ter·lei·ding·maat·schap·pij·en
de **wa·ter·lei·ding·me·ter** (m), wa·ter·lei·ding·me·ters
de **wa·ter·le·lie**, waterleliën [wa·ter·le·li·en], wa·ter·le·lies
het **wa·ter·loo** *(beslissende nederlaag)*, wa·ter·loos; wa·ter·loo·tje
de **wa·ter·loop** (m), wa·ter·lo·pen; wa·ter·loop·je
de **wa·ter·lo·zing** (v), wa·ter·lo·zin·gen
Wa·ter·man *((persoon met dit) sterrenbeeld)*, Wa·ter·man·nen; Wa·ter·man·ne·tje
de **wa·ter·me·loen**, wa·ter·me·loe·nen
het **wa·ter·merk**, wa·ter·mer·ken
het **wa·ter·net**, wa·ter·net·ten
de **wa·ter·ne·vel** (m), wa·ter·ne·vels
de **wa·ter·nood** (m), wa·ter·no·den
wa·ter·op·los·baar (bnw), wa·ter·op·los·ba·re
het **wa·ter·op·per·vlak**, wa·ter·op·per·vlak·ken

de **wa·ter·op·per·vlak·te** (v), wa·ter·op·per·vlak·ten, wa·ter·op·per·vlak·tes
de **wa·ter·over·last** (m)
de **wa·ter·par·tij** (v), wa·ter·par·tij·en; wa·ter·par·tij·tje
de/het **wa·ter·pas**[1] (m/o), wa·ter·pas·sen; wa·ter·pas·je
wa·ter·pas[2] (bnw), wa·ter·pas·se
het **wa·ter·peil**, wa·ter·pei·len
de **wa·ter·pijp**, wa·ter·pij·pen; wa·ter·pijp·je
de **wa·ter·plaats**, wa·ter·plaat·sen
de **wa·ter·plas** (m), wa·ter·plas·sen; wa·ter·plas·je
de **wa·ter·pok·ken** (mv)
het **wa·ter·po·lo**
waterpoloën [wa·ter·po·lo·en] (ww), wa·ter·po·lo, wa·ter·po·loot; wa·ter·po·lo·de, wa·ter·po·lo·den; ge·wa·ter·po·lood
de **waterpoloër** [wa·ter·po·lo·er] (m), waterpoloërs [wa·ter·po·lo·ers]
het **wa·ter·po·lo·team**, wa·ter·po·lo·teams
de **wa·ter·pomp**, wa·ter·pom·pen; wa·ter·pomp·je
de **wa·ter·proef**[1] *(godsgericht)*, wa·ter·proe·ven; wa·ter·proef·je
wa·ter·proef[2] (bnw)
wa·ter·proof (bnw)
het **wa·ter·rad**, wa·ter·ra·de·ren
de **wa·ter·rat**, wa·ter·rat·ten; wa·ter·rat·je
de **wa·ter·sa·la·man·der** (m), wa·ter·sa·la·man·ders
de **wa·ter·scha·de**, wa·ter·scha·den, wa·ter·scha·des
het **wa·ter·schap**, wa·ter·schap·pen
de **wa·ter·schout** (m), wa·ter·schou·ten
de **wa·ter·ski** (m), wa·ter·ski's
waterskiën [wa·ter·ski·en] (ww), wa·ter·ski, wa·ter·skiet; wa·ter·skie·de, wa·ter·skie·den; ge·wa·ter·skied
de **wa·ter·snip**, wa·ter·snip·pen
de **wa·ters·nood** (m), wa·ters·no·den
de **wa·ter·spor·ter** (m), wa·ter·spor·ters
de **wa·ter·staat** (m), wa·ter·sta·ten
de **wa·ter·stand** (m), wa·ter·stan·den
de **wa·ter·stof**, wa·ter·stof·fen
het **wa·ter·stof·per·oxi·de**, wa·ter·stof·per·oxi·den, wa·ter·stof·per·oxi·des
de **wa·ter·straal**, wa·ter·stra·len; wa·ter·straal·tje
wa·ter·tan·den (ww), wa·ter·tand, wa·ter·tandt; wa·ter·tand·de, wa·ter·tand·den; ge·wa·ter·tand
de **wa·ter·trans·port·maat·schap·pij** (v), wa·ter·trans·port·maat·schap·pij·en
wa·ter·trap·pe·len (ww), wa·ter·trap·pel, wa·ter·trap·pelt; wa·ter·trap·pel·de, wa·ter·trap·pel·den; ge·wa·ter·trap·peld
wa·ter·trap·pen (ww), wa·ter·trap, wa·ter·trapt; wa·ter·trap·te, wa·ter·trap·ten; ge·wa·ter·trapt
de **wa·ter·val** (m), wa·ter·val·len; wa·ter·val·le·tje
de **wa·ter·verf·te·ke·ning** (v), wa·ter·verf·te·ke·nin·gen
de **wa·ter·vlo**, wa·ter·vlooi·en
de **wa·ter·zooi**, wa·ter·zooi·en
het **wa·ter·zui·ve·rings·sta·ti·on**, wa·ter·zui·ve·rings·sta·ti·ons
het **wat·je**, wat·jes
de **wat·je·kouw** (m), wat·je·kou·wen
de **watt** (m), watts

de **wat·ta·ge** (v), wat·ta·ges
de **wat·ten**[1] (mv)
wat·ten[2] (bnw)
het **wat·ten·staaf·je**, wat·ten·staaf·jes
wat·te·ren (ww), wat·teer, wat·teert; wat·teer·de, wat·teer·den; ge·wat·teerd
het **watt·uur**, watt·uren
wauw[1] (bnw), wau·we
wauw[2] (tussenw)
wau·we·len (ww), wau·wel, wau·welt; wau·wel·de, wau·wel·den; ge·wau·weld
de **wav** *(waveform audio file format),* wavs; wav·je
de **wave** (m), waves
wa·ven (ww), wave, wavet; wave·de, wave·den; ge·waved
de **WA-ver·ze·ke·ring** (v), WA-ver·ze·ke·rin·gen
de **wax** (m)
de **wax·coat** (m), wax·coats
waxen (ww), wax, waxt; wax·te, wax·ten; ge·waxt
de **waxi·ne** (v)
de **Wa·ya·na**[1] (m) *(persoon),* Wa·ya·na's
het **Wa·ya·na**[2] *(taal)*
wa·zig (bnw), wa·zi·ge
w.b. *(wat betreft)*
wc *(watercloset),* wc's; wc'tje [wc·tje]
de **wc-bor·stel** (m), wc-bor·stels
de **wc-bril** (m), wc-bril·len
het **wc-pa·pier**, wc-pa·pier·tje
de **wc-pot** (m), wc-pot·ten; wc-pot·je
de **wc-rol**, wc-rol·len; wc-rol·le·tje
we (pers vnw)
het **web**[1] *(spinnenweb),* web·ben; web·be·tje
het **web**[2] *(world wide web, www),* web·je
het **web·adres**, web·adres·sen
de **web·ap·pli·ca·tie** (v), web·ap·pli·ca·ties
web·based (bnw)
de **web·brow·ser** (m), web·brow·sers
de **web·cam**, web·cams
het **web·de·sign**, web·de·signs
de **web·de·sig·ner** (m), web·de·sig·ners
de **web·de·ve·lo·per** (m), web·de·ve·lo·pers
web·ge·ba·seerd (bnw), web·ge·ba·seer·de
de **web·hos·ting** (v), web·hos·tings
de/het **we·bi·nar** (m/o), we·bi·nars
de **web·link** (m), web·links
de **web·lo·ca·tie** (v), web·lo·ca·ties
de/het **web·log** (m/o), web·logs; web·log·je
de **web·mail**, web·mails
de **web·mas·ter** (m), web·mas·ters
de **web·pa·gi·na**, web·pa·gi·na's; webpaginaatje [web·pa·gi·na·tje]
het **web·por·taal**, web·por·ta·len
de **web·re·dac·teur** (m), web·re·dac·teu·ren, web·re·dac·teurs
de **web·re·dac·tie** (v), web·re·dac·ties
de **web·ser·ver** (m), web·ser·vers
de **web·ser·vice** (m), web·ser·vi·ces
de **web·shop** (m), web·shops
de **web·site**, web·sites; web·site·je
het **web·site·adres**, web·site·adres·sen
de **web·site·bou·wer** (m), web·site·bou·wers
de **web·stek** (m), web·stek·ken, web·steks; web·stek·je
de **web·win·kel** (m), web·win·kels; web·win·kel·tje
de **weck** (m)
wec·ken (ww), weck, weckt; weck·te, weck·ten; ge·weckt
de **weck·pot** (m), weck·pot·ten; weck·pot·je
het **wed**, wed·den; wed·je

wed. *(weduwe)*
de **wed·de**, wed·den, wed·des
wed·den (ww), wed, wedt; wed·de, wed·den; ge·wed
de **wed·den·schap** (v), wed·den·schap·pen; wed·den·schap·je
de **wed·der** (m), wed·ders
de **wed·de·schaal**, wed·de·scha·len
de **wed·de·trek·ken·de**, wed·de·trek·ken·den
de **wed·de·ver·ho·ging** (v), wed·de·ver·ho·gin·gen
de **wed·ding** (v), wed·din·gen
de **wed·ding·schap** (v), wed·ding·schap·pen
de **we·de**
het **we·der** *(luchtgesteldheid)*
de **we·der·ge·boor·te** (v), we·der·ge·boor·ten, we·der·ge·boor·tes
we·der·ge·bo·ren (bnw)
de **we·der·helft**, we·der·helf·ten; we·der·helft·je
de **we·der·hoor**[1] (m)
we·der·hoor[2]: hoor en wederhoor
we·der·ke·ren (ww), keer we·der, keert we·der; keer·de we·der, keer·den we·der; we·der·ge·keerd
we·der·ke·rend (bnw), we·der·ke·ren·de
we·der·ke·rig (bnw), we·der·ke·ri·ge
de **we·der·ke·rig·heid** (v), we·der·ke·rig·he·den
we·der·om (bijw)
de **we·der·op·bouw** (m)
de **we·der·op·roe·ping** (v), we·der·op·roe·pin·gen
de **we·der·par·tij** (v), we·der·par·tij·en
we·der·rech·te·lijk (bnw), we·der·rech·te·lij·ke
het **we·der·va·ren**[1]
we·der·va·ren[2] (ww), we·der·vaar, we·der·vaart; we·der·voer, we·der·voe·ren; we·der·va·ren
het **we·der·zien**[1]
we·der·zien[2] (ww), zie we·der, ziet we·der; zag we·der, za·gen we·der; we·der·ge·zien
we·der·zijds (bnw), we·der·zijd·se
de **wed·ij·ver** (m)
wed·ij·ve·ren (ww), wed·ij·ver, wed·ij·vert; wed·ij·ver·de, wed·ij·ver·den; ge·wed·ij·verd
de **wed·loop** (m), wed·lo·pen; wed·loop·je
de **wed·strijd** (m), wed·strij·den; wed·strijd·je
de **wed·strijd·com·mis·sie** (v), wed·strijd·com·mis·sies
de **wed·strijd·re·gel** (m), wed·strijd·re·gels
de **wed·strijd·vo·gel** (m), wed·strijd·vo·gels
de **wed·strijd·zwem·mer** (m), wed·strijd·zwem·mers; wed·strijd·zwem·mer·tje
de **we·du·we** (v), we·du·wen, we·du·wes; we·du·we·tje
het **we·du·we·pen·si·oen**, we·du·we·pen·si·oe·nen; we·du·we·pen·si·oen·tje
de **we·duw·naar** (m), we·duw·naars
de/het **wee**[1], weeën [wee·en]; wee·tje
wee[2] (tussenw)
de **weed** (m) *(marihuana)*, weed·je
het **weef·sel**, weef·se·len, weef·sels; weef·sel·tje
de **weeg·bree**, weegbreeën [weeg·bree·en], weeg·brees
weegs: zijns weegs gaan
de **weeg·schaal** *(toestel)*, weeg·scha·len; weeg·schaal·tje

Weeg·schaal *((persoon met dit) sterrenbeeld),* Weeg·scha·len; Weeg·schaal·tje
weeïg [wee·ig] (bnw), weeïge [wee·ige]
de **week**[1] *(het weken)*
de **week**[2] *(periode van zeven dagen),* we·ken; week·je
week[3] (bnw), we·ke
het **week·blad**, week·bla·den; week·blaad·je
de **week·dag** (m), week·da·gen
het **week·eind**, week·ein·den, week·ein·des; week·eind·je
het **week·ein·de**, week·ein·den, week·ein·des
het **week·end**, week·en·den, week·ends; week·end·je
het **week·end·ar·ran·ge·ment**, week·end·ar·ran·ge·men·ten
het **week·end·pac·kage**, week·end·pac·ka·ges
het **week·end·werk**
de **week·plan·ning** (v), week·plan·nin·gen
weeks (bnw), week·se
het **weel**, we·len; weel·tje
de **weel·de**
weel·de·rig (bnw), weel·de·ri·ge
de **wee·moed** (m)
wee·moe·dig (bnw), wee·moe·di·ge
Weens (bnw), Ween·se
weeps (bnw), weep·se
de **weer**[1] (m) *(ram),* we·ren; weer·tje
de **weer**[2] *(strook land),* we·ren; weer·tje
de/het **weer**[3] (m/o) *(eelt, knoest),* we·ren; weer·tje
het **weer**[4] *(luchtgesteldheid),* weer·tje
weer[5] (bijw) *(opnieuw)*
weer·al (bijw)
de **weer·baar·heid** (v), weer·baar·he·den
de **weer·baar·heids·trai·ning**, weer·baar·heids·trai·nin·gen
weer·bar·stig (bnw), weer·bar·sti·ge
het **weer·be·richt**, weer·be·rich·ten
weer·be·sten·dig (bnw), weer·be·sten·di·ge
de **weer·ga**
weer·ga·loos (bnw), weer·ga·lo·ze
de **weer·ga·ve**, weer·ga·ven, weer·ga·ves
weer·ge·ven (ww), geef weer, geeft weer; gaf weer, ga·ven weer; weer·ge·ge·ven
weer·hou·den (ww), weer·houd, weer·houdt; weer·hield, weer·hiel·den; weer·hou·den
weer·kaat·sen (ww), weer·kaats, weer·kaatst; weer·kaats·te, weer·kaats·ten; weer·kaatst
weer·ke·ren (ww), keer weer, keert weer; keer·de weer, keer·den weer; weer·ge·keerd
weer·ke·rend (bnw), weer·ke·ren·de
de **weer·klank** (m), weer·klan·ken
weer·klin·ken (ww), weer·klink, weer·klinkt; weer·klonk, weer·klon·ken; weer·klon·ken
de **weer·kracht**
weer·leg·gen (ww), weer·leg, weer·legt; weer·leg·de, weer·leg·den; weer·legd
de/het **weer·licht** (m/o), weer·lich·ten
weer·lich·ten (ww), weer·licht; weer·licht·te, weer·licht·ten; ge·weer·licht
de **weer·man** (m), weer·lie·den, weer·lui, weer·man·nen; weer·man·ne·tje
weer·om (bijw)
de **weer·om·stuit** (m)

de **weers·in·for·ma·tie** (v)
de **weer·si·tu·a·tie** (v), weer·si·tu·a·ties
weers·kan·ten: aan weerskanten
de **weer·slag** (m), weer·sla·gen
de **weers·om·stan·dig·he·den** (mv)
weer·spie·ge·len (ww), weer·spie·gel, weer·spie·gelt; weer·spie·gel·de, weer·spie·gel·den; weer·spie·geld
de **weer·spie·ge·ling** (v), weer·spie·ge·lin·gen
weer·spre·ken (ww), weer·spreek, weer·spreekt; weer·sprak, weer·spra·ken; weer·spro·ken
weer·staan (ww), weer·sta, weer·staat; weer·stond, weer·ston·den; weer·staan
de **weer·stand** (m), weer·stan·den; weer·stand·je
weer·stre·ven (ww), weer·streef, weer·streeft; weer·streef·de, weer·streef·den; weer·streefd
de **weers·ver·wach·ting** (v), weers·ver·wach·tin·gen
de **weers·voor·spel·ling** (v), weers·voor·spel·lin·gen
weers·zij·den[1]: aan weerszijden
weers·zij·den[2]: van weerszijden
weer·vin·den (ww), vind weer, vindt weer; vond weer, von·den weer; weer·ge·von·den
de **weer·voor·spel·ling** (v), weer·voor·spel·lin·gen
de **weer·vrouw** (v), weer·vrou·wen; weer·vrouw·tje
de **weer·wil** (m)
het **weer·woord**, weer·woor·den; weer·woord·je
het **weer·zien**[1]
weer·zien[2] (ww), zie weer, ziet weer; zag weer, za·gen weer; weer·ge·zien
de **weer·zin** (m), weer·zin·ne·tje
de **wees**, we·zen; wees·je
het **wees·ge·groet** *(gebed)*, wees·ge·groet·je
Wees·ge·groet *(naam van een gebed)*
de **weet**, weet·je
de **weg**[1] (m) *(pad, straat)*, we·gen; weg·ge·tje, weg·je
de **weg**[2] *(brood, kluit)*, weg·gen; weg·ge·tje
weg[3] (bijw)
de **weg·aan·dui·ding** (v), weg·aan·dui·din·gen
weg·ber·gen (ww), berg weg, bergt weg; borg weg, bor·gen weg; weg·ge·bor·gen
de **weg·be·wij·ze·ring** (v), weg·be·wij·ze·rin·gen
weg·blij·ven (ww), blijf weg, blijft weg; bleef weg, ble·ven weg; weg·ge·ble·ven
weg·bren·gen (ww), breng weg, brengt weg; bracht weg, brach·ten weg; weg·ge·bracht
de **weg·co·de** (m), weg·co·des
weg·deem·ste·ren (ww), deem·ster weg, deem·stert weg; deem·ster·de weg, deem·ster·den weg; weg·ge·deem·sterd
het **weg·dek**, weg·dek·ken
weg·den·ken (ww), denk weg, denkt weg; dacht weg, dach·ten weg; weg·ge·dacht
weg·doen (ww), doe weg, doet weg; deed weg, de·den weg; weg·ge·daan
weg·dra·gen (ww), draag weg, draagt weg; droeg weg, droe·gen weg; weg·ge·dra·gen
weg·dro·men (ww), droom weg, droomt weg; droom·de weg, droom·den weg; weg·ge·droomd

weg·du·wen (ww), duw weg, duwt weg; duw·de weg, duw·den weg; weg·ge·duwd
weg·eb·ben (ww), eb weg, ebt weg; eb·de weg, eb·den weg; weggeëbd [weg·ge·ebd]
de **we·gel** (m), we·gels; we·gel·tje
we·gen (ww), weeg, weegt; woog, wo·gen; ge·wo·gen
de **we·gen·kaart**, we·gen·kaar·ten; we·gen·kaart·je
we·gens (voorz)
de **we·gen·wacht**[1] (m) *(persoon)*, we·gen·wach·ten
de **we·gen·wacht**[2] *(organisatie)*
de **we·gen·wer·ken** (mv)
de **we·ger** (m), we·gers; we·ger·tje
weg·fiet·sen (ww), fiets weg, fietst weg; fiets·te weg, fiets·ten weg; weg·ge·fietst
weg·fil·te·ren (ww), fil·ter weg, fil·tert weg; fil·ter·de weg, fil·ter·den weg; weg·ge·fil·terd
weg·gaan (ww), ga weg, gaat weg; ging weg, gin·gen weg; weg·ge·gaan
de **weg·ge** *(brood, kluit)*, weg·gen; weg·ge·tje
de **weg·ge·brui·ker** (m), weg·ge·brui·kers
weg·ge·gooid (bnw), weg·ge·gooi·de
weg·ge·ven (ww), geef weg, geeft weg; gaf weg, ga·ven weg; weg·ge·ge·ven
weg·glij·den (ww), glijd weg, glij weg, glijdt weg; gleed weg, gle·den weg; weg·ge·gle·den
weg·glip·pen (ww), glip weg, glipt weg; glip·te weg, glip·ten weg; weg·ge·glipt
weg·gooi·en (ww), gooi weg, gooit weg; gooi·de weg, gooi·den weg; weg·ge·gooid
weg·gris·sen (ww), gris weg, grist weg; gris·te weg, gris·ten weg; weg·ge·grist
weg·ha·len (ww), haal weg, haalt weg; haal·de weg, haal·den weg; weg·ge·haald
weg·hou·den (ww), houd weg, hou weg, houdt weg; hield weg, hiel·den weg; weg·ge·hou·den
de **we·ging** (v), we·gin·gen
weg·ja·gen (ww), jaag weg, jaagt weg; jaag·de weg, joeg weg, jaag·den weg, joe·gen weg; weg·ge·jaagd
weg·ka·pen (ww), kaap weg, kaapt weg; kaap·te weg, kaap·ten weg; weg·ge·kaapt
weg·kap·pen (ww), kap weg, kapt weg; kap·te weg, kap·ten weg; weg·ge·kapt
weg·kij·ken (ww), kijk weg, kijkt weg; keek weg, ke·ken weg; weg·ge·ke·ken
weg·ko·men (ww), kom weg, komt weg; kwam weg, kwa·men weg; weg·ge·ko·men
weg·krab·ben (ww), krab weg, krabt weg; krab·de weg, krab·den weg; weg·ge·krabd
weg·kwij·nen (ww), kwijn weg, kwijnt weg; kwijn·de weg, kwijn·den weg; weg·ge·kwijnd
weg·la·ten (ww), laat weg, laat weg; liet weg, lie·ten weg; weg·ge·la·ten
het **weg·la·tings·te·ken**, weg·la·tings·te·kens
weg·leg·gen (ww), leg weg, legt weg; leg·de weg, leg·den weg; weg·ge·legd
weg·lei·den (ww), leid weg, leidt weg; leid·de weg, leid·den weg;

weg·ge·leid
weg·le·zen (ww), lees weg, leest weg; las weg, la·zen weg; weg·ge·le·zen
weg·lo·pen (ww), loop weg, loopt weg; liep weg, lie·pen weg; weg·ge·lo·pen
het **weg·meu·bi·lair**
weg·ne·men (ww), neem weg, neemt weg; nam weg, na·men weg; weg·ge·no·men
de **weg·om·leg·ging** (v), weg·om·leg·gin·gen
weg·ra·ken (ww), raak weg, raakt weg; raak·te weg, raak·ten weg; weg·ge·raakt
weg·ren·nen (ww), ren weg, rent weg; ren·de weg, ren·den weg; weg·ge·rend
weg·rij·den (ww), rijd weg, rij weg, rijdt weg; reed weg, re·den weg; weg·ge·re·den
weg·ruk·ken (ww), ruk weg, rukt weg; ruk·te weg, ruk·ten weg; weg·ge·rukt
weg·schen·ken (ww), schenk weg, schenkt weg; schonk weg, schon·ken weg; weg·ge·schon·ken
weg·schra·pen (ww), schraap weg, schraapt weg; schraap·te weg, schraap·ten weg; weg·ge·schraapt
weg·sle·pen (ww), sleep weg, sleept weg; sleep·te weg, sleep·ten weg; weg·ge·sleept
weg·slui·zen (ww), sluis weg, sluist weg; sluis·de weg, sluis·den weg; weg·ge·sluisd
weg·smij·ten (ww), smijt weg, smijt weg; smeet weg, sme·ten weg; weg·ge·sme·ten
weg·spoe·len (ww), spoel weg, spoelt weg; spoel·de weg, spoel·den weg; weg·ge·spoeld
weg·ste·ken (ww), steek weg, steekt weg; stak weg, sta·ken weg; weg·ge·sto·ken
weg·stop·pen (ww), stop weg, stopt weg; stop·te weg, stop·ten weg; weg·ge·stopt
weg·stu·ren (ww), stuur weg, stuurt weg; stuur·de weg, stuur·den weg; weg·ge·stuurd
weg·ta·ke·len (ww), ta·kel weg, ta·kelt weg; ta·kel·de weg, ta·kel·den weg; weg·ge·ta·keld
weg·trek·ken (ww), trek weg, trekt weg; trok weg, trok·ken weg; weg·ge·trok·ken
weg·va·gen (ww), vaag weg, vaagt weg; vaag·de weg, vaag·den weg; weg·ge·vaagd
weg·val·len (ww), val weg, valt weg; viel weg, vie·len weg; weg·ge·val·len
weg·ve·gen (ww), veeg weg, veegt weg; veeg·de weg, veeg·den weg; weg·ge·veegd
weg·vlie·gen (ww), vlieg weg, vliegt weg; vloog weg, vlo·gen weg; weg·ge·vlo·gen
weg·vluch·ten (ww), vlucht weg, vlucht weg; vlucht·te weg, vlucht·ten weg; weg·ge·vlucht
weg·waai·en (ww), waai weg, waait weg; waai·de weg, woei weg, waai·den weg, woei·en weg; weg·ge·waaid
weg·wer·ken (ww), werk weg, werkt weg; werk·te weg, werk·ten weg; weg·ge·werkt
de **weg·werk·zaam·he·den** (mv)
weg·wer·pen (ww), werp weg, werpt weg; wierp weg, wier·pen weg; weg·ge·wor·pen
weg·we·zen (ww), ben weg, bent

weg; was weg, wa·ren weg; weg·ge·weest
weg·wijs (bnw), weg·wij·ze
de **weg·wij·zer** (m), weg·wij·zers; weg·wij·zer·tje
weg·wui·ven (ww), wuif weg, wuift weg; wuif·de weg, wuif·den weg; weg·ge·wuifd
weg·zak·ken (ww), zak weg, zakt weg; zak·te weg, zak·ten weg; weg·ge·zakt
weg·zap·pen (ww), zap weg, zapt weg; zap·te weg, zap·ten weg; weg·ge·zapt
weg·zen·den (ww), zend weg, zendt weg; zond weg, zon·den weg; weg·ge·zon·den
weg·zet·ten (ww), zet weg, zet weg; zet·te weg, zet·ten weg; weg·ge·zet
Wehr·macht
de **wei**[1] *(weide),* wei·en; wei·tje
de **wei**[2] *(hui, bloedserum)*
de **wei·de** *(weide),* wei·den, wei·des
het **wei·de·land·schap**, wei·de·land·schap·pen
wei·den (ww), weid, weidt; weid·de, weid·den; ge·weid
de **wei·de·vo·gel** (m), wei·de·vo·gels; wei·de·vo·gel·tje
weids (bnw), weid·se
de **weids·heid** (v)
de **wei·fe·laar** (m), wei·fe·laars
wei·fe·len (ww), wei·fel, wei·felt; wei·fel·de, wei·fel·den; ge·wei·feld
wei·fe·lend (bnw), wei·fe·len·de
wei·ge·ren (ww), wei·ger, wei·gert; wei·ger·de, wei·ger·den; ge·wei·gerd
de **wei·ge·ring** (v), wei·ge·rin·gen
de **wei·ge·rings·grond** (m), wei·ge·rings·gron·den
de **weight·lif·ting** (m)
de **weight·lif·ting·bond** (m), weight·lif·ting·bon·den
Weil: ziekte van Weil
het **wei·land**, wei·lan·den; wei·land·je
het **wei·nig**[1], wei·nig·je
wei·nig[2] (onbep vnw)
wei·nig[3] (bijw)
wei·ni·ge (onbep vnw)
wei·ni·gen (onbep vnw)
wei·nig·zeg·gend (bnw), wei·nig·zeg·gen·de
de **weir·do** (m), weir·do's
de **weit**
de/het **we·ke·de·len·reu·ma** (v/o)
we·ke·lijks (bnw), we·ke·lijk·se
we·ken (ww), week, weekt; week·te, week·ten; ge·weekt
we·ken·lang (bnw), we·ken·lan·ge
wek·ken (ww), wek, wekt; wek·te, wek·ten; ge·wekt
de **wek·ker** (m), wek·kers; wek·ker·tje
de **wek·ker·ra·dio** (m), wek·ker·ra·di·o's
de **wel**[1], wel·len; wel·le·tje
wel[2] (bijw)
wel[3] (tussenw)
wel·aan (tussenw) *(uitroep)*
wel be·dankt (tussenw)
wel·be·kend (bnw), wel·be·ken·de
wel·be·paald (bnw), wel·be·paal·de
wel·be·schouwd (bnw), wel·be·schouw·de
wel·be·spraakt (bnw), wel·be·spraak·te
het **wel·be·vin·den**
wel·da·dig (bnw), wel·da·di·ge
wel de·ge·lijk
wel·doen (ww), doe wel, doet wel; deed wel, de·den wel; wel·ge·daan

W

wel·door·dacht (bnw), wel·door·dach·te
wel·dra (bijw)
wel·eens (bijw)
wel·eer (bijw)
wel en wee
de **wel·fare** (m)
het **welf·sel**, welf·sels
wel·ge·kend (bnw), wel·ge·ken·de
wel·ge·ko·men (bnw)
wel·ge·meend (bnw), wel·ge·meen·de
wel·ge·steld (bnw), wel·ge·stel·de
de **wel·ge·stel·de**, wel·ge·stel·den
wel·ge·teld (bijw)
het **wel·ge·val·len**
wel·ge·zind (bnw), wel·ge·zin·de
wel·haast (bijw)
we·lig (bnw), we·li·ge
wel·is·waar (bijw)
wel·ja (tussenw)
welk[1] (betr vnw)
welk[2] (vrag vnw)
wel·ke[1] (betr vnw)
wel·ke[2] (vrag vnw)
wel·ken (ww), welk, welkt; welk·te, welk·ten; ge·welkt
wel·ker[1] (betr vnw)
wel·ker[2] (vrag vnw)
het **wel·kom**[1]
wel·kom[2] (bnw), wel·ko·me
wel·kom[3] (tussenw)
de **wel·komst** (v), wel·kom·sten
de **wel·komst·brief** (m), wel·komst·brie·ven; wel·komst·brief·je
het **wel·komst·ca·deau**, wel·komst·ca·deaus; wel·komst·ca·deau·tje
het **wel·komst·co·mi·té**, wel·komst·co·mi·tés
de **wel·komst·drank** (m), wel·komst·dran·ken; wel·komst·drank·je
de **wel·komst·drink** (m), wel·komst·drinks
het **wel·komst·ge·schenk**, wel·komst·ge·schen·ken; wel·komst·ge·schenk·je
de **wel·komst·groet** (m), wel·komst·groe·ten
het **wel·komst·lied**, wel·komst·lie·de·ren; wel·komst·lied·je
het **wel·komst·pak·ket**, wel·komst·pak·ket·ten; wel·komst·pak·ket·je
de **wel·komst·tekst** (m), wel·komst·tek·sten
het **wel·komst·woord**, wel·komst·woor·den; wel·komst·woord·je
welks[1] (betr vnw)
welks[2] (vrag vnw)
de **well·be·ing**
wel·len (ww), wel, welt; wel·de, wel·den; ge·weld
wel·les (tussenw)
wel·les nie·tes
het **wel·les-nie·tes·spel**, wel·les-nie·tes·spel·le·tje
wel·licht (bijw)
de **well·ness** (m)
het **well·ness·cen·trum**, well·ness·cen·tra, well·ness·cen·trums
wel·nee (tussenw) *(natuurlijk niet)*
wel·nu (tussenw) *(nu dan)*
wel·over·wo·gen (bnw)
de/het **welp** (m/o), wel·pen; welp·je
het **Welsh**[1] *(taal)*
Welsh[2] (bnw) *(m.b.t. Wales, het Welsh)*, Wel·she
de **Welsh·man** (m), Welsh·men
het **wel·sla·gen**
de **wel·stand** (m), wel·stan·den

de **wel·stands·com·mis·sie** (v), wel·stands·com·mis·sies
wel·stel·lend (bnw), wel·stel·len·de
wel·te·rus·ten (tussenw)
wel·te·ver·staan (bijw)
de **welt·schmerz**
de **wel·vaart**
de **wel·vaarts·staat** (m), wel·vaarts·sta·ten
de **wel·vaarts·ziek·te** (v), wel·vaarts·ziek·ten, wel·vaarts·ziek·tes
het **wel·va·ren**[1]
wel·va·ren[2] (ww), vaar wel, vaart wel; voer wel, voe·ren wel; wel·ge·va·ren
wel·va·rend (bnw), wel·va·ren·de
wel·ven (ww), welf, welft; welf·de, welf·den; ge·welfd
wel·ver·diend (bnw), wel·ver·dien·de
wel·wil·lend (bnw), wel·wil·len·de
de **wel·wil·lend·heid** (v), wel·wil·lend·he·den
wel·ze·ker (bijw)
het **wel·zijn**
de **wel·zijns·sec·tor** (m), wel·zijns·sec·to·ren, wel·zijns·sec·tors
de **wem** (m), wem·men
we·me·len (ww), we·mel, we·melt; we·mel·de, we·mel·den; ge·we·meld
de **wen**, wen·nen; wen·ne·tje
de **wen·de**, wen·den
wen·den (ww), wend, wendt; wend·de, wend·den; ge·wend
de **wen·ding** (v), wen·din·gen; wen·din·kje
we·nen (ww), ween, weent; ween·de, ween·den; ge·weend
de **we·ner** (m), we·ners
het **wen·gé**
de **wenk** (m), wen·ken
de **wenk·brauw**, wenk·brau·wen; wenk·brauw·tje
wen·ken (ww), wenk, wenkt; wenk·te, wenk·ten; ge·wenkt
wen·nen (ww), wen, went; wen·de, wen·den; ge·wend
de **wens** (m), wen·sen; wens·je
het **wens·den·ken**
wen·se·lijk (bnw), wen·se·lij·ke
wen·sen (ww), wens, wenst; wens·te, wens·ten; ge·wenst
de **wen·sen·lijst**, wen·sen·lijs·ten; wen·sen·lijst·je
wen·te·len (ww), wen·tel, wen·telt; wen·tel·de, wen·tel·den; ge·wen·teld
we·pel (bnw), we·pe·le
de **we·reld**[1], we·rel·den; we·reld·je
we·reld[2]: ter wereld
We·reld·bank
het **we·reld·beeld**, we·reld·beel·den
we·reld·be·kend (bnw), we·reld·be·ken·de
de **we·reld·be·ker** (m), we·reld·be·kers
we·reld·be·roemd (bnw), we·reld·be·roem·de
de **we·reld·bol** (m), we·reld·bol·len; we·reld·bol·le·tje
het **we·reld·deel**, we·reld·de·len; we·reld·deel·tje
We·reld·die·ren·dag
de **we·reld·eco·no·mie** (v), wereldeconomieën [we·reld·eco·no·mie·en]
het **we·reld·erf·goed**, we·reld·erf·goe·de·ren
We·reld·ge·zond·heids·or·ga·ni·sa·tie
de **we·reld·kam·pi·oen** (m),

we·reld·kam·pi·oe·nen
het **we·reld·kam·pi·oen·schap**, we·reld·kam·pi·oen·schap·pen
de **we·reld·markt**, we·reld·mark·ten
de **we·reld·oor·log** (m), we·reld·oor·lo·gen; we·reld·oor·log·je
de **wereldoriëntatie** [we·reld·ori·en·ta·tie] (v), wereldoriëntaties [we·reld·ori·en·ta·ties]
de **we·reld·rang·lijst**, we·reld·rang·lijs·ten
het **we·reld·re·cord**, we·reld·re·cords; we·reld·re·cord·je
we·relds (bnw), we·reld·se
de **we·reld·ten·toon·stel·ling** (v), we·reld·ten·toon·stel·lin·gen
de **we·reld·ti·tel** (m), we·reld·ti·tels
we·reld·wijd (bnw), we·reld·wij·de
de **we·reld·win·kel** (m), we·reld·win·kels; we·reld·win·kel·tje
de **we·reld·zee**, wereldzeeën [we·reld·zee·en]
we·ren (ww), weer, weert; weer·de, weer·den; ge·weerd
de **werf**, wer·ven; werf·je
de **werf·keet**, werf·ke·ten
de **werf·re·ser·ve**, werf·re·ser·ves
de **we·ring** (v), we·rin·gen
het **werk**[1], wer·ken; werk·je
werk[2]: te werk gaan
de **werk·aan·bie·ding** (v), werk·aan·bie·din·gen
de **werk·arm** (m), werk·ar·men
werk·baar (bnw), werk·ba·re
de **werk·bank**, werk·ban·ken; werk·bank·je
de **werk·be·spre·king** (v), werk·be·spre·kin·gen
het **werk·blad**, werk·bla·den; werk·blaad·je
het **werk·boek**, werk·boe·ken; werk·boek·je
de **werk·bon** (m), werk·bon·nen, werk·bons
het **werk·col·le·ge**, werk·col·le·ges
de **werk·dag** (m), werk·da·gen; werk·dag·je
de **werk·dis·ci·pli·ne** (v), werk·dis·ci·pli·nes
de **werk·druk** (m)
wer·ke·lijk (bnw), wer·ke·lij·ke
de **wer·ke·lijk·heid** (v), wer·ke·lijk·he·den
de **wer·ke·lijk·heids·waar·de** (v)
wer·ke·loos (bnw), wer·ke·lo·ze
de **wer·ke·loos·heid** (v)
de **wer·ke·loos·heids·uit·ke·ring** (v), wer·ke·loos·heids·uit·ke·rin·gen
de **wer·ke·loos·heids·wet**, wer·ke·loos·heids·wet·ten
de **wer·ke·lo·ze**, wer·ke·lo·zen
wer·ken (ww), werk, werkt; werk·te, werk·ten; ge·werkt
wer·kend (bnw), wer·ken·de
de **wer·ken·de**, wer·ken·den
wer·ken·der·wijs (bijw)
de **wer·ker** (m), wer·kers; wer·ker·tje
de **werk·er·va·ring** (v), werk·er·va·rin·gen
de **werk·er·va·rings·plaats**, werk·er·va·rings·plaat·sen
de **werk·geef·ster** (v), werk·geef·sters
de **werk·ge·le·gen·heid** (v), werk·ge·le·gen·he·den
het **werk·ge·le·gen·heids·be·leid**
werk·ge·re·la·teerd (bnw), werk·ge·re·la·teer·de
de **werk·ge·ver** (m), werk·ge·vers
het **werk·ge·ver·schap**, werk·ge·ver·schap·pen

de **werk·ge·vers·or·ga·ni·sa·tie** (v), werk·ge·vers·or·ga·ni·sa·ties
de **werk·ge·vers·ver·kla·ring** (v), werk·ge·vers·ver·kla·rin·gen
de **werk·groep**, werk·groe·pen; werk·groep·je
de **werk·han·den** (mv)
de **werk·hou·ding** (v), werk·hou·din·gen
de **wer·king** (v), wer·kin·gen
de **wer·kings·sfeer**
de **werk·in·struc·tie** (v), werk·in·struc·ties
de **werk·ka·mer**, werk·ka·mers; werk·ka·mer·tje
het **werk·ka·pi·taal**, werk·ka·pi·ta·len; werk·ka·pi·taal·tje
de **werk·kle·dij** (v)
de **werk·kle·ding** (v)
de **werk·kle·ren** (mv)
de **werk·kracht**, werk·krach·ten
de **werk·last** (m), werk·las·ten
werk·loos (bnw), werk·lo·ze
de **werk·loos·heid** (v)
het **werk·loos·heid·cij·fer**, werk·loos·heid·cij·fers
het **werk·loos·heids·cij·fer**, werk·loos·heids·cij·fers
de **werk·loos·heids·uit·ke·ring** (v), werk·loos·heids·uit·ke·rin·gen
de **werk·loos·heids·wet**, werk·loos·heids·wet·ten
de **werk·lo·ze**, werk·lo·zen
de **werk·maat·schap·pij** (v), werk·maat·schap·pij·en
de **werk·man** (m), werk·lie·den, werk·lui, werk·man·nen; werk·man·ne·tje
de **werk·me·tho·de** (v), werk·me·tho·den, werk·me·tho·des
de **werk·neem·ster** (v), werk·neem·sters
de **werk·neer·leg·ging** (v), werk·neer·leg·gin·gen
de **werk·ne·mer** (m), werk·ne·mers; werk·ne·mer·tje
de **werk·ne·mers·bij·dra·ge**, werk·ne·mers·bij·dra·gen, werk·ne·mers·bij·dra·ges
de **werk·ne·mers·bond** (m), werk·ne·mers·bon·den
het **werk·ne·mer·schap**, werk·ne·mer·schap·pen
de **werk·om·ge·ving** (v), werk·om·ge·vin·gen
werk·on·be·kwaam (bnw), werk·on·be·kwa·me
de/het **werk·or·der**, werk·or·ders
het **werk·over·leg**, werk·over·leg·gen
het **werk·paard**, werk·paar·den; werk·paard·je
het **werk·pak·ket**, werk·pak·ket·ten
de **werk·plaats**, werk·plaat·sen; werk·plaats·je
het **werk·plan**, werk·plan·nen
de **werk·plek**, werk·plek·ken
de **werk·post**
de **werk-pri·vé·ba·lans**, werk-pri·vé·ba·lan·sen
het **werk·pro·ces**, werk·pro·ces·sen
het **werk·punt**, werk·pun·ten
de **werk·put** (m), werk·put·ten
het **werk·roos·ter**, werk·roos·ters
de **werk·ruim·te** (v), werk·ruim·ten, werk·ruim·tes
het **werk·sche·ma**, werk·sche·ma's
het **werk·schrift**, werk·schrif·ten; werk·schrift·je
de **werk·sfeer**
de **werk·slaaf** (m), werk·sla·ven; werk·slaaf·je
de **werk·ster** (v), werk·sters; werk·ster·tje
de **werk·straf**, werk·straf·fen;

W

werk·straf·je
de **werk·stroom** (m), werk·stro·men
het **werk·stuk**, werk·stuk·ken; werk·stuk·je
de **werk·taal**, werk·ta·len
de **werk·ta·fel**, werk·ta·fels; werk·ta·fel·tje
het **werk·ter·rein**, werk·ter·rei·nen
de **werk·tijd** (m), werk·tij·den
het **werk·tuig**, werk·tui·gen; werk·tuig·je
werk·tui·ge·lijk (bnw), werk·tui·ge·lij·ke
het **werk·uur**, werk·uren; werk·uur·tje
het **werk·veld**, werk·vel·den
de **werk·ver·de·ling** (v), werk·ver·de·lin·gen
het **werk·ver·schaf·fings·pro·ject**, werk·ver·schaf·fings·pro·jec·ten
de **werk·vloer** (m), werk·vloe·ren
de **werk·voor·raad** (m), werk·voor·ra·den
het **werk·voor·zie·ning·schap**, werk·voor·zie·ning·schap·pen
het **werk·voor·zie·nings·schap**, werk·voor·zie·nings·schap·pen
de **werk·vorm** (m), werk·vor·men
de **werk·week**, werk·we·ken; werk·week·je
de **werk·wij·ze**, werk·wij·zen
het **werk·woord**, werk·woor·den
werk·woor·de·lijk (bnw), werk·woor·de·lij·ke
de **werk·woord·fout**, werk·woord·fou·ten
de **werk·woords·fout**, werk·woords·fou·ten
de **werk·woords·stam** (m), werk·woords·stam·men
de **werk·woord·stam** (m), werk·woord·stam·men
de **werk·woords·tijd** (m), werk·woords·tij·den
de **werk·woords·ver·voe·ging** (v), werk·woords·ver·voe·gin·gen
de **werk·woords·vorm** (m), werk·woords·vor·men
de **werk·woord·ver·voe·ging** (v), werk·woord·ver·voe·gin·gen
de **werk·woord·vorm** (m), werk·woord·vor·men
werk·zaam (bnw), werk·za·me
de **werk·zaam·heid** (v), werk·zaam·he·den
werk·zoe·kend (bnw), werk·zoe·ken·de
de **werk·zoe·ken·de**, werk·zoe·ken·den
wer·pen (ww), werp, werpt; wierp, wier·pen; ge·wor·pen
de **werst** (m), wer·sten
de **wer·vel** (m), wer·vels; wer·vel·tje
wer·ve·len (ww), wer·vel, wer·velt; wer·vel·de, wer·vel·den; ge·wer·veld
de **wer·vel·ko·lom**, wer·vel·ko·lom·men
wer·ven (ww), werf, werft; wierf, wier·ven; ge·wor·ven
de **wer·ver** (m), wer·vers
de **wer·ving** (v), wer·vin·gen
het **wer·ving-en-se·lec·tie·bu·reau**, wer·ving-en-se·lec·tie·bu·reaus
de **wer·vings·re·ser·ve**, wer·vings·re·ser·ves
de **wesp**, wes·pen; wesp·je
het **wes·pen·nest**, wes·pen·nes·ten
de **wes·pen·proef**, wes·pen·proe·ven
de **wes·pen·tail·le**, wes·pen·tail·les
de **west**[1] (m) *(het westen)*
west[2] (bijw)
West *(West-Indië)*
wes·te·lijk (bnw), wes·te·lij·ke
wes·te·lij·ken (ww), wes·te·lijkt; wes·te·lijk·te, wes·te·lijk·ten;

ge·wes·te·lijkt
het **wes·ten**[1] *(windstreek)*
wes·ten[2]: ten westen van
Wes·ten *(politiek-economisch gebied)*
de **wes·ten·wind** (m), wes·ten·win·den; wes·ten·wind·je
de **wes·ter** (m), wes·ters
de **wes·ter·ling** (m), wes·ter·lin·gen
de **wes·tern** (m), wes·terns; wes·tern·tje
wes·ters (bnw), wes·ter·se
de **wes·ter·storm** (m), wes·ter·stor·men
de **West-Eu·ro·pe·aan** (m), West-Eu·ro·pe·a·nen
West-Eu·ro·pees (bnw), West-Eu·ro·pe·se
de **West-Fries**[1] (m) *(persoon)*, West-Frie·zen
het **West-Fries**[2] *(dialect)*
West-Fries[3] (bnw) *(m.b.t. West-Friesland, het West-Fries)*, West-Frie·se
het **West-Ger·maans**[1] *(taal)*
West-Ger·maans[2] (bnw), West-Ger·maan·se
de **west·grens**, west·gren·zen
de **west·hoek** (m), west·hoe·ken
de **west·kant** (m), west·kan·ten
de **west·kust**, west·kus·ten
West-Vlaams (bnw), West-Vlaam·se
de **West-Vlaam·se** (v), West-Vlaam·sen
de **West-Vla·ming** (m), West-Vla·min·gen
west·waarts (bnw), west·waart·se
de **wet**, wet·ten; wet·je
het **wet·boek**, wet·boe·ken; wet·boek·je
we·ten (ww), weet, weet; wist, wis·ten; ge·we·ten
we·tend (bnw), we·ten·de
we·tens: willens en wetens
de **we·ten·schap** (v), we·ten·schap·pen; we·ten·schap·je
we·ten·schap·pe·lijk (bnw), we·ten·schap·pe·lij·ke
de **we·ten·schap·per** (m), we·ten·schap·pers; we·ten·schap·per·tje
de **we·ten·schaps·be·oe·fe·ning** (v), we·ten·schaps·be·oe·fe·nin·gen
het **we·ten·schaps·cen·trum**, we·ten·schaps·cen·tra, we·ten·schaps·cen·trums
de **we·ten·schaps·fi·lo·so·fie** (v), wetenschapsfilosofieën [we·ten·schaps·fi·lo·so·fie·en]
de **we·ten·schaps·op·vat·ting** (v), we·ten·schaps·op·vat·tin·gen
de **we·ten·schap·ster** (v), we·ten·schap·sters
de **wet·ge·leer·de** (m), wet·ge·leer·den
de **wet·ge·ver** (m), wet·ge·vers
de **wet·ge·ving** (v), wet·ge·vin·gen
het **wet·ge·vings·pro·duct**, wet·ge·vings·pro·duc·ten
de **wet·hou·der** (m), wet·hou·ders; wet·hou·der·tje
het **wets·ar·ti·kel**, wets·ar·ti·ke·len, wets·ar·ti·kels; wets·ar·ti·kel·tje
de **wets·dok·ter** (m), wets·dok·ters
het **wets·ont·werp**, wets·ont·wer·pen; wets·ont·werp·je
de **wets·taal**[1] *(taal van de wetten)*, wets·ta·len
het **wet·staal**[2] *(staal om op te wetten)*, wet·sta·len
de **wets·tekst** (m), wets·tek·sten
Wet·straat *(Belgisch regeringscentrum)*
de **wet·suit** (m), wet·suits
het **wets·voor·stel**, wets·voor·stel·len

de **wets·wij·zi·ging** (v), wets·wij·zi·gin·gen
de **wet·tekst** (m), wet·tek·sten
wet·te·lijk (bnw), wet·te·lij·ke
wet·ten (ww), wet, wet; wet·te, wet·ten; ge·wet
de **wet·ten·bun·del** (m), wet·ten·bun·dels
wet·tig (bnw), wet·ti·ge
wet·tisch (bnw), wet·ti·sche
het **wet·voor·stel**, wet·voor·stel·len
we·ven (ww), weef, weeft; weef·de, weef·den; ge·we·ven
de **we·ver** (m), we·vers; we·ver·tje
de **we·zel**, we·zels; we·zel·tje
het **we·zen**[1], we·zens; we·zen·tje
we·zen[2] (ww)
we·zen·lijk (bnw), we·zen·lij·ke
we·zen·loos (bnw), we·zen·lo·ze
Wh *(wattuur)*
de **whats·app** *(bericht via WhatsApp)*, whats·apps; whats·app·je
whats·ap·pen (ww), whats·app, whats·appt; whats·app·te, whats·app·ten; ge·whats·appt
de **whats·ap·per** (m), whats·ap·pers
de **Whats·App·groep**, Whats·App·groe·pen
de **whip·lash**, whip·la·shes
de **whirl·pool** (m), whirl·pools
de **whis·key** (m) *(Iers of Amerikaans)*, whis·keys
de **whis·ky** (m) *(Schots of Canadees)*, whis·ky's; whisky'tje [whis·ky·tje]
de **whist**[1] *(partner)*, whis·ten
het **whist**[2] *(spel, drank)*
het **white·board**, white·boards
de **white spi·rit** (m)
de **whizz·kid** (m), whizz·kids
de **who·dun·it**, who·dun·its
WIA *(Wet werk en inkomen naar arbeidsvermogen)*
de **wic·ca** (v), wic·ca's
de **wi·che·laar** (m), wi·che·laars
de **wi·chel·roe·de**, wi·chel·roe·den, wi·chel·roe·des
het **wicht**, wich·ten; wicht·je
het **wic·ket**, wic·kets
de **wid·get** (m), wid·gets
wie[1] (betr vnw)
wie[2] (vrag vnw)
wie·be·len (ww), wie·bel, wie·belt; wie·bel·de, wie·bel·den; ge·wie·beld
wie·be·ren (ww), wie·ber, wie·bert; wie·ber·de, wie·ber·den; ge·wie·berd
het **wied** *(onkruid)*
wie·den (ww), wied, wiedt; wied·de, wied·den; ge·wied
de **wie·der** (m), wie·ders
wie·des[1] (bijw)
wie·des[2]: nogal wiedes
de **wie·de·weer·ga**[1]
wie·de·weer·ga[2]: als de wiedeweerga
de **wieg**, wie·gen; wieg·je
wie·ge·len (ww), wie·gel, wie·gelt; wie·gel·de, wie·gel·den; ge·wie·geld
het **wie·ge·lied**, wie·ge·lie·de·ren; wie·ge·lied·je
wie·gen (ww), wieg, wiegt; wieg·de, wieg·den; ge·wiegd
de **wie·gen·dood**, wie·gen·do·den
de **wiek**, wie·ken; wiek·je
wie·ken (ww), wiek, wiekt; wiek·te, wiek·ten; ge·wiekt
het **wiel** *(onderdeel voertuig; rad)*, wie·len; wiel·tje
de **wiel·as**, wiel·as·sen; wiel·as·je
wie·len (ww), wiel, wielt; wiel·de, wiel·den; ge·wield
de **wie·ler·club**, wie·ler·clubs; wie·ler·club·je
de **wie·ler·sport**

de **wie·le·waal** (m), wie·le·wa·len
wiel·ren·nen (ww), ge·wiel·rend
de **wiel·ren·ner** (m), wiel·ren·ners; wiel·ren·ner·tje
de **wiel·ren·sport**
de **wiel·ren·ver·eni·ging** (v), wiel·ren·ver·eni·gin·gen
de **wie·me**, wie·men
de **wie·ner·schnit·zel** (m), wie·ner·schnit·zels
wiens[1] (betr vnw)
wiens[2] (vrag vnw)
de **wiep**, wie·pen
het **wier**[1], wie·ren; wier·tje
wier[2] (betr vnw)
wier[3] (vrag vnw)
de **wie·rook** (m), wie·rook·je
het **wie·rook·vat**, wie·rook·va·ten; wie·rook·vaat·je
de **wiet** (m)
de **wiet·pas** (m), wiet·pas·sen; wiet·pas·je
de **wi·fi** (m), wi·fi's
het **wi·fi·net·werk**, wi·fi·net·wer·ken
de **wi·fi·ver·bin·ding** (v), wi·fi·ver·bin·din·gen
de **wig**, wig·gen; wig·ge·tje, wig·je
de **wig·ge**, wig·gen; wig·ge·tje
de **wig·wam** (m), wig·wams
wiiën [wii-en] (ww), wii, wiit; wii·de, wii·den; ge·wiid
wij (pers vnw)
wijd (bnw), wij·de
wij·den (ww), wijd, wijdt; wijd·de, wijd·den; ge·wijd
wijd en zijd
de **wijd·heid** (v)
de **wij·ding** (v), wij·din·gen
wijd·lo·pig (bnw), wijd·lo·pi·ge
de **wijd·te** (v), wijd·ten, wijd·tes
wijd·uit (bnw)
wijd·val·lend (bnw), wijd·val·len·de
wijd·ver·breid (bnw), wijd·ver·brei·de
wijd·ver·spreid (bnw), wijd·ver·sprei·de
het **wijf**, wij·ven; wijf·je
het **wij·fie**, wij·fies
de **wijf·jes·oli·fant** (m), wijf·jes·oli·fan·ten
het **wij-ge·voel**
de **wijk**, wij·ken; wijk·je
wij·ken (ww), wijk, wijkt; week, we·ken; ge·we·ken
de **wijk·raad** (m), wijk·ra·den
de **wijk·ver·ga·de·ring** (v), wijk·ver·ga·de·rin·gen
de **wijl** *(poos)*, wij·len
wij·le: bij tijd en wijle
wij·len[1] (bnw)
wij·len[2] (ww), wijl, wijlt; wijl·de, wijl·den; ge·wijld
de **wijn** (m), wij·nen; wijn·tje
de **wijn·azijn** (m), wijn·azij·nen
de **wijn·bou·wer** (m), wijn·bou·wers
de **wijn·de·gus·ta·tie** (v), wijn·de·gus·ta·ties
de **wijn·gaard** (m), wijn·gaar·den; wijn·gaard·je
de **wijn·gaar·de·nier** (m), wijn·gaar·de·niers
het **wijn·glas**, wijn·gla·zen; wijn·glaas·je
de **wijn·god** (m), wijn·go·den
de **wijn·kers**, wijn·ker·sen
wijn·kleu·rig (bnw), wijn·kleu·ri·ge
de **wijn·moer**
wijn·proe·ven (ww)
de **wijn·proe·ve·rij** (v), wijn·proe·ve·rij·en; wijn·proe·ve·rij·tje
de **wijn·roei·er** (m), wijn·roei·ers
de **wijn·saus**, wijn·sau·sen, wijn·sau·zen; wijn·saus·je

wijn·tje en trijn·tje
de **wijs**[1], wij·zen; wijs·je
wijs[2] (bnw), wij·ze
de **wijs·be·geer·te** (v)
wij·se·lijk (bijw)
de **wijs·geer** (m), wijs·ge·ren
de **wijs·heid** (v), wijs·he·den; wijs·heid·je
de **wijs·heids·tand** (m), wijs·heids·tan·den
wijs·ma·ken (ww), maak wijs, maakt wijs; maak·te wijs, maak·ten wijs; wijs·ge·maakt
de **wijs·vin·ger** (m), wijs·vin·gers; wijs·vin·ger·tje
wij·ten[1] (ww), wijt, wijt; weet, we·ten; ge·we·ten
wij·ten[2]: te wijten aan
de **wij·ting** (m), wij·tin·gen; wij·tin·kje
het **wij·wa·ter**
de **wij·ze**[1] (m) *(persoon)*, wij·zen
de **wij·ze**[2] *(andere betekenissen)*, wij·zen
wij·zelf (pers vnw)
wij·zen (ww), wijs, wijst; wees, we·zen; ge·we·zen
de **wij·zer** (m), wij·zers; wij·zer·tje
de **wij·zer·zin** (m), wij·zer·zin·nen
wij·zig·baar (bnw), wij·zig·ba·re
wij·zi·gen (ww), wij·zig, wij·zigt; wij·zig·de, wij·zig·den; ge·wij·zigd
de **wij·zi·ging** (v), wij·zi·gin·gen
het **wij-zij-ge·voel**
de **wij·zing** (v), wij·zin·gen
de **wik**, wik·ken
de **wi·ki** (m), wi·ki's
de **wik·ke**
de **wik·kel** (m), wik·kels; wik·kel·tje
wik·ke·len (ww), wik·kel, wik·kelt; wik·kel·de, wik·kel·den; ge·wik·keld
wik·ken (ww), wik, wikt; wik·te, wik·ten; ge·wikt
de **wil** (m), wil·le·tje
het **wild**[1]
wild[2] (bnw), wil·de
wild·brei·en (ww)
de **wild·card** (m), wild·cards
de **wil·de**, wil·den
het **wil·de·beest**, wil·de·bees·ten
de **wil·de·bras**, wil·de·bras·sen; wil·de·bras·je
de **wil·de·man** (m) *(woestaard)*, wil·de·man·nen; wil·de·man·ne·tje
wild·en·thou·si·ast (bnw), wild·en·thou·si·as·te
de **wil·der·nis** (v), wil·der·nis·sen; wil·der·nis·je
de **wild·groei** (m)
wild·kam·pe·ren (ww)
het **wild·life**
de **wild·pas·tei**, wild·pas·tei·en
de **wild·pa·té** (m), wild·pa·tés
wild·plas·sen (ww)
de **wild·stro·per** (m), wild·stro·pers
het **wild·ty·pe**, wild·ty·pen, wild·ty·pes
wildwaterkanoën [wild·wa·ter·ka·no·en] (ww)
wild·wa·ter·va·ren (ww)
de **wild·west·si·tu·a·tie** (v), wild·west·si·tu·a·ties
het **wild·west·ver·haal**, wild·west·ver·ha·len
de **wilg** (m), wil·gen; wilg·je
Wil·hel·mus
wil·le: ter wille van
de **wil·le·keur**
wil·le·keu·rig (bnw), wil·le·keu·ri·ge
wil·len (ww), wil, wilt, wil; wil·de, wou, wil·den, wou·den; ge·wild
wil·lens (bijw)

wil·lens en we·tens
wil·lens nil·lens (bijw)
wils·be·kwaam (bnw), wils·be·kwa·me
de wils·kracht
de wim·pel (m), wim·pels; wim·pel·tje
de wim·per, wim·pers; wim·per·tje
de winch (m), win·chen, win·ches
de wind (m), win·den; wind·je
wind·droog (bnw), wind·dro·ge
de win·de, win·den, win·des
het wind·ei, wind·ei·e·ren
de win·del (m), win·de·len, win·dels; win·del·tje
win·den (ww), wind, windt; wond, won·den; ge·won·den
de wind·ener·gie (v)
win·de·rig (bnw), win·de·ri·ge
de wind·ero·sie (v)
wind·ge·voe·lig (bnw), wind·ge·voe·li·ge
de wind·hoos, wind·ho·zen; wind·hoos·je
het wind·jack, wind·jacks; wind·jack·je
de wind·kracht, wind·kracht·je
de wind·me·ter (m), wind·me·ters; wind·me·ter·tje
de wind·mo·len (m), wind·mo·lens; wind·mo·len·tje
de win·dow·dres·sing
de wind·rich·ting (v), wind·rich·tin·gen
de wind·roos, wind·ro·zen
de wind·schoor (m), wind·scho·ren
het wind·sel, wind·se·len, wind·sels; wind·sel·tje
de wind·streek, wind·stre·ken
wind·sur·fen (ww), wind·surf, wind·surft; wind·surf·de, wind·surf·te, wind·surf·den, wind·surf·ten; ge·wind·surfd, ge·wind·surft
de wind·tur·bi·ne (v), wind·tur·bi·nes
de wind·vlaag, wind·vla·gen; wind·vlaag·je
de wine·gum (m), wine·gums
de win·gerd (m), win·ger·den, win·gerds
de win·kans, win·kan·sen
de win·kel (m), win·kels; win·kel·tje
het win·kel·cen·trum, win·kel·cen·tra, win·kel·cen·trums; win·kel·cen·trum·pje
de win·kel·doch·ter (v), win·kel·doch·ters
win·ke·len (ww), win·kel, win·kelt; win·kel·de, win·kel·den; ge·win·keld
de win·ke·lier (m), win·ke·liers; win·ke·lier·tje
de win·ke·lier·ster (v), win·ke·lier·sters
de win·kel·juf·frouw (v), win·kel·juf·frou·wen
het win·kel·kar, win·kel·kar·ren; win·kel·kar·re·tje
de win·kel·ke·ten, win·kel·ke·tens
de win·kel·prijs (m), win·kel·prij·zen
de win·kel·straat, win·kel·stra·ten; win·kel·straat·je
de win·kel·wa·gen (m), win·kel·wa·gens; win·kel·wa·gen·tje
de win·kel·zaak, win·kel·za·ken
de win·naar (m), win·naars
de win·naar·men·ta·li·teit (v)
de win·naars·men·ta·li·teit (v)
de win·naars·tro·fee (v), winnaarstrofeeën [win·naars·tro·fee·en], win·naars·tro·fees

de **win·na·res** (v), win·na·res·sen; win·na·res·je
win·nen (ww), win, wint; won, won·nen; ge·won·nen
de **win·ner** (m), win·ners; win·ner·tje
de **win·ners·men·ta·li·teit** (v)
de **win·ning** (v), win·nin·gen
de **win·ning·mood** (m)
de **winst** (v), win·sten; winst·je
het **winst·be·jag**
de **winst·da·ling** (v), winst·da·lin·gen
de **winst-en-ver·lies·re·ke·ning** (v), winst-en-ver·lies·re·ke·nin·gen
winst·ge·vend (bnw), winst·ge·ven·de
de **winst·ge·vend·heid** (v)
de **winst·kans**, winst·kan·sen; winst·kans·je
de **winst·mar·ge**, winst·mar·ges
de **win·ter** (m), win·ters; win·ter·tje
de **win·ter·dag** (m), win·ter·da·gen; win·ter·dag·je
de **win·ter·eik** (m), win·ter·ei·ken
win·te·ren (ww), win·tert; win·ter·de; ge·win·terd
het **win·ter·goed**
het **win·ter·kleed**, win·ter·kle·de·ren, win·ter·kle·ren; win·ter·kleed·je
de **win·ter·ko·ning** (m) *(vogel)*, win·ter·ko·nin·gen; win·ter·ko·nin·kje
het **win·ter·of·fen·sief**, win·ter·of·fen·sie·ven
win·ters[1] (bnw), win·ter·se
win·ters[2]: 's winters
de **win·ter·slaap** (m), win·ter·sla·pen; win·ter·slaap·je
de **win·ter·spe·len** (mv)
de **win·ter·stal·ling** (v), win·ter·stal·lin·gen
de **win·ter·tijd** (m)
het **win·ter·uur**, win·ter·uren
de **win·ter·va·kan·tie** (v), win·ter·va·kan·ties
de **win·ter·zon·ne·stil·stand** (m), win·ter·zon·ne·stil·stan·den
de **win·ti**[1] (m) *(god)*, win·ti's
de **win·ti**[2] *(religie)*
de **win·ti·cul·tuur** (v)
de **win-win·si·tu·a·tie** (v), win-win·si·tu·a·ties
de **wip**[1] (m) *(het wippen)*, wip·je
de **wip**[2] *(andere betekenissen)*, wip·pen; wip·je
de **wi·per**, wi·pers
wip·pen (ww), wip, wipt; wip·te, wip·ten; ge·wipt
wire·less (bnw)
de **wir·war** (m)
de **wis**[1], wis·sen; wis·je
wis[2] (bnw), wis·se
de/het **wish·ful thin·king**
wi·si
de **wi·si·man**, wi·si·mans
de **wis·kun·de** (v)
de **wis·kun·de·knob·bel** (m), wis·kun·de·knob·bels
wis·kun·dig (bnw), wis·kun·di·ge
de **wis·kun·di·ge**, wis·kun·di·gen
wis·pel·tu·rig (bnw), wis·pel·tu·ri·ge
de **wis·se**, wis·sen
de/het **wis·sel** (m/o), wis·sels; wis·sel·tje
de **wis·se·laar** (m), wis·se·laars, wis·se·la·ren
wis·se·len (ww), wis·sel, wis·selt; wis·sel·de, wis·sel·den; ge·wis·seld
wis·se·lend (bnw), wis·se·len·de
het **wis·sel·geld**
de **wis·se·ling** (v), wis·se·lin·gen
de **wis·sel·koers** (m), wis·sel·koer·sen; wis·sel·koers·je
wis·sel·val·lig (bnw), wis·sel·val·li·ge

de **wis·sel·wer·king** (v), wis·sel·wer·kin·gen
wis·sen (ww), wis, wist; wis·te, wis·ten; ge·wist
de **wis·ser** (m), wis·sers; wis·ser·tje
het **wist-je-dat·je**, wist-je-dat·jes
het **wit**[1], wit·ten; wit·je
wit[2] (bnw), wit·te
het **wit·bier**, wit·bie·ren; wit·bier·tje
wit-blauw (bnw), wit-blau·we
het **wit·boek**, wit·boe·ken
het **wit·brood**, wit·bro·den; wit·brood·je
wit·ge·tint (bnw), wit·ge·tin·te
de **wit·goed·win·kel** (m), wit·goed·win·kels
het **wit·goud**
de **wit·heer** (m), wit·he·ren
de **wit·kalk** (m)
het **wit·lof**
het **wit·loof**
Wit-Rus·sisch (bnw), Wit-Rus·si·sche
de **wit·te·boor·den·cri·mi·na·li·teit** (v)
het **wit·te·brood**, wit·te·bro·den; wit·te·brood·je
de **wit·te·broods·we·ken** (mv)
Wit·te Don·der·dag
de **wit·te·kool** (v), wit·te·ko·len
wit·ten (ww), wit, wit; wit·te, wit·ten; ge·wit
de **wit·ter** (m), wit·ters
de **wit·te·wijn·azijn** (m), wit·te·wijn·azij·nen
de **wit·te·wijn·saus**, wit·te·wijn·sau·sen, wit·te·wijn·sau·zen
wit·was·sen (ww), was wit, wast wit; was·te wit, was·ten wit; wit·ge·was·sen
de **witz** (m), wit·zen
wit-zwart (bnw), wit-zwar·te
de **wi·zard** (m), wi·zards; wi·zard·je
WK *(wereldkampioenschap)*, WK's; WK'tje [WK·tje]
de **WK-fi·na·le**, WK-fi·na·les
WK voet·bal
WLAN *(wireless local area network)*, WLAN's
wo[1] *(woensdag)*
wo[2] *(wetenschappelijk onderwijs)*
wo. *(woensdag)*
WO *(Wereldoorlog)*, WO's
WOB *(Wet openbaarheid van bestuur)*
het **wo-di·plo·ma**, wo-di·plo·ma's
de **wod·ka** (m), wod·ka's; wodkaatje [wod·ka·tje]
woe *(woensdag)*
woe. *(woensdag)*
de **woe·de**, woe·des
de **woe·de·aan·val** (m), woe·de·aan·val·len; woe·de·aan·val·le·tje
woe·den (ww), woed, woedt; woed·de, woed·den; ge·woed
woe·dend (bnw), woe·den·de
de **woe·de-uit·bar·sting** (v), woe·de-uit·bar·stin·gen
woef (tussenw)
de **woe·ker** (m)
woe·ke·ren (ww), woe·ker, woe·kert; woe·ker·de, woe·ker·den; ge·woe·kerd
woe·len (ww), woel, woelt; woel·de, woel·den; ge·woeld
de **woens·dag**[1] (m), woens·da·gen
woens·dag[2] (bijw)
de **woens·dag·avond**[1] (m), woens·dag·avon·den
woens·dag·avond[2] (bijw)
de **woens·dag·mid·dag**[1] (m), woens·dag·mid·da·gen
woens·dag·mid·dag[2] (bijw)
de **woens·dag·mor·gen**[1] (m),

woens·dag·mor·gens
woens·dag·mor·gen[2] (bijw)
woens·dag·nacht (bijw)
de **woens·dag·na·mid·dag** (m), woens·dag·na·mid·da·gen
de **woens·dag·och·tend**[1] (m), woens·dag·och·ten·den
woens·dag·och·tend[2] (bijw)
woens·dags[1] (bnw), woens·dag·se
woens·dags[2]: 's woensdags
de **woens·dag·voor·mid·dag** (m), woens·dag·voor·mid·da·gen
de **wo'er** [wo·er] (m), wo'ers [wo·ers]
de **woerd** (m) *(mannetjeseend)*, woer·den; woerd·je
woest (bnw), woes·te
de **woes·te·nij** (v), woes·te·nij·en
de **woes·tijn**, woes·tij·nen; woes·tijn·tje
de **wok**, wok·ken, woks; wok·je
wok·ken (ww), wok, wokt; wok·te, wok·ten; ge·wokt
de **wol**, wol·le·tje
de **wolf** (m), wol·ven; wolf·je
het **wol·fraam**
het **wol·fram**
de **wolfs·an·gel** (m), wolfs·an·gels
de **wolk**, wol·ken; wolk·je
wol·ke·loos (bnw), wol·ke·lo·ze
het **wol·ken·dek**, wol·ken·dek·ken; wol·ken·dek·je
de **wol·ken·krab·ber** (m), wol·ken·krab·bers; wol·ken·krab·ber·tje
het **wol·ken·veld**, wol·ken·vel·den; wol·ken·veld·je
wol·len (bnw)
het **wol·vee**
wol·ven (ww), wolf, wolft; wolf·de, wolf·den; ge·wolfd
de **wo·ma·ni·zer** (m), wo·ma·ni·zers
de **won** (m), wons
de **wond**[1], won·den; wond·je
wond[2] (bnw), won·de
de **won·de**, won·den
won·den (ww), wond, wondt; wond·de, wond·den; ge·wond
het **won·der**[1], won·de·ren; won·der·tje
won·der[2] (bnw), won·de·re
won·der·baar (bnw), won·der·ba·re
won·der·baar·lijk (bnw), won·der·baar·lij·ke
het **won·der·blad**, won·der·bla·den
won·de·ren (ww), won·der, won·dert; won·der·de, won·der·den; ge·won·derd
won·der·lijk (bnw), won·der·lij·ke
won·der·mooi (bnw), won·der·mooie
won·der·wel (bijw)
wo·nen (ww), woon, woont; woon·de, woon·den; ge·woond
de **wo·ning** (v), wo·nin·gen; wo·nin·kje
de **wo·ning·bouw** (m)
de **wo·ning·bouw·cor·po·ra·tie** (v), wo·ning·bouw·cor·po·ra·ties
de **wo·ning·bou·wer** (m), wo·ning·bou·wers
de **wo·ning·bouw·ver·eni·ging** (v), wo·ning·bouw·ver·eni·gin·gen
de **wo·ning·cor·po·ra·tie** (v), wo·ning·cor·po·ra·ties
de **wo·ning·de·lers·norm**, wo·ning·de·lers·nor·men
de **wo·ning·markt**, wo·ning·mark·ten
de **wo·ning·ruil** (m), wo·ning·rui·len
de **woon**
woon·ach·tig (bnw), woon·ach·ti·ge
het **woon·adres**, woon·adres·sen

het **woon·blok**, woon·blok·ken; woon·blok·je
de **woon·boot**, woon·bo·ten; woon·boot·je
de **woon·cul·tuur** (v), woon·cul·tu·ren
de **woon·een·heid** (v), woon·een·he·den
het **woon·erf**, woon·er·ven; woon·erf·je
het **woon·ge·not**
het **woon·huis**, woon·hui·zen; woon·huis·je
de **woon·ka·mer**, woon·ka·mers; woon·ka·mer·tje
de **woon·kuil** (m), woon·kui·len
het **woon·per·ceel**, woon·per·ce·len
de **woon·plaats**, woon·plaat·sen
de **woon·ruim·te** (v), woon·ruim·ten, woon·ruim·tes
de **woon·ruim·te·ver·de·ling** (v), woon·ruim·te·ver·de·lin·gen
de **woonst** (v), woon·sten
de **woon·vorm** (m), woon·vor·men
de **woon·wa·gen** (m), woon·wa·gens; woon·wa·gen·tje
het **woon-werk·ver·keer**
de **woon·wijk**, woon·wij·ken; woon·wijk·je
de **woon·zorg** (m)
het **woon-zorg·cen·trum**, woon-zorg·cen·tra, woon-zorg·cen·trums
het **woon-zorg·com·plex**, woon-zorg·com·plexen
de **wo-op·lei·ding** (v), wo-op·lei·din·gen
de **woord**[1] (m) *(mannetjeseend)*, woor·den; woord·je
het **woord**[2] *(andere betekenissen)*, woor·den; woord·je
het **woord·ac·cent**, woord·ac·cen·ten
de **woord·be·te·ke·nis** (v), woord·be·te·ke·nis·sen
het **woord·deel**, woord·de·len; woord·deel·tje
woor·de·lijk (bnw), woor·de·lij·ke
woor·de·loos (bnw), woor·de·lo·ze
het **woor·den·boek**, woor·den·boe·ken; woor·den·boek·je
de **woor·den·brij** (m), woor·den·brij·en
de **woor·den·ken·nis** (v)
de **woor·den·keus**, woor·den·keu·zen, woor·den·keu·zes
de **woor·den·lijst**, woor·den·lijs·ten; woor·den·lijst·je
de **woor·den·schat** (m), woor·den·schat·ten
het **woor·den·spel**, woor·den·spe·len, woor·den·spel·len
de **woor·den·wis·se·ling** (v), woor·den·wis·se·lin·gen
het **woord·ge·bruik**
het **woord·ge·slacht**, woord·ge·slach·ten
de **woord·groep**, woord·groe·pen; woord·groep·je
de **woord·keus**, woord·keu·zen, woord·keu·zes
de **woord·keu·ze**, woord·keu·zen, woord·keu·zes
woord·loos (bnw), woord·lo·ze
het **woord·pak·ket**, woord·pak·ket·ten
de **woord·soort**, woord·soor·ten
woord·spe·lig (bnw), woord·spe·li·ge
de **woord·spe·ling** (v), woord·spe·lin·gen; woord·spe·lin·kje

het **woord·veld**, woord·vel·den
de **woord·ver·kla·ring** (v), woord·ver·kla·rin·gen
de **woord·voer·der** (m), woord·voer·ders; woord·voer·der·tje
de **woord·voer·ster** (v), woord·voer·sters
de **woord·volg·or·de**, woord·volg·or·den, woord·volg·or·des
de **woord·vorm** (m), woord·vor·men
de **woord·vor·ming** (v), woord·vor·min·gen
het **woord·web**, woord·web·ben, woord·webs
de **woord·zoe·ker** (m), woord·zoe·kers
de **worces·ter·saus**, worces·ter·sau·sen, worces·ter·sau·zen
wor·den (ww), word, wordt; werd, wer·den; ge·wor·den
wor·dend (bnw), wor·den·de
de **wor·ding** (v), wor·din·gen
de **word·pro·ces·sor** (m), word·pro·ces·so·ren, word·pro·ces·sors
wor·gen (ww), worg, worgt; worg·de, worg·den; ge·worgd
de **worg·greep** (m), worg·gre·pen
de **wor·ging** (v), wor·gin·gen
de **work·aho·lic**, work·aho·lics
de **work·flow**, work·flows
de **work·load** (m), work·loads
de **work-out** (m), work-outs
de **work·shop** (m), work·shops; work·shop·je
het **world wide web**
de **worm** (m), wor·men; worm·pje
de **worp** (m), wor·pen; worp·je
de **worst**, wor·sten; worst·je
het **worst·case·sce·na·rio**, worst·case·sce·na·ri·o's
de **wor·ste·laar** (m), wor·ste·laars
wor·ste·len (ww), wor·stel, wor·stelt; wor·stel·de, wor·stel·den; ge·wor·steld
de **wor·ste·ling** (v), wor·ste·lin·gen
het **wor·sten·brood**, wor·sten·bro·den; wor·sten·brood·je
de **worst·man** (m), worst·man·nen
het **wort**
de **wor·tel**[1] (m) *(in de wiskunde, taalkunde),* wor·tels; wor·tel·tje
de **wor·tel**[2] (m) *(plant(endeel); groente),* wor·te·len, wor·tels; wor·tel·tje
wor·te·len (ww), wor·tel, wor·telt; wor·tel·de, wor·tel·den; ge·wor·teld
de **wor·tel·knol** (m), wor·tel·knol·len
het **woud**, wou·den; woud·je
would-be (bnw)
de **wou·ter** (m), wou·ters; wou·ter·tje
de **wouw**[1] (m) *(vogel),* wou·wen; wouw·tje
de **wouw**[2] *(plant),* wou·wen; wouw·tje
wow (tussenw)
WOZ *(waardering onroerende zaken)*
de **WOZ-waar·de** (v), WOZ-waar·den, WOZ-waar·des
de **wraak**, wraak·je
de **wraak·ne·ming** (v), wraak·ne·min·gen
het **wrak**[1], wrak·ken; wrak·je
wrak[2] (bnw), wrak·ke
de **wra·ke**
wra·ken (ww), wraak, wraakt; wraak·te, wraak·ten; ge·wraakt
het **wrak·hout**
de **wra·king** (v), wra·kin·gen
het **wrak·stuk**, wrak·stuk·ken

de **wrang**[1], wran·gen
wrang[2] (bnw), wran·ge
de **wrap** (m), wraps
wrap·pen (ww), wrap, wrapt; wrap·te, wrap·ten; ge·wrapt
de **wrat**, wrat·ten; wrat·je
het **wrat·ten·zwijn**, wrat·ten·zwij·nen
wreed (bnw), wre·de
de **wreed·aard** (m), wreed·aards
wreed·aar·dig (bnw), wreed·aar·di·ge
de **wreed·heid** (v), wreed·he·den
de **wreef**, wre·ven; wreef·je
wre·ken (ww), wreek, wreekt; wreek·te, wreek·ten; ge·wro·ken
de **wre·ker** (m), wre·kers
de **wre·vel**[1] (m), wre·vels
wre·vel[2] (bnw), wre·ve·le
wre·ve·lig (bnw), wre·ve·li·ge
wrie·me·len (ww), wrie·mel, wrie·melt; wrie·mel·de, wrie·mel·den; ge·wrie·meld
wrig·ge·len (ww), wrig·gel, wrig·gelt; wrig·gel·de, wrig·gel·den; ge·wrig·geld
wrij·ven (ww), wrijf, wrijft; wreef, wre·ven; ge·wre·ven
de **wrij·ving** (v), wrij·vin·gen; wrij·vin·kje
wrij·vings·loos (bnw), wrij·vings·lo·ze
wrik·ken (ww), wrik, wrikt; wrik·te, wrik·ten; ge·wrikt
wrin·gen (ww), wring, wringt; wrong, wron·gen; ge·wron·gen
het **wri·ter's block**, wri·ter's blocks
wroch·ten (ww), wrocht, wrocht; wrocht·te, wrocht·ten; ge·wrocht
de **wroe·ging** (v), wroe·gin·gen
wroe·ten (ww), wroet, wroet; wroet·te, wroet·ten; ge·wroet
de **wrok** (m), wrok·je
wrok·ken (ww), wrok, wrokt; wrok·te, wrok·ten; ge·wrokt
wrok·kig (bnw), wrok·ki·ge
de **wrong** (m), wron·gen; wron·ge·tje
de **wron·gel**
WSW *(Wet op de sociale Werkvoorziening)*
wuft (bnw), wuf·te
de **wuit**, wui·ten
wui·ven (ww), wuif, wuift; wuif·de, wuif·den; ge·wuifd
het **wulf**, wul·ven
de **wulk**, wul·ken
de **wulp** (m), wul·pen
wulps (bnw), wulp·se
wur·gen (ww), wurg, wurgt; wurg·de, wurg·den; ge·wurgd
de **wurg·greep** (m), wurg·gre·pen
de **wur·ging** (v), wur·gin·gen
de/het **wurg·koord**, wurg·koor·den; wurg·koord·je
de **wurg·slang**, wurg·slan·gen
de/het **wurm** (m/o) *(worm)*, wur·men; wurm·pje
wur·men (ww), wurm, wurmt; wurm·de, wurm·den; ge·wurmd
WvS *(Wetboek van Strafrecht)*
w.v.t.t.k. *(wat verder ter tafel komt)*
de **WW'er** [WW·er] (m), WW'ers [WW·ers]
de **WW-uit·ke·ring** (v), WW-uit·ke·rin·gen
het **wy·bert·je**, wy·bert·jes
wy·si·wyg (bnw) *(what you see is what you get)*

X

de **x**, x'en; x'je
het **x-aan·tal**, x-aan·tal·len
de **xan·thi·ne**
de **xan·tip·pe** (v), xan·tip·pes
de **x-as**, x-as·sen
de **X-be·nen** (mv)
het **X-chro·mo·soom**, X-chro·mo·so·men
xe·no·fiel (bnw), xe·no·fie·le
de **xe·no·fo·bie** (v)
xe·no·fo·bisch (bnw), xe·no·fo·bi·sche
de **xe·no·foob**, xe·no·fo·ben; xe·no·foob·je
het **xe·non**
de **xe·res** (m)
de **xe·ro·gra·fie** (v), xerografieën [xe·ro·gra·fie·en]
de **x-fac·tor** (m), x-fac·tors
de **x-stra·len** (mv)
xtc *(ecstasy)*
de **xtc-pil**, xtc-pil·len; xtc-pil·le·tje
de/het **xtc-ta·blet**, xtc-ta·blet·ten; xtc-ta·blet·je
het **xy·leen**
de **xy·lo·foon** (m), xy·lo·foons; xy·lo·foon·tje
het **xy·lo·liet**

Y

de **y**, y's; y'tje
het **yaht·zee**
yahtzeeën [yaht·zee·en] (ww), yaht·zee, yaht·zeet; yaht·zee·de, yaht·zee·den; ge·yaht·zeed
de **yam** (m), yams
het **yang**
de **yank** (m), yanks
de **yan·kee** (m), yan·kees
de **yard** (m), yards
de **y-as**, y-as·sen; y-as·je
de **yaws** (mv)
het **Y-chro·mo·soom**, Y-chro·mo·so·men; Y-chro·mo·soom·pje
de **yell** (m), yells
yel·len (ww), yel, yelt; yel·de, yel·den; ge·yeld
de **yen** (m), yens
de **yen·koers** (m), yen·koer·sen
yep (tussenw)
yes (tussenw)
de **ye·ti** (m), ye·ti's
het **yin**
de **yo·ga**
yogaën [yo·ga·en] (ww), yo·ga, yo·gaat; yo·ga·de, yo·ga·den; ge·yo·gaad
de **yo·ga·les**, yo·ga·les·sen
de **yo·ga·oe·fe·ning** (v), yo·ga·oe·fe·nin·gen
de **yo·ghurt** (m), yo·ghurts; yo·ghurt·je
de **yo·ghurt·be·ker** (m), yo·ghurt·be·kers; yo·ghurt·be·ker·tje
het **yo·ghurt·ijs**, yo·ghurt·ijs·je
de **yo·gi**, yo·gi's
yo·lo (tussenw) *(you only live once)*
de **yor·ka**, yor·ka's
yor·ka·to·ri, yor·ka·to·ri's
de **yorkshireterriër** [york·shire·ter·ri·er] (m), yorkshireterriërs [york·shire·ter·ri·ers]
de **yp·si·lon**, yp·si·lons
de **yu·an** (m), yu·ans
de **yu·ca** (m) *(maniok)*, yu·ca's
de **yuc·ca** (m) *(plant)*, yuc·ca's
de **yu di Kòr·sou**
yup *(young urban professional)*, yup·pen, yups
de **yup·pie** (m), yup·pies
yup·pie·ach·tig (bnw), yup·pie·ach·ti·ge
de **yur·ta**, yur·ta's

Z

za *(zaterdag)*
za. *(zaterdag)*
het **zaad**, za·den; zaad·je
de **zaad·cel**, zaad·cel·len
zaad·dra·gend (bnw), zaad·dra·gen·de
de **zaad·dra·ger** (m), zaad·dra·gers
de **zaad·kor·rel** (m), zaad·kor·rels; zaad·kor·rel·tje
de **zaad·lob**, zaad·lob·ben
zaad·loos (bnw), zaad·lo·ze
de **zaad·streng**, zaad·stren·gen
het **zaad·ver·ede·lings·be·drijf**, zaad·ver·ede·lings·be·drij·ven
de **zaag**, za·gen; zaag·je
het **zaag·dak**, zaag·da·ken
de **zaag·ma·chi·ne** (v), zaag·ma·chi·nes
het **zaag·meel**
het **zaag·sel**
de **zaag·sne·de**, zaag·sne·den
zaai·en (ww), zaai, zaait; zaai·de, zaai·den; ge·zaaid
de **zaai·er** (m), zaai·ers
het **zaai·land**, zaai·lan·den
de **zaai·ling** (m), zaai·lin·gen
de **zaai·ma·chi·ne** (v), zaai·ma·chi·nes
de **zaai·zaad·pro·duc·tie** (v), zaai·zaad·pro·duc·ties
de **zaak**, za·ken; zaak·je
de **zaak·ge·las·tig·de**, zaak·ge·las·tig·den
de **zaak·pa·pie·ren** (mv)
het **zaak·re·gis·ter**, zaak·re·gis·ters
de **zaak·voer·der** (m), zaak·voer·ders
de **zaak·voer·ster** (v), zaak·voer·sters
de **zaak·waar·ne·mer** (m), zaak·waar·ne·mers
de **zaal**, za·len; zaal·tje
het **zaal·hand·bal**
de **zaal·huur**, zaal·hu·ren
het **zaal·korf·bal**
de **zaal·sport**, zaal·spor·ten
het **zaal·voet·bal**
de **zaal·voet·bal·com·pe·ti·tie** (v), zaal·voet·bal·com·pe·ti·ties
het **zaal·voet·bal·toer·nooi**, zaal·voet·bal·toer·nooi·en
het **zaal·voet·bal·tor·nooi**, zaal·voet·bal·tor·nooi·en
de **zaal·wacht** (m), zaal·wach·ten
de **zaal·zus·ter** (v), zaal·zus·ters
de **zaan**
Zaan·se klok
de **za·ba·gli·o·ne** (m)
de **za·ba·io·ne** (m)
zab·be·len (ww), zab·bel, zab·belt; zab·bel·de, zab·bel·den; ge·zab·beld
zab·be·ren (ww), zab·ber, zab·bert; zab·ber·de, zab·ber·den; ge·zab·berd
zacht (bnw), zach·te
het **zacht·board**
zacht·geel (bnw), zacht·ge·le
zacht·ge·kookt (bnw), zacht·ge·kook·te
de **zacht·heid** (v)
zacht·jes (bijw)
zacht·jes·aan (bijw)
zacht·moe·dig (bnw), zacht·moe·di·ge
zacht·zin·nig (bnw), zacht·zin·ni·ge
de/het **za·del** (m/o), za·dels; za·del·tje
de **za·del·knop** (m), za·del·knop·pen
de **za·del·rob** (m), za·del·rob·ben
het **za·ge·meel**
za·gen (ww), zaag, zaagt; zaag·de, zaag·den; ge·zaagd

de **za·ger** (m), za·gers; za·ger·tje
de **zak** (m), zak·ken; zak·je
de **zak·cent** (m), zak·cen·ten; zak·cent·je
de **zak·doek** (m), zak·doe·ken; zak·doek·je
za·ke[1]: onverrichter zake
za·ke[2]: te dezer zake
za·ke[3]: ter zake
za·ke[4]: ter zake kundig
za·ke[5]: ter zake van
za·ke·lijk (bnw), za·ke·lij·ke
de **za·ke·lijk·heid** (v), za·ke·lijk·he·den
de **za·ken·bank**, za·ken·ban·ken
de **za·ken·brief** (m), za·ken·brie·ven
het **za·ken·cij·fer**, za·ken·cij·fers
za·ken·doen (ww), doe za·ken, doet za·ken; deed za·ken, de·den za·ken; za·ken·ge·daan
de **za·ken·man** (m), za·ken·lie·den, za·ken·lui, za·ken·man·nen; za·ken·man·ne·tje
de **za·ken·mens** (m), za·ken·men·sen
de **za·ken·reis**, za·ken·rei·zen; za·ken·reis·je
het **zak·etui**, zak·etuis
het **zak·geld**, zak·geld·je
zak·ken (ww), zak, zakt; zak·te, zak·ten; ge·zakt
zak·ken·rol·len (ww)
de **zak·ken·rol·ler** (m), zak·ken·rol·lers; zak·ken·rol·ler·tje
de **zak·lamp**, zak·lam·pen; zak·lamp·je
de **zak·lan·taarn**, zak·lan·taarns; zak·lan·taarn·tje
zak·lo·pen (ww)
het **zak·mes**, zak·mes·sen; zak·mes·je
de **za·koes·ki** (mv)
de **zak·re·ken·ma·chi·ne** (v), zak·re·ken·ma·chi·nes; zak·re·ken·ma·chien·tje, zak·re·ken·ma·chi·ne·tje
zak·sprin·gen (ww)
de **zak·uit·ga·ve**, zak·uit·ga·ven
de **zalf**, zal·ven; zalf·je
za·lig (bnw), za·li·ge
de **za·li·ge**, za·li·gen
za·li·gen (ww), za·lig, za·ligt; za·lig·de, za·lig·den; ge·za·ligd
de **zalm** (m), zal·men; zalm·pje
de/het **zalm·fi·let** (m/o), zalm·fi·lets
de **zalm·fo·rel**, zalm·fo·rel·len
zal·ven (ww), zalf, zalft; zalf·de, zalf·den; ge·zalfd
za·me·len (ww), za·mel, za·melt; za·mel·de, za·mel·den; ge·za·meld
het **zand**, zan·den; zand·je
de **zand·aal** (m), zand·alen
het **zand·bad**, zand·ba·den
de **zand·bak** (m), zand·bak·ken; zand·bak·je
de/het **zand·duin**, zand·dui·nen
zan·den (ww), zand, zandt; zand·de, zand·den; ge·zand
de **zan·der** (m), zan·ders
het **zand·ge·bak**, zand·ge·bak·je
de **zand·ha·ver**
zan·dig (bnw), zan·di·ge
het **zand·kas·teel**, zand·kas·te·len; zand·kas·teel·tje
de **zand·ke·ver** (m), zand·ke·vers
de **zand·laag**, zand·la·gen; zand·laag·je
de **zand·lo·per** (m), zand·lo·pers; zand·lo·per·tje
de **zand·op·spui·ting** (v), zand·op·spui·tin·gen
de **zand·rits** (m), zand·rit·sen
de/het **zand·steen** (m/o)
de **zand·steen·laag**, zand·steen·la·gen
zand·stra·len (ww), zand·straal,

zand·straalt; zand·straal·de, zand·straal·den; ge·zand·straald
de **zand·streek**, zand·stre·ken
de **zand·truck** (m), zand·trucks
de **zand·vlak·te** (v), zand·vlak·ten, zand·vlak·tes
de **zang** (m), zan·gen
de **zang·con·test** (m), zang·con·tes·ten, zang·con·tests
de **zan·ger** (m), zan·gers; zan·ger·tje
de **zan·ge·res** (v), zan·ge·res·sen; zan·ge·res·je
de **zan·ge·rig·heid** (v)
het **zang·on·der·wijs**
de **zang·ver·eni·ging** (v), zang·ver·eni·gin·gen
de **zang·vo·gel·sport**
de **za·nik**, za·ni·ken
za·ni·ken (ww), za·nik, za·nikt; za·nik·te, za·nik·ten; ge·za·nikt
zan·ten (ww), zant, zant; zant·te, zant·ten; ge·zant
zap·pen (ww), zap, zapt; zap·te, zap·ten; ge·zapt
de **zap·per** (m), zap·pers; zap·per·tje
zat[1] *(zaterdag)*
zat[2] (bnw) *(dronken),* zat·te
zat[3] (onbep vnw) *(voldoende)*
zat. *(zaterdag)*
de **za·te**, za·ten
de **za·ter·dag**[1] (m), za·ter·da·gen; za·ter·dag·je
za·ter·dag[2] (bijw)
de **za·ter·dag·avond**[1] (m), za·ter·dag·avon·den; za·ter·dag·avond·je
za·ter·dag·avond[2] (bijw)
de **za·ter·dag·mid·dag**[1] (m), za·ter·dag·mid·da·gen
za·ter·dag·mid·dag[2] (bijw)
de **za·ter·dag·mor·gen**[1] (m), za·ter·dag·mor·gens
za·ter·dag·mor·gen[2] (bijw)
za·ter·dag·nacht (bijw)
de **za·ter·dag·na·mid·dag** (m), za·ter·dag·na·mid·da·gen
de **za·ter·dag·och·tend**[1] (m), za·ter·dag·och·ten·den
za·ter·dag·och·tend[2] (bijw)
za·ter·dags[1] (bnw), za·ter·dag·se
za·ter·dags[2]: 's zaterdags
za·ter·dags·avonds (bijw)
de **za·ter·dag·voor·mid·dag** (m), za·ter·dag·voor·mid·da·gen
de/het **za·vel** (m/o)
zbo *(zelfstandig bestuursorgaan)*
ze (pers vnw)
de **ze·boe** (m), ze·boes
de **ze·bra** (m), ze·bra's; zebraatje [ze·bra·tje]
ze·bra-ach·tig (bnw), ze·bra-ach·ti·ge
het **ze·bra·pad**, ze·bra·pa·den
de **ze·de**, ze·den
de **ze·de·lijk·heids·wet·ge·ving** (v), ze·de·lijk·heids·wet·ge·vin·gen
ze·de·loos (bnw), ze·de·lo·ze
de **ze·de·loos·heid** (v), ze·de·loos·he·den
de **ze·den·kun·de** (v)
de **ze·den·leer**, ze·den·le·ren
de **ze·den·les**, ze·den·les·sen; ze·den·les·je
de **ze·den·pre·ker** (m), ze·den·pre·kers
de **ze·den·schets**, ze·den·schet·sen
de **zee**, zeeën [zee·en]; zee·tje
de **zee·aal** (m), zee·alen
de **zee·ane·moon**, zee·ane·mo·nen
de **zee·ap·pel** (m), zee·ap·pels
de **zee·arend** (m), zee·aren·den
de **zee·arm** (m), zee·ar·men
de **zee·baars** (m), zee·baar·zen; zee·baars·je
de **zee·be·nen** (mv)
de **zee·bio·loog** (m), zee·bio·lo·gen

het **zee·blauw**[1]
zee·blauw[2] (bnw), zee·blau·we
de **zee·bra·sem** (m), zee·bra·sems
de **zee·bries**, zee·brie·zen; zee·bries·je
de **zee·dijk** (m), zee·dij·ken
de **zee·dui·vel** (m), zee·dui·vels
de **zee-eend**, zee-een·den
de **zee-egel** (m), zee-egels; zee-egel·tje
de **zee-eng·te** (v), zee-eng·ten, zee-eng·tes
de **zeef**, ze·ven; zeef·je
de **zeef·doek**[1] (m) *(voorwerp),* zeef·doe·ken
het **zeef·doek**[2] *(stofnaam)*
zeef·druk·ken (ww), zeef·druk, zeef·drukt; zeef·druk·te, zeef·druk·ten; ge·zeef·drukt
de **zeeg**, ze·gen
het **zee·gat**, zee·ga·ten
het **zee·ge·bied**, zee·ge·bie·den
de **zee·hond** (m), zee·hon·den; zee·hond·je
het **zee-ijs**
de **zee·ka·bel** (m), zee·ka·bels
de **zee·kat**, zee·kat·ten; zee·kat·je
de **zee·kraal**
de **zee·kun·de** (v)
het **zeel**, ze·len; zeel·tje
de **zee·leeuw** (m), zee·leeu·wen; zee·leeuw·tje
het **zee·le·ven**
de **zeelt**, zeel·ten; zeelt·je
de/het **zeem**[1] (m/o) *(stuk zeemleer),* ze·men; zeem·pje
het **zeem**[2] *(zeemleer)*
de **zee·macht**, zee·mach·ten
de **zee·man** (m), zee·lie·den, zee·lui, zee·man·nen; zee·man·ne·tje
de **zee·meer·min** (v), zee·meer·min·nen; zee·meer·min·ne·tje

het **zeem·vel**, zeem·vel·len
zeem·zoet (bnw), zeem·zoe·te
de **zeen**[1] *(pees),* ze·nen; zeen·tje
het **zeen**[2] *(stofnaam)*
de **zee·oor·log** (m), zee·oor·lo·gen
het **zee·op·per·vlak,** zee·op·per·vlak·ken
de **zee·ot·ter** (m), zee·ot·ters; zee·ot·ter·tje
de **zeep**, ze·pen; zeep·je
het **zee·paard**, zee·paar·den; zee·paard·je
het **zee·peil**, zee·pei·len
de **zeep·fa·bri·ca·ge** (v)
de **zeep·fa·briek** (v), zeep·fa·brie·ken; zeep·fa·briek·je
het **zeep·sop**, zeep·sop·je
het **zeer**[1], ze·ren; zeer·tje
zeer[2] (bnw), ze·re
zeer[3] (bijw)
zeer·ge·leerd (bnw), zeer·ge·leer·de
zeer·ste: ten zeerste
het **zee·schild·pad·den·sei·zoen,** zee·schild·pad·den·sei·zoe·nen
het **zee·schild·pad·ei,** zee·schild·pad·ei·e·ren
het **zee·schip**, zee·sche·pen
de **zee·spie·gel** (m), zee·spie·gels
de **zee·ster**, zee·ster·ren
de **zee·tong**, zee·ton·gen
de **Zeeuw** (m), Zeeu·wen
Zeeuws (bnw), Zeeuw·se
de **Zeeuw·se** (v), Zeeuw·sen
de **zee·vaart**, zee·vaar·ten
het **zee·wa·ter**, zee·wa·te·ren
de **zee·weeg·bree,** zeeweegbreeën [zee·weeg·bree·en]
het **zee·wier**, zee·wier·tje
de **zee·zei·ler** (m), zee·zei·lers
het **zee·zicht**, zee·zich·ten
de **ze·fier**[1] (m) *(wind),* ze·fie·ren, ze·fiers; ze·fier·tje

de/het **ze·fier**[2] (m/o) *(stofnaam)*
de **zeg**[1] (m), zeg·je
zeg[2] (tussenw)
de **ze·ge**, ze·ges; ze·ge·tje
de/het **ze·gel** (m/o), ze·gels; ze·gel·tje
ze·ge·len (ww), ze·gel, ze·gelt; ze·gel·de, ze·gel·den; ge·ze·geld
de/het **ze·gel·lak** (m/o), ze·gel·lak·ken
de **ze·gen**[1] *(net)*, ze·gens; ze·gen·tje
de **ze·gen**[2] (m) *(andere betekenissen)*, ze·gens; ze·gen·tje
ze·ge·nen (ww), ze·gen, ze·gent; ze·gen·de, ze·gen·den; ge·ze·gend
de **ze·ge·ning** (v), ze·ge·nin·gen
ze·gen·rijk (bnw), ze·gen·rij·ke
ze·ge·rijk (bnw), ze·ge·rij·ke
ze·ge·vie·ren (ww), ze·ge·vier, ze·ge·viert; ze·ge·vier·de, ze·ge·vier·den; ge·ze·ge·vierd
de **zeg·ge**[1], zeg·gen
zeg·ge[2] (bijw)
zeg·gen (ww), zeg, zegt; zei, zei·den; ge·zegd
de **zeg·gen·schap** (v)
de **zeg·gings·kracht**
de **zegs·man** (m), zegs·lie·den, zegs·lui, zegs·man·nen
de **zegs·wij·ze**, zegs·wij·zen
de **zeik** (m)
zei·ken (ww), zeik, zeikt; zeek, zeik·te, zeik·ten, ze·ken; ge·zeikt, ge·ze·ken
de **zei·ker** (m), zei·kers; zei·ker·tje
de **zei·kerd** (m), zei·kerds; zei·kerd·je
zeik·nat (bnw), zeik·nat·te
het **zeil**, zei·len; zeil·tje
de **zeil·boot**, zeil·bo·ten; zeil·boot·je
zei·len (ww), zeil, zeilt; zeil·de, zeil·den; ge·zeild
het **zeil·jacht**, zeil·jach·ten; zeil·jacht·je
het **zeil·schip**, zeil·sche·pen; zeil·scheep·je
de **zeis**, zei·sen; zeis·je
de **zeit·geist** (m)
ze·ker (bnw), ze·ke·re
ze·ke·ren (ww), ze·ker, ze·kert; ze·ker·de, ze·ker·den; ge·ze·kerd
de **ze·ker·heid** (v), ze·ker·he·den; ze·ker·heid·je
de **ze·ker·heid·stel·ling** (v), ze·ker·heid·stel·lin·gen
de **ze·ke·ring** (v), ze·ke·rin·gen
de **ze·ke·rin·gen·kast**, ze·ke·rin·gen·kas·ten
de **ze·ke·ring·kast**, ze·ke·ring·kas·ten
de **ze·ke·rings·kast**, ze·ke·rings·kas·ten; ze·ke·rings·kast·je
ze·kers (bijw)
de **ze·ker·stel·ling** (v), ze·ker·stel·lin·gen
zel·den (bijw)
zeld·zaam (bnw), zeld·za·me
zelf (aanw vnw)
zelf·be·dacht (bnw), zelf·be·dach·te
het **zelf·be·drog**
zelf·be·drui·pend (bnw), zelf·be·drui·pen·de
het **zelf·beeld**, zelf·beel·den
de **zelf·be·scher·ming** (v)
de **zelf·be·ves·ti·ging** (v), zelf·be·ves·ti·gin·gen
het **zelf·be·wust·zijn**
de **zelf·bou·wer** (m), zelf·bou·wers
zelf·de (aanw vnw)
de **zelf·do·ding** (v), zelf·do·din·gen
de **zelf·doe·ner** (m), zelf·doe·ners
de **zelf·eva·lu·a·tie** (v), zelf·eva·lu·a·ties
zelf·ge·bak·ken (bnw)
zelf·ge·ko·zen (bnw)
zelf·ge·maakt (bnw),

zelf·ge·maak·te
zelf·ge·schre·ven (bnw)
de **zelf·hulp**
zelf·in·ge·no·men (bnw)
zelf·kle·vend (bnw), zelf·kle·ven·de
de **zelf·kri·tiek** (v), zelf·kri·tie·ken
zelf·kri·tisch (bnw), zelf·kri·ti·sche
het **zelf·ma·nage·ment**
het **zelf·me·de·lij·den**
de **zelf·moord**, zelf·moor·den; zelf·moord·je
de **zelf·moord·aan·slag** (m), zelf·moord·aan·sla·gen
het **zelf·moord·com·man·do**, zelf·moord·com·man·do's
het **zelf·on·der·zoek**, zelf·on·der·zoe·ken; zelf·on·der·zoek·je
de **zelf·ont·plooi·ing** (v), zelf·ont·plooi·in·gen
zelf·ont·wor·pen (bnw)
het **zelf·por·tret**, zelf·por·tret·ten; zelf·por·tret·je
de **zelf·red·zaam·heid** (v)
de **zelf·re·flec·tie** (v), zelf·re·flec·ties
zelf·re·flexief (bnw), zelf·re·flexie·ve
de **zelf·re·gu·le·ring** (v), zelf·re·gu·le·rin·gen
zelfs (bijw)
de **zelf·spot** (m)
zelf·stan·dig (bnw), zelf·stan·di·ge
de **zelf·stan·di·ge**, zelf·stan·di·gen
de **zelf·stan·dig·heid** (v), zelf·stan·dig·he·den
de **zelf·stu·die** (v), zelf·stu·dies
het **zelf·tank·sta·ti·on**, zelf·tank·sta·ti·ons
de **zelf·test** (m), zelf·tes·ten, zelf·tests; zelf·test·je
de **zelf·ver·hef·fing** (v), zelf·ver·hef·fin·gen
het **zelf·ver·trou·wen**
zelf·ver·ze·kerd (bnw), zelf·ver·ze·ker·de
de **zelf·ver·ze·kerd·heid** (v), zelf·ver·ze·kerd·he·den
zelf·ver·zon·nen (bnw)
zelf·voor·zie·nend (bnw), zelf·voor·zie·nen·de
de **zelf·waar·de** (v), zelf·waar·den, zelf·waar·des
het **zelf·waar·de·ge·voel**
zelf·ze·ker (bnw), zelf·ze·ke·re
de **zelf·ze·ker·heid** (v), zelf·ze·ker·he·den
de **ze·loot** (m), ze·lo·ten
zel·ve (aanw vnw)
de **ze·mel**[1] *(huls),* ze·me·len; ze·mel·tje
de **ze·mel**[2] *(persoon),* ze·mels; ze·mel·tje
de **ze·me·len**[1] (mv)
ze·me·len[2] (ww), ze·mel, ze·melt; ze·mel·de, ze·mel·den; ge·ze·meld
ze·men[1] (bnw)
ze·men[2] (ww), zeem, zeemt; zeem·de, zeem·den; ge·zeemd
ze·mig (bnw), ze·mi·ge
de **zen** (m)
het **zen·boed·dhis·me**
zen·den (ww), zend, zendt; zond, zon·den; ge·zon·den
de **zen·der** (m), zen·ders; zen·der·tje
de **zen·ding** (v), zen·din·gen; zen·din·kje
de **zen·dings·arts** (m), zen·dings·art·sen
de **zend·mast** (m), zend·mas·ten
de **zen·do** (m), zen·do's
het **zend·schip**, zend·sche·pen
het **zend·uur**, zend·uren
de **zeng**, zen·gen

zen·gen (ww), zeng, zengt; zeng·de, zeng·den; ge·zengd
ze·nig (bnw), ze·ni·ge
het **ze·nit**
de **zen·mees·ter** (m), zen·mees·ters
de **ze·nuw**, ze·nu·wen; ze·nuw·tje
ze·nuw·ach·tig (bnw), ze·nuw·ach·ti·ge
de **ze·nuw·arts** (m), ze·nuw·art·sen
de **ze·nuw·cri·sis** (v), ze·nuw·cri·ses, ze·nuw·cri·sis·sen
de **ze·nuw·in·stor·ting** (v), ze·nuw·in·stor·tin·gen
de **zenuwpatiënt** [ze·nuw·pa·ti·ent] (m), zenuwpatiënten [ze·nuw·pa·ti·en·ten]
ze·nuw·slo·pend (bnw), ze·nuw·slo·pen·de
het **ze·nuw·stel·sel**, ze·nuw·stel·sels
de/het **ze·nuw·toe·val** (m/o), ze·nuw·toe·val·len
de **ze·nuw·zwak·te** (v), ze·nuw·zwak·ten, ze·nuw·zwak·tes
ze·pen (ww), zeep, zeept; zeep·te, zeep·ten; ge·zeept
de **ze·per** (m), ze·pers
de **ze·perd** (m), ze·perds
de **zep·pe·lin** (m), zep·pe·lins; zep·pe·lin·ne·tje
de **zerk**, zer·ken; zerk·je
de **ze·ro**, ze·ro's; zerootje [ze·ro·tje]
de **ze·ro to·le·rance** (m)
het **ze·ro·to·le·rance·be·leid**
zerp (bnw), zer·pe
de **zes**[1], zes·sen; zes·je
zes[2] (telw)
zes bil·joen (telw)
zes bil·joen·ste (telw)
de **zes·ci·lin·der** (m), zes·ci·lin·ders
de **zes·ci·lin·der·mo·tor** (m), zes·ci·lin·der·mo·to·ren, zes·ci·lin·der·mo·tors
de **zes·daag·se**, zes·daag·sen
de **zes·de**[1] *(zesde klas),* zes·den, zes·des
het **zes·de**[2] *(zesde deel),* zes·den
zes·de[3] (telw)
zes·de-eeuws (bnw), zes·de-eeuw·se
zes·de·jaars (bnw)
zes·dui·zend (telw)
zes·dui·zend·ste (telw)
zes en een half (telw)
zes·en·half (telw)
zes·en·zes·tig (telw)
zes·en·zes·tig·ste (telw)
zes·hon·derd (telw)
zes·hon·derd·een (telw)
zes·hon·derd·eer·ste (telw)
zes·hon·derd·en·een (telw)
zes·hon·derd·en·eer·ste (telw)
zes·hon·derd·en·twee (telw)
zes·hon·derd·en·twee·de (telw)
zes·hon·derd·ste (telw)
zes·hon·derd·twee (telw)
zes·hon·derd·twee·de (telw)
zes·ja·rig (bnw), zes·ja·ri·ge
de **zes·ja·ri·ge**, zes·ja·ri·gen
de **zes·kamp** (m), zes·kam·pen
zes·maal (bijw)
zes mil·jard (telw)
zes mil·jard·ste (telw)
zes mil·joen (telw)
zes mil·joen·ste (telw)
het **zes·tal**, zes·tal·len
de **zes·te** (m), zes·tes
zes·tien (telw)
zes·tien·de (telw)
de **zes·tien·de-eeu·wer** (m), zes·tien·de-eeu·wers
zes·tien·de-eeuws (bnw), zes·tien·de-eeuw·se
de **zes·tien·ja·ri·ge**, zes·tien·ja·ri·gen
zes·tig (telw)

de **zes·ti·ger** (m), zes·ti·gers
zes·ti·ger ja·ren
de **zes·tig·plus·ser** (m), zes·tig·plus·sers
zes·tig·ste (telw)
zes ze·ven·de (telw)
de **zet** (m), zet·ten; zet·je
de **zè·ta**, zè·ta's
de **ze·tel** (m), ze·tels; ze·tel·tje
ze·te·len (ww), ze·tel, ze·telt; ze·tel·de, ze·tel·den; ge·ze·teld
het **zet·meel**
zet·ten[1] (ww), zet, zet; zet·te, zet·ten; ge·zet
zet·ten[2]: in elkaar zetten
de **zet·ter** (m), zet·ters; zet·ter·tje
de **zet·ting** (v), zet·tin·gen
de **zeug** (v), zeu·gen; zeug·je
het **zeug·ma**, zeug·ma's, zeug·ma·ta
zeu·len (ww), zeul, zeult; zeul·de, zeul·den; ge·zeuld
het **zeun·tje**, zeun·tjes
de **zeur**, zeu·ren; zeur·tje
zeu·ren (ww), zeur, zeurt; zeur·de, zeur·den; ge·zeurd
de **ze·ven**[1], ze·vens; ze·ven·tje
ze·ven[2] (ww), zeef, zeeft; zeef·de, zeef·den; ge·zeefd
ze·ven[3] (telw)
ze·ven acht·ste (telw)
ze·ven bil·joen (telw)
ze·ven bil·joen·ste (telw)
de **ze·ven·de**[1] *(zevende klas)*, ze·ven·den, ze·ven·des
het **ze·ven·de**[2] *(zevende deel)*, ze·ven·den
ze·ven·de[3] (telw)
ze·ven·de-eeuws (bnw), ze·ven·de-eeuw·se
ze·ven·dui·zend (telw)
ze·ven·dui·zend·ste (telw)
ze·ven en een half (telw)
ze·ven·en·half (telw)
ze·ven·en·ze·ven·tig (telw)
ze·ven·en·ze·ven·tig·ja·rig (bnw), ze·ven·en·ze·ven·tig·ja·ri·ge
ze·ven·en·ze·ven·tig·ste (telw)
ze·ven·hon·derd (telw)
ze·ven·hon·derd·een (telw)
ze·ven·hon·derd·eer·ste (telw)
ze·ven·hon·derd·en·een (telw)
ze·ven·hon·derd·en·eer·ste (telw)
ze·ven·hon·derd·en·twee (telw)
ze·ven·hon·derd·en·twee·de (telw)
ze·ven·hon·derd·ste (telw)
ze·ven·hon·derd·twee (telw)
ze·ven·hon·derd·twee·de (telw)
ze·ven·ja·rig (bnw), ze·ven·ja·ri·ge
de **ze·ven·ja·ri·ge**, ze·ven·ja·ri·gen
de **ze·ven·klap·per** (m), ze·ven·klap·pers
ze·ven·maal (bijw)
de **ze·ven·mijls·laar·zen** (mv)
ze·ven mil·jard (telw)
ze·ven mil·jard·ste (telw)
ze·ven mil·joen (telw)
ze·ven mil·joen·ste (telw)
het **ze·ven·tal**, ze·ven·tal·len
ze·ven·tien (telw)
ze·ven·tien·de (telw)
de **ze·ven·tien·de-eeu·wer** (m), ze·ven·tien·de-eeu·wers
ze·ven·tien·de-eeuws (bnw), ze·ven·tien·de-eeuw·se
ze·ven·tig (telw)
de **ze·ven·ti·ger** (m), ze·ven·ti·gers
ze·ven·ti·ger ja·ren
ze·ven·tig·ste (telw)
het **ze·ven·uur·jour·naal**, ze·ven·uur·jour·naals, ze·ven·uur·jour·na·len
de **ze·ver** (m)

de **ze·ve·raar** (m), ze·ve·raars
ze·ve·ren (ww), ze·ver, ze·vert; ze·ver·de, ze·ver·den; ge·ze·verd
zg. (bnw) *(zogenaamd)*
z.g. *(zaliger gedachtenis)*
z.g.a.n. *(zo goed als nieuw)*
zgn. (bnw) *(zogenaamd)*
z.g.o.h. (bnw) *(zeer goed onderhouden)*
z.i. *(zijns inziens)*
zich (wederkerend vnw)
zich de/het ram·bam wer·ken
zich het ape·la·za·rus wer·ken
zich het ape·zuur wer·ken
de **zicht**[1] *(kleine zeis)*, zich·ten; zicht·je
het **zicht**[2] *(andere betekenissen)*, zicht·je
zicht·baar (bnw), zicht·ba·re
de **zicht·baar·heid** (v)
zich te·goed doen
zich·ten (ww), zicht, zicht; zicht·te, zicht·ten; ge·zicht
zich·zelf (wederkerend vnw)
zie·daar (tussenw) *(uitroep)*
zie·den (ww), zied, ziedt; zied·de, zood, zied·den, zo·den; ge·zied, ge·zo·den
zie·dend (bnw), zie·den·de
zie·hier (tussenw) *(uitroep)*
ziek (bnw), zie·ke
het **ziek·bed**, ziek·bed·den
de **zie·ke**, zie·ken
zie·ken (ww), ziek, ziekt; ziek·te, ziek·ten; ge·ziekt
het **zie·ken·ap·pel**, zie·ken·ap·pels
de **zie·ken·au·to** (m), zie·ken·au·to's; ziekenautootje [zie·ken·au·to·tje]
het **zie·ken·bed**, zie·ken·bed·den
het **zie·ken·be·zoek**, zie·ken·be·zoe·ken; zie·ken·be·zoek·je
de **zie·ken·boeg** (m), zie·ken·boe·gen
het **zie·ken·fonds**, zie·ken·fond·sen
de **zie·ken·fonds·pre·mie** (v), zie·ken·fonds·pre·mies
het **zie·ken·huis**, zie·ken·hui·zen; zie·ken·huis·je
het **zie·ken·huis·bed**, zie·ken·huis·bed·den; zie·ken·huis·bed·je
de **zie·ken·huis·op·na·me**, zie·ken·huis·op·na·men, zie·ken·huis·op·na·mes
de **zie·ken·huis·sec·tor** (m), zie·ken·huis·sec·to·ren, zie·ken·huis·sec·tors
de **zie·ken·kas**, zie·ken·kas·sen
de **zie·ken·kost** (m), zie·ken·kost·je
het **zie·ken·ver·lof**, zie·ken·ver·lo·ven
de **zie·ken·wa·gen** (m), zie·ken·wa·gens; zie·ken·wa·gen·tje
de **zie·ken·zorg**
ziek mel·den
de **ziek·mel·ding** (v), ziek·mel·din·gen
de **ziek·te** (v), ziek·ten, ziek·tes; ziek·te·tje
het **ziek·te·at·test**, ziek·te·at·tes·ten
het **ziek·te·bed**, ziek·te·bed·den
het **ziek·te·beeld**, ziek·te·beel·den
de **ziek·te·be·schrij·ving** (v), ziek·te·be·schrij·vin·gen
het **ziek·te-in·zicht**, ziek·te-in·zich·ten
de **ziek·te·kiem**, ziek·te·kie·men
de **ziek·te·kos·ten** (mv)
de **ziek·te·kos·ten·ver·ze·ke·raar** (m), ziek·te·kos·ten·ver·ze·ke·raars
de **ziek·te·kos·ten·ver·ze·ke·ring** (v), ziek·te·kos·ten·ver·ze·ke·rin·gen
het **ziek·te·pro·ces**, ziek·te·pro·ces·sen
de **ziek·te-uit·ke·ring** (v), ziek·te-

uit·ke·rin·gen
ziek·te van Alz·hei·mer
ziek·te van Lyme
ziek·te van Mé·ni·è·re
ziek·te van Par·kin·son
ziek·te van Pfeif·fer
ziek·te van Weil
het **ziek·te·ver·lof**, ziek·te·ver·lo·ven
het **ziek·te·ver·loop**, ziek·te·ver·lo·pen
ziek·te·ver·wek·kend (bnw), ziek·te·ver·wek·ken·de
de **ziek·te·ver·ze·ke·ring** (v), ziek·te·ver·ze·ke·rin·gen
het **ziek·te·ver·zuim**
de **ziek·te·wet**, ziek·te·wet·ten
de **ziek·te·wet·uit·ke·ring** (v), ziek·te·wet·uit·ke·rin·gen
het **ziek-zijn**
de **ziel**, zie·len; ziel·tje
zie·le: ter ziele
het **zie·len·heil**
de **zie·len·knij·per** (m), zie·len·knij·pers
het **zie·len·le·ven**
de **zie·len·piet** (m), zie·len·pie·ten
de **zie·len·pijn**
de **zie·len·poot** (m), zie·len·po·ten
de **zie·len·roer·se·len** (mv)
de **zie·len·rust**
zie·lig (bnw), zie·li·ge
de **ziel·kun·de** (v)
ziel·loos (bnw), ziel·lo·ze
de **ziels·rust**
ziels·ver·want (bnw), ziels·ver·wan·te
de **ziels·zorg**
ziel·to·gend (bnw), ziel·to·gen·de
de **ziel·zorg**
zien (ww), zie, ziet; zag, za·gen; ge·zien
de **zien·de**[1], zien·den
zien·de[2] (bnw)
zien·der·ogen (bijw)
de **zie·ner** (m), zie·ners
de **ziens·wij·ze**, ziens·wij·zen
zie om·me·zij·de
de **zier**, zie·ren; zier·tje
zie·zo (tussenw) *(uitroep)*
de **zift**, zif·ten
zif·ten (ww), zift, zift; zift·te, zift·ten; ge·zift
de **zi·geu·ner** (m), zi·geu·ners; zi·geu·ner·tje
de **zi·geu·ne·rin** (v), zi·geu·ne·rin·nen; zi·geu·ne·rin·ne·tje
de **zig·zag**[1] (m), zig·zags
zig·zag[2] (bijw)
zig·zag·gen (ww), zig·zag, zig·zagt; zig·zag·de, zig·zag·den; ge·zig·zagd
de **zij**[1] *(lijn, vlak),* zij·den, zij·des; zij·tje
de **zij**[2] *(stof, weefsel van zijde),* zij·des; zij·tje
zij[3] (pers vnw)
het **zij·aan·zicht**, zij·aan·zich·ten
de **zij·arm** (m), zij·ar·men; zij·arm·pje
zijd: wijd en zijd
de **zij·de**[1] *(stof)*
de **zij·de**[2] *(lijn, vlak),* zij·den, zij·des
de **zij·de**[3] *(weefsel van zijde),* zij·des
zij·de[4]: aan gene zijde
de **zij·de-in·dus·trie** (v), zijde-industrieën [zij·de-in·dus·trie·en]
zij·de·lings (bnw), zij·de·ling·se
zij·den (bnw)
zij·dens (voorz)
de **zij·de·rou·te**, zij·de·rou·ten, zij·de·rou·tes
zij·gen (ww), zijg, zijgt; zeeg, ze·gen; ge·ze·gen
zij·ig (bnw), zij·ige
de **zij·in·gang** (m), zij·in·gan·gen

de **zij·in·stro·mer** (m), zij·in·stro·mers
de **zij·in·stroom** (m), zij·in·stro·men
de **zij·kant** (m), zij·kan·ten; zij·kant·je
de **zijl** (m), zij·len
de **zij·lijn**, zij·lij·nen; zij·lijn·tje
zij·lings (bnw), zij·ling·se
zijn[1] (ww), ben, bent; was, wa·ren; ge·weest
zijn[2] (bez vnw)
zij·nent·we·ge (bijw)
zij·nent·wil: om zijnentwil
zijn pap·pen·hei·mers ken·nen
zijns in·ziens
zijns weegs gaan
de **zijp**, zij·pen
het **zij·pad**, zij·pa·den; zij·paad·je
zij·pe·len (ww), zij·pel, zij·pelt; zij·pel·de, zij·pel·den; ge·zij·peld
de/het **zij·span** (m/o), zij·span·nen; zij·span·ne·tje
het **zij·wiel**, zij·wie·len; zij·wiel·tje
zij·zelf (pers vnw)
het **zilt**[1]
zilt[2] (bnw), zil·te
het **zil·ver**
de **zil·ver·draad**[1] (m) *(voorwerp)*, zil·ver·dra·den; zil·ver·draad·je
de/het **zil·ver·draad**[2] (m/o) *(stofnaam)*
zil·ve·ren (bnw)
de **Zim·bab·waan** (m), Zim·bab·wa·nen; Zim·bab·waan·tje
de **zin** (m), zin·nen; zin·ne·tje
zin·de·lijk (bnw), zin·de·lij·ke
zin·de·ren (ww), zin·der, zin·dert; zin·der·de, zin·der·den; ge·zin·derd
de **zine**, zines
zin·gen (ww), zing, zingt; zong, zon·gen; ge·zon·gen
de **zin·ger** (m), zin·gers
de **zin·ge·ving** (v), zin·ge·vin·gen
het **zink**
zin·ken[1] (bnw)
zin·ken[2] (ww), zink, zinkt; zonk, zon·ken; ge·zon·ken
het **zink·erts**, zink·ert·sen
de **zink·plaat**, zink·pla·ten; zink·plaat·je
de **zink·pla·ten·fa·briek** (v), zink·pla·ten·fa·brie·ken
de **zink·put** (m), zink·put·ten; zink·put·je
zin·loos (bnw), zin·lo·ze
het **zin·ne·beeld**, zin·ne·beel·den
zin·nen[1] (ww) *(peinzen over)*, zin, zint; zon, zon·nen; ge·zon·nen
zin·nen[2] (ww) *(aanstaan)*, zin, zint; zin·de, zin·den; ge·zind
zin·nen·prik·ke·lend (bnw), zin·nen·prik·ke·len·de
zin·nen·stre·lend (bnw), zin·nen·stre·len·de
zin·nens zijn
de **zin·nia**, zin·ni·a's
zin·nig (bnw), zin·ni·ge
de **zin·nig·heid** (v), zin·nig·he·den
de **zins·be·goo·che·ling** (v), zins·be·goo·che·lin·gen
de **zins·bouw** (m)
de **zins·con·struc·tie** (v), zins·con·struc·ties
het **zins·deel**, zins·de·len; zins·deel·tje
de **zin·sne·de**, zin·sne·den
de **zins·ont·le·ding** (v), zins·ont·le·din·gen
de **zins·op·bouw** (m)
zin·spe·len (ww), zin·speel, zin·speelt; zin·speel·de, zin·speel·den; ge·zin·speeld
de **zin·spe·ling** (v), zin·spe·lin·gen; zin·spe·lin·kje
de **zins·struc·tuur** (v),

zins·struc·tu·ren
de **zin·struc·tuur** (v), zin·struc·tu·ren
het **zins·ver·band**, zins·ver·ban·den
het **zin·tuig**, zin·tui·gen; zin·tuig·je
zin·tui·ge·lijk (bnw), zin·tui·ge·lij·ke
zin·tuig·lijk (bnw), zin·tuig·lij·ke
zin·vol (bnw), zin·vol·le
de **zin·vol·heid** (v), zin·vol·he·den
Zi·on
het **zi·o·nis·me**
de **zi·o·nist** (m), zi·o·nis·ten
de **zip·file** (m), zip·files
zip·pen (ww), zip, zipt; zip·te, zip·ten; ge·zipt
het **zir·ko·ni·um**
de **zir·koon**[1] (m) *(voorwerp)*, zir·ko·nen
het **zir·koon**[2] *(stofnaam)*
de **zit** (m), zit·je
de **zit·bank**, zit·ban·ken; zit·bank·je
de **zit·plaats**, zit·plaat·sen; zit·plaats·je
zit·ten (ww), zit, zit; zat, za·ten; ge·ze·ten
het **zit·ten·blij·ven**
de **zit·ten·blij·ver** (m), zit·ten·blij·vers; zit·ten·blij·ver·tje
zit·tend (bnw), zit·ten·de
de **zit·ting** (v), zit·tin·gen; zit·tin·kje
de **zit·tings·zaal**, zit·tings·za·len; zit·tings·zaal·tje
de **zit·ting·zaal**, zit·ting·za·len; zit·ting·zaal·tje
het **zit·vlak**, zit·vlak·ken
z.j. *(zonder jaar)*
de **Z-kaart**, Z-kaar·ten
Z.K.H. *(Zijne Koninklijke/Keizerlijke Hoogheid)*
de **zlo·ty**, zlo·ty's
z'n (bez vnw)
zo[1] *(zondag)*
zo[2] (bijw)
zo[3] (voegw)
zo[4] (tussenw)
zo. *(zondag)*
zoab *(zeer open asfaltbeton)*
zo·al (bijw)
zo·als (voegw)
zo arm als Job
zo da·de·lijk
zo·da·nig (aanw vnw)
zo·da·ni·ge (aanw vnw)
zo·dat (voegw)
de **zo·de**, zo·den
de **zo·di·ac** (m), zo·di·acs
de **zo·di·ak** (m)
zo·doen·de (bijw)
zo·dra (voegw)
zo dron·ken als een Ma·lei·er
de **zoe·aaf** (m), zoe·a·ven
zoef (tussenw)
zoek (bijw)
de **zoek·balk** (m), zoek·bal·ken; zoek·balk·je
zoe·ken (ww), zoek, zoekt; zocht, zoch·ten; ge·zocht
de **zoe·ker** (m), zoe·kers; zoe·ker·tje
de **zoek·ma·chi·ne** (v), zoek·ma·chi·nes; zoek·ma·chien·tje
de **zoek·ma·chi·ne·op·ti·ma·li·sa·tie** (v), zoek·ma·chi·ne·op·ti·ma·li·sa·ties
de **zoek·op·dracht**, zoek·op·drach·ten; zoek·op·dracht·je
zoek·ra·ken (ww), raak zoek, raakt zoek; raak·te zoek, raak·ten zoek; zoek·ge·raakt
de **zoek·term** (m), zoek·ter·men
de **zoek·tocht** (m), zoek·toch·ten; zoek·tocht·je
het **zoek·woord**, zoek·woor·den
zoel (bnw), zoe·le

de **Zoe·loe**[1] (m) *(persoon)*, Zoe·loes
het **Zoe·loe**[2] *(taal)*
de **zoem**[1] (m), zoe·men; zoem·pje
zoem[2] (tussenw)
zoe·men (ww), zoem, zoemt; zoem·de, zoem·den; ge·zoemd
de **zoe·mer** (m), zoe·mers; zoe·mer·tje
de **zoen** (m), zoe·nen; zoen·tje
zoe·nen (ww), zoen, zoent; zoen·de, zoen·den; ge·zoend
de **zoe·ner** (m), zoe·ners; zoe·ner·tje
het **zoet**[1], zoet·je
zoet[2] (bnw), zoe·te
de **zoe·te·bek** (m), zoe·te·bek·ken; zoe·te·bek·je
de **zoe·te·kauw**, zoe·te·kau·wen
zoe·ten (ww), zoet, zoet; zoet·te, zoet·ten; ge·zoet
zoet·ge·vooisd (bnw), zoet·ge·voois·de
de **zoe·tig·heid** (v), zoe·tig·he·den; zoe·tig·heid·je
zoet·jes·aan (bijw)
het **zoet·mid·del**, zoet·mid·de·len
het **zoet·wa·ter**
de **zoet·wa·ter·bron**, zoet·wa·ter·bron·nen
zoet-zout (bnw), zoet-zou·te
het **zoet·zuur**[1]
zoet·zuur[2] (bnw), zoet·zu·re
zoe·ven (ww), zoef, zoeft; zoef·de, zoef·den; ge·zoefd
zo-even (bijw)
het **zog**
zo·ge·he·ten (bnw)
zo·gen (ww), zoog, zoogt; zoog·de, zoog·den; ge·zoogd
zo·ge·naamd (bnw), zo·ge·naam·de
zo·ge·noemd (bnw), zo·ge·noem·de
zo·ge·zegd (bijw)
zo goed als
zo·haast (bijw)
zo·iets (onbep vnw)
zo·juist (bijw) *(net)*
zo·lang[1] (bijw)
zo·lang[2] (voegw)
de **zol·der** (m), zol·ders; zol·der·tje
zol·de·ren (ww), zol·der, zol·dert; zol·der·de, zol·der·den; ge·zol·derd
de **zol·de·ring** (v), zol·de·rin·gen
zo·len (ww), zool, zoolt; zool·de, zool·den; ge·zoold
zo·maar (bijw) *(zonder reden)*
de **zom·bie** (m), zom·bies
zo·men (ww), zoom, zoomt; zoom·de, zoom·den; ge·zoomd
de **zo·mer** (m), zo·mers; zo·mer·tje
de **zo·mer·dijk** (m), zo·mer·dij·ken; zo·mer·dijk·je
de **zo·mer·eik** (m), zo·mer·ei·ken
zo·me·ren (ww), zo·mert; zo·mer·de; ge·zo·merd
het **zo·mer·half·jaar**, zo·mer·half·ja·ren
het **zo·mer·kleed**, zo·mer·kle·de·ren, zo·mer·kle·ren; zo·mer·kleed·je
de **zo·mer·maand**, zo·mer·maan·den
het **zo·mer·pa·leis**, zo·mer·pa·lei·zen; zo·mer·pa·leis·je
het **zo·mer·re·ces**, zo·mer·re·ces·sen
zo·mers[1] (bnw), zo·mer·se
zo·mers[2]: 's zomers
de **zo·mer·slaap** (m), zo·mer·sla·pen; zo·mer·slaap·je
de **zo·mer·spe·len** (mv)
de **zo·mer·tijd** (m)
de **zo·mer·va·kan·tie** (v), zo·mer·va·kan·ties
het **zo·mer·ver·blijf**, zo·mer·ver·blij·ven

het **zo·mer·weer**, zo·mer·weer·tje
zo met·een
de **zomp**, zom·pen
zom·pig (bnw), zom·pi·ge
de **zon**, zon·nen; zon·ne·tje
zo'n (aanw vnw)
de **zo·na**
zo·naal (bnw), zo·na·le
de **zon·daar** (m), zon·daars, zon·da·ren
de **zon·dag**[1] (m), zon·da·gen; zon·dag·je
zon·dag[2] (bijw)
de **zon·dag·avond**[1] (m), zon·dag·avon·den; zon·dag·avond·je
zon·dag·avond[2] (bijw)
de **zon·dag·mid·dag**[1] (m), zon·dag·mid·da·gen; zon·dag·mid·dag·je
zon·dag·mid·dag[2] (bijw)
de **zon·dag·mor·gen**[1] (m), zon·dag·mor·gens
zon·dag·mor·gen[2] (bijw)
zon·dag·nacht (bijw)
de **zon·dag·na·mid·dag** (m), zon·dag·na·mid·da·gen
de **zon·dag·och·tend**[1] (m), zon·dag·och·ten·den
zon·dag·och·tend[2] (bijw)
de **zon·dag·open·stel·ling** (v), zon·dag·open·stel·lin·gen
de **zon·dag·rust**
zon·dags[1] (bnw), zon·dag·se
zon·dags[2]: 's zondags
zon·dags·avonds (bijw)
de **zon·dags·rij·der** (m), zon·dags·rij·ders
de **zon·dags·rust**
de **zon·dags·school**, zon·dags·scho·len
de **zon·de**, zon·den, zon·des; zon·de·tje
het **zon·de·be·sef**
de **zon·de·bok** (m), zon·de·bok·ken; zon·de·bok·je
zon·der[1] (voorz)
zon·der[2] (voegw)
de **zon·der·ling**[1] (m), zon·der·lin·gen
zon·der·ling[2] (bnw), zon·der·lin·ge
zon·der meer
de **zon·de·val** (m)
de **zond·vloed** (m), zond·vloe·den; zond·vloed·je
de **zo·ne**, zo·nen, zo·nes
zo·ne·ren (ww), zo·neer, zo·neert; zo·neer·de, zo·neer·den; ge·zo·neerd
de **zo·ne·ring** (v), zo·ne·rin·gen
zo·net (bijw)
de **zo·ne·ver·de·di·ging** (v), zo·ne·ver·de·di·gin·gen
het **zon·licht**
de **zon·ne·ac·ti·vi·teit** (v)
de **zon·ne·al·ler·gie** (v)
de **zon·ne·au·to** (m), zon·ne·au·to's
het **zon·ne·bad**, zon·ne·ba·den; zon·ne·bad·je
zon·ne·ba·den (ww), zon·ne·baad, zon·ne·baadt; zon·ne·baad·de, zon·ne·baad·den; ge·zon·ne·baad
de **zon·ne·bank**, zon·ne·ban·ken; zon·ne·bank·je
de **zon·ne·bloem**, zon·ne·bloe·men
de **zon·ne·bloem·olie**, zonnebloemoliën [zon·ne·bloem·oli·en], zon·ne·bloem·olies
de **zon·ne·brand** (m)
de **zon·ne·brand·crè·me**, zon·ne·brand·crè·mes
de **zon·ne·brand·olie**, zonnebrandoliën

[zon·ne·brand·oli·en], zon·ne·brand·olies
de **zon·ne·bril** (m), zon·ne·bril·len; zon·ne·bril·le·tje
de **zon·ne·cel**, zon·ne·cel·len
de **zon·ne·col·lec·tor** (m), zon·ne·col·lec·to·ren, zon·ne·col·lec·tors
de **zon·ne·crè·me**, zon·ne·crè·mes
de **zon·ne·cul·tus** (m), zon·ne·cul·ten, zon·ne·cul·tus·sen
de **zon·ne·dienst** (m), zon·ne·dien·sten
de **zon·ne-ener·gie** (v)
de **zon·ne·god** (m), zon·ne·go·den
de **zon·ne·hoed** (m), zon·ne·hoe·den; zon·ne·hoed·je
het **zon·ne·ka·non**, zon·ne·ka·non·nen
de **zon·ne·kap**, zon·ne·kap·pen
zon·ne·klaar (bnw), zon·ne·kla·re
de **zon·ne·klep**, zon·ne·klep·pen; zon·ne·klep·je
de **zon·ne·klop·per** (m), zon·ne·klop·pers; zon·ne·klop·per·tje
de **zon·ne·ko·ning** (m) *(onaantastbaar persoon)*, zon·ne·ko·nin·gen
Zon·ne·ko·ning *(Lodewijk XIV)*
het **zon·ne·licht**
de **zon·ne·melk**
zon·nen (ww), zon, zont; zon·de, zon·den; ge·zond
het **zon·ne·pa·neel**, zon·ne·pa·ne·len; zon·ne·pa·neel·tje
de **zon·ne·pit**, zon·ne·pit·ten; zon·ne·pit·je
het **zon·ne·scherm**, zon·ne·scher·men; zon·ne·scherm·pje
de **zon·ne·schijn** (m)
de **zon·ne·slag** (m), zon·ne·sla·gen; zon·ne·slag·je
de **zon·ne·steek** (m), zon·ne·ste·ken
het **zon·ne·stel·sel**, zon·ne·stel·sels
de **zon·ne·straal**, zon·ne·stra·len; zon·ne·straal·tje
de **zon·ne·stra·ling** (v), zon·ne·stra·lin·gen
de **zon·ne·tent**, zon·ne·ten·ten; zon·ne·tent·je
het **zon·ne·ter·ras**, zon·ne·ter·ras·sen; zon·ne·ter·ras·je
de **zon·ne-uren** (mv)
de **zon·ne·wen·de**, zon·ne·wen·den
de **zon·ne·we·ring** (v), zon·ne·we·rin·gen
de **zon·ne·wij·zer** (m), zon·ne·wij·zers; zon·ne·wij·zer·tje
zon·nig (bnw), zon·ni·ge
zo no·dig
zon·over·go·ten (bnw)
de **zons·on·der·gang** (m), zons·on·der·gan·gen
de **zons·op·gang** (m), zons·op·gan·gen
de **zons·op·komst** (v), zons·op·kom·sten
de **zons·ver·duis·te·ring** (v), zons·ver·duis·te·rin·gen
de **zon·uren** (mv)
de **zon·we·ring** (v), zon·we·rin·gen
de **zoo** (m), zoos; zoo·tje
het **zoog·dier**, zoog·die·ren; zoog·dier·tje
de **zooi**, zooi·en; zooi·tje, zoot·je
zooi·en (ww), zooi, zooit; zooi·de, zooi·den; ge·zooid
de **zool**, zo·len; zool·tje
de **zoö·lo·gie** (v)
zoö·lo·gisch (bnw), zoö·lo·gi·sche
de **zoö·loog** (m), zoö·lo·gen
de **zoom** (m), zo·men; zoom·pje
zoo·men (ww), zoom, zoomt;

zoom·de, zoom·den; ge·zoomd
de **zoon** (m), zo·nen, zoons; zoon·tje
de **zoon·lief** (m)
de **zoö·no·se** (v)
het **zoot·je** *(rommeltje)*, zoot·jes
zo oud als Me·thu·sa·lem
zo·pas (bijw)
het **zo·pie**, zo·pies
de **zorg**[1], zor·gen; zorg·je
zorg[2]: ervoor zorg dragen
het **zorg·aan·bod**
de **zorg·be·hoe·ven·de**, zorg·be·hoe·ven·den
het **zorg·cen·trum**, zorg·cen·tra, zorg·cen·trums
de **zorgcoördinator** [zorg·co·or·di·na·tor] (m), zorgcoördinatoren [zorg·co·or·di·na·to·ren], zorgcoördinators [zorg·co·or·di·na·tors]
zorg dra·gen
zorg·dra·gend (bnw), zorg·dra·gen·de
zor·ge·lijk (bnw), zor·ge·lij·ke
zor·ge·loos (bnw), zor·ge·lo·ze
zor·gen (ww), zorg, zorgt; zorg·de, zorg·den; ge·zorgd
het **zor·gen·kind**, zor·gen·kin·de·ren; zor·gen·kind·je
zorg·ge·re·la·teerd (bnw), zorg·ge·re·la·teer·de
de **zorg·in·stel·ling** (v), zorg·in·stel·lin·gen
zorg·lijk (bnw), zorg·lij·ke
de **zorg·plicht**, zorg·plich·ten
de **zorg·sec·tor** (m), zorg·sec·to·ren, zorg·sec·tors
de **zorg·ver·le·ner** (m), zorg·ver·le·ners
de **zorg·ver·le·ning** (v), zorg·ver·le·nin·gen
de **zorg·ver·ze·ke·raar** (m), zorg·ver·ze·ke·raars
de **zorg·ver·ze·ke·ring** (v), zorg·ver·ze·ke·rin·gen
zorg·vul·dig (bnw), zorg·vul·di·ge
de **zorg·vul·dig·heid** (v), zorg·vul·dig·he·den
zorg·zaam (bnw), zorg·za·me
de **zorg·zaam·heid** (v)
de **zot**[1] (m), zot·ten; zot·je
zot[2] (bnw), zot·te
de **zot·heid** (v), zot·he·den
de **zot·te·klap** (m)
het **zot·ten·kot**, zot·ten·ko·ten, zot·ten·kot·ten
de **zot·tin** (v), zot·tin·nen; zot·tin·ne·tje
de **zouk** (m)
de **zouk·dan·ser** (m), zouk·dan·sers
het **zouk·fes·ti·val**, zouk·fes·ti·vals
de **zouk·les**, zouk·les·sen
de **zouk·lief·heb·ber** (m), zouk·lief·heb·bers
het **zouk·num·mer**, zouk·num·mers
het **zout**[1], zou·ten; zout·je
zout[2] (bnw), zou·te
zou·ten (ww), zout, zout; zout·te, zout·ten; ge·zou·ten
de **zou·ter** (m), zou·ters
de **zout·te** (v)
het **zout·vat**, zout·va·ten; zout·vaat·je
het **zout·vlees**
de **zout·vlees·em·mer** (m), zout·vlees·em·mers
zo·veel (onbep vnw)
zo·veel·ste (onbep vnw)
zo·ver[1] (bijw)
zo·ver[2]: tot zover
zo·ver[3]: voor zover
zo·ver·re[1] (bijw)
zo·ver·re[2]: in zoverre

zo·waar[1] (bijw)
zo·waar[2] (tussenw)
zo·wat (bijw)
zo·wel (voegw)
z.o.z. *(zie ommezijde)*
zo·zeer (bijw)
zo·zo[1] (bijw)
zo·zo[2] (tussenw)
z.p. *(zonder pension)*
z.s.m. *(zo spoedig mogelijk)*
de **zucht**[1] (m) *(uitademing, tocht)*, zuch·ten; zucht·je
de **zucht**[2] *(begeerte, ziekte)*
zuch·ten (ww), zucht, zucht; zucht·te, zucht·ten; ge·zucht
de **zuid**[1] (m)
zuid[2] (bijw)
de **Zuid-Afri·kaan** (m), Zuid-Afri·ka·nen
het **Zuid-Afri·kaans**[1] *(taal)*
Zuid-Afri·kaans[2] (bnw), Zuid-Afri·kaan·se
de **Zuid-Ame·ri·kaan** (m), Zuid-Ame·ri·ka·nen
Zuid-Ame·ri·kaans (bnw), Zuid-Ame·ri·kaan·se
zui·de·lijk (bnw), zui·de·lij·ke
het **zui·den**[1] *(windstreek)*
zui·den[2]: ten zuiden van
Zui·den *(politiek-economisch gebied)*
de **zui·den·wind** (m), zui·den·win·den; zui·den·wind·je
de **zui·der·breed·te** (v)
Zui·der·kruis *(sterrenbeeld)*
het **zui·der·licht**
de **zui·der·ling** (m), zui·der·lin·gen
zui·ders (bnw), zui·der·se
Zuid-Eu·ro·pees (bnw), Zuid-Eu·ro·pe·se
Zuid-Frans (bnw), Zuid-Fran·se
zuid·ge·richt (bnw), zuid·ge·rich·te
de **zuid·grens**, zuid·gren·zen
de **Zuid-Hol·lan·der** (m), Zuid-Hol·lan·ders
Zuid-Hol·lands (bnw), Zuid-Hol·land·se
de **Zuid-Hol·land·se** (v), Zuid-Hol·land·sen
de **zuid·kant** (m), zuid·kan·ten
Zuid-Ko·re·aans (bnw), Zuid-Ko·re·aan·se
de **zuid·kust**, zuid·kus·ten
Zuid-Ne·der·lands (bnw), Zuid-Ne·der·land·se
zuid·oost (bijw)
zuid·oos·te·lijk (bnw), zuid·oos·te·lij·ke
het **zuid·oos·ten**
de **zuid·oos·ten·wind** (m), zuid·oos·ten·win·den; zuid·oos·ten·wind·je
de **zuid·pool** *(magnetische pool)*, zuid·po·len; zuid·pool·tje
Zuid·pool *(Antarctica)*
de **Zuid·pool·ex·pe·di·tie** (v), Zuid·pool·ex·pe·di·ties
het **zuid·pool·ge·bied**
zuid·waarts (bnw), zuid·waart·se
zuid·west (bijw)
zuid·wes·te·lijk (bnw), zuid·wes·te·lij·ke
het **zuid·wes·ten**
de **zuid·wes·ten·wind** (m), zuid·wes·ten·win·den; zuid·wes·ten·wind·je
de **zuid·wes·ter**[1] (m), zuid·wes·ters
zuid·wes·ter[2] (bnw)
de **zuid·west·kust**, zuid·west·kus·ten
de **zuid·west·zij·de**, zuid·west·zij·den, zuid·west·zij·des
Zuid·zee
de **zuid·zij·de**, zuid·zij·den, zuid·zij·des

zuid·zuid·west (bijw)
de **zui·ge·ling** (m), zui·ge·lin·gen
zui·gen (ww), zuig, zuigt; zoog, zo·gen; ge·zo·gen
de **zui·ger** (m), zui·gers; zui·ger·tje
de **zuig·fles**, zuig·fles·sen; zuig·fles·je
de **zuil**, zui·len; zuil·tje
de **zuil·cac·tus** (m), zuil·cac·tus·sen
de **zuil·cac·tus·soort**, zuil·cac·tus·soor·ten
zui·nig (bnw), zui·ni·ge
zui·pen (ww), zuip, zuipt; zoop, zo·pen; ge·zo·pen
de/het **zui·vel** (m/o)
zui·ver (bnw), zui·ve·re
zui·ve·ren (ww), zui·ver, zui·vert; zui·ver·de, zui·ver·den; ge·zui·verd
de **zui·ver·heid** (v), zui·ver·he·den
de **zui·ve·ring** (v), zui·ve·rin·gen
het **zui·ve·rings·sta·ti·on**, zui·ve·rings·sta·ti·ons
zulk (aanw vnw)
zul·ke (aanw vnw)
zulks (aanw vnw)
zul·le (tussenw)
zul·len (ww), zal, zul, zult; zou, zou·den
de **zult** (m)
de **zul·te**, zul·ten
de **zum·ba**
de **zum·ba-in·struc·teur** (m), zum·ba-in·struc·teurs
de **zum·ba·les**, zum·ba·les·sen
het **zund·gat**, zund·ga·ten
zu·ren (ww), zuur, zuurt; zuur·de, zuur·den; ge·zuurd
de **zur·kel**
de **zus**[1] (v), zus·sen; zus·je
zus[2] (bijw)
de **zus·ter** (v), zus·ters; zus·ter·tje
de **zus·ter·druif**, zus·ter·drui·ven
de **zus·ter·schap**[1] (v) *(verzamelnaam)*, zus·ter·schap·pen
de/het **zus·ter·schap**[2] (v/o) *(betrekking)*
de **zus·ter·school** *(school waarmee een andere school verbonden is)*, zus·ter·scho·len
de **zus·ters·school** *(nonnenschool)*, zus·ters·scho·len
het **zuur**[1], zu·ren; zuur·tje
zuur[2] (bnw), zu·re
de **zuur·de·sem** (m), zuur·de·sems
het **zuur·goed**
de **zuur·graad** (m), zuur·gra·den
de **zuur·kool**
de **zuur·pruim**, zuur·prui·men
de/het **zuur·stof**, zuur·stof·fen
de **zuur·stof·bom**, zuur·stof·bom·men
de **zuur·te·graad** (m), zuur·te·gra·den; zuur·te·graad·je
zuur·ver·diend (bnw), zuur·ver·dien·de
de **zuur·zak**, zuur·zak·ken
de **zwaai** (m), zwaai·en; zwaai·tje
zwaai·en (ww), zwaai, zwaait; zwaai·de, zwaai·den; ge·zwaaid
de **zwaan**, zwa·nen; zwaan·tje
zwaar (bnw), zwa·re
zwaar·be·la·den (bnw)
zwaar·be·voch·ten (bnw)
zwaar·be·waakt (bnw), zwaar·be·waak·te
zwaar·be·wa·pend (bnw), zwaar·be·wa·pen·de
zwaar·be·wolkt (bnw), zwaar·be·wolk·te
het **zwaard**, zwaar·den; zwaard·je
de **zwaard·le·lie**, zwaardleliën [zwaard·le·li·en], zwaard·le·lies
zwaard·vech·ten (ww)
de **zwaar·ge·wicht**[1] *(persoon)*, zwaar·ge·wich·ten; zwaar·ge·wicht·je

het **zwaar·ge·wicht**[2] *(klasse)*
zwaar·ge·wond (bnw), zwaar·ge·won·de
de **zwaar·ge·won·de**, zwaar·ge·won·den
de **zwaar·te** (v), zwaar·ten, zwaar·tes
de **zwaar·te·kracht**
het **zwaar·te·punt**, zwaar·te·pun·ten
zwaar·we·gend (bnw), zwaar·we·gen·de
de **zwab·ber** (m), zwab·bers; zwab·ber·tje
de **zwach·tel** (m), zwach·tels; zwach·tel·tje
het **zwad**, zwa·den
het **zwa·de**, zwa·den
de **zwa·ger** (m), zwa·gers; zwa·ger·tje
de **zwa·ge·res** (v), zwa·ge·res·sen
het **zwak**[1], zwak·ken; zwak·je
zwak[2] (bnw), zwak·ke
de **zwak·heid** (v), zwak·he·den
de **zwak·ke·re**, zwak·ke·ren
de **zwak·te** (v), zwak·ten, zwak·tes
zwal·ken (ww), zwalk, zwalkt; zwalk·te, zwalk·ten; ge·zwalkt
zwal·pen (ww), zwalp, zwalpt; zwalp·te, zwalp·ten; ge·zwalpt
de **zwa·luw**, zwa·lu·wen; zwa·luw·tje
het **zwa·luw·nest**, zwa·luw·nes·ten; zwa·luw·nest·je
de **zwam**[1] *(plant)*, zwam·men; zwam·me·tje
het **zwam**[2] *(stofnaam)*
zwam·men (ww), zwam, zwamt; zwam·de, zwam·den; ge·zwamd
de **zwamp**, zwam·pen
de **zwamp·vis** (m), zwamp·vis·sen
de **zwa·nen·bloem**, zwa·nen·bloe·men
de **zwa·nen·hals** (m), zwa·nen·hal·zen
de **zwa·nen·zang** (m), zwa·nen·zan·gen
de **zwang** (m)
zwan·ger (bnw), zwan·ge·re
de **zwan·ge·re** (v), zwan·ge·ren
de **zwan·ger·schap** (v), zwan·ger·schap·pen
de **zwan·ger·schaps·test** (m), zwan·ger·schaps·tes·ten, zwan·ger·schaps·tests; zwan·ger·schaps·test·je
het **zwan·ger·schaps·ver·lof**, zwan·ger·schaps·ver·lo·ven
de **zwans**, zwan·sen
zwan·zen (ww), zwans, zwanst; zwans·de, zwans·den; ge·zwansd
het **zwart**[1], zwar·ten; zwart·je
zwart[2] (bnw), zwar·te
de **zwar·te**, zwar·ten
zwar·ten (ww), zwart, zwart; zwart·te, zwart·ten; ge·zwart
de **zwar·te·piet** (m), zwar·te·pie·ten; zwar·te·piet·je
zwar·te·pie·ten (ww), zwar·te·piet, zwar·te·piet; zwar·te·piet·te, zwar·te·piet·ten; ge·zwar·te·piet
Zwar·te Zee·vloot
zwart·ge·bla·kerd (bnw), zwart·ge·bla·ker·de
zwart·kij·ken (ww), kijk zwart, kijkt zwart; keek zwart, ke·ken zwart; zwart·ge·ke·ken
zwart·le·ren (bnw)
zwart·ma·ken (ww) *(belasteren)*, maak zwart, maakt zwart; maak·te zwart, maak·ten zwart; zwart·ge·maakt
zwart-op-wit (bijw)
zwart·rij·den (ww), rijd zwart, rij zwart, rijdt zwart; reed zwart, re·den zwart; zwart·ge·re·den
de **zwart·rij·der** (m), zwart·rij·ders

zwart·wer·ken (ww), werk zwart, werkt zwart; werk·te zwart, werk·ten zwart; zwart·ge·werkt
het **zwart-wit**[1], zwart-wit·je
zwart-wit[2] (bnw), zwart-wit·te
het **zwart-wit·beeld**, zwart-wit·beel·den
het **zwart-wit·den·ken**
de **zwart-wit·film** (m), zwart-wit·films; zwart-wit·film·pje
de **zwart-wit·fo·to**, zwart-wit·fo·to's; zwart-witfotootje [zwart-wit·fo·to·tje]
de **zwart-wit·fo·to·gra·fie** (v), zwart-witfotografieën [zwart-wit·fo·to·gra·fie·en]
de **zwart-wit·te·gen·stel·ling** (v), zwart-wit·te·gen·stel·lin·gen
de **zwart-wit·te·ke·ning** (v), zwart-wit·te·ke·nin·gen
de **zwart-wit·te·le·vi·sie** (v), zwart-wit·te·le·vi·sies
de **zwart-wit-tv** (v), zwart-wit-tv's
de **zwa·vel** (m)
zwa·ve·len (ww), zwa·vel, zwa·velt; zwa·vel·de, zwa·vel·den; ge·zwa·veld
de **Zweed** (m), Zwe·den
het **Zweeds**[1] *(taal)*
Zweeds[2] (bnw), Zweed·se
zweef·vlie·gen (ww), zweef·vlieg, zweef·vliegt; zweef·vlieg·de, zweef·vlieg·den; ge·zweef·vliegd
de **zweem** (m), zwe·men; zweem·pje
de **zweep**, zwe·pen; zweep·je
de **zweer**, zwe·ren; zweer·tje
het **zweet**[1]
zweet[2]: in het zweet des aanschijns
de **zwei**, zwei·en
zwe·len (ww), zweel, zweelt; zweel·de, zweel·den; ge·zweeld
zwel·gen (ww), zwelg, zwelgt; zwolg, zwol·gen; ge·zwol·gen
zwel·len (ww), zwel, zwelt; zwol, zwol·len; ge·zwol·len
de **zwel·ling** (v), zwel·lin·gen; zwel·lin·kje
het **zwem·bad**, zwem·ba·den; zwem·bad·je
de **zwem·broek**, zwem·broe·ken; zwem·broek·je
zwe·men (ww), zweem, zweemt; zweem·de, zweem·den; ge·zweemd
het **zwem·ge·rief**
de **zwem·ma·ra·thon** (m), zwem·ma·ra·thons
zwem·men (ww), zwem, zwemt; zwom, zwom·men; ge·zwom·men
de **zwem·mer** (m), zwem·mers; zwem·mer·tje
het **zwem·pak**, zwem·pak·ken; zwem·pak·je
de **zwem·short** (m), zwem·shorts
de **zwem·ster** (v), zwem·sters; zwem·ster·tje
het **zwem·vest**, zwem·ves·ten; zwem·vest·je
de **zwen·del** (m), zwen·del·tje
de **zwen·gel** (m), zwen·gels; zwen·gel·tje
de **zwenk** (m), zwen·ken
zwen·ken (ww), zwenk, zwenkt; zwenk·te, zwenk·ten; ge·zwenkt
zwe·pen (ww), zweep, zweept; zweep·te, zweep·ten; ge·zweept
zwe·ren[1] (ww) *(een eed doen),* zweer, zweert; zweer·de, zwoer, zweer·den, zwoe·ren; ge·zweerd, ge·zwo·ren
zwe·ren[2] (ww) *(etteren),* zweer, zweert; zweer·de, zwoor, zweer·den, zwo·ren; ge·zwo·ren
de/het **zwerf·af·val** (m/o)
het **zwerf·hon·den·pro·bleem**,

zwerf·hon·den·pro·ble·men
het **zwerk**
de **zwerm** (m), zwer·men; zwerm·pje
zwer·men (ww), zwerm, zwermt; zwerm·de, zwerm·den; ge·zwermd
zwer·ven (ww), zwerf, zwerft; zwierf, zwier·ven; ge·zwor·ven
de **zwer·ver** (m), zwer·vers; zwer·ver·tje
zwe·ten (ww), zweet, zweet; zweet·te, zweet·ten; ge·zweet
zwet·sen (ww), zwets, zwetst; zwets·te, zwets·ten; ge·zwetst
zwe·ven (ww), zweef, zweeft; zweef·de, zweef·den; ge·zweefd
de **zwe·ze·rik** (m), zwe·ze·ri·ken; zwe·ze·rik·je
zwich·ten (ww), zwicht, zwicht; zwicht·te, zwicht·ten; ge·zwicht
de **zwiep** (m), zwie·pen; zwiep·je
zwie·pen (ww), zwiep, zwiept; zwiep·te, zwiep·ten; ge·zwiept
de **zwier** (m)
zwie·ren (ww), zwier, zwiert; zwier·de, zwier·den; ge·zwierd
zwij·gen (ww), zwijg, zwijgt; zweeg, zwe·gen; ge·zwe·gen
zwijm: in zwijm
zwij·me·len (ww), zwij·mel, zwij·melt; zwij·mel·de, zwij·mel·den; ge·zwij·meld
het **zwijn**, zwij·nen; zwijn·tje
zwij·nen (ww), zwijn, zwijnt; zwijn·de, zwijn·den; ge·zwijnd
de **zwij·nen·stal** (m), zwij·nen·stal·len
de **zwik** (m), zwik·ken; zwik·je
het **zwin**, zwin·nen; zwin·ne·tje
de **zwing**, zwin·gen
de **Zwit·ser** (m), Zwit·sers
Zwit·sers (bnw), Zwit·ser·se
zwoe·gen (ww), zwoeg, zwoegt; zwoeg·de, zwoeg·den; ge·zwoegd
zwoel (bnw), zwoe·le
het **zwoerd**, zwoer·den; zwoerd·je
de **Zwol·se** (v), Zwol·sen
de **zy·goot** (v), zy·go·ten
de **zy·go·te** (v), zy·go·ten
zzp *(zorgzwaartepakket),* zzp's
de **zzp'er** [zzp·er] (m), zzp'ers [zzp·ers]

LIJSTEN
TAALADVIEZEN
INDEX

Lijst van woorden zonder tussen-*n*

Onderstaande woorden worden – anders dan je misschien zou verwachten op grond van de basisregel voor de spelling van de tussen-*n* in samenstellingen – gespeld zónder tussen-*n*.

apegapen
apekool
apelazarus
apezuur
assepoester
Assepoester
bakkebaard
bakkeleien
banderol
bolleboos
bonnefooi
bruidegom
bullebak
dageraad
deuvekater
duivekater
duimelot
elleboog
ellepijp
flierefluiten
flierefluiter
hagedis
havezate
hazewind
heremiet
hunebed
kakebeen
kattebelletje (briefje)
kazemat
kinnebak
kinnesinne
klerelijer
klerestreek
klerezooi
koekebrood
koekeloeren
koekepeer
ledemaat
madelief
maretak
marsepein
nachtegaal
paarlemoer
papegaai
paperassen
petekind
pieleman
pierewiet
pikkedonker
postelein
rammenas
ravelijn
rederijker
redetwisten
rozemarijn
ruggespraak
savooiekool
schattebout
sikkepit
spillebeen
takkeweer
takkewijf
tuttebel
ukkepuk
wielewaal
zinnebeeld

Lijst van woorden met een dubbel meervoud

Onderstaande woorden hebben een meervoud op zowel *-n* als op *-s*. Als ze het eerste deel vormen van een samenstelling, krijgen ze geen tussen-*n*. Dus bijvoorbeeld *aangifteformulier, aktetas.*

aangifte
aanname
absoute
achtste (achtste klas)
afgifte
afname
agave
akte
aldehyde
algoritme
amazone
ambulance
amfetamine
amine
amoebe
analyse
anekdote
anode
antenne
antilope
antithese
apache
Apache
apostille
arcade
archetype
are
attitude
aubade
bactericide
ballade
balustrade
barricade
bede
bedstede
begeerte
behoefte
belofte
bende
beroerte
beslagname
bijdrage
bijlage
binnenste
biocide
bladzijde
blessure
bloedname
bode
boete
bolide
breedte
brigade
bromide
bühne
buste
camionette
cantate
cascade
cassette
catastrofe
cavalcade
centiare
chloride
cicade
collecte
contactname
controverse
coulisse
crypte
curve
cyste
cytokine
decade
deelname
derde (derde klas)
diagnose
diepte
dikte
diode
dioxide
dioxine
doge

donkerte
doorsnede
dorade
douane
droogte
druïde
dunte
duurte
ecocide
einde
elektrode
ellende
engte
episode
esplanade
essence
estafette
etappe
executieve
exegese
expertise
extase
façade
fanfare
farce
farde
fase
fenotype
flauwte
fluoride
frase
fungicide
garde
gazelle
gebergte
geboorte
gebuurte
gedaante
gedachte
gedeelte
gehalte
gehemelte
gelofte
gemeente
gemiddelde
gendarme
geneugte
genocide
genotype
geraamte
gestalte
gesteente
gevaarte
gewoonte
gezegde
gezindte
gilde
globe
gravure
groente
groeve
guave
halte
hectare
heide
herbicide
hinde
hoeve
holte
hoogte
horde
hybride
hymne
hypofyse
hypothese
iconostase
idee-fixe
idylle
impasse
inachtname
inbedrijfname
inbeslagname
indienstname
ingebruikname
initiatiefname
inname
inontvangstname
inproductiename
insecticide
intrede
inzaaiperiode
inzage
isme
jeremiade
kade
kamille
karbonade
kathode
kazerne
kennisname
keuze
klare
krapte
kribbe
kromte
kudde
laagte
lade
lagune
lecithine
leegte
leemte
legende
lengte
liefde
linde
loipe
luwte
made
mangrove

manicure
marche
marmelade
maskerade
maxime
mechanisme
melasse
menigte
metabolisme
metamorfose
metastase
methode
meute
microbe
mime
missive
module
moeite
molecule
monotype
monoxide
monstername
morene
mythe
neurose
novelle
novice
nuance
oase
ode
oekaze
offerande
offerte
olympiade
ontslagname
ontvangstname
oorkonde
oplage
opname
orde
orgasme
orthese
ouverture
overname
oxide
pagode
palissade
pantomime
parafrase
parenthese
passe
pauze
peptide
periode
peroxide
pesticide
piramide
pirouette
piscine
piste
plasmide
plejade
polyamide
pope
pose
profylaxe
promesse
proteïne
prothese
prototype
psyche
psychose
pyrolyse
queeste
rationale
rebbe
recidive
rente
revolte
rite
ritme
roede
rollade
romance
ronde
rondte
rotonde
route
ruimte
ruïne
sacharide
saline
satire
saucisse
savanne
schade
scherpte
schuinte
sclerose
seconde
secunde
sekse
sekte
sirene
site (terrein)
slapte
slede
snede
sonate
spade
spasme
staalname
stellingname
steppe
stère
stereotype
sterfte
sterkte
stilte
stobbe

strofe
sulfide
superette
syllabe
symbiose
synagoge
syncope
synecdoche
synode
synthese
taveerne
taverne
terugname
these
tobbe
toelage
toename
tombe
tompouce
toxine
trede
triade
tube
tweede (tweede klas)
type
uitgifte
vedette
verhemelte
verlengde
verloofde
verte
vete
vierde (vierde klas)
vijfde (vijfde klas)
vitamine
vlakte
voldoende
volgorde
volume
voorhoede
vreugde
vrijgeleide
waarde
wake
warande
wedde
weduwe
weide
wende
wijdte
winde
zesde (zesde klas)
zevende (zevende klas)
ziekte
zijde
zonde
zone
zwaarte
zwakte

Lijst van uitdrukkingen met een oude naamvalsvorm

60'er jaren
70'er jaren
aan den lijve
aan gene zijde
aan weerskanten
bij dezen
bij lange na niet
bij machte
bij monde van
bij tijd en wijle
des te beter
des te meer
de tand des tijds
dezer dagen
een uur gaans
eigener beweging
er is sprake van
geen uitstaans hebben met
heden ten dage
in arren moede
in den beginne
in den brede
in den lande
in den vreemde
in der minne schikken
in dezen
in dier voege
in gebreke blijven
in gebreke stellen
in genen dele
in goeden doen
in groten getale
in het zweet des aanschijns
in hoeverre
in koelen bloede
in levenden lijve
in lichterlaaie
in zoverre
met dien verstande
met verve
met voorbedachten rade
mijn en dijn
mijns inziens
naar den vleze
om den brode
om harentwil
om hunnentwil
om mijnentwil
omwille van
om zijnentwil
onverrichter zake
onzes inziens
op den duur
steen des aanstoots
te allen tijde
te berde brengen
te berge rijzen
te dezer zake
te dien einde
te eigen bate
te elfder ure
te gelde maken
te gelegener tijd
te gepasten tijde

te goeder naam en faam
te goeder trouw
te gronde gaan
te gronde richten
te kwader trouw
te lande
te mijnen huize
te mijner beschikking
te mijner ere
te moede
ten aanval
ten aanzien van
ten andere
ten antwoord
ten bate van
ten bedrage van
ten behoeve van
ten belope van
ten dele
ten dienste van
ten einde
ten einde lopen
ten einde raad
ten enenmale
ten gehore brengen
ten gevolge van
ten goede komen
ten grondslag
ten hoogste
ten huidigen dage
ten huize van
ten koste van
ten langen leste
ten laste
ten laste leggen
ten nadele van
ten name van
ten onder gaan
ten onrechte
ten opzichte van
ten overstaan van
ten overvloede
ten rechte
ten slotte (tot besluit)
ten spijt
ten stelligste
ten tijde van
ten tweede
ten tweeden male
ten uitvoer leggen
ten voeten uit
ten volle
ten voordele van
ten vroegste
ten zeerste
te pletter
te rade gaan
ter attentie van
ter beschikking stellen
ter beurze
ter dood veroordelen
ter ere van
ter gelegenheid van
ter grootte van
ter hand nemen
ter hand stellen
ter harte nemen
ter herinnering
ter hoogte van
ter inzage
ter inzage leggen
ter kennisgeving
ter kennisname
ter linkerzijde
ter ore komen
ter plaatse
ter rechterzijde
ter sprake
ter waarde van
ter wereld

ter wille van
ter zake
ter zake kundig
ter zake van
terzelfder tijd
ter ziele
terzijde staan
te stade komen
te uwen laste
te uwer beschikking
te uwer informatie
te velde
te zijner tijd
tot dusverre
uit anderen hoofde
uit den boze
uit hoofde van
van dien aard
van ganser harte
van goeden huize
van heinde en verre
van jongs af
van jongs af aan
van kinds af aan
van kleins af
van kleins af aan
van rechtswege
van tevoren
van uwentwege
willens en wetens
zestiger jaren
zeventiger jaren
zijns inziens
zijns weegs gaan
zinnens zijn

Lijst van woorden die zijn afgeleid van eigennamen

eigennaam	afgeleide vorm
Abraham (Bijbelse figuur)	abraham (pop)
Adam (Bijbelse figuur)	adam (stamvader)
Apocalyps (Bijbelboek)	apocalyps (enorme ramp)
Armada (Spaanse oorlogsvloot van 1588)	armada (grote vloot)
Armageddon (Bijbelse plaats)	armageddon (wereldwijde catastrofe)
Assepoester (sprookjesfiguur)	assepoester (slordige meid)
Beëlzebub (god)	beëlzebub (aap, angstaanjagend persoon)
Benjamin (Bijbelse figuur)	benjamin (jongste zoon)
Casanova (historisch personage)	casanova (rokkenjager)
Cerberus (mythologisch wezen)	cerberus (norse, waakzame wachter)
Croesus (mythologische figuur)	croesus (schatrijk persoon)
Don Juan (historisch personage)	donjuan (vrouwenverleider)
Don Quichot (romanpersonage)	donquichot (naïeve idealist)

eigennaam	afgeleide vorm
Eden (Paradijs)	eden (lustoord)
Eldorado (mythisch land)	eldorado (ideaal oord)
Eros (god)	eros (liefdeskracht)
Exodus (Bijbelboek)	exodus (uittocht)
Genesis (Bijbelboek)	genesis (ontstaan)
Goliath (Bijbels figuur)	goliath (reusachtig persoon)
Hercules (halfgod)	hercules (sterke man)
Jan Klaassen (poppenkastpersonage)	janklaassen (sullig persoon)
Jonas (profeet)	jonas (pechvogel)
Kaïn (Bijbels persoon)	kaïn (boosaardige man)
Klein Duimpje (sprookjesfiguur)	kleinduimpje (klein persoon)
Luilekkerland (mythisch land)	luilekkerland (plaats van overvloed)
Madonna (Maria)	madonna (vrouw, meisje)
Marshallplan (plan van minister Marshall)	marshallplan (grootschalig plan van aanpak)
Mekka (stad in Saoedi-Arabië)	mekka (ideale plaats)
Valentijn (heilige)	valentijn (kaart; aanbidder)
Walhalla (mythische plaats)	walhalla (ideale plaats)
Zonnekoning (Lodewijk XIV)	zonnekoning (onaantastbaar iemand)

Aaneenschrijven van combinaties met *er, daar, hier* en *waar*

De woorden *er, daar, hier* en *waar* worden in een zin vaak gevolgd door een voorzetselbijwoord* (bijvoorbeeld *in, op, aan, bij, af, heen, mee* of *toe*). Vaak is er dan twijfel of die combinaties aan elkaar geschreven moeten worden of niet.

De spelling van zulke combinaties hangt samen met de structuur van de zin. Als deze elementen samen één zinsdeel vormen, is er sprake van een voornaamwoordelijk bijwoord*. In de zin *Ze klom op de ladder en is daarvanaf gevallen* vormt *daarvanaf* een voornaamwoordelijk bijwoord, met als betekenis 'van die ladder'; in *Ze sport veel en is daarvan afgevallen* is *daarvan* (met de betekenis 'van/door het sporten') een voornaamwoordelijk bijwoord en hoort *af* bij het werkwoord.

In de Woordenlijst zijn niet alle combinaties met voornaamwoordelijke bijwoorden opgenomen. Deze tekst is een hulpmiddel om een voornaamwoordelijk bijwoord te kunnen herkennen en correct te schrijven.

1. De spelling van voornaamwoordelijke bijwoorden

Voornaamwoordelijke bijwoorden zijn combinaties van de bijwoorden* *er, hier, daar waar, ergens, nergens* en *overal* en een of meer voorzetselbijwoorden (bijvoorbeeld *in, op, aan, bij, af, heen, mee* of *toe*).

In de regel worden de delen van het voornaamwoordelijk bijwoord aaneengeschreven als ze direct op elkaar volgen en als het eerste deel *er, hier, daar* of *waar* is.

- *Het boek ligt op tafel. Het boek ligt* ***erop.***
- *Hij rende* ***daarheen.***

- ***Waarover** hebben jullie gesproken?*
- *Hij kroop **hieronderdoor.***
- *Nog een strik **eromheen,** en het cadeautje is klaar.*

De laatste twee voorbeelden laten zien dat een voornaamwoordelijk bijwoord ook uit meer dan twee delen kan bestaan. Zo'n combinatie wordt ook aaneengeschreven.

Als het eerste deel *ergens*, *nergens* of *overal* is, worden de delen los geschreven.

- *Het moet wel **ergens over** gaan.*
- *Hij wil **overal bij** zijn.*

Het voornaamwoordelijk bijwoord kan ook gesplitst worden door een ander zinsdeel.

- *Je moet het **hier** voorlopig maar **mee** doen. (= Je moet het voorlopig maar **hiermee** doen)*
- ***Waar** denk je dat **mee** te betalen? (= **Waarmee** denk je dat te betalen?)*
- ***Daar** heeft hij nooit iets **over** gezegd. (= **Daarover** heeft hij nooit iets gezegd)*

2. De functie van voornaamwoordelijke bijwoorden

Een voornaamwoordelijk bijwoord verwijst naar een of meer woorden die elders in de zin of tekst staan, of een hele zin. Het voornaamwoordelijk bijwoord dient als vervanging van die woorden of die zin.

Meestal gaat het om iets wat eerder genoemd is. Een voornaamwoordelijk bijwoord zoals *erop* betekent 'op het(gene)' – namelijk hetgene wat genoemd is – en *waarin*, bijvoorbeeld, betekent 'in wat'.

- *Henk kon niet op zijn stoel gaan zitten, want de kat lag **erop** te slapen.* (***erop*** betekent *'op datgene wat genoemd is'*, oftewel *'op zijn stoel'*)
- *Ga je mee naar Utrecht? Ik denk **erover** na.* (***erover*** betekent *'over de genoemde vraag'*)

Een voornaamwoordelijk bijwoord kan ook verwijzen naar een zinsdeel dat nog volgt: een *dat*-zin of een beknopte bijzin.

- *We moeten* ***ervoor*** *zorgen dat we genoeg eten in huis hebben.* (**ervoor** verwijst vooruit naar *'het genoeg eten in huis hebben'*)
- *Ik vertrouw* ***erop*** *u hiermee voldoende geïnformeerd te hebben.* (**erop** verwijst vooruit naar *'het voldoende geïnformeerd hebben'*)

3. Hoe herken je een voornaamwoordelijk bijwoord?

3.1 Vervangingsproef

Een goede manier om een voornaamwoordelijk bijwoord te herkennen is de zin te parafraseren. Op die manier wordt duidelijk welke woorden het voornaamwoordelijk bijwoord vervangt, en welke woorden eventueel deel uitmaken van een ander zinsdeel.

Een voornaamwoordelijk bijwoord kan in de meeste gevallen vervangen worden door het oorspronkelijke voorzetsel* en een naamwoord. Als vervanging mogelijk is, hebben we te maken met een voornaamwoordelijk bijwoord. Enkele voorbeelden:

- ***Erachter:*** *Kijk eens achter die boom, volgens mij heeft hij zich* ***erachter*** *verstopt. ('achter de boom')*
- ***Daarbij:*** *We moeten dit getal* ***daarbij*** *optellen.* (bv. *'bij die som')*
- ***Ervan:*** *Ik ben* ***ervan*** *overtuigd dat hij lekker kan koken. ('van het feit dat hij lekker kan koken')*
- ***Eronderdoor:*** *Daar staat een ladder, durf je* ***eronderdoor*** *te lopen? ('onder de ladder door')*

Als de combinatie niet vervangen kan worden door een voorzetsel en een naamwoord, betekent dat ofwel dat we te maken hebben met een 'loos' voornaamwoordelijk bijwoord (dit wordt hieronder toegelicht bij punt a), ofwel dat het niet om een voornaamwoordelijk bijwoord gaat maar dat het voorzetsel of bijwoord deel uitmaakt van een ander zinsdeel (punt b) of van een samengesteld werkwoord (punt c).

a. Loze voornaamwoordelijke bijwoorden

Een beperkte categorie vormen de werkwoordelijke uitdrukkingen en naamwoordelijke gezegdes met 'loze' voornaamwoordelijke bijwoorden. Bij deze combinaties kan het voornaamwoordelijk bijwoord niet vervangen worden, omdat het samen met het werkwoord een eenheid vormt met een specifieke betekenis. Het loze voornaamwoordelijk bijwoord heeft op zichzelf weinig betekenis. Het loze *er* kan meestal niet vervangen worden door *daar* of *hier* zoals bij andere voornaamwoordelijke bijwoorden.

Loze voornaamwoordelijke bijwoorden worden in principe aaneengeschreven, net als andere voornaamwoordelijke bijwoorden, tenzij ze gesplitst worden door een ander zinsdeel. Enkele voorbeelden:

- ***Eraan komen:*** *We **komen eraan**! ('al onderweg zijn')*
- ***Erop vooruitgaan:*** *Ondanks de crisis zijn de banken **erop vooruitgegaan**. ('in een betere toestand komen')*
- ***Het ervan afbrengen:*** *Hoe heeft hij het **ervan afgebracht?** ('ten einde brengen')*
- ***Ervandoor gaan:*** *Ze zijn **ervandoor gegaan**. ('wegvluchten')*
- ***Ertussen komen:*** *Hij kon het niet laten om **er** weer **tussen te komen**. ('onderbreken')*

Zulke combinaties zijn in hun geheel in de woordenboeken opgenomen met een eigen betekenisomschrijving.

b. Het voorzetsel of bijwoord hoort bij het woord dat of de woordgroep die erop volgt

Er, hier, daar of *waar* kan als los bijwoord van plaats worden gebruikt, met de letterlijke betekenis: 'op die/deze plek, op welke plek'. Het voorzetsel of bijwoord dat erop volgt, maakt deel uit van een ander zinsdeel.

- *Ik was gisteren in Gent. Ik ben **er** op een leuk café gestuit.* (***er*** betekent *'op die plaats'*; ***op een leuk café*** is één geheel)

In deze zin vormen *er* en *op* niet samen één zinsdeel: *er* is een bepaling van plaats (met de betekenis 'in Gent') en *op* maakt deel uit van het zinsdeel *op een leuk café*. De vervangingsproef werkt hier niet: *er op* kan in deze zin niet vervangen worden door bijvoorbeeld 'op dat'.

c. Het voorzetselbijwoord is deel van een samengesteld werkwoord

Soms maakt een voorzetselbijwoord in de zin onlosmakelijk deel uit van het werkwoord. Om zulke combinaties te analyseren, moet u kijken om welk werkwoord het gaat. Het is bijvoorbeeld *uitgaan van iets:* omdat *uit* bij het werkwoord hoort, maakt alleen *van* deel uit van het voornaamwoordelijk bijwoord: *ik ga daarvan uit*. Dat geldt bijvoorbeeld ook voor *afhangen van iets* of *opgaan in iets*.

- *Onze directeur* ***gaat ervan uit*** *dat het allemaal in orde komt.*
- *Het lijkt wel of hij* ***er*** *helemaal* ***in opgaat.***
- *Het zal* ***ervan afhangen*** *of iedereen naar behoren meewerkt.*
- ***Daar*** *ga ik wel* ***van uit.***
- *Dat* ***hangt er*** *helemaal* ***van af.***

Met name in de laatste twee zinnen hebben veel taalgebruikers de neiging *van + uit* en *van + af* als één woord te schrijven, omdat *vanuit* en *vanaf* ook bestaande woorden zijn. Dat aaneenschrijven is niet juist.

3.2 Vooropplaatsproef

Om te bepalen of het voorzetselbijwoord deel uitmaakt van het werkwoord, kan naast de vervangingsproef ook de vooropplaatsproef uitsluitsel brengen. Deze proef werkt het best als *er* of *hier* wordt vervangen door *daar*. Alles wat (in dezelfde betekenis) in dezelfde zin vóór de persoonsvorm kan staan, geldt als één zinsdeel; in het geval van een voornaamwoordelijk bijwoord wordt dat aaneengeschreven. In een combinatie als *ervan uitgaan* hoort het woord *uit* niet bij *ervan: Daarvanuit is hij gegaan* is immers geen goede zin. Wel juist is *Daarvan is hij uitgegaan*, en daarom ook *Hij is daarvan uitgegaan*.

- ***Daarvan*** *is de directeur* ***uitgegaan.***
- ***Daarnaartoe*** *zijn we gefietst.*
- ***Daarvanaf*** *is ze gevallen. ('bv. van de trap af is ze gevallen')*
- ***Daarvan*** *is ze* ***afgevallen.*** *('bv. van dat dieet is ze afgevallen')*

Aaneenschrijven van samenstellingen met een eigennaam

In de Woordenlijst zijn weinig eigennamen* en samenstellingen* met eigennamen (zoals merknamen, aardrijkskundige namen en namen van personen of instellingen) opgenomen. De regels voor het aaneenschrijven van samenstellingen met eigennamen zijn ongeveer dezelfde als die voor andere samenstellingen. Hieronder staat een beknopt overzicht van de regels.

1. Basisregel

→ Zie 6.2 en 6.7 in de Leidraad

Samenstellingen worden in de regel aaneengeschreven, bijvoorbeeld: *tuinstoel*, *ziekenverzorging*, *bedrijfswagen*. De aaneenschrijfregel geldt ook voor complexere samenstellingen, bijvoorbeeld als het linker- of het rechterdeel een samengesteld woord of een woordgroep is: *hogesnelheidstrein*, *vijftigeurobiljet*, *amateurtoneelvereniging*, *nepopenhaard*.

Deze regel geldt ook voor samenstellingen met een eigennaam: *Worddocument*, *Armanibril*, *Philipslamp*, *Facebookaccount*, *Shakespearedrama*, *Eiffeltorenbezoeker*.

Als een meerdelige eigennaam het eerste deel van een samenstelling is, blijft de naam onveranderd: spaties en hoofdletters worden gehandhaafd. Het laatste deel van de eigennaam wordt vastgehecht aan de rest van de samenstelling: *Rode Kruispost*, *Champions Leaguewedstrijd*, *Harry Potterfilm*, *Van Dalewoordenboek*, *Mont Ventouxbeklimmer*.

2. Facultatief koppelteken

→ Zie 6.2 en 6.7 in de Leidraad

De spellingregels geven de taalgebruiker de vrijheid om een koppelteken te zetten als de structuur van de samenstelling onoverzichtelijk is. Hoe langer of hoe ongewoner een samenstelling is, hoe zinvoller het is om een koppelteken te zetten.

Ook samenstellingen met een eigennaam kunnen een facultatief koppelteken krijgen, bijvoorbeeld om een merknaam beter te doen uitkomen: *Word-document*, *Armani-bril*, *Philips-lamp*, *Facebook-account*, *Shakespeare-drama*, *Eiffeltoren-bezoeker*, *Champions League-wedstrijd*, *Rode Kruis-post*, *Harry Potter-film*.

Let op: het is niet correct om een streepje tussen de delen van de eigennaam te zetten. De schrijfwijzen *Champions-Leaguewedstrijd* en *Harry-Potterfilm* zijn dus niet juist.

3. Klinkerbotsing

→ Zie 7.1 in de Leidraad

Als er in samenstellingen sprake is van klinkerbotsing, moet er een koppelteken geschreven worden tussen de botsende klinkers. Door het koppelteken voorkomen we dat twee opeenvolgende klinkertekens die tot een verschillende lettergreep behoren, als een lange klank of een tweeklank gelezen worden: *garage-eigenaar, pagina-indeling, milieu-inspectieverslag*.

De regels voor klinkerbotsing gelden ook voor samenstellingen met eigennamen. Voorbeelden: *Armani-imitatie*, *Hema-aanbieding*, *Pavarotti-interview, Dalai Lama-aanhanger*.

Tussenklanken in samenstellingen van zelfstandige naamwoorden

Twee of meer zelfstandige naamwoorden kunnen samen een nieuw woord vormen, een samenstelling*. Meestal gebeurt dat door die zelfstandige naamwoorden naadloos aan elkaar te 'plakken'. Voorbeelden: *grasland, tafelkleed, keukenstoel*. Soms horen we echter nog een of meer klanken tussen het eerste en het tweede zelfstandig naamwoord: *eiergerecht, parlementsgebouw, sigarettenaansteker* enzovoort. Het gaat om de volgende klanken en schrijfwijzen:

klank	**spelling**	**voorbeeld**
[ə]	*e* of *en*	*zonnewijzer, pannenkoek*
[ə(n)]	*en*	*eendenei*
[s]	*s*	*stadsverwarming*
[ər]	*er*	*eiergerecht*

Merk op dat er voor de tussenklank* [ə] een onderscheid is tussen de klank die we horen en de schrijfwijze van die klank. In *pannenkoek* horen we bijvoorbeeld een tussenklank [ə], maar schrijven we *-en-*. Welke klank we horen, heeft te maken met woordvorming. Hoe we die klank schrijven, is een kwestie van spellingregels.

In de Woordenlijst zijn heel wat samenstellingen niet opgenomen. Dat is ook niet mogelijk, want het aantal samenstellingen is in principe oneindig. Als u een samenstelling niet terugvindt in de Woordenlijst, kan deze tekst een hulpmiddel zijn om te bepalen of dat woord een tussenklank kan hebben, en wat de correcte spelling dan is.

1. Wanneer komt welke tussenklank voor?

Er zijn geen harde regels die bepalen of een samenstelling een tussenklank krijgt. Sommige samenstellingen worden nu eenmaal met een tussenklank uitgesproken, andere niet. Het getal (enkelvoud of meervoud) speelt meestal geen rol: we zeggen bijvoorbeeld *boekhandel* en niet *boekenhandel*, hoewel zelfs de minst bloeiende zaak meer dan één boek in de rekken heeft. De tussenklanken kunnen wel teruggaan op een meervoudsuitgang, maar ze kunnen bijvoorbeeld ook gebruikt worden als een overgangsklank die de uitspraak vergemakkelijkt.

Een en hetzelfde woord kan in verschillende samenstellingen verschillende tussenklanken te zien geven.

zon	*zonwering*	*zonneschijn*	*zonsverduistering*
man	*mankracht*	*mannenkleding*	*manshoogte*
schaap	*schaapherder*	*schapenwol*	*schaapskleren*
rund	*rundvee*	*rundergehakt*	*rundstong*
boek	*boekbespreking*	*boekenbeurs*	

In sommige gevallen kan een samenstelling zowel met als zonder tussenklank voorkomen.

vis	*viskom*	*vissenkom*
drug	*druggebruik*	*drugsgebruik*
tijd	*tijdverschil*	*tijdsverschil*

2. Tussenklank [ə(n)]

Zoals gezegd zijn er geen echte regels voor het al dan niet voorkomen van een tussenklank. Het gebruik bepaalt welke samenstelling gangbaar of aanvaardbaar is. Het is wel aan te bevelen in een tekst consequent één vorm te kiezen.

2.1 Twijfel over het voorkomen van de tussenklank [ə(n)]

In sommige gevallen kunnen we eraan twijfelen óf er een tussenklank in de samenstelling voorkomt: is het bijvoorbeeld *schoendoos*, zonder tussenklank, of *schoenendoos*, met tussenklank [ə(n)]? Is *hertenragout* de goede vorm, of *hertragout*? In zo'n geval kunnen we nagaan welke vorm algemeen het gebruikelijkst is. Daarvoor kunnen we de Woordenlijst raadplegen. Vaak is een van beide vormen gebruikelijker dan de andere, maar zelfs als slechts één van beide voorkomt in de Woordenlijst, wil dat niet zeggen dat de andere fout of onmogelijk is. *Schoenendoos*, bijvoorbeeld wordt in de Woordenlijst opgenomen met tussenklank [ə(n)], waaruit we kunnen afleiden dat die vorm de gebruikelijkste vorm is. *Hert(en)ragout* wordt niet in de Woordenlijst opgenomen, maar andere samenstellingen met *hert* krijgen wel een tussenklank: *hertenbiefstuk*, *hertenfilet*, *hertenrug*. Naar analogie daarvan kunnen we kiezen voor de vorm met tussenklank: *hertenragout*.

Een zoekactie op het internet kan bevestigen of een vorm in de praktijk ook daadwerkelijk de gebruikelijkste vorm is. Ook voor combinaties waarbij de Woordenlijst geen uitsluitsel biedt, kan zo'n zoekactie meer duidelijkheid brengen. De samenstelling *boek(en)actie* is bijvoorbeeld niet in de Woordenlijst opgenomen. Andere samenstellingen met *boek* worden de ene keer met tussenklank (*boekenbeurs*, *boekenbon*) en de andere keer zonder tussenklank opgenomen (*boekbespreking*, *boekbinderij*). Uit een zoektocht op het internet blijkt dat *boekenactie* met tussenklank in de praktijk de gewone vorm is.

Soms komen beide vormen in de praktijk ongeveer even vaak voor, bijvoorbeeld *juweelontwerper* en *juwelenontwerper, banksector en bankensector*. In dat geval is het vooral belangrijk in een tekst consequent één vorm te kiezen.

Let op: Het internet kan een hulpmiddel zijn om na te gaan of een samenstelling (vaak) voorkomt met de tussenklank [ə(n)], maar voor de spelling van die tussenklank (als *-e-* of *-en-*) is het af te raden zich te baseren op het internet. Vaak komt op het internet immers ook de foute schrijfwijze voor.

2.2 Spelling van de tussenklank [ə(n)]

Als een samenstelling met een tussenklank [ə(n)] wordt gevormd, bepalen de spellingregels of we de samenstelling moeten schrijven met *-e-* of *-en-*. De hoofdregel en de uitzonderingsregels voor de tussenklank [ə(n)] zijn vastgelegd in de Leidraad.

→ Zie hoofdstuk 8 in de Leidraad: **Samenstelling met tussenletters *-e-* of *-en-***

Wanneer u twijfelt of u bij woorden met een tussenklank [ə(n)] een *-n-* moet schrijven, raadpleeg dan de Woordenlijst of een woordenboek met spellingkeurmerk.

3. Tussenklank [s]

Anders dan bij de tussenklank [ə(n)] zijn de principes voor woordvorming en spelling van de tussenklank [s] gelijk. Het basisprincipe is eenvoudig: als we een tussenklank [s] uitspreken, schrijven we een tussen-*s*; als we geen [s] uitspreken, schrijven we geen tussen-*s*. Op grond van variatie in de uitspraak hebben veel samenstellingen daardoor een spelling met tussen-*s* en een spelling zonder tussen-*s*. In principe is geen van beide vormen echt fout, maar dikwijls zal de ene vorm gewoner zijn dan de andere. Wat de tussen-*s* betreft, kunnen we meestal ons taalgevoel volgen.

3.1 Twijfel over het voorkomen van de tussenklank [s]

Toch kunnen we soms twijfelen over de vorm: is het bijvoorbeeld *voorjaarsvakantie* met tussen-*s*, of *voorjaarvakantie*, zonder tussenklank [s]? In dat geval kunnen we nagaan welke vorm algemeen het gebruikelijkst is. Daarvoor kunnen we de Woordenlijst raadplegen. *Voorjaarsvakantie* is in de Woordenlijst met tussenklank [s] opgenomen.

Niet alle mogelijke samenstellingen worden in de Woordenlijst opgenomen. Als we een samenstelling niet terugvinden, betekent dat meestal niet dat die samenstelling fout of onmogelijk is. In zo'n geval kunnen we in de Woordenlijst kijken naar samenstellingen met hetzelfde linkerdeel. *Inburgering(s)plan* wordt bijvoorbeeld niet opgenomen in de Woordenlijst, maar *inburgeringscursus, inburgeringsexamen* en *inburgeringstraject* krijgen er een tussen-*s*. Naar analogie daarvan kunnen we ook *inburgeringsplan* met een tussen-*s* schrijven.

Er zijn ook enkele tendensen waarop we ons kunnen baseren. Zo krijgen samenstellingen waarvan het eerste deel eindigt op *-ing, -heid, -iteit* of *-schap* meestal een tussen-*s*. Bijvoorbeeld: *verzekeringsagent, houdbaarheidsdatum, criminaliteitscijfer, ouderschapsverlof.*

Een zoekactie op het internet kan bevestigen of een vorm in de praktijk ook daadwerkelijk de gebruikelijkste vorm is. Ook voor combinaties waarbij de naslagwerken geen uitsluitsel bieden, kan een zoekactie op het internet meer duidelijkheid brengen. Zo worden in de Woordenlijst geen samenstellingen opgenomen met als linkerdeel *trucker* (vrachtwagenchauffeur), maar uit een zoektocht op het internet blijkt dat *truckerswereld* in de praktijk de gewone vorm is.

Soms komen beide vormen ongeveer even vaak voor, bijvoorbeeld *geluidhinder* en *geluidshinder*. In dat geval is het vooral belangrijk in een tekst consequent één vorm te kiezen.

3.2 Spelling van de tussenklank [s]

De spellingregels voor de tussen-*s* zijn beschreven in de Leidraad.

→ Zie hoofdstuk 10 in de Leidraad: **Samenstelling of afleiding met of zonder tussenletter *-s-***

In principe kunnen we voor het al dan niet schrijven van een tussen-*s* afgaan op ons taalgevoel: als we spontaan een tussen-[s] uitspreken, schrijven we die ook. Er zijn echter samenstellingen waarbij we niet kunnen horen of er sprake is van een tussenklank, omdat het tweede deel van de samenstelling met een sisklank begint, zoals in *station(s)straat* en *personeel(s)chef*. In zulke gevallen schrijven we een tussen-*s* als in andere samenstellingen met het eerste deel een tussen-[s] wordt gehoord, zoals in *stationsplein* en *personeelsblad*.

Let op: spellingcontroleprogramma's kunnen niet altijd goed beoordelen of een specifieke samenstelling met of zonder tussenklank gebruikelijk is. De spellingcontrole markeert daardoor geregeld samenstellingen als fout, terwijl die vormen correct zijn.

Lijst van vaktermen

accent(teken)
Teken boven een klinker* op een woord van meestal Franse herkomst, bijvoorbeeld op de *e* in *café* (= accent aigu), op de *a* in *déjà vu* (= accent grave), op de *i* in *maîtresse* (= accent circonflexe of dakje). Het trema* en het klemtoonteken* worden niet beschouwd als een accent.

achtervoegsel
In een afleiding*: element dat niet als los woord kan voorkomen, maar achter een grondwoord* wordt toegevoegd. Voorbeelden: *(waarde)loos, (hoek)ig.* Als het element voor het grondwoord komt, is het een voorvoegsel*.
synoniem: suffix
→ uitgang, verbuiging

afbreekteken
Liggend streepje (-) op het eind van een volgeschreven tekstregel, waarmee we aangeven dat het woord op de volgende regel wordt vervolgd. In de Leidraad en de Woordenlijst worden de mogelijke afbreekplaatsen met het teken · aangeduid.

afbreking
Het slechts gedeeltelijk schrijven van een te lang woord op het eind van een volgeschreven tekstregel, waarna de rest aan het begin van de volgende regel komt.

afkappingsteken
→ apostrof

afkorting
1. Verzamelnaam voor woorden die niet volledig worden geschreven, maar worden aangeduid met minder letters,

doorgaans de beginletter(s). Ook een woordgroep* kan worden afgekort. Voorbeelden: *ds. (dominee), tv (televisie), NAVO (Noord-Atlantische Verdragsorganisatie).* Afkortingen in ruime zin worden vaak ingedeeld in echte afkortingen, letterwoorden*, initiaalwoorden*, symbolen* en verkortingen*.

2. (Echte afkorting) aanduiding van een woord of een woordgroep door een beperkt aantal letters, die we uitspreken als het geheel. Voorbeelden: *ds.* (we spreken uit: *dominee), m.a.w.* (we spreken uit: *met andere woorden).*

afleiding
Geleed woord* dat bestaat uit een grondwoord* en een of meer voor*- of achtervoegsels*. Voorbeeld: *onschuldig,* dat bestaat uit het voorvoegsel *on-,* het grondwoord *schuld* en het achtervoegsel *-ig.*

apostrof
Teken (') dat de weglating van een of meer letters aanduidt, of dat we gebruiken om een open lettergreep open te houden als er bijvoorbeeld een uitgang* of achtervoegsel* volgt. Voorbeelden: *m'n vriendin; opa's fiets; een baby'tje.*
synoniemen: afkappingsteken, weglatingsteken

beklemtoonde lettergreep
Deel van het woord waar een klemtoon* op ligt. Bijvoorbeeld: in het woord *voorstellen* zijn *voor* en *stel* beklemtoond, waarbij *voor* de hoofdklemtoon draagt en *stel* een nevenklemtoon; *len* is onbeklemtoond.

bezits-*s*
Achtervoegsel* dat we aan een zelfstandig naamwoord hechten om een bezits- of afhankelijkheidsrelatie aan te duiden. Voorbeeld: de *s* in *mijn broers kamer* of in *Anna's handschrift.*
synoniem: genitief-*s*

bezitsvorm
Vorm van een zelfstandig naamwoord met een bezits-*s**.
Voorbeeld: *moeders* in *moeders pc.*
synoniem: genitief

bijwoord
Woord dat een bijvoeglijk naamwoord, een ander bijwoord, een werkwoord of een gehele zin bepaalt. Voorbeeld: *heel* in *een heel mooi boek; erg* in *erg goed gegeten; lang* in *ik heb lang geslapen; misschien* in *misschien lukt het.*

dakje
→ accent(teken)

deelteken
→ trema

diminutief
→ verkleinwoord

donorprincipe
Het respecteren van de schrijfwijze die in de taal van herkomst gebruikt wordt of die de oprichter, de ontwerper of de eigenaar van een instelling of merk heeft gekozen. Zo kan iemand een eigennaam* vastleggen die afwijkt van de officiële spellingregels, bijvoorbeeld het hoofdlettergebruik in *StuBru (Studio Brussel)* of *PvdA (Partij van de Arbeid).*

eigennaam
Officiële naam waarmee men verwijst naar een unieke persoon, plaats, zaak, instelling, een merk of een historische gebeurtenis. Voorbeelden: *Gina, T. Janssens, Van de Velde, Soest, Polynesië, Eiffeltoren, Raad van State, Mercedes-Benz, Tweede Wereldoorlog.*

etymologie
Herkomst en ontwikkeling van de vorm en de betekenis van een woord. Door het beginsel van de etymologie schrijven we de klank /ei/ soms met een lange *ij*, soms met een korte *ei*.

gedekte klinker
→ korte klinker

geleed woord
Woord dat bestaat uit verschillende onderdelen, namelijk een of meer grondwoorden*, en voor*- of achtervoegsels*.

Voorbeelden: *keukendeur* (twee grondwoorden: *keuken* en *deur*); *keukentje* (grondwoord *keuken* met achtervoegsel *-tje*).
→ samenstelling, afleiding, ongeleed woord

gelegenheidsontlening
Vreemd woord of vreemde uitdrukking die incidenteel in een Nederlandse tekst wordt gebruikt, bijvoorbeeld om iets van de sfeer van de vreemde taal over te brengen op de lezer, of omdat het in de vreemde taal om een gevleugeld woord gaat.
Vaak wordt een gelegenheidsontlening cursief gedrukt.
Voorbeeld: 'Het was werkelijk *another brick in the wall.*'

gelijkvormigheid
Spellingbeginsel waardoor we een gelijk woorddeel zo veel mogelijk op gelijke wijze schrijven. Voorbeeld: *voed* altijd met *d* in: *ik voed, jij voedt, ik voedde, het voeden, het voedsel, de voeding.*
synoniem: vormovereenkomst

genitief
→ bezitsvorm

genitief-*s*
→ bezits-*s*

genus
→ woordgeslacht

gesloten lettergreep
Lettergreep* die eindigt op een medeklinker*.
Voorbeeld: *mak, maak, buurt, han·den, mor·gen.*

grens tussen woorddelen
Plaats waar twee woorddelen* elkaar raken in een samenstelling* of afleiding*. Voorbeeld: de plaats tussen de *n* en de *d* in *keukendeur*, tussen de *n* en de *h* in *schoonheid.* Op de grens tussen woorddelen horen we in een samenstelling soms een tussenklank*. Voorbeeld: tussen *station* en *gebouw* horen we een *s* in *stationsgebouw.*

grondwoord
Woord waarvan uitgegaan wordt bij de vorming van een samenstelling* (met een ander grondwoord, bijvoorbeeld: *keuken**deur***) of van een afleiding* (met een voorvoegsel* en/of een achtervoegsel*, bijvoorbeeld: *on**deugd**elijk*).

infinitief
→ onbepaalde wijs van een werkwoord

inheems woord
Woord dat in alle opzichten tot onze taal behoort en bestaat uit klanken die tot het Nederlandse spraaksysteem behoren. Inheemse woorden zijn van Nederlandse oorsprong (*mens, meisje*), of zijn in die mate vernederlandst dat hun vreemde herkomst niet meer te herkennen is (*kasteel, venster*).

initiaalwoord
Woord dat gevormd wordt met de beginletters van afzonderlijke woorden en dat we uitspreken als een reeks letternamen.
Voorbeeld: *pc*: /peesee/ *personal computer*.
→ letterwoord, afkorting

klemtoon
Nadruk waarmee een woord of een woorddeel* wordt uitgesproken. Bij meerlettergrepige woorden krijgt één lettergreep de hoofdklemtoon. Bijvoorbeeld: in het woord *ondoorgrondelijk* zijn deze lettergrepen onbeklemtoond: *on-door-gron-**de-lijk***. Hier ligt de hoofdklemtoon: *on-door-**gron**-de-lijk*. Hier ligt een nevenklemtoon: ***on-door**-gron-de-lijk*.

klemtoonteken
Teken boven een klinker* of tweeklank*, waarmee we een bijzondere klemtoon* aanduiden. Het teken heeft dezelfde vorm als het Franse accent aigu. We plaatsen bijvoorbeeld een klemtoonteken als we niet zomaar *de oplossing* willen noemen, maar *dé oplossing*, of als we een tegenstelling willen accentueren: *het was een fiéts, geen brómfiets*.
synoniem: nadrukteken

klinker
1. De lettertekens *a, e, i, o, u* en in de meeste gevallen *y* of combinaties daarvan, bijvoorbeeld *aa, oe* (maar niet de tweeklanken zoals *au* en *ui*).
2. De klanken die door deze letters worden voorgesteld.

→ medeklinker, tweeklank

klinkerbotsing
Verwarring die kan ontstaan wanneer we twee letters die meestal één klinker of tweeklank voorstellen (bijvoorbeeld *aa* of *ui*), in een woord toch afzonderlijk moeten lezen (dus als *a-a* of *u-i*) omdat ze tot verschillende lettergrepen* behoren. We kunnen klinkerbotsing oplossen met een koppelteken* of een trema*. Voorbeeld: *auto-onderdelen, ruïne.*

klinkerwisseling
Verandering van klinker*, bijvoorbeeld als we een sterk werkwoord* van de tegenwoordige naar de verleden tijd brengen, of als we een onregelmatig meervoud vormen. Voorbeelden: *ik lees - ik las; schip - schepen.*

koppelteken
Liggend streepje* (-) dat wordt gebruikt als verbindingsteken tussen de delen van sommige samenstellingen* en samenkoppelingen*.

korte klinker
De klinkers van *bal, bel, bil, bol, bul.*
synoniem: gedekte klinker

lange klinker
De klinkers van *baan, been, bier, boon, duw, boet, beul.*
synoniem: vrije klinker

leenwoord
→ uitheems woord

lettergreep
Elke klankgroep die we onderscheiden als we een woord scanderen en die in geschreven vorm bestaat uit een klinker met even-

tueel daaromheen medeklinkers. Voorbeeld: *on-door-gron-de-lij-ke.* Een lettergreep kan open* of gesloten* zijn.

letterwoord
Woord dat gevormd wordt met de beginletters van afzonderlijke woorden, die we samen als een woord uitspreken.
Voorbeeld: *havo:* /haavoo/ *hoger algemeen voortgezet onderwijs.*
→ initiaalwoord, afkorting

liggend streepje
→ koppelteken, afbreekteken, weglatingsstreepje

linkerdeel
In een samenstelling: het eerste van twee woorddelen*. Voorbeeld: in *keukendeur* is *keuken* het linkerdeel. Ook in een drie- of meerdelige samenstelling spreken we van een linkerdeel. We bedoelen dan: het woorddeel of de woorddelen links van de grens die we in beschouwing nemen. Voorbeeld: als we het over de tussenklank /s/ hebben in *studentenbevolkingsaangroei,* noemen we *studentenbevolking* het linkerdeel en *aangroei* het rechterdeel, maar als we het over de tussenklank /ə/ hebben in hetzelfde woord, noemen we *studenten* het linkerdeel en *bevolking* het rechterdeel.
synoniem: linkerlid

linkerlid
→ linkerdeel

medeklinker
1. De lettertekens *b, c, d, f, g, h, j, k, l, m, n, p, q, r, s, t, v, w, x, z* en enkele combinaties daarvan, bijvoorbeeld *ch, ng, sj* en *th.* In een woord als *yoghurt* is de *y* ook een medeklinker.
2. De klanken die door deze letters worden voorgesteld.

→ klinker

nabepaling
In een samenstelling* of een woordgroep*: element dat komt na het woord dat wordt bepaald. Voorbeeld: *verbaal* is een nabepaling in de samenstelling *proces-verbaal, met een puntdak* is een nabepaling in de woordgroep *huizen met een puntdak.*

nadrukteken
→ klemtoonteken

onbeklemtoonde lettergreep
Elk van de delen van een woord waar geen klemtoon op ligt. Bijvoorbeeld: in het woord *onoverkomelijk* zijn deze lettergrepen* onbeklemtoond: *on-o-**ver**-ko-**me-lijk***. Hier ligt de hoofdklemtoon: *on-o-ver-**ko**-me-lijk*. Hier ligt een nevenklemtoon: ***on-o**-ver-ko-me-lijk*.

onbepaalde wijs van een werkwoord
De vorm van een werkwoord die in een woordenboek is opgenomen. Deze vorm is onbepaald wat persoon, getal en tijd betreft. Doorgaans eindigt de onbepaalde wijs op *-en*, soms op *-n*. Voorbeelden: *lopen, werken, eten, gaan, zien, doen, zijn*.
synoniem: infinitief
→ vervoeging, persoonsvorm

ongeleed woord
Woord waarin we geen samenstellende woorddelen* (grondwoorden*, voor*- of achtervoegsels*) kunnen onderscheiden. Voorbeeld: *keuken*. In de samenstelling* *keukendeur* en de afleiding* *keukentje* zijn wel woorddelen te onderscheiden. Sommige woorden zijn van oorsprong samenstellingen of afleidingen, maar omdat we de delen nauwelijks nog onderscheiden, worden ze behandeld als ongeleed. Voorbeeld: *coëfficiënt* volgt de regels voor klinkerbotsing* bij ongelede woorden, want het wordt niet herkend als *co+efficiënt; co-existeren* wordt wel herkend als *co+existeren* en volgt daarom de regels voor klinkerbotsing bij samenstellingen.

onregelmatig werkwoord
Werkwoord dat bij de vervoeging* wisselingen van klinkers* en/of medeklinkers* vertoont. Voorbeelden: *lopen - liep - gelopen; brengen - bracht - gebracht*. Als de vervoeging buiten de klinkerwisseling regelmatig verloopt, wordt een onregelmatig werkwoord ook sterk werkwoord genoemd. Daarnaast zijn er werkwoorden als *zijn* en *hebben* die niet volgens regels vervoegd worden.
→ sterk werkwoord

open lettergreep
Lettergreep* die eindigt op een lange klinker* of een tweeklank*. Bijvoorbeeld: *ma(ken), bo(ter), lui(den).*

persoonsvorm
De vervoegde vorm van een werkwoord in een zin. Deze vorm wordt gekenmerkt door een persoon (eerste, tweede, derde), een getal (enkelvoud of meervoud) en een tijd (bijvoorbeeld tegenwoordige of verleden tijd). Voorbeeld: *zit* of *zat* in *Jeroen zit/zat aan de computer.*

prefix
→ voorvoegsel

rechterdeel
In een samenstelling*: het tweede van twee woorddelen*. Voorbeeld: in *keukendeur* is *deur* het rechterdeel. Ook in een drie- of meerdelige samenstelling spreken we van een rechterdeel. We bedoelen dan: het woorddeel of de woorddelen rechts van de grens die we in beschouwing nemen. Voorbeeld: als we het over de tussenklank /s/ hebben in *studentenbevolkingsaangroei,* noemen we *aangroei* het rechterdeel en *studentenbevolking* het linkerdeel. Als we het over de tussenklank /ə/ hebben in hetzelfde woord, noemen we *bevolking* het rechterdeel en *studenten* het linkerdeel. synoniem: rechterlid

rechterlid
→ rechterdeel

reduplicatie
Herhaling van een lettergreep* of een woorddeel* in een woord als *tuftuf* of *pilipili.* Als er een klinkerwisseling* is, spreken we van bijna-reduplicatie. Voorbeeld: *rimram.*

samenkoppeling
Twee of meer woorden die vaak samen voorkomen en daardoor een vaste uitdrukking zijn gaan vormen, die zich in haar geheel gedraagt als een samengesteld woord. Voorbeeld: *een kruidje-roer-mij-niet.* De grens tussen samenkoppeling en woordgroep* is niet

scherp te trekken. Een samenkoppeling kan een samenstelling* vormen met een ander woord.
Voorbeeld: *zwart-wit; een zwart-wittoestel.*

samenstelling
Geleed woord* dat bestaat uit twee of meer grondwoorden*, eventueel verbonden door een tussenklank*. De samenstelling heeft doorgaans een betekenis die verband houdt met de grondwoorden. Zo is een *badkamerdeur* een *deur* die toegang geeft tot een *kamer* waar een *bad* staat. Een samenstelling heeft één hoofdklemtoon en wordt doorgaans in één woord geschreven of met een koppelteken. De delen van een samenstelling noemen we het linkerdeel* en het rechterdeel*.

samentrekking
Het weglaten van een deel in een woordgroep* waarin een gelijkwaardig element voorkomt. Op de plaats van het weggelaten element dat een deel is van een samenstelling, schrijven we een weglatingsstreepje*. Voorbeeld: *land- en tuinbouw* voor *landbouw en tuinbouw.*

sisklank
De klanken /s/, /z/, /sj/, /ts/, /tsj/, /zj/ en /dzj/ zoals we ze horen aan het begin van *samen, zalf, shampoo, tsaar, check, journaal* en *jeans.*

sjwa
→ toonloze /ə/

soortnaam
Woord waarmee wordt verwezen naar een persoon, dier, plaats, instelling, merk, zaak, tijdstip, door de soort te noemen waartoe een bedoeld individu of exemplaar behoort. De meeste soortnamen kunnen we laten voorafgaan door een onbepaald lidwoord *(een).* Een menselijk individu heet bijvoorbeeld *Mieke* (dat is haar eigennaam*), maar er kan naar deze persoon verwezen worden met verschillende soortnamen, want zij is bijvoorbeeld *een mens, een meisje, een studente, een zangeres.*

stam van een werkwoord
Basisvorm van een werkwoord, dat wil zeggen de onbepaalde wijs* zoals we die uitspreken min de uitgang /ə/, /ən/ of /n/. De stam van *lopen* is *loop*, de stam van *staan* is *sta*.

stemhebbende medeklinker
De medeklinkers* die niet voorkomen in *'t kofschip,* namelijk /b/, /d/, /g/, /v/, /z/, /zj/, /dzj/, /g/, /m/, /n/, /ng/, /l/, /r/, /w/, /j/. Als we deze medeklinkers uitspreken, laten we onze stembanden trillen.

stemloze medeklinker
De medeklinkers* die voorkomen in *'t kofschip*, namelijk /t/, /k/, /f/, /s/, /ch/, /p/, plus de /sj/. Als we deze medeklinkers uitspreken, laten we onze stembanden niet trillen.

sterk werkwoord
Werkwoord dat bij de vervoeging in de verleden tijd en/of de vorming van het voltooid deelwoord een klinkerwisseling* (soms ook medeklinkerwisseling) vertoont. Voorbeeld: *eten - at - gegeten; kopen - kocht - gekocht.*
→ onregelmatig werkwoord

stomme /ə/
→ toonloze /ə/

suffix
→ achtervoegsel

symbool
Nationaal of internationaal genormeerd teken om een technisch of wetenschappelijk begrip aan te duiden. Voorbeeld: C *(koolstof).* De spellingregels voor symbolen gelden ook voor valutatekens, zoals £ *(pond sterling)* en € *(euro).*

toonloze /ə/
De onbeklemtoonde klinker* in bijvoorbeeld de lettergrepen *de, be(ginnen), (vol)gen, (he)vig, (eer)lijk.*
synoniem: sjwa, stomme /ə/, toonloze /ə/

trema
Twee puntjes op een klinker die apart van een voorafgaande klinker moet worden uitgesproken, zoals in *poëzie.* De umlaut*, bijvoorbeeld in *hüttenkäse,* wordt niet beschouwd als een trema. synoniem: deelteken

tussenklank
Klank die we horen tussen de woorddelen* in sommige samenstellingen* en afleidingen*. Voorbeelden: de /s/ tussen *station* en *gebouw* in *stationsgebouw,* de toonloze /ə/*, soms uitgesproken als /ən/, tussen *eeuw* en *oud* in *eeuwenoud,* de toonloze /ə/ tussen *vrucht* en *loos* in *vruchteloos.*

tussenletter
Een letter *(e, n* of *s)* of een lettercombinatie *(en)* die we spellen in een woord waar we een tussenklank* horen. Voorbeeld: *-en-* in *eikenboom.*

tussen-*n*
De *n* die we in een aantal gevallen aan de *e* schrijven tussen de woorddelen in een samenstelling* of afleiding* als we daar een toonloze /ə/ of /ən/ horen. Voorbeeld: de *n* in *hondenhok (hond+en+hok), ziekenhuis (zieke+n+huis)* of *heldendom (held+en+dom).*

tussen-*s*
De *s* die we in een aantal gevallen schrijven tussen de woorddelen in een samenstelling*. Voorbeeld: de *s* in *dorpskern.*

tweeklank
De klinkers van *krijt, koud, kruid.* De /ei/ kunnen we schrijven als een lange *ij* of een korte *ei.* De /au/ kunnen we schrijven als *au* of als *ou.*

uitgang
Element dat we toevoegen aan een woord dat we verbuigen of vervoegen. Voorbeeld: *-e* aan het eind van *andere, -te* aan het eind van *lachte.*
→ verbuiging, vervoeging

uitheems woord
Woord dat we uit een vreemde taal hebben overgenomen. Soms is een uitheems woord te herkennen aan uitheemse klanken, bijvoorbeeld de /zj/ in *journaal* of de /ĩ/ in *timbre.* Een uitheems woord past zich doorgaans in de loop van de tijd aan de Nederlandse taalregels aan. Het wordt dan bastaardwoord genoemd. Vaak wordt de spelling dan vernederlandst. Zo is de *c* die nog te zien is in *vacant,* in het woord *vakantie* vervangen door een *k.* Sommige woorden uit vreemde talen worden nog als zuiver uitheems beschouwd. Ze behouden dan hun spelling. Voorbeelden: *paella, délégué, perpetuum mobile.* Ook de meeste woorden uit het Engels behouden hun spelling: *computer, baby.*
synoniem: leenwoord, vreemd woord
→ inheems woord

uitspraakteken
Accent aigu of accent grave op een e, waarmee we in uitzonderlijke gevallen aangeven dat we de klank van *mee* uitspreken *(hé)* of de klank van *met (hè).*

umlaut
Twee puntjes in een woord van Duitse of Scandinavische oorsprong om aan te duiden dat *ä* als /ee/ of /è/ gelezen moet worden, *ü* als /uu/ (en niet als /oe/), ö als /eu/. Voorbeelden: *übermensch, knäckebröd.*

verbuiging
Vormverandering die nodig is om een woord bij andere woorden te doen passen. Voorbeeld: *ons* wordt *onze, nieuw* wordt *nieuwe, schoen* wordt *schoenen* in: *onze nieuwe schoenen.* Verbuiging doet zich voor bij zelfstandige naamwoorden (enkelvoud of meervoud), voornaamwoorden (*ons/onze*) en bijvoeglijke naamwoorden of bijwoorden* (met of zonder *e*). Meestal krijgt een verbogen woord een specifiek toevoegsel, dat we uitgang* noemen.

verkleinwoord
Afleiding* van een zelfstandig naamwoord met bijvoorbeeld het achtervoegsel* *-je* of *-tje.* Voorbeeld: *kindje, eitje.*
synoniem: diminutief

verkorting
Verkorte vorm van een woord of woordgroep* die ontstaat door weglating van een of meer (delen van) lettergrepen*. Voorbeeld: *prof (professor/professional), horeca (hotel, restaurant, café).*

verledentijdsstam
Vorm van een onregelmatig werkwoord die we horen in de meervoudsvormen van de verleden tijd, min de uitgang* *-en*. Voorbeeld: *lopen - we liepen* - verledentijdsstam: *liep*.

versteende samenstelling
Geleed woord* dat niet meer herkend wordt als een samenstelling*, of waarin we de betekenis van een of meer woorddelen* niet meer herkennen. Voorbeeld: *bolleboos.*

vervoeging
Vormverandering die nodig is om een werkwoord in een zin te doen passen, voornamelijk door aan de stam* een uitgang* toe te voegen. Voorbeeld: *werken* wordt *werkten* in de zin: *mijn ouders werkten in Breda*. Bij de vervoeging worden een tijd (tegenwoordig of verleden, voltooid of onvoltooid), een persoon (eerste, tweede, derde) en een getal (enkelvoud of meervoud) toegekend aan het werkwoord.
→ onregelmatig werkwoord, persoonsvorm, verbuiging

voorbepaling
In een samenstelling* of in een woordgroep*: element dat voor het woord komt dat wordt bepaald. Voorbeeld: *oud* is een voorbepaling in de samenstelling *oud-voorzitter*, *hoge* is een voorbepaling in de woordgroep *hoge huizen*.

voornaamwoordelijk bijwoord
Samenstelling* van een bijwoord* (bijvoorbeeld *er, hier, daar, waar*) en een of meer voorzetselbijwoorden* (bijvoorbeeld *aan, bij, in, voor*). Voorbeelden: *eraan, hierbij, waarvoor, eronderdoor*.

voorvoegsel
In een afleiding*: element dat niet als los woord kan voorkomen, maar voor een grondwoord* wordt geplaatst. Voorbeelden: *on(schuld), be(gaan)*. Als het element achter het grondwoord komt, is het een achtervoegsel*.
synoniem: prefix
niet te verwarren met: voorzetsel*

voorzetsel
Woord zoals *in, op, aan, tegen, bij*. Het geeft een bepaalde relatie aan (vaak in ruimte of tijd) tegenover datgene waarnaar het volgende zelfstandig naamwoord verwijst. Voorbeeld: *in de kast*, tegenover *op de kast*.
niet te verwarren met: voorvoegsel

voorzetselbijwoord
Voorzetsel* dat de functie heeft van een bijwoord*. Voorbeeld: *op* in *Tom is nog op*.

vormovereenkomst
→ gelijkvormigheid

vreemd woord
→ uitheems woord

vrije klinker
→ lange klinker

weglatingsstreepje
Liggend streepje in een woordgroep* op de plaats waar door samentrekking* een deel van een samenstelling* wordt weggelaten. Voorbeeld: in *land- en tuinbouw*.

weglatingsteken
→ apostrof

woorddeel
Een van de grondwoorden* in een samenstelling*, of een grondwoord of een voor*- of achtervoegsel* in een afleiding*. Voorbeelden: in *onderdompelingen* de delen *onder+dompel+ing+en*.

woordgeslacht
Onderscheid tussen *de*-woorden en *het*-woorden, en bij *de*-woorden soms het onderscheid tussen mannelijke en vrouwelijke woorden.
synoniem: genus

woordgroep
Opeenvolging van woorden die bij elkaar horen. Voorbeeld: *heel mooie bomen in een rij.* De scheidingslijn tussen samenkoppeling* en woordgroep is niet scherp te trekken.

Index

G

H

zeewier groen

postelein courgette

lamsoor noorderlicht spar

cradle-to-cradle fris

kropsla bleu coulisse

augurk haricots verts spinazie

vegetariër biobak smaragd

gft-afval windmolen snert

grasperk nieuweling

biljart

aloë absint bio-ethiek weide

guacamole aardbol ijsbergsla

zode recyclebaar eucalyptus

klaver naïef tuinkers komkom

aurora turkoois

tumtum klavertjevier groente bosui

tuinman natuur

talud plantsoen kaplaars ecotoerisme

bosschage milieuactivist

tuinstad buxus

grasmaaier 100 eurobiljet

klimop granny smith dollar

lavas aarde

kerstboom

lauwerkrans laurier krokodil

plantentuin mojito

lente-ui windenergie

olijf green

basilicum

artisjok toestemming

tuinieren recycling groentela

camoufl[illegible]e natuurgebied